ANDREAS FRIESER
Kompaktkommentar Erbrecht

ANDREAS FRIESER

KOMPAKTKOMENTAR
Erbrecht

Herausgegeben von

Dr. Andreas Frieser
Rechtsanwalt, Fachanwalt für Erbrecht

LUCHTERHAND 2007

Bibliografische Information der Deutschen Nationalbibliothek
Die Deutsche Bibliothek verzeichnet diese Publikation
in der Deutschen Nationalbibliografie;
detaillierte bibliografische Daten sind im Internet
über http://dnd.ddb.de abrufbar.

ISBN 978-3-472-06252-3

Zitierhinweis:
KK-Erbrecht/Bearbeiter § ... Rn ...

www.wolterskluwer.de
www.luchterhand-fachverlag.de

Alle Rechte vorbehalten
Luchterhand – eine Marke von Wolters Kluwer Deutschland.
© 2007 by Wolters Kluwer Deutschland GmbH, Heddesdorfer Straße 31, 56564 Neuwied.

Das Werk einschließlich aller seiner Teile ist urheberrechtlich geschützt. Jede Verwertung
außerhalb der engen Grenzen des Urheberrechtsgesetzes ist ohne Zustimmung des Verlages
unzulässig und strafbar. Das gilt insbesondere für Vervielfältigungen, Übersetzungen, Mikro-
verfilmungen und die Einspeicherung und Verarbeitung in elektronischen Systemen.

Umschlagkonzeption: Martina Busch, Fürstenfeldbruck
Satz: RPS Satzstudio GmbH, Düsseldorf
Druck: Bercker Graphischer Betrieb GmbH, Kevelaer

⊗ Gedruckt auf säurefreiem, alterungsbeständigem und chlorfreiem Papier.

Vorwort

Nahezu jede neue Veröffentlichung auf dem Gebiet des Erbrechts betont, welche bedeutende Vermögen die Bundesbürger in jedem Jahr zu vererben hätten. Auf die Angabe – sich ohnehin jeglicher Vorstellungskraft entziehender – Zahlen sei an dieser Stelle verzichtet. Sie sind auch nicht nötig, um das ständige wachsende Interesse zahlreicher Berufsgruppen an diesem Teil des »Beratungsmarktes« ins Bewusstsein zu rufen. Das Erbrecht ist ein Betätigungsfeld, auf dem viele Berater tätig sind: Anwälte, aber auch Vertreter verwandter Berufe: Steuerberater, Wirtschaftsprüfer, neuerdings auch sogenannte Estate Planner und die Banken. Letztere unterhalten eigene Abteilungen, die nicht nur Testamentsvollstreckungen betreuen, sondern ihre Kunden auch bei der »richtigen« und steuergünstigen Weitergabe von Vermögen beraten. Um auf diesem Gebiet eigenes Profil zu entwickeln, sich kompetent zu erweisen und dem Konkurrenzdruck anderer Berufe Stand zu halten, ist der Zivilrechtsanwalt mit erbrechtlichem Schwerpunkt gehalten, sich immer weiter zu spezialisieren, bis hin zu der Ablehnung von Mandaten, die nicht sein Betätigungsfeld betreffen. Gefördert wird das Profil des »Erbrechtsanwalts« durch den Beschluss der Satzungsversammlung vom 22./23. 11. 2004, mit dem der Fachanwalt für Erbrecht etabliert wurde. Der Beschluss hat sich als richtig erwiesen. Mit ihm wird dem erbrechtlichen Spezialisten die Möglichkeit eröffnet, auf seine Spezialisierung hinzuweisen. Eine Reihe von erbrechtlichen Spezialisten hat sich in Organisationen zusammengeschlossen. So hat beispielsweise die Arbeitsgemeinschaft Erbrecht im DAV, die kurz nach dem eben erwähnten Beschluss gegründet wurde, heute annähernd 1000 Mitglieder (Stand November 2006). Die Lehrgänge, in denen künftigen Fachanwälten die theoretischen Kenntnisse vermittelt werden, sind gut besucht, die Zahl der Fachanwälte steigt, wenn auch vielleicht nicht in den Maße, wie dies vorausgesagt worden war (die Zahl der streitigen Fälle im Sinne des § 14 lit. f FAO wird von vielen Kollegen als Hürde empfunden). Kurz: Spezialisierung ist unerlässlich.

Auch derjenige Berater, der sich, aus welchen Gründen auch immer, nicht um den Fachanwaltstitel bewirbt, jedoch eine ausgewiesene erbrechtliche Spezialisierung pflegt, erst recht der Anwalt, der nur gelegentlich erbrechtlich tätig ist, kann, will er nicht erhebliche Haftungsgefahren riskieren, nicht erbrechtlich beraten, wenn er sich nicht auf den verschiedenen Gebieten, die das Erbrecht prägen, kundig macht und seine Kenntnisse auf dem Laufenden hält. Das Erbrecht hat viele Berührungspunkte mit anderen Rechtsgebieten. Genannt seien nur das Steuerrecht, das Gesellschafts-, das Familien- und das Internationale Privatrecht. Dazu kommen verfahrensrechtliche Besonderheiten, etwa die in der ZPO geregelten, aber auch diejenigen des FGG. Ebenfalls praxisrelevant sind gebührenrechtliche Fragen des Erbrechtsmandats sowie solche der Zwangsvollstreckung. Die Aufzählung ließe sich fortführen und ergänzen durch die Schwerpunkte, die selbst der Spezialist noch setzen kann. Er kann sich auf die kautelarjuristische Tätigkeit konzentrieren, also vorwiegend in der Nachfolgeberatung tätig sein, er kann das streitige Erbrecht als Betätigungsfeld wählen oder vor allem im internationalen Bereich seine Expertise beweisen. Klar ist auch: Wer nicht wenigstens die Grundzüge des Erbschaftsteuerrechts kennt, darf sich nicht »Erbrechtsanwalt« nennen. Mit der umfassenden Qualifizierung und Spezialisierung kommt der Anwalt aber nicht nur einer zur Vermeidung von Haftungsrisiken gebotenen Pflicht nach. Der Mandant erwartet vom Spezialisten kompetenten Rat, besondere Erfahrung und überlegene Rechtskenntnisse.

Um diesen Anforderungen zu genügen, stehen dem Anwaltskollegen, wie eingangs angedeutet, eine Vielzahl von Hilfsmitteln zur Verfügung. Lehrbücher, Formularsammlungen, Monographien, aber auch Kommentierungen des 5. Buches des Bürgerlichen Gesetzbuches finden sich in großer Zahl. Bisher nicht greifbar ist aber ein (einbändiger) Kommentar, der die eben genannten (und weitere) Rechtsgebiete in Kommentarform darstellt und dem Leser die Information dort liefert, wo er sie, befasst mit der jeweiligen

Vorschrift, sucht. Der Adressat – vorwiegend der Rechtspraktiker auf dem Gebiet des Erbrechts – soll in *einem* Band alle Informationen erhalten, die er zur Bearbeitung »seines« Falles benötigt. Wer sich beispielsweise mit einem pflichtteilsrechtlichen Fall befasst, soll im Kompaktkommentar nicht nur die maßgeblichen Informationen zur Auskunftspflicht und zu Bewertungsregeln finden, er soll auch nachlesen können, in welchen Fällen sich die Erhebung der Stufenklage empfiehlt, welche Verfahrensprobleme bei dieser auftreten können und wie diese sich – im Bereich der Gerichtskosten und beim anwaltlichen Honorar – auswirkt. Im gestalterischen Bereich soll bedient werden, wer letztwillige Verfügungen errichtet oder eine Übertragung unter Lebenden gestaltet. Deshalb findet sich im Kompaktkommentar u.a. eine ausführliche Kommentierung der schenkungsrechtlichen Vorschriften des BGB.

Diejenigen Themenfelder, die sich nicht zur Darstellung in Kommentarform eignen, sind an geeigneter Stelle ausführlicher im Zusammenhang behandelt. Zu nennen sind hier insbesondere das Stiftungsrecht und die Unternehmensnachfolge.

Dass durch unseren »Einbänder« vertiefte Darstellungen mehrbändiger Kommentierungen nicht ersetzt werden sollen, liegt auf der Hand. Die Vorgabe, dem Praktiker einen komprimierten und schnellen Zugriff auf Informationen zu ermöglichen, führt – so war unser Ziel – zu einer anschaulichen Darstellung und vereinfachter Bearbeitung – als Beispiel sei die »kompakte«, gleichwohl detailreiche Kommentierung der erbschaftsteuerrechtlichen Vorschriften genannt. Und noch ein Hinweis, der die Arbeit mit dem Kompaktkommentar erleichtert: im »Wegweiser« auf Seite IX sind die in dem Kommentar berücksichtigten Gesetze alphabetisch mit der jeweiligen Fundstelle im Buch aufgelistet.

Allen Autoren – erfahrenen Praktikern sowie Wissenschaftlern, denen der Praxisbezug besonders am Herzen liegt – gilt mein und der besondere Dank des Verlages. Sie haben sich auf ein Experiment eingelassen, das im Hinblick auf die, wie wir meinen, stimmige Konzeption kein Wagnis, vielmehr eine Herausforderung darstellt. Wenn Sie der Auffassung sind, es ließen sich noch Verbesserungen anbringen, übermitteln Sie uns Ihre Anregungen. Bitte wenden Sie sich an die Lektorin unter emueller@wolterskluwer.de oder 02631/801 – 2083.

Bonn, im November 2006

Andreas Frieser

Die Bearbeiter

Hans-Jörg Assenmacher
Notar, Koblenz

Dr. Gunter Deppenkemper
LL.M., LL.M. (beide Osnabrück), Wissenschaftlicher Assistent der Universität Osnabrück

Hans Albrecht Dingerdissen
Vorsitzender Richter am Oberlandesgericht Hamm a.D., Münster

Dr. Peter Finger
Rechtsanwalt, Frankfurt

Dr. Robert Freitag
Maître en droit (Bordeaux), Privatdozent der Universität Bayreuth

Dr. Oliver Juchem
Rechtsanwalt, Fachanwalt für Erbrecht, Bonn

Dr. Joachim Kummer
Rechtsanwalt beim BGH, Ettlingen

Thomas Krause
Notar, Staßfurt

Dr. Reiner Lemke
Richter am BGH, Karlsruhe

Dr. Rolf Lenzen
Rechtsanwalt, Fachanwalt für Steuerrecht, Köln

Richard Lindner
Rechtsanwalt, Walzbachtal

PD Dr. Martin Löhnig
Wissenschaftlicher Assessor, Universität Konstanz

Wolfgang Mathias
Dipl.-Rechtspfleger (FH), Oberregierungsrat, Landgericht Koblenz

Dr. Juliana Mörsdorf-Schule
LL.M. (Berkeley), Lehrbeauftragte der Universität Mannheim, Richterin

Dr. Wolfgang Onderka
Rechtsanwalt, Fachanwalt für Steuerrecht, Steuerberater, Bonn

Robert Ramm
Dipl. Rechtspfleger, Regierungsrat, Fachhochschule für Rechtspflege NRW, Bad Münstereifel

Prof. Dr. Hans Rausch
Richter am Amtsgericht a.D., Fachhochschule für Rechtspflege NRW, Bad Münstereifel

Eberhard Rott
Rechtsanwalt, Fachanwalt für Steuerrecht, Fachanwalt für Erbrecht, Bonn

Prof. Dr. Gottfried Schiemann
Professor der Universität Tübingen

Dr. K. Jan Schiffer
Rechtsanwalt, Bonn

Norbert Schneider
Rechtsanwalt, Neunkirchen-Seelscheid

Dr. Cordula Scholz Löhnig
Wissenschaftliche Assistentin, Universität Regensburg

Michael von Schubert
Rechtsanwalt, Bonn

Dr. Christian Seiler
Richter am Amtsgericht, Lehrbeauftragter an der Universität Passau

Dominik Thomer
Rechtsanwalt, Dipl.-Finanzwirt (FH), Düsseldorf

Dr. Ursula Tschichoflos
Rechtsanwältin, Esslingen

Dr. Maximilian Zimmer
Notar, Wernigerode

Im Einzelnen haben bearbeitet:

BGB

§§ 328 – 534	Krause
§§ 563 – 564	Tschichoflos
§ 1318	Rausch
§ 1371	Lindner/Tschichoflos
§ 1586b	Rausch
§§ 1638, 1643, 1774	Tschichoflos
§§ 1839 – 1841, 1908i, Vorsorgevollmacht, Patientenverfügung	Tschichoflos
§§ 1922 – 1941	Scholz Löhnig
§ 1922 (Das Handelsgeschäft)	Onderka
§ 1922 (Höfeerbrecht)	Dingerdissen
Anh § 1922	Schiffer/v. Schubert
§§ 1942 – 1957	Rausch
§§ 1958 – 2017	Löhnig
§§ 2018 – 2031	Finger
§§ 2032 – 2049	Tschichoflos
Anh § 2039	Dingerdissen
Anh 2 § 2042	Dingerdissen
§§ 2050 – 2063	Juchem
Anh § 2059	Dingerdissen
§§ 2064 – 2076	Löhnig
§ 2077	Rausch
§§ 2078 – 2099	Löhnig
§§ 2100 – 2146	Kummer
§§ 2147 – 2196	Schiemann
§§ 2197 – 2220	Rott
§ 2221	Lenzen
§§ 2222 – 2228	Rott
§§ 2229 – 2264	Assenmacher
§§ 2265 – 2273	Dingerdissen
§§ 2274 – 2302	Zimmer
§§ 2303 – 2338	Lindner
Anh § 2303	Dingerdissen
§§ 2339 – 2352	Tschichoflos
§§ 2353 – 2368	Lemke
§ 2369	Deppenkemper
§ 2370	Lemke
§§ 2371 – 2385	Tschichoflos

EGBGB

Art. 3 – 6, 9	Mörsdorf-Schulte
Art. 25 – 26	Freitag
Art. 220, 235	Deppenkemper

ZPO

§§ 27, 28, 239, 246, 254, 256, 1006	Dingerdissen
§§ 727 f, 747 – 749, 773, 778 – 786, 852, 859, 863	Ramm

FGG

§§ 11 – 27, 72 f, 84 f	Seiler
§§ 74 – 83a, 86 – 99	Tschichoflos

BeurkG (nach § 2264 BGB)

§§ 1 – 11, 21, 24, 26, 28 f, 34 f	Assenmacher

LPartG

§§ 6, 10 f	Tschichoflos

RVG

§§ 1 f, 4 – 23, 25 f, 32 – 35, 59, 61, VV RVG	Schneider

ErbStG

§§ 1 f, 10 f, 13a – 24, 26 – 37a	Onderka/Thomer
§§ 3 – 9, 12 f, 25	Onderka
Kosten/Gebühren	Assenmacher, Mathias

»Wegweiser«: Inhalt (alphabetischer Überblick)

	Seite
BeurkG – Beurkundungsgesetz	734
BGB – Bürgerliches Gesetzbuch (§ 1629a: siehe Anh zu § 1999)	1
EGBGB – Einführungsgesetz zum Bürgerlichen Gesetzbuch	1048
ErbStG – Erbschaftsteuer- und Schenkungsteuergesetz	1437
FGG – Gesetz über die Angelegenheiten der freiwilligen Gerichtsbarkeit	1201
HGB – Handelsgesetzbuch	259
Höferecht	168
InsO – Insolvenzordnung	271
LPartG – Lebenspartnerschaftsgesetz	1316
Patientenverfügung	127
RVG – Rechtsanwaltsvergütungsgesetz	1323
Stiftungsrecht	170
Unternehmensnachfolge	154
Vorsorgevollmacht	115
ZPO – Zivilprozessordnung	360, 374, 416, 835, 1142
ZVG – Zwangsversteigerungsgesetz	265, 372

Literaturverzeichnis
(vgl auch Spezialliteratur vor einzelnen Kommentierungen)

Autoren	Titel
Bamberger/Roth	Kommentar zum Bürgerlichen Gesetzbuch; Band 1: §§ 1 – 610; Band 3: 1297 – 2385; 1. Aufl 2003 (zit: BR/*Bearbeiter*)
Bassenge/Herbst/Roth	Gesetz über die Angelegenheiten der freiwilligen Gerichtsbarkeit – Rechtspflegergesetz, 10. Aufl 2004
Bauer/Moser	EStG Richtlinienkommentar, 3. Aufl 2006
Baumbach/Lauterbach/Albers/Hartmann	Zivilprozessordnung: ZPO; 64. Aufl 2006
Beisswingert/Klingelhöffer/Möhring	Vermögensverwaltung in Nachlasssachen, 7. Aufl 1999
Bengel/Reimann	Handbuch der Testamentsvollstreckung, 3. Aufl 2001
Berndt	Stiftungen und Unternehmen, 7. Aufl 2003
Bischof/Jungbauer/Podlech/Trappmann	Kompaktkommentar RVG, 2. Aufl 2006
Blümich	EStG, KStG, GewStG, Loseblattwerk, Stand: September 2006
Bonefeld/Kroiß/Tanck	Erbprozess, 2. Aufl 2005
Brambring	Beck'sches Notarhandbuch, 4. Aufl 2006
Brox	Erbrecht, 21. Aufl 2004
Bruns/Kemper	Lebenspartnerschaftsrecht, 2. Aufl 2006
Buchna	Gemeinnützigkeit im Steuerrecht, 8. Aufl 2003
Bumiller/Winkler	Freiwillige Gerichtsbarkeit, 8. Aufl 2006
Damrau	Erbrecht (Handkommentar), 1. Aufl 2004
Dauner-Lieb/Heidel/Ring	Anwaltkommentar BGB, Gesamtausgabe in 5 Bänden, 1. Aufl 2005 (zit: AnwKomm/*Bearbeiter*)
De Leve	Deutsch-deutsches Erbrecht nach dem Einigungsvertrag, 1995
Dieterich/Hanau/Schaub	Erfurter Kommentar zum Arbeitsrecht, 7. Aufl 2006 (zit: ErfK/*Bearbeiter*)
Eickmann u.a.	Heidelberger Kommentar zur Insolvenzordnung, 4. Aufl 2006
Erman	Handkommentar zum Bürgerlichen Gesetzbuch, 11. Aufl 2004
Eylmann/Vaasen	Bundesnotarordnung, Beurkundungsgesetz: BNotO und BeurkG, 2. Aufl 2004
Faßbender/Hötzel/ von Jeinsen/Pikalo/Pikalo	Höfeordnung; Höfeverfahrensordnung und Überleitungsvorschriften. Kommentar; 3. Aufl 1994
Ferid/Firsching/Dörner/Hausmann	Internationales Erbrecht: Quellensammlung mit systematischen Darstellungen des materiellen Erbrechts sowie des Kollisionsrechts der wichtigsten Staaten, Loseblatt, 62. Aufl (2006); (zit: F/F/D/H-*Bearbeiter*)
Firsching/Dodegge	Familienrecht 2. Halbbd.: Vormundschafts- und Betreuungsrecht sowie andere Gebiete der freiwilligen Gerichtsbarkeit, 6. Aufl 1999
Firsching/Graf	Nachlassrecht, 8. Aufl 2000
Frieser	Anwaltliche Strategien im Erbschaftsstreit, 2. Aufl 2004
Frieser/Bittler (Hrsg)	Erbrecht (ErbR), Zeitschrift für die gesamte erbrechtliche Praxis
Frieser/Sarres/Stückemann/Tschichoflos	Handbuch des Fachanwalts Erbrecht, 2. Aufl 2007; zit: FA-ErbR/*Bearbeiter*
Gebauer/Schneider	AnwaltKommentar RVG, 2. Aufl 2004

Literaturverzeichnis

Gerhardt/v.Heintschel-Heinegg/Klein	Handbuch des Fachanwalts Familienrecht, 5. Aufl 2005 (zit: FA-FamR/*Bearbeiter*)
Gregor	Erbscheinsverfahren, 3. Aufl 2002
Groll	Praxis-Handbuch Erbrechtsberatung, 2. Aufl 2005
Gürsching/Stenger	Bewertungsrecht, Loseblatt, Köln 2005
Haas	Körperschaftssteuer, 8. Aufl 2006
Habscheid	Freiwillige Gerichtsbarkeit: Ein Studienbuch, 7. Aufl 1983
Haegele/Winkler	Der Testamentsvollstrecker nach Bürgerlichem, Handels- und Steuerrecht, 14. Aufl 1996
Hennerkes/Schiffer	Unternehmenssteuerrecht, 2. Aufl 1993
Henrich	Testierfreiheit vs. Pflichtteilsrecht, 1. Aufl 2000
Heß	Intertemporales Privatrecht, 1998
Heymann	Handelsgesetzbuch, 2. Aufl 1995 ff
Huhn/v.Schuckmann	Beurkundungsgesetz und Dienstordnung für Notare, 4. Aufl 2003
Jansen/v Schuckmann/Sonnenfeld	FGG – Gesetz über die Angelegenheiten der freiwilligen Gerichtsbarkeit, 3. Aufl 2006 (zit: Jansen)
Jauering	Bürgerliches Gesetzbuch: BGB, 11. Aufl 2004
Jayme/Hausmann	Internationales Privat- und Verfahrensrecht: Textausgabe, Stand 1. Juli 2004, 12. Aufl 2004
Jerschke	Beck'sches Notarhandbuch, 4. Aufl 2006
Jochum/Pohl	Nachlasspflegschaft, 2. Aufl 2003
Johannsen/Henrich	Eherecht, 4. Aufl 2003
Kaiser/Schnitzler/Friederici	AnwaltKommentar BGB Band 4: Familienrecht, 1. Aufl 2005
Kegel/Schurig	Internationales Privatrecht, 9. Aufl 2004
Keidel/Kuntze/Winkler	Freiwillige Gerichtsbarkeit: FG, 15. Aufl 2003
Kerscher/Tanck/Krug	Das erbrechtliche Mandat, 3. Aufl 2003
Kipp/Coing	Erbrecht, 14. Aufl 1990
Kirchhof	EStG, 6. Aufl 2006
Klaus Slapnicar	Festschrift Lübtow zum 90. Geburtstag, 1990
Klingelhöffer	Pflichtteilsrecht, 2. Aufl 2003
Knörringer	Freiwillige Gerichtsbarkeit, 4. Aufl 2005
Korintenberg/Lapp/Bengel/Reimann	Kostenordnung: KostO, 16. Aufl 2005
Krause	Der Lebenspartnerschaftsvertrag, 2002
Kreutziger/Lindberg/Schaffner/Friebel	Bewertungsgesetz, 1. Aufl, München 2002
Kroiß	Erbrecht, 3. Aufl 2006
Kropholler	Internationales Privatrecht, 5. Aufl 2004
Lang	Informationspflichten bei Wertpapierdienstleistungen, 1. Aufl 2003
Lange/Kuschinke	Erbrecht, 5. Aufl 2001
Lange/Werkmüller/Lang	Der Erbfall in der Bankpraxis
Langenfeld	Testamentsgestaltung
Leingärtner	Besteuerung der Landwirte, 12. Aufl 2006
Lenzen	Deutscher Erbrechtskommentar
Lorenz	Das intertemporale nationale Ehegüterrecht nach Art. 220 Abs. 3 EGBGB und die Folgen eines Statutenwechsels, 1991
Lorz	Testamentsvollstreckung und Unternehmensrecht, 1995
Ludwig Schmidt	EStG, 25. Aufl 2006
Mayer, J.	Der Übergabevertrag in der anwaltlichen und notariellen Praxis, 2. Aufl 2001
Mayer/Bonefeld/Weidlich/Vassel-Knauf	Testamentsvollstreckung, 2. Aufl 2005

Literaturverzeichnis

Meincke	Erbschaftsteuer- und Schenkungsteuergesetz, 14. Aufl, München 2004
Mellmann	Pflichtteilsergänzung und Pflichtteilsanrechnung, 1999
Moench/Kien-Hümbert/Weinmann	Erbschaft- und Schenkungsteuer, Loseblatt, Stand: Mai 2005,
Münchener Kommentar	Münchener Kommentar zum Bürgerlichen Gesetzbuch in 11 Bänden; 5. Aufl (zit: MüKo/*Bearbeiter*)
Muscheler	Die Haftungsanordnung der Testamentvollstreckung, 1994
N.Schneider	Die Vergütungsvereinbarung
Nieder	Handbuch der Testamentsgestaltung, 2. Aufl 2000
Nissel	Das neue Stiftungsrecht, 2002
Palandt	Bürgerliches Gesetzbuch: BGB, 65. Aufl 2006
Pues/Scheerbarth	Gemeinnützige Stiftungen, 2. Aufl 2004
Reimann/Bengel/Mayer (vormals: Dittmann/Reimann/Bengel)	Testament und Erbvertrag, 5. Aufl 2006 (zit: R/B/M)
RGRK	BGB-RGRK: Das Bürgerliche Gesetzbuch mit besonderer Berücksichtigung der Rechtsprechung des Reichsgerichts und des Bundesgerichtshofes; 12. Aufl 1975 – 1999 (zit: RGRK/*Bearbeiter*)
Rohlfing	Erbrecht, 2. Aufl 1999
Rosenberg/Schwab/Gottwald	Zivilprozessrecht, 16. Aufl 2004
Rössler/Troll	Bewertungsgesetz, Loseblatt, Stand: Dezember 2005, München 2006
Sarres	Gebühren und Kosten im Familien- und Erbrecht, 1999
Sarres	Die Erbengemeinschaft, 2. Aufl 2006
Scherer	Münchener Anwaltshandbuch Erbrecht, 1. Aufl 2002
Schiffer	Die Stiftung in der anwaltlichen Praxis, 2003
Schmidt	EStG, 25. Aufl
Schindler/Steinsdörfer	Treuhänderische Stiftungen, 7. Aufl 2003
Schneider/Herget	Streitwertkommentar für den Zivilprozess, 11. Aufl 2006
Schöner/Stöber	Grundbuchrecht, 13. Aufl 2004
Schotten	Das internationale Privatrecht in der notariellen Praxis, 1995
Schulze/Dörner/Ebert	Bürgerliches Gesetzbuch, Handkommentar, 5. Aufl 2006 (zit: Hk-BGB/*Bearbeiter*)
Soergel	Bürgerliches Gesetzbuch mit Einführungsgesetz und Nebengesetzen, 25 Bände, 13. Aufl 1999 ff
Staub	Handelsgesetzbuch: HGB, 4. Aufl 1983 ff
Staudinger	Kommentar zum Bürgerlichen Gesetzbuch, 13. Aufl 1993 ff
Stein/Jonas	Kommentar zur Zivilprozessordnung, 22. Aufl 2002 ff
Süß/Haas	Erbrecht in Europa, 2004
Thomas/Putzo	Zivilprozessordnung: ZPO, 27. Aufl 2005
Troll/Gebel/Jülicher	Erbschaftsteuer- und Schenkungsteuergesetz, Loseblatt, Stand: Oktober 2005, München 2005
Tschichoflos	Erbrecht in der anwaltlichen Beratung, 1999
von Bar/Mankowski	Internationales Privatrecht, Bd I: Allgemeine Lehren, 2. Aufl 2003
von Hoffmann/Thorn	Internationales Privatrecht einschließlich der Grundzüge des internationalen Zivilverfahrensrechts, 8. Aufl 2005
Wegmann	Grundstücksüberlassung, 2. Aufl 1999

Literaturverzeichnis

Weinreich/Klein	Kompaktkommentar Familienrecht, 2. Aufl 2005
Wellenhofer-Klein	Die eingetragene Lebenspartnerschaft, 2003
Wieser	Prozessrechtskommentar zum BGB, 2. Aufl 2002
Wiesner/Atzmüller/Grabner	Einkommensteuergesetz EStG 1998, Loseblattwerk, Stand: 1. Okober 2005
Wöhrmann	Das Landwirtschaftserbrecht, 8. Aufl 2004
Zimmermann	Verkehrswertbestimmung von Grundstücken in den neuen Bundesländern, 1995
Zöller	Zivilprozessordnung: ZPO, 25. Aufl 2005

Abkürzungsverzeichnis

A
aA	anderer Ansicht
aaO	am angegebenen Ort
abl	anlehnend
Abs.	Absatz
abw	abweichend
abzgl	abzüglich
AcP	Archiv für die civilistische Praxis
AEAO	Anwendungserlass zur Abgabenordnung
AfA	Absetzung für Abnutzung
AG	Amtsgericht
AgrarR	Agrarrecht (Zeitschrift)
Alt.	Alternative
Amtsbl	Amtsblatt
Anh	Anhang
Anm	Anmerkung
AnwBl	Anwaltsblatt
AnwKomm	*Dauner-Lieb/Heidel/Ring*, Anwaltskommentar BGB 1. Aufl 2005
AO	Abgabenordnung
Art.	Artikel
ARW	Außensteuergesetz
Aufl	Auflage
ausf	ausführlich
AVG	Angestelltenversicherungsgesetz

B
BayL	Bayrische Leitlinien
BayObLG	Bayerisches Oberstes Landgericht
BB	Betriebsberater (Zeitschrift)
Bd	Band
betr	betreffend
BetrAVG	Gesetz zur Verbesserung der betrieblichen Altersversorgung
BewG	Bewertungsgesetz
BfA	Bundesversicherungsanstalt für Angestellte
BfF	Bundesamt für Finanzen
BFH	Bundesfinanzhof
BFH/NV	nicht veröffentlichte Entscheidungen des BFH
BGBl	Bundesgesetzblatt (Jahr, Teil und Seite)
BGH	Bundesgerichtshof
BGHZ	Entscheidungen des Bundesgerichtshofs in Zivilsachen
BKGG	Bundeskindergeldgesetz
BMF	Bundesministerium der Finanzen
BR	*Bamberger/Roth*, Kommentar zum Bürgerlichen Gesetzbuch, Band 1: §§ 1 – 610; Band 3: §§ 1297 – 2385; 1. Aufl 2003
BRAGO	Bundesrechtsanwaltsgebührenordnung
BR-Ds	Bundesratsdrucksache
BRAK-Mitt	BRAK-Mitteilungen
BSHG	Bundessozialhilfegesetz
bspw	beispielsweise
BStBl	Bundessteuerblatt
BT-Ds	Bundestagsdrucksache
BVerfG	Bundesverfassungsgericht
BVerfGE	Entscheidungen des Bundesverfassungsgerichts

Abkürzungsverzeichnis

BVerfGG	Gesetz über das Bundesverfassungsgericht
BWNotZ	Zeitschrift für das Notariat in Baden-Württemberg
bzgl	bezüglich
bzw	beziehungsweise

C

ca	circa

D

DB	Der Betrieb
DBA	Doppelbesteuerungsabkommen
ders	derselbe
dgl	dergleichen
diesbzgl	diesbezüglich
dh	das heißt
DNotZ	Deutsche Notar-Zeitschrift
DRiZ	Deutsche Richter-Zeitung
DStR	Deutsches Steuerrecht
DtZ	Deutsch-Deutsche Rechts-Zeitschrift
DVO	Durchführungsverordnung

E

€	Euro
eV	eingetragener Verein
EFG	Entscheidungen der Finanzgerichte
EG	Europäische Gemeinschaft
EGBGB	Einführungsgesetz zum Bürgerlichen Gesetzbuch
EGGVG	Einführungsgesetz zum Gerichtverfassungsgesetz
EheG	Ehegesetz
Einf	Einführung
Einl	Einleitung
ErbbRVO	Erbbaurechtsverordnung
ErbStDV	Durchführungsverordnung zum Erbschaftsteuerrecht
ErbStG	Erbschaftsteuer- und Schenkungsteuergesetz
ErbStR	Erbschaftsteuerrecht
ErbStVA	Allgemeine Verwaltungsanweisung für die Erbschaftsteuer
ErfK	*Dieterich/Hanau/Schaub*, Erfurter Kommentar zum Arbeitsrecht, 7. Aufl 2006
EStG	Einkommensteuergesetz
etc	et cetera
EuGVÜ	Europäisches Übereinkommen über die gerichtliche Zuständigkeit und die Vollstreckung gerichtlicher Entscheidungen in Zivil- und Handelssachen
evtl	eventuell

F

F	Fach
f, ff	folgende, fortfolgende
FA-ErbR	*Frieser/Sarres/Stückmann/Tschichoflos*, Handbuch des Fachanwalts Erbrecht, 2. Aufl 2007
FA-FamR	*Gerhardt/Heintschel-Heinegg/Klein*, Handbuch des Fachanwalts Familienrecht, 5. Aufl 2005
FamRZ	Zeitschrift für das gesamte Familienrecht
FAO	Fachanwaltsordnung
F/F/D/H	*Ferid/Firsching/Dörner/Hausmann*, Internationales Erbrecht: Quellensammlung mit systematischen Darstellungen des materiellen Erbrechts sowie des Kollisionsrechts der wichtigsten Staaten, Loseblatt, 62. Aufl (2006)
FG	Finanzgericht

FGG	Gesetz über die Angelegenheiten der Freiwilligen Gerichtsbarkeit
FinMin	Finanzministerium
Fn	Fußnote
FR	Finanz-Rundschau
FuR	Familie und Recht (Zeitschrift)

G
GBO	Grundbuchordnung
gem	gemäß
ges	gesetzliche/n/r
GG	Grundgesetz
ggf	gegebenenfalls
GKG	Gerichtskostengesetz
GmbHR	GmbH-Rundschau
grds	grundsätzlich
GrEStG	Grunderwerbsteuergesetz
GVG	Gerichtsverfassungsgesetz

H
Halbs/Hs	Halbsatz
HEZ	Höchstrichterliche Entscheidungen in Zivilsachen
HGB	Handelsgesetzbuch
Hk-BGB	*Schulze/Dörner/Ebert*, Handkommentar BGB, 5. Aufl 2006
hM	herrschende Meinung
HöfeO	Höfeordnung
Hrsg	Herausgeber

I
idR	in der Regel
iE	im Einzelnen
iHv	in Höhe von
INF	Die Information über Steuer und Wirtschaft (Zeitschrift)
insb	insbesondere
IPRax	Praxis des Internationalen Privat- und Verfahrensrechts (Zeitschrift)
iS	im Sinne
iSd	im Sinne des/der
iVm	in Verbindung mit
IZPR	Internationales Zivilprozessrecht

J
JA	Juristische Arbeitsblätter
JMBl NRW	Justizministerialblatt Nordrhein-Westfalen
Jura	Jura (Zeitschrift)
JurBüro	Das Juristische Büro (Zeitschrift für Kostenrecht und Zwangsvollstreckung)
JR	Juristische Rundschau
JuS	Juristische Schulung
JZ	Juristenzeitung

K
Kap	Kapitel
KG	Kammergericht, Kommanditgesellschaft
KGaA	Kommanditgesellschaft auf Aktien
K/L/B/R	*Korintenberg/Lappe/Bengel/Reimann*, KostO, 16. Aufl 2005
KostREuroUG	Gesetz zur Umstellung des Kostenrechts und der Steuerberatergebührenverordnung auf Euro
krit	kritisch

Abkürzungsverzeichnis

L
LG	Landgericht
liSp	linke Spalte
LVA	Landesversicherungsanstalt
lw	landwirtschaftlich

M
MDR	Monatsschrift für Deutsches Recht
mE	meines Erachtens
MedR	Medizinrecht (Zeitschrift)
MittBayNot	Mitteilungen der Bayerischen Notarkammer
MittRhNotK	Mitteilungen der Rheinischen Notarkammer
mN	mit Nachweisen
MüKo	Münchener Kommentar
mwN	mit weiteren Nachweisen

N
NJW	Neue Juristische Wochenschrift
NJW-RR	NJW-Rechtsprechungsreport
Nr.	Nummer
nrkr	nicht rechtskräftig
NWB	Neue Wirtschaftsbriefe
NZV	Neue Zeitschrift für Verkehrsrecht

O
oÄ	oder Ähnliches
OFD	Oberfinanzdirektion
og	oben genannte
OHG	Offene Handelsgesellschaft
OLG	Oberlandesgericht

P
P	Patientenverfügung
PflVFG	Pflichtversicherungsgesetz
PKH	Prozesskostenhilfe
P/W/W	*Prütting/Weinreich/Wegen*, BGB-Kommentar, 1. Aufl 2006

R
RA	Rechtsanwalt/Rechtsanwältin
RabelsZ	Rabels Zeitschrift für ausländisches und internationales Privatrecht
R/B/M	*Reimann/Bengel/Mayer* (vormals: *Dittmann/Reimann/Bengel*), Testament und Erbvertrag, 5. Aufl. 2006
RdL	Recht der Landwirtschaft (Zeitschrift)
re Sp	rechte Spalte
Rev	Revision
RGZ	Reichsgerichtliche Entscheidungen in Zivilsachen
RPfleger	Der Deutsche Rechtspfleger
RechtspflegerG	Rechtspflegergesetz
RG JW	Reichsgericht in der Juristischen Wochenschrift
Rn	Randnummer
RVO	Reichsversicherungsordnung

S
S	Seite
s	siehe
s. auch	siehe auch

Abkürzungsverzeichnis

SchlHAnz	Schleswig-Holsteinische Anzeigen
s. o.	s. o.
s. u.	s. u.
SGB	Sozialgesetzbuch
sog	sogenannte
stRspr	ständige Rechtsprechung
StbJb	Steuerberater-Jahrbuch
stpfl	steuerpflichtig
str	streitig
StSenkG	Gesetz zur Senkung der Steuersätze und zur Reform der Unternehmensbesteuerung
StuB	Steuern und Bilanzen
StuW	Steuer und Wirtschaft

T

TV	Testamentvollstrecker
Tz	Textziffer

U

u	unten
ua	und anderes, unter anderem
uÄ	und Ähnliches
uE	unseres Erachtens
uU	unter Umständen
UVR	Umsatzsteuer und Verkehrsteuerrecht

V

v	vom
V	Vorsorgevollmacht
vH	vom Hundert
VersR	Versicherungsrecht
vgl	vergleiche
VO	Verordnung
Vorb	Vorbemerkung

W

WIB	Wirtschaftsrechtliche Beratung
WM	Wertpapier-Mitteilungen
WPg	Die Wirtschaftsprüfung (Zeitschrift)

Z

ZAP	Zeitschrift für die Anwaltspraxis
zB	zum Beispiel
ZEV	Zeitschrift für Erbrecht und Vermögensnachfolge
Zerb	Zeitschrift für Erbrecht
Ziff	Ziffer
ZPO	Zivilprozessordnung
ZRP	Zeitschrift für Rechtspolitik
ZSEG	Gesetz über die Entschädigung von Zeugen undSachverständigen
zust	zustimmend
ZVG	Gesetz über die Zwangsversteigerung und Zwangsverwaltung
zzgl	zuzüglich

Buch 2: Recht der Schuldverhältnisse
Abschnitt 3: Schuldverhältnisse aus Verträgen
Titel 3: Versprechen der Leistung an einen Dritten

§ 328 Vertrag zugunsten Dritter

(1) Durch Vertrag kann eine Leistung an einen Dritten mit der Wirkung bedungen werden, dass der Dritte unmittelbar das Recht erwirbt, die Leistung zu fordern.

(2) In Ermangelung einer besonderen Bestimmung ist aus den Umständen, insb aus dem Zwecke des Vertrags, zu entnehmen, ob der Dritte das Recht erwerben, ob das Recht des Dritten sofort oder nur unter gewissen Voraussetzungen entstehen und ob den Vertragschließenden die Befugnis vorbehalten sein soll, das Recht des Dritten ohne dessen Zustimmung aufzuheben oder zu ändern.

Literatur zu den §§ 328 ff
Bayer, Der Vertrag zugunsten Dritter, 1995; *ders*, Die Sicherungszession der Rechte aus einer Lebensversicherung und ihre Auswirkungen auf die Bezugsberechtigung, VersR 1989, 17; *Bühler*, Die Rechtsprechung des BGH zur Drittbegünstigung im Todesfall, NJW 1976, 1727; *Canaris*, Die Haftung des Sachverständigen zwischen Schutzwirkungen für Dritte und Dritthaftung aus culpa in contrahendo, JZ 1989, 603; *ders*, Schutzwirkungen zugunsten Dritter bei »Gegenläufigkeit der Interessen«, JZ 1995, 441; *ders*, Die Reichweite der Expertenhaftung gegenüber Dritten, ZHR 163 (1999), 206; *Eitelberg*, Lebensversicherung und Drittrechte, 2002; *Elfring*, Drittwirkungen der Lebensversicherung, 2003; *ders*, Das System der drittbezogenen Ansprüche bei der Lebensversicherung, NJW 2004, 483; *ders*, Die Lebensversicherung im Erbrecht, ZEV 2004, 305; *Finger*, Der Vertrag zugunsten Dritter auf den Todesfall, JuS 1969, 309; *ders*, Die Formfragen beim Vertrag zugunsten Dritter auf den Todesfall, WM 1970, 374; *ders*, Lebensversicherung, Scheidung oder Aufhebung der Ehe und § 2077 BGB, VersR 1990, 230; *Flitsch/Herbst*, Lebensversicherungsverträge in der Insolvenz des Arbeitgebers, BB 2003, 317; *Frömgen*, Das Verhältnis zwischen Lebensversicherung und Pflichtteil, 2004; *Hadding*, Schuldverhältnis und Synallagma beim Vertrag zu Rechten Dritter, FS Gernhuber, 1993, 153; *Haferkamp*, Der Vertrag mit Schutzwirkung für Dritte nach der Schuldrechtsreform – ein Auslaufmodell in: Dauner-Lieb/Konzen/Schmidt, Das neue Schuldrecht in der Praxis, 2002, 171; *Henrich*, Die Anknüpfung von Spar- und Depotverträgen zugunsten Dritter auf den Todesfall, FS Lorenz, 1991, 379; *Klein*, Haftungsbeschränkungen zugunsten und zu Lasten Dritter und ihre Behandlung in der Schuldrechtsreform, JZ 1997, 390; *Klepsch/Klepsch*, Der Lebensversicherungsvertrag im Erb- und Steuerrecht, NotBZ 2004, 365; *König*, Die Drittbegünstigung in der Kapitallebensversicherung im deutschen und englischen Recht, 1998; *Krause*, Zuwendungen unter Lebenden auf den Todesfall als alternative Gestaltungsmöglichkeit der Vermögensnachfolge, NotBZ 2001, 87; *Kümpel*, Konto/Depot zugunsten Dritter auf den Todesfall und das Widerrufsrecht der Erben, WM 1993, 825; *Lange*, Falsche Auskunftserteilung und Haftung, NJW 1998, 1697; *Lorenz*, Zur Anwendbarkeit erbrechtlicher Vorschriften auf Drittbegünstigungen durch eine Kapitallebensversicherung auf den Todesfall, FS Farny, 1994, 335; *Martiny*, Pflichtenorientierter Drittschutz beim Vertrag mit Schutzwirkung für Dritte, JZ 1996, 19; *Mayer*, Ausgewählte erbrechtliche Fragen des Vertrags zugunsten Dritter, DNotZ 2000, 905; *Müller-Feldhammer*, Die Lebensversicherung in der Insolvenz des Versprechensempfängers, NZI 2001, 343; *Muscheler*, Vertrag zugunsten Dritter auf den Todesfall und Erbenwiderruf, WM 1994, 921; *ders*, Entziehung der elterlichen Vermögenssorge beim Vertrag zugunsten Dritter auf den Todesfall, WM 2004, 1009; *Nieder*, Rechtsgeschäfte unter Lebenden auf den Tod, ZNotP 1998, 143, 192; *Papanikolaou*, Schlechterfüllung beim Vertrag zugunsten Dritter, 1997; *Peters*, Die Lebensversicherung als echter Vertrag zugunsten Dritter, MDR 1995, 659; *Schmalz-Brüggemann*, Die Rechtsstellung des Bezugsberechtigten aus einem Lebensversicherungsvertrag nach testamentarischem Widerruf der Bezugsberechtigung, ZEV 1996, 84; *Schreiber*, Unentgeltliche Zuwendungen auf den Todesfall, Jura 1995, 159; *Sieg*, Der Versicherungsvertrag als Vertrag zugunsten Dritter, ZversWiss 84 (1995), 697; *Stegmann/Lind*, Der Lebensversicherungsver-

trag in der Insolvenz, NVersZ 2002, 193; *Thiel*, Die Anfechtung der (Um-)Benennung des Bezugsberechtigten für die Todesfallversicherung gem § 134 Abs. 1 InsO, ZIP 2002, 1232; *Vollkommer*, Erbrechtliche Gestaltung des Valutaverhältnisses beim Vertrag auf den Todesfall, ZEV 2000, 10; *Westermann*, Vertragliche Dritthaftung im neuen Schuldrecht, FS Honsell, 2002, 137; *Wolf*, Die Entbehrlichkeit des Valutaverhältnisses beim Vertrag zugunsten Dritter auf den Todesfall, FamRZ 2002, 147; *Wolfram-Korn*, Bezugsberechtigung im VersR, VuR 2001, 201.

A. Allgemeines

1 Im Rahmen der Nachlassplanung stehen neben Verfügungen von Todes wegen und lebzeitig vollzogenen Schenkungen (vgl hierzu die Erläuterungen zu §§ 516 ff) weitere Instrumentarien zur gewillkürten Weitergabe von Vermögen auf den Todesfall zur Verfügung. Zu nennen sind insb der echte Vertrag zugunsten Dritter gem §§ 328, 331 und das Schenkungsversprechen von Todes wegen iSd § 2301 (vgl hierzu die Erläuterungen zu § 2301). Die Abgrenzung ist im Einzelfall schwierig (vgl etwa *Krause* NotBZ 2001, 87).

2 Gem § 328 Abs. 1 können die Vertragsparteien vereinbaren, dass der Schuldner die Leistung an einen vom Gläubiger verschiedenen Dritten erbringt. Der Vertrag zugunsten Dritter ist kein eigenständiger Vertragstyp. Vielmehr kann jeder schuldrechtliche Verpflichtungsvertrag durch eine entsprechende Abrede der Vertragsparteien zu einem Vertrag zugunsten Dritter werden, so zB Miet-, Dienst-, Werk- und Kaufverträge, Auftrag, Schenkung oder Versicherungsverträge (Palandt/*Heinrichs* § 328 Rn 1; Soergel/*Hadding* § 328 Rn 32). Im Bereich der Vermögensnachfolge finden sich die Hauptanwendungsfälle des Vertrages zugunsten Dritter im Bank- und Versicherungswesen (vgl Rn 14 ff, § 330 Rn 3 ff und § 331 Rn 9).

B. Rechtsverhältnisse

3 Entsprechend der Leistungsbeziehungen beim Vertrag zugunsten Dritter sind das Deckungsverhältnis, das Valutaverhältnis und das Vollzugsverhältnis zu unterscheiden.

I. Deckungsverhältnis

4 Das Rechtsverhältnis zwischen dem Versprechensempfänger (Gläubiger) und dem Versprechenden (Schuldner) beschreibt das Deckungsverhältnis. Dieses bestimmt die zu erbringende Leistung und die Person des Dritten. Hierbei kommt gem § 328 Abs. 2 dem Zweck des Vertrages entscheidende Bedeutung zu (vgl Rn 12).

II. Valutaverhältnis

5 Das Valutaverhältnis besteht zwischen dem Versprechensempfänger und dem Dritten. Letzterem steht der erworbene Anspruch nur zu, wenn im Verhältnis zum Versprechensempfänger ein wirksamer schuldrechtlicher Rechtsgrund für den Erwerb des Zugewendeten besteht, zB eine Schenkung. Mängel des Valutaverhältnisses lassen die Wirksamkeit des Vertrages zugunsten Dritter unberührt (vgl Staudinger/*Jagmann* § 328 Rn 47).

III. Vollzugsverhältnis

6 Das Vollzugsverhältnis zwischen dem Versprechenden und dem Dritten ist kein vertragliches Rechtsverhältnis. Es begründet aber ein vertragsähnliches Vertrauensverhältnis mit der Folge, dass die dem Versprechenden obliegenden Nebenpflichten auch gegenüber dem Dritten bestehen (Palandt/*Heinrichs* Einf vom § 328 Rn 5). Gleiches gilt für alle Einwendungen des Versprechenden aus dem Vertrag gegenüber dem Dritten (§ 334). Andererseits obliegen dem Dritten im Verhältnis zum Versprechenden die vertraglichen Nebenpflichten eines Gläubigers (Erman/*Westermann* vor § 328 Rn 6).

C. Anwendungsbereich

Vom Anwendungsbereich der §§ 328 ff erfasst sind nur schuldrechtliche Verpflichtungsverträge. Auf schuldrechtliche Verfügungsverträge, wie zB Abtretung (§ 398) oder Erlass (§ 397), oder dingliche Verträge, zB Übereignung, sind die Vorschriften über den Vertrag zugunsten Dritter weder direkt noch analog anwendbar (BGHZ 41, 95; BGH NJW 1993, 2617). 7

D. Form

Die Form des Vertrages zugunsten Dritter richtet sich nach den für das Deckungsverhältnis (Rn 4) geltenden Vorschriften (MüKo BGB/*Gottwald* § 328 Rn 26). Dies gilt selbst dann, wenn es sich im Verhältnis zwischen dem Versprechensempfänger und dem begünstigten Dritten um eine unentgeltliche Zuwendung handelt (BGHZ 54, 145). Der Vertrag zugunsten Dritter kann demnach grds formfrei abgeschlossen werden. Etwas anderes gilt nur, wenn das Gesetz spezielle Formvorschriften enthält, wie zB § 311b hinsichtlich der Verpflichtung des Versprechenden zur Übertragung eines Grundstücks, § 15 GmbHG hinsichtlich der Verpflichtung des Versprechenden zur Übertragung von GmbH-Geschäftsanteilen oder § 518 Abs. 1, sofern der Versprechende eine Leistung schenkweise verspricht. 8

E. Voraussetzungen

I. Vertrag

Notwendig ist ein Vertrag zwischen dem Versprechensempfänger (Gläubiger) und dem Versprechenden (sog Deckungsverhältnis, vgl Rn 4). 9

II. Dritter

In dem Vertrag zwischen dem Versprechenden und dem Versprechensempfänger ist die Person des Dritten zu bestimmen. Dritter kann jede, auch noch nicht gezeugte natürliche oder erst geplante juristische Person sein (BGHZ 129, 297; OLG München NJW 2000, 1423). Ausreichend ist, dass die Person des Dritten nach sachlichen oder persönlichen Kriterien bestimmbar ist (*Holdoch* JZ 1958, 724; Erman/*Westermann* § 328 Rn 6). 10

III. Leistungsinhalt

Gegenstand des Vollzugsverhältnisses kann jede zulässige Leistung sein, auch ein Unterlassen nach § 241 Abs. 1 Satz 2 (OLG München NJW-RR 1992, 1097; Staudinger/*Jagmann* § 328 Rn 10). Ob und mit welchem Inhalt der Dritte durch den Vertrag ein Forderungsrecht erhält, hängt vom Willen der Vertragsschließenden ab. Dieser ist ggf durch Auslegung zu ermitteln. 11

In Ermangelung einer besonderen Bestimmung ist gem § 328 Abs. 2 aus den Umständen, insb aus dem Zwecke des Vertrages, zu entnehmen, ob der Dritte das Recht erwerben, ob das Recht des Dritten sofort oder nur unter gewissen Voraussetzungen entstehen und ob den Vertragsschließenden die Befugnis vorbehalten sein soll, das Recht des Dritten ohne dessen Zustimmung aufzuheben oder zu ändern. Besondere Bedeutung hat dabei der Zweck des Vertrages, den die Vertragsschließenden verfolgen (vgl BGH NJW 1991, 2209; Soergel/*Hadding* § 328 Rn 70). 12

F. Rechtsfolge

Der Dritte erwirbt eigenen Leistungsanspruch iSd § 241 Abs. 1 Satz 1. Dieser entsteht unmittelbar in der Person des Dritten ohne Durchgangserwerb des Versprechensemp- 13 fängers (BGHZ 91, 288; Palandt/*Heinrichs* § 328 Rn 5). Bei Leistungsstörungen stehen dem Dritten die Ansprüche aus §§ 280 Abs. 1 und 2 iVm 286 und 311 Abs. 2 und 3 zu (vgl OLG Köln NJW-RR 1997, 542). Ausgeschlossen sind dagegen regelmäßig der Schadensersatzanspruch gem §§ 281 ff und das Rücktrittsrecht nach § 323 (vgl OLG München Rpfleger 1972, 32; *Gottwald* JZ 1985, 576). Der Versprechensempfänger kann gem § 335 Leistung an den Dritten verlangen. Darüber hinaus stehen ihm die das Deckungsverhältnis betreffenden Rechte, wie Anfechtung, Kündigung, Widerruf, Rücktritt, Minderung oder Schadensersatz statt Leistung zu (Palandt/*Heinrichs* § 328 Rn 6). Dem Versprechenden können Schadensersatzansprüche gegenüber dem Dritten zustehen, sofern dieser die ihm obliegenden Pflichten aus dem Vollzugsverhältnis verletzt (vgl Rn 6).

G. Einzelfall: Verfügungen zugunsten Dritter über Bankguthaben

14 Insb hinsichtlich Bankguthaben gibt es eine Reihe bankspezifischer Gestaltungen, die es ermöglichen, Vermögenswerte aus dem Nachlass auszugliedern und für sie eine Art Sondernachfolge anzuordnen.

I. Allgemeines

15 Die Verfügungen zugunsten Dritter über Bankguthaben sind in mehrfacher Hinsicht in ihrem Bestand gefährdet.

16 Zunächst können sich Einschränkungen aus dem Deckungsverhältnis (vgl Rn 4) zwischen dem Versprechensempfänger (Kontoinhaber) und dem Versprechenden (Bank) ergeben. Der durch den Kontoinhaber begünstigte Dritte erlangt nur einen Anspruch auf Übertragung etwaiger Guthaben gegen die Bank, wenn diese Rechtsfolge ausdrücklich mit der Bank vereinbart und von ihrem Leistungswillen erfasst wird (BGH NJW 1965, 913). Entsprechende vertragliche Vereinbarungen mit der Bank sind zwingend erforderlich. Sollte eine Bank hierzu im Einzelfall nicht bereit sein, scheidet der Vertrag zugunsten Dritter als Instrumentarium der Vermögensübertragung aus. Dem Kontoinhaber verbleibt nur der Weg des allgemeinen Erbrechts.

17 Dem Valutaverhältnis (vgl Rn 5) zwischen Kontoinhaber und Begünstigtem wird regelmäßig eine Schenkung zugrunde liegen. Diese wird wegen der Formvorschrift des § 518 Abs. 1 erst mit Vollzug iSd § 518 Abs. 2 wirksam. Das Angebot der Schenkung kann durch die Erben vor der Annahme des Begünstigten oder gleichzeitig mit ihr wirksam widerrufen werden, falls keine erbrechtliche Absicherung vorliegt oder der Erbe der Verfügung nicht in erbrechtlich bindender Weise zugestimmt hat. Fehlt es nach dem Widerruf an einem wirksamen Valutaverhältnis, steht den Erben ein bereicherungsrechtlicher Anspruch gegen den Begünstigten nach §§ 812 ff zu.

18 Verfügungen über Bankkonten zugunsten Dritter werden in der Praxis häufig getroffen, wenn der Erblasser in seiner Testierfreiheit beschränkt ist. Auch wenn sie gleichwohl wirksam sind, ist in diesen Fällen zu berücksichtigen, dass dem benachteiligten Vertragserben ggf ein Bereicherungsanspruch nach § 2287 zustehen kann. Gleiches gilt gem § 2288 für den Vermächtnisnehmer (vgl BGH FamRZ 1976, 205). Entscheidend ist in diesen Fällen das lebzeitige Eigeninteresse des Erblassers an der Bankverfügung.

II. Einzelkonto zugunsten Dritter

19 Der Erblasser kann zu Lebzeiten ein Konto auf den Namen des Begünstigten einrichten. Es liegt insoweit ein Vertrag mit der Bank zugunsten Dritter gem § 328 vor. Da die Rechtsänderung – der Begünstigte wird Kontoinhaber – sofort eintritt, empfiehlt es sich eine Regelung für den Fall des Vorversterbens des Begünstigten zu treffen.

20 Will der Erblasser verhindern, dass der Begünstigte vor seinem Ableben über das Konto verfügen kann, ist ein entsprechender Sperrvermerk aufzunehmen. Die Verfügungsmacht des Kontoinhabers ist hierdurch eingeschränkt. Behält sich der Erblasser zusätzlich die

Verfügungsbefugnis vor, wird die Zehnjahresfrist des § 2325 Abs. 3 regelmäßig nicht in Gang gesetzt.

Gleiches gilt, wenn ein Sparbuch etwa zugunsten eines Kindes eingerichtet wird und zwischen dem Erblasser sowie der Bank Einigkeit besteht, dass das Kind die Forderung erst zu einem bestimmten Zeitpunkt erwerben soll. Hält der Erblasser das Sparbuch zurück, steht ihm insb wegen § 808 die Verfügungsbefugnis über das Konto zu (BGH NJW 1970, 1181; s auch *Werkmüller* ZEV 2000, 305, 306). Die Zuwendung eines Anspruchs iSd § 328 Abs. 1 dürfte hierin noch nicht zu sehen sein. Aus diesem Verhalten ist vielmehr idR zu schließen, dass der Zuwendende sich die Verfügung über das Sparguthaben bis zu seinem Tode vorbehalten will (BGH DNotI-Report 2005, 52). 21

Zu beachten ist auch in diesen Fällen, dass der Begünstigte die Zuwendung nur bei Vorliegen eines wirksamen Valutaverhältnisses (vgl Rn 5) behalten darf (vgl etwa BGH WM 1976, 1130). 22

III. Gemeinschaftskonto mit dem Begünstigten

Gemeinschaftskonten zwischen Erblasser und Begünstigten können in der Form des Und-Kontos oder in der Form des Oder-Kontos eingerichtet werden. 23

Über das Und-Konto sind sämtliche Kontoinhaber nur gemeinsam verfügungsbefugt. Die Bank kann dementsprechend an diese nur gemeinsam mit schuldbefreiender Wirkung leisten. Das Und-Konto ist nicht geeignet, Vermögensverschiebungen außerhalb des Nachlasses vorzunehmen. Bei Tod eines Kontoinhabers fällt dessen Kontoinhaberschaft in den Nachlass. Der überlebende Kontoinhaber kann nur mit Zustimmung der Erben über das Konto verfügen (*Reimann* in: Dittmann/Reimann/Bengel, Testament und Erbvertrag, Teil E, Rn 258). 24

Demgegenüber ist bei einem Oder-Konto jeder Kontoinhaber allein verfügungsberechtigt. Hierbei handelt es sich um den Regelfall eines Kontos mehrerer Personen. Mit Hilfe des Oder-Kontos ist auch eine gewillkürte Weitergabe von Vermögen außerhalb des Nachlasses möglich. Nach Versterben eines Kontoinhabers kann der überlebende Kontoinhaber die Auszahlung des Guthabens an sich allein verlangen. 25

In diesem Fall besteht allerdings die Ausgleichspflicht gegenüber den Erben gem § 430. Etwas anderes gilt, wenn nach dem Willen des verstorbenen Kontoinhabers der überlebende Kontoinhaber mit dem am Todestag vorhandenen gesamten Guthaben des Kontos bedacht werden sollte. Soweit der Kontoinhaber dem weiteren Kontoinhaber zu Lebzeiten die Mitverfügungsbefugnis über das Konto eingeräumt hat, dürfte dies als ein schon zu Lebzeiten erbrachtes Vermögensopfer anzusehen sein (BGH MittBayNot 1986, 197). Hierin ist auch eine gem § 518 Abs. 2 vollzogene Schenkung hinsichtlich des Kontobestandes zu sehen. Der Lauf der Zehnjahresfrist des § 2325 Abs. 3 dürfte damit in Gang gesetzt sein. 26

IV. Bankvollmacht für den Todesfall

Der Erblasser kann dem Begünstigten für seinen Todesfall Vollmacht über sein Bankkonto erteilen (s hierzu auch: *Werkmüller* ZEV 2000, 305, 306 f). Die Erteilung der Vollmacht als solche bedeutet noch nicht, dass dem Begünstigten der Vermögensvorteil dauerhaft verbleibt. Auch insoweit ist ein wirksames Valutaverhältnis (vgl Rn 5) erforderlich, welches dem Bevollmächtigten gestattet, Verfügungen über das Konto zu seinen Gunsten zu treffen. Die Vollmachtserteilung kann auf ein Angebot auf Abschluss eines Schenkungsvertrages hindeuten. Dieses wird, sofern es durch die Erben nicht rechtzeitig widerrufen ist, durch die Verfügung des Bevollmächtigten angenommen und damit das Schenkungsversprechen vollzogen und gem § 518 Abs. 2 geheilt (OLG München WM 1973, 1252; BGH DNotZ 1987, 25). Eine Nachfrage der Bank bei den Erben ist nicht notwendig (BGH WM 1969, 702; BGH ZEV 1995, 150). Die Zehnjahresfrist des § 2325 Abs. 3 wird durch die Erteilung einer Bankvollmacht nicht in Lauf gesetzt. 27

V. Vertrag zugunsten Dritter auf den Todesfall

28 Der Vertrag zugunsten Dritter auf den Todesfall (§ 331) ist besonders zweckmäßig, um einzelne Bankguthaben außerhalb des Nachlasses Dritten zuzuwenden. Anders als bei der Einrichtung eines Kontos auf den Namen des Begünstigten (Einzel- oder Gemeinschaftskonto) wird dieser erst nach Versterben des Erblassers Kontoinhaber und damit verfügungsbefugt. Die Begünstigung des Dritten kann sich auch auf einen Sparbrief erstrecken, der mit Mitteln des Guthabens erworben wurde (OLG Köln WM 1996, 1365). Es muss jedoch stets ein wirksames Valutaverhältnis (vgl Rn 5) vorliegen. Auch der Vertrag zugunsten Dritter auf den Todesfall über ein Bankkonto vermag den Lauf der Frist des § 2325 Abs. 3 nicht in Gang zu setzen.

VI. Wertpapierdepot

29 Problematisch in Zusammenhang mit Wertpapierdepots ist, dass im Wege eines Vertrages zugunsten Dritter nur schuldrechtliche Ansprüche, nicht aber dingliche Rechte übertragen werden können (vgl Rn 7). Dieser Schwierigkeit kann durch Abschluss eines Treuhandvertrages begegnet werden (vgl hierzu näher *Nieder*, Handbuch der Testamtsgestaltung, Rn 370 mwN). Zu diesem Zweck überträgt der Depotinhaber sein Eigentum an den im Wertpapierdepot gebuchten Wertpapieren treuhänderisch an die depotführende Bank unter Vorbehalt eines bedingten Rückübereignungsanspruchs gem §§ 667, 665. Dieser schuldrechtliche Rückübereignungsanspruch bildet den Gegenstand des Vertrages zugunsten Dritter auf den Todesfall iSd § 331. Der Depotinhaber begründet sodann auf den Zeitpunkt seines Todes mit der depotführenden Bank zugunsten des begünstigten Dritten für diesen einen schuldrechtlichen Anspruch auf Übereignung der Wertpapiere. Gleiches gilt für einen vom Depotinhaber mit der Bank abgeschlossenen Treuhandvertrag, wonach die Bank verpflichtet ist, nach seinem Tod den Erlös aus dem Verkauf der Wertpapiere an den Dritten auszukehren.

H. Vertrag mit Schutzwirkung zugunsten Dritter

30 Als Sonderfall der Drittberechtigung hat die Rechtsprechung auf der Grundlage einer ergänzenden Vertragsauslegung das Rechtsinstitut des Vertrages mit Schutzwirkung zugunsten Dritter entwickelt (vgl zB BGH NJW 1984, 355; *Dahm* JZ 1992, 1167). Der Dritte erlangt keinen eigenen Leistungsanspruch. Jedoch ist er in die vertraglichen Sorgfalts- und Schutzpflichten einbezogen. Diese Schutzpflichten zugunsten Dritter können sich aus schuldrechtlichen Verpflichtungsverträgen jeder Art ergeben.

31 Der Dritte muss bestimmungsgemäß mit der Durchführung der Vertragspflichten in Berührung kommen. Daher sind häufig Familienangehörige oder Arbeitnehmer des Gläubigers betroffen (vgl BGH NJW 1996, 2927). Ursprünglich wurde die Einbeziehung in die Vertragssphäre danach beurteilt, ob der Gläubiger für das Wohl und Wehe des Dritten mitverantwortlich ist (vgl BGHZ 51, 91). Notwendig war hierfür insb eine Rechtsbeziehung mit personenrechtlichem Einschlag (BGH NJW 1977, 2208). Nach neuer Rechtsprechung ist ausreichend, dass der Gläubiger ein besonderes Interesse an der Einbeziehung des Dritten in die Schutzwirkung des Vertrages hat und eine Auslegung des Vertrages nach allgemeinen Grundsätzen (§§ 133, 157) eine Ausdehnung des vertraglichen Schutzbereichs auf den Dritten zulässt (BGHZ 133, 168; BGHZ 138, 257).

32 Eine Haftung des Schuldners setzt darüber hinaus voraus, dass die Drittbezogenheit der Leistung und die Gläubigernähe des Dritten für diesen erkennbar waren (BGHZ 49, 350; BGHZ 75, 321); Zahl und Name der zu schützenden Dritten müssen ihm nicht bekannt sein. Es reicht aus, dass die Schutzpflicht auf eine klar abgrenzbare Personengruppe beschränkt ist (BGH NJW 1998, 1059).

33 Schließlich muss der Dritte schutzbedürftig sein. Dies ist zB nicht der Fall, wenn der Dritte einen inhaltsgleichen vertraglichen Anspruch gegenüber dem Gläubiger hat (BGHZ 129, 136; BGHZ 133, 168).

Als Rechtsfolge erlangt der Dritte einen eigenen vertraglichen Schadensersatzanspruch 34
auf Ersatz seiner Körper-, Sach- oder Vermögensschäden. Gesetzliche und vertragliche
Haftungsbeschränkungen (zB § 51a BRAO; § 67a StBerG; § 323 Abs. 2 HGB) wirken zu
Lasten des Dritten (BGHZ 49, 350; BGHZ 69, 82; BGHZ 56, 269).

I. Kein Vertrag zu Lasten Dritter

Ein Vertrag zu Lasten Dritter ist mit dem Grundsatz der Privatautonomie nicht vereinbar 35
und daher unwirksam (BGHZ 54, 247; BGHZ 61, 361; BGHZ 78, 374).

J. Prozessuales

Die Beweislast für den Erwerb eines eigenen Rechtes trägt der Dritte. Durch die ges 36
Vermutungen der §§ 329 – 332 ist die Beweislast aber modifiziert.

§ 329 Auslegungsregel bei Erfüllungsübernahme

Verpflichtet sich in einem Vertrag der eine Teil zur Befriedigung eines Gläubigers des anderen Teils, ohne die Schuld zu übernehmen, so ist im Zweifel nicht anzunehmen, dass der Gläubiger unmittelbar das Recht erwerben soll, die Befriedigung von ihm zu fordern.

A. Allgemeines

§ 329 enthält die Auslegungsregel, dass eine Erfüllungsübernahme im Zweifel keinen 1
berechtigenden Vertrag zugunsten eines Dritten darstellt. Der Gläubiger erwirbt aus
der Vereinbarung dementsprechend keine eigenen Rechte. Die Vorschrift ist eine der
»besonderen Bestimmungen«, auf die § 328 Abs. 2 verweist.

B. Erfüllungsübernahme

Die Erfüllungsübernahme ist ein Vertrag zwischen dem Schuldner und dem Überneh- 2
mer. Durch sie verspricht der Übernehmer ausschließlich dem Schuldner, dessen Gläubiger zu befriedigen. Im Verhältnis zur befreienden Schuldübernahme (§§ 414 ff) und
zum Schuldbeitritt begründet die Erfüllungsübernahme keinen Anspruch des Gläubigers gegen den Dritten (vgl auch § 516 Rn 72 f). Sie ist daher ein unechter Vertrag
zugunsten Dritter. Ein gesetzlich geregelter Fall der Erfüllungsübernahme findet sich in
§ 415 Abs. 3.
Beispiele: Verpflichtung der privaten Krankenversicherung auf Erstattung von Arztkos- 3
ten (OLG Köln VersR 1984, 1165; Verpflichtung zur Übernahme der Kosten eines Anwalts oder Notars (BGH NJW 1973, 1373); Übernahme von Maklerkosten (OLG Schleswig DNotZ 1982, 365); Versprechen des Nachmieters, Renovierungspflicht des Mieters
zu übernehmen (OLG Düsseldorf NJW 1973); Verhältnis zwischen Kreditkartenherausgeber und Karteninhaber (MüKo BGB/*Gottwald* § 329 Rn 12 f; Soergel/*Hadding* § 329
Rn 11).

C. Form der Erfüllungsübernahme

Die Erfüllungsübernahme ist grds formfrei. Erfolgt sie schenkweise gilt § 518 (Staudinger/ 4
Jagmann § 329 Rn 5); bei einem abstrakten Schuldversprechen ist die Form des § 780 einzuhalten (Erman/*Westermann* § 329 Rn 4). Nicht anwendbar ist § 766 bei Übernahme der
Erfüllung einer Bürgschaftsverpflichtung (BGH NJW 1972, 576).

§ 330 BGB | Auslegungsregel bei Lebensversicherungs- oder Leibrentenvertrag

D. Rechtsfolge

5 Der Schuldner erlangt durch die Erfüllungsübernahme einen Befreiungsanspruch (Palandt/*Heinrichs* § 329 Rn 6). Lehnt der Gläubiger die Leistung des Übernehmers ab, so kommt er gegenüber dem Schuldner in Annahmeverzug (MüKo BGB/*Gottwald* § 329 Rn 18). Inwieweit sich spätere Erweiterungen der Schuld auf die Erfüllungsübernahme auswirken, ist Auslegungsfrage (Palandt/*Heinrichs* § 329 Rn 6). Wird der Befreiungsanspruch an den Gläubiger der Schuld abgetreten (diese Abtretung wird allgemein zugelassen; vgl MüKo BGB/*Gottwald* § 329 Rn 15), wandelt sich dieser in einen Zahlungsanspruch (§ 257).

E. Prozessuales

6 Von § 329 abweichende Vereinbarungen – ausdrücklich oder stillschweigend – sind möglich (Staudinger/*Jagmann* § 329 Rn 2; vgl auch BGH NJW 1980, 2126). Die Beweislast für diese trägt derjenige, der sich darauf beruft. Entscheidend ist stets der Parteiwille (Bamberger/Roth/*Janoscheck* § 329 Rn 2), die konkreten Umstände und der objektive Vertragszweck.

§ 330 Auslegungsregel bei Lebensversicherungs- oder Leibrentenvertrag

Wird in einem Lebensversicherungs- oder einem Leibrentenvertrag die Zahlung der Versicherungssumme oder der Leibrente an einen Dritten bedungen, so ist im Zweifel anzunehmen, dass der Dritte unmittelbar das Recht erwerben soll, die Leistung zu fordern. Das Gleiche gilt, wenn bei einer unentgeltlichen Zuwendung dem Bedachten eine Leistung an einen Dritten auferlegt oder bei einer Vermögens- oder Gutsübernahme von dem Übernehmer eine Leistung an einen Dritten zum Zwecke der Abfindung versprochen wird.

A. Allgemeines

1 Lebensversicherungsverträge gehören zum Vermögen des Erblassers und sind dementsprechend nach den allgemeinen Regeln vererblich. Etwas anderes gilt jedoch, wenn vom Versicherungsnehmer ein Bezugsberechtigter benannt ist. In einem solchen Fall liegt regelmäßig ein Vertrag zugunsten Dritter vor (s hierzu *Liessem* MittRhNotK 1988, 29; zur Problematik Lebensversicherung und Testamentsvollstreckung s DNotI-Gutachten DNotI-Report 2000, 135; zum Lebensversicherungsvertrag im Erb- und Steuerrecht s.a. *Klepsch/Klepsch* NotBZ 2004, 365). Eine entsprechende Auslegungsregel findet sich in § 330.

2 Die Vorschrift enthält darüber hinaus für Leibrentenverträge, unentgeltliche Zuwendungen sowie die Vermögens- oder Gutsübernahme vergleichbare Vermutungsregeln.

B. Lebensversicherungsvertrag

3 § 330 gilt für alle Arten von Lebensversicherungen, Kapital- und Rentenversicherungen, auf den Todes- oder Erlebensfall, wie auch für Kapitalunfallversicherungen; § 180 VVG (Palandt/*Heinrichs* § 330 Rn 2). Die Vorschriften des BGB bleiben durch das VVG unberührt, werden jedoch ergänzt durch die Auslegungsregeln der §§ 166 – 168 VVG. Die Bezeichnung des Bezugsberechtigten erfolgt durch eine einseitige, rechtsgestaltende, empfangsbedürftige Willenserklärung des Versicherungsnehmers gegenüber dem Versicherer (BGH NJW 1976, 290; OLG Köln NVersZ 1999, 320).

4 Der Rechtserwerb des Bezugsberechtigten vollzieht sich im Zeitpunkt des Todes des Versicherungsnehmers schuldrechtlich außerhalb des Erbrechts (BGHZ 13, 232; BGHZ 32, 47; BGHZ 130, 381; OLG Frankfurt NJW-RR 1998, 795; OLG Schleswig ZEV 1999, 107 mit Anm

Muscheler ZEV 1999, 229). Dies gilt auch, wenn die Bezugsberechtigung nicht unwiderruflich ausgestaltet ist (BGHZ 13, 232; BGHZ 32, 47; BGHZ 130, 381; OLG Frankfurt NJW-RR 1998, 795; OLG Schleswig ZEV 1999, 107 mit Anm *Muscheler* ZEV 1999, 229). § 167 Abs. 2 VVG bestimmt, dass sich der Rechtserwerb selbst dann außerhalb des Erbrechts vollzieht, wenn die Erben als Bezugsberechtigte benannt sind.

Die Zuwendung bedarf im Valutaverhältnis zwischen dem Erblasser und dem Dritten stets eines Rechtsgrundes (vgl OLG Hamm NotBZ 2005, 220). Erfolgt sie unentgeltlich, liegt dem Rechtserwerb regelmäßig eine Schenkung iSd §§ 516 ff zugrunde (krit *Vollkommer* ZEV 2000, 10, nach dem das Valutaverhältnis auch durch ein erbrechtliches Rechtsgeschäft geprägt sein kann). Heilung tritt gem § 518 Abs. 2 mit Vollzug ein, sofern nicht ein wirksamer Widerruf der Erben erfolgt. Im Falle des wirksamen Widerrufs ist vom Begünstigten der Anspruch auf Auszahlung der Versicherungsleistung herauszugeben. Bereicherungsgegenstand sind nicht etwa nur die vom Erblasser gezahlten Prämien (OLG Hamm NotBZ 2005, 220).

Der Versicherungsnehmer kann gem § 332 die Benennung des Bezugsberechtigten »im Zweifel« auch durch eine Verfügung von Todes wegen vornehmen. Hierzu ist erforderlich, dass er sich die Befugnis vorbehalten hat, den Bezugsberechtigten ohne Zustimmung des Versicherungsunternehmens auszuwechseln. Dieses Recht ergibt sich aus § 166 VVG.

In der Praxis ist zu beachten, dass das Recht der Auswechslung des Bezugsberechtigten im Versicherungsvertrag ausgeschlossen sein kann. Außerdem gilt für die Lebensversicherungen regelmäßig § 13 ALB, wonach die Begründung oder der Widerruf eines Drittrechts erst mit schriftlicher Anzeige an das Versicherungsunternehmen wirksam wird. Diesem Anzeigeerfordernis genügt die Vorlage eines Testaments des Versicherungsnehmers nach dessen Tod nicht, so dass insoweit eine wirksame Änderung des Bezugsberechtigten nicht möglich ist (BGH NJW 1993, 3133). Der Inhalt des Versicherungsvertrages ist daher stets vor einer entsprechenden Verfügung von Todes wegen zu prüfen.

Ist die Bezugsberechtigung des Dritten bereits zu Lebzeiten des Versicherungsnehmers durch Übereinkunft mit dem Versicherungsunternehmen unwiderruflich ausgestaltet, liegt regelmäßig eine vollzogene Schenkung gem § 330 vor (Dittmann/Reimann/Bengel/ *Reimann* § 2301 Rn 73). Ein mit dem Bezugsberechtigten vereinbartes Widerrufsverbot wirkt dagegen nur schuldrechtlich, sodass ein Schenkungsvollzug nicht angenommen werden kann.

Nach der bisherigen Rechtsprechung sind bei Lebensversicherungsverträgen zugunsten Dritter grds nur die vom Versicherungsnehmer erbrachten Prämienzahlungen als Schenkung an den Begünstigten anzusehen, nicht jedoch die mit dem Tode des Versicherungsnehmers zur Auszahlung gelangende Versicherungssumme (BGH FamRZ 1976, 616; *Klepsch/Klepsch* NotBZ 2004, 365, 371). Dies gilt jedenfalls, wenn das Bezugsrecht des Dritten bereits bei Vertragsabschluss begründet worden ist. Diese Unterscheidung hat nicht nur Auswirkungen auf den Schutz der Vertragserben nach § 2287, sondern auch erhebliche Bedeutung für das Pflichtteilsrecht (s hierzu eingehend *Klingelhöffer* ZEV 1995, 180). In solchen Fällen unterliegen regelmäßig nur die Versicherungsbeiträge der letzten 10 Jahre vor dem Tod des Versicherungsnehmers der Pflichtteilsergänzung nach § 2325, nicht jedoch die ausgezahlte Versicherungssumme (vgl BGH FamRZ 1976, 616 mit abl Anm *Harder*; *Klepsch/Klepsch* NotBZ 2004, 365, 371; krit *J. Mayer* DNotZ 2000, 905, 927; aA *Elfring* NJW 2004, 483, 485; *ders* ZEV 2004, 305). Durch Abschluss einer entsprechenden Lebensversicherung kann demzufolge außerhalb der Schranken des Pflichtteilsrechts Vermögen in erheblichem Umfang übertragen werden. Etwas anderes gilt allerdings, wenn das Bezugsrecht dem Dritten erst nachträglich zugewendet wird. In diesen Fällen bildet die Versicherungssumme den Gegenstand der Zuwendung. Ggf sollte statt der späteren Auswechslung der Bezugsberechtigung zugunsten des Bedachten eine neue Versicherung abgeschlossen werden.

Ob diese Rechtsprechung Bestand haben wird, ist derzeit fraglich. Der BGH (NJW 2004, 214) hat jetzt entschieden, dass sich beim Lebensversicherungsvertrag mit widerruflicher

§ 330 BGB | Auslegungsregel bei Lebensversicherungs- oder Leibrentenvertrag

Bezugsberechtigung des Dritten nach Eintritt des Versicherungsfalls der Anfechtungsanspruch (§ 134 Abs. 1 InsO bzw § 4 Abs. 1 AnfG) gegen den Dritten auf Auszahlung der vom Versicherer geschuldeten Versicherungssumme richtet und nicht auf die Rückgewähr der vom Schuldner geleisteten Prämien. Dies stellt eine Abkehr von den bisher entwickelten Grundsätzen dar.

11 Problematisch im Zusammenhang mit Lebensversicherungsverträgen sind weiterhin die Fälle, in denen der Versicherungsnehmer seinen Ehepartner namentlich als Bezugsberechtigten gegenüber dem Versicherungsunternehmen benennt und die Bezugsberechtigung nach einer etwaigen Scheidung und Wiederverheiratung nicht ändert. Nach der Rechtsprechung kommt insoweit eine analoge Anwendung des Rechtsgedankens der Unwirksamkeit letztwilliger Verfügungen bei Auflösung der Ehe gem § 2077 nicht in Betracht (BGH NJW 1987, 3131; BGH ZEV 1995, 150; ebenso OLG Köln VersR 1993, 1133; aA *Finger* VersR 1990, 229). Unter Umständen ist in solchen Fällen aber ein Ausgleich zwischen dem geschiedenen, aber bezugsberechtigten Ehepartner und den Erben des Versicherungsnehmers nach den Grundsätzen über den Wegfall der Geschäftsgrundlage (§ 313) möglich. Ähnlich der unbenannten Zuwendungen unter Ehegatten (vgl § 516 Rn 19 ff) könnte hierbei zwischen Zugewinngemeinschaft und Gütertrennung unterschieden werden. Während bei der Zugewinngemeinschaft ein Ausgleichsanspruch wegen Wegfalls der Geschäftsgrundlage nur in Ausnahmefällen und nur, wenn die Aufrechterhaltung des bestehenden Zustandes für den Zuwendenden schlechthin unzumutbar ist, in Betracht kommt, dürfte in den Fällen der Gütertrennung im Scheitern der Ehe regelmäßig ein Wegfall der Geschäftsgrundlage zu sehen sein (s zum Ganzen näher *J. Mayer* DNotZ 2000, 905, 907 ff mwN).

C. Leibrentenvertrag

12 Für den Leibrentenvertrag enthält § 330 Satz 1 BGB ebenfalls die widerlegliche ges Vermutung, dass bei Zahlung der Leibrente an den Zahlungsempfänger ein Vertrag zugunsten Dritter vorliegt. Im Übrigen gelten die §§ 759 ff.

D. Unentgeltliche Zuwendung

13 Unentgeltliche Zuwendungen iSd § 330 Satz 2 sind neben der Schenkung (vgl § 516 Rn 3 ff) auch das unverzinsliche Darlehen und die Leihe (Erman/*Westermann* § 330 Rn 11; Staudinger/*Jagmann* § 330 Rn 57). Entscheidend ist insoweit die Beziehung zwischen dem Versprechensempfänger und dem Versprechenden. Auf das Valutaverhältnis (vgl § 328 Rn 5) kommt es nicht an (Palandt/*Heinrichs* § 330 Rn 8).

E. Vermögens- oder Gutsübernahme

14 Verspricht der Übernehmer eines Vermögens oder eines Gutes, einen Dritten abzufinden, erwirbt der Dritte nach § 330 Satz 2 im Zweifel einen Anspruch auf die Leistung. Gut in diesem Sinne ist jede lw Besitzung, auch wenn sie kein Hof iSd HöfeO ist (vgl hierzu auch § 516 Rn 25 ff). Bei der Übernahme eine Gewerbebetriebes gilt die Vorschrift entsprechend (MüKo BGB/*Gottwald* § 330 Rn 29).

F. Prozessuales

15 Der Gegenbeweis zur Auslegungsregel des § 330 ist möglich. Der Tatrichter hat insoweit alle Umstände umfassend zu würdigen.

§ 331 Leistung nach Todesfall

(1) Soll die Leistung an den Dritten nach dem Tode desjenigen erfolgen, welchem sie versprochen wird, so erwirbt der Dritte das Recht auf die Leistung im Zweifel mit dem Tode des Versprechensempfängers.

(2) Stirbt der Versprechensempfänger vor der Geburt des Dritten, so kann das Versprechen, an den Dritten zu leisten, nur dann noch aufgehoben oder geändert werden, wenn die Befugnis dazu vorbehalten worden ist.

A. Allgemeines

§ 331 Abs. 1 enthält eine Auslegungsregel für den Zeitpunkt des Rechtserwerbs in den Fällen, in denen die Leistung nach dem Tod des Versprechensempfängers erfolgen soll. Durch einen Vertrag zugunsten Dritter auf den Todesfall ist es dem Erblasser möglich, sich eine Leistung an den von ihm begünstigten Dritten dergestalt versprechen zu lassen, dass der Dritte nach dem Tod des Erblassers unmittelbar gegen den Versprechenden einen schuldrechtlichen Anspruch auf die versprochene Leistung erwirbt. Wie sich aus § 328 Abs. 2 ergibt, kann der Anspruch befristet oder bedingt eingeräumt werden. Dem Dritten ist daher das Recht nicht zwangsläufig endgültig und sofort zuzuwenden. 1

§ 331 ermöglicht lediglich die Zuwendung schuldrechtlicher Ansprüche, nicht deren sachenrechtliche Erfüllung (vgl § 328 Rn 7). Der Hauptanwendungsbereich des Vertrages zugunsten Dritter auf den Todesfall (§ 331) liegt im Bereich des Bank- und Versicherungswesens (vgl Rn 8 f, § 328 Rn 28 und § 330 Rn 3 ff). 2

Vor dem Tod des Versprechensempfängers hat der Dritte kein Recht, sondern nur eine bloße ungeschützte Erwerbsaussicht auf den künftigen Rechtserwerb (BGH NJW 1982, 1807; OLG Frankfurt am Main NJW-RR 1990, 968; OLG Düsseldorf NJW-RR 1992, 625; aA OLG München ZIP 1991, 1505). Der Anspruch ist dem Vermögen des Versprechensempfängers zuzuordnen (BGHZ 81, 95; BGHZ 21, 148). Er kann daher über ihn frei verfügen, ihn abtreten oder verpfänden. Bei Insolvenz des Versprechensempfängers fällt der Anspruch aus dem Vertrag in die Insolvenzmasse (Staudinger/*Jagmann* § 331 Rn 8). 3

Nach dem Tode des Versprechensempfängers erwirbt der Dritte das Recht unter Umgehung des Nachlasses (Erman/*Westermann* § 331 Rn 3) und ist dem Zugriff der Nachlassgläubiger entzogen (MüKo BGB/*Gottwald* § 331 Rn 6). Gesichert ist der Rechtserwerb im Verhältnis zu den Erben des Versprechensempfängers nur bei Wirksamkeit des Valutaverhältnisses (vgl Rn 7). 4

Stirbt der Dritte vor dem Versprechensempfänger ist kein Recht vorhanden, welches auf die Erben des Dritten übergehen könnte (Staudinger/*Jagmann* § 331 Rn 12). 5

B. Deckungsverhältnis

Das Rechtsverhältnis zwischen dem Versprechensempfänger (Erblasser) und dem Versprechenden beschreibt das Deckungsverhältnis (vgl § 328 Rn 4). Dieses unterliegt ebenso wenig wie der hieraus resultierende Anspruch des Dritten gegen den Versprechenden dem Erbrecht, sondern dem Schuldrecht. § 2301 Abs. 1 ist nicht anwendbar (BGHZ 46, 198; BGH NJW 1984, 480; J. *Mayer* DNotZ 2000, 905), so dass der Vertrag zugunsten Dritter auf den Todesfall grds formfrei abgeschlossen werden kann (BGHZ 66, 8; BGH WM 1976, 1130; Palandt/*Heinrichs* § 331 Rn 1). Dies gilt selbst dann, wenn es sich im Verhältnis zwischen dem Versprechensempfänger und dem begünstigten Dritten, dem sog Valutaverhältnis (vgl Rn 7), um eine unentgeltliche Zuwendung handelt (Palandt/*Heinrichs* § 331 Rn 1). 6

C. Valutaverhältnis

7 Dem Dritten steht der erworbene Anspruch nur zu, wenn im Valutaverhältnis (vgl § 328 Rn 5) zum Versprechensempfänger ein wirksamer schuldrechtlicher Rechtsgrund für den Erwerb des Zugewendeten besteht. Hier kommt bei unentgeltlichen Begünstigungen regelmäßig eine Schenkung mit entsprechender Einigung über die Unentgeltlichkeit der Zuwendung gem § 516 in Betracht (vgl Dittmann/Reimann/Bengel/*Reimann* § 2301 Rn 59 f). Wird die Form des § 518 Abs. 1 nicht beachtet, tritt Heilung nach § 518 Abs. 2 ein, sobald der Begünstigte den zugewendeten Anspruch gegen den Versprechenden mit dem Tod des Versprechensempfängers erwirbt. Die Rechtsprechung (BGHZ 41, 95; OLG München NJW 2000, 1423 mit Anm *Schulze-Schröder*) nimmt in diesen Fällen einen »Vonselbsterwerb« des Begünstigten an, so dass regelmäßig von einem Vollzug nach § 518 Abs. 2 auszugehen ist. Gleiches gilt im Rahmen des § 2301 Abs. 2.

D. Wirksamkeit der Schenkung nach dem Tod des Versprechensempfängers

8 Denkbar ist auch eine Einigung über die Unentgeltlichkeit der Zuwendung nach dem Tode des Versprechensempfängers (vgl §§ 130, 153). Eine solche ist jedoch nicht mehr möglich, wenn dem Beschenkten vor der Annahme des Angebots der Schenkung oder gleichzeitig mit ihr ein wirksamer Widerruf durch den Erben zugeht. Der Erbe kann idR das Schenkungsangebot in gleicher Weise widerrufen wie der Erblasser (BGH WM 1976, 1130; BGH DNotZ 1984, 692). Dem Erblasser ist es möglich, das Widerrufsrecht des Erben zu beseitigen, wenn er selbst auf dieses Recht verzichtet (BGH WM 1976, 1130; OLG Celle WM 1996, 851). Denkbar ist darüber hinaus, dass der Versprechensempfänger in einer Verfügung von Todes wegen seinen Erben durch Vermächtnis oder Auflage verpflichtet, einen entsprechenden Widerruf zu unterlassen (Dittmann/Reimann/Bengel/*Reimann* § 2301 Rn 62).

E. Bausparvertrag

9 Vergleichbar der Rechtslage bei Lebensversicherungen (vgl § 330 Rn 3 ff) können bei Abschluss von Bausparverträgen Begünstigungen für den Fall des Todes des Bausparers ausgesprochen werden. Auch solche sind als Vertrag zugunsten Dritter auf den Todesfall iSd § 331 zu bewerten. Zuwendungsgegenstand sind hier die Bausparraten, die der Bausparer in Erfüllung des Bausparvertrages gemacht hat (BGH NJW 1965, 913), nicht ein etwaig bereits in Anspruch genommenes Bauspardarlehen. Dieses fällt als Passivposten in den Nachlass, sofern keine anderweitige Regelung getroffen ist. In Zwischenfinanzierungsfällen kann es demzufolge zu einem Auseinanderfallen von Guthaben und Darlehen kommen.

10 Zu beachten ist weiter, dass auch im Rahmen des Bausparvertrages die Benennung eines Bezugsberechtigten durch letztwillige Verfügung ausgeschlossen sein oder aber der Widerruf einer solchen Verfügung nur zu Lebzeiten des Erblassers, also nicht durch Verfügung von Todes wegen erfolgen kann. Hier ist die Vertragslage derjenigen bei Lebensversicherungen vergleichbar.

F. Pflichtteilsergänzungsansprüche

11 Bei einer Schenkung zugunsten Dritter auf den Todesfall beginnt die Zehnjahresfrist des § 2325 Abs. 3 für die Geltendmachung von Pflichtteilsergänzungsansprüchen idR nicht zu laufen.

G. Abdingbarkeit

12 § 331 Abs. 1 enthält nur eine Auslegungsregel; abweichende Vereinbarungen sind daher zulässig (BGHZ 128, 125).

H. Tod vor Geburt des Dritten

Stirbt der Versprechensempfänger vor der Geburt des Dritten, so kann das Versprechen, an den Dritten zu leisten gem § 331 Abs. 2 nur dann noch aufgehoben oder geändert werden, wenn die Befugnis dazu vorbehalten worden ist. Diese Vorschrift begründet für den ungeborenen oder noch nicht erzeugten Dritten ein unentziehbares Anwartschaftsrecht, das mit der Geburt zum Vollrecht erstarkt (MüKo BGB/*Gottwald* § 331 Rn 6). 13

§ 332 Änderung durch Verfügung von Todes wegen bei Vorbehalt

Hat sich der Versprechensempfänger die Befugnis vorbehalten, ohne Zustimmung des Versprechenden an die Stelle des in dem Vertrag bezeichneten Dritten einen anderen zu setzen, so kann dies im Zweifel auch in einer Verfügung von Todes wegen geschehen.

A. Allgemeines

Der Versprechensempfänger kann sich in dem Vertrag mit dem Versprechenden – ausdrücklich oder stillschweigend – die Befugnis vorbehalten, die Person des Dritten auch nachträglich durch einseitige Erklärung zu ändern; für Lebens- und Unfallversicherungsverträge ergibt sich dieses Recht aus den §§ 166, 180 VVG. Für diesen Fall, bestimmt die Auslegungsregel des § 332, dass die Änderung im Zweifel auch durch Verfügung von Todes wegen (Testament, § 1937, oder Erbvertrag, § 1941) erfolgen kann. Die Auswechslung des Dritten kann der einzige Inhalt der Verfügung von Todes wegen sein (Bamberger/Roth/*Janoschek* § 332 Rn 1). 1

Die Auswechslung des Begünstigten in der Verfügung von Todes wegen ändert nichts an der Rechtsnatur des Erwerbs des Dritten. Dieser erfolgt nicht aus dem Nachlass, sondern aus dem Vertrag als Rechtsgeschäft unter Lebenden unmittelbar vom Versprechenden (§ 331 Rn 4). Etwas anderes gilt nur, wenn in der Verfügung von Todes wegen ausdrücklich bestimmt ist, dass der Dritte die Leistung als Erbe erhalten soll. In einem solchen Fall erwirbt er den Anspruch auf Leistung aus dem Nachlass (Staudinger/*Jagmann* § 332 Rn 6; Erman/*Westermann* § 332 Rn 2). 2

Leistet der Versprechende in Unkenntnis der Verfügung von Todes wegen an den früheren Bezugsberechtigten, gilt § 407 (RGZ 154, 99; Palandt/*Heinrichs* § 332 Rn 1). 3

B. Abweichende Vereinbarungen

§ 332 BGB enthält nur eine Auslegungsregel. Dies bedeutet, dass abweichende vertragliche Vereinbarungen zulässig sind (BGHZ 81, 95). So kann zB das Recht der Auswechslung des Bezugsberechtigten im Versicherungsvertrag ausgeschlossen sein. 4

Modifizierungen des § 332 können individualvertraglich oder durch AGB erfolgen. In der Praxis besondere Bedeutung hat § 13 ALB für Lebensversicherungen. Nach dieser Regelung wird die Begründung oder der Widerruf eines Drittrechts erst mit schriftlicher Anzeige an das Versicherungsunternehmen wirksam. Diesem Anzeigeerfordernis genügt die Vorlage eines Testaments des Versicherungsnehmers nach dessen Tod nicht. Eine wirksame Änderung des Bezugsberechtigten ist auf diesem Wege nicht möglich (vgl § 330 Rn 7). 5

§ 333 Zurückweisung des Rechts durch den Dritten

Weist der Dritte das aus dem Vertrag erworbene Recht dem Versprechenden gegenüber zurück, so gilt das Recht als nicht erworben.

A. Allgemeines

1 Durch einen Vertrag zugunsten Dritter erwirbt der Dritte gem § 328 Abs. 1 das Recht ohne seine Mitwirkung. § 333 räumt ihm die Befugnis ein, das erworbene Recht zurückzuweisen. Niemand soll gegen seinen Willen zu einem endgültigen Rechtserwerb gezwungen werden. Vergleichbare Vorschriften finden sich in § 516 Abs. 2 (Schenkung) und § 1942 (Erbausschlagung).

2 Die Ausübung des Rechts steht im freien Belieben des Dritten. Sie ist auch zulässig, wenn der Dritte lediglich einer Aufrechnungslage entgehen will (Erman/*Westermann* § 333 Rn 1). Ob der Inhaber eines Girokontos eine Überweisung oder Einzahlung in analoger Anwendung des § 333 zurückweisen kann, richtet sich nach den Bestimmungen des Girokontovertrages (BGHZ 128, 135; krit *Häuser* ZIP 1995, 89).

B. Zurückweisung

3 Die Zurückweisung erfolgt durch eine einseitige, empfangsbedürftige Willenserklärung des Dritten gegenüber dem Versprechenden (BGH NJW 1999, 1110). Einer Erklärung gegenüber dem Versprechensempfänger bedarf es dagegen nicht.

4 Die Zurückweisung ist formfrei möglich (Staudinger/*Jagmann* § 333 Rn 5). Sie kann unter einer Bedingung oder Befristung erfolgen (str; vgl Soergel/*Hadding* § 333 Rn 7). Die Zurückweisung erfordert Geschäftsfähigkeit des Erklärenden bzw die Einwilligung seines ges Vertreters (MüKo BGB/*Gottwald* § 333 Rn 2).

5 Die Ausübung des Zurückweisungsrechts ist nach einer Ansicht (vgl zB Palandt/*Heinrichs* § 333 Rn 2) erst nach Anfall des Rechts möglich. Der Dritte soll sich jedoch bereits vorher verpflichten können, von dem Recht keinen Gebrauch zu machen (RGZ 101, 306). Die Gegenauffassung (vgl zB MüKo BGB/*Gottwald* § 333 Rn 3; Erman/*Westermann* § 333 Rn 2) lässt zu Recht die Zurückweisung bereits vor dem Anfall zu. Durch diese wird der Erwerb des Dritten verhindert.

6 Eine ges Ausschlussfrist für das Zurückweisungsrecht besteht nicht (MüKo BGB/*Gottwald* § 333 Rn 4). Dem Dritten kann jedoch vertraglich eine angemessene Erklärungsfrist gesetzt werden (Bamberger/Roth/*Janoschek* § 333 Rn 3). Nach der – ausdrücklichen oder konkludenten – Annahme ist die Zurückweisung nicht mehr möglich (Staudinger/*Jagmann* § 333 Rn 10). Ebenso ist die Zurückweisung nach Zugang der Erklärung beim Versprechenden unwiderruflich (Soergel/*Hadding* § 333 Rn 7). Sofern das dem Dritten aus dem Vertrag zustehende Recht vererblich ist, gilt gleiches für das Zurückweisungsrecht des § 333 (Staudinger/*Jagmann* § 333 Rn 11).

C. Rechtsfolge

7 Die wirksame Zurückweisung führt zu einem rückwirkenden Wegfall des Erwerbs durch den Dritten (Palandt/*Heinrichs* § 333 Rn 3). Damit entfällt auch eine etwaige Erbschaft- oder Schenkungsteuerpflicht nach § 3 Abs. 1 Nr. 4 ErbStG (BFH DB 1990, 1269).

8 Welche Auswirkung die Zurückweisung auf das Deckungsverhältnis (vgl § 328 Rn 4) hat, ist ggf durch Vertragsauslegung zu ermitteln. Sofern der Versprechende kein Interesse an der Leistung an den Dritten hat, ist im Zweifel anzunehmen, dass der Versprechensempfänger die Leistung selbst oder an einen von ihm neu zu Benennenden fordern kann (Erman/*Westermann* § 333 Rn 3). Anderenfalls liegt Unmöglichkeit vor und die Leistungspflicht des Versprechenden erlischt (§§ 275, 326 Abs. 1). Bei Lebens- und Unfallversicherungen steht

das Bezugsrecht dem Versicherungsnehmer oder dessen Erben zu (§§ 168, 180 VVG). Der Versicherungsnehmer kann auch einen neuen Bezugsberechtigten bestimmen (§ 166 VVG).

§ 334 Einwendungen des Schuldners gegenüber dem Dritten

Einwendungen aus dem Vertrag stehen dem Versprechenden auch gegenüber dem Dritten zu.

A. Allgemeines

Das Recht des Dritten beruht auf dem Deckungsverhältnis (§ 328 Rn 4), also auf dem Vertrag zwischen dem Versprechenden und dem Versprechensempfänger. In Ergänzung zu § 328 Abs. 1 normiert § 334, dass dem Versprechenden Einwendungen aus diesem Vertrag auch dem Dritten gegenüber zustehen. Der Versprechende soll nicht dadurch schlechter gestellt sein, dass er an einen anderen als den Versprechensempfänger leisten muss. Eine vergleichbare Regelung findet sich in § 404 bei Abtretung einer Forderung. 1

B. Einwendungen

Der Begriff der Einwendungen iSd § 334 ist im weitesten Sinne zu verstehen (Palandt/ *Heinrichs* § 334 Rn 3). Erfasst hiervon sind alle Verteidigungsmittel, die dem Versprechenden gegenüber dem Versprechensempfänger aus dem zugrundeliegenden Vertrag zustehen (Erman/*Westermann* § 334 Rn 4) einschließlich Einreden und Rechten aus prozessualen Abreden (zB Schiedsvertrag). Erforderlich ist, dass sich die Einwendung aus dem Deckungsverhältnis ergibt; Einwendungen aus dem Valutaverhältnis sind dagegen ausgeschlossen (BGHZ 54, 146). 2
Beispiele: Einigungsmangel gem §§ 154, 155; Nichtigkeit nach §§ 104, 125, 134, 138; Anfechtung nach §§ 119 ff (Staudinger/*Jagmann* § 334 Rn 7); Rücktritt (OLG Frankfurt am Main NJW-RR 1986, 1176), Minderung; Widerruf (BAG VersR 1979, 146); Verjährung; vertragliche Abkürzung der Verjährungsfrist (OLG Oldenburg NJW-RR 1998, 1746); Wegfall der Geschäftsgrundlage (BGHZ 54, 145); Zurückbehaltungsrecht aus § 273 (BGH NJW 1980, 450); Ablauf einer Ausschlussfrist; Einreden aus §§ 320, 321 (BGH NJW 1998, 1552); Rechte aus §§ 275, 323, 326 und 254 (BGHZ 33, 247). Gestaltungsrechte muss der Versprechende stets gegenüber dem Versprechensempfänger und nicht gegenüber dem Dritten ausüben (Palandt/*Heinrichs* § 334 Rn 3). 3
Auf spätere Vereinbarungen mit dem Versprechensempfänger (zB Erlass, Stundung) kann sich der Versprechende gegenüber dem Dritten idR nicht berufen (Staudinger/*Jagmann* § 334 Rn 26). Ebenso kann er nicht mit Forderungen gegenüber dem Versprechensempfänger aufrechnen (BGH MDR 1961, 481), sondern nur mit solchen gegenüber dem Dritten. 4
Sofern dem Versprechenden eine Einwendung aus dem Vertrag zusteht, er die Leistung aber bereits an den Dritten erbracht hat, ist umstritten, ob sich dessen Rückgewähranspruch gegen den Versprechensempfänger, gegen den Dritten oder gegen beide richtet. Zu dieser Rechtsfrage werden sämtliche Auffassungen vertreten (vgl zB MüKo BGB/*Gottwald* § 334 Rn 11 ff; Staudinger/*Jagmann* § 334 Rn 30 ff; Soergel/*Hadding* § 334 Rn 13 ff jeweils mwN). 5

C. Abdingbarkeit

§ 334 ist dispositiv (BGHZ 127, 385). Dementsprechend können die Verteidigungsmöglichkeiten des Versprechenden durch vertragliche Abreden mit dem Versprechensempfänger – ausdrücklich oder stillschweigend – erweitert oder eingeschränkt werden (zum Chartervertrag s BGHZ 93, 275; zur Kraftfahrzeughaftpflichtversicherung s BGHZ 49, 130; zur Sachverständigenhaftung s BGH NJW 1995, 392).

§ 335 Forderungsrecht des Versprechensempfängers

Der Versprechensempfänger kann, sofern nicht ein anderer Wille der Vertragschließenden anzunehmen ist, die Leistung an den Dritten auch dann fordern, wenn diesem das Recht auf die Leistung zusteht.

A. Allgemeines

1 § 335 enthält in Ergänzung zu § 328 Abs. 1 die Auslegungsregel, dass beim echten Vertrag zugunsten Dritter im Zweifel auch der Versprechensempfänger die Leistung an den Dritten verlangen kann. Es handelt sich hierbei um ein eigenes, selbständiges Forderungsrecht des Versprechensempfängers und keine bloße Einziehungsermächtigung (BGH NJW 1974, 502; OLG Hamm NJW-RR 1996, 1157; aA *Lange* NJW 1965, 657). Das Recht des Versprechensempfängers ist nicht höchstpersönlich; es kann vererbt und abgetreten werden (RGZ 150, 129).

2 Das selbständige Forderungsrecht des Versprechensempfängers ist durch Eintragung einer Vormerkung im Grundbuch sicherbar (BGH NJW 1983, 1543; BayObLG DNotZ 1987, 101; *Denck* NJW 1984, 1009).

B. Umfang des Forderungsrechts

3 Das Forderungsrecht erstreckt sich auch auf Folgeansprüche, insb Schadensersatzansprüche wegen Schlecht- und Nichterfüllung (BGH NJW 1967, 2260; BGH NJW 1974, 502; OLG Celle NJW 1967, 2264; aA *Lange* NJW 1965, 657). Sofern dem Gläubiger durch die Leistungsstörung ein Schaden entstanden ist, kann er diesen – durch Leistung an sich selbst – ersetzt verlangen (BGH WM 1972, 488).

4 Allgemein anerkannt ist, dass zwischen dem Versprechensempfänger und dem Dritten keine Gesamtgläubigerschaft iSd § 428 besteht (Erman/*Westermann* § 335 Rn 3; Staudinger/*Jagmann* § 335 Rn 19). Es handelt sich um eine spezielle Art der Forderungsmehrheit (MüKo BGB/*Gottwald* § 335 Rn 1; Palandt/*Heinrichs* § 335 Rn 1). Der Versprechende muss die Leistung jedoch nur einmal bewirken. Ein Erlass des Versprechensempfängers führt nicht zum Erlöschen des Anspruchs des Dritten (Ausnahme: Schadensversicherung, § 76 Abs. 1 VVG).

5 Das Eigentum an der Vertragsurkunde verbleibt im Regelfall beim Versprechensempfänger (§ 952), dem Dritten steht aber ein Einsichtsrecht nach § 810 zu (Staudinger/*Jagmann* § 335 Rn 18; Soergel/*Hadding* § 335 Rn 9).

C. Prozessuales

6 Der Versprechensempfänger und der Dritte können durch Mahnung, Fristsetzung und Klage konkurrierend auf das Schuldverhältnis einwirken (Bamberger/Roth/*Janoschek* § 335 Rn 1). Ein rechtskräftiges Urteil wirkt nach § 325 Abs. 1 ZPO weder für noch gegen den anderen (BGHZ 3, 385; aA Schwab, ZZP 1964, 124).

7 Derjenige, der die Mitberechtigung des Versprechensempfängers bestreitet, trägt die Beweislast dafür, dass es sich entgegen der Auslegungsregel des § 335 um ein ausschließliches Recht des Dritten handelt.

8 Im Verhältnis zwischen dem Versprechensempfänger und dem Dritten ist § 62 ZPO (notwendige Streitgenossenschaft) nicht anwendbar. Der verklagte Versprechende hat aber die Möglichkeit, durch negative Feststellungswiderklage den Versprechensempfänger bzw den Dritten am Prozess zu beteiligen (Staudinger/*Jagmann* § 335 Rn 27).

Abschnitt 8: Einzelne Schuldverhältnisse
Titel 4 Schenkung

§ 516 Begriff der Schenkung

(1) Eine Zuwendung, durch die jemand aus seinem Vermögen einen anderen bereichert, ist Schenkung, wenn beide Teile darüber einig sind, dass die Zuwendung unentgeltlich erfolgt.

(2) Ist die Zuwendung ohne den Willen des anderen erfolgt, so kann ihn der Zuwendende unter Bestimmung einer angemessenen Frist zur Erklärung über die Annahme auffordern. Nach dem Ablauf der Frist gilt die Schenkung als angenommen, wenn nicht der andere sie vorher abgelehnt hat. Im Falle der Ablehnung kann die Herausgabe des Zugewendeten nach den Vorschriften über die Herausgabe einer ungerechtfertigten Bereicherung gefordert werden.

Literatur zu den §§ 516 ff
Bauer, Schenkung und unbenannte Zuwendung nach der neuesten Rechtsprechung, MittBayNot 1994, 302; *Böhr*, Beweisprobleme bei der Schenkung, NJW 2001, 2059; *Brähler-Boyan/Mann*, Zur Überleitung des Rückforderungsanspruchs des verarmten Schenkers auf den Sozialhilfeträger, NJW 1995, 1866; *Brambring*, Abschied von der »ehebedingten Zuwendung« außerhalb des Scheidungsfalls und neue Lösungswege, ZEV 1996, 248; *Everts*, Zivilrechtliche Wirksamkeit der Überlassung nießbrauchsbelasteten, vermieteten Grundbesitzes an minderjährige Familienangehörige, ZEV 2004, 231; *Feick*, Die Schenkung unter Auflage als alternative, pflichtteilsfeste Gestaltung zur (unzulässigen) dinglichen Weiterleitungsklausel, ZEV 2002, 85; *Fembacher*, Grundstücksüberlassung an Minderjährige und Pflichtteilsanrechnung, MittBayNot 2004, 24; *Franzen*, Der Rückforderungsanspruch des verarmten Schenkers nach § 528 BGB zwischen Geschäftsgrundlagenlehre, Unterhalts- und Sozialhilferecht, FamRZ 1997, 528; *Gratzel*, Schuldrechtliche Implikationen des Spielbankenrechts, DZWiR 1997, 226; *Grziwotz*, Rechtsprechung zur nichtehelichen Lebensgemeinschaft, FamRZ 1994, 1217; *Harrmann*, Die Geltendmachung von Rückforderungsansprüchen aus § 528 BGB durch den Träger der Sozialhilfe nach dem Tode des Schenkers, FamRZ 1996, 522; *Habersack*, Die unentgeltliche Einziehung des Geschäftsanteils beim Tod des GmbH-Gesellschafters, ZIP 1990, 625; *Heinemann*, Gesellschafter am seidenen Faden?, ZHR 155 (1991), 447; *Heinle*, Zwanzig Jahre »Unbenannte Zuwendung«, FamRZ 1992, 1256; *Heiter*, Rückgewährhaftung mehrerer Beschenkter nach § 528 Abs. 2, JR 1995, 313; *Hepting*, »Unbenannte Zuwendung« – ein Irrweg, FS Henrich, 2000, 267; *Hörlbacher*, Die vertragliche Modifizierbarkeit des Rückforderungsanspruchs des Schenkers wegen Notbedarfs nach § 528 BGB, ZEV 1995, 202; *Holzhauer*, Schenkungen aus dem Vermögen Betreuter, FamRZ 2000, 1063; *ders*, Schenkungen unter Ehegatten in der europäischen Privatrechtsgeschichte und im heutigen deutschen Recht, FuR 1995, 177; *Huber*, Keine Haftung des Schenkers für Rechtsmängel, ZIP 2000, 1372; *Hußmann*, »Sozialhilferegress«: Überleitung und Übergang von Ansprüchen nach der Reform des Sozialrechts durch »Hartz IV«, ZEV 2005, 54; *von Jeinssen/Scherrer*, Altenteil und Sozialrecht – Vertragsgestaltung bei der Hofübergabe, AgrarR 2001, 369; *Jülicher*, Der freie Widerrufsvorbehalt bei der Schenkung einer Kommanditbeteiligung – Kollision von Schenkungs- und Gesellschaftsrecht?, ZGR 1996, 82; *ders*, Vertragliche Rückfallklauseln, Widerrufsvorbehalt, auflösende Bedingungen und Weiterleitungsklauseln in Schenkungsverträgen, ZEV 1998, 201; *ders*, Spannungsverhältnis von Rückforderungsrechten und Weiterleitungsklauseln in Schenkungsverträgen zu einzelnen Rechtsgebieten des Zivilrechts, ZEV 1998, 285; *Keim*, Die Rückforderungshaftung mehrerer gleichzeitig Beschenkter wegen Verarmung des Schenkers, ZEV 1998, 375; *Kleinle*, Die Ehegattenzuwendung und ihre Rückabwicklung bei Scheitern der Ehe, FamRZ 2000, 1383; *Klingelhöffer*, Zuwendungen unter Ehegatten und Erbrecht, NJW 1993, 1097; *Klumpp*, Die Schenkung von Gesellschaftsanteilen und deren Widerruf, ZEV 1995, 385; *Kollhosser*, Ehebezogene Zuwendungen und Schenkungen unter Ehegatten, NJW 1994, 2313; *ders*, Verfügbarkeit und Vererblichkeit des Rückforderungsanspruchs aus § 528 Abs. 1 Satz 1 BGB, ZEV 1995, 391; *ders*, Der Rückforderungsanspruch des verarmten Schenkers aus § 528

§ 516 BGB | Begriff der Schenkung

Abs. 1 Satz 1 BGB – Entstehung, Fortbestand, Vererblichkeit, Pfändbarkeit, ZEV 2001, 289; *Krause*, Pflichtteilsergänzung bei Schenkungen vor der Deutschen Einheit, ZAP-Ost (2000) F 12, 75; *ders*, Zuwendungen unter Lebenden auf den Todesfall als alternative Gestaltungsmöglichkeit der Vermögensnachfolge, NotBZ 2001, 87; *ders*, Der Lebenspartnerschaftsvertrag in der anwaltlichen und notariellen Praxis, 2002; *ders*, Vermögenszuordnung unter eingetragenen Lebenspartnern, FPR 2003, 11; *Krauß*, Der Rückforderungsanspruch wegen Verarmung des Schenkers im Kontext des Sozialhilferechts, ZEV 2001, 417; *ders*, Sozialfürsorgerecht 2005: Neuerungen im Rahmen des SGB XII und SGB II, MittBayNot 2004, 330; *ders* Sozialhilferegress bei Schenkungen von Schonvermögen, MittBayNot 2006, 349; *Langenfeld*, BGH-Rechtsprechung aktuell: Der BGH – Schutzpatron der pflichtteilsberechtigten Abkömmlinge?, NJW 1994, 2133; *D Mayer*, Schenkungswiderruf bei Gesellschaftsanteilen im Spannungsfeld zwischen Gesellschafts- und Schenkungsrecht, ZGR 1995, 93; *Rosendorfer*, Überleitung von Ansprüchen aus Überlassungsverträgen auf den Sozialhilfeträger, MittBayNot 2005, 1; *Ruby*, »Sozialhilferegress«: Der Anspruch auf Herausgabe der Schenkung bei Verarmung des Schenkers als sozialrechtlicher Überleitungsgegenstand, ZEV 2005, 102; *Schippers*, Ungewiss und doch bestimmt! Bestimmtheitsanforderungen und Vormerkungsfähigkeit beim bedingten Rückforderungsrecht im Übergabevertrag, DNotZ 2001, 756; *K Schmidt*, Die Schenkung von Personengesellschaftsanteilen durch Einbuchung, BB 1990, 1992; *ders*, Schenkung von stillen Beteiligungen und Unterbeteiligungen? – Nachdenken über eine fünfzig Jahre alte Rechtsprechungstradition, DB 2002, 829; *Schreiber*, Folgen der Trennung bei nichtehelichen Lebensgemeinschaften, FPR 1997, 26; *Schultz*, Vollmacht bei Schenkung unter Lebenden, NJW 1995, 3345; *Schwarz*, Vermögensübertragung und Pflegefallrisiko, JZ 1997, 545; *Seif*, Ehebezogene Zuwendungen als Schenkungen unter Ehegatten, FamRZ 2000, 1193; *Sina*, Widerruf und Zweckverfehlung einer Schenkung von GmbH-Anteilen, GmbHR 2002, 58; *Spiegelberger*, Renaissance der vorweggenommenen Erbfolge, MittBayNot 2004, 228; *Trapp*, Die post- und transmortale Vollmacht zum Vollzug lebzeitiger Zuwendungen, ZEV 1995, 314; *Wacke*, Donner et retenir ne vaut; Kein Schenkungsvollzug ohne Aushändigung, AcP 201 (2001), 256; *Weinreich*, Die vermögensrechtliche Auseinandersetzung in der nichtehelichen Lebensgemeinschaft, FuR 1999, 356; *Wochner*, Die unselbständige Stiftung, ZEV 1999, 125; *Zeranski*, Die postmortale Überleitung des Rückforderungsanspruchs des verarmten Schenkers durch den Sozialhilfeträger, NJW 1998, 2574.

Inhaltsverzeichnis

		Rn
A.	Allgemeines	1–2
B.	Tatbestandsmerkmal der Schenkung	3–7
	I. Zuwendung	3
	II. Bereicherung des Beschenkten	4
	III. Unentgeldliche der Zuwendung	5–6
	IV. Schenkungsabrede	7
C.	Zuwendung ohne Wissen des zu Beschenkenden	8
D.	Abgrenzungen	9–32
	I. Schenkung unter Auflagen	9
	II. Gemischte Schenkung	10–12
	III. Pflicht- und Anstandsschenkung	13
	IV. Ausstattung	14–17
	V. Vorweggenommene Erbfolge	18
	VI. Zuwendung unter Ehetgatten	19–24
	VII. Betriebs- und Hofübergabe	25–29
	VIII. Zuwendung unter Lebenden auf den Todesfall	30–32
E.	Exkurs: Der Übergabevertrag	33–76
	I Motive für die lebzeitige Übergabe	34
	II. Typische Gegenleistungen und vorbehaltene Rechte	35–76
	1. Nießbrauch	35–40
	2. Wohnungsrecht	41–54
	a) Wohnungsrecht im eigentlichen Sinne	42–51
	b) Wohnrecht	52

			c) Wohnungsreallast	53
			d) Dauerwohnrecht	54
		3.	Pflegeverpflichtung	55–59
		4.	Rentenzahlungen	60–63
		5.	Altenteil	64–65
		6.	Vertragliche Rückforderungsrechte	66–70
		7.	Übernahme von Grundschulden	71–75
		8.	Sonstiges	76
	F.	Erb- und pflichtteilsrechtliche Bezüge zum Schenkungsrecht		77–93
		I.	Erbausgleichung	78–84
		II.	Pflichtteilsanrechnung	85–88
		III.	Kombination von Erbausgleichung und Pflichtteilsanrechnung	89
		IV.	Pflichtteilsverzicht	90–91
		V.	Pflichtteilsergänzungsanspruch	92–93
	G.	Einschränkungen der Verfügungsbefugnis des Schenkenden durch frühere Verfügungen von Todes wegen		94–109
		I.	Verfügungsfreiheit iSd § 2286	95–96
		II.	Schutz der Vertragserben und Schlusserben nach § 2287	97–102
		III.	Auskunftsanspruch	103
		IV.	Schutz des Erbanwärters zu Lebzeiten des Schenkers	104–105
		V.	Schutz des Vermächtnisnehmers nach § 2288	106–108
		VI.	Schutz durch § 826	109
	H.	Sozialrechtliche Fragen		110
	I.	Anfechtung		111
	J.	Prozessuales		112

A. Allgemeines

§ 516 Abs. 1 enthält die Legaldefinition der Schenkung. Neben der Leihe, dem Auftrag und der unentgeltlichen Verwahrung ist sie eine Unterart des unentgeltlichen Rechtsgeschäfts. Die Schenkung ist ein Vertrag. Sie setzt eine Zuwendung voraus, durch die jemand aus seinem Vermögen einen anderen bereichert, wenn beide Teile darüber einig sind, dass die Zuwendung unentgeltlich erfolgt. Neben der objektiven Bereicherung des Empfängers ist die subjektive Einigung zwischen Schenker und Beschenktem über die Unentgeltlichkeit entscheidend. Unentgeltlich ist die Zuwendung, wenn sie unabhängig von einer Gegenleistung – auch von oder an einen Dritten – geschieht. Erfolgt die Zuwendung vor der Schenkungsabrede, ist eine Einigung auch noch nachträglich möglich (§ 516 Abs. 2). Gem § 517 liegt bei einem bloßen Verzicht auf einen Vermögenserwerb oder der Ausschlagung einer Erbschaft oder eines Vermächtnisses keine Schenkung vor. Das Schenkungsversprechen bedarf gem § 518 Abs. 1 zu seiner Wirksamkeit der notariellen Beurkundung. Der Mangel dieser Form wird in der Praxis regelmäßig durch die Bewirkung der Leistung gem § 518 Abs. 2 geheilt (vgl § 518 Rn 7 ff). Bei der Schenkung von Grundstücken ist ergänzend § 311b und bei der Schenkung von GmbH-Geschäftsanteilen § 15 Abs. 3 und 4 GmbHG zu beachten.

B. Tatbestandsmerkmale der Schenkung

I. Zuwendung

Unter einer Zuwendung ist die Verschaffung eines Vermögensvorteils zu verstehen (Palandt/*Weidenkaff* § 516 Rn 5). Sie kann durch Rechtsgeschäft – zB Übereignung, Erlass von Forderungen, Belastung von Sachen und Rechten – oder in sonstiger Weise – zB Realakt (§§ 946 ff) – erfolgen (Erman/*Herrmann* § 516 Rn 4); durch Unterlassen jedoch nur nach Maßgabe des § 517. Gegenstand der Schenkung kann ein einzelner Vermögensgegenstand, aber auch das ganze Vermögen (§ 311b Abs. 3) sein. Nicht erforderlich ist, dass der

§ 516 BGB | Begriff der Schenkung

zugewendete Gegenstand zuvor im Eigentum des Zuwendenden war (Staudinger/*Cremer* § 516 Rn 16). Mit der Zuwendung muss notwendigerweise eine Vermögensminderung beim Zuwendenden eintreten (MüKo BGB/*Kollhosser* § 516 Rn 3). Eine unentgeltliche Gebrauchsüberlassung, wie zB die einer Wohnung auf Lebenszeit, reicht hierfür nicht aus (BGHZ 82, 354; OLG Hamm NJW-RR 1996, 717; Palandt/*Weidenkaff* § 516 Rn 5; Erman/*Herrmann* § 516 Rn 4; Soergel/*Mühl/Teichmann* § 516 Rn 6; str). Keine Zuwendung iSd § 516 BGB liegt darüber hinaus bei der Verschaffung von Vorteilen immaterieller Art ohne Vermögenswert vor (Staudinger/*Cremer* § 516 Rn 15).

II. Bereicherung des Beschenkten

4 Die Zuwendung muss zu einer Bereicherung des Beschenkten führen. Die Bereicherung ist nach objektiven Kriterien zu beurteilen (Palandt/*Weidenkaff* § 516 Rn 6). Sie setzt eine dauerhafte und nicht nur vorübergehende oder formale Vermögensmehrung beim Beschenkten voraus (Erman/*Herrmann* § 516 Rn 6). Dies ist auch der Fall bei einer Spende an eine juristische Person, die diese satzungsgemäß zu wohltätigen oder gemeinnützigen Zwecken zu verwenden hat (BGH NJW 2004, 1382), oder bei einer Zuwendung an eine Person, die den zugewendeten Vermögensgegenstand bestimmungsgemäß zu solchen Zwecken zu verwenden hat (BGH NJW 2003, 1384). Der Zuwendende muss nicht notwendigerweise mit Bereicherungsabsicht gehandelt haben. Sein Motiv kann auch selbstsüchtig sein (Staudinger/*Cremer* § 516 Rn 20).

III. Unentgeltlichkeit der Zuwendung

5 Die Zuwendung muss unentgeltlich erfolgen. Dies ist anhand objektiver Merkmale zu beurteilen (Soergel/*Mühl/Teichmann* § 516 Rn 12). Unentgeltlich ist eine Zuwendung dann, wenn sie nach dem Inhalt des Rechtsgeschäftes unabhängig von einer Gegenleistung erfolgt (BGH NJW 1982, 436; MüKo BGB/*Kollhosser* § 516 Rn 16). Anerkannt ist, dass Unentgeltlichkeit nicht Kostenlosigkeit bedeutet (Palandt/*Weidenkaff* § 516 Rn 8). Es darf daher durch die Zuwendung nicht die Erfüllung einer privatrechtlichen oder öffentlich-rechtlichen Verpflichtung gewollt sein (Staudinger/*Cremer* § 516 Rn 25).

6 Rechtsprechung und Literatur haben sich bereits in einer Vielzahl von Einzelfällen mit der Frage befasst, ob eine Zuwendung unentgeltlich ist.
Bejaht wurde die Unentgeltlichkeit zB in folgenden Fällen:

- Pflicht- und Anstandsschenkung gem § 534 (Palandt/*Weidenkaff* § 516 Rn 9);
- belohnende Schenkung (OLG Hamm NJW-RR 1995, 567);
- Spende zur Förderung mildtätiger, kirchlicher, religiöser, wissenschaftlicher oder gemeinnütziger Zwecke (BGH NJW 2004, 1382);
- Einräumung einer Kommanditistenstellung (BGHZ 112, 40);
- Prämienzahlung auf Versicherungs- oder Bausparvertrag zugunsten Dritter (vgl § 330 Rn 9; § 331 Rn 9);
- finanzielle Zuwendungen im Rahmen eines auf Dauer angelegten Liebesverhältnisses (BGH NJW 1984, 797);
- Zahlung von Trinkgeld durch den Trinkgeldgeber an den Trinkgeldempfänger (Palandt/*Weidenkaff* § 516 Rn 9).

Verneint wurde die Unentgeltlichkeit zB in folgenden Fällen:

- Aufnahme in eine OHG, auch wenn sie ohne Einlagepflicht erfolgt (BGHZ 7, 174; str);
- freiwillige Sonderzahlungen des Arbeitgebers (OLG München FamRZ 1995, 1069);
- Ausstattung gem § 1624 (Rn 15);
- unentgeltliche Arbeits- und Dienstleistungen (BGH FamRZ 1987, 910).

IV. Schenkungsabrede

§ 516 Abs. 1 setzt weiterhin voraus, dass sich die Vertragsparteien über die Unentgeltlichkeit der Schenkung einig sind. Die Einigung ist auch konkludent möglich (MüKo BGB/*Kollhosser* § 516 Rn 11). Maßgeblich ist insoweit die objektive Sachlage (Palandt/*Weidenkaff* § 516 Rn 11). Eine objektiv unentgeltliche Leistung kann daher auch nicht bei einem anderslautenden Parteiwillen zu einer entgeltlichen werden (sog verschleierte Schenkung). Geht eine Vertragspartei irrtümlich davon aus, dass eine Pflicht zur Zuwendung bestehe, fehlt es an einer Schenkungsabrede (Palandt/*Weidenkaff* § 516 Rn 11).

C. Zuwendung ohne Wissen des zu Beschenkenden

Die Zuwendung und die Schenkungsabrede können auseinanderfallen, zB durch Bezahlen einer Geldschuld ohne Kenntnis des anderen. § 516 Abs. 2 trifft für diese Fälle eine Sonderregelung. Erfolgt die Zuwendung in Schenkungsabsicht ohne eine entsprechende Vereinbarung, gilt dies als stillschweigendes Angebot auf Abschluss eines Schenkungsvertrages (§ 145), an das der Zuwendende in Abweichung zu § 147 gebunden ist (Erman/*Herrmann* § 516 Rn 18; Staudinger/*Cremer* § 516 Rn 35). Zur Beseitigung des Schwebezustandes kann er den Beschenkten unter Fristsetzung auffordern, das Angebot anzunehmen. Lehnt dieser das Angebot vor Fristablauf nicht ab, gilt es mit Ablauf der Frist als angenommen. Bei Ablehnung des Angebotes hat er das Erlangte nach den Grundsätzen der ungerechtfertigten Bereicherung (§§ 812 ff) herauszugeben. Die Ablehnungserklärung ist empfangsbedürftige Willenserklärung, für welche die allgemeinen Regeln gelten (MüKo BGB/*Kollhosser* § 516 Rn 47). Allgemein anerkannt ist, dass § 516 Abs. 2 bei einer gemischten Schenkung und Auflagenschenkungen nicht anwendbar ist (MüKo BGB/*Kollhosser* § 516 Rn 46; Erman/*Herrmann* § 516 Rn 18; Palandt/*Weidenkaff* § 516 Rn 12).

D. Abgrenzungen

I. Schenkung unter Auflagen

Die Schenkung unter Auflagen ist als Sonderfall in den §§ 525 – 527 geregelt. Zivilrechtlich ist die Auflage kein Entgelt oder Gegenleistung. Geschenkt ist daher der gesamte Zuwendungsgegenstand. Auflage ist die einer Schenkung hinzugefügte Bestimmung, dass der Empfänger zu einer Leistung – Tun oder Unterlassung – verpflichtet sein soll, die aus dem Zuwendungsgegenstand zu entnehmen ist. Dies ist auch in der Weise möglich, dass der Empfänger lediglich in der freien Verfügung über den Gegenstand beschränkt werden soll (vgl zur Schenkung unter Auflagen im einzelnen die Erläuterungen zu den §§ 525 – 527).

II. Gemischte Schenkung

Die gemischte Schenkung ist im Gesetz nicht ausdrücklich geregelt. Ihre dogmatische Einordnung ist umstritten (s Palandt/*Weidenkaff* § 516 Rn 14; der BGH entscheidet eher pragmatisch ohne dogmatischen Ansatz, vgl BGH NJW 1972, 247; BGH NJW 1992, 2566). Eine gemischte Schenkung ist ein einheitlicher Vertrag, bei dem der Wert der Leistung des einen dem Wert der Leistung des anderen nur zum Teil entspricht, die Vertragspartner wissen dies und wollen übereinstimmend, dass der überschießende Wert unentgeltlich gegeben wird (BGH NJW-RR 1996, 754).
Beispiel: Die Eltern schenken ihrer Tochter das Hausgrundstück im Wert von 500.000 € und diese verpflichtet sich als Gegenleistung zur Zahlung eines Betrages an den Bruder iHv 20.000 €. Eine vergleichbare Gegenleistung des Übernehmers könnte in der Zahlung einer Leibrente oder dauernden Last an die Eltern liegen.

§ 516 BGB | Begriff der Schenkung

12 Unabhängig von der dogmatischen Einordnung ist auf die gemischte Schenkung das Schenkungsrecht nur eingeschränkt anwendbar. Hinsichtlich der Haftung des Schenkers gelten die Privilegien der §§ 521, 523, 524 ausschließlich für den Schenkungsteil (Palandt/ *Weidenkaff* § 516 Rn 17). Im Falle des § 528 besteht ein Geldanspruch und kein Recht auf Rückforderung des Zuwendungsgegenstandes (Beck'sches Notar-Handbuch/*Jerschke* A V Rn 14). Nach § 530 kann der Schenker den Vertragsgegenstand bei grobem Undank des Beschenkten nur zurückfordern, wenn der unentgeltliche Charakter des Vertrages überwiegt (s.a. Staudinger/*Cremer* § 516 Rn 47). Die Rückabwicklung erfolgt Zug-um-Zug gegen Wertausgleich des entgeltlichen Teils (BGH NJW 1989, 2122; OLG Frankfurt Mitt-BayNot 2005, 495). Vermögensmindernde Aufwendungen des Beschenkten sind zu berücksichtigen (BGH NJW 1999, 1626). Bei einer gemischten Grundstücksschenkung muss eine Verpflichtung zur Lastenfreistellung von im Grundbuch eingetragenen Grundpfandrechten ausdrücklich vereinbart werden. § 442 Abs. 2 gilt nur für den Kaufvertrag.

III. Pflicht- und Anstandsschenkung

13 Die Pflicht- und Anstandsschenkung ist in § 534 normiert. Sie unterliegt nicht der Rückforderung und dem Widerruf; die §§ 528 – 533 sind nicht anwendbar. Ob eine Pflicht- und Anstandsschenkung vorliegt, hängt von den Umständen des Einzelfalles ab (vgl zur Pflicht- und Anstandsschenkung iE die Erläuterungen zu § 534).

IV. Ausstattung

14 Übertragen Eltern auf ihre Kinder Vermögen, kann als eigener Vertragstyp eine Ausstattung iSd § 1624 vorliegen (s hierzu etwa *Sailer* NotBZ 2002, 81). Ausstattung sind gem § 1624 Abs. 1 alle Vermögenswerte, die der Vater oder die Mutter ihrem Kind mit Rücksicht auf seine Verheiratung oder auf die Erlangung einer selbständigen Lebensstellung zur Begründung oder zur Erhaltung der Wirtschaft oder der Lebensstellung zuwenden.

15 Auf die Ausstattung findet das Schenkungsrecht nach §§ 516 ff grds keine Anwendung. Der Ausstattungsvertrag als solcher bedarf mangels Anwendbarkeit des § 518 keiner besonderen Form. § 311b oder § 15 Abs. 3 und 4 GmbHG bleiben jedoch unberührt. Nur hinsichtlich der Mängelgewährleistung verweist § 1624 Abs. 2 auf die §§ 523, 524. Die Ausstattung unterliegt nicht der Gläubigeranfechtung nach § 4 AnfG bzw § 134 InsO (Palandt/*Diederichsen* § 1624 Rn 3; aA MüKo BGB/*Hinz* § 1624 Rn 13), wohl aber der Anfechtung nach § 3 Abs. 2 AnfG bzw § 133 Abs. 2 InsO.

16 Mangels Schenkung scheidet die Ausstattung aus dem Anwendungsbereich der Pflichtteilsergänzung nach § 2325 aus. Sie ist entsprechend der ges Anordnung in § 2050 Abs. 1 bei ges Erbfolge unter Abkömmlingen auszugleichen, sofern der Erblasser bei der Zuwendung nicht etwas anderes bestimmt hat. Bei einem Ausschluss der Ausgleichung ist § 2316 Abs. 3 zu beachten. Danach kann der Erblasser eine Zuwendung der in § 2050 Abs. 1 bezeichneten Art nicht zum Nachteil eines Pflichtteilsberechtigten von der Berücksichtigung ausschließen. Eine Anrechnung auf den Pflichtteil gem § 2315 kann auch bei der Ausstattung angeordnet werden. Es greift insoweit § 2316 Abs. 4 ein, wonach sich die Pflichtteilsanrechnung bei gleichzeitig angeordneter Ausgleichung auf die Hälfte des Wertes der Zuwendung beschränkt.

17 Der Ausschluss der Anwendbarkeit des Schenkungsrechts auf die Ausstattung gem § 1624 Abs. 1 erstreckt sich nicht auf das sog Übermaß. Ein Übermaß liegt vor, wenn die Zuwendung nicht durch die Vermögensverhältnisse der Eltern gerechtfertigt ist (vgl *Schmid* BWNotZ 1971, 29). Für das Übermaß gilt uneingeschränkt Schenkungsrecht. Beweispflichtig ist derjenige, der die Übermäßigkeit behauptet, zB ein Pflichtteilsberechtigter. Allein die Bezeichnung einer Zuwendung als Ausstattung kann deshalb nicht als Allheilmittel zur Vermeidung von Pflichtteilsergänzungsansprüchen dienen. Es empfiehlt sich deshalb bei sehr werthaltigen Ausstattungen, Näheres zu den Vermögensverhältnissen auszuführen.

V. Vorweggenommene Erbfolge

Die vorweggenommene Erbfolge ist im Gesetz nicht definiert; in § 593a wird sie vorausgesetzt. Verträge im Rahmen der vorweggenommenen Erbfolge zeichnen sich dadurch aus, dass Vermögensgegenstände an den vorgesehenen Erben – idR eine Person aus dem Kreis der ges Erben – übertragen und dem Erwerber Leistungen zur Versorgung des Übergebers auferlegt werden. Die Versorgungssicherheit des Übergebers stellt nicht zwangsläufig das Hauptmotiv der vorweggenommenen Erbfolge dar. Häufig wird auch eine erbrechtliche Klarheit und Schaffung einer Existenzhilfe für den Erwerber angestrebt. Die vorweggenomme Erbfolge unterliegt regelmäßig den Normen des Schenkungsrechts. Im Hinblick auf § 6 Abs. 3 EStG, § 11d EStDV, § 13a ErbStG oder § 19a ErbStG ist die Verwendung des Begriffs der vorweggenommen Erbfolge angezeigt (J. *Mayer*, Der Übergabevertrag in der anwaltlichen und notariellen Praxis, Rn 14). 18

VI. Zuwendungen unter Ehegatten

Zuwendungen unter Ehegatten – unbenannte oder ehebedingte – erfolgen regelmäßig unentgeltlich. Gleichwohl werden sie im Zweifel nicht als Schenkung qualifiziert (Palandt/*Weidenkaff* § 516 Rn 10; *Waas* FamRZ 2000, 435; zur Abgrenzung zwischen ehebezogener Zuwendung und Ehegatteninnengesellschaft s BGH DNotZ 2000, 514). Ihre Grundlage bildet die eheliche Lebensgemeinschaft. Sie dienen dieser als Beitrag zur Verwirklichung oder Ausgestaltung, Erhaltung oder Sicherung (BGHZ 84, 364; BGHZ 87, 146; BGHZ 116, 169; *Kleinle* FamRZ 1997, 1383). 19

Zuwendungsgegenstand sind typischerweise Miteigentumsanteile an Grundstücken oder die Finanzierung ihres Erwerbs; es können aber auch Dienstleistungen (BGH NJW 1994, 2545), die Anwartschaft aus einer Lebensversicherung (BGH NJW 1992, 2155) oder der Verzicht auf Zugewinnausgleichsansprüche bei Vereinbarung von Gütertrennung (BGH NJW 1997, 2747) sein. Zur Vermeidung von Missverständnissen sollte bei Zuwendungen unter Ehegatten der Begriff der Schenkung vermieden werden. Ist eine solche ausnahmsweise gewünscht, bedarf es einer entsprechenden ausdrücklichen Vereinbarung (OLG Frankfurt FamRZ 1986, 576). 20

Mangels Schenkung scheidet bei einer Zuwendung unter Ehegatten ein Widerruf nach § 530 grds aus. Im Falle des Scheiterns der Ehe kommt regelmäßig nur ein Ausgleich nach güterrechtlichen Grundsätzen in Betracht (vgl BGHZ 87, 145; BGHZ 115, 132; BGHZ 116, 178 mwN; auch eine Rückabwicklung nach Bereicherungsrecht scheidet aus, vgl *Rauscher* AcP 186, 529). Beim ges Güterstand der Zugewinngemeinschaft erfolgt eine Anrechnung des Wertes der Zuwendung auf den Zugewinnausgleichsanspruch nach § 1380 bzw im Endvermögen des Zuwendungsempfängers gem § 1375 (BGH FamRZ 1982, 246; Palandt/*Brudermüller* § 1380 Rn 2; *Rauscher* AcP 186, 564; *Grünewald* NJW 1988, 110; aA *Lipp* JuS 1993, 93). Problematisch ist dies insb in den Fällen, in denen die Zuwendung aus dem Anfangsvermögen des Zuwendenden erfolgt oder wenn der Wert der Zuwendung im Vermögen des Zuwendungsempfängers durch Vermögensverluste neutralisiert wird. Gleichwohl lässt die Rechtsprechung eine Anwendung der Grundsätze über den Wegfall der Geschäftsgrundlage (§ 313) nur in ganz besonderen Ausnahmefällen zu und gewährt dem Zuwendenden einen Ausgleichsanspruch, wenn der güterrechtliche Ausgleich als nicht tragbar erscheint. Dies wurde angenommen in einem Fall, in dem der Zuwendende seinen angemessenen Unterhalt nicht mehr aus den ihm verbliebenen Mitteln bestreiten konnte (OLG München FamRZ 1999, 1663; vgl auch OLG Bremen NJW 2000, 82). 21

Soll die Zuwendung im Rahmen des Zugewinnausgleichs unberücksichtigt bleiben, ist eine ehevertragliche Modifizierung der Zugewinngemeinschaft unter Beachtung der Formvorschrift des § 1410 erforderlich. Ggf ist an die Vereinbarung von vertraglichen Rückforderungsrechten für den Fall der Scheidung der Ehe zu denken (*Langenfeld* NJW 1986, 2541). Leben die Ehegatten im Güterstand der Gütertrennung, erfolgt die Rück- 22

§ 516 BGB | Begriff der Schenkung

abwicklung der Ehegattenzuwendung regelmäßig nach den Grundsätzen über den Wegfall der Geschäftsgrundlage. Dies gilt jedenfalls, soweit die Beibehaltung der Zuwendung nach Treu und Glauben nicht zuzumuten ist (BGH FamRZ 1987, 45; OLG Düsseldorf NJW-RR 1996, 644; *Jaeger* DNotZ 1991, 461).

23 Im Verhältnis zu Pflichtteilsberechtigten behandelt der BGH die Zuwendungen unter Ehegatten wie Schenkungen (BGH NJW 1992, 564; BGH NJW-RR 1996, 133). Sie unterliegen insb der Pflichtteilsergänzung nach § 2325. Auf die Zuwendungen unter Ehegatten sind die Anfechtungsrechte aus § 4 Abs. 1 AnfG bzw § 134 InsO anwendbar (OLG München DNotI-Report 1997, 82). Schließlich sind sie nicht von der Schenkungsteuer ausgenommen (BFH ZEV 1994, 188). Im Verhältnis zu Dritten werden die Zuwendungen unter Ehegatten somit wie Schenkungen behandelt (vgl auch *Langenfeld* ZEV 2000, 391).

24 Zu Zuwendungen unter gleichgeschlechtlichen Lebenspartnern s iE *Krause*, Der Lebenspartnerschaftsvertrag in der anwaltlichen und notariellen Praxis, S 132 ff; *ders*, FPR 2003, 11.

VII. Betriebs- und Hofübergabe

25 Bei den Verträgen über die Übergabe eines gewerblichen oder lw Betriebes steht häufig neben der lebzeitigen Regelung der Unternehmensnachfolge die Alterssicherung der Übergeber bzw ihrer Ehegatten im Vordergrund. Dieser Vertragstyp bedarf einer genauen Regelung von Leistungsstörungen, da das Schenkungsrecht – wenn überhaupt – nur eingeschränkt Anwendung findet. Vor allem stellt sich bei diesen Verträgen die Frage der Einordnung der Versorgungsleistungen und vorbehaltenen Rechte als Auflagen oder sonstige Gegenleistungen iS einer gemischten Schenkung oder aber der Übergang zum Austauschvertrag nach §§ 320 ff mit ausgewogener Leistung und Gegenleistung. Zu beachten ist, dass sämtliche Betriebsgrundlagen einschließlich Betriebsgrundstück und Zubehör im Wege der Einzelrechtsnachfolge übertragen werden sollten. Neben der Übereignung von beweglichen Sachen und der Auflassung von Grundstücken ist an die Abtretung von Forderungen und Übertragung von sonstigen Rechten, wie gewerblichen Schutzrechten, zu denken. Bei der Zurückhaltung von Teilen des Betriebsvermögens drohen Steuergefahren.

26 Übergabestichtag ist zweckmäßigerweise der Bilanzstichtag. Regelungsbedarf besteht auch hinsichtlich der Entlastung des Veräußerers von etwaigen Verbindlichkeiten im Wege der Schuld- oder Erfüllungsübernahme. Bei Fortführung der Firma ist die Haftungsvorschrift des § 25 HGB zu beachten.

27 Die Übergabe eines lw Betriebes kann zusätzlich Besonderheiten aufweisen, wenn es sich um ein Landgut iSd § 2312 oder einen Hofübergabevertrag nach der HöfeO handelt. Im Übrigen ist die Genehmigungsbedürftigkeit nach dem Grundstücksverkehrsgesetz zu beachten.

28 Zur Erhaltung leistungsfähiger Betriebe wird bei Landgütern gem § 2312 bei entsprechender Anordnung des Erblassers hinsichtlich der Berechnung der Pflichtteilsansprüche nur der Ertragswert des Landgutes zugrunde gelegt. Unter Landgut ist eine Besitzung zu verstehen, die zum Zeitpunkt des Erbfalles (BGH NJW 1995, 1352) eine zum selbstständigen und dauernden Betrieb der Landwirtschaft geeignete und bestimmte Wirtschaftseinheit darstellt und mit den nötigen Wohn- und Wirtschaftsgebäuden versehen ist (BGHZ 98, 375). Die Besitzung muss eine ausreichende Größe erreichen (vgl aber BGH NJW-RR 1992, 770) und für den Inhaber eine selbstständige Nahrungsquelle darstellen, ohne dass sie eine bäuerliche Durchschnittsfamilie ernähren muss (Palandt/*Edenhofer* § 2312 Rn 8). Eine entsprechende Anwendung des § 2312 ist im Falle lebzeitiger Übergabe des Landgutes durch den Erblasser bei Geltendmachung von Pflichtteilsergänzungsansprüchen nach § 2325 gegenüber dem Übernehmer möglich (BGH Rpfleger 1964, 312 mit Anm *Haegele*). Erforderlich ist insoweit, dass die Voraussetzungen des § 2312 zum

Zeitpunkt des Erbfalls gegeben sind. Es reicht nicht aus, wenn sie zwar bei der Übergabe vorgelegen haben, aber beim Erbfall nicht mehr bestehen (BGH NJW 1995, 1352).

Die HöfeO gilt in den Ländern Hamburg, Niedersachsen, Schleswig-Holstein und Nordrhein-Westfalen als partielles Bundesrecht. Landesrechtliche Sonderregelungen zum Anerbenrecht gibt es darüber hinaus in Bremen, Hessen und Rheinland-Pfalz. In den übrigen Bundesländern gelten derzeit keine besonderen Anerbenrechte (vgl hierzu iE: Palandt/*Edenhofer* Art. 64 EGBGB Rn 6 ff). Wesentlich für die Vererbung einer Besitzung nach Höferecht ist, dass sie geschlossen an einen Erben fällt. Aus der HöfeO ergeben sich einige Besonderheiten für den Hofübergabevertrag. Gem § 17 HöfeO iVm § 16 HöfeO muss die Hofnachfolge wie bei der Hoferbfolge geregelt sein. Es besteht gem § 12 HöfeO ein sofort fälliger Abfindungsanspruch der weichenden Erben und gem § 13 HöfeO ein Abfindungsergänzungsanspruch, der modifiziert und ausgeschlossen werden kann.

VIII. Zuwendungen unter Lebenden auf den Todesfall

Zwischen der Verfügung von Todes wegen und der lebzeitig vollzogenen Schenkung lassen Gesetz und Kautelarjurisprudenz eine Reihe von Gestaltungen zu, durch die Vermögen auf den Todesfall aufgrund lebzeitiger Verträge und Erklärungen auf andere übertragen werden kann, ohne dass erbrechtliche Formen einzuhalten sind. Die Abgrenzung ist dogmatisch schwierig und im Einzelfall problematisch (vgl etwa die eingehenden Darstellungen von *Nieder*, Handbuch der Testamentsgestaltung, Rn 345; *ders* ZNotP 1998, 143, 192; Dittmann/Reimann/Bengel/*Reimann* § 2301; *Krause* NotBZ 2001, 87; s.a. *Werkmüller* ZEV 2001, 97). Wird der Weg des Rechtsgeschäfts unter Lebenden beschritten, drohen Nachteile für Pflichtteilsberechtigte, Nachlassgläubiger, Vertragserben, Vermächtnisnehmer und Auflagenberechtigte. Bei genauerer Betrachtung ist jedoch keine der möglichen Gestaltungen geeignet, die rechtlichen Interessen dieser Personen zu beeinträchtigen. Dies gilt nicht zuletzt für die Schranken, die dem Erblasser durch das Pflichtteilsrecht gesetzt sind. Die nicht bedachten pflichtteilsberechtigten Personen sind in diesen Fällen regelmäßig auf die Pflichtteilsergänzungsansprüche gem §§ 2325 ff verwiesen.

Auf ein Schenkungsversprechen, welches unter der Bedingung erteilt wird, dass der Beschenkte den Schenker überlebt, finden gem § 2301 Abs. 1 Satz 1 die Vorschriften über Verfügungen von Todes wegen Anwendung. Gleiches gilt gem § 2301 Abs. 1 Satz 2 für ein schenkweise unter dieser Bedingung erteiltes Schuldversprechen oder Schuldanerkenntnis der in den §§ 780, 781 bezeichneten Art. Vollzieht der Schenker die Schenkung durch Leistung des zugewendeten Gegenstandes, so finden gem § 2301 Abs. 2 BGB die Vorschriften über Schenkungen unter Lebenden Anwendung, also die §§ 516 ff BGB. § 2301 Abs. 2 bezieht sich ausschließlich auf § 2301 Abs. 1. Erfasst werden von dieser Vorschrift nur solche Schenkungsversprechen, die unter der Überlebensbedingung des Beschenkten stehen. Auf alle anderen Schenkungen sind die §§ 516 ff und hier vor allem § 518 unmittelbar anzuwenden. Dies gilt insb für Schenkungen, bei denen lediglich die Erfüllung eines unbedingt abgegebenen Schenkungsversprechens bis zum Tode des Schenkers hinausgeschoben wird (vgl hierzu iE die Erläuterungen zu § 2301).

Mit dem echten Vertrag zugunsten Dritter (§§ 328, 331) steht dem Erblasser außerhalb des Erbrechts ein weiteres zulässiges Mittel für die gewillkürte Weitergabe von Vermögensgegenständen zur Verfügung. Der Hauptanwendungsbereich des Vertrages zugunsten Dritter auf den Todesfall (§ 331) liegt im Bereich des Bank- und Versicherungswesens. Durch einen Vertrag zugunsten Dritter auf den Todesfall ist es dem Erblasser möglich, sich eine Leistung an den von ihm begünstigten Dritten dergestalt versprechen zu lassen, dass der Dritte nach dem Tod des Erblassers unmittelbar gegen den Versprechenden einen schuldrechtlichen Anspruch auf die versprochene Leistung erwirbt. Wie sich aus § 328 Abs. 2 ergibt, kann der Anspruch befristet oder bedingt eingeräumt werden. Dem Dritten ist daher das Recht nicht zwangsläufig endgültig und sofort zuzuwenden (vgl hierzu iE die Erläuterungen zu §§ 328 ff).

E. Exkurs: Der Übergabevertrag

33 Durch einen Übergabevertrag – auch Überlassungs- oder Übertragungsvertrag genannt – überträgt der Übergeber idR einen wesentlichen Teil seines Vermögens, zumeist ein Grundstück, einen lw oder gewerblichen Betrieb auf einen Dritten, häufig Abkömmlinge oder nahe Verwandte. Begünstigte können aber auch Familienfremde sein. Im Gegensatz zu den Verfügungen von Todes wegen zeichnet sich der Übergabevertrag durch seine lebzeitige Erfüllung aus. Der Übergabevertrag als solcher ist im Gesetz nicht geregelt. Je nach seiner vertraglichen Ausgestaltung kann er im Einzelfall rechtlich unterschiedlich zu qualifizieren sein. Als reiner Schenkungsvertrag kommt dieser in der Praxis nur selten vor. Häufig handelt es sich um eine gemischte Schenkung (vgl Rn 10 ff) oder Schenkung unter Auflagen (§§ 525 ff).

I. Motive für die lebzeitige Übergabe

34 In früheren Zeiten hatte der Übergabevertrag fast ausschließlich im lw Bereich Bedeutung. Es war gemeinhin üblich, dass der alt gewordene Landwirt den Betrieb auf seinen Hoferben übertrug und sich auf sein Altenteil zurückzog. Heute kommt dem Übergabevertrag außerhalb der Landwirtschaft erhebliche praktische Relevanz zu. Die Gründe für einen Übergabevertrag können vielfältiger Natur sein. Bei der Betriebsübergabe steht nach wie vor der Wunsch des Übergebers im Vordergrund, sich wegen seines fortgeschrittenen Alters von der Erwerbstätigkeit zurückzuziehen und dem Übernehmer eine eigene Existenz zu verschaffen. Motiv für die Übergabe eines Hausgrundstücks ist nicht selten ein vom Übergeber nicht zu deckender Kreditbedarf für notwendige Renovierungsarbeiten. Eine große Rolle spielen steuerliche Gesichtspunkte; durch die schrittweise Vermögensübertragung können die erbschaftsteuerlichen Freibeträge mehrfach ausgenutzt werden. Nicht zu unterschätzen sind die pflichtteilsrechtlich motivierten Übergaben, durch die Pflichtteilsansprüche Dritter gemindert werden sollen. Vielfach ist die Gewohnheit maßgebend, wenn die Übergabe in der Familie bereits seit Generationen üblich ist. In der Mehrzahl der Fälle dürfte Hauptmotiv für einen Übergabevertrag der Wunsch des Übergebers sein, bereits zu Lebzeiten den künftigen Nachlass einvernehmlich zu regeln, um nach seinem Tod Streit unter den Erben zu vermeiden.

II. Typische Gegenleistungen und vorbehaltene Rechte

1. Nießbrauch

35 Die Übergabe unter Nießbrauchsvorbehalt iSd §§ 1030 ff dient der frühzeitigen Weichenstellung unter Beibehaltung der wirtschaftlichen Situation. Gem § 1030 ist der Nießbraucher berechtigt, die Nutzungen der belasteten Sache zu ziehen. Dem Erwerber wird die rechtliche Verfügungsmacht verschafft (zur Surrogation beim Nießbrauch siehe *Brambring* DNotZ 2003, 565).

36 Neben dem Nießbrauch an der ganzen Sache ist nach § 1066 ein Bruchteilsnießbrauch möglich. Belastungsgegenstand ist in diesem Fall allein der Anteil eines Miteigentümers. Soweit der Alleineigentümer den gesamten Gegenstand mit einem teilweisen Nießbrauch belastet, wird von Quotennießbrauch gesprochen. Neben einem Grundstück kann auch Wohnungs- bzw Teileigentum nach WEG mit einem Nießbrauch belastet werden. Umstritten ist, wer in einem solchen Fall in der Eigentümerversammlung die Rechte aus dem Sondereigentum ausüben bzw Eigentümerbeschlüsse anfechten kann (vgl Palandt/*Bassenge* § 25 WEG Rn 4). Zur Klarstellung sollte in den Übergabevertrag eine umfassende Vollmacht an den Nießbraucher aufgenommen werden, sofern dieser im Verhältnis der Vertragsparteien allein berechtigt sein soll (Beck'sches Notar-Handbuch/*Jerschke* A V Rn 133).

37 Nach § 1041 Satz 1 hat der Nießbraucher für die Erhaltung des Nießbrauchsgegenstandes in seinem wirtschaftlichen Bestand zu sorgen. Ausbesserungen und Erneuerungen fallen

ihm gem § 1041 Satz 2 nur zur Last, sofern sie zur gewöhnlichen Unterhaltung der Sache gehören (BGH ZEV 2003, 417). Die außergewöhnlichen Lasten trägt der Eigentümer. Hinsichtlich der öffentlich-rechtlichen Lasten findet gem § 1047 ebenfalls eine Kostenteilung statt. Während der Eigentümer die außerordentlichen Lasten, die als auf den Stammwert der Sache gelegt anzusehen sind, zB Erschließungskosten nach dem BauGB und Anliegerbeiträge nach den landesrechtlichen Kommunalabgabengesetzen, zu tragen hat, verbleiben beim Nießbraucher die sonstigen öffentlich-rechtlichen Lasten, wie etwa die Grundsteuer. Bei privatrechtlichen Belastungen, die schon zurzeit der Nießbrauchsbestellung auf der Sache ruhten, trägt der Nießbraucher gem § 1047 die Zinslast von Verbindlichkeiten, die mit der Sache in Zusammenhang stehen und durch Grundpfandrechte gesichert sind. Die Tilgung derselben obliegt dem Eigentümer. Wurde das Darlehen nach Nießbrauchsbegründung aufgenommen, ist der jeweilige Schuldner für Zins und Tilgung allein verantwortlich. Änderungen der ges Lastenverteilung im Übergabevertrag sind nur in engen Grenzen möglich. Stets ist der Grundsatz der Substanzerhaltung des Nießbrauchers zu beachten. Im Übrigen kann eine Leistungspflicht des Eigentümers nicht zum dinglichen Inhalt gemacht werden (BayObLG DNotZ 1978, 99; vgl näher auch Beck'sches Notar-Handbuch/*Jerschke* A V Rn 139 ff).

Anerkannt ist in der Zwischenzeit, dass die Übertragung eines Grundstücks an einen Minderjährigen unter Nießbrauchsvorbehalt iSd § 107 lediglich rechtlich vorteilhaft ist und keinen entgeltlichen Erwerb iSd § 1821 Abs. 1 Nr. 5 darstellt. Dies gilt jedenfalls dann, wenn der Nießbraucher auch die Kosten außergewöhnlicher Ausbesserungen und Erneuerungen sowie die Grundstückslast zu tragen hat (BGH ZEV 2005, 67). Einer familiengerichtlichen Genehmigung bedürfen der Übergabevertrag und die Auflassung dementsprechend nicht (BayObLGZ 67, 245; *Schöner/Stöber*, Grundbuchrecht, Rn 3608). Etwas anderes gilt jedoch beim Erwerb eines vermieteten oder verpachteten Grundstücks. Ein solches Rechtsgeschäft ist für den Minderjährigen nicht lediglich rechtlich vorteilhaft, selbst wenn der Veräußerer sich den Nießbrauch an dem zu übertragenden Grundstück vorbehalten hat (BGH ZEV 2005, 209; aA OLG Celle MDR 2001, 931). 38

Erfolgt die Übergabe zum Zwecke der Pflichtteilsminimierung weichender Erben, ist sie unter Nießbrauchsvorbehalt regelmäßig nicht zweckmäßig. Der Vorbehalt des Nießbrauches zugunsten des Veräußerers führt nach der Rechtsprechung des BGH dazu, dass der Gegenstand nicht iSd § 2325 Abs. 3 Satz 1 geleistet ist, da eine wirtschaftliche Ausgliederung des Geschenks aus dem Vermögen des Erblassers nicht erfolgt. Die Zehnjahresfrist des § 2325 hinsichtlich des Wegfalls etwaiger Pflichtteilsergänzungsansprüche beginnt nicht zu laufen (BGH NJW 1994, 1791). 39

In Einzelfällen kann die Übertragung unter Nießbrauchsvorbehalt gleichwohl sinnvoll sein. Der Berechnung der Pflichtteilsergänzungsansprüche liegt nach § 2325 Abs. 2 Satz 2 das sog Niederstwertprinzip zugrunde. Für die Höhe des Pflichtteilsergänzungsanspruchs ist danach auf denjenigen von beiden Stichtagen (Erbfall oder Schenkung) abzustellen, zu dem das Geschenk weniger Wert war. Bei der Übertragung von Grundstücken ist der Wert im Zeitpunkt der Eigentumsumschreibung im Grundbuch mit dem Wert im Zeitpunkt des Todes zu vergleichen (*Krause* ZAP-Ost F 12, 78). Ersterer wird idR niedriger sein als der Wert im Todeszeitpunkt. Behält sich der Übergeber den Nießbrauch am Grundstück vor, ist der kapitalisierte Wert des Nießbrauchs vom Grundstückswert im Zeitpunkt der Schenkung in Abzug zu bringen (BGH NJW 1992, 2887). Die Pflichtteilsergänzungsansprüche richten sich nach dem entsprechend gekürzten Betrag. 40

2. Wohnungsrecht

In der Praxis bildet der Vorbehalt eines Wohnungsrechts zugunsten des Veräußerers eine der häufigsten von den Beteiligten gewünschten Gegenleistungen des Erwerbers in Übergabeverträgen. Zu unterscheiden sind das Wohnungsrecht als beschränkt persönliche Dienstbarkeit gem § 1093, das Benutzungsrecht als beschränkt persönliche Dienstbarkeit 41 iSd §§ 1090 – 1092 (Wohnrecht), die Wohnungsreallast gem § 1105 sowie das Dauerwohnrecht nach §§ 31 ff WEG (vgl *Schöner/Stöber*, Grundbuchrecht, Rn 1236).

a) Wohnungsrecht im eigentlichen Sinne

42 Den Regelfall der Sicherung der bisherigen Wohnung des Veräußerers bildet das Wohnungsrecht iSd § 1093. Der Veräußerer behält sich das Recht vor, die von ihm genutzten Räume unter Ausschluss des Eigentümers zu benutzen (OLG Zweibrücken DNotZ 1997, 325). Das Wohnungsrecht kann sich gem § 1093 Abs. 1 Satz 1 auf das Gebäude oder einen Teil des Gebäudes, also einzelne Räume, erstrecken.

43 Berechtigte eines solchen Wohnungsrechts können natürliche und juristische Personen sowie Handelsgesellschaften, Partnerschaften, aber auch Miteigentümer sein. Mehreren Berechtigten, zB Ehegatten, kann jeweils ein eigenes Wohnungsrecht im Gleichrang untereinander eingeräumt werden. Häufiger ist in solchen Fällen jedoch die Vereinbarung einer Gesamtberechtigung gem § 428.

44 Der Berechtigte ist nach § 1093 Abs. 2 befugt, seine Familie und die zu seiner standesgemäßen Bedienung und Pflege erforderlichen Personen in die Wohnung aufzunehmen. Unter den Begriff der Familie lässt die Rechtsprechung auch nichteheliche Lebensgefährten fallen, nicht jedoch bei Gleichgeschlechtlichkeit (BGHZ 84, 36). Diese Rechtsprechung wird nach Inkrafttreten des Lebenspartnerschaftsgesetzes nicht aufrechtzuerhalten sein (vgl § 11 Abs. 1 LPartG).

45 Die Überlassung des Wohnungsrechts an sonstige Dritte ist gem § 1092 Abs. 1 Satz 2 nur bei ausdrücklicher Gestattung des Eigentümers zulässig. Eine entsprechende Vereinbarung kann zum dinglichem Inhalt des Wohnungsrechts gemacht werden. Das Recht zur Überlassung an Dritte umfasst das Recht zur Vermietung der dem Wohnungsrecht unterliegenden Räume. Eine solche Gestattung führt zur Pfändbarkeit des Anspruchs des Wohnungsberechtigten gem § 857 Abs. 3 ZPO (BGH NJW 1999, 643; *Rossak* MittBayNot 2000, 383) und zur Überleitungsfähigkeit an den Sozialhilfeträger nach § 93 SGB XII (aA OLG Braunschweig FGPrax 1995, 224).

46 Hauptzweck des Wohnungsrechts ist das Wohnen. Ein Wohnungsrecht kann grds nur an bebauten Grundstücken – auch bereits vor Errichtung des Gebäudes – bestellt werden (BayObLG DNotZ 1956, 483). Möglich ist, das dingliche Wohnungsrecht auf einen unbebauten Teil des Grundstücks zu erstrecken, sofern das Wohnen Hauptzweck bleibt. Der Berechtigte darf die zum gemeinsamen Gebrauch der Bewohner bestimmten Anlagen und Einrichtungen mitbenutzen. Der Mitbenutzung können weitere Wohnräume unterworfen werden. Es empfiehlt sich, die dem Wohnungsrecht unterliegenden Räume nicht zuletzt im Hinblick auf die Bewertung in der Zwangsversteigerung exakt zu beschreiben, § 92 Abs. 2 ZVG (BayObLG Rpfleger 1983, 81).

47 Ein Wohnungsrecht iSd § 1093 kann nicht entgeltlich bestellt werden. Zulässig ist, die schuldrechtliche Vereinbarung eines Entgelts als Bedingung für die Ausübung oder den Bestand des Wohnungsrechts zu dessen dinglichem Rechtsinhalt zu machen (Beck'sches Notar-Handbuch / *Jerschke* A V Rn 158).

48 Die Pflicht zur Unterhaltung der vom Wohnungsrecht erfassten Räume obliegt dem Wohnungsberechtigten gem §§ 1093 Abs. 1 Satz 2, 1041 Satz 1. Hierzu zählen die gewöhnlichen Unterhaltungskosten, insb Kosten und Abgaben für Wasser, Müll, Heizung, Strom, Telefon, usw, sowie die Kosten der laufenden Reparaturen. Abweichende Regelungen können nach überwiegender Auffassung dinglich als Inhalt des Wohnungsrechts abgesichert werden (BayObLG DNotZ 1980, 157; BayObLG DNotZ1981, 124; *Amann* DNotZ 1989, 541; aA *Schöner/Stöber*, Grundbuchrecht, Rn 1253).

49 Die öffentlichen und privaten Lasten, wie Grundsteuer, Erschließungskosten, Versicherungen, Zinsverpflichtungen etc, trägt der Grundstückseigentümer. Mangels Verweisung in § 1093 Abs. 1 Satz 2 ist § 1047 auf das Wohnungsrecht nicht anwendbar. Schuldrechtlich können die Vertragsparteien eine abweichende Vereinbarung treffen; mit dinglicher Wirkung ist sie nicht möglich (BayObLG DNotZ 1989, 569). Nicht verpflichtet ist der Grund-

stückseigentümer, außergewöhnliche Ausbesserungen des Grundstücks oder Gebäudes auf seine Kosten vorzunehmen oder das Gebäude im Falle eines zufälligen Untergangs wieder aufzubauen.

Das Wohnungsrecht erlischt durch Aufhebung nach § 875 oder Tod des Berechtigten. Es ist als höchstpersönliches Recht nicht vererblich. Soweit keine Rückstände des Wohnungsrechts bestehen können, ist die Löschung im Grundbuch durch Vorlage der Sterbeurkunde des Berechtigten möglich. Bei verdinglichten Nebenleistungspflichten des Eigentümers ist an eine Löschungserleichterung nach § 23 Abs. 2 GBO zu denken (BayObLG DNotZ 1980, 157). Das Wohnungsrecht erlischt weiterhin mit Zerstörung des Gebäudes (BGH LM § 1093 Nr. 6). Ein persönliches Ausübungshindernis des Berechtigten, wie zB der Aufenthalt in einem Pflegeheim, führt dagegen nicht zum Erlöschen des Wohnungsrechts (OLG Zweibrücken OLGZ 1987, 27; s auch OLG Köln NJW-RR 1995, 1358). Eine auflösende Bedingung für das Wohnungsrecht, dass der Berechtigte das Anwesen nicht nur vorübergehend verlässt, ist zulässig (BayObLG DNotZ 1998, 299). 50

Die Gewährung eines Wohnungsrechts an einzelnen Räumen dürfte im Gegensatz zum Vorbehaltsnießbrauch nicht den Lauf der Zehnjahresfrist des § 2325 hinsichtlich der Pflichtteilsergänzungsansprüche hindern (vgl LG Münster MittBayNot 1997, 133). Beim Vorbehalt eines Wohnrechts an zwei Zimmern im Obergeschoss des Hauses sowie eines Mitbenutzungsrechts an weiteren Räumen hat jedenfalls das OLG Bremen (D-Notl-Report 2005, 181) die Voraussetzungen für die Annahme einer »Leistung« iSd § 2325 Abs. 3 bejaht. Erstreckt sich das Wohnungsrecht auf sämtliche bzw die Mehrzahl der Räume des übergebenen Anwesens könnte dies fraglich sein. Das OLG Düsseldorf (MittBayNot 2000, 120) hat beim Vorbehalt eines Wohnungsrechts an den Räumen im Erdgeschoss und einem Raum im Obergeschoss unter gleichzeitiger Vereinbarung vertraglicher Rückforderungsansprüche für den Fall der ohne Einwilligung des Übergebers vorgenommenen Veräußerung oder Belastung des übergebenen Grundbesitzes keine Leistung iSd § 2325 Abs. 3 gesehen und die Ingangsetzung der Zehnjahresfrist verneint. Eine Entscheidung des BGH liegt – soweit ersichtlich – noch nicht vor. 51

b) Wohnrecht
Im Gegensatz zum Wohnungsrecht nach § 1093 zeichnet sich die Benutzungsdienstbarkeit gem §§ 1090 – 1092 in Form des Wohnrechts dadurch aus, dass der Eigentümer nicht von der Nutzung der dem Recht unterliegenden Räume ausgeschlossen ist. Dem Berechtigten wird lediglich das Recht zur Mitbenutzung der Wohnräume eingeräumt. Die Vereinbarung eines solchen Wohnrechts bietet sich an, wenn Übernehmer und Übergeber unter einem Dach leben und das Wohnungsrecht nicht auf einzelne Räume beschränkt werden soll. 52

c) Wohnungsreallast
Im Falle einer Wohnungsreallast gem § 1105 ist der Eigentümer verpflichtet, allgemein und nicht an bestimmten Räumen ohne Ausschluss des Eigentümers Wohnraum zu gewähren und gebrauchsfähig zu halten (OLG Hamm DNotZ 1976, 229; Palandt/*Bassenge* Überbl vom § 1105 Rn 3). Die Verpflichtung des Eigentümers geht über die Duldung der Nutzung der Räume weit hinaus. Indem sich die Wohnungsreallast nicht auf bestimmte Räume bezieht, sichert sie den Berechtigten unabhängig vom Gebäudebestand; anders als beim Wohnungsrecht also auch im Falle der Zerstörung. 53

d) Dauerwohnrecht
Das Dauerwohnrecht ist in §§ 31 ff WEG geregelt. Es handelt sich hierbei um das veräußerliche und vererbliche Recht, eine in sich abgeschlossene Wohnung unter Ausschluss des Eigentümers zu bewohnen oder in anderer Weise zu nutzen (vgl *Schöner/Stöber*, Grundbuchrecht, Rn 3000 ff; s hierzu auch *J. Mayer* DNotZ 2003, 908). 54

3. Pflegeverpflichtung

55 Die häusliche Versorgung (Wart und Pflege) des Veräußerers durch den Übernehmer hatte in früheren Zeiten stärkere Bedeutung. Auch noch so perfekt definierte Pflegeverpflichtungen (vgl etwa *J. Mayer*, Der Übergabevertrag in der anwaltlichen und notariellen Praxis, Rn 224; *Amann* DNotI-Report 1995, 62) in Übergabeverträgen nützen wenig, wenn das persönliche Verhältnis zwischen Verpflichtetem und Berechtigtem gestört ist. Der Übernehmer sollte die Pflege freiwillig übernehmen oder überhaupt nicht. Die standardmäßige Aufnahme einer Pflegeverpflichtungsvereinbarung in den Übergabevertrag ist daher nicht zu empfehlen. Ausnahmsweise kann sie sinnvoll sein, wenn vertragliche Gegenleistungen erforderlich sind, um Schenkungsteuer zu sparen, Pflichtteilsergänzungsansprüche zu minimieren oder für den Fall des Sozialhilferegresses nach § 528 Ansprüche des Staates zu verringern.

56 Übersehen wird von den Beteiligten häufig, dass die Übernahme einer häuslichen Pflegeverpflichtung – wenn überhaupt, sollte nur diese sinnvollerweise vereinbart werden (s hierzu allerdings BGH MittBayNot 2004, 180 mit Anm *J. Mayer*) – nichts mit der Tragung der Kosten bei einem notwendigen Heimaufenthalt des Veräußerers zu tun hat.

57 Entscheiden sich die Vertragsparteien im Einzelfall für die Vereinbarung einer Pflegeklausel ist insb regelungsbedürftig der Pflegeanlass, die Art und Weise ihrer Durchführung, der Ort und der Umfang der Pflege sowie die Zumutbarkeit. Die Nichterfüllung der Pflegeverpflichtung durch den Erwerber kann durch Vereinbarung eines vertraglichen Rückerwerbsrechts (zum Rücktritt wegen Verstoß gegen die Pflegeverpflichtung siehe BGH MittBayNot 2000, 223) bzw eine Vertragsstrafenregelung sanktioniert werden. An eine Freistellungsverpflichtung für weichende Geschwister ist zu denken.

58 Die ges Pflegeversicherung nach dem Pflegeversicherungsgesetz sollte Einfluss auf den Umfang der vertraglich vereinbarten Pflegeverpflichtung haben. Eine Einstufung in die Pflegestufe I erfolgt, wenn ein zeitlicher Pflegeaufwand von 90 Minuten pro Tag und Person erforderlich ist. Bei Unterstützung durch ambulante Pflegedienste wird das Pflegegeld gem § 38 Satz 2 SGB XI um beanspruchte Sachleistungen anteilig gemindert. Der Anspruch steht dem Pflegebedürftigen nach § 37 Abs. 1 SGB XI selbst zu. Vernünftigerweise sollten die Leistungen nach dem PflegeVG nicht in Frage gestellt werden. Zu denken ist im Übrigen daran, die Leistung des Übernehmers von der Weiterleitung des Pflegegeldes durch den Übergeber abhängig zu machen.

59 Die Leistungen des Übernehmers aus der Pflegeverpflichtung können zugunsten des Veräußerers durch eine Reallast gem § 1105 am übergebenen Grundbesitz dinglich gesichert werden. Das OLG Hamm (DNotZ 1999, 719) nimmt im Übrigen eine Vererblichkeit der Pflegeverpflichtung an, wenn bereits bei Vertragsabschluss vorgesehen war, dass auch Verwandte des Erwerbers Pflegeleistungen erbringen.

4. Rentenzahlungen

60 Verpflichtet sich der Erwerber im Rahmen des Übergabevertrages als Gegenleistung zur Zahlung regelmäßiger wiederkehrender Beträge an den Veräußerer, ist bei der zivilrechtlichen Ausgestaltung die steuerliche Einordnung zu berücksichtigen. Von steuerlicher Relevanz ist die Unterscheidung zwischen Leibrente und dauernder Last. Während bei der Leibrente nur der sog Ertragsanteil der Rente (§ 22 Nr. 1 EStG) steuerbar bzw als Sonderausgabe abziehbar ist (§ 10 Abs. 1 Nr. 1a EStG), gilt dies bei der dauernden Last für den vollen Zahlbetrag der jeweiligen Leistung. Unterliegt der Erwerber einer stärkeren steuerlichen Belastung als der Veräußerer, bietet die dauernde Last unter dem Blickwinkel der Gesamtfamilienbesteuerung Vorteile.

61 Steuerrechtlich liegt eine Leibrente vor, wenn auf Lebenszeit des Begünstigten aus einem einheitlichen Rentenstammrecht wiederkehrende Leistungen in gleichmäßiger Höhe zu erbringen sind. Eine dauernde Last ist demgegenüber anzunehmen, wenn die in Zeit-

abschnitten zu erbringende Leistung nicht ihrer Höhe nach gleichmäßig ist, sondern eine Anpassung des Leistungsinhalts an geänderte Verhältnisse – unabhängig ob beim Erwerber oder Veräußerer – eintreten bzw verlangt werden kann. Die Abänderlichkeit der Leistung wird idR daran gemessen, ob § 323 ZPO in entsprechender Weise auf die Zahlungsverpflichtung Anwendung findet (BFH NJW 1991, 710; BFH NotBZ 2003, 435 und 438 mit Anm *Krauß* = ZEV 2003, 420 und 424 mit Anm *Fleischer*; dazu *Geck* ZEV 2003, 441; *Dhonau* ZEV 2004, 22; BMF-Schreiben v 8. 1. 2004 IV C 3 – S 2255 – 510/03, ZEV 2004, 112; *Spiegelberger* MittBayNot 2004, 228).

Das BGB kennt nur den Vertragstyp der Leibrente gem §§ 759 ff. Im Rahmen der Gestaltung des Übergabevertrages ist die Höhe des jeweiligen Zahlbetrages, der Beginn der Leistungspflicht, ihr Zeitabstand und die Fälligkeit der jeweiligen Leistung festzulegen. Die Fälligkeit wird regelmäßig vorschüssig für Monatszeiträume vereinbart. Soweit der Veräußerer die Rentenzahlung zu seinem Lebensunterhalt benötigt, ist stets an die Vereinbarung einer Wertsicherungsklausel zu denken (vgl näher *J. Mayer*, Der Übergabevertrag in der anwaltlichen und notariellen Praxis, Rn 356 ff). Möglich ist die Vereinbarung bloßer – genehmigungsfreier – Leistungsbestimmungsvorbehalte, die bei Änderung bestimmter Vergleichsgrößen, zB Verbraucherpreisindex, zu einer Verhandlungspflicht, aber nicht zu einer automatischen Betragsanpassung führen. Denkbar sind Spannungsklauseln, nach denen die Höhe der Zahlungsverpflichtung in einem bestimmten festen Verhältnis zur gewählten Bezugsgröße, zB Tarifgehalt, steht. In Frage kommen auch genehmigungspflichtige Wertsicherungsklauseln im eigentlichen Sinne, wie zB Verbraucherpreisindexklauseln – seit Januar 2003: Verbraucherpreisindex für Deutschland – (s auch *Reul* DNotZ 2003, 92; *Rasch* DNotZ 2003, 730). Diese sind gem § 3 PrKV genehmigungsfähig, wenn die wiederkehrende Leistung auf die Dauer von mindestens zehn Jahren oder auf Lebenszeit vereinbart ist. Weiter ist erforderlich, dass sich die Veränderungen nach oben wie nach u gleichermaßen auswirken und die Änderung der Indexpunktzahl zu einer prozentual gleichen Veränderung der Geldschuld führt. Zuständige Genehmigungsbehörde ist das BewG für Wirtschaft und Ausfuhrkontrolle. **62**

Die schuldrechtliche Leibrentenverpflichtung aus § 759 wird im Übergabevertrag regelmäßig durch eine persönliche Zwangsvollstreckungsunterwerfung des Rentenzahlungsverpflichteten gem § 794 Abs. 1 Nr. 5 ZPO abgesichert. Daneben kann zur dinglichen Absicherung eine Reallast iSd §§ 1105 ff bestellt werden. Beide Rechte sind durch eine Sicherungsabrede miteinander zu verknüpfen. Auch ist eine gesonderte Abtretung der verschiedenen Ansprüche auszuschließen. Aus der Reallast steht dem Berechtigten gem §§ 1105 Abs. 1, 1107, 1147 ein dinglicher Anspruch auf Duldung der Zwangsvollstreckung in das Pfandobjekt zu. Darüber hinaus gewährt ihm § 1108 Abs. 1 einen persönlichen Anspruch gegen den Eigentümer des belasteten Grundbesitzes auf Zahlung der während der Dauer seines Eigentums fällig werdenden Einzelleistungen. Dieser Anspruch ist mit dinglicher Wirkung abdingbar. Hinsichtlich des dinglichen Anspruchs aus der Reallast ist ebenso wie hinsichtlich des persönlichen Anspruchs gegen den jeweiligen Grundstückseigentümer eine Zwangsvollstreckungsunterwerfung im Übergabevertrag sinnvoll. Zum Schutz des Rentenzahlungsverpflichteten ist schließlich zu vereinbaren, dass die jeweiligen Zahlungen gegenseitig anzurechnen sind, so dass an den Berechtigten nur einmal zu leisten ist. Bei der Reallast kann eine entsprechende Leistungsverweigerungseinrede der erfüllten persönlichen Verpflichtung begründet und in das Grundbuch eingetragen werden. Eine Wertsicherung der Reallast ist ebenfalls eintragungsfähig (BGH DNotZ 1991, 803). **63**

5. Altenteil

Der Begriff des Altenteils – je nach Region auch Leibgeding, Auszug oder Leibzucht genannt – ist im Gesetz nicht definiert. Nach der Rechtsprechung (BGH DNotZ 1982, 697; BGH NJW 1994, 1158; BayObLG DNotZ 1993, 603) ist das Altenteil ein der Versorgung **64** des Berechtigten dienendes Recht, bei dem Leistung und Gegenleistung wertmäßig nicht miteinander abgewogen und nicht nur Geldleistungen, sondern auch Sach- oder Dienstleistungen vereinbart sind. Auch soll als Begriffsmerkmal eine örtliche Bindung des Berechtigten zu dem Grundstück, auf bzw aus dem die Leistungen gewährt werden, dienen. Die Zusammenfassung der in einem Übergabevertrag dem Veräußerer zu seiner Versorgung eingeräumten Rechte, wie zB Wohnungsrecht und Pflegeverpflichtung, wird regelmäßig als Altenteil bezeichnet. Umstritten ist, ob ein Altenteil nur vorliegen kann, wenn eine die Existenz sichernde Wirtschaftseinheit übergeben wird (vgl *J. Mayer* DNotZ 1996, 622).

65 Der Begriff des Altenteils hat im Gesetz an vier Stellen Auswirkungen:

- § 49 GBO enthält eine Vorschrift zur erleichterten Grundbucheintragung. Danach bedarf es, sofern Dienstbarkeiten und Reallasten als Leibgedinge, Leibzucht, Altenteil oder Auszug in das Grundbuch eingetragen werden, nicht der Bezeichnung der einzelnen Rechte, wenn auf die Eintragungsbewilligung Bezug genommen wird. Die Bedeutung des § 49 GBO besteht in einer gegenüber § 874 erweiterten Bezugnahme auf die Eintragungsbewilligung (OLG Schleswig SchlHAnz 1961, 196; BGH DNotZ 1972, 487; BGH NJW 1979, 421; BGH DNotZ 1994, 881). Grunddienstbarkeiten, Grundpfandrechte oder das Dauerwohnrecht gem §§ 31 ff WEG können nicht Bestandteil eines Altenteils sein. Diesen Rechten fehlt der Charakter der höchstpersönlichen Versorgung des Berechtigten.
- § 9 EGZVG normiert ein Vollstreckungsprivileg. Dieses wurde bis auf Bremen und Hamburg in allen alten Bundesländern sowie Thüringen umgesetzt. Das Altenteil bleibt danach in der Versteigerung bestehen, auch wenn es sonst bei der Feststellung des geringsten Gebots nicht berücksichtigt würde. Der durch diese Festsetzung beeinträchtigte Gläubiger kann jedoch beantragen, das Erlöschen des Altenteils als Versteigerungsbedingung festzulegen. Ein solcher Antrag führt zu einem Doppelausgebot gem § 59 Abs. 2, 3 ZVG.
- Art. 96 EGBGB enthält eine Fortbestehens- bzw Öffnungsklausel für landesges Vorschriften über das sich aus dem Altenteilsvertrag ergebende Schuldverhältnis. Hiervon haben mit Ausnahme Hamburgs alle alten Bundesländer Gebrauch gemacht. In den neuen Bundesländern fehlen mit Ausnahme Thüringens bisher entsprechende landesrechtliche Vorschriften. Durch das Landesrecht werden insb Leistungsstörungen normiert, zB Wertersatz für ein nicht wahrgenommenes Wohnungsrecht angeordnet.
- § 850b Abs. 1 Nr. 3 ZPO verankert schließlich einen Pfändungsschutz für laufende Einkünfte des Schuldners aus einem Altenteilsvertrag.

6. Vertragliche Rückforderungsrechte

66 Die ges Rückforderungsrechte sind bei Schenkungen nur auf eng umgrenzte Fälle beschränkt und streitanfällig, wie zB bei grobem Undank gem § 530. Es bietet sich daher im Einzelfall die Vereinbarung vertraglicher Rückforderungsrechte an. Denkbar ist den Übergabevertrag unter eine auflösenden Bedingung gem § 158 Abs. 2 zu stellen. Vorzuziehen sind Rückforderungsrechte, die dem Veräußerer das Recht einräumen, bei Eintritt bestimmter Ereignisse die Rückübertragung zu verlangen, also über die Rückforderung nach einer zeitlich begrenzten Bedenkzeit zu entscheiden (*Weser* ZEV 1995, 353; *Jülicher* ZEV 1998, 201, 289; s auch *Spiegelberger* MittBayNot 2000, 1; *Fembacher/Franzmann* MittBayNot 2002, 78).

67 Ein freies Rückforderungsrecht des Übergebers wird der Erwerber idR nicht akzeptieren. Abgesehen von der Willkür des Veräußerers ist dieses auch unter steuerlichen Gesichtspunkten zumindest bei Betriebsvermögen nicht empfehlenswert. Fehlt es aufgrund eines jederzeitigen Rückforderungsrechts an einer Mitunternehmerschaft, gelten zB die Begünstigungen der §§ 13a, 19a ErbStG nicht (krit *Jülicher* DStR 1998, 1980). Darüber

hinaus ist das freie Rückforderungsrecht pfändbar (BGH ZEV 2003, 293 mit Anm *Langenfeld* = DNotZ 2004, 298; s hierzu *Berringer* DNotZ 2004, 245; *Meyer/Burrer* NotBZ 2004, 383).

Die Bestimmung der Rückforderungsgründe ist den Beteiligten überlassen. Typischerweise werden Rückforderungsrechte vereinbart für den Fall, dass der Erwerber über den Vertragsgegenstand ohne Zustimmung des Veräußerers verfügt, die Zwangsvollstreckung in den übertragenen Grundbesitz betreiben, über das Vermögen des Erwerbers das Insolvenzverfahren beantragt, die Ehe zwischen Veräußerer und Erwerber geschieden wird, der Erwerber vertraglich vereinbarte Gegenleistungen nicht erbringt oder vor dem Veräußerer verstirbt. Ist ein Rückübertragungsrecht für den Fall einer ohne Zustimmung des Veräußerers vorgenommenen Veräußerung oder Belastung vereinbart, umfasst dies nach OLG Frankfurt (NotBZ 2005, 219) idR auch den Fall der Belastung im Wege der Zwangsvollstreckung (Eintragung einer Zwangshypothek). **68**

Die Rückübertragung erfolgt bei Grundbesitz durch Auflassung in der Form des § 925 BGB. Für den Fall der Rückabwicklung ist zu vereinbaren, innerhalb welcher Frist und welcher Form das Rückübertragungsverlangen ausgeübt werden kann, welche Grundstücksbelastungen durch den Berechtigen zu übernehmen sind und welche Aufwendungen oder Gegenleistungen erstattet werden sollen. Auch ist eine Regelung zur Tragung der Rückabwicklungskosten und etwaigen Steuern vorzusehen. Im Hinblick auf die Ausübung des Rückübertragungsverlangens wegen Todes des Erwerbers empfiehlt es sich, um Schwierigkeiten bei der Erbenermittlung zu umgehen, eine Vollmacht für den Veräußerer vorzusehen, die diesem gestattet unter Befreiung von § 181 die Rückauflassung unter Vorlage der Sterbeurkunde des Erwerbers zu erklären. Zweckmäßigerweise sollte diese Vollmacht an den Übergabevertrag beurkundenden Notar gebunden sein (Beck'sches Notar-Handbuch/*Jerschke* A V Rn 233). Die Rückübertragungsverpflichtung kann im Grundbuch durch eine Rückauflassungsvormerkung gesichert werden (s auch *Schippers* DNotZ 2001, 756). Stehen sich auf Erwerber- und/oder Veräußererseite mehrere Berechtigte gegenüber, ist zu klären, in welchem Beteiligungsverhältnis die Rückübertragung und Sicherung im Grundbuch erfolgen soll. Auf Erwerberseite ist zu regeln, ob die Rückübertragung des gesamten Grundbesitzes beabsichtigt ist, sofern der Rückübertragungsgrund nur bei einem von ihnen eintritt oder ob nur dieser Erwerber den auf ihn übertragenen Anteil zurückzugeben hat. Bei mehreren Veräußerern, zB Ehegatten, ist eine Regelung zu treffen, welche Anteile an wen zurückzuübertragen sind. In Betracht kommt Gesamtberechtigung nach § 428, dh der Erwerber kann schuldbefreiend an jeden Veräußerer leisten (BayObLG DNotZ 1964, 343). Problematisch ist, wenn der Auflassungsanspruch nur zeitlich hintereinander, zumeist nach dem Tod eines Berechtigten dem Überlebenden allein zustehen soll. Möglich wäre eine entsprechende Anwendung der §§ 461 und 472. Hier ist die Eintragung einer einzigen Auflassungsvormerkung ausreichend. Den sichersten Weg für die Berechtigten bietet die Einräumung des Rückforderungsrechts nach Bruchteilen sowie für den jeweiligen Berechtigten allein bedingt durch den Tod des Erstversterbenden. Dinglich gesichert werden kann dies durch Eintragung von insgesamt drei Eigentumsvormerkungen in das Grundbuch (*Amann* MittBayNot 1990, 225; *Schöner/Stöber*, Grundbuchrecht, Rn 1499; s aber auch BayObLG ZEV 1995, 294). Die hiermit verbundene Kostenfolge ist nicht zu übersehen. **69**

Eine Löschungserleichterung bei Tod des Berechtigten nach § 23 Abs. 2 GBO kann nicht in das Grundbuch eingetragen werden (DNotI-Gutachten DNotI-Report 2000, 29). Dies gilt selbst dann nicht, wenn das Rückforderungsrecht zwar mit dem Tod des Berechtigten erlöschen soll, ein aus diesem Verlangen tatsächlich resultierender Anspruch auf Rückerwerb jedoch vererblich ist (BGH DNotZ 1996, 453). Wird die Vormerkung zweckmäßigerweise auf die Lebenszeit des Berechtigten befristet, erfolgt die Löschung unter Vorlage der Sterbeurkunde. **70**

7. Übernahme von Grundschulden

71 Soweit auf dem Vertragsgegenstand Grundschulden lasten, werden diese häufig im Übergabevertrag einschließlich der ihnen zugrunde liegenden persönlichen Verbindlichkeiten des Veräußerers durch den Erwerber übernommen. Hinsichtlich der Übernahme persönlicher Verbindlichkeiten ist bei der Vertragsgestaltung darauf zu achten, dass eine Befreiung des Veräußerers von der Haftung aus dem Darlehensvertrag sowie aus dem in der Grundschuldbestellungsurkunde abgegebenen abstrakten Schuldversprechen erfolgt. Weiter verlangen die Banken regelmäßig gleichwertige Sicherheiten, wie sie gegenüber dem Veräußerer bestanden haben, gegenüber dem Erwerber. Dies bedeutet gewöhnlich die Abgabe eines abstrakten Schuldversprechens des Erwerbers iSd § 780 mit Zwangsvollstreckungsunterwerfung, wie sie in den Grundschuldbestellungsformularen der Banken vorgesehen sind (vgl zB AnwK-BGB/*Krause* § 1191 Rn 126 ff und 148). Eine solche Erklärung des Erwerbers sollte aus Kostenersparnisgründen direkt in den Übergabevertrag aufgenommen werden. Weiter besteht Regelungsbedarf dahingehend, dass der Sicherungsvertrag (vgl hierzu näher AnwK-BGB/*Krause* § 1191 Rn 48 ff) ununterbrochen vom Veräußerer auf den Erwerber übergeht und der Veräußerer keine Gelegenheit mehr erhält, die Grundschuld zur Sicherung sonstiger eigener Verbindlichkeiten zu verwenden.

72 Die Übernahme der persönlichen Verbindlichkeiten des Veräußerers kann durch den Erwerber im Wege der befreienden Schuldübernahme nach § 415 erfolgen (zur Schuldübernahme unter Gesamtschuldnern s OLG Karlsruhe MittBayNot 2002, 284; vgl hierzu *Amann* MittBayNot 2002, 245). Sie führt zu einem Schuldnerwechsel; der Übernehmer tritt an die Stelle des Schuldners, dieser wird frei. Zu ihrer Wirksamkeit bedarf die Schuldübernahme gem § 415 Abs. 1 Satz 1 der Genehmigung des Gläubigers. Umstritten ist, ob auf die zwischen Veräußerer als Altschuldner und dem Erwerber als Übernehmer vereinbarte Schuldübernahme die Vorschriften über den Verbraucherdarlehensvertrag gem §§ 491 ff entsprechend anwendbar sind. Während der BGH (NJW 1999, 2664) diese Frage bisher offen gelassen hat, wird sie von der überwiegenden Auffassung in der Literatur verneint (Beck'sches Notar-Handbuch/*Brambring* A I Rn 340 mwN; das OLG Düsseldorf MittBayNot 2001, 313 mit Anm *Volmer* hat entschieden, dass die vertragliche Übernahme nicht unter das VerbrKG, das durch die §§ 491 ff abgelöst wurde, fällt, wenn der Kreditgeber der Vertragsübernahme durch den neuen Darlehensschuldner lediglich zustimmt, also ein dreiseitiger Vertrag nicht geschlossen wird). Die Anwendung der §§ 491 ff auf die Schuldübernahme würde zu Informationspflichten führen, die in der Praxis regelmäßig nicht zu erfüllen sind (*Volmer* WM 1999, 209), und damit zu Widerrufsrechten die den Bestand des Übergabevertrages in Gefahr bringen können. Bis zu einer Klärung durch die Rechtsprechung empfiehlt es sich, bei der Vertragsgestaltung auf die Erfüllungsübernahme auszuweichen (*Amann* MittBayNot 2002, 245, 246).

73 Im Unterschied zur Schuldübernahme wird bei der Erfüllungsübernahme nur das Ziel festgelegt, dass der Veräußerer von der Haftung befreit wird. Der Weg, wie der Erwerber dies erreicht, bleibt offen. Ihm steht es frei, mit dem Gläubiger eine befreiende Schuldübernahme zu vereinbaren, eine neue Darlehensverbindlichkeit mit diesem oder einem anderen Kreditinstitut einzugehen oder die Verbindlichkeiten des Veräußerers zu tilgen. Der Gläubiger erwirbt nach § 329 aus der Vereinbarung der Erfüllungsübernahme zwischen dem Veräußerer und dem Übernehmer idR keine Rechte.

74 Weiter ist bei der Übernahme von Grundschulden zu berücksichtigen, dass der Anspruch auf Rückgewähr aus dem Sicherungsvertrag idR dem ursprünglichen Eigentümer zusteht. Dieser Anspruch richtet sich, sofern im Sicherungsvertrag nichts anderes vereinbart ist, nach Wahl des Sicherungsgebers auf Abtretung des Rechts, Verzicht oder Aufhebung. Der Inhaber der Rückgewähransprüche entscheidet über die Löschung, Abtretung oder Neuvalutierung der Grundschuld. Rückgewähransprüche gehen ebenso wie etwaige Eigentümerrechte an den eingetragenen Grundpfandrechten aus § 1168 Abs. 1, § 1143 Abs. 1

Satz 1 analog oder § 873 Abs. 1 mit der Umschreibung des Eigentums auf den Erwerber nicht automatisch über. Im Übergabevertrag sollte daher vorgesehen werden, dass etwa entstandene Eigentümerrechte und Rückgewähransprüche auf den Erwerber übertragen und deren Eintragung in das Grundbuch bewilligt wird.

Gefahren bestehen für den Übergeber eines Grundstücks bei gleichzeitigem Vorbehalt von Rechten, die aus dem Grundbesitz zu erbringen sind, wie Nießbrauch oder Wohnungsrecht. Gehen solchen Rechten im Grundbuch Grundschulden im Rang vor, besteht für die Berechtigten die Gefahr, dass sie ihre Rechte verlieren könnten, sofern die den Grundschulden zugrunde liegenden Darlehensverbindlichkeiten nicht getilgt und die Zwangsvollstreckung aus diesen Rechten betrieben wird (BGH NJW 1996, 522). Dem könnte durch Rangrücktritt der Grundschuld hinter die vorbehaltenen Rechte begegnet werden. Dies führt in der Praxis jedoch dazu, dass der Kreditspielraum des Erwerbers weitgehend eingeschränkt ist.

8. Sonstiges

Typische Gegenleistungen in Übergabeverträgen sind weiterhin die Zahlung eines Abstandsgeldes vom Übernehmer an den Übergeber, Abfindungszahlungen an weichende Erben, die Vereinbarung der Beteiligung an einem etwaigen Veräußerungserlös oder die Gewährung eines Taschengeldes an den Veräußerer. Gewünscht ist gelegentlich auch eine Regelung über die Tragung der Beerdigungs- und Grabpflegekosten der Veräußerer. Der Gestaltungsphantasie der Beteiligten sind kaum Grenzen gesetzt.

F. Erb- und pflichtteilsrechtliche Bezüge zum Schenkungsrecht

Im Rahmen einer (unentgeltlichen) Zuwendung kann der Zuwendende durch Anordnung einer Erbausgleichung oder Pflichtteilsanrechnung erbrechtliche Wirkungen außerhalb einer Verfügung von Todes wegen erreichen. Gleiches gilt für die Vereinbarung von Pflichtteilsverzichten. Möglichen Pflichtteilsergänzungsansprüchen Dritter kommt darüber hinaus bei der Planung der Vermögensnachfolge eine immer stärkere Bedeutung zu.

I. Erbausgleichung

Gem § 2050 Abs. 1 ist bei ges Erbfolge unter Abkömmlingen eine Ausstattung bei der Auseinandersetzung des Nachlasses auszugleichen, sofern der Erblasser bei der Zuwendung nichts anderes bestimmt hat. Nach § 2050 Abs. 2 sind Zuschüsse, die zu dem Zweck gegeben worden sind, als Einkünfte verwendet zu werden, sowie Aufwendungen für die Vorbildung zu einem Beruf zur Ausgleichung zu bringen, soweit sie das den Vermögensverhältnissen des Erblassers entsprechende Maß überstiegen haben. Neben diesen ges Erbausgleichungsanordnungen steht dem künftigen Erblasser gem § 2050 Abs. 3 die Möglichkeit offen, bei sonstigen Zuwendungen unter Lebenden die Ausgleichung der Zuwendung anzuordnen. Zur Vermeidung von Zweifeln empfiehlt sich die Aufnahme einer ausdrücklichen positiven oder negativen Regelung der Ausgleichungspflicht in den Schenkungsvertrag (Beck'sches Notar-Handbuch/*Jerschke* A V Rn 88).

§ 2050 gilt bei Eintritt der ges Erbfolge unter Abkömmlingen und gem § 2052 bei Testamentserben, wenn der Erblasser seine Abkömmlinge auf den ges Erbteil gesetzt oder deren Erbteile im gleichen Verhältnis wie ihre ges Erbteile bestimmt hat. Anstelle eines als Erbe weggefallenen Abkömmlings treten gem § 2051 Abs. 1 dessen Abkömmlinge in die Ausgleichspflicht ein.

Gegenstand einer Ausgleichung nach § 2050 können nur zu Lebzeiten des Erblassers erfolgte Zuwendungen sein. Die Ausgleichungspflicht ist weder Vermächtnis zugunsten des Berechtigten noch Nachlassverbindlichkeit, sondern eine Berechnungsregel für die Erbteilung (Palandt/*Edenhofer* § 2050 Rn 2). Sie mindert nicht die Erbquote als solche. Es wird vielmehr das Auseinandersetzungsguthaben des Ausgleichspflichtigen verkürzt und

§ 516 BGB | Begriff der Schenkung

das der ausgleichungsberechtigten Miterben vergrößert. Bei hohen lebzeitigen Zuwendungen des Erblassers kann dies für den Empfänger nicht unproblematisch sein. Er verbleibt ges Miterbe. Der Erbschein weist ihn mit seiner vollen Erbquote aus. Nach außen haftet er für die Nachlassverbindlichkeiten. Unter Umständen erhält er jedoch als Ergebnis der Ausgleichung nichts aus dem Nachlass (vgl *J. Mayer*, Der Übergabevertrag in der anwaltlichen und notariellen Praxis, Rn 307).

81 Die Ausgleichung erfolgt im Rahmen der Erbauseinandersetzung. Gem § 2055 Abs. 1 wird bei der Auseinandersetzung dem Ausgleichungspflichtigen der Wert der Zuwendung auf seinen Erbteil angerechnet. Der Wert bestimmt sich gem § 2055 Abs. 2 nach der Zeit, zu der die Zuwendung erfolgt ist. Wertsteigerungen bleiben mit Ausnahme des Kaufkraftschwundes unberücksichtigt (BGHZ 65, 75 mit Anm *Löbbecke* NJW 1975, 2292; BGH WM 1975, 1179). In der Praxis besteht die Hauptschwierigkeit der Durchführung der Ausgleichung in der Wertermittlung. Zur Streitvermeidung empfiehlt sich die Aufnahme des Wertes in den Schenkungsvertrag. Der Veräußerer kann auch eine Ausgleichung zu einem niedrigeren Wert anordnen (*Frischknecht* BWNotZ 1960, 270). Eine solche zu einem höheren Wert dürfte wegen der Unzulässigkeit eines gegenständlich beschränkten Erbverzichts nicht möglich sein (*Wegmann*, Grundstücksüberlassung, Rn 557).

82 Zur Durchführung der Erbausgleichung werden zunächst die Erbteile von Nicht-Abkömmlingen, also insb der Ehegatten, von der tatsächlich vorhandenen Erbmasse abgezogen. Dem verbleibenden Nachlassteil werden die zur Ausgleichung zu bringenden Zuwendungen hinzugerechnet, sodann für den einzelnen Abkömmling dessen rechnerischer Erbteil ermittelt und beim Erwerber die anzurechnenden Zuwendungen abgezogen (vgl auch DNotI-Gutachten DNotI-Report 2000, 82 sowie die Berechnungsbeispiele bei *Bertolini* MittBayNot 1995, 109). Hieraus ergeben sich die Teilungsquoten. Hat ein Abkömmling durch den Vorempfang mehr als das Auseinandersetzungsguthaben erhalten, scheidet er gem § 2056 bei der Berechnung aus. Die Ausgleichung erfolgt nur zwischen den verbleibenden Abkömmlingen; eine Rückzahlungsverpflichtung kann nicht entstehen.

83 Die Anordnung der Erbausgleichung führt häufig zu unerwünschten Nebenwirkungen. Mit dem sog Ausgleichspflichtteil erhöht sich das Pflichtteilsrecht der anderen Abkömmlinge. Dies ist insb nicht gewollt, wenn einer der Geschwister nicht zu einem gegenständlich beschränkten Pflichtteilsverzicht bereit ist. Gem § 2316 Abs. 1 wird für die Berechnung des Pflichtteils der auszugleichende Vermögensgegenstand dem Nachlass hinzugerechnet. Zwar wird die Pflichtteilslast der Erben insgesamt nicht größer. Es tritt jedoch eine Verschiebung der Pflichtteile zwischen den einzelnen Pflichtteilsberechtigten ein. Diese wirkt sich zu Lasten des Empfängers der Zuwendung und zugunsten des nicht verzichtsbereiten Geschwisterteils aus (*J. Mayer*, Der Übergabevertrag in der anwaltlichen und notariellen Praxis, Rn 310). Da die rechnerische Vergrößerung des Nachlasses durch die ausgleichspflichtigen Vorempfänge auch etwaigen pflichtteilsberechtigten Erben zugute kommt, kann diesen gegen ihre Miterben ein Pflichtteilsrestanspruch auf entsprechende Aufstockung ihres Pflichtteils bis zur Höhe des Ausgleichungspflichtteils zustehen. Scheidet die Ausgleichungsmöglichkeit gem § 2056 Satz 1 aus, kommt bei schenkungsweisen Zuwendungen ein Pflichtteilsergänzungsanspruch nach §§ 2325 ff hinsichtlich des durch Ausgleichung nicht abgedeckten Mehrempfangs in Betracht. Eine nachträgliche Anordnung der Ausgleichung durch Rechtsgeschäft unter Lebenden ist nicht möglich. In Frage kommt allein eine Verfügung von Todes wegen als Teilungsanordnung gem § 2048 oder Vorausvermächtnis gem § 2150 zugunsten der anderen Abkömmlinge (Palandt/*Edenhofer* § 2050 Rn 3). Beseitigt werden kann die Ausgleichungsbestimmung durch Vermächtnisanordnung zugunsten des Erwerbers in einer letztwilligen Verfügung (*J. Mayer* ZEV 1996, 441). Durch Vereinbarung können die Abkömmlinge die Ausgleichspflicht ganz oder teilweise ausschließen oder über das Gesetz hinaus erweitern (Palandt/*Edenhofer* § 2050 Rn 3).

84 Ein Erbteilserwerber tritt gem §§ 2372, 2376 in die Rechte und Pflichten aus der Ausgleichung ein. Dies gilt auch für den Pfandgläubiger am Erbteil. Dieser steht wegen einer

Ausgleichungspflicht dem betreffenden Miterben gleich und muss sie gegen sich gelten lassen.

II. Pflichtteilsanrechnung

Der Pflichtteilsberechtigte hat sich gem § 2315 Abs. 1 auf den Pflichtteil anrechnen zu 85 lassen, was ihm von dem Erblasser durch Rechtsgeschäft unter Lebenden mit der Bestimmung zugewendet worden ist, dass es auf den Pflichtteil angerechnet werden soll. Unter Zuwendung iSd § 2315 Abs. 1 ist jede freiwillige und freigiebige Verschaffung eines Vorteils zu verstehen (OLG Düsseldorf ZEV 1994, 173). Hierunter fallen insb Ausstattungen, vollzogene Schenkungen oder Schenkungsversprechen (Palandt/*Edenhofer* § 2315 Rn 1). Die Anordnung der Pflichtteilsanrechnung hat nicht nur im Verhältnis zwischen dem künftigen Erblasser und dem Empfänger der Zuwendung Bedeutung. Sie berührt auch die Interessen der übrigen künftigen Erben. Durch die Pflichtteilsanrechnung ändert sich deren Pflichtteilslast gegenüber dem Empfänger der Zuwendung, sofern dieser im Erbfall seinen Pflichtteil beansprucht. Zur Vermeidung von Zweifeln empfiehlt sich ebenso wie bei der Erbausgleichung die Aufnahme einer ausdrücklichen positiven oder negativen Regelung der Pflichtteilsanrechnung in den Schenkungsvertrag (Beck'sches Notar-Handbuch/*Jerschke* A V Rn 83; zur Pflichtteilsanrechnung bei Grundstücksüberlassung an Minderjährige s *Fembacher* MittBayNot 2004, 24).

Die Anordnung der Pflichtteilsanrechnung ist eine einseitige empfangsbedürftige Willens- 86 erklärung des Erblassers. Er hat diese gegenüber dem Empfänger vor oder gleichzeitig mit der Zuwendung zu bestimmen, damit der Empfänger die seinen Pflichtteil beeinflussende Beschaffenheit der Zuwendung kennt (OLG Düsseldorf ZEV 1994, 173). Nachträgliche einseitige Anrechnungsbestimmungen des Erblassers, zB durch eine Verfügung von Todes wegen, sind grds nicht möglich. Etwas anderes gilt nur, wenn der Erblasser sich bei der Zuwendung eine solche vorbehalten hat oder ein berechtigter Grund zur Pflichtteilsentziehung iSd § 2333 vorliegt (vgl auch BGH NJW 1990, 911). Willigt der Pflichtteilsberechtigte nachträglich in die Bestimmung der Pflichtteilsanrechnung ein, liegt ein – gegenständlich beschränkter – Pflichtteilsverzicht vor. Dieser Bedarf zu seiner Wirksamkeit gem §§ 2346 Abs. 2, 2348 der notariellen Beurkundung (Palandt/*Edenhofer* § 2315 Rn 3; Beck'sches Notar-Handbuch/*Jerschke* A V Rn 86).

Der Wert der Zuwendung wird gem § 2315 Abs. 2 Satz 1 bei der Bestimmung des Pflicht- 87 teils dem Nachlass hinzugerechnet und aus dieser Summe der fiktive Pflichtteilsanspruch ermittelt. Nach Abzug der anrechnungspflichtigen Zuwendung ergibt sich der effektive Pflichtteilsanspruch (Palandt/*Edenhofer* § 2315 Rn 4 ff; Beck'sches Notar-Handbuch/*Jerschke* A V Rn 86). Bei mehreren Anrechnungspflichtigen wird der Anspruch jedes Einzelnen individuell errechnet, so dass bei unterschiedlichen Zuwendungen verschieden hohe Nachlässe zu berücksichtigen sein könnten (Palandt/*Edenhofer* § 2315 Rn 4). § 2315 Abs. 2 Satz 2 stellt für die Bewertung der Zuwendung auf den Zeitpunkt ihrer Vornahme ab. Wertsteigerungen bleiben mit Ausnahme des Kaufkraftschwundes unberücksichtigt (BGH NJW 1983, 1486; zur Bewertung s auch *J. Mayer* ZEV 1994, 331). Der Erblasser kann einen niedrigeren Wert bestimmen. Die Anordnung eines den Verkehrswert übersteigenden Anrechnungswertes ist ebenfalls möglich. Da es sich insoweit um einen teilweisen Pflichtteilsverzicht des Erwerbers handelt, ist dies jedoch nur mit dessen Zustimmung möglich. Die Vereinbarung ist gem §§ 2346 Abs. 2, 2348 notariell zu beurkunden (Beck'sches Notar-Handbuch/*Jerschke* A V Rn 85).

Ein eintretender Abkömmling muss sich nach §§ 2315 Abs. 3, 2051 Abs. 1 die Zuwendun- 88 gen anrechnen lassen, die dem Weggefallenen hätten angerechnet werden können, wenn er nicht beweist, dass die Anrechnungspflicht des Empfängers nur für dessen Person begründet war (Palandt/*Edenhofer* § 2315 Rn 7). Nachträglich kann die Anrechnungsbestimmung formlos und einseitig durch den Erblasser aufgehoben werden. Zu Beweiszwecken empfiehlt es sich, die Aufhebungserklärung schriftlich niederzulegen. Möglich

III. Kombination von Erbausgleichung und Pflichtteilsanrechnung

89 Die Pflichtteilsanrechnung mindert die Summe der Pflichtteilsansprüche der Abkömmlinge, während die Anordnung der Erbausgleichung nur die Verteilung des Pflichtteilsanspruchs verändert. Pflichtteilsanrechnung und Anordnung der Erbausgleichung können miteinander kombiniert werden. Die Kombination vergrößert idR den Pflichtteilsanspruch des Empfängers der Zuwendung. Gem § 2316 Abs. 4 erfolgt die Pflichtteilsanrechnung nur mit der Hälfte des Wertes. Die Zuwendung wird damit nicht doppelt angerechnet (Beck'sches Notar-Handbuch/*Jerschke* A V Rn 93; *Wegmann*, Grundstücksüberlassung, Rn 568).

IV. Pflichtteilsverzicht

90 Der Pflichtteilsverzicht des Erwerbers nach § 2346 Abs. 2 ersetzt die Pflichtteilsanrechnung. Gleiches gilt idR für die Anordnung der Erbausgleichung. Im Gegensatz zu dieser führt der Pflichtteilsverzicht des Erwerbers allerdings nicht zu einer Erhöhung des Pflichtteils der anderen Abkömmlinge.

91 Bei Vereinbarung eines Pflichtteilsverzichts des Erwerbers ist zu überlegen, ob dieser auch gegenüber dem Ehegatten des Veräußerers erklärt werden soll, um anlässlich der Schenkung insgesamt das Risiko von Pflichtteilsansprüchen auszuschließen. Darüber hinaus kann die Vereinbarung eines gegenständlich beschränkten Pflichtteilsverzichts weichender Geschwister bzw des Ehegatten des Übergebers angezeigt sein. Der gegenständlich beschränkte Pflichtteilsverzicht bietet sich insb bei der vorweggenommenen Erbfolge an, wenn dem Bedachten der Vermögenserwerb im Hinblick auf den späteren Erbfall dauerhaft gesichert werden soll. Zweckmäßigerweise sollte der gegenständlich beschränkte Pflichtteilsverzicht direkt in den Schenkungsvertrag aufgenommen werden. Er kann unter der Bedingung der Erfüllung einer Gegenleistung, zB Zahlung eines Gleichstellungsbetrages, abgeschlossen werden.

V. Pflichtteilsergänzungsanspruch

92 Verschenkt der Erblasser innerhalb der letzten 10 Jahre vor dem Erbfall Vermögensgegenstände, kann der Pflichtteilsberechtigte vom Erben als Ergänzung des Pflichtteils gem § 2325 den Betrag verlangen, um den sich der Pflichtteil erhöht, wenn der verschenkte Gegenstand dem Nachlass hinzugerechnet wird (sog Pflichtteilsergänzungsanspruch). Der Beschenkte selbst haftet nach §§ 2328, 2329 nur dann, wenn die Pflichtteilsergänzung beim Erben dazu führen würde, dass dessen eigener Pflichtteilsanspruch unter Einbeziehung der ergänzenden Schenkung beeinträchtigt würde.

93 Die Zehnjahresfrist des § 2325 Abs. 3 beginnt grds mit der Vollendung des Rechtserwerbs. Bei Schenkung eines Grundstückes bedeutet dies, dass Fristbeginn nicht der Zeitpunkt des Abschlusses des notariellen Schenkungsvertrages ist, sondern der Tag der Umschreibung des Eigentums auf den Beschenkten im Grundbuch (BGH NJW 1988; BGH ZEV 1996, 188; zu den Besonderheiten bei Schenkungen in den neuen Ländern vor der Deutschen Einheit siehe *Krause* ZAP-Ost F 12, 75 sowie BGH ZEV 2001, 238 mit Anm *Klinghöffer*). Ist die Schenkung an den Ehegatten des Erblassers erfolgt, gilt § 2325 Abs. 3, 2. Hs. Die Frist beginnt in diesen Fällen nicht vor der Auflösung der Ehe.

G. Einschränkungen der Verfügungsbefugnis des Schenkenden durch frühere Verfügungen von Todes wegen

94 Im Zusammenhang mit einer Schenkung ist zu beachten, dass die Verfügungsfreiheit des Zuwendenden durch frühere Verfügungen von Todes wegen eingeschränkt und der gewünschte Erfolg hierdurch gefährdet sein kann.

I. Verfügungsfreiheit iSd § 2286

Gem § 2286 wird durch einen Erbvertrag das Recht des Erblassers, über sein Vermögen durch Rechtsgeschäft unter Lebenden zu verfügen, nicht beschränkt. Auf wechselbezügliche Verfügungen in einem gemeinschaftlichen Testament ist § 2286 entsprechend anwendbar (BGH DNotZ 1951, 345; BGH DNotZ 1965, 357). Auch durch die nach dem Tod des Erstverstorbenen eingetretene Bindung werden Rechtsgeschäfte unter Lebenden nicht ausgeschlossen (Palandt/*Edenhofer* § 2271 Rn 11). Der Erblasser kann also gem § 2286 selbst nach Abschluss eines Erbvertrages bzw einer bindenden Verfügung in einem gemeinschaftlichen Testament grds weiterhin durch Rechtsgeschäft unter Lebenden über sein gesamtes Vermögen frei verfügen. Durch die vertragsmäßige bzw wechselbezügliche Verfügung hat er sich lediglich hinsichtlich künftiger letztwilliger Verfügungen gebunden, sich nur in seiner Testierfreiheit beschränkt. Das Recht, zu Lebzeiten Vermögensgegenstände wirksam an Dritte zu übertragen, bleibt hiervon unberührt. Zulässig ist, dass sich der Erblasser zur Absicherung des Bedachten verpflichtet, lebzeitige Verfügungen zu unterlassen (§ 137 Satz 2). Ein solcher Vertrag wirkt zwar nur schuldrechtlich zwischen den Beteiligten und nimmt dem Erblasser gegenüber Dritten nicht seine Verfügungsfreiheit, er begründet aber bei Verletzung Schadensersatzansprüche gegenüber dem Erblasser bzw dessen Erben (Palandt/*Edenhofer* § 2286 Rn 2).

Die erbvertragliche oder wechselbezügliche Bindung des Erblassers schließt im Übrigen familienrechtliche Handlungen, wie Eheschließung oder Begründung einer Lebenspartnerschaft und Güterstandswechsel, Annahme als Kind oder Vaterschaftsanerkennung nicht aus. Hierdurch können Pflichtteilsrechte Dritter begründet und so mittelbar die Rechte der vertragsmäßig bzw testamentarisch Bedachten beeinträchtigt werden. Mit Ausnahme der §§ 2333 – 2336 kann der Pflichtteilsanspruch weder im Erbvertrag noch im gemeinschaftlichen Testament ausgeschlossen werden.

II. Schutz der Vertragserben und Schlusserben nach § 2287

Eine Schutzvorschrift für den Vertragserben enthält § 2287. Hat der Erblasser in der Absicht, den Vertragserben zu beeinträchtigen, eine Schenkung gemacht, so kann der Vertragserbe gem § 2287 Abs. 1, nachdem ihm die Erbschaft angefallen ist, von dem Beschenkten die Herausgabe des Geschenkes nach den Vorschriften über die Herausgabe einer ungerechtfertigten Bereicherung fordern. Der Anspruch verjährt nach § 2287 Abs. 2 in drei Jahren vom Anfall der Erbschaft an. § 2287 schützt nicht nur die Vertragserben aus einem Erbvertrag, sondern findet darüber hinaus bei gemeinschaftlichen Testamenten auf bindend gewordene wechselbezügliche Verfügungen Anwendung (BGHZ 82, 274; s auch *Scheel* NotBZ 2001, 58 ff; dazu *Keller* NotBZ 2001, 385; vgl zu § 2287 auch *Keim* ZEV 2002, 93), gilt also auch zugunsten der Schlusserben. Hat der Ehegatte des Schenkers zum Zeitpunkt der Schenkung noch gelebt, scheidet bei gemeinschaftlichen Testamenten ein Anspruch nach § 2287 aus, da die wechselbezüglichen Verfügungen zu diesem Zeitpunkt noch nicht bindend geworden waren (BGHZ 87, 19). Ebenso greift § 2287 nicht ein, wenn der überlebende Ehegatte sein Vermögen im Wege der vorweggenommenen Erbfolge auf die eingesetzten Schlusserben verteilt (BGHZ 82, 274 mit Anm *Kuchinke* JuS 1998, 853).

Der Bereicherungsanspruch nach § 2287 Abs. 1 setzt voraus, dass die berechtigte Erwartung des Erbanwärters objektiv durch eine Schenkung des Erblassers beeinträchtigt sein muss, die der Erblasser subjektiv in Beeinträchtigungsabsicht vorgenommen hat, in dem er sein Recht zu lebzeitigen Verfügungen missbrauchte.

Nur Schenkungen nach Abschluss des Erbvertrages bzw nach Eintritt der Bindungswirkung wechselbezüglicher Verfügungen in einem gemeinschaftlichen Testament fallen in den Anwendungsbereich des § 2287. Unter Schenkung in diesem Sinne sind zunächst solche nach § 516 zu verstehen (zu ehebedingten Zuwendungen s *Hayler* MittBayNot 2000, 290). Erfasst werden aber auch gemischte und verschleierte Schenkungen sowie vollzogene Schenkungen auf den Todesfall. Bei auffallendem, grobem Missverhältnis zwischen Leistung und Gegenleistung spricht eine tatsächliche Vermutung für eine Schenkung (BGHZ 82, 274).

100 Beeinträchtigungsabsicht liegt vor, wenn der Erblasser die Absicht hat, dem Erbanwärter die Vorteile der Erbeinsetzung zu entziehen oder zu schmälern. Die Beeinträchtigungsabsicht scheidet aus, sofern der Erblasser an der Schenkung ein lebzeitiges Eigeninteresse hatte (BGHZ 82, 274; BGH NJW 1992, 566). Ein solches Eigeninteresse ist anzunehmen, wenn nach dem Urteil eines objektiven Beobachters die Beweggründe des Erblassers in Anbetracht der gegebenen Umstände so sind, dass der erbvertraglich Bedachte sie anerkennen und seine Benachteiligung durch die lebzeitige Verfügung des Erblassers hinnehmen muss (BGHZ 83, 44; vgl auch OLG Köln ZEV 2000, 317). Bejaht wurde von der Rechtsprechung ein solches Eigeninteresse des Erblassers zB, soweit die Schenkung vom Bemühen des Erblassers geleitet ist, seine Altersversorgung zu verbessern (OLG Düsseldorf NJW-RR 1986, 806; OLG München NJW-RR 1987, 1484; OLG Köln ZEV 2000, 317), die jüngere Ehefrau zwecks Betreuung und Pflege im Alter an sich zu binden (BGH NJW 1992, 2630) oder wenn der Vertragserbe sich schweren Verfehlungen gegenüber dem Erblasser schuldig gemacht hat (LG Gießen MDR 1981, 582). Kein Eigeninteresse liegt zB vor, wenn der Erblasser sich nach Abschluss des Erbvertrages umentschlossen hat und seine Verfügung von Todes wegen durch die Zuwendung an eine andere Person korrigieren will (BGH NJW 1980, 2307; OLG Frankfurt NJW-RR 1991, 1157) oder wenn der Schenkung die Einsicht zugrunde liegt, dass er den Beschenkten in der bindend gewordenen Verfügung von Todes wegen zu gering bedacht hat (BGHZ 77, 264). Die Absicht des Erblassers, durch die lebzeitige Verfügung für eine Gleichbehandlung seiner Abkömmlinge zu sorgen, begründet ebenfalls noch kein im Rahmen von § 2287 beachtliches Eigeninteresse (BGH DNotI-Report 2005, 142). Die Beweislast für die Beeinträchtigungsabsicht trägt der Vertragserbe bzw Schlusserbe (BGHZ 66, 8).

101 Willigt der Erbanwärter in die Schenkung ein, bedarf seine Einwilligungserklärung in entsprechender Anwendung des § 2348 der notariellen Beurkundung. Fehlt es an einer solchen, ist die Einwilligungserklärung unwirksam und dem Vertragserben bzw Schlusserben steht weiterhin der Schutz des § 2287 zu (BGHZ 108, 252; krit *Kanzleiter* DNotZ 1990, 776; *Damrau* FamRZ 1991, 552).

102 Der Anspruch nach § 2287 Abs. 1 entsteht erst mit dem Anfall der Erbschaft. Er fällt nicht in den Nachlass, sondern steht dem Vertragserben bzw Schlusserben als persönlicher Anspruch gegen den Beschenkten zu. Er ist auf Herausgabe des Geschenks nach §§ 812 – 822 gerichtet. Bei teilweiser Unentgeltlichkeit richtet sich der Anspruch auf Herausgabe nur, wenn der unentgeltliche Charakter des Geschäfts überwiegt (BGH NJW 1953, 501), ansonsten auf Erstattung der Wertdifferenz (BGHZ 30, 120). Seinem Umfang nach kann der Anspruch nicht höher sein als die durch die Schenkung herbeigeführte Beeinträchtigung des Vertragserben bzw Schlusserben, selbst wenn der Erblasser eine darüber hinausgehende Benachteiligung beabsichtigt haben sollte (BGH FamRZ 1989, 175).

III. Auskunftsanspruch

103 Dem Vertragserben bzw Schlusserben steht gegen den Beschenkten als Gegner des Anspruchs aus § 2287 Abs. 1 gem § 242 ein Anspruch auf Auskunft über den Umfang der Beeinträchtigung zu, sofern er die Voraussetzungen für das Bestehen des Anspruchs aus § 2287 schlüssig und in substantiierter Weise dargelegt hat (BGHZ 97, 188 mit Anm *Hohloch* JuS 1986, 811; aA noch BGHZ 18, 67). Der Auskunftsanspruch besteht dagegen nicht zur bloßen Ausforschung einer Schenkung (BGHZ 61, 180). Die Darlegungspflicht des Vertragserben bzw Schlusserben ist um so höher, je konkreter der Begünstigte Be-

hauptungen zum lebzeitigen Eigeninteresse des Schenkers aufstellt (BGH NJW 1986, 1755).

IV. Schutz des Erbanwärters zu Lebzeiten des Schenkers

§ 2287 lässt die Befugnis des Erblassers aus § 2286, bis zu seinem Tod sein Vermögen durch unentgeltliche lebzeitige Rechtsgeschäfte beliebig zu vermindern, unberührt. Entsprechende Verfügungen des Erblassers sind regelmäßig selbst dann wirksam, wenn eine Beeinträchtigung des Vertragserben bzw Schlusserben beabsichtigt war, so dass dieser als Rechtsnachfolger des Erblassers sie auch gegen sich gelten lassen muss (Palandt/*Edenhofer* § 2287 Rn 1). Sittenwidrig nach § 138 können allerdings hohe Geldzuwendungen auf Grund des vom Empfänger verfolgten Zwecks und der Art und Weise seines Vorgehens sein (BGH FamRZ 1990, 1343). Gleichwohl ist der Vertragserbe bzw Schlusserbe gegen einen Missbrauch der dem Erblasser zustehenden Verfügungsgewalt grds nur im Rahmen des § 2287 Abs. 1 dergestalt geschützt, dass ihm nach dem Anfall der Erbschaft ein Herausgabeanspruch gegen den Beschenkten zu steht. Ein direkter Anspruch des Erbanwärters gegen den Erblasser besteht regelmäßig nicht (Palandt/*Edenhofer* § 2287 Rn 1). Der Vertragserbe bzw Schlusserbe besitzt zu Lebzeiten des Erblassers kein Anwartschaftsrecht (Palandt/*Edenhofer* § 1922 Rn 3). Mit einer Feststellungsklage könnte er gegenüber dem Erblasser allenfalls Zweifel an der Wirksamkeit des Erbvertrages klären lassen (*Hohmann* ZEV 1994, 133).

104

Für eine Anwendung des § 823 Abs. 1 fehlt es an einem verletzten Recht (Palandt/*Edenhofer* § 2287 Rn 1). In Betracht kommen könnte lediglich ein Anspruch aus §§ 812 Abs. 1 Satz 2, 818, 819, wenn etwa der Erbanwärter Aufwendungen in ein Grundstück gemacht hat und der Erblasser dieses böswillig veräußert (*Johannsen* WM 1977, 280). Ein Anspruch auf Sicherung des künftigen Bereicherungsanspruchs aus § 2287 Abs. 1 nach erfolgter Schenkung zu Lebzeiten des Schenkers durch Arrest oder einstweilige Verfügung besteht ebenfalls nicht (OLG Koblenz MDR 1987, 935; aA *Hohmann* ZEV 1994, 133). Denkbar ist eine Feststellungsklage des Vertragserben bzw Schlusserben nach § 256 ZPO gegen den Beschenkten auf Feststellen des Bestehens des Bereicherungsanspruchs, sobald diesem sein Erbrecht nicht mehr entzogen werden kann (OLG Koblenz MDR 1987, 935; einschränkend OLG München NJW-RR 1996, 328).

105

V. Schutz des Vermächtnisnehmers nach § 2288

§ 2288 enthält eine Schutzvorschrift für den Vermächtnisnehmer. Soweit der Erblasser den Gegenstand eines vertragsmäßig angeordneten Vermächtnisses in der Absicht, den Bedachten zu beeinträchtigen, zerstört, beiseite schafft oder beschädigt, tritt gem § 2288 Abs. 1, soweit der Erbe dadurch außerstande gesetzt ist, die Leistung zu bewirken, an die Stelle des Gegenstandes der Wert. Hat der Erblasser den Gegenstand in der Absicht, den Bedachten zu beeinträchtigen, veräußert oder belastet, so ist der Erbe gem § 2288 Abs. 2 Satz 1 verpflichtet dem Bedachten den Gegenstand zu verschaffen oder die Belastung zu beseitigen; auf diese Verpflichtung finden die Vorschriften des § 2170 Abs. 2 entsprechende Anwendung. Ist die Veräußerung oder die Belastung schenkweise erfolgt, steht dem Bedachten gem § 2288 Abs. 2 Satz 2, soweit er nicht von dem Erben Ersatz erlangen kann, der in § 2287 bestimmte Anspruch gegen den Beschenken zu. Wie § 2287 ist § 2288 auf die bindend gewordenen wechselbezüglichen Verfügungen in einem gemeinschaftlichen Testament entsprechend anwendbar (Palandt/*Edenhofer* § 2288 Rn 1).

106

Nachdem ein Vermächtnis gem § 2169 Abs. 1 unwirksam ist, wenn der vermachte Gegenstand beim Erbfall nicht mehr zum Nachlass gehört und nach dem Willen des Erblassers dann auch nicht verschafft werden soll, wird durch § 2288 dem Fall vorgebeugt, dass sich der Erblasser hinsichtlich des Vermächtnisgegenstandes der erbvertraglichen bzw testa-

107

mentarischen Bindung entzieht. Allerdings kann bei Änderung der Sachlage nach Abschluss des Erbvertrages bzw Eintritt der Bindungswirkung der wechselbezüglichen Verfügungen in einem gemeinschaftlichen Testament ein lebzeitiges Eigeninteresse des Erblassers der Anwendung des § 2288 entgegenstehen. Insoweit gelten dieselben Voraussetzungen wie bei § 2287.

108 Im Falle der in § 2288 Abs. 1 genannten, mit Beeinträchtigungsabsicht vorgenommenen Handlungsweisen des Erblassers richtet sich der Anspruch des Vermächtnisnehmers gegen den Erben zunächst auf Wiederherstellung oder Wiederbeschaffung des Vermächtnisgegenstandes. Ist der Erbe hierzu außerstande, steht dem Vermächtnisnehmer gegen den Erben ein Anspruch auf Ersatz des gemeinen Wertes zur Zeit des Vermächtnisanfalls zu (Palandt/*Edenhofer* § 2288 Rn 2). Ähnliches gilt im Falle der nach § 2288 Abs. 2 Satz 1 vom Erblasser in Beeinträchtigungsabsicht vorgenommenen Veräußerung oder Belastung des Vermächtnisgegenstandes. Auch hier ist der Anspruch zunächst auf Verschaffung des Gegenstandes oder Beseitigung der Belastung gerichtet. Nur, wenn der Erbe hierzu nicht imstande ist, besteht ein Wertersatzanspruch nach § 2170 Abs. 2 Satz 1. Bei einer schenkweisen Veräußerung oder Belastung haftet der Beschenkte dem Bedachten gegenüber gem § 2288 Abs. 2 Satz 2 iVm § 2287 hilfsweise aus ungerechtfertigter Bereicherung, soweit der Bedachte vom Erben zB wegen dessen beschränkter Haftung oder Zahlungsunfähigkeit nichts erlangen kann. Der mit dem Vermächtnis belastete Erbe selbst kann vom Beschenkten nicht die Herausgabe des Vermächtnisgegenstandes verlangen (OLG Frankfurt NJW-RR 1991, 1157).

VI. Schutz durch § 826

109 §§ 2287, 2288 bilden abschließende Sonderregelungen für den Schutz des Vertragserben, Schlusserben bzw Vermächtnisnehmers gegen unentgeltliche Verfügungen des Erblassers zu Lebzeiten (Palandt/*Edenhofer* § 2287 Rn 2, § 2288 Rn 4). Neben ihnen ist kein Raum für einen originären, in der Person des Vertragserben, Schlusserben bzw Vermächtnisnehmers entstehenden Anspruch nach § 826 gegen den Erblasser, wenn die lebzeitige Vermögensweggabe sittlich zu missbilligen war (BGHZ 108, 73 mit Anm *Schubert* JR 1990, 159; *Kohler* FamRZ 1990, 464; *Hohloch* JuS 1989, 1017). Dies gilt nach der Rechtsprechung des BGH selbst dann, wenn der Erblasser mit einem Dritten kollusiv in der Absicht der Schädigung des Vertragserben zusammengewirkt hat (BGHZ 108, 73). Unberührt hiervon bleibt die Möglichkeit, dass die zu missbilligende Preisgabe von Vermögensbestandteilen bereits den Erblasser selbst schädigte. So könnte etwa der Erblasser von einem Dritten zu einem sittenwidrigen Rechtsgeschäft veranlasst worden sein. Ein hieraus resultierender Schadensersatzanspruch des Erblassers nach § 826 würde auf den Vertragserben bzw Schlusserben als Bestandteil des Nachlasses übergehen und könnte von diesem ggf durchgesetzt werden (Palandt/*Edenhofer* § 2287 Rn 2).

H. Sozialrechtliche Fragen

110 Sozialrechtlichen Fragen kommt in Zusammenhang mit Schenkungen und sonstigen Zuwendungen eine zunehmend stärkere Bedeutung zu. Bisweilen sind diesbzgl ganz erhebliche Probleme zu lösen. Einerseits können Übergaben und dabei vereinbarte Versorgungsrechte Auswirkungen auf den Bestand und die Höhe der Sozialleistungen haben, andererseits erwachsen aus den sozialrechtlichen Vorschriften Grenzen für die Gestaltungsfreiheit bzw den Gestaltungswillen der Vertragsparteien (zu den sozialrechtlichen Fragen s eingehend die Erläuterungen zu § 528 Rn 12 ff).

I. Anfechtung

111 Im Rahmen von Schenkungs- und Übergabeverträgen sind stets die Anfechtungsregeln des Anfechtungsgesetzes und der Insolvenzordnung von Bedeutung. Gem § 3 Abs. 2 AnfG bzw § 133 Abs. 2 InsO ist ein vom Schuldner mit einer nahestehenden Person geschlossener entgeltlicher Vertrag, durch den seine Gläubiger bzw die Insolvenzgläubiger unmittelbar benachteiligt werden, innerhalb von zwei Jahren anfechtbar. Der Kreis der nahestehenden Personen ist einheitlich in § 138 InsO definiert. Hierzu zählen insb Ehegatten, gleichgeschlechtliche Lebenspartner, auch vor Eheschließung bzw Begründung der Lebenspartnerschaft, Verwandte des Schuldners oder seines Ehegatten und Lebensgefährten. Unentgeltliche Leistungen des Schenkers sind nach § 4 Abs. 1 AnfG bzw § 134 InsO innerhalb von vier Jahren anfechtbar.

J. Prozessuales

In einem Rechtsstreit über das Vorliegen eines Schenkungsvertrages nach § 516 Abs. 2 hat der Kläger die tatsächliche Zuwendung sowie die Fristsetzung, der Beklagte die Ablehnung innerhalb der Frist darzulegen und zu beweisen (Soergel/*Mühl/Teichmann* § 516 Rn 4). Wendet der Beklagte im Rahmen einer Herausgabeklage ein, er habe Besitz und Eigentum durch Schenkung erworben, streitet für ihn die Eigentumsvermutung des § 1006 Abs. 1 (BGH NJW 1960, 1517). Die Beweislast für das Vorliegen einer gemischten Schenkung trägt derjenige, der sich darauf beruft (Palandt/*Weidenkaff* § 516 Rn 20). **112**

§ 517 Unterlassen eines Vermögenserwerbs

Eine Schenkung liegt nicht vor, wenn jemand zum Vorteil eines anderen einen Vermögenserwerb unterlässt oder auf ein angefallenes, noch nicht endgültig erworbenes Recht verzichtet oder eine Erbschaft oder ein Vermächtnis ausschlägt.

A. Allgemeines

§ 517 begrenzt den Begriff der Zuwendung in § 516. Die Vorschrift nimmt drei Möglichkeiten des Vermögenserwerbs vom Tatbestand der Schenkung aus und beschränkt damit den Schenkungsbegriff auf die Verminderung des gegenwärtigen Vermögens (Palandt/*Weidenkaff* § 517 Rn 1). Bei § 517 BGB handelt es sich um eine Negativdefinition der Schenkung und nicht um eine bloße Auslegungsvermutung (Staudinger/*Cremer* § 517 Rn 4). **1**

B. Tatbestände des § 517

I. Unterlassener Vermögenserwerb

Gem § 517 Alt. 1 liegt eine Schenkung nicht vor, wenn jemand zum Vorteil eines anderen einen Vermögenserwerb unterlässt. Vermögen in diesem Sinne ist jeder in Geld bewertbare Gegenstand, gleich ob Sache oder Recht. Unterlassen werden kann der Vermögenserwerb nur, sofern er noch nicht stattgefunden hat, zB Nichtannahme eines Vertragsangebotes (Soergel/*Mühl/Teichmann* § 517 Rn 2), Verweigerung der Genehmigung eines gem § 177 genehmigungsbedürftigen Vertrages (Erman/*Herrmann* § 517 Rn 2) oder Nichtausübung eines Anfechtungs-, Kündigungs- oder Rücktrittsrechtes (MüKo BGB/*Kollhosser* § 517 Rn 2). **2**

II. Verzicht auf angefallenes Recht

Die zweite Tatbestandsalternative des § 517 setzt voraus, dass das Recht noch nicht endgültig erworben worden ist. Hierunter fallen insb aufschiebend bedingte Rechte (Erman/ **3**

§ 518 BGB | Form des Schenkungsversprechens

Herrmann § 517 Rn 2). Nach dem Gesetzeswortlaut gilt dies auch für Anwartschaftsrechte. Letzteres ist jedoch umstritten (dafür Erman/*Herrmann* § 517 Rn 2; MüKo BGB/*Kollhosser* § 517 Rn 3; dagegen Soergel/*Mühl/Teichmann* § 517 Rn 5), ebenso wie die Frage, ob der Verzicht auf die Grundbucheintragung nach erklärter Auflassung gem § 925 BGB vom Anwendungsbereich der Vorschrift erfasst wird (dafür Erman/*Herrmann* § 517 Rn 2; differenzierend Staudinger/*Cremer* § 517 Rn 2).

III. Ausschlagung einer Erbschaft oder eines Vermächtnisses

4 Eine Schenkung liegt nach § 517 Alt. 3 weiterhin nicht vor, wenn jemand zum Vorteil eines anderen eine Erbschaft oder ein Vermächtnis ausschlägt. Gem §§ 1953 Abs. 1, 2180 Abs. 3 gelten die Erbschaft und das Vermächtnis mit der Ausschlagung als nicht angefallen.

IV. Nicht von § 517 erfasste Zuwendungen

5 Zuwendungen, die nicht vom Tatbestand des § 517 erfasst werden, können Schenkung sein. Dies gilt zB für Zuwendungen unter einer auflösenden Bedingung gem § 158 Abs. 2 (Soergel/*Mühl/Teichmann* § 517 Rn 6) oder unter Widerrufsvorbehalt (MüKo BGB/*Kollhosser* § 517 Rn 6; vgl auch § 516 Rn 66 ff). Aber auch der Verzicht auf nur befristete Rechte sowie auf Zinsansprüche vor Fälligkeit unterfallen nicht der Vorschrift des § 517 (Erman/*Herrmann* § 517 Rn 3). Nicht anwendbar ist § 517 darüber hinaus auf den Verzicht auf den Pflichtteilsanspruch gem §§ 2303 ff, da dieser mit dem Erbfall im Vermögen des Berechtigten entsteht (Palandt/*Weidenkaff* § 517 Rn 4).

§ 518 Form des Schenkungsversprechens

(1) Zur Gültigkeit eines Vertrags, durch den eine Leistung schenkweise versprochen wird, ist die notarielle Beurkundung des Versprechens erforderlich. Das Gleiche gilt, wenn ein Schuldversprechen oder ein Schuldanerkenntnis der in den §§ 780, 781 bezeichneten Art schenkweise erteilt wird, von dem Versprechen oder der Anerkennungserklärung.

(2) Der Mangel der Form wird durch die Bewirkung der versprochenen Leistung geheilt.

A. Allgemeines

1 Ein Schenkungsversprechen setzt zu seiner Wirksamkeit gem § 518 Abs. 1 voraus, dass es notariell beurkundet worden ist (§ 128). Hierdurch sollen einerseits übereilte oder unbedachte Schenkungsversprechen verhindert (MüKo BGB/*Kollhosser* § 518 Rn 1; Erman/*Herrmann* § 518 Rn 1), andererseits klargestellt werden, ob ein ernstlich gemeintes Versprechen vorliegt (Palandt/*Weidenkaff* § 518 Rn 1a). Die Nichteinhaltung der notariellen Form macht das Schenkungsversprechen nichtig (§ 125). Wird die Schenkung vollzogen, ist dieser Schutz nicht mehr notwendig, das Schenkungsversprechen wird wirksam (§ 518 Abs. 2).

2 § 518 gilt grds für alle Schenkungsarten, also insb auch für remuneratorische Schenkungen, Pflicht- und Anstandsschenkungen (§ 534), gemischte Schenkungen (vgl § 516 Rn 10 ff), Schenkungen unter Auflagen (§§ 525 – 527) und verschleierte Schenkungen (vgl § 516 Rn 7). Nicht anwendbar ist die Vorschrift allerdings auf die sog Hand- oder Realschenkung, bei der dem Beschenkten der Gegenstand ohne vorheriges Schenkungsversprechen sofort verschafft wird (Palandt/*Weidenkaff* § 518 Rn 4). Für Schenkungsverspre-

chen von Todes wegen gilt die Spezialvorschrift des § 2301 (vgl § 516 Rn 31; FA-ErbR/ *Krause* Kap 3 Rn 217 ff).

B. Schenkungsversprechen

Ein Schenkungsversprechen ist ein einseitig verpflichtender Vertrag. Durch diesen ver- 3
spricht der Schenker einem anderen eine unentgeltliche Leistung (vgl § 516 Rn 5). Der Formvorschrift des § 518 Abs. 1 Satz 1 unterliegt nur das Schenkungsversprechen des Schenkers. Ein wirksames Schenkungsversprechen stellt bereits eine Schenkung dar und begründet einen Rechtsanspruch des Beschenkten auf die versprochene Zuwendung (BGH NJW 1992, 2566). Zu Stande kommt der Schenkungsvertrag durch die Annahme (§ 151) des Schenkungsversprechens durch den Beschenkten. Die Vertragsparteien müssen sich über sämtliche Tatbestandsmerkmale der Schenkung gem § 516 einigen (Erman/*Herrmann* § 518 Rn 2).

C. Schuldversprechen oder Schuldanerkenntnis

Ein schenkweise erteiltes Schuldversprechen iSd § 780 oder ein schenkweise erteiltes 4
Schuldanerkenntnis iSd § 781 bedürfen zu ihrer Wirksamkeit nach § 518 Abs. 1 Satz 2 ebenfalls der notariellen Beurkundung. Auch Grund dieser Regelung ist der vom Gesetzgeber bezweckte Übereilungsschutz. Auf andere abstrakte Versprechen (zB das Wechselakzept oder den Scheck) ist § 518 Abs. 1 Satz 2 analog anwendbar (Staudinger/*Cremer* § 518 Rn 8; Erman/*Herrmann* § 518 Rn 4; MüKo BGB/*Kollhosser* § 518 Rn 10; Palandt/*Weidenkaff* § 518 Rn 6). Die nicht formgerechte Schenkung eines Schecks wird durch die Einlösung des Schecks vollzogen (BGH NJW 1975, 1881).

D. Notarielle Beurkundung

§ 518 Abs. 1 soll ausschließlich den Schenker schützen. Notariell zu beurkunden ist daher 5
nur das Schenkungsversprechen. Die Annahme des Schenkungsversprechens kann formfrei erfolgen (Soergel/*Mühl/Teichmann* § 518 Rn 3), sofern nicht andere Formvorschriften (§§ 311b, 2033 Abs. 1, 2385 iVm 2371; § 15 Abs. 3 und 4 GmbHG) eingreifen. Eine Änderung des Schenkungsversprechens bedarf ebenfalls der notariellen Beurkundung, sofern sie den Umfang der unentgeltlichen Zuwendung des Schenkenden erweitert; anderenfalls ist sie formfrei möglich (Palandt/*Weidenkaff* § 518 Rn 5). Die notarielle Beurkundung wird durch Aufnahme in einen Prozessvergleich ersetzt (§ 127a).
Ein Formmangel führt zur Nichtigkeit des Schenkungsversprechens (§ 125); Heilung ist 6
nur durch Vollzug nach § 518 Abs. 2 möglich.

E. Bewirkung der versprochenen Leistung

I. Vollzug der Schenkung

Gem § 518 Abs. 2 wird die fehlende Beurkundung durch die Bewirkung der versproche- 7
nen Leistung geheilt. Diese erfolgt durch Rechtsgeschäft oder Realakt (§§ 362 Abs. 1, 364 Abs. 1, 376 Abs. 2 Nr. 2). Zur Leistungsbewirkung hat der Schenker alles zu tun, was von seiner Seite aus zum Erwerb des Schenkungsgegenstandes für den Beschenkten erforderlich ist (BGH NJW 1970, 1638; BGH NJW 1974, 415; FA-ErbR/*Krause* Kap 3 Rn 238). Eine nur teilweise Bewirkung der versprochenen Leistung führt auch nur zur Heilung des entsprechenden Teils des Schenkungsversprechens.
Bei der Schenkung beweglicher Sachen setzt der Vollzug die – ggf bedingte oder betagte 8
– Einigung über den Eigentumsübergang und die Übergabe oder ein Übergabesurrogat voraus. Die Schenkung von Forderungen ist erst mit Abtretung (§ 398) bzw Erlass (§ 397) vollzogen. Bedingungen oder Betagungen sind insoweit ebenfalls denkbar (Palandt/ *Weidenkaff* § 518 Rn 10). Bei Grundstücksschenkungen ist die Schenkung grds erst mit

§ 519 BGB | Einrede des Notbedarfs

Vorliegen einer wirksamen Einigung iSv §§ 873, 925 und Aushändigung der zur Eintragung in das Grundbuch erforderlichen Eintragungsbewilligung an den Beschenkten bzw Antragstellung durch den Schenker beim Grundbuchamt vollzogen (BGH NJW 1973, 40; BFH NJW 1991, 2591; FA-ErbR/*Krause* Kap 3 Rn 238; aA Erman/*Herrmann* § 518 Rn 5a; Staudinger/*Cremer* § 518 Rn 18, die auf den Vollzug der Auflassung im Grundbuch abstellen). Die Befreiung von einer Verbindlichkeit erfolgt durch Bewirkung der Leistung an den Gläubiger (§ 267 Abs. 1; Palandt/*Weidenkaff* § 518 Rn 12). Zu Einzelfällen vollzogener und nichtvollzogener Schenkungen von Todes wegen s FA-ErbR/*Krause* Kap 3 Rn 241 ff.

II. Kein Vollzug der Schenkung

9 Kein Schenkungsvollzug liegt vor, sofern dieser nur vorbereitet oder das Vollzugsgeschäft nicht wirksam geworden ist (Palandt/*Weidenkaff* § 518 Rn 16). Die Einräumung von Mitbesitz stellt keinen Vollzug der Schenkung dar, wenn der Schenker weiterhin den Besitz durch Besitzdiener ausübt (BGH NJW 1979, 714). Die Bestellung einer Hypothek für die versprochene Leistung reicht ebensowenig aus (Erman/*Herrmann* § 518 Rn 5a), wie die Erteilung einer unwiderruflichen Vollmacht an den Beschenkten zur Verfügung über den zugewendeten Gegenstand, zB ein Bankguthaben (BGHZ 87, 19). Im Übrigen muss die Bewirkung der versprochenen Zuwendung auf einer Leistung des Schenkers beruhen. Dies ist bei der einseitigen Erlangung der Zuwendung durch den Beschenkten – zB durch Zwangsvollstreckung oder Aufrechnung – nicht der Fall (MüKo BGB/*Kollhosser* § 518 Rn 11).

F. Prozessuales

10 Beruft sich der Beschenkte auf die Formwirksamkeit, trägt er die Beweislast für den heilenden Vollzug (Palandt/*Weidenkaff* § 518 Rn 1b; *Böhr* NJW 2001, 2059; *Schiemann* JZ 2000, 570). Behauptet der Beschenkte, das Schenkungsversprechen angenommen zu haben, hat er die Annahme darzulegen und zu beweisen.

§ 519 Einrede des Notbedarfs

(1) Der Schenker ist berechtigt, die Erfüllung eines schenkweise erteilten Versprechens zu verweigern, soweit er bei Berücksichtigung seiner sonstigen Verpflichtungen außerstande ist, das Versprechen zu erfüllen, ohne dass sein angemessener Unterhalt oder die Erfüllung der ihm kraft Gesetzes obliegenden Unterhaltspflichten gefährdet wird.

(2) Treffen die Ansprüche mehrerer Beschenkten zusammen, so geht der früher entstandene Anspruch vor.

A. Allgemeines

1 § 519 betrifft das Schenkungsversprechen und ist Ausdruck der erleichterten Lösbarkeit von der Schenkung. Gem § 519 ist der Schenker berechtigt, die Erfüllung des Schenkungsversprechens zu verweigern, soweit sein eigener angemessener Unterhalt oder die Erfüllung seiner ges Unterhaltspflichten gefährdet wäre.

2 Die Notbedarfseinrede ist eine rechtshemmende Einwendung gegen den Erfüllungsanspruch des Beschenkten (Palandt/*Weidenkaff* § 519 Rn 1). Als Billigkeitsregelung ist § 519 eine Sonderregelung der Störung der Geschäftsgrundlage (§ 313). § 313 findet im Geltungsbereich des § 519 keine Anwendung (Palandt/*Weidenkaff* § 519 Rn 1).

B. Einrede des Notbedarfs

I. Anwendungsbereich

§ 519 Abs. 1 gilt seinem Gesetzeswortlaut nach nur für den Schenker. Der Bürge, der die Bürgschaftsverpflichtung (§ 765 Abs. 1) schenkweise übernommen hat, der Schuld-(mit-)übernehmer oder der Erbe des Schenkers können sich auf die Einrede des § 519 Abs. 1 nur berufen, wenn sie durch die Übernahme der entsprechenden Verpflichtung selbst Notbedarf erleiden (MüKo BGB/*Kollhosser* § 519 Rn 5). Dem Notbedarf des Erblassers kann der Erbe ausschließlich durch eine Beschränkung der Erbenhaftung nach §§ 1975 ff Geltung verschaffen.

II. Kein Vollzug der Schenkung

§ 519 greift nur vor Vollzug der Schenkung (vgl hierzu § 518 Rn 7 ff) ein. Danach gelten die §§ 528, 529.

III. Notbedarf

Bei der Ermittlung des Notbedarfs ist auf die Kosten des Schenkers für den eigenen angemessenen Unterhalt (§ 1610 Abs. 1) sowie auf die ges Unterhaltspflichten (§§ 1360, 1361, 1569, 1601, 1615a, §§ 5, 12, 16 LPartG) abzustellen. Insoweit ist eine Bilanzierung der gegenwärtigen Vermögenslage des Schenkenden vorzunehmen (Erman/*Herrmann* § 519 Rn 2). Sonstige Verpflichtungen des Schenkers iSd § 519 Abs. 1 sind solche, die sich auf sein Vermögen beziehen (Palandt/*Weidenkaff* § 519 Rn 4). Unerheblich ist, ob der Schenker den Notbedarf verschuldet bzw vorhergesehen hat (MüKo BGB/*Kollhosser* § 519 Rn 3). Eigene Unterhaltsansprüche des Schenkers wegen Bedürftigkeit sind nicht zu berücksichtigen (Soergel/*Mühl/Teichmann* § 519 Rn 2).

Die begründete Besorgnis, in Zukunft nicht über ausreichend Mittel zu verfügen, genügt für die Anwendung des § 519 Abs. 1 (Palandt/*Weidenkaff* § 519 Rn 4; MüKo BGB/*Kollhosser* § 519 Rn 2). Je nach der Vermögenslage des Schenkers führt die Einrede des Notbedarfs zur ganzen oder teilweisen Verweigerung der Leistung (»soweit«). In zeitlicher Hinsicht wirkt die Einrede, solange die Bedürftigkeit des Schenkers besteht (Staudinger/*Cremer* § 519 Rn 5).

IV. Mehrere Schenkungsversprechen

§ 519 Abs. 2 betrifft den Fall, dass mehrere Schenkungsversprechen zusammentreffen. In diesem Fall geht der früher entstandene Anspruch auf Vollzug der Schenkung vor. Dies gilt auch bei bedingten, befristeten oder sonst einredebehafteten Ansprüchen. Die Notbedarfseinrede greift demzufolge zuerst gegenüber dem später entstandenen Anspruch ein. Mehrere gleichzeitig entstandene Ansprüche sind anteilig zu befriedigen (hM; *Heiter* JR 1995, 313; Palandt/*Weidenkaff* § 519 Rn 5; Staudinger/*Cremer* § 519 Rn 12).

C. Prozessuales

Der Beschenkte hat im Rahmen der Klage auf Herausgabe des Geschenkes die Voraussetzungen seinen Vollzugsanspruchs, der Schenker die Voraussetzungen der Einrede des Notbedarfs darzulegen und zu beweisen (BGH NJW-RR 1986, 866). Bei Wegfall des Notbedarfs kann der Beschenkte erneut klagen (Soergel/*Mühl/Teichmann* § 519 Rn 4). Er trägt in diesem Fall die Beweislast für den Wegfall des Notbedarfs (Erman/*Herrmann* § 519 Rn 3). Tritt der Notbedarf nachträglich ein, gilt § 767 ZPO (RG JW 1937, 1547).

§ 520 Erlöschen eines Rentenversprechens

Verspricht der Schenker eine in wiederkehrenden Leistungen bestehende Unterstützung, so erlischt die Verbindlichkeit mit seinem Tode, sofern nicht aus dem Versprechen sich ein anderes ergibt.

A. Allgemeines

1 Die Vorschrift enthält eine Auslegungsregel (Soergel/*Mühl*/*Teichmann* § 520 Rn 1). Sie bezweckt die Beendigung eines Schuldverhältnisses, das auf den persönlichen Beziehungen zwischen Schenker und Beschenktem beruht.

B. Erlöschen des Rentenversprechens

I. Tatbestandsvoraussetzung

2 § 520 erfasst Schenkungsversprechen, deren Gegenstand eine wiederkehrende Leistung zum Zwecke der Unterstützung ist. Der Anwendungsbereich der Vorschrift ist damit auf Renten (§ 759) beschränkt (Palandt/*Weidenkaff* § 520 Rn 1). § 520 gilt nicht für fällige und rückständig gewordene Beträge (Erman/*Herrmann* § 520 Rn 1). Diese sind Nachlassverbindlichkeiten iSd § 1967. Ebenso ist § 520 nicht auf die Schenkung eines Kapitalbetrages, der in Teilzahlungen zu erbringen ist, anwendbar (MüKo BGB/*Kollhosser* § 520).

II. Rechtsfolgen

3 § 520 beschränkt die zeitliche Dauer des Schenkungsversprechens grds auf die Lebensdauer des Schenkenden. Stirbt dieser, endet auch die Verpflichtung eines Bürgen nach § 767 (Staudinger/*Cremer* § 520 Rn 6). Ob gleiches auch für die Verpflichtung des Schuldübernehmers gilt, ist durch Auslegung des Übernahmevertrages zu ermitteln (Erman/*Herrmann* § 520 Rn 1). Aus dem Unterstützungszweck der Zuwendung folgt im Übrigen, dass die Verpflichtung des Schenkenden im Zweifel mit dem Tod des Beschenkten endet (Staudinger/*Cremer* § 520 Rn 3).

III. Abweichende Vereinbarungen

4 § 520 lässt abweichende Vereinbarungen (»sofern«) ausdrücklich zu. Abweichendes kann sich auch aus den Umständen des Einzelfalls ergeben (MüKo BGB/*Kollhosser* § 520). Beruft sich der Beschenkte darauf, dass die Verpflichtung zur Zahlung wiederkehrender Leistungen nicht mit dem Tode des Schenkers erlischt, sondern auf dessen Erben übergeht, trifft ihn für eine entsprechende Vereinbarung die Darlegungs- und Beweislast.

§ 521 Haftung des Schenkers

Der Schenker hat nur Vorsatz und grobe Fahrlässigkeit zu vertreten.

A. Allgemeines

1 Die Haftung des Schenkers ist wegen seiner Uneigennützigkeit gem §§ 521 ff in mehrfacher Hinsicht gemildert. So haftet er gem § 521 grds nur für Vorsatz und grobe Fahrlässigkeit (Ausnahme zu § 276 Abs. 1). Eine Haftung wegen leichter Fahrlässigkeit scheidet damit aus. Für den Erfüllungsgehilfen (§ 278) haftet der Schenker ebenfalls nur im Rahmen des § 521 (Palandt/*Weidenkaff* § 521 Rn 2).

§ 521 ist abdingbar. Die Änderung bedarf der notariellen Beurkundung nach § 518 Abs. 1 (Soergel/*Mühl/Teichmann* § 521 Rn 1). Eine Haftung wegen Vorsatzes kann dem Schenker jedoch nicht im Voraus erlassen werden (§ 276 Abs. 3). Für die Haftung wegen Rechts- und Sachmängeln gelten die Sondervorschriften der §§ 523, 524.

B. Anwendungsbereich

I. Persönlicher Anwendungsbereich

Die Haftungserleichterung des § 521 kommt neben dem Schenker auch seinen Rechtsnachfolgern – insb den Erben –, Mitschuldnern und Bürgen zu Gute (Palandt/*Weidenkaff* § 521 Rn 3).

II. Sachlicher Anwendungsbereich

In sachlicher Hinsicht ist § 521 auf folgende Tatbestände, die Schenkungsverträge betreffen, anzuwenden: Unmöglichkeit der Erfüllung (§§ 280, 283, 311a; zur Rechtsprechung zur Haftung des Schenkers für anfängliches Unvermögen vor der Schuldrechtsmodernisierung s BGH DNotZ 2000, 843 mit Anm *Wegmann*), Verzugseintritt (§§ 280 Abs. 2, 285; vgl Palandt/*Weidenkaff* § 521 Rn 4), Haftung nach Rechtshängigkeit (§ 292; vgl Palandt/*Weidenkaff* § 521 Rn 4). Umstritten ist, ob § 521 auch für die Haftung wegen Pflichtverletzung (§ 280) und die Haftung wegen Verschulden bei Verhandlungen (§ 311 Abs. 2) gilt (vgl einerseits Palandt/*Weidenkaff* § 521 Rn 4; andererseits MüKo BGB/*Kollhosser* § 521 Rn 5 ff, der in diesem Rahmen auf den allgemeinen Verschuldensmaßstab des § 276 zurückgreifen will).

Nicht anwendbar ist § 521, soweit die §§ 523, 524 für die Rechts- und Sachmängelhaftung Spezialregelungen enthalten. Gleiches gilt für die Haftung aus eingetretenem Verzug (Erman/*Herrmann* § 521 Rn 2; Palandt/*Weidenkaff* § 521 Rn 4; Staudinger/*Cremer* § 521 Rn 1; aA MüKo BGB/*Kollhosser* § 521 Rn 4).

III. Keine entsprechende Anwendbarkeit

§ 521 ist auf andere gesetzlich geregelte Gefälligkeitsverhältnisse, wie zB das unverzinsliche Darlehen oder den Auftrag, nicht anwendbar (Erman/*Herrmann* § 521 Rn 5; MüKo BGB/*Kollhosser* § 521 Rn 13). Für die Leihe und die unentgeltliche Verwahrung finden sich in § 599 bzw § 690 Sondervorschriften.

C. Prozessuales

Im Schadensersatzprozess trägt der Beschenkte die Beweislast für die objektiven und subjektiven Voraussetzungen seines Anspruchs. Für die Haftung des Schenkers gelten insoweit die allgemeinen Regeln der Beweislastverteilung.

§ 522 Keine Verzugszinsen

Zur Entrichtung von Verzugszinsen ist der Schenker nicht verpflichtet.

A. Allgemeines

Die Vorschrift begünstigt den Schenker. Er ist als Schuldner eines Schenkungsversprechens (§ 518) grds von der Verpflichtung zur Zahlung von Verzugszinsen befreit.

§ 523 BGB | Haftung für Rechtsmängel

B. Regelungsgehalt

2 § 521 beschränkt die Haftung des Schenkers auf Vorsatz und grobe Fahrlässigkeit. Demgegenüber begrenzt § 522 die Rechtsfolgen des Verzuges, indem er eine Haftung des Schenkers gem § 288 Abs. 1 BGB, § 290 BGB; § 352 HGB ausschließt (MüKo BGB/*Kollhosser* § 522). Nicht ausgeschlossen ist dagegen die Verpflichtung zur Zinszahlung als Verzugsschaden nach §§ 280, 281, 286 oder zur Zahlung von Prozesszinsen nach § 291 (Erman/*Herrmann* § 522 Rn 1). § 522 gilt auch für die Erben oder sonstigen Rechtsnachfolger des Schenkers (Soergel/*Mühl*/*Teichmann* § 522 Rn 3).

C. Prozessuales

3 Der Beschenkte trägt die Beweislast für das Vorliegen eines konkreten Zinsschadens, sofern er diesen als Verzugsschaden nach §§ 280 Abs. 2, 286 geltend macht.

§ 523 Haftung für Rechtsmängel

(1) Verschweigt der Schenker arglistig einen Mangel im Recht, so ist er verpflichtet, dem Beschenkten den daraus entstehenden Schaden zu ersetzen.

(2) Hatte der Schenker die Leistung eines Gegenstandes versprochen, den er erst erwerben sollte, so kann der Beschenkte wegen eines Mangels im Recht Schadensersatz wegen Nichterfüllung verlangen, wenn der Mangel dem Schenker bei dem Erwerb der Sache bekannt gewesen oder infolge grober Fahrlässigkeit unbekannt geblieben ist. Die für die Haftung des Verkäufers für Rechtsmängel geltenden Vorschriften des § 433 Abs. 1 und der §§ 435, 436, 444, 452, 453 finden entsprechende Anwendung.

A. Allgemeines

1 Die Vorschrift normiert eine Einschränkung der Haftung des Schenkers für Rechtsmängel. Aus Rechtsmängeln resultierende Schäden hat dieser nach § 523 Abs. 1 nur zu ersetzen, wenn er den Rechtsmangel arglistig verschwiegen hat. Hatte der Schenker die Schenkung eines Gegenstandes versprochen, der erst erwerben sollte, trifft ihn hinsichtlich Rechtsmängel nur eine Haftung, wenn er diese bei Erwerb der Sache kannte oder grob fahrlässig nicht kannte (§ 523 Abs. 2 Satz 1).

B. Anwendungsbereich

2 § 523 ist auf Sachen und Rechte (»Gegenstand«) anwendbar, unabhängig davon, ob es sich um eine Stück- oder Gattungsschuld handelt (Soergel/*Mühl*/*Teichmann* § 523 Rn 2; MüKo BGB/*Kollhosser* § 523 Rn 1). Bei gemischten Schenkungen gilt die Vorschrift nur für den unentgeltlichen Teil der Schenkung (vgl § 516 Rn 12).

C. Rechtsmangel

3 Der Begriff des Rechtsmangels entspricht demjenigen im Kaufrecht (§§ 433 Abs. 1, 435, 436, 444, 452, 453). Die Verweisungsvorschrift des § 523 Abs. 2 Satz 2 gilt insoweit auch im Rahmen des § 523 Abs. 1 (MüKo BGB/*Kollhosser* § 523 Rn 1). Frei von Rechtsmängeln ist eine Sache danach nur dann, wenn Dritte in Bezug auf diese keine oder nur die im Schenkungsvertrag übernommenen Rechte gegen den Beschenkten geltend machen können. Der Rechtsmangel muss sowohl im Zeitpunkt des Vertragsabschlusses als auch im Zeitpunkt des Schenkungsvollzugs vorliegen (Soergel/*Mühl*/*Teichmann* § 523 Rn 7).

Verursacht der Schenker den Rechtsmangel erst nach Abschluss des Schenkungsvertrages, 4
jedoch noch vor Vollzug der Schenkung, greift § 523 nicht ein. Er haftet in diesem Fall nach
den allgemeinen Regelungen der §§ 280 Abs. 1, Abs. 3, 281, 282 mit dem Haftungsmaßstab
des §§ 276 (MüKo BGB/*Kollhosser* § 523 Rn 4).

D. Abdingbarkeit

§ 523 ist abdingbar. Die Haftung des Schenkers kann vertraglich eingeschränkt oder 5
verschärft werden (BGH NJW 1982, 818; Erman/*Herrmann* § 523 Rn 5). Eine Haftung
wegen Vorsatzes kann dem Schenker jedoch nicht im Voraus erlassen werden (§ 276
Abs. 3). Die jeweilige Änderung bedarf im Hinblick auf §§ 518 Abs. 1 der notariellen Beurkundung.

E. Haftung nach § 523 Abs. 1

I. Arglistiges Verschweigen

Der Begriff des arglistigen Verschweigens in § 523 Abs. 1 entspricht demjenigen in §§ 442 6
Abs. 1 Satz 2, 444, 445. Für den Zeitpunkt der Arglist kommt es auf die Zeit des Vertragsabschlusses an (Soergel/*Mühl/Teichmann* § 523 Rn 7). Das Verschweigen muss sich auf die
Tatsachen beziehen, aus denen sich der Rechtsmangel ergibt. Arglistig ist es nur, wenn der
Beschenkte auf Grund der Verkehrsanschauung nach Treu und Glauben eine Aufklärung
erwarten durfte.
Ausgeschlossen ist ein Schadensersatzanspruch, sofern der Beschenkte den Rechtsmangel 7
bei Abschluss des Schenkungsvertrages kannte. In diesen Fällen fehlt es regelmäßig an der
Ursächlichkeit (Palandt/*Weidenkaff* § 523 Rn 2).

II. Ersatzfähiger Schaden

Im Rahmen der Haftung nach § 523 Abs. 1 wird nur der Vertrauensschaden, nicht das 8
Erfüllungsinteresse, ersetzt (Palandt/*Weidenkaff* § 523 Rn 2; FA-ErbR/*Krause* Kap 3 Rn 9).
Hierzu zählen zB Kosten aus Prozessen mit dem Rechtsinhaber und Aufwendungen auf
den Gegenstand.
Im Falle einer schenkweise versprochenen Gattungsschuld hat der Beschenkte entspre- 9
chend §§ 524 Abs. 2 Satz 1 Anspruch auf Zuwendung eines mangelfreien Gegenstandes,
sofern der Schenker einen solchen in seinem Vermögen hat (Erman/*Herrmann* § 523 Rn 4).

F. Haftung nach § 523 Abs. 2

Muss der Schenker den versprochenen Gegenstand erst noch erwerben, richtet sich seine 10
Haftung für Rechtsmängel nach § 523 Abs. 2. Danach haftet er dem Beschenkten auf
Schadensersatz wegen Nichterfüllung, sofern er den Rechtsmangel bei Erwerb des Schenkungsgegenstandes gekannt oder infolge grober Fahrlässigkeit nicht gekannt hat. Regelmäßig ist Geldersatz in Höhe des Wertes des rechtsmängelfreien Gegenstandes zu leisten.
Die Haftung nach § 523 Abs. 2 geht damit weiter als diejenige nach § 523 Abs. 1. Die
Durchführung entspricht den Pflichten und der Mängelhaftung des Verkäufers (§ 523
Abs. 2 Satz 2).
Eine Haftung kommt allerdings nur dann in Betracht, wenn der Mangel für den Schenker 11
vermeidbar war. Dies ist der Fall, wenn er den Rechtsmangel unschwer und mit angemessenen Mitteln vermeiden oder beseitigen kann (Soergel/*Mühl/Teichmann* § 523 Rn 9;
MüKo BGB/*Kollhosser* § 523 Rn 6).

G. Prozessuales

Die Beweislast für das Vorliegen eines Rechtsmangels liegt beim Beschenkten. 12

§ 524 Haftung für Sachmängel

(1) Verschweigt der Schenker arglistig einen Fehler der verschenkten Sache, so ist er verpflichtet, dem Beschenkten den daraus entstehenden Schaden zu ersetzen.

(2) Hatte der Schenker die Leistung einer nur der Gattung nach bestimmten Sache versprochen, die er erst erwerben sollte, so kann der Beschenkte, wenn die geleistete Sache fehlerhaft und der Mangel dem Schenker bei dem Erwerb der Sache bekannt gewesen oder infolge grober Fahrlässigkeit unbekannt geblieben ist, verlangen, dass ihm an Stelle der fehlerhaften Sache eine fehlerfreie geliefert wird. Hat der Schenker den Fehler arglistig verschwiegen, so kann der Beschenkte statt der Lieferung einer fehlerfreien Sache Schadensersatz wegen Nichterfüllung verlangen. Auf diese Ansprüche finden die für die Gewährleistung wegen Fehler einer verkauften Sache geltenden Vorschriften entsprechende Anwendung.

A. Allgemeines

1 § 524 regelt die Haftung des Schenkers für Sachmängel. Diese Vorschrift führt – ebenso wie § 523 – zu einer Haftungseinschränkung. Es ist regelmäßig davon auszugehen, dass der Schenker die Sache so verschenkt, wie sie ist. Ein Schadensersatzanspruch besteht nach § 524 Abs. 1 nur bei arglistigem Verschweigen des Sachmangels durch den Schenker. Muss der Schenker den versprochenen Gegenstand erst noch erwerben, trifft ihn die Haftung für Sachmängel nach § 524 Abs. 2 Satz 1 nur, sofern er den Mangel kannte oder grob fahrlässig nicht kannte. Hat er in diesem Fall den Fehler arglistig verschwiegen, stehen dem Beschenkten die weitergehenden Ansprüche des § 524 Abs. 2 Satz 2 zu.

B. Anwendungsbereich

2 Anwendbar ist § 524 nur auf die Schenkung von Sachen (Palandt/*Weidenkaff* § 524 Rn 1) und nur bei Vorliegen eines Sachmangels, nicht dagegen bei der Übernahme von Garantien oder des Beschaffungsrisikos (s hierzu Rn 6). Bei gemischten Schenkungen gilt § 524 ausschließlich für den unentgeltlichen Teil (vgl § 516 Rn 12).

3 § 524 Abs. 1 ist auf jede Schenkung aus eigenem Vermögen des Schenkers sowie auf das Schenkungsversprechen einer noch zu beschaffenden Speziessache anwendbar (Erman/*Herrmann* § 524 Rn 2). § 524 Abs. 2 gilt demgegenüber nur für die schenkweise versprochene Lieferung einer noch zu beschaffenden Gattungssache.

4 Im Rahmen der Haftung nach § 524 Abs. 2 ist die Notbedarfseinrede des § 519 anwendbar (Palandt/*Weidenkaff* § 524 Rn 8). Verursacht der Schenker den Sachmangel nach Vollzug der Schenkung, haftet er gem §§ 280 Abs. 1, 521 (Erman/*Herrmann* § 524 Rn 4).

C. Sachmangel

5 Der Begriff des Sachmangel entspricht demjenigen in § 434 (MüKo BGB/*Kollhosser* § 524 Rn 1). Frei von Sachmängeln ist eine Sache danach insb dann, wenn sie bei Gefahrübergang die vereinbarte Beschaffenheit hat.

D. Übernahme von Garantien oder Beschaffungsrisiken

6 Der Schenker kann im Rahmen des Schenkungsvertrages Garantien oder das Beschaffungsrisiko übernehmen. Eine solche Vereinbarung bedarf zu ihrer Wirksamkeit der notariellen Beurkundung nach § 518 Abs. 1 (Erman/*Herrmann* § 524 Rn 1). Im Mangelfall richten sich die Rechtsfolgen nach den Bestimmungen des Schenkungsvertrages; ggf sind diese durch Auslegung zu ermitteln. In Betracht kommen Rücktritt analog § 437 Nr. 2, Ersatzlieferung analog § 524 Abs. 2 oder Ersatz des Vertrauensschadens analog § 524 Abs. 1 (Palandt/*Weidenkaff* § 524 Rn 3).

E. Abdingbarkeit

§ 524 ist im selben Umfang wie § 523 abdingbar (vgl § 523 Rn 5). Die jeweilige Änderung bedarf auch hier der notariellen Beurkundung (§ 518 Abs. 1). 7

F. Haftung nach § 524 Abs. 1

Verschweigt der Schenker arglistig (zum Begriff des arglistigen Verschweigens s § 523 Rn 6) einen Fehler der verschenkten Sache, hat er dem Beschenkten ebenso wie im Rahmen des § 523 Abs. 1 (vgl § 523 Rn 8) den Vertrauensschaden einschließlich eines etwaigen Mangelfolgeschadens zu ersetzen (Erman/*Herrmann* § 524 Rn 2; Palandt/*Weidenkaff* § 524 Rn 6; aA Soergel/*Mühl/Teichmann* § 524 Rn 2). *Beispiel:* Der Vater schenkt seinem Sohn ein Haus und hat arglistig verschwiegen, dass die Wasserleitung aufgefroren ist. Die vom Sohn eingebrachten Gegenstände werden zerstört. 8

Weitere Mängelhaftungsansprüche sind ausgeschlossen. Der Beschenkte hat keinen Anspruch auf Ersatz des Erfüllungsinteresses, insb nicht auf die Kosten für die Beseitigung des Mangels. Kannte der Beschenkte den Mangel des geschenkten Gegenstandes, scheidet eine Haftung mangels Kausalität zwischen arglistigem Verschweigen und eingetretenem Schaden aus (Soergel/*Mühl/Teichmann* § 524 Rn 2). 9

G. Haftung nach § 524 Abs. 2

§ 524 Abs. 2 gilt nur für die schenkweise versprochene Lieferung einer noch zu beschaffenden Gattungssache. Gem § 528 Abs. 2 Satz 1 kann der Beschenkte verlangen, dass ihm statt der fehlerhaften eine fehlerfreie Sache geliefert wird, sofern dem Schenker bei dem Erwerb der Sache deren Fehlerhaftigkeit bekannt oder infolge grober Fahrlässigkeit unbekannt gewesen ist. Voraussetzung ist auch hier, dass der Schenker den Fehler mit zumutbaren Mitteln unschwer hätte vermeiden können (Erman/*Herrmann* § 524 Rn 3; vgl auch § 523 Rn 11). 10

Der Sachmangel muss zurzeit des Schenkungsvollzugs vorliegen (Palandt/*Weidenkaff* § 524 Rn 7, 5), während für die Kenntnis bzw grob fahrlässige Unkenntnis der Zeitpunkt des Erwerbs des Eigentums der Sache maßgebend ist (Palandt/*Weidenkaff* § 524 Rn 7). 11

Hat der Schenker den Sachmangel im Zeitpunkt der Übereignung (Soergel/*Mühl/Teichmann* § 524 Rn 4) arglistig verschwiegen (zum Begriff des arglistigen Verschweigens s § 523 Rn 6), so kann der Beschenkte gem § 524 Abs. 2 Satz 2 statt der Lieferung einer fehlerfreien Sache wahlweise Schadensersatz wegen Nichterfüllung verlangen. 12

Für beide Ansprüche des § 524 Abs. 2 finden gem § 524 Abs. 2 Satz 3 die kaufrechtlichen Haftungsansprüche entsprechende Anwendung. Dies bedeutet, dass die Rechte des Beschenkten bei Kenntnis des Mangels gem § 442 ausgeschlossen sind, sich die Verjährung nach § 438 richtet und für den Anspruch auf Nacherfüllung §§ 437 Nr. 1, 439 gelten. 13

H. Prozessuales

Die Beweislast für den Sachmangel liegt beim Beschenkten. 14

§ 525 Schenkung unter Auflage

(1) Wer eine Schenkung unter einer Auflage macht, kann die Vollziehung der Auflage verlangen, wenn er seinerseits geleistet hat.

(2) Liegt die Vollziehung der Auflage im öffentlichen Interesse, so kann nach dem Tode des Schenkers auch die zuständige Behörde die Vollziehung verlangen.

§ 525 BGB | Schenkung unter Auflage

A. Allgemeines

1 Die Schenkung unter Auflage ist als Sonderfall in den §§ 525 – 527 geregelt. Bei der Schenkung unter Auflage ist der Schenker zur Vorleistung verpflichtet. Er kann die Vollziehung der Auflage gem § 525 Abs. 1 erst verlangen, wenn er seinerseits geleistet hat. Liegt die Vollziehung der Auflage im öffentlichen Interesse, kann die zuständige Behörde gem § 525 Abs. 2 auch nach dem Tod des Schenkers die Vollziehung verlangen.

2 Die Schenkung unter Auflage wird dadurch geprägt, dass die Leistung des Beschenkten aus dem zugewendeten Vermögen zu erbringen ist. Für sie gelten die §§ 516 ff (MüKo BGB/*Kollhosser* § 525 Rn 1), einschließlich der Beurkundungsbedürftigkeit nach § 518 Abs. 1. Diese bezieht sich auch auf die Auflage (Staudinger/*Cremer* § 525 Rn 3; Palandt/*Weidenkaff* § 525 Rn 2; Soergel/*Mühl/Teichmann* § 525 Rn 1; krit Erman/*Herrmann* § 525 Rn 2).

3 Verstößt die Auflage gegen die Vorschriften der §§ 134, 138 ist sie unwirksam (s BayObLG NJW 1974, 1142). Gem § 139 führt dies regelmäßig auch zur Nichtigkeit der Schenkung (Erman/*Herrmann* § 525 Rn 2). Bei der Pflichtteilsanrechnung, Erbausgleichung und der Pflichtteilsergänzung sind die Auflagen als bereicherungsmindernde Abzugsposten wie sonstige Gegenleistungen zu behandeln (Beck'sches Notar-Handbuch/*Jerschke* A V Rn 24; s. auch *Feick* ZEV 2002, 85).

B. Begriff

4 Zivilrechtlich ist die Auflage kein Entgelt oder Gegenleistung. Geschenkt ist daher der gesamte Zuwendungsgegenstand (Beck'sches Notar-Handbuch/*Jerschke* A V Rn 20). Auflage ist die der Schenkung hinzugefügte Bestimmung, dass der Empfänger zu einer Leistung – Tun oder Unterlassung – verpflichtet sein soll, die aus dem Zuwendungsgegenstand zu entnehmen ist (Palandt/*Weidenkaff* § 525 Rn 1). Dies ist auch in der Weise möglich, dass der Empfänger lediglich in der freien Verfügung über den Gegenstand beschränkt werden soll (Palandt/*Weidenkaff* § 525 Rn 1). *Beispiele:* Schenkung eines Grundstücks unter Vorbehalt des Nießbrauchs (OLG Köln FamRZ 1994, 1242) oder Abschluss eines Übergabevertrages gegen Pflegeverpflichtung (OLG Bamberg NJW 1949, 788; BGH NJW 1989, 2122; krit *J. Mayer*, Der Übergabevertrag in der anwaltlichen und notariellen Praxis, Rn 8). Maßgebend ist, dass die Erfüllung der Auflage aus dem Wert und auf der Grundlage des geschenkten Gegenstandes erfolgen soll (BGH NJW 1982, 818; BFH NJW 1986, 1009). Die Auflagenverpflichtung kann auch an sonstige Bedingungen oder Zeitbestimmungen geknüpft werden (MüKo BGB/*Kollhosser* § 525 Rn 7).

5 Mit Abschluss des Schenkungsvertrages willigt der Beschenkte in die Auflage ein. Diese wird damit zur vertraglichen Nebenabrede. Durch die Auflage kann der Wert der Schenkung gemindert sein. Es ist auch möglich, dass die Auflage den Wert der Schenkung im Wesentlichen aufbraucht (Erman/*Herrmann* § 525 Rn 3). Unerheblich ist, in wessen Interesse die Vollziehung der Auflage liegt. Durch sie kann auch ein Dritter begünstigt werden (vgl Rn 7). Erbrechtliche Sondervorschriften finden sich in §§ 1935, 1940, 1967, 1972 ff, 1980, 1992, 2192 ff, 2322 ff.

C. Befreiung von der Auflage

6 Der Beschenkte hat bei Entwertung des geschenkten Gegenstandes nach Schenkungsvollzug in entsprechender Anwendung des § 526 ein Leistungsverweigerungsrecht (RGZ 112, 210; Soergel/*Mühl/Teichmann* § 526 Rn 3). Bei anfänglicher oder nachträglicher Unmöglichkeit ist eine Befreiung von der Auflage nach §§ 275, 311a Abs. 1 möglich (Palandt/*Weidenkaff* § 525 Rn 3).

D. Anspruch auf Erfüllung der Auflage

Der Schenker kann die Vollziehung der Auflage gem § 525 Abs. 1 erst verlangen, wenn er 7
seinerseits geleistet hat. Der Anspruch auf Erfüllung der Auflage steht in erster Linie dem
Schenker selbst oder seinem Rechtsnachfolger (§ 1922) zu. Ein Dritter kann bei einem Vertrag zugunsten Dritter (§§ 328 Abs. 1, 330 Satz 2) Gläubiger des Anspruchs sein (Palandt/
Weidenkaff § 525 Rn 3; Soergel/*Mühl/Teichmann* § 525 Rn 11).

Die Erfüllung des Schenkungsvertrages richtet sich nach den allgemeinen Regeln der 8
§§ 362 ff. Die Vorleistungspflicht des Schenkers ist abdingbar (notarielle Beurkundung
erforderlich, § 518 Abs. 1). Es kann etwa eine Zug-um-Zug-Leistung vereinbart werden
(Soergel/*Mühl/Teichmann* § 525 Rn 13). Vollzieht der Beschenkte die Auflage nicht, gilt
§ 527 (vgl zum Herausgabeanspruch nach § 527 Rn 2 ff).

E. Erfüllungsanspruch der zuständigen Behörde

Liegt die Vollziehung der Auflage im öffentlichen Interesse, kann gem § 525 Abs. 2 BGB 9
nach dem Tod des Schenkers die zuständige Behörde die Vollziehung verlangen. Insoweit
reicht jede Förderung des Gemeinwohls aus (Palandt/*Weidenkaff* § 525 Rn 14; Erman/*Herrmann* § 525 Rn 5). Das Recht der Rechtsnachfolger des Schenkers (§ 1922) nach § 525 Abs. 1
(vgl Rn 7) bleibt hiervon unberührt (Staudinger/*Cremer* § 525 Rn 28). Zum Abschluss eines
Erlassvertrages nach § 397 ist dieser jedoch ohne Zustimmung der zuständigen Behörde
nicht befugt (Erman/*Herrmann* § 525 Rn 5).

Zu Lebzeiten des Schenkers besteht kein behördlicher Anspruch. Die behördliche Zustän- 10
digkeit richtet sich nach Landesrecht.

F. Abgrenzung

Im Einzelfall kann es sich als schwierig erweisen, eine Schenkung unter Auflage von 11
anderen Vertragsformen zu unterscheiden (vgl auch § 516 Rn 9 ff). Maßgebend ist insoweit jeweils der Parteiwille, der ggf durch Vertragsauslegung zu ermitteln ist (§§ 133,
157).

Sofern der Schenker mit der Schenkung einen über die Zuwendung an den Beschenkten 12
hinausgehenden Zweck erfüllt, ein Anspruch auf Vollziehung jedoch nicht bestehen soll,
liegt eine sog Zweckschenkung vor. Dies kann zB der Fall sein, wenn Schwiegereltern eine
Schenkung in Erwartung des Fortbestandes der Ehe vornehmen (OLG Köln NJW 1994,
1540). Während bei einer Schenkung unter Auflage der ganze Gegenstand geschenkt wird,
enthält eine gemischte Schenkung einen entgeltlichen und unentgeltlichen Teil (vgl § 516
Rn 10 ff).

G. Prozessuales

Im Rahmen der Klage auf Erfüllung der Auflage trägt der Schenker die Beweislast für den 13
Vollzug der Schenkung (Palandt/*Weidenkaff* § 525 Rn 12). Besteht die Gefahr, dass der
Beschenkte die Auflage nicht erfüllt, kann der Anspruch vor Vollzug der Schenkung durch
Erlass einer einstweiligen Verfügung abgesichert werden (Soergel/*Mühl/Teichmann* § 525
Rn 13). Die Zivilgerichte sind auch für die Klage der zuständigen Behörde auf Vollziehung
der Auflage zuständig (Soergel/*Mühl/Teichmann* § 525 Rn 12).

§ 526 Verweigerung der Vollziehung der Auflage

**Soweit infolge eines Mangels im Recht oder eines Mangels der verschenkten Sache der
Wert der Zuwendung die Höhe der zur Vollziehung der Auflage erforderlichen Aufwendungen nicht erreicht, ist der Beschenkte berechtigt, die Vollziehung der Auflage**

zu verweigern, bis der durch den Mangel entstandene Fehlbetrag ausgeglichen wird. Vollzieht der Beschenkte die Auflage ohne Kenntnis des Mangels, so kann er von dem Schenker Ersatz der durch die Vollziehung verursachten Aufwendungen insoweit verlangen, als sie infolge des Mangels den Wert der Zuwendung übersteigen.

A. Allgemeines

1 Der Beschenkte hat gem § 526 Satz 1 ein Leistungsverweigerungsrecht und gem § 526 Satz 2 einen Aufwendungsersatzanspruch, wenn sich nachträglich erweist, dass der Wert des gesamten Schenkungsgegenstandes aufgrund eines Rechts- oder Sachmangels für den Vollzug der Auflage nicht ausreicht. § 526 enthält eine gegenüber § 242 spezielle Billigkeitsregelung. Im Ergebnis soll § 526 sicherstellen, dass der Beschenkte nicht mehr leisten muss, als er erhält (Palandt/*Weidenkaff* § 526 Rn 1).

B. Leistungsverweigerungsrecht

2 Das Leistungsverweigerungsrecht des Beschenkten nach § 526 Satz 1 setzt voraus, dass der Schenkungsgegenstand bei der Schenkung unter Auflage (vgl hierzu § 525 Rn 4) einen Rechts- (vgl hierzu § 523 Rn 3) oder Sachmangel (vgl hierzu § 524 Rn 5) hat. Infolge dieses Mangels (Kausalität) darf der Wert des geschenkten Gegenstandes nicht den Wert der für die Vollziehung der Auflage erforderlichen Aufwendungen erreichen. Der Mangel muss zudem im Zeitpunkt des Abschlusses des Schenkungsvertrages vorgelegen haben. Ist dies der Fall, kann der Beschenkte die Vollziehung der Auflage verweigern, bis der durch den Mangel entstandene Fehlbetrag ausgeglichen wird.

3 Das Leistungsverweigerungsrecht des § 526 Satz 1 ist eine Einrede des Beschenkten (Soergel/*Mühl/Teichmann* § 526 Rn 4). Sie steht diesem gegenüber sämtlichen Vollziehungsberechtigten (vgl § 525 Rn 7 ff) zu. Diese Einrede des Beschenkten schließt die Ansprüche nach §§ 523, 524 nicht aus (vgl BGH NJW 1982, 818). Kennt der Beschenkte den Mangel des Schenkungsgegenstandes bei Abschluss des Schenkungsvertrages, entfällt das Leistungsverweigerungsrecht (MüKo BGB/*Kollhosser* § 526 Rn 2).

C. Aufwendungsersatzanspruch

4 Vollzieht der Beschenkte die Auflage ohne Kenntnis des Mangels des Schenkungsgegenstandes, steht ihm nach § 526 Satz 2 ein Aufwendungsersatzanspruch in Höhe des Fehlbetrages zu, den der Wert der mangelbehafteten Zuwendung die Aufwendungen der Auflagenvollziehung übersteigt. Voraussetzung dieses Anspruchs ist der Vollzug der Schenkung. Der Begriff der Kenntnis entspricht dem in § 442 (MüKo BGB/*Kollhosser* § 526 Rn 3). Fahrlässige Unkenntnis des Beschenkten vom Vorliegen des Mangels genügt (Palandt/*Weidenkaff* § 526 Rn 5). Anspruchsgegner ist allein der Schenker, nicht dagegen ein durch die Auflage Begünstigter (Staudinger/*Cremer* § 526 Rn 4). Neben dem Aufwendungsersatzanspruch können Schadensersatzansprüche des Beschenkten nach §§ 521 – 524 bestehen.

D. Entsprechende Anwendung der Norm

5 § 526 ist entsprechend anwendbar, falls die Höhe der für den Vollzug der Auflage erforderlichen Aufwendungen aus anderen Gründen den Wert der Schenkung übersteigt (MüKo BGB/*Kollhosser* § 526 Rn 4). Dies gilt etwa für den Fall, dass sich die Vertragsparteien bei Abschluss des Schenkungsvertrages über das Wertverhältnis zwischen Schenkung und Auflage geirrt haben (Erman/*Herrmann* § 526 Rn 4). Eine entsprechende Anwendung der Norm kommt auch in Betracht, wenn sich die Wertverhältnisse nach Abschluss des Schenkungsvertrages geändert haben, ohne dass die Parteien auf diese Änderung Einfluss hatten (zB Inflation; vgl MüKo BGB/*Kollhosser* § 526 Rn 4).

E. Prozessuales

Dem Beschenkten obliegt die Beweislast für die Voraussetzungen des § 526, also für den Mangel, den Fehlbetrag und seine Unkenntis (Soergel/*Mühl/Teichmann* § 526 Rn 4; Palandt/*Weidenkaff* § 526 Rn 5). 6

§ 527 Nichtvollziehung der Auflage

(1) Unterbleibt die Vollziehung der Auflage, so kann der Schenker die Herausgabe des Geschenkes unter den für das Rücktrittsrecht bei gegenseitigen Verträgen bestimmten Voraussetzungen nach den Vorschriften über die Herausgabe einer ungerechtfertigten Bereicherung insoweit fordern, als das Geschenk zur Vollziehung der Auflage hätte verwendet werden müssen.

(2) Der Anspruch ist ausgeschlossen, wenn ein Dritter berechtigt ist, die Vollziehung der Auflage zu verlangen.

A. Allgemeines

Während der Schenker nach § 525 die Vollziehung der Auflage nach erfolgter Zuwendung des Schenkungsgegenstandes verlangen kann, räumt ihm § 527 bei Nichtvollziehung der Auflage ein Rückforderungsrecht hinsichtlich des Geschenkes ein. Dieses Rückforderungsrecht kann der Schenker wahlweise ausüben (Erman/*Herrmann* § 527 Rn 1). 1

B. Herausgabeanspruch

I. Anspruchsvoraussetzungen

Der Herausgabeanspruch des § 527 Abs. 1 setzt voraus, dass die Vollziehung der Auflage ganz oder teilweise unterblieben ist. Weiterhin muss zum Vollzug der Auflage ein Vermögensaufwand erforderlich sein, der aus dem Geschenk oder seinem Wert zu erbringen ist. Schließlich müssen die Voraussetzungen für das Rücktrittsrecht bei gegenseitigen Verträgen nach § 323 Abs. 1 (Verzug des Beschenkten mit der Auflagenerfüllung) oder nach § 326 Abs. 5 (Unmöglichkeit der Auflagenerfüllung) vorliegen. Erforderlich ist im Regelfall eine erfolglose Fristsetzung. Der Rücktritt darf nicht nach § 323 Abs. 6 ausgeschlossen sein (Palandt/*Weidenkaff* § 527 Rn 4). 2

Dem Schenker steht der Herausgabeanspruch unabhängig von einem Verschulden des Beschenkten zu. Der Anspruch besteht mithin auch dann, wenn dem Beschenkten die Erfüllung der Auflage infolge eines von ihm nicht zu vertretenden Umstandes unmöglich ist (MüKo BGB/*Kollhosser* § 527 Rn 3). 3

II. Anspruchsinhaber

Inhaber des Anspruchs auf Herausgabe ist nur der Schenker oder sein Rechtsnachfolger (§ 1922); zum Anspruchsausschluss s Rn 6. 4

III. Anspruchsumfang

Die Haftung des Beschenkten richtet sich nach den bereicherungsrechtlichen Vorschriften, §§ 812 Abs. 1 Satz 1, 818, 819 Abs. 1. Rückgabe kommt grds nur in Betracht, soweit noch eine Bereicherung des Beschenkten besteht. Die Rückforderung kann im Übrigen nur insoweit verlangt werden, als das Geschenk zur Vollziehung der Auflage hätte verwendet werden müssen. Bei teilbaren Gegenständen ist dementsprechend nur ein Teil herauszugeben. Ist der Schenkungsgegenstand real unteilbar, besteht nur ein Geld- 5 anspruch in Höhe des Wertes der Aufwendungen, die zur Erfüllung der Auflage gemacht werden müssen (§ 818 Abs. 2; Beck'sches Notar-Handbuch/*Jerschke* A V Rn 21). Bei immateriellen Auflagen ist nach hM nichts herauszugeben (MüKo BGB/*Kollhosser* § 527 Rn 4; Palandt/*Weidenkaff* § 527 Rn 5; Soergel/*Mühl*/*Teichmann* § 527 Rn 4; aA Staudinger/*Cremer* § 527 Rn 8: § 812 Abs. 1). Es empfiehlt sich, bei Vorliegen einer der beiden zuletzt genannten Sachverhalte zum Schutz des Schenkers ein vertragliches Rückforderungsrecht für den Fall der Nichtvollziehung der Auflage zu vereinbaren (FA-ErbR/ *Krause* Kap 3 Rn 28).

IV. Ausschluss des Anspruchs

6 Der Anspruch nach § 527 Abs. 1 ist gem § 527 Abs. 2 ausgeschlossen, wenn ein Dritter – auch die zuständige Behörde iSd § 525 Abs. 2 (Palandt/*Weidenkaff* § 527 Rn 5) – berechtigt ist, die Vollziehung der Auflage zu verlangen.

C. Sonstige Ansprüche bei Nichtvollzug der Auflage

7 Neben dem Erfüllungsanspruch aus § 525 und dem Herausgabeanspruch nach § 527 können dem Schenker Schadensersatzansprüche gem §§ 280, 281, 283, 286 zustehen, sofern diese nicht am Schadensnachweis scheitern (MüKo BGB/*Kollhosser* § 527 Rn 1). Außerhalb des Anwendungsbereichs des § 527 sind § 313 und § 812 Abs. 1 Satz 2 Alt. 2 anwendbar (BGH NJW 1972, 247; BGH NJW-RR 1990, 387; krit *Kühne* RamRZ 1969, 371).

D. Prozessuales

8 Der Herausgabeanspruch aus § 527 besteht auch, wenn der Beschenkte rechtskräftig zum Vollzug der Auflage nach § 525 verurteilt worden ist (MüKo BGB/*Kollhosser* § 527 Rn 2).

§ 528 Rückforderung wegen Verarmung des Schenkers

(1) Soweit der Schenker nach der Vollziehung der Schenkung außerstande ist, seinen angemessenen Unterhalt zu bestreiten und die ihm seinen Verwandten, seinem Ehegatten, seinem Lebenspartner oder seinem früheren Ehegatten oder Lebenspartner gegenüber gesetzlich obliegende Unterhaltspflicht zu erfüllen, kann er von dem Beschenkten die Herausgabe des Geschenkes nach den Vorschriften über die Herausgabe einer ungerechtfertigten Bereicherung fordern. Der Beschenkte kann die Herausgabe durch Zahlung des für den Unterhalt erforderlichen Betrags abwenden. Auf die Verpflichtung des Beschenkten findet die Vorschrift des § 760 sowie die für die Unterhaltspflicht der Verwandten geltende Vorschrift des § 1613 und im Falle des Todes des Schenkers auch die Vorschrift des § 1615 entsprechende Anwendung.

(2) Unter mehreren Beschenkten haftet der früher Beschenkte nur insoweit, als der später Beschenkte nicht verpflichtet ist.

A. Allgemeines

1 § 528 enthält eine Regelung für den Notbedarfsfall des Schenkers nach einer vollzogenen Schenkung. Soweit der Schenker nach der Vollziehung der Schenkung außerstande ist, seinen angemessenen Unterhalt zu bestreiten und die ihm seinen Verwandten, seinem Ehegatten, seinem Lebenspartner oder seinem früheren Ehegatten oder Lebenspartner gegenüber gesetzlich obliegenden Unterhaltspflichten zu erfüllen, kann er von dem Beschenkten gem § 528 Abs. Satz 1 die Herausgabe des Geschenkes nach den Vorschriften über die Herausgabe einer ungerechtfertigten Bereicherung fordern. Der Beschenkte kann

die Herausgabe durch die Zahlung des für den Unterhalt erforderlichen Betrages nach § 528 Abs. 1 Satz 2 abwenden. Im Übrigen finden auf die Verpflichtung des Beschenkten gem § 528 Abs. 1 Satz 3 die Vorschriften des § 760 sowie die für die Unterhaltspflicht der Verwandten geltende Vorschrift des § 1613 und im Falle des Todes des Schenkers § 1615 entsprechende Anwendung. Unter mehreren Beschenkten haftet der früher Beschenkte nach § 528 Abs. 2 nur insoweit, als der später Beschenkte nicht verpflichtet ist.

Durch die Option zur Rückforderung des Geschenkes soll es dem Schenker ermöglicht werden, seinen Unterhalt zu bestreiten sowie seinen ges Unterhaltspflichten nachzukommen (BGH NJW 2001, 2084). § 528 ist auf Schenkungen iSd § 516 (auch auf gemischte Schenkungen; vgl § 516 Rn 12) anwendbar, nicht dagegen auf Pflicht- oder Anstandsschenkungen gem § 534 (vgl § 534 Rn 1). Vor Vollzug der Schenkung steht dem Schenker die Einrede des Notbedarfs gem § 519 zu. Im Rahmen des § 528 gelten jedoch strengere Maßstäbe als für das Leistungsverweigerungsrecht nach § 519. 2

B. Parteien des Rückforderungsanspruchs

Der Anspruch aus § 528 steht dem Schenker selbst zu (OLG Düsseldorf FamRZ 1984, 887); ggf kommt eine Überleitung auf den Sozialhilfeträger in Betracht (vgl hierzu näher Rn 26 ff). Umstritten ist, ob der Rückforderungsanspruch vererblich ist (vgl BGH NJW 1995, 2287; *Franzen* FamRZ 1997, 528). Er erlischt in jedem Fall nicht mit dem Tod des Schenkers, sofern er bereits zuvor von ihm geltend gemacht oder abgetreten worden ist (vgl BGH NotBZ 2001, 261; s. hierzu auch *Kollhosser* ZEV 2001, 289). Ebenso kann der Sozialhilfeträger den Rückforderungsanspruch nach dem Tod des Schenkers geltend machen, sofern er den Anspruch vor dessen Tod auf sich übergeleitet hat. 3

Der Rückforderungsanspruch richtet sich gegen den Beschenkten. Tritt die Bedürftigkeit des Schenkers erst nach dem Tode des Beschenkten ein, richtet sich der Rückforderungsanspruch gegen die Erben des Beschenkten (BGH NJW 1991, 2558). Eine Abtretung des Rückforderungsanspruchs ist nur im Rahmen der Zwecksetzung des § 528 möglich (§ 399 Alt. 1; vgl BGH NJW 1995, 323; *Krauß* ZEV 2001, 417), also in erster Linie nur an einen der in § 528 Abs. 1 Satz 1 genannten Unterhaltsgläubiger bzw an Dritte, die dem Schenker Geldmittel zur Behebung seiner Notlage zur Verfügung gestellt haben (Palandt/*Weidenkaff* § 528 Rn 4; Erman/*Herrmann* § 528 Rn 6); für eine Verpfändung gilt vergleichbares nach § 1274 Abs. 2 (vgl MüKo BGB/*Kollhosser* § 528 Rn 12). 4

C. Voraussetzungen des Rückforderungsanspruchs

Der Rückforderungsanspruch setzt zunächst voraus, dass die Schenkung bereits vollzogen ist (FA-ErbR/*Krause* Kap 3 Rn 11). Im Übrigen besteht er nur bei Vorliegen des Notbedarfsfalles. Maßgebend sind der eigene angemessene Unterhalt des Schenkers und dessen ges Unterhaltspflichten aus §§ 1360, 1361, 1569, 1601 und 1615a. Abzustellen ist insoweit auf den Unterhalt, der objektiv der Lebensstellung des Schenkers entspricht (BGH NJW 2003, 1384). Vertraglich übernommene Unterhaltspflichten sind nicht zu berücksichtigen. Auch auf sonstige Verpflichtungen kommt es nicht an (Palandt/*Weidenkaff* § 528 Rn 5). Nicht erforderlich ist, dass die Schenkung die Ursache des Notbedarfs bildet (Palandt/*Weidenkaff* § 528 Rn 5). Bei der Ermittlung des Notbedarfs sind zumutbare Erwerbsmöglichkeiten des Schenkers zu berücksichtigen. Auf seine eigenen ges Unterhaltsansprüche hat sich der Schenker bei der Ermittlung des Notbedarfs jedoch nicht verweisen zu lassen (BGH NJW 1991, 1824). 5

D. Umfang des Rückforderungsanspruchs

Der Rückforderungsannspruch richtet sich seiner Höhe nach auf die Deckung des Bedarfs, den § 528 Abs. 1 Satz 1 schützt (»soweit«); bei regelmäßig wiederkehrendem Unterhaltsbedarf somit auf wiederkehrende Leistungen des Beschenkten in einer dem angemessenen 6

Unterhaltsbedarf des Schenkers entsprechenden Höhe. Übersteigt der Wert des Geschenks – zB eines Grundstücks – den jeweils aktuellen Unterhaltsbedarf des verarmten Schenkers, folgt hieraus iVm dem Rechtsfolgenverweis (BGH NJW 2001, 1207; Soergel/*Mühl/Teichmann* § 528 Rn 4) auf das Recht der ungerechtfertigten Bereicherung, dass gem § 818 Abs. 2 nur Wertersatz zur Deckung des Unterhaltsbedarfs verlangt werden kann, bis der Wert des Schenkungsgegenstandes erschöpft ist (BGH NJW 1996, 987; NJW-RR 2003, 53; MüKo BGB/*Kollhosser* § 528 Rn 7; Erman/*Herrmann* § 528 Rn 3). Eine Rückgabe des Geschenks in Natur kommt regelmäßig nur in Betracht, wenn dessen Wert niedriger als die aufgelaufene Bedarfslücke ist und der Beschenkte sich nicht für die Ausübung der Abwendungsbefugnis des § 528 Abs. 1 Satz 2 entscheidet. Bei gemischten Schenkungen kann Wertersatz nur in Höhe der schenkweisen Zuwendung verlangt werden.

7 Der Beschenkte hat die Möglichkeit der Einrede der Entreicherung, sofern er nicht verschärft haftet (§§ 818 Abs. 3, 819 Abs. 1; vgl OLG Düsseldorf FamRZ 1997, 769). Bei einer unentgeltlichen Weitergabe an einen Dritten gilt § 822 (vgl BGHZ 106, 354; krit *Koch* JR 1993, 313; *Germer* BWNotZ 1987, 63). Der Anspruch aus § 528 Abs. 1 unterliegt der 3-jährigen Verjährungsfrist des § 195 (vgl zur Regelverjährung BGH DNotI-Report 2001, 49).

E. Abwendungsbefugnis des Beschenkten

8 Gem § 528 Abs. 1 Satz 2 kann der Beschenkte die Herausgabe des Geschenkes durch Zahlung des für den Unterhalt erforderlichen Betrages abwenden. Dem Schenker steht insoweit kein Anspruch oder Wahlrecht zu (Staudinger/*Cremer* § 528 Rn 7). Nach einer entsprechenden Erklärung des Beschenkten wandelt sich das Schuldverhältnis von dem Herausgabeanspruch in einen Unterhaltsanspruch des Schenkers (MüKo BGB/*Kollhosser* § 528 Rn 21). Dieser ist auf die Höhe der Bereicherung des Beschenkten begrenzt (umstritten, vgl Erman/*Herrmann* § 528 Rn 4; Soergel/*Mühl/Teichmann* § 528 Rn 12; *Franzen* FamRZ 1997, 528; aA MüKo BGB/*Kollhosser* § 528 Rn 22; Staudinger/*Cremer* § 528 Rn 9; *Hörlbacher* ZEV 1995, 202; *Krauß* ZEV 2001, 417).

9 Gem §§ 528 Abs. 1 Satz 3, 760, 1613 Abs. 2 haftet der Beschenkte für den laufenden Unterhaltsbedarf und den Sonderbedarf des vorangegangenen Jahres ohne Vorliegen von Verzug oder Rechtshängigkeit. Der laufende Unterhalt ist als Geldrente zu zahlen und gem § 760 Abs. 2 jeweils für drei Monate im Voraus zu befriedigen. Der Anspruch erlischt mit dem Tod des Schenkers nach Maßgabe des § 1615, jedoch nicht mit dem Tod des Beschenkten (Staudinger/*Cremer* § 528 Rn 8).

10 Die Verweisungsvorschrift des § 528 Abs. 1 Satz 3 gilt nur, wenn der Beschenkte von der Abwendungsbefugnis des § 528 Abs. 1 Satz 2 Gebrauch gemacht hat (BGH NJW 1985, 2419; BGH NJW 1986, 1926; OLG Düsseldorf FamRZ 1984, 887; aA *Franzen* FamRZ 1997, 528).

F. Mehrere Beschenkte

11 Gem § 528 Abs. 2 hat der Schenker zunächst den später Beschenkten in Anspruch zu nehmen. Nur falls dieser nicht verpflichtet ist – zB wegen Entreicherung (§ 818 Abs. 3 BGB) oder nach § 529 Abs. 2 –, oder die Rückforderung seines Geschenkes zur Deckung der Notlage nicht ausreicht, ist auch der früher Beschenkte zur Herausgabe seiner Schenkung verpflichtet. Mehrere gleichzeitig Beschenkte haften als Gesamtschuldner gem § 421 (BGH NJW 1998, 537). Der Schenker kann nach seiner Wahl einen der Beschenkten – im Rahmen dessen bereicherungsrechtlicher Haftung – allein auf Herausgabe des Geschenkes in Anspruch nehmen (OLG Frankfurt am Main NJW-RR 1993, 835). In diesem Fall besteht zwischen den Beschenkten ein interner Ausgleichsanspruch (MüKo BGB/*Kollhosser* § 528 Rn 25). Dies gilt auch dann, wenn die ihnen jeweils zugewandten Gegenstände nicht gleichartig sind (zur Rückforderung bei mehreren Beschenkten s. auch *Rundel* MittBayNot 2003, 177).

G. Exkurs: Sozialhilferechtliche Bezüge zum Schenkungsrecht

Sozialhilferechtlichen Fragen kommt im Zusammenhang mit Schenkungen eine zunehmend stärkere Bedeutung zu. Bisweilen sind diesbzgl ganz erhebliche Probleme zu lösen. Einerseits können Vermögensübertragungen und dabei vereinbarte Versorgungsrechte Auswirkungen auf den Bestand und die Höhe der Sozialleistungen haben, andererseits erwachsen aus den sozialrechtlichen Vorschriften Grenzen für die Gestaltungsfreiheit bzw den Gestaltungswillen der Vertragsparteien (vgl auch *Gitter* DNotZ 1984, 595; *Plagemann* AgrarR 1989, 85; *Krauß* MittBayNot 1992, 77; *ders* MittBayNot 2004, 330; *Weyland* MittRhNotK 1997, 55; *Schwarz* ZEV 1997, 309; *Littig/J. Mayer*, Sozialhilferegress gegenüber Erben und Beschenkten; *Hußmann* ZEV 2005, 54; *Ruby* ZEV 2005, 102). 12

Seit dem 1.1.2005 ist mit Inkrafttreten des SGB II (Grundsicherung für Arbeitslose) und dem SGB XII (Sozialhilfe) das Sozialrecht umstrukturiert worden. Das SGB II (BGBl I, 2954) – auch bekannt als »Hartz IV« – regelt die bisherige Arbeitslosenhilfe und die Sozialhilfe für den Personenkreis der Erwerbsfähigen und ihre Haushaltsangehörigen. Das BSHG, das bisher als besonderer Teil des SGB galt, wurde durch das Gesetz zur Einordnung des Sozialhilferechts in das SGB v 27.12.2003 (BGBl 2003 I, 3022 ff) in letzteres auch tatsächlich als dessen Bd XII eingegliedert. Im Zuge dessen wurden in zwar überschaubarem, gleichwohl über bloße redaktionelle Modifizierungen hinausgehenden Umfang inhaltliche Änderungen und Umstellungen im Gesetz vorgenommen. 13

Gem § 1 SGB XII ist es die Aufgabe der Sozialhilfe, den Leistungsberechtigten die Führung eines Lebens zu ermöglichen, das der Würde des Menschen entspricht. Die Leistung soll sie soweit wie möglich befähigen, unabhängig von ihr zu leben; darauf haben auch die Leistungsberechtigten nach ihren Kräften hinzuarbeiten. Sozialhilfe ist also in erster Linie darauf gerichtet, bei fehlender Leistungsfähigkeit des Bedürftigen diesem einen bescheidenen materiellen Grundbedarf zu befriedigen. In immer stärkerem Maße dient sie dazu, einen langjährigen Heimaufenthalt und die damit häufig verbundene Dauerpflege finanziell abzusichern. Soweit die Rente, privates Vermögen oder die Leistungen der Pflegeversicherung nicht ausreichen, können zunehmend auch nicht unvermögende Bevölkerungsschichten mit der Sozialhilfe in Berührung geraten. Ursache sind nicht zuletzt die enormen Pflegekosten. 14

Die Sozialhilfe soll keine rentenähnliche Versorgung gewährleisten, sondern Hilfe zur Selbsthilfe sein. Sobald die Träger der Sozialhilfe Leistungen erbringen sollen, gilt das sog Nachrangprinzip. Gem § 2 Abs. 1 SGB XII erhält keine Sozialhilfe, wer sich vor allem durch Einsatz seiner Arbeitskraft, seines Einkommens und seines Vermögens selbst helfen kann oder wer die erforderliche Leistung von anderen, insb von Angehörigen oder von Trägern anderer Sozialleistungen, erhält. Grds ist also zunächst das verwertbare Vermögen des Leistungsempfängers zum Ausgleich der Leistungen der Sozialhilfe heranzuziehen. Hierzu zählen auch Ansprüche des Hilfesuchenden gegen Dritte aller Art. Voraussetzung ist, dass diese Ansprüche alsbald realisiert werden können. Neben Ansprüchen gegen Träger anderer Sozialleistungen, wie etwa aus der ges Krankenversicherung, nach dem BafÖG, SGB III, Bundesversorgungsgesetz, aus der ges Rentenversicherung, Unfallversicherung oder nach dem Wohngeldgesetz, können insoweit auch Ansprüche gegen Private in Betracht kommen. Zu denken ist hier zB an Schadensersatzansprüche, rückständige Gehaltsansprüche, ges Unterhaltsansprüche und insb an die Rückforderungsansprüche bei Schenkungen nach § 528. 15

In der Praxis spielen die ges vorgesehenen Ausgleichansprüche der Sozialhilfeträger eine entscheidende Rolle. Die Zugriffsmöglichkeiten der Sozialhilfeträger sind vielfältiger Natur. Möglich ist der Schenkungswiderruf und die Geltendmachung des Wertersatzanspruchs nach § 528, die Überleitung oder leistungsmindernde Anrechnung vertraglich vereinbarter Versorgungsleistungen und sonstiger Gegenleistungen oder die Überleitung vertraglicher oder ges Rückübertragungsansprüche. Zu denken ist aber auch an die Geltendmachung ges Unterhaltsansprüche gem § 94 SGB XII gegen Zuwendungsempfänger 16 und andere Unterhaltspflichtige. Im Extremfall ist der Zugriff unmittelbar auf übertragenes Vermögen wegen Sittenwidrigkeit der Übertragung oder der Zugriff auf erbrechtliche Positionen des Hilfeempfängers, insb auf seine Pflichtteilsansprüche, möglich. Zu beachten ist in diesem Zusammenhang schließlich die Ersatzpflicht der Erben des Sozialhilfeempfängers für erbrachte Sozialhilfe gem § 102 SGB XII.

17 Die Vorschriften des SGB XII führen zu schuldrechtlichen, sachenrechtlichen, familienrechtlichen und erbrechtlichen Anspruchsgrundlagen des BGB und zu landesrechtlichen Bestimmungen über den Altenteilsvertrag sowie zu Normen des PflegeVG. Es stehen insoweit Anspruchsgrundlagen aus verschiedenen Rechtsgebieten in Wechselwirkung zueinander. Die Rechtsprechung und Verwaltungspraxis der Sozialhilfeträger befindet sich in diesem Bereich in ständiger Fortentwicklung.

I. Möglichkeit der Nichtigkeit der Schenkung

18 Der Eigentümer kann grds über die zu seinem Vermögen gehörenden Gegenstände nach seinem Belieben durch Rechtsgeschäft verfügen. Gleichwohl ist im Rahmen von Schenkungen die Möglichkeit einer Nichtigkeit der Veräußerung und Übereignung wegen Verstoßes gegen die guten Sitten nach § 138 nicht auszuschließen, jedenfalls soweit sie sich zu Lasten des Sozialhilfeträgers auswirkt.

19 Wegen Unterlaufens des Nachrangprinzips hat die Rechtsprechung Unterhaltsverzichte zu Lasten des Sozialhilfeträgers als sittenwidrig eingestuft. Ausnahmen werden nur zugelassen, wenn die Hilfebedürftigkeit nicht vorhersehbar war oder besondere Gründe den Verzicht rechtfertigen (BGHZ 86, 82; OLG Schleswig SchlHA 1998, 48; OLG Köln FamRZ 1999, 920). Dies ist etwa der Fall, wenn der Verzicht auf sittlich anzuerkennenden Motiven beruht (BGHZ 86, 87; BGH NJW 1985, 1834) oder wenn er condicio sine qua non für die Eheschließung war und das Risiko der Sozialhilfebedürftigkeit nicht erhöht hat (BGH NJW 1992, 3165). Auch der Verzicht auf Zugewinnausgleichs- und Pflichtteilsansprüche wurde als sittenwidrig angesehen, wenn er den Zweck hat, Sozialhilfe in Anspruch zu nehmen (VGH Mannheim NJW 1993, 2953). Andererseits hat die Rechtsprechung anerkannt, dass erbrechtliche Regelungen im Rahmen eines sog Behindertentestaments, die dem behinderten Kind zu seinen Lebzeiten zusätzlich zu den Leistungen der Sozialhilfe laufende Einnahmen verschaffen, den Nachlass aber dem Zugriff des Trägers der Sozialhilfe entziehen, nicht sittenwidrig sind (BGHZ 111, 39; BGHZ 123, 368; OVG Bautzen ZEV 1997, 344; VG Lüneburg NJW 2000, 1885). Es verstößt auch nicht gegen § 138, wenn durch Anordnung von Vor- und Nacherbschaft erreicht wird, dass nach dem Tod des Behinderten sein Erbanteil an einen Familienangehörigen fällt und der Aufwendungsersatzanspruch des Sozialhilfeträgers nicht durchgesetzt werden kann (BGHZ 123, 373; vgl auch *Van de Loo* NJW 1990, 2852; *Krampe* AcP 191, 526; *Nieder* NJW 1994, 1264; aA LG Konstanz FamRZ 1992, 360 mit Anm *Kuchinke* FamRZ 1992, 363; siehe im Übrigen *Eichenhofer* JZ 1999, 226).

20 Zu der Frage, ob die Schenkung von Grundstücken wegen Unterlaufens des sozialhilferechtlichen Nachrangprinzips sittenwidrig sein kann, liegen bisher – soweit ersichtlich – noch keine höchstrichterlichen Entscheidungen vor. Instanzgerichte haben Grundstücksübertragungen, die allein zu dem Zweck vorgenommen wurden, den berechtigten Zugriff des Trägers der Sozialhilfe auf diese Vermögenswerte zu vereiteln, mehrfach für sittenwidrig erachtet (VG Freiburg ZfF 1980, 15; OVG Münster NJW 1989, 2834; OVG Münster NJW 1997, 2901; vgl auch VG Gießen DNotZ 2001, 784 mit Anm *J. Mayer*; siehe aber auch OLG Karlsruhe NotBZ 2003, 120). Es ist nicht auszuschließen, dass die Rechtsprechung die im Rahmen der Beurteilung nachehelicher Unterhaltsverzichte entwickelten Grundsätze, wonach schon die vorhersehbare objektive Benachteiligung des Sozialhilfeträgers für die Annahme der Sittenwidrigkeit ausreicht, auf die Schenkung wesentlicher Vermögensgegenstände überträgt (*Krauß* MittBayNot 1992, 81 hält die Rechtsprechung des BGH zum nachehelichen Unterhaltsverzicht auf für den Sozialhilfeträger nachteilige Grundstücksübertragungen nicht für übertragbar).

Anzunehmen sein dürfte ein Verstoß gegen § 138 in den Fällen, in denen die Zuwendung nahezu gegenleistungsfrei während des Bezugs von Sozialhilfe oder der sicheren Erwartung des Eintritts des Sozialhilfefalles erfolgt. Liegt Sittenwidrigkeit vor, besteht ein Herausgabe- bzw Grundbuchberichtigungsanspruch nach §§ 985, 894. Diesen kann der Sozialhilfeträger gem § 93 SGB XII auf sich überleiten (OVG Münster NJW 1989, 2834). Im Übrigen ist die zu Unrecht gewährte Leistung des Sozialhilfeträgers nach Rücknahme des rechtswidrigen Bewilligungsbescheides gem §§ 45 Abs. 2, 50 SGB X zurückzugewähren bzw der Leistungsberechtigte und sein nicht getrennt lebender Ehegatte oder Lebenspartner werden gem § 19 SGB XII zur Erstattung der Aufwendungen des Sozialhilfeträgers herangezogen. Diese Verpflichtungen sind vererblich und als Nachlassverbindlichkeit auch aus dem geschenkten Gegenstand zu erfüllen. Mangels wirksamen Übertragungsaktes befindet sich dieser noch im Nachlass des Leistungsberechtigten. Schließlich sind in Fällen von Absichtsschädigung Schadensersatzansprüche gegen den kollusiv mitwirkenden Erwerber nach § 826 denkbar (*Krauß* MittBayNot 1992, 81). 21

II. Mögliche Leistungseinschränkungen bei Vereinbarung von Gegenleistungen

Die Vereinbarung von Gegenleistungen zugunsten des Zuwendenden oder seines Ehegatten kann bei diesen zu anrechnungspflichtigen Einkünften und damit zu Einschränkungen von Sozialleistungsansprüchen führen (vgl hierzu *Krauß* MittBayNot 1992, 83 ff; *J. Mayer*, Der Übergabevertrag in der anwaltlichen und notariellen Praxis, Rn 31). So ist zB die unentgeltliche Mitversicherung des Ehegatten in der ges Krankenversicherung gem § 10 Abs. 1 Nr. 5 SGB V gefährdet, wenn er im Rahmen der Zuwendung eigene Leistungen erhält. Vertragliche Rentenzahlungen oder Sachbezüge können zu einer Kürzung der Sozialhilfe nach §§ 17 ff SGB XII führen. Außerdem sind Einschränkungen bei Ausgleichsrenten für Kriegsbeschädigte gem § 32 BVG oder der Berufsschadensausgleichsrente gem § 30 BVG sowie hinsichtlich der entsprechenden Hinterbliebenenrenten, insb Witwen- und Waisenrenten gem §§ 38 ff BVG möglich. 22

Nicht selten besteht der Wunsch der Zuwendenden, als Gegenleistung für die Übertragung eines Grundstücks eine Verpflichtung des Übernehmers zur häuslichen Pflege für den Alters- und Pflegefall in den Übergabevertrag aufzunehmen (vgl § 516 Rn 55). Auch diese vertraglichen Gegenleistungen stehen in Wechselwirkung zu sozialrechtlichen Ansprüchen. Zu unterscheiden sind insoweit das Pflegegeld nach dem PflegeVG und die sozialhilferechtlichen Pflegeleistungen nach den §§ 61 ff SGB XII. Während es sich bei ersteren um beitragserkaufte sozialversicherungsrechtliche Ansprüche handelt, die durch vertragliche Pflegerechte nicht eingeschränkt werden (vgl *Rastätter* ZEV 1996, 286; *Weyland* MittRhNotK 1997, 58; *J. Mayer* DNotZ 1995, 571), gilt für die zweite Gruppe das sozialhilferechtliche Nachrangprinzip. Dies bedeutet, dass die Vereinbarung von Pflegeverpflichtungen im Übergabevertrag zu einem (teilweisen) Wegfall der in §§ 61 ff SGB XII vorgesehenen Sozialhilfeleistungen wegen anderweitiger Bedarfsdeckung führen kann. Es ist davon auszugehen, dass bei einer Pflegevereinbarung das Pflegegeld nach § 64 SGB XII um bis zu zwei Drittel gekürzt wird und der Aufwendungsersatz für Pflegepersonen nach § 65 SGB XII ganz oder teilweise entfällt (*Rastätter* ZEV 1996, 281). Bei der Vertragsgestaltung ist darauf zu achten, dass der vertraglich geschuldete Pflegeaufwand ausschließlich die häusliche Pflege umfasst, geringer ist als der, der durch die Sozialhilfeleistung abgedeckt wird, und eine Deckelung der geschuldeten Pflegeleistung festgelegt wird (vgl *J. Mayer*, Der Übergabevertrag in der anwaltlichen und notariellen Praxis, Rn 191 ff). 23

Solche Leistungseinschränkungen dürfen jedoch keine unzulässigen Nachrangvereinbarungen darstellen. Hierunter sind Klauseln zu verstehen, wonach die vertraglichen Pflegeverpflichtungen bei Bezug nachrangiger Sozialhilfeleistungen wegfallen. Solche wären 24 sittenwidrig und damit unwirksam, § 138 (vgl Krauß MittBayNot 1992, 100; Plagemann AgrarR 1989, 86; Schwarz ZEV 1997, 311).

25 Trotz der potentiellen Leistungseinschränkungen sollte bei der Vereinbarung von Gegenleistungen im Grundstücksübergabevertrag stets das Versorgungsinteresse des Übergebers bzw seines Ehegatten im Vordergrund stehen. Im Übrigen haben reduzierte Gegenleistungen eher die Überleitung des Anspruchs aus § 528 bzw den Übergang des ges Unterhaltsanspruchs auf den Sozialhilfeträger zur Folge.

III. Überleitung von Rückforderungsansprüchen auf Sozialhilfeträger

26 Zur Sicherung des der Sozialhilfe zugrunde liegenden Nachrangprinzips kann der Träger der Sozialhilfe Ansprüche der leistungsberechtigten Person gegen Dritte gem § 93 SGB XII auf sich überleiten. Vergleichbare Regelungen finden sich in § 27g BVG für die Kriegsopferfürsorge und in § 33 SGB II für »Hartz IV-Bezieher« (vgl dazu Hußmann ZEV 2005, 54).

27 Hat eine leistungsberechtigte Person oder haben bei Gewährung von Hilfen nach dem Fünften bis Neunten Kapitel des SGB XII (Hilfen zur Gesundheit, Eingliederungshilfe für behinderte Menschen, Hilfe zur Pflege, Hilfe zur Überwindung besonderer sozialer Schwierigkeiten, Hilfe in anderen Lebenslagen) auch ihre Eltern, ihr nicht getrennt lebender Ehegatte oder ihr Lebenspartner für die Zeit, für die Leistungen erbracht werden, einen Anspruch gegen einen anderen, der kein Leistungsträger iSv § 12 SGB I ist, kann der Sozialhilfeträger gem § 93 Abs. 1 Satz 1 SGB XII durch schriftliche Anzeige an den anderen bewirken, dass dieser Anspruch bis zur Höhe seiner Aufwendungen (BGH NJW 1985, 2419) auf ihn übergeht. Gleiches gilt gem § 93 Abs. 1 Satz 2 SGB XII für diejenigen Aufwendungen für Hilfe zum Lebensunterhalt, die der Sozialhilfeträger gleichzeitig mit der Hilfe für die in § 93 Abs. 1 Satz 1 SGB XII genannte Person, deren nicht getrennt lebenden Ehegatten oder Lebenspartner und deren minderjährigen unverheirateten Kindern erbringt.

28 Als überleitungsfähige Ansprüche kommen solche aus Vertrag oder Gesetz, wie zB der Rückforderungsanspruch wegen Verarmung des Schenkers nach § 528 (vgl BGH DNotI-Report 2003, 132; Krauß ZEV 2001, 417), aus Bereicherungsrecht oder Altenteilsrechte, in Betracht. Besonders der Rückforderungsanspruch des Schenkers aus § 528 spielt in der Praxis eine immer stärkere Rolle. Er kann jedoch nur innerhalb der Zehnjahresfrist des § 529 geltend und damit auch nur innerhalb dieser Frist übergeleitet werden (BGH NJW 1986, 1607; Brähler-Boyan/Mann NJW 1995, 1866). Auf den Anspruch kann vertraglich nicht verzichtet werden.

29 Überleitungsfähig sind nicht nur Rückforderungsansprüche bei reinen Schenkungen, sondern auch solche bei gemischten Schenkungen oder Schenkungen unter Auflagen (Beck'sches Notar-Handbuch/Jerschke A V Rn 220; OLG Düsseldorf DNotI-Report 2001, 6; OVG Münster NJW 2001, 2191). Der Beschenkte kann sich im Übrigen nicht auf den Schutz des angemessenen Hausgrundstücks in § 90 Abs. 2 Nr. 8 SGB XII berufen (OVG Münster NJW 1996, 738; BGH ZEV 2005, 121; s hierzu auch Krauß MittBayNot 2005, 349).

30 Haben Geschwister zusammen mit einer Grundstücksschenkung ebenfalls Schenkungen, zB Gleichstellungsgelder, erhalten, haften sie neben dem Empfänger des Grundstücks gleichrangig als Gesamtschuldner im Rahmen des § 528 Abs. 1 bis zur Obergrenze des angemessenen Unterhaltsbedarfs bzw im Falle des § 528 Abs. 2 bis zur Obergrenze des Restbedarfs des Schenkers, der sich ergibt, wenn man den vollen Bedarf um die Herausgabepflichten aller später Beschenkten vermindert (BGH DNotZ 1992, 102; BGH DNotZ 1998, 875). Die Inanspruchnahme der weichenden Geschwister kann in diesen Fällen zu einer unangemessenen Benachteiligung gegenüber dem Erwerber des Grundstücks führen, insb wenn sie anlässlich der Übergabe auf ihr Pflichtteilsrecht verzichtet haben. An die Vereinbarung einer Freistellungspflicht des Erwerbers im Übergabevertrag mit entsprechender Absicherung – Sicherungsgrundschuld, Höchstbetragshypothek – zugunsten

der weichenden Geschwister vor Ansprüchen der Eltern, die auf den Sozialhilfeträger gem § 93 SGB XII übergeleitet werden können bzw auf diesen nach § 94 SGBXII übergehen, ist daher zu denken. Eine unbegrenzte Freistellungsverpflichtung bietet für den Erwerber allerdings die Gefahr, in zu starkem Umfang zu solchen Zahlungen herangezogen zu werden (s *J. Mayer*, Der Übergabevertrag in der anwaltlichen und notariellen Praxis, Rn 218 ff; *Rastätter* ZEV 1996, 281; *Keim* ZEV 1998, 375).

Möglich ist auch die Überleitung von Wertersatzansprüchen, die an die Stelle primärer Altenteilsleistungen treten (vgl BVerwG NJW 1994, 64 sowie näher *J. Mayer*, Der Übergabevertrag in der anwaltlichen und notariellen Praxis, Rn 32 ff; s auch OLG Düsseldorf DNotI-Report 2005, 149). Durch den Mehrbedarf des Veräußerers wegen Pflegebedürftigkeit, insb bei Heimunterbringung, kann sich die Leistungspflicht des Erwerbers ungeplant erweitern (vgl OLG Koblenz MittBayNot 1999, 284; s auch BGH DNotZ 2002, 702 mit Anm *Krauß* = ZEV 2002 mit Anm *Kornexl*). Außerdem sehen die meisten Landesrechte vor, dass die durch den Wegzug ersparten Aufwendungen durch eine Geldrente ersetzt werden. Gleichgültig ist, ob es sich um privatrechtliche oder öffentlich-rechtliche Anspruchsgrundlagen handelt. Übergeleitet werden darf nach § 93 Abs. 1 Satz 3 SGB XII allerdings nur insoweit, als bei rechtzeitiger Leistung des anderen entweder die Leistung nicht erbracht worden wäre (vgl hierzu OVG Münster NJW 1988, 1866) oder in den Fällen des § 19 Abs. 5 SGB XII und des § 92 Abs. 1 SGB XII Aufwendungsersatz oder ein Kostenbeitrag zu leisten wäre. Der VGH Mannheim (NJW 2000, 376) hat entschieden, dass eine Überleitung ausscheidet, wenn die Sozialhilfe rechtswidrig gewährt worden ist, weil sich der Leistungsberechtigte durch Geltendmachung des Rückforderungsanspruchs aus § 528 hätte selbst helfen können. 31

Der Übergang auf den Sozialhilfeträger ist gem § 93 Abs. 1 Satz 4 SGB XII nicht dadurch ausgeschlossen, dass der Anspruch nicht übertragen, verpfändet oder gepfändet werden kann. § 852 Abs. 2 ZPO und § 400 BGB stehen somit einer Überleitung des Rückforderungsanspruchs aus § 528 nicht entgegen. 32

Die Überleitung des Anspruchs erfolgt durch Verwaltungsakt. Die schriftliche Anzeige bewirkt gem § 93 Abs. 2 SGB XII den Übergang des Anspruchs für die Zeit, für die der leistungsberechtigten Person die Leistung ohne Unterbrechung erbracht wird; als Unterbrechung gilt ein Zeitraum von mehr als 2 Monaten. Widerspruch und Anfechtungsklage haben gegen den Verwaltungsakt, der den Übergang des Anspruchs bewirkt, nach § 93 Abs. 3 SGB XII keine aufschiebende Wirkung. Einer Überleitung steht nicht entgegen, dass die Überleitungsanzeige erst nach dem Tod des Schenkers und Sozialhilfeempfängers erfolgt (LG München I MittBayNot 2005, 140). 33

Die §§ 115 und 116 SGB X gehen im Übrigen gem § 93 Abs. 4 SGB XII den Ansprüchen des Sozialhilfeträgers aus § 93 Abs. 1 SGB XII vor. 34

IV. Übergang von Unterhaltsansprüchen

§ 94 SGB XII sieht einen kraft Gesetzes eintretenden Übergang von Ansprüchen des Sozialhilfeempfängers gegen einen nach bürgerlichem Recht Unterhaltspflichtigen auf den Sozialhilfeträger vor. Einer schriftlichen Überleitungsanzeige entsprechend § 93 Abs. 1 Satz 1 SGB XII bedarf es hier nicht. Hat die leistungsberechtigte Person für die Zeit, für die Leistungen erbracht werden, nach bürgerlichem Recht einen Unterhaltsanspruch, geht dieser gem § 94 Abs. 1 Satz 1 SGB XII bis zur Höhe der geleisteten Aufwendungen zusammen mit dem unterhaltsrechtlichen Auskunftsanspruch auf den Träger der Sozialhilfe über. Der Inhalt des übergegangenen Anspruchs richtet sich nach dem Unterhaltsrecht des BGB, allerdings unter zusätzlicher Beachtung der Grenzen des § 94 SGB XII (s auch *Münder* NJW 1990, 2031; ders NJW 2001, 2201; *Künkel* FamRZ 1991, 14; *Kohleiss* FamRZ 1991, 8; *Brudermüller* FamRZ 1995, 1033). Ein Forderungsübergang ist nach § 94 Abs. 1 Satz 2 SGB XII ausgeschlossen, soweit der Unterhaltsanspruch durch laufende Zahlung an den Unterhaltsberechtigten erfüllt wird. 35

36 Als Unterhaltspflichtige können vom Sozialhilfeträger in erster Linie Verwandte ersten Grades in aufsteigender und absteigender Linie herangezogen werden. Ausgeschlossen ist nach § 94 Abs. 1 Satz 3 SGB XII ein Übergang von Unterhaltsansprüchen, wenn die unterhaltspflichtige Person zum Personenkreis des § 19 SGB XII (Leistungsberechtigte) gehört oder die unterhaltspflichtige Person mit der leistungsberechtigten Person vom zweiten Grad an verwandt ist. Gleiches gilt für den Übergang des Anspruchs des Leistungsberechtigten nach dem Vierten Kapitel des SGB XII (Grundsicherung im Alter und bei Erwerbsminderung) gegenüber Eltern und Kindern sowie für Unterhaltsansprüche gegen Verwandte ersten Grades einer Person, die schwanger ist oder ihr leibliches Kind bis zur Vollendung seines 6. Lebensjahres betreut. § 93 Abs. 4 SGB XII gilt gem § 94 Abs. 1 Satz 5 SGB XII entsprechend. Für Leistungsempfänger nach dem Dritten Kapitel des SGB XII (Hilfe zum Lebensunterhalt) gilt für den Übergang des Anspruchs § 105 Abs. 2 SGB XII entsprechend (§ 94 Abs. 1 Satz 6 SGB XII).

37 Der Anspruch einer volljährigen unterhaltsberechtigten Person, die behindert iSv § 53 SGB XII oder pflegebedürftig iSv § 61 SGB XII ist, gegenüber ihren Eltern wegen Leistungen nach dem Fünften und Sechsten Kapitel des SGB XII (Hilfen zur Gesundheit, Eingliederungshilfe für behinderte Menschen) geht gem § 94 Abs. 2 Satz 1 SGB XII nur iHv bis zu 26 €, wegen Leistungen nach dem Dritten Kapitel des SGB XII (Hilfe zum Lebensunterhalt) nur iHv bis zu 20 € monatlich über. Gem § 94 Abs. 2 Satz 2 SGB XII wird vermutet, dass der Anspruch in Höhe der genannten Beträge übergeht und mehrere Unterhaltspflichtige zu gleichen Teilen haften; die Vermutung kann widerlegt werden. Die in § 94 Abs. 2 Satz 1 SGB XII genannten Beträge verändern sich zum gleichen Zeitpunkt und um denselben Vomhundertsatz, um den sich das Kindergeld verändert (§ 94 Abs. 2 Satz 3 SGB XII).

38 Aus Sicht des Unterhaltsschuldners hat die Frage der sozialrechtlichen Verschonung seines Einkommens und Vermögens besondere Bedeutung. Zur Vermeidung einer eigenen Sozialhilfebedürftigkeit ordnet § 94 Abs. 3 SGB XII an, dass der Unterhaltsanspruch nicht übergeht, soweit die unterhaltspflichtige Person Leistungsberechtigte nach dem Dritten Kapitel des SGB XII (Hilfe zum Lebensunterhalt) ist oder bei Erfüllung des Anspruchs würde oder der Übergang des Anspruchs eine unbillige Härte bedeuten würde.

39 Zivilrechtliche Unterhaltsansprüche für die Vergangenheit sind mit Ausnahme des § 1613 Abs. 2 nach den Vorschriften des BGB grds ausgeschlossen. § 94 Abs. 4 Satz 1 SGB XII ermöglicht demgegenüber die rückwirkende Geltendmachung von Unterhaltsansprüchen durch den Sozialhilfeträger. Für die Vergangenheit kann dieser den übergegangenen Unterhalt außer unter den Voraussetzungen des bürgerlichen Rechts auch von der Zeit an fordern, zu welcher er dem Unterhaltspflichtigen die Erbringung der Leistung schriftlich mitgeteilt hat. Muss die Sozialhilfe voraussichtlich auf längere Zeit gewährt werden, steht dem Träger der Sozialhilfe gem § 94 Abs. 4 Satz 2 SGB XII ein Klageanspruch auf künftige Leistungen bis zur Höhe der bisherigen monatlichen Aufwendungen zu.

40 Die sozialhilferechtlichen Grenzen des Forderungsübergangs führen dazu, dass dem Leistungsberechtigten gegenüber dem Unterhaltsschuldner möglicherweise ein weitergehender Unterhaltsanspruch unmittelbar zustehen kann. Soweit dieser nicht auf den Sozialhilfeträger übergegangen ist, kann der Differenzbetrag nur vom Leistungsberechtigten selbst geltend gemacht werden (OLG Köln FamRZ 1997, 1101). Zur Vermeidung mehrerer Prozesse über denselben Anspruchsgrund bestimmt § 94 Abs. 5 Satz 1 SGB XII, dass der Träger der Sozialhilfe den auf ihn übergegangenen Unterhaltsanspruch im Einvernehmen mit der leistungsberechtigten Person auf diesen zur gerichtlichen Geltendmachung rückübertragen und sich den geltend gemachten Unterhaltsanspruch abtreten lassen kann. Kosten, mit denen die leistungsberechtigte Person dadurch selbst belastet wird, sind vom Sozialhilfeträger gem § 94 Abs. 5 Satz 2 SGB XII zu übernehmen.

41 Für Streitigkeit über Ansprüche aus § 94 SGB XII sind nach § 94 Abs. 5 Satz 3 SGB XII ausschließlich die Zivilgerichte zuständig. Grund und Höhe des Anspruchs hat der Sozial-

hilfeträger mittels Leistungsklage geltend zu machen. Der Erlass eines Verwaltungsaktes scheidet aus.

Der Rückforderungsanspruch aus § 528 geht ges Unterhaltsansprüchen vor, da der Anspruch als Vermögensbestandteil die Bedürftigkeit beseitigt. Demzufolge ist durch den Sozialhilfeträger zunächst die Überleitung nach § 93 SGB XII geltend zu machen und erst dann der ges Übergang von zivilrechtlichen Unterhaltsansprüchen gem § 94 SGB XII (BGH NJW 1991, 1824). 42

V. Erbenhaftung

§ 102 SGB XII normiert eine selbständige Erbenhaftung. Auszugehen ist im Rahmen des § 102 SGB XII vom zivilrechtlichen Erbenbegriff (*Krauß* MittBayNot 1992, 96 mwN). Beim Behindertentestament besteht daher für den Nacherben keine Ersatzpflicht hinsichtlich der dem behinderten Vorerben gewährten Sozialhilfe (LG Konstanz FamRZ 1992, 360). Anspruchsgegner der Sozialhilfeträger sind in der Praxis häufig die Geschwister des Übernehmers hinsichtlich etwaigen Restbarvermögens (*Krauß* MittBayNot 1992, 97). 43

Der Erbe der leistungsberechtigten Person oder dessen Ehegatten oder dessen Lebenspartner, falls diese vor leistungsberechtigten Person sterben, ist gem § 102 Abs. 1 Satz 1 SGB XII zum Ersatz der Kosten der Sozialhilfe mit Ausnahme der vor dem 1. 1. 1987 entstandenen Kosten der Tuberkulosehilfe verpflichtet. Die Ersatzpflicht besteht gem § 102 Abs. 1 Satz 2 SGB XII nur für die Kosten der Sozialhilfe, die innerhalb eines Zeitraumes von 10 Jahren vor dem Erbfall aufgewendet worden sind und die das Dreifache des Grundbetrages nach § 85 Abs. 1 SGB XII übersteigen. Sollte die Sozialhilfe rechtswidrig gewährt worden sein, weil zB Vermögenswerte des Hilfeempfängers nicht verwertet wurden, ist § 102 SGB XII unanwendbar (vgl BVerwGE 91, 13). Die Ersatzpflicht des Erben, des Ehegatten oder Lebenspartners besteht gem § 102 Abs. 1 Satz 3 SGB XII nicht für die Kosten der Sozialhilfe, die während des Getrenntlebens der Ehegatten oder Lebenspartner geleistet worden sind. Ist die leistungsberechtigte Person der Erbe ihres Ehegatten oder Lebenspartners, ist sie gem § 102 Abs. 1 Satz 4 SGB XII ebenfalls nicht zum Ersatz der Kosten verpflichtet. 44

Die Ersatzpflicht des Erben zählt gem § 102 Abs. 2 Satz 1 SGB XII zu den Nachlassverbindlichkeiten. Der Erbe haftet nach § 102 Abs. 2 Satz 2 SGB XII mit dem Wert des im Zeitpunkt des Erbfalles vorhandenen Nachlasses. In den Fällen des § 102 Abs. 3 Nr. 1 – 3 SGB XII ist der Anspruch auf Kostenersatz jedoch nicht geltend zu machen. Dies gilt einerseits, soweit der Wert des Nachlasses unter dem Dreifachen des Grundbetrages nach § 85 Abs. 1 SGB XII liegt. Andererseits sind die Erben privilegiert, die Ehegatten oder Lebenspartner der leistungsberechtigten Person oder mit dieser verwandt sind und nicht nur vorübergehend bis zum Tode der leistungsberechtigten Person mit dieser in häuslicher Gemeinschaft gelebt und sie gepflegt haben. Gegen diese besteht kein Kostenersatzanspruch, wenn der Wert des Nachlasses 15.340 € nicht erreicht. Die Rechtsprechung versteht diese Sonderregelung entgegen ihres Wortlautes teilweise als allgemeinen Freibetrag bei vorangegangener Pflege unabhängig vom Wert des Nachlasses (vgl VGH Mannheim NJW 1993, 2955). Die dritte Gruppe bilden schließlich die Fälle, in denen die Inanspruchnahme des Erben nach der Besonderheit des Einzelfalles eine besondere Härte bedeuten würde. 45

Der Kostenersatzanspruch erlischt gem § 102 Abs. 4 Satz 1 SGB XII in drei Jahren nach dem Tode der leistungsberechtigten Person, ihres Ehegatten oder ihres Lebenspartners. Die Vorschriften der §§ 203 ff BGB über die Hemmung, die Ablaufhemmung, den Neubeginn und die Wirkung der Verjährung gelten entsprechend, §§ 102 Abs. 4 Satz 2, § 103 Abs. 3 Satz 2 SGB XII. 46

H. Prozessuales

Der Schenker hat die Unentgeltlichkeit der Zuwendung und die tatbestandlichen Voraussetzungen seines Herausgabeanspruchs, also insb die Tatsache, dass er außer Stande ist, 47 seinen Unterhalt zu bestreiten bzw seinen ges Unterhaltpflichten nachzukommen, darzulegen und zu beweisen (vgl BGH NJW-RR 2003, 53). Maßgebend für das Vorliegen der Tatbestandsvoraussetzungen ist der Zeitpunkt der letzten mündlichen Verhandlung (MüKo BGB/*Kollhosser* § 528 Rn 20). Bei der Überleitung des Anspruchs auf den Sozialhilfeträger kommt es dagegen auf den Zeitpunkt des Antrags auf Sozialhilfe an (BGH NJW 2003, 2449). Dem Beschenkten obliegt die Beweislast hinsichtlich des Wegfalls der Bereicherung nach § 818 Abs. 3.

§ 529 Ausschluss des Rückforderungsanspruchs

(1) Der Anspruch auf Herausgabe des Geschenkes ist ausgeschlossen, wenn der Schenker seine Bedürftigkeit vorsätzlich oder durch grobe Fahrlässigkeit herbeigeführt hat oder wenn zur Zeit des Eintritts seiner Bedürftigkeit seit der Leistung des geschenkten Gegenstandes zehn Jahre verstrichen sind.

(2) Das Gleiche gilt, soweit der Beschenkte bei Berücksichtigung seiner sonstigen Verpflichtungen außerstande ist, das Geschenk herauszugeben, ohne dass sein standesmäßiger Unterhalt oder die Erfüllung der ihm kraft Gesetzes obliegenden Unterhaltspflichten gefährdet wird.

A. Allgemeines

1 Das Rückforderungsrecht nach § 528 ist gem § 529 Abs. 1 ausgeschlossen, wenn der Schenker seine Bedürftigkeit vorsätzlich oder durch grobe Fahrlässigkeit herbeigeführt hat oder wenn zurzeit des Eintritts seiner Bedürftigkeit seit der Leistung des geschenkten Gegenstandes zehn Jahre verstrichen sind. Gleiches gilt gem § 529 Abs. 2, soweit der Beschenkte bei Berücksichtigung seiner sonstigen Verpflichtungen außerstande ist, das Geschenk herauszugeben, ohne dass sein standesgemäßer Unterhalt oder die Erfüllung der ihm kraft Gesetzes obliegenden Unterhaltspflichten gefährdet wird (vgl hierzu BGH ZEV 2000, 449 sowie BGH ZEV 2001, 196).

2 Bei § 529 handelt es sich um eine Einrede, nicht um eine Einwendung, so dass es dem Beschenkten obliegt, sie geltend zu machen (BGH NJW 2001, 1207; BGH ZEV 2006, 37; Palandt/*Weidenkaff* § 529 Rn 1; MüKo BGB/*Kollhosser* § 529 Rn 6; *Krauß* ZEV 2001, 417; *Eckebracht* JA 2003, 209; aA, hinsichtlich § 529 Abs. 1 (Einwendung): Soergel/*Mühl/Teichmann* § 529 Rn 5). Darüber können auch Vereinbarungen geschlossen werden.

3 Der Gesetzgeber hielt in den drei Fällen des § 529 eine Haftung des Beschenkten für unbillig (BGH NJW 2003, 1384; Erman/*Herrmann* § 529 Rn 1). Daneben ist eine Anwendung des § 242 nicht ausgeschlossen (MüKo BGB/*Kollhosser* § 529 Rn 5).

B. Voraussetzungen für den Ausschluss des Rückforderungsanspruchs

I. Selbstverschuldeter Notbedarf

4 Die erste Alternative des § 529 Abs. 1 setzt voraus, dass der Schenker seine Bedürftigkeit schuldhaft (vorsätzlich oder grob fahrlässig) herbeigeführt hat. Hierher gehören zB Spiel- oder Verschwendungssucht, leichtsinnige Spekulationen, Trunksucht etc. Darüber hinaus greift diese Einrede nur, wenn der Schenker seine Bedürftigkeit nachträglich, also nach Vollzug der Schenkung, verursacht hat und der Beschenkte dies nicht voraussehen konnte (BGH NJW 2003, 1384; Palandt/*Weidenkaff* § 529 Rn 2; MüKo BGB/*Kollhosser* § 529 Rn 2; aA Erman/*Herrmann* § 529 Rn 2).

II. Ablauf der Zehnjahresfrist

Tritt die Bedürftigkeit des Schenkers erst zehn Jahre nach Vollzug der Schenkung ein, ist **5** die Rückforderung ebenfalls ausgeschlossen. Maßgeblich für den Beginn der Zehnjahresfrist des § 529 Abs. 1, 2. Alt. ist nicht der Abschluss des Schenkungsvertrages, sondern der Eintritt des Leistungserfolges. Noch nicht abschließend geklärt ist, ob bei der Schenkung von Grundstücken auf den Eingang des Antrages auf Eigentumsumschreibung beim Grundbuchamt bzw das Entstehen einer Anwartschaft (OLG Köln FamRZ 1986, 989) oder entsprechend der Rechtsprechung des BGH zu § 2325 Abs. 3 (vgl etwa BGH NJW 1988; BGH ZEV 1996, 188; zu den Besonderheiten bei Schenkungen in den neuen Ländern vor der Deutschen Einheit s *Krause* ZAP-Ost F 12, 75 sowie BGH DNotZ 2001, 711) auf die Eigentumsumschreibung im Grundbuch abzustellen ist.

Der BGH (ZEV 2000, 111 mit Anm Putzo) hat entschieden, dass der Notbedarf vor Ablauf **6** der Zehnjahresfrist eingetreten sein muss. Es genügt nicht, dass die Umstände, die in Zukunft die Vermögenserschöpfung begründen, innerhalb der Frist vorliegen. Es empfiehlt sich deshalb immer eine sehr genaue Prüfung der zeitweisen Entwicklung der Vermögensverhältnisse. *Beispiel:* Die Mutter schenkt dem Sohn im Jahr 1989 ein Hausgrundstück. Aufgrund ihrer Pflegebedürftigkeit zieht sie im Jahr 1995 in ein Pflegeheim. Die Pflegekosten bestreitet sie zunächst aus ihrem sonstigen Vermögen. Erst im Jahr 2001 tritt der Notbedarfsfall ein.

III. Notbedarf des Beschenkten

Das Rückforderungsrecht ist ferner ausgeschlossen, wenn die Rückgabe des Geschenkes **7** dazu führen würde, dass der Beschenkte seinen eigenen angemessenen Unterhalt nicht finanzieren bzw ges Unterhaltspflichten nicht erfüllen kann. Hier gelten die gleichen Grundsätze wie bei § 519 Abs. 1 (vgl § 519 Rn 5 f). Unerheblich ist insoweit, wann und wodurch die eigene Bedürftigkeit des Beschenkten entstanden ist. Es genügt auch, wenn sie zwar noch nicht eingetreten, mit ihr aber ernstlich zu rechnen ist (BGH NJW 2001, 1207). Eine Berufung auf die eigene Bedürftigkeit stellt sich allerdings dann als unzulässige Rechtsausübung dar, wenn der Beschenkte vom Notbedarf des Schenkers Kenntnis hatte und die eigene Bedürftigkeit gleichwohl mutwillig herbeigeführt hat (BGH NJW 2003, 2449). Die Einrede des § 529 Abs. 2 ist im Übrigen ausgeschlossen, falls der Beschenkte nach §§ 818 Abs. 4, 819 Abs. 1 haftet.

Zur Deckung seines Unterhalts ist der Beschenkte idR nicht verpflichtet, sein Eigenheim **8** zu veräußern. Unter Umständen ist aber von ihm die Aufnahme eines Realkredits zur Finanzierung seines angemessenen Unterhalts zu verlangen, sofern er Zins und Tilgung tragen kann (BGH NJW 2000, 3488; BGH NJW 2003, 1384). Zu belassen ist dem Beschenkten dasjenige, was er an Unterhalt auch von seinen Eltern verlangen könnte (Erman/*Herrmann* § 529 Rn 2).

C. Prozessuales

Der Beschenkte trägt die Darlegungs- und Beweislast für das Vorliegen der Vorausset- **9** zungen der Einreden des § 529. Bei der Einrede des § 529 Abs. 2 handelt es sich um eine anspruchshemmende Einrede, die nicht dem Rückforderungsanspruch an sich, sondern nur dessen gegenwärtiger Durchsetzung entgegensteht (BGH ZEV 2006, 37).

§ 530 Widerruf der Schenkung

(1) Eine Schenkung kann widerrufen werden, wenn sich der Beschenkte durch eine schwere Verfehlung gegen den Schenker oder einen nahen Angehörigen des Schenkers groben Undanks schuldig macht.

(2) Dem Erben des Schenkers steht das Recht des Widerrufs nur zu, wenn der Beschenkte vorsätzlich und widerruflich den Schenker getötet oder am Widerruf gehindert hat.

A. Allgemeines

1   Der Schenker kann sich durch Widerruf von der Schenkung lösen, wenn sich der Beschenkte durch eine schwere Verfehlung gegen den Schenker oder einen nahen Angehörigen des Schenkers groben Undanks schuldig gemacht hat. Geregelt ist der Widerruf in den §§ 530 – 533, teilweise auch in § 534. Zulässig ist der Widerruf nur bei einem nachträglichen Fehlverhalten des Beschenkten. Der Widerruf ist eine Sonderregelung der Störung der Geschäftsgrundlage gem § 313. Das Recht zum Widerruf ist höchstpersönlich, dh es kann nicht abgetreten oder gepfändet werden (Palandt/*Weidenkaff* § 530 Rn 1). § 530 ist auch nicht abdingbar (BGHZ 3, 206). Vererblich ist das Recht zum Widerruf nur im Rahmen des § 530 Abs. 2. Hat der Schenker den Widerruf vor seinem Ableben erklärt, gehen jedoch die Rechte aus dem Widerruf auf die Erben über (Staudinger/*Cremer* § 530 Rn 19).

2   § 530 ist auf vollzogene Schenkungen und auf Schenkungsversprechen gleichermaßen anwendbar (BGH NJW 1999, 1623). Auch eine gemischte Schenkung kann nach § 530 widerrufen werden. Die Vorschrift gilt jedoch nur für natürliche Personen, dh eine juristische Person kann eine Schenkung weder widerrufen noch kann eine solche ihr gegenüber widerrufen werden (BGH NJW 1962, 955; OLG Düsseldorf NJW 1966, 550; Staudinger/*Cremer* § 530 Rn 12; Palandt/*Weidenkaff* § 530 Rn 1; Soergel/*Mühl/Teichmann* § 530 Rn 13; aA MüKo/*Kollhosser* § 530 Rn 9).

3   Eine Sondervorschrift zu § 530 enthält § 1301 hinsichtlich der Rückforderung von Brautgeschenken. Nicht anwendbar ist § 530 darüber hinaus auf die Rückforderung einer Schenkung des Erblassers durch den Vertragserben. Diese richtet sich nach § 2287 (vgl § 516 Rn 97). Ehebedingte Zuwendungen unter Ehegatten sind regelmäßig keine Schenkungen (vgl § 516 Rn 19). Ein Widerruf nach § 530 scheidet daher bei diesen grds aus (vgl § 516 Rn 21).

4   Bei der Schenkung von Grundstücken kann der Rückübertragungsanspruch wegen groben Undanks durch Eintragung einer Vormerkung im Grundbuch gesichert werden (BayObLG ZEV 2002, 32 mit Anm *Böhringer*).

B. Voraussetzungen des Widerrufs

I. Schwere Verfehlung

5   Sofern sich der Schenker die Rückforderung des Geschenkes nicht vertraglich vorbehalten hat (vgl § 516 Rn 66 ff), ist ein Widerruf der Schenkung nur im Falle einer schweren Verfehlung gegen den Schenker oder einen nahen Angehörigen des Schenkers möglich. Eine schwere Verfehlung iSd § 530 Abs. 1 setzt objektiv ein gewisses Maß an Schwere und subjektiv eine tadelnswerte Gesinnung voraus, die einen Mangel an Dankbarkeit erkennen lässt (BGH FamRZ 1985, 351; BGH NJW-RR 1993, 1410; BGH NJW 1999, 1623; BGH NJW 2000, 3201). Die Beurteilung ist weitgehend dem Tatrichter überlassen (BGH NJW 2002, 2461). Zu berücksichtigen sind sämtliche mit der Schenkung zusammenhängende tatsächliche Umstände, also insb auch das Motiv sowie Art und Umfang der Schenkung sowie Anlass und Art der Verfehlung. Bei der Nichterfüllung einer Zahlungspflicht durch den Beschenkten dürfen dessen wirtschaftliche Verhältnisse nicht außer Betracht bleiben (BGH NJW 2000, 3201).

6   Die Verfehlung muss durch den Beschenkten vorsätzlich begangen worden sein (Palandt/ *Weidenkaff* § 530 Rn 5). Rechtswidrigkeit ist nicht erforderlich, wohl aber moralische Vorwerfbarkeit (MüKo BGB/*Kollhosser* § 530 Rn 6). Die Verfehlung muss insb Ausdruck einer

Gesinnung des Beschenkten sein, die in erheblichen Maße die Dankbarkeit vermissen lässt, die der Schenker erwarten kann (BGH ZEV 2005, 212; BGH ZEV 2005, 213). Verfehlungen Dritter sind dem Beschenkten nicht zuzurechnen, es sei denn, er hätte in zumutbarer Weise für Abhilfe sorgen können (BGH NJW 1984, 2089; BGH NJW 1992, 183).

Anzunehmen ist eine schwere Verfehlung zB bei Lebensbedrohung, körperlicher Misshandlung, grundloser Strafanzeige (BGHZ 112, 259), belastenden Aussagen trotz Zeugnisverweigerungsrechts (BGH LM § 530 Nr. 6), schweren Beleidigungen (OLG Köln NJW-RR 2002, 1595), Unterbinden eines Nutzungsrechts (BGH NJW 1999, 1626) oder grundlosem Antrag auf Betreuerbestellung (OLG Düsseldorf NJW-RR 1998, 1432). Im Einzelfall kann das Recht zum Widerruf auch begründet sein, wenn sich der Beschenkte hartnäckig weigert, ein vom Schenker vorbehaltenes Recht zu erfüllen (BGH NJW 1993, 1577 für den Nießbrauch; vgl auch BGH ZEV 2000, 407) oder die Zwangsversteigerung des geschenkten Grundstücks androht (OLG Köln NJW-RR 2002, 1595).

Die Verfehlung kann auch in einem Unterlassen bestehen, sofern der Beschenkte zu einem Handeln sittlich verpflichtet war (Erman/*Herrmann* § 530 Rn 2). Ehewidriges Verhalten kann sich im Einzelfall als schwere Verfehlung darstellen (BGH NJW 1999, 1623).

II. Persönliches Verhältnis

Die schwere Verfehlung muss sich gegen den Schenker oder einen nahen Angehörigen desselben gerichtet haben. Für die Beurteilung der Angehörigeneigenschaft kommt es nicht auf den Grad der Verwandtschaft oder Schwägerschaft, sondern auf das tatsächliche persönliche Verhältnis zum Schenker an (Staudinger/*Cremer* § 530 Rn 11). Nahe Angehörige iSd § 530 können daher auch Lebensgefährten oder Pflegekinder und Pflegeeltern sein (Palandt/*Weidenkaff* § 530 Rn 2). Maßgebend ist, ob die Verfehlung gegenüber dem Angehörigen des Schenkers im Schenker selbst das Gefühl einer eigenen Kränkung berechtigterweise erzeugen konnte (OLG Karlsruhe NJW 1989, 2136).

III. Grober Undank

Schließlich muss grober Undank auf Seiten des Beschenkten vorliegen. Dies erfordert, dass der Beschenkte bei Begehung der Verfehlung von der Schenkung wußte oder die Eigenschaft des Verletzten als Schenker oder als nahen Angehörigen des Schenkers kannte. Ein Zusammenhang mit der Schenkung und der Verfehlung ist aber nicht erforderlich (Palandt/*Weidenkaff* § 530 Rn 8). Eigene Verfehlungen des Schenkers können zwar Verfehlungen des Beschenkten nicht rechtfertigen, wohl aber in milderem Licht erscheinen lassen und damit groben Undank ausschließen.

C. Widerrufsrecht der Erben

Dem Erben des Schenkers steht das Recht zum Widerruf gem § 530 Abs. 2 nur zu, wenn der Beschenkte vorsätzlich und widerrechtlich den Schenker getötet oder am Widerruf gehindert hat. Dieses Erbenwiderrufsrecht ist selbstständig und steht auch dem Erbeserben zu, sofern erst diesem das Widerrufsrecht bekannt wurde (Staudinger/*Cremer* § 530 Rn 19).

D. Folgen des Widerrufs

Ist die Schenkung widerrufen, kann der Schenker die Schenkung gem § 531 Abs. 2 nach den Vorschriften über die Herausgabe einer ungerechtfertigten Bereicherung (§§ 812 ff) zurückfordern (vgl § 531 Rn 3 ff). Dies gilt auch bei gemischten Schenkungen. Wurde ein unteilbarer Gegenstand von mehreren Personen geschenkt und liegen die Voraussetzungen für den Widerruf der Schenkung nur bei einem der Schenker vor, kann dieser die Schenkung allein widerrufen und Herausgabe des Schenkungsgegenstandes an alle Schenker verlangen (BGH MDR 1963, 575).

E. Prozessuales

12 Der Schenker trägt die Darlegungs- und Beweislast für das Vorliegen einer schweren Verfehlung gegen ihn durch den Beschenkten. Behauptet und beweist der Beschenkte für ihn günstige Tatsachen, muss der Schenker diese widerlegen.

§ 531 Widerrufserklärung

(1) Der Widerruf erfolgt durch Erklärung gegenüber dem Beschenkten.

(2) Ist die Schenkung widerrufen, so kann die Herausgabe des Geschenks nach den Vorschriften über die Herausgabe einer ungerechtfertigten Bereicherung gefordert werden.

A. Allgemeines

1 Der Widerruf hat nach § 531 Abs. 1 durch Erklärung gegenüber dem Beschenkten zu erfolgen. Im Falle eines wirksamen Widerrufs kann der Schenker gem § 531 Abs. 2 vom Beschenkten die Herausgabe des Geschenkes nach den Vorschriften über die Herausgabe einer ungerechtfertigten Bereicherung fordern (§§ 812 ff). Es handelt sich insoweit um eine Rechtsgrundverweisung (MüKo BGB/*Kollhosser* § 531 Rn 4).

B. Widerrufserklärung

2 Die Widerrufserklärung ist eine formlose einseitige empfangsbedürftige Willenserklärung. Auf sie sind die Vorschriften der §§ 104 ff anzuwenden (Erman/*Herrmann* § 531 Rn 1). Die Erklärung muss dem Beschenkten gem § 130 zugehen. Ein Zugang – zB durch Widerruf in einem Testament – ist gem § 130 Abs. 2 auch noch nach dem Tode des Schenkers möglich (RGZ 170, 380). Die Erklärung des Schenkers muss nicht ausdrücklich als Widerruf bezeichnet sein. Es genügt, dass ein Lossagen des Schenkers von der Schenkung zu erkennen ist (BGHZ 3, 206). Erklärt der Schenker die Anfechtung der Schenkung, kann diese Erklärung in einen Widerruf umgedeutet werden, sofern er zu erkennen gibt, dass er das Verhalten des Beschenkten als groben Undank empfindet. Der Widerruf kann auch im Wege der Klageerhebung erfolgen (Staudinger/*Cremer* § 531 Rn 1).

C. Herausgabe des Geschenkes

3 Durch den Widerruf entfällt der Rechtsgrund der Schenkung. Das Geschenk ist dementsprechend gem § 531 Abs. 2 nach den Vorschriften der §§ 812 ff herauszugeben. Der Herausgabeanspruch richtet sich gegen den Beschenkten (BGHZ 35, 103). Bei einer gemischten Schenkung kann der Schenker den Vertragsgegenstand nur zurückfordern, wenn der unentgeltliche Charakter des Vertrages überwiegt (vgl auch § 516 Rn 12). Vermögensmindernde Aufwendungen des Beschenkten vor Zugang der Widerrufserklärung sind als Entreicherung nach § 818 Abs. 3 zu berücksichtigen (BGH NJW 1999, 1626). Ist dem Beschenkten die Herausgabe des Geschenkes unmöglich, ist Wertersatz im Rahmen der noch vorhandenen Bereicherung zu leisten (Erman/*Herrmann* § 531 Rn 3). Nach Zugang der Widerrufserklärung trifft den Beschenkten die verschärfte Haftung nach § 819 (BGH NJW 1999, 1626; MüKo BGB/*Kollhosser* § 531 Rn 5; Soergel/*Mühl/Teichmann* § 531 Rn 3).

4 Bei Widerruf des Schenkungsversprechens entfällt die Verpflichtung zum Vollzug der Schenkung. Hat der Schenker dem Beschenkten nachträglich verziehen (vgl § 532 Rn 2 f), beseitigt dies die Rechtsfolgen des Widerrufs nicht (Palandt/*Weidenkaff* § 531 Rn 1). Zulässig ist es im Rahmen des Schenkungsvertrages die Rechtsfolge des § 531 Abs. 2 zu modifizieren, zB für den Fall des Widerrufs eine Geldabfindung an Stelle der Herausgabe

des Geschenkes zu vereinbaren (BGH MDR 1972, 36). Werden mit der Schenkung sittenwidrige Zwecke verfolgt, die der Beschenkte kennt, kann ein Anspruch auf Herausgabe des Geschenkes gem § 817 Satz 2 entfallen (BGH NJW 1962, 955).

Der Herausgabeanspruch nach § 531 Abs. 2 ist nach ausgeübtem Widerruf übertragbar, 5 pfändbar und vererblich (Soergel/*Mühl/Teichmann* § 531 Rn 2).

D. Prozessuales

Nach erfolgtem Widerruf kann der Schenker zur Durchsetzung seines Anspruchs nach 6 § 531 Abs. 2 Herausgabeklage erheben. In diesem Verfahren hat er den Vollzug der Schenkung sowie die Tatbestandsvoraussetzungen des Widerrufs darzulegen und zu beweisen. Dem Beklagten obliegt die Beweislast dafür, dass er das Geschenk bereits an den Schenker herausgegeben hat. Beruft sich der Schenker im Prozess zur Begründung des Widerrufs auf geänderte Tatsachen, ist dies als erneuter Widerruf zu verstehen und führt zu einer Klageänderung (Erman/*Herrmann* § 531 Rn 1).

§ 532 Ausschluss des Widerrufs

Der Widerruf ist ausgeschlossen, wenn der Schenker dem Beschenkten verziehen hat oder wenn seit dem Zeitpunkt, in welchem der Widerrufsberechtigte von dem Eintritt der Voraussetzungen seines Rechts Kenntnis erlangt hat, ein Jahr verstrichen ist. Nach dem Tode des Beschenkten ist der Widerruf nicht mehr zulässig.

A. Allgemeines

Ausgeschlossen ist der Widerruf nach § 532 Satz 1, wenn der Schenker dem Beschenkten 1 verziehen hat oder wenn seit dem Zeitpunkt, in welchem der Widerrufsberechtigte von dem Eintritt der Voraussetzungen seines Rechts Kenntnis erlangt hat, ein Jahr verstrichen ist. Nach dem Tode des Beschenkten ist der Widerruf gem § 532 Satz 2 nicht mehr zulässig. Diese drei Ausschließungsgründe greifen nur ein, wenn der Widerruf noch nicht erfolgt ist.

B. Verzeihung des Schenkers

Die Verzeihung iSd § 532 Satz 1 ist keine rechtsgeschäftliche Erklärung, die gegenüber 2 dem Beschenkten abzugeben wäre (BGH NJW 1974, 1084). Sie setzt voraus, dass der Schenker die erfahrenen Kränkungen, derer er sich zunächst im vollen Umfang bewusst war, nicht mehr als solche empfindet. Entscheidend kommt es insoweit auf die innere Einstellung des Schenkers als rein tatsächlichen seelischen Vorgang an. Aus dem Verhalten des Schenkers kann auf eine Verzeihung geschlossen werden.

Verzeihen erfordert keine Geschäftsfähigkeit des Schenkers. Es kommt vielmehr entspre- 3 chend §§ 827 f auf die individuelle Einsichtsfähigkeit des Schenkers in die Schwere der Kränkung des Beschenkten sowie das Wesen der Verzeihung an. Nicht in jedem Versöhnungsversuch ist schon eine Verzeihung zu erblicken (BGH NJW 1999, 1626). Wurde der Widerruf bereits erklärt, kann er durch Verzeihung nicht ungeschehen gemacht werden (Soergel/*Mühl/Teichmann* § 531 Rn 5).

C. Ablauf der Jahresfrist

Die Frist des § 532 Satz 1 Alt. 2 ist eine Ausschlussfrist (Palandt/*Weidenkaff* § 532 Rn 2). Sie 4 beginnt in dem Zeitpunkt, in dem der Widerrufsberechtigte von dem Eintritt der Voraussetzungen seines Rechts Kenntnis erlangt hat. Die Berechnung der Frist richtet sich nach §§ 187 ff. Hat sich der Beschenkte mehrerer Verfehlungen gegenüber dem Schenker schul-

§ 534 BGB | Pflicht- und Anstandsschenkungen

dig gemacht, laufen jeweils selbstständige Fristen (BGHZ 31, 79). Für den Erben beginnt im Falle des § 530 Abs. 2 die Widerrufsfrist nicht bevor dieser Kenntnis von seiner Erbenstellung hat (Staudinger/*Cremer* § 532 Rn 3).

D. Tod des Beschenkten

5   Nach dem Tode des Beschenkten ist der Widerruf gem § 532 Satz 2 nicht mehr zulässig. Der Erbe soll das moralische Fehlverhalten des Erblassers nicht verantworten. Erfolgte der Widerruf jedoch vor dem Tod des Beschenkten, richtet sich der Anspruch des Schenkers auf Herausgabe der Schenkung nach § 531 Abs. 2 gegen die Erben des Beschenkten (MüKo BGB/*Kollhosser* § 532 Rn 5).

E. Prozessuales

6   Die Beweislast für den Widerruf der Schenkung noch zu Lebzeiten des Beschenkten liegt beim Schenker (MüKo BGB/*Kollhosser* § 532 Rn 6). Die Verzeihung des Schenkers hat dagegen der Beschenkte zu beweisen (Soergel/*Mühl/Teichmann* § 531 Rn 2).

§ 533 Verzicht auf Widerrufsrecht

Auf das Widerrufsrecht kann erst verzichtet werden, wenn der Undank dem Widerrufsberechtigten bekannt geworden ist.

A. Verzicht auf das Widerrufsrecht

1   Der Verzicht auf das Widerrufsrecht ist eine einseitige, empfangsbedürftige Willenserklärung (Soergel/*Mühl/Teichmann* § 533 Rn 2), die mit Zugang beim Beschenkten gem § 130 wirksam wird. Aus der Erklärung des Schenkers muss sich ergeben, dass er die Schenkung nicht widerrufen wird. Möglich ist der Verzicht erst, wenn der Schenker die den Undank begründenden Tatsachen kennt; ein Vorausverzicht ist nichtig.

2   Ein bereits erklärter Verzicht auf das Widerrufsrecht ist seinerseits nicht widerrufbar (Erman/*Herrmann* § 533 Rn 1). Gleiches gilt für den erklärten Widerruf. Hinsichtlich des durch diesen entstandenen Herausgabeanspruchs ist jedoch der Abschluss eines Erlassvertrages nach § 397 Abs. 1 möglich (Staudinger/*Cremer* § 533 Rn 3). Im Gegensatz zur Verzeihung nach § 532 (vgl § 532 Rn 2 f) kann der Verzicht auf das Widerrufsrecht auch durch einen Erben oder Stellvertreter des Schenkers erklärt werden (MüKo BGB/*Kollhosser* § 533 Rn 1).

3   § 533 ist zwingendes Recht (RGZ 62, 328; BGHZ 3, 206). Der aus dem Widerruf folgende Rückforderungsanspruch kann jedoch vertraglich modifiziert werden (BGH MDR 1972, 36).

B. Prozessuales

4   Die Darlegungs- und Beweislast für den Verzicht auf den Widerruf gem § 533 trägt der Beschenkte. Es gelten insoweit die allgemeinen Beweislastregeln.

§ 534 Pflicht- und Anstandsschenkungen

Schenkungen, durch die einer sittlichen Pflicht oder einer auf den Anstand zu nehmenden Rücksicht entsprochen wird, unterliegen nicht der Rückforderung und dem Widerruf.

A. Allgemeines

Die Pflicht- und Anstandsschenkung ist in § 534 normiert. Sie ist eine echte Schenkung iSd §§ 516 ff (MüKo BGB/*Kollhosser* § 534 Rn 1; aA *Migsch* AcP 173 (1973), 46). Nach dem Willen des Gesetzgebers soll der Empfänger einer Pflicht- oder Anstandsschenkung einen höheren Bestandsschutz genießen. Sie unterliegt daher nicht der Rückforderung und dem Widerruf; die §§ 528 – 533 sind nicht anwendbar. Ob eine Pflicht- und Anstandsschenkung vorliegt, hängt von den Umständen des Einzelfalles ab. § 527 ist auf Pflicht- und Anstandsschenkungen anwendbar (Erman/*Herrmann* § 534 Rn 4; aA OLG Nürnberg BB 1965, 1426).

Fällt eine Schenkung nur teilweise unter § 534, ist der entsprechende Teil von der Rückforderung und dem Widerruf nach §§ 528 – 533 ausgeschlossen (Palandt/*Weidenkaff* § 534 Rn 1). Bei Unteilbarkeit kommt Rückforderung Zug um Zug gegen eine der sittlichen oder Anstandspflicht entsprechenden Leistung in Betracht (BGH MDR 1963, 575).

Die Pflicht- und Anstandsschenkung unterliegt gem § 2330 nicht der Pflichtteilsergänzung. Sonstige Regelungen zur Pflicht- und Anstandsschenkung finden sich in §§ 814, 1425 Abs. 2, 1641, 1804, 2113 Abs. 2, 2205 und 2207.

B. Sittliche Pflicht

Eine Schenkung entspricht einer sittlichen Pflicht, wenn dem Schenker angesichts der konkreten Umstände des Einzelfalles eine besondere Pflicht für die Zuwendung oblag (vgl OLG Naumburg FamRZ 2001, 1406). Zu berücksichtigen sind dabei auch das Vermögen und die Lebensstellung der Beteiligten sowie ihre persönlichen Beziehungen (Palandt/*Weidenkaff* § 534 Rn 2). Bei Nichterfüllung muss das Verhalten des Schenkers als sittlich anstößig erscheinen (BGH NJW 2000, 3488). Die Unterhaltung bedürftiger Geschwister kann dementsprechend einer sittlichen Pflicht entsprechen, nicht aber eine Belohnung für die Pflege durch nahe Angehörige (BGH NJW 1986, 1926). Die sittliche Pflicht kann sich auch aus der Beziehung des Schenkers zu einem Dritten ergeben (BGH NJW 1986, 1926).

C. Anstandspflicht

Eine Anstandsschenkung liegt vor, wenn die Zuwendung nach den Anschauungen, die in den dem Schenker sozial gleichstehenden Kreisen vorherrschen, nicht unterbleiben könnte, ohne dass der Schenker an Achtung und Ansehen verlieren würde (BGH NJW 1981, 111; OLG Köln FamRZ 1997, 113). Zur Anstandspflicht dürften idR gebräuchliche Gelegenheitsgeschenke, wie zB zum Geburtstag oder zu Weihnachten, zählen. Bei ungewöhnlichen Schenkungsgegenständen, wie zB Grundstücken, dürfte eine Anstandsschenkung idR nicht angenommen werden können. Dies gilt selbst unter Ehegatten, wenn Schenkungsobjekt ein Miteigentumsanteil an einem Grundstück ist (BGH NJW-RR 1986, 1202; aA *Karakatsanes* FamRZ 1986, 1049).

D. Prozessuales

Die Beweislast für die Pflicht- und Anstandsschenkung trägt der Beschenkte (Palandt/*Edenhofer* § 2330 Rn 1). Nach der überwiegenden Auffassung (RG JW 1916, 119; Soergel/*Mühl/Teichmann* § 534 Rn 6; Staudinger/*Cremer* § 534 Rn 4) enthält § 534 rechtshindernde, also von Amts wegen zu berücksichtigende Tatsachen. Die Gegenansicht (MüKo BGB/*Kollhosser* § 534 Rn 4) will den Beschenkten selbst entscheiden lassen, ob er sich im Prozess auf § 534 beruft und versteht die Vorschrift daher als Einrede.

§ 563 BGB | Eintrittsrecht bei Tod des Mieters

Titel 5: Mietvertrag, Pachtvertrag
Untertitel 2: Mietverhältnisse über Wohnraum
Kap 4: Wechsel der Vertragsparteien

§ 563 Eintrittsrecht bei Tod des Mieters

(1) Der Ehegatte, der mit dem Mieter einen gemeinsamen Haushalt führt, tritt mit dem Tod des Mieters in das Mietverhältnis ein. Dasselbe gilt für den Lebenspartner.

(2) Leben in dem gemeinsamen Haushalt Kinder des Mieters, treten diese mit dem Tod des Mieters in das Mietverhältnis ein, wenn nicht der Ehegatte eintritt. Der Eintritt des Lebenspartners bleibt vom Eintritt der Kinder des Mieters unberührt. Andere Familienangehörige, die mit dem Mieter einen gemeinsamen Haushalt führen, treten mit dem Tod des Mieters in das Mietverhältnis ein, wenn nicht der Ehegatte oder der Lebenspartner eintritt. Dasselbe gilt für Personen, die mit dem Mieter einen auf Dauer angelegten gemeinsamen Haushalt führen.

(3) Erklären eingetretene Personen iS des Absatzes 1 oder 2 innerhalb eines Monats, nachdem sie vom Tod des Mieters Kenntnis erlangt haben, dem Vermieter, dass sie das Mietverhältnis nicht fortsetzen wollen, gilt der Eintritt als nicht erfolgt. Für geschäftsunfähige oder in der Geschäftsfähigkeit beschränkte Personen gilt § 210 entsprechend. Sind mehrere Personen in das Mietverhältnis eingetreten, so kann jeder die Erklärung für sich abgeben.

(4) Der Vermieter kann das Mietverhältnis innerhalb eines Monats, nachdem er von dem endgültigen Eintritt in das Mietverhältnis Kenntnis erlangt hat, außerordentlich mit der ges Frist kündigen, wenn in der Person des Eingetretenen ein wichtiger Grund vorliegt.

(5) Eine abweichende Vereinbarung zum Nachteil des Mieters oder solcher Personen, die nach Absatz 1 oder 2 eintrittsberechtigt sind, ist unwirksam.

A. Allgemeines

1 Durch § 563 erhalten der überlebende Ehegatte, der Lebenspartner, die Kinder und anderen Familienangehörigen und die sonstigen Personen, die mit dem verstorbenen Mieter einen auf Dauer angelegten Haushalt führen, einen besonderen Schutz: Unabhängig von der ges Erbfolge des § 1922 wird ihnen ein Eintrittsrecht in das Mietverhältnis gewährt, wodurch der Sonderrechtsnachfolge der Vorrang vor der ges Erbfolge eingeräumt wird (Schmidt-Futterer/*Gather* § 563 Rn 7). Allerdings kommt der Eintritt für alle privilegierten Personen nur dann in Betracht, wenn sie mit dem verstorbenen Mieter einen gemeinsamen Haushalt geführt haben, wobei der Mieter Alleinmieter gewesen sein muss (BT-Ds 14/4553, S 61; aA OLG Karlsruhe NJW 1990, 581). Sind die Personen iSv § 563 Mitmieter, so treten sie in das Mietverhältnis des verstorbenen Mieters gem § 563a ein und schließen dadurch die Erben aus.

2 Die eintretenden Personen werden durch § 563 in die Lage versetzt, das Mietverhältnis fortzusetzen, ohne gleichzeitig einen überschuldeten Nachlass annehmen zu müssen (MüKo/*Voelskow* § 569a Rn 3). Umgekehrt können sie die Erbschaft annehmen und die Fortsetzung des Mietverhältnisses ablehnen (MüKo/*Voelskow* § 569a Rn 3).

3 Tritt beim Tod des Mieters keine Person in das Mietverhältnis ein, wird es nach § 564 Satz 1 mit dem Erben fortgesetzt, der gem Satz 2 die Möglichkeit hat, den Mietvertrag zu kündigen. Ein Ablehnungsrecht steht ihm aber nicht zu, § 563 Abs. 3.

Im Falle einer öffentlich geförderten Wohnung bedürfen nach § 4 Abs. 7, 2. Hs. WoBindG 4
Personen, die in das Mietverhältnis eintreten, keiner Wohnberechtigung nach § 5 WoBindG.

B. Eintritt in das Mietverhältnis

I. Tod des Mieters

Voraussetzung für die Anwendbarkeit des § 563 ist nicht nur der Tod des Mieters, sondern 5
auch, dass es sich beim Mieter um eine natürliche Person gehandelt hat. Entsprechendes
gilt bei der Todeserklärung eines Verschollenen nach § 9 Abs. 1 VerschG (*Blank/Börstinghaus* § 569 Rn 5), da sie eine Todesvermutung begründet. Nicht ausreichend ist der unbekannte Aufenthalt des Mieters (*Fischer/Dieskau/Pergande/Schwender/Franke* § 569 Anm 1), die bloße Verschollenheit oder die Unterbringung in einem Pflegeheim (*Emmerich/Sonnenschein* § 569 Rn 3).

Auf die Todesursache kommt es nicht an, weshalb auch der Selbstmord des Mieters zu 6
einer Fortsetzung des Mietverhältnisses berechtigt (BGH NJW-RR 1991, 75).

Dagegen findet die Vorschrift keine Anwendung, wenn der Mieter eine juristische Person 7
war und diese aufgelöst wird. Die Auflösung steht dem Tod einer natürlichen Person nicht
gleich, auch wenn das Mietverhältnis mit dem Ende der juristischen Person grds beendet
wird (*Emmerich/Sonnenschein* § 569 Rn 3). In gleicher Weise sind die Vorschriften über die
Sonderrechtsnachfolge beim Tod des Mieters nicht auf die Auflösung einer Personengesellschaft anwendbar (OLG Düsseldorf MDR 1989, 641), selbst dann nicht, wenn der
einzige Komplementär der Gesellschaft verstirbt (*Bub/Treier/Grapentin* IV Rn 230; aA
Wolf/Eckert/Ball § 563 Rn 946).

II. Wohnraummietverhältnis

§ 563 gilt für alle Arten von Mietverhältnissen über Wohnraum, wobei es unerheblich ist, 8
ob sie auf unbestimmte Zeit, befristet abgeschlossen oder nur von vorübergehender
Dauer sind (*Blank/Börstinghaus* § 569a Rn 1). Daher kommt es auf einen Kündigungsschutz nicht an (*Herrlein/Kandelhard* § 563 Rn 4). Die Vorschrift gilt somit nicht nur für
privat angemietete Wohnungen, sondern auch für Werk- und Genossenschaftswohnungen (*Sternel* I Rn 75), Einliegerwohnungen und Untermietverhältnisse (*Herrlein/Kandelhard* § 563 Rn 4), Räume in Studentenwohnheimen und sonstigen Heimen sowie für
möblierte Zimmer (*Blank/Börstinghaus* § 569a Rn 1), nicht aber für Innenräume beweglicher Sachen wie Wohnwägen, Wohncontainer und Schiffskajüten (*Hannemann/Wiegner/Achenbach* § 14 Rn 7).

Ist das Mietverhältnis vor dem Tod des Mieters gekündigt worden, kommt es für das 9
Eintrittsrecht darauf an, ob es beim Tod des Mieters bereits beendet ist (*Blank/Börstinghaus*
§ 569a Rn 14). Wegen des Erfordernisses eines bestehenden Mietverhältnisses erfolgt auch
kein Eintritt in ein Abwicklungsverhältnis (*MüKo/Voelskow* § 569a Rn 5).

§ 563 findet keine Anwendung auf Pachtverhältnisse (*Palandt/Weidenkaff* § 563 Rn 3). 10

III. Gemeinsamer Haushalt

Gemeinsamer Haushalt ist der Wohnraum, welcher den Mittelpunkt der gemeinsamen 11
Lebens- und Wirtschaftsführung des verstorbenen Mieters mit den nach § 563 privilegierten Personen zum Zeitpunkt des Todes des Mieters darstellt (LG Düsseldorf WuM 1987,
225). Entscheidend sind die tatsächlichen Verhältnisse (*Schmidt-Futterer/Gather* § 563
Rn 9). Von Bedeutung sind die Versorgung von Kindern und Angehörigen im gemeinsamen Haushalt sowie die Verfügungsbefugnis über Einkommen und Vermögensgegenstände (BT-Ds 14/4553, S 61). Dass auch eine persönliche und geistige Gemeinschaft
bestanden haben muss, wird nach hM nicht vorausgesetzt (*Gramlich* § 563 Anm 2). Einem

gemeinsamen Haushalt steht nicht entgegen, wenn die Ehegatten/Lebenspartner Teile der Wohnung zwischen sich aufgeteilt haben oder Teile der Lebensführung in der Zweitwohnung verwirklichen (*Sternel* I Rn 80), solange er mit dem Ehegatten/Lebenspartner auch in dieser Wohnung einen gemeinsamen Haushalt führt (Herrlein/*Kandelhard* § 563 Rn 9). Ebenso wenig ist ein ständiges Zusammenleben erforderlich. Daher steht ein vorübergehender Wegzug zB aus beruflichen Gründen oder der Aufenthalt in einer Anstalt oder einem Pflegeheim, einem gemeinsamen Haushalt nicht entgegen (Emmerich/*Sonnenschein* § 569a Rn 7). Dies soll auch bei der Verbüßung einer Freiheitsstrafe (*Hinz* ZMR 2002, 640), selbst wenn eine lebenslange verhängt wurde (Herrlein/*Kandelhard* § 563 Rn 9), gelten. Auch wenn die lebenslange Freiheitsstrafe nach der Rechtsprechung des BVerfG nicht ein Leben lang währen soll (NJW 1992, 2947), so stehen dieser Auffassung nicht nur grdse, sondern auch praktische Erwägungen entgegen (*Hinz* ZMR 2002, 640). Nicht ausreichend ist der nur besuchsweise Aufenthalt einer Person in der Wohnung (MüKo/*Voelskow* § 569a Rn 7).

12 Dagegen steht ein Getrenntleben der Ehegatten/Lebenspartner in derselben Wohnung dem gemeinsamen Haushalt entgegen (Erman/*Jendrek* § 569a Rn 3; aA Herrlein/*Kandelhard* § 563 Rn 9, der in dem Beibehalten der Wohnung ein starkes Indiz für eine bloß vorübergehende Trennung sieht).

IV. Eintrittsberechtigte Personen

13 In erster Linie tritt nach § 563 Abs. 1 der Ehegatte (Lebenspartner) in den Mietvertrag ein, der mit dem Mieter einen gemeinsamen Haushalt führt, sofern der Ehegatte/Lebenspartner bislang nicht selbst Partei des Mietverhältnisses war. Die Ehe beginnt mit der Eheschließung gem § 1310, wobei für die Beurteilung im Ausland geschlossener Ehen internationales Privatrecht maßgeblich ist, und endet mit einem rechtskräftigen Scheidungs- bzw Aufhebungsurteil, §§ 1564 ff, 1313 ff. Daher berührt ein anhängiges Scheidungsverfahren nicht den Eintritt in das Mietverhältnis gem § 563. Allerdings kann es beim Getrenntleben an der gemeinsamen Haushaltsführung fehlen. In gleicher Weise beginnt die Lebenspartnerschaft mit dem Eingehen des Lebensbundes vor der zuständigen Behörde, § 1 LPartG und sie endet mit der Aufhebung der Partnerschaft durch ein- oder zweiseitige Erklärung der Partner, die Partnerschaft nicht fortsetzen zu wollen und einem familiengerichtlichen Urteil, § 15 LPartG. Mit einer minderjährigen oder verheirateten Person kann eine Lebenspartnerschaft nicht begründet werden; entsprechendes gilt für in gerader Linie miteinander Verwandte sowie Geschwister, § 1 Abs. 2 LPartG (Schmidt-Futterer/*Gather* § 563 Rn 22).

14 Der Ehegatte schließt wegen des vorrangigen Schutzes der Ehe nach Art. 6 Abs. 1 GG alle anderen Personen, die beim Tod des Mieters mit ihm einen gemeinsamen Haushalt geführt haben, von der Sonderrechtsnachfolge aus (*Lützenkirchen* Rn 657).

15 Sofern im gemeinsamen Haushalt **Kinder** leben, treten sie mit dem Tod des Mieters in das Mietverhältnis ein, es sei denn, der Ehegatte tritt ein, § 563 Abs. 2 Satz 1. Er schließt die Kinder vom Eintrittsrecht aus. Dagegen kann der Lebenspartner bei einer eingetragenen Lebenspartnerschaft mit den Kindern gemeinsam in das Mietverhältnis eintreten, § 563 Abs. 2 Satz 2. Neben den leiblichen Kindern kommen, da sie den unmittelbaren Abkömmlingen gleichstehen, auch die Adoptivkinder in Betracht, § 1754. Mangels verwandtschaftlicher Beziehung fallen Pflegekinder nicht unter den Begriff des Kindes (*Lützenkirchen* Rn 659).

16 Nach § 563 Abs. 2 Satz 1 und 3 treten die **Familienangehörigen**, sofern sie mit dem Mieter einen gemeinsamen Haushalt geführt haben, in den Mietvertrag ein. Darunter fallen alle Personen, die mit dem Mieter nach den §§ 1589, 1590, 1736, 1757 verwandt oder verschwägert sind, wobei der Verwandtschaftsgrad ohne Bedeutung ist. Hierzu zählen auch Verlobte (LG Lüneburg ZMR 1993, 13), Pflegekinder (BGH ZMR 1993, 261) und Kinder aus einer andere Ehe/Beziehung (*Blank/Börstinghaus* § 569a Rn 50).

Eintrittsberechtigt sind auch **dritte Personen**, die mit dem Mieter einen auf Dauer angelegten Haushalt führen. Dabei kommt es lediglich auf das soziale Band zwischen Mieter und Drittem an, nicht aber auf die zwischen den Partnern auf Dauer angelegte Lebensgemeinschaft, die keine weiteren Bindungen gleicher Art zulässt und sich durch innere Bindungen auszeichnet, die ein gegenseitiges Füreinandereinstehen begründet und über einen reine Wohn- und Wirtschaftsgemeinschaft hinausgeht (BGH NJW 1993, 999). Ausreichend sind nun dauerhafte personale Verantwortungsgemeinschaften; worauf die Partnerschaft beruht, ist unerheblich (Herrlein/*Kandelhard* § 563 Rn 11). Hierzu gehören demnach neben geschlechtlichen und elterlichen Beziehungen auch freundschaftlich und altruistisch motivierte Partnerschaften (Begr zum RefE NZM 2000, 415), auch die nichtehelichen Lebensgefährten (BGH NJW 1993, 999), Pflegekinder (Emmerich/*Sonnenschein* § 569a Rn 14), Geschwister (*Blank/Börstinghaus* § 563 Rn 16) und Verlobte (*Sternel* I Rn 78). 17

V. Rangfolge

Für den Eintritt der Personen in das Mietverhältnis beim Tod des Mieters enthält § 563 Abs. 2 folgendes Stufenverhältnis: 18

- Ehegatte oder Lebenspartner,
- Lebenspartner und gemeinsam mit ihm die Kinder des Mieters (Herrlein/*Kandelhard* § 563 Rn 13),
- andere Familienangehörige gemeinsam mit den Kindern des Mieters,
- Personen, die mit dem Mieter einen auf Dauer angelegten Haushalt führen, gemeinsam mit den Kindern des Ehegatten (Schmidt-Futterer/*Gather* § 563 Rn 32).

VI. Rechtsfolgen des Eintritts

Der Eintritt in das Mietverhältnis erfolgt im Wege der Sonderrechtsnachfolge kraft Gesetzes (BGH NJW 1962, 487). Der Eintrittsberechtigte wird Allein- oder, sofern mehrere eintrittsberechtigt iSd § 563b sind, Mitmieter ipso iure mit dem Tod des bisherigen Mieters. Er tritt in die Rechte- und Pflichtenstellung ein, die der Mieter bei seinem Tod innehatte, mit der Folge, dass abgelaufene Zeiträume auch in der Folgezeit mitzuberechnen sind, wie zB bei der Berechnung von Kündigungsfristen oder Wartezeiten für Mieterhöhungen (OLG Stuttgart WuM 1984, 45). In gleicher Weise gehen erworbene Rechte, wie zB das Vorkaufsrecht des Mieters, auf den Eintrittsberechtigten über, ebenso wie besondere mietvertragliche Pflichten, wie zB die Pflicht zur Gartenpflege (Erman/*Jendrek* § 569a Rn 6). 19

VII. Ablehnungsrecht der Eintretenden

Eingetretene Haushaltsangehörige können innerhalb einer Frist von einem Monat nach Kenntnis vom Tod des Mieters nach § 563 Abs. 3 den Eintritt durch einen Widerspruch rückwirkend ausschließen. Vermutungen oder Gerüchte reichen nicht aus (*Lützenkirchen* Rn 665). Die Frist beginnt bei der Todeserklärung nicht vor Rechtskraft des feststellenden Beschlusses, von dem der eintrittsberechtigte Personenkreis Kenntnis erlangen muss (*Hannemann/Wiegner/Achenbach* § 14 Rn 33). Dabei handelt es sich um eine einseitige empfangsbedürftige Willenserklärung, die aber, da es sich nicht um eine Kündigung handelt, nicht der Form des § 568a Abs. 1 bedarf. In diesem Fall gilt der Eintritt als nicht erfolgt. Der letztlich nicht eintretende Personenkreis hat rückwirkend keine Rechte und Pflichten aus dem Mietverhältnis erworben mit der Folge, dass keine Verpflichtung zur Mietzahlung besteht (Schmidt-Futterer/*Gather* § 563 Rn 36). Von diesem Zeitpunkt – dh vom Zeitpunkt des Todes – an treten die nächstberechtigten Personen rückwirkend in das Mietverhältnis ein. 20

Bei den nachrangig Eintrittsberechtigten beginnt die Frist erst in dem Augenblick, in dem sie davon Kenntnis erlangen, dass der primär eintrittsberechtigte Ehegatte nicht eintritt 21

§ 563 BGB | Eintrittsrecht bei Tod des Mieters

(Erman/*Jendrek* § 569a Rn 12). Gem § 206 kann der Fristenlauf bei einer geschäftsunfähigen bzw beschränkt geschäftsfähigen Person gehemmt sein. In diesem Fall endet die Frist für die Ablehnung nicht vor Ablauf eines Monats seit Beseitigung des Vertretungsmangels (*Hinz* ZMR 2002, 640).

22 Treten mehrere Berechtigte in das Mietverhältnis ein, so hat jeder für sich die Erklärung abzugeben (Schmidt-Futterer/*Gather* § 563 Rn 37). Daher ist auch für jeden gesondert die Monatsfrist zu berechnen (Fischer-Dieskau/Pergande/Schwernder/*Franke* § 569a Anm 7.2.).

23 Der Eintritt in das Mietverhältnis kann, wenn die Ablehnungsfrist versäumt wird, vom Eintrittsberechtigten nicht mehr angefochten werden (*Hinz* ZMR 2002, 640).

VIII. Außerordentliches Kündigungsrecht des Vermieters

24 Nach § 563 Abs. 4 kann der Vermieter das Mietverhältnis außerordentlich befristet kündigen, wenn in der Person des Eintretenden ein wichtiger Grund vorliegt. Die Überlegungsfrist beginnt, wenn die einmonatige Frist für die Ablehnung des Eintritts in das Mietverhältnis gem § 563 Abs. 3 Satz 1 abgelaufen ist oder die Fortsetzung des Mietverhältnisses abgelehnt wurde (MüKo/*Voelskow* § 569a Rn 18).

25 Wegen der Einheitlichkeit des Mietvertrages muss, sofern mehrere Personen in das Mietverhältnis eingetreten sind, die Kündigung allen zugehen (Blank/*Börstinghaus* § 563 Rn 20). Allerdings ist der Vermieter nicht gehindert, nach erfolgter Beendigung des Mietverhältnisses einem Gekündigten einen neuen Mietvertrag anzubieten (Blank/*Börstinghaus* § 563 Rn 20).

26 Ein wichtiger Grund liegt dann vor, wenn dem Vermieter die Fortsetzung des Mietverhältnis aus Gründen, die in der Person des Eintretenden liegen, nicht zugemutet werden kann. In Betracht kommen insb folgende Umstände: persönliche Feindschaft zwischen Vermieter und eintretendem Mieter (*Gramlich* § 563 Anm 5), wenn eine nachhaltige Störung des Hausfriedens oder die fehlende finanzielle Leistungsfähigkeit des Eintretenden zu erwarten ist (Herrlein/*Kandelhard* § 563 Rn 16), unsittlicher Lebenswandel (Blank/*Börstinghaus* § 569a Rn 77) oder Alkoholismus (*Kossmann* § 16 Rn 3). Einen wichtigen Grund kann auch die fehlende Mitgliedschaft in der Genossenschaft sein, wenn eine Genossenschaftswohnung vermietet wird, wobei der Kündigungsgrund entfällt, wenn der Eintretende zum Beitritt als Genosse bereit ist (Emmerich/*Sonnenschein* § 569a Rn 32). Der Vermieter ist auch dann zur Kündigung gegenüber sämtlichen Eintretenden berechtigt, wenn nur bei einem Eintretenden ein wichtiger Grund vorliegt (Emmerich/*Sonnenschein* § 569a Rn 33; aA: Herrlein/*Kandelhard* § 563 Rn 17, die die Kündigung nur gegenüber demjenigen für gerechtfertigt erachten, in dessen Person der wichtige Grund vorliegt).

27 Darüber hinaus muss der Vermieter auch bei der Kündigung nach § 563 Abs. 4 ein berechtigtes Interesse an der Beendigung des Mietverhältnisses nach § 573 haben (Palandt/*Weidenkaff* § 563 Rn 24), welches bei Vorliegen eines wichtigen Grundes regelmäßig gegeben ist (MüKo/*Voelskow* § 569a Rn 16). Allerdings kann sich auch der eintretende Mieter gegenüber einer Kündigung nach § 563 Abs. 4 auf die Sozialklausel berufen, weshalb es sinnvoll ist, den Hinweis auf das Widerspruchsrecht des Mieters gem § 574b Abs. 2 in das Kündigungsschreiben aufzunehmen (*Gramlich* § 563 Anm 5).

C. Abweichende Vereinbarungen

28 Nach § 563 Abs. 5 sind abweichende Vereinbarungen zum Nachteil des Mieters/Eintrittsberechtigten unwirksam, dh die Bestimmung ist unabdingbar (BT-Ds 14/4553, S 62). Danach ist die mietvertragliche Abrede, dass das Mietverhältnis mit dem Tod endet, unwirksam, wenn dadurch das Eintrittsrecht nach § 563 Abs. 1, 2 entfällt (Palandt/*Weidenkaff* § 563 Rn 3). In gleicher Weise unwirksam ist die Beschränkung des Eintrittsrecht auf bestimmte Personen, die Abhängigkeit des Eintrittsrecht von bestimmten Formerfordernissen (*Lützenkirchen* Rn 669) und die Erweiterung des außerordentlich befristeten Kündigungsrechts des Vermieters. Es ist allerdings möglich, das Sonderkündigungsrecht

des Vermieters abzubedingen; jedoch bestehen Bedenken nach § 307 gegen einen formularvertraglichen Ausschluss (Herrlein/*Kandelhard* § 563 Rn 18).

D. Übergangsregelungen

Nach Art. 229 § 3 Abs. 1 Nr. 5 EGBGB sind die §§ 569 ff in der bis zum 1. 9. 2001 geltenden Fassung anwendbar, wenn der Mieter vor diesem Zeitpunkt verstorben ist. Das alte Recht ist auch bei der Kündigung des Vermieters eines Wohnraummietverhältnisses gegenüber den Erben (§ 564) anzuwenden, wenn die Kündigungserklärung vor dem 1. 9. 2001 zugegangen ist. 29

Im LPartG fehlt eine Übergangsregel. Es dürfte der Billigkeit und dem gesetzgeberischen Willen entsprechen, Art. 229 § 3 Abs. 1 Nr. 5 EGBGB analog anzuwenden (*Börstinghaus/Eisenschmid* S 403). 30

E. Gegenstandswert

Bei einem Streit über die Fortsetzung des Mietverhältnisses mit dem Ehegatten/Lebenspartner oder den Kindern gilt § 8 Abs. 1 BRAGO/§ 23 Abs. 1 RVG, § 16 Abs. 1 GKG. Maßgebend ist der Mietzins für die str Zeit, höchstens jedoch die Jahresmiete (OLG Hamburg NJW 1965, 2406). 31

§ 563a Fortsetzung mit überlebenden Mietern

(1) Sind mehrere Personen iS des § 563 gemeinsam Mieter, so wird das Mietverhältnis beim Tod eines Mieters mit den überlebenden Mietern fortgesetzt.

(2) Die überlebenden Mieter können das Mietverhältnis innerhalb eines Monats, nachdem sie vom Tod des Mieters Kenntnis erlangt haben, außerordentlich mit der ges Frist kündigen.

(3) Eine abweichende Vereinbarung zum Nachteil der Mieter ist unwirksam.

A. Allgemeine Hinweise

Mit dieser Vorschrift will der Gesetzgeber (BT-Ds 14/4553 S 62) die allgemeine Erbfolge insoweit verdrängen, als die nach § 563 privilegierten Personen, die Mitmieter sind, Vorrang genießen vor anderen Personen iSd § 563 oder den Erben (aA *Löhnig* FamRZ 2001, 891). 1

Nach Art. 229 § 3 Abs. 1 Nr. 5 EGBGB findet auf das Mietverhältnis altes Recht Anwendung, wenn der Mieter vor dem 1. 9. 2001 verstorben ist. 2

Bedeutung hat das außerordentliche befristete Kündigungsrecht nur bei Wohnraummietverträgen auf bestimmte Zeit, da der Mieter beim Mietvertrag auf unbestimmte Zeit jederzeit nach § 573c Abs. 1 Satz 1 mit gleicher Kündigungsfrist kündigen kann. 2a

B. Voraussetzungen für die Fortsetzung des Mietverhältnisses

I. Gemeinschaftlicher Mietvertrag

Auf Mieterseite ist ein befristeter oder unbefristeter Mietvertrag mit dem Ehegatten, Lebenspartner, den Kindern des Mieters, anderen Familienangehörigen, die mit dem Mieter einen gemeinsamen Haushalt führen oder Personen, die mit dem Mieter einen auf Dauer angelegten gemeinsamen Haushalt führen, erforderlich, aus dem sie berechtigt und verpflichtet sind. Ein gemeinschaftlicher Mietvertrag liegt auch dann vor, wenn eine Person aufgrund einer Vereinbarung mit den Mietvertragsparteien in das Mietverhältnis 3 eintritt, indem sie den Mietvertrag mitunterzeichnet (Bub/Treier/*Heile* II Rn 854). Durch die bloße tatsächliche Aufnahme einer der og Personen kommt kein gemeinschaftlicher Mietvertrag zustande.

II. Mitmieter

4 Partei des Mietvertrages muss mindestens eine Person iSv § 563 Abs. 1 oder 2 sein, die mit dem Mieter oder mit einem Lebensgefährten einen auf Dauer angelegten Haushalt geführt hat, wobei ein späterer Eintritt in das Mietverhältnis ausreicht. Mitmieter sind danach der Ehegatte in einer bestehenden Ehe, der Lebenspartner einer eingetragenen Lebenspartnerschaft, das Kind, andere verwandte oder verschwägerte Familienangehörige, unabhängig vom Verwandtschaftsgrad, das Pflegekind (BGH NJW 1993, 999) sowie der nichteheliche Lebensgefährte, wobei dessen Geschlecht oder eine geschlechtliche Beziehung zum Mieter unerheblich ist. Maßgebend ist vielmehr eine besonders enge Lebensgemeinschaft mit dem Mieter, die dadurch gekennzeichnet ist, dass durch sie eine andere bestehende gleichartige Lebensgemeinschaft ausgeschlossen ist. Die vom Gesetzgeber geforderte Gemeinschaft muss über die bloße Wohn- und Wirtschaftsgemeinschaft hinausgehen und ein gegenseitiges Füreinandereinstehen umfassen (BGH NJW 1993, 999).

5 Darüber hinaus bedarf es eines gemeinsamen bzw auf Dauer angelegten gemeinsamen Haushalts. Die Wohnung muss der Lebensmittelpunkt der gemeinsamen Lebens- und Wirtschaftsführung des verstorbenen Mieters mit den Mitmietern gewesen sein. Dies erfordert nicht ein ständiges Zusammenleben, weshalb ein vorübergehender Wegzug aus beruflichen Gründen (*Blank/Börstinghaus* § 569a Rn 6) oder die Verbüßung einer Haftstrafe (*Hinz* ZMR 2002, 640) unschädlich ist. Dagegen wird der gemeinsame Haushalt aufgelöst durch eine auf Dauer angelegte Trennung (*Gramlich*, Mietrecht, § 563 Anm 2), auch wenn dies in derselben Wohnung erfolgt.

III. Tod des Mieters

6 Die Vorschrift findet nur Anwendung, wenn der verstorbene Mieter eine natürliche Person war. Da es auf die Todesursache nicht ankommt, findet die Vorschrift auch bei einem Selbstmord des Mieters Anwendung (BGH NJW-RR 1991, 75). Dem faktischen Tod gleichgestellt ist die eine Todesvermutung begründende Todeserklärung nach § 9 Abs. 1 VerschG (*Blank/Börstinghaus* § 569 Rn 5). Nicht ausreichend ist der unbekannte Aufenthalt des Mieters (*Fischer-Dieskau/Pergande/Schwender/Franke* § 569 Anm 1) und die Unterbringung im Pflegeheim (*Emmerich/Sonnenschein* § 569 Rn 3). Stirbt bei mehreren Mietern einer von ihnen, kann das Mietverhältnis nur einheitlich für alle Mieter aufgelöst werden (allg M).

7 Mit der Beendigung einer juristischen Person wird grds auch das Mietverhältnis beendet (*Emmerich/Sonnenschein*, § 569 Anm 1).

IV. Wirkung

8 Im Wege der Sonderrechtsnachfolge wird das Mietverhältnis mit den überlebenden Mitmietern fortgesetzt, und zwar unabhängig und außerhalb der Erbfolge. Der/die überlebende(n) Mitmieter bleibt/bleiben alleinige Mietvertragspartei.

C. Außerordentliches Kündigungsrecht der überlebenden Mitmieter (Abs. 2)

9 Das Kündigungsrecht steht nur dem überlebenden Mitmieter, nicht aber dem Vermieter zu; mehrere Mitmieter können nur gemeinsam kündigen. Das Sonderkündigungsrecht bedarf der Schriftform, § 568 Abs. 1. Die Frist zur Erklärung der außerordentlichen Kündigung beträgt einen Monat und beginnt mit der Kenntnis vom Tod des Mieters. Da es auf die Kenntnis jedes einzelnen Mitmieters ankommt, können sich abweichende Zeitpunkte ergeben. Maßgebend ist, wann der letzte Mieter Kenntnis vom Tod des Mieters erlangt hat.

Die Kündigung wirkt nicht auf den Zeitpunkt des Todes des Mieters zurück. Infolgedessen wird auch nicht der Erbe rückwirkend ersatzweise Mieter (Bub/Treier/*Heile* II Rn 854). Die Kündigungsfrist berechnet sich nach § 573d Abs. 2 und ist eine um drei Werktage verkürzte Dreimonatsfrist. Durch die Kündigung wird der Mietvertrag beendet; er fällt nicht in den Nachlass (*Sonnenschein* ZMR 1992, 417). 10

D. Abweichende Vereinbarungen (Abs. 3)

Eine zum Nachteil des Mieters von der ges Regelung abweichende vertragliche Vereinbarung ist unwirksam. Danach kann das außerordentliche Kündigungsrecht des Mieters weder ausgeschlossen noch beschränkt werden und ist somit für den Vermieter zwingend. Entsprechendes gilt für den Personenkreis, mit dem das Mietverhältnis kraft Gesetzes fortgesetzt wird. 11

§ 563b Haftung bei Eintritt oder Fortsetzung

(1) Die Personen, die nach § 563 in das Mietverhältnis eingetreten sind oder mit denen es nach § 563a fortgesetzt wird, haften neben dem Erben für die bis zum Tod des Mieters entstandenen Verbindlichkeiten als Gesamtschuldner. Im Verhältnis zu diesen Personen haftet der Erbe allein, soweit nichts anderes bestimmt ist.

(2) Hat der Mieter die Miete für einen nach seinem Tod liegenden Zeitraum im Voraus entrichtet, sind die Personen, die nach § 563 in das Mietverhältnis eingetreten sind oder mit denen es nach § 563a fortgesetzt wird, verpflichtet, dem Erben dasjenige herauszugeben, was sie infolge der Vorausentrichtung der Miete ersparen oder erlangen.

(3) Der Vermieter kann, falls der verstorbene Mieter keine Sicherheit geleistet hat, von den Personen, die nach § 563 in das Mietverhältnis eingetreten sind oder mit denen es nach § 563a fortgesetzt wird, nach Maßgabe des § 551 eine Sicherheitsleistung verlangen.

A. Allgemeines

Die abdingbare Vorschrift regelt einzelne Verpflichtungen im Rahmen der Sonderrechtsnachfolge durch Eintritt oder Fortsetzung im Verhältnis zu Vermieter und Erben (Palandt/*Weidenkaff* § 563b Rn 1). Ist der Mieter vor dem 1. 9. 2001 verstorben, so richten sich die Rechtsfolgen gem Art. 229 § 3 Abs. 1 Nr. 5 EGBGB nach altem Recht, danach nach § 563b. 1

B. Haftung für entstandene Verbindlichkeiten (Abs. 1)

Im Außenverhältnis zum Vermieter haften die Personen, die in das Mietverhältnis eingetreten sind oder es fortsetzen, gemeinsam mit dem Erben kraft gesetzlich angeordneter Vertragsübernahme als Gesamtschuldner für alle bis zum Tod des Mieters entstandenen Verbindlichkeiten aus dem Mietverhältnis. Die Haushaltsangehörigen übernehmen das Mietverhältnis in dem Zustand, in dem es sich bei der Übernahme befindet. Sie haften daher auch für bereits entstandene aber noch nicht erfüllte Verbindlichkeiten, wie rückständiger Mietzins, Nebenkosten, Schönheitsreparaturen (Herrlein/*Kandelhard* § 563b Rn 2) sowie Schadensersatzansprüche wegen Pflichtverletzung und die vereinbarte, vom Mieter aber nicht erbrachte Mietsicherheit (Schmidt-Futterer/*Gather* § 563b Rn 7). Entsprechendes gilt auch für den Erben, der nach § 1922 für die Verbindlichkeiten, die bis zum Tod des Erblassers begründet wurden, einzustehen hat. Für später entstandene Schulden haftet er nicht. Da der Mietvertrag auf die in § 563b genannten Personen übergegangen ist, handelt es sich bei den mietrechtlichen Ansprüchen nicht um Nachlassverbindlichkeiten iSd § 1967 2

§ 563b BGB | Haftung bei Eintritt oder Fortsetzung

(Bub/Treier/*Heile* II Rn 847). Der Vermieter kann den Sonderrechtsnachfolger bereits vor Ablauf der Ablehnungsfrist in Anspruch nehmen, da § 563b lediglich den Eintritt in das Mietverhältnis voraussetzt. Wird der Vermieter vom Erben befriedigt, kann dieser im Wege des Gesamtschuldnerausgleichs nach § 426 Abs. 2 die anderen haftenden Personen zur Zahlung heranziehen.

3 Die Haftung für Verträge des verstorbenen Mieters mit Dritten, bspw Handwerkern oder Versorgungsunternehmen, geht nicht auf die Haushaltsangehörigen über (Emmerich/ *Sonnenschein* § 569a Rn 3).

4 Der Erbe haftet im Innenverhältnis zu den nach §§ 563 Abs. 1, 563a Abs. 1 eintritts- und fortsetzungsberechtigten Personen alleine für bis zum Erbfall entstandene Verbindlichkeiten aus dem Mietverhältnis, soweit nicht eine abweichende Regelung zwischen Erblasser und Erben oder Erblasser und den Personen iSv § 563 getroffen wurde. Eine anderweitige Bestimmung kann auch in einer Verfügung von Todes wegen enthalten sein (*Lützenkirchen* Rn 682). Da aber die erbrechtlichen Haftungsbestimmungen nicht ausgeschlossen sind, hat der Erbe sämtliche Möglichkeiten der Haftungsbeschränkung (Herrlein/*Kandelhard* § 563b Rn 4). Im Innenverhältnis stehen dem alleinhaftenden Erben alle fälligen Ansprüche zu, die bis zum Tod des Mieters gegen den Vermieter entstanden sind, wie zB Aufwendungsersatzansprüche und Ansprüche wegen überhöhter Miete.

C. Ausgleich von Mietvorauszahlungen (Abs. 2)

5 Vorausleistungen des Mieters, die den Haushaltsangehörigen mit deren Eintritt zugute kommen, haben sie an die Erben herauszugeben. Voraussetzung ist der Eintritt gem § 563 oder die Fortsetzung des Mietverhältnisses gem § 563a. Mietvorauszahlungen sind nicht nur die reine Miete, sondern auch andere Gegenleistungen, die im Voraus für die Überlassung der Mietsache erbracht werden (Schmidt-Futterer/*Gather* § 563b Rn 12). Da diese Leistungen zum Vermögen des verstorbenen Mieters gehören, stehen sie dem Gesamtrechtsnachfolger zu (Blank/*Börstinghaus* § 563b Rn 4). Daher betrifft die Vorschrift nur das Verhältnis zum Erben (Palandt/*Weidenkaff* § 563b Rn 3). Die eingetretenen Haushaltsangehörigen müssen den Vorteil aus der Vorausleistung tatsächlich erhalten, dh die Vorausleistung ist damit nur zeitanteilig herauszugeben (Emmerich/*Sonnenschein* § 569a Rn 29), wobei mehrere Personen wiederum als Gesamtschuldner haften. Ist die eintretende Person gleichzeitig Erbe, kann sie bei der Zahlung an die Miterben den Betrag absetzen, der ihrem Erbteil entspricht (Entwurf eines Mietrechtsreformgesetzes, BT-Ds 14/4553, S 62).

6 Bei einer monatlich berechneten Mietvorauszahlung tritt die Ersparnis am jeweiligen Tag der Fälligkeit der Miete in Höhe des vereinbarten Betrages ein, weshalb der Erbe nicht sofort den gesamten Betrag der noch nicht abgewohnten Vorauszahlungen verlangen kann (Schmidt/Futterer/*Gather* § 563b Rn 13). Dies gilt nicht, wenn die Miete durch die Vorauszahlung von Anfang an in voller Höhe für einen bestimmten Zeitraum gezahlt wurde (Emmerich/*Sonnenschein* § 569a Rn 29; aA: Herrlein/*Kandelhard* § 563b Rn 5). Herauszugeben ist die ersparte Miete, ggf auch die erlangte bei nicht abgewohnter Mietvorauszahlung (Palandt/*Weidenkaff* § 563b Rn 3). Sind die Leistungen teilbar, kann monatlich über den ersparten Vorteil abgerechnet werden (Herrlein/*Kandelhard* § 563b Rn 5). Der Anspruch unterliegt der Regelverjährung des § 195.

D. Sicherheitsleistung (Abs. 3)

7 Hatte der Vermieter mit dem verstorbenen Mieter eine Sicherheitsleistung nicht vereinbart, so ist er wegen der veränderten wirtschaftlichen Verhältnisse nun berechtigt, bei Eintritt oder Fortsetzung des Mietverhältnisses eine Sicherheit nach § 551 von den Haushaltsangehörigen zu verlangen, wobei mehrere Eintretende wieder als Gesamtschuldner haften. § 563b begründet einen eigenständigen Anspruch des Vermieters (Hinz/Ormanschick/Riecke/*Scheff* § 5 Rn 27). Insoweit hat der Vermieter auch einen Anspruch auf Abschluss einer darauf gerichteten Vereinbarung, § 311 Abs. 1 (Palandt/*Weidenkaff* § 563b

Rn 3; aA: *Blank/Börstinghaus* § 563b Rn 6, wonach die Leistungspflicht mit der Geltendmachung entsteht). Der Inhalt muss § 551 entsprechen. Als Regelsicherheit ist die Barkaution vorgesehen. Nach bestrittener Ansicht muss der Vermieter, falls die Art der Sicherheit nicht geregelt und eine Einigung zwischen den Parteien nicht zu erzielen ist, ein Urteil gem § 315 Abs. 3 erwirken (*Geldmacher* DWW 2002, 182). Die Vorschrift ist auch dann von Bedeutung, wenn die Mietvertragsparteien weniger als drei Monatsmieten vereinbart hatten oder der Anspruch auf Sicherheitsleistung vor Eintritt des Folgemieters verjährt oder verwirkt war (*Geldmacher* DWW 2001, 178), weil auch in diesen Fällen die Verpflichtung zur Erfüllung durch den Eintritt in das Mietverhältnis bzw dessen Fortsetzung übernommen wird.

Eine Frist zur Geltendmachung enthält das Gesetz nicht. Im Übrigen hat der Eintritts- bzw Fortsetzungsberechtigte das Recht, die Mietsicherheit in drei Teilleistungen zu erbringen. Unter Beginn des Mietverhältnisses iSd § 563b Abs. 3 ist bei interessengerechter Auslegung der Tag des Zugangs des Kautionsverlangens zu verstehen (*Geldmacher* DWW 2001, 178). 8

War mit dem verstorbenen Mieter eine Mietsicherheit vereinbart, diese aber noch nicht erfüllt, so geht die Verpflichtung auf den Haushaltsangehörigen über. 9

E. Forderungen

Forderungen gegen den Vermieter, die bis zum Tod des Mieters entstanden sind, wie zB Guthaben aus einer Betriebskostenabrechnung gehen auf den Haushaltsangehörigen über (Palandt/*Weidenkaff* § 563b Rn 5; aA: Schmidt-Futterer/*Gather* § 563b Rn 11: auf den Erben). Das Mietverhältnis geht mit allen Nebenrechten über, so dass der Haushaltsangehörige nicht nur in alle Verbindlichkeiten eintritt, sondern als Rechtsnachfolger auch alle Forderungen erwirbt (Palandt/*Weidenkaff* § 563b Rn 5). Allerdings ist die Rechtslage nicht vergleichbar mit einem Vermieterwechsel gem § 566, da der Grundstückserwerber nicht Rechtsnachfolger des veräußernden Vermieters wird. Vielmehr handelt es sich bei § 563b um eine Sonderrechtsnachfolge im Verhältnis Vermieter – Erbe. 10

§ 564 Fortsetzung des Mietverhältnisses mit dem Erben, außerordentliche Kündigung

Treten beim Tod des Mieters keine Personen im Sinne des § 563 BGB in das Mietverhältnis ein oder wird es nicht mit ihnen nach § 563a fortgesetzt, so wird es mit dem Erben fortgesetzt. In diesem Fall ist sowohl der Erbe als auch der Vermieter berechtigt, das Mietverhältnis innerhalb eines Monats außerordentlich mit der ges Frist zu kündigen, nachdem sie vom Tod des Mieters und davon Kenntnis erlangt haben, dass ein Eintritt in das Mietverhältnis oder dessen Fortsetzung nicht erfolgt sind.

A. Allgemeines

Die Vorschrift stellt klar, dass das Mietverhältnis nur dann mit den Erben fortgesetzt wird, wenn weder ein Eintritt in das Mietverhältnis nach § 563 noch seine Fortsetzung nach § 563a in Betracht kommt. Im Falle der Ausschlagung der Erbschaft durch den Erben gilt sein Eintritt in das Mietverhältnis als nicht erfolgt. Die Erbschaft fällt dem danach zur Erbfolge Berufenen an. Wird die Erbschaft von allen in Betracht kommenden Erben ausgeschlagen, wird der Fiskus nach § 1964 Abs. 2 als ges Erbe vermutet. Er kann zwar die Erbschaft nicht ausschlagen, aber die Haftung auf den Nachlass beschränken. 1

Das Sonderkündigungsrecht gilt nicht nur für befristete, sondern auch für unbefristete Mietverträge. Die Vorschrift des § 564 gilt nur, wenn der Mieter den Wohnraum allein oder mit nicht unter § 563 fallende Personen gemeinsam bewohnt oder angemietet hat. Bei 2

§ 564 BGB | Fortsetzung des Mietverhältnisses mit dem Erben, außerordentl. Kündigung

sonstigen Mietverhältnissen gilt § 580. Auch insoweit besteht das Recht zur Kündigung innerhalb eines Monats unter Einhaltung der ges Kündigungsfrist. Bei Geschäftsraummietverträgen beträgt die Kündigungsfrist unter Abzug der drei Werktage sechs Monate (Schmidt-Futterer/*Gather* § 564 Rn 7).

3 Ein Mietverhältnis auf Lebenszeit erlischt mit dem Tod des Mieters. Da es sich hierbei um einen zeitlich befristeten Mietvertrag handelt (BayObLGE 1993, 855), scheidet eine Gesamtrechtsnachfolge aus. Eines Sonderkündigungsrechts bedarf es dann nicht. Allerdings dürfte dem Erben, der mit dem verstorbenen Mieter einen gemeinsamen Haushalt geführt hat, ein Fortsetzungsrecht nach § 563a analog einzuräumen sein (in Anlehnung an BayObLGE 1993, 855).

4 Beim Tod des Vermieters hat der Mieter kein außerordentliches befristetes Kündigungsrecht. Vielmehr tritt der Erbe des Vermieters in die Rechtsposition des verstorbenen Vermieters ein und führt das Mietverhältnis zu den vereinbarten Bedingungen fort.

5 Das Kündigungsrecht muss innerhalb eines Monats nach positiver Kenntnis vom Tod des Mieters und eines nicht erfolgten Eintritts gem § 563 ausgeübt werden. Die Kündigung bedarf nach § 568 Abs. 1 der Schriftform, ein berechtigtes Interesse des Vermieters ist nicht erforderlich. Die Kündigung ist spätestens am dritten Werktag eines Kalendermonats zum Ablauf des übernächsten Monats zum Ablauf dieses Monats zulässig (= ges Frist), § 573d Abs. 2.

6 Nach Art. 229 § 3 Abs. 1 Nr. 5 EGBGB findet die Neuregelung des § 564 dann Anwendung, wenn der Mieter am 1. 9. 2001 oder später verstorben ist. Bis zu diesem Zeitpunkt gelten die §§ 569 – 569b aF. Bei vermieterseitiger Kündigung eines Wohnraummietverhältnisses gegenüber den Erben muss die Kündigungserklärung dem Erben vor Inkrafttreten des Mietrechtsreformgesetzes am 1. 9. 2001 zugegangen sein.

B. Fortsetzung des Mietverhältnisses

7 Voraussetzung ist das Bestehen eines Mietverhältnisses und der Tod des Mieters, der eine natürliche Person gewesen sein muss. Die Fortsetzung kommt auch bei einer Selbsttötung in Betracht (BGH NJW-RR 1991, 75). Stirbt ein Mieter, so kann bei mehreren Mietern nach allgemeiner Meinung das Mietverhältnis nur einheitlich für alle Mieter aufgelöst werden.

8 Die Fortsetzung des Mietverhältnisses kommt in Betracht, wenn der Eintritt oder die Fortsetzung nach §§ 563, 563a nicht stattfindet, weil keine Personen iSd § 563 vorhanden sind oder Mitmieter sind und den Eintritt ablehnen. Als Rechtsfolge bewirkt die Vorschrift beim unbefristeten Mietverhältnis, dass statt des ordentlichen ein außerordentliches Kündigungsrecht mit ges Frist besteht. Bei befristeten Mietverhältnissen ermöglicht die außerordentliche Kündigung die vorzeitige Beendigung nach § 575a.

C. Kündigungsrecht des Erben

9 Jeder Erbe des Mieters kann die Kündigung des Mietverhältnisses innerhalb der einmonatigen Kündigungsfrist erklären. Bei mehreren Erben muss die Kündigung von allen erklärt werden. Voraussetzung dafür ist, dass jeder Erbe positive Kenntnis vom Tod des Mieters sowie vom Nichteintritt in das Mietverhältnis und von seinem fehlenden Fortsetzungswillen hat (*Blank/Börstinghaus* § 564 Rn 5). Wegen der Einheitlichkeit des Mietvertrages steht daher dem Erben eines von mehreren Mietern das Sonderkündigungsrecht nicht zu (LG Köln ZMR 2001, 457).

10 Ein Erbe kann, ohne zur Ausübung der Kündigung sein Erbrecht nachweisen zu müssen (MüKo/*Voelskow* § 569 Rn 4), zur Kündigung bevollmächtigt sein. Unabhängig davon kann der Vermieter die Erbberechtigung bestreiten, auch wenn er die Kündigung in Hinblick auf den fehlenden Nachweis der Erbenstellung nicht zurückweisen darf (*Sternel* Rn 539). Daher ist zwischen der Bevollmächtigung einerseits und der erbrechtlichen Legitimation andererseits zu unterscheiden. Für das Sonderkündigungsrecht kommt es aber entscheidend darauf an, ob dem Erben materiell das Erbrecht zusteht (MüKo/*Voelskow*

§ 569 Rn 4). Der öffentliche Glaube eines fälschlich erteilten Erbscheins ermöglicht die wirksame Kündigung des Mietvertrags für und gegen die tatsächlichen Erben, § 2367 (*Emmerich/Sonnenschein* § 569 Rn 7).

Der Testamentsvollstrecker, Nachlass- und Insolvenzverwalter sind berechtigt, das außerordentliche Kündigungsrecht auszuüben. Dagegen ist der Vermächtnisnehmer nicht befugt, das Mietverhältnis zu kündigen (MüKo/*Voelskow* § 569 Rn 4). 11

D. Kündigungsrecht des Vermieters

Nach der seit 1.9.2001 geltenden Fassung des § 564 kann der Vermieter gegenüber allen Erben innerhalb einer Frist von einem Monat und unter Einhaltung der ges Kündigungsfrist von drei Monaten auch ohne ein berechtigtes Interesse kündigen. Dadurch wird dem Umstand Rechnung getragen, dass die Erben, die in der Wohnung des Erblassers nicht ihren Lebensmittelpunkt haben, keines mietrechtlichen Schutzes bedürfen. 12

Ungeachtet dessen kann sich der Erbe, der in das Mietverhältnis eintritt, bei einer Kündigung des Vermieters auf den Schutz der Sozialklausel berufen (*Blank/Börstinghaus* § 564 Rn 6). Daher sind die Gründe für die Beendigung des Mietverhältnisses gem § 568 Abs. 2 im Kündigungsschreiben anzugeben. Allerdings dürfte die Berufung auf die Sozialklausel kaum von Bedeutung sein, da sich der Erbe, der mit dem verstorbenen Mieter nicht in einem Haushalt gelebt hat, nicht auf Härtegründe berufen kann (*Blank/Börstinghaus* § 564 Rn 6). 13

E. Abweichende Vereinbarungen

§ 564 ist dispositiv, dh die Vorschrift kann inhaltlich verändert oder vollständig ausgeschlossen werden (BVerfG NJW 1997, 2746). Ob dies in oder durch einen Formularmietvertrag erfolgen kann, ist str (zum Meinungsstand *Lützenkirchen* Rn 696 Fn 782). Gegen die mietvertragliche Abrede zwischen Vermieter und verstorbenem Mieter, durch die das Sonderkündigungsrecht des Erben bei einem langfristigen Mietverhältnis abbedungen wurde, bestehen im Hinblick darauf, dass es sich um eine Vereinbarung zulasten Dritter handelt, erhebliche Bedenken (Herrlein/*Kandelhand* § 564 Rn 3). 14

F. Gebühren

Die Gebühren für die Frage, ob sich das Mietverhältnis mit den Erben fortsetzt, bestimmen sich nach §§ 16 Abs. 1 GKG, 23 Abs. 1 RVG. Maßgebend ist der Mietzins für die str Zeit, höchstens jedoch der Jahresmietwert (OLG Hamm NJW 1965, 2406). 15

Buch 4: Familienrecht
Abschnitt 1: Bürgerliche Ehe
Titel 3: Aufhebung der Ehe

§ 1318 Folgen der Aufhebung

(1) Die Folgen der Aufhebung einer Ehe bestimmen sich nur in den nachfolgend genannten Fällen nach den Vorschriften über die Scheidung.

(2) Die §§ 1569 – 1586b finden entsprechende Anwendung

1. zugunsten eines Ehegatten, der bei Verstoß gegen die §§ 1303, 1304, 1306, 1307 oder 1311 oder in den Fällen des § 1314 Abs. 2 Nr. 1 oder 2 die Aufhebbarkeit der Ehe bei der Eheschließung nicht gekannt hat oder der in den Fällen des § 1314 Abs. 2 Nr. 3

§ 1318 BGB | Folgen der Aufhebung

oder 4 von dem anderen Ehegatten oder mit dessen Wissen getäuscht oder bedroht worden ist;

2. zugunsten beider Ehegatten bei Verstoß gegen die §§ 1306, 1307 oder 1311, wenn beide Ehegatten die Aufhebbarkeit kannten; dies gilt nicht bei Verstoß gegen § 1306, soweit der Anspruch eines Ehegatten auf Unterhalt einen entsprechenden Anspruch der dritten Person beeinträchtigen würde.

Die Vorschriften über den Unterhalt wegen der Pflege oder Erziehung eines gemeinschaftlichen Kindes finden auch insoweit entsprechende Anwendung, als eine Versagung des Unterhalts im Hinblick auf die Belange des Kindes grob unbillig wäre.

(3) Die §§ 1363 – 1390 und die §§ 1587 – 1587p finden entsprechende Anwendung, soweit dies nicht im Hinblick auf die Umstände bei der Eheschließung oder bei Verstoß gegen § 1306 im Hinblick auf die Belange der dritten Person grob unbillig wäre.

(4) Die Vorschriften der Hausratsverordnung finden entsprechende Anwendung; dabei sind die Umstände bei der Eheschließung und bei Verstoß gegen § 1306 die Belange der dritten Person besonders zu berücksichtigen.

(5) § 1931 findet zugunsten eines Ehegatten, der bei Verstoß gegen die §§ 1304, 1306, 1307 oder 1311 oder im Falle des § 1314 Abs. 2 Nr. 1 die Aufhebbarkeit der Ehe bei der Eheschließung gekannt hat, keine Anwendung.

A. Erbrechtliche Bedeutung der Vorschrift

1 Regelungen zu »Folgen der Aufhebung« – wie von der Normüberschrift angekündigt – finden sich lediglich in den Absätzen 1 – 4 der Vorschrift. Die dort normierten familienrechtlichen Rechtsfolgen haben alle zur Voraussetzung, dass die Ehe durch Aufhebung aufgelöst worden ist. Es muss also ein Aufhebungsurteil ergangen und rechtskräftig geworden sein (§ 1313 Satz 2). Erbrechtlich ist davon nur die in Abs. 2 Satz 1 geregelte entsprechende Anwendung von § 1586b von Bedeutung:

2 Nach § 1586b endet die Verpflichtung zur Zahlung von nachehelichem Unterhalt nicht mit dem Tode des Verpflichteten. Sie geht auf den Erben als Nachlassverbindlichkeit über (s dazu näher § 1586b Rn 2 ff). § 1586b setzt in direkter Anwendung voraus, dass die Ehe des Erblassers mit dem Unterhaltsberechtigten zum Zeitpunkt des Erbfalls rechtskräftig geschieden war. Nach § 1318 Abs. 2 Satz 1 ist § 1586b entsprechend anwendbar, wenn die Ehe rechtskräftig aufgehoben worden ist und die in Nr. 1 oder 2 normierten zusätzlichen Voraussetzungen erfüllt sind.

3 Eine rein erbrechtliche Rechtsfolge – Ausschluss des überlebenden Ehegatten vom ges Erbrecht – regelt § 1318 Abs. 5: Entgegen der Normüberschrift »Folgen der Aufhebung« knüpft diese Regelung nicht an das Vorliegen einer rechtskräftigen Aufhebung der Ehe an, sondern an das Vorliegen bestimmter Aufhebungsgründe bei noch nicht aufgelöster Ehe. Ist die Ehe durch rechtskräftige Aufhebung aufgelöst, kann schon deswegen kein Ehegattenerbrecht in Betracht kommen, da § 1931 Abs. 1 das Vorliegen einer wirksamen Ehe zum Zeitpunkt des Erbfalls voraussetzt. § 1318 Abs. 5 kommt nur in Betracht, wenn die Ehe zum Zeitpunkt des Erbfalls noch bestand.

B. Übergang der Unterhaltspflicht auf den Erben (Abs. 2 Satz 1)

4 § 1586b BGB ist bei Aufhebung der Ehe nur dann entsprechend anwendbar, wenn einer der in Abs. 2 Satz 1 enumerativ aufgezählten Aufhebungsgründe vorlag und bestimmte Zusatzvoraussetzungen gegeben waren. Dies ist der Fall,

- wenn bei der Eheschließung gegen das Gebot der Ehemündigkeit (§ 1303) verstoßen wurde, ein Ehegatte geschäftsunfähig war (§ 1304), eine Doppelehe geschlossen wurde

(§ 1306), ein Ehegatte vom anderen abstammt oder die Ehegatten Geschwister sind (§ 1307), ein Ehegatte bei der Eheschließung vertreten wurde (§ 1311), ein Ehegatte sich bei der Eheschließung im Zustand der Bewusstlosigkeit oder vorübergehender Störung der Geistestätigkeit befand (§ 1314 Abs. 2 Nr. 1) oder nicht gewusst hat, dass es sich um eine Eheschließung handelt (§ 1314 Abs. 2 Nr. 2), und der überlebende Ehegatte diesen Sachverhalt nicht gekannt hat, oder
- wenn der überlebende Ehegatte bei der Eheschließung iSv § 1314 Abs. 2 Nr. 4 bedroht oder iSv § 1314 Abs. 2 Nr. 3 vom anderen Ehegatten arglistig getäuscht worden ist, oder
- wenn eine Doppelehe geschlossen wurde (§ 1306), ein Ehegatte vom anderen abstammt oder die Ehegatten Geschwister sind (§ 1307) oder ein Ehegatte bei der Eheschließung vertreten wurde (§ 1311) und beide Ehegatten diesen Sachverhalt kannten.

Soweit Nichtkenntnis Voraussetzung ist, steht bloßes Kennenmüssen nicht entgegen (OLG Koblenz FamRZ 1980, 589). Hingegen reicht zur Kenntnis das Wissen um die den Aufhebungsgrund ausfüllenden Tatsachen aus, die Kenntnis der Rechtsfolge Aufhebbarkeit ist nicht erforderlich (Palandt/*Brudermüller* § 1318 Rn 2).

Im Falle einer Doppelehe und bei dahingehender Kenntnis beider bigamisch verheirateter 5
Ehegatten ist der Unterhaltsanspruch des überlebenden dieser Ehegatten nachrangig gegenüber einem entsprechenden Anspruch des überlebenden anderen Ehegatten des Erblassers (Abs. 2 Satz 1 Nr. 2, 2. Hs).

C. Ausschluss vom Ehegattenerbrecht (Abs. 5)

Hat die aufhebbare Ehe zum Zeitpunkt des Erbfalls noch bestanden, ist das ges Erbrecht 6
des überlebenden Ehegatten unter den besonderen Voraussetzungen des Abs. 5 ausgeschlossen, ohne dass der Erblasser zu Lebzeiten einen Aufhebungsantrag gestellt haben muss. Dies ist der Fall, wenn bei der Eheschließung ein Ehegatte geschäftsunfähig war (§ 1304), eine Doppelehe geschlossen wurde (§ 1306), ein Ehegatte vom anderen abstammt oder die Ehegatten Geschwister sind (§ 1307), ein Ehegatte bei der Eheschließung vertreten wurde (§ 1311) oder ein Ehegatte sich bei der Eheschließung im Zustand der Bewusstlosigkeit oder vorübergehender Störung der Geistestätigkeit befand (§ 1314 Abs. 2 Nr. 1) und der überlebende Ehegatte in Bezug auf diesen Sachverhalt bösgläubig war. Diese Kenntnis des überlebenden Ehegatten muss bei Eingehung der Ehe vorgelegen haben – zur »Kenntnis« s.o. Rn 4.

Ohne Vorliegen der besonderen Voraussetzungen des Abs. 5, insb bei mangelnder Fest- 7
stellbarkeit einer Bösgläubigkeit des überlebenden Ehegatten, ist dessen ges Erbrecht dennoch ausgeschlossen, wenn die Voraussetzungen nach § 1933 Satz 2 gegeben sind – s dazu näher § 1933 Rn 2 ff.

Titel 6: Eheliches Güterrecht
Untertitel 1: Gesetzliches Güterrecht

§ 1371 Zugewinnausgleich im Todesfall

(1) Wird der Güterstand durch den Tod eines Ehegatten beendet, so wird der Ausgleich des Zugewinns dadurch verwirklicht, dass sich der ges Erbteil des überlebenden Ehegatten um ein Viertel der Erbschaft erhöht; hierbei ist unerheblich, ob die Ehegatten im einzelnen Falle einen Zugewinn erzielt haben.

(2) Wird der überlebende Ehegatte nicht Erbe und steht ihm auch kein Vermächtnis zu, so kann er Ausgleich des Zugewinns nach den Vorschriften der §§ 1373 – 1383, 1390

verlangen; der Pflichtteil des überlebenden Ehegatten oder eines anderen Pflichtteilsberechtigten bestimmt sich in diesem Falle nach dem nicht erhöhten ges Erbteil des Ehegatten.

(3) Schlägt der überlebende Ehegatte die Erbschaft aus, so kann er neben dem Ausgleich des Zugewinns den Pflichtteil auch dann verlangen, wenn dieser ihm nach den erbrechtlichen Bestimmungen nicht zustünde; dies gilt nicht, wenn er durch Vertrag mit seinem Ehegatten auf sein ges Erbrecht oder sein Pflichtteilsrecht verzichtet hat.

(4) Sind erbberechtigte Abkömmlinge des verstorbenen Ehegatten, welche nicht aus der durch den Tod dieses Ehegatten aufgelösten Ehe stammen, vorhanden, so ist der überlebende Ehegatte verpflichtet, diesen Abkömmlingen, wenn und soweit sie dessen bedürfen, die Mittel zu einer angemessenen Ausbildung aus dem nach Absatz 1 zusätzlich gewährten Viertel zu gewähren.

A. Normzweck

1 Die Vorschrift ergänzt die erbrechtlichen Bestimmungen für den Fall, dass der ges Güterstand durch den Tod eines Ehegatten endet. Versterben beide Ehegatten gleichzeitig, kommt sie nicht zur Anwendung, da für diesen Fall kein Zugewinnausgleich vorgesehen ist (BGHZ 72, 85 ff = NJW 1978, 1855 f; s.a. OLG Zweibrücken FamRZ 1997, 683). Nach Abs. 1 wird der ges Erbteil (s § 1933) pauschal um $1/4$ erhöht, um eine möglichst einfache und unstreitige Auseinandersetzung zu ermöglichen (Abs. 1; sog »erbrechtliche Lösung«). Diese Lösung kann die anderen Angehörigen des Erblasseres uU erheblich benachteiligen, was auch durch den Anpruch nach Abs. 4 nur unvollkommen ausgeglichen wird (zur Kritik der insgesamt missglückten Vorschrift etwa MüKo/*Koch* Rn 3 ff). Der Erblasser kann sie jedoch durch abweichende letztwillige Verfügung ausschließen, indem er dem Ehegatten einen gewillkürten Erbteil oder ein Vermächtnis zuwendet oder ihn auf den Pflichtteil verbunden mit einem Anspruch auf Zugewinnausgleich verweist (Abs. 2; sog »güterrechtliche Lösung«). Der überlebende Ehegatte kann allerdings durch Ausschlagung seinerseits die güterrechtliche Lösung wählen (Abs. 3). Entsprechendes gilt für Lebenspartner, die in einer Ausgleichsgemeinschaft leben, § 6 Abs. 2 Satz 4 LPartG.

B. Inhalt der Vorschrift

I. Die »erbrechtliche Lösung«, Abs. 1

2 Die »erbrechtliche Lösung« iSd Abs. 1 setzt voraus, dass der überlebende Ehegatte ges Erbe geworden ist, was allerdings auch bei letztwilliger Einsetzung der ges Erben (§ 2066) der Fall ist, nicht aber, wenn die Voraussetzungen des § 1933 vorliegen, namentlich der Erblasser die Scheidung beantragt hat. Ist der überlebende Ehegatte dagegen gewillkürter Erbe oder Vermächtnisnehmer, tritt die Erhöhung nicht ein. Aus welchen Gründen die Ehe geschlossen wurde, ist ebenso ohne Bedeutung, wie die Dauer dieser Ehe (OLG Bamberg OLGR 1999, 265).

3 Wird der Ehegatte ges Erbe erhöht sich der ges Erbteil gem § 1931 (zur Berechnung s dort Rn 10 ff) um $1/4$, unabhängig davon, ob der verstorbene Ehegatte einen ausgleichspflichtigen Zugewinn erzielt hat oder ein Zugewinnausgleichsanspruch durch lebzeitige Zuwendungen des Verstorbenen iSd § 1380 gemindert worden wäre. Umgekehrt kann der überlebende Ehegatte auch keinen weitgehenden Zugewinnausgleichsanspruch geltend machen. Neben den Kindern des Verstorbenen wird der Ehegatte danach Erbe zu $1/2$ ($1/4$ gem § 1931 Abs. 1 zzgl $1/4$ gem § 1371 Abs. 1); neben den Eltern, Großeltern oder Geschwistern des Verstorbenen Erbe zu $3/4$ ($1/4$ gem § 1931 Abs. 1 zzgl $1/4$ gem § 1371 Abs. 1). Dabei handelt es sich insgesamt um einen einheitlichen Erbteil (allg M; MüKo/*Koch* Rn 12). Insb kann das zusätzliche Viertel nicht gesondert ausgeschlagen werden, § 1950. Es kann jedoch Gegenstand eines

Erbverzichts sein mit der Folge, dass sich das Erbrecht auf den nicht erhöhten Teil nach § 1931 beschränkt (Kaiser/Schnitzler/Friederici/*Limbach* § 1371 Rn 16).

Erbschaftssteuerrechtlich ist das Zugewinnausgleichsviertel nur in Höhe desjenigen Betrages von der Erbschaftssteuer frei, der dem Überlebenden im Falle einer güterrechtlichen Lösung nach § 1371 Abs. 2 zufiele, § 5 Abs. 1 Satz 1 ErbStG (zur Berechnung BFH NJW 1994, 150). Allerdings beträgt der Freibetrag des Ehegatten 307.000 € zzgl des Versorgungsfreibetrags nach § 17 Abs. 1 ErbStG. 3 a

Wird der Ehegatte dagegen gewillkürter Erbe oder Vermächtnisnehmer, bleibt die Erhöhung des ges Erbteils für die Pflichtteilsberechnung von Bedeutung. Seine Pflichtteilsrestansprüche gem §§ 2305, 2307 Abs. 1 Satz 2 und Pflichtteilsergänzungsansprüche gem §§ 2325 ff sind unter Zugrundelegung der erhöhten Erbquote zu ermitteln. Umgekehrt gelten für die anderen Pflichtteilsberechtigten entsprechend niedrigere Pflichtteilsquoten (näher § 2303 Rn 29). Dies gilt auch bei geringfügigen Vermächtnissen (str, AG Tecklenburg FamRZ 1997, 1013; MüKo/*Koch* Rn 22; wohl auch BGHZ 42, 182, 191 = NJW 1964, 2404 ff; aA Palandt/*Bruderműller* Rn 2) oder einer Einsetzung auf den erhöhten Pflichtteil, in der idR ebenfalls ein Vermächtnis liegt (§ 2304 Rn 6; aA *Bohnen* NJW 1970, 1532 f; Erman/*Heckelmann* Rn 15). 4

II. Die »güterrechtliche Lösung«, Abs. 2 und 3

Die »güterrechtliche Lösung« kann durch den **Erblasser** angeordnet werden, indem er **durch Verfügung von Todes wegen** das ges Erbrecht des überlebenden Ehegatten ausschließt und ihn auch nicht anderweitig zum Erben einsetzt oder ihm ein Vermächtnis aussetzt, Abs. 2. Dem derart enterbten Ehegatten steht kein Wahlrecht zwischen großem Pflichtteil bzw kleinem Pflichtteil und Zugewinnausgleichsanspruch zu (»Einheitstheorie«, st Rspr BGH NJW 1982, 2497 f; 1976, 2131 f; BGHZ 42, 182 ff = NJW 1964, 2404 ff; aA noch *Bosch* FamRZ 1972, 171 f; *Lange* NJW 1965, 369 ff: »Wahltheorie«). In der Verweisung auf den Pflichtteil liegt idR eine Enterbung, sofern nicht ausdrücklich oder konkludent auf den großen Pflichtteil verwiesen wird (§ 2304 Rn 6). Entsprechendes gilt, wenn der überlebende Ehegatte aus anderen Gründen – kraft Gesetzes nach §§ 1933, 2077, Erbunwürdigkeit oder Erbverzeicht – von der Erbfolge ausgeschlossen ist. 5

Wurde der **überlebende Ehegatte** hingegen ges oder gewillkürter Erbe oder mit einem Vermächtnis bedacht, kann er selbst **durch Ausschlagung** des Erbes oder Vermächtnisses die »güterrechtliche Lösung« herbeiführen, Abs. 3. Wurde er neben der Erbeinsetzung auch mit einem Vermächtnis bedacht, muss er auch letzteres ausschlagen (Hk-BGB/*Kemper* § 1371 Rn 9). Er darf allerdings den Anteil an der Erbschaft behalten, der auf einem anderen Berufungsgrund beruht, etwa wenn der Ehegatte zugleich Verwandter des Erblassers war (Hk-BGB/*Kemper* § 1371 Rn 9). Verstirbt der Ehegatte während der Ausschlagungsfrist, geht das Ausschlagungsrecht auf die Erben über, da § 1952 Abs. 1 ausdrücklich die Vererblichkeit des Ausschlagungsrechts vorsieht. Allerdings kann die güterrechtliche Lösung nur dann in Betracht kommen, wenn alle Miterben die Erbschaft ausgeschlagen haben (Kaiser/Schnitzler/Friederici/*Limbach* § 1371 Rn 33). 6

Dem überlebenden Ehegatte steht dann der Zugewinnausgleichsanspruch zu, der nach §§ 1373 – 1383, 1390 zu berechnen und gegenüber den Erben geltend zu machen ist. Als Nachlassverbindlichkeit iSd § 1967 Abs. 2 hat der Ausgleichsanspruch Vorrang vor Pflichtteilen, Vermächtnissen und Auflagen (hM, Staudinger/*Thiele* § 1371 Rn 69 mwN; s.a. § 2311 Rn 11), mit der Folge, dass er für die Berechnung des Pflichtteils vom Nachlasswert abzusetzen ist. Darüber hinaus wird der für die Berechnung maßgebende Zeitpunkt auf die Rechtshängigkeit des Antrags vorverlegt, wenn ein Scheidungs- oder Klageverfahren auf vorzeitigen Ausgleich anhängig ist, §§ 1384, 1387 analog (BGH NJW 2004, 1321, 1322; 1987, 1764 f). Der Zugewinnausgleichsforderung steht nicht zwingend die Erbunwürdigkeit entgegen. Sie kann aber Anlass zur Prüfung der Voraussetzungen des § 1381 geben (KK-FamR/*Weinreich* § 1371 Rn 39). 7

Daneben besteht ein Anspruch auf den kleinen Pflichtteil, sofern der Ehegatte sein ges Erbrecht oder/und Pflichtteilsrecht nicht verloren hat (§ 2303 Rn 10 ff; 14 ff). Die Quote 8 bestimmt sich nach dem nicht erhöhten ges Pflichtteil. Sie beträgt neben den Kindern des Erblassers $^1/_8$, neben dessen Eltern $^1/_4$ (§ 2303 Rn 28).

8 a Hinsichtlich der **Verjährung** sind Besonderheiten zu berücksichtigen: Durch den Verweis in § 1378 Abs. 4 auf § 2332 verjährt der Anspruch in drei Jahren, gerechnet von dem Zeitpunkt an, in dem der überlebende Ehegatte Kenntnis vom Eintritt des Erbfalls und den ihn beeinträchtigenden Verfügungen, dh von der letztwilligen Verfügung, mit welcher der überlebende Ehegatte enterbt wurde, hatte. Die Klage auf Zahlung des großen Pflichtteils hemmt die Verjährung des Anspruchs aus Abs. 2 nicht (BGH FamRZ 1983, 27).

8 b Sofern der überlebende Ehegatte zum Erben eingesetzt wurde, muss er die Ausschlagungsfrist von 6 Wochen (§ 1944) einhalten, obwohl bei komplexeren Nachlässen eine sichere Ermittlung der entscheidungsrelevanten Umstände, namentlich Nachlasswert und Höhe des Zugewinnausgleichsanspruchs, kaum möglich ist. Nach *Nieder* (Rn 14) muss der Zugewinnanteil am Nachlass des Erblassers mindestens 85,71 % betragen, damit die güterrechtliche Lösung neben Verwandten der ersten Ordnung vorteilhafter ist. Neben Verwandten der zweiten Ordnung bringt die erbrechtliche Lösung grds mehr (*Mayer*, Pflichtteilsrecht, S 11 Rn 166). Da mit der Ausschlagung auch die dingliche Beteiligung am Nachlass entfällt und die Berechnung von Zugewinnausgleich und Pflichtteil erhebliches Streitpotential bergen kann, andererseits Pflichtteilsergänzung und Pflichtteilsrestansprüche sich nach dem großen Pflichtteil bestimmen, ist im Zweifel eine Ausschlagung nicht empfehlenswert.

III. Der Ausbildungsanspruch der »Stiefabkömmlinge«, Abs. 4

1. Voraussetzungen

9 Kommt es zur »erbrechtlichen Lösung«, steht den erbberechtigten Abkömmlingen allein des Erblassers – auch dessen Enkeln, soweit sie nicht durch ihre Eltern ausgeschlossen sind (§ 1924 Abs. 2) – ein Unterhaltsanspruch zu. Sie müssen allerdings ges Erben geworden sein (hM, etwa MüKo/*Koch* Rn 55; aA Erman/*Heckelmann* Rn 19: auch letztwillige Einsetzung). Enterbung, Erbverzicht, Ausschlagung oder Erbunwürdigkeitserklärung lassen daher auch den Unterhaltsanspruch entfallen.

10 Der überlebende Ehegatte muss als ges Erbe den nach Abs. 1 erhöhten Erbteil angenommen haben. Die Annahme einer gewillkürten Erbeinsetzung genügt nicht, es sei denn, es wurde gem § 2066 ges Erbfolge angeordnet (hM, MüKo/*Koch* Rn 21). Wurde er nicht Erbe, sondern nur Vermächtnisnehmer oder Pflichtteilsberechtigter oder hat er auf sein Erbe verzichtet oder es ausgeschlagen, entsteht der Anspruch des Abs. 4 nicht.

2. Anspruchsinhalt

11 Der Anspruch weist unterhalts- und erbrechtliche Bezüge auf. Er ist zwar nicht gegenständlich, aber wertmäßig auf das zusätzliche Nachlassviertel beschränkt (MüKo/*Koch* Rn 62 f). Maßgebend ist der Wert zur Zeit des Erbfalls (vgl § 2311 ff). Daneben kann der erbende Ehegatte seine Haftung auf den Nachlass beschränken (MüKo/*Koch* Rn 66; Staudinger/*Thiele* Rn 231; aA Erman/*Heckelmann* Rn 22; Palandt/*Brudermüller* Rn 10).

12 Bedürftigkeit und Umfang bestimmen sich entsprechend §§ 1602, 1610 (str, aA *Mayer* FPR 2004, 83 mwN), wobei der eigene Erbteil des Kindes seine Bedürftigkeit mindert. Umfasst sind die Kosten für die Vorbildung zu einem Beruf und die Lebenshaltungskosten während der Ausbildung (str, *Rittner* DNotZ 1957, 493; aA *Johannsen* FamRZ 1961, 164; differenzierend Staudinger/*Thiele* Rn 115 f). Die Ausbildung muss den Fähigkeiten des Abkömmlings entsprechen. Für evtl bestehende Unterhaltsrückstände hat der Ehegatte nicht einzustehen. Sie stellen aber ggf eine Nachlassverbindlichkeit dar. Ein gesonderter Auskunftsanspruch steht dem Abkömmling nicht zu; will er sich über den Wert des Zugewinnausgleichsviertels informieren, kann er Auskunft nur nach den erbrechtlichen Normen der §§ 2027, 2028, 2057, 2314 verlangen (MüKo/*Koch* § 1371 Rn 80). Neben anderen Unterhaltsverpflichteten (insb dem anderen Elternteil) haftet der erbende Ehegatte in

dem Umfang, in dem auch der Erblasser gehaftet hätte (Palandt/*Brudermüller* Rn 9; aA MüKo/*Koch* Rn 70: vorrangige Verpflichtung des Ehegatten).

Sind mehrere Abkömmlinge anspruchsberechtigt, sollte das zusätzliche Viertel nach dem Verhältnis ihrer Erbteile mit entsprechenden Rückstellungen für die später Berechtigten aufgeteilt werden (Palandt/*Brudermüller* Rn 10; aA *Rittner* DNotZ 1957, 496: die Reihenfolge der tatsächlichen Inanspruchnahme entscheidet). Kann eine einvernehmliche Regelung nicht getroffen werden, kann der Verpflichtete Rechtssicherheit letztlich nur erreichen, wenn er sich verklagen lässt und den anderen Anspruchsberechtigten den Streit verkündet (*Johannsen* FamRZ 1961, 164). 13

Der Ausbildungsunterhaltsanspruch nach Abs. 4 ist abdingbar und verjährt gem §§ 197 Abs. 2, 195 in drei Jahren. Er kann zu Lebzeiten beider Ehegatten durch Ehevertrag ausgeschlossen werden (*Geißler* BWNotZ 1990, 38; aA Staudinger/*Thiele* § 1371 Rn 133, der im Ehevertrag nur den Ausschluss der erbrechtlichen Lösung für zulässig erachtet). Darüber hinaus kann jeder Ehegatte den Unterhaltsanspruch gegen seinen Partner durch eine Verfügung von Todes wegen ausschließen. Schließlich kann der Überlebende der Unterhaltspflicht nach dem Tod seines Ehegatten nur durch Ausschlagung der gesamten Erbschaft entgehen. 14

IV. Abänderungsmöglichkeiten

Als Folge der Testierfreiheit und des Rechts zur Ausschlagung der Erbschaft kann jeder Ehegatte die Rechtsfolgen des Abs. 1 ausschließen oder abändern. Darüber hinaus können auch die Rechtsfolgen des § 1371 durch einen Ehevertrag von den Ehegatten einvernehmlich abgeändert oder ausgeschlossen werden. Im Übrigen kann der Zugewinnausgleich nach dem Tod des Erblassers gänzlich ausgeschlossen werden (Kaiser/Schnitzler/Friederici/*Limbach* § 1371 Rn 47). 15

Schließlich ist es auch zulässig, wenn die Ehegatten im Ehevertrag die erb- oder güterrechtliche Lösung insgesamt (Palandt/*Brudermüller* § 1408 Rn 18) oder nur die in Abs. 1 vorgesehene pauschale Erhöhung des ges Erbteils des überlebenden Ehegatten ausschließen (Staudinger/*Thiele* § 1371 Rn 137). 16

Titel 7: Scheidung der Ehe
Untertitel 2: Unterhalt des geschiedenen Ehegatten
Kap 5: Ende des Unterhaltsanspruchs

§ 1586b Kein Erlöschen bei Tod des Verpflichteten

(1) Mit dem Tod des Verpflichteten geht die Unterhaltspflicht auf den Erben als Nachlassverbindlichkeit über. Die Beschränkungen nach § 1581 fallen weg. Der Erbe haftet jedoch nicht über einen Betrag hinaus, der dem Pflichtteil entspricht, welcher dem Berechtigten zustände, wenn die Ehe nicht geschieden worden wäre.

(2) Für die Berechnung des Pflichtteils bleiben Besonderheiten auf Grund des Güterstands, in dem die geschiedenen Ehegatten gelebt haben, außer Betracht.

A. Regelungsgegenstand

Im Hinblick auf den erbrechtlichen Grundsatz der Gesamtrechtsnachfolge (§ 1922 Abs. 1) müsste, wenn der Erblasser Verwandten oder Ehegatten gegenüber zur Leistung von Unterhalt verpflichtet war, auch diese Verpflichtung auf den Erben übergehen. Unter- 1 haltsrechtlich ist dies jedoch grds nicht der Fall, da die Verpflichtung zur Zahlung von Verwandten- und von Ehegattenunterhalt während des Getrenntlebens nach der Spezialregelung in § 1615 iVm §§ 1361 Abs. 4 Satz 3 und 4, 1360a Abs. 3 mit Ablauf des Monats, in dem der Verpflichtete stirbt, endet. Von diesem unterhaltsrechtlichen Grundsatz macht § 1586b wiederum eine Ausnahme: Die Verpflichtung zur Zahlung von nachehelichem Unterhalt endet nicht mit dem Tode des Verpflichteten. Vielmehr geht diese Unterhaltspflicht auf den Erben als Nachlassverbindlichkeit über (Abs. 1 Satz 1). Die Regelung gilt ausschließlich für nachehelichen Ehegattenunterhalt. Sie dient dem Ausgleich für den Verlust erbrechtlicher Ansprüche (KK-FamR/*Klein* § 1586b Rn 2) und folgt aus dem Bestreben des Gesetzgebers, eine dauerhafte Sicherung des Unterhaltsberechtigten über den Tod des Unterhaltsverpflichteten hinaus zu schaffen (BGH NJW 2004, 2896).

2 Auf Unterhalt, der zum Zeitpunkt des Todes des unterhaltsverpflichteten Ehegatten bereits fällig geworden war, ist § 1586b nicht anwendbar. Denn für rückständigen Unterhalt als vom Erblasser herrührende Verbindlichkeit, die schon originär eine Nachlassverbindlichkeit darstellt (§ 1967 Abs. 2), haftet der Erbe ohnehin gem §§ 1922 Abs. 1, 1967 Abs. 1. Regelungsgegenstand des § 1586b ist lediglich nach dem Erbfall fällig werdender Unterhalt.

3 Für den Übergang der Unterhaltspflicht auf den Erben ist es gleichgültig, wer den verstorbenen Ehegatten beerbt hat. Dies kann sein überlebender (neuer) Ehegatte sein und zwar unabhängig vom Güterstand. Genauso kommen zu ges Erben berufene Verwandte in Betracht wie auch durch Verfügung von Todes wegen eingesetzte Erben – je nachdem, ob ges oder gewillkürte Erbfolge eingetreten ist und welchen Inhalt sie im konkreten Fall hat. Besteht eine Erbengemeinschaft, haften die Miterben als Gesamtschuldner (§ 2058).

4 Die in § 1586b geregelte passive Vererblichkeit nachehelicher Unterhaltsansprüche gilt lediglich für die ges Unterhaltspflicht und für diese nur ausgestaltende und konkretisierende (»unselbständige«) Unterhaltsvereinbarungen. Bei von der ges Unterhaltspflicht gewollt abweichenden (»selbständigen«) Unterhaltsvereinbarungen kommt es auf den Parteiwillen an, ob sie über den Tod des Verpflichteten hinaus fortgelten sollen. Unterhaltsvergleiche sind idR unselbständige und damit § 1586b unterfallende Vereinbarungen. Für die Annahme einer selbständigen Vereinbarung müssen besondere Anhaltspunkte sprechen (BGH NJW 2004, 2896).

B. Anwendungsvoraussetzungen

5 § 1586b setzt in direkter Anwendung voraus, dass die Ehe des Erblassers mit dem Unterhaltsberechtigten zum Zeitpunkt des Erbfalls rechtskräftig geschieden war. Die Norm ist darüber hinaus gem § 1933 Satz 3 entsprechend anwendbar, wenn die Ehe zwar noch nrkr geschieden war, das ges Erbrecht des überlebenden Ehegatten jedoch nach § 1933 Satz 1 ausgeschlossen ist. Gleiches gilt nach § 1318 Abs. 2 nach Eheaufhebung, wenn der überlebende Ehegatte nach Maßgabe dieser Vorschrift gutgläubig war. War das Verfahren zur Aufhebung der Ehe rechtshängig, ist die Vorschrift gem § 1933 Satz 3 entsprechend anwendbar, wenn das ges Erbrecht des überlebenden Ehegatten nach § 1933 Satz 2 ausgeschlossen ist.

6 Voraussetzung für den Übergang der Unterhaltspflicht auf den Erben ist, dass zum Zeitpunkt des Erbfalls die Voraussetzungen für einen Unterhaltstatbestand nach §§ 1570 – 1573, 1575, 1576 erfüllt waren. Die Rechtsnatur des familienrechtlichen Unterhaltsanspruchs ändert sich durch den Übergang auf den Erben nicht (BGH NJW 2004, 2896 entgegen einer verbreiteten Literaturmeinung, vgl etwa Palandt/*Brudermüller* § 1586b Rn 10 bis zur 62. Aufl; Staudinger/*Baumann* 12. Bearb § 1586b Rn 56).

C. Rechtsfolgen

7 Die Unterhaltspflicht geht auf den Erben als Nachlassverbindlichkeit über. Sie kann daher mit dem Erbfall geltend gemacht werden, und zwar ab Annahme unmittelbar gegenüber

dem nunmehr endgültigen Erben, bis zur Annahme unter Berücksichtigung der für den vorläufigen Erben geltenden Schutzvorschriften (§§ 1958 BGB, 778, 779 ZPO).

Der nach § 1586b auf nachehelichen Unterhalt in Anspruch genommene Erbe kann sich weiterhin oder auch erstmals auf die Härteklausel nach § 1579 Nr. 7 berufen (BGH NJW 2004, 1326). Dies ist nur dann ausgeschlossen, wenn der unterhaltspflichtige Erblasser zuvor darauf verzichtet hatte. Hatte der unterhaltsverpflichtete Erblasser trotz Kenntnis der Umstände, die einen solchen Einwand begründen, den Unterhalt weiter bezahlt, kommt ein stillschweigender Verzicht auf die Geltendmachung des Einwands in Betracht. Diesen müsste sich auch der Erbe als Rechtsnachfolger entgegenhalten lassen. Ob das Weiterzahlen tatsächlich als Verzicht zu bewerten ist, ist einzelfallbezogen und nicht generell zu beantworten. Stand die Weiterzahlung in Zusammenhang mit einem wirtschaftlichen Eigeninteresse des Erblassers, kann sie nicht als Verzicht verstanden werden. Hat er zB in Kenntnis einer langjährigen neuen eheähnlichen Gemeinschaft seines früheren Ehegatten diesem weiterhin Unterhalt gezahlt, um eine Kürzung seiner Rente zu verhindern (§ 5 VAHRG), kann von einem Verzicht nicht ausgegangen werden (BGH aaO).

Die Höhe des vom Erben zu leistenden Unterhalts richtet sich grds nach den familienrechtlichen Vorgaben, insb also nach §§ 1577, 1578. Die danach maßgeblichen Kriterien – Bedarf nach den ehelichen Lebensverhältnissen (vgl dazu KK-FamR/*Klein* § 1578 Rn 4 ff) und Bedürftigkeit des Unterhaltsberechtigten – bleiben maßgeblich. Jedoch kann der Erbe sich nicht auf Leistungsunfähigkeit (§ 1581) berufen und muss ggf das ererbte Vermögen zur Bedienung der Unterhaltsverpflichtung nutzen (§ 1586b Abs. 1 Satz 2).

Die Haftung des Erben für den Unterhalt geht jedoch nicht über den Betrag hinaus, der dem Pflichtteil des berechtigten früheren Ehegatten – wenn seine Ehe mit dem Erblasser nicht geschieden worden wäre – entspricht (Abs. 1 Satz 3). Hierbei sind (fiktive) Pflichtteilsergänzungsansprüche in die Berechnung der Haftungsgrenze einzubeziehen (BGH NJW 2001, 828). Andererseits bleiben für die Berechnung der Haftungsgrenze Besonderheiten aufgrund des Güterstandes außer Betracht (Abs. 2). Das bedeutet, dass bei Zugewinngemeinschaft nur der kleine Pflichtteil maßgeblich ist. Bei Gütertrennung ist der Pflichtteil nur über § 1931 Abs. 1 BGB und nicht über die güterrechtliche Besonderheit nach § 1931 Abs. 4 zu berechnen.

Der Gesamtbetrag der für den nachehelichen Unterhalt vom Erben aufzubringenden Leistungen findet somit seine Grenze in Höhe des fiktiven Pflichtteilsanspruchs des früheren Ehegatten. Bei dessen Ermittlung ist von dem auf den Zeitpunkt des Erbfalls bezogenen Nachlasswert auszugehen.

D. Geltendmachung

Besteht zum Zeitpunkt des Erbfalls bereits ein Unterhaltstitel, fragt sich, ob dieser auf Schuldnerseite im Klauselverfahren gem § 727 ZPO auf den Erben umgeschrieben werden kann oder ob der Unterhaltsberechtigte auf eine neue Klage gegen den Erben angewiesen ist. Hintergrund des bisherigen Meinungsstreits dazu war die Frage, ob der gegen den Erben bestehende Anspruch aus § 1586b seinem Wesen nach ein anderer als der gegen den verstorbenen Schuldner gerichtete ist oder ob Identität besteht. Inzwischen hat der BGH (NJW 2004, 2896) die Streitfrage entschieden: Liegt bereits ein Unterhaltstitel gegen den Erblasser vor, kann er nach § 727 ZPO umgeschrieben werden. Einer neuen Klage gegen den Erben bedarf es nicht. Der Erbe ist dann darauf angewiesen, Einwendungen und die Begrenzung seiner Haftung nach § 323 ZPO oder § 767 ZPO geltend zu machen. Im Übrigen bleibt ihm die Beschränkung der Haftung auf den Nachlass nach §§ 780 ff ZPO unbenommen.

E. Abdingbarkeit

Eine lebzeitige Absicherung gegen die Haftung des Erben aus § 1586b kann dadurch erfolgen, dass die Ehegatten einen Verzicht auf den nachehelichen Unterhalt vereinbaren (§ 1585c), so dass beim Todes des an sich Unterhaltsverpflichteten mangels Vorliegens eines Anspruchs kein Übergang nach § 1586b stattfinden kann. Dies setzt natürlich voraus, dass der Unterhaltsverzicht einer Wirksamkeitsprüfung standhält.

13 Fraglich ist, ob die Haftung des Erben auch dadurch vermieden werden kann, dass zu Lebzeiten zwischen den Eheleuten ein Erb- oder Pflichtteilsverzicht vereinbart wird. Für diese Möglichkeit spricht, dass die Haftung des Erben nach § 1585b nicht über den Betrag hinausgeht, der dem Pflichtteil des überlebenden Ehegatten entspricht. Hat der Berechtigte hierauf wirksam verzichtet, soll er auch nicht unterhaltsrechtlich daran partizipieren. Dagegen spricht, dass § 1586b ein familienrechtlicher und kein erbrechtlicher Anspruch ist und die Beschränkung auf den Pflichtteil nur den Umfang des Anspruchs regelt. Die Frage (vgl näher *Diekmann* FamRZ 1992, 633) ist bislang gerichtlich nicht entschieden. Beim Abschluss von Scheidungsfolgenvereinbarungen mit dem Ziel der Vermeidung der Erbenhaftung sollten daher sowohl ein Unterhaltsverzicht als auch ein Erb- oder Pflichtteilsverzicht vereinbart werden. Der Erb- wie der Pflichtteilsverzicht bedürfen der notariellen Beurkundung (§ 2348).

Abschnitt 2: Verwandtschaft
Titel 5: Elterliche Sorge

§ 1638 Beschränkung der Vermögenssorge

(1) Die Vermögenssorge erstreckt sich nicht auf das Vermögen, welches das Kind von Todes wegen erwirbt oder welches ihm unter Lebenden unentgeltlich zugewendet wird, wenn der Erblasser durch letztwillige Verfügung, der Zuwendende bei der Zuwendung bestimmt hat, dass die Eltern das Vermögen nicht verwalten sollen.

(2) Was das Kind auf Grund eines zu einem solchen Vermögen gehörenden Rechts oder als Ersatz für die Zerstörung, Beschädigung oder Entziehung eines zu dem Vermögen gehörenden Gegenstands oder durch ein Rechtsgeschäft erwirbt, das sich auf das Vermögen bezieht, können die Eltern gleichfalls nicht verwalten.

(3) Ist durch letztwillige Verfügung oder bei der Zuwendung bestimmt, dass ein Elternteil das Vermögen nicht verwalten soll, so verwaltet es der andere Elternteil. Insoweit vertritt dieser das Kind.

A. Allgemeines

1 Das Kindesvermögen unterliegt grds, und zwar ohne Rücksicht auf dessen Herkunft, der Verwaltung der Eltern. § 1638 beschränkt dieses Verwaltungsrecht für Vermögen, welches das Kind von Todes wegen erwirbt oder das ihm unentgeltlich zugewendet wurde. Neben dieser Vorschrift enthalten auch die §§ 112, 1630 Abs. 1, 2205 Bestimmungen zu der Frage, welches Vermögen von der grundlegenden Vermögenssorge ausgenommen ist.

2 Ungeachtet sonstiger rechtsgeschäftlicher Beschränkungen haben die Eltern bei einem erbrechtlichen Erwerb die Pflicht zur Einreichung eines Vermögensverzeichnis beim Familiengericht, § 1640.

B. Beschränkung durch den Erblasser (Abs. 1)

I. Allgemeines

3 Der Erblasser kann ebenso wie der Zuwendende die elterliche Vermögenssorge ausschließen, beschränken oder mit Anordnungen zur Verwaltung konkretisieren (Palandt/*Diede-*

richsen § 1638 Rn 1). Der Ausschluss betrifft allerdings nur die Vermögenssorge, nicht aber auch die Entscheidung, ob die Erbschaft oder Zuwendung überhaupt angenommen oder ausgeschlagen werden soll, da es sich hierbei nicht um einen Akt der Vermögenssorge handelt (OLG Karlsruhe FamRZ 1965, 573). Im Übrigen kann auch ein Elternteil den anderen ausschließen mit der Folge, dass er seine Zuwendung an das Kind selbst und alleine verwaltet, § 1638 Abs. 3 (RGZ 80, 217). Dieser Ausschluss erfolgt häufig im Zusammenhang mit der Ehescheidung (BayObLG FamRZ 1989, 1342). Schließlich kann die Verwaltungsbefugnis inhaltlich beschränkt werden, so dass das Recht, die Vermögenseinkünfte für den Unterhalt des Kindes oder der Familie zu verwenden, erfasst ist (Palandt/*Diederichsen* § 1638 Rn 2).

II. Voraussetzungen

1. Erwerb von Todes wegen

Das Kind erwirbt von Todes wegen, was ihm durch ges oder gewillkürte Erbfolge, Vermächtnis oder als Pflichtteil zufällt (OLG Hamm FamRZ 1969, 662). Die Ausschließung muss, wenn auch nicht ausdrücklich (BayObLG FamRZ 1964, 522), durch eine Verfügung von Todes wegen (Testament oder einseitige Verfügung in einem Erbvertrag) erfolgen, wobei der Wille des Erblassers, die Eltern hinsichtlich dieses Vermögens von der elterlichen Vermögenssorge auszuschließen, in der letztwilligen Verfügung zum Ausdruck kommen muss. Die Anordnung der Testamentsvollstreckung kann diesem Erfordernis genügen (BayObLG FamRZ 2004, 1304), auf jeden Fall aber die Bitte um eine Pflegerbestellung oder die Anordnung der Verwaltung des Erbteils durch einen anderen Miterben (OLG Braunschweig OLGE 26, 300). In der Enterbung eines Kindes kann konkludent der Ausschluss der Vermögenssorge für das dem Enkelkind zufallende Vermögen enthalten sein, und zwar unabhängig davon, worauf sein Erbrecht beruht (BayObLG FamRZ 1964, 522). Dagegen reicht der Ausschluss des überlebenden Elternteils von der Nutznießung nicht aus (LG Dortmund NJW 1959, 2264), vielmehr stellt diese Verfügung nur eine Beschränkung der Verwaltung nach § 1639 dar, die zwar vom Vormundschaftsgericht durchgesetzt werden kann, aber keine Pflegerbestellung erfordert (BayObLG FamRZ 1982, 737).   4

2. Zuwendungen unter Lebenden

Beim Vermögenserwerb unter Lebenden ist die Ausschließung der Eltern von der Vermögensverwaltung nur zulässig, wenn es sich um eine unentgeltliche Zuwendung handelt und die Ausschließung zusammen mit der Zuwendung erfolgt (Palandt/*Diederichsen* § 1638 Rn 5). Die Anordnung der Ausschließung bedarf keiner besonderen Form (Kaiser/Schnitzler/Friederici/*Rakete-Dombek* § 1638 Rn 4). Der nachträgliche Ausschluss ist nicht wirksam (KG FamRZ 1962, 432). Unentgeltlich ist die Zuwendung, wenn das Kind keine Gegenleistung zu erbringen hat. Dabei ist die Gegenleistung eines Dritten im Verhältnis zum Kind unschädlich (OLG München JFG 21, 181).   5

3. Modifikationsmöglichkeiten

Die Ausschließung kann bedingt oder befristet werden, so zB für den Zeitpunkt, dass der andere Elternteil wieder heiratet (KG FamRZ 1962, 432). Es ist aber nicht möglich, die Verwaltung zusätzlich zu den gesetzlich geregelten Fällen zu beschränken und der familiengerichtliche Genehmigung zu unterwerfen oder die Ausschließung durch das Gericht aufheben oder beschränken zu lassen (Palandt/*Diederichsen* § 1638 Rn 6).   6

Die Ausschließung kann vom Zuwendenden auf einen Elternteil beschränkt werden, mit der Folge, dass der andere Elternteil das Vermögen nach § 1638 Abs. 3 alleine verwaltet. War ihm zu diesem Zeitpunkt die Vermögenssorge entzogen, kann der Zuwendende   7 einen Pfleger benennen und die in den §§ 1852 – 1854 enthaltenen Befreiungen anordnen, § 1917.

III. Rechtsfolgen

8   Ist nur ein Elternteil von der Vermögenssorge ausgeschlossen, so übernimmt der andere Elternteil die Verwaltung und Vertretung allein, § 1638 Abs. 3. Hinsichtlich des sonstigen Kindesvermögens verbleibt es bei der gemeinsamen Vermögenssorge der Eltern (OLG Karlsruhe FamRZ 2004, 968). Sind beide Elternteile ausgeschlossen, haben sie den Vermögenserwerb unverzüglich dem Vormundschaftsgericht anzuzeigen, damit gem § 1909 ein Pfleger bestellt werden kann. Entsprechendes gilt beim Ausschluss des überlebenden Elternteils bei der Verwaltung des ererbten Kindesvermögens (BayObLG FamRZ 1989, 1342).

9   Im Übrigen kann der Zuwendende nach § 1917 einen Pfleger benennen. Als Pfleger kommt auch der Zuwendende selbst in Betracht (OLG München JFG 21, 181); darüber hinaus kann auch der ausgeschlossene Elternteil eingesetzt werden, der den Beschränkungen der §§ 1814 ff, 1821 ff, 1915 unterliegt (Palandt/*Diederichsen* § 1638 Rn 7). Das Vormundschaftsgericht kann die dem Pfleger gewährten Befreiungen nach § 1917 Abs. 2 wieder außer Kraft setzen, wenn das Interesse des Kindes gefährdet erscheint.

10 Die Vermögenssorge der Eltern ist für das dem Kind zugewendete Vermögen insgesamt ausgeschlossen, dh sie haben weder einen Anspruch auf Auskunft über Art und Bestand des zugewendeten Vermögens gegen den Pfleger (LG Bonn FamRZ 1995, 1433) noch können sie die Entlassung des Testamentsvollstreckers betreiben (BGH NJW 1989, 984) oder die Erteilung eines Erbscheins für dieses Vermögen beantragen (OLG Frankfurt/M FamRZ 1997, 1115). Die Wirksamkeit von Verwaltungshandlungen der Eltern, die entgegen der Ausschließung vorgenommen wurden, richtet sich nach den §§ 177 ff (Kaiser/Schnitzler/Friederici/*Rakete-Dombek* § 1638 Rn 8).

11 Gegen die Auswahl des Pflegers steht dem ausgeschlossenen Elternteil nicht aus eigenem Recht, sondern nur namens des von ihm gesetzlich vertretenen Kindes die unbefristete Beschwerde zu (BayObLG FamRZ 1997, 1289). Ein eigenes rechtliches Interesse an der Anordnung einer Ergänzungspflegschaft kann für den Schuldner einer Nachlassforderung in Betracht kommen, wenn sie dem Betroffenen als Erben zusteht (BayObLG Rpfleger 1990, 296).

C. Surrogation (Abs. 2)

I. Erwerb aufgrund eines zum Vermögen gehörenden Rechts

12 Für den Erwerb kommt es nicht darauf an, ob dieser kraft Gesetzes, wie Nutzungen, Früchte und Zuwachs oder aufgrund eines Rechtsgeschäfts erfolgt, wie zB bei Erträgen aus Vermietung, Verpachtung, Kapitalvermögen, der Erfüllung von Forderungen oder der Gewinn aus einem zum Vermögen gehörenden Lotterielos (Kaiser/Schnitzler/Friederici/*Rakete-Dombek* § 1638 Rn 10). Der nach §§ 937 ff, 927 erfolgte Erwerb ist originärer Erwerb und fällt nicht unter § 1638 Abs. 2 (RGZ 76, 357).

II. Ersatz für Zerstörung, Beschädigung oder Entziehung eines zum Vermögen gehörenden Gegenstandes

13 Hierzu gehören Ansprüche gegen Dritte aus unerlaubter Handlung auf Schadensersatz, Ansprüche aus ungerechtfertigter Bereicherung aus dem Vermögen, Enteignungsentschädigungen, Versicherungssummen und Überschüsse aus Zwangsversteigerungserlösen (Erman/*Michalski* § 1638 Rn 15).

III. Erwerb durch Rechtsgeschäft, das sich auf das Vermögen bezieht

Dabei handelt es sich um Rechtsgeschäfte, die in wirtschaftlichem Zusammenhang mit dem verwaltungsfreien Vermögen stehen, dh sich objektiv auf dieses Vermögen beziehen und subjektiv für dieses abgeschlossen werden (Erman/*Michalski* § 1638 Rn 16). Es ist nicht erforderlich, dass die aufgewendeten Mittel aus dem verwaltungsfreien Vermögen stammen (Kaiser/Schnitzler/Friederici/*Rakete-Dombek* § 1638 Rn 12). 14

§ 1643 Genehmigungspflichtige Rechtsgeschäfte

(1) Zu Rechtsgeschäften für das Kind bedürfen die Eltern der Genehmigung des Familiengerichts in den Fällen, in denen nach § 1821 und nach § 1822 Nr. 1, 3, 5, 8 – 11 ein Vormund der Genehmigung bedarf.

(2) Das Gleiche gilt für die Ausschlagung einer Erbschaft oder eines Vermächtnisses sowie für den Verzicht auf einen Pflichtteil. Tritt der Anfall an das Kind erst infolge der Ausschlagung eines Elternteils ein, der das Kind allein oder gemeinsam mit dem anderen Elternteil vertritt, so ist die Genehmigung nur erforderlich, wenn dieser neben dem Kind berufen war.

(3) Die Vorschriften der §§ 1825, 1828 – 1831 sind entsprechend anzuwenden.

A. Allgemeines

§ 1643 enthält zwingendes Recht, dh die Eltern können nicht durch Anordnungen Dritter vom Genehmigungserfordernis befreit werden (RGZ 121, 30), ebenso wenig kann das Genehmigungserfordernis auf genehmigungsfreie Geschäfte ausgedehnt werden (OLG KGJ 40 A 227). Die Norm schränkt durch die Aufstellung von Genehmigungserfordernissen für bestimmte Geschäfte die Vermögenssorge ein, wobei aber die Eltern freier gestellt sind als der Vormund. Genehmigungsbedürftig sind die von den Eltern in Vertretung des Kindes vorgenommenen Geschäfte sowie die Zustimmung zu einem vom Kind vorgenommenen Rechtsgeschäft. 1

B. Genehmigungspflichtige Geschäfte

Genehmigungsbedürftig sind die Geschäfte, für die ein Vormund nach §§ 1821, 1822 Abs. 1 Nr. 1, 3, 5, 8 – 11 eine Genehmigung benötigt. Allerdings wird die von Art. 6 Abs. 1 GG geschützte elterliche Autonomie nur ausnahmsweise durch den Genehmigungsvorbehalt eingeschränkt. Den Eltern bleibt aber, anders als beim Vormund, die gerichtlich nur beschränkt überprüfbare Dispositionsbefugnis (OLG Zweibrücken FamRZ 2001, 1236). Für die übrigen in § 1822 genannten Geschäfte benötigen die Eltern keine Genehmigung. Das Gericht kann in diesen Fällen nur unter den Voraussetzungen des § 1629 Abs. 2 Satz 3 oder des § 1666 eingreifen. 2

Genehmigungspflichtig sind iE: 3

- Grundstücksgeschäfte nach § 1821 einschließlich des Grundstückserwerbs (BT-Ds 7/2060, S 27). Durch die Verweisung auf § 1821 Abs. 2 sind Verpflichtungen und Verfügungen über Grundpfandrechte und die Auflösung eines bestehenden Erwerbsgeschäfts genehmigungsfrei (Palandt/*Diederichsen* § 1643 Rn 3).
- Verfügungen des Kindes über das Vermögen im Ganzen oder über eine ihm angefallene Erbschaft, den künftigen ges Erb- oder Pflichtteil sowie die Verfügung über den Anteil des Kindes an einer Erbschaft, § 1822 Nr. 1;
- entgeltlicher Erwerb oder Veräußerung eines Erwerbsgeschäfts sowie ein Gesellschaftsvertrag (OLG Hamm FamRZ 2001, 53), der zum Betrieb des Erwerbsgeschäfts abgeschlossen wird, § 1822 Nr. 3;

§ 1643 BGB | Genehmigungspflichtige Rechtsgeschäfte

- Abschluss eines Vertrages zu wiederkehrenden Leistungen, wie insb Miet- und Pachtverträge, die länger als ein Jahr nach der Volljährigkeit des Kindes fortdauern sollen, § 1822 Nr. 5;
- Aufnahme von Geldkrediten, § 1822 Nr. 8;
- Inhaberschuldverschreibungen, Wechselverpflichtungen und sonstige Orderpapiere, § 1822 Nr. 9;
- Bürgschaften und sonstige Interzessionsgeschäfte, wie Schuldübernahme, Verpfändung oder Sicherungsübereignung für fremde Schuld, wobei entscheidend ist, dass das Kind die Verbindlichkeit eines Dritten als wirtschaftlich fremde Schuld übernimmt mit der Folge, dass es, sofern es in Anspruch genommen wird, den Dritten in Regress nehmen kann, § 1822 Nr. 10 (RGZ 158, 216). Soll dagegen die Schuld als eigene bewirkt werden, entfällt die Genehmigungspflicht;
- Erteilung einer Prokura, nicht dagegen die Erteilung von Handlungsvollmachten, § 1822 Nr. 11.

4 Genehmigungsbedürftig sind auch die Ausschlagung einer Erbschaft, eines Erbteils einschließlich Nacherbschaft, eines Vermächtnisses sowie der Verzicht auf einen Pflichtteil (Abs. 2 Satz 1). Die Annahme einer Erbschaft, eines Vermächtnisses und deren Anfechtung ist dagegen nicht genehmigungspflichtig (BayObLG FamRZ 1997, 126). Der Annahme steht die Anfechtung der Erbschaftsannahme und der Vermächtnisannahme gleich (Palandt/*Diederichsen* § 1643 Rn 5). Einer Genehmigung bedarf es nicht, wenn die erbrechtliche Position dem Kind nur deshalb zufällt, weil die Eltern bzw der berechtigte Elternteil ihrerseits ausgeschlagen haben; nach der Lebenserfahrung ist davon auszugehen, dass, wenn die Eltern für sich ausschlagen, der Anfall auch für das Kind nachteilig ist oder sonst ein Grund vorliegt, der die Nichtannahme der Erbschaft rechtfertigt (OLG Hamm 1959, 2215). Dies gilt dann nicht, wenn die Eltern für sich und eines ihrer Kinder ausschlagen, um die Erbschaft einem andern Kind anfallen zu lassen (*Engler* FamRZ 1972, 8 f).

5 Die Genehmigung des Gerichts ist aber gem § 1643 Abs. 2, 2. Hs dann wieder erforderlich, wenn der ausschlagende Elternteil neben dem Kind zum Erben berufen ist und er nach § 1951 Abs. 1 den einen Erbteil annimmt und den anderen ausschlägt (KK-FamR/*Ziegler* § 1643 Rn 3). Es bleibt auch dann beim Genehmigungserfordernis, wenn die Eltern durch die Ausschlagung begünstigt werden oder das Kind zwar durch die Ausschlagung der Eltern seine erbrechtliche Stellung verbessert hat, wie zB im Fall der Quotenerhöhung, es aber schon zuvor eine derartige Position hatte. Wegen §§ 1795 Abs. 2, 181 können die Eltern in diesem Fall im Hinblick auf die damit verbundenen unmittelbaren Vorteile die Ausschlagung nicht selbst erklären, weshalb ein Ergänzungspfleger zu bestellen ist, § 1909 (HK/*Kemper* § 1643 Rn 3; aA *Coing* NJW 1985, 9).

6 Zu beachten ist, dass unter Verzicht auf den Pflichtteil nur der Erlass des bereits entstandenen Pflichtteilsanspruchs iSd §§ 2303 Abs. 1 Satz 1, 397, nicht aber der Verzicht nach § 2346, zu verstehen ist. In gleicher Weise ist auch beim vertragsmäßigen Erb- und Pflichtteilsverzicht die familienrechtliche Genehmigung nach § 2347 erforderlich.

7 Dagegen bedarf der Erbteilungsvertrag keiner Genehmigung, es sei denn, das Vertretungsrecht der Eltern bestünde nicht und es wäre bereits ein Pfleger bestellt bzw die Genehmigung des Familiengerichts wäre aus einem anderen Grund einzuholen, weil zB ein Nachlassgegenstand einem anderen Miterben zugewiesen ist (KGJ 20 A 237).

8 Das Gericht hat seine Entscheidung am Kindeswohl auszurichten. Sie ist Ermessensentscheidung (BGH FamRZ 1986, 970). Dabei sind nicht nur wirtschaftliche, sondern auch immaterielle Gesichtspunkte mit zu berücksichtigen, wenngleich erstere regelmäßig überwiegen werden. Vorteile, Risiken, Erträge und Aufwendungen sind abzuwägen; daher ist die Ausschlagung eines überschuldeten Nachlasses grds zu genehmigen (KK-FamR/*Ziegler* § 1643 Rn 4). Bei der Entscheidungsfindung hat das Gericht dem Interesse des Kindes, das Vermögen zu erhalten, Vorrang einzuräumen gegenüber einer

mit Risiko verbundenen Gewinnaussicht (Kaiser/Schnitzler/Friederici/*Rakete-Dombek* § 1643 Rn 15). Bei Zweifeln an der Wirksamkeit des Rechtsgeschäfts muss das Gericht genehmigen, wenn es im Interesse des Kindes liegt. Dabei ist es den Beteiligten zu überlassen, ob sie die Wirksamkeit des Geschäfts vor einem ordentlichen Gericht klären. Beim Eintritt eines Minderjährigen in eine BGB-Gesellschaft hat das Gericht im Rahmen des vormundschaftsgerichtlichen Genehmigungsverfahrens eine umfassende Gesamtschau der Vor- und Nachteile vorzunehmen, die sich insb auf Zusammensetzung und Werthaltigkeit des gesamten zu übertragenden Vermögens, die künftigen Gewinn- und Verlustrisiken der Gesellschaft sowie die Risiken einer fehlenden rechtlichen Einflussnahme des Minderjährigen auf die Geschäftsführung einzubeziehen (OLG Braunschweig ZEV 2001, 75).

C. Genehmigung (Abs. 3)

Im Wesentlichen richtet sich die Genehmigung nach den vormundschaftsrechtlichen Bestimmungen. Hierzu zählen: 9

- § 1825: Statt der Einzelgenehmigungen kann das Familiengericht den Eltern eine allgemeine Ermächtigung zu Verfügungen über Forderungen und andere Rechte erteilen.
- §§ 1828 – 1831: Bei der Erteilung der Genehmigung hat das Gericht im Rahmen seiner Ermessensentscheidung vorrangig das Kindeswohl (OLG Frankfurt/M FamRZ 1969, 658) und damit auch die immateriellen Interessen des Kindes zu berücksichtigen (OLG Karlsruhe FamRZ 1973, 378). Mit der Volljährigkeit des Kindes tritt seine Genehmigung an die Stelle der familiengerichtlichen Genehmigung (§ 1829 Abs. 3).

Einseitige Rechtsgeschäfte sind ohne Genehmigung nichtig und können auch nachträglich 10 nicht genehmigt werden. Hierzu müssen die Eltern die Genehmigung in schriftlicher Form vorlegen und der Erklärungsgegner darf das Rechtsgeschäft nicht aus diesem Grunde zurückgewiesen haben (Kaiser/Schnitzler/Friederici/*Rakete-Dombek* § 1643 Rn 18). Dagegen kann ein Vertrag sowohl vor als auch nach dessen Abschluss genehmigt werden. Die Entscheidung des Gerichts (Genehmigung oder Verweigerung) wird dem Dritten gegenüber aber erst wirksam, wenn sie ihm durch die Eltern mitgeteilt wird, §§ 1829 Abs. 1, 1643 Abs. 3. Schließlich kann das Gericht in den Fällen der § 1822 Nr. 8 – 10 eine allgemeine Ermächtigung erteilen, wenn dies zum Zwecke der Vermögensverwaltung erforderlich ist, §§ 1825 Abs. 1, 2; 1643 Abs. 3.

Mit Eintritt der Volljährigkeit tritt die Genehmigung an die Stelle der Genehmigung des 11 Familiengerichts, §§ 1829 Abs. 3, 1643 Abs. 3.

Fehlt es an der erforderlichen Genehmigung, ist der Vertrag unwirksam. Dadurch entsteht 12 grds keine Schadensersatzpflicht der Eltern (Staudinger/*Engler* § 1643 Rn 62).

D. Verfahren

I. Zuständigkeit

Nach §§ 43, 36 FGG ist das Familiengericht für die Erteilung der Genehmigung sachlich 13 zuständig.

Mangels Richtervorbehalt entscheidet gem §§ 3 Nr. 2a, 14 RPflG der Rechtspfleger. 14

II. Verfahren

Das Verfahren wird grds durch einen Antrag der Eltern eingeleitet, obgleich dieser zur 15 Verfahrenseinleitung nicht erforderlich ist. Vielmehr kann das Familiengericht, wenn es von einem Rechtsgeschäft Kenntnis erlangt, welches die Eltern für ihr Kind abschließen, von Amts wegen prüfen, ob es sich um ein genehmigungspflichtiges Rechtsgeschäft

§ 1774 BGB | Anordnung von Amts wegen

handelt oder nicht und die Genehmigung erteilen oder versagen. Es gilt der Amtsermittlungsgrundsatz, § 12 FGG. Allerdings darf das Gericht die Genehmigung nicht gegen den Willen der Eltern erteilen (BGH DNotZ 1967, 320). In einem Verfahren auf Erteilung einer familiengerichtlichen Genehmigung ist grds der Erlass eines Vorbescheids erforderlich. Das Kind ist gem § 50b Abs. 2 Satz 2 FGG zuvor anzuhören. Die obligatorische Anhörung ist nur dann entbehrlich, wenn das Kind wirksam auf Rechtsmittel verzichtet hat (OLG Dresden EzFamR 2001, 171). Nach § 50a FGG sind auch die Eltern anzuhören.

16 Die Genehmigung wird gem § 16 FGG mit der Bekanntmachung an die Eltern wirksam, §§ 1828, 1643 Abs. 3. Ist die Verfügung einem Dritten gegenüber wirksam geworden, so kann sie nicht mehr geändert werden, §§ 55 Abs. 1, 62 FGG (Kaiser/Schnitzler/Friederici/Rakete-Dombek § 1643 Rn 17). Sind an einem genehmigungspflichtigen Rechtsgeschäft mehrere Minderjährige beteiligt, so ist die Genehmigungsverfügung für jeden Minderjährigen jeweils rechtlich selbständig. Die für einen von mehreren Minderjährigen erteilte Genehmigung kann auch dann noch geändert werden, wenn sie für andere bereits wirksam geworden ist.

17 Gegen die Versagung der gerichtlichen Genehmigung durch den Rechtspfleger ist die befristete Beschwerde zum OLG statthaft, wobei der Rechtspfleger zu einer Abänderung nicht befugt ist (OLG Dresden EzFamR 2001, 171). Ein Dritter hat, abgesehen von § 57 Abs. 1 Nr. 9 FGG, kein Beschwerderecht (Staudinger/*Engler* § 1643 Rn 62).

E. Gebühren

18 Nach § 95 Abs. 1 Nr. 1 KostO wird für die nach § 1643 BGB erforderliche Genehmigung zu einem Rechtsgeschäft die volle Gebühr erhoben. In diesem Fall bestimmt sich der Geschäftswert nach dem Wert des Gegenstandes, auf den sich das Rechtsgeschäft bezieht, § 95 Abs. 2 Satz 1, 1. Hs KostO. Kostenschuldner ist das Kind, da das Verfahren seinem Interesse dient.

Abschnitt 3: Vormundschaft, Rechtliche Betreuung, Pflegschaft
Titel 1: Vormundschaft
Untertitel 1: Begründung der Vormundschaft

§ 1774 Anordnung von Amts wegen

Das Vormundschaftsgericht hat die Vormundschaft von Amts wegen anzuordnen. Ist anzunehmen, dass ein Kind mit seiner Geburt eines Vormunds bedarf, so kann schon vor der Geburt des Kindes ein Vormund bestellt werden; die Bestellung wird mit der Geburt des Kindes wirksam.

A. Bestellungsgrundsatz (Satz 1)

I. Allgemeines

1 Grds wird die Vormundschaft vom Gericht von Amts wegen angeordnet, sofern es sich nicht um einen Fall des § 1751 Abs. 1 Satz 2 bzw § 1791c handelt. Die für die Anordnung maßgeblichen Tatsachen werden nach dem Amtsermittlungsgrundsatz ermittelt (Hk-BGB/*Kemper* § 1774 Rn 2). Darüber hinaus sind bestimmte öffentliche Stellen kraft Gesetzes verpflichtet, das Vormundschaftsgericht über die Erforderlichkeit einer Vormundschaft zu unterrichten, wie zB das Standesamt, § 57 SGB VIII, § 48 FGG; das Jugendamt,

§§ 42 Abs. 2 Satz 3 Nr. 2, Abs. 3 Satz 4; 50 Abs. 3 Satz 1, 53 Abs. 3 SGB VIII; die Gerichte, § 35a FGG und die Staatsanwaltschaft, § 70 JGG. Beim Tod des Vormunds sind die Erben und, sofern ein Gegenvormund bestellt ist, dieser, nach § 1894 Abs. 1 verpflichtet, das Vormundschaftsgericht zu verständigen. Entsprechendes gilt nach § 1894 Abs. 2 beim Tod eines Mitvormunds und des Gegenvormunds.

Unterschiedlich bewertet wird, ob zur Anordnung der Vormundschaft ein förmlicher 2 und bekannt zu gebender Beschluss erforderlich ist (so MüKo BGB/*Wagenitz* § 1774 Rn 3 mwN). Unter Beachtung rechtsstaatlicher Erfordernisse, die auch für das FG-Verfahren gelten (BVerfG NJW 2000, 1709) und unter Berücksichtigung des Beschwerderechts nach § 20 Abs. 1 FGG und dem selbständigen Beschwerderecht eines Minderjährigen ab dem 14. Lebensjahr gem §§ 59, 20 Abs. 1 FGG, erscheint es notwendig, die Anordnung der Vormundschaft durch einen förmlichen Beschluss zu treffen. Soweit ein beschwerdeberechtigter Beteiligter vorhanden ist, muss ihm der Beschluss bekannt gegeben werden (Kaiser/Schnitzler/Friederici/*Fritschle* § 1774 Rn 1). Nach § 16 Abs. 1 FGG wird der Beschluss mit der Bekanntmachung wirksam. Einer förmlichen Zustellung nach §§ 208 ff ZPO bedarf es nicht, da mit der Bekanntmachung keine Frist in Lauf gesetzt wird, § 16 Abs. 2 FGG. Bei Minderjährigen, die das 14. Lebensjahr vollendet haben, hat die Bekanntmachung auch ihnen gegenüber, dh neben dem ges Vertreter, zu erfolgen, § 59 Abs. 2 FGG.

In aller Regel werden mit der Anordnung der Vormundschaft auch die Auswahl und 3 Bestellung des Vormunds verbunden (Palandt/*Diederichsen* § 1774 Rn 1). Im Rahmen der Bestellung des Vormunds wird die Vormundschaft und das Vertretungsverhältnis mit den damit verbundenen Rechten und Pflichten näher konkretisiert.

II. Einleitung des Verfahrens

Ein förmlicher Antrag auf Anordnung der Vormundschaft ist nicht erforderlich. Es ist 4 ausreichend, wenn das Vormundschaftsgericht durch eine Anregung oder auf andere Weise die Information erhält, dass Bedarf für die Anordnung einer Vormundschaft besteht (Kaiser/Schnitzler/Friederici/*Fritschle* § 1774 Rn 3).

Die Zuständigkeit des Vormundschaftsgerichts bestimmt sich nach § 36 FGG. Zuständig 5 ist das AG am Wohnsitz bzw des Aufenthaltsortes des Mündels. Für die Bestellung eines Vormundes vor der Geburt des Kindes ist das Gericht zuständig, in dessen Bezirk die Mutter zu der Zeit, zu der das Gericht mit der Angelegenheit betraut ist, ihren Wohnsitz bzw ihren Aufenthaltsort hat, § 36a FGG (Erman/*Holzhauer* § 1774 Rn 7). Funktionell zuständig ist, sofern es sich nicht um einen ausländischen Mündel handelt, für den der Richtervorbehalt des § 14 Nr. 4 RPflG gilt, der Rechtspfleger.

Unter Anwendung des Amtsermittlungsgrundsatzes stellt das Vormundschaftsgericht 6 zunächst seine Zuständigkeit fest und ermittelt dann durch Anhörung, Akteneinsicht oder sonstige Auskunftsersuchen (vgl *Becker* § 3 Rn 44), ob die Voraussetzungen für die Anordnung der Vormundschaft nach § 1773 vorliegen. Das Vormundschaftsgericht trifft die im Vorfeld erforderlichen Maßnahmen entweder selbst oder bestellt nach §§ 1846, 1909 Abs. 3 einen Pfleger. Darüber hinaus besteht die Möglichkeit, bei bestehendem Erfordernis, Eilmaßnahmen nach § 1846 anzuordnen bzw einzuleiten.

B. Vorbeugende Anordnung (Satz 2)

Ist bereits erkennbar, dass die Voraussetzungen des § 1773 bei der Geburt des Kindes 7 vorliegen werden, kann vom Zeitpunkt der Zeugung an die Vormundschaft vorsorglich angeordnet werden. Dabei sind insb die Fälle von Bedeutung, in denen die Mutter bei der Geburt noch minderjährig ist und keine Sorgerechtserklärung abgegeben wurde, wenn beide Eltern minderjährig sind und auch das Sorgerecht des Vaters ruht (Kaiser/Schnitzler/Friederici/*Fritschle* § 1774 Rn 4) oder wenn die Mutter geschäftsunfähig ist (Palandt/*Diederichsen* § 1774 Rn 1). Das Kind erhält dann bereits bei Geburt einen

§ 1774 BGB | Anordnung von Amts wegen

ges Vertreter. Auf diese Weise lässt sich eine Amtsvormundschaft des Jugendamtes vermeiden.

C. Wirksamkeit der Anordnung

8 Die Anordnung der Vormundschaft wird nach § 16 FGG wirksam mit der Bekanntmachung an den Vormund. Im Übrigen hat die Anordnung der Vormundschaft konstitutive Wirkung (OLG Stuttgart FamRZ 1965, 457). Dasselbe gilt auch bei einer Doppelanordnung.

9 Streitig diskutiert werden die Folgen, wenn die Vormundschaft angeordnet wurde, ohne dass die Voraussetzungen des § 1773 vorlagen, weil zB die elterliche Sorge nicht ruht oder nicht gänzlich entzogen ist bzw die elterliche Sorge dem anderen Elternteil übertragen worden ist (iE MüKo/*Wagenitz* § 1774 Rn 8 ff). Von Bedeutung ist dieses Problem immer dann, wenn der zu Unrecht eingesetzte Vormund bereits Rechtsgeschäfte abgeschlossen hat.

D. Anfechtbarkeit der Anordnungen

10 Fallen die ursprünglich vorhandenen Voraussetzungen des § 1773 nachträglich weg, so entfällt die Vormundschaft nach § 1882, ohne dass es eines besonderen Beschlusses des Vormundschaftsgerichts bedarf. Gem § 36 FGG bleiben die vom Vormund getätigten Geschäfte wirksam.

11 Hat dagegen das Vormundschaftsgericht die Sach- und Rechtslage fehlerhaft bewertet, so ist die Vormundschaft zwar wirksam, aber anfechtbar. Der staatliche Akt ist nicht nichtig (Kaiser/Schnitzler/Friederici/*Fritschle* § 1774 Rn 6). Die Vormundschaft bleibt solange wirksam, bis sie durch das Vormundschaftsgericht oder auf eine Beschwerde hin aufgehoben wird (Palandt/*Diederichsen* § 1774 Rn 3). Eine Überprüfung durch das Prozessgericht kommt nicht in Betracht, da das Gericht an die Anordnung gebunden ist. Die Vertretungsbefugnis darf, sollten noch nicht alle sachlichen Voraussetzungen für die Anordnung vorliegen, nicht schon deshalb verneint werden (BGHZ 33, 195). Vielmehr ist in diesem Fall das Verfahren auszusetzen (BGHZ 41, 309). Nach § 32 FGG wird die Wirksamkeit der Rechtsgeschäfte, die durch den Vormund oder ihm gegenüber vorgenommen wurden, nicht berührt.

E. Unwirksamkeit der Anordnung

12 Materiell-rechtlich führen nur besonders schwerwiegende Verstöße zu einer Nichtigkeit der Anordnung einer Vormundschaft. Zu nennen sind:

- die Vormundschaft über Volljährige
- der Mündel ist bereits verstorben
- der Vormund ist geschäftsunfähig, § 1780.

13 Darüber hinaus ist von der Nichtigkeit der Anordnung bei grober Missachtung von verfahrensrechtlichen Vorschriften und denen des GVG auszugehen, wie zB

- Entscheidungen, die von einem Nichtrichter getroffen wurden
- Entscheidungen eines Rechtspflegers trotz Richtervorbehalts
- Entscheidungen gegen Personen, die nicht am Verfahren beteiligt sind (BayObLG JurBüro 1987, 412)
- Entscheidungen gegen Exterritoriale.

14 In diesen Fällen kommt die Vormundschaft von Anfang an nicht zustande, dh die Rechtsgeschäfte des Vormunds bestimmen sich nach den §§ 177 ff, wobei die Bestallungsurkunde keine Rechtsscheinshaftung nach § 172 begründet (Palandt/*Heinrichs* § 173 Rn 5 mwN).

F. Beschwerdeberechtigung

Nach § 20 Abs. 1 FGG ist der Mündel gegenüber der Anordnung der Vormundschaft beschwerdeberechtigt, weil ihm ein Vertretungsberechtigter vorgeordnet wird. Da ihm aber regelmäßig die Verfahrensfähigkeit zur selbständigen Wahrnehmung seines Beschwerderecht fehlt, es sich aber um seine Person betreffenden Angelegenheiten handelt, folgt die Beschwerdebefugnis aus § 59 FGG, sofern er das 14. Lebensjahr vollendet hat.

Ansonsten kann das Beschwerderecht des Mündels durch den Vormund als gesm Vertreter ausgeübt werden. Sofern der Mündel selbst beschwerdeberechtigt ist, kann dies aber nicht gegen seinen Willen geschehen (Erman/*Holzhauer* § 1774 Rn 11). Im Übrigen ist jeder beschwerdebefugt, der ein berechtigtes Interesse an der Wahrnehmung des Mündelinteresses hat (Erman/*Holzhauer* § 1774 Rn 11).

Nach § 57 Abs. 1 Nr. 1 FGG steht jedem, der ein rechtliches Interesse an der Änderung hat, gegen die Ablehnung der Anordnung der Vormundschaft die Beschwerde zu, wobei zum Kreis der Beschwerdeberechtigten neben dem Ehegatten auch die Verwandten und die Verschwägerten des Mündels gehören (Erman/*Holzhauer* § 1774 Rn 12). Ist den Eltern das Sorgerecht entzogen worden, fehlt ihnen die Beschwerdebefugnis (BGH NJW 1956, 1755).

15

16

17

Abschnitt 3: Vormundschaft, Rechtliche Betreuung, Pflegschaft
Titel 1: Vormundschaft
Untertitel 3: Fürsorge und Aufsicht des Vormundschaftsgerichts

§ 1839 Auskunftspflicht des Vormunds

Der Vormund sowie der Gegenvormund hat dem Vormundschaftsgericht auf Verlangen jederzeit über die Führung der Vormundschaft und über die persönlichen Verhältnisse des Mündels Auskunft zu erteilen.

A. Allgemeines

Die Vorschrift ergänzt die Pflicht zum jährlichen Bericht nach § 1840 und erleichtert dadurch die Tätigkeit des Vormundschaftsgerichts, die Aufsicht gem § 1837 Abs. 2 Satz 1 im Interesse des Mündels vollumfänglich wahrzunehmen und zu erfüllen. Es besteht daher keine Möglichkeit, von der Auskunftspflicht befreit zu werden (OLG Saarbrücken DAVorm 1995, 248). Sie ist bei allen Vormundschaften, Betreuungen und Pflegschaften zu erfüllen und obliegt neben dem Betreuer und Gegenbetreuer auch dem Amts- und Vereinsbetreuer, dem Verein und der Betreuungsbehörde des Betreuers sowie dem Pfleger nach § 1915 (Erman/*Holzhauer* § 1839 Rn 2).

1

B. Auskunftspflicht

Das Vormundschaftsgericht kann jederzeit die Auskunft anfordern und bis zur Beendigung der Vormundschaft mit Zwangsgeld durchsetzen, § 1837 Abs. 3. Danach besteht grds keine Pflicht zur Berichterstattung mehr (BayObLG Ppfleger 1996, 246). Dieses Recht besteht unabhängig von Bericht und Rechnungslegung nach § 1840 Abs. 1 und 2 und ist an keinen bestimmten Turnus gebunden. Es setzt aber einen konkreten Anlass voraus (LG Saarbrücken DAVorm 94, 645), kann aber auch umfassend sein (Erman/*Holzhauer* § 1839 Rn 1).

2

Grds ist der Vormund berechtigt, die Auskunft schriftlich zu erteilen oder sich eines Vertreters zu bedienen (HK/*Kemper* § 1839 Rn 1). Das Gericht kann aber den Vormund

3

auch zur persönlichen Auskunftserstattung in einer mündlichen Verhandlung auffordern (RGRK/*Dickescheid* § 1839 Rn 2 mwN).

4 Der Mündel kann nach Beendigung der Vormundschaft ebenso wie die Erben nach dem Tod des Mündels oder Betreuten Klage erheben auf Auskunft, Rechnungslegung und Abgabe der eidesstattlichen Versicherung gem §§ 1890, 260.

5 Die Auskunftspflicht umfasst die gesamte Tätigkeit des Vormunds. Er hat daher nicht nur Auskunft zu erteilen über die Verwaltung des Vermögens, sondern auch über die persönlichen Verhältnisse, wie Gesundheitszustand, Aufenthalt, persönliche Umgebung, Schule, Beruf, besondere entwicklungswichtige Ereignisse ua. Insoweit entspricht der Umfang dem der Aufsicht des Vormundschaftsgerichts nach § 1837 Abs. 2 Satz 1.

6 Zur Auskunftspflicht gehört gem § 1799 Abs. 2 analog nicht nur das Recht des Vormundschaftsgerichts auf Einsichtnahme in die sich auf die Vormundschaft beziehenden Dokumente, sondern auch die Pflicht zur Vorlage vorhandener Belege und Bescheinigungen bzw Beschaffung derselben durch den Vormund (Palandt/*Diederichsen* § 1840 Rn 1), sofern er selbst Anspruch auf diese Unterlagen hat (KGJ 38, 261).

7 Bleiben die Aufforderungen des Vormundschaftsgerichts erfolglos, kann der Vormund entlassen werden (OLG Hamm Pfpfleger 1966, 17).

§ 1840 Bericht und Rechnungslegung

(1) Der Vormund hat über die persönlichen Verhältnisse des Mündels dem Vormundschaftsgericht mindestens einmal jährlich zu berichten.

(2) Der Vormund hat über seine Vermögensverwaltung dem Vormundschaftsgericht Rechnung zu legen.

(3) Die Rechnung ist jährlich zu legen. Das Rechnungsjahr wird von dem Vormundschaftsgericht bestimmt.

(4) Ist die Verwaltung von geringem Umfang, so kann das Vormundschaftsgericht, nachdem die Rechnung für das erste Jahr gelegt worden ist, anordnen, dass die Rechnung für längere, höchstens dreijährige Zeitabschnitte zu legen ist.

A. Allgemeines

1 Grundlage der Prüfung der Tätigkeit des Vormunds durch das Vormundschaftsgerichts sind der Bericht und die Rechnungslegung, § 1837 Abs. 2 Satz 1. Die Pflicht zur Berichterstattung und Rechnungslegung ist, anders als der Auskunftsanspruch nach § 1839, jährlich und unaufgefordert zu erfüllen. Sie trifft in gleicher Weise auch den Betreuer (§ 1908i Abs. 1 Satz 1) und den Pfleger (§ 1915). § 1840 gilt gem § 1908i Abs. 1 Satz 1 sinngemäß auch im Betreuungsrecht (Erman/*Holzhauer* § 1840 Rn 11).

B. Bericht über die persönlichen Verhältnisse

I. Persönliche Verhältnisse

2 Der Vormund hat über die »persönlichen Verhältnisse« des Mündels zu berichten, dh über alle Umstände, die das Leben und die Stellung des Mündels in seiner Beziehung zur Umwelt prägen, um dem Gericht die Möglichkeit zu geben zu prüfen, ob die Führung der Vormundschaft im Bericht der Personensorge dem Wohl des Mündels entspricht. Dabei kommt der Darstellung der körperlichen und geistigen Entwicklung des Mündels, des Aufenthalts und der Ausbildungssituation sowie der Beziehung des Mündels zu anderen Personen und sein Umgang mit Dritten, insb den Eltern und Angehörigen, besondere Bedeutung zu.

II. Bericht

Die Auskunft über die persönlichen Verhältnisse, für die keine bestimmte Form vorgesehen ist (BT-Ds 11/4528, S 114), muss im jährlichen Turnus, erstmals ein Jahr nach der Bestellung des Vormunds, schriftlich oder mündlich unaufgefordert erteilt werden. Es ist möglich, dass das Vormundschaftsgericht eine häufigere Vorlage anordnet; eine Verkürzung des Zeitraums für die Berichtspflicht ist nicht möglich (LG Frankfurt Ppfleger 1993, 336). Darüber hinaus kann es neben den Berichten Auskunft nach § 1839 verlangen. 3

Der Umfang des Berichts kann nicht allgemein festgelegt werden, sondern ist individuell nach dem Zweck, dem Gericht die Prüfung der Führung der Vormundschaft zu ermöglichen, zu bestimmen. 4

Es ist nicht erforderlich, dass zu Beginn und am Ende der Vormundschaft ein gesonderter Bericht abgegeben wird. Allerdings hat der Vormund bei Beginn der Vormundschaft nach § 1802 ein Vermögensverzeichnis auf den Zeitpunkt der Anordnung der Vormundschaft zu erstellen. 5

C. Rechnungslegung

I. Rechnungslegung (Abs. 2)

Im Rahmen der Vermögensverwaltung hat der Vormund unaufgefordert Rechnung zu legen. Bei ungeteilter Vermögensverwaltung mehrerer Vormünder erfolgt die Rechnungslegung zusammen, bei geteilter Vermögensverwaltung durch jeden Vormund für seinen Wirkungskreis (Palandt/*Diederichsen* § 1840 Rn 2). Die Vormundschaft über mehrere Mündel verpflichtet bei ungeteiltem Mündelvermögen nicht zur getrennten Rechnungslegung (Palandt/*Diederichsen* § 1840 Rn 2). 6

Nach § 1793 erstreckt sich die Rechnungslegung nur auf das der Verwaltung des Vormunds unterliegende Mündelvermögen einschließlich der laufenden Einnahmen und Ausgaben (Palandt/*Diederichsen* § 1840 Rn 3) und solches, das der Vormund durch einen Dritten verwalten lässt bzw sich im Besitz eines Nießbrauchers oder Pfandgläubigers (MüKo/*Wagenitz* § 1840 Rn 4) befinden. Die Rechnungslegung erstreckt sich nicht auf Vermögensteile, die kraft Gesetzes der Verwaltung eines Dritten, wie zB einem Testamentsvollstrecker oder Nachlassverwalter, unterliegen, und zwar auch dann, wenn der Vormund dieses Amt ausübt. 7

Von der Rechnungslegung sind kraft Gesetzes **befreit** der Amts- und Vereinsvormund, §§ 1854, 1857a sowie der von den Eltern befreite Vormund nach § 1854, 1855. Allerdings verbleibt es bei der Pflicht zur zweijährlichen Vorlage einer Übersicht über den Vermögensbestand, § 1854 Abs. 2 und 3. Dagegen ist es dem Vormundschaftsgericht nicht gestattet, den Betreuer von der Rechnungslegungspflicht zu befreien. Entsprechendes gilt für den geschäftsunfähigen Betreuten gegenüber dem Betreuer (OLG Hamm FamRZ 1989, 665), da die Pflicht zur Rechnungslegung dem Schutz der betreuten Person dient und sie die Reichweite sowie die Folgen einer solchen Befreiung nicht übersehen kann, § 1896 Abs. 1 Satz 1 (MüKo/*Wagenitz* § 1840 Rn 8). 8

Die Pflicht zur Rechnungslegung entfällt, wenn kein Vermögen vorhanden ist, welches der Verwaltung bedarf. Sind auch keine Einnahmen und Ausgaben erfolgt, genügt die Vorlage einer Vermögensübersicht. 9

Der Vormund hat die Rechnungslegungspflicht dem Vormundschaftsgericht gegenüber auszuführen. Sie kann durch Zwangsgeld durchgesetzt werden. Er ist, anders als bei § 259, nicht verpflichtet, die Richtigkeit und Vollständigkeit der Rechnung an Eides Statt zu versichern. Eine derartige Pflicht besteht nach § 1890 nur hinsichtlich der Endrechnung. Dagegen hat der Mündel keinen einklagbaren Anspruch aus § 1840 (str, so Staudinger/*Engler* § 1840 Rn 25 f; aA: Erman/*Holzhauer* § 1840 Rn 10). Allerdings macht sich der Vor- 10

§ 1841 BGB | Inhalt der Rechnungslegung

mund dem Mündel gegenüber schadensersatzpflichtig, wenn er seiner Verpflichtung nicht nachkommt, § 1833 oder die Rechnungslegung Fehler enthält.

11 Ist ein Gegenvormund eingesetzt, so hat dieser an der Rechnungslegung mitzuwirken, indem ihm der Vormund nach § 1842 die Rechnung unter Nachweis des Vermögensbestandes zur Prüfung übergibt.

12 Die Kosten für die Rechnungslegung fallen dem Mündelvermögen zur Last, wobei die Zuziehung eines Sachverständigen in begründeten Fällen eine Aufwendung iSd § 1835 darstellt.

II. Zeitraum (Abs. 3 und 4)

13 Die Rechnungslegung hat grds jährlich zu erfolgen, wobei das Vormundschaftsgericht das Rechnungsjahr bestimmt. Es kann längere Rechnungszeiträume bestimmen. Ist die Vermögensverwaltung von geringem Umfang, so kann das Gericht einen Zeitraum von maximal 3 Jahren bestimmen. Diese Anordnung kann erst nach einer im ersten Jahr ordnungsgemäß erstellten Rechnung erfolgen. Sie ist jederzeit abänderbar (MüKo/*Wagenitz* § 1840 Rn 8). Eine Verkürzung auf unter ein Jahr (LG Frankfurt Ppfleger 1993, 336) oder die völlige Befreiung von der Pflicht zur Rechnungslegung bzw deren inhaltliche Reduzierung ist nicht möglich (BayObLG FamRZ 1994, 1189).

D. Durchsetzung der Pflichten

I. Vormundschaftsgericht

14 Nach § 1837 Abs. 3 kann das Vormundschaftsgericht den Bericht nach Abs. 1 und die Rechnungslegung durch Zwangsgeldfestsetzung erzwingen. Für den Fall, dass der Vormund seiner Rechnungslegungspflicht nicht nachkommt, kommt die Entziehung der Vermögenssorge oder seine Entlassung in Betracht (BayObLG BtPrax 2002, 218).

II. Mündel

15 Die Frage, ob der Mündel während der Vormundschaft einen einklagbaren Anspruch auf Rechnungslegung hat, ist umstritten (s.o. Rn 10). Bedeutsam ist die Frage in erster Linie im Rahmen der Betreuung: Der geschäftsfähige Betreute könnte die Klage selbst einreichen, während der Mündel hierfür einen Ergänzungspfleger benötigen würde, § 1909 Abs. 1.

16 Da die Vormundschaft weitgehend dem Recht der freiwilligen Gerichtsbarkeit unterliegt spricht schon die Systematik der Regelungen gegen einen klagbaren Anspruch des Mündels. Zu beachten ist insoweit auch, dass Anspruch auf Rechnungslegung nach § 1890 Satz 1 ausdrücklich auf den Zeitraum nach Beendigung der Vormundschaft beschränkt ist. Allerdings ist dem Mündel dadurch die Möglichkeit der eidesstattlichen Versicherung nach § 259 Abs. 2 und die Zwangsvollstreckung nach § 888 ZPO genommen ist (AnwK/ *Rohde* § 1840 Rn 12).

§ 1841 Inhalt der Rechnungslegung

(1) Die Rechnung soll eine geordnete Zusammenstellung der Einnahmen und Ausgaben enthalten, über den Ab- und Zugang des Vermögens Auskunft geben und, soweit Belege erteilt zu werden pflegen, mit Belegen versehen sein.

(2) Wird ein Erwerbsgeschäft mit kaufmännischer Buchführung betrieben, so genügt als Rechnung ein aus den Büchern gezogener Jahresabschluss. Das Vormundschaftsgericht kann jedoch die Vorlegung der Bücher und sonstigen Belegen verlangen.

A. Allgemeines

Die Vorschrift ist eine Ordnungsvorschrift und geht als lex specialis dem § 259 vor (KGJ 37 1
A 110). Sie gilt nicht nur für die Vormundschaft, sondern auch für die Betreuung (§ 1908i
Abs. 1 Satz 1) und die Pflegschaft (§ 1915 Abs. 1) entsprechend.

B. Inhalt und Form der Rechnung (Abs. 1)

I. Inhalt

Die erste Rechnungslegung hat an das nach § 1802 Abs. 1 Satz 1 zu Beginn der Vormund- 2
schaft erstellte Vermögensverzeichnis anzuknüpfen und dann an die jeweils im Vorjahr
erstellte Rechnung. Nachvollziehbar aufzuführen sind nicht nur die Einkünfte und Ausgaben sondern auch die Vermögenszu- und -abgänge.
Sofern ein Gegenvormund bestellt wurde, ist der Abrechnung nach § 1842 Abs. 1 Satz 1 ein 3
Vermögensverzeichnis beizufügen.

II. Form

Die **Jahresabrechnung** muss eine gesonderte Zusammenstellung der Einnahmen und 4
Ausgaben im Rechnungsjahr sein, dh die Angaben müssen in schriftlicher Form klar
und übersichtlich dargestellt sein, so dass das Vormundschaftsgericht seine Aufsichtspflicht nach §§ 1937 Abs. 2 Satz 1, 1843 Abs. 1 erfüllen kann und ohne Zuziehung eines
Sachverständigen einen Überblick über alle Vorgänge erhält. Die Abrechnung muss eine
nachvollziehbare, aus sich heraus verständliche (MüKo/*Wagenitz* § 1840 Rn 3) Übersicht
über die im Rahmen der Vermögensverwaltung angefallenen Einzelmaßnahmen bieten.
Die bloße Vorlage von Unterlagen und Belegen wird diesem Erfordernis nicht gerecht (allg
Meinung, vgl BayObLG FamRZ 2001, 934 L), und zwar auch nicht die Vorlage eines
Kassenbuchs, sofern dieses nicht alle Einnahmen und Ausgaben verzeichnet (BayObLG
FamRZ 1993, 237).
An die Abrechnung schließt sich der **Bericht** an, der über wesentliche Zu- und Abgänge 5
Auskunft gibt, wobei unbedeutende Vermögensverfügungen, wie die Ersetzung einzelner
Haushaltsgegenstände oder die Anschaffung neuer Kleidungsstücke (Erman/*Holzhauser*
§ 1841 Rn 2), nicht erwähnt zu werden brauchen. Insgesamt sind die Entwicklung des
Ausgangsvermögens und die Verwendung der Einkünfte des Mündels zuverlässig darzustellen (*Birkenfeld* NJW 1976, 198). Ausreichend ist es, wenn alltägliche Ausgaben allgemein und mit Pauschalbeträgen angegeben werden.
Ist es im Rechtsverkehr üblich, dass **Belege** erteilt werden und können Pauschalbeträge 6
nicht angegeben werden, sind Belege vorzulegen. Hierzu gehören insb Bescheinigungen
über Giro- und Sparkonten sowie Wertpapierdepots. Sie werden nach der Rechnungsprüfung vom Vormundschaftsgericht zurückgegeben. Dabei ist es nicht erforderlich, dass
Sparbücher, Wertpapiere, Depotscheine uÄ im Original eingereicht werden (KGJ 50 A 28).

C. Erwerbsgeschäft (Abs. 2)

Gehört ein Erwerbsgeschäft zum Vermögen, für das eine kaufmännische Buchführung 7
erfolgt, so richtet sich diese nach den §§ 242 ff HGB. Ein Erwerbsgeschäft liegt vor, wenn es
dem Vermögenserwerb dient, und zwar unabhängig vom Betrieb eines Handelsgewerbes
oder einer Eintragung im Handelsregister (MüKo/*Wagenitz* § 1841 Rn 6). Nach § 242 HGB
genügt zur Rechnungslegung bei einem Erwerbsgeschäft mit kaufmännischer Buchführung die Vorlage des aus Bilanz sowie Gewinn- und Verlustrechnung bestehender Jahresabschluss.
Wurde insb die Bilanz nicht richtig aufgestellt oder wurden Unregelmäßigkeiten bei der 8
Überprüfung der Bücher und Belege festgestellt, kann das Gericht die Vorlage der Bü-

cher und sonstiger Belege verlangen (OLG Frankfurt/M. NJW 1963, 2278). Eine lückenhafte Abrechnung kann die Haftung des Vormunds begründen (AnwK/*Rohde* § 1841 Rn 7).

Titel 2 Rechtliche Betreuung

§ 1908i Entsprechend anwendbare Vorschriften

(1) Im Übrigen sind auf die Betreuung § 1632 Abs. 1 – 3, §§ 1784, 1787 Abs. 1, § 1791a Abs. 3 Satz 1 zweiter Hs und Satz 2, §§ 1792, 1795 – 1797 Abs. 1 Satz 2, §§ 1798, 1799, 1802, 1803, 1805 – 1821, 1822 Nr. 1 – 4, 6 – 13, §§ 1823 – 1826, 1828 – 1836, 1836c bis 1836e, 1837 Abs. 1 – 3, §§ 1839 – 1843, 1845, 1846, 1857a, 1888, 1890 – 1895 sinngemäß anzuwenden. Durch Landesrecht kann bestimmt werden, dass Vorschriften, welche die Aufsicht des Vormundschaftsgerichts in vermögensrechtlicher Hinsicht sowie beim Abschluss von Lehr- und Arbeitsverträgen betreffen, gegenüber der zuständigen Behörde außer Anwendung bleiben.

(2) § 1804 ist sinngemäß anzuwenden, jedoch kann der Betreuer in Vertretung des Betreuten Gelegenheitsgeschenke auch dann machen, wenn dies dem Wunsch des Betreuten entspricht und nach seinen Lebensverhältnissen üblich ist. § 1857a ist auf die Betreuung durch den Vater, die Mutter, den Ehegatten, den Lebenspartner oder einen Abkömmling des Betreuten sowie auf den Vereinsbetreuer und den Behördenbetreuer sinngemäß anzuwenden, soweit das Vormundschaftsgericht nichts anderes anordnet.

A. Allgemeines

1 Da das Betreuungsrecht die Begründung, Führung, Aufsicht und Beendigung der Betreuung nur bruchstückhaft regelt, verweist die Vorschrift, die im Rahmen des 2. Betreuungsrechtsänderungsgesetzes unter Anpassung an das Vergütungsrecht zum 1. 7. 2005 in Kraft getreten ist und der Vormundschaft über minderjährige Kinder vergleichbar ist, auf zahlreiche Regelungen des Vormundschaftsrechts, stellt aber keine Pauschal-, sondern nur einen Einzelverweisung dar (BT-Ds 11/4597 S 159).

2 Voraussetzung ist stets, dass sich der Aufgabenkreis, welcher dem Betreuer zugewiesen ist, auf den Regelungsbereich der verwiesenen Vorschrift bezieht (Palandt/*Diederichsen* § 1908i Rn 1).

B. Verweisungen in Abs. 1

I. § 1632

3 Die Betreuung muss sich allgemein auf die Personensorge oder bei eingeschränktem Aufgabenkreis zumindest auf den Schutz des Betreuten gegen Beeinträchtigungen seiner Freiheit bzw vor Belästigungen durch Dritte beziehen (Palandt/*Diederichsen* § 1908i Rn 2). Der Betreuer kann, sofern ihm der entsprechende Aufgabenkreis zugewiesen ist, von jedem, der ihm den Betreuten widerrechtlich vorenthält, die Herausgabe verlangen. Allerdings hat der Vormundschaftsrichter den Betreuten persönlich anzuhören, bevor er die Herausgabe anordnet (OLG Frankfurt/M FamRZ 2003, 964). Darüber hinaus ist ihm erlaubt, den Umgang des Betroffenen zu bestimmen. Dies gilt nicht nur für Besuche der Ehefrau eines im Heim lebenden Betreuten (BayObLG FamRZ 2000, 1524), sondern auch für die Regelung von Telefonkontakten der Eltern (BayObLG FamRZ 2003, 962). Bei

Streitigkeiten ist, unter sinngemäßer Anwendung des § 1632 Abs. 3, das Vormundschaftsgericht zuständig (MüKo/*Schwab* § 1908i Rn 4).

II. §§ 1784, 1888

Beamte und Religionsdiener sollen nur unter Berücksichtigung etwaiger landesrechtlich besonderer Erlaubnisvorbehalte als Betreuer bestellt oder wieder entlassen werden. Allerdings ist für das Versagen einer Erlaubnis nach Abs. 2 ein wichtiger Grund erforderlich.

III. § 1787 Abs. 1

Nach dieser Vorschrift haftet derjenige für den Schaden, der dem Betroffenen durch die Verzögerung bei der Betreuerbestellung entsteht, dass er ohne Grund und schuldhaft die Betreuung ablehnt. Zwar kann die Übernahme der Betreuung nicht erzwungen werden; dennoch entsteht, da es sich um eine staatsbürgerliche Pflicht handelt, zumindest eine Haftung für die grundlose Verweigerung, die Betreuung zu übernehmen.

IV. § 1791a Abs. 3 Satz 1, 2. Hs, Nr. 2

Voraussetzung ist, dass eine Vereinsbetreuung nach § 1900 Abs. 1 Satz 1 eingerichtet wurde. Zu beachten ist, dass die Vorschrift über den Wortlaut hinaus auch für Behörden gilt. Zur Vermeidung einer Interessenkollision darf eine Person, die den Betroffenen in einem Heim pflegt, vom Verein nicht mit Betreuungsaufgaben betraut werden; darüber hinaus haftet der Verein für ein Verschulden seines Mitarbeiters gegenüber dem Betreuten wie für das Verschulden des vertretungsberechtigten Organs, §§ 31, 1791 I Abs. 3 Satz 2 (AnwK/*Limbach* § 1908i Rn 6).

V. §§ 1792, 1799

Das Vormundschaftsgericht soll, wenn mit der Betreuung eine vom Umfang der Tätigkeit nicht unerhebliche Vermögensverwaltung verbunden ist (BayObLG FamRZ 1994, 325), einen Gegenbetreuer bestellen, sofern nicht bereits mehrere Betreuer eingesetzt sind. Die Bestellung zum Gegenbetreuer ist dann angezeigt, wenn die gemeinschaftliche Führung der Betreuung nicht möglich ist, wobei sich seine Berufung und Bestellung nicht den Vorschriften über die Bestellung eines Betreuers richtet.
Aufgabe des Gegenbetreuers ist die Überwachung des Betreuers, ob dieser pflichtgemäß handelt. In diesem Zusammenhang soll der Gegenbetreuer die Pflichtwidrigkeiten dem Gericht anzeigen und alles melden, was ein Einschreiten des Vormundschaftsgerichts erforderlich macht, wie zB der Tod des Betreuers oder Gründe für dessen Entlassung. Zur Erfüllung dieses Zwecks hat der Betreuer auf Verlangen jederzeit Auskunft zu erteilen und dem Gegenbetreuer Einsicht in die Betreuungsunterlagen zu gewähren.
Der Gegenbetreuer haftet für eine schuldhafte Pflichtverletzung nach § 1833 Abs. 1 Satz 2, Abs. 2, wobei der Betreuer im Innenverhältnis allein verantwortlich ist, sofern dem Gegenbetreuer nur die Verletzung der Aufsichtspflicht angelastet werden kann (AnwK/*Limbach* § 1908i Rn 8).
Im Übrigen finden seit Inkrafttreten des 2. Betreuungsrechtsänderungsgesetzes auch die übrigen im Vormundschaftsrecht geltenden Bestimmungen zu den Rechten und Pflichten des Gegenbetreuers Anwendung. Danach ist der Gegenvormund bei der Aufnahme des Vermögensverzeichnisses zu beteiligen (§ 1802) und vor der Erteilung einer gerichtlichen Genehmigung anzuhören (§ 1826). Er hat die Geschäfte des Betreuers zu genehmigen (§ 1832), bei der laufenden Rechnungslegung (§ 1842) und Rechnungslegung bei der Beendigung und Auskunft über die Führung der Betreuung mitzuwirken (§ 1891).

VI. §§ 1795, 1796

11 Die ges Vertretungsmacht des Betreuers ist ausgeschlossen bei Geschäften zwischen dem Betreuten und dessen Ehegatten oder einem mit ihm in gerader Linie Verwandten, ferner bei Sicherungsgeschäften und entsprechenden Rechtsstreitigkeiten mit den genannten Personen oder über die genannten Angelegenheiten sowie im Falle des Selbstkontrahierens (Palandt/*Diederichsen* § 1908i Rn 9). Nach § 1796 kann dem Betreuer die Vertretungsmacht für einzelne Angelegenheiten oder einen Kreis von Angelegenheiten entzogen werden, wenn eine Interessenkollision vorliegt.

VII. § 1797 Abs. 1 Satz 2, 1798

12 Bei Meinungsverschiedenheiten mehrerer Betreuer mit demselben Aufgabenkreis oder bei Überschneidung verschiedener Aufgabenkreise entscheidet das Vormundschaftsgericht.

VIII. §§ 1802 – 1803; 1805 – 1831; 1834

13 Hinsichtlich der Vermögenssorge verweist § 1908i fast umfassend auf das Vormundschaftsrecht, welches folgende Anforderungen stellt:
- bei Anordnung der Betreuung ist ein Vermögensverzeichnis über das Vermögen des Betreuten zu erstellen, § 1802
- Einhaltung der vom Schenker bzw Erblasser bei einer Schenkung oder Erbschaft erteilten Anweisungen, sofern keine besonderen Voraussetzungen vorliegen, die zusammen mit der vormundschaftsgerichtlichen Genehmigung eine Abweichung rechtfertigen könnte, § 1803
- Geld des Betreuten darf nicht für eigene Zwecke des Betreuers oder solche des Gegenvormunds verwendet werden, § 1805 Satz 1, wobei ein Verstoß zur Verzinsung des Geldes führt. Die Betreuungsbehörde ist berechtigt, das Geld auch bei der eigenen Körperschaft anzulegen, § 1805 Satz 2
- Geld des Betreuten ist auf die im Gesetz näher beschriebene Art besonders sicher und verzinslich anzulegen; bei der Anlage bei einer öffentlichen Sparkasse bedarf es seines Sperrvermerks, welcher nur mit Zustimmung des Vormundschaftsgerichts zulässig ist, §§ 1806, 1807, 1809. Bei Inhaberpapieren und anderen Wertpapieren und Kostbarkeiten sind diese zu hinterlegen oder auf den Namen des Betreuten umzuschreiben.

14 Darüber hinaus bedarf der Betreuer in den Fällen der §§ 1820 – 1825 der vormundschaftsgerichtlichen Genehmigung, die dem Betreuer gegenüber zu erklären ist. Bis zur Erteilung der Genehmigung ist das Geschäft schwebend unwirksam, § 1829), sofern es sich um zweiseitiges Rechtsgeschäft handelt. Wenn nur ein einseitiges Rechtsgeschäft im Raum steht, muss die schriftliche Genehmigung vorher vorliegen. Allerdings ist die vormundschaftsgerichtliche Genehmigung auch dann erforderlich, wenn geschäftsfähige Betreute das Geschäft genehmigt (OLG Frankfurt/M FamRZ 1997, 1424).

15 Die Erteilung der Genehmigung richtet sich nach den Bestimmungen des FGG. Funktionell zuständig ist nach §§ 3 Nr. 2a, 14 Abs. 1 Nr. 4 RPflG der Rechtspfleger. Der Betroffene ist vor der Entscheidung anzuhören. Die Anhörung hat nur dann zu unterbleiben, wenn erhebliche Nachteile für die Gesundheit zu besorgen sind oder der Betreute seinen Willen nicht kundtun kann (AnwK/*Limbach* § 1908i Rn 16). Im Falle der Ablehnung und Erteilung der Genehmigung ist nur der Betreute beschwerdeberechtigt, nicht auch der Betreuer; er kann die Beschwerde nur im Namen des Betreuten einlegen (BayObLG FamRZ 1996, 1359). Das Gericht hat sich bei der Erteilung der Genehmigung, welche in seinem Ermessen steht, an den Wünschen und Interessen des Betreuten zu orientieren, sofern diese dem Wohl des Betreuten entsprechen (BayObLG FamRZ 1998, 455).

IX. § 1833

Der Betreuer haftet wegen einer schuldhaften Pflichtverletzung, wobei sich das Verschulden nach § 276 Abs. 1 richtet. Da das Verschulden individuell zu bestimmen ist, werden an den ehrenamtlichen Betreuer idR geringere Anforderungen gestellt als an den professionellen Betreuer (OLG Schleswig FamRZ 1997, 1426). Nach dieser Vorschrift haftet auch der Vereinsbetreuer persönlich.

X. §§ 1835; 1835a; 1836; 1836c; 1836d; 1836e

Nach § 1836 Abs. 1 wird die Betreuung unentgeltlich geführt, sofern das Gericht bei der Bestellung nicht feststellt, dass der Betreuer die Betreuung berufsmäßig führt. Näheres regelt das Vormünder- und Betreuervergütungsgesetz welches dem Berufsbetreuer Aufwendungsersatz und Vergütung nur noch als Pauschalen gewährt. Für die ehrenamtlichen Betreuer sieht das Gesetz keine Änderung vor. Vielmehr kann nach § 1836 Abs. 2 das Gericht eine angemessene Vergütung bewilligen, soweit Umfang und Schwierigkeit der Betreuungsgeschäfte dies rechtfertigen und der Betreute nicht mittellos ist.

XI. 1837 Abs. 1 – 3; 1839; 1841; 1843; 1845; 1846

Das Vormundschaftsgericht kann im Rahmen seiner Beratungs- und Aufsichtspflicht Ge- und Verbote aussprechen und diese mittels Zwangsgeldfestsetzung durchsetzen, sofern sie sich nicht gegen einen Betreuungsverein, die Betreuungsbehörde oder einen Behördenbetreuer richten, § 1837 Abs. 3 Satz 2. Weisungen dürfen dem Betreuer, der sein Amt grds selbständig ausübt, nur dann vom Vormundschaftsgericht erteilt werden, wenn ges Bestimmungen zwingend ein bestimmtes Verhalten des Betreuers erfordern; Zweckmäßigkeitsfragen darf das Gericht nicht anstelle des Betreuers entscheiden (OLG Schleswig FamRZ 1996, 1368). Allerdings hat der Betreuer jederzeit auf Verlangen des Vormundschaftsgerichts Auskunft zu erteilen.

Sofern dem Betreuer die Vermögenssorge zusteht, hat er bei Eheschließung eines zum Betreuer bestellten Elternteils ein Vermögensverzeichnis des Betreuten zu erstellen, § 1845 analog. Bei Verhinderung des Betreuers oder noch vor seiner Bestellung kann das Vormundschaftsgericht nach § 1846 einstweilige Maßnahmen treffen.

XII. 1857a

Nach § 1857a iVm §§ 1852 Abs. 2, 1853, 1854 analog ist sowohl die Betreuungsbehörde als auch der Betreuungsverein bei der Geldanlage von der Pflicht zur Anlegung eines Sperrvermerks und der Mitwirkung des Vormundschaftsgerichts oder Gegenbetreuers ebenso befreit wie bei der Verfügung über Forderungen und Wertpapiere nach § 1812; eine Hinterlegung entfällt und sie sind in gewissem Umfang von der Pflicht zur Rechnungslegung befreit.

XIII. 1890, 1892, 1893, 1894

Der Betreuer hat nach Beendigung des Betreueramtes über die Verwaltung Rechenschaft abzulegen und das von ihm verwaltete Vermögen herauszugeben, § 1890. Die Rechnungslegung erfolgt nach § 1892 gegenüber dem Vormundschaftsgericht, das eine rechnerische und sachliche Überprüfung vornehmen und die Richtigkeit anerkennen und dokumentieren muss. Im Übrigen ist der Betreuer befugt, die Betreuung bis zur Kenntnis von der Beendigung fortzuführen und auch nach dem Tod des Betreuten die dringend erforderlichen Geschäfte im Wege einer Notgeschäftsführung zu erledigen, §§ 1893 Abs. 1, 1698a, b. Danach ist die Bestallungsurkunde an das Gericht zurückzugeben. Unter entsprechender Anwendung des § 1894 sind die Erben, der Gegen- bzw Mitbetreuer verpflichtet, den Betreuer den Tod des Betreuten anzuzeigen.

XIV. 1908i Abs. 1 Satz 2

22 Die Vorschrift ermöglicht dem Landesrecht den Erlass von Bestimmungen, welche die Befreiung des Behördenbetreuers nach § 1900 Abs. 4 von der vormundschaftsgerichtlichen Aufsicht in vermögensrechtlicher Hinsicht und vom Genehmigungserfordernis beim Abschluss von Lehr- und Arbeitsverträgen ermöglicht. Von dieser Ermächtigung haben bereits einige Bundesländer Gebrauch gemacht (vgl AnwK/*Limbach* § 1908i Fn 17).

C. Schenkungen des Betreuers (Abs. 2 Satz 1)

23 Das Schenkungsverbot des § 1804 gilt nicht für einen Betreuer, bei dem die Vermögenssorge aufgrund einer rechtsgeschäftlichen Regelung der Beteiligten nicht von der Betreuung erfasst ist (BayObLG FamRZ 2004, 1229). Bestimmte finanzielle Transaktionen sind dem Betreuer nicht möglich, so darf er zB Grundbesitz nicht auf den künftigen Erben des Betreuten übertragen, um dadurch Erbschaftssteuer zu sparen (BayObLG FamRZ 1996, 1359) oder
Die Vorschrift gilt bei einem Vertrag zugunsten Dritter auf den Todesfall nur für das Valutaverhältnis (BayObLG NJW-RR 2003, 4).

24 § 1908i Abs. 2 enthält zu Abs. 1 eine Modifizierung dahingehend, dass der Betreuer

- in Vertretung des Betreuten handeln,
- Gelegenheitsgeschenke an Nachbarn, Pflegepersonal oder sonstige fürsorgliche Bekannte machen kann,
- Sofern die Geschenke nach den Lebensverhältnissen des Betreuten üblich sind und
- sie dem Wunsch und Willen des Betreuten entsprechen, wobei vor dem geistigen Verfall zum Ausdruck gebrachte Wünsche ausreichen; dies insb dann, wenn derartige Geschenke auch in der Vergangenheit gemacht wurden oder nach dem Willen des Betreuten einer sittlichen Pflicht entsprochen hat (OLG Karlsruhe NJW-RR 2000, 1313; aA: Palandt/*Diederichsen* § 1908i Rn 18).

D. Befreite Betreuung für bestimmte Personen (Abs. 2 Satz 2)

25 § 1908i Abs. 2 Satz 2 befreit den Vereins- und Behördenbetreuer sowie die unmittelbaren Verwandten und den Ehegatten/eingetragenen Lebenspartner des Betreuten, soweit sie seine Betreuung übernommen haben, § 1897 Abs. 1, bei der Anlegung von Geld, bei der Hinterlegung von Wertpapieren und bei der Rechnungslegung, womit eine »Entbürokratisierung« verbunden ist (Palandt/*Diederichsen* § 1908i Rn 19). Allerdings ist das Vormundschaftsgericht berechtigt, die ges Befreiung durch eine entsprechende Anordnung zurückzunehmen, sofern im Einzelfall eine möglicherweise zeitlich beschränkte engere Kontrolle notwendig erscheint (BayObLG FamRZ 2003, 475).

E. Ende der Betreuung

26 Für den Betreuer gelten die für den Vormund maßgeblichen Regelungen über die Anzeigepflicht beim Tod des Mündels, § 1894, Rechnungslegung und Herausgabe des Vermögens, §§ 1890, 1892 und die Notgeschäftsführungsbefugnis des § 1893 entsprechend.

Vorsorgevollmacht

Inhaltsverzeichnis

	Rn
A. Allgemeines	1–4
B. Wesen	5–13
I. Abgrenzung zu anderen Rechtsinstituten	5–13
1. Vollmacht	7–13
a) Allgemeine Vollmacht	7
b) Generalvollmacht	8–11
c) Betreuungsverfügung	12
d) Patiententestament/Patientenverfügung	13
C. Inhalt und Umfang	14–28
I. Regelungsgegenstände	14
II. Aufgabenbereiche des Bevollmächtigten	15–22
1. Einwilligung und Versagung von Heilbehandlungsmaßnahmen, § 1904	16–17
2. Einwilligung in den Abbruch einer Heilbehandlungsmaßnahme	18
3. Entscheidung über die Unterbringung (§ 1906 Abs. 1)	19
4. Entscheidung über freiheitsentziehende Maßnahmen (§ 1906 Abs. 4)	20
5. Aufenthaltsbestimmungsrecht	21
6. Umgangsbestimmung	22
III. Umfang der Vollmacht	23–28
1. Spezial- und Generalvollmacht	24
2. Ersatz- und Unterbevollmächtigung	25–26
3. Wechselseitige Bevollmächtigung von Ehegatten	27
4. Doppelbevollmächtigung	28
D. Form	29–38
I. Vollmacht für persönliche Angelegenheiten	29–32
II. Vollmacht für vermögensrechtliche Angelegenheiten	33–34
III. Vollmachtsurkunde; Registrierung	35–38
E. Erteilung der Vorsorgevollmacht	39–41
F. Auskunftspflicht des Bevollmächtigten	42
G. Widerruf und Legitimation	43–48
I. Widerruf der Vollmacht durch Vollmachtgeber und Erben	43–45
II. Legitimation	46–48
H. Haftung des Bevollmächtigten	49–50
I. Haftung gegenüber dem Vollmachtgeber	49
II. Haftung gegenüber Dritten	50
I. Muster einer notariellen Vorsorgevollmacht	51

A. Allgemeines

Mit der Vorsorgevollmacht bevollmächtigt eine Person eine andere, im Namen und mit Wirkung für den Vollmachtgeber Erklärungen abzugeben, zu denen der Vollmachtgeber selbst infolge vor allem altersbedingten Verlusts der Geschäftsfähigkeit nicht mehr in der Lage ist (Palandt/*Diederichsen* Einf vom § 1896 Rn 7). Sie ist somit in besonderem Maße Ausdruck des Selbstbestimmungsrechts und der privaten Autonomie des Vollmachtgebers, weil sie verhindert, dass Dritte Einfluss auf sein Leben gewinnen und über sein Leben entscheiden. 1

Darüber hinaus entlastet die Vorsorgevollmacht die Vormundschaftsgerichte insoweit, als die Bevollmächtigung eine Betreuerbestellung ersetzt, § 1896 Abs. 2 Satz 2. Ist die Vollmacht weit gefasst, dh werden von ihr nur wenige Aufgaben bzw Aufgabenbereiche und möglicherweise nur für Ausnahmefälle ausgenommen, so besteht für das Vormundschaftsgericht grds kein Bedarf, einen Betreuer zu bestellen. Daher sollte der Vollmachtgeber die Aufgaben des Bevollmächtigten möglichst nicht einschränken, allenfalls soweit es um die nachfolgenden Aufgaben geht: 2

Vorsorgevollmacht

- Verfügungen über das Vermögen im Ganzen
- Annahme und Ausschlagung von Erbschaften
- Eingehen von Bürgschaften und anderen Verbindlichkeiten in größerem Umfang.

3 Die Vorsorgevollmacht ist nicht nur geeignet, den Bevollmächtigten für den Fall des Todes des Vollmachtgebers in finanziellen und vermögensrechtlichen Angelegenheiten handlungsfähig zu machen, sondern findet auch in den Fällen Anwendung, in denen der Vollmachtgeber wegen einer **psychischen Erkrankung** oder **Behinderung**, aber auch im Falle der **Altersverwirrtheit**, nicht in der Lage ist, seine persönlichen Angelegenheiten zu regeln. Die Wirksamkeit der Vorsorgevollmacht kann vom Verlust der Geschäftsfähigkeit des Vollmachtgebers abhängig gemacht werden (§ 158, vgl *Bühler* BWNotZ 1999, 26). Um die Gefahr des Missbrauchs (weitgehend) auszuschließen, kann sie hinsichtlich des Wirksamwerdens von der Vorlage eines ärztlichen Attestes abhängig gemacht werden. Darüber hinaus kann auch der Notar angewiesen werden, erst bei einem entsprechenden Nachweis/Attest der Geschäftsunfähigkeit Ausfertigungen der Vollmachtsurkunde an den/die Bevollmächtigten herauszugeben (Rudolf/*Bittler* § 1 Rn 12). In beiden Fällen besteht aber Unklarheit darüber, ob die Vollmacht überhaupt wirksam ist. Empfehlenswert ist deshalb eine unbedingte Vollmacht mit der internen Anweisung an den Bevollmächtigten, von der Vollmacht erst im Vorsorgefall Gebrauch zu machen (*Keilbach* FamRZ 2003, 981).

4 Die wirksame Erteilung einer Vorsorgevollmacht setzt Geschäftsfähigkeit voraus (OLG Stuttgart FamRZ 1994, 1417). Die Vorsorgevollmacht bleibt wirksam, auch wenn der Vollmachtgeber zu einem späteren Zeitpunkt geschäftsunfähig wird (MüKo/*Schwab* § 1896 Rn 52). Denn es ist gerade Zweck einer solchen Vollmacht, für diesen oder einen anderen Fall vorzusorgen. Der Vollmachtgeber benötigt auch für die Einwilligungen in medizinische oder freiheitsentziehende Maßnahmen der Einsichtsfähigkeit, um die Tragweite und Schwere des Eingriffs beurteilen zu können.

B. Wesen

I. Abgrenzung zu anderen Rechtsinstituten

5 Die Vorsorgevollmacht ist eine Vollmacht iSd **§ 167 BGB** mit der Besonderheit, dass die Wirkungen der Vertretungsmacht aufgeschoben sein sollen. Zu unterscheiden ist dabei die **transmortale** Vollmacht, die über den Tod hinaus wirksam ist und die **postmortale** Vollmacht, die erst nach dem Tod Wirksamkeit erlangt. Hierzu muss der Bevollmächtigte nachweisen, dass der Vollmachtgeber tatsächlich gestorben ist, was durch die Vorlage der Sterbeurkunde erfolgen kann. Diese Art der Vollmacht kann mit einer Verfügung von Todes wegen verbunden werden, was aber aus Praktikabilitätsgründen und im Hinblick auf die Beweiskraft, nicht erfolgen sollte. Die notarielle Beurkundung ist aber in jedem Fall ratsam.

6 Abzugrenzen ist die Vorsorgevollmacht von der allgemeinen bzw der Generalvollmacht, der Betreuungsverfügung und dem Patiententestament/Patientenverfügung.

1. Vollmacht

a) Allgemeine Vollmacht

7 Bei der allgemeinen Vollmacht handelt es sich idR um eine Spezialvollmacht, die zu einem konkret bezeichneten Handeln ermächtigt oder aber um eine Art- bzw Gattungsvollmacht, die den Vertreter zur Vornahme einer bestimmten Art von Rechtsgeschäften berechtigt, wobei sie entweder gleichartige und wiederkehrende Geschäfte betreffen oder an eine bestimmte Funktion des Bevollmächtigten anknüpfen kann.

b) Generalvollmacht

8 Die Generalvollmacht berechtigt grds zur Vornahme aller Rechtsgeschäfte, soweit überhaupt eine Stellvertretung gesetzlich zugelassen ist. Völlig außergewöhnliche Rechtsge-

schäfte, und solche, die erkennbar den Vollmachtgeber schädigen und seinen Interessen zuwider laufen, sind von der Vollmacht nicht mehr gedeckt (OLG Frankfurt/M NJW-RR 1987, 482).

Die **Abgrenzung** zur Vorsorgevollmacht ist nicht einfach, da eine Generalvollmacht uU als Vorsorgevollmacht ausgelegt werden kann. Die Generalvollmacht muss in einem solchen Fall aber zum Ausdruck bringen, dass sie sich auch auf medizinisch-ärztliche und freiheitsentziehende Maßnahmen erstreckt. Inhaltlich sind von der Vorsorgevollmacht alle gesetzlich zulässigen Rechtsgeschäfte erfasst, darüber hinaus auch die Einwilligung in ärztliche Eingriffe, aber auch das Verbot der Vornahme bestimmter ärztlicher Heileingriffe. 9

Im Übrigen unterliegen die Rechtsgeschäfte, zu denen die Vorsorgevollmacht ermächtigt, **nicht** der **vormundschaftsgerichtlichen Genehmigung** der §§ 1821 f BGB. 10

Nach der ges Regelung durch das Betreuungsrecht kann das Selbstbestimmungsrecht des Betroffenen auf einen Dritten übertragen werden, auch wenn es sich dabei um ein höchstpersönliches Recht handelt (OLG Stuttgart FamRZ 1994, 1417). Die Erteilung einer Vorsorgevollmacht ist damit nicht nur ausgeschlossen, sie ist vom Gesetz vorgesehen, § 1896 Abs. 3, und wirkt betreuungsersetzend. 11

c) **Betreuungsverfügung**

Die Betreuungsverfügung enthält Regelungen für den Fall, dass eine Betreuung erforderlich wird. Der wesentliche **Unterschied** zur **Vorsorgevollmacht** besteht darin, dass der Bevollmächtigte bei letzterer die Interessen des Vollmachtgebers zu wahren hat, aber keine Beschränkung der Vollmacht vorgesehen ist. Hingegen ist der Betreuer an die Anweisungen in der Betreuungsverfügung gebunden, soweit diese dem Wohl des Betreuten nicht entgegenstehen. Darüber hinaus kann die Betreuungsverfügung bereits eine Vorwegeinwilligung in einzelne bzw konkret bezeichnete medizinische Eingriffe oder Behandlungsweise enthalten oder diese verbieten (Palandt/*Diederichsen* Einf vom § 1896 Rn 9). 12

d) **Patiententestament/Patientenverfügung**

Eine Patientenverfügung enthält idR Anweisungen, welche medizinischen und ärztlichen Behandlungsmaßnahmen in den im einzelnen in der Verfügung niedergelegten Fällen noch erfolgen sollen bzw nicht mehr erfolgen dürfen. Die Vorsorgevollmacht und das Patiententestament/Patientenverfügung schließen sich nicht aus, sondern ergänzen sich, da der Verfügende mit der Kombination der beiden Willenserklärungen erreichen kann, dass sein Wille, insb Ärzten und Pflegekräften gegenüber, durchgesetzt und befolgt wird. Die Patientenverfügung ist, wenn sie in der Vorsorgevollmacht enthalten ist, nicht als Erweiterung oder Konkretisierung, sondern als Einschränkung der ansonsten auch in persönlichen Angelegenheiten umfassenden Vertretungsmacht des Bevollmächtigten zu werten (*Milzer* MDR 2005, 1145). 13

C. Inhalt und Umfang

I. Regelungsgegenstände

Neben jeder Art von Rechtsgeschäften in vermögensrechtlichen Angelegenheiten können in einer Vorsorgevollmacht auch andere, für das Leben des Vollmachtgebers notwendige Regelungen aufgenommen werden, wie zB: 14

- Wohnungsangelegenheiten
- Auswahl eines Krankenhauses, des behandelnden Arztes sowie eines Pflegeheims und der Abschluss entsprechender Verträge.

Seit dem Betreuungsrechtsänderungsgesetz v 1.1.1999 können in einer Vorsorgevollmacht auch höchstpersönliche Angelegenheiten geregelt bzw die Entscheidung darüber einem Vertreter übertragen werden. Zu diesen Angelegenheiten gehören insb: 14 a

Vorsorgevollmacht

- Gesundheitsvorsorge
- Untersuchung des Betroffenen
- Medizinische und ärztliche Heilbehandlung
- Ärztlicher (Heil-)Eingriff
- Freiheitsentziehende Maßnahmen im Krankenhaus oder Heim.

II. Aufgabenbereiche des Bevollmächtigten

15 Da ein Bevollmächtigter für alle Angelegenheiten der Personensorge bestellt werden kann, umfasst dieser Aufgabenbereich folgende Tätigkeiten:

1. Einwilligung und Versagung von Heilbehandlungsmaßnahmen, § 1904

16 Der Bevollmächtigte kann, nach einer entsprechenden ärztlichen Aufklärung, gem § 1904 in verschiedene medizinische Maßnahmen einwilligen, sofern diese vom Inhalt der Vorsorgevollmacht gedeckt sind. Besteht die begründete Gefahr, dass der Vollmachtgeber aufgrund der Maßnahme stirbt oder einen schweren und länger dauernden gesundheitlichen Schaden erleidet, so bedarf es der vorherigen Einholung der Genehmigung des Vormundschaftsgerichts (str, so OLG Karlsruhe NJW 2004, 1882; Milzer MDR 2005, 1145 mwN). Ist mit dem Aufschub der Maßnahme eine Gefahr für den Vertretenen verbunden, so entfällt das vormundschaftsgerichtliche Genehmigungserfordernis.

17 Hat der Vollmachtgeber im Wege einer Patientenverfügung Regelungen für eine evtl medizinische Be- oder Nichtbehandlung getroffen, so sind diese vom Bevollmächtigten zu beachten.

2. Einwilligung in den Abbruch einer Heilbehandlungsmaßnahme

18 Bei der Entscheidung über den Abbruch von Heilbehandlungsmaßnahmen bei infauster Prognose, die grds auf Dritte übertragen werden kann, ist str, ob eine vormundschaftsgerichtliche Genehmigung nach § 1904 erforderlich ist (so BGH St 40, 261 f; OLG Frankfurt/M FamRZ 2002, 575; *Keilbach* FamRZ 2003, 969 mwN, mit der Überlebung, dass dann, wenn schon bestimmte Heileingriffe wegen ihrer Gefährlichkeit der alleinigen Entscheidungsbefugnis des Betreuers oder Bevollmächtigten entzogen sind, dies um so mehr für Maßnahmen gelten müsse, die eine ärztliche Behandlung mit der Folge beenden, dass der Patient alsbald stirbt; aA *Kutzer* MedR 2001, 78, der eine Pflicht zur Einholung der vormundschaftsgerichtlichen Genehmigung im Hinblick auf die Patientenautonomie ablehnt; § 1904 stelle eine Ausnahmevorschrift dar, die nicht ohne weiteres einer Analogie zugänglich sei). Insgesamt tendiert die jüngere Rechtsprechung wohl eher dazu, in diesen Fällen vom Genehmigungserfordernis Abstand zu nehmen, da die Vorschrift des § 1904 weder direkt noch analog auf den Abbruch von Behandlungsmaßnahmen Anwendung finde (LG München NJW 1999, 1788; AG Hanau, BtPrax 1997, 82; aA OLG Frankfurt/M, FamRZ 1998, 1137). Dem behandelnden Arzt, den Bevollmächtigten und Betreuern ist aber zu ihrer eigenen rechtlichen Absicherung anzuraten, vor Maßnahmen der Sterbehilfe die Entscheidung des Vormundschaftsgerichts einzuholen. Zwar hat der BGH in seiner Entscheidung v 17. 3. 2003 eine analoge Anwendung des § 1904 abgelehnt, gleichzeitig aber für die verweigerte Einwilligung des Betreuers in eine lebensverlängernde oder -erhaltende Maßnahme oder Weiterbehandlung im Wege der richterlichen Fortbildung des Betreuungsrechts eine vormundschaftsgerichtliche Prüfungszuständigkeit eröffnet (BGH FamRZ 2003, 748). Bis zur Entscheidung des Vormundschaftsgerichts ist die Behandlung bei medizinischer Indikation durchzuführen oder fortzusetzen. Das Gericht prüft das Verhalten des Betreuers auf seine Rechtmäßigkeit hin und stimmt seiner Entscheidung zu, wenn die Krankheit einen irreversiblen tödlichen Verlauf angenommen hat und die Behandlung dem früher erklärten und fortgeltenden Willen des Patienten widerspricht. Verweigert das Vormundschaftsgericht die Zustimmung, so gilt damit gleichzeitig die Einwilligung des Betreuers in die Behandlung als ersetzt. Zur

Übertragung dieser Grundsätze auf den Bevollmächtigten einer Vorsorgevollmacht vgl DNotI-Report 2003, 74, 76; *Perau* RNotZ 2003, 263, 265 f.

3. Entscheidung über die Unterbringung (§ 1906 Abs. 1)

Unter den in § 1906 Abs. 1 Nr. 1 und 2 aufgeführten Voraussetzungen ist es dem Bevollmächtigten möglich, den Vollmachtgeber bei einer konkreten Eigengefährdung oder bei einer anstehenden Untersuchung in einer geschlossenen Einrichtung oder Station unterzubringen. Zu dieser Maßnahme ist aber, sofern keine Gefahr im Verzug besteht, die Genehmigung des Vormundschaftsgerichts erforderlich, auch wenn diese Maßnahme vom Wortlaut der Vollmacht umfasst ist (Palandt/*Diederichsen* § 1906 Rn 5). 19

4. Entscheidung über freiheitsentziehende Maßnahmen (§ 1906 Abs. 4)

Neben der Einwilligung in freiheitsentziehende bzw -beschränkende Maßnahmen, wie zB das Anbringen von Bettgittern, Verabreichen von Beruhigungs- und Schlafmitteln, Fixieren durch Gurt oder sonstige mechanische Vorrichtungen, kann dem Bevollmächtigten auch das Prüfungsrecht übertragen werden, inwieweit eine ärztlich vorgeschlagene Maßnahme zum Schutz des Betroffenen zur Abwehr einer Selbstgefährdung notwendig ist. Über die Vollmacht hinaus, die auch die Einwilligung in freiheitsentziehende Maßnahmen umfassen muss, ist hier ebenfalls grds die Genehmigung des Vormundschaftsgerichts einzuholen. Die Genehmigung ist gem § 1906 Abs. 5 Satz 2 dann nicht erforderlich, wenn der Vollmachtgeber mit seiner Familie lebt, und diese Maßnahmen in seinem Lebensbereich angeordnet werden (Damrau/*Zimmermann* § 1906 Rn 20a). Anders ist die rechtliche Situation, wenn der Vertretene von Dritten in seiner Wohnung betreut wird und dort regelmäßig eingesperrt oder fixiert werden soll; in einem solchen Fall ist die vormundschaftsgerichtliche Genehmigung einzuholen (AG Frankfurt/M BtPrax 1999, 246). 20

5. Aufenthaltsbestimmungsrecht

Zur Frage der Aufenthaltsbestimmung gehören insb, ob die Wohnung des Betroffenen aufgelöst werden soll und in welches Krankenhaus, in welches Pflegeheim oder in welche ähnliche Einrichtung der Vollmachtgeber eingeliefert werden soll. 21

6. Umgangsbestimmung

Im Rahmen der Regelung, mit welchen Personen der Betroffene Umgang haben soll oder darf, ist auch zu entscheiden, welche Therapeuten und Pflegedienste sowie welcher geistige Beistand beteiligt werden soll. 22

III. Umfang der Vollmacht

Über die rein inhaltliche Gestaltung nach Tätigkeitsbereichen hinaus kann in der Vorsorgevollmacht auch der Umfang der Vertretungsmacht geregelt werden. 23

1. Spezial- und Generalvollmacht

Mit einer Spezialvollmacht kann der Bevollmächtigte nur die Aufgabe(n) ausüben, zu der er ausdrücklich ermächtigt wurde. Dies führt bei einer Handlungsunfähigkeit unweigerlich zu einer Betreuerbestellung hinsichtlich der übrigen Angelegenheiten des Vollmachtgebers durch das Vormundschaftsgericht. 24

2. Ersatz- und Unterbevollmächtigung

Für den Fall, dass der Bevollmächtigte an der Ausübung seiner Vertreterstellung gehindert ist, kann der Vollmachtgeber entweder selbst einen Ersatzbevollmächtigten bestellen 25

Vorsorgevollmacht

oder den Bevollmächtigten ermächtigen, seinerseits einen Ersatzbevollmächtigten zu ernennen.

26 Gleiches gilt auch für die **Untervollmacht:** Dem Hauptbevollmächtigten sollte durch eine entsprechende Bevollmächtigung die Möglichkeit gegeben werden, einzelne Aufgaben auf Dritte zu übertragen. Es ist aber darauf zu achten, dass der Hauptbevollmächtigte die Vollmacht nicht in vollem Umfang übertragen kann und dass durch entsprechende Vorgaben in der Vorsorgevollmacht die Gefahr des Missbrauchs weitgehend eingeschränkt wird. Insbes soll die Unterbevollmächtigung eines Dritten unterbleiben, der für die Erfüllung dieser Aufgabe nicht geeignet ist.

3. Wechselseitige Bevollmächtigung von Ehegatten

27 In der Praxis bevollmächtigen sich häufig Ehegatten wechselseitig als Ausdruck eines besonderen gegenseitigen Vertrauens. Diese wechselseitige Abhängigkeit sollte in der Vollmachtsurkunde dokumentiert werden. Auf diese Weise wird jeder Ehegatte sowohl Vertretener als auch Vertreter des anderen.

4. Doppelbevollmächtigung

28 Schließlich können zwei Personen mit der Vertretung desselben Aufgabenbereichs bevollmächtigt werden. Dadurch wird neben einem hohen Maß an Kontinuität auch eine gegenseitige Kontrolle der Bevollmächtigten erreicht. Allerdings bedarf es in diesem Fall einer Regelung, wer im Falle einer Meinungsverschiedenheit das Entscheidungsrecht haben soll. Eine weitaus stärkere gegenseitige Kontrolle besteht dann, wenn die Vertreter ausschließlich gemeinsam handeln dürfen. Da diese Gesamtvertretungsmacht in der Praxis umständlich und wenig praktikabel ist, sollte die Erteilung von Untervollmachten für einzelne (Rechts-)Geschäfte vorgesehen werden.

D. Form

I. Vollmacht für persönliche Angelegenheiten

29 Für die Erteilung der Vorsorgevollmacht sieht das Gesetz **keine Formvorschriften** vor. Vielmehr kann die Bevollmächtigung auch durch schlüssiges Handeln erfolgen. Danach wäre jede allgemeine Vollmacht ausreichend, aus der sich die Befugnis zur Regelung der persönlichen Angelegenheiten des Vertretenen ergibt.

30 Die **Schriftform** ist nach §§ 1904 Abs. 2, 1906 Abs. 5 dann erforderlich, **wenn** die Bevollmächtigung auch die Befugnis umfasst, in Untersuchungen des Geisteszustandes, in eine Heilbehandlung, einen ärztlichen Eingriff mit der Gefahr des Todes oder einer schweren oder länger dauernden gesundheitlichen Beeinträchtigung oder in freiheitsentziehende Maßnahmen einzuwilligen.

31 Allerdings muss sich der **Wille** des Vollmachtgebers, sein Einverständnis zu derartigen Erklärungen durch die Vollmachterteilung zu geben, **eindeutig** aus der Vollmachtsurkunde ergeben. Die Bemerkung in der notariell beurkundeten Vollmacht, der Vertreter dürfe den Vertretenen in allen persönlichen und vermögensrechtlichen Angelegenheiten vertreten, ist zu pauschal und lässt den tatsächlichen Willen des Vollmachtgebers nicht erkennen. Die Vollmacht wäre wegen fehlender Unbestimmtheit unwirksam. Es ist daher erforderlich, die einzelnen Aufgabenbereiche so **konkret** wie möglich zu be- bzw umschreiben, ggf auch unter Verwendung des Gesetzeswortlauts. Der bloße Verweis auf die Vorschriften der §§ 1904, 1906 reicht nicht aus, den Willen des Vollmachtgebers transparent zu machen. In diesem Fall wäre dann eine Betreuerbestellung erforderlich.

32 Im Übrigen erstreckt sich die Bevollmächtigung grds nicht auf die Bereiche **Aufenthaltsbestimmung** und **Gesundheitsvorsorge**. Daher ist eine ausdrückliche Erklärung durch den Vollmachtgeber zwingend erforderlich (Palandt/*Diederichsen* Einf vom § 1896 Rn 7).

II. Vollmacht für vermögensrechtliche Angelegenheiten

Entsprechend den allgemeinen Vorschriften der §§ 167, 168 zur Vollmachterteilung ist 33 auch die Vollmacht für vermögensrechtliche Angelegenheiten formfrei möglich. Eine formlose Vollmacht genügt aber dann nicht, wenn die Vertretung in einem gerichtlichen Verfahren erforderlich ist (BayObLG FamRZ 1998, 920). Aus **Beweisgründen** und aus Gründen der Rechtssicherheit ist die Erteilung einer Vollmachtsurkunde sinnvoll und dringend anzuraten. Umfassen die vermögensrechtlichen Angelegenheiten auch Grundstücks- und Bankgeschäfte, so ist die Vollmacht **notariell** zu beurkunden. Die Erfahrung lehrt, dass notariell beurkundete Vollmachten im Rechtsverkehr einfacher einzusetzen sind.

Gem § 167 Abs. 2 ist die Vollmacht zum Abschluss eines nach § 311b Abs. 1 formbedürf- 34 tigen Rechtsgeschäfts grds formfrei. Dies gilt allerdings nicht, wenn die Vollmacht unwiderruflich erteilt und dadurch eine verbindliche Verpflichtung zum Erwerb/zur Veräußerung eines Grundstücks begründet wird (Palandt/*Heinrichs* § 311b aF Rn 20).

III. Vollmachtsurkunde; Registrierung

Nach § 172 Abs. 1 genießt die Vollmachtsurkunde eine ges Rechts**scheinwirkung**, wonach 35 die Vollmacht dann wirksam ist, wenn der Vollmachtgeber die Vollmachtsurkunde dem Vertreter ausgehändigt hat und der Bevollmächtigte die Urkunde im Original oder als Ausfertigung (notarielle Vollmacht) dem Dritten vorlegt.

Bei der **Vorlage** der Vorsorgevollmacht **bei Banken** oder sonstigen öffentlichen Einrich- 36 tungen ist es erforderlich aber auch ausreichend, wenn die Unterschrift auf der Vollmachtsurkunde durch die Bank oder einen Notar bestätigt wird. Die Generalvollmacht sollte, schon wegen der weitreichenden Folgen, notariell beurkundet werden (Beweisfunktion, Übereilungsschutz).

Wird die Vollmacht erteilt, um dem Bevollmächtigten **gesellschaftsrechtliches Handeln** 37 zu ermöglichen, so sind die entsprechenden Formvorschriften der §§ 134 Abs. 3, 135 AktG und § 2 Abs. 2 GmbHG zu beachten.

Der Notar hat, wenn er eine Vorsorgevollmacht beurkundet hat, auf die Möglichkeit der 38 Registrierung beim Zentralen Vorsorgeregister hinzuweisen, § 20a BeurkG.

E. Erteilung der Vorsorgevollmacht

In der Vorsorgevollmacht kann geregelt werden, dass der Bevollmächtigte nur zum 39 Handeln berechtigt ist, wenn der Vollmachtgeber seine Angelegenheiten nicht mehr selbst regeln kann. Dabei kann nicht nur die offensichtlich vorliegende, sondern auch die allmählich eintretende Handlungs- bzw Geschäftsunfähigkeit zur Wirksamkeit der Vollmacht führen. Diesbezüglich sind allerdings konkrete Anweisungen in der Vollmacht erforderlich. Im Übrigen kann der Vollmachtgeber die Wirksamkeit der Vertretungsmacht davon abhängig machen, dass die **Geschäftsunfähigkeit** durch ein nervenärztliches Gutachten oder Attest **nachgewiesen** werden muss. Im Hinblick auf die erschwerte Einsehbarkeit ist stets zu prüfen, ob von einer bedingten Vollmacht abgesehen werden kann. Dies setzt naturgemäß besonders viel Vertrauen in den Bevollmächtigten voraus.

Die Kostentragungspflicht sollte ebenfalls in der Vollmacht geregelt werden. In der Voll- 40 macht sollte auch die **Vergütung** des Bevollmächtigten geregelt werden. Dabei ist zu unterscheiden, ob es sich um einen entgeltlichen oder unentgeltlichen Geschäftsbesorgungsvertrag oder eine »familiäre Gefälligkeit« (*Raack/Thar* S 15) handelt, die ggf durch eine Erbeinsetzung, sinnvoller Weise in Form eines Erbvertrags, »be- bzw entlohnt« wird.

Ist der Vollmachtgeber aufgrund seiner geistigen Verfassung nicht mehr in der Lage, den 41 Bevollmächtigten angemessen zu überwachen, so scheidet auch der Widerruf der Vollmacht aus. Im Rahmen der Vollmachterteilung kann der Vollmachtgeber insoweit Vorsorge treffen, als er einen **Kontrollbetreuer** benennt. Für den Fall, dass der Vollmachtgeber keine entsprechende Regelung getroffen hat, kann das Gericht, wofür der **Rechtspfleger** zuständig ist, nach **§ 1896 Abs. 3** einen Betreuer bestellen, der die Geltendmachung der Rechte des Betroffenen gegen seinen Bevollmächtigten vorsieht. Das Gericht wird nur dann von dieser Möglichkeit Gebrauch machen, wenn es sich um eine besonders wichtige Angelegenheit handelt, ein Fall der Interessenkollision vorliegt oder das Verhalten des Bevollmächtigten Anlass zu Zweifeln an der ordnungsgemäßen Erfüllung der Vollmacht gibt (OLG Schleswig FGPrax 2004, 76; *Rudolf/Bittler* Rn 127).

F. Auskunftspflicht des Bevollmächtigten

42 Liegt im Innenverhältnis zwischen Vollmachtgeber und Bevollmächtigtem ein **Geschäftsbesorgungsvertrag** vor, so hat der Vertreter dem Kontrollbetreuer nach den Vorschriften der §§ 1908i, 1799 Abs. 2 Auskunft über die getroffenen Maßnahmen zu erteilen und durch Rechnungslegung Rechenschaft über die Verwendung des Vermögens zu geben. Der Kontrollbetreuer unterliegt der Aufsicht des Vormundschaftsgerichts.

G. Widerruf und Legitimation

I. Widerruf der Vollmacht durch Vollmachtgeber und Erben

43 Der Vollmachtgeber kann die erteilte Vollmacht jederzeit, insb im Missbrauchsfall, widerrufen. Liegt eine **postmortale** Vollmacht vor, ist jeder Erbe befugt, die Vollmacht jederzeit zu **widerrufen**. Voraussetzung für den Widerruf durch den Erben ist, dass sich der Erbe durch die Vorlage eines Erbscheins oder eines Testaments mit Eröffnungsprotokoll legitimieren kann. Hat der Erblasser verfügt, dass die Vollmacht unwiderruflich sein soll, so ist der Widerruf aus einem wichtigen Grunde auch in einem solchen Falle möglich (*Rudolf/Bittler* Rn 136). Der Erblasser kann den Widerruf nur dadurch zu verhindern suchen, dass er in seine Verfügung von Todes wegen durch **Auflagen** oder ein aufschiebend bedingtes Vermächtnis den Erben dazu bewegt, den Widerruf zu unterlassen.

44 Im Übrigen kann der Erblasser den Erben durch eine unwiderrufliche Generalvollmacht über den Tod hinaus nicht binden, da dies, auch in Anbetracht der möglichen Umgehung von Testamentsvollstreckungsregeln, sittenwidrig wäre (BGH DNotZ 1997, 229).

45 Darüber hinaus kann die Vollmacht auch vom **Nachlassverwalter** und **Nachlasspfleger** widerrufen werden. Streitig ist dies in Bezug auf den Testamentsvollstrecker (Hanseatisches Reichsgericht HANS RGZ 33 B 325, das den Widerruf durch den Testamentsvollstrecker ablehnt; so auch *Haegele* Rpfleger 1962, 439, 440).

II. Legitimation

46 Nach § 172 ist es ausreichend, wenn der **Bevollmächtigte** seine Berechtigung durch Vorlage der Vollmachtsurkunde nachweist. In der Praxis erfolgt die **Legitimation** nur beim ersten Rechtsgeschäft mit dem Dritten, da im Folgenden auf diese Vollmacht Bezug genommen wird (Staudinger/*Schilken* § 172 Rn 5 mwN). Dafür ist aber erforderlich, dass die Vollmachtsurkunde nicht zwischenzeitlich zurückgegeben oder für kraftlos erklärt worden ist (§ 172 Abs. 2). Im Übrigen muss das Geschäft auch von dem Umfang der Vollmacht gedeckt sein.

47 War der Bevollmächtigte bei Abschluss des Rechtsgeschäfts nicht mehr im Besitz der Urkunde, weil diese dem Vollmachtgeber zurückgegeben wurde, so trägt der Dritte, der sich nicht erneut die Urkunde als Legitimation vorlegen ließ, sondern auf die Vollmacht Bezug genommen hat, das alleinige Risiko (Soergel/*Leptien* § 172 Rn 4). Um diese Schwierigkeiten zu vermeiden, kann der Vollmachtgeber in der Urkunde bestimmen, dass die Vollmacht nur dann wirksam ist, wenn der Bevollmächtigte bei der Vornahme einer jeden Handlung, die er als Vertreter vornimmt, im **unmittelbaren Besitz der Urkunde** ist.

Auch gegenüber dem Bevollmächtigten gilt der Grundsatz der Vertragsfreiheit, dh, dass 48
Dritte nicht verpflichtet sind, mit dem Vertreter Verträge abzuschließen. Dies gilt insb bei
einer Vollmacht in persönlichen Angelegenheiten. So muss ein **Arzt** die **Behandlung**, von
einem Notfall abgesehen, nicht durchführen, wenn der Patient selbst nicht in der Lage ist,
seinen Willen und seine Wünsche zu äußern bzw durchzusetzen, sondern der Bevollmächtigte diese dem Arzt gegenüber erklärt. In einem solchen Fall kann es angezeigt sein,
nach § 1896 Abs. 1 und 2 einen Betreuer zu bestellen.

H. Haftung des Bevollmächtigten

I. Haftung gegenüber dem Vollmachtgeber

Bei der Haftung des Bevollmächtigten im Innenverhältnis ist das zugrunde liegende 49
Vertragsverhältnis maßgebend. Wird der Vertreter unentgeltlich tätig, so liegt ein Auftrag
nach § 662 vor, erhält er für die Stellvertretung eine Vergütung, so ist von einem Geschäftsbesorgungsvertrag (§ 675) auszugehen. Im Rahmen dieser Vertragsverhältnisse haftet der
Bevollmächtigte für jede **schuldhafte** (vorsätzliche und fahrlässige) **Verletzung** seiner
(vertraglichen) Pflichten. Wegen der weitreichenden Haftung des Vertreters für jedes
schuldhafte Handeln kann eine **Haftungsbeschränkung** auf Vorsatz und grobe Fahrlässigkeit vereinbart und in die Vorsorgevollmacht aufgenommen werden.

II. Haftung gegenüber Dritten

Verursacht der Bevollmächtigte bei Ausübung seiner Tätigkeit bei einem Dritten einen 50
Schaden, so haftet er nach den allgemeinen Regeln dem Dritten gegenüber selbst für sein
Verschulden, dh sowohl für vorsätzliches als auch für jede Art von fahrlässigemäß Verhalten. Darüber hinaus hat der **Vollmachtgeber** nach den allgemeinen Regeln der §§ 278,
276 jedes vorsätzliche und fahrlässige Verhalten seines Vertreters/Erfüllungsgehilfen zu
vertreten, wenn er sich zur Erfüllung seiner Angelegenheiten anderer Personen bedient.

I. Muster einer notariellen Vorsorgevollmacht

Notarielle Vorsorgevollmacht 51

Heute, am ..., erschienen vor mir, dem unterzeichnenden Notar ..., in den
Amtsräumen in ...
Herr ...
und
seine Ehefrau ... (Geburtsdatum, Anschrift, Beruf, Güterstand),
ausgewiesen durch Personalausweis Nr. ...
mit der Bitte um Beurkundung der nachstehenden

Vorsorgevollmacht

§ 1 Vollmachtserteilung
Herr ...
— nachfolgend als »Vollmachtgeber« bezeichnet —

erteilt hiermit
seiner Ehefrau, Frau ... (Geburtsdatum, Anschrift, Beruf)

— nachfolgende als »Bevollmächtigte« bezeichnet —

Generalvollmacht

zur umfassenden Vertretung in allen persönlichen und vermögensrechtlichen Angelegenheiten, bei denen eine Stellvertretung gesetzlich zulässig ist. Darüber hinaus soll diese Vollmacht als Betreuungsvollmacht dienen, um die gerichtliche Anordnung einer Betreuung zu vermeiden. Die vorliegende Vollmacht gilt daher ausdrücklich auch für den Fall, dass der Vollmachtgeber geschäftsunfähig wird.

§ 2 Umfang der Vollmacht
Die erteilte Generalvollmacht ist in ihrem Umfang unbeschränkt. Die nachfolgend aufgeführten Aufgaben sind nur beispielhaft und keineswegs abschließend; eine Beschränkung der Vollmacht auf diese Bereiche ist damit nicht getroffen.

a) Persönliche Angelegenheiten
Der Bevollmächtigte ist zur Vertretung in allen persönlichen Angelegenheiten des Vollmachtgebers ermächtigt. Die Vollmacht umfasst insb folgende Angelegenheiten:

Ärztliche Maßnahmen
- Einwilligung in ärztliche Maßnahmen (Untersuchungen, Heilbehandlung, ärztlicher Eingriff), auch wenn der Vollmachtgeber in Gefahr steht, durch die Maßnahme zu sterben oder einen schweren und länger dauernden gesundheitlichen Schaden zu erleiden (§ 1904 BGB);
- alle Entscheidungen, die im Zusammenhang mit dem Aufenthalt des Vollmachtgebers stehen, insb der Entscheidung über die Aufnahme in einem Krankenhaus, der Unterbringung in einem Pflegeheim oder in einer geschlossenen Anstalt;
- Kontrolle über die menschenwürdige Unterbringung und die angemessene pflegerische und ärztliche Betreuung durch das Pflegepersonal, die Ärzte und das Krankenhaus/Heim während eines Zustands der Bewusstlosigkeit bzw der Entscheidungsunfähigkeit des Vollmachtgebers;
- Kontrolle auch hinsichtlich der Begleitung beim Sterben, insb bei der Schmerzlinderung, Atemnot, Erstickungsangst, anderen schweren Angstzuständen und unstillbarem Brechreiz, selbst wenn dadurch die Gefahr besteht, dass dadurch eine Lebensverkürzung eintreten kann;
- Entscheidung über die Verabreichung von Medikamenten mit erheblichen und unerwünschten Nebenwirkungen und Folgen; gleiches gilt auch für die Entscheidung über die Flüssigkeitszufuhr oder künstliche Ernährung im Zustand einer länger andauernden Bewusstlosigkeit (»Wach-Koma«);
- Zustimmung/Ablehnung von ärztlichen Untersuchungen, Behandlungen, Eingriffen oder Intensivtherapien, unabhängig davon, ob es sich um lebensgefährliche Maßnahmen handelt;
- Entscheidung über die Einstellung von lebenserhaltenden bzw -verlängernden Maßnahmen oder über einen Behandlungsabbruch bei infauster Prognose und wenn sich der Vollmachtgeber in einem Zustand befindet, in dem ihm ein realitätsbezogenes Leben mit eigener Persönlichkeit nicht mehr möglich ist; daher lehnt der Vollmachtgeber sowohl die künstliche Ernährung als auch die Beatmung, Wasserzufuhr, Sauerstoff und Medikamente ab, die ihn nur künstlich am Leben erhalten. Entsprechendes gilt für Bluttransfusionen und Dialyse;
- Entscheidung über die Entnahme von Organen zu Transplantationszwecken.

b) Unterbringung und freiheitsentziehende Maßnahmen
- Bestimmung über den Aufenthalt des Vollmachtgebers;

- Entscheidung über die Unterbringung in einem Heim, einer Anstalt oder einer sonstigen Einrichtung, auch wenn sie mit freiheitsentziehenden Maßnahmen, wie mechanische Vorrichtungen oder Medikamente einhergeht;
- Entscheidung über die Vornahme von freiheitsbeschränkenden oder -entziehenden Maßnahmen, auch über einen längeren Zeitraum.

c) Sonstige Maßnahmen
- Gerichtliche und außergerichtliche Interessenwahrnehmung gegenüber Ärzten, Pflegepersonal, Krankenhäusern, Pflegediensten, Pflegeheimen u. dgl;
- Einholen von Auskünften und Informationen, um über die Behandlung, einen Eingriff oder die Beendigung eingeleiteter Maßnahmen entscheiden zu können;
- Einsicht in Krankenunterlagen;
- Entscheidung über Untersuchungen, Heilbehandlungen, Therapien und ärztliche Eingriffe, wofür die betroffenen Ärzte insoweit von ihrer ärztlichen Schweigepflicht entbunden werden.

Vermögensrechtliche Angelegenheiten:
- Der Bevollmächtigte ist befugt, alle Rechtshandlungen und Rechtsgeschäfte in vermögensrechtlicher Hinsicht mit Wirkung für und gegen den Vollmachtgeber zu tätigen, insb
- Verfügung über Vermögensgegenstände jeglicher Art;
- Abgabe und Empfang von Erklärungen aller Art sowie Stellen, Änderung und Rücknahme von Anträgen;
- Annahme von Zahlungen und Wertgegenständen;
- Eingehen von Verbindlichkeiten;
- Umfassende gerichtliche und außergerichtliche Vertretung des Vollmachtgebers gegenüber Banken, Versicherungen, Behörden und Gerichten im In- und Ausland;
- Erwerb und Veräußerung von Grundbesitz, Bestellung von Grundpfandrechten, Bewilligung der Eintragung im Grundbuch, Erklärung der Löschung aller dinglichen Rechte und Bewilligung im Grundbuch;
- Abgabe von Mahnungen, Fristsetzungen, Anträgen und Mitteilungen;
- Abschluss von Darlehens- und sonstigen Kreditverträgen;
- Verfügung über Bankkonten, Depots und sonstiger Geldvermögen aller Arten;
- Eröffnung und Auflösung von Bankkonten und Depots sowie
- Gerichtliche Vertretung des Vollmachtgebers gegenüber Gerichten und die Vornahme von Prozesshandlungen.

Allgemeine Angelegenheiten:
- die Stellung von Rentenanträgen oder Sozialhilfeanträgen;
- Erwerb, Verwaltung, Verfügung und Belastung beweglicher Sachen, Grundstücken und Rechten;
- Bestellung, Übertragung, Kündigung und Aufgabe dinglicher Rechte an Grundstücken und anderen Wertgegenständen;
- Eingehen von Verbindlichkeiten einschließlich der Unterwerfung unter die Zwangsvollstreckung;
- Abschluss eines Heimvertrages;
- Abschluss und Kündigung von Mietverträgen;
- Wohnungsauflösungen;
- Erklärung und Entgegennahme von Kündigungen bestehender Rechtsverhältnisse;
- Vornahme und Entgegennahmen von Zahlungen;
- Vornahme von Mahnungen, Erteilung von Auskünften und Quittungen;

- Ausübung von Gesellschafterrechten;
- Anerkennung oder Anfechtung von Verfügungen von Todes wegen und die Annahme bzw Ausschlagung einer Erbschaft und von Pflichtteilsansprüchen.

§ 3 Ersatzbevollmächtigter
Für den Fall, dass der Bevollmächtigte stirbt oder selbst geschäftsunfähig wird, ernenne ich, aufschiebend bedingt durch den Tod oder die Geschäftsunfähigkeit, die durch einen Facharzt für Neurologie nachgewiesen werden muss, meine Tochter ... (Name, Geburtsdatum, Anschrift). Der Ersatzbevollmächtigte hat dieselbe Rechtsstellung wie der Bevollmächtigte.

§ 4 Untervollmacht, Befreiung von § 181 BGB
Der Bevollmächtigte kann in vermögensrechtlichen Angelegenheiten Untervollmacht erteilen mit der Maßgabe, dass nur einzelne der og Angelegenheiten übertragen werden dürfen.
Hinsichtlich der persönlichen Angelegenheiten ist die Vollmacht nicht übertragbar.
Von den Beschränkungen des § 181 BGB ist die Bevollmächtigte befreit.
Die Vollmacht kann jederzeit widerrufen werden.

§ 5 Betreuungsverfügung, Innenverhältnis
Durch die Vollmachtserteilung soll im Falle der Geschäftsunfähigkeit und Krankheit die Bestellung eines Betreuers vermieden werden. Allerdings soll die Bevollmächtigte im Innenverhältnis erst dann von der Vollmacht Gebrauch machen, wenn der Vorsorgefall eingetreten ist.
Sollte dennoch ein Betreuer bestellt werden, so ist es der Wunsch des Vollmachtgebers, dass der Bevollmächtigte, ersatzweise der Ersatzbevollmächtigte, zum Betreuer bestellt wird. In diesem Fall soll die Vollmacht im Übrigen fortbestehen.

§ 6 Wirksamkeitsbestimmungen, Kontrolle
Mit Unterzeichnung der Vollmacht wird diese wirksam. Trotz Belehrung durch den Notar wünscht der Vollmachtgeber keine Beschränkung der Wirksamkeit in der Weise, dass die Vollmacht erst mit Eintritt der Betreuungsbedürftigkeit wirksam werden soll. Der Vollmachtgeber verzichtet ausdrücklich auf die Bestellung einer Kontrollperson oder eines zweiten Bevollmächtigten.
Sollte einer der vorbezeichneten Bestimmungen unwirksam sein oder werden, so bleiben die übrigen Regelungen wirksam.

§ 7 Schlussbestimmungen
Von dieser Urkunde erhält der Bevollmächtigte eine Ausfertigung, der Vollmachtgeber eine beglaubigte Abschrift.
Auf Antrag sind dem Bevollmächtigten jederzeit weitere Ausfertigungen und beglaubigte Abschriften zu erteilen.
Die Kosten für diese Urkunde trägt der Vollmachtgeber.
Die Niederschrift wurde den Erschienenen vorgelesen, von ihnen genehmigt und von ihnen sowie dem Notar eigenhändig unterschrieben.

Unterschriften:

Patientenverfügung

A. Materielles Recht

I. Wesen der Patientenverfügung

Bei der Patientenverfügung handelt es sich um eine Erklärung, die der einsichts- und urteilsfähige Verfügende im Hinblick auf eine medizinische Behandlung oder Nichtbehandlung für den Fall abgibt, dass er aufgrund seiner psychischen und/oder physischen Defizite hierzu nicht mehr in der Lage ist, er also seinen Willen nicht mehr verbindlich äußern kann. Denkbar sind hier folgende Fälle: **1**

- Dauerschädigung des Gehirns;
- Dauerhafter Ausfall lebenswichtiger Funktionen des Körpers;
- Irreversibles Dauer- oder Wachkoma;
- infauste Prognose;
- Sterbeprozess, der in absehbarer Zeit mit erheblichen Schmerzen oder mit großer Not beim Patienten einsetzen wird;
- Todesursache ist unweigerlich gesetzt (vgl *Uhlenbruck* ZAP F 12, S 75 f).

Der Patient verweigert in und mit der Verfügung die Einwilligung in eine (weitere) ärztliche Behandlung, insb in ärztliche (Heil-)Eingriffe und sonstige diagnostische und therapeutische Maßnahmen, die zu einer Verlängerung seines Leidens führen. Er verfügt also, dass, sollte einer der o.g. Fälle eintreten, **weder lebensverlängernde** (Intensivbehandlung) **noch lebenserhaltende** (künstliche Ernährung durch Magensonde uÄ) ärztliche oder pflegerische **Maßnahmen** ergriffen werden. Dabei handelt es sich aber keinesfalls um den Wunsch, dass aktive Sterbehilfe geleistet wird, denn die Anweisung zu einer gezielten Lebensverkürzung hätte für denjenigen, der sie befolgt, strafrechtliche Konsequenzen. In gleicher Weise ist auch das Verlangen nach einer aktiven Tötung als Mittel zur Beendigung der Schmerzen als Tötung auf Verlangen nach § 216 StGB strafbar (vgl Laufs/*Uhlenbruck* § 132 Rn 4; Schönke/Schröder/*Eser* Vorbem zu §§ 211 ff Rn 21, 24 ff; Rudolf/*Bittner* § 2 Rn 32). Mit der Patientenverfügung geht es dem Verfügenden lediglich darum, dass er als Patient im Sterben begleitet und seine Schmerzen gelindert, nicht aber sein Leben, weil technisch machbar, und damit sein Leiden, unter allen Umständen verlängert wird. Führt die Schmerzlinderung als unbeabsichtigte Nebenfolge zu einer Lebensverkürzung, so wird dies als sog indirekte Sterbehilfe im Ergebnis heute nahezu allgemein für straflos erachtet (BÄK NJW 1998, 3407; *Schmitt* MDR 1986, 620). Zu den nach wie vor str Begründungswegen vgl Schönke/Schröder/*Eser* Vorbem zu §§ 211 ff Rn 26. **2**

Die Patientenverfügung ist keineswegs, was der Begriff zunächst vermuten lässt, eine letztwillige Verfügung, die sich auf den Tod und die Zeit nach dem Tod eines Menschen bezieht, sondern um die Regelung einer Situation, die **vor** dem Tod des Patienten liegt. Es ist daher auch nicht erforderlich, dass der Verfügende testierfähig oder sogar geschäftsfähig ist. Zur Errichtung einer Patientenverfügung reicht es aus, wenn der Patient aufgrund seiner **geistigen** und **sittlichen Reife** in der Lage ist, **sein Selbstbestimmungsrecht** in Bezug auf seine Gesundheit und die damit zusammenhängenden Angelegenheiten eigenverantwortlich **auszuüben**. Der Verfügende muss zum einen über die Art und Schwere seiner möglichen Erkrankung Kenntnisse haben und zum anderen über das Wesen, die Bedeutung und Tragweite der ärztlichen und therapeutischen Maßnahmen informiert sein, um die Folgen der Verweigerung seiner Einwilligung in medizinisch notwendige Handlungen oder des Behandlungsabbruchs abwägen und beurteilen zu können. **3**

In vielen Fällen hat der Verfügende im Zeitpunkt der Errichtung der Patientenverfügung noch keine Kenntnis, an welcher Krankheit er einmal erkranken, welche Behandlungs- **4**

Patientenverfügung

maßnahmen zu ergreifen sind, wie sie verlaufen oder woran er einmal sterben wird. Er hat nur gewisse Vorstellungen, was er nicht erleiden möchte, was er denkt, nicht ertragen zu können. Diese Argumente, insb dass zum Zeitpunkt der Errichtung der Verfügung die Einwilligung zu unbestimmt sei, wendet die Rechtslehre gegen die Wirksamkeit derartiger Verfügungen ein (vgl u Rn 23).

II. Abgrenzung zu ähnlichen Rechtsinstituten

5 In einer **Vorsorgevollmacht** wird ein Dritter beauftragt, das Selbstbestimmungsrecht des Vertretenen in dem Fall auszuüben, dass dieser infolge seiner geistigen und/oder körperlichen Gebrechen keine eigenen Entscheidungen mehr treffen kann. Im Hinblick auf die Regelungskompetenz des Bevollmächtigten ist es sinnvoll, die Vorsorgevollmacht mit der Patientenverfügung zu **kombinieren**. Durch die Bestellung eines Bevollmächtigten kann gewährleistet werden, dass die in einer Patientenverfügung niedergelegten Wünsche des Betroffenen gegenüber Ärzten und Pflegepersonal durchgesetzt und befolgt werden. Die mit der Vorsorgevollmacht verbundene Patientenverfügung stellt für den Bevollmächtigten eine Entscheidungshilfe dar, wie das Selbstbestimmungsrecht des Vertretenen in bestimmten Situationen auszuüben ist (näher hierzu *Tschichoflos*, Grundlagen des Pflegerechts).

6 Die Patientenverfügung ist abzugrenzen von der Betreuungsverfügung (näher hierzu *Tschichoflos*, Grundlagen des Pflegerechts), bei welcher der Verfügende lediglich die Person des Betreuers vorschlägt und, soweit gesetzlich zulässig, Anweisungen für das Tätigkeitsfeld des Betreuers gibt. Nicht verbunden sind damit Regelungen zu treffen, wie im Falle des Sterbens oder eines die Einsichts- und Urteilsfähigkeit ausschließenden Zustands über die weitere Behandlung des Betroffenen zu entscheiden ist.

III. Inhalt der Patientenverfügung

7 Der Verfügende kann den Inhalt seiner Patientenverfügung weitgehend frei **gestalten**. Er regelt iE, ob, wann, welche und unter welchen Bedingungen und in welcher Art und Weise eine medizinische Untersuchung oder Behandlung an ihm vorgenommen werden darf und unter welchen Umständen derartige Maßnahmen abzubrechen oder zu unterlassen sind. Dies gilt entsprechend auch für eine evtl künstliche Ernährung. Der Arzt muss aus der Verfügung erkennen, in welche Maßnahme der Patient nicht einwilligt und welche von seiner Einwilligung erfasst wird.

8 Für die **Bindungswirkung** einer Patientenverfügung ist unbedingt zu fordern, dass sie konkret abgefasst ist. Sie sollte sich, soweit dies als antizipierte Einwilligung oder Versagung der Einwilligung möglich ist, auf eine konkrete Behandlungs- und/oder Untersuchungsmaßnahme beziehen. Dies gilt va. dann, wenn eine solche vorhersehbar ist. Voraussetzung dafür ist aber, dass der Verfügende, bevor er die Patientenverfügung schriftlich niederlegt, mit dem behandelnden oder einem Arzt seines Vertrauens gesprochen und dieser ihn entsprechend aufgeklärt hat.

9 Die Patientenverfügung ist nur dann rechtlich bedeutsam und schließlich für den behandelnden Arzt verbindlich, wenn rechtlich **erlaubtes Handeln** gefordert wird. Bedenken ergeben sich nur dann, wenn der Patient in seiner Patientenverfügung den Wunsch äußert, zu sterben und dies in einer Weise formuliert, die keinen Zweifel daran lässt, dass er den behandelnden Arzt zu »Hilfeleistungen« bittet. Folgende Möglichkeiten kommen in Betracht:

1. Aktive Sterbehilfe

10 Die Verkürzung verlöschenden Lebens durch einen aktiven Eingriff auf den Krankheits- oder Sterbeprozess (aktive Sterbehilfe) kann in einer Patientenverfügung **nicht verfügt** werden, solange der Hirntod nicht eingetreten ist (Laufs/*Uhlenbruck* § 132 Rn 4; Schönke/

Schröder/*Eser* Vorbem zu §§ 211 ff Rn 21, 25 ff; Rudolf/*Bittler* § 2 Rn 32). Das Verlangen nach aktiver Tötung als Mittel zur Beseitigung von Schmerzen und körperliches/seelischem Unbehagen ist als Tötung auf Verlangen nach § 216 StGB strafbar, auch wenn eine dahingehend lautende Patientenverfügung vorliegt.

a) Sterbehilfe durch Schmerzlinderung

Führt die schmerzlindernde Maßnahme nicht zu einem lebensverkürzenden Risiko, so ist sie in jedem Fall **zulässig**, auch wenn sie zu einer Bewusstseinstrübung beim Patienten führt. Strafrechtliche Konsequenzen zieht ein derartiges Verhalten nicht nach sich, da es Pflicht jeder ärztlichen Behandlung ist, Schmerzen zu lindern (Schönke/Schröder/*Eser* Vorbem zu §§ 211 ff Rn 21, 26; Rudolf/*Bittler*, § 2 Rn 33). Soweit die aktive Tötung als Mittel zur Schmerzbeseitigung iS einer Hilfe zum Sterben oder zwecks Erlösung von einem scheinbar sinnlos gewordenen Leben durch Dritte erfolgt, ist sie wegen der Einwilligungssperre des § 216 StGB rechtswidrig, auch wenn sie auf ausdrückliches und ernstliches Verlangen des Patienten erfolgt (LK/*Jähnke* § 211 Rn 14).

11

b) Schmerzlinderung mit lebensverkürzender Folge

Verfügt der Betroffene in seiner Patientenverfügung, dass ihm zur Schmerzlinderung auch Medikamente verabreicht werden sollen, die als unbeabsichtigte Nebenfolge dieser Behandlung zu einer Verkürzung seines Lebens führen, so wird dies allgemein für **straflos** erachtet (BÄK NJW 1998, 3407). Ein diesbzgl geäußerter Wille in einer Patientenverfügung ist grds wirksam (*Rudolf/Bittler* § 2 Rn 34).

12

2. Sterbenlassen durch Verzicht auf lebensverlängernde Maßnahmen

Nach Ansicht der Rechtsprechung (BGH NJW 1995, 204 ff) ist in dem Fall, in dem der **Sterbeprozess unwiderruflich** eingesetzt hat, dem behandelnden Arzt der Verzicht auf lebensverlängernde Maßnahmen, wie Beatmung, künstliche Ernährung oder Bluttransfusion, auch unter strafrechtlichen Gesichtspunkten, erlaubt. Eine Ausnahme soll aber dann gelten, wenn es sich um einen unheilbar Kranken handelt, der nicht mehr in der Lage ist, eigenverantwortlich zu entscheiden. In diesem Fall ist für die Beendigung ärztlicher Maßnahmen nicht entscheidend, ob der Sterbevorgang bereits eingesetzt hat oder nicht; maßgebend ist hier vielmehr der zu respektierende Patientenwille als Ausdruck der allgemeinen Handlungsfreiheit (Art. 2 Abs. 1 GG) und des Rechts auf körperliche Unversehrtheit (Art. 2 Abs. 2 GG). Da lediglich der **mutmaßliche Wille** ermittelt werden kann, sind hier strenge Anforderungen zu stellen. Hierbei sind vor allem frühere schriftliche oder/und mündliche Äußerungen des Patienten heranzuziehen.

13

Hinsichtlich des Inhalts der Patientenverfügung muss zwischen **zwei Arten** unterschieden werden:

a) Behandlungsabbruch

Behandlungsabbruch bei infauster Prognose: Der Behandlungsabbruch ist nur dann rechtlich unproblematisch, wenn zwar eine Lebenserhaltungspflicht besteht, der Verzicht auf (weitere) lebensverlängernde Maßnahmen aber im tatsächlichen oder mutmaßlichen Einverständnis (vgl BGHSt 40, 257) oder auf Verlangen des sich der Folge seiner Entscheidung bewussten Patienten geschieht (BGHSt 37, 376), wobei einer Patientenverfügung zumindest indizielle Bedeutung zukommt. Dann ist es im Grundsatz auch gleichgültig, ob das Sterbenlassen durch Nichtaufnahme oder erst durch den Abbruch einer bereits begonnenen Behandlung erfolgt. In jedem Fall bleibt aber die Pflicht zur Aufrechterhaltung der jedem hilfsbedürftigen Menschen zustehenden Grundernährung und Basispflege erhalten (*Kaufmann* JZ 1982, 487). Zu den Fällen des einseitigen Behandlungsabbruchs durch den Arzt vgl *Schönke/Schröder/Eser* Vorbem zu §§ 211 ff Rn 29 ff.

14

Formulierungsmuster für den Fall, dass der Verfügende kein spezifisches Krankheitsbild aufweist.

15

Patientenverfügung

von

Name:
Vorname:
Geburtsdatum:
Straße:
PLZ, Wohnort:

Ich bitte, dass folgende Wünsche, die meine Person betreffen und die ich in Ausübung meines Selbstbestimmungsrechts hier niedergelegt sind, beachtet werden:

Für den Fall, dass ich durch Umstände, wie Krankheit, Unfall oder sonstige Behinderung zur Willensbildung oder Willensäußerung nicht mehr in der Lage bin, verfüge ich im jetzigen Vollbesitz meiner geistigen Kräfte und in Kenntnis der Tragweite und des Inhalts meines hier geäußerten Willens folgende **Anweisungen** an meine behandelnden Ärzte:

Bei schwerstem körperlichen Leiden oder Verletzungen, Dauerbewusstlosigkeit, Koma sowie fortschreitendem geistigem Verfall, vor dem Endstadium einer tödlich verlaufenden Krankheit und vor Eintritt des eigentlichen Sterbeprozesses, in dem es keine Aussicht auf Besserung des Zustandes iS eines für mich erträglichen und umweltbezogenen Lebens mit eigener Persönlichkeit gibt, **untersage** ich jede lebenserhaltende Maßnahme, wie zB Wiederbelebung, Beatmung, Bluttransfusion, Dialyse und die Verabreichung von Medikamenten, die Ernährung durch Magensonde oder Magenfistel sowie jede Form der künstlichen Ernährung und die Verabreichung von Antibiotikum bei fieberhaften (Begleit-)Infektionen. Eine bereits begonnene Maßnahme ist abzubrechen.

Ich erkläre ausdrücklich mein Einverständnis in Maßnahmen, die mir die Schmerzen oder sonstigen Begleitsymptome (weitestgehend) beseitigen, auch wenn sie mit einer Lebensverkürzung verbunden sind.

Ich wünsche mir geistigen **Beistand** durch:
Name/Vorname: _____
Anschrift: _____
Telefonnummer: _____

und dass folgende Personen verständigt werden, die mir Beistand leisten sollen:
Name/Vorname: _____
Anschrift: _____
Telefonnummer: _____

Mit einer **Organentnahme** bin ich einverstanden. Mein Organspendeausweis liegt dieser Patientenverfügung bei.

Schließlich bin ich damit einverstanden/nicht einverstanden, dass eine **Obduktion** zur Klärung der Todesursache und zur Abklärung des Befundes durchgeführt wird.
Ich habe mir diese Anweisungen nach entsprechender ärztlicher und juristischer Beratung eingehend und **reiflich überlegt**. Sie sind das Ergebnis eines über mehrere Wochen andauernden Überlegungsprozesses und stellen meine ethische Grundeinstellung zu Fragen eines menschenwürdigen Daseins und des Abbruchs der Behandlung im Falle irreversibler körperlicher und/oder geistiger Schädigung dar. Meine behan-

delnden Ärzte möchte ich bereits an dieser Stelle darum bitten, diese Patientenverfügung als verbindlich anzusehen und nach meinen Wünschen, sofern in der konkreten Situation über den Behandlungsabbruch zu entscheiden ist, nach meinem Willen zu handeln. Eine andere als die hier getroffene Entscheidung kommt für mich nicht in Betracht.

Auch in dem Fall, dass die **vormundschaftsgerichtliche Betreuung** über meine Person angeordnet wird, ist der Betreuer an die Weisungen in dieser Patientenverfügung gebunden. Die hier abgegebenen Erklärungen gelten dann als Betreuungsverfügung. Ich schlage vor, die folgende Person zum Betreuer zu bestellen:

Name/Vorname: _____

Anschrift: _____

Telefonnummer: _____

_____   _____
Ort, Datum   Unterschrift des Vollmachtgebers

Die bei der Abfassung dieser Urkunde anwesenden **Zeugen** bestätigen, dass ich die Verfügung im Vollbesitz meiner geistigen Kräfte verfasst habe:

Name/Vorname: _____

Geburtsdatum: _____

Anschrift: _____

Datum und Unterschrift: _____

Die vorstehenden Anweisungen entsprechen, wie die Patientenverfügung insgesamt, **nach wie vor** meinem Willen:

_____   _____
Ort, Datum   Unterschrift des Verfügenden

_____   _____
Ort, Datum   Unterschrift des Verfügenden

_____   _____
Ort, Datum   Unterschrift des Verfügenden

b) Maximalbehandlung

Medizinische Maximalversorgung: Der Patient wünscht eine Behandlung, bei der alle medizinischen und technischen Möglichkeiten wahrgenommen werden, um sein Leben zu retten bzw zu erhalten. Einer Patientenverfügung mit diesem Inhalt wird angesichts der aufgrund der Gesundheitsreform vorgenommenen Einsparungen im Gesundheitswesen künftig besondere Bedeutung zukommen, da der Verfügende befürchtet, dass nicht mehr das medizinisch notwendige, sondern nur noch das Maß an Behandlung vorgenommen wird, was von den Krankenkassen auch tatsächlich bezahlt wird.

Patientenverfügung

17 Formulierungsmuster

Patientenverfügung

von

Name: _____
Vorname: _____
Geburtsdatum: _____
Straße: _____
PLZ, Wohnort: _____

Für den Fall, dass ich nicht mehr in der Lage sein sollte, meine Angelegenheiten selbst und eigenverantwortlich zu regeln, bitte ich, dass die nachfolgenden Anweisungen, die ich nach eingehender Überlegung aufgrund fachkundiger ärztlicher Beratung im Vollbesitz meiner geistigen Kräfte und in voller Kenntnis der Bedeutung, des Inhalts und der Tragweite meines geäußerten Willens gebe, beachtet und befolgt werden:

Im Vertrauen auf den medizinischen Fortschritt und die Möglichkeiten im Hinblick auf eine Heilung derzeit noch unheilbar erscheinender Krankheiten oder/und Verletzungen wünsche ich, dass in jedem Stadium einer Behandlung oder Verletzung, **auch bei einer infausten Prognose** oder des **eingetretenen Sterbevorgangs** alles medizinisch und technisch Machbare unternommen wird, mich am Leben zu erhalten bzw mir eine optimale medizinische Maximalversorgung zukommen zu lassen.

Ich wünsche mir in einer solchen Situation geistigen **Beistand** durch

Name/Vorname: _____
Anschrift: _____
Telefonnummer: _____

und dass folgende Personen verständigt werden, die mir Beistand leisten sollen:
Name/Vorname: _____
Anschrift: _____
Telefonnummer: _____

Mit einer **Organentnahme** zur Organspende bin ich einverstanden/bin ich ausdrücklich nicht einverstanden.

Zur Abklärung des Befundes bin ich mit der **Obduktion** einverstanden/nicht einverstanden.

Die in dieser Patientenverfügung getroffenen Entscheidungen entsprechen meiner ethischen und religiösen Grundeinstellung zu Fragen eines lebenswerten Lebens im Falle irreversibler Schädigungen und des Behandlungsabbruchs. Im Übrigen habe ich mir die Entscheidungen reiflich und eingehend überlegt. Meine behandelnden Ärzte möchte ich bereits an dieser Stelle darum bitten, diese Patientenverfügung als verbindlich anzusehen und alles zu unternehmen, um mein Leben zu retten bzw zu erhalten. Eine andere als die hier getroffene Entscheidung kommt für mich nicht in Betracht.
Sollte es notwendig werden, eine **vormundschaftsgerichtliche Betreuung** über meine Person anzuordnen, ist der Betreuer ebenfalls an diese Weisungen in der vorliegenden Patientenverfügung gebunden. Die hier abgegebenen Erklärungen gelten dann als Betreuungsverfügung. Ich schlage vor, die folgende Person zum Betreuer zu bestellen:

Name/Vorname: _____
Anschrift: _____
Telefonnummer: _____

Patientenverfügung

Ort, Datum   Unterschrift des Vollmachtgebers

Die bei der Abfassung dieser Urkunde anwesenden **Zeugen** bestätigen, dass ich die Verfügung im Vollbesitz meiner geistigen Kräfte verfasst habe:

Name/Vorname: _____
Geburtsdatum: _____
Anschrift: _____
Datum und Unterschrift: _____

Die vorstehenden Anweisungen entsprechen, wie die Patientenverfügung insgesamt, **nach wie vor** meinem Willen:

Ort, Datum   Unterschrift des Verfügenden

Ort, Datum   Unterschrift des Verfügenden

Ort, Datum   Unterschrift des Verfügenden

c) **Kombination von Maximalbehandlung und Behandlungsabbruch**

Patientenverfügung

von

Name: _____
Vorname: _____
Geburtsdatum: _____
Straße: _____
PLZ, Wohnort: _____

Für den Fall, dass ich durch Umstände wie Unfall, Behinderung oder Krankheit nicht mehr in der Lage bin, meinen Willen zu bilden und/oder diesen zu äußern, gebe ich folgende Erklärungen ab, um deren Beachtung ich eindringlich bitte:

Ich erwarte im Falle einer Krankheit oder des Siechtums, dass, solange nach medizinischen Erkenntnissen eine realistische Aussicht auf Erhaltung eines menschenwürdigen und erträglichen, nicht von Schmerzen gezeichneten Lebens besteht, **ärztliche und pflegerische Hilfe** unter Ausschöpfung **aller angemessenen Möglichkeiten** erfolgt.

Ich bitte aber, vom Einsatz lebensverlängernder Maßnahmen, insb von **intensivmedizinischer Behandlung abzusehen**, die mich daran hindert, in Frieden zu sterben, wenn sie nach dem ärztlichen Befund nur zur Verlängerung des Sterbeprozesses führen oder der Sterbeprozess irreversibel begonnen hat. An mir sollen auch nur Maßnahmen durchgeführt werden, die von der Schulmedizin anerkannt sind. Die Durchführung von Experimenten an mir, insb das Testen von neuen Medikamenten oder alternativen

Behandlungsmethoden, die den eingetretenen Sterbeprozess nur hinauszögern, aber nicht aufhalten können, lehne ich ausdrücklich ab.

Darüber hinaus möchte ich, soweit möglich, in meiner bisherigen gewohnten und **vertrauten Umgebung** bleiben.

Sollte ein **Betreuer** bestellt werden, so ist er berechtigt und verpflichtet, für die Durchsetzung dieser Bestimmungen zu sorgen.

Ich stelle meinen Körper nach meinem Tode als **Organspender** für Transplantationen und, soweit Bedarf besteht, auch der Pathologie des Universitätsklinikums ... zu Forschungszwecken zur Verfügung.

Als Person meines besonderen Vertrauens benenne ich

Frau/Herrn _____

Anschrift: _____

Telefonnummer: _____

Darüber hinaus entbinde ich meine behandelnden Ärzte meiner Vertrauensperson gegenüber von der **ärztlichen Schweigepflicht** und bitte, alle notwendigen Maßnahmen mit ihr an meiner Stelle zu besprechen und die möglichen ärztlichen Eingriffe abzuklären. Sie ist berechtigt, in ärztliche Heileingriffe einzuwilligen, sofern damit nicht die Gefahr besteht, dass ich einen schweren und länger dauernden gesundheitlichen Schaden erleide. In diesem Fall und wenn mit dem Eingriff bzw der Untersuchung die Gefahr des Todes verbunden ist, soll die Vertrauensperson die Verantwortung für die Einwilligung nicht alleine tragen, sondern soll sich die Genehmigung zu dieser Maßnahmen beim Vormundschaftsgericht einholen.

Diese Patientenverfügung befindet sich bei meinen Ausweispapieren und bei der og. Person meines besonderen Vertrauens. Außerdem habe ich sie bei meinem Hausarzt ... (Name und Anschrift) und bei meiner Freundin/meinem Freund ... (Name und Anschrift) hinterlegt.

_____   _____
Ort, Datum   Unterschrift des Verfügenden

IV. Probleme im Zusammenhang mit der Patientenverfügung

1. Die Wirksamkeit bzw Verbindlichkeit der Patientenverfügung

19 Die **Wirksamkeit** einer Patientenverfügung ist **umstritten**. Das zentrale Problem ist die Frage der wirksamen und damit rechtsverbindlichen Einwilligung bzw Verweigerung der Einwilligung in Behandlungsmaßnahmen bis hin zum lebensbeendenden Behandlungsabbruch zu einem Zeitpunkt, in dem der Betreffende höchstwahrscheinlich völlig gesund und beschwerdefrei ist. Kann sich der Betroffene bei Errichtung der Patientenverfügung realiter in die Situation versetzen, über die er nun verfügen wird? Erfahrungsgemäß ist jeder Mensch bestrebt, sein Leben solange wie nur irgendwie möglich zu erhalten und zu verlängern.

20 Nach wie vor ist es in Deutschland **str**, ob die Patientenverfügung für den behandelnden Arzt verbindlich ist oder nur ein Indiz in Richtung auf den Patientenwillen darstellt. Eine ges Regelung existiert (noch) nicht, sie ist geplant für das Jahr 2006 (näher hierzu Rn 56 ff u *Schmidt* Zerb 2005, 82 ff).

Im Wesentlichen stehen sich zwei grdse Positionen gegenüber (zum Meinungsstand mit zahlreichen Nachweisen: *Taupitz*, Gutachten zum 63. DJT, A 108 f).

21 Nach einer wohl nicht mehr herrschenden Meinung führt die Patientenverfügung nicht zu einer unmittelbaren Bindung, sondern kann lediglich als Anhaltspunkt bei der Ermittlung des mutmaßlichen Willens des Patienten berücksichtigt werden (so ua *Deutsch* NJW 1979, 1905, 1909; *Schreiber* in: Festschrift für Deutsch, 1999, 773, 782; vgl auch die weiteren Nachweise bei *Taupitz*, Gutachten zum 63. DJT, A 109, Fn 538.

22 Die im Vordringen befindliche Gegenauffassung sieht den antizipiert geäußerten Willen des Patienten dagegen als strikt bindend an mit der Folge, dass ein Abweichen von der Patientenverfügung nicht in Betracht kommt (so *Berger* JZ 2000, 797, 801; *Sternberg-Lieben* NJW 1985, 2734, 2737). Allerdings wird eingeräumt, dass die Verwendung mehrdeutiger bzw auslegungsbedürftiger Begriffe wie zB »lebenswertes Leben«, »menschenwürdiges Dasein«, unzumutbares Leiden«, und Ungenauigkeiten bei der Definition der zu regelnden Situation zu Lasten der vom Verfasser beabsichtigten Bindungswirkung geht (*Baumann/Hartmann* DNotZ 2000, 594, 608).

23 Als Argument **gegen die Rechtsverbindlichkeit** wird angeführt, dass die Verfügung zu unbestimmt sei. Der Patient kenne bei der Errichtung weder die Art der Erkrankung noch sei er über die Folgen einer Verweigerung der Einwilligung in die Behandlung aufgeklärt worden (*Uhlenbruck* ZAP F 12, S 77 mwN). Darüber hinaus sei die Verfügung jederzeit widerruflich.

24 Die **Befürworter der eingeschränkten Bindungswirkung** sind sich weitgehend darüber einig, dass der Indizwirkung einer Patientenverfügung um so mehr Gewicht beizumessen ist, je weniger Zeit zwischen der Erstellung der Verfügung und dem Eintritt der dort geregelten Situation liegt und je eingehender der Verfügende die in der realen Entscheidungslage abzuwägenden Faktoren bedacht und bei der Willensbildung berücksichtigt hat. Die Verfügung dürfte danach praktisch nicht mehr zu entkräften sein, wenn sie unter dem Eindruck der drohenden Gefahrensituation unmittelbar vor dem Verlust der Einwilligungsfähigkeit errichtet wird (*Harder* ArztR 1991, 11, 17).

25 Unstreitig ist nach allen Ansichten, dass eine mögliche Meinungsänderung des Verfügenden in jedem Fall zu berücksichtigen ist. Dies gelte, in Anbetracht des verfassungsrechtlich garantierten Selbstbestimmungsrechts, grds auch für den nicht mehr äußerungsfähigen Patienten. Bei ihm muss auch der mutmaßliche Widerruf der getroffenen Patientenverfügung genügen (Vgl den bei *Baumann/Hartmann* DNotZ 2000, 594, 609 f erfolgten Hinweis auf § 665 und § 1901 Abs. 3 Satz 1 und 2). Danach ist eine solche Verfügung dann nicht mehr als verbindlich anzusehen, wenn im konkreten Fall hinreichende Anhaltspunkte vorliegen, dass ein auf die aktuelle Entscheidungssituation ein Sinneswandel eingetreten ist (*Schöllhammer*, Die Rechtsverbindlichkeit des Patiententestaments, 1993, S 121 f).

26 Trotz dieser Bedenken wird zwischenzeitlich die **Verbindlichkeit** der Patientenverfügung nicht nur in der Rechtswissenschaft, sondern auch von der Bundesärztekammer **weitgehend anerkannt** (*Uhlenbruck* S 319 mwN). Begründet wird dieser Wandel damit, dass der in einer schriftlichen Erklärung niedergelegter **Patientenwille Vorrang genieße gegenüber dem mutmaßlichen Willen**. Ein Verstoß gegen diesen Patientenwillen führt, da die medizinische Maßnahme, auch wenn sie vom Standpunkt eines objektiven Betrachters sinnvoll und richtig wäre, ohne Einwilligung eine strafbare vorsätzliche Körperverletzung darstellt, zur Strafbarkeit des behandelnden Arztes.

27 Die **Bundesärztekammer** hat allerdings in den im Jahre 1998 überarbeiteten Grundsätzen zur Sterbebegleitung (in: *Uhlenbruck* ZAP F 12, S 78) hinsichtlich der Verbindlichkeit der Patientenverfügung eine Einschränkung auf eine konkrete Behandlungssituation vorgenommen. So heißt es dort wörtlich: »Patientenverfügungen sind **verbindlich**, sofern sie sich auf die **konkrete Behandlungssituation** beziehen und keine Umstände erkennbar sind, dass der Patient sie nicht mehr gelten lassen würde. Es muss stets geprüft werden, ob die Verfügung, die eine Behandlungsbegrenzung erwägen lässt, auch für die aktuelle Si-

tuation gelten soll. Bei der Entscheidungsfindung soll der Arzt daran denken, dass solche Willensäußerungen meist in gesunden Tagen verfasst wurden und dass Hoffnung oftmals in ausweglos erscheinenden Lagen wächst.«

28 In jedem Fall hat der Arzt bei der Abwägung, ob die Patientenverfügung für ihn verbindlich ist, die **Ernstlichkeit** des **Patientenwillens** zu ermitteln. Diese ergibt sich aber nicht in erster Linie aus dem Zeitpunkt der Errichtung der Patientenverfügung, weil der Errichtungszeitpunkt nur **ein** Indiz unter zahlreichen anderen ist. Vielfach wird aber die Ansicht vertreten, dass die Patientenverfügung ein wesentliches Anzeichen dafür ist, den mutmaßlichen Patientenwillen zu ermitteln und zu bestimmen (*Laufs* S 156 Rn 293 mwN). Dies gilt insb dann, wenn in der Patientenverfügung keine konkrete Behandlungssituation bezeichnet ist; sind keine anderen Anhaltspunkte zu erkennen, hat der Arzt so zu handeln, wie es dem mutmaßlichen Willen des Patienten in der konkreten Situation entspricht. Wesentliches Indiz ist in einem solchen Fall der in der Patientenverfügung geäußerte Wille des Patienten (so die »Handreichungen für Ärzte zum Umgang mit Patientenverfügungen« der Bundesärztekammer).

29 Der BGH hat nun in seiner jüngsten Entscheidung v 17. 3. 2003 zur Patientenverfügung (BGH MDR 2003, 691 = NJW 2003, 1588) eine Richtung vorgegeben, die konform geht mit der im Jahre 1995 getroffenen »Kempten-Entscheidung«. Danach gilt: »Ist ein Patient einwilligungsunfähig und hat sein Grundleiden einen irreversiblen tödlichen Verlauf angenommen, so müssen lebenserhaltende oder -verlängernde Maßnahmen unterbleiben, wenn dies seinem zuvor – etwa in Form einer sog Patientenverfügung – geäußerten Willen entspricht. Dies folgt aus der Würde des Menschen, die es gebietet, sein in einwilligungsfähigem Zustand ausgeübtes Selbstbestimmungsrecht auch dann noch zu respektieren, wenn er zu eigenverantwortlichen Entscheiden nicht mehr in der Lage ist. Nur wenn ein solcher erklärter Wille des Patienten nicht festgestellt werden kann, beurteilt sich die Zulässigkeit solcher Maßnahmen nach dem mutmaßlichen Willen des Patienten, der dann individuell – also aus dessen Lebensentscheidungen, Wertvorstellungen und Überzeugungen – zu ermitteln ist.«

30 Von einem **irreversibel tödlich verlaufenden Grundleiden** ist nach dieser Entscheidung dann auszugehen, wenn die Erkrankung folgende Merkmale aufweist:

- irreversible Bewusstlosigkeit und Kommunikationsunfähigkeit,
- Schwerstpflegebedürftigkeit,
- Notwendigkeit medizinisch indizierter künstlicher Unterstützung von Nahrungsaufnahme, »Entgiftung« und Ausscheidung oder Beatmung und
- rasches Ableben bei Beendigung dieser künstlichen Unterstützungsmaßnahme ist mit Sicherheit zu erwarten.

Dabei weist der BGH darauf hin, dass diese objektive Eingrenzung zulässiger Sterbehilfe auch für das Zivilrecht verbindlich ist.

31 Der Arzt hat das Selbstbestimmungsrecht des einwilligungsfähigen Patienten zu achten; er darf keine Maßnahmen gegen dessen ausdrücklichen Willen vornehmen. Die Entscheidungsmacht des Betreuers ist mit der aus dem Selbstbestimmungsrecht folgenden Entscheidungsmacht des einwilligungsfähigen Patienten nicht deckungsgleich, sondern als ges Vertretungsmacht an rechtliche Vorgaben gebunden.

32 Bereits in seinem Urteil v 13. 9. 1994 (BGH NJW 1995, 204 f = MDR 1995, 80) hat der BGH entschieden, dass das Unterlassen oder der Abbruch lebensverlängernder oder lebenserhaltender Maßnahmen nur dann als rechtmäßig erachtet werden könne, wenn das Unterlassen oder der Abbruch der Maßnahmen dem Willen des Patienten entspricht. Maßgebend seien nach § 1901 Abs. 3 Satz 1, 2 die Wünsche des Betroffenen, sofern sie sich feststellen lassen, nicht durch entgegenstehende Bekundungen widerrufen sind und dem Wohl des Betreuten nicht zuwiderlaufen. Das Wohl des Betreuten sei dabei nicht nur objektiv, sondern subjektiv zu verstehen, denn »zum Wohl des Betreuten gehöre auch die Möglichkeit, ... sein Leben nach seinen eigenen Vorstellungen und Wünschen zu gestal-

ten«, § 1901 Abs. 2 Satz 2. Nichts anderes könne gelten, wenn sich die Wünsche des Betroffenen nicht feststellen lassen: Dann habe sich der Betreuer nach § 1901 Abs. 2 Satz 1 am »Wohl des Betreuten« zu orientieren, welches nach dessen Lebensentscheidungen, Wertvorstellungen und Überzeugungen zu bestimmen sei, wobei man von einem (individuell-) mutmaßlichen Willen des Betroffenen sprechen könne. Der Berücksichtigung eines solch (individuell-) mutmaßlichen Willens komme aber nur hilfsweise in Betracht, wenn und soweit nämlich eine im einwilligungsfähigen Zustand getroffene »antizipierte« Willensbekundung des Betroffenen nicht zu ermitteln sei. Liege eine solche Willensäußerung, etwa in der Form einer sog »Patientenverfügung« vor, binde sie als Ausdruck des fortwirkenden Selbstbestimmungsrechts, aber auch der Selbstverantwortung des Betroffenen, den Betreuer.

Als Begründung führt der BGH in der Entscheidung v 17. 3. 2003 weiter aus, dass bereits 33 die Würde des Betroffenen aus Art. 1 Abs. 1 GG verlange, dass eine von ihm eigenverantwortlich getroffene Entscheidung auch dann respektiert werden müsse, wenn er die Fähigkeit zu eigenverantwortlicher Entscheidung inzwischen verloren habe. Die Willensbekundung des Betroffenen für oder gegen bestimmte medizinische Maßnahmen dürfe deshalb vom Betreuer nicht durch »einen Rückgriff auf den mutmaßlichen Willen« des Betroffenen »korrigiert« werden, es sei denn, der Betroffene habe sich von seiner früheren Verfügung mit erkennbarem Widerrufswillen distanziert oder die Sachlage habe sich nachträglich so erheblich geändert, dass die frühere selbstverantwortlich getroffene Entscheidung die aktuelle Sachlage nicht umfasse (*Taupitz*, Verhandlungen des 63. DJT 2000 Gutachten, A 41).

Diese langerwartete Entscheidung des BGH, und hierauf ist in Anbetracht der zwischen- 34 zeitlich in der Praxis vorgenommenen Fehldeutungen besonders hinzuweisen, geht von der Verbindlichkeit und der Bindungswirkung der Patientenverfügung nur in den Fällen aus, in denen der Patient einwilligungsunfähig ist und sein Grundleiden einen irreversibel tödlichen Verlauf genommen hat.

2. Erfordernis einer vormundschaftsgerichtlichen Genehmigung

Nach wie vor ist **str**, ob beim Vorliegen einer hinreichend konkreten Patientenverfügung 35 die Einholung einer **Genehmigung** des **Vormundschaftsgerichts** durch den behandelnden Arzt nach § 1904, § 1904 analog oder nach § 1906 (auch) erforderlich ist. Eine ges Regelung gibt es bislang (noch) nicht. Nach Ansicht der **Bundesärztekammer** hat das Vormundschaftsgericht und nicht der Arzt darüber zu entscheiden, ob lebensverlängernde Maßnahmen zu ergreifen sind, wenn der Patient, der keine Patientenverfügung errichtet hat, in der konkreten Situation nicht mehr einwilligungsfähig ist (so die Ausführungen in den »Handreichungen für Ärzte zum Umgang mit Patientenverfügungen«. Eher unklar äußert sich die Ärztekammer diesbzgl in ihren Grundsätzen zur ärztlichen Sterbebegleitung, vgl NJW 1998, 3406 f). Im Umkehrschluss ergibt sich daraus, dass bei Vorliegen einer schriftlichen Patientenverfügung das Vormundschaftsgericht nicht zur Entscheidung berufen ist.

Durch die Entscheidung des BGH v 17. 3. 2003 hat sich in der Rechtssprechung ein Wan- 36 del vollzogen: Vor der Entscheidung des BGH war das Einholen einer vormundschaftsgerichtlichen Genehmigung durch das Vorliegen einer Patientenverfügung nicht entbehrlich geworden (OLG Frankfurt/M., FamRZ 1998, 1137 ff). Allerdings hat, sofern keine anderweitigen Anhaltspunkte für die Ermittlung des mutmaßlichen Willens des Patienten zur Verfügung standen, die Patientenverfügung als Grundlage seiner Entscheidung herangezogen. Eine **neuere Richtung** in der Rechtsprechung (vgl LG München NJW 1999, 1788 f) geht allerdings davon aus, dass eine vormundschaftsgerichtliche Genehmigung auch für lebensbeendende Maßnahmen nicht erforderlich sei, da § 1904 weder unmittelbar noch analog angewendet werden könne. Danach können sowohl Ärzte als auch Angehörige eigenverantwortlich über lebensbeendende Maßnahmen entscheiden. Bedeutsam ist in diesem Zusammenhang vor allem, dass, sollte die Beendigung der lebenserhaltenden Maßnahme nicht dem mutmaßlichen Willen des Verfügenden entsprechen, keine strafrechtlichen Sanktionen drohen (so auch BGH NJW 1995, 204 ff). Der BGH (MDR 2003, 691 = NJW 2003, 1588) hat nun in seinem jüngsten Urteil eine Entscheidung des OLG Schleswig bestätigt, wonach § 1904 keine Rechtsgrundlage für eine vormundschaftsgerichtliche Überprüfung des Verlangens der Beteiligten, die künstliche Ernährung des Betroffenen einzustellen, hergebe. Auch eine analoge Anwendung dieser Vorschrift könne für sich genommen eine solche Aufgabenzuweisung an das Vormundschaftsgericht nicht begründen. Die fehlende Möglichkeit einer analogen Heranziehung der §§ 1904 – 1907 schließe die Befugnis des Gerichts nicht aus, für die verweigerte Einwilligung des Betreuers in eine lebensverlängernde oder -erhaltende Behandlung oder Weiterbehandlung eines nicht einwilligungsfähigen Betroffenen im Wege der Fortbildung des Betreuungsrechts eine vormundschaftsgerichtliche Prüfungszuständigkeit zu eröffnen. Eine im Wege der Fortbildung des Betreuungsrechts begründet Prüfungszuständigkeit des Vormundschaftsgerichts finde ihre natürliche Grenze dort, wo der Regelungsbereich des Betreuungsrechts, dessen Handhabung den Vormundschaftsgerichten anvertraut ist, endet. Das Betreuungsrecht regle bei medizinischen Maßnahmen nicht nur das Verhältnis des Betreuers zum Betroffenen, sondern schreibe auch vor, inwieweit der Betreuer die dem Betroffenen zustehenden Rechte gegenüber Ärzten und Pflegekräften wahrnehmen kann. Der Umfang dieser Rechte sei aber nicht Gegenstand des Betreuungsrechts, weshalb sie von vornherein einer vormundschaftsgerichtlichen Überprüfung entzogen seien. Daraus ergebe sich auch, dass die Frage, welche lebensverlängernden oder -erhaltenden Maßnahmen der Betroffene beanspruchen kann und der Betreuer folglich als sein ges Vertreter für ihn einfordern kann, nicht vom Betreuungsrecht zu beantworten sei. Darüber hinaus weist der BGH darauf hin, dass für eine Einwilligung des Betreuers in eine lebensverlängernde oder -erhaltende Behandlung von vornherein kein Raum sei, wenn ärztlicherseits eine solche Behandlung nicht angeboten werde. Fehle es an einem derartigen Angebot, komme eine vormundschaftsgerichtliche Prüfung allenfalls insoweit in Betracht, als die Pflicht des Betreuers in Frage stehe, in Wahrnehmung der Interessen des Betroffenen die Erfüllung des ärztlichen Heilauftrages durch die Einforderung bestimmter lebensverlängernder oder -erhaltender Behandlungen durchzusetzen. Ein Unterlassen sei ebenso wie die Verweigerung der Einwilligung in die angebotene Behandlung nur mit Zustimmung des Vormundschaftsgerichts möglich. Unabhängig davon müsse eine lebensverlängernde oder -erhaltende Behandlung des einwilligungsunfähigen Patienten bei entsprechend medizinischer Indikation auch ohne Einwilligung des Betreuers durchzuführen oder fortzusetzen, bis die vormundschaftsgerichtliche Entscheidung vorliege.

37 Das Vormundschaftsgericht habe lediglich das Verhalten des Betreuers zu überprüfen, eine eigene Entscheidung gegen lebensverlängernde oder -erhaltende Maßnahmen treffe es nicht (vgl *Taupitz*, Verhandlungen des 63. DJT 2000 Gutachten, A 85 und Fn 410). Es habe der Entscheidung des Betreuers gegen eine solche Behandlung zuzustimmen, wenn feststehe, dass die Krankheit des Betroffenen einen irreversiblen tödlichen Verlauf genommen habe und die ärztlicherseits angebotene Behandlung dem früher erklärten und fortgeltenden Willen des Betroffenen, hilfsweise dessen (individuell-) mutmaßlichen Willen widerspreche. Allerdings sehe sich das Vormundschaftsgericht zur Erteilung der Genehmigung zur Beendigung der künstlichen Ernährung mittels einer PEG-Sonde (= Magensonde) wenn weder der Betroffene in der Lage sei, sich zur Frage der weiteren Behandlung zu äußern, noch eine Patientenverfügung vorliege oder der mutmaßliche Wille zum Abbruch einer lebenserhaltenden Maßnahme festgestellt werden könne (Beschluss des AG Ratzeburg v 7.12.1998, AZ: 2 XVII 985) Wenn das Vormundschaftsgericht seine Zustimmung verweigere, so gelte damit zugleich die Einwilligung des Betreuers in die angebotene Behandlung oder Weiterbehandlung als ersetzt.

3. Das Selbstbestimmungsrecht des Patienten

Unbestritten gehört es zum **Selbstbestimmungsrecht** eines jeden Menschen, darüber zu entscheiden, ob er sich einer Behandlungsmaßnahme unterziehen will oder nicht. In diesem Zusammenhang ist darauf hinzuweisen, dass der einsichtsfähige Verfügende, auch wenn seine Entscheidung, die lebenserhaltende Maßnahme(n) nicht vornehmen zu lassen, nach medizinischen Gesichtspunkten nicht nachvollziehbar und daher falsch ist, weil sie unweigerlich zum Tod führt, grds nicht zwangsweise behandelt werden kann (ähnlich: *Vossler* ZRP 2002, 295). Die Rechtsordnung hat die Entscheidung des Betroffenen als Ausdruck seines Selbstbestimmungsrechts zu respektieren (So auch *Rieger*, Die mutmaßliche Einwilligung in den Behandlungsabbruch, 1998, S 32 ff, 34). Der Staat ist nicht berechtigt, den zur freien Willensbildung und -bestimmung Fähigen durch Zwangsmaßnahmen gegen seinen Willen zu »bessern« oder an gesundheitsschädlichem Handeln zu hindern (BVerfG NJW 1967, 1795; BayObLG FamRZ 1993, 600). Denn auch der medizinische Heileingriff ist, die Durchführung lege artis voraussetzend, eine tatbestandsmäßig strafbare Handlung. Lediglich die Einwilligung des Patienten rechtfertigt das Handeln des Arztes und macht aus der strafbaren Körperverletzung eine gerechtfertigte Behandlungsmaßnahme.

Einerseits hat der BGH das Selbstbestimmungsrecht des Patienten als oberstes Prinzip ausgewiesen, andererseits kann sich der Handelnde auch gegen den zuvor vom Patienten erklärten Willen hinwegsetzen und das zu dessen Rettung Erforderliche unternehmen, wenn der Betroffene seine Tatherrschaft endgültig verloren hat. Gerade in diesem Spannungsverhältnis steht die Patientenverfügung. Dass diese einseitige **Erklärung** nur **ein Indiz** für den **mutmaßlichen Willen** des jetzt einsichtsunfähigen Patienten ist, rechtfertigt möglicherweise die Abweichung vom Patientenwillen.

Dieser mutmaßliche Wille ist für den entscheidungszuständigen Arzt, Betreuer oder Bevollmächtigten maßgeblich (*Hufen* NJW 2001, 849, 855). Zur Ermittlung dieses mutmaßlichen individuellen Willens sind frühere schriftliche oder mündliche Äußerungen des Betroffenen, seine Lebensumstände und sonstige erkennbaren persönlichen Wertvorstellungen zu berücksichtigen (*Vossler* ZRP 2002, 295). Darüber hinaus kommen **weitere Erkenntnisquellen**, wie bspw die Befragung der nächsten Angehörigen, des Ehe- oder Lebenspartners, Lebensgefährten und Freunde in Betracht, auch wenn diesen Personen keine eigenständige Entscheidungsbefugnis zusteht, in Betracht. Hintergrund der Befragung ist, dass der Patient uU im Zeitpunkt der Errichtung der Patientenverfügung die jetzt anstehende aktuelle Situation und die möglichen Behandlungsformen, Risiken und Erfolgschancen nicht mit der erforderlichen Präzision erfassen konnte, um sich rechtsverbindlich zu entscheiden.

Nach Art. 2 Abs. 1 iVm Art. 1 GG werden, gerade mit Blick auf das Selbstbestimmungsrecht und das Recht auf körperliche Unversehrtheit, hohe Anforderungen an die Voraussetzungen für die Annahme einer **mutmaßlichen Einwilligung** des Patienten gestellt. Folgende **Indizien** können hier behilflich sein:

- Religiöse Überzeugung des Patienten,
- persönliche Wertvorstellungen des Patienten,
- schriftliche oder mündliche Äußerungen des Patienten aus früheren Zeiten, wobei das Alter dieser Erklärungen bedeutsam ist,
- Fähigkeit, Schmerzen ertragen zu können,
- Lebenserwartung des Patienten, auch und vor allem im Hinblick auf sein Alter.

Um zu zeigen, dass es sich um seinen ernsten Willen handelt, sollte der Verfügende die Patientenverfügung eigenhändig schreiben und, soweit es ihm möglich ist, auf vorformulierte Erklärungen verzichten. Zum Nachweis der **Ernsthaftigkeit** ist zu empfehlen, dass er den Text der Verfügung frei formuliert. Es ist daher auch anzuraten, die Patientenverfügung in regelmäßigen Abständen von zwei bis drei Jahren oder, wenn zB eine schwere

Patientenverfügung

Operation ansteht oder eine Erkrankung abzusehen ist, zu erneuern, um dadurch zu dokumentieren, dass die getroffenen Bestimmungen nach wie vor seinem Willen entsprechen. Dies kann ohne großen Aufwand dadurch geschehen, dass der Verfügende, nach erneuter Durchsicht des Regelungswerkes, das Datum und seine Unterschrift darunter setzt.

43 Als Faustregel kann gelten: Je konkreter, detaillierter, umfassender, einzelfallgeprägter und aktueller die Patientenverfügung abgefasst wird und je mehr sie mit Glaubwürdigkeitsanzeichen für die Einsichtsfähigkeit des Betroffenen versehen ist, desto mehr wird sei einen Beurteilungsspielraum des für zur Entscheidung berufenen Dritten bis hin zum »alternativlosen Befolgenmüssen« reduzieren (*Höfling*, JuS 2000, 111, 116).

44 Kann der Patient seine Einwilligung in die Behandlungsmaßnahme nicht geben, so handelt der Arzt im Wege der **Geschäftsführung ohne Auftrag**. Bei allen von ihm veranlassten Untersuchungen hat er sich am mutmaßlichen Willen des Patienten zu orientieren. Dieser kann über allgemeine Behandlungsanweisungen bis hin zum Wunsch nach Sterbehilfe (passive oder indirekte) gehen.

45 Ist es **nicht möglich**, **Indizien** für den mutmaßlichen Willen des Patienten zu finden, so ist beim Rückgriff auf allgemeine Wertvorstellungen äußerste Zurückhaltung geboten. In jedem Fall hat, so der BGH (NJW 1995, 204), der Schutz des menschlichen Lebens absoluten Vorrang vor den persönlichen Überlegungen der Angehörigen, Ärzte oder sonst beteiligter Dritter.

IV. Form der Patientenverfügung

46 Die Patientenverfügung unterliegt, anders als die letztwillige Verfügung des Erblassers, keinen Formvorschriften. Dem Grundsatz der Vertragsfreiheit immanenten Formfreiheit entsprechend kann der Verfügende seinen Willen wirksam auch durch mündliche Erklärung oder durch schlüssiges Verhalten (*Böhme* I S 293) kundtun. Aus Beweisgründen und zur Vermeidung von Beweisschwierigkeiten sollte der Inhalt dieser für die Praxis äußerst bedeutsamen Patientenverfügung aber schriftlich niedergelegt werden.

47 Eine notarielle Beurkundung ist ebenso wenig erforderlich wie die Zuziehung von einem oder mehreren Zeugen oder gar die notarielle Beglaubigung der Unterschrift des Verfügenden. Der notariellen Beurkundung einer Patientenverfügung kann aber insoweit Bedeutung zukommen, als sich der Notar vor der Beurkundung vom Allgemeinzustand und der Einsichts- und Urteilsfähigkeit seines Klienten im Hinblick auf die Bedeutung und Tragweite seiner Regelungen in der Patientenverfügung überzeugt hat und als Zeuge in einem späteren Straf- und/oder Zivilverfahren über den Geisteszustand des Verfügenden aussagen kann.

48 Empfehlenswert ist es, wenn die Patientenverfügung in gewissen Zeitabständen durch die Unterschrift des Verfügenden bestätigt und dadurch dokumentiert wird, dass er seinen ursprünglich gefassten Willen in der Zwischenzeit nicht geändert hat. Dies gilt erst recht in dem Fall, in dem sich der Gesundheitszustand des verfügenden Patienten verschlechtert. Um Zweifeln Dritter an der Wirksamkeit der Patientenverfügung im Zeitpunkt des Gebrauchs entgegenzuwirken, sollte dann in kürzeren Abständen durch die Unterschrift bestätigt werden, dass der Betroffene an seinem einmal gefassten Entschluss festhält.

49 Auch das Mitsichführen einer bereits zu einem früheren Zeitpunkt errichteten Patientenverfügung kann, ohne der regelmäßigen Erneuerung oder Bestätigung durch die Unterschrift des Verfügenden, als Dokumentation und Festhalten am Geltungswillen dieser Verfügung gewertet werden (*Koch* S 297, 318).

50 In jedem Fall muss der Verfügende sicherstellen, dass die Patientenverfügung im Original gefunden wird und dem behandelnden Arzt zur Kenntnis gelangt. Eine Aufbewahrung beim Vormundschaftsgericht oder beim Notar ist grds nicht möglich. Etwas anderes kann nach landesrechtlichen Vorschriften dann gelten, wenn die Patientenverfügung mit einer

Betreuungsverfügung oder Vorsorgevollmacht verbunden wird. So ist es in Baden-Württemberg den Vormundschaftsgerichten und Notariaten freigestellt, Betreuungsverfügungen zu verwahren (Mitteilung der deutschen Gesellschaft für humanes Sterben, Heft 1/98, S 13). Für den Fall, dass eine »amtliche Verwahrung« nicht erfolgt, sollte der Verfügende zumindest den Hinweis auf eine existierende Patientenverfügung bei seinen Ausweispapieren aufbewahren mit der Nachricht, wo sich das Original befindet. Denkbar ist auch, einem Familienangehörigen, dem Hausarzt oder der Heimleitung eine Kopie der Patientenverfügung zu übergeben oder ihnen zumindest mitzuteilen, dass eine solche Verfügung vorhanden ist und wo sich diese befindet.

Die Hinterlegung eines Patiententestaments ist darüber hinaus bei folgenden Organisationen möglich:

- Deutsches Rotes Kreuz, DRK-Zentralarchiv, Altenauergasse 1, 55116 Mainz,
- Humanistischer Verband Deutschlands,
- Hospizgesellschaften.

V. Widerruf und Grenzen der Patientenverfügung

Die in der Patientenverfügung aufgenommenen Regelungen zum Behandlungsabbruch oder Versagung der Einwilligung in medizinisch indizierte Maßnahmen können vom Patienten **jederzeit, formlos** und **ohne Angabe** von **Gründen** widerrufen werden; es ist daher nicht erforderlich, dass der geänderte Wille schriftlich oder gar sprachlich artikuliert wird. Ausreichend ist es, dass die Änderung den Ärzten und/oder dem Pflegepersonal zur Kenntnis gelangt, und zwar in Form eines einfaches Zeichen mit den Augen, ein Kopfnicken oder ein Hand-/Fußzeichen auf entsprechende Fragen (vgl *Uhlenbruck* S 313). Aufgrund der allgemeinen Verpflichtung, vor allem im Stadium des Sterbeprozesses, aber auch im Rahmen der medizinischen Versorgung eines Patienten, sind sowohl Ärzte, Pflegepersonal als auch Angehörige gehalten zu **prüfen, ob** und inwieweit der Patient an seiner in der Patientenverfügung erklärten Entscheidung festhält oder ob sich seine **Einstellung geändert** hat. Allein die Tatsache, dass der Patient zwischenzeitlich ohne Bewusstsein und daher entscheidungsunfähig ist, stellt keine Rechtfertigung für eine Behandlungsmaßnahme dar. Es kann also nicht davon ausgegangen werden, dass im Falle der Entscheidungsunfähigkeit des Patienten die Patientenverfügung widerrufen wurde und damit der Arzt berechtigt ist, den gesamten medizinischen Fortschritt einzusetzen, um das Leben des Patienten zu erhalten. Vielmehr ist **im Zweifel** davon auszugehen, dass der Patient an der Verfügung, die er einmal getroffen hat, auch jetzt bzw gerade jetzt festhalten will (*Uhlenbruck* ZAP F 12, S 78).

Der Patient ist an die Verfügungen in der Patientenverfügung solange gebunden, wie er sie nicht widerrufen hat. Die Wirksamkeit der Patientenverfügung ist, entgegen zahlreicher Stimmen in der Rechtslehre (*Palandt/Diederichsen* Einf vom § 1896 Rn 9 mit entsprechenden Nachweisen), nicht von einer **Aktualisierung** der **Unterschrift** abhängig. Allerdings ist darauf hinzuweisen, dass es im Hinblick auf den im konkreten Fall entscheidenden Patientenwillen nicht ohne Einfluss ist, ob die Errichtung der Verfügung bzw deren Bestätigung bereits mehrere Jahre oder Jahrzehnte zurückliegt und ob es sich um eine in einem angemessenen Abstand erfolgte Bestätigung des Patientenwillens durch seine Unterschrift und Datumsangabe handelt (*Rudolf/Bittler* § 2 Rn 28).

VI. Referenten-Entwurf für eine Patientenverfügung

Im Jahr 2004 wurde von Bundesjustizministerin Zypries eine Arbeitsgruppe »Patientenautonomie am Lebensende« eingesetzt mit der Aufgabe, Vorschläge zu erarbeiten, auf welche Weise Patientenverfügungen rechtssicher gemacht werden können (hierzu: *Tschichoflos*, Die Patientenverfügung – bald eine gesetzlich geregelte Pflicht? In: *dies*. Das erfolgreiche Erbrechtsmandat, Teil 1).

Patientenverfügung

56 Im Rahmen ihrer Beratungen kamen sowohl die Arbeitsgruppe als auch die Enquete-Kommission des Bundestages übereinstimmend zu dem Ergebnis, dass ein gesetzgeberischer Handlungsbedarf bestehe, um ein größeres Maß an Rechtssicherheit im Umfang mit Patientenverfügungen für Patienten, Ärzte, Pflegepersonal, Angehörige und Betreuer zu erzielen. Beide Gremien kamen dabei zu unterschiedlichen Ergebnissen mit verschieden relevanten Details. Die Diskussion ist noch nicht abgeschlossen.

57 Vorab ist darauf hinzuweisen, dass für antizipierte Erklärungen des Patienten, mit denen er in ärztliche Maßnahmen einwilligt oder sie ablehnt, andere Grundsätze gelten müssen als für die bloße Mitteilung von Wünschen oder Wertvorstellungen, die zwar Indizien zur Ermittlung des mutmaßlichen Willens des Patienten durch den Arzt und nach §§ 1901 Abs. 3 Satz 1 und 2, 1901a BGB bzw § 1901 Abs. 2 für den Betreuer darstellen, ggü Dritten aber keine unmittelbare Rechtswirkung erzeugen. Dies gilt unabhängig von der Einhaltung einzelner Wirksamkeitsvoraussetzungen (Palandt/*Diederichsen* § 1901 Rn 5). Diese sind zB ärztliche Aufklärung, Schriftform, Einwilligungsfähigkeit und Freiheit von Irrtum oder Zwang und als Voraussetzung für die rechtliche Wirksamkeit einer antizipierten Einwilligung oder Ablehnung wesentlicher Kriterien (*Lipp/Nagel* FF 2005, 83).

58 Nach den Empfehlungen der Enquete-Kommission (*Wissmann*, Wissenschaftliche Dienste des Deutschen Bundestages Nr. 34/2004) sollte eine Patientenverfügung erst nach einem qualifizierten Aufklärungs- und Beratungsgespräch, welches zu dokumentieren sei, erstellt werden. Empfohlen wird, die Verfügung schriftlich niederzulegen, zu datieren, zu unterschreiben und sie regelmäßig zu bestätigen bzw zu aktualisieren und sicherzustellen, dass insb Ärzte von einer solchen Verfügung möglichst einfach Kenntnis erlangen können, weshalb Hinterlegungs- und zentrale Registrierungsarten für Patientenverfügungen bekannt gemacht werden sollten.

59 Vorgeschlagen wird weiter, dass Betreuer und Bevollmächtigte in Fällen der Verweigerung oder Fortsetzung medizinisch indizierter lebenserhaltender Maßnahmen durch ein Konsil beraten werden sollten. Die Ablehnung der Einwilligung des Betreuers oder Bevollmächtigten bedürfe auch zukünftig der vormundschaftsgerichtlichen Genehmigung. Eine Umsetzung dieser Vorschläge solle durch die Einführung eines neuen § 1901a (Patientenverfügung) in das Bürgerliche Gesetzbuch erfolgen.

60 Schließlich empfiehlt die Kommission eine Beschränkung der Gültigkeit von Patientenverfügungen auf Fallgruppen, in denen das Grundleiden irreversibel ist und trotz medizinischer Behandlung zum Tode führen wird. Maßnahmen der Basisversorgung sollen nicht ausgeschlossen werden können.

61 In gleicher Weise schlägt auch die Arbeitsgruppe des Bundesjustizministeriums (*Wissmann* aaO) eine Änderung des Betreuungsrechts und eine Ergänzung des § 216 StGB vor und befürwortet grds eine schriftliche Niederlegung nach einem Aufklärungs- und Beratungsgespräch sowie die regelmäßige Bestätigung der Verfügung, wenngleich sie grds formfrei sein soll. Dagegen lehnt die Arbeitsgruppe eine zentrale Hinterlegung oder Registrierung aus Gründen einer möglichen Scheinsicherheit ab, begrüßt aber die Möglichkeit der Hinterlegung auf einer elektronischen Gesundheitskarte.

62 Die Arbeitsgruppe sieht ebenfalls eine vormundschaftsgerichtliche Genehmigung der Entscheidungen des Betreuers, lebensverlängernde Maßnahmen abzubrechen, vor, wobei die gerichtliche Überprüfungskompetenz auf das Handeln des gesetzlich bestellten Betreuers beschränkt werden soll. Im Übrigen sollen auch Patientenverfügungen, die einen Abbruch medizinischer Behandlungen vorsehen, obgleich das Grundleiden des Patienten keinesfalls einen tödlichen Verlauf nehmen muss, bindend sein.

63 Auf der Grundlage der BGH-Entscheidung (NJW 2003, 1588) und der Ergebnisse der Arbeitsgruppe des Bundesjustizministeriums sowie der Enquete-Kommission Ethik und Recht der modernen Medizin sieht der Gesetzentwurf vor, dass die Patientenverfügung solange gilt, wie keine konkreten Anhaltspunkte dafür vorliegen, dass der Betreute sie widerrufen hat.

64 Die Vorschrift des § 1901a des Referentenentwurf sieht folgende Regelung zur Patientenverfügung vor:

Patientenverfügung

»(1) Eine Patientenverfügung, in der der Betreute seinen Willen zu Untersuchungen seines Gesundheitszustandes, Heilbehandlungen oder ärztlichen Eingriffen für den Fall seiner Einwilligungsunfähigkeit geäußert hat, gilt bei Einwilligungsunfähigkeit fort, falls keine konkreten Anhaltspunkte dafür vorliegen, dass der Betreute die Patientenverfügung widerrufen hat.

(2) Der Betreuer hat den in einer Patientenverfügung geäußerten Willen des Betreuten zu beachten und die darin vom Betreuten getroffenen Entscheidungen durchzusetzen, soweit ihm dies zumutbar ist. Das gilt auch dann, wenn eine Erkrankung noch keinen tödlichen Verlauf genommen hat. Eine vom Betreuten getroffene Entscheidung liegt vor, wenn die Patientenverfügung eine Einwilligung oder Nichteinwilligung in bestimmte Untersuchungen des Gesundheitszustandes, Heilbehandlungen oder ärztliche Eingriffe enthält, die auf die konkrete Situation zutrifft.

(3) Die Absätze 1 und 2 gelten auch für Bevollmächtigte.«

Nach den Begründungen zum Referentenentwurf unterliegt die Patientenverfügung hinsichtlich ihrer Gültigkeit weder einer Befristung noch bestimmten Formvorgaben. Die Äußerung des Patientenwillens in Form der Errichtung, Änderung oder Widerrufs der getroffenen Regelungen muss jederzeit und ohne Formzwang möglich sein (Referat Presse- und Öffentlichkeitsarbeit des BJM, FF 2005, 7). Allerdings sei die schriftliche Niederlegung des Patientenwillens empfehlenswert und, sofern sich die Lebensumstände geändert haben, auch eine Aktualisierung.

Eine Beschränkung der Reichweite der Patientenverfügungen auf ein bestimmtes Krankheitsstadium ist nicht vorgesehen. Da sich der entscheidungsfähige Patient in jeder Krankheitsphase entscheiden kann, ob er eine ärztliche Behandlung wünscht oder die Einwilligung hierzu verweigert, muss ihm dies auch antizipiert für künftige Konfliktlagen möglich sein. Der Mensch hat während seines ganzen Lebens Anspruch auf Achtung seines Selbstbestimmungsrechts. Daher darf er eine Heilbehandlung auch dann ablehnen, wenn sie den Eintritt des Todes weit hinausschieben oder eine zum Tode führende Krankheit besiegen könnte. Beschränkungen der Wirksamkeit bestehen nur bei ges Verboten, dh aktive Sterbehilfe in einer Patientenverfügung nicht gefordert werden kann.

Im Rahmen der passiven Sterbehilfe kann der Arzt von lebensverlängernden Maßnahmen absehen oder bereits eingeleitete Maßnahmen beenden, wenn das Leiden einen irreversibel tödlichen Verlauf angenommen hat, der Tod in kurzer Zeit eintreten wird und die Beendigung der Behandlung dem Willen des Patienten entspricht. Der Verzicht auf lebensverlängernde Maßnahmen wie Beatmung, Bluttransfusion oder künstliche Ernährung ist für den Arzt straffrei. Bei der passiven Sterbehilfe soll der natürliche Krankheitsverlauf seinen Fortgang nehmen, ohne dass der Tod früher herbeigeführt wird als bei natürlichem Verlauf (Referat Presse- und Öffentlichkeitsarbeit des BJM, FF 2005, 7).

Indirekte Sterbehilfe ist die Schmerzlinderung, die als unbeabsichtigte Nebenfolge eine Lebensverkürzung zur Folge hat (Schönke/Schröder/*Eser*, Vorbem §§ 211 ff Rn 26; BÄK NJW 1998, 3407 ff). In der Rspr (erstmals in BGHSt 42, 301; ausführlich in NJW 1997, 807 ff) ist ausdrücklich anerkannt, dass ein Arzt einem Kranken in der letzten Phase seines Lebens in Übereinstimmung mit seinem Patientenwillen schmerzstillende Medikamente selbst dann verabreichen darf, wenn diese als unbeabsichtigte, aber in Kauf genommene unvermeidbare Nebenfolge den Eintritt des Todes beschleunigen.

Hinsichtlich der Frage, wie verbindlich eine Patientenverfügung ist, sieht der Referentenentwurf vor, dass die Patienten Verfügung im Betreuungsrecht gesetzlich verankert wird, durch Betreuer/Bevollmächtigte zu beachten und durchzusetzen ist, gesetzlich geregelt ist, wann das Vormundschaftsgericht eingeschaltet werden muss und dass der Betroffene durch verfahrensrechtliche Regelungen geschützt wird.

Bislang ist die vormundschaftsgerichtliche Genehmigung bei ärztlichen Maßnahmen nur dann erforderlich, wenn die begründete Gefahr besteht, dass der Betreute aufgrund der Maßnahme stirbt oder einen schweren oder länger dauernden gesundheitlichen Schaden erleidet. Entsprechendes gilt auch für die Einwilligung eines Bevollmächtigten.

Patientenverfügung

71 Durch die Änderung des § 1904 soll eine eindeutige ges Regelung geschaffen werden, aus der sich ergibt, ob und wann das Vormundschaftsgericht Entscheidungen eines Betreuers oder Bevollmächtigten genehmigen muss. Der Referenten-Entwurf sieht folgende Formulierung des § 1904 BGB nF vor:

»(1) Die Einwilligung des Betreuers in eine Untersuchung des Gesundheitszustandes, eine Heilbehandlung oder ein ärztlicher Eingriff bedarf der Genehmigung des Vormundschaftsgerichts, wenn die begründete Gefahr besteht, dass der Betreute auf Grund der Maßnahme stirbt oder einen schweren oder länger dauernden gesundheitlichen Schaden erleidet. Ohne die Genehmigung darf die Maßnahme nur durchgeführt werden, wenn mit dem Aufschub Gefahr verbunden ist.

(2) Die Nichteinwilligung oder der Widerruf der Einwilligung des Betreuers in eine Untersuchung des Gesundheitszustandes, eine Heilbehandlung oder ein ärztlicher Eingriff bedarf der Genehmigung des Vormundschaftsgerichts, wenn die Maßnahme medizinisch angezeigt ist und die begründete Gefahr besteht, dass der Betreute auf Grund des Unterbleibens oder des Abbruchs der Maßnahme stirbt oder einen schweren und länger dauernden gesundheitlichen Schaden erleidet.

(3) Eine Genehmigung nach Absatz 1 und 2 ist nicht erforderlich, wenn zwischen Betreuer und Arzt Einvernehmen darüber besteht, dass die Erteilung, die Nichterteilung oder der widerruf der Einwilligung dem mutmaßlichen Willen des Patienten entspricht.

(4) Ein Bevollmächtigter kann in eine der in Absatz 1 Satz 1 oder Absatz 2 genannten Maßnahmen nur einwilligen, sie verweigern oder die Einwilligung widerrufen, wenn die Vollmacht diese Maßnahmen ausdrücklich umfasst und schriftlich erteilt ist. Die Genehmigung des Vormundschaftsgerichts ist nicht erforderlich.«

72 Bestehen also zwischen Betreuer und Arzt übereinstimmende Auffassungen über den konkreten und behandlungsbezogenen mutmaßlichen Willen Patientenwillen, so bedarf die Entscheidung des Betreuers keiner Genehmigung, weil dann die Umsetzung des Patientenwillens nicht durch ein gerichtliches Verfahren hinausgezögert werden soll.

73 Dagegen muss eine entsprechende Entscheidung des Bevollmächtigten vom Vormundschaftsgericht nicht genehmigt werden. Weil der Patient den Bevollmächtigten selbst beauftragt hat, anders als beim Betreuer, der durch staatlichen Akt bestellt wird, ist eine umfassendere Kontrolle der Entscheidungen nicht erforderlich.

74 Unabhängig davon, wer die Entscheidung trifft, kann jeder Dritte jederzeit das Vormundschaftsgericht informieren, wenn er befürchtet, dass der Bevollmächtigte oder Betreuer seine Befugnisse missbraucht und den Betroffenen schädigen will. Allerdings besteht diese Möglichkeit bereits nach geltendem Recht.

75 Schließlich soll auch der Schutz des Betroffenen im gerichtlichen Verfahren gestärkt werden. So ist dem Betroffenen zwingend ein Verfahrenspfleger zu bestellen, ein Sachverständigengutachten einzuholen und die Beteiligten anzuhören. Darüber hinaus sollen die Entscheidungen des Vormundschaftsgerichts erst zwei Wochen nach Bekanntgabe der Entscheidung wirksam werden, um sicherzustellen, dass die Entscheidung noch einmal gerichtlich überprüft werden kann. In diesem Zusammenhang ist von Bedeutung, dass der Kreis der Beschwerdeberechtigte um den Ehegatten, Lebenspartner sowie Verwandte oder Verschwägerte erheblich erweitert werden soll. Ihnen wird neben dem Betreuer und dem Verfahrenspfleger des Betreuten ein Beschwerderecht gegen die Entscheidungen des Vormundschaftsgericht eingeräumt.

76 Insgesamt fehlt im Referentenentwurf eine stärkere Betonung der vom BGH in seiner Entscheidung v 17.3.2003 zum Ausdruck kommenden Grundhaltung, wonach eine Patientenverfügung für die Ärzte und Pflegenden nur dann verbindlich ist, wenn das Grundleiden des Betroffenen einen irreversiblen tödlichen Verlauf genommen hat und er einwilligungsunfähig ist. Diese zentrale Wertung für des Lebens lässt sich vorgesehenen ges Regelung des § 1901a Abs. 2 nur indirekt entnehmen.

77 Auch wenn der Vorschlag der Enquete-Kommission des Bundestages, eine Patientenverfügung erst nach einem qualifizierten Aufklärungs- und Beratungsgespräch zu erstellen, keinen Eingang im Referentenentwurf gefunden hat, sollte zumindest eine Empfehlung im

Gesetz verankert werden, sich aufklären und beraten zu lassen, um sicherzustellen, dass sich der Patient im Hinblick auf die weitreichenden Folgen mit der Thematik auseinandergesetzt hat. Dies gilt auch im Hinblick darauf, dass der Patient auf die Aufklärung, die der Wahrnehmung seines Selbstbestimmungsrechts dient (*Lipp/Nagel* FF 2005, 83 ff), verzichten kann.

Zu begrüßen ist die Stärkung des Schutzes des Betroffenen. Insb durch die vorgesehene zwingende Regelung, dass dem Betroffenen ein Verfahrenspfleger zu bestellen ist, macht der Gesetzgeber deutlich, dass er auch den kranken und/oder alten Menschen in einem immer komplexer werdenden Rechtsleben nicht allein lässt, sondern ihm eine Person zur Seite stellt, die in der Lage ist, die Rechte des Betroffenen vorzutragen und ggf durchzusetzen. 78

Buch 5 Erbrecht
Abschnitt 1 Erbfolge

§ 1922 Gesamtrechtsnachfolge

(1) Mit dem Tode einer Person (Erbfall) geht deren Vermögen (Erbschaft) als Ganzes auf eine oder mehrere andere Personen (Erben) über.

(2) Auf den Anteil eines Miterben (Erbteil) finden die sich auf die Erbschaft beziehenden Vorschriften Anwendung.

Literatur zu §§ 1922 ff
Ahrens, Fragen der erbrechtlichen Gestaltung postmortaler Persönlichkeitsrechtsverwertungen, ZEV 2006, 237; *Dietzel,* Untergang statt Fortbestand – zur Abgrenzung der unvererblichen Rechtsbeziehungen im Schuldrecht (1991); *Seifert,* Postmortaler Schutz des Persönlichkeitsrechts und Schadensersatz, NJW 1999, 1889; *Stein,* Der Schutz von Ansehen und Geheimsphäre Verstorbener, FamRZ 1986, 7; *Windel,* Über die Modi der Nachfolge in das Vermögen einer natürlichen Person beim Todesfall, 1998.

Inhaltsverzeichnis

	Rn
A. Allgemeines	1–5
B. Erbrechtliche Legaldefinition	6–11
I. Erbfall	6–7
II. Erbschaft	8
III. Erbe	9–10
IV. Erbteil	11
C. Vermögensübergang auf den Erben	12–14
I. Universalsukzession	12–13
II. Folgen des Vermögensübergangs	14
D. Vererbliche Rechtspositionen	15–79
I. Grundsatz	15
II. Einzelfragen	16–79
1. Ansprüche, Verbindlichkeiten und Rechte aus Schuldverträgen	16–22
a) Im Bereich des Arbeitsrechts bzw dienstvertragliche Verhältnisse/Handelsvertreterprovisionen	17–18
b) Im Bereich des Bankrechts	19
c) Im Bereich sonstiger schuldrechtlicher Verträge	20
d) Im Bereich von Versicherungen und Bausparverträgen	21
e) Im Bereich von Gestaltungsrechten	22

§ 1922 BGB | Gesamtrechtsnachfolge

	2. Ansprüche, Verbindlichkeiten und Rechte aus gesetzlichen Schuldverhältnissen	23–25
	3. Dingliche Rechte und Belastungen	26–79
	a) Vererbliche dingliche Rechte und Belastungen	26
	b) Unvererbliche dingliche Rechte und Belastungen	27
	4. Immaterialgüterrechte	28
	5. Anwartschaftsrechte	29
	6. Familienrechtliche Rechtspositionen	30–33
	7. Erbrechtliche Positionen	34–36
	8. Das Handelsgeschäft	37–39
	9. Mitgliedschaften an Personen- und Kapitalgesellschaften	40–79
	a) Gesetzliche Neuregelungen	40–53
	aa) Gesellschaft bürgerlichen Rechts	41–42
	bb) Personenhandelsgesellschaften	43–50
	cc) Kapitalgesellschaften	51–53
	b) Gesellschaftsvertragliche Nachfolgeregelungen	54–79
	aa) Personengesellschaften	55–76
	bb) Gesellschaftsvertragliche Beschränkungen der Nachfolge in Kapitalgesellschaften	77–79
E.	Unvererbliche Rechtspositionen	80–86
F.	Entstehende Rechte	87
G.	Vollmachten des Erblassers	88–89
	I. Rechtsgeschäftlich erteilte Vertretungsmacht	88
	II. Gesetzliche Vertretungsmacht	89
H.	Öffentlich-rechtliche Positionen	90–93
I.	Prozessuale Rechtsbeziehungen	94–96
K.	Verjährung	97
L.	Prozessuales	98–101
M.	Das Höfeerbrecht	102–113
	I. Bundesrecht	103–106
	1. Landgutprivileg	104
	2. Zuweisungsverfahren nach §§ 13 ff GrdstVG	105–106
	II. Die Nordwestdeutsche HöfeO	107–111
	1. Verfahren	111
	III. Landesrecht	112–113

A. Allgemeines

1 Als Eingangsnorm des Erbrechts beinhaltet § 1922 Legaldefinitionen der Begriffe Erbfall, Erbschaft, Erben und Erbteil und eine wichtige Grundaussage zur Erbfolge. Mit dem Tod einer Person geht ihr Vermögen als Ganzes, also im Wege der sog Gesamtrechtsnachfolge, unmittelbar auf eine oder mehrere andere Personen über. Unter Gesamtrechtsnachfolge versteht man, dass die Rechtsnachfolge in das gesamte Vermögen des Erblassers erfolgt. Wer Gesamtrechtsnachfolger wird, hängt davon ab, ob der Erblasser durch Verfügung von Todes wegen (gewillkürte Erbfolge) den bzw die Erben bestimmt hat, §§ 1937, 1941, oder ob ges Erbfolge, §§ 1924 ff, eintritt. Die ges Erbfolge ist gegenüber der gewillkürten Erbfolge subsidiär. Sie tritt nur ein, wenn der Erblasser keine, keine umfassende, § 2088, oder keine rechtsgültige Verfügung von Todes wegen hinterlassen hat oder wenn der von ihm eingesetzte Erbe ersatzlos wegfällt, § 2094. Unabhängig davon, ob gewillkürte oder ges Erbfolge eintritt, gelten die Regelungen der §§ 1922, 1923.

2 Das subjektive Erbrecht entsteht grds, also unabhängig davon, ob der Erblasser seine Vermögensdispositionsbefugnis durch gemeinschaftliches Testament, § 2271 Abs. 1 oder durch Erbvertrag, § 2290 Abs. 1, eingeschränkt hat, erst mit dem Erbfall, also mit dem Tod des Erblassers. Vorher besteht lediglich eine Erbaussicht, die jedoch nicht als Anwartschaftsrecht verstanden werden kann (MüKo/*Leipold* § 1922 Rn 111 ff; BGHZ 37, 319, 322

Recht des Schlusserben im Falle eines »Berliner Testaments«). Gleiches gilt für den Vermächtnisanspruch des Vermächtnisnehmers gegen den Erben (BGHZ 12, 115) und den Pflichtteilsanspruch (§ 2303), der vom Pflichtteilsrecht zu unterscheiden ist, vgl dazu § 2303 Rn 3. Zu den materiellrechtlichen Konsequenzen (Rn 12 ff), zu den prozessualen Konsequenzen (Rn 98 ff).

Deswegen kann der zum Erben Berufene auch vor dem Erbfall nicht über seine Position, etwa durch Übertragung oder Belastung, verfügen. Nach § 311b Abs. 4 sind Verträge über den Nachlass eines noch lebenden Erblassers, über den Pflichtteil oder ein Vermächtnis aus dem Nachlass, nichtig. Ausnahmen bestehen nach § 311b Abs. 5 für Verträge zwischen künftigen ges Erben über den ges Erbteil oder den Pflichtteil. 3

Da es sich bei einem künftigen Erbrecht lediglich um eine unsichere Erbaussicht handelt, kann es zu Lebzeiten des Erblassers nicht durch zB Vormerkung §§ 883 ff bzw Hypothek §§ 1113 ff gesichert werden (OLG Kassel OLGE 14, 97). Gleiches gilt für Pflichtteils- und Vermächtnisansprüche, da ihre Realisierung, wenngleich es sich um künftige Ansprüche handelt, nicht allein vom Willen des Berechtigten abhängt (BGHZ 12, 115: Trotz Bewilligung der Eintragung durch Erblasser keine Auflassungsvormerkung zugunsten des Vermächtnisnehmers; OLG Düsseldorf MDR 2003, 936: Erbvertrag und Erbverzichtsvertrag). Auch ein Schenkungsversprechen von Todes wegen (§ 2301 Abs. 1) ist zu Lebzeiten des Erblassers nicht vormerkbar (BayObLG FamRZ 2003, 486), das aber von einem auf den Zeitpunkt des Todes des Schenkers bedingten Schenkungsversprechen unter Lebenden (§ 518 Abs. 1) zu unterscheiden ist. 4

(Rechtsgeschäftliche) Verfügungsbeschränkungen des Erblassers gegenüber dem Erben können nur mit schuldrechtlicher (§ 137 Satz 2) nicht jedoch mit dinglicher Wirkung (§ 137 Satz 1) vereinbart werden (MüKo/*Leipold* § 1922 Rn 118; Soergel/*Stein* § 1922 Rn 9). Verpflichtet sich der Erblasser, bei Verstoß gegen ein solches schuldrechtliches Veräußerungs- oder Belastungsverbot das betreffende Eigentum auf den Erben zu übertragen, so kann aufgrund einer Bewilligung des Erblassers eine Auflassungsvormerkung eingetragen werden (BayObLGZ 1978, 278; OLG Düsseldorf MDR 2003, 936; *Preuß* DNotZ 1998, 602; allg zur Vormerkbarkeit eines bedingten Rückauflassungsanspruchs BGH NJW 1997, 861). 5

B. Erbrechtliche Legaldefinitionen

I. Erbfall

Als Erbfall bezeichnet § 1922 Abs. 1 den Tod einer Person (Erblasser). Das Gesetz spricht damit nur von einer natürlichen Person, denn nur sie kann im Unterschied zur juristischen Person sterben und beerbt werden. Die rechtlichen Folgen der Auflösung juristischer Personen werden im Gesellschafts- und Vereinsrecht geregelt. 6

Der Wortlaut (»mit dem Tod einer Person«) stellt auf einen bestimmten Zeitpunkt ab, der für den Rechtsübergang des Vermögens auf andere Personen (Erben) entscheidend ist. Die Rechtsprechung (OLG Köln FamRZ 1992, 860; OLG Frankfurt NJW 1997, 3099; BayObLG NJW-RR 1999, 1309) hält unter Berücksichtigung neuerer medizinischer Kenntnisse den Zeitpunkt des Gesamthirntodes für maßgeblich. Ist jedoch nur ein Herz- und Atemstillstand festgestellt worden, so ist der Todeszeitpunkt durch Hinzurechnen einer Zeitspanne als sog Sterbezeit zu bestimmen (Soergel/*Stein* § 1922 Rn 3; aA MüKo/*Leipold* § 1922 Rn 12). Dem Tod steht die Todeserklärung nach § 9 VerschG gleich (dazu § 1923 Rn 8). Zum Problem des gleichzeitigen Versterbens vgl § 1923 Rn 9. 7

II. Erbschaft

§ 1922 bezeichnet das Vermögen des Erblassers als Erbschaft. Die Erbschaft umfasst wegen der Formulierung »Vermögen als Ganzes« alle Rechtspositionen des Erblassers, also auch nichtvermögensrechtliche Rechtspositionen und Verbindlichkeiten, soweit sie vererblich sind (zu Einzelfragen Rn 15 ff). Gleichbedeutend mit dem Begriff Erbschaft spricht das Gesetz an mehreren Stellen auch von Nachlass. 8

III. Erbe

9 Nach § 1922 Abs. 1 ist Erbe diejenige Person, auf die das Vermögen des Verstorbenen als Ganzes unmittelbar nach dem Erblasser mit dem Erbfall übergeht; vor dem Erbfall hat der potentielle Erbe lediglich eine Erbaussicht. Endgültig erwirbt der Erbe wegen seines Rechtes zur Ausschlagung, § 1942, die Erbschaft aber erst mit der Annahme, § 1943. Keine Erben und damit auch keine Gesamtrechtsnachfolger sind der Vermächtnisnehmer und der Pflichtteilsberechtigte, auch wenn sie durch den Erbfall Rechte erwerben. Geht das Vermögen auf mehrere Personen über, bezeichnet sie das Gesetz als Miterben, §§ 1922 Abs. 2, 2032 ff.

10 Die Erbenstellung kann jedoch mit Rückwirkung auf den Zeitpunkt des Erbfalls wieder verloren gehen: Durch Ausschlagung der Erbschaft, § 1953 Abs. 1, durch wirksame Anfechtung der Erbeinsetzung, §§ 2078 ff, 142 Abs. 1, und durch Erbunwürdigkeitserklärung, § 2344. Durch einen Erbverzichtsvertrag, § 2346, kann sich der Erbe von der Berufung als ges Erbe von vornherein ausschließen. Darüber hinaus bestehen keine Möglichkeiten, insb nicht durch Einigung der Erben oder sonstiger Beteiligter, über Erwerb und Fortbestand der Erbenstellung zu verfügen (BayObLGZ 1966, 233, 236; LG Freiburg BWNotZ 1979, 67). Durch Erbschaftsverkauf, § 2371, oder Anteilsübertragung eines Miterben auf einen Dritten, § 2033, wird die Erbenstellung als solche nicht erfasst, sondern nur die Beteiligung am ererbten Vermögen (BGHZ 56, 115).

IV. Erbteil

11 Nach § 1922 Abs. 2 ist der Erbteil der Anteil eines Miterben an der Erbschaft, also sein Anteil am Gesamthandsvermögen der Erbengemeinschaft, § 2032. Aufgrund der Anordnung der Gesamtrechtsnachfolge, § 1922 Abs. 1, besteht der Erbteil immer in einem Bruchteil (Erbquote) der Erbschaft, nicht in einem Bruchteil an den einzelnen Erbschaftsgegenständen oder einer Geldsumme. Die Höhe der Erbquote kann der Erblasser in seiner Verfügung von Todes wegen bestimmen, oder sie ergibt sich aus dem Gesetz. Hat der Erblasser den Anteil der Miterben nicht nach Bruchteilen, sondern durch Zuwendung von einer Geldsumme oder durch Zuordnung von Gegenständen ausgedrückt, ist die Erbquote durch Auslegung zu ermitteln (§ 2084 Rn 5 ff). Nach § 1922 Abs. 2 sind auf den Erbteil als einheitliches Anteilsrecht alle Vorschriften anzuwenden, die sich auf die Erbschaft beziehen. In Bezug auf die gesamte Erbschaft, also das ganze Vermögen des Erblassers, ist der Miterbe im Unterschied zum Alleinerben gesamthänderisch gebunden. Welche Auswirkungen diese Bindung auf die Rechtsstellung des Miterben bzgl des gesamten Vermögens bzw gegenüber den anderen Miterben hat, ist in den §§ 2032 ff geregelt.

C. Vermögensübergang auf den Erben

I. Universalsukzession

12 Gem § 1922 Abs. 1 geht die Erbschaft »als Ganzes« mit dem Erbfall auf den Erben über. Der damit beschriebene Vorgang wird als Gesamtrechtsnachfolge oder auch Universalsukzession bezeichnet. Der Rechtsübergang des Erblasservermögens auf den bzw die Erben vollzieht sich kraft Gesetzes unmittelbar und von selbst, ohne dass es einer rechtsgeschäftlichen oder behördlichen Mitwirkung bedürfte. Dies führt bei grundbuchrelevantem Erwerb zur Unrichtigkeit des Grundbuchs, das in der Folge berichtigt werden muss. Ergänzend greift § 857, der unabhängig von der tatsächlichen Besitzlage den Besitz der Erben an den Nachlassgegenständen fingiert und die Erben so gegen den Gutglaubenserwerb dieser Gegenstände schützt, § 935. Die Vermutung des § 1006 gilt zugunsten des Erben fort (BGH NJW 1993, 935), die Erben müssen sich jedoch umgekehrt auch die Nachteile aus §§ 858 Abs. 2 Satz 2, 992 und § 1007 Abs. 3 Satz 2 zurechnen lassen.

Ziel der Universalsukzession ist es, das Vermögen des Erblassers im Interesse der Erben und der Nachlassgläubiger unverändert auf den Erben zu überführen. Die in § 1922 Abs. 1 angeordnete Gesamtrechtsnachfolge ist zwingendes Recht. Deswegen kann auch der Erblasser nicht im Wege der Verfügung von Todes wegen eine Sonderrechtsnachfolge in einzelne Gegenstände (Ausnahmen iS einer Sonderrechtsnachfolge bestehen lediglich hinsichtlich der Vererbung bei Personengesellschaften, vgl Rn 40 ff, und in der HöfeO, vgl landwirtschaftiches Sondererbrecht Rn 102 ff, zu Lebensversicherungsverträgen Rn 21), den Ausschluss des Rechtsübergangs überhaupt oder die unmittelbare Nachlassteilung in unterschiedlich zugeordnete Vermögensmassen mit dinglicher Wirkung anordnen. Gesamtrechtsnachfolge bedeutet daher, dass sich in der Person des bzw der Erben die inhalts- und zustandsgleiche Rechts- und Pflichtenstellung des Erblassers fortsetzt. Alle vererblichen Rechte und Verbindlichkeiten gehen also ungeteilt auf den bzw die Erben über. Der Nachlass verbindet sich mit dem Eigenvermögen des Erben zu einer rechtlichen Einheit, er stellt kein Sondervermögen dar. Eine Sonderung vom Eigenvermögen ist nur bei der in § 1975 genannten Verfahren (Nachlassverwaltung; Nachlassinsolvenz) zu erreichen. Geht der Nachlass auf mehrere Erben über, so bildet er schon aufgrund seiner gesamthänderischen Bindung ein Sondervermögen.

II. Folgen des Vermögensübergangs

Schuldrechtliche Beziehungen zwischen Erblasser und Alleinerben erlöschen mit dem Erbfall (Konfusion). Treffen infolge des Erbfalls ein Recht und eine Belastung dieses Rechts zusammen (Konsolidation), so erlöschen Nießbrauch und Pfandrecht an beweglichen Sachen und an Rechten, §§ 1063, 1068, 1256, 1273. Beschränkt dingliche Rechte an Grundstücken bleiben hingegen bestehen, § 889. Hat der Erbe vor dem Erbfall als Nichtberechtigter über einen Nachlassgegenstand verfügt, so wird diese Verfügung mit dem Erbfall wirksam, § 185 Abs. 2. Infolge des Erbfalls ergeben sich durch die Vereinigung von Eigenvermögen des Erben und Nachlass möglicherweise neue Aufrechnungslagen.

D. Vererbliche Rechtspositionen

I. Grundsatz

Vererblich sind alle dinglichen und persönlichen Vermögensrechte und Verbindlichkeiten, soweit sie nicht ausnahmsweise rechtsgeschäftlich (BGH WM 1989, 1813) oder gesetzlich unübertragbar oder unvererblich gestellt oder höchstpersönlicher Natur sind. Gleiches gilt für öffentlich-rechtliche Ansprüche, soweit nicht Abweichendes geregelt ist (BVerwG NJW 1987, 3212), vgl Rn 90 ff. Bei nichtvermögensrechtlichen Rechtsverhältnissen ist hingegen die Unvererbbarkeit die Regel.

II. Einzelfragen

1. Ansprüche, Verbindlichkeiten und Rechte aus Schuldverträgen

Ansprüche und Verbindlichkeiten aus Schuldverträgen sind grds vererblich, gleichgültig ob es sich um bedingte oder künftige handelt (BGH 32, 367; *Schröder* JZ 1978, 379). Dabei geht die gesamte Position des Erblassers auf den Erben über. Dazu gehören auch Hilfsansprüche (BGH NJW 1989, 1601), etwa auf Auskunft oder Rechnungslegung (zur Unvererblichkeit vgl Rn 20), Sicherungsrechte, etwa Bürgschaften oder Grundschulden (Rn 26) und Gestaltungsrechte, etwa Anfechtungs-, Widerrufs-, Rücktritts- und Kündigungsrechte, das Recht zur Leistungsbestimmung, §§ 315 f, oder das Wahlrecht, § 262, soweit sie nicht höchstpersönlicher Natur sind (vgl auch Rn 17 ff). Letztere gehen idR als Teil oder Annex des Rechtsverhältnisses, auf das sie sich beziehen, über.

§ 1922 BGB | Gesamtrechtsnachfolge

a) Im Bereich des Arbeitsrechts bzw dienstvertragliche Verhältnisse/Handelsvertreterprovisionen

17 Unvererblich sind persönliche Dienst- oder Arbeitsverpflichtungen, § 613 Satz 1. Etwas anderes gilt für die Gegenansprüche des Leistungspflichtigen, die idR vererblich sind (zB Abfindungsanspruch nach § 1a KSchG, wenn Arbeitsverhältnis vor Tod des Erblassers durch Kündigung beendet, anders wenn Arbeitsverhältnis vor Kündigung durch Tod des Arbeitnehmers beendet worden ist. LAG Hamm, Az: 19 Sa 1491/05 v 8. 11. 2005, nrk.) und unter bestimmten Voraussetzungen für Abfindungsansprüche aus einem Sozialplan wegen Arbeitsplatzverlustes (BAG NZA 1988, 466; ArbG Passau BB 1992, 70; näher dazu ErfK/*Preis* § 613 Rn 7). Ansprüche auf Urlaub oder Urlaubsabgeltung, § 7 Abs. 4 BUrlG, oder daran anknüpfende tarifvertragliche Ansprüche (BAG AP Nr. 7 zu § 611 BGB; BAGE 50, 147; BAG NJW 1987, 461; BAG NJW 1992, 3317; aA Soergel/*Stein* § 1922 Rn 39) gehen ebenfalls nicht auf den Erben über. Vererblich sind diese Ansprüche hingegen, wenn der Arbeitgeber mit der Erfüllung des entstandenen Urlaubsabgeltungsanspruchs in Verzug geraten war (BAG NJW 1997, 2343). Unvererblich sind auch Ansprüche aus vertraglichen Ruhegeldzusagen, die idR auf den Tod des Berechtigten befristet sind; dagegen ist bei Kapitalisierung der gesamte Anspruch vererblich (BGH WM 1983, 43). Konkursausfallgeld, das dem Erben des vor Eintritt der Insolvenz verstorbenen Arbeitnehmers nicht zusteht (BSG ZIP 1987, 795; aA Soergel/*Stein* § 1922 Rn 39), ist unvererblich.

18 Handelsvertreterprovisionen sind grds vererblich, vgl §§ 87–89b HGB. Dies gilt auch für den Ausgleichsanspruch nach § 89b HGB, der dem Handelsvertreter einen Ausgleich für Vorteile verschaffen soll, die dem Unternehmen auch nach seinem Ausscheiden durch Tod aufgrund der Fortwirkung seiner Tätigkeit nicht zugute kommen sollen (BGH 24, 214, 224; dies gilt auch bei selbstverschuldetem Tod, BGH NJW 1964, 915 f). Der Ausgleichsanspruch ist innerhalb einer Jahresfrist nach Beendigung des Vertragsverhältnisses geltend zu machen, § 89b Abs. 4 HGB; für die Erben läuft die Frist ab dem Zeitpunkt der Annahme der Erbschaft oder ab Eröffnung des Insolvenzverfahrens oder ab dem Zeitpunkt, von dem an der Anspruch von einem oder gegen einen Vertreter geltend gemacht werden, mindestens noch sechs Monate, § 211 entspr (= § 207 aF, dessen Anwendbarkeit von BGH NJW 1979, 651 bejaht wurde).

b) Im Bereich des Bankrechts

19 Ansprüche aus Girovertrag, § 676f, über Anderkonten von Rechtsanwälten oder Notaren, die idR nach den AGB der Banken kraft Vertrag zugunsten Dritter auf den Abwickler, ggf die Berufskammer übergehen (Soergel/*Stein* § 1922 Rn 48), sind unvererblich. Ansonsten gehen alle Rechte des Erblassers aus den mit Kreditinstituten geschlossenen Verträgen über Giro- und Sparkonten, Wertpapierdepots auf die Erben über; der Erbe tritt in das Giroverhältnis, § 676f, zur Bank ein, und ihm stehen die beim Erbfall vorhandenen Guthaben zu. Bei Fortführung eines Erblasserkontos tritt der Erbe in eigene Rechtsbeziehungen zur Bank (BGH NJW 1996, 190; BGH NJW 2000, 1258).

c) Im Bereich sonstiger schuldrechtlicher Verträge

20 Unvererblich sind Vorkaufsrechte, § 473 Satz 1; Ansprüche aus einem Schenkungsversprechen, § 516, wenn die Schenkung nach Auslegung, §§ 133, 157, ausschließlich dem Erblasser zugute kommen sollte (in anderen Fällen ist ein Anspruch aus Schenkungsvertrag vererblich); schenkweise gegebene Rentenversprechen, § 520. Ansprüche aus Verträgen über Gebrauchs- und Nutzungsüberlassung sind zwar vererblich; anlässlich des Todes des Mieters, Pächters oder Entleihers entstehen jedoch Sonderkündigungsrechte, §§ 564, 580, 581 Abs. 2, 605 Nr. 3. Ebenfalls unvererblich sind Ansprüche auf Werkherstellung aus Werkvertrag, § 631, wenn die Verpflichtung des Unternehmers entscheidend von Sachkunde, Geschicklichkeit, künstlerischer oder wissenschaftlicher Eignung oder Vertrauenswürdigkeit des Erblassers abhing. Ansprüche aus einem Reisevertrag, § 651a, sind nach Reiseantritt unvererblich; vor Reiseantritt rückt bei Tod des Reisenden hingegen der Erbe in den weiterbestehenden Vertrag ein, § 651b Abs. 1 Satz 1 (*Claussen* NJW 1991, 2813). Ein

Schadensersatzanspruch des Reisenden wegen nutzlos aufgewendeter Urlaubszeit, § 651f Abs. 2, kann auf den Erben übergehen. Ansprüche aus Maklervertrag, § 652, gegen den Makler sind unvererblich, da mit dem Tod des Maklers der Vertrag endet (anders bei Tod des Auftraggebers). Hingegen erlischt der Provisionsanspruch des Maklers, der eine für das Zustandekommen des provisionspflichtigen Geschäfts ursächliche Tätigkeit schon entfaltet hatte, nicht, wenn der Makler vor endgültigemäß Abschluss des Geschäfts stirbt (BGH NJW 1965, 964; BGH WM 1976, 503; MüKo/*H. Roth* § 652 Rn 82). Unvererblich sind auch Verpflichtungen zur Ausführung eines Auftrags bzw einer Geschäftsbesorgung, § 673 Satz 1, § 675 Abs. 1, und Auskunfts- und Rechenschafts-, § 666, oder Herausgabeansprüche, § 667, wenn der Erblasser letztere auf seine Person beschränkt hatte (BGH NJW-RR 90, 131). Ansprüche sind generell ohne vertraglichen oder ges Ausschluss unvererblich, wenn ihr Inhalt so stark auf die Person des Berechtigten oder des Verpflichteten zugeschnitten ist, dass bei einem Gläubiger- oder Schuldnerwechsel die Leistung in ihrem Wesen verändert würde.

d) Im Bereich von Versicherungen und Bausparverträgen

Unvererblich sind Lebens- und Unfallversicherungsansprüche, die unwiderruflich einer dritten bezugsberechtigten Person zugewandt worden sind (BGH 32, 47; MüKo/*Musielak* § 2301 Rn 31 ff; BGH NJW 1995, 1082 ff: kein Ausschluss der Bezugsberechtigung der im Todesfall noch nrkr geschiedenen Ehefrau durch Anwendung des § 2077; der Ehegatte bedarf jedoch eines Rechtsgrundes im Verhältnis zum Versicherungsnehmer, um die Versicherungssumme behalten zu dürfen, vgl auch BGH NJW 1987, 3131 ff). Deswegen können Erben, die gleichzeitig als Bezugsberechtigte einer Kapitallebensversicherung eingesetzt sind, nach der Zweifelsregel des § 167 Abs. 2 VVG die Versicherungssumme erhalten, auch wenn sie die Erbschaft ausschlagen. Ist keine Bezugsberechtigung angegeben, fallen Versicherungsansprüche in den Nachlass, etwa Ansprüche aus Sachversicherungen (BGH NJW-RR 1993; 1048; BGH FamRZ 1993, 1060: Hausratsversicherung, die idR nach Ablauf von 2 Monaten endet, § 92 VHB) oder eine Flugversicherungssumme (BFH NJW 1979, 944). IE muss durch Auslegung ermittelt werden, ob Vererblichkeit der vertraglichen Position vereinbart war. Unentgeltliche Begünstigung eines Dritten in einem Bausparvertrag bei Tod des Bausparers sind nicht vererblich, da sie idR als schenkweise Zuwendung auch hinsichtlich der vom Bausparer eingezahlten Sparraten zu verstehen ist (BGH NJW 1965, 1913).

e) Im Bereich von Gestaltungsrechten

Unvererblich sind folgende Gestaltungsrechte: das Anfechtungsrecht nach § 119, wenn es ausschließlich dem Erblasser vorbehalten war (BGH FamRZ 1969, 479: Anfechtung eines Adoptionsvertrags); das Widerrufsrecht bei einer Schenkung wegen groben Undanks, §§ 530 Abs. 1, 532 Satz 2 (etwas anderes gilt bei vorsätzlich und widerrechtlicher Tötung bzw Hinderung am Widerruf des Erblassers durch den Beschenkten, § 530 Abs. 2). Unvererblich ist auch der Rückforderungsanspruch des Schenkers wegen Verarmung, § 528 Abs. 1 Satz 1 (OLG Stuttgart BWNotZ 1985, 70; in der Tendenz ebenso BGH NJW 1995, 2287, 2288; dazu *Kollhosser* ZEV 1995, 391; *Haarmann* FamRZ 1996, 522). Etwas anderes gilt, wenn der Erblasser den Rückforderungsanspruch bereits geltend gemacht, aber der Beschenkte ihn noch nicht erfüllt hatte (BGH NJW 1994, 256), der Erblasser ihn abgetreten hatte, er auf einen Sozialhilfeträger der Sozialhilfe übergeleitet worden ist, § 90 BSHG (BGHZ 96, 380, 383; dies gilt auch bei Überleitung erst nach dem Tod des Erblassers, BGH NJW 1995, 2287; *Zeranski* NJW 1998, 2574) oder der Schenker von einem Dritten unterhaltssichernde Leistungen in Anspruch genommen hatte, statt Geschenk zurückzufordern (BGH NJW 2001, 2084; *Kollhosser* ZEV 2001, 289). Schließlich ist der Rückforderungsanspruch, § 528 Abs. 1 Satz 1, auch dann vererblich, wenn er durch Vertrag anerkannt oder rechtshängig und damit nach §§ 400 BGB, 852 Abs. 2 ZPO pfändbar und übertragbar geworden ist (MüKo/*Leipold* § 1922 Rn 24; offengelassen durch OLG Stuttgart BWNotZ 1985, 70).

§ 1922 BGB | Gesamtrechtsnachfolge

2. Ansprüche, Verbindlichkeiten und Rechte aus ges Schuldverhältnissen

23 Für ges Schuldverhältnisse gilt ebenfalls der Grundsatz der Vererblichkeit der Rechtsposition des Erblassers, vgl Rn 15.

24 So sind insb Schadensersatzansprüche unabhängig vom Rechtsgrund vererblich. Dies gilt auch für den Anspruch auf Schmerzensgeld. Für die Vererblichkeit von Schadenersatzansprüchen ist grds zu beachten, ob Rechtsgutsverletzung und Schaden noch zu Lebzeiten des Erblassers eingetreten sind. Ist der durch die eingetretene Rechtsgutsverletzung beim Erblasser verursachte Schaden erst nach dem Erbfall eingetreten, muss untersucht werden, ob der Schaden auch bei Weiterleben des Erblassers entstanden wäre. Dieser, nicht aber Drittschäden, ist dann nach allgemeinen Schadensregeln als Schaden des Erblassers zu ersetzen (MüKo/*Leipold* § 1922 Rn 30). Kein Schadensersatzanspruch für nach dem Erbfall eingetretene Schäden steht dem Erben zu, wenn es sich um die Verletzung eines höchstpersönlichen Rechtsguts des Erblassers handelte (Rn 80 ff).

25 Bei Ansprüchen wegen ungerechtfertigter Bereicherung müssen sich die Erben die beim Erblasser eingetretene Haftungsverschärfung wegen Bösgläubigkeit, § 819 BGB, zurechnen lassen.

3. Dingliche Rechte und Belastungen

a) Vererbliche dingliche Rechte und Belastungen

26 Dingliche Rechte und an ihnen bestehende dingliche Belastungen sind grds vererblich, insb das Eigentum, auch als Mit-, Sicherungs- und Treuhandeigentum. Besonderheiten gelten für Waffen. Zunächst geht die dingliche Position des Erblassers an der Waffe auf den Erben über. Nach § 20 WaffG in der Fassung v 1. 4. 2003 hat der Erbe binnen eines Monats nach der Annahme der Erbschaft oder dem Ablauf der für die Ausschlagung der Erbschaft vorgeschriebenen Frist die Ausstellung einer Waffenbesitzkarte für die zum Nachlass gehörenden erlaubnispflichtigen Schusswaffen oder ihre Eintragung in eine bereits ausgestellte Waffenbesitzkarte zu beantragen. Für den Vermächtnisnehmer oder durch Auflage Begünstigten beginnt diese Frist mit dem Erwerb der Schusswaffen. Für beschränkt dingliche Rechte, etwa Pfandrecht, Hypothek, Grundschuld und Rentenschuld, aber auch für Erbbaurechte, § 1 Abs. 1 ErbbauVO, Dauerwohnrecht, § 33 Abs. 1 Satz 1 WEG sowie das Eigentum an Bodenreformgrundstücken, Art. 233 § 11 EGBGB (BGH NJW 1999, 1470) gilt gleiches wie für dingliche Rechte. Subjektiv-dingliche Rechte hingegen, die nicht einer individuell bestimmten Person, sondern dem jeweiligen Eigentümer eines Grundstücks zustehen, §§ 1018, 1094 Abs. 2, 1105 Abs. 2, sind als Grundstücksbestandteile, § 96, nur zusammen mit dem Grundstückseigentum vererblich.

b) Unvererbliche dingliche Rechte und Belastungen

27 Unvererblich sind beschränkt dingliche Rechte, die mit dem Tod des Berechtigten erlöschen. Dazu gehören der Nießbrauch an Sachen, § 1061 (LG Traunstein NJW 1962, 2207), der Nießbrauch an Rechten, § 1068 Abs. 2, die beschränkte persönliche Dienstbarkeit, §§ 1090 Abs. 2, 1061. Vererblich ist uU aber der Anspruch auf Bestellung einer solchen Dienstbarkeit (BGHZ 28, 99). Weiterhin ist unvererblich das dingliche Vorkaufsrecht, soweit nichts anderes vereinbart wurde, §§ 1098 Abs. 1 Satz 1, 473. Gleiches gilt für eine subjektiv-persönliche Reallast, § 1105 Abs. 1, die nach dem Inhalt auf die Lebenszeit des Berechtigten beschränkt ist (BayObLG DNotZ 1989, 567; OLG Köln Ppfleger 1994, 292); allerdings ist sie ohne diese Beschränkung vererblich.

4. Immaterialgüterrechte

28 Auch Immaterialgüterrechte sind grds vererblich, soweit der Erblasser nicht bereits vor seinem Tode Dritten Nutzungsrechte übertragen hat: zB Urheberrechte, § 28 Abs. 1 UrhG

(*Klingelhöffer* ZEV 1999, 421), Patentrechte, § 15 Satz 1 PatG, Gebrauchsmuster, § 22 Satz 1 GebrMG, Geschmacksmuster, § 3 Satz 1 GeschmMG, Marken, § 27 Abs. 1 MarkenG. Mit den Immaterialgüterrechten sind auch aus ihrer Verletzung entstehende Entschädigungs-, Beseitigungs- und Unterlassungsansprüche vererblich.

5. Anwartschaftsrechte

Anwartschaftsrechte, die auf Gesetz oder Rechtsgeschäft beruhen, sind ebenfalls vererblich: zB die Anwartschaft aus aufschiebend bedingter Übereignung, § 449, das Anwartschaftsrecht des Nacherben im Rahmen des § 2108 Abs. 2. Vererblich ist auch die Rechtsposition aus einer Eintragungsbewilligung, denn eine vom Erblasser erklärte Eintragungsbewilligung, § 885, bzw Auflassung, §§ 873, 925, wirkt fort wie eine vom Erben abgegebene Willenserklärung. Ist eine Eintragungsbewilligung oder Auflassung zugunsten des Erblassers erklärt, so ist auch die dadurch begründete Rechtsstellung vererblich, so dass auf Antrag die Erben einzutragen sind (KG HRR 1930 Nr. 1610; LG Düsseldorf Ppfleger 1987, 14). **29**

6. Familienrechtliche Rechtspositionen

Bei familienrechtlichen Rechtspositionen ist zwischen personenbezogenen und vermögensrechtlichen zu unterscheiden: Personenbezogene Positionen enden grds mit dem Tod des Erblassers, vermögensrechtliche Positionen sind idR wegen ihrer höchstpersönlichen Natur ebenfalls unvererblich. Beispiele für Unvererblichkeit sind das Zustimmungsrecht des Ehegatten iSd § 1365, oder des Lebenspartners gem § 8 Abs. 2 LPartG iVm § 1365 (BGH NJW 1982, 1099), die Möglichkeit der Abgabe eines Vaterschaftsanerkenntnisses, § 1592 Nr. 2, die Rücknahme des Adoptionsantrags des Erblassers (BayObLG NJW-RR 1996, 1092) oder die elterliche Sorge §§ 1626 ff. **30**

Zu den vererblichen familienrechtlichen Positionen zählen Unterhaltsansprüche oder Unterhaltsschulden aus § 1601, die im Zeitpunkt der Erbfalls bereits entstanden waren; im Übrigen erlöschen Unterhaltsansprüche unter Verwandten nach § 1615 Abs. 1 mit dem Tod des Berechtigten oder des Verpflichteten mit der Ausnahme des § 1615l Abs. 3 Satz 3 für den nicht mit der Mutter verheirateten Vater. Ebenso vererblich sind Unterhaltsansprüche eines geschiedenen Ehegatten oder Lebenspartners, die im Zeitpunkt der Erbfalls bereits entstanden waren. Künftige Unterhaltsverpflichtungen des Erblassers sind auch Nachlassverbindlichkeiten, § 1586b, allerdings mit einer summenmäßigen Haftungsbeschränkung für die Erben auf den »fiktiven« Pflichtteil, § 1586b Abs. 1 Satz 3. Es handelt sich bei dieser Begrenzung des Unterhaltsanspruchs um eine reine Berechnungsmodalität, so dass auch bei Verzicht des Ehegatten während der Ehe auf sein ges Erbrecht oder Pflichtteilsrecht, § 2346 Abs. 1 und 2, sich daran nichts ändern kann (*Grziwotz* FamRZ 1991, 1258; *Pentz* FamRZ 1998, 1344; Johannsen/Henrich/*Büttner* § 1586b Rn 9, Staudinger/*Baumann* § 1586b BGB (1999) Rn 47 mwN; aA insb *Dieckmann* NJW 1980, 2777; *ders* FamRZ 1992, 633 und FamRZ 1999, 1029; MüKo/*Maurer* § 1586b Rn 2; *Schwab/Borth*, Hdb Scheidungsrechts, IV Rn 1235). Im Übrigen erlöschen Unterhaltsansprüche mit dem Tod des Berechtigten (aber auch mit dessen Wiederheirat und Begründung einer Lebenspartnerschaft), § 1586. Entsprechendes gilt für den Lebenspartner nach § 16 Abs. 1 LPartG (in der Fassung v 15. 12. 2004, gültig ab 1. 1. 2005) iVm § 1586b. **31**

Auch der Zugewinnausgleichsanspruch, § 1378 Abs. 3 Satz 1, ist vererblich, wenn er vor dem Tod des Ausgleichsberechtigten entstanden ist; ein Zugewinnausgleichsanspruch des Verstorbenen entsteht infolge der Beendigung der Zugewinngemeinschaft durch Tod nicht; das gilt selbst dann, wenn der Erblasser die Ausgleichsforderung schon in einem Scheidungsverfahren rechtshängig gemacht hatte, aber vor Scheidung gestorben ist (BGH FamRZ 1995, 597). Vererblich ist auch der Anteil am ehelichen Gesamtgut, 1482, bei Gütergemeinschaft (BayObLG Ppfleger 1981, 282); die Ehegatten können aber durch Ehevertrag vereinbaren, dass die Gütergemeinschaft nach dem Tod eines Ehegatten zwischen **32**

§ 1922 BGB | Gesamtrechtsnachfolge

dem überlebenden und den gemeinschaftlichen Abkömmlingen fortgesetzt wird, § 1483 Abs. 1, wodurch der Anteil des verstorbenen Ehegatten nicht in den Nachlass fällt.

33 In den Nachlass fällt auch die Verpflichtung zur Leistung des Versorgungsausgleichs, § 1587e Abs. 2 (BGH NJW 1982, 1939); der Anspruch auf Versorgungsausgleich erlischt hingegen mit dem Tod des Berechtigten, §§ 1587e Abs. 2, 1587k Abs. 2, 1587m. Auch der schuldrechtliche Ausgleichs- und Abfindungsanspruch, §§ 1587g, 1587l, endet mit dem Tod des Verpflichteten (BGH FamRZ 1989, 950).

7. Erbrechtliche Positionen

34 Grds vererblich sind die mit dem Erbfall entstandenen Rechtspositionen:

35 Hierunter fallen zB der Erbteil des Miterben, der Anspruch auf den Voraus des Ehegatten und des eingetragenen Lebenspartners, § 1932, § 10 Abs. 1 Satz 5 LPartG, nicht hingegen der Anspruch auf den Dreißigsten, § 1969, aber auch das Vorkaufsrecht des Miterben, § 2034 Abs. 2 Satz 2, das Anwartschaftsrecht des Nacherben zwischen Eintritt des Erbfalls und des Nacherbfalls, § 2108 Abs. 2, der entstandene Anspruch aus einem Vermächtnis sowie der Pflichtteilsanspruch, § 2317 Abs. 2.

36 Dies gilt auch für Gestaltungsrechte wie das Recht zur Ausschlagung der Erbschaft, § 1952 Abs. 1, und das Recht zur Ausschlagung eines Vermächtnisses, §§ 2180 Abs. 3, 1952 Abs. 1.

8. Das Handelsgeschäft

37 Ein Handelsgeschäft kann von Todes wegen erworben werden, § 22 HGB, und gehört damit als wirtschaftliche Einheit (Geschäfts- und Betriebsvermögen, immaterielle Güter- und gewerbliche Schutzrechte und »good will«) zum Nachlass. (*Dauner-Lieb*, Unternehmen in Sondervermögen, 1998, Satz 152 ff). Das Recht zur Fortführung der Firma sowie der Umfang der Haftung der Erben für vom Erblasser begründete Geschäftsverbindlichkeiten ergibt sich aus §§ 22 Abs. 1, 27, 25 HGB (Anh § 1967 Rn 1 ff); zur Haftungsbegrenzungsmöglichkeit von Unternehmenserben: *Progl*, Haftungsbegrenzungsmöglichkeiten des Unternehmenserben im Falle der Fortführung des ererbten einzelkaufmännischen Betriebes, ZERB 2006, 181 – 185. Eine vom Erblasser erteilte Prokura erlischt nicht mit seinem Tod, § 52 Abs. 3 HGB, es sei denn, der Prokurist wird Alleinerbe oder Miterbe (BGH NJW 1959, 2114). Zu Vollmachten und Prokura im Übrigen vgl Rn 88. Auch Unternehmen, die nicht Handelsgeschäft iSd HGB sind, gehören zum Nachlass, soweit nach der Art des Unternehmens eine Fortführung durch den oder die Erben möglich ist.

38 Unvererblich hingegen ist ein Unternehmen, wenn es mit der Person des Inhabers so eng verknüpft ist, dass eine Fortsetzung unter Wahrung der wirtschaftlichen Identität nicht möglich erscheint. In den Nachlass fallen dann lediglich die einzelnen vererbbaren Rechtsbeziehungen. Eine solche enge Verknüpfung einer wirtschaftlichen Einheit an die persönlichen Fähigkeiten des Inhabers findet man regelmäßig bei freien Berufen, bei denen die Ausübung des Berufs an bestimmte in der Person liegende Zulassungsvoraussetzungen geknüpft ist, so etwa bei einer Arztpraxis oder Rechtsanwaltskanzlei. In diesen Fällen geht man von der Vererblichkeit der wirtschaftlichen Einheit aus, wenn diese als solche veräußerbar oder durch einen Erben fortführbar ist (MüKo/*Leipold* § 1922 Rn 42). Sondervorschriften bestehen für den Erbfall bei Apotheken, §§ 9, 13 Abs. 1 Apothekengesetz, und Arztpraxen, § 101 Abs. 1 Satz 2 SGB V, § 103 Abs. 4 SGB V. Zur Vererblichkeit von öffentlich-rechtlichen Gewerbeberechtigungen Rn 93.

39 Steuerlich führt der Übergang eines (gewerblichen) Einzelunternehmens auf nur einen Erben zu einer unentgeltlichen Betriebsübertragung und damit zwingend zur Buchwertfortführung, § 6 Abs. 3 EStG (Schmidt/*Wacker*, EStG, § 16 Rn 590). Bei mehreren Miterben geht das Einzelunternehmen als Ganzes auf die Miterben zur gesamten Hand über (Schmidt/*Wacker*, EStG, § 16 Rn 601; BFH DStRE 2001, 1267). Führen sie das Unternehmen gemeinschaftlich weiter, wird jeder Erbe Mitunternehmer und erzielt erbanteilig Einkünfte nach § 15 Abs. 1 Nr. 2 EStG (Schmidt/*Wacker*, EStG, § 16 Rn 603 mwN). Veräußern die Miterben entgeltlich

ihre Mitunternehmeranteile an einen Erben oder Dritten, führt der Veräußerungserlös zu einem ggf begünstigten Veräußerungsgewinn, §§ 16 Abs. 1 Nr. 2, 34 EStG. Der übernehmende Erbe/Dritte hat insoweit Anschaffungskosten, im Übrigen hat der Erbe bzgl seines Erbanteils unentgeltlich erworben (Schmidt/*Wacker*, EStG, § 16 Rn 610, 606 mwN).

9. Mitgliedschaften an Personen- und Kapitalgesellschaften

a) Gesetzliche Nachfolgeregelungen

Die im Gesetz vorgesehenen Nachfolgeregelungen unterscheiden sich je nachdem, welche Rechtsform sie betreffen. **40**

aa) Gesellschaft bürgerlichen Rechts

Die Gesellschaft bürgerlichen Rechts wird, vorbehaltlich einer abweichenden gesellschaftsvertraglichen Nachfolgeregelung, bei Tod eines Gesellschafters aufgelöst, § 727 Abs. 1. Die Gesellschaft wird zur Liquidationsgesellschaft, in welche der Erbe oder die Erbengemeinschaft anstelle des verstorbenen Gesellschafters einrückt. Die Erben nehmen dann am Liquidationserlös teil. Sie haften für Gesellschaftsschulden, auch soweit diese vor dem Erbfall entstanden sind, allerdings mit der Möglichkeit, die Haftung auf den Nachlass zu beschränken. Den verbleibenden Gesellschaftern und den Erben ist es freigestellt, sich in einstimmigem Beschluss statt für die Liquidation für die Fortsetzung der Gesellschaft zu entscheiden. In diesem Falle treten die Erben als Gesellschafter in die Gesellschaft ein, die Erbengemeinschaft wird insoweit teilauseinandergesetzt und die der Erbengemeinschaft eigene gesamthänderische Bindung aufgelöst. **41**

In steuerlicher Hinsicht wird, sofern die Gesellschaft gewerbliche Einkünfte erzielt, der Erbe oder bei mehreren Erben die Erbengemeinschaft Mitunternehmer. Die Liquidation führt zur Aufgabe des Mitunternehmeranteils. Einen der Erbengemeinschaft dabei entstehenden Aufgabegewinn haben die Miterben nach anteiliger Zurechnung zu versteuern, §§ 34 iVm 16 EStG. Die Besteuerung mit dem halben Steuersatz kommt allerdings nur dann in Betracht, wenn der jeweilige Miterbe – nicht also der verstorbene Erblasser – die entsprechenden persönlichen Voraussetzungen (Vollendung des 55. Lebensjahres, Berufsunfähigkeit, keine vorherige Inanspruchnahme) erfüllt, § 34 Abs. 3 EStG. Die Miterben werden daher im Regelfall auf die meist ungünstigere sog Fünftel-Regelung verwiesen sein, § 34 Abs. 1 EStG. **42**

bb) Personenhandelsgesellschaften

Im Bereich der Personenhandelsgesellschaften ist danach zu differenzieren, ob der Erblasser in der Gesellschaft eine unbeschränkte Haftung übernommen hatte oder als Kommanditist oder stiller Gesellschafter lediglich beschränkt haftete. **43**

Für den Fall des Todes eines OHG-Gesellschafters und eines KG-Komplementärs sieht § 131 Abs. 3 Nr. 1 HGB (auf den § 161 Abs. 2 HGB für die KG verweist) vor, dass der Gesellschafter aus der Gesellschaft ausscheidet und die Gesellschaft mit den verbliebenen Gesellschaftern fortgesetzt wird. Gleiches gilt in der Partnerschaftsgesellschaft, § 9 Abs. 1 PartGG iVm § 131 Abs. 3 Nr. 1 HGB. Die Erben des verstorbenen Gesellschafters erhalten damit nicht wie in der Gesellschaft bürgerlichen Rechts eine Mitgliedschaft in der Liquidationsgesellschaft, sie sind vielmehr auf einen schuldrechtlichen Abfindungsanspruch verwiesen, der mangels Regelung im HGB und aufgrund des Verweises in § 105 Abs. 3 HGB aus § 738 BGB abgeleitet wird (bei Partnerschaftsgesellschaft: § 1 Abs. 4 PartGG iVm § 738 BGB). Der Abfindungsanspruch besteht gegenüber den übrigen Gesellschaftern und bemisst sich nach dem Verkehrswert des Anteils, also unter Berücksichtigung der vorhandenen stillen Reserven und des Goodwills. **44**

Ertragsteuerlich wird das Ausscheiden gegen Abfindung wie eine entgeltliche Veräußerung des Mitunternehmeranteils des verstorbenen Gesellschafters an die verbleibenden Gesellschafter behandelt. Der Veräußerungsgewinn entsteht insoweit noch in der Person des Erblassers, nicht also der Erben, sodass über die Art der Begünstigung (Fünftel-Re- **45** gelung oder halber Steuersatz, §§ 16 Abs. 1 Nr. 2, 34 Abs. 1 oder Abs. 3 EStG) die persönlichen Verhältnisse des Erblassers entscheiden. Für die verbleibenden Gesellschafter stellen die Abfindungsleistungen Anschaffungskosten dar.

46 Soweit der Erblasser der Gesellschaft Wirtschaftsgüter zur Nutzung überlassen und somit im steuerlichen Sonderbetriebsvermögen gehalten hat, kommt es regelmäßig mit dem Erbfall zur Entnahme dieser Wirtschaftsgüter, § 4 Abs. 1 Satz 2 EStG. Der dadurch entstehende Entnahmegewinn (Differenz zwischen Teilwert gem § 6 Abs. 1 Nr. 4 Satz 1 EStG und Buchwert des Wirtschaftsguts) ist, da das Sonderbetriebsvermögen zum Mitunternehmeranteil gehört, als Teil des Aufgabegewinns begünstigt zu versteuern.

47 Der Erwerb des Abfindungsanspruchs durch die Erben ist erbschaftsteuerpflichtig. Er ist als reines Forderungsrecht dem Privatvermögen zuzurechnen, sodass die Privilegierung für den Erwerb von Betriebsvermögen nicht in Anspruch genommen werden kann (Troll/ Gebel/Jülicher, ErbStG, § 3 Rn 138). Demgegenüber erfüllt die Anwachsung bei den verbleibenden Gesellschaftern keinen Erbschaftsteuertatbestand, da diese für den ihnen anwachsenden Teil des Gesellschaftsanteils eine gleichwertige Abfindung zu zahlen haben.

48 Stirbt ein Kommanditist, so wird die Gesellschaft nach § 177 HGB mit den Erben fortgesetzt. Sind mehrerer Erben vorhanden, geschieht dies im Wege der Sondererbfolge, sodass nicht die Erbengemeinschaft, sondern die Erben unmittelbar Kommanditisten werden. Einkommensteuerrechtlich sind die Buchwerte des erworbenen Teils des Mitunternehmeranteils nach § 6 Abs. 3 EStG fortzuführen. Dies gilt auch für gleichzeitig ererbtes Sonderbetriebsvermögen. Wurde dieses hingegen Nichtgesellschaftern vermacht, kommt es zur stpfl Entnahme. Der Erwerb unterliegt der Erbschaftsteuer, die Privilegierungen für Betriebsvermögen nach §§ 13a, 19a ErbStG können auch für das Sonderbetriebsvermögen, welches insoweit zum Mitunternehmeranteil zählt, in Anspruch genommen werden.

49 Ebenfalls vererblich ist die Beteiligung eines stillen Gesellschafters. Verstirbt der stille Gesellschafter, wird die stille Gesellschaft nicht aufgelöst, § 234 Abs. 2 HGB (dispositiv); die Erben treten an seine Stelle (Blaurock, Handbuch der stillen Gesellschaft, 6. Aufl 2003, § 15 II 5b). Es findet also keine Sondererbfolge statt, es erbt vielmehr die Erbengemeinschaft. Im Falle des Todes des Geschäftsinhabers wird die stille Gesellschaft aufgelöst, § 727 Abs. 1 BGB. Der stille Gesellschafter hat einen Auseinandersetzungsanspruch, § 235 HGB.

50 Ein Mitglied einer Europäischen wirtschaftlichen Interessenvereinigung (EWIV) scheidet nach seinem Tod aus der Gesellschaft aus, Art. 28 Abs. 1 Satz 1 VO (EWG) (Nr. 2137/85v 25. 7. 1985 über EWIV, Abl EG 1985 Nr. L 199). Der Gesellschaftsanteil ist nach Abs. 2 unvererblich (dispositiv).

cc) Kapitalgesellschaften

51 Geschäftsanteile an einer GmbH sowie Aktien sind frei vererblich. Die Vererblichkeit kann nicht durch gesellschaftsvertragliche Vereinbarung ausgeschlossen werden.

52 Die Nachfolge vollzieht sich nicht wie bei Personengesellschaften im Wege der Sondererbfolge, vielmehr erbt bei Vorhandensein mehrerer Erben die Erbengemeinschaft, sodass der Geschäftsanteil von der gesamthänderischen Bindung erfasst ist. Die Mitgliedschaftsrechte in der Gesellschaft können von den Miterben nur gemeinschaftlich ausgeübt werden, § 18 GmbHG und § 69 AktG. In erbschaftsteuerlicher Hinsicht ist zu beachten, dass die Privilegierungen für Betriebsvermögen nur in Anspruch genommen werden können, wenn der Erblasser mit mehr als 25 % an der Kapitalgesellschaft beteiligt war (§ 13a Abs. 4 Nr. 3, § 19a Abs. 2 Nr. 3 ErbStG).

53 Der Tod des Komplementärs der KG auf Aktien (KGaA) führt zur Auflösung (dispositiv, MüKo/Leipold § 1922 Rn 78). Mitgliedschaften in rechtsfähigen Vereinen gehen gem § 38 Satz 1 BGB (dispositiv, § 40 BGB) nicht auf die Erben über. Die Mitgliedschaft in einer Genossenschaft ist vererblich, endet jedoch mit dem Schluss des Geschäftsjahrs, in dem der Erbfall eintrat, § 77 Abs. 1 Satz 1 und 2 GenG (dispositiv, § 77 Abs. 3 GenG).

b) Gesellschaftsvertragliche Nachfolgeregelungen

Weit verbreitet und für eine kontrollierte Unternehmensnachfolge dringend zu empfehlen 54
sind gesellschaftsvertragliche Vorgaben für die Übertragbarkeit der Gesellschaftsanteile. Auch hierbei ist zwischen den unterschiedlichen Gesellschaftsformen zu unterscheiden.

aa) Personengesellschaften

Die ges Regelungen zu den Folgen des Todes eines Personengesellschafters sind – mit 55 Ausnahme der Option nach § 139 HGB – allesamt dispositiv.

Die Auflösung einer Gesellschaft bürgerlichen Rechts kann durch Verweis auf die han- 56 delsrechtlichen Vorschriften, also durch Vereinbarung einer sog **Fortsetzungsklausel**, vermieden werden. Sie könnte zB lauten: »Beim Tod eines Gesellschafters wird die Gesellschaft von den übrigen Gesellschaftern fortgesetzt.« Darüber hinaus besteht in der BGB-Gesellschaft der gleiche Gestaltungsspielraum wie bei der Personenhandelsgesellschaft, der einerseits eine individuelle Regelung ermöglicht, andererseits aber auch Gestaltungsgefahren schafft.

Eine erste Gestaltungsmöglichkeit ist in der Modifizierung der (vertraglichen oder ges) 57 Fortsetzungsklausel zu sehen. Je nach Wert und Größe der gesellschaftlichen Beteiligung des Erblassers kann die den Erben zustehende Abfindung für die Gesellschafter und damit zugleich auch für das Unternehmen eine existenzbedrohende Liquiditätsbelastung bedeuten. Im Interesse des Erhalts des Unternehmens kann daher eine Reduzierung oder sogar ein gänzlicher Ausschluss der Abfindung angezeigt sein. Der Streitvermeidung dienlich sind weiterhin gesellschaftsvertragliche Vorschriften zur Berechnung der Abfindung (Buchwert, Stuttgarter Verfahren, korrigiert um Gesellschaftervergütungen, sonstige erbschaftsteuerliche Bewertungsverfahren, Ertragswertverfahren, verbindlicher Verweis auf Sachverständigenbewertung). Die Fortsetzungsklausel kann sich insb bei Gesellschaften anbieten, bei denen nicht der Kapitaleinsatz, sondern die persönliche Mitarbeit der Gesellschafter im Vordergrund steht und wertprägend ist. Darüber hinaus kann sie bei gänzlichem Abfindungsausschluss Mittel zur Pflichtteilsreduzierung sein.

Erbschaftsteuerlich gilt bei einer Reduzierung der Abfindung auf einen Betrag, der unter 58 dem Steuerwert des Anteils liegt, der Anteilserwerb der verbleibenden Gesellschafter, soweit der Steuerwert des Anteils die Abfindung übersteigt, als Schenkung auf den Todesfall, § 3 Abs. 1 Nr. 2 ErbStG.

Die Reduzierung der Abfindung wird auch ertragsteuerlich, nämlich bei der Berechnung 59 des Veräußerungsgewinns, berücksichtigt. Bei gänzlichem Abfindungsausschluss ist zu differenzieren: Erfolgte der Abfindungsausschluss aus familiären Gründen, liegt eine unentgeltliche Übertragung des Mitunternehmeranteils auf den Todesfall vor (Schmidt/Wacker, EStG, § 16 Rn 663; BFH BStBl II 1971, 83; BFH/NV 99, 165).

War der Abfindungsausschluss hingegen betrieblich veranlasst, wovon auszugehen ist, 60 wenn er für alle Gesellschafter gleichermaßen galt und die Beteiligten auch nicht von unterschiedlichen Lebenserwartungen ausgingen, so entsteht in der Person des verstorbenen Gesellschafters ein Veräußerungsverlust. Die verbleibenden Gesellschafter, denen der Anteil angewachsen ist, haben entweder die Anteile des Erblassers vom Gesellschaftsvermögen abzustocken oder die Buchwerte fortzuführen und in deren Höhe einen laufenden Gewinn zu versteuern (Schmidt/Wacker, EStG, § 16 Rn 663).

Sieht der Gesellschaftsvertrag vor, dass bei Tod eines Gesellschafters dessen Erben in die 61 Gesellschafterstellung nachrücken, spricht man von einer **einfachen Nachfolgeklausel**. Sie könnte zB lauten: »Beim Tod eines Gesellschafters wird die Gesellschaft mit den Erben des Verstorbenen oder denjenigen, die er zu Vermächtnisnehmern seiner Beteiligung eingesetzt hat, fortgesetzt.«

Auch hier wird die Gesellschaft mit dem Tod eines Gesellschafters nicht aufgelöst, son- 62 dern eben fortgesetzt, bei dieser Gestaltung aber mit dem oder den Erben des Verstorbenen. Hinterlässt der Erblasser mehrere Erben, so werden alle Gesellschafter, und zwar nicht etwa in Erbengemeinschaft, sondern jeder für sich im Wege der sog Sonderrechts-

§ 1922 BGB | Gesamtrechtsnachfolge

nachfolge. Es kommt damit zu einer automatischen Spaltung der Mitgliedschaft. Wertmäßig erhält jeder Erbe den seiner Erbquote entsprechenden Teil des Gesellschaftsanteils des Erblassers. § 139 HGB bietet eine Option zur Einräumung einer haftungsbeschränkten Kommanditistenstellung.

63 Die Einkommensteuer folgt dieser zivilrechtlichen Qualifizierung. Die Miterben werden Mitunternehmer und haben – nach § 6 Abs. 3 EStG zwingend – die Buchwerte des Erblassers anteilig fortzuführen (BFH BStBl II 1997, 535, 538; BFH BStBl II 1999, 291). Ist der Erbe oder sind die Miterben verpflichtet, den Gesellschaftsanteil aufgrund eines Vermächtnisses an einen Dritten oder aufgrund eines Vorausvermächtnisses oder einer Teilungsanordnung an einen Miterben weiter zu geben, erfolgt auch dies entsprechend § 6 Abs. 3 EStG zwingend zu Buchwerten (Schmidt/*Wacker*, EStG, § 16 Rn 665, 668). Während die Gesellschaftsbeteiligung im Wege der Sondererbfolge bei Spaltung der Mitgliedschaft auf die einzelnen Nachfolger übergeht, bleibt das Sonderbetriebsvermögen in der Erbengemeinschaft gesamthänderisch gebunden. Steuerlich ist aber das Sonderbetriebsvermögen den Mitunternehmern im Verhältnis ihrer Beteiligung zuzuordnen, geht also quotengleich auf diese über. Da das Sonderbetriebsvermögen zum Mitunternehmeranteil gehört, erfolgt auch insoweit eine zwingende Buchwertfortführung. Steuerpflichtige Entnahmen entstehen allerdings, wenn Gegenstände des Sonderbetriebsvermögens in der letztwilligen Verfügung einem Nichtgesellschafter zugewiesen werden (zur steuerlichen Behandlung einer nachträglichen Auseinandersetzung unter den Miterben siehe Schmidt/*Wacker*, EStG, § 16 Rn 670).

64 Der Erwerb von Gesellschaftsanteilen mit zugehörigem quotengleichem Sonderbetriebsvermögen unterliegt der Erbschaftsteuer, ist aber nach §§ 13a, 19a ErbStG begünstigt. Die Miterben erhalten den Freibetrag grds anteilig. Der Erblasser kann jedoch eine andere Aufteilung des Freibetrags verfügen. Setzen sich die Miterben anderweitig auseinander, so hat dies, wie auch im Falle der Teilung aufgrund einer Teilungsanordnung, nach Auffassung der Finanzverwaltung auf die Besteuerung des Erwerbs und deshalb auch auf die Verteilung des Freibetrags keinen Einfluss, es bleibt vielmehr bei der ursprünglichen anteiligen Aufteilung (R 57 Abs. 6 ErbStR). Auch wird hierdurch kein Nachversteuerungstatbestand nach § 13a Abs. 5 ErbStG verwirklicht, selbst wenn zum Wertausgleich eine Abfindung gezahlt wird (R 62 Abs. 2 Nr. 2 ErbStR). Wohl aber kann eine solche abweichende Auseinandersetzung einkommensteuerliche Konsequenzen haben.

65 Bestimmt der Gesellschaftsvertrag, dass nicht allen Erben, sondern nur bestimmten Erben des Gesellschafters bei dessen Tod die Beteiligung zufallen soll, so spricht man von einer **qualifizierten Nachfolgeklausel**. Sie könnte zB lauten: »Beim Tod eines Gesellschafters wird die Gesellschaft mit dem ältesten leiblichen Abkömmling des Verstorbenen als Nachfolger fortgesetzt.«

66 Eine solche Klausel, die in der Praxis sehr häufig anzutreffen ist, birgt erhebliche Probleme. Zunächst ist unbedingt darauf zu achten, Gesellschaftsvertrag und letztwillige Verfügung aufeinander abzustimmen. Unproblematisch sind also die Fälle, in denen der im Testament genannte Erbe dem nach Gesellschaftsvertrag Nachfolgeberechtigten entspricht. In diesem Falle bewirkt nämlich die qualifizierte Nachfolgeklausel, dass der Gesellschaftsanteil im Wege der Sonderrechtsnachfolge unmittelbar auf den qualifizierten Nachfolger übergeht. Jedoch können dem Unternehmensnachfolger erhebliche Liquiditätsbelastungen entstehen, wenn der Erblasser in seiner letztwilligen Verfügung weitere Miterben eingesetzt hat. Diese können zwar nicht Gesellschafter werden, wohl aber steht ihnen gegen den nachfolgeberechtigten Erben ein schuldrechtlicher Ausgleichsanspruch zu (BGHZ 68, 225). Steuerliche Belastungen entstehen den Miterben hierdurch nicht, allerdings kann auch der Nachfolger die von ihm zu erbringende Ausgleichsleistung nicht als Anschaffungskosten der Beteiligung steuerlich effektuieren (Schmidt/*Wacker*, EStG, § 16 Rn 672; BMF BStBl I 93, 62, Rn 83). Problematisch kann für den Unternehmensnachfolger aber vor allem die Höhe der Ausgleichsleistung sein. Bei ihrer Bemessung geht es nicht um die Auseinandersetzung zwischen Personengesellschaftern, die zugleich Erben

sind, sondern allein um die erbrechtliche Auseinandersetzung. Auch wenn der Gesellschaftsvertrag also besondere Abfindungsklauseln enthalten sollte, ist iRd erbrechtlichen Auseinandersetzung der volle Verkehrswert der Beteiligung maßgeblich. Dies führt nicht selten zu erheblichen Liquiditätsbelastungen des qualifizierten Nachfolgers. Das gilt vor allem dann, wenn dieser aufgrund gesellschaftsvertraglicher Abfindungsbeschränkungen im Fall der Kündigung der Gesellschaft nur eine geringe Abfindung verlangen kann. Zur Streitvermeidung sollte sowohl das Ob als auch der Umfang einer Ausgleichszahlung in der letztwilligen Verfügung geregelt werden. Soweit der Nachfolgeerbe auch wertmäßig gegenüber den anderen Miterben bevorzugt werden soll, muss dies in der letztwilligen Verfügung durch ein Vorausvermächtnis zum Ausdruck gebracht werden.

Besonders problematisch aber wird es, wenn der im Gesellschaftsvertrag bestimmte Nachfolger überhaupt nicht Erbe des Verstorbenen wird. Die gesellschaftsvertraglich qualifizierte Nachfolgeklausel läuft in diesem Falle leer. Darüber hinaus soll oder kann eine qualifizierte Nachfolgeklausel auch leicht zur Steuerfalle werden. Dies gilt insb dann, wenn zum Nachlass Gegenstände des Sonderbetriebsvermögens gehören.

Beispiel: Erblasser U ist alleiniger Kommanditist der U GmbH & Co. KG. Die Gesellschaft wirtschaftet auf einem ihr von U zur Nutzung überlassenen Grundstück. Der Gesellschaftsvertrag enthält eine qualifizierte Nachfolgeklausel und bestimmt zum Nachfolger des U dessen Sohn. Der U hat jedoch versäumt, ein Testament zu errichten, in dem er seinen Sohn als Erben einsetzt oder ihm zumindest seine Gesellschaftsbeteiligung (möglichst mit Grundstück) vermacht. Als U plötzlich und unerwartet verstirbt, wird er von seiner Ehefrau zu $^1/_2$ sowie seinem Sohn und seiner Tochter zu jeweils $^1/_4$ beerbt.

Lösung: Aufgrund der qualifizierten Nachfolgeklausel kann allein der Sohn des U in dessen Gesellschafterstellung nachrücken. Ehefrau und Tochter sind hingegen nicht nachfolgeberechtigt. Dagegen fällt das Betriebsgrundstück, das bislang in vollem Umfang als Sonderbetriebsvermögen des U zu qualifizieren war, in den Nachlass und gehört damit zum Gesamthandsvermögen der aus der Mutter und den beiden Kindern bestehenden Erbengemeinschaft. Steuerrechtlich hat dies aber die nachteilige Konsequenz, dass das Grundstück in Höhe der Erbquoten der nichtqualifizierten Miterben (im Beispiel Ehefrau und Tochter, somit zu einer Quote von $^3/_4$), entnommen wird. Drei Viertel der im Sonderbetriebsvermögen ruhenden stillen Reserven werden aufgelöst, der Entnahmegewinn ist dem Erblasser als laufender Gewinn zuzurechnen und nicht begünstigt zu versteuern. Allerdings unterliegt der Entnahmegewinn nicht der Gewerbesteuer, da diese als Objektsteuer an das Ergebnis eines lebenden Betriebs anknüpft. Die Rechtsprechung aber qualifiziert den Unternehmerwechsel in Anwendung des § 2 Abs. 5 GewStG als Betriebseinstellung, was die Beendigung der sachlichen Steuerpflicht zur Folge hat (BFH DStR 2000, 922).

In erbschaftsteuerlicher Hinsicht wird dem qualifizierten Nachfolger zwar der gesamte Gesellschaftsanteil zugerechnet, die Betriebsvermögensprivilegierungen stehen jedoch allen Miterben anteilig zu. Insoweit wird die qualifizierte Nachfolgeklausel als ein gesellschaftsrechtlich besonders ausgestalteter Unterfall einer bloßen Teilungsanordnung behandelt (BFH BStBl II 1983, 329; R 55 Abs. 2 Satz 2 ErbStR). Soweit Sonderbetriebsvermögen entnommen wird, ist es nicht von den Betriebsvermögensprivilegien erfasst.

Bei der **Eintrittsklausel** wird dem Erben oder einer dritten Person das Recht eingeräumt, in die Gesellschaft einzutreten (Formulierungsvorschlag bei *Nieder*, Handbuch der Testamentsvollstreckung, Rn 1263). In der Zwischenphase, also in der Zeit zwischen dem Tod des Gesellschafters und dem Eintritt des Nachfolgers, besteht die Gesellschaft allein aus den verbleibenden Gesellschaftern. Der Eintritt des neuen Gesellschafters bedarf bei der Eintrittsklausel einer Aufnahmevereinbarung zwischen den überlebenden Gesellschaftern und dem Eintrittsberechtigten. Da die Gesellschaftsnachfolge unabhängig von der erbbedingten Rechtsnachfolge erfolgt, kann das Eintrittsrecht jedem Dritten, insb also auch Nichterben zustehen. Mit Eintritt in die Gesellschaft begründet der durch die Eintritts-

§ 1922 BGB | Gesamtrechtsnachfolge

klausel Begünstigte seine Mitgliedschaft in der Personengesellschaft. Dem nicht nachfolgeberechtigten Erben steht gegen die Gesellschaft – zunächst unabhängig vom Eintritt des Eintrittsberechtigten – ein Abfindungsanspruch zu. Dieser wird jedoch für den Fall des Eintritts gesellschaftsvertraglich ausgeschlossen.

72 Die Regeln der Eintrittsklausel sind auch dann von Bedeutung, wenn eine qualifizierte Nachfolgeklausel gescheitert ist, etwa weil es versäumt wurde, dem gesellschaftsvertraglich qualifizierten Nachfolger die Beteiligung auch von Todes wegen zuzuwenden. Nach Auffassung des BGH kann nämlich die gescheiterte Nachfolgeklausel im Wege der ergänzenden Vertragsauslegung als rechtsgeschäftliche Eintrittsklausel qualifiziert werden. Die Auslegung kann also insb dazu führen, dass dem im Gesellschaftsvertrag als Nachfolger Vorgesehenen ein Eintrittsrecht gewährt wird, soweit dies mit der letztwilligen Verfügung des Erblassers in Einklang steht (BGH BB 1988, 104). Zur Klarstellung empfiehlt es sich, in Ergänzung zur qualifizierten Nachfolgeklausel ein Eintrittsrecht des qualifizierten Nachfolgers bei fehlgeschlagener Nachfolge zu vereinbaren.

73 Da die Eintrittsklausel unabhängig von den erbrechtlichen Regelungen wirkt, kann der Erblasser die Bestimmung des Eintrittsberechtigten über den Todeszeitpunkt hinausschieben und auch einem Dritten überlassen, was im Rahmen erbrechtlicher Verfügungen nicht möglich wäre (§ 2065). Ein weiterer Vorteil der Eintrittsklausel ist darin zu sehen, dass mit ihr neben oder statt Erben oder Vermächtnisnehmern auch außenstehende Dritte als Nachfolger bestimmt werden können. Vorteilhaft kann weiterhin sein, dass bei der Eintrittsklausel – im Gegensatz zur erbrechtlichen Nachfolge – keine Wahlmöglichkeit des Nachfolgers nach § 139 HGB besteht. Für den Erblasser und die verbleibenden Gesellschafter bleibt bei Formulierung einer Eintrittsklausel allerdings die Unsicherheit, ob der Eintrittsberechtigte von seinem Eintrittsrecht Gebrauch macht oder die Gesellschaft bei Nichteintritt zu Abfindungszahlungen verpflichtet und diese so in ihrer Liquidität belastet wird. Sofern allerdings zukünftige Erben oder Vermächtnisnehmer des Gesellschafters als Eintrittsberechtigte vorgesehen sind, kann der Erblasser kraft Erbrecht eine Eintrittspflicht begründen, so etwa durch Auflage oder aufschiebende oder auflösend bedingte Erbeinsetzung oder Vermächtniszuwendung (*Crezelius*, Unternehmenserbrecht, Rn 263; *Nieder*, Handbuch der Testamentsgestaltung, Rn 1261).

74 Die ertragsteuerlichen Auswirkungen einer Eintrittsklausel hängen davon ab, ob der Eintrittsberechtigte von seinem Eintrittsrecht Gebrauch macht oder nicht. Erfolgt kein Eintritt, wird die Gesellschaft also von den verbleibenden Gesellschaftern fortgesetzt, so entsprechen die ertragsteuerlichen Folgen der Nachfolge kraft Fortsetzungsklausel. Bei Zahlung einer Abfindung erzielt daher noch der Erblasser einen – ggf tarifbegünstigten – Veräußerungsgewinn (BMF BStBl I 1993, 62 Rn 79). Kommt es hingegen zum Eintritt, differenziert die Finanzverwaltung danach, ob das Eintrittsrecht innerhalb von sechs Monaten nach dem Erbfall ausgeübt wird. Ist dies der Fall, so gelten, wenn alle Erben von ihrem Eintrittsrecht Gebrauch machen, die gleichen Regelungen wie bei der einfachen Nachfolgeklausel. Macht nur einer oder machen nur einige Erben von ihrem Eintrittsrecht Gebrauch, gelten die Regelungen zur qualifizierten Nachfolgeklausel entsprechend (BMF BStBl I 1993, 62, Rn 79). Erfolgt hingegen der Eintritt nach Ablauf von sechs Monaten, so bleibt es beim Veräußerungsgewinn des Erblassers, und es kommt lediglich als weiterer Tatbestand der Erwerb des Gesellschaftsanteils durch den Eintrittsberechtigten hinzu. Das Entgelt für den Erwerb entspricht regelmäßig der Höhe des Abfindungsanspruchs, der mit Eintritt entsprechend den gesellschaftsvertraglichen Regelungen rückwirkend entfällt. Im Schrifttum wird danach differenziert, ob die Eintrittsklausel in der Weise auszulegen ist, dass die verbleibenden Gesellschafter den ihnen angewachsenen Anteil zunächst als Treuhänder halten und der Eintrittsberechtigte somit unentgeltlich erwirbt, oder ob die eintrittsberechtigten Erben zunächst einen Abfindungsanspruch erhalten und dieser bei ihrem Eintritt mit der Einlageverpflichtung verrechnet wird, was einen entgeltlichen Erwerb begründet. Nur im ersten Fall wären entsprechend den Regelungen zur einfachen Nachfolgeklausel die Buchwerte fortzuführen. Im zweiten Fall aber wäre noch vom Erb-

lasser der Veräußerungsgewinn zu versteuern und die Eintrittsberechtigten hätten in Höhe ihres verrechneten Abfindungsanspruchs Anschaffungskosten (Schmidt/*Wacker*, EStG, § 16 Rn 677; *J. Mayer*, Grundzüge des Rechts der Unternehmensnachfolge, 156). Ist der Eintrittsberechtigte nicht als Erbe oder Vermächtnisnehmer berufen, kommt im Falle seines Eintritts nur die vorgenannte Treuhandlösung in Betracht. Ist Sonderbetriebsvermögen vorhanden, stellt sich auch hier das Entnahmeproblem, da Gesellschaftsanteil und Sonderbetriebsvermögen mit dem Erbfall auseinander fallen. Der Gesellschaftsanteil wächst zunächst den verbleibenden Gesellschaftern an, das Sonderbetriebsvermögen erhalten die Erben. Soweit allerdings die Erben eintrittsberechtigt sind und innerhalb von sechs Monaten von ihrem Eintrittsrecht Gebrauch machen, wird vertreten, dass insoweit die Buchwerte fortgeführt werden können (*Wacker/Franz*, BB-Beilage 5/93, 26; *Hörger/Stephan*, Die Vermögensnachfolge im Erbschaft- und Ertragsteuerrecht, Rn 852). Die Gestaltungspraxis sollte hierauf jedoch trotz des generellen Verweises der Finanzverwaltung auf ihre Ausführungen zur einfachen und qualifizierten Nachfolgeklausel (BMF BStBl I 1993, 62 Tz 79) nicht vertrauen.

Erbschaftsteuerlich wird die Eintrittsklausel so verstanden, dass das Eintrittsrecht und **75** nicht der Abfindungsanspruch zugewendet wird, sodass der Erwerber bei Ausübung des Eintrittsrechts die Gesellschaftsbeteiligung selbst als Erwerbsgegenstand erhält (*Moench* ErbStG, § 13a Rn 53). Die Finanzverwaltung behandelt den Erwerb kraft Eintrittsklausel fiktiv als Erwerb durch Erbanfall (R 55 Abs. 2 Satz 3 ErbStR). Das Sonderbetriebsvermögen fällt, sofern es vom eintretenden Gesellschafter erworben wurde, als zum Mitunternehmeranteil gehörig ebenfalls unter die Privilegierung.

Für die Partnerschaftsgesellschaft sieht § 9 Abs. 4 Satz 2 PartGG vor, dass der Anteil nur **76** für Partner iSd § 1 Abs. 1 und Abs. 2 PartGG vererblich gestellt werden kann. Es muss sich also um Angehörige freier Berufe handeln, wobei im Regelfall der Gesellschaftsvertrag denselben Beruf des Erblassers oder andere in der Partnerschaft vorhandene freie Berufe vorsehen wird. Es sind alle zu den Personengesellschaften dargestellten Nachfolgeklauseln entsprechend anwendbar (siehe Rn 56 ff). Gem § 9 Abs. 4 Satz 3 PartGG ist § 139 HGB nur insoweit entsprechend anwendbar, als dass der Erbe aus der Partnerschaft austritt, da das PartGG keinen Kommanditanteil vorsieht.

bb) Gesellschaftsvertragliche Beschränkungen der Nachfolge in Kapitalgesellschaften

Die in § 15 Abs. 1 GmbHG angeordnete Vererblichkeit des Geschäftsanteils an einer GmbH **77** kann nicht durch anders lautende Satzungsregelung ausgeschlossen werden. Eine Fortsetzungsklausel oder qualifizierte Nachfolgeklausel wäre daher unwirksam. Wohl kann aber durch sog Einziehungs- und Abtretungsklauseln Einfluss auf die Nachfolge in die GmbH genommen werden. Ohne entsprechende Klausel ist eine Einziehung gegen den Willen der Erben hingegen nicht möglich. § 34 GmbHG verlangt vielmehr, dass die Einziehung im Gesellschaftsvertrag zugelassen ist und ihre Voraussetzungen dort ausdrücklich festgesetzt sind. Voraussetzung der Einziehung kann der Tod eines Gesellschafters sein, was in seinen wirtschaftlichen Auswirkungen der Fortsetzungsklausel gleichsteht, sofern die Gesellschaft von dem Einziehungsrecht Gebrauch macht. Die Einziehung kann aber auch auf die Geschäftsanteile von Erben beschränkt werden, die nicht zu einem in der Satzung genauer bezeichneten Personenkreis gehören. Dies würde einer qualifizierten Nachfolgeklausel entsprechen. Statt einer Zwangseinziehung oder auch als Alternative zu dieser kann die Satzung auch vorsehen, dass die Erben verpflichtet sind, den Geschäftsanteil an die GmbH oder einen Dritten abzutreten (Abtretungsklausel). Die Voraussetzungen des § 34 GmbHG gelten hier entsprechend.

Das Aktienrecht gestattet unter den Voraussetzungen des § 237 AktG ebenfalls die **78** Zwangseinziehung, sodass auch in die Satzung der AG eine entsprechende Einziehungsklausel aufgenommen werden kann. Anders als in der GmbH können die Nachfolger hingegen nicht zur Abtretung verpflichtet werden.

§ 1922 BGB | Gesamtrechtsnachfolge

79 Wie im Recht der Personengesellschaften wird es auch im Bereich der Kapitalgesellschaften für zulässig erachtet, dass für den besonderen Fall des Todes eines Gesellschafters und Aktionärs die Einziehung unter gänzlichem Ausschluss einer Abfindung erfolgen kann (Lutter/*Hommelhoff*, GmbHG, § 34 Rn 55; Kölner Komm/*Lutter*, AktG, § 237 Rn 65). Nach § 3 Abs. 1 Nr. 2 Satz 2 ErbStG unterliegt die durch die Einziehung bewirkte Werterhöhung der Anteile der verbleibenden Gesellschafter als gesetzlich fingierte Schenkung auf den Todesfall der Erbschaftsteuer.

E. Unvererbliche Rechtspositionen

80 Unvererblich und damit nicht zum Nachlass gehörend sind alle höchstpersönlichen Rechte des Erblassers (OLG Hamm Rpfleger 1979, 17).

81 Dazu gehören der Leichnam, Skelett und Asche (KG NJW 1990, 782), die allein Gegenstand der Totenfürsorge sind, welche idR den nächsten Angehörigen zusteht (§ 1968 Rn 5), die auch über eine Obduktion oder Verwendung zu anatomischen Zwecken entscheiden, soweit der Erblasser nichts festgelegt hat. Gleiches gilt für die Organentnahme nach Transplantationsgesetz (*Walter* FamRZ 1998, 201, vgl auch BVerfG NJW 1999, 3403). Ebenso dazugehören künstliche Körperteile, solange sie mit dem Körper fest verbunden sind wie künstliche Gelenke oder Herzschrittmacher. Dagegen gehören Hilfsmittel wie Brillen, Hörgeräte und abnehmbare Prothesen zum Nachlass. Bei konserviertem Sperma, aber auch konservierten Eizellen oder Embryonen des Erblassers ist wegen eines überwiegenden persönlichkeitsrechtlichen Aspekts jedenfalls kein Übergang auf die Erben anzunehmen. Es sind ähnliche Grundsätze wie beim postmortalen Persönlichkeitsschutz heranzuziehen, vgl Rn 82 f; MüKo/*Leipold* § 1922 Rn 88.

82 Das allgemeine Persönlichkeitsrecht erlischt grds mit dem Tod des Menschen. Alle Schadensersatzansprüche auf Geldzahlungen aus verletztem Persönlichkeitsrecht, die zu Lebzeiten des Erblassers bereits entstanden sind, sind seit der Streichung des § 847 Abs. 1 Satz 2 vererblich (MüKo/*Leipold* § 1922 Rn 84). Hinsichtlich des postmortalen Persönlichkeitsschutzes ist bzgl seiner Vererblichkeit nach ideellem und kommerziellem (vermögenswertem) Schutzbereich der Persönlichkeit zu unterscheiden. Im ideellen Bereich sind neben dem strafrechtlichen Schutz (§ 189 StGB: Verunglimpfung des Andenkens Verstorbener) zivilrechtliche Beseitigungs- bzw Unterlassungs- und Widerrufsansprüche anerkannt, nicht hingegen Entschädigungen in Geld (BGH NJW 1974, 1371). Gegenstand des Schutzes ist die Wahrung des Lebensbildes des Verstorbenen gegen grobe Entstellungen und Verletzungen (bejahend zB: BGH NJW 1955, 260; BGH NJW 1968, 1773: »Mephisto«; BGH MDR 1984: zur Verletzung des Persönlichkeitsbildes durch Verwendung des Namens in einer täuschenden Werbung; BGH NJW 1990, 1986 ff: Beseitigungsanspruch bei Signaturfälschung eines bekannten Malers (Emil Nolde) 30 Jahre nach seinem Tod; OLG Hamburg NJW 1990, 1995: postmortaler Persönlichkeitsschutz eines bekannten Schauspielers gegenüber Nachahmung durch einen Sprachimitator zu Werbezwecken; BVerfG NJW 1993, 1462: Schmähkritik über einen Schriftsteller (Heinrich Böll); OLG Köln NJW 1999, 1969: Wahlwerbung »mit« Konrad Adenauer; ablehnend BGH NJW 1996, 593 bzw BVerfG NJW 2001, 594: für Anfertigung und Vertrieb einer Willy-Brandt-Gedenkmedaille; OLG Hamm NJW 2002, 609: keine Persönlichkeitsrechtsverletzung durch Benennung einer Schule oder Straße nach dem Verstorbenen). Die treuhänderische Wahrnehmung dieser Ansprüche obliegt einer durch den Verstorbenen (formlos) ermächtigten Person oder den nächsten Angehörigen analog der §§ 77 Abs. 2 StGB, 22 KunstUrhG, 60 Abs. 2 UrhG, also nicht den Erben als solchen (BGH NJW 1968, 1773; BGH MDR 1984, 997). Es handelt sich bei diesen Ansprüchen nicht um Nachlassansprüche; für die Geltendmachung kommt es deswegen auch nicht auf die Erbenstellung an, dh die Geltendmachung ist auch durch Angehörige möglich, die nicht Erben geworden sind oder die Erbschaft ausgeschlagen haben (MüKo/*Leipold* § 1922 Rn 84; OLG Köln NJW 1999, 1969). Es gibt keine zeitliche

Befristung des postmortalen Persönlichkeitsschutzes durch den Gesetzgeber. Die zeitliche Geltendmachung hängt vom Einzelfall unter Berücksichtigung des Schutzinteresses der Hinterbliebenen ab (MüKo/*Leipold* § 1922 Rn 86; BGH NJW 1990, 1986 ff: Signaturfälschung von Emil Nolde 30 Jahre nach seinem Tod; OLG Köln NJW 1999, 1969); mit zunehmendem zeitlichen Abstand vom Tod sinkt allerdings der Schutz des postmortalen Persönlichkeitsrechts, da der postmortale Schutz geringer ist als der Schutz des Lebenden (BGH NJW-RR 1994, 925 f).

Vermögenswerte Bestandteile des Persönlichkeitsrechts können nach dem Tod fortbestehen und gehen in diesem Fall auf die Erben über (BGH NJW 2000, 2195: Schutz am eigenen Bild und des Namens der Filmschauspielerin Marlene Dietrich nach deren Tod; BGH NJW 2000, 2201: Verletzung des Rechts am eigenen Bild durch Nachstellen einer berühmten Szene aus dem Film »Der blaue Engel« mit Marlene Dietrich. Zu diesen Urteilen *Götting* NJW 2001, 585; *Frommeyer* JuS 2002, 13; *T. Müller* GRUR 2003, 31). Die Erben können bei Verletzung vermögenswerter Bestandteile Unterlassungs- bzw Schadenersatzansprüche geltend machen, wobei sie durch den ausdrücklichen oder mutmaßlichen Willen des Verstorbenen in der Geltendmachung begrenzt sind. Verletzungen vermögenswerter Bestandteile des Persönlichkeitsschutzes sind von den ideellen Bestandteilen zu trennen. Letzterer kann nur von einem durch den verstorbenen Beauftragten oder den nächsten Angehörigen wahrgenommen werden. Sind kommerzieller und ideeller Bereich des Persönlichkeitsschutzes gleichzeitig betroffen, können nach Ansicht des BGH die Erben nur beide Persönlichkeitsschutzbereiche, wenn sie mit den Personen identisch sind (was nicht zwingend ist) die zur Wahrnehmung des ideellen postmortalen Persönlichkeitsschutzes berufen sind; andernfalls sind sie zur Abstimmung mit den berufenen Personen verpflichtet (iE ist in der Literatur vieles str, vgl MüKo/*Leipold* § 1922 Rn 87 mwN: Leipold kritisiert ebd die Aufspaltung des Persönlichkeitsschutzes, da bei immateriellen Güterrechten, zB Urheberrechten an Werken der Literatur etc die Vererblichkeit (§ 28 Abs. 1 UrhG) auf die vermögens- als auch persönlichkeitsrechtlichen Bestandteile erstreckt werde; wie BGH ua *Götting* NJW 2001, 585, *Frommeyer* JuS 2002, 13, *T. Müller* GRUR 2003, 31).

Das Namensrecht des Erblassers erlischt mit seinem Tod, kann aber als Facette des postmortalen Persönlichkeitsschutzes geschützt werden (offen bei BGHZ 107, 385).

Der Anspruch des Patienten auf Einsicht in die Krankenpapiere bzw -unterlagen geht auf die Erben nur insoweit über, als eine Einwilligung des Erblassers vorliegt, weil die ärztliche Schweigepflicht über den Tod des Erblassers hinaus fortbesteht (BGH NJW 1983, 2627; BGHZ 91, 392, 398; *Hülsmann/Baldamus* ZEV 1999, 91; *Bartsch* NJW 2001, 861); das Recht zur Entbindung von der Schweigepflicht ist ein höchstpersönliches Recht des Erblassers, das auf die Erben nur übergehen kann, wenn es dem Wille des Erblassers nicht widerspricht (BGH NJW 1983, 2627, 2629: Dies wird zumindest für die nächsten Angehörigen angenommen, wenn es um die Aufklärung von uU mitursächlicher Fehlbehandlung des Arztes geht, vgl auch Staudinger/*Marotzke* § 1922 Rn 298); bei Zweifeln an der Testierfähigkeit des Erblassers kann von einem mutmaßlichen Willen des Erblassers zur Befreiung des Arztes von der Schweigepflicht ausgegangen werden (BGHZ 91, 392, 400; BayObLG NJW 1987, 1492, 1493; BayObLG NJW-RR 1991, 1287; gegen Aufhebung der Schweigepflicht aufgrund mutmaßlichen Erblasserwillens ua Staudinger/*Marotzke* § 1922 Rn 298 mwN, der insb auf dem Gebiet vermögensrechtlicher Fragen, zB Erbrecht, dafür keine Rechtfertigung sieht).

Für die Verschwiegenheitspflicht des Steuerberaters gelten bzgl der Verschwiegenheitspflicht bezogen auf die Intimsphäre des Erblassers die gleichen Grundsätze wie bei der ärztlichen Schweigepflicht; hinsichtlich vermögensrechtlicher Verhältnisse hat das OLG Stuttgart (NJW 1983, 1744) den Übergang der Befugnis, den Steuerberater von seiner Schweigepflicht zu entbinden, bejaht. Für den Notar und den RA sind diese Grundsätze entsprechend anzuwenden (MüKo/*Leipold* § 1922 Rn 25; aA OLG Koblenz Anwaltsblatt 1983, 328 f, das die Entbindung von der Schweigepflicht bei Rechtsanwälten grds für

§ 1922 BGB | Gesamtrechtsnachfolge

höchstpersönlich und deswegen für unvererblich hält). Außerdem besteht für Notare die Möglichkeit, dass nach dem Versterben des Mandanten die Aufsichtsbehörde nach § 18 Abs. 2, 2. Hs BNotO den Notar von der Schweigepflicht befreien kann, BGH NJW 1975, 930). Bei Rechtsanwälten und Notaren wird hinsichtlich solcher Tatsachen, die die Willensbildung des Erblassers und das Zustandekommen einer letztwilligen Verfügung (auch der Testierfähigkeit) betreffen, idR nach dem mutmaßlichen Willen des Erblassers grds keine Verschwiegenheitspflicht anzunehmen sein (OLG Frankfurt FamRZ 1997, 1306, 1308). Im Unterschied dazu genießt das Auskunftsinteresse des Erben vor dem Interesse des Zuwendungsempfängers (Erblasser) an der Wahrung des Bankgeheimnisses Vorrang, dies gilt insb auch hinsichtlich seiner Auskunftsverpflichtung gegenüber dem Pflichtteilsberechtigten (BGH NJW 1989, 1601, 1602.)

F. Entstehende Rechte

87 Der Erbe tritt auch in Rechtsbeziehungen des Erblassers ein, die zum Zeitpunkt des Erbfalls noch nicht vollständig entstanden waren, weil noch weitere Ereignisse oder Willenserklärungen erforderlich sind. Daher kann beim Erben die Rechtsbeziehung genauso entstehen, wie sie beim Erblasser entstanden wäre: bspw werden vom Erblasser abgegebene Willenserklärungen nach seinem Tod durch Zugang beim Empfänger wirksam, § 130 Abs. 2. Vertragsangebote des Erblassers kann der Empfänger dem Erben gegenüber annehmen, § 153. Der Erbe kann einen Vertrag durch Annahme eines dem Erblasser zugegangenen Angebots zustandebringen (OLG Düsseldorf OLGZ 1991, 88, 89). Ebenso kann der Erbe das Handeln eines vollmachtlosen Vertreters des Erblassers genehmigen, § 177 Abs. 1 (OLG Hamm OLGZ 1979, 44, 46).

G. Vollmachten des Erblassers

I. Rechtsgeschäftlich erteilte Vertretungsmacht

88 Nach § 168 Satz 1 ist das Erlöschen der rechtsgeschäftlich erteilten Vertretungsmacht (Vollmacht, § 166 Abs. 2) vom zugrunde liegenden Rechtsverhältnis abhängig. Erlischt das zugrundeliegende Rechtsverhältnis mit dem Tod des Vollmachtgebers oder des Bevollmächtigten, erlischt auch die Vollmacht. Da einer Bevollmächtigung häufig ein Auftrag, § 662, oder ein Geschäftsbesorgungsvertrag, § 675, zugrunde liegt, endet die Vollmacht in diesen Fällen mit dem Tod des Beauftragten, §§ 673, 675, nicht hingegen mit dem Tod des vollmachterteilenden Auftraggebers, §§ 672, 675. Bezieht sich die Vollmacht jedoch auf eine höchstpersönliches Recht des Vollmachtgebers, erlischt die Vollmacht ausnahmsweise mit dem Tod des Auftraggebers (BGH FamRZ 1969, 479: Vollmacht zur Anfechtung eines Adoptionsvertrags). Ändert der Tod der am zugrundeliegenden Rechtsverhältnis Beteiligten nichts am Bestand des Rechtsverhältnisses, gehen sowohl die Stellung des Bevollmächtigten als auch die des Vollmachtgebers auf die jeweiligen Erben über. Eine über den Tod des Erblassers hinaus geltende Vollmacht können die einzelnen Miterben, also auch jeder Miterbe gesondert, oder der Testamentsvollstrecker jedoch nach allgemeinen Grundsätzen, § 168 Satz 2, 3, widerrufen. Diese Grundsätze gelten auch für Handlungsvollmacht, § 54 HGB, und Prokura, deren Fortbestand in § 52 Abs. 3 HGB ausdrücklich angeordnet wird.

II. Gesetzliche Vertretungsmacht

89 Im Unterschied zur gewillkürten Vertretungsmacht endet die Vertretungsmacht eines ges Vertreters (Vormund, Betreuer, Pfleger) oder einer Partei kraft Amtes (Insolvenzverwalter, Testamentsvollstrecker, Nachlass- und Zwangsverwalter) mit dem Tod des Vertreters oder Amtsträgers, da ihre Aufgabenstellung besonders personenbezogen ist. Umgekehrt führt der Tod des Vertretenen bzw des Vermögensinhabers nicht notwendigerweise zum

Erlöschen der jeweiligen Vertretungsmacht. Die aus der Amtsführung entstandenen Ansprüche und Verbindlichkeiten sind vererblich.

H. Öffentlich-rechtliche Positionen

Die Vererblichkeit öffentlich-rechtlicher Positionen richtet sich zunächst nach öffentlichem 90
Recht und bemisst sich nach dem Inhalt des Anspruchs bzw der Verbindlichkeit und nach ihrem ges Zweck (BVerwGE 30, 123, 124; BVerwGE 64, 105, 108). Außerdem kann das öffentliche Recht einen von der erbrechtlichen Regelung abweichenden Rechtsübergang vorsehen.

Für Sozialleistungen ergibt sich die Vererblichkeit aus den §§ 56–59 SGB I, soweit nicht 91
die Anwendung dieser Vorschriften durch abweichende spezielle Regelungen oder § 37 SGB I ausgeschlossen ist. Bei Sozialhilfeleistungen (§ 9 SGB I) nimmt die hM noch immer Unvererblichkeit an, weil sie auf die Bedürfnisse einer bestimmten hilfsbedürftigen Person zugeschnitten und damit höchstpersönlicher Natur seien (BVerwG NJW 1980, 1119; *Hauck/ Haines* SGB I, Komm. AT, § 56 Rn 7 mwN), obwohl die Regelungen des SGB I § 9 iVm §§ 56 ff dies nicht nahe legen (gute Argumente für die Vererblichkeit allerdings zur alten Rechtslage *Ihmels* DVBl 1979, 579 ff). Fällige Wohngeldzahlungsansprüche iSd § 7 SGB I gehen auf diejenigen Personen über, die mit dem Erblasser bei Eintritt des Erbfalls in einem Haushalt gelebt haben oder von ihm wesentlich unterhalten wurden, § 56 Abs. 1 SGB I (BVerwGE 30, 123: zur alten Rechtslage § 1 WohnGG).

Das Beamtenverhältnis endet mit dem Tod des Beamten, § 21 Abs. 1 BRRG. Vermögens- 92
rechtliche Ansprüche, die schon zu Lebzeiten des Beamten entstanden waren, sind vererblich, zB Bezüge für den Sterbemonat erhalten die Erben, § 17 BeamtenVG. Dagegen stehen Hinterbliebenenvorsorgungen nur den dort privilegierten Personen zu, §§ 18 ff BeamtenVG, zB Sterbegeld, Witwengeld oder -abfindung (BVerwG FamRZ 1966, 234). Auch für Beihilfeansprüche gilt, dass sie unvererblich sind, wenn vor dem Tod noch kein Leistungsbescheid erlassen ist (BVerwG NJW 1963, 1639); etwas anderes gilt aber bereits bei bescheidsgemer Festsetzung der Beihilfeleistung (BVerwG NVwZ 1991, 169), auch wenn diese noch nicht bekannt gegeben war (OVG NVwZ 1992, 86). Dem überlebenden Ehegatten bzw den Kindern stehen eigene Beihilfeansprüche wegen entsprechender beihilfefähiger Aufwendungen des Erblassers oder eigener Aufwendungen für den Verstorbenen zu, vgl Soergel/*Stein* § 1922 Rn 110.

Öffentlich-rechtliche Konzessionen für die Ausübung bestimmter Gewerbe sind grds 93
unvererblich, da ihre Erteilung idR von persönlichen Eigenschaften, Kenntnissen und Fähigkeiten abhängt. Teilweise besteht die Möglichkeit der vorübergehenden Fortführung des gewerblichen Unternehmens, § 10 GaststättenG, §§ 4, 22 Abs. 4 HandwO.

I. Prozessuale Rechtsbeziehungen

Rechtswirkungen eines anhängigen Zivilprozesses gehen nach einer Unterbrechung des 94
Verfahrens – anders bei anwaltlicher Vertretung § 246 ZPO – auf den Rechtsnachfolger, idR die Erben iSd § 1922, der verstorbenen Partei über, § 239 Abs. 1 ZPO. Der eintretende Erbe ist an den Stand des Prozessrechtsverhältnisses im gleichen Maße gebunden wie sein Rechtsvorgänger, der Erblasser. Dies gilt für die Beweislastregelungen (BGH FamRZ 1993, 1311) ebenso wie für die Rechtskraft eines Urteils für oder gegen den Erblasser, das bei Tod des Erblassers auch gegenüber seinen Rechtsnachfolgern Wirkung entfaltet, 325 Abs. 1 ZPO. Unerheblich für die Unterbrechung nach § 239 ZPO ist, ob der Anspruch bzw das Recht, das Gegenstand des Rechtsstreits ist, vererblich ist, da der Prozess nicht automatisch durch den Wegfall materieller Ansprüche oder Rechte beendet wird. Je nach den Umständen können die Erben entweder die Erledigung des Rechtsstreits, § 91a ZPO, erklären oder ggf mögliche Ersatzansprüche gem § 264 Nr. 3 ZPO geltend machen (Stein/ Jonas/*Roth* § 239 ZPO Rn 4). Gleiches gilt für nichtvermögensrechtliche Streitigkeiten. Eine Ausnahme von § 239 ZPO stellt § 619 ZPO für das Scheidungsverfahren dar, der das

§ 1922 BGB | Gesamtrechtsnachfolge

Verfahren in der Hauptsache als erledigt ansieht, wenn ein Ehegatte vor rechtskräftigem Urteil stirbt. In Kindschaftssachen findet § 619 ZPO entsprechende Anwendung, § 640 Abs. 1 ZPO, dh mit dem Tod einer Partei erledigt sich der Prozess. Besonderheiten gelten für die Vaterschaftsanfechtungsklage, die die Mutter oder das Kind erhoben haben (§ 1600e), wenn Mutter oder Kind vor Rechtskraft des Urteils stirbt. Gem § 640g ZPO ist § 619 ZPO nicht anzuwenden, wenn der andere Klageberechtigte das Verfahren aufnimmt; erfolgt dies nicht binnen eines Jahres, ist der Rechtsstreit als erledigt anzusehen, § 640g Satz 2 ZPO. Stirbt bei der Vaterschaftsanfechtungsklage der Mann, dessen Vaterschaft in Frage steht, ist das Verfahren entspr § 152 ZPO auszusetzen, § 153 ZPO. Die Kostenentscheidung ergeht grds nach § 93a ZPO, bzw nach § 91a ZPO, wenn die Erledigung in der Berufungsinstanz durch den Tod eines Ehegatten eintritt, wenn der Scheidungsantrag im ersten Rechtszug durch Prozessurteil abgewiesen worden war (OLG Bamberg FamRZ 1984, 302). Sollte der überlebende Ehegatte Alleinerbe des verstorbenen Ehegatten sein, entfällt die Kostenentscheidung.

95 Die dem Erblasser bewilligte PKH geht dagegen nicht auf die Erben über, sondern erlischt als höchstpersönliche Berechtigung rückwirkend (OLG Frankfurt/Main NJW-RR 96, 776; OLG Düsseldorf MDR 87, 1032; aA KG Pfleger 1986, 281; LG Bielefeld Ppfleger 1989, 113). Die Erben können nicht für vom Erblasser verursachte Prozesskosten in Anspruch genommen werden, wenn dem Erblasser ratenfreie PKH bewilligt worden war und die Erben nach seinem Tod den Rechtsstreit nicht fortsetzen (OLG Düsseldorf MDR 1999, 830)

96 Im Vollstreckungsverfahren sind nach zutreffender Auffassung die § 239 ff ZPO nicht anwendbar (Stein/Jonas/*Roth* vor § 239 ZPO Rn 4). War bereits für oder gegen den Erblasser eine Vollstreckungsklausel ausgefertigt worden, kann sie auf die Erben nach §§ 795, 750, 727, 731 ZPO umgeschrieben werden. Mit der Titelumschreibung ist bei einem gegen den bzw die Erben gerichteter Titel auch eine Vollstreckung in sein bzw ihr eigenes Vermögen möglich. Um dies zu vermeiden, ist die Haftung auf den Nachlass zu beschränken (Geltendmachung der Haftungsbeschränkung in der Zwangsvollstreckung §§ 781, 785, 767 bzw § 780 Abs. 1, 767 Abs. 2), vgl Vor § 1975 Rn 1 ff; § 1975 Rn 1 ff. Hatte die Zwangsvollstreckung im Zeitpunkt des Erbfalls bereits begonnen, kann sie vor Annahme der Erbschaft ohne Titelumschreibung nur in das Vermögen des Erblassers (jetzt Nachlass) fortgesetzt werden (§ 779 Abs. 1); eine Zwangsvollstreckung wegen eines Anspruchs, der sich gegen den Nachlass richtet, ist vor Annahme der Erbschaft in das Vermögen des Erben unzulässig (§ 778 Abs. 1). Betreibt der Erbe als Gläubiger eines Anspruchs des Erblassers die Zwangsvollstreckung ohne Titelumschreibung (§ 727 ZPO) und wird der Mangel der Titelumschreibung und der Zustellung im Verlauf des Vollstreckungsverfahrens behoben, so werden auch vorherige Vollstreckungsmaßnahmen geheilt (LG Bielefeld DGVZ 1987, 9). Zu Problemen in der Nachlassinsolvenz vgl § 1975 Rn 11 ff.

K. Verjährung

97 Für laufende Verjährungsfristen von Ansprüchen, die zu einem Nachlass gehören oder sich gegen einen Nachlass richten, gilt § 211. Danach läuft die Verjährungsfrist ab dem Zeitpunkt der Annahme der Erbschaft (§ 1943), der Eröffnung des Nachlassinsolvenzverfahrens (§§ 315 ff InsO) bzw der Einsetzung eines Nachlassvertreters (§§ 1960 Abs. 2, 1975, 2197 ff) noch mindestens sechs Monate, wenn eine länger als sechs Monate bemessene Frist im Zeitpunkt der Annahme bereits abgelaufen war oder nur noch weniger als sechs Monate verblieben sind. Ist die betreffende Verjährungsfrist kürzer als sechs Monate, tritt diese an die Stelle der sechs Monate, die gem § 211 erst mit Annahme der Erbschaft zu laufen beginnen. Erbrechtliche Ansprüche verjähren nach § 197 Abs. 1 Nr. 2, soweit nicht nach § 197 Abs. 2 oder im fünften Buch des BGB (Erbrecht) etwas Abweichendes geregelt ist, in 30 Jahren (eingehend *Löhnig* ZEV 2004, 267 ff).

L. Prozessuales

Für Klagen auf Feststellung des Bestehens oder Nichtbestehens eines Erbrechts sind die ordentlichen Gerichte zuständig, § 13 GVG. Die sachliche Zuständigkeit richtet sich wie gewöhnlich nach dem Streitwert, § 23 Nr. 1, 71 Abs. 1 GVG, die örtliche Zuständigkeit nach § 12 ff ZPO, wobei der besondere (nicht ausschließliche) Gerichtsstand der Erbschaft zu beachten ist, § 27 ZPO. 98

Es gelten die allgemeinen Beweislastregeln. Der Tod des Erblassers und der Todeszeitpunkt wird idR durch die Sterbeurkunde belegt (§§ 37, 60, 64, 66 PStG). Wer ein ges Erbrecht behauptet, trägt die Beweislast für die Tatsachen, die sein Erbrecht begründen, zB die Verwandtschaft mit dem Erblasser, §§ 1924 ff, bzw die Ungültigkeit etwaiger ihn von der Erbfolge ausschließender letztwilliger Verfügungen. Der Nachweis der Verwandtschaft kann idR mit Hilfe der Personenstandsurkunden iSd § 61a PStG, geführt werden, zB Familienbuch (zu entspr Einsichts- und Auskunftsrechten gegenüber dem Standesamt vgl OLG Brandenburg NJW-RR 1999, 660). Wer sich auf ein gewillkürtes Erbrecht beruft, muss die formgültige Errichtung und die sonstige Wirksamkeit der Verfügung von Todes wegen, die sein Erbrecht stützen, beweisen, indem idR die handschriftliche oder notarielle Urkunde vorgelegt wird; im Falle nicht auffindbarer Urkunden vgl § 2356 Rn 5. Vgl weitere Einzelheiten bei § 2356. 99

Die Rechtskraft eines Urteils, in dem das Bestehen oder Nichtbestehen eines Erbrechts festgestellt wird, beschränkt sich auf die Parteien und ihre Rechtsnachfolger, § 325 Abs. 1 ZPO. 100

Klagen auf Feststellung des Bestehens oder Nichtbestehens eines Rechtsverhältnisses (§ 256 ZPO) zwischen Erblasser und Erben sind bzgl eines möglichen künftigen ges oder gewillkürten Erbrechts unzulässig, weil die Klage auf das gegenwärtige Bestehen oder Nichtbestehen eines Rechtsverhältnisses gerichtet sein muss (BGHZ 37, 137, 145; OLG Karlsruhe FamRZ 1989, 1351, 1352; Stein/Jonas/*Schumann* § 256 Rn 45; MüKo/*Leipold* § 1922 Rn 119). Ebenso wird die Feststellung einzelner Voraussetzungen für einen künftigen erbrechtlichen Erwerb (zB Feststellung der Gültigkeit oder Ungültigkeit eines Testaments, RGZ 49, 372; OLG Hamburg HGZ 41, 111, OLG Köln JW 1930; 2064) bislang als unzulässig angesehen, da rechtserhebliche Vorfragen für die Entstehung von Rechten nicht als Rechtsverhältnis anerkannt werden (Stein/Jonas/*Schumann* § 256 Rn 27, 45; aA *Assmann* ZZP 111 (1998), 357, 372: Feststellungsklage des Erblassers gegen den die Gültigkeit des Testaments bestreitenden Ehegatten; bei Klagen von Erbanwärtern verneint auch *Assmann* mangels Feststellungsinteresse die Klagezulässigkeit). Unzulässig sind auch Klagen zur Feststellung des Bestandes des Erblasservermögens. Es fehlt zum einen an einem eigenem Rechtsverhältnis des künftigen Erben, aber auch am rechtlichen Interesse an der Feststellung iSd § 256 ZPO, da lediglich eine Erbaussicht besteht (MüKo/*Leipold* § 1922 Rn 22; Stein/Jonas/*Schuhmann* § 256 Rn 37). Deswegen kann keine Feststellungsklage über die Zugehörigkeit eines Grundstücks zum Erblasservermögen (OLG Celle MDR 1954, 547) über die Unwirksamkeit eines vom Erblasser abgeschlossenen Vertrags (RG JW 1911, 186 Nr. 16) oder über eine Ausgleichspflicht zwischen Nacherben vor Eintritt des Nacherbfalls (OLG Karlsruhe FamRZ 1989, 1232) erhoben werden. Ebenso ist eine Klage des künftigen Erben gegen den Erwerber auf Feststellung der Unwirksamkeit einer vom noch lebenden Erblasser vorgenommenen Verfügung wegen Geschäftsunfähigkeit des Erblassers unzulässig (OLG Koblenz FamRZ 2003, 542 ff ohne endgültige Entscheidung, ob Klage bereits unzulässig ist). Etwas anderes gilt für den Testator hinsichtlich der Feststellung eines Rechts zur Pflichtteilsentziehung (RGZ 92, 1, 2 ff; BGH NJW 1974, 1084), für den Pflichtteilsberechtigen hinsichtlich der Feststellung des Fehlens eines Pflichtteilsentziehungsgrundes (BGH NJW 2004, 1874; *Löhnig* JA 2004, 701; hingegen entfällt das Feststellungsinteresse für eine Klage auf Feststellung des Nichtbestehens eines Pflichtteilsentziehungsrechts mit dem Tode des Erblassers, BGH NJW-RR 1993, 391) oder auch für den in einem gemeinschaftlichen Testament Bedachten gegen den 101

§ 1922 BGB | Gesamtrechtsnachfolge (Höferecht)

überlebenden Ehegatten bzgl der Feststellung, dass das Testament wirksam ist (BGHZ 37, 334 f). Zulässig ist auch eine Feststellungsklage über die Gültigkeit eines Erbvertrages (OLG Düsseldorf NJW-RR 1995, 141 f: auch zu Lebzeiten beider Parteien; kein feststellungsfähiges Rechtsverhältnis besteht vor dem Erbfall zwischen Erbvertragserben oder beim gemeinschaftlichen Testament zwischen den künftigen Schlusserben, OLG Karlsruhe FamRZ 1989, 1351 ff).

M. Das Höfeerbrecht

Literatur
Kommentarhinweise zu §§ 13 ff GrdstVG: *Netz*, GrdstVG, 2. Aufl 2004; *Wöhrmann*, Das Landwirtschaftserbrecht, 8. Aufl 2004, S 705 ff; *Barnstedt/Steffen*, LwVG, 6. Aufl 2001; *Faßbender/Hötzel/v. Jeinsen/Pikalo*, HöfeO 3. Aufl 1994; *Lange/Wulff/Lüdtke-Handjery*, HöfeO, 10. Aufl 2001; *Wöhrmann* Landwirtschaftserbrecht, 8. Aufl 2004

102 Das lw Sondererbrecht, auch Höfe- oder Anerbenrecht genannt, ist im BGB und im GrdstVG, in der nordwestdeutschen HöfeO und in vier Bundesländern in Landesgesetzen geregelt. Sinn und Zweck sämtlicher Sonderregelungen ist der im öffentlichen Interesse liegende Erhalt von selbstständigen, bäuerlichen Familienbetrieben in einer Hand. Aus diesem Grund soll der lw Betrieb beim Erbfall geschlossen nur einem Betriebsnachfolger zufallen und dieser dadurch begünstigt werden, dass Miterben und Pflichtteilsberechtigte (die »weichende Erben«) mit geringeren Ansprüchen als bei einem sonstigen Erbfall mit Grundbesitz abgefunden werden. Diese Privilegierung des Betriebsnachfolgers und die Schlechterstellung der weichenden Erben ist jedoch nur bei leistungsfähigen Betrieben gerechtfertigt (BGH NJW 1995, 1352; 1987, 1260; OLG München AgrarR 1995, 56, 57; *Bendel* AUR 2003, 325, 327).

I. Bundesrecht

103 Ausschließlich Bundesrecht gilt in den Ländern **Bayern, Berlin, Brandenburg, Mecklenburg-Vorpommern, Saarland, Sachsen, Sachsen-Anhalt und Thüringen**. Die ges und testamentarische Erbfolge und das Pflichtteilsrecht richten sich bei einem land- oder forstwirtschaftlichen Betrieb nach dem Erbrecht des BGB. Dort finden sich nur in den §§ 2049, 2312 für das Landgut Sonderregelungen. Bei ges Erbfolge ist außerdem das Zuweisungsverfahren nach § 13 ff GrdstVG zu beachten.

1. Landgutprivileg

104 Der land- und/oder forstwirtschaftliche Betrieb fällt als Landgut beim Erbfall zunächst in den allgemeinen Nachlass des Erblassers und ist bei einer Mehrheit von Erben mit auseinanderzusetzen. Ist das Landgut aufgrund einer Teilungsanordnung des Erblassers (§ 2048) nur einem der Erben als Betriebsnachfolger zu übertragen, ist es gem § 2049 iZw nur mit seinem Ertragswert und nicht mit dem idR höheren Verkehrswert in Ansatz zu bringen. Dieser Ertragswert ist gem § 2312 auch bei der Berechnung von Pflichtteils- und Pflichtteilsergänzungsansprüchen maßgebend, wenn einer der pflichtteilsberechtigten Erben das Landgut übernimmt oder es ihm vom Erblasser im Wege vorweggenommener Erbfolge übereignet worden ist. Daraus herrührende Streitigkeiten sind wie jede anderen Erbstreitigkeit vor dem Prozessgericht und nicht vor dem Landwirtschaftsgericht auszutragen.

2. Zuweisungsverfahren nach §§ 13 ff GrdstVG

105 Bei einer durch ges Erbfolge entstandenen Erbengemeinschaft kann nach § 13 GrdstVG durch das zuständige Landwirtschaftsgericht (§ 1 Nr. 2 LwVG) durch Beschluss im FGG-

Verfahren (§ 9 ff LwVG) ein lw Betrieb iSv § 14 GrdstVG demjenigen der Miterben zugewiesen werden, dem er nach dem wirklichen oder mutmaßlichen Willen des Erblassers zugedacht war (§ 15 Abs. 1 Satz 1 GrdstVG). Dieser Miterbe muss zur Übernahme bereit und wirtschaftsfähig sein, und er muss – sofern er nicht ein Abkömmling oder der Ehegatte des Erblassers ist – auf dem Betrieb wohnen und ihn zumindest mitbewirtschaften (§ 15 Abs. 1 Satz 2, 3 GrdstVG). Diese nicht verfassungswidrige Zuweisung (BVerfG NJW 1995, 2977 ff) ist nur zulässig, wenn kein Zuweisungshindernis iSv § 14 Abs. 2, 3 GrdstVG vorliegt und einer der Miterben die Zuweisung beim Landwirtschaftsgericht beantragt hat.

Das Landwirtschaftsgericht entscheidet auch darüber, mit welchem Geldbetrag (in Ausnahmefällen auch mit Betriebsgrundstücken) die übrigen Erben abgefunden werden (§ 16 GrdstVG), wobei der Betrieb wiederum nur mit seinem Ertragwert (§ 2049) in Ansatz gebracht wird. Ferner können bei Grundstücksveräußerungen oder landwirtschaftsfremder Nutzung innerhalb von fünfzehn Jahre nach der Zuweisung Nachabfindungsansprüche entstehen (§ 17 GrdstVG). **106**

II. Die Nordwestdeutsche HöfeO

In den Ländern der ehemaligen britischen Besatzungszone **Hamburg, Niedersachsen, Nordrhein-Westfalen** und **Schleswig-Holstein** regelt (zunächst als Besatzungsrecht und seit 1955 als partikulares Bundesrecht) die **HöfeO idF v 26. 7. 1976** (BGBl I, 1933), des Gesetzes zur erbrechtlichen Gleichstellung nichtehelicher Kinder v 16. 12. 1997 (BGBl I, 2968) und des Gesetzes v 27. 6. 2000 (BGBl I, 897) die Erbfolge bei einem Hof iSv § 1 HöfeO, wozu land- und forstwirtschaftliche Betriebe gehören. War der Erblasser beim Erbfall allein oder zusammen mit seiner Ehefrau Eigentümer eines solchen als Hof iSd HöfeO im Grundbuch eingetragenen Betriebes, findet eine **Nachlassspaltung** statt. Der Hof (oder beim Ehegattenhof der Hofanteil) fällt kraft Gesetzes unmittelbar im Wege der Sondererbfolge nur einem Erben zu, während das gesamte übrige sog hofesfreie Vermögen auf den oder die Erben übergeht, zu denen auch der Hoferbe gehören kann, und das nach BGB auseinanderzusetzen ist. Der Erblasser kann diese Sondererbfolge nur verhindern, indem er den Hofvermerk löschen lässt (fakultatives Höferecht). Andererseits kann der lw Grundbesitz beim Erbfall trotz des Hofvermerks seine Hofeigenschaft durch Auflösung der Betriebseinheit verloren haben (BGH NJW-RR 1995, 1155, 1156; OLG Hamm AUR 2003, 356; OLG Celle RdL 2003, 46). In diesem Fall vererbt sich der frühere Betrieb nach allgemeinem Recht. Die Hofeigenschaft kann in einem Feststellungsverfahren nach § 11 Abs. 1a) HöfeVfO vor dem Landwirtschaftsgericht geklärt werden. **107**

Bei einem Ehegattenhof fällt der Anteil des Erblassers nach § 8 Abs. 1 HöfeO stets dem überlebenden Ehegatten zu. Den im Alleineigentum des Erblassers stehenden Hof erbt vorrangig der Abkömmling, dem der Erblasser den Hof ohne Vorbehalt auf Dauer zur Bewirtschaftung überlassen hat (§ 7 Abs. 2 HöfeO), sonst der testamtarische Erbe (§ 7 Abs. 1 HöfeO) oder einer der nach Hoferbenordnung in § 5, 6 HöfeO zu bestimmenden ges Erben. Abgesehen vom Ehegatten oder von demjenigen, der mangels Altersreife dazu noch nicht in der Lage ist, muss der Hoferbe wirtschaftsfähig iSd § 6 Abs. 7 HöfeO sein. **108**

Hat der Erblasser mit einem Abkömmling einen auch formlos bindenden Hofübergabevorvertrag geschlossen und löscht er dann den Hofvermerk, bleiben die Ansprüche des Abkömmlings aus dem Vorvertrag bestehen, müssen dann jedoch gegen die Erben des Erblassers vor dem Prozessgericht durchgesetzt werden (BGH NJW 1983, 2503, 2504; NJW 1988, 710, 711, dort auch zur Bindungswirkung durch Erbvertrag; *Hagen* DRiZ 1993, 388, 391 f). Übergibt der Erblasser dem Hof einem seiner Abkömmlinge, gilt zugunsten der anderen Abkömmlinge der Erbfall mit dem Zeitpunkt der Eigentumsumschreibung im Grundbuch als eingetreten (§ 17 Abs. 2 HöfeO). **109**

Die weichenden Erben und Pflichtteilsberechtigten erhalten **Abfindungen** in Geld (§ 12 HöfeO). Die Höhe richtet sich nach dem Hofeswert, also dem Eineinhalbfachen des zuletzt **110** festgestellten Einheitswertes unter Berücksichtigung von Zuschlägen (zB wegen Bauland, BGH NJW 1996, 2229 ff oder wegen der vom Gesetzgeber unterlassenen Hauptfeststellung der Einheitswerte, BGH NJW 2001, 1726; *Wenzel* AgrarR 2002, 375 f) und von Abschlägen (zB wegen Erhöhung des Viehbestandes durch den Hoferben als Pächter, OLG Hamm AgraR 1997, 66) und abzüglich der Hofesschulden bis zu einem Drittel des Hofeswertes. Der überlebende Ehegatte kann unter den Voraussetzungen des § 14 HöfeO zwischen der Abfindung und dem Altenteil auf dem Hof wählen. Veräußert der Hoferbe innerhalb von zwanzig Jahren nach dem Erbfall den Hof, Hofesgrundstücke oder Hofeszubehör oder nutzt er den Hof oder Teile von ihm zu nicht lw Zwecken (zB Fremdvermietung, BGH AgrarR 2000, 298) und erzielt dadurch erheblichen Gewinn, stehen den weichenden Erben und Pflichtteilsberechtigten **Nachabfindungsansprüche** zu (§ 13 HöfeO).

1. Verfahren

111 Für die Erteilung des Hoffolgezeugnisses und des Erbscheins betr das hofesfreie Vermögen sowie für sämtliche höferechtlichen Ansprüche der weichenden Erben und der Pflichtteilsberechtigten ist das Landwirtschaftsgericht zuständig (§§ 1 Nr. 5 LwVG, 1 HöfeVfO). Das Landwirtschaftsgericht entscheidet stets im FGG-Verfahren durch Beschluss (§§ 9 ff LwVG).

III. Landesrecht

112 In vier Ländern gilt Landesrecht, und zwar in **Baden-Württemberg** – je nach Regierungsbezirk – das BadHofgüterG v 20. 8. 1898 (GVBl S 405), idF v 12. 7. 1949 (GVBl S 288), zuletzt geändert durch Ges v 19. 11. 1991 (GBl S 681) und das Württ Ges über das Anerbenrecht v 14. 2. 1930 (RegBl S 5), idF v 30. 7. 1948 (Württ-Bad Reg Bl S 165) zuletzt geändert durch Ges v 30. 6. 1970 (GBl S 289), das aber mit Ablauf des 31. 12. 2000 außer Kraft getreten ist, es sei denn Erblasser ist vor dem 1. 1. 1930 geboren (Ges v 18. 12. 1995, GVBl S 29), in **Bremen** das Bremische HöfeG v 18. 7. 1899 (Brem GBl S 327) idF v 19. 7. 1948 (Brem GBl S 124), zuletzt geändert durch Ges v 23. 2. 1971 (Brem GBl S 14), in **Hessen** die Hessische Landgüterordnung v 1. 12. 1947 (GVBl 1948 S 12) idF v 13. 8. 1970 (GVBl I S 547) und in **Rheinland-Pfalz** die HöfeO-RhPf idF v 18. 4. 1967 (GVBl S 138), geändert durch Ges v 18. 12. 1981 (GVBl S 331).

113 Teils fällt der Hof im Wege der Sondererbfolge kraft Gesetzes unmittelbar dem Hoferben zu, teils erfolgt die Übernahme durch richterliche Zuweisung. Die weichenden Erben sind in diesen Ländern nach dem Ertragswert des Hofes (§ 2049) abzufinden (alle Gesetzestexte abgedruckt bei Wöhrmann s.o. Rn 6).

Anhang zu § 1922: Stiftungen

Literatur
Berndt, Stiftung und Unternehmen, 7. Aufl 2003; *Buchna*, Gemeinnützigkeit und Steuerrecht, 8. Aufl 2003; *Krug/Rudolf/Kroiß*, Erbrecht, 2. Aufl 2003; *Nissel*, Das neue Stiftungsrecht – Stiftungen bürgerlichen Rechts, 2002; *Pues/Scheerbarth*, Gemeinnützige Stiftungen im Zivil- und Steuerrecht, 2. Aufl 2004; *Schauhoff*, Handbuch der Gemeinnützigkeit, 2. Aufl 2005; *Schiffer* in Frieser/Sarres/Stückemann/Tschichoflos (Hrsg), Handbuch des Fachanwalts für Erbrecht, 2005, S 463 ff; *Schiffer*, Die Stiftung in der anwaltlichen Praxis, 2003; *Schiffer* in Anwaltkommentar Bd I., 2005, Kommentierung zu §§ 80 ff BGB; *Schindler/Steinsdörfer*, Treuhänderische Stiftungen, 7. Aufl 2002; *Seifart/v. Campenhausen*, Handbuch des Stiftungsrechts, 2. Aufl 1999; *Wachter*, Stiftungen – Zivil- und Steuerrecht in der Praxis 2001.

A. Grundlagen

I. Stiften: Gutes tun und die Zukunft sichern

Derzeit existieren über 13.000 selbständige Stiftungen in Deutschland. Es sind ganz überwiegend gemeinnützige Stiftungen. Aktuell werden 800 – 900 (rechtsfähige) Stiftungen pro Jahr errichtet (zu den Zahlen siehe: Bundesverband Deutscher Stiftungen, www.stiftungsstatistiken.de). Hinzu kommen ungezählte unselbständige (treuhänderische) Stiftungen. In der allgemeinen und in der Wirtschaftspresse finden sich beinahe wöchentlich Artikel über die Stiftung im Allgemeinen und über konkrete Stiftungsprojekte. Es kann also durchaus von einem Stiftungsboom gesprochen werden.

Die persönlichen und auch die finanziellen Hintergründe der Stifter sowie deren Motive zur Stiftungserrichtung sind in der Praxis durchaus unterschiedlich. Im unternehmerischen Bereich werden Stiftungen vor allem bei Nachfolgegestaltungen als **Weg zur Sicherung der Unternehmenszukunft** gewählt (s etwa: *Hennerkes/Schiffer* BB 1992, 1940 ff; *Turner/Doppstadt* DStR 1996, 1448 ff; *Götz* INF 1997, 619 ff und 652 ff; *App* NotBZ 1998, 49 ff; *Schiffer/v. Schubert* DB 2000, 437 ff; *Schwarz* BB 2001, 2381 ff; *Schiffer/v. Schubert* BB 2002, 265 ff – insb auch zu mancher Fehlvorstellung von *Schwarz*). Außerhalb des unternehmerischen Bereiches stehen **gemeinnützige und mildtätige Stiftungen** im Vordergrund, die von **vermögenden Privatpersonen** mit dem Ziel errichtet werden, ihr Vermögen über ihren Tod hinaus **für einen guten Zweck** arbeiten zu lassen. In den Zeiten leerer öffentlicher Kassen lassen sich zunehmend auch breitere Kreise der Nachkriegsgeneration, deren Vermögen derzeit zur Vererbung ansteht, zum Stiften animieren. Sie wollen auf diese Weise dem Staat und der Allgemeinheit »etwas zurückgeben«, haben sie doch in eben diesem Staat ihr Vermögen aufgebaut. Hinzukommen häufig einschneidende private Erfahrungen wie etwa ein schlimmer Krankheitsfall in der Familie.

So unterschiedlich ihre Motive zur Stiftungserrichtung auch sein mögen, eines ist den Stiftern gemeinsam: Sie wollen, dass die von ihnen gestifteten Mittel **über ihren Tod hinaus** einem von ihnen **vorgegebenen Zweck** dauerhaft zugute kommen. Es verwundert von daher nicht, dass Stiftungsgestaltungen im Zusammenhang mit der Nach- und Erbfolgegestaltung erheblich an Bedeutung gewinnen (s schon FA-ErbR/*Schiffer* S 463 ff).

Der Gesetzgeber hat durch die Reform des Stiftungssteuerrechts (siehe dazu: *Hüttemann* DB 2000, 1584 ff; *Schiffer/Swoboda* StuB 2001, 317 ff) sowie des Stiftungszivilrechts (umfassend dazu insb *Nissel*, Das neue Stiftungsrecht) seinen Teil zu dem aktuellen Stiftungs-Boom beigetragen. Für den Berater im Erbrecht ist das Stiftungsrecht vor dem hier skizzierten Hintergrund ein interessantes zusätzliches **Betätigungsfeld**. Die Errichtung einer (gemeinnützigen) Stiftung sollte immer einem echten Bedürfnis des Stifters entspringen. Es ist dabei Aufgabe des Beraters, auf die notwendige »**Stiftungsreife**« bei dem Stifter hinzuwirken und evtl Missverständnissen zu begegnen zur »Stiftungsreife« vgl auch *Schiffer*, Die Stiftung, 247 ff). Ein Stifter muss vor allem zwei Punkte verinnerlichen: Stiftungen sind erstens keine Steuersparmodelle, können aber steuerlich nach den §§ 51 ff AO begünstigt sein. Sie sind zweitens auf ewig angelegt und somit nach der Errichtung dem Zugriff des Stifters entzogen, was, wie die Praxis leider immer wieder zeigt, so mancher Stifter verkennt.

II. Rechtsnatur der Stiftung

Die (rechtsfähige) Stiftung des Privatrechts ist als eine Zusammenfassung von vermögenswerten Gegenständen auf Dauer angelegt. Eine Stiftung hat keine Mitglieder oder Gesellschafter. Sie hat nur Destinatäre (Nutzer). Als solche bezeichnet man diejenigen natürlichen oder juristischen Personen, deren Leistungen der Stiftung zugute kommen sollen. Für Stiftungen gilt, eben weil sie keine Mitglieder oder Gesellschafter hat, dh letztlich nur aus ihrem Vermögen besteht, der »**Grundsatz der Vermögenserhaltung**« (vgl hierzu mit zahlreichen weiteren Nachweisen zu den umstrittenen Einzelheiten: *Schiffer* in Anwaltkommentar Bd 1, 2005, § 81 Rn 51 ff). Das Vermögen einer Stiftung darf danach in seiner Substanz grds nicht angegriffen werden. Die Einzelheiten dieses Grundsatzes richten sich nach dem Stifterwillen, dh der Stifter kann und sollte die Einzelheiten zur Vermögenserhaltung für den speziellen Fall seiner Stiftung in der Stiftungssatzung festlegen. Ihre Zwecke verfolgt die Stiftung mit den Erträgen, die sie aus der Verwaltung ihres Vermögens erwirtschaftet.

6 Die Stiftung ist eine **wertneutrale und stpfl juristische Person** (zur Steuerpflicht siehe etwa auch bei *Berndt*, 206 ff; *Schiffer*, Die Stiftung 145 ff). Sie kann, wie andere Rechtsformen auch, gemeinnützig iSd §§ 51 ff AO sein, muss es aber nicht sein. Gemeinnützige Stiftungen müssen **der Allgemeinheit dienen**. Der Kreis der geförderten Personen darf also nicht fest abgeschlossen sein (§ 52 AO).

III. Entstehung einer rechtsfähigen Stiftung

7 Eine rechtsfähige Stiftung des Privatrechts entsteht nach § 80 durch das **Stiftungsgeschäft** und die **Anerkennung** (früher: Genehmigung) **durch die zuständige Behörde** in dem Bundesland, in dessen Gebiet die Stiftung ihren Sitz haben soll. Die Stiftung ist nach § 80 Abs. 2 anzuerkennen (»Recht auf Stiftung«), wenn das Stiftungsgeschäft den Anforderungen des § 81 Abs. 1 genügt, die dauernde und nachhaltige Erfüllung des Stiftungszwecks gesichert erscheint und der Stiftungszweck das Gemeinwohl nicht gefährdet (»**Grundsatz der Gemeinwohlkonformität**«). Der Grundsatz der Gemeinwohlkonformität ist streng von der Frage zu trennen, ob eine Stiftung gemeinnützig iSd AO ist. In der Praxis werden beide Punkte mitunter nicht hinreichend unterschieden. Mitunter findet man die unbestimmte Forderung, eine Stiftung müsse das Gemeinwohl fördern. Dieser Gedanke ist spätestens mit dem sehr deutlich formulierten § 80 Abs. 1 überholt.

8 Bei dem **Stiftungsgeschäft** ist zwischen einem solchen unter Lebenden und dem Stiftungsgeschäft von Todes wegen (vgl dazu § 83) zu unterscheiden, wobei in den meisten Fällen die Errichtung einer Stiftung zu Lebzeiten des Stifters empfehlenswert ist (zu den Vorteilen der Stiftungserrichtung zu Lebzeiten iE: *Berndt*, 99 ff; *Schiffer*, Die Stiftung, 93 ff; *Schiffer* DStR 2004, 1031, 1032). Stifter können sowohl **natürliche Personen** als auch **juristische Personen** sein. Als juristische Person kann dementsprechend auch eine Stiftung Stifter sein und »**Unterstiftungen**« errichten (*Schiffer*, Die Stiftung, S 88).

9 Zusätzlich zu den Vorschriften des BGB regeln die Stiftungsgesetze der Bundesländer Einzelheiten des Stiftungsrechts. Mit Blick auf die Neuregelung im BGB, die insb ein »Recht auf Stiftung« gewährt (s.o. Rn 7) werden gegenwärtig die Landesstiftungsgesetze überarbeitet und dem neuen Stiftungszivilrecht im BGB angepasst (s dazu etwa *Richter* ZEV 2003, 314 f; *Schwintek* Stiftung & Sponsoring 01/2004, 19 ff; *Schindler/Lewitzki* Stiftung & Sponsoring 01/2004, 23 f). Der jeweils aktuelle Stand der neuen Landesstiftungsgesetze findet sich im Internet unter www.stiftungen.org.

B. Stiftungen im Erbfall

I. Stiftungen als Erben und Vermächtnisnehmer

10 Eine Stiftung kann wie jede andere juristische Person auch Erbe und Vermächtnisnehmer sein (ausführlich *Schiffer/Kotz* ZErb 2004, 115 ff). Eine Besonderheit ergibt sich für Stiftungen aus der ges Fiktion des § 84 insoweit, als eine noch nicht anerkannte und damit noch nicht entstandene (zukünftige) Stiftung bereits letztwillig bedacht werden kann (zu den steuerlichen Folgen der Rückwirkungsfiktion des § 84 *Schiffer* DStR 2004, 1031 ff). Gemeinnützige und mildtätige Stiftungen können als (Mit-)Erben oder als Vermächtnisnehmer eingesetzt werden.

11 Eine letztwillige Zuwendung an eine bereits bestehende Stiftung ist eine Zustiftung, wenn der Erblasser nichts anderes verfügt. Eine Stiftung kann auch als **Nacherbin** eingesetzt werden

(ausf zur insb steuerlich nachteiligen Doppelbesteuerung im Fall der Vor- und Nacherbschaft etwa: Krug/Rudolf/Kroiß/*Steinbacher*, 1041 ff). Eine Stiftung als **Vorerbin** einzusetzen, ist ebenfalls möglich (anders: *Wachter*, S 17 und Seifart/v. Campenhausen/*Hof* 107), denn eine bereits errichtete Stiftung kann ein Vermögen als Vorerbin sehr wohl nutzen, auch wenn das in der Praxis eine Ausnahme sein dürfte. Aus rechtlicher Sicht spricht so lange nichts gegen die Vorerbenstellung einer Stiftung, wie die Stiftung in ihrer Zweckerfüllung nicht von dem im Wege der Vorerbschaft erlangten Vermögen abhängig ist (ausführlich *Schiffer*, Die Stiftung, S 203 f). Sie muss auch ohne die Vorerbschaft über ein Vermögen verfügen, welches die nachhaltige Erfüllung des Stiftungszwecks sicherstellt. Unter Beachtung dieser Zusammenhänge kann eine Stiftung auch als **Ersatzerbin** eingesetzt werden.

Als **Vermächtnisnehmerin** erwirbt die Stiftung mit dem Erbfall einen Anspruch gegen den oder die Erben auf Herausgabe des vermachten Gegenstandes (§ 2174). Der Erblasser kann eine bereits existierende Stiftung letztwillig auch mit einer **Auflage** für einen Erben bedenken. Die Stiftung hat dann allerdings kein Recht, die Leistung zu fordern (§§ 1940, 2192 ff). Dennoch ist die Auflage für den Erben oder Vermächtnisnehmer bindend. Die Durchsetzung einer solchen Auflage sollte durch einen Testamentsvollstrecker sichergestellt werden. 12

II. Die unselbstständige Stiftung als Begünstigte

Treuhänderische Stiftungen (vgl dazu auch Rn 27 ff) können (»nur«) wirtschaftlich begünstigt werden, da sie keine eigene rechtliche Persönlichkeit bilden und deshalb nicht wirklich Erben oder Vermächtnisnehmer sein können (ausführlich *Schiffer*, Die Stiftung, S 2002). Eine treuhänderische Stiftung wird letztwillig in der Form bedacht, dass der Treuhänder Erbe oder Vermächtnisnehmer wird, wobei er erbrechtlich durch eine Auflage und/oder aufgrund des Treuhandvertrages verpflichtet wird/ist, den zugewendeten Vermögenswert »für« die Stiftung zu verwenden. 13

III. Stiftungen und Pflichtteilsrecht

Durch Zuwendungen an eine Stiftung lassen sich Pflichtteils- und Pflichtteilsergänzungsansprüche nicht vermeiden. Die völlig hM bejaht zwischenzeitlich Pflichtteils- und Pflichtteilsergänzungsansprüche der enterbten Erben auch gegenüber Stiftungen. Eine anders lautende Entscheidung des OLG Dresden (NJW 2002, 3181 ff; dazu: *Rawert* NJW 2002, 3151 ff; *Schiffer* DStR 2003, 14 ff) hat der BGH mit Hinweis auf die hM und insb auf die Schutzwürdigkeit der Pflichtteilsberechtigten inzwischen aufgehoben und zur erneuten Verhandlung zurück verwiesen (BGH NJW 2004, 1382, Urteilsbesprechung *Schiffer* NJW 2004, 1565 ff). Zur Pflichtteilsvermeidung bleibt also auch bei einer Stiftung nur der Weg über Erb-/Pflichtteilsverzichtsverträge nach §§ 2346 ff (s § 2346 Rn 43). 14

C. Die verschiedenen Stiftungsgestaltungen in der Erb- und Nachfolge

I. Steuerbegünstigte Stiftungen – Überblick

Grds sind die Errichtung und die Tätigkeit einer Stiftung, wie die einer jeden anderen juristischen Person auch, stpfl (Schenkungsteuer, Körperschaftsteuer, etc). **Gemeinnützige oder mildtätige Stiftungen** sind im Gegensatz dazu nach den einschlägigen Steuergesetzen beinahe vollständig von den betreffenden Steuern befreit. Die Steuerbefreiung setzt voraus, dass eine Stiftung nach ihrer Satzung und tatsächlichen Geschäftsführung ausschließlich und unmittelbar gemeinnützige, mildtätige oder kirchliche Zwecke verfolgt. (ausf *Wachter*, 76 ff; zu der Spezialfrage der Angemessenheit der Aufwendungen gemeinnütziger Stiftungen für Verwaltung und Spendenwerbung, siehe *Geserich* DStR 2001, 604 ff; ausführlich zur Gemeinnützigkeit insgesamt: *Buchna*, Gemeinnützigkeit und Steuerrecht; *Pues/Scherbach*, Gemeinnützige Stiftungen). 15

16 Auch im Zusammenhang mit **Unternehmen** kann eine gemeinnützige Stiftung eine sinnvolle Rolle für das Unternehmen wahrnehmen und zugleich der Allgemeinheit dienen. Unternehmenseinkünfte können zB dem evtl Wunsch der Familie entsprechend ganz oder teilweise gemeinnützigen Zwecken zugeführt werden, was als positiver Marketingeffekt für das Unternehmen genutzt werden kann. Vor allem »Bertelsmann« gibt dafür immer wieder interessante Beispiele, wie etwa Umfragen und Symposien der Bertelsmann Stiftung zu gesellschaftspolitischen Fragen. Eine gemeinnützige Stiftung kann bspw auch als Kreditgeber für das Unternehmen fungieren. Sie erwirtschaftet dann im Wege der steuerunschädlichen Vermögensverwaltung (abzugrenzen vom steuerschädlichen wirtschaftlichen Geschäftsbetrieb, s § 14 AO; ausführlich dazu *Schiffer*, Die Stiftung, S 181 ff) entsprechend ihrem Satzungszweck ihr Einkommen durch zinspflichtige Darlehensgewährung an das Unternehmen (näher zu dem Thema »Stiftung als Familienbank« s *Schiffer* DStR 2002, 1208 f).

II. Familienstiftungen

17 Die Familienstiftung ist eine Unterart der rechtsfähigen Stiftung des Privatrechts. Eine nicht steuerbefreite Familienstiftung dient in erster Linie oder jedenfalls wesentlich den Interessen einer oder mehrerer Familien. Das macht sie für Erbfolgegestaltungen besonders interessant.

18 Eine Familienstiftung dient typischerweise dazu, größere **Vermögen zusammenzuhalten** und die **Familie** zu **versorgen**. In der Praxis finden sich hier oft Mischzwecke. Der Umfang der Versorgung der Familie reicht von regelmäßigen Zahlungen an die betreffenden Familienmitglieder bis zur Unterstützung »nur« bei der Ausbildung und in Notlagen. Steuerlich ist die (echte, nicht steuerbefreite) Familienstiftung nicht begünstigt, sondern wird neben den »normalen« Steuerpflichten in Analogie zu dem Fall einer natürlichen Person als Erbe sogar zusätzlich mit der sog **Erbersatzsteuer** (§ 1 Abs. 1 Nr. 4 ErbStG) belastet.

19 Welchen **Umfang die Familienförderung** einer Stiftung konkret haben muss, um sie als Familienstiftung einzustufen, ist **umstritten**. Die Frage wird zudem für das Stiftungszivilrecht, wo sie Auswirkung auf den Umfang der Stiftungsaufsicht haben kann, anders beantwortet als für das Stiftungssteuerrecht, wo dann die Erbersatzsteuer in Frage steht (ausf *Schiffer*, Die Stiftung, S 51 ff). Der Begünstigtenkreis, der die Familienstiftung kennzeichnet, wird ebenfalls nicht einheitlich definiert. Die Abgrenzungsansätze reichen von der Person des Stifters und seinen in gerader Linie mit ihm Verwandten bis hin zu mehreren Familien iSd viel weiteren Definition der Familie in § 15 AO. Die Art und Weise der Familienbegünstigung schließlich wird auch nicht einheitlich definiert. So wird in den stiftungsrechtlichen (zivilrechtlichen) Definitionen auch eine immaterielle Begünstigung als ausreichend angesehen, im Steuerrecht hingegen auch ein materieller Vorteil gefordert (ausführlich zu den Abgrenzungsproblemen vor allem im Steuerrecht: *Schiffer* DStR 2005, 508, 510 ff).

20 Nach § 58 Nr. 5 AO kann eine gemeinnützige Stiftung einen Teil, jedoch höchstens ein Drittel ihres Einkommens dazu verwenden, in angemessener Weise den Stifter und seine nächsten Angehörigen zu unterhalten, ihre Gräber zu unterhalten und ihr Andenken zu ehren. Man spricht dazu auch von der »**steuerbefreiten Familienstiftung**«. Zu beachten ist hier aktuell, dass der **AEAO** (AEAO) zu den §§ 51 – 68 AO (BStBl I 2002, 867 ff) **geändert** worden ist (*Schiffer* DStR 2003, 14, 18; *Buchna*, Stiftung & Sponsoring, 04/2003, 18 ff). In Nr. 7 zu § 58 AO fordern die Verfasser des Anwendungserlasses, dass die Unterhaltsleistungen für den Stifter und die nächsten Angehörigen »angemessen« sein müssen. Im Gesetz ist aber nicht von einem »angemessenen Unterhalt« die Rede, sondern davon, dass »in angemessener Weise« der betreffende Personenkreis steuerunschädlich »unterhalten« werden könne. Der in dem Erlass übergangene Unterschied liegt hier darin, dass sich bei dem angemessenen Unterhalt der Blick einseitig auf die Höhe des Unterhalts richtet (s

etwa die Düsseldorfer Tabelle), während bei einem Unterhalt, der in angemessener Weise erfolgt, der Blick auf die Gesamtumstände, dh etwa auch auf die Höhe des gestifteten Vermögens, die Dauer der Unterhaltsleistung, die Frage des Verschuldens einer etwaigen Bedürftigkeit, etc gerichtet wird.

Eine mildtätige Stiftung fördert anders als die gemeinnützige Stiftung nicht die Allgemeinheit, sondern unterstützt einzelne bedürftige Personen. Soweit wirtschaftliche oder persönliche Hilfsbedürftigkeit iSd § 53 AO vorliegt, können nach dem Gesetz über eine mildtätige Stiftung auch **Familienangehörige** oder **Angehörige eines Unternehmens** gefördert werden. Allerdings ist auch hier die Änderung des **Anwendungserlasses zur Abgabenordnung** (AEAO) zu den §§ 51 – 68 AO zu beachten. Nach Nr. 3 AEAO zu § 53 AO kann eine Körperschaft, zu deren Satzungszwecken die Unterstützung von hilfsbedürftigen Verwandten der Mitglieder, Gesellschafter, Genossen und Stifter gehört, nicht als steuerbegünstigt anerkannt werden. Bei einer derartigen Körperschaft steht aus Sicht des Erlasses nicht die Förderung mildtätiger Zwecke, sondern die Förderung der Verwandtschaft im Vordergrund. Die Tätigkeit sei entgegen § 53 AO nicht selbstlos (krit dazu *Schiffer* DStR 2003, 14, 18). 21

III. Unternehmensverbundene Stiftungen

Es werden zwei Grundtypen der unternehmensverbundenen Stiftung unterscheiden. Die **Unternehmensträgerstiftung** betreibt das Unternehmen unmittelbar selbst, während die Beteiligungsträgerstiftung eine Beteiligung an einer Personen- oder Kapitalgesellschaft hält. Die Unternehmensträgerstiftung hat sich **in der Praxis nicht durchgesetzt** und ist im Gegensatz zur Beteiligungsträgerstiftung für eine Nachfolgegestaltung grds uninteressant. 22

Bei der **Beteiligungsträgerstiftung** ist die Stiftung alleinige Gesellschafterin oder Mitgesellschafterin. Das Unternehmen wird als Personen- oder Kapitalgesellschaft betrieben, so dass das Unternehmen den Vorschriften für diese Rechtsformen unterfällt und damit die erforderliche Flexibilität des Unternehmens selbst grds erhalten bleibt. Eine Beteiligungsträgerstiftung kann für eine Nachfolgegestaltung in verschiedenen Varianten interessant sein. Sie kann als Dotationsquelle für durchaus verschiedene Zwecke, als Familientreuhänder oder auch als Führungsinstrument für das Unternehmen dienen. Dabei können die genannten Aufgaben im Einzelfall auch miteinander kombiniert werden. 23

Bei der Stiftung als **Dotationsquelle** steht das Motiv des Stifters im Vordergrund, die für die Erfüllung des Stiftungszwecks erforderlichen Mittel über die Unternehmensbeteiligung bereitzustellen. Die Unternehmensbeteiligung ist für diese in der Praxis regelmäßig gemeinnützigen Stiftungen folglich nur das Mittel zur Erfüllung des Stiftungszwecks. 24

Ist eine Stiftung als **Familientreuhänder** eingesetzt, soll sie vorrangig dafür Sorge tragen, dass bei einer Unternehmensbeteiligung die Beteiligungsrechte iSd Stifters/der Familie ausgeübt werden und dass die Beteiligung der Familie erhalten bleibt. In einem solchen Fall erhalten die Familienmitglieder regelmäßig keinen Zugriff auf die in der Beteiligung enthaltene Unternehmenssubstanz. Als Destinatäre der Stiftung kommen sie aber in den Genuss der Unternehmenserträge. Als Hauptfall des Einsatzes einer Stiftung als Führungsinstrument ist der der Stiftung & Co. KG zu nennen. 25

Bei der an die GmbH & Co. KG angelehnten **Stiftung & Co. KG** übernimmt die Stiftung die Rolle der Komplementärin. Über ihre Führungsrolle als Komplementärin ist die Stiftung in der Lage, nach dem Tod des Stifters eine Art Garantie für die Durchsetzung dessen Willens zu übernehmen. Ebenso wie die GmbH & Co. KG genießt die Stiftung & Co. KG die **Vorteile einer Personengesellschaft bei gleichzeitiger Vermeidung des Haftungsnachteils**. Bei der Komplementärstiftung als rechtsfähigem Sondervermögen ohne Gesellschafter ist eine **Durchgriffshaftung ausgeschlossen**, während eine solche Haftung 26 für die hinter einer Komplementär-GmbH stehenden Gesellschafter durchaus möglich ist. Da die Stiftung keine Kapitalgesellschaft ist, unterfällt sie daher ebenso wie die Stiftung & Co. KG nicht dem Mitbestimmungsgesetz. Möglich bleibt jedoch die Mitbestimmung nach dem Betriebsverfassungsgesetz. Die Stiftung & Co. KG fällt allerdings unter die sog GmbH & Co.-Richtlinie zur Publizität (*Ernst* DStR 1999, 903, 904).

IV. Die unselbstständige Stiftung

27 Die unselbstständige (auch treuhänderische oder fiduziarische) Stiftung (näher dazu etwa *Schindler/Steinsdörfer,* Treuhänderische Stiftungen; *Schiffer*, Erbfolgebesteuerung, 2001, 173 ff; *Werner*, Die Roten Seiten zum Magazin Stiftung & Sponsoring 04/1999) unterscheidet sich von der Stiftung des Privatrechts dadurch, dass sie **keine juristische Person** ist. Der Stifter überträgt vielmehr einer bereits bestehenden natürlichen oder juristischen Person als Treuhänder Vermögenswerte zur grds dauerhaften Verfolgung des von ihm vorgegebenen Stiftungszweckes. Der Treuhänder kann auch eine selbstständige Stiftung sein.

28 Weder die Vorschriften des BGB, noch die Landesstiftungsgesetze finden grds auf diese rein schuldrechtliche Form der Stiftung Anwendung. Während die unselbstständigen kommunalen oder örtlichen Stiftungen des öffentlichen Rechts im Kommunalrecht des jeweiligen Bundeslandes geregelt sind, finden sich nur ganz ausnahmsweise ges Regelungen der treuhänderischen Stiftung des privaten Rechts. Die Errichtung solcher Stiftungen erfordert **keine staatliche Anerkennung**. Die unselbstständige Stiftung unterliegt keiner staatlichen Aufsicht. Im Fall der Steuerbefreiung wacht aber natürlich die Finanzverwaltung über die Einhaltung der einschlägigen Steuervorschriften (insb §§ 51 ff AO).

29 Das Schicksal der treuhänderischen Stiftung hängt naturgemäß ganz von der Person des Treuhänders ab, deshalb ist bei der **Auswahl des treuhänderischen Stiftungsträgers** für die unselbstständige Stiftung besondere Sorgfalt anzuwenden. IdR werden als Stiftungsträger bereits bestehende selbstständige Stiftungen, Gesellschaften, Vereine, aber auch Universitäten oder Gemeinden gewählt. Der Stifter sollte besonderen Wert darauf legen, dass der Stiftungsträger über eine Organisation verfügt, deren Kontrollmechanismen (insb Aufsichtsorgane wie zB Beirat) die Verwendung der treuhänderisch übertragenen Mittel für den gewählten Stiftungszweck sicherstellen.

30 Eine unselbstständige Stiftung **kann** etwa wegen Mildtätigkeit oder Gemeinnützigkeit **steuerbefreit** sein und zwar unabhängig von der steuerrechtlichen Stellung des Trägers der unselbstständigen Stiftung. Es ist in Stiftungsgeschäft und Satzung der unselbstständigen Stiftung die Gemeinnützigkeit festzulegen und festzuhalten, dass die Mittel nur für die vom Stifter festgelegten steuerbegünstigten Zwecke verwendet werden können. Aufgrund ihrer recht unkomplizierten Errichtung und Verwaltung ist die unselbstständige Stiftung insb für Fälle geeignet, in denen kleinere Vermögen gestiftet werden sollen und in denen noch vor Ablauf des Jahres zur Ausnutzung der Steuervorteile in dem Jahr gestiftet werden soll. (zur Erbschaftsteuerbefreiung der treuhänderischen Stiftung, die steuerbegünstigte Zwecke verfolgt, vgl *Schiffer* DStR 2004, 1031, 1033.)

V. Die Doppelstiftung

31 In der Praxis findet sich die Kombination einer Familienstiftung mit einer gemeinnützigen Stiftung (sog Doppelstiftung). Das Modell der Doppelstiftung (näher dazu etwa: *Schnitger* ZEV 2001, 104 ff; *Schiffer*, 218 ff) kombiniert die Vorteile einer unternehmensverbundenen Stiftung mit den Steuervorteilen einer gemeinnützigen Stiftung. Dabei überträgt der Familienunternehmer bspw alle seine Gesellschaftsanteile, die nicht benötigt werden, um den Unterhalt der Familie nachhaltig zu sichern, in einem ersten Schritt auf eine steuerbefreite, gemeinnützige Stiftung. Sodann überträgt er die restlichen Anteile auf eine Familienstiftung, die die unternehmerische Verantwortung dadurch übernimmt, dass das Stimmrecht für die von der gemeinnützigen Stiftung gehaltene Anteile

ausgeschlossen wird. Dabei wird die gemeinnützige Stiftung gerade nicht mitunternehmerisch an einer Personengesellschaft beteiligt. Sie führt keinen wirtschaftlichen Geschäftsbetrieb. Mit ihrer gegenseitigen Funktionsbezogenheit arbeiten im Fall der Doppelstiftung beide Stiftungen in Verantwortung für das Unternehmen zur Erhaltung und Vermehrung der Vermögenssubstanz zusammen. Dabei besteht idR eine weitgehende organisatorische und personelle Übereinstimmung zwischen den beiden Stiftungen. Gleichzeitig wird nachhaltig ein gemeinnütziger Zweck gefördert. Die Doppelstiftung kombiniert damit auch im besten Sinne des Wortes die »**Sinn-Stiftung**« in der Form der gemeinnützigen Stiftung mit der Unternehmenssicherung in Form der gesamten Stiftungsgestaltung. Sie ist damit Ausdruck eines verantwortungsbewussten und eigenverantwortlichen Unternehmertums.

§ 1923 Erbfähigkeit

(1) Erbe kann nur werden, wer zur Zeit des Erbfalls lebt.

(2) Wer zur Zeit des Erbfalls noch nicht lebte, aber bereits gezeugt war, gilt als vor dem Erbfall geboren.

Literatur
Groh, Personen- und Kapitalgesellschaften als Erben und Zuwendungsempfänger, GS *Knobbe-Keuk* (1997), 433; *Hafner*, Ist § 1923 Abs. 2 BGB für einen Vermächtnisnehmer entsprechend anwendbar?, BWNotZ 1984, 67; *Hohloch*, Gleichzeitiger Tod des Erblassers und der zunächst berufenen Erben, JuS 1996, 458; *Keim*, Regelungen für den gemeinsamen und gleichzeitigen Tod im Ehegattentestament, ZEV 2005, 10; *Kieser*, Letztwillige Verfügung zugunsten des Heimträgers, von Heimmitarbeitern oder sonstigen Personen nach § 14 HeimG, ZErb 2002, 33; *Müller*, Zur Wirksamkeit lebzeitiger und letztwilliger Zuwendungen des Betreuten an seinen Betreuer, ZEV 1998, 219; *Niemann*, Testierverbot in Pflegefällen, ZEV 1998, 419; *Wolf*, Das Erbrecht des ungeborenen Kindes, FS *v. Lübtow* (1991), 195; *Ziegert*, Verstoß gegen die Testierverbote des § 14 HeimG durch Zuwendung an heimfremde Dritte, ZErb 2003, 166.

A. Allgemeines

§ 1923 regelt die Erbfähigkeit, dh die Fähigkeit, den Nachlass des Erblassers als dessen **1** erbrechtlicher Gesamtrechtsnachfolger (§ 1922) zu erwerben. § 1923 gilt für alle erbrechtlichen Berufungsgründe (Gesetz, Testament, Erbvertrag). Bezüglich der Erbfähigkeit bei der Nacherbfolge siehe § 2108 und beim Vermächtnis, auf das § 1923 Abs. 2 analog angewendet werden kann, siehe §§ 2160, 2178. Die Erbfähigkeit muss zum Zeitpunkt des Erbfalls vorliegen. Allerdings enthält § 1923 keine umfassende Definition der Erbfähigkeit, sondern setzt diese grds für natürliche (Rn 2, 4) und juristische Personen (Rn 3) voraus.
Bei natürlichen Personen ist die Erbfähigkeit an den Eintritt der Rechtsfähigkeit mit **2** Vollendung der Geburt, § 1, geknüpft. § 1923 Abs. 1 lässt sie mit dem Tod der Person enden. Deswegen kann nicht Erbe werden, wer vor oder gleichzeitig mit dem Erblasser stirbt.
Bei juristischen Personen (GmbH, AG, rechtsfähiger Verein, Stiftung) ergibt sich die Erb- **3** fähigkeit aus der in Spezialnormen angeordneten Rechtsfähigkeit (Rn 16 f); ihre Erbfähigkeit endet analog zum Tod der natürlichen Person mit der Liquidation der Gesellschaft. Bei teilrechtsfähigen Personengesellschaften (OHG, KG, BGB-Gesellschaft) gilt entsprechendes, dazu (Rn 18 ff).
Eine Ausnahme von diesem Grundsatz stellt § 1923 Abs. 2 dar, der die Erbfähigkeit auf **4** Personen ausdehnt, die zum Zeitpunkt des Erbfalls noch nicht geboren, aber bereits erzeugt sind (Leibesfrucht, nasciturus).

B. Erbfähigkeit natürlicher Personen

I. Überleben des Erblassers

5 Gem §§ 1, 1923 Abs. 1 kann jede natürliche Person ohne Einschränkung Erbe sein, wenn sie lebend geboren wurde und zur Zeit des Erbfalls noch lebte. Der Tod beendet die Erbfähigkeit bei natürlichen Personen.

6 Der Erbe muss über den Zeitpunkt des Erblassertodes hinaus gelebt haben. Dafür reicht ein Bruchteil einer Sekunde. Der Nachlass ist dann dem einen Bruchteil einer Sekunde den Erblasser Überlebenden angefallen, § 1942, und kann auf seine Erben als Erbeserben übergehen. Geringe Zeitdifferenzen können daher über die Erbfolge entscheiden. Maßgeblich für den Todeszeitpunkt ist der Hirntod (OLG Köln NJW-RR 1992, 1481).

II. Vorversterben und gleichgestellte Fälle

7 Erbe kann dagegen nicht werden, wer vor oder gleichzeitig mit dem Erblasser stirbt. Seine Berufung wird unwirksam. Die Erbschaft geht dann auf die vom Erblasser berufenen Ersatzerben, § 2096, oder vom Gesetz bestimmten Nächstberufenen über. Gleiche Wirkung wie das Vorversterben haben die Ausschlagung der Erbschaft, § 1953 Abs. 2, die Erbunwürdigerklärung, § 2344 Abs. 2, der Erbverzicht, § 2346 Abs. 1 Satz 2, und ein vor dem 1. 4. 1998 rechtsgültig zustande gekommener vorzeitiger Erbausgleich zwischen dem Erblasser und einem nichtehelichen Kind, Art. 227 Abs. 1 Nr. 2 EGBGB, §§ 1934d, 1934e aF.

III. Verschollenheit

8 Gleiche Wirkung wie das Vorversterben hat auch die Todeserklärung gem § 9 Abs. 1 Satz 1 VerschG. Sie begründet die widerlegliche (RGZ 60, 198; KG FamRZ 1963, 467) Vermutung des Versterbens zu dem im Beschluss genannten Zeitpunkt. Der für tot Erklärte kommt von dem festgestellten Zeitpunkt an nicht mehr als Erbe eines anderen in Betracht und kann seinerseits von Personen beerbt werden, die den festgestellten Zeitpunkt überlebt haben. Vor der Todeserklärung gilt für den Verschollenen, § 1 Abs. 1 VerschG, die Lebensvermutung des § 10 VerschG. Danach wird widerleglich vermutet, dass ein nicht für tot erklärter Verschollener »bis zu dem in § 9 Abs. 3, 4 VerschG genannten Zeitpunkt weiter lebt oder gelebt hat«.

9 Kann die Reihenfolge mehrerer Todesfälle nicht mit Sicherheit festgestellt werden, so greift die Vermutung des gleichzeitigen Versterbens nach § 11 VerschG. Sind die Voraussetzungen des § 11 VerschG erfüllt, so kann keine der betroffenen Personen die andere beerben (s.a. Rn 5 f). Die ges Vermutung des gleichzeitigen Versterbens nach § 11 VerschG ist nicht beschränkt auf die gesetzlich berufenen Erben einer Erbordnung, sondern vielmehr auch anwendbar auf die Todeszeitpunkte der Ehefrau des Erblassers und potentiellen ges Erben der zweiten Ordnung (OLG Naumburg NJW-RR 2003, 1014–1016). Zu den Anforderungen des Nachweises des Überlebens in diesem Zusammenhang vgl § 1923 Rn 39.

C. Erbfähigkeit des nasciturus

I. Natürliche Zeugung

10 Die Erbfähigkeit des im Zeitpunkt des Erbfalls noch nicht Geborenen, aber bereits erzeugten Menschen (nasciturus) folgt aus der ges Fiktion des § 1923 Abs. 2. Auf diese Weise kann das bereits erzeugte Kind auch dann seinen Vater beerben, wenn dieser vor der Geburt stirbt. Der noch nicht Gezeugte kann nur durch letztwillige Verfügung zum Erben eingesetzt werden.

Der Erzeugte selbst ist jedoch noch nicht erbfähig. Er erlangt die Erbfähigkeit erst mit 11
Eintritt der Rechtsfähigkeit, § 1, durch Geburt. Der Erbe muss dabei außerhalb des Mutterleibes gelebt haben. Unerheblich ist dabei, ob die Geburt durch künstliche Aufrechterhaltung des Kreislaufs einer während der Schwangerschaft verstorbenen Mutter ermöglicht wird. Kommt es zur lebenden Geburt, so gilt der Erzeugte als vor dem Erbfall geboren. Mit der Geburt fällt die Erbschaft rückwirkend zum Zeitpunkt des Erbfalls an, § 1942 (LG Berlin Pfleger 1990, 362). Der nasciturus wird hingegen nicht Erbe, wenn es zu einer Fehl- oder Totgeburt kommt oder die Mutter samt Leibesfrucht verstirbt.

Zwischen Erbfall und Geburt des Erzeugten besteht ein Schwebezustand. In diesem 12
Zeitraum nehmen die Eltern die Interessen des nasciturus wahr, soweit ihnen die elterliche Sorge zustände, wenn das Kind bereits geboren wäre, § 1912 Abs. 2. Bei Bestehen eines entsprechenden Fürsorgebedürfnisses kann wahlweise ein Nachlasspfleger, § 1960 Abs. 2, oder ein Pfleger für die Leibesfrucht, § 1912 Abs. 1, bestellt werden. Die Pflegschaft endet mit der Geburt kraft Gesetzes, § 1918 Abs. 2. Bis zur Geburt des nasciturus ist die Auseinandersetzung des Nachlasses zwischen den neben dem nasciturus berufenen Erben ausgeschlossen, § 2043. Die Eltern dürfen vor der Geburt ihres Kindes die Erbschaft noch nicht annehmen, jedoch bereits ausschlagen.

Die Ausschlagungsfrist des § 1944 beginnt frühestens mit der Geburt des Kindes. Die 13
Ausschlagung kann aber bereits ab dem Erbfall durch den zukünftigen ges Vertreter des Kindes erklärt werden, idR also durch die Eltern (OLG Stuttgart NJW 1993, 2250; OLG Oldenburg FamRZ 1994, 847; MüKo/*Leipold* § 1923 Rn 19; aA LG Berlin Pfleger 1990, 362). Jedoch ist vor der Geburt genauso wie nach der Geburt eine vormundschaftliche Genehmigung, § 1822 Nr. 2, § 1915 Abs. 1, erforderlich (aA LG Osnabrück Pfleger 1993, 342).

II. Künstliche Befruchtung

Bei der in-vitro-Fertilisation stellt sich die Frage, ob das später lebend geborene Kind be- 14
reits ab dem Zeitpunkt der extra-korporalen Befruchtung oder erst mit der Einpflanzung des Embryos in den Mutterleib als erbfähig iSd § 1923 Abs. 2 anzusehen ist. Eine höchstrichterliche Entscheidung existiert zu dieser Frage noch nicht; im Schrifttum werden verschiedene Auffassungen vertreten. Nach zutreffender Auffassung spricht der Schutzzweck des § 1923 Abs. 2 für die Erbfähigkeit des Kindes bei lebender Geburt ab dem Zeitpunkt der extra-korporalen Befruchtung (MüKo/*Leipold* § 1923 Rn 15; Soergel/*Stein* § 1923 Rn 6). Abzulehnen ist die Gegenauffassung, die aus Gründen der Rechtssicherheit die Erbfähigkeit gänzlich (Staudinger/*Otto* § 1923 Rn 29) oder erst ab dem Zeitpunkt der Einpflanzung des Embryos in den Mutterleib annehmen möchte (Bamberger/Roth/*Müller-Christmann* § 1923 Rn 7). Das Rechtssicherheitsargument greift deswegen nicht, weil das gezeugte Kind nicht bereits im Zeitpunkt der Zeugung, sondern erst nach der lebenden Geburt erbfähig wird und die lebende Geburt der vom Gesetz vorgesehene Sicherheitsfilter ist (Soergel/*Stein* § 1923 Rn 6).

Im Falle der künstlichen Insemination nach dem Tod des Samenspenders, die nach § 4 15
Abs. 1 Nr. 3, § 1 Abs. 1 Nr. 1, 2 EmbryonenschutzG verboten ist, kann das auf diese Weise erzeugte Kind nach dem Wortlaut des § 1923 Abs. 2 nicht Erbe seines genetischen Vaters sein, da die Fiktion dieser Vorschrift nur bei einem zum Zeitpunkt des Erbfalls bereits erzeugten Kind eingreift. § 1923 Abs. 2 kann in diesem Fall auch nicht analog angewendet werden (so aber *Leipold*, Festschrift Kralik, 1986, 467, 471 ff; Soergel/*Stein* § 1923 Rn 6). Andernfalls könnte aufgrund gegebener technischer Möglichkeiten lange Zeit nach dem Tod des Samenspenders eine Insemination mit dem Ziel erbrechtlicher Manipulationen durchgeführt werden.

D. Erbrecht juristischer Personen und teilrechtsfähiger Einheiten

I. Juristische Personen

16 Eine juristische Person des privaten (zB eV, GmbH, AG) oder öffentlichen Rechts (zB Gemeinden, Universitäten) kann Erbe werden, wenn sie zum Zeitpunkt des Erbfalls rechtsfähig besteht (MüKo/*Leipold* § 1923 Rn 27). Juristischen Personen im Gründungsstadium (Vor-GmbH, Vor-AG) fehlt es an der für die Erbfähigkeit notwendigen Rechtsfähigkeit, weswegen die für Gesamthandsgemeinschaften geltenden Grundsätze Anwendung finden (Rn 19). Juristische Personen, die erst nach dem Erbfall entstehen, können mit Ausnahme der Stiftung (Rn 17) nur als Nacherben eingesetzt werden. Eine analoge Anwendung des § 1923 Abs. 2 kommt insoweit nicht in Betracht.

17 Eine Stiftung wird mit Anerkennung, § 80, rechtsfähig. Bei Stiftungen von Todes wegen greift § 84: Wird die behördliche Anerkennung nach dem Todes des Stifters erteilt, so gilt die Stiftung als schon vor dem Tode des Stifters entstanden (dazu *Turner* ZEV 1995, 206; OLG Zweibrücken NJW-RR 2000, 815).

II. Teilrechtsfähige Einheiten

18 Nicht voll rechtsfähige Personenverbindungen, die im Rechtsverkehr einer juristischen Person stark angenähert sind, müssen auch im Erbrecht mit entsprechenden Rechten ausgestattet werden. Deswegen ist die Erbfähigkeit von OHG und KG angesichts der ihnen durch §§ 124 Abs. 1, 161 Abs. 2 HGB verliehenen Fähigkeit, als Einheit im Rechtsverkehr aufzutreten, allgemein anerkannt. Erbschaft und Vermächtnis werden bei OHG und KG unmittelbar Bestandteil des Gesamthandsvermögens der Gesellschaft. Aufgrund des Verweises in § 7 Abs. 2 PartGG kann auch die Partnerschaft freier Berufe erbfähig sein.

19 Bei der Gesellschaft bürgerlichen Rechts ist aufgrund der inzwischen höchstrichterlich (BGH NJW 2001, 1056) entschiedenen Teilrechtsfähigkeit der Außen-GbR analog § 124 Abs. 1 HGB auch im Erbrecht Rechnung zu tragen und von ihrer Erbfähigkeit auszugehen (Palandt/*Sprau* § 705 Rn 24; anders noch BayObLG FamRZ 1999, 170).

20 Die Rechts- und Erbfähigkeit einer Erbengemeinschaft wird hingegen von der Rechtsprechung weiterhin abgelehnt (BGH NJW 2002, 2289).

III. Nicht rechtsfähiger Verein

21 Dem nicht rechtsfähigen Verein fehlt nach dem Gesetz die Rechtsfähigkeit, § 54. Dennoch wird er heute als selbständige, vom Mitgliederwechsel unabhängige und unter eigenem Namen auftretende Einheit behandelt. Deswegen ist die Erbfähigkeit des nicht rechtsfähigen Vereins aus den gleichen Gründen wie bei den Personengesellschaften anzuerkennen. (MüKo/*Leipold* § 1923 Rn 32; Palandt/*Edenhofer* § 1923 Rn 7; *K. Schmidt,* Gesellschaftsrecht, 3. Aufl 1997, § 25 II 1a; aA Staudinger/*Otte* § 1923 Rn 31; Soergel/*Stein* § 1923 Rn 8: Keine Erbfähigkeit, aber die Erbschaft fällt dem Vereinsvermögen zu). Die Anerkennung der Erbfähigkeit des nicht rechtsfähigen Vereins schließt es nicht aus, im Einzelfall eine Zuwendung an einen nicht rechtsfähigen Verein als Verfügung zugunsten aller Mitglieder als Einzelpersonen oder zugunsten der Vorstandsmitglieder auszulegen.

E. Relative Erbunfähigkeit

22 Aufgrund einer Amtsstellung oder besonderen Verbindung zum Erblasser sind bestimmte Personen relativ erbunfähig.

I. Urkundspersonen

23 Verfügungen von Todes wegen zugunsten des die Verfügung beurkundenden Notars oder seiner Angehörigen iSd § 7 Nr. 2, 2a, 3 BeurkG sind unwirksam, § 27 BeurkG. Glei-

ches gilt für Verfügungen zugunsten mitwirkender Dolmetscher, § 16 Abs. 3 Satz 2 BeurkG, und Vertrauenspersonen iSd § 24 Abs. 2 BeurkG. § 27 BeurkG gilt auch für den Bürgermeister beim Bürgermeistertestament, § 2249 Abs. 1 Satz 3 und 4, und die Zeugen beim Drei-Zeugen-Testament, § 2250 Abs. 3 Satz 2.

II. Beamtenrecht, Öffentliches Dienstrecht

Das im Beamtenrecht bestehende Verbot der Annahme von Belohnungen, §§ 43 BRRG, 70 BBG, erfasst auch dienstbezogene Zuwendungen durch letztwillige Verfügung. Eine entsprechende Regelung für Angestellte findet sich in § 10 Abs. 1 des Bundesangestelltentarifs (BAT). Nach der höchstrichterlichen Rechtsprechung (BGH NJW 2000, 1186) führt ein Verstoß gegen § 10 BAT aber nicht zur Unwirksamkeit des Zuwendungsgeschäfts. Der BGH ist der Auffassung, dass dem Verbotszweck durch andere Maßnahmen genüge getan werden könne. § 10 BAT richte sich nur gegen den Angestellten, nicht aber gegen den Erblasser, sodass von der Nichtigkeitsfolge des § 134 abzusehen ist. Diese Entscheidung (anders noch die Vorinstanz: OLG Hamm NJW-RR 1999, 494; vgl auch BayObLG NJW 1995, 3260) ist auch auf die beamtenrechtlichen Vorschriften der §§ 43 BRRG und 70 BBG zu übertragen. Gleiches gilt für Zivildienstleistende gem § 78 Abs. 2 ZDG iVm § 19 SG (BVerwG NJW 1996, 2319). **24**

III. Beschränkungen nach dem HeimG

1. Allgemeines

Dem Träger eines Heims ist es untersagt, sich von oder zugunsten von Heimbewohnern Geld oder geldwerte Leistungen über das nach § 4 HeimG vereinbarte Entgelt hinaus versprechen oder gewähren zu lassen, § 14 Abs. 1 HeimG (verfassungsgemäß, BVerfG NJW 1998, 2964). § 14 Abs. 2 HeimG sieht Ausnahmen von diesem Grundsatz vor. **25**

Außerdem ist es darüber hinaus dem Leiter, den Beschäftigten (BayObLG FamRZ 2005, 142) oder sonstigen Mitarbeitern des Heims untersagt, sich von oder zugunsten von Heimbewohnern neben der vom Träger erbrachten Vergütung Geld oder geldwerte Leistungen für die Erfüllung der Pflichten aus dem Heimvertrag versprechen oder gewähren zu lassen, soweit es sich nicht um geringwertige Aufmerksamkeiten handelt, § 14 Abs. 5 HeimG. Beschäftigter ist, wer zum Träger des Heimes in einem Arbeits- oder Dienstverhältnis steht und insoweit weisungsgebunden ist. Mitarbeiter eines Heims ist, wer aufgrund eines Vertrages seine berufliche Tätigkeit im Heim ausübt, zB Ärzte oder auch freiwillige Helfer (BayObLG FamRZ 2001, 1171). **26**

Diese Verbote finden auch auf Zuwendungen von Todes wegen Anwendung (BGH NJW 1996, 145). Sie bezwecken die Gleichbehandlung der Heimbewohner, deren Schutz vor finanzieller und wirtschaftlicher Ausnutzung und die Sicherung der Testierfreiheit (OLG Frankfurt NJW 2001, 1504). Bei § 14 HeimG handelt es sich also um ein Verbotsgesetz, § 134, zum Schutz der Heimbewohner (BGH NJW 1990, 1603). **27**

2. Heim iSd HeimG

Heim ist eine Einrichtung, die zum Zweck der nicht nur vorübergehenden Aufnahme und Unterbringung von alten Menschen sowie pflegebedürftigen oder behinderten Volljährigen gegen Entgelt betrieben wird und in ihrem Bestand von Wechsel und Zahl ihrer Bewohner unabhängig ist (OLG Saarbrücken OLGR 1998, 92), wobei die Unterbringung neben der Überlassung der Unterkunft auch die Gewährung von Verpflegung und Betreuung umfassen muss, § 1 Abs. 1 Satz 1 HeimG. Unerheblich ist, ob es sich bei dem Heim um eine öffentlichrechtliche, freie, gemeinnützige oder gewerbliche Einrichtung handelt. Die Einrichtung muss entgeltlich betrieben werden. Auf eine bestimmte Anzahl von Heimbe- **28**

§ 1923 BGB | Erbfähigkeit

wohnern kommt es nicht an. Betreiber des Heims ist derjenige, in dessen Namen und auf dessen Rechnung, § 4 HeimG, die Einrichtung betrieben wird und den die Verantwortung für Unterhalt und Betrieb der Einrichtung trifft (BayObLG NJW 2000, 1875).

29 Keine Anwendung findet § 14 HeimG bei Betreuung in der Familie, da kein »Heim« vorliegt (BayObLG NJW-RR 1998, 729). Entsprechendes gilt für die Pflege in der eigenen Wohnung, wenn der Erblasser Angestellte eines Pflegedienstes in einer letztwilligen Verfügung zu Erben berufen hat (OLG Düsseldorf NJW 2001, 2338; LG Bonn NJW 1999, 2977). Außerdem gilt das HeimG auch nicht für Heime, die sich außerhalb Deutschlands befinden (OLG Oldenburg FamRZ 1999, 1313).

3. Kenntnis des Begünstigten von der letztwilligen Verfügung

30 § 14 HeimG verbietet es, sich Geld oder geldwerte Vorteile versprechen oder gewähren zu lassen. Zur Erfüllung dieser Voraussetzung ist es erforderlich, dass der Begünstigte Kenntnis von der letztwilligen Verfügung hat (KG NJW-RR 1999, 2; OLG Frankfurt ZEV 2001, 364; BayObLG NJW-RR 2001, 295; BGH ZEV 1996, 147: Einräumung eines Bezugsrechtes nach §§ 328, 331). Das gilt unabhängig davon, ob der Heimbewohner die letztwillige Verfügung vor oder nach Aufnahme in das Heim errichtet (BGH NJW-RR 1995, 1272; aA OLG Frankfurt NJW-RR 1994, 212). Erfährt der Heimträger zu Lebzeiten des Heimbewohners nichts von der letztwilligen Verfügung, so findet § 14 HeimG keine Anwendung (BayObLG NJW-RR 2001, 295).

31 Für die Kenntnis der letztwilligen Verfügung ist auf das Wissen eines tatsächlichen »Vertreters« des Heimes oder auf das Wissen eines Mitarbeiters abzustellen, wobei der Mitarbeiter Ansprechpartner für die Heimbewohner gewesen sein muss (BayObLG FamRZ 2001, 1171: Heimleiter; OLG Karlsruhe ZEV 1996, 146: Oberschwester). Auf eine ges oder rechtsgeschäftliche Vertretungsmacht des Wissensträgers kommt es nicht an. Maßgeblich ist lediglich, dass der Mitarbeiter mit Aufgaben bedacht wurde, die den Heimträger in dem jeweiligen Bereich repräsentieren (KG NJW-RR 1999, 2).

4. Umgehung des § 14 HeimG

32 Eine Umgehung des § 14 HeimG liegt vor, wenn durch die gewählte rechtliche Gestaltung der Tatbestand des Verbotsgesetz selbst nicht erfüllt ist, dennoch der von ihm verbotene Erfolg herbeigeführt wird (BayObLG NJW 2000, 1959). Das ist dann der Fall, wenn die Zuwendung nicht an den Verbotsadressaten (Rn 25 f) selbst, sondern ihm nahe stehende Personen erfolgt und der Verbotsadressat dadurch mittelbar begünstigt wird (OLG Düsseldorf FamRZ 1998, 192, 193; BayObLG FamRZ 2000, 1126: Einsetzung des Geschäftsführers und alleinigen Gesellschafters des als GmbH betriebenen Heim zum Alleinerben sowie die Einsetzung seiner Ehefrau zur Ersatzerbin). Die Testierfreiheit des Erblassers wird hierdurch nicht unzumutbar beeinträchtigt, denn die Beteiligten hätten um eine Ausnahmegenehmigung nach § 14 Abs. 6 HeimG nachsuchen können (OLG Frankfurt NJW 2001, 1504).

33 In anderen Fällen kommt eine Anwendung des § 14 HeimG angesichts der verfassungsrechtlich geschützten Testierfreiheit nicht in Betracht (BayObLG NJW 2000, 1959). Wirksam ist deshalb etwa die Einsetzung des ehemaligen Heimleiters eines als GmbH betriebenen Heims zum Alleinerben durch Heimbewohnerin, obwohl seine Ehefrau zu diesem Zeitpunkt Geschäftsführerin und Mitgesellschafterin war (BayObLG ZEV 2002, 121) oder die Einsetzung einer Stadt zum Alleinerben, mit der Auflage das Vermögen nach freiem Ermessen für soziale Maßnahmen zu verwenden (BayObLG FGPrax 2000, 119).

34 Zwischen Betreuer und Betreutem können ähnliche Abhängigkeiten wie im Verhältnis von Heimbewohner und Heim entstehen. Trotzdem kann nicht von einer Vergleichbarkeit der Sachverhalte ausgegangen werden, die Voraussetzung für eine Analogie wäre (BayObLG NJW 1998, 2369).

F. Prozessuales

Die Erbfähigkeit und damit die Tatsache, dass die als Erbe in Betracht kommende Person 35
den Erblasser überlebt hat, hat nach allgemeinen Beweislastregeln derjenige zu beweisen,
der aus dem Überleben Rechte herleitet. Der Beweis kann mittels öffentlicher Urkunden, in
erster Linie Personenstandsbücher oder -urkunden, §§ 60, 66 PStG, geführt werden (BayObLG NJW-RR 1999, 1309.).

Das »Erzeugtsein« zum Zeitpunkt des Erbfalls, § 1923 Abs. 2, hat derjenige zu beweisen, 36
der daraus Rechte herleitet. Die Feststellung ist nach den Grundsätzen der freien Beweiswürdigung zu treffen. Die Abstammungsvermutungen des § 1600d Abs. 3 sind nicht
bindend (MüKo/*Leipold* § 1923 Rn 18; Soergel/*Stein* § 1923 Rn 5; Erman/*Schlüter* § 1923
Rn 3; aA Staudinger/*Otte* § 1923 Rn 20 ff).

Eine Klage auf Feststellung der Erbberechtigung des nasciturus ist unter den Voraussetzungen des § 256 Abs. 1 ZPO zulässig, da schon in der Schwebezeit eine rechtlich gesicherte Erbaussicht und damit ein feststellungsfähiges Rechtsverhältnis besteht (MüKo/
Leipold § 1923 Rn 22; Staudinger/*Otte* § 1923 Rn 19). 37

Da dem im Zeitpunkt des Erbfalls erst Erzeugten erst mit der lebenden Geburt die Erb- 38
schaft anfällt, kann bis zur Geburt nur ein Teilerbschein gem § 2357 erteilt werden.

Das Nachlassgericht hat im Erbscheinsverfahren den Todeszeitpunkt von Amts wegen 39
genau zu ermitteln, § 2358 wenn es auf den exakten Todeszeitpunkt ankommt, weil etwa
der Erblasser und ein potentieller Erbe aufgrund des gleichen Ereignisses versterben. Dabei
darf sich das Gericht wegen der großen Bedeutung des Todeszeitpunkts für die Erbfolge
Schwierigkeiten bei der medizinischen Bestimmung des Todeszeitpunkts mehrerer Personen
nicht durch die Annahme gleichzeitigen Versterbens entziehen (OLG Köln FamRZ 1992, 860;
OLG Hamm FamRZ 1995, 1606). Kann jedoch die Reihenfolge mehrerer Todesfälle nicht
endgültig aufgeklärt werden, so gilt die Vermutung gleichzeitigen Versterbens gem § 11
VerschG (BayObLG NJW-RR 1999, 1309; MüKo/*Leipold* § 1923 Rn 11 ff). Für die Anwendung
der Vermutung ist es ausreichend, wenn der Todeszeitpunkt nur einer von mehreren verstorbenen Personen nicht feststeht, § 11 VerschG (BayObLG NJW-RR 1999, 1309).

Das Nachlassgericht hat im Erbscheinsverfahren von Amts wegen zu prüfen, ob eine 40
letztwillige Verfügung wegen Verstoßes gegen das BeurkG oder das HeimG nichtig ist,
§ 12 FGG.

Vorbemerkungen vor §§ 1924 ff

Die ges Erbfolge, §§ 1924–1936, greift nur ein, wenn der Erblasser nicht durch Verfügung 1
von Todes wegen die Erben bestimmt hat (Vorrang der gewillkürten Erbfolge, § 1922 Rn 1).
Sie führt zur Berufung der nächsten Verwandten, des Ehegatten und bei Erbfällen seit
1. 8. 2001 auch des eingetragenen Lebenspartners (iSd LPartG) des Erblassers. Die Reihenfolge der Verwandten bestimmt sich nach Ordnungen (§ 1924 Rn 1). Nach dem Ordnungssystem schließt jeder Verwandte einer vorhergehenden Ordnung alle Verwandte der nachfolgenden Ordnungen aus, § 1930. Das Erbrecht des Ehegatten oder eingetragenen Lebenspartners steht gleichberechtigt und gleichrangig neben dem der Verwandten, denen nur
der Teil des Nachlasses zusteht, den nicht der Ehegatte oder eingetragene Lebenspartner
erhält. Vor Ermittlung der Erbteile der verwandten ges Erben ist stets zu ermitteln, ob und
in welcher Höhe der überlebende Ehegatte, § 1931, oder eingetragene Lebenspartner, § 10
Abs. 1 LPartG, als ges Erbe berufen ist.

Das ges Erbrecht beruht auf der rechtlich anerkannten, § 1589, nicht allein auf der biolo- 2
gischen Verwandtschaft (BGH NJW 1989, 2197). Deshalb sind Blutsverwandte, etwa
außerhalb einer Ehe geborene Kinder (§ 1924 Rn 5), nicht zwingend ges Erben und umgekehrt können nicht blutsverwandte Angehörige, etwa adoptierte Kinder (§ 1924 Rn 18), zu
den ges Erben gehören.

§ 1924 Gesetzliche Erben erster Ordnung

(1) Gesetzliche Erben der ersten Ordnung sind die Abkömmlinge des Erblassers.

(2) Ein zur Zeit des Erbfalls lebender Abkömmling schließt die durch ihn mit dem Erblasser verwandten Abkömmlinge von der Erbfolge aus.

(3) An die Stelle eines zur Zeit des Erbfalls nicht mehr lebenden Abkömmlings treten die durch ihn mit dem Erblasser verwandten Abkömmlinge (Erbfolge nach Stämmen).

(4) Kinder erben zu gleichen Teilen.

Literatur

Bestelmeyer, Ist eine Gleichstellungsvereinbarung nach Art. 12 § 10a NEhelG auch zwischen dem Erblasser und Abkömmlingen seines nichtehelichen Kindes zulässig?, FamRZ 1999, 970; *Böhm,* Die Neuregelung des Erbrechts nichtehelicher Kinder, NJW 1998, 1043; *Gaul,* Die Neuregelung des Abstammungsrechts durch das KindRG, FamRZ 1997, 1441; *Olzen,* Die ges Erbfolge, Jura 1998, 135; *Radziwill/ Steiger,* Erbrechtliche Gleichstellung der vor dem 1. 7. 1949 geborenen nichtehelichen Kinder – Steht der Gesetzgeber in der Pflicht?, FamRZ 1997, 268; *Rauscher,* Die erbrechtliche Stellung nicht in einer Ehe geborener Kinder nach Erbrechtsgleichstellungsgesetz und Kindschaftsrechtsreformgesetz, ZEV 1998, 41; *Rauscher,* Vaterschaft aufgrund Ehe mit der Mutter, FuR 2002, 352; *Scherer,* Die Nachlassbeteiligung von Abkömmlingen eines Enterbten, ZEV 1999, 41; *Schlüter/Fegeler,* Die erbrechtliche Stellung der nichtehelichen Kinder und ihrer Väter nach Inkrafttreten des Erbrechtsgleichstellungsgesetzes, FamRZ 1998, 1337; *Zimmermann,* Das neue Kindschaftsrecht, DNotZ 1998, 404.

Inhaltsverzeichnis

	Rn
A. Allgemeines	1– 3
B. Abkömmlinge iSd § 1924	4–17
I. Grundsatz	4
II. Kinder nicht miteinander verheirateter Eltern	5–17
1. Herstellung der Verwandtschaft zum Vater	5– 6
2. Erbrechtliche Stellung	7–17
a) Gleichstellung für Erbfälle seit dem 1. 4. 1998	7
b) Erfälle zwischen dem 1. 7. 1970 und dem 31. 3. 1998	8–10
c) Vor dem 1. 7. 1949 geborene nichteheliche Kinder	11–14
aa) Erbfälle seit dem 1. 4. 1998	11
bb) Erbfälle zwischen dem 1. 7. 1970 und dem 31. 3. 1998	12
cc) Erbfälle bis zum 30. 6. 1970	13
dd) Wohnsitz des Erblassers in der DDR	14
d) Erbfälle mit Bezug zur DDR bzw den neuen Bundesländern	15–23
aa) Erbfälle bis zum 2. 10. 1990	15
bb) Erbfälle seit dem 3. 10. 1990	16–17
(1) Bis zum 2. 10. 1990 geborene Kinder	16
(2) Seit dem 3. 10. 1990 geborene Kinder	17
III. Adoption	18–23
1. Adoption seit dem 1. 1. 1977	19–22
a) Minderjährigenadoption	19–21
b) Volljährigenadoption	22
2. Adoption bis zum 31. 12. 1976	23

A. Allgemeines

1 Die ges Verwandtenerbfolge ist nach Ordnungen, §§ 1924–1929, geregelt. Die Ordnungen bestimmen die Rangfolge der Erbberechtigung. Gem § 1930 schließt jeder Erbe einer vorhergehenden Ordnung alle Angehörigen nachrangiger Ordnungen aus. Dieser Grund-

satz wird durch den Grundsatz der Erbfolge nach Stämmen ergänzt. Einem Stamm gehören diejenigen Abkömmlinge an, die durch dieselbe Person mit dem Erblasser verwandt sind. So bildet etwa jedes Kind des Erblassers mit seinen Abkömmlingen einen gesonderten Stamm. Innerhalb eines Stammes schließt der dem Erblasser näher verwandte Abkömmling seine eigenen Abkömmlinge von der ges Erbfolge aus (**Grundsatz der Repräsentation,** § 1924 Abs. 2). Diese kommen erst nach Wegfall des sie repräsentierenden näheren Abkömmlings zum Zug (**Eintrittsprinzip,** § 1924 Abs. 3); sie beerben den Erblasser aus eigenem Recht und nicht etwa den Weggefallenen. Etwas anderes gilt nur dann, wenn der Weggefallene durch Erbverzicht auch seine Nachkommen von der ges Erbfolge ausgeschlossen hat, § 2349, oder die Auslegung ergibt, dass nicht nur ein einzelner Erbe, sondern sein Stamm insgesamt enterbt wird. Ferner führt die Annahme eines minderjährigen Abkömmlings des Erblassers als Kind eines Dritten nach dem Grundsatz der Volladoption (Rn 18 f) zum Wegfall des ganzen Stammes. Schließlich ist zu beachten, dass das nichteheliche Kind durch einen bis zum 31.3.1998 wirksam geschlossenen Erbausgleich (Rn 10) das Erbrecht auch seiner Nachkommen zum Erlöschen brachte.

Sind innerhalb eines Stammes mehrere Erben gleich nah mit dem Erblasser verwandt, 2 etwa mehrere Enkel, so erben diese zu gleichen Teilen, § 1924 Abs. 4. Beispiel: Leben beim Erbfall von den 3 Kindern des Erblassers nur noch 2 und hat das verstorbene Kind seinerseits 2 Kinder hinterlassen, erben die beiden Kinder des Erblassers je $1/3$ und sein beiden Enkel je $1/6$, weil sie sich das $1/3$ ihres verstorbenen Elternteils teilen. Die Zugehörigkeit zu mehreren Stämmen kann zu mehrfacher Berücksichtigung führen, § 1927. § 1924 Abs. 4 gilt auch für die Berechnung der Erbquote nichtehelicher Kinder oder ihren Ersatzanspruch bei Erbfällen bis zum 31.3.1998 (Rn 8 ff).

Ein ges Erbe kann nicht nur durch Versterben vor dem Erblasser wegfallen, sondern auch 3 durch Ausschlagen der Erbschaft, § 1953, Verzicht auf sein ges Erbrecht, §§ 2346, 2349, Erbunwürdigkeitserklärung, § 2344, eine Enterbung, die sich nur auf ihn persönlich und nicht auf seinen gesamten Stamm bezieht, § 1938 (§ 1924 Rn 1).

B. Abkömmlinge iSd § 1924

I. Grundsatz

Das Gesetz versteht unter Abkömmlingen alle Personen, die mit dem Erblasser in absteigender Linie verwandt sind, § 1589 Satz 1, also Kinder, Enkel, Urenkel etc. Die Voraussetzungen der Abstammung bestimmen sich nach den Regeln des Familienrechts. Maßgebend ist allein die Abstammung im Rechtssinne (BGH NJW 1989, 2197). Fälle der künstlichen Befruchtung unter Ehegatten (homologe Insemination; In-vitro-Fertilisation) werden einer natürlichen Zeugung gleichgestellt, es bestehen keine Besonderheiten (Bamberger/Roth/*Hahn* Vor § 1591 Rn 18, *Quantius* FamRZ 1998, 1145; *Kirchmeier* FamRZ 1998, 1281). Entsprechendes gilt für quasi-homologe Insemination bzw In-vitro-Fertilisation unter Partnern einer nichtehelichen Lebensgemeinschaft, vgl Bamberger/Roth/*Hahn* Vor § 1591 Rn 19). In Fällen der Leihmutterschaft ist die gebärende Frau Mutter von Rechts wegen, § 1591; gleiches gilt bei Befruchtung einer fremden Eizelle, die die Wunschmutter eingepflanzt bekommt (künstliche Fertilisation). In Fällen der Befruchtung der Eizelle durch eine fremde Samenspende (heterologe Insemination) entsteht rechtliche Verwandtschaft zum Ehemann der Mutter, wenn das Kind während der Ehe geboren wird. Dies gilt solange bis nicht durch Anfechtung, §§ 1599, 1600 ff, festgestellt ist, dass er nicht der leibliche Vater ist (Bamberger/Roth/*Hahn* Vor § 1591 Rn 21). Die Anfechtungsmöglichkeiten sind jedoch seit der Neufassung des § 1600 IV zum 30.4.2004 erheblich eingeschränkt. Zu erbrechtlichen Einzelproblemen bei heterologer Insemination vgl *Kirchmeier* FamRZ 1998, 1283.

II. Kinder nicht miteinander verheirateter Eltern

1. Herstellung der Verwandtschaft zum Vater

5 Kinder nicht miteinander verheirateter Eltern haben mit Geburt von Gesetzes wegen eine Mutter, § 1591. Für das Erbrecht des Kindes nicht miteinander verheirateter Eltern nach seiner Mutter bestehen keine Besonderheiten. Hingegen hat das Kind nicht miteinander verheirateter Eltern von Rechts wegen keinen Vater. Vielmehr muss erst eine Verwandtschaftsbeziehung zwischen Vater und Kind hergestellt werden. Überdies bestanden bis 31.3.1998 Besonderheiten für das Erbrecht des Kindes nicht miteinander verheirateter Eltern nach seinem Vater und umgekehrt.

6 Die Verwandtschaft zwischen dem Kind nicht miteinander verheirateter Eltern und seinem Vater kann durch Anerkennung der Vaterschaft nach §§ 1592 Nr. 2, 1594, 1596 ff oder durch rechtskräftiges Urteil, §§ 1592 Nr. 3, 1600d, erzeugt werden. Das ist jedoch nur möglich, wenn nicht bereits die rechtliche Vaterschaft eines anderen Mannes besteht, §§ 1594 Abs. 2, 1600d Abs. 1, weil die Mutter mit einem anderen Mann als dem biologischen Vater verheiratet ist, § 1592 Nr. 1 (BGHZ FamRZ 1989, 538), oder ein anderer Mann das Kind anerkannt hat, § 1592 Nr. 2. In diesen Fällen muss zunächst die rechtliche Vaterschaft des anderen Mannes durch Anfechtungsklage, §§ 1599, 1600, beseitigt werden (BGH NJW 1999, 1632). Die Anerkennung, § 1592 Nr. 2, ist ein höchstpersönliche Erklärung, die nur zu Lebzeiten des Vaters abgegeben werden kann (*Löhnig*, Das Recht des Kindes nicht miteinander verheirateter Eltern, 2. Auflage 2004, Rn 18). Die Feststellung der Vaterschaft durch rechtskräftiges Urteil, § 1592 Nr. 3, kann hingegen auch noch nach dem Tod des Vaters erfolgen, § 1600e Abs. 2 (*Löhnig*, aaO, Rn 31).

2. Erbrechtliche Stellung

a) Gleichstellung für Erbfälle seit dem 1.4.1998

7 Die Unterscheidung zwischen ehelicher und nichtehelicher Abstammung wurde zum 1.4.1998 aufgehoben. Kinder nicht miteinander verheirateter Eltern sind seit dem 1.4.1998 erbrechtlich den Kindern miteinander verheirateter Eltern vollständig gleichgestellt.

b) Erbfälle zwischen dem 1.7.1970 und dem 31.3.1998

8 Für Erbfälle, die zwischen dem 1.7.1970 und dem 31.3.1998 eingetreten sind, und in Fällen, in denen bis zum 31.3.1998 (OLG Düsseldorf NJW 1999, 1560) eine wirksame Erbausgleichsvereinbarung geschlossen oder Erbausgleich durch rechtskräftiges Urteil zuerkannt worden ist, gelten weiterhin die §§ 1934a – e aF BGB, Art. 227 EGBGB.

9 Nichtehelichen Kindern kam nach § 1934a aF neben ehelichen Abkömmlingen und dem Ehegatten nur ein Erbersatzanspruch zu. Der Erbersatzberechtigte wurde nicht Erbe und damit nicht Gesamtrechtsnachfolger; ihm stand stattdessen nur ein Geldanspruch auf Zahlung des Wertes seines ges Erbteils zu. Berechnung und Geltendmachung des Erbersatzanspruchs waren in § 1934b aF geregelt.

10 Zwischen dem 21. und 27. Lebensjahr konnte ein nichteheliches Kind nach § 1934d aF von seinem Vater einen vorzeitigen Erbausgleich in Höhe des dreifachen Jahresunterhalts verlangen. Durch den vorzeitigen Erbausgleich entfielen alle ges Erbrechte, Erbersatzansprüche und Pflichtteilsansprüche, § 1934e aF. Zahlungen, die der Vater im Hinblick auf einen Erbausgleich geleistet und zu Lebzeiten nicht zurückgefordert hat, sind nach den Bestimmungen über die Ausgleichung von Ausstattungen auf den ges Erbteil, §§ 2050 Abs. 1, 2051 Abs. 1, und den Pflichtteil, § 2315, anzurechnen, Art. 227 Abs. 2 EGBGB.

c) Vor dem 1.7.1949 geborene nichteheliche Kinder

aa) Erbfälle seit dem 1.4.1998

11 Nichtehelicher Kinder, die vor dem 1.7.1949 geboren wurden, können aufgrund fehlender Verwandtschaft weder ihren Vater noch dessen Familie beerben. Dies gilt auch

für Erbfälle nach Inkrafttreten des ErbGleichG zum 1.4.1998 (BT-Ds 13/4183 13). Art. 12 § 10a NEhelG ermöglicht jedoch eine Vereinbarung zwischen Vater und Kind über die Nichtanwendung des Art. 12 § 10 Abs. 2 NEhelG, die zu einer Gleichstellung des nichtehelichen Kindes mit ehelichen Kindern führt. Die Bestimmung schließt die durch den Wegfall der Legitimationsmöglichkeiten (Ehelicherklärung auf Antrag des Vaters, Adoption des nichtehelichen Kindes durch den Vater, § 1756 Abs. 2 aF) entstandene Lücke. Die Gleichstellungsvereinbarung kann nur zwischen Vater und nichtehelichem Kind persönlich und in notariell beurkundeter Form geschlossen werden, Art. 12 § 10a Abs. 2 Satz 1 NEhelG. Sie bedarf der Zustimmung der jeweils vorhandenen Ehegatten, Art. 12 § 10a Abs. 3 Satz 1 NEhelG und hat zur Folge, dass zwischen Vater und seinem nichtehelichen Kind wechselseitig die allgemeinen Vorschriften über das Erbrecht und das Pflichtteilsrecht gelten.

bb) Erbfälle zwischen dem 1.7.1970 und dem 31.3.1998
Bei Erbfällen zwischen dem 1.7.1970 und dem 31.3.1998 standen nichtehelichen Kindern, 12 die vor dem 1.7.1949 geboren wurden, kein ges Erbrecht, kein Pflichtteilsrecht und kein Erbersatzanspruch zu, weil sie durch die Fiktion des § 1589 Abs. 2 aF BGB mit ihrem Vater als nicht verwandt galten, Art. 12 § 10 Abs. 2 NEhelG (verfassungsgemäß: BVerfG NJW 1977, 1677).

cc) Erbfälle bis zum 30.6.1970
Nichteheliche Kinder hatten bei Erbfällen bis zum 30.6.1970 nach ihrem Vater oder 13 väterlichen Vorfahren kein Erb- und Pflichtteilsrecht, weil sie durch die Fiktion in § 1589 Abs. 2 aF mit ihrem Vater als nicht verwandt galten.

dd) Wohnsitz des Erblassers in der DDR
Hatte der Erblasser, also der Vater oder väterliche Verwandtschaft des nichtehelichen 14 Kindes am 2.10.1990 seinen gewöhnlichen Aufenthalt in der DDR, sind auch nichteheliche Kinder, die vor dem 1.7.1949 geboren wurden, wie eheliche Kinder zu behandeln, Art. 235 § 1 Abs. 2 EGBGB (zum Erbrecht der DDR Rn 15 ff).

d) Erbfälle mit Bezug zur DDR bzw den neuen Bundesländern

aa) Erbfälle bis zum 2.10.1990
Für Erbfälle bis zum 2.10.1990 bleibt das Erbrecht der DDR anwendbar, Art. 235 § 1 Abs. 1 15 EGBGB. Hiernach war das nichteheliche Kind in vollem Umfang dem ehelichen gleichgestellt, § 365 ZGB. Nichteheliche Kinder waren ohne Einschränkung bereits für Erbfälle seit dem 1.1.1976 ges Erben erster Ordnung.

bb) Erbfälle seit dem 3.10.1990

(1) Bis zum 2.10.1990 geborene Kinder
Für Erbfälle seit dem 3.10.1990 gelten für nichteheliche Kinder, die vor dem 3.10.1990 16 geboren wurden, die Vorschriften des BGB für eheliche Kinder (Rn 4), wenn der Erblasser seinen gewöhnlichen Aufenthalt vor dem 3.10.1990 im Gebiet der ehemaligen DDR hatte, Art. 235 § 1 Abs. 2 EGBGB (OLG Brandenburg FamRZ 1997, 1031; OLG Köln FamRZ 1993, 484).

(2) Seit dem 3.10.1990 geborene Kinder
Für nichteheliche Kinder, die seit dem 3.10.1990 in den neuen Bundesländern geboren 17 wurden, gilt das BGB in der jeweils anwendbaren Fassung. Das hat zur Folge, dass nichteheliche Kinder, die zwischen dem 3.10.1990 und dem 31.3.1998 geboren wurden, im Gegensatz zu den zuvor geborenen Kindern den ehelichen Kindern nicht gleichgestellt waren (Rn 8 ff).

III. Adoption

18 Abkömmling iSd § 1924 Abs. 1 kann auch sein, wer als Kind angenommen worden ist (Adoption).

1. Adoption seit dem 1. 1. 1977

a) Minderjährigenadoption

19 Nehmen zwei miteinander verheiratete Ehegatten einen Minderjährigen als Kind an, so erwirbt das Kind die rechtliche Stellung eines leiblichen gemeinschaftlichen Kindes, § 1754 Abs. 1. Gleiches gilt, wenn ein Ehegatte das Kind des anderen Ehegatten annimmt, § 1754 Abs. 1 (Stiefkindadoption). Bei Adoption durch eine Einzelperson erlangt das angenommene Kind die Rechtsstellung eines leiblichen Kindes des Annehmenden. Die Verwandtschaftsverhältnisse zu den bisherigen Verwandten erlöschen, § 1755 Abs. 1. Das adoptierte Kind kann daher nur noch Erbe der ersten Ordnung nach dem Annehmenden und seinen Verwandten sein, nicht mehr hingegen nach seinen leiblichen Eltern und deren Vorfahren.

20 Bei einer Stiefkindadoption hingegen erlischt das Verwandtschaftsverhältnis nur zu dem anderen Elternteil und dessen Verwandten, § 1755 Abs. 2. Nimmt jedoch ein Ehegatte nach Heirat mit einem verwitweten Ehegatten ein Kind aus dessen vorheriger Ehe an, so erlöschen die Verwandtschaftsverhältnisse zu den Verwandten des verstorbenen Elternteils nicht, wenn dieser die elterliche Sorge (allein oder gemeinsam) innehatte, § 1756 Abs. 2. Das angenommene Halbwaisenkind kann daher ges Erbe der ersten Ordnung nach drei Großelternpaaren sein (*Schmitt-Kammler* FamRZ 1978, 570). Nimmt der überlebende Ehegatte das Kind seines verstorbenen Ehegatten an, so ist die analoge Anwendung des § 1756 Abs. 2 geboten, weshalb die Verwandtschaft und somit auch das Verwandtenerbrecht des Kindes zu den Angehörigen seines leiblichen Elternteils fortbesteht (LG Koblenz Ppfleger 2001, 34).

21 Wird ein Kind von einem im zweiten oder dritten Grad mit dem Kind Verwandten oder Verschwägerten (Verwandtenadoption) angenommen (etwa Onkel oder Tante), erlischt nach § 1756 Abs. 1 nur das Verwandtschaftsverhältnis des Kindes und seiner Abkömmlinge zu den bisherigen Eltern. Das angenommene Kind kann demnach ges Erbe der ersten Ordnung nach seinen beiden leiblichen Großelternpaaren und nach dem durch die Adoption vermittelten Großelternpaar werden. Soweit durch eine Verwandtenadoption eine mehrfache Verwandtschaft entsteht (die bisherige und die durch den Annehmenden vermittelte), erhält der Adoptierte innerhalb der ersten drei Ordnungen die in den Stämmen anfallenden Anteile nebeneinander, § 1927.

b) Volljährigenadoption

22 Gem § 1770 Abs. 1 erstrecken sich die Wirkungen der Adoption eines Volljährigen idR nicht auf die Verwandten des Annehmenden, dh eine ges Verwandtschaft entsteht nur zwischen dem Angenommenen sowie dessen Abkömmlingen und dem Annehmenden selbst. Somit sind der Angenommene und seine Abkömmlinge gesetzliche Erben erster Ordnung nach dem Annehmenden, nicht jedoch nach dessen Eltern. Nach § 1770 Abs. 2 bleibt der Angenommene mit seinen leiblichen Vorfahren verwandt, sodass er auch ges Erbe erster Ordnung nach den leiblichen Eltern und Voreltern werden kann. In den Ausnahmefällen des § 1772 kann das Vormundschaftsgericht bei einer Volljährigenadoption die Wirkungen einer Minderjährigenadoption anordnen.

2. Adoption bis zum 31. 12. 1976

23 Bei Adoptionen bis zum 31. 12. 1976 sind die Übergangsregelungen in Art. 12 AdoptG zu beachten. War der Erblasser bis zum 31. 12. 1976 bereits verstorben, bestimmen sich die erbrechtlichen Verhältnisse stets nach altem Recht, Art. 12 § 1 Abs. 4 AdoptG. In Erbfällen seit dem 1. 1. 1977 ist zu unterscheiden: War der Angenommene am 1. 1. 1977 bereits

volljährig, so sind nach Art. 12 § 1 Abs. 1 AdoptG die neuen Vorschriften über die Volljährigenadoption anzuwenden (BayObLG FamRZ 94, 853; OLG Frankfurt/Main FamRZ 95, 1087). Hatte der Angenommene hingegen am 1.1.1977 das 18. Lebensjahr noch nicht vollendet, so galt bei Erbfällen bis 31.12.1977 das alte Recht, danach das neue Recht zur Minderjährigenadoption, Art. 12 § 2 Abs. 1, 2 AdoptG.

§ 1925 Gesetzliche Erben zweiter Ordnung

(1) Gesetzliche Erben der zweiten Ordnung sind die Eltern des Erblassers und deren Abkömmlinge.

(2) Leben zur Zeit des Erbfalls die Eltern, so erben sie allein und zu gleichen Teilen.

(3) Lebt zur Zeit des Erbfalls der Vater oder die Mutter nicht mehr, so treten an die Stelle des Verstorbenen dessen Abkömmlinge nach den für die Beerbung in der ersten Ordnung geltenden Vorschriften. Sind Abkömmlinge nicht vorhanden, so erbt der überlebende Teil allein.

(4) In den Fällen des § 1756 sind das angenommene Kind und die Abkömmlinge der leiblichen Eltern oder des anderen Elternteils des Kindes im Verhältnis zueinander nicht Erben der zweiten Ordnung.

A. Allgemeines

Voraussetzung für die Anwendung des § 1925 ist, dass keine Erben erster Ordnung, 1
§ 1924, existieren, weil diese die Erben zweiter Ordnung verdrängen, § 1930. Die Erben der dritten Ordnung, § 1926, sind erst berufen, wenn kein Abkömmling der Eltern mehr lebt, § 1930. Dies gilt auch für den Fall, dass die noch lebenden Erben zweiter Ordnung nicht mit dem vorverstorbenen Elternteil von Gesetzes wegen verwandt sind, also etwa Stiefkinder = Halbgeschwister (LG Bochum Ppfleger 1989, 509).

B. Erben zweiter Ordnung

Gesetzliche Erben zweiter Ordnung sind die Eltern des Erblassers von Rechts wegen und 2
ihre Abkömmlinge. Das sind 1) die miteinander verheirateten leiblichen Eltern des Erblassers, 2) der nach § 1592 Nr. 1 als Vater geltende Ehemann der Mutter, 3) die mit dem Vater nicht verheiratete Mutter des Erblassers, 4) der nicht mit der Mutter verheiratete Vater des Erblassers in den Fällen des § 1592 Nr. 2 und 3 sowie 5) ein oder mehrere Adoptivelternteile des Erblassers (§ 1924 Rn 19 ff).
Die Eltern des Erblassers schließen als ges Erben die Geschwister des Erblassers und deren 3
Kindern (Nichten, Neffen) und Kindeskindern aus, § 1925 Abs. 2, 3. Die Bevorzugung der Elterngeneration vor den Geschwistern des Erblassers lässt sich mit der unmittelbaren Abstammung und den dadurch meistens sehr engen persönlichen Beziehungen rechtfertigen, zT auch damit, dass im Vermögen des Kindes häufig Werte enthalten sind, die von den Eltern stammen.
Zu den Erben zweiter Ordnung gehört seit dem 1.7.1970 auch der Vater eines nach dem 4
1.7.1949 geborenen nichtehelichen Kindes, sofern die Vaterschaft von Rechts wegen feststeht (§ 1924 Rn 5 f). In Erbfällen vor dem 1.4.1998 war er allerdings in Fällen des § 1934 Abs. 2, 3 aF auf einen Erbersatzanspruch beschränkt. Soweit ein bis zum 1.4.1998 rechtswirksam vorzeitiger Erbausgleich des Kindes, § 1934d, mit dem Vater zustande gekommen war, hatte dieser auch das Erbrecht des Vaters und seiner Abkömmlinge beseitigt, Art. 227 Abs. 1 Nr. 2 EGBGB. Für Erbfälle mit Bezug zur ehemaligen DDR sind die Übergangsbestimmungen des Art. 235 § 1 EGBGB zu beachten, § 1924 Rn 15 ff.

C. Höhe des Erbteils

5 Nach § 1925 Abs. 2 sind die Eltern vorbehaltlich des Ehegattenerbrechts, § 1931, und bei Erbfällen seit dem 1. 8. 2001 auch des Lebenspartnererbrechts, § 10 LPartG, zu gleichen Teilen berufen (§ 1931 Rn 11). Sie erben zu je $1/2$. Die Ausschlusswirkung des § 1925 Abs. 2 setzt lediglich das Erleben des Erbfalls durch die Eltern und damit die Erbfähigkeit voraus. Unerheblich für die Erbberechtigung der Eltern ist, ob sie in einer gültigen Ehe leben oder gelebt haben.

6 Ist ein Elternteil bereits verstorben, so fällt dessen Erbteil nicht dem überlebenden anderen Elternteil, sondern nach § 1925 Abs. 3 Satz 1 den Abkömmlingen des verstorbenen Elternteils zu. Dabei sind die für die Beerbung in der ersten Ordnung geltenden Vorschriften, § 1924 Abs. 2–4, anzuwenden. Kinder des vorverstorbenen Elternteils erben zu gleichen Teilen. Wird der Erblasser in ges Erbfolge durch seine Geschwister beerbt, so wird seit dem 1. 4. 1998 auch sein nichteheliches Halbgeschwister Erbe. Vor dem 1. 4. 1998 ist bei nichtehelichen Kindern § 1934a Abs. 2, 3 aF zu beachten. Halbgeschwister sowie deren Abkömmlinge treten aber nur an die Stelle des Elternteils, den sie mit dem Erblasser gemeinsam haben (Erbrecht nach Linien). Nur wenn der vorverstorbene Elternteil keine Abkömmlinge hinterlassen hat, fällt sein Erbteil nach § 1925 Abs. 3 Satz 2 dem überlebenden Elternteil zu, der dann – vorbehaltlich des Ehegatten- und Lebenspartnererbrechts-Alleinerbe wird.

7 Sind beide Elternteile vorverstorben, so treten deren Abkömmlinge an ihre Stelle, § 1925 Abs. 3 Satz 1. Auch in diesem Fall treten die Abkömmlinge das Erbe nach demjenigen Elternteil an, mit dem sie leiblich oder gesetzlich verwandt sind (Rn 6). Die vollbürtigen Geschwister treten also an die Stelle beider Eltern, die halbbürtigen Geschwister nur an die Stelle des Elternteils, den sie mit dem Erblasser gemeinsam haben. Beispiel: Die Eltern hatten außer dem Erblasser noch eine Tochter und der Vater außerdem noch einen Sohn aus erster Ehe. Dann erbt die Schwester des Erblassers zu $3/4$, der Halbbruder zu $1/4$, weil sich die Mutterhälfte nur auf die Tochter, die Vaterhälfte dagegen auf zwei Abkömmlinge verteilt.

8 Dem Vorversterben steht es gleich, wenn der Vater oder die Mutter des Erblassers durch Ausschlagung, § 1953 Abs. 2, oder durch Erbunwürdigkeitserklärung, § 2344 Abs. 2, weggefallen oder durch Verfügung von Todes wegen enterbt sind. Ein Erbverzicht der Eltern lässt das ges Erbrecht ihrer Abkömmlinge idR unberührt; § 2349 gilt nur für den Verzicht durch einen Abkömmling oder Seitenverwandten des Erblassers.

D. Anwendung des § 1925 bei Adoption

I. Minderjährigenadoption

1. Verwandtenadoption

9 Bei Adoption (§ 1924 Rn 18 ff) ergeben sich einige Besonderheiten in der Anwendung des § 1925. Sind der Annehmende und das Kind im zweiten oder dritten Grad verwandt (zB Großelternadoption), so erlöschen nach § 1756 Abs. 1 nur die Verwandtschaftsverhältnisse des Kindes zu seinen leiblichen Eltern. § 1925 Abs. 4 regelt für diesen Fall, dass auch die Abkömmlinge der leiblichen Eltern, also die leiblichen Geschwister des Adoptivkindes, nicht mehr zu den Erben der zweiten Ordnung gehören, obwohl die leibliche Verwandtschaft in diesem Verhältnis erhalten geblieben ist. Das Adoptivkind wird also in der zweiten Ordnung nur von den Adoptiveltern und deren Abkömmlingen beerbt, während es seinerseits beim Tod seiner leiblichen Geschwister nicht Erbe zweiter Ordnung wird.

2. Stiefkindadoption

10 Adoptiert ein Ehegatte das Kind des anderen Ehegatten aus einer früheren, durch Tod aufgelösten Ehe, so erlischt nach § 1756 Abs. 2 das Verwandtschaftsverhältnis nicht zu

den Verwandten des anderen Elternteils, wenn dieser die elterliche Sorge hatte. Die Abkömmlinge des verstorbenen leiblichen Elternteils gehören trotzdem nicht zu den ges Erben zweiter Ordnung des Adoptivkindes und werden ihrerseits auch nicht von dem angenommenen Kind beerbt, § 1925 Abs. 4. Dies soll jedoch nur für die einseitigen Abkömmlinge des vorverstorbenen Elternteils (Halbgeschwister des Adoptierten aus der ersten Ehe des überlebenden Elternteils), nicht aber seine vollbürtigen Geschwister gelten, die dann als Abkömmlinge des überlebenden, zum zweiten Mal verheirateten Elternteils an dessen Stelle träten, wenn auch dieser wegfällt (MüKo/*Leipold* § 1925 Rn 14; Soergel/*Stein* § 1925 Rn 11; aA *Lange/Kuchinke* § 14 II 2b; *Dittmann* Pfpleger 1978, 277, 280).

II. Volljährigenadoption

Bei der Adoption eines Volljährigen seit dem 1. 1. 1977 bleibt einerseits die Verwandtschaft mit den leiblichen Eltern und deren Abkömmlingen bestehen, § 1770 Abs. 1, andererseits wird eine Verwandtschaft des Adoptierten mit den Adoptiveltern (nicht mit deren Abkömmlingen) begründet. Deshalb sind ges Erben des Adoptierten zweiter Ordnung die Adoptiveltern und die leiblichen Eltern zu gleichen Teilen, § 1770 Abs. 2; anders in den Fällen des § 1772. **11**

Sind ein oder beide leibliche Elternteile vorverstorben, so treten deren Abkömmlinge an ihre Stelle (OLG Zweibrücken FGPrax 1996, 189). Ist ein Adoptivelternteil vorverstorben, so treten nicht dessen Abkömmlinge, sondern der andere Adoptivelternteil an dessen Stelle, § 1770 Abs. 1. Bei Vorversterben beider Adoptivelternteile erben allein die leiblichen Eltern oder deren Abkömmlinge als ges Erben zweiter Ordnung. Sind umgekehrt die leiblichen Eltern ohne Abkömmlinge verstorben, kommen allein die Adoptiveltern zum Zug (MüKo/*Leipold* § 1925 Rn 8; Staudinger/*Werner* § 1925 Rn 18). Erfolgte die Adoption durch eine Einzelperson, so erbt diese neben den leiblichen Eltern zu $1/2$, weil die Einzelperson allein die Position der Adoptiveltern einnimmt (MüKo/*Leipold* § 1925 Rn 8; aA Staudinger/*Werner* § 1925 Rn 9; Soergel/*Stein* § 925 Rn 6: $1/3$). **12**

§ 1926 Gesetzliche Erben dritter Ordnung

(1) Gesetzliche Erben der dritten Ordnung sind die Großeltern des Erblassers und deren Abkömmlinge.

(2) Leben zur Zeit des Erbfalls die Großeltern, so erben sie allein und zu gleichen Teilen.

(3) Lebt zur Zeit des Erbfalls von einem Großelternpaar der Großvater oder die Großmutter nicht mehr, so treten an die Stelle des Verstorbenen dessen Abkömmlinge. Sind Abkömmlinge nicht vorhanden, so fällt der Anteil des Verstorbenen dem anderen Teil des Großelternpaars und, wenn dieser nicht mehr lebt, dessen Abkömmling zu.

(4) Leben zur Zeit des Erbfalls ein Großelternpaar nicht mehr und sind Abkömmlinge der Verstorbenen nicht vorhanden, so erben die anderen Großeltern oder ihre Abkömmlinge allein.

(5) Soweit Abkömmlinge an die Stelle ihrer Eltern oder ihrer Voreltern treten, finden die für die Beerbung in der ersten Ordnung geltenden Vorschriften Anwendung.

Literatur
v. Olshausen, Gesetzliches Ehegattenerbrecht neben Großeltern und deren Abkömmlingen im Güterstand der Zugewinngemeinschaft, FamRZ 1981, 633.

§ 1926 BGB | Gesetzliche Erben dritter Ordnung

A. Allgemeines

1 Voraussetzung für die Anwendung des § 1926 ist, dass keine Erben erster und zweiter Ordnung, §§ 1924, 1925 existieren, weil diese die Erben dritter Ordnung verdrängen, § 1930. Die Erben der vierten Ordnung, § 1927, sind erst berufen, wenn kein Abkömmling der Großeltern mehr lebt, § 1930.

B. Erben dritter Ordnung

2 Gesetzliche Erben dritter Ordnung sind die Großeltern des Erblassers von Rechts wegen und deren Abkömmlinge, also Tanten und Onkel des Erblassers und deren Abkömmlinge, § 1926 Abs. 1.

3 Erben dritter Ordnung sind bei Erbfällen seit dem 1.7.1970 auch die väterlichen Großeltern eines nach dem 1.7.1949 geborenen nichtehelichen Kindes, sofern die Vaterschaft von Rechts wegen über den Vater vermittelt, § 1592 Nr. 2 und 3, feststeht. Bis zum 31.3.1998 waren sie jedoch auf einen Erbersatzanspruch beschränkt, § 1934a aF. In Erbfällen bis zum 1.7.1970 bestand überhaupt kein Erbrecht der väterlichen Großeltern (§ 1924 Rn 13; zum vorzeitigen Erbausgleich § 1924 Rn 10 und § 1925 Rn 4). Für Erbfälle mit Bezug zur ehemaligen DDR sind die Übergangsbestimmungen des Art. 235 § 1 EGBGB zu beachten, § 1924 Rn 15 ff.

C. Höhe des Erbteils

4 Nach § 1926 Abs. 2 sind die Großeltern vorbehaltlich des Ehegattenerbrechts, § 1931, und bei Erbfällen seit dem 1.8.2001 Lebenspartnererbrechts, § 10 LPartG, zu gleichen Teilen berufen (§ 1931 Rn 11). Sie erben zu je $^{1}/_{4}$.

5 Nach § 1926 Abs. 3 Satz 1 wird ein vorverstorbener Großelternteil von seinen Abkömmlingen ersetzt. Diese schließen entferntere Abkömmlinge aus, § 1926 Abs. 5, und erben zu gleichen Teilen den Anteil, der auf den vorverstorbenen Großelternteil entfallen würde. Hier kommt es auf die Zugehörigkeit zur väterlichen oder mütterlichen Linie an (§ 1925 Rn 6). Erst wenn auf einer Seite weder Großvater noch Großmutter oder deren Abkömmlinge vorhanden sind, erben die anderen Großeltern, § 1926 Abs. 4. Ist kein Abkömmling eines vorverstorbenen Großelternteils vorhanden, so fällt dessen Anteil an den anderen Teil dieses Großelternpaares, § 1926 Abs. 3 Satz 2.

D. Anwendung des § 1926 bei Adoption

I. Minderjährigenadoption

1. Verwandtenadoption

6 Bei Adoption (§ 1924 Rn 18 ff) ergeben sich einige Besonderheiten in der Anwendung des § 1926. Wird ein Verwandter zweiten oder dritten Grades adoptiert (etwa ein Neffe von seinem Onkel und dessen Ehegatten), so bleibt die Verwandtschaft zu den beiden leiblichen Großelternpaaren unberührt, § 1756 Abs. 1. Die Eltern des mit dem Adoptierten nicht verwandten annehmenden Ehegatten treten als drittes Großelternpaar von Rechts wegen als Erben dritter Ordnung hinzu. Soweit ein leibliches Großelternpaar durch die Adoption zusätzlich die Adoptivgroßelterneigenschaft erhalten hat, erbt dieses Paar nicht doppelt (MüKo/*Leipold* § 1926 Rn 12; Palandt/*Edenhofer* § 1926 Rn 6; aA Staudinger/*Werner* § 1926 Rn 7; Soergel/*Stein* § 1926 Rn 6).

7 Die leiblichen Eltern des verstorbenen Adoptivkindes zählen nicht zu den Abkömmlingen der leiblichen Großeltern, § 1756 Abs. 1 BGB, wohl aber die leiblichen Geschwister des Adoptivkindes. Diese können jedoch nicht als Erben der zweiten Ordnung an die Stelle ihrer Eltern treten (§ 1925 Rn 9). Sie können aber als Erben dritter Ordnung an die Stelle

eines leiblichen Großelternteils treten. Umgekehrt gehört der Angenommene zu den ges Erben dritter Ordnung beim Tod leiblicher Geschwister.

2. Stiefkindadoption

Auch bei der Stiefkindadoption hat das adoptierte Kind drei Großelternpaare, die sämtlich zu den Erben der dritten Ordnung gehören (Rn 6). 8

II. Volljährigenadoption

Erben dritter Ordnung sind bei einer Volljährigenadoption allein die leiblichen Großeltern 9 des Adoptierten und deren Abkömmlinge, weil sich die Wirkung der Adoption nicht auf die Verwandten der Adoptiveltern erstreckt und die leiblichen Verwandtschaftsverhältnisse unberührt bleiben, § 1770. Ein Abkömmling des Adoptierten erhält neben seinen leiblichen Großeltern mit den Adoptierenden ein drittes Großelternpaar.

§ 1927 Mehrere Erbteile bei mehrfacher Verwandtschaft

Wer in der ersten, der zweiten oder der dritten Ordnung verschiedenen Stämmen angehört, erhält den in jedem dieser Stämme ihm zufallenden Anteil. Jeder Anteil gilt als besonderer Erbteil.

§ 1927 Satz 1 stellt den Grundsatz des mehrfachen Erbrechts klar, der sich aus der möglichen Zugehörigkeit zu mehreren Stämmen ergibt. § 1927 greift ein, wenn ein Erbe zu verschiedenen Stämmen innerhalb derselben Ordnung gehört; bei verschiedenen Ordnungen gilt § 1930 (Vorrang der jeweils vorhergehenden Ordnung). Die Zugehörigkeit zu mehreren Stämmen kann dadurch entstehen, dass einer Ehe zwischen Verwandten (zB Cousin und Cousine) ein Abkömmling entstammt, der durch beide Stammeseltern mit dem Erblasser verwandt ist. 1

Auch die Adoption eines Verwandten kann mehrfache Verwandtschaftsbeziehungen begründen, vorausgesetzt die bisherigen Verwandtschaftsbeziehungen des Adoptierten bleiben bestehen, was bei der Adoption Volljähriger, § 1770 Abs. 2, oder bei der Adoption eines im zweiten oder dritten Grad mit dem Adoptierenden verwandten Kindes, § 1756 Abs. 1, der Fall ist. 2

§ 1927 Satz 2 ordnet an, dass in diesen Fällen jeder Anteil als besonderer Erbteil gilt. Jeder Anteil kann also gesondert angenommen und ausgeschlagen, § 1951 Abs. 1, oder veräußert werden, § 2033 Abs. 1. Die Haftung für Nachlassverbindlichkeiten ist für jeden Anteil gesondert zu beurteilen, § 2007 Satz 1. Vermächtnisse, § 1939, Auflagen, § 1940, und Ausgleichungspflichten, § 2051, können auf einen der Erbteile beschränkt sein. 3

§ 1928 Gesetzliche Erben vierter Ordnung

(1) Gesetzliche Erben der vierten Ordnung sind die Urgroßeltern des Erblassers und deren Abkömmlinge.

(2) Leben zur Zeit des Erbfalls Urgroßeltern, so erben sie allein; mehrere erben zu gleichen Teilen, ohne Unterschied, ob sie derselben Linie oder verschiedenen Linien angehören.

(3) Leben zur Zeit des Erbfalls Urgroßeltern nicht mehr, so erbt von ihren Abkömmlingen derjenige, welcher mit dem Erblasser dem Grade nach am nächsten verwandt ist; mehrere gleich nahe Verwandte erben zu gleichen Teilen.

§ 1929 BGB | Fernere Ordnungen

A. Allgemeines

1 Ab der vierten Ordnung (Urgroßeltern des Erblassers und deren Abkömmlinge) werden die Erben im Unterschied zur ersten bis dritten Ordnung, §§ 1924–1926, nach Gradnähe der Verwandtschaft berufen. Voraussetzung für die Anwendung des § 1928 ist, dass keine Erben erster, zweiter und dritter Ordnung, §§ 1924, 1925, 1926 existieren, weil diese die Erben vierter Ordnung verdrängen, § 1930.

2 Die Erben der vierten Ordnung kommen nur zum Zug, wenn kein Ehegatte oder bei Erbfällen seit dem 1.8.2001 eingetragener Lebenspartner des Erblassers vorhanden ist, denn diese verdrängen Erben der vierten Ordnung vollständig, § 1931 Abs. 2, § 10 Abs. 2 LPartG.

B. Höhe des Erbteils

3 Solange auch nur ein Urgroßelternteil lebt, erbt dieser nach § 1928 Abs. 2 allein und schließt alle Abkömmlinge sämtlicher Urgroßeltern aus. Mehrere lebende Urgroßeltern erhalten den Nachlass zu gleichen Teilen.

4 Lebt kein Urgroßelternteil mehr, erben von den Nachkommen der Urgroßeltern die nach Graden mit dem Erblasser am nächsten Verwandten, § 1928 Abs. 3 **(Gradualsystem)**. Der Verwandtschaftsgrad wird nach § 1589 Satz 3 durch die Zahl der Geburten bestimmt, durch die die Verwandtschaft zum Erblasser vermittelt wird. Mehrere mit dem Erblasser gleich nah verwandte Abkömmlinge der Urgroßeltern erben zu gleichen Teilen, § 1928 Abs. 3 letzter Hs. Dabei spielt es keine Rolle, ob sie gemeinsame Abkömmlinge eines Urgroßelternpaares oder einseitige Abkömmlinge eines Urgroßelternteils sind. Auch ein dem Grade nach näherer halbbürtiger Verwandter geht vollbürtigen entfernteren Verwandten vor. Diese ab der vierten Ordnung fehlende Unterscheidung von Vater- und Mutterseite soll nach Auffassung des AG Starnberg (FamRZ 2003, 1131) gegen Art. 3, 14 GG verstoßen. Unter gleich nah mit dem Erblasser verwandten Abkömmlingen der Urgroßeltern erhöht eine mehrfache Verwandtschaft den Erbteil nicht, denn § 1927 gilt nur für die ersten drei Ordnungen. Zur Verwandtschaft durch Adoption vgl § 1924 Rn 18 ff.

§ 1929 Fernere Ordnungen

(1) Gesetzliche Erben der fünften Ordnung und der ferneren Ordnungen sind die entfernteren Voreltern des Erblassers und deren Abkömmlinge.

(2) Die Vorschrift des § 1928 Abs. 2, 3 findet entsprechende Anwendung.

1 Die Berufung der Erben innerhalb der fünften und ferneren Ordnungen findet wie in der vierten Ordnung statt (§ 1928 Rn 1). Die Ermittlung der oft unbekannten Erben dieser Ordnungen hat ggf im Wege des Erbenermittlungsverfahrens, §§ 1964, 1965, zu erfolgen. Dies ist notwendig, denn selbst der entfernteste Verwandte als ges Erbe geht dem ges Erbrecht des Fiskus vor, § 1936.

2 Erben der fünften und fernerer Ordnungen sind alle Personen, von denen die Urgroßeltern des Erblassers in gerader Linie abstammen, also Eltern, Großeltern etc der Urgroßeltern oder Ururgroßeltern etc des Erblassers und deren Abkömmlinge. Lebende Voreltern erben allein und zu gleichen Teilen, § 1929 Abs. 2. Sind keine lebenden Voreltern vorhanden, erhalten jeweils innerhalb der betreffenden Ordnung die dem Grad nach nächsten Abkömmlinge (§ 1928 Rn 4) der Voreltern den Nachlass. Bei gleicher Gradnähe erhalten sie den Nachlass zu gleichen Teilen, §§ 1929 Abs. 2, 1928 Abs. 3. Ehegatten und bei Erbfällen seit dem 1.8.2001 auch eingetragene Lebenspartner schlie-

ßen als ges Erben die Erben ab der vierten Ordnung aus, §§ 1931 Abs. 2 BGB, 10 Abs. 2 LPartG.

§ 1930 Rangfolge der Ordnungen

Ein Verwandter ist nicht zur Erbfolge berufen, solange ein Verwandter einer vorhergehenden Ordnung vorhanden ist.

A. Allgemeines

§ 1930 fasst den sich aus den vorangehenden Normen ergebenden Grundsatz zusammen, dass die niedrigeren Ordnungen den höheren Ordnungen vorgehen. Solange bspw auch nur ein (auch halbbürtiger) noch so entfernter Erbe erster Ordnung (etwa ein Urenkel) des Erblassers beim Erbfall vorhanden ist, sind die Eltern des Erblassers und deren Nachkommen als Erben der zweiten Ordnung nicht als ges Erben berufen. 1

Verwandte, die in Erbfällen bis zum 31. 3. 1998 lediglich einen Erbersatzanspruch hatten, § 1934a aF (§ 1924 Rn 9), gehörten trotzdem derjenigen Ordnung an, der sie als Erben angehört hätten und konnten Verwandte höherer Ordnungen von der Erbfolge ausschließen, § 1930, 2. Hs aF. 2

Der Ehegatte oder in Erbfällen seit dem 1. 8. 2001 der eingetragene Lebenspartner erbt außerhalb der Ordnungen, § 1931 BGB, § 10 LPartG. 3

B. Vorhandensein eines Verwandten

Ein Verwandter ist iSd § 1930 vorhanden, wenn er zum Zeitpunkt des Erbfalls lebt, § 1923 Abs. 1, oder bereits erzeugt ist und später lebend geboren wird, § 1923 Abs. 2. Stirbt er nach dem Erbfall, war er bereits Erbe geworden und vererbt den Nachlass auf seine eigenen Erben. 4

Ein Erbe ist nur vorhanden, wenn seiner Berufung zum ges Erben kein Hindernis entgegensteht, also Enterbung, § 1938, Ausschlagung, § 1953 Abs. 2, Erbunwürdigkeit, § 2344 Abs. 2, Erbverzicht, § 2346 Abs. 1 oder vorzeitiger Erbausgleich, § 1934d, e aF. Liegt ein solches Hindernis vor, so wird der Verwandte so behandelt, als wäre er zum Zeitpunkt des Erbfalls nicht vorhanden gewesen. Wird jemand durch den späteren Wegfall eines Verwandten zum ges Erben, so ist lediglich erforderlich, dass er zum Zeitpunkt des Erbfalls gelebt hat, § 1923 Abs. 1, oder bereits erzeugt ist und später lebend geboren wird, § 1923 Abs. 2. Nicht notwendig ist, dass er zum Zeitpunkt des Ereignisses, das den Wegfall begründet, etwa beim Wirksamwerden der Ausschlagung des Erstberufenen, noch am Leben war. 5

§ 1931 Gesetzliches Erbrecht des Ehegatten

(1) Der überlebende Ehegatte des Erblassers ist neben Verwandten der ersten Ordnung zu einem Viertel, neben Verwandten der zweiten Ordnung oder neben Großeltern zur Hälfte der Erbschaft als ges Erbe berufen. Treffen mit Großeltern Abkömmlinge von Großeltern zusammen, so erhält der Ehegatte auch von der anderen Hälfte den Anteil, der nach § 1926 BGB den Abkömmlingen zufallen würde.

(2) Sind weder Verwandte der ersten oder der zweiten Ordnung noch Großeltern vorhanden, so erhält der überlebende Ehegatte die ganze Erbschaft.

(3) Die Vorschrift des § 1371 bleibt unberührt.

(4) Bestand beim Erbfall Gütertrennung und sind als ges Erben neben dem überlebenden Ehegatten ein oder zwei Kinder des Erblassers berufen, so erben der überlebende Ehegatte und jedes Kind zu gleichen Teilen; § 1924 Abs. 3 gilt auch in diesem Falle.

Literatur
Abele/Klinger, Scheidung und Ehegattenerbrecht, FPR 2006, 138; *Geißler*, Zugewinnausgleich im Todesfall – ein Vergleich zwischen erbrechtlichem und güterrechtlichem Ausgleich, BWNotZ 1990, 38; *Klinger/Mohr*, Erbrechtliche Wahlmöglichkeiten des überlebenden Ehegatten, NJW-Spezial 2006, 205; *Krug*, Die Inhaltskotrolle von Eheverträgen nach der Rechtsprechung des BVerfG, ZErb 2002, 39; *Löhnig*, Das ges Erbrecht des Ehegatten, JA 2001, 937; *Leipold*, Wandlungen in den Grundlagen des Erbrechts?, AcP 180 (1980), 160; *Odersky*, Die Erbquote des Ehegatten und der Kinder in den Fällen des § 1931 Abs. 4 BGB, Pfleger 1973, 239; *v. Olshausen*, Gesetzliches Ehegattenerbrecht neben Großeltern und deren Abkömmlingen im Güterstand der Zugewinngemeinschaft, FamRZ 1981, 633; *Rauscher*, Vergisst die Reform des Kindschaftsrechts § 1931 Abs. 4 BGB?, FamRZ 1997, 1121.

A. Allgemeines

1 Das ges Ehegattenerbrecht in § 1931 beruht auf der Ehe mit dem Erblasser und ist ein von der ges Verwandtenerbfolge nach Ordnungen losgelöster Berufungsgrund. Deswegen gibt es auch kein Eintrittsrecht der Abkömmlinge in das Ehegattenerbrecht, wenn der Ehegatte im Zeitpunkt des Erbfalls weggefallen ist. Die Höhe der Erbquote ist güterstandsabhängig, § 1931 Abs. 3 und 4 (siehe Rn 12 ff und § 1371 Rn 2 ff).

2 Neben dem ges Erbrecht hat der Ehegatte einen zusätzlichen Anspruch auf die Hausratsgegenstände, den Voraus, § 1932 bzw in Ausnahmefällen einen Vermögensausgleichsanspruch außerhalb des Erbrechts (Rn 21 ff). Wird der Ehegatte durch Verfügung von Todes wegen von der Erbfolge ausgeschlossen (§§ 1937, 1938) garantiert ihm sein Pflichtteilsrecht, § 2303 (dort Rn 10 ff), eine Mindestbeteiligung am Nachlass. Trotz Ausschlusses von der Erbfolge können dem Ehegatten Ansprüche außerhalb des Erbrechts zustehen, wenn zB die Ehegatten ihre vermögensrechtlichen Beziehungen gesellschaftsrechtlich geregelt haben (BGH NJW 1999, 2962), vgl dazu auch Rn 21. Außerdem stehen dem Ehegatten in Abhängigkeit vom Güterstand güterrechtliche Ansprüche gegen die Erben zu, bei gesm Güterstand vgl § 1371 Rn 5 ff.

3 Eine analoge Anwendung des § 1931 auf nichteheliche Lebensgemeinschaften wird allgemein abgelehnt (OLG Saarbrücken NJW 1979, 2050; OLG Frankfurt NJW 1982, 1885; MüKo/*Leipold* § 1931 Rn 6).

B. Wirksame Ehe als Voraussetzung des ges Ehegattenerbrechts

4 Erbberechtigt ist der überlebende Ehegatte (zum Problem zeitgleichen Versterbens § 1923 Rn 7), der zum Zeitpunkt des Erbfalls mit dem Erblasser in einer gültigen Ehe gelebt hat. Entscheidend ist allein der rechtlich wirksame Bestand, nicht die Dauer der Ehe. Maßstab für die gültige Eheschließung ist § 1310, bei Ehen mit Auslandsbezug Art. 13 EGBGB iVm dem anwendbaren nationalen Recht.

5 An einer wirksamen Ehe fehlt es, wenn die Eheschließung unter schwerwiegenden formellen oder materiellen Mängeln leidet, sodass die Eheschließung wirkungslos bleibt und keine Heilung iSd § 1310 Abs. 3 möglich ist (Nichtehe; zu Heilungsmöglichkeiten: *Hepting* FamRZ 1998, 713, 725). Eine Nichtehe liegt bspw vor, wenn die Brautleute die Ehe nicht vor einem zuständigen und zur Trauung bereiten Standesbeamten eingegangen sind, § 11 EheG aF, § 1310 Abs. 1 Satz 1.

6 Am Bestand einer wirksamen Ehe fehlt es auch im Falle einer rechtskräftigen Aufhebung, § 1313, oder Scheidung, § 1564 Satz 2, im Zeitpunkt des Erbfalls oder unter den Voraussetzungen des § 1933 (§ 1933 Rn 2 ff) auch vor rechtskräftiger Aufhebung oder Scheidung. Zum gleichen Ergebnis führte die Nichtigerklärung einer Ehe gem §§ 16, 33 EheG aF. Sie wurde jedoch durch das Gesetz zur Neuordnung des Eheschließungsrechts zum 1. 7. 1998

abgeschafft. Nichtigerklärungen nach dem 1. 7. 1998 sind nur noch unter den Voraussetzungen des Art. 226 Abs. 2 EGBGB möglich. Das Getrenntleben der Ehegatten allein steht dem Erbrecht nicht entgegen. Das ges Erbrecht des Ehegatten, § 1931, kann auch gem § 1318 Abs. 5 ohne Aufhebungsklage ausgeschlossen sein (MüKo/*Müller-Gindullis* § 1318 Rn 14). Dies ist dann der Fall, wenn der Ehegatte bei Eheschließung die Aufhebbarkeit der Ehe wegen Verstößen gegen §§ 1304, 1306, 1307, 1311 oder 1314 Abs. 2 Nr. 1 gekannt hat.

Hinterlässt der Erblasser aufgrund von Fehlern im Eheschließungsverfahren nach deutschem Recht oder entsprechender Möglichkeiten nach ausländischem Recht zwei Ehegatten (Doppelehe), so sind beide Ehegatten zu Erben berufen, sofern nicht die Ausnahme des § 1318 Abs. 5 eingreift. Beide Ehegatten erhalten den auf »den Ehegatten« entfallenden Anteil gemeinsam (MüKo/*Leipold* § 1931 Rn 9), da sonst in das ges Erbrecht der Verwandten eingegriffen würde. 7

Wurde eine verschollener Erblasser für tot erklärt, obwohl er noch lebt, so wird seine Ehe durch Wiederverheiratung seines Ehegatten aufgelöst. Daran ändert sich auch nichts, wenn die Todeserklärung aufgehoben wird, es sei denn die beiden neuen Ehegatten wussten bei Eheschließung, dass der Erblasser noch lebt, § 1319 Abs. 2. 8

Als allgemeine Ausschlussgründe kommen Entziehung des ges Erbrechts durch anderweitige den Ehegatten ausschließende Erbeinsetzung, §§ 1937, 1941, oder Enterbung, § 1938, durch Verfügung von Todes wegen des Erblassers, Erbverzicht, § 2346, und Erbunwürdigkeit, §§ 2339, 2344 ff, in Betracht. 9

C. Rechtsfolgen

I. Grundsatz

Die Erbquote, mit der der überlebende Ehegatte am Nachlass beteiligt wird, hängt von zwei Umständen ab, zum einen, welcher Ordnung die Verwandten angehören, die neben dem Ehegatten als Erben berufen sind, § 1931 Abs. 1 und 2 (Rn 11), und zum anderen, in welchem Güterstand die Ehegatten zum Zeitpunkt des Erbfalls gelebt haben (Rn 12 ff). Bei Ermittlung der ges Erbfolge ist stets mit dem Ehegattenerbrecht zu beginnen, das in drei Stufen nach 1.) § 1931 Abs. 1 Satz 1 und Abs. 2 (Rn 11), 2.) §§ 1931 Abs. 3 iVm 1371 und 1931 Abs. 4 (Rn 12 ff) und 3.) § 1931 Abs. 1 Satz 2 (Rn 15 ff) zu errechnen ist. Der hiernach berechnete Nachlassanteil stellt einen einheitlichen Erbteil dar. Er kann nur als Ganzes angenommen oder ausgeschlagen werden, § 1950; eine Teilausschlagung allein des ges Erbteils, der dem Ehegatten ohne Rücksicht auf den Güterstand zusteht, oder nur des nach §§ 1931 Abs. 3, 1371 Abs. 1 zugefallenen Viertels ist nicht möglich. Das zusätzliche Viertel kann aber Gegenstand eines Erbverzichts sein. 10

II. Stufe 1: Verwandte Erben

Gem § 1931 Abs. 1 Satz 1 ist der Ehegatte neben Verwandten der ersten Ordnung, § 1924, also idR neben Kindern und Enkeln, mit einer Erbquote von $1/4$, neben Verwandten der zweiten Ordnung, § 1925, also den Eltern und deren Abkömmlingen (= Geschwister des Erblassers) oder den Großeltern mit einer Erbquote von $1/2$ am Nachlass beteiligt. Bei Berufung neben Erben der zweiten Ordnung bleibt es auch dann bei der Hälfte, wenn beide Eltern des Erblassers vorverstorben sind und nur einseitige Abkömmlinge eines Elternteils als Erben der zweiten Ordnung zum Zuge kommen (OLG Celle FamRZ 2003, 560; LG Bochum Ppfleger 1989, 509); zu Problemen des § 1931 Abs. 1 Satz 2 u Rn 15 ff. Neben entfernteren Verwandten ist der Ehegatte Alleinerbe, § 1931 Abs. 2. 11

III. Stufe 2: Güterstand

Der nach § 1931 Abs. 1 und 2 ermittelte Erbteil des Ehegatten kann sich, je nach Güterstand, verändern, § 1931 Abs. 3 und 4. Keine Veränderung der Erbquote aus § 1931 Abs. 1 12

Satz 1 erfolgt beim Güterstand der Gütergemeinschaft, §§ 1415 ff. In den Nachlass fällt bei der Gütergemeinschaft neben dem Sonder- und Vorbehaltsgut der Anteil des verstorbenen Ehegatten am Gesamtgut, § 1482 Satz 1. Im Regelfall wird die Gütergemeinschaft durch den Tod eines Ehegatten beendet; die Auseinandersetzung erfolgt dann nach §§ 1471 ff. Bei entsprechender Vereinbarung im Ehevertrag wird die Gütergemeinschaft nach § 1483 Abs. 1 Satz 1 zwischen dem überlebenden Ehegatten und den Abkömmlingen fortgesetzt. In diesem Fall gehört der Anteil des Verstorbenen am Gesamtgut nicht zum Nachlass, § 1483 Abs. 1 Satz 3.

13 Lebten die Ehegatten im ges Güterstand der Zugewinngemeinschaft, § 1363 ff, ergibt sich eine Erhöhung des Erbteils aus § 1931 Abs. 1 und 2 aus § 1371 Abs. 1, vgl § 1931 Abs. 3 (§ 1371 Rn 2 ff). Anstelle der erbrechtlichen kann der Ehegatte beim Güterstand der Zugewinngemeinschaft auch die sog güterrechtliche Lösung wählen. Dies kann zum einen der Erblasser herbeiführen, indem er den Ehegatten enterbt bzw nicht anderweit zum Erben einsetzt oder ihm kein Vermächtnis aussetzt (§ 1371 Abs. 2), zum anderen kann aber auch der überlebende Ehegatte die güterrechtliche Lösung wählen, indem er die Erbschaft ausschlägt (§ 1371 Abs. 3), vgl iE § 1371 Rn 5 ff.

14 Lebten die Ehegatten im Güterstand der Gütertrennung, § 1414, gilt § 1931 Abs. 4. Danach tritt eine Veränderung zu § 1931 Abs. 1 Satz 1 dann ein, wenn Erben der ersten Ordnung, also Abkömmlinge des Erblassers berufen sind, allerdings nur, sofern es nicht mehr als zwei Kinder sind. Ist ein Kind neben dem Ehegatten als ges Erbe berufen, erbt der Ehegatte zu $1/2$, sind zwei Kinder berufen, zu $1/3$. Sind mehr als zwei Kinder vorhanden, bleibt es bei der Regelung des § 1931 Abs. 1 Satz 1, dh der Ehegatte ist mit $1/4$ am Nachlass beteiligt. Sind keine Abkömmlinge erster Ordnung berufen, bleibt es ebenfalls bei § 1931 Abs. 1 Satz 1.

IV. Stufe 3: Sonderprobleme im Rahmen des § 1931 Abs. 1 Satz 2

15 Die bisher errechneten Erbquoten können sich zugunsten des Ehegatten erhöhen, wenn neben den Großeltern Abkömmlinge der Großeltern gem § 1926 als ges Erben berufen sind, § 1931 Abs. 1 Satz 2, indem der auf den für den vorverstorbenen Großelternteil nachfolgenden Abkömmling entfallende Teil dem überlebenden Ehegatten zugeschlagen wird. Das gilt entgegen dem Wortlaut des § 1931 Abs. 1 Satz 2 auch, wenn aufgrund der §§ 1931 Abs. 3, 1371 Abs. 1 die ges Erben neben dem überlebenden Ehegatten nur $1/4$ und nicht »die andere Hälfte« erhalten (MüKo/*Leipold* § 1931 Rn 24; Staudinger/*Werner* § 1931 Rn 37; Soergel/*Stein* § 1931 Rn 25; *Olzen* Jura 1998, 135, 140; aA Erman/*Schlüter* § 1931 Rn 25; Jauernig/*Stürner* § 1931 Rn 4, die § 1931 Abs. 1 Satz 2 bereits vor der Erhöhung nach §§ 1931 Abs. 3, 1371 Abs. 1 anwenden will, verkennt, dass es nicht Sinn der Erbteilserhöhung nach § 1371 Abs. 1 ist, erbberechtigte Verwandte ganz oder teilweise von der Erbfolge auszuschließen.)

16 Beispiel: Der Erblasser hinterlässt seinen Ehegatten, mit dem er im ges Güterstand gelebt hat, und drei Großelternteile sowie einen Abkömmling des Großelternpaars, von dem bereits ein Teil verstorben ist. In diesem Fall erbt der Ehegatte $1/2$, § 1931 Abs. 1 Satz 1 (Stufe 1). Hinzu kommt ein weiteres $1/4$, §§ 1931 Abs. 3, 1371 Abs. 1 (Stufe 2), so dass der Ehegatte zu $3/4$ am Nachlass beteiligt ist. Für die neben dem Ehegatten berufenen ges Erben verbleibt also $1/4$. Auf jeden Großelternteil entfällt $1/16$, wobei an die Stelle des vorverstorbenen Großelternteils dessen Abkömmling tritt. Der Ehegatte erbt deshalb zu $13/16$ (nach aA erhielte er $14/16$). Wäre hingegen in diesem Beispiel der Großelternteil ohne Hinterlassung eines Abkömmlings vorverstorben, so fiele sein Anteil iHv $1/16$ an den anderen Teil des Großelternpaares, §§ 1931 Abs. 1 Satz 2, 1926 Abs. 3 Satz 2. Ist auch der andere Teil des Paares weggefallen, ohne Abkömmlinge hinterlassen zu haben, so fällt der Anteil dieses Paares dem anderen noch lebenden Großelternpaar zu, §§ 1931 Abs. 1 Satz 2, 1926 Abs. 4.

V. Erbfälle bis zum 31. 3. 1998

Waren in Erbfällen bis zum 31. 3. 1998 nur nichteheliche Abkömmlinge des verstorbenen 17
Ehemanns vorhanden, erbte dessen Witwe allein, war dann allerdings mit den Erbersatzansprüchen der Kinder belastet, § 1934a aF. Verstarb ein Ehegatte ohne Hinterlassung von Abkömmlingen, so war sein nichtehelicher Vater neben dem überlebenden Ehegatten seines Kindes auf einen Erbersatzanspruch beschränkt, § 1934a Abs. 3. Väterliche Großeltern eines nichtehelichen Kindes waren ebenfalls auf einen Erbersatzanspruch verwiesen.

Bei Gütertrennung wurde in Erbfällen bis zum 31. 3. 1998 nichteheliche Kinder, die nach 18
§ 1934a aF neben dem Ehegatten nur einen Erbersatzanspruch hatten, im Rahmen des 1931 Abs. 4 mitgezählt (Staudinger/*Werner* § 1931 Rn 46; Soergel/*Stein* § 1931 Rn 33; Erman/*Schlüter* § 1931 Rn 43). Zur str Frage, wie zu verfahren war, wenn die Zahl der ehelichen Kinder zur Anwendung des § 1931 Abs. 4 geführt hätte, während bei Einrechnung der nichtehelichen Kinder § 1931 Abs. 1 einschlägig gewesen wäre, vgl MüKo/*Leipold*, 3. Aufl, § 1931 Rn 30 mwN.

VI. Erbfälle mit Bezug zur DDR

Bei Erbfällen bis zum 2. 10. 1990 kommt Erbrecht der DDR zur Anwendung, Art. 235 § 1 19
Abs. 1 EGBGB. Nach § 365 ZGB erbte der Ehegatte als Erbe 1. Ordnung neben einem Kind $^1/_2$, neben zwei Kindern $^1/_3$ und neben mehr Kindern $^1/_4$.

VII. Gesetzliches Erbrecht des eingetragenen Lebenspartners

Gem § 10 Abs. 1 Sätze 1, 2 und Abs. 2 LPartG gilt für den überlebenden eingetragenen 20
Lebenspartner Entsprechendes, vgl iE § 10 LPartG Rn 1 ff.

VIII. Ausgleichsansprüche der Ehegatten außerhalb des Erbrechts (Ehegattenmitarbeit, Ehegatteninnengesellschaft, unbenannte Zuwendungen)

Der vermögensrechtliche Ausgleich zwischen Ehegatten ist grds durch die Regelungen des 21
Güterrechts bzw des Ehegattenerbrechts geregelt. Je nach Güterstand haben die Ehegatten einen möglichen vermögensrechtlichen Ausgleichsanspruch bei Auflösung der Ehe gegen ihren Ehepartner, vgl Zugewinnausgleichsanspruch § 1378. Nur in Ausnahmefällen können auch ohne ausdrückliche Vereinbarung außerhalb dieser speziellen güter- bzw erbrechtlichen Vermögensausgleichsansprüche der Ehegatten sonstige Vermögensausgleichsansprüche bestehen. Diese Problematik spielt insb bei der Gütertrennung, wo außer dem erbrechtlichen Pauschalausgleich kein vermögensrechtlicher Ausgleichsanspruch besteht, sowie bei der Zugewinngemeinschaft, wo der mögliche Ausgleich zu unbilligem Ergebnis führen kann, eine Rolle (*Löhnig* JA 2001, 376), nicht hingegen bei der Gütergemeinschaft, weil den Ehegatten das Gesamtgut gemeinsam zugewiesen ist, vgl *Gernhuber/Coester-Waltjen*, Familienrecht, 4. Aufl § 19 V 1. Diese außerges Ansprüche sind auch bzgl Ehegattenmitarbeit bzw überobligatorischer vermögensrechtlicher Beiträge nicht ohne weiteres mit dem Argument auszuschließen, dass bei Gütertrennung nach § 1931 Abs. 1, 4 und bei Zugewinngemeinschaft nach § 1931 Abs. 1, 3 iVm § 1371 Abs. 1 alle Ansprüche zwischen den Ehegatten ausgleichen wollte, da diese Ansprüche unabhängig davon bestehen, ob tatsächlich Ehegattenmitarbeit oder überobligatorische vermögensrechtliche Beiträge geleistet worden sind bzw unabhängig davon, ob der überlebende Ehegatte Anspruchsgläubiger oder -schuldner eines solchen Ausgleichs ist (Soergel/*Stein* § 1931 Rn 34).

Vorrangig ist bei diesen sonstigen Vermögensausgleichsansprüchen an einen gesell- 22
schaftsrechtlichen Ausgleichsanspruch gem §§ 722, 730, 738 zu denken (23). Soweit diese ausgeschlossen sind, besteht eine Möglichkeit, die sog unbenannten Zuwendungen über

§ 1931 BGB | Gesetzliches Erbrecht des Ehegatten

§ 313 bzw § 242 auszugleichen (24; zu unbenannten Zuwendungen nach der Schuldrechtsmodernisierung *Löhnig* FamRZ 2004, 503).

23 Ansprüche aus einer stillschweigenden Ehegatteninnengesellschaft können auch neben Zugewinnausgleichsansprüchen vorliegen (*Krug* Zerb 2002, 15). Voraussetzung für die Annahme einer stillschweigenden Ehegatteninnengesellschaft nach gesellschaftlichen Regelungen ist nach der Rspr (BGH NJW 1999, 2964; BGH NJW 1953, 418), dass die Eheleute durch ihre beiderseitigen Leistungen einen über den typischen Rahmen der ehelichen Lebensgemeinschaft hinausgehenden gemeinsamen Zweck verfolgen, wobei sie gleichgeordnet tätig werden müssen, was bei gleichberechtigter (nicht zwingend gleichwertiger, vgl auch BGH FamRZ 1968, 589: einem Ehegatten gehört Großbetrieb, anderer erbringt kaufmännische Leitung) Mitarbeit und Beteiligung am Verlust angenommen wird (BGH FamRZ 1999, 1580 ff). Planung, Umfang und Dauer der Vermögensbildung sowie Absprachen über die Verwendung und Wiederanlage erzielter Erträge liefern nach Rspr Indizien für eine Zusammenarbeit nach gesellschaftlichen Grundsätzen (BGH NJW 2003, 2982). Bei jahrelanger planvoller und zielstrebiger gemeinsamer Erarbeitung eines gemeinsamen Vermögens, um im Alter aus den Erträgen dieses Vermögens zu leben bzw weiteres Vermögen zu bilden, liegt Annahme einer Ehegatteninnengesellschaft nahe (BGH NJW 1999, 2963). Fehlt es an einem solchen Zweck und dient der Einsatz von Vermögen und Arbeit nur der Verwirklichung der ehelichen Lebensgemeinschaft, kann keine Ehegatteninnengesellschaft angenommen werden (unzureichend zB: bloße Schaffung eines Familienheims mit gemeinsamen Vermögen und Arbeitsleistungen, BGH FamRZ 1975, 35; BGHZ 31, 197; bloße finanzielle Unterstützung durch Stellung von Sicherheiten, BGH FamRZ 1987, 907). In diesen Fällen kommt uU ein Ausgleich für die unbenannten Zuwendungen, für die im Unterschied zur Ehegatteninnengesellschaft das Element des Gebens um der persönlichen Bindung der Ehepartner willen im Vordergrund steht (BGH NJW 1999, 2965), nach § 313 bzw § 242 in Betracht, vgl Rn 25. Andererseits steht es der Annahme einer Ehegatteninnengesellschaft nicht entgegen, wenn der Zweck der gemeinsamen Tätigkeit in der Sicherung des Lebensunterhalts liegt (BGH FamRZ 1990, 973). Bestand eine Ehegatteninnengesellschaft, wird die Zahlung des Auseinandersetzungsguthaben nach § 738 ff als Nachlassverbindlichkeit geschuldet (zur Berechnung des Ausgleichsanspruchs vgl auch *Krug* Zerb 2002, 15).

24 Kommt man nicht zur Annahme einer Ehegatteninnengesellschaft und damit zu einem gesellschaftsrechtlichen Ausgleichsanspruch durch Auflösung der Gesellschaft, sind weiterhin Ansprüche wegen groben Undanks des Beschenkten, § 530, oder wegen Wegfalls der Geschäftsgrundlage, § 313 bzw § 242, unbenannter Zuwendungen denkbar. Ein Anspruch § 530 setzt zunächst eine Schenkung gem § 516 ff voraus und damit echte Unentgeltlichkeit der Zuwendung, an der es idR und insb bei Ehegattenmitarbeit fehlen wird (*Löhnig* JA 2001, 376, 378).

25 Als letzte Möglichkeit kommt ein Anspruch wegen Wegfalls der Geschäftsgrundlage in Betracht, § 313 bzw § 242; Ansprüche wegen ungerechtfertigter Bereicherung § 812 Abs. 1 Satz 1 Alt. 1 bzw Satz 2 Alt. scheitern an dem den unbenannten Zuwendungen zugrundliegendem familienrechtlichen Vertrag sui generis; § 812 Abs. 1 Satz 2 Alt. 2 an der fehlenden Zweckvereinbarung unter den Ehegatten (*Löhnig* JA 2001, 378). Nach bisheriger Rspr kam jedoch ein solcher Ausgleichsanspruch neben § 1372 ff nur zur Korrektur »unangemessener und untragbarer Ergebnisse« in Betracht (BGHZ 115, 132; BGH FamRZ 1990, 885). Bei Gütertrennung waren die Anwendungsvoraussetzungen etwas milder, indem das durch die Vereinbarung der Gütertrennung entstandene Ergebnis unzumutbar sein musste (BGH FamRZ 1989, 147).

26 Besteht nach den hier erwähnten Möglichkeiten ein Ausgleichsanspruch, kann er je nachdem, ob der Schuldner oder der Gläubiger des Anspruchs verstorben ist, eine Nachlassverbindlichkeit oder eine Nachlassforderung darstellen. Die Nachlassverbindlichkeit ist vor der Erbauseinadersetzung, § 2046 Abs. 1, und bei der Pflichtteilsberechnung bei der Ermittlung des Rein-Nachlasses von Bedeutung.

Für die Geltendmachung einer Vermögensausgleichsforderung wegen Auflösung einer 27
Ehegatteninnengesellschaft oder wegen einer unbenannten Zuwendung ist das allgemeine
Prozessgericht zuständig.

Diese Grundsätze über Vermögensausgleich außerhalb des Güterrechts sollen in entspre- 28
chender Weise auch auf die eingetragene Lebenspartnerschaft Anwendung finden (*Krug*
Zerb 2002, 16).

§ 1932 Voraus des Ehegatten

(1) Ist der überlebende Ehegatte neben Verwandten der zweiten Ordnung oder neben Großeltern ges Erbe, so gebühren ihm außer dem Erbteil die zum ehelichen Haushalt gehörenden Gegenstände, soweit sie nicht Zubehör eines Grundstücks sind, und die Hochzeitsgeschenke als Voraus. Ist der überlebende Ehegatte neben Verwandten der ersten Ordnung ges Erbe, so gebühren ihm diese Gegenstände, soweit er sie zur Führung eines angemessenen Haushalts benötigt.

(2) Auf den Voraus sind die für Vermächtnisse geltenden Vorschriften anzuwenden.

Literatur
Eigel, Der Voraus der überlebenden Ehegatten, MittRhNotK 1983, 1; *Koutsis*, Nichteheliche Lebensgemeinschaft und Erbrecht, FPR 2001, 41.

A. Allgemeines

Der Voraus ermöglicht dem überlebenden Ehegatten die Fortsetzung des Haushalts in der 1
bisherigen Weise und vermeidet Eingriffe in den Persönlichkeitsbereich des überlebenden
Ehegatten durch andere Mitglieder der Erbengemeinschaft. Besteht der Nachlass ausschließlich aus Haushaltsgegenständen, so erhält der überlebende Ehegatte unabhängig
von seiner Erbenstellung den gesamten Nachlass. § 563 (§ 563 Rn 1) ergänzt den Schutz des
überlebenden Ehegatten in Bezug auf die gemietete Ehewohnung. Auf die nichteheliche
Lebensgemeinschaft ist § 1932 nicht analog anwendbar (MüKo/*Leipold* § 1932 Rn 4; *Koutsis*
FPR 2001, 41; *Strätz* DNotZ 2001, 452, plädieren jedoch für eine Ausweitung de lege lata
oder de lege ferenda).

Der Voraus ist ein Vermächtnis, das der überlebende Ehegatte neben seinem ges Erbrecht 2
erhält, § 1932 Abs. 2 (Vorausvermächtnis iSd § 2150, BGHZ 73, 29, 33).

B. Voraussetzungen

Der Anspruch des überlebenden Ehegatten auf den Voraus ist unabhängig vom Güter- 3
stand der Eheleute. Erforderlich ist jedoch, dass die Ehegatten im Zeitpunkt des Erbfalls
einen gemeinsamen Haushalt geführt haben. Der gemeinschaftliche Haushalt muss zum
Zeitpunkt des Erbfalls also bereits begründet gewesen sein. Es genügt nicht, dass die
Eheleute die Gegenstände für eine geplante gemeinsame Wohnung angeschafft haben.
Leben die Ehegatten zum Zeitpunkt des Erbfalls getrennt, so ist wie folgt zu unterscheiden: Hatte der Erblasser bereits die Scheidung beantragt oder ihr zugestimmt, § 1933 (dazu
§ 1933 Rn 2 ff), dann entfällt das ges Ehegattenerbrecht und mit ihm der Voraus. Bei
bloßem Getrenntleben entfällt der Voraus hingegen nicht (KG OLGE 24, 80; aA Soergel/
Stein § 1932 Rn 5), es sei denn, die Ehegatten haben den gemeinsamen Haushalt einverständlich aufgelöst (MüKo/*Leipold* § 1932 Rn 9).

Außerdem muss der überlebende Ehegatte ges Erbe, § 1931, des verstorbenen Ehegatten 4
sein. Er darf also weder gewillkürter Erbe (aber Rn 5) sein, noch dürfen Gründe dafür
vorliegen, dass die ges Erbenstellung des Ehegatten beseitigt wird (§ 1931 Rn 4 ff). Der
Ehegatte kann zwar den Voraus ausschlagen, §§ 1932 Abs. 2, 2176, 2180, und die Erbschaft

§ 1932 BGB | Voraus des Ehegatten

annehmen, nicht aber die Erbschaft ausschlagen, ohne gleichzeitig den Anspruch auf den Voraus zu verlieren (Staudinger/*Werner* § 1932 Rn 9; Soergel/*Stein* § 1932 Rn 11; aA Mü-Ko/*Leipold* § 1932 Rn 5: gegenteilige Interessen seien nicht ersichtlich, bei § 2150 gelte dasselbe). § 1932 sichert dem Ehegatten den Voraus neben Verwandten der ersten oder zweiten Ordnung oder neben Großeltern, denn ansonsten wird er ohnehin Alleinerbe, § 1931 Abs. 2.

5 Ist der überlebende Ehegatte durch letztwillige Verfügung auf den ges Erbteil eingesetzt worden, so ist § 1932 seinem Wortlaut nach nicht anwendbar (so auch BGH NJW 1979, 546; BGH NJW 1983, 2874; Staudinger/*Werner* § 1932 Rn 11; Palandt/*Edenhofer* § 1932 Rn 2). Eine Gegenauffassung (MüKo/*Leipold* § 1932 Rn 6; Soergel/*Stein* § 1932 Rn 3; *Lange/Kuchinke* § 12 IV 4) billigt dem überlebenden Ehegatten in diesem Fall trotzdem den Voraus zu, soweit der Erblasser dem Ehegatten dieselbe Stellung zukommen lassen wollte, die er als ges Erbe hätte.

C. Rechtsfolgen

I. Schuldrechtlicher Anspruch

6 Die zum Voraus zählenden Gegenstände fallen in den Nachlass, und der überlebende Ehegatte hat einen schuldrechtlichen Anspruch gegen den Erben auf Übereignung, § 929, der Gegenstände, §§ 1932 Abs. 2, 2147. Der überlebende Ehegatte ist also Nachlassgläubiger, § 1967 Abs. 2, und kann die vorrangige Erfüllung seines Anspruches bei Auseinandersetzung verlangen, § 2046.

II. Umfang des Anspruchs

7 Der Ehegatte erhält den Voraus uneingeschränkt, wenn er neben Verwandten der zweiten Ordnung oder neben Großeltern ges Erbe wird. Neben Erben erster Ordnung steht dem Ehegatten der Voraus nur soweit zu, als er die Gegenstände nach dem Maßstab der bisherigen Haushaltsführung zu einer angemessenen Haushaltsführung benötigt, 1932 Abs. 1 Satz 2. Das bedeutet jedoch nicht, dass der Voraus auf die wirtschaftlich unbedingt notwendigen Gegenstände beschränkt ist. Eine Abwägung mit den Interessen miterbender Abkömmlinge findet nicht statt (Soergel/*Stein* § 1932 Rn 9; Staudinger/*Werner* § 1932 Rn 20; aA Erman/*Schlüter* § 1932 Rn 12; MüKo/*Leipold* § 1932 Rn 15: Berücksichtigung der Interessen von im Haushalt lebenden Abkömmlingen). Neben gewillkürten Erben erhält der überlebende Ehegatte den Voraus insoweit, als er ihm – unbeschränkten Eintritt der ges Erbfolge unterstellt – zustünde.

8 Der Voraus umfasst Haushaltsgegenstände, soweit sie nicht Grundstückszubehör sind, also ohne Rücksicht auf ihren Wert alle Gegenstände, die dem gemeinsamen Haushalt während der Ehe gedient haben, zB Möbel, Geschirr oder Haushaltsgeräte aller Art: zB Waschmaschine, Geschirrspülmaschine, Herd, Küchenmaschinen, Kühlschrank, aber auch Radio-, Fernseh- und Phonogeräte, CDs, Schallplatten, Videokassetten, DVDs, allgemeine Literatur, Kochbücher, Zimmerpflanzen, Teppiche, Kunstgegenstände. Daran ändert auch die tatsächliche überwiegende Benutzung durch einen Ehegatten nichts (zB Fernsehsessel, Bohrmaschine, Nähtisch). Auch das Auto ist nach heute überwiegender Auffassung (AG Erfurt FamRZ 2002, 849, so auch Soergel/*Stein* § 1932 Rn 7, Staudinger/*Werner* § 1932 Rn 15, MüKo/*Leipold* § 1932 Rn 10) zu den Haushaltsgegenständen zu zählen, sofern der PkW nicht ausschließlich (zB Taxifahrer) beruflich genutzt wurde, also auch dann, wenn es von einem Ehegatten für Fahrten zum Arbeitsplatz benutzt wurde. Nicht dazu gehören Gegenstände, die besonderen (beruflichen, wissenschaftlichen, künstlerischen) Zwecken dienen (zB Fachliteratur, Werkzeug für berufliche Zwecke) oder die dem persönlichen Bereich eines Gatten (zB Kleidung, Schmuck) zuzuordnen sind. Der Begriff »Gegenstände« umfasst nicht nur Sachen als körperliche Gegenstände, sondern auch Rechte, insb Anwartschaftsrechte bei kreditfinanziertem Erwerb von Hauhaltsgegenständen.

Zum Voraus gehören außerdem die Hochzeitsgeschenke unabhängig davon, ob sie Haushaltsgegenstände oder Grundstückszubehör sind, und wie die Eigentumsverhältnisse (idR Miteigentum der Ehegatten) an den Geschenken waren. Dazu können auch sehr wertvolle Gegenstände, zB Grundstücke, gehören (vgl MüKo/*Leipold* § 1932 Rn 14).

D. Prozessuales

Der Anspruch auf den Voraus ist vor den allgemeinen Zivilgerichten, nicht vor dem Nachlassgericht oder im Hausratsverfahren geltend zu machen.

E. Der Voraus eingetragener Lebenspartner

Gem § 10 Abs. 1 Satz 3, 4 LPartG gilt für den überlebenden eingetragenen Lebenspartner Entsprechendes wie für den Ehegatten, iE vgl § 10 LPartG Rn 6 ff.

§ 1933 Ausschluss des Ehegattenerbrechts

Das Erbrecht des überlebenden Ehegatten sowie das Recht auf den Voraus ist ausgeschlossen, wenn zur Zeit des Todes des Erblassers die Voraussetzungen für die Scheidung der Ehe gegeben waren und der Erblasser die Scheidung beantragt oder ihr zugestimmt hatte. Das Gleiche gilt, wenn der Erblasser berechtigt war, die Aufhebung der Ehe zu beantragen, und den Antrag gestellt hatte. In diesen Fällen ist der Ehegatte nach Maßgabe der §§ 1569 – 1586b unterhaltsberechtigt.

Literatur
Battes, Die Änderung erbrechtlicher Vorschriften im Zusammenhang mit der Reform des Scheidungsrechts, FamRZ 1977, 433; *Battes/Thofern*, Zum Ausschluss des Ehegattenerbrechts nach § 1933 BGB, JZ 1990, 1135; *Bengel*, Zur partiellen Verfassungswidrigkeit des § 1933 Abs. 1 BGB, ZEV 1994, 360; *Bergmann*, Zum Tod eines Ehegatten während des Scheidungsverfahrens, FF 2005, 68; *Bohnefeld*, Scheidungsantrag und Ehegattenerbrecht ZErb 2002, 68; *Dieckmann*, Kein nachehelicher Unterhaltsanspruch gegen den Erben nach Erb- oder Pflichtteilsverzicht, FamRZ 1999, 1029; *Frenz*, Zum Verhältnis von Pflichtteils- und Unterhaltsrecht bei Ehescheidung, MittRhNotK 1995, 227; *Grziwotz*, Pflichtteilsverzicht und nachehelicher Unterhalt, FamRZ 1991, 1258; *Hohloch*, Erbfolge bei Tod eines Ehegatten während des Scheidungsverfahren, JuS 2001, 398; *Klumpp*, Zum Begriff »Scheitern der Ehe«, ZEV 1995, 153; *Pentz*, Nachehelicher Unterhalt trotz Pflichtteilsverzichts, FamRZ 1998, 1344; *Reimann*, Erbrechtliche Überlegungen aus Anlaß der Scheidung, ZEV 1995, 239; *Sarres*, Aufklärungs- und Hinweispflichten im Familienrecht, FuR 2002, 361; *Schlitt*, Das Erbrecht in der Ehekrise, ZEV 2005, 96; *Zopfs*, Die Verfassungswidrigkeit des einseitigen Erbausschlusses in § 1933 BGB, ZEV 1995, 309.

A. Allgemeines

Das ges Erbrecht des Ehegatten, § 1931, und wegen seiner Abhängigkeit vom ges Erbrecht auch der Voraus, § 1932, ist an den Bestand der Ehe im Zeitpunkt des Erbfalls geknüpft. Aufgrund der Wertung des § 1933 fehlt es an einer bestehenden Ehe nicht erst durch rechtskräftige Scheidung, sondern der Eheauflösungszeitpunkt iSd Erbrechts wird auf den Scheidungsantrag des Erblassers oder die Zustimmung des Erblassers zur Scheidung vorverlegt. Der scheidungsunwillige Ehegatte kann nur durch Verfügung von Todes wegen das ges Erbrecht seines die Scheidung betreibenden Ehegatten ausschließen (*Reimann* ZEV 1995, 329). Keinen Einfluss auf das ges Erbrecht hat ein Scheidungsantrag des überlebenden Ehegatten, dem der Erblasser nicht zustimmte. Für die gewillkürte Erbfolge gelten die Auslegungsregeln der §§ 2077, 2268 und § 2279.

B. Voraussetzungen für den Erbrechtsverlust des überlebenden Ehegatten

2 Damit der überlebende Ehegatte sein Erbrecht vor rechtskräftiger Scheidung verliert, müssen zum Zeitpunkt des Todes des Erblassers die Voraussetzungen der Scheidung, §§ 1565 ff, oder Eheaufhebung, § 1314 ff, vorgelegen und der Erblasser muss seinen Scheidungs- oder Eheaufhebungswillen eindeutig und bestimmt zum Ausdruck gebracht haben, § 1933 Satz 1, 2.

I. Scheidungsantrag durch den Erblasser

3 Nach § 1933 Satz 1 wird der Scheidungswille durch eigenen Scheidungsantrag oder die Zustimmung des Erblassers zum Scheidungsantrag des überlebenden Ehegatten sichtbar. Wegen der Formulierung »die Scheidung beantragt«, § 1933 Satz 1, ist str, ob bloße Anhängigkeit des Scheidungsverfahrens oder Rechtshängigkeit für die Wirkung des § 1933 notwendig ist. Nach überwiegender und zutreffender Auffassung (BGH NJW 1990, 2382; BGHZ 111, 329; BayObLG FamRZ 1990, 666; OLG Saarbrücken FamRZ 1983, 1274; Staudinger/*Werner* § 1933 Rn 5; MüKo/*Leipold* § 1933 Rn 5) muss der Scheidungsantrag rechtshängig geworden sein. Hierfür ist die Zustellung des Scheidungsantrags beim anderen Ehegatten vor dem Tod des Erblassers notwendig. Sie ist vor allem im Hinblick auf den in der Literatur stark kritisierten einseitigen Erbrechtsverlust des überlebenden Ehegatten nach § 1933 Satz 1 Alt. 1 (*Battes* FamRZ 1977, 433, 437; *Battis/Thofern* JZ 1990, 1135; *Bengel* ZEV 1994, 360; *Zopfs* ZEV 1995, 309; eine höchstrichterliche Entscheidung zur Übereinstimmung mit dem GG des einseitigen Erbverlust ist nicht bislang ergangen) zu fordern, da auf diese Weise dem anderen Ehegatten überhaupt erst die Möglichkeit eingeräumt wird, seinerseits erbrechtlich zu reagieren. Die Zustellung nach dem Erbfall ist nicht mit Hilfe einer fingierten Rückwirkung nach § 167 ZPO analog als Zustellung vor dem Erbfall zu werten, weil es an einer § 167 ZPO vergleichbaren rechtswahrenden Situation fehlt (BGH NJW 1990, 2382; BayObLG FamRZ 1990, 666; OLG Saarbrücken FamRZ 1983, 1274; Staudinger/*Werner* § 1933 Rn 5; MüKo/*Leipold* § 1933 Rn 5; aA Soergel/*Stein* § 1933 Rn 4; *Jauernig/Stürner* § 1933 Rn 1). Hatte der Erblasser lediglich einen Antrag auf Gewährung von PKH, §§ 114 ff ZPO, gestellt, ist dies für die Voraussetzung des § 1933 Satz 1 Alt. 1 unzureichend. Ein nicht wirksam gewordener Scheidungsantrag des Erblassers kann jedoch die Zustimmung zur Scheidung (Rn 6 ff) als minus enthalten (OLG Zweibrücken NJW 1995, 601).

4 Unerheblich für die Rechtshängigkeit ist die Zulässigkeit des gestellten Scheidungsantrags. Deswegen verhindern behebbare prozessuale Zulässigkeitsmängel nicht die Rechtshängigkeit. Stellt der Erblasser im rechtshängigen Scheidungsverfahren einen Anschlussantrag oder erhebt er eine Widerklage, genügt dies auch der Voraussetzung von § 1933 Satz 1 Alt. 1 (BayObLG FamRZ 1975, 514). Nimmt der Erblasser jedoch den Scheidungsantrag zurück, § 269 ZPO, beseitigt er damit die Wirkung des § 1933 (BGH FamRZ 1974, 649). Die Rechtshängigkeit wird jedoch nicht allein dadurch beseitigt, dass Antragsteller das Verfahren nicht betreibt (BGH NJW-RR 1993, 898); unzutreffend daher die Ansicht des OLG Düsseldorf (FamRZ 1991, 1107), das ein Nichtbetreiben des Verfahrens durch den Erblasser über 25 Jahre hinweg bis zu seinem Tod wie eine Rücknahme behandelt. Keinen Einfluss auf die Rechtshängigkeit hat auch der Aussetzungsantrag, § 614 Abs. 3 ZPO.

5 Wird der Scheidungsantrag des Erblassers zurückgewiesen, beseitigt erst die Rechtskraft des abweisenden Urteils die Wirkung des § 1933. Sie besteht also fort, solange Rechtsmittelfristen laufen bzw während des durch den Erblasser eingelegten Rechtsmittels. Gleiches gilt, wenn der Erblasser durch seinen Tod von einem Rechtsmittel keinen Gebrauch mehr machen konnte (Soergel/*Stein* § 1933 Rn 5; MüKo/*Leipold* § 1933 Rn 12; aA Staudinger/*Werner* § 1933 Rn 6).

II. Zustimmung zur Scheidung durch den Erblasser

§ 1933 Satz 1 Alt. 2 knüpft an die Zustimmung des Erblassers zum Scheidungsantrag 6
seines Ehegatten die gleichen Wirkungen wie an den eigenen Scheidungsantrag. § 1933
erfasst die Zustimmung iSd § 1566 Abs. 1 BGB, § 630 Abs. 2 ZPO jedoch kann auch dann,
wenn wegen der Vermutungswirkung des § 1566 Abs. 2 BGB eine Zustimmung als Scheidungsvoraussetzung überflüssig ist, eine das Erbrecht ausschließende Zustimmung zur
Scheidung erklärt wird (LG Tübingen BWNOtZ 1986, 22; MüKo/*Leipold* § 1933 Rn 7; aA
Soergel/*Stein* § 1933 Rn 6). Die Zustimmung setzt Rechtshängigkeit des Scheidungsverfahrens voraus (BGHZ 111, 329). Als Prozesshandlung kann die Zustimmung ohne anwaltliche Vertretung zu Protokoll der Geschäftsstelle oder in der mündlichen Verhandlung, § 1566 Abs. 1 BGB, §§ 630 Abs. 2 Satz 2, 78 Abs. 3 ZPO, aber auch in einem
Schriftsatz des Prozessbevollmächtigten an das Gericht erklärt werden (OLG Frankfurt
FamRZ 1990, 2150; OLG Saarbrücken FamRZ 1992, 109; BVerfG FamRZ 1995, 536; OLG
Zweibrücken NJW 1995, 601; BayObLG FamRZ 1996, 760; 96; das OLG Stuttgart Ppfleger
1993, 244 hielt auch eine bloße schriftliche Erklärung der anwaltlich nicht vertretenen
Partei an das Gericht für ausreichend, §§ 78 Abs. 3, 630 Abs. 2 ZPO. Wurde die Zustimmung bereits im Prozesskostenhilfeverfahren erklärt, wird sie mit der Rechtshängigkeit
des Scheidungsverfahrens wirksam, OLG Zweibrücken NJW 1995, 601).
Die wörtliche Verwendung des Begriffs »Zustimmung« ist nicht erforderlich. Die Erklä- 7
rung des Erblassers muss aber eindeutig zum Ausdruck bringen, dass er als Antragsgegner die Ehe für gescheitert hält und er der Scheidung nicht entgegentritt (OLG Köln
FamRZ 2003, 1223; OLG Frankfurt FamRZ 1990, 201; aA Stuttgart NJW 1979, 662). Eine
nicht eindeutige Erklärung ist auch als Prozesshandlung nach allgemeinen Regeln, § 133,
der Auslegung zugänglich und bedürftig (OLG Saarbrücken FamRZ 1992, 109; BayObLG
NJW-RR 1996, 651).
Eine Zustimmung iSd § 1933 Satz 1 Alt. 2 liegt jedoch nicht vor, wenn sie lediglich außerge- 8
richtlich dem anderen Ehegatten gegenüber erklärt (BGH NJW 1995, 1082) oder wenn nur
die Scheidungsfolgenvereinbarung unterzeichnet wurde (OLG Zweibrücken OLGZ 1983,
160; BGH ZEV 1995, 150). Die Wirkungen des § 1933 treten auch nicht ein, wenn die
Zustimmung bis zum Schluss der mündlichen Verhandlung widerrufen wird, § 630 Abs. 2
Satz 1 ZPO.

III. Scheidungsvoraussetzungen

Die Voraussetzungen der Scheidung ergeben sich aus § 1565 oder § 1566 Abs. 1 und 2. Sie 9
sind als Vorfrage in einem Erbscheinsverfahren oder Zivilprozess über das str Erbrecht zu
erörtern. Geprüft werden muss, ob das Familiengericht die Scheidung der Ehe zum Zeitpunkt des Todes des Erblassers hätte aussprechen müssen, wenn das Verfahren nicht
wegen des Todes des Erblassers beendet worden wäre (OLG Frankfurt NJW 2002, 3033).
Die Ehe müsste danach zum Zeitpunkt des Todes bereits gescheitert gewesen sein, § 1565
Abs. 1 Satz 1 (BGHZ NJW 1995, 1082; OLG Stuttgart Ppfleger 1993, 244; OLG Schleswig
NJW 1993, 1082). Für die Beurteilung des Scheiterns der Ehe ist maßgeblich, von welchen
subjektiven Vorstellungen die konkrete Lebensgemeinschaft der Ehegatten des jeweiligen
Falles geprägt war (BGH NJW 1995, 1082). Bei einer einjährigen Trennung darf deswegen
das Scheitern der Ehe nicht einfach vermutet werden, wenn bei beiden Ehegatten Bereitschaft zu einem Versöhnungsversuch bestanden hat (BGH NJW 1995, 1082). Der Verlust
des Bewusstseins auf Dauer ist nicht ohne Weiteres mit dem Zeitpunkt der Trennung
gleichzusetzen (OLG Frankfurt NJW 2002, 3033). Für die Prognose, ob zur Zeit des Todes
des Erblassers die Voraussetzungen für die Scheidung der Ehe gegeben waren, kann auf
die unwiderlegbare Vermutung des § 1566 Abs. 1 nur abgestellt werden, wenn auch eine
Einigung über die Folgesachen gem § 630 Abs. 1 Nr. 2 und 3 ZPO vorliegt; ansonsten ist zu
prüfen, ob die Ehe nach § 1565 Abs. 1 geschieden worden wäre (OLG Zweibrücken NJW

§ 1933 BGB | Ausschluss des Ehegattenerbrechts

2001, 236; OLG Zweibrücken NJW 1995, 601; OLG Schleswig NJW 1993, 1082, 1083; OLG Bremen FamRZ 1986, 833, 834; OLG Köln FamRZ 1978, 25; Soergel/*Stein* § 1933 Rn 8; Staudinger/*Werner* § 1933 Rn 10; Erman/*Schlüter* § 1933 Rn 3; aA OLG Frankfurt FamRZ, 1990, 210; MüKo/*Leipold* § 1933 Rn 10, die bereits erfolgte Einigung über Scheidungsfolgesachen für entbehrlich halten, da sie nicht zu den Scheidungsvoraussetzungen iSd BGB gehöre und damit auch nicht zu § 1933). Als Scheidungsvoraussetzung iSd § 1933 ist aber in jedem Fall die allgemeine Härteklausel, § 1568, zu berücksichtigen, da sie die Scheidung trotz Scheiterns der Ehe ausschließen kann (BayObLG Ppfleger 1987, 358; MüKo/*Leipold* § 1933 Rn 11; Erman/*Schlüter* § 1933 Rn 3).

IV. Eheaufhebungsklage

10 Gem § 1933 Satz 2 verliert der Ehegatte seinen Anspruch auf sein ges Erbrecht, § 1931, und den Voraus, § 1932, wenn die Voraussetzungen für die Aufhebung der Ehe, 1314 ff, vorgelegen haben und der Erblasser die Eheaufhebung beantragt hat. Dies erfordert, dass zu Lebzeiten des Erblassers die Aufhebungsklage beim Familiengericht durch die Zustellung der Antragsschrift beim überlebenden Ehegatten rechtshängig geworden, § 631 Abs. 2 ZPO, und im Zeitpunkt des Todes des Erblassers nicht zurückgenommen worden ist, §§ 608, 269 ZPO. Unterblieb bis zum Erbfall die Antragstellung, behält der Überlebende einer aufhebbaren Ehe sein ges Erbrecht, da nach Auflösung der Ehe durch Tod ein Antrag nicht mehr zulässig ist, § 1317 Abs. 3. Beantragte der überlebende Ehegatte die Aufhebung der Ehe, beseitigt dieser Antrag sein Erbrecht nicht (MüKo/*Leipold* § 1933 Rn 14). Zu beachten sind Fälle, in denen gem § 1318 Abs. 5 kein Aufhebungsverfahren notwendig ist, ein Erbrecht des Ehegatten aber trotzdem nicht besteht, vgl dazu § 1931 Rn 6.

11 Bei einer Nichtigkeitsklage, § 24 EheG, galt § 1933 nicht, das ges Erbrecht entfiel erst mit der Nichtigerklärung einer Ehe gem §§ 16 ff, 23 EheG aF. Sie wurde jedoch durch das Gesetz zur Neuordnung des Eheschließungsrechts zum 1. 7. 1998 abgeschafft. Nichtigerklärungen nach dem 1. 7. 1998 sind nur noch unter den Voraussetzungen des Art. 226 Abs. 2 EGBGB möglich.

C. Rechtsfolgen

I. Wegfall des ges Erbrechts

12 Liegen die Voraussetzungen nach § 1933 Satz 1 oder 2 vor, verliert der überlebende Ehegatte sein ges Erbrecht, § 1931, und sein Recht auf den Voraus, § 1932. Die Erbfolge ist so zu beurteilen, als ob die Ehe im Zeitpunkt des Erbfalls bereits rechtskräftig geschieden oder aufgehoben gewesen wäre. § 1933 hat keine Auswirkungen auf Zugewinnausgleichsanspruch nach § 1371 Abs. 2 im ges Güterstand (BGH NJW 1966, 2109, 2111). Keinen Einfluss hat § 1933 auf die Rechte des überlebenden Ehegatten an der Ehewohnung, §§ 563 ff BGB (*Löhnig* FamRZ 2001, 891 ff).

II. Unterhaltsanspruch

13 § 1933 Satz 3 gewährt dem überlebenden, vom ges Erbrecht ausgeschlossenen Ehegatten – unabhängig vom Güterstand – den gleichen Unterhaltsanspruch wie einem rechtskräftig geschiedenen Ehegatten, §§ 1569 ff. Schuldner des Unterhaltsanspruchs sind die Erben, § 1586b Abs. 1 Satz 1 (§ 1586b Rn 7 ff). Erhalten bleiben dem überlebenden Ehegatten auch seine Versorgungsansprüche, weil die Ehe beim Erbfall noch bestanden hat.

D. Prozessuales

14 Die Beweislast für einen Scheidungs- bzw Eheaufhebungsgrund im Zeitpunkt des Erbfalls trifft die Partei, die sich auf den Wegfall des Ehegattenerbrechts nach § 1933 beruft (BGH NJW 1995, 1082; BayObLG FamRZ 1992, 1349, 1350). Der überlebende Ehegatte muss

dagegen beweisen, dass aufgrund bestehender Ausnahmen, § 1568, die nachgewiesenen Scheidungsgründe nicht zur Scheidung geführt hätten (Staudinger/*Werner* § 1933 Rn 16). Die Beweislast wird nicht dadurch verändert, dass dem Erbprätendenten, der sich dem überlebenden Ehegatten gegenüber auf § 1933 beruft, ein Erbschein erteilt worden ist (BGHZ NJW 1995, 1082). Bei Versterben einer anwaltlich vertretenen Partei während des Verfahrens, OLG Sachsen-Anwalt, Beschl v 4. 8. 2005, Az: WF 92/05.

Gem § 10 Abs. 3 LPartG gilt für den Lebenspartner Entsprechendes, vgl iE § 10 LPartG Rn 9. 15

§ 1934 Erbrecht des verwandten Ehegatten

Gehört der überlebende Ehegatte zu den erbberechtigten Verwandten, so erbt er zugleich als Verwandter. Der Erbteil, der ihm auf Grund der Verwandtschaft zufällt, gilt als besonderer Erbteil.

§ 1934 regelt das Mehrfacherbrecht für Ehegatten und entspricht insoweit § 1927 (Mehrfacherbrecht von Verwandten). Die praktische Bedeutung der Norm ist aufgrund eines sehr kleinen Anwendungsbereichs gering. § 1934 ist seit dem 1. 8. 2001 analog auch auf den eingetragenen Lebenspartner anzuwenden. Das LPartG kennt zwar keine dem § 1934 vergleichbare Regelung und enthält auch keinen Gesetzverweis auf § 1934, die Norm stellt jedoch nur allgemeine Grundsätze klar, die auch im Lebenspartnerschaftsgesetz gelten (Palandt/*Edenhofer* § 1934 Rn 1; *Leipold* ZEV 2001, 218, 220; *v. Dickhuth-Harrach* FamRZ 2001, 1660, 1662.) 1

§ 1934 kann nur angewendet werden, wenn der Ehegatte gleichzeitig als ges »Verwandtenerbe« berufen ist. Dies ist jedoch nur in wenigen Fällen denkbar, denn Ehen zwischen Verwandten in gerader Linie (Eltern, Großeltern etc.) und zwischen voll- und halbbürtigen Geschwistern sind grds verboten, § 1307. Bei zusätzlicher Berufung des Ehegatten als Verwandter der dritten (als Abkömmling eines Großelternteils) oder einer ferneren Ordnung an, schließt er sich jedoch von der Verwandtenerbfolge selbst aus, § 1931 Abs. 1 Satz 2 oder Abs. 2. 2

Bei einer Ehe zwischen Neffe/Nichte und Tante/Onkel kann nach dem Tode von Tante/Onkel der überlebende Ehegatte sowohl nach § 1931 als auch als ges Erbe zweiter Ordnung erben, wenn sowohl die Eltern des Erblassers als auch das Geschwister des Erblassers, von dem der überlebende Ehegatte abstammt, vorverstorben sind. Infolge der Anwendung des § 1934 Satz 2 kann der überlebende Ehegatte den Ehegattenerbteil mit der Folge des § 1371 Abs. 3 ausschlagen und daneben trotzdem als Verwandter erben. 3

Darüber hinaus besteht ein Anwendungsraum für § 1934 auch in Fällen, in denen es durch Adoption zu ges Verwandtschaft gekommen ist. 4

Gem § 10 Abs. 1 Sätze 5, 6 LPartG gilt für den überlebenden eingetragenen Lebenspartner Entsprechendes. 5

§ 1935 Folgen der Erbteilserhöhung

Fällt ein ges Erbe vor oder nach dem Erbfall weg und erhöht sich infolgedessen der Erbteil eines anderen ges Erben, so gilt der Teil, um welchen sich der Erbteil erhöht, in Ansehung der Vermächtnisse und Auflagen, mit denen dieser Erbe oder der wegfallende Erbe beschwert ist, sowie in Ansehung der Ausgleichungspflicht als besonderer Erbteil.

Literatur
Staats, Anwachsung oder Erhöhung bei Wegfall eines ges Erben?, ZEV 2002, 11.

§ 1936 BGB | Gesetzliches Erbrecht des Fiskus

A. Allgemeines

1 § 1935 soll verhindern, dass sich die Erhöhung eines ges Erbteils infolge Wegfalls eines anderen ges Erben nachteilig für den durch die Erhöhung Begünstigten auswirkt. Das wäre dann der Fall, wenn der hinzugekommene Erbteil mit Vermächtnissen, Auflagen oder Ausgleichungspflicht überbeschwert war und sich diese Belastungen nun auf den gesamten Erbteil erstrecken würden. § 1935 fingiert deshalb die Erhöhung des Erbteils hinsichtlich dieser Belastungen als besonderen Erbteil. Umgekehrt wird dadurch auch verhindert, dass bei Überbeschwerung des ursprünglichen Erbteils die Vermächtnisnehmer etc auch auf den hinzugekommenen Erbteil zugreifen können.

B. Voraussetzungen

I. Gesetzlicher Erbe

2 § 1935 erfasst grds lediglich den Wegfall ges Erben. Erhöht sich durch Wegfall eines im Wege der gewillkürten Erbfolge eingesetzten Erben der Erbteil eines anderen eingesetzten Erben durch Anwachsung, § 2094, so greift der inhaltsgleiche § 2095. In Fällen der Erbteilserhöhung nach § 2088 kann § 1935 analog angewendet werden (MüKo/*Leipold* § 1935 Rn 6; Staudinger/*Werner* § 1935 Rn 9; Erman/*Schlüter* § 1935 Rn 3).

II. Wegfall

3 Ein potentieller ges Erbe kann vor dem Erbfall durch Vorversterben, § 1923 Abs. 1, Ausschluss des Ehegattenerbrechts, § 1933, Enterbung, § 1938, Erbverzicht, § 2346, oder einem bis zum 31. 3. 1998 rechtsgültig zustande gekommenen vorzeitigen Erbausgleich, §§ 1934d, e BGB, Art. 227 Abs. 1 Nr. 2 EGBGB, wegfallen. Nach dem Erbfall kann ein ges Erbe durch Totgeburt, § 1923 Abs. 2, Ausschlagung, § 1953 oder Erbunwürdigkeit, § 2344, nicht aber durch Tod wegfallen.

III. Erbteilserhöhung

4 Schließlich ist erforderlich, dass infolge des Wegfalls des ges Erben eine Erhöhung des Erbteils eines anderen ges Erben eingetreten ist, dieser Erbe also schon vor dem Wegfall des anderen als ges Erbe berufen war, aber zu einer geringeren Quote. Eine Erhöhung des ges Erbteils eines Erben erster bis dritter Ordnung ist durch den Wegfall des Ehegatten oder eines anderen Erbberechtigten derselben Ordnung ohne Abkömmlinge möglich. Der ges Erbteil des Ehegatten kann sich durch den Wegfall von Erben erster, zweiter oder dritter Ordnung erhöhen, § 1931 Abs. 1, 2 und 4.

C. Rechtsfolgen

5 Grds entsteht infolge der Erhöhung ein einheitlicher höherer Erbteil. § 1935 regelt Ausnahmen von diesem Grundsatz für Vermächtnisse, § 1939, Auflagen, § 1940, und Ausgleichszahlungen, §§ 2050 ff.

§ 1936 Gesetzliches Erbrecht des Fiskus

(1) Ist zur Zeit des Erbfalls weder ein Verwandter, ein Lebenspartner noch ein Ehegatte des Erblassers vorhanden, so ist der Fiskus des *Bundesstaats*, dem der Erblasser zur Zeit des Todes angehört hat, ges Erbe. Hat der Erblasser mehreren *Bundesstaaten* angehört, so ist der Fiskus eines jeden dieser *Staaten* zu gleichem Anteil zur Erbfolge berufen.

(2) War der Erblasser ein Deutscher, der keinem *Bundesstaat* angehörte, so ist der *Reichs*fiskus ges Erbe.

Literatur
Firsching, Das Anfallsrecht des Fiskus bei erbenlosem Nachlass, IPrax 1986, 25.

A. Allgemeines

§ 1936 regelt das ges Erbrecht des Staates. Es hat als Noterbrecht hauptsächlich die Funktion einer ordnungsgemäßen Nachlassabwicklung und damit Vermögenszuordnung. Neben dem ges Erbrecht kann der Staat als juristische Person (§ 1923 Rn 16) durch Verfügung von Todes wegen als Erbe eingesetzt werden.

B. Voraussetzungen

Der Staat ist als ges Erbe nur berufen, wenn nach Feststellung des Nachlassgerichts, §§ 1964, 1965, weder ein Ehegatte, noch ein eingetragener Lebenspartner (seit dem 1. 8. 2001), noch ein Verwandter des Erblassers vorhanden ist. Verwandte auch der entferntesten Ordnung gehen dem Staat vor. Das Vorhandensein vorrangig berufener Erben setzt deren Erbfähigkeit, § 1923, und Erbberechtigung voraus. An der Erbberechtigung fehlt es, wenn die ges Erbfolge wegen Auflösung der Ehe, §§ 1931, 1933, Enterbung, § 1938, Ausschlagung, §§ 1942 ff, Erbunwürdigkeitserklärung, § 2344, Erbverzichts, § 2346, oder vorzeitigen Erbausgleichs nach §§ 1934d, e aF (§ 1924 Rn 10) ausgeschlossen ist.

C. Rechtsfolgen

Die Berufung des Fiskus zum ges Erben knüpft an die »Bundesstaatsangehörigkeit« des Erblassers zum Zeitpunkt seines Todes an, § 1936 Abs. 1 Satz 1. An die Stelle der Bundesstaaten sind die Bundesländer getreten. Ergänzt wurde § 1936 durch § 4 der VO über die deutsche Staatsangehörigkeit v 5. 2. 1934, wonach sich die Staatsangehörigkeit nach der Niederlassung des Erblassers richtete. Daran ändert sich jedoch auch nichts nach Außerkrafttreten dieser VO zum 1. Januar 2000 (MüKo/*Leipold* § 1936 Rn 9, 13). Niederlassung bezeichnet den Ort, an dem der Erblasser sich tatsächlich aufhielt. Hatte ein Erblasser Niederlassungen in mehreren Bundesländern, erben die Länder nach § 1936 Abs. 1 Satz 2 zu gleichen Teilen als Miterben. Fehlt es an einer Zugehörigkeit des Erblasser zu einem Bundesstaate (= nach heutiger Lesart: Fehlen einer Niederlassung in einem Bundesland) gem § 1936 Abs. 2, so wird der Bundesfiskus (heute anstatt »Reichsfiskus«), also die Bundesrepublik Deutschland, ges Erbe. Im Streitfall über die Niederlassung des Erblassers sind allein die ordentlichen Gerichte zuständig. Eine analoge Anwendung von § 4 Abs. 3 VO für die deutsche Staatsangehörigkeit im Rahmen von § 1936 und damit die Annahme einer Entscheidungskompetenz des Bundesinnenministers kommt nach Außerkrafttreten dieser VO zum 1. 1. 2000 überhaupt nicht mehr in Betracht (MüKo/*Leipold* § 1936 Rn 12) Nach Art. 138 EGBGB kann aufgrund landesges Vorschriften an Stelle des Fiskus eine andere Körperschaft, Stiftung oder Anstalt des öffentlichen Rechts ges Erbe sein. Nach Art. 139 EGBGB kann nach landesrechtlichen Vorschriften (zB für Hessen Ansprüche der Wohlfahrtspflege und des Gesundheitswesens: § 31 Hess AGBGB v 18. 12. 1984 GVBl I 344; für Hamburg sollen gewohnheitsrechtliche Grundsätze gelten, für Berlin und Bremen sind einschlägige Normen nicht mehr in Kraft, vgl MüKo-EGBGB/*Schlichting*/*Säcker* Art. 139 Rn 7) dem Staat oder anderen Körperschaften des öffentlichen Rechts ein ausschließliches Erbrecht zustehen, wenn der Erblasser vom Fiskus (oder einer juristischen Person) verpflegt oder unterstützt wurde (KG NJW 50, 610).
Nach § 1922 wird der Staat Gesamtrechtsnachfolger wie jeder andere private Erbe. Ausgenommen aus dem Erbrecht des Staates sind jedoch Ansprüche auf das Bezugsrecht einer Kapitallebensversicherung, § 167 Abs. 3 VVG. Der Staat als ges Erbe tritt regelmäßig nicht als Gesellschafter in eine OHG oder eine KG ein (MüKo/*Leipold* § 1936 Rn 20). Existiert jedoch in einem Gesellschaftsvertrag einer GbR eine einfache Nachfolgeklausel, be-

schränkt sie den Kreis der nachfolgeberechtigten in keiner Weise, sondern sieht nur die Fortsetzung der Gesellschaft mit den Erben vor. Deswegen gehört in diesem Fall auch der Fiskus zum Kreis der ges Erben (BGH DB 2002, 2526–2527).

6 Der Staat kann in Ausnahmefällen neben Verwandten Erbe werden und ggf Miterbe sein, § 1922. Dies ist der Fall, wenn der Erblasser nur über einen Teil des Nachlasses verfügt hat und hinsichtlich des Restes ges Erbfolge eintritt, § 2088, oder wenn einzelne Erben weggefallen sind, ohne dass eine Anwachsung, § 2094 Abs. 2, stattfindet. Nach § 2105 kann der Staat auch zum Vorerben berufen sein.

7 In Abweichung zum Erbrecht Privater kann der Staat jedoch nicht ges Nacherbe, § 2104 Satz 2 und ebenso wenig Vermächtnisnehmer, § 2149, werden. Ein weiterer Unterschied zum Erbrecht Privater besteht bei der Enterbung des Staates. Nach § 1938 kann das ges Erbrecht des Staates nur durch Erbeinsetzung anderer Personen, nicht durch bloße Negativverfügung ausgeschlossen werden.

8 Wegen der Ordnungsfunktion des Staatserbrechts stehen dem Staat nicht alle Rechte wie privaten Erben zu. Danach darf der Staat die Erbschaft nicht ausschlagen, § 1942 Abs. 2, nicht durch Vertrag auf die Erbschaft verzichten, § 2346 Abs. 1 Satz 1. Außerdem kann das ges Erbrecht nicht aufgrund Erbunwürdigkeitserklärung entfallen, § 2339.

9 Hinsichtlich der Nachlassverbindlichkeiten gelten die üblichen Regeln über die Haftungsbeschränkung, §§ 1975 ff, mit folgenden Ausnahmen: Eine Inventarfrist kann dem Fiskus als gesm Erben nicht gesetzt werden, § 2011. Außerdem kann er ohne Vorbehalt im Urteil die beschränkte Haftung geltend machen, § 780 Abs. 2 ZPO.

D. Prozessuales

10 Vom Fiskus als ges Erben und gegen den Fiskus als ges Erben kann erst ab dem Zeitpunkt der Feststellung durch das Nachlassgericht, dass kein anderer Erbe vorhanden ist, ein Nachlassrecht geltend gemacht werden. Der Staat benötigt deswegen grds keinen ihn als Erben ausweisenden Erbschein. Etwas anderes gilt für Eigentumsübertragungen, die die Eintragung ins Grundbuch erfordern, § 35 GBO (BayObLG MDR 1987, 762). Der Feststellungsbeschluss enthält genauso wie der Erbschein keine rechtskräftige Regelung des Erbrechts. Der Feststellungsbeschluss entfaltet jedoch keine Rechtscheinswirkungen wie der Erbschein, §§ 2366, 2367. Die durch den Feststellungsbeschluss ausgesprochene Vermutung des ges Erbrechts des Staates kann der wahre Erbe sowohl im Erbscheinsverfahren als auch im Prozess (§ 292 ZPO) widerlegen. Das Nachlassgericht kann den Feststellungsbeschluss auch von sich aus aufheben (§ 18 FGG).

Vorbemerkungen vor §§ 1937 ff

A. Allgemeines

1 In den §§ 1937–1941 sind zwei wichtige Grundsätze des deutschen Erbrechts verankert: 1.) Der im BGB nicht wörtlich formulierte Grundsatz der Testierfreiheit, der durch Art. 14 Abs. 1 GG in seinem Kern gesichert wird, und 2.) der damit verbundene Vorrang der gewillkürten vor der ges Erbfolge. Diese Vorrangstellung wird insb durch die dem Erblasser gestattete Erbeinsetzung durch Testament, § 1937 (vervollständigt durch die Möglichkeit der Enterbung, § 1938) und durch Erbvertrag, § 1941, zum Ausdruck gebracht. Daneben haben die §§ 1937–1941 eine begriffstechnische Aufgabe. Sie definieren die für die gewillkürte Erbfolge wichtigsten erbrechtlichen Verfügungen, die der Erblasser vornehmen kann (erbrechtlicher Typenzwang).

B. Begriffserläuterungen

I. Verfügung von Todes wegen

§ 1937 führt den Begriff der Verfügung von Todes wegen als Oberbegriff erbrechtlicher Verfügungen des Erblassers ein. Eine Verfügung von Todes wegen ist eine rechtsgeschäftliche Anordnung des Erblassers, die erst mit dessen Tod Wirkung erlangt. Im Unterschied zu einem Rechtsgeschäft unter Lebenden, das auch Rechtsfolgen haben kann, die erst mit dem Tod eines Beteiligten eintreten, § 2301, erfolgt die Verfügung von Todes wegen in spezifisch erbrechtlichen Formen: Die einseitige Verfügung durch Testament, § 1937, die zweiseitige durch Erbvertrag, § 1941. Mit Verfügung von Todes wegen kann die Gesamtheit erbrechtlicher Anordnungen oder aber auch nur eine Einzelverfügung bezeichnet werden, vgl §§ 2085, 2253.

Verfügungen von Todes wegen lassen die Rechtslage zu Lebzeiten des Erblassers unberührt. Deswegen ist der erbrechtliche Verfügungsbegriff streng von dem rechtsgeschäftlichen zu unterscheiden. Normen über rechtsgeschäftliche Verfügungen, zB § 185, sind daher nicht anzuwenden (vor §§ 2064 ff Rn 12).

II. Erbeinsetzung

Unter Erbeinsetzung versteht man die willentliche Berufung durch den Erblasser zur Gesamtrechtsnachfolge in sein Vermögen, vgl § 1922. Erbeinsetzung ist auch möglich durch die Bestimmung eines Ersatzerben, § 2096, oder eines Nacherben, § 2100.

Bei einem Hinweis im Testament auf die ges Erbfolge ist durch Auslegung zu klären, ob es sich um eine Erbeinsetzung oder lediglich um eine deklaratorische Klarstellung der Geltung des ges Erbrechts handelt. Von einer Erbeinsetzung ist auszugehen, wenn der Erblasser sich das Ergebnis der ges Erbfolge zu eigen macht, indem er es in den Gesamtplan des Testaments einbezieht. Die Zuwendung des Pflichtteils stellt im Zweifel keine Erbeinsetzung dar, § 2304. Zur Abgrenzung zwischen Erbeinsetzung und Vermächtniszuwendung § 2087 Rn 2 ff. Eine Begründung für die Erbeinsetzung braucht der Erblasser nicht zu geben. Er ist inhaltlich in der Auswahl der Personen und in der Bestimmung der Erbteile bis zur Grenze der Sittenwidrigkeit, § 138, frei, soweit nicht Bindungen durch Erbvertrag, § 2289 Abs. 1, oder wechselbezügliche Verfügungen im gemeinschaftlichen Testament, § 2271 Abs. 1 und 2, eingetreten sind.

§ 1937 Erbeinsetzung durch letztwillige Verfügung

Der Erblasser kann durch einseitige Verfügung von Todes wegen (Testament, letztwillige Verfügung) den Erben bestimmen.

A. Erbeinsetzung durch Testament

Das Testament wird in § 1937 als einseitige Verfügung von Todes wegen definiert. Nach § 1937 sind Testament und letztwillige Verfügung gleichbedeutende Begriffe. Ein Testament ist wirksam, wenn der Erblasser es testierfähig, § 2229, mit Testierwillen, höchstpersönlich, § 2064, und unter Beachtung der zwingenden Formvorschriften, § 2231 BGB, errichtet hat und sich das Testament nicht von Anfang an, §§ 134 (vgl bespw § 1923 Rn 22 ff), 138 (vor §§ 2064 ff Rn 8), oder nachträglich, §§ 1944 (Ausschlagung), §§ 2077 iVm 2268 und 2279 (Beginn des Scheidungsverfahrens), §§ 2078 ff (Anfechtung), §§ 2109, 2162, 2210, 2252 (Zeitablauf), §§ 2253 ff (Widerruf), § 2344 (Erbunwürdigkeit), §§ 2352 (Erbverzicht), für nichtig erweist oder sich der Erblasser bereits gebunden hatte, §§ 2289, 2271. Die Rechtsfolgen der Nichtigkeit richten sich nach den einzelnen Nichtigkeitsgründen; eine nichtige Verfügung kann in eine wirksame Verfügung umgedeutet werden (§ 2084 Rn 17).

2 Als besondere Art einer einseitigen Verfügung ist das gemeinschaftliche Testament von Ehegatten, § 2265, und eingetragenen Lebenspartnern, § 10 Abs. 4 LPartG, zu nennen. Für das Ehegattentestament gibt es Formerleichterungen bei der eigenhändigen Errichtung, § 2247, des Testaments, § 2267. Das sog »Patiententestament« ist kein Testament iSd § 1937, denn es soll bereits zu Lebzeiten Wirkungen entfalten.

B. Zulässiger Inhalt eines Testaments

I. Typenzwang und Wahlfreiheit

3 In einem Testament können nur solche Verfügungen getroffen werden, die der Art nach im fünften Buch des BGB ausdrücklich erwähnt sind oder deren Zulässigkeit durch Auslegung oder Analogie dem Gesetz entnommen werden kann (Typenzwang, vgl Vor § 1937 Rn 1). So kann der Erblasser bspw in einem Testament nicht einen Gegenstand mit dinglicher Wirkung einem anderen als dem Erben zuwenden, denn das auf dem Prinzip der Gesamtrechtsnachfolge, § 1922, beruhende Erbrecht des BGB lässt ein Vermächtnis nur mit obligatorischer Wirkung zu, § 2174. Welche dieser zulässigen Verfügungen der Erblasser in sein Testament aufnimmt, bleibt seiner Entscheidung überlassen. Darüber hinaus können Anordnungen nicht erbrechtlichen Inhalts getroffen werden.

II. Erbrechtliche Anordnungen

4 Außer den in §§ 1937 ff genannten Typen von Einzelverfügungen kommen folgende Anordnungen des Erblassers in Betracht: Entziehung des Voraus, § 1932, die sich aus der Testierfreiheit ergibt; Entziehung oder Veränderung des Dreißigsten, § 1969 Abs. 1 Satz 2; Ausschluss der Auseinandersetzung, § 2044; Teilungsanordnung hinsichtlich des Nachlasses, § 2048; Anordnung der Testamentsvollstreckung, §§ 2197 ff; Widerruf einer vorhergehenden letztwilligen Verfügung, §§ 2253 ff; eine vom Gesetz abweichende Verteilung der Pflichtteilslast, § 2324; Pflichtteilsentziehung, § 2333 ff, Pflichtteilsbeschränkung, § 2338 oder in Erbfällen bis zum 31. 3. 1998 Entziehung des Erbersatzanspruchs.

III. Nicht erbrechtliche Anordnungen

5 Der Erblasser kann durch letztwillige Verfügung darüber hinaus folgende Anordnungen treffen: Errichtung einer Stiftung von Todes wegen, § 83; Benennung eines Leistungsempfängers beim Vertrag zugunsten Dritter, § 332; Zuweisung der Vermögenszuwendung von Todes wegen zum Vorbehaltsgut des Erben oder Vermächtnisnehmers, der im Güterstand der Gütergemeinschaft lebt, § 1418 Abs. 2 Nr. 2; Ausschluss der Fortsetzung der Gütergemeinschaft, § 1509; Ausschluss eines gemeinschaftlichen Abkömmlings von der fortgesetzten Gütergemeinschaft, § 1511, mit weiteren Anordnungen, §§ 1512 ff; Vaterschaftsanerkenntnis, § 1597, in einem notariell beurkundeten Testament; Ausschluss der Eltern des Erben von der Verwaltung des durch den Erbfall erlangten Vermögens, § 1638, mit weiteren Anordnungen, §§ 1639, 1640, 1803; Benennung eines Vormunds, § 1777 Abs. 3 oder Ausschluss bestimmter Personen vom Amt des Vormunds, § 1782; Anweisungen zu Organentnahme oder Bestattung; Beliebige Rechtsgeschäfte unter Lebenden, weil der Tod des Erklärenden keinen Einfluss auf die Wirksamkeit einer Willenserklärung hat, § 130 Abs. 2 oder auch Einsetzung eines Schiedsgerichts, §§ 1025 ff ZPO, dazu nächste Rn.

6 Die Einsetzung eines Schiedsgerichts in einer letztwilligen Verfügung ist allgemein anerkannt (RGZ 100, 76 f; OLG Hamm NJW-RR 1991, 455 f; MüKo/*Leipold* § 1937 Rn 29) und durch § 1066 ZPO (= § 1048 ZPO aF) gesetzlich bestätigt. Nach dem Wortlaut des § 1066 ZPO kann die Klausel in gesetzlich statthafter Weise durch letztwillige Verfügung errichten werden, dh es gelten die allgemeinen Wirksamkeitsvoraussetzungen für letztwillige

Verfügungen (MüKo/*Leipold* § 1937 Rn 29; *Schiffer* BB Beilage Nr. 5, 2 ff). Die Einsetzung eines Schiedsgerichts kann auch in einem Erbvertrag erfolgen, § 2299, dazu § 1941 Rn 5. Nach zutreffender Auffassung handelt es sich bei der Einsetzung eines Schiedsgerichts nicht um eine Auflage, da es an der die Auflage charakterisierenden Leistungsverpflichtung fehlt (MüKo/*Leipold* § 1937 Rn 31; ebenso im Ergebnis, aber mit etw anderer Begründung: Staudinger/*Otte* § 1937 Rn 7, aA: *Schiffer* BB Beilage Nr. 5, 3).

Welche Aufgaben bzw Streitigkeiten der Erblasser dem Schiedsgericht zuweisen darf, 7 hängt im Wesentlichen davon ab, ob der Erblasser diese Inhalte durch letztwillige Verfügung gestalten darf. Die Verweisung des § 1066 ZPO für die einseitige Anordnung von Schiedsgerichten auf entsprechende Anwendung des 10. Buches hilft im Erbrecht nicht weiter, da es anders als in § 1030 ZPO unabhängig von vermögens- oder nicht vermögensrechtlicher Art des Anspruchs, für letztwillige Verfügungen darauf ankommt, ob der Erblasser generell über diese Inhalte verfügen darf (MüKo/*Leipold* § 1937 Rn 32 f; Staudinger/*Otte* § 1937 Rn 8).

Der Erblasser kann daher jedenfalls bei testamentarischer Erbeinsetzung oder Enterbung 8 dem Schiedsgericht übertragen: Streitigkeiten über die Auslegung, Nichtigkeit oder Anfechtbarkeit (vgl *Schiffer* aaO, 5) von Verfügungen von Todes wegen, über Vermächtnisse und Auflagen, über die Erbberechtigung. Die bloße Übertragung der Entscheidung auf ein Schiedsgericht bei einem Streit über die Erbfolge soll aber auch bei ges Erbfolge als wirksam angesehen werden (MüKo/*Leipold* § 1937 Rn 33). Schiedsgerichtsentscheidung darf der Erblasser auch für Streitigkeiten über die Einsetzung einer Testamentsvollstreckung (ob, wer, in welchem Umfang) anordnen, nicht hingegen bzgl der Entlassung bzw deren Beantragung, da es in letzterem Falle um Beteiligtenrechte geht, über die Erblasser nicht verfügen darf (MüKo/*Leipold* § 1937 Rn 35; § 2227 Rn 1 ff). Auf das Schiedsgericht zur Entscheidung dürfen nicht Inhalte durch den Erblasser übertragen werden, die seiner Verfügungsmacht entzogen sind: zB Ansprüche der Pflichtteilsberechtigten und der Nachlassgläubiger (soweit deren Ansprüche nicht auf Verfügung von Todes wegen beruhen) oder Streitigkeiten über die Zugehörigkeit zum Nachlass (MüKo/*Leipold* § 1937 Rn 34 unter Verweis auf BayObLGZ 1956, 186, 189; *Schiffer* aaO, 5; *Schulze* MDR 2000, 314, 316; aA hinsichtlich der Pflichtteilsstreitigkeiten *Wegmann* ZEV 2003, 20, 21; *Pawlytta* ZEV 2003, 89, 94; Zöller/*Geimer* § 1066 Rn 18).

Umfang und Grenzen der Entscheidungsbefugnis des Schiedsgerichts, dh ausschließliche 9 Bindung an das materielle Recht oder Entscheidung nach Billigkeit, hängen vom Inhalt der Schiedsklausel ab. Grenzen ergeben sich jedoch aus § 2065, dh soweit Entscheidungen über die Gültigkeit oder Inhalt einer Verfügung von Todes wegen nicht einem Dritten überlassen werden dürfen, darf auch das Schiedsgericht nicht nach Billigkeit entscheiden, (MüKo/*Leipold* § 1937 Rn 36; vgl auch § 2065 Rn 4)

Als Schiedsrichter kommt nur in Frage, wer im konkreten Streitfall nicht als Partei beteiligt ist 10 (Stein/Jonas/*Schlosser* § 1036 Rn 5; Ausschluss von an der Testamentserrichtung mitwirkenden Anwälten und Notaren: *Happe*, Schiedsgerichtsklauseln im Testament, in: *Böckstiegel* (Hrsg) Schiedsgerichtsbarkeit in gesellschaftsrechtlichen und erbrechtlichen Angelegenheiten, 1996, 90 f). Nach herrschender Ansicht scheidet deswegen auch der Testamentsvollstrecker als Schiedsrichter nicht völlig aus (BGHZ 41, 23, 25; *Schiffer* BB Beilage 5, 4; MüKo/*Leipold* § 1937 Rn 34). Etwas anderes gilt jedoch in Fällen, in denen Interessenkollision bestehen kann, (zB soweit er in dem betreffenden Streitfall als Testamentsvollstrecker (dh als Partei kraft Amtes) tätig zu werden hat oder soweit seine persönliche Rechtsstellung (zB die Frage der wirksamen Ernennung) den Gegenstand eines Streits bildet (MüKo/*Leipold* § 1937 Rn 34; BGHZ 41, 23;RGZ 100, 76; ebenso BayObLGZ 1956, 186, 189).

C. Haftung des Beraters

Beruht die vom Erblasser zum Nachteil eines anderen errichtete letztwillige Verfügung 11 auf dem vorwerfbaren Verhalten eines Dritten, so berührt dies nicht den rechtlichen

Bestand der Verfügung. In Betracht kommen jedoch Schadensersatzansprüche gegen den Dritten (BayObLG FamRZ 85, 1082). Diese können sich etwa aus einer Verletzung der Beratungspflicht, § 17 BeurkG, durch den das Testament beurkundenden Notar ergeben (BGH NJW 2002, 2787).

12 Hat der Erblasser die beabsichtigte Errichtung einer letztwilligen Verfügung aufgrund von Versäumnissen des von ihm beauftragten RA oder Notars unterlassen, so stehen dem vom Erblasser vorgesehenen, aber nicht bedachten Personen Schadensersatzansprüche gegen den RA oder Notar zu (BGH NJW 1965, 99; krit *Lorenz* JZ 1966, 141; 95 317; *Boehmer* MDR 1966, 468, *Zimmermann* FamRZ 1980, 99). Ein Mitverschulden des Erblassers geht dabei zulasten des potentiellen Erben (BGH JR 1998, 155).

13 Schadensersatzansprüche kommen schließlich auch dann in Betracht, wenn eine vom Erblasser nicht mehr gewollte letztwillige Verfügung nicht mit allen zur Verfügung stehenden Mitteln beseitigt wird (BGH NJW 1995, 51: fehlende Beseitigung des erbvertraglich verfügten Alleinerbrechts des Ehegatten durch geratenen Scheidungsantrag, der jedoch wegen mangelnder Zustellung vor dem Erbfall nicht zur Unwirksamkeit der erbvertraglichen Verfügung führte, §§ 2279 Abs. 2 iVm 2077, bei möglichem vorbehaltenem Rücktrittsrecht vom Erbvertrag) oder die ungewollte Übertragung von Gesellschaftsanteilen an die übrigen Gesellschafter statt an seine Erben zur Folge hat (BGH NJW 1995, 2551).

D. Prozessuales

14 Nichtigkeit und Unwirksamkeit eines Testaments sind im Erbscheinsverfahren von Amts wegen zu prüfen. Eine Klage auf Feststellung der Nichtigkeit ist bei Vorliegen des Feststellungsinteresses möglich, § 256 ZPO. Beklagte Miterben sind dabei keine notwendigen Streitgenossen (BGH 23, 73).

§ 1938 Enterbung ohne Erbeinsetzung

Der Erblasser kann durch Testament einen Verwandten, den Ehegatten oder den Lebenspartner von der ges Erbfolge ausschließen, ohne einen Erben einzusetzen.

Literatur
Scherer, Die Nachlassbeteiligung von Abkömmlingen eines Enterbten, ZEV 1999, 41.

A. Anordnung der Enterbung

1 § 1938 erlaubt dem Erblasser, Ehegatten, eingetragenen Lebenspartner und Verwandte, nicht jedoch den Fiskus, § 1936, teilweise oder vollständig, unbedingt oder bedingt von der ges Erbfolge auszuschließen, auch ohne gleichzeitig eine positive Anordnung über die Erbfolge zu treffen. Im Erbvertrag ist die Enterbung nur als einseitige frei widerrufliche Verfügung möglich, §§ 2278 Abs. 2, 2299 (OLG München Beschl v 13. 9. 2005 Az: 31 Wx 064/05, 31 Wx 64/05); eine vertragsmäßige Enterbung kann in einen Erbverzicht umgedeutet werden, § 140 (Soergel/*Stein* § 1938 Rn 2). Im gemeinschaftlichen Testament ist die Enterbung nicht als wechselbezügliche, nach dem Tod des ersten Ehegatten bindende Verfügung möglich, § 2270 Abs. 3 (BayObLG FamRZ 1993, 240).

2 Die Enterbung muss nicht ausdrücklich angeordnet werden. Gebraucht der Erblasser den Ausdruck »Enterbung«, so kann damit auch gemeint sein, dass der Enterbte keinerlei Anteil am Nachlass des Erblassers, also auch nicht den Pflichtteil erhalten soll. Davon ist vor allem dann auszugehen, wenn Gründe für die »Enterbung« angegeben sind (OLG Düsseldorf ZEV 1995, 410). Der Pflichtteil kann freilich nur unter den Voraussetzungen des § 2333 entzogen werden.

Bei der Annahme einer stillschweigenden Enterbung ist jedoch Zurückhaltung geboten. 3
Der Wille des Erblassers muss »unzweideutig« zum Ausdruck kommen (OLG München FamRZ 2001, 940; BayObLG FamRZ 1992, 986). Das ist dann der Fall, wenn der Erblasser seinen gesamten Nachlass einer oder mehreren anderen Personen zuwendet (BGH, Urt v 22. 3. 2006 Az: IV ZR 93/05 = FamRZ 2006, 403). Von einer stillschweigenden Enterbung ist außerdem bspw bei wirksamer oder unwirksamer Entziehung des (auch vermeintlichen) Pflichtteils (BayObLG FamRZ 1996, 826, 828), der Zuwendung nur des Pflichtteils (RGZ 61, 14, 18) oder der Zuwendung eines Erbteils, der hinter dem ges Erbteil zurückbleibt (Staudinger/*Otte* § 1938 Rn 7), auszugehen. Die Auslegung eines Testaments, mit dem der Erblasser dem ursprünglich als Erben eingesetzten Pflichtteilsberechtigten nachträglich den Pflichtteil entzieht bzw beschränkt, zwingt nicht in jedem Fall zur Annahme, dass der Erblasser zugleich den Erben von der Erbfolge insgesamt ausschließen wollte. Sie kann vielmehr ergeben, dass der Erblasser damit die Ausschlagung der Erbschaft durch den eingesetzten Erben vermeiden wollte (BayObLG FamRZ 2000, 1459). In der Erschöpfung des Nachlasses durch Vermächtnisse und Auflagen liegt nicht zwingend der Ausschluss der ges Erben (BayObLG MDR 1979, 847); dies gilt insb auch bei sog »Universalvermächtnissen« (OLG München FamRZ 2001, 940).

Die Enterbung eines ges Erben erfasst idR nicht dessen Abkömmlinge, es sei denn auch 4 dieser Wille des Erblasser ergibt sich unzweideutig aus der letztwilligen Verfügung (BayObLG DNotZ 1990, 425; BayObLG FamRZ 1989, 1006; LG Neubrandenburg MDR 1995, 1238; aA *Scherer* ZEV 1999, 41: der Wille des Erblassers zur Enterbung erstreckt sich im Zweifel auch auf die Abkömmlinge). IdR treten also die Abkömmlinge als ges Erben an die Stelle des Enterbten.

Die Enterbung durch Entziehung des Pflichtteils ist nicht allein deshalb unwirksam, weil 5 der Erblasser dem Betroffenen später verzeiht, § 2337 (BayObLG NJW-RR 1996, 967); vielmehr muss der Erblasser die Enterbung durch letztwillige Verfügung beseitigen. Erfolgt die Enterbung durch Einsetzung eines anderen, bleibt sie im Fall der Nichtigkeit der Erbeinsetzung nur wirksam, wenn sie unter allen Umständen gewollt war (OLG München ZEV 2001, 153).

B. Wirkung der Enterbung

Enterbte Abkömmlinge, Eltern, Ehegatten oder eingetragene Lebenspartner können den 6 Pflichtteil verlangen, § 2303, der nur unter den Voraussetzungen der §§ 2333 ff entzogen werden kann. Der Ehegatte oder eingetragene Lebenspartner verliert auch das Recht auf den Voraus (§ 1932 Rn 5). Hat der Ehegatte mit dem Erblasser im ges Güterstand gelebt, so kann er neben dem »kleinen Pflichtteil« Ausgleich des Zugewinns verlangen (§ 1371 Rn 7 f).

Wird ein ges Erbe enterbt, ohne dass gleichzeitig ein Erbe eingesetzt wird, so ist der 7 Enterbte als vor dem Erbfall verstorben anzusehen. Die Erbteile der anderen ges Erben erhöhen sich entsprechend.

§ 1939 Vermächtnis

Der Erblasser kann durch Testament einem anderen, ohne ihn als Erben einzusetzen, einen Vermögensvorteil zuwenden (Vermächtnis).

A. Anordnung eines Vermächtnisses

§ 1939 definiert die erbrechtliche Zuwendung eines Vermögensanteils ohne Erbeinsetzung 1 als Vermächtnis. Die Einzelheiten zum Vermächtnis sind in §§ 2147–2191 geregelt. Vermächtnisnehmer kann sein, wer erbfähig ist, § 1923. Zudem kann auch eine noch nicht erzeugte Person Vermächtnisnehmer sein, § 2178.

2 Diese erbrechtliche Anordnung ist in Form des Testaments, § 1939, aber auch durch Erbvertrag, § 1941, möglich. Bei einem gemeinschaftlichen Testament kann ein Vermächtnis auch Gegenstand einer wechselbezüglichen Verfügung sein, § 2270 Abs. 2. Beim Erbvertrag ist das Vermächtnis als vertragsmäßige Verfügung, § 2278 Abs. 2 und auch als jederzeit widerrufliche einseitige Verfügung, § 2299, gestattet.

3 Der Erblasser muss die Vermächtnisanordnung nicht positiv vornehmen, sondern auch im Wege der einer »Negativabgrenzung« anordnen, dass etwa »alles außer dem Unternehmen« die Vermächtnisnehmer erhalten sollen.

B. Wirkung des Vermächtnisses

4 Der Vermächtnisnehmer (Bedachte) erwirbt durch das Vermächtnis lediglich einen schuldrechtlichen Anspruch, § 2174, gegen den Beschwerten (Rn 5). Den durch das Vermächtnis zugewandte Vermögensvorteil erwirbt er erst durch die Erfüllung dieses Anspruchs. Vor dem Erbfall hat der Bedachte weder einen Anspruch noch eine rechtlich gesicherte Anwartschaft bzgl des Vermächtnisses, § 2176. Dies gilt auch dann, wenn das Vermächtnis auf Erbvertrag beruht (BGHZ 12, 115).

5 Schuldner des Anspruchs aus § 2147 (Beschwerter) kann der Erbe oder ein Vermächtnisnehmer sein (§ 2147). Der Wegfall des zunächst Beschwerten berührt die Wirksamkeit des Vermächtnisses nicht, wenn nicht ein anderer Wille des Erblassers feststeht, § 2161.

C. Gegenstand eines Vermächtnisses

6 Was Gegenstand eines Vermächtnisses sein kann, wird vom Gesetz, das nur von »Vermögensvorteil« spricht, nicht definiert. Die heute überwiegende Auffassung orientiert sich am Begriff der Leistung (MüKo/*Leipold* § 1939 Rn 6), so dass Gegenstand eines Vermächtnisses jeder zulässige Leistungsinhalt sein kann, §§ 194, 241 Abs. 1. Häufig wird der Vermögensvorteil in einer Sache oder einem Recht bestehen. Denkbar ist aber etwa auch die Befreiung von einer Verbindlichkeit. Jedenfalls ist der Begriff des Vermögensvorteils weit zu verstehen und will den Gegenstand der Zuwendung nicht einschränken. Nicht erforderlich ist eine Bereicherung des Vermächtnisnehmers im wirtschaftlichen Sinn (OLG Hamm FamRZ 1994, 1210, 1212). Ausreichend ist vielmehr auch ein rechtlicher Vorteil, ohne dass eine auch nur mittelbare wirtschaftliche Besserstellung des Bedachten eintreten muss, etwa das Recht zum entgeltlichen Erwerb eines Gegenstandes (BGH NJW 2001, 2883). Der Vermögensvorteil muss auch nicht dauerhaft zugewandt werden.

7 Der Vermächtnisnehmer kann seinerseits mit einer Auflage oder einem Untervermächtnis, § 2186, beschwert werden, das bis zur vollen Höhe des Vermächtniswerts reichen kann. Er kann auch unter Testamentsvollstreckung stehen.

D. Abgrenzung

8 Das Vermächtnis ist von der Erbeinsetzung abzugrenzen. § 2087 gibt für die Abgrenzung von Erbeinsetzung und Vermächtnis Auslegungskriterien vor. Allerdings schließen sich Vermächtnis und Erbeinsetzung nicht völlig aus. Auch einem Erben kann ein Vermächtnis ausgesetzt werden (Vorausvermächtnis), § 2150. Darüber hinaus ist das Vermächtnis von der Auflage (§ 1940 Rn 11), von der Schenkung unter Lebenden und der Schenkung von Todes wegen (§§ 2087 Rn 7 und 2301 Rn 4 ff), und von der Teilungsanordnung (§ 2048 Rn 13 ff) abzugrenzen.

§ 1940 Auflage

Der Erblasser kann durch Testament den Erben oder einen Vermächtnisnehmer zu einer Leistung verpflichten, ohne einem anderen ein Recht auf die Leistung zuzuwenden (Auflage).

A. Anordnung der Auflage

I. Allgemeines

Die Auflage ist eine Verfügung von Todes wegen, durch die einem Erben oder Vermächtnisnehmer eine Verpflichtung auferlegt wird, ohne dass eine begünstigte Person ein Recht auf Leistung erhält. Einzelheiten über Inhalt und Durchsetzung einer Auflage sind in §§ 2192–2196 geregelt. Die Ähnlichkeiten zwischen Vermächtnis und Auflage rechtfertigen die in § 2192 angeordnete entsprechende Anwendung zahlreicher Bestimmungen des Vermächtnisrechts. 1

Die Auflage setzt zwingend einen Beschwerten voraus. Gegenstand der ihm auferlegten Verpflichtung kann ein Tun oder Unterlassen sein, vgl auch § 241 Abs. 1 Satz 2 (OLG Koblenz NJW-RR 1986, 1039, 1040). Um eine vermögenswerte Leistung braucht es sich dabei nicht zu handeln. Die Auflage kann, muss aber nicht zugunsten einer anderen Person (Begünstigter) angeordnet sein. Sie kann aber auch einem bestimmten Zweck, der Allgemeinheit, aber auch der beschwerten Person selbst (MüKo/*Leipold* § 1940 Rn 4) zugutekommen. Die Verpflichtung kann sich auch auf Gegenstände beziehen, die außerhalb des dem Beschwerten erbrechtlich Zugewendeten liegen (BGH FamRZ 1985, 278, 279). Im Wege der Auflage können bestimmte Geld- oder Sachleistungen zu Gunsten bestimmter natürlicher oder juristischer Personenkreise angeordnet werden. Dabei besteht im Gegensatz zur Erbeinsetzung, §§ 2064, 2065, die Möglichkeit der Drittbestimmung, § 2193. 2

II. Zulässiger Inhalt

Zulässig sind bspw Auflagen zur Verwirklichung kultureller, künstlerischer oder karitativer Zwecke, etwa die Verpflichtung zur Errichtung einer Stiftung. Es sind keine strengen Anforderungen an die Bestimmtheit des Zwecks zu stellen (RGZ 96, 15). 3

Häufig sind bspw auch Auflagen, die dem Beschwerten die Pflege des Grabes oder die Sorge für Tiere des Erblassers zur Pflicht machen, die Durchführung bestimmter Veranstaltungen zur Erinnerung des Erblassers anordnen (BGH NJW 1965, 688). Außerdem kann in Auflagen angeordnet werden, dass mit dem Nachlass oder einzelnen seiner Teile in bestimmter Weise zu verfahren ist, etwa bzgl der Instandhaltung der Gebäude, Sicherung der Zweckbestimmung von Nachlassobjekten. Weiterhin kann durch Auflage das Recht, die Auseinandersetzung der Erbengemeinschaft zu verlangen, ausgeschlossen werden (BGH FamRZ 1985, 278); Verfügungen über Nachlassgegenstände können verboten werden, insb die Veräußerung oder Belastung (BayObLG FamRZ 1983, 839; BayObLG FamRZ 1986, 608); es kann angeordnet werden, dass einer bestimmten Person eine Vollmacht zu erteilen ist (BayObLG NJW-RR 1986, 629). 4

Verfügungen von Todes wegen zugunsten Erbunfähiger, etwa einer Fakultät oder der Haustiere, können als Zuwendungen an eine entsprechende erbfähige Person (Träger der Universität, Tierschutzverein) angesehen werden, die mit einer entsprechenden Verwendungsauflage belastet ist (BayObLG NJW 1988, 2742: Zuwendung an die Tiere des Erblassers; OLG Köln NJW 1986, 2199: Erbeinsetzung der medizinischen Fakultät einer Universität). 5

III. Unzulässiger Inhalt

6 Eine Auflage kann wegen Sittenwidrigkeit, § 138 Abs. 1, unwirksam sein. Das ist dann der Fall, wenn Verpflichtungen angeordnet werden, die wegen ihres höchstpersönlichen Charakters nicht Inhalt eines Schuldverhältnisses und damit auch nicht wirksamer Inhalt einer Auflage sein können. Unzulässig ist etwa die Verpflichtung, eine bestimmte Person zu heiraten oder ein Kind anzunehmen (MüKo-BGB/*Leipold* § 1940 Rn 5). Hier sind die gleichen Maßstäbe anzulegen wie bei der Beurteilung der Sittenwidrigkeit einer Bedingung (§§ 2074, 2075 Rn 6 ff), so dass auch eine Umdeutung in eine Bedingung nicht in Betracht kommt.

7 Darüber hinaus kann eine Auflage auch wegen Unmöglichkeit oder Verbotswidrigkeit der angeordneten Leistung, §§ 2192, 2171, unwirksam sein. Das ist jedoch trotz § 14 HeimG nicht der Fall, wenn dem Beschwerten die Möglichkeit eingeräumt, über die Verwendung de vererbten Vermögens zu entscheiden, § 2193, und somit mittelbar durch die freie Entscheidung auch den Träger des Heims zu begünstigen, in dem der Erblasser untergebracht ist (BayObLG NJW 2000, 1959).

B. Wirkung der Auflage

8 Für den Beschwerten begründet die Auflage eine Leistungspflicht. Weil jedoch kein Anspruch des Begünstigten auf die Leistung besteht, entstehen gegen den mit der Auflage Beschwerten bei Nicht- oder Schlechterfüllung keine Schadenersatzansprüche. Jedoch können bestimmte Personen und Behörden, die sog »Vollziehungsberechtigten«, die Vollziehung der Auflage verlangen, § 2194. Mit dieser Aufgabe kann aber auch ein Testamentsvollstrecker betraut werden, § 2203, wobei dies auch seine einzige Aufgabe sein kann (BayObLG NJW-RR 1991, 523).

C. Abgrenzung

9 Abzugrenzen ist die Auflage vom bloßen Wunsch des Erblassers, seinem Rat oder seiner Empfehlung, die im Gegensatz zur Auflage keine rechtliche Verpflichtung begründen, sondern deren Befolgung in das Belieben des Erben oder Vermächtnisnehmers gestellt ist. Für die Abgrenzung ist der durch Auslegung (§ 2084 Rn 5 ff) zu ermittelnde Wille des Erblassers entscheidend, so dass auch mit den Worten »ich hoffe« oder »ich wünsche« die Anordnung einer Auflage gemeint sein kann.

10 Durch den Verpflichtungscharakter hebt sich die Auflage von Anordnungen ab, durch die ein bestimmtes Verhalten lediglich zur Bedingung einer letztwilligen Verfügung gemacht wird, §§ 2074, 2075.

11 Um ein Vermächtnis handelt es sich, wenn der Begünstigte einen klagbaren Anspruch auf Leistung haben soll, die einen Vermögensvorteil im weitesten Sinne vermittelt. Auch hier ist der Wille des Erblassers durch Auslegung festzustellen (OLG Frankfurt ZFE 2002, 262): Die Anordnung, dass der vom Ehemann ererbte Anteil an einem Hausgrundstück im Falle des Todes der Ehefrau an die Familie des Ehemannes »fallen« solle, ist ein aufschiebend bedingtes Vermächtnis).

§ 1941 Erbvertrag

(1) Der Erblasser kann durch Vertrag einen Erben einsetzen sowie Vermächtnisse und Auflagen anordnen (Erbvertrag).

(2) Als Erbe (Vertragserbe) oder als Vermächtnisnehmer kann sowohl der andere Vertragschließende als ein Dritter bedacht werden.

A. Verfügung von Todes wegen

Der Erblasser kann Verfügungen von Todes wegen in einem Testament, aber auch in einem Erbvertrag vornehmen. Im Unterschied zum Testament, das frei widerruflich ist, liegt das Wesen des Erbvertrags in der Bindung an die einmal getroffene Verfügung. Einzelheiten sind in §§ 2274–2300a geregelt. Die Rolle des Vertragspartners besteht darin, die letztwilligen Verfügungen des Erblassers in vertraglich bindender Form anzunehmen. Um einen schuldrechtlichen Vertrag handelt es sich beim Erbvertrag jedoch nicht. Der durch Erbvertrag gebundene Erblasser kann weiterhin durch Rechtsgeschäft unter Lebenden über sein Vermögen verfügen, § 2286. Vom Erbvertrag zu unterscheiden ist der vertragliche Erbverzicht, §§ 2346, 2352, der keine Verfügung von Todes wegen enthält

In einem Erbvertrag kann auch ein Dritter bedacht werden, § 1941 Abs. 2. Dabei handelt es sich jedoch nicht um einen Vertrag zugunsten Dritter iSd § 328, da der Erblasser weder eine Verpflichtung eingeht, noch ein Forderungsrecht des Dritten begründet wird. Vielmehr erwirbt der Dritte mit Eintritt des Erbfalls.

B. Inhalt des Erbvertrages

Entgegen dem Wortlaut von § 1941 können nicht nur Erbeinsetzungen, Vermächtnisse oder Auflagen im Erbvertrag angeordnet werden. Allerdings haben nur die in § 1941 genannten Verfügungen die den Erbvertrag kennzeichnende Bindungswirkung, § 2278 (vertragsmäßige Verfügungen). Alle anderen Verfügungen sind nur einseitig und frei widerruflich möglich, § 2299. Erbeinsetzungen, Vermächtnisse oder Auflagen, die in einem Erbvertrag enthalten sind, müssen jedoch nicht vertragsmäßigen Charakter haben; sie können auch als einseitige Verfügungen getroffen werden.

Damit ein wirksamer Erbvertrag vorliegt, muss zumindest eine vertragsmäßige Verfügung enthalten sein. Ob eine vertragsmäßige oder eine einseitige Verfügung vorliegt, ist durch Auslegung (§ 2084 Rn 9 ff, 5 ff) zu ermitteln. Für den zulässigen Inhalt und die Wirksamkeit der einzelnen Verfügungen im Erbvertrag vgl die Erläuterungen zu §§ 1937–1940.

Wird in einem Erbvertrag eine Schiedsklausel (vgl § 1937 Rn 6) aufgenommen, ist jedoch keine vertragsmäßige Bindung möglich, § 2278 Abs. 2. Hinsichtlich der zu wahrenden Form ist bei Schiedsklauseln in Erbverträgen grds § 1031 ZPO zu beachten. Das Erfordernis der gesonderten Beurkundung, § 1031 Abs. 5 ZPO, gilt jedoch nur für die am Erbvertrag unmittelbar beteiligten Parteien (OLG Hamm NJW-RR 1991, 455; *Schiffer* BB Beilage 5, 3; aA Staudinger/*Otte* Vorbem zu § 1937 Rn 6: die notarielle Beurkundung des Erbvertrags mache die gesonderte Beurkundung der Schiedsklausel gem § 1031 Abs. 5 Satz 2 Hs 2 ZPO überflüssig; anderes nur, wenn der Erbvertrag mittels Übergabe einer verschlossenen Schrift, § 2232 Satz 2, Alt. 2 iVm § 2276 Abs. 1, errichtet werde), nicht hingegen gegenüber Dritten, die durch Erbvertrag mittels einseitiger Verfügung des Erblassers bedacht werden sollen. Im Übrigen kann auf die Ausführungen unter § 1937 Rn 6 ff verwiesen werden.

Abschnitt 2 Rechtliche Stellung des Erben
Titel 1: Annahme und Ausschlagung der Erbschaft, Fürsorge des Nachlassgerichts

§ 1942 Anfall und Ausschlagung der Erbschaft

(1) Die Erbschaft geht auf den berufenen Erben unbeschadet des Rechts über, sie auszuschlagen (Anfall der Erbschaft).

(2) Der Fiskus kann die ihm als gesetzlichem Erben angefallene Erbschaft nicht ausschlagen.

§ 1942 BGB | Anfall und Ausschlagung der Erbschaft

A. Vonselbsterwerb und Ausschlagung

1 Die in § 1922 normierte Rechtsnachfolge des Erben, die mit dem Tode des Erblassers eintritt, bedeutet für den Erben den automatischen Erwerb des Nachlasses – in § 1942 Abs. 1 als »**Anfall** der Erbschaft« bezeichnet. Dieser vollzieht sich, wie sich aus dem Kontext der §§ 1922 und 1942 Abs. 1 ergibt, kraft Gesetzes unmittelbar und unabhängig von gerichtlichem, behördlichem oder rechtsgeschäftlichem Zutun (Vonselbsterwerb). Für dessen Eintritt ist weder Kenntnis des Erben vom Erbfall oder seiner Erbenstellung noch sein Wille zur Rechtsnachfolge erforderlich. Gem § 857 gilt dies sogar für die aus der Sachherrschaft des Erblassers folgende Rechtsstellung als Besitzer der zum Nachlass gehörenden Sachen.

2 Der Anfall setzt die **Berufung** zum Erben voraus. Der Erbe wird berufen durch diese bestimmende Verfügung von Todes wegen des Erblassers (gewillkürte Erbfolge) oder in Ermangelung dessen durch das Gesetz, also §§ 1924 – 1936 BGB, § 10 Abs. 1 – 3 LPartG (ges Erbfolge). Möglich ist auch, dass die Erbenstellung nur mit einem bestimmten Anteil auf gewillkürter Erbfolge beruht und sich im Übrigen aus dem Gesetz ergibt. Für den Vonselbsterwerb ist es unerheblich, aus welcher dieser Alternativen die Erbenstellung folgt. Zu bestimmten anderen Rechtsfragen stellt das Gesetz ab auf den »Grund der Berufung« – so in §§ 1944, 1951 – oder den »Berufungsgrund« – so in §§ 1948, 1949 –. Damit ist der jeweils konkret maßgebliche Sachverhalt gemeint, aus dem sich im Einzelfall die Berufung zum Erben ergibt. Hierbei handelt es sich vor Allem um vom Erblasser errichtete Testamente und/oder Erbverträge, das Verwandtschaftsverhältnis zum Erblasser, die Ehe oder Lebenspartnerschaft mit dem Erblasser, den Wegfall vorrangig eingesetzter oder gesetzlich berufener Erben sowie den Eintritt einer für die Erbfolge maßgeblichen Bedingung oder sonstigen Voraussetzung.

3 **Zeitpunkt** des Anfalls ist grds der Erbfall. Dies gilt, wie sich aus §§ 1953 Abs. 2 2. Hs, 2344 Abs. 2 2. Hs ergibt, auch für den nach Ausschlagung oder gerichtlicher Feststellung der Erbunwürdigkeit nächstberufenen Erben, der somit nur den Erbfall, nicht aber auch die Ausschlagung oder die Rechtskraft des die Erbunwürdigkeit feststellenden Urteils erlebt haben muss. Im Falle des § 1923 Abs. 2 erfolgt der Anfall mit der Geburt des beim Erbfall erst erzeugten Erben, jedoch mit Rückwirkung auf den Erbfall. Hingegen tritt der Anfall an den Nacherben erst mit dem Nacherbfall und ohne Rückwirkung auf den Erbfall ein (§ 2139). Der Erblasser kann, sofern er keine Vor- und Nacherbfolge anordnet, für den Anfall keinen späteren Zeitpunkt als den Erbfall bestimmen. Ebensowenig kann er den Anfall von einer ausdrücklichen Annahmeerklärung abhängig machen. Soweit eine dahingehende Bestimmung letztwillig verfügt worden ist, ist sie als Potestativbedingung nach § 2065 wirkungslos. Hier kommt allenfalls die – konkludente – Vorerbeneinsetzung der ges Erben in Betracht. Dies dürfte jedoch idR nicht anzunehmen sein, da sonst die Nutzungen den Vorerben zustünden, was dem Erblasserwille nicht entsprechen dürfte; die Vermutung des § 2105 gilt daher hier nicht (Bamberger/Roth/*Seidl* § 1942 Rn 8; MüKo-BGB/*Leipold* § 1942 Rn 8; aA Staudinger/*Otte* § 2065 Rn 18). Zum Anfall an eine rechtsfähige Stiftung s § 84.

4 Korrelat zum kenntnis- und willensunabhängigen Vonselbsterwerb ist das ebenfalls in § 1942 Abs. 1 gewährleistete Recht zur **Ausschlagung** der angefallenen Erbschaft nach freiem Belieben. Macht der Erbe von diesem Recht wirksam Gebrauch, entfällt seine Stellung als Erbe mit Rückwirkung auf den Zeitpunkt des Erbfalls (§ 1953 Abs. 1); er wird so behandelt, als wäre ihm die Erbschaft nie angefallen. Die Einzelvoraussetzungen zur Wirksamkeit der Ausschlagung sind geregelt in §§ 1943 – 1952, ihre Wirkung in § 1953, ihre Anfechtung in §§ 1954 – 1957.

5 Der Vonselbsterwerb des zunächst berufenen Erben ist, solange für diesen noch die Möglichkeit zur Ausschlagung besteht, im Hinblick auf deren Rückwirkung und die daraus folgende Ungewissheit über die Person des endgültigen Erben nur vorläufig. Dieser Schwebezustand endet mit Annahme der Erbschaft nach § 1943, 1. Hs, spätestens

bei Verstreichenlassen der Ausschlagungsfrist mit der Annahmefiktion nach § 1943, 2. Hs.

Mit dem Anfall wird der Erbe Schuldner der Nachlassverbindlichkeiten (§ 1967). Für den **vorläufigen Erben** bedarf es daher eines Schutzes bis zum endgültigen Feststehen seiner Erbenstellung. Gem § 1958 können Ansprüche der Nachlassgläubiger gegen den Erben vor Annahme der Erbschaft nicht gerichtlich geltend gemacht werden. Will ein Nachlassgläubiger seine Ansprüche vorher gerichtlich geltend machen, muss er die Bestellung eines Nachlasspflegers (§ 1961) veranlassen, um gegen diesen als Vertreter des unbekannten Erben zu klagen. Hat der Nachlassgläubiger bereits einen vollstreckbaren Titel gegen den Erblasser, kann er bis zur Annahme der Erbschaft nur in den Nachlass vollstrecken (§ 778 Abs. 1 ZPO). Hierzu ist erforderlich, dass die Vollstreckungsklausel auf einen Nachlasspfleger als ges Vertreter des unbekannten Erben umgeschrieben wird. War ein Anspruch bereits gegen den Erblasser gerichtlich geltend gemacht worden, wird der Prozess unterbrochen (§ 239 ZPO). Hatte eine Zwangsvollstreckung zum Zeitpunkt des Erbfalls bereits begonnen, wird sie ohne weiteres fortgesetzt, jedoch nur in den Nachlass (§ 779 ZPO). 6

Der vorläufige Erbe ist darüber hinaus gegen bestimmte Fristnachteile geschützt: Eine dem Erben vor der Annahme bestimmte Frist zur Inventarerrichtung beginnt erst mit der Annahme der Erbschaft (§ 1995 Abs. 2), der Ablauf der Verjährung eines zum Nachlass gehörenden oder gegen den Nachlass gerichteten Anspruchs ist bis zur Annahme gehemmt (§ 211). 7

B. Keine Ausschlagung durch Fiskus als ges Erbe

Gem § 1942 Abs. 2 kann der in Ermangelung anderer Erben als ges Erbe berufene Fiskus (§§ 1936, 1964, 1966) die ihm angefallene Erbschaft nicht ausschlagen. Es soll keinen erbenlosen Nachlass geben. Diesem Ausschluss des Ausschlagungsrechts steht allerdings eine haftungsrechtliche Privilegierung gegenüber: Nach § 2011 ist eine Inventarfristbestimmung (§§ 1994 ff) nicht möglich, nach § 780 Abs. 2 ZPO kann der als Erbe des Schuldners verurteilte Fiskus die Beschränkung seiner Haftung auf den Nachlass ohne den sonst erforderlichen Vorbehalt im Urteil geltend machen. 8

Der Ausschluss des Ausschlagungsrechts und die haftungsrechtliche Privilegierung gelten nicht, soweit der Fiskus aufgrund einer Verfügung von Todes wegen Erbe geworden ist. 9

§ 1943 Annahme und Ausschlagung der Erbschaft

Der Erbe kann die Erbschaft nicht mehr ausschlagen, wenn er sie angenommen hat oder wenn die für die Ausschlagung vorgeschriebene Frist verstrichen ist; mit dem Ablauf der Frist gilt die Erbschaft als angenommen.

A. Annahme

I. Begriff und allgemeine Voraussetzungen

Annahme der Erbschaft ist die rechtsgeschäftliche Erklärung des Erben, den ihm im Wege des Vonselbsterwerbs angefallenen Nachlass zu übernehmen. Sie erfolgt durch einseitige, nicht empfangsbedürftige Willenserklärung entweder im Wege tatsächlicher Willensäußerung (§ 1943, 1. Alt.) oder durch Verstreichenlassen der Ausschlagungsfrist (§ 1943, 2. Alt.). Die Erklärung der Annahme ist bedingungs- und befristungsfeindlich (§ 1947), sie kann nicht vor Eintritt des Erbfalls erklärt werden (§ 1946). Solange sie keinem Beteiligten 1

§ 1943 BGB | Annahme und Ausschlagung der Erbschaft

zugegangen ist, kann sie in Analogie zu § 130 Abs. 1 Satz 2 widerrufen werden (Erman/ *Schlüter* § 1943 Rn 2; MüKo BGB/*Leipold* § 1943 Rn 10).

2 Das Recht zur Annahme setzt wie der Anfall der Erbschaft die **Berufung** zum Erben voraus (s dazu § 1942 Rn 2).

3 Volle **Geschäftsfähigkeit** ist Wirksamkeitsvoraussetzung für die Erklärung der Annahme. Ein beschränkt Geschäftsfähiger kann, soweit nicht bereits sein ges Vertreter (Eltern, Vormund oder nach § 1909 Abs. 1 Satz 1 bestellter Ergänzungspfleger) für ihn die Annahme erklärt hat, nur mit Einwilligung des ges Vertreters annehmen. Hat der Minderjährige ohne deren Vorliegen die Annahme erklärt, ist diese unwirksam und kann nicht mehr durch Genehmigung geheilt werden – unbeschadet der Möglichkeit, dass der ges Vertreter nachträglich durch eigene, ggf konkludente Erklärung annnimmt (§ 111 – hM: MüKo-BGB/*Leipold* § 1943 Rn 7; Palandt/*Edenhofer* § 1943 Rn 4; Erman/*Schlüter* § 1943 Rn 4; aM Bamberger/Roth/*Seidl* § 1943 Rn 3). Für Geschäftsunfähige sowie für zu Erben berufene juristische Personen muss ihr ges Vertreter handeln. Für einen noch geschäftsfähigen Betreuten kann der Betreuer die Annahme erklären, sofern die Wahrnehmung der Rechte als Erbe zum Aufgabenkreis des Betreuers gehört (§ 1902); daneben kann der geschäftsfähige Betreute auch selbst annehmen. Der ges Vertreter bedarf – anders als bei Ausschlagung oder Anfechtung der Annahme (§§ 1643 Abs. 2, 1822 Nr. 2) – keiner familien- oder vormundschaftsgerichtlichen Genehmigung (BayObLG FamRZ 1997, 126). Für ein vor dem Erbfall gezeugtes, aber noch nicht geborenes Kind (§ 1923 Abs. 2) kann ein Leibesfruchtpfleger (§ 1912) die Annahme erklären (MüKo BGB/*Leipold* § 1943 Rn 7; Bamberger/Roth/*Seidl* § 1943 Rn 4; aA Erman/*Schlüter* § 1943 Rn 4: Annahme erst ab Geburt möglich). Für einen abwesenden Volljährigen, dessen Aufenthalt unbekannt ist, kann der nach § 1911 bestellte Abwesenheitspfleger annehmen.

4 Ebenso wie ges Vertretung ist auch rechtsgeschäftliche **Stellvertretung** zulässig. Die Vollmacht muss vom Erben vor Erklärung der Annahme durch den Vertreter erteilt worden sein; vollmachtlose Vertretung kann nicht durch Genehmigung geheilt werden (§ 180).

5 Zur Annahme nicht berechtigt sind Nachlasspfleger, Verwaltungsergänzungspfleger (§ 1909 Abs. 1 Satz 2), Testamentsvollstrecker, Nachlassverwalter und Nachlassinsolvenzverwalter.

II. Annahme durch Erklärung oder schlüssiges Verhalten

6 Die in § 1943, 1. Alt. geregelte tatsächliche Willensäußerung kann ausdrücklich erfolgen, etwa durch Erklärung gegenüber Miterben, Vermächtnisnehmern, Pflichtteilsberechtigten, Nachlassgläubigern, Nachlassschuldnern oder dem Nachlassgericht. Sie bedarf keiner Form.

7 Möglich ist auch **Annahme durch schlüssiges Handeln**. Dies erfordert ein Verhalten, das nach außen und für einen objektiven Beobachter erkennbar den Schluss auf die endgültige Übernahme des Nachlasses durch den Erben zulässt. Dass ein Dritter das in Betracht kommende Verhalten tatsächlich wahrgenommen hat, ist indes nicht erforderlich. Ebensowenig ist notwendig, dass der handelnde Erbe tatsächlich den Willen zur Annahme hatte. Fehlt dieser Wille, kann der Handelnde die Annahme nach §§ 1954 ff, 119 Abs. 1 anfechten (Inhaltsirrtum). Annahme durch schlüssiges Verhalten kommt insb in Betracht bei Beantragung eines Erbscheins (BayObLG FamRZ 1999, 1172), Prozessaufnahme oder Prozessführung als Erbe, Entgegennahme einer Abfindung für die Überlassung des angefallenen Erbteils an Miterben, Verkauf der Erbschaft, Geltendmachung von Ansprüchen aus Lebensversicherung, wenn der Erbe als Begünstigter bestimmt ist, Herausgabeverlangen gegenüber dem Erbschaftsbesitzer, Verzicht auf Nachlassforderungen (§ 397), Nutzung oder sonstige Verwendung von Nachlassgegenständen für eigene Zwecke, Transfer von Nachlassmitteln in das Eigenvermögen.

8 Kein schlüssiges Verhalten liegt vor bei Maßnahmen, die lediglich der vorläufigen Fürsorge im Interesse des Nachlasses dienen (§ 1959) oder aus Pietätsgründen erfolgen. Dies

ist idR der Fall bei zur vorläufigen Verwaltung erforderlicher Verfügung über Nachlassgegenstände oder dem Anerbieten hierzu, bei Erledigung der Bestattung, auch wenn hierzu Nachlassmittel verwendet werden, bei Sperrung von Bankkonten, bei Anträgen auf Testamentseröffnung, Testamentsvollstreckerbestellung, Nachlassverwaltung oder Nachlassinsolvenz sowie bei Aufstellung eines Nachlassverzeichnisses ohne Einverleibung des Nachlasses ins Eigenvermögern. Auch die – vorläufige – Fortführung eines Handelsgeschäfts und deren Eintragung ins Handelsregister kann Fürsorgemaßnahme im Interesse des endgültigen Erben sein (Palandt/*Edenhofer* § 1943 Rn 3; MüKo BGB/*Leipold* § 1943 Rn 5).

III. Annahmefiktion

Nach § 1943, 2. Alt. begründet das Verstreichenlassen der Ausschlagungsfrist (§ 1944) die 9
Fiktion der Annahme. Hierzu ist nicht erforderlich, dass der Erbe den Willen zur Annahme hatte, ebensowenig dass er vom Ablauf der Frist und der damit verbundenen Rechtsfolge wusste. Die Erbschaft gilt mit Ablauf der Ausschlagungsfrist in gleicher Weise wie eine durch ausdrückliche Erklärung oder schlüssiges Verhalten erfolgte Annahme als angenommen. Bei fehlendem Annahmewillen oder Unkenntnis des Fristablaufs und dessen Rechtsfolge kommt indes eine Anfechtung der Fristversäumnis nach § 1956 in Betracht, die bei wirksamer Erklärung und Vorliegen ihrer Voraussetzungen (s dazu § 1956 Rn 1 ff) als Ausschlagung gilt (§ 1957 Abs. 1).

IV. Unwirksamkeitsgründe

Eine durch ausdrückliche Erklärung oder schlüssiges Verhalten erfolgte Annahme ist 10
nach § 1949 Abs. 1 unwirksam, wenn der Erbe im **Irrtum über den Berufungsgrund** war (s dazu § 1949 Rn 4 ff). Unwirksam ist auch die Annahme nur eines **Teils der Erbschaft** (§ 1950). Zur differenzierten Regelung bei **Berufung zu mehreren Erbteilen** s § 1951. Im Übrigen entfallen die Wirkungen der Annahme bei wirksamer **Anfechtung** nach §§ 1954 ff.
Für bestimmte Personengruppen (Beamte, Soldaten, Zivildienstleistende, Heimträger, 11
Pflegepersonal) gesetzlich oder tarifvertraglich normierte **Verbote zur Annahme von Zuwendungen** stehen der Wirksamkeit einer Annahme iSd § 1943 **nicht** entgegen, da sie zwar berufsrechtlich maßgeblich sind, jedoch keine Ausschlagungspflicht begründen (BayObLG FamRZ 1991, 1354).

V. Wirkung der Annahme

Rechtsfolge der Annahme ist der **Verlust des Ausschlagungsrechts**. Der Berufene ist end- 12
gültig Erbe. Die Regelungen zum Schutz des vorläufigen Erben (s dazu § 1942 Rn 6) sind nicht mehr anwendbar. Diese Wirkung kann allenfalls durch wirksame Anfechtung der Annahme nach §§ 1954 ff BGB wieder entfallen.

B. Ausschlagung

Ist noch keine Annahme durch Erklärung, schlüssiges Handeln oder Verstreichenlassen 13
der Ausschlagungsfrist erfolgt, kann der Erbe ausschlagen. Die Ausschlagungserklärung ist gegenüber dem Nachlassgericht abzugeben (§ 1945 Abs. 1, 1. Hs); sie wird erst mit Zugang bei diesem wirksam (§ 130 Abs. 1 Satz 1, Abs. 3). Sachlich zuständig ist das AG (§ 72 FGG), die örtliche Zuständigkeit richtet sich nach § 73 FGG. Die Erklärung ist formbedürftig (§ 1945). Sie kann nicht vor dem Erbfall (§ 1946) und nicht unter einer Bedingung oder einer Zeitbestimmung erfolgen (§ 1947).
Stellvertretung ist möglich, jedoch muss eine öffentlich beglaubigte Vollmacht beigefügt 14
oder innerhalb der Ausschlagungsfrist nachgebracht werden (§ 1945 Abs. 3). Zum Erfordernis vormundschafts-/familiengerichtlicher Genehmigung bei ges Vertretung s § 1945

§ 1944 BGB | Ausschlagungsfrist

Rn 2 ff Die Zulässigkeit der Vertretung in der Erklärung steht der **Höchstpersönlichkeit der Ausschlagungsberechtigung**, also der alleinigen Entscheidungsbefugnis des – ggf vertretenen – Erben, nicht entgegen. Sie findet ihren Ausdruck in § 83 Abs. 1 InsO, wonach die Ausschlagung nur dem Schuldner zusteht. Das Ausschlagungsrecht geht auf Insolvenzverwalter, Nachlassverwalter, Nachlasspfleger oder Testamentsvollstrecker nicht über. Es ist nicht pfändbar (arg. § 778 Abs. 2 ZPO) und unterliegt weder der Gläubiger- oder Insolvenzanfechtung (RGZ 84, 342; MüKo BGB/*Leipold* § 1942 Rn 14) noch einem ges Forderungsübergang. Der Sozialhilfeträger kann das Ausschlagungsrecht nicht nach § 93 SGB XII überleiten (OLG Frankfurt ZEV 2004, 24; OLG Stuttgart NJW 2001, 3484 mwN).

15 Macht der Erbe von seinem Recht zur Ausschlagung wirksam Gebrauch, entfällt seine Stellung als Erbe mit Rückwirkung auf den Zeitpunkt des Erbfalls (§ 1953 Abs. 1); er wird so behandelt, als wäre ihm die Erbschaft nie angefallen. Die Erbschaft fällt rückwirkend dem Nächstberufenen an (§ 1953 Abs. 2). Diese Wirkung kann allenfalls durch wirksame Anfechtung der Ausschlagung nach §§ 1954, 1955, 1957 Abs. 1 wieder entfallen.

§ 1944 Ausschlagungsfrist

(1) Die Ausschlagung kann nur binnen sechs Wochen erfolgen.

(2) Die Frist beginnt mit dem Zeitpunkt, in welchem der Erbe von dem Anfall und dem Grunde der Berufung Kenntnis erlangt. Ist der Erbe durch Verfügung von Todes wegen berufen, so beginnt die Frist nicht vor der Verkündung der Verfügung. Auf den Lauf der Frist finden die für die Verjährung geltenden Vorschriften der §§ 206, 210 entsprechende Anwendung.

(3) Die Frist beträgt sechs Monate, wenn der Erblasser seinen letzten Wohnsitz nur im Ausland gehabt hat oder wenn sich der Erbe bei dem Beginn der Frist im Ausland aufhält.

A. Dauer der Auschlagungsfrist

1 Die Ausschlagungsfrist beträgt gem Abs. 1 grds sechs Wochen. Sie ist in Ausnahme dazu auf sechs Monate verlängert, wenn der Erblasser beim Erbfall seinen Wohnsitz nur im Ausland hatte (Abs. 3, 1. Alt.). Die Fristverlängerung gilt nicht, wenn ein weiterer Wohnsitz im Inland bestand. Wohnsitz ist iSv §§ 7–11 zu qualifizieren. Die Frist ist auch dann auf sechs Monate verlängert, wenn der Erbe sich beim Beginn der Frist im Ausland aufhielt (Abs. 3, 2. Alt.), wozu der einfache Aufenthalt ausreicht.

2 Die Ausschlagungsfrist von sechs Monaten nach Abs. 3 ist auch dann maßgebend, wenn der Erblasser seinen Wohnsitz in der DDR hatte, der Ausschlagungsberechtigte aber in Berlin (West) lebte (OLG Brandenburg FamRZ 2002, 1663). Im Falle einer innerdeutschen Nachlassspaltung unterliegt die Ausschlagung für den dem Erbrecht der ehemaligen DDR unterliegenden Nachlass, soweit sie vor dem 3. 10. 1990 erklärt worden ist, dem Recht der DDR und dessen von § 1944 BGB abweichender Fristenregelung in § 402 ZGB (vgl BGH NJW 1998, 227); ist eine solche Ausschlagung am 3. 10. 1990 oder später erklärt worden, richtet sich die Frist nach Art. 231 Abs. 3 iVm Abs. 1 und 2 EGBGB (BayObLG FamRZ 2003, 121).

B. Beginn der Ausschlagungsfrist

3 Der Fristbeginn beurteilt sich nach Abs. 2. Nach Satz 1 **beginnt die Ausschlagungsfrist, wenn der Erbe von dem Anfall und dem Grunde der Berufung Kenntnis erlangt hat**. Der Erbe muss also nicht nur wissen, dass er Erbe geworden ist, sondern auch, woraus

seine konkrete Berufung zum Erben folgt. Zu dieser Kenntnis ist erforderlich, aber auch ausreichend, wenn dem Erben die tatsächlichen und rechtlichen Umstände in so zuverlässiger Weise bekannt geworden sind, dass von ihm vernünftigerweise erwartet werden kann, in die Überlegungen über Annahme oder Ausschlagung einzutreten. Ein Irrtum im Bereich der Tatsachen kann Kenntnis in diesem Sinne ebenso verhindern wie eine irrige rechtliche Beurteilung, wenn deren Gründe nicht von vornherein von der Hand zu weisen sind (BGH FamRZ 2000, 1504). Fahrlässige Unkenntnis steht der Kenntnis nicht gleich (BayObLG FamRZ 1994, 264 mwN).

Der Erbe muss wissen, ob er als ges oder gewillkürter Erbe berufen ist. Bei ges Erbfolge **4** erfordert dies, dass er keine Kenntnis und auch keine begründete Vermutung hat, dass eine Verfügung von Todes wegen vorliegt (BayObLG RNotZ 1979, 159). Zudem muss er um das für seine Berufung zum ges Erben maßgebliche Rechtsverhältnis – Verwandtschaft, Ehe oder Lebenspartnerschaft – wissen. Bei gewillkürter Erbfolge muss er von der Existenz der für seine Erbenstellung maßgeblichen Verfügung von Todes wegen wissen, wobei es unerheblich ist, ob er deren genauen Inhalt kennt. Sofern er – bei ges oder gewillkürter Erbfolge – ersatzweise berufen ist, muss er den Wegfall des vor ihm Berufenen kennen.

Beruht die Erbfolge auf einer Verfügung von Todes wegen, **beginnt die Frist nicht vor der** **5** **Verkündung der Verfügung (Abs. 2 Satz 2)**. Für den Fristbeginn ist dann unerheblich, ob der Erbe schon vorher von dem Anfall der Erbschaft und dem Grunde der Berufung Kenntnis hatte. Unterbleibt bei der nachlassgerichtlichen Testamentseröffnung die förmliche Verkündung gem § 2260 Abs. 2 Satz 2, 3, reicht die schlichte Eröffnung zum Fristbeginn nicht aus, wenn der Erbe zum Eröffnungstermin nicht geladen und nicht erschienen ist. Sie beginnt dann erst, wenn der Erbe von der Eröffnung Kenntnis erlangt (BGH FamRZ 1991, 52); idR geschieht dies durch Erhalt der vom Nachlassgericht gem § 2262 zu veranlassenden Benachrichtigung.

Bei einer **Erbengemeinschaft** läuft die Ausschlagungsfrist nicht einheitlich, sondern beur- **6** teilt sich für jeden Miterben nach seiner individuellen Kenntnis. Bei ges Vertretung ist die Kenntnis des Vertreters maßgebend (OLG Brandenburg FamRZ 2002, 1663). Str ist, ob die Kenntnis eines gewillkürten Vertreters zum Fristbeginn führt (s Erman/*Schlüter* 11. Aufl § 1944 Rn 6 mwN); richtigerweise ist dies nicht der Fall, da es sich um keinen Fall des § 166 handelt (MüKo BGB/*Leipold* § 1944 Rn 14; Palandt/*Edenhofer* § 1944 Rn 7). Der Nacherbe kann ausschlagen, sobald der Erbfall eingetreten ist (§ 2142 Abs. 1), also bereits vor Eintritt des Nacherbfalls; die Ausschlagungsfrist beginnt für ihn jedoch erst mit Kenntnis vom Nacherbfall, da ihm die Erbschaft erst zu diesem Zeitpunkt anfällt (§ 2139).

Ist ein als Erbe berufener Pflichtteilsberechtigter iSv § 2306 Abs. 1 Satz 1, Abs. 2 beschränkt **7** oder beschwert und der ihm hinterlassene Erbteil größer als die Hälfte des ges Erbteils, kann er ausschlagen und den Pflichtteil verlangen (§ 2306 Abs. 1 Satz 2). In diesem Fall hängt der Fristbeginn zusätzlich von der Kenntnis des Pflichtteilsberechtigten davon ab, dass sein Erbteil durch die Anordnung der Testamentsvollstreckung beschränkt oder beschwert ist und ob der hinterlassene Erbteil die Hälfte des ges Erbteils übersteigt (§ 2306 Abs. 1 Satz 2, 2. Hs – vgl BayObLG FamRZ 1998, 642).

Zur Fristverlängerung für den Erbeserben gilt als Sonderregelung § 1952 Abs. 2 – s dazu **8** § 1952 Rn 3.

C. Ablauf der Ausschlagungsfrist

Das Fristende berechnet sich nach §§ 187 Abs. 1, 188 Abs. 2, 1. Hs, Abs. 3, 193. Die Frist **9** endet daher mit dem Ablauf des Tages der 6. Woche/des 6. Monats nach Fristbeginn, der seiner Benennung/seiner Zahl nach dem Tag entspricht, an dem der Erbe die fristauslösende Kenntnis erlangt hat. Fristhemmung bei höherer Gewalt und Ablaufhemmung bei nicht voll geschäftsfähigen Erben richten sich nach §§ 1944 Abs. 2 Satz 3, 206, 210. Als Fall höherer Gewalt ist insb die Dauer des vormundschafts-/familiengerichtlichen Verfahrens

§ 1945 BGB | Form der Ausschlagung

zur Genehmigung der von einem ges Vertreter des Erben erklärten Ausschlagung anzusehen (BayObLG FamRZ 1983, 834) – s dazu näher § 1945 Rn 4 f.

D. Beweislast

10 Der Erbe muss Existenz, Zeitpunkt und Formwirksamkeit seiner Ausschlagungserklärung beweisen. Hingegen hat der Gegner zu beweisen, dass das Ausschlagungsrecht durch Fristablauf weggefallen ist (BGH FamRZ 2000, 1530). Für die Hemmung des Fristablaufs ist der Erbe beweispflichtig (BGH aaO).

§ 1945 Form der Ausschlagung

(1) Die Ausschlagung erfolgt durch Erklärung gegenüber dem Nachlassgericht; die Erklärung ist zur Niederschrift des Nachlassgerichts oder in öffentlich beglaubigter Form abzugeben.

(2) Die Niederschrift des Nachlassgerichts wird nach den Vorschriften des Beurkundungsgesetzes errichtet.

(3) Ein Bevollmächtigter bedarf einer öffentlich beglaubigten Vollmacht. Die Vollmacht muss der Erklärung beigefügt oder innerhalb der Ausschlagungsfrist nachgebracht werden.

A. Erklärung der Ausschlagung

1 Die Ausschlagungserklärung ist gegenüber dem Nachlassgericht abzugeben (Abs. 1, 1. Hs); sie wird erst mit Zugang bei diesem wirksam (§ 130 Abs. 1 Satz 1, Abs. 3). Sachlich zuständig ist das AG (§ 72 FGG), die örtliche Zuständigkeit richtet sich nach § 73 FGG. Die Ausschlagung ist bedingungs- und befristungsfeindlich (§ 1947) und kann nicht vor dem Erbfall erklärt werden (§ 1946 BGB). Stellvertretung ist zulässig, jedoch muss eine öffentlich beglaubigte Vollmacht beigefügt oder innerhalb der Ausschlagungsfrist nachgebracht werden (Abs. 3). Zur Höchstpersönlichkeit des Ausschlagungsrechts s § 1943 Rn 14.

2 Die Erklärung der Ausschlagung durch einen **ges Vertreter** ist möglich. Zur Wirksamkeit der Erklärung des ges Vertreters ist grds die Genehmigung des Vormundschaftsgerichts/ Familiengerichts erforderlich. Dies gilt gem § 1822 Nr. 2 ausnahmslos für die Erklärung durch Vormund, Pfleger (§ 1915 Abs. 1) oder Betreuer (§ 1908i Abs. 1); hierfür ist das Vormundschaftsgericht, bei dem die Vormundschaft/Pflegschaft/Betreuung anhängig ist, zuständig (§§ 43 Abs. 2, 65 Abs. 4 FGG).

3 Inwieweit Eltern der Genehmigung des Familiengerichts bedürfen, ist in § 1643 Abs. 2 differenziert geregelt. Nach § 1643 Abs. 2 Satz 1 ist die familiengerichtliche Genehmigung grds notwendig. Nach § 1643 Abs. 2 Satz 2 jedoch ist die Ausschlagungserklärung, die Eltern für das von ihnen vertretene Kind abgeben, dann nicht genehmigungsbedürftig, wenn der Anfall der Erbschaft an das Kind erst infolge der Ausschlagung eines Elternteils eintritt, der das Kind allein oder gemeinsam mit dem anderen Elternteil vertritt. Diese Ausnahme von der Genehmigungsbedürftigkeit gilt jedoch nicht, wenn dieser Elternteil neben dem Kinde berufen war (§ 1643 Abs. 2 Satz 2 2. Hs). Dies ist der Fall bei ges Erbfolge, wenn der überlebende Ehegatte und das Kind gem §§ 1931 Abs. 1, 1924 nebeneinander berufen sind, bei gewillkürter Erbfolge, wenn der vertretende Elternteil und das Kind zu Miterben eingesetzt worden sind.

4 Fraglich ist, ob die Ausschlagung durch den ges Vertreter im Hinblick auf §§ 1831, 1643 Abs. 3 erst dann erklärt werden kann, wenn die vormundschafts-/familiengerichtliche Genehmigung vorliegt. Nach gefestigter Rechtsprechung (RGZ 118, 145; BayObLG FamRZ 1983, 834) ist § 1831 auf die Ausschlagung jedoch nur eingeschränkt anwendbar: Die

Genehmigung kann auch nach Erklärung der Ausschlagung beantragt und erteilt werden, wenn der Genehmigungsantrag noch innerhalb der Ausschlagungsfrist beim Vormundschafts-/Familiengericht gestellt wird. Entsprechend Abs. 3 Satz 2 muss die vorangegangene Ausschlagungserklärung dann nicht wiederholt werden. Sie wird durch den vormundschafts-/familiengerichtlich bewirkten Zugang des Genehmigungsbeschlusses an den ges Vertreter (§§ 1828, 1643 Abs. 3 BGB, 16 Abs. 1 FGG) und den Nachweis dessen beim Nachlassgericht wirksam (BayObLG Rpfleger 1983, 482; Palandt/*Edenhofer* § 1945 Rn 4). Die örtliche Zuständigkeit des Familiengerichts bestimmt sich über §§ 64 Abs. 3 Satz 2, 43 Abs. 1, 36 FGG nach dem Wohnsitz des Kindes.

Während der Dauer des vormundschafts-/familiengerichtlichen Genehmigungsverfahrens ist der Lauf der Ausschlagungsfrist nach §§ 1944 Abs. 2 Satz 3 iVm 206 gehemmt (BayObLG FamRZ 1983, 834). Wird jedoch die vormundschafts-/familiengerichtliche Genehmigung erst nach Ablauf der Ausschlagungsfrist beantragt, bleibt es bei der Anwendbarkeit von §§ 1831, 1643 Abs. 3. In diesem Falle ist die vorher erklärte Ausschlagung unwirksam. Sie kann nicht durch nachträgliche gerichtliche Genehmigung geheilt werden, ein unwirksames Rechtsgeschäft ist nicht genehmigungsfähig (BayObLG FamRZ 1997, 842). 5

B. Zugang

Adressat der Ausschlagungserklärung ist das Nachlassgericht (Abs. 1, 1. Hs). Die Erklärung wird erst mit Zugang beim Nachlassgericht wirksam (§ 130 Abs. 1 Satz 1, Abs. 3). Sachlich zuständig ist das AG (§ 72 FGG), die örtliche Zuständigkeit richtet sich nach § 73 FGG. 6

Zur Wirksamkeit der Ausschlagung muss die Ausschlagungserklärung dem Nachlassgericht vor Ablauf der Ausschlagungsfrist (§ 1944) zugehen. Zugang bei einem anderen Gericht als dem zuständigen Nachlassgericht ist grds nicht fristwahrend. Wird die Ausschlagung gem § 11 FGG von einem anderen als dem örtlich zuständigen AG beurkundet, ist dies zwar formwirksam, ersetzt jedoch noch nicht den Zugang beim zuständigen Nachlassgericht. Überlässt das beurkundende Gericht die Weiterleitung an das zuständige Gericht dem ausschlagenden Erben, ist die Frist nur gewahrt, wenn die Erklärung dem Nachlassgericht rechtzeitig zugeht. Nimmt jedoch das beurkundende AG die Erklärung entgegen, betätigt es sich gem § 7 FGG als zuständiges Gericht. Folge dessen ist fristgerechter Zugang auch dann, wenn das Protokoll beim Nachlassgericht erst nach Ablauf der Ausschlagungsfrist eingehen oder die Weiterleitung unterbleiben sollte (BayObLG FamRZ 1998, 924; Palandt/*Edenhofer* § 1945 Rn 8). 7

C. Form

Zur Wahrung der Form bestehen zwei Möglichkeiten: Die Ausschlagung kann schriftlich erklärt werden, bedarf dann aber der öffentlichen Beglaubigung (Abs. 1, 2. Hs, 2. Alt. iVm §§ 129 BGB, 40 BeurkG); notarielle Beurkundung ersetzt diese Form (§ 129 Abs. 2). Die Erklärung der Ausschlagung kann auch zur Niederschrift des Nachlassgerichts erfolgen. Dort muss sie beurkundet werden (Abs. 1, 2. Hs, 1. Alt., Abs. 2 iVm §§ 8 ff BeurkG). Bei Erklärung im Ausland genügt die Ortsform (Art. 11 Abs. 1, 2. Alt. EGBGB), die Frist ist aber nur bei rechtzeitigem Eingang beim zuständigen Nachlassgericht gewahrt. 8

D. Kosten und Gebühren

Gebühr für die Entgegennahme der Erklärung durch das Nachlassgericht: $1/4$ (§ 112 Abs. 1 Nr. 2 KostO). Wird die Erbschaft von mehreren neben- oder nacheinander berufenen Personen gleichzeitig in einer Erklärung oder Urkunde ausgeschlagen, so fällt die Gebühr nur einmal an (§ 112 Abs. 2 Satz 3 KostO). 9

§ 1946 BGB | Zeitpunkt für Annahme oder Ausschlagung

10 **Beispiel 1:** A hat seinen Sohn B und seine Tochter C zu gleichen Teilen als Erben eingesetzt. Schlagen B und C gleichzeitig die Erbschaft aus, so ist die Gebühr nach § 112 Abs. 1 Nr. 2 KostO nur einmal zu erheben.
Beispiel 2: A hat seinen Sohn B zum Alleinerben eingesetzt. B schlägt in derselben Urkunde gleichzeitig für sich und (zusammen mit seiner Ehefrau) für seine minderjährigen Kinder C u D aus. Auch in diesem Falle ist die Gebühr nach § 112 Abs. 1 Nr. 2 KostO nur einmal anzusetzen.

11 Beim Zusammenhang mit einem anderen gebührenpflichtigen Nachlassverfahren nach den §§ 101 – 117 KostO entfällt die Gebühr des § 112 KostO (§ 115 KostO). Voraussetzung ist, dass ein Geschäft das andere vorbereitet, veranlasst oder fördert und der gleiche Nachlass oder Erbteil betroffen ist. Sie liegt zB bei der Ausschlagung und Erteilung eines Erbscheins an den Nächstberufenen vor (OLG Düsseldorf Rpfleger 1991, 254). Kein Zusammenhang besteht dagegen zwischen Testamentseröffnung bzw Anordnung einer Nachlasspflegschaft oder -verwaltung und der Ausschlagung (*Hartmann*, Kostengesetze, § 115 KostO Rn 4).

12 Eltern benötigen für die für das Kind erklärte Ausschlagung einer Erbschaft die familiengerichtliche Genehmigung (§ 1643 Abs. 2). Für diese Genehmigung wird die Gebühr nach § 95 Abs. Nr. 1 KostO erhoben. Für eine Erklärung für mehrere Kinder fällt nur eine Gebühr an (§§ 95 Abs. 3, 94 Abs. 2 Satz 2 KostO). Für die Entgegennahme der Ausschlagung durch die Eltern oder mehrerer anderer ges Vertreter fällt nur eine Gebühr an und zwar auch dann, wenn sie in verschiedenen Urkunden erfolgte. Für die Genehmigung der durch einen Vormund, Pfleger oder Betreuer erklärten Ausschlagung (§§ 1822 Nr. 2, 1918i Abs. 1 Satz 1, 1915 Abs. 1) wird keine Gebühr erhoben (§ 95 Abs. 1 Satz 3 KostO).

13 **Wert: Ausschlagung:** Maßgebend ist der Nettowert der ausgeschlagenen Erbschaft (§ 112 Abs. 2 iVm § 18 ff KostO). Falls sich die Erklärung nur auf einen Teil des Nachlasses bezieht, ist dieser – nach Schuldenabzug – maßgebend.
Bei gleichzeitiger Ausschlagung einer Erbschaft durch mehrere nacheinander berufene Personen fällt nur eine Gebühr nach dem (einfachen) Wert der ausgeschlagenen Erbschaft an. Schlagen mehrere nebeneinander berufene Miterben die Erbschaft gleichzeitig aus, so sind ihre Anteile zusammenzurechnen; es ist eine Gebühr aus dem Gesamtwert der Anteile nach anteiligemäß Schuldenabzug anzusetzen.
Bei Überschuldung des Nachlasses ist die Mindestgebühr von 10 € (§ 33 Satz 1 KostO) anzusetzen, wobei es gleichgültig ist, ob mehrere gleichzeitig Ausschlagende nach- oder nebeneinander berufen sind.
Familiengerichtliche Genehmigung: Wert des Nachlassanteils des Kindes (§ 95 Abs. 2 Satz 1 KostO). Übersteigt der Wert den Freibetrag nach § 92 Abs. 1 Satz 1 KostO nicht, werden Kosten nicht erhoben (§ 95 Abs. 1 Satz 2 KostO).

14 **Kostenschuldner: Ausschlagung:** Der Erklärende ist Schuldner der Gebühr (§ 2 Nr. 1 KostO).
Familiengerichtliche Genehmigung: Schuldner ist das Kind (§ 2 Nr. 2 KostO).

§ 1946 Zeitpunkt für Annahme oder Ausschlagung

Der Erbe kann die Erbschaft annehmen oder ausschlagen, sobald der Erbfall eingetreten ist.

1 Die Ausschlagung wie auch die Annahme können nicht vor dem Erbfall erklärt werden. Eine vorher erklärte Ausschlagung oder Annahme ist wirkungslos; sie muss nach Eintritt des Erbfalls wiederholt werden.

2 Vor Eintritt des Erbfalls kann der Erbanwärter seine künftige Erbenstellung nur durch Erbverzicht ausschließen. Gem §§ 2346, 2348 erfordert dies den Abschluss eines notariell

beurkundeten Erbverzichtsvertrags mit dem künftigen Erblasser; eine einseitige »Verzichtserklärung« ist wirkungslos. Der vertragliche Erbverzicht hat den Ausschluss vom ges Erbrecht zur Folge. Nach §§ 2352, 2279 Abs. 1, 2299 Abs. 1, 2 kann in derselben Form auch auf testamentarische oder erbvertragliche Zuwendungen verzichtet werden.

Mit Eintritt des Erbfalls sind Annahme und Ausschlagung sofort möglich. Nicht erforderlich ist, dass die Ausschlagungsfrist bereits begonnen hat, ebensowenig, dass der Anfall an den Erben bereits feststeht. Daher kann der – vermeintliche – Erbe auch ohne Kenntnis von Anfall und Berufungsgrund sogleich ausschlagen. Dies gilt insb für den bei ges Erbfolge Nächstberufenen sowie bei gewillkürter Erbfolge für den Ersatzerben. 3

Für den iSv § 1923 Abs. 2 erbfähigen nasciturus können seine Eltern – evtl ein Leibesfruchtpfleger (§ 1912) – bereits vor der Geburt die Erbschaft ausschlagen, wenn der Erbfall eingetreten ist (inzwischen hM: OLG Düsseldorf Rpfleger 1993, 157; OLG Oldenburg FamRZ 1994, 847; Palandt/*Edenhofer* § 1946 Rn 1 mwN). 4

Der Nacherbe kann bereits vor dem Eintritt des Nacherbfalls, nicht aber vor dem Erbfall ausschlagen oder annehmen (§ 2142 Abs. 1). Dem gegenüber kann der in einem gemeinschaftlichen Testament oder Erbvertrag zum Schlusserben (§§ 2269, 2280) Eingesetzte erst nach dem Tode des Längstlebenden ausschlagen, da er beim Tode des Erstversterbenden nicht Erbe wird und keine der Anwartschaft des Nacherben gleichwertige Erberwartung hat (BGH FamRZ 1998, 103). 5

§ 1947 Bedingung und Zeitbestimmung

Die Annahme und die Ausschlagung können nicht unter einer Bedingung oder einer Zeitbestimmung erfolgen.

Ausschlagung und Annahme sind bedingungs- und befristungsfeindlich. Eine mit einer Bedingung oder Zeitbestimmung verknüpfte Ausschlagung oder Annahme ist wirkungslos. Soll sie gültig gemacht werden, bedarf es der Neuvornahme ohne Bedingung und Befristung. Die Neuvornahme wirkt nicht zurück; sie ist daher bei Erklärung nach Ablauf der Ausschlagungsfrist wegen Verfristung unwirksam und kann die rechtzeitige, jedoch wegen des Verstoßes gegen § 1947 wirkungslose Ausschlagungserklärung nicht heilen. 1

Bedingung iSv § 1947 ist nur die echte rechtsgeschäftliche Bedingung – zB Abhängigmachen vom Umfang (Überschuldung) des Nachlasses, von der Baureife des Nachlassgrundstücks, von Erbschaftsteuerfreiheit, vom Wohlverhalten eines Miterben. Keine Bedingung in diesem Sinne ist der überflüssige Hinweis auf die Rechtsfolgen oder die ges Erfordernisse der Ausschlagung (sog Rechtsbedingung). Wird »zugunsten« eines bestimmten Dritten ausgeschlagen, liegt eine echte Bedingung dann vor, wenn dem Ausschlagenden erkennbar daran liegt, dass die Erbschaft an den Dritten gelangt, und er mit einem möglichen anderen Ergebnis keineswegs einverstanden ist; in diesem Fall ist die Ausschlagung wirkungslos (BayObLG Rpfleger 1977, 362). Hat der Ausschlagende hingegen mit einer solchen Formulierung lediglich den aus § 1953 Abs. 2 folgenden Anfall an den Nächstberufenen gemeint oder war die Vorstellung, der Dritte werde infolge der Ausschlagung Erbe, nur Beweggrund für die Ausschlagung, ist dies für deren Wirksamkeit ohne Bedeutung. Was gemeint war, ist durch Auslegung zu klären (OLG Hamm FamRZ 1998, 771). 2

Wird die Annahme oder Ausschlagung lediglich mit einer unschädlichen Rechtsbedingung verbunden und ist sie daher wirksam, kann sie allenfalls nach §§ 1954 ff angefochten werden – s dazu näher § 1954 Rn 7 ff. 3

§ 1948 Mehrere Berufungsgründe

(1) Wer durch Verfügung von Todes wegen als Erbe berufen ist, kann, wenn er ohne die Verfügung als gesetzlicher Erbe berufen sein würde, die Erbschaft als eingesetzter Erbe ausschlagen und als gesetzlicher Erbe annehmen.

(2) Wer durch Testament und durch Erbvertrag als Erbe berufen ist, kann die Erbschaft aus dem einen Berufungsgrund annehmen und aus dem anderen ausschlagen.

1 Die Vorschrift gewährt in Abs. 1 dem testamentarisch – oder erbvertraglich – eingesetzten Erben, der auch bei ges Erbfolge berufen wäre, die Möglichkeit, nach seiner Wahl die ihm angefallene Erbschaft oder den ihm angefallenen Erbteil (§ 1922 Abs. 2) insgesamt als eingesetzter oder als ges Erbe anzunehmen: Er kann entweder als eingesetzter Erbe annehmen, so dass es nicht zur ges Erbfolge kommt, oder als eingesetzter Erbe ausschlagen und als ges Erbe annehmen. Von dieser Regelung zu unterscheiden ist die Frage der Zulässigkeit einer nur partiellen Annahme oder Ausschlagung der Erbschaft durch Beschränkung auf einen »Teil« der Erbschaft (§ 1950) oder durch Beschränkung auf einen »Erbteil« (§ 1951).

2 Abs. 1 gilt nur, wenn die die Erbeinsetzung enthaltende Verfügung von Todes wegen für den Fall der Ausschlagung des eingesetzten Erben keine anderweitige Regelung vorsieht. Die Vorschrift ist also nicht anwendbar, wenn Ersatzerben für den eingesetzten Erben eingesetzt sind oder Anwachsung eintritt oder eine andere Erbfolge eintreten soll, falls der eingesetzte Erbe ausschlägt.

3 Abs. 2 erweitert den Anwendungsbereich der Wahlmöglichkeit auf den Fall, dass der Erbe sowohl durch Testament als auch durch Erbvertrag eingesetzt ist. Liegen mehrere Testamente vor, die jeweils die Erbeinsetzung beinhalten, besteht die Wahlmöglichkeit nicht. Der Erbe kann sich nicht aussuchen, auf welchem Testament seine Erbenstellung beruhen soll. Entsprechendes gilt für die Erbeinsetzung in mehreren Erbverträgen.

4 Macht der Erbe von der Wahlmöglichkeit nach Abs. 1 oder 2 Gebrauch, muss er bei der Ausschlagung eindeutig erklären, dass er nur aus dem einen Berufungsgrund ausschlägt und aus dem anderen annimmt. Ansonsten gilt die Auslegungsregel des § 1949 Abs. 2, wonach sich die Ausschlagung im Zweifel auf alle Berufungsgründe erstreckt.

5 Bei Ausschlagung als eingesetzter Erbe und Annahme im Übrigen entfällt nur die auf der Verfügung beruhende Erbenstellung. In der Verfügung angeordnete Beschränkungen und Belastungen – zB Vermächtnisse, Auflagen, Nacherbeneinsetzung – bleiben bestehen, soweit sie nicht vom Erblasser anderweitig aufgehoben worden sind (§§ 2161, 2192).

6 Schlägt der durch Verfügung von Todes wegen zum Erben berufene Ehegatte die Erbschaft als eingesetzter Erbe aus und nimmt sie als ges Erbe an, steht ihm nunmehr das Recht auf den Voraus (§ 1932) zu, das er als eingesetzter Erbe nicht hätte (BGH NJW 1979, 546).

7 Fraglich ist, inwieweit der durch gemeinschaftliches Testament wechselbezüglich eingesetzte Ehegatte gem § 2271 Abs. 2 Satz 1, 2. Hs durch Ausschlagung des ihm Zugewendeten die Testierfreiheit auch dann wieder erlangt, wenn er zugleich als ges Erbe annimmt. Nach Ansicht des KG (Rpfleger 1991, 22) ist dies nur dann der Fall, wenn der ges Erbteil erheblich hinter dem Zugewendeten zurückbleibt; etwas anderes sei mit Sinn und Zweck der Bindungswirkung der wechselbezüglichen Verfügung nicht zu vereinbaren. Diese Auffassung ist zu Recht kritisiert worden (*Tiedtke* FamRZ 1991, 1259), da sie weder dem Wortlaut noch dem Zweck des Gesetzes entspricht: § 2271 Abs. 2 soll nur verhindern, dass der Überlebende sich von den Nachteilen des gemeinschaftlichen Testaments löst, ihn aber nicht von den Vorteilen der ges Erbfolge ausschließen (Palandt/*Edenhofer* § 2271 Rn 17; jurisPK-BGB/*Wildemann* § 1948 Rn 6 mwN).

§ 1949 Irrtum über den Berufungsgrund

(1) Die Annahme gilt als nicht erfolgt, wenn der Erbe über den Berufungsgrund im Irrtum war.

(2) Die Ausschlagung erstreckt sich im Zweifel auf alle Berufungsgründe, die dem Erben zur Zeit der Erklärung bekannt sind.

A. Regelungsgegenstand

Die Norm geht davon aus, dass es unterschiedliche Berufungsgründe gibt, die zum Anfall der Erbschaft führen können. Berufungsgrund ist der jeweils konkret maßgebliche Sachverhalt, aus dem sich im Einzelfall die Berufung zum Erben ergibt. Hierbei handelt es sich vor allem um vom Erblasser errichtete Testamente und/oder Erbverträge, die zur Erbenstellung führende Verwandtschaftsbeziehung zum Erblasser, die die Berufung begründende Ehe oder Lebenspartnerschaft mit dem Erblasser, den Wegfall vorrangig eingesetzter oder gesetzlich berufener Erben sowie den Eintritt einer für die Erbfolge maßgeblichen Bedingung oder sonstigen Voraussetzung. 1

Die Norm geht weiter davon aus, dass der Erbe bei Erklärung von Annahme oder Ausschlagung ggf einen bestimmten Berufungsgrund unterstellt, welcher für ihn zur Entscheidung über Annahme oder Ausschlagung ausschlaggebend ist. Die Regelung will sicherstellen, dass er bei irriger Vorstellung vom tatsächlich vorliegenden Berufungsgrund an seiner darauf gestützten Erklärung nicht festgehalten werden soll. Sind die dahingehenden Voraussetzungen gegeben, ist Rechtsfolge die Unwirksamkeit der erklärten Annahme – oder Ausschlagung (s.u. Rn 8) –, ohne dass es einer Anfechtung bedarf. 2

B. Unwirksamkeit der Annahme

Von § 1949 Abs. 1 erfasst wird nur die in § 1943 1. Alt. geregelte Annahme durch tatsächliche Willensäußerung oder schlüssiges Handeln. Hingegen kommt die Norm nach zutreffender hM (Staudinger/*Otte* (2000) § 1949 Rn 2; MüKo BGB/*Leipold* § 1949 Rn 4; Palandt/*Edenhofer* § 1949 Rn 1; aA Erman/*Schlüter* § 1949 Rn 2) für die in § 1943, 2. Alt. geregelte Annahmefiktion bei Verstreichenlassen der Ausschlagungsfrist nicht in Betracht, da letztere erst mit Kenntnis des Erben vom »Grunde der Berufung« beginnt (§ 1944 Abs. 2 Satz 1) und dieser mit dem »Berufungsgrund« iSd § 1949 identisch ist. 3

Ein Irrtum über den Berufungsgrund liegt vor, wenn der Erbe eine irrige Vorstellung von dem Tatbestand hat, aus dem seine konkrete Berufung zum Erben folgt. Dies ist bspw der Fall, wenn er glaubt, aufgrund eines Verwandtschaftsverhältnisses berufen zu sein, sein Erbrecht sich tatsächlich aber aus Ehe, Lebenspartnerschaft oder einer Verfügung von Todes wegen ergibt – oder umgekehrt. Gleiches gilt, wenn er meint, aufgrund eines Testaments zu erben, tatsächlich aber durch Erbvertrag eingesetzt worden ist – oder umgekehrt. Ebenso fällt hierunter die irrige Vorstellung hinsichtlich der für die Erbenstellung maßgeblichen Verfügung, wenn mehrere Verfügungen von Todes wegen vorliegen. Auch ein Rechtsirrtum – etwa die irrige Annahme der Wirksamkeit oder Unwirksamkeit eines Testaments – ist beachtlicher Willensmangel (BGH FamRZ 1997, 349). Auf die Kausalität des Irrtums oder ein Verschulden kommt es nicht an. Irrige Vorstellungen, die lediglich den Inhalt der Erbenstellung (Quote, Person der Miterben, Verfügungsbeschränkungen) oder den Umfang des Nachlasses (Überschuldung, Belastung mit Vermächtnissen, Auflagen) betreffen, sind unbeachtlich; sie berechtigen allenfalls bei Vorliegen der Voraussetzungen der §§ 1954–1956 zur Anfechtung der Annahme. 4

Wer sich auf die Unwirksamkeit der Annahme beruft, trägt die **Beweislast** für das Vorliegen eines Irrtums über den Berufungsgrund (Staudinger/*Otte* (2000) § 1949 Rn 4). 5

§ 1950 BGB | Teilannahme; Teilausschlagung

6 Kein Irrtum liegt vor, wenn der Erbe sich über den Berufungsgrund keine Gedanken macht oder dieser ihm gleichgültig ist. Dies dürfte idR der Fall sein, wenn er nur aus wirtschaftlichen Gründen annimmt. In solchen Fällen führt die Unkenntnis des tatsächlichen Berufungsgrundes nicht zur Unwirksamkeit der Annahme. Darüber hinaus ist in Analogie zu Abs. 2 der Norm davon auszugehen, dass die Annahme im Zweifel für alle Berufungsgründe gilt, die dem Erben zur Zeit seiner Annahmeerklärung bekannt sind (MüKo BGB/*Leipold* § 1949 Rn 5).

7 Ist die Annahme erklärt worden, ohne dass der Erklärende tatsächlich zum Erben berufen ist, geht die Erklärung ins Leere. Sie ist gegenstandslos und kein Fall der Unwirksamkeit iSd § 1949.

C. Unwirksamkeit der Ausschlagung

8 § 1949 Abs. 1 normiert die Unwirksamkeit bei Irrtum über den Berufungsgrund nur für den Fall der Annahme der Erbschaft, nicht aber auch für die Ausschlagung. Dennoch gilt für diese der Sache nach dasselbe. Denn nach § 1949 Abs. 2 erstreckt sich die Ausschlagung im Zweifel auf alle dem Erben bekannten Berufungsgründe, nicht also auf einen dem Erben nicht bekannten Grund. Ist er über einen solchen im Irrtum und kennt ihn deswegen nicht, ist die auf einen anderen – nicht bestehenden – Berufungsgrund gestützte Ausschlagung gegenstandslos (Staudinger/*Otte* (2000) § 1949 Rn 5; Erman/*Schlüter* § 1949 Rn 3).

9 § 1949 Abs. 2 ist im Übrigen Auslegungsregel für den Fall, dass beim Vorhandensein mehrerer Berufungsgründe die Ausschlagung pauschal und nicht unter Angabe eines bestimmten Berufungsgrundes erfolgt. Dazu wird vermutet, dass sich die Ausschlagung auf alle dem Erben bei der Ausschlagung bekannten Berufungsgründe erstreckt. Diese Regelung zeigt auch, dass der Erbe die Ausschlagung auf einzelne von mehreren vorliegenden Berufungsgründen beschränken kann (Erman/*Schlüter* § 1949 Rn 3)

10 Die Vermutung des § 1949 Abs. 2 gilt nur für Berufungsgründe, die dem Erben bei der Ausschlagung bekannt sind, also von Anfang an vorliegen. Damit ist sie nicht anwendbar, soweit ein weiterer Berufungsgrund erst durch ein späteres Ereignis ausgelöst wird – so etwa bei Ausschlagung des Testamentserben, wenn der nach ihm Berufene seinerseits durch Ausschlagung wegfällt und die Erbschaft dem ursprünglich Berufenen nun doch noch auf Grund ges Erbfolge anfällt.

§ 1950 Teilannahme; Teilausschlagung

Die Annahme und die Ausschlagung können nicht auf einen Teil der Erbschaft beschränkt werden. Die Annahme oder Ausschlagung eines Teils ist unwirksam.

1 Zur Frage der Zulässigkeit – dh der Wirksamkeit – einer nur partiellen Annahme oder Ausschlagung der Erbschaft ist zu unterscheiden zwischen der Beschränkung auf einen »Teil« der Erbschaft (§ 1950) und der Beschränkung auf einen »Erbteil« (§ 1951). Beschränkung von Annahme oder Ausschlagung auf einen **Teil** der Erbschaft (oder den Teil eines Erbteils: § 1922 Abs. 2) liegt vor, wenn die Ausschlagung oder Annahme nur einzelne Nachlassgegenstände oder einen Bruchteil des Nachlasses oder eines Erbteils zum Gegenstand hat. Dies gilt auch, wenn ein bei Zugewinngemeinschaft gesetzlich erbender Ehegatte die Annahme oder Ausschlagung auf die Quote aus § 1931 Abs. 1 oder auf die Erhöhung aus § 1371 Abs. 1 beschränkt, da beides zusammen einen einheitlichen Erbteil bildet.

2 Die Beschränkung von Annahme oder Ausschlagung auf einen Teil der Erbschaft oder eines Erbteils ist mit dem Grundsatz der Gesamtrechtsnachfolge nicht zu vereinbaren. § 1950 Satz 2 erklärt sie daher ausnahmslos für unwirksam. Bei aus Kollisionsrecht (Art. 3 Abs. 3, 4 Abs. 1 Satz 1 EGBGB) folgender Nachlassspaltung hingegen liegt keine Gesamt-

rechtsnachfolge vor, so dass die unterschiedlichem Recht unterliegenden Nachlassteile getrennt ausgeschlagen oder angenommen werden können.

Wird die Ausschlagung »unter Vorbehalt des Pflichtteils« erklärt, handelt es sich idR 3 nicht um eine unzulässige Teilausschlagung, da der aus dieser Formulierung abzuleitende Vorbehalt, evtl zustehende Pflichtteilsansprüche (zB aus §§ 2305 oder 1371 Abs. 3) geltend zu machen, keinen Teil der Erbschaft, sondern lediglich schuldrechtliche Ansprüche gegen den Erben zum Gegenstand hat (vgl OLG Hamm Rpfleger 1981, 402; Palandt/*Edenhofer* § 1950 Rn 1). Hier kommt allenfalls Unwirksamkeit nach § 1947 in Betracht, was dann der Fall ist, wenn die Ausschlagung vom Bestehen von Pflichtteilsansprüchen abhängig gemacht worden war. Ist letzteres nicht der Fall, nimmt der Ausschlagende jedoch irrig das Vorhandensein von Pflichtteilsansprüchen an, ist die Ausschlagung nicht unwirksam und auch nicht anfechtbar, da es sich lediglich um einen unbeachtlichen Motivirrtum handelt.

§ 1951 Mehrere Erbteile

(1) Wer zu mehreren Erbteilen berufen ist, kann, wenn die Berufung auf verschiedenen Gründen beruht, den einen Erbteil annehmen und den anderen ausschlagen.

(2) Beruht die Berufung auf demselben Grund, so gilt die Annahme oder Ausschlagung des einen Erbteils auch für den anderen, selbst wenn der andere erst später anfällt. Die Berufung beruht auf demselben Grund auch dann, wenn sie in verschiedenen Testamenten oder vertragsmäßig in verschiedenen zwischen denselben Personen geschlossenen Erbverträgen angeordnet ist.

(3) Setzt der Erblasser einen Erben auf mehrere Erbteile ein, so kann er ihm durch Verfügung von Todes wegen gestatten, den einen Erbteil anzunehmen und den anderen auszuschlagen.

Zur Wirksamkeit einer nur partiellen Annahme oder Ausschlagung der Erbschaft ist zu 1 unterscheiden zwischen der Beschränkung auf einen »Teil« der Erbschaft (Regelung in § 1950) und der in § 1951 geregelten Beschränkung auf einen »Erbteil«. Erbteil in diesem Sinne ist der quotenmäßig bestimmte Anteil des Miterben am Gesamtnachlass (§ 1922 Abs. 2). Die Anwendbarkeit von § 1951 setzt voraus, dass ein Erbe zu mehreren Erbteilen berufen ist.

Mehrere Erbteile liegen vor, wenn der Erbe zu einem Anteil als ges und zu einem 2 weiteren als eingesetzter Erbe berufen ist. Gleiches gilt bei ges Erbfolge, wenn der Erbe mit dem Erblasser verheiratet und verwandt (Fall des § 1934) oder mehrfach mit dem Erblasser verwandt (Fall des § 1927) ist. Beim Vorliegen verschiedener Verfügungen von Todes können sich ebenfalls mehrere Erbteile ergeben; dies ist dann der Fall, wenn die verschiedenen Verfügungen jeweils die Berufung zum Miterben beinhalten. Aus einer einzelnen Verfügung von Todes wegen ergibt sich die Berufung zu mehreren Erbteilen, wenn der Erblasser in der Verfügung mehrere Erbteile gebildet und den Erben auf diese eingesetzt hat (Abs. 3).

Ein einheitlicher Erbteil – und damit keine Mehrheit von Erbteilen iSv § 1951 – ist gegeben 3 bei Erhöhung der Erbquote nach § 1935 oder § 1371 Abs. 1 und bei Anwachsung nach § 2094. Teilausschlagung ist hier nicht möglich.

Bei Berufung zu mehreren Erbteilen kann der Erbe nur beim Vorliegen zusätzlicher 4 Voraussetzungen einen Erbteil annehmen und den anderen ausschlagen: Abs. 1 gestattet eine solche Teilausschlagung, wenn die Berufung zu mehreren Erbteilen auf verschiedenen Berufungsgründen beruht. Abs. 3 ermöglicht die Teilausschlagung, wenn sie vom Erblasser, der in einer Verfügung mehrere Erbteile gebildet und den Erben auf diese eingesetzt hat, in der Verfügung von Todes wegen gestattet worden ist.

§ 1952 BGB | Vererblichkeit des Ausschlagungsrechts

5 Unter **Berufungsgrund iSv Abs. 1** ist der konkrete Tatbestand zu verstehen, aus dem die Berufung zum Miterben folgt. Bei ges Erbfolge ist dies das Verwandtschaftsverhältnis zum Erblasser bzw die mit ihm geschlossene Ehe oder Lebenspartnerschaft. Bei gewillkürter Erbfolge ist Berufungsgrund die konkrete Verfügung von Todes wegen, aus der sich die Einsetzung auf den Erbteil oder die Erbteile ergibt.

6 **Verschiedene** Berufungsgründe sind gegeben, wenn die mehreren Erbteile auf unterschiedlichen Tatbeständen beruhen, wobei Verschiedenartigkeit grds nicht erforderlich ist. So stellen die Mehrfachberufung bei mehrfacher Verwandtschaft (§ 1927) sowie die Mehrfachberufung des mit dem Erblasser verwandten Ehegatten (§ 1934) jeweils verschiedene Berufungsgründe dar. Bei Mehrfachberufung aufgrund verschiedener Verfügungen von Todes wegen ist dies dann der Fall, wenn sie einerseits durch Testament und andererseits durch Erbvertrag erfolgt ist. Verschiedenheit liegt auch dann vor, wenn sich die mehreren Erbteile aus Erbverträgen ergeben, die vom Erblasser mit verschiedenen Personen geschlossen worden sind. Beruht die Mehrfachberufung dagegen auf mehreren Testamenten oder vertragsmäßig auf mehreren zwischen denselben Personen geschlossenen Erbverträgen, gilt sie gem Abs. 2 Satz 2 als einheitliche Berufung. Einheitliche Berufung liegt auch vor, wenn in einem Testament zwei verschiedene Erbeinsetzungen derselben Person enthalten sind – zB einmal als Miterbe beim Erbfall, einmal als Nacherbe nach dem Tod des (Mit-)Vorerben (LG Berlin FamRZ 2003, 1134).

7 **Abs. 3** ermöglicht die Teilausschlagung, wenn der Erblasser in einer Verfügung den Erben auf mehrere Erbteile eingesetzt und ihm gestattet hat, den einen Erbteil anzunehmen und den anderen auszuschlagen. Dies ist im Zweifel bei Einsetzung teils als Erbe und teils als Nacherbe anzunehmen (RGZ 80, 377). Entsprechend Abs. 3 ist es zulässig, dass der Erblasser dieselbe Person unter verschiedenen Voraussetzungen mehrfach auf den ganzen Nachlass, aber mit jeweils unterschiedlicher Ausgestaltung der Erbenstellung – zB Belastung mit einer Nacherbschaft, Beschwerung mit Vermächtnissen – zum Erben einsetzt und die gesonderte Annahme oder Ausschlagung der verschiedenen Erbschaften gestattet (BayObLG FamRZ 1997, 188).

8 Liegen die Voraussetzungen für eine zulässige Teilausschlagung nach Abs. 1 oder Abs. 3 vor, muss der Erbe bei Erklärung der Ausschlagung erkennen lassen, auf welchen Erbteil er die Ausschlagung beschränkt. Ansonsten gilt die Vermutung aus § 1949 Abs. 2, wonach sich die Ausschlagung im Zweifel auf alle dem Erben bekannte Berufungsgründe erstreckt. Beschränkt er die Ausschlagung auf einen Erbteil, folgt daraus nicht zwingend die gleichzeitige Annahme des weiteren Erbteils.

9 Liegen die Voraussetzungen für eine zulässige Teilausschlagung nach Abs. 1 nicht vor, erstreckt sich die Ausschlagung oder Annahme eines der mehreren Erbteile gem Abs. 2 Satz 1 von selbst auf den weiteren Erbteil. Dies gilt unabhängig davon, ob dieser erst später anfällt und ob der Erbe von seiner Existenz wusste. Beschränkt der Erbe seine Ausschlagung bewusst auf einen Erbteil, obwohl der weitere Erbteil auf demselben Berufungsgrund beruht, ist die Ausschlagung nach § 1950 Satz 2 unwirksam. Entsprechendes gilt, wenn der Erblasser den Erben zwar auf mehrere Erbteile eingesetzt, ihm aber nicht nach Abs. 3 die Teilausschlagung gestattet hat.

§ 1952 Vererblichkeit des Ausschlagungsrechts

(1) Das Recht des Erben, die Erbschaft auszuschlagen, ist vererblich.

(2) Stirbt der Erbe vor dem Ablauf der Ausschlagungsfrist, so endigt die Frist nicht vor dem Ablauf der für die Erbschaft des Erben vorgeschriebenen Ausschlagungsfrist.

(3) Von mehreren Erben des Erben kann jeder den seinem Erbteil entsprechenden Teil der Erbschaft ausschlagen.

Stirbt der berufene Erbe (»Ersterbe«) vor Ablauf der Ausschlagungsfrist ohne die Erb- 1
schaft angenommen zu haben, geht sein noch nicht durch Annahme erloschenes Ausschlagungsrecht auf seinen Erben (»Erbeserben«, »Zweiterben«) über. § 1952 **Abs. 1** stellt mit dieser Regelung klar, dass das Ausschlagungsrecht trotz seiner Höchstpersönlichkeit (vgl § 1945 Rn 14) Bestandteil des vererblichen Nachlasses ist.

Ist der **Ersterbe** zum Vorerben eingesetzt, können seine Erben, auch wenn sie ihrerseits 2
nicht Nacherben sind, den Anfall der Vorerbschaft an ihren Rechtsvorgänger ausschlagen, sofern dieser das Ausschlagungsrecht noch nicht verloren hatte und die Ausschlagungsfrist noch läuft (BGHZ 44, 152). Ist der Ersterbe zum Nacherben eingesetzt, können seine Erben den Anfall der Nacherbschaft an ihren Rechtsvorgänger ausschlagen, sofern der Nacherbfall beim Tode des Ersterben bereits eingetreten oder seine Nacherbenanwartschaft iSv § 2108 Abs. 2 vererblich war (RG JW 1931, 1354). Hat der Ersterbe seinerseits Vor- und Nacherbschaft angeordnet, kann sein Vorerbe mit Wirkung auch für den Nacherben das noch nicht erloschene Ausschlagungsrecht des Ersterben ausüben. Im Hinblick auf § 517 steht § 2113 Abs. 2 der Wirksamkeit dieser Ausschlagung nicht entgegen, jedoch kommt eine Haftung des Vorerben nach §§ 2130, 2131 in Betracht.

Für den **Erbeserben** endet die **Frist** zur Ausschlagung der Erbschaft nach dem ursprüng- 3
lichen Erblasser erst mit Ablauf der Frist für die Ausschlagung der Erbschaft nach dem zwischenzeitlich verstorbenen Ersterben (**Abs. 2**). Dies gilt unabhängig davon, ob die Frist zu Lebzeiten des Ersterben bereits begonnen hatte oder nicht.

Hinterlässt der Erbe des ursprünglichen Erblassers **mehrere Erbeserben**, eröffnet Abs. 3 – 4
abweichend vom Grundsatz des § 1950, wonach Annahme und Ausschlagung nicht auf Teile der Erbschaft oder einzelne Nachlassgegenstände beschränkt werden können – die Möglichkeit einer **Teilausschlagung**: Jeder Miterbeserbe kann den ihm nach dem zwischenzeitlich verstorbenen Erben angefallenen Erbteil annehmen und zugleich den Anteil an der ersten Erbschaft ausschlagen, der seinem Anteil an der zweiten Erbschaft entspricht. Geschieht dies, wächst der durch die Ausschlagung frei gewordene Anteil an der ersten Erbschaft den übrigen Miterbeserben an und fällt nicht an die sonstigen Erben des ursprünglichen Erblassers (hM – vgl MüKo BGB/*Leipold* § 1952 Rn 15 mwN). Denn die in § 1953 Abs. 1 angeordnete Rückwirkung der Ausschlagung bewirkt, dass der ausschlagende Miterbeserbe als beim Erbfall nicht vorhanden angesehen wird. Damit sind allein die anderen Miterbeserben zur Rechtsnachfolge in den frei gewordenen Anteil berufen.

Str ist, ob bei Zugewinngemeinschaft das beim Tode des längstlebenden Ehegatten noch 5
nicht erloschene Ausschlagungsrecht nach § 1371 Abs. 2 und 3 nur von allen Miterben gemeinsam oder nach Abs. 3 auch von einzelnen Miterben anteilig ausgeübt werden kann. Da § 1371 nicht nur ein Ausschlagungs-, sondern auch ein Wahlrecht zur Art des güterrechtlichen Ausgleichs gewährt, für das es keine Teilbarkeit gibt, kann nur gemeinsame Ausübung durch alle Miterben möglich sein; § 1952 Abs. 3 ist hier nicht anwendbar (*Olshausen* FamRZ 1976, 678; jurisPK-BGB/*Wildemann* § 1952 Rn 4 mwN; aA Palandt/ *Edenhofer* § 1952 Rn 4).

Bei Teilausschlagung eines Miterbeserben ist im Erbschein, der die Erbfolge nach dem 6
Ersterben bekundet, zu vermerken, dass das Erbrecht des X (= ausschlagender Miterbeserbe) sich nicht auf den Nachlass des Y (= ursprünglicher Erblasser) erstreckt.

§ 1953 Wirkung der Ausschlagung

(1) Wird die Erbschaft ausgeschlagen, so gilt der Anfall an den Ausschlagenden als nicht erfolgt.

(2) Die Erbschaft fällt demjenigen an, welcher berufen sein würde, wenn der Ausschlagende zur Zeit des Erbfalls nicht gelebt hätte; der Anfall gilt als mit dem Erbfall erfolgt.

§ 1953 BGB | Wirkung der Ausschlagung

(3) Das Nachlassgericht soll die Ausschlagung demjenigen mitteilen, welchem die Erbschaft infolge der Ausschlagung angefallen ist. Es hat die Einsicht der Erklärung jedem zu gestatten, der ein rechtliches Interesse glaubhaft macht.

1 Macht der Erbe von seinem Ausschlagungsrecht wirksam Gebrauch, entfällt seine Stellung als Erbe mit Rückwirkung auf den Zeitpunkt des Erbfalls (Abs. 1). Er wird so behandelt, als wäre ihm die Erbschaft nie angefallen. Der daraus folgende Anfall an den Nächstberufenen gilt als mit dem Erbfall erfolgt (Abs. 2, 2. Hs), hat also in gleicher Weise Rückwirkung. Auf diese Weise wird vermieden, dass der Nachlass vorübergehend herrenlos ist.

2 Das **Rechtsverhältnis des Ausschlagenden** zum Nächstberufenen ergibt sich aus der rückwirkenden Beseitigung des Anfalls der Erbschaft. Der »vorläufige« Erbe, der wirksam ausgeschlagen hat, ist materiell-rechtlich von Anfang an als Nichterbe anzusehen. Geschäfte, die er in der Zwischenzeit in Bezug auf die Erbschaft geführt hat, sind Geschäfte eines Nichtberechtigten und berühren die Rechtsstellung des endgültigen Erben, soweit nicht Gutglaubensvorschriften eingreifen, nur nach Maßgabe des § 1959 (BGH FamRZ 1989, 496). Da die Erbschaft dem Nächstberufenen mit Rückwirkung auf den Erbfall anfällt, ist er unmittelbarer Rechtsnachfolger des Erblassers – zwischen dem Ausschlagenden und dem Nächstberufenen findet keine Rechtsnachfolge statt, auch nicht iSv § 265 ZPO (BGH aaO).

3 Der Ausschlagende ist dem Nächstberufenen nach §§ 1959 Abs. 1, 667, 681 zur Herausgabe der Erbschaft und nach §§ 1959 Abs. 1, 681 Satz 2, 666 und 2027 Abs. 2 zur Auskunft über die von ihm besorgten Geschäfte und den Verbleib der Erbschaftsgegenstände verpflichtet.

4 Obwohl der Besitz gem § 857 BGB ohne weiteres auf den Erben übergeht – bei Anfall an den Nächstberufenen also mit Rückwirkung auf den Erbfall (Abs. 2) –, kann dieser sich nicht auf unfreiwilligen Besitzverlust (verbotene Eigenmacht) berufen, wenn der vorläufige Erbe als Inhaber der tatsächlichen Sachherrschaft den Besitz auf einen Dritten übertragen hat; ausschlaggebend sind die tatsächlichen Verhältnisse. Daher steht § 935 einem gutgläubigen Erwerb nicht entgegen. Ebenso können aufgrund des Gutglaubensschutzes Rechte an Nachlassgrundstücken erworben werden, wenn der Erbe bereits im Grundbuch eingetragen oder ihm ein Erbschein erteilt worden war (BGH NJW 1969, 1349).

5 Ein dem Ausschlagenden zugewendetes Vorausvermächtnis bleibt bestehen, sofern es der Erblasser nicht an die Bedingung der Annahme der Erbschaft geknüpft hat und wenn es nicht gem § 2180 mit ausgeschlagen wurde. Sonstige Vermächtnisse und Auflagen bleiben gem §§ 2161, 2192 im Zweifel wirksam.

6 **Nächstberufener** ist derjenige, der bei gewillkürter, sonst ges Erbfolge berufen wäre, wenn der Ausschlagende zum Zeitpunkt des Erbfalls nicht gelebt hätte. Bei gewillkürter Erbfolge ist daher vorrangig der Ersatzerbe berufen, sonst kommt Anwachsung in Betracht; im Übrigen gilt ges Erbfolge, wobei im Falle des § 1948 Abs. 1 der Ausschlagende selbst berufen ist. Bei Ausschlagung des Nacherben ist die Auslegungsregel des § 2142 Abs. 2 zu beachten. Schlägt ein ges Erbe aus, kommt ggf Erbteilserhöhung (§ 1935) in Betracht; sonst bestimmen die Eintrittsrechte innerhalb der Erbordnungen, im Übrigen § 1930 den nunmehr berufenen Erben. Dieser muss lediglich den Erbfall, nicht auch die Ausschlagung erlebt haben.

7 Nach **Abs. 3 Satz 1** hat das Nachlassgericht die **Pflicht zur Mitteilung** der Ausschlagung an die Nächstberufenen. Dazu muss es von Amts wegen (§ 12 FGG) und gebührenfrei (§ 105 KostO) die als Nächstberufene in Betracht kommenden Beteiligten ermitteln. Eine amtliche Feststellung der Nächstberufung ist damit nicht verbunden. Ebenso wenig erfolgt eine amtswegige Prüfung der Wirksamkeit der Ausschlagung. Hingegen sind bei Unmöglichkeit der Ermittlung der Nächstberufenen ggf amtswegige Maßnahmen nach §§ 1960, 1965 zu treffen.

8 **Abs. 3 Satz 2** gewährt jedem, der ein rechtliches Interesse glaubhaft macht, das **Recht zur Einsicht** der Ausschlagungserklärung. Rechtliches Interesse ist gegeben, wenn die mit der

Einsicht bezweckte Kenntnis zur Verfolgung von Rechten oder zur Abwehr von Ansprüchen erforderlich ist (BayObLG FamRZ 1999, 788). Ein solches Interesse ist bei allen Nachlassbeteiligten – insb Nächstberufenen, Miterben, übergangenen ges Erben, Vermächtnisnehmern, Nachlassgläubigern – gegeben.

§ 1954 Anfechtungsfrist

(1) Ist die Annahme oder die Ausschlagung anfechtbar, so kann die Anfechtung nur binnen sechs Wochen erfolgen.

(2) Die Frist beginnt im Falle der Anfechtbarkeit wegen Drohung mit dem Zeitpunkt, in welchem die Zwangslage aufhört, in den übrigen Fällen mit dem Zeitpunkt, in welchem der Anfechtungsberechtigte von dem Anfechtungsgrund Kenntnis erlangt. Auf den Lauf der Frist finden die für die Verjährung geltenden Vorschriften der §§ 206, 210, 211 entsprechende Anwendung.

(3) Die Frist beträgt sechs Monate, wenn der Erblasser seinen letzten Wohnsitz nur im Ausland gehabt hat oder wenn sich der Erbe bei dem Beginn der Frist im Ausland aufhält.

(4) Die Anfechtung ist ausgeschlossen, wenn seit der Annahme oder der Ausschlagung 30 Jahre verstrichen sind.

A. Regelungsgegenstand

Zweck der in § 1944 normierten Ausschlagungsfrist ist, in relativ kurzer Zeit Klarheit über 1 den endgültigen Erben zu schaffen. Da der vorläufige Erbe in der zur Entscheidung über Annahme oder Ausschlagung verfügbaren kurzen Zeit nicht immer hinreichend sichere Informationen über die Erbschaft erlangt, kann die tatsächlich getroffene Entscheidung auf falschen Vorstellungen beruhen. Dem trägt das Gesetz in §§ 1954–1957 dadurch Rechnung, dass die erfolgte Annahme oder Ausschlagung der Erbschaft wegen Willensmängeln angefochten werden kann. Dies gilt insb auch für die Annahme durch Versäumung der Ausschlagungsfrist (§ 1956). Allerdings behandeln §§ 1954–1957 die Voraussetzungen und Wirkungen der Anfechtung von Annahme und Ausschlagung nicht abschließend; sie beschränken sich vielmehr auf spezielle Regelungen zu Form und Frist dieser Anfechtung sowie zum Teil zu ihrer Wirkung. Soweit sie schweigen, gelten die allgemeinen Vorschriften der §§ 119 ff. Das gilt vor allem für die Anfechtungsgründe, so dass die Anfechtung von Annahme und Ausschlagung nur möglich ist, wenn sie auf einen Irrtum iSv § 119 Abs. 1 oder 2 oder auf arglistige Täuschung oder widerrechtliche Drohung iSv § 123 gestützt werden kann.

B. Erklärung der Anfechtung

Die Anfechtungserklärung ist gegenüber dem Nachlassgericht abzugeben (§ 1955 Satz 1). 2 Sie ist bedingungs- und befristungsfeindlich (§§ 1957 Abs. 1, 1947) und bedarf der gleichen Form wie die Ausschlagung (§ 1955 Satz 2 iVm § 1945), muss also zur Niederschrift des Nachlassgerichts erfolgen oder öffentlich beglaubigt sein. Anfechtungsberechtigt ist nur der Erbe, der zuvor angenommen oder ausgeschlagen hat. Im Hinblick auf die Höchstpersönlichkeit des Ausschlagungsrechts (vgl § 1943 Rn 14) ist die Anfechtung durch Dritte nicht möglich. Stirbt der anfechtungsberechtigte Erbe, geht das noch nicht durch Fristablauf erloschene Anfechtungsrecht auf seine Erben über (MüKo-BGB/*Leipold* § 1954 Rn 18). Bei rechtsgeschäftlicher Vertretung ist eine öffentlich beglaubigte Vollmacht nachzuweisen (§§ 1955 Satz 2, 1945 Abs. 3).

§ 1954 BGB | Anfechtungsfrist

3 Da die Anfechtung der Annahme gem § 1957 Abs. 1 als Ausschlagung gilt, bedarf sie bei Erklärung durch den ges Vertreter des Anfechtenden unter denselben Voraussetzungen wie die Ausschlagung der familien- oder vormundschaftsgerichtlichen Genehmigung (s dazu § 1945 Rn 2 ff). Die Anfechtung der Ausschlagung hingegen ist nicht genehmigungsbedürftig, da sie als Annahme gilt, die ihrerseits keiner Genehmigung bedarf (jurisPK-BGB/*Lafontaine* § 1822 Rn 29, 30).

4 Eine Begründung der Anfechtungserklärung ist gesetzlich nicht vorgeschrieben. Die Erklärung muss allerdings erkennen lassen, dass die angefochtene Annahme oder Ausschlagung wegen eines Willensmangels ohne Wirkung sein soll (Staudinger/*Otte* § 1955 Rn 3). Dass es der Angabe des Anfechtungsgrundes nicht bedarf, bedeutet indes nicht, dass das Gericht im Nachlassverfahren gem §§ 12 FGG, 2358 BGB zu erforschen hätte, ob zur Anfechtung berechtigende Tatsachen vorliegen, die der Anfechtende selbst nicht behauptet. Die nachlassgerichtliche Ermittlung beschränkt sich vielmehr auf die Prüfung, ob die Anfechtungsgründe zutreffen, die der Anfechtungsberechtigte in der Anfechtungserklärung oder später geltend macht (BayObLG FamRZ 1994, 848).

5 Die Erklärung der Anfechtung von Annahme oder Ausschlagung ist unwiderruflich. Sie kann jedoch ihrerseits wegen Irrtums angefochten werden, sofern sie selbst auf einem beachtlichen Irrtum iSv §§ 119, 123 beruht. Eine solche Anfechtung der Anfechtungserklärung muss im Falle des § 119 unverzüglich erklärt werden (§ 121), im Falle des § 123 binnen Jahresfrist (§ 124). Die Fristen des § 1954 gelten insoweit trotz der Fiktion von § 1957 Abs. 1 nicht (BayObLG Rpfleger 1980, 188).

C. Zugang

6 Adressat der Anfechtungserklärung ist das Nachlassgericht (§ 1955 Satz 1). Sie wird erst mit Zugang beim Nachlassgericht wirksam (§ 130 Abs. 1 Satz 1, Abs. 3). Sachlich zuständig ist das AG (§ 72 FGG), die örtliche Zuständigkeit richtet sich nach § 73 FGG. Der Zugang muss vor Ablauf der Anfechtungsfrist erfolgen. Zugang bei einem anderen Gericht als dem zuständigen Nachlassgericht ist grds nicht fristwahrend – zur besonderen Rechtslage bei Beurkundung durch ein anderes als das örtlich zuständige AG (§ 11 FGG) s § 1945 Rn 7.

D. Anfechtungsgrund

7 Die Anfechtung von Annahme oder Ausschlagung setzt ausnahmslos – insb also auch die Anfechtung der Versäumung der Ausschlagungsfrist (§ 1956 BGB) – das Vorliegen eines Anfechtungsgrundes voraus. Maßgeblich hierfür sind die allgemeinen Vorschriften der §§ 119 ff; §§ 2078, 2079 gelten nicht. Die Anfechtung ist daher nur begründet, wenn sie auf einen Irrtum iSv § 119 Abs. 1 oder 2 oder auf arglistige Täuschung oder widerrechtliche Drohung iSv § 123 gestützt werden kann. Bei nicht voll geschäftsfähigen Erben kommt es gem § 166 Abs. 1 darauf an, ob der ges Vertreter bei Annahme oder Ausschlagung durch den Willensmangel beeinflusst war (OLG Karlsruhe Rpfleger 1995, 460).

I. Inhaltsirrtum

8 Die Anfechtung ist begründet, wenn ein Inhaltsirrtum (Irrtum über den Erklärungsinhalt) iSv § 119 Abs. 1, 1. Alt. der Erklärung von Annahme oder Ausschlagung zugrunde lag. Dies kommt in Betracht, wenn der Erbe durch Versäumung der Ausschlagungsfrist angenommen hat, weil er über ihr Bestehen, ihren Lauf oder die Rechtsfolgen ihres Ablaufs in Unkenntnis gewesen ist, die Erbschaft in Wirklichkeit aber nicht annehmen wollte. Bei Vorliegen dieser Voraussetzungen kann die in der Fristversäumung liegende Annahme angefochten werden (BayObLG FamRZ 1983, 1061; FamRZ 1996, 59).

9 War dem Erben bewusst, dass er ausschlägt, kann dennoch ein die Anfechtung rechtfertigender Inhaltsirrtum vorliegen. Dies ist dann der Fall, wenn die Ausschlagung zu an-

deren als den vorgestellten Rechtsfolgen führt, zB als ungewollte Folge der Ausschlagung die nicht bedachte Erhöhung des Erbteils eines anderen Beteiligten eintritt (vgl OLG Hamm FamRZ 1998, 771). Hat der als Erbe berufene Pflichtteilsberechtigte bei Vorliegen der Voraussetzungen des § 2306 Abs. 1 Satz 1 in Unkenntnis des Wegfalls der Belastungen ausgeschlagen, um einen unbelasteten Pflichtteil zu erlangen, und nicht erkannt, dass er infolge der Ausschlagung die Erbschaft verliert und keinen Pflichtteilsanspruch hat, liegt ein Irrtum über die Hauptwirkung des Rechtsgeschäfts vor; dieser berechtigt zur Anfechtung (OLG Hamm Rpfleger 1981, 402). Ein beachtlicher Inhaltsirrtum liegt auch vor, wenn der Ausschlagende glaubt, die Ausschlagung sei das Rechtsgeschäft, mit dem er unmittelbar seinen Erbteil auf eine andere Person übertragen könne. Dem gleich zu stellen ist der Fall, dass ein testamentarischer Erbe in der irrigen Vorstellung ausschlägt, durch die Ausschlagung gerieten die angeordneten Auflagen in Wegfall und er werde dadurch ges Erbe (OLG Düsseldorf FamRZ 1998, 387).

Kein zur Anfechtung einer Ausschlagung berechtigender Inhaltsirrtum liegt vor, wenn **10** der Ausschlagende zutreffend davon ausgegangen ist, es trete die ges Erbfolge ein, er sich aber über die vom Gesetz nächstberufene Person geirrt hat (OLG Düsseldorf FamRZ 1997, 905).

II. Eigenschaftsirrtum

Besondere praktische Bedeutung hat die Anfechtung wegen Irrtums über verkehrswesent- **11** liche Eigenschaften einer Sache iSv § 119 Abs. 2. Der Nachlass als Vermögensinbegriff ist »Sache« in diesem Sinne (BayObLG FamRZ 2003, 121). Verkehrswesentliche Eigenschaften einer Sache sind allerdings nur die ihren Wert bildenden Faktoren, nicht dagegen der Wert selbst. Daher liegt kein nach § 119 Abs. 2 beachtlicher Irrtum vor, wenn dem Erben bekannt ist, welche Gegenstände zum Nachlass gehören, er sie aber falsch bewertet. Bezieht sich hingegen der Irrtum auf das Vorhandensein oder Nichtvorhandensein bestimmter Vermögensgegenstände im Nachlass oder auf die Existenz bestimmter Nachlassverbindlichkeiten, liegt ein beachtlicher Irrtum vor (BayObLG FamRZ 1998, 924). Der Erbe irrt dann nicht bloß über den Wert des Nachlasses, sondern über die Voraussetzungen des Wertes – **Irrtum über die Zusammensetzung des Nachlasses**. Dies gilt insb bei einem Irrtum über die Überschuldung des Nachlasses, bei dessen Vorliegen die Anfechtung der Annahme somit möglich ist, darüber hinaus auch dann, wenn es um die Belastung des Nachlasses mit wesentlichen Verbindlichkeiten geht, deren rechtlicher Bestand ungeklärt ist (BGH FamRZ 1989, 496).

Auch die Höhe der Erbquote ist Eigenschaft der Erbschaft. Der Irrtum des Ausschlagen- **12** den oder Annehmenden über die Größe seines Erbteils ist daher zur Anfechtung berechtigender Eigenschaftsirrtum (OLG Hamm NJW 1966, 1080). Beschränkungen des Erben durch Testamentsvollstreckung oder Nacherbeneinsetzung, die ihm bei der Annahme nicht bekannt waren, sind ebenfalls die Anfechtung rechtfertigende verkehrswesentliche Eigenschaften des Nachlasses (BayObLG FamRZ 1997, 188). Dasselbe gilt im Hinblick auf die den Erben einschränkenden Rechte von Miterben auch für die fehlende Kenntnis der testamentarischen Berufung eines weiteren Miterben (BGH FamRZ 1997, 349). Eigenschaftsirrtum ist auch die irrige Vorstellung des Ausschlagenden, er sei bereits kraft rechtsgeschäftlichen Erwerbs Inhaber der wesentlichen Vermögenswerte der Erblasserin, während dieser Erwerb tatsächlich nach § 138 Abs. 1 nichtig ist; dem steht nicht ohne weiteres entgegen, dass der Ausschlagende die Umstände kannte, die die Sittenwidrigkeit des Erwerbs bedingen (OLG Düsseldorf FamRZ 1998, 924).

Bei Zugewinngemeinschaft ist der den Erblasser überlebende Ehegatte zur Entscheidung **13** über eine taktische Ausschlagung nach § 1371 Abs. 3 auf die Kenntnis der für die Berechnung des Zugewinnausgleichs maßgeblichen Tatsachen – jeweiliges Anfangs- und Endvermögen der Ehegatten, Hinzurechnungstatbestände, Wertermittlung – angewiesen. Hinreichende Informationen hierzu sind häufig vor Ablauf der Ausschlagungsfrist nicht

§ 1954 BGB | Anfechtungsfrist

zu gewinnen. Versäumt der überlebende Ehegatte in mangelhafter Kenntnis oder unrichtiger Vorstellung bzgl dieser Fakten die Ausschlagungsfrist oder schlägt er aufgrund unzureichender Informationen aus, fragt sich, ob diese Fehlvorstellungen als Eigenschaftsirrtum iSv § 119 Abs. 2 anzusehen sind und somit die Anfechtung rechtfertigen. Entscheidungen hierzu sind bislang nicht bekannt geworden. Der Irrtum über derartige den Wert der erbrechtlichen Stellung des überlebenden Ehegatten bestimmende Faktoren dürfte einem Irrtum über das Vorhandensein oder Nichtvorhandensein bestimmter Vermögensgegenstände im Nachlass (s.o. Rn 11) gleichzusetzen sein und ist daher Anfechtungsgrund.

14 Ein zur Anfechtung berechtigender Irrtum iSv § 119 Abs. 2 kann vorliegen, wenn dem Ausschlagenden bei Abgabe seiner Ausschlagungserklärung nicht bekannt war, dass Immobiliarvermögen in der ehemaligen DDR zum Nachlass gehört. In diesem Fall beginnt die sechswöchige Ausschlagungsfrist des § 1954 Abs. 2 Satz 1 mit der Erlangung der Kenntnis der Tatsachen, aus denen sich ergibt, dass die Zugehörigkeit des Grundstücks zum Nachlass eine verkehrswesentliche Eigenschaft darstellte (KG FamRZ 1992, 1477; BayObLG FamRZ 1994, 848).

D. Anfechtungsfrist

15 Die Regelung zur Anfechtungsfrist in § 1954 stimmt weitgehend mit derjenigen zur Ausschlagungsfrist (§ 1944) überein. Wie dort beträgt sie gem Abs. 1 grds sechs Wochen. Sie ist in Ausnahme dazu auf sechs Monate verlängert, wenn der Erblasser beim Erbfall seinen Wohnsitz nur im Ausland hatte (Abs. 3, 1. Alt.). Die Fristverlängerung gilt nicht, wenn ein weiterer Wohnsitz im Inland bestand. Wohnsitz ist iSv §§ 7–11 zu qualifizieren. Die Frist ist auch dann auf sechs Monate verlängert, wenn der Erbe sich beim Beginn der Frist im Ausland aufhielt (Abs. 3, 2. Alt.), wozu der einfache Aufenthalt ausreicht.

16 Der **Fristbeginn** bestimmt sich nach Abs. 2. Nach dessen Satz 1, 1. Alt. beginnt die Anfechtungsfrist bei Anfechtung wegen Drohung mit dem Wegfall der Zwangslage, bei Anfechtung wegen Erklärungs-, Inhalts- oder Eigenschaftsirrtums oder wegen Täuschung mit Erlangung der Kenntnis vom Anfechtungsgrund. Die Kenntnis der Anfechtbarkeit setzt nicht die Gewissheit voraus, dass der Anfechtungsgrund auch durchgreift (BayObLG FamRZ 1998, 924). Fahrlässige Unkenntnis hingegen steht der Kenntnis nicht gleich (BayObLG FamRZ 1994, 264 mwN). Die Kenntnis eines Bevollmächtigten des Erben vom Anfechtungsgrund genügt für den Fristbeginn, wenn die Vollmacht auch die Regelung der Erbschaftsangelegenheit umfasst. Bei nicht voll geschäftsfähigen Erben kommt es gem § 166 Abs. 1 auf die Kenntnis des ges Vertreters an.

17 Das **Fristende** berechnet sich nach §§ 187 Abs. 1, 188 Abs. 2, 1. Hs, Abs. 3, 193. Die Frist endet daher mit dem Ablauf des Tages der 6. Woche/des 6. Monats nach Fristbeginn, der seiner Benennung/seiner Zahl nach dem Tag entspricht, an dem der Anfechtende die fristauslösende Kenntnis erlangt hat. Fristhemmung bei höherer Gewalt und Ablaufhemmung bei nicht voll geschäftsfähigen Personen richten sich nach Abs. 2 Satz 2 iVm §§ 206, 210. Als Fall höherer Gewalt ist insb die Dauer des vormundschafts-/familiengerichtlichen Verfahrens zur Genehmigung der von einem ges Vertreter erklärten Anfechtung der Annahme anzusehen (BayObLG FamRZ 1983, 834) – s dazu näher § 1945 Rn 4 f.

18 Ist der Anfechtungsberechtigte vor Ablauf der Anfechtungsfrist verstorben, geht das noch nicht erloschene Anfechtungsrecht auf seinen Erben über. Für diesen endet die Anfechtungsfrist gem Abs. 2 Satz 2 iVm § 211 frühestens sechs Wochen – im Falle des Abs. 3 sechs Monate – nach Annahme der Erbschaft des verstorbenen Anfechtungsberechtigten (Ablaufhemmung).

19 Abs. 4 normiert eine **Ausschlussfrist** von 30 Jahren ab Annahme oder Ausschlagung. Nach deren Ablauf ist jede Anfechtung ausgeschlossen, unabhängig davon, wann Kenntnis vom Anfechtungsgrund erlangt war. Hemmung oder Ablaufhemmung gibt es hier nicht.

E. Folgen der Anfechtung

Die Folgen der Anfechtung gehen über die Regelung des § 142 Abs. 1 hinaus: Die Anfechtung der Ausschlagung bewirkt nicht nur deren Nichtigkeit, sondern gilt zugleich als Annahme; die Anfechtung der Annahme gilt als Ausschlagung (§ 1957 Abs. 1). Dadurch wird der nochmalige Eintritt eines Schwebezustandes vermieden. **20**

§ 1955 Form der Anfechtung

Die Anfechtung der Annahme oder der Ausschlagung erfolgt durch Erklärung gegenüber dem Nachlassgericht. Für die Erklärung gelten die Vorschriften des § 1945.

Zu Abgabe und Zugang der Anfechtungserklärung (Satz 1) s § 1954 Rn 2 – 6. **1**

Die in Satz 2 normierte Verweisung auf § 1945 betrifft die Form der Anfechtungserklärung. **2** Danach bestehen zwei Möglichkeiten zur Wahrung der Form: Die Anfechtung kann schriftlich erklärt werden, bedarf dann aber der öffentlichen Beglaubigung (Satz 2 iVm §§ 1945 Abs. 1, 2. Hs, 2. Alt., 129 BGB, 40 BeurkG); notarielle Beurkundung ersetzt diese Form (§ 129 Abs. 2). Die Erklärung der Anfechtung kann auch zur Niederschrift des Nachlassgerichts erfolgen. Dort muss sie beurkundet werden (Satz 2 iVm §§ 1945 Abs. 1, 2. Hs, 1. Alt., Abs. 2 BGB, 8 ff BeurkG). Bei Erklärung im Ausland genügt die Ortsform (Art. 11 Abs. 1, 2. Alt. EGBGB), die Frist ist aber nur bei rechtzeitigem Eingang beim zuständigen Nachlassgericht gewahrt.

Bei rechtsgeschäftlicher Vertretung ist eine öffentlich beglaubigte Vollmacht nachzuweisen (Satz 2 iVm § 1945 Abs. 3). **3**

Gebühr für die Entgegennahme der Erklärung durch das Nachlassgericht: $^1/_4$ (§ 112 Abs. 1 **4** Nr. 2 KostO).

Beim Zusammenhang mit einem anderen gebührenpflichtigen Nachlassverfahren nach den §§ 101 – 117 KostO entfällt die Gebühr des § 112 KostO (§ 115 KostO). Zu den Voraussetzungen s § 1945 Rn 9 ff.

Wert: Maßgebend ist der Nettowert der angenommenen oder ausgeschlagenen Erbschaft **5** (§ 112 Abs. 2 KostO). Falls sich die Erklärung nur auf einen Teil des Nachlasses bezieht, ist dieser – nach Schuldenabzug – maßgebend.

Kostenschuldner: Der Erklärende ist Schuldner der Gebühr (§ 2 Nr. 1 KostO). **6**

§ 1956 Anfechtung der Fristversäumung

Die Versäumung der Ausschlagungsfrist kann in gleicher Weise wie die Annahme angefochten werden.

Nach § 1943, 2. Alt. begründet das Verstreichenlassen der Ausschlagungsfrist (§ 1944) die **1** Fiktion der Annahme der Erbschaft. Hierzu ist nicht erforderlich, dass der Erbe den Willen zur Annahme hatte, ebenso wenig dass er vom Ablauf der Frist und der damit verbundenen Rechtsfolge wusste. Die Erbschaft gilt mit Ablauf der Ausschlagungsfrist in gleicher Weise wie eine durch ausdrückliche Erklärung oder schlüssiges Verhalten erfolgte Annahme als angenommen. Es handelt sich also nicht um eine tatsächlich abgegebene Willenserklärung, sondern um deren Fiktion. Bei fehlendem Annahmewillen oder Unkenntnis von Fristablauf und dessen Rechtsfolge käme daher ohne besondere Rechtsgrundlage eine Anfechtung der Annahme durch Versäumung der Ausschlagungsfrist mangels Willenserklärung nicht in Betracht. Diese Lücke schließt § 1956, indem die Fristversäumung wie eine tatsächlich erklärte Annahmeerklärung behandelt wird, sodass auch sie anfechtbar ist.

§ 1957 BGB | Wirkung der Anfechtung

2 **Anfechtungsgrund** kann sein ein Inhaltsirrtum nach § 119 Abs. 1 – s dazu näher § 1954 Rn 8 – 10. Hierunter fällt auch, wenn der ges Vertreter aus Unkenntnis über die Erforderlichkeit einer familien-/vormundschaftsgerichtliche Genehmigung diese nicht rechtzeitig vor Ablauf der Ausschlagungsfrist beantragt hat (BayObLGZ 1983, 9). Gleiches gilt, wenn dem zum Erben Berufenen die Formbedürftigkeit der Ausschlagung nicht bekannt war und er deshalb glaubte, bereits wirksam ausgeschlagen zu haben (BayOblG FamRZ 1994, 589).

3 Ein die Anfechtung rechtfertigender Irrtum über wesentliche Eigenschaften des Nachlasses iSv § 119 Abs. 2 kann bei Versäumung der Ausschlagungsfrist nur dann gegeben sein, wenn der Anfechtende Kenntnis vom Fristablauf hatte und die Frist hat verstreichen lassen, weil er infolge eines Eigenschaftsirrtums – s dazu § 1954 Rn 11 ff – eine Ausschlagung für nicht erforderlich hielt. Ohne Kenntnis vom Fristablauf hingegen kann ein auf fehlerhafter Willensbildung beruhendes Unterlassen der Ausschlagung nicht vorliegen, so dass in diesem Falle eine Anfechtung wegen Eigenschaftsirrtums ausscheidet (MüKo/*Otte* § 1956 Rn 6).

4 War der Anfechtende durch Täuschung oder Drohung von rechtzeitiger Erklärung der Ausschlagung abgehalten worden, ist die Versäumung der Ausschlagungsfrist nach § 123 anfechtbar.

5 Liegt ein Anfechtungsgrund vor, bedarf es zusätzlicher Prüfung der **Kausalität**. Diese ist gegeben, wenn der nunmehr Anfechtende bei Kenntnis der wahren Sachlage und der Folge der Fristversäumung sowie bei verständiger Würdigung des Falles die Ausschlagung rechtzeitig erklärt hätte (§ 119 Abs. 1 aE). Dies ist idR anzunehmen, wenn der Erblasser Schulden hinterlassen hat (BayObLG FamRZ 1994, 589).

6 Zu Abgabe, Zugang, Form und Wirkung der Anfechtung der Fristversäumung gelten dieselben Regelungen wie bei der Anfechtung einer tatsächlich erklärten Annahme (§§ 1954, 1955, 1957). Da auch die Anfechtung der Fristversäumung gem § 1957 Abs. 1 als Ausschlagung gilt, bedarf sie bei Erklärung durch einen ges Vertreter unter denselben Voraussetzungen wie die Ausschlagung der familien- oder vormundschaftsgerichtlichen Genehmigung (s dazu § 1945 Rn 2 ff).

7 **Gebühr** für die Entgegennahme der Erklärung durch das Nachlassgericht: $1/4$ (§ 112 Abs. 1 Nr. 2 KostO). Beim Zusammenhang mit einem anderen gebührenpflichtigen Nachlassverfahren nach den §§ 101 – 117 KostO entfällt die Gebühr des § 112 KostO (§ 115 KostO). Zu den Voraussetzungen s § 1945 BGB Rn 9 ff.

8 **Wert**: Maßgebend ist der Nettowert der auszuschlagenden Erbschaft (§ 112 Abs. 2 KostO). Falls sich die Erklärung nur auf einen Teil des Nachlasses bezieht, ist dieser – nach Schuldenabzug – maßgebend.

9 **Kostenschuldner**: Der Erklärende ist Schuldner der Gebühr (§ 2 Nr. 1 KostO).

§ 1957 Wirkung der Anfechtung

(1) Die Anfechtung der Annahme gilt als Ausschlagung, die Anfechtung der Ausschlagung gilt als Annahme.

(2) Das Nachlassgericht soll die Anfechtung der Ausschlagung demjenigen mitteilen, welchem die Erbschaft infolge der Ausschlagung angefallen war. Die Vorschrift des § 1953 Abs. 3 Satz 2 findet Anwendung.

A. Wirkung

1 Die Folgen der Anfechtung von Annahme oder Ausschlagung gehen über die Regelung des § 142 Abs. 1 hinaus: Die Anfechtung der Ausschlagung führt nicht nur zu deren Nichtigkeit, sondern gilt darüber hinaus als Annahme; die Anfechtung der Annahme

führt nicht nur zu deren Nichtigkeit, sondern gilt zugleich als Ausschlagung (Abs. 1). Dadurch wird der nochmalige Eintritt eines Schwebezustandes vermieden. Da die Anfechtung der Annahme als Ausschlagung gilt, bedarf sie bei Erklärung durch einen ges Vertreter unter denselben Voraussetzungen wie eine Ausschlagung der familien-/vormundschaftsgerichtlichen Genehmigung – s dazu § 1945 Rn 2 ff.

Der nach wirksamer Anfechtung seiner Ausschlagung wieder zum Erben Berufene kann gem § 2018 vom Erbschaftsbesitzer Herausgabe verlangen (hM: Staudinger/*Otte* § 1957 Rn 4; MüKo/*Leipold* § 1957 Rn 2; Palandt/*Edenhofer* § 1957 Rn 2; vgl § 2018 Rn 1 ff). 2

Der Anfechtende ist gem § 122 jedem Dritten, der auf die Gültigkeit der Annahme oder Ausschlagung vertraut hat, zum Ersatz des Vertrauensschadens verpflichtet, soweit der Dritte durch die Anfechtung unmittelbar betroffen ist (MüKo-BGB/*Leipold* § 1957 Rn 4). Zu ersetzen sind insb Verfahrenskosten, die Nachlassgläubiger gegenüber dem vermeintlichen Erben aufgewendet haben. 3

B. Verfahren des Nachlassgerichts

Nach Abs. 2 Satz 1 hat das Nachlassgericht die **Pflicht zur Mitteilung** einer Anfechtung der Ausschlagung an diejenigen, denen die Erbschaft gem § 1953 Abs. 2 als Nächstberufene angefallen war. Das Gericht muss von Amts wegen (§ 12 FGG) und gebührenfrei (§ 105 KostO) die als Nächstberufene in Betracht kommenden Beteiligten ermitteln. Eine amtswegige Prüfung der Wirksamkeit der Anfechtung ist damit nicht verbunden. 4

Abs. 2 Satz 2 iVm § 1953 Abs. 3 gewährt jedem, der ein rechtliches Interesse glaubhaft macht, das **Recht zur Einsicht** der Anfechtungserklärung. Rechtliches Interesse ist gegeben, wenn die mit der Einsicht bezweckte Kenntnis zur Verfolgung von Rechten oder zur Abwehr von Ansprüchen erforderlich ist (BayObLG FamRZ 1999, 788). Ein solches Interesse ist bei allen Nachlassbeteiligten – insb Nächstberufenen, Miterben, übergangenen ges Erben, Vermächtnisnehmern, Nachlassgläubigern – gegeben. 5

§ 1958 Gerichtliche Geltendmachung von Ansprüchen gegen den Erben

Vor der Annahme der Erbschaft kann ein Anspruch, der sich gegen den Nachlass richtet, nicht gegen den Erben gerichtlich geltend gemacht werden.

A. Der vorläufige Erbe im Prozess

§ 1958 verhindert, dass der vorläufige Erbe Prozesse über Nachlassverbindlichkeiten, § 1967, führen muss, für die nur der Nachlass haftet. Eine gegen den vorläufigen Erben erhobene Leistungsklage ist mangels passiver Prozessführungsbefugnis bereits unzulässig, wenn der Erbe auch im Zeitpunkt der letzten mündlichen Tatsachenverhandlung die Erbschaft noch nicht angenommen hat, was der Kläger ggf zu beweisen hat (es bietet sich jedoch eine Aussetzung bis zum Ablauf der Ausschlagungsfrist an, §§ 148 ff ZPO analog, *Wieser* § 1958 Rn 3). Für den Fiskus als ges Erben gilt § 1966 als Sondervorschrift. Zur Zeit des Erbfalls bereits laufende Prozesse werden unterbrochen, §§ 239 Abs. 1, 246 Abs. 1 ZPO; das gilt jedoch nicht, wenn der Erblasser anwaltlich vertreten war, weil die Prozessvollmacht auch über den Tod hinaus wirkt (Staudinger/*Marotzke* § 1958 Rn 5). 1

Möchte ein Nachlassgläubiger trotzdem klagen, so muss er Nachlasspflegschaft beantragen, § 1961. Das gilt jedoch nicht, wenn Testamentsvollstreckung, § 2213 Abs. 2, oder Nachlassverwaltung, § 1984 Abs. 1 Satz 3, besteht oder Nachlasspflegschaft, § 1960, bereits angeordnet ist. 2

Über den in § 1958 geregelten Fall hinaus fehlt dem vorläufigen Erben auch in allen anderen Verfahren die passive Prozessführungsbefugnis, also etwa bei Feststellungsklagen, 3

§ 1959 BGB | Geschäftsführung vor der Ausschlagung

Gestaltungsklagen, im einstweiligen Rechtsschutz (RGZ 60, 179; MüKo/*Leipold* § 1958 Rn 5) oder in Verfahren der freiwilligen Gerichtsbarkeit, denn § 1958 möchte generell Verfahren, die durch spätere Ausschlagung sinnlos werden, verhindern. Die Geltendmachung eines Anspruchs gegen den Nachlass durch Zurückbehaltungsrecht oder durch Aufrechnung wird durch § 1958 auch im Prozess nicht beschränkt (MüKo/*Leipold* § 1958 Rn 6).

4 § 1958 nimmt dem Erben auch die aktive Prozessführungsbefugnis für negative Feststellungsklagen, nicht jedoch für Leistungsklagen. Zu beachten ist jedoch, dass in der gerichtlichen Geltendmachung einer Nachlassforderung durch den vorläufigen Erben idR eine konkludente Annahme der Erbschaft zu sehen sein wird (§ 1943 Rn 7), wenn der vorläufige Erbe Leistung an sich und nicht an den endgültigen Erben begehrt (AnwK/*Ivo* § 1959 Rn 12). Im Aktivprozess des Erben ist jedoch eine Widerklage des Nachlassgläubigers ausgeschlossen.

5 Während der Schwebezeit zwischen Anfall der Erbschaft und Klagemöglichkeit hemmt § 211 die Verjährung und verhindert dadurch, dass Nachlassgläubiger durch den Eintritt des Erbfalls Ansprüche verlieren.

B. Der vorläufige Erbe in der Zwangsvollstreckung

6 § 1958 verhindert eine Klauselerteilung oder -umschreibung, § 727 ZPO, gegen den vorläufigen Erben; bei Verstoß gegen § 1958 sind die Rechtsbehelfe der §§ 732, 768 ZPO eröffnet (Zöller/*Stöber* § 727 ZPO Rn 14). Möchte ein Nachlassgläubiger in den Nachlass vollstrecken und ist dabei die Mitwirkung des Schuldners erforderlich, so muss ein besonderer Vertreter iSd § 779 Abs. 2 ZPO bestellt werden. Das gilt jedoch nicht, wenn Testamentsvollstreckung, § 2213 Abs. 2, Nachlassverwaltung, § 1984 Abs. 1 Satz 3, oder Nachlasspflegschaft, § 1960, angeordnet ist. Ein Pfleger iSd § 1961 kann wahlweise anstelle des besonderen Vertreters iSd § 779 Abs. 2 ZPO beantragt werden (Zöller/*Stöber* § 779 ZPO Rn 6).

7 Bei der Zwangsvollstreckung sind die Sondervorschriften der §§ 778 ff ZPO zu beachten: Bis zur Annahme der Erbschaft können Eigengläubiger des vorläufigen Erben nicht in den Nachlass und Nachlassgläubiger nicht in das Eigenvermögen des vorläufigen Erben vollstrecken, § 778 ZPO; bei Verstoß gegen § 778 ZPO sind die Rechtsbehelfe der §§ 766, 771 ZPO eröffnet (Zöller/*Stöber* § 778 ZPO Rn 11). Eine bereits gegen den Erblasser begonnene Zwangsvollstreckung oder Arrestvollziehung kann ohne weiteres in den Nachlass fortgesetzt werden, §§ 779 Abs. 1, 928 ZPO.

8 Nach Annahme der Erbschaft kann die Zwangsvollstreckung auch in das Eigenvermögen des Erben betrieben werden, wenn auf den Titel gegen den Erblasser auch eine Klausel gegen den Erben erteilt worden ist, §§ 727, 795 Satz 1 ZPO. Hier stehen dem Erben jedoch die Einreden der §§ 2014, 2015 zu.

§ 1959 Geschäftsführung vor der Ausschlagung

(1) Besorgt der Erbe vor der Ausschlagung erbschaftliche Geschäfte, so ist er demjenigen gegenüber, welcher Erbe wird, wie ein Geschäftsführer ohne Auftrag berechtigt und verpflichtet.

(2) Verfügt der Erbe vor der Ausschlagung über einen Nachlassgegenstand, so wird die Wirksamkeit der Verfügung durch die Ausschlagung nicht berührt, wenn die Verfügung nicht ohne Nachteil für den Nachlass verschoben werden konnte.

(3) Ein Rechtsgeschäft, das gegenüber dem Erben als solchem vorgenommen werden muss, bleibt, wenn es vor der Ausschlagung dem Ausschlagenden gegenüber vorgenommen wird, auch nach der Ausschlagung wirksam.

A. Allgemeines

§ 1959 dient dem Interessenausgleich zwischen dem vorläufigen Erben, dem endgültigen 1
Erben und Dritten. Unter einem vorläufigen Erben ist dabei ein Erbe zu verstehen, der die
Erbschaft ausschlägt oder die Annahme der Erbschaft anficht. Eine Verpflichtung des
vorläufigen Erben zur Nachlassverwaltung besteht nicht. Er ist jedoch nach Maßgabe der
Regeln über die Geschäftsführung ohne Auftrag, §§ 677 ff (ohne § 687 Abs. 1), zu Verwaltungsmaßnahmen (»erbschaftliche Geschäfte«) berechtigt, § 1959 Abs. 1, um die Verwaltung nicht dem Nachlassgericht, § 1960, überlassen zu müssen. Es kommt also darauf an,
ob die Geschäftsführung dem mutmaßlichen Willen und Interesse eines Durchschnitterben entspricht (OLG Celle MDR 1970, 1012, 1013). Die Ansprüche aus diesem Verhältnis
verjähren nach §§ 195, 199 (*Löhnig* ZEV 2004, 271 f).

Der endgültige Erbe ist nicht für das Handeln des vorläufigen Erben verantwortlich. Der 2
vorläufige Erbe kann keine Verpflichtungsgeschäfte mit Wirkung für und gegen den
endgültigen Erben vornehmen, es sei denn der endgültige Erbe genehmigt die Geschäfte
des vorläufigen Erben, § 177. Vielmehr verpflichtet sich der vorläufige Erbe, der im Rahmen seiner Verwaltung Verträge schließt, mit seinem Eigenvermögen; allerdings kann er
unter den Voraussetzungen der §§ 1959 Abs. 1, 677, 683, 670 vom endgültigen Erben
Freistellung verlangen. Ein Urteil gegenüber dem vorläufigen Erben hat keine Rechtskraftwirkung gegenüber dem endgültigen Erben (BGH NJW 1989, 2885).

B. Verfügung über Nachlassgegenstände

Der vorläufige Erbe kann grds nicht wirksam über Nachlassgegenstände verfügen, denn 3
mit Ausschlagung gilt der Erbanfall an den vorläufigen Erben als nicht erfolgt, so dass
dem vorläufigen Erben die Verfügungsbefugnis fehlt. Eine Ausnahme gilt, wenn die
Verfügung nach objektivem Maßstab zur Zeit der Verfügung (OLG Düsseldorf ZEV 2000,
64) keinen Aufschub duldet, § 1959 Abs. 2. Andere Verfügungen werden nur durch Genehmigung seitens des endgültigen Erben wirksam, § 185 Abs. 2.

Darüber hinaus kann der vorläufige Erbe unter den Voraussetzungen der §§ 892 f, 932 ff, 4
2366 f wirksam über einen Nachlassgegenstand verfügen. Der gute Glaube muss sich dabei
nicht nur auf das Eigentum des vorläufigen Erben beziehen, sondern auch auf die Endgültigkeit des Erwerbs durch Rechtsnachfolge von Todes wegen. Wusste der Erwerber, dass
der Erbe noch ausschlagen oder die Annahme anfechten kann, oder war ihm dies infolge
grober Fahrlässigkeit unbekannt, so ist der Erwerber bösgläubig, vgl § 142 Abs. 2.

Es ist zu beachten, dass §§ 892, 893, 2366, 2367 idR nur nach rückwirkender Anfechtung 5
der Annahme greifen werden, weil die Beantragung der Grundbuchberichtigung oder
eines Erbscheins als konkludente Annahme der Erbschaft anzusehen ist. Im Rahmen der
§§ 932 ff bewirkt der rückwirkende Übergang des Erbenbesitzes, § 857, auf den endgültigen Erben nicht, dass eine bewegliche Nachlasssache durch Verfügung seitens des vorläufigen Erben abhanden kommt.

C. Erfüllung einer Nachlassforderung

Eine Nachlassforderung kann gegenüber dem vorläufigen Erben nur dann erfüllt werden, 6
§ 362 Abs. 1, wenn dieser empfangszuständig ist. Die Empfangszuständigkeit ist dann
gegeben, wenn der vorläufige Erbe nach dem Maßstab des § 1959 Abs. 2 auch über die
Forderung verfügen könnte, also etwa bei drohender Insolvenz des Schuldners oder
drohendem Annahmeverzug (Staudinger/*Marotzke* § 1959 Rn 11; Erman/*Schlüter* § 1959
Rn 6; aA MüKoBGB/*Leipold* § 1959 Rn 10; AnwK/*Seidl* § 1959 Rn 7: Empfangszuständigkeit des vorläufigen Erben auch in anderen Fällen, weil die Differenzierung nach § 1959
Abs. 2 dem Schuldner nicht zuzumuten sei). Die Erfüllungsleistung fällt nicht ohne weiteres in den Nachlass, sondern der endgültige Erbe muss Rechtsübertragung nach §§ 1959
Abs. 1, 667 verlangen.

D. Sicherung des Nachlasses, Nachlassfragen

7 Einseitige Rechtsgeschäfte, die gegenüber dem vorläufigen Erben vorgenommen werden, wirken zum Schutz des Dritten auch für und gegen den endgültigen Erben, § 1959 Abs. 3. Diese Regelung erfasst also insb die Ausübung von Gestaltungsrechten wie Kündigung, Rücktritt oder Anfechtung gegenüber dem vorläufigen Erben, aber auch die Annahme eines Angebots, das noch der Erblasser abgegeben hat.

8 Rechnet ein Nachlassschuldner auf, so ist die Aufrechnung ohne weiteres und auch gegenüber dem endgültigen Erben wirksam, § 1959 Abs. 3. Rechnet ein Eigenschuldner des vorläufigen Erben auf, so kommt es für die Wirksamkeit der Aufrechnung darauf an, ob der vorläufige Erbe die Erbschaft annimmt oder nicht.

9 Obwohl ein Nachlassgläubiger bereits den vorläufigen Erben mit Wirkung auch gegenüber dem endgültigen Erben mahnen kann, § 1959 Abs. 3, kommt der (endgültige) Erbe frühestens im Zeitpunkt der Annahme der Erbschaft mit einer Nachlassverbindlichkeit, § 1967, in Verzug (RGZ 79, 201, 203; Erman/*Schlüter* § 1958 Rn 12). Hingegen kann der endgültige Erbe durch ein Leistungsangebot an den vorläufigen Erben auch vor Annahme der Erbschaft in Gläubigerverzug geraten (Staudinger/*Otte* § 1959 Rn 19).

10 Eine dem vorläufigen Erben gesetzte Inventarfrist wird infolge der Ausschlagung der Erbschaft unwirksam.

E. Konkurrenzen zu §§ 1959 Abs. 1, 677 ff

11 Im Verhältnis des vorläufigen Erben zum endgültigen Erben gelten §§ 2018 ff nicht, denn der vorläufige Erbe war – trotz Rückwirkung der Ausschlagung oder Anfechtung der Annahme – bei Erlangung des Erbschaftsbesitzes nicht nur vermeintlicher Erbe. Soweit Ansprüche aus §§ 985 ff in Betracht kommen, ist zu beachten, dass der vorläufige Erbe bis zur Ausschlagung oder Anfechtung der Annahme berechtigter Besitzer ist und deshalb insoweit Ansprüche aus den §§ 987 ff ausscheiden. Soweit die Voraussetzungen der §§ 1959 Abs. 1, 683 erfüllt sind, bestehen keine deliktischen oder bereicherungsrechtlichen Ansprüche.

§ 1960 Sicherung des Nachlasses; Nachlasspfleger

(1) Bis zur Annahme der Erbschaft hat das Nachlassgericht für die Sicherung des Nachlasses zu sorgen, soweit ein Bedürfnis besteht. Das Gleiche gilt, wenn der Erbe unbekannt oder wenn ungewiss ist, ob er die Erbschaft angenommen hat.

(2) Das Nachlassgericht kann insbesondere die Anlegung von Siegeln, die Hinterlegung von Geld, Wertpapieren und Kostbarkeiten sowie die Aufnahme eines Nachlassverzeichnisses anordnen und für denjenigen, welcher Erbe wird, einen Pfleger (Nachlasspfleger) bestellen.

(3) Die Vorschrift des § 1958 findet auf den Nachlasspfleger keine Anwendung.

Literatur
Hepting, Die personenstandsrechtliche Antragsbefugnis eines vom Nachlasspfleger beauftragten Erbenermittlers, ZEV 1999, 302; *Jochum/Pohl*, Nachlasspflegschaft, 1999; *Primozic*, Kann der Nachlasspfleger zum Nachlass gehörende Pflichtteilsansprüche geltend machen?, NJW 2000, 711; *Tidow*, Die Anordnung der Nachlasspflegschaft, Ppfleger 1991, 400; *Zimmermann*, Vergütung und Ersatz von Aufwendungen des Nachlasspflegers, ZEV 1999, 329; *Zimmermann*, Die Vergütung des Nachlasspflegers bei vermögendem Nachlass, ZEV 2001, 15.

Sicherung des Nachlasses; Nachlasspfleger | § 1960 BGB

A. Voraussetzungen

Die Nachlasspflegschaft iSd § 1960 als Sonderform der Pflegschaft nach § 1913 dient – anders als die Anordnung der Pflegschaft nach § 1961 – der Sicherung und Erhaltung des Nachlasses für den Erben (BGHZ 49, 1). Sie wird von Amts wegen angeordnet, wenn sie zur Sicherung des Nachlasses erforderlich ist (OLG Düsseldorf FamRZ 1995, 895; OLG Düsseldorf FamRZ 2001, 1564), § 1960 Abs. 1. Für die Nachlasspflegschaft gelten die Regeln der §§ 1915 Abs. 1, 1897, 1773 ff. Der Pfleger steht unter der Aufsicht des Nachlassgerichts, §§ 1837 ff. Die Pflegschaft endet durch Aufhebung nach Entfallen des Sicherungsbedürfnisses (BayObLG ZEV 2003, 202: Erteilung eines Erbscheins). Verfahrensrechtlich verweist § 75 Satz 1 FGG auf §§ 35 ff und §§ 1 ff FGG, nicht jedoch auf die Zuständigkeitsregelungen des Vormundschaftsrechts, § 75 Satz 2 FGG, sodass es bei den allgemeinen Regeln bleibt, §§ 72 ff FGG. 1

Außer der Nachlasspflegschaft kann das Nachlassgericht konkrete Sicherungsmaßnahmen anordnen. § 1960 Abs. 2 nennt beispielhaft (»insb«) einige Maßnahmen. Das Nachlassgericht kann aber beliebige andere erforderliche Maßnahmen anordnen, etwa Kontensperrung oder amtliche Verwahrung wertvoller Nachlassgegenstände, die ggfs mit Zwangsmitteln durchgesetzt werden können, § 33 FGG. 2

Ein Sicherungsbedürfnis kann abstrakt vor Annahme der Erbschaft bestehen, zumal der vorläufige Erbe nicht zur Verwaltung des Nachlasses verpflichtet ist, aber auch dann, wenn die Person des Erben oder die Erbschaftsannahme ungewiss sind, § 1960 Abs. 1. Ungewissheit über die Person des Erben liegt bspw vor, wenn die Abstammungsverhältnisse oder die Gültigkeit einer letztwilligen Verfügung noch nicht geklärt sind (BayObLG FamRZ 1996, 308; OLG Stuttgart NJW 1975, 880; BayObLG FamRZ 2004, 1141), mehrere Erbanwärter über die Erbfolge streiten (OLG Düsseldorf ZEV 1995, 111; BayObLG ZEV 2003, 202), Zweifel bzgl der Wirksamkeit einer Annahme oder Ausschlagung bestehen oder strafrechtliche Ermittlungen gegen den Erben laufen, die zur Erbunwürdigkeit des Erben führen können (BayObLG FamRZ 2004, 1067; BayObLG FGPrax 2002, 122). Möglich ist auch eine Teilnachlasspflegschaft, wenn ein Sicherungsbedürfnis nur für einen Miterbenanteil vorliegt (OLG Köln FamRZ 1989, 435). Ist der Erbe bekannt, aber abwesend, so bestellt das Vormundschaftsgericht einen Abwesenheitspfleger, § 1911. 3

Das Nachlassgericht muss jedoch in diesen Fällen nicht immer, sondern nur nach pflichtgemäßem Ermessen Sicherungsmaßnahmen anordnen, nämlich wenn auch im konkreten Fall ein Sicherungsbedürfnis im Interesse des Erben (nicht: der Nachlassgläubiger, vgl §§ 1961, 1975, 1981 Abs. 2) besteht (OLG Köln NJW-RR 1989, 454). Das ist idR nicht der Fall, wenn entsprechende Maßnahmen bereits durch einen anderen Verwalter im weitesten Sinne (Testamentsvollstrecker, Nachlassverwalter, vorläufiger Erbe, BGHZ 127, 239, 245: Inhaber einer postmortalen Vollmacht, Eltern, § 1698b, Vormund, § 1893, Betreuer, §§ 1908i, 1893) vorgenommen werden (KG FamRZ 2000, 445, 446). Der Erblasser selbst kann also entsprechend vorsorgen. 4

B. Verfahren

Das Verfahren zur Sicherung des Nachlasses ist von Amts wegen einzuleiten. Zuständig für die Anordnung der Nachlasspflegschaft (oder anderer Sicherungsmaßnahmen) ist das AG (Nachlassgericht) am letzten Wohnsitz des Erblassers, §§ 72, 73 FGG, außerdem jedes AG, in dessen Bezirk ein Fürsorgebedürfnis auftritt, § 74 FGG. Funktionell zuständig ist der Rechtspfleger, § 3 Nr. 2c RPflG. Der Anordnungsbeschluss legt auch den Wirkungskreis des Pflegers fest (KG NJW 1965, 1719). Entscheidungen eines örtlich unzuständigen Gerichts sind wirksam, § 7 FGG, aber abänderbar, § 18 FGG. 5

Das Nachlassgericht wählt einen geeigneten, § 1779 Abs. 2, Nachlasspfleger aus und bestellt ihn; dabei ist auf die Gefahr von Interessenkonflikten zu achten, so dass etwa ein Nachlassgläubiger regelmäßig nicht geeignet sein wird (BayObLG FamRZ 1993, 241). Die ausgewählte Person ist grds zur Übernahme des Amtes verpflichtet, § 1785. Das Nach- 6 lassgericht kann auch mehrere Pfleger mit unterschiedlichen Aufgabenkreisen (Nebenpfleger) oder mehrere Pfleger, die gemeinsam einen bestimmten Aufgabenkreis wahrnehmen (Mitpfleger), bestellen. Ist der Nachlass vermögend, so kann und sollte das Gericht einen Gegennachlasspfleger bestellen, § 1792 BGB, dem der Nachlasspfleger rechenschaftspflichtig ist, §§ 1802 Abs. 1 Satz 2, 1842, 1891.

7 Als Rechtsbehelf gegen die Anordnung der Nachlasspflegschaft oder die Auswahl des Pflegers steht die Beschwerde nach §§ 19, 20 FGG offen (OLG Karlsruhe FamRZ 2004, 222). Beschwerdeberechtigt sind insb die Erbanwärter, der Testamentsvollstrecker (nur gegen die Anordnung) und die Nachlassgläubiger, nicht jedoch der Inhaber einer postmortalen Vollmacht des Erblassers (BayObLG ZEV 2004, 460). Bei Ablehnung oder Aufhebung richtet sich das Beschwerderecht nach den erleichterten Voraussetzungen der §§ 75, 57 Abs. 1 Nr. 3 FGG, sodass jeder Beschwerde erheben kann, der ein Interesse an einer Abänderung der Verfügung hat.

C. Stellung des Nachlasspflegers

I. Befugnisse

8 Der Nachlasspfleger ist im Rahmen seines Wirkungskreises ges Vertreter des Erben (BGH NJW 1985, 2596; 1994, 314), dessen Vertretungsmacht kumulativ neben die Rechtsmacht des Erben tritt und für den die Erben nach § 278 einzustehen haben; die Stellung des Erben wird durch die Befugnisse des Nachlasspflegers jedoch nicht beeinträchtigt. Der Pfleger kann deshalb Nachlassverbindlichkeiten iSd § 1967 begründen und Nachlassgläubiger befriedigen, auch wenn die Berichtigung von Nachlassverbindlichkeiten nicht seine Aufgabe ist, weil er den Nachlass – anders als der besondere Pfleger »Nachlassverwalter«, §§ 1975 ff – lediglich zu sichern hat. Das gilt jedenfalls für ganz unzweifelhafte Forderungen, andernfalls sollte der Nachlasspfleger die gerichtliche Klärung abwarten; bei Beträgen ab 3.000,– € ist die Genehmigung des Nachlassgerichts erforderlich, §§ 1812, 1813 Abs. 1 Nr. 2. Nachlassgläubigern gegenüber ist der Pfleger über den Bestand des Nachlasses auskunftspflichtig, § 2012 Abs. 1 Satz 2.

9 Der Pfleger muss den Nachlassbestand ermitteln, den Nachlass sichten, Nachlassgegenstände und Surrogate in Besitz nehmen (BGH NJW 1983, 226) und den Nachlass verwalten; und hat einen entsprechenden Herausgabeanspruch gegen jeden Besitzer eines Nachlassgegenstands (BGH NJW 1972, 1752). Außerdem muss der Pfleger ein Nachlassverzeichnis errichten, §§ 1915, 1890, 1802, in das sämtliche Aktiva und Passiva aufzunehmen sind. Ggf kann der die Eröffnung des Nachlassinsolvenzverfahrens, § 317 InsO oder das Gläubigeraufgebot, § 991 ZPO, beantragen, nicht aber Nachlassverwaltung (BayObLG BayObLGZ 1976, 167, 172). Der Pfleger muss insb (iE dazu *Jochum/Pohl* Rn 67 ff)

- die vertraglichen Beziehungen des Erblassers prüfen, Verbindlichkeiten berichtigen und die Vertragsbeziehungen ggf auflösen. Das gilt etwa für Verträge über Wohnungsmiete (Sonderkündigungsrecht, § 564, soweit kein Eintritt nach §§ 563 ff erfolgt), Strom, Telefon, Abonnements oder Versicherungen.
- Bankverbindungen des Erblassers ermitteln und im Anschluss daran entsprechende Vollmachten des Erblassers widerrufen, Schecks, Bankkarten und Kreditkarten sperren lassen, Daueraufträge und Einzugsermächtigungen widerrufen und Abbuchungen widersprechen; außerdem muss er prüfen, ob Depot- oder Kontobewegungen kurz vor Anordnung der Nachlasspflegschaft von Berechtigten veranlasst worden sind.
- Bargeld mündelsicher anlegen. Er muss jedoch nicht spekulative Anlagen des Erblassers auflösen und den Erlös mündelsicher anlegen.
- Wertgegenstände sicher, etwa in einem Bankschließfach, verwahren.
- die Bezugsberechtigung aus einer Lebensversicherung widerrufen, soweit dies möglich ist, und auch den Berechtigten davon in Kenntnis setzen, vgl § 130 Abs. 1 Satz 2, damit der Erbe einen Anspruch auf Auszahlung der Versicherungsleistung erwirbt.

Sicherung des Nachlasses; Nachlasspfleger | § 1960 BGB

- Ansprüche auf Sterbegeld uÄ geltend machen.
- durch Nachsendeauftrag an sich selbst, § 45 Abs. 6 Postordnung, sicherstellen, dass Postsendungen, die der Erblasser erhält, nicht verlorengehen, weil dadurch Rechtsnachteile für den Erben entstehen können.

Der Nachlasspfleger muss den Erben ermitteln und kann hierzu auch einen gewerblichen 10 Erbenermittler einschalten (OLG Frankfurt a. M. NJW-RR 2000, 960, zur Vergütung des Erbenermittlers BGH ZEV 2000, 33). Der Pfleger ist nicht befugt, die Auseinandersetzung des Nachlasses zu betreiben (KG NJW 1971, 565), im Namen des Erben die Erbschaft anzunehmen oder auszuschlagen, die Erbschaft zu veräußern, einen Erbschein zu beantragen (BR/*Seidl* § 1960 Rn 12) oder andere Geschäfte von höchstpersönlichem Charakter für den Erben vorzunehmen.

Mit Bestellung des Nachlasspflegers entsteht zwischen ihm und dem Erben ein Schuld- 11 verhältnis. Der Nachlasspfleger haftet dem Erben für jeden aus einer schuldhaften Pflichtverletzung im Rahmen dieses Schuldverhältnisses entstandenen Schaden, §§ 1915, 1833. Anders als in § 280 Abs. 1 Satz 2 wird das Vertretenmüssen nicht vermutet, sondern ist ggf vom Erben zu beweisen, dem jedoch die Regeln des Anscheinsbeweises zugutekommen, wenn die Begehung einer Pflichtverletzung durch den Nachlasspfleger feststeht (MüKoBGB/*Wagenitz* § 1833 Rn 14; Palandt/*Diederichsen* § 1833 Rn 4).

II. Umfang der Vertretungsmacht
Genehmigungsbedürftige Geschäfte des Pflegers

Die Vertretungsmacht des Pflegers ist auf den ihm zugewiesenen Wirkungskreis be- 12 schränkt. Jedenfalls darf der Nachlasspfleger keine Schenkungen aus dem Nachlass vornehmen, §§ 1915, 1804, und ist in Fällen der Interessenkollision nicht zur Vertretung des Erben in der Lage, §§ 1915, 181, 1795, 1796. Außerdem gelten die allgemeinen Regeln über den Missbrauch der Vertretungsmacht, § 242. Für den Nachlasspfleger gelten auch die Genehmigungserfordernisse der §§ 1915, 1812 f, 1821 f. Für die Erteilung der Genehmigung ist der Rechtspfleger am Nachlassgericht zuständig. Er hat vor Erteilung der unanfechtbaren (§ 62 FGG verdrängt § 19 FGG) und unabänderlichen (§ 55 FGG verdrängt § 18 FGG) Genehmigung einen nach §§ 19, 20 FGG anfechtbaren Vorbescheid zu erlassen, Art. 19 Abs. 4 GG (BVerfG NJW 2000, 1709). Gegen die Verweigerung der Genehmigung ist der Pfleger im Namen des unbekannten Erben beschwerdeberechtigt (KG OLGZ 1965, 375).

III. Stellung im Prozess

Der Pfleger ist aktiv und passiv prozessführungsbefugt, § 1960 Abs. 3 (OLG Köln NJW-RR 13 1991, 1091; BGHZ 130, 377). Speziell zum Zweck der Prozessführung können Gläubiger die Bestellung eines Pflegers nach § 1961 verlangen. Ist der Nachlass arm, so besteht Anspruch auf PKH (OVG Berlin ZEV 2000, 66). Die Unterbrechung oder Aussetzung eines Prozesses nach §§ 239, 246 ZPO endet mit Pflegerbestellung. Der Vorbehalt der Haftungsbeschränkung ist nicht erforderlich, § 780 Abs. 2 ZPO. Endet die Pflegschaft während des Prozesses, so ist der Rechtsstreit ohne weiteres fortzusetzen (BayObLG FamRZ 1991, 230).

Urteile, die der Nachlasspfleger erstritten hat, wirken für und gegen den Erben, weil dieser 14 Partei ist (AnwK/*Krug* § 1960 Rn 49), deren Stellung sich nach § 53 ZPO bemisst. Will der Erbe aus einem vom Pfleger erstrittenen Urteil die Zwangsvollstreckung betreiben, so ist die Klausel umzuschreiben, §§ 727, 730 ZPO analog.

Nachlassgläubiger, die die Zwangsvollstreckung bereits zu Lebzeiten des Erblassers be- 15 gonnen haben, können diese ohne weiteres fortsetzen. Hat die Zwangsvollstreckung noch nicht begonnen, so muss der Titel zunächst gegen die unbekannten Erben, vertreten durch den Nachlasspfleger, umgeschrieben werden. Vollstreckt umgekehrt der Pfleger für den Nachlass aus einem Titel, den noch der Erblasser erstritten hatte, so muss der Titel nicht

§ 1960 BGB | Sicherung des Nachlasses; Nachlasspfleger

umgeschrieben werden. Endet die Pflegschaft während des Prozesses, so ist der Rechtsstreit ohne weiteres fortzusetzen (BayObLG FamRZ 1991, 230).

D. Vergütung und Aufwendungsersatz

16 Dem berufsmäßigen Nachlasspfleger steht eine angemessene Vergütung zu, §§ 1915, 1836 Abs. 1 Satz 2, dem ehrenamtlichen Pfleger kann eine Vergütung nach §§ 1915, 1836 Abs. 3 bewilligt werden. Ein Vergütungsanspruch gegen die Staatskasse besteht nicht, obschon § 1915 auch auf den neugefassten § 1836a verweist (aA AnwK/*Krug* § 1969 Rn 64). Bei der Festsetzung der Vergütung durch das Nachlassgericht sind – wie beim Nachlassverwalter (§ 1987) – insb der Wert des Nachlasses, Umfang und Bedeutung der Geschäfte, die Dauer der Verwaltung, das Maß der mit den Verwaltergeschäften verbundenen Verantwortung und der Erfolg der Tätigkeit des Nachlassverwalters, nicht aber dessen berufliche Stellung, zu berücksichtigen (BayObLG BayObLGZ 1972, 156, 157; OLG Zweibrücken OLGR 1997, 205, 206; OLG Hamm ZEV 2002, 466). Für den Wert soll es auf die Aktiva ohne Abzug der Passiva ankommen; bei kleineren Nachlässen liegt der Satz bei 3–5 %, bei größeren Nachlässen bei 1–2 % des Aktivnachlasses (BayObLG BayObLGZ 1983, 96; BayObLG BayObLGZ 1986, 448; OLG Köln FamRZ 1991, 483; OLG Frankfurt a. M. FamRZ 1993, 257; OLG Düsseldorf NJW-RR 1998, 657). Neuerdings wird in Anlehnung an § 1836 (dazu *Löhnig* FamRZ 1997, 202) auch die Festsetzung von Stundensätzen befürwortet (OLG Dresden NJW 2002, 3480).

17 Neben dem Vergütungsanspruch aus § 1987 steht dem Pfleger ein Anspruch auf Aufwendungsersatz zu, §§ 1915 Abs. 1, 1835, 669, 670. So stellen etwa Bürokosten eines zum Pfleger bestellten Anwaltes Aufwendungen dar; die Inanspruchnahme der eigenen Anwaltskanzlei kann aber auch allgemein im Rahmen der Billigkeitserwägungen bei der Bemessung der Vergütung berücksichtigt werden (BayObLG BayObLGZ 1983, 96). Jedenfalls zu ersetzen sind die Kosten einer angemessenen Haftpflichtversicherung, § 1835 Abs. 2. Zu beachten ist § 1835 Abs. 3, der auch solche Dienste des Verwalters, die zu seinem Beruf oder Gewerbe gehören, als Aufwendungen einordnet; insoweit (aber nicht bei der Vergütung) kann ein RA also nach RVG abrechnen.

18 Die Vergütung des Pflegers setzt der Rechtspfleger, § 3 Nr. 2c RPflG, beim Nachlassgericht fest, §§ 1915, 1836 FGG. Gegen die Festsetzung können Nachlassverwalter und Erbe unter den Voraussetzungen der §§ 75, 56g Abs. 5 Satz 1 FGG sofortige Beschwerde einlegen, die weitere Beschwerde, § 27 FGG, ist nur statthaft, wenn das Beschwerdegericht sie wegen der grds Bedeutung der zur Entscheidung stehenden Frage zugelassen hat, §§ 75, 56g Abs. 5 Satz 2 FGG. Der Festsetzungsbeschluss ist Vollstreckungstitel, § 56g Abs. 6 FGG. Bei Streitigkeiten über die Vergütung ist das Prozessgericht hinsichtlich der Anspruchshöhe an die Festsetzung des Nachlassgerichts gebunden. Über den Anspruch auf Aufwendungsersatz entscheidet nach Grund und Höhe das Prozessgericht. Vergütungs- und Aufwendungsersatzanspruch sind Masseverbindlichkeiten, § 324 Abs. 1 InsO.

E. Kosten

19 **Gebühr** für die **Sicherung des Nachlasses**, insb die Anlegung von Siegeln, die Hinterlegung von Geld, Wertpapieren und Kostbarkeiten sowie die Aufnahme eines Nachlassverzeichnisses: $^1/_1$ (§ 104 Abs. 1 KostO).

20 Mit der Gebühr wird das gesamte Anordnungsverfahren der Nachlasssicherung in der betreffenden Nachlasssache abgegolten. Kommt es zB in demselben Nachlassverfahren zunächst nur zur Anordnung der Siegelung des Nachlasses, wird sodann die Aufnahme eines Nachlassverzeichnisses verfügt und wird schließlich die Hinterlegung der sichergestellten Nachlasskostbarkeiten angeordnet, so wird die gesamte Sicherungstätigkeit des Nachlassgerichts durch die einmalige Gebühr des § 104 Abs. 1 KostO abgegolten. Gleichfalls erfasst werden alle Maßnahmen, die bei Beendigung des Sicherungszustandes er-

forderlich sind, wie die Anordnung der Entsiegelung und die Herausgabe des Nachlasses an die Erben.

Wert: Der Wert der sichergestellten Gegenstände (§§ 19 ff KostO) ohne Schuldenabzug (§ 18 Abs. 3 KostO). 21

Kostenschuldner: Die Erben (§ 6 KostO). 22

Gebühr für die **Nachlasspflegschaft**: $^1/_1$ (§ 106 KostO). 23

Die Gebühr wird für jede Nachlasspflegschaft gesondert erhoben. Wird zB zunächst eine Nachlasspflegschaft nach § 1960 Abs. 2 zur Vertretung des unbekannten Erben und später eine Nachlassverwaltung nach § 1975 zur Befriedigung der Nachlassgläubiger angeordnet, so sind, da beide Maßnahmen einen unterschiedlichen Zweck verfolgen, beide Gebühren nebeneinander zu erheben. Eine Nachlasspflegschaft über einen Nachlass mit mehreren Erben ist gleichwohl nur ein Verfahren. Es entsteht nur eine Gebühr. Eine Nachlasspflegschaft mit mehreren Erben und verschiedenen Erbmassen sind dagegen mehrere Verfahren (zB Nachlasspflegschaft über den Nachlass von Ehegatten). 24

Wert: Der Geschäftswert bestimmt sich nach dem Wert des von der Nachlasspflegschaft betroffenen Vermögens, wobei ein Schuldenabzug nicht stattfindet (§§ 106 Abs. 1 Satz 3, 18 Abs. 3 KostO). Maßgebend ist der Zeitpunkt der Anordnung (OLG Hamm Rpfleger 1956, 202). Die einzelnen Nachlassgegenstände sind nach den Bewertungsbestimmungen der KostO anzusetzen; Nachlassgrundstücke also grds mit dem nach § 19 Abs. 2 KostO zu bestimmenden Verkehrswert. Auch bei der auf Antrag eines Nachlassgläubigers zum Zwecke der gerichtlichen Geltendmachung eines Anspruchs gegen den Nachlass erfolgten Bestellung eines Nachlasspflegers (§ 1961) richtet sich die Gebühr nicht nach dem Anspruch des Antragstellers, sondern nach dem vollen Nachlasswert. Wird die Nachlasspflegschaft auf den Anteil eines Miterben beschränkt, so ist der Wert dieses Anteils maßgebend. 25

Die für Sicherungsmaßnahmen nach § 104 Abs. 1 KostO entstandene Gebühr wird auf die Gebühr des § 106 Abs. 1 KostO für die Nachlasspflegschaft angerechnet (§ 106 Abs. 2 KostO). 26

Kostenschuldner: Die Erben (§ 6 KostO). 27

§ 1961 Nachlasspflegschaft auf Antrag

Das Nachlassgericht hat in den Fällen des § 1960 Abs. 1 einen Nachlasspfleger zu bestellen, wenn die Bestellung zum Zwecke der gerichtlichen Geltendmachung eines Anspruchs, der sich gegen den Nachlass richtet, von dem Berechtigten beantragt wird.

A. Allgemeines

Die Pflegschaft iSd § 1961 dient dem Schutz des Nachlassgläubigers, indem sie eine gerichtliche Geltendmachung von Nachlassverbindlichkeiten bereits vor Annahme der Erbschaft ermöglicht (vgl § 1958 Rn 2). Deshalb kann die Pflegschaft nicht bei Testamentsvollstreckung beantragt werden, § 2213. Voraussetzung ist, dass der (vorläufige) Erbe die Erbschaft noch nicht angenommen hat, der Erbe unbekannt oder die Annahme der Erbschaft ungewiss ist, vgl § 1960 Abs. 1. An die Stelle des Sicherungsbedürfnisses bei der Pflegschaft nach § 1960 treten Antrag und Rechtsschutzbedürfnis des Gläubigers (BayObLG FamRZ 2003, 562, 563). 1

Der Antragsteller muss seinen Anspruch gegen den Nachlass nicht glaubhaft machen; allerdings fehlt das Rechtsschutzbedürfnis, wenn der Anspruch offensichtlich nicht besteht (BR/*Seidl* § 1961 Rn 2) oder die Rechtsverfolgung aus anderen Gründen offensichtlich unbegründet oder mutwillig erscheint (BayObLG FamRZ 2003, 562, 563). Bereits zu außergerichtlichen Verhandlungen kann ein Pfleger bestellt werden (BayObLG Ppfleger 2

1984, 102), wenn bei Scheitern eine gerichtliche Durchsetzung des Anspruchs angestrebt wird (BayObLG NJOZ 2002, 2403). Die gerichtliche Durchsetzung umfasst auch das Zwangsvollstreckungs- oder Arrestverfahren, soweit die Zwangsvollstreckung nicht bereits vor dem Tod des Erblassers begonnen hat, § 779 Abs. 1 ZPO. Auch ein Miterbe, der seinen Auseinandersetzungsanspruch verfolgen will, kann Nachlasspflegschaft für einen unbekannten Miterben beantragen (KG OLGZ 1981, 151).

3 Zur Zuständigkeit vgl § 1960 Rn 5. Wird die Anordnung der Pflegschaft abgelehnt oder die Pflegschaft aufgehoben, so kann der antragstellende Nachlassgläubiger Beschwerde einlegen, §§ 75, 57 Abs. 1 Nr. 3, 20 Abs. 2 FGG. Beschwerdebefugt gegen die Ablehnung sind außerdem ggf der Testamentsvollstrecker, Nachlassverwalter oder Insolvenzverwalter, § 20 Abs. 1 FGG.

B. Kosten

4 **Gebühr**: $^{10}/_{10}$ (§ 106 KostO).
5 **Wert**: Wert des von der Nachlasspflegschaft betroffenen Vermögens (§§ 106 Abs. 1 Satz 3, 18 Abs. 3 KostO).
6 **Kostenschuldner**: Die Erben (§ 6 KostO). Wegen der Einzelheiten s § 1960 Rn 19 ff.

§ 1962 Zuständigkeit des Nachlassgerichts

Für die Nachlasspflegschaft tritt an die Stelle des Vormundschaftsgerichts das Nachlassgericht.

1 Sachlich zuständiges Nachlassgericht iSd § 1962 ist das AG. Die örtliche Zuständigkeit richtet sich nach dem letzten Wohnsitz des Erblassers, §§ 72, 73 FGG; außerdem ist jedes AG örtlich zuständig, in dessen Bezirk ein Fürsorgebedürfnis besteht, § 74 FGG. Funktionell zuständig ist der Rechtspfleger, § 3 Nr. 2c RPflG. Die Sache kann an ein anderes Nachlassgericht abgegeben werden, §§ 46, 75 FGG.

§ 1963 Unterhalt der werdenden Mutter eines Erben

Ist zur Zeit des Erbfalls die Geburt eines Erben zu erwarten, so kann die Mutter, falls sie außerstande ist, sich selbst zu unterhalten, bis zur Entbindung angemessenen Unterhalt aus dem Nachlass oder, wenn noch andere Personen als Erben berufen sind, aus dem Erbteile des Kindes verlangen. Bei der Bemessung des Erbteils ist anzunehmen, dass nur ein Kind geboren wird.

A. Anspruchsentstehung und -inhalt

1 § 1963 begründet einen Unterhaltsanspruch der werdenden Mutter des noch nicht geborenen Erben, § 1923 Abs. 2, der Nachlassverbindlichkeit iSd § 1967 ist. Der Anspruch entsteht mit dem Erbfall und endet mit Geburt des Erben, umfasst also noch die Entbindungskosten. Er ist unpfändbar, §§ 850b Abs. 1 Satz 2, Abs. 2, 851 ZPO, und unterliegt nach §§ 197 Abs. 1 Nr. 2, Abs. 2, 195, 199 Abs. 1 der dreijährigen Regelverjährung. Für die Mutter des noch nicht geborenen Nacherben verweist § 2141 aus § 1963. Auch der werdenden Mutter eines Pflichtteilsberechtigten sollte ein gleichartiger Anspruch zugebilligt werden (Staudinger/*Marotzke* § 1963 Rn 4; aA MüKoBGB/*Leipold* § 1963 Rn 4; BR/*Seidl* § 1963 Rn 1).

2 Voraussetzung ist die Bedürftigkeit der Mutter, denn § 1963 verwendet die selbe Formulierung wie § 1602 (»außerstande sich selbst zu unterhalten«). Geschuldet wird der angemessene Unterhalt nach Maßgabe des § 1610 Abs. 1. Der Unterhalt ist in Form einer monatlichen Geldrente zu gewähren, § 1612, kann unter den Voraussetzungen des § 1613 auch für die Vergangenheit gewährt werden (Staudinger/*Marotzke* § 1963 Rn 7) und ist nicht für die Zukunft verzichtbar, § 1614. Die Einreden der §§ 2014, 2015 können nicht geltendgemacht werden (§ 2014 Rn 3).

B. Rangfragen

Der Anspruch tritt hinter Unterhaltsansprüche der Mutter gegen Dritte zurück, die den Nachlass, der dem Kind mit Geburt zuwächst, nicht schmälern. Das gilt bspw für den Anspruch der nicht mit dem Vater verheirateten Mutter aus § 1615l, vgl die Wertung in § 1615l Abs. 3 Satz 2. 3

C. Prozessuales

Weil es sich bei dem Anspruch aus § 1963 um einen Unterhaltsanspruch handelt, ist dieser – wie jeder andere Unterhaltsanspruch – durch Klage auf künftige Leistung, §§ 253, 258 ZPO, durchzusetzen. Dies ist jedoch wegen § 1958 nur möglich, wenn ein Pfleger, §§ 1960, 1961, oder verwaltender Testamentsvollstrecker bestellt ist. Der Antrag muss Anspruchshöhe und Zeitspanne (bis zur Entbindung) der monatlichen Unterhaltszahlungen angeben, vgl § 253 Abs. 2 Nr. 2 ZPO. Zuständig ist das AG, § 23a Nr. 2 GVG. Im Rahmen der örtlichen Zuständigkeit sind die Wahlgerichtsstände, § 35 ZPO, der §§ 23a, 28 ZPO zu beachten. Auch bei freiwilliger Zahlung des Unterhaltsschuldners hat der Unterhaltsgläubiger ein Rechtsschutzinteresse an einer Titulierung seines Anspruchs. Der Unterhaltstitel ist unter den Voraussetzungen des § 323 ZPO der Abänderungsklage zugänglich. Der Anspruch kann idR auch durch Antrag auf Erlass einer Verfügung iS einer Leistungsverfügung, § 940 ZPO, geltend gemacht werden. 4

5

D. Rückforderung

Bei irrtümlicher Annahme der Schwangerschaft oder Wegfall der Erbberechtigung des Kindes ist der empfangene Unterhalt zurückzugewähren, §§ 812 ff Ein solcher Anspruch wird jedoch, soweit nicht Bösgläubigkeit der Unterhaltsempfängerin bewiesen werden kann, idR am Entreicherungseinwand des § 818 Abs. 3 scheitern. Bei Totgeburt ist der gezahlte Unterhaltsbetrag nicht zurückzugewähren, da der Anspruchsgrund die Erwartung der Geburt des Erben ist (BR/*Seidl* § 1963 Rn 4). 6

§ 1964 Erbvermutung für den Fiskus durch Feststellung

(1) Wird der Erbe nicht innerhalb einer den Umständen entsprechenden Frist ermittelt, so hat das Nachlassgericht festzustellen, dass ein anderer Erbe als der Fiskus nicht vorhanden ist.

(2) Die Feststellung begründet die Vermutung, dass der Fiskus gesetzlicher Erbe sei.

A. Allgemeines

Konnte der Erbe nicht innerhalb einer den Umständen entsprechenden Frist und Durchführung eines Verfahrens nach § 1965 ermittelt werden, so stellt das Nachlassgericht durch Beschluss fest, dass ein anderer Erbe als der Fiskus nicht vorhanden ist; dabei ist das Nachlassgericht an Urteile zwischen dem Erbprätendenten und dem Fiskus über das Erbrecht gebunden (BayObLG BayObLGZ 1969, 184). Zuständig ist das Nachlassgericht am letzten Wohnsitz des Erblassers, §§ 72, 73 FGG, die funktionelle Zuständigkeit liegt beim Rechtspfleger, § 3 Nr. 2c RPflG. 1

§ 1965 BGB | Öffentliche Aufforderung zur Anmeldung der Erbrechte

2 Infolge des Beschlusses wird der Fiskus widerleglich als Erbe vermutet, § 1964 Abs. 2 (vgl § 1936). Das bedeutet, dass ein Erbanwärter im Prozess die Vermutung durch Vollbeweis wiederlegen muss, § 292 ZPO. Nicht jedoch erlischt ein gewillkürtes oder ges Erbrecht infolge des Beschlusses.

3 Auf Grundlage der Vermutung kann der Fiskus einen Erbschein beantragen, an den sich ggf die Gutglaubenswirkungen der §§ 2366, 2367 knüpfen können, die allein durch die Vermutung des § 1964 Abs. 2 nicht ausgelöst werden. Der Feststellungsbeschluss allein ist keine taugliche Grundlage für eine Grundbuchberichtigung § 35 Abs. 1 Satz 1 GBO (BayObLG NJW-RR 1994, 914).

4 Gegen den Beschluss iSd § 1964 Abs. 1 steht potentiellen Erben und Fiskus die Beschwerde offen, gegen seine Ablehnung können Fiskus und Nachlassgläubiger (vgl § 1966) Beschwerde erheben, §§ 19, 20 FGG.

B. Kosten

5 **Gebühr**: $^{10}/_{10}$ (§§ 110 Abs. 1, 107 Abs. 1 Satz 1 KostO). Der aufgrund der Feststellung erteilte Erbschein ist gebührenfrei (§ 110 Abs. 2 KostO).

6 **Wert**: Nettowert des Nachlasses (vgl § 2353 Rn 54)

7 **Kostenschuldner**: Fiskus (§ 2 Nr. 2 KostO), sofern nicht Kostenfreiheit vorliegt (§ 11 KostO).

§ 1965 Öffentliche Aufforderung zur Anmeldung der Erbrechte

(1) Der Feststellung hat eine öffentliche Aufforderung zur Anmeldung der Erbrechte unter Bestimmung einer Anmeldungsfrist vorauszugehen; die Art der Bekanntmachung und die Dauer der Anmeldungsfrist bestimmen sich nach den für das Aufgebotsverfahren geltenden Vorschriften. Die Aufforderung darf unterbleiben, wenn die Kosten dem Bestand des Nachlasses gegenüber unverhältnismäßig groß sind.

(2) Ein Erbrecht bleibt unberücksichtigt, wenn nicht dem Nachlassgericht binnen drei Monaten nach dem Ablauf der Anmeldungsfrist nachgewiesen wird, dass das Erbrecht besteht oder dass es gegen den Fiskus im Wege der Klage geltend gemacht ist. Ist eine öffentliche Aufforderung nicht ergangen, so beginnt die dreimonatige Frist mit der gerichtlichen Aufforderung, das Erbrecht oder die Erhebung der Klage nachzuweisen.

1 Die Aufforderung iSd § 1965 Abs. 1 dient der Ermittlung der Erben und der Feststellung, dass ein anderer Erbe als der Fiskus nicht vorhanden ist (KG ZEV 1997, 118). Bekanntmachung und Fristdauer richten sich nach dem Aufgebotsverfahren, §§ 948 ff, 989 ff ZPO, auch wenn es sich um kein Aufgebotsverfahren handelt, weil die unterbliebene Anmeldung nicht zu Rechtsnachteilen führt.

2 Die Aufforderung darf erst nach erfolgloser Erbenermittlung und Ablauf einer den Umständen entsprechenden Frist iSd § 1964 Abs. 1 ergehen (AnwK/*Krug* § 1965 Rn 6); andernfalls ist die auf Grundlage der öffentlichen Aufforderung ergehende Entscheidung iSd § 1964 fehlerhaft und anfechtbar. An die Anmeldungsfrist des § 1965 Abs. 1 schließt sich unmittelbar die dreimonatige Wartefrist des § 1965 Abs. 2 Satz 1 an, innerhalb der das während der Anmeldungsfrist oder später angemeldete Erbrecht oder seine Geltendmachung gegenüber dem Fiskus im Klageweg (Feststellungsklage) nachgewiesen werden muss. Bei den Fristen handelt es sich um Ereignisfristen, die nach §§ 187 Abs. 1, 188 Abs. 2 berechnet werden, § 17 Abs. 1 FGG.

3 Verursacht die öffentliche Aufforderung unverhältnismäßige Kosten, so kann sie unterbleiben, § 1965 Abs. 1 Satz 2. In diesem Fall beginnt die Dreimonatsfrist des § 1965 Abs. 2 Satz 1 mit der gerichtlichen Aufforderung an mögliche Erben zum Nachweis des Erbrecht oder der Klageerhebung, § 1965 Abs. 2 Satz 2.

§ 1966 Rechtsstellung des Fiskus vor Feststellung

Von dem Fiskus als gesetzlichem Erben und gegen den Fiskus als gesetzlichen Erben kann ein Recht erst geltend gemacht werden, nachdem von dem Nachlassgericht festgestellt worden ist, dass ein anderer Erbe nicht vorhanden ist.

Der Fiskus ist ges Zwangserbe, § 1936. Erst infolge des Beschlusses nach § 1964 wird der 1 Fiskus jedoch aktiv und passiv prozessführungsbefugt. Anders als in § 1958 ist zuvor auch die aktive Prozessführungsbefugnis des Fiskus als Erben und die außergerichtliche Geltendmachung von Ansprüchen und anderen Rechtspositionen durch und gegen den Fiskus ausgeschlossen; § 1966 begründet also ein Leistungsverweigerungsrecht.

Vorbemerkungen vor § 1967: Beschränkung der Erbenhaftung (Überblick)

A. Vor Annahme der Erbschaft

Vor Annahme der Erbschaft kann eine Nachlassverbindlichkeit nicht gegenüber dem 1 Erben gerichtlich geltendgemacht werden, § 1958. Für die Zwangsvollstreckung gelten §§ 778, 779 ZPO.

B. Möglichkeiten der Haftungsbeschränkung nach Annahme der Erbschaft

I. Zeitlich beschränkte Einreden

In den ersten drei Monaten nach Annahme der Erbschaft kann der Erbe dann, wenn er 2 noch kein Inventar errichtet hat, die Berichtigung einer Nachlassverbindlichkeit verweigern, § 2014. Hat er innerhalb des ersten Jahres nach Annahme der Erbschaft ein Aufgebotsverfahren, §§ 1970 ff beantragt und ist der Antrag zugelassen worden, hat er während der Dauer des Aufgebotsverfahrens ebenfalls das Recht, die Berichtigung der Nachlassverbindlichkeit zu verweigern, § 2015. Werden diese Einreden erhoben und auf Antrag des Erben im Urteil vorbehalten, §§ 305 Abs. 1, 780 Abs. 1 ZPO, so kann der Erbe verlangen, dass die Zwangsvollstreckung auf vorläufige Maßnahmen beschränkt wird, §§ 781, 782 ZPO.
Miterben steht die Einrede des § 2059 Abs. 1 Satz 1 zu. Damit können sie ihre Haftung bis 3 zur Nachlassteilung auf den Nachlass beschränken.

II. Dauerhafte Einreden

Reicht der Nachlass nicht aus um die Kosten der Nachlassverwaltung oder des Nach- 4 lassinsolvenzverfahrens zu decken, so kann sich der Erbe auf die Dürftigkeit des Nachlasses berufen, §§ 1990, 1991. Er muss den Nachlass den Gläubigern zur Verfügung stellen und kann dann die Vollstreckung in sein Privatvermögen verhindern. Ist der Nachlass wegen Vermächtnissen und Auflagen überschuldet, so kann der Erbe die Erfüllung der Vermächtnisse und Auflagen verweigern, § 1992. War der Erbe im Zeitpunkt des Erbfalles noch minderjährig, so kann er seine Haftung auf den Bestand des bei Eintritt der Volljährigkeit vorhandenen Vermögens beschränken, §§ 1629a, 1990, 1991.

III. Aufgebotsverfahren

Der Erbe kann die Nachlassgläubiger im Aufgebotsverfahren, §§ 1970 ff zur Anmeldung 5 ihrer Forderungen auffordern. Gegenüber Gläubigern, die durch Urteil ausgeschlossen werden, haftet der Erbe nur mit dem Nachlass, § 1973. Diese Wirkung tritt ebenfalls ein, wenn der Gläubiger seine Forderung später als fünf Jahre nach dem Erbfall geltend macht und die Forderung vorher weder angemeldet worden noch dem Erben auf andere Art und Weise bekannt geworden ist, § 1974.

IV. Nachlassverwaltung, Nachlassinsolvenz

6 Der Erbe kann Nachlassverwaltung oder die Eröffnung des Nachlassinsolvenzverfahrens beantragen, §§ 1975 ff, §§ 315 ff InsO. Beide Verfahren bewirken eine Absonderung des Nachlasses vom sonstigen Vermögen des Erben. Verwaltungs- und Verfügungsbefugnis gehen auf den Nachlass- oder den Nachlassinsolvenzverwalter über. Nach Abschluss des Nachlassinsolvenzverfahrens haftet der Erbe nur noch nach Bereicherungsrecht, §§ 1989, 1973, nach Abschluss der Nachlassverwaltung kann er seine Haftung auf den Nachlass beschränken, §§ 1990, 1991.

C. Prozessuales

7 Im Erkenntnisverfahren muss sich der Erbe, soweit er nicht seine Haftungsbeschränkungsmöglichkeit bereits verloren hat, § 2013, unabhängig davon, ob bereits ein Beschränkungstatbestand vorliegt, die Beschränkung der Haftung auf den Nachlass im Urteilstenor oder Vergleich (BGH NJW 1991, 2839) vorbehalten lassen, §§ 305 Abs. 1, 780 Abs. 1 ZPO (BGH NJW 1970, 1742). Ausnahmen gelten für den Fiskus als ges Erben und bei einer Verurteilung des Nachlasspflegers, Nachlassverwalters oder Testamentsvollstreckers. Unterbleibt ein Antrag nach §§ 305 Abs. 1, 780 Abs. 1 ZPO in erster Instanz, so erscheint angesichts § 531 Abs. 2 ZPO eine Nachholung in der Berufung ausgeschlossen.

8 Der Erbe kann entweder die Voraussetzungen einer bereits erfüllten Haftungsbeschränkungsnorm ausführen, so dass das Gericht einen besonderen Vorbehalt aussprechen kann, oder lediglich einen allgemeinen Vorbehalt beantragen, was in jedem Fall geschehen sollte. Dann muss der Erbe die Beschränkung der Haftung auf den Nachlass im Wege der Vollstreckungsgegenklage geltend machen, §§ 781, 785, 767 ZPO, in deren Rahmen dann die Haftungslage geprüft wird. Einzelheiten werden bei den jeweiligen Haftungsbeschränkungsnormen ausgeführt.

D. Verlust der Haftungsbeschränkungsmöglichkeiten

9 Der Erbe kann das Recht, seine Haftung auf den Nachlass zu beschränken, gegenüber bestimmten oder gegenüber allen Gläubigern verlieren. Nach ergebnislosem Ablauf der auf Antrag eines Nachlassgläubigers vom Nachlassgericht gesetzten Inventarfrist haftet der Erbe gegenüber allen Nachlassgläubigern unbeschränkt, § 1994 Abs. 1 Satz 1. Gleiches gilt, wenn der Erbe absichtlich ein unvollständiges Inventar errichtet hat, wenn er eine Nachlassverbindlichkeit aufgeführt hat, die in Wirklichkeit nicht besteht, oder wenn er bei amtlicher Aufnahme des Inventars die erforderlichen Auskünfte nicht oder erheblich verzögert erteilt, § 2005 Abs. 1. Verweigert er die Abgabe der eidesstattlichen Versicherung nach § 2006 oder erscheint er zweimal unentschuldigt nicht zu einem anberaumten Termin, haftet er gegenüber dem Gläubiger, der den Antrag gestellt hatte, unbeschränkt, § 2006 Abs. 3.

10 Schließlich kann der Erbe durch einseitige Erklärung (Staudinger/*Marotzke* vor §§ 1967 ff Rn 16) auch auf sein Recht zur Haftungsbeschränkung insgesamt oder einzelnen Gläubigern gegenüber verzichten. Schließen Nachlassgläubiger und Erbe Teilerlass- oder Stundungsvereinbarungen zugunsten des Eben, so kann darin ein konkludenter Verzicht auf die Möglichkeit der Haftungsbeschränkung diesem Nachlassgläubiger gegenüber liegen (BGH NJW 1992, 2694).

E. Haftungsbeschränkung kraft Gesetzes

11 Der Erbe haftet von Anfang an auf den Nachlass beschränkt für die Betreuerkosten des Erblassers, §§ 1836e, 56g FGG (OLG Frankfurt am Main NJW 2004, 373) und für den Ersatz der Kosten der Sozialhilfe, §§ 92a Abs. 2, 92c Abs. 3 BSHG.

Titel 2 Haftung des Erben für die Nachlassverbindlichkeiten
Untertitel 1 Nachlassverbindlichkeiten

§ 1967 Erbenhaftung, Nachlassverbindlichkeiten

(1) Der Erbe haftet für die Nachlassverbindlichkeiten.

(2) Zu den Nachlassverbindlichkeiten gehören außer den vom Erblasser herrührenden Schulden die den Erben als solchen treffenden Verbindlichkeiten, insbesondere die Verbindlichkeiten aus Pflichtteilsrechten, Vermächtnissen und Auflagen.

Literatur
Börner, Das System der Erbenhaftung, JuS 1968, 53 und 108; *Christmann*, Die Geltendmachung der Haftungsbeschränkung zugunsten Minderjähriger, ZEV 1999, 416; *Graf*, Möglichkeiten der Haftungsbeschränkung für Nachlassverbindlichkeiten, ZEV 2000, 125; *Harder/Müller-Freienfels*, Grundzüge der Erbenhaftung, JuS 1980, 877; *K. Schmidt*, Zum Prozessrecht der beschränkten Erbenhaftung, JR 1989, 45; *Schröder*, Zum Übergang inhaltlich variabler Verpflichtungen auf den Erben, JZ 1978, 379; s.a. bei § 1975.

A. Die Erbenhaftung

Der Erbe tritt in sämtliche Rechtspositionen des Erblassers ein, § 1922, übernimmt also 1 nicht nur das Vermögen des Erblassers, sondern wird auch Schuldner aller Verbindlichkeiten des Erblassers. § 1967 Abs. 1 ordnet die unbeschränkte (aber beschränkbare, §§ 1975 ff) Haftung des Erben für die vom Erblasser herrührenden sowie der übrigen durch den Erbfall und infolge des Erbfalls entstehenden Verbindlichkeiten (Nachlassverbindlichkeiten) an. Haftungsmasse ist der Nachlass und das sonstige Vermögen des Erben. Die Haftung beginnt mit Annahme der Erbschaft, § 1958, die zu einer Vereinigung dieser beiden Vermögensmassen in der Hand des Erben führt. Umgekehrt haftet ab diesem Zeitpunkt deshalb auch der Nachlass den Eigengläubigern des Erben, wenn nicht Nachlassverwaltung angeordnet oder das Nachlassinsolvenzverfahren eröffnet ist, §§ 1984 Abs. 2, 783, 784 Abs. 2 ZPO.

Die Haftung des Alleinerben wird in §§ 1967 – 2017 geregelt, für die Miterbengemein- 2 schaft enthalten §§ 2058 – 2063 Sonderregelungen. Mehrere Erben haften nach Maßgabe des § 2058 gesamtschuldnerisch für Nachlassverbindlichkeiten. Ihnen steht insb die Einrede des ungeteilten Nachlasses zu, § 2059 Abs. 1 Satz 1: Sie können bis zur Teilung des Nachlasses die Berichtigung der Nachlassverbindlichkeiten aus dem Eigenvermögen verweigern. Für die Erbenhaftung bei Vor- und Nacherbfolge enthalten §§ 2144 – 2146 Sonderregelungen.

Haftungsbeschränkung (dazu Anh § 1967) bedeutet in diesem Zusammenhang, dass der 3 Erbe weiterhin Schuldner der Nachlassverbindlichkeiten bleibt, aber nur mit dem Nachlass für diese Verbindlichkeiten haftet. Die infolge der Annahme der Erbschaft verschmolzenen Vermögensmassen »Eigenvermögen des Erben« und »Nachlass« werden also wieder getrennt. Es wird damit für die Gläubiger des Erblassers der Zustand fingiert, dass der Erblasser noch am Leben ist. Eigengläubiger des Erben stehen so, als hätte dieser nicht geerbt.

B. Nachlassverbindlichkeiten, § 1967 Abs. 2

Nachlassverbindlichkeiten sind vom Erblasser begründeten Schulden (Erblasserschul- 4 den), Erbfallschulden und Schulden, die aus Rechtshandlungen des Erben nach dem Erbfall entstehen. Die Unterscheidung zwischen Nachlassverbindlichkeiten und Eigenschulden des Erben gewinnt Bedeutung, wenn der Erbe die Haftungsmasse für die Nachlassverbindlichkeiten auf den Nachlass begrenzt bzw umgekehrt der Nachlass vom Eigenvermögen des Erben abgesondert wird und dann nicht mehr als Haftungsmasse für Eigenverbindlichkeiten des Erben zur Verfügung steht.

I. Erblasserschulden

5 Erblasserschulden sind alle vertraglichen oder ges Verbindlichkeiten des Erblassers. Dazu gehören auch verhaltene, noch werdende und schwebende Rechtsbeziehungen (BGHZ 32, 367, 369; BGH NJW 1991, 2558), die nur deswegen nicht in der Person des Erblassers entstanden sind, weil dieser zuvor verstorben ist, etwa eine Bürgenverpflichtung des Erblassers. Die Verbindlichkeit kann auf einen beliebigen Inhalt gerichtet sein (BGH NJW 1985, 3068: Auskunft; BGH NJW 1988, 2729: Eidesstattliche Versicherung), soweit sie vererblich ist (das ist etwa nicht der Fall bei Geldstrafen und Geldbußen, §§ 459c Abs. 3 StPO, 101 OWiG) und nicht ausschließlich vom Erblasser persönlich erfüllt werden kann (vgl §§ 520, 613 Satz 1, 1360a Abs. 3, 1361 Abs. 4).

6 Dazu gehören insb auch Unterhaltsverpflichtungen, die nicht mit dem Tod des Unterhaltsschuldners enden, §§ 1568b Abs. 1, 16 Abs. 2 Satz 2 LPartG (Scheidungsunterhalt), § 1615l Abs. 3 Satz 5 (Unterhalt der nicht mit dem Kindesvater verheirateten Mutter), oder Verpflichtungen aus fortbestehenden Dauerschuldverhältnissen. Der Erbe tritt also in Verbindlichkeiten aus Giroverträgen, § 676f, Darlehensverträgen, § 488, Bürgschaftsverpflichtungen (OLG Köln ZEV 2004, 155) oder Mietverträgen, § 535, ein, wobei hier der vorrangige Eintritt anderer Personen iSd §§ 563 ff zu beachten ist (dazu *Löhnig* FamRZ 2001, 891). Auch Ansprüche aus § 812 Abs. 1 Satz 2 Alt. 2 wegen fehlgeschlagener Erwartung auf Beteiligung am Nachlass fallen unter § 1967 BGB (OLG München ZEV 2004, 292).

II. Erbfallschulden

7 Erbfallschulden entstehen erst mit dem Erbfall und haben ihren Rechtsgrund entweder im Willen des Erblassers oder unmittelbar im Gesetz: § 1967 Abs. 2 erwähnt Pflichtteilsrechte, §§ 2303 ff, Vermächtnisse, §§ 2147 ff, oder Auflagen, § 2192. Hinzu kommen Ansprüche aus §§ 1932 (Voraus), 1963 (Unterhalt der werdenden Mutter), 1968 (Beerdigungskosten) und 1969 (Dreißigster).

8 Hinzu kommt auch der Anspruch auf Zugewinnausgleich bei Wahl der güterrechtlichen Lösung durch den Ehegatten (vgl *Löhnig* JA 2001, 937), § 1371 (BGHZ 37, 58, 64; BGH NJW 2004, 1321). Der Ausschluss des Zugewinnausgleichs in Eheverträgen hat auch nach der Neuorientierung der Rspr bei der Kontrolle von Eheverträgen (Ausgangspunkt BVerfG FamRZ 2001, 343) idR Bestand, weil er nicht zum Kernbereich der Scheidungsfolgen gehört (BGH FamRZ 2004, 601). Ebenfalls Erbfallschulden sind Ausgleichsansprüche des überlebenden Ehegatten aus unbenannten Zuwendungen, § 313 (FamRZ 2003, 1521), und der Auflösung von Ehegatteninnengesellschaften (*Löhnig* JA 2001, 376).

9 Erbfallschulden sind schließlich auch die Nachlassverwaltungsschulden, also Kosten für Nachlasspflegschaft, § 1960, Nachlassverwaltung, § 1975, Nachlassinsolvenz, § 1975, Gläubigeraufgebot, § 1970, Inventarerrichtung, § 1993, Testamentsvollstreckung, §§ 2197 ff, und Verbindlichkeiten, die aus der Verwaltungstätigkeit des Pflegers/Verwalters erwachsen.

III. Nachlasserbenschulden

10 Nachlasserbenschulden entstehen unmittelbar oder mittelbar aus Rechtshandlungen des Erben nach dem Erbfall im Rahmen ordnungsmäßiger Verwaltung des Nachlasses durch den Erben (BGHZ 32, 60, 65; BayObLG ZEV 2000, 151), also auch aus der Fortsetzung von Zivilprozessen des Erblassers oder der Anstrengung neuer Prozesse, § 91 ZPO (ein Haftungsvorbehalt kann allerdings auf die bis zum Erbfall entstandenen Kosten erstreckt

werden, LG Leipzig ZEV 1999, 234). Für sie haftet jedenfalls sowohl der Nachlass als auch das Eigenvermögen des Erben, weil der Erbe durch eigenes Handeln eine Verbindlichkeit begründet und diese Verbindlichkeit nicht durch Haftungsbeschränkungsmaßnahmen auf den Nachlass begrenzen kann (Schuldverhältnis mit doppeltem Haftungsgegenstand). Eine derartige Beschränkung ist nur durch konkrete Vereinbarung mit dem jeweiligen Gläubiger möglich. Entspricht die Maßnahme nicht der ordnungsgemäßen Verwaltung des Nachlasses, so haftet nach Eingreifen einer Haftungsbeschränkungsmaßnahme nur das Eigenvermögen des Erben (AnwK/*Krug* § 1967 Rn 55) und der Erbe kann nicht Rückgriff beim Nachlass nehmen, § 1978 Abs. 3.

C. Prozessuales

Nachlassverbindlichkeiten können auch an den Wahlgerichtsständen, § 35 ZPO, der §§ 27 und 28 ZPO eingeklagt werden. 11

Anhang zu § 1967: Handels- und gesellschaftsrechtliche Erbenhaftung

Auszug aus dem HGB v 10. Mai 1897
(RGBl S 219)

Erstes Buch
Handelsstand

Dritter Abschnitt
Handelsfirma

§ 25 [Haftung bei Firmenfortführung]

(1) Wer ein unter Lebenden erworbenes Handelsgeschäft unter der bisherigen Firma mit oder ohne Beifügung eines das Nachfolgeverhältnis andeutenden Zusatzes fortführt, haftet für alle im Betriebe des Geschäfts begründeten Verbindlichkeiten des früheren Inhabers. Die in dem Betriebe begründeten Forderungen gelten den Schuldnern gegenüber als auf den Erwerber übergegangen, falls der bisherige Inhaber oder seine Erben in die Fortführung der Firma gewilligt haben.

(2) Eine abweichende Vereinbarung ist einem Dritten gegenüber nur wirksam, wenn sie in das Handelsregister eingetragen und bekanntgemacht oder von dem Erwerber oder dem Veräußerer dem Dritten mitgeteilt worden ist.

(3) Wird die Firma nicht fortgeführt, so haftet der Erwerber eines Handelsgeschäfts für die früheren Geschäftsverbindlichkeiten nur, wenn ein besonderer Verpflichtungsgrund vorliegt, insbesondere wenn die Übernahme der Verbindlichkeiten in handelsüblicher Weise von dem Erwerber bekanntgemacht worden ist.

§ 27 [Haftung der Erben]

(1) Wird ein zu einem Nachlasse gehörendes Handelsgeschäft von dem Erben fortgeführt, so finden auf die Haftung des Erben für die früheren Geschäftsverbindlichkeiten die Vorschriften des § 25 entsprechende Anwendung.

(2) Die unbeschränkte Haftung nach § 25 Abs. 1 tritt nicht ein, wenn die Fortführung des Geschäfts vor dem Ablaufe von drei Monaten nach dem Zeitpunkt, in welchem der Erbe von dem Anfalle der Erbschaft Kenntnis erlangt hat, eingestellt wird. Auf den Lauf der Frist finden die für die Verjährung geltenden Vorschriften des § 210 des

Bürgerlichen Gesetzbuchs entsprechende Anwendung. Ist bei dem Ablaufe der drei Monate das Recht zur Ausschlagung der Erbschaft noch nicht verloren, so endigt die Frist nicht vor dem Ablaufe der Ausschlagungsfrist.

Zweites Buch
Handelsgesellschaften und stille Gesellschaft

Erster Abschnitt
Offene Handelsgesellschaft

Vierter Titel
Auflösung der Gesellschaft und Ausscheiden von Gesellschaftern

§ 139 [Fortsetzung mit Erben]

(1) Ist im Gesellschaftsvertrage bestimmt, daß im Falle des Todes eines Gesellschafters die Gesellschaft mit dessen Erben fortgesetzt werden soll, so kann jeder Erbe sein Verbleiben in der Gesellschaft davon abhängig machen, daß ihm unter Belassung des bisherigen Gewinnanteils die Stellung eines Kommanditisten eingeräumt und der auf ihn fallende Teil der Einlage des Erblassers als seine Kommanditeinlage anerkannt wird.

(2) Nehmen die übrigen Gesellschafter einen dahingehenden Antrag des Erben nicht an, so ist dieser befugt, ohne Einhaltung einer Kündigungsfrist sein Ausscheiden aus der Gesellschaft zu erklären.

(3) Die bezeichneten Rechte können von dem Erben nur innerhalb einer Frist von drei Monaten nach dem Zeitpunkt, in welchem er von dem Anfalle der Erbschaft Kenntnis erlangt hat, geltend gemacht werden. Auf den Lauf der Frist finden die für die Verjährung geltenden Vorschriften des § 210 des Bürgerlichen Gesetzbuchs entsprechende Anwendung. Ist bei dem Ablaufe der drei Monate das Recht zur Ausschlagung der Erbschaft noch nicht verloren, so endigt die Frist nicht vor dem Ablaufe der Ausschlagungsfrist.

(4) Scheidet innerhalb der Frist des Absatzes 3 der Erbe aus der Gesellschaft aus oder wird innerhalb der Frist die Gesellschaft aufgelöst oder dem Erben die Stellung eines Kommanditisten eingeräumt, so haftet er für die bis dahin entstandenen Gesellschaftsschulden nur nach Maßgabe der die Haftung des Erben für die Nachlaßverbindlichkeiten betreffenden Vorschriften des bürgerlichen Rechtes.

(5) Der Gesellschaftsvertrag kann die Anwendung der Vorschriften der Absätze 1 – 4 nicht ausschließen; es kann jedoch für den Fall, daß der Erbe sein Verbleiben in der Gesellschaft von der Einräumung der Stellung eines Kommanditisten abhängig macht, sein Gewinnanteil anders als der des Erblassers bestimmt werden.

1 Gehört zum Nachlass ein einzelkaufmännisches Handelsgeschäft oder der Anteil an einer OHG, so tritt zu der erbrechtlichen Haftung die handelsrechtliche Haftung des Erben hinzu: Führt der Erbe – auch durch einen Vertreter (BGHZ 30, 391) – ein Handelsgeschäft unter der bisherigen Firma mit oder ohne Beifügung eines das Nachfolgeverhältnis andeutenden Zusatzes fort, haftet er für die Altschulden nach §§ 27, 25 HGB, auch wenn erst im Zuge des Erbfalls ein einzelkaufmännisches Handelsgeschäft entsteht (vgl BGH NJW 1991, 844). Neuschulden, die in ordnungsgemäßer Verwaltung des Nachlasses begründet werden, sind Nachlasserbenschulden.

2 Der Erbe führt das Geschäft nicht fort, wenn er innerhalb der Frist des § 27 Abs. 2 HGB den Betrieb einstellt, Nachlassverwaltung angeordnet oder das Nachlassinsolvenzverfahren

eröffnet wird oder wenn der Testamentsvollstrecker das Geschäft fortführt, weil dieser nicht im Namen der Erben handelt. Trotz Fortführung kann der Erbe die unbeschränkte handelsrechtliche Haftung vermeiden, indem er diese durch Erklärung nach § 25 Abs. 2 HGB ablehnt und diese Ablehnung vor Ablauf der Frist des § 27 Abs. 2 HGB eingetragen und bekanntgemacht oder dem Gläubiger auf andere Weise mitgeteilt wird (MüKo/*Siegmann* § 1967 Rn 62).

Bei Sonderrechtsnachfolge in einen Komplementäranteil, vgl § 1922 Rn 13, kann der Erbe 3 sein Verbleiben in der Gesellschaft fristgerecht, § 139 Abs. 3 HGB, davon abhängig machen, dass ihm unter Belassung des bisherigen Gewinnanteils die Stellung eines Kommanditisten eingeräumt und der auf ihn fallende Teil der Einlage des Erblassers als seine Kommanditeinlage anerkannt wird, § 139 Abs. 1 HGB. In diesem Fall haftet er für die bis dahin entstandenen Gesellschaftsschulden nach erbrechtlichen Grundsätzen, § 139 Abs. 4 HGB, sowie ggf nach §§ 171 ff HGB. Gleiches gilt bei völligemäß Ausscheiden des Erben aus der Gesellschaft oder Auflösung der Gesellschaft innerhalb der Dreimonatsfrist des § 139 Abs. 3 HGB. Bleibt der Erbe persönlich haftender Gesellschafter, so haftet er auch für die Altschulden der Gesellschaft persönlich und unbeschränkbar, §§ 128 ff HGB.

Der Erbe eines Kommanditisten haftet nur dann, wenn der Erblasser die übernommene 4 Kommanditeinlage nicht voll eingezahlt hat oder wenn die Einlage zurückgezahlt worden ist, §§ 171, 172 HGB (BGH NJW 1989, 3152, 3155). Wird die Gesellschaft innerhalb der Frist des § 139 Abs. 3 HGB aufgelöst, so haftet der Erbe für die vorhandenen Gesellschaftsschulden nur erbrechtlich (BGH NJW 1982, 45).

Eine Gesellschaft bürgerlichen Rechts wird idR durch den Tod eines Gesellschafters 5 aufgelöst, § 727. Der Erbe wird Gesellschafter der Abwicklungsgesellschaft und haftet ausschließlich nach erbrechtlichen Grundsätzen. Besteht die Gesellschaft aufgrund entsprechender Regelungen im Gesellschaftsvertrag fort und tritt der Erbe aufgrund einer entsprechenden Nachfolgeklausel in des Gesellschaft ein, so haftet er ebenfalls lediglich nach erbrechtlichen Grundsätzen, kann also seine Haftung für Altverbindlichkeiten des Gesellschaft beschränken (MüKo/*Siegmann* § 1967 Rn 73 f; *Damrau/Gottwald* § 1967 Rn 47).

§ 1968 Beerdigungskosten

Der Erbe trägt die Kosten der Beerdigung des Erblassers.

Literatur
Märker, Grabpflegekosten als Nachlassverbindlichkeiten?, MDR 1992, 21; *Stelkens/Cohrs*, Bestattungspflicht und Bestattungskostenpflicht: Ordnungs- und Sozialhilfebehörden im Spannungsverhältnis zwischen »postmortalem Persönlichkeitsrecht« des Verstorbenen und allgemeiner Handlungsfreiheit seiner Hinterbliebenen in Zeiten knapper Kassen, NVwZ 2002, 917; *Widmann*, Zur Bedeutung des § 1968 als Anspruchsgrundlage, FamRZ 1988, 351.

A. Anspruchsschuldner

Der Erbe hat die Kosten der Beerdigung des Erblassers zu tragen (Nachlassverbindlich- 1 keit) und also denjenigen, der die Beerdigung vorgenommen hat, von seinen Verbindlichkeiten freizustellen. Der Erblasser kann durch letztwillige Verfügung abweichende Anordnungen treffen.

Soweit die Kosten nicht vom Erben zu erlangen sind, sind Unterhaltsschuldner des Ver- 2 storbenen zur Kostentragung verpflichtet, §§ 1615 Abs. 2, 1360a Abs. 3, 1361 Abs. 3, 1615m.

Kann dem Verpflichteten die Kostentragung nicht zugemutet werden, so trägt der zu- 3 ständige Sozialhilfeträger die erforderlichen Kosten, §§ 15, 97 Abs. 3 BSHG.

Bei Tötung des Erblassers kann Ersatz der Beerdigungskosten vom Täter verlangt werden, 4 § 844 Abs. 1, §§ 5 Abs. 1 HPflG, 10 Abs. 1 Satz 1 StVG, 7 Abs. 1 Satz 2 ProdHaftG.

B. Anspruchsgläubiger

5 Gläubiger sind die Totenfürsorgeberechtigten, also die nächsten Angehörigen des Verstorbenen, zuvorderst der Ehe- oder Lebenspartner (OLG Schleswig NJW-RR 1987, 72), aber auch Kinder und Geschwister (OVG Lüneburg NJW 2003, 1268), soweit der Erbe keine abweichende Bestimmung getroffen hat. Ihr Fürsorgerecht umfasst die Bestimmung der Bestattungsart und des Bestattungsortes (BGH NJW-RR 1992, 834), soweit kein Wille des Verstorbenen, der formfrei geäußert werden kann (RGZ 100, 171, 173), ersichtlich ist.

6 Andere Personen als der Fürsorgeberechtigte können nur nach §§ 683, 670 oder §§ 684, 818 ff Ersatz der Bestattungskosten verlangen (BR/*Lohmann* § 1968 Rn 2). Dem Erbschaftsbesitzer steht ein Anspruch aus § 2022 Abs. 2 zu.

C. Anspruchsinhalt

7 Zu den Beerdigungskosten iSd § 1968 gehören die Überführung (BGH FamRZ 1978, 15) und Bestattungskosten im engeren Sinne und darüber hinaus auch Kosten für Grabstätte/Grabstein, Traueranzeigen/Danksagungen und Leichenfeier (OLG München NJW 1974, 703; OLG Düsseldorf NJW-RR 1995, 1161), nicht jedoch Reisekosten (zu Ausnahmen bei Bedürftigkeit: OLG Karlsruhe MDR 1970, 48, 49) oder Grabpflegekosten (BGHZ 61, 238, 239). Der Erbe trägt nicht nur die notwendigen Kosten, sondern darüber hinaus auch alle Kosten, die für eine in Kreisen des Erblassers herrschenden Auffassungen würdigen Bestattung gehören (BGH FamRZ 1973, 2103).

D. Prozessuales

8 Die Beerdigungskosten können auch am Wahlgerichtsstand, § 35 ZPO, des Nachlasses eingeklagt werden, § 28 ZPO (Zöller/*Vollkommer* § 28 Rn 2).

§ 1969 Dreißigster

(1) Der Erbe ist verpflichtet, Familienangehörigen des Erblassers, die zur Zeit des Todes des Erblassers zu dessen Hausstand gehören und von ihm Unterhalt bezogen haben, in den ersten 30 Tagen nach dem Eintritt des Erbfalls in demselben Umfang, wie der Erblasser es getan hat, Unterhalt zu gewähren und die Benutzung der Wohnung und der Haushaltsgegenstände zu gestatten. Der Erblasser kann durch letztwillige Verfügung eine abweichende Anordnung treffen.

(2) Die Vorschriften über Vermächtnisse finden entsprechende Anwendung.

A. Parteien des Anspruchs

1 Der (allerdings dispositive) Anspruch auf Unterhalt für die ersten 30 Tage nach dem Erbfall (Ereignisfrist, §§ 187 Abs. 1, 188 Abs. 2) schützt vom Erblasser abhängige Personen, die sich auf neue Lebensumstände einstellen müssen. Anspruchsschuldner ist der Erbe (Nachlassverbindlichkeit); kann er nicht in Anspruch genommen werden, § 1958, so ist ein Nachlasspfleger zu bestellen, §§ 1960, 1961.

2 Anspruchsgläubiger sind Familienangehörige des Erblassers, die mit diesem zusammen in häuslicher Gemeinschaft gelebt und von ihm Unterhalt bezogen haben; unerheblich ist dabei, ob von Rechts wegen ein Unterhaltsanspruch bestand. Dabei kann es sich um Ehegatten, eingetragenen Lebenspartner, nichteheliche/nichteingetragene Lebensgefährten (OLG Düsseldorf NJW 1983, 1566), Verwandte, Verschwägerte, Pflegekinder, Dienstboten und sogar Freunde handeln, soweit diese Personen zur sozialen Familie gehören und im Zeitpunkt des Todes des Erblassers in dessen Haus/Wohnung ihren Lebensmittelpunkt gehabt haben (Hausstand, vgl § 1619).

B. Anspruchsinhalt

Der Erbe hat Unterhalt in der Weise zu gewähren, wie der Erblasser es getan hat, und die Nutzung der Wohnung und der Haushaltsgegenstände zu gestatten. Wird der Haushalt vor Ablauf der dreißig Tage aufgelöst, wird ein Ersatzanspruch in Geld geschuldet. Der Anspruch ist weder pfändbar noch übertragbar §§ 399, 400, §§ 850b Abs. 1 und 2, 851 ZPO, eine Aufrechnung gegen ihn, § 394, und Zurückbehaltungsrechte sind ausgeschlossen. Bei Mietwohnungen sind darüber hinaus die §§ 563 ff zu beachten. 3

C. Einreden

Der Anspruch aus § 1969 wird nicht von einem Aufgebot iSd § 1970 erfasst, so dass der Erbe die Einreden der §§ 1973, 1974 nicht erheben kann. Auch die Einreden der §§ 2014, 2015 bestehen nicht (§ 2014 Rn 3). Wohl aber kann der Erbe die Überschuldungseinrede des § 1992 erheben, wird in § 1969 doch von Gesetzes wegen ein Vermächtnis angeordnet. 4

D. Prozessuales

Der Anspruch kann idR auch durch einstweilige Verfügung iS einer Leistungsverfügung, § 940 ZPO, geltend gemacht werden (*Wieser* § 1969 Rn 2), weil zumeist innerhalb der dreißig Tage nach dem Tod des unterhaltsleistenden Erblassers ein dringendes Erfordernis zur Deckung des Unterhalts besteht. 5

Es werden idR die AGe sachlich zuständig sein, §§ 23 Nr. 1, 23a Nr. 2 GVG, §§ 937 Abs. 1, 942, 943 Abs. 1 ZPO, bei der örtlichen Zuständigkeit sind die Wahlgerichtsstände, § 35 ZPO, der §§ 23a und 27 ZPO zu beachten (Stein/Jonas/*Schumann* § 27 Rn 9; *Wieser* § 1969 Rn 3; aA Zöller/*Vollkommer* § 28 Rn 2: Wahlgerichtsstand des § 28 ZPO). 6

Die Vollstreckung wegen der Gewährung von Naturalunterhalt erfolgt nach § 887 ZPO. 7

Untertitel 2 Aufgebot der Nachlassgläubiger

§ 1970 Anmeldung der Forderungen

Die Nachlassgläubiger können im Wege des Aufgebotsverfahrens zur Anmeldung ihrer Forderungen aufgefordert werden.

A. Anwendungsbereich

Das Aufgebot der Nachlassgläubiger, § 1970, §§ 946 ff, 989 ff ZPO, soll dem Erben/Nachlassverwalter/Testamentsvollstrecker die Kenntnis möglichst aller Nachlassverbindlichkeiten verschaffen, damit er entscheiden kann, ob Maßnahmen zur Haftungsbeschränkung ergreifen muss und dem Erben überdies die Entscheidung ermöglichen, ob der den Nachlass selbst verwalten oder Nachlassverwaltung bzw Nachlassinsolvenz beantragen soll. 1

Betroffen sind deshalb alle Gläubiger, denen zu Beginn der Aufgebotsfrist, §§ 950, 994 ZPO, eine Forderung gegen den Nachlass iSd § 1967 zusteht, soweit sie nicht in §§ 1971, 1972 genannt werden oder der Erbe ihnen gegenüber unbeschränkt haftet, § 2013 (es sei denn ein Nachlassverwalter betreibt das Aufgebotsverfahren). Sie müssen ihre Forderungen innerhalb der Aufgebotsfrist anmelden, § 996 ZPO. Der Alleinerbe muss Forderungen nur dann anmelden, wenn das Aufgebotsverfahren von einem Nachlassverwalter, vgl § 1976, oder Testamentsvollstrecker (BGH NJW 1967, 2399) betrieben wird, da andernfalls 2

§ 1970 BGB | Anmeldung der Forderungen

seine Forderungen gegen den Nachlass ohnehin erloschen sind. Miterben müssen ihre Forderungen hingegen anmelden.

B. Wirkung

3 Hat der Erbe, der an keine Fristen gebunden ist, das Aufgebot innerhalb eines Jahres nach Annahme der Erbschaft beantragt und wurde der Antrag zugelassen, kann er die Berichtigung der Nachlassverbindlichkeit bis zur Beendigung des Aufgebotsverfahrens verweigern, § 2015, die Auseinandersetzung kann aufgeschoben werden, § 2045.

4 Das am Ende des Verfahrens ergehende Ausschlussurteil, § 952 ZPO, beschränkt die Haftung des Erben auf den Nachlass; der Erbe kann außerdem einwenden, dass der Nachlass durch die Befriedigung anderer Gläubiger bereits erschöpft sei, § 1973 Abs. 1. Im Nachlassinsolvenzverfahren werden die Forderungen der ausgeschlossenen Gläubigern nach Maßgabe des § 327 Abs. 3 InsO erfüllt.

5 Für die Verwaltung des Nachlasses ist der Erbe den ausgeschlossenen Gläubigern gegenüber nur nach den Vorschriften über die Herausgabe einer ungerechtfertigten Bereicherung verantwortlich; die §§ 1978, 1979 gelten im Verhältnis zu den ausgeschlossenen Gläubigern nicht.

C. Verfahren

6 Für das nur auf Antrag durchgeführte Aufgebotsverfahren zuständig ist der Rechtspfleger, § 20 Nr. 2 RPflG, beim Nachlassgericht, § 990 ZPO, also dem AG, in dessen Bezirk der Erblasser zuletzt seinen Wohnsitz oder Aufenthalt hatte, §§ 72, 73 FGG (Zöller/*Geimer* vor § 946 Rn 8; BR/*Lohmann* § 1970 Rn 6; MüKo/*Siegmann* § 1970 Rn 10; aA AK/*Krug* § 1970 Rn 15; Staudinger/*Marotzke* § 1970 Rn 3; *Harder* ZEV 2002, 90: Allgemeine Zivilabteilung des AGs). Der Antrag ist schriftlich oder zu Protokoll der Geschäftsstelle zu stellen, § 947 Abs. 1 ZPO; es ist ein Verzeichnis der bekannten Nachlassgläubiger mit Angabe ihres Wohnortes beizufügen, § 992 ZPO. Verletzt der Erbe diese Pflicht und hat ein Gläubiger deshalb die Anmeldung versäumt, haftet der Erbe nach §§ 280 Abs. 1, 249 Abs. 1 in der Weise, dass er sich nicht auf die Ausschlusswirkung berufen darf.

7 Weist das Gericht den Antrag auf Durchführung des Aufgebotsverfahrens zurück, so ist die Beschwerde nach §§ 952 Abs. 4, 567 ZPO statthaft. Gibt das Gericht dem Antrag statt, so ist der Beschluss unanfechtbar.

8 Antragsberechtigt sind der Erbe (nach Annahme der Erbschaft, soweit er nicht schon unbeschränkt haftet, § 991 Abs. 1 und 3 ZPO), Nachlasspfleger, Nachlassverwalter, verwaltende Testamentsvollstrecker, § 991 Abs. 2 ZPO, Vor- und Nacherbe, § 998 ZPO, der Ehegatte oder eingetragene Lebenspartner des Erben bei Gütergemeinschaft, vgl §§ 999, 1001 ZPO, und der Erbschaftskäufer, § 1000 ZPO. Eine Frist ist nicht vorgesehen, die Aufgebotseinrede ist jedoch an die Jahresfrist des § 2015 gebunden.

9 Das mit einer Frist versehene Aufgebot wird durch Beschluss des Rechtspflegers erlassen, §§ 20 Nr. 2 RPflG, 947 ff, 994 ZPO, und den bekannten, vgl § 992 ZPO, Nachlassgläubigern von Amts wegen zugestellt werden, § 994 Abs. 2 ZPO. Außerdem ist es öffentlich bekanntzumachen, § 948 Abs. 1 ZPO. Die fristgerechte Anmeldung einer Forderung muss Gegenstand und Grund der Forderung nennen, § 996 Abs. 1 ZPO.

10 Das Verfahren endet dadurch, dass nach Ablauf der Frist ein Ausschlussurteil, § 952 ZPO, ergeht, gegen das kein Rechtsmittel, sondern lediglich eine besondere Anfechtungsklage eröffnet ist, § 957 ZPO. Dieses Urteil kommt allen Miterben zugute, § 997 Abs. 1 Satz 1 ZPO. Die Verfahrenskosten sind Nachlassverbindlichkeiten (in der Insolvenz: § 324 Abs. 1 Nr. 4 InsO). Bei Eröffnung des Nachlassinsolvenzverfahrens endet das Aufgebotsverfahren ohne weiteres; es ergeht kein Ausschlussurteil mehr, § 993 ZPO.

§ 1971 Nicht betroffene Gläubiger

Pfandgläubiger und Gläubiger, die im Insolvenzverfahren den Pfandgläubigern gleichstehen, sowie Gläubiger, die bei der Zwangsvollstreckung in das unbewegliche Vermögen ein Recht auf Befriedigung aus diesem Vermögen haben, werden, soweit es sich um die Befriedigung aus den ihnen haftenden Gegenständen handelt, durch das Aufgebot nicht betroffen. Das Gleiche gilt von Gläubigern, deren Ansprüche durch eine Vormerkung gesichert sind oder denen im Insolvenzverfahren ein Aussonderungsrecht zusteht, in Ansehung des Gegenstands ihres Rechts.

Die in § 1971 genannten Gläubiger werden vom Aufgebotsverfahren und den Einreden der §§ 2014, 2015 insoweit nicht betroffen, als ihr Anspruch dinglich oder durch eine Vormerkung gesichert ist oder sie aus anderen Gründen Befriedigung aus einem bestimmten Nachlassgegenstand suchen. Erfasst werden Inhaber eines vertraglichen, ges oder Pfändungspfandrechts, Sicherungseigentümer und andere Absonderungsberechtigte iSd § 51 InsO, Realberechtigte iSd § 10 ZVG, Vormerkungsgesicherte, §§ 883, 884 und Aussonderungsberechtigte, § 47 InsO. Korrespondierende obligatorische Ansprüche müssen diese Gläubiger jedoch anmelden. 1

A. Auszug aus dem Zwangsversteigerungsgesetz

§ 175 2
(1) Hat ein Nachlassgläubiger für seine Forderung ein Recht auf Befriedigung aus einem zum Nachlasse gehörenden Grundstück, so kann der Erbe nach der Annahme der Erbschaft die Zwangsversteigerung des Grundstücks beantragen. Zu dem Antrag ist auch jeder andere berechtigt, welcher das Aufgebot der Nachlassgläubiger beantragen kann.

(2) Diese Vorschriften finden keine Anwendung, wenn der Erbe für die Nachlassverbindlichkeiten unbeschränkt haftet oder wenn der Nachlassgläubiger im Aufgebotsverfahren ausgeschlossen ist oder nach den §§ 1974, 1989 des Bürgerlichen Gesetzbuchs einem ausgeschlossenen Gläubiger gleichsteht.

B. Ergänzungsfunktion des § 175 ZVG

§ 175 ZVG ergänzt § 1971 für Nachlassgläubiger, die wegen einer persönlichen Forderung ein Recht auf Befriedigung aus einem Nachlassgrundstück haben. Der Gläubiger kann bei Zwangsversteigerung des Grundstücks verlangen, dass bei der Feststellung des geringsten Gebotes nur die seinem Anspruch vorgehenden Rechte berücksichtigt werden, §§ 174, 176 ZVG. Wird sein Recht in das geringste Gebot aufgenommen, kann ihm die Befriedigung aus dem übrigen Nachlass und dem Eigenvermögen des Erben verweigert werden, § 179 ZVG. Der Gläubiger hat also die Wahl, nur sein dingliches Recht geltendzumachen oder dessen Ausfall feststellen lassen, um dann seine Forderung gegen Nachlass und Eigenvermögen geltendzumachen, ohne durch § 1971 gehindert zu sein (Staudinger/*Marotzke* § 1971 Rn 5). 3

§ 1972 Nicht betroffene Rechte

Pflichtteilsrechte, Vermächtnisse und Auflagen werden durch das Aufgebot nicht betroffen, unbeschadet der Vorschrift des § 2060 Nr. 1.

Pflichtteilsrechte, §§ 2303 ff, Vermächtnisse, §§ 2147 ff, und Auflagen, §§ 2192 ff, werden durch das Aufgebotsverfahren nicht betroffen. Trotzdem werden sie erst nach Befriedigung der im Wege des Aufgebotsverfahrens ausgeschlossenen Gläubiger befriedigt, 1

§ 1973 BGB | Ausschluss von Nachlassgläubigern

§§ 1973 Abs. 1 Satz 2, 1991 Abs. 4, § 327 Abs. 1 InsO. Eine vorherige Befriedigung ist anfechtbar, §§ 5 AnfG, § 322 InsO. Allerdings gehen Gläubiger iSd § 1972 ausgeschlossenen Gläubigern im Rahmen der Schadenersatzansprüche nach §§ 1978, 1979 vor, § 328 Abs. 2 InsO.

2 Nach § 2060 Nr. 1, der unberührt bleibt, haften Miterben nach der Teilung des Nachlasses nur für den ihrem Erbteil entsprechenden Teil einer Nachlassverbindlichkeit, wenn der Gläubiger im Aufgebotsverfahren ausgeschlossen worden ist. Deshalb wirkt das Ausschlussurteil zum Nachteil der Gläubiger des § 1972. Diese Folge kann durch Anmeldung der Forderung im Aufgebotsverfahren vermieden werden, so dass die gesamtschuldnerische Haftung der Miterben, § 2058, über die Teilung hinaus erhalten bleibt.

3 Gläubiger iSd § 1972 werden auch von der Einrede des § 1974 erfasst (Gegenschluss zu § 1974 Abs. 3). Wird die Forderung angemeldet, kann diese Wirkung vermieden werden.

§ 1973 Ausschluss von Nachlassgläubigern

(1) Der Erbe kann die Befriedigung eines im Aufgebotsverfahren ausgeschlossenen Nachlassgläubigers insoweit verweigern, als der Nachlass durch die Befriedigung der nicht ausgeschlossenen Gläubiger erschöpft wird. Der Erbe hat jedoch den ausgeschlossenen Gläubiger vor den Verbindlichkeiten aus Pflichtteilsrechten, Vermächtnissen und Auflagen zu befriedigen, es sei denn, dass der Gläubiger seine Forderung erst nach der Berichtigung dieser Verbindlichkeiten geltend macht.

(2) Einen Überschuss hat der Erbe zum Zwecke der Befriedigung des Gläubigers im Wege der Zwangsvollstreckung nach den Vorschriften über die Herausgabe einer ungerechtfertigten Bereicherung herauszugeben. Er kann die Herausgabe der noch vorhandenen Nachlassgegenstände durch Zahlung des Wertes abwenden. Die rechtskräftige Verurteilung des Erben zur Befriedigung eines ausgeschlossenen Gläubigers wirkt einem anderen Gläubiger gegenüber wie die Befriedigung.

A. Leistungsverweigerungsrecht

I. Einrede des § 1973 Abs. 1 Satz 1

1 Das im Aufgebotsverfahren ergangene Ausschlussurteil führt nicht zu einem Erlöschen ausgeschlossenen Forderungen, § 1973 Abs. 1 (RGZ 61, 221), wohl aber zu einer Beschränkung der Erbenhaftung auf den Nachlass (RGZ 83, 330; aA Soergel/*Stein* § 1973 Rn 1: Erst die Erhebung der Einrede führt zur Haftungsbeschränkung; aA *H. Roth*, Die Einrede des Bürgerlichen Rechts, S 71 ff: Das infolge der Leistungsverweigerung ergehende Urteil hat haftungsbeschränkende Wirkung). Nicht ausgeschlossene Forderungen (außer solche iSd § 1972, vgl § 1973 Abs. 1 Satz 2) sind vorrangig aus dem Nachlass zu erfüllen, den Gläubigern ausgeschlossener Forderungen verbleibt der Rest, § 1973 Abs. 1 Satz 1, nach Maßgabe des Bereicherungsrechts, §§ 1973 Abs. 2 Satz 1, 818 ff. Ist der Nachlass erschöpft, kann der Erbe die Leistung verweigern. Das Recht des Erben zur Leistungsverweigerung geht auch nicht verloren, wenn er sein Recht zur Haftungsbeschränkung verliert, § 2013 Abs. 1 Satz 2.

II. Berechnung des herauszugebenden Rests

2 Die Berechnung nach §§ 818 ff geht vom ursprünglichen Aktivbestand des Nachlasses aus. Stichtag ist der Erlass des Ausschlussurteils (Staudinger/*Marotzke* § 1973 Rn 17; aA MüKo/*Siegmann* § 1973 Rn 5: Rechtshängigkeit des Gläubigeranspruchs). Hinzuzurechnen sind die nach dem Erbfall gezogenen Nutzungen und dasjenige, was der Erbe aufgrund eines zum Nachlass gehörenden Rechts oder als Ersatz für die Zerstörung, Beschädigung

oder Entziehung eines Nachlassgegenstandes erlangt hat, § 818 Abs. 1, und die beim Erbfall infolge Konfusion und Konsolidation erloschenen Verbindlichkeiten des Erben gegenüber dem Erblasser, weil der Erbe insoweit auf Kosten des Nachlasses bereichert ist (Staudinger/*Marotzke* § 1973 Rn 15).

Abzuziehen sind die erloschenen Verbindlichkeiten des Erblassers gegenüber dem Erben, die Forderungen der nicht ausgeschlossenen Gläubiger (außer jenen iSd §§ 1973 Abs. 1 Satz 2, 1. Hs), die erfüllten oder rechtskräftig titulierten, § 1973 Abs. 2 Satz 3, Forderungen ausgeschlossener Gläubiger, Aufwendungen des Erben auf den Nachlass aus seinem Eigenvermögen und alles, was der Erbe vor Kenntnis oder vor Rechtshängigkeit der ausgeschlossenen Forderung aus dem Nachlass weggegeben hat, ohne eine Gegenleistung zu erhalten, § 818 Abs. 3. 3

Den so errechneten Überschuss hat der Erbe zum Zwecke der Befriedigung des Gläubigers im Wege der Zwangsvollstreckung »herauszugeben«, § 1973 Abs. 2 Satz 1. Nachlassgegenstände erhält der Gläubiger dabei ggf nicht zu Eigentum, sondern der Erbe muss die Zwangsvollstreckung in diese Gegenstände dulden oder sie zur Verwertung übergeben; es gelten §§ 260, 261. Die Pflicht zur Herausgabe von Nachlassgegenständen kann der Erbe durch Zahlung des Zeitwertes abwenden, § 1973 Abs. 2 Satz 2. Damit scheidet der »freigekaufte« Gegenstand aus dem Nachlass aus (MüKo/*Siegmann* § 1973 Rn 6; aA Staudinger/*Marotzke* § 1973 Rn 26). 4

III. Prozessuales

Die Ausschluss- und Erschöpfungseinrede als Leistungsverweigerungsrecht kann im Erkenntnisverfahren oder mit Hilfe der Vollstreckungsgegenklage, §§ 781, 785, 767 ZPO geltend gemacht werden. Soweit die Erschöpfung des Nachlasses bereits im Erkenntnisverfahren durch entsprechenden Nachweis des Erben sicher feststeht, kann die Klage des ausgeschlossenen Gläubigers auf Erhebung der Einrede des § 1973 hin abgewiesen werden. Sind Teile des Nachlasses noch vorhanden, kann der Erbe zur Duldung der Zwangsvollstreckung in den Nachlass oder in näher bezeichnete Nachlassgegenstände verurteilt werden. 5

Bestehen Zweifel, so ist der Erbe, soweit er dies beantragt, unter dem Vorbehalt der beschränkten Haftung, §§ 305 Abs. 1, 780 Abs. 1 ZPO, zu verurteilen (RGZ 137, 50, 54). Die Voraussetzungen des § 1973 werden dann im Rahmen der Vollstreckungsgegenklage, §§ 781, 785, 767 ZPO, geklärt. Unterbleibt ein Antrag nach §§ 305 Abs. 1, 780 Abs. 1 ZPO in erster Instanz, so erscheint angesichts § 531 Abs. 2 ZPO eine Nachholung in der Berufung ausgeschlossen. 6

Die Ersetzungsbefugnis des § 1973 Abs. 2 Satz 2 muss im Urteil vorbehalten werden. Das kann durch Einschränkung der Leistungsklage des Nachlassgläubigers oder Widerklage, § 33 ZPO, des Erben geschehen; eine Vollstreckungsgegenklage wäre präkludiert, § 767 Abs. 2 ZPO (Stein/Jonas/*Münzberg* § 767 Rn 37; *Wieser* § 1973 Rn 4). 7

Wird eine zulässige und begründete Klage wegen einer nachträglich vom Beklagten erhobenen Erschöpfungseinrede übereinstimmend für erledigt erklärt, so trägt der Beklagte die Kosten des Rechtsstreits, § 91a ZPO (KG NJOZ 2003, 1407). 8

B. Weitere Folgen

Der Erbe ist den Gläubigern ausgeschlossener Forderungen nicht nach §§ 1978, 1979 für den Bestand des Nachlasses verantwortlich. Nach § 2060 Nr. 1 haftet jeder Miterbe nach der Teilung des Nachlasses nur für den seinem Erbteil entsprechenden Teil der Nachlassverbindlichkeit. 9

Mit den fortbestehenden ausgeschlossenen Forderungen kann weiterhin gegen Nachlassforderungen aufgerechnet werden, bleibt die Aufrechnungsbefugnis doch sogar im Insolvenzverfahren, §§ 94 ff InsO, erhalten (BR/*Lohmann* § 1973 Rn 3); sie dienen weiterhin als Grundlage für die Einreden der §§ 320, 322 (Erman/*Schlüter* § 1973 Rn 2). 10

Vor § 1975 ff BGB | Beschränkung der Haftung des Erben

§ 1974 Verschweigungseinrede

(1) Ein Nachlassgläubiger, der seine Forderung später als fünf Jahre nach dem Erbfall dem Erben gegenüber geltend macht, steht einem ausgeschlossenen Gläubiger gleich, es sei denn, dass die Forderung dem Erben vor dem Ablauf der fünf Jahre bekannt geworden oder im Aufgebotsverfahren angemeldet worden ist. Wird der Erblasser für tot erklärt oder wird seine Todeszeit nach den Vorschriften des Verschollenheitsgesetzes festgestellt, so beginnt die Frist nicht vor dem Eintritt der Rechtskraft des Beschlusses über die Todeserklärung oder die Feststellung der Todeszeit.

(2) Die dem Erben nach § 1973 Abs. 1 Satz 2 obliegende Verpflichtung tritt im Verhältnis von Verbindlichkeiten aus Pflichtteilsrechten, Vermächtnissen und Auflagen zueinander nur insoweit ein, als der Gläubiger im Falle des Nachlassinsolvenzverfahrens im Range vorgehen würde.

(3) Soweit ein Gläubiger nach § 1971 von dem Aufgebot nicht betroffen wird, finden die Vorschriften des Absatzes 1 auf ihn keine Anwendung.

1 Gläubiger, die ihre Nachlassforderung später als fünf Jahre nach dem Erbfall geltend machen, werden wie ausgeschlossene Gläubiger, § 1973, behandelt, § 1974, ohne dass ein Aufgebotsverfahren stattgefunden haben müsste. Auch die Gläubiger iSd § 1972, nicht jedoch die dinglich gesicherten Gläubiger iSd § 1971 werden erfasst, § 1974 Abs. 3. Für das Verhältnis der Gläubiger zueinander gilt § 327 InsO. Voraussetzung ist jedoch, dass der Erbe bei Ablauf der Fünfjahresfrist sein Recht zur Haftungsbeschränkung noch nicht verloren hat, § 2013 Abs. 1 Satz 1.

2 Bei der Ausschlussfrist des § 1974 Abs. 1 Satz 1 handelt es sich um eine Ereignisfrist iSd §§ 187 Abs. 1, 188 Abs. 2. Sie wird seitens des Gläubigers durch gerichtliche oder außergerichtliche Geltendmachung der Forderung gegenüber dem Erben, Nachlasspfleger, Nachlassverwalter oder Testamentsvollstrecker gewahrt. Ob der Gläubiger die Forderung geltendmachen konnte oder die Forderung überhaupt bereits entstanden war, ist für den Lauf der Frist unerheblich. Ohne Zutun des Gläubigers wird die Forderung gewahrt, wenn die Forderung dem Schuldner bekannt oder im Aufgebotsverfahren angemeldet wird, § 1974 Abs. 1 Satz 1. Die Kenntnis eines Miterben wird dem Erben nicht zugerechnet.

3 Zu beachten ist, dass bereits vor der Fünfjahresfrist die dreijährige Regelverjährungsfrist der §§ 195, 199 Abs. 1 abgelaufen sein kann.

Vorbemerkungen vor §§ 1975 ff

1 §§ 1975 ff regeln Nachlassverwaltung und Nachlassinsolvenz, mit denen der Erbe seine Haftung auf den Nachlass beschränken kann, weil sie eine Trennung des Nachlasses vom Eigenvermögen des Erben unter amtlicher Aufsicht bewirken.

2 Die Absonderung des Nachlasses bewirkt, dass die Befugnis, den Nachlass zu verwalten und über ihn zu verfügen, auf den Nachlass- oder den Nachlassinsolvenzverwalter übergeht, §§ 1984, 1985, § 80 InsO. Der Erbe wird gegenüber Gläubigern nicht ausgeschlossener Forderungen so behandelt, als habe er zwischen Erbfall und Sonderung des Nachlasses ein fremdes Vermögen verwaltet, §§ 1978, 1979; gegenüber Gläubigern ausgeschlossener Forderungen haftet er nach Bereicherungsrecht, §§ 1973, 1974. Rechtsverhältnisse, die mit dem Erbfall durch die Vereinigung von Recht und Verbindlichkeit oder Recht und Belastung erloschen sind, werden als fortbestehend angesehen, §§ 1976, 326 Abs. 1 InsO, Aufrechnungen werden unwirksam, § 1977. Damit wird für die Gläubiger des Erblassers der Haftungszustand hergestellt als lebte der Erblasser noch, der Nachlass wird dem Erben als Rechtsträger zugeordnetes, aber fremdverwaltetes Sondervermögen.

In §§ 1990 ff sind schließlich Regelungen enthalten, die dem Erben die Möglichkeit einer 3
Haftungsbeschränkung gegenüber allen Nachlassgläubigern geben, ohne dass ein amtliches Verfahren durchgeführt werden müsste.

Untertitel 3 Beschränkung der Haftung des Erben

§ 1975 Nachlassverwaltung; Nachlassinsolvenz

Die Haftung des Erben für die Nachlassverbindlichkeiten beschränkt sich auf den Nachlass, wenn eine Nachlasspflegschaft zum Zwecke der Befriedigung der Nachlassgläubiger (Nachlassverwaltung) angeordnet oder das Nachlassinsolvenzverfahren eröffnet ist.

Literatur
Behr, Zwangsvollstreckung in den Nachlass, Ppfleger 2002, 2; *Bittner*, Die Einrede der Beschränkten Haftung auf das Volljährigkeitsvermögen aus § 1629a, FamRZ 2000, 325; *Dauner-Lieb*, Zwangsvollstreckung bei Nachlassverwaltung und Nachlasskonkurs, FS Gaul, 1997, 93; *Graf*, Möglichkeiten der Haftungsbeschränkung für Nachlassverbindlichkeiten, ZEV 2000, 125; *Grziwotz*, Die Veräußerung eines Handelsgeschäfts durch den Nachlassverwalter, DB 1990, 924; *Gutbell*, Schutz des Nachlasses gegen Zwangsvollstreckungsmaßnahmen bei Testamentsvollstreckung und Vorerbschaft, ZEV 2001, 260; *Prange*, Miterbe und Nachlassverwalter in Personalunion?, MDR 1994, 235; *Reihlein*, Kann ein Miterbe Nachlassverwalter werden?, MDR 1989, 603; *Karsten Schmidt*, Zum Prozessrecht der beschränkten Erbenhaftung, JR 1989, 45; *Siegmann*, Ungereimtheiten und Unklarheiten im Nachlassinsolvenzrecht, ZEV 2000, 221; *Westphal*, Dürftigkeitseinrede anstatt Erbausschlagung, FamRZ 1997, 199; s.a. bei § 1967.

A. Nachlassverwaltung

Mit Anordnung der Nachlassverwaltung durch das Nachlassgericht, das nur auf Antrag 1
tätig wird, § 1981, tritt hinsichtlich der Nachlassverbindlichkeiten die Haftungsbeschränkung zugunsten des Erben auf den Nachlass ein, § 1975, soweit dieser nicht bereits unbeschränkt haftet, § 2013. Antragsberechtigt sind Erben, Nachlassgläubiger, § 1981, Testamentsvollstrecker, § 317 Abs. 1 InsO analog, und Erbschaftskäufer, § 2383, nicht jedoch der Nachlasspfleger.

Voraussetzung der Anordnung der Nachlassverwaltung ist, dass der Nachlass nicht über- 2
schuldet ist und dass auch keine Zahlungsunfähigkeit eingetreten ist, §§ 1985 Abs. 2, 1980. Für die Führung der Nachlassverwaltung durch den Nachlassverwalter gelten §§ 1915, 1773 ff (RGZ 72, 260, 263). Die Wirkungen der Nachlassverwaltung sind in §§ 1975 – 1979, 1984, 1985, 2000, §§ 241 Abs. 3, 246 Abs. 1, 784 ZPO geregelt.

Mit der Anordnung der Nachlassverwaltung gehen das Recht des Erben, den Nachlass zu 3
verwalten und über ihn zu verfügen, und die Prozessführungsbefugnis auf den Nachlassverwalter über, §§ 1984, 1985; die Nachlassgläubiger müssen ihre Ansprüche gegen ihn geltend machen, § 1983 Abs. 1 Satz 3. Der Nachlass bildet die Masse, zu der insb auch die als nicht erloschen geltenden Rechtsverhältnisse, §§ 1976, 1977, die Ersatzansprüche gegen den Erben, §§ 1978, 1979, und Anfechtungsansprüche wegen der vorzeitigen Erfüllung von Pflichtteilsansprüchen, Vermächtnissen oder Auflagen gehören.

Laufende Prozesse werden unterbrochen, § 241 Abs. 3 ZPO. Eigengläubiger des Erben 4
dürfen nicht in den Nachlass vollstrecken, § 1984 Abs. 2. Zwangsvollstreckungsmaßnahmen von Eigengläubigern, die noch nicht zur Verwertung geführt haben, werden aufgehoben.

§ 1975 BGB | Nachlassverwaltung; Nachlassinsolvenz

5 Wird aus einem vor der Anordnung der Nachlassverwaltung erwirkten Urteil in das Eigenvermögen des Erben vollstreckt, kann der Erbe, der sich die Haftungsbeschränkung vorbehalten hat, §§ 305 Abs. 1, 780 Abs. 1 ZPO, die Haftungsbeschränkung durch Vollstreckungsgegenklage geltend machen, §§ 781, 785, 767 ZPO. Zwangsvollstreckungsmaßnahmen, die das Eigenvermögen des Erben betreffen, kann der Erbe aufheben lassen, §§ 781, 784, 767 ZPO. Eine Aufrechnung eines Nachlassgläubigers gegen eine Eigenforderung des Erben ist unzulässig.

6 Die Nachlassverwaltung endet mit der Eröffnung des Nachlassinsolvenzverfahrens oder mit Aufhebungsbeschluss des Nachlassgerichtes, § 1988. Die Beschränkung der Haftung auf den Nachlass bleibt auch nach Aufhebung der Nachlassverwaltung erhalten (BGH NJW 1954, 635, 636), §§ 1990, 1991 analog, denn der Erbe darf sich darauf verlassen, dass ihm der Verwalter mit Ende der Verwaltung einen schuldenfreien Nachlass übergibt.

B. Nachlassinsolvenz

7 Mit Eröffnung des Nachlassinsolvenzverfahrens, §§ 315 ff InsO, durch das Insolvenzgericht, § 315 InsO, das nur auf Antrag tätig wird, § 1981, tritt hinsichtlich der Nachlassverbindlichkeiten die Haftungsbeschränkung auf den Nachlass zugunsten des Erben ein, § 1975. Das Verfahren wird bei Zahlungsunfähigkeit (§ 17 InsO) oder Überschuldung (§ 19 InsO), § 320 Satz 1 InsO, auf Antrag von Erben, Nachlassverwalter oder Testamentsvollstrecker auch bei drohender Zahlungsunfähigkeit (§ 18 InsO), § 320 Satz 2 InsO, eröffnet. Voraussetzung ist, dass eine die Verfahrenskosten deckende Masse vorhanden ist oder ein entsprechender Kostenvorschuss geleistet wird, § 26 InsO.

8 Antragsberechtigt sind Erben, Nachlassverwalter (ausschließlich im Interesse des Erben zur Sicherung und Erhaltung des Nachlasses, nicht aber auch im Interesse der Nachlassgläubiger BGH NJW 2005, 756), Testamentsvollstrecker, Nachlassgläubiger, § 317 InsO (innerhalb von zwei Jahren nach Annahme der Erbschaft, § 319 InsO), bei Gütergemeinschaft auch der Ehegatte oder eingetragene Lebenspartner, der nicht geerbt hat, § 318 InsO, bei Erbschaftskauf auch der Käufer, § 330 Abs. 1 InsO. Eine Pflicht zur Antragstellung besteht für den Erben oder Nachlassverwalter bei Überschuldung oder Zahlungsunfähigkeit, §§ 1980, 1985 Abs. 2. Nach Annahme der Erbschaft ist der Erbe trotz eines schwebenden Erbprätendentenstreits und deswegen angeordneter Nachlasspflegschaft aus § 1980 Abs. 1 Satz 1 verpflichtet, Insolvenzantrag zu stellen (BGH NJW 2005, 756). Bei Pflichtverletzung können die Nachlassgläubiger den durch verspätete oder unterlassene Antragstellung durch eine Verminderung der Haftungsmasse entstandenen Schaden ersetzt verlangen (§ 1980).

9 Mit der Eröffnung des Nachlassinsolvenzverfahrens geht das Recht des Erben, den Nachlass zu verwalten und über ihn zu verfügen, auf den Nachlassinsolvenzverwalter über, §§ 80 ff InsO. Ihm gegenüber sind die Ansprüche der Nachlassgläubiger geltend zu machen. Im Grundbuch ist ein Insolvenzvermerk einzutragen, §§ 32, 33, 81 InsO. Der Nachlass bildet die Masse, zu der insb auch die als nicht erloschen geltenden Rechtsverhältnisse, §§ 1976, 1977, die Ersatzansprüche gegen den Erben, §§ 1978, 1979, und Anfechtungsansprüche wegen der vorzeitigen Erfüllung von Pflichtteilsansprüchen, Vermächtnissen oder Auflagen, § 322 InsO, gehören.

10 Die Gläubiger, denen der Nachlass vorbehalten wird, müssen ihre Nachlassforderungen durch Anmeldung zur Tabelle geltend machen, §§ 325, 174 ff InsO. Masseverbindlichkeiten sind die in § 324 InsO genannten Verbindlichkeiten. Nachrangig bedient werden die Verbindlichkeiten nach § 39 InsO, gegenüber Gläubigern nach §§ 1973, 1974, Pflichtteilsansprüche und Vermächtnisse und Auflagen, § 327 InsO.

11 Laufende Prozesse, die nicht ausschließlich das Eigenvermögen des Erben betreffen (OLG Köln FamRZ 2003, 688), werden unterbrochen, § 240 ZPO. Einzelvollstreckungsmaßnahmen sind unzulässig, §§ 89, 90 InsO, die Rückschlagsperre des § 88 InsO führt dazu, dass Zwangsvollstreckungsmaßnahmen, die bis zu einen Monat vor Antragstellung erfolgt sind, unwirksam werden.

Während des Nachlassinsolvenzverfahrens haftet der Erbe, der das Recht zur Beschrän- 12
kung der Haftung auf den Nachlass noch nicht verloren hat, § 2013, nur mit dem Nachlass.
Die Zwangsvollstreckung in sein Eigenvermögen kann er durch Vollstreckungsgegenklage abwehren, §§ 781, 784, 785, 767 ZPO, § 325 InsO. Die Aufrechnung eines Nachlassgläubigers gegen eine Eigenforderung des Erben ist unzulässig. Endet das Nachlassinsolvenzverfahren mit der Verteilung der Masse, §§ 196 ff InsO, oder einem Insolvenzplan,
§§ 217 ff InsO, so haftet der Erbe nur noch nach Bereicherungsrecht, §§ 1989, 1973. Ansonsten bleibt es bei der Anwendung der allgemeinen Vorschriften (vgl § 1989 Rn 4).

C. Haftungsbeschränkung ohne Verfahren

Deckt der Nachlass nicht einmal die Kosten der Nachlassverwaltung oder des Nachlass- 13
insolvenzverfahrens, so kann der Erbe eine Haftungsbeschränkung ohne amtliches Verfahren herbeiführen, §§ 1990, 1991. Das gilt auch dann, wenn der Nachlass nicht dürftig ist,
seine Überschuldung aber auf Vermächtnissen und Auflagen beruht, § 1992. Auch in
diesen Fällen haftet der Erbe für die ordnungsgemäße Verwaltung des Nachlasses, §§ 1991
Abs. 1, 1978, 1979. Die infolge des Erbfalls durch Vereinigung von Recht und Verbindlichkeit oder von Recht und Belastung erloschenen Rechtsverhältnisse gelten als nicht erloschen, § 1991 Abs. 2.

Anhang zu § 1975: Auszug aus der Insolvenzordnung v 5. Oktober 1994 (BGBl I S 2866)

Zehnter Teil
Besondere Arten des Insolvenzverfahrens

Erster Abschnitt
Nachlassinsolvenzverfahren

§ 315 Örtliche Zuständigkeit

Für das Insolvenzverfahren über einen Nachlass ist ausschließlich das Insolvenzgericht
örtlich zuständig, in dessen Bezirk der Erblasser zur Zeit seines Todes seinen allgemeinen Gerichtsstand hatte. Lag der Mittelpunkt einer selbständigen wirtschaftlichen
Tätigkeit des Erblassers an einem anderen Ort, so ist ausschließlich das Insolvenzgericht zuständig, in dessen Bezirk dieser Ort liegt.

§ 316 Zulässigkeit der Eröffnung

(1) Die Eröffnung des Insolvenzverfahrens wird nicht dadurch ausgeschlossen, dass
der Erbe die Erbschaft noch nicht angenommen hat oder dass er für die Nachlassverbindlichkeiten unbeschränkt haftet.

(2) Sind mehrere Erben vorhanden, so ist die Eröffnung des Verfahrens auch nach der
Teilung des Nachlasses zulässig.

(3) Über einen Erbteil findet ein Insolvenzverfahren nicht statt.

§ 317 Antragsberechtigte

(1) Zum Antrag auf Eröffnung des Insolvenzverfahrens über einen Nachlass ist jeder
Erbe, der Nachlassverwalter sowie ein anderer Nachlasspfleger, ein Testamentsvoll-

strecker, dem die Verwaltung des Nachlasses zusteht, und jeder Nachlassgläubiger berechtigt.

(2) Wird der Antrag nicht von allen Erben gestellt, so ist er zulässig, wenn der Eröffnungsgrund glaubhaft gemacht wird. Das Insolvenzgericht hat die übrigen Erben zu hören.

(3) Steht die Verwaltung des Nachlasses einem Testamentsvollstrecker zu, so ist, wenn der Erbe die Eröffnung beantragt, der Testamentsvollstrecker, wenn der Testamentsvollstrecker den Antrag stellt, der Erbe zu hören.

§ 318 Antragsrecht beim Gesamtgut

(1) Gehört der Nachlass zum Gesamtgut einer Gütergemeinschaft, so kann sowohl der Ehegatte, der Erbe ist, als auch der Ehegatte, der nicht Erbe ist, aber das Gesamtgut allein oder mit seinem Ehegatten gemeinschaftlich verwaltet, die Eröffnung des Insolvenzverfahrens über den Nachlass beantragen. Die Zustimmung des anderen Ehegatten ist nicht erforderlich. Die Ehegatten behalten das Antragsrecht, wenn die Gütergemeinschaft endet.

(2) Wird der Antrag nicht von beiden Ehegatten gestellt, so ist er zulässig, wenn der Eröffnungsgrund glaubhaft gemacht wird. Das Insolvenzgericht hat den anderen Ehegatten zu hören.

(3) Die Absätze 1 und 2 gelten für Lebenspartner entsprechend.

§ 319 Antragsfrist

Der Antrag eines Nachlassgläubigers auf Eröffnung des Insolvenzverfahrens ist unzulässig, wenn seit der Annahme der Erbschaft zwei Jahre verstrichen sind.

§ 320 Eröffnungsgründe

Gründe für die Eröffnung des Insolvenzverfahrens über einen Nachlass sind die Zahlungsunfähigkeit und die Überschuldung. Beantragt der Erbe, der Nachlassverwalter oder ein anderer Nachlasspfleger oder ein Testamentsvollstrecker die Eröffnung des Verfahrens, so ist auch die drohende Zahlungsunfähigkeit Eröffnungsgrund.

§ 321 Zwangsvollstreckung nach Erbfall

Maßnahmen der Zwangsvollstreckung in den Nachlass, die nach dem Eintritt des Erbfalls erfolgt sind, gewähren kein Recht zur abgesonderten Befriedigung.

§ 322 Anfechtbare Rechtshandlungen des Erben

Hat der Erbe vor der Eröffnung des Insolvenzverfahrens aus dem Nachlass Pflichtteilsansprüche, Vermächtnisse oder Auflagen erfüllt, so ist diese Rechtshandlung in gleicher Weise anfechtbar wie eine unentgeltliche Leistung des Erben.

§ 323 Aufwendungen des Erben

Dem Erben steht wegen der Aufwendungen, die ihm nach den §§ 1978, 1979 des Bürgerlichen Gesetzbuchs aus dem Nachlass zu ersetzen sind, ein Zurückbehaltungsrecht nicht zu.

§ 324 Masseverbindlichkeiten

(1) Masseverbindlichkeiten sind außer den in den §§ 54, 55 bezeichneten Verbindlichkeiten:

1. die Aufwendungen, die dem Erben nach den §§ 1978, 1979 des Bürgerlichen Gesetzbuchs aus dem Nachlass zu ersetzen sind;

2. die Kosten der Beerdigung des Erblassers;

3. die im Falle der Todeserklärung des Erblassers dem Nachlass zur Last fallenden Kosten des Verfahrens;

4. die Kosten der Eröffnung einer Verfügung des Erblassers von Todes wegen, der gerichtlichen Sicherung des Nachlasses, einer Nachlasspflegschaft, des Aufgebots der Nachlassgläubiger und der Inventarerrichtung;

5. die Verbindlichkeiten aus den von einem Nachlasspfleger oder einem Testamentsvollstrecker vorgenommenen Rechtsgeschäften;

6. die Verbindlichkeiten, die für den Erben gegenüber einem Nachlasspfleger, einem Testamentsvollstrecker oder einem Erben, der die Erbschaft ausgeschlagen hat, aus der Geschäftsführung dieser Personen entstanden sind, soweit die Nachlassgläubiger verpflichtet wären, wenn die bezeichneten Personen die Geschäfte für sie zu besorgen gehabt hätten.

(2) Im Falle der Masseunzulänglichkeit haben die in Abs. 1 bezeichneten Verbindlichkeiten den Rang des § 209 Abs. 1 Nr. 3.

§ 325 Nachlassverbindlichkeiten

Im Insolvenzverfahren über einen Nachlass können nur die Nachlassverbindlichkeiten geltend gemacht werden.

§ 326 Ansprüche des Erben

(1) Der Erbe kann die ihm gegen den Erblasser zustehenden Ansprüche geltend machen.

(2) Hat der Erbe eine Nachlassverbindlichkeit erfüllt, so tritt er, soweit nicht die Erfüllung nach § 1979 des Bürgerlichen Gesetzbuchs als für Rechnung des Nachlasses erfolgt gilt, an die Stelle des Gläubigers, es sei denn, dass er für die Nachlassverbindlichkeiten unbeschränkt haftet.

(3) Haftet der Erbe einem einzelnen Gläubiger gegenüber unbeschränkt, so kann er dessen Forderung für den Fall geltend machen, dass der Gläubiger sie nicht geltend macht.

§ 327 Nachrangige Verbindlichkeiten

(1) Im Rang nach den in § 39 bezeichneten Verbindlichkeiten und in folgender Rangfolge, bei gleichem Rang nach dem Verhältnis ihrer Beträge, werden erfüllt:

1. die Verbindlichkeiten gegenüber Pflichtteilsberechtigten;

2. die Verbindlichkeiten aus den vom Erblasser angeordneten Vermächtnissen und Auflagen.

(2) Ein Vermächtnis, durch welches das Recht des Bedachten auf den Pflichtteil nach § 2307 des Bürgerlichen Gesetzbuchs ausgeschlossen wird, steht, soweit es den Pflichtteil nicht übersteigt, im Rang den Pflichtteilsrechten gleich. Hat der Erblasser durch Verfügung von Todes wegen angeordnet, dass ein Vermächtnis oder eine Auflage vor einem anderen Vermächtnis oder einer anderen Auflage erfüllt werden soll, so hat das Vermächtnis oder die Auflage den Vorrang.

(3) Eine Verbindlichkeit, deren Gläubiger im Wege des Aufgebotsverfahrens ausgeschlossen ist oder nach § 1974 des Bürgerlichen Gesetzbuchs einem ausgeschlossenen Gläubiger gleichsteht, wird erst nach den in § 39 bezeichneten Verbindlichkeiten und, soweit sie zu den in Abs. 1 bezeichneten Verbindlichkeiten gehört, erst nach den Verbindlichkeiten erfüllt, mit denen sie ohne die Beschränkung gleichen Rang hätte. Im Übrigen wird durch die Beschränkungen an der Rangordnung nichts geändert.

§ 328 Zurückgewährte Gegenstände

(1) Was infolge der Anfechtung einer vom Erblasser oder ihm gegenüber vorgenommenen Rechtshandlung zur Insolvenzmasse zurückgewährt wird, darf nicht zur Erfüllung der in § 327 Abs. 1 bezeichneten Verbindlichkeiten verwendet werden.

(2) Was der Erbe auf Grund der §§ 1978 – 1980 des Bürgerlichen Gesetzbuchs zur Masse zu ersetzen hat, kann von den Gläubigern, die im Wege des Aufgebotsverfahrens ausgeschlossen sind oder nach § 1974 des Bürgerlichen Gesetzbuchs einem ausgeschlossenen Gläubiger gleichstehen, nur insoweit beansprucht werden, als der Erbe auch nach den Vorschriften über die Herausgabe einer ungerechtfertigten Bereicherung ersatzpflichtig wäre.

§ 329 Nacherbfolge

Die §§ 323, 324 Abs. 1 Nr. 1 und § 326 Abs. 2, 3 gelten für den Vorerben auch nach dem Eintritt der Nacherbfolge.

§ 330 Erbschaftskauf

(1) Hat der Erbe die Erbschaft verkauft, so tritt für das Insolvenzverfahren der Käufer an seine Stelle.

(2) Der Erbe ist wegen einer Nachlassverbindlichkeit, die im Verhältnis zwischen ihm und dem Käufer diesem zur Last fällt, wie ein Nachlassgläubiger zum Antrag auf Eröffnung des Verfahrens berechtigt. Das gleiche Recht steht ihm auch wegen einer anderen Nachlassverbindlichkeit zu, es sei denn, dass er unbeschränkt haftet oder dass eine Nachlassverwaltung angeordnet ist. Die §§ 323, 324 Abs. 1 Nr. 1 und § 326 gelten für den Erben auch nach dem Verkauf der Erbschaft.

(3) Die Absätze 1 und 2 gelten entsprechend für den Fall, dass jemand eine durch Vertrag erworbene Erbschaft verkauft oder sich in sonstiger Weise zur Veräußerung einer ihm angefallenen oder anderweitig von ihm erworbenen Erbschaft verpflichtet hat.

§ 331 Gleichzeitige Insolvenz des Erben

(1) Im Insolvenzverfahren über das Vermögen des Erben gelten, wenn auch über den Nachlass das Insolvenzverfahren eröffnet oder wenn eine Nachlassverwaltung angeordnet ist, die §§ 52, 190, 192, 198, 237 Abs. 1 Satz 2 entsprechend für Nachlassgläubiger, denen gegenüber der Erbe unbeschränkt haftet.

(2) Gleiches gilt, wenn ein Ehegatte der Erbe ist und der Nachlass zum Gesamtgut gehört, das vom anderen Ehegatten allein verwaltet wird, auch im Insolvenzverfahren über das Vermögen des anderen Ehegatten und, wenn das Gesamtgut von den Ehegatten gemeinschaftlich verwaltet wird, auch im Insolvenzverfahren über das Gesamtgut und im Insolvenzverfahren über das sonstige Vermögen des Ehegatten, der nicht Erbe ist.

§ 1976 Wirkung auf durch Vereinigung erloschene Rechtsverhältnisse

Ist die Nachlassverwaltung angeordnet oder das Nachlassinsolvenzverfahren eröffnet, so gelten die infolge des Erbfalls durch Vereinigung von Recht und Verbindlichkeit oder von Recht und Belastung erloschenen Rechtsverhältnisse als nicht erloschen.

A. Anwendungsbereich

Bei Anordnung der Nachlassverwaltung oder Eröffnung des Nachlassinsolvenzverfahrens gelten die mit dem Erbfall durch Konfusion oder Konsolidation erloschenen Rechtsverhältnisse (mit Rückwirkung auf den Erbfall, BGH NJW 1967, 2399) mit Wirkung erga omnes (MüKo/*Siegmann* § 1976 Rn 4) als weiterhin bestehend. Auf diese Weise tritt keine Schmälerung des Nachlasses zu Lasten der Nachlassgläubiger ein (Parallelnormen: §§ 1991, 2143, 2175, 2377, die jedoch mit Ausnahme von § 2143 nur relative Wirkung gegenüber dem jeweils Betroffenen haben, Staudinger/*Marotzke* § 1976 Rn 2). Auch akzessorische Sicherungsrechte bleiben bestehen, verlieren jedoch, wen sie bereits gelöscht worden sind, zugunsten später hinzugekommener Sicherungsrechte ihren Rang (Staudinger/*Marotzke* § 1976 Rn 4). 1

In folgenden Fällen greift die Fiktion des § 1976 nicht, weil ohnehin keine Konfusion oder Konsolidation erfolgt: Bei dinglichen Rechten, § 889 (Gegenausnahmen: §§ 914 Abs. 3, 1107, 1178 Abs. 1; §§ 1107, 1178 Abs. 2; § 1178 Abs. 1; §§ 1200, 1178 Abs. 1), Nießbrauch, §§ 1063, 1068 und Pfandrechten, §§ 1256, 1273. 2

Ausnahmen gelten außerdem bei der verwaltenden Testamentsvollstreckung (BGH NJW 1957, 1916; BGH NJW 1967, 2399), Erbengemeinschaften (BGH NJW 1957, 1916), und Quotenvermächtnissen (BGH WM 1978, 377), weil ohnehin keine Konfusion oder Konsolidation erfolgt. 3

Wird ein schwebend unwirksames Geschäft durch den Erbfall wirksam, § 185 Abs. 2, so ändert § 1976 hieran nichts (BGH NJW 1994, 1470; BayObLG NJW-RR 1995, 968). Ein im Wege der gesellschaftsrechtlichen Sondererbfolge (§ 1922 Rn 13) erworbener Anteil an einer Personengesellschaft wird ebenfalls nicht von § 1976 erfasst (offen bei BGH NJW 1991, 844; aA Staudinger/*Marotzke* § 1976 Rn 9). 4

B. Rechtsfolgen

Infolge der Fiktion des § 1976 muss der Erbe, unabhängig davon, ob die Voraussetzungen des § 2013 vorliegen oder nicht, seine als nicht erloschen geltenden Forderungen dem Nachlassverwalter gegenüber geltend machen oder bei Nachlassinsolvenz zur Tabelle anmelden (vgl BGH NJW 1967, 2399). Erbe und Nachlassverwalter können rechtsgeschäftlich neue Rechte begründen, wenn diese an die Stelle eines der Verwaltung unterliegenden Nachlassgegenstandes treten sollen (BGH NJW-RR 1991, 683). 5

Verfügungen, die der Erbe zwischen dem Erbfall und Anordnung der Nachlassverwaltung oder Eröffnung der Nachlassinsolvenz vorgenommen hat, werden durch § 1976 nicht in ihrer Wirksamkeit beeinträchtigt, denn der Verlust der Verfügungsbeschränkung beim Erben tritt nur mit Wirkung für die Zukunft ein (AnwK/*Krug* § 1976 Rn 7). 6

§ 1977 Wirkung auf eine Aufrechnung

(1) Hat ein Nachlassgläubiger vor der Anordnung der Nachlassverwaltung oder vor der Eröffnung des Nachlassinsolvenzverfahrens seine Forderung gegen eine nicht zum Nachlass gehörende Forderung des Erben ohne dessen Zustimmung aufgerechnet, so ist nach der Anordnung der Nachlassverwaltung oder der Eröffnung des Nachlassinsolvenzverfahrens die Aufrechnung als nicht erfolgt anzusehen.

(2) Das Gleiche gilt, wenn ein Gläubiger, der nicht Nachlassgläubiger ist, die ihm gegen den Erben zustehende Forderung gegen eine zum Nachlass gehörende Forderung aufgerechnet hat.

A. Allgemeines

1 Mit dem Erbfall wird der Erbe/Schuldner aller gegen den Nachlass gerichteten Forderungen und Inhaber aller zum Nachlass gehörenden Ansprüche, § 1922. Eigengläubiger des Erben können damit gegen eine Nachlassforderung und Nachlassgläubiger gegen eine Eigenforderung des Erben aufrechnen. Mit Anordnung der Nachlassverwaltung oder Eröffnung des Nachlassinsolvenzverfahrens werden Eigenvermögen und Nachlass voneinander abgesondert. Deshalb gelten nach dem Erbfall und vor der Absonderung erfolgte Aufrechnungen, die zu einer Befriedigung eines Gläubigers aus der falschen Vermögensmasse geführt haben, mit Rückwirkung auf den Erbfall als nicht erfolgt, die Wirkung des § 389 als nicht eingetreten. Auch akzessorische Sicherungsrechte bleiben bestehen, können jedoch zugunsten später hinzugekommener Sicherungsinhaber ihren Rang verlieren (vgl § 1976 Rn 1).

B. Aufrechnung des Nachlassgläubigers

2 § 1977 Abs. 1 dient dem Schutz des Erben, soweit er sein Recht zur Haftungsbeschränkung noch besitzt, § 2013 (Staudinger/*Marotzke* § 1977 Rn 6), wenn er eine Eigenforderung gegen seinen Willen durch die Aufrechnungserklärung eines Nachlassgläubigers verloren hat. War der Erbe mit der Aufrechnung einverstanden, so greift § 1977 Abs. 1 nicht, dem Erben steht jedoch ein Anspruch aus §§ 1978 Abs. 3, 1979 bzw § 326 Abs. 2 InsO gegen den Nachlass zu (AnwK/*Krug* § 1977 Rn 4).

3 Umgekehrt berührt § 1977 Abs. 1 jedoch nicht die Wirksamkeit einer Aufrechnung des Erben mit einer Eigenforderung gegen die Forderung des Nachlassgläubigers; dem Erben steht in diesem Fall ein Anspruch auf Aufwendungsersatz zu, §§ 1979, 1978 Abs. 3, § 326 Abs. 2 InsO.

4 Eine Aufrechnung eines Nachlassgläubigers gegen eine Nachlassforderung unterfällt nicht dem Anwendungsbereich des § 1977, weil der Gläubiger in diesem Fall die richtige Vermögensmasse trifft, vgl § 94 InsO.

C. Aufrechnung des Eigengläubigers

5 § 1977 Abs. 2 dient dem Schutz der Nachlassgläubiger, zu deren Lasten sich der Nachlass verringert hat, und fingiert eine Aufrechnung, die ein Eigengläubiger des Erben vor Anordnung der Nachlassverwaltung oder Eröffnung des Nachlassinsolvenzverfahrens gegenüber einer Nachlassforderung erklärt hat, als nicht erfolgt. Gleiches soll bei Einverständnis der Erben mit der Aufrechnung gelten (AnwK/*Krug* § 1977 Rn 9; MüKo/*Siegmann* § 1977 Rn 6), denn der Erbe soll nicht willentlich den Nachlass schmälern können. Zutreffend dürfte es jedoch sein, in dem Einverständnis eine wirksame Verfügung über die Forderung zu sehen, die nicht § 1977 unterfällt, und den Nachlassbestand durch die Ersatzpflicht des Erben aus § 1978 Abs. 1 wiederherzustellen (Staudinger/*Marotzke* § 1977 Rn 9).

Hat umgekehrt der Erbe eine Nachlassforderung gegen die Forderung eines Eigengläu- 6
bigers aufgerechnet, entfaltet § 1977 Abs. 2 keine Wirkung. Der Erbe ist den Nachlassgläubigern jedoch ersatzpflichtig, § 1978 Abs. 1.

Auch wenn der Erbe allen Nachlassgläubigern gegenüber unbeschränkt haftet, gilt ent- 7
gegen dem Wortlaut des § 2013 die in § 1977 angeordnete Rechtsfolge, ansonsten würde
der Eintritt unbeschränkter Haftung die Nachlassgläubiger benachteiligen (Jauernig/*Stürner* § 1977 Rn 4).

D. Forderungsverjährung

Ist zwischen Aufrechnung und Vermögenssonderung durch Anordnung der Nachlass- 8
verwaltung oder Eröffnung des Nachlassinsolvenzverfahrens die Verjährungsfrist für eine
oder beide miteinander aufgerechnete Forderungen abgelaufen, könnte dieser Forderung
nach rückwirkendem Erfüllungssurrogat nun die Verjährungseinrede entgegengehalten
werden. Deshalb sollte § 205 analog angewendet werden mit der Folge, dass die Verjährung zwischen Aufrechungserklärung und Vermögenssonderung gehemmt ist (Staudin-
ger/*Marotzke* § 1977 Rn 14 ff).

§ 1978 Verantwortlichkeit des Erben für bisherige Verwaltung, Aufwendungsersatz

(1) Ist die Nachlassverwaltung angeordnet oder das Nachlassinsolvenzverfahren eröffnet, so ist der Erbe den Nachlassgläubigern für die bisherige Verwaltung des Nachlasses so verantwortlich, wie wenn er von der Annahme der Erbschaft an die Verwaltung für sie als Beauftragter zu führen gehabt hätte. Auf die vor der Annahme der
Erbschaft von dem Erben besorgten erbschaftlichen Geschäfte finden die Vorschriften
über die Geschäftsführung ohne Auftrag entsprechende Anwendung.

(2) Die den Nachlassgläubigern nach Absatz 1 zustehenden Ansprüche gelten als zum
Nachlass gehörend.

(3) Aufwendungen sind dem Erben aus dem Nachlass zu ersetzen, soweit er nach den
Vorschriften über den Auftrag oder über die Geschäftsführung ohne Auftrag Ersatz
verlangen könnte.

A. Haftung des Erben nach Annahme der Erbschaft

Nach Anordnung der Nachlassverwaltung oder Eröffnung des Nachlassinsolvenzverfah- 1
rens haben zuvor vom Erben vorgenommene Verfügungen Bestand. Der Erbe wird jedoch
– soweit er noch zur Haftungsbeschränkung berechtigt ist, § 2013 Abs. 1 Satz 1 – rückwirkend so behandelt, als habe er den Nachlass seit Annahme der Erbschaft, § 1943, im
Auftrag der Nachlassgläubiger verwaltet, § 1978 Abs. 1 Satz 1, sodass grds §§ 662 ff gelten
(vgl BGH NJW 1967, 568; BGH NJW 1992, 2694). Gleiches gilt bei Nachlassbeschränkung
im Wege der Dürftigkeitseinrede nach §§ 1990–1992, vgl § 1991 Abs. 1.

Gegenüber ausgeschlossenen oder säumigen Gläubigern gilt § 1978 nicht, wenn der Erbe 2
die Einreden aus §§ 1973, 1974 erhebt; die beiderseitigen Ansprüche richten sich dann nach
Bereicherungsrecht.

I. Ansprüche gegen den Erben

Der Erbe muss alles, was er aus der Verwaltung des Nachlasses erlangt hat, an den 3
Nachlassverwalter oder Insolvenzverwalter herausgeben, §§ 1978 Abs. 1 Satz 1, 667. Nachlassmittel, die er verbraucht hat, oder Nutzungen, die er aus dem Nachlass gezogen hat,

muss er ersetzen. Er haftet außerdem für die Verletzung seiner Verwalterpflichten aus §§ 1978 Abs. 1 Satz 1, 662 ff nach §§ 280 Abs. 1, 249 ff mit seinem Eigenvermögen (BGH NJW 1992, 2694). Für die Berichtigung von Nachlassverbindlichkeiten durch den Erben ordnet § 1979 den Haftungsmaßstab an. Das Verschulden von Gehilfen muss der Erbe sich zurechnen lassen, § 278; für das Verschulden des Nachlasspflegers oder des Testamentsvollstreckers haftet er jedoch nur mit dem Nachlass. Ansprüche gegen den Erben aus der Verwaltung werden zum Nachlass gezogen, § 1978 Abs. 2. Hat der Erbe eine Nachlassverbindlichkeit aus dem unzureichenden Nachlass befriedigt, so haftet er lediglich so weit, wie vor- und gleichrangige Gläubiger im Nachlassinsolvenzverfahren weniger erhalten, als sie erhalten hätten, wenn die Zahlungen unterblieben wären (OLG Düsseldorf ZEV 2000, 236). Im Nachlassinsolvenzverfahren tritt der Erbe an die Stelle des von ihm befriedigten Gläubigers, § 326 Abs. 2 InsO.

II. Ansprüche des Erben

4 Der Erbe kann umgekehrt wie ein Beauftragter, §§ 1978 Abs. 3, 670, Aufwendungsersatz verlangen. Für die Berichtigung von Nachlassverbindlichkeiten besteht die Sonderregelung des § 1979. In der Nachlassinsolvenz fallen diese Forderungen unter § 324 Abs. 1 Nr. 1 InsO, bei Tilgung einer Forderung mit eigenen Mitteln unter § 326 Abs. 2 InsO. Dem Erben steht in Nachlassinsolvenz, § 323 InsO, und Nachlassverwaltung (MüKoBGB/*Siegmann* § 1978 Rn 14; Erman/*Schlüter* § 1978 Rn 6) hinsichtlich dieser Ansprüche kein Zurückbehaltungsrecht zu. Ein Vergütungsanspruch steht dem Erben nicht zu (BGH NJW 1993, 1851, 1853).

B. Haftung des Erben vor und ohne Annahme der Erbschaft

5 Für die Zeit vor Annahme der Erbschaft gelten die Grundsätze der Geschäftsführung ohne Auftrag im objektiven Interesse der Gesamtheit der Nachlassgläubiger, § 1978 Abs. 1 Satz 2. Der Erbe muss in dieser Phase bspw Vollstreckungsmaßnahmen von Eigengläubigern in den Nachlass verhindern, §§ 782, 783 ZPO. Er haftet für die Verletzung seiner Pflichten gem §§ 280 Abs. 1, 249 ff. Umgekehrt kann er Aufwendungsersatz aus §§ 1978 Abs. 1 Satz 2, 683, 670 verlangen.

6 Hat der Erbe die Erbschaft nicht angenommen, so gilt § 1959 Abs. 1: der ausschlagende Erbe ist nicht den Nachlassgläubigern, sondern nur dem endgültigen Erben gegenüber nach Grundsätzen der Geschäftsführung ohne Auftrag verantwortlich.

C. Verjährung

7 Die Ansprüche aus §§ 1978, 1979 sind keine erbrechtlichen Ansprüche iSd § 197 Abs. 1 Nr. 2, sondern Ansprüche aus Auftrag oder Geschäftsführung ohne Auftrag und unterliegen damit der dreijährigen Regelverjährung, §§ 195, 199 Abs. 1 (*Löhnig* ZEV 2004, 271 f).

D. Dingliche Surrogation

8 Im Rahmen von Erbengemeinschaften sichert über § 1978 hinaus die in § 2041 angeordnete dingliche Surrogation den Nachlassbestand dem Werte nach (zur dinglichen Surrogation *Löhnig* JA 2003, 990). Für den Alleinerben besteht eine solche Surrogationsvorschrift nicht, so dass der Erbe nicht den erworbenen Gegenstand herauszugeben, sondern nur Ersatz zu leisten hat. Eine Analogie zu § 2041 kommt aufgrund des Ausnahmecharakters der dinglichen Surrogation nicht in Betracht.

§ 1979 Berichtigung von Nachlassverbindlichkeiten

Die Berichtigung einer Nachlassverbindlichkeit durch den Erben müssen die Nachlassgläubiger als für Rechnung des Nachlasses erfolgt gelten lassen, wenn der Erbe den Umständen nach annehmen durfte, dass der Nachlass zur Berichtigung aller Nachlassverbindlichkeiten ausreiche.

A. Aufwendungsersatzanspruch des Erben

§ 1979 regelt ergänzend zu §§ 1978 Abs. 3, 670 den Aufwendungsersatzanspruch des Erben, der noch nicht nach § 2013 unbeschränkt haftet, bei Berichtigung von Nachlassverbindlichkeiten aus dem Eigenvermögen. Die Anforderungen des Aufwendungsersatzanspruches sind geringer als in §§ 1978 Abs. 3, 670, denn es reicht aus, dass der Erbe von der Zulänglichkeit des Nachlasses ausgehen durfte. Das ist dann der Fall wenn der Erbe alle Mittel zur Feststellung des Nachlassbestandes ggf bis hin zum Aufgebotsverfahren ausgeschöpft hat (BGH NJW 1985, 140) und dabei zu dem Ergebnis gekommen ist, dass die Aktiva des Nachlasses die Passiva übersteigen.   1

B. Haftung des Erben

Außerdem regelt § 1979 den Haftungsmaßstab des Erben bei Berichtigung von Nachlassverbindlichkeiten aus dem Nachlass: Durfte er annehmen, dass der Nachlass ausreicht, wird er von der Haftung nach § 1978 Abs. 1 frei.   2

C. Anfechtung

Die Gläubiger- und Insolvenzanfechtung tritt ergänzend neben § 1979: Hat der Erbe Pflichtteilsansprüche, Vermächtnisse oder Auflagen erfüllt, so kann der Nachlassverwalter (MüKoBGB/*Siegmann* § 1979 Rn 7; Erman/*Schlüter* § 1979 Rn 5; aA Staudinger/*Marotzke* § 1979 Rn 19: Nachlassgläubiger) oder Nachlassinsolvenzverwalter, § 129 Abs. 1 InsO, nach §§ 5, 4, 11 Abs. 2 AnfG bzw §§ 322, 143 InsO anfechten und auf diese Weise den Nachlasswert erhöhen.   3

§ 1980 Antrag auf Eröffnung des Nachlassinsolvenzverfahrens

(1) Hat der Erbe von der Zahlungsunfähigkeit oder der Überschuldung des Nachlasses Kenntnis erlangt, so hat er unverzüglich die Eröffnung des Nachlassinsolvenzverfahrens zu beantragen. Verletzt er diese Pflicht, so ist er den Gläubigern für den daraus entstehenden Schaden verantwortlich. Bei der Bemessung der Zulänglichkeit des Nachlasses bleiben die Verbindlichkeiten aus Vermächtnissen und Auflagen außer Betracht.

(2) Der Kenntnis der Zahlungsunfähigkeit oder der Überschuldung steht die auf Fahrlässigkeit beruhende Unkenntnis gleich. Als Fahrlässigkeit gilt es insbesondere, wenn der Erbe das Aufgebot der Nachlassgläubiger nicht beantragt, obwohl er Grund hat, das Vorhandensein unbekannter Nachlassverbindlichkeiten anzunehmen; das Aufgebot ist nicht erforderlich, wenn die Kosten des Verfahrens dem Bestand des Nachlasses gegenüber unverhältnismäßig groß sind.

A. Antragspflicht

§ 1980 ergänzt §§ 1978, 1979 mit Blick auf die Nachlassinsolvenz. Ein Erbe, der noch nicht unbeschränkt haftet, § 2013, bzw der Nachlassverwalter bei Nachlassverwaltung, § 1985 Abs. 2 Satz 2, muss unverzüglich, § 121, das Nachlassinsolvenzverfahren beantragen, so-   1

§ 1981 BGB | Anordnung der Nachlassverwaltung

bald er Kenntnis von der Zahlungsunfähigkeit oder der Überschuldung des Nachlasses erlangt, § 1980 Abs. 1 Satz 1, oder hierüber aufgrund von Fahrlässigkeit in Unkenntnis ist, § 1980 Abs. 2. Nach Annahme der Erbschaft ist der Erbe trotz eines schwebenden Erbprätendentenstreits und deswegen angeordneter Nachlasspflegschaft aus § 1980 Abs. 1 Satz 1 verpflichtet, Insolvenzantrag zu stellen (BGH NJW 2005, 756). Nachlasspfleger oder Testamentsvollstrecker unterliegen keiner entsprechenden Pflicht, sind jedoch dem Erben gegenüber schadenersatzpflichtig, wenn sie ihr Antragsrecht, § 317 Abs. 1 InsO, nicht ausüben.

2 Zahlungsunfähigkeit liegt vor, wenn die fälligen Zahlungspflichten nicht erfüllt werden können, § 17 Abs. 2 Satz 1 InsO, also idR dann, wenn der Schuldner seine Zahlungen eingestellt hat, § 17 Abs. 2 Satz 1 InsO. Die drohende Zahlungsunfähigkeit, § 18 InsO, ist zwar Eröffnungsgrund, § 320 Satz 2 InsO, begründet aber keine Antragspflicht.

3 Überschuldet, § 19 InsO, ist der Nachlass, wenn die Verbindlichkeiten den Wert der Nachlassgegenstände übersteigen (BayObLG NJW-RR 1999, 590, 591), wobei zu den Nachlassgegenständen auch die Rechte und Ansprüche aus §§ 1976–1979 zählen und die Verbindlichkeiten aus Vermächtnissen und Auflagen, § 1980 Abs. 1 Satz 3 (vgl § 1992) sowie aus ausgeschlossenen und ihnen gleichgestellten Forderungen, §§ 1973, 1974, außer Betracht bleiben (MüKo/*Siegmann* § 1980 Rn 3; BR/*Lohmann* § 1980 Rn 2).

4 Ist der Nachlass über die Zahlungsunfähigkeit oder Überschuldung hinaus nicht in der Lage, die Verfahrenskosten zu decken (Dürftigkeit), entfällt die Antragspflicht, vgl § 1990. Gleiches gilt, wenn die Nachlassgläubiger dem Erben gegenüber auf die Erfüllung dieser allein in ihrem Interesse bestehenden Pflicht verzichten (OLG München ZEV 1998, 100, 101).

B. Haftungsfolge

5 Bei Verletzung der Antragspflicht schuldet der Erbe Schadenersatz, § 1980 Abs. 1 Satz 2. Anders als in § 280 Abs. 1 Satz 2 muss der Nachlassgläubiger auch das Vertretenmüssen des Erben darlegen und beweisen; auch § 1980 Abs. 2 Satz 2 enthält keine Vermutung (so jedoch AnwK/*Krug* § 1980 Rn 10), sondern lediglich ein Regelbeispiel. Dem Erben ist die verspätete Antragstellung durch den Nachlasspfleger zuzurechnen (BGH NJW 2005, 756).

6 Der Erbe muss die Nachlassgläubiger so stellen, wie sie stünden, wenn er den Antrag auf Eröffnung des Insolvenzverfahrens pflichtgemäß gestellt hätte, § 249 Abs. 1 (BGH NJW 1985, 140, 141). Der Anspruch gehört nach Eröffnung zur Insolvenzmasse und wird deshalb vom Insolvenzverwalter geltend gemacht (Staudinger/*Marotzke* § 1980 Rn 17). Er verjährt nach §§ 195, 199.

§ 1981 Anordnung der Nachlassverwaltung

(1) Die Nachlassverwaltung ist von dem Nachlassgericht anzuordnen, wenn der Erbe die Anordnung beantragt.

(2) Auf Antrag eines Nachlassgläubigers ist die Nachlassverwaltung anzuordnen, wenn Grund zu der Annahme besteht, dass die Befriedigung der Nachlassgläubiger aus dem Nachlass durch das Verhalten oder die Vermögenslage des Erben gefährdet wird. Der Antrag kann nicht mehr gestellt werden, wenn seit der Annahme der Erbschaft zwei Jahre verstrichen sind.

(3) Die Vorschrift des § 1785 findet keine Anwendung.

Literatur
Prange, Miterbe und Nachlassverwalter in Personalunion?, MDR 1994, 235; *Reihlein*, Kann ein Miterbe Nachlassverwalter werden?, MDR 1989, 603.

A. Antragsberechtigung

Das Nachlassgericht ordnet Nachlassverwaltung auf Antrag des Erben, § 1981 Abs. 1, oder **1** eines Nachlassgläubigers, § 1981 Abs. 2, an. Der Erbe kann den Antrag grundlos und jederzeit (auch vor Annahme der Erbschaft, Palandt/*Edenhofer* § 1981 Rn 3) stellen, soweit er nicht sein Recht zur Haftungsbeschränkung verloren hat, § 2013 Abs. 1.
Ein Nachlassgläubiger ist antragsbefugt, wenn wegen des Verhaltens des Erben (Ver- **2** schleuderung des Nachlasses, willkürliche Befriedigung einzelner Nachlassgläubiger, BayObLG FamRZ 2002, 252, Gleichgültigkeit) oder seiner Vermögenslage (Gefahr des Zugriffs von Eigengläubigern) Grund zur Annahme besteht, dass die Befriedigung der Nachlassgläubiger gefährdet wird (Tatsachenentscheidung, BayObLG NJW-RR 2002, 871). Außerdem ist der Nachlassgläubiger an die zweijährige Ausschlussfrist (Ereignisfrist, §§ 187 Abs. 1, 188 Abs. 2) des § 1980 Abs. 2 Satz 2 gebunden, die mit Annahme der Erbschaft beginnt.
Antragsberechtigt ist auch der Nacherbe, § 2144 Abs. 1, der Erbschaftskäufer, § 2383, der **3** Testamentsvollstrecker, § 317 InsO analog (Staudinger/*Marotzke* § 1981 Rn 14), und bei Gütergemeinschaft der Ehegatte oder eingetragene Lebenspartner, der nicht geerbt hat, § 318 Abs. 1 InsO analog (BR/*Lohmann* § 1981 Rn 4), nicht aber der Nachlasspfleger (BayObLG BayObLGZ 1976, 167, 172).

B. Verfahren

Für die Anordnung der Nachlassverwaltung ist der Rechtspfleger, § 3 Nr. 2c RPflG, am **4** örtlich zuständigen, §§ 72, 73 FGG, Nachlassgericht zuständig. Die Antragsberechtigung ist von Amts wegen festzustellen, § 12 FGG, wobei der Nachlassgläubiger seine Forderung und die Gefährdung ihrer Befriedigung glaubhaft machen muss. Für die Glaubhaftmachung einer Nachlassforderung durch den Gläubiger reicht es nicht aus, dass der Vortrag das Bestehen einer Nachlassforderung zwar schlüssig ergibt, sich auf Grund der Einwendungen der Beteiligten als Schuldner aber erkennen lässt, dass nur durch eine eingehende Aufklärung des Sachverhalts und die Beantwortung nicht einfacher Rechtsfragen festgestellt werden kann, ob die Forderung überhaupt und in welcher Höhe sie wahrscheinlich besteht (KG ZEV 2005, 114). Der Rechtspfleger entscheidet durch Beschluss, der mit Bekanntgabe an den Erben oder Testamentsvollstrecker wirksam wird, § 16 Abs. 1 FGG. Die Auswahl des Nachlassverwalters hat der Rechtspfleger nach pflichtgemäßem Ermessen vorzunehmen; dabei ist auf Interessenkonflikte zu achten, so dass der Erbe, auch ein Miterbe (MüKoBGB/*Siegmann* § 1981 Rn 8; Erman/*Schlüter* § 1981 Rn 6; aA Staudinger/*Marotzke* § 1981 Rn 29), nicht in Betracht kommt.
Gegen die Ablehnung des Antrags ist für den Antragsteller die Beschwerde nach §§ 20 **5** Abs. 2 FGG, 11 Abs. 1 RPflG eröffnet. Gegen die Anordnung der Nachlassverwaltung auf Antrag des Erben ist kein Rechtsmittel eröffnet, § 72 Abs. 1 FGG, gegen Anordnung auf Antrag eines Nachlassgläubigers kann vom Erben oder Testamentsvollstrecker, nicht aber von den anderen Nachlassgläubigern, Beschwerde eingelegt werden, §§ 76 Abs. 2 FGG, 11 Abs. 1 RPflG; das muss auch gelten, wenn anstelle des Rechtspflegers der Richter entschieden hat (Staudinger/*Marotzke* § 1981 Rn 41).
Ist der Zweck der Nachlassverwaltung erreicht, hebt das Nachlassgericht die Verwaltung **6** von Amts wegen auf. Gegen die Aufhebung der Nachlassverwaltung haben der Antragsteller und alle Beteiligten mit rechtlichem Interesse (vgl OLG Karlsruhe FamRZ 2004, 222) ein Beschwerderecht, §§ 57 Abs. 1, 75 Satz 1 FGG, nicht jedoch der Nachlassverwalter; er kann sich nur gegen seine Entlassung bei Fortbestehen der Nachlassverwaltung beschweren.

C. Kosten

I. Nachlassverwaltung

7 **Gebühr:** $^1/_1$ (§ 106 Abs. 1 KostO).
Wert: Der Nachlass, da sich die Nachlassverwaltung immer auf den gesamten Nachlass (nicht nur auf den Restnachlass) bezieht (§ 106 Abs. 1 Satz 3 KostO).
Kostenschuldner: Die Erben (§ 6 KostO). Weiteres siehe § 1960 Rn 19 ff.

8 ### II. Nachlassinsolvenz

1. Eröffnungsverfahren

9 **Gebühr:** $^1/_2$, bei Antrag eines Gläubigers mindestens 150 € (Nr. 2310, 2311 GKGKV).
Wert: Wert der Insolvenzmasse bei Beendigung des Verfahrens. Gegenstände, die der abgesonderten Befriedigung dienen, werden dabei nur mit dem Überschuss für die Masse berücksichtigt (§ 58 Abs. 1 GKG). Bei Antrag eines Gläubigers jedoch höchstens der Betrag seiner Forderung ohne Nebenansprüche (§§ 58 Abs. 2, 43 GKG).
Kostenschuldner: Antragsteller (§ 23 Abs. 1 Satz 1 GKG).

2. Durchführung des Verfahrens auf Antrag des Schuldners

10 **Gebühr:** 2,5 (Nr. 2320 GKGKV). Bei Einstellung des Verfahrens vor dem Ende des Prüfungstermins Ermäßigung auf 0,5 (Nr. 2321 GKGKV). Bei Einstellung nach dem Prüfungstermin Ermäßigung auf 1,5 (Nr. 2322 GKGKV).

3. Durchführung des Verfahrens auf Antrag eines Gläubigers

11 **Gebühr:** 3,0 (Nr. 2330 GKGKV). Bei Einstellung des Verfahrens vor dem Ende des Prüfungstermins Ermäßigung auf 1,0 (Nr. 2331 GKGKV). Bei Einstellung nach dem Prüfungstermin Ermäßigung auf 2,0 (Nr. 2332 GKGKV).
Wert: Wert der Insolvenzmasse bei Beendigung des Verfahrens. Gegenstände, die der abgesonderten Befriedigung dienen, werden dabei nur mit dem Überschuss für die Masse berücksichtigt (§ 58 Abs. 1 GKG).
Kostenschuldner: Der Schuldner des Verfahrens (§ 23 Abs. 3 GKG). Die Kosten werden der Masse entnommen.

§ 1982 Ablehnung der Anordnung der Nachlassverwaltung mangels Masse

Die Anordnung der Nachlassverwaltung kann abgelehnt werden, wenn eine den Kosten entsprechende Masse nicht vorhanden ist.

A. Ablehnung des Antrags

1 Deckt der Nachlass nicht die Kosten der Nachlassverwaltung, so kann (muss aber nicht) ihre Anordnung abgelehnt werden. Das ist dann der Fall, wenn das Nachlassgericht nach pflichtgemäßem Ermessen feststellt, dass die Verwertung des Nachlasses auch unter Beachtung der Rechte und Ansprüche aus §§ 1976–1980 keinen oder lediglich einen ganz geringfügigen Überschuss verspricht. Stellt sich die Dürftigkeit des Nachlasses erst später heraus, so kann (muss aber nicht) eine bereits angeordnete Verwaltung aufgehoben werden, § 1988 Abs. 2. Analog den Regelungen in §§ 26 Abs. 1 Satz 2, 207 Abs. 1 Satz 2 InsO darf das Gericht den Antrag nicht ablehnen, wenn der Antragsteller einen die Verfahrens-

kosten deckenden Vorschuss leistet (Staudinger/*Marotzke* § 1982 Rn 4; BR/*Lohmann* § 1982 Rn 1).
Zu den Kosten, die durch den Nachlass oder durch Vorschussleistung zu decken sind, gehören die Gerichtkosten, § 106 Abs. 1 KostO, die Kosten der Bekanntmachung gem § 1983 und die Vergütung des Nachlassverwalters gem § 1987. 2

B. Folgen der Ablehnung

Infolge der Ablehnung stehen dem Erben die Einreden aus §§ 1990, 1991 zu. Andere Gerichte sind an die Feststellung der Dürftigkeit durch das Nachlassgericht gebunden (BGH NJW-RR 1989, 1226). 3

C. Rechtsbehelfe

Gegen die Zurückweisung des Antrags ist die Beschwerde nach §§ 19, 20 FGG eröffnet. Wurde auf Antrag eines Nachlassgläubigers Nachlassverwaltung angeordnet, so kann sich der Erbe mit der Begründung, dass der Nachlass die Kosten nicht decke, beschweren, § 76 Abs. 2 FGG, nicht jedoch der Nachlassgläubiger bei Antrag des Erben, § 76 Abs. 1 FGG. 4

§ 1983 Bekanntmachung

Das Nachlassgericht hat die Anordnung der Nachlassverwaltung durch das für seine Bekanntmachungen bestimmte Blatt zu veröffentlichen.

Das Nachlassgericht hat den Beschluss, der die Nachlassverwaltung anordnet, unter Nennung von Namen und letztem Wohnsitz des Erblassers und Namen und Anschrift des Nachlassverwalters zu veröffentlichen (BR/*Lohmann* § 1983 Rn 1). Die Veröffentlichung ist jedoch nicht Wirksamkeitsvoraussetzung der Nachlassverwaltung. 1
Die Veröffentlichung verhindert, dass Nachlassschuldner mit befreiender Wirkung an den Erben leisten können, § 1984 Abs. 1 Satz 2, § 82 Satz 1 InsO. Um einen gutgläubigen Erwerb vom Erben zu verhindern, ist die Anordnung der Nachlassverwaltung auf Antrag des Nachlassverwalters, § 13 Abs. 1 Satz 2 GBO, auch im Grundbuch einzutragen (Staudinger/*Marotzke* § 1983 Rn 12). 2

§ 1984 Wirkung der Anordnung

(1) Mit der Anordnung der Nachlassverwaltung verliert der Erbe die Befugnis, den Nachlass zu verwalten und über ihn zu verfügen. Die Vorschriften der §§ 81 und 82 der Insolvenzordnung finden entsprechende Anwendung. Ein Anspruch, der sich gegen den Nachlass richtet, kann nur gegen den Nachlassverwalter geltend gemacht werden.

(2) Zwangsvollstreckungen und Arreste in den Nachlass zugunsten eines Gläubigers, der nicht Nachlassgläubiger ist, sind ausgeschlossen.

A. Materiellrechtliche Wirkungen

Mit wirksamer Anordnung der Nachlassverwaltung (durch Bekanntgabe des Beschlusses, § 16 FGG) verliert der Erbe bzw Testamentsvollstrecker das Recht, den Nachlass zu verwalten, und die Befugnis, über Nachlassgegenstände zu verfügen, § 1984 Abs. 1 Satz 1, an den Nachlassverwalter. Nachlassbezogene Aufträge erlöschen, §§ 115, 116 InsO analog (Staudinger/*Marotzke* § 1984 Rn 4). Der Erbe kann jedoch weiterhin den Nachlass iSd 1

§ 1984 BGB | Wirkung der Anordnung

§ 2033 veräußern. Von der Wirkung des § 1984 Abs. 1 Satz 1 nicht erfasst werden Mitgliedschaftsrechte aus einem ererbten Anteil an einer Personenhandlesgesellschaft (BayObLG BayObLGZ 1988, 24, 28) und andere höchstpersönliche Rechte des Erben.

2 Verfügungen des Erben bzw Testamentsvollstreckers sind unwirksam, § 1984 Abs. 1 Satz 1, § 81 Abs. 1 Satz 1 InsO, es sei denn der Nachlassverwalter genehmigt sie, § 185. Soweit die Nachlassverwaltung nicht im Grundbuch eingetragen ist, vgl § 32 InsO analog, kann ein Grundstück oder Grundstücksrecht gutgläubig durch einen Dritten vom Erben erworben werden (vgl auch § 1983 Rn 2), § 1984 Abs. 1 Satz 2, § 81 Abs. 1 Satz 2 InsO, §§ 892, 893. Auf andere Regelungen zum Schutz des guten Glaubens verweist § 81 InsO nicht, so dass der gutgläubige Erwerb anderer Gegenstände ausgeschlossen ist; das gilt auch, wenn der Erwerber die Zugehörigkeit des Gegenstandes zum Nachlass nicht kannte oder kennen musste (Staudinger/*Marotzke* § 1984 Rn 15; aA MüKo/*Siegmann* § 1984 Rn 3).

3 Nach Anordnung der Nachlassverwaltung können Nachlassforderungen nur noch durch Leistung an den Nachlassverwalter erfüllt werden. Der Schuldner wird jedoch befreit, wenn ihm die Anordnung der Nachlassverwaltung zur Zeit der Leistung nicht bekannt war, § 1984 Abs. 1 Satz 2, § 82 Satz 1 InsO. Vor der öffentlichen Bekanntmachung der Anordnung wird widerleglich vermutet, dass der Schuldner diese nicht kannte, § 1984 Abs. 1 Satz 2, § 82 Satz 2 InsO.

B. Prozessuale Wirkungen

4 Der Erbe verliert mit Anordnung der Nachlassverwaltung auch die aktive und die passive, § 1984 Abs. 1 Satz 3, Prozessführungsbefugnis, so dass eine Klage des Erben oder gegen den Erben bereits unzulässig ist, soweit dieser nicht auch mit dem Eigenvermögen haftet, § 2013 Abs. 1. Eine Klage gegen den Erben kann deshalb auch nicht die Anspruchsverjährung hemmen. Laufende Prozesse werden unterbrochen, §§ 241 Abs. 3, 246 ZPO. Eine Ausnahme gilt für Auskunftsansprüche (OLG Celle MDR 1960, 402).

5 Der Nachlassverwalter ist aktiv prozessführungsbefugt, wenn der eingeklagte Anspruch oder das str Rechtsverhältnis, § 256 ZPO, zum Nachlass gehört. Er wird ges Prozessstandschafter des Erben. Er kann jedoch wiederum den Erben zur Prozessführung ermächtigen (BGH NJW 1963, 297). Passiv prozessführungsbefugt ist im Falle der Leistungsklage ebenfalls der Nachlassverwalter, wenn sich der Anspruch gegen den Nachlass richtet, diese Vermögensmasse also haftet, oder das str Rechtsverhältnis, § 256 ZPO, zum Nachlass gehört (*Wieser* § 1984 Rn 2 ff).

6 Ein Urteil gegen den Nachlassverwalter entfaltet materielle Rechtskraft für und gegen den Erben (Zöller/*Vollkommer* vor § 50 Rn 34; Rosenberg/Schwab/*Gottwald* § 46 V 3a). Der Nachlassverwalter als Partei ist Prozesskostenschuldner, § 91 ZPO, es handelt sich bei den Prozesskosten jedoch um Nachlassverbindlichkeiten iSd § 1967.

C. Vollstreckungsrechtliche Wirkungen

I. Nachlassforderungen

7 Nach Anordnung der Nachlassverwaltung kann nur noch der Nachlassverwalter zum Nachlass gehörende Ansprüche im Wege der Zwangsvollstreckung durchsetzen. Haben Erblasser oder Erbe den Titel erstritten, so wird trotzdem dem Nachlassverwalter die Klausel erteilt, §§ 749 Satz 1, 727, 795 Satz 1 ZPO analog (*Wieser* § 1984 Rn 13).

II. Nachlassverbindlichkeiten

8 Ab Anordnung der Nachlassverwaltung können nur noch Nachlassgläubiger in den Nachlass vollstrecken, § 1984 Abs. 2; dies ist von Amts wegen zu beachten. Hat das Gericht einem Eigengläubiger des Erben trotzdem die Vollstreckungsklausel gegen den Nachlassverwalter erteilt, stehen die Rechtsbehelfe der §§ 732 und 768 ZPO offen.

Vor Anordnung der Nachlassverwaltung gegen den Erblasser oder Erben begonnene 9
Zwangsvollstreckungsmaßnahmen bleiben bestehen oder werden fortgesetzt, § 779 Abs. 1
ZPO, Vollstreckungsschuldner ist der Nachlassverwalter, es bedarf keiner Umschreibung
der Klausel auf den Nachlassverwalter (Staudinger/*Marotzke* § 1984 Rn 26). Beginnt die
Zwangsvollstreckung nach Anordnung der Nachlassverwaltung, so bedarf es einer Klausel gegen den Nachlassverwalter als Vollstreckungsschuldner, die auch dann erteilt werden kann, wenn der Titel gegen Erblasser oder Erben erworben wurde, §§ 748, 727, 795
Satz 1 ZPO analog (*Wieser* § 1984 Rn 17).

Alle Zwangsvollstreckungsmaßnahmen, die zugunsten der Eigengläubiger der Erben in 10
den Nachlass erfolgt sind, werden auf Vollstreckungsgegenklage des Nachlassverwalters
hin aufgehoben, §§ 784 Abs. 2, 785, 767 ZPO.

III. Schutz des Eigenvermögens des Erben

Umgekehrt kann der Erbe, der nicht unbeschränkt haftet, § 2013, und sich die Beschrän- 11
kung der Haftung auf den Nachlass im Urteil vorbehalten hat, § 780 Abs. 1 ZPO, im Wege
der Vollstreckungsgegenklage verlangen, dass Maßregeln der Zwangsvollstreckung, die
zugunsten eines Nachlassgläubigers in sein Eigenvermögen erfolgt sind, aufgehoben werden, §§ 784 Abs. 1, 785, 767 ZPO. Unterbleibt ein Antrag nach §§ 305 Abs. 1, 780 Abs. 1 ZPO
in erster Instanz, so erscheint angesichts § 531 Abs. 2 ZPO eine Nachholung in der Berufung
ausgeschlossen. Etwas anderes gilt freilich für Nachlasserbenschulden (vgl § 1967 Rn 10).

Die Eigengläubiger des Erben können jedoch den künftigen Anspruch des Erben gegen 12
den Nachlassverwalter auf Herausgabe des Überschusses pfänden (BR/*Lohmann* § 1984
Rn 8), §§ 1975, 1915, 1890, §§ 829, 844 ZPO.

§ 1985 Pflichten und Haftung des Nachlassverwalters

(1) Der Nachlassverwalter hat den Nachlass zu verwalten und die Nachlassverbindlichkeiten aus dem Nachlass zu berichtigen.

(2) Der Nachlassverwalter ist für die Verwaltung des Nachlasses auch den Nachlassgläubigern verantwortlich. Die Vorschriften des § 1978 Abs. 2 und der §§ 1979, 1980 finden entsprechende Anwendung.

A. Aufgaben des Nachlassverwalters

Der Nachlassverwalter ist Partei kraft Amtes, auf den mit Bestellung iSd §§ 1915, 1789 die 1
Verwaltungs- und Verfügungsbefugnisse des Erben übergehen, § 1984, und der insofern
dem Insolvenzverwalter vergleichbar ist (BGH NJW 1963, 297). Soweit keine Sonderregelungen bestehen, ergeben sich die Pflichten des Verwalters und die Aufsichtsfunktion
des Nachlassgerichts (vgl §§ 1802, 1837, 1840, 1841, 1886) aus §§ 1975, 1915, 1773 ff Die
Nachlassverwaltung endet mit Zweckerreichung, § 1919, oder mit Eröffnung des Nachlassinsolvenzverfahrens, § 1988 Abs. 1.

I. Nachlass

Der Nachlassverwalter verwaltet das Nachlassvermögen vorrangig zur Berichtigung der 2
Nachlassverbindlichkeiten. Deshalb werden persönliche Rechtsbeziehungen des Erblassers (BayObLG NJW-RR 1991, 361, 362), Gegenstände ohne Verkehrswert und in der Person des Erben (nicht des Erblassers) unpfändbares Vermögen, § 811 ZPO, von der Nachlassverwaltung nicht erfasst (MüKoBGB/*Siegmann* § 1984 Rn 4; Staudinger/*Marotzke*
§ 1985 Rn 19).

3 Gleiches gilt für Mitgliedsrechte, die aus einem Anteil an einer Personengesellschaft fließen (BGH NJW 1967, 1961; BayObLG BayObLGZ 1988, 24, 28), nicht jedoch für Gewinnansprüche oder das Auseinandersetzungsguthaben (der Nachlassverwalter ist auch zur Kündigung der Gesellschaft berechtigt, BayObLG NJW-RR 1991, 361, 362).

4 Zur Wahrnehmung seiner Verwaltungsbefugnis kann der Nachlassverwalter den Nachlass vom Erben herausverlangen und dieses Verlangen aufgrund einer vollstreckbaren Ausfertigung des Anordnungsbeschlusses im Wege der Zwangsvollstreckung durchsetzen, § 148 Abs. 2 InsO analog (Erman/*Schlüter* § 1985 Rn 2; BR/*Lohmann* § 1985 Rn 3; aA MüKoBGB/*Siegmann* § 1985 Rn 3; AnwK/*Krug* § 1985 Rn 7: Der Nachlassverwalter muss Leistungsklage erheben, der Anordnungsbeschluss ist kein Vollstreckungstitel). Der Erbe hat kein auf Ansprüche aus §§ 1978 Abs. 3, 1979 gestütztes Zurückbehaltungsrecht. Die Anordnung der Nachlassverwaltung muss der Nachlassverwalter im Grundbuch eintragen lassen.

II. Verwaltung, Erfüllung der Verbindlichkeiten durch Verwertung

5 Aufgabe des Nachlassverwalters ist die Verwaltung des Nachlasses, also die Vornahme sämtlicher rechtlicher oder tatsächlicher Maßnahmen, die auf Erhaltung, Nutzung oder Mehrung des Nachlasses gerichtet sind (BGH FamRZ 1965, 267). Dabei unterliegt er den Beschränkungen der §§ 1795, 1804, 1805, 1821, 1822. Diese Aufgabe wird jedoch von der zentralen und vorrangigen Pflicht des Nachlassverwalters zur Berichtigung der Nachlassverbindlichkeiten begrenzt, vgl § 1975.

6 Der Nachlassverwalter verwertet den Nachlass, soweit dies für die Berichtigung der Nachlassverbindlichkeiten, deren Bestand er sorgfältig – ggf durch Beantragung des Aufgebots, § 1970 – zu prüfen hat, erforderlich ist. Nach Berichtigung der bekannten Nachlassverbindlichkeiten muss der Nachlassverwalter den verbliebenen Nachlass an die Erben ausantworten, § 1986 Abs. 1. Er darf eine Nachlassverbindlichkeit allerdings nur dann erfüllen, wenn er annehmen darf, dass der Nachlass zur Berichtigung aller Nachlassverbindlichkeiten ausreicht, §§ 1985 Abs. 2 Satz 2, 1979; ansonsten kann er sich haftbar machen, §§ 1975, 1915, 1833 (BGH NJW 1985, 140).

7 Ist der Nachlass überschuldet oder ist Zahlungsunfähigkeit eingetreten, muss der Nachlassverwalter – wie ansonsten der Erbe (vgl § 1980 Rn 1 ff) – unverzüglich die Eröffnung des Nachlassinsolvenzverfahrens beantragen, §§ 1985 Abs. 2 Satz 2, 1980. Mit Eröffnung endet die Nachlassverwaltung, § 1988 Abs. 1. Ist der Nachlass dürftig, so muss der Nachlassverwalter die Aufhebung der Nachlassverwaltung beantragen, § 1988 Abs. 2, denn die Einreden der §§ 1990, 1992 stehen nur dem Erben selbst zu (AnwK/*Krug* § 1985 Rn 18).

B. Haftung des Nachlassverwalters

8 Mit Bestellung des Nachlassverwalters entsteht zwischen ihm und dem Erben ein Schuldverhältnis. Der Nachlassverwalter haftet dem Erben für jeden aus einer schuldhaften Pflichtverletzung im Rahmen dieses Schuldverhältnisses entstandenen Schaden, §§ 1975, 1915, 1833. Anders als in § 280 Abs. 1 Satz 2 wird das Vertretenmüssen nicht vermutet, sondern ist ggf vom Erben zu beweisen, dem jedoch die Regeln des Anscheinsbeweises zugutekommen, wenn die Begehung einer Pflichtverletzung durch den Nachlassverwalter feststeht (MüKoBGB/*Wagenitz* § 1833 Rn 14; Palandt/*Diederichsen* § 1833 Rn 4).

9 Darüber hinaus ist der Nachlassverwalter auch den Nachlassgläubigern für die Verwaltung des Nachlasses verantwortlich, § 1985 Abs. 2 Satz 1, und haftet ihnen also wie dem Erben für schuldhafte Pflichtverletzungen mit seinem eigenen Vermögen.

10 Die Ansprüche gegen den Nachlassverwalter verjähren in dreißig Jahren, § 197 Abs. 1 Nr. 2 BGB (BGH FamRZ 2003, 308).

§ 1986 Herausgabe des Nachlasses

(1) Der Nachlassverwalter darf den Nachlass dem Erben erst ausantworten, wenn die bekannten Nachlassverbindlichkeiten berichtigt sind.

(2) Ist die Berichtigung einer Verbindlichkeit zur Zeit nicht ausführbar oder ist eine Verbindlichkeit streitig, so darf die Ausantwortung des Nachlasses nur erfolgen, wenn dem Gläubiger Sicherheit geleistet wird. Für eine bedingte Forderung ist Sicherheitsleistung nicht erforderlich, wenn die Möglichkeit des Eintritts der Bedingung eine so entfernte ist, dass die Forderung einen gegenwärtigen Vermögenswert nicht hat.

Der Nachlassverwalter darf den Nachlass nicht vor Berichtigung aller bekannten Nachlassverbindlichkeiten an die Erben oder ggf den Testamentsvollstrecker »ausantworten«, § 1986 Abs. 1, also vollumfänglich herausgeben (KG NJW 1971, 566). Bei Herausgabe hat er Rechenschaft abzulegen, §§ 1975, 1915, 1890 Satz 1, 259 ff. 1

Ist die Berichtigung einer Verbindlichkeit gegenwärtig nicht möglich oder ihr Bestand str, so muss der Nachlassverwalter zuvor Sicherheit leisten, §§ 1986 Abs. 2, 232 ff. Denkbar ist auch die Hinterlegung nach §§ 372 ff unter Ausschluss der Rücknahme, § 376 Abs. 2 Nr. 1. Bei verfrühter Rückgabe kann der Nachlassverwalter erneut Herausgabe vom Erben verlangen (Staudinger/*Marotzke* § 1986 Rn 7). 2

Erst nach Beendigung der Nachlassverwaltung besteht nicht nur eine Pflicht des Nachlassverwalters, sondern auch ein Anspruch des Erben auf Herausgabe des Nachlasses, §§ 1975, 1915, 1890 Satz 1, also je nach Rechtsposition auf Übergabe, Übereignung oder Abtretung. Er kann auch am Wahlgerichtsstand, § 35 ZPO, der Vermögensverwaltung, § 31 ZPO, geltend gemacht werden. 3

Die Beschränkung der Haftung auf den Nachlass bleibt auch nach Aufhebung der Nachlassverwaltung erhalten (BGH NJW 1954, 635, 636), §§ 1990, 1991 analog, denn der Erbe darf sich darauf verlassen, dass ihm der Verwalter mit Ende der Verwaltung einen schuldenfreien Nachlass übergibt. 4

§ 1987 Vergütung des Nachlassverwalters

Der Nachlassverwalter kann für die Führung seines Amts eine angemessene Vergütung verlangen.

A. Vergütung

Der Verwalter hat einen Anspruch auf Vergütung, die er dem Nachlass entnehmen darf. Bei der rechtsgestaltenden Festsetzung der Verwaltervergütung durch das Nachlassgericht sind insb der Wert des Nachlasses, Umfang und Bedeutung der Verwaltergeschäfte, die Dauer der Verwaltung, das Maß der mit den Verwaltergeschäften verbundenen Verantwortung und der Erfolg der Tätigkeit des Nachlassverwalters, nicht aber dessen berufliche Stellung, zu berücksichtigen (BayObLG BayObLGZ 1972, 156, 157; OLG Zweibrücken OLGR 1997, 205, 206). Für den Wert soll es auf die Aktiva ohne Abzug der Passiva ankommen (BayObLG BayObLGZ 1953, 50, 51); bei kleineren Nachlässen liegt der Satz bei 3–5 %, bei größeren Nachlässen bei 1–2 % des Aktivnachlasses (OLG Zweibrücken OLGR 1997, 205, 206; Palandt/*Edenhofer* § 1987 Rn 1; BR/*Lohmann* § 1987 Rn 2). Neuerdings wird in Anlehnung an § 1836 (dazu *Löhnig* FamRZ 1997, 202) auch die Festsetzung von Stundensätzen befürwortet (Palandt/*Edenhofer* § 1987 Rn 2; LG München I, Ppfleger 2003, 249). Eine Festsetzung gegen die Staatskasse ist nicht möglich (KG NJoZ 2006, 672). 1

B. Aufwendungsersatz

2 Neben dem Vergütungsanspruch aus § 1987 steht dem Nachlassverwalter ein Anspruch auf Aufwendungsersatz zu, §§ 1975, 1915 Abs. 1, 1835, 669, 670. So stellen etwa Bürokosten eines zum Nachlassverwalter bestellten Anwalts Aufwendungen dar; die Inanspruchnahme der eigenen Anwaltskanzlei kann aber auch allgemein im Rahmen der Billigkeitserwägungen bei der Bemessung der Vergütung berücksichtigt werden (BayObLG Ppfleger 1985, 402, 403). Jedenfalls zu ersetzen sind die Kosten einer angemessenen Haftpflichtversicherung, § 1835 Abs. 2. Zu beachten ist § 1835 Abs. 3, der auch solche Dienste des Verwalters, die zu seinem Beruf oder Gewerbe gehören, als Aufwendungen einordnet; insoweit (aber nicht bei der Vergütung) kann ein RA also nach RVG abrechnen.

C. Verfahren

3 Die Vergütung des Nachlassverwalters setzt der Rechtspfleger, § 3 Nr. 2c RPflG, beim Nachlassgericht fest, §§ 1975, 1915, 1836, 1962, §§ 56g Abs. 1 Satz 1 Nr. 2, 75 FGG. Der Festsetzungsbeschluss ist Vollstreckungstitel, § 56g Abs. 6 FGG. Gegen die Festsetzung können Nachlassverwalter und Erbe unter den Voraussetzungen der §§ 75, 56g Abs. 5 Satz 1 FGG sofortige Beschwerde einlegen (vgl BayObLG NJW-RR 2001, 870), die weitere Beschwerde, § 27 FGG, ist nur statthaft, wenn das Beschwerdegericht sie wegen der grds Bedeutung der zur Entscheidung stehenden Frage zugelassen hat, §§ 75, 56g Abs. 5 Satz 2 FGG (vgl BayObLG MDR 2000, 584). Ist der Beschwerdewert nicht erreicht und die sofortige Beschwerde auch nicht zugelassen, dann ist die Rechtspflegererinnerung, § 11 Abs. 2 RPflG, eröffnet.

4 Über den Anspruch auf Aufwendungsersatz entscheidet nach Grund und Höhe das Prozessgericht (BayObLG Ppfleger 1985, 402, 404). Über den Anspruch gegen die Staatskasse, die subsidiär haftet, §§ 1975, 1915 Abs. 1, 1835 Abs. 4, entscheidet das Nachlassgericht, §§ 75, 56g FGG. Der Aufwendungsersatzanspruch ist Masseverbindlichkeit, § 324 Abs. 1 InsO.

§ 1988 Ende und Aufhebung der Nachlassverwaltung

(1) Die Nachlassverwaltung endigt mit der Eröffnung des Nachlassinsolvenzverfahrens.

(2) Die Nachlassverwaltung kann aufgehoben werden, wenn sich ergibt, dass eine den Kosten entsprechende Masse nicht vorhanden ist.

A. Beendigung durch Nachlassinsolvenz

1 Die Nachlassverwaltung endet ohne weiteres mit der Eröffnung des Nachlassinsolvenzverfahrens, § 1988 Abs. 1. Der Nachlassverwalter hat dann den Nachlass an den Nachlassinsolvenzverwalter herauszugeben. Die §§ 81, 82 InsO gelten wie bei Eröffnung des Insolvenzverfahrens ohne vorherige Nachlassverwaltung, zugunsten der Nachlassgläubiger, die an den Verwalter leisten (Staudinger/*Marotzke* § 1988 Rn 4; aA MüKoBGB/*Siegmann* § 1988 Rn 2). Zugunsten des Nachlassverwalters gilt § 674 BGB.

B. Beendigung durch Aufhebung

2 Ansonsten endet die Nachlassverwaltung mit ihrer förmlichen Aufhebung durch das Nachlassgericht, §§ 1988 Abs. 2, 1975, 1919. Aufhebungsgründe sind das Fehlen der Masse, § 1988 Abs. 2 (abwendbar durch Vorschussleistung, § 26 Satz 2 InsO analog), die tatsächliche Erschöpfung des Nachlasses (MüKoBGB/*Siegmann* § 1988 Rn 4), die Zweckerreichung iSd Befriedigung oder Sicherstellung aller bekannten Nachlassgläubiger (BayObLG

BayObLGZ 1976, 167, 173), ein Wechsel in der Person des Erben, wenn der Erbe den Antrag gestellt hatte oder wenn bei Antrag eines Nachlassgläubigers die Voraussetzungen des § 1981 Abs. 2 entfallen (Staudinger/*Marotzke* § 1988 Rn 12 f), ein Vorgehen nach §§ 18, 76 Abs. 2 FGG, und die Zustimmung aller Nachlassgläubiger und des Erben.

C. Folgen

Die Aufhebung der Nachlassverwaltung oder die Entlassung des Nachlassverwalters 3 verpflichtet diesen zur Schlussrechnung und zur Herausgabe des Nachlasses an den Erben, §§ 1975, 1915 Abs. 1, 1890, 259 ff Die im Grundbuch eingetragenen Verfügungsbeschränkungen sind auf Antrag des Erben oder Verwalters zu löschen. Nach Beendigung der Nachlassverwaltung haftet der Erbe, der sein Recht zur Haftungsbeschränkung noch nicht verloren hat, nur noch mit dem Nachlass, was er analog §§ 1990, 1991 geltend machen muss (BGH NJW 1954, 635, 636).

D. Verfahren

Die Aufhebung erfolgt von Amts wegen, ggf auf Anregung eines Beteiligten, durch 4 Beschluss des Rechtspflegers des Nachlassgerichts, § 3 Nr. 2c RPflG. Gegen die Ablehnung der Aufhebung steht dem Erben, gegen die Aufhebung der Nachlassverwaltung Nachlassgläubigern und Erben die einfache Beschwerde offen, §§ 19, 20 Abs. 1 FGG, 11 Abs. 1 RPflG. Der Nachlassverwalter ist nicht beschwerdebefugt (OLG Jena Ppfleger 1998, 427). Wird der Beschluss auf die Beschwerde hin aufgehoben, lebt die Nachlassverwaltung nicht ohne weiteres wieder auf, sondern ist erneut anzuordnen; auch der Verwalter ist erneut zu bestellen (AnwK/*Krug* § 1989 Rn 11).

Gegen seine Entlassung (ohne dass dabei eine Aufhebung erfolgen würde) kann der 5 Nachlassverwalter sofortige Beschwerde erheben, §§ 75, 60 Abs. 1 Nr. 3 FGG. Wird die Entlassung des Verwalters abgelehnt, so steht dem Erben und Nachlassgläubigern (OLG Karlsruhe NJW-RR 1989, 1095, 1096; aA OLG Frankfurt am Main FamRZ 1998, 636) die einfache Beschwerde offen, §§ 19, 20 FGG.

§ 1989 Erschöpfungseinrede des Erben

Ist das Nachlassinsolvenzverfahren durch Verteilung der Masse oder durch einen Insolvenzplan beendet, so findet auf die Haftung des Erben die Vorschrift des § 1973 entsprechende Anwendung.

A. Beendung des Insolvenzverfahrens durch Verteilung der Masse

Wird das Nachlassinsolvenzverfahren durch Verteilung der Masse, §§ 196 ff, 200 InsO, 1 beendet, so haftet der Erbe, soweit er seine Haftungsbeschränkungsmöglichkeit noch nicht verloren hat, § 2013, für Nachlassforderungen nur noch mit dem verbliebenen Nachlass, §§ 1989, 1973; Miterben haften nur für den ihrem Erbteil entsprechenden Teil der Nachlassforderung, § 2060 Nr. 3.

Stellt sich später heraus, dass doch noch zum Nachlass gehörende Gegenstände oder 2 Forderungen, die allerdings bereits vor Eröffnung des Nachlassinsolvenzverfahrens begründet worden sein müssen, vorhanden sind, hat eine Nachtragsverteilung zu erfolgen, §§ 203, 204 InsO.

B. Beendung des Insolvenzverfahrens durch Insolvenzplan

Auch bei Beendung durch Insolvenzplan, §§ 217 ff, 258 InsO, gilt die Haftungsbeschrän- 3 kung der §§ 1989, 1973. Zu beachten sind freilich die im Einzelfall getroffenen Verein-

§ 1990 BGB | Dürftigkeitseinrede des Erben

barungen. Mangels abweichender Vereinbarungen gilt Folgendes: Die Rechte absonderungsberechtigter Gläubiger bleiben unberührt, §§ 223, 49 ff InsO, mit der plankonformen Befriedigung der Insolvenzgläubiger wird der Erbe von darüber hinausgehenden Verbindlichkeiten diesen Gläubigern gegenüber befreit, § 227, die Forderungen nachrangiger Gläubiger sind als erlassen anzusehen, §§ 225, 327 InsO. Gläubigern, die ihre Forderungen nicht angemeldet haben, § 254 Abs. 1 Satz 3 InsO, haftet der Erbe nach §§ 1989, 1973.

C. Beendigung des Verfahrens aus anderen Gründen

4 Wird das Verfahren mangels Masse eingestellt, §§ 207 ff InsO, so kann sich der Erbe auf die Dürftigkeit des Nachlasses berufen, §§ 1990, 1991. Hebt das Nachlassgericht den Eröffnungsbeschluss auf eine Beschwerde hin wieder auf, dann entfallen damit alle Wirkungen des Nachlassinsolvenzverfahrens und es gelten die allgemeinen Haftungsregeln (Staudinger/*Marotzke* § 1989 Rn 2).

D. Schutz des Erben in der Zwangsvollstreckung

5 Vollstreckt ein Gläubiger aus einem Auszug aus der Tabelle, § 201 Abs. 2 InsO, nicht in den Nachlass, sondern in das Eigenvermögen des Erben, so kann dieser die Vollstreckungsgegenklage erheben, ohne dass er dazu eines Haftungsbeschränkungsvorbehaltes nach § 780 ZPO bedürfte, §§ 781, 785, 767 ZPO. Gleichwohl sollte vorsorglich ein solcher Antrag gestellt werden (AnwK/*Krug* § 1989 Rn 15).

§ 1990 Dürftigkeitseinrede des Erben

(1) Ist die Anordnung der Nachlassverwaltung oder die Eröffnung des Nachlassinsolvenzverfahrens wegen Mangels einer den Kosten entsprechenden Masse nicht tunlich oder wird aus diesem Grunde die Nachlassverwaltung aufgehoben oder das Insolvenzverfahren eingestellt, so kann der Erbe die Befriedigung eines Nachlassgläubigers insoweit verweigern, als der Nachlass nicht ausreicht. Der Erbe ist in diesem Falle verpflichtet, den Nachlass zum Zwecke der Befriedigung des Gläubigers im Wege der Zwangsvollstreckung herauszugeben.

(2) Das Recht des Erben wird nicht dadurch ausgeschlossen, dass der Gläubiger nach dem Eintritt des Erbfalls im Wege der Zwangsvollstreckung oder der Arrestvollziehung ein Pfandrecht oder eine Hypothek oder im Wege der einstweiligen Verfügung eine Vormerkung erlangt hat.

Literatur
Karsten Schmidt, Zum Prozessrecht der beschränkten Erbenhaftung, JR 1989, 45; *Westphal*, Dürftigkeitseinrede anstatt Erbausschlagung, FamRZ 1997, 199; s.a. bei § 1975.

A. Voraussetzungen der Dürftigkeitseinrede

1 Die Einrede der Dürftigkeit des Nachlasses steht dem Erben, Nachlasspfleger, Testamentsvollstrecker und verwaltendem Ehegatten oder eingetragenen Lebenspartner (bei Gütergemeinschaft) gegen Nachlassgläubiger zu, soweit der Erbe das Recht zur Haftungsbeschränkung noch nicht verloren hat, § 2013. Voraussetzung ist, dass eine die Kosten der Nachlassverwaltung oder des Nachlassinsolvenzverfahrens deckende Masse fehlt und deshalb die Anordnung der Nachlassverwaltung oder die Eröffnung des Nachlassinsolvenzverfahrens nicht tunlich ist (vgl KG NJW-RR 2003, 941). Das kann sich aus einem

schlichten Mangel an Aktiva (Dürftigkeit im engeren Sinne), dem vollständigen Verbrauch des Nachlasses zur zulässigen Befriedigung von Nachlassverbindlichkeiten (Erschöpfung) oder einer Überschuldung des Nachlasses (Unzulänglichkeit) ergeben. Zum Nachlass gehören dabei auch Ansprüche gegen den Erben aus §§ 1991 Abs. 1, 1978 (BGH NJW-RR 1989, 1226, 1228), der Betrag der Forderungen und Rechte nach § 1991 Abs. 2 (BGH NJW 1991, 844) und Surrogate, die ohne weiteres an die Stelle von Nachlassgegenständen getreten sind (BGHZ 46, 221).

Gleiches gilt, wenn das Nachlassgericht mangels Masse die Nachlassverwaltung abgelehnt oder aufgehoben, § 1988, oder das Insolvenzgericht das Nachlassinsolvenzverfahren abgelehnt, § 26 Abs. 1 InsO, oder eingestellt hat, § 207 Abs. 1 InsO, denn andere Gerichte sind an die Feststellung der Dürftigkeit durch das Nachlassgericht gebunden (BGH NJW-RR 1989, 1226). In diesen Fällen muss der Erbe zur Begründung seiner Einrede nicht die Dürftigkeit des Nachlasses im Zeitpunkt der letzten Tatsachenverhandlung (BGH NJW 1983, 1485, 1486) nachweisen, sondern kann sich allein auf die insoweit bindende Entscheidung des Nachlassgerichts berufen (BayObLG ZEV 2000, 151, 152). 2

B. Rechtsfolgen

Erhebt der Erbe die Einrede des § 1990, so beschränkt sich seine Haftung auf den Nachlass, § 1990 Abs. 1 Satz 1 (MüKoBGB/*Siegmann* § 1990 Rn 16; Staudinger/*Marotzke* § 1990 Rn 33; aA *H. Roth*, Die Einrede des Bürgerlichen Rechts, S 70 ff: Haftungsbeschränkung erfolgt erst infolge des rechtsgestaltenden Urteils). Außerdem können Nachlassgläubiger auch nicht gegen eine Eigenforderung des Erben aufrechnen (BGH NJW 1961, 1966). Allerdings muss der Erbe den Nachlass zur Befriedigung des Gläubigers einer titulierten Forderung gegen den Nachlass freiwillig zur Verwertung herausgeben oder die Zwangsvollstreckung in den Nachlass dulden, § 1991 Abs. 1 Satz 2 (RGZ 137, 50, 53), ohne dass die Beschränkungen des § 811 ZPO gelten. Eine Abwendung der Herausgabepflicht durch Zahlung des Wertes sollte analog §§ 1973 Abs. 2 Satz 2, 1992 Satz 2 zugelassen werden (dazu auch § 1992 Rn 2). Außerdem muss der Erbe ein Nachlassverzeichnis vorlegen und ist zur Rechenschaft verpflichtet. 3

C. Die Dürftigkeitseinrede in Prozess und Zwangsvollstreckung

Im Prozess muss sich der Erbe die Beschränkung der Haftung auf den Nachlass durch Aufnahme des Vorbehalts in den Urteilstenor vorbehalten lassen, § 780 Abs. 1 (vgl BGH NJW 1991, 2839), was ohne weiteres immer möglich ist, wenn der Erbe noch nicht unbeschränkt haftet, § 2013 (diese Rechtsfrage ist im Prozess abschließend zu klären, AnwK/*Krug* § 1990 Rn 12). Unterbleibt ein solcher Antrag in erster Instanz, so erscheint angesichts § 531 Abs. 2 ZPO eine Nachholung in der Berufung ausgeschlossen. 4

Infolgedessen kann der Erbe bei Vollstreckungsmaßnahmen des Klägers in sein Eigenvermögen Vollstreckungsgegenklage erheben, §§ 781, 785, 767 ZPO, in deren Rahmen die Voraussetzungen der Einrede des § 1990 geprüft werden (BayObLG FamRZ 2000, 909). Sie kann zum Ziel haben, die Zwangsvollstreckung aus dem Titel insgesamt oder die Zwangsvollstreckung in einen bestimmten Gegenstand aus dem Eigenvermögen für unzulässig zu erklären. Die Voraussetzungen des § 1990 müssen im Zeitpunkt der letzten mündlichen Tatsachenverhandlung vorliegen. 5

Der Gläubiger kann einen Haftungsanspruch gegen den Erben, §§ 1991 Abs. 1, 1978, einer Vollstreckungsabwehrklage, mit der dieser die Beschränkung der Haftung auf den Nachlass erstrebt, entgegenhalten, § 242 BGB. Dann wird die Vollstreckungsabwehrklage abgewiesen, soweit der Erbe zu Schadenersatz aus seinem Eigenvermögen verpflichtet ist (BGH NJW-RR 1989, 1226, 1228; BGH NJW 1992, 2694, 2695). 6

Das Gericht kann nach pflichtgemäßem Ermessen (BGH NJW 1964, 2298, 2300; BGH NJW 1983, 2378, 2379) aber auch bereits im Erkenntnisverfahren über die Voraussetzungen der Einrede entscheiden (BGH NJW 1993, 1851) und muss bei Dürftigkeit die Klage abweisen 7

§ 1991 BGB | Folgen der Dürftigkeitseinrede

(BayObLG ZEV 2000, 151, 153) oder die Duldung der Zwangsvollstreckung nur in den Nachlass oder bestimmte Nachlassgegenstände anordnen; dann kann der Erbe bei Zwangsvollstreckung in sein Eigenvermögen die Vollstreckungserinnerung, § 766 ZPO, erheben (BayObLG ZEV 2000, 151, 153).

8 Zwangsvollstreckungsmaßnahmen in den Nachlass haben hingegen grds Bestand. Ausnahmsweise kann die Aufhebung verlangt werden, etwa wenn Gläubiger eines Pflichtteilsrechts, eines Vermächtnisses oder einer Auflage eine ihnen nicht zustehende vorzugsweise Befriedigung ihres Anspruchs erhalten würden, vgl § 1991 Abs. 4, § 327 Abs. 1 InsO.

9 Haben umgekehrt Eigengläubiger des Erben entsprechende Sicherungsrechte am Nachlass erwirkt, so kann und muss der Erbe, der bei Dürftigkeit des Nachlasses gleichsam als Nachlassverwalter tätig wird, die Aufhebung dieser Maßnahmen im Wege der Vollstreckungsgegenklage erreichen, §§ 784 Abs. 2, 785, 767 ZPO analog (Erman/*Schlüter* § 1990 Rn 9; aA Staudinger/*Marotzke* § 1990 Rn 28: Kein Bedürfnis nach einer Analogie, weil infolge des Zugriffs der Eigengläubiger des Erben auf den Nachlass ein Ersatzanspruch des Nachlasses gegen den Erben entstehe, was allerdings dazu führt, dass die Nachlassgläubiger das Insolvenzrisiko des Erben tragen).

D. Dürftigkeitseinrede und Sicherungsrechte

10 Die Einrede des § 1990 wirkt auch gegenüber Pfandrechten und Hypotheken, die ein Nachlassgläubiger nach dem Erbfall im Wege der Zwangsvollstreckung oder der Arrestvollziehung erlangt hat, sowie gegenüber einer im Wege der einstweiligen Verfügung erwirkten Vormerkung, § 1990 Abs. 2. Der Erbe kann im Wege der Vollstreckungsgegenklage, §§ 784, 785, 767 ZPO analog, Aufhebung dieser Maßnahmen verlangen, soweit sie sein Eigenvermögen betreffen (MüKoBGB/*Siegmann* § 1990 Rn 6; Staudinger/*Marotzke* § 1990 Rn 26).

§ 1991 Folgen der Dürftigkeitseinrede

(1) Macht der Erbe von dem ihm nach § 1990 zustehenden Recht Gebrauch, so finden auf seine Verantwortlichkeit und den Ersatz seiner Aufwendungen die Vorschriften der §§ 1978, 1979 Anwendung.

(2) Die infolge des Erbfalls durch Vereinigung von Recht und Verbindlichkeit oder von Recht und Belastung erloschenen Rechtsverhältnisse gelten im Verhältnis zwischen dem Gläubiger und dem Erben als nicht erloschen.

(3) Die rechtskräftige Verurteilung des Erben zur Befriedigung eines Gläubigers wirkt einem anderen Gläubiger gegenüber wie die Befriedigung.

(4) Die Verbindlichkeiten aus Pflichtteilsrechten, Vermächtnissen und Auflagen hat der Erbe so zu berichtigen, wie sie im Falle des Insolvenzverfahrens zur Berichtigung kommen würden.

1 Die Erhebung der Einrede des § 1990 führt im Ergebnis wie die Nachlassverwaltung oder das Nachlassinsolvenzverfahren zu einer Trennung zwischen Nachlass und Eigenvermögen des Erben. Der Erbe bleibt – nun gleichsam als Nachlassverwalter – für die Verwaltung des Nachlasses zuständig und ist den Nachlassgläubigern haftbar, §§ 1991 Abs. 1, 1978, 662 ff, bis er den Nachlass vollständig herausgegeben hat. Er kann umgekehrt aber auch Ersatz seiner Aufwendungen verlangen, §§ 1991 Abs. 1, 1978 Abs. 3, 1979, 670. Auch § 1980 (Pflicht zur Beantragung der Nachlassinsolvenz) gilt entsprechend, weil eine Verweisung nur aufgrund eines Redaktionsversehens unterblieben ist (BGH NJW 1992, 2694, 2695). Der Erbe ist trotz Dürftigkeitseinrede unter dem Vorbehalt des § 780 Abs. 1 ZPO zu verurteilen (OLG Koblenz NJW-RR 2006, 377).

Bei Ermittlung des herauszugebenden Nachlasses ist zu beachten, dass durch Konfusion oder Konsolidation erloschene Rechtsverhältnisse im Verhältnis zum Nachlassgläubiger als nicht erloschen gelten, § 1991 Abs. 2 (vgl § 1976). Eine dem § 1977 vergleichbare Regelung besteht nicht, allerdings kann ein Nachlassgläubiger deshalb nicht gegen eine Eigenforderung des Erben aufrechnen, weil er sonst mittelbar Befriedigung seiner gegen den Nachlass gerichteten Forderung aus dem Eigenvermögen des Erben erreichen würde (BGH NJW 1961, 1966).

Liegen die Voraussetzungen des § 1990 vor, entfällt die Verpflichtung des Erben aus § 1980, Anordnung der Nachlassverwaltung oder Eröffnung des Nachlassinsolvenzverfahrens zu beantragen. Der Erbe muss die Forderungen der Gläubiger befriedigen, soweit der Nachlass reicht. Dabei gilt ein rechtskräftiges Urteil zugunsten eines anderen Gläubigers oder eine Forderung des Erben selbst (Staudinger/*Marotzke* § 1991 Rn 20) wie die Befriedigung, § 1991 Abs. 3, der Betrag ist also nicht mehr vorhanden. Verbindlichkeiten aus Pflichtteilsrechten, Vermächtnissen und Auflagen sind erst nach den übrigen Forderungen und nach den Forderungen ausgeschlossener und gleichgestellter Gläubiger zu erfüllen, § 1991 Abs. 4, § 327 Abs. 1 und 3 InsO. Hält sich der Erbe nicht an diese Reihenfolge, so wird er schadenersatzpflichtig, §§ 1991 Abs. 1, 1978 Abs. 1, soweit er den Nachlass nicht durch Kondiktion, § 813, des Geleisteten wieder aufstocken kann (vgl OLG Stuttgart NJW-RR 1989, 1283).

§ 1992 Überschuldung durch Vermächtnisse und Auflagen

Beruht die Überschuldung des Nachlasses auf Vermächtnissen und Auflagen, so ist der Erbe, auch wenn die Voraussetzungen des § 1990 nicht vorliegen, berechtigt, die Berichtigung dieser Verbindlichkeiten nach den Vorschriften der §§ 1990, 1991 zu bewirken. Er kann die Herausgabe der noch vorhandenen Nachlassgegenstände durch Zahlung des Wertes abwenden.

A. Voraussetzungen der Überschuldungseinrede

Ist der Nachlass (zum Begriff § 1990 Rn 1) allein (OLG München ZEV 1998, 100) wegen Vermächtnissen und Auflagen überschuldet (also nicht unbedingt auch dürftig), kann der Erbe, Nachlassverwalter, Testamentsvollstrecker oder Erbschaftskäufer die Berichtigung der Vermächtnisse und Auflagen nach §§ 1990, 1991 verweigern, soweit der Erbe die Möglichkeit zur Haftungsbeschränkung noch nicht verloren hat, § 2013. Maßgeblich ist der Zeitpunkt der letzten mündlichen Tatsachenverhandlung (vgl § 1990 Rn 2). Erbe, Nachlassverwalter oder Testamentsvollstrecker können (müssen aber nicht, § 1980 Abs. 1 Satz 3) statt dessen auch die Eröffnung des Nachlassinsolvenzverfahrens beantragen, § 320 InsO.

B. Rechtsfolgen

Liegen die Voraussetzungen des § 1992 vor, so kann der Erbe die Berichtigung der Vermächtnisse und Auflagen nach §§ 1990, 1991 bewirken (vgl § 1990 Rn 3; § 1991 Rn 3). Soweit der Nachlass nicht ausreicht, kann der Erbe die Berichtigung der Forderung verweigern und muss dann den noch vorhandenen Nachlass an den anspruchstellenden Gläubiger herausgeben (§ 1991 Rn 1). Außerdem kann der Erbe die Herausgabe der noch vorhandenen Nachlassgegenstände iSd § 1990 Abs. 1 Satz 2 (Staudinger/*Marotzke* § 1992, Rn 11) durch Zahlung des Wertes abzuwenden, § 1992 Satz 2.

Die Aufrechnung der Forderung eines Vermächtnisgläubigers gegen eine Eigenforderung des Erben ist ausgeschlossen, sobald die Voraussetzungen des § 1992 vorliegen, weil der Erbe ansonsten sein Eigenvermögen zur Befriedigung einsetzen müßte (vgl

§ 1993 BGB | Inventarerrichtung

§ 1991 Rn 2); gegen eine Nachlassforderung können Vermächtnisgläubiger freilich weiterhin aufrechnen.

C. Prozessuales

4 Die Ersetzungsbefugnis des § 1973 Abs. 2 Satz 2 muss im Urteil vorbehalten werden. Das kann durch Einschränkung der Leistungsklage des Nachlassgläubigers oder Widerklage, § 33 ZPO, des Erben geschehen; eine Vollstreckungsgegenklage wäre präkludiert, § 767 Abs. 2 ZPO (Stein/Jonas/*Münzberg* § 767 Rn 37; *Wieser* § 1992 Rn 2).

Untertitel 4 Inventarerrichtung, unbeschränkte Haftung des Erben

§ 1993 Inventarerrichtung

Der Erbe ist berechtigt, ein Verzeichnis des Nachlasses (Inventar) bei dem Nachlassgericht einzureichen (Inventarerrichtung).

Literatur
Buchholz, Der Miterbe als Nachlassgläubiger, JR 1990, 45; *van Venroy*, Zum Sinn eines Nachlassinventars, AcP 186 (1986), 356; *Weimar*, Risiken bei der Inventarerrichtung für den Erben, MDR 1979, 726.

A. Bedeutung des Inventars

I. Wirkungen zugunsten des Erben

1 Die Errichtung eines Inventars führt nicht zu einer Beschränkung der Haftung des Erben auf den Nachlass, sondern begründet im Verhältnis des Erben zu den Nachlassgläubigern die Vermutung, dass zur Zeit des Erbfalls weitere als die angegebenen Nachlassgegenstände nicht vorhanden waren, § 2009; diese Vermutung erleichtert dem Erben den Nachweis der Voraussetzungen der Einreden aus §§ 1973, 1974, 1989, 1990, 1992 und der Erfüllung seiner Pflichten aus §§ 1978, 1991.

II. Wirkungen zugunsten der Nachlassgläubiger

2 Mit Errichtung des Inventars verliert der Erbe die Einrede des § 2014. Die Versäumung einer auf Antrag eines Gläubigers vom Nachlassgericht gesetzten Inventarfrist, § 1994 Abs. 1, Inventaruntreue, § 2005, oder Verweigerung der eidesstattlichen Versicherung, § 2006, führen zur unbeschränkten Haftung des Erben für Nachlassverbindlichkeiten. Die Errichtung des Inventars hat zur Folge, dass Gläubiger zielgerichtet in den Nachlass vollstrecken und den Erben ggf auf Schadensersatz aus § 1978, 1991 in Anspruch nehmen können.

B. Errichtung des Inventars

3 Das Inventar wird entweder durch den Erben unter Hinzuziehung einer zuständigen Behörde, § 2002, Art. 148 EGBGB, §§ 20 Abs. 5 BNotO, 61 Nr. 2 BeurkG, oder auf Antrag des Erben durch das Nachlassgericht oder eine von diesem beauftragte Behörde, § 2003, aufgenommen. Außerdem ist eine Bezugnahme auf ein bereits bestehendes Inventar nach § 2004 möglich, die wiederum in einigen Fällen (§ 2004 Rn 4) überflüssig ist, weil das bereits bestehende Inventar ohne weiteres zugunsten des Erben wirkt. Errichtet wird es durch Einreichung beim zuständigen Nachlassgericht, §§ 72, 73 FGG.

C. Inventarrecht des Erben

IdR ist der Antrag auf Inventarerrichtung eine »Angriffswaffe des Gläubigers« (*Lange/* **4**
Kuchinke § 46 III 2), vgl § 1994. Der Erbe (und jeder Miterbe, § 2063 Abs. 1) kann jedoch auch freiwillig ein Inventar beim zuständigen Nachlassgericht, §§ 72, 73 FGG, errichten, um in den Genuss der Vermutung des § 2009 zu kommen. Auch ein Nacherbe kann, soweit noch nicht durch den Vorerben geschehen, § 2144 Abs. 2, ein Inventar errichten, das sich allerdings auf den Zeitpunkt des Nacherbfalls beziehen muss (Staudinger/*Avenarius* § 2144 Rn 18; AnwK/*Odersky* § 1993 Rn 5; aA MüKoBGB/*Grunsky* § 2144 Rn 10; Soergel/ *Harder* § 2144 Rn 7), weil anstelle des Nachlasses dasjenige tritt, was der Nacherbe aus der Erbschaft erlangt hat, § 2144 Abs. 1.

Verweigert das Nachlassgericht die Entgegennahme des Inventars, ist die Beschwerde **5** eröffnet, §§ 19, 20 FGG, 11 Abs. 1 RPflG.

D. Kosten

Gebühr: ¹/₂ (§ 114 Nr. 1 KostO). **6**
Wert: Nachlasswert nach Schuldenabzug (§ 114 Nr. 1, letzter Hs KostO).
Kostenschuldner: Der oder die Erben (§ 6 KostO).

§ 1994 Inventarfrist

(1) Das Nachlassgericht hat dem Erben auf Antrag eines Nachlassgläubigers zur Errichtung des Inventars eine Frist (Inventarfrist) zu bestimmen. Nach dem Ablauf der Frist haftet der Erbe für die Nachlassverbindlichkeiten unbeschränkt, wenn nicht vorher das Inventar errichtet wird.

(2) Der Antragsteller hat seine Forderung glaubhaft zu machen. Auf die Wirksamkeit der Fristbestimmung ist es ohne Einfluss, wenn die Forderung nicht besteht.

A. Gläubigerantrag

Jeder Nachlassgläubiger iSd § 1967 kann dem Erben vom Nachlassgericht eine Inventar- **1**
frist zur Errichtung des Inventars setzen lassen, die durch Einreichung, §§ 1993, 2002, Antrag, § 2003, oder Bezugnahme, § 2004, gewahrt wird. Antragsberechtigt ist jeder Nachlassgläubiger, auch wenn er nach §§ 1973, 1974 ausgeschlossen ist, weil ihm durch das Inventar die Verfolgung seiner Ansprüche erleichtert wird (BR/*Lohmann* § 1994 Rn 3; MüKo/*Siegmann* § 1973 Rn 2; Erman/*Schlüter* § 1994 Rn 2; aA Staudinger/*Marotzke* § 1994 Rn 8; AnwK/*Odersky* § 1994 Rn 5: Die ausgeschlossenen Gläubiger sollen nicht die unbeschränkte Haftung nach §§ 2005, 2006 herbeiführen dürfen, die ihnen nicht zugutekommt). Einem Miterben, der gleichzeitig Nachlassgläubiger ist, steht die Antragsbefugnis nicht **2** zu, zumal die Haftungsfolge des § 1994 Abs. 1 Satz 2 nicht erreicht werden könnte, § 2063 Abs. 2, und der Miterbe sich auch auf anderem Weg Überblick über den Bestand des Nachlasses verschaffen kann (KG OLGZ 1979, 276; Staudinger/*Marotzke* § 2063 Rn 10; BR/*Lohmann* § 1994 Rn 4; AnwK/*Odersky* § 1994 Rn 6; aA Erman/*Schlüter* § 1994 Rn 2; MüKo/*Siegmann* § 1994 Rn 3: Miterben, die gleichzeitig Nachlassgläubiger sind, dürfen nicht schlechter stehen als andere Nachlassgläubiger).

Die Nachlassgläubiger können die Inventarerrichtung nicht erzwingen; Einblick in den **3** Bestand des Nachlasses ist gegen den Willen des Erben nur im Wege der Durchsetzung von Auskunftsansprüchen zu erlangen (MüKo/*Siegmann* § 1994 Rn 16). Nach fruchtlosem Ablauf der Inventarfrist haftet der Erbe jedoch – unbeschadet der bereits vor Fristablauf eingetretenen Haftungsbeschränkungen, §§ 1973, 1974 – ohne weiteres allen Nachlassgläu-

§ 1994 BGB | Inventarfrist

bigern unbeschränkt, § 1994 Abs. 1 Satz 2 (vgl §§ 2013, 2016), soweit es sich nicht um Miterben, § 2063 Abs. 2, oder Nacherben, § 2144 Abs. 3, handelt. Minderjährige Erben werden durch §§ 1997, 1999 und bei Eintritt der Volljährigkeit durch §§ 1629a, 1990, 1991 geschützt.

B. Verfahren

I. Antragsverfahren

4 Die Inventarfrist wird durch Beschluss des Nachlassgerichts (Rechtspfleger) bestimmt. Der Nachlassgläubiger muss seinen Antrag schriftlich oder zu Protokoll der Geschäftsstelle, § 11 FGG, des zuständigen Nachlassgerichtes, §§ 72, 73 FGG, stellen. Dabei ist der Antragsgegner zu benennen (BR/*Lohmann* § 1994 Rn 6 – die Frist muss nicht notwendig allen Erben gesetzt werden), der zu hören ist. Eine Fristsetzung gegenüber einem Nichterben ist wirkungslos (BayObLG NJW-RR 1993, 780). Der Antragsteller muss seine Forderung glaubhaft machen, § 1994 Abs. 2 Satz 1, §§ 15 Abs. 2 FGG, 294 Abs. 1 ZPO (vgl BayObLG FamRZ 1993, 605), wobei der Bestand der Forderung nicht Wirksamkeitsvoraussetzung der Fristbestimmung ist, § 1994 Abs. 2 Satz 2. Für die Glaubhaftmachung einer Nachlassforderung durch den Gläubiger reicht es nicht aus, dass der Vortrag das Bestehen einer Nachlassforderung zwar schlüssig ergibt, sich auf Grund der Einwendungen der Beteiligten als Schuldner aber erkennen lässt, dass nur durch eine eingehende Aufklärung des Sachverhalts und die Beantwortung nicht einfacher Rechtsfragen festgestellt werden kann, ob die Forderung überhaupt und in welcher Höhe sie wahrscheinlich besteht (KG ZEV 2005, 114). Im Übrigen ermittelt das Nachlassgericht von Amts wegen, § 12 FGG.

5 Das Nachlassgericht muss den Antrag als unzulässig zurückweisen, wenn der Antragsgegner nicht Erbe ist, also etwa die Erbschaft wirksam ausgeschlagen hat (BayObLG FamRZ 1994, 264). Gleiches gilt, wenn Nachlassverwaltung angeordnet, § 2012, das Nachlassinsolvenzverfahren eröffnet oder durchgeführt (nicht aber abgelehnt, OLG Stuttgart FamRZ 1995, 57) wurde, § 2000 Satz 2 und 3, oder der Erbe bereits ein Inventar errichtet hat. Dem Fiskus als ges Erben darf keine Frist gesetzt werden, § 2011. Eine Frist kann jedoch bereits einem Erben gesetzt werden, der die Erbschaft noch nicht angenommen hat. Die Inventarfrist wird durch Beschluss des Nachlassgerichts bestimmt, der dem Erben und allen Nachlassgläubigern zuzustellen ist, § 16 Abs. 2 FGG.

II. Rechtsmittel

6 Gegen die Ablehnung des Antrags ist die Beschwerde eröffnet, §§ 19 Abs. 1, 20 Abs. 2 FGG, 11 Abs. 1 RPflG. Gegen die Fristbestimmung steht Erben und Nachlassgläubigern die sofortige Beschwerde zu, §§ 77 Abs. 1 und 3 FGG, 11 Abs. 1 RPflG, die keine aufschiebende Wirkung hat, § 24 Abs. 1 FGG. Sie ist innerhalb von zwei Wochen nach Bekanntgabe einzulegen, §§ 22 Abs. 1, 16, 77 Abs. 3 FGG, wobei die Beschwerdefrist des Erben mit Bekanntgabe an ihn selbst, für die Nachlassgläubiger sämtlich mit Bekanntgabe an den Antragsteller beginnt. Die Nachlassgläubiger können rügen, dass die Frist zu lang bemessen ist, der Erbe kann seine Beschwerde auf eine zu kurze Fristbemessung und auf das Fehlen von Voraussetzungen für die Fristsetzung (vgl Rn 4), aber auch das Nichtbestehen der Gläubigerforderung stützen.

7 Von sich aus kann das Nachlassgericht die Inventarfrist nicht zurücknehmen, etwa wenn es später feststellt, dass die Voraussetzungen für ihre Bestimmung nicht vorlagen, §§ 18 Abs. 2, 77 FGG.

C. Kosten bei Abs. 1

8 **Gebühr**: $1/2$ (§ 114 Nr. 1 KostO).
Wert: Nachlasswert nach Schuldenabzug (§ 114 Nr. 1 letzter Hs KostO).
Kostenschuldner: Antragsteller (§ 2 Nr. 1 KostO).

§ 1995 Dauer der Frist

(1) Die Inventarfrist soll mindestens einen Monat, höchstens drei Monate betragen. Sie beginnt mit der Zustellung des Beschlusses, durch den die Frist bestimmt wird.

(2) Wird die Frist vor der Annahme der Erbschaft bestimmt, so beginnt sie erst mit der Annahme der Erbschaft.

(3) Auf Antrag des Erben kann das Nachlassgericht die Frist nach seinem Ermessen verlängern.

A. Fristbestimmung

§ 1995 Abs. 1 Satz 1 legt die Ermessensgrenzen für die Bestimmung der Inventarfrist (Ereignisfrist, §§ 187 Abs. 1, 188 Abs. 2) durch das Nachlassgericht fest. Dabei darf die Untergrenze trotz des Gesetzeswortlauts (»soll«) nicht unterschritten werden, die Obergrenze hingegen kann mit entsprechender Begründung überschritten werden (AnwK/ *Odersky* § 1995 Rn 3). Die Frist beginnt mit Zustellung des Beschlusses, §§ 16 Abs. 2 FGG, §§ 166 ff ZPO, nicht jedoch vor Annahme der Erbschaft oder Ablauf der Ausschlagungsfrist, § 1995 Abs. 2. Bei Unkenntnis des Erben von der Zustellung etwa in Fällen der §§ 178 ff ZPO kann eine neue Frist bestimmt werden, § 1996 Abs. 1.

Auf begründeten Verlängerungsantrag des Erben innerhalb der Inventarfrist (BayObLG FamRZ 1992, 1326) kann das Nachlassgericht diese nach pflichtgemäßem Ermessen – auch über die Dreimonatsgrenze des § 1995 Abs. 1 Satz 1 hinaus (OLG Düsseldorf FamRZ 1997, 846) – verlängern, § 1995 Abs. 3; der Beschluss kann nach Fristablauf ergehen. Die Fristberechnung richtet sich nach § 190. Für den Fall der Ablehnung sollte hilfsweise ein Antrag nach § 2003 gestellt werden, um die Haftungsfolgen des § 1994 Abs. 1 Satz 2 zu vermeiden. Allein kraft Gesetzes verlängert sich die Frist in den Fällen der §§ 1997, 1998.

B. Rechtsmittel

Ein Verstoß gegen die Ermessensgrenzen aus § 1995 Abs. 1 Satz 1 begründet ein Beschwerderecht des Erben oder der Nachlassgläubigers, § 77 Abs. 2 FGG (MüKo/*Siegmann* § 1995 Rn 1). Die Fristbestimmung beruht auch dann auf einem beschwerdefähigen Ermessensfehler, wenn das Nachlassgericht ohne vorherige Anhörung des Erben die ges Mindestfrist bestimmt (BayObLG NJW-RR 1992, 1159). Gegen die Entscheidung über den Verlängerungsantrag ist ebenfalls die sofortige Beschwerde des Erben oder der Nachlassgläubiger eröffnet, § 77 Abs. 2 FGG.

C. Kosten bei Abs. 3

Gebühr: $1/2$ (§ 114 Nr. 1 KostO).
Wert: Nachlasswert nach Schuldenabzug (§ 114 Nr. 1 letzter Hs KostO).
Kostenschuldner: Der oder die Erben (§ 6 KostO).

§ 1996 Bestimmung einer neuen Frist

(1) War der Erbe ohne sein Verschulden verhindert, das Inventar rechtzeitig zu errichten, die nach den Umständen gerechtfertigte Verlängerung der Inventarfrist zu beantragen oder die in Absatz 2 bestimmte Frist von zwei Wochen einzuhalten, so hat ihm auf seinen Antrag das Nachlassgericht eine neue Inventarfrist zu bestimmen.

§ 1996 BGB | Bestimmung einer neuen Frist

(2) Der Antrag muss binnen zwei Wochen nach der Beseitigung des Hindernisses und spätestens vor dem Ablauf eines Jahres nach dem Ende der zuerst bestimmten Frist gestellt werden.

(3) Vor der Entscheidung soll der Nachlassgläubiger, auf dessen Antrag die erste Frist bestimmt worden ist, wenn tunlich gehört werden.

A. Bestimmung einer neuen Frist

I. Fristversäumnis

1 Hält der Erbe die Inventarfrist, § 1995 Abs. 1, die Verlängerungsfrist, § 1995 Abs. 3, die »Wiedereinsetzungsfrist«, § 1996 Abs. 2, oder die durch Hemmung, § 1997, oder den Tod des Erben veränderte Inventarfrist, § 1998, nicht ein, so haftet er unbeschränkt, § 1994 Abs. 1 Satz 1. Der Eintritt der unbeschränkten Haftung kann nach § 1996 durch die Bestimmung einer neuen Inventarfrist, für deren Bemessung § 1995 Abs. 1 Satz 1 gilt, auf Antrag des Erben ungeschehen gemacht werden.

II. Schuldlose Verhinderung

2 Voraussetzung für die Bestimmung einer neuen Inventarfrist ist, dass der Erbe unverschuldet an der Wahrung der bisher maßgeblichen Frist verhindert war, § 1996 Abs. 1. Am Verschulden fehlt es jedenfalls bei schuldloser Unkenntnis des fristanordnenden Beschlusses in Fällen der Ersatzzustellung oder öffentlichen Zustellung (vgl *Löhnig*, Fristen und Termine, Rn 299 ff), vgl § 1996 Abs. 1 aF, denn der Gesetzgeber wollte im Rahmen der Neufassung des § 1996 zum 9. Dezember 2004 die beachtlichen Fälle schuldloser Verhinderung ausweiten (BT-Ds 15/3653 S 17). Das Verschulden seines ges Vertreters, Generalbevollmächtigten oder Zustellungsbevollmächtigten, §§ 51 Abs. 1, 85 Abs. 2, 171 ff ZPO, muss der Erbe sich jedoch zurechnen lassen.

3 Seit der Neufassung des § 1996 besteht nun auch in anderen Fällen unverschuldeter Verhinderung die Möglichkeit zur Bestimmung einer neuen Frist. Angesichts der Parallelität der in §§ 233 ff ZPO geregelten Wiedereinsetzung in den vorigen Stand zu § 1996 nF wird insoweit an die Kasuistik zur unverschuldeten Fristwahrung bei der Wiedereinsetzung in den vorigen Stand anzuknüpfen sein.

III. Wahrung der »Wiedereinsetzungsfrist«

4 Der Antrag auf Bestimmung einer neuen Frist muss innerhalb von zwei Wochen nach Behebung des Hindernisses, spätestens vor Ablauf eines Jahres nach Ende der zuerst bestimmten Frist gestellt werden, § 1996 Abs. 2. Wird auch die Zweiwochenfrist oder die auf Antrag bestimmte neue Frist schuldlos versäumt, kann erneut ein Antrag nach § 1996 gestellt werden; dies stellt der neugefasste § 1996 Abs. 1 nunmehr ausdrücklich klar.

B. Verfahren

5 Vor der Entscheidung über den Antrag ist der Nachlassgläubiger, auf dessen Antrag die Frist bestimmt worden war, zu hören, § 1996 Abs. 3. Wegen Art. 103 Abs. 1 GG ist die Einschränkung »tunlich« nicht zu beachten (Staudinger/*Marotzke* § 1996 Rn 6; MüKoBGB/*Siegmann* § 1996 Rn 3; AnwK/*Odersky* § 1996 Rn 8).

6 Gegen die Ablehnung des Antrags oder Bestimmung einer neuen Frist durch das Nachlassgericht ist für Erben und Nachlassgläubiger die sofortige Beschwerde eröffnet, § 77 Abs. 2 und 3 FGG.

7 In anderen Verfahren ist die Entscheidung des Nachlassgerichts über die Bestimmung einer neuen Frist bindend.

C. Kosten bei Abs. 1

Gebühr: $^1/_2$ (§ 114 Nr. 1 KostO). 8
Wert: Nachlasswert nach Schuldenabzug (§ 114 Nr. 1 letzter Hs KostO).
Kostenschuldner: Der oder die Erben (§ 6 KostO).

§ 1997 Hemmung des Fristablaufs

Auf den Lauf der Inventarfrist und der im § 1996 Abs. 2 bestimmten Frist von zwei Wochen finden die für die Verjährung geltenden Vorschriften des § 210 entsprechende Anwendung.

§ 1997 erstreckt die Anwendung des verjährungsrechtlichen Hemmungstatbestands des 1
§ 210 (dazu *Löhnig*, Fristen und Termine, Rn 230) auf die Fristen der §§ 1995, 1996, 2005
Abs. 2 mit Ausnahme der Höchstfrist des § 1996 Abs. 2 und regelt damit die Folgen des
Verlusts der vollen Geschäftsfähigkeit des Erben während des Fristlaufs
War der Erbe schon bei Zustellung des Beschlusses nicht voll geschäftsfähig, konnte die 2
Frist mangels wirksamer Zustellung an ihn nicht ausgelöst werden, so dass es nicht auf
§§ 1997, 210 ankommt. Wurde hingegen wirksam an den ges Vertreter des nicht voll
geschäftsfähigen Erben zugestellt und versäumt der ges Vertreter trotz § 1999 die Inventarfrist, so tritt die unbeschränkte Erbenhaftung ein. Der Erbe kann sich lediglich bei Eintritt
der Volljährigkeit auf § 1629a berufen und außerdem Schadenersatzansprüche gegen
seinen ges Vertreter aus Pflichtverletzung des Sorgerechtsverhältnisses geltend machen,
§ 280 Abs. 1.

§ 1998 Tod des Erben vor Fristablauf

Stirbt der Erbe vor dem Ablauf der Inventarfrist oder der in § 1996 Abs. 2 bestimmten Frist von zwei Wochen, so endigt die Frist nicht vor dem Ablauf der für die Erbschaft des Erben vorgeschriebenen Ausschlagungsfrist.

§ 1998 bestimmt zum Schutz des Erbeserben, dass die Fristen der §§ 1995, 1996, 2005 Abs. 2 1
nicht vor Ablauf der Ausschlagungsfrist, § 1944, enden. Unerheblich ist dabei, ob der
Erbeserbe die Erbschaft vorher angenommen oder Kenntnis von der Inventarfrist hatte;
unverschuldete Unkenntnis kann jedoch die Bestimmung einer neuen Frist ermöglichen,
§ 1996 Abs. 1 Satz 1.

§ 1999 Mitteilung an das Vormundschaftsgericht

Steht der Erbe unter elterlicher Sorge oder unter Vormundschaft, so soll das Nachlassgericht dem Vormundschaftsgericht von der Bestimmung der Inventarfrist Mitteilung machen. Dies gilt auch, wenn die Nachlassangelegenheit in den Aufgabenkreis eines Betreuers des Erben fällt.

Durch die Mitteilung der Inventarfrist seitens des Nachlassgerichts an das Vormund- 1
schaftsgericht wird diesem ermöglicht, Eltern, Vormund, Pfleger oder Betreuer zur fristgerechten Errichtung des Inventars anzuhalten, §§ 1667, 1837, 1908i, 1915. Das ist deshalb
erforderlich, weil das Verhalten des ges Vertreters dem Erben zuzurechnen ist (vgl § 1996

§ 2000 BGB | Unwirksamkeit der Fristbestimmung

Rn 2). Die Mitteilung ist jedoch kein Wirksamkeitserfordernis der Fristbestimmung (MüKo/*Siegmann* § 1999 Rn 2; Erman/*Schlüter* § 1999 Rn 1; aA Staudinger/*Marotzke* § 1999 Rn 2 im Hinblick auf den in BVerfG NJW 1986, 1589 geforderten Überschuldungsschutz, der jedoch nunmehr durch §§ 1629a, 1990, 1991 gewährleistet wird).

Anhang zu § 1999: Abschnitt 2 aus Buch 4 des BGB (Verwandtschaft)

Titel 5 Elterliche Sorge (Auszug)

1629a Beschränkung der Minderjährigenhaftung

(1) Die Haftung für Verbindlichkeiten, die die Eltern im Rahmen ihrer gesetzlichen Vertretungsmacht oder sonstige vertretungsberechtigte Personen im Rahmen ihrer Vertretungsmacht durch Rechtsgeschäft oder eine sonstige Handlung mit Wirkung für das Kind begründet haben, oder die auf Grund eines während der Minderjährigkeit erfolgten Erwerbs von Todes wegen entstanden sind, beschränkt sich auf den Bestand des bei Eintritt der Volljährigkeit vorhandenen Vermögens des Kindes; dasselbe gilt für Verbindlichkeiten aus Rechtsgeschäften, die der Minderjährige gemäß §§ 107, 108 oder § 111 mit Zustimmung seiner Eltern vorgenommen hat oder für Verbindlichkeiten aus Rechtsgeschäften, zu denen die Eltern die Genehmigung des Vormundschaftsgerichts erhalten haben. Beruft sich der volljährig Gewordene auf die Beschränkung der Haftung, so finden die für die Haftung des Erben geltenden Vorschriften der §§ 1990, 1991 entsprechende Anwendung.

(2) Abs. 1 gilt nicht für Verbindlichkeiten aus dem selbständigen Betrieb eines Erwerbsgeschäfts, soweit der Minderjährige hierzu nach § 112 ermächtigt war, und für Verbindlichkeiten aus Rechtsgeschäften, die allein der Befriedigung seiner persönlichen Bedürfnisse dienten.

(3) Die Rechte der Gläubiger gegen Mitschuldner und Mithaftende sowie deren Rechte aus einer für die Forderung bestellten Sicherheit oder aus einer deren Bestellung sichernden Vormerkung werden von Abs. 1 nicht berührt.

(4) Hat das volljährig gewordene Mitglied einer Erbengemeinschaft oder Gesellschaft nicht binnen drei Monaten nach Eintritt der Volljährigkeit die Auseinandersetzung des Nachlasses verlangt oder die Kündigung der Gesellschaft erklärt, ist im Zweifel anzunehmen, dass die aus einem solchen Verhältnis herrührende Verbindlichkeit nach dem Eintritt der Volljährigkeit entstanden ist; entsprechendes gilt für den volljährig gewordenen Inhaber eines Handelsgeschäfts, der dieses nicht binnen drei Monaten nach Eintritt der Volljährigkeit einstellt. Unter den in Satz 1 bezeichneten Voraussetzungen wird ferner vermutet, dass das gegenwärtige Vermögen des volljährig Gewordenen bereits bei Eintritt der Volljährigkeit vorhanden war.

§ 2000 Unwirksamkeit der Fristbestimmung

Die Bestimmung einer Inventarfrist wird unwirksam, wenn eine Nachlassverwaltung angeordnet oder das Nachlassinsolvenzverfahren eröffnet wird. Während der Dauer der Nachlassverwaltung oder des Nachlassinsolvenzverfahrens kann eine Inventarfrist nicht bestimmt werden. Ist das Nachlassinsolvenzverfahren durch Verteilung der Masse oder durch einen Insolvenzplan beendet, so bedarf es zur Abwendung der unbeschränkten Haftung der Inventarerrichtung nicht.

A. Unwirksamkeit/Unzulässigkeit der Inventarfrist

Nach Anordnung der Nachlassverwaltung oder Eröffnung des Nachlassinsolvenzverfahrens bedarf es keiner Inventarerrichtung mehr, denn die Verantwortung für den Nachlass geht auf den Nachlass- oder Nachlassinsolvenzverwalter über, der ein Nachlassverzeichnis aufnehmen und den Nachlassgläubigern Auskunft über den Bestand des Nachlasses erteilen muss, §§ 1802, 2012 Abs. 2 bzw §§ 151 ff InsO. Eine zuvor gesetzte und noch nicht abgelaufene Inventarfrist wird deshalb ohne weiteres unwirksam, § 2000 Satz 1; dem Nachlass- oder Insolvenzverwalter selbst kann keine Inventarfrist gesetzt werden, § 2012. 1

Auch die Bestimmung einer neuen Frist ist während bestehender Nachlassverwaltung oder Nachlassinsolvenz ohne weiteres unwirksam, § 2002 Satz 2, kann jedoch zur Sicherheit gleichwohl nach § 77 FGG angefochten werden (MüKoBGB/*Siegmann* § 2000 Rn 3; Staudinger/*Marotzke* § 2000 Rn 4). 2

Auch eine nach Beendigung des Nachlassinsolvenzverfahrens durch Verteilung der Masse oder durch einen Insolvenzplan (nicht aber bei anderweitiger Beendigung, OLG Stuttgart NJW 1995, 1227) gesetzte Frist ist – trotz der missverständlichen Formulierung des § 2000 Satz 3 (Staudinger/*Marotzke* § 2000 Rn 5) – ohne weiteres unwirksam, denn der Erbe haftet nur noch nach Maßgabe der §§ 1989, 1973. 3

B. Bereits errichtetes Inventar

Hat der Erbe bereits ein Inventar errichtet und durch absichtliche Manipulationen die unbeschränkte Haftung nach § 2005 Abs. 1 ausgelöst, erhält er durch nachträgliche Anordnung der Nachlassverwaltung oder Eröffnung des Nachlassinsolvenzverfahrens keine erneute Möglichkeit zur Haftungsbeschränkung (AnwK/*Odersky* § 2000 Rn 7). 4

Gleiches gilt grds bei Errichtung eines manipulierten Inventars nach Verfahrenseröffnung, wobei die Wirkungen des § 2005 Abs. 1 nicht eintreten, solange das Verfahren läuft, vgl § 2000 Satz 2, und nachdem das Nachlassinsolvenzverfahren durch Insolvenzplan oder Verteilung des Masse beendet worden ist, vgl § 2000 Satz 3 (Staudinger/*Marotzke* § 2000 Rn 8; AnwK/*Odersky* § 2000 Rn 9; aA Erman/*Schlüter* § 2000 Rn 2; BR/*Lohmann* § 2000 Rn 3; MüKoBGB/*Siegmann* § 2000 Rn 6; Soergel/*Stein* § 2000 Rn 3). 5

§ 2001 Inhalt des Inventars

(1) In dem Inventar sollen die bei dem Eintritt des Erbfalls vorhandenen Nachlassgegenstände und die Nachlassverbindlichkeiten vollständig angegeben werden.

(2) Das Inventar soll außerdem eine Beschreibung der Nachlassgegenstände, soweit eine solche zur Bestimmung des Wertes erforderlich ist, und die Angabe des Wertes enthalten.

§ 2001 regelt den Inhalt des Inventars, ohne dass ein Verstoß gegen diese Sollvorschrift die Unwirksamkeit des Inventars zurfolge hätte (OLG Hamm NJW 1962, 53); unrichtige Angaben lösen die Folgen des § 2005 aus. 1

Das Inventar soll die Nachlassgegenstände mit Beschreibung und Wertangabe enthalten, die im Zeitpunkt des Erbfalls vorhanden waren. Bei fortbestehenden Personengesellschaften sind lediglich die Gewinn- und Auseinandersetzungsansprüche aufzunehmen (vgl BGH FamRZ 1982, 45; BGH FamRZ 1982, 141; BGH FamRZ 1986, 799; BGHZ 108, 87). 2

Außerdem sind die Nachlassverbindlichkeiten, § 1967, zum Zeitpunkt der Errichtung aufzunehmen (BGH NJW 1960, 959, 962). Dazu gehören jeweils auch Rechtspositionen, die durch Konfusion, Konsolidation oder Aufrechnung erloschen sind, vgl §§ 1976, 1977, 1991 Abs. 2. 3

§ 2003 BGB | Amtliche Aufnahme des Inventars

§ 2002 Aufnahme des Inventars durch den Erben

Der Erbe muss zu der Aufnahme des Inventars eine zuständige Behörde oder einen zuständigen Beamten oder Notar zuziehen.

1 Der Erbe kann das Inventar nicht allein aufnehmen. Er muss eine zuständige, Art. 147, 148 EGBGB, §§ 20 BNotO, 61 Abs. 1 Nr. 2 BeurkG, Behörde, Beamten oder Notar hinzuziehen, ansonsten ist das Inventar unwirksam. Fehlt nur die örtliche Zuständigkeit schadet dies nicht (Staudinger/*Marotzke* § 2002, Rn 3; BR/*Lohmann* § 2002 Rn 2). Die Zuziehung ist idR durch Unterschrift der Amtsperson auf dem Inventar zu dokumentieren, für Notare gelten §§ 36 ff BeurkG. Die Inventarfrist wird durch Einreichung des (idR auch vom Erben zu unterzeichnenden) Inventars durch den Erben beim zuständigen Nachlassgericht gewahrt, § 1993.

§ 2003 Amtliche Aufnahme des Inventars

(1) Auf Antrag des Erben hat das Nachlassgericht entweder das Inventar selbst aufzunehmen oder die Aufnahme einer zuständigen Behörde oder einem zuständigen Beamten oder Notar zu übertragen. Durch die Stellung des Antrags wird die Inventarfrist gewahrt.

(2) Der Erbe ist verpflichtet, die zur Aufnahme des Inventars erforderliche Auskunft zu erteilen.

(3) Das Inventar ist von der Behörde, dem Beamten oder dem Notar bei dem Nachlassgericht einzureichen.

(2) Der Erbe ist verpflichtet, die zur Aufnahme des Inventars erforderliche Auskunft zu erteilen.

(3) Das Inventar ist von der Behörde, dem Beamten oder dem Notar bei dem Nachlassgericht einzureichen.

A. Amtliche Inventaraufnahme

1 Der Erbe kann beim Nachlassgericht die amtliche Aufnahme des Inventars beantragen, § 2003 Abs. 1 Satz 1, und bereits durch Antragstellung die Inventarfrist wahren, § 2003 Abs. 1 Satz 2. Zuständig ist stets das örtliche zuständige, §§ 72, 73 FGG, Nachlassgericht. Das Nachlassgericht hat entweder durch den Rechtspfleger, § 3 Nr. 2c RPflG, das Inventar selbst aufzunehmen oder eine zuständige, Art. 147, 148 EGBGB, §§ 20 BNotO, 61 Abs. 1 Nr. 1 BeurkG, Behörde, Beamten oder Notar zu beauftragen, der das Inventar dann beim Gericht einreicht, § 2003 Abs. 3. Die Wahrung der sachlichen, nicht aber der örtlichen Zuständigkeit ist Wirksamkeitsvoraussetzung (Staudinger/*Marotzke* § 2002 Rn 8; BR/*Lohmann* § 2003 Rn 3).

2 Der antragstellende Erbe, aber auch jeder andere Miterbe, ist zur Mitwirkung verpflichtet und hat Auskunft zu erteilen, §§ 2003 Abs. 2, 260 Abs. 1, deren Verweigerung durch die Haftungsfolgen des § 2005 Abs. 1 Satz 2 sanktioniert wird.

B. Rechtsmittel

3 Gegen die Ablehnung des Antrags auf amtliche Inventarerrichtung ist die Beschwerde eröffnet, §§ 19 Abs. 1, 20 Abs. 2 FGG.

C. Kosten und Gebühren

Gebühr: Die Anordnung der amtlichen Aufnahme wird mit der Gebühr für die Entgegennahme abgegolten. Für die Aufnahme des Inventars durch das Nachlassgericht entsteht die $1/1$ Gebühr nach § 52 Abs. 1 KostO. Dauert die Aufnahme mehr als zwei Stunden, erhöht sich die Gebühr für jede weitere angefangene Stunde um die Mindestgebühr (§ 33 KostO = 10 €).
Wert: Nachlasswert ohne Schuldenabzug.
Kostenschuldner: Antragsteller (§ 2 Nr. 1 KostO).

§ 2004 Bezugnahme auf ein vorhandenes Inventar

Befindet sich bei dem Nachlassgericht schon ein den Vorschriften der §§ 2002, 2003 entsprechendes Inventar, so genügt es, wenn der Erbe vor dem Ablauf der Inventarfrist dem Nachlassgerichte gegenüber erklärt, dass das Inventar als von ihm eingereicht gelten soll.

A. Bezugnahme

Die Inventarfrist kann nicht nur durch Einreichung eines Inventars nach § 2002 oder Antragstellung nach § 2003, sondern auch durch fristgerechte, formlose Bezugnahme auf ein bereits beim Nachlassgericht befindliches Inventar gewahrt werden, soweit dieses die Voraussetzungen der §§ 2002, 2003 erfüllt. Eine solche Bezugnahme des Erben kann etwa auf Inventare und Nachlassverzeichnisse des Nachlassgerichtes, § 1960 Abs. 2, eines Erben, der die Erbschaft später ausgeschlagen hat, eines vermeintlichen Erben (Erbschaftsbesitzers), eines Nachlassverwalters oder eines Nachlassinsolvenzverwalters erfolgen. Wird absichtlich (§ 2005 Rn 3) auf ein unrichtiges Inventar Bezug genommen, treffen den Erben die Haftungsfolgen des § 2005 Abs. 1 Satz 1.

Die Inventarfrist kann nicht nur durch Bezugnahme auf ein Inventar, sondern auch auf vergleichbare Nachlassverzeichnisse nach §§ 1960 Abs. 2, 1802 Abs. 2, 2121 Abs. 3, 2215 Abs. 4, 2314 Abs. 1 Satz 3 gewahrt werden, soweit sich diese auf den Zeitpunkt des Erbfalls beziehen (Staudinger/*Marotzke* § 2004 Rn 2 ff; Soergel/*Stein* § 2004 Rn 2). Mangels Rechtsprechung zu diesem Problemkreis sollte zur Sicherheit in diesen Fällen allerdings ein Inventar errichtet werden (AnwK/*Odersky* § 2004 Rn 8).

Eine Bezugnahme ist nicht nur zur Wahrung der Inventarfrist, sondern auch als Surrogat für ein zur Auslösung der Vermutung des § 2009 freiwillig errichtetes Inventar anzusehen (Staudinger/*Marotzke* § 2004 Rn 11; Soergel/*Stein* § 2004 Rn 4).

B. Entbehrlichkeit der Bezugnahme

Eine Bezugnahme ist überflüssig, wenn das Inventar ohnehin zugunsten des Erben wirkt, §§ 2008 Abs. 1 Satz 3, 2063, 2144 Abs. 2, 2383 Abs. 2. Lässt der Erbe im Vertrauen auf ein bereits errichtetes Inventar, das die Voraussetzungen des § 2005 Abs. 1 Satz 1 erfüllt, die Inventarfrist verstreichen, so tritt nicht unbeschränkte Haftung nach § 1994 Abs. 1 Satz 2 ein, sondern es ist ihm zunächst eine Frist zur Berichtigung zu setzen, § 2005 Abs. 2 analog, soweit die Bezugnahme nicht absichtlich (§ 2005 Rn 4) geschieht (Staudinger/*Marotzke* § 2063 Rn 6; BR/*Lohmann* § 2005 Rn 6; aA Erman/*Schlüter* § 2005 Rn 5; MüKoBGB/*Siegmann* § 2005 Rn 3: Haftungsfolgen des § 1994 Abs. 1 Satz 2).

§ 2005 Unbeschränkte Haftung des Erben bei Unrichtigkeit des Inventars

(1) Führt der Erbe absichtlich eine erhebliche Unvollständigkeit der im Inventar enthaltenen Angabe der Nachlassgegenstände herbei oder bewirkt er in der Absicht, die Nachlassgläubiger zu benachteiligen, die Aufnahme einer nicht bestehenden Nachlassverbindlichkeit, so haftet er für die Nachlassverbindlichkeiten unbeschränkt. Das Gleiche gilt, wenn er im Falle des § 2003 die Erteilung der Auskunft verweigert oder absichtlich in erheblichem Maße verzögert.

(2) Ist die Angabe der Nachlassgegenstände unvollständig, ohne dass ein Fall des Absatzes 1 vorliegt, so kann dem Erben zur Ergänzung eine neue Inventarfrist bestimmt werden.

A. Unbeschränkte Haftung

I. Absichtliche Unrichtigkeit

1. Objektiver Tatbestand

1 Die Einreichung eines falschen oder unvollständigen Inventars kann – wie die Versäumung der Inventarfrist, § 1994 Abs. 1 Satz 2 – dazu führen, dass der Erbe seine Möglichkeiten zur Haftungsbeschränkung verliert. Erste Voraussetzung für den Eintritt der unbeschränkbaren Haftung nach § 2005 Abs. 1 Satz 1 ist die Herbeiführung einer erheblichen Unvollständigkeit der im Inventar nach §§ 2002, 2003 enthaltenen Angabe der Nachlassgegenstände (nicht jedoch ihrer Beschreibung oder ihres Wertes), § 2005 Abs. 1 Satz 1 Alt. 1, oder die Aufnahme einer tatsächlich nicht bestehenden Nachlassverbindlichkeit, § 2005 Abs. 1 Satz 1 Alt. 2, in ein solches Inventar. Beide Alternativen können auch durch Bezugnahme, § 2004, auf ein Inventar, das in dieser Weise unvollständig ist, erfüllt werden. § 2005 Abs. 1 Satz 1 gilt für freiwillige wie aufgrund Fristsetzung aufgenommene Inventare.

2. Subjektiver Tatbestand

2 Zudem muss der Erbe in Fällen des § 2005 Abs. 1 Satz 1, 1. Alt. absichtlich gehandelt haben. Es ist also nicht nur vorsätzliches Handeln erforderlich, sondern darüber hinaus muss der Erbe mit den unrichtigen Angaben den Zweck der Schädigung von Nachlassgläubigern, Miterben oder der Steuerbehörden im weitesten Sinne verfolgt haben (Erman/ *Schlüter* § 2005 Rn 3; Staudinger/*Marotzke* § 2005 Rn 4), ohne dass eine konkrete Benachteiligungsabsicht vorliegen müßte. In Fällen des § 2005 Abs. 1 Satz 1, Alt. 2 ist die Absicht der Benachteiligung der Nachlassgläubiger erforderlich. Bei Verwirklichung des Tatbestands durch Bezugnahme, § 2004, muss die jeweilige Absicht des Erben auch die Unrichtigkeit des Inventars umfassen.

3 Wirkt ein Inventar kraft Gesetzes zugunsten eines Erben (§ 2004 Rn 4), so wird ihm nicht ohne weiteres die Unrichtigkeit dieses Inventars zugerechnet, sondern nur dann, wenn er dieses Inventar bewusst und mit der entsprechenden Schädigungs- oder Benachteiligungsabsicht für sich hat wirken lassen. Hat er nicht absichtlich gehandelt, so ist ihm eine Frist zur Berichtigung des Inventars zu setzen, § 2005 Abs. 2 analog (AnwK/*Odersky* § 2005 Rn 11).

4 Wenn der Nachweis der subjektiven Voraussetzungen nicht gelingt, kann der Weg der eidesstattlichen Versicherung, § 2006, gewählt werden.

II. Auskunftsverweigerung

1. Objektiver Tatbestand

Außerdem verliert der Erbe sein Haftungsbeschränkungsrecht, wenn er im Fall der amtlichen Aufnahme, § 2003, die Erteilung einer erforderlichen Auskunft verweigert oder erheblich verzögert, § 2005 Abs. 1 Satz 2. Die Auskunftsverweigerung muss sich auf Punkte beziehen, die bei Errichtung des Inventars durch den Erben selbst, § 2002, die Sanktion des § 2005 Abs. 1 Satz 1 ausgelöst hätten (BR/*Lohmann* § 2005 Rn 5). § 2005 Abs. 1 Satz 2 greift nur, wenn dem Erben eine Inventarfrist gesetzt wurde, weil der Erbe allein durch den Antrag nach § 2003 bereits die Inventarfrist wahren kann und deswegen die Aufnahme des Inventars nicht nachträglich sabotieren können soll (Staudinger/*Marotzke* § 2005 Rn 7; MüKoBGB/*Siegmann* § 2005 Rn 5).

2. Subjektiver Tatbestand

Die Verzögerung der Auskunftserteilung muss absichtlich geschehen. Darüber hinaus muss, wie in den Fällen des § 2005 Abs. 1 Satz 1 Alt. 1, bei Verweigerung und Verzögerung eine Schädigungsabsicht im weitesten Sinne hinzukommen (AnwK/*Odersky* § 2005 Rn 15).

III. Haftung für Hilfspersonen

Der Erbe haftet für das Verschulden seines ges Vertreters oder seines Bevollmächtigten, § 278, nicht jedoch für Inventarverfehlungen des Testamentsvollstreckers, Nachlassverwalters, Nachlassinsolvenzverwalters, Pflegers oder solcher Personen, deren Inventar ohne weiteres zugunsten des Erben wirkt (§ 2004 Rn 4).

IV. Haftungsfolge

§ 2005 Abs. 1 ordnet bei absichtlichem Handeln die Sanktion der unbeschränkten Erbenhaftung an. Die Haftung tritt bei Unrichtigkeit des Inventars mit dessen Einreichung ein, bei Auskunftsverweigerung oder -verzögerung mit Ablauf der Inventarfrist, weil der Erbe die Auskünfte bis Fristablauf nachholen oder die Unrichtigkeit auf andere Weise, etwa durch Auskunft eines Dritten oder Errichtung eines dem Erben ohne weiteres zugute kommendes Inventars durch einen Dritten, entfallen kann.

Soweit der Erbe minderjährig ist, tritt trotz Erfüllung der Voraussetzungen des § 2005 Abs. 1 mit Volljährigkeit die Haftungsbeschränkung der §§ 1629a, 1990, 1991 ein. Miterben verlieren ihr Haftungsbeschränkungsrecht bezogen auf den ihrem Erbteil entsprechenden Anteil an jeder Nachlassverbindlichkeit.

In Zweifelsfällen kann der Zustand der Erbenhaftung durch Feststellungsklage geklärt werden, § 256 ZPO.

B. Unabsichtliche Unvollständigkeit

Ist ein Inventar nach §§ 2002, 2003 unvollständig, ohne dass der Erbe absichtlich gehandelt hat, so kann ihm auf Antrag eines Gläubigers eine neue (oder bei freiwilliger Errichtung: erste) Inventarfrist zur Vervollständigung gesetzt werden, § 2005 Abs. 2. Gleiches gilt für die unabsichtliche Bezugnahme, § 2004, auf ein unrichtiges Inventar und in Fällen unter § 2005 Rn 2. Für die Frist gelten §§ 1994 ff.

Gegen die Entscheidung des Nachlassgerichts ist für Antragsteller und Erben jeweils die Beschwerde nach § 77 FGG eröffnet.

C. Kosten bei Abs. 2

13 **Gebühr**: $^1/_2$ (§ 114 Nr. 1 KostO).
Wert: Nachlasswert nach Schuldenabzug (§ 114 Nr. 1 letzter Hs KostO).
Kostenschuldner: Der oder die Erben (§ 6 KostO).

§ 2006 Eidesstattliche Versicherung

(1) Der Erbe hat auf Verlangen eines Nachlassgläubigers zu Protokoll des Nachlassgerichts an Eides Statt zu versichern, dass er nach bestem Wissen die Nachlassgegenstände so vollständig angegeben habe, als er dazu imstande sei.

(2) Der Erbe kann vor der Abgabe der eidesstattlichen Versicherung das Inventar vervollständigen.

(3) Verweigert der Erbe die Abgabe der eidesstattlichen Versicherung, so haftet er dem Gläubiger, der den Antrag gestellt hat, unbeschränkt. Das Gleiche gilt, wenn er weder in dem Termin noch in einem auf Antrag des Gläubigers bestimmten neuen Termin erscheint, es sei denn, dass ein Grund vorliegt, durch den das Nichterscheinen in diesem Termin genügend entschuldigt wird.

(4) Eine wiederholte Abgabe der eidesstattlichen Versicherung kann derselbe Gläubiger oder ein anderer Gläubiger nur verlangen, wenn Grund zu der Annahme besteht, dass dem Erben nach der Abgabe der eidesstattlichen Versicherung weitere Nachlassgegenstände bekanntgeworden sind.

A. Antrag auf eidesstattliche Versicherung

I. Voraussetzungen

1 § 2006 verpflichtet den Erben auf bloßen Antrag eines beliebigen Nachlassgläubigers hin – also auch eines Gläubigers nach §§ 1973, 1974 – zur eidesstattlichen Versicherung über die Vollständigkeit eines auf Fristsetzung oder freiwillig errichteten Inventars iSd §§ 2002–2004. Nicht antragsbefugt ist lediglich ein Miterbe, der gleichzeitig Nachlassgläubiger ist (vgl § 1994 Rn 2).

2 Auch Miterben oder Nacherben, denen aufgrund der Wirkungserstreckung der §§ 2063, 2144 keine Inventarfrist gesetzt werden darf, können zur Abgabe der Versicherung aufgefordert werden (Staudinger/*Marotzke* § 2006 Rn 3; Soergel/*Stein* § 2006 Rn 3; AnwK/*Odersky* § 2006 Rn 4; aA Soergel/*Wolf* § 2063 Rn 2; Erman/*Schlüter* § 2006 Rn 3). Anders könnte die zugunsten dieser Erben bestehende Vermutungswirkung des § 2009 nicht erschüttert werden.

3 Soweit Auskunftsansprüche des Nachlassgläubigers bestehen, kann der Gläubiger alternativ nach § 260 Abs. 2 vorgehen, muss hier jedoch ggf im Klageweg vorgehen, während im Rahmen des § 2006 die drohende Haftungsfolge Zwang auf den Erben ausübt.

4 Während laufender Nachlassverwaltung/bzw Nachlassinsolvenz und nach Beendigung der Nachlassinsolvenz durch Insolvenzplan oder Verteilung der Masse kann die eidesstattliche Versicherung nicht verlangt werden. Damit werden die Haftungsfolgen denjenigen bei Inventaruntreue, § 2005, angeglichen, § 2000 analog (AnwK/*Odersky* § 2006 Rn 8). Im Nachlassinsolvenzverfahren kann das Insolvenzgericht dem Erben jedoch auf Antrag des Insolvenzverwalters aufgeben, die Vollständigkeit der Vermögensübersicht eidesstattlich zu versichern, § 153 Abs. 2 InsO, ohne dass bei Verweigerung allerdings die Folgen des § 2006 Abs. 3 einträten.

II. Inhalt

Der Erbe muss die Versicherung nach bestem, aktuellem Wissen abgeben. Sie bezieht sich 5
nur auf die Nachlassgegenstände, nicht jedoch auf die Nachlassverbindlichkeiten, zur Zeit
des Erbfalls.

III. Haftungsfolgen

Der Erbe kann nicht zur Abgabe der Versicherung gezwungen werden, haftet jedoch bei 6
Verweigerung oder Terminversäumnis iSd § 2006 Abs. 3 Satz 2 dem Antragsteller unbeschränkt, § 2006 Abs. 3 Satz 1; gleiches gilt bei Abgabe einer falschen Versicherung (Staudinger/*Marotzke* § 2006 Rn 16). Außerdem kann der Erbe bei Verweigerung auf Antrag eines anderen Nachlassgläubigers erneut geladen werden (Erman/*Schlüter* § 2006 Rn 5), damit auch dieser die unbeschränkte Haftung herbeiführen kann, § 2006 Abs. 4.
Bei Abgabe der Versicherung ist eine erneute Ladung nur unter den Voraussetzungen des 7
§ 2006 Abs. 4 möglich, wenn die Annahme besteht, dass dem Erben weitere Nachlassgegenstände bekannt geworden sind.
Trotz Eintritt der Haftungsfolgen des § 2006 Abs. 3 kann sich der Erbe bei Eintritt der 8
Volljährigkeit auf §§ 1629a, 1990, 1991 berufen.

B. Verfahren

Zuständig ist für Antragstellung und Abnahme der Versicherung der Rechtspfleger, § 3 9
Nr. 2c RPflG, beim Nachlassgericht. Das Verfahren richtet sich nach § 79 FGG. Erbe oder Antragsteller können den Termin beantragen, § 79 Satz 1 FGG, zu dem beide zu laden sind, § 79 Satz 2 und 3 FGG. Die Eidesleistung als solche richtet sich nach § 79 Satz 4 FGG, §§ 478, 479, 480, 483 ZPO. Der Antragsteller hat seine Forderung spätestens im Termin zur Abgabe der eidesstattlichen Versicherung glaubhaft zu machen, § 1994 Abs. 2 Satz 1 analog; im Übrigen ermittelt das Nachlassgericht von Amts wegen, § 12 FGG. Der Erbe darf vor Abgabe der Versicherung das Inventar vervollständigen, § 2006 Abs. 2.
Gegen die Terminsbestimmung ist kein Rechtsmittel gegeben (OLG Hamm FamRZ 1995, 10
698 f), während gegen eine ablehnende Entscheidung die Beschwerde eröffnet ist, §§ 19, 20 FGG.

§ 2007 Haftung bei mehreren Erbteilen

Ist ein Erbe zu mehreren Erbteilen berufen, so bestimmt sich seine Haftung für die Nachlassverbindlichkeiten in Ansehung eines jeden der Erbteile so, wie wenn die Erbteile verschiedenen Erben gehörten. In den Fällen der Anwachsung und des § 1935 gilt dies nur dann, wenn die Erbteile verschieden beschwert sind.

Für den Fall, dass ein Erbe, weil er wegen verschiedener Berufungsgründe erbt oder einen 1
Erbteil nach § 2033 ff hinzuerworben hat, zu mehreren Erbteilen berufen ist, § 1951, fingiert § 2007 eine Trennung dieser Erbteile »so, wie wenn die Erbteile verschiedenen Erben gehörten«. Haftet der Erbe aufgrund beliebiger Ursache bereits unbeschränkt, so bezieht sich diese Haftung nicht auf einen später hinzuerworbenen Erbteil. § 2007 erfasst zunächst Fälle des § 2059 Abs. 1 mit der Folge, dass der Erbe nur hinsichtlich des Teils der Verbindlichkeit, die sich nach dem Erbteil, mit dem er unbeschränkt haftet, berechnet, auch mit seinem Privatvermögen haftet.
Ausweislich § 2007 Satz 2 werden auch Fälle der Anwachsung, §§ 2094, 2095, und Erhö- 2
hung, § 1935, erfasst. Die Haftungsbeschränkung hinsichtlich der Anwachsung oder der Erhöhung kann jedoch nur gegenüber Vermächtnisnehmern und Auflagenberechtigten herbeigeführt werden und nur, wenn der ursprüngliche Erbteil einerseits, die Erhöhung

§ 2008 BGB | Inventar für eine zum Gesamtgut gehörende Erbschaft

oder Anwachsung andererseits, unterschiedlich mit Vermächtnissen oder Auflagen beschwert ist.

§ 2008 Inventar für eine zum Gesamtgut gehörende Erbschaft

(1) Ist ein in Gütergemeinschaft lebender Ehegatte Erbe und gehört die Erbschaft zum Gesamtgut, so ist die Bestimmung der Inventarfrist nur wirksam, wenn sie auch dem anderen Ehegatten gegenüber erfolgt, sofern dieser das Gesamtgut allein oder mit seinem Ehegatten gemeinschaftlich verwaltet. Solange die Frist diesem gegenüber nicht verstrichen ist, endet sie auch nicht dem Ehegatten gegenüber, der Erbe ist. Die Errichtung des Inventars durch den anderen Ehegatten kommt dem Ehegatten, der Erbe ist, zustatten.

(2) Die Vorschriften des Absatzes 1 gelten auch nach der Beendigung der Gütergemeinschaft.

A. Anwendungsbereich

1 Leben Ehegatten oder eingetragene Lebenspartner (*Leipold* ZEV 2001, 218; *Schwab* FamRZ 2001, 385) im Güterstand der Gütergemeinschaft und fällt der Nachlass bei Eintritt des Erbfalls oder später in das Gesamtgut (und nicht in das Sonder- oder Vorbehaltsgut eines Ehegatten bzw Lebenspartners), dann sind Nachlassverbindlichkeiten Gesamtgutsverbindlichkeiten. § 2008 dient in diesem Fall dem Schutz des Ehegatten bzw Lebenspartners, der nicht geerbt hat, vor einer Mithaftung für Inventarverfehlungen des Erben. Die Norm gilt nach Ende der Gütergemeinschaft bis zu ihrer Aufhebung fort.

2 Sie gilt nicht analog für Ehegatten bzw Lebenspartner, die in einem anderen Güterstand leben. Sie gilt auch nicht, wenn die Erbschaft zum Sonder- oder zum Vorbehaltsgut eines der Ehegatten bzw Lebenspartner gehört, §§ 1417, 1418 Abs. 2 Nr. 2, oder wenn sie zwar zum Gesamtgut gehört, der Ehegatte bzw Lebenspartner, der nicht geerbt hat, das Gesamtgut aber nicht (mit-)verwaltet. Schließlich hilft § 2008 auch nicht, wenn der erbende Ehegatte/Lebenspartner in dem Zeitpunkt, in dem der Nachlass in das Gesamtgut fällt, bereits unbeschränkt haftet (MüKo/*Siegmann* § 2008 Rn 2). Auch läuft eine zu diesem Zeitpunkt bestimmte Inventarfrist zulasten des Ehegatten bzw Lebenspartners, der nicht geerbt hat, ohne dass diesem eine neue Frist bestimmt werden müsste (Staudinger/*Marotzke* § 2008 Rn 18; AnwK/*Odersky* § 2008 Rn 5; aA MüKo/*Siegmann* § 2008 Rn 2; Soergel/*Stein* § 2008 Rn 3).

B. Regelungsgehalt des § 2008

3 § 2008 ordnet an, dass eine Inventarfrist, § 1994 Abs. 1, nur beiden Ehegatten (Lebenspartnern) gegenüber wirksam bestimmt werden kann, § 2008 Abs. 1 Satz 1; der Beschluss ist deshalb auch beiden Ehegatten (Lebenspartnern) zuzustellen, § 1995 Abs. 1 Satz 2, § 16 Abs. 2 FGG. Zu Rechtsmitteln, die auch dem Ehegatten (Lebenspartnern), der nicht geerbt hat, zustehen, § 1995 Rn 3. Die Inventarfrist endet auch für den Erben erst dann, wenn sie für den Ehegatten (Lebenspartner), der nicht geerbt hat, abgelaufen ist, § 2008 Abs. 1 Satz 2. Umgekehrt kann freilich die Inventarfrist des Erben länger laufen als die des Nichterben.

4 Errichtet der Ehegatte (Lebenspartner), der nicht geerbt hat, ein Inventar, wozu er nach § 1455 Nr. 3 befugt ist, so wirkt dieses auch zugunsten des Erben, ohne dass dieser sich iSd § 2004 darauf berufen müsste, § 2008 Abs. 1 Satz 3. Die Befugnis des § 1455 Nr. 3 führt dazu, dass jeder Ehegatte (Lebenspartner) eine vom anderen begangene Fristversäumnis, § 1994 Abs. 1, oder Inventarverfehlung, § 2005 Abs. 1, abwenden kann.

5 Eine Inventaruntreue des Ehegatten (Lebenspartners), der nicht geerbt hat, schadet dem Erben nicht; ihm ist, soweit er nicht arglistig gehandelt hat (§ 2005 Rn 2), zunächst eine

Frist zur Vervollständigung des Inventars zu setzen, § 2005 Abs. 2 analog, bevor die unbeschränkte Haftung eintritt (Staudinger/*Marotzke* § 2008 Rn 27; BR/*Lohmann* § 2008 Rn 3; aA Erman/*Schlüter* § 2008 Rn 4).

Zur Abgabe der eidesstattlichen Versicherung, § 2006, müssen beide Ehegatten (Lebenspartner) geladen werden, § 2008 Abs. 1 Satz 1 analog (MüKo/*Siegmann* § 2008 Rn 3; Staudinger/*Marotzke* § 2008 Rn 29; aA Erman/*Schlüter* § 2008 Rn 5; Soergel/*Stein* § 2008 Rn 7). Die Versicherung des erbenden Ehegatten (Lebenspartners) wirkt ohne weiteres zugunsten des Ehegatten (Lebenspartners), der nicht geerbt hat; im umgekehrten Fall gilt § 2008 Abs. 1 Satz 3 analog, soweit man den Ehegatten (Lebenspartner), der nicht geerbt hat, zur Abgabe der Versicherung verpflichtet hält, was nur bei Inventarerrichtung durch diesen Ehegatten (Lebenspartner) der Fall ist (Soergel/*Stein* § 2008 Rn 7; Erman/*Schlüter* § 2008 Rn 5; aA Staudinger/*Marotzke* § 2008 Rn 29; AnwK/*Odersky* § 2008 Rn 15: Keine Verpflichtung; MüKo/*Siegmann* § 2008 Rn 3: Verpflichtung auch ohne Errichtung eines eigenen Inventars). 6

C. Weitere Möglichkeiten der Haftungsbeschränkung

Unabhängig von § 2008 stehen beiden Ehegatten bzw Lebenspartnern unabhängig voneinander die allgemeinen Regelungen zur Haftungsbeschränkung zur Verfügung: Inventarerrichtung, § 1455 Nr. 3, Beantragung des Aufgebots mit der Folge, dass das Ausschlussurteil auch zugunsten des anderen Ehegatten bzw Lebenspartners wirkt, § 999 ZPO, Antrag auf Anordnung der Nachlassverwaltung oder Eröffnung des Nachlassinsolvenzverfahrens, § 318 Abs. 1, und die Einreden der §§ 1973–1974, 1989–1992, 2014–2015. 7

§ 2009 Wirkung der Inventarerrichtung

Ist das Inventar rechtzeitig errichtet worden, so wird im Verhältnis zwischen dem Erben und den Nachlassgläubigern vermutet, dass zur Zeit des Erbfalls weitere Nachlassgegenstände als die angegebenen nicht vorhanden gewesen seien.

Das fristgerecht oder freiwillig, §§ 1993–1994, und wirksam errichtete Inventar, §§ 2002– 2004, begründet die durch Vollbeweis des Gegenteils, § 292, widerlegliche Vermutung, dass weitere als die im Inventar genannten Gegenstände im Zeitpunkt des Erbfalles nicht vorhanden waren, § 2009. Der Gegenbeweis bzgl eines Einzelgegenstandes erschüttert nicht die Vermutung insgesamt. Die Vermutung des § 2009 hilft dem Erben bei der Beschränkung seiner Haftung, §§ 1973–1974, 1978, 1989–1992, §§ 781 ff, 767 ZPO. Sie wirkt allerdings nur gegenüber Nachlassgläubigern. 1

Das Inventar stützt jedoch nicht die umgekehrte Vermutung, dass die angegebenen Gegenstände tatsächlich zum Nachlass gehören, und dass die Wertangaben iSd § 2001 zutreffen. Die Vermutung erfasst auch nicht den Bestand der Nachlassverbindlichkeiten. In diesen Fällen unterliegt das Inventar der freien richterlichen Beweiswürdigung, § 286 ZPO. 2

Die Vermutung des § 2009 entfällt unter den Voraussetzungen und nach Maßgabe der §§ 2005 Abs. 1, 2006 Abs. 3. 3

§ 2010 Einsicht des Inventars

Das Nachlassgericht hat die Einsicht des Inventars jedem zu gestatten, der ein rechtliches Interesse glaubhaft macht.

Jeder, der ein rechtliches Interesse, also ein Recht gegenüber dem Erben (MüKoBGB/ *Siegmann* § 2010 Rn 1), glaubhaft macht, § 15 Abs. 2 FGG, also insb Miterben, Nachlass- 1

gläubiger, Nachlassverwalter und Testamentsvollstrecker, hat ein materielles Recht auf Einsicht in das Inventar.
2 Funktionell zuständig ist der Rechtspfleger, § 3 Nr. 2c RPflG, gegen die Verweigerung der Einsicht findet die Beschwerde statt, §§ 19, 20 FGG, 11 Abs. 1 RPflG.
3 Neben § 2010 gilt § 34 FGG, der schon bei berechtigtem Interesse die Möglichkeit der Einsichtnahme und der Erteilung einer Abschrift gewährt, über die das Nachlassgericht nach pflichtgemäßem Ermessen entscheidet.

§ 2011 Keine Inventarfrist für den Fiskus als Erben

Dem Fiskus als gesetzlichen Erben kann eine Inventarfrist nicht bestimmt werden. Der Fiskus ist den Nachlassgläubigern gegenüber verpflichtet, über den Bestand des Nachlasses Auskunft zu erteilen.

1 § 2011 Satz 1 schützt (wie § 1966, § 780 Abs. 2 ZPO) den Fiskus und gem Art. 138 f EGBGB gleichgestellte Rechtspersonen vor dem Eintritt der unbeschränkten Erbenhaftung, indem er die Bestimmung einer Inventarpflicht gegenüber dem Fiskus als gesm (nicht als gewillkürtem) Erben verbietet. Nach Feststellung des Erbrechts, §§ 1964, 1966, ist der Fiskus jedoch nach Maßgabe der §§ 260, 261 zur Auskunft über den Bestand des Nachlasses verpflichtet, § 2011 Satz 2. Der Anspruch kann im Wege der Leistungsklage durchgesetzt werden.

§ 2012 Keine Inventarfrist für den Nachlasspfleger und Nachlassverwalter

(1) Einem nach den §§ 1960, 1961 bestellten Nachlasspfleger kann eine Inventarfrist nicht bestimmt werden. Der Nachlasspfleger ist den Nachlassgläubigern gegenüber verpflichtet, über den Bestand des Nachlasses Auskunft zu erteilen. Der Nachlasspfleger kann nicht auf die Beschränkung der Haftung des Erben verzichten.

(2) Diese Vorschriften gelten auch für den Nachlassverwalter.

1 Der Erbe soll sein Haftungsbeschränkungsrecht nicht durch Handlungen oder Versäumnisse des Nachlasspflegers, § 2012 Abs. 1, oder Nachlassverwalters, § 2012 Abs. 2, verlieren können. Deshalb können Nachlasspfleger oder Nachlassverwalter nicht auf die Haftungsbeschränkungsmöglichkeiten des Erben verzichten, ihnen kann auch keine Inventarfrist gesetzt werden; eine dem Erben gesetzte Frist wird wirkungslos, § 2000 Satz 1 und 2, eine schon während der Pflegschaft gesetzte Frist beginnt erst mit Beendigung der Pflegschaft durch Annahme der Erbschaft, § 1995 Abs. 2. Im Prozess schützt § 780 Abs. 2 den Erben, der bei einem Urteil gegen einen Nachlasspfleger oder Nachlassverwalter den Vorbehalt der beschränkten Erbenhaftung entbehrlich macht.
2 Statt dessen besteht eine Auskunftspflicht gegenüber den Nachlassgläubigern, §§ 2012 Abs. 1 Satz 2, 260 Abs. 1, die im Wege der Leistungsklage geltendzumachen und vollstreckbar, §§ 888, 889 ZPO, ist; die Verweigerung der eidesstattlichen Versicherung gem § 260 Abs. 2 führt jedoch nicht zur unbeschränkten Haftung des Erben oder des Verwalters. Außerdem hat der Verwalter ein Nachlassverzeichnis beim Nachlassgericht einzureichen, §§ 1975, 1915 Abs. 1, 1802, in das bei berechtigtem Interesse Einsicht gewährt werden kann (pflichtgemäßes Ermessen), § 34 FGG. Besonders geregelte Auskunftsansprüche der Nachlassgläubiger gegen den Erben bestehen neben den Verpflichtungen des Pflegers oder Verwalters.
3 Nachlasspfleger und Nachlassverwalter können freiwillig ein Inventar errichten, jedoch auch bei Erfüllung der Voraussetzungen der §§ 2005 Abs. 1, 2006 Abs. 3 keine unbeschränkte Haftung der Erben auslösen, vgl § 2012 Abs. 1 Satz 3.

§ 2013 Folgen der unbeschränkten Haftung des Erben

(1) Haftet der Erbe für die Nachlassverbindlichkeiten unbeschränkt, so finden die Vorschriften der §§ 1973 – 1975, 1977 – 1980, 1989 – 1992 keine Anwendung; der Erbe ist nicht berechtigt, die Anordnung einer Nachlassverwaltung zu beantragen. Auf eine nach § 1973 oder nach § 1974 eingetretene Beschränkung der Haftung kann sich der Erbe jedoch berufen, wenn später der Fall des § 1994 Abs. 1 Satz 2 oder des § 2005 Abs. 1 eintritt.

(2) Die Vorschriften der §§ 1977 – 1980 und das Recht des Erben, die Anordnung einer Nachlassverwaltung zu beantragen, werden nicht dadurch ausgeschlossen, dass der Erbe einzelnen Nachlassgläubigern gegenüber unbeschränkt haftet.

A. Allen Nachlassgläubigern gegenüber unbeschränkte Haftung

§ 2013 Abs. 1 Satz 1 regelt die Auswirkungen der gegenüber allen Nachlassgläubigern 1 unbeschränkten Erbenhaftung, die sich aus Versäumung einer Inventarfrist, § 1994 Abs. 1 Satz 1, oder Inventaruntreue, § 2005 Abs. 1, ergeben kann. Ein unbeschränkt haftender Erbe ist nicht mehr berechtigt, das Aufgebot zum Zwecke der Ausschließung von Nachlassgläubigern zu beantragen, § 991 Abs. 1 ZPO, und verliert die Einreden der §§ 1973, 1974, soweit diese nicht bereits bei Verlust des Haftungsbeschränkungsrechts bestanden, § 2013 Abs. 1 Satz 2. Ein Miterbe kann jedoch trotz unbeschränkter Haftung das Aufgebot mit dem Ziel der Beschränkung der Haftung auf einen seinem Erbteil entsprechenden Teil der Verbindlichkeit beantragen, § 997 Abs. 2 ZPO.

Nachlassverwaltung und Nachlassinsolvenzverfahren, § 1975, können zwar noch durch- 2 geführt werden, aber nicht mehr zu einer Haftungsbeschränkung führen; Einreden aus §§ 1989 – 1992 sind deshalb ausgeschlossen. Die Nachlassverwaltung kann nur noch auf Antrag eines Nachlassgläubigers angeordnet werden, § 1981 Abs. 2.

§§ 1977 – 1980 finden ebenfalls keine Anwendung mehr, mit der Folge, dass eine Aufrech- 3 nung eines Nachlassgläubigers mit einer Eigenforderung des Erben nunmehr wirksam ist. Lediglich § 1976, der die Wirkungen von Konfusion und Konsolidation ausschließt, gilt weiterhin.

Bei unbeschränkter Haftung ebenfalls ausgeschlossen sind nach § 2016 Abs. 1 die Einreden 4 aus §§ 2014, 2015. Der Erbe kann nicht mehr die Zwangsversteigerung eines Nachlassgrundstücks betreiben, § 175 Abs. 2 ZVG, und trotz Nachlassverwaltung oder Nachlassinsolvenzverfahren die Zwangsvollstreckung in sein sonstiges Vermögen nicht verhindern, § 784 Abs. 1. Die Wirkungen bzgl der Mit- und Nacherben ergeben sich aus §§ 2063 Abs. 2 und 2144 Abs. 3.

B. Einzelnen Gläubigern gegenüber unbeschränkte Haftung

Einzelnen Gläubigern gegenüber haftet der Erbe unbeschränkt, § 2013 Abs. 2, wenn er sich 5 weigert, die Richtigkeit eines von ihm erstellten Inventars an Eides Statt zu versichern, § 2006 Abs. 1. Gegenüber den anderen Gläubigern gelten die allgemeinen Regeln über die Erbenhaftung.

Eine unbeschränkte Haftung des Erben kann hinsichtlich einer einzelnen Forderung auch 6 durch Verurteilung ohne den Haftungsvorbehalt des § 780 Abs. 1 ZPO entstehen. Außerdem haftet der Erbe bei Firmenfortführung nach §§ 27, 25 HGB unbeschränkt; gleiches gilt für den Erben als Gesellschafter einer Personengesellschaft, wenn er nicht Maßnahmen nach § 139 HGB ergreift. Schließlich kann der Erbe in beliebige Umfang auf die beschränkte Haftung verzichten (BGH NJW 1992, 2694).

Anders als bei einer allen Nachlassgläubigern gegenüber unbeschränkten Haftung gelten 7 in diesen Fällen die §§ 1977 – 1980 weiterhin; auch kann der Erbe weiterhin die Nachlassverwaltung beantragen.

Untertitel 5 Aufschiebende Einreden

§ 2014 Dreimonatseinrede

Der Erbe ist berechtigt, die Berichtigung einer Nachlassverbindlichkeit bis zum Ablauf der ersten drei Monate nach der Annahme der Erbschaft, jedoch nicht über die Errichtung des Inventars hinaus, zu verweigern.

A. Funktion der Einrede

1 Mit Annahme der Erbschaft kann der Erbe für Nachlassverbindlichkeiten gerichtlich in Anspruch genommen werden, § 1958, die Zwangsvollstreckung wegen einer Nachlassverbindlichkeit ist nicht mehr nur in den Nachlass möglich, § 778 Abs. 1 ZPO. Deshalb gewährt § 2014 dem Erben, Testamentsvollstrecker Pfleger oder mitverwaltendem Ehegatten (Lebenspartner) bei Gütergemeinschaft auf Einrede eine dreimonatige Schonfrist, innerhalb derer der Erbe den Nachlass sichten und entscheiden kann, ob er seine persönliche Haftung beschränken, also Anordnung der Nachlassverwaltung oder die Eröffnung des Nachlassinsolvenzverfahrens beantragen soll. Prozessual ergänzen §§ 305, 780, 782, 783 ZPO diesen Schutz.

B. Dreimonatsfrist

2 Die Dreimonatsfrist des § 2014 ist eine Ereignisfrist, §§ 187 Abs. 1, 188 Abs. 2, die für jeden Miterben gesondert mit Annahme der Erbschaft, Ablauf der Ausschlagungsfrist oder Pflegerbestellung, § 2017, beginnt. Wird vor Fristablauf ein Inventar errichtet, §§ 1993, 1994, entfällt bereits zu diesem Zeitpunkt die Einrede. Wird innerhalb der Frist die Eröffnung des Nachlassinsolvenzverfahrens beantragt, bleibt die Beschränkung der Zwangsvollstreckung bis zur rechtskräftigen Entscheidung über den Antrag aufrechterhalten, § 782 Satz 2 ZPO. Die Einrede kann auch schon vor Fristbeginn erhoben werden.

C. Ausschluss der Einrede

3 Bei unbeschränkter Haftung des Erben, §§ 2016 Abs. 1, 1994, oder Vorgehen eines Nachlassgläubigers aus dinglicher Sicherung, §§ 2016 Abs. 2, 1971, ist die Einrede ausgeschlossen. Gleiches gilt bei Nachlassverbindlichkeiten, deren Befriedigung keinen Aufschub duldet, weil aus ihnen eine besondere Fürsorgepflicht des Erben erwächst, etwa aus §§ 727 Abs. 1, 1472 Abs. 4, 1963, 1969, 2218, § 6 LPartG, oder bei treuwidriger Berufung auf die Einrede (Staudinger/*Marotzke* § 2014 Rn 4; BR/*Lohmann* § 2014 Rn 4).

D. Geltendmachung im Prozess

4 Im Prozess führt die Erhebung der Einrede aus § 2014 nicht zur Klageabweisung, sondern auf entsprechenden Antrag des Erben hin zur Verurteilung unter (dem im Tenor aufgenommenen) Vorbehalt der beschränkten Haftung, §§ 305 Abs. 1, 780 Abs. 1 ZPO. Unterbleibt ein solcher Antrag in erster Instanz, so erscheint angesichts § 531 Abs. 2 ZPO eine Nachholung in der Berufung ausgeschlossen.

E. Wirkungen in der Zwangsvollstreckung

5 Wird die Zwangsvollstreckung aus dem mit einem Vorbehalt versehenen Urteil betrieben, so kann der Erbe im Wege der Vollstreckungsgegenklage, in deren Rahmen die Voraussetzungen des § 2014 geprüft werden, verlangen, dass die Zwangsvollstreckung für die

Dauer der Dreimonatsfrist auf Sicherungsmaßnahmen beschränkt wird, §§ 782, 785, 767, 930–932 ZPO. Wird, etwa aus einem gegen den Erblasser ergangenen Urteil, bereits vollstreckt, so kann vorläufige Einstellung der Zwangsvollstreckung beantragt werden, §§ 785, 769 ZPO.

Eine Beschränkung auf vorläufige Maßnahmen kann der Erbe, der nicht unbeschränkt 6 haftet, auch von Eigengläubigern verlangen, die in den Nachlass vollstrecken, §§ 783, 785 ZPO (*Wieser* § 2014 Rn 4).

F. Keine materiellrechtlichen Wirkungen

Die Einrede des § 2014 begründet nach Auffassung der Rechtsprechung kein Leistungs- 7 verweigerungsrecht (RGZ 79, 201, 204), so dass der Erbe trotz Erhebung der Einrede in Verzug kommt und allen Verzugssanktionen ausgesetzt ist. Mit Blick auf die Haftungsfolgen der §§ 1978, 1979, die den Erben oftmals zur Erhebung der Einrede zwingen, erscheint das zwar fragwürdig, trotzdem aber zutreffend: Der Erbe und nicht die Gläubiger sollte die Folgen der Unübersichtlichkeit des Nachlasses tragen (BR/*Lohmann* § 2014 Rn 8). Außerdem hemmt die Erhebung der Einrede die Verjährung nicht und verhindert auch nicht das Entstehen einer Aufrechnungslage (MüKoBGB/*Siegmann* § 2014 Rn 5).

§ 2015 Einrede des Aufgebotsverfahrens

(1) Hat der Erbe den Antrag auf Erlassung des Aufgebots der Nachlassgläubiger innerhalb eines Jahres nach der Annahme der Erbschaft gestellt und ist der Antrag zugelassen, so ist der Erbe berechtigt, die Berichtigung einer Nachlassverbindlichkeit bis zur Beendigung des Aufgebotsverfahrens zu verweigern.

(2) Der Beendigung des Aufgebotsverfahrens steht es gleich, wenn der Erbe in dem Aufgebotstermin nicht erschienen ist und nicht binnen zwei Wochen die Bestimmung eines neuen Termins beantragt oder wenn er auch in dem neuen Termin nicht erscheint.

(3) Wird das Ausschlussurteil erlassen oder der Antrag auf Erlassung des Urteils zurückgewiesen, so ist das Verfahren nicht vor dem Ablauf einer mit der Verkündung der Entscheidung beginnenden Frist von zwei Wochen und nicht vor der Erledigung einer rechtzeitig eingelegten Beschwerde als beendigt anzusehen.

A. Funktion und Wirkung der Einrede

Solange ein Aufgebotsverfahren läuft, sollen einzelne Nachlassgläubiger sich nicht zum 1 Nachteil anderer befriedigen dürfen. Deshalb kann und muss der Erbe, Testamentsvollstrecker oder Pfleger, soweit der Erbe nicht unbeschränkt haftet, § 2016, während des Verfahrens einredeweise die Berichtigung von Nachlassverbindlichkeiten verweigern. Zu Einzelheiten vgl § 2014 Rn 3 ff.

B. Voraussetzungen

Voraussetzung ist, dass der Antrag auf Erlass des Aufgebotes der Nachlassgläubiger 2 innerhalb eines Jahres (Ereignisfrist, §§ 187 Abs. 1, 188 Abs. 2) nach Annahme der Erbschaft, Ablauf der Ausschlagungsfrist oder Bestellung eines Pflegers, § 2017, gestellt, § 2015 Abs. 1, und – auch nach Ablauf der Frist – vom AG (Prozessgericht) zugelassen wurde, §§ 947, 991, 992 ZPO. Das von einem Erben betriebene Aufgebotsverfahren kommt allen Erben zugute, § 997 Abs. 1 ZPO. Auch vor Zulassung kann sich der Erbe die Haftungsbeschränkung auf den Nachlass vorbehalten, §§ 305 Abs. 1, 780 Abs. 1 ZPO, und sich mit der Vollstreckungsklage, §§ 782 ff, 767 ZPO, in deren Rahmen die Voraussetzungen des § 2015 vom Gericht zu prüfen sind, gegen Vollstreckungsmaßnahmen wehren. Unterbleibt ein Antrag nach §§ 305 Abs. 1, 780 Abs. 1 ZPO in erster Instanz, so erscheint angesichts § 531 Abs. 2 ZPO eine Nachholung in der Berufung ausgeschlossen.

3 Die Einrede des § 2015 kann bis zwei Wochen nach Beendigung des Aufgebotsverfahrens durch Erlass des Ausschlussurteils, § 2015 Abs. 1 und 3, § 952 ZPO, oder rechtskräftiger Zurückweisung des Antrags, § 2015 Abs. 1 und 3, erhoben werden. Bei anderweitiger Beendigung des Verfahrens, etwa mit Eröffnung des Nachlassinsolvenzverfahrens, § 993 ZPO, entfällt die Einrede sofort. Der Beendigung des Aufgebotsverfahrens steht es gleich, wenn der Erbe im Aufgebotstermin nicht erscheint und nicht binnen zwei Wochen die Bestimmung eines neuen Termins beantragt oder rechtzeitig einen neuen Termin beantragt, aber auch zu diesem Termin nicht erscheint, § 2015 Abs. 2, es sei denn, der Erbe hat den Antrag auf Erlass eines Aufgebotsurteils schon zuvor schriftlich, § 952 Abs. 2 ZPO, gestellt (Staudinger/*Marotzke* § 2015 Rn 5).

§ 2016 Ausschluss der Einreden bei unbeschränkter Erbenhaftung

(1) Die Vorschriften der §§ 2014, 2015 finden keine Anwendung, wenn der Erbe unbeschränkt haftet.

(2) Das Gleiche gilt, soweit ein Gläubiger nach § 1971 von dem Aufgebot der Nachlassgläubiger nicht betroffen wird, mit der Maßgabe, dass ein erst nach dem Eintritt des Erbfalls im Wege der Zwangsvollstreckung oder der Arrestvollziehung erlangtes Recht sowie eine erst nach diesem Zeitpunkt im Wege der einstweiligen Verfügung erlangte Vormerkung außer Betracht bleibt.

A. Entfallen der Einreden bei unbeschränkter Haftung

1 Haftet der Erbe aus beliebigemäß Grund allen oder einzelnen Nachlassgläubigern gegenüber unbeschränkt, vgl §§ 1994 Abs. 1 Satz 1, 2005, 2006, so kann er insoweit nicht mehr die Einreden der §§ 2014, 2015 erheben, die ihm eine Ermittlungs- und Entscheidungsfrist gewähren. Dem Testamentsvollstrecker oder Nachlasspfleger stehen die Einreden gleichwohl noch zu, weil sie unabhängig von der Haftungslage das Aufgebot beantragen können, § 991 Abs. 2 ZPO, und sich über den Nachlass orientieren müssen (MüKo/*Siegmann* § 2016 Rn 1; Zöller/*Geimer* § 991 ZPO Rn 2).

B. Entfallen der Einreden bei dinglicher Sicherung

2 Die Einreden entfallen für Erben, Testamentsvollstrecker und Pfleger im Verhältnis zu dinglich gesicherten und gleichgestellten Gläubigern iSd § 1971, wenn diese nur Befriedigung aus den ihnen haftenden Gegenständen suchen. Gleiches gilt für Gläubiger, die durch eine im Wege der Bewilligung, § 885 Abs. 1 ZPO, eingetragene Vormerkung gesichert sind, § 884 ZPO.

3 Sicherungsrechte, die erst nach dem Erbfall im Wege der Zwangsvollstreckung erwirkt worden sind, gewähren im Nachlassinsolvenzverfahren kein Recht auf abgesonderte Befriedigung, § 321 InsO, werden von der Dürftigkeitseinrede des Erben, § 1990 Abs. 2, erfasst und unterliegen deshalb den Einrede der §§ 2014, 2015 und den Vollstreckungsbeschränkungen der §§ 782, 783, 785, 767 ZPO. Gleiches gilt für Maßnahmen der Arrestvollziehung oder die Eintragung einer Vormerkung im Wege der einstweiligen Verfügung. Es ist also jeweils der Zeitpunkt des Rechtserwerbs exakt zu ermitteln.

§ 2017 Fristbeginn bei Nachlasspflegschaft

Wird vor der Annahme der Erbschaft zur Verwaltung des Nachlasses ein Nachlasspfleger bestellt, so beginnen die in § 2014 und in § 2015 Abs. 1 bestimmten Fristen mit der Bestellung.

§ 2017 ordnet an, dass bei Bestellung des Nachlasspflegers gem § 1960 oder § 1975 zur Verwaltung (und nicht zur bloßen Sicherung, MüKo/*Siegmann* § 2017 Rn 1) des Nachlasses die Fristen aus §§ 2014, 2015 nicht erst mit Annahme der Erbschaft, sondern bereits mit Bestellung des Pflegers, § 16 FGG, beginnen. Der Fristlauf wirkt auch gegen den Erblasser, weil der Pfleger sein ges Vertreter ist (Staudinger/*Marotzke* § 2017 Rn 7). 1

Eine analoge Anwendung auf den Testamentsvollstrecker scheidet aus, weil er vor Annahme der Erbschaft nicht berechtigt ist, das Aufgebot der Nachlassgläubiger zu beantragen, § 991 Abs. 3 ZPO. 2

Titel 3 Erbschaftsanspruch

§ 2018 Herausgabepflicht des Erbschaftsbesitzers

Der Erbe kann von jedem, der auf Grund eines ihm in Wirklichkeit nicht zustehenden Erbrechts etwas aus der Erbschaft erlangt hat (Erbschaftsbesitzer), die Herausgabe des Erlangten verlangen.

A. Allgemeines

I. Erbschaftsanspruch; Einzelansprüche

Mit dem Erbfall, § 1922, gehen die **einzelnen** veräußerlichen und vererblichen Rechte des Erblassers auf den Erben über (**Gesamtrechtsnachfolge**), der so auch jeweils gesondert **Ansprüche** auf sie erlangt, etwa 1

- auf **Herausgabe**, soweit der Erblasser **Eigentümer** war, §§ 985 ff,
- auf Berichtigung des Grundbuchs, § 894,
- aus § 861 (**Besitzeinräumung**), denn der Erbe ist auch in die Besitzstellung eingetreten (§ 857), die dem Erblasser zustand,
- aus § 1007 (früherer Besitz),
- §§ 823 ff (**Schadensersatz**),
- §§ 812 ff (**Bereicherungsrecht**),
- auf Herausgabe und Auskunft gegen den Besitzer eines unrichtigen **Erbscheins**, § 2362.

Zusätzlich gewähren §§ 2018 ff dem Erben einen **Gesamtanspruch** gegen den Erbschaftsbesitzer, der »auf Grund eines ihm in Wirklichkeit nicht zustehenden«, aber von ihm behaupteten Erbrechts etwas aus dem Nachlass erlangt hat. § 2018 ergänzt (§§ 2018 ff greifen daher nicht ein, wenn der Anspruchsgegner »etwas aus der Erbschaft erlangt hat«, aber sich für seine Rechtsstellung nicht auf ein angebliches Erbrecht beruft, vgl Palandt/*Edenhofer* § 2018 Einf Rn 1, oder wenn er zwar erbrechtliche Berechtigungen für sich behauptet, aber nichts erlangt hat) die Einzelansprüche (dazu Rn 1). 2

§§ 2018 ff erfassen die Ansprüche auf **Herausgabe** der Sache, ihrer Surrogate, § 2019, und der Früchte und **Nutzungen**, § 2020, und schließen sie einheitlich zusammen, teils mit 3

§ 2018 BGB | Herausgabepflicht des Erbschaftsbesitzers

dinglicher, teils mit obligatorischer Wirkung (dinglich ist der Erbschaftsanspruch auch »für« die Herausgabe bzw »für« §§ 2019, 2020 f; insoweit steht dem Erben ein Aussonderungsrecht in der Insolvenz des Erbschaftsbesitzers zu, zur Einzelvollstreckung § 771 ZPO. Sonst ist der Erbe Insolvenzgläubiger, MüKo/*Helms* § 2018 Rn 8 mit Nachw.); an ihre Stelle kann, wenn der Erbschaftsbesitzer zur Herausgabe außerstande ist, **Bereicherungshaftung** treten, § 2021, die aber §§ 987 ff angeglichen ist, vgl §§ 2022 f. Bei **unerlaubter Handlung** verweist § 2025 auf §§ 823 ff. Auf **Ersitzung** kann sich der Erbschaftsbesitzer im Rahmen von § 2026 nicht berufen. **Auskunftspflichten** ordnet § 2027 an, zur **Auskunftsklage** Rn 19 f, zur Stufenklage Rn 20. Der Erbschaftsanspruch ist **vererblich**, **übertragbar** und **pfändbar**; er unterliegt der **Verjährung**, vgl §§ 2226, 2231 Abs. 1 Satz 2, 197 Abs. 1 Nr. 2: 30 Jahre. **Zurückbehaltungsrechte** wegen angeblicher **Pflichtteils-** oder **Vermächtnisansprüche** stehen dem Erbschaftsbesitzer nicht zu; zunächst ist der Nachlass einzuziehen bis weitere Forderungen erfüllt werden können (einschränkend OLG Düsseldorf NJW 1967, 1105; wie hier Palandt/*Edenhofer* § 2018 Einf Rn 2; Ausnahmen will MüKo/*Helms* § 2018 Rn 27 aE wenigstens dann zulassen, wenn die Nachlassabwicklung so nicht behindert wird); zu Einzelheiten Rn 8.

4 Die **Erbenhaftung** gegenüber Nachlassgläubigern trifft stets den tatsächlichen Erben, nicht den Erbschaftsbesitzer, weitere Einzelheiten Rn 16. Wird er aus den einzelnen, auf den Erben übergegangenen Befugnissen in Anspruch genommen, dazu Rn 1, ist seine Haftung allerdings wie beim Erbschaftsanspruch geregelt, vgl § 2029.

II. Anspruchsberechtigter

5 Anspruchsberechtigt ist der **Erbe**; ein **Miterbe** kann vor der Auseinandersetzung der Erbengemeinschaft nur Leistung an alle bzw Hinterlegung/Verwahrung fordern, § 2039 Satz 2. Bis zum Eintritt des **Nacherbfalls** muss bzw kann der **Vorerbe** tätig werden, danach allein der **Nacherbe**, § 2139, zu den **Herausgabepflichten** des Vorerben an den Nacherben § 2130. Nach §§ 2018 ff können im Übrigen vorgehen

- der **Erbteilserwerber**, § 2033 Abs. 1,
- der **Erbschaftskäufer** nach Abtretung der Forderung durch den dazu allerdings verpflichteten Veräußerer, §§ 2371 und 2374,
- der **Pfändungsgläubiger** eines Erbteils (RG Warn 1911 Nr. 139),
- der **Testamentsvollstrecker**, falls er den Nachlass verwaltet, §§ 2211, 2212,
- der **Nachlassverwalter** und der **Nachlassinsolvenzverwalter**, dazu § 80 InsO.

6 Der **Nachlasspfleger** kann, § 1984, da er zum Besitz und zur Verwaltung des Nachlasses berechtigt ist, § 1960, Herausgabe sämtlicher Nachlassgegenstände verlangen – auch vom Erben selbst –, ohne die fehlende Berechtigung des »Erbanwärters« beweisen zu müssen (dazu BGH NJW 1972, 1752 und NJW 1983, 226 mit Anm *Dieckmann* FamRZ 1983, 582; ausf Nachw bei MüKo/*Helms* § 2018 Rn 13; wegen seiner Verwendungen auf die herauszugebenden Gegenstände steht dem Anspruchsgegner aber ein Zurückbehaltungsrecht zu, §§ 2022, 1000 oder § 273); zu weiteren Einzelheiten bei der Beweisführung sonst vgl Rn 23; auch **Surrogate** sind erfasst (BGH NJW 1983, 226, 227; MüKo/*Helms* § 2018 Rn 13 mit Übersicht über den Meinungsstand und die praktischen Auswirkungen der jeweiligen Position), wenn der Anspruchsgegner seine Berechtigung aus einem behaupteten Erbrecht herleitet.

III. Anspruchsgegner

7 Anspruchsgegner ist der **Erbschaftsbesitzer**; ihm steht der **Erbschaftserwerber** gleich, der von ihm die Erbschaft durch Vertrag erwirbt, § 2030. Erfasst ist auch, wer zunächst ein Erbrecht für sich in Anspruch nahm, nun aber zum Nachlass gehörende, vor oder nach dem Erbfall erworbene Gegenstände für sich verteidigt (BGH NJW 1985, 3068) gibt er seine (frühere) Position auf, entzieht er sich dem Erbschaftsanspruch so nicht (BGH

NJW 1985, 3068). In die Stellung des Erbschaftsbesitzers rückt sein Erbe ein, ohne dass für ihn eine eigene **Erbschaftsanmaßung** notwendig wäre (BGH NJW 1985, 3068 m Anm *Dieckmann* FamRZ 1985, 1247 und *Hohloch* JuS 1986, 315); zu weiteren Einzelheiten bei der Haftung vgl Rn 16. Erbschaftsbesitzer ist auch der Nachlassschuldner, der dem Erben gegenüber Erfüllung verweigert, weil er sich auf ein ihm zustehendes Erbrecht (zu Unrecht) beruft (Palandt/*Edenhofer* § 2018 Rn 5). Schließlich kann sich eine zunächst »berechtigte« Stellung nachträglich ändern, etwa nach erfolgreicher **Anfechtung** oder **Erbunwürdigkeitserklärung** (Palandt/*Edenhofer* § 2018 Rn 5; wiederum ist nicht notwendig, dass sich nun der Anspruchsgegner auf seine (vermeintliche) Erbenstellung beruft, BGH NJW 1985, 3068).

Kein **Erbschaftsbesitzer** ist 8
- der vorläufige Erbe, der ausgeschlagen hat; er haftet nur im Rahmen der Geschäftsführung ohne **Auftrag**, § 1959, selbst wenn er die Ausschlagung zu Unrecht bestreitet (Palandt/*Edenhofer* § 2018 Rn 6 mit Nachw).
- Anspruchsgegner aus § 2018 ist auch nicht, wer den Nachlass oder einzelne Nachlassgegenstände auf Grund eines (vermeintlichen) dinglichen oder schuldrechtlichen Anspruchs gegen den Erblasser oder ohne jede Berechtigung (**Dieb**) an sich genommen hat, denn dann beruft er sich nicht auf ein Erbrecht.

Dem Erben helfen
- Besitzschutzansprüche,
- Ansprüche aus früherem Besitz, § 1007, bzw
- in anderer, schuldrechtlicher Form, etwa aus Bereicherungs- oder Deliktsrecht.

Aber auch
- der Nachlasspfleger,
- der Nachlassverwalter,
- der Insolvenzverwalter und
- der Testamentsvollstrecker

sind nicht zur Herausgabe verpflichtet soweit sie im Rahmen ihrer Befugnisse handeln und nicht etwa selbst für sich »erbrechtliche Berechtigungen« in Anspruch nehmen (knappe Übersicht bei Palandt/*Edenhofer* § 2018 Rn 6; gegen sie kann Feststellungsklage erhoben werden, wenn sie das Erbrecht des Erben bestreiten, BGH LM Nr. 1 zu § 1960; während ihres gesamthänderischen Mitbesitzes sind §§ 2018 ff für Miterben untereinander nicht anwendbar, FA-ErbR/*Tschichoflos* Kap 5 B Rn 175.). Zur Vorbereitung auf Auskunftserteilung § 2027 Abs. 2.

Ein **Miterbe** wird **Erbschaftsbesitzer**, wenn er den anderen ihre erbrechtliche Mitberechtigung verweigert und den Nachlass für sich allein beansprucht (BGH FamRZ 2004, 537). 9
Der **Vorerbe** ist im Verhältnis zum Nacherben nicht Erbschaftsbesitzer, wenn er zu Unrecht den Eintritt des Nacherbfalls bestreitet und seine Herausgabepflichten nicht erfüllt; für ihn gilt § 2130. 10

IV. Gegenstand des Anspruchs

Gegenstand des Anspruchs ist das »aus der Erbschaft« **Erlangte**, also jeder Vermögensvorteil, der aus dem Nachlass stammt oder der mit Nachlassmitteln erworben ist; in Betracht kommen 11

- unmittelbarer oder mittelbarer **Besitz** an Nachlassgegenständen, die dem Erbschaftsbesitzer von einem Dritten oder Erben selbst übergeben sind,
- Befreiung von einer **Schuld**,
- Schuldanerkenntnis,
- Schuldurkunde oder entspr Beweismittel (Schuldschein),
- »Blankoscheck«,

- auch die später eingezogene Geldschuld zumindest als Surrogat, selbst wenn zunächst die notwendige **Unmittelbarkeit** (anders Bamberger/Roth/*Müller-Christmann* § 2018 Rn 16; wie hier KG NJW 1970, 329; eher vermittelnd – abstellend auf Surrogateigenschaft – MüKo/*Helms* § 2018 Rn 22 und 23 mit Nachw insb in Fn 27) fehlen sollte,
- beigetriebene **Geldforderungen**, wenn der Nachlassschuldner damit frei geworden sein sollte, vgl § 2367,
- schließlich unrichtige **Buchpositionen** im Grundbuch oder Handelsregister (zum Ganzen Bamberger/Roth/*Müller-Christmann* § 2018 Rn 16; zum Bucheigentum dabei auch BGH FamRZ 2004, 537).

Dabei muss der Erbschaftsbesitzer seinen Vermögensvorteil gerade aus der Erbschaft erlangt haben; ausreichend ist allerdings, dass die von ihm beanspruchte Rechtsposition nach ihrer Bestimmung zum Nachlass gehört(e) (Bamberger/Roth/*Müller-Christmann* § 2018 Rn 17). Seine Herausgabepflicht erstreckt sich dagegen nicht auf die noch vom Erblasser erteilte unwiderrufliche **Vollmacht** zur Erleichterung der Nachlassabwicklung (Bamberger/Roth/*Müller-Christmann* § 2018 Rn 16 aE).

12 Verweigert der Erbschaftsbesitzer, der gleichzeitig Nachlassschuldner ist, die Erfüllung einer **Nachlassverbindlichkeit** dem (wirklichen) Erben gegenüber mit der Behauptung, er sei (ebenfalls) Erbe geworden und deshalb sei seine Schuld erloschen, **Konfusion**, kommen §§ 2018 ff nicht unmittelbar zur Anwendung (vgl MüKo/*Helms* § 2018 Rn 24); wegen der gleichartigen **Interessenlage** können jedoch die Folgeregelungen etwa aus §§ 2020 und 2022 analog heranzuziehen sein (Bamberger/Roth/*Müller-Christmann* § 2018 Rn 18; ist die Forderung auf die Herausgabe einer Sache gerichtet, sind daher auch alle gezogenen Nutzungen erfasst, § 2020, zum Verwendungsersatz vgl § 2022).

V. Auskunft

13 Auskunftsansprüche des Erben gegen den Erbschaftsbesitzer richten sich nach § 2027, zur Auskunft des **Hausgenossen** § 2028, zum gerichtl Auskunftsverlangen und zur **Stufenklage** Rn 20 (ausf Darstellung bei FA-ErbR/*Tschichoflos* Kap 5 Rn 185 f).

VI. Einwendungen und Einreden des Erbschaftsbesitzers; Haftung

14 Gegenüber dem Erbschaftsanspruch kann sich der Erbschaftsbesitzer auf alle **Einwendungen** und **Einreden** berufen, die ihm aus seinem Verhältnis zum Erblasser bzw Erben zustehen; auch **Zurückbehaltungsrechte** kann er geltend machen, § 273 Abs. 1, denn insoweit ist die Regelung nicht durch §§ 2022 Abs. 1, 1000 verdrängt (dazu *Dütz* NJW 1967, 1105, 1106), zu **Pflichtteilsforderungen** bzw Vermächtnisansprüche vgl schon Rn 4 (kein Zurückbehaltungsrecht, weil die Einziehung zum Nachlass vorgeht). **Haftung** und **Haftungsumfang** iE richten sich nach §§ 2023 f, die auch dann gelten, wenn sich der Erbe nicht auf §§ 2018 ff stützt, sondern die ihm zustehenden Einzelansprüche verfolgt, § 2029, zum Verhältnis von Erbschaftsanspruch zu den Einzelansprüchen vgl Rn 1 und 2.

15 **Die Erbenhaftung** trifft stets den Erben, nicht den Erbschaftsbesitzer. Wird sein Erbe aus §§ 2018 f in Anspruch genommen, kann dieser sich auf die üblichen Haftungsbeschränkungen als Erbe berufen, solange er sich nicht selbst erbrechtliche Befugnisse anmaßt, die ihm nicht zustehen (MüKo/*Helms* § 2018 Rn 21 mit ausf Nachw), wobei ohnehin die Folgevorschriften – zur Nutzungsherausgabe, zum Verwendungsersatz – für und gegen ihn anwendbar bleiben (MüKo/*Helms* § 2018 Rn 21 mit Nachw; vgl auch BGH FamRZ 2004, 537, 538); vgl im Übrigen zu Auskunftsansprüchen gegen den Erben des Erbschaftsbesitzers § 2027 Rn 3 mit Nachw.

VII. Erbschaftsklage

1. Klageantrag

Auch wenn der Erbe seinen **Gesamtanspruch** gerichtlich geltend macht und (etwa) Herausgabe des Nachlasses verlangt, muss er die einzelnen Gegenstände bezeichnen, die er fordert, um Rechtshängigkeit, **Rechtskraft** und **Vollstreckbarkeit** des Urteilsausspruchs festzulegen. Zur Vorbereitung kann er Auskunft verlangen, vgl Rn 14 und Rn 19 f. **Klageerweiterung** ist zulässig, **Klageänderung** nach den üblichen Regeln, vgl § 264 ZPO.

2. Gerichtliche Zuständigkeiten

Für die Erbschaftsklage kann der Kläger **Zuständigkeiten** nach §§ 12 ff ZPO in Anspruch nehmen (allg Gerichtsstand des Beklagten), doch kann er auch im besonderen Gerichtsstand der Erbschaft, **§ 27 ZPO**, klagen; diese Zuständigkeit steht dagegen nicht für die Einzelansprüche zur Verfügung (Bamberger/Roth/*Müller-Christmann* § 2018 Rn 24), dazu Rn 1. Erfasst ist so auch die internationale Zuständigkeit (Bamberger/Roth/*Müller-Christmann* § 2018 Rn 24 und OLG Nürnberg OLGZ 1981, 115).

3. Auskunftsklage; Stufenklage – Feststellungsklage

Seinen **Auskunftsanspruch**, § 2027, kann der Erbe gegen den Erbschaftsbesitzer selbständig geltend machen. Mehrere Auskünfte (Teilauskünfte) können insgesamt ausreichen (BGH NJW 1962, 1494). Genügt die Auskunft nicht, steht einer neuen Klage die Rechtskraft des früheren Urteils nicht entgegen, wenn

- ein weiterer selbständiger Erbschaftsanteil oder
- Nachlassgegenstände betroffen sind, für die noch keine Auskunft erteilt ist (FA-ErbR/*Tschichoflos* Kap 5 Rn 228), sonst bleiben § 260 und Antrag auf Ableistung der eidesstattlichen Versicherung, die nach §§ 889 ff ZPO zu vollstrecken sind.

Die Auskunftsklage unterbricht die **Verjährung** des Erbschaftsanspruchs nicht, sondern erst die Stufenklage, Rn 21.

Seine Auskunftsklage kann der Erbe in der üblichen Form mit Herausgabeansprüchen verbinden (**Stufenklage**) (zu weiteren Einzelheiten dabei, auch zur Fassung des Klageantrags, FA-ErbR/*Tschichoflos* Kap 5 Rn 233 f); jede Stufe kann mit Teilurteil abgeschlossen werden, wobei die auch sonst vorgesehenen **Rechtsmittel** statthaft sind.

Ist das Erbrecht selbst str, kann **Feststellungsklage** erhoben werden, die mit der Auskunfts- und der Zahlungsklage zur mehrstufigen Stufenklage verbunden werden kann (FA-ErbR/*Tschichoflos* Kap 5 Rn 240 mit Formulierungsvorschlag 241).

4. Beweispflichten; Beweislast

Im Verfahren muss der Kläger sein Erbrecht **beweisen**; im Übrigen muss er den Nachweis führen, dass der Gegenstand, den er herausverlangt, zum Nachlass gehört (also Erbschaftsbesitz des Beklagten, dazu OLG Oldenburg FamRZ 1998, 1458). Der Beklagte ist beweispflichtig (etwa) für den Wegfall seines Besitzes an der Sache oder den Wegfall der Bereicherung (dazu Palandt/*Edenhofer* § 2018 Rn 10; ausf zu diesen Fragen MüKo/*Helms* § 2018 Rn 33–35).

§ 2019 Unmittelbare Ersetzung

(1) Als aus der Erbschaft erlangt gilt auch, was der Erbschaftsbesitzer durch Rechtsgeschäft mit Mitteln der Erbschaft erwirbt.

§ 2019 BGB | Unmittelbare Ersetzung

(2) Die Zugehörigkeit einer in solcher Weise erworbenen Forderung zur Erbschaft hat der Schuldner erst dann gegen sich gelten zu lassen, wenn er von der Zugehörigkeit Kenntnis erlangt; die Vorschriften der §§ 406 – 408 finden entsprechende Anwendung.

A. Allgemeines

1 Die in §§ 2019, 2021 Abs. 1 festgelegte **dingliche Ersetzung** bewirkt, dass das Sondervermögen Nachlass über zwischenzeitlich veranlassten, bestandskräftigen Wechsel hinaus im Interesse der Erben und für den Zugriff der Nachlassgläubiger zumindest im Wert erhalten bleibt. Unmittelbarer Rechtserwerber wird der Erbe, nicht der Erbschaftsbesitzer (auch nicht mit Durchgangserwerb) (MüKo/*Helms* § 2019 Rn 1); deshalb kann er auch in der Insolvenz des Erbschaftsbesitzers **Aussonderung** verlangen und in der Einzelvollstreckung nach § 771 ZPO vorgehen (MüKo/*Helms* § 2019 Rn 1). Mehrfache Surrogation (**Kettensurrogation**) ist nicht möglich (MüKo/*Helms* § 2019 Rn 3).

2 Bei einer Weggabe unter Wert
- wird der Gegenstand wie sonst durch den Zufluss ersetzt,
- und im Übrigen kann der Erbschaftsbesitzer zur **Wertersatzhaftung** nach §§ 2021, 818 Abs. 2 für den nicht abgedeckten Verlust verantwortlich sein,
- **Übererlöse** fallen dagegen unmittelbar in den Nachlass (MüKo/*Helms* § 2019 Rn 2).

3 § 2019 erfasst nicht die einfache Ersetzung nach §§ 2041, 2111 Abs. 1; doch steht im Ergebnis dem Erben zu, was der Erbschaftsbesitzer auf Grund eines zum Nachlass gehörenden Rechts oder als Ersatz für die Beeinträchtigung oder Entziehung eines Nachlassgegenstandes erworben hat (§ 2019 betrifft selbst nur die rechtsgeschäftliche Veräußerung, dazu gleich Rn 5; zu diesen Folgen MüKo/*Helms* § 2019 Rn 4 mit Nachw und *Schmidt-Kessel* WM 2003, 2086, 2088).

4 Bewirkt der Erbschaftsbesitzer die ihm obliegende Leistung (zunächst) nicht mit Nachlassmitteln, erwirbt er die Gegenleistung (ebenfalls: zunächst) selbst. Setzt er später Mittel aus dem Nachlass ein, fällt der Anspruch gegen den Geschäftspartner nun in den Nachlass; ein bereits auf den Erbschaftsbesitzer übertragener Gegenstand »gehört unmittelbar dem Erben« (ausf MüKo/*Helms* § 2019 Rn 14 zu den »Kreditgeschäften«, knapp aA Palandt/*Edenhofer* § 2019 Rn 1 aE).

5 § 2019 erfasst nicht
- höchstpersönliche Rechte, etwa den **Nießbrauch**,
- Rechte, die nicht abgespalten und so selbständig übertragen werden können, Beispiel: **Grundstücksbestandteile**, zur Abgrenzung gleich im Folgenden,
- Im Übrigen ist § 2019 auch bei Rechtspositionen anwendbar, die für sich nicht übertragen werden können; andernfalls würde die dingliche Sicherung ersetzt durch einen persönlichen, für sich ungesicherten **Geldanspruch** (vgl BGHZ 109, 214, anders noch BGH NJW 1977, 433; OLG Düsseldorf FamRZ 1992, 600; ausf auch Palandt/*Edenhofer* § 2019 Rn 1 aE). Zur Gesellschaftsbeteiligung mit persönlicher Haftung vgl Rn 6 mit Nachw.
- Wird der Nachlassgegenstand in eine Gesellschaft eingebracht, fällt der Kommanditanteil nicht in den Nachlass, denn dann müsste der Erbe auch persönlich haften (dazu und zu weiteren Einzelheiten MüKo/*Helms* § 2019 Rn 13 mit Nachw; anders allerdings BGHZ 109, 214; vgl im Übrigen schon Rn 4; wie der BGH auch OLG Düsseldorf FamRZ 1992, 600).

6 **Ersetzungserwerb** des Erben scheidet aus, wenn der Vorteil im Vermögen des Erbschaftsbesitzers aufgegangen ist, etwa bei Tilgung einer eigenen Schuld mit Mitteln des Nachlasses; dann bleibt § 2021 (MüKo/*Helms* § 2019 Rn 6). Schließlich ist § 2019 nicht anwendbar, wenn der Erbschaftsbesitzer selbst ein **höchstpersönliches Recht** erworben hat, also (etwa) einen **Nießbrauch** oder eine beschränkte **persönliche Dienstbarkeit** (MüKo/*Helms*

§ 2019 Rn 6; zur Ersetzung bei einem Girokonto MüKo/*Helms* § 2019 Rn 7 mit ausf Nachw, insb unter dem Blickwinkel der Vermischung von Nachlass- und Eigenmitteln), vgl schon Rn 4.

B. Voraussetzungen der Ersetzung

Notwendig ist **rechtsgeschäftlicher Erwerb** des Ersatzgegenstandes durch den Erbschaftsbesitzer; setzt er eigene Mittel und Mittel des Nachlasses ein, entsteht zwischen ihm und dem Erben Gesamtberechtigung bzw Miteigentum im Verhältnis der Anteile (Palandt/*Edenhofer* § 2019 Rn 2). Ob die Verfügung wirksam war oder ist, bleibt ohne Bedeutung; im Herausgabeverlangen für den Ersatz kann ohnehin die bisher fehlende Genehmigung liegen, § 185, allerdings bedingt durch die tatsächliche Übertragung (MüKo/*Helms* § 2019 Rn 11 und 12). **Gegengeschenke** bei unentgeltlicher Weggabe unterliegen der Surrogation, wenn sie schon bei der Schenkung vereinbart waren (Palandt/*Edenhofer* § 2019 Rn 2), zu den ges Ersatzvorteilen schon Rn 3 (ausf dazu auch Palandt/*Edenhofer* § 2019 Rn 3). 7

Zwischen dem Erwerb des Ersatzgegenstandes und der Verfügung über Nachlassmittel muss ein inhaltlicher Zusammenhang bestehen; ausreichend ist allerdings, dass sich Hingabe und Zufluss als ein **wirtschaftlicher Austauschvorgang** darstellen (MüKo/*Helms* § 2019 Rn 13). Erfasst ist auch der Erwerb in der Zwangsversteigerung (MüKo/*Helms* § 2019 Rn 8; aM RGZ 133, 353 (zu § 2111)). 8

C. Wirkungen

Mit dem »Erwerb« durch den Erbschaftsbesitzer wird unmittelbar der Erbe berechtigt; **Zwischenerwerb** des Erbschaftsbesitzers wird so vermieden, der damit nicht gesichert an Dritte veräußern kann (dazu *Olzen* JuS 1989, 374), zu Kreditgeschäften schon Rn 4. Damit wird der Erbe unmittelbar **Eigentümer** der Erbschaftsgegenstände; ist der Erbschaftsbesitzer im Grundbuch eingetragen, gilt § 894, denn diese Eintragung ist unrichtig, zum Schutz gutgläubiger Dritter Abs. 2 und Rn 9. 9

D. Schutz gutgläubiger Dritter

Gutgläubige Dritte werden im Rahmen von Abs. 2 geschützt; §§ 406 – 408 finden entsprechende Anwendung. 10

§ 2020 Nutzungen und Früchte

Der Erbschaftsbesitzer hat dem Erben die gezogenen Nutzungen herauszugeben; die Verpflichtung zur Herausgabe erstreckt sich auch auf Früchte, an denen er das Eigentum erworben hat.

Nutzungen (dazu § 100) hat der Erbschaftsbesitzer herauszugeben, wenn er sie tatsächlich gezogen hat; war er gutgläubig, muss er für Unterlassungen nicht einstehen, aber das ist bei **Bösgläubigkeit, Rechtshängigkeit** oder bei gewaltsamer Aneignung des Eigentumsanspruchs zwischen ihm und dem Eigentümer (Erben) anders, vgl dazu §§ 2023 Abs. 2, 2024, 2025, 987 Abs. 2. 1

Im Übrigen erstreckt sich seine Herausgabepflicht auf **Früchte**, § 99, an denen er Eigentum erworben hat, Hs 2, etwa nach §§ 953 oder 955 (Palandt/*Edenhofer* § 2020 Rn 1). Mittelbare Rechts- und Sachfrüchte, also etwa der einbezogene **Mietzins** für ein Nachlassgrundstück, werden von § 2019 erfasst; sie unterliegen der Ersetzung und stehen dem Erben zu (Palandt/*Edenhofer* § 2020 Rn 2; MüKo/*Helms* § 2020 Rn 4). 2

Ist Herausgabe nicht möglich, bestimmt sich die weitere Verpflichtung des Erbschaftsbesitzers nach Bereicherungsgrundsätzen (auch soweit der Erbschaftsbesitzer Gebrauchsvorteile erlangt hat, so dass er – etwa wenn er ein Grundstück bewohnt, das zum Nachlass 3 gehört – den marktüblichen Mietzins zu zahlen hat, ohne sich auf Wegfall der Bereicherung berufen zu können, § 818 Abs. 3, wenn er insoweit eigene Aufwendungen ersparen konnte, dazu MüKo/*Helms* § 2020 Rn 5), dazu § 2021, zur **Verjährung** § 2026.

4 Auch für § 2020 gilt § 2022 (dazu Palandt/*Edenhofer* § 2022 Rn 1 aE; MüKo/*Helms* § 2022 Rn 2).

§ 2021 Herausgabepflicht nach Bereicherungsgrundsätzen

Soweit der Erbschaftsbesitzer zur Herausgabe außerstande ist, bestimmt sich seine Verpflichtung nach den Vorschriften über die Herausgabe einer ungerechtfertigten Bereicherung.

1 § 2021 beschränkt die weitergehende Verpflichtung des Erbschaftsbesitzers, der zur Herausgabe »des aus der Erbschaft Erlangten« außerstande ist, auf **Bereicherungsrecht**; bei Bösgläubigkeit, § 2024, Rechtshängigkeit, § 2023, oder gewaltsamer Aneignung, § 2025, verschärft sich seine Haftung. Erfasst ist lediglich die **Rechtsfolgenverweisung**; daher sind die sonstigen bereicherungsrechtlichen Voraussetzungen ohne Bedeutung (Palandt/*Edenhofer* § 2021 Rn 1; *Olzen* JuS 1989, 374).

2 Zur Herausgabe ist der Erbschaftsbesitzer außerstande, wenn der Gegenstand untergegangen oder verbraucht bzw rechtswirksam veräußert ist; doch kann sie auch von vornherein »unmöglich« sein, etwa bei Gebrauchsvorteilen, die dem Erbschaftsbesitzer zugute gekommen sind, dazu schon § 2020 Fn 3. Bei **unentgeltlicher Zuwendung** ist der Erwerber nach § 822 verpflichtet, bei wirksamer Verfügung des Erbschaftsbesitzers nach § 816 Abs. 1 Satz 2 (Palandt/*Edenhofer* § 2021 Rn 2). § 2021 greift nicht ein, wenn der Gegenstand noch vorhanden ist und der üblichen Ersetzung nach § 2019 unterliegt oder wenn durch **Verbindung** bzw **Vermischung gemeinsame Rechtsbefugnisse mit dem Erben entstanden sind, dazu § 2019 Rn 5.**

3 Der gutgläubige Erbschaftsbesitzer kann sich auf § 818 Abs. 3 berufen und damit Wegfall der Bereicherung geltend machen; **Verwendungen** auf den Nachlass führen (ebenfalls) zu seiner Entreicherung, § 2022 Abs. 1, doch ist der Aufwand, den er betreibt, um in den Besitz des Nachlasses zu kommen – **Erbschein** und Prozesskosten – nicht einbezogen (Palandt/*Edenhofer* § 2021 Rn 3 aE mit weiteren Nachw; einschränkender Bamberger/Roth/*Müller-Christmann* § 2021 Rn 5: Prozesskosten, die der gutgläubige Erbschaftsbesitzer auf sich genommen hat, um sich den Nachlass zu sichern der zu erhalten, sind abzugsfähig).

4 Die **Beweislastverteilung** bei einer str Auseinandersetzung mit den Erben folgt den allg Regeln (Bamberger/Roth/*Müller-Christmann* § 2021 Rn 8).

§ 2022 Ersatz von Verwendungen und Aufwendungen

(1) Der Erbschaftsbesitzer ist zur Herausgabe der zur Erbschaft gehörenden Sachen nur gegen Ersatz aller Verwendungen verpflichtet, soweit nicht die Verwendungen durch Anrechnung auf die nach § 2021 herauszugebende Bereicherung gedeckt werden. Die für den Eigentumsanspruch geltenden Vorschriften der §§ 1000 – 1003 finden Anwendung.

(2) Zu den Verwendungen gehören auch die Aufwendungen, die der Erbschaftsbesitzer zur Bestreitung von Lasten der Erbschaft oder zur Berichtigung von Nachlassverbindlichkeiten macht.

(3) Soweit der Erbe für Aufwendungen, die nicht auf einzelne Sachen gemacht worden sind, insbesondere für die im Absatz 2 bezeichneten Aufwendungen, nach den all-

gemeinen Vorschriften in weiterem Umfang Ersatz zu leisten hat, bleibt der Anspruch des Erbschaftsbesitzers unberührt.

§ 2022 stellt den **gutgläubigen Erbschaftsbesitzer** besser als sonst den Besitzer im Verhältnis zum Eigentümer, dazu §§ 985 ff; sein Ersatzanspruch beschränkt sich nicht 1

- auf die notwendigen bzw **werterhöhenden**, § 996,
- oder die hinsichtlich einer einzelnen Sache gemachten **Verwendungen/Aufwendungen**,
- sondern er kann Entschädigung auch für den überflüssigen, den nicht weiter werterhöhenden Aufwand geltend machen, den er für einen anderen als den gerade herausgegebenen Nachlassgegenstand auf sich genommen hat (dazu BGH FamRZ 2004, 537),
- soweit ein Ausgleich nicht schon durch Anrechnung (also: **Ausgleichung,** keine **Aufrechnung**) bei seiner Haftung nach § 2021 hergestellt ist (»**alle Verwendungen**«, Abs. 1 Satz 1).

§ 2022 greift auch für den **schuldrechtlichen** Anspruch auf Herausgabe der **Früchte** ein, vgl schon § 2020 Rn 4 (Palandt/*Edenhofer* § 2022 Rn 1 aE; ebenso MüKo/*Helms* § 2022 Rn 2); dann können aber auch die Kosten für sie gegengerechnet werden. 2

Verwendungen sind **Ausgaben**, die der Erbschaftsbesitzer aus eigenen Mitteln im Interesse des Nachlasses, der herauszugeben ist, gemacht hat (OLG Düsseldorf FamRZ 1992, 600); vgl auch Abs. 2, wobei eigene **Arbeitsleistungen** nur dann erfasst sind, wenn insoweit ein messbarer **Verdienstausfall** (BGH NJW 1996, 921 für Renovierungsarbeiten an einem Dach; KG OLGZ 1974, 17) entsteht und sie einen Marktpreis haben. §§ 102 und 988 sind verdrängt. 3

Für den Ersatzanspruch gelten sonst §§ 1000 – 1003, vgl Abs. 1 Satz 2. Der Erbschaftsbesitzer kann sich also 4

- zunächst auf **Zurückbehaltungsrechte** berufen,
- dabei, vgl Rn 1, die Herausgabe der Sache auch verweigern, wenn sich seine Forderungen auf eine andere Sache/einen anderen Gegenstand oder auf den Nachlass insgesamt beziehen, selbst wenn sie/er nicht mehr vorhanden ist und nicht herausgegeben werden kann (Palandt/*Edenhofer* § 2022 Rn 4 mit Nachw),
- allerdings nicht, wenn Anrechnung erfolgt bzw möglich ist, dazu schon Rn 1 aE und Abs. 1 Satz 1.

Ist der Erbschaftsbesitzer **pflichtteilsberechtigt** oder steht ihm ein **Vermächtnis** zu, kann er sein Zurückbehaltungsrecht nicht auf diese Befugnisse stützen, sondern nur (wie sonst) auf Verwendungen, die er für den Nachlass veranlasst hat (BGHZ 120, 95; KG OLGZ 1974, 17; OLG Düsseldorf FamRZ 1992, 600; zum Ganzen *Dütz* NJW 1967, 1105; zur entspr Anwendung gegenüber dem Herausgabeanspruch des Nachlasspflegers gleich im Folgenden und BGH NJW 1972, 1752). Auch wenn der Erbe Grundbuchberichtigung verlangt, § 894, kann sich der Erbschaftsbesitzer auf § 2022 berufen (Palandt/*Edenhofer* § 2022 Rn 4 mit Nachw); der Erbe kann sich durch **Widerspruch** sichern. **Wegnahmerechte** bestehen nicht. Schließlich hat der Erbschaftsbesitzer die Befugnisse aus § 1003, **Befriedigung**, soweit sich Erbschaftsgegenstände noch in seinem Besitz befinden. § 2022 gilt auch für den Herausgabeanspruch des Nachlasspflegers (BGH NJW 1972, 1752).

Hat der Erbschaftsbesitzer an einen Nachlassgläubiger geleistet, weil (auch) er sich verpflichtet fühlte, kann er ihn in Anspruch nehmen. Rückforderung kann er nach Bereicherungsrecht verlangen, falls die eigenen Voraussetzungen vorliegen. Weitere Ansprüche gegen die Erben stehen ihm dann nicht zu. Allerdings kann er (nachträglich) auch bestimmen, dass die Leistung für den Nachlass gelten soll; dann kann er sich im Verhältnis zum Erben auf § 2022 berufen (ausführlich dazu MüKo/*Helms* § 2022 Rn 5). 5

Der Erbschaftsbesitzer kann im Übrigen nach § 1001 vorgehen und seine Ansprüche geltend machen, zur **Frist** dabei § 1002. Rückgabe/Herausgabe der Erbschaft ist nicht Voraus- 6

§ 2023 BGB | Haftung bei Rechtshängigkeit, Nutzungen und Verwendungen

setzung, denn notwendig ist nur, dass der Erbe die Gegenstände, denen die Verwendung galt, bzw ihre Surrogate bzw Wertersatz für sie, §§ 2019 und 2021, erhalten oder die Verwendung genehmigt hat (Palandt/*Edenhofer* § 2022 Rn 5).

7 Nach Herausgabe der Erbschaft ist der Ersatzanspruch des Erbschaftsbesitzers beschränkt wie im Verhältnis des Besitzers gegen den Eigentümer, Abs. 1 Satz 2.

8 Weitergehende Befugnisse des Erbschaftsbesitzers können sich aus den allg Vorschriften ergeben, Abs. 3, insb aus **Bereicherungsrecht**, nicht aus Geschäftsführung oder Auftrag, denn er betreibt kein für ihn fremdes Geschäft.

9 Für die Voraussetzungen seines Anspruchs ist der Erbschaftsbesitzer darlegungs- und beweispflichtig (OLG Düsseldorf FamRZ 1992, 600); bei § 2022 Abs. 2 muss er im Übrigen den Nachweis führen, dass die Nachlassverbindlichkeit tatsächlich bestanden hat. Beruft sich der Erbe auf »Verrechnung«, wie sie in § 2021 Abs. 1 Satz 1 vorgesehen ist, trifft ihn die Beweislast (MüKo/*Helms* § 2022 Rn 15).

§ 2023 Haftung bei Rechtshängigkeit, Nutzungen und Verwendungen

(1) Hat der Erbschaftsbesitzer zur Erbschaft gehörende Sachen herauszugeben, so bestimmt sich von dem Eintritt der Rechtshängigkeit an der Anspruch des Erben auf Schadensersatz wegen Verschlechterung, Untergangs oder einer aus einem anderen Grund eintretenden Unmöglichkeit der Herausgabe nach den Vorschriften, die für das Verhältnis zwischen dem Eigentümer und dem Besitzer von dem Eintritt der Rechtshängigkeit des Eigentumsanspruchs an gelten.

(2) Das Gleiche gilt von dem Anspruch des Erben auf Herausgabe oder Vergütung von Nutzungen und von dem Anspruch des Erbschaftsbesitzers auf Ersatz von Verwendungen.

1 Vom Eintritt der **Rechtshängigkeit** an verschärft sich die Haftung des Erbschaftsbesitzers gegenüber dem Erben, für dessen Ansprüche – falls die Herausgabe selbst unmöglich ist – auf **Schadensersatz** wegen **Verschlechterung (Untergang)** oder »aus einem anderen Grund«. Maßgeblich sind nun die Bestimmungen, die für das Verhältnis zwischen dem Eigentümer und dem Besitzer gelten. Abs. 1, vgl § 989. Nach Abs. 2 bestimmen diese Regeln auch über die

- Forderungen des Erben auf Herausgabe bzw Vergütung (insoweit: schuldhaft nicht gezogener) **Nutzungen**, § 987 Abs. 2,
- bzw Ansprüche des Erbschaftsbesitzers auf **Verwendungsersatz**, vgl dazu Abs. 2.

2 Rechtshängigkeit endet mit Urteil oder Vergleich bzw Klagerücknahme.

3 Bereicherungsansprüche des Erben, § 2021, richten sich für § 2023 nach den allg Vorschriften (zum Wegfall der Bereicherung Palandt/*Edenhofer* § 2023 Rn 2 mit Nachw; jedenfalls haftet der Erbschaftsbesitzer nicht nach §§ 292, 989, wenn er den Wegfall der Bereicherung nicht zu vertreten hat, ausf auch MüKo/*Helms* § 2023 Rn 3; zum Anspruch auf Verwendungsersatz nach den Regeln der Geschäftsführung ohne Auftrag (über § 994 Abs. 2) Palandt/*Edenhofer* § 2023 Rn 3 und MüKo/*Helms* § 2023 Rn 6). Für die Verjährung gilt § 2026.

4 § 2022 Abs. 3 bleibt auch nach Rechtshängigkeit der Sache entscheidend, so dass der Erbschaftsbesitzer wegen Verwendungen auf unkörperliche Erbschaftsgegenstände oder die Erbschaft insgesamt den Erben nach §§ 812 ff (**Rückgriffskondition**) ohne die Beschränkungen aus §§ 1000 – 1003 in Anspruch nehmen kann (dazu MüKo/*Helms* § 2023 Rn 7 und (dort) § 2022 Rn 14, weitere Nachw in Fn 8).

§ 2024 Haftung bei Kenntnis

Ist der Erbschaftsbesitzer bei dem Beginn des Erbschaftsbesitzes nicht in gutem Glauben, so haftet er so, wie wenn der Anspruch des Erben zu dieser Zeit rechtshängig geworden wäre. Erfährt der Erbschaftsbesitzer später, dass er nicht Erbe ist, so haftet er in gleicher Weise von der Erlangung der Kenntnis an. Eine weitergehende Haftung wegen Verzugs bleibt unberührt.

§ 2024 stellt **ursprüngliche Bösgläubigkeit** des Erbschaftsbesitzers bei »Beginn des Erbschaftsbesitzes« der **Rechtshängigkeit** für weitere Rechtsfolgen gleich; ausreichend ist neben der positiven Kenntnis der eigenen, fehlenden Berechtigung grobe **Fahrlässigkeit** (vgl auch *Rüfner* ZRP 2001, 12, 13 und MüKo/*Helms* § 2024 Rn 2 (die Überschrift für die Bestimmung stellt ein Redaktionsversehen dar). **Nachträglich** wird der Erbschaftsbesitzer bösgläubig, Satz 2, wenn er erfährt, dass er nicht Erbe ist; dabei genügt grobe Fahrlässigkeit nicht (positiver Kenntnis steht allerdings gleich, wenn sich der Erbschaftsbesitzer vorsätzlich der Einsicht in seine fehlenden Befugnisse verschließt, Bamberger/Roth/*Müller-Christmann* § 2024 Rn 2 und MüKo/*Helms* § 2024 Rn 3). Sonst gilt § 2023. **Verzug** kann zur weiteren Haftung führen, Satz 3, gerade bei Zufall, § 287 Satz 2. 1

Die verschärfte Haftung tritt nicht ein oder entfällt, wenn der Erbschaftsbesitzer »hinsichtlich seines Besitzrechts an einem einzelnen Nachlassgegenstand« (Palandt/*Edenhofer* Rn 3) gutgläubig (bei Bösgläubigkeit im Übrigen) ist, allerdings nur soweit Ansprüche und Gegenrechte gerade für diesen Gegenstand in Frage stehen (einschränkender Palandt/*Edenhofer* § 2024 Rn 2; wie hier Soergel/*Dieckmann* § 2024 Rn 2; ganz anders – keinerlei Gutgläubigkeit – Staudinger/*Gursky* § 2024 Rn 3; MüKo/*Helms* § 2024 Rn 4 mit Nachw in Fn 4; *Olzen* Jura 2001, 223, 227). 3

War der Erbschaftsbesitzer bösgläubig, haftet sein Erbe in verschärfter Form; allerdings kann er sich – wie sonst – auf beschränkte Erbenhaftung berufen (BGH FamRZ 2004, 537, 538 und MüKo/*Helms* § 2024 Rn 4). 4

Für Bösgläubigkeit bzw Verzug ist der Erbe beweispflichtig; für die **Verjährung** gelten §§ 2026, 197 Abs. 1. 5

Auch der Erbe des Erbschaftsbesitzers haftet bei vorausgegangener Bösgläubigkeit verschärft (BGH FamRZ 2004, 537, 538 in Abweichung von BGH NJW 1985, 3068, 3070; wie hier MüKo/*Helms* § 2024 Rn 4 und *Staudinger*/*Gursky* § 990 Rn 33 f), zur Beschränkung der Erbenhaftung Rn 4. 6

§ 2025 Haftung bei unerlaubter Handlung

Hat der Erbschaftsbesitzer einen Erbschaftsgegenstand durch eine Straftat oder eine zur Erbschaft gehörende Sache durch verbotene Eigenmacht erlangt, so haftet er nach den Vorschriften über den Schadensersatz wegen unerlaubter Handlungen. Ein gutgläubiger Erbschaftsbesitzer haftet jedoch wegen verbotener Eigenmacht nach diesen Vorschriften nur, wenn der Erbe den Besitz der Sache bereits tatsächlich ergriffen hatte.

§ 2025 entspricht § 992. Die Haftung des Erbschaftsbesitzers richtet sich nach **§§ 823 ff**, wenn er eine zur Erbschaft gehörende Sache durch **verbotene Eigenmacht** erlangt, wobei, Satz 2, bei Gutgläubigkeit entspr Ersatzpflichten nur entstehen, wenn der Erbe den Besitz der Sache bereits tatsächlich ergriffen hat (im Übrigen spielt seine Gutgläubigkeit keine Rolle, Palandt/*Edenhofer* § 2025 Rn 1); dann werden für das Verhältnis zum Erben wie sonst §§ 2018 ff maßgeblich. **Mittelbarer Besitz** reicht aus. Bei sonstigen Nachlassgegenständen muss das Verhalten des Erbschaftsbesitzers **strafbar** sein, zB als 1

§ 2026 BGB | Keine Berufung auf Ersitzung

- Diebstahl oder Unterschlagung,
- Erpressung,
- Betrug,
- Nötigung,
- Fälschung des Erbscheins oder
- falsche eidesstattliche Versicherung im Erbscheinsverfahren uä.

2 Über § 2024 haftet der Erbe für das vorangegangene Tun des Erbschaftsbesitzers, vgl dort Rn 4; allerdings kann er sich auf die übliche Haftungsbeschränkung berufen.

3 Für die Verjährung – **unerlaubte Handlung** – gelten die allg Vorschriften, §§ 195, 199: drei Jahre; konkurrierende Ansprüche richten sich nach § 2026 (Palandt/*Edenhofer* § 2025 Rn 2 aA und *Amend* JuS 2002, 742, 743; anders, doch mit einigen Zweifeln, MüKo/*Helms* § 2025 Rn 8).

§ 2026 Keine Berufung auf Ersitzung

Der Erbschaftsbesitzer kann sich dem Erben gegenüber, solange nicht der Erbschaftsanspruch verjährt ist, nicht auf die Ersitzung einer Sache berufen, die er als zur Erbschaft gehörend im Besitz hat.

1 **Ersitzung** führt schon nach zehn Jahren zum Rechtserwerb des gutgläubigen Besitzers an den einzelnen Sachen; für das Verhältnis zwischen Erbschaftsbesitzer und Erben schließt § 2026 diese Folge aber aus, solange der Erbschaftsanspruch (noch) nicht verjährt ist, dazu § 197 Abs. 1 (30 Jahre, vgl Rn 4). Ersitzung für die Erbschaft insgesamt ist dagegen nicht vorgesehen. Bei Sachen, die nicht dem Erblasser gehörten, kommt die Ersitzungszeit des Erbschaftsbesitzers dem Erben zugute, wenn dieser nicht bösgläubig ist, §§ 937 Abs. 2, 944 (Bamberger/Roth/*Müller-Christmann* § 2026 Rn 9).

2 Gleichwohl treten die üblichen Rechtsfolgen ein, wenn die für die Ersitzung vorgesehene Frist abgelaufen ist. Der Erbschaftsbesitzer ist daher Eigentümer und kann sich Dritten gegenüber auf sein Eigentum berufen; doch bleibt er dem Erben schuldrechtlich zur Herausgabe verpflichtet (aA Soergel/*Dieckmann* § 2026 Rn 3: relative Unwirksamkeit des Eigentumserwerbs).

3 § 2026 gilt auch bei Grundstücken, zur (langen) **Buchersitzungsfrist**, die der Verjährung gleich ist, vgl § 900.

4 Der Erbschaftsanspruch verjährt in 30 Jahren, § 197 Abs. 1 Nr. 2, sowohl in seinen dinglichen als auch in seinen schuldrechtlichen Teilen (BGH FamRZ 2004, 537 und *Löhnig* ZEV 2004, 267; Palandt/*Edenhofer* § 2026 Rn 2) und selbst im Verhältnis von Miterben untereinander. Dabei beginnt die Frist mit der Entstehung des Anspruchs, sobald also der Erbschaftsbesitzer etwas aus der Erbschaft erlangt hat (Palandt/*Edenhofer* § 2026 Rn 2e), selbst wenn er später weitere Gegenstände erwirbt. **Hemmung** tritt nur für die im **Klageantrag** aufgeführten Gegenstände ein (Staudinger/*Gursky* § 2026 Rn 7), § 204 Abs. 1 Nr. 1, wenn der Erbe nicht **Stufenklage** erhoben und sich die Bezeichnung der Gegenstände iE vorbehalten hat (Bamberger/Roth/*Müller-Christmann* § 2026 Rn 4).

5 Selbst mit Eintritt der Verjährung erwirbt der Erbschaftsbesitzer nicht die Rechtsstellung des Erben, vgl auch Rn 2 (Staudinger/*Gursky* § 2026 Rn 7); er haftet also nicht für **Nachlassverbindlichkeiten** und kann Nachlassgegenstände nicht von Dritten herausverlangen (Bamberger/Roth/*Müller-Christmann* § 2026 Rn 6).

§ 2027 Auskunftspflicht des Erbschaftsbesitzers

(1) Der Erbschaftsbesitzer ist verpflichtet, dem Erben über den Bestand der Erbschaft und über den Verbleib der Erbschaftsgegenstände Auskunft zu erteilen.

(2) Die gleiche Verpflichtung hat, wer, ohne Erbschaftsbesitzer zu sein, eine Sache aus dem Nachlass in Besitz nimmt, bevor der Erbe den Besitz tatsächlich ergriffen hat.

Nach § 2027 hat der Erbschaftsbesitzer (auch der zum Voraus berechtigte, erbschaftsbesitzende Ehegatte ist auskunftspflichtig, dazu RG SeuffertA 66 Nr. 141) dem Erben oder einem anderen Gläubiger des Erbschaftsanspruchs, dazu Rn 4, Auskunft über den Verbleib von Nachlassgegenständen zu erteilen; nach § 260 Abs. 1 ist er zudem zur Vorlage eines **Bestandsverzeichnisses** verpflichtet, nach § 260 Abs. 2 zur Abgabe der eidesstattlichen Versicherung (nicht bei geringfügigemäß Nachlass, § 260 Abs. 3. Andererseits darf der Auskunftspflichtige die Auskunft nicht verweigern, weil er den Nachlassgegenstand für wertlos hält, dazu OLG Köln MDR 1961, 147 (LS)), aber nicht zur Errichtung eines **Inventars**, vgl dazu etwa § 2001. Seine Pflicht umfasst nicht 1

- Angaben zum Wert des Nachlasses oder der einzelnen Gegenstände, die er meist auch nicht liefern kann,
- zu den Schulden/Nachlassverbindlichkeiten (RGStr 71, 360),
- wohl aber zu den **Nachlassforderungen**,
- bzw zu Schenkungen unter Lebenden/zu Lebzeiten (BGHZ 61, 182).

Auch über den Verbleib der nicht mehr vorhandenen bzw nicht auffindbaren Gegenstände muss der Erbschaftsbesitzer Auskunft erteilen.

Auskunft haben auch die anderen Miterben zu erteilen, soweit sonst die Voraussetzungen aus § 2027 vorliegen (OLG Karlsruhe MDR 1972, 424; also nicht, wenn der Anspruchsgegner als Vertreter aller Erben vom Nachlass Besitz ergriffen hat, § 2038 Abs. 1 Satz 2, dazu RG HRR 1932 Nr. 1928; dann können §§ 666, 681 eingreifen, Staudinger/*Gursky* § 2027 Rn 5). 2

Mit dem Tod des Erbschaftsbesitzers geht seine Pflicht zur Auskunftserteilung auf seinen Erben über (soweit sie nicht bereits erfüllt ist) der sich fehlende eigene Kenntnis mit zumutbaren Anstrengungen beschaffen muss (BGH NJW 1985, 3068 mit Anm *Dieckmann* FamRZ 1985, 1247 und von *Hohloch* JuS 1986, 315; OLG Nürnberg OLGZ 1981, 115; gänzlich ablehnend insoweit OLG Celle HRR 1935, 680); im Übrigen kann für ihn Abs. 2 maßgeblich werden (eigene Auskunftspflicht). Der Erblasser kann die Verpflichtung zur Auskunftserteilung dem Erben gegenüber nicht erlassen (OLG Jena Recht 1911 Nr. 523; Palandt/*Edenhofer* § 2027 Rn 2 aE.); doch kann der sonst Berechtigte verzichten. 3

Auskunftsberechtigt sind 4
- der **Erbe**,
- der **Miterbe** auch gegenüber den anderen Miterben,
- der **Vorerbe**,
- der **Nacherbe** nach Eintritt des Nacherbfalls,
- der **Nachlassverwalter** und **Nachlasspfleger** sowie
- der verwaltende **Testamentsvollstrecker**,
- schließlich **Gläubiger**, die den Erbschaftsanspruch gepfändet haben (Palandt/*Edenhofer* § 2027 Rn 4).

Ohnehin kann jeder Miterbe verlangen, dass Auskunft für alle anderen erteilt wird, §§ 2038 Satz 1, 2077.

Der Auskunftsanspruch ist vererblich, kann aber nicht auf einen Nichterben übertragen werden (OLG Karlsruhe FamRZ 1967, 692). Für die **Verjährung** gilt wie sonst § 197 Abs. 1 Nr. 2, vgl dazu schon § 2026 Rn 4. 5

Für andere Besitzer, die Sachen aus dem Nachlass übernommen haben, gilt Abs. 2; ihr (vermeintlicher oder tatsächlicher) Rechtsgrund ist dabei unerheblich. Einbezogen ist, wer 6

§ 2028 BGB | Auskunftspflicht des Hausgenossen

die Möglichkeit zur tatsächlichen Verfügung erlangt, etwa der Vermieter, der Wohnungsschlüssel des Erblassers an sich genommen hat. Ohne Bedeutung bleibt, ob der Besitzer den Eingriff in den Nachlass erkannt hat oder erkennen musste (zu beiden Punkten Palandt/*Edenhofer* § 2027 Rn 3).

7 Nach Abs. 2 haftet nicht, wer den Besitz schon vor dem Tode (Staudinger/*Gursky* § 2027 Rn 15) des Erblassers erlangt hat oder wer nach seinem Tod eine Sache in Besitz nimmt, die der Erblasser zu seinen Lebzeiten einem Dritten überlassen hatte (BGH LM Nr. 1 zu § 1421 und *Johannsen* WM 1972, 923; entscheidend ist also das Entfernen einer Sache aus dem Nachlass, dazu Bamberger/Roth/*Müller-Christmann* § 2027 Rn 8).

8 Abs. 2 gilt nicht gegenüber einem Nachlassgläubiger bzw anderen, die kraft ihres Amtes den Nachlass in Besitz genommen haben; für sie bestehen eigene **Auskunfts-** und **Rechenschaftspflichten** (dazu FA-ErbR/*Tschichoflos* Kap 5 Rn 193).

9 Mit der isolierten **Auskunftsklage** wird der Erbschaftsanspruch nicht rechtshängig, (RGZ 115, 29) dazu und zur Hemmung/Unterbrechung der Verjährung schon § 2026 Rn 4. Deshalb sollte mit der Stufenklage (Bezeichnung und) Herausgabe einzelner Gegenstände erreicht bzw angekündigt werden. Verbindung mit einer **Feststellungsklage** für den Bestand des Erbrechts, § 256 ZPO, ist statthaft (Formulierungsvorschlag bei *Sarres* ZEV 1998, 298, 301); im Verfahren kann der Beklagte zudem nach § 256 Abs. 2 ZPO vorgehen und selbst aktiv werden. **Vollstreckung** erfolgt nach § 888 ZPO. Für die eidesstattliche Versicherung gelten – freiwillig – § 163 FGG bzw – Vollstreckung – § 889 ZPO (beim Vollstreckungsgericht, dazu OLG Düsseldorf MDR 1960, 590, sofern nicht Gläubiger und Schuldner mit der Abgabe vor dem FGG-Gericht (Rechtspfleger, § 3 RpflG) einverstanden sind, dazu OLG Hamm Rpfleger 1958, 189 und Palandt/*Edenhofer* § 2027 Rn 5). Auskunftsklage nach Abs. 1 kann im dinglichen Gerichtsstand erhoben werden, § 27 ZPO, nicht aber nach Abs. 2 (anders OLG Nürnberg OLGZ 1981, 115, 116; wie hier (etwa) Bamberger/Roth/*Müller-Christmann* § 2027 Rn 9 mit Nachw in Fn 13; Übersicht auch bei FA-ErbR/*Tschichoflos* Kap 5 Rn 194).

10 Ist die Auskunft unvollständig, bleibt Antrag auf Abgabe der eidesstattlichen Versicherung. Selbständige Klage ist statthaft, wenn einzelne Vermögensteile nicht erfasst sind und »deshalb ein Nachlassverzeichnis gar nicht vorgelegen hat« (RGZ 84, 44 und Palandt/*Edenhofer* § 2027 Rn 5 aE; zum Gegenstandswert der Auskunftsklage vgl FA-ErbR/*Tschichoflos* Kap 5 Rn 198).

§ 2028 Auskunftspflicht des Hausgenossen

(1) Wer sich zur Zeit des Erbfalls mit dem Erblasser in häuslicher Gemeinschaft befunden hat, ist verpflichtet, dem Erben auf Verlangen Auskünfte darüber zu erteilen, welche erbschaftlichen Geschäfte er geführt hat und was ihm über den Verbleib der Erbschaftsgegenstände bekannt ist.

(2) Besteht Grund zu der Annahme, dass die Auskunft nicht mit der erforderlichen Sorgfalt erteilt worden ist, so hat der Verpflichtete auf Verlangen des Erben zu Protokoll an Eides Statt zu versichern, dass er seine Angaben nach bestem Wissen so vollständig gemacht habe, als er dazu imstande sei.

(3) Die Vorschriften des § 259 Abs. 3 und des § 261 finden Anwendung.

1 Auskunftspflichtig ist nach § 2028 der **Hausgenosse** des Erblassers, also jeder, »bei dem nach den räumlichen und persönlichen Beziehungen, die zwischen ihm und dem Erblasser bestanden, eine Kenntnis die iSd § 2028 unter Berücksichtigung aller Umstände des Einzelfalles zu vermuten ist« (Palandt/*Edenhofer* § 2028 Rn 1 im Anschluss an BGH LM Nr. 1 zu § 2028) bzw wer die Gelegenheit zur Einwirkung auf den Nachlass hatte; erfasst kann auch ein Miterbe (RGZ 81, 30) sein, der – wie andere – nicht die Auskunft verweigern

darf, weil er den Nachlassgegenstand für wertlos hält (OLG Köln MDR 1961, 147 (LS); dazu schon § 2027 Fn 2). Verwandtschaft oder Familienzugehörigkeit ist nicht erforderlich.

§ 2028 kann danach gelten 2
- für Hauspersonal,
- Zimmer- und Flurnachbarn,
- Lebensgefährten (LG Berlin FamRZ 1979, 503),
- den Mieter (BGH LM Nr. 1 zu § 2028),
- schließlich längere Besucher (RGZ 80, 285, 286 (Familienmitglieder, die nicht mit dem Erblasser zusammenleben, die aber bei seiner letzten Krankheit zu ihm gekommen sind); dabei wird die häusliche Gemeinschaft nicht dadurch unterbrochen, dass der Erblasser kurz vor seinem Tod ins Krankenhaus eingewiesen wird, RG LZ 1922, 197),
- aber nicht für den Erwerber einzelner Gegenstände aus dem Nachlass, der sonst die gesetzl Voraussetzungen nicht erfüllt (LG Berlin JR 1956, 300).

Insgesamt reicht § 2028 weniger weit als § 2027, kann aber neben die Auskunftspflicht aus 3 dieser Bestimmung treten, so dass zusätzliche Erklärungen nach § 2028 notwendig werden können. Der Hausgenosse hat nicht etwa ein **Bestandsverzeichnis** vorzulegen, für ihn reichen Erklärungen aus, die sich auf den Verbleib von Nachlassgegenständen beziehen und die er »in dem Bewusstsein abgibt, (damit) einer ges Pflicht zu genügen.« (BGH WM 1971, 443). Die Auskunft erstreckt sich auf die Führung **erbschaftlicher Geschäfte**; für sie kann zudem § 681 eingreifen (Palandt/*Edenhofer* § 2028 Rn 2).

Zu berichten hat der Hausgenosse auch über Nachlassgegenstände, die schon vor dem 4 Erbfall beiseite geschafft wurden, aber nicht über Schenkungen an ihn selbst (BGH WM 1971, 443). Seine Pflicht ist nicht davon abhängig, dass er genaue Einzelheiten angeben und die Gegenstände »namhaft« machen kann (BGH DB 1964, 1443). Weitere Nachforschungen muss er nicht anstellen.

Auskunftsberechtigt (§ 2028) sind der Erbe, jeder Miterbe und die zur Verwaltung des 5 Nachlasses sonst berechtigten Personen.

Für Ansprüche aus § 2028 gilt § 2027 ZPO nicht; deshalb sind sie im allg Gerichtsstand (des 6 Bekl) zu verfolgen, §§ 12 ff ZPO (MüKo/*Helms* § 2028 Rn 11 mit Nachw).

Seine Angaben hat der Hausgenosse an Eides Statt zu versichern, wenn der Erbe dies 7 verlangt und Grund zu der Annahme besteht, dass die Auskunft nicht genügend sorgfältig ist; Auskunftserteilung muss stets vorausgehen (BGH DB 1964, 1448; zu weiteren Einzelheiten für den Ablauf des Verfahrens Palandt/*Edenhofer* § 2028 Rn 3 und MüKo/ *Helms* § 2028 Rn 7 f).

§ 2029 Haftung bei Einzelansprüchen des Erben

Die Haftung des Erbschaftsbesitzers bestimmt sich auch gegenüber den Ansprüchen, die dem Erben in Ansehung der einzelnen Erbschaftsgegenstände zustehen, nach den Vorschriften über den Erbschaftsanspruch.

Macht der Erbe **Einzelansprüche** geltend, die neben §§ 2018 f bestehen (können), richtet 1 sich die Haftung des Erbschaftsbesitzers nicht nach den für sie üblichen Regeln, sondern ebenfalls nach §§ 2018 ff. Damit behält er die besonderen Vorteile (insb: günstiger Verwendungsersatz), die §§ 2018 f für ihn bereitstellen, doch muss er gleichzeitig die Nachteile tragen, dazu gleich Rn 2.

Über seine Ansprüche und die Wahl für sie bestimmt der Erbe allein nach seinen Vorstel- 2 lungen (vgl zu weiteren Einzelheiten *Wiegand* JuS 1975, 286).

Verjährung richtet sich nach § 197 Abs. 1 Nr. 2 (30 Jahre). 3

Zur Feststellung seines Erbrechts muss der Kläger Klage erheben, § 256 Abs. 1 ZPO; al- 4 lerdings kann auch der Beklagte, § 256 Abs. 2 ZPO, selbst tätig werden, **Widerklage**, wenn

§ 2031 BGB | Herausgabeanspruch des für tot Erklärten

er meint, dass er Erbe ist. § 2029 ist im Verfahren vom Gericht von Amts wegen anzuwenden, soweit sich der Erbschaftsbesitz aus dem wechselseitigen Parteivortrag ergibt (Palandt/*Edenhofer* § 2028 Rn 2). Für Einzelklagen gilt der besondere Gerichtsstand aus § 27 ZPO nicht (OLG Nürnberg OLGZ 81, 115).

§ 2030 Rechtsstellung des Erbschaftserwerbers

Wer die Erbschaft durch Vertrag von einem Erbschaftsbesitzer erwirbt, steht im Verhältnis zu dem Erben einem Erbschaftsbesitzer gleich.

1 Veräußert der Erbschaftsbesitzer die **Erbschaft** oder einen **Erbteil**, dazu §§ 2371, 2385 und §§ 1922, 2033, kann ihn der Erbe auf den **Erlös** in Anspruch nehmen, § 2019; er kann aber auch nach seiner Wahl gegen den Erwerber vorgehen, der ihm dann wie ein Erbschaftsbesitzer haftet. § 2030 findet deshalb keine Anwendung

- bei Einzelklagen des Erben aus sonstigem Rechtsgrund,
- bei der Übernahme einzelner Gegenstände durch den Erwerber
- und bei einer Veräußerung »in Bausch und Bogen«, ohne dass nun gerade der Nachlass ganz oder teilweise

übertragen und der Geschäftspartner dem Veräußerer die Sorge insoweit abnehmen will (MüKo/*Helms* § 2030 Rn 3; Palandt/*Edenhofer* § 2030 Rn 2). Das Verpflichtungsgeschäft zwischen beiden muss nicht wirksam sein; sonst hätte der Erbe bei Mängeln beim Abschluss gegen den Erwerber keine Ansprüche (MüKo/*Helms* § 2030 Rn 4). §§ 2024, 2025 gelten zu Lasten des Erwerbers nur dann, wenn ihre Voraussetzungen in seiner Person vorliegen (**Haftungsverschärfung**).

2 Stets muss der Erwerber an zumindest einem Erbschaftsgegenstand Besitz oder Mitbesitz erlangt haben (MüKo/*Helms* § 2030 Rn 2).

3 § 2030 ist entsprechend anwendbar bei Erwerb einer »Erbschaft« nach letztwilliger Verfügung des Erbschaftsbesitzers, etwa einem **Vermächtnis** (Palandt/*Edenhofer* § 2030 Rn 2 und Staudinger/*Gursky* § 2030 Rn 11; MüKo/*Helms* § 2030 Rn 14).

4 Gutgläubiger **Erwerb** ist ausgeschlossen, wenn der Erbe nach § 2030 vorgeht. Verlangt der Erbe **Herausgabe**, ist er zur Genehmigung der Verfügung – ganz oder teilweise – verpflichtet (weitere Einzelheiten bei MüKo/*Helms* § 2030 Rn 8); sonst kann der Erwerber gegen den Veräußerer vorgehen und sich auf dessen **Rechtsmängelhaftung** berufen (MüKo/*Helms* § 2030 Rn 8). Macht er Schadensersatz gegen den früheren, verschärft haftenden Erbschaftsbesitzer geltend, dazu §§ 2023 ff, muss er Ansprüche gegen den Erwerber abtreten, § 255 (MüKo/*Helms* § 2030 Rn 9), der allerdings wiederum im Verhältnis zu seinem Geschäftspartner **Rechtsmängel** einwenden kann. Erlangt der Erbe das »Erlangte« zurück, kann er nicht weiter gegen den Veräußerer vorgehen und – etwa – zusätzlich den Kaufpreis fordern; allerdings stehen ihm weitere Ansprüche wegen Verschlechterung pp wie sonst zu. Fällt er teilweise aus, kann er gegenüber dem Erbschaftsbesitzer den Kaufpreis insoweit einfordern, als dieser »das Äquivalent« für die nicht zurückerlangten Erbschaftsgegenstände darstellt« (MüKo/*Helms* § 2030 Rn 13 mit Nachw).

5 Für Ansprüche aus § 2030 gilt der Gerichtsstand aus **§ 27 ZPO** (MüKo/*Helms* § 2030 Rn 15).

§ 2031 Herausgabeanspruch des für tot Erklärten

(1) Überlebt eine Person, die für tot erklärt oder deren Todeszeit nach den Vorschriften des Verschollenheitsgesetzes festgestellt ist, den Zeitpunkt, der als Zeitpunkt ihres Todes gilt, so kann sie die Herausgabe ihres Vermögens nach den für den Erbschaftsanspruch geltenden Vorschriften verlangen. Solange sie noch lebt, wird die Verjährung

ihres Anspruchs nicht vor dem Ablauf eines Jahres nach dem Zeitpunkt vollendet, in welchem sie von der Todeserklärung oder der Feststellung der Todeszeit Kenntnis erlangt.

(2) Das Gleiche gilt, wenn der Tod einer Person ohne Todeserklärung oder Feststellung der Todeszeit mit Unrecht angenommen worden ist.

Dem Erblasser, der noch lebt, tatsächlich aber **für tot erklärt** ist oder **für tot gehalten** wird, Abs. 2, stehen Ansprüche nach § 2018 ff gegen jeden zu, der in seine Rechtsstellung eingedrungen ist. Allerdings müssen die sonstigen Voraussetzungen (eben Erbschaftsbesitz) vorliegen, denn § 2031 ist nicht anwendbar, wenn ein anderer auf das Vermögen des tot Geglaubten zugreift, ohne als Erbe aufzutreten (MüKo/Helms § 2031 Rn 1; anders offensichtlich Palandt/*Edenhofer* § 2031 Rn 1, der § 2031 auch dann eingreifen lassen will, wenn der andere das Vermögen des Verschollenen dadurch erlangt hat, dass er sich als der Verschollene ausgab, krit dabei auch Bamberger/Roth/*Müller-Christmann* Rn 3 mit Nachw). Für die Verjährung gilt Abs. 1 Satz 2. 1

Stirbt der »**Scheinerblasser**«, rückt sein Erbe nach (Palandt/*Edenhofer* § 2031 Rn 2); wie sonst kann er sich auf die üblichen Erbschaftsbeschränkungen berufen. 2

Anspruchsberechtigt nach Abs. 1 Satz 1 ist die Person, die für tot erklärt oder deren Tod für sicher gehalten bzw deren Todeszeitpunkt nach §§ 39 ff VerschG festgestellt ist, aber den Zeitpunkt überlebt hat, der für seinen Tod gilt, dazu §§ 9, 23, 44 VerschG (zu Abs. 2 vgl MüKo/*Helms* § 2031 Rn 3); Abs. 2 gilt für andere Personen, deren Tod ohne Todeserklärung oder Feststellung der Todeszeit zu Unrecht angenommen wurde, etwa auf Grund einer unrichtigen Sterbeurkunde (MüKo/*Helms* § 2031 Rn 3, dort auch zu weiteren Einzelheiten). Erweist sich die Annahme des Todes als unrichtig, kann der Anspruch aus § 2031 vom Abwesenheitspfleger, § 1911, geltend gemacht werden. Anspruchsgegner ist, wer auf Grund des zu Unrecht angenommenen Todes des anderen als dessen vermeintlicher oder angeblicher Erbe »etwas aus dem Vermögen des scheinbar Verstorbenen erlangt hat«, dazu schon Rn 1 (MüKo/*Helms* § 2031 Rn 4). 3

Auf § 2031 sind die Vorschriften über den Erbschaftsanspruch entsprechend anwendbar, §§ 2018 ff, auch § 2026. 4

Gutgläubige Dritte werden im Rahmen von §§ 2370 Abs. 1, 2366 geschützt. Nach § 2370 Abs. 1 können im Übrigen die dem vermeintlichen Erben gegenüber vorgenommenen Rechtsgeschäfte der in § 2367 genannten Art wirksam sein (MüKo/*Helms* § 2031 Rn 8). 5

Für **Herausgabeansprüche** aus § 2031 steht der besondere Gerichtsstand der Erbschaft, § 27 ZPO, nicht bereit (MüKo/*Helms* § 2031 Rn 9; Bamberger/Roth/*Müller-Christmann* § 2031 Rn 7). 6

Titel 4 Mehrheit von Erben
Untertitel 1 Rechtsverhältnis der Erben untereinander

§ 2032 Erbengemeinschaft

(1) Hinterlässt der Erblasser mehrere Erben, so wird der Nachlass gemeinschaftliches Vermögen der Erben.

(2) Bis zur Auseinandersetzung gelten die Vorschriften der §§ 2033 – 2041.

A. Allgemeines

Durch den Tod des Erblassers entsteht kraft Gesetzes eine Gesamthandsgemeinschaft, deren ausschließlicher Zweck die Abwicklung des Nachlasses ist. Das Sondervermögen, 1

§ 2032 BGB | Erbengemeinschaft

das dem Gesamthandszweck gewidmet ist, ist vom Privatvermögen der Gesamthänder derart getrennt, dass diese über die einzelnen Gegenstände ihres Sondervermögens nur gemeinsam »zur gesamten Hand« verfügen können, § 2040 Abs. 1. Die Verfügung über seinen Anteil an den einzelnen Gegenständen ist dem jeweiligen Gesamthänder nach § 2033 Abs. 2 verwehrt. Allerdings hat er das Recht, ohne Zustimmung der anderen, über seinen Anteil am gesamten Nachlass zu verfügen, § 2033 Abs. 1.

2 Sie entsteht unabhängig vom Berufungsgrund und kann weder vertraglich begründet noch nach Auseinandersetzung wiederhergestellt werden (Palandt/*Edenhofer* Einf vom § 2032 Rn 1). Da sie nur der einheitlichen wirtschaftlichen Abwicklung dient, kann jeder Miterbe jederzeit die Auseinandersetzung verlangen, § 2042 Abs. 1. Die Rechtsfortbildung, die bei der GbR zur Rechtsfähigkeit geführt hat, lässt sich nach Ansicht des BGH nicht auf die kraft Gesetzes begründete und auf Auseinandersetzung gerichtete Erbengemeinschaft übertragen (NJW 2002, 3389).

3 Die Miterben sind, von einigen ges Ausnahmen abgesehen, zu gemeinschaftlichem Handeln verpflichtet, §§ 2038 – 2040). Ausnahmen sind die Verfügungsbefugnis hinsichtlich des Erbanteils nach § 2033 Abs. 1 und der Anspruch auf jederzeitige Auseinandersetzung, § 2042 Abs. 1.

4 Stirbt ein Miterbe vor der Erbauseinandersetzung kann er aufgrund einer Verfügung von Todes wegen oder aufgrund Gesetzes von mehreren Personen beerbt werden, die wiederum in seine Rechtsposition eintreten. Sein Anteil am Sondervermögen der Erbengemeinschaft geht auf diese Erben über, die ihrerseits eine gesamthänderische Unterbeteiligung, dh eine Erbeserbengemeinschaft, bilden. Die Erbeserben können nicht über den Anteil an der Erbschaft nach dem ersten Erblasser verfügen, wohl aber über den ideellen Bruchteil des von ihnen ererbten Nachlass (Palandt/*Edenhofer* Einf vom § 2032 Rn 3).

5 Der beschränkte Vollstreckungsschutz bietet, wenn sich Grundstücke im Nachlass befinden eine gewisse Sicherheit gegen zu krasse Auseinandersetzungsverlangen, wodurch eine Einigung zwischen den Miterben erreicht werden soll, § 180 Abs. 2 ZVG. Gehört der Erbengemeinschaft ein lw Betrieb, so ermöglichen die §§ 13 – 17 GrdstVG die gerichtliche Zuweisung des Betriebes an einen Miterben.

B. Gesamthandsgemeinschaft

6 Die Erbschaft geht nach dem Grundsatz der Universalsukzession des § 1922 Abs. 1 mit dem Erbfall als Ganzes auf die Miterben über mit der Folge, dass der Nachlass den Miterben gemeinschaftlich zur gesamten Hand zusteht. Sie bilden, unabhängig von ihrem Willen, eine Erbengemeinschaft, die aber keine eigene Rechtspersönlichkeit besitzt, also weder rechts- noch parteifähig ist (BGH NJW 2002, 3389 mwN), kann aber nach § 70 Nr. 2 SGG am sozialgerichtlichen Verfahren beteiligt werden (BSozG NJW 1958, 1560). Aus der fehlenden Parteifähigkeit folgt, dass die Erbengemeinschaft als solche nicht verklagt werden kann, weshalb der Kläger vor Klageerhebung zunächst alle Miterben ermitteln muss. Das Urteil kann nicht gegen die Erbengemeinschaft gerichtet werden. Die Vollstreckungsorgane haben bei einem Titel nach § 747 ZPO vorab zu prüfen, ob darin alle Miterben genannt sind.

7 Mangels Rechtsfähigkeit ist die Erbengemeinschaft weder grundbuch- noch sonst registerfähig (*Demharter* § 19 GBO Rn 108).

8 Die einzelnen Miterben haben zwar eine Gesamtberechtigung am Nachlass und einen Anspruch auf Auseinandersetzung der Erbengemeinschaft; bis zu diesem Zeitpunkt steht ihnen aber keine unmittelbare dingliche Berechtigung an den einzelnen Nachlassgegenständen zu, auch wenn der Nachlass nur noch aus einem Gegenstand besteht (BGH NJW 2001, 2396).

9 Mitglieder einer Erbengemeinschaft können neben rechts- und erbfähigen natürlichen Personen auch rechtsfähige Personenvereinigungen sein einschließlich der GbR mit Ge-

samthandsvermögen (Kroiß/Ann/Mayer/*Ann* § 2032 Rn 11). Für nichteheliche Kinder, die ihre Väter bis 1. 4. 1998 nicht beerben konnten, ist die Übergangsregelung in Art. 227 EGBGB zu beachten.

Das Gemeinschaftsverhältnis besteht nur zwischen den unmittelbar eintretenden Miterben, nicht aber bereits mit dem Ersatz- oder Nacherben. Sie werden erst Mitglieder der Erbengemeinschaft, wenn der Ersatz- oder Nacherbfall eintritt (BayObLGZ 28, 117). Mehrere Nacherben bilden mit Eintritt des Nacherbfalls eine Erbengemeinschaft nach dem ursprünglichen Erblasser. Miterben sind die Personen, die als wirkliche Erben in die Erbfolge eintreten. 10

Die Miterben haften nach § 840 Abs. 1gesamtschuldnerisch für die von allen Miterben gemeinschaftlich verursachten deliktischen Schäden. Diese werden, wenn ein Miterbe beim Handeln für die Erbengemeinschaft einen Schaden verursacht, gem § 31 analog der Erbengemeinschaft zugerechnet (Soergel/*Wolf* § 2038 Rn 1 mwN; aA: Staudinger/*Werner* § 2032 Rn 5 mwN). 11

Die Erbengemeinschaft ist beendet, wenn der letzte Nachlassgegenstand verteilt oder der vorletzte Miterbe ausgeschieden ist. Solange noch mindestens ein Nachlassgegenstand und zwei Miterben vorhanden sind, wird die Erbengemeinschaft unter den Verbleibenden fortgesetzt. Sie kann nicht wiederbelebt werden (allg M; OLG Hamm JMBl NRW 1975, 153), es sei denn, dass ihre Beendigung nicht dauerhaft wirksam war, weil Willenserklärungen angefochten wurden oder ein Rücktritt erfolgt ist (BGH DNotZ 1955, 406). 12

C. Gemeinschaftliches Vermögen

Die Miterben sind bis zur Nachlassteilung in gesamthänderischer Verbundenheit am Nachlass berechtigt, wobei der einzelne Miterbe aber kein Bruchteilseigentum an einzelnen Nachlassgegenständen hält. Er ist nur als Mitglied der Erbengemeinschaft am Nachlass berechtigt. Daher bleiben beim einzelnen Miterben dessen persönliches Vermögen und sein in der Erbengemeinschaft gebundener Nachlassteil bis zum Abschluss der Nachlassauseinandersetzung grds getrennt (BGHZ 138, 8). 13

Der einzelne Miterbe kann, weil er nicht an einzelnen Nachlassgegenständen berechtigt ist, sondern nur am Nachlass insgesamt, nur über seinen Nachlassanteil, nicht aber über Anteile an einzelnen Nachlassgegenständen verfügen, § 2033 Abs. 1. 14

Die durch den Tod des Erblassers erforderliche Berichtigung des **Grundbuchs** wird in der Weise vollzogen, dass gleichzeitig alle Miterben unter Angabe des Gemeinschaftsverhältnisses, § 47 GBO, eingetragen werden. Eventuell entstandene Untergemeinschaften nach verstorbenen Miterben sind mit ihrer Zusammensetzung einzutragen (BayObLGZ 1990, 188). 15

D. Besondere Nachlassgegenstände

Den Miterben steht der Anteil, den sie am Sondervermögen Nachlass haben, auch an den einzelnen Nachlassgegenständen zu; er ist aber kein beschränktes Teilrecht an einem Nachlassgegenstand (DGE/*Wrede* § 2032 Rn 4), über den der einzelne frei verfügen kann. Verfügt er über einen Nachlassgegenstand, handelt er als Nichtberechtigter iSv § 185. Eine Verfügung über seinen Anteil an einem Nachlassgegenstand, ist diese unwirksam (RGZ 88, 21). 16

Sachenrechtlich gehören die Nachlassgegenstände jedem einzelnen Miterben in vollem Umfang, aber beschränkt durch die Rechte der übrigen Mitglieder der Erbengemeinschaft (DGE/*Wrede* § 2032 Rn 5). 17

§ 2032 BGB | Erbengemeinschaft

I. Personengesellschaftsanteile

1. GbR

18 Nach § 727 Abs. 1 bewirkt der Tod eines GbR-Gesellschafters zur Auflösung der Gesellschaft. Sieht aber der Gesellschaftsvertrag die Vererblichkeit der Mitgliedschaft vor, wird, wenn ein Gesellschafter von mehreren Personen beerbt wird, nicht die Erbengemeinschaft, sondern jeder Miterbe Gesellschafter mit dem Anteil, der seinem Erbteil entspricht (BGH NJW 1981, 749). Seit 1.1.1999 ist nach § 723 Abs. 12 Nr. 2 die Vollendung des 18. Lebensjahres bei minderjährigen Erben ein wichtiger Grund für eine Kündigung.

2. OHG und KG

19 Nach § 131 Abs. 3 Nr. 1 HGB wird eine OHG durch den Tod eines Gesellschafters nicht aufgelöst, sondern mit den verbleibenden Gesellschaftern fortgesetzt. Der bis zum Erbfall einheitlich bestehende Gesellschaftsanteil zerfällt. Jeder Miterbe erhält im Wege der Sondererbfolge eine selbständige Gesellschafterstellung und einen gesonderten Gesellschaftsanteil. Dieser Anteil wird mit dinglicher Wirkung unter den Miterben entsprechend ihren Erbquoten automatisch aufgeteilt und jeder Miterbe wird unmittelbar Gesellschafter mit einem seinem Erbteil entsprechenden Gesellschaftsanteil (Palandt/*Edenhofer* § 2032 Rn 8). Entsprechendes gilt auch bei der Vererbung eines Kommanditanteils: Jeder Miterbe wird mit dem Anteil, der seinem Erbteil entspricht, Kommanditist.

20 Lebt nur noch ein Gesellschafter und wird die Gesellschaft auch nicht mit einem/mehreren Erben fortgesetzt, ist die OHG beendet und es entsteht ein einzelkaufmännisches Unternehmen. Für die KG gilt nach § 161 Abs. 2 HGB entsprechendes, wenn der Komplementär verstirbt.

21 Enthält der Gesellschaftsvertrag eine Nachfolgeklausel, geht bei einer **einfachen Nachfolgeklausel** der OHG-Anteil im Erbfall durch Singularsukzession direkt auf alle Erben über (BGHZ 101, 123). Durch eine **qualifizierte Nachfolgeklausel** kann ein ungeteilter Gesellschaftsanteil auf einen zuvor bestimmten Miterben übergeleitet werden (Kroiß/Ann/Mayer/*Ann* § 2032 Rn 24).

22 Der Erbe eines Komplementärs kann nach § 139 Abs. 1 HGB verlangen, dass ihm die Stellung eines Kommanditisten eingeräumt wird. Der Erbe eines Kommanditisten bleibt nach § 177 HGB Kommanditist.

II. Einzelkaufmännisches Unternehmen

23 Befindet sich ein einzelkaufmännisches Unternehmen im Nachlass, geht das vererbliche Handelsgeschäft auf die Miterben als Rechtsträger in gesamthänderischer Verbundenheit über. Es kann nach hM zumindest in der Dreimonatsfrist des § 27 Abs. 2 HGB von der Erbengemeinschaft fortgeführt werden (KG NJW-RR 1999, 880), ohne sich zu einer Handelsgesellschaft zusammenzuschließen (BGHZ 92, 259). Solange noch zwei Miterben verbleiben, steht der Fortführung auch das Ausscheiden einzelner Miterben nicht entgegen (KG JW 1939, 565). In der Fortführung des Unternehmens durch einen Miterben ist die Fortführung durch alle nur dann anzunehmen, wenn er von den übrigen Miterben zur Fortführung ausdrücklich oder stillschweigend bevollmächtigt wurde (BGH NJW 1960, 962). Dagegen ist in der Übernahme des Geschäfts durch einen Miterben mit Zustimmung der übrigen eine Teilauseinandersetzung mit Zuweisung des Geschäfts an den Miterben zu sehen (Staudinger/*Werner* § 2032 Rn 20).

24 Die Erbengemeinschaft kann unter ihrer Firma Rechte erwerben und Verbindlichkeiten eingehen, klagen und verklagt werden, muss nach § 31 Abs. 1, 2. Alt. HGB die Unternehmensträgerschaft im Handelsregister eintragen lassen und, wenn sie eine neue Firma wählt, diese durch einen Zusatz anpassen, aus dem sich die Unternehmensträgerschaft ergibt, § 19 Abs. 2 HGB. Die Miterben können das Geschäft auch unter der alten Firma

mit oder ohne Nachfolgezusatz fortführen, wobei die Geschäftsführung idR allen gemeinsam zusteht (OLG Frankfurt/M BB 1975, 1319). Im Übrigen ist auch die Eintragung als Kaufmann der Miterben in gesamthänderischer Verbundenheit möglich (KG JFG 5, 209).

Im Innenverhältnis können die Rechtssätze der OHG auf ihre Rechtsbeziehungen untereinander angewendet werden (BGHZ 17, 299). Da die Unternehmensfortführung der Gemeinschaftsverwaltung nach § 2038 unterliegt, muss die Entscheidung einstimmig von allen Miterben getroffen werden, ohne dass es der Zustimmung des Erblassers iSv § 22 Abs. 1, letzter Hs HGB bedarf. Hat allerdings der Erblasser die Firmenfortführung unter Lebenden oder letztwillig untersagt, ist sie nicht zulässig. 25

Wird der Prokurist ein Miterbe, erlischt seine Prokura (BGH NJW 1959, 2114); im Übrigen kann ein Miterbe nicht zum Prokuristen bestellt werden (KG JW 1939, 565). Allerdings sind die Miterben berechtigt, für die von der Erbengemeinschaft fortgeführten Unternehmen Prokuristen zu ernennen, wobei die Bestellung gemeinschaftlich erfolgen muss; der Widerruf ist dagegen durch jeden einzelnen Miterben möglich. 26

Die Beteiligung einer Erbengemeinschaft an einer OHG oder KG ist nicht möglich (BGHZ 22, 192). 27

Die Miterben haften für die aus dem Betrieb eines einzelkaufmännischen Unternehmens nicht nur erbrechtlich nach den §§ 2058, 2059, sondern auch handelsrechtlich, wobei eine Beschränkung nach § 2059 Abs. 1 nicht möglich ist (allg Ansicht, GK-HGB/*Hüffer* § 27 Rn 37). Eine Beschränkung der Haftung auf den Nachlass kann nur durch Vereinbarung mit dem Vertragspartner erreicht werden (OLG Frankfurt/M BB 1975, 1319). Für von den Miterben begründeten **Neuschulden** haften die Miterben nach allgemeinen Vorschriften (§ 128 HGB, *K. Schmidt* NJW 1985, 2785), ebenso für **Altschulden** unbeschränkt (*Baumbach/Hopf* § 27 HGB Rn 1), wenn die Miterben nicht innerhalb der Dreimonatsfrist des § 27 Abs. 2 HGB ihre Enthaftung herbeiführen (MüKo/*Lieb* § 27 HGB Rn 27), indem sie die Geschäftstätigkeit einstellen, dh wenn keine nach außen gerichtete unternehmerische Tätigkeit mit Gewinnerzielungsabsicht mehr entfaltet wird, so bei Veräußerung, Vermietung, Verpachtung oder Stilllegung (MüKo/*Lieb* § 27 HGB Rn 52; aA: RGZ 56, 196), nicht aber bei Abwicklungstätigkeiten. Teilstilllegungen müssen den »wesentlichen Teil« des Unternehmens einschließen (Kroiß/Ann/Mayer/*Ann* § 2032 Rn 21). 28

Besteht die Erbengemeinschaft aus minderjährigen Kindern und ihren Eltern, haften auch die Kinder als Mitinhaber für die Verbindlichkeiten, die ihre Eltern als ihre ges Vertreter unter der Firma des fortgeführten Unternehmens eingegangen sind (Palandt/*Edenhofer* § 2032 Rn 6). Allerdings können die Kinder nach Eintritt ihrer Volljährigkeit ihre Haftung nach §§ 1629a, 1793 Abs. 2 für Verbindlichkeiten, die während ihrer Minderjährigkeit aufgrund des Erwerbs von Todes wegen entstanden sind, auf den Bestand ihres Vermögens zu diesem Zeitpunkt beschränken (*Habersack* FamRZ 1999, 1). Verlangt der nunmehr Volljährige nicht innerhalb von 3 Monaten die Auseinandersetzung, wird vermutet, dass die Verbindlichkeiten erst nach Vollendung seines 18. Lebensjahres entstanden sind (Palandt/*Edenhofer* § 2032 Rn 6). 29

Werden nachlasszugehörige Unternehmungen über die Auseinandersetzung hinaus fortgeführt, ist dies nur in den Gesellschaftsformen des Handelsrechts möglich (Kroiß/Ann/Mayer/*Ann* § 2032 Rn 22). 30

Die Umwandlung eines Handelsgeschäfts in eine Handelsgesellschaft erfordert eine Teilauseinandersetzung und eine Sachgründung (*K. Schmidt* NJW 1985, 2785). Zur Fortführung des Unternehmens als OHG ist der Abschluss eines Gesellschaftsvertrages und die Übertragung der Unternehmensgüter auf die Personengesellschaft erforderlich (BGHZ 92, 259). Ohne Gesellschaftsvertrag bleibt die Erbengemeinschaft Träger des Unternehmens. UU kann der Wille der Miterben, zur Unternehmensfortführung eine OHG zu gründen, auch schlüssig zum Ausdruck kommen (Palandt/*Edenhofer* § 2032 Rn 7), wobei der Gründungswille nicht schon im Entschluss zur Fortführung zu sehen ist (OLG Hamm NZG 1999, 588). 31

III. Kapitalgesellschaftsanteile

1. GmbH-Anteile

32 Nach § 15 Abs. 1 GmbHG ist auch der Gesellschaftsanteil einer GmbH vererblich und kann kraft Erbrechts auf die Mitglieder einer Erbengemeinschaft übergehen. Sind nur einige Miterben nach dem Gesellschaftsvertrag nachfolgeberechtigt, kann der vererbte Gesellschaftsanteil im Wege der Erbauseinandersetzung auf diese Miterben übertragen werden (BGHZ 92, 386). Die GmbH-Anteilsrechte können von den Miterben nur gemeinschaftlich ausgeübt werden (BGH WM 1960, 590); dies gilt insb für das Stimmrecht. Auch Erklärungen gegenüber der Gesellschaft können nur gemeinsam abgegeben werden; insoweit ist § 2038 Abs. 1 Satz 2, 2. Hs nicht anwendbar, § 18 Abs. 1 GmbHG.

33 Da der GmbH-Anteil nicht durch Singularsukzession übertragen wird, gibt es bei der GmbH keine echte »Nachfolge« in Anteile mit der Folge, dass eine vollzugsbedürftige Verpflichtung aller Miterben zur Übertragung des der Erbengemeinschaft zugefallenen Anteil in der Auseinandersetzung auf einen bestimmten Miterben nur durch eine satzungsmäßige Nachfolgeklausel geschaffen werden kann (Kroiß/Ann/Mayer/*Ann* § 2032 Rn 27). Die Übertragung eines GmbH-Anteils einer Erbengemeinschaft auf eine OHG bedarf der notariell beurkundeten Übertragung selbst dann, wenn die Gesellschafter identisch sind (OLG Karlsruhe NJW-RR 1995, 1189).

2. Aktien

34 Nach § 8 Abs. 5 AktG sind Aktien vererblich, in der Auseinandersetzung aber nicht teilbar. Die Vererblichkeit des Aktienrechts kann nicht ausgeschlossen werden. Allerdings kann die Satzung der AG das Recht vorbehalten, die betroffenen Akten beim Erbfall an bestimmte Personen oder beim Eintritt des Erbfalls einzuziehen, § 237 AktG. Die Eintragung des Rechtsübergangs von Namensaktien im Aktienbuch ist nach §§ 67, 68 AktG nicht erforderlich. Mehrere Erben erben die Aktien als Erbengemeinschaft zur gesamten Hand (Palandt/*Edenhofer* § 2032 Rn 13). Die sich aus den Aktien ergebenden Rechte müssen einheitlich ausgeübt werden, § 69 Abs. 1 AktG. Für den Fall, dass Miterben erben, sollte zur Sicherung der Handlungs- und Beschlussfähigkeit der AG eine Vertreterklausel in die Statuten aufgenommen werden, die in seinem solchen Fall die Bestellung eines Vertreters vorsieht (Kroiß/Ann/Mayer/*Ann* § 2032 Rn 28).

3. Genossenschaftsanteile

35 Auch Genossenschaftsanteile sind nach § 77 Abs. 1 Satz 1 GenG vererblich und gehen auf die Erbengemeinschaft über. Zum Schutz vor Überfremdung endet die Mitgliedschaft in der Genossenschaft zum Ende des Geschäftsjahres, in dem der Erbfall eintreten ist, § 77 Abs. 1 Satz 2 GenG. Die Genossenschaft wird dann mit den Erben auseinandergesetzt. Die Stimmrechtsausübung von Miterben in der Generalversammlung ist nach § 77 Abs. 1 Satz 3 GenG nur durch einen gemeinschaftlichen Vertreter möglich.

E. Rechtsübertragungen

36 Zur Begründung von Alleineigentum oder zur Umwandlung von Gesamthands- in Bruchteilseigentum bedarf es besonderer Übertragungsakte: Die Übertragung eines Nachlassgrundstückes bedarf zu ihrer Wirksamkeit eines notariell beurkundeten schuldrechtlichen Übertragungsvertrages nach § 311b Abs. 1 (BGHZ 21, 231) und der Auflassung. Die Auflassung ist auch bei der Eigentumsumschreibung auf eine von den Miterben gebildeten OHG (KG JFG 21, 168) oder KG (OLG Hamm JMBl NRW 1958, 268) erforderlich. Dies gilt nicht, wenn die von den Miterben gebildete GbR sämtliche Erbteile einschließlich des Nachlassgrundstücks erwirbt (KG DR 1944, 455). Darüber hinaus ist die Genehmigung nach § 2 Abs. 2 Nr. 2 GrdstVG erforderlich (OLG Oldenburg RdL 1964, 234).

Hat der Erblasser letztwillig über die Vermögensgegenstände verfügt und einzelne Sachen 37
bestimmten Erben zugewendet, liegt darin entweder eine Teilungsanordnung nach § 2048
oder ein Vorausvermächtnis nach § 2150, die aufgrund ihrer schuldrechtlichen Wirkung
erst bei der Nachlassteilung zu berücksichtigen sind.

F. Haftung der Erbengemeinschaft

Mitglieder einer Erbengemeinschaft können alle rechtsfähigen Personen und Personen- 38
vereinigungen und damit auch die GbR mit Gesamthandsvermögen sein.

Der Nachlass ist den Miterben als Sondervermögen bis zur Auseinandersetzung zu er- 39
halten. Alles, was dem Nachlass zufließt, wird Teil des Sondervermögens. In gleicher
Weise gilt das Gesamthandsprinzip auch für die Nachlassverbindlichkeiten: Die Miterben
haften nach § 2058 als Gesamtschuldner.

Aus dem Gesamthandsprinzip ergibt sich, dass alle Miterben entweder als notwendige 40
Streitgenossen oder als einzelne Mitglieder der Erbengemeinschaft klagen können. Im
letztgenannten Fall sind die klagenden Miterben nur einfache Streitgenossen. Nach § 2058
kann jeder Erbe einzeln als Gesamtschuldner verklagt werden, wobei mehrere Miterben
nur einfache Streitgenossen iSd § 60 ZPO sind. Richtet sich dagegen die Gesamthandsklage nach § 2059 Abs. 2 gegen alle Erben, so sind sie notwendige Streitgenossen iSd § 62
ZPO, gegen die nur einheitlich entschieden werden kann.

I. Bis zur Nachlassteilung

Bis zur Nachlassteilung kann jedes Mitglied der Erbengemeinschaft seine Haftung auf 41
seinen Anteil am Nachlass beschränken, § 2059 Abs. 1 Satz 1.

Die Nachlassgläubiger können gegen die Miterben nach § 2058 die Gesamtschuldnerklage 42
erheben oder von ihnen gem § 2059 Abs. 2 die Befriedigung aus dem ungeteilten Nachlass
verlangen.

Soll bei der Nachlassauseinandersetzung ein GmbH-Anteil aufgeteilt werden, ist § 17 43
GmbHG zu beachten.

II. Nach der Teilung

Ist der Nachlass geteilt, steht den Gläubigern die Klagemöglichkeit nach § 2059 Abs. 2 44
nicht mehr zur Verfügung. Sie können nur noch nach § 2058 vorgehen. In gleicher Weise
eingeschränkt sind auch die Miterben, die ihre Haftung nur noch nach §§ 2060 ff beschränken können. Daneben steht ihnen auch die Haftungsbeschränkung des Alleinerben zur
Verfügung.

Wird das Miterbenrecht eines Dritten von den Mitgliedern der Erbengemeinschaft be- 45
stritten, kann der Dritte gegen die Erbengemeinschaft die Klage nach § 2018 erheben, die
nur auf das Ziel der Einräumung von Mitbesitz gerichtet werden kann. Die Klage nach
§ 2018 ist allerdings ausgeschlossen, wenn ein Miterbe einen zu hohen Erbteil am Nachlass
fordert. In diesem Fall kommt nur die Erbenfeststellungsklage in Betracht. Mehrere Erben,
die zuviel beanspruchen, sind keine notwendigen Streitgenossen, weil die Erbenstellung
und der Erbteil nicht einheitlich aus der Natur der Sache heraus festgestellt werden
können (DGE/*Wrede* § 2032 Rn 6).

Wird in das Gesamthandsvermögen vollstreckt, ist hierzu ein Titel gegen alle Miterben 46
erforderlich, § 2040 BGB iVm § 747 ZPO. Bei der Zwangsvollstreckung gegen einen Miterben können nur die Rechte dieses Mitglieds der Erbengemeinschaft zusammen mit dem
Anspruch auf Auseinandersetzung der Erbengemeinschaft gepfändet werden. Hat sich
der Erbe im Prozess seine Haftungsbeschränkung vorbehalten, verhindert dies die
Zwangsvollstreckung in sein Eigenvermögen.

§ 2033 Verfügungsrecht des Miterben

(1) Jeder Miterbe kann über seinen Anteil an dem Nachlass verfügen. Der Vertrag, durch den ein Miterbe über seinen Anteil verfügt, bedarf der notariellen Beurkundung.

(2) Über seinen Anteil an den einzelnen Nachlassgegenständen kann ein Miterbe nicht verfügen.

A. Allgemeines

1 Nach § 2033 Abs. 1 kann, da die Erbengemeinschaft auf Auslösung gerichtet ist, jeder Miterbe über seinen Nachlassanteil verfügen. Die Vorschrift will dadurch primär einen Ausgleich zwischen den Sicherungsinteressen der Nachlassgläubiger und den Liquiditätsinteressen der Miterben schaffen: Den Nachlassgläubigern soll der Nachlass gesamthänderisch gebunden bleiben, den Miterben soll aber auch keine Totalsistierung des Nachlasses bis zur Befriedigung der Nachlassverbindlichkeiten zugemutet werden (Kroiß/Ann/Mayer/*Ann* § 2033 Rn 1).

2 Abgesehen von Verträgen nach § 312 Abs. 2 ist es nicht möglich, über einen künftigen Erbteil zu verfügen, da ein verfügungsfähiges Recht an einem Erbteil erst durch den Erbfall entsteht (DGE/*Wrede* § 2033 Rn 2).

B. Verfügungsgegenstand

3 Verfügungsgegenstand ist nur der jeweilige Anteil des Erben am Nachlass, dh die jedem Miterben zustehende ideelle Quotalberechtigung am Nachlass im Ganzen (Kroiß/Ann/Mayer/*Ann* § 2033 Rn 2), solange sich noch ein Gegenstand des Nachlasses im Gesamthandsbesitz der Erbengemeinschaft befindet, da der Wert dieser Berechtigung vom Wert der Gegenstände abhängt.

4 Nach § 2033 Abs. 1 kann der Miterbe zwar über einen Bruchteil seines Nachlassanteils verfügen (BGH NJW 1963, 1610 f), aus Gründen des Gläubigerschutzes nicht aber über das Auseinandersetzungsguthaben eines Nachlasses (hM, RGZ 60, 126; aA: *Sigler* MDR 1964, 372), da dieser Anspruch auch hinsichtlich der Haftung an die Stelle des Erbteils tritt (Staudinger/*Werner* § 2033 Rn 12), so dass die Möglichkeit einer isolierten Übertragung den Erbteil aushöhlen würde (MüKo/*Heldrich* § 2033 Rn 10).

5 Gegenstand der Verfügung kann darüber hinaus auch der Anteil eines Miterben an der Beteiligung des Erblassers an einer Gesellschaft oder einer Erbengemeinschaft sein (DGE/*Wrede* § 2033 Rn 3), wenngleich nach Abs. 2 eine Verfügung über Anteile an einzelnen Nachlassgegenständen nicht möglich ist. Allerdings sind Teilauseinandersetzungen aller Miterben denkbar mit dem Ziel, einzelne Nachlassgegenstände aus dem Nachlass auszusondern, über die dann nach allgemeinen sachenrechtlichen Regeln verfügt werden kann.

6 Dagegen ist die vom BGH zugelassene **Abschichtung** (BGH MittBayNot 1998, 188), bei der ein Miterbe gegen Abfindung einverständlich aus der Erbengemeinschaft dadurch ausscheidet, dass er seine Mitgliedschaftsrechte einschließlich seines Rechts auf das Auseinandersetzungsguthabens aufgibt, so dass sein Nachlassanteil den verbleibenden Miterben kraft Gesetzes zuwächst, keine Anteilsverfügung.

7 Die Erbengemeinschaft ist aufgelöst, wenn sich durch die Übertragung alle Anteile am Nachlass in der Person eines Miterben vereinigen. Der Eigentümer des gesamten Nachlasses kann in diesem Fall nur noch einzelne Erbschaftsgegenstände übertragen.

C. Verfügender

8 Verfügungsberechtigt sind bei einer bestehenden Erbengemeinschaft, der Miterbe, nach § 2037 auch sein Rechtsnachfolger sowie diejenigen, die bedingt oder befristet als Miterben

eingesetzt sind, somit auch die Vorerben unbeschadet der Nacherbfolge. Nach § 2018 Abs. 2 kann der Nacherbe über die Anwartschaft nach § 2033 Abs. 1 analog verfügen. In den Grenzen der §§ 2113 – 2115 kann der Vorerbe vor Anfall des Erbteils beim Mitnacherben in der Form des § 2033 Abs. 1 über den Nachlass verfügen, der Nacherbe nur über das ihm zustehende Anwartschaftsrecht (Kroiß/Ann/Mayer/*Ann* § 2033 Rn 8). Nach Eintritt des Nacherbfalls ist nur noch der Mitnacherbe nach § 2033 Abs. 1 verfügungsberechtigt. Dies gilt nicht für den alleinerbenden Nacherben; er kann aber nach allgemeinen sachenrechtlichen Vorschriften über einzelne Nachlassgegenstände verfügen. 9

Eine vor Anfall der Erbschaft getroffene Verfügung iSd § 2033 Abs. 1 ist nach § 311b Abs. 4, Abs. 5 nichtig (Kroiß/Ann/Mayer/*Ann* § 2033 Rn). 10

D. Verfügungsgeschäft

Eine Verfügung iSd § 2033 Abs. 1 ist jedes Rechtsgeschäft, das den Bestand des Rechts am Nachlass ändert: die dingliche Aufhebung, Belastung, Inhaltsänderung oder Übertragung eines Nachlassanteils. Aufgrund des Abstraktionsgrundsatzes ist diese Verfügung getrennt vom zugrunde liegenden Verpflichtungsgeschäft (Palandt/*Edenhofer* § 2033 Rn 8). 11

I. Übertragung

Die Übertragung des Nachlassanteils nach § 2033 Abs. 1 führt Gesamtrechtsnachfolge in die Rechtsstellung des Veräußerers, wobei nicht einzelne Nachlassgegenstände übertragen werden, sondern der Anteil am Nachlass als Ganzes. Befindet sich ein Grundstück im Nachlass, welches übertragen wurde, wird das Grundbuch durch die Übertragung unrichtig; der Erwerber ist nach §§ 894 BGB iVm 22 GBO als Gesamthänder der ungeteilten Erbengemeinschaft eingetragen, ohne dass es einer Auflassung bedarf. Bei der Bruchteilsübertragung ist der neue Gesamthänder zusätzlich zum alten einzutragen. Eine Übertragung des Nachlassanteils kann auch zur Sicherung übertragen werden (Kroiß/Ann/Mayer/*Ann* § 2033 Rn 11). 12

II. Verpfändung

Der Nachlassanteil wird, da sie ein Recht, nicht aber eine Forderung betrifft, nach §§ 1274 Abs. 1, 2033 Abs. 1 verpfändet, wobei eine Anzeige nach § 1280 nicht erforderlich ist (RGZ 83, 28); sie sollte aber erfolgen, da nur die mitgeteilte Verpfändung die Rechte der übrigen Miterben beschränkt. Auch die Verpfändung erfasst nur den Nachlassanteil, nicht aber die einzelnen Nachlassgegenstände. Die Bestellung des Pfandrechts ist nichtig, wenn der Schuldner nicht berechtigt ist, die Forderung zu tilgen (BGH NJW 1957, 672). 13

III. Nießbrauchsbestellung

Nach §§ 1069 Abs. 1, 2033 Abs. 1 kann der Nießbrauch sowohl am Nachlassanteil als auch an einem Anteilsbruchteil (Staudinger/*Werner* § 2033 Rn 32) bestellt werden, wobei es sich, anders als beim Nießbrauch am Gesamtnachlass, der Sachnießbrauch nach § 1089 ist, um Rechtsnießbrauch handelt. § 1071 gewährt einen Mindestschutz gegen Anteilsentwertungen durch beeinträchtigende Verfügungen (RGZ 90, 236). 14

E. Form

Die der Verfügung zugrunde liegenden Rechtsgeschäfte sind an sich formfrei, wobei aber die besonderen Formvorschriften, insb zum Erbteilskauf, § 2371, zu beachten sind. Dagegen bedarf das Verfügungsgeschäft, die Verfügung über den Erbteil, nach § 2033 Abs. 1 Satz 2 stets der notariellen Beurkundung; ansonsten sind die Verträge nach § 125 nichtig. Diese zwingende Form gilt auch, abweichend von § 167 Abs. 2, für Vollmachten zum Erbteilserwerb oder zur Veräußerung des Erbteils (MüKo/*Heldrich* § 2033 Rn 22). 15

16 Eine Ausnahme gilt nur wenn die Übertragung im gerichtlichen Erbteilungsverfahren nach § 91 FGG erfolgt oder ein gepfändeter Erbteil im Wege der Zwangsvollstreckung durch Zuschlag auf den Erwerber übergeht (DGE/*Wrede* § 2033 Rn 4).

17 Ist nicht nur die Verfügung, sondern auch das Grundgeschäft, heilt die nach § 2033 Abs. 1 Satz 2 formwirksame Anteilsübertragung die Formnichtigkeit des zugrunde liegenden Kaufvertrages nicht, wenn dieser entgegen § 2371 nicht notariell beurkundet worden ist (st Rspr: RGZ 129, 123).

18 Die zur Übertragung einzelner Nachlassgegenstände erforderliche Form des § 311b Abs. 1 muss, da die Verfügung nach § 2033 Abs. 1 nur den Nachlassanteil erfasst, nicht gewahrt werden. Ebenso wenig müssen Genehmigungs- und Zustimmungserfordernisse eingehalten werden. Nach § 2 Abs. 2 Nr. 2 GrdstVG gilt dies nicht für Nachlässe, die im Wesentlichen aus einem Betrieb der Land- oder Forstwirtschaft bestehen (Kroiß/Ann/Mayer/*Ann* § 2033 Rn 17).

19 Die Nichtbeachtung der notariellen Form hat nicht zwangsläufig die Unwirksamkeit der Anteilsübertragung zur Folge, vielmehr kann darin ein formlos gültiger Auseinandersetzungsvertrag (RG JW 1932, 1354) oder eine wirksame schuldrechtliche Verpflichtung (RGRK/*Kregel* § 2033 Rn 13) gesehen werden. Obgleich die schuldrechtliche Verpflichtung, wie Verpfändung, Veräußerung und Nießbrauchsbestellung formfrei erfolgen können, sollte dennoch die notarielle Form beachtet werden, zumal die Frage der Heilung der mangelnden Form nach § 311b Abs. 1 Satz 2 kontrovers diskutiert wird. Bei Schenkungen ist die Rechtslage im Hinblick auf § 518 Abs. 2 eindeutig, die Heilung wird allgemein anerkannt.

20 Auch bei § 2033 Abs. 1 Satz 2 kann die Berufung auf den Formmangel gegen § 242 verstoßen, wenn zB eine Seite den Irrtum veranlasst hat, es sei keine Form erforderlich (RG WarnR 1925 Nr. 162). In diesem Fall ist das an sich nichtige Geschäft wie ein wirksames zu behandeln (BHG DRiZ 1969, 278).

F. Rechtsfolgen

21 Durch die Erbteilsübertragung tritt der Erwerber nur in die vermögensrechtliche Stellung des Veräußerers ein mit der Folge, dass er Gesamthänder wird (RGZ 83, 30). Er wird aber dadurch nicht Miterbe der Erbengemeinschaft (BGH NJW 1993, 726). Auf ihn gehen nur die Rechte und Pflichten zur Verwaltung und Auseinandersetzung des Nachlasses über (DGE/*Wrede* § 2033 Rn 5).

I. Rechtsstellung des Veräußerers

22 Der Veräußerer bleibt Miterbe, da die Position des Erben untrennbar mit der seiner Person verbunden ist und dem auch nach der Verfügung unveräußerliche Befugnisreste verbleiben; er haftet aber weiterhin, und zwar neben dem Erbteilskäufer für die Nachlassverbindlichkeiten und kann noch nach § 2344 für erbunwürdig erklärt werden (Palandt/*Edenhofer* § 2033 Rn 7).

23 Durch die Veräußerung wird die Stellung des Veräußerers als Miterbe nicht beeinträchtigt. Daher fallen ihm beim Erbteilskauf nach § 2373 im Zweifel Nacherbschaften, Anwachsungen und Vorausvermächtnisse an, die nach Kaufvertragsabschluss erfolgen. Allerdings ist § 2373 nur eine Auslegungsregel, die ihrem Wortlaut nach nur den Erbteilskauf, nicht aber den Kauf einen Nachlassanteils erfasst, weshalb eine analoge Anwendung dieser Vorschrift zu erwägen ist.

24 Er bleibt weiterhin auch weiterhin Inhaber etwaiger Pflichtteils- und Pflichtteilsergänzungsansprüche (*Lange/Kuchinke* § 42 II 3).

25 Ein bereits erteilter Erbschein ist durch die Veräußerung nicht unrichtig geworden (RGZ 64, 173). Erfolgte die Veräußerung des Erbteils vor Ausstellung des Erbscheins, so ist dennoch der veräußernde Miterbe und nicht der Erwerber darin zu benennen (RGZ 64, 173).

Erbrechtliche Gestaltungserklärungen wie die Erbschaftsannahme nach § 1943, die Ausschlagung oder auch die Anfechtung nach §§ 1954 kann nur der Miterbe abgeben. Er allein ist nach § 2227 berechtigt, die Entlassung des Testamentsvollstreckers zu verlangen und zu beantragen (KG KJZ 1929, 1347). 26

Hat der Miterbe über seinen Nachlassanteil verfügt, kann er weder die Auseinandersetzung nach § 2042 verlangen noch sein Miterbenvorkaufsrecht nach § 2034 ausüben (BGH NJW 1993, 726). 27

II. Rechtsstellung des Erwerbers

Der Erwerber tritt in die vermögensrechtliche Stellung des veräußernden Miterben, wird aber mangels Rechtsbeziehung zum Erblasser nicht Miterbe (BGH NJW 1960, 291). Er wird Inhaber aller Verwaltungs-, Benutzungs- und Fruchtziehungsrechte und ist richtiger Adressat einer Inventarfrist. Ein vom Anteilsveräußerer errichtetes Nachlassinventar wirkt nach § 2383 Abs. 2 zugunsten des Erwerbers. Darüber hinaus trägt er alle Beschränkungen und Beschwerungen des Nachlassanteils wie Auflagen, Ausgleichungs- und Pflichtteilsansprüche, Pfandrechte, Teilungsanordnungen, Testamentsvollstreckung und Nacherbenrechte (MüKo/*Heldrich* § 2033 Rn 26). 28

Neben dem Veräußerer kann auch der Erwerber Nachlassverwaltung und -insolvenz beantragen (Palandt/*Edenhofer* § 2033 Rn 7). Im Insolvenzverfahren tritt der Erwerber nach § 330 Abs. 1 InsO an die Stelle des Erben. Der Anteilserwerber hat gegen den Miterben einen auf Eintragung seiner Mitberechtigung gerichteten Grundbuchberichtigungsbewilligungsanspruch nach § 894. 29

Die von der Erbengemeinschaft getroffenen Regelungen zur Verwaltung und Nutzung des Nachlasses wirken nach § 2038 Abs. 2 Satz 1 iVm § 746 auch gegen den Erwerber (Damrau/ *Rissmann* § 2033 Rn 11). 30

Der Erbteilserwerber erlangt den Mitbesitz am Nachlass nicht über § 857, sondern nur durch die Einräumung des Besitzes nach § 854 Abs. 2 bzw § 870, wobei die Besitzübertragung bereits in der Anteilsübertragung liegen kann (Bamberger/Roth/*Lohmann* § 2033 Rn 9). 31

Durch die Übertragung eines Miterbenanteils an die übrigen Miterben entsteht keine Bruchteilsgemeinschaft am Erbteil, sofern nicht abweichende Anhaltspunkte, wie zB die Angabe der Bruchteile, vorhanden sind; vielmehr wächst der übertragene Erbteil den in Gesamthandsgemeinschaft stehenden Erwerbern zur gesamten Hand an (BayObLG NJW 1981, 830). 32

III. Rechtsstellung des Pfandgläubigers

Der Pfandgläubiger ist nach §§ 1273 Abs. 2, 1258 nur am Nachlassanteil berechtigt, nicht aber an einzelnen Nachlassgegenständen. Auch wenn der Nachlass nur aus einer teilbaren Forderung besteht, hat der Pfandgläubiger bis zur Auseinandersetzung kein Recht an einem dem verpfändeten Erbteil entsprechenden Teil der Forderung (BGH NJW 1967, 200). Das Pfandrecht sollte zum Schutz des Pfandgläubigers im Grundbuch eingetragen werden (RGZ 90, 232). Es umfasst die Befugnis zur Ausübung aller nicht höchstpersönlicher Rechte des verpfändenden Miterben wie Verwaltung, Verfügung, Einleitung und Mitwirkung bei der Auseinandersetzung, die er zusammen mit dem Miterben verlangen kann (BGH NJW 1969, 1347) und den Überschuss, §§ 2047 Abs. 1, 1258 Abs. 3 (Kroiß/ Ann/Mayer/*Ann* § 2033 Rn 22). 33

Der Pfandgläubiger muss zwar die Befriedigung der Nachlassgläubiger aus den Nachlassgegenstände dulden, er haftet aber nicht für die Nachlassverbindlichkeiten (RGZ 60, 126). Daher kann der Pfandgläubiger der Zwangsvollstreckung nicht nach § 771 ZPO widersprechen; er wird lediglich vorrangig aus dem Erlös befriedigt. 34

Das Pfandrecht am Nachlassanteil setzt sich nach der Auseinandersetzung entgegen dem Wortlaut des § 1258 Abs. 3 durch Surrogation an allen Nachlassgegenständen fort, die der Miterbe in der Teilung erhalten hat (BGH NJW 1969, 1347; aA: RGZ 84, 395). 35

36 Die Verwertung des Vertragspfandrechts kann durch Verwertung des Anteils im Wege des Pfandverkaufs oder durch Betreiben der Auseinandersetzung der Erbengemeinschaft und Zugriff auf das Auseinandersetzungsguthaben als Befriedigungsobjekt erfolgen, § 1258 Abs. 4.

37 Die **Drittwiderspruchsklage** steht dem Vertragspfandgläubiger gegen die von einem anderen Gläubiger in den Erbteil betriebene Zwangsvollstreckung nicht zu; er kann lediglich sein Vorrecht am Erlös des Erbanteils geltend machen (MüKo/*Dütz* § 2033 Rn 35).

38 Der Vollstreckungsgläubiger erwirbt nach § 859 Abs. 2 ZPO durch die Pfändung ein **Pfändungspfandrecht** an dem Erbteil, das dem Vertragspfandrecht gleichgestellt ist, § 804 Abs. 2 ZPO. Als Verfügungsbeschränkung ist es bei Nachlassgrundstücken im Grundbuch einzutragen, obgleich es am Anteil und nicht am Grundstück besteht (OLG Frankfurt Rpfleger 1979, 205). Wollen die Miterben über einzelne Nachlassgegenstände verfügen, bedürfen sie hierzu, ebenso wie beim Vertragspfandrecht, der Zustimmung des Pfändungsgläubigers (RGRK/*Kregel* § 2033 Rn 11).

39 Will der Gläubiger das Pfandrecht verwerten, so wird ihm der gepfändete Anteil zur Einziehung überwiesen; eine Überweisung an Zahlung Statt scheidet mangels Nennwert aus, § 835 ZPO (*Ripfel* NJW 1958, 692). Dadurch ist er berechtigt, die Auseinandersetzung durch Teilungsklage oder im FG-Verfahren nach § 86 FGG zu betreiben. Dem Schuldner ist, da er das Pfandrecht des Gläubigers beeinträchtigen würde, nicht mehr berechtigt, die Auseinandersetzung zu beantragen (OLG Hamm MDR 1958, 45).

IV. Rechtsstellung des Nießbrauchers

40 Nach §§ 1068 Abs. 2, 1066 ist auch der Nießbraucher nur am Nachlassanteil als einem Rechtsnießbrauch berechtigt. Zum Schutz des Nießbrauchers sollte, als Verfügungsbeschränkung der Miterben, der Nießbrauch im Grundbuch eingetragen werden (RGZ 90, 232). Der Nießbraucher hat das Recht zur Ausübung aller Verwaltungs- und Nutzungsrechte, die dem verpflichteten Miterben zustehen (Staudinger/*Werner* § 2033 Rn 28). Daher kann der Nießbraucher anstelle des Miterben na der Verwaltung der Erbschaft teilnehmen und die Nutzungsweise bestimmen (MüKo/*Heldrich* § 2033 Rn 29). Das Auseinandersetzungsrecht kann der Nießbraucher nur zusammen mit dem Erben ausüben (*Bünger* BWNotZ 1963, 102). Auch er muss die Befriedigung der Nachlassgläubiger aus den Nachlassgegenständen dulden, haftet aber selbst nicht für die Nachlassverbindlichkeiten (RGZ 60, 126).

41 Der Nießbrauch wird durch Auseinandersetzung und Teilung beendet. Allerdings bedarf es hierzu der Zustimmung des Nießbrauchers gem § 1071 Abs. 1 Satz 1 (BayObLG NJW 1959, 1780).

G. Verfügungsverbot

42 Vom Verfügungsverbot des Abs. 2 werden auch Verfügungen aller Miterben einer Erbengemeinschaft über Anteile an Nachlassgegenständen erfasst. Nach § 2040 können die Miterben nur über einen Nachlassgegenstand insgesamt verfügen.

43 Liegt ein gem § 2033 Abs. 2 unwirksamer Vertrag vor, ist zu prüfen, ob eine Umdeutung zum gewünschten Erfolg führen kann, was dann der Fall sein kann, wenn der Nachlass nur noch aus einem Gegenstand besteht, weil darin eine Verfügung über den Erbteil selbst gesehen werden kann (Damrau/*Rissmann* § 2033 Rn 14). Voraussetzung dafür ist aber, dass der Erwerber weiß, dass es sich dabei um den ganzen oder nahezu ganzen Erbteil handelt; zumindest muss er aber die Verhältnisse kennen, aus denen sich dies ergibt (BGH FamRZ 1965, 267). Insoweit wendet der BGH die zu § 419 aF entwickelten Grundsätze entsprechend an.

§ 2034 Vorkaufsrecht gegenüber dem Verkäufer

(1) Verkauft ein Miterbe seinen Anteil an einen Dritten, so sind die übrigen Miterben zum Vorkauf berechtigt.

(2) Die Frist für die Ausübung des Vorkaufsrechts beträgt zwei Monate. Das Vorkaufsrecht ist vererblich.

A. Allgemeines

Das Vorkaufsrecht soll es den Miterben ermöglichen, unerwünschte familienfremde Dritte von der Erbengemeinschaft fernzuhalten (BGH NJW 1982, 330). Daher hat das Vorkaufsrecht eine gewisse dingliche Wirkung, da es nicht als Belastung der Miterbenanteile ins Grundbuch eingetragen werden, auch wenn der Nachlass ganz oder zum Teil aus Grundstücken besteht (BayObLGZ 1952, 231). Die Wirkung wird dadurch verstärkt, dass es einen gutgläubigen lastenfreien Erwerb von Erbteilen nicht gibt. Dadurch wird verhindert, dass das Vorkaufsrecht durch Veräußerung des Anteils an Dritte untergehen kann (Erman/*Schlüter* § 2034 Rn 1). 1

Das noch nicht ausgeübte Vorkaufsrecht ist für sich allein weder übertragbar noch pfändbar. Es kann auch nicht zusammen mit dem Erbteil übertragen werden (KG OLG 9, 387). Gem Abs. 2 ist es aber vererblich. Eine Eintragung des Miterbenvorkaufsrechts im Grundbuch ist nicht möglich, auch wenn der Nachlass ganz oder überwiegend aus Grundstücken besteht (BayObLGZ 1952, 231), da es sich nicht auf die Nachlassgrundstücke, sondern auf den Anteil an der Gesamthandsgemeinschaft bezieht. Schließlich scheidet auch ein gutgläubiger lastenfreier Erwerb eines Nachlassanteils aus, da das Vorkaufsrecht kraft Gesetzes gegenüber Dritten wirkt (BayObLGZ 1952, 231). 2

Haben die Miterben Gesamthandseigentum an einem Grundstück in Miteigentum umgewandelt, haben die Miteigentümer kein Vorkaufsrecht an den anderen Anteilen (OLG Hamm RdL 53, 52 Nr. 3). 3

Die allgemeinen Vorschriften der §§ 504 ff finden nur insoweit Anwendung, als die §§ 2034 – 2037 keine speziellere Regelung enthalten. 4

B. Entstehung

Das Vorkaufsrecht entsteht nur bei gültigem, dh formwirksamem Verkauf des Erbteils durch einen Miterben, den Erben oder Erbeserben eines Miterben (BGH NJW 1969, 92) an Dritte (BGH DNotZ 1960, 551), nicht aber an einen anderen Miterben (BGH NJW 1993, 726), und zwar unabhängig davon, dass dieser Dritte einen weiteren Erbteil hinzuwirbt (BGHZ 56, 115). Insoweit dient § 2034 dem Schutz vor einer Überfremdung des Nachlasses (*Brox* Rn 458). Der Vertrag bedarf der notariellen Beurkundung, § 2371 (BGH DNotZ 1960, 551), wobei der Kaufpreis in der notariellen Urkunde enthalten sein muss (OLG Hamburg OLGE 14, 285). Sind behördliche Genehmigungen erforderlich, müssen diese ebenfalls vorliegen (BGH DNotZ 1960, 551). Darüber hinaus sind Vereinbarungen, wonach dem Drittkäufer im Falle der Ausübung des Vorkaufsrechts ein Rücktrittsrecht zusteht bzw der Kauf unter der Bedingung der Nichtausübung des Vorkaufsrechts abgeschlossen wird, sind den vorkaufsberechtigten Miterben gegenüber unwirksam, § 506 (Staudinger/*Werner* § 2034 Rn 4). 5

Wird ein Erbteil zur Sicherung eines Darlehens übertragen und ist dessen Rückzahlung und die Rückübertragung des Erbteils durch besondere Vereinbarungen praktisch für immer ausgeschlossen, liegt darin ein Erbschaftskauf, aber kein Vorkaufsrecht (BGH NJW 1957, 1515). 6

Das ges Vorkaufsrecht entfällt, wenn ein Miterbe seinen Anteil an einen anderen Miterben verkauft (BGH NJW 1993, 726), die Erben eines Miterben ihre Anteils an dessen Nachlass 7 nicht durch einheitliches Rechtsgeschäft, sondern durch selbständigen Vertrag an Dritte verkaufen (BGH RhNK 1970, 535) oder die Erben eines anderen Miterben ihre Anteile an dessen Nachlass veräußern und der Nachlass nicht nur aus dem Erteil des beerbten Miterben des von ihm beerbten Erblassers besteht (BGH NJW 1975, 445). Im Übrigen ist die Ausübung des Vorkaufsrechts nicht dadurch ausgeschlossen, dass der Vorkaufsberechtigte nur zu einem geringeren Bruchteil Erbe ist und der Käufer fast alle Erbanteile erworben hat. Ein Miterbe erlangt auch dann kein Vorkaufsrecht, wenn er, bevor seine Vorkaufserklärung dem anderen veräußernden Miterben zugeht, diesen Anteil seinerseits schon an einen Dritten weiterveräußert hat (BGH FamRZ 1990, 1110), Nach hM entsteht auch durch die Weiterveräußerung des Erbteils durch den Erwerber kein Vorkaufsrecht (Palandt/*Edenhofer* § 2034 Rn 3). Darüber hinaus entfällt der Schutzzweck des § 2034, wenn der letzte verbliebene Erbteil an den Erwerber der anderen Erbteile verkauft wird (BGHZ 86, 379).

8 Das Vorkaufsrecht besteht auch nicht bei Schenkungen, gemischter Schenkung, Verpfändung, Sicherungsabtretung (BGH NJW 1957, 1515), Hingabe an Zahlungs Statt (OLG Hamburg OLGZ 14, 285), beim Verkauf im Wege der Zwangsvollstreckung oder durch den Insolvenzverwalter (BGH NJW 1977, 37) sowie beim Tausch (Palandt/*Edenhofer* § 2034 Rn 9; aA *Brox* Rn 459), wenn die Miterben das geschuldete Tauschobjekt liefern können. Es besteht auch dann nicht, wenn ein Erbe die Versteigerung des Nachlasses betreibt (BGH NJW 1972, 1199).

9 Der vorkaufsberechtigte Miterbe kann der Berufung eines Miterben und des Käufers seines Erbteils auf die Formungültigkeit des Kaufvertrages dann nicht mit dem Einwand der unzulässigen Rechtsausübung entgegentreten, wenn der Erbteilerwerber den Anteil in Erfüllung eines Bereicherungsanspruchs an den verkaufenden Miterben zurückübertragen wird (RGZ 170, 203).

10 Im Übrigen löst die öffentlich-rechtliche Veräußerung eines Anteils am Nachlass, der nur aus einem Grundstück besteht, das Vorkaufsrecht nicht aus (*Clasen* DVBl 1956, 821).

11 Die vorkaufsberechtigten Miterben können den Erbteil nur zum vereinbarten Preis erwerben, den auch der Richter nicht auf einen angemessenen herabsetzen kann (Erman/*Schlüter* § 2034 Rn 2).

C. Vorkaufsberechtigte

12 Nach § 513 Abs. 1 sind sämtliche Miterben als Gesamthänder vorkaufsberechtigt (BGH NJW 1982, 330). Das Vorkaufsrecht als Gestaltungsrecht steht ihnen als Gesamthändern zu. Es verbleibt den anderen als Gesamthänder, wenn ein Miterbe das Vorkaufsrecht nicht ausübt (BGH NJW 1982, 330). Die Miterben müssen ihre Erklärungen nicht gleichzeitig abgeben (RGZ 158, 57). Aber auch der Miterbe, der beabsichtigt, den begehrten Erbteil später zu veräußern, ist zur Ausübung des Vorkaufsrechts berechtigt (OLG Rostock MDR 1999, 941).

13 § 513 Satz 2 ist, im Hinblick auf den Zweck des § 2034, das Eindringen Familienfremder in die Erbengemeinschaft zu verhindern, nicht anzuwenden, wenn ein Erbteil an den zur ges Erbfolge berufenen Abkömmling eines Miterben verkauft wird und dieser der Ausübung des Vorkaufsrechts durch einen anderen Miterben widerspricht (BGH MDR 1971, 377).

14 Nicht zum Kreis der Vorkaufsberechtigten gehört der Dritte, der bereits zu einem früheren Zeitpunkt den Erbteil eines anderen Miterben vollständig erworben hat (BGH NJW 1983, 2142) sowie der durch Übertragung seines Anteils vollständig aus der Erbengemeinschaft ausgeschiedene Miterbe, der zwar noch Erbe im Rechtssinn geblieben ist (BGHZ 86, 379), aber keines Schutzes vor dem Eindringen Dritter in die Erbengemeinschaft bedarf (BGHZ 121, 47) und ohne dass das Vorkaufsrecht auf den Erwerber übergeht (BGH NJW 1983, 2142).

Nicht vorkaufsberechtigt sind Erbteilserwerber, da sie den Gesamthändern nur aus freiem 15
Entschluss angehören und das Vorkaufsrecht weder alleine noch zusammen mit dem
Anteil übertragbar ist (BGH NJW 1983, 2142).

Auch der Miterbe, der seinen Anteil veräußert hat, kann das Vorkaufsrecht nicht mehr 16
ausüben, weil er zwar Miterbe (BGHZ 86, 379), nicht aber Gesamthandsberechtigter
geblieben ist und daher des Schutzes gegen das Eindringen familienfremder Dritter in
die Erbengemeinschaft nicht mehr bedarf (BGHZ 121, 47).

D. Ausübung

Die Ausübung des Vorkaufsrechts erfolgt durch formlose, aber eindeutige Erklärung 17
gegenüber dem Verkäufer oder nach § 2035 gegenüber dem Käufer, wenn die Übertragung
auf den Käufer mitgeteilt ist, die den Willen erkennen lässt, dass vollumfänglich in den
Kaufvertrag eingetreten wird (Soergel/*Wolf* § 2034 Rn 11). Dabei stellt die Erklärung, erst
noch die Bedingungen des Erwerbs aushandeln zu wollen, keine wirksame Ausübung des
Vorkaufsrechts dar (BGH DB 1963, 828). Nach § 472 müssen die ausübungsbereiten Miterben
ihr Vorkaufsrecht einheitlich ausüben (BGH WM 1979, 1066), allerdings nicht gleichzeitig
(RGZ 158, 57). Fehlt es an einer Einigung dieser Miterben, scheidet eine gemeinschaftliche
Ausübung aus. Will nur einer der Miterben sein Vorkaufsrecht nicht ausüben,
verbleibt es den anderen als Gesamthänder im Ganzen (BGH NJW 1982, 330).

Einzelne Miterben sind berechtigt, das Vorkaufsrecht für sich allein auszuüben, wenn es 18
entweder für die anderen Berechtigten keinen Gebrauch davon machen wollen oder es für
sie nicht mehr besteht; unter der ausdrücklichen oder stillschweigenden Bedingung, dass
es die übrigen nicht geltend machen wollen, ist die alleinige Ausübung ebenfalls möglich
(BGH NJW 1982, 330).

Gehört ein Grundstück zum Nachlass, benötigt der ges Vertreter (Eltern, Vormund, Be- 19
treuer) zur Ausübung des Vorkaufsrechts der vormundschaftsgerichtlichen Genehmigung,
§§ 1821 Abs. 1 Nr. 5, 1643, 1908i.

Ob und wie der Vorkaufsberechtigte seine sich aus der Ausübung ergebenden Pflichten 20
erfüllen kann, hat auf die Wirksamkeit der Vorkaufserklärung keinen Einfluss (BGH NJW
1972, 202). Die Ausübung ist ausgeschlossen, wenn er die Erfüllung ablehnt (BGH WM
1962, 722).

Hat der berechtigte Miterbe nur zu einem geringen Anteil am Nachlass beteiligt und hat 21
der Käufer nahezu alle Erbteile der übrigen Miterben erworben, ist die Ausübung des
Vorkaufsrecht nicht deswegen unzulässig (Soergel/*Wolf* § 2034 Rn 11), und zwar auch
dann nicht, wenn dem Käufer die Anteile nur mit Rücksicht auf seine persönliche Beziehung
zum Erblasser verkauft wurden (BGH LM § 2034 Nr. 8).

E. Wirkung

Die vorkaufsberechtigten Miterben erhalten mit der Ausübung des Vorkaufsrechts einen 22
Anspruch auf Übertragung des Erbteils, der aber nicht hinsichtlich einzelner Nachlassgegenstände
geltend gemacht werden kann (BGGH LM § 2034 Nr. 1). Vor Ausübung des
Vorkaufsrecht erwirbt der Dritte den Erbteil mit der Einschränkung, dass das Vorkaufsrecht
auch gegenüber ihm ausgeübt werden kann, § 2035, danach zusammen mit der
bereits dem Verkäufer gegenüber bestehenden Verpflichtung zur Übertragung (BGH
DNotZ 2002, 297).

Durch die Ausübung gegenüber dem Käufer kommt der Kaufvertrag nicht mit ihm zu- 23
stande. Er ist vielmehr aufgrund des ges Schuldverhältnisses (OLG Hamburg MDR 1961,
851) verpflichtet, den erhaltenen Erbteil auf den Miterben zu übertragen. Als Gegenleistung
erhält er von den Miterben den Kaufpreis nebst sonstigen, durch den Kaufvertrag
und etwaiger Genehmigungen entstandenen Kosten erstattet. Im Übrigen tragen die Miterben
als Gesamtschuldner auch die Kosten für die Ausübung des Vorkaufsrechts einschließlich
der Kosten der Rückübertragung (BGH WM 1962, 722).

24 Wurde das Vorkaufsrecht von mehreren Miterben ausgeübt, kann der daraus entstandene Anspruch wegen seiner gesamthänderischen Bindung nicht nur von einem der Miterben anteilig übertragen werden, und zwar auch nicht auf einen anderen, sein Vorkaufsrecht ausübenden Miterben (BGH NJW 1983, 2142).

25 Der Anspruch kann nicht durch eine Vormerkung gesichert werden, wohl aber durch Erwirkung eines Veräußerungsverbots (OLG Stuttgart BWNotZ 1976, 150).

26 Erfüllt der Miterbe nach Geltendmachung des Vorkaufsrechts seine Zahlungsverpflichtung nicht, kann der Käufer nicht nur Ansprüche aus Verzug geltend machen, sondern nach § 323 auch vom Vertrag zurücktreten (BGH NJW 1954, 1883).

27 Die das Vorkaufsrecht ausübenden Miterben werden erst mit der Übereignung, dh der Übertragung des Erbteils Eigentümer, wobei mehrere Miterben als Gesamthänder so erwerben, dass sich der Anteil sofort im Verhältnis ihrer Erbteile teilt (BayObLGZ 1980, 328).

F. Ausübungsfrist

28 Die Frist von 2 Monaten zur Ausübung des Vorkaufsrechts beginnt mit dem Empfang der Benachrichtigung vom Abschluss des wirksamen Kaufvertrages für jeden Vorkaufsberechtigten. Dabei ist die Benachrichtigung von der dinglichen Eigentumsübertragung wichtig für die Frage, wem gegenüber das Vorkaufsrecht ausgeübt werden muss, dh gegenüber dem Verkäufer oder dem Käufer.

29 Nach § 510 Abs. 1 ist der veräußernde Miterbe zur unverzüglichen Benachrichtigung der übrigen Miterben verpflichtet. Diese kann formlos und durch einen Beauftragten erfolgen (OLG Colmar OLGZ 26, 302), sie muss aber geeignet sein, beim Vorkaufsberechtigten den Eindruck zu erwecken, es handele sich um eine rechtlich bedeutsame Erklärung (RG WarnR 1930 Nr. 8). Bei einer mündlichen Mitteilung sind an den Nachweis der ordnungsgemäßen Benachrichtigung strenge Anforderungen zu stellen: Solange den vorkaufsberechtigten Miterben der Kaufpreis nicht richtig mitgeteilt ist, gilt die Benachrichtigung als nicht erfolgt (RG JW 1924, 1247). Darüber hinaus sind auch die sonstigen Vertragsbedingungen, insb Vertragsergänzungen und -änderungen vollständig mitzuteilen (OLG Köln DNotZ 1959, 263). Bedarf es zur Veräußerung des Erbteils einer Genehmigung, gehört zur Benachrichtigung auch die Mitteilung der rechtskräftigen Genehmigung (BGH WM 1979, 1066), weil ansonsten die Frist nicht zu laufen beginnt.

30 Die Kenntniserlangung von Seiten Dritter ist nicht ausreichend, vielmehr muss die Mitteilung jedem vorkaufsberechtigten Miterben durch den Verkäufer oder Käufer bzw deren Beauftragten gemacht werden (BGH WM 1979, 1066). Für die bei Vertragsschluss Anwesenden beginnt am Beurkundungstag die Frist zu laufen (OLG Köln DNotZ 1959, 263), wenn der Kaufvertrag wirksam ist, dh insb die erforderlichen Genehmigungen vorliegen (Soergel/*Wolf* § 2034 Rn 13).

31 Die Frist zur Ausübung des Vorkaufsrechts läuft, auch wenn der Erbteil weiterveräußert wird, nur einmal (Soergel/*Wolf* § 2034 Rn 13). Im Übrigen tritt eine Hemmung der bereits laufenden Frist bis zur Mitteilung nach § 2035 Abs. 2 nicht ein.

G. Erlöschen

32 Das Vorkaufsrecht erlischt gem § 2034 Abs. 1 Satz 1 nach Ablauf der Frist von zwei Monaten, auch wenn eine Übertragung auf den Käufer noch nicht stattgefunden hat, sowie durch formlosen vertraglichen Verzicht (MüKo/Dütz § 2034 Rn 42) sämtlicher Beteiligter auch schon vor der Mitteilung nach § 469 (RG JW 1924, 1247). Da die Frist eine Ausschlussfrist darstellt (Damrau/Rissmann § 2034 Rn 17), ist eine Hemmung nicht möglich. Darüber hinaus führt jede Veräußerung des Erbteils, bei der die Ausübung des Vorkaufsrechts ausgeschlossen ist, zum Erlöschen des Vorkaufsrechts (*Dumoulin* RhNK 1967, 740).

Nach der Auseinandersetzung der Miterben besteht hinsichtlich des Miteigentumsanteils 33
eines Miterben nicht mehr (OLG Hamm RdL 1953, 52).

Allerdings wird das beim Kaufvertrag mit einem Miterben entstandene Vorkaufsrecht 34
durch die Rückgängigmachung des Vertrages nicht beseitigt (OLG Stuttgart BWNotZ
1976, 150). Es erlischt aber bei jeder Erbteilsveräußerung, bei der die Ausübung des
Vorkaufsrechts ausgeschlossen ist (Palandt/*Edenhofer* § 2034 Rn 8).

H. Vererblichkeit

Nach Abs. 2 Satz 2 ist das Vorkaufsrecht, abweichend zu § 514, zusammen mit dem 35
Miterbenanteil, vererblich (BGH NJW 1966, 2207), da der Erbe in die Rechtsposition des
Erblassers eintritt und der Erblasser keinen Einfluss darauf hat, den Schutz der Erbengemeinschaft vor Überfremdung auszuschließen (*Bartholomeyczik*, S 151). Es kann aber
nicht belastet, gepfändet, § 851 ZPO, oder unter Lebenden übertragen werden (KG KGJ
28 A 204).

Das Vorkaufsrecht gehört im Falle der Insolvenz eines Miterben nicht in die Insolvenz- 36
masse und steht daher auch nicht dem Insolvenzverwalter zu (KG OLG 9, 388). Es geht
auch nicht zusammen mit der Erbteilsübertragung auf den Erwerber über (Soergel/*Wolf*
§ 2034 Rn 16). Einzelne Miterben können, solange das Vorkaufsrecht anderen Miterben
zusteht, unter der ausdrücklich oder schlüssig erklärten Bedingung geltend machen, dass
die übrigen es nicht ausüben (OLG Jena HRR 32, 451).

§ 2035 Vorkaufsrecht gegenüber dem Käufer

(1) Ist der verkaufte Anteil auf den Käufer übertragen, so können die Miterben das ihnen nach § 2034 dem Verkäufer gegenüber zustehende Vorkaufsrecht dem Käufer gegenüber ausüben. Dem Verkäufer gegenüber erlischt das Vorkaufsrecht mit der Übertragung des Anteils.

(2) Der Verkäufer hat die Miterben von der Übertragung unverzüglich zu benachrichtigen.

A. Allgemeines

Die Vorschrift erweitert den Schutz des Vorkaufsberechtigten. Dieser kann das Vorkaufs- 1
recht auch dann noch ausüben, wenn der Erbteilskauf innerhalb der Ausübungsfrist des
§ 2034 Abs. 2 Satz 1 bereits vollzogen ist (DGE/*Wrede* § 2035 Rn 1).

Bis zur Übertragung des verkauften Anteils auf den Käufer ist das Vorkaufsrecht gegen- 2
über dem Miterben auszuüben, danach dann nur gegenüber dem Käufer, § 2035 Abs. 1
Satz 1 (KG ZEV 1995, 296). Weitere Übertragungen des Vorkaufsrechts sind nur gegenüber
den weiteren Erwerbern vorzunehmen, vgl § 2037. Darin zeigt sich die absolute Wirkung
(BGH BB 1967, 1104).

B. Voraussetzungen

Das Vorkaufsrecht kann durch formlose Erklärung erfolgen (BGH BB 1967, 1104). Sie 3
muss, ebenso wie die übrigen Voraussetzungen für die Ausübung des Vorkaufsrechts,
innerhalb der Frist des § 2034 Abs. 2 Satz 1 vorliegen. Bis zur Übertragung des verkauften
Anteils ist das Vorkaufsrecht gegenüber dem Miterben nach § 505 auszuüben; nach der
dinglichen Übertragung ändert sich die Person des Erklärungsempfängers, so dass die
Erklärung nur gegenüber dem Käufer abgegeben werden kann (KG ZEV 1995, 296). Der
Veräußerer ist hierfür nicht mehr zuständig.

§ 2035 BGB | Vorkaufsrecht gegenüber dem Käufer

C. Wirkungen

4 Durch die Erklärung, das Vorkaufsrecht auszuüben, entsteht ein ges Schuldverhältnis in der Weise, dass der Vertrag zwischen Käufer und Vorkaufsberechtigtem zu den Bedingungen des Ausgangsvertrages zustande gekommen ist, auf das aber die §§ 320 ff keine Anwendung finden (MüKo/*Heldrich* § 2035 Rn 3). Mit der Ausübung des Vorkaufsrechts geht der Miterbenanteil nicht kraft Gesetzes über; vielmehr erwerben die Vorkaufsberechtigten nur einen Anspruch auf Übertragung des Anteils (BGH LM Nr. 1 zu § 2034). Eine Beschränkung des Anspruchs auf einzelne Nachlassgegenstände ist nicht möglich (Erman/*Schlüter* § 2035 Rn 3). Mehrere Miterben erwerben den Anteil als Gesamthänder, nicht nach Kopfteilen, aber so, dass sich der Anteil entsprechend dem Verhältnis ihrer Nachlassanteile nach Anwachsungs- bzw Erhöhungsgrundsätzen teilt (BayObLGE 1980, 328). In gleicher Weise haften mehrere Vorkaufsberechtigte gesamtschuldnerisch als Verpflichtungsgemeinschaft für den Kaufpreis gem § 427 analog (Erman/*Schlüter* § 2035 Rn 4).

5 Dem Käufer steht nach hM kein Rücktrittsrecht zu, wenn sich der Vorkaufsberechtigte in **Verzug** befindet, da die §§ 325, 326 mangels Leistungsaustausches im Rahmen des ges Schuldverhältnisses entfallen (MüKo/*Heldrich* § 2035 Rn 6). Kostenerstattungspflicht und Übertragungsanspruch stehen nicht in einem Gegenseitigkeitsverhältnis (*v. Lübtow* II, S 826), auch wenn die Miterben dem Käufer gegenüber zur Erstattung des gezahlten Kaufpreises verpflichtet sind (BGH WM 1962, 722) und die sonstigen dem Käufer im Zusammenhang mit dem Erwerb entstandenen Aufwendungen, wie zB Notarkosten, zu erstatten haben (BGH WM 1979, 1066). Aufgrund der beim Rücktritt bestehenden vergleichbaren Interessenlage mit der Rückgewährpflicht kommt ein Rücktrittsrecht gem § 354 analog in Betracht (so *Brox* Rn 463; aA AK-BGB/*Pardey* § 2035 Rn 10).

6 Hat der Käufer bzw jeder weitere Erwerber, seine Pflichten aus dem Austauschvertrag bereits erfüllt, hat er gegenüber dem Vorkaufsberechtigten wegen ihrer Ansprüche nach hM ein **Zurückbehaltungsrecht** nach § 273 (so BGH NJW 1954, 1883), § 320 (so *Brox* Rn 463) bzw § 1100 (*Lange-Kuchinke* § 42 III 3c). Er kann daher Zug um Zug Erstattung seiner Aufwendungen gegen die Übertragung des von ihm erworbenen Erbteils fordern (DGE/*Wrede* § 2035 Rn 4).

7 Veräußert der Erwerber den Anteil weiter, obgleich zumindest ein Miterbe das Vorkaufsrecht ausgeübt hat, muss der zweite Käufer aufgrund der **Drittwirkung** des § 2035 die gegenüber dem Verkäufer abgegebene Erklärung gegen sich gelten lassen, als wäre sie ihm gegenüber abgegeben worden. Da mit der Erklärung, das Vorkaufsrecht auszuüben, dieses Recht erloschen ist (*Knüfermann* S 111 Fn 4) und an seine Stelle im Wege der Ersetzung der Anspruch aus dem Vorkaufsrecht auf Übertragung getreten ist, scheidet eine erneute Geltendmachung aus (MüKo/*Heldrich* § 2035 Rn 7). Vielmehr richtet sich der aus der Übertragungsanspruch nunmehr gegen den Dritten (Erman/*Schlüter* § 2035 Rn 3).

8 Überträgt der verkaufende Miterbe unter Missachtung des ihm gegenüber ausgeübten Vorkaufsrechts den Anteil mit dinglicher Wirkung auf den Käufer, so billigt die hM dem vorkaufsberechtigten Miterben gem § 2035 Abs. 1 Satz 1 analog einen Rückübereignungsanspruch hinsichtlich des Erbteils gegen den Erwerber zu (BGH ZEV 2002, 67).

D. Benachrichtigungspflicht

9 Die Pflicht zur unverzüglichen Benachrichtigung der Miterben ergibt sich für den Verkäufer aus dem Gesetz. Allerdings unterscheidet sich die Benachrichtigungspflicht von der Mitteilung über den Abschluss des Kaufvertrages nach § 510. Die gleiche Pflicht trifft den Käufer, wenn er weiterveräußert (MüKo/*Heldrich* § 2035 Rn 8). Er hat den Miterben nicht nur den Inhalt des Kaufvertrages, sondern auch die Übertragung unverzüglich anzuzeigen (Palandt/*Edenhofer* § 2035 Rn 2). Beide Mitteilungen können in einem Schrift-

stück enthalten sein. Die Miterben können, bis die Übertragung angezeigt wird, das Vorkaufsrecht dem Verkäufer gegenüber nach dem Rechtsgedanken des § 407 Abs. 1 wirksam ausüben (RGRK/*Kregel* § 2035 Rn 4).
Das pflichtwidrige Unterlassen der Benachrichtigung hindert nicht die Ausübung des Vorkaufsrechts. Unabhängig von § 2035 Abs. 2 läuft aber die Zweimonatsfrist des § 2034 Abs. 2 (Soergel/*Wolf* § 2035 Rn 3).

§ 2036 Haftung des Erbteilkäufers

Mit der Übertragung des Anteils auf die Miterben wird der Käufer von der Haftung für die Nachlassverbindlichkeiten frei. Seine Haftung bleibt jedoch bestehen, soweit er den Nachlassgläubigern nach den §§ 1978 – 1980 verantwortlich ist; die Vorschriften der §§ 1990, 1991 finden entsprechende Anwendung.

A. Normzweck

Der Erbteilskäufer haftet den Nachlassgläubigern neben dem Verkäufer kraft Gesetzes vom Abschluss des Kaufvertrages an gesamtschuldnerisch für alle Nachlassverbindlichkeiten (RGZ 60, 126). Die Haftung des Miterben für die Nachlassverbindlichkeiten bleibt also auch dann bestehen, wenn er seinen Erbteil veräußert (Erman/*Schlüter* § 2036 Rn 1). Neben die Haftung des Miterben tritt die Haftung des Erbteilskäufers. Ein Haftungsausschluss mit dem Verkäufer kann nicht vereinbart werden, § 2382 Abs. 2), vielmehr bleibt die Haftung auch dann bestehen, wenn er seinen Anteil weiterveräußert (MüKo/*Heldrich* § 2036 Rn 1).
Die grds unausschließbare Haftung für die Nachlassverbindlichkeiten des Erbschaftskäufers nach den §§ 1922, Abs. 2, 2382, 2383, 2385 entfällt nur dann, wenn der Erbschaftskäufer den Anteil an den/die vorkaufsberechtigten Erben abgeben muss (Staudinger/*Werner* § 2036 Rn 1; aA: RGRK/*Kregel* § 2036 Rn 1, der § 2036 nur anwenden will, wenn der Käufer seinen Anteil auf den Vorkaufsberechtigten überträgt). Eine Mitteilung der Übertragung an die Nachlassgläubiger ist nicht erforderlich (*Planck-Ebbecke*, Anm 1). Vom Haftungswegfall wird nicht erfasst die Haftung für die vom Käufer während seiner Mitgliedschaft in der Erbengemeinschaft begründeten Eigenverbindlichkeiten (Kroiß/Ann/Mayer/*Ann* § 2036 Rn 5).

B. Haftungsbefreiung

Die Haftungsfreistellung erfolgt nach überwiegender Ansicht im Zeitpunkt der Übertragung (Palandt/*Edenhofer* § 2036 Rn 1), nicht im Zeitpunkt der Ausübung des Vorkaufsrechts (*Brox* Rn 464), da der Kaufvertrag zwischen Käufer und Verkäufer trotz ausgeübtem Vorkaufsrecht bestehen bleibt (RGZ 121, 137 f) und sich die Haftung unabhängig von der Weiterveräußerung fortsetzt (MüKo/*Heldrich* § 2036 Rn 2).
Nach S 1 wird der Käufer von der Haftung frei, und zwar auch dann, wenn er das Recht zur Haftungsbeschränkung bereits verloren hat (Palandt/*Edenhofer* § 2036 Rn 1). Allerdings trifft die Miterben die unbeschränkte Haftung hinsichtlich des durch das Vorkaufsrecht hinzuerworbenen Erbteils, § 2383 (Staudinger/*Werner* § 2036 Rn 3).
Es verbleibt aber nach S 2 bei der Haftung für mangelhafte Verwaltungshandlungen nach den §§ 1978 – 1980. Sie kommt erst dann zum Tragen, wenn der Anteil vor dem Erwerb durch die vorkaufsberechtigten Miterben auf den Käufer übertragen wurde (Staudinger/*Werner* § 2036 Rn 11). Die Haftung umfasst auch das Privatvermögen (DGE/*Wrede* § 2036 Rn 2). Voraussetzung ist, dass der Haftende den Nachlass in Besitz hat. Nach allg Meinung bedeutet der Verweis auf §§ 1990, 1991 nur, dass der Erwerber nach den §§ 1978 ff auch

§ 2037 BGB | Weiterveräußerung des Erbteils

dann haftet, wenn wegen der Bedürftigkeit des Nachlasses weder die Nachlassverwaltung noch die Nachlassinsolvenz beantragt wird (hM; MüKo/*Heldrich* § 2036 Rn 5 mwN). In diesem Fall haftet der Käufer den Nachlassgläubigern. Soweit der Käufer bzw Erwerber persönlich haftet, kann er für die Dauer der Nachlassverwaltung bzw des Nachlassinsolvenzverfahrens nur vom Nachlass- oder Insolvenzverwalter in Anspruch genommen werden. Ansonsten haftet er den Nachlassgläubigern unmittelbar (RGRK/*Kregel* § 2036 Rn 3).

6 Im Übrigen ist nur der Nachlass- bzw Insolvenzverwalter anspruchsberechtigt. Der Aufwendungsersatzanspruch des Käufers gegen die Nachlassgläubiger richtet sich nach § 1978 Abs. 3.

C. Ansprüche der Miterben

7 Im Falle des Erbteilskaufs durch einen Miterben haftet der Käufer den vorkaufsberechtigten Miterben nach §§ 1922 Abs. 1, 2382, der Erwerber nach §§ 2042 Abs. 2, 756 (*Lange/Kuchinke* § 42 III 3e).

§ 2037 Weiterveräußerung des Erbteils

Überträgt der Käufer den Anteil auf einen anderen, so finden die Vorschriften der §§ 2033, 2035, 2036 entsprechende Anwendung.

A. Allgemeines

1 § 2037 ermöglicht die Ausübung des Vorkaufsrechts auch bei weiteren Übertragungen nach dem erstmaligen Vorkaufsfall, ohne dass das Vorkaufsrecht dadurch seine Wirkung verliert, und zwar nicht nur gegenüber dem Miterben-Verkäufer oder dem Käufer, sondern gegenüber jedem weiteren Erwerber, sofern es sich nicht um die Übertragung aufgrund der Ausübung des Vorkaufsrechts handelt; diese ist ausgenommen (DGE/*Wrede* § 2037 Rn 1). Die weiteren Übertragungsakte vom Käufer ab können auch andere Rechtsgründe als einen Kauf haben (Erman/*Schlüter* § 2037 Rn 1).

B. Weiterveräußerung

2 Durch die Anteilsübertragung vom Käufer auf den Dritten entsteht kein neues Vorkaufsrecht (BGH NJW 1971, 1265). Vielmehr greift das nach § 2034 entstandene Vorkaufsrecht in jedes weitere (dingliche) Übertragungsgeschäft ein (DGE/*Wrede* § 2037 Rn 1), und zwar unabhängig davon, ob es auf Kauf oder einem anderen Rechtsgrund beruht (Palandt/*Edenhofer* § 2037 Rn 1). Daher beginnt auch keine neue Frist zur Ausübung des Vorkaufsrechts, obgleich jeden neuen Erwerber selbständig die Pflicht zur Anzeige nach § 2035 Abs. 2 trifft. Sie läuft vielmehr nur einmal seit der ersten Anzeige (Palandt/*Edenhofer* § 2037 Rn 1).

3 Allerdings löst jeder Übertragungsvorgang die **Pflicht zur Benachrichtigung** der Mitglieder der Erbengemeinschaft von der Übertragung nach § 2035 Abs. 2 aus (MüKo/*Heldrich* § 2037 Rn 2). Durch die weitere Übertragung werden die früheren Erwerber von der Haftung für die Nachlassverbindlichkeiten befreit, § 2036. Die Weiterveräußerung an einen »anderen« meint nicht die Übertragung auf die Miterben (RGZ 170, 203). Im Falle der Rückkehr des Anteils zu den Miterben erlischt das Vorkaufsrecht (RGZ 170, 207; Erman/*Schlüter* § 2037 Rn 1).

4 Der Letzterwerber hat die Pflicht zur Rückübertragung des Anteils, wenn der Erwerber nach Ausübung des Vorkaufsrechts wirksam verfügt hat (BGH ZEV 2002, 67). Da der Erwerber die Pflicht zur Erfüllung nicht unmöglich machen kann, sind die Vorkaufsberech-

tigten wegen der quasi-dinglichen Wirkung des Vorkaufsrechts nicht nur auf Schadensersatzansprüche verwiesen (Kroiß/Ann/Mayer/*Ann* § 2037 Rn 6).
Das Vorkaufsrecht kann nur innerhalb der Zweimonatsfrist des § 2034 Abs. 2 Satz 1 wahrgenommen werden. Dies gilt auch gegenüber weiteren Erwerbern. Die Frist beginnt mit dem Zugang der Verkaufsanzeige des Erbanteils durch den Verkäufermiterben an die übrigen Miterben (MüKo/*Heldrich* § 2037 Rn 2) und läuft nur einmal (*Brox* Rn 462). Nutzen die Vorkaufsberechtigten die Frist nicht und verstreicht sie, ist das Vorkaufsrecht endgültig erloschen. Entsprechendes gilt für den Verzicht auf das Vorkaufsrecht (RGRK/*Kregel* § 2037 Rn 5).

§ 2038 Gemeinschaftliche Verwaltung des Nachlasses

(1) Die Verwaltung des Nachlasses steht den Erben gemeinschaftlich zu. Jeder Miterbe ist den anderen gegenüber verpflichtet, zu Maßregeln mitzuwirken, die zur ordnungsmäßigen Verwaltung erforderlich sind; die zur Erhaltung notwendigen Maßregeln kann jeder Miterbe ohne Mitwirkung der anderen treffen.

(2) Die Vorschriften der §§ 743, 745, 746, 748 finden Anwendung. Die Teilung der Früchte erfolgt erst bei der Auseinandersetzung. Ist die Auseinandersetzung auf längere Zeit als ein Jahr ausgeschlossen, so kann jeder Miterbe am Schluss jedes Jahres die Teilung des Reinertrags verlangen.

A. Allgemeines

Die Vorschrift regelt die gemeinschaftliche Verwaltung des Erbes im Innenverhältnis und schützt in erster Linie den Nachlassbestand, weniger den Nachlasswert gegen Veränderungen des Status quo. Sie trifft insb Bestimmungen zu den Mitwirkungspflichten. Da die Verwaltungsmaßnahmen stets einstimmig beschlossen werden müssen, ist die Verwaltung sehr schwerfällig.

B. Verwaltungsbefugnis

Die Zuständigkeit für konkrete Verwaltungsmaßnahmen regelt sich nach einem gestuften System: Die Erbengemeinschaft verwaltet grds bis zur Auseinandersetzung den Nachlass gemeinschaftlich und ist als solche dessen handlungsfähiges Organ. Hierzu gehört auch das Erfordernis gemeinschaftlicher Verfügungen nach § 2040. Trotz des Grundsatzes der gemeinschaftlichen Verwaltung ist die **einstimmige Entscheidung** nur bei außerordentlichen Verwaltungsmaßnahmen erforderlich. Über Maßnahmen der laufenden Verwaltung entscheiden die Miterben nur mit Stimmenmehrheit (sog **ordnungsgemäße Verwaltung**), insoweit besteht auch eine Mitwirkungsverpflichtung für die Miterben, Abs. 1 Satz 2. Für **dringliche Maßnahmen** hat jeder Miterbe im Rahmen seines Notverwaltungsrecht die alleinige Entscheidungskompetenz (Palandt/*Edenhofer* § 2038 Rn 1).
Fehlt die Voraussetzungen für die Rechtmäßigkeit einer der drei Verwaltungsarten ist sie nach innen und außen unwirksam (MüKo/*Heldrich* § 2038 Rn 8).

C. Ausnahmen

Steht die Verwaltung dem Testamentsvollstrecker, dem Nachlassverwalter oder dem Insolvenzverwalter zu, entfällt das Verwaltungsrecht der Miterben ebenso, wie dann, wenn das Verwaltungsrecht eines Miterben durch Pfändung dem Pfändungsgläubiger überwiesen wurde (MüKo/*Heldrich* § 2038 Rn 22). Der Testamentsvollstrecker ist an den nur für Miterben geltenden § 2038 nicht gebunden (BGH Rpfleger 1986, 434).

§ 2038 BGB | Gemeinschaftliche Verwaltung des Nachlasses

5 Der Erblasser kann in seiner Verfügung von Todes wegen einzelnen Miterben besondere Verwaltungsrechte übertragen, welches aber aus wichtigem Grund auch wieder entzogen werden kann (BGHZ 6, 76).

6 Die Miterben können durch Mehrheitsbeschluss (BGH NJW 1971, 1265) oder stillschweigend (*Brox* Rn 489) jede denkbare Verwaltungsregelung beschließen, ohne dass die Minderheit bei mangelhafter Verwaltung Schadensersatzansprüche stellen kann (MüKo/*Heldrich* § 2038 Rn 21).

7 Eine einvernehmlich getroffene Verwaltungsvereinbarung (BGH WM 1968, 1272) kann aus wichtigem Grund von jedem Erben gekündigt werden. Auch eine einem Miterben von den übrigen Miterben erteilter Verwaltungsauftrag ist jederzeit widerruflich und kündbar, § 671 (Palandt/*Edenhofer* § 2038 Rn 2). Im Übrigen kann eine Änderung immer dann verlangt werden, wenn sich die tatsächlichen Verhältnisse erheblich verändert haben und die Änderung gerechtfertigt erscheint (KG NJW 1961, 733).

8 Ein Miterbe kann die Zustimmung der übrigen Miterben zur Fremdverwaltung des Nachlasses klageweise nur dann erzwingen, wenn die anderen Miterben zur Verwaltung nicht bereit oder nicht in der Lage sind (BGH NJW 1983, 2142).

D. Verwaltung

9 Art und Inhalt der Verwaltung können die Miterben frei bestimmen, wobei § 2038 nur die Mitwirkungsrechte und -pflichten regelt. Die Verwaltung umfasst alle »rechtlichen und tatsächlichen Maßregeln, die der Verwaltung, Sicherung, Erhaltung, Vermehrung, Nutzungsgewinnung, Verwertung von Nachlassgegenständen und der Schuldentilgung dienen« (BGH FamRZ 1965, 267; iE s MüKo/*Heldrich* § 2038 Rn 16 f), wobei aber der Erlass von Nachlassforderungen nicht zur Nachlassverwaltung gehört (DGE/*Wrede* § 2038 Rn 2). Sie umfasst sowohl die Maßnahmen im Innenverhältnis als auch im Außenverhältnis. Mehrheitsbeschlüsse im Rahmen der ordnungsgemäßen Verwaltung wirken nicht nur nach innen, sondern berechtigen zur Ausführung der beschlossenen Maßnahme. Im verbindlichen Abschluss eines Vertrages ist folglich eine Verwaltungsmaßnahme, nicht eine Verfügung zu sehen (BGHZ 56, 47), zu dessen Durchführung es der Mitwirkung aller Miterben bedarf, weil § 2040 Abs. 1 im Außenverhältnis gilt und als Spezialnorm vorgeht (str; BGHZ 56, 47; aA: Soergel/*Wolf* § 2038 Rn 5 mwN). Verweigert ein Miterbe seine Mitwirkung, kann er durch Klage auf Erfüllung seiner Mitwirkungspflicht von jedem anderen Miterben dazu gezwungen werden.

10 Handlungen im Rahmen der Totenfürsorge, wie zB die Disposition über den Leichnam des Erblassers hinsichtlich Ort und Art der Bestattung, Obduktion oder Organentnahme (vgl § 3 TransplantG) gehören ebenso wenig zu den Verwaltungshandlungen wie Maßnahmen, die unmittelbar auf den Bestand der Erbengemeinschaft wirken, wie die Auseinandersetzung und die Teilung, die schenkweise Weggabe des Nachlasses oder die Ausübung des Miterbenvorkaufsrechts (RGZ 158, 57).

E. Verwaltungsarten

I. Notgeschäftsführung

11 Jeder Miterbe ist berechtigt und verpflichtet, notwendige Erhaltungsmaßnahmen ohne Mitwirkung der anderen, aber unter Einsatz seines eigenen Vermögens zu treffen (BGH JZ 1953, 706). Eine Maßnahme ist **notwendig**, wenn sie der ordnungsgemäßen Verwaltung des gesamten Nachlasses dient. In Betracht kommen unaufschiebbare Reparaturen (BGHZ 6, 76), die Ausübung fristgebundener Gestaltungsrechte, aber auch eine Verfügung (Soergel/*Wolf* § 2038 Rn 12) oder die Erhebung einer Klage, wenn nur durch sie ein dem Nachlass gehörendes Recht erhalten werden kann, wie zB die Anfechtung eines Beschlusses der Wohnungseigentümerversammlung (BayObLG FamRZ 1999, 187) oder eines GmbH-Gesellschafterbeschlusses (BGHZ 108, 21). Bedeutsame Maßnahmen, durch die

erhebliche Verpflichtungen für den Nachlass oder die anderen Miterben begründet werden, sind nur dann notwendig, wenn die Zustimmung der anderen Miterben wegen der Dringlichkeit der Maßnahme nicht mehr eingeholt werden konnte (BGHZ 6, 83). Darüber hinaus muss die Maßnahme **dringlich** sein, dh sie darf keinen Aufschub dulden. Liegen beide Voraussetzungen vor, kann die grds notwendige Zustimmung der übrigen Miterben entfallen.

Art und Umfang der Maßnahme ist vom Standpunkt eines vernünftigen und wirtschaftlich Denkenden zu beurteilen und entscheiden (BGHZ 6, 76), weshalb der Abschluss eines langjährigen Mietvertrages nicht vom Notgeschäftsführungsrecht umfasst ist (BGH NJW 1958, 2061). 12

Der Miterbe ist aber nicht nur berechtigt, sondern auch verpflichtet, Schäden von der Erbengemeinschaft abzuwenden. Daher ist er, bis zur Grenze des Zumutbaren, verpflichtet, ggf unter Einsatz seines Eigenvermögens, zu handeln. Das Eigenvermögen muss er aber nur dann einsetzen, wenn er sicher sein kann, dass er mit seinem Erstattungsanspruch gegen den Nachlass nicht ausfällt (*Ann* S 69). 13

Die vom notverwaltenden Miterben begründeten Verpflichtungen sind zunächst Eigenverbindlichkeiten, aber auch Nachlassverbindlichkeiten, wenn die Erhaltungsaufwendungen vom Standpunkt eines sorgfältigen Verwalters einer ordnungsgemäßen Verwaltung entsprechen. War sein Vorgehen berechtigt, kann er nach § 748 im Innenverhältnis von den übrigen Miterben anteiligen Ersatz verlangen. Hat er dagegen sein Notverwaltungsrecht überschritten, kommt ein Aufwendungsersatzanspruch nach GoA in Betracht (BGH NJW 1987, 3001). War sein eigenmächtiges Vorgehen unberechtigt, hat er der Erbengemeinschaft den Nachteil zu ersetzen, der ihr bei pflichtgemäßem Handeln erspart geblieben wäre (*Wernecke* AcP 193, 240). 14

II. Ordnungsgemäße Verwaltung

Hierunter fallen die Maßnahmen der laufenden Verwaltung in Bezug auf den Nachlass als Gesamtvermögen, dh alle Maßnahmen, die der Beschaffenheit des Gegenstandes und dem Interesse aller Miterben nach billigem Ermessen entsprechen (Palandt/*Edenhofer* § 2038 Rn 6). Daher dürfen einzelne Gegenstände veräußert, verarbeitet oder umgestaltet werden, solange die Leistungsfähigkeit des Nachlasses erhalten bleibt (MüKo/*Heldrich* § 2038 Rn 30). Maßstab ist, wie sich eine vernünftige, wirtschaftlich denkende Person in der gegebenen Lage verhalten würde (BGH FamRZ 1965, 267). Im Rahmen ordnungsgemäßer Verwaltung ist nur ein Mehrheitsbeschluss erforderlich, der dann auch die Rechtsnachfolger gem § 746 bindet. 15

1. Mitwirkungspflicht

Die ordnungsgemäße Verwaltung ist ein Fall der **Mehrheitsverwaltung**. Jeder Miterbe ist verpflichtet, an den zur ordnungsgemäßen Verwaltung erforderlichen Maßnahmen mitzuwirken, dh seine Zustimmung zu erteilen und das eigene Tätigwerden (Palandt/*Edenhofer* § 2038 Rn 8). Sie kann im Klagewege erzwungen werden (BGHZ 6, 76) mit einem auf eine bestimmte Maßnahme gerichteten Antrag, der im Interesse aller Miterben stehen und billigem Ermessen entsprechen muss. 16

Das Aufstellen eines Nachlassverzeichnisses gehört nicht zur Mitwirkungspflicht (RGZ 81, 30). 17

Verletzt ein Miterbe seine Mitwirkungspflicht oder seine Pflicht, gegen schädigendes Verhalten anderer Mitglieder der Erbengemeinschaft einzuschreiten, macht er sich schadensersatzpflichtig; für einen Erfüllungsgehilfen haftet er nach § 278 (BGH DRiZ 1966, 396). Da die Mitwirkungspflicht nur im Innenverhältnis Wirkung entfaltet, kann sich ein Dritter nicht darauf berufen, dass die übrigen Miterben hätten an der Maßnahme des einen Miterben mitwirken müssen (BGH NJW 1958, 2061). 18

2. Entscheidungen

19 Stimmberechtigt ist neben den Miterben, die auch dann mitstimmen dürfen, wenn sie unter Berücksichtigung ihrer Ausgleichungspflicht nichts mehr erhalten, auch der Erbteilserwerber, wobei die Stimmenmehrheit nach der Größe der Erbteile zu berechnen ist (BayObLGZ 1963, 324).

20 Das Stimmrecht ist wegen Interessenwiderstreits ausgeschlossen in eigenen Angelegenheiten wie zB bei der Einziehung einer Forderung, deren Schuldner der Miterbe ist (BGH WM 1973, 360), es sei denn, dass die Nachlassverwaltung einem Miterben übertragen werden soll. Er darf dann über die Übertragung sowie die Höhe der Vergütung mit abstimmen (*Nipperdey* AcP 143, 315).

21 Stellt sich heraus, dass die beschlossene Maßnahme ungeeignet war, kann jeder Miterbe von den anderen die zur Störungsbeseitigung erforderlichen Handlungen verlangen (OLGZ 40, 111).

22 Nach Abs. 2 entscheiden die Miterben durch Stimmenmehrheit, sofern Einstimmigkeit nicht erreicht werden kann, in folgenden Fällen: Übertragung der Verwaltung auf einen oder einzelne Miterben oder einen Dritten (BGH DRiZ 1966, 396); die Benutzungsregelung von Nachlassgegenständen (BGH WM 1968, 1172); die Vertretung des Nachlasses durch einen Miterben (Palandt/*Edenhofer* § 2038 Rn 9).

3. Wirkung

23 Ein wirksamer Mehrheitsbeschluss kann Außenwirkung haben (BGHZ 56, 47), so dass ein Miterbe für ein Verpflichtungsgeschäft bevollmächtigt ist (MüKo/*Heldrich* § 2038 Rn 51) und eine Nachlassverbindlichkeit begründen kann. Die Kosten für die Erhaltung, Verwaltung, einer gemeinschaftlichen Benutzung und die sonstigen Lasten werden im Innenverhältnis von den Miterben nach dem Verhältnis ihrer Erbteile getragen, Abs. 2, wobei sich die Verpflichtung auf die im Nachlass vorhandenen bereiten Mittel beschränkt und eine Vorschusspflicht nicht begründet (MüKo/*Heldrich* § 2038 Rn 66, bestr.).

4. Beispiele für eine ordnungsgemäße Verwaltung

24 Berichtigung von Nachlassverbindlichkeiten nach § 2046, sofern sie nicht von einem Konto getilgt werden, das den gesamten Nachlass bildet, dafür aber nicht ausreicht und der Nachlass dadurch überschuldet wird (OLG Celle FamRZ 2003, 1224); Einziehung von Miet- und Pachtforderungen und anderen Nachlassforderungen (BGH NJW 1967, 440); Abschluss von Miet- und Pachtverträgen (BGH NJW 1971, 1265), die nur mit den Mitgliedern der Erbengemeinschaft zustande kommen können (BGH NJW 2002, 3389); Kündigung eines Miet- oder Pachtvertrages ist möglich (BGH NJW 1952, 111), muss aber gemeinschaftlich erfolgen (str), da es sich um eine Verfügung über das Mietverhältnis ist; die Rücknahme eines vom Erblasser beim Grundbuchamt gestellten Eintragungsantrags (OLG Düsseldorf NJW 1956, 876), Baumaßnahmen auf einem Grundstück (OLG Düsseldorf MDR 1947, 289); Instandsetzungs- und Reparaturarbeiten, sofern sie aus dem Nachlass zu bestreiten sind (KG OLGE 30, 184), Fortführung eines Handelsgeschäfts im Namen der Erbengemeinschaft (BGH NJW 1960, 962) und die Fortführung eines Gewerbebetriebs (OLG Frankfurt/M WM 1975, 129), aber auch die Verarbeitung von Halbfertigprodukten (*Brox*, Rn 46) und die Erhebung einer Klage zur Abwehr der Vollstreckung in ein gepfändetes Nachlassgrundstück (OLG Colmar ElsLothZ 1915, 178).

5. Auskunftspflicht

25 Eine allgemeine Auskunftspflicht besteht zwischen den Miterben nicht (BGH JR 1990, 16). Eine Auskunftspflicht besteht auch nicht über Umstände im Hinblick auf die Testierfähigkeit des Erblassers (BGH aaO) oder über lebzeitige Zuwendungen (*Sarres/Afraz* ZEV 1995,

433), da sich die erbrechtliche Auskunftspflicht stets nur auf den Bestand und Verbleib des Nachlasses erstreckt. Allerdings kann sich der Miterbe als Gesamthänder jederzeit selbst Kenntnis über den Bestand und den Wert des Nachlasses beschaffen und dazu ggf über §§ 2027, 2028 die Mitwirkung der übrigen Miterben verlangen (BGH NJW 1973, 1876). Die Auskunftspflicht besteht nach §§ 666, 681 aber dann, wenn ein Miterbe die Verwaltung allein geführt hat (RGZ 81, 30). UU besteht auch eine Pflicht zur Mitwirkung bei der Errichtung eines Nachlassverzeichnisses (OLG Karlsruhe MDR 1972, 424).

III. Gemeinschaftsverwaltung

Über die der Gemeinschaftsverwaltung unterliegenden Beschlussgegenstände entscheiden alle Miterben einvernehmlich durch Beschluss. Zu diesen Beschlussgegenständen gehören insb die Fortführung eines zum Nachlass gehörenden Handelsgeschäfts (BGH NJW 1960, 959), Branchenwechsel eines Gewerbebetriebs, der den wesentlichen Teil des Nachlasses ausmacht (*Brox* RN 469), Anregung zur Aufhebung der Nachlassverwaltung (MüKo/*Heldrich* § 2038 Rn 33) und die Entscheidung über die Verpachtung eines nachlasszugehörigen Grundstücks zu Beginn der Teilungsversteigerung (OLG Brandenburg OLG-Report 1998, 8).

Stimmberechtigt ist jeder Miterbe, im Falle der Anteilsverfügung nach § 2033 Abs. 1 auch der Anteilserwerber gem § 745 Abs. 1 Satz 2 jeweils nach seiner Erbquote. Die Verfügung über Anteilsbruchteile oder die Vererbung eines Nachlassanteils an mehrere führt zu einer Stimmrechtsvermehrung, wodurch die Gemeinschaftsverwaltung nicht unerheblich erschwert wird (Kroiß/Ann/Mayer/*Ann* § 2038 Rn 12). Die Ausübung des Miterbenstimmrechts ist ebenso wenig wie das Abstimmungsverfahren in § 2038 nicht geregelt. Daher sind keine Formvorschriften zu beachten und eine Vertretung bei der Stimmrechtsausübung zulässig (*Ann* S 86).

Nach hM begründen Beschlussmängel grds nur Schadensersatzansprüchen; zur Nichtigkeit führen sie nur dann, wenn Zuständigkeits- und Anhörungsgrundsätze verletzt worden sind (*Muscheler* ZEV 1997, 173 f).

Der Gemeinschaftsverwaltung unterliegen nur Entscheidungen über Maßnahmen der außerordentlichen Verwaltung des Nachlasses. Daher ist kein Miterbe verpflichtet, derartigen Maßnahmen zuzustimmen. Hat er aber zugestimmt, so darf er dann die Verwaltungsmaßnahme nicht behindern. Seine Mitwirkung an der Umsetzung des Gemeinschaftsbeschlusses kann in diesem Fall gefordert und nach § 894 ZPO erzwungen werden (MüKo/*Heldrich* § 2038 Rn 26).

IV. Außerordentliche Verwaltung

Alle Maßnahmen, die nicht unter die Notgeschäftsführung oder die laufende Verwaltung fallen, bedürfen der Übereinstimmung aller Miterben, wobei aber eine Mitwirkungspflicht nicht besteht (Palandt/*Edenhofer* § 2038 Rn 5). Nach außen ist aber einheitliches Auftreten zwingend. Allerdings kann ein Miterbe mit Zustimmung der übrigen handeln, §§ 182 ff. Bei Vertretung ohne Vertretungsmacht finden die §§ 177 ff Anwendung. Dulden die übrigen Miterben die Vornahme von Verwaltungshandlungen eines Miterben, kann darin eine stillschweigende Bevollmächtigung liegen (BGH NJW 1959, 2114).

F. Früchte

Die Früchte (Sach- und Rechtsfrüchte des Nachlasses) werden zunächst Teil des Gesamthandsvermögens und erst nach vollzogener Auseinandersetzung an die Miterben verteilt, § 2038 Abs. 2 Satz 2, da das Gesamthandsvermögen zunächst noch vermehrt werden soll (DGE/*Wrede* § 2038 Rn 16). Sie gebühren den Miterben entsprechend dem Verhältnis ihrer Erbteile. Daher können auch keine Abschlagszahlungen verlangt werden (OLG Hamburg MDR 1965, 66), weil erst bei der Auseinandersetzung feststeht, was dem einzelnen Mit-

§ 2039 BGB | Nachlassforderungen

erben unter Berücksichtigung seiner Ausgleichspflicht tatsächlich zusteht. Eine frühere Verteilung kann nur durch eine Vereinbarung aller Miterben angeordnet werden (RGZ 81, 241).

33 Der Reinertrag ist auf Verlangen eines Miterben am Ende eines jeden Jahres zu teilen, wenn die Auseinandersetzung durch Erblasseranordnung länger als ein Jahr ausgeschlossen ist (OLG Hamburg MDR 1965, 55). Erfolgt die Befriedigung eines Miterben durch Vorschüsse auf sein Auseinandersetzungsguthaben, stehen ihm die Früchte nur nach seiner tatsächlichen Beteiligung am Nachlassvermögen zu, wobei die Wertverhältnisse am Teilungsstichtag maßgebend sind (OLG Hamburg MDR 1965, 107).

34 Darüber hinaus kann jeder Miterbe die Einräumung des Mitgebrauchs am Nachlass beanspruchen und besitzrechtlich gegen dessen dauernde völlige Nichtgewährung vorgehen (Kroiß/Ann/Mayer/*Ann* § 2038 Rn 34). Scheitert eine einvernehmliche Benutzungsregelung an den Gebrauchinteressen der anderen Miterben ist eine Benutzungsregelung erforderlich, die notfalls durch Mehrheitsbeschluss nach §§ 2038 Abs. 2, 745 Abs. 1 Satz 1 herbeizuführen ist.

35 Der vom Mitgebrauch ausgeschlossene Miterbe kann eine Ausgleichszahlung beanspruchen (BGH ZIP 1997, 2049).

36 Die Miterben haben die Kosten und Lasten des Nachlasses im Verhältnis ihrer Nachlassanteile zu tragen, wobei nur vorhandene Nachlassmittel eingesetzt werden müssen. Eine Vorschusspflicht besteht nicht (Staudinger/*Werner* § 2038 Rn 42). Ist bei der Auseinandersetzung nichts mehr zu erwarten, endet die Leistungspflicht eines Miterben für künftige Kosten und Lasten (MüKo/*Heldrich* § 2038 Rn 66). Arbeit und Zeit, die der Miterbe für die Nachlassverwaltung aufwendet, sind nicht erstattungsfähig (BGH NJW-RR 1991, 771).

§ 2039 Nachlassforderungen

Gehört ein Anspruch zum Nachlass, so kann der Verpflichtete nur an alle Erben gemeinschaftlich leisten und jeder Miterbe nur die Leistungen an alle Erben fordern. Jeder Miterbe kann verlangen, dass der Verpflichtete die zu leistende Sache für alle Erben hinterlegt oder, wenn sie sich nicht zur Hinterlegung eignet, an einen gerichtlich zu bestellenden Verwahrer abliefert.

A. Allgemeines

1 § 2039 ergänzt die Konstruktion der Erbengemeinschaft als Gesamthandsgemeinschaft, indem der verpflichtete Dritte nur an alle Erben gemeinsam leisten kann. In entsprechender Weise können die berechtigten Miterben die Leistung nur an alle Mitglieder der Erbengemeinschaft verlangen. Ausgenommen hiervor ist der Testamentsvollstrecker nach § 2212. Der Anspruch bleibt ein Gesamthandsanspruch der Erbengemeinschaft nach § 2032 und ist kein Recht des einzelnen Miterben aus eigenem Anteil am Anspruch (Erman/*Schlüter* § 2039 Rn 1). Jeder Erbe hat aber eine ges **Einziehungs- und Prozessführungsermächtigung**, auch wenn die Ansprüche der Erbengemeinschaft zustehen (BGH NJW 1983, 2020). Dieses Recht ist für sich allein weder übertragbar noch belast- oder pfändbar (*Blomeyer* AcP 1959 (1960), 401 f).

2 Im Prozess klagte der einzelne Miterbe als Partei den Anspruch der Miterbengemeinschaft im eigenen Namen ein (RGZ 149, 194). Die **ges Prozessstandschaft** besteht ua auch für Feststellungsklagen (OLG Köln FamRZ 1983, 837), auch für negative (RGZ 44, 183), für die Vollstreckung (KG NJW 1957, 1154) und die Sicherung durch Arrest und einstweilige Verfügung. Die Klage des Miterben unterbricht die Verjährung für alle Miterben, da der befugterweise geltend gemachte Anspruch der Erbengemeinschaft nur einheitlich verjährt (Staudinger/*Werner* § 2039 Rn 26).

Die Vorschrift kann auf andere Gesamthandsgemeinschaften angewendet werden, wie zB 3
für die Gütergemeinschaft (RGZ 158, 40), sofern das Zustimmungsverfahren wegen Gefahr im Verzug nicht eingehalten werden kann und mangels Abwesenheit oder Krankheit ein Notverwaltungsrecht gem § 1429 nicht gegeben ist. Dagegen ist § 2039 auf Gesellschaften nur bei Vorliegen besonderer Gründe analog anwendbar (BGHZ 39, 14).

B. Nachlassansprüche

Die Vorschrift erfasst alle schuldrechtlichen, dinglichen, erbrechtlichen und öffentlich- 4
rechtlichen Nachlassansprüche, nicht aber die Ausübung von Gestaltungsrechten, wie Testamentsanfechtung, der Anspruch auf Übertragung von Gesellschaftsanteilen oder der Anspruch gegen den Testamentsvollstrecker auf ordnungsgemäße Verwaltung.

Nach §§ 994 ff muss die Leistung allen gegenüber angeboten werden. Allerdings genügt 5
es, wenn an ein zur Entgegennahme bevollmächtigtes Mitglied der Erbengemeinschaft bzw deren Verwalter geleistet wird. Das Gesetz ermächtigt nun jeden Miterben allein und unabhängig von den anderen, die geschuldete Leistung an alle einzufordern, wodurch jeder Miterbe die der Erbengemeinschaft durch Nachlässigkeit einzelner ihrer Mitglieder drohenden Nachteile abwenden kann, ohne selbst einen unberechtigten Sondervorteil zu erlangen (Palandt/*Edenhofer* § 2039 Rn 1).

Erfasst werden nur Ansprüche, die zum Nachlass gehören, und zwar unabhängig davon, 6
ob sie schuldrechtlicher, dinglicher oder öffentlich-rechtlicher Natur sind. Hierzu gehören insb der Erbschaftsanspruch nach §§ 2018 ff, der Unterlassungsanspruch, der Freistellungsanspruch (RGZ 158, 42), der Anspruch auf Auseinandersetzung und Antrag auf Teilungsversteigerung nach § 181 ZVG, und zwar auch dann, wenn die Gemeinschaft zwischen der Miterbengemeinschaft und einem Dritten besteht (RGZ 108, 424), der Anspruch auf Hinterlegung nach § 432 Abs. 1 Satz 2, auch wenn die Erbengemeinschaft nur Teilhaber der Geldforderung ist (BGH NJW 1983, 2020), der Anspruch auf Rechnungslegung gegen den Testamentsvollstrecker (BGH NJW 1965, 396) sowie der Anspruch auf Berichtigung des Grundbuchs (BGHZ 44, 367).

Darüber hinaus gehören auch Ersatzforderungen aufgrund von § 2041 (*Wieser* FS Lange 7
1970, 325), wie der Schadensersatzanspruch wegen Nicht-/Schlechterfüllung der zum Nachlass gehörenden Kaufpreisforderung oder, sofern dieser gegen den Schuldner nicht durchsetzbar ist, der Schadensersatzanspruch gegen den Notar wegen seiner schuldhaften Amtspflichtverletzung bei der Beurkundung des Rechtsgeschäfts (BGH NJW 1987, 434).

Weitere Fälle sind: der Anspruch auf das bei der GoA Erlangte, sobald die Erbengemein- 8
schaft die Geschäftsführung genehmigt hat (RG SeuffA 81 Nr. 95), der Antrag auf Aufnahme eines durch den Tod des Erblassers unterbrochenen Wiederaufnahmeverfahrens, wenn das angefochtene Urteil einen Nachlassanspruch abgewiesen hatte (BGH NJW 1954, 1523), der Antrag auf Bestimmung einer Inventarfrist gegen die Erben des Schuldners (RGRK/*Kregel* § 2039 Rn 2; aA: KG OLGZ 35, 360) und schließlich auch die öffentlich-rechtlichen Ansprüche wie die Geltendmachung des Witwerrentenanspruchs des verstorbenen Vaters (BVerfGE 17, 86), der Kostenerstattungsanspruch aus dem vom Vater und später von den Erben für den Vater geführten Rechtsstreit (LSozG Celle NJW 1968, 1743) oder der Erlass von Säumniszuschlägen (BFH FamRZ 1989, 975).

Für die Ansprüche der Erbengemeinschaft aus unerlaubter Handlung beginnt die Ver- 9
jährungsfrist der §§ 195, 199 mit der Kenntnis des Erblassers vom Schaden und der Person des Ersatzpflichtigen, ansonsten, dh wenn er sie nicht mehr erlangt hat, wenn diese Voraussetzungen in der Person jedes Erben begründet sind (OLG Celle NJW 1964, 869).

Gestaltungsrechte sind, da sie die Rechtsfolgen unmittelbar herbeiführen, keine An- 10
sprüche (BGH NJW 1951, 308). Daher fallen nicht unter § 2039 die Anfechtungs-, Minderungs-, Rücktritts- und Widerrufserklärung (BGH NJW 1989, 2694), die Ausübung von Wahl-, Vorkaufs- und Wiederkaufsrechten (BGHZ 14, 251), die Erhebung der Nichtig-

§ 2039 BGB | Nachlassforderungen

keitsklage oder die Nachfristsetzung (BGH NJW 2000, 506). Auch die Kündigung einer Forderung kann, da sie eine Verfügung enthält, nur gemeinschaftlich erfolgen (BGH NJW 1989, 2694).

11 § 2039 ist bei der Anfechtung eines **Verwaltungsaktes**, der die Erbengemeinschaft belastet oder verpflichtet, nicht entsprechend anwendbar; sie kann von den Miterben grds nur gemeinschaftlich in notwendiger Streitgenossenschaft durchgeführt werden (BVerwG NJW 56, 1295).

12 Da **Mahnungen** keine Gestaltungsrechte sind, fallen sie unter den Anwendungsbereich des § 2039 (Kroiß/Ann/Mayer/*Ann* § 2039 Rn 5). Die Ausübung der Gestaltungsrechte ist Teil der Nachlassverwaltung und folgt deren Regeln, §§ 2038, 2040 (Kroiß/Ann/Mayer/*Ann* § 2039 Rn 5).

13 Der einzelne Erbe kann nicht verlangen, dass die Leistung an ihn erbracht wird, auch wenn es von dem geltend gemachten Anspruch nur den Teil betrifft, der seiner Quote am Nachlass entspricht (Palandt/*Edenhofer* § 2039 Rn 9). Ist er von den Miterben zur Entgegennahme der Leistung ermächtigt, kann er sie an sich verlangen (BGH NJW-RR 2005, 955). Sind die Miterben zur Annahme nicht bereit, muss er die Hinterlegung für alle erwirken; im übrigen kann jeder Miterbe fordern, dass die Hinterlegung oder bei Ungeeignetheit die Ablieferung an einen vom AG bestellten Verwahrer erfolgt (Palandt/*Edenhofer* § 2039 Rn 9).

14 Verweigert nur ein Miterbe die Annahme, tritt Annahmeverzug bei allen Miterben ein, weshalb der Schuldner nicht zu erfüllen braucht.

15 Jeder Miterbe kann einen Schuldner der Erbengemeinschaft durch **Mahnung** in Verzug setzen, wobei Schuldnerverzug nur eintritt, wenn alle Miterben zur Entgegennahme bereit sind. Sie entfaltet aber Gesamtwirkung, dh sie wirkt für alle und nicht nur für und gegen den handelnden Miterben (hM, MüKo/*Heldrich* § 2039 Rn 18 mwN).

16 Demzufolge müssen auch die Maßnahmen, die ein Miterbe zur Hemmung oder zum Neubeginn der Verjährung ergreift, Gesamtwirkung entfalten (MüKo/*Heldrich* § 2039 Rn 20; aA: RGRK/*Kregel* § 2039 Rn 12). Daher unterbricht die ordnungsgemäße Klageerhebung eines Miterben die Verjährung mit Wirkung für alle Mitglieder der Erbengemeinschaft. Jeder Erbe muss einen durch den Tod des Erblassers unterbrochenen Prozess aufnehmen. Er kann etwaige Prozessführungsmängel durch Genehmigung heilen.

17 Sofern der Erblasser nicht bereits zu seinen Lebzeiten die Aufrechnung erklärt hat, kann die Aufrechnungserklärung nur von allen Miterben gemeinsam abgegeben werden (DGE/*Wrede* § 2039 Rn 2).

18 Unter den Voraussetzungen des § 2039 kann jeder Miterbe alle zur Realisierung eines Anspruchs der Erbengemeinschaft geeignet erscheinenden Maßnahmen ergreifen, dh er kann als ges Prozessstandschafter auf Leistung an alle Miterben und auf zukünftige Leistung klagen (Kroiß/Ann/Mayer/*Ann* § 2039 Rn 11).

19 Es besteht aber keine notwendige Streitgenossenschaft.

C. Durchsetzung

20 Der einzelne Miterbe kann den Schuldner eines fälligen Anspruchs mahnen und dadurch in Verzug setzen. Sodann kann der Anspruch durch Leistungs- oder Feststellungsklage gerichtlich geltend gemacht und zur Sicherung ein Arrest oder eine einstweilige Verfügung erwirkt werden. Schließlich kann, wenn der Titel von allen Miterben erwirkt worden ist, die Zwangsvollstreckung betrieben werden (KG NJW 1957, 1154).

21 Der Miterbe klagt stets im eigenen Namen; die Erbengemeinschaft als solche ist nicht parteifähig, dh auch in dem von allen Miterben als Gemeinschaft geführten Prozess sind deshalb die einzelnen Miterben selbst Partei mit der Folge, dass sei einzeln den materiell-rechtlichen und prozessualen Einwendungen ausgesetzt sind oder diese geltend machen können (BGH NJW 1989, 2133). Das rechtskräftige Urteil schafft Rechtskraft für und gegen die anderen Miterben (RGZ 93, 127).

Nachlassforderungen | § 2039 BGB

Die Klage des einen Miterben hemmt nach § 204 Abs. 1 Nr. 1 die Verjährung auch für die 22 übrigen Miterben (MüKo/*Heldrich* § 2039 Rn 20 mwN, str). Der Schuldner ist dem Obsiegenden zur Zahlung des gesamten Betrages an alle Erben gemeinschaftlich verpflichtet (Palandt/*Edenhofer* § 2039 Rn 7).

Klagt der Miterbe gegen den Willen der anderen Miterben eine Nachlassforderung ein, 23 kann der in Anspruch Genommen Rechtsmissbrauch einwenden mit der Folge, dass die Klage als unzulässig abgewiesen werden muss (DGE/*Wrede* § 2039 Rn 3). Da jeder Miterbe gesondert nach § 2039 S 1 vorgehen kann, besteht zwischen den Miterben dann keine **notwendige Streitgenossenschaft**, wenn zwar mehrere, nicht aber alle Miterben klagen (hM; RGZ 96, 48; MüKo/*Heldrich* § 2039 Rn 20). Daher wirkt ein im Prozess eines einzelnen Miterben erwirktes Urteil auch nur zwischen ihm und dem Prozessgegner. Klagen dagegen alle Miterben, sind sie notwendige Streitgenossen; über ihre Gesamthandsklage muss einheitlich entschieden werden (Zöller/*Vollkommer* § 62 ZPO Rn 13).

§ 2039 gilt nicht nur für Leistungsklagen, sondern auch für Feststellungsklagen, wenn sie 24 sich auf einen Anspruch der Erbengemeinschaft beziehen, auf Widerklagen und die Einlegung von Rechtsmitteln (*Lange-Kuchinke* § 43 III 4c) sowie für Aufnahme- und Nichtigkeitsklagen. Darüber hinaus findet sie Anwendung auf Beschwerden, Verfahren der freiwilligen Gerichtsbarkeit bei schon bestehenden Ansprüchen (Staudinger/*Werner* § 2039 Rn 31), auf Zwangsvollstreckungsmaßnahmen, die die Einziehung von Nachlassforderungen betreffen, auch gegen den Widerspruch der anderen Miterben (KG NJW 1957, 1154) sowie auf Sicherungsmaßnahmen im einstweiligen Rechtsschutz und den Antrag auf Insolvenzeröffnung (DGE/*Wrede* § 2039 Rn 3). Bei Widersprüchen und Anfechtungsklagen gegen Verwaltungsakten gilt die Vorschrift aber nur eingeschränkt (vgl Rn 9).

D. Streitwert

Der Streitwert für die Klage eines Miterben gegen einen anderen richtet sich nach der Hö- 25 he des geltend gemachten Anspruchs der Erbengemeinschaft, von dem der Betrag abzuziehen ist, der dem Miterbenanteil des Beklagten entspricht (BGH NJW 1967, 443). Bei Herausgabe- und Zahlungsklagen nach § 2039 sind die klagenden Miterben aber am Streitgegenstand gemeinschaftlich beteiligt (OLG Schleswig SchlHA 93, 155).

Über den **Prozesskostenhilfeanspruch** des Miterben, der nach § 2039 vorgeht, entscheiden 26 allein seine Vermögensverhältnisse, nicht aber die der anderen Miterben (BVerfG ZEV 1998, 98 mwN).

E. Kosten

Die gerichtlichen und außergerichtlichen Kosten trägt der klagende Miterbe (*Brox* Rn 486). 27 Über § 670 können die übrigen Mitglieder der Erbengemeinschaft zum Ausgleich verpflichtet sein.

F. Ansprüche der Miterbengemeinschaft

Die Vorschrift erfasst auch alle Ansprüche der Erbengemeinschaft gegen eines ihrer 28 Mitglieder. Allerdings kann der in Anspruch genommene Erbe dieser Forderung, sofern die Voraussetzungen des § 273 Abs. 1 vorliegen, das sich aus der Nachlassauseinandersetzung ergebende **Zurückbehaltungsrecht** entgegenhalten werden. Ist die eingeforderte Verbindlichkeit wesentlich niedriger als der Miterbenanteil des betroffenen Miterben, ist an den Einwand des Rechtsmissbrauchs in Erwägung zu ziehen (BGH FamRZ 1971, 643).

Darüber hinaus kann der einzelne Miterbe, ohne bis zur Auseinandersetzung warten zu 29 müssen, Ansprüche gegen Miterbenschuldner im eigenen Namen geltend machen, und zwar auch dann, wenn der Schuldner seine Schuld in der Auseinandersetzung ausgleichen könnte (Erman/*Schlüter* § 2039 Rn 5). Da die Forderung der Erbengemeinschaft auch nicht teilweise durch Vereinigung von Gläubigerrecht und Schuld in einer Person erloschen ist, kann die Klage auch nicht teilweise abgewiesen werden, wenngleich der Miterbenschuldner im Einzelfall den Einwand der unzulässigen Rechtsausübung erheben kann, wenn zB schon vorauszusehen ist, dass er mit Sicherheit seine Schulden durch seinen Erbteil decken kann (BGH WM 1971, 653).

30 Im Übrigen kann der Miterbenschuldner dem Testamentsvollstrecker, der eine Nachlassforderung gegen ihn geltend macht, nicht einwenden, er verstoße gegen die Grundsätze der ordnungsgemäßen Verwaltung, da der Grundsatz von Treu und Glauben es dem einzelnen Miterben nicht verwehrt, Ansprüche der Erbengemeinschaft nach § 2039 zu verfolgen, obwohl er selbst gegenüber der Erbengemeinschaft in der Schuld steht (Erman/*Schlüter* § 2039 Rn 5). Dies gilt in besonderer Weise, wenn es sich um Forderungen anderer Art handelt (BGH WM 1971, 653). Der Miterbenschuldner kann mangels Gegenseitigkeit nicht mit einem Gegenanspruch gegen den klagenden Miterben aufrechnen, wohl aber mit einem Anspruch gegen die Erbengemeinschaft, wobei die Aufrechnungserklärung gegenüber allen Miterben abgegeben werden muss (Erman/*Schlüter* § 2040 Rn 4).

Anhang zu § 2039
Klagen der Erben gegen Nachlassschuldner

A. Nachlassforderungen (§ 2039 BGB)

I. Prozessführungsbefugnis

1 Die Erbengemeinschaft ist als solche nicht prozessfähig. Eine Nachlassforderung iSv § 2039 BGB können alle Erben als Gesamtgläubiger einklagen. Aber auch der einzelne Miterbe kann gem § 2039 Satz 2 BGB im eigenen Namen den Schuldner verklagen. Er muss dann aber Leistung an die im Klageantrag möglichst genau zu bezeichnende Erbengemeinschaft beantragen. Ein etwaiger Streit unter den Miterben, wie mit dem eingeklagten Nachlassgegenstand zu verfahren ist, ist nur unter den Miterben nicht aber in dem Rechtsstreit mit dem Schuldner auszutragen. Zur Klagebefugnis nach Restitution eines ehemaligen DDR-Grundstückes vgl BGH ZEV 2006, 76 ff mit Anm vom *Werner*.

II. Verteidigungsmöglichkeiten des verklagten Schuldners

2 Der Beklagte kann alle Einwendungen und Einreden gegen den Bestand der Forderung erheben. Er kann daher auch mit einer Forderung, bei der es sich um einen Nachlassverbindlichkeit handelt, aufrechnen. Gem § 2040 Abs. 2 BGB kann er aber nicht mit einer Forderung aufrechnen, bei der es sich um eine Schuld eines der Miterben handelt.

B. Ansprüche gegen den Erbschaftsbesitzer und Hausgenossen

3 Auch bei den Erbschaftsansprüchen gegen den **Erbschaftsbesitzer** aus §§ 2018 ff, 2027 BGB oder den **Hausgenossen des Erblassers** aus § 2028 BGB handelt es sich um Nachlassforderungen. Sie können daher von allen Erben, aber auch gem § 2039 Satz 2 BGB von dem einzelnen Miterben mit der Maßgabe eingeklagt werden, dass Leistung an alle Erben verlangt werden muss, wobei der herausverlangte Gegenstand genau zu bezeichnen ist (Palandt/*Edenhofer* Einf Rn 2 vor § 2018). Da der Erbschaftsbesitzer nach § 2027 BGB und der Hausgenossen nach § 2028 BGB zur Auskunft verpflichtet sind, bietet sich bei noch fehlender Auskunft die **Stufenklage** nach § 254 ZPO an. Die Verpflichtung zur Abgabe der eidesstattlichen Versicherung, die dann mit der zweiten Stufe beantragt werden kann, ergibt sich beim Erbschaftsbesitzer aus §§ 2027 Abs. 1, 260 Abs. 2 BGB und beim Hausgenossen aus § 2028 Abs. 2 BGB. Bei der Antragsformulierung sollte der Gesetzeswortlaut in § 260 Abs. 2 bzw in § 2028 Abs. 2 BGB, übernommen werden.

Die **Vollstreckung** des Auskunftstitels erfolgt nach § 888 ZPO. Hinsichtlich des str Einwandes der Erfüllung ist der Schuldner auf Vollstreckungsabwehrklage nach § 767 ZPO zu verweisen. Bei Zweifeln an der Richtigkeit der erteilten Auskunft ist der Gläubiger dagegen auf seinen Anspruch auf Abgabe der **eidesstattlichen Versicherung** angewiesen (OLG Koblenz FamRZ 2005, 394, vgl dort auch zum Streitwert). Der Schuldner sollte vor Erhebung der Stufenklage hinsichtlich seiner Verpflichtung zur Auskunftserteilung in Verzug gesetzt werden. Stellt sich nach Auskunftserteilung heraus, dass der Herausgabeanspruch unbegründet ist, dann kann der Kläger die Klage auf Erstattung der Prozesskosten umstellen, da diese Kosten vom Schuldner durch dessen Säumnis verursacht worden sind (siehe § 254 ZPO Rn 15 f). 4

C. Gericht

Die Ansprüche zu I. können an den beiden Wahlgerichtsständen der Erbschaft (§§ 27, 28 ZPO) und die Ansprüche zu Ziff II. an dem Wahlgerichtsstand aus § 27 ZPO eingeklagt werden (siehe §§ 27, 28 ZPO Rn 1 ff). 5

§ 2040 Verfügung über Nachlassgegenstände, Aufrechnung

(1) Die Erben können über einen Nachlassgegenstand nur gemeinschaftlich verfügen.

(2) Gegen eine zum Nachlass gehörende Forderung kann der Schuldner nicht eine ihm gegen einen einzelnen Miterben zustehende Forderung aufrechnen.

A. Allgemeines

Diese Vorschrift ist Ausfluss des die Erbengemeinschaft beherrschenden Gesamthandsprinzips und ist nicht nur von Nacherben, sondern auch von Erbteilserwerbern zu beachten. Auf die Erlangung des Erbteils kommt es dabei nicht an. Sie gewährleistet dem einzelnen Miterben die Werterhaltung des Nachlasses (*Kipp-Coing*, § 114 Abs. 4 1). Der Nachlassgläubiger ist nur durch § 2041 geschützt. Abs. 2 enthält eine Klarstellung des allgemeinen Aufrechnungsgrundsatzes des § 387 hinsichtlich der Gegenseitigkeit der aufrechenbaren Forderungen und schützt in gleicher Weise die Miterben als Gesamthänder wie auch die Nachlassgläubiger (MüKo/*Heldrich* § 2040 Rn 1). 1

B. Verfügungsbefugnis

Da die Miterben nur gemeinsam über einen Nachlassgegenstand verfügen können, kann jeder einzelne die Verfügung verhindern, auch wenn es sich um eine ordnungsgemäße Verwaltungsmaßnahme iSd § 2038 handelt, die durch einen Mehrheitsbeschluss gedeckt ist (DGE/*Wrede* § 2040 Rn 2). 2
Die Erbengemeinschaft muss sich nur dann mit Gegenforderungen Dritter beschäftigen, wenn sie sich gegen alle Mitglieder der Erbengemeinschaft richten. 3

C. Nachlassgegenstand

§ 2040 findet nur Anwendung, wenn es sich um einen einzelnen Nachlassgegenstand (Sachen oder Rechte) handelt. Sie gilt nicht für den Gesamtnachlass. 4
Zu Schwierigkeiten kann es kommen, wenn es sich um eine im Rahmen ordnungsgemäßer Verwaltung liegenden Verwaltungsmaßnahme in Form einer Verfügung handelt: Im Innenverhältnis genügt ein Mehrheitsbeschluss, im Außenverhältnis bedarf es aber zur Wirksamkeit der Mitwirkung aller Erben. Verweigert ein Miterbe seine Mitwirkung, kann er auf Mitwirkung verklagt werden, § 2038 Abs. 1 Satz 2 BGB iVm § 894 ZPO (DGE/*Wrede* § 2040 Rn 3). 5

D. Verfügungen

6 Verfügungen sind Rechtsgeschäfte, durch die bestehende unmittelbar Rechte aufheben, belasten und/oder inhaltlich verändern. Hierzu gehören insb die Kündigung einer Forderung (RGZ 146, 316); ihre Einziehung; der Rücktritt (RGZ 151, 313); die Anfechtung nach § 119 (BGH NJW 1951, 308); die Anerkennung und der Verzicht auf ein Recht (RG SeuffA 79 Nr. 180); die Abtretung; das Anerkenntnis und die Aufrechnung (BGHZ 38, 122); die Belastung mit beschränkten dinglichen Rechten (Erman/*Schlüter* § 2040 Rn 1); die Ermächtigung eines Dritten zur Vornahme einer Verfügung (RGZ 67, 27); der Widerruf eines Auftrags (RG SeuffA 79 Nr. 221); die Annahme einer Leistung als Erfüllung (Erman/*Schlüter* § 2040 Rn 1); die Zustimmung einer Erbengemeinschaft als Grundstückseigentümerin zur Veräußerung des Erbbaurechts (OLG Hamm 1967, 127); die Zustimmung zur Grundbuchberichtigung (RGZ 93, 292); die Löschungsbewilligung einer Reallast (BayObLGZ 1988, 230); die Erhebung einer Mietaufhebungsklage (AG Hannover ZMR 1966, 152) und die Klage auf geräumte Herausgabe einer Wohnung (LG Köln MDR 1972, 520) sowie die Übereignung (*Weimar* MDR 1973, 290) und die Eigentumsaufgabe, aber auch der Widerspruch gegen die Zwangsvollstreckung (OLG Rostock OLGE 33, 99) und die Kündigung (RGZ 146, 316). Ist der Miterbe auch Schuldner der Forderung, ist seine Mitwirkung nicht erforderlich (BayObLGZ 6, 327).

7 Keine Verfügungen in diesem Sinne sind die Ausschlagung der Erbschaft nach § 1952 Abs. 3, der Widerruf erteilter Vollmachten des Erblassers, wohl aber die Kündigung des zugrunde liegenden Auftragsverhältnisses, soweit dadurch über einen Nachlassgegenstand verfügt wird (RG SeuffA 79 Nr. 221); die Rücknahme des Eintragungsantrags des Erblassers (OLG Düsseldorf NJW 1956, 876) oder das Anerkenntnis einer Nachlassverbindlichkeit, weil sich das nach § 2038 richtet (DGE/*Wrede* § 2040 Rn 4) sowie der Antrag, ein Aufgebotsverfahren nach § 927 ZPO einzuleiten (OLG Bamberg NJW 1966, 1413). Auch der Antrag, eine Nachlassschuld herabzusetzen oder zu stunden, stellt keine Verfügung über den Nachlassgegenstand dar, weil die Schuld der einzelnen Miterben unterschiedlich herabgesetzt oder gestundet werden kann (BGH MDR 1962, 390).

8 Diese Verfügungen über einzelne Nachlassgegenstände können von den Miterben nur gemeinschaftlich getroffen werden, sofern es sich nicht nur um Verfügungen eines einzelnen Miterben handelt, die der Erhaltung des Nachlasses dienen, § 2038 Abs. 1 Satz 2, 2. Hs. In diesem Fall kann jeder Miterbe ohne Mitwirkung der anderen Maßnahmen treffen, die so dringend sind, dass sie nicht aufgeschoben werden können, bis die Zustimmung der anderen erreicht werden kann; hierzu können auch Verfügungen gehören (Palandt/*Edenhofer* § 2038 Rn 14). Der Miterbe kann die **Notverfügung** sowohl im eigenen Namen mit ges Ermächtigung als auch im Namen des Nachlasses als ges Vertreter aller Miterben in ihrer Eigenschaft als Träger des Sondervermögens treffen (*Brox* Rn 484). Insoweit ergänzt § 2040 Abs. 1 die Bestimmung des § 2033 Abs. 2; er findet aber auch auf den Erbteilserwerber Anwendung, der nur wie der veräußernde Miterbe verfügen kann (RGZ 112, 129).

9 Bei **Verfügungen mit Verwaltungscharakter** ist zwischen dem Innen- und dem Außenverhältnis zu unterscheiden: Im Innenverhältnis zwischen den Miterben gilt ausschließlich § 2038, so dass bei Verfügungen im Rahmen ordnungsgemäßer Verwaltung der Mehrheitsgrundsatz, bei Notverfügungsmaßnahmen das Prinzip der Einzelbefugnis und ansonsten der Grundsatz der Gemeinschaftlichkeit anzuwenden ist (MüKo/*Heldrich* § 2040 Rn 3). Im Außenverhältnis gegenüber Dritten hat Abs. 1 als speziellere Norm Vorrang vor § 2038, sofern es sich nicht um verfügende Maßnahmen der Notverwaltung handelt. Abs. 1 tritt gegenüber § 2038 Abs. 1 Satz 2 zurück, wenn notgeschäftliche Maßnahmen zu treffen sind mit der Folge, dass im Innen- und Außenverhältnis jeder einzelne Miterbe handlungsbefugt ist (überwiegende Meinung: Palandt/*Edenhofer* § 2038 Rn 14, MüKo/*Heldrich* § 2040 Rn 3; aA Staudinger/*Werner* § 2038 Rn 7, 14).

E. Gemeinschaftlich

Gemeinschaftlichkeit meint die Ergänzung der einzelnen Verfügungen der Miterben zu einer einheitlichen Verfügung der Gesamthand (RGZ 112, 129), dh alle Zusammenwirkungsmöglichkeiten wie Stellvertretung oder Genehmigung, die schlussendlich die gemeinsame Verfügung ergeben. Nicht erforderlich ist die rechtliche Gleichartigkeit der Mitwirkung aller Beteiligter (Palandt/*Edenhofer* § 2040 Rn 4). Es ist nicht erforderlich, dass die Erklärungen gleichzeitig und bei derselben Gelegenheit abgegeben werden, sofern sie sich nur zu einer einheitlichen Verfügung ergänzen (KGJ 53, 133). Allerdings müssen die Verfügungserklärungen der einzelnen Mitglieder auf ihre Wirksamkeit hin überprüft werden, insb ob eine vormundschaftsgerichtliche Genehmigung einzuholen ist (DGE/*Wrede* § 2040 Rn 5). 10

Die vom einzelnen **Miterben im eigenen Namen** getroffene Verfügung wird mit der vorherigen Zustimmung der übrigen Miterben (RGZ 129, 284) oder deren nachträglichen Genehmigung (BGHZ 19, 138) wirksam. Verfügt der Miterbe mit Vollmacht der anderen **im Namen der Miterbengemeinschaft**, ist die Verfügung nach § 164 Abs. 1 wirksam. Handelt er als Vertreter ohne Vertretungsmacht, wird seine Verfügung durch die Genehmigungen der Miterben, die einzeln erfolgen können, rückwirkend wirksam. Die Genehmigungen nach §§ 177 Abs. 1, 185 Abs. 2 bedürfen nicht der Form des Verfügungsgeschäfts; sie können sowohl gegenüber dem verfügenden Miterben als auch seinem Geschäftspartner erfolgen, § 182 Abs. 1 (RGZ 129, 286). Umgekehrt bedarf es nicht der Zustimmung des Miterben, wenn die Erbengemeinschaft gegenüber einem Miterben verfügt (BayObLGE 6, 327). Darüber hinaus ist auch ein **gutgläubiger Erwerb** möglich, wenn ein Miterbe unter dem Schein des Alleineigentums verfügt, sofern die Sache den anderen Miterben nicht abhanden gekommen ist, §§ 857, 935. 11

Die alleinsorgeberechtigte Mutter kann, wenn sie und ihr minderjähriges Kind Miterben sind, ihr Kind bei dem nach §§ 1821, 1828 genehmigungsbedürftigen Verkauf eines Nachlassgrundstückes vertreten (OLG Jena NJW 1995, 3126). Erfolgt der Verkauf in Erfüllung einer Nachlassverbindlichkeit, ist auch der Betreuer nicht von der Vertretung nach §§ 1908i, 1795 ausgeschlossen (BayObLG FamRZ 2001, 51). Die Verfügung ist unwirksam, wenn der Miterbe seine oder die Erklärung des Erblassers zulässigerweise widerruft (OLG Düsseldorf NJW 1956, 876). 12

Bei **einseitigen** Verfügungen ist eine nachträgliche Genehmigung wirkungslos. 13

Will ein Dritter gegenüber der Erbengemeinschaft eine Verfügung (Anfechtung, Kündigung ua) vornehmen, muss er sie nach § 2040 Abs. 1 gegenüber sämtlichen Miterben erklären. Daher muss eine Klage die auf eine Verfügung über Nachlassgegenstände gerichtet ist, gegen alle Miterben erhoben werden, sofern nicht bereits einige unstreitig oder nachweislich zu dieser Verfügung bereit oder verurteilt sind (BGH WM 1978, 1327). Diese Grundsätze gelten auch für einen Antrag auf Ersetzung der Zustimmung nach § 7 ErbbauVO (OLG Hamm OLGZ 66, 574) oder für die Rücknahme eines begünstigenden Verwaltungsaktes, die einen Erstattungsanspruch begründet (OVG München NJW 1985, 2439). 14

Die Zwangsvollstreckung in einen einzelnen Nachlassgegenstand kann nur dann betrieben werden, wenn ein Urteil gegen sämtliche Mitglieder der Erbengemeinschaft vorliegt. 15

§ 2040 ist schließlich auch dann anwendbar, wenn die Erbengemeinschaft gegenüber einem Miterben verfügen will oder wenn umgekehrt ein Miterbe eine Verfügung gegenüber den übrigen Miterben treffen will. 16

F. Aufrechnung

Der Schuldner kann nach Abs. 2 gegen eine Nachlassforderung nicht mit der Forderung gegen einen einzelnen Miterben aufrechnen, da Sonder- und Eigenvermögen der Erben keinen identischen Rechtsträger haben, so dass es an der Gegenseitigkeit iSd § 387 fehlt 17

§ 2041 BGB | Unmittelbare Ersetzung

(Erman/*Schlüter* § 2040 Rn 5). Die Aufrechnungserklärung wird auch durch die Zustimmung dieses Miterben nicht wirksam (Staudinger/*Werner* § 2040 Rn 27). Die Aufrechnung mit einer zum Nachlass gehörenden Forderung kann nach Abs. 1 nur von den Miterben gemeinschaftlich erklärt werden (BGHZ 38, 124). Hat bereits der Erblasser die Aufrechnung erklärt, kann sich jeder Miterbe im Prozess einredeweise auf die Aufrechnung berufen (RG Warn 13 Nr. 235).

18 Darüber hinaus ist dem Nachlassschuldner die Ausübung des Zurückbehaltungsrechts wegen einer gegen einen Miterben zustehenden Forderung nicht erlaubt (BGHZ 31, 394).

19 Auch der Besitzer kann sich gegenüber dem von allen Miterben erhobenen Eigentumsanspruch nicht auf sein Besitzrecht berufen, wenn es ihm nur gegenüber einem Miterben zusteht (OLG München MDR 1957, 103). Diese Regelung findet auch beim Zurückbehaltungsrecht Anwendung, wenn dieses Recht nicht allen Miterben gegenüber ausgeübt werden kann (DGE/*Wrede* § 2040 Rn 6).

20 Allerdings kann ein mit der Gesamthandsklage in Anspruch genommener Miterbe die Befriedigung des Gläubigers verweigern, solange sich der Gläubiger durch Aufrechnung gegen eine fällige Forderung der Erbengemeinschaft befriedigen kann (BGHZ 38, 122).

§ 2041 Unmittelbare Ersetzung

Was auf Grund eines zum Nachlass gehörenden Rechts oder als Ersatz für die Zerstörung, Beschädigung oder Entziehung eines Nachlassgegenstands oder durch ein Rechtsgeschäft erworben wird, das sich auf den Nachlass bezieht, gehört zum Nachlass. Auf eine durch ein solches Rechtsgeschäft erworbene Forderung findet die Vorschrift des § 2019 Abs. 2 Anwendung.

A. Allgemeines

1 Durch die Vorschrift soll die wirtschaftliche Einheit und der Wert des Nachlassvermögens als Gesamthandsvermögen für die Miterben und die Nachlassgläubiger erhalten bleiben (BGH NJW 1987, 434). Satz 1 erfasst nur die Fälle, in denen es um einen Erwerb durch einen oder mehrere Miterben geht. Bildet der Nachlass infolge einer Testamentsvollstreckung Sondervermögen, gilt Satz 1 analog auch bei einer Alleinerbschaft (RGZ 138, 132). Erwirbt dagegen der Erbschaftsbesitzer oder ein Vorerbe, so finden die §§ 2019 und 2111 Anwendung. Sie ist nicht anzuwenden, wenn über den Nachlass Nachlassverwaltung, -pflegschaft oder das Nachlassinsolvenzverfahren eröffnet ist, weil den Berechtigten mit diesen Verfahren ausreichend Schutz gewährt wird (DGE/*Wrede* § 2041 Rn 2).

B. Surrogationserwerb

2 Die kraft **dinglicher Surrogation** erworbenen Gegenstände gehören zum Nachlass und stehen den Miterben zur gesamten Hand zu. Dies gilt auch für den Erwerb von Surrogaten der Surrogate (sog **Kettensurrogation**) und bei Verfügungen des Testamentsvollstreckers über Nachlassgegenstände (MüKo/*Heldrich* § 2041 Rn 3), wobei die dingliche Surrogation ohne Zwischenerwerb des Testamentsvollstreckers unmittelbar, dh ohne Durchgangserwerb eines anderen Rechtsträgers, bei den Miterben eintritt. Ein etwa entgegenstehender Wille des Testamentsvollstreckers ist unbeachtlich (OLG Hamm 2001, 275).

C. Rechtsgeschäftlicher Erwerb

3 § 2041 regelt nur den Erwerb durch Mitglieder der Erbengemeinschaft und enthält drei Arten der Surrogation:

I. Rechtssurrogation:

Von ihr wird alles erfasst, was aufgrund eines zum Nachlass gehörenden Rechts, eines 4
zum Nachlass gehörenden schuldrechtlichen oder dinglichen Anspruchs erworben wird
(Erman/*Schlüter* § 2041 Rn 2). Der Erwerb erfolgt aufgrund von Ansprüchen, die vom
Erblasser und damit bereits beim Erbfall begründet waren (MüKo/*Heldrich* § 2041 Rn 7). In
Betracht kommen zB Ansprüche aus einem Kaufvertrag, Herausgabeansprüche oder
Ansprüche aufgrund eines der Erbengemeinschaft zustehenden Rücktrittsrechts (BGH
DNotZ 1955, 406). Allerdings kann der Erbengemeinschaft aufgrund dieses Rechtsinstituts
nicht mehr zufließen, als es die für das jeweilige Recht geltenden allgemeinen Vorschriften
zulassen (*Brox* Rn 577).

II. Ersatzsurrogation

Gegenstand dieser Surrogationsart ist alles, was für die Zerstörung, Beschädigung oder 5
Entziehung von Nachlassgegenständen kraft Gesetzes erworben wird (Erman/*Schlüter*
§ 2041 Rn 3). Zu nennen sind insb Schadensersatz- und Bereicherungsansprüche sowie
Ansprüche gegen eine Sachversicherung bei Eintritt des Versicherungsfalls oder Schadensersatzansprüche gegen einen Notar wegen einer Nachlassschädigung infolge einer
Amtspflichtverletzung (BGH NJW 1987, 435). Dabei können nicht nur die Miterben,
sondern auch die Nachlassgläubiger ohne weiteres auf ein solches Recht zurückgreifen.
Nicht unter die Ersatzsurrogation fällt, was aufgrund von dinglichen Herausgabeansprü- 6
chen, wie zB nach § 985 erworben wird, da sich die Eigentumsrechte bereits nach den
allgemeinen Regelungen bestimmen. In Betracht kommen derartige Ansprüche dann nur,
wenn es sich um Gegenstände handelt, an denen der Erbengemeinschaft entsprechende
dingliche Rechte zustehen (MüKo/*Heldrich* § 2041 Rn 11).

III. Beziehungssurrogation

Voraussetzung ist ein wirksames Rechtsgeschäft, wobei anerkannt ist, dass auch der Er- 7
werb im Wege der Zwangsvollstreckung von Satz 1 erfasst ist (Soergel/*Wolf* § 2041 Rn 7).
Die Beziehungssurrogation erfordert neben dem subjektiven Willen, für den Nachlass zu
erwerben (KG JFG 15, 155), ein objektives Element, nämlich einen inneren Zusammenhang
zwischen Nachlass und Erwerb zur Herbeiführung der Surrogationsfolge (KG DR 1944,
190). Nicht erforderlich ist, dass es sich um ein Austauschgeschäft handelt (BGH NJW
1990, 514).
Es reicht allein die objektive Beziehung zum Nachlass aus, wenn das Rechtsgeschäft mit 8
Mitteln aus dem Nachlass vorgenommen wird, sog **Mittelsurrogation**. Diese Gegenstände
fallen ohne weiteres in den Nachlass, und zwar unabhängig davon, ob der Gegenstand
seiner Art nach eine »Beziehung« zum Nachlass aufweist oder der Handelnde den Erwerb
zum Nachlass beabsichtigt hat oder ausschließen wollte (OLG München NJW 1956, 1880).
Ein evtl entgegenstehender Wille ist unerheblich; es sei denn, der Miterbe hat mit Einverständnis der anderen Miterben den Gegenstand zu Alleineigentum erwerben sollen
(BGH NJW 1968, 1824). Dabei sind Vermögensgegenstände aller Art zu berücksichtigen,
und zwar unabhängig davon, ob sie aus dem Nachlass stammen oder in den Nachlass
fallen.
Kommt aber als Miterbe ein Erbschaftsbesitzer in Betracht, gilt nur § 2019, nach dem 9
darüber zu entscheiden ist, ob der Erwerb mit Mitteln der Erbschaft bewirkt wurde.
Erwirbt der Erbe **mit fremden Mitteln**, bedarf es eines subjektiven Willen, für den Nach- 10
lass zu erwerben (*Wolf* JuS 1975, 714; aA: MüKo/*Heldrich* § 2041 Rn 25). Daneben muss
auch ein objektiver Zusammenhang gegeben sein, der immer dann vorliegt, wenn das
Geschäft der Erhaltung und Verwaltung des Nachlasses dient; aber auch Gründe der
wirtschaftlichen Zweckmäßigkeit können den inneren Zusammenhang begründen (Soer-
gel/*Wolf* § 2041 Rn 11). Dagegen scheidet ein Surrogationserwerb dann aus, wenn der

§ 2042 BGB | Auseinandersetzung

Erwerb mit nachlassfremden Mitteln gegen den Willen eines oder mehrerer Miterben vorgenommen wird, weil niemandem gegen seinen Willen Rechte aufgezwungen werden dürfen (MüKo/*Heldrich* § 2041 Rn 27).

D. Gutgläubiger Erwerb

11 Die Bestimmungen der §§ 932 ff über den gutgläubigen Erwerb vom Nichtberechtigten gelten auch beim Surrogationserwerb. Ist der Miterbe, der das Rechtsgeschäft tätig, bösgläubig, ist ein gutgläubiger Erwerb durch die Erbengemeinschaft von Anfang an ausgeschlossen. Dies gilt nicht, wenn der unmittelbar am Erwerb beteiligte Miterbe gutgläubig, ein anderer Miterbe dagegen bösgläubig ist; hier ist § 166 analog anzuwenden (*Gross* MDR 1965, 443).

E. Verkehrsschutz

12 Satz 2 bestimmt zum Schutz Dritter, dass sie die durch Surrogation erworbene Forderung als zum Nachlass gehörend erst dann gelten lassen müssen, wenn sie davon Kenntnis haben, § 2019 Abs. 2.

§ 2042 Auseinandersetzung

(1) Jeder Miterbe kann jederzeit die Auseinandersetzung verlangen, soweit sich nicht aus den §§ 2043 – 2045 ein anderes ergibt.

(2) Die Vorschriften des § 749 Abs. 2, 3 und der §§ 750 – 758 finden Anwendung.

A. Allgemeines

1 Die Erbengemeinschaft entsteht unabhängig vom Willen der Miterben und ohne ihr Zutun und ist insoweit eine Zwangs- und Zufallsgemeinschaft. Daher kann jeder Miterbe gem § 2042 Abs. 1 Satz 1 jederzeit die Auseinandersetzung verlangen (*Harder/Kroppenberg* Rn 612).

B. Auseinandersetzungsanspruch

2 Nach § 2042 Abs. 1, 1. Hs hat jeder Miterbe einen Anspruch auf Durchführung der Erbauseinandersetzung, wobei die Art der Auseinandersetzung durch die Miterben vereinbart werden kann und entgegen § 723 Abs. 2 auch zur Unzeit verlangt werden kann, wobei aber das Gebot der Rücksichtnahme auf die Interessen der übrigen Miterben zu berücksichtigen ist. Die maßgebliche Art der Auseinandersetzung lässt sich mangels Vereinbarung aus etwaigen Auseinandersetzungsanordnungen des Erblassers, § 2048, aus Vereinbarungen der Miterben über einzelne Punkte oder aus ges Auseinandersetzungsregeln, § 2042 iVm §§ 752 ff, §§ 2046 ff entnehmen (BGHZ 21, 229), die dann zur Anwendung gelangen, wenn eine Vereinbarung nicht zustande gekommen ist. Nach § 2046 Abs. 1 sind zunächst die Nachlassverbindlichkeiten zu tilgen und der Rest im Verhältnis der Erbteile zu teilen, § 2047, nachdem er, soweit erforderlich, versilbert wurde.
3 Ist eine Teilungsanordnung des Erblassers nach § 2048 vorhanden, hat diese, ebenso wie die Vereinbarung der Miterben, nur schuldrechtliche Wirkung, ersetzt aber den Teilungsplan und geht den ges Auseinandersetzungsregeln vor (BGH NJW 2002, 2712). Jeder Miterbe hat Anspruch auf Einhaltung dieser Anordnung (Palandt/*Edenhofer* § 2048 Rn 4).
4 Danach ist der Anspruch aus § 2042 Abs. 1, 1. Hs zumindest auf Mitwirkung der übrigen Miterben bei der Auseinandersetzung des Nachlasses gerichtet (*Eberl-Bonges* S 187). Nach hM beinhaltet die Vorschrift darüber hinaus einen Anspruch auf Abschluss bestimmter Erbauseinandersetzungsvereinbarungen gegen die Miterben (KG NJW 1961, 733).

Die Mitwirkungspflicht betrifft alle Maßnahmen, die zur Auseinandersetzung erforderlich sind, wie zB die Mitwirkung bei der Tilgung von Nachlassverbindlichkeiten durch Zustimmung zur Auszahlung aus dem Nachlass (Kroiß/Ann/Mayer/*Eberl-Bonges* § 2042 Rn 3). 5

Hat ein Gläubiger den Miterbenanteil gepfändet und zahlt ein anderer Erbe dessen Schulden, um die eingeleitete Zwangsversteigerung abzuwenden, geht die Forderung des Gläubigers nach § 268 Abs. 3 analog auf den leistenden Miterben über (OLG Karlsruhe NJW-RR 1992, 713). 6

Anspruchsberechtigt ist zunächst jeder Miterbe, aber auch der Erbteilserwerber (OLG 14, 154), der Insolvenzverwalter eines in Insolvenz geratenen Miterben, § 35 InsO mit § 859 Abs. 2 ZPO, § 84 InsO, der verwaltende Testamentsvollstrecker und der Teilnachlasspfleger für einzelne unbekannte Erben, wobei der Miterbe bzw Erbteilserwerber und der Nießbraucher nur gemeinschaftlich berechtigt sind, den Anspruch geltend zu machen. Entsprechendes gilt beim Pfandrecht am Erbteil, wobei der Pfandgläubiger nach Pfandreife die Auseinandersetzung alleine verlangen kann (RGZ 84, 396). 7

Der Auseinandersetzungsanspruch ist an die Stellung als Miterbe gebunden mit der Folge, dass er nicht abgetreten werden kann. Allerdings ist eine gewillkürte Prozessstandschaft möglich (BGH FamRZ 1965, 267). 8

C. Anspruch auf Teilauseinandersetzung

Mangels anderweitiger Vereinbarungen der Miterben hat jeder von ihnen Anspruch auf Erbauseinandersetzung gem den Erblasseranordnungen bzw der im Gesetz bestimmten Art und Weise. Da die §§ 2046 ff, 2042 Abs. 2 iVm 752 ff eine alle Miterben und den gesamten Nachlass, mit Ausnahme von § 2047 Abs. 2, erfassende Auseinandersetzung vorsehen, hat jeder Miterbe Anspruch auf eine vollständige Auseinandersetzung des Nachlasses. Eine Teilauseinandersetzung ist daher grds nicht möglich (BGH NJW 1985, 51), es sei denn, der Erblasser hat sie vorgesehen, die Erben haben sich auf eine Teilauseinandersetzung geeinigt oder es liegen besondere Gründe vor, die eine Teilauseinandersetzung auch gegen den Willen eines Miterben rechtfertigt, sofern dadurch berechtigte Belange der Erbengemeinschaft oder einzelner Miterben nicht beeinträchtigt werden (BGH FamRZ 1984, 688). 9

Sind alle Nachlassverbindlichkeiten getilgt, kann jeder Miterbe nach §§ 2047 Abs. 1, 2042 Abs. 2 mit §§ 752 – 754 die Teilung jedes Nachlassgegenstandes verlangen, wodurch **gegenständliche Teilauseinandersetzungen** möglich sind, ohne dass gleichzeitig die Teilung aller übrigen Nachlassgegenstände betrieben werden müsste (*Eberl-Bonges* S 201). Dagegen darf, wenn noch Nachlassverbindlichkeiten vorhanden sind, neben dem Vorliegen eines sachlichen Grund eine Beeinträchtigung der Interessen der übrigen Miterben ausgeschlossen sein (BGH NJW 1963, 1610). Die Interessen der Miterben sind beeinträchtigt, wenn nach der Teilauseinandersetzung nur ein Nachlassrest verbleibt, der die noch bestehenden Nachlassverbindlichkeiten nicht decken würde (*Petzold* S 100). Eine gegenständliche Teilauseinandersetzung kommt also nur in Betracht, wenn sich die Miterben über die Auseinandersetzung einzelner Nachlassgegenstände uneinig sind (MüKo/*Heldrich* § 2042 Rn 19). 10

Es besteht aber kein Anspruch auf eine persönliche Teilauseinandersetzung, diese kann nur einvernehmlich vereinbart werden (BGH NJW 1985, 51) und darf berechtigte Belange anderer Nachlassbeteiligter nicht betreffen. Will der Miterbe aus der Erbengemeinschaft ausscheiden, hat er die Möglichkeit, seinen Erbteil gem § 2033 auf die anderen zu übertragen (BGZZ 86, 379), im Wege der Abschichtung, indem der austrittswillige Miterbe vertraglich seine Mitgliedschaftsrechte gegen Abfindung an die Erbengemeinschaft aufgibt und dadurch einvernehmlich aus der Erbengemeinschaft ausscheidet (BGH NJW 1998, 1557) oder zu veräußern. Dadurch wächst der Anteil des Ausscheidenden den verbleibenden Miterben nach dem Verhältnis ihrer bisherigen Anteile an, wodurch aber 11

§ 2042 BGB | Auseinandersetzung

der Fortbestand der Gesamthand unter den verbleibenden Miterben erhalten bleibt (BGH ZEV 2005, 22). Verbleibt nur noch ein Miterbe, wird die Erbengemeinschaft dadurch beendet.

D. Jederzeitige Auseinandersetzung, Ausschluss der Auseinandersetzung

12 Nach § 2042 Abs. 1, 1. Hs kann die Auseinandersetzung jederzeit verlangt werden. Der Anspruch entsteht mit dem Erbfall. Seine Geltendmachung ist an keine Voraussetzungen gebunden. Es ist lediglich § 242 zu beachten (LG Düsseldorf FamRZ 1955, 303).

13 Allerdings verweist § 2042 Abs. 1, 2. Hs auf Fallgestaltungen, in denen die Auseinandersetzung vorübergehend ausgeschlossen ist, wie zB bei noch unbestimmten Erbteilen, weil die Geburt eines Miterbe zu erwarten ist, § 2043, bei der Ausschlussanordnung des Erblassers nach § 2044 oder dem Verlangen des Miterben, die Auseinandersetzung bis zur Beendigung eines Gläubigeraufgebots aufzuschieben, § 2045.

14 Darüber hinaus können die Miterben die Auseinandersetzung **durch formfreie Vereinbarung** vorübergehend oder auf Dauer ausschließen, §§ 2042 Abs. 2 mit 749 Abs. 2, Abs. 3, 750, 751. Dadurch ändert sich aber nicht der Rechtscharakter der Erbengemeinschaft, dh sie wird dadurch nicht zu einer Personengesellschaft. Gem § 84 InsO entfaltet die Vereinbarung im Insolvenzverfahren keine Wirkung, da sie nur schuldrechtlich wirkt. Die Miterben können die Auseinandersetzung nur hinsichtlich einzelner Nachlassgegenstände ausschließen (BGH WM 1968, 1172) oder auch eine bestimmte Art der Aufhebung wie zB den Verkauf durch Zwangsversteigerung, ausschließen (Soergel/*Wolf* § 2042 Rn 16), wobei aber das Recht zur Kündigung aus einem wichtigen Grund in jedem Fall erhalten bleibt, § 749 Abs. 2.

E. Durchführung

Die Auseinandersetzung kann auf verschiedene Weise durchgeführt werden:

I. Auseinandersetzungsvereinbarung

15 Obliegt die Auseinandersetzung nicht einem Testamentsvollstrecker, führen die Miterben die Auseinandersetzung durch vertragliche Aufhebung der unter ihnen bestehenden Gemeinschaft durch. Dieser Auseinandersetzungsvertrag bedarf als solcher keiner Form; er ist nur dann formbedürftig, wenn er Absprachen enthält, die aus anderen Gründen der Form bedürfen (KG FamRZ 1963, 468), wie zB wenn ein Grundstück zum Nachlass gehört, § 311b Abs. 1 (*Zunft* JZ 1956, 553) oder Erbteile übertragen werden, § 2033 (BFH NJW 1981, 784). Ein wegen Formmangel nichtiger Erbteilsverkauf unter Miterben kann uU im Wege der Konversion als Auseinandersetzungsvertrag aufrechterhalten werden (RGZ 129, 123).

16 Eine Anfechtung des Auseinandersetzungsvertrages ist unter den Voraussetzungen des §§ 119 ff möglich (Palandt/*Edenhofer* § 2042 Rn 5).

17 Die Auseinandersetzung kann auch in mehreren Verträgen erfolgen, sofern die Verträge in einem gewollten Zusammenhang stehen, so dass sich die Auseinandersetzung als Ganzes auf sämtliche Miterben erstreckt (RG HRR 30 Nr. 1466).

1. Inhalt

18 Maßgebend sind die freien Vereinbarungen der Miterben, die aber, sofern solche vorhanden sind, die Anordnungen des Erblassers zu berücksichtigen haben, da jeder Miterbe die Einhaltung der Teilungsanordnungen beanspruchen kann. Die Auseinandersetzung kann in der Weise erfolgen, dass der Nachlass einem oder mehreren Miterben zugewiesen wird mit der Folge, dass die übrigen Miterben eine Abfindung erhalten; durch Begründung von Wohnungseigentum oder dass ein Miterbe seinen Anteil in Form einer nur zeitweiligen Nutzung des Nachlassvermögens erhält wie zB als Wohnrecht (BFH FamRZ 1992, 1076). Übernimmt ein Miterbe den einzig vorhandenen Nachlassgegenstand durch

einen Miterben gegen Abfindung der anderen, kann darin ein Kaufvertrag gesehen werden (BGH DNotZ 1955, 406).

Soll die Auseinandersetzung zwischen mehreren **minderjährigen Kindern** vertraglich geregelt werden, bedarf jedes Kind wegen § 181 einen besonderen ges Vertreter (BGH FamRZ 1968, 245), und zwar auch dann, wenn die Auseinandersetzung nur eine rechnerische ist (RGZ 93, 336; bestr). Die ges Vertretung mehrerer Kinder durch einen ges Vertreter ist ausreichend, wenn die Auseinandersetzung vollständig unter Beachtung der ges Regeln erfolgt, weil die Auseinandersetzung dann nur der Erfüllung der Verbindlichkeiten dient (BGH FamRZ 1968, 245). Gem § 1822 Nr. 2 ist eine vormundschaftsgerichtliche Genehmigung erforderlich (KG FamRZ 1963, 467). Eine Erweiterung der Vertretungsmacht des ges Vertreters durch das Vormundschaftsgericht in Form der Gestattung nach § 181 ist nicht möglich (RGZ 71, 162). Enthält der Vertrag eines der in § 1643 Abs. 1 genannten Geschäfte, bedürfen die Eltern der familiengerichtlichen Genehmigung (BGH FamRZ 1961, 216). In den Fällen der §§ 88, 97 Abs. 2 FGG ist statt des Familiengerichts das Nachlassgericht zuständig; der Rechtspfleger muss die Genehmigung durch einen beschwerdefähigen Vorbescheid ankündigen, andernfalls ist die Beschwerde gegeben (BVerfG NJW 2000, 1709). 19

Besteht die Erbengemeinschaft zwischen **Eltern und Kindern**, kann auch bei einem unentgeltlichen Erwerb eines Nachlassgrundstücks durch das Kind ein unerlaubtes Selbstkontrahieren vorliegen, wenn damit gleichzeitig die Übernahme einer Verpflichtung aus einer schuldrechtlichen Wohnberechtigung verbunden ist (OLG Hamm OLGZ 83, 144). 20

Bei der Zugewinngemeinschaft bedarf der erbende **Ehegatte** nicht der Zustimmung des anderen zur Auseinandersetzung, es sei denn, der Erbteil macht sein ganzes Vermögen aus und dieser bzw die Nachlassgegenstände werden auf einen Miterben übertragen, § 1365 (BGHZ 35, 135). Dies gilt nicht, wenn die Miterben die Realteilung vereinbaren (OLG München MDR 1970, 928). Hat der andere Ehegatte einen Zugewinnausgleichsanspruch, kann er beim Familiengericht gem § 1383 zur Vermeidung grober Unbilligkeit verlangen, dass ihm bestimmte Nachlassgegenstände unter Anrechnung auf seine Ausgleichsforderung übertragen werden (Palandt/*Edenhofer* § 2042 Rn 8). 21

Bei der Gütertrennung ist die Zustimmung des anderen Ehegatten nie erforderlich. 22

Bei der Gütergemeinschaft ist eine Zustimmung bzgl des Vorbehalts- und Sondergutes nicht erforderlich. Gehört der Erbteil zum Gesamtgut, ist in den Fällen der §§ 1423, 1424 die Zustimmung des verwaltenden Ehegatten erforderlich; bei gemeinschaftlicher Verwaltung kann der Auseinandersetzungsvertrag nur von beiden Ehegatten gemeinsam beschlossen werden (Palandt/*Edenhofer* § 2042 Rn 8). 23

2. Vollziehung

Der schuldrechtliche Vertrag bedarf der Ausführung in der für das jeweils notwendige Geschäft vorgeschriebenen Form, weil erst dieses überführt das Gesamthandsrecht mit dinglicher Wirkung in eine Alleinbeteiligung (BGH WM 1965, 155), weshalb es bei einem Grundstück der Auflassung bedarf (BGHZ 21, 229). Bei land- und forstwirtschaftlichen Grundstücken unterliegt die Auflassung der Genehmigungspflicht nach § 2 GrdstVG (SchlHOLG SchlHA 1965, 143). 24

Ein zum Nachlass gehörendes **Urheberrecht** kann im Wege der Erbauseinandersetzung auf einen Miterben übertragen werden mit der Folge, dass ihm sämtliche Befugnisse, die dem Urheber in den §§ 28 – 30 UrhG eingeräumt sind, zustehen (*Fromm* NJW 1966, 1247). 25

Die Aufteilung von **GmbH-Anteilen** in mehrere Teilgeschäftsanteile bedarf der Genehmigung der Gesellschafter, sofern das Genehmigungserfordernis bereits im Gesellschaftsvertrag ausgeschlossen wurde, § 17 Abs. 3 GmbHG. Allerdings ist die Auseinandersetzung durch Zuteilung des Geschäftsanteils an einen der Miterben nur durch Abtretung nach § 15 Abs. 3 GmbHG möglich, für welche die Genehmigung der Gesellschafter er- 26

§ 2042 BGB | Auseinandersetzung

forderlich ist, § 15 V GmbHG. Aktien sind nach § 8 Abs. 5 AktG unteilbar; Inhaberaktien sind frei übertragbar (s § 2032 Rn 33).

II. Teilung durch den Testamentsvollstrecker

27 Dem Testamentsvollstrecker obliegt die Auseinandersetzung der Erbengemeinschaft, sofern nichts anderes bestimmt ist. Die Miterben können sich nicht durch eine Vereinbarung auseinandersetzen, sondern haben nur die Möglichkeit, die Auseinandersetzung vom Testamentsvollstrecker zu verlangen. An Weisungen der Miterben ist der Testamentsvollstrecker nicht gebunden, er kann sich aber mit Zustimmung aller Erben über ein Auseinandersetzungsverbot hinwegsetzen. Eine Zustimmung zum Teilungsplan ist nicht erforderlich (RGZ 108, 289); er hat aber die Miterben vor der Ausführung des Plans zu hören, § 2204 Abs. 2. Infolge seiner Verfügungsmacht kann er auch den dinglichen Vollzug bewirken, notfalls gerichtlich erzwingen (MüKo/*Heldrich* § 2042 Rn 29).

III. Amtliche Vermittlung

28 Das Nachlassgericht vermittelt nach § 86 Abs. 1 FGG nur auf Antrag zwischen Miterben, wenn der Nachlass teilungsreif ist, kein Testamentsvollstrecker vorhanden ist, nur die Auseinandersetzung zu betreiben ist und keine str Rechtsfragen bestehen, die vom Prozessgericht zu entscheiden sind (OLG Düsseldorf NJW-RR 2003, 5). Jeder Erbe kann das Verfahren durch einen Widerspruch zum Scheitern bringen. Säumige Miterben werden behandelt, als hätten sie zugestimmt (Palandt/*Edenhofer* § 2042 Rn 15).

IV. Erbteilungsklage

29 Bei fehlender Einigung der Miterben kann die Auseinandersetzung eines teilungsreifen Nachlasses durch Erbteilungsklage klageweise erzwungen werden, indem die notwendigen Zustimmungen der Miterben durch Urteil ersetzt werden (hM; OLG Karlsruhe NJW 1974, 956). Das Vermittlungsverfahren nach § 86 Abs. 1 FGG muss nicht versucht worden sein. Ein Auskunftsanspruch nach § 2057 geht dem Auseinandersetzungsanspruch des Miterben vor (OLG Stuttgart BWNotZ 1976, 89).

30 Der die Klage erhebende Miterbe muss in der Klageschrift bestimmte Anträge, ggf Hilfsanträge stellen und einen detaillierten Teilungsplan vorlegen, der das Ergebnis der vorzunehmenden Auseinandersetzung zutreffend wiedergeben muss, weil nur dann die Zustimmung hierzu verlangt werden kann (OLG Düsseldorf FamRZ 2000, 1049), wobei die Klage auf Abschluss eines konkreten schuldrechtlichen Auseinandersetzungsvertrages zu richten ist, der grds den gesamten Nachlass umfassen muss. Eventuell erforderliche Genehmigungen, wie zB nach § 1821 Nr. 1, 3, sind vor der Entscheidung beizubringen. Das Gericht kann den Teilungsplan nicht selbständig abändern, sondern hat auf eine sachgemäße Antragstellung hinzuwirken (KG NJW 1961, 733).

31 Mit der Klage kann auch der Antrag auf dinglichen Vollzug des schuldrechtlichen Teilungsplans, wie zB der Zustimmung zur Auflassung (MüKo/*Heldrich* § 2042 Rn 68), verbunden werden.

32 Besteht nur hinsichtlich einzelner Punkte Streit, kann eine darauf gerichtete Feststellungsklage nach § 256 ZPO erhoben werden (BGH NJW-RR 1990, 1220) und auf die sich widersetzenden Miterben beschränkt werden.

33 Ist einem Miterben durch die Teilungsanordnung ein bestimmter Betrag zugewiesen worden, kann er, statt auf Auseinandersetzung, auf Leistung klagen (OLG Frankfurt/M. OLGZ 77, 228).

F. Aufhebung der Gemeinschaft (Abs. 2)

34 Die Erbengemeinschaft kann nicht nur durch Vereinbarung, sondern durch Zeitablauf, Tod eines Miterben, Pfändung eines Nachlassanteils eines Miterben, Insolvenz eines Mit-

erben oder durch Aufhebung nach § 749 Abs. 2 beendet werden (Palandt/*Edenhofer* § 2042 Rn 17).

Nach § 2042 Abs. 2 finden auf die Erbauseinandersetzung die Vorschriften über die Aufhebung einer Gemeinschaft ergänzend Anwendung. 35

I. Nachlassteilung, § 2042 Abs. 2 iVm §§ 752 – 754

1. Naturalteilung

Nach § 2042 Abs. 2 mit § 752 Satz 1 werden die in der Teilungsmasse befindlichen Gegenstände in Natur geteilt, wenn sie sich ohne Verminderung des Wertes in gleichartige, den Anteilen der Miterben entsprechende Teile zerlegen lassen. Voraussetzung ist, dass sie sowohl rechtlich als auch wirtschaftlich teilbar sind (*Exner* S 135). Teilbar sind danach Geld und andere vertretbare Sachen, wenn sie in ausreichender Stückzahl vorhanden sind; Wertpapiere, wenn ein Stückelung möglich ist (RGZ 91, 416); Geldforderungen (BGHZ 52, 99) und auf andere Leistungen gerichtete Forderungen, wenn die Leistung selbst teilbar ist (*Exner* S 135). 36

Die Teile werden, nachdem die in der Teilungsmasse befindlichen Gegenstände zerlegt wurden, den Berechtigten zugeordnet. Nach § 752 Satz 2 erfolgt die Teilung durch das Los. Die Zuteilung wird durch Verfügungsgeschäft, dh durch Einigung und Übergabe, Auflassung und Eintragung oder Abtretung, bewirkt. 37

2. Teilung durch Verkauf

Ist eine Teilung in Natur ausgeschlossen, wird der Gegenstand verkauft und der Erlös unter den Erben verteilt, §§ 2042 Abs. 2 mit 753 Abs. 1 Satz 1, wobei der Verkauf beweglicher Sachen nach den Regeln des Pfandverkaufs, der Verkauf unbeweglicher Sachen durch Zwangsversteigerung nach den Regeln des ZVG erfolgt. 38

Forderungen werden nach § 754 eingezogen und die Leistung nach §§ 752, 753 verwertet. Ist eine Einziehung nicht möglich, wird die Forderung nach §§ 753 Abs. 1 Satz 1, 754 verkauft und der Erlös nach § 753 Abs. 1 Satz 1 unter den Erben verteilt. 39

II. Berichtigung von Forderungen, § 2042 Abs. 2 iVm § 756

Nach § 2042 Abs. 2 iVm § 756 kann ein Miterbe, der gegen einen anderen Miterben eine Forderung hat, die sich auf die Erbengemeinschaft gründet, kann er bei der Auseinandersetzung die Berichtigung seiner Forderung aus dem auf den Schuldner entfallenden Teil des Auseinandersetzungsguthabens verlangen. Zu diesen Ansprüchen gehören insb: Aufwendungsersatzanspruch aufgrund von Verwaltungsmaßnahmen, Forderungen des Erblassers, die ihm schon vor dem Erbfall gegen den Miterben zustanden und mit dem Erbfall auf die Erbengemeinschaft übergegangen sind (RGZ 78, 273). Die Tilgung erfolgt durch Auszahlung an den Gläubigermiterben unter Anrechnung auf das Auseinandersetzungsguthaben des haftenden Miterben (Kroiß/Ann/Mayer/*Eberl-Bonges* § 2042 Rn 15). Zu beachten ist, dass dieses Vorrecht des Gläubigers im Insolvenzverfahren zur abgesonderten Befriedigung berechtigt, § 84 Abs. 1 Satz 2 InsO. 40

III. Haftung für Sach- und Rechtsmängel und bei Pflichtverletzungen, § 2042 Abs. 2 iVm § 757

Schließlich haftet jeder Miterbe nach §§ 2042 Abs. 2 iVm 757 für Sach- und Rechtsmängel an den bei der Auseinandersetzung übertragenen Gegenständen wie ein Verkäufer; die §§ 437 ff finden Anwendung (Soergel/*Wolf* § 2042, Rn 43). Weist nur einer von mehreren auf einen Miterben übertragenen Gegenstände einen Sachmangel auf, kann der Miterbe von der Erbauseinandersetzungsvereinbarung nicht insgesamt zurücktreten (Kroiß/Ann/ 41

Mayer/*Eberl-Bonges* § 2042 Rn 16). Da sich die Auseinandersetzungsvereinbarung nicht in Teilstücke zerlegen lässt, scheidet ein Teilrücktritt aus (*Eberl-Bonges* S 384, 394).

42 Bei Pflichtverletzungen im Zusammenhang mit der Übertragung von Nachlassgegenständen, wie Unmöglichkeit, Leistungsverzögerung und Schlechtleistung, geltend die allgemeinen Vorschriften der §§ 280 ff, 323 ff (*Eberl-Bonges* S 362). Nach §§ 346 ff bzw 812 ff kann es zur Rückabwicklung der Auseinandersetzungsmaßnahmen kommen, sofern die Erbengemeinschaft nicht bereits infolge der Auseinandersetzung erloschen ist. Streitig ist, ob die Rückgewähransprüche gem § 2041 im Wege der dinglichen Surrogation wieder in den Nachlass fallen (Soergel/*Wolf* § 2042 Rn 43) oder ob die Auseinandersetzung auf der Grundlage eines neuen Auseinandersetzungsplans durchzuführen ist (*Eberl-Bonges* S 406 ff).

G. Nach der Auseinandersetzung

43 Eine vertragliche Wiedereinführung der ursprünglichen Gesamthandsgemeinschaft ist, nachdem die Auseinandersetzung durchgeführt wurde, nicht mehr möglich (OLG Düsseldorf Rpfleger 1952, 244). Entsprechendes gilt, wenn bislang nur eine Teilauseinandersetzung hinsichtlich einzelner Nachlassgegenstände vorgenommen wurde, die Erbengemeinschaft ansonsten noch fortbesteht (KG DNotZ 1952, 84). Auch ist eine Erbteilsübertragung nach erfolgter Auseinandersetzung nicht mehr möglich (RGZ 134, 296). Allerdings können die Beteiligten den erstrebten Erfolg durch Gründung einer GbR herbeiführen.

H. Landwirtschaftliche Betriebszuweisung

44 Das Zuweisungsverfahren nach §§ 13 – 17, 33 GrdstVG ist eine besondere Regelung zur Auseinandersetzung und lex speziales zu Abs. 2, da es der Erhaltung lebensfähiger lw Betriebe dient.

Anhang 1 zu § 2042 BGB: Auszug aus dem Gesetz über die Zwangsversteigerung und die Zwangsverwaltung (ZVG) (RGBl. S 97)

Dritter Abschnitt
Zwangsversteigerung und Zwangsverwaltung in besonderen Fällen

§ 180 [Aufhebung einer Gemeinschaft]

(1) Soll die Zwangsversteigerung zum Zwecke der Aufhebung einer Gemeinschaft erfolgen, so finden die Vorschriften des Ersten und Zweiten Abschnitts entsprechende Anwendung, soweit sich nicht aus den §§ 181 – 185 ein anderes ergibt.

(2) Die einstweilige Einstellung des Verfahrens ist auf Antrag eines Miteigentümers auf die Dauer von längstens sechs Monaten anzuordnen, wenn dies bei Abwägung der widerstreitenden Interessen der mehreren Miteigentümer angemessen erscheint. Die einmalige Wiederholung der Einstellung ist zulässig. § 30b gilt entsprechend.

(3) Betreibt ein Miteigentümer die Zwangsversteigerung zur Aufhebung einer Gemeinschaft, der außer ihm nur sein Ehegatte oder sein früherer Ehegatte angehört, so ist auf Antrag dieses Ehegatten oder früheren Ehegatten die einstweilige Einstellung des Verfahrens anzuordnen, wenn dies zur Abwendung einer ernsthaften Gefährdung des Wohls eines gemeinschaftlichen Kindes erforderlich ist. Die mehrfache Wiederholung der Einstellung ist zulässig. § 30b gilt entsprechend. Das Gericht hebt seinen

Beschluss auf Antrag auf oder ändert ihn, wenn dies mit Rücksicht auf eine Änderung der Sachlage geboten ist.

(4) Durch Anordnungen nach Abs. 2, 3 darf das Verfahren nicht auf mehr als fünf Jahre insgesamt einstweilen eingestellt werden.

§ 181 [Kein Vollstreckungstitel]

(1) Ein vollstreckbarer Titel ist nicht erforderlich.

(2) Die Zwangsversteigerung eines Grundstücks, Schiffes, Schiffsbauwerks oder Luftfahrzeugs darf nur angeordnet werden, wenn der Antragsteller als Eigentümer im Grundbuch, im Schiffsregister, im Schiffsbauregister oder im Register für Pfandrechte an Luftfahrzeugen eingetragen oder Erbe eines eingetragenen Eigentümers ist oder wenn er das Recht des Eigentümers oder des Erben auf Aufhebung der Gemeinschaft ausübt. Von dem Vormund oder dem Betreuer eines Miteigentümers kann der Antrag nur mit Genehmigung des Vormundschaftsgerichts gestellt werden.

(3) (Aufgehoben)

(4) Die Vorschrift des § 17 Abs. 3 findet auch auf die Erbfolge des Antragstellers Anwendung.

§ 182 [Feststellung des geringsten Gebots]

(1) Bei der Feststellung des geringsten Gebots sind die den Anteil des Antragstellers belastenden oder mitbelastenden Rechte an dem Grundstücke sowie alle Rechte zu berücksichtigen, die einem dieser Rechte vorgehen oder gleichstehen.

(2) Ist hiernach bei einem Anteil ein größerer Betrag zu berücksichtigen als bei einem anderen Anteile, so erhöht sich das geringste Gebot um den zur Ausgleichung unter den Miteigentümern erforderlichen Betrag.

(3) (Gestrichen)

§ 183 [Vermietung oder Verpachtung des Grundstücks]

Im Falle der Vermietung oder Verpachtung des Grundstücks finden die in den §§ 57a und 57b vorgesehenen Maßgaben keine Anwendung.

§ 184 [Keine Sicherheitsleistung des Miteigentümers]

Ein Miteigentümer braucht für sein Gebot keine Sicherheit zu leisten, wenn ihm eine durch das Gebot ganz oder teilweise gedeckte Hypothek, Grundschuld oder Rentenschuld zusteht.

§ 185 [Anhängiges Verfahren über Zuweisung eines landwirtschaftlichen Betriebes]

(1) Ist ein Verfahren über einen Antrag auf Zuweisung eines landwirtschaftlichen Betriebes nach § 13 Abs. 1 des Grundstücksverkehrsgesetzes vom 28. Juli 1961 (BGBl I S 1091) anhängig und erstreckt sich der Antrag auf ein Grundstück, dessen Zwangsversteigerung nach § 180 angeordnet ist, so ist das Zwangsversteigerungsverfahren wegen dieses Grundstücks auf Antrag so lange einzustellen, bis über den Antrag auf Zuweisung rechtskräftig entschieden ist.

Anhang 2 zu § 2042 BGB | Erbteilungsklage (Erbauseinandersetzung)

(2) Ist die Zwangsversteigerung mehrerer Grundstücke angeordnet und bezieht sich der Zuweisungsantrag nur auf eines oder einzelne dieser Grundstücke, so kann das Vollstreckungsgericht anordnen, daß das Zwangsversteigerungsverfahren auch wegen der nicht vom Zuweisungsverfahren erfaßten Grundstücke eingestellt wird.

(3) Wird dem Zuweisungsantrag stattgegeben, so ist das Zwangsversteigerungsverfahren, soweit es die zugewiesenen Grundstücke betrifft, aufzuheben und im übrigen fortzusetzen.

(4) Die Voraussetzungen für die Einstellung und die Aufhebung des Zwangsversteigerungsverfahrens sind vom Antragsteller nachzuweisen.

Anhang 2 zu § 2042
Erbteilungsklage (Erbauseinandersetzung)

1 **Vorbemerkung:** Die Auseinandersetzung einer Erbengemeinschaft, dh die Auflösung der Gesamthandsgemeinschaft hat sich nach dem Erbfall – vorbehaltlich eines Aufschubes oder Ausschlusses (§§ 2043 – 2045 BGB) – unter Beachtung der testamentarischen Anordnungen des Erblassers und der ges Regelungen in drei Abschnitten zu vollziehen, nämlich der Herbeiführung der Teilungsreife des Nachlasses, der Einigung in einem Auseinandersetzungsplan darüber, wie der Nachlass zu verteilen ist, und den dinglichen Vollzuges dieses Planes. An dieses schrittweise Vorgehen sollte sich der Kläger halten, und nicht übereilt eine Auseinandersetzungsklage erheben, nur weil eine gütliche Einigung gescheitert ist.

A. Vermittlung durch das Nachlassgericht

2 Können sich die Erben über die Auseinandersetzung der Erbengemeinschaft nicht einigen, kann – außer bei Testamentsvollstreckung – von jedem Miterben das Nachlassgericht gem §§ 86 ff FGG um Vermittlung angerufen werden. Ergeben sich bei den Verhandlungen Streitpunkte, so hat es diese zu protokollieren und das Verfahren bis zur Erledigung des Streits vor dem Prozessgericht auszusetzen (§ 95 FGG). Das Nachlassgericht kann also nicht selbst entscheiden. Die Weigerung eines Miterben, einer Auseinandersetzung zuzustimmen, hindert die Durchführung des Verfahren (Keidel/Kuntze/*Winkler* § 86 FGG Rn 4). All dies und die Unkenntnis von dem Verfahren, das nicht vorgeschaltet werden muss (Staudinger/*Werner* § 2042 Rn 39), mögen die Gründe sein, warum das Nachlassgericht selten um Vermittlung angerufen wird, obwohl dessen Sachkunde durchaus hilfreich und eine Klage mit erheblichen Risiken für den Kläger verbunden sein kann (zum Vermittlungsverfahren vgl die ausf Kommentierung bei Keidel/Kuntze/*Winkler* §§ 86 ff FGG).

B. Herbeiführung der Teilungsreife vor Klageerhebung

3 Schon zur Reduzierung der mit jeder Auseinandersetzungsklage verbundenen erheblichen Prozessrisiken sollte unabhängig von der str, idR aber wohl zu verneinenden Frage, ob vor Teilungsreife überhaupt auf Zustimmung zur Auseinandersetzung geklagt werden kann (KG NJW 1961, 733; OLG Karlsruhe NJW 1974, 956; Staudinger/*Werner* Rn 41), nach Möglichkeit vorab diese Teilungsreife herbeigeführt werden, indem der aktive, nicht in Natur zu teilende Nachlass notfalls im Wege der Zwangsversteigerung versilbert wird (ob dies Voraussetzung für die Teilungsreife ist, ist str; vgl Frieser, Anwaltliche Strategien im Erbschaftsstreit, 2. Aufl, Rn 439, 441; §§ 2042 Abs. 2, 753 BGB, 180 ff ZVG; insb ob dies Voraussetzung für die Teilungsreife ist, ist str; vgl Frieser, Anwaltliche Strategien im Erbschaftsstreit, 2. Aufl, Rn 439, 441), Forderungen eingezogen (§§ 2042, Abs. 2, 754 BGB), noch offene Nachlassverbindlichkeiten berichtigt (§ 2046 BGB) und etwaige gegen Wertausgleich einem Miterben zuzuweisende Nachlassgegenstände bewertet werden.

C. Leistungsklage ohne Auseinandersetzungsplan

Hat sich der Nachlass nur noch auf einen zu verteilenden Geldbetrag reduziert, kann ohne Vorlage eines Teilungsplans sofort auf Zahlung oder auf Zustimmung zur Auszahlung des hinterlegten Geldes geklagt werden. Eine solche Leistungsklage ist auch zulässig, wenn nur noch ein Nachlassgegenstand vorhanden ist, und dem Kläger der Gegenstand zB aufgrund eines Vorausvermächtnisses nach 2150 BGB oder einer Teilungsanordnung gegen einen bereits erfolgten Wertausgleich nach § 2048 BGB zusteht (Staudinger/*Werner* § 2042 Rn 43). Dieser Anspruch muss jedoch idR mit der Gesamthandsklage gegen alles Erben geltend gemacht werden, da nach § 2040 Abs. 2 BGB über einen Nachlassgegenstand nur alle Erben gemeinsam verfügen können (siehe § 256 ZPO Rn 11). 4

D. Vorbereitende Feststellungsklage

Ist eine Klage nach Rn 4 nicht möglich, können insb zur Reduzierung der mit der Auseinandersetzungsklage verbundenen erheblichen Prozessrisiken einzelne Streitpunkte unter den Erben vorab zum Gegenstand einer Feststellungsklage gemacht werden. An die Zulässigkeit einer solchen Klage ist ein großzügiger Maßstab anzulegen (BGH NJW-RR 1992, 242; NJW-RR 1990, 1220; OLG Düsseldorf FamRZ 1996, 1338). Miterben können daher bei einzelnen Streitpunkten eine Feststellungsklage erheben, wenn ein Feststellungsurteil einer sinnvollen Klärung der Grundlagen der Erbauseinandersetzung dient (BGHZ 1, 65, 74). So kann zB mit einer Feststellungsklage geklärt werden, ob eine testamentarische Zuwendung eine zum Wertausgleich verpflichtende Teilungsanordnung iSv § 2048 BGB oder ein Vorausvermächtnis iSv § 2150 BGB ist (BGH MDR 1991, 135, 136), oder ob und mit welchem Wert Vorempfänge oder Leistungen von Abkömmlingen nach §§ 2050 – 2056, 2057a BGB auszugleichen sind. Lediglich bei Streit über die Art und Weise, wie dann nach dem Gesetz die Ausgleichung durchzuführen ist, ist eine Feststellungsklage unzulässig, da Berechnungsgrundlagen nicht zum Gegenstand einer Feststellungsklage gemacht werden können (vgl BGH NJW 1995, 1097). 5

E. Klage auf Zustimmung zu einem Auseinandersetzungsplan

Jeder Miterbe kann jeden der Miterben vor dem Prozessgericht auf Zustimmung zu seinem erarbeiteten Auseinandersetzungsplan verklagen. Ein obsiegendes, rechtskräftiges Urteil ersetzt nur die Zustimmung des verklagten Erben (§ 894 ZPO). Der verklagte Miterbe kann mit der Widerklage und auch mit einer Drittwiderklage seinerseits auf Zustimmung zu seinem Teilungsplan klagen. Mehrere Kläger oder Beklagte sind einfache, keine notwendigen Streitgenossen, so dass sie sich unterschiedlich verteidigen können und auch keine einheitliche Entscheidung ergehen muss (Staudinger/*Werner* § 2042 Rn 42). Gleichwohl empfiehlt es sich – auch wegen des Vollzuges (s.u. Rn 11) – möglichst alle Erben am Rechtsstreit zu beteiligen. 6

Da eine gegenständliche Teilauseinandersetzung, bei der ein Gegenstand aus dem Nachlass herausgenommen werden soll, idR nicht und eine persönliche Teilauseinandersetzung, mit der ein Miterbe aus der Erbengemeinschaft ausscheiden will, nie verlangt werden kann, muss der Plan alle Aktiva und Passiva enthalten und alle Miterben einbeziehen. Die Gesamthandsgemeinschaft muss insgesamt beendet werden. Der Kläger kann sich also nicht mit dem ihm nach seiner Ansicht gebührenden Anteil am Nachlass begnügen und einzelne, ihn nicht betreffende Streitpunkte unter den anderen Erben offen lassen. 7

Zum Klageantrag: Es muss beantragt werden, »*den Beklagten zu verurteilen, zur Herbeiführung der Auseinandersetzung des Nachlasses des am … in … verstorbenen Erblassers XY folgendem Teilungsplan zuzustimmen:*« 8

Der dann folgende Teilungsplan muss alle noch vorhandenen Aktiva und Passiva auflisten, und abschließende Angaben darüber enthalten, wie mit ihnen zu verfahren ist. 9

Anhang 2 zu § 2042 BGB | Erbteilungsklage (Erbauseinandersetzung)

Erforderlich ist also, dass der Kläger in seinem Teilungsplan zB sämtliche noch offenen Forderungen Dritter auflistet und darlegt, aus welchem Vermögen sie beglichen werden sollen und – bei noch nicht fälligen Forderungen – aus welchem Vermögen in welcher Form und Höhe Rücklagen gebildet werden sollen. Sämtliche Aktiva (nebst etwaigen Zinsen) müssen benannt und es muss dargelegt werden, welchem der Miterben (bei mehren Miterben zu welchen Bruchteilen) sie zugewiesen werden sollen, oder wie sonst mit ihnen zu verfahren ist. Ist noch eine Teilungsversteigerung durchzuführen, muss die Zustimmung des Beklagten zu ihr unter genauer Benennung des Nachlassgegenstandes beantragt werden und dargelegt werden, wie der Versteigerungserlös unter den Erben zu verteilen ist.

10 **Begründetheit des Antrages:** Ob der Auseinandersetzungsplan gerechtfertigt ist, richtet sich nach den testamentarischen Anordnungen, den ges Teilungsregeln und etwaigen von den Miterben getroffenen Vereinbarungen. Das Prozessgericht kann dem Antrag nur insgesamt stattgeben, wenn es den Auseinandersetzungsplan in allen Punkten für gerechtfertigt hält. Andernfalls muss es die Klage insgesamt als unbegründet abweisen. Das Prozessgericht kann (anders als ein Schiedsgericht BGH ZZP 73, 118, 119) keine gestaltende Tätigkeit ausüben, den Nachlass also auch nicht teilweise abweichend vom Teilungsplan verteilen (KG NJW 1961, 733) und der Klage auch nicht teilweise stattgegeben. Eine solche Klage ist also mit erheblichen Risiken für den Kläger verbunden, auch wenn das Gericht nach § 139 ZPO verpflichtet ist, etwaigen Bedenken hinsichtlich der Begründetheit des Antrages den Parteien mitzuteilen. Der Kläger kann dann zwar diesen Bedenken durch eine Antragsumstellung oder durch Hilfsanträge Rechnung. Dies ist aber keine leichte Entscheidung, wenn der Kläger damit erhebliche Erberwartungen aufgeben muss.

F. Vollzug des Auseinandersetzungsplans

11 Es kann nach einer rechtskräftigen Verurteilung zur Zustimmung zu einem Auseinandersetzungsplan auf seinen dinglichen Vollzug geklagt werden. Auch eine Auseinandersetzungsvereinbarung wirkt zunächst nur verpflichtend (BGH BB 1965, 1373, 1374; Staudinger/*Werner* § 2042 Rn 60). Vollzug ist die reale Aufteilung des Nachlasses unter Beendung der gesamthänderischen Bindungen (BGH NJW 1996, 1374). Die Klage auf Zustimmung zum Auseinandersetzungsplan kann auch mit der Klage auf seinem dinglichen Vollzug verbunden werden. Da der Vollzug aber eine Verfügung über Nachlassvermögen bedeutet, die gem § 2040 Abs. 1 BGB nur von allen Erben gemeinschaftlich vorgenommen werden kann, muss diese Klage gegen alle Miterben gerichtet werden, die dann notwendige Streitgenossen sind, weil hier nur einheitlich entschieden werden kann.

12 **Der Klageantrag** muss die Willenerklärung des verklagten Erben zur Eigentumsübertragung auf denjenigen enthalten, der nach dem Teilungsplan den Nachlassgegenstand erhalten soll. Mit Rechtskraft des Urteils gilt dann die Willenserklärung als abgegeben (§ 894 ZPO). Ist eine behördliche Genehmigung notwendig, muss sie zuvor eingeholt werden. Befindet sich der Nachlassgegenstand beim Beklagten, kann auch auf Herausgabe geklagt werden.

G. Streitwert und Gericht

13 Der Streitwert richtet sich nach dem gem § 3 ZPO zu schätzenden wirtschaftlichen Interesse des Klägers an der Zuweisung von Nachlassvermögen (hM BGH NJW 1975, 1415, 1416 unter Aufgabe von BGH NJW 1962, 914, 915).

14 Die Klage kann auch vor dem Gericht erhoben werden, bei dem der Erblasser zur Zeit seines Todes seinen allgemeinen Gerichtsstand gehabt hat (§ 27 ZPO). Dieser Wahlgerichtsstand bietet sich insb dann an, wenn mehrere Erben mit unterschiedlichen Wohnsitzen verklagt werden sollen (s.a. §§ 27, 28 ZPO Rn 6).

§ 2043 Aufschub der Auseinandersetzung

(1) Soweit die Erbteile wegen der zu erwartenden Geburt eines Miterben noch unbestimmt sind, ist die Auseinandersetzung bis zur Hebung der Unbestimmtheit ausgeschlossen.

(2) Das Gleiche gilt, soweit die Erbteile deshalb noch unbestimmt sind, weil die Entscheidung über einen Antrag auf Annahme als Kind, über die Aufhebung des Annahmeverhältnisses oder über die Anerkennung einer vom Erblasser errichteten Stiftung als rechtsfähig noch aussteht.

A. Allgemeines

§ 2043 enthält neben §§ 2044, 2045 eine Ausnahme vom Grundsatz des § 2042, wonach die Auseinandersetzung jederzeit verlangt werden kann (Soergel/*Wolf* § 2043 Rn 2) und dient der Sicherung des Erbteils des nasciturus sowie der Erbteile der in Abs. 2 aufgeführten Personen solange, als Erbteile noch unbestimmt sind. Die Auseinandersetzung ist nur »insoweit« (Mot V, 689) ausgeschlossen, als die Erbteile infolge der zu erwartenden Geburt oder aus den Gründen des Abs. 2 unbestimmt sind (Erman/*Schlüter* § 2043 Rn 2). Allerdings wirkt sich die Entscheidung über die Annahme als Kind oder die Aufhebung des Annahmeverhältnisses **nur** auf das ges Verwandtenerbrecht aus, dh die Auseinandersetzung nach Abs. 2 ist ebenfalls bis zum Befinden über die Annahme oder Aufhebung des Annahmeverhältnisses ausgeschlossen, soweit die ges Erbfolge hiervon betroffen ist (Erman/*Schlüter* § 2043 Rn 3). 1

B. Unbestimmtheit

Unbestimmtheit iSd § 2043 liegt vor, wenn es möglich ist, dass eine Person aus dem aufgezählten Personenkreis Erbe wird und sie sich nur auf Erbteile bezieht, dh, wenn die erwartete natürliche oder juristische Person tatsächlich Erbe werden kann. Diese Voraussetzung liegt nicht vor, wenn sie durch eine Verfügung von Todes wegen oder durch vorgehende Erben von der Erbfolge ausgeschlossen ist, §§ 1930, 1938 (Soergel/*Wolf* § 2043 Rn 4). Der Miterbe, dessen Geburt erwartet wird, muss im Zeitpunkt des Erbfalls bereits gezeugt sein (Palandt/*Edenhofer* § 2043 Rn 1). 2

Ist eine Beeinflussung der Erbteile bestimmter Stämme durch diese Ereignisse ausgeschlossen, kann unter diesen Stämmen die Auseinandersetzung erfolgen (Erman/*Schlüter* § 2043 Rn 2). Die Auseinandersetzung des Erbteils des betroffenen Erbenstammes ist somit bis zur Beseitigung der Ungewissheit aufgeschoben (DGE/*Wrede* § 2043 Rn 2). 3

Der Ausschluss der Auseinandersetzung richtet sich, bezogen auf den Umfang, nach dem Ausmaß der Unbestimmtheit (Mot V S 690). Ist die Anzahl der dem Erblasser geborenen weiteren Kinder ungewiss, ist die Größe der Erbteile und somit die gesamte Auseinandersetzung ungewiss und infolgedessen ausgeschlossen (MüKo/*Heldrich* § 2043 Rn 4). 4

Eine vom Erblasser errichtete Stiftung wird mit ihrer Anerkennung rechts- und damit erbfähig, §§ 80, 84. Gleichzeitig wird über ihre Erbfähigkeit entschieden (Kroiß/Ann/Mayer/*Eberl-Borges* § 2043 Rn 6). 5

C. Aufschubgründe

Die Vorschrift nennt abschließend die Aufschubgründe. Daher werden vergleichbare Unbestimmtheiten von § 2043 auch nicht im Wege der analogen Anwendung erfasst (MüKo/*Heldrich* §§ 2043 Rn 7). 6

Die Auseinandersetzung kann, über die in Abs. 2 genannten Gründe hinaus, wegen Unbestimmtheit unerwünscht sein bei der Verschollenheit eines Miterben ohne erfolgte Todeserklärung, bei der Anfechtung von Erbunwürdigkeit oder Anfechtung der Erbeinsetzung 7

§ 2044 BGB | Ausschluss der Auseinandersetzung

eines Miterben oder der Geltendmachung der Nichtigkeit einer Miterbeneinsetzung (Mü-Ko/*Heldrich* § 2043 Rn 7). In diesen Fällen oder in Fällen vergleichbarer Ungewissheit gilt, aufgrund einer gesetzgeberischen Entscheidung (BT-Ds VII/5087, 22), § 2043 nicht. Aus diesem Grund ist auf etwaige unbekannte Abkömmlinge eines für tot Erklärten keine Rücksicht zu nehmen (OLG München SeuffA 63, Nr. 126).

8 U.U. kann die Bestellung eines Pflegers oder die Erhebung der Arglisteinrede gegen den Auseinandersetzungsanspruch weiterhelfen (KG NJW 1971, 565).

D. Auseinandersetzung

9 § 2043 verbietet nicht die Auseinandersetzung des Nachlasses, sondern beseitigt lediglich das Recht des Miterben, jederzeit die Auseinandersetzung zu verlangen (Palandt/*Edenhofer* § 2043 Rn 2). Eine trotz Aufschubgründen durchgeführte Auseinandersetzung ist nicht nichtig nach § 134 (MüKo/*Heldrich* § 2043 Rn 9). Es liegt aber ein Abschlussmangel vor, der zur Aufhebung der Auseinandersetzungsvereinbarung berechtigt. Da es sich nicht um ges Verbot, sondern nur um eine Beschränkung des Auseinandersetzungsanspruch handelt, bleibt eine einvernehmliche Regelung durch Abschluss einer Auseinandersetzungsvereinbarung möglich mit dem Inhalt, dass ein weiterer Erbe nicht hinzutritt und diesbzgl bedingte Verfügungen im Rahmen der ges Möglichkeiten getroffen werden können (*Kipp-Coing* § 116 II 1d).Wird der erwartete Erbe in der Auseinandersetzungsvereinbarung berücksichtigt, ist sie lediglich schwebend unwirksam mit der Folge, dass er an sie nicht gebunden ist, sie aber genehmigen kann (DGE/*Wrede* § 2043 Rn 4).

10 Im Falle des § 2043 ist dem Nachlassgericht eine Vermittlung nach § 86 FGG nicht möglich (*Kipp-Coing* § 116 II 1d).

11 Wird der erwartete Miterbe doch nicht Erbe, ist eine schon vorweggenommene Auseinandersetzung gültig; es kann daher die Nachtragsauseinandersetzung der vorbehaltenen Gegenstände hinsichtlich des erwarteten Erben durchgeführt werden (Palandt/*Edenhofer* § 2043 Rn 1).

12 Wird er aber Miterbe, ist die Auseinandersetzung unwirksam (RGRK/*Kregel* § 2043 Rn 5), dh er ist an den schuldrechtlichen Auseinandersetzungsvertrag zwischen den übrigen Miterben nicht gebunden; wobei allerdings der Miterbe die Verfügung nach § 185 Abs. 2 genehmigen kann.

13 Wird die ges Erbfolge durch die Entscheidung über die Annahme als Kind oder die Aufhebung des Annahmeverhältnisses, die lediglich Auswirkungen auf die ges Verwandtenerbfolge hat, beeinflusst, ist die Auseinandersetzung nach Abs. 2 bis zur Entscheidung über die Annahme oder Aufhebung des Annahmeverhältnisses ausgeschlossen (Erman/*Schlüter* § 2043 Rn 3).

14 Die Auseinandersetzung ist auch ausgeschlossen, solange eine für den Erwerb von Todes wegen erforderliche Genehmigung (Art. 86 EGBGB) fehlt (RGZ 75, 408).

§ 2044 Ausschluss der Auseinandersetzung

(1) Der Erblasser kann durch letztwillige Verfügung die Auseinandersetzung in Ansehung des Nachlasses oder einzelner Nachlassgegenstände ausschließen oder von der Einhaltung einer Kündigungsfrist abhängig machen. Die Vorschriften des § 749 Abs. 2, 3, der §§ 750, 751 und des § 1010 Abs. 1 finden entsprechende Anwendung.

(2) Die Verfügung wird unwirksam, wenn 30 Jahre seit dem Eintritt des Erbfalls verstrichen sind. Der Erblasser kann jedoch anordnen, dass die Verfügung bis zum Eintritt eines bestimmten Ereignisses in der Person eines Miterben oder, falls er eine Nacherbfolge oder ein Vermächtnis anordnet, bis zum Eintritt der Nacherbfolge oder bis zum Anfall des Vermächtnisses gelten soll. Ist der Miterbe, in dessen Person das

Ereignis eintreten soll, eine juristische Person, so bewendet es bei der dreißigjährigen Frist.

A. Allgemeines

§ 2044 ist eine Ausnahme zu § 2042. Sie hat ihren Ursprung in der Testierfreiheit des Erblassers und soll der Erhaltung des Familienbesitzes dienen. Das Teilungsverbot des Erblassers kann sich nicht nur auf den gesamten Nachlass beziehen, sondern auf einzelne Gegenstände beschränken oder die Auseinandersetzung durch Bestimmung von Kündigungs- und anderen Fristen hinauszögern. Darüber hinaus können auch anderweitige Erschwernisse für eine Auseinandersetzung verfügt werden wie zB das Erfordernis bestimmter Mehrheiten unter den Miterben (RGZ 100, 273). Die Teilung kann auch nur einzelnen Erbstämmen untersagt werden. Der Ausschluss der Auseinandersetzung bis zur Wiederverheiratung des überlebenden Ehegatten, der bis zu diesem Zeitpunkt zum Testamentsvollstrecker bestellt ist, wird nur im Interesse des Überlebenden angeordnet, der die Auseinandersetzung bereits vorher vornehmen darf (OLG Stuttgart HEZ 2, 115). 1

Derartige Anordnungen sind auch bei ges Erbfolge möglich (BayObLGZ 1966, 408). 2

Nach Abs. 2 Satz 1 wird das nicht schon vom Erblasser zeitlich begrenzte Auseinander- 3
setzungsverbot grds 30 Jahre nach dem Erbfall. Hat der Erblasser das Verbot an ein bestimmtes postmortales Ereignis in der Person eines Mit- oder Nacherben oder eines Vermächtnisnehmers geknüpft, gilt es bis zum Eintritt dieses Ereignisses. Dies entspricht §§ 2109, 2162, 2163, 2210 (Palandt/*Edenhofer* § 2044 Rn 1). Übersteigt der einem als Miterben berufenen Pflichtteilsberechtigten hinterlassenen Erbteil die Hälfte des ges Erbteils nicht, § 2306, ist der angeordnete Ausschluss als Teilungsanordnung unwirksam. Ebenso wenig wirkt sie gegen die Insolvenzmasse eines Miterben, § 84 Abs. 2 Satz 2 InsO oder bei der Wiederverheiratung eines Elternteils, der mit minderjährigen Kindern in einer Erbengemeinschaft lebt (BayObLGZ 1967, 230).

Die Anordnung der Ausschließung der Auseinandersetzung kann der Erblasser durch 4
Verfügung von Todes wegen in Form eines Vermächtnisses oder einer Auflage anordnen. Denkbar ist auch eine entsprechende Vereinbarung der Miterben über den Ausschluss der Auseinandersetzung.

B. Auflage

Die Ausschließung ist durch eine Auflage angeordnet, wenn der Erblasser die Auseinan- 5
dersetzung generell, also auch gegen den übereinstimmenden Willen der Erben, verbieten wollte (BGH FamRZ 1985, 278). Ihr Vollzug bestimmt sich nach § 2194. Da hierdurch nur die verpflichtende Auseinandersetzung ausgeschlossen ist, bleibt ihre Erfüllung durch die dingliche Teilung wirksam. Der Grund liegt darin, dass die Verfügungsmacht weder durch Rechtsgeschäft ausgeschlossen werden kann noch setzt sie sich über ein ges Veräußerungsverbot hinweg, noch ist sie sittenwidrig nach § 138 (BGHZ 40, 115).

Aus der Auflage erlangt der einzelne Miterbe keine eigenen Unterlassungsanspruch ge- 6
genüber den anderen Erben (DGE/*Wrede* § 2044 Rn 2). Er kann, ebenso wie die in § 2194 aufgeführten Personen, lediglich den Vollzug der Auflage als den Erblasserwillen verlangen. Nach § 2040 Abs. 1 sind aber die dinglichen Verfügungen des Erben wirksam, und zwar auch bei einem gemeinschaftlichen Verstoß gegen den Erblasserwillen. Dies gilt selbst dann, wenn ein Testamentsvollstrecker eingesetzt und ihm gem § 2208 die Verfügungsbefugnis für die Auseinandersetzung entzogen ist (Palandt/*Edenhofer* § 2044 Rn 4). Der Testamentsvollstrecker hat das Verbot des Erblassers als Verwaltungsanordnung nach § 2216 Abs. 2 Satz 1 zu beachten. Er ist an die Anordnung gebunden. Nur bei Vorliegen eines wichtigen Grundes darf er sich über das Auseinandersetzungsverbot hinwegsetzen, § 749 Abs. 2, Abs. 3 (Staudinger/*Werner* § 2044 Rn 12).

C. Vermächtnis

7 Die Ausschließung in Form eines Vermächtnisses liegt vor, wenn Miterben gegen den Willen anderer oder eines bestimmten anderen die Auseinandersetzung nicht betreiben dürfen (MüKo/*Heldrich* § 2044 Rn 13; aA: *Bengel* ZEV 1995, 178). Der Berechtigte kann von demjenigen, der die Auseinandersetzung betreibt, die Unterlassung verlangen.

8 Soll die Auseinandersetzung nur mit Zustimmung eines bestimmten Miterben zulässig sein, kann auch ein Vorausvermächtnis vorliegen. Es ist dann anzunehmen, wenn der Erblasser den Nachlassgegenstand durch Verfügung von Todes wegen einem Miterben zuweist, um ihn gegenüber den anderen Miterben im Verhältnis des Erbteilwerts, den er sich vorgestellt hat, zu begünstigen (BGH ZEV 1998, 23 mwN). Verbindet der Erblasser seinen Begünstigungswillen mit einer Anrechnungspflicht des Zuwendungsempfängers, ohne die Anrechnung in voller Höhe des vorgestellten Wertes anzuordnen, liegt in Höhe der Anrechnung eine Teilungsanordnung, darüber hinaus zugleich ein Vorausvermächtnis vor (BGHZ 36, 115).

D. Wirkung der Ausschließung

9 Allein die Anordnung der Ausschließung wirkt für und gegen alle Sonderrechtsnachfolger, die ihre Rechte aus § 2033 herleiten; sie wirkt dagegen nicht für und gegen die Pfändungsgläubiger mit bloß vorläufig vollstreckbarem Schuldtitel, §§ 2044 Abs. 1, 751 S 2 (DGE/*Wrede* § 2044 Rn 4). Die Ausschließung verliert ihre Wirkung für Gegenstände, die aus dem Nachlass ausgeschieden sind, auch wenn die den Miterben weiterhin als Miteigentümern gehören (OLG Hamm RdL 53, 52 Nr. 3).

10 Die Regelung des § 1010 zur Sonderrechtnachfolge sind im Rahmen des § 2044 nur eingeschränkt anwendbar, und zwar dann, wenn die Anordnungen des Erblassers die Umwandlung der Erbengemeinschaft in eine Bruchteilsgemeinschaft zulassen, deren Teilung aber vom Erblasser ausgeschlossen ist (KG JW 1935, 3121; RGRK/*Kregel* § 2044 Rn 7).

E. Art der Anordnung

11 Die Anordnung, durch welche der Erblasser die Auseinandersetzung einschränkt oder ausschließt, muss letztwillig, dh durch Testament oder Erbvertrag verfügt sein; die Miterben können sie aber auch vereinbaren (BGH WM 1968, 1172). Sie hat schuldrechtliche Wirkung (Mot V S 688 f).

F. Wirkung der Anordnung

12 Durch das Auseinandersetzungsverbot ist nicht nur die Einigung über den Verkauf und die Veräußerung an Dritte, sondern auch über die Zuteilung an Miterben, die Umwandlung des Gesamthandseigentums in Bruchteilseigentum und die Veräußerung von Erbteilen ausgeschlossen. Die Beschränkungen können daher alle oder nur einzelne Erben, den gesamten oder einen Teil des Nachlasses erfassen, wobei die Verfügungen nach § 2044 **nur schuldrechtliche Wirkung** entfalten mit der Folge, dass sich die Erben einvernehmlich darüber hinwegsetzen können (BGHZ 40, 115).

13 Entsprechendes gilt auch bei angeordneter Testamentsvollstreckung, da sich der Testamentsvollstrecker mit Zustimmung aller Erben über die Verfügungen des Erblassers hinwegsetzen kann (§ 2204 Abs. 1) und einzelne Nachlassgegenstände mit dinglicher Wirkung freigeben, ohne Schadenersatzansprüche wegen Pflichtverletzung befürchten zu müssen.

14 Hält sich auch nur ein Miterbe an die Verfügungen des Erblassers, sind Auseinandersetzungsverträge unter Missachtung der Verfügungen unwirksam.

15 Mangels dinglicher Wirkung der Anordnungen des Erblassers ist eine Eintragung im Grundbuch nicht möglich. Sie begründen lediglich eine schuldrechtliche Unterlassungs-

verpflichtung iSd § 137 Abs. 2 (BGHZ 40, 115). Wegen des Vorrangs des § 137 Satz 1 vor § 2208 kann der Erblasser weder dem Erben noch dem Testamentsvollstrecker diese Verfügungsmacht letztwillig entziehen, weil seine Verfügungsbefugnis nicht mit dinglicher Wirkung beschränkt wird (Soergel/*Wolf* § 2044 Rn 4; aA: BGH NJW 1984, 2464). Der Erblasser kann die Auseinandersetzung zwar untersagen, letztlich aber nur durch eine bedingte Erbeinsetzung verhindern, da der Erbe nur solange Erbe bleibt, als der Nachlass nicht auseinandergesetzt ist. 16

G. Auseinandersetzung trotz Ausschluss

Zuwiderhandlungen gegen das Auseinandersetzungsverbot machen verpflichtende und dingliche Erfüllungsgeschäfte mit Dritten nie unwirksam und berühren auch nicht die sonst wirksamen Verfügungsgeschäfte unter Miterben. 17

Das Nachlassgericht hat dagegen das Teilungsverbot als Auflage zu beachten. Bei einer Auseinandersetzung entgegen des Verbots des Erblassers darf das Nachlassgericht daher nicht vermittelnd tätig werden; es hat das Verfahren nach §§ 86 ff FGG abzulehnen. Der Miterbe, welcher sich an das Auseinandersetzungsverbot des Erblassers halten will, kann einer Auseinandersetzungsvollstreckung mit einer Drittwiderspruchsklage begegnen (BGH FamRZ 1985, 178). 18

H. Grenzen der Ausschließung

Die Ausschließung unterliegt sachlichen und zeitlichen Grenzen: 19
Nach § 749 Abs. 2, Abs. 3 kann die Ausschließung bei Eintritt eines wichtigen Grundes wirkungslos werden mit der Folge der Nichtigkeit. Ob ein wichtiger Grund vorliegt, bestimmt sich nach den Umständen des Einzelfalls (OLG Hamburg MDR 1961, 610) und durch sinngemäße Anwendung der Regelung in § 626 Abs. 1 und wird vom um Vermittlung der Auseinandersetzung angegangene Nachlassgericht, sonst vom Prozessgericht, bei angeordneter Testamentsvollstreckung vom Testamentsvollstrecker (LG Düsseldorf FamRZ 1955, 303), entschieden.

Ist die Auseinandersetzung zeitlich ausgeschlossen, tritt sie mit dem Tod eines Miterben außer Kraft; § 750 analog; es ist von einer neuen Situation auszugehen. 20

Die zeitlichen Grenzen ergeben sich aus § 2044 Abs. 2, wonach der Ausschluss mit Ablauf von dreißig Jahren nach dem Erbfall seine Wirksamkeit verliert. Danach kann die Auseinandersetzung bis zum Eintritt der Nacherbfolge aufgeschoben sein, § 2139 (Erman/*Schlüter* § 2044 Rn 10). Nach Satz 3 gilt dies zwingend für juristische Personen; bei natürlichen Personen können sich längere Zeiträume ergeben, wenn an ein bestimmtes Ereignis angeknüpft wird, wie zB Erreichen eines bestimmten Alters, Heirat oder Eintritt des Nacherbfalls. 21

§ 2045 Aufschub der Auseinandersetzung

Jeder Miterbe kann verlangen, dass die Auseinandersetzung bis zur Beendigung des nach § 1970 zulässigen Aufgebotsverfahrens oder bis zum Ablauf der in § 2061 bestimmten Anmeldungsfrist aufgeschoben wird. Ist das Aufgebot noch nicht beantragt oder die öffentliche Aufforderung nach § 2061 noch nicht erlassen, so kann der Aufschub nur verlangt werden, wenn unverzüglich der Antrag gestellt oder die Aufforderung erlassen wird.

A. Allgemeines

Die Vorschrift, eine weitere Ausnahme von § 2042, gewährt jedem Miterben eine aufschiebende **Einrede** gegen den geltend gemachten Auseinandersetzungsanspruch bis zur Be- 1

§ 2046 BGB | Berichtigung der Nachlassverbindlichkeiten

endigung eines öffentlichen oder privaten Gläubigeraufgebots. Dadurch soll jeder Miterbe vor der Teilung des Nachlasses die Möglichkeit, die Nachlassgläubiger im Rahmen des Aufgebots festzustellen und gegenüber säumigen Gläubigern die Haftung nach der Teilung auf den ihrem Erbteil entsprechenden Teil jeder einzelnen Nachlassverbindlichkeit zu beschränken, §§ 2060 Nr. 1, 2061 Abs. 1 Satz 2 (Erman/*Schlüter* § 2045 Rn 1). Der Erblasser kann die Bestimmung nicht ausschließen, wenngleich der Erbe auf die Geltendmachung verzichten kann.

B. Aufschub

2 Den Aufschub der Auseinandersetzung kann jeder Miterbe verlangen, da er nach §§ 2060 Nr. 1, 2061 nur anteilig für die Nachlassverbindlichkeiten haftet, wenn sich der Gläubiger nicht rechtzeitig meldet. Er dauert bis zur Beendigung des nach § 1970 zulässigen Aufgebotsverfahrens oder bis zum Ablauf der Anmeldefrist des § 2061. § 2015 Abs. 2 und Abs. 3 gilt sinngemäß auch für die Beendigung des Aufgebotsverfahrens (Soergel/*Wolf* § 2045 Rn 1), wonach das Recht des Miterben auch durch Versäumnis des Aufgebotstermins und der Frist zur Beantragung eines neuen Termins bzw durch Versäumnis des neuen Termins ausgeschlossen wird (MüKo/*Heldrich* § 2045 Rn 2). Allerdings ist das Aufgebotsverfahren erst beendet, wenn nach Erlass des Ausschlussurteils oder einer Zurückweisung des Antrags auf Erlass des Ausschlussurteils die zweiwöchige Beschwerdefrist der §§ 952 Abs. 4, 577 Abs. 2 ZPO abgelaufen bzw das Beschwerdeverfahren erledigt ist. Im Falle der bereits beantragten Auseinandersetzung kann der Aufschub nur durch eine unverzügliche Antragstellung bzw den Erlass der Aufforderung erreicht werden.

3 Für die Beendigung des Aufgebotsverfahrens gilt § 2015 Abs. 3 analog (Palandt/*Edenhofer* § 2045 Rn 1), wonach das Verfahren nicht vor Ablauf von 2 Wochen nach Verkündung der Entscheidung und nicht vor Erledigung einer rechtzeitig eingelegten Beschwerde als beendigt anzusehen ist, wenn ein Ausschlussurteil erlassen oder der Antrag auf Erlassung des Urteils zurückgewiesen wird.

C. Prozessuales

4 Eine bereits eingereichte Auseinandersetzungsklage wird aufgrund der erhobenen Einrede nach § 148 ZPO analog nur ausgesetzt, sie führt nicht zur Unbegründetheit der Klage (RGRK/*Kregel* § 2045 Rn 3).

5 Im Hinblick auf die Kostentragungspflicht ist bei einer bereits erhobenen Auseinandersetzungsklage von der Einrede nach § 2045 abzuraten und, solange noch Nachlassverbindlichkeiten bestehen, auf eine schnelle Entscheidung zu drängen, da dann der Klage der Einwand des nicht teilungsreifen Nachlasses entgegengehalten werden kann, was zu einer Prozessniederlage für den Kläger führt (Damrau/*Rissmann* § 2045 Rn 9).

§ 2046 Berichtigung der Nachlassverbindlichkeiten

(1) Aus dem Nachlass sind zunächst die Nachlassverbindlichkeiten zu berichtigen. Ist eine Nachlassverbindlichkeit noch nicht fällig oder ist sie streitig, so ist das zur Berichtigung Erforderliche zurückzubehalten.

(2) Fällt eine Nachlassverbindlichkeit nur einigen Miterben zur Last, so können diese die Berichtigung nur aus dem verlangen, was ihnen bei der Auseinandersetzung zukommt.

(3) Zur Berichtigung ist der Nachlass, soweit erforderlich, in Geld umzusetzen.

A. Allgemeines

Die Vorschrift gilt nur für das Innenverhältnis der Miterben untereinander (Palandt/ 1
Edenhofer § 2046 Rn 1), nicht aber für die Nachlassgläubiger (BGHZ 57, 93) und regelt, dass und wie Nachlassverbindlichkeiten zu begleichen sind. Sie ergänzt somit die Regelung in § 2045. Die Rechte der Nachlassgläubiger ergeben sich aus den §§ 2058 ff mit den Möglichkeiten des vorläufigen Rechtsschutzes (DGE/*Wrede* § 2046 Rn 2). Die Verpflichtung zur Berichtigung von Nachlassverbindlichkeiten kann dem Auseinandersetzungsanspruch nach § 2042 Abs. 1 als Einrede entgegengehalten werden (*Ebenroth*, Rn 777; Soergel/*Wolf* § 2046 Rn 2 geht von einer Einwendung aus).

B. Schuldentilgung vor Teilung

§ 2046 berechtigt jeden Miterben, vor der Auseinandersetzung die Begleichung der Nach- 2
lassverbindlichkeiten zu verlangen. Das dahinter stehende Interesse an einer vorherigen Schuldentilgung ist darin begründet, dass die Miterben den Gläubigerzugriff auf ihr Eigenvermögen nach § 2059 nur bis zur Teilung verhindern können (RGZ 95, 325).

Da § 2046 Abs. 1 nicht zwingend ist, können die Miterben ebenso wie der Erblasser, 3
abweichend von der ges Regelung die Teilung vor der Tilgung vereinbaren. Auch der Erblasser kann nach § 2048 abweichende Anordnungen treffen. Hieran ist der Testamentsvollstrecker stets gebunden (BGH NJW 1971, 2266). Darüber hinaus können auch die Erben mit den Nachlassgläubigern jederzeit abweichende Vereinbarungen in Form eines Erlasses, einer Schuldübernahme ua treffen (DGE/*Wrede* § 2046 Rn 2).

Haben nicht alle Miterben andere Anträge gestellt, hat das Nachlassgericht § 2046 zu 4
beachten (Staudinger/*Werner* § 2046 Rn 3).

C. Nachlassverbindlichkeiten

Zu den Nachlassverbindlichkeiten gehören auch die Pflichtteilsansprüche einschließlich 5
des Ergänzungsanspruchs nach § 2325 (BGH FamRZ 1989, 273) und sogar nicht einklagbare und rein moralische Verpflichtungen (MüKo/*Heldrich* § 2046 Rn 2). Ist eine Forderung bestritten, wie zB bei einem Streit der Miterben um eine Ausgleichungspflicht nach §§ 2050 ff, oder noch nicht fällig, ist das zur Tilgung erforderliche bis zur Klärung zurückzubehalten, Abs. 1 Satz 2. Der Erbe hat hierauf aber keinen einklagbaren Anspruch (Damrau/*Rißmann* § 2046 Rn 2). Eine Sicherstellung in Form der Hinterlegung (MüKo/*Heldrich* § 2046 Rn 10) ist nicht erforderlich. Entsprechendes gilt bei Regressansprüchen der Erbengemeinschaft gegen einzelne Miterben (OLG Celle FamRZ 2003, 1224) und bei Ansprüchen aus Ausgleichspflichten nach §§ 2050 ff (KG OLG 9, 389).

Haben nur einige Miterben die Nachlassverbindlichkeit zu erfüllen, weil es sich zB um ein 6
ihnen auferlegtes Vermächtnis oder eine sie beschwerende Auflage handelt, kann der betroffene Miterbe die Begleichung dieser Verbindlichkeit vor der Teilung verlangen, Abs. 1 Satz 1. Nach Abs. 2 ist die Berichtigung der Forderung nur aus dem Überschuss vorzunehmen, der diesem Miterben bei der Ausgleichung zukommt, so dass insoweit eine vorausgehende Vorauftteilung geboten ist.

D. Versilberung

Die Verwertung nach § 2046 Abs. 3 erfolgt durch Veräußerung nach §§ 753 ff oder Forde- 7
rungseinzug. Im Übrigen gilt Naturalteilung, § 752.

Die Auswahl der zu verwertenden Nachlassgegenstände kann gem § 2038 Abs. 2 nicht 8
durch Mehrheitsbeschluss erfolgen. Da es sich nicht um eine Verwaltungsmaßnahme handelt, bedarf es der Zustimmung aller Miterben. Widerspricht ein Miterbe, ist er ggf auf Einwilligung zu verklagen (Staudinger/*Werner* § 2046 Rn 17). Im Übrigen erfolgt die Verwertung nach den §§ 753, 754.

§ 2047 BGB | Verteilung des Überschusses

E. Durchsetzung der Ansprüche

9 Die gerichtliche Durchsetzung der Ansprüche des Miterbengläubigers erfolgt entweder im Wege der Gesamthandsklage gegen alle übrigen Miterben oder durch Klage gegen diejenigen, die den Anspruch bestreiten (DGE/*Wrede* § 2046 R 6).

10 Nur der belastete Miterbe kann den Anspruch aus § 2046 Abs. 2 geltend machen, wobei nicht ausgeschlossen ist, dass die Tilgung der Nachlassverbindlichkeiten vor der Teil erfolgt. Da Abs. 2 nur das regelt, was dem einzelnen Miterben zusteht, ist die Tilgung dem Teil zu entnehmen, der dem betreffenden Miterben bei der Auseinandersetzung zusteht.

11 Nachlassverbindlichkeiten einschließlich der auf dem Hof ruhenden Grundpfandrechte sind, sofern sich ein Hof im Nachlass befindet, nach § 15 Abs. 2 HöfeO aus dem außer dem Hof vorhandenen Vermögen zu befriedigen, sofern es hierzu ausreicht, um dem Hoferben den Hof zu erhalten. Reichen diese Mittel nicht aus, um die Verbindlichkeiten zu befriedigen, ist der Hoferbe den Miterben gegenüber verpflichtet, sie allein zutragen und die Miterben von diesen Forderungen zu befreien, § 15 Abs. 3 InsO.

F. Miterbengläubiger

12 Ist der Miterbe auch Nachlassgläubiger, kann er, wie jeder andere Nachlassgläubiger, Berichtigung seiner Forderung vor der Nachlassauseinandersetzung verlangen (BGH NJW 1953, 501). Dies gilt auf für die Vorwegbefriedigung bei einem Vorausvermächtnis, soweit der Erblasser nichts anderes bestimmt hat (KG OLGZ 77, 461). Im Einzelfall kann es nach § 242 geboten sein, dass der Miterbengläubiger auf die Befriedigung seiner Forderung bis zur Auseinandersetzung warten muss (RGZ 93, 197). Wie jeder andere Gläubiger steht auch ihm sowohl die Gesamthandsklage nach § 2059 Abs. 2 als auch die Gesamtschuldklage nach § 2058 offen (Staudinger/*Werner* § 2046 Rn). Im Übrigen ist die Gesamtschuldklage nicht erst nach der Teilung möglich, sondern bereits davor (KG 150, 344). Allerdings ist der Miterbengläubiger im Hinblick auf seine Miterbenstellung und der Tatsache, dass er auch Miterbe ist, gehalten, nach Möglichkeit im Wege der Gesamthandsklage vorzugehen (Erman/*Schlüter* § 2046 Rn 2).

13 Besteht die Erbengemeinschaft nur aus zwei Erben und macht ein Miterbe eine Nachlassforderung geltend, kann er Befriedigung nur insoweit verlangen, als der andere Erbe geworden ist und soweit das Verlangen auf Vorwegbefriedigung nicht gegen Treu und Glauben verstößt (BGH LM Nr. 1).

14 Da Miterbengläubiger bei Erbschaftsabwicklungen häufig Schuldner von Nachlassforderungen sind, so dass auch bei Nachlassansprüchen, Nachlassverbindlichkeiten und Auseinandersetzungsansprüchen ein Zurückbehaltungsrecht nach § 273 in Betracht kommt (MüKo/*Heldrich* § 2046 Rn 6). So können die übrigen Miterben eine Leistung an den Miterbengläubiger davon abhängig machen, dass dieser seien Mitwirkungspflichten bei der ordnungsgemäßen Nachlassabwicklung erfüllt (*Dütz*, NJW 1967, 1105).

§ 2047 Verteilung des Überschusses

(1) Der nach der Berichtigung der Nachlassverbindlichkeiten verbleibende Überschuss gebührt den Erben nach dem Verhältnisse der Erbteile.

(2) Schriftstücke, die sich auf die persönlichen Verhältnisse des Erblassers, auf dessen Familie oder auf den ganzen Nachlass beziehen, bleiben gemeinschaftlich.

A. Allgemeines

1 Die Vorschrift gewährt jedem Miterben einen seinem Erbanteil entsprechenden schuldrechtlichen Anspruch auf Auszahlung des Überschusses, dh seines Auseinandersetzungs-

guthabens, gegen die übrigen Miterben (Soergel/*Wolf* § 2047 Rn 4), wobei der Anspruch als solcher weder übertragbar noch pfändbar ist (RGZ 60, 131). Nach § 2055 Abs. 1 Satz 2 ist der Wert sämtlicher auszugleichender Zuwendungen zum reinen Aktivnachlass hinzuzurechnen (Erman/*Schlüter* § 2047 Rn 1).

B. Überschuss

Überschuss ist die aktive Teilungsmasse, die nach Hinzurechnung des Wertes aller ausgleichspflichtigen Zuwendungen des § 2055 Abs. 1 Satz 2 und nach Abzug der Verbindlichkeiten vom Nachlass verbleibt (MüKo/*Heldrich* § 2047 Rn 3). Er ist noch Gesamthandsvermögen der Erbengemeinschaft (Palandt/*Edenhofer* § 2047 Rn 1) und stellt als solches gesamthänderisch gebundenes Sondervermögen dar. 2

C. Teilung

Verteilung ist der nach Bewertung der Nachlassgegenstände erfolgende Vollzug der Auseinandersetzung unter Berücksichtigung der Erbquoten und evtl bestehender Ausgleichspflichten nach §§ 752 – 754, den Teilungsanordnungen des Erblassers bzw der Vereinbarungen der Erbengemeinschaft zur Nachlassteilung, dh die Miterben können eine andere Teilung vereinbaren (Staudinger/*Werner* § 2047 Rn 3). Dadurch wird der rein bruchteilsmäßige Verteilungsschlüssel in erster Linie durch den Ausgleich von Vorempfängen verändert, in dem die Zuwendungen nach § 2055 dem Restnachlass hinzugerechnet und die auf die ausgleichspflichtigen Miterben entfallenden Summen abgezogen werden (MüKo/*Heldrich* § 2047 Rn 5). Durch eine solche Ausgleichung nach §§ 2050 ff können sich die Teilungsquoten gegenüber den Erbquoten verschieben (BGH NJW-RR 1989, 259 f). 3

D. Schriftstücke

Hinsichtlich der Schriftstücke des Erblassers haben die Erben keinen Auseinandersetzungsanspruch, Abs. 2. Sie bleiben Gesamthandseigentum (anders Prot II, 887), bis die Erben die Umwandlung in Bruchteilseigentum vereinbaren (Palandt/*Edenhofer* § 2047 Rn 3). Sie können über sie gemeinschaftlich verfügen (Staudinger/*Werner* § 2047 Rn 5). 4

Mangels Verbot können die Erben eine von der ges Regelung abweichende Vereinbarung treffen (DGE/*Wrede* § 2047 Rn 3). Kommt eine Einigung nicht zustande, verbleiben die Schriftstücke im Gesamthandseigentum und sind nach §§ 2038, 745 zu verwalten. Sie können von den Erben benutzt werden. 5

Die Vorschrift gilt auch für Schriftstücke, die einen Vermögens- oder Verkehrswert haben (Erman/*Schlüter* § 2047 Rn 3). Enthalten die Schriftstücke neben persönlichen auch schriftstellerische Lebenserinnerungen, und besitzen sie dadurch einen nachhaltigen Wert, ist zur Veröffentlichung oder Übertragung des Urheberrechts die Zustimmung aller Miterben erforderlich (RGRK/*Kregel* § 2047 Rn 4). Entsprechendes gilt auch für Familienpapiere. 6

Von der Vorschrift werden nicht erfasst Familienbilder oder andere Familienerinnerungsstücke (Staudinger/*Werner* § 2047 Rn 5). 7

Hat der Erblasser letztwillig verfügt und Dritte zu Erben bestimmt, ohne eine Regelung zu den Schriftstücken iSd § 2047 Abs. 2 zu treffen, kann darin eine Zuweisung der Schriftstücke an die Familie zu sehen sein, was aber wegen Formmangels einer solchen familienfreundlichen Anordnung des Erblassers allenfalls eine moralische Erbenpflicht auslöst (Staudinger/*Werner* § 2047 Rn 5). 8

§ 2048 Teilungsanordnungen des Erblassers

Der Erblasser kann durch letztwillige Verfügung Anordnungen für die Auseinandersetzung treffen. Er kann insbesondere anordnen, dass die Auseinandersetzung nach dem billigen Ermessen eines Dritten erfolgen soll. Die von dem Dritten auf Grund der Anordnung getroffene Bestimmung ist für die Erben nicht verbindlich, wenn sie offenbar unbillig ist; die Bestimmung erfolgt in diesem Falle durch Urteil.

A. Allgemeines

1   § 2048 erlaubt es dem Erblasser, durch Testament oder einseitig in einem Erbvertrag (BGH NJW 1982, 441) zu bestimmen, wie der Nachlass auseinander zusetzen ist. Er bildet damit das Gegenstück zu § 2044, der dem Erblasser die Möglichkeit einräumt, anzuordnen, dass der Nachlass nicht oder nur unter erschwerten Bedingungen auseinandergesetzt werden darf (DGE/*Wrede* § 2048 Rn 1).

B. Auseinandersetzungsanordnungen

2   Mit einer Teilungsanordnung will der Erblasser nicht die von ihm gewünschte Erbfolge verschieben, sondern unangetastet lassen (BGH FamRZ 1985, 62). Allerdings sind den einzelnen Miterben die ihnen zugewiesenen Gegenstände wertmäßig auf ihre Anteile anzurechnen. Ist deren Wert höher, als ihm nach der Quote zustehen würde, ist er zur Zahlung des Mehrwertes an die übrigen Miterben verpflichtet (BGH NJW-RR 1996, 577).

3   Die Teilungsanordnung kann nicht nur die Auseinandersetzung des Nachlasses, sondern auch seine Verwaltung betreffen. Der Erblasser kann zB einzelne Gegenstände einem Miterben zuweisen oder seinen Nachlass vollständig auf alle Miterben aufteilen, so dass diese die Anordnungen nur noch vollziehen müssen, eine vereinbarte Auseinandersetzung aber nicht mehr stattfinden kann (Palandt/*Edenhofer* § 2048 Rn 2).

4   Die Anordnung kann auch die Art der Verwaltung (Ausübung durch einen Miterben) betreffen, die Aufteilung der Nachlassverbindlichkeiten im Innenverhältnis regeln (BGH LM § 138 Nr. 2) oder Bestimmungen über die Ausgleichung einer Schuld gem § 2050 treffen (Palandt/*Edenhofer* § 2048 Rn 2).

5   Erhält jeder der beiden Erben nach der Teilungsanordnung eines der beiden im Nachlass befindlichen Grundstücke, liegt eine Erbeinsetzung zu gleichen Teilen vor (BayObLG FamRZ 1985, 312).

6   Anordnungen nach § 2048 können nur durch eine Verfügung von Todes wegen getroffen werden, § 2099, wobei es einer Erbeinsetzung nicht bedarf (DGE/*Wrede* § 2048 Rn 3). Im Falle der Verbindung mit einem Vermächtnis oder einer Auflage erfolgt dies im Erbvertrag nach § 2278 Abs. 1 und im Ehegattentestament nach § 2270.

7   Mündliche oder maschinenschriftliche Anordnungen sind wegen Formverstoßes nichtig. Sie entfalten allenfalls moralische Wirkung und können, wenn sie von den Erben anerkannt werden, entsprechend umgesetzt werden.

C. Wirkung

8   Die Teilungsanordnung wirkt nur schuldrechtlich im Verhältnis der Erben zueinander und gibt ihnen einen Anspruch auf entsprechende Auseinandersetzung (BGH NJW 1981, 1837). Da sie zu keiner dinglichen Zuordnung der Nachlassgegenstände führt, begründet sie auch keine Sondererbfolge an einzelnen Nachlassgegenständen, weshalb die Höhe der Erbteile und der Wert der Beteiligung der einzelnen Miterben am Nachlass unberührt bleibt (BGH NJW 1985, 51). Die dingliche Aufteilung erfolgt im Rahmen der Auseinandersetzung, bei der die Miterben zur Verteilung des Nachlasses nach den Anordnungen des Erblassers verpflichtet sind. Die zugewiesenen Gegenstände sind dem betreffenden Mit-

erben erst aus dem Gesamthandsvermögen unter Beachtung der allgemein geltenden Formvorschriften zu übertragen (Palandt/*Edenhofer* § 2048 Rn 4). Bis dahin ändert die Teilungsanordnung die Rechtsstellung des Miterben als Gesamthänder nichts. Verfügungsbeschränkungen sind damit nicht verbunden (Soergel/*Wolf* § 2048 Rn 2).

Für den Testamentsvollstrecker sind die Teilungsanordnungen des Erblassers bindend, §§ 2203, 2204; bei einer Verwaltungsanordnung gilt § 2216 Abs. 2. 9

Jeder Miterbe hat Anspruch auf Einhaltung des angeordneten Teilungsmodus; gemeinsam können die Miterben aber im Einverständnis aller eine abweichende Aufteilung vornehmen, sofern es sich bei der Teilungsanordnung nicht zugleich um eine Auflage handelt, die aber gleichwohl dinglich wirksam ist (BGHZ 40, 115). Eine Teilungsanordnung kann im Fall des § 2306 gegenüber dem pflichtteilsberechtigten Miterben unwirksam sein, wenn sie seinen Erbteil beschwert (Palandt/*Edenhofer* § 2048 Rn 4). 10

Die Teilungsanordnung wird nicht wirksam, wenn eine Auseinandersetzung nicht durchgeführt wird, weil den Miterben nach erfolgter Berichtigung der Nachlassverbindlichkeiten kein Nachlass verbleibt, der verteilt werden könnte (Palandt/*Edenhofer* § 2048 Rn 4). 11

D. Abgrenzung zu anderen Gestaltungsformen

I. Teilungsanordnung und Erbeinsetzung

Teilungsanordnungen regeln nur, welche Gegenstände einem Miterben aus dem Nachlass zukommen sollen, ohne in wertmäßig zu begünstigen; sie haben nur schuldrechtliche Wirkung, nicht aber die Wirkung, dass ein Miterbe mehr oder weniger als seinen Erbteil erhält (RG DR 1942, 977). Der Wert des zugewiesenen Gegenstandes wird auf den Erbteil des Miterben angerechnet (Soergel/*Wolf* § 2048 Rn 2). Übersteigt der Wert des Gegenstandes wertmäßig seinen Erbteil, muss er den anderen einen Ausgleich leisten (Soergel/*Wolf* § 2048 Rn 6). 12

II. Teilungsanordnung und Auflage

Will der Erblasser erreichen, dass sich die Miterben nicht über seine Anordnung hinwegsetzen, liegt eine Auflage zulasten aller Miterben vor (Kroiß/Ann/Mayer/*Eberl-Borges* § 2048 Rn 9). Die Auflage setzt keine Zuwendung voraus, gewährt aber dem Begünstigten auch keinen unmittelbaren Anspruch auf die Leistung, § 1940. Allerdings ist jeder Miterbe gegenüber dem anderen verpflichtet, die Anordnungen des Erblassers auszuführen. Nach § 2194 kann die Ausführung erzwungen werden. Da die Auflage ebenfalls nur schuldrechtliche Wirkung entfaltet, können die Miterben auch in diesem Fall abweichende Vereinbarungen treffen (BGHZ 40, 115). Ist allerdings ein Testamentsvollstrecker bestellt, ist dieser an die Anordnungen gebunden; eine abweichende Vereinbarung der Erben scheidet aus (Erman/*Schlüter* § 2048 Rn 8). 13

III. Teilungsanordnung und Vorausvermächtnis

Die Abgrenzung der Teilungsanordnung vom Vorausvermächtnis kann schwierig sein, insb deshalb, weil eine Verfügung des Erblassers zugleich Teilungsanordnung und Vermächtnis sein kann (BGHZ 36, 115). 14

Bei der **Teilungsanordnung** wird der dem Miterben zugewendete Nachlassgegenstand wertmäßig voll auf den Erbteil angerechnet. Sie beschränkt sich auf die bloße Abwicklung der Nachlassauseinandersetzung, führt aber nicht zu einer Begünstigung eines Miterben (MüKo/*Heldrich* § 2048 Rn 16). Maßgebend ist der Wert, den sich der Erblasser vorgestellt hat (RGZ 170, 171). Ein **Vorausvermächtnis** liegt dagegen vor, wenn dem Miterben ein wertmäßiger Vorteil gegenüber den anderen Miterben verschafft werden soll. Davon ist auszugehen, wenn dessen Wert bei der Verteilung des übrigen Nachlasses nicht berücksichtigt wird, der Miterbe vielmehr so gestellt werden soll, als sei der Gegenstand einem 15

Dritten zugewendet worden (BGHZ 36, 115). Er erhält also den im Wege des Vorausvermächtnis zugewendeten Vermögenswert zusätzlich zu seinem Erbteil, ohne dass dieser in irgendeiner Weise auszugleichen wäre.

16 Für die Abgrenzung sind Begünstigungswille und Vermögensvorteil die wesentlichen Kriterien, wobei die vom Erblasser gewollte wertmäßige Verteilung des Nachlasses der wichtigste Gesichtspunkt ist (BGH NJW 1998, 682), weil es darauf ankommt, ob der Erblasser einen Miterben wertmäßig, dh vermögensmäßig, begünstigen wollte (BGH NJW 1995, 721).

17 Der wirkliche oder hypothetische Wille des Erblassers ist, wenn er sich nicht eindeutig aus der Verfügung von Todes wegen ergibt, nach den erbrechtlichen Auslegungsregeln zu ermitteln (BGH ZEV 1998, 23 mwN).Da dem Erblasser die Unterschiede zwischen den Rechtsinstituten idR nicht geläufig sind, kommt es entscheidend auf seine Zielsetzung, dh welches Ziel er mit der letztwilligen Verfügung verfolgt hat bzw verfolgt hätte, wenn ihm bei der Errichtung die unbekannten Umstände bekannt gewesen wären (Erman/*Schlüter* § 2048 Rn 5). Die Festsetzung einer Ausgleichspflicht bedarf keiner ausdrücklichen oder konkludenten Bestimmung, beim Schweigen der letztwilligen Verfügung wird stets ein Wertausgleich vermutet (BGH FamRZ 1990, 396). Ist dem Erblasser der objektive Vermögensvorteil nicht bekannt bzw nicht bewusst, ist ergänzende Auslegung geboten (Soergel/*Wolf* § 2048 Rn 8). Führt auch sie nicht zu einer zusätzliche Zuwendung des Mehrwertes, ist von einer Teilungsanordnung auszugehen, da sie grds nicht wertverschiebend ist (BGH FamRZ 1987, 475).

18 Abgrenzungsschwierigkeiten ergeben sich va für die verschiedenen Fallgestaltungen: Hat der Erblasser dem Miterben bewusst einen Gegenstand zugewandt, dessen Wert höher ist als die dem Erben zustehende Erbquote, liegt zumindest hinsichtlich des Mehrwerts ein Begünstigungswille und damit ein Vorausvermächtnis vor (BGH FamRZ 1995, 228). Wusste der Erblasser nicht um den höheren Wert und wollte er die Zuwendung des Mehrwertes nicht, handelt es sich lediglich um eine Auseinandersetzungsanordnung, die aber die vom Erblasser gewollte quotenmäßige Beteiligung der Miterben nicht verändert (BGHZ 82, 274). Eine derartige Auseinandersetzungsanordnung kann nur aufrechterhalten werden, wenn der durch sie begünstigte Miterbe bereit ist, den Mehrwert bei der Erbauseinandersetzung auszugleichen (*Siegmann*, ZEV 1996, 47). Fehlt es an dieser Bereitschaft, ist die Anordnung nicht vollziehbar und daher unbeachtlich, da der Miterbe nicht gezwungen werden kann, den Mehrwert aus seinem Eigenvermögen auszugleichen (BGH ZEV 1996, 70).

19 Die Abgrenzung erlangt in vielerlei Hinsicht Bedeutung: Das Vorausvermächtnis kann nach § 2180 ausgeschlagen werden, die Teilungsanordnung nicht. Darüber hinaus hat der Vermächtnisnehmer mit seiner Forderung einen besseren Rang (Palandt/*Edenhofer* § 2048 Rn 7). Dagegen gehört der durch die Teilungsanordnung zugewiesene Gegenstand bei beschränkter Erbenhaftung zum haftenden Nachlass (BayObLGZ 1074, 312), nicht dagegen der im Wege des Vorausvermächtnis zugewendete Gegenstand. Schließlich kann der Vorausvermächtnisnehmer seinen Anspruch auf Leistung des vermachten Gegenstandes gegen die Erbengemeinschaft schon mit dem Erbfall geltend machen, auch wenn er als Miterbe die Auseinandersetzung noch nicht verlangen kann (Erman/*Schlüter* § 2048 Rn 7).

20 Im Übrigen kann eine Teilungsanordnung im Erbvertrag bzw Ehegattentestament vom Überlebenden jederzeit nach §§ 2270 Abs. 3, 2278 Abs. 2 einseitig widerrufen werden, während der Vermächtnisnehmer bereits vor dem Erbfall den Schutz der §§ 2287, 2288 genießt und ihm die Bindungswirkung der §§ 2270, 2271, 2289 – 2291 zugute kommt.

E. Verteilung durch Dritten

21 Nach § 2048 Satz 2 kann der Erblasser die Auseinandersetzung in das billige Ermessen eines Dritten stellen, wobei Dritter auch ein Miterbe (RGZ 110, 274) oder der Testamentsvollstrecker (Staudinger/*Werner* § 2048 Rn 13) sein kann. Er hat den Auseinandersetzungs-

plan aufzustellen; an die ges Auslegungsregeln ist er dabei nicht gebunden. Die Teilungsquoten kann er aber nicht beliebig festlegen. An die Anordnungen des Erblassers ist der Testamentsvollstrecker gebunden, nicht aber an davon abweichende Miterbenvereinbarungen (MüKo/*Dütz* § 2048 Rn 8). Sieht der Auseinandersetzungsplan die Teilung vor der Schuldentilgung vor, ist der Plan offensichtlich unbillig (Kroiß/Ann/Mayer/ *Eberl-Borges* § 2048 Rn 15).

Der Plan, eine einseitige, empfangsbedürftige Willenserklärung, wird durch Erklärung des 22 Dritten, die gegenüber allen Miterben abzugeben ist (*Eberl-Borges* S 116 f) für die Miterben verbindlich (MüKo/*Gottwald* § 315 Rn 21). Die Erklärung hat keine Form- oder Genehmigungserfordernisse zu beachten. Zwischen den Miterben entfaltet der Auseinandersetzungsplan schuldrechtliche Wirkung mit der Folge, dass sie einander verpflichtet sind, die Auseinandersetzung entsprechend dem Plan durchzuführen (Staudinger/*Werner* § 2048 Rn 14).

Die Verbindlichkeit des Plans entfällt für die Miterben, wenn er offenbar unbillig ist. Eine 23 Bestimmung ist offenbar unbillig, wenn sie sachlicher Gründe entbehrt und deren Sachwidrigkeit für jeden auf dem betreffenden Gebiet Sachkundigen erkennbar ist (OLG Rostock OLGRspr 36, 242).

Da § 2048 keine entsprechende Befugnis vorsieht, kann der Dritte den Auseinander- 24 setzungsplan nicht selbst vollziehen. Die Vollziehung obliegt vielmehr den Miterben (RGZ 110, 270). Sind sich die Miterben einig, können sie die Auseinandersetzung in anderer Weise unter Missachtung des Auseinandersetzungsplans des Dritten durchführen (*Kretschmar* SächsArchiv 1908, 153). Dies gilt auch bei einem durch Urteil festgelegten Auseinandersetzungsplan (Kroiß/Ann/Mayer/*Eberl-Borges* § 2048 Rn 18).

Wenn der von einem Dritten aufgestellte Teilungsplan offenbar unbillig ist, so ist er für die 25 Miterben nicht verbindlich.

F. Übernahmerecht

Der Erblasser kann anordnen, dass ein Miterbe frei entscheiden kann, ob er einen Nach- 26 lassgegenstand übernehmen will oder nicht. Dabei kann das Übernahmerecht auch nur gegen Wertausgleich eingeräumt werden (*Johannsen* WM 1977, 276). Erst die Ausübung dieses Gestaltungsrechts lässt bei der Auseinandersetzung den Anspruch auf Übertragung des zugewiesenen Gegenstandes entstehen (Palandt/*Edenhofer* § 2048 Rn 8). Insoweit ist eine Teilauseinandersetzung möglich (LG Stuttgart ZEV 2002, 237). Die Zuwendung eines Mehrwertes stellt ein Vorausvermächtnis dar (BGHZ 82, 274). Allerdings kann auch bei objektiv gleichwertigem Übernahmepreis ein Vermächtnis vorliegen (BGHZ 36, 115). Denkbar ist auch die Anordnung einer Übernahmepflicht (*Benk* RhNK 1979, 61). 27

G. Wertermittlung

Für die Bewertung des zugewiesenen Gegenstandes ist grds der objektive Verkehrswert 28 nach dem Zeitpunkt maßgebend, zu dem die Durchführung der Teilungsanordnung verlangt werden kann (Soergel/*Wolf* § 2048 Rn 13). Eine Ausnahme gilt nach § 2049 für das Landgut. Für die Bewertung eines Unternehmens wird die Mittelwertmethode angewandt, wonach Substanz- und Ertragswert addiert werden und die Summe halbiert wird; der »good will« eines Unternehmens ist dabei bereits im Ertragswert enthalten (BGH NJW 1982, 575 zu § 2311).

H. Prozessuales

Ein Rechtsschutzbedürfnis für eine Klage besteht nur, solange nur ein Erbe den Teilungs- 29 plan für offensichtlich unbillig hält. Die Klage ist dann gegen den Widersprechenden zu richten mit dem Ziel, dass das Gericht einen Teilungsplan aufstellt, wobei auch das Gericht nicht an die ges Teilungsregeln gebunden ist. Das Gestaltungsurteil hat für den Erben

§ 2049 BGB | Übernahme eines Landguts

aber nur schuldrechtliche Wirkung, die des dinglichen Vollzugs bedarf (DGE/*Wrede* § 2048 Rn 8).

30 Der Teilungsplan ist bei offenbarer Unbilligkeit nur dann im Prozessweg durch Urteil festzustellen, wenn die Miterben in Meinungsverschiedenheiten über den Teilungsplan stehen.

31 Die Klage ist von dem Miterben, der eine offenbare Unbilligkeit geltend macht, nur gegen die Miterben zu richten, die dem Teilungsplan widersprechen. Der Dritte ist nur dann zu verklagen, wenn er als Testamentsvollstrecker entschieden hat (MüKo/*Heldrich* § 2048 Rn 19). Mehrere Erben sind keine notwendigen Streitgenossen (Soergel/*Wolf* § 2048 Rn 12).

I. Steuerliche Behandlung

32 Da die Teilungsanordnungen nur schuldrechtlich, nicht aber dinglich wirken, weshalb die auf einer Teilungsanordnung beruhende Erbauseinandersetzung erbschaftssteuerfrei ist (BFHE 71, 266). Enthält die Teilungsanordnung zusammen mit einem Vorausvermächtnis den Anspruch auf einen bestimmten Gegenstand, ist für die Bemessung der Erbschaftssteuer nur der Gegenstand, nicht aber die Erbquote maßgebend. Entsprechend wird verfahren, wenn, ohne dass ein Vorausvermächtnis vorliegt, die Teilungsanordnung dem Miterben einen bestimmten Gegenstand zuweist (BFH BStBl II 1977, 640).

33 Durch die Teilungsanordnung wird lediglich die Art und Weise der Erbauseinandersetzung durch den Erblasser festgelegt mit der Folge, dass einkommenssteuerrechtlich zunächst sämtliche Nachlassgegenstände auf die Erbengemeinschaft übergehen. Die darauf beruhende Erbauseinandersetzung wird nach den allgemeinen steuerlichen Grundsätzen zur Erbauseinandersetzung behandelt (Kroiß/Ann/Mayer/*Pohl/Hartl* § 2048 Anh Rn 1).

§ 2049 Übernahme eines Landguts

(1) Hat der Erblasser angeordnet, dass einer der Miterben das Recht haben soll, ein zum Nachlass gehörendes Landgut zu übernehmen, so ist im Zweifel anzunehmen, dass das Landgut zu dem Ertragswert angesetzt werden soll.

(2) Der Ertragswert bestimmt sich nach dem Reinertrag, den das Landgut nach seiner bisherigen wirtschaftlichen Bestimmung bei ordnungsmäßiger Bewirtschaftung nachhaltig gewähren kann.

A. Allgemeines

1 Die Vorschrift ist eine reine Ausnahmevorschrift zur Begünstigung einer geschlossenen Vererbung lw Besitzes (*Kipp-Coing* § 44 II 2). Sie ist eine reine Auslegungsregel (OLG Celle RdL 1961, 103), die die Zerschlagung lw Grundbesitzes verhindern soll und dann zur Anwendung gelangt, wenn ein anderer Wille des Erblassers nicht feststellbar ist. Daher ist zunächst der ausdrückliche oder schlüssig nach § 2048 Satz 1 geäußerte Erblasserwille zu ermitteln. Eine sittenwidrige Schädigung der Geschwister durch den die Teilungsversteigerung betreibenden Bruchteilseigentümer eines Grundstücks kommt dann in Betracht, wenn der Erblasser die reale Teilung des Grundstücks unter ihnen angeordnet hat (BGH FamRZ 1966, 348).

2 Ist der Verkehrswert niedriger als der Ertragswert, ist die Norm nicht anwendbar. Sie ist aber anwendbar bei Übergabeverträgen im Wege der vorweggenommenen Erbfolge (BGH NJW 1964, 1323), wenn das Landgut einem Miterben in der Erbauseinandersetzungsvereinbarung zugewiesen wird, sofern die Anwendung der Vorschrift nicht vereinbart worden ist (Kroiß/Ann/Mayer/*Eberl-Borges* § 2049 Rn 1), und bei der Berechnung des Erbersatzanspruchs nach § 1943b.

B. Landgut

Landgut ist die wirtschaftliche Einheit, die zum selbständigen und dauernden Betrieb geeignet ist, sowie die dazugehörenden land- und forstwirtschaftlichen Grundstücke, die Hofstelle einschließlich Wohn- und Wirtschaftsgebäude und das Zubehör iSd § 98 Nr. 2 (BGH NJW 1964, 1414) bzw der gütergemeinschaftliche Anteil eines Erblassers an einem Landgut. Es muss eine bestimmte Größe haben und für den Inhaber eine selbständige Nahrungsquelle darstellen, die auch nebenberuflich geführt werden kann, sofern sie nur zu einem erheblichen Teil zum Lebensunterhalt des Inhabers beiträgt (Damrau/*Rissmann* § 2049 Rn 2). Dabei kommt es auf die Verhältnisse zum Zeitpunkt des Erbfalls an (BGH NJW-RR 1992, 770).

C. Ertragswert

Der Ertragswert ist ein bestimmtes Vielfaches des Reinertrages, der sich wegen der Besonderheiten des Einzelfalls nach betriebswirtschaftlichen Jahresabschlüssen (OLG Düsseldorf FamRZ 1986, 168) und nach den steuerrechtlichen Vorschriften bestimmt, wobei auch landesrechtliche Besonderheiten zu beachten sind, Art. 137 EGBGB, (BStBl 1993 I S 62). Er ergibt sich aus den in Abs. 2 genannten Kriterien. Der Reinertrag ist der Überschuss des Rohertrages über den Aufwand (*Müller-Feldhammer* ZEV 1995, 161). In die Reinertragsermittlung sind staatliche Subventionen dann einzubeziehen, wenn sie betriebs- oder produktionsbezogen gewährt worden sind, wie zB Ausgleichszahlungen, Flächenstilllegungsleistungen oder Gasölbetriebsbeihilfen (*Kronthaler* S 174). Zum Aufwand gehören alle betrieblichen Kosten, wie Löhne, Rohstoffkosten, Zinsen für betriebliche Kredite und Abschreibungen für betrieblich genutzte Wirtschaftsgüter (MüKo/*Dütz* § 2049 Rn 8). In Abzug zu bringen ist auch ein Lohnanspruch des Betriebsinhabers und seiner nicht entlohnten, mitarbeitenden Familienangehörigen (*Kronthaler* S 22), allerdings darf dessen Bemessung nicht dazu missbraucht werden, negative Ertragswerte »wegzurechnen« (*Pabsch* AgrarR 1994, 10).

In Baden-Württemberg (Art. 48 Abs. 2 AGBGB) und Bayern (Art. 68 AGBGB) beträgt der Ertragswert den 18fachen Betrag des jährlichen Reinertrages, wohingegen es sich in Hessen (§ 30 AGBGB) und Rheinland-Pfalz (§ 24 AGBGB) um den 25fachen Betrag handelt.

D. Übernahme

Wird das Landgut nach erbrechtlichen Grundsätzen des BGB an eine Erbengemeinschaft vererbt, so kann der Erblasser einem Miterben das Recht einräumen, das Landgut allein zu übernehmen. Dann ist das Landgut bei der Auseinandersetzung nach Abs. 1 nur mit dem gegenüber dem Verkehrswert geringeren Ertragswert anzusetzen (BVerfGE 67, 348), um einen leistungsfähigen lw Betrieb in einer Person zu erhalten (Palandt/*Edenhofer* § 2049 Rn 1). Eine entsprechende Privilegierung des übernehmenden Miterben gilt nach § 2312 für die Pflichtteilsberechnung und nach § 1379 Abs. 4 für die Berechnung des Anfangs- und Endvermögens bei der Zugewinngemeinschaft (BVerfG NJW 1985, 1329). Solange davon auszugehen ist, dass der Gesetzeszweck im Einzelfall erreicht wird, ist ein Verstoß gegen den allgemeinen Gleichheitsgrundsatz nicht anzunehmen (BGHZ 98, 375).

Bei der Übernahme nur eines Bruchteils des Eigentums an einem Landgut durch den Miterben ist im Zweifel nicht der Ertragswert anzusetzen, weil in diesem Fall der gesetzgeberische Zweck der Norm, die wirtschaftliche Einheit des Hofes in einer Hand zusammenzuhalten, entfällt (BGH NJW 1973, 995). Daher ist davon auszugehen, dass der Bruchteil zum Verkehrswert angesetzt werden soll.

§ 2050 Ausgleichungspflicht für Abkömmlinge als gesetzliche Erben

(1) Abkömmlinge, die als gesetzlichen Erben zur Erbfolge gelangen, sind verpflichtet, dasjenige, was sie von dem Erblasser bei dessen Lebzeiten als Ausstattung erhalten haben, bei der Auseinandersetzung untereinander zur Ausgleichung zu bringen, soweit nicht der Erblasser bei der Zuwendung ein anderes angeordnet hat.

(2) Zuschüsse, die zu dem Zwecke gegeben worden sind, als Einkünfte verwendet zu werden, sowie Aufwendungen für die Vorbildung zu einem Beruf sind insoweit zur Ausgleichung zu bringen, als sie das den Vermögensverhältnissen des Erblassers entsprechende Maß überstiegen haben.

(3) Andere Zuwendungen unter Lebenden sind zur Ausgleichung zu bringen, wenn der Erblasser bei der Zuwendung die Ausgleichung angeordnet hat.

A. Normzweck, Allgemeines

1 Durch die Vorschriften zur Ausgleichung (§§ 2050 – 2056) wird geregelt, welche lebzeitigen Zuwendungen des Erblassers an seine Abkömmlinge unter diesen bei der Nachlassauseinandersetzung auszugleichen sind. Die Ausgleichspflicht für Abkömmlinge gilt bei Eintritt der ges Erbfolge und über die Auslegungsregel des § 2052 in den dort genannten Fällen im Zweifel auch für Abkömmlinge als gewillkürte Erben (MüKo/*Heldrich* Rn 1). Durch das Ausgleichsrecht sollen die Abkömmlinge des Erblassers im Hinblick auf lebzeitige Zuwendungen des Erblassers gleichgestellt werden. Der Gesetzgeber geht von dem mutmaßlichen Willen des Erblassers aus, dass durch die Zuwendungen der jeweilige Abkömmling nicht bevorzugt werden soll, soweit der Erblasser keine anderweitige Anordnung trifft.

Die Ausgleichung wird im Rahmen der Erbauseinandersetzung durch rechnerische Berücksichtigung des auszugleichenden Betrages durchgeführt (vgl § 2055). Es besteht daher kein Anspruch auf Herausgabe der auszugleichenden Zuwendung (MüKo/*Heldrich* Rn 1). Die Ausgleichung stellt daher weder ein Vermächtnis zugunsten der ausgleichsberechtigten Miterben dar, noch handelt es sich dabei um eine Nachlassverbindlichkeit (Soergel/*Wolf* Rn 4). Durch die Ausgleichung verändern sich auch nicht die Erbquoten, sondern lediglich die Teilungsquoten bei der Auseinandersetzung des Nachlasses (Soergel/*Wolf* Rn 4); vgl zur Durchführung der Ausgleichung §§ 2055, 2056.

§ 2050 erfasst nur die Fälle, in denen die Abkömmlinge zu ges Erben des Erblassers berufen sind. Bei gewillkürter Erbfolge richtet sich die Ausgleichung nach § 2052 (Soergel/*Wolf* Rn 2, 7).

Der Erblasser kann eine von § 2050 abweichende Regelung über die Ausgleichung anordnen oder diese vollständig ausschließen (Soergel/*Wolf* Rn 2).

B. Beteiligte der Ausgleichung

2 Die Ausgleichung wird nur zwischen **Abkömmlingen** (Kinder, Enkel, Urenkel, etc.) des Erblassers durchgeführt. Für Erbfälle, die seit dem 1. 4. 1998 eingetreten sind, gilt dies auch für **nichteheliche Kinder**. Für Erbfälle vor diesem Zeitpunkt sind die Ausgleichungsvorschriften auf den Erbersatzanspruch analog anzuwenden (§ 1934b Abs. 3 aF, Art. 227 Abs. 1 Nr. 1 EGBGB). Andere Miterben (zB Ehegatte) sind an der Ausgleichung nicht beteiligt, so dass deren jeweiliger Erbteil bei der Ausgleichung abzuziehen ist (MüKo/*Heldrich* Rn 3). Die Ausgleichungspflicht und das Ausgleichsrecht sind mit dem jeweiligen Erbteil verbunden, so dass diese **vererblich** sind und auch auf den **Erbteilserwerber** (§ 2372) übergehen (MüKo/*Heldrich* Rn 3 f; Staudinger/*Werner* Rn 15; Soergel/*Wolf* Rn 4). Die Ausgleichspflicht ist daher zu Lasten und das Ausgleichsrecht zugunsten des Erbeserben und des Erbteilserwerbers zu berücksichtigen (Soergel/*Wolf* Rn 6).

C. Ausgleichungsgegenstand

Ausgleichspflichtig kann jede lebzeitige Zuwendung des Erblassers an seine Abkömmlinge sein. Bei gemeinschaftlichen Testamenten (§ 2269) ist als Erblasser iSd § 2050 auch der vorverstorbene Ehegatte anzusehen (MüKo/*Heldrich* Rn 6; Soergel/*Wolf* Rn 11; Palandt/*Edenhofer* Rn 6; vgl auch § 2052 Rn 4). Die Voraussetzungen der Ausgleichspflicht sind jedoch verschieden, je nachdem, ob es sich um Ausstattung (Abs. 1), Zuschüsse und Aufwendungen (Abs. 2) oder andere Zuwendungen handelt (Abs. 3). Zuwendung ist jede freigiebige Leistung des Erblassers aus seinem Vermögen, die dem Vermögen des Abkömmlings zu Gute kommt und durch die sich das für die anderen Miterben zur Auseinandersetzung zur Verfügung stehende Erblasservermögen vermindert (Soergel/*Wolf* Rn 9). Nicht erforderlich ist, dass die Zuwendung eine Schenkung iSd § 516 Abs. 1 ist oder ein anderes Rechtsgeschäft zwischen Erblasser und Abkömmling darstellt, sondern es ist jeder Vermögensvorteil des Abkömmlings zu Lasten des Erblassers ausreichend (RG JW 1938, 2971; MüKo/*Heldrich* Rn 8; Soergel/*Wolf* Rn 9; Palandt/*Edenhofer* Rn 6). Kommt der Erblasser jedoch mit seiner Leistung seiner ges Unterhaltepflicht nach (§ 1610 Abs. 2), liegt darin keine Zuwendung iSd § 2050, da diese nicht freigiebig, sondern aufgrund einer ges Verpflichtung erbracht wurde (MüKo/*Heldrich* Rn 8; Soergel/*Wolf* Rn 9).

3

Keine Zuwendung des Erblassers liegt in der Gewährung eines Eintrittsrechts in eine Gesellschaft durch Sonderrechtsnachfolge im Rahmen des Gesellschaftsvertrags, da das Erblasservermögen dadurch nicht vermindert wird. Erbringt der Erblasser jedoch für das Recht zur Sonderrechtsnachfolge eine Leistung, die sein Vermögen schmälert, liegt darin eine Zuwendung iSd § 2050 (RG JW 1927, 1201; MüKo/*Heldrich* Rn 9; Soergel/*Wolf* Rn 10). Hat der Erblasser einem Abkömmling Vermögensvorteile gewährt, die dieser dem Erblasser zurückerstatten muss, liegt keine Zuwendung iSd § 2050 vor, da der Nachlasswert nicht zu Lasten der übrigen Abkömmlinge reduziert wurde, sondern eine Nachlassforderung auf Rückgewähr besteht (MüKo/*Heldrich* Rn 10; Soergel/*Wolf* Rn 10).

4

I. Ausstattung (Abs. 1)

Der Begriff der Ausstattung ist wie in **§ 1624** zu verstehen, so dass die Zuwendungen des Erblassers, die dieser dem Abkömmling zum Zwecke der Verheiratung, der Erlangung einer selbständigen Lebensstellung, zur Begründung oder zur Erhaltung der Wirtschaft oder der Lebensstellung hat zukommen lassen, Ausstattung sind. Hat der Erblasser die Zuwendung nicht zum Zweck der Ausstattung vorgenommen, sondern lediglich als Schenkung ohne Zweckbindung, handelt es sich nicht um eine ausgleichspflichtige Ausstattung iSd Abs. 1. Die Schenkung kann jedoch gem Abs. 3 ausgleichspflichtig sein (Soergel/*Wolf* Rn 12). Die Darlegungs- und Beweislast, dass es sich um eine Ausstattung handelt, liegt bei dem Abkömmling, der sich auf Abs. 1 beruft (Soergel/*Wolf* Rn 12).

5

Eine Ausstattung iSd § 2050 Abs. 1 kann entgegen § 1624 auch in einer Zuwendung des Erblassers an seine entfernteren Abkömmlinge (zB Enkel) liegen, wenn er damit den Ausstattungszweck iSd § 1624 verfolgt hat. Die Ausgleichung dieser Fälle ist in § 2053 geregelt (MüKo/*Heldrich* Rn 15; Soergel/*Wolf* Rn 12).

Die Ausgleichspflicht der Ausstattung gem Abs. 1 besteht – entgegen der Regelung in Abs. 2 – unabhängig davon, ob diese den Vermögensverhältnissen des Erblassers entspricht (Soergel/*Wolf* Rn 13).

II. Zuschüsse und Aufwendungen (Abs. 2)

Zuschüsse des Erblasser, die nach ihrer Zweckbindung als Einkünfte zu verwenden sind, liegen in Zuwendungen, die mit einer gewissen Dauer und Regelmäßigkeit zur Deckung des laufenden Bedarfs gewährt wurden (Soergel/*Wolf* Rn 14; Staudinger/*Werner* Rn 25). Für die Einordnung der Zuwendung als Zuschuss ist die Zweckbestimmung des Erb-

6

§ 2050 BGB | Ausgleichungspflicht für Abkömmlinge als gesetzliche Erben

lassers entscheidend, die Zuwendung als Einkünfte zu verwenden, wobei der Wille des Erblassers im Zeitpunkt der Zuwendung entscheidend ist. Ohne diese Zweckbestimmung handelt es sich um eine andere Zuwendung iSd Abs. 3 (Soergel/*Wolf* Rn 14).

7 Aufwendungen zur Vorbildung zu einem Beruf sind zB Kosten für ein Hochschulstudium oder eine Promotion. Kosten der Schulausbildung fallen nicht unter Abs. 2, da es sich nicht um die Vorbildung zu einem Beruf handelt. Zudem werden von Abs. 2 die Aufwendungen nicht erfasst, die iRd ges Unterhaltspflicht (§ 1610 Abs. 2) geleistet werden, so dass Kosten für die Berufsausbildung nur dann unter Abs. 2 fallen, wenn eine zweite Berufsausbildung zu einem anderen Beruf finanziert wird (RGZ 114, 52, 54; MüKo/*Heldrich* Rn 25; Soergel/*Wolf* Rn 15). Aufwendungen für die spätere Berufsausübung sind Ausstattung iSd Abs. 1 (zB Einrichtung einer freiberuflichen Praxis) (MüKo/*Heldrich* Rn 25).

8 Die Ausgleichspflicht besteht im Gegensatz zu Abs. 1 nur insoweit, als die Zuwendung die Vermögensverhältnisse des Erblassers übersteigt (MüKo/*Heldrich* Rn 26). Es ist darauf abzustellen, ob der Erblasser zum Zeitpunkt der Zuwendung im Hinblick auf seine anderen Abkömmlinge wirtschaftlich zu dieser in der Lage war. Auf die Vermögensverhältnisse des empfangenden Abkömmlings kommt es nicht an (Staudinger/*Werner* Rn 26; Soergel/*Wolf* Rn 17). Die Zuwendung ist nicht bereits deshalb übermäßig, weil die Zuwendung eines Abkömmlings höher ausgefallen ist als die einem anderen zum selben Zweck gewährte (MüKo/*Heldrich* Rn 26).

9 Sind Zuschüsse und Aufwendungen iSv Abs. 2 auch Ausstattung iSv Abs. 1, bestimmt sich die Ausgleichspflicht ausschließlich nach Abs. 2, so dass nur das Übermaß ausgleichspflichtig ist (RGZ 79, 266, 267; MüKo/*Heldrich* Rn 27; Soergel/*Wolf* Rn 17; Staudinger/*Werner* Rn 30).

III. Andere Zuwendungen (Abs. 3)

10 Zuwendungen, die nicht unter Abs. 1 und Abs. 2 fallen, sind nur auszugleichen, wenn der Erblasser dies angeordnet hat (vgl zum Begriff der Zuwendung Rn 3). Die Anordnung ist formlos möglich, so dass diese auch konkludent erfolgen kann (RGZ 67, 306, 307; MüKo/*Heldrich* Rn 31). Dem Abkömmling muss die Anordnung des Erblassers vor oder mit der Zuwendung zugehen, damit der Abkömmling die Möglichkeit hat, die Zuwendung aufgrund der Ausgleichspflicht zurückzuweisen (BGH NJW 1982, 575, 577; RGZ 67, 306, 308). Die Anordnung der Ausgleichung begründet für den Zuwendungsempfänger keine schuldrechtliche Verpflichtung, so dass auch beim Minderjährigen nicht die Zustimmung des ges Vertreters notwendig ist (BGHZ 15, 168; MüKo/*Heldrich* Rn 31; Soergel/*Wolf* Rn 20). Wurde die Ausgleichung vom Erblasser nicht in dieser Weise angeordnet, ist eine spätere Anordnung durch Rechtsgeschäft unter Lebenden nicht mehr möglich. Der Erblasser kann dann nur noch durch Verfügung von Todes wegen die Ausgleichung anordnen. Dabei handelt es sich dann um ein Vermächtnis zugunsten der übrigen Miterben, wobei sich dieses nicht mindernd auf bestehende Pflichtteilsansprüche auswirkt (§ 2316 Abs. 1) (MüKo/*Heldrich* Rn 31; Soergel/*Wolf* Rn 22). Eine durch Rechtsgeschäft unter Lebenden wirksam getroffene Ausgleichsanordnung kann der Erblasser nur durch eine Verfügung von Todes wegen ändern oder aufheben (OLG Stuttgart BWNotZ 1977, 150, 151; OLG Hamburg OLGE 34, 260, 261 f; MüKo/*Heldrich* Rn 32).

D. Hoferbenrecht

11 § 12 Abs. 9 HöfeO beinhaltet eine besondere Ausgleichungsvorschrift, in der im Gegensatz zu § 2056 eine Zahlungs- und Herausgabepflicht bestimmt ist. Sachlich zuständig ist gem § 1 Nr. 5 LwVG das Landwirtschaftsgericht (MüKo/*Heldrich* Rn 41; Soergel/*Wolf* Rn 26). Ebenso sind die Ausgleichsvorschriften bei der Berechnung von Abfindungen gem § 16 GrdstVG zu berücksichtigen.

E. Prozessuales

Eine Feststellungsklage eines Miterben gegen den Empfänger der ausgleichspflichtigen Zuwendung dahingehend, dass der Ausgleichspflichtige bei der Auseinandersetzung nichts mehr erhalte, ist zulässig, da eine Leistungsklage mangels eines bestehenden Anspruchs nicht möglich ist (BayObLGZ 1937, 253; MüKo/*Heldrich* Rn 38; Soergel/*Wolf* Rn 24). Eine Feststellungsklage kann zudem mit dem Ziel erhoben werden, feststellen zu lassen, dass und in welcher Höhe eine bestimmte Zuwendung auszugleichen ist (BGH NJW-RR 1992, 771; Soergel/*Wolf* Rn 24).   12

Eine Feststellungsklage auf die künftige Ausgleichspflicht unter Nacherben ist hingegen nicht zulässig, da das für die Feststellungsklage notwendige Rechtsverhältnis erst mit Eintritt des Nacherbfalls besteht (OLG Karlsruhe NJW-RR 1990, 137; MüKo/*Heldrich* Rn 38; Soergel/*Wolf* Rn 24).

Derjenige, der die Hinzurechnung des Vorempfangs zum Nachlass fordert, trägt die Beweislast für die Ausgleichspflicht (RG Recht 1912 Nr. 445; MüKo/*Heldrich* Rn 39). Wer sich auf den Ausschluss der Ausgleichspflicht beruft, hat diesen zu beweisen (Soergel/*Wolf* Rn 24).   13

Für Klagen wegen Ausgleichung nach §§ 2050 ff, 2057a ist der Gerichtsstand der Erbschaft gem § 27 ZPO eröffnet (BGH NJW 1992, 364).   14

§ 2051 Ausgleichungspflicht bei Wegfall eines Abkömmlings

(1) Fällt ein Abkömmling, der als Erbe zur Ausgleichung verpflichtet sein würde, vor oder nach dem Erbfall weg, so ist wegen der ihm gemachten Zuwendungen der an seine Stelle tretende Abkömmling zur Ausgleichung verpflichtet.

(2) Hat der Erblasser für den wegfallenden Abkömmling einen Ersatzerben eingesetzt, so ist im Zweifel anzunehmen, dass dieser nicht mehr erhalten soll, als der Ankömmling unter Berücksichtigung der Ausgleichungspflicht erhalten würde.

A. Normzweck, Allgemeines

Der Regelung liegt der vermutete Erblasserwille zugrunde, dass dieser sein Vermögen im Zweifel gleichmäßig auf die Stämme verteilen will. Die Ausgleichspflicht für entfernte Abkömmlinge besteht daher, obwohl diese aufgrund eigenen Rechts zur Erbfolge berufen sind und die ausgleichspflichtige Zuwendung selbst auch nicht erhalten haben (Staudinger/*Werner* Rn 1).   1

Die Miterben sollen durch diese Regelung davor geschützt werden, dass die ihnen zugute kommende Ausgleichspflicht durch Wegfall eines Abkömmlings entfällt (MüKo/*Heldrich* Rn 2).

Gem § 2327 Abs. 2 ist für die Berechnung des Pflichtteilsanspruchs § 2051 Abs. 1 entsprechend anwendbar.

Abs. 2 enthält eine Auslegungsregel, nach der ein vom Erblasser eingesetzter Ersatzerbe nach dem mutmaßlichen Erblasserwillen nicht mehr erhalten soll, als der weggefallene Abkömmling unter Berücksichtigung der Ausgleichspflicht erhalten hätte. Der Ersatzerbe trägt die Darlegungs- und Beweislast für einen von der Auslegungsregel abweichenden Erblasserwillen (Soergel/*Wolf* Rn 6; Staudinger/*Werner* Rn 7).   2

B. Ausgleichspflicht der Abkömmlinge gem Abs. 1

Abs. 1 gilt nur für Abkömmlinge, so dass andere als Erben berufene Personen nur im Fall des Abs. 2 in die Ausgleichspflicht der weggefallenen Abkömmlinge eintreten können (Staudinger/*Werner* Rn 3). Der Eintretende muss nur Abkömmling des Erblassers (mit   3

§ 2052 BGB | Ausgleichungspflicht für Abkömmlinge als gewillkürte Erben

diesem in gerader absteigender Linie verwandte Personen = Kinder, Enkel, Urenkel, etc, vgl § 1589), nicht auch des weggefallenen Abkömmlings sein (Palandt/*Edenhofer* Rn 1). Treten mehrere Abkömmlinge an die Stelle des Weggefallenen, teilen diese sich die Ausgleichpflicht entsprechend dem Verhältnis ihrer Erbteile (Staudinger/*Werner* Rn 1). War der eintretende Abkömmling bereits Erbe des ursprünglichen Erblassers, wird der hinzutretende Erbteil hinsichtlich der Ausgleichspflicht als gesonderter Erbteil angesehen und nach den Grundsätzen der Anwachsung behandelt, §§ 1935, 2095 (MüKo/*Heldrich* Rn 4).

4 Stirbt der eintretende Abkömmling, nachdem er Erbe des Erblassers geworden ist, ist die ihn treffende Ausgleichspflicht in seinen Nachlass gefallen und geht gem § 1922 unabhängig davon auf seine Erben über, ob diese ihrerseits Abkömmlinge des ursprünglichen Erblassers sind (MüKo/*Heldrich* Rn 3; Staudinger/*Werner* Rn 4). Die Ausgleichspflicht geht hingegen nicht auf den entfernten Abkömmling über, wenn dieser vom Erblasser unmittelbar unter Umgehung des vorherigen ausgleichspflichtigen Abkömmlings zum Erben berufen wurde (Staudinger/*Werner* Rn 4).

5 Der **Wegfall** eines Abkömmlings des Erblassers vor oder nach dem Erbfall tritt ein durch Vorversterben (Tod vor dem Erbfall, § 1924 Abs. 3), Enterbung (§ 1938), Ausschlagung (§ 1953), Erbunwürdigkeit (§ 2344) und Erbverzicht (§§ 2346, 2349).

6 Rückt der Abkömmling nicht aufgrund der ges Erbfolge nach, sondern aufgrund einer Verfügung von Todes wegen (Testament oder Erbvertrag), kann sich die Ausgleichspflicht gem § 2051 über die Auslegungsregel des § 2052 ergeben (vgl § 2052 Rn 1).

7 Hat nicht der weggefallene, sondern der entfernte Abkömmling die Zuwendung erhalten, ist § 2053 anzuwenden.

C. Ausgleichspflicht der Ersatzerben gem Abs. 2

8 Ist der vom Erblasser durch Verfügung von Todes wegen eingesetzte Ersatzerbe (§§ 2096 ff, 2102) dessen Abkömmling, gilt für diesen bereits Abs. 1. Ist der Ersatzerbe kein Abkömmling, so soll dessen Nachlassbeteiligung nach der Auslegungsregel des Abs. 2 (vgl oben Rn 2) durch die den ausgleichspflichtigen weggefallenen Abkömmling treffende Ausgleichspflicht begrenzt sein. Der Ersatzerbe soll daher im Zweifel nicht mehr erhalten, als der weggefallene Abkömmling im Hinblick auf seine Ausgleichspflicht erhalten hätte (MüKo/*Heldrich* Rn 5).

9 Die Nachlassbeteiligung des Ersatzerben soll nach den gleichen Grundsätzen berechnet werden wie die des weggefallenen Abkömmlings. Es ist daher nicht nur zu Lasten des Ersatzerben die Ausgleichspflicht des weggefallenen Abkömmlings zu berücksichtigen, sondern zu seinen Gunsten auch die dem weggefallenen Abkömmling zustehende Ausgleichsberechtigung gegenüber anderen Miterben, obwohl sich dies aus dem Wortlaut des Abs. 2 nicht ergibt (Palandt/*Edenhofer* Rn 2; MüKo/*Heldrich* Rn 6; Staudinger/*Werner* Rn 6; Soergel/*Wolf* Rn 5; Erman/*Schlüter* Rn 2).

§ 2052 Ausgleichungspflicht für Abkömmlinge als gewillkürte Erben

Hat der Erblasser die Abkömmlinge auf dasjenige als Erben eingesetzt, was sie als gesetzliche Erben erhalten würden, oder hat er ihre Erbteile so bestimmt, dass sie zueinander in demselben Verhältnis stehen wie die gesetzlichen Erbteile, so ist im Zweifel anzunehmen, dass die Abkömmlinge nach den §§ 2050, 2051 zur Ausgleichung verpflichtet sein sollen.

A. Normzweck, Allgemeines

1 Es handelt sich um eine Auslegungsregel, nach der es dem mutmaßlichen Erblasserwillen entspricht, dass seine Abkömmlinge nach den §§ 2050, 2051 zur Ausgleichung verpflichtet

sind, wenn der Erblasser seine Abkömmlinge ebenso zu Erben eingesetzt hat, wie es der ges Erbfolge entsprechen würde (§ 2052 Alt. 1), oder er die Abkömmlinge untereinander im selben Verhältnis ihrer ges Erbteile als Erben eingesetzt hat (§ 2052 Alt. 2). Durch diese Regelung wird die Ausgleichspflicht des § 2050, die nur für die ges Erbfolge gilt, auch für die gewillkürte Erbfolge anwendbar. § 2050 bestimmt die Ausgleichspflicht nur für den Fall der ges Erbfolge. Dieser Regelung liegt der vermutete Wille des Erblassers zugrunde, dass, wenn er keine Verfügung von Todes wegen träfe, er seine Abkömmlinge untereinander gleich behandeln wolle. Dieser Gedanke greift dann nicht, wenn der Erblasser seine Abkömmlinge durch Verfügung von Todes wegen zu Erben berufen hat, weshalb § 2050 in diesem Fall grds nicht gilt. Setzt der Erblasser seine Abkömmlinge jedoch entsprechend der ges Erbfolge ein, gibt er damit zu erkennen, dass er eine Nachlassverteilung unter diesen entsprechend der ges Reglung erreichen will, so dass der hinter der Regelung des § 2050 stehende Gedanke greift und eine Anwendung dieser Norm dem mutmaßlichen Erblasserwillen entspricht.

Wie jede Auslegungsregel gilt diese nur, wenn kein anderer Wille des Erblassers vorliegt. Ein von der Auslegungsregel abweichender Erblasserwille kann sich aus der Verfügung von Todes wegen selbst ergeben (RG LZ 1921, 19; OLG Karlsruhe OLGE 26, 305; MüKo/*Heldrich* Rn 3), jedoch auch anderen außerhalb der Verfügung von Todes wegen liegenden Umständen entnommen werden (RGZ 90, 421; MüKo/*Heldrich* Rn 3; Staudinger/*Werner* Rn 1). Ist der abweichende Erblasserwille nicht vor oder bei der Zuwendung zum Ausdruck gekommen, kann er nach der Zuwendung nur noch in einer Verfügung von Todes wegen wirksam geäußert werden (Erman/*Schlüter* Rn 2). Die Darlegungs- und Beweislast für einen von dieser Auslegungsregel abweichenden Erblasserwillen liegt bei dem zur Ausgleichung verpflichteten Abkömmling (MüKo/*Heldrich* Rn 3).

B. Ausgleichspflicht

Setzt der Erblasser seine Abkömmlinge in dem Verhältnis zu seinen Erben ein, welches 2 der ges Erbfolge entspricht, sind diese entsprechend der Auslegungsregel des § 2052 Alt. 1 zur Ausgleichung verpflichtet. Diese Verpflichtung besteht aber gem § 2052 Alt. 2 auch dann, wenn der Erblasser seine Abkömmlinge nicht genau so, wie es den ges Erbteilen entsprechen würde, zu seinen Erben einsetzt; es reicht aus, dass er im Verhältnis zueinander im selben Verhältnis, wie es der ges Erbfolge entsprechen würde, zu seinen Erben beruft (Staudinger/*Werner* Rn 2). Letzteres ist der Fall, wenn der Erblasser durch Verfügung von Todes wegen einen ges Erben von der Erbfolge ausschließt (zB den Ehegatten) und sich der Erbteil der Abkömmlinge absolut jeweils vergrößert, das Verhältnis untereinander jedoch dem der ges Erbfolge entspricht. Hat der Erblasser nur einige seiner Abkömmlinge im Verhältnis ihrer ges Erbteile zueinander zu seinen Erben berufen, kommt es nur unter diesen zur Ausgleichung (RGZ 90, 420; KG OLGE 46, 226; Staudinger/*Werner* Rn 2; Erman/*Schlüter* Rn 1; Kipp/Coing § 120 III 2). Hat der Erblasser seine Enkel zu gleichen Teilen zu Erben berufen und würden diese durch den Wegfall vorrangiger Erben auch zu ges Erben werden, sind sie zur Ausgleichung verpflichtet (RGZ 149, 133).

Die Ausgleichspflicht besteht auch dann, wenn ein Abkömmling in der Verfügung von 3 Todes wegen im Verhältnis zu den anderen Abkömmlingen durch ein Vorausvermächtnis, eine Auflage oder eine andere Anordnung eine Begünstigung erhält, da das Verhältnis der Erbteile dadurch nicht verändert wird (MüKo/*Heldrich* Rn 2; Staudinger/*Werner* Rn 4). Der Grund dieser Begünstigung kann darin liegen, dass es dem Empfänger der Begünstigung erleichtert werden soll, eine für diesen bestehende Ausgleichspflicht zu erfüllen (RGZ 90, 421; MüKo/*Heldrich* Rn 2; Staudinger/*Werner* Rn 4). Aus diesem Umstand kann hingegen nicht der Schluss gezogen werden, dass dem Begünstigten auch der Ausgleich etwaiger lebzeitiger zur Ausgleichung verpflichtender Zuwendungen erlassen werden

§ 2053 BGB | Zuwendung an entfernteren oder angenommenen Abkömmling

soll (RGZ 90, 422; MüKo/*Heldrich* Rn 2; Staudinger/*Werner* Rn 4). Ein Vorausvermächtnis kann jedoch im Einzelfall auch die Anordnung beinhalten, dass andere Abkömmlinge ihre lebzeitigen Zuwendungen nicht auszugleichen haben (RGZ 90, 421 f; MüKo/*Heldrich* Rn 2).

4 Beim gemeinschaftlichen Testament von Ehegatten (§ 2269) ist auch der vorverstorbene Ehegatte als Erblasser iSd des § 2052 zu sehen, obwohl die Abkömmlinge idR nur Erben des zuletzt versterbenden Ehegatten werden. Die Abkömmlinge haben daher auch Zuwendungen des vorverstorbenen Ehegatten auszugleichen sowie Zuwendungen des Letztversterbenden, die dieser aus dem Nachlass des Vorverstorbenen vorgenommen hat (hM, RG Warn 1938 Nr. 22 S 52; KG OLGZ 1974, 257, 259; offen gelassen in BGH NJW 1983, 2875, 2877, für den Fall des § 2327 lehnt der BGH dies ab; MüKo/*Heldrich* Rn 2; Staudinger/*Werner* Rn 6; Soergel/*Wolf* Rn 5; Palandt/*Edenhofer* Rn 2).

§ 2053 Zuwendung an entfernteren oder angenommenen Abkömmling

(1) Eine Zuwendung, die ein entfernterer Abkömmling vor dem Wegfall des ihn von der Erbfolge ausschließenden näheren Abkömmlings oder ein an die Stelle eines Abkömmlinges als Ersatzerbe tretender Abkömmling von dem Erblasser erhalten hat, ist nicht zur Ausgleichung zu bringen, es sei denn, dass der Erblasser bei der Zuwendung die Ausgleichung angeordnet hat.

(2) Das Gleiche gilt, wenn ein Abkömmling, bevor er die rechtliche Stellung eines solchen erlangt hatte, eine Zuwendung von dem Erblasser erhalten hat.

A. Normzweck, Allgemeines

1 § 2053 stellt eine Ausnahme zur Ausgleichspflicht der §§ 2050 ff dar und beruht wie diese auf dem mutmaßlichen Erblasserwillen. Der Regelung liegt die Vermutung zu Grunde, dass der Erblasser eine Zuwendung an einen entfernten Abkömmling nicht als Vorempfang auf dessen Erbteil ansehen wird, wenn er diesen überhaupt nicht für seinen ges Erben hält, weil andere lebende Abkömmlinge dem entfernteren vorgehen (Abs. 1) oder der Begünstigte zum Zeitpunkt der Zuwendung rechtlich noch kein Abkömmling des Erblassers war (Abs. 2) (MüKo/*Heldrich* Rn 1; Staudinger/*Werner* Rn 1).

2 Der Erblasser kann durch abweichende Anordnung die Ausgleichspflicht auch für den Fall des § 2053 bestimmen. Für einen abweichenden Erblasserwillen liegt die Darlegungs- und Beweislast bei den Abkömmlingen, die sich auf diese berufen (Staudinger/*Werner* Rn 2).

B. Abs. 1, 1. Alt.

3 Nach Abs. 1 Alt. 1 besteht keine Ausgleichspflicht des begünstigten entfernten Abkömmlings, wenn dieser die an sich ausgleichspflichtige Zuwendung vor dem Wegfall eines näheren Abkömmlings erhalten hat, der ihn von der Erbfolge ausschließen würde (vgl § 1924 Abs. 2), es sei denn, der Erblasser hat die Ausgleichspflicht bei der Zuwendung angeordnet (MüKo/*Heldrich* Rn 2; Staudinger/*Werner* Rn 2).

4 Umstritten sind die in § 2053 nicht geregelten Fälle einer Fehlvorstellung des Erblassers, wenn er im Zeitpunkt der Zuwendung an den entfernten Abkömmling (zB Enkel) unzutreffend davon ausgeht, der zur Erbfolge berufene Vorfahre des entfernten Abkömmlings (zB Kind des Erblassers und Elternteil des Enkels) sei bereits weggefallen, oder der Erblasser unzutreffend noch von der Existenz des Vorfahren ausgeht. Maßgeblich ist dabei die subjektive Vorstellung des Erblassers zum Zeitpunkt der Zuwendung, da § 2053 der mutmaßliche Erblasserwille zugrunde liegt und damit dessen Vorstellung der Grund für

den in § 2053 bestimmten Ausschluss der Ausgleichspflicht ist (hM Staudinger/*Werner* Rn 3; Soergel/*Wolf* Rn 2; RGRK/*Kregel* Rn 1; Erman/*Schlüter* Rn 1; Palandt/*Edenhofer* Rn 2). Nach aA (MüKo/*Heldrich* Rn 3) kommt es nicht auf die Vorstellung des Erblassers, sondern auf die objektive Lage an, da dies den allgemein den §§ 2050 ff zu Grunde liegenden Regeln entspreche.

Nach der hM besteht daher die Ausgleichspflicht des entfernten Abkömmlings, wenn der Erblasser bei der Zuwendung in dem Glauben war, dass der Vorfahre bereits weggefallen sei; hingegen besteht keine Ausgleichspflicht, wenn der Erblasser unzutreffend davon ausging, dass der Vorfahre noch nicht weggefallen sei. 5

Eine Ausgleichspflicht besteht, wenn der Erblasser die Zuwendung an den entfernten Abkömmling getätigt hat, nachdem er den näheren Abkömmling durch Verfügung von Todes wegen enterbt hat (RGZ 149, 134; MüKo/*Heldrich* Rn 2; Soergel/*Wolf* Rn 2; Staudinger/*Werner* Rn 3). 6

C. Abs. 1, 2. Alt.

Abs. 1 Alt. 2 gilt für Abkömmlinge des Erblassers, die dieser als Ersatzerben (§§ 2096 ff, 2102) für andere Abkömmlinge einsetzt. Ist der Ersatzerbe kein Abkömmling des Erblassers, muss er die ihm vom Erblasser gemachten Zuwendungen nach dem Grundsatz des § 2050 nicht ausgleichen (Staudinger/*Werner* Rn 3). 7

Hat der Ersatzerbe, der auch Abkömmling des Erblassers ist, die Zuwendung des Erblassers zu einem Zeitpunkt erhalten, zu dem der ihm gesetzlich oder gem § 2052 eingesetzte vorgehende Abkömmling noch nicht weggefallen war, ist der Ersatzerbe zur Ausgleichung nicht verpflichtet, es sei denn, der Erblasser hat die Ausgleichung im Zeitpunkt der Zuwendung angeordnet (MüKo/*Heldrich* Rn 4). Für die Ausgleichung von Zuwendungen, die der Weggefallene erhalten hat, ist § 2051 Abs. 2 anzuwenden. 8

D. Abs. 2

Durch Abs. 2 wird der Anwendungsbereich auf die Fälle erweitert, in denen der Zuwendungsempfänger zum Zeitpunkt der Zuwendung rechtlich noch kein Abkömmling des Erblassers war. Es werden seit dem KindRG v 16. 12. 1997 mit Wirkung zum 1. 7. 1998 nur noch die Fälle der Annahme als Kind erfasst (§§ 1741 ff, 1767 ff). Ist der Erbfall vor dem 1. 7. 1998 eingetreten, gilt Abs. 2 auch für die Fälle des § 1719 aF (Legitimation durch nachfolgende Eheschließung), §§ 1723, 1736, 1740a f 1740 f aF (Ehelicherklärung auf Antrag des Vaters bzw des Kindes) (Soergel/*Wolf* Rn 3). 9

§ 2054 Zuwendung aus dem Gesamtgut

(1) Eine Zuwendung, die aus dem Gesamtgut der Gütergemeinschaft erfolgt, gilt als von jedem der Ehegatten zur Hälfte gemacht. Die Zuwendung gilt jedoch, wenn sie an einen Abkömmling erfolgt, der nur von einem der Ehegatten abstammt, oder wenn einer der Ehegatten wegen der Zuwendung zu dem Gesamtgut Ersatz zu leisten hat, als von diesem Ehegatten gemacht.

(2) Diese Vorschriften sind auf eine Zuwendung aus dem Gesamtgut der fortgesetzten Gütergemeinschaft entsprechend anzuwenden.

A. Normzweck, Allgemeines

§ 2054 stellt bei Zuwendungen aus dem Gesamtgut einer ehelichen Gütergemeinschaft eine Vermutungsregel für die Person des Zuwendenden auf. Grds sind beide Ehegatten am Gesamtgut verwaltungs- und verfügungsberechtigt (§§ 1419, 1421). Wird das Gesamt- 1

§ 2054 BGB | Zuwendung aus dem Gesamtgut

gut nach der ehevertraglichen Bestimmung jedoch von einem Ehegatten allein verwaltet, ist dieser gem § 1422 auch allein verfügungsbefugt; eine Zuwendung wäre daher nur von diesem Ehegatten erfolgt, so dass eine Ausgleichspflicht des Begünstigten nur bezogen auf den Nachlass des verfügungsbefugten Alleinverwalters einträte. Dieses Ergebnis widerspräche dem Sinn der Ausgleichung und der Gütergemeinschaft, da die Zuwendungen aus dem beiden Ehegatten zustehenden Gesamtgut erfolgen. Die Zuwendung gilt daher als von jedem der Ehegatten zur Hälfte erbracht, unabhängig von der Verwaltungsberechtigung. Die Ausgleichung findet dementsprechend zweimal, je zur Hälfte beim Tod jedes Ehegatten, statt (Ausnahmen bei fortgesetzter Gütergemeinschaft, § 1483, und den Fällen des § 2269) (Soergel/*Wolf* Rn 2).

2 Abs. 1 Satz 2 ist vom Normzweck her mit dem Zusatz auszulegen, dass die Zuwendung des einen Ehegatten als aus seiner rechnerischen Hälfte des gemeinschaftlichen Vermögens stammend gilt. Hiermit soll eine Vermögensverschiebung aus dem Gesamtgut der Gütergemeinschaft zugunsten der Verwandten nur eines Ehegatten vermieden werden.

3 § 2054 wurde durch Art. 1 Nr. 44 GleichberG von 1957 neu gefasst; eine Übergangsvorschrift bildet Art. 8 Abs. 1 Nr. 7 GleichberG. Auf die westfälische Gütergemeinschaft ist § 2054 nicht anwendbar (BGH LM Nr. 1 zu Westf Güterrecht).

B. Abs. 1 Satz 1

4 Im **Regelfall des Abs. 1 Satz 1** bei Zuwendungen aus dem Gesamtgut der ehelichen Gütergemeinschaft an gemeinschaftliche Abkömmlinge gelten beide Ehegatten je zur Hälfte als Zuwender, unabhängig von der Person des Verfügenden. Die Ausgleichung der Zuwendung ist daher je zur Hälfte bei dem Nachlass jedes Ehegatten vorzunehmen.

5 Jeder Ehegatte kann für seinen Anteil die Ausgleichspflicht gem §§ 2050 – 2053 ausschließen oder anordnen.

C. Abs. 1 Satz 2

6 Die **Ausnahmen des Abs. 1 Satz 2** betreffen einerseits Zuwendungen, die ein Abkömmling erhält, der nur von einem der beiden Ehegatten abstammt, sowie Zuwendungen, für die einer der Ehegatten Ersatz zum Gesamtgut zu leisten hat. Hierbei kommt es nicht auf die Person des Zuwendenden an, sondern auf die Abstammung bzw die Ersatzpflicht (MüKo/*Heldrich* Rn 10). In diesen Fällen tritt die Ausgleichspflicht nur gegenüber dem Nachlass eines Ehegatten ein. Soweit es nach den §§ 2050 ff auf Anordnungen des Erblassers ankommt, ist dementsprechend auf den als Zuwender geltenden Ehegatten abzustellen.

7 Bei Zuwendungen an einen Abkömmling gilt der Ehegatte als Zuwender, von dem allein der Abkömmling abstammt.

8 Der das Gesamtgut verwaltende Ehegatte kann für Zuwendungen ersatzpflichtig sein, wenn er sie in Schädigungsabsicht oder ohne die erforderliche Zustimmung des anderen Ehegatten vornimmt, § 1435 iVm §§ 1423 – 1425, oder wenn er gem § 1445 im Rahmen der Ausgleichung zwischen Vorbehalts-, Sonder- und Gesamtgut etwas zum Gesamtgut zu ersetzen hat. Die Ersatzpflicht des verwaltenden Ehegatten tritt weiterhin ein, wenn er einem gemeinsamen Abkömmling gem §§ 1444, 1446 eine Ausstattung aus dem Gesamtgut versprochen oder gewährt hat, soweit die Ausstattung das den Umständen entsprechende Maß übersteigt, dh eine Schenkung vorliegt (Palandt/*Brudermüller* § 1444 Rn 1). Für den nichtverwaltenden Ehegatten kann sich eine Ersatzpflicht aus Auftrag oder Geschäftsführung ohne Auftrag ergeben, wenn er in Vertretung des verwaltenden Ehegatten handelt (§ 1429) oder das Gesamtgut auf andere Weise wirksam verpflichtet (§ 1438).

9 Nach der einschränkenden Auslegung des Abs. 1 Satz 2 (Rn 2) gilt die Zuwendung nur in dem Umfang als vom betreffenden Ehegatten vorgenommen, soweit sein rechnerischer

Gesamtgutsanteil ausreicht. Für die Beurteilung maßgeblicher Zeitpunkt ist hierbei nicht die Zuwendung, sondern die Beendigung der Gütergemeinschaft. Soweit demnach die Ausgleichung nicht zur Hälfte bei dem Nachlass dieses Ehegatten stattfinden kann, wird die Zuwendung in entsprechend höherem Umfang als aus dem Anteil des anderen Ehegatten stammend angesehen (Staudinger/*Werner* Rn 8 f).

D. Abs. 2

Da bei der fortgesetzten Gütergemeinschaft der Anteil des verstorbenen Ehegatten am Gesamtgut nicht zum Nachlass gehört (§ 1483), findet keine Ausgleichung bzgl der Zuwendungen aus dem Gesamtgut statt; diese erfolgt erst mit der Auseinandersetzung nach Beendigung der fortgesetzten Gütergemeinschaft (§ 1503 Abs. 2). In der fortgesetzten Gütergemeinschaft hat der überlebende Ehegatte die rechtliche Stellung des alleinverwaltenden, die anteilsberechtigten Abkömmlinge die rechtliche Stellung des anderen Ehegatten (§ 1487 Abs. 1). 10

Zuwendungen aus dem Gesamtgut an gemeinschaftliche Abkömmlinge gelten demnach in entsprechender Anwendung von Abs. 1 Satz 1 als zur Hälfte aus dem Anteil des überlebenden Ehegatten und zur anderen Hälfte aus dem Anteil der Abkömmlinge erbracht. Eine Zuwendung des überlebenden Ehegatten an einen nicht gemeinschaftlichen Abkömmling gilt gem Abs. 1 Satz 2 (1. Alt.) als von dem Ehegatten stammend, von dem der Abkömmling abstammt. Eine Zuwendung des überlebenden Ehegatten aus dem Gesamtgut, die eine Ersatzpflicht gem Abs. 1 Satz 2, 2. Alt. auslöst, gilt als nur aus seinem Anteil erbracht. Wird eine solche die Ersatzpflicht auslösende Zuwendung vom überlebenden Ehegatten an einen nicht gemeinschaftlichen Abkömmling gemacht, ist sie maßgeblich als von dem ersatzpflichtigen überlebenden Ehegatten stammend anzusehen, und nicht als von dem Ehegatten, von dem der Abkömmling abstammt (Staudinger/*Werner* Rn 11 aE). 11

§ 2055 Durchführung der Ausgleichung

(1) Bei der Auseinandersetzung wird jedem Miterben der Wert der Zuwendung, die er zur Ausgleichung zu bringen hat, auf seinen Erbteil angerechnet. Der Wert der sämtlichen Zuwendungen, die zur Ausgleichung zu bringen sind, wird dem Nachlass hinzugerechnet, soweit dieser den Miterben zukommt, unter denen die Ausgleichung stattfindet.

(2) Der Wert bestimmt sich nach der Zeit, zu der die Zuwendung erfolgt ist.

A. Normzweck, Allgemeines

Das Ausgleichungsverfahren ist Teil der Erbauseinandersetzung, und wird erst nach Erfüllung aller Nachlassverbindlichkeiten durchgeführt. Der Anspruch des Ausgleichsberechtigten gehört nicht zum Nachlass, sondern zu dessen Eigenvermögen (Staudinger/ *Werner* Rn 1). Es handelt es dabei um ein rechnerisches Verfahren, an dem nur die ausgleichspflichtigen Miterben beteiligt sind. Weiterhin besteht keine Pflicht zur Rückgewähr des Zuwendungsgegenstands selbst, sondern es wird lediglich dessen Wert als Berechnungsgröße berücksichtigt (MüKo/*Heldrich* Rn 3). Daher vergrößert sich durch die Ausgleichung auch nicht der Nachlass selbst (Staudinger/*Werner* Rn 1). Die ausgleichspflichtigen Vorempfänge werden so behandelt, als wenn diese erst zum Zeitpunkt des Erbfalls verteilt worden wären (MüKo/*Heldrich* Rn 2). 1

Bis zur Auseinandersetzung der Erbengemeinschaft ist für die Rechtsstellung der Miterben, die zur Ausgleichung verpflichtet oder berechtigt sind, allein die sich nach den 2

§ 2055 BGB | Durchführung der Ausgleichung

Erbquoten ergebenden Beteiligung am Nachlass maßgeblich, ohne dass die noch durchzuführende Ausgleichung dabei berücksichtigt wird. Die Beteiligung und das Stimmrecht hinsichtlich der Verwaltungs- und Verfügungsmaßnahmen sowie die Haftung für Nachlassverbindlichkeiten richten sich daher nur nach der Erbquote des jeweiligen Miterben (MüKo/*Heldrich* Rn 6; Staudinger/*Werner* Rn 13). Es findet keine dingliche Verschiebung der Erb- oder Anteilsberechtigung der Miterben statt; diese bleiben von der Ausgleichung unberührt (Staudinger/*Werner* Rn 13).

3 Ist die Ausgleichung gefährdet, können Sicherungsmaßnahmen (zB Aussetzung oder Beschränkung des Stimmrechts und der Fruchtziehung) durch einstweilige Verfügung angeordnet werden (Staudinger/*Werner* Rn 14).

B. Durchführung der Ausgleichung (Abs. 1)

4 Zur Durchführung der Ausgleichung sind zum einen der Wert des Nachlasses und zum anderen der Wert der ausgleichspflichtigen Zuwendung zu ermitteln. Sind diese Werte ermittelt (vgl Rn 5 u 7), werden sämtliche ausgleichspflichtige Zuwendungen aller Miterben rechnerisch dem Nachlass hinzugerechnet. Sind nicht alle Miterben ausgleichspflichtig, ist nur der auf diese entfallende Teil des Nachlasses für die Berechnung der Ausgleichung relevant. **Beispiel:** Der Erblasser hinterlässt seine Ehefrau und drei gemeinsame Kinder (A, B und C). Der ges Erbteil der Ehefrau beträgt $1/2$ (§§ 1931 Abs. 1, 1371 Abs. 1) und der der Kinder jeweils $1/6$. Der Nachlasswert beträgt insgesamt 120.000, der ausgleichspflichtige Vorempfang des A 10.000 und der des B 20.000. Dem auf die ausgleichspflichtigen Kinder entfallenden halben Nachlasswert von 60.000 werden die Vorempfänge von 10.000 und 20.000 hinzugerechnet, so dass sich für die Durchführung der Ausgleichung ein Wert des Nachlasses von 90.000 ergibt. Jedes Kind erhält somit 30.000. A muss sich seinen Vorempfang von 10.000 anrechnen lassen, so dass er noch 20.000 aus dem Nachlass erhält, B muss sich den Vorempfang von 20.000 anrechnen lassen, so dass er noch 10.000 aus dem Nachlass erhält und C, der keinen Vorempfang erhalten hat, erhält die vollen 30.000 aus dem Nachlass.

C. Wertermittlung des Nachlasses

5 Für die **Ermittlung des Wertes des Nachlasses** ist mit dem BGH (NJW 1986, 931, 932) und einem Teil der Literatur (Palandt/*Edenhofer* Rn 3; Erman/*Schlüter* Rn 1; *Meincke* AcP 178 (1978), 59 ff; *ders* Das Recht der Nachlassbewertung (1973) S 211 ff) auf den Zeitpunkt des Erbfalls abzustellen. Diese Lösung steht mit der Regelung der §§ 2316, 2311 Abs. 1 Satz 1 in Einklang, die auch auf den Wert zum Zeitpunkt des Erbfalls abstellt. Weiterhin muss das Ausgleichsverfahren nur einmal auf den Zeitpunkt des Erbfalls durchgeführt werden, und danach bis zum Zeitpunkt der Auseinandersetzung eintretende Kaufkraftschwankungen müssen nicht mehr berücksichtigt werden (BGH NJW 1986, 931, 932). Nach anderer Ansicht (MüKo/*Heldrich* Rn 12; Soergel/*Wolf* Rn 1; Staudinger/*Werner* Rn 1; Krug ZEV 2000, 41, 43) ist für die Wertermittlung des Nachlasses auf den Zeitpunkt der Auseinandersetzung abzustellen. Dies folge aus dem Umstand, dass die Ausgleichung Teil der Auseinandersetzung sei, und ergebe sich aus dem Zweck der Norm, weshalb nur dieser Zeitpunkt maßgeblich sein könne.

D. Haftung für Nachlassverbindlichkeiten

6 Bis zur Auseinandersetzung haften die Miterben gem §§ 2058 ff für die Nachlassverbindlichkeiten, so dass für jeden Miterben allein dessen Erbteil entscheidend ist und nicht der auf ihn nach Abzug des Vorempfangs noch verbleibende rechnerische Anteil am Nachlass. Daher haftet auch der ausgleichspflichtige Miterbe, der nichts mehr aus dem Nachlass erhält, nach den §§ 2058 ff, wobei ihm im Innenverhältnis ein Freistellungsanspruch zusteht (MüKo/*Heldrich* Rn 9; Staudinger/*Werner* Rn 15). Nach der Auseinandersetzung

besteht ebenfalls die gesamtschuldnerische Haftung der Miterben, jedoch können diese die Haftung auf das beschränken, was sie tatsächlich aus dem Nachlass erhalten haben, so dass der Ausgleichungsbetrag nicht für die Nachlassverbindlichkeiten haftet, da dieser nicht aus dem Nachlass selbst stammt. Diese Möglichkeit besteht nicht mehr, wenn die Miterben das Recht zur Haftungsbeschränkung verloren haben (MüKo/*Heldrich* Rn 9; Staudinger/*Werner* Rn 15).

E. Wertberechnung (Abs. 2)

Gem Abs. 2 wird für die **Berechnung des Wertes der ausgleichspflichtigen Zuwendung** 7 auf den Zeitpunkt der Zuwendung abgestellt. Dies ist der Zeitpunkt des Rechtserwerbs durch das Verfügungsgeschäft; bei Grundstücken der Tag der Eintragung des Rechts im Grundbuch (Soergel/*Wolf* Rn 3). Das Gesetz selbst enthält keine Bestimmung, wie der Wert der Zuwendung zu ermitteln ist. Eine derartige Regelung ist auch nicht in den ähnlichen Vorschriften der §§ 1356 Abs. 1, 2315 Abs. 2 Satz 2 enthalten. Der Wert der Zuwendung ist der Geldbetrag in inländischer Währung, der zum Zeitpunkt der Zuwendung für den Erwerb des Gegenstands aufgewendet werden musste (MüKo/*Heldrich* Rn 13; Staudinger/*Werner* Rn 7; *Kohler* NJW 1963, 225), bei Geldzuwendungen der Nennwert. Diese Wertermittlung ist bei Sachzuwendungen idR nur durch einen Sachverständigen zu leisten. Der so ermittelte Wert zum Zeitpunkt der Zuwendung berücksichtigt jedoch noch nicht die Geldentwertung (Inflation) in dem Zeitraum zwischen der Zuwendung und dem für die Durchführung der Ausgleichung maßgeblichen Zeitpunkt (nach hM Zeitpunkt des Erbfalls, nach aA Zeitpunkt der Auseinandersetzung, vgl Rn 5). Die Geldentwertung wird berücksichtigt, indem der Wert der Zuwendung zum Zuwendungszeitpunkt mit der Preisindexzahl der Lebenshaltungskosten, die für das Jahr des Todes des Erblassers vom statistischen Bundesamt ermittelt wurde, multipliziert und dieses Ergebnis durch die für das Jahr der Zuwendung geltende Preisindexzahl dividiert wird (hM BGH NJW 1975, 1831; BGH WM 1975, 1179, 1181; NJW-RR 1989, 259; Soergel/*Wolf* Rn 3; Erman/ *Schlüter* Rn 4; Palandt/*Edenhofer* Rn 3; MüKo/*Heldrich* Rn 15, der nicht auf den Preisindex für das Jahr des Erbfalls, sondern für das Jahr der Auseinandersetzung abstellt; aA Staudinger/*Werner* Rn 7 mwN, der auf die Wertsteigerung des einzelnen Gegenstands abstellt).

Andere Wertveränderungen nach der Zuwendung, die nicht durch die Geldentwertung 8 bedingt sind, sondern in der Sache selbst begründet sind (zB Verschlechterung/Untergang der Sache, Kurssteigerung von Aktien) bleiben bei der Wertberechnung außer Betracht. Das Risiko einer derartigen Wertverminderung trägt allein der Zuwendungsempfänger. Andererseits profitiert er auch allein von etwaigen (nicht inflationsbedingten) Wertsteigerungen (hM, RGZ 108, 337, 339 f; MüKo/*Heldrich* Rn 13; Soergel/*Wolf* Rn 3; aA Staudinger/*Werner* Rn 11, der die Wertveränderungen zu Gunsten und zu Lasten des Nachlasses und nicht des Ausgleichspflichtigen berücksichtigt). Nach der Zuwendung vom Empfänger gezogene Nutzungen (Zinsen etc) werden ebenfalls nicht berücksichtigt, da diese dem Empfänger nach dem Willen des Erblassers zustehen sollen (MüKo/*Heldrich* Rn 13).

§ 2056 Mehrempfang

Hat ein Miterbe durch die Zuwendung mehr erhalten, als ihm bei der Auseinandersetzung zukommen würde, so ist er zur Herauszahlung des Mehrbetrags nicht verpflichtet. Der Nachlass wird in einem solchen Falle unter den übrigen Erben in der Weise geteilt, dass der Wert der Zuwendung und der Erbteil des Miterben außer Ansatz bleiben.

§ 2056 BGB | Mehrempfang

A. Normzweck, Allgemeines

1 § 2056 regelt in Ergänzung zu § 2055 den Fall, dass ein ausgleichspflichtiger Miterbe zu Lebzeiten des Erblassers mehr von diesem erhalten hat, als ihm nach Durchführung der Ausgleichung bei der Auseinandersetzung zustehen würde. Die Norm geht davon aus, dass dies dem mutmaßlichen Willen des Erblassers entspricht, da er mit der lebzeitigen Zuwendung an den Miterben zum Ausdruck gebracht hat, dass dieser die Zuwendung im gewährten Umfang auch behalten können soll (Staudinger/*Werner* Rn 1). Eine Herausgabepflicht des Mehrempfangs würde den Miterben zudem unbillig treffen, da er mit der Zuwendung davon ausgehen darf, dass er diese auch behalten kann und diese zum Zeitpunkt der Ausgleichung evtl bereits verbraucht hat (Soergel/*Wolf* Rn 1). Für das Höferecht sieht § 12 Abs. 9 HöfeO als Ausnahme zu § 2056 eine Rückzahlungspflicht vor.

2 Ist der Miterbe gem § 2056 zur Herausgabe des Mehrempfangs nicht verpflichtet, kann er auch nicht gem § 2316 vom Pflichtteilsberechtigten in Anspruch genommen werden. Der Pflichtteilsanspruch wird gem § 2316 zwar unter Berücksichtigung der Ausgleichspflicht berechnet, jedoch muss ein Mehrempfang gem § 2056 nicht herausgegeben werden. Dies gilt auch dann, wenn der Vorempfang rechnerisch den einzigen Nachlasswert darstellt (RGZ 77, 282; MüKo/*Heldrich* Rn 3; Staudinger/*Werner* Rn 2).

3 Der Vorempfang kann jedoch zu Pflichtteilsergänzungsansprüchen gem § 2325 führen, wenn er eine Schenkung iSd § 516 Abs. 1 darstellt. Soweit es sich bei der ausgleichspflichtigen Zuwendung jedoch nicht um eine Schenkung handelt, kommt eine Pflichtteilsergänzung nicht in Betracht (MüKo/*Heldrich* Rn 3; Staudinger/*Werner* Rn 2). Ansonsten greift die Beschränkung gem § 2056 auch bei Pflichtteilsergänzungsansprüchen, wenn der Vorempfang den ges Erbteil des Empfängers – unter Hinzurechnung der ausgleichspflichtigen Zuwendungen zum um den Wert der Schenkung erhöhten Nachlass – übersteigt (BGH NJW 1965, 1526; MüKo/*Heldrich* Rn 4; Staudinger/*Werner* Rn 2).

B. Keine Herauszahlung des Vorempfangs (Satz 1)

4 Der Miterbe, der mehr vom Erblasser erhalten hat, als ihm nach § 2055 zusteht, ist nicht verpflichtet, den Mehrbetrag als Sach- oder Wertersatz oder in sonstiger Weise herauszugeben (MüKo/*Heldrich* Rn 1 f; Soergel/*Wolf* Rn 2; Staudinger/*Werner* Rn 1). Dies gilt nur, soweit der Vorempfang den ges Erbteil des Miterben übersteigt, wobei die ausgleichspflichtigen Vorempfänge dem Nachlassvermögen oder eine den Nachlasswert gem § 2325 erhöhende Schenkung hinzurechnen sind (BGH NJW 1965, 1526 f; MüKo/*Heldrich* Rn 2; Soergel/*Wolf* Rn 2).

5 § 2287 ist anwendbar, so dass der durch den Erbvertrag bedachte Miterbe diesen Anspruch trotz § 2056 gegen den beschenkten Miterben geltend machen kann, soweit dessen Erberwartung nach Durchführung der Ausgleichung noch beeinträchtigt ist (BGH NJW-RR 1989, 259; Soergel/*Wolf* Rn 2). Der Erblasser kann für die Ausgleichung im Rahmen der Erbauseinandersetzung von der ges Regelung abweichende Anordnungen treffen, eine Anordnung der Rückgewähr zur Nachlassmasse in Abweichung von § 2056 ist jedoch nicht möglich (RG Recht 1920 Nr. 686; OLG Celle OLGE 32, 52; MüKo/*Heldrich* Rn 6; Soergel/*Wolf* Rn 3; Staudinger/*Werner* Rn 1).

6 Ein angewachsener Erbteil wird bei der Ausgleichung als selbständiger Erbteil behandelt (§ 2095). Dies gilt entsprechend bei der Erhöhung des ges Erbteils gem § 1935 oder wenn der Erbe aufgrund mehrfacher Verwandtschaft durch Gesetz (§ 1927) oder Verfügung von Todes wegen (§ 2066) mehrere Erbteile erhält (MüKo/*Heldrich* Rn 5).

C. Verfahren der Ausgleichung (Satz 2)

7 Die Ausgleichung wird nach dieser Sonderregelung in der Weise durchgeführt, dass der Wert der gesamten Zuwendung und der Erbteil des voll befriedigten Miterben nicht

berücksichtigt werden. Die Erbenstellung des nach § 2056 nicht ausgleichspflichtigen Miterben wird dadurch nicht berührt. Besteht die Erbengemeinschaft nur aus zwei Miterben und kann der eine sich auf § 2056 berufen, erlangt der andere Miterbe erst mit der Auseinandersetzung die Alleinberechtigung an den Nachlassgegenständen (Staudinger/ *Werner* Rn 5).

Der für die verbleibenden Miterben zur Verteilung zur Verfügung stehende Nachlasswert **8** hat sich durch das Ausscheiden des nach § 2056 nicht ausgleichspflichtigen Miterben rechnerisch vermindert, da dessen gesamte Zuwendung (auch der sonst gem § 2055 auszugleichende Teil) für die Auseinandersetzung ausscheidet. Die Teilungsbruchteile – nicht die Erbteile – der verbleibenden Miterben sind nur für die Berechnung der Auseinandersetzung so zu verändern, dass der gesamte Nachlass erschöpft wird, das Verhältnis der Miterben zueinander sich jedoch nicht verändert. Der Gesetzeswortlaut ist insofern zu ergänzen (MüKo/*Heldrich* Rn 8; Staudinger/*Werner* Rn 6; RGRK/*Kregel* Rn 2).

Beispiel: Miterben sind A zu $1/2$, B und C zu je $1/4$ Anteil. Der Nachlasswert beträgt insgesamt 120.000, der ausgleichspflichtige Vorempfang des A 30.000 und der des B 60.000. Dem Nachlasswert von 120.000 werden die Vorempfänge von 30.000 und 60.000 hinzugerechnet, so dass sich für die Durchführung der Ausgleichung (gem § 2055) ein Wert des Nachlasses von 210.000 ergeben würde. Danach würden auf B 52.500 entfallen, er hat jedoch bereits 60.000 als Vorempfang erhalten, so dass B gem § 2056 ausscheidet und unberücksichtigt bleibt. Der Nachlass ist jetzt zwischen A und C im Verhältnis $2/3$ zu $1/3$ aufzuteilen, da der Erbteil von A mit $1/2$ zum Erbteil von C mit $1/4$ im Verhältnis 2 zu 1 steht. Rechnerisch beträgt der Nachlasswert jetzt 150.000 (120.000 + 30.000), so dass auf A 100.000 ($2/3$) und auf C 50.000 ($1/3$) entfallen. A muss sich seinen Vorempfang von 30.000 abziehen lassen und erhält daher aus dem tatsächlichen Nachlass noch 70.000, und C erhält 50.000.

§ 2056 kann mehrfach nacheinander angewendet werden, so dass es nach dem Ausscheiden **9** des ersten Miterben zum Ausscheiden weiterer Miterben kommen kann (MüKo/*Heldrich* Rn 9; Staudinger/*Werner* Rn 7; Soergel/*Wolf* Rn 5; RGRK/*Kregel* Rn 4).

§ 2057 Auskunftspflicht

Jeder Miterbe ist verpflichtet, den übrigen Erben auf Verlangen Auskunft über die Zuwendungen zu erteilen, die er nach den §§ 2050 – 2053 zur Ausgleichung zu bringen hat. Die Vorschriften der §§ 260, 261 über die Verpflichtung zur Abgabe der eidesstattlichen Versicherung finden entsprechende Anwendung.

A. Normzweck, Allgemeines

Durch die Auskunftspflicht des § 2057 wird der Ausgleichsanspruch der jeweiligen **1** Miterben gesichert, da diese oftmals keine Informationen darüber haben, welche Zuwendungen die anderen Miterben zur Ausgleichung zu bringen haben. Alle Miterben, für die die Ausgleichungsvorschriften der §§ 2050 – 2053 gelten, können daher voneinander Auskünfte über die ausgleichspflichtigen Zuwendungen der jeweils anderen Miterben verlangen. Das Auskunftsrecht steht jedem Miterben alleine zu und ist kein Gesamthandsanspruch (vgl § 2039) der Erbengemeinschaft (Staudinger/*Werner* Rn 1).

B. Auskunftsanspruch und Auskunftspflicht

Der Auskunftsanspruch steht wegen der Berücksichtigung der Vorempfänge bei der **2** Berechnung des Pflichtteilsanspruchs (§ 2316 Abs. 1) auch dem nicht erbenden pflichtteilsberechtigten Abkömmling zu (RGZ 73, 372, OLG Zweibrücken, FamRZ 1987, 1197;

§ 2057 BGB | Auskunftspflicht

OLG Nürnberg NJW 1957, 1482, Staudinger/*Werner* Rn 3), weiterhin auch dem Testamentsvollstrecker, der mit der Auseinandersetzung des Nachlasses betraut ist (§ 2204) (Erman/*Schlüter* Rn 2). Dem Nachlass- und Nachlassinsolvenzverwalter steht der Auskunftsanspruch nur zu, wenn ein besonderes Interesse an der Bestimmung des Wertes eines Erbteils besteht, um auf diesen Erbteil entfallende Nachlassverbindlichkeiten berichtigen zu können (MüKo/*Heldrich* Rn 4).

3 Auskunftspflichtig ist jeder Miterbe iSd §§ 2050 – 2053 und in entsprechender Anwendung des § 2057 der nichterbende pflichtteilsberechtigte Abkömmling (OLG Nürnberg NJW 1957, 1482; Staudinger/*Werner* Rn 4; RGRK/*Kregel* Rn 4; MüKo/*Heldrich* Rn 5).

C. Auskunft

4 Die Auskunft hat alle Zuwendungen zu enthalten, die ausgleichspflichtig iSd §§ 2050 – 2053 sein können. Die Auskunft ist daher nicht nur auf die Zuwendungen beschränkt, die tatsächlich gem §§ 2050 ff auszugleichen sind (so aber RGZ 73, 376 f), sondern umfassen auch die Zuwendungen, die nach ihrer Art Ausgleichspflichten auslösen können (Staudinger/*Werner* Rn 5; Soergel/*Wolf* Rn 5; RGRK/*Kregel* Rn 5; Palandt/*Edenhofer* Rn 2; Sarres ZEV 2000, 349). Bestünde die Auskunftspflicht nur hinsichtlich der Zuwendungen, die tatsächlich zur Ausgleichung zu bringen sind, würde die Einschätzung der Zuwendung als ausgleichspflichtig oder nicht ausgleichspflichtig beim Auskunftspflichtigen liegen. Der Auskunftsberechtigte hat jedoch ein schutzwürdiges Interesse an einer weitergehenden Auskunft, damit er selbst die Entscheidung über die Ausgleichspflicht treffen kann (Staudinger/*Werner* Rn 5 f). Der Auskunftspflichtige muss hingegen nicht jede Zuwendung, die er überhaupt jemals vom Erblasser erhalten hat, angeben, wenn diese keine Ausgleichspflicht auslösen kann (so aber RGZ 58, 91; Erman/*Schlüter* Rn 3).

5 Die Auskunft muss Inhalt und Umfang sowie den Zeitpunkt der Zuwendung und die Anordnungen des Erblassers zur Ausgleichung enthalten sowie etwaige besondere Umstände mitteilen, die für die Bewertung maßgeblich sind (Staudinger/*Werner* Rn 6).

6 Für die zu erteilende Auskunft ist keine besondere Form vorgeschrieben. Ein Bestandsverzeichnis gem § 260 Abs. 1 ist nur vorzulegen, wenn ein Inbegriff von Gegenständen zugewendet wurde. Die Auskunft kann daher grds auch mündlich erteilt werden, wobei der Auskunftspflichtige sie im eigenen Interesse zu Beweiszwecken und zur Vermeidung des Vorwurfs mangelnder Sorgfalt, der Anlass für die Forderung einer eidesstattliche Versicherung der Richtigkeit und Vollständigkeit der erteilten Auskünfte sein kann, schriftlich erteilen sollte (MüKo/*Heldrich* Rn 7; Staudinger/*Werner* Rn 10).

7 Der Auskunftspflichtige ist gem § 2057 Satz 2 iVm §§ 260, 261 zur Abgabe der eidesstattlichen Versicherung nur verpflichtet, wenn Gründe vorliegen, die die Annahme rechtfertigen, dass die Auskunft nicht mit der erforderlichen Sorgfalt erteilt wurde (MüKo/*Heldrich* Rn 9; Staudinger/*Werner* Rn 10). § 259 Abs. 3 ist gem § 2057 Satz 2 nicht entsprechend anwendbar, so dass die Abgabe der eidesstattlichen Versicherung auch bei Zuwendungen von geringer Bedeutung nicht verweigert werden kann (hM Staudinger/*Werner* Rn 10; Soergel/*Wolf* Rn 8; RGRK/*Kregel* Rn 7; Palandt/*Edenhofer* Rn 2; aA MüKo/*Heldrich* Rn 9).

8 Inhaltlich hat die eidesstattliche Versicherung dahingehend zu lauten, dass der Auskunftspflichtige die Auskunft so richtig und vollständig erteilt hat, als er dazu in der Lage ist (§ 261 Abs. 2). Dabei sollte die eidesstattliche Versicherung an die Begrifflichkeiten der §§ 2050 ff angepasst werden (MüKo/*Heldrich* Rn 11).

9 Die eidesstattliche Versicherung ist vor dem AG des Wohnsitzes des Verpflichteten als Erfüllungsort (§ 269) abzugeben, wenn dieser zur Abgabe freiwillig bereit ist. Das Verfahren ist in den §§ 163, 79 FGG geregelt. Wurde der Verpflichtete zur Abgabe verurteilt, ist das AG als Vollstreckungsgericht zuständig (§ 889 ZPO). In beiden Fällen hat der Auskunftsberechtigte die Kosten der Abgabe der eidesstattlichen Versicherung zu tragen

(§ 261 Abs. 3), nicht hingegen etwaige Prozesskosten zur Durchsetzung seines Auskunftsanspruchs (MüKo/*Heldrich* Rn 11).

§ 2057a Ausgleichungspflicht bei besonderen Leistungen eines Abkömmlings

(1) Ein Abkömmling, der durch Mitarbeit im Haushalt, Beruf oder Geschäft des Erblassers während längerer Zeit, durch erhebliche Geldleistungen oder in anderer Weise in besonderem Maße dazu beigetragen hat, dass das Vermögen des Erblasser erhalten oder vermehrt wurde, kann bei der Auseinandersetzung eine Ausgleichung unter den Abkömmlingen verlangen, die mit ihm als gesetzlichen Erben zur Erbfolge gelangen; § 2052 gilt entsprechend. Dies gilt auch für einen Abkömmling, der unter Verzicht auf berufliches Einkommen den Erblasser während längerer Zeit gepflegt hat.

(2) Eine Ausgleichung kann nicht verlangt werden, wenn für die Leistungen ein angemessenes Entgelt gewährt oder vereinbart worden ist oder soweit dem Abkömmling wegen seiner Leistungen ein Anspruch aus anderem Rechtsgrund zusteht. Der Ausgleichungspflicht steht es nicht entgegen, wenn die Leistungen nach den §§ 1619, 1620 erbracht worden sind.

(3) Die Ausgleichung ist so zu bemessen, wie es mit Rücksicht auf die Dauer und den Umfang der Leistungen und auf den Wert des Nachlasses der Billigkeit entspricht.

(4) Bei der Auseinandersetzung wird der Ausgleichsbetrag dem Erbteil des ausgleichungsberechtigten Miterben hinzugerechnet. Sämtliche Ausgleichungsbeträge werden vom Wert des Nachlasses abgezogen, soweit dieser den Miterben zukommt, unter denen die Ausgleichung stattfindet.

A. Normzweck, Allgemeines

§ 2057a wurde durch Art. 1 Nr. 90 des NEhelG v 19. 8. 1969 (BGBl I S 1243) eingefügt. Die Norm schließt sich an die Vorschriften zur Ausgleichung (§§ 2050 – 2057) an, deren Sinn und Zweck es ist, die Bevorzugung einzelner Abkömmlinge zu vermeiden, da dies dem mutmaßlichen Erblasserwillen entspricht. Durch § 2057a wird eine Benachteiligung eines Abkömmlings vermieden, der im Gegensatz zu den anderen Abkömmlingen durch eigene Leistungen, die unangemessen niedrig oder unentgeltlich für den Erblasser erbracht wurden, dazu beigetragen hat, dass sich das Vermögen des Erblassers vermehrte oder erhalten blieb. Der Gesetzgeber hatte bei dieser Regelung den familiären lw und kleingewerblichen Betrieb im Blick. Die Norm wurde im Zuge der Neuregelung des NEhelG geschaffen, da nunmehr auch die nichtehelichen Kinder des Erblassers erbberechtigt waren und es idR die ehelichen Kinder sind, die Leistungen iSd § 2057a erbracht haben. Die Ausgleichspflicht wurde im § 2057a jedoch nicht auf das Verhältnis der ehelichen und nichtehelichen Kinder beschränkt, sondern allgemein für alle Abkömmlinge geregelt (MüKo/*Heldrich* Rn 1; Staudinger/*Werner* Rn 1).

§ 2057a gilt gem Art. 12 § 10 Abs. 1 NEhelG nur für Erbfälle, die nach dem 30. 6. 1970 eingetreten sind. Wurde das nichteheliche Kind vor dem 1. 7. 1949 geboren, steht diesem im Verhältnis zum Vater kein Erbrecht zu (Art. 12 § 10 Abs. 2 NEhelG), so dass auch § 2057a nicht anwendbar ist (MüKo/*Heldrich* Rn 2).

§ 2057a geht vom mutmaßlichen Erblasserwillen aus, so dass der Erblasser die Möglichkeit hat, einen abweichenden Willen kundzutun. Er kann im Rahmen seiner Testierfreiheit durch Verfügung von Todes wegen die Ausgleichspflicht ausschließen oder inhaltlich ändern, so dass der sonst durch § 2057a ausgleichsberechtigte Abkömmling

§ 2057a BGB | Ausgleichungspflicht bei besonderen Leistungen

weniger oder nichts für seine erbrachten Leistungen erhält. Diese Begünstigung der übrigen Miterben stellt diesen gegenüber ein Vermächtnis dar (MüKo/*Heldrich* Rn 3; Staudinger/*Werner* Rn 4; RGRK/*Kregel* Rn 7; Erman/*Schlüter* Rn 8; Damrau FamRZ 1969, 681).

4 Die Miterben können sich im Rahmen der Auseinandersetzung über die Höhe der Ausgleichspflicht einigen und diese dabei auch vollständig ausschließen (Soergel/*Wolf* Rn 16; Staudinger/*Werner* Rn 5).

5 Die Ausgleichspflichten gem § 2057a sind bei der Pflichtteilsberechnung gem § 2316 Abs. 1 Satz 1 zu berücksichtigen (MüKo/*Heldrich* Rn 5).

6 § 2057a gilt auch für den Hoferben, da diesem seit der Änderung der HöfeO der früher in der bis zum 30. 6. 1976 geltenden Fassung geregelte Voraus zur Abgeltung seiner Mitarbeit auf dem Hof (§ 12 Abs. 3 Satz 2 HöfeO aF) nicht mehr zusteht (Soergel/*Wolf* Rn 20; Staudinger/*Werner* Rn 26).

B. Voraussetzung der Ausgleichung (Abs. 1)

7 Die Ausgleichung findet nur unter den Abkömmlingen des Erblassers statt, die ges Erben (§ 1924) geworden sind, und bei gewillkürter Erbfolge gem Abs. 1 Satz 2 durch den Verweis auf § 2052 im Zweifel dann, wenn die Abkömmlinge ihren ges Erbteilen entsprechend zu Erben berufen sind oder zueinander zu Erben im Verhältnis der ges Erbquoten berufen sind (Staudinger/*Werner* Rn 6). **§ 2051** ist **analog** anwendbar, so dass auch der Abkömmling oder Ersatzerbe des weggefallenen ausgleichsberechtigten Abkömmlings die Ausgleichung verlangen kann (hM MüKo/*Heldrich* Rn 7; Soergel/*Wolf* Rn 10; Staudinger/*Werner* Rn 6; RGRK/*Kregel* Rn 3; aA *Knur* DB 1970, 1113, 1115). Eheliche und nichteheliche Abkömmlinge werden seit dem Erbrechtsgleichstellungsgesetz v 16. 12. 1997 (BGBl I S 2968) rechtlich gleich behandelt. Für Erbfälle vor dem 1. 1. 1998 gelten gem Art. 227 Abs. 1 EGBGB noch die früheren Regelungen, so dass § 2057a auf den Erbersatzanspruch des nichtehelichen Abkömmlings (§ 1934b Abs. 3 aF) entsprechend anzuwenden ist (MüKo/*Heldrich* Rn 7; Staudinger/*Werner* Rn 6). Für vor dem 1. 7. 1949 geborene nichteheliche Kinder vgl Rn 2.

8 In § 2057a Abs. 1 werden als ausgleichspflichtige Leistungen Mitarbeit im Haushalt, Beruf oder Geschäft des Erblassers sowie erhebliche Geldleistungen genannt. Aus der weiteren Formulierung »oder in anderer Weise« ergibt sich, dass die vorherigen Bennennungen nur beispielhaften Charakter haben. Mehrere unterschiedliche Leistungen, die nebeneinander oder nacheinander erbracht worden sein können, sind zusammenzurechnen (Soergel/*Wolf* Rn 3). Die Leistung muss vom Abkömmling nicht persönlich erbracht worden sein, sondern es ist ausreichend, wenn diese durch seine Familienangehörigen oder auf seine Kosten durch Dritte in seinem Auftrag erbracht wurden (Soergel/*Wolf* Rn 3 f; Staudinger/*Werner* Rn 13).

9 Die **Mitarbeit** im Haushalt, Beruf oder Geschäft des Erblassers ist wie in § 1619 jede körperliche oder geistige Tätigkeit (Soergel/*Wolf* Rn 4). **Haushalt** umfasst wie bei § 1619 alles, was sich auf das Hauswesen des Erblassers bezieht, so dass alle damit im Zusammenhang stehenden Aufgaben, wie zB Essenszubereitung, Reinigung der Wäsche und der Wohnung, Reparaturen der Wohnung, einbezogen sind (Soergel/*Wolf* Rn 4; Staudinger/*Werner* Rn 10). Der Begriff **Beruf** umfasst sowohl die selbständige als auch die unselbständige Tätigkeit des Erblassers. Die Mitarbeit muss sich nicht auf die Ausübung der beruflichen Tätigkeit selbst beziehen, sondern jede damit im Zusammenhang stehende Unterstützung ist ausreichend. Mitarbeit idS ist daher auch die Erledigung von Büroarbeiten (zB Schreibarbeiten) oder Fahrten für den Erblasser (Soergel/*Wolf* Rn 4). **Geschäft** ist jeder Betrieb des Erblassers, wobei auch eine Mitinhaberschaft des Erblassers ausreichend ist (Soergel/*Wolf* Rn 4; Staudinger/*Werner* Rn 12). Die Mitarbeit muss über **längere Zeit** geleistet worden sein. Dabei muss es sich in Abgrenzung zur bloßen Aushilfe um eine planmäßige, auf Dauer angelegte Mitarbeit gehandelt haben, wobei diese nicht in einem

zusammenhängenden Zeitraum geleistet worden sein muss (Soergel/*Wolf* Rn 4; Staudinger/*Werner* Rn 13). Die Mitarbeit muss **unentgeltlich** erbracht worden sein; war sie nur teilweise unentgeltlich, besteht ein Ausgleichsanspruch hinsichtlich des unentgeltlichen Teils (Erman/*Schlüter* Rn 5).

Die **Erheblichkeit der Geldleistungen** des Abkömmlings ist anhand der Vermögensverhältnisse des Erblassers festzustellen (MüKo/*Heldrich* Rn 22; Lange/Kuchinke § 15 III 5c Fn 59; aA Soergel/*Wolf* Rn 5; Palandt/*Edenhofer* Rn 6, die auf die Vermögensverhältnisse des Abkömmlings abstellen und erst im Rahmen der Auswirkung der Zuwendung auf das Erblasservermögen abstellen). Die Geldleistung muss einen Umfang erreicht haben, der das Vermögen des Erblassers beeinflussen konnte (MüKo/*Heldrich* Rn 22). Unterhaltszahlungen an den Erblasser können nur berücksichtigt werden, wenn diese freiwillig zur Schonung des Erblasservermögens erbracht wurden (MüKo/*Heldrich* Rn 22). Der ges Unterhaltsanspruch (§§ 1601 ff) setzt hingegen Vermögenslosigkeit des Erblassers voraus, so dass die Unterhaltsleistung nicht mehr dem Erhalt und der Mehrung des Vermögens des Erblassers dient und daher iRd § 2057a keinen Ausgleichsanspruch begründen kann (MüKo/*Heldrich* Rn 22; Staudinger/*Werner* Rn 15; Soergel/*Wolf* Rn 6). 10

Der Abkömmling kann Leistungen an den Erblasser auch **in anderer Weise** erbracht haben. Dies können jedwede Leistungen beliebiger Art sein, zB Gewährung von Sachleistungen, unentgeltliche Darlehen (§§ 488, 607), Gebrauchsüberlassungen (zB Grundstück), Stellung von Sicherheiten (zB Grundschuld, Bürgschaft), Schuldentilgung (MüKo/*Heldrich* Rn 27; Staudinger/*Werner* Rn 16; Soergel/*Wolf* Rn 6). 11

Gem Abs. 1 Satz 2 steht einem Abkömmling ein Ausgleichsanspruch zu, wenn er den Erblasser unter Verzicht auf berufliches Einkommen länger gepflegt hat. Die Pflegeleistung ist den anderen Leistungen in Abs. 1 Satz 1 gleichgestellt. Diese muss über einen längeren Zeitraum erbracht worden sein, wobei Art und Umfang der Pflege zu berücksichtigen sind. Ist die Pflege sehr umfangreich, kann bereits ein Zeitraum von einem Monat genügen; handelt es sich nur um leichte Pflege, sind mehrere Jahre erforderlich (Staudinger/*Werner* Rn 17; Soergel/*Wolf* Rn 7). Die Pflegeleistung muss der Abkömmling nicht persönlich erbringen, sondern kann sich wie in den Fällen des Abs. 1 Satz 1 (vgl Rn 8) auch Familienangehöriger oder Dritter bedienen (Staudinger/*Werner* Rn 17). Empfänger der Pflegeleistung muss stets der Erblasser sein. Erhält dessen Familienangehöriger die Pflegeleistung, kann es sich dabei um eine Leistung in anderer Weise gem Abs. 1 Satz 1 handeln, wenn der Erblasser dadurch eigene finanzielle Aufwendungen erspart (Staudinger/*Werner* Rn 18; Soergel/*Wolf* Rn 7). 12

Die Leistungen des Abkömmlings gem § 2057a müssen dazu beigetragen haben, dass das Vermögen des Erblassers erhalten oder vermehrt wurde. Nicht jede Leistung hat einen derartigen Einfluss auf das Erblasservermögen. Der Abkömmling, der sich auf § 2057a beruft, hat daher dazulegen und zu beweisen, dass seine Leistung diesen Einfluss hatte. Im Fall der Mitarbeit ist dies umso mehr anzunehmen, je umfangsreicher seine Tätigkeit für den Erblasser war. Hätte der Erblasser ohne die Mitarbeit des Abkömmlings eine Arbeitskraft für diese Tätigkeit einstellen und bezahlen müssen, liegt eine positive Auswirkung auf das Erblasservermögen vor (MüKo/*Heldrich* Rn 16; Staudinger/*Werner* Rn 8; Soergel/*Wolf* Rn 8). 13

§ 2053 ist nicht anwendbar, so dass § 2057a auch für Leistungen des Abkömmlings gilt, die dieser zu einer Zeit erbracht hat, als ein anderer ges Erbe ihn von der Erbfolge noch ausgeschlossen hätte oder er rechtlich noch kein Abkömmling des Erblassers war (MüKo/*Heldrich* Rn 7; Staudinger/*Werner* Rn 21; Soergel/*Wolf* Rn 10; Erman/*Schlüter* Rn 4; RGRK/*Kregel* Rn 3; aA Palandt/*Edenhofer* Rn 3; Damrau FamRZ 1969, 580 f). 14

Im Fall eines gemeinschaftlichen Testaments (§ 2269) gilt ebenso wie bei § 2052 (vgl § 2052 Rn 4) bzgl der Ausgleichpflicht jeder Ehegatte als Erblasser (Staudinger/*Werner* Rn 20). 15

C. Ausschluss der Ausgleichung (Abs. 2)

16 Ein Ausgleichsanspruch besteht nicht, wenn der Abkömmling ein angemessenes Entgelt für die Leistung erhalten hat oder dieses vereinbart war oder ihm ein Anspruch aus einem anderen Rechtsgrund zusteht. In diesen Fällen hat der Erblasser aus seinem Vermögen eine Gegenleistung an den leistenden Abkömmling erbracht, so dass dieser im Verhältnis zu den anderen Abkömmlingen keine Sonderleistung zugunsten des Erblasservermögens erbracht hat (Staudinger/*Werner* Rn 22). Nach dem Sinn und Zweck des § 2057a, die Abkömmlinge gleich zu behandeln, ist ein Ausgleichsanspruch in diesen Fällen nicht erforderlich bzw würde gerade zu einer Ungleichbehandlung der Abkömmlinge führen (MüKo/*Heldrich* Rn 7). War die Gegenleistung nicht angemessen, steht dem leistenden Abkömmling ein entsprechender Ausgleichsanspruch zu (Palandt/*Edenhofer* Rn 2). Steht dem Abkömmling für seine Leistung ein Anspruch aus einem anderen Rechtsgrund zu (zB GoA, ungerechtfertigte Bereicherung) oder wurde das mit dem Erblasser vereinbarte Entgelt (noch) nicht an ihn gezahlt, richtet sich dieser Anspruch nach dem Erbfall gegen die Erben (§ 1967) und stellt für diese eine Nachlassverbindlichkeit dar. Für einen Ausgleichsanspruch des leistenden Abkömmlings gem § 2057a besteht daher kein Bedürfnis (Staudinger/*Werner* Rn 23; Soergel/*Wolf* Rn 13). Insofern ist der Ausgleichsanspruch gem § 2057a gegenüber den Anspruchsgrundlagen aus anderem Rechtsgrund subsidiär. Ist der Anspruch des Abkömmlings aus dem anderen Rechtsgrund jedoch nicht durchsetzbar (zB wegen Verjährung oder mangelndem Nachweis der Anspruchsvoraussetzung), ist die Leistung unentgeltlich erbracht worden, da es an der Erbringung der Gegenleistung fehlt (Staudinger/*Werner* Rn 23; Soergel/*Wolf* Rn 14; Damrau FamRZ 1969, 581; Petersen ZEV 2000, 432).

D. Ermittlung des Ausgleichsbetrags (Abs. 3)

17 Für die Berechnung des auszugleichenden Betrages sind nicht die von dem Abkömmling erbrachten Leistungen iE zu bewerten (MüKo/*Heldrich* Rn 33; Staudinger/*Werner* Rn 27; Soergel/*Wolf* Rn 17). Dies wäre aufgrund des Zeitablaufs oftmals nur schwer möglich (MüKo/*Heldrich* Rn 33) und würde zudem die zwischen den Beteiligten bestehenden verwandtschaftlichen Beziehungen nicht angemessen berücksichtigen (Staudinger/*Werner* Rn 27). Der Ausgleichsbetrag ist daher nach der Billigkeit vom Prozessgericht zu ermitteln, und zwar anhand der Dauer und des Umfangs der Leistung sowie der Auswirkungen dieser auf den Wert des Nachlasses. Die erbrachte Leistung ist somit ein Gesichtspunkt der Billigkeitserwägung, so dass die Intensität der Leistung (zB Umfang der Pflege oder der Mitarbeit, Wert der sonstigen Zuwendung) und deren zeitliche Gesamtdauer (zB mehrjährige Tätigkeit) zu berücksichtigen ist (MüKo/*Heldrich* Rn 34 f). Ein weiterer Gesichtspunkt ist der Wert des Nachlasses, da dieser Wert durch die Zuwendung vermehrt oder zumindest erhalten wurde. Es ist daher zu ermitteln, in welchem Umfang die Leistungen zum Erhalt oder zur Mehrung des Erblasservermögens beigetragen haben. Je höher der Wert des Nachlasses, desto höher ist daher auch der Ausgleichsbetrag zu bestimmen, und umgekehrt (MüKo/*Heldrich* Rn 35; Staudinger/*Werner* Rn 29; Soergel/*Wolf* Rn 17). Da der Wert des Nachlasses nur ein Gesichtspunkt der Ermittlung des Ausgleichsbetrags ist, darf der Ausgleichsbetrag nicht den gesamten Nachlass umfassen, so dass für die übrigen Abkömmlinge nichts mehr verbleiben würde (hM, MüKo/ *Heldrich* Rn 36; Staudinger/*Werner* Rn 29; RGRK/*Kregel* Rn 9; Erman/*Schlüter* Rn 10; Palandt/*Edenhofer* Rn 9; aA Soergel/*Wolf* Rn 17 unter Verweis auf OLG Celle OLGR 1996, 214; offen gelassen in BGH NJW 1993, 1197).

18 **Prozessual** kann der bezifferte Ausgleichsanspruch durch Leistungsklage geltend gemacht werden. Wegen der mit der Bezifferung verbundenen Probleme wird auch ein unbezifferter Klageantrag für statthaft gehalten (MüKo/*Heldrich* Rn 37; Soergel/*Wolf* Rn 21). Für die örtliche Zuständigkeit gilt § 27 ZPO (BGH NJW 1992, 364).

Ist beim Nachlassgericht bereits ein Vermittlungsverfahren zur Auseinandersetzung anhängig, ist dieses gem § 75 FGG auszusetzen (MüKo/*Heldrich* Rn 37; Soergel/*Wolf* Rn 17).

E. Durchführung der Ausgleichung (Abs. 4)

Der Ausgleichsanspruch stellt keine Nachlassverbindlichkeit dar, sondern ist wie die Ausgleichung der Vorempfänge (vgl § 2055) bei der Auseinandersetzung zu berücksichtigen (MüKo/*Heldrich* Rn 38; Soergel/*Wolf* Rn 18). Durch die Ausgleichung verändern sich weder die Erbteile der beteiligten Abkömmlinge, noch wird die Erbenstellung als solche berührt (MüKo/*Heldrich* Rn 38). **19**

Für die Ausgleichung nach § 2057a ist § 2055 nicht anzuwenden, da letztere Norm die Anrechnung von Vorempfängen regelt, in § 2057a hingegen umgekehrt eine Ausgleichung zugunsten des Abkömmlings für an den Erblasser erbrachten Leistungen stattfindet (MüKo/*Heldrich* Rn 39). Die Ausgleichung wird durchgeführt, indem zunächst die Nachlassverbindlichkeiten abgezogen werden. Dann wird der auf die an der Ausgleichung beteiligten Abkömmlinge entfallende Nachlasswert ermittelt. Dazu wird der auf die nicht an der Ausgleichung beteiligten Miterben (zB Ehegatte) entfallende Nachlasswert vom Gesamtnachlasswert abgezogen. Der so ermittelte für die Ausgleichung heranzuziehende Nachlasswert wird zunächst rechnerisch um etwaige nach den §§ 2050 ff auszugleichende Vorempfänge erhöht. Dann wird von diesem erhöhten Nachlasswert der nach § 2057a Abs. 3 ermittelte Betrag zu Gunsten des nach § 2057a Ausgleichsberechtigten abgezogen. Der so ermittelte Nachlasswert wird unter den ausgleichspflichtigen Abkömmlingen entsprechend ihrer jeweiligen Erbquote verteilt, wobei Vorempfänge beim jeweils ausgleichspflichtigen Miterben abzuziehen sind und der Ausgleichsbetrag gem § 2057a Abs. 3 dem ausgleichsberechtigten Miterben hinzuzuzählen ist (Staudinger/*Werner* Rn 34). **Beispiel**: Der Erblasser hinterlässt seine Ehefrau und drei gemeinsame Kinder (A, B und C). Der ges Erbteil der Ehefrau beträgt $1/2$ (§§ 1931 Abs. 1, 1371 Abs. 1) und der der Kinder jeweils $1/6$. Der Nachlasswert beträgt insgesamt 130.000, der ausgleichspflichtige Vorempfang des A 10.000. B hat Leistungen gem § 2057a iHv 15.000 erbracht. Dem auf die ausgleichspflichtigen Kinder entfallenden halben Nachlasswert von 65.000 wird der Vorempfang von 10.000 hinzugerechnet, so dass sich ein rechnerischer Wert des Nachlasses von 75.000 ergibt. Von diesem Wert sind für die Leistungen des B 15.000 abzuziehen, so dass 60.000 für die Verteilung zur Verfügung stehen. Auf jedes Kind entfallen somit 20.000 (jeweils $1/3$ von 60.000). A muss sich seinen Vorempfang von 10.000 anrechnen lassen, so dass er noch 10.000 aus dem Nachlass erhält, B erhält 20.000 zzgl. seines Ausgleichsanspruchs gem § 2057a von 15.000 und damit insgesamt 35.000 aus dem Nachlass. C erhält 20.000 aus dem Nachlass. **20**

Untertitel 2 Rechtsverhältnis zwischen den Erben und den Nachlassgläubigern

§ 2058 Gesamtschuldnerische Haftung

Die Erben haften für die gemeinschaftlichen Nachlassverbindlichkeiten als Gesamtschuldner.

A. Normzweck, Allgemeines

Die §§ 2058 – 2063 enthalten Regelungen über die Haftung von Miterben für Nachlassverbindlichkeiten, die die allgemeinen Vorschriften zur Haftung des Erben (§§ 1967 – 2017 **1**

§ 2058 BGB | Gesamtschuldnerische Haftung

BGB; §§ 780 – 785 ZPO) insoweit ergänzen, als das im Fall einer Mehrheit von Erben erforderlich ist (MüKo/*Heldrich* Rn 2). § 2058 bestimmt eine gesamtschuldnerische Haftung der Miterben für die Nachlassverbindlichkeiten. Dadurch soll der Nachlassgläubiger davor geschützt werden, dass er sich nach dem Tod des Erblassers an mehrere Schuldner halten und das Risiko des Ausfalls einzelner Miterben tragen müsste (MüKo/*Heldrich* Rn 6). Die gesamtschuldnerische Haftung besteht nicht nur vor der Teilung, sondern grds auch nach der Teilung, wodurch die Miterben dazu angehalten werden sollen, die Nachlassverbindlichkeiten vor der Auseinandersetzung zu erfüllen (Soergel/*Wolf* Rn 2).

Für den Miterben ist zunächst, wie für den Alleinerben, entscheidend, welche **Vermögensmasse** den Nachlassgläubigern zur Verfügung steht, ob er also nur mit dem Nachlassvermögen oder auch mit seinem Eigenvermögen für die Nachlassverbindlichkeiten haftet (Soergel/*Wolf* Rn 3). Dies ist in den allgemeinen Vorschriften der §§ 1967 ff geregelt, die durch die §§ 2059, 2062 und 2063 ergänzt werden. Darüber hinaus ist für den Miterben wesentlich, ob er nur für die auf seinen Erbteil entfallenden Nachlassverbindlichkeiten als Teilschuld einstehen muss, oder für die gesamten Nachlassverbindlichkeiten als Gesamtschuld (MüKo/*Heldrich* Rn 3).

B. Haftung der Miterben

2 Für **gemeinschaftliche Nachlassverbindlichkeiten** haften die Miterben, auch nach der Teilung, als Gesamtschuldner (BGH NJW 1998, 682; WM 1982, 101; MüKo/*Heldrich* Rn 8; Soergel/*Wolf* Rn 4). Nachlassverbindlichkeiten (vgl § 1967) sind die Erblasserschulden, die vom Erblasser stammen, die Nachlasserbenschulden, insb die Kosten der ordnungsgemäßen Nachlassverwaltung (vgl § 2038), und die Erbfallschulden (MüKo/*Heldrich* Rn 17). Vermächtnisansprüche und Auflagen sind gemeinschaftliche Nachlassverbindlichkeiten, wenn sie alle Miterben treffen und die sich daraus ergebenden Verpflichtungen nicht nur auf einzelne Miterben beschränkt sind (MüKo/*Heldrich* Rn 18; Soergel/*Wolf* Rn 4; vgl auch BGH NJW 1998, 682). Auch ein Vorausvermächtnis zugunsten eines Miterben ist eine gemeinschaftliche Nachlassverbindlichkeit, für die die Miterben als Gesamtschuldner haften, wobei im Rahmen der Ausgleichspflicht des § 426 die Haftung des durch das Vorausvermächtnis begünstigen Miterben durch Konfusion erlischt (Soergel/*Wolf* Rn 4; vgl auch BGH NJW 1998, 682). Die Kosten der Testamentsvollstreckung sind auch dann gemeinschaftliche Nachlassverbindlichkeiten, wenn sich diese nur auf einen Miterbenanteil beziehen, da der Testamentsvollstrecker zur Verwaltung des Miterbenanteils alle Miterbenrechte ausüben kann (BGH NJW 1997, 1362; MüKo/*Heldrich* Rn 17; Staudinger/*Werner* Rn 28). Kommt bei einer Gesamthandsverbindlichkeit der Miterben nur ein Miterbe in Verzug, treten die Verzugswirkungen in Abweichung von § 425 Abs. 2 zu Lasten des gesamten Nachlasses ein, so dass auch der Verzugsschaden eine gemeinschaftliche Nachlassverbindlichkeit darstellt (OLG Neustadt DNotZ 1963, 58; MüKo/*Heldrich* Rn 17; Soergel/*Wolf* Rn 4).

3 Im **Außenverhältnis** haftet der Miterbe als Gesamtschuldner für die gesamte Nachlassverbindlichkeit. Hat er seine Haftung auf den Nachlass beschränkt, haftet er nur mit diesem und nicht mit seinem Eigenvermögen (Soergel/*Wolf* Rn 6). Der Miterbe haftet auch dann gegenüber dem Nachlassgläubiger für die gesamte Forderung, wenn der Miterbe selbst aufgrund einer Ausgleichspflicht bei der Auseinandersetzung des Nachlasses aus diesem nichts mehr erhält (vgl §§ 2055, 2056) (Soergel/*Wolf* Rn 6 f; vgl Rn 5 zum Innenverhältnis).

Wird ein Miterbe auf Übereignung einer zum Nachlass gehörenden Sache in Anspruch genommen, kann von ihm aufgrund des § 2040 nicht die Übereignung selbst, sondern nur die Mitwirkung und Herbeiführung der Übereignung verlangt werden (BGH NJW 1963, 1611; NJW 1998, 682; Soergel/*Wolf* Rn 6).

4 Ist ein **Miterbe gleichzeitig Nachlassgläubiger**, geht dessen Forderung selbst dann nicht durch Konfusion unter, wenn alle Miterben zugleich Forderungsinhaber sind, da der

Nachlass vor der Teilung im Verhältnis zum Eigenvermögen Sondervermögen darstellt (MüKo/*Heldrich* Rn 26).

Die Miterben haften im **Innenverhältnis** gem § 426 Abs. 1 nur anteilig, wobei die Haftungsquote sich nicht nach der Anzahl der Miterben, sondern nach der jeweiligen Erbquote bestimmt (vgl §§ 2038 Abs. 2, 748) (BayObLG NJW 1970, 1800, 1802; MüKo/*Heldrich* Rn 31; Soergel/*Wolf* Rn 7). Eine abweichende Regelung durch die Miterben oder durch Teilungsanordnungen (§ 2048) oder Auflagen (§ 2192) des Erblassers ist möglich (Soergel/*Wolf* Rn 7). Eine ges Abweichung ist in § 2320 für die Verteilung der Pflichtteilslast zwischen den Miterben bestimmt (BGH NJW 1983, 2378). 5

Hat ein Miterbe einen Nachlassgläubiger nach der Teilung befriedigt, können die anderen Miterben sich gegenüber dem Regressanspruch aus § 426 Abs. 1 auf die Haftungsbeschränkung gem § 2063 Abs. 2 berufen, auch wenn sie im Außenverhältnis unbeschränkt haften (dann ist ein Ausgleich jedoch über § 426 Abs. 2 möglich, vgl u), so dass der nach § 426 Abs. 1 vorgehende Miterbe in diesem Fall keinen Ausgleich im Innenverhältnis erhält (MüKo/*Heldrich* Rn 31, 33; Soergel/*Wolf* Rn 8; aA: *Wernecke* AcP 193 (1993), 240, 254). Mit der Befriedigung des Nachlassgläubigers geht jedoch gem § 426 Abs. 2 auch dessen Forderung kraft Gesetzes (cessio legis) auf den leistenden Miterben über. Nimmt dieser nunmehr die übrigen Miterben aus der gem § 426 Abs. 2 übergegangenen Forderung in Anspruch, können seine Miterben ihm zwar alle Einwendungen und Einreden entgegen halten, die auch gegenüber dem ursprünglichen Gläubiger bestanden. Die Berufung auf § 2063 Abs. 2 ist jedoch nicht möglich, da der Miterbe aus der ursprünglichen Gläubigerforderung vorgeht (MüKo/*Heldrich* Rn 33; Soergel/*Wolf* Rn 9; aA Staudinger/*Marotzke* Rn 86). Der in Anspruch genommene Miterbe kann sich aber auf eine gegenüber dem ursprünglichen Gläubiger bereits bestehende Haftungsbeschränkung berufen (MüKo/*Heldrich* Rn 33). 6

Findet zwischen den Miterben eine Ausgleichung gem §§ 2050 ff statt, richtet sich der Regressanspruch des § 426 Abs. 1 dennoch nach den Erbquoten und nicht nach dem Verhältnis der im Rahmen der Auseinandersetzung unter Berücksichtigung der Ausgleichspflichten ermittelten Teilungsquote. Würde auf die Teilungsquoten abgestellt, würden die ausgleichpflichtigen Miterben bevorzugt, was dem Sinn und Zweck der §§ 2050 ff widerspräche (MüKo/*Heldrich* Rn 32; *Kowerk* ZBlFG 13, 437, 438 f; Staudinger/*Marotzke* Rn 89; aA RGRK/*Kregel* Rn 14; Palandt/*Edenhofer* Rn 4). Eine Ausnahme gilt im Hinblick auf den Rechtsgedanken des § 2056 für den Fall, wenn ein Miterbe aufgrund der Ausgleichspflicht bei der Auseinandersetzung nicht mehr oder weniger erhält, als seiner Erbquote entspricht (MüKo/*Heldrich* Rn 32; Soergel/*Wolf* Rn 7; aA Staudinger/*Marotzke* Rn 90). 7

C. Prozessuales

Der Gläubiger hat bis zur Teilung ein Wahlrecht, ob er gegen einzelne Miterben mit der Gesamtschuldklage vorgeht oder mit der Gesamthandsklage gegen alle Miterben (§ 2059 Abs. 2) Befriedigung aus dem ungeteilten Nachlass begehrt (BGH NJW-RR 1988, 710; MüKo/*Heldrich* Rn 21; Soergel/*Wolf* Rn 10). Bei der Gesamtschuldklage gegen mehrere Miterben liegt im Gegensatz zur Gesamthandsklage keine notwendige Streitgenossenschaft nach § 62 ZPO vor (BGH NJW 1963, 1611; Soergel/*Wolf* Rn 10). 8

Der **Miterbengläubiger** kann bis zur Teilung gegen die Miterben entweder Gesamtschuldklage (§ 2058) erheben oder mit der Gesamthandsklage (§ 2059 Abs. 2) Befriedigung aus dem ungeteilten Nachlass begehren (BGH NJW-RR 1988, 710, NJW 1963, 1611; MüKo/*Heldrich* Rn 27 f; Soergel/*Wolf* Rn 16; aA RGZ 159, 344 Gesamtschuldklage nur nach Teilung, vorher nur teilschuldnerische Haftung). 9

Für die Zwangsvollstreckung in den Nachlass ist ein Vollstreckungstitel gegen alle Miterben erforderlich (§ 747 ZPO) (Soergel/*Wolf* Rn 6). 10

§ 2059 Haftung bis zur Teilung

(1) Bis zur Teilung des Nachlasses kann jeder Miterbe die Berichtigung der Nachlassverbindlichkeiten aus dem Vermögen, das er außer seinem Anteil an dem Nachlass hat, verweigern. Haftet er für eine Nachlassverbindlichkeit unbeschränkt, so steht ihm dieses Recht in Ansehung des seinem Erbteil entsprechenden Teils der Verbindlichkeit nicht zu.

(2) Das Recht der Nachlassgläubiger, die Befriedigung aus dem ungeteilten Nachlass von sämtlichen Miterben zu verlangen, bleibt unberührt.

A. Normzweck, Allgemeines

1 Die Norm beschränkt die Haftung bis zur Teilung auf den Nachlass, da die Nachlassgläubiger sich mit der Gesamthandsklage an alle Miterben halten und dadurch Befriedigung aus dem Nachlass erhalten können (Abs. 2). Sinn und Zweck ist der Schutz des Miterben, der einerseits alleine nicht über Nachlassgegenstände verfügen (§ 2040) und die Forderungen der Nachlassgläubiger aus dem Nachlass nicht erfüllen kann, und andererseits zur Beschränkung seiner Haftung auch nicht ohne die übrigen Miterben die Nachlassverwaltung (§ 2062) zur Beschränkung der Haftung auf den Nachlass beantragen kann. (MüKo/*Heldrich* Rn 2; Staudinger/*Marotzke* Rn 2; Soergel/*Wolf* Rn 1). Abs. 1 eröffnet dem Miterben die Möglichkeit eine Haftung seines Eigenvermögens bis zur Teilung zu vermeiden. § 2059 steht dem Miterben neben den allgemeinen Vorschriften zur Haftungsbeschränkung zur Verfügung (Soergel/*Wolf* Rn 1). Haftet der Miterbe gem §§ 1994 Abs. 1 Satz 2, §§ 2005, 2006, 2013 unbeschränkt, ist die Haftung mit seinem Eigenvermögen vor der Teilung gem Abs. 1 Satz 2 auf den Anteil der Nachlassverbindlichkeit beschränkt, der seinem Erbteil entspricht (MüKo/*Heldrich* Rn 2 f). Diese Beschränkung fällt jedoch mit der Teilung weg, so dass der Miterbe nach der Teilung nur unter den Voraussetzungen der §§ 2060, 2061 beschränkt haftet; anderenfalls haftet er mit seinem gesamten Eigenvermögen für die Nachlassverbindlichkeit (BGH NJW 1998, 682).

B. Teilung

2 Teilung iSd §§ 2058 ff ist der Vollzug der Auseinandersetzung des Nachlasses, durch die die Gesamthandsbindung aufgehoben wird, in dem die Vermögensgegenstände aus dem Nachlass ausscheiden und an die Miterben übertragen werden (MüKo/*Heldrich* Rn 4; Soergel/*Wolf* Rn 2). Teilung iSd §§ 2058 ff liegt vor, wenn die aus dem Nachlass ausgeschiedenen Gegenstände einen so wesentlichen Teil ausmachen, dass dieser praktisch aufgelöst ist und die im Gesamthandsvermögen verbliebenen Gegenstände nicht mehr als Nachlass erscheinen. Dabei wird zum Schutz der Nachlassgläubiger auf eine objektive Sicht, und nicht auf das Bewusstsein der Miterben, abgestellt (RG HRR 1938 Nr. 1602; MüKo/*Heldrich* Rn 4; Staudinger/*Marotzke* Rn 33; Erman/*Schlüter* Rn 8). Nach aA liegt Teilung vor, wenn die im Nachlass verbliebenen Vermögenswerte zur Befriedigung der Nachlassgläubiger nach objektivem Maßstab keine ausreichende Grundlage mehr bieten, damit diese dann die Möglichkeit haben nach der Teilung, auf das Eigenvermögen der Miterben mit den aus dem Nachlass ausgeschiedenen Vermögenswerten zuzugreifen (Soergel/*Wolf* Rn 2; Palandt/*Edenhofer* Rn 3).

3 Scheidet ein Miterbe aus der Erbengemeinschaft durch persönliche Teilauseinandersetzung gegen Abfindung aus, kann er sich nicht mehr auf § 2059 Abs. 1 berufen (MüKo/*Heldrich* Rn 6; aA Soergel/*Wolf* Rn 3; Staudinger/*Marotzke* Rn 32, der den Schutz des § 2059 Abs. 1 jedoch nicht auf die Abfindung bezieht). Ob die Haftung der in der Erbengemeinschaft verbliebenen Miterben durch § 2059 noch beschränkbar ist, richtet sich nach den in Rn 2 beschriebenen Grundsätzen (MüKo/*Heldrich* Rn 6 stellt für die verbliebenen Miterben

darauf ab, ob durch das Ausscheiden von Nachlassgegenständen die Erbengemeinschaft praktisch aufgelöst wurde).

Hat ein Miterbe oder ein Dritter alle Erbteile durch Übertragung oder Abschichtung erhalten, ist die Erbengemeinschaft aufgelöst, so dass dieser über die Nachlassgegenstände allein verfügen kann und das Schutzbedürfnis des Abs. 1 Satz 1 (vgl Rn 1) nicht mehr besteht (Soergel/*Wolf* Rn 3; Staudinger/*Marotzke* Rn 42; aA MüKo/*Heldrich* Rn 7, der Teilung annimmt, jedoch zum gleichen Ergebnis kommt). 4

Sind durch die Übertragung von Nachlassgegenständen auf einzelne Miterben die Interessen der Nachlassgläubiger beeinträchtigt worden, kommt für diese ein Ersatzanspruch auf Rückgewähr des Empfangenen analog §§ 1991 Abs. 1, 1978 in Betracht (RGZ 89, 403, 408; Soergel/*Wolf* Rn 4). 5

C. Haftungsbeschränkung gem Abs. 1 Satz 1

Der als Gesamtschuldner in Anspruch genommene Miterbe haftet grds für die gesamte Nachlassforderung (§ 421). Durch das Verweigerungsrecht des Abs. 1 Satz 1 kann er diese Haftung bis zur Teilung auf den Nachlass beschränken, so dass sein Eigenvermögen dafür nicht haftet (Soergel/*Wolf* Rn 7). Dies jetzt jedoch Voraus, dass die Haftung des Miterben nach den allgemeinen Vorschriften beschränkbar ist (§§ 1975 ff, 1990, 1992), anderenfalls haftet der Miterbe gem Abs. 1 Satz 2 (vgl Rn 9). Das Verweigerungsrecht gem Abs. 1 Satz 1 steht dem Miterben selbständig neben den anderen Haftungsbeschränkungsmöglichkeiten (§§ 1975 ff, 1990, 1992), die die Haftung endgültig beschränken, zur Verfügung, bewirkt jedoch im Gegensatz zu diesen eine Beschränkung der Haftung nur bis zur Teilung (MüKo/*Heldrich* Rn 13). 6

Das Verweigerungsrecht des Erben gem § 2059 Abs. 1 ist eine aufschiebende prozessuale Einrede (Soergel/*Wolf* Rn 5). Der Erbe muss sich dieses Recht gem **§ 780 ZPO** im Urteil vorbehalten, da es sonst untergeht und er sich nicht mehr darauf berufen kann (Staudinger/*Marotzke* Rn 27 mwN). Der allgemeine Vorbehalt des § 780 ZPO ist dabei ausreichend für den Einwand aus § 2059 Abs. 1 (MüKo/*Heldrich* Rn 14). Gegen eine Vollstreckung des Gläubigers trotz des Vorbehalts gem § 780 ZPO in das Eigenvermögen des Miterben kann dieser sich gem §§ 781, 785, 767 ZPO wehren (Soergel/*Wolf* Rn 5). Der Miterbe muss spätestens im Zwangsvollstreckungsverfahren nachweisen, dass der Nachlass noch nicht geteilt ist (Soergel/*Wolf* Rn 5). Hat der Nachlassgläubiger nur auf »Leistung aus dem Erbteil« geklagt, bedarf es des Vorbehalts nach § 780 ZPO nicht, da eine Vollstreckung in das Eigenvermögen des Miterben mit diesem Titel nicht möglich ist (MüKo/*Heldrich* Rn 14; Soergel/*Wolf* Rn 5). Ist bereits ein Titel gegen den Erblasser ergangen, kann die Einrede des § 2059 Abs. 1 auch ohne den Vorbehalt des § 780 ZPO erhoben werden (Soergel/*Wolf* Rn 5). 7

Solange das Verweigerungsrecht zugunsten des Miterben durchgreift, kann der Nachlassgläubiger gegen diesen aus dem Titel nur durch Pfändung des Erbteils vollstrecken (§§ 859, 857 Abs. 5 ZPO) (MüKo/*Heldrich* Rn 15). Der Gläubiger hat auch die Möglichkeit, gem Abs. 2 einen Titel gegen alle Miterben zur Befriedigung seiner Nachlassforderung aus dem ungeteilten Nachlass zu erwirken. Verzug des Miterben kann trotz der Berufung auf § 2059 Abs. 1 eintreten (Soergel/*Wolf* Rn 6). 8

D. Haftungsbeschränkung gem Abs. 1 Satz 2

Haftet der Miterbe bereits unbeschränkbar und wird er vor der Teilung als Gesamtschuldner in Anspruch genommen, haftet er für die Nachlassverbindlichkeit mit seinem Eigenvermögen nur für den Teil der Verbindlichkeit, der seiner Erbquote entspricht. Etwaige zwischen den Miterben bestehende Ausgleichspflichten (§§ 2050 ff) haben keinen Einfluss auf die Erbquote (vgl § 2050 Rn 1), so dass diese bei Abs. 1 Satz 2 unberücksichtigt bleiben (MüKo/*Heldrich* Rn 16). Für die Ermittlung des Anteils ist nur die ideelle Erbquote maßgeblich (Staudinger/*Marotzke* Rn 5). Der Miterbe kann sich auch auf Abs. 1 Satz 2 nur 9

E. Abs. 2

10 Der Nachlassgläubiger kann mit der sog **Gesamthandsklage** gem Abs. 2 Befriedigung aus dem ungeteilten Nachlass von allen Miterben fordern (Soergel/*Wolf* Rn 9; vgl Staudinger/*Marotzke* § 2058 Rn 65). Zur Zwangsvollstreckung in den ungeteilten Nachlass ist gem § 747 ZPO ein Titel gegen alle Miterben notwendig (MüKo/*Heldrich* Rn 19). Dabei muss es sich nicht um einen einheitlichen Titel handeln, sondern es ist ausreichend, dass gegen jeden Miterben ein Titel vorliegt, mit dem dieser als Gesamtschuldner (Gesamtschuldklage) in Anspruch genommen worden ist (MüKo/*Heldrich* Rn 20; Soergel/*Wolf* Rn 10; Erman/*Schlüter* Rn 9; Palandt/*Edenhofer* Rn 4). Die mit der Gesamthandsklage in Anspruch genommenen Miterben sind notwendige Streitgenossen gem § 62 ZPO (Palandt/*Edenhofer* Rn 4). Verweigern nur einzelne Miterben ihre Mitwirkung bei der Erfüllung der Nachlassverbindlichkeit aus dem Nachlass, so sind nur diese mit der Gesamthandsklage in Anspruch zu nehmen (OLG Köln OLGE 1997, 25; Soergel/*Wolf* Rn 9).

11 Der Nachlassgläubiger kann statt der Gesamtshandsklage auch mit der **Gesamtschuldklage** (§ 2058) gegen die einzelnen Miterben vorgehen (Erman/*Schlüter* Rn 9). Richtet sich die Klage gegen alle Miterben, ist ggf durch Auslegung zu ermitteln, ob es sich um eine Gesamthandsklage handelt, mit der nur die Befriedigung aus dem ungeteilten Nachlass begehrt wird, oder ob es sich um eine zusammengefasste Gesamtschuldklage handelt, mit der alle Miterben als Gesamtschuldner in Anspruch genommen werden (BGH NJW-RR 1988, 710, 711; NJW 1963, 1611, 1612; MüKo/*Heldrich* Rn 20; Erman/*Schlüter* Rn 9). Der Wechsel von der Gesamtschuld- zur Gesamthandsklage ist gem § 264 Nr. 2 ZPO möglich (RGZ 93, 198; Palandt/*Edenhofer* Rn 4).

12 Der **Miterbengläubiger** kann gegen die übrigen Miterben ebenfalls mit der Gesamthandsklage vorgehen (MüKo/*Heldrich* Rn 27; Soergel/*Wolf* Rn 11; Palandt/*Edenhofer* Rn 4). Dies gilt auch, wenn der Miterbe einen Anspruch aus einem Vorausvermächtnis geltend macht (Soergel/*Wolf* Rn 11). Für die Zwangsvollstreckung in den Nachlass ist es für § 747 ZPO ausreichend, wenn der Miterbengläubiger gegen alle übrigen Miterben einen Titel erwirkt hat, da er sich nicht selbst verklagen kann (MüKo/*Heldrich* Rn 27). Bei der Gesamthandsklage muss sich der Miterbengläubiger nicht den seiner Erbquote entsprechenden Anteil von seiner Forderung abziehen lassen, sondern kann aus dem Nachlass die Befriedigung seiner gesamten Forderung verlangen (BGH NJW-RR 1988, 710; MüKo/*Heldrich* Rn 27; Soergel/*Wolf* Rn 11; aA vom Lübtow II S 1205 f). Aus Treu und Glauben kann sich jedoch eine Verpflichtung des Miterbengläubigers ergeben, mit der Geltendmachung seiner Nachlassforderung bis zur Teilung abzuwarten (MüKo/*Heldrich* Rn 27).

Anhang zu § 2059
Klagen von Nachlassgläubigern und Einrede der beschränkten Erbenhaftung

A. Klagearten

1 Der Erbe haftet gem §§ 1922, 1967 Abs. 1 BGB für alle Nachlassverbindlichkeiten, zu denen gem § 1967 Abs. 2 BGB die Schulden des Erblassers und die Erbfallschulden gehören. Unter die Erbfallschulden fallen insb die Ansprüche von Pflichtteilsberechtigten und Vermächtnisnehmer, sowie die Beerdigungskosten (§ 1968 BGB) und der Unterhaltsanspruch aus § 1969 BGB. Zur gerichtlichen Durchsetzung dieser Ansprüche stehen dem Nachlassgläubiger die **Gesamthandklage** und die **Gesamtschuldklage** zur Verfügung.

Der Wechsel von der Gesamtschuldklage zur Gesamthandsklage oder umgekehrt ist zulässig und keine Klageänderung (BGH NJW-RR 1988, 710).

I. Gesamthandsklage (§ 2059 Abs. 2 BGB)

Von der **Gesamthandsklage** aus § 2059 Abs. 2 BGB ist Gebrauch zu machen, wenn der Gläubiger wegen einer Geldforderung von vornherein lediglich Befriedigung aus den ungeteilten Nachlass erlangen will, oder wenn er ein Recht an einem Nachlassgegenstand geltend macht, über das die Erben nur gemeinschaftlich verfügen können (§ 2040 Abs. 1 BGB). Geklagt werden muss auf Leistung »*aus dem Nachlass des am ... verstorbenen Erblassers XY*«. Es müssen alle Erben verklagt werden. Sie sind notwendige Streitgenossen, so dass gem § 62 ZPO nur einheitlich entschieden werden kann. Nur so kann zB die Auflassung eines Nachlassgrundstückes erreicht werden, es sei denn, der Kläger hat den Urteilstitel ersetzende Willenerklärungen der zur Auflassung bereiten und nicht am Rechtsstreit beteiligten Miterben (Palandt/*Edenhofer* § 2059 Rn 4 mwN).

II. Gesamtschuldklage (§ 2058 BGB)

Aufgrund der gesamtschuldnerischen Haftung der Erben kann der Gläubiger bis zur Teilung des Nachlasses aber auch jeden der Erben mit der **Gesamtschuldklage** (»*als Gesamtschuldner*«) ohne Hinweis auf den Erblasser in Anspruch nehmen (§ 2058 BGB). Mehrere verklagte Erben sind nur einfache Streitgenossen (§ 59 ZPO). Aufgrund eines obsiegenden Urteils kann der Gläubiger sowohl in den Nachlass (§ 747 ZPO) als auch in das persönliche Vermögen des verurteilten Erben vollstrecken. Dieser Erbe kann dem vollstreckenden Nachlassgläubiger nur bei einem entsprechenden Vorbehalt im Urteil (§ 780 Abs. 1 ZPO), dann notfalls im Wege der Vollstreckungsgegenklage gem § 767 ZPO entgegenhalten, dass er nur mit seinem Anteil am (ungeteilten) Nachlass haftet, so dass dann – wirtschaftlich gesehen – beide Klagen zum selben Ziel führen.

War ein Rechtsstreit mit dem verklagten Erblasser bereits anhängig, kann der Kläger den Rechtsstreit gegen alle Erben mit der Gesamthandsklage oder Gesamtschuldklage, hier auch nur gegen einige von ihnen, fortsetzen (siehe §§ 239, 246 ZPO Rn 13 ff).

III. Kläger als Miterbe und Nachlassgläubiger

Auch der Nachlassgläubiger, der zugleich Miterbe ist, kann zwischen der Gesamthands- und Gesamtschuldklage wählen. Er kann grds nicht darauf verwiesen werden, seine Forderung erst in der Auseinandersetzung gelten zu machen, es sei denn die Geltendmachung verstößt aufgrund besonderer Umstände des Einzelfalls gegen Treu und Glauben (BGH NJW-RR 1988, 710; NJW 1963, 1611). Mit der Gesamtschuldklage kann der Kläger die Forderung jedoch nur zum Teil durchsetzen, nämlich vermindert um den Betrag, der seiner Erbquote entspricht. Will er der Kläger also vorab die vollständige Erfüllung seine Forderung aus dem Nachlass erreichen, muss er die Gesamthandsklage wählen (BGH aaO). Nur mit dieser gegen alle Miterben (Ausnahmen s Rn 2) zu erhebenden Gesamthandsklage (Antrag s Rn 2) kann der Kläger die gesamte Forderung geltend machen.

B. Verteidigung des verklagten Erben

I. Allgemeine Einwendungen und Einreden

Der verklagte Erbe oder Miterbe kann gegenüber der Klageforderung grds sämtliche Einwendungen und Einreden erheben, die den Bestand der Forderung und ihre Durchsetzung betreffen und die dem Erblasser bereits zugestanden haben (§§ 422 ff, 1967 BGB). Sofern darin jedoch eine Verfügung über den Nachlassgegenstand liegt (zB Kündigung), kann diese gem § 2040 Abs. 1 BGB nur von allen Erben gemeinsam vorgenommen werden. Der verklagte Miterbe muss diese erfolgte Mitwirkung darlegen und beweisen.

II. Aufrechnung

7 Jeder als Gesamtschuldner verklagte Miterbe kann mit einer eigenen, mit einer Forderung der Erbengemeinschaft aber nur Zustimmung aller Erben gegenüber der Nachlassforderung aufrechnen (§§ 2040 Abs. 1, 422 Abs. 2 BGB). Ohne eine solche Zustimmung der Miterben steht ihm auch weder ein Zurückbehaltungsrecht nach § 273 BGB noch ein Leistungsverweigerungsrecht analog §§ 770 Abs. 2 BGB, 129 Abs. 3 HGB zu (BGH-Report 2005, 376, 377). Hat der Erblasser aber bereits die Aufrechnung mit einer eigenen Forderung erklärt, kann sich jeder Erbe im Prozess darauf berufen.

III. Vorbehalt der beschränkten Erbenhaftung

8 Eine der wichtigsten Einreden ist die Einrede des Vorbehalts der beschränkten Erbenhaftung gem § 780 ZPO, zu deren rechtzeitiger Erhebung der Anwalt zur Vermeidung seiner Haftung stets verpflichtet ist. Nur mit der Aufnahme eines solchen Vorbehalts im Urteil kann sich der Erbe vor einer späteren Haftung mit seinem persönlichen Vermögen schützen. Die Einrede ist – vorsorglich – gegenüber jedem Klagebegehren, nicht also nur bei Leistungsklagen zu erheben, und sie sollte – schon um im Verlaufe des Rechtsstreits nicht in Vergessenheit zu geraten – **zum frühesten möglichen Zeitpunkt** erhoben werden, also bereits mit dem Widerspruch im Mahnverfahren, oder mit dem Einspruch gegen Vollstreckungsbescheid oder Versäumnisurteil, oder mit dem Antrag auf Verfahrensaufnahme nach Unterbrechung oder Aussetzung des Verfahrens aufgrund des Tod des Erblassers (§§ 239, 246 ZPO). Sie sollte jedoch spätestens (auch nochmals) zusammen mit dem die Klage abweisenden oder sie anerkennenden Sachantrag erhoben werden. Dies geschieht, – auch wenn es keines förmlichen Antrages bedarf – indem der Beklagte beantragt, *ihm im Falle seiner Verurteilung gem § 780 ZPO im Urteil vorzubehalten, seine Haftung auf den Nachlass zu beschränken«.*

9 Die Einrede kann grds nur in der Tatsacheninstanz, nicht erstmals in der Revisionsinstanz oder nach Abschluss des Verfahren erhoben werden (zu Ausnahmen siehe BGH NJW 1955, 788, 799; Baumbach/Lauterbach/*Hartmann* § 780 Rn 4 mwN). Eine Vollstreckungsgegenklage (§ 767 ZPO) mit dem Einwand der Dürftigkeit des Nachlasses gegen einen Titel ohne Vorbehalt ist nicht möglich. Der verurteilte Erbe haftet dann mit uneingeschränkt mit seinem persönlichen Vermögen.
Wird die Einrede nicht in der ersten Instanz erhoben, muss dies mit der **Berufung** nachgeholt werden. Fraglich ist, ob die Einrede in der Berufungsinstanz nur unter den Voraussetzungen des § 531 Abs. 2 ZPO zulässig ist (so Baumbach/Lauterbach/*Hartmann* § 780 Rn 4 mwN). Für eine Zulassung könnte sprechen, dass die Erhebung der Einrede als solche ein unstreitiger Vorgang ist, in der Berufungsinstanz unstreitiges Vorbringen vom Gericht zur Kenntnis genommen werden muss, und eine Sachprüfung hinsichtlich der Dürftigkeit des Nachlasses auch bei rechtzeitiger Erhebung der Einrede idR unterbleibt. Darauf sollte sich der Beklagte aber nicht verlassen.

10 Ist die Einrede in der I. Instanz erhoben, aber ihre Aufnahme im Urteil »vergessen« worden, kann der Vorbehalt auch noch vom Berufungs- oder Revisionsgericht nachgeholt werden (BGH FamRZ 1983, 692, 694). Wird keine Berufung eingelegt, muss der verklagte Erbe einen **Ergänzungsantrag gem § 321 Abs. 1 ZPO** stellen. Es bedarf einer besonders sorgfältigen Überprüfung des Urteils, ob der Vorbehalt hinreichend aufgenommen worden ist. Es muss zweifelsfrei zum Ausdruck gebracht worden sein, dass es dem Beklagten vorbehalten ist, die Beschränkung seiner Haftung auf den Nachlass des Erblassers geltend zu machen. Allgemeine Formulierungen wie, der Beklagte werde als »Erbe« in Anspruch genommen oder er hafte als »Erbe«, genügen nicht (BGH NJW 1991, 2839, 2840). Bei Zweifeln sollte der verurteilte Beklagte daher stets binnen zwei Wochen (§ 321 Abs. 2 ZPO) ein Ergänzungsantrag gestellt werden.

Hinweis: Auch in einem gerichtlicher **Vergleich** muss eine solcher eindeutiger Vorbehalt 11
aufgenommen werden, will der Beklagte den Zugriff auf sein persönliches Vermögen verhindern.

C. Gericht

Es kann außer den allgemeinen Gerichtsständen (zB §§ 27, 28 ZPO) auch einer der Wahl- 12
gerichtsstand der Erbschaft (§ 27, 28 ZPO) gewählt werden (siehe §§ 27, 28 ZPO Rn 1 ff).

§ 2060 Haftung nach der Teilung

Nach der Teilung des Nachlasses haftet jeder Miterbe nur für den seinem Erbteil entsprechenden Teil einer Nachlassverbindlichkeit:

1. wenn der Gläubiger im Aufgebotsverfahren ausgeschlossen ist; das Aufgebot erstreckt sich insoweit auch auf die in § 1972 bezeichneten Gläubiger sowie auf die Gläubiger, denen der Miterbe unbeschränkt haftet;

2. wenn der Gläubiger seine Forderung später als fünf Jahre nach dem in § 1974 Abs. 1 bestimmten Zeitpunkt geltend macht, es sei denn, dass die Forderung vor dem Ablauf der fünf Jahre dem Miterben bekannt geworden oder im Aufgebotsverfahren angemeldet worden ist; die Vorschrift findet keine Anwendung, soweit der Gläubiger nach § 1971 von dem Aufgebote nicht betroffen wird;

3. wenn das Nachlassinsolvenzverfahren eröffnet und durch Verteilung der Masse oder durch einen Insolvenzplan beendigt worden ist.

A. Normzweck, Allgemeines

Grds besteht auch nach der Teilung die gesamtschuldnerische Haftung der Erben fort 1
(BGH NJW 1998, 682), da der Nachlassgläubiger die Nachteile einer Beendigung der
Gesamtschuld nicht tragen soll, wenn die Miterben den Nachlass vor Bereinigung sämtlicher Nachlassverbindlichkeiten (§ 2046 Abs. 1) voreilig geteilt haben oder sich nicht
ausreichend um die Ermittlung der Nachlassgläubiger bemüht haben (MüKo/*Heldrich*
Rn 2; Soergel/*Wolf* Rn 1). Nach der Teilung haftet jeder Miterbe dann als Gesamtschuldner
für die noch nicht bereinigten Nachlassverbindlichkeiten in voller Höhe mit seinem Eigenvermögen (BGH NJW 1998, 682), vorbehaltlich der §§ 2060, 2061 und der allgemeinen
Regelungen der §§ 1994, 2005, 2013 (Soergel/*Wolf* Rn 1 f). § 2060 enthält Ausnahmen von
diesem Grundsatz unter den Voraussetzungen der Nr. 1 – 3. Die Miterben haften dann nur
mit dem ihrer Erbquote entsprechenden Anteil für die Nachlassverbindlichkeiten als
Teilschuld (Soergel/*Wolf* Rn 1). Haben die Miterben von sämtlichen Möglichkeiten zur
Ermittlung und Befriedigung der Nachlassverbindlichkeiten Gebrauch gemacht, soll die
Miterben durch § 2060 nach der Teilung die gesamtschuldnerische Haftung nicht mehr
treffen (MüKo/*Heldrich* Rn 1; Soergel/*Wolf* Rn 1).
Nach der Teilung kann der Nachlassgläubiger auch bei fortbestehender gesamtschuldne- 2
rischer Haftung nicht mehr die Gesamthandsklage (§ 2059 Abs. 2) mit dem Ziel der
Befriedigung aus dem Nachlass erheben, da die Gesamthandsgemeinschaft mit der Teilung des Nachlasses aufgehoben wurde und die einzelnen Nachlassgegenstände in das
Eigenvermögen der Miterben überführt wurde (MüKo/*Heldrich* Rn 2; Soergel/*Wolf* Rn 3).
Liegen die Voraussetzungen der §§ 2060 Nr. 1 – 3 oder 2061 Abs. 1 vor, wandelt sich die 3
Gesamtschuld kraft Gesetzes in eine Teilschuld um (MüKo/*Heldrich* Rn 3).
Ist die Haftung gem §§ 2060, 2061 beschränkt, bedarf es keines Vorbehaltes im Urteil gem 4
§ 780 ZPO, da im Urteil nur eine anteilige Haftung ausgesprochen ist (Soergel/*Wolf* Rn 6).

§ 2060 BGB | Haftung nach der Teilung

B. Nr. 1

5 Die Teilhaftung tritt gem Nr. 1 ein, wenn die Nachlassgläubiger im Aufgebotsverfahren (§§ 1970 ff) mit Ausschlussurteil ausgeschlossen wurden (MüKo/*Heldrich* Rn 7; Soergel/*Wolf* Rn 7). Das Ausschlussurteil wirkt gem § 997 Abs. 1 Satz 1 ZPO zugunsten aller Miterben und erfasst gem § 1972 auch Gläubiger von Pflichtteilsrechten, Vermächtnissen und Auflagen (MüKo/*Heldrich* Rn 7). Das Aufgebotsverfahren steht auch dem unbeschränkt haftenden Miterben zur Verfügung, der dadurch zumindest seine gesamtschuldnerische Haftung in eine Teilhaftung umwanden kann (MüKo/*Heldrich* Rn 7). Der sich durch Nr. 1 ergebende Nachteil ist im Aufgebotsverfahren gem § 997 Abs. 1 Satz 2 ZPO besonders anzudrohen (Palandt/*Edenhofer* Rn 2). Dinglich Berechtigte (§ 1971) werden von dem Aufgebot nicht berührt (Soergel/*Wolf* Rn 7).

6 Die Wirkung gem Nr. 1 treten nur ein, wenn das Ausschlussurteil vor der Teilung ergangen ist. Dies folgt aus dem Sinn und Zweck des § 2060 Nr. 1, der bei einer vorschnellen Teilung die Umwandlung in eine Teilschuld nicht zulässt (Soergel/*Wolf* Rn 4; MüKo/*Heldrich* Rn 8; Palandt/*Edenhofer* Rn 2; aA Staudinger/*Marotzke* Rn 68; Erman/*Schlüter* Rn 4, dies ergebe sich weder aus § 2060 Nr. 1 BGB noch aus § 997 ZPO). Nach der Teilung ist eine Umwandlung in eine Teilschuld durch das Aufgebotsverfahren daher nicht mehr möglich.

C. Nr. 2

7 Die Fünfjahresfrist beginnt mit dem Tod des Erblassers bzw dem im § 1974 Abs. 1 Satz 2 bestimmten Zeitpunkt in den dort genannten Fällen der Todeserklärung oder der Feststellung des Todeszeitpunkts (Soergel/*Wolf* Rn 8).

8 Wird dem Miterben die Forderung des Gläubigers vor Ablauf der Frist bekannt, entsteht keine Teilschuld (MüKo/*Heldrich* Rn 11; differenzierend Staudinger/*Marotzke* Rn 71, eine Teilschuld trete auch dann nicht ein, wenn der Miterbe nach Ablauf der Fünfjahresfrist, aber vor Teilung Kenntnis erlange). Für die Kenntnis ist auf jeden einzelnen Miterben abzustellen, so dass bei Miterben mit Kenntnis die Gesamtschuld fortbesteht und bei Miterben ohne Kenntnis Teilschuld eintritt (Soergel/*Wolf* Rn 8; MüKo/*Heldrich* Rn 11).

9 Es ist ausreichend, wenn der Gläubiger die Forderung innerhalb der Frist außergerichtlich geltend macht (zB Mahnung) (Soergel/*Wolf* Rn 8; Palandt/*Edenhofer* Rn 3), oder diese im gerichtlichen Aufgebotsverfahren anmeldet (MüKo/*Heldrich* Rn 12). Vor Ablauf der Fünfjahresfrist kann idR keine Verwirkung von Ansprüchen der Nachlassgläubiger eintreten (BGH WM 1982, 101, 102; Palandt/*Edenhofer* Rn 3).

10 Gegenüber dinglich Berechtigten (§ 1971) tritt hinsichtlich des dinglichen Rechts keine Teilschuld ein (MüKo/*Heldrich* Rn 13).

D. Nr. 3

11 Eine Teilschuld entsteht gem Nr. 3 bei Eröffnung des **Nachlassinsolvenzverfahrens** (§§ 1975, 1980, 1989) und **Beendigung** dieses Verfahrens durch Verteilung der Masse (§ 200 InsO) oder Insolvenzplan (§ 258 InsO) (MüKo/*Heldrich* Rn 14). Die Eröffnung des Nachlassinsolvenzverfahrens kann jeder Miterbe beantragen (§ 317 Abs. 1 InsO). Wird das Verfahren auf andere Weise beendet, zB durch Einstellung mangels Masse oder durch Zustimmung der Gläubiger (§§ 207, 213 InsO) entsteht keine Teilschuld (MüKo/*Heldrich* Rn 15). Das Verfahren muss **vor der Teilung** eröffnet werden, damit die Wirkung der Nr. 3 eintritt (hM vgl nur Soergel/*Wolf* Rn 4, 9; MüKo/*Heldrich* Rn 14; Palandt/*Edenhofer* Rn 4; aA Staudinger/*Marotzke* Rn 84; Erman/*Schlüter* Rn 6).

12 Nr. 3 ist auf die beendete Nachlassverwaltung analog anzuwenden (MüKo/*Heldrich* Rn 16; Lange/Kuchinke § 50 V 4a Fn 76; aA Staudinger/*Marotzke* Rn 90).

§ 2061 Aufgebot der Nachlassgläubiger

(1) Jeder Miterbe kann die Nachlassgläubiger öffentlich auffordern, ihre Forderungen binnen sechs Monaten bei ihm oder bei dem Nachlassgericht anzumelden. Ist die Aufforderung erfolgt, so haftet nach der Teilung jeder Miterbe nur für den seinem Erbteil entsprechenden Teil einer Forderung, soweit nicht vor dem Ablauf der Frist die Anmeldung erfolgt oder die Forderung ihm zur Zeit der Teilung bekannt ist.

(2) Die Aufforderung ist durch den Bundesanzeiger und durch das für die Bekanntmachungen des Nachlassgerichts bestimmte Blatt zu veröffentlichen. Die Frist beginnt mit der letzten Einrückung. Die Kosten fallen dem Erben zur Last, der die Aufforderung erlässt.

A. Normzweck, Allgemeines

Ebenso wie § 2060 Nr. 1 – 3 wird in § 2061 die Umwandlung der Gesamtschuld (§§ 2058, 421) in eine Teilschuld geregelt (Staudinger/*Marotzke* Rn 1). Die Miterben können mit diesem Privataufgebot, einer im Verhältnis zum gerichtlichen Aufgebotsverfahren billigeren und einfacheren Möglichkeit, die Haftung auf den ihrem rechnerischen Erbteil entsprechenden Teil der Schuld beschränken (MüKo/*Heldrich* Rn 1). **1**

B. Voraussetzungen für den Eintritt der Teilschuld

Die Voraussetzungen für den Eintritt der Teilschuld sind die **öffentliche Aufforderung** durch einen Miterben, der fruchtlose **Fristablauf** sowie die **Teilung** des Nachlasses. **2**

I. Öffentliche Aufforderung

Die öffentliche Aufforderung an die Nachlassgläubiger, ihre Forderungen gegenüber dem Nachlass innerhalb von sechs Monaten bei dem auffordernden Miterben oder dem Nachlassgericht anzumelden, kann jeder Miterbe selbst ausführen. Es handelt sich nicht wie beim Aufgebot der §§ 1970 ff, 2060 Nr. 1 um eine gerichtliche Aufforderung; das Nachlassgericht ist nur für die Veröffentlichung der Aufforderung und die Annahme der Anmeldungen zuständig. Diese Möglichkeit steht nach dem Wortlaut des Gesetzes **jedem Miterben** zu, so dass auch der bereits unbeschränkbar haftende Miterbe die Umwandlung in eine Teilschuld herbeiführen kann (MüKo/*Heldrich* Rn 3). **Öffentlich** ist die Aufforderung gem Abs. 2, wenn diese im Bundesanzeiger und in dem Blatt, welches für die Bekanntmachungen des Nachlassgerichts bestimmt ist, veröffentlicht wird. Letzteres bestimmt sich aus den Anordnungen der jeweiligen Landesjustizverwaltungen (Soergel/*Wolf* Rn 5). **3**

In der Aufforderung ist keine Androhung der Umwandlung der Gesamtschuld in eine Teilschuld erforderlich; anders beim gerichtlichen Aufgebot (§ 997 Abs. 1 Satz 2 ZPO) (Staudinger/*Marotzke* Rn 3).

II. Fristablauf

Die Frist des Abs. 1 von sechs Monaten beginnt gem Abs. 2 Satz 2 mit der letzten Einrückung der Aufforderung. Sie stellt eine Ausschlussfrist dar, deren Hemmung durch höhere Gewalt gem § 206 damit ausgeschlossen ist; die Fristberechnung findet nach den §§ 187, 188, 193 statt. **4**

Wenn innerhalb der Frist keine **Anmeldung** bei dem auffordernden Erben oder dem Nachlassgericht erfolgt ist, tritt gem Abs. 1 Satz 2 die Folge ein, dass nach der Teilung jeder Miterbe nur noch mit dem auf seinen rechnerischen Erbteil begrenzten Anteil für eine Forderung gegen den Nachlass haftet. Nicht ordnungsgemäß ist eine Anmeldung, die **5** nur gegenüber einem anderen Erben als dem auffordernden Erben erfolgt; sie bewirkt nur eine Kenntnis des betreffenden Erben. Erst eine Weiterleitung an das Nachlassgericht oder den auffordernden Miterben hat die ordnungsgemäße Anmeldung zur Folge (MüKo/*Heldrich* Rn 4).

6 Ist die Forderung einem Miterben zum Zeitpunkt der Teilung **bekannt** gewesen, tritt die teilschuldnerische Haftung für diesen Erben nicht ein. Dies bedeutet, dass je nach Kenntnis eine dem Umfang nach unterschiedliche Haftung der Miterben entstehen kann (MüKo/*Heldrich* Rn 4).

III. Teilung des Nachlasses

7 Für den Eintritt der teilschuldnerischen Haftung ist die Aufforderung, der Fristablauf sowie die Nachlassteilung Voraussetzung (str). Soweit die Teilung vor Fristablauf erfolgt, tritt die Teilhaftung jedoch erst mit Fristablauf ein; eine Aufforderung nach Teilung des Nachlasses ist nicht zulässig (Palandt/*Edenhofer* Rn 2; Soergel/*Wolf* Rn 2). Teilweise wird gefordert, die Teilung des Nachlasses dürfe erst nach Ablauf der Frist erfolgen (MüKo/*Heldrich* Rn 5) bzw vertreten, eine Teilung könne auch schon vor Einleitung oder Durchführung des Aufforderungsverfahrens stattfinden (Staudinger/*Marotzke* Rn 10).

8 Die Stellung der gem § 1971 dinglich Berechtigten bleibt von dem Privataufgebot unberührt, soweit die Befriedigung aus den ihnen haftenden Gegenständen betroffen ist (Staudinger/*Marotzke* Rn 11); das Privataufgebot entfaltet jedoch Wirkung gegenüber den nachlassbeteiligten Gläubigern gem § 1972 (MüKo/*Heldrich* Rn 6; bestr).

C. Kosten/Gebühren

8a Die **Kosten** des Privataufgebots fallen als Eigenverbindlichkeiten gem Abs. 2 S. 3 dem die Aufforderung erlassenen Erben zur Last. Diesem Miterben kann jedoch ein Erstattungsanspruch aus auftrag (§ 670 BGB) oder der Geschäftsführung ohne Auftrag (§ 683 BGB) zustehen (MüKo/*Heldrich* Rn 7, differenzierend Staudinger/*Marotzke* Rn 6).

9 **Gebühr** für die Entgegennahme der Anmeldungen: $1/4$ (§ 112 Abs. 1 Nr. 2 KostO). Beim Zusammenhang mit einem anderen gebührenpflichtigen Nachlassverfahren nach den §§ 101 – 117 KostO entfällt die Gebühr des § 112 KostO (§ 115 KostO). Zu den Voraussetzungen siehe § 1945 Rn 9 ff.

10 **Wert**: Maßgebend ist der Gesamtbetrag der angemeldeten Forderungen (§ 112 Abs. 2 Satz 2 KostO) ohne Nebenforderungen (§ 18 Abs. 2 KostO).

11 **Kostenschuldner**: Der Miterbe, der das Aufgebot erlassen hat, ist Kostenschuldner (§ 112 Abs. 2 Satz 2 KostO).

D. Beweislast

12 Die Beweislast für den Eintritt der teilschuldnerischen Haftung trifft den sich darauf berufenden Miterben; er muss den ordnungsgemäßen Erlass der Aufforderung, den Fristablauf sowie die Nachlassteilung beweisen (MüKo/*Heldrich* Rn 8). Der Nachlassgläubiger hat die rechtzeitige Anmeldung der Forderung bzw die Kenntnis des Miterben zum Zeitpunkt der Teilung zu beweisen (Staudinger/*Marotzke* Rn 12).

§ 2062 Antrag auf Nachlassverwaltung

Die Anordnung einer Nachlassverwaltung kann von den Erben nur gemeinschaftlich beantragt werden; sie ist ausgeschlossen, wenn der Nachlass geteilt ist.

A. Normzweck, Allgemeines

Da die Anordnung der Nachlassverwaltung gem § 1981 den Miterben die gemeinsame 1
Verwaltungs- und Verfügungsbefugnis nimmt (§ 1984 Abs. 1 Satz 1), kann die Antragsstellung zur Anordnung der Nachlassverwaltung nur durch alle Miterben gemeinschaftlich erfolgen, denn ein Miterbe allein soll nicht den anderen die Verwaltung entziehen können. Die Beantragung durch den Testamentsvollstrecker allein ist jedoch möglich, ohne dass die Miterben ein Mitspracherecht haben, da sich § 2062 nur auf das Antragsrecht der Erben und nicht auf das des Testamentsvollstreckers bezieht (Staudinger/*Marotzke* Rn 3).

Durch den Ausschluss der Nachlassverwaltung nach Teilung des Nachlasses sollen die 2
Erben dazu veranlasst werden, die Nachlassverbindlichkeiten bereits vor der Teilung zu berichtigen (§ 2046), da sie mit der Nachlassteilung das für sie zur Beschränkung der Haftungsmasse dienliche Mittel der Nachlassverwaltung verlieren (MüKo/*Heldrich* Rn 2).

B. Antragstellung

Die Antragsstellung ist nur von sämtlichen Miterben gemeinsam möglich und kann nicht 3
durch Mehrheitsbeschluss erzwungen werden, da die Beantragung keine Verwaltungsmaßnahme iSd § 2038 darstellt (Palandt/*Edenhofer* Rn 1). Nach hM ist der Antrag unzulässig, sobald ein Miterbe allen Nachlassgläubigern unbeschränkbar haftet (§ 2013) (vgl nur MüKo/*Heldrich* Rn 3 mwN, abweichend Staudinger/*Marotzke* Rn 12). Ein Miterbe, der zugleich Nachlassgläubiger ist, kann unter den Voraussetzungen des § 1981 Abs. 2 die Nachlassverwaltung auch allein beantragen; hierfür genügt, dass das in § 1981 Abs. 2 Satz 1 vorausgesetzte Verhalten bzgl eines Miterben vorliegt (BayObLGZ 1966, 75 f).

Ein Erbteil kann ebenso wenig Gegenstand der Nachlassverwaltung sein wie Gegenstand 4
des Nachlassinsolvenzverfahrens (§ 316 Abs. 3 InsO) (Staudinger/*Marotzke* Rn 6); der Erbteil kann jedoch von Nachlassgläubigern gepfändet werden (Palandt/*Edenhofer* § 2033 Rn 15).

Das Einverständnis sowie die Antragsberechtigung aller Miterben müssen zum Zeitpunkt 5
der Entscheidung über den Antrag gegeben sein; sobald ein Miterbe den Antrag zurücknimmt oder allen Gläubigern unbeschränkbar haftet, wird der Antrag unzulässig (Soergel/*Wolf* Rn 2).

Der Antrag auf Aufhebung der Nachlassverwaltung wegen Zweckerreichung kann von 6
jedem Miterben allein gestellt werden, da es sich hierbei nur um eine Anregung zu einer vom Nachlassgericht von Amts wegen zu treffenden Maßnahme handelt (MüKo/*Heldrich* Rn 7). Gegen die Ablehnung dieser Anregung kann ebenfalls jeder Miterbe Beschwerde einlegen (Staudinger/*Marotzke* Rn 15).

Andere Mittel zur Haftungsbeschränkung wie bspw das Nachlassinsolvenzverfahren 7
(§ 317 InsO) kann grds jeder Miterbe allein ergreifen, auch wenn er bereits unbeschränkbar haftet (MüKo/*Heldrich* Rn 12).

C. Beschwerde

Die Beschwerde gegen die Zurückweisung des Antrags auf Nachlassverwaltung ist eben- 8
so wie der Antrag nur von sämtlichen Miterben gemeinschaftlich zu erheben. Entgegen § 76 Abs. 1 FGG kann eine einfache Beschwerde nach § 19 FGG gegen die Anordnung der Nachlassverwaltung durch jeden Miterben allein erhoben werden, wenn die Nachlassverwaltung entgegen § 2062 nicht auf Antrag aller Miterben angeordnet wurde (MüKo/*Heldrich* Rn 6).

D. Teilung

Nach der Teilung (Hs 2) (vgl zum Begriff der Teilung § 2059 Rn 2) ist die Nach- 9
lassverwaltung ausgeschlossen; auch der Nachlassgläubiger kann sie nach hM nicht

mehr beantragen (Palandt/*Edenhofer* Rn 2, Soergel/*Wolf* Rn 3; aA Staudinger/*Marotzke* Rn 18).

10 Der Nachlass ist iSd Hs 2 als geteilt anzusehen, wenn die Gemeinschaft im Allgemeinen als aufgelöst erscheint, weil ein erheblicher Teil aus dem Gesamthandsvermögen in das Einzelvermögen der Miterben überführt wurde. Auch in diesem Fall ist die Nachlassverwaltung ausgeschlossen, selbst wenn der ungeteilte Rest zur Erfüllung der Nachlassverbindlichkeiten ausreicht (Staudinger/*Marotzke* Rn 21 f, vgl zum Streitstand des Begriffs der Teilung § 2059 Rn 2).

11 Bei der Aufhebung der Erbengemeinschaft ohne rechtsgeschäftliche Teilung durch Vereinigung aller Erbteile in der Hand eines Miterben ist die Nachlassverwaltung nach Sinn und Zweck der Vorschrift noch zulässig (Soergel/*Wolf* Rn 3, MüKo/*Heldrich* Rn 9).

12 Ebenso ist bei dem automatischen Zerfall einer einheitlichen Gesellschafterstellung des Erblassers in einer Personengesellschaft kraft Sonderrechtsnachfolge in mehrere selbständige Anteile der Miterben die Beantragung der Nachlassverwaltung durch jeden Erbengesellschafter allein und durch jeden Nachlassgläubiger möglich (Palandt/*Edenhofer* Rn 2, MüKo/*Heldrich* Rn 10, differenzierend Staudinger/*Marotzke* Rn 25 ff).

§ 2063 Errichtung eines Inventars, Haftungsbeschränkung

(1) Die Errichtung des Inventars durch einen Miterben kommt auch den übrigen Erben zustatten, soweit nicht ihre Haftung für die Nachlassverbindlichkeiten unbeschränkt ist.

(2) Ein Miterbe kann sich den übrigen Erben gegenüber auf die Beschränkung seiner Haftung auch dann berufen, wenn er den anderen Nachlassgläubigern gegenüber unbeschränkt haftet.

A. Normzweck, Allgemeines

1 Die Errichtung eines Nachlassverzeichnisses (§§ 1993 ff) durch nur einen Miterben genügt dem Schutzbedürfnis der Nachlassgläubiger, solange es den gesamten Nachlass und nicht nur den Erbteil des errichtenden Miterben zum Gegenstand hat. Die Inventarerrichtung kommt insofern den anderen Miterben zugute, ohne dass diese selbst ein Inventar errichten müssen, sofern sie nicht schon unbeschränkbar haften (Palandt/*Edenhofer* Rn 1). In Abs. 2 wird die Beschränkung der Haftungsmasse eines Miterben gegenüber einem Miterbengläubiger auch bei bereits unbeschränkbarer Haftung gegenüber anderen Nachlassgläubigern zugelassen. Hiermit wird dem Umstand Rechnung getragen, dass jeder Erbe ein Nachlassverzeichnis errichten und sich über den Bestand des Nachlasses informieren kann (Soergel/*Wolf* Rn 1).

B. Inventarerrichtung und -verfehlungen

2 Das Recht zur **Inventarerrichtung** steht jedem Miterben selbständig zu. Eine Verpflichtung zur Mitwirkung der anderen Miterben an dem Nachlassverzeichnis besteht grds nicht; ggf kann von den Miterben jedoch ein Verzeichnis der in ihrem Besitz befindlichen Nachlassgegenstände verlangt werden (Staudinger/*Marotzke* Rn 3).

3 Die rechtzeitige und getreue Inventarerrichtung (aA Staudinger/*Marotzke* Rn 7 ff: die Rechtsfolge für andere Miterben setze nicht voraus, dass das Inventar dem Miterben zugutekomme, der es errichtet habe) durch einen Miterben wirkt nach Abs. 1 auch ohne Bezugnahme (§ 2004) zugunsten der anderen Miterben, sofern diese das Inventar noch wirksam (fristgerecht) errichten können (MüKo/*Heldrich* Rn 2). Da die Inventarfrist gem

§ 1994 Abs. 1 jedem Miterben einzeln gesetzt werden und nicht allen Miterben gegenüber einheitlich bestimmt sein muss, kann sie gegenüber jedem Miterben unterschiedlich laufen. Dadurch ist es möglich, dass ein Miterbe, der wegen Fristablaufs bereits unbeschränkt haftet, sich nicht mehr auf ein von einem Miterben rechtzeitig errichtetes Inventar berufen kann. Gleiches gilt bei unbeschränkter Haftung eines Miterben wegen unrichtiger Errichtung oder Verweigerung der eidesstattlichen Versicherung (§§ 2005, 2006 Abs. 3), es sei denn, der Miterbe hat das Haftungsbeschränkungsrecht nur gegenüber einzelnen Nachlassgläubigern verloren (MüKo/*Heldrich* Rn 2, Staudinger/*Marotzke* Rn 5).

Inventarverfehlungen eines Miterben gem §§ 1994 Abs. 1 Satz 2, 2005 Abs. 1, 2006 Abs. 3 **4**
wirken sich nicht zum Nachteil der anderen Miterben aus, soweit keine dolose Bezugnahme eines Miterben auf das von einem anderen Miterben errichtete falsche Inventar gem § 2004 vorliegt (Staudinger/*Marotzke* Rn 4). Da die anderen Miterben nicht für die Inventarerrichtung des Miterben verantwortlich sind, kann eine eidesstattliche Versicherung gem §§ 2006 bzw, 260 Abs. 2 von ihnen nicht verlangt werden (Palandt/*Edenhofer* Rn 1, MüKo/*Heldrich* Rn 2, teilweise aA Staudinger/*Marotzke* Rn 15 f).

C. Haftung

Abs. 2 liegt die Konstellation zugrunde, dass der Miterbe von einem Miterbengläubiger **5**
wegen einer Nachlassverbindlichkeit in Anspruch genommen wird (Staudinger/*Marotzke* Rn 17 m Bsp). Hier bleibt das Haftungsbeschränkungsrecht gegenüber den Miterben erhalten, auch wenn der Miterbe wegen Inventarverfehlungen anderen Nachlassgläubigern bereits unbeschränkbar haftet. Dem Miterbengläubiger gegenüber kann der Miterbe daher immer die Haftung auf den Nachlass beschränken; allerdings tritt diese Haftungsbeschränkung nicht automatisch ein, sondern muss vom Miterben geltend gemacht worden sein (MüKo/*Heldrich* Rn 4).

Die Frage, ob die Miterben dem Miterbengläubiger gesamtschuldnerisch oder nur teil- **6**
schuldnerisch haften, richtet sich nach §§ 2060, 2061.

Gem § 185 Abs. 2 Satz 1 Hs 3 wird grds die Verfügung eines Nichtberechtigten wirksam, **7**
wenn er von dem Berechtigten beerbt wird und dieser für die Nachlassverbindlichkeiten unbeschränkt haftet. Die Verfügung des nichtberechtigten Erblassers zugunsten eines Miterben wird hingegen wegen der beschränkbaren Haftung der Miterben untereinander nicht wirksam, auch wenn sie den anderen Nachlassgläubigern gegenüber unbeschränkt haften (Palandt/*Edenhofer* Rn 2, Erman/*Schlüter* Rn 2).

Vorbemerkungen vor §§ 2064 ff BGB

A. Auf Testamente anwendbare Vorschriften

Das Testament ist ein einseitiges Rechtsgeschäft, das aus einer nicht empfangsbedürftigen **1**
Willenserklärung besteht, so dass grds die §§ 104 ff anwendbar sind, soweit sich nicht im fünften Buch des BGB Spezialregelungen finden.

I. §§ 104 – 113: Testierfähigkeit; Testierwille

Die Vorschriften zur Geschäftsfähigkeit werden durch § 2229, der die Testierfähigkeit **2**
regelt, verdrängt. Der Testierwille stellt die erbrechtliche Form des rechtsgeschäftlichen Erklärungsbewusstseins oder Erklärungswillens dar, zielt also anders als der konkrete Geschäftswille lediglich auf die Herbeiführung von Rechtsfolgen durch Verfügung von Todes überhaupt ab. Ob ein derartiger Wille des Erblassers vorliegt oder ob es sich bei dem aufgefundenen Schriftstück nur um Vorüberlegungen oder einen Entwurf des Erb-

lassers handelt, ist im Wege der Auslegung, § 133, zu ermitteln; dabei spricht keine Vermutung für das Vorliegen des Testierwillens.

II. §§ 116 – 124; 142 – 144: Willensmängel

3 §§ 116 – 118 sind auf Testamente nur beschränkt anwendbar. Ein Einverständnis mit dem Erklärungsempfänger iSd § 117 ist mangels Erklärungsempfängers nicht denkbar. § 116 (RGZ 104, 320, 322; BayObLG FamRZ 1977, 347; OLG Frankfurt FamRZ 1993, 858, 860; aA *Lange/Kuchinke* § 35 I 1b) und § 118 können hingegen Anwendung finden. Eine Schadensersatzpflicht aus § 122 besteht jedoch nicht (MüKoBGB/*Leipold* vor § 2064 Rn 2).

4 In §§ 2078 ff finden sich Sonderregelungen zur Anfechtung von Testamenten. §§ 2078, 2079 regeln anstelle der §§ 119, 120, 123 besondere Anfechtungsgründe, § 2082 verdrängt die Regelungen der §§ 121, 124 zur Anfechtungsfrist. § 122 ist nicht anwendbar, § 2078 Abs. 3. Die Wirkung der Anfechtung ergibt sich hingegen aus § 142. Bezüglich des Anfechtungsadressaten verdrängt § 2081 in seinem Anwendungsbereich § 143. Der Erblasser kann die anfechtbare Verfügung bestätigen, § 144 Abs. 1, mit der Folge, dass den nach § 2080 Anfechtungsberechtigten kein Anfechtungsrecht zusteht.

III. §§ 125 – 129: Form

5 Besondere, die §§ 126 ff verdrängende Formvorschriften finden sich in §§ 2231 ff Für die Folgen des Formverstoßes gilt § 125 Satz 1.

IV. §§ 130 – 132: Wirksamwerden; Bindung

6 Als nicht empfangsbedürftige Willenserklärung wird das Testament bereits mit Errichtung wirksam und ist frei widerruflich, § 2253. Die §§ 130 ff gelten nicht. Das Vertrauen der Bedachten auf den Fortbestand des Testaments wird also nicht geschützt. Wird eine Bindung angestrebt, so ist ein Erbvertrag zu schließen.

V. §§ 133 – 141

7 § 133 gilt auch für die Auslegung von Testamenten (dazu § 2084 Rn 5 ff). Mängel der vom Erblasser getroffenen Anordnungen werden durch besondere Vorschriften beseitigt, die Auswirkungen von Unklarheiten oder Lücken im Testament beschränken, §§ 2066 – 2073, 2084 – 2086.

8 Eine letztwillige Verfügung kann nach §§ 134, 138 nichtig sein (vgl zur relativen Erbunfähigkeit § 1923 Rn 22 ff, zur Sittenwidrigkeit u Rn 13). Mangels Vorliegen einer Verfügung iSd §§ 135 – 137 können diese Normen nicht angewendet werden. § 139 wird durch § 2085 verdrängt. Letztwillige Verfügungen können umgedeutet werden, § 140. Eine Bestätigung iSd § 141 ist möglich.

VI. §§ 145 – 157: Besondere Vorschriften über Verträge

9 Auf das Testament als einseitiges Rechtsgeschäft können §§ 145 ff nicht angewendet werden.

VII. §§ 158 – 163: Bedingung und Befristung

10 Aus §§ 2075, 2075 ergibt sich die Möglichkeit bedingter oder befristeter letztwilliger Verfügungen, so dass §§ 158 ff grds angewendet werden können.

VIII. §§ 164 – 181: Stellvertretung

11 Die Stellvertretungsregeln sind wegen der Höchstpersönlichkeit der Testamentserrichtung, §§ 2064, 2065, nicht anwendbar.

IX. §§ 182–185: Genehmigung

Das Testament als höchstpersönliches Rechtsgeschäft bedarf keiner Genehmigung durch Dritte. 12

B. Nichtigkeit letztwilliger Verfügungen wegen Verstoßes gegen die guten Sitten

I. Allgemeines

Erbrechtliche Verfügungen können ebenso wie Rechtsgeschäfte unter Lebenden gegen die guten Sitten verstoßen. Folge ist die Nichtigkeit der Verfügung, § 138 Abs. 1 (insb zur Sittenwidrigkeit von Bedingungen, die unzumutbaren Druck auf den Zuwendungsempfänger ausüben, vgl §§ 2074, 2075 Rn 6 ff), soweit die Sittenwidrigkeit reicht. Angesichts der in Art. 14 GG geschützten Testierfreiheit ist bei der Bejahung der Sittenwidrigkeit Zurückhaltung zu üben. Voraussetzung ist das Vorliegen objektiv sittenwidriger Tatsachen, die (anders als das Sittenwidrigkeitsurteil selbst) dem Erblasser evident waren. Die Sittenwidrigkeit ist – wie bei anderen Rechtsgeschäften – zum Zeitpunkt der Vornahme zu beurteilen (BGHZ 20, 71). Es wird jedoch zu Recht darauf hingewiesen, dass eine Verfügung, die bei Eintritt des Erbfalls aufgrund eines Wandels der Anschauungen nicht mehr als sittenwidrig anzusehen ist, nach den zur Zeit des Erbfalls herrschenden Kriterien zu behandeln ist (OLG Hamm FamRZ 1979, 1074; Erman/ *Schmidt* vor § 2064 Rn 13; *Lange/Kuchinke* § 34 IV 5; krit Staudinger/*Otte* vor § 2064 Rn 182). 13

II. Fallgruppen

1. Belohnung sittenwidrigen Verhaltens

Die bislang herrschende Auffassung hielt eine Zuwendung für sittenwidrig, wenn sie den ausschließlichen Zweck hatte, Geschlechtsverkehr zu entlohnen oder durch die Aussicht auf den künftigen Erwerb zum Geschlechtsverkehr zu motivieren (vgl BGHZ 53, 369; Soergel/*Stein* § 1937 Rn 28; »Mätressentestament«). IdR kommt eine Sittenwidrigkeit jedoch schon deshalb nicht in Betracht, weil die Motivation des Erblassers nicht ausschließlich im sexuellen Bereich liegt (BayObLG FamRZ 2002, 915). Inzwischen hat das ProstG v 20. 12. 2001 dieser Auffassung den Boden entzogen. Wenn § 1 Satz 1 dieses Gesetzes die Vereinbarung eines Entgelts für sexuelle Kontakte für rechtsverbindlich erklärt, kann eine solche Vereinbarung nicht gleichzeitig wegen Sittenwidrigkeit für nichtig gehalten werden. Gleiches gilt für ein von Todes wegen zugewendetes Entgelt (Staudinger/*Otte* vor § 2064 Rn 150; Armbrüster NJW 2002, 2764), vgl aber u Rn 16. 14

Auszug aus dem ProstG

§ 1: Sind sexuelle Handlungen gegen ein vorher vereinbartes Entgelt vorgenommen worden, so begründet diese Vereinbarung eine rechtswirksame Forderung. 15

2. Verletzung familiärer Solidaritätspflichten

Ehegatten tragen füreinander Verantwortung, § 1353 Abs. 1 Satz 2, Eltern und Kinder sind einander Beistand und Rücksicht schuldig, § 1618a. Diese Verpflichtungen gelten auch im Bereich der Errichtung letztwilliger Verfügungen. Grds ist der Erblasser bereits durch das die Testierfreiheit beschränkende Pflichtteilsrecht, §§ 2303 ff, zu familiärer Solidarität gezwungen (*Grziwotz* ZEV 1994, 269). Darüber hinaus verstößt in Ausnahmefällen eine Verfügung von Todes wegen gegen die guten Sitten, wenn sie den Ehegatten oder ein Kind zugunsten nichtpflichtteilsberechtigter Personen übergeht und dies trotz Pflichtteilsanspruches die Folge hat, dass der Übergangene bedürftig iSd Unterhaltsrechts bleibt oder wird (BGH NJW 198, 2150 f; BayObLG FamRZ 2002, 915). Eine Ungleichbehandlung von 16

§ 2064 BGB | Persönliche Errichtung

Angehörigen, also eine Übergehung eines Angehörigen zugunsten eines anderen Angehörigen verstößt nicht gegen § 138 (vgl BVerfG NJW 2000, 2495).

17 Der BGH bejaht die Voraussetzungen des § 138 Abs. 1 BGB darüber hinaus auch bei »kränkender Zurücksetzung naher Angehöriger« hinter fernstehendere Personen, etwa Geliebte oder Freunde (BGH FamRZ 1963, 287; BGH NJW 1984, 2150). Es erscheint jedoch angesichts der Pflichtteilsansprüche nur die krasse Zurücksetzung in Gestalt der praktisch völligen Enterbung als Anknüpfungspunkt für die Sittenwidrigkeit; § 138 wäre missverstanden, wenn man aus der Vorschrift einen weitergehenden Schutz bloßer Empfindlichkeit herleiten wollte (BayObLG FamRZ 1992, 226; Staudinger/*Otte* vor § 2064 Rn 168).

3. Testierfreiheit und Sozialleistungen (Behindertentestament)

18 Als sittenwidrig wurde es zum Teil auch angesehen, wenn ein Erblasser, zu dessen pflichtteilsberechtigten Angehörigen ein Empfänger von Sozialhilfe zählt, Zuwendungen an diese Person so gestaltet, dass diese nicht dem Zugriff des Sozialhilfeträgers ausgesetzt sind (LG Konstanz FamRZ 1992, 360; LG Flensburg NJW 1993, 1866; krit Staudinger/*Otte* vor § 2064 Rn 174; *Hohloch* JuS 1990, 938; *Kuchinke* FamRZ 1992, 362; *Damrau* ZEV 1998, 1). Der BGH hat jedoch die Sittenwidrigkeit von Behindertentestamenten verneint. Eine Verfügung von Todes wegen, mit der Eltern ihr behindertes, auf Kosten der Sozialhilfe untergebrachtes Kind nur als Vorerben auf einen den Pflichtteil kaum übersteigenden Erbteil einsetzen, bei seinem Tod ein anderes Kind als Nacherben berufen und dieses zum Vollerben auch des übrigen Nachlasses bestimmen, verstößt nach Auffassung des BGH nicht gegen § 138 Abs. 1, auch soweit dadurch der Träger der Sozialhilfe Kostenersatz nicht erlangt (BGH NJW 1994, 248; genauso BGH NJW 1990, 2055). Zur Gestaltung *Ruby* ZEV 2006, 66; *Nazari ua* ZEV 2005, 377; *Grziwotz* ZEV 2002, 409.

Abschnitt 3 Testament
Titel 1 Allgemeine Vorschriften

§ 2064 Persönliche Errichtung

Der Erblasser kann ein Testament nur persönlich errichten.

1 Die persönliche Errichtung eines Testaments ist in § 2064 zwingend vorgeschrieben, um die freie Willensentschließung des Erblassers zu sichern. Die Vorschrift schließt die rechtsgeschäftliche (BayObLG FamRZ 1990, 441) wie ges (vgl auch §§ 1903, 2229) Vertretung des Erblassers aus, sei es im Willen, sei es in der Erklärung (BGH NJW 1955, 100). Das von einem Vertreter errichtete Testament ist nichtig (formelle Höchstpersönlichkeit). Es wird auch nicht durch nachträgliche Genehmigung des Erblassers wirksam. Davon Abzugrenzen ist die bloße Beratung durch einen Notar oder RA bei Letztentscheidung durch den Erblasser.

2 Auch der Widerruf eines Testaments durch Testament, §§ 2254, 2258, unterliegt dem Gebot der formellen Höchstpersönlichkeit. Die Rückgabe eines Testamentes nach § 2256 muss an den Erblasser persönlich erfolgen. Jedoch kann der Erblasser, der sich zum Widerruf eines Testaments entschlossen hat, einen Dritten mit der Vernichtung des Schriftstücks beauftragen, vgl § 2255.

3 Vorschriften, die persönliches Handeln des Erblassers anordnen, finden sich darüber hinaus für den Abschluss von Erbverträgen, § 2274, und Erbverzichtsverträgen, § 2374 Abs. 2, für die Bestätigung eines anfechtbaren Erbvertrages, § 2284 Satz 1, die Aufhebung eines Erbvertrags, § 2290 Abs. 1, und den Rücktritt vom Erbvertrag, § 2296 Abs. 1 Satz 1.

§ 2065 Bestimmung durch Dritte

(1) Der Erblasser kann eine letztwillige Verfügung nicht in der Weise treffen, dass ein anderer zu bestimmen hat, ob sie gelten oder nicht gelten soll.

(2) Der Erblasser kann die Bestimmung der Person, die eine Zuwendung erhalten soll, sowie die Bestimmung des Gegenstands der Zuwendung nicht einem anderen überlassen.

Literatur
Goebel, Drittbestimmung des Unternehmensnachfolger-Erben? – Eine Rückbesinnung auf die reichsgerichtliche Rechtsprechung zur materiellen Höchstpersönlichkeit des Testaments, DNotZ 2004, 101; *Keim*, Das Gebot der höchstpersönlichen Erbenbestimmung bei Testamentsgestaltung, FamRZ 2003, 137; *Mayer*, Die Bestimmung des Erben durch Dritte, ZEV 1995, 247; *Mayer*, Ermächtigung des Vorerben zur Beseitigung der Nacherbschaft, ZEV 1996, 104; *Wagner*, Erbeinsetzung unter einer Potestativbedingung und § 2065 BGB, ZEV 1998, 255.

A. Allgemeines

Der Erblasser muss Geltung und Inhalt sämtlicher Verfügungen selbst festlegen, also seinen Willen vollständig und abschließend selbst bilden (materielle Höchstpersönlichkeit). Er darf deshalb die Entscheidung, ob und wann eine Verfügung gelten soll, wer Zuwendungsempfänger ist und welchen Gegenstand dieser erhalten soll, nicht einem Dritten überlassen. Vor Anwendung des § 2065 ist zunächst der Wille des Erblassers durch Auslegung zu ermitteln (vgl etwa BayObLG NJW 1988, 2742). Erst wenn der Inhalt hiernach unklar bleibt oder ein Dritter zur Entscheidung über Geltung, Empfänger oder Gegenstand berufen ist, stellt sich die Frage nach der Vereinbarkeit mit dem Selbstbestimmungsgebot (BayObLG FamRZ 2002, 200). 1

Verfügungen, die gegen § 2065 verstoßen, sind nichtig (BayObLG FamRZ 2000, 1392, 1394). In Betracht kommt jedoch eine Umdeutung der unwirksamen Erbeinsetzung etwa in ein wirksames Vermächtnis oder eine wirksame Auflage, § 140 (BGH WM 1987, 564). 2

B. Geltung einer letztwilligen Verfügung

I. Unzulässige Anordnungen

§ 2065 Abs. 1 verbietet es, die Geltung des Testaments insgesamt oder einer einzelnen darin enthaltenen letztwilligen Verfügung vom Willen eines Dritten abhängig zu machen. Deshalb kann der Erblasser seine Verfügungen weder an die Zustimmung eines Dritten knüpfen noch einen Dritten ermächtigen, sie zu widerrufen oder abzuändern (RGZ 79, 32) oder unter mehreren Verfügungen auszuwählen. So kann zB dem überlebenden Ehegatten in einem Ehegattentestament oder Erbvertrag nicht das Recht eingeräumt werden, Zuwendungen seitens des verstorbenen Ehegatten zu ändern oder aufzuheben, »wenn das Verhalten der im Testament bedachten Personen dem Überlebenden berechtigten Anlass zu Beschwerden gibt« (BGH NJW 1951, 959). 3

II. Zulässige Anordnungen

Wohl aber kann der Erblasser bestimmten, dass für Streitigkeiten über Wirksamkeit oder Inhalt des Testaments ein Schiedsrichter zuständig ist, vgl § 1066 ZPO, der jedoch nicht anstelle des Erblassers, sondern anstelle der staatlichen Zivilgerichtsbarkeit handelt; dieses Amt kann auch der Testamentsvollstrecker wahrnehmen (RGZ 100, 76), soweit er dabei nicht Richter in eigener Sache wird, vgl § 41 ZPO (BGHZ 41, 23). 4

5 Das Verbot, die Entscheidung über die Geltung einem anderen zu überantworten, § 2065 Abs. 1, verbietet nicht aufschiebend oder auflösend bedingte Verfügungen, vgl §§ 2074, 2075. Zur Entscheidung über den Eintritt der Bedingung kann der Erblasser einen Schiedsgutachter einsetzen. Die Bedingung muss jedoch ausreichend bestimmt formuliert sein. Eine Potestativbedingung ist nur dann zulässig, wenn für den Erblasser das Ereignis, nicht aber dessen Abhängigkeit vom Willen eines Dritten im Vordergrund steht, weil ansonsten die Bedingung auf eine Vertretung im Willen hinausliefe (BGH NJW 1955, 100; BayObLG NJW 1993, 138; KG ZEV 1998, 260; OLG Stuttgart FGPrax 2005, 221). Eine Vertretung im Willen soll insb dann vorliegen, wenn zwar das Ereignis bestimmt ist, sein Eintritt aber von jeder beliebigen Person herbeigeführt werden kann (Grabpflege, Einäscherung, Beistand, Pflege, vgl BayObLG FamRZ 1991, 610; BayObLG FamRZ 1992, 987; OLG Frankfurt am Main FamRZ 1992, 226; KG ZEV 1998, 260; aA *Wagner* ZEV 1998, 255; Staudinger/*Otte* § 2065 Rn 15), sodass etwa nicht »derjenige, der micht pflegt« zum Erben eingesetzt werden kann.

6 Zulässig ist es jedenfalls, dass die Wirksamkeit der Verfügung davon abhängt, ob der Bedachte den Pflichtteil fordert, die Erbschaft ausschlägt, heiratet, oder eine bestimmte Ausbildung abschließt. Ebenfalls zulässig ist die Einsetzung von Nacherben unter der Bedingung, dass der Vorerbe keine (BGH NJW 1981, 2051) oder eine ganz bestimmte (BGHZ 59, 220, 222) Verfügung über seinen eigenen Nachlass (nicht jedoch über den Nachlass der Erblassers, Rn 10) trifft (Staudinger/*Otte* § 2065 Rn 20; aA MüKo/*Leipold* § 2065 Rn 10: Auch hier greift der Vorerbe unzulässig auf die Erbfolge nach dem Erblasser zu). Errichtet der Vorerbe eine bedingungswidrige Verfügung, so entfällt die Nacherbeneinsetzung und er wird damit rückwirkend Vollerbe.

C. Zuwendungsempfänger und Zuwendungsgegenstand

7 § 2065 Abs. 2 gebietet es dem Erblasser, bei Erbeinsetzungen Zuwendungsempfänger und -gegenstand selbst zu bestimmen, also so zu benennen, dass eine Bestimmung nach objektiven Kriterien möglich ist (BayObLG FamRZ 2000, 1392). Der Erblasser darf dabei keinem Dritten eine Entscheidungsbefugnis einräumen (BayObLG FamRZ 1991, 610).

8 Bei anderen Verfügungen gelten Abweichungen: Beim Vermächtnis darf der Erblasser die Auswahl zwischen mehreren von ihm bestimmten Vermächtnisnehmern, §§ 2151, 2152, oder Vermächtnisgegenständen, §§ 2153–2156, einem Dritten überlassen, §§ 2151, 2152, nicht jedoch dem Bedachten selbst (BGH NJW 1991, 1885). Bei der Auflage genügt die Zweckbestimmung durch den Erblasser, der Kreis der Begünstigten kann offenbleiben, § 2193 Abs. 1; für den Auflagengegenstand gelten über § 2192 die §§ 2153 – 2156. Die Auseinandersetzung kann durch Teilungsanordnung in das Ermessen eines Dritten gestellt werden, soweit die gerichtliche Nachprüfbarkeit nicht ausgeschlossen wird, § 2048 Satz 2. Schließlich kann zwar nicht die Anordnung der Testamentsvollstreckung, wohl aber die Ernennung des Amtsinhabers einem Dritten übertragen werden, §§ 2198–2200.

9 Eine Verfügung, mit der ein Erblasser die Auswahl des Erben oder des Erbteils einem von ihm selbst bestimmten Dritten überlässt, ist dann mit § 2065 Abs. 2 vereinbar, wenn er dabei die Auswahlkriterien und den Dritten (BGH NJW 1965, 2201) genau bestimmt hat. Die Auswahlkriterien müssen so gefasst sein, dass dem Dritten kein Entscheidungs- oder Ermessensspielraum mehr zusteht (BGH NJW 1955, 100: nur Bezeichnung, keine Bestimmung; BayObLG NJW 1999, 1119; BayObLG NJW-RR 2000, 1174). Unzulässig ist also etwa die Erbeinsetzung des »am besten geeigneten Sohnes« (vgl BGH NJW 1965, 2201), »einer sozialen Einrichtung« (vgl BayObLG FamRZ 2001, 317) oder »zehn vom Leiter des Waisenhauses auszuwählender Kinder« (BayObLG NJW-RR 1998, 727, 729). Ist ein solcher Spielraum erforderlich, etwa bei der Gestaltung einer Unternehmens- oder Betriebsnachfolge, sollte ein Auswahlvermächtnis, § 2151, angeordnet werden, weil auch § 2073 keine alternative Erbeinsetzung zulässt (*Mayer* ZEV 1995, 248). Zulässig ist die Einsetzung der ges, nicht jedoch der gewillkürten Erben eines Dritten (Soergel/*Loritz* § 2065 Rn 14).

Wurde der überlebende Ehegatte zum Vorerben eingesetzt, so ist eine Verfügung, nach 10
der es dem überlebenden Ehegatten gestattet ist, den Nacherben aus einem vorgegebenen
Personenkreis frei auszuwählen, unwirksam (OLG Hamm ZEV 1995, 376; Soergel/*Loritz*
§ 2065 Rn 20; aA noch OLG Oldenburg Ppfleger 1966, 47). Unzulässig ist es auch, dem zum
Vorerben eingesetzten Ehegatten die Möglichkeit zu verleihen, die Erbquoten der Nacherben zu verändern (OLG Hamm DNotZ 1967, 315; OLG Frankfurt am Main DNotZ 2001,
143; aA BGHZ 59, 220; *Mayer* ZEV 2000, 1, 7).

D. Benennungsverfahren

Das Verfahren der Benennung des Bedachten oder des zugewendeten Gegenstandes 11
richtet sich mangels abweichender Anordnung durch den Erblasser nach § 2198 analog
(MüKoBGB/*Leipold* § 2065 Rn 19). Das Nachlassgericht kann dem Berechtigten auf Antrag
eines Beteiligten eine angemessene Frist setzen, nach deren Ablauf das Benennungsrecht
auf das Gericht gem § 319 Abs. 1 Satz 2 analog übergeht. Die Benennung durch den Dritten
unterliegt in analoger Anwendung des § 319 Abs. 1 Satz 2 der gerichtlichen Überprüfung
nur, wenn sie grob unbillig ist (BR/*Litzenburger* § 2065 Rn 18).

Vorbemerkungen vor § 2066 ff BGB

§§ 2066 ff enthalten Regeln, die nur in Zweifelsfällen anwendbar sind, also dann, wenn die 1
Auslegung der letztwilligen Verfügung (dazu § 2084 Rn 5 ff) zu keinem eindeutigen Ergebnis führt (vgl BGH NJW 1981, 2744), weil der Erblasser unklare Bezeichnungen wählt
(ges Erben, Verwandte, Kinder, Arme, etc). §§ 2066 ff gelten unmittelbar nur für die Erbeinsetzung, können jedoch auf Vermächtnis und Auflage analog angewendet werden
(MüKoBGB/*Leipold* § 2066 Rn 7).
Die §§ 2066 ff führen auf prozessualer Ebene dazu, dass derjenige darlegungs- und beweis- 2
pflichtig ist bzw die Feststellungslast trägt, der einen abweichenden Willen des Erblassers
behauptet.

§ 2066 Gesetzliche Erben des Erblassers

**Hat der Erblasser seine gesetzlichen Erben ohne nähere Bestimmung bedacht, so sind
diejenigen, welche zur Zeit des Erbfalls seine gesetzlichen Erben sein würden, nach
dem Verhältnis ihrer gesetzlichen Erbteile bedacht. Ist die Zuwendung unter einer
aufschiebenden Bedingung oder unter Bestimmung eines Anfangstermins gemacht
und tritt die Bedingung oder der Termin erst nach dem Erbfall ein, so sind im Zweifel
diejenigen als bedacht anzusehen, welche die gesetzlichen Erben sein würden, wenn
der Erblasser zur Zeit des Eintritts der Bedingung oder des Termins gestorben wäre.**

§ 2066 Satz 1 greift, wenn der Erblasser wörtlich oder in einer bedeutungsgleichen For- 1
mulierung seine »ges Erben« einsetzt, nicht hingegen, wenn er die Erben nach Gruppen
(»Kinder«, »Enkel«) oder Namen bezeichnet, denn insoweit gilt § 2091. Die Regel des
§ 2066 Satz 1 hilft über eine fehlende (und auch im Wege der Auslegung nicht zu ermittelnde) Festlegung der Anteilshöhe und/oder ein Fehlen des für die Ermittlung der ges
Erben maßgeblichen Zeitpunkts hinweg (RGZ 70, 391). Sie kann auf die Einsetzung der ges
Erben eines Dritten analog angewendet werden (vgl OLG Zweibrücken NJW-RR 1990,
1161). Hinsichtlich des Verhältnisses zu § 2096 vgl dort Rn 3.
Gilt § 2066 Satz 1, so werden alle ges Erben, die im Zeitpunkt des Erbfalls vorhanden sind, 2
nach Maßgabe des zur Zeit des Erbfalls gültigen Erbrechts bedacht, soweit kein abweichender Wille des Erblassers erkennbar ist (OLG Frankfurt am Main FamRZ 1995, 1087).
Dazu gehören insb auch Ehegatten, eingetragene Lebenspartner, außereheliche Kinder (im

§ 2068 BGB | Kinder des Erblassers

Verhältnis zum Vater nur nach Anerkennung oder Vaterschaftsfeststellung, § 1592 Nr. 2 und 3), Adoptivkinder und Adoptiveltern (OLG Stuttgart FamRZ 1973, 278). Abweichenden Vorstellungen des Erblassers über den Kreis seiner ges Erben berechtigen nach Maßgabe der §§ 2078, 2281 zur Anfechtung der letztwilligen Verfügung (BGH NJW 1981, 1736).

3 § 2066 Satz 2 gilt für Erbeinsetzungen, die nicht mit dem Erbfall, sondern erst zu einem späteren Zeitpunkt wirksam werden. Fehlt es an einem Erblasserwillen, so ist der Kreis der ges Erben in der Weise zu ermitteln, als wäre der Erblasser erst zum Zeitpunkt des Wirksamkeitseintritts gestorben. Das ist insb bei Einsetzung der ges Erben als Nacherben von Bedeutung (BayObLG NJW-RR 1991, 1096). Die Regelung begünstigt also in der Schwebezeit geborene ges Erben.

§ 2067 Verwandte des Erblassers

Hat der Erblasser seine Verwandten oder seine nächsten Verwandten ohne nähere Bestimmung bedacht, so sind im Zweifel diejenigen Verwandten, welche zur Zeit des Erbfalls seine ges Erben sein würden, als nach dem Verhältnis ihrer gesetzlichen Erbteile bedacht anzusehen. Die Vorschrift des § 2066 Satz 2 findet Anwendung.

1 § 2067 Satz 1 greift, wenn der Erblasser wörtlich oder in einer bedeutungsgleichen Formulierung seine »Verwandten« oder seine »nächsten Verwandten« iSd § 1589 BGB bedacht hat, nicht hingegen, wenn er die Erben nach Gruppen (»Kinder«, »Enkel«) oder Namen bezeichnet, denn insoweit gilt § 2091. Die Regel des § 2067 Satz 1 kann auch auf Teile des Nachlasses angewendet werden, wenn neben den Verwandten noch andere Personen, etwa der Ehegatte, bedacht sein sollen; dann gilt sie in Ansehung des den Verwandten zugedachten Anteils (BayObLG FamRZ 2001, 1561, 1563). Hat der Erblasser seine Verwandten iSd § 1589 bedacht, so hilft § 2067 Satz 1 über eine fehlende Bestimmung der Höhe der Anteile und/oder das Fehlen des für die Ermittlung der Verwandten maßgebenden Zeitpunkts (BayObLG NJW 1992, 322) hinweg. Die Regel kann auf eine Einsetzung der Verwandten eines Dritten analog angewendet werden (MüKo/*Leipold* § 2067 Rn 5).

2 Folge einer Anwendung des § 2067 Satz 1 ist, dass alle ges Erben des Erblassers, die im Zeitpunkt des Erbfalls oder des Eintritts der Bedingung/des Termins, § 2067 Satz 2, vorhanden sind, nach Maßgabe der zu diesem Zeitpunkt bestehenden Gesetzeslage bedacht sind. Das ist insb bei Einsetzung der Verwandten als Nacherben von Bedeutung (BayObLG FamRZ 2001, 1561, 1563). Zu den Verwandten gehören auch außereheliche Kinder (im Verhältnis zum Vater nur nach Anerkennung oder Vaterschaftsfeststellung, § 1592 Nr. 2 und 3), Adoptivkinder und Adoptiveltern, nicht aber der Ehegatte oder eingetragene Lebenspartner. Abweichenden Vorstellungen des Erblassers über den Kreis seiner Verwandten berechtigen nach Maßgabe der §§ 2078, 2281 zur Anfechtung der letztwilligen Verfügung.

§ 2068 Kinder des Erblassers

Hat der Erblasser seine Kinder ohne nähere Bestimmung bedacht und ist ein Kind vor der Errichtung des Testaments mit Hinterlassung von Abkömmlingen gestorben, so ist im Zweifel anzunehmen, dass die Abkömmlinge insoweit bedacht sind, als sie bei der gesetzlichen Erbfolge an die Stelle des Kindes treten würden.

1 § 2068 greift, wenn der Erblasser wörtlich oder in einer bedeutungsgleichen Formulierung seine »Kinder« iSd § 1924 Abs. 4, also seine sämtlichen leiblichen, also ehelichen und

außerehelichen (im Verhältnis zum Vater nur nach Anerkennung oder Vaterschaftsfeststellung, § 1592 Nr. 2 und 3) Kinder und Adoptivkinder (BayObLG FamRZ 1985, 426) bedacht hat (BayObLG NJW 1974, 954) und eines der Kinder bereits vor Errichtung der letztwilligen Verfügung gestorben ist. Dabei schadet es nicht, wenn einzelne Kinder ausdrücklich ausgenommen oder nur bestimmte Kinder (»A und B«, »meine Söhne«) benannt werden (MüKoBGB/*Leipold* § 2068 Rn 4). Bei Tod des Kindes nach Errichtung gilt hingegen § 2069, bei Erbverzicht des Kindes gilt § 2349.

Die Regel kann auf die Einsetzung der Kinder eines Dritten analog angewendet werden, weil sie sich nicht auf die Erbenstellung der Abkömmlinge überhaupt, sondern lediglich auf deren Erbquote bezieht und die Situation deshalb mit der Erbeinsetzung eigener Kinder vergleichbar ist (MüKoBGB/*Leipold* § 2068 Rn 5; aA KG FamRZ 1991, 486, 489). 2

§ 2068 hilft über eine fehlende Bestimmung der Höhe der Anteile hinweg. Infolge der Anwendung des § 2068 treten die Abkömmlinge eines vorverstorbenen Kindes nach § 1924 Abs. 2–4 an dessen Stelle (vgl BGHZ 33, 60, 63). Maßgeblich ist immer der Zeitpunkt des Erbfalls, § 2066 Satz 2 gilt mangels Verweisung in § 2068 nicht. Stirbt das Kind ohne Hinterlassung von Abkömmlingen, so gilt § 2094. 3

§ 2069 Abkömmlinge des Erblassers

Hat der Erblasser einen seiner Abkömmlinge bedacht und fällt dieser nach der Errichtung des Testaments weg, so ist im Zweifel anzunehmen, dass dessen Abkömmlinge insoweit bedacht sind, als sie bei der gesetzlichen Erbfolge an dessen Stelle treten würden.

Literatur
Nieder, Die ausdrücklichen oder mutmaßlichen Ersatzbedachten im deutschen Erbrecht, ZEV 1996, 241.

A. Anwendungsbereich

I. Testamente

§ 2069 greift bei Wegfall eines (auch des einzigen, BayObLG BayObLGZ 1971, 386) Abkömmlings, § 1589, nicht nur durch Tod, sondern auch aus rechtlichen Gründen nach Errichtung der Verfügung (bei Tod vor Errichtung: § 2068) zB durch Ausschlagung (RGZ 95, 97, vgl aber Rn 5), Erbunwürdigkeit (OLG Frankfurt am Main ZEV 1995, 457) oder bei auflösender Bedingung (MüKoBGB/*Leipold* § 2069 Rn 16), nicht jedoch bei Erbverzicht gegen Abfindung, weil der Stamm des Verzichtenden ansonsten sachwidrig begünstigt würde (BGH NJW 1974, 43; OLG Köln FamRZ 1990, 99). Zu den Abkömmlingen gehören auch außereheliche Kinder (BayObLG NJOZ 2004, 3827), im Verhältnis zum Vater nur nach Anerkennung oder Vaterschaftsfeststellung, § 1592 Nr. 2 und 3, und Adoptivkinder (BayObLG FamRZ 1985, 426), nicht aber Pflege- oder Stiefkinder. § 2069 hilft, wenn sich im Wege der Auslegung nicht ermitteln lässt, wie der Erblasser beim Tod eines bedachten Abkömmlings verfahren wissen möchte. 1

Die Norm kann analog angewendet werden, wenn der Bedachte zwar in Wahrheit vor der Errichtung gestorben ist, der Erblasser jedoch bei der Errichtung glaubte, dass er noch lebte (RGZ 149, 134). Eine analoge Anwendung auf Nichtabkömmlinge scheidet aus, weil hier nicht unterstellt werden kann, dass der Erblasser deren ges Erben gleichermaßen bedenken möchte (BayObLG FGPrax 2003, 272; BayObLG ZEV 2004, 463). 2

II. Ehegattentestamente, Erbverträge

3 Bei einem gemeinschaftlichen Testament/Ehegattenerbvertrag in der Variante des Berliner Testaments kann § 2069 analog auf allein mit dem zuerst verstorbenen Ehegatten verwandte Schlusserben/Vermächtnisnehmer angewendet werden (BayObLG FamRZ 1991, 234; OLG Frankfurt FamRZ 1999, 772). Haben die Ehegatten einen Abkömmling des zuerst Verstorbenen für den zweiten Erbfall bedacht, so treten bei dessen Wegfall seine Abkömmlinge an dessen Stelle. § 2069 ist auch dann analog anwendbar, wenn es sich bei der bedachten und weggefallenen Person um eine dem Erblasser nahestehende Person handelt, die nicht Abkömmling ist, etwa Ehegatten oder Lebensgefährten (vgl BayObLG FamRZ 1988, 986; BayObLG FamRZ 2000, 58; BayObLG FamRZ 2001, 516; BayObLG NJW 1997, 517), nicht aber Geschwister (BayObLG FamRZ 2004, 569).

4 Bei einer wechselbezüglichen Schlusserbeneinsetzung in einem gemeinschaftlichen Testament gilt § 2069 insoweit nicht, als eine Bindung des überlebenden Ehepartners nach § 2270 Abs. 2 zugunsten der Abkömmlinge des weggefallenen Abkömmlings ausgeschlossen ist (BGH NJW 2002, 1126; BayObLG ZEV 2004, 244; aA *Leipold* JZ 2002, 895, 896).

III. Verhältnis zu § 2108 Abs. 2 Satz 1

5 Stirbt ein als Nacherbe eingesetzter Abkömmling nach dem Erblasser und vor Eintritt des Nacherbfalls, so verdrängt § 2108 Abs. 2 Satz 1 die Auslegungsregel des § 2069 (BGH NJW 1963, 1150). Verlangt der ausschlagende Erbe ggf seinen Pflichtteil, so kann § 2069 nicht angewendet werden, weil ansonsten der Stamm des Ausschlagenden ungerechtfertigt begünstigt würde (BGH NJW 1960, 1899; BayObLG NJW-RR 2000, 1361; aA MüKoBGB/ *Leipold* § 2069 Rn 13: Verhinderung des Doppelbelastung durch § 2320), weil dieser Stamm über seinen dem/den Ersatzerben zugute kommenden Erbteil hinaus noch einen Pflichtteilsanspruch erhielte.

B. Rechtsfolge

6 Infolge der Anwendung des § 2069 treten die Abkömmlinge des weggefallenen Abkömmlings nach § 1924 Abs. 2 – 4 an dessen Stelle. Maßgeblich ist der Zeitpunkt des Erbfalls. Steht eine Zuwendung unter einer aufschiebenden Bedingung oder Terminbestimmung, so ist, trotzdem es an einer entsprechenden Verweisung fehlt, nach § 2066 Satz 2 zu verfahren (BGH NJW 1958, 22; BGH NJW 2002, 1126: Zeitpunkt des Schlusserbfalls; *Otte* ZEV 2002, 151). Beim Berliner Testament kommt es auf den Schlusserbfall an (BR/ *Litzenburger* § 2069 Rn 13).

C. Analoge Anwendung

7 § 2069 kann jedenfalls auch dann angewendet werden, wenn der Erblasser selbst die Ersatzberufung der Abkömmlinge seines Abkömmlings angeordnet hat, ohne dabei jedoch die Quoten festzulegen.

8 Fallen andere Erben weg, die nicht Abkömmlinge sind, so kann idR § 2069 nicht in der Weise analog angewendet werden, dass dessen Abkömmlinge an seine Stelle treten; die Sachverhalte sind nämlich nicht ohne weiteres vergleichbar (BayObLG FamRZ 1987, 1086; BayObLG FamRZ 1991, 865; BayObLG FamRZ 1997, 641; Soergel/*Loritz* § 2069 Rn 32). Jedoch kann sich das Nachrücken der Abkömmlinge aus einer ergänzenden Auslegung des Testaments (dazu § 2084 Rn 13 ff) ergeben (BayObLG FamRZ 2000, 58; OLG Karlsruhe FamRZ 1993, 363). Es muss sich also aufgrund des Testaments ermitteln lassen, dass der Erblasser den ursprünglich Bedachten als »Kopf« seines Stammes eingesetzt hat.

§ 2070 Abkömmlinge eines Dritten

Hat der Erblasser die Abkömmlinge eines Dritten ohne nähere Bestimmung bedacht, so ist im Zweifel anzunehmen, dass diejenigen Abkömmlinge nicht bedacht sind, welche zur Zeit des Erbfalls oder, wenn die Zuwendung unter einer aufschiebenden Bedingung oder unter Bestimmung eines Anfangstermins gemacht ist und die Bedingung oder der Termin erst nach dem Erbfall eintritt, zur Zeit des Eintritts der Bedingung oder des Termins noch nicht gezeugt sind.

§ 2070 greift, wenn der Erblasser wörtlich oder in einer bedeutungsgleichen Formulierung »Abkömmling(e)« eines Dritten (also einer Person, die nicht Abkömmling des Erblassers ist, OLG Köln NJW-RR 1992, 1031) bedacht hat. Infolge der Anwendung des § 2070 werden die zur Zeit des Erbfalls oder Eintritts einer aufschiebenden Bedingung oder Termins erzeugten, aber noch nicht geborenen Abkömmlinge des Dritten entgegen §§ 1923, 2101 Abs. 1, 2106 Abs. 2 Satz 1 von der Zuwendung ausgeschlossen. § 2070 regelt nur den Personenkreis, nicht die Erbquoten der Abkömmlinge des Dritten, die sich im Zweifel nach der fiktiven ges Erbfolge nach dem Dritten bemessen (MüKo/*Leipold* § 2070 Rn 7; Staudinger/*Otte* § 2070 Rn 2). 1

§ 2071 Personengruppe

Hat der Erblasser ohne nähere Bestimmung eine Klasse von Personen bedacht, die zu ihm in einem Dienst- oder Geschäftsverhältnisse stehen, so ist im Zweifel anzunehmen, dass diejenigen bedacht sind, welche zur Zeit des Erbfalls der bezeichneten Klasse angehören oder in dem bezeichneten Verhältnis stehen.

Hat der Erblasser Personen nur mit einer Gruppenbezeichnung (»Meine Angestellten«, »Meine Fußballmannschaft«) zu Erben eingesetzt, mit einem Vermächtnis bedacht oder durch eine Auflage begünstigt, so ist zu klären, ob die Gruppenbezeichnung im Lichte des Selbstbestimmungsgrundsatzes aus § 2065 ausreichend bestimmt gefasst ist. Liegt diese Voraussetzung vor, so hilft § 2071 über eine fehlende Angabe des Zeitpunkts der Gruppenzugehörigkeit hinweg, indem sie den Erbfall als maßgeblichen Zeitpunkt festlegt. Das gilt mangels Verweisung auf § 2066 Satz 2 auch bei aufschiebend bedingten oder befristeten Verfügungen. Für die Erbquoten gilt § 2091. 1

Im Rahmen der Auslegung ist zu prüfen, ob bei Einsetzung einer rechtlich organisierten Personengruppe die rechtsfähige Einheit (zB Verein) selbst oder die Mitglieder persönlich bedacht werden sollen. 2

§ 2072 Die Armen

Hat der Erblasser die Armen ohne nähere Bestimmung bedacht, so ist im Zweifel anzunehmen, dass die öffentliche Armenkasse der Gemeinde, in deren Bezirk er seinen letzten Wohnsitz gehabt hat, unter der Auflage bedacht ist, das Zugewendete unter Arme zu verteilen.

§ 2072 fasst eine Erbeinsetzung, die wörtlich oder in einer bedeutungsgleichen Formulierung (OLG Hamm OLGZ 1984, 323, 324) zugunsten der »Armen« verfügt wird, mangels anderer Anhaltspunkte im Willen des Erblassers als eine Erb- oder Vermächtniseinsetzung des Trägers der Sozialhilfe am letzten Wohnsitz, § 7, des Erblassers, §§ 9, 96 Abs. 1 Satz 1 BSHG (OLG Hamm MDR 1984, 940), auf, die mit der Auflage verbunden ist, das Geld unter Arme am letzten Wohnsitz des Erblassers nach Maßgabe des § 2193 zu verteilen. Bei einem Wohnsitzwechsel etwa aus Pflegegründen nicht allzu lange Zeit vor dem Tod des 1

§ 2075 BGB | Auflösende Bedingung

Erblassers wird die Auslegung ergeben, dass ein über lange Jahre zuvor bestehender Wohnsitz maßgeblich sein soll.

2 Die Regel gilt analog, wenn der Erblasser nicht alle Armen, sondern nur einen bestimmten Kreis grds bedürftiger Menschen bedacht hat, etwa »die Behinderten« oder »die Obdachlosen« (KG NJW-RR 1993, 76; BayObLG NJW-RR 1998, 340; BayObLG NJW-RR 2000, 1174). Weitere Analogien scheitern daran, dass § 2072 eine Vorschrift ist, die lediglich ausnahmsweise sozial nützlichen Verfügungen, die gem § 2065 unwirksam wären, zur Geltung verhelfen soll.

§ 2073 Mehrdeutige Bezeichnung

Hat der Erblasser den Bedachten in einer Weise bezeichnet, die auf mehrere Personen passt, und lässt sich nicht ermitteln, wer von ihnen bedacht werden sollte, so gelten sie als zu gleichen Teilen bedacht.

1 § 2073 erfasst Erbeinsetzungen, bei denen die vom Erblasser gewählte und nach dem Maßstab des § 2065 ausreichend bestimmte Bezeichnung des Begünstigten auf mehrere Personen passt, ohne dass abschließend (BayObLG NJW-RR 1990, 1417) geklärt werden kann, wer davon gemeint ist. Für diesen Fall regelt § 2073, dass alle, die als Empfänger einer objektiv mehrdeutigen Bezeichnung in Betracht kommen, zu gleichen Teilen erben oder Vermächtnisgegenstand/Auflagenbegünstigung zu gleichen Teilen erhalten (OLG Celle FamRZ 2003, 787: »Tierschutzverein in Celle« Erbeinsetzung beider Vereine in Celle zu je $^1/_2$).

§ 2074 Aufschiebende Bedingung

Hat der Erblasser eine letztwillige Zuwendung unter einer aufschiebenden Bedingung gemacht, so ist im Zweifel anzunehmen, dass die Zuwendung nur gelten soll, wenn der Bedachte den Eintritt der Bedingung erlebt.

§ 2075 Auflösende Bedingung

Hat der Erblasser eine letztwillige Zuwendung unter der Bedingung gemacht, dass der Bedachte während eines Zeitraums von unbestimmter Dauer etwas unterlässt oder fortgesetzt tut, so ist, wenn das Unterlassen oder das Tun lediglich in der Willkür des Bedachten liegt, im Zweifel anzunehmen, dass die Zuwendung von der auflösenden Bedingung abhängig sein soll, dass der Bedachte die Handlung vornimmt oder das Tun unterlässt.

Literatur
Edenfeld, Auslegungsprobleme bei Wünschen des Erblassers: Erbenbindung oder moralischer Appell?, ZEV 2004, 141; *Kanzleiter*, Verwirkungsklausel zu Lasten eines Erben, dem ein belasteter Erbteil in Höhe des Pflichtteils (oder weniger) zugewendet ist, DNotZ 1993, 780; *Leipold*, Die Wirkungen testamentarischer Wiederverheiratungsklauseln, Dogmatik oder Erblasserwille?, FamRZ 1988, 352; *Lübbert*, Verwirkung der Schlusserbfolge durch Geltendmachung des Pflichtteils, NJW 1988, 2706; *Mayer*, Ja zu »Jastrow«?; Pflichtteilsklausel auf dem Prüfstand, ZEV 1995, 136; *Otte*, Die Nichtigkeit letztwilliger Verfügungen wegen Gesetzes- oder Sittenwidrigkeit, JA 1985, 192; *Otte*, Die Bedeutung der »Hohenzollern«-Entscheidung des BVerfG für die Testierfreiheit, ZEV 2004, 393; *Smid*, Rechtliche Schranken der Testierfreiheit aus § 138 Abs. 1 BGB, NJW 1990, 409; *Wacke*, Rechtsfolgen testamentarischer Verwirkungsklauseln, DNotZ 1990, 403; *Wagner*, Erbeinsetzung unter einer Potestativbedin-

gung und § 2065 BGB, ZEV 1998, 255; *Wilhelm*, Wiederverheiratungsklausel, bedingte Erbeinsetzung und Vor- und Nacherbfolge, NJW 1990, 2857; *Zawar*, Der bedingte oder befristete Erwerb von Todes wegen, DNotZ 1986, 515.

A. Allgemeines

I. Aufschiebende und auflösende Bedingungen

Jede Verfügung von Todes wegen kann insgesamt oder hinsichtlich einzelner Verfügungen unter eine aufschiebende, § 2074, oder auflösende, § 2075, Bedingung, §§ 158 ff, oder Rechtsbedingung gestellt werden (zu Potestativbedingungen § 2065 Rn 5). Es ist durch Auslegung nach den Gestaltungszielen des Erblassers zu ermitteln, ob eine auflösende oder eine aufschiebende Bedingung gewollt ist (vgl BayObLG ZEV 2004, 461). Die Bedingung muss hinreichend bestimmt sein, wobei die Rechtsprechung hier großzügig verfährt (OLG Dresden NJW-RR 1999, 1165: »Wer das Testament anficht« = alle Handlungen, die dazu geeignet sind, das Testament zu Fall zu bringen). Auch eine Befristung, § 163, einer letztwilligen Verfügung ist zulässig, etwa in der Form, dass der Bedachte die Zuwendung erst mit Erreichen eines bestimmten Lebensalters erhält. **1**

II. Abgrenzung von Motiven

Es ist sorgfältig zu ermitteln, ob der Erblasser lediglich ein Motiv für seine Verfügung mitteilen wollte (das im Rahmen der Anfechtung nach § 2078 bedeutsam sein kann) oder tatsächlich den Willen hatte, die Verfügung unter eine Wirksamkeitsbedingung zu stellen (BayObLG FamRZ 1983, 1226; BayObLG FamRZ 1993, 1494; BayObLG NJW-RR 1996, 1351). Letzteres wird dann der Fall sein, wenn der Erblasser den Bedachten zu einem bestimmten Tun oder Unterlassen bewegen möchte. Davon ist idR etwa bei Pflichtteilsstrafklauseln in Ehegattentestamenten (eine solche Klausel verhindert beim »Berliner Testament«, dass die Schlusserben ihr Pflichtteilsrecht nach dem Tod des ersten Ehegatten geltend machen, indem sie die Schlusserbeneinsetzung auflösend durch das Pflichtteilsverlangen bedingen und denjenigen, der sein Pflichtteil verlangt, auch nach dem Tod des zweiten Ehegatten auf den Pflichtteil setzt, vgl Bay ObLGZ 1990, 58; BayObLG DNotZ 2004, 804) oder Bauverpflichtungen (BayObLG FamRZ 2004, 1752) auszugehen. Trotzdem ist auch hier sorgfältig zu prüfen, ob der Erblasser die Zuwendung tatsächlich von diesem Handeln abhängig machen wollte. Sieht der Erblasser keine Regelungen für den Fall des Ausbleibens der aufschiebenden oder des Eintritts der auflösenden Bedingung vor, so werden die ges Erben begünstigt. Soweit eine Erbeinsetzung bedingt ist, ordnet der Erblasser damit Vor- und Nacherbschaft an. **2**

III. Bedeutung der §§ 2074, 2075

§ 2074 hilft bei aufschiebenden bedingten (nicht: befristeten) Zuwendungen über eine fehlende Anordnung des Erblassers für den Fall, dass der Bedachte vor dem Eintritt der Bedingung gestorben ist, hinweg. Für diesen Fall ist die Zuwendung insgesamt unwirksam. **3**
Hat der Erblasser eine Zuwendung dadurch bedingt, dass der Bedachte fortgesetzt etwas tut (Potestativbedingung, BayObLG FamRZ 1999, 59) oder unterlässt, so hilft § 2075 über die fehlende Anordnung der Wirkungsweise der Bedingung hinweg und ordnet eine auflösende Bedingung an. Das Handeln des Bedachten ist also nicht Voraussetzung für den Erwerb, sondern für das Behalten der Zuwendung (BayObLG FamRZ 1999, 59: Ordentliche Bewirtschaftung eines Hofes). Unter § 2075 fallen auch Verwirkungsklauseln bei Geltendmachung des Pflichtteils oder Wiederverheiratungsklauseln (BayObLG FamRZ 1990, 1158; BayObLG FamRZ 1995, 1447). § 2075 kann auf vergleichbare Fälle analog angewendet werden, etwa bei der Bedingung, dass der Bedachte mit seinem Ehegatten in Gütertrennung lebt (KG FamRZ 1968, 334, eigentlich fehlt es hier an einem **4**

fortgesetzten Tun oder Unterlassen) oder dass der Erbe einen Dritten pflegt (BayObLG FamRZ 1993, 1494, hier ist zusätzlich die Mitwirkung des Dritten erforderlich).

IV. Rechtsfolgen

5 Der unter aufschiebender Bedingung eingesetzte Erbe ist Nacherbe, § 2105. Bereits mit Erbfall erwirbt er ein nicht vererbliches Anwartschaftsrecht, § 2108 Abs. 2 Satz 2. Ein aufschiebend bedingtes Vermächtnis fällt erst mit Bedingungseintritt an, § 2177.

B. Sittenwidrigkeit von Bedingungen

6 Insb Bedingungen, die den Bedachten zu einem bestimmten Tun oder Unterlassen bewegen sollen, sind an § 138 Abs. 1 zu messen. Dabei ist grds auf den Zeitpunkt der Errichtung der Verfügung abzustellen; bei einem Wertewandel kann auch angezeigt sein, auf den Zeitpunkt des Erbfalls abzustellen, um den Verfügungen des Erblassers zur Wirksamkeit zu verhelfen.

7 Eine Bedingung ist dann sittenwidrig, wenn sie unerträglich in das Selbstbestimmungsrecht des Bedachten eingreift, was nur dann der Fall sein kann, wenn die Zuwendung so erheblich ist, dass sie dazu geeignet erscheint, die Willensentschließung des Bedachten zu beeinflussen, indem sie unzumutbaren Druck ausübt (BVerfG ZEV 2004, 241; dazu *Otte* ZEV 2004, 393). Nicht sittenwidrig sind Bedingungen, die geeignet und bestimmt sind, den Bestand des Nachlasses beim Bedachten zu erhalten oder vor dem Zugriff Dritter zu schützen: Vereinbarung der Gütertrennung, Ausschluss des Zugewinnausgleichs, Wiederverheiratungsklauseln in Ehegattentestamenten, die bei erneuter Heirat des überlebenden Ehegatten den Abkömmlingen sofort ihren Erbteil zukommen lassen und den Ehegatten auf seinen ges Erbteil beschränken, Verfügung über den Nachlass auf bestimmte Weise, Abschluss einer bestimmten Ausbildung, Drogenentzug, Pflichtteilsverlangen oder -erhalt eines Kindes bereits nach dem Tode des ersten Elternteils (Verwirkungsklausel im Ehegattentestament, BGH FamRZ 1991, 796; BayObLG ZEV 1995, 19; OLG Zweibrücken FamRZ 1999, 468).

8 Sittenwidrig sind Bedingungen, die eine Zuwendungen von Entscheidungen des Bedachten abhängig machen, die in keinem sachlichen Zusammenhang zum Zuwendungsgegenstand oder dessen Erhaltung stehen und in die persönliche Selbstbestimmung eingreifen (OLG Düsseldorf NJW 1988, 2615): Heirat eines bestimmten Ehepartners, Ehescheidung, Wechsel der Konfession, Parteizugehörigkeit, Eintritt in den Priesterstand, Wahl eines Berufs ohne Zusammenhang zur Zuwendung (BR/*Litzenburger* § 2074 Rn 7), Entzug auch des ges Erbteils bei Wiederverheiratung.

9 Die Sittenwidrigkeit einer Bedingung führt zur Nichtigkeit der bedingten Verfügung insgesamt, da es nicht Sache des Erbrechts ist, die sittenwidrige Gesinnung des Erblassers zu bestrafen und dem bedingt Bedachten die Zuwendung zukommen zu lassen (MüKoBGB/*Leipold* § 2074 Rn 17; Ermann/*Schmidt* § 2074 Rn 2; BR/*Litzenburger* § 2075 Rn 8; aA Staudinger/*Otte* § 2074 Rn 67; Soergel/*Loritz* § 2074 Rn 32 ff, die jedenfalls bei auflösenden Bedingungen §§ 139 oder 2085 anwenden wollen). Etwas anderes gilt nur dann, wenn die Auslegung ergibt, dass der Erblasser dem Bedachten lieber eine unbedingte Zuwendung als überhaupt keine Zuwendung machen wollte, was nicht selten der Fall sein wird. Eine Umdeutung, § 140, der unwirksamen bedingten in eine wirksame unbedingte Verfügung kommt hingegen nicht in Betracht, weil der Erblasser gerade nicht unbedingt verfügen wollte.

C. Erbschein

10 Im Erbschein ist die im Wege einer auflösenden Bedingung angeordnete Nacherbfolge unter Nennung der Bedingung anzugeben, § 2363.

§ 2076 Bedingung zum Vorteil eines Dritten

Bezweckt die Bedingung, unter der eine letztwillige Zuwendung gemacht ist, den Vorteil eines Dritten, so gilt sie im Zweifel als eingetreten, wenn der Dritte die zum Eintritt der Bedingung erforderliche Mitwirkung verweigert.

§ 2076 ergänzt § 162. Die Norm greift, wenn eine aufschiebende Bedingung, die an eine Zuwendung geknüpft ist, für einen Dritten einen beliebigen, nicht notwendig vermögenswerten (MüKo/Leipold § 2076 Rn 2) Vorteil bewirken soll und die Bedingung allein (BayObLG FamRZ 1986, 606) deshalb nicht eintritt, weil der Dritte die erforderliche Mitwirkung verweigert. Hier hilft § 2076 über eine fehlende Erblasseranordnung für diesen Fall hinweg und ordnet Bedingungseintritt an. § 2076 kann analog auf auflösende Bedingungen angewendet werden, die bei Verweigerung der Mitwirkung nicht eintreten (vgl LG Rostock FamRZ 2004, 1324, 1326), nicht hingegen auf Vermächtnisse oder Auflagen zugunsten Dritter. 1

§ 2077 Unwirksamkeit letztwilliger Verfügungen bei Auflösung der Ehe oder Verlobung

(1) Eine letztwillige Verfügung, durch die der Erblasser seinen Ehegatten bedacht hat, ist unwirksam, wenn die Ehe vor dem Tode des Erblassers aufgelöst worden ist. Der Auflösung der Ehe steht es gleich, wenn zur Zeit des Todes des Erblassers die Voraussetzungen für die Scheidung der Ehe gegeben waren und der Erblasser die Scheidung beantragt oder ihr zugestimmt hatte. Das Gleiche gilt, wenn der Erblasser zur Zeit seines Todes berechtigt war, die Aufhebung der Ehe zu beantragen, und den Antrag gestellt hatte.

(2) Eine letztwillige Verfügung, durch die der Erblasser seinen Verlobten bedacht hat, ist unwirksam, wenn das Verlöbnis vor dem Tode des Erblassers aufgelöst worden ist.

(3) Die Verfügung ist nicht unwirksam, wenn anzunehmen ist, dass der Erblasser sie auch für einen solchen Fall getroffen haben würde.

A. Regelungsgegenstand

Hat der Erblasser ein Testament zugunsten seines Ehegatten oder seines Verlobten errichtet, kommt Unwirksamkeit dieser Verfügung in Betracht, wenn die Ehe oder das Verlöbnis nach Testamentserrichtung anders als durch Tod aufgelöst worden ist. Die gleiche Problematik ergibt sich bei nach Testamentserrichtung betriebenem Scheidungs- oder Eheaufhebungsverfahren, wenn ein Ehegatte vor Abschluss eines solchen Verfahrens gestorben ist. Anders als bei ges Erbfolge und der dort normierten starren Regelung der §§ 1931, 1933 gibt es bei gewillkürter Erbfolge keine automatische Unwirksamkeit einer zugunsten des überlebenden Ehegatten getroffenen Verfügung bei gerichtlicher Auflösung der Ehe oder bei Tod eines Ehegatten während eines Scheidungs- oder Aufhebungsverfahrens. Wie generell bei gewillkürter Erbfolge ist allein entscheidend der in der fraglichen Verfügung von Todes wegen zum Ausdruck gekommene Wille des Erblassers. Falls der Erblasser für den Fall einer Eheauflösung oder eines Auflösungsverfahrens eine ausdrückliche Bestimmung zur Frage der Unwirksamkeit oder Weitergeltung getroffen hat, ist diese maßgeblich. Wenn allerdings – wie in aller Regel der Fall – das zugunsten des Ehegatten errichtete Testament eine solche Bestimmung nicht enthält, ist zunächst im Wege ergänzender Auslegung nach § 133 zu ermitteln, ob der Erblasser die Weitergeltung des Testaments auch für den Fall der Auflösung oder des Auflösungsverfahrens gewollt hat. Dies dürfte zumeist nicht anzunehmen sein, ist jedoch nicht zwingend. Hier greift die 1

§ 2077 BGB | Unwirksamkeit letztwilliger Verfügungen bei Auflösung der Ehe

Regelung in § 2077, nach deren Abs. 1 Satz 1–3 ein Testament, durch das der Erblasser seinen Ehegatten bedacht hat, bei Eheauflösung und unter besonderen Voraussetzungen bei Tod während eines Auflösungsverfahrens unwirksam ist, was nach Abs. 2 auch bei Auflösung des Verlöbnisses gilt. Wie sich jedoch aus Abs. 3 der Norm ergibt, handelt es sich hierbei lediglich um eine **Auslegungsregel** (BGH FamRZ 1960, 28/29). § 2077 normiert entgegen dem scheinbaren Wortlaut in Abs. 1 und 2 (»ist unwirksam«) keine Automatik. Es ist stets und vorrangig zu prüfen, ob ein wirklicher oder hypothetischer Wille zur Aufrechterhaltung der Verfügung auch für den Fall der Auflösung der Ehe oder des Verlöbnisses oder für den Fall eines Auflösungsverfahrens festzustellen ist. Beim Fehlen dahingehender Anhaltspunkte allerdings ist die testamentarische Bedenkung des Ehegatten unwirksam.

B. Anwendungsbereich

2 Die Norm gilt nach Abs. 1 Satz 1 dann, wenn die Ehe anders als durch Tod aufgelöst wird. Dies ist der Fall bei rechtskräftiger Scheidung (§ 1564 Satz 2) und bei rechtskräftiger Aufhebung der Ehe (§ 1313 Satz 2). Die Vorschrift ist darüber hinaus anwendbar bei rechtskräftiger Nichtigkeitsfeststellung alten Rechts (vgl. Art. 226 Abs. 2 EGBGB) sowie beim Vorliegen ausländischer Entscheidungen, die die Eheauflösung aussprechen, sofern sie im Inland anzuerkennen sind (vgl. Art. 21 VO (EG) Nr. 2201/2003; Art. 7 § 1 FamRÄndG; §§ 328, 606a Abs. 2 ZPO – s dazu KK-FamR/Rausch vor § 606a ZPO Rn 43 ff).

3 Nach Abs. 1 Satz 2 und 3 kommt die Anwendung der Norm auch dann in Betracht, wenn die Ehe zum Zeitpunkt des Erbfalls zwar noch nicht aufgelöst, jedoch das Verfahren zur Scheidung oder Aufhebung der Ehe rechtshängig war. Zu den hierzu geltenden besonderen Voraussetzungen s.u. Rn 9.

4 Nach Abs. 2 ist die Vorschrift anwendbar, wenn das Verlöbnis vor dem Tode des Erblassers aufgelöst worden ist. Dies setzt ein wirksames Verlöbnis iSv § 1297 voraus. Die Norm gilt jedoch nicht bei nichtehelicher Lebensgemeinschaft, insoweit ist eine analoge Anwendung nicht möglich (OLG Celle FamRZ 2004, 310; BayObLGR 2002, 50). Waren der Erblasser und die bedachte Person im Zeitpunkt der Testamentserrichtung verlobt und haben danach geheiratet, findet Abs. 1 Anwendung (BayObLG 1993, 362).

5 Die Norm ist nach § 10 Abs. 5 LPartG auf eine letztwillige Verfügung, durch die der Erblasser seinen Lebenspartner bedacht hat, entsprechend anzuwenden. Dies setzt eine wirksam begründete Eingetragene Lebenspartnerschaft iSd LPartG voraus. Eine analoge Anwendung auf andere gleichgeschlechtliche Lebensgemeinschaften ist nicht möglich.

6 Die Vorschrift gilt nur für den Fall, dass die Ehe des Erblassers aufgelöst worden ist. Keine Auslegungsregel für den Fall, dass der Erblasser seinen Schwiegersohn/seine Schwiegertochter zum Erben eingesetzt hatte und danach dessen Ehe mit dem Kind des Erblassers aufgelöst wird, enthält das Gesetz nicht. Hier käme allenfalls analoge Anwendung von § 2077 in Betracht (so OLG Saarbrücken NJW-RR 1994, 589 und ihm folgend ein Teil der Kommentarliteratur). Der BGH (NJW 2003, 2095) hat sich mit Recht gegen eine solche Analogie entschieden. Die § 2077 zu Grunde liegende Regelmäßigkeit der Willensrichtung bei Zuwendungen an den Ehegatten ist im Verhältnis von Schwiegereltern zu Schwiegerkindern nicht gegeben. Im Gegensatz zur häufigen Bedenkung des eigenen Ehegatten kommen Zuwendungen an Schwiegerkinder verhältnismäßig selten vor. Geschieht dies, spricht einiges dafür, dass in solchen Fällen eine besondere persönliche Nähe zwischen Schwiegereltern und Schwiegerkindern besteht, die als solche Beweggrund für deren Bedenkung ist. Fraglich ist dann, ob auch ein hypothetischer Wille zur Weitergeltung der Zuwendung bei Auflösung der Ehe mit dem eigenen Kind anzunehmen ist. Dies lässt sich nicht im Wege einer Vermutung beantworten, sondern nur aufgrund individueller Auslegung.

7 Ihrem Wortlaut nach gilt die Norm lediglich für »letztwillige Verfügungen«, also Testamente (vgl § 1937). Sie ist indes auf vertragsmäßige wie auch einseitige Verfügungen zu

Gunsten des Ehegatten, Lebenspartners oder Verlobten im Erbvertrag entsprechend anzuwenden (§§ 2279 Abs. 1, 2299 Abs. 1 und 2), ebenso auf dem entsprechende Verfügungen im gemeinschaftlichen Testament (vgl § 2268). Ihr Anwendungsbereich ist darüber hinaus auf vertragsmäßige Verfügungen zu Gunsten Dritter im Erbvertrag erweitert (§ 2279 Abs. 2), ähnlich auf weitere Verfügungen im gemeinschaftlichen Testament (§ 2268) – s dazu näher u Rn 11, 12.

C. Anwendungsvoraussetzungen

Eine testamentarisch zu Gunsten des Ehepartners getroffenen Verfügung kann bei Auflösung der Ehe nur dann von selbst unwirksam werden, wenn sie im Testament mit der auflösenden Bedingung verbunden worden ist, dass die Ehe anders als durch Tod aufgelöst wird, und wenn dann dieser Bedingungseintritt erfolgt. Dies ist Ausgangspunkt der in Abs. 1 geregelten Rechtsfolge. Voraussetzung dafür ist die Feststellung eines dementsprechenden Willens des Erblassers zum Zeitpunkt der Testamentserrichtung (BGH FamRZ 1960, 28/29). Als Auslegungsregel (s.o. Rn 1) vermutet die Norm einen solchen Willen – jedoch kann ein gegenteiliger Weitergeltungswille festgestellt werden, was dann zum Wirksambleiben der Verfügung führt (Abs. 3). Aus dieser Normstruktur folgt, dass bei Vorliegen ihrer in Abs. 1 oder 2 geregelten tatbestandlichen Voraussetzungen derjenige die Feststellungs- und **Beweislast** für einen Weitergeltungswillen des Erblassers trägt, der sich auf die Weitergeltung der Verfügung beruft (BGH NJW 2004, 3113 [3114]; BayObLG FamRZ 1993, 362). 8

Tatbestandliche Voraussetzung nach Abs. 1 Satz 1 ist die nach Testamentserrichtung erfolgte Auflösung der Ehe durch rechtskräftige Scheidung, Eheaufhebung oder Nichtigkeitsfeststellung (s.o. Rn 2). Nach Abs. 1 Satz 2 ist Voraussetzung, dass der Erblasser nach Testamentserrichtung während eines rechtshängigen Scheidungsverfahrens gestorben ist, er die Scheidung beantragt oder ihr zugestimmt hatte und die materiellen Voraussetzungen für die Scheidung zum Zeitpunkt des Erbfalls vorlagen. Nach Abs. 1 Satz 3 ist Voraussetzung, dass der Erblasser während eines rechtshängigen Eheaufhebungsverfahrens gestorben ist, die Aufhebung beantragt hatte und die materiellen Voraussetzungen für die Aufhebung zum Zeitpunkt des Erbfalls vorlagen. Abs. 2 Satz 2 und 3 sind inhaltsgleich mit den in § 1933 Satz 1 und 2 normierten Voraussetzungen – s dazu näher § 1933 Rn 3 ff. 9

Bei Vorliegen der Voraussetzungen des Abs. 1 ist im Zweifel die Bedenkung des Ehegatten – im Falle des § 10 Abs. 5 LPartG die Bedenkung des Lebenspartners – unwirksam, bei Abs. 2 die Zuwendung an den Verlobten. Wie sich aus dem Gesetzeswortlaut »bedacht hat« ergibt, gilt dies nicht nur für die Einsetzung zum Erben, sondern auch für andere Zuwendungen, insb Vermächtnisse. Enthält das Testament neben der Zuwendung an den Ehegatten/Lebenspartner/Verlobten weitere Verfügungen, insb Zuwendungen an Dritte, kommt auch deren Unwirksamkeit in Betracht. Entscheidend hierfür ist der Wille des Erblassers zu dieser Frage; ist ein solcher nicht feststellbar, bestimmt sich die Konsequenz der Teilunwirksamkeit grds nach der Auslegungsregel des § 2085. 10

Für **gemeinschaftliche Testamente** gilt zur Folgeunwirksamkeit die spezielle Regelung des § 2268, die ihrerseits § 2085 vorgeht. In § 2268 Abs. 1 wird für den Fall, dass die Voraussetzungen des § 2077 zu bejahen sind, dessen Rechtsfolge dahin erweitert, dass nicht nur die Zuwendung an den Ehegatten des Erblassers unwirksam wird, sondern das gesamte gemeinschaftliche Testament, so dass auch Verfügungen des überlebenden Ex-Ehegatten sowie Verfügungen zugunsten Dritter nicht mehr gelten. Für den Fall der Scheidung oder Aufhebung der Ehe und für die dem gleichgestellten Fälle (Scheidungs- oder Aufhebungsverfahren bei Vorliegen der Voraussetzungen von § 2077 Abs. 1 Satz 2 und 3) – nicht also zB bei Nichtigkeitserklärung nach altem Recht – ist auch diese Vorschrift Auslegungsregel, so dass ein entgegenstehender Aufrechterhaltungswille vorgeht (§ 2268 Abs. 2). Ein solcher Aufrechterhaltungswille muss zum Zeitpunkt der Errichtung 11 des gemeinschaftlichen Testamente vorgelegen haben (BayObLG NJW 1996, 133; BGH NJW 2004, 3113).

12 Über §§ 2279 Abs. 1, 2299 Abs. 1 und 2 gilt die Auslegungsregel des § 2077 auch für **erbvertragliche Verfügungen**. Bei diesen erstreckt sich die nach § 2077 anzunehmende Unwirksamkeit der Bedenkung des Ehegatten/Lebenspartners/Verlobten im Zweifel auch auf im Erbvertrag enthaltene Verfügungen zugunsten Dritter (§ 2279 Abs. 2 als § 2085 vorgehende Auslegungsregel).

13 Haben Eheleute, die sich testamentarisch bedacht haben und danach geschieden worden sind, später einander wieder geheiratet, kann die durch die Scheidung gem § 2077 unwirksam gewordene Zuwendung nicht durch die Wiederheirat von selbst erneut Wirksamkeit erlangen. Dennoch ist in diesem Fall die Weitergeltung zu prüfen, und zwar nach §§ 2077 Abs. 3, 2268 Abs. 2. Es ist dann zu ermitteln, ob der hypothetische Wille der Ehegatten zum Zeitpunkt der Testamentserrichtung dahin ging, die gegenseitige Zuwendung wirksam sein zu lassen, wenn sie die Scheidung und ihre anschließende Wiederverheiratung als möglich vorausgesehen hätten (BayObLG NJW 1996, 133 mwN).

14 Haben Ehegatten in einem gemeinschaftlichen Testament bei gegenseitiger Erbeinsetzung einen gemeinsamen Abkömmling zum Erben nach dem Tode des Längstlebenden eingesetzt und dabei den Willen gehabt, dass diese Verfügungen über den Bestand der Ehe hinaus fortgelten sollten (§§ 2268 Abs. 2, 2077 Abs. 3), bleibt auch die ursprüngliche **Wechselbezüglichkeit** der Verfügungen und die daraus folgende Bindungswirkung nach Scheidung der Ehe bestehen. Sowohl dem Wortlaut wie auch dem Zweck der §§ 2286 Abs. 2, 2077 Abs. 3 ist die umfassende Fortgeltung sämtlicher Verfügungen des gemeinschaftlichen Testaments zu entnehmen, sofern ein dahingehender Wille der Testierenden vorliegt. Ist letzteres der Fall, geben die genannten Normen keinen Raum für eine unterschiedliche Behandlung von wechselbezüglichen und nicht wechselbezüglichen Verfügungen (BGH NJW 2004, 3113).

Vorbemerkungen vor §§ 2078 ff

A. Allgemeines

1 Die Anfechtungsregeln der §§ 119 ff dienen dazu, die Willensfreiheit des Erklärenden wiederherzustellen, der eine wirksame Willenserklärung zum Schutz des Erklärungsempfängers nur unter bestimmten Voraussetzungen durch Anfechtung vernichten kann, § 142 Abs. 1. Der Erblasser hingegen kann seine letztwillige Verfügung als einseitige, nicht empfangsbedürftige Willenserklärung jederzeit widerrufen, § 2253, bedarf also keines Anfechtungsrechts. §§ 2078 ff dienen deshalb allein dazu, Dritten, vgl § 2080, die Beseitigung einer auf einem Willensmangels des Erblassers beruhenden letztwilligen Verfügung nach Eintritt des Erbfalls zu ermöglichen. Anfechtbar ist also jede Verfügung von Todes wegen, etwa auch die Rücknahme eines Testaments aus amtlicher Verwahrung nach § 2256 (BayObLG ZEV 2005, 480).

2 Etwas anderes gilt im Falle von wechselbezüglichen und somit bindenden Verfügungen iSd § 2270 und erbvertraglichen Verfügungen. Hier steht dem Erblasser ein eigenes Anfechtungsrecht zu, § 2281. Dritte, § 2080, leiten ihr Anfechtungsrecht insoweit vom Anfechtungsrecht des Erblassers her, als sie nach Eintritt des Erbfalls nur anfechtungsberechtigt sind, wenn der Erblasser im Zeitpunkt seines Todes noch anfechtungsberechtigt war, § 2285. Unterschiede bestehen wiederum im Verhältnis zur Anfechtung von Willenserklärungen unter Lebenden, denn trotz vertraglicher oder quasivertraglicher, §§ 2270, Bindung kann der Erblasser seine Anfechtung auf einen beliebigen Motivirrtum stützen, §§ 2281 Abs. 1, 2078 Abs. 2 (MüKo/*Leipold* § 2078 Rn 8; krit Soergel/*Loritz* § 2078 Rn 2, der sich – aus verständlichen Gründen! – jedoch gegen den klaren Gesetzeswortlaut stellt).

Die Anfechtung dient der Vernichtung des irrtumsbehafteten Erblasserwillens, der zuvor 3
durch Auslegung zu ermitteln ist (BGH NJW 1978, 264; BayObLG NJW-RR 2002, 367). Die
Anfechtung greift also nur dann, wenn dem Erblasserwillen nicht durch Anwendung der
erbrechtlichen Auslegungsmittel (vgl § 2084 Rn 5 ff) zur Geltung verholfen werden kann
(BayObLG NJW-RR 2002, 367, 369). Gegenstand der Anfechtung ist nicht das gesamte
Testament/Ehegattentestament/Erbvertrag, sondern nur jeweils eine einzelne Verfügung
(BGH NJW 1985, 2025).

Folge der wirksamen Anfechtung ist ausschließlich die absolute Nichtigkeit der betroffe- 4
nen Einzelverfügung, § 142 Abs. 1, so dass mangels Anordnung des Erblassers für diesen
Fall insoweit die ges Erbfolge eintritt. Das gilt insb auch für die Anfechtung nach § 2079, so
dass hier idR das gesamte Testament nichtig ist (BayObLG BayObLGZ 1980, 42, 49; OLG
Frankfurt am Main NJW-RR 1995; OLG Brandenburg FamRZ 1998, 59; aA OLG Köln NJW
1956, 1522; MüKo/*Leipold* § 2079 Rn 19; *Jung* AcP 194, 77 ff: Nichtigkeit der Verfügung nur
insoweit, als erforderlich um dem Übergangenen den ges Erbteil einzuräumen). Etwas
anderes gilt nur für einzelne Verfügungen, für die die Vermutung des § 2079 Satz 2
widerlegt worden ist (»soweit«, OLG Frankfurt am Main FamRZ 1995, 1522; OLG Brandenburg FamRZ 1998, 59, 62; OLG Düsseldorf FamRZ 1999, 122; BayObLG FGPrax 2004,
130). Zu den Auswirkungen der erfolgreichen Anfechtung auf die nicht betroffenen Teile
einer letztwilligen Verfügung vgl § 2085.

B. Anwendbare Normen

§§ 2078, 2079 regeln anstelle der §§ 119, 120, 123 besondere Anfechtungsgründe. §§ 2080, 5
2281 Abs. 1, 2285 regeln die im Allgemeinen Teil nicht gesondert regelungsbedürftige
Anfechtungsberechtigung. §§ 2082, 2283 verdrängen die Regelungen der §§ 121, 124 zur
Anfechtungsfrist. § 122 ist nicht anwendbar, § 2078 Abs. 3. Die Wirkung der Anfechtung
ergibt sich hingegen aus § 142. Bezüglich des Anfechtungsadressaten verdrängen §§ 2081,
2281 Abs. 2 in ihrem Anwendungsbereich den § 143. Der Erblasser kann die anfechtbare
Verfügung bestätigen, § 144 Abs. 1, mit der Folge, dass den nach § 2080 Anfechtungsberechtigten kein Anfechtungsrecht zusteht.

C. Andere Unwirksamkeitsgründe

Bevor die Anfechtung einer letztwilligen Verfügung in Betracht gezogen wird, sollte 6
zunächst überprüft werden, ob nicht andere Unwirksamkeitsgründe vorliegen. Es ist zu
prüfen, ob der Erblasser testierfähig war, § 2229, ob er die Verfügung höchstpersönlich
errichtet hat, §§ 2064, 2065, und ob er dabei Testierwillen (vor § 2064 Rn 2) hatte. Denkbar
ist auch, dass eine Verfügung gegen ein ges Verbot (§ 1923 Rn 22 ff) oder gegen die guten
Sitten (vor § 2064 Rn 13) verstößt. Auch ist zu prüfen, ob eine Verfügung vorhergehende
vertragsmäßige oder wechselbezügliche Verfügungen beeinträchtigt und deshalb insoweit
unwirksam ist. Schließlich können infolge einer Ehekrise Verfügungen unwirksam geworden sein, §§ 2077, 2268, 2279, 2298.

Zu bedenken ist auch, ob das angestrebte Ziel nicht bereits im Wege der Testaments- 7
auslegung erreicht werden kann (§ 2084 Rn 5 ff).

§ 2078 Anfechtung wegen Irrtums oder Drohung

(1) Eine letztwillige Verfügung kann angefochten werden, soweit der Erblasser über
den Inhalt seiner Erklärung im Irrtum war oder eine Erklärung dieses Inhalts überhaupt nicht abgeben wollte und anzunehmen ist, dass er die Erklärung bei Kenntnis
der Sachlage nicht abgegeben haben würde.

§ 2079 BGB | Anfechtung wegen Übergehung eines Pflichtteilsberechtigten

(2) Das Gleiche gilt, soweit der Erblasser zu der Verfügung durch die irrige Annahme oder Erwartung des Eintritts oder Nichteintritts eines Umstands oder widerrechtlich durch Drohung bestimmt worden ist.

(3) Die Vorschrift des § 122 findet keine Anwendung.

§ 2079 Anfechtung wegen Übergehung eines Pflichtteilsberechtigten

Eine letztwillige Verfügung kann angefochten werden, wenn der Erblasser einen zur Zeit des Erbfalls vorhandenen Pflichtteilsberechtigten übergangen hat, dessen Vorhandensein ihm bei der Errichtung der Verfügung nicht bekannt war oder der erst nach der Errichtung geboren oder pflichtteilsberechtigt geworden ist. Die Anfechtung ist ausgeschlossen, soweit anzunehmen ist, dass der Erblasser auch bei Kenntnis der Sachlage die Verfügung getroffen haben würde.

Literatur
Bengel, Zum Verzicht des Erblassers auf Anfechtung bei Verfügungen von Todes wegen, DNotZ 1984, 132; *Grunewald*, Die Auswirkungen eines Irrtums über politische Entwicklungen in der DDR auf Testamente und Erbschaftsausschlagungen, NJW 1991, 1208; *Joussen*, Die erbrechtliche Anfechtung durch Minderjährige, ZEV 2003, 181; *Jung*, Die Testamentsanfechtung wegen »Übergehens« eines Pflichtteilsberechtigten, AcP 194 (1994), 42; *Leipold*, Der vergessliche Erblasser und die Anfechtung, ZEV 1995, 99; *Scheuber*, Zum Begriff des gleichzeitigen Versterbens, ZERB 2000, 131; *Schubert/Czub*, Die Anfechtung letztwilliger Verfügungen, JA 1980, 257 und 1980, 334; Sieker, Der Motivirrtum des Erblassers aufgrund nicht bedachter Ereignisse, AcP 201 (2001), 697; *Tiedtke*, Die Auswirkungen der Anfechtung eines Testaments durch den übergangenen Pflichtteilsberechtigten, JZ 1988, 649; *Wasmuth*, Zur Korrektur abgeschlossener erbrechtlicher Sachverhalte im Bereich der ehemaligen DDR, DNotZ 1992, 3.

A. Inhaltsirrtum, § 2078 Abs. 1 Alt. 1

1 Ein Inhaltsirrtum liegt (wie in § 119 Abs. 1 Alt. 1) vor, wenn Erblasser bei Errichtung der Verfügung unzutreffende Vorstellungen über die Bedeutung seiner abgegebenen Erklärung hatte, also etwa nicht wußte, was die Anordnung eines Vermächtnisses oder der Nacherbfolge bedeutet (vgl BayObLG NJW-RR 1997, 1925) oder welche Personen von der Einsetzung der »ges Erben« erfasst sind (OLG Hamm FamRZ 1967, 697). Der Inhaltsirrtum berechtigt zur Anfechtung, wenn der Erblasser (nicht: ein verständiger Dritter) die Verfügung bei Kenntnis der Sachlage nicht errichtet hätte.

B. Erklärungsirrtum, § 2078 Abs. 1 Alt. 2

2 Ein Erklärungsirrtum liegt (wie in § 119 Abs. 1 Alt. 2) vor, wenn der Erblasser eine Verfügung mit diesem Inhalt überhaupt nicht errichten wollte, sich also etwa verschrieben hat. Er berechtigt zur Anfechtung, wenn der Erblasser (nicht: ein verständiger Dritter) die Verfügung bei Kenntnis der Sachlage nicht errichtet hätte.

C. Motivirrtum und enttäuschte Zukunftserwartung, § 2078 Abs. 2 Alt. 1

3 Anders als im allgemeinen Anfechtungsrecht berechtigt im Erbrecht auch ein Motivirrtum, also jegliche irrige Vorstellung über vergangene oder gegenwärtige Tatsachen, oder eine enttäuschte Zukunftserwartung zur Anfechtung, soweit Irrtum oder Erwartung bereits bei Errichtung der Verfügung bestanden (BGHZ 42, 327, 332; OLG München NJW-RR 1989, 1410; BayObLG FamRZ 2003, 708: Kriminelle Vergangenheit des Bedachten; OLG Köln NJOZ 2004, 3836: Entwicklung der wirtschaftlichen und persönlichen Verhältnisse eines

enterbten Kindes). Eine zur Anfechtung berechtigende Enttäuschung einer Erwartung kann auch nach dem Erbfall noch eintreten (OLG Frankfurt am Main FamRZ 1993, 613); die Grenze wird durch die Anfechtungsfrist, § 2082, gezogen. Das Motiv oder Erwartungen des Erblassers müssen sich nicht aus dem Testament ergeben, sondern können aus beliebigen Anhaltspunkten ermittelt werden (BGH NJW 1965, 584; zu den Anforderungen an den Nachweis BayObLG NJOZ 2003, 3267). Die Fehlvorstellung muss jedoch im Zeitpunkt der Errichtung der letztwilligen Verfügung vorliegen (OLG München NJW-RR 1989, 1410).

Hatte der Erblasser erhebliche Zweifel am Eintritt oder Ausbleiben bestimmter Tatsachen oder Rechtswirkungen, so hat er das entsprechende Risiko bewusst in Kauf genommen und eine Anfechtung ist ausgeschlossen (BR/*Litzenburger* § 2078 Rn 6); gleiches gilt, wenn er selbst durch Regelungen Vorsorge getroffen hat (BayObLG FamRZ 2001, 873). 4

Hingegen berechtigen auch solche Vorstellungen und Erwartungen zur Anfechtung, die dem Erblasser bei Errichtung der Verfügung zwar nicht bewusst waren, die er ihr aber als selbstverständlich zugrunde gelegt hat (BGH FamRZ 1983, 898; BGH NJW-RR 1987, 1412), etwa den positiven Verlauf seiner Ehe (BayObLG FamRZ 1990, 322; BayObLG ZEV 2004, 152) oder den Fortbestand einer freundschaftlichen Beziehung (BayObLG FamRZ 2002, 915) oder eines langjährigen Zwistes (BayObLG NJW-RR 2002, 367). Bei einem völligen Fehlen einer Vorstellung oder Erwartung kommt hingegen keine Anfechtung in Betracht (BGH WM 1971, 1153). Gleiches gilt, wenn der Erblasser eine seinen Vorstellungen entsprechende Regelung gewählt, jedoch andere rechtliche Gestaltungsmöglichkeiten nicht gekannt und nicht berücksichtigt hat (BayOLG NJW-RR 2006, 372). 5

Irrtum oder enttäuschte Erwartung berechtigen zur Anfechtung, wenn sicher erscheint, dass der Erblasser (nicht: ein verständiger Dritter) die Verfügung bei Kenntnis der Sachlage nicht errichtet hätte (BGH NJW-RR 1987, 1412; BayObLG NJW-RR 2002, 367, 369; BayObLG FamRZ 2003, 1787, 1788). 6

D. Drohung, § 2078 Abs. 2 Alt. 2

Eine Drohung liegt (wie in § 123 Abs. 1) vor, wenn der Erblasser durch eine beliebige Person rechtswidrig unter Ankündigung eines künftigen Übels, auf dessen Eintritt oder Ausbleiben sich der Drohende Einfluss zuschreibt, zu einer Verfügung veranlasst worden ist. Die Rechtswidrigkeit kann sich aus dem angewandten Mittel, dem verfolgten Zweck oder der Beziehung zwischen Mittel und Zweck ergeben (BGH FamRZ 1996, 605), etwa der Drohung mit dem Einstellen von Hilfeleistungen. Die in § 123 Abs. 1 ebenfalls enthaltene Anfechtung wegen arglistiger Täuschung musste nicht gesondert angeordnet werden, weil hier die Anfechtung wegen Motivirrtums greift. 7

E. Übergehung oder Hinzukommen eines Pflichtteilsberechtigten, § 2079

Ein im Zeitpunkt des Erbfalls Pflichtteilsberechtigter, §§ 2303, 1923 Abs. 2, wird dann übergangen, wenn er in der angefochtenen Verfügung vom Erblasser überhaupt nicht erwähnt, also weder enterbt (OLG Hamburg FamRZ 1990, 910), noch als Erbe eingesetzt, noch mit einem Vermächtnis bedacht worden ist (BayObLG ZEV 1994, 106; OLG Karlsruhe ZEV 1995, 454). Eine hinter dem ges Erbteil zurückbleibende Zuwendung berechtigt hingegen nicht zur Anfechtung nach § 2079 (RGZ 50, 238; BayObLG ZEV 1994, 106; BR/*Litzenburger* § 2079 Rn 3; aA MüKoBGB/*Leipold* § 2079 Rn 6; *Graf* ZEV 1994, 109 für Fälle, in denen die Zuwendung nicht im Hinblick auf die Stellung als Pflichtteilsberechtigter angeordnet worden ist), weil das Anfechtungsrecht nicht der Sicherung der wirtschaftlichen Interessen der Pflichtteilsberechtigten dient. 8

Ein Anfechtungsrecht besteht, wenn der Erblasser außerdem zur Zeit der Errichtung der Verfügung weder vom Vorhandensein dieses Pflichtteilsberechtigten, noch von dessen Pflichtteilsberechtigung wusste, also etwa einen Pflichtteilsberechtigten irrig für verstorben hielt oder über die die Pflichtteilsberechtigung vermittelnden Verwandtschaftsbeziehung zu einer Person irrte. 9

10 Die Verfügung ist auch dann anfechtbar, wenn ein im Zeitpunkt des Erbfalls Pflichtteilsberechtigter erst nach der Errichtung der Verfügung hinzukommt, weil er später geboren oder, etwa durch Heirat mit dem Erblasser, Adoption oder Gesetzesänderung, pflichtteilsberechtigt wird. Das gilt allerdings nicht, wenn der Pflichtteilsberechtigte bereits in einer Verfügung, die vor Eintritt der Pflichtteilsberechtigung, errichtet wurde, bedacht worden ist (RGZ 148, 218, 223; OLG Celle NJW 1969, 101; BayObLG BayObLGZ 1993, 389; aA MüKoBGB/*Leipold* § 2079 Rn 6: Das soll nicht gelten, wenn diese Person nicht im Hinblick auf die zukünftige Pflichtteilsberechtigung, sondern unabhängig davon bedacht wurde). Auch ist die Anfechtung ausgeschlossen, wenn (vor allem bei Ehegattentestamenten oder Erbverträgen) eine pflichtteilberechtigende Beziehung zur Schaffung eines Anfechtungsrechts hergestellt werden soll (BGH FamRZ 1970, 79, 82).

11 Eine Anfechtung scheidet jedoch aus, wenn der Erblasser (nicht: ein vernünftiger Dritter) die Verfügung auch dann getroffen hätte, wenn er im Zeitpunkt der Errichtung der Verfügung (BGH NJW 1981, 1735) von der Pflichtteilsberechtigung gewusst hätte, § 2079 Satz 2. Die Kausalität zwischen der Unkenntnis der Pflichtteilsberechtigung und der Verfügung wird also, anders als in anderen Fällen des Motivirrtums oder der irrigen Zukunftserwartung, § 2078 Abs. 2, kraft Gesetzes widerleglich vermutet, so dass insoweit eine Beweislastumkehr eintritt (BayObLG NJW-RR 2001, 725) und derjenige, der sich gegen die Anfechtbarkeit wendet, nachweisen muss, dass der Erblasser auch in Kenntnis des Pflichtteilsberechtigten nicht anders testiert hätte (OLG Düsseldorf FamRZ 1999, 1024; OLG Hamburg FamRZ 1990, 910).

12 Die Vermutung ist etwa dann widerlegt, wenn der Erblasser bei Errichtung der Verfügung bereits eine Heirat plante und trotzdem den zukünftigen Ehegatten nicht bedacht hat (BayObLG FamRZ 1992, 988), nicht aber bereits allein dann, wenn der Erblasser seine Verfügung trotz Kenntniserlangung über die Pflichtteilsberechtigung nicht geändert hat (OLG Hamburg FamRZ 1990, 910); es muss vielmehr feststehen, dass dies im Hinblick auf den Übergangenen bewusst geschehen ist (BayObLG BayObLGZ 1971, 147, 152). Die Vermutung wird auch nicht allein dadurch widerlegt, dass der Erblasser sein Testament nicht ändert, nachdem er von der Existenz eines weiteren Pflichtteilsberechtigten erfahren hat (MüKo/*Leipold* § 2079 Rn 14; aA OLG Frankfurt FamRZ 1995, 1522).

§ 2080 Anfechtungsberechtigte

(1) Zur Anfechtung ist derjenige berechtigt, welchem die Aufhebung der letztwilligen Verfügung unmittelbar zustatten kommen würde.

(2) Bezieht sich in den Fällen des § 2078 der Irrtum nur auf eine bestimmte Person und ist diese anfechtungsberechtigt oder würde sie anfechtungsberechtigt sein, wenn sie zur Zeit des Erbfalls gelebt hätte, so ist ein anderer zur Anfechtung nicht berechtigt.

(3) Im Falle des § 2079 steht das Anfechtungsrecht nur dem Pflichtteilsberechtigten zu.

A. Grundsatz

1 Das Anfechtungsrecht entsteht mit Eintritt des Erbfalls. Anfechtungsberechtigt ist, wer durch die Nichtigkeit der angefochtenen Verfügung unmittelbar einen rechtlichen Vorteil erlangt. Der Vorteil kann in einer Begünstigung (zB Erbschaft, Vermächtnis, Gestaltungsrecht etwa nach § 2341, BGH NJW 1991, 169, Befugnis zur Verfügung über den Nachlass oder Verwaltung des Nachlasses) oder im Wegfall eine Beschwer (zB Vermächtnis, Auflage, Testamentsvollstreckung), liegen. Eine entsprechende Behauptung allein genügt nicht (BGH NJW 1985, 2025), es ist deshalb zur Begründung des Anfechtungsrechts die Rechtslage, die sich nach wirksamer Anfechtung ergäbe, mit der gegenwärtigen Rechtslage

zu vergleichen. Zur Anfechtungsberechtigung des Erblassers selbst im Rahmen von Erbverträgen und Ehegattentestamenten siehe § 2281.

Unmittelbar wird der Vorteil nur erlangt, wenn nicht das Dazwischentreten weiterer 2 Umstände erforderlich ist und also nur eine verbesserte Erwerbsaussicht erstrebt wird. Hängt jedoch der Eintritt der Begünstigung von einem Umstand ab, der rechtlich Rückwirkung auf den Erbfall hat (zB Ausschlagung, Anfechtung, Erbunwürdigkeitserklärung), so fehlt es nicht an der Unmittelbarkeit, wenn die Ausschlagung erklärt wird, die Anfechtung Erfolg hat oder des Erbunwürdigkeitsurteil ergeht (BR/*Litzenburger* § 2080 Rn 3).

Eine Erbeinsetzung kann hiernach ggf von Ersatzerben, § 2096, Miterben, § 2094, oder von 3 durch die gewillkürte Erbfolge ausgeschlossene ges Erben angefochten werden, die Vorerbschaft darüber hinaus vom Nacherben, der auch die Befreiung des Vorerben, § 2136, anfechten kann. Vermächtnis und Auflage als solche kann der jeweils Beschwerte anfechten. Darüber hinaus sind Ersatz- oder Mitvermächtnisnehmer anfechtungsberechtigt. Auseinandersetzungsverbot, § 2044, oder Teilungsanordnung, § 2048, können die damit belasteten Erben anfechten. Enterbung und Pflichtteilsentziehung können die jeweils Betroffenen anfechten. Akte nach §§ 2253 ff könne die in der widerrufen Verfügung Begünstigten, denen diese Begünstigung entzogen worden ist, anfechten. Die Anordnung der Testamentsvollstreckung können die Erben anfechten.

Das Anfechtungsrecht ist vererblich (OLG Düsseldorf FamRZ 1999, 1461, 1463). Es kann 4 als unselbständiges Gestaltungsrecht nicht isoliert übertragen werden, §§ 851 ZPO, 413. Als höchstpersönliches Recht geht es auch nicht auf den Erbschaftskäufer über (Staudinger/*Otte* § 2080 Rn 14; Soergel/*Loritz* § 2080 Rn 20; aA MüKoBGB/*Leipold* § 2080 Rn 10). Es ist unpfändbar, §§ 851 Abs. 1, 857 Abs. 1 ZPO, und gehört nicht zur Insolvenzmasse. Wohl aber können Gläubiger auf die Rechtspositionen zugreifen, die der Anfechtungsberechtigte infolge der Anfechtung erhalten hat oder erhalten wird.

B. Beschränkungen

Im Fall der Anfechtung wegen Irrtums oder enttäuschter Erwartung nach § 2078 schließt 5 § 2080 Abs. 2 das Anfechtungsrecht anderer aus, wenn die betroffene Person selbst gem § 2080 Abs. 1 anfechtungsberechtigt ist oder vor dem Erbfall stirbt (bei Versterben nach dem Erblasser geht das Anfechtungsrecht dagegen auf die Erben des Anfechtungsberechtigten über), oder die Verfügung bestehen lassen möchte (BayObLG NJW-RR 2002, 727: Dritte sollen hier keinen Vorteil ziehen können).

Das Recht, eine Verfügung nach § 2079 anzufechten, steht ausschließlich dem über- 6 gangenen oder später hinzugekommenen Pflichtteilsberechtigten selbst zu, § 2080 Abs. 3; etwas anderes gilt jedoch bei Ehegattentestamenten und Erbverträgen, § 2281. Stirbt der Pflichtteilsberechtigte vor dem Erblasser, so entfällt der Anfechtungsgrund. Bei Versterben nach dem Erblasser geht das Anfechtungsrecht auf die Erben des übergangenen oder später hinzugekommenen Pflichtteilsberechtigten über (MüKoBGB/*Leipold* § 2080 Rn 3).

Zur Beschränkung des Anfechtungsrechts im Rahmen von Erbverträgen und Ehegatten- 7 testamenten siehe § 2285.

Hat der Erblasser zu Lebzeiten von der Anfechtbarkeit seiner Verfügung Kenntnis 8 erlangt, so kann er die Verfügung bestätigen, § 144 Abs. 1, und auf diese Weise das Anfechtungsrecht der nach § 2080 anfechtungsberechtigten Personen ausschließen (Soergel/*Loritz* § 2080 Rn 23; Staudinger/*Otte* § 2080 Rn 22). Dagegen verfängt nicht die Behauptung, der Erblasser habe kein Anfechtungsrecht und könne deshalb die anfechtbare Verfügung nicht bestätigen, sondern müsse eine neue, willensmängelfreie Verfügung (BayObLG Ppfleger 1975, 242) oder eine Erklärung, die alte Verfügung solle trotz Willensmangels gelten (OLG Hamm FamRZ 1994, 1062, 1065) formgerecht errichten.

§ 2081 Anfechtungserklärung

(1) Die Anfechtung einer letztwilligen Verfügung, durch die ein Erbe eingesetzt, ein gesetzlicher Erbe von der Erbfolge ausgeschlossen, ein Testamentsvollstrecker ernannt oder eine Verfügung solcher Art aufgehoben wird, erfolgt durch Erklärung gegenüber dem Nachlassgericht.

(2) Das Nachlassgericht soll die Anfechtungserklärung demjenigen mitteilen, welchem die angefochtene Verfügung unmittelbar zustatten kommt. Es hat die Einsicht der Erklärung jedem zu gestatten, der ein rechtliches Interesse glaubhaft macht.

(3) Die Vorschrift des Absatzes 1 gilt auch für die Anfechtung einer letztwilligen Verfügung, durch die ein Recht für einen anderen nicht begründet wird, insbesondere für die Anfechtung einer Auflage.

A. Anfechtungsgegner

1 Die Anfechtung letztwilliger Verfügungen iSd § 2081 Abs. 1 ist (schriftlich oder zu Protokoll des Geschäftsstelle, § 11 FGG) gegenüber dem zuständigen Nachlassgericht, § 73 FGG, zu erklären (amtsempfangsbedürftige Willenserklärung, § 130 Abs. 3). Das gilt auch, wenn sich die Nachlasssache bereits in der Beschwerdeinstanz befindet (BayObLG FamRZ 1992, 226).

2 Die Anfechtungserklärung muss keinen bestimmten Wortlaut haben. Sie muss jedoch erkennen lassen, welche Verfügung angefochten wird (BayObLG FamRZ 1992, 226), nicht hingegen, aus welchem Grund (BayObLG FamRZ 1989, 1346, 1348; aA MüKoBGB/*Leipold* § 2081 Rn 16; Staudinger/*Otte* § 2081 Rn 11: Zugrundeliegender Lebenssachverhalt in groben Zügen). Das Gericht teilt die Erklärung ggf den durch die angefochtene Verfügung unmittelbar Begünstigten mit, § 2081 Abs. 2 Satz 1. Zur Anfechtung durch den Erblasser selbst im Rahmen von Erbverträgen und Ehegattentestamenten siehe § 2282.

3 Vermächtnisse und Teilungsanordnungen werden nicht von § 2081 erfasst und müssen deshalb gem § 143 Abs. 4 Satz 1 durch formlose, empfangsbedürftige Willenserklärung gegenüber demjenigen angefochten werden, der durch die angefochtene Verfügung unmittelbar einen rechtlichen Vorteil erlangt. Die Anfechtung eines Vermächtnisses hat folglich gegenüber dem Vermächtnisnehmer und die einer Teilungsanordnung gegenüber dem daraus Berechtigten zu erfolgen. Wird der Widerruf derartiger Verfügungen angefochten, so ist Adressat der Erklärung bei einem Vermächtnis der damit Beschwerte und bei einer Teilungsanordnung die Erbengemeinschaft (BR/*Litzenburger* § 2081 Rn 6; aA MüKoBGB/*Leipold* § 2081 Rn 7: Für Teilungsanordnungen gilt § 2080 Abs. 3). Für die Anfechtung einer Befreiung des Vorerben soll hingegen § 2081 Abs. 1 gelten (BayObLG FamRZ 1990, 1159; aA Staudinger/*Otte* § 2081 Rn 2).

4 § 2081 Abs. 3 erfasst Verfügungen, für die sich ein Anfechtungsgegner weder aus § 2080 Abs. 1, noch aus § 143 ermitteln lässt, weil sie keine Rechte begründen, also etwa Pflichtteilsbeschränkungen und -entziehungen, §§ 2336, 2338.

B. Hinweise

5 Es ist darauf zu achten, dass jede einzelne Verfügung getrennt angefochten werden muss und deshalb hinsichtlich jeder Verfügung gesondert der zutreffende Adressat zu ermitteln ist. In den genannten Zweifelsfällen bietet es sich an, zur Sicherheit sowohl gegenüber dem Nachlassgericht als auch gegenüber dem Begünstigten die Anfechtung zu erklären. Gleiches gilt, wenn nicht sicher ist, ob eine Verfügung des Erblassers als Erbeinsetzung oder Vermächtnis anzusehen ist.

6 Bei Anfechtung durch den RA ist zu beachten, dass der Erklärung eine Originalvollmacht beizufügen ist. Andernfalls ist die Erklärung als einseitige empfangsbedürftige Willens-

erklärung bei sofortiger Rüge des Fehlens der Vollmacht durch den Erklärungsempfänger unwirksam, § 174, und wahrt nicht die Anfechtungsfrist.

C. Kosten/Gebühren

Gebühr für die Entgegennahme der Anfechtung: $^1/_4$ (§ 112 Abs. 1 Nr. 2 KostO). Beim Zusammenhang mit einem anderen gebührenpflichtigen Nachlassverfahren nach den §§ 101 – 117 KostO entfällt die Gebühr des § 112 KostO (§ 115 KostO). Zu den Voraussetzungen siehe § 1945 Rn 9 ff.

Wert: Maßgebend ist der Nettowert des Nachlasses (§ 112 Abs. 2 KostO). Falls sich die Erklärung nur auf einen Teil des Nachlasses bezieht, ist dieser – nach Schuldenabzug – maßgebend.

Kostenschuldner: Der Erklärende ist Schuldner der Gebühr (§ 2 Nr. 1 KostO).

§ 2082 Anfechtungsfrist

(1) Die Anfechtung kann nur binnen Jahresfrist erfolgen.

(2) Die Frist beginnt mit dem Zeitpunkt, in welchem der Anfechtungsberechtigte von dem Anfechtungsgrund Kenntnis erlangt. Auf den Lauf der Frist finden die für die Verjährung geltenden Vorschriften der §§ 206, 210, 211 entsprechende Anwendung.

(3) Die Anfechtung ist ausgeschlossen, wenn seit dem Erbfall 30 Jahre verstrichen sind.

Literatur
Löhnig, Fristen und Termine in der zivilrechtlichen Praxis, 2003; *Rosemeier,* Beginn der Frist zur Anfechtung letztwilliger Verfügungen, ZEV 1995, 124.

A. Fristen des § 2082 Abs. 1 und 3

Die Ausschlussfrist für die Anfechtung letztwilliger Verfügungen beträgt ein Jahr, § 2082 Abs. 1. Sie beginnt mit Kenntnis vom Anfechtungsgrund, §§ 2078, 2079, seitens des Anfechtungsberechtigten (Ereignisfrist, § 187 Abs. 1), nicht jedoch vor dem Tod des Erblassers (vgl OLG Brandenburg FamRZ 1998, 59, 60). Nach Fristablauf kann die Einrede des § 2083 erhoben werden. § 2082 Abs. 3 sieht eine dreißigjährige Höchstfrist vor, die mit dem Erbfall beginnt (Ereignisfrist, § 187 Abs. 1). Zur Anfechtung durch den Erblasser selbst im Rahmen von Erbverträgen und Ehegattentestamenten siehe § 2283.

B. Auslösendes Ereignis

I. Kenntnis

Kenntnis des Anfechtungsgrundes setzt die Kenntnis des Erbfalls, des Vorliegens einer letztwilligen Verfügung, des Willensmangels nach §§ 2078, 2079 und der infolgedessen eintretenden Benachteiligung, die zur Anfechtungsberechtigung führt, § 2080 Abs. 1, voraus (Staudinger/*Otte* § 2082 Rn 3). Diese Kenntnis muss so sicher sein, dass ein vernünftiger Mensch in der Lage ist, daraus einen Entschluss zumindest zur Einholung von Rechtsrat abzuleiten (MüKoBGB/*Leipold* § 2082 Rn 4), also nicht völlig zweifelsfrei (BayObLG NJW-RR 1998, 797); ein Kennenmüssen reicht jedoch nicht aus. Der Fristbeginn verliert seine Wirkung, wenn der Anfechtungsgrund – etwa das Scheitern einer Ehe – nach Kenntnis wieder wegfällt (BayObLG FamRZ 1983, 1275)

II. Irrtum

3 Ein Irrtum über die rechtlichen Schlussfolgerungen aus diesen Tatsachen beeinflusst den Fristbeginn grds nicht (unbeachtlicher Rechtsirrtum, BGH NJW 1970, 279; BayObLG BayObLGZ 1975, 6, 10; BayObLG NJW-RR 1990, 846). Etwas anderes soll jedoch bei einem Irrtum gelten, der verhindert, dass der Berechtigte bestimmte Tatsachen zur Kenntnis nimmt, weil er etwa glaubt, die anfechtbare Verfügung sei bereits angefochten oder widerrufen (OLG Hamm OLGZ 1971, 312) oder aus Rechtsgründen unwirksam (OLG Hamm NJW 1994, 522; Rosenmeier ZEV 1995, 124, 129). Bereits eine erstinstanzliche Gerichtsentscheidung, die bestimmte Rechtswertungen vornimmt, schließt einen beachtlichen Irrtum aus (BayObLG NJW-RR 1998, 797; OLG Frankfurt am Main FamRZ 2002, 352).

C. Hemmung

4 Unter den Voraussetzungen der §§ 206, 210, 211 wird der Fristlauf nach § 2081 Abs. 1, nicht jedoch nach § 2082 Abs. 3 gehemmt. Die Darlegungs- bzw Feststellungslast für den Ablauf der von Amts wegen zu beachtenden Ausschlussfrist trägt der Anfechtungsgegner (BayObLG FamRZ 1995, 1024).

§ 2083 Anfechtbarkeitseinrede

Ist eine letztwillige Verfügung, durch die eine Verpflichtung zu einer Leistung begründet wird, anfechtbar, so kann der Beschwerte die Leistung verweigern, auch wenn die Anfechtung nach § 2082 ausgeschlossen ist.

1 Nach Ablauf der Frist des § 2082 hat der mit einem Vermächtnis oder einer Auflage Beschwerte ein Leistungsverweigerungsrecht aus § 2083, soweit er in offener Frist anfechten hätte können, §§ 2078–2080. Es handelt sich um eine Einrede, die nur berücksichtigt werden kann, wenn sich der Beschwerte darauf beruft, und die zur Abweisung einer Leistungsklage als unbegründet führt.

2 Bei Leistung in Unkenntnis der Einrede kann der Beschwerte des Geleistete zurückfordern, § 813 Abs. 1 Satz 1, nicht jedoch bei Leistung in Kenntnis der Einrede, § 814.

§ 2084 Auslegung zugunsten der Wirksamkeit

Lässt der Inhalt einer letztwilligen Verfügung verschiedene Auslegungen zu, so ist im Zweifel diejenige Auslegung vorzuziehen, bei welcher die Verfügung Erfolg haben kann.

Literatur
Brox, Der BGH und die Andeutungstheorie, JA 1984, 549; *Flume*, Testamentsauslegung bei Falschbezeichnung, NJW 1983, 2007; *Foerste*, Die Form des Testaments als Grenze seiner Auslegung, DNotZ 1983, 84; *Kapp*, Die Auslegung von Testamenten, BB 1984, 2077; Mayer, Auslegungsgrundsätze und Urkundsgestaltung im Erbrecht, DNotZ 1998, 772; *Leipold*, Wille, Erklärung und Form – insb bei der Auslegung von Testamenten, FS Müller-Freienfels, 421; *Smid*, Probleme bei der Auslegung letztwilliger Verfügungen, JuS 1987, 283; *Tappmeier*, Die erbrechtlichen Auslegungsvorschriften in der gerichtlichen Praxis, NJW 1988, 2714; *Wolf-Gangel*, Der nicht formgerecht erklärte Erblasserwille und die Auslegungsfähigkeit eindeutiger Testamentarischer Verfügungen, JuS 1983, 663.

A. Allgemeines

I. Ziel der Auslegung

Ziel der Auslegung ist allein die Ermittlung des Erblasserwillens nach dem Verständnis 1
des Erblassers selbst, § 133. Lediglich bei wechselseitigen Verfügungen in Ehegattentestamenten und Erbverträgen kommt es auf den Verständnishorizont eines verständigen Dritten an, § 157. Erst in einem zweiten Schritt ist zu prüfen, ob der ermittelte Wille formgerecht Ausdruck gefunden hat. Liefert die Auslegung kein eindeutiges Ergebnis, so ist diejenige Auslegung vorzuziehen, bei der die Verfügung Erfolg haben kann, § 2084. Für die Auslegung kommt es stets allein auf den Zeitpunkt der Errichtung der letztwilligen Verfügung an (BGHZ 31, 13).
Im Prozess ist die Auslegung der Verfügung Aufgabe des Tatrichters, das Revisionsgericht 2
kann das Auslegungsergebnis nur danach überprüfen, ob es auf logischen oder methodologischen Fehlern beruht (BGH NJW 1993, 2168, 2170; BayObLG NJW-RR 2002, 366). Das ist nicht schon dann der Fall, wenn auch eine andere Auslegung denkbar ist.

II. Auslegungsvertrag

Um zeitintensive Streitigkeiten über die Auslegung zu verhindern und die oft erheblichen 3
Verfahrenskosten zu sparen, können die Bedachten Auslegungsverträge schließen, die eine bestimmte Auslegung – allerdings ohne Bindungswirkung für die staatliche Gerichtsbarkeit – festschreiben. Er hat zur Folge, dass sich die Parteien auf schuldrechtlicher Ebene verpflichten, die im Vertrag vereinbarte Rechtslage zu schaffen (BGH NJW 1986, 1812), und vertragswidrigen Ansprüchen im Prozess die Einrede der unzulässigen Rechtsausübung entgegenhalten können (Soergel/*Loritz* § 2084 Rn 32).
Es handelt sich dabei um einen atypischen Vertrag (BGH NJW 1986, 1812), der jedoch 4
oftmals den Charakter eines Vergleichs, § 779, haben wird. Soweit eine Erbanteilsübertragung, § 2033, vereinbart wird um der Vereinbarung auch dingliche Wirkung zu verleihen, fällt ein solcher Vertrag unter § 2385 Abs. 1 und bedarf der notariellen Beurkundung, § 2371. Eine notarielle Beurkundung ist auch dann erforderlich, wenn infolge des Auslegungsvertrages die Verpflichtung entsteht, etwa ein Grundstück, § 311b Abs. 1, oder ein GmbH-Anteil, § 15 Abs. 2 GmbHG, zu übertragen.

B. Ermittlung des Willens

I. Wortlautanalyse

1. Einseitige Verfügungen

Bei einseitigen Verfügungen als nicht empfangsbedürftigen Willenserklärungen ist Aus- 5
legungsmaßstab allein der Verständnishorizont des Erblassers, § 133; keine Bedeutung hat der Horizont des von der Verfügung Betroffenen. Der Wortlaut stellt dabei keine Auslegungsgrenze dar (BGH NJW 1983, 672; BGH FamRZ 2002, 26; BayObLG FamRZ 2003, 326). So ist etwa bei scheinbar eindeutigen Formulierungen ein von der Norm abweichender Sprachgebrauch des Erblassers oder generell am Wohnort des Erblassers zu berücksichtigen (zB Bezeichnung der Ehefrau als »Mutter«) und es kommt nicht darauf an, wie die Verfügung von einem Dritten zu verstehen ist, sondern allein darauf, was der Erblasser ausdrücken wollte (BGH NJW 1981, 1736; BGH FamRZ 1987, 475; BayObLG FamRZ 1997, 251). Das gilt insb bei der Verwendung von juristischen Fachbegriffen durch Laien; so kann die Verwendung des Begriffes »vermachen« durchaus eine Erbeinsetzung kennzeichnen, eine »Nacherbeneinsetzung nach dem Tode des länger lebenden Ehegatten« eine Schlusserbeneinsetzung (OLG Hamm FamRZ 1996, 312), die Zuwendung des »Nießbrauchs am Nachlass« eine nicht befreite Vorerbschaft (BayObLG FamRZ 1981, 403).

§ 2084 BGB | Auslegung zugunsten der Wirksamkeit

Außerdem ist auf den Zweck der Anordnung zu sehen (OLG Karlsruhe ZEV 2004, 26; BGH ZEV 2005, 117: Unwirksamkeit einer Pflichtteilsstrafklausel im Behindertentestament, wenn der Sozialhilfeträger den Pflichtteil verlangt).

6 Eine wichtige Auslegungshilfe ist der Textzusammenhang, innerhalb dessen sich eine letztwillige Verfügung befindet. So kann die Zusammenschau verschiedener Anordnungen des Erblassers als einheitlicher Regelungsplan des Erblassers oder die Mitteilung von Motiven für eine Anordnung Rückschlüsse auf deren Inhalt zulassen.

7 Lediglich bei einer von einem Notar beurkundeten Verfügung ist zu vermuten, dass der Notar den Erblasserwillen in eindeutiger und normkonformer Sprache niedergelegt hat (BayObLG FamRZ 1996, 1037), es sei denn, es bestehen Anhaltspunkte dafür, dass der Notar die Gestaltungsziele des Erblassers nicht zutreffend verstanden hat (OLG Hamm FamRZ 1994, 188).

8 Eine Ausnahme gilt bei Verfügungen, die sich insofern an den Begünstigten richten, als sie ihn zu einem bestimmten Verhalten veranlassen wollen, also insb bei Bedingungen oder Auflagen. Der Erblasser kann jemand nämlich nur dann zu einem Verhalten veranlassen, wenn dieser seine Anordnung verstehen kann (Staudinger/*Otte* vor § 2064 Rn 24).

2. Wechselbezügliche oder vertragsmäßige Verfügungen

9 Bei vertragsmäßigen Verfügungen ist Auslegungsmaßstab zwar zunächst ebenfalls der Verständnishorizont des Erblassers, § 133. Der hiernach ermittelte Erblasserwille kann jedoch nur insoweit berücksichtigt werden, als dieser aus der Sicht des Ehe- oder Vertragspartners bei Anwendung der verkehrsüblichen Sorgfalt erkennbar war (BGH NJW 1984, 781), § 157, denn dem Vertragsschluss liegen empfangsbedürftige Willenserklärungen zugrunde. Haben die Beteiligten übereinstimmend etwas anderes unter einem beurkundeten Begriff verstanden, so ist das Gewollte, nicht das Beurkundete maßgebend (falsa demonstratio).

10 Wechselbezügliche Verfügungen sind hingegen keine empfangsbedürftigen Willenserklärungen, sondern aufeinander bezogene, parallel laufende, nicht empfangsbedürftige Erklärungen. Zu prüfen ist deshalb nach dem Maßstab des § 133, ob eine Willensübereinstimmung der beiden Erblasser gegeben war oder nicht (BGH NJW 1991, 169; BGH FamRZ 1993, 318); auch die Wechselbezüglichkeit als solche ist im Wege der Auslegung zu ermitteln und zwar für jede der in Frage kommenden Verfügungen gesondert (BayOLG FGPrax 2005, 164, 165). Fehlt es an dieser Übereinstimmung so ist zu prüfen, wie der jeweils andere Ehegatte die Verfügung verstehen durfte, denn der musste sich auf den Inhalt dieser Verfügung verlassen und einstellen (BGH FamRZ 1993, 318). Ggf kommt eine Umdeutung (Rn 18) des Ehegattentestaments in zwei Einzeltestamente in Betracht (*Kanzleiter* ZEV 1996, 306).

II. Umstände außerhalb der Urkunde

11 Bei der Auslegung letztwilliger Verfügungen sind über den Wortlaut hinaus auch außerhalb der Urkunde liegende Umstände einzubeziehen (BGH NJW 1985, 1554; BGH FamRZ 1987, 475), die einen Schluss auf den Willen der Erblassers bei Errichtung der Verfügung (BayObLG NJW-RR 1989, 326) zulassen. Zu beachten sind frühere Testamente oder Einzelverfügungen, auch wenn sie unwirksam sind (BayObLG FamRZ 2004, 1141 mit kriter Anmerkung *Leipold*; OLG Brandenburg FamRZ 2004, 981), jegliche Schriftstücke, soweit die Urheberschaft des Erblassers gesichert ist, mündliche Äußerungen des Erblassers (BayObLG FamRZ 1988, 1098), Eigenheiten oder Lebenszuschnitt des Erblassers und allgemeine Erfahrungssätze (BGH NJW 1983, 672). Ein bei Testamentserrichtung noch nicht vorhandener, erst später gebildeter Erblasserwille ist jedoch für die Auslegung unbeachtlich (BGHZ 31, 13; BGH FamRZ 1962, 256). Beachtenswert sein können Umstände, die nach Errichtung der Verfügung liegen, jedoch dann, wenn sie nicht

Ausdruck einer späteren Willensänderung des Erblassers sind, sondern Rückschlüsse auf den Willen des Erblassers bei Errichtung seiner Verfügung zulassen (BayObLG FamRZ 1993, 1250).
Erschüttern diese Umstände einen scheinbar klaren Wortlaut der Verfügung, so sind an den Beweis dieser Umstände hohe Anforderungen zu stellen (BayObLG BayObLGZ 1996, 204, 218). **12**

III. Ergänzende Auslegung

Regelungslücken in letztwilligen Verfügungen können durch ergänzende Auslegung geschlossen werden, wenn feststeht, dass es sich gemessen an den Vorstellungen des Erblassers (oder der Ehe-/Vertragspartner bei zweiseitigen Verfügungen, KG OLGZ 1966, 506; BGH FamRZ 1983, 380) um eine planwidrige, ungewollte (BayObLG FamRZ 2000, 119) Lücke handelt. Eine derartige Lücke kann bereits bei Errichtung der Verfügung vorhanden sein (BGH NJW 1978, 152; BayObLG NJW-RR 1997, 1438), weil der Erblasser die Verhältnisse zur Zeit der Errichtung seiner Verfügung unzutreffend beurteilt hat; die Auslegung kann aber nur dann helfen, wenn die Verfügung nicht bereits nach § 2065 unwirksam ist. **13**

Eine Lücke kann aber auch durch tatsächliche oder rechtliche Änderungen nach Errichtung der Verfügung entstehen, die der Erblasser nicht bedacht hat (BayObLG FamRZ 1997, 509), insb wenn der Erblasser auf ihren Eintritt keinen Einfluss hat, auch nach Eintritt des Erbfalls (BGH NJW 1963, 1150; BayObLG BayObLGZ 1988, 165; aA MüKoBGB/*Leipold* § 2084 Rn 59). So kann sich, etwa durch Veränderung des ehelichen Güterrechts oder den Beitritt der neuen Bundesländer, die Rechtslage verändert haben (dazu OLG Frankfurt FamRZ 1993, 857; OLG Köln FamRZ 1994, 591; BayObLG ZEV 1994, 47). Die Geldentwertung kann dazu führen, dass der vom Erblasser mit einem Geldvermächtnis erstrebte Zweck nicht mehr erreicht wird (RGZ 108, 83). Ein erheblicher Vermögenszuwachs oder Vermögensverlust beim Erblasser, eine Wertveränderung einzelner Gegenstände oder eine erhebliche Veränderung der Vermögensstruktur des Erblassers nach Errichtung der Verfügung kann den Regelungsplan des Erblassers durchkreuzen. Allein das Fortbestehenlassen einer Lücke trotz Kenntniserlangung von dieser Lücke nach Errichtung der Verfügung spricht noch nicht für eine gewollte Lücke (MüKoBGB/*Leipold* § 2084 Rn 49). **14**

Die Lückenschließung geschieht durch Ermittlung des hypothetischen Erblasserwillens (bzw des gemeinsamen Willens der Ehe-/Vertragspartner) zur Zeit der Errichtung der Verfügung. Dabei ist der tatsächliche Wille des Erblassers »zu Ende zu denken«, es ist also zu erforschen, was der Erblasser geregelt hätte, wenn er von der ergänzungsbedürftigen Lücke gewusst hätte (BayObLG FamRZ 1991, 865). Abzustellen ist allein auf den Zeitpunkt der Errichtung der Verfügung (BayObLG FamRZ 2000, 1394). Der hypothetische Erblasserwille kann nur in dem Umfang berücksichtigt werden, in dem er seine Grundlage in dem vom Erblasser tatsächlich geäußerten Willen hat (RGZ 99, 82, 86; BGHZ 22, 357, 360; BGH FamRZ 1983, 380, 383). Auf die Frage, was nach objektiven Umständen geboten gewesen wäre, kommt es nicht an. **15**

Die ergänzende Auslegung ist nicht darauf beschränkt, eine getroffene Verfügung zu verändern oder weiterzuentwickeln, sondern sie kann auch ganz neue Verfügungen erzeugen, soweit ein entsprechender Anhaltspunkt im Willen des Erblassers vorhanden ist. Das ist etwa dann der Fall, wenn der Erblasser eine Person nur deshalb zum Erben einsetzt, weil diese ihm das Leben gerettet habe, in Wahrheit aber eine andere Person der Lebensretter war (vgl MüKo/*Leipold* § 2084 Rn 47). Dann kann die Verfügung zugunsten des vermeintlichen Retters im Wege der Auslegung beseitigt und eine inhaltsgleiche Verfügung zugunsten des tatsächlichen Retters begründet werden, ohne dass es dafür der Anfechtung wegen Motivirrtums bedürfte. **16**

IV. § 2084

17 Die Auslegungsregel des § 2084 greift, wenn zwar der vom Erblasser angestrebte wirtschaftliche Erfolg feststeht, nicht aber der vom Erblasser gewählte rechtliche Weg. § 2084 ordnet für diesen Fall an, dass die rechtlich zulässige der unzulässigen Gestaltungsmöglichkeit vorzuziehen ist; das gilt auch, wenn zweifelhaft ist, ob der Erblasser eine Verfügung unter Lebenden oder von Todes wegen angestrebt hat (BGH NJW 1984, 46; BGH NJW 1988, 2731). Bei mehreren zulässigen Gestaltungsmöglichkeiten ist diejenige zu wählen, die dem Zuwendungsempfänger die wenigsten Umstände verursacht (BR/*Litzenburger* § 2084 Rn 15). § 2084 hilft hingegen nicht über Mängel in der Wirksamkeit der letztwilligen Verfügung als solcher hinweg (vgl BayObLG FamRZ 1983, 836), etwa das Fehlen des Testierwillens (BGH FamRZ 1985, 693).

18 Ist die Verfügung hingegen inhaltlich eindeutig, aber unzulässig, hilft § 140 (BGH NJW 1994, 1785, 1787), soweit die unwirksame Verfügung Bestandteile eines anderen, wirksamen Rechtsgeschäfts enthält, das den angestrebten Erfolg bewirkt. Ein mangels Geschäftsfähigkeit des anderen Teils nichtiger Erbvertrag kann so in ein Testament umgedeutet werden (BayObLG NJW-RR 1996, 7), ein formunwirksamen Testament in ein formwirksames Rechtsgeschäft unter Lebenden (BGH NJW 1978, 423). Einer gegen § 2065 verstoßenden Verfügung kann allerdings weder über § 2084 noch über § 140 zur Wirksamkeit verholfen werden.

V. Gesetzliche Auslegungsregeln

19 Die ges Auslegungsregeln (»im Zweifel«) greifen nur, wenn die erörterten Auslegungsmethoden nicht zur zweifelsfreien Feststellung eines Erblasserwillens führen. So ist etwa bei der Abgrenzung von Erbeinsetzung und Vermächtnis (§ 2087 Rn 2) zunächst der Wille des Erblassers zu ermitteln, bevor auf die Regel des § 2087 zurückgegriffen werden kann. Sie können jedenfalls dann nicht angewendet werden, wenn der Erblasser ihre Folgen tatsächlich ausgeschlossen hat oder hätte (hypothetischer Wille).

C. Einhaltung der erbrechtlichen Formerfordernisse

20 Ist der Erblasserwille im Wege der Auslegung festgestellt, so ist in einem zweiten Schritt zu prüfen, ob er formgerecht erklärt wurde, also in der Urkunde wenigstens angedeutet ist (BGH NJW 1981, 1737; BGH NJW 1985, 1554; BGH FamRZ 2002, 26, 27: Hinreichende Stütze). Die »Andeutungstheorie« verbindet die weitgehende Respektierung des Erblasserwillens mit der Respektierung des Formerfordernisses. Die Berücksichtigung eines im Testament nicht einmal angedeuteten Willens würde hingegen Geltung eines nicht formgerecht erklärten Willens bedeuten (Staudinger/*Otte* vor § 2064 Rn 38). Es geht dabei nicht nur um das Ernstnehmen der ges Form, sondern um den Schutz des Erblasserwillens vor verfälschenden Behauptungen (BGHZ 80, 246, 251). Damit können weder unterlassene noch irrig angeordnete letztwillige Verfügungen im Wege der Auslegung erzeugt oder korrigiert werden. Auch bei der Prüfung der »Andeutung« ist zu jedoch beachten, dass diese Andeutung nicht nach objektiven Gesichtspunkten, sondern nach der Sichtweise und dem Sprachgebrauch des Erblassers vorhanden sein muss.

21 Bei einer falsa demonstratio kann nicht mehr von einer formgerechten Andeutung des Willens in der Urkunde gesprochen werden. Die Rechtsprechung sieht sich in diesen Fällen jedoch nicht an die ansonsten durch die erbrechtlichen Formerfordernisse gezogenen Grenzen gebunden (BGH NJW 1983, 1610). Bei einseitigen Verfügungen ergibt sich dies schon daraus, dass nach zutreffender Auffassung ohnehin das begriffliche Verständnis und der Sprachgebrauch des Erblassers maßgeblich sind (Rn 5).

22 Ein im Wege ergänzender Auslegung zur Lückenschließung ermittelter Wille kann notwendig nicht formgerecht angedeutet sein, weil es andernfalls an einer ausfüllungsbedürftigen Lücke fehlen würde, wohl aber muss sich für die beim Weiterdenken zugrundege-

legte Willensrichtung des Erblassers eine Andeutung finden (OLG Köln FamRZ 1990, 438; BayObLG FamRZ 2000, 119; BayObLG NJW-RR 2002, 367, 370).

§ 2085 Teilweise Unwirksamkeit

Die Unwirksamkeit einer von mehreren in einem Testament enthaltenen Verfügungen hat die Unwirksamkeit der übrigen Verfügungen nur zur Folge, wenn anzunehmen ist, dass der Erblasser diese ohne die unwirksame Verfügung nicht getroffen haben würde.

§ 2085 kehrt die Regel des § 139 um und gilt für jegliche einseitige letztwillige Verfügungen (RGZ 116, 148; OLG Hamm FamRZ 1972, 660; OLG Stuttgart FamRZ 2004, 407, 409); für wechselbezügliche Verfügungen gilt § 2270, für vertragsmäßige Verfügungen § 2298. Enthält eine Verfügung von Todes wegen mehrere wirksame Einzelverfügungen, so bleiben bei Unwirksamkeit einer oder mehrerer (BayObLG FamRZ 2004, 312) Verfügungen aus beliebigemäß Grund (etwa Formunwirksamkeit, BayObLG FamRZ 1986, 726; Anfechtung, BGH NJW 1985, 2025) die übrigen Verfügungen wirksam, soweit nicht ein abweichender Wille der Erblassers im Zeitpunkt der Errichtung der letztwilligen Verfügung feststeht. Auch die maschinell erstellte Überschrift »Testament« führt nicht zur Nichtigkeit des handschriftlich geschriebenen Testaments, wenn der eigenhändig geschriebene Teil als selbstständige Verfügung für sich einen abgeschlossenen Sinn ergibt (BayOLG NJW-RR 2005, 1025). Die Darlegungs- bzw Feststellungslast trägt der Beteiligte, der die Nichtigkeit der letztwilligen Verfügung insgesamt erreichen will. 1

Betrifft die Unwirksamkeit nicht die ganze Einzelverfügung, sondern nur einen Teil einer inhaltlich teilbaren Einzelverfügung, so gilt für den Rest der Einzelverfügung ebenfalls § 2085, der dem Erblasserwillen möglichst weitreichende Geltung verschaffen will (BR/ *Litzenburger* § 2085 Rn 3). Nicht teilbar ist etwa eine Erbeinsetzung mit Wiederverheiratungsklausel in dem Sinn, dass bei Wegfall der Klausel eine unbedingte Erbeinsetzung anzunehmen wäre (BayObLG FGPrax 2004, 38). 2

§ 2086 Ergänzungsvorbehalt

Ist einer letztwilligen Verfügung der Vorbehalt einer Ergänzung beigefügt, die Ergänzung aber unterblieben, so ist die Verfügung wirksam, sofern nicht anzunehmen ist, dass die Wirksamkeit von der Ergänzung abhängig sein sollte.

§ 2086 kehrt die Regel des § 154 Abs. 1 um und gilt für jegliche letztwillige Verfügungen. § 2086 geht davon aus, dass der Erblasser trotz Ergänzungsvorbehalts deren endgültige Geltung wollte, wenn nicht ein abweichender Wille des Erblassers feststeht. Ein derartiger Vorbehalt kann sich ausdrücklich aus dem Wortlaut, aber auch aus anderen Umständen, etwa Lücken im Text, ergeben. Voraussetzung ist jedoch immer, dass trotz fehlender Ergänzung eine sinnhafte Regelung vorliegt. 1

Wer die Nichtgeltung der Verfügung behauptet, trägt die Darlegungs- bzw Feststellungslast. 2

Vorbemerkungen vor §§ 2087 ff

§§ 2087 ff stellen Regeln auf, die nur bei unklaren oder unvollständigen Verfügungen des Erblassers greifen. Vorrangig ist deshalb die Auslegung der letztwilligen Verfügung, vgl § 2084 Rn 5 ff. Das bedeutet, dass denjenigen, der einen von den §§ 2087 ff abweichenden Willen des Erblassers behauptet, die Darlegungs- bzw Feststellungslast trifft. 1

Titel 2 Erbeinsetzung

§ 2087 Zuwendung des Vermögens, eines Bruchteils oder einzelner Gegenstände

(1) Hat der Erblasser sein Vermögen oder einen Bruchteil seines Vermögens dem Bedachten zugewendet, so ist die Verfügung als Erbeinsetzung anzusehen, auch wenn der Bedachte nicht als Erbe bezeichnet ist.

(2) Sind dem Bedachten nur einzelne Gegenstände zugewendet, so ist im Zweifel nicht anzunehmen, dass er Erbe sein soll, auch wenn er als Erbe bezeichnet ist.

Literatur
Otte, Lässt das Erbrecht des BGB eine Erbeinsetzung auf einzelne Gegenstände zu?, NJW 1987, 3164; *Schrader*, Erb- und Nacherbeneinsetzung auf einzelne Nachlassgegenstände, NJW 1987, 117.

A. Allgemeines

1 Das BGB gestattet grds nicht die Erbfolge bzgl einzelner Gegenstände (vgl § 1922 Rn 12). Deshalb sind letztwillige Vermögenszuwendungen nur als Erbeinsetzung (dingliche Beteiligung am Nachlass) oder Vermächtnis (schuldrechtlicher Anspruch gegen den/die Erben) möglich. Die Auslegungsregel des § 2087 ordnet unabhängig von der Wortwahl des Erblassers die Zuwendung des Vermögens oder eines Vermögensbruchteils als Erbeinsetzung, die Zuwendung von einzelnen Gegenständen als Vermächtnis ein, wenn die Auslegung (§ 2084 Rn 5 ff) keine eindeutige Zuordnung zu einer der beiden Kategorien ergibt. Zur Vermeidung von Streitigkeiten unter den Bedachten empfiehlt sich ein Auslegungsvertrag (dazu § 2084 Rn 2).

B. Unterscheidung von Erbeinsetzung und Vermächtnis

2 Die Bezeichnung des Bedachten als »Erben« oder der Zuwendung als »Erbschaft« ist keine notwendige Voraussetzung für die Erbeinsetzung, § 2087 Abs. 1. Umgekehrt führt die wörtliche oder bedeutungsgleiche Verwendung dieser Bezeichnung nicht notwendig zu einer Erbeinsetzung, § 2087 Abs. 2. Gleiches gilt für die wörtliche oder bedeutungsgleiche Bezeichnung einer Zuwendung als »Vermächtnis«. Die Zuordnung zu der einen oder anderen Zuwendungsform erfordert vielmehr jeweils das Hinzukommen weiterer Gesichtspunkte.

I. Erbeinsetzung

3 Der Erblasser kann die Absicht, einem Erben sein Vermögen oder einen Teil hiervon im Wege der Gesamtrechtsnachfolge zuzuwenden, auf vielfältige Weise ausdrücken. Ob er in dieser Weise über sein Vermögen verfügen wollte, ist allein aus der Sicht des Erblassers zu beurteilen. Maßgeblich sind dabei die Vorstellungen des Erblassers bei Errichtung der Verfügung. Daher wird eine Erbeinsetzung nicht durch einen nach der Errichtung eingetretenen Vermögenserwerb berührt (vgl aber § 2078: Motivirrtum iS einer irrigen Erwartung über die Entwicklung des eigenen Vermögensbestands).

4 Es ist also ein Vergleich der vom Erblasser verfolgten wirtschaftlichen Zwecke mit den Rechtswirkungen einer Erbeinsetzung und eines Vermächtnisses durchzuführen. Wollte der Erblasser sein Vermögen mehr oder weniger umfassend auf eine oder mehrere Personen übergehen lassen, die eine starke Stellung erhalten (BayObLG FamRZ 2001, 1174), die Nachlassabwicklung übernehmen (BayObLG BayObLGZ 1986, 604) und wirtschaftlich an die Stelle des Erblassers treten sollen, also auch die Nachlassverbindlich-

keiten tragen sollen (BayObLG FamRZ 1986, 604), so spricht dies für eine Erbeinsetzung (BayObLG BayObLGZ 1965, 460). Unerheblich ist es jedoch, ob dem Erben nach Begleichung der Nachlassverbindlichkeiten und Erfüllung der Vermächtnisse und Auflagen überhaupt ein wirtschaftlich nennenswerter Vermögensvorteil verbleibt (BayObLG FamRZ 2003, 119).

Auch eine Verfügung über einen einzelnen Vermögensgegenstand, der nahezu das gesamte Erblasservermögen, vgl § 1365, im Zeitpunkt der Errichtung der Verfügung ausmacht, wird idR als Erbeinsetzung anzusehen sein (BayObLG FamRZ 1997, 1177: Immobilie, die den wesentlichen Nachlasswert bildet; BayObLG FamRZ 1998, 76; BayObLG Ppfleger 2000, 817; BayObLG FamRZ 2003, 119; zu einem Gegenbeispiel BayObLG FamRZ 2004, 567). Schließlich wird man auch bei einer (nahezu) erschöpfenden Vermögensverteilung auf mehrere Erben nicht nach Bruchteilen, sondern nach einzelnen Vermögensgruppen oder Gegenständen von einer Erbeinsetzung, ggf verbunden mit einer Teilungsanordnung, § 2048, oder Vorausvermächtnissen, § 2150, ausgehen können (BGHZ 120, 96, 98; BayObLG FamRZ 2004, 312). Die Bruchteile bestimmen sich dann idR nach den Wertverhältnissen zur Zeit der Errichtung der Verfügung (BGH LM § 2084 Nr. 12), wenn es dem Erblasser nicht gerade auf die Zuwendung der Gegenstände als solcher ankam. 5

Wird hingegen nicht das gesamte Vermögen nach Gegenständen oder Vermögensgruppen verteilt, kann nicht ohne weiteres von einer erschöpfenden Einsetzung nach Bruchteilen ausgegangen werden. Es kommt auch eine Erbeinsetzung iSd § 2088 oder eine Kombination aus Erbeinsetzung/en und Vermächtnis/sen (BayObLG NJW-RR 1995, 1096) in Betracht. 6

II. Vermächtnis

Kam es dem Erblasser darauf an, dass der Bedachte einen bestimmten Gegenstand ungeschmälert durch etwaige Nachlassverbindlichkeiten erhält, so spricht dies für die Annahme eines Vermächtnisses, vgl § 2087 Abs. 2. Das gilt allerdings nicht, wenn dieser Gegenstand fast den gesamten Nachlasswert ausmacht (Rn 5) oder es sich wenigstens um den Hauptnachlassgegenstand handelt und ansonsten kein Erbe berufen ist, weil idR davon auszugehen ist, dass der Erblasser zumindest einen Erben berufen möchte (BayObLG FamRZ 1995, 246; BayObLG NJW-RR 2002, 873; BayObLG NJW-RR 2002, 1232). Wird nur eine Verfügung über einen geringen Nachlassteil getroffen, so wird man von einem Vermächtnis bei Geltung der ges Erbfolge ausgehen können (BayObLG FamRZ 1990, 1156). 7

Von einem Vermächtnis ist auch bei der Aussetzung von festen Geldbeträgen auszugehen, soweit sie nicht im Wesentlichen den Nachlass ausmachen (BayObLG FamRZ 1997, 1177; BayObLG NJW-RR 2002, 873). Darüber hinaus kann ein Vermächtnis sich freilich auf jede beliebige Leistung, auf Sachgesamtheiten oder Werte richten. Soweit der Erblasser den Bedachen nicht als Erben einsetzen, ihm aber – anders als einem Auflagenbegünstigten – einen eigenen Anspruch einräumen wollte, liegt ein Vermächtnis vor. 8

§ 2088 Einsetzung auf Bruchteile

(1) Hat der Erblasser nur einen Erben eingesetzt und die Einsetzung auf einen Bruchteil der Erbschaft beschränkt, so tritt in Ansehung des übrigen Teiles die gesetzliche Erbfolge ein.

(2) Das Gleiche gilt, wenn der Erblasser mehrere Erben unter Beschränkung eines jeden auf einen Bruchteil eingesetzt hat und die Bruchteile das Ganze nicht erschöpfen.

§ 2088 trifft den Fall, dass der Erblasser eine Person oder mehrere Personen wörtlich oder durch bedeutungsgleiche Formulierung als Erben zu Bruchteilen, die in der Summe nicht 1

§ 2090 BGB | Minderung der Bruchteile

100 % erreichen, eingesetzt hat, was durch Auslegung zu ermitteln ist (BayObLG FamRZ 2003, 1783). Das ist auch dann der Fall, wenn die Summe deshalb 100 % unterschreitet, weil die Erbeinsetzung eines oder mehrerer Erben von Anfang an unwirksam ist (etwa wegen Sittenwidrigkeit, BGH NJW 1969, 1343) oder widerrufen wurde (BGH NJW 1969, 1343, 1346). Eine Erbeinsetzung nach Quoten in Form einer Erbeinsetzung nach Gegenständen oder Vermögensgruppen (§ 2087 Rn 5) ist jedoch dann nicht gegeben, wenn bewusst bestimmte Vermögensgegenstände, etwa Schwarzgeldkonten, nicht erwähnt werden (BayObLG FamRZ 2003, 1779, 1781).

2 Hat der Erblasser hingegen die Bruchteile nur teilweise bestimmt, so gilt § 2092 (BayObLG FamRZ 1984, 825). Wenn feststeht, dass der Erblasser andere als die eingesetzten Personen von der Erbfolge auszuschließen wollte, so gilt § 2089, der eine Erhöhung der Bruchteile anordnet. Bei späterem Wegfall eines Erben durch Tod gilt § 2094.

3 Infolge der Anwendung des § 2088 tritt bzgl des nicht verteilten Bruchteils die ges Erbfolge ein. Ist einer der auf einen Bruchteil eingesetzten Erben zugleich ges Erbe, so ist sorgfältig zu ermitteln, ob der Erblasser ihn durch die Bruchteilseinsetzung nicht darüber hinaus von der gem § 2088 eintretenden ges Erbfolge ausschließen wollte (BayObLG BayObLGZ 1965, 166, 177), so dass sich sein Erbteil nicht um den ges Erbteil am Rest erhöht.

§ 2089 Erhöhung der Bruchteile

Sollen die eingesetzten Erben nach dem Willen des Erblassers die alleinigen Erben sein, so tritt, wenn jeder von ihnen auf einen Bruchteil der Erbschaft eingesetzt ist und die Bruchteile das Ganze nicht erschöpfen, eine verhältnismäßige Erhöhung der Bruchteile ein.

1 § 2089 trifft den Fall, dass der Erblasser eine Person oder mehrere Personen wörtlich oder durch bedeutungsgleiche Formulierung als Erben zu Bruchteilen, die in der Summe nicht 100 % erreichen, eingesetzt hat, etwa weil er sich verrechnet hat. Steht dabei fest, dass der Erblasser andere als die eingesetzten Personen von der Erbfolge auszuschließen wollte, so ordnet § 2089 eine Erhöhung der Bruchteile an dieser Erben an. Diese vollzieht sich im Verhältnis der vom Erblasser bestimmten Erbteile zueinander.

2 Ist also A zu $1/2$ und B zu $1/4$ eingesetzt, so verteilt sich das restliche $1/4$ nicht gleichmäßig, sondern im Verhältnis 2 : 1 auf A und B. Von dem restlichen $1/4$ ($= 3/12$) erhält also A $2/12$ und B $1/12$, so dass A insgesamt $1/2$ ($= 6/12$) + $2/12$ = $8/12$ ($= 2/3$) erhält, B $1/4$ ($= 3/12$) + $1/12$ = $4/12$ ($= 1/3$).

3 Wollte der Erblasser andere Personen nicht von der Erbfolge ausschließen, so gilt § 2088 und es tritt bzgl des Rests die ges Erbfolge ein. Hat der Erblasser die Bruchteile nur teilweise bestimmt, so gilt insoweit § 2092.

§ 2090 Minderung der Bruchteile

Ist jeder der eingesetzten Erben auf einen Bruchteil der Erbschaft eingesetzt und übersteigen die Bruchteile das Ganze, so tritt eine verhältnismäßige Minderung der Bruchteile ein.

1 § 2090 trifft den Fall, dass der Erblasser in einer letztwilligen Verfügung mehrere Personen wörtlich oder durch bedeutungsgleiche Formulierung sämtlich als Erben zu Bruchteilen, die in der Summe 100 % übersteigen, eingesetzt hat. Das kann etwa durch einen Rechenfehler des Erblassers geschehen. Infolge der Anwendung des § 2090 tritt eine Minderung der Bruchteile ein. Diese vollzieht sich im Verhältnis der vom Erblasser bestimmten Erbteile zueinander.

Ist also A zu $1/4$, B zu $2/4$ und C zu $3/4$ eingesetzt, so dass der Erblasser insgesamt $6/4$ 2
verteilt hat, so geschieht die Minderung um $2/4$ nicht gleichmäßig, sondern im Verhältnis
1:2:3. Die überzähligen $2/4$ (= $6/12$) sind also in der Weise abzuziehen, dass A $1/12$, B $2/12$
und C $3/12$ abgeben muss. A erhält dann $1/4$ (= $3/12$) − $1/12$ = $2/12$ (= $1/6$), B erhält $2/4$ (= $6/12$)
− $2/12$ = $4/12$ (= $2/6$ = $1/3$) und C erhält $3/4$ (= $9/12$) − $3/12$ = $6/12$ (= $3/6$ = $1/2$)
Ergibt sich die 100 % übersteigende Summe aus einer Zusammenschau von zu verschie- 3
denen Zeiten errichteten Verfügungen, so ist durch Auslegung zu ermitteln, ob in der
Überschreitung der 100 % nicht ein teilweiser Widerruf der früheren Verfügung zu sehen
ist, § 2258, soweit die 100 % überschritten werden (BR/*Litzenburger* § 2090 Rn 2). Hat der
Erblasser die Bruchteile nur teilweise bestimmt, so gilt insoweit § 2092.

§ 2091 Unbestimmte Bruchteile

Sind mehrere Erben eingesetzt, ohne dass die Erbteile bestimmt sind, so sind sie zu gleichen Teilen eingesetzt, soweit sich nicht aus den §§ 2066 – 2069 ein anderes ergibt.

§ 2091 trifft den Fall, dass mehrere Personen zu Erben eingesetzt sind. Die Norm hilft über 1
eine fehlende Bestimmung der Bruchteile hinweg, indem sie Erbeinsetzung dieser Erben
zu gleichen Teilen anordnet, soweit sich nicht aus §§ 2066 – 2069 etwas anderes ergibt
(BayObLG FamRZ 1986, 610: Vorrang auch bei analoger Anwendung).
Erwähnt der Erblasser nur die Personen, die seine ges Erben sind (»Meine Frau und meine 2
Kinder«), dann wird idR davon auszugehen sein, dass auch die im Wege der Anwendung
der ges Erbfolge ermittelten Quoten gelten.

§ 2092 Teilweise Einsetzung auf Bruchteile

(1) Sind von mehreren Erben die einen auf Bruchteile, die anderen ohne Bruchteile eingesetzt, so erhalten die letzteren den freigebliebenen Teil der Erbschaft.

(2) Erschöpfen die bestimmten Bruchteile die Erbschaft, so tritt eine verhältnismäßige Minderung der Bruchteile in der Weise ein, dass jeder der ohne Bruchteile eingesetzten Erben so viel erhält wie der mit dem geringsten Bruchteil bedachte Erbe.

§ 2092 Abs. 1 trifft den Fall, dass der Erblasser mehrere Erben einsetzt, jedoch nur bei 1
einem Teil von ihnen die Bruchteile bestimmt, die in ihrer Summe unter 100 % bleiben.
Infolge der Anwendung des § 2092 erhalten die Erben, deren Bruchteile offen geblieben
sind, den verbleibenden Bruchteil und zwar mangels abweichenden Erblasserwillens zu
gleichen Teilen, § 2091.
Sind also A zu $1/2$, B zu $1/4$ und außerdem noch C und D zu Erben eingesetzt, so verteilt 2
sich das verbliebene $1/4$ zu gleichen Teilen auf C und D, so dass jeder von ihnen $1/8$ erhält.
§ 2092 Abs. 2 trifft den Fall, dass der Erblasser mehrere Erben einsetzt, jedoch nur bei 3
einem Teil von ihnen die Bruchteile bestimmt, die – insb infolge eines Rechenfehlers – in
ihrer Summe 100 % übersteigen, und ein Teilwiderruf (§ 2090 Rn 1) oder eine bloße Einsetzung zu Ersatzerben (Staudinger/*Otte* § 2092 Rn 3) ausscheidet. Infolge der Anwendung der Auslegungsregel des § 2092 Abs. 2 erhält jeder Erbe ohne Bruchteilsangabe den
gleichen Bruchteil wie derjenige mit dem geringsten festgelegten Bruchteil. Anschließend
sind die Bruchteile gem § 2090 zu mindern.
Sind also A zu $1/2$ (= $6/12$), B zu $1/3$ (= $4/12$), C zu $1/4$ (= $3/12$) und außerdem noch D zu 4
Erben eingesetzt, so erhält D den geringsten Bruchteil, also $1/4$ (= $3/12$). Weil damit die

§ 2094 BGB | Anwachsung

Summe von 100 % um $^4/_{12}$ (= $^1/_3$) überschritten wird, sind anschließend die Bruchteile nach § 2090 im Verhältnis 6:4:3:3 zu mindern (vgl § 2090 Rn 2).

§ 2093 Gemeinschaftlicher Erbteil

Sind einige von mehreren Erben auf einen und denselben Bruchteil der Erbschaft eingesetzt (gemeinschaftlicher Erbteil), so finden in Ansehung des gemeinschaftlichen Erbteils die Vorschriften der §§ 2089 – 2092 entsprechende Anwendung.

1 § 2093 erklärt die §§ 2089 – 2092 auch für den Fall anwendbar, dass mehrere Erben auf einen gemeinsamen Erbteil, also etwa gemeinsam auf 50 %, eingesetzt sind, was durch Auslegung zu ermitteln ist (BayObLG FamRZ 2000, 120). Für die Anwendung des § 2093 soll es nicht genügen, dass der Erblasser die Erbeinsetzung mehrerer Personen in einem Satz, unter einem gemeinsamen Oberbegriff oder unter einem einheitlichen Bruchteil äußerlich zusammengefasst hat (»Eheleute« allein genügt nicht, BayObLG ZEV 1999, 355). Hinzutreten muss eine aus Erblassersicht sachliche Rechtfertigung für die Anwendung der §§ 2089 – 2092, aber auch der §§ 2094 Abs. 1 und 2, 2098 Abs. 2 innerhalb dieser Gruppe, die sich aus einer persönlichen oder sachlichen Beziehung der Gruppenangehörigen zueinander ergibt (BR/*Litzenburger* § 2093 Rn 1). Der Erblasser muss also hinsichtlich einzelner Erben eine im Vergleich zu den anderen Erben engere Gemeinschaft schaffen wollen.

§ 2094 Anwachsung

(1) Sind mehrere Erben in der Weise eingesetzt, dass sie die gesetzliche Erbfolge ausschließen, und fällt einer der Erben vor oder nach dem Eintritt des Erbfalls weg, so wächst dessen Erbteil den übrigen Erben nach dem Verhältnis ihrer Erbteile an. Sind einige der Erben auf einen gemeinschaftlichen Erbteil eingesetzt, so tritt die Anwachsung zunächst unter ihnen ein.

(2) Ist durch die Erbeinsetzung nur über einen Teil der Erbschaft verfügt und findet in Ansehung des übrigen Teiles die ges Erbfolge statt, so tritt die Anwachsung unter den eingesetzten Erben nur ein, soweit sie auf einen gemeinschaftlichen Erbteil eingesetzt sind.

(3) Der Erblasser kann die Anwachsung ausschließen.

Literatur
Keller, Die Anwachsung unter Miterben, insb in der Gestaltungspraxis, ZEV 2002, 439.

1 § 2094 Abs. 1 trifft den Fall, dass der Erblasser durch seine Verfügung von Todes wegen die ges Erbfolge vollständig ausgeschlossen hat und einer der gewillkürten Erben aus jeglichem tatsächlichen oder rechtlichen Grund anfänglich oder später wegfällt. Für diesen Fall geht § 2094 davon aus, dass der Erblasser diese abschließende Regelung auch bei Wegfall eines Erben aufrecht erhalten will. § 2094 gilt deshalb nicht bei Widerruf der Erbeinsetzung, weil damit der Erblasser seinen Gesamtregelungsplan aufgegeben hat (BayObLG FamRZ 1993, 736), wohl aber bei unwirksamer Einsetzung eines Erben (Damrau/*Stehlin* § 2094 Rn 5).

2 Infolge der Anwendung dieser Regel wächst den übrigen gewillkürten Erben der Erbteil des weggefallenen Erben im Verhältnis der vom Erblasser bestimmten Erbteile zueinander zu. Gleiches gilt bei Anordnung gewillkürter Erbfolge für einen Bruchteil der Erbschaft, § 2094 Abs. 2. Es entsteht damit nicht ein zweiter Erbteil in der Hand des Erben, sondern es

bleibt vielmehr bei einem einheitlichen Erbteil bei jedem Erben, soweit nicht die Ausnahmevorschriften der §§ 2007, 2095, 2110 und 2373 Satz 1 greifen.
Ist also A zu $^1/_2$ (= $^2/_4$), B zu $^1/_4$ und C zu $^1/_4$ eingesetzt und fällt C weg, so ist das freiwerdende $^1/_4$ nicht gleichmäßig, sondern im Verhältnis 2:1 auf A und B zu verteilen. Von dem $^1/_4$ (= $^3/_{12}$) erhält also A $^2/_{12}$ und B $^1/_{12}$, so dass A insgesamt einen Erbteil von $^1/_2$ (= $^6/_{12}$) + $^2/_{12}$ = $^8/_{12}$ (= $^2/_3$) erhält und B einen Erbteil von $^1/_4$ (= $^3/_{12}$) + $^1/_{12}$ = $^4/_{12}$ (= $^1/_3$). 3

§ 2094 Abs. 3 ordnet deklaratorisch an, dass der Erblasser die Anwachsung für einzelne Erben oder insgesamt ausschließen kann. Ein Ausschluss ergibt sich allerdings noch nicht aus der Erbeinsetzung auf einen Bruchteil allein (KG FamRZ 1977, 344), sondern nur dann, wenn feststeht, dass ein Erbe keinesfalls mehr erhalten soll. Eine Ersatzerbenberufung, die sich auch aus der Auslegungsregel des § 2069 ergeben kann (BayObLG FamRZ 1991, 614), schließt die Anwachsung aus, § 2099. 4

§ 2095 Angewachsener Erbteil

Der durch Anwachsung einem Erben anfallende Erbteil gilt in Ansehung der Vermächtnisse und Auflagen, mit denen dieser Erbe oder der wegfallende Erbe beschwert ist, sowie in Ansehung der Ausgleichungspflicht als besonderer Erbteil.

Grds führt die Anwachsung nach § 2094 nicht zu zwei selbständigen Erbteilen, sondern bewirkt lediglich eine Bruchteilserhöhung. § 2095 bestimmt, dass diese Einheitlichkeit nicht in Ansehung der Beschwerung des Zuwachses mit Vermächtnissen oder Auflagen und der Ausgleichungspflicht nach § 2052 gilt. Vielmehr werden für diesen Fall zwei Erbteile als selbständige Haftungsmassen fingiert mit der Folge, dass der Erbe sich für jeden Erbteil auf §§ 1991 Abs. 4, 1992 berufen kann. Andernfalls hätte eine Beschwerung des Zuwachses über dessen Wert hinaus auch eine Minderung des ursprünglichen Erbteils zur Folge und die Anwachsung wäre nachteilig. Umgekehrt muss der Erbe auch den angewachsenen Teil nicht einsetzen, wenn sein ursprünglicher Erbteil über dessen Wert hinaus mit Vermächtnissen und/oder Auflagen beschwert ist. 1

Die Fiktion zweier Erbteile führt darüber hinaus dazu, dass die Ausgleichungspflicht des § 2052 beim Wegfall eines Ausgleichungspflichtigen nicht auf den ursprünglichen Erbteil des Erben, dessen Erbteil durch Anwachsung erhöht wird, übergreifen kann und umgekehrt, §§ 2095, 2056. 2

§ 2096 Ersatzerbe

Der Erblasser kann für den Fall, dass ein Erbe vor oder nach dem Eintritt des Erbfalls wegfällt, einen anderen als Erben einsetzen (Ersatzerbe).

Literatur
Britz, Ersatzerbeneinsetzung statt Schlusserbeneinsetzung im Berliner Testament, RhNotZ 2001, 389; *Nieder*, Die ausdrücklichen oder mutmaßlichen Ersatzbedachten im deutschen Erbrecht, ZEV 1996, 241; *Schrader*, Erb- und Nacherbeneinsetzung auf einzelne Nachlassgegenstände, NJW 1987, 117; *Schopp*, Anwachsung und Ersatzerbschaft, MDR 1978, 10.

A. Regelungsgehalt

§ 2096 stellt klar, dass der Erblasser durch Verfügung von Todes bestimmen kann (und sollte!), dass beim Wegfall eines ges oder gewillkürten Erben aus jeglichem tatsächlichen oder rechtlichen Grund vor oder nach dem Erbfall ein oder mehrere andere Erben an 1 dessen Stelle treten sollen (zu Problemen der Doppelbegünstigung eines Stammes bei Ausschlagung § 2069 Rn 5).

2 Auf diese Weise kann der Erblasser die Anwachsung, vgl § 2099, und den Eintritt der ges Erbfolge ausschließen. Für den Eintritt des Ersatzerbfalls kommt es auf den Zeitpunkt des Erbfalls an, § 2074 gilt nicht. Es kann auch eine mehrstufige Ersatzerbfolge angeordnet oder eine Beschränkung auf einzelne Wegfallgründe vorgenommen werden. Der Ersatzerbe tritt unmittelbar die Gesamtrechtsnachfolge des Erblassers an und hat im Zweifel die gleichen Verpflichtungen zu erfüllen wie der Erbe, vgl §§ 2051, 2161, 2192. Zur Abgrenzung von Ersatz- und Nacherbfolge § 2102 Rn 10.

B. Verhältnis zu § 2096

3 Unklar ist das Verhältnis von § 2096 zu § 2069, also die Frage, ob ein ausdrücklich eingesetzter Ersatzerbe zurücktreten muss, wenn ein eingesetzter Abkömmling des Erblassers wegfällt (Vorrang des § 2069, Staudinger/*Otte* § 2069 Rn 20) oder nicht (Vorrang des § 2096, Soergel/*Loritz* § 2096 Rn 3) oder ob je nach Einzelfall zu entscheiden ist (so wohl BayObLG NJW-RR 1994, 460). Die willensgestützte Einsetzung von Ersatzerben sollte nach zutreffender Auffassung der Zweifelsregelung des § 2069 vorgehen. Aufgrund der Unsicherheit empfiehlt sich eine ausdrückliche Regelung im Testament.

C. Rechtsstellung des Ersatzerben

4 Vor Eintritt des Erbfalls und Wegfall des Erstberufenen erwirbt der Ersatzerbe keine Rechtsposition (BGHZ 40, 115). Mit Eintritt des Erbfalls aber vor Wegfall des Erstberufenen etwa durch Ausschlagung erwirbt der Ersatzerbe ein Anwartschaftsrecht, das seinerseits vererblich ist (BayObLG BayObLGZ 1960, 407, 410). Er kann die Erbschaft bereits für den Fall des Wegfalls des Erstberufenen annehmen oder ausschlagen und das Testament mit dem Ziel der Beseitigung des Erbrechts des Erstberufenen anfechten. Sobald der Erstberufene wegfällt, wird der Ersatzerbe rückwirkend mit Eintritt des Erbfalls Erbe des Erblassers.

§ 2097 Auslegungsregel bei Ersatzerben

Ist jemand für den Fall, dass der zunächst berufene Erbe nicht Erbe sein kann, oder für den Fall, dass er nicht Erbe sein will, als Ersatzerbe eingesetzt, so ist im Zweifel anzunehmen, dass er für beide Fälle eingesetzt ist.

1 § 2097 korrigiert die sprachliche Ungenauigkeit des Erblassers, der nicht zwischen »wollen« und »können« zu unterscheiden vermochte. Die Regel ist deshalb unanwendbar, wenn der Erblasser die Formulierung bewusst gewählt hat (BayObLG FamRZ 1989, 666). Das wird insb dann der Fall sein, wenn der Erbe ausschlägt, dadurch einen Pflichtteil erhält und der Ersatzerbe seinem Stamm angehört, denn andernfalls würde dieser Stamm gegenüber den anderen Stämmen begünstigt (OLG Zweibrücken OLGZ 1984, 3; vgl auch § 2069 Rn 5). Folge der Anwendung des § 2097 ist, dass die Ersatzerbeneinsetzung für beide Fälle gilt.

§ 2098 Wechselseitige Einsetzung als Ersatzerben

(1) Sind die Erben gegenseitig oder sind für einen von ihnen die übrigen als Ersatzerben eingesetzt, so ist im Zweifel anzunehmen, dass sie nach dem Verhältnis ihrer Erbteile als Ersatzerben eingesetzt sind.

(2) Sind die Erben gegenseitig als Ersatzerben eingesetzt, so gehen Erben, die auf einen gemeinschaftlichen Erbteil eingesetzt sind, im Zweifel als Ersatzerben für diesen Erbteil den anderen vor.

§ 2098 trifft den Fall, dass der Erblasser mehrere Ersatzerben nebeneinander eingesetzt hat, ohne jedoch die Bruchteile zu bestimmen. Dieser Fall wird eigentlich von § 2091 erfasst, § 2098 macht jedoch eine Ausnahme für den Fall, dass zu Ersatzerben ausschließlich sämtliche Miterben des weggefallenen Erben bestimmt sind. Dann treten die Miterben nicht zu gleichen Teilen, sondern im Verhältnis ihrer Bruchteile an die Stelle des weggefallenen Erben, § 2098 Abs. 1. 1

Sind A zu $^1/_2$, B zu $^1/_4$, C zu $^1/_4$ als Erben und A, B und C gegenseitig zu Ersatzerben eingesetzt, dann wird bei Wegfall des C das frei werdende $^3/_{12}$ (= $^1/_2$) nicht zu gleichen Teilen, sondern im Verhältnis 2:1 auf A und B verteilt. Der Erbteil des A beträgt dann $^1/_2$ (= $^6/_{12}$) + $^2/_{12}$ = $^8/_{12}$ (= $^2/_3$), der Erbteil des B $^1/_4$ (= $^3/_{12}$) + $^1/_{12}$ = $^4/_{12}$ (= $^1/_3$). 2

Sind die mehreren Erben auf einen gemeinschaftlichen Erbteil, § 2093, eingesetzt, so gilt im Verhältnis der Erben aus dieser Erbengruppe dasselbe, wenn einer von ihnen wegfällt und alle Erben des gemeinschaftlichen Erbteils vom Erblasser gegenseitig zu Ersatzerben eingesetzt sind, § 2098 Abs. 2. Es entstehen, anders als bei Anwachsung, § 2094, zwei selbständige Erbteile. 3

§ 2099 Ersatzerbe und Anwachsung

Das Recht des Ersatzerben geht dem Anwachsungsrecht vor.

§ 2099 regelt den Vorrang der Ersatzerbeneinsetzung (vgl BayObLG FamRZ 1992, 355; BayObLG ZEV 2004, 463 zur Auslegung) vor der Anwachsung, § 2094, die nur bei Wegfall sämtlicher Ersatzerben, § 2096, und außerhalb des Anwendungsbereichs von § 2069 greift. 1

Titel 3 Einsetzung eines Nacherben

§ 2100 Nacherbe

Der Erblasser kann einen Erben in der Weise einsetzen, dass dieser erst Erbe wird, nachdem zunächst ein anderer Erbe geworden ist (Nacherbe).

Literatur
Ludwig, Gegenständliche Nachlassspaltung bei Vor- und Nacherbschaft, DNotZ 2001, 102; *Friederich*, Rechtsgeschäfte zwischen Vor- und Nacherben, 1999; *Langenfeld*, Testamentsgestaltung, 3. Aufl 2002; *Michalski*, Vor- und Nacherbschaft an einem oHG (KG)- und GmbH-Anteil, DB, Beilage 16/1987.

Inhaltsverzeichnis

	Rn
A. Allgemeines	1–12
I. Grundsätze	1–5
II. Verhältnis zwischen Vor- und Nacherben	6–12
B. Anordnung der Vor- und Nacherbschaft	13–30
I. Letztwillige Verfügung	13–15
II. Auslegung	16–23
III. Motive	24–26

§ 2100 BGB | Nacherbe

IV.	Behindertentestament	27 – 28
V.	Nachteile	29 – 30
C. Gestaltungsmöglichkeiten	31 – 59
I.	Person des Vorerben	32 – 33
II	Person des Nacherben	34 – 36
III.	Staffelung	37 – 40
IV.	Bruchteile	41 – 42
V.	Gegenständliche Beschränkungen	43
VI.	Mehrere Vor- und Nacherben	44 – 45
VII.	Nacherbfall	46
VIII.	Bedingungen und Befristungen	47 – 54
	1. Vorerbschaft	47 – 48
	2. Nacherbschaft	49 – 54
IX.	Befreiung des Vorerben	55
X.	Bestimmungen durch den Vorerben	56 – 58
XI.	Bestimmungen durch Dritte	59
D. Anfall und Ausschlagung	60 – 64
I.	Vorerbe	60 – 63
II.	Nacherbe	64
E. Rechtsstellung des Vorerben	65 – 67
F. Rechtsstellung des Nacherben vor dem Nacherbfall	68 – 81
I.	Anwartschaftsrecht	68 – 69
II.	Sicherung des Anwartschaftsrechts	70 – 72
III.	Übertragbarkeit des Anwartschaftsrechts	73 – 78
IV.	Testamentsvollstreckung für den Nacherben	79 – 81
G. Sondervermögen	82 – 95
I.	Vor dem Nacherbfall	83 – 89
II.	Eintritt des Nacherbfalls	90 – 95
H. Prozessführung	96 – 103
I.	Bis zum Nacherbfall	96 – 98
II.	Nach dem Nacherbfall	99 – 103
I. Sonderheiten	104 – 114
I.	Vor- und Nacherbschaft bei Personenhandelsgesellschaften	104 – 108
II.	Landwirtschaft	109 – 111
III.	DDR	112 – 114

A. Allgemeines

I. Grundsätze

1 Vorerbe und Nacherbe sind nacheinander Erben desselben Erblassers und Träger der auf dessen Nachlass bezogenen Rechte und Pflichten. Mit dem Nacherbfall hört der Vorerbe auf, Erbe zu sein und fällt die Erbschaft dem Nacherben an (§ 2139).

2 Der Nacherbe ist Gesamtrechtsnachfolger (§ 1922) des Erblassers. Eine Nacherbfolge in Einzelgegenstände des Nachlasses ist nicht möglich (Soergel/*Harder/Wegmann* vor § 2100 Rn 7; MüKo/*Grunsky* § 2100 Rn 16); möglich ist die Anordnung eines Nachvermächtnisses (§ 2191; dazu *Bengel* NJW 1990, 1826). Die Erbschaft fällt dem Nacherben automatisch ohne Übertragungsakt des Vorerben an.

3 Der Nacherbe ist als solcher nicht Gesamtrechtsnachfolger des Vorerben. Erbe des Vorerben ist vielmehr, wen dieser einsetzt oder wen das Gesetz zu seinem Erben beruft; natürlich kann er gleichwohl mit dem Nacherben identisch sein. Indessen sind die beiden Vermögensmassen zu trennen; der Nachlass des Erblassers gehört nicht zum Nachlass des Vorerben.

4 Vor- und Nacherbe bilden mithin auch keine Erbengemeinschaft miteinander.

5 Die Vorerbschaft ist auflösend bedingte, meist, da der Nacherbfall grds mit dem Tod des Vorerben eintritt, auflösend befristete Erbeinsetzung (Staudinger/*Avenarius* § 2100 Rn 31).

Die Nacherbschaft ist aufschiebend bedingte, meist aufschiebend befristete Erbeinsetzung. Der Vorerbe ist vorläufiger Erbe, Erbe auf Zeit; der Nacherbe ist endgültiger Erbe.

II. Verhältnis zwischen Vor- und Nacherben

Die Aufeinanderfolge zweier Erben führt zu Regelungsbedarf. Zwischen Vor- und Nach- 6
erben besteht ein ges Schuldverhältnis (MüKo/*Grunsky* § 2100 Rn 19).

Den Vorerben trifft eine Verwaltungspflicht, die im Gesetz nicht ausdrücklich ausgespro- 7
chen ist, aber allgemein aus § 2130 Abs. 1 hergeleitet (Staudinger/*Avenarius* § 2130 Rn 2) und auch in §§ 2120, 2128, 2129 vorausgesetzt wird. Dem steht ein Verwaltungsrecht gegenüber, das sich ebenfalls aus §§ 2128, 2129 erschließt. Der Haftungsmaßstab ergibt sich aus § 2131 (Sorgfalt wie in eigenen Angelegenheiten, § 277).

Den Vorerben treffen Verfügungsbeschränkungen, die sich iE aus §§ 2112 ff ergeben. Der 8
Erblasser kann den Vorerben hiervon weitgehend befreien (§§ 2136, 2137; befreite Vorerbschaft). Erfordert die ordnungsgemäße Verwaltung eine Verfügung, die der Vorerbe hiernach nicht mit Wirkung gegen den Nacherben vornehmen kann, so hat er gegen diesen einen Anspruch auf Zustimmung (§ 2120). Zum Schutz des gutgläubigen Vorerben besteht dessen Verfügungsbefugnis fort, solange er unverschuldet keine Kenntnis vom Eintritt des Nacherbfalls hat (§ 2140 Satz 1).

Der Nacherbe hat vor dem Nacherbfall gegen den Vorerben Anspruch auf ein Verzeichnis 9
der Nachlassgegenstände (§ 2121 Satz 1), auf Feststellung ihres Zustandes (§ 2121 Satz 2) und, wenn Grund zu der Annahme besteht, dass der Vorerbe durch seine Verwaltung die Rechte des Nacherben erheblich verletzt, auch auf Auskunft über den Bestand der Erbschaft (§ 2127). Gehören Inhaberpapiere zum Nachlass, so kann der Nacherbe zu seiner Sicherheit deren Hinterlegung verlangen (§ 2116), was der Vorerbe abwenden kann, indem er sie dahin umschreiben lässt, dass er nur mit Zustimmung des Nacherben darüber verfügen kann (§ 2117); bei Schuldbuchforderungen kann der Nacherbe einen Sperrvermerk verlangen (§ 2118). Wird durch das Verhalten des Vorerben oder durch seine ungünstige Vermögenslage die Besorgnis einer erheblichen Verletzung der Rechte des Nacherben begründet, so kann dieser Sicherheit verlangen (§ 2128 Abs. 1); wird diese trotz rechtskräftiger Verurteilung nicht geleistet, so kann der Nacherbe die Einsetzung eines gerichtlich bestellten Verwalters verlangen (§§ 2128 Abs. 2, 2129).

Nach dem Nacherbfall hat der Nacherbe gegen den Vorerben vor allem den Anspruch auf 10
Herausgabe der Erbschaft (§ 2130), bei befreiter Vorerbschaft nur der noch vorhandenen Nachlassgegenstände (§ 2138 Abs. 1). Er hat ferner Anspruch auf Rechenschaft (§ 2130 Abs. 2), bei Verletzung der Verwaltungspflichten des Vorerben auch auf Schadensersatz (§ 2130 Abs. 1); Haftungsmaßstab ist auch hier der des § 2131.

Die Verteilung der Lasten des Nachlasses im Verhältnis zwischen Vor- und Nacherben 11
regeln die §§ 2124 – 2126, die Verteilung der Nutzungen die §§ 2132 – 2135. Die Vorschriften gehen von dem Gedanken aus, dass dem Vorerben für die Zeit der Vorerbschaft die gewöhnlichen Nutzungen gebühren, er aber im Nacherbfall den Stamm des Vermögens an den Nacherben herauszugeben hat.

Die §§ 2144 und 2145 enthalten Vorschriften zur Abgrenzung der Haftung zwischen Vor- 12
und Nacherben. § 2143 ordnet schließlich an, dass eine evtl in der Person des Vorerben eingetretene Konfusion oder Konsolidation mit dem Nacherbfall endet, in dem die erloschenen Rechtsverhältnisse wieder aufleben.

B. Anordnung der Vor- und Nacherbschaft

I. Letztwillige Verfügung

Eine solche ist grds notwendig. 13

Ausnahmen enthalten die § 2104 und 2105. Sie dienen der Vervollständigung unvollstän- 14
diger letztwilliger Verfügungen. § 2104 ordnet Nacherbschaft an und bestimmt den Nach-

§ 2100 BGB | Nacherbe

erben für den Fall, dass der Erblasser nur verfügt hat, der Erbe solle nur bis zu einem bestimmten Zeitpunkt oder Ereignis Erbe sein (sog konstruktive Nacherbfolge). § 2105 macht den eingesetzten Erben, der die Erbschaft erst mit einem bestimmten Zeitpunkt oder Ereignis erhalten soll, zum Nacherben, und bestimmt die Vorerben; die Vorschrift gilt auch, wenn die Person des Erben durch ein Ereignis bestimmt werden soll, das erst nach dem Erbfall eintritt (sog konstruktive Vorerbschaft).

15 Eine weitere Ausnahme ergibt sich aus § 2101 iVm §§ 2105 Abs. 2 und 2106. Ist eine beim Erbfall noch nicht gezeugte Person zum Erben eingesetzt, so ist im Zweifel anzunehmen, dass sie als Nacherbe eingesetzt ist; Vorerben sind die ges Erben des Erblassers, und der Nacherbfall tritt mit der Geburt des Nacherben ein. Dies gilt entsprechend für die Erbeinsetzung von juristischen Personen, die beim Erbfall noch nicht entstanden sind.

II. Auslegung

16 Vielfach wird sich die Anordnung der Vor- und Nacherbschaft erst aus einer Auslegung der letztwilligen Verfügung ergeben. Entscheidend dabei ist, ob der Erblasser wollte, dass die Erbschaft zweimal anfällt (Staudinger/*Avenarius* § 2100 Rn 15). Für bestimmte Einzelfälle ergibt sich Folgendes:

17 Das sog Berliner Testament enthält im Zweifel keine solche Anordnung. Vielmehr wird im Zweifel der zuletzt versterbende Ehegatte Vollerbe des zuerst Verstorbenen, und der Dritte wird als Vollerbe des zuletzt verstorbenen Ehegatten »Schlusserbe« (§ 2269 Abs. 1). Diese Auslegungsregel kann auch dann greifen, wenn der Dritte ausdrücklich als Nacherbe bezeichnet ist (BGH NJW 1983, 277).

18 Wiederverheiratungsklauseln, denen zufolge der zum Erben eingesetzte überlebende Ehegatte im Fall seiner Wiederheirat sein Erbrecht verlieren und den Nachlass an Dritte (meist die gemeinsamen Kinder) herausgeben soll, führen nach BGHZ 96, 198, 202 ff (ebenso Staudinger/*Avenarius* § 2100 Rn 33; Soergel/*Harder/Wegmann* vor § 2100 Rn 9a; Soergel/*Wolf* § 2269 Rn 26; krit *Wilhelm* NJW 1990, 2857; MüKo/*Musielak* § 2269 Rn 54 ff; Soergel/*Harder* 12. Aufl vor § 2100 Rn 10) zu einer eigenartigen Kombination: Der überlebende Ehegatte ist zugleich als auflösend bedingter Vollerbe und als aufschiebend bedingter Vorerbe anzusehen, wobei die Bedingung und der Nacherbfall in der Wiederheirat liegen; in diesem Fall sind die Dritten Nacherben. Verstirbt der überlebende Ehegatte, ohne sich wiederverheiratet zu haben, so tritt die Bedingung nicht ein; er ist Vollerbe geblieben und wird seinerseits nach allgemeinen Regeln beerbt. Die aufschiebende Bedingung führt freilich dazu, dass der überlebende Ehegatte den Verfügungsbeschränkungen der §§ 2113 ff unterliegt, wobei seine Verfügungen wirksam bleiben, wenn er Vollerbe geblieben ist – ein Ergebnis, das die Ehegatten mit der bloßen Anordnung von Vor- und Nacherbschaft nicht erreichen können, jedenfalls soweit keine Befreiung nach § 2136 möglich ist. Ob der überlebende Ehegatte dabei auch ohne ausdrückliche Anordnung durch den Erblasser als gem § 2136 befreit anzusehen ist (dafür MüKo/*Musielak* § 2269 Rn 58 – 60; Staudinger/*Avenarius* § 2100 Rn 33 und § 2136 Rn 22) oder im gemeinschaftlichen Testament noch über § 2136 hinaus befreit werden kann (dafür MüKo/*Musielak* § 2269 Rn 58 – 60), ist in BGHZ 96, 198, 204/205 offen geblieben.

19 Bei zeitlich begrenzter Zuwendung der Verwaltung und Nutznießung am Nachlass (Nießbrauchsvermächtnis) ist die Abgrenzung von der Vor- und Nacherbschaft schwierig. Dies umso mehr, als die Vorerbschaft dem Nießbrauch ohnehin nahe steht. Die Rechtsprechung hat mehrfach eine Vorerbschaft angenommen, wenn dem Nießbraucher die freie Verfügung über den Nachlass zugewendet war (BayObLG NJW 1960, 1765; weitere Nachweise bei Soergel/*Harder/Wegmann* vor § 2100 Rn 13, ferner bei MüKo/*Grunsky* § 2100 Rn 10, der selbst aA ist) oder wenn er zugleich dinglicher Vermögensinhaber und Herr des Nachlasses sein sollte, ohne sich erst beim Erben um die Einräumung eines Nießbrauchs bemühen zu müssen (BGH LM Nr. 2 zu § 2100; dazu Staudinger/*Avenarius* § 2100 Rn 20). Die günstigere steuerliche Behandlung kann dagegen für ein Nießbrauchsvermächtnis sprechen (BayObLG NJW 1960, 1765; dazu Staudinger/*Avenarius* § 2100 Rn 23).

Jede aufschiebend bedingte Erbeinsetzung führt zur Annahme der Vor- und Nacherb- 20
schaft, wenn die Bedingung beim Erbfall noch nicht eingetreten ist (MüKo/*Grunsky* § 2100
Rn 7a).

Ein Testiergebot an den Erben (Gebot, eine bestimmte Person als seinen Erben einzuset- 21
zen) wird vielfach als Anordnung der Vor- und Nacherbschaft anzusehen sein (Staudinger/*Avenarius* § 2100 Rn 29, MüKo/*Grunsky* § 2100 Rn 9). In einem Testierverbot
gegenüber dem Erben liegt vielfach die Einsetzung seiner ges Erben als Nacherben
(Staudinger/*Avenarius* § 2100 Rn 30, MüKo/*Grunsky* § 2100 Rn 9). Dasselbe kann bei
einem Verbot gelten, den Nachlass an andere als die vom Erblasser genannten Personen
weiter zu vererben (BayObLGZ 58, 226 und BayObLG FamRZ 1986, 608).

Auch die vom Erblasser letztwillig geäußerte Erwartung, der Erbe werde seinen Nachlass 22
einem bestimmten Dritten zukommen lassen, kann als dessen Einsetzung zum Nacherben
ausgelegt werden (BGH IV ZR 17/50 v 11. 10. 1951, Staudinger/*Avenarius* § 2100 Rn 25),
nicht dagegen eine nur moralisch gemeinte Verpflichtung (OLG Hamm DNotZ 1963, 559;
Staudinger/*Avenarius* § 2100 Rn 25).

Die Berufung zum Ersatzerben (§ 2096) enthält dagegen im Zweifel nicht die Berufung 23
zum Nacherben und damit auch nicht die Anordnung der Vor- und Nacherbschaft. Das
folgt aus § 2102 (MüKo/*Grunsky* § 2102 Rn 4). Die fehlende Rechtskunde des Erblassers
kann jedoch zu einem anderen Ergebnis führen (BGH LM Nr. 1 zu § 2100).

III. Motive

Die Motive für die letztwillige Anordnung von Vor- und Nacherbschaft sind vielfältig. Sie 24
lassen sich indessen alle auf zwei kennzeichnende Umstände dieser Rechtsfigur zurückführen:

Dies ist zum einen die zeitliche Aufeinanderfolge zweier Erben. Sie kann den Erblasser 25
motivieren, wenn er

- den Nacherben auf eine gewisse Zeit vom Nachlass fern halten will, weil er ihn für noch unvernünftig oder nicht hinreichend ausgebildet oder unfähig (Gewerbebetrieb) hält oder weil er ihm erst zu einem bestimmten Zeitpunkt (Heirat) etwas zuwenden will, oder
- den Nachlass möglichst lange als Einheit in der Familie erhalten will (nach Art der früheren Fideikommisse) oder
- den Anfall der Erbschaft bei bestimmten ges oder gewillkürten Erben seines Erben (Vorerben) ausschließen will, etwa nach dem Anfall bei seinen Kindern den Anfall bei missliebigen Enkelkindern oder dem missliebigen Ehegatten eines Kindes oder beim eigenen geschiedenen Ehegatten, oder
- wenn eine noch nicht gezeugte Person oder eine beim Erbfall noch nicht entstandene juristische Person Erbe werden soll, denn sie kann nur als Nacherbe eingesetzt werden (§ 2101), nicht als Erbe (§ 1923).

Zum anderen ist die nießbraucherähnliche Rechtsposition des Vorerben charakteristisch, 26
die ihm zwar die Nutzungen des Nachlasses sichert, grds aber nicht dessen Substanz
zukommen lässt. Hierauf kann der Erblasser Wert legen, wenn er

- den Unterhalt des Vorerben (insb des überlebenden Ehegatten) sichern will,
- den Zugriff von Gläubigern des Vorerben auf die Substanz des Nachlasses verhindern will, und zwar entweder im Interesse des Nacherben (s.u. Rn 85), aber auch im Interesse des Vorerben, insb beim sog Behindertentestament den Zugriff der Sozialhilfeträger (dazu sogleich Rn 27).

IV. Behindertentestament

Dem sog Behindertentestament liegt eine eigenartige Kombination aus Vorerbschaft und 27
Testamentsvollstreckung zugrunde. Dort wird ein behinderter Abkömmling des Erblassers

§ 2100 BGB | Nacherbe

zum befreiten Vorerben eingesetzt, und zwar wegen § 2106 Abs. 1 mit einer Erbquote, die seine Pflichtteilsquote übersteigt (Soergel/*Harder/Wegmann* § 2100 Rn 24). Die Vorerbschaft sichert dem Behinderten die Nutzungen des Nachlasses; dem Testamentsvollstrecker wird auferlegt, sie ihm zukommen zu lassen (§ 2216). Die Substanz des Nachlasses ist durch die Testamentsvollstreckung dem Zugriff der Eigengläubiger des Vorerben, insb der Sozialhilfeträger, entzogen (§ 2214), auch ohne dass der Vorerbe nach allgemeinen Vorschriften (s.u. Rn 85) die Sonderung der Vermögensmassen herbeiführen müsste; dem Testamentsvollstrecker kann auferlegt werden, die Substanz des Nachlasses dem Vorerben insoweit zur Verfügung zu stellen, als sie Schonvermögen iSd § 88 BSHG darstellt. Testamentsvollstrecker ist vielfach der Nacherbe; vielfach fungiert er auch als Betreuer des behinderten Vorerben. Diese Konstruktion ist in der Rechtsprechung anerkannt und nicht sittenwidrig (BGH NJW 1990, 2055, in BGHZ 111, 36 nicht vollständig abgedruckt; BGHZ 123, 368; Staudinger/*Avenarius* § 2100 Rn 61).

28 Die Konstruktion eignet sich auch, wenn hoch verschuldete Personen zu Erben eingesetzt werden sollen (Soergel/*Harder/Wegmann* § 2100 Rn 23; *Engelmann* MDR 1999, 968).

V. Nachteile

29 Sie liegen zivilrechtlich darin, dass die Bestimmungen in §§ 2100 ff unübersichtlich und schwer zu handhaben sind (*J. Mayer* ZEV 2000, 1). Die Verfügungsbefugnisse des Vorerben sind nicht immer klar. Der Nacherbe wird vielfach die Befürchtung hegen, der Vorerbe verwende den Nachlass für sich. Dies kann zu Reibungen führen; besonders gefährdet ist insoweit der Unternehmensbereich.

30 Steuerliche Nachteile entstehen dadurch, dass das ErbStG das Institut nicht anerkennt, sondern den Vorerben als Vollerben (§ 6 Abs. 1 ErbStG) und den Erwerb des Nacherben als vom Vorerben stammend (§ 6 Abs. 2 Satz 1 ErbStG) ansieht. Folglich wird sowohl der Anfall beim Vorerben als auch der beim Nacherben besteuert.

C. Gestaltungsmöglichkeiten

31 Der Erblasser kann die Vor- und Nacherbschaft in vielfacher Weise gestalten:

I. Person des Vorerben

32 Der Erblasser bestimmt die Person des Vorerben.
33 Er kann auch einen Ersatzvorerben berufen (§ 2096). Verstirbt der Vorerbe vor dem Erblasser und ist kein Ersatzvorerbe berufen, so tritt im Zweifel der Nacherbe als Vollerbe ein (§ 2102 BGB); zur Nacherbschaft kommt es dann nicht.

II. Person des Nacherben

34 Der Erblasser bestimmt die Person des Nacherben.
35 Abweichend von § 1923 ist es nicht erforderlich, dass der Nacherbe beim Erbfall bereits lebt oder gezeugt ist (§ 2101). Es genügt vielmehr, wenn er beim Nacherbfall zumindest gezeugt ist (§ 2108). Dies gilt entsprechend für die Entstehung von juristischen Personen.
36 Der Erblasser kann auch einen Ersatznacherben berufen (§ 2096). Dieser hat eine schwache Rechtsposition, deren Qualifikation als Anwartschaftsrecht umstritten ist (Staudinger/*Avenarius* § 2100 Rn 89). Die Rechtsprechung erkennt aber die Übertragbarkeit dieser Rechtsposition und damit auch deren Qualifikation als Anwartschaftsrecht an (BayObLGZ 60, 410; OLG Frankfurt am Main DNotZ 1970, 691). Die Kontroll-, Sicherungs- und Auskunftsrechte des Nacherben stehen ihm jedoch nicht zu (RGZ 145, 316). Seine Zustimmung zu Verfügungen des Vorerben ist nicht erforderlich (RGZ aaO; BGHZ 40, 115, 119).

III. Staffelung

Der Erblasser kann eine mehrfach gestaffelte Nacherbschaft anordnen. Er darf damit zwar 37
die Grenzen des § 2109 nicht überschreiten, doch enden diese vielfach nicht bei 30 Jahren.
Ein Beispiel findet sich bei Lange/Kuchinke S 535: Der Erblasser hat 1925 jeweils den
ältesten Sohn der folgenden Generation zum Erben auf Lebenszeit eingesetzt; der Erblasser ist 1940 verstorben, sein Sohn 1960, sein vor 1940 geborener Enkel 1990; sein Urenkel
ist 1978 geboren und wird zweiter Nacherbe.

Eine gestaffelte Nacherbfolge kann etwa angenommen werden, wenn der Erblasser seine 38
beiden Kinder als Vorerben und seine Enkel als Nacherben berufen und weiter bestimmt
hat, dass beim Tod eines Kindes dessen Erbteil auf das andere Kind und die Enkel
übergehen soll (BayObLG ZEV 1996, 473).

Die Zahl der Nacherbfälle ist grds unbeschränkt (Staudinger/*Avenarius* § 2109 Rn 2). Im 39
Verhältnis zum Vorerben haben alle die Stellung des Nacherben (Soergel/*Harder/Wegmann* vor § 2100 Rn 11); demgemäß müssen bei zustimmungsbedürftigen Verfügungen
des Vorerben alle Nacherben mitwirken (Staudinger/*Avenarius* § 2109 Rn 2). Im Verhältnis
zum folgenden Nacherben hat der vorrangige Nacherbe von dem ihn betreffenden Nacherbfall an die Stellung eines Vorerben (BayObLG NJW-RR 1990, 199).

Der Nach-Nacherbe ist im Zweifel auch Ersatznacherbe (§ 2102; MüKo/*Grunsky* § 2102 40
Rn 7).

IV. Bruchteile

Der Erblasser kann Vor- und Nacherbschaft auch für einen Bruchteil des Nachlasses an- 41
ordnen. Dies ist problemlos, wenn der auf einen Bruchteil als Vorerbe Eingesetzte mit dem
für den Rest eingesetzten Vollerben nicht identisch ist.

Sind beide aber identisch, so ist dieser Erbe zum Teil Vollerbe, zum Teil Vorerbe. Wie die 42
Auseinandersetzung in diesem Fall zu geschehen hat, ist fraglich; eine Teilungsanordnung
ist zu empfehlen (Staudinger/*Avenarius* § 2100 Rn 7). Für die Aussonderung der dem
Vorerben als Vollerben zustehenden Nachlassgegenstände gilt dann § 2120 analog (BayObLG NJW 1958, 1683, 1684). Fehlt diese Teilungsanordnung, so wird vertreten, dass der
Erbe mit dem gesamten Nachlass den Beschränkungen des Vorerben unterliegt (Damrau/
Hennicke § 2100 Rn 14). Wegen der Unsicherheiten ist von dieser Gestaltung der letztwilligen Verfügung abzuraten. Die Zuwendung eines Teils der Erbschaft an den Vorerben
zum Verbleib bei ihm lässt sich durch ein Vorausvermächtnis (§ 2150 BGB) erreichen;
darauf erstreckt sich nämlich das Recht des Nacherben im Zweifel nicht (§ 2110 Abs. 2).

V. Gegenständliche Beschränkungen

Eine Vor- und Nacherbschaft, die sich auf einzelne Nachlassgegenstände beschränkt, ist 43
nicht möglich (Soergel/*Harder/Wegmann* vor § 2100 Rn 7). Eine solche Anordnung kann als
Zuwendung eines Nachvermächtnisses (§ 2191) aufrechterhalten werden.

VI. Mehrere Vor- und Nacherben

Es können mehrere Erben als Vorerben eingesetzt sein. Sie bilden eine Erbengemeinschaft 44
als Mitvorerben. Diese kann nach allgemeinen Regeln auseinandergesetzt werden. Die
Mitwirkung der Nacherben ist nur erforderlich, soweit Verfügungen gem §§ 2113, 2114
getroffen werden müssen (OLG Hamm ZEV 1995, 336; RGZ 75, 366), und auch dort nicht,
soweit Teilungsanordnungen des Erblassers reichen (OLG Hamm aaO). Im Übrigen sind
die Nacherben aus § 2120 verpflichtet, die Zustimmung zu erteilen (Soergel/*Harder/Wegmann* § 2112 Rn 6).

Es können auch mehrere Erben als Nacherben eingesetzt sein. Sie bilden jedoch erst vom 45
Nacherbfall an eine Erbengemeinschaft (BGH NJW 1993, 1582). Vorher können sie deren

Bildung auch nicht vereinbaren (RG Recht 1916 Nr. 831; KG ZEV 1999, 28, 29), diesen Erfolg aber erreichen, indem sie sämtliche Erbanteile der Vorerben erwerben (RG aaO).

VII. Nacherbfall

46 Dies ist der Zeitpunkt, in dem der Vorerbe aufhört, Erbe zu sein, und die Erbschaft dem Nacherben anfällt (§ 2139). Ihn bestimmt der Erblasser. Häufig ist es der Tod des Vorerben oder die Geburt des Nacherben. In Betracht kommen auch weitere Ereignisse im Leben des Vorerben (Wiederheirat) oder des Nacherben (bestimmtes Lebensalter, Heirat, Abschluss einer Ausbildung, Ablegung einer Prüfung) oder schlicht ein bestimmter Kalendertag. Der Erblasser ist dabei aber in keiner Weise beschränkt. Möglich ist es etwa auch, den Nacherbfall mit der Nichterfüllung einer Pflicht (Bauverpflichtung, die innerhalb bestimmter Frist zu erfüllen ist, BayObLG ZEV 2005, 27) oder mit dem Verstoß gegen ein Unterlassungsgebot (BayObLG ZEV 2001, 189) eintreten zu lassen. Das Ereignis kann bis zur Grenze des § 162 auch vom freien Willen des Vor- oder des Nacherben abhängen. Unerheblich ist auch, welche Wahrscheinlichkeit für den Eintritt des Nacherbfalls besteht. Hat der Erblasser einen Nacherben eingesetzt, ohne den Nacherbfall zu definieren, so ist dies der Tod des Vorerben (§ 2106).

VIII. Bedingungen und Befristungen

1. Vorerbschaft

47 Der Vorerbe kann unter einer aufschiebenden Bedingung eingesetzt werden. In Betracht kommt etwa die Bedingung, dass er beim Erbfall verheiratet ist oder eine bestimmte Ausbildung abgeschlossen hat. Ist die Bedingung nicht erfüllt, so tritt der Ersatzvorerbe ein. Hat der Erblasser einen solchen nicht bestimmt, so soll der Nacherbe schon beim Erbfall Vollerbe werden (MüKo/*Grunsky* § 2100 Rn 11). Die hM nimmt eine aufschiebende Bedingung ferner bei der Wiederverheiratungsklausel (oben Rn 18) an.

48 Eine auflösende Bedingung oder Befristung (meist Letzteres, vgl § 2106) gehört zum Wesen der Vorerbschaft.

2. Nacherbschaft

49 Ebenso gehört eine aufschiebende Bedingung (meist aufschiebende Befristung) zum Wesen der Nacherbschaft. Sie liegt im Eintritt des Nacherbfalles.

50 Die Nacherbschaft kann indessen daneben an weitere aufschiebende Bedingungen geknüpft werden. Auch hier sind Beispiele etwa die Heirat des Nacherben oder der Abschluss einer Ausbildung. Natürlich gibt es keine Probleme, wenn die zusätzlichen aufschiebenden Bedingungen bereits vor dem Nacherbfall eingetreten sind. Treten sie erst danach ein und besteht der Nacherbfall im Tod des Vorerben, so müssen wohl dessen ges Erben als weitere Vorerben angesehen werden; es tritt dann eine gestaffelte Vor- und Nacherbschaft ein. Ist der Nacherbfall nicht durch den Tod des Vorerben definiert, so wird man zwischen dessen Eintritt und dem Eintritt der weiteren Bedingung wohl die Vorerbschaft weiter andauern lassen.

51 Als auflösende Bedingung für die Nacherbschaft kommt insb die (Wieder-)Heirat des Vorerben oder des Nacherben in Betracht (nicht aber die Heirat in einer nach den Hausgesetzen des Adels nicht ebenbürtigen Ehe, BVerfG DNotZ 2004, 798, dazu *Isensee* DNotZ 2004, 754, gegen BGHZ 140, 118). Die Nacherbschaft kann auch für den Fall angeordnet werden, dass der Vorerbe vor einem bestimmten Zeitpunkt verstirbt; erlebt er diesen, so ist er Vollerbe (MüKo/*Grunsky* § 2100 Rn 12). In einem Ehegattentestament kann die Vor- und Nacherbschaft auch unter der auflösenden Bedingung verfügt werden, dass der überlebende Ehegatte nicht anderweit testiert (BGHZ 2, 35, 36; MüKo/*Grunsky* § 2100 Rn 13); im Wege der Auslegung kann der Eintritt der Bedingung dann auch darin gefunden

werden, dass der überlebende Ehegatte unter Lebenden über einen einzelnen, als wesentlichen Nachlassgegenstand angesehenen Vermögenswert (Hausgrundstück) verfügt hat (OLG Hamm ZEV 2000, 197 mit Anm *Loritz*).

Zu letztwilligen Verfügungen des Vorerben im Hinblick auf die Nacherbschaft (v Erblasser gesetzte Bedingung, dass der Vorerbe nicht anderweit testiert), s sogleich Rn 56. 52

Tritt die auflösende Bedingung vor dem Nacherbfall ein, so wird der Vorerbe Vollerbe. 53
Tritt sie nach dem Nacherbfall ein, so liegt eine gestaffelte Nacherbschaft vor (MüKo/ *Grunsky* § 2100 Rn 12); zweiter Nacherbe ist dann der Vorerbe.

Aufschiebende Bedingungen, deren Eintritt oder Nichteintritt sich erst beim Tode des Vorerben oder des Nacherben erweist (»wenn er nicht mehr trinkt«; »wenn er das Haus nicht mehr betritt«), müssen in auflösende Bedingungen umgedeutet werden (§ 2075). 54

IX. Befreiung des Vorerben

Sie wird hier nur der Vollständigkeit halber als Gestaltungsmöglichkeit erwähnt und ist bei § 2136 näher abgehandelt. 55

X. Bestimmungen durch den Vorerben

Der Erblasser kann die Nacherbschaft von der aufschiebenden Bedingung abhängig machen, dass der Vorerbe nicht anders testiert (BGHZ 59, 220, dazu *J. Mayer* ZEV 96, 104 mit Formulierungsbeispielen; für den länger lebenden Ehegatten beim gemeinschaftlichen Testament BayObLG DNotZ 1992, 521; zweifelnd BGH DNotZ 1981, 765 in einem obiter dictum). Auch eine auflösende Bedingung dieses Inhalts ist zulässig (*J. Mayer* ZEV 1996, 104, 105). Der Vorerbe kann dadurch die Nacherbschaft insgesamt beseitigen (OLG Oldenburg NJW-RR 1991, 646). Eine Verletzung des § 2065 Abs. 2 liegt darin nicht, da nicht unmittelbar ein fremder Wille entscheidet, sondern sich die vom Erblasser für die Nacherbschaft gesetzte Bedingung auswirkt (RGZ 95, 279; zust Staudinger/*Avenarius* § 2100 Rn 36 und für diesen Fall, in dem sich der Vorerbe zum Vollerben machen kann, auch MüKo/*Grunsky* § 2100 Rn 13). 56

Der Vorerbe kann in solchen Fällen mittelbar auch über die Person des Nacherben entscheiden (BGHZ 59, 220; RGZ 95, 278), etwa in dem er einem von mehreren eingesetzten Nacherben die Nacherbschaft entzieht (BGHZ 59, 220) oder aus mehreren vom Erblasser vorgesehenen Personen einen Nacherben auswählt (BGH LM Nr. 2 zu § 2065; RGZ 159, 299) oder die Nacherbschaft unter den als Nacherben eingesetzten Abkömmlingen anders verteilt (BGHZ 59, 220). Diese Möglichkeit besteht natürlich auch, wenn der Erblasser dem Vorerben nicht völlig freie Hand gibt, sondern seine Einwirkungsmöglichkeiten von vornherein entsprechend beschränkt hat. Die Zulässigkeit solcher Klauseln wird indessen wegen § 2065 Abs. 2 in Zweifel gezogen (MüKo/*Grunsky* § 2100 Rn 13). Im Übrigen hat der BGH aaO nicht ausgesprochen, dass der Vorerbe eine Person zum Nacherben bestimmen könnte, die vom Erblasser überhaupt nicht, auch nicht als Mitnacherbe, eingesetzt wäre. 57

Mittelbar kann der Vorerbe die Person des Nacherben auch beeinflussen, wenn der Erblasser diejenigen Personen zu Nacherben eingesetzt hat, die der Vorerbe zu seinen eigenen Erben beruft. Die Zulässigkeit dieser Klausel ist aber wiederum wegen § 2065 Abs. 2 äußerst umstritten (für Zulässigkeit OLG *Stuttgart* BWNotZ 1998, 47; *Ivo* DNotZ 2002, 261; Staudinger/ *Avenarius* § 2100 Rn 38; dagegen OLG *Frankfurt am Main* DNotZ 2001, 143 mit Anm *Kanzleiter* = ZEV 2001, 316 mit abl Anm *Otte*; gegen die Zulässigkeit auch *J. Mayer* ZEV 2000, 1, 7). 58

XI. Bestimmungen durch Dritte

Die Anordnung der Vor- und Nacherbschaft und die Bestimmung der Person des Nacherben kann der Erblasser keinem Dritten überlassen; das folgt nach einhelliger Auffassung aus § 2065 Abs. 2. Dasselbe gilt für den Zeitpunkt des Nacherbfalls; dessen Bestimmung kann auch nicht dem Testamentsvollstrecker überlassen werden (BGHZ 15, 199). 59

D. Anfall und Ausschlagung

I. Vorerbe

60 Für den Anfall der Erbschaft beim Vorerben gelten keine Besonderheiten.

61 Indessen enthält die Anordnung der Nacherbschaft bei einem pflichtteilsberechtigten Vorerben eine Beschränkung des Vorerben iSv § 2306. Sie gilt deshalb als nicht angeordnet, wenn der ihm hinterlassene Erbteil die Hälfte des ges Erbteils nicht übersteigt (§ 2306 Abs. 1 Satz 1). Ist er größer, so kann der Vorerbe ausschlagen und den Pflichtteil verlangen; die Ausschlagungsfrist beginnt erst, wenn der Vorerbe von der Anordnung der Nacherbschaft Kenntnis erlangt (§ 2306 Abs. 1 Satz 2).

62 Die ges Erben eines Vorerben, die nicht Nacherben sind, können die Vorerbschaft auch noch nach Eintritt des Nacherbfalls ausschlagen, solange die Frist noch läuft (bei rasch aufeinander folgendem Tod des Erblassers und des Vorerben: BGHZ 44, 152).

63 Die Ausschlagung des Vorerben aus diesem oder anderen Gründen führt zum Anfall beim Ersatzvorerben, falls ein solcher eingesetzt ist (§ 2096). Ist ein solcher nicht eingesetzt, so fällt der Nachlass je nach Testamentsauslegung entweder dem ges Erben des Vorerben als Vorerben zu (§ 2105 Abs. 1 analog, MüKo/*Grunsky* § 2105 Rn 2 und *Johannsen* in Anm zu BGH LM Nr. 1 zu § 2139) oder er fällt schon mit dem Erbfall dem Nacherben an (§ 2102 Abs. 1). Ähnliche Probleme stellen sich auch bei Wegfall des Vor- oder des Nacherben aus anderen Gründen, etwa bei vorzeitigemäß Tod, beschränkter Testamentsanfechtung, Erbverzicht oder Erbunwürdigkeit (s § 2108 Rn 19 und 20, auch § 2105 Rn 7 und § 2142 Rn 7); sie sind insgesamt noch nicht befriedigend gelöst.

II. Nacherbe

64 Auch der Nacherbe hat das allgemeine Ausschlagungsrecht, das auf den Nacherbfall bezogen ist. § 2142 Abs. 1 gibt ihm aber ein besonderes Ausschlagungsrecht, das er ausüben kann, sobald der Erbfall eingetreten ist. Zu den Rechtsfolgen jeder Ausschlagung s § 2142 Rn 6 – 8).

E. Rechtsstellung des Vorerben

65 Der Vorerbe ist als Erbe auf Zeit grds Träger aller zum Nachlass gehörenden Rechten und Pflichten. Im Interesse des Nacherben ist er grds jedoch nur zur Nutzung des Nachlasses, nicht auch zur Verfügung darüber berechtigt. Der Nachlass ist für ihn ein Sondervermögen, für das ihn Verwaltungspflichten treffen, denen jedoch auch ein Recht zur Verwaltung gegenübersteht. Zwischen Vor- und Nacherben besteht ein ges Schuldverhältnis, das in §§ 2111 ff näher geregelt ist.

66 Der Erblasser kann die Rechtsstellung des Vorerben verbessern, in dem er ihn von bestimmten Bindungen befreit (§ 2136), insb seine Verfügungsmacht erweitert. Er kann ihm aber auch mit schuldrechtlicher Wirkung zusätzliche Verwaltungspflichten auferlegen, insb in dem er Vermächtnisse oder Auflagen zugunsten eines Dritten anordnet (Staudinger/*Avenarius* § 2100 Rn 42). Diese können etwa dahin gehen, dass der Vorerbe die Nutzungen des Nachlasses ganz oder teilweise dem Nacherben oder einem Dritten zu überlassen hat (Staudinger/*Avenarius* § 2111 Rn 35).

67 Der Erblasser kann Testamentsvollstreckung für den Vorerben anordnen, und zwar auch für den befreiten Vorerben (allgemeine Meinung, zuletzt OLG *Bremen* ZEV 2005, 27). Sie verhindert die Zwangsvollstreckung von Eigengläubigern des Vorerben in den Nachlass (§ 2214) und endet mit der Erfüllung der Aufgaben des Testamentsvollstreckers (§§ 2203, 2204), bei Verwaltungsvollstreckung (§ 2209) mit dem Nacherbfall. Für den Testamentsvollstrecker gelten dieselben Verfügungsbeschränkungen wie für den Vorerben selbst (MüKo/*Zimmermann* § 2222 Rn 11; Damrau/*Hennicke* § 2100 Rn 30; *Kummer* FS Brandner 1996 S 762/763; aA Erman/*Schmidt* § 2222 Rn 5). Keine Verfügungsbeschränkungen nach

§§ 2113 ff gelten für den Testamentsvollstrecker, der zugleich für Vor- und Nacherben eingesetzt ist (BayObLG MittBayNot 1991, 122) oder der mit dem Nacherben identisch ist. Testamentsvollstrecker kann auch der alleinige Vorerbe selbst sein, wenn sich die Testamentsvollstreckung auf die sofortige Erfüllung eines Vermächtnisses beschränkt und das Nachlassgericht bei groben Pflichtverletzungen einen anderen Testamentsvollstrecker bestimmen kann (BGH ZEV 2005, 204 mit zust Anm *Adams*).

F. Rechtsstellung des Nacherben vor dem Nacherbfall

I. Anwartschaftsrecht

Vor dem Erbfall hat der Nacherbe wie jeder Erbe keine Rechte, insb auch kein Anwartschaftsrecht und auch keine sonstige gesicherte Rechtsposition (BGH NJW 1996, 1062, 1063; RGZ 49, 372), sondern allenfalls eine rein tatsächliche Erwerbsaussicht. Eine Feststellungsklage mit Bezug auf sein künftiges Nacherbenrecht wäre unzulässig, weil es an einem gegenwärtigen Rechtsverhältnis fehlt (BGHZ 37, 137). Ein Vertrag über sein Nacherbenrecht wäre nichtig (§ 311b Abs. 4; BGHZ 37, 319 für das Anwartschaftsrecht des Schlusserben beim Berliner Testament); die Ausnahme des § 311b Abs. 5 kann nicht greifen, da die Nacherbfolge niemals kraft Gesetzes eintritt. 68

Mit dem Erbfall erwirbt der Nacherbe ein Anwartschaftsrecht (BGHZ 87, 367, 369), das die Literatur wegen der Kontroll- und Sicherungsrechte gegenüber dem Vorerben (s.o. Rn 9) als stark qualifiziert (Staudinger/*Avenarius* § 2100 Rn 71). Es handelt sich um eine unentziehbare und unbeschränkbare Rechtsstellung und um einen gegenwärtigen Vermögenswert in der Hand des Nacherben (BGH aaO). Es wirkt absolut und ist deliktisch geschützt (Soergel/*Harder/Wegmann* § 2100 Rn 13, Staudinger/*Avenarius* § 2100 Rn 71 und 81). 69

II. Sicherung des Anwartschaftsrechts

Die Sicherungs-, Auskunfts- und Kontrollrechte des Nacherben gegen den Vorerben sind oben bei Rn 9 dargestellt. 70

Ob der Nacherbe gegen den Vorerben eine Feststellungsklage bzgl seines Nacherbenrechts erheben kann, ist umstritten (Staudinger/*Avenarius* § 2100 Rn 91). Dasselbe gilt für eine Klage gegen den Vorerben auf Feststellung, dass eine von diesem getroffene Verfügung dem Nacherben gegenüber unwirksam ist (BGHZ 52, 269; Staudinger/*Avenarius* § 2113 Rn 42). 71

Keine Rechte stehen dem Nacherben in diesem Stadium gegen Dritte zu. Er kann also weder den Erbschaftsanspruch (§ 2018) erheben noch die Auskunftsrechte aus §§ 2027, 2028 geltend machen (Staudinger/*Avenarius* § 2100 Rn 90). Er hat auch keine Antragsbefugnis nach öffentlichem Baurecht (§ 47 Abs. 2 Satz 1 VwGO; BVerwG ZEV 1998, 102). 72

III. Übertragbarkeit des Anwartschaftsrechts

Sie ist grds gegeben (gewohnheitsrechtlich anerkannt, Staudinger/*Avenarius* § 2100 Rn 74). Der Erblasser kann sie jedoch ausschließen (hM im Anschluss an RGZ 170, 163, 168; aA Staudinger/*Avenarius* § 2100 Rn 76 wegen § 137). Der Nacherbe erklärt mit der Veräußerung oder Verpfändung der Nacherbschaft deren Annahme (Staudinger/*Avenarius* § 2100 Rn 79). 73

Für Verfügungs- und Verpflichtungsgeschäfte zur Abtretung des Anwartschaftsrechts gelten die §§ 2033, 2371, 2385 (notarielle Beurkundung). Mitnacherben soll ein Vorkaufsrecht zustehen (Soergel/*Harder/Wegmann* § 2100 Rn 14, MüKo/*Grunsky* § 2100 Rn 28; Staudinger/*Avenarius* § 2100 Rn 75), obwohl nach der Rechtsprechung des BGH (oben Rn 45) die Erbengemeinschaft der Nacherben erst mit dem Nacherbfall entsteht. Sind keine Mitnacherben vorhanden oder üben sie ihr Vorkaufsrecht nicht aus, so ist auch der Vorerbe zum Vorkauf berechtigt (analog § 2034, hM: Soergel/*Harder/Wegmann* § 2100 74

§ 2100 BGB | Nacherbe

Rn 14, MüKo/*Grunsky* § 2100 Rn 28). Der Erwerber des Anwartschaftsrechts erhält die volle Rechtsstellung des Nacherben, also alle Sicherungs-, Kontroll- und Auskunftsrechte vor dem Nacherbfall (Staudinger/*Avenarius* § 2100 Rn 83). Mit dem Nacherbfall erwirbt er den Nachlass unmittelbar vom Erblasser (Staudinger/*Avenarius* § 2100 Rn 82). Die Zustimmung eines Ersatznacherben ist zur Veräußerung des Anwartschaftsrechts nicht erforderlich (BayObLG NJW 1970, 1794, 1795), doch sollte sich der Erwerber auch das Anwartschaftsrecht des Ersatznacherben abtreten lassen (Staudinger/*Avenarius* § 2100 Rn 77).

75 Sonderheiten gelten für die Übertragung des Anwartschaftsrechts auf den Vorerben (Staudinger/*Avenarius* § 2100 Rn 85). Er wird dadurch grds Vollerbe; das Anwartschaftsrecht geht durch Konsolidation unter (BGH ZEV 1995, 453), so dass es auch nicht weiter übertragen werden kann (RG Recht 1923 Nr. 1248). Ausnahmsweise erlischt das Anwartschaftsrecht jedoch nicht, nämlich dann, wenn dies die Rücksichtnahme auf Rechte Dritter gebietet (BGH ZEV 1995, 453, bestritten; nach dieser Entscheidung dann nicht, wenn es nur zur Sicherung übertragen ist; ähnlich nach BGH ZEV 1995, 378, wenn Erstattungsansprüche des Sozialhilfeträgers gegenüber dem Erblasser = Schenker in Betracht kommen und er vom Beschenkten beerbt wird). Demgemäß erlischt das Anwartschaftsrecht bei Übertragung auf den Vorerben auch dann nicht, wenn ein Ersatznacherbe eingesetzt ist (Staudinger/*Avenarius* § 2100 Rn 86). Dann führt die Übertragung des Anwartschaftsrechts auf den Vorerben zwar dazu, dass dieser die Rechte und Pflichten von Vor- und Nacherben in seiner Person vereinigt; jedoch behält der Ersatznacherbe sein Recht für die Eventualität, dass der Ersatzfall vor dem Nacherbfall eintritt (BayObLG NJW 1970, 1794, 1795). § 311b Abs. 4 hindert nach dem Tod des Erblassers einen Vertrag zwischen Vor- und Nacherben über den Nachlass nicht mehr (MüKo/*Kanzleiter*, § 311b Rn 114).

76 Das Anwartschaftsrecht kann verpfändet werden. Auch insoweit ist notarielle Beurkundung erforderlich (§§ 1274 Abs. 1 Satz 1, 2033, 2371, 2385). Die Verpfändung kann im Grundbuch eingetragen werden (Staudinger/*Avenarius* § 2100 Rn 80).

77 Das Anwartschaftsrecht ist vererblich. Dies ist in § 2108 Abs. 2 ausdrücklich vorgesehen, aber mit der Maßgabe, dass der Erblasser die Vererblichkeit ausschließen kann. Der Fall tritt insb dann ein, wenn der Nacherbe vor dem Nacherbfall verstirbt und kein Ersatznacherbe eingesetzt ist. Die Vererbung des Anwartschaftsrechts geht der Anwachsung gem § 2094 im Zweifel vor (BGH IV ZR 173/50 v 6. 12. 1951; BayObLG FamRZ 1996, 1240; Staudinger/*Avenarius* § 2108 Rn 20; zum Verhältnis gegenüber § 2069 BGB: BayObLG ZEV 1995, 25 und *Musielak* ZEV 1995, 5).

78 Das Anwartschaftsrecht kann gepfändet werden. Die Pfändung geschieht nach § 857 ZPO. Sind Mitnacherben vorhanden, so muss der Pfändungsbeschluss auch ihnen zugestellt werden (MüKo/*Grunsky* § 2100 Rn 32). Dagegen ist eine Zustellung an den Vorerben nach hM nicht erforderlich; er wird nicht als Drittschuldner angesehen, weil der Nacherbe nicht sein Erbe ist (Soergel/*Harder/Wegmann* § 2100 Rn 16; aA MüKo/*Grunsky* § 2100 Rn 32 und Stein/Jonas/*Brehm* § 857 Rn 98). Einzelne Befugnisse des Nacherben, etwa der Herausgabeanspruch aus § 2130, sind vor dem Nacherbfall nicht pfändbar (Staudinger/*Avenarius* § 2100 Rn 79). Der Nacherbe kann auch noch nach der Pfändung die Nacherbschaft ausschlagen (Staudinger/*Avenarius* § 2100 Rn 79), was einleuchtet, weil in einer Zwangsmaßnahme anders als in der Veräußerung oder Verpfändung keine Annahme der Nacherbschaft gesehen werden kann und jede Zwangsmaßnahme dem Erben die Möglichkeit zur Annahme oder Ausschlagung belassen muss (vgl § 83 Abs. 1 Satz 1 InsO; auch BGH NJW 1997, 2384 für die Geltendmachung des Pflichtteils).

IV. Testamentsvollstreckung für den Nacherben

79 Dem Nacherben kann ein Testamentsvollstrecker mit der Maßgabe ernannt werden, dass er nur bis zum Nacherbfall dessen Rechte ausübt und dessen Pflichten erfüllt. Dies ist der Fall des § 2222. Diese Testamentsvollstreckung dient idR einer wirksamen Beaufsichtigung

des Vorerben, wenn der Erblasser den Nacherben dazu für nicht fähig hält (RGZ 77, 177, 178) oder wenn er noch nicht volljährig sein wird und Interessenkonflikte mit den möglicherweise zu Vorerben eingesetzten Eltern drohen (Staudinger/*Reimann* § 2222 Rn 6). Aus diesen Gründen kann der einzige Vorerbe nicht zu einem solchen Testamentsvollstrecker ernannt werden (RGZ aaO; MüKo/*Zimmermann* § 2222 Rn 4); im Wege ergänzender Testamentsauslegung kann aber ein Ersuchen an das Nachlassgericht auf Ernennung eines Testamentsvollstreckers (§ 2200 Abs. 1) angenommen werden (OLG Zweibrücken ZEV 2001, 27). Dagegen soll einer von mehreren Vorerben dazu ernannt werden können (BayObLG ZEV 1995, 23); das ist aber fraglich, weil sich auch alle Vorerben zum Nachteil des Nacherben einig sein können. Auch der für den Vorerben ernannte Testamentsvollstrecker kann dieses Amt mit ausüben (BGHZ 127, 360, 364), was jedoch bei ihm zu erheblichen Interessenkonflikten führen kann (*Skibbe* FS Brandner 1996 S 769 ff).

Der Testamentsvollstrecker kann dem Nacherben auch für die Zeit ab dem Nacherbfall 80 ernannt werden. Besonderheiten ergeben sich dabei nicht. Natürlich kann der Testamentsvollstrecker auch für die Zeit vor und nach dem Nacherbfall ernannt werden.

Ist Testamentsvollstreckung ausschließlich für den Nacherben oder für den Vorerben und 81 den Nacherben angeordnet, so kann fraglich sein, ob er sein Amt für den Nacherben auch schon vor dem Nacherbfall führen soll. Dies ist im Zweifel nicht anzunehmen (BayObLGZ 59, 128; MüKo/*Grunsky* § 2100 Rn 3).

G. Sondervermögen

Die Nacherbschaft wird in den Händen des Vorerben als Sondervermögen behandelt. 82 § 2111 sieht eine dingliche Surrogation vor.

I. Vor dem Nacherbfall

1. Der **Vorerbe** ist insb gegenüber den Nachlassgläubigern Träger aller auf diese Ver- 83 mögensmasse bezogenen Rechte und Pflichten. Verbindlichkeiten, die er in Verwaltung des Nachlasses eingeht, sind regelmäßig Eigenverbindlichkeiten des Vorerben; sie können aber zugleich Nachlassverbindlichkeiten sein, wenn er sie vom Standpunkt eines sorgfältigen Verwalters fremden Vermögens in ordnungsgemäßer Verwaltung des Nachlasses eingegangen ist (BGH NJW 1990, 1237, 1238). Vorerbe und Eigengläubiger können indessen vereinbaren, dass nur das Eigenvermögen des Vorerben haften solle (RG JW 1938, 2822; Staudinger/*Avenarius* § 2100 Rn 57).

2. **Nachlassgläubiger** können grds auch auf das Eigenvermögen des Vorerben zugreifen 84 (§ 1967). Diese Möglichkeit kann der Vorerbe nach §§ 1975 ff ausschließen (Beschränkung der Vorerbenhaftung). Wird Nachlassverwaltung angeordnet oder das Nachlassinsolvenzverfahren eröffnet, so kann der Vorerbe die Aufhebung aller Vollstreckungsmaßnahmen verlangen, die zugunsten von Nachlassgläubigern bereits in sein Eigenvermögen vorgenommen worden sind (§ 784 Abs. 1 ZPO; Stein/Jonas/*Münzberg* § 784 Rn 2); es handelt sich um eine besondere Art der Vollstreckungsabwehrklage (§§ 785, 767 ZPO). Beginnt die Zwangsvollstreckung in sein Eigenvermögen erst nach Anordnung der Nachlassverwaltung oder nach Eröffnung des Nachlassinsolvenzverfahrens, so kann der Vorerbe diese Haftungsbeschränkung nur geltend machen, wenn sie ihm im Urteil vorbehalten ist (§ 780 Abs. 1 ZPO; Stein/Jonas/*Münzberg* § 784 Rn 1; Zöller/*Stöber* § 784 Rn 1). Andererseits können auf den Nachlass grds auch die **Eigengläubiger** des Vorerben zu- 85 greifen. Auch dem kann der Vorerbe entgehen, in dem er nach allgemeinen Vorschriften (§§ 1975 ff) eine Nachlasssonderung herbeiführt. Mit Anordnung der Nachlassverwaltung werden Zwangsvollstreckungen und Arreste in den Nachlass zugunsten von Eigengläubigern des Vorerben unzulässig (§ 1984 Abs. 2); wo solche doch vorgenommen worden sind, kann der Nachlassverwalter nach § 784 Abs. 2 ZPO deren Aufhebung verlangen. Unabhängig hiervon kann der Nacherbe gem § 773 Satz 2 ZPO solchen Vollstreckungsmaßnahmen der Eigengläubiger widersprechen, die im Nacherbfall gem § 2115 ihm ge-

§ 2100 BGB | Nacherbe

genüber unwirksam wären. Dieses Recht hat der Nacherbe indessen nicht gegen die Zwangsvollstreckung wegen Nachlassverbindlichkeiten (Staudinger/*Avenarius* vor § 2144 Rn 15) und solcher Ansprüche, die vom Vorerben in ordnungsgemäßer Verwaltung des Nachlasses oder mit Einwilligung des Nacherben begründet worden sind (BGH NJW 1990, 1237; RGZ 90, 95), gegen die Zwangsvollstreckung aus einer Hypothek, die der befreite Vorerbe zur Sicherung einer eigenen Schuld an einem Nachlassgrundstück bestellt hat (RGZ 133, 263) sowie gegen die Pfändung von Nutzungen durch Eigengläubiger des Vorerben (RGZ 80, 7).

86 Gläubiger des Nacherben können logischerweise vor dem Nacherbfall nicht auf den Nachlass, sondern nur auf die Anwartschaft des Nacherben zugreifen.

87 3. In der **Insolvenz des Vorerben** gehört der Nachlass zur Masse (Staudinger/*Avenarius* § 2100 Rn 58), ebenso die Surrogate nach § 2111. Dies gilt auch für einen Nachlass, der dem Vorerben erst nach Eröffnung des Insolvenzverfahrens über sein Vermögen anfällt (sog Neuerwerb, § 35 InsO). Die Zugehörigkeit zur Masse endet mit dem Nacherbfall (MüKo/*Schumann* § 83 Rn 20). Der Insolvenzverwalter darf über die Nachlassgegenstände nicht verfügen, wenn die Verfügung bei Eintritt der Nacherbfolge gem § 2115 dem Nacherben gegenüber unwirksam ist (§ 83 Abs. 2 InsO); dabei wirken nach hM Befreiungen des Vorerben aus § 2136 nicht zugunsten des Insolvenzverwalters (MüKo/*Schumann* § 83 Rn 18), weil § 2136 keine Befreiung des Insolvenzverwalters vorsieht (HK/*Eickmann* § 83 Rn 8; RGZ 133, 265, worauf hier gelegentlich verwiesen wird, betrifft die Einzelzwangsvollstreckung). Verfügungen des Insolvenzverwalters, die gegen § 83 Abs. 2 InsO verstoßen, sind zunächst wirksam, aber aufschiebend bedingt unwirksam; sie werden beim Nacherbfall endgültig und absolut unwirksam, jedoch endgültig wirksam, wenn der Nacherbfall nicht eintritt (MüKo/*Schumann* § 83 Rn 23). Anders als bei der Einzelzwangsvollstreckung unterliegen auch die Erträge des Nachlasses der Verwertung durch den Insolvenzverwalter (MüKo/*Schumann* § 83 Rn 20). Insolvenzgläubiger sind auch die Eigengläubiger des Vorerben, solange keine Haftungssonderung (insb durch Nachlassverwaltung oder **Nachlass**insolvenz) eingetreten ist. Ein Aussonderungsrecht des Nacherben besteht vor Eintritt des Nacherbfalls nicht (HK/*Eickmann* § 83 Rn 10; MüKo/*Schumann* § 83 Rn 20; MüKo/*Ganter* § 47 Rn 338).

88 In der **Insolvenz des Nacherben** fällt auch dessen Anwartschaftsrecht in die Masse (Soergel/*Harder/Wegmann* § 2100 Rn 16). Er kann aber die Nacherbschaft gleichwohl ausschlagen.

89 In der **Nachlassinsolvenz** – die von der Insolvenz des Vorerben scharf zu unterscheiden ist – sind Gläubiger nur die Nachlassgläubiger (§ 325 InsO), nicht auch die Eigengläubiger des Vorerben oder gar des Nacherben. Die Nachlassgläubiger dürfen andererseits nicht in das Eigenvermögen des Vorerben vollstrecken (arg § 89 Abs. 1 InsO; MüKo/*Siegmann* § 325 Rn 11), außer wenn dieser schon in die unbeschränkbare Haftung gefallen ist (§ 2013; MüKo/*Siegmann* § 325 Rn 12). Für die Verwertung des Nachlasses durch den Insolvenzverwalter gilt § 2115 nicht (MüKo/*Schumann* § 83 Rn 19; RGZ 133, 263, 265). Tritt während des Insolvenzverfahrens der Nacherbfall ein, so geht die Stellung des Insolvenzschuldners vom Vorerben auf den Nacherben über.

II. Eintritt des Nacherbfalls

90 Träger der auf den Nachlass bezogenen Rechte und Pflichten ist nunmehr der Nacherbe. Auf ihn können die Nachlassgläubiger und die Eigengläubiger des Nacherben zugreifen, nicht mehr aber die Eigengläubiger des Vorerben.

91 Wie der Vorerbe kann der Nacherbe den Zugriff der Nachlassgläubiger auf sein Eigenvermögen und den Zugriff seiner Eigengläubiger auf den Nachlass mit Hilfe von Nachlassverwaltung oder Nachlassinsolvenz verhindern.

92 Ist bei Eintritt des Nacherbfalls das Insolvenzverfahren über das Vermögen des Vorerben anhängig, so kann der Nacherbe den Nachlass aussondern (MüKo/*Ganter* § 47 Rn 338; MüKo/*Schumann* § 83 Rn 20).

In der Insolvenz des Nacherben gehört der Nachlass zur Masse, damit auch die Surrogate 93
nach § 2111 und die Ansprüche des Nacherben gegen den Vorerben wegen dessen Verwaltung (MüKo/*Siegmann* § 329 Rn 4).
In der Nachlassinsolvenz geht mit dem Nacherbfall die Stellung des Insolvenzschuldners 94
auf den Nacherben über. Den derzeitigen Verfahrensstand muss er gegen sich gelten
lassen (MüKo/*Siegmann* § 329 Rn 3). Verwendungsersatzansprüche des Vorerben bleiben
Masseforderungen (§§ 324 Abs. 1 Nr. 1, 329 InsO).
Wird die Nachlassinsolvenz erst gegen den Nacherben eröffnet, so können die Hand- 95
lungen des Vorerben während der Zeit der Vorerbschaft Handlungen des Schuldners iSd
§§ 129 ff InsO sein (MüKo/*Siegmann* § 329 Rn 4).

H. Prozessführung

I. Bis zum Nacherbfall

Bis dahin ist grds der Vorerbe aktiv und passiv legitimiert für alle Ansprüche, die für und 96
gegen den Nachlass geltend gemacht werden. Wird der Prozess vor dem Nacherbfall
rechtskräftig abgeschlossen, so wirkt das Urteil gem § 326 ZPO

- auch zugunsten des Nacherben, wenn es einen Anspruch eines Dritten gegen den Vorerben als Erben, also eine Nachlassverbindlichkeit, betrifft,
- auch zugunsten des Nacherben, wenn es über einen Gegenstand ergeht, der der Nacherbfolge unterliegt, und
- auch zuungunsten des Nacherben, wenn es über einen Gegenstand ergeht, der der Nacherbfolge unterliegt und über den der Vorerbe ohne Zustimmung des Nacherben verfügen darf (§§ 2112 ff).

In diesen Fällen kann der Titel gem §§ 728 Abs. 1, 727 Abs. 1 ZPO auf den Nacherben um- 97
geschrieben werden. Dazu ist ein Erbschein erforderlich, der dem Nacherben auf den
Nacherbfall erteilt ist. Ein Erbschein des Vorerben samt Sterbeurkunde bezeugt das Nacherbenrecht nicht (BGHZ 84, 196). Auch die weiteren Voraussetzungen des § 326 ZPO (s.o.
Rn 96) müssen durch öffentliche oder öffentlich beglaubigte Urkunden nachgewiesen
werden, zu denen aber auch die Prozessakten zählen (Zöller/*Stöber* § 728 Rn 2).
In diesem Umfang kann der Nacherbe auch im Prozess des Vorerben diesem als Neben- 98
intervenient beitreten. Sein rechtliches Interesse (§ 66 Abs. 1 ZPO) ergibt sich aus der
Erstreckung der Rechtskraft.

II. Nach dem Nacherbfall

Ist der Prozess beim Nacherbfall noch anhängig, so verliert der Vorerbe die Aktivlegiti- 99
mation, soweit er einen Gegenstand betrifft, der der Nacherbfolge unterliegt, und der
Vorerbe befugt war, ohne Zustimmung des Nacherben darüber zu verfügen (§§ 2112 ff).
Entsprechendes gilt, wenn der Aktivprozess einen Gegenstand betrifft, über den der
Vorerbe mit Zustimmung des Nacherben verfügt (RGZ 110, 95).
Es gelten dann gem § 242 ZPO die Vorschriften des § 239 ZPO entsprechend. Danach ist 100
der Prozess unterbrochen, wenn der Vorerbe nicht anwaltlich vertreten war; war er dies,
so ist auf Antrag einer der beiden Parteien die Aussetzung anzuordnen (§ 246 ZPO).
Unterbrechung und Aussetzung dauern bis zur Aufnahme des Rechtsstreits durch den
Nacherben (§ 239 Abs. 1 ZPO), die nach § 239 Abs. 2 – 5 ZPO erzwungen werden kann.
In anderen Aktivprozessen, also solchen über Gegenstände, über die der Vorerbe nicht 101
ohne Zustimmung des Nacherben verfügen darf, insb auch nicht nach § 2136, führt der
Nacherbfall zur Abweisung der Klage mangels Aktivlegitimation (Zöller/*Greger* § 242
Rn 2).
Im Passivprozess dauert die Passivlegitimation des Vorerben fort, soweit § 2145 Abs. 1 102
Satz 2 reicht. Im Übrigen ist die Klage wegen fehlender Passivlegitimation abzuweisen.

§ 2100 BGB | Nacherbe

103 Soweit der Nacherbfall durch den Tod des nicht anwaltschaftlich vertretenen (§ 246 ZPO) Vorerben ausgelöst wird, bleibt daneben § 239 Abs. 1 ZPO in unmittelbarer Anwendung zu beachten. Soweit nach obigen Ausführungen die Aktiv- oder Passivlegitimation nicht auf den Nacherben übergegangen ist, muss der Prozess von den Erben des Vorerben fortgesetzt werden, auch wenn im Ergebnis die Klage dann wegen fehlender Aktiv- oder Passivlegitimation abgewiesen wird.

I. Sonderheiten

I. Vor- und Nacherbschaft bei Personenhandelsgesellschaften:

104 Beteiligungen hieran können zur Vor- und Nacherbschaft gehören (BGHZ 69, 49).

105 Enthält der Gesellschaftsvertrag eine einfache **erbrechtliche Nachfolgeklausel** (automatischer Übergang der Beteiligung), so wird der Vorerbe mit dem Erbfall grds unmittelbar Gesellschafter, der Nacherbe mit dem Nacherbfall, soweit der Gesellschaftsvertrag dies zu diesem Zeitpunkt noch zulässt (BGHZ 78, 177, 181). Die gesellschaftsrechtlichen Informationsrechte (§§ 118, 166 HGB) liegen bis zum Nacherbfall ausschließlich beim Vorerben (BGHZ 69, 47, 50; MüKo/*Ulmer* § 727 Rn 68); der Nacherbe kann Auskünfte nur von diesem nach erbrechtlichen Regeln verlangen (MüKo/*K. Schmidt* § 139 Rn 34). Entnahmefähige Gewinne bis zum Nacherbfall gebühren dem Vorerben (BGHZ 78, 177, 188); vertraglich gebundene Gewinne gehen dagegen mit dem Anteil auf den Nacherben über (BGHZ 109, 214, 219). In den Fällen des § 139 Abs. 1 HGB ist der Nacherbe gebunden, wenn der Vorerbe die Stellung des Kommanditisten gewählt hat (BGHZ 69, 47, 52); ist der Vorerbe dagegen Komplementär geblieben, so kann der Nacherbe wählen, ob er das bleiben oder Kommanditist werden will (MüKo/*K. Schmidt* § 139 Rn 37; Damrau/*Hennicke* § 2100 Rn 35).

106 Enthält der Gesellschaftsvertrag eine **qualifizierte Nachfolgeklausel** (automatischer Übergang der Beteiligung auf einen oder einzelne besonders qualifizierte Erben), so müssen Vor- und Nacherbe diese Bedingung erfüllen (BGH NJW-RR 1987, 989). Erfüllt der Vorerbe sie nicht, so erhält er nur das Abfindungsguthaben (Soergel/*Harder/Wegmann* § 2100 Rn 36); es ist umstritten, ob der Nacherbe alsbald (so wohl Soergel/*Harder/Wegmann* § 2100 Rn 36) oder erst mit dem Nacherbfall in die Gesellschaft eintreten kann. Erfüllt der Vorerbe, nicht aber der Nacherbe die Voraussetzungen, so scheidet beim Nacherbfall der Vorerbe aus der Gesellschaft aus und der Nacherbe erhält das Abfindungsguthaben (Staub/*C. Schäfer* § 139 Rn 37; MüKo/*Ulmer* § 727 Rn 71; teilweise aA Soergel/*Harder/Wegmann* § 2100 Rn 37).

107 Enthält der Gesellschaftsvertrag eine **Eintrittsklausel** (schuldrechtlicher Anspruch auf Aufnahme in die Gesellschaft), so ist zunächst zu ermitteln, wem das Eintrittsrecht zusteht (Staub/*C. Schäfer* § 139 Rn 85). Sind dies Vor- und Nacherbe, so müssen beide die Eintrittsvoraussetzungen erfüllen. Tritt der Vorerbe ein, so scheidet er beim Nacherbfall wieder aus; der Nacherbe tritt aber nicht automatisch ein, sondern muss sein Eintrittsrecht seinerseits ausüben. Tritt der Vorerbe nicht ein, sondern lässt er sich unter Verzicht auf den Beitritt die Abfindung auszahlen, so wirkt dies bis zur Grenze des § 2113 Abs. 2 zu Lasten des Nacherben (Staub/*C. Schäfer* § 139 Rn 85; MüKo/*Ulmer* § 727 Rn 72).

108 Die Rechtsnachfolge in den Kommanditanteil ist unproblematisch.

II. Landwirtschaft

109 Nach § 6 Abs. 1 der HöfeO in der bis 30. 6. 1976 geltenden Fassung hatten der länger lebende Ehegatte und der nach seinem Tod berufene weitere Anerbe kraft Gesetzes die Stellung von Vor- und Nacherben. Dies bezog sich auch auf Anteile des länger lebenden Ehegatten am Hof, die ihm uneingeschränkt gehört hatten, etwa Bruchteile des Miteigentums oder bestimmte einzelne Grundstücke (sog Beerbung bei lebendigemäß Leib). Diese Regelung ist durch das Änderungsgesetz zur HöfeO v 29. 3. 1976 aufgehoben worden, gilt

indessen noch für Altfälle weiter, in denen der Erbfall (also der Tod des erstversterbenden Ehegatten, nicht der Nacherbfall) vor dem 1. 7. 1976 eingetreten ist (Faßbender/Hötzel/von Jeinsen/Pikalo/*Pikalo* § 8 Rn 72; Einzelheiten bei Soergel/*Harder/Wegmann* vor § 2100 Rn 26). Für spätere Erbfälle kann sie auch durch Testament oder Erbvertrag nicht mehr angeordnet werden (BGHZ 98, 1).

Natürlich ist aber immer noch die normale Anordnung von Vor- und Nacherbschaft möglich (§ 16 Abs. 1 HöfeO; Faßbender/Hötzel/von Jeinsen/Pikalo/*Faßbender* § 16 Rn 27 ff). 110

Die Genehmigungspflicht des § 2 Abs. 2 Nr. 2 GrdStVG besteht nach hM (Staudinger/ *Avenarius* § 2100 Rn 21 mwN) nicht nur bei Veräußerung eines Erbanteils, sondern auch bei Veräußerung des Anwartschaftsrechts des Nacherben, wenn der Nachlass im Wesentlichen aus einem land- oder forstwirtschaftlichen Betrieb besteht. 111

III. DDR

Im ZGB der DDR war die Vor- und Nacherbschaft nicht vorgesehen. Für Erbfälle, die vor Inkrafttreten des ZGB am 1. 1. 1976 eingetreten waren, blieb es jedoch bei der Geltung des BGB, wobei der Zeitpunkt des Nacherbfalls keine Rolle spielte (§ 8 Abs. 1 EGZGB). 112

Trat der Erbfall nach Inkrafttreten des ZGB ein, hatte der Erblasser aber vorher letztwillig Vor- und Nacherbschaft angeordnet, so galt die Übergangsvorschrift des § 8 Abs. 2 Satz 2 EGZGB. Danach entfielen zwar für den Vorerben die Beschränkungen hinsichtlich der Verfügungen unter Lebenden insgesamt, also einschließlich des § 2113 Abs. 2 (BayObLG ZEV 1996, 435). Die Anordnung der Nacherbschaft als solche blieb indessen wirksam (BayObLG aaO) und konnte insb nicht vom Vorerben durch letztwillige Verfügung beseitigt werden (OLG *Naumburg* ZEV 1999, 271). 113

Ab dem 1. 1. 1976 konnte die Vor- und Nacherbschaft nicht mehr letztwillig angeordnet werden. Eine entsprechende Verfügung konnte aber dahin umgedeutet werden, dass der eingesetzte Vorerbe Vollerbe wurde und dem eingesetzten Nacherben ein aufschiebend bedingtes Vermächtnis zugewendet war (KG ZEV 1996, 349). 114

§ 2101 Noch nicht gezeugter Nacherbe

(1) Ist eine zur Zeit des Erbfalls noch nicht gezeugte Person als Erbe eingesetzt, so ist im Zweifel anzunehmen, dass sie als Nacherbe eingesetzt ist. Entspricht es nicht dem Willen des Erblassers, dass der Eingesetzte Nacherbe werden soll, so ist die Einsetzung unwirksam.

(2) Das Gleiche gilt von der Einsetzung einer juristischen Person, die erst nach dem Erbfall zur Entstehung gelangt; die Vorschrift des § 84 bleibt unberührt.

Literatur
Damrau, Der Zeitpunkt des Nacherbfalls, wenn der Vorerbe wegfällt und der Nacherbe noch nicht geboren ist, ZEV 2004, 19.

A. Auslegungsregel

Nach § 1923 kann Erbe nur werden, wer beim Erbfall lebt oder schon gezeugt ist. § 2108 Abs. 1 wird entnommen (entsprechende Anwendung, MüKo/*Grunsky* § 2108 Rn 3), dass der Nacherbe beim Erbfall noch nicht existieren, wohl aber beim Nacherbfall leben oder schon gezeugt sein muss. 1

Daraus ergibt sich die Regel des § 2101 Abs. 1 für den Fall, dass eine Person als Erbe eingesetzt ist, die beim Erbfall noch nicht lebt und auch noch nicht gezeugt ist. Sie geht dahin, dass diese Person als Nacherbe eingesetzt ist (§ 2101 Abs. 1 Satz 1). 2

§ 2101 BGB | Noch nicht gezeugter Nacherbe

B. Widerlegung

3 Die Regel ist widerlegt, wenn der Erblasser den noch nicht Erzeugten nur als sofortigen Erben, keinesfalls aber als Nacherben einsetzen wollte (Soergel/*Harder/Wegmann* § 2101 Rn 1). Der bloße Nachweis, dass der Erblasser ihn als Erben einsetzen wollte, genügt nicht (MüKo/*Grunsky* § 2101 Rn 1).

4 Ist die Regel widerlegt, so ist die Erbeinsetzung unwirksam gem §§ 2101 Abs. 1 Satz 2, 1923. Die Beweislast liegt bei demjenigen, der sich auf die Unwirksamkeit beruft und daraus Rechte herleiten will (Staudinger/*Avenarius* § 2101 Rn 3, Soergel/*Harder/Wegmann* § 2101 Rn 1).

C. Rechtsfolgen

5 Greift die Auslegungsregel, so gilt weiter: Gem § 2105 Abs. 2 sind Vorerben die ges Erben; indessen kann der Erblasser auch hiervon abweichend testieren (Soergel/*Harder/Wegmann* § 2101 Rn 2; Staudinger/*Avenarius* § 2101 Rn 14). Gem § 2106 Abs. 2 Satz 1 tritt der Nacherbfall mit der Geburt des Nacherben ein. Dem Nacherben kann ein Pfleger bestellt werden (§ 1913), soweit keine Testamentsvollstreckung für ihn angeordnet ist (Soergel/*Harder/Wegmann* § 2101 Rn 4). Der Schwebezustand endet mit der Geburt des Nacherben oder wenn feststeht, dass mit einer solchen nicht mehr zu rechnen ist, oder nach Ablauf von 30 Jahren (§ 2109).

D. Anwendungsfälle

6 Als praktisch häufigsten Anwendungsfall nimmt die Literatur die Erbeinsetzung der Kinder eines nahen Angehörigen des Erblassers an, jedoch auch nur unter der weiteren Voraussetzung, dass entgegen der Auslegungsregel des § 2070 auch die beim Erbfall noch nicht gezeugten Abkömmlinge eingesetzt werden sollten.

7 Die schon lebenden und die schon gezeugten Abkömmlinge sind dann Vorerben (Staudinger/*Avenarius* § 2101 Rn 14). Ist mit der Geburt mehrerer Abkömmlinge zu rechnen, so tritt eine gestaffelte Nacherbfolge (s § 2100 Rn 37 ff) ein (RGRK/*Johannsen* § 2101 Rn 3 und 4).

E. Analogien

I. Abs. 1

8 Die Vorschrift gilt entsprechend, wenn der Nacherbfall durch ein anderes Ereignis als die Geburt des Nacherben definiert, dieser aber bis dahin nicht gezeugt ist (Staudinger/*Avenarius* § 2101 Rn 16 mN aus der Rechtsprechung des RG). Auch hier handelt es sich um eine gestaffelte Nacherbschaft.

9 Die Vorschrift gilt ferner entsprechend, wenn eine beim Erbfall noch nicht gezeugte Person als Ersatzerbe eingesetzt ist; § 2102 BGB soll nicht entgegenstehen (Staudinger/*Avenarius* § 2101 Rn 17; Soergel/*Harder/Wegmann* § 2101 Rn 7; aA MüKo/*Grunsky* § 2102 Rn 6).

II. Abs. 2 Hs 1

10 Danach gilt Abs. 1 entsprechend, wenn eine juristische Person zum Erben eingesetzt ist, aber erst nach dem Erbfall entsteht, dh die Rechtsfähigkeit erlangt. Der Nacherbfall tritt mit Erlangung der Rechtsfähigkeit ein.

11 Eine andere Regelung gilt für eine vom Erblasser begründete Stiftung (§ 2101 Abs. 2 Halbsatz 2 iVm § 84). § 84 fingiert ihre Entstehung und damit auch ihre Erbfähigkeit schon für die Zeit vor dem Tode des Erblassers (Erman/*Werner* § 84 Rn 3). Eine Vor- und Nacherbschaft besteht insoweit nicht. Rechtstechnisch muss die Zeit vom Erbfall bis zur Entstehung der Stiftung durch eine Nachlasspflegschaft überbrückt werden (MüKo/*Grunsky* § 2101 Rn 6).

§ 2102 Nacherbe und Ersatzerbe

(1) Die Einsetzung als Nacherbe enthält im Zweifel auch die Einsetzung als Ersatzerbe.

(2) Ist zweifelhaft, ob jemand als Ersatzerbe oder als Nacherbe eingesetzt ist, so gilt er als Ersatzerbe.

Literatur
Diederichsen, Ersatzerbfolge oder Nacherbfolge, NJW 1965, 671; *Nehlsen-von Stryk*, Zur Anwendbarkeit von § 2102 Abs. 1 bei der Auslegung gemeinschaftlicher Testamente, DNotZ 1988, 147; *Nieder*, Die ausdrücklichen oder mutmaßlichen Ersatzbedachten im deutschen Erbrecht, ZEV 1996, 241 (mit Formulierungsvorschlägen).

A. Abs. 1

Der Nacherbe ist im Zweifel auch Ersatzerbe. 1

I. Auslegungsregel

Es handelt sich um eine Auslegungsregel (hM: Staudinger/*Avenarius* § 2102 Rn 1; OLG 2 *Köln* ZEV 2000, 232; nach aA – Soergel/*Harder/Wegmann* § 2102 Rn 2 – um eine Ergänzungsregel; der Streit besteht auch bei § 2101 Abs. 1 und bei §§ 2103 – 2108 sowie bei § 2110 und ist ohne praktische Bedeutung).

Sie greift ein, wenn der Vorerbe den Erblasser nicht überlebt hat oder aus einem anderen 3 Grund wegfällt (Ausschlagung usw). Sie setzt voraus, dass der als Nacherbe Eingesetzte schon lebt oder gezeugt ist, denn sonst kann er gem § 1923 nicht Ersatzerbe werden. Er bleibt dann aber als Nacherbe berufen (s § 2101 Rn 1).

Sie greift auch ein, wenn sich Ehegatten in einem gemeinschaftlichen Testament gegen- 4 seitig als Vorerben und einen oder mehrere Dritte, etwa ihre Abkömmlinge, als Nacherben einsetzen ohne ausdrücklich zu bestimmen, wer Erbe des zuletzt versterbenden Ehegatten sein soll (BGH FamRZ 1987, 475, 476; OLG *Köln* ZEV 2000, 232; OLG *Hamm* FamRZ 2002, 201, 203; OLG *Karlsruhe* ZEV 2003, 281; OLG *Celle* FamRZ 2003, 887), was oft übersehen wird. Der Dritte ist nicht nur Nacherbe des zunächst verstorbenen Ehegatten, sondern kann auch Vollerbe des länger lebenden Ehegatten sein, nämlich als Ersatzerbe für den zunächst verstorbenen Ehegatten (BGH ZEV 1999, 26; s.a. OLG *Hamburg* FGPrax 1999, 225). Gleichwohl bleibt in jedem Fall zu prüfen, ob die Vermutung des § 2102 Abs. 1 widerlegt ist, ebenso, ob diese Testamentsklausel wechselbezüglich ist.

II. Hintergrund

Vielfach ordnet der Erblasser Vor- und Nacherbschaft an, um den Rechtserwerb des Nach- 5 erben mit Rücksicht auf den Vorerben hinauszuschieben; ist aber der Vorerbe weggefallen, so gibt es dafür keinen Grund mehr (RGRK/*Johannsen* § 2102 Rn 1).

III. Widerlegung

Sie verlangt die Feststellung eines Erblasserwillens, wonach der Nacherbe nur als Nach- 6 erbe berufen sein soll. Dies wird häufig der Fall sein, wenn die Vor- und Nacherbschaft nicht mit Rücksicht auf die Person des Vorerben, sondern auf die des Nacherben angeordnet ist, insb wenn der Nacherbfall mit einem bestimmten Ereignis in der Person des Nacherben (Lebensalter, Heirat, Prüfung) eintritt.

Die Beweislast für die Widerlegung der Auslegungsregel trägt, wer Rechte daraus herleitet, 7 dass der Nacherbe nicht auch zum Ersatzerben eingesetzt ist (MüKo/*Grunsky* § 2102 Rn 3).

Ist die Auslegungsregel widerlegt, so besteht die Rechtsfolge darin, dass die ges Erben des 8 Erblassers als Vorerben eintreten (§ 2105 Abs. 1). Umstritten ist, ob beim Ausfall eines von

§ 2103 BGB | Anordnung der Herausgabe der Erbschaft

mehreren Nacherben die Anwachsung zugunsten der anderen Nacherben vorgeht (Mü-Ko/*Grunsky* § 2102 Rn 3).

IV. Keine Umkehrbarkeit

9 Der Ersatzerbe ist im Zweifel nicht auch Nacherbe; dies folgt aus § 2102 Abs. 2 (Soergel/*Harder/Wegmann* § 2102 Rn 4). Die Position des Nacherben ist, auch wenn er warten muss, stärker als die des Ersatzerben; die schwächere ist in der stärkeren inbegriffen, aber nicht umgekehrt (MüKo/*Grunsky* § 2102 Rn 1). Indessen bleibt die Möglichkeit offen, dass der Erblasser, wenn er laienhaft von dem einen Institut gesprochen hat, das andere gemeint hat (s Rn 14).

B. Abs. 2

10 Ist zweifelhaft, ob jemand als Ersatzerbe oder als Nacherbe eingesetzt ist, so gilt er als Ersatzerbe.

I. Voraussetzungen

11 Die Bestimmung ist auch anzuwenden, wenn Abkömmlinge des Erblassers in dieser Weise eingesetzt sind (OGH Köln MDR 1949, 482, 483).

12 Auch sie setzt voraus, dass der Bedachte bereits lebt oder gezeugt ist (Soergel/*Harder/Wegmann* § 2102 Rn 1; s Rn 3).

II. Auslegungsregel

13 Es handelt sich ebenfalls um eine Auslegungsregel (BayObLG FamRZ 2000, 983, 985).

14 Sie greift ein, wenn kein anderer Wille des Erblassers feststeht. Zu bedenken ist jedoch, dass die Begriffe »Nacherbe« und »Ersatzerbe« dem Rechtslaien oft nicht vertraut sind (BGH LM Nr. 1 zu § 2100). Entscheidend ist allemal die Auffassung des Erblassers, die sich auch mit der des Notars nicht zu decken braucht (BGH aaO), obwohl idR vom Rechtsbegriff ausgegangen werden darf, wenn ein Rechtskundiger bei der Abfassung des Testaments mitgewirkt hat (RGZ 160, 109).

15 Das BayObLG (ZEV 1999, 397) hat befreite Vorerbschaft des länger lebenden Ehegatten und Nacherbschaft (nicht Ersatzerbschaft) des gemeinsamen Sohnes angenommen, wo der zunächst verstorbene Ehegatte in einem Einzeltestament den länger lebenden Ehegatten zum Erben eingesetzt und weiter bestimmt hatte, dass »nach beider Tod« der Sohn »Gesamterbe« sein solle.

§ 2103 Anordnung der Herausgabe der Erbschaft

Hat der Erblasser angeordnet, dass der Erbe mit dem Eintritt eines bestimmten Zeitpunkts oder Ereignisses die Erbschaft einem anderen herausgeben soll, so ist anzunehmen, dass der andere als Nacherbe eingesetzt ist.

A. Auslegungsregel

1 Es handelt sich um eine Regel, die eine Herausgabepflicht des Erben als Einsetzung des Empfängers zum Nacherben deutet.

B. Hintergrund

2 Hinter der Regel steht die Erfahrung, dass der Rechtslaie oftmals mit der »Herausgabe« der Erbschaft meint, der andere solle Erbe werden (MüKo/*Grunsky* § 2103 Rn 1).

C. Widerlegung

Die Regel ist widerlegt, wenn ein anderer Wille des Erblassers feststeht. Er kann dahin gehen, die Erbschaft dem Dritten nur zur zeitweiligen Nutzung zu überlassen oder aber ihn zum Testamentsvollstrecker zu ernennen (MüKo/*Grunsky* § 2103 Rn 3). Er kann sich auch ausschließlich darauf richten, den Erben von den Beschränkungen zu befreien, von denen auch ein Vorerbe nicht befreit werden kann (Staudinger/*Avenarius* § 2103 Rn 1). 3

D. Anwendungsfälle

Anwendungsfälle sind die Verfügung, den Nachlass ab einem bestimmten Zeitpunkt mit einem Dritten zu teilen (Soergel/*Harder/Wegmann* § 2103 Rn 3; *Mattern* DNotZ 1963, 450), die Verpflichtung, in bestimmter Weise zu testieren oder nicht zu testieren (s.o. § 2100 Rn 56), oder den Überrest zu einem bestimmten Zeitpunkt an einen Dritten herauszugeben (dann befreite Vorerbschaft gem §§ 2137, 2138; RGZ 152, 190). 4

Die Regel gilt auch, wenn Bruchteile des Nachlasses (Staudinger/*Avenarius* § 2103 Rn 4) oder der »Überrest« (RGZ 152, 190) dergestalt übergehen sollen. Die entsprechende Verfügung hinsichtlich einzelner Nachlassgegenstände reicht nicht aus; insoweit kommt die Auslegung als Vermächtnis in Betracht (Soergel/*Harder/Wegmann* § 2103 Rn 1). 5

Die Bestimmung des Zeitpunkts und des Empfängers darf nicht einem Dritten überlassen werden (s.o. § 2100 Rn 59). Die Umdeutung in ein Vermächtnis, bei dem der Bedachte durch einen Dritten bestimmt werden kann (§ 2151 Abs. 1), kann nicht in Betracht kommen, wenn es sich um den gesamten Nachlass handelt. 6

§ 2104 Gesetzliche Erben als Nacherben

Hat der Erblasser angeordnet, dass der Erbe nur bis zu dem Eintritt eines bestimmten Zeitpunkts oder Ereignisses Erbe sein soll, ohne zu bestimmen, wer alsdann die Erbschaft erhalten soll, so ist anzunehmen, dass als Nacherben diejenigen eingesetzt sind, welche die gesetzlichen Erben des Erblassers sein würden, wenn er zur Zeit des Eintritts des Zeitpunkts oder des Ereignisses gestorben wäre. Der Fiskus gehört nicht zu den gesetzlichen Erben im Sinne dieser Vorschrift.

Literatur
Kanzleiter, Der »unbekannte« Nacherbe, DNotZ 1970, 326.

A. Auslegungsregel

Es handelt sich um eine Auslegungsregel (BGH NJW 1986, 1812) für den Fall der unvollständigen Verfügung des Erblassers, der den Nacherben nicht bestimmt hat. 1

B. Hintergrund

Die Regel beruht auf der Vermutung, dass die Einsetzung der fiktiven ges Erben dem Willen des Erblassers entspricht. 2

C. Anwendungsbereich

I. Vor- und Nacherbschaft gewollt

Es muss zunächst feststehen, dass sich aus der befristeten Berufung des (Vor-)Erben der Wille des Erblassers zur Anordnung einer Vor- und Nacherbschaft ergibt (Soergel/*Harder/Wegmann* § 2104 Rn 2; Damrau/*Hennicke* § 2104 Rn 2). 3

II. Unbestimmtheit des Nacherben

4 Alsdann darf der Erblasser den Nacherben nicht bestimmt haben. Dieser darf sich auch nicht durch Auslegung der letztwilligen Verfügung ergeben (MüKo/*Grunsky* § 2104 Rn 2).

5 Demgemäß ist die Regel unanwendbar, wenn der Nacherbe durch Merkmale gekennzeichnet und hiernach bestimmt oder zumindest bestimmbar ist. Sie ist ebenfalls unanwendbar, wenn der Erblasser seine ges Erben zu Nacherben berufen hat (Soergel/*Harder*/*Wegmann* § 2104 Rn 3); dann ist freilich Auslegungsfrage, ob die ges Erben beim Erbfall oder die fiktiven ges Erben beim Nacherbfall gemeint sind (BayObLGZ 66, 227, 232; nach Soergel/*Harder*/*Wegmann* aaO im Zweifel letzteres). Die Regel ist auch unanwendbar, wenn die Auslegungsregel des § 2269 Abs. 1 widerlegt ist und Ehegatten die beiderseitigen Kinder zu Nacherben eingesetzt haben; Nacherben des zuerst versterbenden Ehegatten sind dann seine fiktiven ges Erben zum Zeitpunkt des Todes des länger lebenden Ehegatten (Staudinger/*Avenarius* § 2104 Rn 12).

6 Die Regel ist auch unanwendbar, wenn der Erblasser den Nacherben bestimmt hat und nur die Bestimmung hinfällig ist oder (zB durch Vorversterben des Nacherben oder durch Anfechtung) hinfällig wird (BGH NJW 1986, 1812). Steht aber fest, dass der Erbe den Nachlass auf jeden Fall nur bis zu einem bestimmten Zeitpunkt oder bis zum Eintritt eines bestimmten Ereignisses behalten soll, so gilt § 2104 entsprechend (RG JW 1907, 259; KG DNotZ 1933, 286).

7 Umstritten ist die Anwendbarkeit der Regel, wenn der Erblasser die Bestimmung des Nacherben (in unzulässiger Weise, s.o. § 2100 Rn 57) dem Vorerben überlassen hat (dafür OLG *Hamm* ZEV 1995, 376; dagegen OLG *Frankfurt am Main* DNotZ 2001, 143 mit Anm *Kanzleiter*, der von dieser Klausel abrät).

III. Kombination mit § 2106

8 Die Auslegungsregeln des § 2104 und des § 2106 können miteinander kombiniert werden, wenn der Erblasser auch den Nacherbfall nicht bestimmt hat (BayObLGZ 66, 227; Soergel/*Harder*/*Wegmann* § 2104 Rn 3); Nacherben sind dann seine fiktiven ges Erben beim Tod des Vorerben (BayObLG FamRZ 1996, 1577). Der Vorerbe muss allerdings bestimmt sein (MüKo/*Grunsky* § 2104 Rn 1).

D. Rechtsfolgen

9 Zu Nacherben berufen sind die Personen, die die ges Erben des Erblassers wären, wenn er erst zum Zeitpunkt des Nacherbfalls verstorben wäre (fiktive ges Erben).
Wer dazu gehört, sagt im Zweifel § 2066 Satz 2. Es können dies ganz andere Personen sein als seine ges Erben beim Erbfall. Ist die Abweichung zu groß, so kann die Auslegung ergeben, dass der Vorerbe als Vollerbe eingesetzt ist (MüKo/*Grunsky* § 2204 Rn 5).

10 Bis zum Nacherbfall sind die Nacherben unbekannt. Für sie kann Pflegschaft angeordnet (§ 1913 BGB) oder ein Testamentsvollstrecker eingesetzt (§ 2222) werden. Für ersteren Fall ist umstritten, ob auch den bereits bekannten Nacherben ein Pfleger bestellt werden kann (ablehnend im Anschluss an Kanzleiter aaO Soergel/*Harder* 12. Aufl § 2204 Rn 5 und Staudinger/*Avenarius* § 2204 Rn 16 und 17; dafür nunmehr Soergel/*Harder*/*Wegmann* § 2104 Rn 5).

11 Die als Nacherben in Betracht kommenden fiktiven ges Erben haben bis zum Nacherbfall kein Anwartschaftsrecht (BayObLGZ 66, 227, 229; Staudinger/*Avenarius* § 2104 Rn 5).

E. Fiskus

12 Die Auslegungsregel gilt grds nicht zugunsten des Fiskus als Nacherben (§ 2104 Satz 2). Es ist umstritten, ob die Erbschaft dann dem Vorerben als Vollerben verbleibt (MüKo/*Grunsky* § 2104 Rn 6) oder dessen ges Erben anfällt (RGRK/*Johannsen* § 2104 Rn 11). Die Aus-

legung der letztwilligen Verfügung kann aber auch ergeben, dass der Erblasser auch den Fiskus als Nacherben einsetzen wollte (MüKo/*Grunsky* aaO).

§ 2105 Gesetzliche Erben als Vorerben

(1) Hat der Erblasser angeordnet, dass der eingesetzte Erbe die Erbschaft erst mit dem Eintritt eines bestimmten Zeitpunkts oder Ereignisses erhalten soll, ohne zu bestimmen, wer bis dahin Erbe sein soll, so sind die gesetzlichen Erben des Erblassers die Vorerben.

(2) Das Gleiche gilt, wenn die Persönlichkeit des Erben durch ein erst nach dem Erbfall eintretendes Ereignis bestimmt werden soll oder wenn die Einsetzung einer zur Zeit des Erbfalls noch nicht gezeugten Person oder einer zu dieser Zeit noch nicht entstandenen juristischen Person als Erbe nach § 2101 als Nacherbeinsetzung anzusehen ist.

A. Auslegungsregeln

Es handelt sich um zwei weitere Regeln zur Ergänzung einer unvollständigen letztwilligen Verfügung, ein Gegenstück zu § 2104. Sie benennen den Vorerben, wo der Erblasser dies unterlassen hat, und vermeiden damit herrenlose (ruhende) Erbschaften. 1

In beiden Fällen werden die ges Erben zu Vorerben berufen, und zwar die gesetzlichen Erben des Erblassers zum Zeitpunkt des Erbfalls (MüKo/*Grunsky* § 2105 Rn 4). Nach aA handelt es sich um die Anordnung ges Erbfolge (Soergel/*Harder/Wegmann* § 2105 Rn 3; Staudinger/*Avenarius* § 2105 Rn 1). 2

B. Anwendungsbereich

Abs. 1 trifft den Fall, dass der eingesetzte Erbe die Erbschaft erst mit einem bestimmten Zeitpunkt erhalten soll, insb dass er unter einer aufschiebenden Bedingung eingesetzt ist (§ 2074; s § 2100 Rn 47). 3

Abs. 2 trifft den Fall, dass der eingesetzte Erbe die Erbschaft beim Tode des Erblassers noch nicht erhalten kann. Dies tritt ein, wenn der eingesetzte Erbe beim Erbfall noch objektiv unbestimmt ist (zB Ehegatte eines Abkömmlings), nicht aber, wenn er zwar schon objektiv bestimmt und vorhanden, aber nur noch nicht identifiziert ist (Schulbeispiel ist der unbekannte Lebensretter; dann evtl Nachlasspflegschaft gem § 1960, MüKo/*Grunsky* § 2105 Rn 3). Unter Abs. 2 fällt auch die Erbeinsetzung einer beim Erbfall noch nicht gezeugten Person oder einer noch nicht existierenden juristischen Person, nicht aber einer vom Erblasser selbst begründeten Stiftung (s § 2101 Rn 11). 4

Kein Fall des § 2105 liegt vor, wenn der Erblasser den Zeitpunkt oder den Eintritt der Bedingung für den Nacherbfall noch erlebt. Vielmehr werden dann die Nacherben mit dem Erbfall Vollerben (Soergel/*Harder/Wegmann* § 2105 Rn 2, MüKo/*Grunsky* § 2105 Rn 3). 5

C. Widerlegung

Die Auslegungsregeln greifen nicht, wenn die Auslegung ergibt, dass der Erblasser bestimmte ges Erben keinesfalls einsetzen, sondern gleich den Nacherbfall eintreten lassen wollte, oder dass er die Anordnung der Nacherbschaft insgesamt entfallen lassen wollte (MüKo/*Grunsky* § 2105 Rn 1). 6

Ist die Person des Vorerben unbekannt, weil der eingesetzte Vorerbe nachträglich enterbt worden ist, verzichtet hat, für erbunwürdig erklärt worden ist, ausgeschlagen hat, von einem Dritten unwirksam bestimmt worden ist oder vor dem Erbfall verstorben ist, ohne dass in diesen Fällen ein Ersatzvorerbe berufen ist, so ist durch Auslegung zu ermitteln, was geschehen soll. Die Auslegung kann ergeben, dass die ges Erben zu Vorerben berufen 7 sein sollen, dass alsbald der Nacherbe Vollerbe werden soll oder dass die Vor- und Nacherbschaft insgesamt wegfällt (so dass die ges Erben alsbald Vollerben werden). Für eine Vorerbschaft der ges Erben kann es dabei sprechen, wenn die Anordnung der Vor- und Nacherbschaft bezweckt, die Nacherben auf Zeit vom Nachlass auszuschließen (Staudinger/*Avenarius* § 2105 Rn 7). Ging es dem Erblasser dagegen um die Sicherung des Unterhalts für den Vorerben, so liegt nahe, den Nachlass alsbald dem Nacherben anfallen zu lassen.

D. Fiskus

8 Vorerbe kann auch der Fiskus sein; eine Parallele zu § 2104 Abs. 2 gibt es nicht. Wird er das jedoch wider Erwarten des Erblassers, so kommt eine Auslegung in Betracht, wonach die Nacherben schon beim Erbfall Vollerben werden (Staudinger/*Avenarius* § 2105 Rn 6).

§ 2106 Eintritt der Nacherbfolge

(1) Hat der Erblasser einen Nacherben eingesetzt, ohne den Zeitpunkt oder das Ereignis zu bestimmen, mit dem die Nacherbfolge eintreten soll, so fällt die Erbschaft dem Nacherben mit dem Tode des Vorerben an.

(2) Ist die Einsetzung einer noch nicht gezeugten Person als Erbe nach § 2101 Abs. 1 als Nacherbeinsetzung anzusehen, so fällt die Erbschaft dem Nacherben mit dessen Geburt an. Im Falle des § 2101 Abs. 2 tritt der Anfall mit der Entstehung der juristischen Person ein.

A. Anwendungsbereich

1 Auch hier wird eine unvollständige letztwillige Verfügung ergänzt. Der Erblasser hat nicht bestimmt, wann der Nacherbfall eintreten soll.
2 Er kann diese Bestimmung nicht einem Dritten überlassen (s § 2100 Rn 59). Tut er es doch, so muss die Auslegung ergeben, ob nach § 2106 Abs. 1 zu verfahren oder die Anordnung der Vor- und Nacherbschaft überhaupt unwirksam ist (MüKo/*Grunsky* § 2106 Rn 1).
3 Der Erblasser kann Vor- und Nacherbschaft anordnen und den Nacherben unter zusätzlichen Bedingungen einsetzen, die ihrerseits den Eintritt des Nacherbfalls nicht definieren (mehrfach bedingte Nacherbschaft, s.o. bei § 2100 Rn 50). Auch in diesem Fall greift § 2106, wenn der Nacherbfall als solcher nicht durch Auslegung zu ermitteln ist (Staudinger/*Avenarius* § 2106 Rn 2).
4 § 2106 ist neben § 2104 anwendbar, wenn auch die Person des Nacherben nicht aus der letztwilligen Verfügung zu ermitteln ist (s.o. § 2104 Rn 8), nicht aber neben § 2105 Abs. 2 (Staudinger/*Avenarius* § 2106 Rn 6: der Nachlass soll dann so bald wie möglich an den Nacherben fallen).

B. Abs. 1

5 Abs. 1 enthält eine Auslegungsregel. Danach ist Nacherbfall der Tod des Vorerben. Dies entspricht dem mutmaßlichen Erblasserwillen jedenfalls dann, wenn die Vor- und Nacherbschaft die Versorgung des Vorerben bezweckt. Stirbt der Vorerbe vor dem Erbfall, so treten etwa bestimmte Ersatzvorerben, ansonsten die ges Erben des Vorerben als Vorerben ein.

C. Abs. 2

6 Abs. 2 enthält eine Ergänzung zu § 2101. Ist eine noch nicht gezeugte Person als Erbe eingesetzt und nach dieser Vorschrift als zum Nacherben eingesetzt anzusehen, so fällt ihr

die Erbschaft mit ihrer Geburt an (nach dem klaren Gesetzestext nicht mit ihrer Zeugung, Soergel/*Harder/Wegmann* § 2106 Rn 3 und MüKo/*Grunsky* § 2106 Rn 4 gegen Staudinger/*Avenarius* § 2106 Rn 5). Der noch nicht entstandenen, nach § 2101 Abs. 2 als zum Nacherben eingesetzt anzusehenden juristischen Person fällt die Nacherbschaft mit ihrer Entstehung an.

Anders ist es, wenn diese Personen von vornherein ausdrücklich als Nacherben eingesetzt 7 sind. Dann gilt § 2106 Abs. 1. In der Zwischenzeit nach dem Tod des Vorerben treten dessen Erben als Vorerben ein (gestaffelte Vor- und Nacherbschaft, MüKo/*Grunsky* § 2106 Rn 4).

§ 2107 Kinderloser Vorerbe

Hat der Erblasser einem Abkömmling, der zur Zeit der Errichtung der letztwilligen Verfügung keinen Abkömmling hat oder von dem der Erblasser zu dieser Zeit nicht weiß, dass er einen Abkömmling hat, für die Zeit nach dessen Tode einen Nacherben bestimmt, so ist anzunehmen, dass der Nacherbe nur für den Fall eingesetzt ist, dass der Abkömmling ohne Nachkommenschaft stirbt.

A. Anwendungsbereich

Die Vorschrift greift ein, wenn der zum Vorerben eingesetzte Abkömmling des Erblassers 1 bei Errichtung der letztwilligen Verfügung seinerseits keine Abkömmlinge hat oder der Erblasser dies irrig annimmt. Hat der Erblasser gewusst, dass der zum Vorerben eingesetzte Abkömmling seinerseits Abkömmlinge hat, so zeigt die Anordnung der Vor- und Nacherbschaft hingegen, dass der Nachlass nicht an diese gelangen soll (MüKo/*Grunsky* § 2107 Rn 3).

Die Vorschrift setzt weiterhin voraus, dass der Nacherbfall (ausdrücklich oder kraft Aus- 2 legung oder gem § 2106 Abs. 1, MüKo/*Grunsky* § 2107 Rn 5) mit dem Tod des Vorerben eintreten soll. Sie greift also nicht ein, wenn der Nacherbfall durch einen bestimmten Zeitpunkt oder den Eintritt eines anderen Ereignisses definiert ist (§ 2105) oder wenn eine noch nicht gezeugte Person oder eine noch nicht entstandene juristische Person zum Nacherben eingesetzt ist (§ 2106 Abs. 2).

Abkömmlinge des Vorerben sind auch nicht eheliche (§ 1589 S 1; seit Streichung des § 1589 3 Abs. 2 zum 1. 7. 1970 auch solche von männlichen Vorerben, Staudinger/*Avenarius* § 2107 Rn 6). Abkömmlinge sind ferner Adoptivkinder, wobei die Adoption bis zur Grenze des § 162 Abs. 2 auch nach dem Erbfall stattgefunden haben kann (RGRK/*Johannsen* § 2107 Rn 4).

Die Abkömmlinge des Vorerben müssen bei dessen Tod noch leben. Andererseits tritt mit 4 ihrer bloßen Geburt noch kein Rechtsverlust für den eingesetzten Nacherben ein.

B. Hintergrund

Die Vorschrift beruht auf der Überlegung, dass der Erblasser üblicherweise entferntere 5 Abkömmlinge nicht hinter völlig Familienfremde zurücksetzen möchte (RGRK/*Johannsen* § 2107 Rn 11). Es handelt sich um die unwissentliche Übergehung dieser Abkömmlinge. Dabei wird der Irrtum des Erblassers unterstellt. Eine Anfechtung durch den Vorerben ist nicht erforderlich (und könnte auch zum Wegfall seiner Vorerbenstellung führen, RGRK/*Johannsen* aaO). Dies kann dann anders sein, wenn der Erblasser auch ohne den Irrtum nicht iSd § 2107 testiert hätte (MüKo/*Grunsky* § 2107 Rn 8).

C. Widerlegung

6 Der Erbe des ursprünglichen Vorerben, der letztlich den Nachlass erwirbt, muss nicht identisch mit den Abkömmlingen sein, deren Existenz zur Anwendung des § 2107 geführt hat (BGH NJW 1980, 1276, 1277). Indessen kommt eine Auslegung zugunsten des Fortbestandes der Nacherbschaft und der eingesetzten Nacherben in Betracht, wenn

- die Abkömmlinge des Vorerben die Erbschaft ausschlagen, für erbunwürdig erklärt werden oder einen Erbverzicht erklären (Soergel/*Harder/Wegmann* § 2107 Rn 3; MüKo/ *Grunsky* § 2107 Rn 4), oder
- die eingesetzten Nacherben dem Erblasser näher stehen als die Abkömmlinge des Vorerben (BGH NJW 1980, 1276 und 1981, 2743) oder
- überhaupt, wenn der Erblasser mit der Anordnung der Vor- und Nacherbschaft einen Zweck verfolgt hat, der ihm wichtiger war als die Abkömmlinge seines Abkömmlings zu bedenken (Staudinger/*Avenarius* § 2107 Rn 4); die Geltung dieser Auslegungsregel ist aber nicht allein dadurch ausgeschlossen, dass andere Abkömmlinge des Erblassers zu Nacherben eingesetzt sind (MüKo/*Grunsky* § 2107 Rn 1).

7 Die Regel des § 2107 kann auch ausgeschlossen sein, wenn der zum Vorerben eingesetzte Abkömmling den in Betracht kommenden Abkömmling adoptiert hat (BayObLGZ 84, 246, 249). Hat der Erblasser nach Errichtung der letztwilligen Verfügung Kenntnis davon erlangt, dass der zum Vorerben eingesetzte Abkömmling seinerseits Abkömmlinge hat, und gleichwohl längere Zeit seine Verfügung nicht geändert, so ist dies allenfalls ein Indiz, aber kein zwingender Umstand gegen die Anwendung des § 2107 (Staudinger/*Avenarius* § 2107 Rn 4).

8 Die Beweislast gegen die Anwendbarkeit der Regel liegt bei dem Nacherben, der trotz Existenz des Abkömmlings seinerseits Nacherbe bleiben will (Soergel/*Harder/Wegmann* § 2107 Rn 1). Er hat einen ausdrücklich oder mutmaßlich von § 2107 abweichenden Erblasserwillen zu beweisen. Natürlich ist die Anwendung des § 2107 ausgeschlossen, wenn der Erblasser die Nacherbschaft ausdrücklich für den Fall angeordnet hat, dass der Vorerbe noch Abkömmlinge bekommt und diese ihn überleben (BayObLG NJW-RR 1991, 1094, 1095).

D. Rechtsfolge

9 Greift die Auslegungsregel, so besteht die Rechtsfolge in der Umdeutung der vom Erblasser verfügten unbedingten Einsetzung des Nacherben in eine auflösend bedingte; auch das Anwartschaftsrecht erwirbt der eingesetzte Nacherbe zwar, aber ebenfalls nur auflösend bedingt (Soergel/*Harder/Wegmann* § 2107 Rn 3; MüKo/*Grunsky* § 2107 Rn 6). Tritt die Bedingung ein, stirbt also der Vorerbe unter Hinterlassung von Abkömmlingen, so entfällt die Nacherbschaft. Der Vorerbe wird rückwirkend zum Vollerben (MüKo/ *Grunsky* § 2107 Rn 7) und gibt den Nachlass an seinen Erben weiter, der insoweit wiederum Vollerbe, nicht etwa Nacherbe, ist. Verfügungen, zu denen der Vorerbe der Zustimmung des Nacherben bedurft hätte, werden nachträglich wirksam (MüKo/*Grunsky* § 2107 Rn 7).

§ 2108 Erbfähigkeit; Vererblichkeit des Nacherbrechts

(1) Die Vorschrift des § 1923 findet auf die Nacherbfolge entsprechende Anwendung.

(2) Stirbt der eingesetzte Nacherbe vor dem Eintritt des Falles der Nacherbfolge, aber nach dem Eintritt des Erbfalls, so geht sein Recht auf seine Erben über, sofern nicht ein anderer Wille des Erblassers anzunehmen ist. Ist der Nacherbe unter einer aufschiebenden Bedingung eingesetzt, so bewendet es bei der Vorschrift des § 2074.

A. Abs. 1: Fähigkeit, Nacherbe zu werden

Abs. 1 ordnet die analoge Anwendung des § 1923 auf den Nacherbfall an. Dies ist so zu verstehen, dass der Nacherbe nicht beim Erbfall, wohl aber beim Nacherbfall zumindest gezeugt sein und alsdann lebend geboren werden muss (s.a. § 2101 Abs. 1).

Ist der Nacherbe beim Nacherbfall noch nicht gezeugt, so tritt gestaffelte Nacherbschaft ein (Soergel/*Harder/Wegmann* § 2108 Rn 1 analog § 2101 Abs. 1). Der erste Nacherbe ist im Zweifel gem § 2104 zu bestimmen.

Ist der Nacherbe schon vor dem Erbfall verstorben (und ein Ersatznacherbe weder eingesetzt noch nach § 2069 berufen, BGHZ 33, 60, 61), so entfällt die Nacherbschaft, und der Vorerbe erwirbt den Nachlass beim Erbfall als Vollerbe (Staudinger/*Avenarius* § 2108 Rn 2).

B. Abs. 2: Vererblichkeit des Anwartschaftsrechts des Nacherben

Abs. 2 regelt den Fall, dass der Nacherbe nach dem Erbfall, aber vor dem Nacherbfall verstirbt.

I. Inhalt

Nach Abs. 2 Satz 1 geht sein Recht alsdann auf seine Erben über, soweit kein anderer Wille des Erblassers anzunehmen ist. Dasselbe gilt, wenn der Nacherbe gleichzeitig mit dem Nacherbfall verstorben ist (Soergel/*Harder/Wegmann* § 2108 Rn 3).

Die Vererblichkeit des Nacherbenrechts führt zu dessen Qualifikation als einer Anwartschaft (s § 2100 Rn 77), und das war vom Gesetzgeber gewollt (Staudinger/*Avenarius* § 2108 Rn 8). Vererblich ist auch das Recht des späteren Nacherben bei gestaffelter Nacherbschaft (Soergel/*Harder/Wegmann* § 2108 Rn 4).

II. Anwendungsbereich

Die Auslegungsregel greift nicht im Fall des § 2104 (Staudinger/*Avenarius* § 2108 Rn 12), also wenn der Erblasser den Nacherben nicht bestimmt hat.

III. Bestimmungen des Erblassers

Der Erblasser kann die Vererblichkeit, nicht aber die Veräußerlichkeit des Nacherbenrechts ausschließen (Staudinger/*Avenarius* § 2108 Rn 9 arg § 137). Er kann die Vererblichkeit auch auf bestimmte Erben des Nacherben beschränken (BGH NJW 1963, 1150), etwa auf dessen Ehegatten oder Abkömmlinge; es sind zahlreiche Fälle denkbar, in denen der Erblasser das Vermögen in der Familie halten und Familienfremde ausschließen wollte (MüKo/*Grunsky* § 2108 Rn 7). Ebenso kann er die Vererblichkeit zeitlich begrenzen (MüKo/*Grunsky* aaO). Dies alles kann ausdrücklich geschehen oder sich durch Auslegung der letztwilligen Verfügung ergeben.

IdR hat die Einsetzung eines Ersatznacherben diese Folge (Staudinger/*Avenarius* § 2108 Rn 14, aber bestritten). Zwar kann die Einsetzung eines Ersatznacherben auch neben der Vererblichkeit des Nacherbenrechts ihren Sinn behalten (Soergel/*Harder/Wegmann* § 2108 Rn 5), etwa wenn der eingesetzte Nacherbe nicht durch vorzeitigen Tod wegfällt, sondern wegen Ausschlagung, Erbunwürdigkeit, Erbverzichts oder Anfechtung der ihn betreffenden letztwilligen Verfügung (Staudinger/*Avenarius* § 2108 Rn 14), doch sind diese Fälle so selten, dass sie der Erblasser regelmäßig nicht in den Blick nimmt und sie in diesem Rahmen nicht zu einer anderen Beurteilung der Nacherbeneinsetzung führen können (Staudinger/*Avenarius* § 2108 Rn 15).

Umstritten ist, inwieweit die vermutete Berufung von Abkömmlingen zu Ersatzerben (§§ 2069, 2096) zur Widerlegung der Vermutung, also zur Annahme der Unvererblichkeit des Nacherbenrechts, führen kann (dazu Staudinger/*Avenarius* § 2108 Rn 16 ff, Damrau/

§ 2108 BGB | Erbfähigkeit; Vererblichkeit des Nacherbrechts

Hennicke § 2108 Rn 6). Nach dem BayObLG (ZEV 1995, 25) ist das Problem des Verhältnisses zwischen den §§ 2069, 2096 einerseits und § 2108 andererseits nicht generell, sondern nur anhand des jeweiligen konkreten Erblasserwillens zu lösen. Nach BGH LM Nr. 1 zu § 2108 und RGZ 169, 38 führt die bloße Tatsache, dass Nacherbe ein Abkömmling des Erblassers ist, noch nicht zur Annahme der Unvererblichkeit, wenn auch hier im Einzelfall dieser Wille besonders häufig sein wird. Wenn aber der Erblasser für den Fall, dass der Nacherbe den Nacherbfall erlebt, die Weitervererbung seines Nachlasses auf dessen (auch familienfremde) Erben hingenommen hat, so spricht dies noch nicht gegen die Annahme, der Erblasser habe für den Fall, dass der Nacherbe schon zwischen Erbfall und Nacherbfall verstirbt, die Weitervererbung nicht gewollt (BGH LM Nr. 1 zu § 2108 gegen RGZ 169, 38). Nach alle dem kann nur zu besonderer Sorgfalt bei der Anordnung einer Ersatznacherbschaft geraten werden.

11 Dies gilt auch im Hinblick auf das Verhältnis zwischen der Vererblichkeit des Nacherbenrechts und der Anwachsung unter Mitnacherben. Auch hier bestehen Meinungsverschiedenheiten darüber, ob erstere grds (RGRK/*Johannsen* § 2108 Rn 12) oder nur im Zweifel (Staudinger/*Avenarius* § 2108 Rn 20, MüKo/*Grunsky* § 2108, Rn 2; Soergel/*Harder/Wegmann* § 2108 Rn 4) vorgeht.

IV. Widerlegung

12 Die Beweislast für die Unvererblichkeit liegt bei demjenigen, der sie bzw einen entsprechenden Willen des Erblassers behauptet (MüKo/*Grunsky* § 2108 Rn 6).

13 Ergibt sich, dass der Erblasser die Vererblichkeit des Nacherbenrechts ausgeschlossen hat, so muss weiter im Wege der Auslegung ermittelt werden, ob damit die Vor- und Nacherbschaft insgesamt wegfallen (Vorerbe als Vollerbe) oder Ersatznacherbfolge eintreten oder evtl ein weiterer Nacherbe analog § 2102 Abs. 1 als Ersatznacherbe berufen sein soll (Staudinger/*Avenarius* § 2108 Rn 19).

V. Weitere aufschiebende Bedingung

14 Der Nacherbe kann unter einer zusätzlichen aufschiebenden Bedingung eingesetzt sein, die nicht mit derjenigen identisch ist, die der Nacherbschaft begriffsnotwendig innewohnt (s.o. § 2100 Rn 50 und § 2106 Rn 3).

15 Löst diese Bedingung den Nacherbfall noch nicht aus, sondern soll dieser erst später eintreten, so gilt § 2108 Abs. 2 Satz 1; das Nacherbenrecht ist vererblich (RGRK/*Johannsen* § 2108 Rn 16). Tritt diese Bedingung aber zu Lebzeiten dessen, der zum Nacherben berufen ist, nicht mehr ein, so ist der Fall in § 2108 Abs. 2 Satz 2 geregelt; dann ist die Nacherbschaft nach § 2074 im Zweifel nicht vererblich (RGRK/*Johannsen* § 2108 Rn 17). Gleichwohl soll der Nacherbe über sein Anwartschaftsrecht unter Lebenden für den Fall des Eintritts der Bedingung verfügen können (RGZ 170, 163, 168).

16 Bei gestaffelter Nacherbfolge gilt § 2108 Abs. 2 nur für den letzten Nacherben (Soergel/*Harder/Wegmann* § 2108 Rn 8).

VI. Pflichtteil

17 Zur Pflichtteilsproblematik beim Tod des Nacherben vor Eintritt des Nacherbfalls vgl *Bengel* ZEV 2000, 388.

VII. Juristische Personen

18 § 2108 Abs. 2 gilt nicht analog für juristische Personen, die vor dem Nacherbfall erlöschen. In diesem Fall tritt Ersatznacherbfolge ein, falls ein Ersatznacherbe berufen ist. Fehlt ein solcher, so entfällt die Vor- und Nacherbschaft, und der Nachlass verbleibt dem Vorerben als Vollerben (RGRK/*Johannsen* § 2108 Rn 20).

§ 2109 Unwirksamwerden der Nacherbschaft

(1) Die Einsetzung eines Nacherben wird mit dem Ablauf von 30 Jahren nach dem Erbfall unwirksam, wenn nicht vorher der Fall der Nacherbfolge eingetreten ist. Sie bleibt auch nach dieser Zeit wirksam:

1. wenn die Nacherbfolge für den Fall angeordnet ist, dass in der Person des Vorerben oder des Nacherben ein bestimmtes Ereignis eintritt, und derjenige, in dessen Person das Ereignis eintreten soll, zur Zeit des Erbfalls lebt,

2. wenn dem Vorerben oder einem Nacherben für den Fall, dass ihm ein Bruder oder eine Schwester geboren wird, der Bruder oder die Schwester als Nacherbe bestimmt ist.

(2) Ist der Vorerbe oder der Nacherbe, in dessen Person das Ereignis eintreten soll, eine juristische Person, so bewendet es bei der dreißigjährigen Frist.

A. Begrenzung der Vor- und Nacherbschaft

Die Vorschrift beschränkt die Wirksamkeit der Nacherbeneinsetzung grds auf 30 Jahre nach dem Erbfall. 1

Sie dient der Vermeidung von fideikommissähnlichen Strukturen (vgl §§ 2162, 2163 für aufschiebend bedingte und befristete Vermächtnisse). Sie gilt auch bei gestaffelter Nacherbschaft; insoweit ist die Einsetzung der späteren Nacherben in ihrer Wirksamkeit beschränkt. Der Erblasser kann die Frist also nicht allein dadurch verlängern, dass er eine gestaffelte Nacherbschaft anordnet. 2

Bei Ablauf der 30 Jahre verbleibt der Nachlass dem Vorerben als Vollerben, bei gestaffelter Nacherbfolge demjenigen, der gerade bei Fristablauf Vorerbe ist (MüKo/*Grunsky* § 2109 Rn 2). Die Auslegung kann indessen ergeben, dass die letzte angeordnete Nacherbschaft notfalls schon bei Ablauf der 30 Jahre eintreten soll (RGRK/*Johannsen* § 2109 Rn 4), so wenn der Erblasser den Nachlass jedenfalls dem letzten Nacherben zuwenden und dessen Erwerb nur so weit wie möglich hinausschieben wollte (Staudinger/*Avenarius* § 2109 Rn 6, MüKo/*Grunsky* § 2109 Rn 2). 3

Die 30 Jahre können jedoch beliebig lange überschritten werden, wenn eine der beiden nachstehend erörterten Ausnahmen greift. Es kann dann also während der ganzen restlichen Lebensdauer des Vor- bzw des Nacherben der Nacherbfall eintreten. 4

B. Erste Ausnahme

Sie hängt von zwei Voraussetzungen ab: 5

I. Art des Ereignisses

Zum einen muss der Nacherbfall in einem Ereignis bestehen, das in der Person des jeweils in Betracht kommenden Vor- oder Nacherben eintritt. 6

Das Ereignis wird herkömmlich als Tun, Unterlassen oder Dulden definiert. Insb gehören dazu aber auch familiäre Ereignisse wie Geburt, Tod oder Heirat. Am häufigsten handelt es sich um den Tod des Vorerben; er fällt auch dann unter die Vorschrift, wenn der Eintritt des Nacherbfalls auf § 2106 beruht (BayObLG FamRZ 1990, 321; BGH NJW 1969, 1112). 7

Auch reine Potestativbedingungen, deren Eintritt nur vom Willen des Vor- oder des Nacherben abhängt, reichen aus (MüKo/*Grunsky* § 2109 Rn 4). Umstritten ist, welche Nähe zum Vor- oder Nacherben Ereignisse haben müssen, die außerhalb der Familie eintreten (Literaturbeispiel: der nächste Ausbruch des Ätna). Für Großzügigkeit in der Anerkennung solcher Ereignisse sprechen sich Soergel/*Harder/Wegmann* (§ 2109 Rn 3) und MüKo/*Grunsky* (§ 2109 Rn 4) im Hinblick auf die Testierfreiheit und Abgrenzungsschwierigkeiten aus. 8

Staudinger/*Avenarius* (§ 2109 Rn 8) fordert demgegenüber richtigerweise, dass das Ereignis die Person oder das Vermögen des Vor- oder des Nacherben zumindest mittelbar berühren muss (zB Krieg, Währungsverfall, Wiedervereinigung).

II. Existenz des Nacherben

9 Zum anderen muss der betreffende Vor- oder Nacherbe zur Zeit des Erbfalls schon leben oder jedenfalls (§ 1923 Abs. 2) schon gezeugt sein. Ist Nacherbe ein Kind des Vorerben, so wird dieses auch dann Nacherbe, wenn es erst später als 30 Jahre nach dem Erbfall gezeugt wird, denn seine Zeugung ist ein Ereignis in der Person des Vorerben (MüKo/*Grunsky* § 2109 Rn 3).

C. Zweite Ausnahme

10 Sie tritt ein, wenn Nacherbe ein Geschwister des Vor- oder des Nacherben sein soll.
11 In Betracht kommen auch Halbgeschwister (Soergel/*Harder/Wegmann* § 2109 Rn 4, MüKo/*Grunsky* § 2109 Rn 5), ebenso Adoptivgeschwister (MüKo/*Grunsky* § 2109 Rn 5, Staudinger/*Avenarius* § 2109 Rn 9), außer sie wären erst als Volljährige adoptiert worden (MüKo/*Grunsky* und Staudinger/*Avenarius* aaO arg. § 1770 Abs. 1 Satz 1).
12 Damit kann der Erblasser seinen Nachlass einer ganzen Generation zukommen lassen.

D. Beweislast

13 Die Beweislast für eine der Ausnahmen trägt, wer sich auf die Wirksamkeit der Nacherbeneinsetzung beruft.

E. Rückausnahme

14 Eine solche besteht nach § 2109 Abs. 2 für juristische Personen. Sind sie zu Nacherben eingesetzt, so kann sich die Frist von 30 Jahren nicht verlängern. Sie bestehen idR auf unbestimmte Zeit. Die Maßgeblichkeit eines Ereignisses in ihrer Person könnte so die Nacherbschaft beliebig lange ausdehnen.

F. Gesellschaftsrecht

15 § 2109 Abs. 1 ist wegen der wertungsmäßigen Verschiedenheit der Rechtsverhältnisse nicht analog auf gesellschaftsrechtliche Nachfolgeklauseln anzuwenden (Staudinger/*Avenarius* § 2109 Rn 13, bestritten). Diese können also die Frist von 30 Jahren überdauern.

§ 2110 Umfang des Nacherbrechts

(1) Das Recht des Nacherben erstreckt sich im Zweifel auf einen Erbteil, der dem Vorerben infolge des Wegfalls eines Miterben anfällt.

(2) Das Recht des Nacherben erstreckt sich im Zweifel nicht auf ein dem Vorerben zugewendetes Vorausvermächtnis.

A. Auslegungsregel

1 Die Vorschrift definiert den Umfang des Nacherbenrechts in zwei Zweifelsfällen.
Sie beruht auf dem Grundgedanken, dass der Erblasser dem Nacherben im Zweifel alles das zuwenden will, was der Vorerbe von ihm erlangt hat (Staudinger/*Avenarius* § 2110 Rn 1). Das Gegenteil ist von dem zu beweisen, der Rechte daraus herleitet (MüKo/*Grunsky* § 2110 Rn 1).

B. Abs. 1: Wegfall eines Mitvorerben

Im Zweifel umfasst das Nacherbenrecht auch den Erbteil, der dem Vorerben deshalb anfällt, weil ein Miterbe (Mitvorerbe) wegfällt (§ 2110 Abs. 1). 2
Dies kann eintreten nach Erhöhung des ges Erbteils gem § 1935, Anwachsung (§ 2094) oder Berufung des Vorerben zum Ersatzerben eines Mitvorerben (§ 2096). Weitere Beispiele sind die Ausschlagung (§ 1953), Erbunwürdigkeitserklärung (§ 2344), Nichterleben einer aufschiebenden Bedingung (§ 2074) oder die Anfechtung (§ 2078) mit Bezug auf einen Miterben. Wegen der Rückwirkung dieser Akte spielt es insoweit keine Rolle, ob der Miterbe vor oder nach dem Nacherbfall weggefallen ist (Soergel/*Harder/Wegmann* § 2110 Rn 1).
Ist die Auslegungsregel widerlegt, so wird der betreffende Teil des Nachlasses freies Vermögen des Vorerben. 3

C. Abs. 2: Vorausvermächtnis

Im Zweifel erstreckt sich das Nacherbenrecht nicht auf ein Vorausvermächtnis zugunsten des Vorerben (§ 2110 Abs. 2). 4
Der Erblasser kann freilich das Gegenteil anordnen. Die Auslegung seiner letztwilligen Verfügung kann das ergeben, wenn er nur den Vorerben im Verhältnis zu Mitvorerben begünstigen, nicht aber den Nacherben benachteiligen wollte (Staudinger/*Avenarius* § 2110 Rn 5). 5
Ansonsten ist auch ein Nachvermächtnis möglich (§ 2191). Nachvermächtnisnehmer oder Ersatzvermächtnisnehmer kann auch der Nacherbe sein (Soergel/*Harder/Wegmann* § 2110 Rn 2; MüKo/*Grunsky* § 2110 Rn 3). 6
Die Vorschrift gilt auch für den Voraus (§ 1932) als ges Vorausvermächtnis (Staudinger/*Avenarius* § 2110 Rn 5). 7

§ 2111 Unmittelbare Ersetzung

(1) Zur Erbschaft gehört, was der Vorerbe auf Grund eines zur Erbschaft gehörenden Rechts oder als Ersatz für die Zerstörung, Beschädigung oder Entziehung eines Erbschaftsgegenstands oder durch Rechtsgeschäft mit Mitteln der Erbschaft erwirbt, sofern nicht der Erwerb ihm als Nutzung gebührt. Die Zugehörigkeit einer durch Rechtsgeschäft erworbenen Forderung zur Erbschaft hat der Schuldner erst dann gegen sich gelten zu lassen, wenn er von der Zugehörigkeit Kenntnis erlangt; die Vorschriften der §§ 406 – 408 finden entsprechende Anwendung.

(2) Zur Erbschaft gehört auch, was der Vorerbe dem Inventar eines erbschaftlichen Grundstücks einverleibt.

Literatur
Maurer, Fragen des (Eigen-)Erwerbs von Nachlassgegenständen durch den Vor- oder Nacherben, DNotZ 1981, 223.

A. Grundsatz

§ 2111 ordnet für verschiedene Fälle die dingliche Surrogation an. Nach ihrem Grundgedanken werden bestimmte Gegenstände automatisch Bestandteil des Nachlasses. Sie gehen mit auf den Nacherben über und werden von seinem Herausgabeanspruch aus § 2130 erfasst. Die Beweislast für die Umstände, die die Surrogation begründen, liegt beim Nacherben (BGH NJW 1983, 2874). 1

§ 2111 BGB | Unmittelbare Ersetzung

2 Dahinter steht das Ziel, die Substanz des Nachlasses für den Nacherben zu erhalten (BGHZ 109, 214, 217). Er soll nicht auf schuldrechtliche Ersatzansprüche verwiesen werden (MüKo/*Grunsky* § 2111 Rn 1).

I. Weitere Rechtsfolgen

3 Entscheidend für die weitere Behandlung im Rahmen der Vor- und Nacherbschaft ist nicht der Charakter des weggegebenen Gegenstandes, sondern der des Surrogates (MüKo/*Grunsky* § 2111 Rn 5; Staudinger/*Avenarius* § 2111 Rn 4, 9 und 19). So etwa gilt für den Erlös aus einem verkauften Grundstück nicht § 2113 Abs. 1 (evtl iVm § 2136; anders noch BGH RdL 1956, 189 für die Enteignungsentschädigung; hiergegen BayObLGZ 86, 213 und Staudinger/*Avenarius* aaO), doch ist er nach § 2119 anzulegen (BGH NJW 1993, 3199), falls der Vorerbe nicht hiervon wiederum gem § 2136 befreit ist.

4 Sehr strittig ist, ob die Surrogation auch zugunsten von Nachlassgläubigern wirkt (dagegen RG Warn 1913 Nr. 427 mit dem Argument, sie wolle nur den Nacherben begünstigen; ebenso wohl auch BGHZ 81, 8, 12; dafür Staudinger/*Avenarius* § 2111 Rn 2 und 11 sowie Soergel/*Harder/Wegmann* § 2111 Rn 1).

II. Keine Disposition

5 Im Übrigen unterliegt die Surrogation nicht der Disposition der Beteiligten. Der Erblasser kann den Vorerben nicht generell von der Surrogation befreien (Staudinger/*Avenarius* § 2111 Rn 3). Auch ein Dritter kann bei seiner Zuwendung nicht bestimmen, dass Surrogation eintreten soll, wo sie nach dem Gesetz nicht eintritt, erst recht nicht umgekehrt. Der Vorerbe kann nicht von sich aus Gegenstände seines freien Vermögens mit dinglicher Wirkung dem Nachlass zuweisen (BGHZ 40, 115, 125; Staudinger/*Avenarius* § 2111 Rn 6); immerhin kann der Nacherbe einer Verfügung des Vorerben mit der Wirkung zustimmen, dass die Surrogation ausgeschlossen wird (MüKo/*Grunsky* § 2111 Rn 4). Einen Vertrauensschutz für Dritte, die Gegenstände dem freien Vermögen des Vorerben zuwenden wollen, gibt es nicht (MüKo/*Grunsky* § 2111 Rn 6; zur Ausnahme aus § 2111 Abs. 1 Satz 2 s Rn 22 und 23).

III. Anwendungsbereich

6 Es handelt sich um eine Ausnahmevorschrift, die keiner ausdehnenden Auslegung zugänglich ist (BGH NJW 1993, 3199).

7 Allerdings erfasst sie auch den Erwerb nicht übertragbarer Rechtspositionen. Dies zeigt sich etwa dann, wenn der Vorerbe einen nicht übertragbaren Gesellschaftsanteil mit Nachlassmitteln erwirbt (BGHZ 109, 214, 217 ff) oder wenn er aus Nachlassmitteln eine Gegenleistung dafür erbringt, dass ihm ein Nießbrauch bestellt wird (Soergel/*Harder/Wegmann* § 2111 Rn 5).

8 Sie erfasst auch Girokonten, die dem Nachlass zugehören, doch ist dann für jede einzelne Position zu klären, ob sie aus dem Nachlass oder aus freiem Vermögen des Vorerben herrührt (BGHZ 131, 60).

9 Keine Surrogation besteht bzgl Nutzungen, die der Vorerbe ordnungsgemäß gezogen hat. Sie fallen in sein freies Vermögen. Dies ergibt sich aus dem zweiten Hs des § 2111 Abs. 1 Satz 1 (BGHZ 78, 177, 188; BGHZ 81, 8, 12; BGH NJW 1983, 2874).

B. Erster Fall der Surrogation: Erwerb aufgrund eines zur Erbschaft gehörenden Rechts

10 Gemeint ist ein nicht rechtsgeschäftlicher Erwerb. Die Literatur nennt hierzu die §§ 946 ff, 984, 937 ff (Ersitzung aufgrund eines zum Nachlass gehörenden Besitzes, § 857) sowie § 1952 (Annahme einer dem Erblasser angefallenen Erbschaft durch den Vorerben).

Dieser Fall ist nicht gegeben, wenn der nicht rechtsgeschäftliche Erwerb durch ein Rechts- 11
geschäft des Vorerben ausgelöst oder vermittelt worden ist, etwa die Umwandlung der
Fremdhypothek in eine Eigentümerhypothek (§§ 1163, 1177) durch Tilgung der gesicherten Forderung (Soergel/*Harder/Wegmann* § 2111 Rn 2). Dagegen liegt Fall 3 (s
Rn 13 ff) vor, wenn der Vorerbe diese Tilgung aus Nachlassmitteln bewirkt hat (Soergel/
Harder/Wegmann § 2111 Rn 4).

C. Zweiter Fall der Surrogation: Ersatz für Zerstörung, Beschädigung oder Entzug eines Nachlassgegenstandes

Die Frage, ob ein solcher Ersatz gegeben ist, ist wirtschaftlich zu betrachten, nicht formal- 12
rechtlich. Hierher zählen etwa auch der an den Vorerben ausgekehrte Überschuss aus der
Zwangsversteigerung eines Nachlassgrundstücks (BGH NJW 1993, 3198), Leistungen aus
dem Lastenausgleich für Vermögenswerte, die der Erblasser verloren hat (BGHZ 44, 336
und BGH WM 1972, 802, 803), Ansprüche aus unerlaubter Handlung im weitesten Sinne
(auch Ansprüche auf Versicherungsleistungen oder Enteignungsentschädigung), Bereicherungsansprüche wegen des Verlustes von Nachlassgegenständen (vor allem aus § 951,
MüKo/*Grunsky* § 2111 Rn 8) und Restitutionsansprüche nach dem Vermögensgesetz
(Staudinger/*Avenarius* § 2111 Rn 21). Nicht hierzu zählen Aufwendungsersatzansprüche
(Staudinger/*Avenarius* § 2111 Rn 18).

D. Dritter Fall der Surrogation: Erwerb durch Rechtsgeschäft mit Mitteln der Erbschaft

I. Wirtschaftliche Betrachtung

Auch die Frage dieses Erwerbs ist wirtschaftlich zu betrachten. Deshalb gehört hierher 13
auch der Erwerb im Wege der Zwangsversteigerung (Soergel/*Harder/Wegmann* § 2111
Nr. 8; für Fall 2 Staudinger/*Avenarius* § 2111 Rn 19), wenn und soweit dazu Mittel aus
der Vorerbschaft verwendet werden. Fraglich ist, ob dies auch dann gilt, wenn nur die
Zwangsversteigerung aufgrund einer zum Nachlass gehörenden Hypothek betrieben
worden ist (so RGZ 136, 353; aA Staudinger/*Avenarius* § 2111 Rn 58).

II. Mittel der Erbschaft

Mit Mitteln der Erbschaft hat der Erwerb stattgefunden, wenn ihr der Gegenwert ent- 14
nommen worden ist (Soergel/*Harder/Wegmann* § 2111 Rn 4). Auch hier ist eine wirtschaftliche Betrachtungsweise angezeigt (BGHZ 40, 115).
Es kommt mithin nicht darauf an, ob es die Geld- oder die andere Leistung ist, die aus dem 15
Nachlass stammt. Surrogation tritt etwa auch ein, wenn der Vorerbe die auf einem Nachlassgrundstück ruhende Hypothek mit Nachlassmitteln ablöst (BGHZ 40, 115, 122).
Es genügt, dass der Nachlass mittelbar für den Gegenwert aufkommt. Kauft etwa der Vor- 16
erbe ein Grundstück mit Hilfe eines Bankkredits, den er später mit Nachlassmitteln ablöst,
so fällt das Grundstück kraft Surrogation in den Nachlass (BGH NJW 1990, 1237, 1238).
Auch gehören zum Nachlass kraft Surrogation die Gegenstände, die dem Vorerben bei
Auseinandersetzung der Erbengemeinschaft unter den Vorerben zugeteilt werden (BGHZ
40, 115, 123; BGHZ 52, 269; BGH NJW-RR 2001, 217).
Wird ein Gegenstand teilweise mit Mitteln des Nachlasses erworben, so fällt der Erwerb 17
mit dem entsprechenden Anteil in die Nacherbschaft (RGZ 89, 53 und 90, 97). Nach BGH
NJW 1977, 1631 gilt dies auch für den Fall, dass der Vorerbe aus eigenen Mitteln ein
Grundstück kauft und es unter Verwendung von Nachlassmitteln bebaut. Die Literatur
betont demgegenüber den Vorrang des § 946 vor dem Gesichtspunkt der Wertvermischung; MüKo/*Grunsky* (§ 2111 Rn 9) gibt dem Nacherben einen Anspruch aus § 2134,
Staudinger/*Avenarius* (§ 2111 Rn 32) einen solchen aus § 2138 Abs. 2. Nach MüKo/*Grunsky*

§ 2111 BGB | Unmittelbare Ersetzung

(§ 2111 Rn 10) muss bei einem Erwerb aus einem »Mischtopf« (zB Girokonto, auf dem eigene Vermögenswerte des Vorerben und solche des gebundenen Nachlasses ununterscheidbar liegen und bei dem jeder Teil für sich allein zum Erwerb ausreichen würde) der Vorerbe den – praktisch kaum zu führenden – Beweis dafür liefern, dass er nicht mit Nachlassmitteln erworben hat; dies deshalb, weil er für eine Trennung der beiden Vermögensmassen hätte sorgen können und müssen.

III. Kapitalerhöhung aus Nachlassmitteln

18 Die Einbringung von Erbschaftsgegenständen in eine Gesellschaft führt bei Personengesellschaften dazu, dass ein entsprechender Teil des künftigen Auseinandersetzungsguthabens in den gebundenen Nachlass fällt, bei Kapitalgesellschaften ein entsprechender Teil der ausgegebenen neuen Anteile (RGRK/*Johannsen* § 2111 Rn 9).

19 Bringt ein Vorerbe Nachlassgegenstände als seine Kommanditeinlage in eine KG ein, dann gehört seine Rechtsstellung als Kommanditist kraft Surrogation zum Nachlass (BGHZ 109, 214 unter Aufgabe von BGH NJW 1977, 433).

IV. Veräußerung der gesamten Vorerbschaft

20 Sehr umstritten ist, ob der Erlös hieraus (soweit eine solche Veräußerung nach §§ 2112 ff überhaupt möglich ist) ein Surrogat darstellt (dafür Staudinger/*Avenarius* § 2111 Rn 29; dagegen MüKo/*Grunsky* § 2111 Rn 9).

E. Vierter Fall der Surrogation: Inventar eines Grundstücks, das zum Nachlass gehört

21 Hier ordnet § 2111 Abs. 2 die Surrogation der Inventargegenstände an. Die Vorschrift setzt voraus, dass der Vorerbe den Inventargegenstand aus eigenen Mitteln beschafft hat; sonst liegt schon Fall 3 (oben Rn 14 ff) vor (Soergel/*Harder/Wegmann* § 2111 Rn 17). Sie greift auch dann, wenn es sich nicht um Ersatzstücke für andere Inventarbestandteile handelt, und geht damit über den gewöhnlichen Rahmen einer Surrogation hinaus (Staudinger/*Avenarius* § 2111 Rn 33). Ersatzansprüche des Vorerben gegen den Nacherben aus §§ 2124, 2125 sind nicht ausgeschlossen, da § 2111 nur die dingliche Zuordnung regelt.

F. Schutz des guten Glaubens für Schuldner surrogierter Forderungen

22 Nach § 2111 Abs. 1 Satz 2 muss der Schuldner die Zugehörigkeit einer durch Rechtsgeschäft erworbenen Forderung zum Nachlass erst dann gegen sich gelten lassen, wenn er von dieser Zugehörigkeit (positive) Kenntnis erlangt. Für die Kenntnis vom Nacherbfall gilt dagegen § 2140 Satz 2; danach schadet es dem Schuldner schon, wenn er dessen Eintritt fahrlässig ausschließt.

23 Nach dem entsprechend anwendbaren § 406 kann der gutgläubige Schuldner eine ihm gegen den bisherigen Gläubiger zustehende Forderung auch gegenüber dem Vorerben aufrechnen, es sei denn, dass er bei dem Erwerb der Forderung von der Surrogation (Zugehörigkeit der Gegenforderung zum Nachlass) Kenntnis hatte oder dass seine Forderung erst nach Erlangung der Kenntnis von der Surrogation und später als die der Surrogation unterliegende Gegenforderung fällig geworden ist. Analog § 407 Abs. 1 muss der Vorerbe jede Leistung gegen sich gelten lassen, die der gutgläubige Schuldner nach der Surrogation noch an den bisherigen Gläubiger bewirkt, ferner jedes Rechtsgeschäft, das er nach der Surrogation in Ansehung der Forderung noch mit dem bisherigen Gläubiger vornimmt.

§ 2112 Verfügungsrecht des Vorerben

Der Vorerbe kann über die zur Erbschaft gehörenden Gegenstände verfügen, soweit sich nicht aus den Vorschriften der §§ 2113 – 2115 ein anderes ergibt.

Literatur
Lutter, Zur Beschränkung des Vorerben im Gesellschaftsrecht, ZGR 1982, 108; *Ricken*, Die Verfügungsbefugnis des nicht befreiten Vorerben, AcP 202 (2002) 465.

A. Grundregel

Die Vorschrift enthält die Grundregeln für die Verfügungsbefugnis des Vorerben über den Nachlass, der der Nacherbschaft unterliegt. 1

I. Verfügungsbefugnis

Diese Verfügungsbefugnis hat der Vorerbe grds. Gemeint sind alle Verfügungen iSd § 185, 2 also alle Rechtsgeschäfte, durch die ein Recht übertragen, belastet, inhaltlich verändert oder aufgehoben wird.

Der Vorerbe muss aber die dinglichen Beschränkungen hinnehmen, die sich im Interesse 3 des Nacherben aus den §§ 2113 – 2115 ergeben. Sie wirken absolut, also jedem Dritten gegenüber; nicht etwa handelt es sich um relative Veräußerungsverbote iSv § 135 (Soergel/*Harder*/*Wegmann* § 2112 Rn 1). Sie können von jedermann geltend gemacht werden (BGHZ 52, 269, 279). Befreiungen sind in großem Umfang möglich (§ 2136 BGB), aber auch rein schuldrechtlich wirkende (im Ergebnis über die §§ 2113 – 2115 hinausreichende) Beschränkungen (s § 2136 Rn 13 und 14).

Die Unwirksamkeit einer Verfügung, die sich aus den §§ 2113 – 2115 ergibt, ist zeitlich auf 4 den Eintritt des Nacherbfalls hinaus geschoben (BGHZ 52, 269, 270; Soergel/*Harder*/*Wegmann* § 2113 Rn 15 und 16; MüKo/*Grunsky* § 2113 Rn 9; Staudinger/*Avenarius* § 2113 Rn 23); es handelt sich also um eine aufschiebend bedingte Unwirksamkeit. Bis dahin ist die Verfügung grds wirksam. Die Unwirksamkeit tritt alsdann automatisch ein, ohne besonderes Zutun des Nacherben. Ebenso ist eine etwa vom nicht befreiten Vorerben erklärte Aufrechnung mit einer Nachlassforderung gegen die Forderung eines Eigengläubigers zunächst wirksam, wird aber mit dem Nacherbfall unwirksam (Soergel/*Harder*/*Wegmann* § 2113 Rn 2). Rechte, die nicht unter einer auflösenden Bedingung stehen können, können von vornherein nicht ohne Zustimmung des Nacherben wirksam begründet oder übertragen werden (so das Erbbaurecht an einem Nachlassgrundstück gem BGHZ 52, 269 wegen § 1 Abs. 4 Satz 1 ErbbVO; hiergegen Staudinger/*Avenarius* § 2113 Rn 20). Andererseits bleibt die Verfügung grds wirksam, wenn ihre Wirkung von vornherein bis zum Eintritt des Nacherbfalls begrenzt ist, wie etwa die Einräumung eines Nießbrauchs oder eines dinglichen Vorkaufsrechts bis dahin (MüKo/*Grunsky* § 2113 Rn 9).

Tritt der Nacherbfall nicht ein, so bleibt die Verfügung wirksam. 5

Die Verfügungsbefugnis des Vorerben endet grds mit dem Nacherbfall, dauert aber unter 6 den Voraussetzungen des § 2140 weiter fort.

II. Ordnungsgemäße Verwaltung des Nachlasses

Von der Wirksamkeit der Verfügung und der Verfügungsfreiheit des Vorerben ist die Frage 7 zu trennen, ob die Verfügung der ordnungsgemäßen Verwaltung des Nachlasses entspricht. Tut sie dies nicht, so wird sie zwar in den Grenzen der §§ 2113 – 2115, 2136 wirksam, doch ist der Vorerbe dem Nacherben schadensersatzpflichtig aus §§ 2130, 2131. Der Nacherbe kann gegen den Vorerben aus dem ges Schuldverhältnis zwischen ihnen auch einen Rechtsanspruch auf Unterlassung der Verfügung haben (MüKo/*Grunsky*

§ 2112 BGB | Verfügungsrecht des Vorerben

§ 2112 Rn 1). Dies wird auch als die schuldrechtliche Beschränkung der Verfügungsmacht des Vorerben bezeichnet.

III. Verpflichtungsgeschäfte

8 Die schuldrechtlichen Verpflichtungsgeschäfte, die der Verfügung zugrunde liegen, sind und bleiben grds wirksam (RGRK/*Johannsen* § 2112 Rn 2). Sie verpflichten jedenfalls den Vorerben (Staudinger/*Avenarius* § 2112 Rn 21; Soergel/*Harder/Wegmann* § 2112 Rn 3), zumindest zum Ersatz des Schadens gegenüber dem Vertragspartner. Vor der Schuldrechtsreform handelte es sich um einen Fall der Haftung für Rechtsmängel (BGH NJW 2000, 3496; Staudinger/*Avenarius* § 2113 Rn 26). Sie verpflichten aber auch den Nacherben, wenn der Vorerbe sie im Rahmen einer ordnungsgemäßen Verwaltung des Nachlasses abgeschlossen hat (§ 2130), und begründen insoweit auch eine Nachlassverbindlichkeit (Staudinger/*Avenarius* § 2112 Rn 20). Der Vorerbe kann durch Vereinbarung mit dem Gläubiger die Haftung auf sein Eigenvermögen oder auf den Nachlass beschränken (Soergel/*Harder/Wegmann* § 2112 Rn 3, Staudinger/*Avenarius* § 2112 Rn 21).

IV. Sonstige Verwaltungsmaßnahmen

9 Zu Verwaltungsmaßnahmen unterhalb der Verfügung ist der Vorerbe in den Grenzen der §§ 2130, 2131 befugt.

V. Gegenleistung

10 Die Gegenleistung für die Verfügung fällt idR als dingliches Surrogat in den Nachlass (s § 2111 Rn 13 ff).

B. Sonderfälle

I. Handelsrecht

11 1. Bei **einzelkaufmännischen Unternehmen** entscheidet der Vorerbe allein darüber, ob er es unter der bisherigen Firma fortführen oder zur Vermeidung der handelsrechtlichen unbeschränkten Haftung aus §§ 25, 27 HGB die Firma ändern oder das Handelsgeschäft binnen drei Monaten nach dem Erbfall einstellen will (Soergel/*Harder/Wegmann* § 2112 Rn 7). Die Zustimmung des Nacherben ist nicht erforderlich (MüKo/*Grunsky* § 2112 Rn 3); dieser hat auch weder einen Anspruch auf Fortführung noch auf Liquidation (MüKo/*Grunsky* aaO). Den §§ 2130, 2131 ist der Vorerbe bei seiner Entscheidung aber unterworfen; er kann sich also bei schuldhafter Fehlentscheidung gegenüber dem Nacherben schadensersatzpflichtig machen. Führt er das Handelsgeschäft fort, so kann sich beim Nacherbfall der Nacherbe wiederum zwischen unveränderter Fortführung, Firmenänderung und Einstellung binnen drei Monaten ab dem Nacherbfall entscheiden. Entscheidet er sich für die unveränderte Fortführung, so haftet er im Interesse der geschäftlichen Kontinuität nach handelsrechtlichen Grundsätzen auch für die vom Vorerben begründeten Geschäftsverbindlichkeiten, und zwar unabhängig davon, ob deren Begründung iE den Grundsätzen ordnungsgemäßer Verwaltung nach §§ 2130, 2131 entsprochen hat oder nicht (BGHZ 32, 60). Wählt der Nacherbe dagegen eine andere Firma, so haftet er für die vom Vorerben begründeten Geschäftsverbindlichkeiten nur, soweit diese im Rahmen ordnungsgemäßer Verwaltung gem §§ 2130, 2131 begründet worden sind (BGHZ 32, 60, 64). Nirgends erörtert wird die durchaus zweifelhafte Frage, ob der Nacherbe, der das Unternehmen ohne Firmenänderung fortführt, auch dann für die vom Vorerben und vor allem für die vom Erblasser begründeten Geschäftsverbindlichkeiten nach handelsrechtlichen Grundsätzen haften muss, wenn der Vorerbe die Firma geändert hat.

12 2. Bei **Komplementärbeteiligungen** an Personenhandelsgesellschaften, insb Nachfolge- und Eintrittsklauseln, gelten die oben bei § 2100 Rn 105 ff erörterten Grundsätze. Auch

über die Umwandlung der Komplementär- in eine Kommanditistenstellung gem § 139 HGB entscheidet der Vorerbe allein (Staudinger/*Avenarius* § 2112 Rn 23). Wird nach dem Gesellschaftsvertrag entgegen § 131 Abs. 3 Nr. 1 HGB die Gesellschaft beim Tod des Komplementärs aufgelöst, so unterliegt das Abfindungsguthaben der Nacherbfolge; dem Vorerben steht es aber frei, die Fortsetzung der Gesellschaft zu vereinbaren (MüKo/ *Grunsky* § 2112 Rn 5).

Ist der Vorerbe Gesellschafter geworden, so kann er ohne Zustimmung des Nacherben 13 über seine Beteiligung entgeltlich verfügen. Der Erblasser kann aber den Nacherben schützen, in dem er die Verfügung über die Beteiligung zur auflösenden Bedingung für ihren Anfall beim Vorerben macht (Soergel/*Harder/Wegmann* § 2112 Rn 8). Der Vorerbe kann als Gesellschafter auch ohne Zustimmung des Nacherben über einen zum Gesellschaftsvermögen gehörenden Gegenstand, insb ein Grundstück, verfügen, soweit dies nach Handelsrecht möglich ist; das Gesellschaftsrecht geht dem Nacherbenrecht vor (BGHZ 69, 47, 50). Er übt auch alle Gesellschafterrechte aus, ohne der Zustimmung des Nacherben zu bedürfen. Bei alledem kann er sich aber nach §§ 2130, 2131 gegenüber dem Nacherben schadenersatzpflichtig machen, soweit seine Entscheidungen nicht den Grundsätzen einer ordnungsgemäßen Verwaltung entsprechen.

II. Höferecht

Der Vorerbe kann nicht ohne Zustimmung des Nacherben den Hofvermerk im Grund- 14 buch löschen lassen oder den lw Betrieb durch Grundbucheintragung erneut oder erstmals dem Höferecht unterstellen (§ 1 Abs. 4 HöfeO). Die bestehende oder fehlende Hofeigenschaft ist nämlich Bestandteil der vom Erblasser angeordneten Regelung der Erbfolge (Staudinger/*Avenarius* § 2112 Rn 14).

III. Verfügungen über das Sondervermögen im Ganzen

Der Vorerbe kann sich ohne Zustimmung des Nacherben verpflichten, die Vorerbschaft im 15 Ganzen zu veräußern (§§ 2371, 2385). Die erforderlichen einzelnen Erfüllungsgeschäfte sind jedoch im Rahmen der §§ 2113 – 2115, 2136 zustimmungspflichtig (Staudinger/*Avenarius* § 2112 Rn 10). Demgegenüber kann ein Mitvorerbe seinen Erbteil ohne weiteres auch ohne Zustimmung des Nacherben veräußern (BayObLG DNotZ 1983, 320, 325; Staudinger/*Avenarius* § 2112 Rn 9).

Bei der Auseinandersetzung unter Mitvorerben (§ 2042) muss der Nacherbe mitwirken, 16 soweit dies zu deren Durchführung im Rahmen der §§ 2113 – 2115, 2136 erforderlich ist. Die Mitvorerben haben einen Anspruch auf Erteilung der Zustimmung (Soergel/*Harder/Wegmann* § 2112 Rn 6, Staudinger/*Avenarius* § 2112 Rn 16). Eine erforderliche Teilungsversteigerung kann ohne Zustimmung des Nacherben stattfinden, da sie keine Verfügung darstellt (Staudinger/*Avenarius* § 2112 Rn 18).

Über die Annahme einer dem Erblasser angefallenen Erbschaft entscheidet der Vorerbe im 17 Fall des § 1952 allein.

Von Todeswegen verfügen kann der Vorerbe zwar über die Vorerbschaft. Die Verfügung 18 ist aber gegenstandslos, wenn der Nacherbfall mit seinem Tod eintritt (RGRK/*Johannsen* § 2112 Rn 15). Anderseits ist die Verfügung notwendig, wenn der Erblasser als Nacherben denjenigen eingesetzt hat, den auch der Vorerbe selbst zu seinem eigenen Erben einsetzt (s § 2100 Rn 58).

IV. Urteilsverfügungen

Dies sind solche, bei denen die Willenserklärung des Vorerben als abgegeben gilt, weil er 19 hierzu rechtskräftig verurteilt worden ist (§§ 894, 895 ZPO). Sie stehen seinen sonstigen, freiwilligen Verfügungen gleich. Die Verurteilung des Vorerben zur Abgabe solcher Willenserklärungen ist deshalb nur dann zulässig, wenn er die Verfügung auch nach §§ 2113

§ 2113 BGB | Verfügungen über Grundstücke, Schiffe und Schiffsbauwerke; Schenkungen

bis 2115, 2136 mit Wirkung gegen den Nacherben vornehmen kann oder ihre Wirkung auf die Zeit der Vorerbschaft beschränkt ist oder wenn der Nacherbe dem Rechtsgeschäft zugestimmt hat (Staudinger/*Avenarius* § 2112 Rn 5).

C. Vollmachten

20 Eine Vollmacht des Erblassers zugunsten des Vorerben erlischt mit dem Erbfall (MüKo/ *Grunsky* § 2112 Rn 8; Staudinger/*Avenarius* § 2112 Rn 33). Es dürfte auch nicht möglich sein, dem Vorerben Vollmacht für den Nacherben für die Zeit bis zum Nacherbfall zu erteilen (RGRK/*Johannsen* § 2112 Rn 7 und 8); insoweit kommt nur eine Testamentsvollstreckung für den Nacherben in Betracht (§ 2222).

21 Eine (postmortale) Vollmacht des Erblassers an Dritte besteht fort, solange sie nicht vom Vorerben (bis zum Nacherbfall) oder vom Nacherben (danach) widerrufen wird und soweit das zugrunde liegende Rechtsgeschäft ebenfalls fortbesteht. Sie berechtigt vor dem Nacherbfall nur zur Vertretung des Vorerben und befreit nicht von der Pflicht, bei zustimmungspflichtigen Verfügungen die Zustimmung des Nacherben einzuholen (MüKo/ *Grunsky* § 2112 Rn 8). Nach dem Nacherbfall berechtigt sie zur Vertretung des Nacherben. Unwiderruflich kann diese Vollmacht nicht erteilt werden; entsprechende Beschränkungen können nur mit Hilfe der Testamentsvollstreckung herbeigeführt werden (§ 2211 Abs. 1, Staudinger/*Avenarius* § 2112 Rn 30).

22 Eine Vollmacht des Vorerben an Dritte befreit ebenfalls nicht von den Zustimmungspflichten aus §§ 2113 – 2115, 2136. Sie endet grds mit dem Nacherbfall, es sei denn, es läge ihr ein Rechtsverhältnis zugrunde, das – namentlich aufgrund der Zustimmung des Nacherben – auch ihm gegenüber wirksam ist (MüKo/*Grunsky* § 2139 Rn 5).

§ 2113 Verfügungen über Grundstücke, Schiffe und Schiffsbauwerke; Schenkungen

(1) Die Verfügung des Vorerben über ein zur Erbschaft gehörendes Grundstück oder Recht an einem Grundstück oder über ein zur Erbschaft gehörendes eingetragenes Schiff oder Schiffsbauwerk ist im Falle des Eintritts der Nacherbfolge insoweit unwirksam, als sie das Recht des Nacherben vereiteln oder beeinträchtigen würde.

(2) Das Gleiche gilt von der Verfügung über einen Erbschaftsgegenstand, die unentgeltlich oder zum Zwecke der Erfüllung eines von dem Vorerben erteilten Schenkungsversprechens erfolgt. Ausgenommen sind Schenkungen, durch die einer sittlichen Pflicht oder einer auf den Anstand zu nehmenden Rücksicht entsprochen wird.

(3) Die Vorschriften zugunsten derjenigen, welche Rechte von einem Nichtberechtigten herleiten, finden entsprechende Anwendung.

Literatur
Dumoulin, Nacherbenzustimmung zur Grundstücksüberlassung vom Vorerben an Nacherben, DNotZ 2003, 571; *Heider*, Die Befugnis des Vorerben zu unentgeltlichen Verfügungen über Nachlassgegenstände, ZEV 1995, 1; *Keim*, Erbauseinandersetzung zwischen Vor- und Nacherben durch Freigabe aus der Nacherbenbindung?, DNotZ 2003, 822.

A. Grundsatz

1 Die Vorschrift normiert Verfügungsbeschränkungen, wenn die Verfügung ein Grundstück oder ein Recht an einem Grundstück betrifft (Abs. 1) oder unentgeltlich vorgenommen wird (Abs. 2).

Die beiden Absätze enthalten zwei selbständig nebeneinander stehende Ausnahmen vom   2
Grundsatz des § 2112. Der Nacherbe kann den Vorerben also auch vom Verbot unentgeltlicher Verfügungen über Grundstücke und Rechte an Grundstücken nicht wirksam nach § 2136 befreien (RGZ 133, 263, 267).

Eine ausdehnende Auslegung auf andere Fälle kommt jedoch nicht in Betracht, mag die   3
Verfügung auch gravierende wirtschaftliche Konsequenzen für den Nacherben haben (MüKo/*Grunsky* § 2112 Rn 1). Eigenmächtige Verfügungen des Vorerben, die auch von § 2130 nicht gedeckt sind, geben dem Nacherben die Rechte aus §§ 2127 – 2129.

B. Rechtswirkungen

Die Unwirksamkeit der Verfügungen tritt erst mit dem Nacherbfall ein (aufschiebend   4
bedingte Unwirksamkeit) und wirkt nicht zurück. Kommt es nicht zum Nacherbfall, so bleiben die Verfügungen wirksam (s.o. § 2112 Rn 5).

C. Grundstücke und Rechte an Grundstücken

I. Definition

Grundstücke sind besonders wichtige Vermögensgegenstände, vielfach die einzigen wert-   5
vollen im Nachlass. Sie sollen dem Nacherben möglichst mit ihrer Substanz erhalten bleiben. Die Vorschrift gilt auch für solche Grundstücke und Rechte, die als Surrogate für andere Nachlassbestandteile gem § 2111 in den Nachlass gelangt sind.

Als Grundstücke gelten auch grundstücksgleiche Rechte (Erbbaurecht). Als Rechte an   6
Grundstücken kommen Nießbrauch und beschränkte persönliche Dienstbarkeit, da unvererblich, hier nicht in Betracht. Die Milchquote ist kein Recht an einem Grundstück (OLG Celle AgrarR 1998, 32).

§ 2113 Abs. 1 betrifft hingegen nicht Verfügungen über Grundstücke und Rechte an   7
Grundstücken, die ihrerseits zum Vermögen einer Gesamthand (Gesamtgut der Gütergemeinschaft, Personengesellschaft, Miterbengemeinschaft) gehören (BGH NJW 1958, 708 und NJW 1976, 893 für das Gesamtgut einer Gütergemeinschaft zwischen dem Erblasser und seiner Witwe als alleiniger Vorerbin; BGH NJW 1978, 698 für eine Erbengemeinschaft, bei der ein Miterbe den anderen zu seinem Vorerben eingesetzt hat; die beiden letztgenannten Urteile beziehen ausdrücklich auch die Personenhandelsgesellschaften mit ein, um die nötige Flexibilität und den nötigen Verkehrsschutz zu gewährleisten, falls ein Gesellschafter der Nacherbfolge unterliegt.

Keine Grundstücke sind Anteile an einer Gesamthand, zu der ein Grundstück gehört   8
(Soergel/*Harder*/*Wegmann* § 2113 Rn 3; MüKo/*Grunsky* § 2113 Rn 5); eine mit wirtschaftlichen Überlegungen begründete Analogie wäre unzulässig (s.u. Rn 12). Das aus einem Grundstück bestehende Vermögen einer Gesellschaft bürgerlichen Rechts, an der neben anderen Gesellschaftern nicht befreite Vorerben beteiligt sind, kann auch gegen den Willen der Nacherben auseinandergesetzt werden (OLG *Hamburg* NJW-RR 1994, 1231). Die Nacherben sind jedoch insoweit nicht schutzlos. Bei nicht befreiter Vorerbschaft kann sich der Vorerbe durch die Veräußerung, wenn sie keiner ordnungsgemäßen Verwaltung des Nachlasses entspricht, nach §§ 2130, 2131 schadensersatzpflichtig machen; bei befreiter Vorerbschaft können Ansprüche aus § 2138 Abs. 2 bestehen (*Johannsen* in Anm zu BGH LM Nr. 1 zu § 2138 = NJW 1958, 708).

II. Verfügung

Zum Begriff der Verfügung s.o. § 2112 Rn 2.   9

Keine Verfügung liegt in der Eigentumsübertragung durch Teilungsversteigerung (Bay-   10
ObLGZ 65, 212, 216; MüKo/*Grunsky* § 2113 Rn 7). Für die Kündigung und Einziehung von Hypotheken und Grundschulden findet sich in § 2114 eine Sondervorschrift, die den

§ 2113 BGB | Verfügungen über Grundstücke, Schiffe und Schiffsbauwerke; Schenkungen

Vorerben etwas freier stellt. Vermietung und Verpachtung (§ 2135) sind keine Verfügungen.

11 Eine Verfügung liegt dagegen in der Bestellung einer Baulast (VG *Schleswig* DNotZ 1986, 95) und in der Revalutierung einer Grundschuld auf einem Nachlassgrundstück (MüKo/ *Grunsky* § 2113 Rn 7). Sie liegt ferner in der Löschungsbewilligung für beschränkte dingliche Rechte, die zum Nachlass gehören, außer wenn das zu löschende Recht letztrangig eingetragen ist (Soergel/*Harder/Wegmann* § 2113 Rn 13); umstritten ist, ob eine Ausnahme auch dann gilt, wenn bereits der Erblasser eine Löschungsvormerkung bewilligt hat (Soergel/*Harder/Wegmann* § 2113 Rn 14).

III. Unwirksamkeit

12 Die Verfügung ist nur insoweit unwirksam, als sie das Nacherbenrecht vereiteln oder beeinträchtigen kann (dann aber auch allen Dritten gegenüber, s.o. § 2112 Rn 3). Dies ist unter rein rechtlichen, nicht unter wirtschaftlichen Gesichtspunkten zu entscheiden (Soergel/*Harder/Wegmann* § 2113 Rn 9; Staudinger/*Avenarius* § 2113 Rn 22 und 51), da die Vorschrift den Erhalt des Vermögensstammes bezweckt. Unwirksam sind deshalb auch ein – selbst vorteilhafter – Grundstückstausch (RGRK/*Johannsen* § 2113 Rn 4) und die Bewilligung einer Vormerkung (Staudinger/*Avenarius* § 2113 Rn 51); will der Nacherbe indessen von einer vorteilhaften Verfügung profitieren, so kann er sie genehmigen.

13 Veräußerungen und Belastungen von Nachlassgrundstücken sind regelmäßig nachteilig. Eine Ausnahme gilt, wenn der Erblasser schon den verpflichtenden Vertrag geschlossen hat (Staudinger/*Avenarius* § 2113 Rn 53; Soergel/*Harder/Wegmann* § 2112 Rn 14); nach aA ist die Verfügung auch dann unwirksam, doch muss der Nacherbe gem § 2124 genehmigen MüKo/*Grunsky* § 2113 Rn 12 und 13).

IV. Fälle wirksamer Verfügung

14 Der Erblasser kann den Vorerben befreien, soweit er nicht unentgeltlich verfügt (§ 2136). Im Übrigen gilt:

15 Die Verfügung wird durch Zustimmung des Nacherben wirksam. Eine Zustimmungspflicht des Nacherben besteht gem § 2124, wenn die Verfügung einer ordnungsgemäßen Verwaltung des Nachlasses iSd § 2130 entspricht. Dies ist etwa der Fall, wenn sonst das Grundstück enteignet würde und die Enteignungsentschädigung wesentlich unter dem erzielbaren Kaufpreis läge (BGH LM Nr. 2/3 zu § 2120). Dies ist auch der Fall, wenn mit der Verfügung ein Vermächtnis erfüllt wird (OLG *Düsseldorf* DNotZ 2003, 637; BayObLG DNotZ 2001, 808).

16 Die Zustimmung kann dem Dritten oder dem Vorerben gegenüber erklärt werden (§ 182 Abs. 1). Sie ist nicht formbedürftig (§ 182 Abs. 2) und wirkt auf den Zeitpunkt der Verfügung zurück (Staudinger/*Avenarius* § 2113 Rn 17). Ein Verzicht auf die Eintragung des Nacherbenvermerks im Grundbuch enthält sie konkludent (Staudinger/*Avenarius* § 2113 Rn 18). Bei minderjährigen Nacherben bedarf die Zustimmung des ges Vertreters der Genehmigung durch das Vormundschaftsgericht (§§ 1643 Abs. 1, 1821 Abs. 1 Nr. 1; BayObLGZ 59, 493, 501). Ist der Vorerbe ges Vertreter des Nacherben, so ist er nicht durch § 181 gehindert, die Zustimmung zu erklären (OLG Hamm DNotZ 2003, 635 für die Grundschuldbestellung). Die Zustimmung des Ersatznacherben ist nicht erforderlich (BGHZ 40, 115).

17 Analogien zu § 185 Abs. 2 Satz 1 sind zulässig (BayObLG DNotZ 1998, 138 und 1998, 206, 207). Danach wird die Verfügung des Vorerben auch wirksam, wenn dieser das Grundstück zu freiem Eigentum erwirbt (Fall 2 aaO), jedoch abweichend von § 184 Abs. 1 nur für die Zukunft (RGZ 110, 94), oder wenn er das Nacherbenrecht erwirbt (Staudinger/*Avenarius* § 2113 Rn 19) oder wenn der Nacherbe unbeschränkbar (BayObLG DNotZ 1998, 138) haftender Alleinerbe (BGH LM Nr. 1 zu § 2113) des Vorerben wird (§ 185 Abs. 2 S 1 Fall 3, auch hier nur für die Zukunft).

Verfügungen über Grundstücke, Schiffe und Schiffsbauwerke; Schenkungen | § 2113 BGB

Verweigert der Nacherbe die Zustimmung, so erlischt damit auch eine zugunsten des Käufers eingetragene Auflassungsvormerkung (BGH ZEV 2000, 455). 18

V. Geltendmachung der Unwirksamkeit

Eine Feststellungsklage des Nacherben ist schon vor dem Nacherbfall zulässig (BGHZ 52, 269; Staudinger/*Avenarius* § 2113 Rn 42). Ebenso kann der Vorerbe auf Feststellung der Wirksamkeit seiner Verfügung klagen (BGHZ 7, 276; Staudinger/*Avenarius* § 2113 Rn 41). Wert- und Schadensersatzansprüche gegen den Vorerben (§§ 2130, 2134) kann der Nacherbe erst nach dem Nacherbfall erheben; vorher hat er jedoch schon die Rechte aus §§ 2127 – 2129. 19

Nach dem Nacherbfall hat der Nacherbe gegen den Dritten, falls dieser nicht gutgläubig erworben hat (dazu u Rn 46 ff) einen Anspruch auf Herausgabe (Grundbuchberichtigung, §§ 894, 985). Der Dritte kann dem ein Zurückbehaltungsrecht wegen des an den Vorerben geleisteten Entgelts entgegenhalten (BGH NJW 1985, 382, 382). Der Anspruch des Dritten auf Ersatz seiner Verwendungen richtet sich für die Zeit vor dem Nacherbfall nach §§ 2124 – 2126, danach nach §§ 987 ff (BGH NJW 1985, 382, 384). 20

VI. Testamentsvollstreckung

Testamentsvollstrecker sind, wenn sie für den Vorerben bestellt sind, in gleicher Weise wie dieser gebunden (Staudinger/*Avenarius* § 2113 Rn 7; MüKo/*Zimmermann*, § 2222, Rn 7; *Kummer* FS Brandner 1996 S 763), nicht aber, wenn sie zugleich für den Nacherben bestellt sind (BGHZ 40, 115, 119, bestritten). 21

D. Unentgeltliche Verfügungen

I. Geltungsbereich

Diese Verfügungsbeschränkung für den Vorerben betrifft Erbschaftsgegenstände aller Art, insb auch Grundstücke und Rechte daran (s.o. Rn 2), nicht aber Nutzungen. Über letztere kann der Vorerbe grds frei verfügen. 22

Auch ein befreiter Vorerbe unterliegt ihr (vgl § 2136); er kann also über ein Grundstück zwar entgeltlich verfügen, nicht aber unentgeltlich. Der Erblasser kann den Vorerben auch nicht ad hoc in der letztwilligen Verfügung befreien (RGZ 133, 267), nicht einmal den ansonsten befreiten Vorerben. Keine Befreiung bewirkt insb auch eine Testamentsklausel, wonach der Vorerbe (im konkreten Fall die Ehefrau) über den gesamten Nachlass frei nach seinem Willen solle verfügen können (BGHZ 7, 275). Ein Ausweg kann in einem Vorausvermächtnis zugunsten des Vorerben bestehen. 23

Nicht betroffen ist die Erfüllung von Schenkungsversprechen des Erblassers (MüKo/*Grunsky* § 2113 Rn 20). 24

Die Unwirksamkeit der unentgeltlichen Verfügung tritt erst mit dem Nacherbfall ein und nur insoweit, als das Recht des Nacherben beeinträchtigt ist. Das schuldrechtliche Grundgeschäft des Vorerben, das zur unentgeltlichen Verfügung verpflichtet, bleibt stets wirksam (BGHZ 98, 130; s § 2112 Rn 8). 25

II. Unentgeltlichkeit

Diese ist – anders als nach Abs. 1 die Verfügung über ein Grundstück – nach wirtschaftlichen Gesichtspunkten zu beurteilen (Soergel/*Harder/Wegmann* § 2113 Rn 18 und 19; Staudinger/*Avenarius* § 2113 Rn 22). 26

Anders als bei §§ 516 ff ist auch unerheblich, ob sich die Parteien über die Unentgeltlichkeit des Rechtsgeschäfts geeinigt haben (BGH BB 1991, 237; Soergel/*Harder/Wegmann* § 2113 Rn 18); die Vorschrift betrifft auch nicht nur Schenkungen. Für die Frage, ob die Gegenleistung ausreicht, entscheiden die Verhältnisse bei Vornahme des Rechtsgeschäfts (Bay- 27

§ 2113 BGB | Verfügungen über Grundstücke, Schiffe und Schiffsbauwerke; Schenkungen

ObLGZ 57, 285; Soergel/*Harder/Wegmann* § 2113 Rn 20); unerheblich ist, wann die Gegenleistung zu erbringen ist (RGRK/*Johannsen* § 2113 Rn 21).

28 Unentgeltlich ist eine Verfügung dann, wenn sie ein bestimmtes objektives und ein bestimmtes subjektives Moment aufweist. Ersteres besteht darin, dass für das vom Vorerben Weggegebene keine objektiv gleichwertige Gegenleistung in den Nachlass fließt. Das subjektive Moment ist wiederum in zwei Fällen gegeben. Der Vorerbe muss entweder wissen, dass der Weggabe keine gleichwertige Gegenleistung an den Nachlass gegenübersteht, oder er muss bei ordnungsgemäßer Verwaltung des Nachlasses (§ 2130) unter Berücksichtigung seiner künftigen Pflicht, die Erbschaft dem Nacherben herauszugeben, das Fehlen oder die Unzulänglichkeit der Gegenleistung erkennen (BGH NJW 1984, 366; Staudinger/*Avenarius* § 2112 Rn 62). Nicht berufen kann sich der Vorerbe auf einen Irrtum darüber, dass überhaupt eine Gegenleistung erbracht worden ist (RGZ 105, 246; Staudinger/*Avenarius* § 2113 Rn 71).

29 Unentgeltlich sind auch unbenannte Zuwendungen unter Ehegatten (MüKo/*Grunsky* § 2113 Rn 25). Keine unentgeltliche Leistung ist die Anerkennung oder Erfüllung einer verjährten Pflichtteilsforderung (BGH NJW 1973, 1690); evtl besteht aber eine Ersatzpflicht des Vorerben aus § 2130).

30 Die Aufgabe einer Eigentümergrundschuld stellt regelmäßig eine unentgeltliche Verfügung dar, außer sie war letztrangig (Soergel/*Harder/Wegmann*, § 2113 Rn 25). Keine (teilweise) unentgeltliche Verfügung liegt in der Veräußerung eines Grundstücks gegen Einräumung oder unter Zurückbehaltung eines Nießbrauchs; dieser stellt kein Entgelt dar, sondern nur ein Minus hinsichtlich der Gegenleistung (OLG *Braunschweig* FamRZ 1995, 443, 445; Soergel/*Harder/Wegmann* § 2113 Rn 23).

31 Bei Beteiligung des Vorerben an einer Personenhandelsgesellschaft können ganz oder teilweise unentgeltliche Leistungen sein (Soergel/*Harder/Wegmann* § 2113 Rn 24): Die vertragliche Änderung der Gewinnverteilung, soweit sie sich auf die Aufteilung der stillen Reserven bei Liquidation der Gesellschaft auswirkt (BGH NJW 1981, 1560; aA MüKo/*Grunsky* § 2113 Rn 22a), das Ausscheiden des Vorerben gegen unzureichende Abfindung (BGH NJW 1984, 362) und Sanierungsmaßnahmen des Vorerben aus Nachlassmitteln (BGH NJW 1984, 366). Dagegen liegt regelmäßig eine entgeltliche Verfügung vor, wenn der Vorerbe einer (nachteiligen) Änderung des Gesellschaftsvertrags zustimmt, die alle Gesellschafter gleichmäßig trifft oder die Kompensation für zusätzliche Leistungen der Mitgesellschafter zur Erhaltung oder Stärkung des Gesellschaftsunternehmens darstellt (BGHZ 78, 177).

32 Als Gegenleistungen zu berücksichtigen sind nur solche, die in den Nachlass fließen, so dass Surrogation gem § 2111 eintritt (BGHZ 7, 274, 277; Soergel/*Harder/Wegmann* § 2113 Rn 199). Unentgeltlichkeit liegt mithin grds vor, wenn die Gegenleistung in das Eigenvermögen des nicht befreiten Vorerben fließt (BGHZ 69, 47; aA MüKo/*Grunsky* § 2113 Rn 23), ebenso wenn sie in das Eigenvermögen eines von mehreren Nacherben fließt (RGZ 125, 246), so etwa die Belastung eines Nachlassgrundstücks zur Sicherung eines Darlehens, das nur einem von ihnen gewährt ist, oder in das Vermögen eines Dritten (so wiederum etwa bei Absicherung der Darlehensschuld eines Dritten durch ein Grundpfandrecht auf dem Nachlassgrundstück, Staudinger/*Avenarius* § 2113 Rn 78). Nach hM sind unentgeltlich auch rechtsgrundlose Verfügungen (RGZ 105, 246 und 163, 348, 357; aA MüKo/*Grunsky* § 2113 Rn 27 für Leistungen auf unwirksame Verträge).

III. Entgelte an den Vorerben

33 Soweit ein Rechtserwerb des Vorerben trotz § 2111 überhaupt in Betracht kommen kann (s Rn 32), kann die Unentgeltlichkeit ausgeschlossen sein, wenn ihm die Gegenleistung zur Sicherung seines Lebensunterhalts dienen soll (BGH LM Nr. 2 zu § 2136; Staudinger/*Avenarius* § 2113 Rn 19), so bei Veräußerung eines Nachlassgrundstücks gegen Gewährung eines Altenteils oder einer Leibrente. Nach MüKo/*Grunsky* (§ 2113 Rn 23) soll dies jedoch

nur für den befreiten Vorerben ohne weiteres gelten können; der nicht befreite Vorerbe dürfe nach § 2134 keine Nachlassgegenstände für sich verwenden. Im praktischen Ergebnis muss aber auch dann geprüft werden, ob etwa die Rechte des Nacherben deshalb nicht beeinträchtigt sind, weil er dem Vorerben ansonsten in mindestens gleicher Höhe unterhaltspflichtig wäre (Staudinger/*Avenarius* § 2113 Rn 78).

IV. Unwirksamkeit

Die unentgeltliche Verfügung wird beim Nacherbfall nur insoweit unwirksam, als sie das Recht des Nacherben vereiteln oder beeinträchtigen würde (BGHZ 7, 274, 279). 34

Neben der Unentgeltlichkeit muss also die Beeinträchtigung des Nacherbenrechts selbständig geprüft werden (Staudinger/*Avenarius* § 2113 Rn 67). Dies geschieht nach rein objektiven Gesichtspunkten (BGHZ 7, 274, 279) und nach den beim Nacherbfall bestehenden Verhältnissen (RGZ 159, 393; BGHZ 7, 274, 279; Staudinger/*Avenarius* § 2113 Rn 71). Eine solche Beeinträchtigung wird etwa nicht angenommen, wenn eine praktisch unverkäufliche Sache, die nur Kosten verursacht, unentgeltlich weggegeben wird (BGH NJW 1999, 203 für ein Mietwohngrundstück in der DDR im Jahre 1968/69). Sie fehlt auch, wenn das Entgelt zwar nicht in den Nachlass gelangt, aber die Nachteile für den Vorerben anderweit ausgeglichen werden (BGHZ 7, 274, 279), etwa auch durch Befreiung des Nachlasses von Verbindlichkeiten des Erblassers (BGH NJW 1984, 366: Wegfall von Bürgschaften des Erblassers durch Sanierungsmaßnahmen des Vorerben für eine zum Nachlass gehörende GmbH). Sie fehlt schließlich, soweit es dem Vorerben gestattet ist, die Gegenleistung für sich zu verwenden, etwa aufgrund einer Befreiung von § 2134 (BGHZ 69, 47 mit Anm *Peters* in NJW 1977, 2075; auch BGH NJW 1984, 366, 367). 35

V. Fälle wirksamer Verfügung

Wirksam ist die Verfügung bei sog Pflichtschenkungen (§ 2113 Abs. 2 Satz 2). Die sittliche Pflicht muss dabei aber gerade auch die Entnahme des verschenkten Gegenstandes aus dem gebundenen Nachlass decken, nicht nur die Schenkung als solche (RGRK/*Johannsen* § 2113 Rn 34). Hierzu kann die Anerkennung eines verjährten Pflichtteilsanspruchs gehören. 36

Die Verfügung wird ferner endgültig wirksam, wenn der Nacherbfall gar nicht eintritt. 37

Im Übrigen wird die Verfügung durch Zustimmung des Nacherben wirksam. Dabei dürften Zustimmungspflichten aus § 2120 selten sein. Allerdings kann der Erblasser den Nacherben durch Vermächtnis mit der Zustimmungspflicht für bestimmte unentgeltliche Verfügungen des Vorerben beschweren; umstritten ist, ob dies generell für alle Verfügungen möglich ist (Staudinger/*Avenarius* § 2113 Rn 56). 38

VI. Teilweise Unentgeltlichkeit

Bei teilweiser Unentgeltlichkeit wird die Verfügung ebenfalls in vollem Umfang unwirksam (BGHZ 5, 173, 182; BGHZ 7, 274, 279; BGH NJW 1977, 1631 mit Anm Peters in NJW 1977, 2075; BGH NJW 1985, 382 – entgegen einer vom RG zeitweise vertretenen Auffassung; Staudinger/*Avenarius* § 2113 Rn 65; MüKo/*Grunsky* § 2113 Rn 28; Soergel/*Harder/Wegmann* § 2113, Rn 21). Der auf Herausgabe in Anspruch genommene Dritte hat jedoch ein Zurückbehaltungsrecht wegen der (unzulänglichen) Gegenleistung (BGH NJW 1985, 382; s.a. oben Rn 20), welches zur Rückabwicklung Zug um Zug führt (BGH NJW 1985, 382). 39

Eine Heilung durch Nachzahlung des an der Gegenleistung fehlenden Betrages ist nicht möglich (Staudinger/*Avenarius* § 2113 Rn 66). 40

§ 2113 BGB | Verfügungen über Grundstücke, Schiffe und Schiffsbauwerke; Schenkungen

VII. Geltendmachung der Unwirksamkeit

41 Für die Geltendmachung der Unwirksamkeit gilt zunächst das oben bei Rn 19 und 20 Gesagte.

42 Im Fall der Unentgeltlichkeit besteht auch gegen den gutgläubigen Erwerber ein Herausgabeanspruch, nämlich aus § 816 Abs. 1 Satz 2 (MüKo/*Grunsky* § 2113 Rn 32, Staudinger/ *Avenarius* § 2113 Rn 103). Gegen den Vorerben kommt zusätzlich ein Schadensersatzanspruch aus § 2128 Abs. 2 Alt. 1 in Betracht.

Für den Fall der gemischten Schenkung wird vertreten, dass der Nacherbe vom Dritten nur den Wertausgleich verlangen kann (Staudinger/*Avenarius* § 2113 Rn 3; Erman/*Schmidt* § 2113 Rn 21).

VIII. Testamentsvollstreckung

43 Deren Anordnung kann hier wegen § 2205 Satz 3 nichts ändern.

E. Auskunftsanspruch

44 § 2130 Abs. 2 gewährt dem Nacherben einen Auskunftsanspruch gegen den Vorerben hinsichtlich der Verfügungen aus § 2113 (MüKo/*Grunsky* § 2113 Rn 33).

45 Nach dem Tod des Vorerben sind dessen Erben auskunftspflichtig, vielfach aber nicht auskunftsfähig. Der BGH gibt deshalb hilfsweise einen Auskunftsanspruch gegen den Empfänger der unentgeltlichen Leistung (BGHZ 58, 237).

F. Schutz des guten Glaubens

46 § 2113 Abs. 3 ordnet die analoge Anwendung der dafür geltenden Vorschriften an. Unmittelbar anwendbar sind sie nicht, da es sich um den guten Glauben nicht an das Eigentum, sondern an die Verfügungsbefugnis des Vorerben handelt. Die Vorschrift gilt in den Fällen von Abs. 1 und Abs. 2.

47 Der gute Glaube des Dritten muss sich darauf beziehen, dass der erworbene Gegenstand nicht zum Nachlass gehört. Bei Abs. 1, nicht aber bei Abs. 2, kann er sich auch darauf beziehen, dass der Vorerbe nach § 2136 befreit ist (Soergel/*Harder/Wegmann* § 2113 Rn 30; MüKo/*Grunsky* § 2113 Rn 39). In beiderlei Hinsicht schadet bei beweglichen Sachen bereits grobe Fahrlässigkeit (§ 932 Abs. 2), bei Immobilien nur positive Kenntnis (§ 892 Abs. 1, Staudinger/*Avenarius* § 2113 Rn 29). Nicht geschützt wird der gute Glaube des Erwerbers daran, dass die Verfügung des Vorerben entgeltlich ist (MüKo/*Grunsky* § 2113 Rn 32, Staudinger/*Avenarius* § 2113 Rn 102).

48 Weitergehender Gutglaubensschutz für den Erwerber besteht, wenn dem Vorerben ein Erbschein erteilt ist, der die Nacherbfolge nicht erwähnt (§§ 2366, 2363; RGRK/*Johannsen*, § 2113, Rn 38). Insoweit ist gutgläubiger Erwerb sogar an Forderungen und sonstigen Rechten möglich (Staudinger/*Schilken* § 2366 Rn 12). Dem Erwerber schadet stets nur die positive Kenntnis von der Anordnung der Nacherbschaft (§ 2366).

49 Bei unentgeltlicher Verfügung besteht trotz guten Glaubens des Erwerbers ein Herausgabeanspruch des Nacherben gegen ihn aus § 816 Abs. 1 Satz 2 (s Rn 42).

50 Verfügt der Vorerbe über einen Gegenstand, der gar nicht zum Nachlass gehört, so gelten die allgemeinen Vorschriften (§§ 892, 932 usw). Dasselbe gilt, wenn jemand über einen Nachlassgegenstand verfügt, der gar nicht Vorerbe ist (Soergel/*Harder/Wegmann*, § 2113 Rn 30).

§ 2114 Verfügungen über Hypothekenforderungen, Grund- und Rentenschulden

Gehört zur Erbschaft eine Hypothekenforderung, eine Grundschuld, eine Rentenschuld oder eine Schiffshypothekenforderung, so steht die Kündigung und die Einziehung dem Vorerben zu. Der Vorerbe kann jedoch nur verlangen, dass das Kapital an ihn nach Beibringung der Einwilligung des Nacherben gezahlt oder dass es für ihn und den Nacherben hinterlegt wird. Auf andere Verfügungen über die Hypothekenforderung, die Grundschuld, die Rentenschuld oder die Schiffshypothekenforderung findet die Vorschrift des § 2113 Anwendung.

A. Inhalt

Die Vorschrift erlaubt dem Vorerben ohne Zustimmung des Nacherben bestimmte Verfügungen über bestimmte dingliche Rechte und die dadurch gesicherten Forderungen. 1
Sie bezieht sich auf Hypotheken, Grundschulden, Rentenschulden, Schiffshypotheken und Registerpfandrechte an Luftfahrzeugen (letztere nach § 98 Abs. 2 LuftfzG), die zum Nachlass gehören. Sie bezieht sich auch auf die hierdurch gesicherten Forderungen (Soergel/*Harder/Wegmann*, § 2114 Rn 1), und zwar unabhängig davon, ob der persönliche Schuldner mit dem Eigentümer des Grundstücks bzw der sonstigen Sicherheit identisch ist (MüKo/*Grunsky* § 2114 Rn 1). 2

B. Kündigung

Dem Vorerben ist die Kündigung gestattet. Dies liegt im Interesse einer wirksamen Nachlassverwaltung durch ihn (Staudinger/*Avenarius* § 2114 Rn 1), unterliegt aber dem Vorbehalt der ordnungsgemäßen Verwaltung (§ 2130). Daraus folgt, dass auch die Kündigung durch den Eigentümer bzw Schuldner an den Vorerben zu richten ist (Staudinger/*Avenarius* § 2114 Rn 5). 3

C. Kapital

Das Kapital kann an den Vorerben hingegen nur mit Zustimmung des Nacherben bezahlt werden; ansonsten ist es für den Nacherben zu hinterlegen. Dies soll vermeiden, dass der Nacherbe das Kapital verliert, weil der Schuldner an den Vorerben zahlt. Tut der Schuldner dies doch, so befreit ihn die Zahlung im Verhältnis zum Nacherben nicht (MüKo/*Grunsky* § 2114 Rn 4), sofern dieser nicht genehmigt. 4
Der Vorerbe kann die Forderung gerichtlich und außergerichtlich geltend machen, auch im Wege der Zwangsversteigerung (RGZ 136, 353, 358; MüKo/*Grunsky* § 2114 Rn 3), bis auf die Empfangnahme des Erlöses (Staudinger/*Avenarius* § 2114 Rn 7). Zinsen kann der Vorerbe dagegen in Empfang nehmen, da sie ihm ohnehin gebühren. 5

D. Geltungsbereich

Die Vorschrift gilt nicht für andere Verfügungen über die genannten Rechte und die dadurch gesicherten Forderungen, etwa die Aufrechnung, Abtretung, Verpfändung oder Löschungsbewilligung (MüKo/*Grunsky* § 2114, Rn 5); hierfür gilt § 2113. Ein negatives Schuldanerkenntnis des Vorerben ist analog § 2114 sogleich unwirksam (Staudinger/*Avenarius*, § 2114 Rn 17). 6

§ 2115 Zwangsvollstreckungsverfügungen gegen Vorerben

Eine Verfügung über einen Erbschaftsgegenstand, die im Wege der Zwangsvollstreckung oder der Arrestvollziehung oder durch den Insolvenzverwalter erfolgt, ist im Falle des Eintritts der Nacherbfolge insoweit unwirksam, als sie das Recht des Nacherben vereiteln oder beeinträchtigen würde. Die Verfügung ist unbeschränkt wirksam, wenn der Anspruch eines Nachlassgläubigers oder ein an einem Erbschaftsgegenstand bestehendes Recht geltend gemacht wird, das im Falle des Eintritts der Nacherbfolge dem Nacherben gegenüber wirksam ist.

Literatur
Gutbell, Schutz des Nachlasses gegen Zwangsvollstreckungsmaßnahmen bei Testamentsvollstreckung und Vorerbschaft, ZEV 2001, 260.

A. Geltungsbereich

1 Die Vorschrift betrifft Verfügungen im Wege der Zwangsvollstreckung, des Arrestvollzugs und des Vollzugs der seltenen einstweiligen Verfügungen auf Geldleistung (MüKo/*Grunsky* § 2115 Rn 7), ferner Verfügungen durch den Insolvenzverwalter oder den Nachlassverwalter (Staudinger/*Avenarius* § 2115 Rn 7).

2 Die Vorschrift betrifft nicht die Zwangsvollstreckung zur Abgabe einer Willenserklärung (§§ 894 ff ZPO; MüKo/*Grunsky* § 2115 Rn 6); diese stellt vielmehr in der Sache eine rechtsgeschäftliche Verfügung des Vorerben dar und unterfällt den §§ 2112, 2113 (sog Urteilsverfügung, s.o. § 2112 Rn 19). Sie betrifft auch nicht die Zwangsvollstreckung zur Herausgabe von Sachen (§§ 883 ff ZPO) und nicht die Teilungsversteigerung (MüKo/*Grunsky* § 2115 Rn 6; Soergel/*Harder/Wegmann* § 2115 Rn 6).

3 Dagegen ist sie anwendbar auf die Zwangsvollstreckung aus Vermieterpfandrechten (Staudinger/*Avenarius* § 2115 Rn 7, bestritten). Sie ist ferner anwendbar auf die Kündigung einer Personengesellschaft durch die Gläubiger des Vorerben; Auswege bestehen darin, dass die Gesellschafter von vornherein für diesen Fall oder ad hoc den Fortbestand der Gesellschaft vereinbaren, oder noch besser darin, dass der Erblasser den Gesellschaftsanteil unter der auflösenden Bedingung der Verfügung durch Eigengläubiger des Vorerben zuwendet (Soergel/*Harder/Wegmann*, § 2115, Rn 4).

4 Unzulässig ist analog § 394 auch die Aufrechnung durch Nachlassschuldner mit Forderungen gegen den Vorerben persönlich (RGZ 80, 1, 7; Staudinger/*Avenarius* § 2115 Rn 4).

B. Rechtswirkungen

5 Die Vollstreckungsmaßnahmen sind im Nacherbfall grds unwirksam, soweit sie das Nacherbenrecht vereiteln oder beeinträchtigen würden. Der Nacherbe und die Nachlassgläubiger sollen vor solchem Vermögensentzug zugunsten der Eigengläubiger des Vorerben geschützt werden (Staudinger/*Avenarius* § 2115 Rn 1). Sie sind auch unwirksam, soweit der Vorerbe befreit ist (Soergel/*Harder/Wegmann*, § 2115 Rn 1); eine Befreiung von § 2115 ist nicht möglich. Sie sind auch unwirksam, soweit der Vorerbe ohne Zustimmung des Nacherben verfügen könnte (MüKo/*Grunsky* § 2115 Rn 2; Soergel/*Harder/Wegmann*, § 2115 Rn 1), da sonst die Rechte wirkungslos wären, die dem Nacherben in den §§ 2130, 2131 eingeräumt sind.

6 Die Zwangsvollstreckung als solche ist jedoch zunächst zulässig, soweit sie zur Sicherung des Gläubigers führt, also zur Begründung des Pfändungspfandrechts, zur Eintragung der Sicherungshypothek aus § 866 ZPO, zu bloßer Beschlagnahme des Grundstücks gem § 20 ZVG und zur Zwangsverwaltung als solcher; auch die Beschlagnahmewirkung in der Insolvenz gem § 80 InsO tritt ein (Staudinger/*Avenarius* § 2115 Rn 2). Überhaupt bleiben

bloße Sicherungsmaßnahmen zulässig. Unwirksam ist nur die Verwertung, insb die Überweisung oder Veräußerung.

C. Schutz des Nacherben

Der Nacherbe ist vor dem Nacherbfall in der Einzelzwangsvollstreckung durch das Verwertungsverbot in § 773 ZPO geschützt. Zudem kommt die Einstellung des Zwangsvollstreckungsverfahrens in Betracht, bis Klarheit über die Zulässigkeit des Gläubigerzugriffs herrscht, insb also darüber, ob der Nacherbfall überhaupt eintritt (Staudinger/*Avenarius* § 2115 Rn 16 und 18).

In der Insolvenz des Vorerben, in der der Nachlass zur Masse gehört (s.o. § 2100 Rn 87), hat der Nacherbe vor dem Nacherbfall noch kein Aussonderungsrecht. Indessen muss sich die Verwaltungstätigkeit des Insolvenzverwalters auf die Nutzungen beschränken, die dem Vorerben gebühren und mithin seinen Eigengläubigern zugute kommen (Staudinger/*Avenarius* § 2115 Rn 21), widrigenfalls der Nacherbe den Schutz des Insolvenzgerichts aus § 58 InsO anrufen kann.

Nach Eintritt des Nacherbfalls kann der Nacherbe die Aufhebung der Zwangsvollstreckungsmaßnahmen verlangen (MüKo/*Grunsky* § 2115 Rn 10 arg 47 InsO).

D. Zulässige Vollstreckungsmaßnahmen

I. Nutzungen

Nicht beschränkt ist die Zwangsvollstreckung wegen der dem Vorerben gebührenden Nutzungen.

II. Verpflichtungen des Nacherben

Nicht beschränkt sind ferner die Zwangsvollstreckung und der Insolvenzbeschlag zur Durchsetzung von Rechten, die auch der Nacherbe gegen sich gelten lassen muss.

Dies sind zum einen die Ansprüche der Nachlassgläubiger (RGRK/*Johannsen* § 2115 Rn 9). Deshalb sind auch Verfügungen des Insolvenzverwalters zur Befriedigung von Nachlassgläubigern wirksam (MüKo/*Grunsky* § 2115 Rn 4). Ein Duldungstitel gegen den Nacherben ist nicht erforderlich (MüKo/*Grunsky* aaO).

Dies betrifft zum anderen die Geltendmachung von Rechten an Erbschaftsgegenständen, die im Nacherbfall auch dem Nacherben gegenüber wirken (Staudinger/*Avenarius* § 2115 Rn 9). Dies sind diejenigen, die entweder der Erblasser oder der Vorerbe nach § 2113 wirksam begründet hat (RGZ 133, 263; RGRK/*Johannsen* § 2115 Rn 9).

E. Ersatzansprüche des Nacherben

Solche sind denkbar

- aus § 2134 gegen den Vorerben (Staudinger/*Avenarius* § 2115 Rn 29),
- aus § 812 Abs. 1 gegen den Gläubiger, der die Zwangsvollstreckung betreibt (Staudinger/*Avenarius* § 2115 Rn 27),
- aus § 826 gegen den bösgläubigen Ersteher (Staudinger/*Avenarius* § 2115 Rn 26),
- aus § 60 InsO, 823 BGB iVm 83 Abs. 2 InsO, 823 Abs. 1 BGB gegen den Insolvenzverwalter (Staudinger/*Avenarius* § 2115 Rn 28) und
- aus § 839 gegen die Organe der Einzelzwangsvollstreckung (Staudinger/*Avenarius* § 2115 Rn 28), im Fall der Fahrlässigkeit aber nur subsidiär (§ 839 Abs. 1 Satz 2).

§ 2116 Hinterlegung von Wertpapieren

(1) Der Vorerbe hat auf Verlangen des Nacherben die zur Erbschaft gehörenden Inhaberpapiere nebst den Erneuerungsscheinen bei einer Hinterlegungsstelle oder bei der *Reichsbank*, bei der *Deutschen Zentralgenossenschaftskasse* oder bei der Deutschen Girozentrale (Deutschen Kommunalbank) mit der Bestimmung zu hinterlegen, dass die Herausgabe nur mit Zustimmung des Nacherben verlangt werden kann. Die Hinterlegung von Inhaberpapieren, die nach § 92 zu den verbrauchbaren Sachen gehören, sowie von Zins-, Renten- oder Gewinnanteilscheinen kann nicht verlangt werden. Den Inhaberpapieren stehen Orderpapiere gleich, die mit Blankoindossament versehen sind.

(2) Über die hinterlegten Papiere kann der Vorerbe nur mit Zustimmung des Nacherben verfügen.

§ 2117 Umschreibung; Umwandlung

Der Vorerbe kann die Inhaberpapiere, statt sie nach § 2116 zu hinterlegen, auf seinen Namen mit der Bestimmung umschreiben lassen, dass er über sie nur mit Zustimmung des Nacherben verfügen kann. Sind die Papiere vom Bund oder von einem Land ausgestellt, so kann er sie mit der gleichen Bestimmung in Buchforderungen gegen den Bund oder das Land umwandeln lassen.

A. Hinterlegungspflicht

1 Die Vorschriften statuieren für bestimmte Wertpapiere eine Hinterlegungspflicht des Vorerben. Der Gesetzgeber erkennt damit ein besonderes Sicherungsbedürfnis des Nacherben bei diesen Nachlassbestandteilen an, die eine große Verkehrsfähigkeit und typischerweise einen nicht unbedeutenden Wert aufweisen.

2 Es handelt sich um eine schuldrechtliche Bindung des Vorerben. Die Hinterlegungspflicht tritt nur auf Verlangen des Nacherben ein; sie kann auch vom Pfleger für einen unbekannten Nacherben geltend gemacht werden (Staudinger/*Avenarius* § 2116 Rn 2). Die Herausgabe der Wertpapiere an den Vorerben ist nur mit Zustimmung des Nacherben möglich; dieser kann aber aus § 2120 dazu verpflichtet sein.

3 Verfügungen des Vorerben über hinterlegte Wertpapiere ohne Zustimmung des Nacherben sind von Anfang an unwirksam, nicht nur im Nacherbfall bei Beeinträchtigung der Nacherbenrechte (Staudinger/*Avenarius* § 2116 Rn 10).
Befreiung nach § 2136 ist möglich.

B. Inhaberpapiere

4 Als Inhaberpapiere kommen in erster Linie Inhaberaktien und Schuldverschreibungen auf den Inhaber (§ 793) einschließlich der Erneuerungsscheine (§ 805) in Betracht. Nicht darunter fallen Sparbücher (§ 808). Die Vorschrift ist nicht extensiv auszulegen (Staudinger/*Avenarius* § 2116 Rn 8).

5 Ausnahmsweise sind auch Inhaberpapiere nicht zu hinterlegen, nämlich dann nicht, wenn ihr bestimmungsgemäßer Gebrauch im Verbrauch oder in der Veräußerung besteht (§ 92 Abs. 1). Schulbeispiele sind Banknoten sowie Aktien im Umlaufvermögen einer Bank, die damit handelt (Staudinger/*Avenarius* § 2116 Rn 2).

6 Niemals zu hinterlegen sind Gewinnanteilscheine. Sie verbriefen Nutzungen, die dem Vorerben gebühren.

C. Hinterlegungsstellen

Zu hinterlegen ist bei der Hinterlegungsstelle nach der HO oder den drei in § 2116 Abs. 1 genannten Banken. Davon existiert die Reichsbank nicht mehr; die Deutsche Bundesbank ist nicht ihr Rechtsnachfolger, und ihre Funktionsfähigkeit ist insoweit bestritten, doch ist sie jedenfalls Hinterlegungsstelle gem § 27 HO. An die Stelle der Deutschen Zentralgenossenschaftskasse ist die Deutsche Genossenschaftsbank in Frankfurt am Main getreten, an die Stelle der Deutschen Girozentrale die DeKaBank in Berlin und Frankfurt am Main (Staudinger/*Avenarius* § 2116 Rn 6). Für die Hinterlegung bei einer dieser Banken kann die Vereinfachung der Formalitäten gegenüber der HO sprechen (Staudinger/*Avenarius* aaO). 7

D. Umschreibung

Bei Inhaberpapieren kann der Vorerbe stattdessen nach § 2117 die Umschreibung auf seinen Namen, bei Forderungen gegen Bund und Länder (sowie Kommunen: Soergel/*Harder/Wegmann* § 2117 Rn 3) die Umwandlung in Schuldbuchforderungen jeweils mit der Maßgabe vornehmen lassen, dass er darüber nur mit Zustimmung des Nacherben verfügen kann. Im ersteren Fall verliert das Wertpapier seinen Charakter als Inhaberpapier und ist dadurch in seiner Umlauffähigkeit gemindert. Im letzteren Fall wird zwar die Verbriefung fortan durch die Eintragung in das Schuldbuch ersetzt, im rechtlichen Ergebnis aber weiterhin fingiert (Einzelheiten bei Staudinger/*Marburger* vor § 793 Rn 34 ff; MüKo/*Hüffer* vor § 793 Rn 32); den Schutz des Nacherben gewährleistet die Eintragung der Verfügungsbeschränkung. 8

§ 2118 Sperrvermerk im Schuldbuch

Gehören zu der Erbschaft Buchforderungen gegen den Bund oder ein Land, so ist der Vorerbe auf Verlangen des Nacherben verpflichtet, in das Schuldbuch den Vermerk eintragen zu lassen, dass er über die Forderungen nur mit Zustimmung des Nacherben verfügen kann.

Die Vorschrift betrifft Forderungen, die bereits Schuldbuchforderungen sind. Bei ihnen kann der Nacherbe die Eintragung eines Vermerks verlangen, wonach der Vorerbe nur mit seiner Zustimmung verfügungsberechtigt ist. 1

Im Einzelfall kann der Vorerbe vom Nacherben nach § 2120 Befreiung von dieser Verfügungsbeschränkung verlangen. Nach § 2136 kann der Erblasser von vornherein befreien. 2

§ 2119 Anlegung von Geld

Geld, das nach den Regeln einer ordnungsmäßigen Wirtschaft dauernd anzulegen ist, darf der Vorerbe nur nach den für die Anlegung von Mündelgeld geltenden Vorschriften anlegen.

A. Anlegungspflicht »dem Grunde nach«

Ob Geld dauernd anzulegen ist, entscheidet sich nach den Regeln einer ordnungsgemäßen Wirtschaft. Was zu den Regeln einer ordnungsgemäßen Wirtschaft gehört, ist objektiv und aus den Verhältnissen des Nachlasses, nicht des Vorerben, zu beurteilen (RGZ 73, 4, 6; Soergel/*Harder/Wegmann* § 2119 Rn 2). 1

In Betracht kommen insb Gelder, die der Vorerbe weder zur Verwaltung des Nachlasses noch evtl zur Fortführung eines dem Nachlass zugehörigen Unternehmens (einschließlich erforderlicher Investitionen, Staudinger/*Avenarius* § 2119 Rn 4) benötigt. Nicht maß- 2

§ 2120 BGB | Einwilligungspflicht des Nacherben

gebend sind die eigenen Gepflogenheiten des Vorerben (Ausnahme von § 2131, vgl RGZ 73, 4, 7). Andererseits besteht nicht wie in § 1806 (iVm §§ 1897, 1915) die strikte Pflicht, Geld dauernd anzulegen, soweit es nicht zu Bestreitung von Ausgaben bereitzuhalten ist.

B. Art der Anlage

3 **Wenn** danach Geld dauernd anzulegen ist, muss dies mündelsicher geschehen. Die Verpflichtung des Vorerben zur mündelsicheren Anlage besteht unabhängig von etwaigen Verfügungen des Nacherben. Dieser kann auch keine von mehreren möglichen mündelsicheren Anlagen vorschreiben.

4 Welche Anlagen danach in Betracht kommen, sagen § 1807 und das nach Art. 212 EGBGB aufrechterhaltene Landesrecht. Fraglich ist, ob auch § 1809 gilt, also beim Sparbuch der Vorerbe zur zusätzlichen Sicherung des Nacherben einen Sperrvermerk (»Mündelgeld«) mit der Folge muss eintragen lassen, dass die Sparkasse nicht mehr mit befreiender Wirkung leistet, wenn sie ohne Zustimmung des Nacherben auszahlt (vgl RGZ 85, 416, 422; dafür MüKo/*Grunsky* § 2119 Rn 4; dagegen Staudinger/*Avenarius* § 2119 Rn 6 je mwN).

C. Anwendungsbereich

5 Die Vorschrift dient ebenfalls der Erhaltung des Nachlasses in seiner Substanz. Sie bezieht sich auf die Gelder, die sich beim Erbfall im Nachlass befinden und auf solche, die während der Vorerbschaft durch Surrogation (§ 2111) in den Nachlass gelangen. Im letzteren Fall trifft die Pflicht den Vorerben also auch dann, wenn der Erblasser die Gelder anders, insb weniger sicher, angelegt hatte (aber erst, wenn die Anlage frei geworden ist). Dagegen ist der Vorerbe nicht verpflichtet, eine noch bestehende, vom Erblasser bewirkte Anlage in eine mündelsichere umzuwandeln (Soergel/*Harder/Wegmann* § 2119 Rn 2; MüKo/*Grunsky* § 2119 Rn 1; Staudinger/*Avenarius* § 2119 Rn 5).

D. Auskunft

6 Auskunftsansprüche des Nacherben bestehen gem § 242 (Staudinger/*Avenarius* § 2119 Rn 8).

E. Befreiung

7 Der Erblasser kann nach § 2136 befreien.

§ 2120 Einwilligungspflicht des Nacherben

Ist zur ordnungsmäßigen Verwaltung, insbesondere zur Berichtigung von Nachlassverbindlichkeiten, eine Verfügung erforderlich, die der Vorerbe nicht mit Wirkung gegen den Nacherben vornehmen kann, so ist der Nacherbe dem Vorerben gegenüber verpflichtet, seine Einwilligung zu der Verfügung zu erteilen. Die Einwilligung ist auf Verlangen in öffentlich beglaubigter Form zu erklären. Die Kosten der Beglaubigung fallen dem Vorerben zur Last.

Literatur:
Harder, Unentgeltliche Verfügungen und ordnungsmäßige Nachlassverwaltung des Vorerben – Zur missglückten Fassung des § 2120 Satz 1 BGB und zur Zustimmungspflicht des Nacherben bei der Mitwirkung des Vorerben an der Änderung von Gesellschaftsverträgen, DNotZ 1994, 822.

A. Inhalt

Die Vorschrift gibt dem Vorerben einen Rechtsanspruch gegen den Nacherben auf Erteilung der Zustimmung bei Verfügungen, die der ordnungsgemäßen Verwaltung des Nachlasses dienen. Er betrifft die Fälle, in denen der Vorerbe wegen der Beschränkungen aus §§ 2112 ff die Verfügung nicht ohne Zustimmung des Nacherben vornehmen kann. Der hauptsächliche Anwendungsfall ist die Veräußerung von Nachlassgegenständen zwecks Erfüllung von Nachlassverbindlichkeiten.

Der Anspruch auf Erteilung der Zustimmung besteht auch dann, wenn die Zustimmungsbedürftigkeit der Verfügung zweifelhaft ist, der Vorerbe oder der Dritte aber ein berechtigtes Interesse an der Absicherung der Verfügung gegenüber dem Nacherben haben (Soergel/*Harder/Wegmann* § 2120 Rn 3). Er besteht weiterhin im Beschleunigungsinteresse, wenn das Grundbuchamt vom befreiten Vorerben bei entgeltlicher Veräußerung von Grundstücken, die an sich nicht zustimmungsbedürftig ist, einen nur schwierig zu führenden Nachweis der Entgeltlichkeit der Verfügung verlangt (OLG *Karlsruhe* ZEV 1994, 45 mit Anm *Kummer*); die Ordnungsmäßigkeit der Verfügung ist in diesem Fall nicht zu prüfen (OLG *Karlsruhe* aaO gegen RGZ 148, 385, 390).

Der Gesetzestext spricht nicht von der Zustimmung, sondern von der Einwilligung. Der Nacherbe ist aber auch verpflichtet, die Genehmigung zu einer ordnungsgemäßen Verwaltungshandlung zu erteilen, wenn der Vorerbe diese bereits vorgenommen hat (MüKo/ *Grunsky* § 2120 Rn 7). Deshalb ist hier stets von der Zustimmung die Rede.

B. Ordnungsgemäße Verwaltung des Nachlasses

Diese ist aus der Sicht eines sorgfältigen Verwalters objektiv zu beurteilen (BGH WM 1973, 361, 362) und zwar bezogen auf die objektiven Verhältnisse des konkreten Nachlasses unter wirtschaftlichen Kriterien unabhängig von der persönlichen Situation des konkreten Vorerben (Soergel/*Harder/Wegmann* § 2120 Rn 4). IdR wird das Interesse des Nacherben an der Erhaltung und Erlangung der Substanz des Nachlasses im Vordergrund stehen (BGH NJW 1993, 1583); indessen können auch ideelle Aspekte zu berücksichtigen sein (MüKo/ *Grunsky* § 2120 Rn 6). Stets ordnungsgemäß ist kraft Gesetzes (§ 2120 Satz 1) die Erfüllung von Nachlassverbindlichkeiten, also solcher aus lebzeitigen Verpflichtungen des Erblassers und letztwilligen Anordnungen (Staudinger/*Avenarius* § 2120 Rn 4).

Die Aufnahme von Kredit zur Verwendung für den Nachlass entspricht idR nicht der ordnungsgemäßen Verwaltung, wenn er aus der Substanz des Nachlasses getilgt werden muss (BGHZ 110, 175, 180). Dasselbe gilt, wenn er zwar in den Nachlass verwendet werden soll, der Vorerbe dabei jedoch einen unangemessenen Aufwand treibt (BGHZ 110, 175, 180 zur Fertigstellung eines angefangenen Einfamilienhauses) oder keine Vorkehrungen gegen eine Verwendung der Darlehensvaluta in sein Eigenvermögen trifft (BGHZ 110, 175, 181). Insoweit kommt, wenn keine Genehmigung durch das Vormundschaftsgericht erforderlich ist, die Einsetzung eines erfahrenen und zuverlässigen Treuhänders in Betracht (BGH NJW 1993, 1583).

Zu Verfügungen, die der ordnungsgemäßen Verwaltung des Nachlasses widersprechen, kann der Vorerbe die Zustimmung des Nacherben nicht verlangen, auch nicht der befreite Vorerbe (RGZ 148, 391); § 2120 erweitert die Verfügungsbefugnis des Vorerben nicht (MüKo/*Grunsky* § 2120 Rn 1). Nicht ordnungsgemäß sind idR unentgeltliche Verfügungen, ferner solche, die eine Benachteiligung des Nacherben bezwecken (RGZ 70, 132; vgl § 2138). Die Zustimmung des Nacherben entbindet den Vorerben aber nicht von der Sorgfalt, die er nach § 2120 schuldet (Soergel/*Harder/Wegmann* § 2120 Rn 1; MüKo/*Grunsky* § 2120 Rn 2 gegen RGZ 148, 391).

C. Eingehung von Nachlassverbindlichkeiten

7 Nach RGZ 90, 96 gilt die Vorschrift entsprechend für die Eingehung von Nachlassverbindlichkeiten. Das bedeutet, dass der Nacherbe schuldrechtliche Verbindlichkeiten, die der Vorerbe im Rahmen ordnungsgemäßer Verwaltung des Nachlasses eingegangen ist, als Nachlassverbindlichkeiten mit den Rechtsfolgen ua aus § 2144 anerkennen muss.

D. Rechtsstellung des Dritten

8 Die Verpflichtung zur Zustimmung besteht grds nur gegenüber dem Vorerben, nicht gegenüber dem Dritten, zu dessen Gunsten der Vorerbe verfügt. Der Vorerbe kann dem Dritten aber den Anspruch abtreten (Soergel/*Harder/Wegmann* § 2120 Rn 10). Im Übrigen kann der Dritte dem Herausgabeanspruch des Nacherben dessen Zustimmungspflicht aus § 2120 entgegenhalten (§ 242; MüKo/*Grunsky* § 2120 Rn 7; Staudinger/*Avenarius* § 2120 Rn 15).

E. In Betracht kommende Nacherben

9 Mehrere Nacherben, auch im Staffelverhältnis, müssen alle zustimmen (Soergel/*Harder/Wegmann* § 2120 Rn 9), Ersatznacherben hingegen nicht (s 2100 Rn 36). Für unbekannte Nacherben ist ein Pfleger zu bestellen, der evtl seinerseits zur Zustimmung die Genehmigung des Vormundschaftsgerichts benötigt (§ 1821 iVm § 1915 Abs. 1). Bei Testamentsvollstreckung gem § 2222 muss der Testamentsvollstrecker zustimmen.

F. Beweislast

10 Die Beweislast für die Voraussetzungen des Rechtsanspruchs auf Erteilung der Zustimmung liegt grds beim Vorerben. Er muss also insb die Ordnungsmäßigkeit der Verfügung beweisen (Soergel/*Harder/Wegmann* § 2120 Rn 10).

G. Form

11 Auf Verlangen des Vorerben muss der Nacherbe die Zustimmung in öffentlich beglaubigter Form erteilen (§ 2120 Abs. 2). Die Kosten dafür trägt der Vorerbe; sie sind gewöhnliche Erhaltungskosten iSv § 2124 Abs. 1 (Staudinger/*Avenarius* § 2120 Rn 9).

12 Verpflichtet sich der Nacherbe rechtsgeschäftlich, die Zustimmung zur Verfügung über ein Grundstück zu erteilen, so bedarf die Verpflichtungserklärung wegen ihrer Gleichwertigkeit mit der Verpflichtung zur Veräußerung des Grundstücks der notariellen Beurkundung analog § 311b Abs. 1 Satz 1 (BGH MDR 1972, 496).

H. Kosten/Gebühren

13 Wird die Einwilligung auf Verlangen oder bei einem beurkundungspflichtigen Rechtsgeschäft mit Nachweispflicht gegenüber einem öffentlichen Register aus formalen Gründen in öffentlich beglaubigter Form abgegeben, so ist dies eine einseitige Erklärung, die von dem Notar bei gleichzeitiger Abfassung der Erklärung gem §§ 36 Abs. 1, 145 Abs. 1 Satz 4 KostO mit $^{10}/_{10}$ Gebühr zu berechnen ist. Beglaubigt der Notar lediglich die Unterschrift unter einem von ihm nicht gefertigten Text, so entsteht nach § 45 Abs. 1 KostO eine $^{1}/_{4}$ Gebühr, höchstens jedoch 130 €.

14 Der Wert bemisst sich nach dem Wert des Rechtsgeschäfts, zu dem die Zustimmung erteilt wird, ohne Abzug etwaiger Verbindlichkeiten, § 40 Abs. 1 KostO. § 40 Abs. 2 beschränkt den Geschäftswert auf den Wert der Beteiligung.

§ 2121 Verzeichnis der Erbschaftsgegenstände

(1) Der Vorerbe hat dem Nacherben auf Verlangen ein Verzeichnis der zur Erbschaft gehörenden Gegenstände mitzuteilen. Das Verzeichnis ist mit der Angabe des Tages der Aufnahme zu versehen und von dem Vorerben zu unterzeichnen; der Vorerbe hat auf Verlangen die Unterzeichnung öffentlich beglaubigen zu lassen.

(2) Der Nacherbe kann verlangen, dass er bei der Aufnahme des Verzeichnisses zugezogen wird.

(3) Der Vorerbe ist berechtigt und auf Verlangen des Nacherben verpflichtet, das Verzeichnis durch die zuständige Behörde oder durch einen zuständigen Beamten oder Notar aufnehmen zu lassen.

(4) Die Kosten der Aufnahme und der Beglaubigung fallen der Erbschaft zur Last.

Literatur
Sarres, Auskunftspflichten bei Vor- und Nacherbschaft, ZEV 2004, 56.

A. Verlangen des Nacherben

Auf Verlangen des Nacherben hat der Nacherbe ein Nachlassverzeichnis aufzustellen. Dadurch soll – überwiegend im Interesse des Nacherben – ein Beweismittel geschaffen werden. 1

Das Verlangen kann nur während der Vorerbschaft gestellt werden (RGZ 98, 25). Beim Nacherbfall kann der Nacherbe gem § 2130 Abs. 2 ein Bestandsverzeichnis als Teil der vom Vorerben abzulegenden Rechenschaft fordern. 2

Das Verlangen kann auch von einem Nacherben allein dergestalt gestellt werden, dass der Vorerbe allen Nacherben das Verzeichnis schuldet (BGHZ 127, 360, 365; RGZ 98, 26). Ersatznacherben können das Verzeichnis nicht verlangen, bevor nicht der zunächst berufene Nacherbe weggefallen ist (RGZ 145, 316). Bei Testamentsvollstreckung nach § 2222 stellt der Testamentsvollstrecker das Verlangen (BGHZ 127, 360, 365; dort auch zu dessen Auskunftspflicht gegenüber dem Nacherben). 3

Das Verlangen nach dem Verzeichnis bedarf keiner Begründung (MüKo/*Grunsky* § 2121 Rn 3). 4

B. Inhalt

Zu verzeichnen sind die Gegenstände, die in die Nacherbschaft fallen. 5

Dies gilt indessen nur für die Aktiva (Staudinger/*Avenarius* § 2121 Rn 4; RGRK/*Johannsen* § 2121 Rn 5); aus dem Wortlaut von § 2121 Abs. 1 Satz 1 wird gefolgert, dass die Verbindlichkeiten nicht aufgenommen werden müssen. Gehört ein Betrieb zum Nachlass, so kann keine Bilanz gefordert werden (Staudinger/*Avenarius* aaO; MüKo/*Grunsky* § 2121 Rn 5; *Sarres* ZEV 2004, 56). Auch Beschreibungen und Wertangaben kann der Nacherbe nicht verlangen; das Verzeichnis ist kein Inventar iSv § 2001 Abs. 2. 6

Das Verzeichnis ist nach den Verhältnissen bei seiner Aufstellung, nicht beim Erbfall zu erstellen (BGHZ 127, 360, 365; RGZ 164, 208 arg § 2121 Abs. 3), insb also unter Berücksichtigung der bis dahin eingetretenen Surrogation (§ 2111). 7

Der Vorerbe muss es nur einmal aufstellen (BGHZ 127, 360, 366), auch nicht später für andere Nacherben, wenn nur einer von ihnen das Verlangen gestellt hatte (MüKo/*Grunsky* § 2121 Rn 3). Es besteht auch kein Anspruch auf Auskunft über den späteren Verbleib der Gegenstände, die im Verzeichnis aufgeführt sind (BGHZ 127, 360, 365). Jedoch wird vertreten (Staudinger/*Avenarius* § 2121 Rn 1), dass bei langjähriger Vorerbschaft mit vielen Surrogationsfällen ein Anspruch auf Fortschreibung des Verzeichnisses besteht. 8

C. Rechtswirkungen

9 Das Verzeichnis begründet den einfachen Beweis, dass die aufgeführten Gegenstände zum Zeitpunkt der Errichtung des Verzeichnisses Nachlassgegenstände waren. Der Gegenbeweis dahin, dass ein aufgeführter Gegenstand nicht zum Nachlass gehört, ist jederzeit möglich, und zwar auch dann, wenn das Verzeichnis in öffentlicher Urkunde gem § 2121 Abs. 3 aufgenommen ist. Das Verzeichnis entfaltet nicht die Vermutung der Vollständigkeit (Staudinger/*Avenarius* § 2121 Rn 6).

10 Die eidesstattliche Versicherung der Richtigkeit des Verzeichnisses kann nicht verlangt werden (Staudinger/*Avenarius* § 2121 Rn 7). Seine Bedeutung sollte also nicht überschätzt werden.

D. Keine Befreiung

11 Der Erblasser kann nicht nach § 2136 befreien.

E. Kosten/Gebühren

12 Wird die Unterschrift des Vorerben durch einen Notar öffentlich beglaubigt, so entsteht gem § 45 Abs. 1 KostO eine $^1/_4$ Gebühr, höchstens 130 €.

13 Der Wert bemisst sich nach dem Nachlasswert ohne Abzug der Verbindlichkeiten, § 39 Abs. 1 KostO.

14 Wird das Verzeichnis der Erbschaftsgegenstände durch einen Notar aufgenommen, so erfällt gem § 52 Abs. 1 KostO eine $^5/_{10}$ Gebühr. Nimmt das Geschäft einen Zeitaufwand von mehr als zwei Stunden in Anspruch, so erhöht sich die Gebühr für jede weitere angefangene Stunde um die Mindestgebühr nach § 33 (= 10 €). Daneben kann der Notar Reisekosten geltend machen, jedoch keine Wegegebühr.

15 Zur Aufnahme durch die zuständige Stelle vgl die Kommentierung zu § 2003.

§ 2122 Feststellung des Zustands der Erbschaft

Der Vorerbe kann den Zustand der zur Erbschaft gehörenden Sachen auf seine Kosten durch Sachverständige feststellen lassen. Das gleiche Recht steht dem Nacherben zu.

A. Anspruchsberechtigung

1 Vor- und Nacherbe können den Zustand des Nachlasses jeweils auf eigene Kosten durch Sachverständige feststellen lassen. Sinn und Zweck ist auch hier die Schaffung eines Beweismittels (Soergel/*Harder/Wegmann* § 2122 Rn 1). Die Rechte beider sind voneinander unabhängig (MüKo/*Grunsky* § 2122 Rn 2).

B. Zeitpunkt

2 Der Nacherbe hat das Recht nur während der Vorerbschaft (RGZ 98, 26). Es ergänzt § 2121, wonach nur ein Verzeichnis ohne nähere Angaben über die Nachlassgegenstände gefordert werden kann (s § 2121 Rn 6).

3 Der Anspruch kann bis zur Grenze der §§ 226, 242 wiederholt geltend gemacht werden (Staudinger/*Avenarius* § 2122 Rn 1). Dies ist anders als bei § 2121 (s § 2121 Rn 8) deshalb so, weil dem Nacherben aus dem Zustand des Nachlasses ein Anspruch auf Sicherheitsleistung erwachsen kann (§ 2128).

4 Für mehrere Mitnacherben gilt das bei § 2121 Gesagte (s § 2121 Rn 3). Eine Begründung für das Verlangen ist nicht erforderlich (MüKo/*Grunsky* § 2121 Rn 1). Der Erblasser kann den Vorerben nicht gem § 2136 befreien.

C. Inhalt

Festzustellen ist der Zustand einzelner oder aller Nachlassgegenstände, nicht ihr Wert (Staudinger/*Avenarius* § 2122 Rn 1). Nachlassgegenstände sind diejenigen, die derzeit unter Berücksichtigung der Surrogation zum Nachlass gehören (MüKo/*Grunsky* § 2122 Rn 2). 5

§ 2123 Wirtschaftsplan

(1) Gehört ein Wald zur Erbschaft, so kann sowohl der Vorerbe als der Nacherbe verlangen, dass das Maß der Nutzung und die Art der wirtschaftlichen Behandlung durch einen Wirtschaftsplan festgestellt werden. Tritt eine erhebliche Änderung der Umstände ein, so kann jeder Teil eine entsprechende Änderung des Wirtschaftsplans verlangen. Die Kosten fallen der Erbschaft zur Last.

(2) Das Gleiche gilt, wenn ein Bergwerk oder eine andere auf Gewinnung von Bodenbestandteilen gerichtete Anlage zur Erbschaft gehört.

A. Anwendungsbereich

Gehört zum Nachlass ein Wald, ein Bergwerk oder eine andere auf Gewinnung von Bodenbestandteilen gerichtete Anlage (Kies-, Sand-, Lehmgrube, Steinbruch, Torfmoor), so können Vor- und Nacherbe verlangen, dass ein Wirtschaftsplan aufgestellt wird. 1
Dadurch sollen Streitigkeiten über das Ausmaß der Nutzung, also über die Regeln ordnungsgemäßer Bewirtschaftung, die bei solchen Betrieben besonders nahe liegen, vermieden werden. Auf andere Betriebe im Nachlass ist die Bestimmung aber nicht anzuwenden. 2

B. Aufstellung

Der Wirtschaftsplan ist gemeinsam von Vor- und Nacherben aufzustellen (MüKo/*Grunsky* § 2123 Rn 1). Im Streitfall ist die Klage auf Zustimmung des Beklagten zu einem vom Kläger aufgestellten Wirtschaftsplan zu richten (MüKo/*Pohlmann* § 1038 Rn 4). 3
Einzelheiten des Wirtschaftsplans richten sich nach § 1038. So muss etwa ein Wirtschaftsplan für ein Waldgrundstück angeben, wo und wann abgeholzt und wieder aufgeforstet werden muss (MüKo/*Pohlmann* § 1038 Rn 2). Ist ein solcher Plan schon nach öffentlichem Recht erforderlich, so kann er auch geeignet sein, den Anspruch aus §§ 2123, 1038 zu erfüllen. 4

C. Rechtswirkungen

Der Plan regelt verbindlich den Inhalt der ordnungsgemäßen Verwaltung iSv § 2130. Ist der Vorerbe nach § 2136 von den Verpflichtungen aus §§ 2123 und 2130 befreit, so kann in der Verletzung des Wirtschaftsplans gleichwohl eine Benachteiligungsabsicht iSv § 2138 Abs. 2 liegen (Staudinger/*Avenarius* § 2123 Rn 2). 5
Jede Partei kann eine Änderung des Wirtschaftsplans verlangen, wenn sich die maßgeblichen Verhältnisse erheblich gewandelt haben (§ 1038 Abs. 1 Satz 2). 6

D. Befreiung

Befreiung nach § 2136 ist möglich. Sie wirkt zu Lasten des Nacherben und zugunsten des Vorerben. Mithin belässt sie dem Vorerben die Möglichkeit, gleichwohl einen solchen Plan aufzustellen; ein solcher bindet aber auch ihn (Staudinger/*Avenarius* § 2123 Rn 2). 7

E. Kosten

8 Die Kosten fallen der Erbschaft zur Last. Sie sind Nachlassverbindlichkeiten.

§ 2124 Erhaltungskosten

(1) Der Vorerbe trägt dem Nacherben gegenüber die gewöhnlichen Erhaltungskosten.

(2) Andere Aufwendungen, die der Vorerbe zum Zwecke der Erhaltung von Erbschaftsgegenständen den Umständen nach für erforderlich halten darf, kann er aus der Erbschaft bestreiten. Bestreitet er sie aus seinem Vermögen, so ist der Nacherbe im Falle des Eintritts der Nacherbfolge zum Ersatz verpflichtet.

§ 2125 Verwendungen; Wegnahmerecht

(1) Macht der Vorerbe Verwendungen auf die Erbschaft, die nicht unter die Vorschrift des § 2124 fallen, so ist der Nacherbe im Falle des Eintritts der Nacherbfolge nach den Vorschriften über die Geschäftsführung ohne Auftrag zum Ersatz verpflichtet.

(2) Der Vorerbe ist berechtigt, eine Einrichtung, mit der er eine zur Erbschaft gehörende Sache versehen hat, wegzunehmen.

§ 2126 Außerordentliche Lasten

Der Vorerbe hat im Verhältnis zu dem Nacherben nicht die außerordentlichen Lasten zu tragen, die als auf den Stammwert der Erbschaftsgegenstände gelegt anzusehen sind. Auf diese Lasten findet die Vorschrift des § 2124 Abs. 2 Anwendung.

Literatur
De Leve, Aufwendungen des Vorerben – Erstattungspflicht des Nacherben?, ZEV 2005, 16; *Voit*, Außergewöhnliche notwendige Aufwendungen des Vorerben zur Erhaltung der Erbschaft und ihre Finanzierung durch Kredite, ZEV 1994, 138).

A. Allgemeines

1 Die Vorschriften regeln den Ersatz von Verwendungen des Vorerben auf den Nachlass im Innenverhältnis zum Nacherben. Sie unterscheiden zwischen

- gewöhnlichen Erhaltungskosten, insb auch Aufwand für gewöhnliche private und öffentliche Lasten (RGRK/*Johannsen* § 2126 Rn 1); sie trägt der Vorerbe (§ 2124 Abs. 1);
- anderen Aufwendungen, die der Vorerbe zwecks Erhaltung von Nachlassgegenständen für erforderlich halten durfte; sie trägt der Nachlass; hat der Vorerbe sie aus seinem eigenen Vermögen bestritten, so hat er beim Nacherbfall einen Erstattungsanspruch gegen den Nachlass (§ 2124 Abs. 2);
- Aufwendungen für außerordentliche Lasten, die als auf den Stammwert des Nachlassgegenstandes gelegt anzusehen sind; für sie gilt dasselbe (§ 2126);
- allen anderen Verwendungen; sie trägt zunächst der Vorerbe, doch hat er im Nacherbfall einen Ersatzanspruch gegen den Nacherben nach den Vorschriften über die Geschäftsführung ohne Auftrag (§ 2125 Abs. 1).

Befreiung des Vorerben ist nicht möglich (§ 2136). Der Erblasser kann dem Vorerben aber 2
ein entsprechendes Vermächtnis zuwenden oder ihn von der Ersatzpflicht aus §§ 2130,
2134 befreien (MüKo/*Grunsky* § 2124 Rn 1).
Im Außenverhältnis zu den Nachlassgläubigern ist bis zum Nacherbfall der Vorerbe ver- 3
pflichtet. Danach haftet er weiter im Rahmen von § 2145.
In jedem Fall trägt der Vorerbe die Kosten der Fruchtziehung (§ 102; BGH NJW-RR 186, 4
1069 und ZEV 2004, 425, 426).

B. Gewöhnliche Erhaltungskosten

Die gewöhnlichen Erhaltungskosten trägt der Vorerbe gem § 2124 Abs. 1. Dies ist gerecht- 5
fertigt, weil ihm auch die Nutzungen zufließen und diese regelmäßig die Kosten decken.
Die Pflicht zur Tragung der Kosten besteht jedoch unabhängig davon, ob sich diese
Erfahrung im konkreten Erbfall auch bestätigt (Staudinger/*Avenarius* § 2124 Rn 4).
Gewöhnliche Erhaltungskosten sind die Kosten, die nach den rechtlichen und wirtschaftli- 6
chen Umständen des Nachlasses regelmäßig aufgewendet werden müssen, um ihn in
seinen Beständen rechtlich und tatsächlich zu erhalten (BGH NJW 1993, 3198; dazu *Voit*
ZEV 1994, 138). IE handelt es sich um

- Aufwendungen für die Erhaltung der einzelnen Nachlassgegenstände in ihrem Bestand
  einschließlich Ausbesserungen und Erneuerungen (§ 1041, auch §§ 582 und 601); in
  Zweifelsfällen kann Indiz für die Abgrenzung sein, ob sie aus den Nutzungen eines
  Jahres bestritten werden können (Staudinger/*Avenarius* § 2124 Rn 4);
- wiederkehrende privatrechtliche Leistungen und öffentliche Abgaben auf den Nachlassgegenstand, etwa Grund- und Kfz-Steuer, Zinsen für Nachlassverbindlichkeiten
  (auch Grundschuld- und Hypothekenzinsen, BGH ZEV 2004, 425, 426), übliche Versicherungsprämien (RGRK/*Johannsen* § 2124 Rn 1).

Bei Betrieben werden vielfach die laufenden Ausgaben für Personal, ja sogar für Rohstoffe 7
(Düngemittel: BGH WM 1973, 361) und Produktionsmittel dazu gerechnet. Es kann aber
nicht richtig sein, dass der Vorerbe all dies aus seinem Eigenvermögen bestreiten muss, die
betrieblichen Erlöse aber in den Nachlass fließen. Richtigerweise mindern betriebliche
Aufwendungen den Gewinn, der dem Vorerben als Nutzung gebührt (MüKo/*Grunsky*
§ 2124 Rn 3; Bamberger/Roth/*Litzenburger*, § 2124 Rn 3); wirtschaftet der Vorerbe mit
Verlusten, so ist er im Rahmen von § 2120 ersatzpflichtig (MüKo/*Grunsky* aaO).

C. Andere Erhaltungskosten

Andere als die gewöhnlichen Erhaltungskosten gehen letztlich zu Lasten des Nachlasses, 8
wenn der Vorerbe sie den Umständen nach für erforderlich halten durfte (§ 2124 Abs. 2).
Der Grund dafür liegt darin, dass sie idR zu einem Wertzuwachs führen, der später auch
dem Nacherben zugute kommt.
Es handelt sich um Aufwendungen mit langfristig wertsteigernder Wirkung (BGH NJW 9
1993, 3198, 3199). In Betracht kommen hier die Kosten für die außergewöhnliche Ausbes-
serung und Erneuerung von Nachlassgegenständen (§§ 1042, 1043), insb für Rationalisie-
rung und Modernisierung (Einbau einer modernen Heizung: BGHZ 52, 234, 236 und BGH
1993, 3198, 3199; Isolierverglasung des ganzen Hauses: BGH NJW 1993, 3198, 3199) oder
für den Wiederaufbau eines zerstörten Hauses (Soergel/*Harder/Wegmann* § 2124 Rn 5). Im
Einzelfall können auch die Kosten für die Prozessführung über einen Nachlassgegenstand
dazu gehören (RGZ 136, 353, 356).
Ob der Vorerbe die Aufwendungen für erforderlich halten durfte, beurteilt sich nach des- 10
sen gutgläubig ausgeübtem Ermessen (§ 670; MüKo/*Grunsky* § 2124 Rn 6). Er ist nicht von
vornherein an größeren Maßnahmen nur deshalb gehindert, weil der Nacherbfall kurz
bevorsteht (Staudinger/*Avenarius* § 2124 Rn 13). Nicht entscheidend ist (anders als u bei

§ 2126 BGB | Außerordentliche Lasten

Rn 21), ob die Aufwendungen dem wirklichen oder mutmaßlichen Willen des Erblassers entsprechen (Soergel/*Harder/Wegmann* § 2124 Rn 3).

11 Der Vorerbe kann die Aufwendungen aus dem Stamm der Nacherbschaft bestreiten, also dafür einen Nachlassgegenstand veräußern; dem muss der Nacherbe unter den Voraussetzungen des § 2120 zustimmen. Erst recht kann er die Mittel schon vor dem Nacherbfall dem Nachlass entnehmen, wenn dies im Rahmen ordnungsgemäßer Verwaltung ohne Veräußerung von Nachlassgegenständen möglich ist (MüKo/*Grunsky* § 2124 Rn 5).

12 Hat der Vorerbe die Kosten aus seinem eigenen Vermögen bestritten (auch aus den ihm gebührenden Nutzungen der Vorerbschaft), so hat er einen Ersatzanspruch gegen den Nachlass; dieser entsteht aber erst mit dem Nacherbfall (RGRK/*Johannsen* § 2124, Rn 11) und ist auch erst von da an verzinslich. Der Anspruch hängt nicht davon ab, ob der Nacherbe den Nachlassgegenstand, für den die Verwendungen vorgenommen worden sind, auch tatsächlich erlangt. Er ist Nachlassverbindlichkeit (RGRK/*Johannsen* § 2124 Rn 13); der Nacherbe kann seine Haftung nach § 2144 Abs. 3 beschränken (s § 2144 Rn 4 ff). Nimmt allerdings der Vorerbe zur Finanzierung solcher Maßnahmen einen Kredit auf, den er aus eigenen Mitteln verzinst und tilgt, so soll er hierfür keinen Ersatzanspruch gegen den Nachlass haben (da ihm bis zum Nacherbfall auch die erhöhten Nutzungen aus dem Objekt verbleiben, BGH NJW 1993, 3199 = ZEV 1994, 116; dazu Voit ZEV 1994, 138).

D. Außerordentliche Lasten

13 Außerordentliche Lasten, die als auf den Stammwert des Nachlassgegenstandes gelegt anzusehen sind, fallen im Innenverhältnis dem Nacherben zur Last (§ 2126).

14 Auch hier setzt sich die Unterscheidung zwischen Nutzungen und Stamm des Nachlasses fort. Außerordentliche Lasten sind idR einmalig (Soergel/*Harder/Wegmann* § 2126 Rn 1) und entspringen einem besonderen Ereignis (BGH NJW 1956, 1070). Ihre Höhe ist allerdings kein Indiz für die Einordnung (Soergel/*Harder/Wegmann* aaO). IdR treffen sie den Eigentümer, Rechtsinhaber oder Besitzer als solchen (BGH NJW 1980, 2465; Staudinger/*Avenarius* § 2124 Rn 2).

15 Hierzu gehören zum einen die sämtlichen Verbindlichkeiten des Erblassers (Soergel/*Harder/Wegmann* § 2126 Rn 2) und die meisten Erbfallschulden, insb die Beerdigungskosten, Kosten der Testamentseröffnung, Kosten für gerichtliche Fürsorge (Nachlasspflegschaft, Nachlassverwaltung) und Testamentsvollstreckung (RGRK/*Johannsen* § 2126 Rn 1), ferner die Pflichtteilsansprüche.

16 Zum anderen gehören hierher öffentliche und private Lasten, etwa die Tilgungsbeträge für Hypotheken und Grundschulden, die bereits der Erblasser bestellt hatte, unabhängig von ihrer Höhe und Dauer (auch bei sog Tilgungshypotheken iSv § 197 aF; Soergel/*Harder/Wegmann* § 2126 Rn 3; aA Staudinger/*Avenarius* § 2124 Rn 8), Anliegerbeiträge, Vermögensteuer, Erbschaftsteuer, Einkommensteuer in den Fällen der §§ 16 EStG (BGH NJW 1980, 2465) und 17 EStG (BGH MDR 1968, 566; MüKo/*Grunsky* § 2126 Rn 5) sowie die Hälfte der vierteljährlichen Zahlungen nach dem Lastenausgleich (§ 73 LAG, BGH NJW 1956, 1070).

17 Dies alles gilt auch bei befreiter Vorerbschaft (BGH NJW 1980, 2465), doch kann der Erblasser andere Bestimmungen treffen.

18 Hinsichtlich dieser Aufwendungen hat der Vorerbe beim Nacherbfall einen Ersatzanspruch gegen den Nacherben. Auf die Ausführungen oben bei Rn 12 darf verwiesen werden. Die Aufnahme eines Kredites zur Deckung der Aufwendungen liegt nicht zwangsläufig innerhalb der ordnungsgemäßen Verwaltung des Nachlasses (BGHZ 110, 176, 180; BGHZ 114, 16, 26; BGH NJW 1993, 3198).

19 Der Erblasser kann den Vorerben durch Vermächtnis zugunsten des Nacherben verpflichten, das Kapital von Grundpfandrechten aus den Nutzungen zu tilgen, die an sich dem Vorerben gebühren; dann besteht kein Erstattungsanspruch aus § 2124 Abs. 2. Der BGH hat dies in einem Fall angenommen, in dem der Erblasser die Veräußerung und wei-

tere Belastung der Nachlassgrundstücke verboten hatte und die Mieterträge das Grundschuldkapital ohne weiteres hergaben (ZEV 2004, 425, 427 mit Anm *De Leve*).

E. Sonstige Aufwendungen

Für sonstige Aufwendungen gilt das Recht der Geschäftsführung ohne Auftrag (§ 2125 Abs. 1). In Betracht kommen Ausgaben, die

- zwar im Interesse des Nachlasses liegen, aber über den Erhaltungszweck hinausgehen, also für verändernde und erweiternde Maßnahmen (Erhöhung des Kapitals bei einem zum Nachlass gehörenden Unternehmen, Erweiterung einer gewerblichen Anlage, Vergrößerung eines Hauses), oder
- zwar ebenfalls dem Erhaltungszweck dienen, aber vom Vorerben nicht für erforderlich gehalten werden durften, insb unzweckmäßige Maßnahmen (etwa auch eine unzweckmäßige Prozessführung), auch Luxusaufwendungen (Staudinger/*Avenarius* § 2125 Rn 3).

20

§ 2125 enthält eine Rechtsgrundverweisung auf die §§ 677 ff (Soergel/*Harder/Wegmann* § 2125 Rn 2). Danach entsteht dem Vorerben mit dem Nacherbfall ein Erstattungsanspruch gegen den Nacherben, wenn

21

- die Verwendung dem wirklichen oder mutmaßlichen Willen des Nacherben entspricht (§§ 683, 670), ohne dass der Vorerbe sie für erforderlich halten durfte (denn dann liegt ein Fall des § 2124 Abs. 2 vor), oder
- die Verwendung der Erfüllung einer Pflicht diente, die im öffentlichen Interesse lag (§ 679), oder
- der Nacherbe die Verwendungen genehmigt (§ 684 Satz 2), wozu er nach § 2120 verpflichtet sein kann.

Liegt keiner dieser drei Fälle vor, so hat der Vorerbe nur einen Bereicherungsanspruch gegen den Nacherben (§ 685 Satz 1). Dem Nachlass entnehmen darf er den aufgewendeten Betrag keinesfalls.

22

F. Wegnahmerecht

Der Vorerbe hat ein Wegnahmerecht (§ 2115 Abs. 2).

23

Gedacht ist etwa an Einbauschränke oder bei Betriebsgrundstücken an Maschinen (Staudinger/*Avenarius* § 2125 Rn 4). Kein Wegnahmerecht besteht, soweit der Vorerbe Inventarstücke ersetzt hat (Staudinger/*Avenarius* § 2125 Rn 5).

24

Das Wegnahmerecht besteht unabhängig davon, ob ein Erstattungsanspruch nach § 2125 Abs. 1 begründet wäre (MüKo/*Grunsky* § 2125 Rn 3). Soweit es besteht, kann der Nacherbe aber den Vorerben nicht darauf verweisen (MüKo/*Grunsky* aaO); es besteht keine Wegnahmepflicht. Übt der Vorerbe es aus, so muss er sich den Wert des Weggenommenen auf einen etwa bestehenden Erstattungsanspruch anrechnen lassen (MüKo/*Grunsky* aaO).

25

§ 2127 Auskunftsrecht des Nacherben

Der Nacherbe ist berechtigt, von dem Vorerben Auskunft über den Bestand der Erbschaft zu verlangen, wenn Grund zu der Annahme besteht, dass der Vorerbe durch seine Verwaltung die Rechte des Nacherben erheblich verletzt.

Literatur
Sarres, Auskunftspflichten bei Vor- und Nacherbschaft ZEV 2004, 56.

§ 2127 BGB | Auskunftsrecht des Nacherben

A. Auskunftsanspruch

1 Die Vorschrift gibt dem Nacherben ein Recht auf Auskunft über den Bestand des Nachlasses. Es ergänzt seine Informationsrechte aus §§ 2121 und 2122, erleichtert die Ausübung seines Rechts aus § 2128 und gewährt vorbeugenden Schutz vor wirtschaftlicher Verschlechterung des Nachlasses. Das Recht kann von jedem einzelnen Nacherben zur Erteilung der Auskunft an alle ausgeübt werden, auch vom Nachlasspfleger oder vom Testamentsvollstrecker des § 2222, nicht vom Ersatznacherben (s § 2121 Rn 3).

2 Es kann auch wiederholt ausgeübt werden, wenn sich neue Gründe ergeben haben (Soergel/*Harder/Wegmann* § 2127 Rn 5).

B. Voraussetzungen

3 Voraussetzung ist ein Grund für die Annahme, dass der Vorerbe durch seine Verwaltung die Rechte des Nacherben erheblich verletzt. Die Rechte des Nacherben sind die auf Herausgabe des Nachlasses in der von § 2130 vorausgesetzten Beschaffenheit (Soergel/ *Harder/Wegmann* § 2127 Rn 2).

4 Die Besorgnis wird sich idR aus der Art der Verwaltung ergeben. Sie kann sich auch auf einzelne wesentliche Nachlassgegenstände beziehen. Sie wird etwa angenommen bei eigenmächtigen Verfügungen, die unter § 2113 fallen (RGZ 149, 65, 68; Soergel/*Harder/ Wegmann* § 2127 Rn 2), Verletzung der Pflichten aus § 2116 oder 2119 (Staudinger/*Avenarius* § 2127 Rn 7) oder Unvollständigkeit eines gem § 2121 BGB vorgelegten Nachlassverzeichnisses (Soergel/*Harder/Wegmann*, § 2127 Rn 3). Die schlechte Vermögenslage des Vorerben als solche genügt nicht (Staudinger/*Avenarius* § 2127 Rn 6; anders § 2128 Abs. 1). Ein böswilliges Verhalten des Vorerben braucht aber nicht vorzuliegen.

5 Erheblich ist eine Rechtsverletzung, wenn zu befürchten ist, dass sie sich auf nicht unerhebliche Nachlassbestandteile bezieht (Soergel/*Harder/Wegmann* § 2127 Rn 2; MüKo/ *Grunsky* § 2127 Rn 3).

C. Inhalt

6 Die Auskunft bezieht sich auf den gegenwärtigen Bestand des Nachlasses einschließlich der Surrogate. Nach deren Verbleib kann nicht gefragt werden (MüKo/*Grunsky* § 2127 Rn 4). Hat der Vorerbe schon ein Verzeichnis nach § 2121 errichtet, so schuldet er Auskunft nur über die eingetretenen Veränderungen (RGRK/*Johannsen* § 2127 Rn 1).

D. Zeitpunkt

7 Der Vorerbe schuldet diese Auskunft nur bis zum Nacherbfall (RGZ 98, 60). Danach besteht seine Auskunftspflicht aber nach §§ 2130 Abs. 2, 260 (Staudinger/*Avenarius* § 2127 Rn 3 und 9; Soergel/*Harder/Wegmann* § 2127 Rn 5).

E. Eidesstattliche Versicherung

8 Besteht Grund zur Annahme, dass die Auskunft nicht mit der erforderlichen Sorgfalt erteilt ist, so hat der Nacherbe Anspruch auf eine eidesstattliche Versicherung des Vorerben (Staudinger/*Avenarius* § 2127 Rn 9; Soergel/*Harder/Wegmann* § 2127 Rn 4).

F. Befreiung

9 Befreiung nach § 2136 ist möglich.

G. Auskunft über Geldanlagen

Ergänzend zu § 2127 soll der Nacherbe vom nicht befreiten Vorerben gem § 242 Auskunft darüber verlangen können, ob bestimmte Gelder mündelsicher angelegt sind (LG Berlin ZEV 2002, 160 mit zust Anm Krug). 10

§ 2128 Sicherheitsleistung

(1) Wird durch das Verhalten des Vorerben oder durch seine ungünstige Vermögenslage die Besorgnis einer erheblichen Verletzung der Rechte des Nacherben begründet, so kann der Nacherbe Sicherheitsleistung verlangen.

(2) Die für die Verpflichtung des Nießbrauchers zur Sicherheitsleistung geltende Vorschrift des § 1052 findet entsprechende Anwendung.

§ 2129 Wirkung einer Entziehung der Verwaltung

(1) Wird dem Vorerben die Verwaltung nach der Vorschrift des § 1052 entzogen, so verliert er das Recht, über Erbschaftsgegenstände zu verfügen.

(2) Die Vorschriften zugunsten derjenigen, welche Rechte von einem Nichtberechtigten herleiten, finden entsprechende Anwendung. Für die zur Erbschaft gehörenden Forderungen ist die Entziehung der Verwaltung dem Schuldner gegenüber erst wirksam, wenn er von der getroffenen Anordnung Kenntnis erlangt oder wenn ihm eine Mitteilung von der Anordnung zugestellt wird. Das Gleiche gilt von der Aufhebung der Entziehung.

A. Grundsatz

Die Vorschriften enthalten weitere Sicherungsrechte zugunsten des Nacherben. Er kann vom Vorerben Sicherheitsleistung § 2128 Abs. 1 verlangen und, wenn diese unterbleibt, ihm die Verwaltungs- und Verfügungsbefugnis entziehen lassen (§ 2128 Abs. 2 iVm § 1052 BGB); dies löst die Rechtsfolgen des § 2129 aus.> 1

B. Voraussetzungen

I. Verhalten des Vorerben

Voraussetzung ist entweder ein Verhalten des Vorerben, das die Besorgnis einer erheblichen Verletzung der Nacherbenrechte begründet. 2
Dieses Verhalten braucht nicht pflichtwidrig zu sein (Staudinger/*Avenarius* § 2128 Rn 1; aA MüKo/*Grunsky* § 2128 Rn 1); erst recht braucht es nicht schuldhaft (Soergel/*Harder/Wegmann*, § 2128 Rn 1) oder gar arglistig (RGRK/*Johannsen* § 2128 Rn 1) zu sein. Es muss nur objektiv die Besorgnis einer erheblichen Verletzung der Nacherbenrechte rechtfertigen. In Betracht kommt die unordentliche Verwaltung des Nachlasses (s § 2127 Rn 4). In Betracht kommt aber auch die unordentliche Verwaltung des eigenen freien Vermögens des Vorerben (Soergel/*Harder/Wegmann* § 2128 Rn 2; Staudinger/*Avenarius* § 2128 Rn 3), sicherlich keine Pflichtwidrigkeit gegenüber dem Nacherben. 3

II. Vermögenslage des Vorerben

4 Voraussetzung ist alternativ eine ungünstige Vermögenslage des Vorerben, die die Besorgnis einer erheblichen Verletzung der Nacherbenrechte begründet.

5 Wann diese ungünstige Vermögenslage eingetreten ist, ist unerheblich (RGRK/*Johannsen* § 2128 Rn 4). Die Besorgnis kann sich insb aus drohendem Zugriff der Eigengläubiger des Vorerben auf den Nachlass ergeben (Soergel/*Harder/Wegmann* § 2128 Rn 3), unabhängig davon, ob dieser nach § 2115 unwirksam wäre (MüKo/*Grunsky* § 2128 Rn 2).

III. Besorgnis

6 Zur Besorgnis s § 2127 Rn 4.

C. Sicherheitsleistung

7 Das Verlangen kann auch von einem Nacherben für alle gestellt werden; s § 2121 Rn 3.

8 Die Art und Weise der Sicherheitsleistung richtet sich nach §§ 232 ff. Die Höhe wird vom Gericht festgesetzt; maßgebend sind der Nachlasswert (RGRK/*Johannsen* § 2128 Rn 7) und das Ausmaß der Gefährdung (Staudinger/*Avenarius* § 2128 Rn 8).

9 Sinnvollerweise muss der Vorerbe die Sicherheit aus seinem eigenen Vermögen leisten (RGRK/*Johannsen* § 2128 Rn 6). Die Hinterlegung von Nachlassgegenständen, insb Wertpapieren, gem § 232 reicht jedoch, wenn gerade diese gefährdet sind (Staudinger/*Avenarius* § 2128 Rn 9).

D. Entzug der Verwaltung

10 Nach fruchtloser Fristsetzung kann dem Vorerben die Verwaltung des Nachlasses entzogen werden (§§ 2128 Abs. 2, 1052).

11 Die Frist kann dem Vorerben schon im Urteil bestimmt werden, das ihn zur Sicherheitsleistung anhält (§ 255 Abs. 2 ZPO). Der Entzug ist vom Vollstreckungsgericht auszusprechen (Staudinger/*Avenarius* § 2128 Rn 14). Damit verliert der Vorerbe das allgemeine Verwaltungsrecht und die Verfügungsbefugnis (§ 2129 Abs. 1) über den Nachlass. Beides geht auf einen vom Vollstreckungsgericht zu bestellenden Verwalter über, der ähnlich wie ein Zwangsverwalter auch der Aufsicht dieses Gerichts untersteht (§ 1052 Abs. 2 Satz 1). Für die Verwaltung gelten die Vorschriften des ZVG über die Zwangsverwaltung analog (MüKo/*Pohlmann* § 1052 Rn 5).

12 Verwalter kann auch der Nacherbe sein (analog § 1052 Abs. 2 Satz 2, MüKo/*Grunsky* § 2128 Rn 4).

13 Bestritten ist, ob eine Verwaltung über den Anteil des Komplementärs an einer Personenhandelsgesellschaft stattfinden kann (dagegen Staudinger/*Avenarius* § 2128 Rn 12; dafür Baur/Grunsky ZHR 133, 209, 221).

E. Eilmaßnahmen

14 Vorab kann der Nacherbe im Wege des Arrestes oder der einstweiligen Verfügung vorläufige Sicherungsmaßnahmen erwirken, die bis zum vorläufigen Entzug des Verwaltungsrechts und der Verfügungsbefugnis des Vorerben gehen können (Soergel/*Harder/Wegmann* § 2128 Rn 5).

F. Rechtsfolgen

15 IE ergibt sich aus dem Entzug des Verwaltungsrechts und dem Verlust der Verfügungsbefugnis folgende Situation:

16 Der Vorerbe ist verpflichtet, den Nachlass dem Verwalter herauszugeben (MüKo/*Grunsky* § 2129 Rn 1). Der Beschluss über den Entzug des Verwaltungsrechts ist insoweit ein Voll-

streckungstitel zugunsten des Verwalters gegen den Vorerben. Der Vorerbe behält aber den Anspruch auf die Nutzungen (MüKo/*Grunsky* aaO).

Das Verfügungsrecht wird durch den Verwalter ausgeübt. Dieser hat (nur) die Befugnisse des Vorerben. Zustimmungspflichten des Nacherben bleiben also bestehen, insb soweit der Vorerbe nicht befreit war. 17

Gutgläubige Dritte werden beim Erwerb vom Vorerben nach § 2129 Abs. 2 geschützt. Es handelt sich wiederum um eine analoge Anwendung der Gutglaubensvorschriften, da der gute Glaube sich nicht auf das Eigentum, sondern auf die Verfügungsmacht des Vorerben bezieht. Sie greifen ein, wenn der Dritte vom Vorerben in Unkenntnis des Verlustes von dessen Verfügungsmacht einen Gegenstand aus dem Nachlass erworben hat. Bei beweglichen Sachen darf die Unkenntnis nicht auf grober Fahrlässigkeit beruhen (§ 932 Abs. 2). Der Entzug der Verfügungsbefugnis kann – und muss auf Antrag des Nacherben – im Grundbuch eingetragen werden (Soergel/*Harder/Wegmann* § 2129 Rn 1). Sie verhindert den gutgläubigen Erwerb; bei Grundstücken schadet dem Erwerber ansonsten nur die positive Kenntnis vom Verlust der Verfügungsmacht (§ 892 Abs. 1). Ungenügend wäre ein Vertrauen des Dritten auf einen Erbschein zugunsten des Vorerben, da dieser den Entzug der Verfügungsbefugnis nicht ausweist (Soergel/*Harder/Wegmann* § 2129 Rn 3). Die Rechtsstellung des Schuldners einer zum Nachlass gehörenden Forderung regelt § 2129 Abs. 2 Satz 2. Sie ist weniger günstig als die §§ 406 ff, da ihm nach jener Vorschrift nicht erst die positive Kenntnis vom Verlust der Verfügungsmacht des Vorerben schadet, sondern schon die Zustellung einer entsprechenden Mitteilung, die er nicht zur Kenntnis genommen zu haben braucht. 18

G. Befreiung

Befreiung gem § 2136 ist möglich. 19

§ 2130 Herausgabepflicht nach dem Eintritt der Nacherbfolge, Rechenschaftspflicht

(1) Der Vorerbe ist nach dem Eintritt der Nacherbfolge verpflichtet, dem Nacherben die Erbschaft in dem Zustand herauszugeben, der sich bei einer bis zur Herausgabe fortgesetzten ordnungsgemäßen Verwaltung ergibt. Auf die Herausgabe eines landwirtschaftlichen Grundstücks findet die Vorschrift des § 596a, auf die Herausgabe eines Landguts finden die Vorschriften der §§ 596a, 596b entsprechende Anwendung.

(2) Der Vorerbe hat auf Verlangen Rechenschaft abzulegen.

A. Allgemeines

Die Vorschrift regelt die Rechtsfolgen aus dem Eintritt des Nacherbfalls. Sie berücksichtigt, dass der Nacherbe nicht etwa der Rechtsnachfolger des Vorerben ist, sondern ihn nur in der Herrschaft über den Nachlass ablöst. 1

B. Herausgabeanspruch

I. Rechtsnatur

Es handelt sich um einen schuldrechtlichen Anspruch, der erst mit dem Nacherbfall entsteht. Er ist auf Herausgabe gerichtet, nicht auf Übereignung, denn das Eigentum an den Nachlassgegenständen erwirbt der Nacherbe beim Nacherbfall kraft Gesetzes (§ 2139). Demgemäß richtet er sich bei Grundstücken auf Grundberichtigung (§ 894). 2

II. Anspruchsgegner

3 Der Anspruch richtet sich gegen den Vorerben. Ist der Nacherbfall durch den Tod des Vorerben eingetreten, so richtet er sich gegen dessen persönliche Erben (RGZ 163, 51, 53). Er richtet sich nicht gegen Dritte. Ansprüche gegen Dritte können aber aus §§ 2018, 985 iVm 1922, 861 iVm 857 oder 1007 iVm 857 bestehen.

III. Umfang

4 Herauszugeben ist der Nachlass, so wie er beim Eintritt des Nacherbfalls aufgrund eingetretener Surrogation (§ 2111) und der tatsächlichen Verwaltungstätigkeit des Vorerben vorhanden ist. Herauszugeben wäre er allerdings darüber hinaus so, wie er aufgrund der ordnungsgemäßen Verwaltungstätigkeit des Vorerben vorhanden sein müsste. Besteht hier eine Differenz zum Nachteil des Nacherben, so gibt ihm das Gesetz einen Ersatzanspruch (§ 2134 BGB).

5 Herauszugeben sind auch Urkunden, die sich auf Nachlassgegenstände beziehen, etwa Schuldtitel über Forderungen, die zum Nachlass gehören, oder Versicherungspolicen (§ 242; Staudinger/*Avenarius* § 2130 Rn 15).

6 Die Verteilung der Nutzungen zwischen Vor- und Nacherben richtet sich in zeitlicher Hinsicht nach §§ 101, 102, die der Lasten in zeitlicher Hinsicht nach § 103. In sachlicher Hinsicht verbleibt es bei den Abgrenzungen aus §§ 2124 – 2126.

7 Sonderregeln bestehen für lw Grundstücke (§ 596a) und lw Betriebe (§§ 596a und 596b).

8 Weitere Sonderheiten gelten für ein Girovertragsverhältnis, das der Erblasser begründet und der Vorerbe fortgeführt hat (BGHZ 131, 60 = ZEV 1996, 62 mit Anm *Krampe*; s.a. *Everts* ZErb 2004, 284). In ein solches tritt der Nacherbe nicht ein, da es dem Erblasser und dem Vorerben jeweils »persönlich zuzuordnen« ist. Die davon zu trennende Frage, wer beim Nacherbfall Inhaber eines etwa vorhandenen Kontoguthabens ist, entscheidet sich nach § 2111.

IV. Erfüllung

9 Der Vorerbe erfüllt seine Herausgabepflicht nur durch Herausgabe an den richtigen Nacherben. Hält er jemand irrig für den Nacherben, so wird sein guter Glaube nicht geschützt (Staudinger/*Avenarius* § 2130 Rn 18).

10 Der Vorerbe kann ein Zurückbehaltungsrecht geltend machen, soweit er Ersatzansprüche gegen den Nacherben hat. Dies gilt insb für Verwendungen nach § 2125 (s.o. §§ 2124 – 2126 Rn 19), bei lw Grundstücken und lw Betrieben für die Feldbestellungskosten (§ 2130 Abs. 1 Satz 2 iVm § 596a Abs. 2).

C. Ordnungsgemäße Verwaltung durch den Vorerben

I. Inhalt

11 Das Gesetz spricht nur an dieser Stelle von einer solchen Pflicht. Es statuiert sie auch hier nur mittelbar, indem es in § 2130 Abs. 1 Satz 1 den Umfang der Herausgabepflicht des Vorerben davon abhängig macht. Soweit er seine Pflicht zu ordnungsgemäßer Verwaltung verletzt, kann er dieser Herausgabepflicht aber gerade nicht mehr nachkommen; es ist dann aus § 2130 Abs. 1 Satz 1 seine Schadensersatzpflicht gegenüber dem Nacherben herzuleiten.

12 Diese tritt erst mit dem Nacherbfall ein. Die Einflussnahme des Nacherben auf den Vorerben während der Vorerbschaft beschränkt sich auf die §§ 2116 ff (Anlage von Geld, Sperrung von Inhaberpapieren und Buchforderungen), 2123 (Wirtschaftsplan für Wälder und Bergwerke) und 2127 – 2129 (Auskunft, Sicherheitsleistung, Bestellung eines Verwalters).

II. Objektiver Maßstab

Objektiver Maßstab für die Beurteilung der Ordnungsmäßigkeit der Verwaltung des Vor- 13
erben ist die Erhaltung des Nachlasses in seiner Wertsubstanz (Staudinger/*Avenarius*
§ 2130 Rn 8). Dies bedeutet wegen § 2111 nicht die Erhaltung der konkreten Nachlassgegenstände. Andererseits soll der Nacherbe beim Nacherbfall nicht nur ein Bündel von
Ersatzansprüchen vorfinden.
Eine Pflicht zur Mehrung des Nachlasses hat die Rechtsprechung beim Vorerben bislang 14
nicht angenommen.
Befindet sich ein Unternehmen im Nachlass, so schuldet der Vorerbe eine unternehmeri- 15
sche Leistung (Einzelheiten bei Staudinger/*Avenarius* § 2130 Rn 9 und 10).
Vielfach wird unter Bezugnahme auf BGH WM 1973, 361 formuliert, die Einhaltung der 16
Verwaltungspflicht durch den Vorerben sei nicht im Hinblick auf einzelne Verwaltungshandlungen, sondern nur unter Berücksichtigung des gesamten Verwaltungsergebnisses
zu prüfen (RGRK/*Johannsen*, § 2130 Rn 2; Soergel/*Harder/Wegmann* § 2130 Rn 1). Dies
bedeutet aber keineswegs, dass generell Nachteile aus einzelnen Verwaltungshandlungen
mit Vorteilen aus anderen saldiert werden dürften (Staudinger/*Avenarius* § 2130 Rn 3), etwa auch dann, wenn sie ganz verschiedene Nachlassgegenstände betreffen. Dies hat auch
der BGH aaO nicht angenommen. Er hat im Gegenteil ausgesprochen, dass es bei der
Frage, ob ein ordnungsgemäßes Verwaltungshandeln vorliegt, in erster Linie auf die
einzelnen Maßnahmen ankommt. Allerdings können diese verständig und zweckmäßig
sein, auch wenn die Verwaltung des Nachlasses im Ganzen nicht ordnungsgemäß geführt
wird; ebenso kann aber auch eine insgesamt betriebene Misswirtschaft einer Einzelmaßnahme, gegen die sonst nichts einzuwenden wäre, die Ordnungsmäßigkeit nehmen. Mit
dieser Begründung hat der BGH im konkreten Fall dem Vorerben, der der Verwaltung
eines lw Betriebes nicht gewachsen gewesen war, einen Anspruch auf Ersatz der Kosten
für den Einkauf von Düngemitteln, einer durchaus ordnungsgemäßen Einzelmaßnahme,
versagt.

III. Subjektiver Maßstab

Subjektiver Maßstab für die Haftung des Vorerben ist die Sorgfalt, die er in eigenen An- 17
gelegenheiten anzuwenden pflegt (§ 2131). Mithin ist er von der Haftung für grobe Fahrlässigkeit nicht befreit (§ 277).

D. Rechenschaft

Den Vorerben trifft beim Nacherbfall die Rechenschaftspflicht aus § 259 (geordnete Zu- 18
sammenstellung der Einnahmen und Ausgaben) und die Auskunftspflicht aus § 260
(Bestandsverzeichnis). In beiden Fällen ist er zur eidesstattlichen Versicherung verpflichtet.
Von der Rechenschaftspflicht sind die Einnahmen ausgenommen, die dem Vorerben als 19
Nutzungen zustehen, und ebenso die Ausgaben, die gewöhnliche Erhaltungskosten iSd
§ 2124 Abs. 1 darstellen. Das Bestandsverzeichnis aus § 260 kann auf das Verzeichnis gem
§ 2121 und die Auskunft gem § 2127 Bezug nehmen, soweit diese erteilt sind (MüKo/
Grunsky § 2130 Rn 8).
Auch diese Ansprüche richten sich, wenn der Nacherbfall mit dem Tod des Vorerben 20
eingetreten ist, gegen dessen persönliche Erben. Wegen der daraus resultierenden erheblichen Schwierigkeiten gibt BGHZ 58, 237 dem Nacherben unter bestimmten Voraussetzungen auch einen Auskunftsanspruch gegen den Dritten, der einen Nachlassgegenstand
unentgeltlich erworben hat (§ 2113 Abs. 2). Der Auskunftsanspruch besteht dann, wenn
eine gerechte Abwägung der beiderseitigen Interessen es rechtfertigt, dem Nacherben
diesen Anspruch zu gewähren. Es wird dazu auch erforderlich sein, dass gewisse Anhaltspunkte für die vom Nacherben behauptete unentgeltliche Verfügung des Vorerben vor-

§ 2131 BGB | Umfang der Sorgfaltspflicht

liegen und sein Auskunftsverlangen nicht nur auf eine reine Ausforschung hinausläuft. Solche Anhaltspunkte werden idR darin gesehen werden können, dass sich der Auskunftsanspruch gegen Personen richtet, die mit dem Vorerben in solchen Beziehungen gestanden haben, die nach den gegebenen besonderen Umständen die Vermutung nahe legen, der Vorerbe könne ihnen aus dem der Nacherbfolge unterliegenden Nachlass unentgeltliche Zuwendungen gemacht haben (BGH aaO).

E. Befreiung

21 § 2136 nennt auch § 2130 als eine der Vorschriften, von deren Einhaltung der Erblasser den Vorerben befreien kann.

22 Hat indessen der Erblasser den Vorerben von der Herausgabepflicht aus § 2130 befreit, so folgt daraus nicht, dass dieser beim Nacherbfall überhaupt nichts herauszugeben hätte. Vielmehr besteht die Herausgabepflicht noch im Umfang des § 2138 Abs. 1. Er muss also die noch vorhandenen Nachlassgegenstände herausgeben.

23 Ebenso ist er nicht völlig von der Schadensersatzpflicht gegenüber dem Nacherben befreit. Vielmehr schuldet er nach § 2138 Abs. 2 Schadensersatz insoweit, als er entgegen § 2113 Abs. 2, also unentgeltlich, über einen Nachlassgegenstand verfügt hat, und weiter insoweit, als er die Erbschaft in der Absicht vermindert hat, den Nacherben zu benachteiligen.

§ 2131 Umfang der Sorgfaltspflicht

Der Vorerbe hat dem Nacherben gegenüber in Ansehung der Verwaltung nur für diejenige Sorgfalt einzustehen, welche er in eigenen Angelegenheiten anzuwenden pflegt.

A. Allgemeiner Sorgfaltsmaßstab

1 Für die ordnungsgemäße Verwaltung des Nachlasses im Allgemeinen haftet der Vorerbe nach dem Sorgfaltsmaßstab des § 277. Er schuldet nur die Sorgfalt, die er in eigenen Angelegenheiten anzuwenden pflegt. Von der Haftung für grobe Fahrlässigkeit ist er dadurch aber keinesfalls befreit.

2 Die Beweislast dafür, dass er in eigenen Angelegenheiten eine geringere als die im Verkehr erforderliche Sorgfalt anwendet, liegt beim Vorerben, denn der Nacherbe kann in aller Regel nicht wissen, mit welcher Sorgfalt der Vorerbe zu handeln pflegt (Soergel/*Harder*/*Wegmann* § 2131 Rn 1; Staudinger/*Avenarius* § 2131 Rn 2).

B. Sorgfaltsmaßstab in besonderen Fällen

3 Für die Erfüllung konkreter Einzelpflichten haftet der Vorerbe indessen nach dem Maßstab des § 276. Dies betrifft die in §§ 2116 – 2119, 2123 und 2133 vorgesehenen Maßnahmen, ferner die Haftung des Vorerben dafür, dass er Nachlassgegenstände für sich verwendet (§ 2134).

4 Nach § 2138 Abs. 2 haftet auch der befreite Vorerbe dem Nacherben auf Schadensersatz, wenn er entgegen § 2113 Abs. 2 über einen Nachlassgegenstand verfügt hat. Daraus ergibt sich für den Vorerben ua die Pflicht zu prüfen, ob der Verfügung über den Nachlassgegenstand eine ausreichende Gegenleistung gegenübersteht (s.o. § 2113 Rn 28). Auch diese Pflicht des Vorerben wird als besondere ges Pflicht angesehen, für deren Erfüllung er nach § 276 und nicht nach § 277 haftet (Staudinger/*Avenarius* § 2131 Rn 3).

C. Befreiung

5 Der Erblasser kann den Vorerben nach § 2136 von der Vorschrift des § 2131 befreien.

Befreit er ohne weiteres, so haftet der Vorerbe nicht einmal mehr für grobe Fahrlässigkeit, 6
sondern nur für Vorsatz (§ 276 Abs. 3, Soergel/*Harder/Wegmann* § 2131 Rn 3). Der Erblasser kann den Vorerben aber etwa auch in der Weise befreien, dass er nur für Vorsatz und grobe Fahrlässigkeit haftet.

Nicht befreien kann der Erblasser den Vorerben nach § 2138 Abs. 2 von der Haftung für die 7
unentgeltliche Verfügung über Nachlassgegenstände und für die arglistige Verminderung des Nachlasses zum Nachteil des Nacherben.

D. Verschärfung

Der Erblasser kann auch eine strengere Haftung des Vorerben anordnen. Die Beweislast 8
dafür liegt beim Nacherben (MüKo/*Grunsky* § 2131 Rn 1).

§ 2132 Keine Haftung für gewöhnliche Abnutzung

Veränderungen oder Verschlechterungen von Erbschaftssachen, die durch ordnungsmäßige Benutzung herbeigeführt werden, hat der Vorerbe nicht zu vertreten.

A. Grundsatz

Der Vorerbe haftet nicht für die gewöhnliche Abnutzung von Nachlassgegenständen. Dies 1
ist angesichts des § 2130 nur konsequent. Die Anwendbarkeit des § 2131 bewirkt, dass eine Nutzung, die den sonstigen Gepflogenheiten des Vorerben entspricht, als gewöhnlich anzusehen ist (aA MüKo/*Grunsky* § 2132 Rn 1: objektiver Maßstab).

B. Beweislast

Die Beweislast dafür, dass die Veränderung oder Verschlechterung des Nachlassgegen- 2
standes aus einer solchen gewöhnlichen Abnutzung herrührt, und für seine Nutzungsgewohnheiten liegt beim Vorerben.

C. Befreiung

Befreiung ist möglich, auch wenn die Vorschrift in § 2136 nicht erwähnt ist, denn sie ist 3
zusammen mit § 2130 zu lesen (Soergel/*Harder/Wegmann*; Müko/*Grunsky*; Staudinger/ *Avenarius*; jeweils § 2132 Rn 2). Die Befreiung bezieht sich auf den Zustand der Nachlassgegenstände schlechthin und bewirkt, dass der Vorerbe nur bei Benachteiligungsabsicht haftet (§ 2138 Abs. 2).

§ 2133 Ordnungswidrige oder übermäßige Fruchtziehung

Zieht der Vorerbe Früchte den Regeln einer ordnungsmäßigen Wirtschaft zuwider oder zieht er Früchte deshalb im Übermaß, weil dies infolge eines besonderen Ereignisses notwendig geworden ist, so gebührt ihm der Wert der Früchte nur insoweit, als durch den ordnungswidrigen oder den übermäßigen Fruchtbezug die ihm gebührenden Nutzungen beeinträchtigt werden und nicht der Wert der Früchte nach den Regeln einer ordnungsmäßigen Wirtschaft zur Wiederherstellung der Sache zu verwenden ist.

A. Grundsatz

Die Vorschrift betrifft ordnungswidrigen und übermäßigen Fruchtbezug durch den Vor- 1
erben.

§ 2133 BGB | Ordnungswidrige oder übermäßige Fruchtziehung

I. Ordnungsgemäße Verwaltung

2 Früchte, die bei ordnungsgemäßer Verwaltung anfallen, gebühren nach ihrer Substanz und ihrem Wert dem Vorerben. Dies ist im Gesetz nicht ausdrücklich angeordnet, ergibt sich aber aus § 2111.

3 An Früchten, die aus nicht ordnungsgemäßer Verwaltung oder im Übermaß anfallen, erwirbt der Vorerbe zwar ebenfalls Eigentum (§ 953). Ihr Wert gebührt aber grds dem Nacherben. Da der Vorerbe auch nur die gewöhnlichen Erhaltungskosten trägt (§ 2124 Abs. 1), besteht kein Grund, ihm den Wert solcher Früchte zu belassen.

II. Definitionen

4 Nicht ordnungsgemäßer Fruchtbezug beruht auf dem Willen des Vorerben. Das Schulbeispiel ist der Raubbau an einem Wald.

5 Übermäßiger Fruchtbezug beruht nicht auf dem Willen, jedenfalls nicht auf dem Verschulden des Vorerben. Schulbeispiel ist der Windbruch in einem Wald (»Lothar«).

B. Wertzuweisungen

6 Der Wert solcher Früchte gebührt dem Vorerben nur ausnahmsweise.

I. Ausfall beim Vorerben

7 Er gebührt ihm insoweit, als durch solchen Fruchtbezug die ihm eigentlich gebührenden Nutzungen beeinträchtigt werden, dh, soweit er selbst einen Ausfall bei den Nutzungen erleidet (Früchte: § 99; Nutzungen: gem § 100 Früchte und sonstige Gebrauchsvorteile).

8 Das bedeutet, dass jedes Ereignis, das zum Bezug solcher Früchte geführt hat, in seinen Gesamtauswirkungen betrachtet werden muss, nicht etwa beschränkt auf ein Kalender- oder Wirtschaftsjahr. Es findet eine Kompensation statt (Soergel/*Harder/Wegmann* § 2133 Rn 2 und MüKo/*Grunsky* § 2133 Rn 1); der Wert der Früchte verbleibt dem Vorerben, soweit er dieselben Früchte in späteren Jahren gezogen hätte und aufgrund desselben Ereignisses nicht ziehen kann (MüKo/*Grunsky* § 2133 Rn 2).

II. Wiederherstellung der Sache

9 Der Wert solcher Früchte gebührt dem Vorerben aber auch insoweit nicht, als er nach den Regeln einer ordnungsgemäßen Wirtschaft zur Wiederherstellung der Sache zu verwenden ist (Schulbeispiel: Erlös aus Windbruch zur Wiederaufforstung, MüKo/*Grunsky* § 2133 Rn 3).

10 Der Vorerbe muss also trotz seiner Verluste diesen Wert in die Wiederherstellung der früheren Ertragsfähigkeit der Sache investieren. Das heißt andererseits nicht, dass er die Investitionen darauf beschränken dürfte, wenn die ordnungsgemäße Verwaltung einen höheren Aufwand erfordert (Staudinger/*Avenarius* § 2133 Rn 2).

C. Wertersatzanspruch

11 In obigen Grenzen begründet § 2133 einen Wertersatzanspruch des Nacherben (Soergel/*Harder/Wegmann* § 2133 Rn 4), der freilich erst vom Nacherbfall an geltend gemacht werden kann (MüKo/*Grunsky* § 2133 Rn 1). Wertersatz ist Ersatz des objektiven Wertes der Früchte.

12 Daneben kann ein Schadensersatzanspruch des Nacherben aus §§ 2130, 2131 bestehen (Soergel/*Harder/Wegmann* § 2133 Rn 4, MüKo/*Grunsky* § 2133 Rn 1).

D. Befreiung

13 Der Erblasser kann den Vorerben bis zur Grenze des § 2138 Abs. 2 befreien (§ 2136). Die Befreiung bedeutet praktisch, dass der Vorerbe den Wert solcher Früchte unabhängig

davon behalten darf, weshalb sie angefallen sind, sofern er sie nicht zur Schädigung des Nacherben im Übermaß gezogen hat.

§ 2134 Eigennützige Verwendung

Hat der Vorerbe einen Erbschaftsgegenstand für sich verwendet, so ist er nach dem Eintritt der Nacherbfolge dem Nacherben gegenüber zum Ersatz des Wertes verpflichtet. Eine weitergehende Haftung wegen Verschuldens bleibt unberührt.

A. Anwendungsbereich

Die Vorschrift statuiert eine Ersatzpflicht des Vorerben für den Fall, dass er Nachlassgegenstände für sich selbst verwendet hat. Sie gehört zu den Konsequenzen aus § 2130 und setzt mithin voraus, dass dem Vorerben deshalb die Herausgabe an den Nacherben unmöglich ist. Demgemäß greift sie nicht, wenn und soweit ein hinreichend werthaltiges Surrogat in den Nachlass gelangt ist (BGHZ 40, 115, 124). Sie greift aber jedenfalls bei unentgeltlichen Verfügungen (§ 2113 Abs. 2). 1

Beispielsfälle sind der Verbrauch von Geld und anderen verbrauchbaren Sachen, die Tilgung einer eigenen Schuld des Vorerben mit Nachlassmitteln, die Veräußerung von Nachlassgegenständen gegen Leibrente (BGH NJW 1955, 1345 und 1969, 47, 51) und eine übermäßige, von § 2132 nicht mehr gedeckte Abnutzung eines Nachlassgegenstandes. 2

Die Vorschrift bezieht sich nicht auf Nutzungen (s § 2111 Rn 9 und § 2133 Rn 2). 3

B. Ersatzansprüche des Nacherben

Für diesen Fall schuldet der Vorerbe Wertersatz. Der zu ersetzende Wert ist der zum Zeitpunkt der Verwendung, da sich danach auch der Wert eines Surrogates hätte richten müssen (MüKo/*Grunsky* § 2134 Rn 4, Staudinger/*Avenarius* § 2134 Rn 5). Der Anspruch entsteht gleichwohl erst beim Nacherbfall. Er besteht unabhängig vom Verschulden des Vorerben. 4

Bei Verschulden besteht zusätzlich (§ 2134 Abs. 2) ein Schadensersatzanspruch aus §§ 2130, 2131 (MüKo/*Grunsky* § 2134 Rn 5). Er kommt etwa in Betracht bei Verlust von Wertsteigerungen und negativen Auswirkungen auf weitere Nachlassgegenstände (Soergel/*Harder/Wegmann* § 2134 Rn 4). 5

C. Unterhaltsbedarf des Vorerben

Die Literatur (RGRK/*Johannsen* § 2134 Rn 3; Soergel/*Harder/Wegmann* § 2134 Rn 5; Mü- 6 Ko/*Grunsky* § 2134 Rn 6; Staudinger/*Avenarius* § 2134 Rn 7) behandelt vielfach den Notfall, in dem der Erblasser den Lebensunterhalt des Vorerben aus den Erträgnissen des Nachlasses sicherstellen wollte, die dann aber aufgrund eines für den Erblasser unvorhergesehenen Ereignisses nicht mehr ausreichen. Die Lösungsvorschläge reichen vom Wegfall der Wertersatzpflicht, wenn der Vorerbe sein Leben nunmehr aus dem Vermögensstamm fristet (Soergel/*Harder/Wegmann* aaO), über eine Auslegung als bedingtes Vorausvermächtnis oder eine bedingte Befreiung nach § 2136 (Staudinger/*Avenarius* aaO) bis zur Einsetzung des Vorerben als Vollerben (MüKo/*Grunsky* aaO).

D. Befreiung

Der Erblasser kann nach § 2136 befreien. 7

§ 2135 Miet- und Pachtverhältnis bei der Nacherbfolge

Hat der Vorerbe ein zur Erbschaft gehörendes Grundstück oder eingetragenes Schiff vermietet oder verpachtet, so findet, wenn das Miet- oder Pachtverhältnis bei dem Eintritt der Nacherbfolge noch besteht, die Vorschrift des § 1056 entsprechende Anwendung.

A. Anwendungsbereich

1 Die Vorschrift regelt das Schicksal von Miet- und Pachtverhältnissen über Grundstücke und eingetragene Schiffe (künftig nur noch: Mietverhältnisse über Grundstücke), die der Vorerbe abgeschlossen hat, im Nacherbfall. Sie tut dies durch Verweisung auf § 1056, der wieder auf zahlreiche Bestimmungen des Mietrechts weiter verweist.

2 Die Vorschrift gilt nur für Mietverträge, die der Vorerbe abgeschlossen hat. An Mietverträge, die noch der Erblasser abgeschlossen hat, ist der Nacherbe ohnehin als dessen Rechtsnachfolger gebunden (§§ 1922, 1967).

3 Bei beweglichen Sachen bindet der Mietvertrag des Vorerben den Nacherben nicht (wohl aber wiederum der des Erblassers). Er endet mit dem Nacherbfall. Der Nacherbe kann also die bewegliche Sache vom Mieter herausverlangen. Diesem können Ersatzansprüche wegen Nichterfüllung des Vertrages gegen den Vorerben zustehen (Soergel/*Harder/Wegmann* § 2135 Rn 1; Staudinger/*Avenarius* § 2135 Rn 14). Nach altem Schuldrecht handelt es sich um einen Rechtsmangel, der für den Vorerben freilich regelmäßig vorauszusehen war.

B. Rechtsfolgen

4 IE ergibt sich aus § 2135 für die Grundstücksmiete, insb auch für die Miete von Wohnraum:

5 Mit dem Nacherbfall tritt der Nacherbe anstelle des Vorerben in das Mietverhältnis ein. Der Vorerbe bleibt dem Mieter aber als selbstschuldnerischer Bürge haftbar (§ 566 Abs. 2 Satz 1), solange der Mieter nicht durch eine Mitteilung des Vorerben vom Nacherbfall Kenntnis erlangt hat (§ 566 Abs. 2 Satz 2). Hat der Mieter von Wohnraum dem Vorerben eine Sicherheit geleistet, so tritt der Nacherbe auch in die Sicherungsabrede ein; indessen bleibt der Vorerbe zur Rückgewähr der Sicherheit verpflichtet, wenn der Mieter sie beim Ende des Mietverhältnisses nicht vom Nacherben erlangen kann (§ 566a).

6 Der Nacherbe kann grds das Mietverhältnis mit ges Frist kündigen (§ 1056 Abs. 2 Satz 1). Er braucht dabei jedoch nicht auf den ersten zulässigen Termin zu kündigen, sondern kann dies während der gesamten Laufzeit des Mietvertrages tun (MüKo/*Pohlmann* § 1056 Rn 12). Der Mieter kann den Nacherben aber unter Bestimmung einer angemessenen Frist zur Erklärung darüber auffordern, ob er von seinem Kündigungsrecht Gebrauch macht (§ 1056 Abs. 3 Satz 1); dann kann der Nacherbe die Kündigung nur innerhalb dieser Frist erklären (§ 1056 Abs. 3 Satz 2). Hat der Mieter einen Baukostenzuschuss geleistet, so ist das Kündigungsrecht des Nacherben analog §§ 57a bis 57c ZVG ausgeschlossen (Soergel/*Harder/Wegmann* § 2135 Rn 4, Staudinger/*Avenarius* § 2135 Rn 12). Kein Kündigungsrecht des Nacherben besteht, wenn er dem Vorerben gegenüber dem Vertragsabschluss zugestimmt hat (wozu er nach § 2120 verpflichtet sein kann) oder wenn der Abschluss eines unkündbaren Mietvertrages über den Zeitpunkt des Nacherbfalls hinaus einer ordnungsgemäßen Verwaltung des Nachlasses entsprochen hat (MüKo/*Grunsky* § 2135 Rn 3). Auf Kündigungsschutzbestimmungen kann sich der Mieter auch gegenüber dem Nacherben berufen (Staudinger/*Avenarius* § 2135 Rn 11; MüKo/*Pohlmann* § 1056 Rn 11).

C. Arbeitsverhältnisse

Nach MüKo/*Grunsky* (§ 2135 Rn 5) tritt der Nacherbe analog § 2135 auch in Arbeitsverhältnisse ein, die der Vorerbe für einen zum Nachlass gehörenden Betrieb eingegangen ist (in die noch vom Erblasser begründeten Arbeitsverhältnisse ohnehin). Es soll nicht dazu kommen, dass der Betrieb dem Nacherben ohne die zugehörigen Arbeitskräfte anfällt. 7

§ 2136 Befreiung des Vorerben

Der Erblasser kann den Vorerben von den Beschränkungen und Verpflichtungen des § 2113 Abs. 1 und der §§ 2114, 2116 – 2119, 2123, 2127 – 2131, 2133, 2134 befreien.

Literatur
J. Mayer, Der superbefreite Vorerbe? – Möglichkeiten und Grenzen der Befreiung des Vorerben, ZEV 2000, 1 mit Formulierungsbeispielen; *G. Müller*, Möglichkeiten der Befreiung des Vorerben über § 2136 BGB hinaus, ZEV 1996, 179.

A. Gesetzlicher Umfang der Befreiungsmöglichkeiten

Nach § 2136 kann der Erblasser den Vorerben befreien von den Beschränkungen und Verpflichtungen aus 1

- § 2113 Abs. 1 (Verfügung über Gründstücke),
- § 2114 (Verfügung über Hypotheken- und Grundschuldforderungen),
- §§ 2116 – 2118 (Hinterlegung und Umwandlung von Wertpapieren, Sicherung von Schuldbuchforderungen),
- § 2119 (Anlegung von Geld als Mündelgeld),
- § 2123 (Wirtschaftsplan für Wälder, Bergwerke oder ähnliche Anlagen),
- § 2127 (Recht des Nacherben auf Auskunft über den Bestand der Erbschaft),
- §§ 2128, 2129 (Sicherheitsleistung, Entzug der Verwaltungs- und Verfügungsbefugnis),
- § 2130 (Verpflichtung zur ordnungsgemäßen Verwaltung und zur Herausgabe des Nachlasses, s aber § 2130 Rn 22 und 23) einschließlich des § 2132 (s § 2132 Rn 3),
- § 2131 (§ 277 BGB als Haftungsmaßstab),
- § 2133 (Wertersatz bei nicht ordnungsgemäßem oder übermäßigemäß Fruchtbezug) und
- § 2134 (Wertersatz bei eigennütziger Verwendung von Nachlassgegenständen).

B. Bestimmungen des Erblassers

Der Erblasser kann diese Befreiungen modifizieren. 2

I. Teilbefreiung

Der Erblasser kann den Vorerben auch nur von einigen, nicht aber von allen og Beschränkungen und Verpflichtungen befreien; im Zweifel ist der Vorerbe aber, wenn er denn befreit ist, insgesamt befreit (Staudinger/*Avenarius* § 2136 Rn 14). 3
Er kann ihn nur bzgl einzelner Nachlassgegenstände, bzgl einzelner Verfügungen oder gegenüber einzelnen von mehreren Nacherben (MüKo/*Grunsky* § 2136 Rn 7) befreien. Er kann auch nur einzelne von mehreren Vorerben befreien (Soergel/*Harder/Wegmann* § 2136 Rn 4); die Befreiung von Ersatzvorerben und der Erben des Vorerben ist besonders festzustellen (Staudinger/*Avenarius* § 2136 Rn 15). 4
Er kann eine Befreiung unter einer Bedingung oder Befristung anordnen, etwa für den Fall der Not des Vorerben (aufschiebende Bedingung, *J. Mayer* ZEV 2000, 1, 3; BayObLG FamRZ 1984, 1272). 5

§ 2136 BGB | Befreiung des Vorerben

II. Verschärfung

6   Der Erblasser kann dem Vorerben über die §§ 2111 ff hinaus durch Vermächtnisse und Auflagen weitere schuldrechtliche Verpflichtungen auferlegen, bei deren Verletzung er dem Nacherben gem §§ 2130, 2131 ersatzpflichtig wird.

7   Die Beschränkungen können auch die Nutznießung durch den Vorerben betreffen (Staudinger/*Avenarius* § 2136 Rn 28). Der Erblasser kann den Vorerben aber nicht dadurch beschränken, dass er ihn zum Generalbevollmächtigten oder zum Testamentsvollstrecker für den Nacherben ernennt (Staudinger/*Avenarius* § 2136 Rn 12).

C. Unmöglichkeit der Befreiung

8   Im Gegenschluss aus § 2136 ergibt sich, dass der Erblasser den Vorerben nicht befreien kann von

- § 2111 (Rechtsfolgen der dinglichen Surrogation),
- § 2113 Abs. 2 (Unwirksamkeit unentgeltlicher Verfügungen über Nachlassgegenstände aller Art einschließlich der Grundstücke, in der Praxis besonders wichtig),
- § 2115 (Unwirksamkeit von Verfügungen im Wege der Zwangsvollstreckung, des Arrestes, der einstweiligen Verfügung und durch den Insolvenzverwalter),
- § 2121 (Inventarpflicht),
- § 2122 Satz 2 (Pflicht zur Duldung der Feststellung des Nachlasszustandes),
- §§ 2124 – 2126 (Ausschluss der Erstattung bestimmter Aufwendungen des Vorerben durch den Nacherben) und
- § 2138 Abs. 2 (Arglisthaftung bei Verfügungen zwecks Benachteiligung des Nacherben).

D. Auswege für den Erblasser

9   Dieser kann weitgehend dasselbe erreichen, in dem er dem Nacherben Vermächtnisse zugunsten des Vorerben auferlegt. Er kann ihn dergestalt etwa verpflichten, bestimmte Verfügungen des Vorerben zu genehmigen oder deren Wirksamkeit anzuerkennen (für unentgeltliche Verfügungen: OLG *Düsseldorf* ZEV 2000, 29 mit Anm *Wübben*; Staudinger/*Avenarius* § 2136 Rn 7; Soergel/*Harder/Wegmann* § 2136 Rn 2) oder entgegen § 2124 Abs. 1 auch die gewöhnlichen Erhaltungskosten für den Nachlass zu übernehmen (Soergel/*Harder/Wegmann* § 2136 Rn 3). Dergleichen nicht durch Vermächtnis, sondern im Wege der Auflage anzuordnen, ist dagegen nur empfehlenswert, wenn ein Testamentsvollstrecker ihre Einhaltung überwacht (*J. Mayer* ZEV 2000, 1, 4; dort auch weitere Gestaltungsmöglichkeiten).

10 Eine generelle Befreiung des Vorerben von allen Beschränkungen ist nicht möglich. Dies gilt auch dann, wenn der Erblasser seine Ehefrau mit der Maßgabe als Vorerbin eingesetzt hat, dass sie über seinen gesamten Nachlass frei nach ihrem Willen solle verfügen können (BGHZ 7, 274, 276). Indessen ist in solchen Fällen eine Auslegung dahin zu erwägen, dass sie als Vollerbin eingesetzt und dem »Nacherben« nur ein Vermächtnis auf den Überrest zugewendet ist (Staudinger/*Avenarius* § 2137 Rn 4).

E. Auslegung

11 Vielfach wird erst der Testamentsauslegung zu entnehmen sein, ob und inwieweit der Vorerbe befreit sein soll.

12 Insoweit liegt eine Befreiung näher, wenn der Wille des Erblassers primär auf die Rechtsnachfolge durch den Vorerben oder die Gewährleistung seines sicheren Auskommens auch aus dem Stamm des Nachlasses (MüKo/*Grunsky* § 2136 Rn 3) gerichtet war; eine Beschränkung dann, wenn es ihm primär um die Bewahrung der Vermögenswerte für den Nacherben ging (Staudinger/*Avenarius* § 2136 Rn 13). Es ist auch denkbar, dass der Erblasser die Vorstellung hatte, »Vorerbe« sei bereits der befreite Vorerbe (Staudinger/*Ave*-

narius aaO). Rechtsprechung und Literatur haben differenzierte Regeln entwickelt. Vor deren schematischer Anwendung ist indessen zu warnen. IE:
»Alleinerbe« oder »Universalerbe« besagen nichts für oder gegen die Befreiung (BGH FamRZ 1970, 192; Staudinger/*Avenarius* § 2136 Rn 18; MüKo/*Grunsky* § 2136 Rn 3; aA OLG Düsseldorf FamRZ 1998, 389 mit krit Anm *Avenarius*). Dasselbe gilt, wenn die Vorerbschaft nur für einen Teil des Nachlasses angeordnet ist (BayObLG NJW 1958, 1863; Staudinger/ *Avenarius* § 2136 Rn 19). 13

Für eine Befreiung kann es dagegen sprechen, wenn 14

- sich Ehegatten gegenseitig zu Vorerben eingesetzt haben und kinderlos geblieben sind (so Staudinger/*Avenarius* § 2136 Rn 20; aA BGH FamRZ 1970, 192, 193),
- der Nacherbe unter aufschiebender Bedingung, insb durch Wiederverheiratungsklauseln, eingesetzt ist (Staudinger/*Avenarius* § 2136 Rn 22 und 23; MüKo/*Grunsky* § 2136 Rn 4),
- die Einsetzung des Nacherben durch die Existenz von Abkömmlingen des Vorerben auflösend bedingt ist (BayObLG FamRZ 1981, 403; Staudinger/*Avenarius* § 2136 Rn 24) oder
- Vorerbe eine dem Erblasser nahe stehende Person (insb der Ehegatte) ist, Nacherbe aber ein entfernter Verwandter, und der Vorerbe wesentlich zum Vermögenserwerb des Erblassers beigetragen hat (MüKo/*Grunsky* § 2136 Rn 3; BayObLGZ 60, 432, 437; OLG Hamm NJW-RR 1997, 453; dazu *Avenarius* NJW 1997, 2740).

§ 2137 Auslegungsregel für die Befreiung

(1) Hat der Erblasser den Nacherben auf dasjenige eingesetzt, was von der Erbschaft bei dem Eintritt der Nacherbfolge übrig sein wird, so gilt die Befreiung von allen in § 2136 bezeichneten Beschränkungen und Verpflichtungen als angeordnet.

(2) Das Gleiche ist im Zweifel anzunehmen, wenn der Erblasser bestimmt hat, dass der Vorerbe zur freien Verfügung über die Erbschaft berechtigt sein soll.

A. Grundsatz

Nach dieser Vorschrift ist der Vorerbe in zwei praktisch wichtigen Fällen von allen Beschränkungen befreit, von denen er nach § 2136 befreit werden kann. 1

B. Erster Fall: Überrest

Er ist dergestalt befreit, wenn der Nacherbe auf den Überrest eingesetzt ist (§ 2137 Abs. 1). 2
Vorab ist hier aber zu prüfen, ob überhaupt eine Vor- und Nacherbschaft gewollt ist 3 (MüKo/*Grunsky* § 2137 Rn 2; RGRK/*Johannsen* § 2137 Rn 1). Es kommt nämlich auch die Auslegung in Betracht, dass der »Vorerbe« als Vollerbe eingesetzt und dem »Nacherben« ein Vermächtnis in Gestalt des Überrestes zugewendet ist (Staudinger/*Avenarius* § 2137 Rn 4).
Nach früher herrschender Meinung handelte es sich um eine unwiderlegliche Vermutung 4 (RGRK/*Johannsen* und Soergel/*Harder/Wegmann*, jeweils § 2137 Rn 1), nach aA (MüKo/ *Grunsky* § 2137 Rn 1) um eine widerlegbare Vermutung, nach wieder aA (Staudinger/ *Avenarius* § 2137 Rn 2) nur um eine Auslegungsregel. Letztere Auffassung hat durch die jetzt amtliche Überschrift »Auslegungsregel für die Befreiung« an Gewicht gewonnen.

C. Zweiter Fall: Freie Verfügung

Nach § 2137 Abs. 2 ist Befreiung anzunehmen, wenn der Erblasser angeordnet hat, dass 5 der Vorerbe zur freien Verfügung über die Erbschaft berechtigt sein soll.

§ 2138 BGB | Beschränkte Herausgabepflicht

6 Hier handelt es sich einwandfrei um eine Auslegungsregel (RGRK/*Johannsen* § 2137 Rn 2).
7 Die Auslegung der letztwilligen Verfügung kann indessen etwas anderes ergeben, zB dass der Vorerbe nur von den Verfügungsbeschränkungen aus §§ 2113 Abs. 1 und 2114 BGB befreit sein soll (Staudinger/*Avenarius* § 2137 Rn 6). Sie kann auch ergeben, dass der »Vorerbe« ein wirklich freies Verfügungsrecht haben sollte; dann ist er als Vollerbe und der »Nacherbe« als Vermächtnisnehmer anzusehen (Staudinger/*Avenarius* § 2137 Rn 5).

§ 2138 Beschränkte Herausgabepflicht

(1) Die Herausgabepflicht des Vorerben beschränkt sich in den Fällen des § 2137 auf die bei ihm noch vorhandenen Erbschaftsgegenstände. Für Verwendungen auf Gegenstände, die er infolge dieser Beschränkung nicht herauszugeben hat, kann er nicht Ersatz verlangen.

(2) Hat der Vorerbe der Vorschrift des § 2113 Abs. 2 zuwider über einen Erbschaftsgegenstand verfügt oder hat er die Erbschaft in der Absicht, den Nacherben zu benachteiligen, vermindert, so ist er dem Nacherben zum Schadensersatz verpflichtet.

A. Inhalt

1 Die Vorschrift regelt die Rechtsfolgen aus der Befreiung des Vorerben von seiner Herausgabe- und Schadensersatzpflicht.
2 Sie ist nicht nur in den Fällen des § 2137 anzuwenden, sondern immer dann, wenn der Erblasser den Vorerben ausdrücklich oder schlüssig nach § 2136 befreit hat (MüKo/*Grunsky*, Soergel/*Harder/Wegmann*, Staudinger/*Avenarius*, jeweils § 2138 Rn 1).

B. Rechtsfolgen

3 Dann beschränkt sich die Herausgabepflicht des Vorerben (Rechtsgrundlage: § 2130 Abs. 1 Satz 1) auf den Überrest (§ 2138 Abs. 1). Dies sind die beim Nacherbfall tatsächlich in der Hand des Vorerben noch vorhandenen Nachlassbestandteile einschließlich noch vorhandener Surrogate, beides in dem Zustand, in dem sie sich beim Nacherbfall befinden. Die Beweislast für die Eigenschaft als Surrogat liegt beim Nacherben (Soergel/*Harder/Wegmann* § 2138 Rn 1). Nicht herauszugeben ist insb das, was der Vorerbe für sich verwendet hat.
4 Ist der Vorerbe nur von einzelnen Beschränkungen und Verpflichtungen befreit, so kommt es darauf an, ob die Summe der Befreiungen so gewichtig ist, dass sie zur Beschränkung der Herausgabepflicht auf den Überrest führen kann. In jedem Fall muss der Vorerbe, damit er sich darauf berufen kann, von § 2134 befreit sein (Soergel/*Harder/Wegmann* § 2138 Rn 4).
5 Für die Gegenstände, für die den Vorerben aufgrund der Befreiung keine Herausgabepflicht trifft, kann er auch keinerlei Verwendungsersatz beanspruchen (§ 2138 Abs. 1 S 2). Er behält diese Ansprüche (§§ 2124 – 2126) jedoch für Gegenstände, die er herausgeben muss, und für solche, die er aus anderen Gründen nicht herausgeben kann, etwa wegen zufälligen Untergangs (RGRK/*Johannsen* § 2138 Rn 4).

C. Auswirkungen auf die Schadensersatzpflicht des Vorerben

6 Die Schadensersatzpflicht des Vorerben tritt bei vollständiger Befreiung nur in zwei Fällen ein (§ 2138 Abs. 2):

I. Erster Fall: Unentgeltliche Verfügungen

7 Der Vorerbe bleibt schadensersatzpflichtig für Verfügungen, die er entgegen § 2113 Abs. 2 vorgenommen hat, also unentgeltliche Verfügungen über Nachlassgegenstände einschließlich solcher, für die kein hinreichendes Entgelt in den Nachlass gelangt ist.

Eine Benachteiligungsabsicht des Vorerben wird insoweit nicht verlangt. Der Verschuldensmaßstab ist der des § 276 Abs. 1, nicht der der §§ 2131, 277 (s § 2131 Rn 4). 8

II. Zweiter Fall: Benachteiligungsabsicht

Der Vorerbe schuldet außerdem Schadensersatz, soweit er die Erbschaft in der Absicht vermindert hat, den Nacherben zu benachteiligen. 9

Diese Absicht, in der Literatur gelegentlich auch als Arglist bezeichnet, ist nicht mehr als der Vorsatz des Vorerben, nämlich seine Kenntnis von der schädigenden Wirkung seines Handelns (Staudinger/*Avenarius* § 2138 Rn 14). Er fehlt, wenn sich der Vorerbe der wirtschaftlichen Tragweite des Rechtsgeschäfts nicht bewusst gewesen ist (BGHZ 26, 378, 383). 10

Die Grenze ist beim befreiten Vorerben nur schwer zu ziehen, wo es um die Verwendung von Nachlassgegenständen für eigene Zwecke geht. Die Literatur (Staudinger/*Avenarius* § 2138 Rn 16) will dies bei verschwenderischer Lebensführung auf Kosten des Nachlasses annehmen, ferner bei einer Entschuldung des Vorerben mit Nachlassmitteln und allgemein dann, wenn die Absicht einer Wertverschiebung erkennbar ist. 11

Der Anspruch richtet sich auf Schadensersatz, nicht auf bloßen Wertersatz. Es können deshalb etwa auch die Kosten der Wiederbeschaffung eines weggegebenen Nachlassgegenstandes verlangt werden (RGRK/*Johannsen* § 2138 Rn 8). Soweit es auf die Bewertung dieses Nachlassgegenstandes ankommt, entscheidet der Zeitpunkt der Ersatzleistung, nicht der der Verminderung des Nachlasses (Soergel/*Harder*/*Wegmann* § 2138 Rn 5), denn es geht um den Ersatz des Schadens und nicht nur des Wertes. 12

Daneben kann der Nacherbe gegen den Dritten vorgehen, insgesamt aber den Ersatz seines Schadens nur einmal verlangen (Staudinger/*Avenarius* § 2138 Rn 8). 13

Der Ersatzanspruch entsteht erst mit dem Nacherbfall, doch kann der Nacherbe schon zuvor Feststellungsklage erheben (Staudinger/*Avenarius* § 2138 Rn 19). 14

§ 2139 Wirkung des Eintritts der Nacherbfolge

Mit dem Eintritt des Falles der Nacherbfolge hört der Vorerbe auf, Erbe zu sein, und fällt die Erbschaft dem Nacherben an.

A. Grundregel

Die Norm spricht die Wirkung aus, die der Eintritt des Nacherbfalls mit sich bringt: der Nachlass fällt dem Nacherben an. 1

I. Universalsukzession

Der Nacherbe wird damit Erbe des Erblassers iS einer Gesamtrechtsnachfolge (§ 1922). Der Erwerb wird aber nicht auf den Tod des Erblassers zurück bezogen. Der Nacherbe wird auch nicht Erbe des Vorerben. Rechtsnachfolger des Vorerben sind dessen eigene Erben. 2

II. Ausschlagung

Der Nacherbe kann noch nach der allgemeinen Regel des § 1942 ausschlagen, falls er die Erbschaft noch nicht angenommen hat (etwa durch Veräußerung oder Verpfändung seines Anwartschaftsrechts). Die Ausschlagungsfrist beginnt mit seiner Kenntnis vom Anfall der Nacherbschaft und vom Grund seiner Berufung zum Nacherben (§ 1944 Abs. 2 Satz 1). Sie beginnt also niemals vor dem Nacherbfall. Dieses allgemeine Ausschlagungsrecht besteht neben dem besonderen aus § 2142. 3

§ 2139 BGB | Wirkung des Eintritts der Nacherbfolge

III. Zeitpunkt

4 Den Zeitpunkt des Nacherbfalls bestimmt ausschließlich der Erblasser (s § 2100 Rn 46 und 59). Häufig ist es der Tod des Vorerben. Hat der Erblasser keine Bestimmung getroffen, so gilt § 2106.

5 Der Vorerbe kann das Ende seiner Vorerbenstellung nicht rechtsgeschäftlich vorverlegen (Staudinger/*Avenarius* § 2139 Rn 14).

IV. Automatik

6 Die Erbschaft fällt dem Nacherben kraft Gesetzes und ohne irgendwelche Übertragungsakte an.

7 Der unmittelbare Besitz (§ 857) geht freilich auf den Nacherben nur über, wenn der Vorerbe ihn noch nicht ergriffen hatte, ansonsten nur mittels Übertragung durch den Vorerben oder dessen Erben (MüKo/*Grunsky* § 2139 Rn 2). Den mittelbaren Besitz erwirbt der Nacherbe unmittelbar mit dem Herausgabeanspruch (MüKo/*Grunsky* aaO; Staudinger/*Avenarius* § 2139 Rn 6).

B. Rechtsbehalt des Vorerben

8 Persönliche Rechtsbeziehungen des Vorerben verbleiben bei diesem. Löst sein Tod den Nacherbfall aus, so gehen sie auf seine eigenen Erben über.

9 Diese können auch, wenn die Ausschlagungsfrist noch offen ist, die Erbschaft ausschlagen (BGHZ 44, 152), so etwa die Ehefrau, um stattdessen den kleinen Pflichtteil und den Zugewinnausgleich zu verlangen (§ 2306 Abs. 1 Satz 2). Der Anfall der Erbschaft beim Nacherben wird dadurch aber nicht betroffen, insb nicht hinausgeschoben (MüKo/*Grunsky* § 2139 Rn 6).

10 Die Rechtsstellung des Vorerben als Vorerben wirkt weiter gem § 2140 (Fortbestand der Verfügungsbefugnis bis zur Kenntnis vom Nacherbfall), § 2142 Abs. 2 (Verbleib der Erbschaft beim Vorerben, wenn der Nacherbe ausschlägt) und § 2145 (Haftung für Nachlassverbindlichkeiten).

C. Grundbuch und Erbschein

11 Der Nacherbfall macht die Berichtigung des Grundbuchs erforderlich. IdR geschieht sie auf Betreiben des Nacherben.

12 Der dem Vorerben erteilte Erbschein ist unrichtig geworden und einzuziehen (§ 2361). Der Nacherbe kann vom Vorerben verlangen, dass er den ihm erteilten Erbschein dem Nachlassgericht herausgibt (MüKo/*Grunsky* § 2139 Rn 10).

D. Haftung

13 Zur Haftung für Nachlassverbindlichkeiten s § 2100 Rn 83 ff und § 2145.

E. Vollmachten

14 Zu Vollmachten s § 2112 Rn 20 ff

F. Prozessführung

15 Zur Prozessführung s § 2100 Rn 96 ff

§ 2140 Verfügungen des Vorerben nach Eintritt der Nacherbfolge

Der Vorerbe ist auch nach dem Eintritt des Falles der Nacherbfolge zur Verfügung über Nachlassgegenstände in dem gleichen Umfang wie vorher berechtigt, bis er von dem Eintritt Kenntnis erlangt oder ihn kennen muss. Ein Dritter kann sich auf diese Berechtigung nicht berufen, wenn er bei der Vornahme eines Rechtsgeschäfts den Eintritt kennt oder kennen muss.

A. Fortbestehendes Verfügungsrecht des Vorerben

Die Vorschrift gibt dem Vorerben ein Verfügungsrecht über den Nachlass auch nach dem Eintritt der Nacherbfolge. Er bleibt in gleicher Weise wie bis dahin verfügungsbefugt, also mit allen Beschränkungen und evtl bestehenden Befreiungen. 1

Voraussetzung ist, dass er den Eintritt des Nacherbfalls weder kennt noch kennen muss (§ 122 Abs. 2, so dass schon einfache Fahrlässigkeit schadet). Unerheblich ist die Kenntnis oder Unkenntnis von der Person des Nacherben und von der Tatsache, dass der Erblasser Nacherbfolge angeordnet hat (MüKo/*Grunsky* § 2140 Rn 1). 2

Die Vorschrift beruht auf der Überlegung, dass der Vorerbe vom Eintritt des Nacherbfalls (etwa: Geburt des Nacherben, bestimmtes Ereignis in der Person des Nacherben) vielfach nicht sofort erfährt. Logischerweise ist dafür kein Raum, wo der Nacherbfall durch den Tod des Vorerben ausgelöst wird; deshalb kommt die Vorschrift den Erben des Vorerben nicht zugute (Staudinger/*Avenarius* § 2140 Rn 2). 3

B. Umfang

Die Vorschrift deckt Verfügungen aller Art, auch solche über Forderungen und andere Rechte. 4

Sie ist analog auf den Abschluss schuldrechtlicher Verträge anzuwenden. Insoweit dauert auch die Verantwortung des Vorerben für die Verwaltung des Nachlasses fort. Die Verpflichtung aus solchen Verträgen trifft den Vorerben, doch ist der Nacherbe zu dessen Befreiung verpflichtet, wenn das Rechtsgeschäft der ordnungsgemäßen Verwaltung des Nachlasses entspricht (Staudinger/*Avenarius* § 2140 Rn 5).

C. Schutz des guten Glaubens

Der Erwerber kann sich auf die Verfügungsmacht des Vorerben nicht berufen, wenn er seinerseits bei Vornahme des Rechtsgeschäfts den Eintritt des Nacherbfalls kennt oder kennen muss (§ 2140 Satz 2). Auch hier kommt es nur auf die Kenntnis vom Eintritt des Nacherbfalls an. Auch hier schadet schon leichte Fahrlässigkeit. Auch diese Vorschrift bezieht den Erwerb von Forderungen oder sonstigen Rechten ein. 5

Der böse Glaube des Erwerbers schadet aber nur diesem und macht den Erwerb unwirksam. Er schadet nicht dem gutgläubigen Vorerben, soweit es um dessen Verantwortung gegenüber dem Nacherben geht (Staudinger/*Avenarius* § 2140 Rn 9). 6

Ist schon der Vorerbe bösgläubig, so ist der Erwerber nur nach den allgemeinen Gutglaubensvorschriften (§§ 892, 932, 2366) geschützt. 7

Für den Schutz des Schuldners bei Forderungen und sonstigen Rechten gelten die §§ 406 – 408 analog, doch schadet ihm nach dem Rechtsgedanken des § 2140 Satz 2 auch schon leicht fahrlässige Unkenntnis vom Eintritt des Nacherbfalls (Staudinger/*Avenarius* § 2140 Rn 11; MüKo/*Grunsky* § 2140 Rn 6; KG ZEV 2003, 110). 8

D. Informationsrecht des Erwerbers

Der Erwerber kann sich unterrichten, in dem er beim Nachlassgericht feststellt, ob der Nacherbfall angezeigt worden ist (§ 2146 Abs. 2). 9

E. Beweislast

10 Die Beweislast ist umstritten. Nach Soergel/*Harder/Wegmann* (§ 2140 Rn 2) hat, wer sich auf die Unwirksamkeit eines Rechtserwerbs vom Vorerben beruft, die Kenntnis oder fahrlässige Unkenntnis des Vorerben oder des Dritten zu beweisen. Nach Staudinger/ *Avenarius* (§ 2140 Rn 3) muss hingegen der Vorerbe, der sich gegenüber dem Nacherben auf die Wirksamkeit seiner Verfügung beruft, seinen guten Glauben beweisen.

§ 2141 Unterhalt der werdenden Mutter eines Nacherben

Ist bei dem Eintritt des Falles der Nacherbfolge die Geburt eines Nacherben zu erwarten, so finden auf den Unterhaltsanspruch der Mutter die Vorschriften des § 1963 entsprechende Anwendung.

A. Unterhaltsanspruch der werdenden Mutter des Nacherben

1 Ist der Nacherbe bei Eintritt des Nacherbfalls schon gezeugt, aber noch nicht geboren, so gilt er gem §§ 2108, 1923 als vor dem Nacherbfall geboren. Für diesen Fall gibt § 2141 seiner werdenden Mutter den Unterhaltsanspruch des § 1963.

2 Es handelt sich um eine Rechtsgrundverweisung. Die übrigen Tatbestandsmerkmale des § 1963 müssen also gegeben sein. Insb muss die Mutter außerstande sein, sich selbst zu unterhalten (MüKo/*Grunsky* § 2141 Rn 1).

3 Der Anspruch richtet sich gegen den Nachlass, der vom Pfleger für den Nacherben vertreten wird (MüKo/*Grunsky* aaO).

B. Analoge Anwendung

4 Ist eine noch nicht gezeugte Person zum Erben eingesetzt und dies gem § 2101 Abs. 1 als Einsetzung zum Nacherben anzusehen, so tritt der Nacherbfall gem § 2106 Abs. 2 erst mit der Geburt dieser Person ein. In einem solchen Fall hat die werdende Mutter den Unterhaltsanspruch analog §§ 2141, 1963 (MüKo/*Grunsky* § 2141 Rn 2). Er richtet sich gegen den Vorerben (MüKo/*Grunsky* aaO).

§ 2142 Ausschlagung der Nacherbschaft

(1) Der Nacherbe kann die Erbschaft ausschlagen, sobald der Erbfall eingetreten ist.

(2) Schlägt der Nacherbe die Erbschaft aus, so verbleibt sie dem Vorerben, soweit nicht der Erblasser ein anderes bestimmt hat.

A. Ausschlagung der Erbschaft durch den Nacherben

1 Die Vorschrift regelt diese dahin, dass sie schon zwischen Erbfall und Nacherbfall möglich ist. Dies gilt auch dann, wenn der Nacherbe nur unter einer weiteren Bedingung oder Befristung eingesetzt ist.

2 Vernünftigerweise kann der Nacherbe die Erbschaft auch schon zwischen Erbfall und Nacherbfall annehmen (§ 1946, Staudinger/*Avenarius* § 2142 Rn 14). Dies kann auch konkludent geschehen. In der Veräußerung oder Verpfändung seines Anwartschaftsrechts liegt idR die Annahme (aA MüKo/*Grunsky* § 2142 Rn 6 für den Fall, dass der Erwerber das Risiko der Ausschlagung durch den Nacherben übernimmt; diese wäre aber wohl treuwidrig). In der Wahrnehmung der Nacherbenrechte aus §§ 2116 ff, 2127, 2120 liegt sie idR nicht (RGZ 80, 385).

Pfändung und Insolvenz beschränken das Annahme- und Ausschlagungsrecht des Nach- 3
erben nicht (s § 2100 Rn 78). Es unterliegt auch nicht der Testamentsvollstreckung, nicht
einmal im Fall des § 2222 (Soergel/*Harder/Wegmann* § 2142 Rn 2).
Stirbt der Nacherbe nach dem Nacherbfall, so gehen Annahme- und Ausschlagungsrecht 4
auf seine Erben über (§ 1952, MüKo/*Grunsky* § 2142 Rn 2).

B. Zeitpunkt

Sonderheiten gelten für jede Ausschlagung, wenn der Nacherbe nach dem Erblasser 5
pflichtteilsberechtigt ist und nach § 2306 Abs. 2 iVm Abs. 1 Satz 2 Hs 2 zwecks Erlangung
des Pflichtteils ausschlagen will. In diesem Fall kann die Ausschlagungsfrist noch später
beginnen. Es ist nämlich zwischen der Kenntnis des Nacherben vom Anfall der Nacherbschaft und seiner Kenntnis von der Beschränkung seiner Erbeinsetzung (durch die Rechte
des Vorerben) zu unterscheiden; im Fall des § 2306 entscheidet der spätere der beiden
Zeitpunkte (RGZ 59, 341, 342; BayObLG NJW 1967, 446, 447). Andererseits kann der
Nacherbe zur Ausschlagung schon weit früher genötigt sein, weil die Verjährung der
Pflichtteilsansprüche droht; hierfür läuft nach § 2332 Abs. 1 BGB eine Frist von drei Jahren
ab Kenntnis vom Erbfall (nicht: vom Nacherbfall, MüKo/*Lange* § 2306 Rn 8).

C. Rechtsfolgen

Schlägt der Nacherbe aus, so wird die Nacherbfolge insoweit hinfällig. 6
Es tritt Anwachsung bei den anderen Miterben (§ 2094, MüKo/*Grunsky* § 2142 Rn 5; 7
Staudinger/*Avenarius* § 2142 Rn 7; s auch oben § 2108 Rn 20), Anfall beim Ersatznacherben
(§ 2096) oder Ersatzberufung der Abkömmlinge des Nacherben (§ 2069) ein. Liegt keiner
dieser Fälle vor, so verbleibt der Nachlass dem Vorerben als Vollerben (§ 2142 Abs. 2).
Dies alles ist der Modifikation durch letztwillige Verfügung des Erblassers zugänglich. So 8
kann deren Auslegung ergeben, dass der Nachlass keinesfalls dem Vorerben anfallen soll,
seine Beschränkung durch die Nacherbschaft vielmehr »absolut gewollt« ist (Staudinger/
Avenarius § 2142 Rn 8: dann Eintritt der ges Erben des Nacherben). Schlägt ein als Nacherbe berufener Abkömmling aus, um den Pflichtteil zu erlangen, so kann es eine vom
Erblasser ungewollte Bevorzugung des Stammes dieses Abkömmlings darstellen, nunmehr neben der Zahlung des Pflichtteils an ihn auch noch seine Abkömmlinge gem § 2069
als zu Nacherben berufen anzusehen (BGHZ 33, 60, 64; MüKo/*Grunsky* § 2142 Rn 5;
Staudinger/*Avenarius* § 2142 Rn 10). Eine solche Bevorzugung wird aber idR nicht vorliegen, wenn ein Abkömmling des Erblassers zum Nacherben eingesetzt ist und der
Erblasser das Vermögen in der Familie halten und nicht der Familie seines Ehegatten zuwenden wollte (Soergel/*Harder/Wegmann* § 2142 Rn 6), insb wenn er den Ehegatten zum Vorerben und das einzige gemeinsame Kind zum Nacherben eingesetzt hat
(Staudinger/*Avenarius* § 2142 Rn 11). Sie ist ferner in einem Fall abgelehnt worden, in dem
die beiden Söhne des Erblassers zu Nacherben berufen waren und beide zwecks Erlangung des Pflichtteils ausgeschlagen hatten, da hier keine Bevorzugung eines Erbenstammes drohte (BayObLG ZEV 2000, 274).

D. Analoge Anwendung

Die Vorschrift ist analog anwendbar, wenn der Vorerbe wegfällt, weil er verzichtet, für 9
erbunwürdig erklärt wird oder vor dem Erbfall verstirbt (Staudinger/*Avenarius* § 2142
Rn 12; Soergel/*Harder/Wegmann* § 2142 Rn 5; aA MüKo/*Grunsky* § 2142 Rn 4). Stirbt er
zwischen Erb- und Nacherbfall, so geht seine Anwartschaft nach § 2108 Abs. 2 auf seine
Erben über (Staudinger/*Avenarius* § 2142 Rn 13).

§ 2143 Wiederaufleben erloschener Rechtsverhältnisse

Tritt die Nacherbfolge ein, so gelten die infolge des Erbfalls durch Vereinigung von Recht und Verbindlichkeit oder von Recht und Belastung erloschenen Rechtsverhältnisse als nicht erloschen.

A. Grundsatz

1 Obwohl man den Nachlass, der der Nacherbschaft unterliegt, in der Hand des Vorerben wegen dessen Bindungen gegenüber dem Nacherben als Sondervermögen anzusehen hat (s.o. § 2100 Rn 82), geht der Gesetzgeber davon aus, dass sich Forderung und Schuld (Konfusion) sowie dingliches Recht und Belastung (Konsolidation) mit Bezug auf Nachlass und Eigenvermögen bei ihm in einer Hand vereinigen und die Rechtsverhältnisse damit erlöschen. Eine Ausnahme davon gilt nur, wenn Testamentsvollstreckung zur Verwaltung des Nachlasses angeordnet ist (BGHZ 48, 214). Die Vorschrift ordnet jedoch an, dass diese Rechtsverhältnisse bei Eintritt der Nacherbfolge nicht als erloschen gelten.

2 Sie leben wieder auf, und zwar automatisch ohne rechtsgeschäftliche Wiederbegründung, freilich nicht mit Rückwirkung (Soergel/*Harder/Wegmann* § 2143 Rn 2). Auch Sicherungsrechte leben wieder auf; auch ihr Rang bestimmt sich folgerichtig nach dem Zeitpunkt des Wiederauflebens, nicht der erstmaligen Begründung (MüKo/*Grunsky* § 2143 Rn 2; aA Staudinger/*Avenarius* § 2143 Rn 5).

B. Verjährung

3 Es ist fraglich geworden, ob bei Ansprüchen zwischen Vor- und Nacherben dem jeweiligen Gläubiger die Hemmung der Verjährung analog § 205 zugute kommt. Dies war für § 202 Abs. 1 aF anerkannt und wird auch für § 205 nF vertreten (Soergel/*Harder/Wegmann* § 2143 Rn 4 und Staudinger/*Avenarius* § 2143 Rn 8). Dem Gesetzgeber der Schuldrechtsmodernisierung war aber daran gelegen, den Anwendungsbereich der Vorschrift einzuengen (Erman/*Schmidt-Räntsch* § 205 Rn 8).

4 Andererseits ist schon während der Vorerbschaft eine Feststellungsklage des Nacherben gegen den Vorerben dahin möglich, dass ihm die durch Konfusion erloschene Forderung bei Eintritt des Nacherbfalls wieder zusteht (BGH LM Nr. 1 zu § 2100).

§ 2144 Haftung des Nacherben für Nachlassverbindlichkeiten

(1) Die Vorschriften über die Beschränkung der Haftung des Erben für die Nachlassverbindlichkeiten gelten auch für den Nacherben; an die Stelle des Nachlasses tritt dasjenige, was der Nacherbe aus der Erbschaft erlangt, mit Einschluss der ihm gegen den Vorerben als solchen zustehenden Ansprüche.

(2) Das von dem Vorerben errichtete Inventar kommt auch dem Nacherben zustatten.

(3) Der Nacherbe kann sich dem Vorerben gegenüber auf die Beschränkung seiner Haftung auch dann berufen, wenn er den übrigen Nachlassgläubigern gegenüber unbeschränkt haftet.

A. Grundsatz

1 Der Nacherbe haftet für die Nachlassverbindlichkeiten. Er haftet hierfür ab dem Nacherbfall und löst den bis dahin haftenden Vorerben ab. Dies gilt auch dann, wenn der Nacherbe die Nacherbschaft schon früher angenommen hat. Die Nachlassverbindlichkeiten gehen auf ihn in dem Zustand über, in dem sie sich beim Nacherbfall befinden; so etwa kommt

eine dem Vorerben bewilligte Stundung auch dem Nacherben zugute (MüKo/*Grunsky* § 2144 Rn 4).

Nachlassverbindlichkeiten sind diejenige aus § 1967 Abs. 1 (Erblasserschulden) und aus § 1967 Abs. 2 (Erbfallschulden: Pflichtteile, Vermächtnisse und Auflagen), nach Staudinger/*Avenarius* (§ 2144 Rn 1) auch die aus § 1968 (Bestattungskosten), § 1969 (Dreißigster) und § 1932 (Voraus), aber nur bezogen auf den Erblasser, nicht auch auf den Vorerben. Nachlassverbindlichkeiten sind auch solche, die der Vorerbe im Rahmen der ordnungsgemäßen Verwaltung des Nachlasses eingegangen ist; diese muss der Nacherbe gegen sich gelten lassen (BGHZ 32, 60, 64; BGH WM 1973, 361), doch haftet daneben der Vorerbe persönlich (Gesamtschuldverhältnis: Staudinger/*Avenarius* § 2144 Rn 13; Soergel/*Harder/Wegmann* § 2144 Rn 1). Für Verbindlichkeiten, die der Vorerbe außerhalb der ordnungsgemäßen Verwaltung des Nachlasses eingegangen ist, haftet nur er selbst. 2

Der Nacherbe haftet mit dem Nachlass. Dies ist gem § 2144 Abs. 1 Satz 2 der nach § 2130 vom Vorerben herauszugebende Nachlass, nicht der beim Erbfall vorhandene Nachlass. Der Nacherbe haftet auch mit seinem Eigenvermögen. Deshalb haftet er auch mit seinen Ansprüchen gegen den Vorerben als solchen; dies sind die Herausgabeansprüche aus § 2130 und die weiteren Ansprüche aus §§ 2130 – 2134 sowie § 2138 Abs. 2 abzüglich der Gegenansprüche des Vorerben aus §§ 2124 und 2125. 3

B. Haftungsbeschränkung

Die Haftungsbeschränkung auf den Nachlass kann der Nacherbe nach allgemeinen Vorschriften herbeiführen. Er kann die Nachlassinsolvenz oder die Nachlassverwaltung beantragen. 4

Eine gegen den Vorerben angeordnete Nachlassverwaltung wirkt fort, wenn sie von einem Nachlassgläubiger beantragt ist und die Gründe fortbestehen (Staudinger/*Avenarius* § 2144 Rn 9). Ist sie vom Vorerben beantragt, so ist sie aufzuheben, kann aber vom Nacherben erneut beantragt werden. 5

Der Nacherbe hat die Einreden aus §§ 2014, 2015 (Staudinger/*Avenarius* § 2144 Rn 4) und aus § 1990 (Staudinger/*Avenarius* § 2144 Rn 6). 6

Ein Inventar des Vorerben kommt dem Nacherben zugute (§ 2144 Abs. 2), da die Inventarpflichten inhaltlich identisch sind. Hat der Vorerbe kein Inventar errichtet, so ist der Nacherbe selbst verpflichtet, und zwar aus § 2001 bezogen auf den Erbfall (MüKo/*Grunsky* § 2144 Rn 10; aA Staudinger/*Avenarius* § 2144 Rn 19: bezogen auf den Nacherbfall wegen der Schwierigkeiten für den Nacherben und der Nachlässigkeit der Gläubiger, die vom Vorerben kein Inventar verlangt haben). Soweit die Gläubiger ein Interesse haben, den gegenwärtigen Bestand des Nachlasses zu kennen, ist der Nacherbe aus §§ 1991 und 1978 auskunftspflichtig; die erforderlichen Kenntnisse kann er sich vom Vorerben gem §§ 2121, 2130 Abs. 2 verschaffen (Soergel/*Harder/Wegmann* § 2144 Rn 7). 7

Hat der Nacherbe die Möglichkeit der Haftungsbeschränkung gegenüber den Gläubigern verloren, so behält er sie gleichwohl gegenüber dem Vorerben (MüKo/*Grunsky* § 2144 Rn 3), muss aber in das Urteil, das der Vorerbe gegen ihn erwirkt, einen Vorbehalt gem § 780 ZPO aufnehmen lassen. 8

C. Handelsrechtliche Haftung

Gegen die handelsrechtliche Haftung (für die im Geschäftsbetrieb begründeten Verbindlichkeiten ohne Rücksicht auf die Ordnungsmäßigkeit der Nachlassverwaltung) kann sich der Nacherbe nur schützen, in dem er die Firma wechselt (§ 25 HGB) oder den Geschäftsbetrieb binnen drei Monaten einstellt (§ 27 HGB); die Frist beginnt mit der Kenntnis vom Anfall der Nacherbschaft. Diese Maßnahmen beseitigen aber nicht die allgemeine Haftung des Nacherben nach den oben bei Rn 1 – 8 dargestellten Grundsätzen. 9

§ 2145 Haftung des Vorerben für Nachlassverbindlichkeiten

(1) Der Vorerbe haftet nach dem Eintritt der Nacherbfolge für die Nachlassverbindlichkeiten noch insoweit, als der Nacherbe nicht haftet. Die Haftung bleibt auch für diejenigen Nachlassverbindlichkeiten bestehen, welche im Verhältnis zwischen dem Vorerben und dem Nacherben dem Vorerben zur Last fallen.

(2) Der Vorerbe kann nach dem Eintritt der Nacherbfolge die Berichtigung der Nachlassverbindlichkeiten, sofern nicht seine Haftung unbeschränkt ist, insoweit verweigern, als dasjenige nicht ausreicht, was ihm von der Erbschaft gebührt. Die Vorschriften der §§ 1990, 1991 finden entsprechende Anwendung.

A. Grundsatz

1 Der Vorerbe haftet für Nachlassverbindlichkeiten (s § 2144 Rn 2) nach dem Nacherbfall grds nicht mehr. Der Eintritt des Nacherbfalls begründet die Klage aus § 767 ZPO (MüKo/*Grunsky* und Staudinger/*Avenarius*, jew § 2145 Rn 1).

B. Ausnahmen

2 Ausnahmsweise haftet er doch in vier Fällen. Der erste Fall ist der, dass der Vorerbe bereits unbeschränkbar haftet (arg § 2145 Abs. 2 Satz 1; Staudinger/*Avenarius* § 2145 Rn 2). Die übrigen Fälle ergeben sich unmittelbar aus § 2145 Abs. 1.

I. Subsidiäre Haftung des Vorerben

3 Der Vorerbe haftet für Nachlassverbindlichkeiten, soweit der Nacherbe nicht haftet (§ 2145 Abs. 1 Satz 1). Gemeint ist, dass der Nacherbe aufgrund haftungsbeschränkender Maßnahmen nicht mit seinem Eigenvermögen haftet und der Nachlass nicht ausreicht. Deshalb haftet der Vorerbe nicht, wenn der Nacherbe zwar unbeschränkt haftet, bei ihm aber nichts zu holen ist (MüKo/*Grunsky* aaO; aA Staudinger/*Avenarius* § 2145 Rn 3). Eine Vorausklage des Gläubigers gegen den Nacherben ist nicht erforderlich; es genügt, wenn er die Unzulänglichkeit des Nachlasses nachweist (MüKo/*Grunsky* § 2145 Rn 6).

4 Für solche Nachlassverbindlichkeiten haftet der Vorerbe grds nur mit demjenigen, was er aus dem Nachlass erlangt hat. Dazu gehören insb Nutzungen, beim befreiten Vorerben auch dasjenige, was er aus der Erbschaft für sich verwendet hat (§§ 2124, 2136).

5 Zur Haftungsbeschränkung gibt ihm § 2145 Abs. 2 die Einreden der §§ 1990, 1991, womit er sich freilich auch der Ersatzpflicht aus § 1978 aussetzt. Im Prozess des Nachlassgläubigers muss er entweder beweisen, dass er aus der Erbschaft nichts mehr hat oder sich diese Haftungsbeschränkung gem § 789 ZPO vorbehalten lassen (MüKo/*Grunsky* § 2145 Rn 9). Der Vorbehalt ermöglicht ihm die Vollstreckungsklage gegen die Zwangsvollstreckung in sein Eigenvermögen (§§ 781, 785 ZPO).

II. Haftung neben dem Nacherben

6 Der Vorerbe haftet weiter für solche Nachlassverbindlichkeiten, die ihm im Innenverhältnis zum Nacherben zur Last fallen (§ 2145 Abs. 1 Satz 2). Im Interesse einer Verkürzung des Rechtsweges für die Nachlassgläubiger sind beide hier Gesamtschuldner.

7 Hierunter fallen insb gem §§ 2124 ff gewöhnliche Erhaltungskosten, Lasten und Zinsen, ferner Eigenverbindlichkeiten des Vorerben aus ordnungsgemäßer Verwaltung des Nachlasses.

8 Auch hier gilt § 2145 Abs. 2 (wie oben bei Rn 5).

III. Eigene Verbindlichkeiten

Für Eigenverbindlichkeiten haftet der Vorerbe ohne Rücksicht auf den Nacherbfall weiter. 9
Sie fallen nicht unter § 2145.
Dazu gehören etwa Verbindlichkeiten aus nicht ordnungsgemäßer Verwaltung des Nach- 10
lasses, auch seine Verbindlichkeiten gegenüber dem Nacherben aus §§ 2130, 2134, ferner
solche aus Vermächtnissen und Auflagen, die den Vorerben persönlich beschweren.

§ 2146 Anzeigepflicht des Vorerben gegenüber Nachlassgläubigern

(1) Der Vorerbe ist den Nachlassgläubigern gegenüber verpflichtet, den Eintritt der Nacherbfolge unverzüglich dem Nachlassgericht anzuzeigen. Die Anzeige des Vorerben wird durch die Anzeige des Nacherben ersetzt.

(2) Das Nachlassgericht hat die Einsicht der Anzeige jedem zu gestatten, der ein rechtliches Interesse glaubhaft macht.

Der Nacherbfall ist unverzüglich (§ 121 Abs. 1) dem Nachlassgericht (nicht den Nachlass- 1
gläubigern) anzuzeigen. Die Anzeigepflicht trifft den Vorerben, im Falle seines Todes
seine Erben. Die Anzeige des Nacherben befreit den Vorerben, wenn sie rechtzeitig
erstattet ist.
Die Verletzung der Anzeigepflicht kann Schadensersatzansprüche von Nachlassgläubi- 2
gern auslösen. Die Vorschrift dient ihrem Interesse, denn häufig erfahren sie nicht rechtzeitig vom Nacherbfall.
Die Einsicht in die Anzeige muss das Nachlassgericht jedem Interessenten gestatten 3
(MüKo/*Grunsky* § 2146 Rn 2). Dazu gehören Nachlassgläubiger, Nachlassschuldner und
solche Dritte, denen gegenüber eine Verfügung über einen Nachlassgegenstand getroffen
werden soll (§ 2140; MüKo/*Grunsky* aaO).
Gebühr für die Entgegennahme der Anzeige über den Eintritt der Nacherbfolge: $^1/_4$ (§ 112 4
Abs. 1 Nr. 5 KostO). Beim Zusammenhang mit einem anderen gebührenpflichtigen Nachlassverfahren nach den §§ 101 – 117 KostO entfällt die Gebühr des § 112 KostO (§ 115
KostO). Zu den Voraussetzungen siehe § 1945 Rn 9 ff.
Wert: Geschäftswert ist der nach Abzug der Verbindlichkeiten an den Nacherben fallende 5
Teil des Nachlasses (§ 112 Abs. 2 KostO) einschl der dem Nacherben gegen den Vorerben
zustehenden Ansprüche im Zeitpunkt des Eintritts des Nacherbfalles.
Kostenschuldner: Der Erklärende (§ 2 Nr. 1 KostO). 6

Titel 4 Vermächtnis

Vorbemerkungen vor §§ 2147 ff

In den §§ 2147 ff regelt das Gesetz sehr ausführlich das schon in § 1939 als möglicher Inhalt 1
einer letztwilligen Verfügung genannte Vermächtnis. Die wichtigste Vorschrift ist § 2174,
wonach der Begünstigte nicht unmittelbar mit dem Erbfall den Vermächtnisgegenstand
erhält. Vielmehr hat sich der Gesetzgeber für einen rein **schuldrechtlichen Charakter** des
Vermächtnisses entschieden. Daher nimmt der Vermächtnisnehmer im allgemeinen (Ausnahme: Vorausvermächtnis zugunsten des Vorerben) an der Gesamtrechtsnachfolge gem
§ 1922 nicht teil und ist im Erbschein nicht anzugeben.
Die meisten Vorschriften des Abschnitts dienen der Hilfe bei **Unklarheiten über den** 2
Erblasserwillen. Insgesamt gehen die ges Regeln sehr ins Einzelne und spiegeln darin
die Jahrtausende alte Erfahrung mit dem Recht der Legate wider. Kautelarjuristisch

§ 2147 BGB | Beschwerter

besonders bedeutsam ist § 2151, der das Prinzip der »materiellen Höchstpersönlichkeit« der letztwilligen Verfügungen (§ 2065 Abs. 2) auflockert und dadurch sehr flexible Lösungen ermöglicht. Aber auch sonst ist das Vermächtnis wegen des Fehlens einer dinglichen Wirkung besonders vielfältig zur Gestaltung einsetzbar (zB als Universalvermächtnis, als Recht zur Übernahme eines Unternehmens oder Unternehmensanteils, als Schulderlassvermächtnis oder als einseitige Aufhebung der Anrechnungspflicht von Abkömmlingen nach § 2050).

3 Der Abschnitt zum Vermächtnis enthält zuerst Vorschriften über die Verpflichtung (in der ges Terminologie: Beschwerung, §§ 2147 f) und die Berechtigung (§§ 2149–2159), anschließend über die (Un-)Wirksamkeit (§§ 2160–2163) sowie Inhalt und Umfang der Vermächtnisverpflichtung (§§ 2164–2173). Nach der Anspruchsgrundlage (§ 2174) stellt das Gesetz die Fiktion des Fortbestehens erloschener Forderungen und Rechte auf (§ 2175), regelt den Anfall des Vermächtnisses (§§ 2176–2179), dessen Annahme und Ausschlagung (§ 2180), Fälligkeit (§ 2181), schuldrechtliche Sekundär- und Nebenansprüche (§§ 2182–2185), die Beschwerung des Vermächtnisnehmers selbst (§§ 2186–2189) und schließlich Ersatz- und Nachvermächtnis (§§ 2190 f).

Titel 4 Vermächtnis

§ 2147 Beschwerter

Mit einem Vermächtnis kann der Erbe oder ein Vermächtnisnehmer beschwert werden. Soweit nicht der Erblasser ein anderes bestimmt hat, ist der Erbe beschwert.

1 Das Gesetz nennt in § 2147 denjenigen, der den Vermächtnisanspruch (§ 2174) erfüllen muss, mit dem Vermächtnis beschwert. Das Vermächtnis selbst wird bereits **in § 1939** als testamentarischer Vermögensvorteil **definiert**. Regelungsgegenstand des § 2147 ist die Bestimmung des Beschwerten, wer also Anspruchsgegner des Vermächtnisnehmers ist und wer etwa innerhalb einer Erbengemeinschaft oder unter Erben und (anderen) Vermächtnisnehmern das Vermächtnis letztlich zu tragen hat.

2 Als Beschwerte kommen **Erben** und **Vermächtnisnehmer** in Betracht (Satz 1). Hat der Erblasser keine Bestimmung darüber getroffen (was aber zur Vermeidung von Streit dringend zu empfehlen ist), trägt der Erbe die Vermächtnislast (Satz 2). Zu den Erben gehören auch Ersatzerbe und Nacherbe, beide jedoch erst von Beginn ihrer vollen Erbenstellung an (BayObLG NJW 1967, 446). Dies gilt auch für die als Vorausvermächtnis zugunsten des Vorerben anzusehende Verpflichtung des Nacherben, unentgeltlichen Verfügungen des Vorerben zuzustimmen (Staudinger/*Otte* Rn 3 mN). Als Erbe ist ferner der Hoferbe nach der HöfeO zu betrachten, dem der Hof bereits zu Lebzeiten des Erblassers übergeben worden ist (BGHZ 37, 192; NJW-RR 1986, 164). Für andere Verträge zur Vorwegnahme der Erbfolge gilt das nicht, ebenso wenig für Schenkungen und sonstige Verträge auf den Todesfall, es sei denn auf den Beschenkten ist nach § 2301 Abs. 1 das Recht der Verfügungen von Todes wegen und somit Vermächtnisrecht anzuwenden (für Anwendung des Vermächtnisrechts auch auf das Valutaverhältnis von Verträgen zugunsten Dritter nach §§ 328, 331 ua Lange/*Kuchinke* § 29 Abs. 3 Satz 1a; Soergel/*Wolf* Rn 15). Nicht beschwert werden kann auch, wer nur mittelbar etwas aus dem Nachlass erhält wie Testamentsvollstrecker und Pflichtteilsberechtigte. Der ausdrücklich genannte beschwerte Vermächtnisnehmer ist die einzige Ausnahme hiervon. Vermächtnisnehmer ist aber auch, wer ein ges Vermächtnis (§§ 1932, 1969) erhält.

§ 2148 Mehrere Beschwerte

Sind mehrere Erben oder mehrere Vermächtnisnehmer beschwert, so sind im Zweifel die Erben nach dem Verhältnis der Erbteile, die Vermächtnisnehmer nach dem Verhältnis des Wertes der Vermächtnisse beschwert.

Sind mehrere Erben oder mehrere Vermächtnisnehmer mit demselben Vermächtnis beschwert, so sind im Zweifel die Erben nach dem Verhältnis der Erbteile, die Vermächtnisnehmer nach dem Verhältnis des Wertes der Vermächtnisse beschwert.

Die Vorschrift enthält eine Auslegungsregel für den Fall, dass der Erblasser mehrere Erben oder Vermächtnisnehmer beschwert hat, ohne eine Regelung dafür zu treffen, wer zu welchem Teil die Last des Vermächtnisses tragen soll. Demnach bestehen jedenfalls **im Innenverhältnis** der Beschwerten Ausgleichsansprüche, und zwar unter Erben nach den Erbquoten, unter Vermächtnisnehmern nach dem Verhältnis der Werte ihrer eigenen Vermächtnisse. Letzteres wird man auch dann annehmen müssen, wenn Vermächtnisnehmer und Erbe(n) gemeinsam beschwert sind. Dazu ist dann der Erbteil in einen Geldwert umzurechnen. 1

Str ist, ob § 2148 auch für das **Außenverhältnis** zwischen dem Berechtigten und den mehreren Verpflichteten gilt. Teilweise wird vertreten, dass bei Beschwerung der (Haupt-)Vermächtnisnehmer oder nur eines Teils der Erben eine teilbare Vermächtnisleistung zu Teilschuld führe, § 420 (Überblick über den Meinungsstand bei Staudinger/ Otte Rn 3 f). Die Zuwendung eines Vermächtnisses durch den Erblasser soll jedoch idR – vergleichbar der gemeinsamen Schuldbegründung durch die Schuldner selbst, § 427 – den Begünstigten nicht in die Verlegenheit zum »Klinkenputzen« bringen. Die Verpflichtungen sind gleichartig, stehen auf derselben Stufe und haben einen gemeinsamen Verpflichtungsgrund. Daher liegt generell entgegen § 2148 Gesamtschuld vor, wenn nicht der Erblasser mehrere gleichartige Einzelvermächtnisse angeordnet hat. 2

§ 2149 Vermächtnis an die gesetzlichen Erben

Hat der Erblasser bestimmt, dass dem eingesetzten Erben ein Erbschaftsgegenstand nicht zufallen soll, so gilt der Gegenstand als den gesetzlichen Erben vermacht. Der Fiskus gehört nicht zu den gesetzlichen Erben im Sinne dieser Vorschrift.

Die Vorschrift, die nach dem spärlichen Rechtsprechungsmaterial zu schließen kaum praktische Bedeutung hat, dient der Lückenfüllung des Testaments, wenn der Erblasser nur zum Ausdruck gebracht hat, dass der oder die eingesetzten Erben einen bestimmten Gegenstand nicht behalten sollen. Dann soll dieser offenbar jemand anderem zufallen, und entsprechend der »Reservestellung« der ges Erben im Erbrecht gelten sie dann – nicht unbedingt wirklichkeitsnah – als bedacht. Ist ges Erbe, weil kein Verwandter ermittelt werden kann, der Fiskus, verbleibt der Gegenstand nach Satz 2 entgegen der Anordnung des Erblassers dem eingesetzten Erben. 1

§ 2150 Vorausvermächtnis

Das einem Erben zugewendete Vermächtnis (Vorausvermächtnis) gilt als Vermächtnis auch insoweit, als der Erbe selbst beschwert ist.

Die Vorschrift stellt klar, dass auch Erben Vermächtnisnehmer sein können. Sie sind dann zugleich (als Erben) Inhaber der Nachlassgegenstände und schuldrechtlich zu einer Leistung gegen die Erben einschließlich des Begünstigten selbst berechtigt. Andere schuld- 1

§ 2150 BGB | Vorausvermächtnis

rechtliche Ansprüche der einzelnen Erben entstehen aus Teilungsanordnungen nach § 2048. Im Gegensatz dazu erhält der Erbe bei Vorliegen des § 2050 über seine Teilungsquote hinaus idR einen Vorteil aus dem Nachlass. Der Unterschied zwischen beiden Berechtigungen ist wichtig vor allem, weil nur Vermächtnisse der Bindungswirkung nach §§ 2270 Abs. 3, 2278 Abs. 2 zugänglich sind und weil Vermächtnisse zu erfüllen sind, ehe die Teilung gem der Anordnung nach § 2048 vorgenommen werden kann. Dies gilt auch bei Überschuldung des Nachlasses, § 1991 Abs. 4. Vermächtnis und Erbschaft können unabhängig voneinander ausgeschlagen werden. Diese Selbständigkeit besteht auch beim Vermächtnis für den Alleinerben. Eine Dauertestamentsvollstreckung nach § 2209 gilt für den Vermächtnisgegenstand nur bei besonderer Anordnung (AnwK/*Mayer* Rn 4). Weitere Unterschiede bestehen im Pflichtteilsrecht (§ 2306 für Teilungsanordnung, § 2307 für Vermächtnis).

2 Kautelarjuristisch besonders beliebt ist das **Vorerbenvorausvermächtnis** (vgl insb *J. Mayer* ZEV 2000, 1). Nach § 2110 Abs. 2 fällt ein solches Vermächtnis im Zweifel unbeschränkt dem Vorerben zu, sodass er insb nicht den Verfügungsbeschränkungen der §§ 2113 ff unterliegt und auch von Todes wegen frei über den Gegenstand verfügen kann. Ein solches Vermächtnis kann von der Potestativbedingung abhängig gemacht werden, dass der Vorerbe Nachlassgegenstände Angehörigen eines bestimmten Personenkreises zuwendet, also dem alleinigen Zweck einer Erweiterung der Verfügungsbefugnis über § 2136 hinaus dienen. Möglich ist ferner ein solches Vermächtnis in Gestalt einer gegenständlich beschränkten Nacherbschaft: Der Nacherbe soll nur bestimmte Gegenstände aus dem Nachlass erhalten; alles Übrige ist dann dem Vorerben als Vermächtnis zugewendet. Steht das Vermächtnis dem einzigen Vorerben zu, wird dieser unmittelbar (»dinglich«) und somit ohne die Entstehung eines Anspruchs aus § 2174 Inhaber des Rechts (BGHZ 32, 60). Eine Umgehung des ges »Prinzips«, kein Vindikationslegat zuzulassen, liegt darin nicht (etwas abw Begründung bei Staudinger/*Otte* Rn 4a). Im Erbschein ist zu vermerken, für welche Gegenstände die Nacherbfolge demnach nicht gilt. Bezieht sich das Vermächtnis auf ein Grundstück, ist im Grundbuch kein Nacherbenvermerk einzutragen (München DNotZ 1942, 385).

3 Das Vermächtnis zugunsten eines **Miterben** wirkt sich nach § 2147 Satz 2 so aus, dass der Erbteil des Begünstigten von dem Nachlass berechnet wird, der nach Abzug des Vermächtnisses bleibt. Möglich ist aber eine Anordnung des Erblassers, dass nur die anderen Erben durch das Vermächtnis beschwert sind; dann wird der Vermächtnisnehmer doppelt begünstigt: Er erhält das Vermächtnis und zusätzlich den ungekürzten Erbteil, der sich aus dem Nachlass einschließlich des Vermächtnisgegenstandes ergibt.

4 Die praktisch wichtigste Frage zu § 2150 ist die **Abgrenzung** zwischen Vorausvermächtnis und **Teilungsanordnung**. Die zusätzliche **Begünstigung** des Miterben durch das Vermächtnis ist Rechtsfolge, nicht Voraussetzung der Abgrenzung. Die Begünstigung durch einen Vermögensvorteil führt aber dann zum Vorliegen eines Vermächtnisses, wenn der Erblasser sie **in seinen Willen aufgenommen** hat (BGHZ 36, 115; BGH NJW 1985, 51; NJW-RR 1990, 1220; NJW 1998, 682). Ein Vermögensvorteil mit Begünstigungswillen wird von der Rspr schon darin gesehen, dass dem Erben ein Gestaltungsrecht, insb ein Übernahmerecht, eingeräumt wird (BGHZ 36, 115, 117 f). Rechtlich ist ein solches Entscheidungsrecht gewiss ein Vorteil gegenüber der Gebundenheit aus einer Teilungsanordnung. Ob aber auch ein wirtschaftlicher Wert darin zu sehen ist, hängt von den Zukunftserwartungen ab, die mit dem übernommenen Gegenstand, insb einem Unternehmen, verbunden sind. Teilweise verzichtet die Rspr aber auch ganz auf einen Vermögensvorteil des Bedachten und stellt auf den Willen des Erblassers ab, dem Bedachten etwas unabhängig von seiner Erbenstellung zukommen zu lassen (BGH ZEV 1995, 144). Dem ist für den Fall zu folgen, dass ein hierauf gerichteter Erblasserwille fest steht. Andernfalls kann auf das Kriterium des zusätzlichen Vermögensvorteils für den Erben nicht verzichtet werden. Ein solcher Vorteil liegt allerdings auch dann vor, wenn der Bedachte zum vollen Wertausgleich aus seinem sonstigen Vermögen verpflichtet ist oder sich das Vermächtnis nur

teilweise auf sein Erbe anrechnen lassen muss. Konsequent zum hier eingenommenen Standpunkt ist allein die Annahme eines Vorausvermächtnisses am ganzen Gegenstand in beiden Fällen. Anrechnung oder Wertausgleich erfolgen erst in einer späteren Phase der Nachlassregulierung als Vollzug eines Untervermächtnisses zugunsten der anderen Erben (AnwK/*Mayer* Rn 13 gegen die h M., ua BGH NJW 1985, 51; FamRZ 1987, 475, die eine Kombination von Vermächtnis und Teilungsanordnung für möglich hält, jedoch zu Unrecht, Staudinger/*Otte* Rn 9).

§ 2151 Bestimmungsrecht des Beschwerten oder eines Dritten bei mehreren Bedachten

(1) Der Erblasser kann mehrere mit einem Vermächtnis in der Weise bedenken, dass der Beschwerte oder ein Dritter zu bestimmen hat, wer von den mehreren das Vermächtnis erhalten soll.

(2) Die Bestimmung des Beschwerten erfolgt durch Erklärung gegenüber demjenigen, welcher das Vermächtnis erhalten soll; die Bestimmung des Dritten erfolgt durch Erklärung gegenüber dem Beschwerten.

(3) Kann der Beschwerte oder der Dritte die Bestimmung nicht treffen, so sind die Bedachten Gesamtgläubiger. Das Gleiche gilt, wenn das Nachlassgericht dem Beschwerten oder dem Dritten auf Antrag eines der Beteiligten eine Frist zur Abgabe der Erklärung bestimmt hat und die Frist verstrichen ist, sofern nicht vorher die Erklärung erfolgt. Der Bedachte, der das Vermächtnis erhält, ist im Zweifel nicht zur Teilung verpflichtet.

Im Gegensatz zu § 2065 Abs. 2 für die Erbeinsetzung lässt § 2151 für das Vermächtnis in 1 weitem Umfang die Bestimmung des Begünstigten durch einen Dritten zu. Dies ist von grundlegender Bedeutung vor allem für das »vorzeitige« (richtiger: frühzeitige) **Unternehmertestament**. Wenn ein Unternehmer (noch) keine erwachsenen Kinder hat, die als Nachfolger in Frage kommen, zur Sicherung der Nachfolge eine testamentarische Regelung aber unerlässlich ist, muss ein Weg gefunden werden, aus einem relativ weit gezogenen Kreis den oder die Nachfolger von einer Vertrauensperson auswählen zu lassen. Dies kann durch die Bedenkung mit einem Vermächtnis für den– oder diejenigen geschehen, die erst vom Beschwerten oder einem Dritten bestimmt werden (gegen eine Überschätzung der Tauglichkeit einer Drittbestimmung mit guten Gründen aber AnwK/*Mayer* Rn 21). Hinsichtlich Umfang und Art. des Vermächtnisses enthält § 2151 keine Beschränkung. Daher kann es das Vermögen des Erblassers weitgehend oder – als Universalvermächtnis – sogar ganz umfassen (hM Staudinger/*Otte* Rn 2 mN). Der unklare Gesichtspunkt einer angeblichen Umgehung des § 2065 Abs. 2 (insbes *Sudhoff* DB 1966, 1720) steht nicht entgegen, da § 2065 Abs. 2 (auch) die Sicherheit der dinglichen Zuordnung des Nachlasses gewährleisten will, die bei § 2151 überhaupt nicht fraglich ist.

Der nach § 2151 Bestimmungsberechtigte ist in seiner Entscheidung über die Person des 2 Vermächtnisnehmers nicht völlig frei. Der Erblasser muss vorgeben, »**wer von mehreren**« das Vermächtnis erhalten soll. Zusätzliche Beschränkungen enthält das Gesetz allerdings nicht. Zu den Begünstigten können daher sowohl der Erbe (vgl § 2150), als auch der Auswahlberechtigte selbst (zB ein Testamentsvollstrecker) gehören. Ist der Kreis der zur Auswahl tauglichen Personen auch mit Hilfe der Auslegungsregeln nicht genau zu bestimmen, hat der Erblasser aber einen Zweck der Zuwendung angegeben, bleibt die Umdeutung in eine Auflage möglich (ebenso im Ergebnis, wohl sogar ohne Umdeutung, RGZ 96, 15, 19 f; Staudinger/*Otte* Rn 3). Bis zur Ausübung oder zum definitiven Ausbleiben der Auswahlentscheidung sind alle, die die Kriterien des Erblassers erfüllen, gem

§ 2153 BGB | Bestimmung der Anteile

der Auffangregel des Abs. 3 aufschiebend (nach AnwK/*Mayer* Nr. 7: auflösend) bedingt berechtigt.

3 Die Auswahlentscheidung erfolgt nach Abs. 2 durch formlose **empfangsbedürftige Willenserklärung**, bei Ausübung durch den Beschwerten gegenüber dem Ausgewählten, bei Ausübung durch Dritte gegenüber dem Beschwerten. Schlägt der Ausgewählte aus, hat der Bestimmungsberechtigte eine neue Entscheidung zu treffen. Auf die Erklärung sind §§ 119 ff, 138 anwendbar, § 119 Abs. 2 wegen Irrtums über eine Eigenschaft des Ausgewählten aber nach seinem Sinne nicht (unzulässige Korrektur der Auswahl »bei Nichtbewährung«, Staudinger/*Otte* § 2065 Rn 43). Die Auswahl kann nicht durch die Billigkeitsentscheidung des Gerichts ersetzt werden (Umkehrschluss aus § 2156 Satz 2). Gerichtlich überprüfbar sind aber die persönlichen Voraussetzungen des Bestimmungsberechtigten und die Einhaltung der Auswahlkriterien, die der Erblasser angegeben hat. Denkbar ist freilich auch, dass der Erblasser trotz der Angabe solcher Richtlinien überhaupt keine gerichtliche Überprüfung will. Der historische Gesetzgeber betrachtete dies sogar – unter noch teilweise anderen rechtskulturellen Voraussetzungen – als Regel (Prot V, 28).

4 Nach Abs. 3 erlischt das Bestimmungsrecht, wenn der Berechtigte die Bestimmung nicht mehr treffen kann (Satz 1) oder eine ihm vom Nachlassgericht gesetzte Frist ungenutzt verstrichen ist (Satz 2). Dann sind alle, die dem vom Erblasser bezeichneten Personenkreis angehören, Gesamtgläubiger, jedoch nach Satz 3 mit dem Recht des ersten Zugriffs für denjenigen, der das Vermächtnis tatsächlich erhält: Er kann es behalten.

5 **Gebühr** für die Fristbestimmung: $1/2$ (§ 114 Nr. 2 KostO).
Wert: Wert des Vermächtnisses oder der Auflage.
Kostenschuldner: Antragsteller (§ 2 Nr. 1 KostO).

§ 2152 Wahlweise Bedachte

Hat der Erblasser mehrere mit einem Vermächtnis in der Weise bedacht, dass nur der eine oder der andere das Vermächtnis erhalten soll, so ist anzunehmen, dass der Beschwerte bestimmen soll, wer von ihnen das Vermächtnis erhält.

1 Die Vorschrift enthält mit der alternativen Benennung der Begünstigten einen Sonderfall des § 2151, ohne dass ein Bestimmungsberechtigter benannt ist. Dann hat der Beschwerte das Auswahlrecht nach § 2151.

§ 2153 Bestimmung der Anteile

(1) Der Erblasser kann mehrere mit einem Vermächtnis in der Weise bedenken, dass der Beschwerte oder ein Dritter zu bestimmen hat, was jeder von dem vermachten Gegenstand erhalten soll. Die Bestimmung erfolgt nach § 2151 Abs. 2.

(2) Kann der Beschwerte oder der Dritte die Bestimmung nicht treffen, so sind die Bedachten zu gleichen Teilen berechtigt. Die Vorschrift des § 2151 Abs. 3 Satz 2 findet entsprechende Anwendung.

1 Die Vorschrift sieht in entsprechender Weise wie § 2151 für den Sonderfall der Anteilsbestimmung das Bestimmungsrecht des Beschwerten oder eines Dritten über das Vermächtnis vor. Dies kann mit einem Bestimmungsrecht nach § 2151 kombiniert werden (RGZ 96, 15, 17), sodass aus einem größeren Personenkreis mehrere einzelne ausgewählt und ihnen dann bestimmte Anteile (real oder ideal) zugeteilt werden können. Abweichend von § 2151 Abs. 3 sieht § 2153 Abs. 2 Satz 1 beim Ausbleiben der Bestimmung nicht Gesamtgläubigerschaft vor, sondern Aufteilung auf alle Bedachten. Letzteres gilt auch dann

ausschließlich, wenn der Erblasser § 2153 mit § 2151 kombiniert hat (Staudinger/*Otte* Rn 3 mN).
Gebühr für die Fristbestimmung: ¹/₂ (§ 114 Nr. 2 KostO). 2
Wert: Wert des Vermächtnisses oder der Auflage.
Kostenschuldner: Antragsteller (§ 2 Nr. 1 KostO).

§ 2154 Wahlvermächtnis

(1) Der Erblasser kann ein Vermächtnis in der Art anordnen, dass der Bedachte von mehreren Gegenständen nur den einen oder den anderen erhalten soll. Ist in einem solchen Falle die Wahl einem Dritten übertragen, so erfolgt sie durch Erklärung gegenüber dem Beschwerten.

(2) Kann der Dritte die Wahl nicht treffen, so geht das Wahlrecht auf den Beschwerten über. Die Vorschrift des § 2151 Abs. 3 Satz 2 findet entsprechende Anwendung.

Die Vorschrift regelt einen Sonderfall der Wahlschuld iSd §§ 262 ff, die für das Wahl- 1 vermächtnis anzuwenden sind, soweit § 2154 nichts Spezielles vorsieht. Daher ergibt sich aus § 262, dass die Wahl des Vermächtnisgegenstandes dem Beschwerten zusteht, wenn nicht der Erblasser das Auswahlrecht gem § 263 dem Bedachten oder gem § 2154 Abs. 1 Satz 2 einem Dritten übertragen hat. Kann letzterer die Wahl nicht vornehmen, fällt das Wahlrecht nach Abs. 2 wie nach der allgemeinen Regelung an den Beschwerten. § 2154 kann auch in den Fällen der §§ 2155, 2170 vorliegen. – Fraglich ist, ob § 2154 anzuwenden ist, wenn der Erblasser nur einen bestimmten Gegenstand dem Bedachten zuwenden wollte, die Bezeichnung aber auf mehrere Gegenstände des Nachlasses zutrifft (dafür Soergel/*Wolf* Rn 2). Hierauf passt jedoch die Regelung des beschränkten Gattungsvermächtnisses nach § 2155 (Staudinger/*Otte* Rn 10).
Gebühr für die Fristbestimmung: ¹/₂ (§ 114 Nr. 2 KostO). 2
Wert: Wert des Vermächtnisses oder der Auflage.
Kostenschuldner: Antragsteller (§ 2 Nr. 1 KostO).

§ 2155 Gattungsvermächtnis

(1) Hat der Erblasser die vermachte Sache nur der Gattung nach bestimmt, so ist eine den Verhältnissen des Bedachten entsprechende Sache zu leisten.

(2) Ist die Bestimmung der Sache dem Bedachten oder einem Dritten übertragen, so finden die nach § 2154 für die Wahl des Dritten geltenden Vorschriften Anwendung.

(3) Entspricht die von dem Bedachten oder dem Dritten getroffene Bestimmung den Verhältnissen des Bedachten offenbar nicht, so hat der Beschwerte so zu leisten, wie wenn der Erblasser über die Bestimmung der Sache keine Anordnung getroffen hätte.

§ 2155 ist eine **Spezialvorschrift zu § 243**. Die Bestimmung des Vermächtnisgegenstandes 1 »der Gattung nach« erfolgt durch den Erblasser. Ist dessen Wille nicht eindeutig zu ermitteln, kann sich die Gattungsschuld aus der Verkehrsauffassung ergeben. Anders als beim Vermächtnis nach § 2154 sind nicht schon die in Frage kommenden Gegenstände selbst konkret festgelegt, sondern nur deren Eigenschaft(en). Dabei geht das Gesetz – wie § 243 – von einer Sachschuld aus. Für die gesetzlich nicht geregelten sonstigen Gegenstände wie Rechte und Dienstleistungen hat aber Entsprechendes zu gelten (OLG Bremen ZEV 2001, 401; Staudinger/*Schiemann* § 243 Rn 44 ff). Andererseits passt § 2155 auf Geldvermächtnisse nicht. Eine Sonderregelung dafür ist auch überflüssig. Die Besonderheit des § 2155 gegenüber § 243 liegt vor allem darin, dass nicht Sachen von mittlerer Art. und Güte

§ 2156 BGB | Zweckvermächtnis

zu leisten sind, sondern – der typischerweise persönlichen Prägung des Vermächtnisrechts gem – Sachen (und sonstige Gegenstände), die den Verhältnissen des Bedachten entsprechen. Um dieses Merkmal erfüllen zu können, ist uU die Mitwirkung des Vermächtnisnehmers auch dann erforderlich, wenn ihm nicht gem Abs. 2, 1. Alt. die Bestimmung der Sache überlassen worden ist. Der Erblasser kann freilich – und dies wird meistens seinem Willen entsprechen (zurückhaltend aber Staudinger/*Otte* Rn 5) – die Gattung, aus der zu leisten ist, auf den Nachlass beschränken (zB »10 Flaschen aus meinem Weinkeller«). Dann steht die Anordnung einem Wahlvermächtnis sehr nahe. § 2155 sollte aber wegen des für den Vermächtnisnehmer günstigeren und individuellen Maßstabes im Zweifel den Vorrang haben.

2 Hat der Erblasser selbst noch einen der Vermächtnisanordnung entsprechenden Gegenstand auf den Bedachten übertragen, ist § 2169 Abs. 1 mangels »bestimmten Gegenstandes« nicht anzuwenden, sodass das Vermächtnis **wirksam** bleibt. Auch wenn der Erblasser bei der Zuwendung unter Lebenden die Vermächtnisanordnung vergessen hatte, kann der Bedachte das Vermachte nochmals fordern. Gegenüber der Annahme einer »stillschweigenden« auflösenden Bedingung der Anordnung oder eines Schuldbefreiungszwecks iSd § 267 bei der vorzeitigen Leistung ist große Vorsicht geboten.

3 Nach § 243 Abs. 2 hat das Recht zur Bestimmung des Leistungsgegenstandes der Beschwerte. Entspricht ein Angebot nicht den Verhältnissen des Bedachten, kann dieser nicht auf eine von ihm selbst oder dem Gericht zu bestimmende Sache klagen. Er ist auf die **Zwangsvollstreckung** nach § 884 ZPO oder den Übergang zum Schadensersatz statt der Leistung nach § 893 ZPO verwiesen (zum Ausnahmefall, dass infolge des Bestimmungsmaßstabs nur eine erfüllungsgeeignete Sache übrig geblieben ist, Staudinger/*Otte* Rn 8). – Zur Verweisung in Abs. 2 auf § 2154 vgl dort. Abs. 3 bringt die allgemeine Regel wieder zur Anwendung, dass der Beschwerte die Leistungsbestimmung vorzunehmen hat, jedoch nach dem Maßstab des Abs. 1, nicht nach § 243 Abs. 1.

4 **Gebühr** für die Fristbestimmung: $^1/_2$ (§ 114 Nr. 2 KostO).
Wert: Wert des Vermächtnisses oder der Auflage.
Kostenschuldner: Antragsteller (§ 2 Nr. 1 KostO).

§ 2156 Zweckvermächtnis

Der Erblasser kann bei der Anordnung eines Vermächtnisses, dessen Zweck er bestimmt hat, die Bestimmung der Leistung dem billigen Ermessen des Beschwerten oder eines Dritten überlassen. Auf ein solches Vermächtnis finden die Vorschriften der §§ 315 – 319 entsprechende Anwendung.

1 Abweichend von § 2065 Abs. 2 kann der Erblasser die Bestimmung des Vermächtnisgegenstandes dem Beschwerten oder einem Dritten überlassen, wenn er selbst den Zweck und dessen Verbindlichkeit (das »Ob«) festgelegt hat (zB die Kosten eines Studiums) sowie die Person des Bedachten. Über diese Beschränkung hilft jedoch § 2151 oder § 2152 hinweg. Mit diesen Vorschriften kann § 2156 kombiniert werden. Hiervon wird beim Berliner Testament mit der Zwecksetzung Gebrauch gemacht, die erbschaftssteuerlichen Freibeträge bestmöglich auszunutzen (dazu AnwK/*Mayer* 2152 Rn 23, sog Supervermächtnis). Immer muss aber der Zweck selbst vom Erblasser hinreichend bestimmt worden sein. Ein »Geldbetrag für die Behindertenwerkstatt« genügt nicht, weil dies überhaupt nur die Person des Bedachten bezeichnet, aber keinen konkreten Zweck (vgl BayObLG NJW-RR 1999, 946).

2 Liegt der Zweck fest, erfolgt die Auswahl des Mittels zu seiner Verwirklichung nach billigem Ermessen, also nicht nach freiem Belieben. Dafür gelten nach Satz 2 §§ 315–319 entsprechend, also auch die Ersetzung einer unbilligen Bestimmung durch Urteil (§§ 315 Abs. 3 Satz 2, 319). Die Verweisung ist etwas missverständlich, weil nach § 315 Abs. 1 auch

der Gläubiger das Bestimmungsrecht hat, der Bedachte in Satz 1 aber gerade nicht genannt ist. § 2156 hat als speziellere Vorschrift insoweit den Vorrang (im Ergebnis ebenso BGH NJW 1991, 85 und die hM; aA Soergel/*Wolf* Rn 4; Erman/*Schmidt* Rn 1).

§ 2157 Gemeinschaftliches Vermächtnis

Ist mehreren derselbe Gegenstand vermacht, so finden die Vorschriften der §§ 2089 – 2093 entsprechende Anwendung.

Hat der Erblasser einen Gegenstand mehreren vermacht und überhaupt keine oder eine 1 nicht unmittelbar praktisch umsetzbare Anordnung über die Anteile der Bedachten getroffen, liegt ein gemeinschaftliches Vermächtnis zu gleichen Teilen (§§ 2091, 2093) vor oder zu gleichen Teilen derjenigen, die ohne Anteilsangabe bedacht sind (§ 2092), oder zu proportional erhöhten (§ 2089) oder geminderten (§ 2090) Anteilen. Die Berechtigten sind nicht Gesamtgläubiger, sondern bei Teilbarkeit Teilgläubiger nach § 420 (str), bei Unteilbarkeit Mitgläubiger nach § 432.

§ 2158 Anwachsung

(1) Ist mehreren derselbe Gegenstand vermacht, so wächst, wenn einer von ihnen vor oder nach dem Erbfall wegfällt, dessen Anteil den übrigen Bedachten nach dem Verhältnis ihrer Anteile an. Dies gilt auch dann, wenn der Erblasser die Anteile der Bedachten bestimmt hat. Sind einige der Bedachten zu demselben Anteil berufen, so tritt die Anwachsung zunächst unter ihnen ein.
(2) Der Erblasser kann die Anwachsung ausschließen.

Die allgemeine erbrechtliche Anwachsungsvorschrift § 2094 gilt nur für Erben. § 2158 1 bestimmt für Vermächtnisnehmer beim gemeinschaftlichen Vermächtnis der Sache nach dasselbe, wenn der Erblasser nichts anderes bestimmt (Abs. 2), was insb durch ein Ersatzvermächtnis geschehen kann und sollte. Unterschiede zur Regelung bei Erbfolge ergeben sich jedoch hinsichtlich der Voraussetzung des Wegfalls eines Berechtigten. Neben Zuwendungsverzicht (§ 2352), Vorversterben (§ 2160), Ausschlagung (§§ 2180 Abs. 3, 1953 Abs. 1), Anfechtung (§ 2078) und Nichterleben des Eintritts einer aufschiebenden Bedingung oder einer Befristung kommt auch der Wegfall einer auflösenden Bedingung oder eines Endtermins in Betracht, weil dadurch die Universalsukzession nicht berührt wird und deshalb ohne Rückwirkung auf den Erbfall oder (wenigstens konstruktive) Nacherbfolge eine Veränderung der Rechtsstellung möglich ist (Staudinger/*Otte* Rn 4). Der angewachsene Anteil ist (abgesehen von § 2159) nicht selbständig, sondern teilt das Schicksal des ursprünglichen Anteils.

§ 2159 Selbständigkeit der Anwachsung

Der durch Anwachsung einem Vermächtnisnehmer anfallende Anteil gilt in Ansehung der Vermächtnisse und Auflagen, mit denen dieser oder der wegfallende Vermächtnisnehmer beschwert ist, als besonderes Vermächtnis.

Abweichend von der allgemeinen Unselbständigkeit des angewachsenen Anteils be- 1 stimmt § 2159 für Untervermächtnisse und Auflagen eine – fiktive – Selbständigkeit mit der Folge, dass es für das Leistungsverweigerungsrecht nach § 2187 nur auf den jeweils beschwerten (ursprünglichen) Anteil ankommt.

§ 2160 Vorversterben des Bedachten

Ein Vermächtnis ist unwirksam, wenn der Bedachte zur Zeit des Erbfalls nicht mehr lebt.

1 Entgegen der für Erben geltenden Auslegungsregel in § 2069 gibt es bei Vermächtnissen keine Vermutung für eine Ersatzberufung. Die in § 2160 vorgesehene Unwirksamkeit erfasst nach § 2161 Satz 1 aber nicht etwaige Untervermächtnisse oder Auflagen. Bei einem gemeinschaftlichen Vermächtnis wird § 2160 von § 2158 verdrängt. Für bedachte juristische Personen, die vor dem Erbfall erloschen sind, gilt § 2160 entsprechend, wobei eine Ersatzberufung zur Erreichung des mit dem Vermächtnis verfolgten Zwecks im Wege der ergänzenden Auslegung zuvor in Betracht kommt (Staudinger/*Otte* Rn 4).

§ 2161 Wegfall des Beschwerten

Ein Vermächtnis bleibt, sofern nicht ein anderer Wille des Erblassers anzunehmen ist, wirksam, wenn der Beschwerte nicht Erbe oder Vermächtnisnehmer wird. Beschwert ist in diesem Falle derjenige, welchem der Wegfall des zunächst Beschwerten unmittelbar zustatten kommt.

1 Im Gegensatz zum Wegfall des Bedachten (vgl § 2160) führt der Wegfall des Beschwerten als Erbe oder Vermächtnisnehmer nach § 2161 im Zweifel nicht zur Unwirksamkeit des Vermächtnisses. Als Konsequenz sieht Satz 2 vor, dass der durch den Wegfall Begünstigte das Vermächtnis zu erfüllen hat. Hierfür gilt aber beim Untervermächtnis die Haftungsbeschränkung des § 2187 Abs. 2.

§ 2162 Dreißigjährige Frist für aufgeschobenes Vermächtnis

(1) Ein Vermächtnis, das unter einer aufschiebenden Bedingung oder unter Bestimmung eines Anfangstermins angeordnet ist, wird mit dem Ablauf von 30 Jahren nach dem Erbfall unwirksam, wenn nicht vorher die Bedingung oder der Termin eingetreten ist.

(2) Ist der Bedachte zur Zeit des Erbfalls noch nicht gezeugt oder wird seine Persönlichkeit durch ein erst nach dem Erbfall eintretendes Ereignis bestimmt, so wird das Vermächtnis mit dem Ablauf von 30 Jahren nach dem Erbfall unwirksam, wenn nicht vorher der Bedachte gezeugt oder das Ereignis eingetreten ist, durch das seine Persönlichkeit bestimmt wird.

1 Die Vorschrift, zu der § 2163 eine wichtige Ausnahme enthält, sieht für das Vermächtnis wie §§ 2044 Abs. 2 (Teilungsverbot), 2109 Abs. 1 (Nacherbfolge) und 2210 (Dauertestamentsvollstreckung) eine Dreißig-Jahresfrist vor. Eine aufschiebende Bedingung oder ein Anfangstermin muss spätestens vor Ablauf dieser Frist eingetreten sein. Dies gilt nach Abs. 2, 2. Alt. auch für den Fall, dass der Eintritt der Bedingung erst die Person des Begünstigten festlegt (zB »wer als Erster heiratet«). Ist das Vermächtnis (einschließlich Unter-, Ersatz- oder Nachvermächtnis) innerhalb dreißig Jahren wirksam geworden, kann seine Erfüllung noch später verlangt werden. Dann unterliegt der Anspruch aber der Verjährung. Die Frist für den Anfall des Vermächtnisses kann sich nach Abs. 2 um die Empfängniszeit eines noch nicht geborenen Vermächtnisnehmers verlängern.

§ 2163 Ausnahmen von der dreißigjährigen Frist

(1) Das Vermächtnis bleibt in den Fällen des § 2162 auch nach dem Ablauf von 30 Jahren wirksam:

1. wenn es für den Fall angeordnet ist, dass in der Person des Beschwerten oder des Bedachten ein bestimmtes Ereignis eintritt, und derjenige, in dessen Person das Ereignis eintreten soll, zur Zeit des Erbfalls lebt;

2. wenn ein Erbe, ein Nacherbe oder ein Vermächtnisnehmer für den Fall, dass ihm ein Bruder oder eine Schwester geboren wird, mit einem Vermächtnis zugunsten des Bruders oder der Schwester beschwert ist.

(2) Ist der Beschwerte oder der Bedachte, in dessen Person das Ereignis eintreten soll, eine juristische Person, so bewendet es bei der dreißigjährigen Frist.

Die Vorschrift, die fast wörtlich § 2109 Abs. 1 Satz 2 entspricht, enthält in Abs. 1 Nr. 1 die gegenüber § 2162 praktisch wichtigere Regel. Da zu den Ereignissen in der Person des Beschwerten auch dessen Tod gehören kann, ermöglicht Abs. 1 Nr. 1 eine faktische Beschwerung von dessen Erben. Ist das Ereignis der Tod eines Vermächtnisnehmers, dem zB der Nießbrauch vermacht war, gilt Abs. 1 Nr. 1 aber nicht, weil dieser wegen des Erlöschens des Nießbrauchs (§ 1061 Satz 1) nicht beschwert sein kann (vgl BGH NJW-RR 1992, 643; FamRZ 1992, 800). »In der Person« betreffen den Beschwerten oder den Bedachten auch Ereignisse, die nicht seine Person selbst, sondern seine Vermögensstellung betreffen, zB die Insolvenz (BGH NJW 1969, 1112), hingegen keine »allgemeinen Vorgänge« (AnwK/*Mayer* Rn 2 mwN Fn 6). 1

§ 2164 Erstreckung auf Zubehör und Ersatzansprüche

(1) Das Vermächtnis einer Sache erstreckt sich im Zweifel auf das zur Zeit des Erbfalls vorhandene Zubehör.

(2) Hat der Erblasser wegen einer nach der Anordnung des Vermächtnisses erfolgten Beschädigung der Sache einen Anspruch auf Ersatz der Minderung des Wertes, so erstreckt sich im Zweifel das Vermächtnis auf diesen Anspruch.

Wie §§ 311c, 926 erstreckt die Vorschrift das Vermächtnis im Zweifel auf das Zubehör, und zwar nicht nur, wenn die Hauptsache ein Grundstück ist. Maßgeblicher Zeitpunkt ist der Erbfall, also weder Testamentserrichtung noch (zB bei einer Bedingung) Anfall (hM). Was bei ordnungsgemäßer Wirtschaft nach dem Erbfall ausgetauscht worden ist, muss aber nach dem Sinn der vom Erblasser gewollten Begünstigung in das Vermächtnis einbezogen werden. War der Erblasser nicht Eigentümer des Zubehörs, kann nach dem (mutmaßlichen) Willen des Erblassers ein Besitzvermächtnis nach § 2169 Abs. 2 oder ein Verschaffungsvermächtnis nach § 2170 vorliegen. Was Zubehör ist, bestimmen **§§ 97, 98**. Bestandteile sind in § 2164 nicht erwähnt, weil die Erstreckung darauf selbstverständlich ist (Staudinger/*Otte* Rn 5). Darüber hinaus wird der nach § 2164 **maßgebliche Zeitpunkt** (der Erbfall) mit Recht auf vermachte Inbegriffe von Sachen und Rechten analog angewendet. Und der für die Einbeziehung von Zubehör maßgebliche Gedanke passt ebenso auf Gegenstände, die mit dem vermachten (Haupt-)Gegenstand in engem wirtschaftlichen Zusammenhang stehen, ohne Zubehör zu sein (Beispiel bei Planck/*Flad* Anm 4: Notweg über nicht vermachtes Nachbargrundstück des Erblassers ohne Entschädigung). 1

IS einer Art. schuldrechtlicher Surrogation hat der Erblasser im Zweifel ihm zustehende **Ersatzansprüche** wegen Sachbeschädigungen **mitvermacht**. Dieser Inhalt des Abs. 2 ist unabhängig vom Rechtsgrund des Ersatzanspruchs. Wegen des Stufenverhältnisses ge- 2 genüber der Minderung wird man den Nacherfüllungsanspruch nach § 437 den Ersatzansprüchen gleichstellen müssen (Palandt/*Edenhofer* Rn 3; Staudinger/*Otte* Rn 9). Kein Ersatzanspruch ist hingegen der Rückgewähranspruch nach Rücktritt (aA MüKo/*Schlichting* Rn 5). Bei Zerstörung gilt § 2169 Abs. 3, bei Veränderungen iSd §§ 946 ff uU § 2172 Abs. 2. Nach dem Erbfall richten sich Ersatzansprüche nach § 285.

§ 2165 Belastungen

(1) Ist ein zur Erbschaft gehörender Gegenstand vermacht, so kann der Vermächtnisnehmer im Zweifel nicht die Beseitigung der Rechte verlangen, mit denen der Gegenstand belastet ist. Steht dem Erblasser ein Anspruch auf die Beseitigung zu, so erstreckt sich im Zweifel das Vermächtnis auf diesen Anspruch.

(2) Ruht auf einem vermachten Grundstück eine Hypothek, Grundschuld oder Rentenschuld, die dem Erblasser selbst zusteht, so ist aus den Umständen zu entnehmen, ob die Hypothek, Grundschuld oder Rentenschuld als mitvermacht zu gelten hat.

1 §§ 2165 – 2168a enthalten Regeln für den Fall, dass der vermachte Gegenstand belastet ist. Mangels näherer Bestimmung durch den Erblasser soll die Belastung bei Erfüllung des Vermächtnisanspruchs bestehen bleiben (Abs. 1), in dem besonderen Fall des § 1108 wohl auch die persönliche Haftung (AnwK/*Mayer* Fn 9). Bei Bestehen einer Reallast ist eine ausdrückliche testamentarische Regelung daher dringend anzuraten. Keine Belastung ist die Sicherungsübereignung. Wird ein zur Sicherheit übereigneter Gegenstand vermacht, sind aber §§ 2169 f anzuwenden, sodass der Beschwerte verpflichtet sein kann, die Sicherheit abzulösen. Hatte schon der Erblasser einen Rückgewähranspruch auf das Sicherungseigentum, wird man ihn genauso wie den Anspruch auf Beseitigung einer Belastung nach Abs. 1 Satz 2 als mitvermacht ansehen können. Dies gilt genauso, wenn der Beseitigungsanspruch erst mit dem Erbfall entsteht, wie bei Fälligkeit einer Risikolebensversicherung, die zur Sicherung des Kredits abgeschlossen war (BGH WM 1980, 310). Ein Wille des Erblassers, dem Vermächtnisnehmer den Beseitigungsanspruch zu verschaffen, kann sich im Übrigen ebenso aus den Umständen ergeben (BGH NJW 1998, 682) wie der Wille, ein Eigentümerpfandrecht auf ihn übergehen zu lassen (Abs. 2).

§ 2166 Belastung mit einer Hypothek

(1) Ist ein vermachtes Grundstück, das zur Erbschaft gehört, mit einer Hypothek für eine Schuld des Erblassers oder für eine Schuld belastet, zu deren Berichtigung der Erblasser dem Schuldner gegenüber verpflichtet ist, so ist der Vermächtnisnehmer im Zweifel dem Erben gegenüber zur rechtzeitigen Befriedigung des Gläubigers insoweit verpflichtet, als die Schuld durch den Wert des Grundstücks gedeckt wird. Der Wert bestimmt sich nach der Zeit, zu welcher das Eigentum auf den Vermächtnisnehmer übergeht; er wird unter Abzug der Belastungen berechnet, die der Hypothek im Range vorgehen.

(2) Ist dem Erblasser gegenüber ein Dritter zur Berichtigung der Schuld verpflichtet, so besteht die Verpflichtung des Vermächtnisnehmers im Zweifel nur insoweit, als der Erbe die Berichtigung nicht von dem Dritten erlangen kann.

(3) Auf eine Hypothek der in § 1190 bezeichneten Art finden diese Vorschriften keine Anwendung.

1 Da nach § 2165 Abs. 1 die Belastungen auf einem vermachten Grundstück im Zweifel bestehen bleiben, muss der Vermächtnisnehmer sie wirtschaftlich endgültig tragen und

ggf ablösen. Daraus zieht § 2166 Abs. 1 Satz 1 die Konsequenz, indem er dem Vermächtnisnehmer, der die persönliche Schuld, für die die Sicherheit besteht, zurückzahlt, den **Regress** gegenüber dem Erben und Rechtsnachfolger des Erblassers als persönlichen Schuldner aus § 1143 abschneidet. Dies passt sinngemäß auch auf die Sicherungsgrundschuld (BGH NJW 1963, 1612), es sei denn es handelt sich um die Sicherheit für einen Kontokorrentkredit (BGHZ 37, 233, 246). Denn dann ist das gesicherte Darlehen wie bei der Höchstbetragshypothek (Abs. 3) iA nicht für die Bebauung des Grundstücks aufgenommen worden, sodass auch die »Gegenleistung« eines entsprechenden Grundstückswertes dem Vermächtnisnehmer nicht zugute kommt.

Der Anspruch aus Abs. 1 Satz 1 ist in zweifacher Hinsicht **subsidiär**: wirtschaftlich durch 2 die Beschränkung auf den Grundstückswert, und zwar zu dem Zeitpunkt, in dem er dem Vermächtnisnehmer wirklich zugute kommt (Abs. 1 Satz 2), rechtlich-konstruktiv durch den Nachrang des Vermächtnisnehmers gegenüber Drittverpflichteten (Abs. 2).

§ 2167 Belastung mit einer Gesamthypothek

Sind neben dem vermachten Grundstück andere zur Erbschaft gehörende Grundstücke mit der Hypothek belastet, so beschränkt sich die in § 2166 bestimmte Verpflichtung des Vermächtnisnehmers im Zweifel auf den Teil der Schuld, der dem Verhältnis des Wertes des vermachten Grundstücks zu dem Werte der sämtlichen Grundstücke entspricht. Der Wert wird nach § 2166 Abs. 1 Satz 2 berechnet.

Die Vorschrift erstreckt die in § 2166 Abs. 1 Satz 2, Abs. 2 niedergelegte Subsidiarität auf 1 den Fall der Gesamthypothek: Die Verpflichtung des Vermächtnisnehmers gegenüber dem Erben aus § 2166 Abs. 1 Satz 1 beschränkt sich auf den Teil, der dem Wert des vermachten Grundstücks im Verhältnis zu allen haftenden Grundstücken entspricht (zur Berechnungsformel AnwK/*Mayer* Rn 4).

§ 2168 Belastung mit einer Gesamtgrundschuld

(1) Besteht an mehreren zur Erbschaft gehörenden Grundstücken eine Gesamtgrundschuld oder eine Gesamtrentenschuld und ist eines dieser Grundstücke vermacht, so ist der Vermächtnisnehmer im Zweifel dem Erben gegenüber zur Befriedigung des Gläubigers in Höhe des Teils der Grundschuld oder der Rentenschuld verpflichtet, der dem Verhältnis des Wertes des vermachten Grundstücks zu dem Wert der sämtlichen Grundstücke entspricht. Der Wert wird nach § 2166 Abs. 1 Satz 2 berechnet.

(2) Ist neben dem vermachten Grundstück ein nicht zur Erbschaft gehörendes Grundstück mit einer Gesamtgrundschuld oder einer Gesamtrentenschuld belastet, so finden, wenn der Erblasser zur Zeit des Erbfalls gegenüber dem Eigentümer des anderen Grundstücks oder einem Rechtsvorgänger des Eigentümers zur Befriedigung des Gläubigers verpflichtet ist, die Vorschriften des § 2166 Abs. 1 und des § 2167 entsprechende Anwendung.

Nach Abs. 1 gilt für die Gesamtgrundschuld dasselbe wie für die Gesamthypothek nach 1 § 2167 (vgl Erläuterungen dort). Abs. 2 erweitert § 2166 Abs. 1 Satz 1 (Verpflichtung gegenüber dem Erben zur Erfüllung der persönlichen Schuld des Erblassers) auf den Fall, dass der Erblasser nur überhaupt (zB nach § 415 Abs. 3) zur Befriedigung des Gläubigers verpflichtet war, um ein gar nicht zum Nachlass gehörendes mitbelastetes Grundstück frei zu machen. Über den Wortlaut hinaus passt dies für Verpflichtungen nicht nur gegenüber dem Eigentümer des belasteten Grundstücks, sondern auch gegenüber dem persönlichen Schuldner (AnwK/*Mayer* Rn 3).

§ 2168a Anwendung auf Schiffe, Schiffsbauwerke und Schiffshypotheken

§ 2165 Abs. 2, §§ 2166, 2167 gelten sinngemäß für eingetragene Schiffe und Schiffsbauwerke und für Schiffshypotheken.

1 Ist Gegenstand des Vermächtnisses ein Schiff(santeil), gelten die Vorschriften über die Hypothek (nicht: über die Grundschuld) beim Vermächtnis auch für Schiffshypotheken. Dasselbe gilt nach § 98 Abs. 2 LuftFZRegG für das Registerpfand an Luftfahrzeugen.

§ 2169 Vermächtnis fremder Gegenstände

(1) Das Vermächtnis eines bestimmten Gegenstands ist unwirksam, soweit der Gegenstand zur Zeit des Erbfalls nicht zur Erbschaft gehört, es sei denn, dass der Gegenstand dem Bedachten auch für den Fall zugewendet sein soll, dass er nicht zur Erbschaft gehört.

(2) Hat der Erblasser nur den Besitz der vermachten Sache, so gilt im Zweifel der Besitz als vermacht, es sei denn, dass er dem Bedachten keinen rechtlichen Vorteil gewährt.

(3) Steht dem Erblasser ein Anspruch auf Leistung des vermachten Gegenstands oder, falls der Gegenstand nach der Anordnung des Vermächtnisses untergegangen oder dem Erblasser entzogen worden ist, ein Anspruch auf Ersatz des Wertes zu, so gilt im Zweifel der Anspruch als vermacht.

(4) Zur Erbschaft gehört im Sinne des Absatzes 1 ein Gegenstand nicht, wenn der Erblasser zu dessen Veräußerung verpflichtet ist.

1 Nicht immer befindet sich der vermachte Gegenstand zZt des Erbfalls (noch) im Vermögen des Erblassers oder im Nachlass. Dafür treffen §§ 2169 f, 2173 und 2175 Sonderregeln. Die einfachste und allgemeinste Regel enthält § 2169 Abs. 1: Wenn der Erblasser (ausdrücklich oder bei entsprechender Auslegung seiner Verfügung) keine andere Anordnung getroffen hat, ist das Vermächtnis eines Gegenstandes, der **nicht Nachlassbestandteil** wird, unwirksam. Dies wird vom Gesetz nur für das Vermächtnis eines »bestimmten« Gegenstandes ausgesprochen, also für ein Stückvermächtnis. Nach der typischen Interessenlage hat aber dasselbe zu gelten, wenn der Erblasser eine beschränkte Gattungsschuld des Beschwerten begründen wollte, zB über »20 Flaschen aus meinem Weinkeller«. Ist der Vorrat beim Erbfall schon erschöpft, trifft den Beschwerten keine Verschaffungspflicht. Anderes gilt, wenn der Erblasser ein Verschaffungsvermächtnis (»es sei denn« nach Abs. 1, genauer § 2170) zuwenden wollte.

2 Abs. 2 – Abs. 4 geben genauer an, wann ein Gegenstand (nicht) zur Erbschaft gehört: hatte der Erblasser an der vermachten Sache nur den Besitz, gilt wenigstens dieser als vermacht; ist der Vermächtnisnehmer aber zB verpflichtet, die Sache alsbald dem Eigentümer herauszugeben, ist das Vermächtnis unwirksam (Abs. 2). Hatte der Erblasser (nur) einen Anspruch auf den vermachten Gegenstand oder wenigstens auf Ersatz seines Wertes (nicht aber: auf eine Gegenleistung dafür, BGHZ 22, 357), gilt der Anspruch anstelle des Gegenstandes selbst als vermacht (Abs. 3). Umgekehrt bleibt es bei Unwirksamkeit trotz (formaler) Nachlasszugehörigkeit, wenn der Erblasser zur Veräußerung des Gegenstandes verpflichtet war (Abs. 4).

§ 2170 Verschaffungsvermächtnis

(1) Ist das Vermächtnis eines Gegenstands, der zur Zeit des Erbfalls nicht zur Erbschaft gehört, nach § 2169 Abs. 1 wirksam, so hat der Beschwerte den Gegenstand dem Bedachten zu verschaffen.

(2) Ist der Beschwerte zur Verschaffung außerstande, so hat er den Wert zu entrichten. Ist die Verschaffung nur mit unverhältnismäßigen Aufwendungen möglich, so kann sich der Beschwerte durch Entrichtung des Wertes befreien.

Die Vorschrift regelt den Fall, dass der Erblasser entgegen der Vermutung nach § 2169 Abs. 1 ein Vermächtnis über einen Gegenstand angeordnet hat, der zur Zeit des Erbfalls **nicht zum Nachlass** gehört. Dann ist der Beschwerte nicht einfach zur Übertragung des Gegenstandes an den Bedachten verpflichtet (wozu er gar nicht in der Lage ist, wenn er nicht selbst Inhaber ist), sondern dazu, das Objekt **zu verschaffen** (daher »Verschaffungsvermächtnis«). Da der Beschwerte, vor allem wenn er den Vermächtnisgegenstand nicht mit Mitteln des Nachlasses beschaffen kann, durch ein solches Vermächtnis erheblich belastet wird, sind an die Annahme eines Vermächtnisses dieses Typs hohe Anforderungen zu stellen. Die Rspr trägt dem Rechnung durch das Erfordernis einer »besonderen Intensität des Verpflichtungswillens« beim Erblasser (BGH FamRZ 1984, 41; OLG Oldenburg FamRZ 1999, 532). Liegt hiernach ein Vermächtnis gem § 2170 vor, entspricht die Pflicht des Beschwerten derjenigen eines Verkäufers (Eigentumsübertragung, Rechtsverschaffung), allerdings außer bei einem Gattungsvermächtnis (§ 2183) ohne Gewährleistung wegen Sachmängeln. Die Rechtsmängelhaftung richtet sich hingegen nach § 2182 Abs. 2 und Abs. 3. 1

Für die Verschaffung selbst ist danach zu unterscheiden, wem der Gegenstand gehört: Gehört er bereits **dem Vermächtnisnehmer**, ist das Vermächtnis selbst gegenstandslos (AnwK/*Mayer* Rn 8), es sei denn der Wille des Erblassers ist erkennbar darauf gerichtet, dem Bedachten trotzdem den Wert oder den Beschaffungsaufwand zukommen zu lassen. Gehört der Gegenstand **dem Beschwerten**, bietet die Erfüllung keine Probleme. Allerdings ist § 2059 Abs. 1 zu beachten, wenn der Beschwerte Miterbe ist. Für die Vollstreckung gelten §§ 894, 897 ZPO (dazu genauer Staudinger/*Otte* Rn 16). Am kompliziertesten ist die Lage, wenn der Gegenstand **einem Dritten** gehört. Von diesem kann der Bedachte nichts verlangen. Vielmehr muss er den Beschwerten darauf verklagen, die Bereitschaft des Dritten zur Übertragung an sich herbeizuführen. Die Vollstreckung erfolgt dann nach § 887 ZPO (dazu – einschließlich der Ermächtigung durch das Prozessgericht an den Bedachten und Vorauszahlung der Kosten durch den Beschwerten – Staudinger/*Otte* Rn 13, 14). 2

Abs. 2 enthält eine Sonderregelung zur Störung des Leistungsprogramms eines Verschaffungsvermächtnisses, die den Schuldner teilweise gegenüber dem Allgemeinen Schuldrecht privilegiert: Im Falle des **Unvermögens** bleibt er nicht – wie nach der allgemeinen Regelung des § 276 Abs. 1 Satz 1 für das Beschaffungsrisiko – zur Primärleistung oder zu Schadensersatz statt der Leistung nach §§ 281 ff verpflichtet, sondern schuldet Wertersatz. Die Möglichkeit, Wertersatz zu leisten, (Ersetzungsbefugnis) steht dem Schuldner als Privileg gegenüber der strengeren allgemeinen Opfergrenze nach § 275 Abs. 2 auch bei **unverhältnismäßigen Aufwendungen** für die Beschaffung zu. Hat der Beschwerte ein nachträglich eintretendes Unvermögen wegen Verschuldens oder Verzugs zu vertreten, gelten ebenso die allgemeinen Vorschriften wie bei nachträglicher objektiver Unmöglichkeit. Durch die Herbeiführung einer Haftungsbeschränkung kann sich der Beschwerte von der Verpflichtung aus Abs. 1 nicht befreien (Staudinger/*Otte* Rn 9). Durch Erhebung der **Einrede des § 1992** kann er aber erreichen, dass er die Verpflichtung aus Abs. 1 nur gegen Bezahlung der Differenz zwischen dem Wert des Vermächtnisses und dem Nachlasswert zu erfüllen braucht (BGH NJW 1964, 2298). Sowohl die Voraussetzungen für den Übergang zum Anspruch aus Abs. 2, als auch die Berechnung des Wertes bieten Anlass für 3

§ 2171 Unmöglichkeit, gesetzliches Verbot

(1) Ein Vermächtnis, das auf eine zur Zeit des Erbfalls für jedermann unmögliche Leistung gerichtet ist oder gegen ein zu dieser Zeit bestehendes gesetzliches Verbot verstößt, ist unwirksam.

(2) Die Unmöglichkeit der Leistung steht der Gültigkeit des Vermächtnisses nicht entgegen, wenn die Unmöglichkeit behoben werden kann und das Vermächtnis für den Fall zugewendet ist, dass die Leistung möglich wird.

(3) Wird ein Vermächtnis, das auf eine unmögliche Leistung gerichtet ist, unter einer anderen aufschiebenden Bedingung oder unter Bestimmung eines Anfangstermins zugewendet, so ist das Vermächtnis gültig, wenn die Unmöglichkeit vor dem Eintritt der Bedingung oder des Termins behoben wird.

1 Die Vorschrift ist eine Spezialregelung zu § 311a. Anders als dort für den Vertrag vorgesehen, ist die Vermächtnisanordnung bei anfänglicher objektiver Unmöglichkeit **unwirksam**. Dasselbe gilt für ein zur Zeit des Erbfalls gesetzwidriges Vermächtnis. Schon nach dem Recht vor der Schuldrechtsmodernisierung war die praktische Bedeutung der Vorschrift gering. Daran wird sich nach der Neufassung (gültig seit 1. 1. 2002) kaum etwas ändern. ISd favor testamenti ermöglichen Abs. 2 und Abs. 3 die Gültigkeit des Vermächtnisses trotz anfänglicher Unmöglichkeit: Abs. 2 von Anfang an, wenn die Unmöglichkeit vorübergehender Art. ist und der Erblasser das Vermächtnis unter der Bedingung der Möglichkeit angeordnet hat; Abs. 3 auch ohne darauf gerichteten Erblasserwillen bei einem Vermächtnis unter einer anderen Bedingung als derjenigen des Abs. 2, wenn die Unmöglichkeit vor Bedingungseintritt behoben wird. Nicht in der Vorschrift genannt ist das sittenwidrige Vermächtnis. Die hM stellt zum Teil gerade wegen § 2171 Abs. 1 bei der Beurteilung auf den Zeitpunkt des Erbfalls ab (Soergel/*Wolf* Rn 8 mwN; unentschieden BGHZ 140, 118, 120). § 138 Abs. 1 hat jedoch keine Straffunktion gegenüber dem Erblasser, sondern will nur verhindern, dass sittenwidrige Rechtsgeschäfte den Schutz der Rechtsordnung genießen. Sieht man das Rechtsgeschäft zum Zeitpunkt der richterlichen Entscheidung nicht mehr als sittenwidrig an, hat diese Beurteilung deshalb den Vorrang (AnwK/*Mayer* Rn 9m Fn 21).

2 Ist die Vermächtnisanordnung selbst von einer behördlichen **Genehmigung** abhängig (wie nach § 16 Abs. 2 HöfeO) und wird die Genehmigung versagt, liegt ein Fall des Abs. 1 vor. Bedarf – wie meist – nur die Erfüllung einer Genehmigung (zB nach §§ 1643, 1821 f) und wird diese verweigert, tritt nachträgliche Unmöglichkeit ein (Staudinger/*Otte* Rn 4 mwN) mit der Folge der §§ 275, 280, 283. Die anfängliche subjektive Unmöglichkeit (Unvermögen) ist hingegen von §§ 2169, 2170 erfasst.

§ 2172 Verbindung, Vermischung, Vermengung der vermachten Sache

(1) Die Leistung einer vermachten Sache gilt auch dann als unmöglich, wenn die Sache mit einer anderen Sache in solcher Weise verbunden, vermischt oder vermengt worden ist, dass nach den §§ 946 – 948 das Eigentum an der anderen Sache sich auf sie erstreckt oder Miteigentum eingetreten ist, oder wenn sie in solcher Weise verarbeitet oder umgebildet worden ist, dass nach § 950 derjenige, welcher die neue Sache hergestellt hat, Eigentümer geworden ist.

(2) Ist die Verbindung, Vermischung oder Vermengung durch einen anderen als den Erblasser erfolgt und hat der Erblasser dadurch Miteigentum erworben, so gilt im Zweifel das Miteigentum als vermacht; steht dem Erblasser ein Recht zur Wegnahme der verbundenen Sache zu, so gilt im Zweifel dieses Recht als vermacht. Im Falle der Verarbeitung oder Umbildung durch einen anderen als den Erblasser bewendet es bei der Vorschrift des § 2169 Abs. 3.

Die Vorschrift, die wie § 2171 geringe praktische Bedeutung hat, enthält eine Auslegungsregel für den Fall der **sachenrechtlichen Änderung** des Vermächtnisgegenstandes bis zum Erbfall nach §§ 946 ff (einschließlich der in der Überschrift nicht genannten Verarbeitung, Abs. 1 aE, Abs. 2 Satz 2). Der Erblasser kann von sich aus Ersatzregeln für diesen Fall treffen. Unterlässt er dies, ist das Vermächtnis nach Abs. 1 iVm § 2171 unwirksam. Hat der Erblasser aufgrund der Veränderung Miteigentum oder einen Wegnahmeanspruch erworben oder steht ihm wegen der Verarbeitung ein Wertersatzanspruch nach § 951 zu, bleibt das Vermächtnis wirksam und bezieht sich nach Abs. 2 auf das Surrogat. 1

§ 2173 Forderungsvermächtnis

Hat der Erblasser eine ihm zustehende Forderung vermacht, so ist, wenn vor dem Erbfall die Leistung erfolgt und der geleistete Gegenstand noch in der Erbschaft vorhanden ist, im Zweifel anzunehmen, dass dem Bedachten dieser Gegenstand zugewendet sein soll. War die Forderung auf die Zahlung einer Geldsumme gerichtet, so gilt im Zweifel die entsprechende Geldsumme als vermacht, auch wenn sich eine solche in der Erbschaft nicht vorfindet.

Die Vorschrift gibt eine **Auslegungsregel** für den Fall, dass eine vermachte Forderung vor 1 dem Erbfall erfüllt worden ist. Dann wird der ursprüngliche Vermächtnisgegenstand durch den im Nachlass vorhandenen Erfüllungsgegenstand surrogiert. Entsprechend anwendbar ist dies, wenn eine Geldforderung durch Aufrechnung erloschen ist. Denn auch in einem solchen Fall befindet sich der Wert noch im Nachlass. Entsprechendes gilt, wenn die vermachte Forderung nicht erloschen ist, sondern mit der Leistung an den Erblasser auf den Leistenden (zB den Bürgen nach § 774 Abs. 1) übergegangen ist (Staudinger/*Otte* Rn 4). Genauso ist beim Forderungsverkauf zu verfahren (aaO Rn 7).

Von der Vorschrift nicht erfasst wird das **Befreiungsvermächtnis**. Hat der Bedachte vor 2 dem Anfall des Vermächtnisses die Forderung noch nicht erfüllt, kann er von den Erben nach § 2174 den Abschluss eines Erlassvertrages (§ 397) verlangen. Hat der Bedachte schon geleistet, kann er entsprechend dem Sinn des § 2173 die Leistung nach dem Erbfall zurück verlangen (Staudinger/*Otte* Rn 11). Beim **Schuldvermächtnis**, das von § 2173 nicht erfasst wird, vermacht der Erblasser dem Gläubiger den ohnehin geschuldeten Gegenstand und verschafft dem Gläubiger als Vermächtnisnehmer dadurch die zusätzliche und oft einfacher zu realisierende Anspruchsbegründung aus § 2174. Erhält erst **der Erbe** die Leistung auf die vermachte Forderung, gilt dafür § 285, bei Verschulden des Erben auch §§ 280, 283 (AnwK/*Mayer* Rn 5 mwN).

§ 2174 Vermächtnisanspruch

Durch das Vermächtnis wird für den Bedachten das Recht begründet, von dem Beschwerten die Leistung des vermachten Gegenstands zu fordern.

Die Vorschrift enthält die **Anspruchsgrundlage** für den Vermächtnisnehmer und somit 1 zugleich die Aussage, dass nach geltendem Recht das Damnations- und nicht das Vindikationslegat gilt (vor § 2147 Rn 1). Dem schuldrechtlichen Charakter des Vermächtnis-

§ 2174 BGB | Vermächtnisanspruch

anspruchs entsprechend sind auf ihn die Vorschriften des Allgemeinen Schuldrechts anwendbar, soweit sich aus den §§ 2147 ff oder allgemeinen erbrechtlichen Erwägungen nichts anderes ergibt. Den Gläubiger (Vermächtnisnehmer) bezeichnet das Gesetz als Bedachten, den Schuldner als Beschwerten (vgl § 2147 und Erläuterung dazu). Der Anspruch wird fällig mit dem Erbfall oder nach §§ 2181, 2186, jedoch nicht vor dem Anfall des Vermächtnisses nach §§ 2176 ff. Die **Erfüllung** erfolgt nach den allgemeinen Regeln, also etwa durch Eigentumsübertragung nach §§ 873, 925 oder 929 ff oder durch Übertragung der Forderung oder des Rechts nach §§ 398, 413, beim Vermächtnis eines Universalnießbrauchs durch Bestellung des Nießbrauchs an allen einzelnen Nachlassgegenständen. Soweit der Gesellschaftsvertrag es zulässt, können auch die Gesellschaftsanteile einer Personengesellschaft Gegenstand eines Vermächtnisses sein. Dann ist der Anteil auf den Vermächtnisnehmer zu übertragen (BGH NJW 1983, 2376). Wie andere schuldrechtliche Ansprüche ist der Vermächtnisanspruch durch Nebenleistungen, Nebenpflichten und Schutzpflichten zu ergänzen. Ein Geldvermächtnis ist ab Verzug oder Rechtshängigkeit zu verzinsen, soweit die Zinsen nicht ohnehin nach § 2184 Satz 1 als Früchte (v Anfall an) mit vermacht sind. Kein Raum ist hingegen für § 313. Stattdessen ist eine grundlegende Veränderung der Verhältnisse durch ergänzende Auslegung oder Anfechtung nach § 2178 Abs. 2 zu erfassen (BGH NJW 1993, 850). Der Vermächtnisanspruch selbst kann idR nach § 398 **abgetreten** werden. Hiergegen kann der Erblasser kein dinglich wirkendes Abtretungsverbot nach § 399, 2. Alt. vorsehen, wohl aber eine auflösende Bedingung (AnwK/*Mayer* Rn 7 mwN).

2 **Leistungsstörungen** werden teils von den Sondervorschriften des Vermächtnisrechts, teils vom Allgemeinen Schuldrecht erfasst. Hinsichtlich der Sach- oder Rechtsmängel ist zu unterscheiden: Für das Gattungsvermächtnis ist die Haftung in §§ 2182 f geregelt, für das Stückvermächtnis hinsichtlich Rechtsmängeln in §§ 2165 – 2168a. Eine Haftung für Sachmängel beim Stückvermächtnis besteht nicht. Hat der Beschwerte eine schuldhafte Pflichtverletzung begangen, kommen Ansprüche aus §§ 280–281, 283–288 in Betracht. Hinzu kommen die Spezialvorschriften §§ 2169–2173. Für das Gattungsvermächtnis ist die Haftungsverschärfung durch § 276 Abs. 1 Satz 1, 2. Hs zu beachten.

3 Einen **Auskunftsanspruch** des Vermächtnisnehmers wollte das RG (RGZ 129, 239) noch nicht allgemein anerkennen, eröffnete aber die Möglichkeit, dass der Erblasser (uU auch nur hypothetisch) einen Auskunftsanspruch »mitvermacht« habe. Man wird einen solchen Anspruch heute aber auch ohne entsprechenden Erblasserwillen aus § 242 nach den Umständen des Einzelfalles selbst herleiten und dann sogar, wenn nötig, bis zu einem Anspruch auf Rechnungslegung gegen den Beschwerten steigern können (BGH NJW-RR 1991, 707; Jauernig/*Stürner* Rn 5).

4 Eine **Sicherung** des Vermächtnisanspruchs ist gesetzlich nicht vorgesehen. Allerdings kann der Erblasser zusätzlich auch eine Sicherheit vermachen, die dann aber gleichfalls erst ab Anfall des Vermächtnisses beansprucht werden kann (BGH NJW 2001, 2883). Der Erblasser kann freilich durch Rechtsgeschäfte unter Lebenden Vorsorge für den Vermächtnisnehmer treffen. So kann er ihm eine unwiderrufliche Vollmacht auf den Todesfall zur Erfüllung des Vermächtnisses an sich selbst erteilen. Bei Grundstücken kann sich der Erblasser durch Rechtsgeschäft unter Lebenden verpflichten, keine Verfügung vorzunehmen und bei Verstoß hiergegen das Grundstück unmittelbar an den Vermächtnisnehmer zu übertragen. Dieser Übereignungsanspruch kann, auch wenn er unter einer Bedingung steht, nach § 883 Abs. 1 durch Vormerkung gesichert werden (AnwK/*Mayer* Rn 33).

5 Für die **Verjährung** des Anspruchs gilt § 197 Abs. 1 Nr. 2 (30 Jahre), beim Vermächtnis wiederkehrender Leistungen §§ 197 Abs. 2, 195 (3 Jahre) mit Fristbeginn nach § 200 bzw § 199 Abs. 1. Die Schadensersatzansprüche wegen Pflichtverletzung (oben Rn 2) werden entscheidend durch das Allgemeine Schuldrecht geprägt und sind daher richtigerweise nicht als (spezifisch) erbrechtliche Ansprüche anzusehen. Für sie gelten daher §§ 195, 199 Abs. 1, 3 (3 Jahre, Staudinger/*Otte* Rn 30c, aber str).

6 Ist der Erbe beschwert, handelt es sich bei § 2174 um eine **Nachlassverbindlichkeit**, für die der Erbe bis zur Erschöpfung des Nachlasses (BGH NJW 1993, 850) und mit seinem

Eigenvermögen haftet, wenn er nicht seine Haftung nach §§ 1990 ff beschränkt. In Betracht kommt bei Überschuldung des Nachlasses durch Vermächtnisse und Auflagen die Abwendung der Herausgabe durch Zahlung des Wertes nach § 1992 Satz 2. Daraus ist umgekehrt für den Vermächtnisnehmer die Befugnis zu entnehmen, Herausgabe des Vermächtnisses gegen eine Ausgleichszahlung zur Vermeidung der Überschuldung des Nachlasses zu verlangen (BGH NJW 1964, 2298).

§ 2175 Wiederaufleben erloschener Rechtsverhältnisse

Hat der Erblasser eine ihm gegen den Erben zustehende Forderung oder hat er ein Recht vermacht, mit dem eine Sache oder ein Recht des Erben belastet ist, so gelten die infolge des Erbfalls durch Vereinigung von Recht und Verbindlichkeit oder von Recht und Belastung erloschenen Rechtsverhältnisse in Ansehung des Vermächtnisses als nicht erloschen.

Die Vorschrift überwindet eine konstruktive Schwäche, die sich aus dem schuldrechtlichen Charakter des Vermächtnisses nach § 2174 ergibt: Da die Vermächtnisgegenstände aus dem Nachlass des Erben an den Vermächtnisnehmer übertragen werden müssen, können sie nach allgemeinen Grundsätzen zuvor durch **Konfusion** oder **Konsolidation** erloschen sein. Dies verhindert die Fiktion des § 2175. Die Vorschrift passt aber nicht, wenn schon nach den für das fragliche Recht geltenden Vorschriften die Konsolidation ausgeschlossen ist, zB § 889 bei Grundstücken. Dann ist das Vermächtnis ohne weiteres erfüllbar. Erlischt das Recht hingegen mit dem Tod des Erblassers mangels Vererblichkeit (zB nach § 1059), ist das Vermächtnis wegen rechtlicher Unmöglichkeit unwirksam, § 2169 (Soergel/Wolf Rn 3). 1

§ 2176 Anfall des Vermächtnisses

Die Forderung des Vermächtnisnehmers kommt, unbeschadet des Rechts, das Vermächtnis auszuschlagen, zur Entstehung (Anfall des Vermächtnisses) mit dem Erbfall.

Der **Anspruch** des Vermächtnisnehmers nach § 2174 **entsteht** vorbehaltlich der §§ 2177 – 2179 nach § 2176 sogleich mit dem Erbfall. Stirbt der Bedachte vor dem Erbfall, ist das Vermächtnis nach § 2160 überhaupt unwirksam. Bis zum Erbfall hat der Vermächtnisnehmer auch bei einem Erbvertrag oder einem bindend gewordenen gemeinschaftlichen Testament noch keinerlei rechtliche Position. Von der Entstehung des Anspruchs ist die **Fälligkeit** zu unterscheiden. Für sie gilt zunächst eine besondere Anordnung des Erblassers, sodann § 2181 und schließlich als Auffangregel § 271 Abs. 1. Der Vermächtnisnehmer ist jedoch selbst bei Anwendung des § 271 an der sofortigen Erhebung des Anspruchs bei Beschwerung des Erben uU nach § 1958 (bis zur Erbschaftsannahme) und nach § 2014 (Dreimonatseinrede) gehindert. Ob der Erblasser im Einzelfall die Entstehung des Anspruchs durch Bedingung oder Befristung (§ 2177) oder dessen Fälligkeit auf einen späteren Zeitpunkt verschieben wollte, muss im Wege der Auslegung ermittelt werden. Der entstandene, aber noch nicht fällige Vermächtnisanspruch kann zB abgetreten werden (Soergel/*Wolf* Rn 3). Ab Anfall sind dem Vermächtnis nach § 2184 auch die Früchte des Vermächtnisgegenstandes zuzuschlagen. Wertschwankungen bis zur Erfüllung sind im Allgemeinen unbeachtlich (vgl BGH NJW-RR 1992, 643), während ein Quotenvermächtnis notwendigerweise von der Wertermittlung des Nachlasses insgesamt abhängt. 1

§ 2177 Anfall bei einer Bedingung oder Befristung

Ist das Vermächtnis unter einer aufschiebenden Bedingung oder unter Bestimmung eines Anfangstermins angeordnet und tritt die Bedingung oder der Termin erst nach dem Erbfall ein, so erfolgt der Anfall des Vermächtnisses mit dem Eintritt der Bedingung oder des Termins.

1 Abweichend von § 2176, aber übereinstimmend mit den allgemeinen Regeln für Bedingungen und Befristungen (§§ 158 Abs. 1, 163) lässt die Vorschrift aufschiebend bedingte oder befristete Vermächtnisse **erst vom Eintritt der Bedingung** oder vom Ablauf der aufschiebenden Frist **an** entstehen. Zwischen Erbfall und Vermächtnisanfall hat der Vermächtnisnehmer allerdings, wie § 2179 klarstellt, schon eine rechtlich gesicherte Position nach §§ 160, 162. Sie kann übertragen und in sie kann vollstreckt werden (RG JW 1929, 586). Besonders verbreitet sind Vermächtnisse nach § 2177 zur Absicherung eines Berliner Testaments (»Jastrow'sche Klausel«, vgl AnwK/*Mayer* Rn 10m Fn 23). Nach § 2074 muss der Bedachte im Zweifel den Bedingungseintritt erleben. Andernfalls ist das Vermächtnis unwirksam. Ist der Vermächtnisnehmer ein Abkömmling des Erblassers, ist allerdings auch die Auslegungsregel des § 2069 für dessen Abkömmlinge (also typischerweise die Enkel des Erblassers) einschlägig und hat dann Vorrang vor § 2074 (BGH NJW 1958, 22; AnwK/*Mayer* Rn 8). Unwirksam wird das Vermächtnis ferner nach § 2162, wenn nicht ein Fall des § 2163 vorliegt.

2 § 2074 gilt für das **befristete** Vermächtnis nicht, sodass die Anwartschaft des Vermächtnisnehmers im Zweifel auf dessen Erben übergeht. Im Einzelfall kann die Auslegung allerdings ergeben, dass der Erblasser das Vermächtnis gar nicht befristen, sondern nur dessen Fälligkeit hinausschieben wollte. Dann gilt für den Anfall wieder § 2176 mit der Folge des § 2184 für Zwischenfrüchte und der Unanwendbarkeit der §§ 2162, 2163. Diese Unterscheidung muss auch beim Vermächtnis wiederkehrender Leistungen beachtet werden: Üblicherweise ist das Stammrecht sofort mit dem Erbfall angefallen, auch wenn die Einzelleistungen uU erst nach mehr als dreißig Jahren fällig werden (Staudinger/*Otte* Rn 6).

3 Nicht von § 2177 erfasst sind Vermächtnisse unter einer auflösenden Bedingung oder einem Endtermin. Beides führt zu keiner dinglichen Rechtsänderung. Ist für diesen Fall ein anderer bedacht, liegt ein **Nachvermächtnis** nach § 2191 vor. Andernfalls hat der Beschwerte einen Rückgewähranspruch nach § 812 Abs. 1 Satz 2, 1. Alt. wegen Wegfalls des Rechtsgrundes. Diesen Anspruch kann der Erblasser von den Schwächen des Bereicherungsrechts (insb § 818 Abs. 3) entlasten, indem er dem Beschwerten den Vermächtnisgegenstand wiederum als **Rückvermächtnis** vermacht.

§ 2178 Anfall bei einem noch nicht erzeugten oder bestimmten Bedachten

Ist der Bedachte zur Zeit des Erbfalls noch nicht gezeugt oder wird seine Persönlichkeit durch ein erst nach dem Erbfall eintretendes Ereignis bestimmt, so erfolgt der Anfall des Vermächtnisses im ersteren Falle mit der Geburt, im letzteren Falle mit dem Eintritt des Ereignisses.

1 Anders als der Erbe nach § 1923 muss der Vermächtnisnehmer nach § 2178 beim Erbfall nicht einmal gezeugt sein. In den Grenzen der §§ 2162, 2163 fällt das Vermächtnis dann mit der Geburt des Bedachten an. Entsprechendes gilt nach § 2178, wenn die Person des Vermächtnisnehmers erst nach dem Erbfall durch ein bestimmtes Ereignis (wie die erste Heirat eines der Neffen) bestimmt wird. Nicht dazu zählt die Bestimmung des Vermächtnisnehmers nach §§ 2151, 2152 (Staudinger/*Otte* Rn 3). Hingegen ist § 2178 (unmittelbar oder entsprechend) anwendbar auf eine noch nicht entstandene juristische Person als

Vermächtnisnehmer (Staudinger/*Otte* Rn 4). Für Stiftungen von Todes wegen trifft freilich § 84 eine besondere Regelung durch die Fiktion der rückwirkenden Entstehung.

§ 2179 Schwebezeit

Für die Zeit zwischen dem Erbfall und dem Anfall des Vermächtnisses finden in den Fällen der §§ 2177, 2178 die Vorschriften Anwendung, die für den Fall gelten, dass eine Leistung unter einer aufschiebenden Bedingung geschuldet wird.

Die Vorschrift begründet durch die Anwendbarkeit des Bedingungsrechts eine **Anwartschaft** für den Bedachten, die in gewissem Umfang rechtlich geschützt wird. So kann sich der Vermächtnisnehmer bereits durch Arrest oder einstweilige Verfügung nach §§ 916 Abs. 2, 936 ZPO sichern. Auch die Bestellung einer Hypothek ist möglich (RGZ 65, 277, 283 f). Für den Vermächtnisanspruch auf ein Grundstück oder Grundstücksrecht kann der Bedachte eine Vormerkung nach § 883 Abs. 1 Satz 2 eintragen lassen (AnwK/*Mayer* Rn 16 mwN). Im Übrigen ist die Rechtsstellung des Vermächtnisnehmers nach §§ 2177, 2178 in den Grenzen der §§ 137 Satz 1, 138, 276 Abs. 3 vom Erblasser gestaltbar und auch gestaltungsbedürftig (AnwK/*Mayer* Rn 22 mwN). 1

Den Schutz des Bedachten bewirken aus dem Bedingungsrecht **§§ 160 und 162**: Der Beschwerte haftet nach § 160 Abs. 1, wenn er während der Schwebezeit den Vermächtnisanspruch schuldhaft vereitelt oder beeinträchtigt, auf Schadensersatz. Darin ist eine Verwaltungs- und Erhaltungspflicht während dieser Zeit enthalten (AnwK/*Mayer* Rn 5 mit Fn 6). Verhindert der Beschwerte wider Treu und Glauben den Bedingungseintritt, fingiert § 162 den Bedingungseintritt. Nicht anzuwenden ist hingegen § 161, weil der Vermächtnisnehmer nach § 2174 nur einen Anspruch erwirbt und nicht den Gegenstand des Anspruchs, auf den allein sich Zwischenverfügungen des Beschwerten beziehen könnten (aaO Rn 8 mwN). 2

§ 2180 Annahme und Ausschlagung

(1) Der Vermächtnisnehmer kann das Vermächtnis nicht mehr ausschlagen, wenn er es angenommen hat.

(2) Die Annahme sowie die Ausschlagung des Vermächtnisses erfolgt durch Erklärung gegenüber dem Beschwerten. Die Erklärung kann erst nach dem Eintritt des Erbfalls abgegeben werden; sie ist unwirksam, wenn sie unter einer Bedingung oder einer Zeitbestimmung abgegeben wird.

(3) Die für die Annahme und die Ausschlagung einer Erbschaft geltenden Vorschriften des § 1950, des § 1952 Abs. 1, 3 und des § 1953 Abs. 1, 2 finden entsprechende Anwendung.

Obwohl das Vermächtnis (nur) einen Anspruch des Bedachten begründet, sieht die Vorschrift auch dafür eine Annahme und Ausschlagung vor. Dies entspricht dem auch der Konstruktion eines Schenkungsvertrages zugrunde liegenden Prinzip, dass sich **niemand ohne sein Einverständnis** etwas zuwenden lassen muss. Wie bei der Erbschaft ist nach Abs. 1 die Ausschlagung ausgeschlossen, wenn die Annahme erfolgt ist. Im Übrigen aber gilt nach §§ 2176 ff auch für das Vermächtnis das Anfallsprinzip, sodass es zur Verwirklichung des Anspruchs aus § 2174 der Annahme nicht bedarf. Wird der Anspruch erhoben, liegt darin freilich typischerweise eine konkludente Annahme. Denn die Annahmeerklärung ist formfrei, muss aber dem Beschwerten nach §§ 130 – 132 zugehen und darf nach Abs. 2 Satz 2, 2. Hs keine Bedingung oder Befristung enthalten. Vor dem Erbfall können weder Annahme noch Ausschlagung erklärt werden (Abs. 2 Satz 2, 1. Hs). Möglich ist aber anstelle der Ausschlagung ein notarieller Zuwendungsverzichtsvertrag mit dem Erblasser 1 nach §§ 2352, 2348. Da Abs. 2 Satz 2 allein auf den Erbfall abstellt, braucht der Anfall nach § 2177 oder der Nachvermächtnisfall nach § 2191 (dazu BGH NJW 2001, 520) noch nicht eingetreten zu sein. Eine Frist ist allgemein weder für die Annahme noch für die Ausschlagung vorgesehen. Der beschwerte Erbe kann dem Vermächtnisnehmer, der zugleich pflichtteilsberechtigt ist, aber nach § 2307 Abs. 2 eine Erklärungsfrist setzen, mit deren Ablauf die Wirkung der Ausschlagung eintritt. Auch der Erblasser kann eine Annahmefrist bestimmen. Deren Ablauf ist dann eine auflösende Bedingung des Vermächtnisses.

2 Soweit die Anwartschaft auf das Vermächtnis oder der Vermächtnisanspruch selbst vererblich ist, wird auch das Ausschlagungsrecht **vererbt**, Abs. 3 iVm § 1952. Das Ausschlagungsrecht des überlebenden Ehegatten nach § 1371 Abs. 3 (das auch für das Vermächtnis gilt) kann jedoch nur vom Ehegatten selbst ausgeübt werden. Zur Ausschlagung von Minderjährigen oder für sie ist die Genehmigung des Familiengerichts nach §§ 1643 Abs. 2, 1822 Nr. 2 erforderlich, beim Betreuten des Vormundschaftsgerichts nach §§ 1908i Abs. 1 Satz 1, 1822 Nr. 2. Die Erklärung von Ausschlagung oder Annahme ist **unwiderruflich**, jedoch anfechtbar nach den allgemeinen Vorschriften, für den pflichtteilsberechtigten Vermächtnisnehmer zusätzlich nach § 2308.

3 Die Ausschlagung hat die **Wirkung**, dass der Anfall als nicht erfolgt gilt, Abs. 3 iVm § 1953. Dann verbleibt der Vermächtnisgegenstand entweder dem Beschwerten oder wächst – beim gemeinschaftlichen Vermächtnis – den anderen Vermächtnisnehmern an (§ 2158). Hat der Erblasser einen Ersatzvermächtnisnehmer bestimmt oder ist das Testament iSd § 2069 auszulegen, fällt das Vermächtnis der Ersatzperson an. Die Verweisung auf § 1953 Abs. 2 ist dann so zu verstehen, dass der ersatzweise Berufene nach dem Zeitpunkt des Erbfalls, bei §§ 2177, 2178 nach dem Zeitpunkt des späteren Anfalls zu bestimmen ist (AnwK/*Mayer* Rn 10 mwN). Nicht diese Wirkungen hat ein Erlassvertrag mit dem Beschwerten nach § 397. Er kommt ausschließlich dem Beschwerten zugute.

§ 2181 Fälligkeit bei Beliebigkeit

Ist die Zeit der Erfüllung eines Vermächtnisses dem freien Belieben des Beschwerten überlassen, so wird die Leistung im Zweifel mit dem Tode des Beschwerten fällig.

1 Für die Fälligkeit des Vermächtnisanspruchs, die vom Anfall nach §§ 2176 ff verschieden sein kann, gibt die Vorschrift eine Auslegungsregel, falls der Erblasser die Erfüllungszeit ins Belieben des Beschwerten gestellt hat (was nur äußerst selten vorkommen dürfte). Dann soll der Beschwerte den Vermächtnisgegenstand bis zu seinem eigenen Tode behalten dürfen (aber nicht müssen, § 271 Abs. 2).

§ 2182 Gewährleistung für Rechtsmängel

(1) Ist eine nur der Gattung nach bestimmte Sache vermacht, so hat der Beschwerte die gleichen Verpflichtungen wie ein Verkäufer nach den Vorschriften des § 433 Abs. 1 Satz 1, der §§ 436, 452 und 453. Er hat die Sache dem Vermächtnisnehmer frei von Rechtsmängeln im Sinne des § 435 zu verschaffen. § 444 findet entsprechende Anwendung.

(2) Dasselbe gilt im Zweifel, wenn ein bestimmter nicht zur Erbschaft gehörender Gegenstand vermacht ist, unbeschadet der sich aus dem § 2170 ergebenden Beschränkung der Haftung.

(3) Ist ein Grundstück Gegenstand des Vermächtnisses, so haftet der Beschwerte im Zweifel nicht für die Freiheit des Grundstücks von Grunddienstbarkeiten, beschränkten persönlichen Dienstbarkeiten und Reallasten.

Die Vorschrift sieht für Rechtsmängel am Vermächtnisgegenstand beim **Gattungs-** (§ 2155) 1
oder **Verschaffungsvermächtnis** (§ 2170) dieselben Rechte wie für einen Käufer solcher
Gegenstände vor, beim Verschaffungsvermächtnis allerdings nur als Auslegungsregel,
wobei der ausdrücklich genannte § 2170 Abs. 2 ohnehin einen besonderen Surrogats-
anspruch mit einer Beschränkung der Haftung auf den Wert (statt Schadensersatz) vorsieht. Ferner enthält Abs. 3 für nach §§ 2155 oder 2170 vermachte **Grundstücke** eine
Einschränkung der Rechtsmängelhaftung: Im Zweifel wird für das Bestehen der genannten Dienstbarkeiten nicht gehaftet, sehr wohl aber für andere Belastungen im Gegensatz
zur Auslegungsregel für das Stückvermächtnis in § 2165.

Praktisch bedeutet die **Verweisung ins Kaufrecht** vor allem, dass der Vermächtnisnehmer 2
nach §§ 437 Nr. 1, 439 Abs. 1 Beseitigung des Rechtsmangels oder Leistung eines Ersatzgegenstandes ohne Rechtsmängel verlangen kann (Staudinger/*Otte* Rn 5; zur Gegenauffassung AnwK/*Mayer* Rn 7 mwN), nicht hingegen Rücktritt oder Minderung, da diese
Rechte an ein Gegenseitigkeitsverhältnis anknüpfen. Rechtsmängelfrei erwirbt der Vermächtnisnehmer allerdings auch dann, wenn er gutgläubig ist, bleibt dann aber vielfach
dem Anspruch des ursprünglichen Berechtigten nach § 816 Abs. 1 Satz 2 ausgesetzt (Pa-
landt/*Edenhofer* Rn 1).

§ 2183 Gewährleistung für Sachmängel

**Ist eine nur der Gattung nach bestimmte Sache vermacht, so kann der Vermächtnis-
nehmer, wenn die geleistete Sache mangelhaft ist, verlangen, dass ihm anstelle der
mangelhaften Sache eine mangelfreie geliefert wird. Hat der Beschwerte einen Sachmangel arglistig verschwiegen, so kann der Vermächtnisnehmer statt der Lieferung
einer mangelfreien Sache Schadensersatz wegen Nichterfüllung verlangen. Auf diese
Ansprüche finden die für die Gewährleistung wegen Mängeln einer verkauften Sache
geltenden Vorschriften entsprechende Anwendung.**

Die Vorschrift enthält wie § 2182 Abs. 1 für Rechtsmängel keine allgemeine Sachmängel- 1
gewährleistung sondern nur eine Haftungsgrundlage für ein **Gattungsvermächtnis**. Für
das Stück- und Verschaffungsvermächtnis ist Gewährleistung wegen Sachmängeln nicht
vorgesehen. Der Anspruch auf Lieferung einer mangelfreien Ersatzsache nach Satz 1
entspricht dem Nachlieferungsanspruch des Käufers nach § 439 Abs. 1. Obwohl in Satz 3
auf das Kaufrecht verwiesen wird, ist ein Nachbesserungsanspruch des Bedachten statt
des Ersatzlieferungsanspruchs in Satz 1 nicht vorgesehen. Ein vernünftiger Grund dafür
ist nicht ersichtlich, sodass diese Alternative des § 439 Abs. 1 und dann auch zugunsten
des Beschwerten § 439 Abs. 3 in Berichtigung des Satz 1 angewendet werden sollten
(AnwK/*Mayer* Rn 5 mwN).

Der Schadensersatzanspruch nach Satz 2 ist (trotz des terminologischen Fehlgriffs) der 2
Schadensersatz statt der Leistung nach §§ 280 Abs. 3, 281, der jedoch anders als nach
§§ 280 Abs. 1 Satz 2 iVm 276 nicht bei jedem Verschulden eingreift, sondern ausdrücklich
bei arglistigem Verschweigen, dem die arglistige Vorspiegelung der Mangelfreiheit gleich-
zustellen ist.

§ 2184 Früchte; Nutzungen

**Ist ein bestimmter zur Erbschaft gehörender Gegenstand vermacht, so hat der Be-
schwerte dem Vermächtnisnehmer auch die seit dem Anfall des Vermächtnisses gezogenen Früchte sowie das sonst auf Grund des vermachten Rechts Erlangte herauszugeben. Für Nutzungen, die nicht zu den Früchten gehören, hat der Beschwerte
nicht Ersatz zu leisten.**

§ 2185 BGB | Ersatz von Verwendungen und Aufwendungen

1 Die Vorschrift regelt für das **Stückvermächtnis** die Verteilung der Nutzungen zwischen Vermächtnisnehmer und Beschwertem in der (zuweilen erheblichen) Zeit zwischen Anfall (§§ 2176 ff) und Erfüllung des Anspruchs aus § 2174, wenn der Erblasser keine Anordnung darüber getroffen hat. Beim Gattungsvermächtnis kommen entsprechende Herausgabeansprüche wie nach § 2184 erst von Verzug oder Rechtshängigkeit an in Betracht. Hingegen passt der Grundgedanke der Vorschrift für das Verschaffungsvermächtnis vom Zeitpunkt der Besitzergreifung durch den Beschwerten an, beim Wahlvermächtnis von der Ausübung des Wahlrechts an, falls der Gegenstand zur Erbschaft gehört (AnwK/ *Mayer* Rn 3 mwN). Ebenso ist für die Ausübung eines vermachten Übernahmerechts zu entscheiden (BGH BWNotZ 1962, 259). Eine entsprechende Anwendung auf die Teilungsanordnung (*Flume* DB 1990, 2390 f) ist abzulehnen, weil sie den Unterschied zwischen Vorausvermächtnis und Teilungsanordnung ohne Grund verwischt (Staudinger/*Otte* Rn 9).

2 Die Vorschrift gewährt dem Vermächtnisnehmer einen Anspruch auf die **Früchte** und deren Surrogate (zB aufgrund des § 951), nach Satz 2 jedoch ausdrücklich **nicht** auf die **Gebrauchsvorteile**. Anderes gilt auch hierfür ab Verzug oder Rechtshängigkeit. Von da an ist ferner Ersatz wegen eines Unterlassens der Fruchtziehung zu leisten. Für die Art. der Fruchtziehung ist § 101 zu beachten. Die Zurechnung der Einkünfte aus einem vermachten Betrieb nach § 2184 hat für den Vermächtnisnehmer vor allem nachteilige Steuerfolgen (AnwK/*Mayer* Rn 12 mwN).

§ 2185 Ersatz von Verwendungen und Aufwendungen

Ist eine bestimmte zur Erbschaft gehörende Sache vermacht, so kann der Beschwerte für die nach dem Erbfall auf die Sache gemachten Verwendungen sowie für Aufwendungen, die er nach dem Erbfall zur Bestreitung von Lasten der Sache gemacht hat, Ersatz nach den Vorschriften verlangen, die für das Verhältnis zwischen dem Besitzer und dem Eigentümer gelten.

1 Die Vorschrift verweist für das **Stückvermächtnis** hinsichtlich der Zeit zwischen **Erbfall** und Erfüllung des Vermächtnisanspruchs zugunsten des Beschwerten wegen seiner Verwendungen und Aufwendungen auf §§ 994 – 1003, 256 – 258. Sinngemäß ist dies auf das Verschaffungsvermächtnis ab Besitzerlangung durch den Beschwerten anzuwenden sowie auf das Wahlvermächtnis ab Ausübung des Wahlrechts, wenn der Gegenstand zum Nachlass gehört. Die Vorschrift (und nicht §§ 2124 ff) ist ferner auf das Verhältnis zwischen **Vorvermächtnisnehmer** und Nachvermächtnisnehmer nach § 2191 anzuwenden (BGHZ 114, 16, 19). Im Übrigen sind Aufwendungen, Lasten, notwendige und nicht notwendige Verwendungen bei § 2185 im selben Sinne zu verstehen wie bei §§ 994 ff (vgl die Erläuterungen dazu).

2 Entscheidend kommt es für den Umfang der Ersatzpflicht des (letzten) Vermächtnisnehmers hiernach darauf an, ob der **Beschwerte** oder der Vorvermächtnisnehmer **bösgläubig** war. Dies ist der Fall, wenn der Beschwerte weiß oder grob fahrlässig nicht weiß, dass der Anfall erfolgt oder mit Sicherheit zu erwarten ist (BGHZ 114, 16, 28). Ist der Anfall von einer aufschiebenden Bedingung abhängig, kann und darf der Beschwerte damit rechnen, dass die Bedingung ausfällt und der Vermögensgegenstand ihm verbleibt. Bösgläubig ist er erst von dem Zeitpunkt an, an dem er weiß oder grob fahrlässig nicht weiß, dass die Bedingung eintreten wird (Staudinger/*Otte* Rn 2).

§ 2186 Fälligkeit eines Untervermächtnisses oder einer Auflage

Ist ein Vermächtnisnehmer mit einem Vermächtnis oder einer Auflage beschwert, so ist er zur Erfüllung erst dann verpflichtet, wenn er die Erfüllung des ihm zugewendeten Vermächtnisses zu verlangen berechtigt ist.

Die Vorschrift regelt zugunsten des (Haupt-)Vermächtnisnehmers zwingend die Fälligkeit von Untervermächtnissen und Auflagen, wenn das Untervermächtnis angefallen oder die Voraussetzungen für die Vollziehung einer Auflage gegeben sind, der **Vermächtnisgegenstand** dem (Haupt-)Vermächtnisnehmer aber trotz Anfalls seines Vermächtnisses **noch gar nicht zur Verfügung** steht. Dafür kommen in Frage: der Aufschub der Fälligkeit durch Anordnung des Erblassers, Fehlen der Annahme durch den Erben (§ 1958) und dessen Verweigerung der Leistung an den Hauptvermächtnisnehmer (nach Staudinger/*Otte* Rn 4 auch schon die Möglichkeit der Einrede), zB nach §§ 1990, 1992, 2014 f. Annahme oder Ausschlagung des Hauptvermächtnisses sind hingegen für die Fälligkeit des Untervermächtnisses ohne Belang. Nach der Interessenlage muss die Vorschrift auch dann gelten, wenn der Begünstigte nach § 1932 oder § 1969 mit Vermächtnissen oder Auflagen belastet ist. 1

§ 2187 Haftung des Hauptvermächtnisnehmers

(1) Ein Vermächtnisnehmer, der mit einem Vermächtnis oder einer Auflage beschwert ist, kann die Erfüllung auch nach der Annahme des ihm zugewendeten Vermächtnisses insoweit verweigern, als dasjenige, was er aus dem Vermächtnis erhält, zur Erfüllung nicht ausreicht.

(2) Tritt nach § 2161 ein anderer an die Stelle des beschwerten Vermächtnisnehmers, so haftet er nicht weiter, als der Vermächtnisnehmer haften würde.

(3) Die für die Haftung des Erben geltenden Vorschrift des § 1992 findet entsprechende Anwendung.

Die Vorschrift betrifft über die bloße Hinausschiebung der Fälligkeit nach § 2186 hinaus eine echte **Haftungsbeschränkung des Vermächtnisnehmers**. Diese folgt zum Teil denselben Prinzipien wie die Haftungsbeschränkung des Erben, bedurfte aber einer besonderen Vorschrift, weil die Beschwerung des Vermächtnisnehmers nach § 1967 Abs. 2 keine Nachlassverbindlichkeit begründet. Nach Abs. 1 hat der (Haupt-) Vermächtnisnehmer ein Leistungsverweigerungsrecht, das prozessual zunächst zur Verurteilung unter **Vorbehalt** nach § 780 ZPO führt und dann gegenüber der Vollstreckung in sein Vermögen außerhalb des Vermächtnisgegenstandes nach §§ 767, 785 ZPO geltend gemacht werden kann. Materiell ist die Haftung auf das »Erhaltene« (Erlangte) beim Vermächtnisnehmer beschränkt. Nach Abs. 2 gilt dies auch für einen Ersatzvermächtnisnehmer. Durchgeführt wird die Haftungsbeschränkung mit der modifizierten **»Überschwerungseinrede«** nach § 1992, wobei es in der »entsprechenden« Anwendung nach Abs. 3 allein auf die Belastung durch Untervermächtnis und/oder Auflage ankommt. 1

§ 2188 Kürzung der Beschwerungen

Wird die einem Vermächtnisnehmer gebührende Leistung auf Grund der Beschränkung der Haftung des Erben, wegen eines Pflichtteilsanspruchs oder in Gemäßheit des § 2187 gekürzt, so kann der Vermächtnisnehmer, sofern nicht ein anderer Wille des Erblassers anzunehmen ist, die ihm auferlegten Beschwerungen verhältnismäßig kürzen.

§ 2191 BGB | Nachvermächtnisnehmer

1 Die Vorschrift gibt dem Vermächtnisnehmer, der selbst zur Erfüllung von Vermächtnissen oder Auflagen verpflichtet ist, eine **Einrede**, wenn er selbst weniger erhält, als sich aus dem »Buchstaben« der letztwilligen Verfügung ergibt. An die Stelle der ursprünglichen Verpflichtung tritt dann eine pro-rata-Haftung. Ist Gegenstand der Beschwerung ein unteilbarer Gegenstand, lässt sich dies nur so verwirklichen, dass der Verpflichtete die Erfüllung verweigern kann, bis ihm vom Berechtigten Wertersatz in Höhe des »überschießenden« Wertes angeboten wird (Staudinger/*Otte* Rn 3). Die **Anwendungsfälle** sind im Wortlaut selbst angegeben: Haftungsbeschränkung infolge unzulänglicher Masse bei Nachlassinsolvenz, Einrede nach § 1992, pflichtteilsbedingte Kürzung nach §§ 2318 oder 2322 und schließlich die Kürzung eines beschwerten Untervermächtnisses nach § 2187.

§ 2189 Anordnung eines Vorrangs

Der Erblasser kann für den Fall, dass die dem Erben oder einem Vermächtnisnehmer auferlegten Vermächtnisse und Auflagen auf Grund der Beschränkung der Haftung des Erben, wegen eines Pflichtteilsanspruchs oder in Gemäßheit der §§ 2187, 2188 gekürzt werden, durch Verfügung von Todes wegen anordnen, dass ein Vermächtnis oder eine Auflage den Vorrang vor den übrigen Beschwerungen haben soll.

1 Ist der Erbe oder Vermächtnisnehmer durch mehrere Vermächtnisse und Auflagen beschwert und müssen diese, um alle aus dem Nachlass oder dem (Haupt-)Vermächtnis zu befriedigen, gekürzt werden (neben § 2188 auch § 327 Abs. 1 Nr. 2 InsO iVm § 1991 Abs. 4), kann der Erblasser nach § 2189 stattdessen von vornherein eine Rangfolge festlegen. Sinngemäß gilt dies auch, wenn der Erbe oder Vermächtnisnehmer unter der Bedingung eingesetzt ist, an Dritte Leistungen zu erbringen, für diese Zuwendung (Palandt/*Edenhofer* Rn 1 mwN).

§ 2190 Ersatzvermächtnisnehmer

Hat der Erblasser für den Fall, dass der zunächst Bedachte das Vermächtnis nicht erwirbt, den Gegenstand des Vermächtnisses einem anderen zugewendet, so finden die für die Einsetzung eines Ersatzerben geltenden Vorschriften der §§ 2097 – 2099 entsprechende Anwendung.

1 Entsprechend zur Einsetzung eines Ersatzerben (§ 2096) kann der Erblasser auch für den Fall des Wegfalls des Vermächtnisnehmers einen Ersatzvermächtnisnehmer bestimmen. Dieser wird unmittelbar **Vermächtnisnehmer**, wenn der zunächst Bedachte zB durch Tod vor dem Anfall oder der Ausschlagung des Vermächtnisses überhaupt nicht erwirbt. Für den Ersatzberufenen gilt dann § 2178; dieser muss seinerseits aber den Anfall erleben (§ 2160).

§ 2191 Nachvermächtnisnehmer

(1) Hat der Erblasser den vermachten Gegenstand von einem nach dem Anfall des Vermächtnisses eintretenden bestimmten Zeitpunkt oder Ereignis an einem Dritten zugewendet, so gilt der erste Vermächtnisnehmer als beschwert.

(2) Auf das Vermächtnis finden die für die Einsetzung eines Nacherben geltenden Vorschriften des § 2102, des § 2106 Abs. 1, des § 2107 und des § 2110 Abs. 1 entsprechende Anwendung.

Ähnlich wie der Erblasser mit Vor- und Nacherbschaft mehrere Erben hintereinander 1
einsetzen kann, sieht die Vorschrift die Möglichkeit mehrerer Vermächtnisnehmer in
zeitlicher Folge vor, wobei dies auch der mit dem (ersten) Vermächtnis Beschwerte sein
kann (**Rückvermächtnis**). Aus der anderen Ausgestaltung des Vermächtnisses gegenüber
der Erbenstellung ergeben sich aber wichtige Unterschiede des Nachvermächtnisses zur
Nacherbschaft. Insb fällt der Vermächtnisgegenstand dem Nachvermächtnisnehmer nicht
unmittelbar zu. Vielmehr erwirbt er mit dem Anfall einen **Anspruch** gegen den Vorvermächtnisnehmer oder dessen Erben auf Erfüllung des Nachvermächtnisses. Das Nachvermächtnis ist somit ein **Untervermächtnis** des Vorvermächtnisses, das **aufschiebend
bedingt** ist durch das Ereignis, das die Berechtigung des Vorvermächtnisnehmers beendet. Daher kann der Nachvermächtnisnehmer nach Anfall des Vorvermächtnisses und vor
Bedingungseintritt die Eintragung einer Vormerkung verlangen, wenn ein Grundstück
oder Grundstücksrecht Gegenstand des Nachvermächtnisses ist und der Vorvermächtnisnehmer bereits als Rechtsinhaber eingetragen ist (AnwK/*Mayer* Rn 17m Fn 50). Aufgrund des § 2179 genießt der Nachvermächtnisnehmer den Schutz eines Anwartschafts-
berechtigten. Die Vererblichkeit dieser Anwartschaft richtet sich allerdings nicht nach der
Erbfolgebestimmung für den Nachvermächtnisnehmer sondern für den (ersten) Erblasser
mit den Vermutungen der §§ 2069 (vorrangig) und 2074 (vgl § 2177 Rn 1).
Anders als ein sonstiges Untervermächtnis bezieht sich das Nachvermächtnis notwendi- 2
gerweise auf **denselben** (»**den** vermachten«) **Gegenstand** wie das Vorvermächtnis. Dies
kann allerdings auch ein »Überrest« (dazu ausführlich AnwK/*Mayer* Rn 21) oder ein
sonstiger Teil dessen sein, was der beschwerte Vorvermächtnisnehmer erhalten hatte
(Staudinger/*Otte* Rn 2). Teil-Identität genügt insb, wenn Gegenstand des Hauptvermächtnisses ein Sachinbegriff ist. Dann kann sich das Nachvermächtnis auch auf Ersatzstücke
für ursprüngliche Bestandteile des Vermächtnisgegenstandes beziehen. Abweichend von
§ 2159 erstreckt sich das Nachvermächtnis gem Abs. 2 iVm § 2110 Abs. 1 auf das, was der
Vorvermächtnisnehmer durch Anwachsung erworben hat, ferner auf ein etwaiges Ersatzvermächtnis (Staudinger/*Otte* aaO).
Die Vorschriften über **Vor- und Nacherbschaft** sind abgesehen von den in Abs. 2 aus- 3
drücklich genannten auf Vor- und Nachvermächtnis **nicht anwendbar** (BGHZ 114, 16,
18 f). Der Vorvermächtnisnehmer ist daher unbeschränkt verfügungsbefugt. Allerdings ist
er aus dem ges Schuldverhältnis zum Nachvermächtnisnehmer zu einer ordnungsgemäßen Verwaltung verpflichtet (BGHZ aaO 21). Kommt er dieser Anforderung schuldhaft
nicht nach, muss er Schadensersatz leisten. Die nach Abs. 2 anwendbaren Vorschriften
dienen nur der Auslegung unklarer oder unvollständiger Testamentsbestimmungen: im
Zweifel für Ersatz- statt Nachvermächtnis (§ 2102 Abs. 2) oder für die Kumulierung beider
Anordnungen (§ 2102 Abs. 1), für den Tod des Vorvermächtnisnehmers als Nachvermächtnisfall (§ 2106 Abs. 1) und für den Vorrang der Abkömmlinge vor dem Nachvermächtnisnehmer (§ 2107). Will der Erblasser den Vorvermächtnisnehmer stärker binden,
kann er diesen durch eine Testamentsvollstreckung belasten (AnwK/*Mayer* Rn 24 mwN).
Der reine Vermächtnisvollstrecker für den Vorvermächtnisnehmer kann allerdings nicht
ohne weiteres den Anspruch des Nachvermächtnisnehmers erfüllen (vgl BGH NJW 2001,
520 und dazu AnwK/*Mayer* Rn 25 mwN). – Zur Verteilung von Nutzungen sowie von
Verwendungen und Lasten vgl §§ 2184, 2185 und Erläuterungen dazu.

Titel 5 Auflage

§ 2192 Anzuwendende Vorschriften

**Auf eine Auflage finden die für letztwillige Zuwendungen geltenden Vorschriften der
§§ 2065, 2147, 2148, 2154 – 2156, 2161, 2171, 2181 entsprechende Anwendung.**

§ 2192 BGB | Anzuwendende Vorschriften

A. Bedeutung der Auflage

1 Der Auflage widmet das BGB nur die wenigen Vorschriften §§ 2192 – 2196 sowie die allgemeine Begriffsbestimmung in § 1940. Ihre **praktische Bedeutung** ist erheblich größer, als diese geringe Regelungsdichte vermuten lässt. Insb ermöglicht die Auflage eine weit reichende Flexibilität der Gestaltung, was beispielhaft in folgenden Fällen deutlich wird:

2 Verfügt der Erblasser zugunsten eines Vereins oder einer anderen juristischen Person und beschwert den Bedachten mit einem bestimmten **Stiftungszweck**, ist er hierbei an die sonst im Erbrecht geltenden zeitlichen Grenzen (zB §§ 2162 f für das Vermächtnis) nicht gebunden, muss aber nicht den immer noch umständlichen und aufwendigen Weg der Gründung einer rechtsfähigen Stiftung einschlagen. Sichert der Erblasser (was zu empfehlen ist) die Erfüllung der Auflage durch die Bestimmung eines besonderen Vollzugsberechtigten (vgl § 2194), kann die **Verjährung** des Vollzugsanspruchs nach § 197 Abs. 1 Nr. 2 dadurch vermieden werden, dass der Erblasser auf Dauer wiederholte Leistungen für den Stiftungszweck festlegt und jeweils einzeln fällig stellt (zu all diesem insb AnwK/*Mayer* vor §§ 2192 ff Rn 21 f). Ferner kann eine Zweckbestimmung der geschilderten Art recht allgemein gefasst und die Konkretisierung gem § 2193 einem Dritten überlassen werden. Auf diesem Wege kann auch die Unwirksamkeit von Zuwendungen aufgrund des § 14 Abs. 1, Abs. 5 HeimG vermieden werden (BayObLG NJW 2000, 1959).

3 Da die Auflage im Gegensatz zum Vermächtnis dem Begünstigten keinen Anspruch verschafft und daher dessen Rechtsfähigkeit nicht erfordert, können durch sie die **Haustiere** des Erblassers über dessen Tod hinaus **versorgt** werden. In ähnlicher Weise kann eine nicht rechtsfähige Personenvereinigung wie ein (noch) nicht rechtsfähiger Verein oder der private »Club« oder der Musikkreis oder die Fakultät einer Universität bedacht werden. Wird nicht eine Person oder Institution mit der Auflage beschwert, die zB nach ihrer ideellen Ausrichtung selbst ein hinlängliches Interesse am Vollzug der Auflage hat (wie der Tierschutzverein an der Versorgung der Haustiere), ist zur Sicherung der Anordnung eine **Testamentsvollstreckung** sinnvoll, die sich nach § 2208 hierauf beschränken kann.

4 Eine wichtige Funktion erfüllt die Auflage bei der Sicherung der **Unternehmensnachfolge**, wenn der Erblasser für die Leitung des Unternehmens oder die Verwaltung des Anteils als persönlich haftenden Gesellschafter einen Testamentsvollstrecker oder eine andere Vertrauensperson als **Bevollmächtigten** einsetzen will. Die hierfür erforderliche **Vollmacht der Erben** (vgl vor § 2197 Rn 4) kann nur über eine Auflage erreicht werden. Hier wie in anderen Fällen ist die Verbindung mit einer **auflösenden Bedingung** zu erwägen, um die Erfüllung der Auflage wenigstens indirekt erzwingen zu können. Gleichsam die umgekehrte Konstruktion lässt sich für eine **Vollmacht über den Tod hinaus** – auch außerhalb von Unternehmensproblemen, zB zur Vollendung von Schenkungen – in Gestalt eines Widerrufsverbots einsetzen. Ferner kann Gegenstand einer Auflage an die Erben sein, das Unternehmen des Erblassers zB in eine bestimmte Gesellschaftsform zu überführen.

5 Allerdings ist die Auflage **kein »Allheilmittel«** zur Erreichung sonst erbrechtlich nicht umsetzbarer Ziele des Erblassers. So muss auch die Auflage den Rahmen der §§ 134, 138 wahren und darf dem Beschwerten nicht ein Verhalten auferlegen, über das er von Rechts wegen allein zu entscheiden hat (zB Eheschließungs- und Ehevertragsfreiheit). Ferner stößt die Auflage an praktische Grenzen, wenn mit ihr etwa – was häufig sinnvoll ist – persönlichkeitsrechtliche Vorstellungen und Wünsche des Erblassers (Trauerfeier, Bestattungsart, Organspende uÄ) verwirklicht werden sollen: Entscheidungen darüber müssen längst getroffen worden sein, wenn das Testament eröffnet wird (AnwK/*Mayer* vor §§ 2192 ff Rn 9). Auch von dem Versuch, erbschaftssteuerliche Vorteile bei einem gemeinschaftlichen Testament durch »Freibetragsauflagen« gegenüber den Abkömmlingen zu erlangen, ist eher abzuraten (aaO Rn 25).

B. Auf die Auflage anwendbare Vorschriften

§ 2192 **verweist** auf den Grundsatz der **Höchstpersönlichkeit** und einige Vorschriften des **Vermächtnisrechts**. Dabei wird die Relevanz des § 2065 stark eingeschränkt dadurch, dass sowohl nach § 2193 die Person des Begünstigten als auch durch die Verweisung auf § 2156 der genaue Gegenstand der Auflage von einem Dritten bestimmt werden kann. Die Verweisung auf §§ 2147, 2148 betrifft den oder die Beschwerten (Erbe, Vermächtnisnehmer oder mehrere von ihnen), §§ 2154, 2155 Entsprechungen zur Wahl- und Gattungsschuld, die restlichen Vorschriften Auslegungsregeln für die Fälle, dass der Beschwerte wegfällt (§ 2161), die Auflage zur Zeit des Erbfalls objektiv unmöglich oder gesetzwidrig ist (§ 2171) oder die Fälligkeit vom Belieben des Beschwerten abhängt (§ 2181). Auf die übrigen Vorschriften des Vermächtnisrechts hat der Gesetzgeber vor allem deshalb **nicht verwiesen**, weil durch die Auflage niemand förmlich berechtigt wird und zwischen Begünstigtem und Beschwertem keine Anspruchsbeziehung besteht. Daran scheitert vor allem die Möglichkeit der Annahme oder Ausschlagung (§ 2180, aA aber MüKo/*Musielak* § 2271 Rn 21) sowie ein Anspruch des Beschwerten auf Verwendungsersatz (§ 2185, aA aber AnwK/*Mayer* Rn 15 mwN). Freilich kann der Erblasser im Testament die Auflage weitergehend in die Nähe eines Vermächtnisses rücken (vgl BGH FamRZ 1985, 278 für eine Verschaffungsauflage). Obwohl der Auflagenbegünstigte keinen Anspruch auf die Zuwendung hat, gibt die Auflage ihm einen Behaltensgrund, also über die bloß reflexartige primäre Besserstellung als Folge davon dennoch dauerhafte Vorteile. Deshalb ist es wertungsmäßig sehr problematisch, dass einzelne Vorschriften nicht ausdrücklich anwendbar sind, die einen Ausgleich unter verschiedenen Vorteilen vorsehen wie § 2307 hinsichtlich der Anrechnung auf den Pflichtteil und § 1371 Abs. 2 hinsichtlich des güterrechtlichen Zugewinnausgleichs. Man sollte daher auf die empfangene Auflage diese Vorschriften analog anwenden (aA die hM zu § 2307, Palandt/*Edenhofer* § 2307 Rn 1; Staudinger/*Haas* § 2307 Rn 4; vgl zu § 1371 aber Staudinger/*Thiele* § 1371 Rn 57 mwN). ISd »sichersten Weges« ist freilich von der Auflage bei allen Gestaltungen überhaupt abzuraten, die eine Reduzierung der erwähnten Ansprüche zum Ziel haben.

Gebühr für die Fristbestimmung: $1/2$ (§ 114 Nr. 2 KostO).
Wert: Wert des Vermächtnisses oder der Auflage.
Kostenschuldner: Antragsteller (§ 2 Nr. 1 KostO).

§ 2193 Bestimmung des Begünstigten, Vollziehungsfrist

(1) Der Erblasser kann bei der Anordnung einer Auflage, deren Zweck er bestimmt hat, die Bestimmung der Person, an welche die Leistung erfolgen soll, dem Beschwerten oder einem Dritten überlassen.

(2) Steht die Bestimmung dem Beschwerten zu, so kann ihm, wenn er zur Vollziehung der Auflage rechtskräftig verurteilt ist, von dem Kläger eine angemessene Frist zur Vollziehung bestimmt werden; nach dem Ablauf der Frist ist der Kläger berechtigt, die Bestimmung zu treffen, wenn nicht die Vollziehung rechtzeitig erfolgt.

(3) Steht die Bestimmung einem Dritten zu, so erfolgt sie durch Erklärung gegenüber dem Beschwerten. Kann der Dritte die Bestimmung nicht treffen, so geht das Bestimmungsrecht auf den Beschwerten über. Die Vorschrift des § 2151 Abs. 3 Satz 2 findet entsprechende Anwendung; zu den Beteiligten im Sinne dieser Vorschrift gehören der Beschwerte und diejenigen, welche die Vollziehung der Auflage zu verlangen berechtigt sind.

Die Vorschrift ermöglicht dem Erblasser, abweichend von § 2065 die **Bestimmung des Begünstigten** aus einer Auflage anderen zu überlassen. Nach §§ 2192, 2156 kann dies mit

§ 2194 BGB | Anspruch auf Vollziehung

einer näheren Bestimmung des Zweckes selbst durch eine andere Person kombiniert werden (§ 2192 Rn 6). Dabei genügt es sogar, dass sich der Zweck durch Auslegung der Verfügung von Todes wegen ermitteln lässt (BGHZ 121, 357 zur Übertragung eines Grundstücks an »eine gemeinnützige Organisation«). Soll der Bestimmungsberechtigte zulässigerweise die Auswahl nach freiem Belieben treffen, unterliegt die Entscheidung der gerichtlichen Kontrolle, ob der vom Erblasser vorgegebene Zweck offensichtlich verfehlt oder ob sie arglistig getroffen worden ist (BGHZ 121, 357, 361).

2 Durch die Absätze 2 und 3 der Vorschrift wird gesichert, dass bei der Übertragung des Bestimmungsrechts jedenfalls eine Entscheidung getroffen wird. Daher kann nach Abs. 2 der **Vollzugsberechtigte** (vgl § 2194) die Entscheidung an sich ziehen. Dafür muss er aus § 2194 klagen und nach § 255 Abs. 2 ZPO damit den Antrag verbinden, dem Beschwerten im Urteil eine Frist für die Ausübung des Bestimmungsrechts zu setzen. Unterlässt der Kläger diesen Antrag, kann er nach Rechtskraft des Urteils selbst die Frist setzen. Nach fruchtlosem Fristablauf geht das Bestimmungsrecht auch hier auf den Vollzugsberechtigten über. Nach Abs. 3 geht das Bestimmungsrecht unter den dort genannten Voraussetzungen auf den Beschwerten über, sodass anschließend dann wieder Abs. 2 angewendet werden kann.

3 **Gebühr** für die Fristbestimmung: $1/2$ (§ 114 Nr. 2 KostO).
Wert: Wert des Vermächtnisses oder der Auflage.
Kostenschuldner: Antragsteller (§ 2 Nr. 1 KostO).

§ 2194 Anspruch auf Vollziehung

Die Vollziehung einer Auflage können der Erbe, der Miterbe und derjenige verlangen, welchem der Wegfall des mit der Auflage zunächst Beschwerten unmittelbar zustatten kommen würde. Liegt die Vollziehung im öffentlichen Interesse, so kann auch die zuständige Behörde die Vollziehung verlangen.

1 Im Unterschied zu § 2174 hat der aus einer Auflage Begünstigte gerade **keinen Anspruch auf die Leistung**. Der Erblasser will bei der Anordnung einer Auflage aber nicht, dass diese gänzlich unverbindlich bleibt und überhaupt nicht durchgesetzt wird. Deshalb sieht § 2194 einen Vollziehungsanspruch vor, der aber ein Anspruch zur **Leistung an Dritte** ähnlich § 335 ist. Nach der Festlegung in § 1940, dass der Begünstigte aus der Auflage kein Recht auf die Leistung haben soll, wäre eine Vollzugsberechtigung des Begünstigten selbst ein Widerspruch in sich (aA Staudinger/*Otte* Rn 9 mwN; OLG Karlsruhe NJW-RR 2000, 1307). Entgegen einer verbreiteten Ansicht (Palandt/*Edenhofer* Rn 1) ist das Vollziehungsrecht auch genauso wenig vererblich wie übertragbar. Allerdings kann dem Erben eines Vollzugsberechtigten nach Satz 1 ein selbständiger Vollziehungsanspruch zustehen. Soweit der Erblasser einen Vollzugsberechtigten auswählt, kann er auch ohne ausdrückliche Gesetzesbestimmung einen anderen ersatzweise für den Fall benennen, dass der zuerst Vorgesehene wegfällt. Nahe liegt die Betrauung eines Testamentsvollstreckers mit der Gewährleistung des Vollzugs. Richtigerweise ergibt sich diese Befugnis schon aus den Aufgaben des Testamentsvollstreckers im Allgemeinen (§§ 2203, 2208 Abs. 2, 2223). Allerdings gehört der Vollziehungsanspruch nicht zu den Rechten, die nur vom Testamentsvollstrecker geltend gemacht werden können (§ 2212). Daher bleibt das Recht der anderen, in § 2194 genannten Personen, den Vollzug zu verlangen, neben dem Recht des Testamentsvollstreckers bestehen (AnwK/*Mayer* Rn 7 mwN Fn 14). Welche Behörde nach Satz 2 für das Vollziehungsrecht bei Bestehen eines öffentlichen Interesses zuständig ist, richtet sich nach Landesrecht (Übersicht bei Staudinger/*Otte* Rn 11).

§ 2195 Verhältnis von Auflage und Zuwendung

Die Unwirksamkeit einer Auflage hat die Unwirksamkeit der unter der Auflage gemachten Zuwendung nur zur Folge, wenn anzunehmen ist, dass der Erblasser die Zuwendung nicht ohne die Auflage gemacht haben würde.

Die Vorschrift bringt für die Auflage noch einmal zum Ausdruck, was sich aus § 2085 ohnehin ergibt. **Unwirksamkeit** der Auflage ist allerdings nach § 2084 nur anzunehmen, wenn das Ziel der Auflage nach dem (mutmaßlichen) Willen des Erblassers auch durch eine andere Art. der Vollziehung nicht erreicht werden kann (BGHZ 42, 327, 329 f). Unwirksamkeit von Auflage und beschwerter Zuwendung ist hingegen anzunehmen, wenn die Auflage (zB durch Unmöglichkeit iSd § 275) nicht mehr erfüllt werden kann oder muss und die Zuwendung ausschließlich zu dem Zweck erfolgt war, die Auflage zu erfüllen. 1

§ 2196 Unmöglichkeit der Vollziehung

(1) Wird die Vollziehung einer Auflage infolge eines von dem Beschwerten zu vertretenden Umstands unmöglich, so kann derjenige, welchem der Wegfall des zunächst Beschwerten unmittelbar zustatten kommen würde, die Herausgabe der Zuwendung nach den Vorschriften über die Herausgabe einer ungerechtfertigten Bereicherung insoweit fordern, als die Zuwendung zur Vollziehung der Auflage hätte verwendet werden müssen.

(2) Das Gleiche gilt, wenn der Beschwerte zur Vollziehung einer Auflage, die nicht durch einen Dritten vollzogen werden kann, rechtskräftig verurteilt ist und die zulässigen Zwangsmittel erfolglos gegen ihn angewendet worden sind.

Wird die Erfüllung der Auflage nach § 275 unmöglich und bleibt die **Anordnung** der Zuwendung nach § 2195 dennoch **wirksam**, ist zu unterscheiden: Hat der Beschwerte die Unmöglichkeit nicht zu vertreten, kann er die Zuwendung behalten. Hat er die Unmöglichkeit nach §§ 276 ff zu vertreten, muss er dasjenige, was er für die Erfüllung der Auflage gebraucht hätte, herausgeben, aber nicht an den (ursprünglichen) Auflagebegünstigten, sondern an den erbrechtlich nach dem Beschwerten als nächster Berechtigten. Der Anspruch besteht idR nur, wenn der Beschwerte um den Wert noch bereichert oder unredlich iSd §§ 818 Abs. 4, 819 Abs. 1 ist. In Abs. 2 ist dasselbe vorgesehen, wenn sich der Beschwerte dadurch bereichern würde, dass er den allein von ihm zu verwirklichenden Vollzug trotz rechtskräftiger Verurteilung und Zwangsmitteln unterlässt. Der Erblasser kann jedoch hinsichtlich beider Absätze abweichende Anordnungen treffen (AnwK/*Mayer* Rn 8 mwN). 1

Vorbemerkungen vor §§ 2197 ff

Inhaltsverzeichnis

	Rn
A. Kurze Historie der Testamentsvollstreckung	1–2
B. Die Rechtsnatur des Amtes	3–10
I. Die grds Befugnisse des Testamentsvollstreckers	5
II. Das Verhältnis des Testamentsvollstreckers zu den Erben	6–7
III. Das Verhältnis des Testamentsvollstreckers zu den Gerichten	8–10
1. Das Verhältnis zum Nachlassgericht	8–9
2. Das Verhältnis zum Familiengericht	10
C. Motive für die Testamentsvollstreckung	11–13

D. Gestaltungsalternativen zur Testamentsvollstreckung		14–21
1. Postmortale Vollmacht		14–16
2. Stiftungen		17
3. Erbrechtliche Regelungen		18–21
a) Vor- und Nacherbschaft		18–19
b) Nießbrauchsvermächtnis		20–21
E. Die Bestimmung der richtigen Person zum Testamentsvollstrecker		22–24
F. Testamentsvollstreckung im Unternehmensbereich		25–41
I. Allgemeines		25–26
II. Die Haftungsgrundsätze des Erbrechts		27
III. Die Haftungsordnungen des Handels- und Gesellschaftsrechts		28–31
IV. Zulässigkeit der Abwicklungsvollstreckung		32
V. Ersatzlösungen für die Dauervollstreckung		33–37
1. Die »echte Testamentsvollstreckerlösung«		34
2. Die »Vollmachtlösung«		35
3. Die »Treuhandlösung«		36–37
VI. Die Bedeutung gesellschaftsrechtlicher Nachfolgeklauseln für die Testamentvollstreckung		38–39
VII. Besonderheiten bei der Testamentsvollstreckung an Kapitalgesellschaften		40
VIII. Unternehmensumwandlung durch den Testamentsvollstrecker		41
G. Die Besteuerung des Testamentsvollstreckers		42–50
I. Einkommensteuer		43–46
II. Gewerbesteuer		47–48
III. Umsatzsteuer		49–50

A. Kurze Historie der Testamentsvollstreckung

1 Das Institut der Testamentsvollstreckung wurzelt im germanischen Rechtskreis (*Mescheler*, Die Haftungsanordnung der Testamentsvollstreckung 1994, § 1 I, 2) und wirkt daher im vom römischen Recht geprägten Erbrechtssystem ein wenig als Fremdkörper (MüKo/ *Brandner* Vorbem zu § 2197 Rn 1). Der Vorläufer der Testamentsvollstreckung beruhte auf dem Eigentumserwerb des Testamentsvollstreckers am Nachlass und damit auch auf dessen Haftungszuständigkeit, wie es die Parallelkonstruktion des angelsächsischen *trust* auch heute noch vorsieht (*Muscheler*, Die Haftungsanordnung der Testamentsvollstreckung 1994, § 1 I, 2; § 2 I, 18). Die Testamentsvollstreckung im Bürgerlichen Gesetzbuch hingegen belässt das Eigentum beim Erben und erkennt dem Vollstrecker die – vom Grundsatz her sehr weitreichende – Verfügungsbefugnis über den Nachlass zu.

2 Die Testamentsvollstreckung hat in Deutschland, wie in Österreich und der Schweiz, eine lange Tradition. In Ziff 33 seines Testamentes v 8.1.1769 ordnete der Preußen-König Friedrich II. Testamentsvollstreckung an und ernannte zum Testamentsvollstrecker den Herzog Karl von Braunschweig, »von dessen Freundschaft, Redlichkeit und Ehrenhaftigkeit« er sich versprach, dass er die Ausführungen seines letzten Willens übernehmen würde (*Reimann* FamRZ 1995, 588). Die großen Testamentsvollstreckungen der Neuzeit sind mit Namen wie Krupp, Springer, Dornier und Sachs verbunden (*Reimann* FamRZ 1995, 588). Aber auch bei einfacher strukturierten Nachlässen wird zunehmend auf die Testamentsvollstreckung zurückgegriffen. Viele karitative Organisationen empfehlen heute ausdrücklich, die Testamentsvollstreckung durch einen Fachmann anzuordnen, um eine dem letzten Willen entsprechende Abwicklung des Nachlasses sicherzustellen.

B. Die Rechtsnatur des Amtes

3 Der Testamentsvollstrecker erhält sein Amt vom Erblasser übertragen. Er übt kraft eigenen Rechts ein Verwaltungs- und Verfügungsrecht über den Nachlass aus entsprechend dem Willen des Erblassers und unabhängig vom Willen der Erben. Damit ist er nach heute ganz hM weder Vertreter des Erblassers noch des Erben, sondern Träger eines eigenen privaten

Amtes (Dauner-Lieb/Heidel/Ring/*Weidlich*, Anwaltkommentar, Erbrecht, Vorbemerkung zu § 2197 Rn 2).

Der Dualismus einer Position zwischen Vertreter einerseits und Treuhänder andererseits durchzieht die gesamte Amtsführung des Testamentsvollstreckers. In der Praxis ist er zum einen dem Willen des Erblassers verantwortlich, zum anderen aber auch dem Erben als dem Inhaber des Nachlasses, der durch seine Handlungen letztendlich wirtschaftlich und rechtlich betroffen ist.

I. Die grds Befugnisse des Testamentsvollstreckers

Die Anordnung einer Testamentsvollstreckung entzieht dem Erben gem §§ 2205, 2211 die Verfügungsbefugnis über den Nachlass und führt so zu einer Trennung des Nachlasses vom Privatvermögen des Erben (BGHZ 48, 214, 219). Ein großer Teil der praktischen Probleme der Testamentsvollstreckung resultiert daraus, dass die Befugnisse des Testamentsvollstreckers im Gesetz nur sehr allgemein bestimmt sind (Mayer/Bonefeld/Daragan/*Mayer*, Testamentsvollstreckung Rn 5). Diese Form der ges Ausgestaltung birgt neben Problemen aber auch große Chancen für den Erblasser. Das Gesetz ermöglicht es ihm, dem Testamentsvollstrecker weitgehende Freiheit zu belassen, aber auch, ihn an eine sehr enge Kandare zu nehmen. Das Gesetz stellt hierzu verschiedene Grundtypen der Testamentsvollstreckung zur Verfügung, die den besonderen Erfordernissen des Einzelfalls entsprechend miteinander zu kombinieren sind (vgl § 2203 Rn 2, 3). Die Befugnisse des Testamentsvollstreckers werden daher in der Praxis durch die konkrete Aufgabenstellung bestimmt (Mayer/Bonefeld/Daragan/*Mayer*, Testamentsvollstreckung Rn 6).

II. Das Verhältnis des Testamentsvollstreckers zu den Erben

Die Pflichten des Testamentsvollstreckers gegenüber den Erben sind gem § 2220 zwingend und ergeben sich im Wesentlichen aus §§ 2215 – 2219. Die Regelungen werden als ges Schuldverhältnis angesehen (Mayer/Bonefeld/Daragan/*Mayer*, Testamentsvollstreckung, Rn 10).

In der Praxis treten durchaus nicht selten Fälle eines Interessenkonflikts zwischen Erben und Testamentsvollstrecker auf. Diese Fälle sind im Gesetz nicht geregelt. Anders als im Vormundschaftsrecht fehlt eine dem § 1796 vergleichbare Regelung, wonach dem Testamentsvollstrecker im Falle einer Interessenkollision die Vertretung für einzelne Angelegenheiten entzogen werden könnte. Bei Interessenkonflikten bzgl einzelner Rechtsgeschäfte oder Prozesse werden entweder die Grundsätze über den Missbrauch der Vertretungsmacht (vgl etwa BGH NJW-RR 1989, 642, 643), oder die Vorschrift des § 181 analog angewandt (vgl hierzu BGHZ 30, 67, 69). Sind Interessenkonflikte auf Dauer offenkundig, scheidet der Testamentsvollstrecker regelmäßig aus (vgl Beispiele bei Mayer/Bonefeld/Daragan/*Mayer*, Testamentsvollstreckung, Rn 14). Handelt es sich um den einzigen Testamentsvollstrecker, ist nach dem Erblasserwillen zu prüfen, ob die Anordnung der Testamentsvollstreckung durch Einsetzung eines vom Nachlassgericht bestimmten Testamentsvollstreckers aufrechterhalten werden kann.

III. Das Verhältnis des Testamentsvollstreckers zu den Gerichten

1. Das Verhältnis zum Nachlassgericht

Das Nachlassgericht ist nicht befugt, in die Amtsführung des Testamentsvollstreckers einzugreifen. (Dauner-Lieb/Heidel/Ring/*Weidlich*, AnwK Erbrecht, Vorbemerkung zu § 2197 Rn 3) Der Grund liegt in der unmittelbaren Ableitung des Amtes des Testamentsvollstreckers von der Rechtsstellung des Erblassers (Mayer/Bonefeld/Daragan/*Mayer*, Testamentsvollstreckung Rn 15). Selbst die ausdrückliche Anordnung einer gerichtlichen Kontrolle des Handelns des Testamentsvollstreckers durch den Erblasser ermöglicht keine gerichtliche oder behördliche Kontrolle seines Handelns (*Reimann* FamRZ 1995, 588, 590).

9 Eine gewisse Überwachungsfunktion kann das Nachlassgericht über § 2227 ausüben bei der Entscheidung über die Entlassung des Testamentsvollstreckers aus wichtigem Grund, sofern ein entsprechender Antrag eines Beteiligten vorliegt, sowie nach § 2224 Abs. 1 Satz 1 zweiter Hs, wenn eine Entscheidung bei einer Meinungsverschiedenheit zwischen mehreren Testamentsvollstreckern zu treffen ist (Mayer/Bonefeld/Daragan/*Mayer*, Testamentsvollstreckung Rn 17).

2. Das Verhältnis zum Familiengericht

10 Auf Grund der unmittelbaren Ableitung seiner Rechte vom Erben unterliegt der Testamentsvollstrecker auch im Verhältnis zu minderjährigen Erben grds keiner Kontroll- oder Anordnungsfunktion durch das Familiengericht (Mayer/Bonefeld/Daragan/Mayer, Testamentsvollstreckung, Rn 18). Nimmt ein Elternteil eine Doppelrolle wahr als Testamentsvollstrecker für den minderjährigen Erben einerseits und als dessen ges Vertreter andererseits, ist str, ob ein Ergänzungspfleger iSd § 1909 mit dem Aufgabenkreis der Wahrnehmung der Rechte des Kindes gegenüber dem als Testamentsvollstrecker berufenen Elternteil verlangt werden kann (vgl zur Thematik ausführlich Mayer/Bonefeld/Daragan/Mayer, Testamentsvollstreckung, Rn 19 aE, Rn 112, 254) In der Literatur wird angenommen, das Familienrecht schütze den minderjährigen Erben ausreichend über § 1640, wonach der Testamentsvollstrecker-Elternteil das von ihm zu erstellende Nachlassverzeichnis dem Familiengericht vorlegen muss, soweit der Wert 15.000 € übersteigt und der Erblasser nicht eine abweichende Bestimmung getroffen hat. Weiterhin wird erbrechtlich dahingehend argumentiert, dass der Erblasser mit der Berufung des Elternteils als Testamentsvollstrecker zu erkennen gegeben hat, dass er ihm ein besonderes Vertrauen entgegen bringt. Dies spricht dafür, einen Ergänzungspfleger nicht für erforderlich zu halten (Mayer/Bonefeld/Daragan/*Mayer*, Testamentsvollstreckung, Rn 254 aE). Die Rechtsprechung erscheint nicht einheitlich. Teilweise wird – ohne nähere Begründung – konstatiert, der Interessengegensatz sei so groß, dass ein Ergänzungspfleger bestellt werden müsse (OLG Nürnberg FamRZ 2002, 372). Teilweise wird auf den Einzelfall abgestellt (LG Mannheim MDR 1977, 579). Die Frage, ob das Familien- oder Vormundschaftsgericht für die etwaige Anordnung einer Ergänzungspflegschaft nach § 1909 zuständig ist, lässt sich ebenfalls nicht eindeutig beantworten (Palandt/*Diederichsen* § 1697 Rn 1). Zu dem Sonderfall des Zustimmungserfordernisses für die Herbeiführung eines Auseinandersetzungsplanes s § 2204 Rn 11, 12).

C. Motive für die Testamentsvollstreckung

11 Die Motive für die Anordnung einer Testamentsvollstreckung sind vielfältig und ebenso unterschiedlich, wie die Erblasser selbst. Zunehmend werthaltigere Nachlässe bei gleichzeitig immer weniger oder gar fehlenden Abkömmlingen lassen die Testamentsvollstreckung immer häufiger in den Mittelpunkt testamentarischer Gestaltungen rücken.

12 Ihre Schutzfunktion entfaltet die Testamentsvollstreckung im unternehmerischen wie im familiären Bereich. Die Einsetzung eines geeigneten Testamentsvollstreckers kann das Risiko eines Gesellschafterstreits ebenso reduzieren, wie unbedachte Reaktionen der finanzierenden Banken auf den plötzlichen Wegfall des Firmeninhabers. In der Familie ist es regelmäßig gewollt, dass sich beim Tod des Erstversterbenden hinsichtlich des Familienvermögens nichts ändert und der überlebende Partner das Vermögen ungeschmälert weiter nutzen kann. Andererseits haben die Abkömmlinge ein Interesse daran, im Wiederverheiratungsfalle nicht große Teile des Vermögens zu verlieren. Bei den vielfältigen Gestaltungsvorschlägen für ein Behindertentestament steht die Überlegung im Vordergrund, wie durch die möglichst geschickte Anordnung einer Verwaltungsvollstreckung nach § 2216 der Nachlass den übrigen Abkömmlingen möglichst ungeschmälert erhalten

und die Unterhaltsleistungen auf die öffentliche Hand abgewälzt werden können. Nach der bisherigen Rechtsprechung des BGH sind derartige Gestaltungen nicht sittenwidrig (BGH NJW 1990, 2055; BGH NJW 1994, 248). Auf der anderen Seite gibt es aber auch vielfältige Gestaltungsmöglichkeiten, die sich vornehmlich am Wohl des behinderten Menschen orientieren und diesen durch die Anordnung einer Testamentsvollstreckung – zweckmäßigerweise kombiniert mit begleitenden Regelungen wie Betreuungsverfügung und Generalvollmacht – auch in der Gestaltung eines möglichst angenehmen und reibungslosen Lebensablaufs unterstützen können.

Weniger häufig genannt, aber zunehmend wichtiger, ist die Anordnung der Testamentsvollstreckung zur Verfolgung karitativer Zwecke, bspw bei der Verteilung von kinderlosen Nachlässen an verschiedene karitative Organisationen, aber auch bei der Gründung einer gemeinnützigen Stiftung durch den Testamentsvollstrecker nach den Vorgaben des Erblassers.

D. Gestaltungsalternativen zur Testamentsvollstreckung

1. Postmortale Vollmacht

Von der Testamentsvollstreckung unterscheidet sich die postmortale Vollmacht sowohl bei der Begründung, als auch bei der Beendigung. In beiden Fällen erscheint die postmortale Vollmacht weniger formal und ist daher für einfacher strukturierte und tendenziell eher unkomplizierte Nachlassauseinandersetzungen prädestiniert. Auch dem Testamentsvollstrecker kann eine postmortale Vollmacht erteilt werden. **Praxishinweis:** Eine solche Bevollmächtigung erscheint insb dann sinnvoll, wenn zu erwarten ist, dass die Erteilung des Testamentsvollstreckerzeugnisses Zeit beanspruchen wird und in diesem Zeitraum der Testamentsvollstrecker bereits im Außenverhältnis – zB gegenüber Banken – agieren können soll.

Bei der Begründung von postmortalen Vollmachten gelten die testamentarischen Formvorschriften nicht, es gilt der Grundsatz der Formfreiheit nach § 167 Abs. 2. Schriftform ist aber aus Nachweisgründen in der Praxis unumgänglich. Die notarielle Form ist erforderlich, wenn der Bevollmächtigte unwiderrufliche Vollmachten zu Grundstücksgeschäften oder zu Schenkungen erhalten soll (Palandt/*Heinrichs*, § 167 Rn 2).

Die entscheidende Wirkung der postmortalen Vollmacht liegt darin, dass der Bevollmächtigte die Erben vertritt. Ohne dass es eines Erbscheins oder eines öffentlichen Testamentes mit Eröffnungsniederschrift bedürfte, kann der Bevollmächtigte alle Rechtsgeschäfte so vornehmen, wie der Erblasser dies selbst hätte tun können (Bengel/*Reimann*, Handbuch der Testamentsvollstreckung, 1. Kap Rn 49). Soweit der Testamentsvollstrecker als Bevollmächtigter handelt, unterliegt er nicht den Beschränkungen der Testamentsvollstreckung. Ist die Vollmacht entsprechend gestaltet, kann er als Bevollmächtigter In-Sich-Geschäfte iSd § 181 abschließen, was ihm als Testamentsvollstrecker wegen § 2205 grds nicht gestattet wäre (Palandt/*Edenhofer* § 2205 Rn 25).

2. Stiftungen

In der Praxis hat die Stiftung & Co. KG als Instrument zur Nachfolgegestaltung bei mittelständischen Unternehmen eine gewisse Bedeutung erlangt. Dabei übernimmt – angelehnt an die GmbH & Co. KG – die Stiftung die Rolle der Komplementärin. Über ihre Führungsrolle als Komplementärin der Gesellschaft ist die Stiftung in der Lage, nach dem Tod des Stifters eine Art Garantie für die Durchsetzung von dessen Willen zu übernehmen (Hennerkes/*Schiffer* BB 1992, 1940). Die Aufhebung der Stiftung wie auch jede Satzungsänderung bedürfen der Genehmigung der Stiftungsbehörde, die nur erteilt wird, wenn sie dem erklärten oder mutmaßlichen Willen des Stifters entspricht. Im Unterschied zur Testamentsvollstreckung gibt es keine auf dreißig Jahre beschränkte Geltungsdauer

3. Erbrechtliche Regelungen

a) Vor- und Nacherbschaft

18 Auch wenn er allen ges Beschränkungen unterworfen bleibt, hat der Vorerbe eine weitgehende Verwaltungs- und Verfügungsfreiheit über den Nachlass, die ihm bspw eine Umschichtung des Nachlasses ermöglicht (*Nieder*, Handbuch der Testamentsgestaltung, Rn 588 aE). Insoweit ist seine Rechtsstellung der des Testamentsvollstreckers vergleichbar. Während der Testamentsvollstrecker jedoch grds nicht Erbe ist, wird der Vorerbe (wie auch der Nacherbe) echter Erbe, wenn auch nur auf Zeit (*Nieder*, Handbuch der Testamentsgestaltung, Rn 590). Auf ihn geht das gesamte Vermögen des Erblassers über, einschließlich der Verbindlichkeiten. Der Vollstreckungsschutz ist wiederum ähnlich der Testamentsvollstreckung gestaltet. Durch § 2115 BGB, § 773 ZPO, § 83 InsO wird das gesamte der Nacherbenbindung unterliegende Sondervermögen zugunsten des Nacherben vor der haftungsrechtlichen Verwertung durch Eigengläubiger des Vorerben geschützt (*Nieder*, Handbuch der Testamentsgestaltung, Rn 653)

19 Erbschaftsteuerlich führt die Vor-/Nacherbschaftslösung regelmäßig zu einer Doppelbesteuerung des Erwerbs (vgl ausführlich *Nieder*, Handbuch der Testamentsgestaltung, Rn 671), so dass sie als Alternative zur Testamentsvollstreckung eher bei kleineren Nachlässen in Betracht kommt.

b) Nießbrauchsvermächtnis

20 Die Nutzungsrechte und Lastentragungspflichten des Nießbrauchers ähneln von ihrem wirtschaftlichen Ergebnis her der Vorerbschaft (*Nieder*, Handbuch der Testamentsgestaltung, Rn 685) Rechtlich differieren sie jedoch deutlich. Während der Vorerbe im Rahmen der Einschränkungen nach §§ 2113 – 2115 über die Nachlassgegenstände frei verfügen kann, § 2112, ist der Nießbraucher von Gesetzes wegen mit Ausnahme der §§ 1074, 1077 und 1087 Abs. 2 weitgehend von Verfügungen über Nachlassgegenstände ausgeschlossen (weiterführend *Schlieper* MittRhNotK 1995, 249). Auch die Haftung differiert erheblich. Der Vorerbe ist nur für die Erhaltung der wertmäßigen Substanz des Nachlasses verantwortlich, nicht für die Erhaltung der konkreten Nachlassgegenstände, im Übrigen auch noch gemindert auf den Sorgfältigkeitsmaßstab des § 277. Der Nießbraucher hingegen haftet voll auf die Erhaltung der wirtschaftlichen Bestimmung und Sachsubstanz (*Nieder*, Handbuch der Testamentsgestaltung, Rn 590 aE).

21 **Praxishinweis:** Die Einräumung eines Nießbrauchsvermächtnisses stellt bei der Versorgung älterer Menschen, zB des überlebenden Ehegatten insb dann eine Alternative dar, wenn die Anordnung einer Testamentsvollstreckung wegen der darin gesehenen Bevormundung des älteren Menschen als nicht tunlich oder unnötig kompliziert angesehen wird.

E. Die Bestimmung der richtigen Person zum Testamentsvollstrecker

22 Der Erfolg jeder Testamentsvollstreckung steht und fällt mit der Person des Testamentsvollstreckers. Gleichwohl geht das Gesetz davon aus, dass eine besondere Qualifikation des Testamentsvollstreckers für seine Aufgabenerfüllung nicht erforderlich ist (BGH AnwBl 2005, 287 und BGH AnwBl 2005, 289). Hiergegen wenden sich Organisationen wie die Arbeitsgemeinschaft Testamentsvollstreckung und Vermögenssorge (AGT eV) in Bonn (www.agt-ev.de) mit der Forderung nach einem Qualifikations- und Versicherungsnachweis für geschäftsmäßig agierende Testamentsvollstrecker. Zur Haftung des Nachlassgerichtes aus Amtspflichtverletzung bei Auswahl eines nicht ausreichend qualifizierten Testamentsvollstreckers vgl § 2219 Rn 21.

Die Problematik, inwieweit das Rechtsberatungsgesetz Grenzen für die Übernahme von 23
Testamentsvollstreckungen durch Nichtanwälte, insb Banken und Steuerberater setzt, dürfte nach den Entscheidungen des BGH v 11.11.2004 (BGH AnwBl 2005, 287 und BGH AnwBl 2005, 289) und der bevorstehenden Ablösung des Rechtsberatungsgesetzes (vgl Schreiben des BMJ v 6.9.2004, AZ: RB 1 – 7525/21, nachzulesen unter http://www.agt-ev.de/downloads/RechtsdienstleistungG_Entwurf_Stan_06-09-04.pdf) hingegen nicht mehr lange praxisrelevant bleiben.

Praxishinweis: Der Testamentsvollstrecker sollte idealerweise folgendes Anforderungs- 24
profil erfüllen: volles Vertrauen des Erblassers genießen, über menschliche Qualifikation, insb Standfestigkeit im Rahmen der Auseinandersetzung mit den Erben verfügen, ausreichende Kenntnisse der wirtschaftlichen und rechtlichen Zusammenhänge besitzen, ein Alter haben, das die Aufgabenerfüllung noch während der – voraussichtlichen – Dauer der Testamentsvollstreckung erwarten lässt und hinreichend Zeit haben, um sich dem Amt zu widmen.

F. Testamentsvollstreckung im Unternehmensbereich

I. Allgemeines

Der Anordnung der Testamentsvollstreckung an einem im Nachlass befindlichen Unter- 25
nehmen, regelmäßig in der Form einer Dauervollstreckung, kommt im Rahmen der Unternehmensnachfolgeplanung eine hohe wirtschaftliche und praktische Bedeutung zu. Neben der Sicherung der Unternehmenskontinuität dient sie insb dem Schutz und bei entsprechender Anordnung zugleich auch der Versorgung wirtschaftlich unerfahrener oder zum Zeitpunkt des Erbfalls noch minderjähriger Erben. Gleichzeitig handelt es sich aber um einen der schwierigsten Bereiche der Testamentsvollstreckung (Kerscher/*Tanck/Krug*, Das erbrechtliche Mandat, § 20 Rn 84), bei der noch viele Details von der Rechtsprechung nicht geklärt sind (Mayer/Bonefeld/Daragan/*Mayer*, Testamentsvollstreckung Rn 380 aE).

Bei der Testamentsvollstreckung in Unternehmen kollidieren grds die Haftungsgrund- 26
sätze des Erbrechts mit den Haftungsgrundsätzen des Handelsrechts sowie im Bereich der Personengesellschaften die personalistische Bindung mit der Fremdgeschäftsführung durch den Testamentsvollstrecker.

II. Die Haftungsgrundsätze des Erbrechts

Gem § 1967 Abs. 1 haftet der Erbe zunächst persönlich und unbeschränkt für Nachlass- 27
verbindlichkeiten. Diese umfassen über den Wortlaut des § 1967 Abs. 2 hinaus neben Erblasser- und Erbfallschulden auch die bei der Verwaltung des Nachlasses entstehenden Schulden, die sog Nachlasserbenschulden (MüKo/*Siegmann* § 1967 Rn 26; Palandt/*Edenhofer* § 1967 Rn 8). Der Erbe kann seine Haftung jedoch wesentlich beschränken. Neben der Ausschlagung der Erbschaft, die bereits deren Anfall verhindert (§§ 1942, 1953 Abs. 1), besteht für ihn die Möglichkeit, sich seiner persönlichen Haftung für Nachlassverbindlichkeiten auch durch Antrag auf Nachlassverwaltung (§§ 1975, 1981) oder Eröffnung eines Nachlassinsolvenzverfahrens gem § 1975 zu entledigen. Gegen Forderungen der Nachlassgläubiger kann er sich im Fall unzureichender Nachlassmittel durch Erhebung der Dürftigkeitseinrede (§ 1990) wehren. Eine Mehrheit von Erben kann ihre gesamtschuldnerische und persönliche Haftung durch gemeinschaftliche Beantragung der Nachlassverwaltung (§ 2062) auf den Nachlass beschränken. Auch der Testamentsvollstrecker haftet regelmäßig nicht persönlich für die von ihm in seiner Funktion als Testamentsvollstrecker für den Nachlass eingegangenen Verbindlichkeiten (RGZ 80, 416, 418, *Muscheler*, Die Haftungsordnung der Testamentsvollstreckung 1994, § 8 II. 5). Das erbrechtliche Haftungssystem des BGB geht somit grds von einer Haftungsbeschränkung auf den Nachlass aus.

III. Die Haftungsordnungen des Handels- und Gesellschaftsrechts

28 Angesichts der Risiken des Handelsverkehrs treffen seine Akteure bestimmte Verpflichtungen zur Gewährung eines Mindestmaßes an Gläubigerschutz. Der Einzelkaufmann haftet persönlich und unbeschränkt für die bei seiner kaufmännischen Tätigkeit entstehenden Verbindlichkeiten. Personenhandelsgesellschaften sind personenbezogene Zusammenschlüsse und beruhen auf der besonderen persönlichen Vertrauensbindung unter den Gesellschaftern. Den typischen Erscheinungsformen OHG und KG ist das Vorhandensein mindestens eines persönlich und unbeschränkt haftenden Gesellschafters (§§ 105 Abs. 1, 161 Abs. 1, 2. Alt. HGB) gemein. Dieser haftet für alle Gesellschaftsverbindlichkeiten kraft Gesetzes (§§ 128 bzw 161 Abs. 2 iVm 128 HGB) akzessorisch zur Gesellschaftsschuld (zur Rechtsfähigkeit der GbR und Haftung entsprechend § 128 HGB vgl BGH NJW 2001, 1056, 1057 f).

29 Bei den Kapitalgesellschaften tritt an die Stelle der grds fehlenden persönlichen Haftung der Mitglieder für Verbindlichkeiten der Körperschaft ein gesetzlich festgelegtes und gesellschaftsvertraglich nicht abzubedingendes Mindestkapital (zB § 5 Abs. 1 GmbHG). Der Handelsverkehr hat so auch im Fall der Kapitalgesellschaften eine Haftungsgarantie, deren Mindestumfang zudem aus dem Rechtsformzusatz bzw eindeutig aus dem Handelsregister zu ersehen ist. Das Handels- und Gesellschaftsrecht fordert somit die volle persönliche Haftung des Unternehmensträgers, sofern nicht ein Garantiekapital vorliegt.

30 Im Erbfall gesteht das Handels- und Gesellschaftsrecht dem Erben eines Unternehmens nur sehr eng umrissene Möglichkeiten zu, seine Haftung für Altverbindlichkeiten zu beschränken. Bei Fortführung unter der bisherigen Firma haftet der Erbe nach der Maßgabe des § 27 Abs. 1 HGB persönlich und unbeschränkt für die vom Erblasser stammenden Verbindlichkeiten. Eine Fortführung des Handelsgeschäftes unter Beschränkung der Haftung auf den Nachlass für vom Erblasser stammende Geschäftsverbindlichkeiten ermöglicht § 27 Abs. 2 HGB. Diese Durchbrechung des handelsrechtlichen Grundsatzes der persönlichen und unbeschränkten Haftung ist aber zeitlich auf den Fall begrenzt, dass der Geschäftsbetrieb binnen drei Monaten eingestellt wird.

31 Das Korrelat zu § 27 HGB stellen bei Personenhandelsgesellschaften die Vorschriften der §§ 139 bzw 161 Abs. 2 iVm 139 HGB dar. Auch hier soll der Erbe vor den aus der Mitgliedschaft folgenden Haftungsgefahren solange bewahrt werden, bis er diese besser überblicken kann. Dazu gewährt das Handelsrecht dem Erben eines Komplementäranteils für den Zeitraum von drei Monaten (§ 139 Abs. 3 HGB) die Möglichkeit, sein Verbleiben in der Gesellschaft von der Einräumung einer Kommanditistenstellung abhängig zu machen (§ 139 Abs. 1, Abs. 2 HGB). Während dieser Frist haftet der Erbe unter der Voraussetzung der Umwandlung seiner Beteiligung bzw seines Ausscheidens oder der Auflösung der Gesellschaft auf den Nachlass beschränkt (§ 139 Abs. 4 HGB iVm §§ 1975 ff BGB).

IV. Zulässigkeit der Abwicklungsvollstreckung

32 Über die Anordnung einer Testamentsvollstreckung wäre es somit möglich, außerhalb des numerus clausus der Gesellschaftsformen ein Unternehmen zu schaffen, das in seiner Haftung beschränkt wäre, ohne dies nach außen zu verlautbaren und das überdies auch nicht den Schutzvorschriften zur Kapitalerhaltung unterläge. Eine solche Rechtsfolge ist mit den Schutzgedanken des Handels- und Gesellschaftsrecht nicht vereinbar und wegen des Vorranges des Handelsrechts vor dem Erbrecht nach Art. 2 EGHGB nach ganz überwiegender Auffassung nicht zulässig. Eine verwaltende Dauertestamentsvollstreckung an einem einzelkaufmännischen Unternehmen oder einer persönlich haftenden Beteiligung ist daher ausgeschlossen (Mayer/Bonefeld/Daragan/*Mayer*, Testamentsvollstreckung Rn 382 aE mwN). Für zulässig hingegen wird die Abwicklungsvollstreckung nach §§ 2203 f gehalten, denn hier wird der Testamentsvollstrecker nicht als Unternehmer, sondern als reiner Abwickler tätig. Überdies kennt das Handelsrecht mit der Dreimonats-

frist nach §§ 27, 139 HGB grds eine vergleichbare Situation bei der Unternehmenseinstellung durch den Erben (*Lorz*, Testamentsvollstreckung und Unternehmensrecht 1995 § 1 II, 30 f).

V. Ersatzlösungen für die Dauervollstreckung

Die Praxis ist durch vielfältige Versuche gekennzeichnet, Ersatzlösungen für eine Dauervollstreckung zu finden, deren Gestaltung sich an der jeweiligen Unternehmensform orientiert. Auch wenn bei der Testamentsvollstreckung in Unternehmen zwischen den unterschiedlichen Rechts- und Erscheinungsformen der Unternehmen differenziert werden muss, lassen sich die unterschiedlichen Lösungen doch für alle Unternehmensformen in drei generellen Lösungsansätzen zusammenfassen. 33

1. Die »echte Testamentsvollstreckerlösung«

Bei diesem rein erbrechtlichen Lösungsansatz (*Brox*, Erbrecht, 19. Aufl 2001, Rn 403) wird das Handelsgeschäft vom Testamentsvollstrecker als Sondervermögen verwaltet. Für neu begründete Geschäftsverbindlichkeiten soll nur der Nachlass haften, der Erbe wird als Inhaber ins Handelsregister eingetragen (§§ 31 Abs. 1, 29 HGB). In der Praxis wird diese Lösung abgelehnt (ständige Rspr seit BGH, Urt v 18. 1. 1954, AZ: IV ZR 130/53; BGHZ 12, 100, 102). 34

2. Die »Vollmachtlösung«

Diese von der Rechtsprechung grds anerkannte Lösung (BGHZ 12, 100, 102) erfordert, dass der Erbe seine Haftung für die bei der Fortführung des Unternehmens vom Testamentsvollstrecker begründeten Geschäftsverbindlichkeiten auf sein Privatvermögen ausweitet. Hierzu bedarf es einer ausdrücklichen Bevollmächtigung des Testamentsvollstreckers, neben dem Nachlass (§ 2206) auch den Erben persönlich und unbeschränkt zu verpflichten. Der Testamentsvollstrecker führt dann das Unternehmen im Namen des Erben fort. Bedenken gegen die Vollmachtlösung werden unter dogmatischen, wesentlich aber auch unter praktischen Gesichtspunkten erhoben. In Anbetracht der Haftungsgefahren bei einer Fortführung des Unternehmens wird es regelmäßig schon an dem Grunderfordernis der Vollmachtlösung scheitern, der Abgabe einer Willenserklärung des Erben zur Bevollmächtigung des Testamentsvollstreckers. 35

3. Die »Treuhandlösung«

Bei diesem Lösungsansatz führt der Testamentsvollstrecker persönlich das Handelsgeschäft im eigenen Namen und auf Rechung des Erben fort (grundlegend RGZ 132, 138, 142; BGHZ 12, 100, 102). Der Testamentsvollstrecker haftet nach außen für Geschäftsverbindlichkeiten persönlich und unbeschränkt. Im Innenverhältnis wird ihm ein Freistellungsanspruch gem § 670 gegen die Erben eingeräumt. Die Verwaltungsbefugnisse des Testamentsvollstreckers sind grds umfassend und ermöglichen auch die Veräußerung des Unternehmens und damit die Übereignung des Unternehmens bzw die Übertragung der Firma und des Handelsgeschäftes (*Muscheler*, Die Haftungsordnung der Testamentsvollstreckung, § 13 Abs. 2, 301 ff). Innerhalb der Treuhandlösungen wird nochmals unterschieden zwischen der sog Vollrechtstreuhand (*John* BB 1980, 747, 758) sowie der Verwaltungs- bzw Ermächtigungstreuhand (Palandt/*Edenhofer* § 2205 Rn 8). 36

Auch gegen die Treuhandlösungen erheben sich Bedenken. In der Praxis erscheint es zweifelhaft, inwieweit Testamentsvollstrecker überhaupt bereit sind, eine ihre unbeschränkte persönliche Haftung begründende Stellung zu übernehmen. Im Übrigen fragt sich, ob eine derart stark ausgestaltete Rechtsmacht des Testamentsvollstreckers überhaupt noch dem Erblasserwillen entspricht (*Muscheler*, Die Haftungsordnung der Testamentsvollstreckung, § 13 Abs. 6 Satz 2, 331). 37

VI. Die Bedeutung gesellschaftsrechtlicher Nachfolgeklauseln für die Testamentvollstreckung

38 Beim Tod des Gesellschafters einer Personenhandelsgesellschaft sieht das Gesetz grds die Fortsetzung der Gesellschaft (ausgenommen die Gesellschaft bürgerlichen Rechts § 727 Abs. 1) vor, vgl §§ 131 Abs. 3 Nr. 1 bzw § 161 Abs. 2 iVm § 131 Abs. 3 Nr. 1. Dabei bedarf die Nachfolge der Erben in die Kommanditistenstellung grds nicht der Zustimmung der Mitgesellschafter, sondern erfolgt kraft Gesetzes, § 177 HGB. Anders verhält es sich bei der Komplementärbeteiligung. Hier bedarf die Nachfolge des Erben wegen des stark personenbezogenen Charakters des gesellschaftsrechtlichen Zusammenschlusses und der besonderen Vertrauensbindung der Gesellschafter untereinander der Zustimmung aller Mitgesellschafter. Erst recht gilt dies für eine Fremdverwaltung dieser Mitgliedschaft durch einen Testamentsvollstrecker (BGHZ 108, 187, 191).

39 Diese Zustimmung kann nach dem Erbfall und dem Eintritt des Erben durch Rechtsgeschäft unter Lebenden erteilt werden oder – in der Praxis häufiger – der Erblasser und seine Mitgesellschafter stellen die Gesellschafterstellung bereits im Gesellschaftsvertrag mittels einer Nachfolgeklausel vererblich. Beim Vorhandensein einer solchen Nachfolgeklausel ist die Testamentsvollstreckung an Mitgliedschaften in Personenhandelsgesellschaften jedenfalls dann zulässig, wenn sie sich auf die vermögensrechtliche Seite der Gesellschafterrechte beschränkt. Hierunter fallen Gewinnansprüche (BGHZ 98, 48) oder Auseinandersetzungsguthaben der Erben (Kerscher/*Tanck*/Krug, Das erbrechtliche Mandat, § 20 Rn 89) Weiterhin kann der Testamentsvollstrecker verhindern, dass der Erbe den Gesellschaftsanteil veräußert oder ein Gläubiger darauf zugreift (Kerscher/*Tanck*/Krug, Das erbrechtliche Mandat, § 20 Rn 89 aE). Handelt es sich bei dem Gesellschaftsanteil um einen Kommanditanteil, dann soll auch eine Testamentsvollstreckung auf der Seite des gesellschaftsrechtlichen Innenverhältnisses zulässig sein, also insb auf der Ebene der Stimmrechte, vorausgesetzt, die Mitgesellschafter haben zugestimmt (Kerscher/*Tanck*/ Krug, Das erbrechtliche Mandat, § 20 Rn 90 unter Hinweis auf BGH DNotZ 1990, 183 sowie *Reimann* FamRZ 1992, 117u teilw aA OLG Hamm FamRZ 1992, 113).

VII. Besonderheiten bei der Testamentsvollstreckung an Kapitalgesellschaften

40 Kapitalgesellschaften sind im Gegensatz zu Personenhandelsgesellschaften keine personenbezogenen Zusammenschlüsse und beruhen nicht auf der Vertrauensbindung ihrer Mitglieder, was eine Testamentsvollstreckung grds bereits erleichtert (MüKo/*Brandner* § 2205 Rn 42). Aktien sind verkehrsfähig (§§ 413, 398 ff AktG) und frei vererblich. Bei der GmbH-Mitgliedschaft ist die Vererblichkeit ausdrücklich in § 15 Abs. 1 GmbHG angeordnet. Die Rechtsprechung hält die Testamentsvollstreckung an GmbH-Anteilen (BGH NJW 1959, 1820, 1821) und Aktien (BGHZ 24, 106) daher für zulässig. Ein grdses Zustimmungsbedürfnis der Mitgesellschafter wird verneint, es sei denn, eine Satzungsbestimmung erfordert die Zustimmung ausdrücklich (MüKo/*Brandner* § 2205 Rn 43). Nicht der Testamentsvollstreckung unterliegen aber höchstpersönliche Mitgliedschaftsrechte des Gesellschaftererben (MüKo/*Brandner* § 2205 Rn 43). Daher kann das Verwaltungsrecht des Testamentsvollstreckers in diesem sog Kernbereich der Mitgliedschaft nur mit zusätzlicher Einwilligung des Gesellschaftererben ausgeübt werden.

VIII. Unternehmensumwandlung durch den Testamentsvollstrecker

41 Angesichts der im Vergleich zu Personenhandelsgesellschaften deutlich besseren Durchführbarkeit der Testamentsvollstreckung an Kapitalgesellschaftsanteilen erscheint es in der Praxis häufig sinnvoll, die in der Theorie und Praxis komplizierten kautelarjuristischen Hilfslösungen zu umgehen und das einzelkaufmännische Unternehmen in eine neu gegründete oder auf Vorrat gehaltene Ein-Mann-GmbH einzubringen oder die Personengesellschaft in eine Kapitalgesellschaft umzuwandeln. Die Rechtsprechung (BGH NJW

1987, 1070, 1071) hat dem Testamentsvollstrecker hierbei grds weitgehende Befugnisse zuerkannt. Die Grenze wird im Einzelfall durch die Anordnungen des Erblassers gezogen (MüKo/*Brandner* § 2205 Rn 42, der auf die Möglichkeit hinweist, eine entgegenstehende Anordnung im Interesse des Nachlasses nach § 2216 Abs. 2 Satz 2 durch das Nachlassgericht außer Kraft setzen zu lassen). Die Umwandlung bedarf stets der Zustimmung des Erben und – sofern vorhanden – der Mitgesellschafter, denn sie verändert möglicherweise die Rechtsstellung der Gesellschafter (Dauner-Lieb/Heidel/Ring/*Weidlich*, AnwK, § 2205 Rn 80). Die Verwaltungsbefugnis des Testamentsvollstreckers setzt sich sodann trotz Verschmelzung und Spaltung (§ 20 UmwG) bzw Formwechsels (§ 202 Abs. 1 Nr. 2 UmwG) am neuen Gesellschaftsanteil fort (Dauner-Lieb/Heidel/Ring/*Weidlich*, AnwK, § 2205 Rn 78).

G. Die Besteuerung des Testamentsvollstreckers

Wie die Vergütung, die der Testamentsvollstrecker für seine Tätigkeit erhält, steuerlich zu behandeln ist, hängt im wesentlichen von Art und Umfang der Tätigkeit des Steuerpflichtigen im Rahmen seiner testamentsvollstreckenden Tätigkeit ab. 42

I. Einkommensteuer

Erfolgt die Testamentsvollstreckung unentgeltlich, so besteht keine Einkommensteuerpflicht (Mayer/Bonefeld/*Daragan*, Testamentsvollstreckung Rn 830), unabhängig davon, ob der Testamentsvollstrecker als Privatperson oder im Rahmen seiner beruflichen Tätigkeit agiert. Ansonsten ist zu differenzieren. 43

Der gelegentlichen Tätigkeit einer **Privatperson**, die eine Testamentsvollstreckung gegen Vergütung übernimmt, fehlt es an der Absicht, nachhaltig und mit Gewinnerzielungsabsicht am Wirtschaftsleben teilzunehmen. Ihre Einkünfte sind als sonstige (selbständige, weil nicht aus abhängiger Beschäftigung stammender) Einkünfte nach § 22 Nr. 3 EStG zu versteuern. 44

Ist der Testamentsvollstrecker bereits **selbständig** tätig und steht die Testamentsvollstreckung im Zusammenhang mit dieser Tätigkeit, handelt es sich unabhängig von einer etwa bestehenden Wiederholungsabsicht um freiberufliche Einkünfte aus § 18 EStG, auch wenn der freie Beruf in einer Sozietät ausgeübt wird (BFH, Urt v 6. 9. 1990, AZ: IV R 125/89, BStBl II 1990, 1028, DStR 1990, 737). **Praxishinweis:** Vorsicht ist im Hinblick auf § 18 Abs. 1 Nr. 3 EStG geboten. Die Zuordnung zu den selbständigen Einkünften verlangt grds, dass die Tätigkeit der Testamentsvollstreckung persönlich ausgeübt wird. Die Mithilfe auch nur einer qualifizierten Hilfskraft bei der Testamentsvollstreckung führt daher idR zu gewerblichen Einkünften (Mayer/Bonefeld/*Daragan*, Testamentsvollstreckung Rn 824; Bengel/Reimann/*Eckelskemper* Handbuch der Testamentsvollstreckung, Kap 10 Rn 146, s auch Rn 48). 45

Eine **Abfindungszahlung**, die für den Verzicht auf die Ausübung des Amtes als Testamentsvollstrecker gezahlt wird, unterliegt ebenfalls grds der Steuerpflicht (so ausdrücklich für den Bereich der Umsatzsteuer: BFH, Urt v 5. 6. 2003, AZ: V R 25/02, DStR 2003, 1392), vgl auch Rn 40. 46

II. Gewerbesteuer

Fallen die Einkünfte aus testamentsvollstreckender Tätigkeit im Zusammenhang mit einer anderweitigen gewerblichen Tätigkeit an, dann teilen sie deren Schicksal als gewerbliche Einkünfte (Mayer/Bonefeld/*Daragan*, Testamentsvollstreckung Rn 889). Gewerbesteuer fällt ferner in den Fällen an, in denen der Testamentsvollstrecker – auch als Privatperson – ein (einzelkaufmännisches) Unternehmen treuhänderisch fortführt (Bengel/Reimann/*Eckelskemper*, Handbuch der Testamentsvollstreckung, Kap 10 Rn 144, 188). 47

Problematisch sind die Fälle, in denen die Testamentsvollstreckung durch **Freiberufler**, vornehmlich Rechtsanwälte erbracht wird. Zwar gehören die Tätigkeiten in den Berufen 48 als RA, Steuerberater und Wirtschaftsprüfer zu den sog Katalogberufen nach § 18 Abs. 1 Nr. 3 EStG, so dass eigentlich auch fachlich vorgebildete Arbeitskräfte eingesetzt werden können, ohne dass gewerbliche Einkünfte begründet werden. Andererseits wurde – gerade im Hinblick auf die Entscheidung des BGH zur Zulässigkeit geschäftsmäßiger Testamentsvollstreckungen durch jedermann (BGH, Urt v 11. 11. 2004, AZ: I ZR 213/01, AnwBl 2005, 289 sowie BGH, Urt v 11. 11. 2004, AZ: I ZR 182/02, AnwBl 2005, 287) bereits davor gewarnt, dass die berufliche Tätigkeit der Testamentsvollstrecker zukünftig als gewerbesteuerpflichtig angesehen werden könnte (*Olbing* AnwBl 2005, 289). Die Warnung erscheint berechtigt, wie die Entscheidungen des BFH zur Gewerbesteuerpflicht der Einkünfte des Insolvenzverwalters (BFH, Urt v 12. 12. 2001, AZ: XI R 56/00, DStR 2002, 353) zeigen. Erst recht wird sich diese Gefahr manifestieren, wenn durch das Rechtsberatungsgesetz die geschäftsmäßige Testamentsvollstreckung jedermann als Nebentätigkeit zu seinem Gewerbe gestattet sein wird. Der BFH geht von der sog »**Abfärbetheorie**« aus, wonach die Einkünfte einer Personengesellschaft, die teils freiberuflich, teils gewerblich sind, in vollem Umfang als gewerblich anzusehen und entsprechend zu besteuern sind (BFH, Urt v 8. 12. 1994, AZ: IV R 7/92 mwN, DStR 1995, 638). Die rechtliche Trennung der Testamentsvollstreckung von der sonstigen freiberuflichen Tätigkeit ist dann dringend angezeigt (*Olbing* AnwBl 2005, 289).

III. Umsatzsteuer

49 Der Amtsinhaber, der nur einmalig tätig wird, handelt nicht in Wiederholungsabsicht (*Kirnberger* ZEV 1998, 342) und ist daher grds nicht umsatzsteuerpflichtig. Ist eine Testamentsvollstreckung allerdings schwierig und zieht sie sich über mehrere Jahre hin, so wird der Testamentsvollstrecker auch dann nachhaltig tätig, wenn es sich um die Vollstreckung nur eines Nachlasses handelt. Neben der Verwaltungstestamentsvollstreckung kann auch eine Auseinandersetzungstestamentsvollstreckung eine nachhaltige Tätigkeit begründen (Bunjes/Geist/*Heidner*, UStG, 7. Auflage, 2003, § 2 Rn 66). Eine nachhaltige Tätigkeit führt nach § 2 Abs. 1 Satz 3 UStG, sofern sie zur Erzielung von Einnahmen und selbstständig ausgeübt wird, zur Unternehmereigenschaft iSd § 2 Abs. 1 Satz 1 UStG. In diesen Fällen kann auch bei einer nur einmaligen Tätigkeit eine umsatzstpfl Leistung durch den Testamentsvollstrecker vorliegen.

50 Gehört die Testamentsvollstreckung von Anfang an zu den Aufgaben eines bestehenden Unternehmens des Testamentsvollstreckers, unterliegt die Vergütung des Testamentsvollstreckers immer der Umsatzsteuerpflicht, unabhängig vom Umfang der Tätigkeit (Mayer/Bonefeld/*Daragan*, Testamentsvollstreckung, Rn 890). Auch eine **Abfindungszahlung**, die für den Verzicht auf die Ausübung des Amtes als Testamentsvollstrecker gezahlt wird, kann umsatzsteuerpflichtig sein. Nach ständiger Rechtsprechung des BFH stellt der Verzicht, ganz oder teilweise eine gewerbliche oder berufliche Tätigkeit auszuüben, eine »sonstige Leistung« gem § 3a Abs. 4 Nr. 9 UStG 1993 dar (BFH, Urt v 6. 5. 2004, AZ: V R 40/02, NJW 2004, 3064).

Titel 6 Testamentsvollstrecker

§ 2197 Ernennung des Testamentsvollstreckers

(1) Der Erblasser kann durch Testament einen oder mehrere Testamentsvollstrecker ernennen.

(2) Der Erblasser kann für den Fall, dass der ernannte Testamentsvollstrecker vor oder nach der Annahme des Amts wegfällt, einen anderen Testamentsvollstrecker ernennen.

A. Allgemeines

Die Vorschrift gibt keine Definition der Testamentsvollstreckung, sondern setzt diese als 1
Rechtsinstitut voraus. Abs. 1 regelt die Anordnung der Testamentsvollstreckung und
Ernennung eines oder mehrerer Testamentsvollstrecker, Abs. 2 die Ersatzbenennung
von Testamentsvollstreckern.

B. Voraussetzungen

I. Anordnung durch den Erblasser

Der allgemeine erbrechtliche Grundsatz der Eigenanordnung nach § 2065 erfordert, dass 2
die Anordnung der Testamentsvollstreckung als Rechtsinstitut durch den Erblasser selbst
erfolgen muss. Lediglich die Ernennung einer bestimmten Person zum Testamentsvollstrecker kann gem §§ 2198 – 2200 durch Dritte oder das Nachlassgericht erfolgen. Auch
Ehegatten können in einem gemeinschaftlichen Testament Testamentvollstreckung anordnen, wobei dann regelmäßig zwei voneinander unabhängige Testamentsvollstreckungen
für zwei Erbfälle anzunehmen sind (Palandt/*Edenhofer* § 2197 Rn 3).

II. Anordnung durch Testament

Die Anordnung der Testamentsvollstreckung kann gleichermaßen durch ein wirksames 3
handschriftliches Testament, ein notarielles Testament oder – über den Wortlaut des § 2197
hinaus – einen Erbvertrag erfolgen. In letzterem Fall kann die Anordnung wegen der
Regelung des § 2278 Abs. 2 jedoch nicht die Qualität einer wechselbezüglichen (vgl § 2270
Abs. 3) oder vertragsmäßigen (vgl §§ 2299 Abs. 1, 2278 Abs. 2) Verfügung erhalten. Sie
kann folglich jederzeit unter Beachtung der §§ 2253 ff v Verfügenden widerrufen werden
(Mayer/Bonefeld/Daragan/*Mayer*, Testamentsvollstreckung, Rn 34).
Der Erblasser braucht sich nicht des wörtlichen Ausdrucks zu bedienen, es genügt, wenn 4
sich durch Auslegung seiner letztwilligen Verfügung feststellen lässt, dass keine erbrechtliche Zuwendung, sondern eine fremdnützige Verwaltung des Nachlasses gewollt ist. In
der Praxis gebräuchlich sind Formulierungen wie Pfleger, Verwalter, Befugnis zur Verteilung des Nachlasses nach billigem Ermessen (Palandt/*Edenhofer* § 2197 Rn 2).
Die Anordnung der Testamentsvollstreckung durch ein Rechtsgeschäft unter Lebenden ist 5
wegen des Verstoßes gegen das testamentarische Formerfordernis unzulässig. Möglich
sind jedoch lebzeitige Vereinbarungen zwischen dem künftigen Erblasser und dem künftigen Testamentsvollstrecker über Fragen, die im Zusammenhang mit der Führung des
Testamentsvollstreckeramtes stehen, bspw Vergütungsfragen (Bengel/*Reimann* Handbuch der Testamentsvollstreckung, Kap II Rn 15). Im Einzelfall kann eine Umdeutung
in ein über den Tod hinaus wirkendes Auftragsverhältnis in Betracht kommen, §§ 671, 672,
das allerdings von den Erben – bei mehreren nur gemeinschaftlich nach § 2040 – einschließlich der zugrunde liegenden Vollmachten widerrufen werden kann (Bengel/*Reimann* Handbuch der Testamentsvollstreckung, Kap II Rn 15).
Die Testamentsvollstreckeranordnung geht regelmäßig ins Leere, wenn das Testament 6
unwirksam ist (*Zimmermann*, Die Testamentsvollstreckung, 2. Auflage 2003, Rn 29). In der
Praxis ist die Zahl unwirksamer Testamente erschreckend hoch. Als Unwirksamkeitsgründe kommen insb in Betracht: formal unwirksame Testamente (computergeschriebene
Testamente, aber auch die Verwendung einer »Oberschrift« oder »Mittelschrift« an Stelle
einer Unterschrift, BayObLG FamRZ 2005, 1012 ff), gefälschte Testamente (BayObLG
FamRZ 2005, 1014 f), Testierunfähigkeit des Erblassers (zB aufgrund Alkoholerkrankung,
BayObLG FamRZ 2004, 1821), altersbedingte Testierunfähigkeit (zB Alzheimer Krankheit),
Unwirksamkeit des Testamentes wegen Verstoßes gegen eine erbvertragliche Bindung
(§§ 2270 Abs. 2, 2289), Unwirksamkeit wegen Zurückstellung von Pflichtteilsberechtigten
nach § 2306, insb 2306 Abs. 1 Satz 1, Unwirksamkeit der Anordnung einer Testamentsvoll-

§ 2197 BGB | Ernennung des Testamentsvollstreckers

streckung aufgrund einer Kollision von erbrechtlichen mit handels- oder gesellschaftsrechtlichen Vorschriften (Vorrang des Handelsrechts vor dem Erbrecht, vgl Art. 2 EGHGB; s auch BGH NJW 1989, 3152; weiterführend Staudinger/*Reimann* § 2205 Rn 89 ff).

III. Ernennung als Testamentsvollstrecker

1.Ersternennung, § 2197 Abs. 1

7 Die Benennung einer bestimmten Person zum Testamentsvollstrecker beinhaltet regelmäßig zugleich die generelle Anordnung der Testamentsvollstreckung als Rechtsinstitut. Für das Amt kommt grds jede volljährige natürliche oder juristische Person (arg aus § 2210 Satz 3 iVm § 2163 Abs. 2) in Betracht. **Praxishinweis:** Wegen der überragenden Bedeutung, der die Bestimmung der richtigen Person für den Erfolg der Testamentsvollstreckung zukommt, sollte der Testamentsgestalter bei der Beratung über die Auswahl des Testamentsvollstreckers besondere Sorgfalt walten lassen und sich nicht von der neueren Rechtsprechung (BGH AnwBl 2005, 287 sowie BGH AnwBl 2005, 289) dazu verleiten lassen, den Anforderungen an die Qualifikation des Testamentsvollstreckers keine Aufmerksamkeit zu schenken (zu den Auswahlkriterien vgl iE Vorbemerkung zu § 2197 Rn 22 – 24).

8 Die Benennung mehrerer Testamentsvollstrecker ist möglich. Gem § 2224 Abs. 1 Satz 1 erster Hs führen sie das Amt gemeinschaftlich, bei Meinungsverschiedenheiten entscheidet das Nachlassgericht, § 2224 Abs. 1 Satz 1 zweiter Hs. Hierbei handelt es sich um einen der wenigen Fälle, in denen dem Nachlassgericht bei angeordneter Testamentsvollstreckung eine Entscheidungsbefugnis zukommt. In der Praxis ist die Bestimmung mehrerer Testamentsvollstrecker sinnvoll, wenn der Erblasser ein System wechselseitiger Kontrolle der Testamentsvollstrecker beabsichtigt oder anspruchsvoll strukturierte Nachlässe zu vollstrecken sind, für die unterschiedlich qualifizierte Testamentsvollstrecker erforderlich sind (wegen weiterer Einzelheiten vgl § 2224 Rn 2 ff).

2. Ersatzbenennung, § 2197 Abs. 2

9 Die Ersatzbenennung verfolgt das Ziel, bei Wegfall des zunächst benannten Testamentsvollstreckers möglichst umgehend eine vom Erblasser ausgesuchte Person als Testamentsvollstrecker zur Verfügung zu haben. Darüber hinaus wird durch die Anordnung klargestellt, dass mit dem Wegfall der zunächst benannten Personen als Testamentsvollstrecker nicht das Amt insgesamt als weggefallen anzusehen ist.

10 Zeitpunkt und Grund des Wegfalls des ursprünglich ernannten Testamentsvollstreckers sind unerheblich und brauchen in der letztwilligen Verfügung nicht aufgeführt zu werden. Der in der Praxis häufigste Fall ist das Vorversterben des Testamentsvollstreckers oder die Ablehnung der Amtsannahme nach § 2202. Auch die Interessenkollision in der Person des Testamentsvollstreckers wird als Grund des Wegfalls des Testamentsvollstreckers angesehen (vgl iE Vorbemerkung zu § 2197 Rn 7). Bei der Benennung mehrerer Testamentsvollstrecker gem § 2224 stellt sich das Problem der Ersatzbenennung deutlich seltener. Gem §§ 2224 Abs. 1 Satz 2 führt der verbliebene Mittestamentsvollstrecker das Amt allein fort (wegen weiterer Einzelheiten vgl § 2224 Rn 10, 11).

3. Widerruf der Ernennung

11 Die Ernennung eines Testamentsvollstreckers kann vom Erblasser jederzeit widerrufen werden. Dies kann auch konkludent dadurch erfolgen, dass in einem zeitlich späteren Testament die Testamentsvollstreckung nicht mehr erwähnt wird und sich aus den Umständen ergibt, dass sie nicht mehr erforderlich ist (OLG Frankfurt, Beschl v 7. 4. 2003 – AZ: 20 W 368/02, ZFE 2003, 288). In gemeinschaftlichen Ehegattentestamenten steht die angeordnete Testamentsvollstreckung zu Verfügungen des anderen Ehegatten auch dann

nicht im Verhältnis der Wechselbezüglichkeit, wenn die Ehegatten dieses gewollt haben, § 2270 Abs. 3. Damit ist der Widerruf der Anordnung der Testamentsvollstreckung in Bezug auf den Nachlass des letztversterbenden Ehegatten auch nach dem Tode des anderen Ehegatten uneingeschränkt zulässig, ebenso wie die (bloße) Auswechslung der Person des Testamentsvollstreckers (KG FamRZ 1977, 485). § 2081 Abs. 1 ermöglicht daneben die Anfechtung der auf die Ernennung oder den Widerruf der Ernennung eines Testamentsvollstreckers gerichteten letztwilligen Verfügung.

C. Rechtsförmliches

I. Testamentsvollstreckerzeugnis

Nach § 2368 ist auf Antrag durch das Nachlassgericht ein Testamentsvollstreckerzeugnis zu erteilen. Bei einfacher gelagerten Testamentsvollstreckungen ist dieses Zeugnis im Einzelfall entbehrlich. Wird ein Zeugnis erteilt, bestimmt es maßgeblich die Rechtsstellung des Testamentsvollstreckers. Das Zeugnis hat grds zwei Funktionen. Zum einen dient es dem Testamentsvollstrecker zum Nachweis seiner Rechte gegenüber Dritten. Zum anderen darf ein gutgläubiger Dritter auf die Richtigkeit des Testamentsvollstreckerzeugnisses vertrauen, §§ 2368 Abs. 3, 2365, 2267. Der öffentliche Glaube des Testamentsvollstreckerzeugnisses geht dahin, dass der als Testamentsvollstrecker im Zeugnis Bezeichnete rechtsgültig Testamentsvollstrecker wurde, ihm das Amt in seinem regelmäßigen Umfang zusteht, und der Testamentsvollstrecker durch keine anderen als die vermerkten Anordnungen beschwert ist (Mayer/Bonefeld/Daragan/*Mayer*, Testamentsvollstreckung Rn 65 mwN). Das Testamentsvollstreckerzeugnis schützt nur den Dritten im Rechtsverkehr. Keine Schutzfunktion entfaltet es im Verhältnis zwischen dem Erben und dem Testamentsvollstrecker (MüKo/*Promberger* § 2368 Rn 44). 12

Antragsberechtigt sind neben der zum Testamentsvollstrecker berufenen Person auch die Nachlassgläubiger, §§ 792, 896 ZPO. Bei mehreren Testamentsvollstreckern kann jeder die Erteilung beantragen. Nicht antragsberechtigt ist der Erbe (OLG Hamm FamRZ 2000, 487, 488). 13

Nach §§ 2368 Abs. 3, 2354, 2355 muss der formlos mögliche Antrag auf Erteilung eines Testamentsvollstreckerzeugnisses folgendes enthalten: den Todeszeitpunkt des Erblassers, die Verfügung von Todes wegen mit der die Testamentsvollstreckung angeordnet wurde, die Angaben zu Art und Umfang der Befugnisse des Testamentsvollstreckers sowie zur Anhängigkeit eines Rechtsstreits über die Ernennung oder den Wegfall einer Person, die dem Testamentsvollstrecker im Amte vorangegangen wäre. Der Nachweis ist durch Urkunden, im Übrigen durch eidesstattliche Versicherung zu führen. Zur Abnahme der eidesstattlichen Versicherung sind außer den Notaren auch die AGe berufen, §§ 2368 Abs. 2, 2356 Abs. 2 Satz 1. 14

II. Das Verhältnis von Testamentsvollstreckerzeugnis zu Erbschein

Beide Zeugnisse werden nur auf Antrag erteilt. Wenn das Gesetz in § 2364 Abs. 1 von »Testamentsvollstrecker« spricht, so ist dies missverständlich. Gemeint ist vielmehr, dass im Erbschein die Tatsache der Anordnung der Testamentsvollstreckung an sich angegeben werden muss. Die Person des Testamentsvollstreckers wird nicht namentlich genannt, sie ist nur im Testamentsvollstreckerzeugnis auszuweisen (Dauner-Lieb/Heidel/Ring/*Kroiß* AnwK § 2364 Rn 2). Wie sich aus § 2368 Abs. 1 Satz 1 ergibt, sind Verfügungsbefugnisse des Testamentsvollstreckers, die vom Regelfall des §§ 2211 abweichen, im Erbschein anzugeben. 15

Hat der Testamentsvollstrecker die Annahme des Amtes abgelehnt und ist auch kein Ersatzvollstrecker genannt, so erübrigt sich die Eintragung im Erbschein (Bengel/*Reimann*, Handbuch der Testamentsvollstreckung, Kap 2 Rn 243). 16

§ 2198 BGB | Bestimmung des Testamentsvollstreckers durch einen Dritten

Ist Testamentsvollstreckung angeordnet, fehlt aber eine entsprechende Eintragung im Erbschein, ist der Erbschein unrichtig und gem § 2361 einzuziehen (Dauner-Lieb/Heidel/Ring/*Kroiß* AnwK § 2364 Rn 4).

III. Sonstige öffentliche Register

17 Nach § 52 GBO ist mit der Eintragung der Erben in das **Grundbuch** gleichzeitig von Amts wegen auch der Testamentsvollstreckervermerk einzutragen, soweit das Recht von der Testamentsvollstreckung betroffen ist (FA-ErbR/*Kopp*, Kap 6 Rn 628). Die Eintragung des Vermerkes bewirkt, dass der Nachlass zum einen gegen Zwangsverfügungen von den Eigengläubigern der Erben geschützt ist, zum anderen aber auch Verfügungen der Erben ohne Zustimmung des Testamentsvollstreckers nicht mehr eingetragen werden können (FA-ErbR/*Kopp*, Kap 6 Rn 633).

18 Die Löschung des Testamentsvollstreckervermerkes erfolgt, wenn die Testamentsvollstreckung nicht mehr besteht und dies dem Grundbuch gegenüber gem § 29 GBO nachgewiesen ist. In dem praktisch häufigsten Fall der Veräußerung eines Grundstückes aus dem Nachlass kann die Löschung des Testamentsvollstreckervermerkes also erst dann erfolgen, wenn der Eigentumsübergang beendet ist. Erst dann ist die Testamentsvollstreckung abgeschlossen (FA-ErbR/*Kopp*, Kap 6 Rn 637).

19 Entsprechend dem Testamentsvollstreckervermerk im Grundbuch gestaltet sich die Eintragung des Testamentsvollstreckervermerkes im **Schiffs- und Schiffsbauregister** (§§ 55, 74 SchiffsRegO) sowie im Register für Pfandrechte an Luftfahrzeugen (§ 86 LuftzRG). Auch hier hat der Vermerk zur Folge, dass Verfügungen der Erben nicht mehr eingetragen werden dürfen, weil ihnen die Verfügungsbefugnis des § 2211 entzogen ist (Bengel/*Reimann* Handbuch der Testamentsvollstreckung der Kap II Rn 252).

20 Für die Eintragung eines Testamentvollstreckervermerkes im **Handelsregister** fehlt es an einer ausdrücklichen ges Vorschrift. Die Frage, ob ein Testamentsvollstreckervermerk eingetragen werden kann, ist gegenwärtig im Fluss. Die Literatur bejaht die Zulässigkeit weitgehend, während die Rechtsprechung noch uneinheitlich ist (Palandt/Edenhofer 64. Aufl Einf vom § 2197 Rn 12).

§ 2198 Bestimmung des Testamentsvollstreckers durch einen Dritten

(1) Der Erblasser kann die Bestimmung der Person des Testamentsvollstreckers einem Dritten überlassen. Die Bestimmung erfolgt durch Erklärung gegenüber dem Nachlassgericht; die Erklärung ist in öffentlich beglaubigter Form abzugeben.

(2) Das Bestimmungsrecht des Dritten erlischt mit dem Ablauf einer ihm auf Antrag eines der Beteiligten von dem Nachlassgerichte bestimmten Frist.

A. Allgemeines

1 Die Vorschrift enthält für die Bestimmung der Person des Testamentsvollstreckers eine Ausnahme zu der Regelung des § 2065, die eine Fremdbestimmung im Rahmen einer letztwilligen Verfügung grds ausschließt. Sie trägt einem praktischen Bedürfnis Rechnung, wenn der Erblasser selbst keine für die Vollstreckung geeignete Person kennt oder aus persönlichen Gründen nicht benennen möchte.

B. Voraussetzungen

I. Anordnung der Testamentsvollstreckung durch den Erblasser

Für die Anwendung des § 2198 ist nur Raum, wenn durch eine wirksame letztwillige 2
Verfügung überhaupt eine Testamentsvollstreckung iSd § 2197 angeordnet wurde. Auf die
Grundsätze der wohlwollenden Auslegung nach § 2084 kann zurückgegriffen werden
(Palandt/*Edenhofer* § 2198 Rn 1).
Der Erblasser kann jede natürliche oder juristische Person als Dritten auswählen, der die 3
Bestimmung des Testamentsvollstreckers durchführen soll, sofern sie rechts- oder geschäftsfähig ist (Erman/*M. Schmidt* § 2198 Rn 1). Bei der Benennung von Behörden oder Institutionen als auswahlberechtigtem Dritten wird sich im Wege der Auslegung häufig ergeben,
dass der Behördenleiter oder der ges Vertreter Dritter iSd § 2198 ist.

II. Ausübung des Bestimmungsrechts

Die Bestimmung der Person des Testamentsvollstreckers steht grds im freien Ermessen 4
des Dritten, sofern nicht Ausschließungsgründe nach § 2201 vorliegen. Der Dritte kann
sich daher grds auch selbst zum Testamentsvollstrecker ernennen (Staudinger/*Reimann*
§ 2198 Rn 6). Hat der Erblasser den Kreis der zur ernennenden Testamentsvollstrecker
eingeschränkt oder bestimmte Auswahlkriterien vorgegeben, so ist der Dritte bei der
Ausübung seines Ermessens an diese Vorgaben gebunden (Erman/*M. Schmidt* § 2198
Rn 2). Eine Haftung des Dritten für fehlerhafte Auswahl des Testamentsvollstreckers
kann sich gegenüber den Erben aus § 826 ergeben, ausnahmsweise auch unter dem
Gesichtspunkt eines Vertrages mit Schutzwirkung zu Gunsten Dritter, wenn sich der
benennende Dritte dem Erblasser gegenüber vertraglich zur Vornahme der Ernennung
verpflichtet hat.
Außerhalb von vertraglichen Vereinbarungen mit dem Erblasser kann der Dritte regel- 5
mäßig keine Vergütung für die Vornahme seiner Bestimmung verlangen. Ausnahmen
können sich aus den Gebührenordnungen, insb bei Notaren oder Rechtsanwälten ergeben.
In diesem Fall trifft die Vergütungspflicht nach § 1967 die Erben.

1. Erklärung gegenüber dem Nachlassgericht

Die Bestimmung des Dritten erfolgt durch eine einseitige, amtsempfangsbedürftige Wil- 6
lenserklärung (KG Berlin v 5. 2. 1998, AZ: 1 W 6796/95, FamRZ 1998, 1202, 1205). Es gelten
die allgemeinen Regelungen über Willenserklärungen, insb das Erfordernis der Geschäftsfähigkeit und die Regelungen zur Anfechtung.
Zuständig zur Entgegennahme der Erklärung ist das nach §§ 72, 73 FGG örtlich zuständige 7
Nachlassgericht. **Praxishinweis:** Wegen der gravierenden Rechtsfolgen, die an eine Fristversäumung geknüpft sind (vgl Rn 14), empfiehlt sich die sorgfältige Bestimmung des
zuständigen Nachlassgerichtes. Es ist str, ob die durch den Dritten gegenüber einem
unzuständigen Gericht abgegebene Erklärung Wirksamkeit erlangen kann, ggf über
eine analoge Anwendung des § 7 FGG (vgl *Zimmermann*, Die Testamentsvollstreckung,
2. Auflage 2003, Rn 66 mwN).

2. Form der Erklärung

§ 2198 Abs. 1 Satz 2 zweiter Hs erfordert die öffentliche, regelmäßig notariell beglaubigte 8
Unterschrift des Dritten unter die von ihm abzugebende Erklärung, §§ 129 BGB, 39, 40, 63
BeurkG. Die Einhaltung dieser Formvorschrift genügt nach hM auch dann, wenn der
Erblasser in seiner letztwilligen Verfügung eine notarielle Beurkundung vorgeschrieben
haben sollte (Palandt/*Edenhofer* § 2198 Rn 2 mwN). Die Bestimmung kann der Dritte nach
hM auch im Rahmen seiner eigenen letztwilligen Verfügung vornehmen, wenn es sich

§ 2198 BGB | Bestimmung des Testamentsvollstreckers durch einen Dritten

dabei um ein öffentlich errichtetes Testament handelt (Palandt/*Edenhofer* § 2198 Rn 2). Dogmatisch erscheint dies zweifelhaft, weil der Zugang der Erklärung gegenüber dem Nachlassgericht fehlt. Es lässt sich zwar aus der Sicht der Praxis argumentieren, dass dieser gleichsam automatisch mit der Eröffnung des öffentlichen Testamentes erfolgt (vgl Ermann/*M. Schmidt* § 2198 Rn 3). Offen bleibt damit aber immer noch die Frage, ob es sich dabei um das nach §§ 72, 73 FG örtlich zuständige Nachlassgericht handelt (vgl Rn 7).

9 Entbehrlich ist die öffentliche Beglaubigung der Unterschrift, wenn die Bestimmung des Testamentsvollstreckers in amtlicher Form durch eine im Rahmen ihrer ges Aufgaben handelnde Behörde erfolgt. In diesem Falle genügen Amtssiegel und Unterschrift der Behörde. **Praxishinweis:** Wegen der Schwierigkeiten in der Abgrenzung zum Handeln des Behördenangehörigen als Privatperson und der an die Fristversäumung geknüpften gravierenden Rechtsfolgen (vgl Rn 14) empfiehlt es sich, vorsorglich die öffentliche Beglaubigung zu wählen. Alternativ kann nach hM die Erklärung auch zu Protokoll des Nachlassgerichtes abgegeben werden, da die Formvorschrift nur der Identitätsfeststellung des Dritten dienen soll (*Zimmermann*, Die Testamentsvollstreckung, 2. Auflage 2003, Rn 64).

10 Die Kosten der öffentlichen Beglaubigung sind zunächst von dem die Bestimmung ausübenden Dritten zu tragen. Gem §§ 2218, 670 kann er jedoch Rückgriff bei den Erben nehmen (vgl § 2218 Rn 23, 24).

3. Fristsetzung durch das Nachlassgericht

11 § 2198 Abs. 2 dient dem Zweck, Rechtsklarheit über die Person des Testamentsvollstreckers zu schaffen, wenn der Dritte das ihm vom Erblasser eingeräumte Bestimmungsrecht nicht ausgeübt.

12 Das Nachlassgericht wird nicht von Amts wegen tätig. Der erforderliche Antrag kann von jedem gestellt werden, der ein rechtliches Interesse am Amtsantritt des Testamentsvollstreckers hat. In Betracht kommt insb der Erbe, der Nacherbe, der Vermächtnisnehmer, ein Mittestamentsvollstrecker oder ein Nachlassgläubiger, vgl §§ 2213 BGB, 748 ZPO.

C. Rechtsfolgen

13 Bei einer wirksamen Bestimmung durch den Dritten erlischt das Ernennungsrecht. Die ernannte Person wird Testamentsvollstrecker mit allen Rechten und Pflichten, sobald sie das Amt annimmt (vgl § 2202 Rn 2). Lehnt der Ernannte die Annahme des Amtes ab oder fällt die Person als Testamentsvollstrecker später weg, §§ 2225, 2201, so lebt das Ernennungsrecht wieder auf (Staudinger/*Reimann* § 2198 Rn 12).

14 Bei Versäumung der dem Dritten durch das Nachlassgericht gesetzten Frist zur Bestimmung des Testamentsvollstreckers erlischt das Bestimmungsrecht. Damit wird regelmäßig die Testamentsvollstreckung hinfällig, sofern nicht ein Fall des §§ 2197 Abs. 2, 2200 vorliegt. Entscheidend ist der Zeitpunkt des Eingangs der Erklärung beim zuständigen (vgl Rn 7) Nachlassgericht in der Form des § 2198 Abs. 1 Satz 2 zweiter Hs. Die Nichtwahrung der Form führt zur Fristversäumnis, ebenso die Ablehnung vor Fristablauf. Auf Formmängel hat das Nachlassgericht hinzuweisen (MüKo/*Brandner* § 2198 Rn 7).

D. Rechtsförmliches

15 Die Fristsetzung erfolgt durch einen Beschluss des Nachlassgerichts. Zuständig ist der Rechtspfleger nach § 3 Nr. 2c RpflG. Gem §§ 16 Abs. 2, 80 FGG ist der Beschluss dem Dritten zu zustellen. Nach §§ 11 RpflG, 80, 20 FGG kann gegen die Fristsetzung die befristete Erinnerung, gegen die Ablehnung der Fristsetzung oder die Ablehnung der Verlängerung einer gesetzten Frist die einfache Erinnerung erhoben werden.

E. Kosten/Gebühren

I. Absatz 1

Gebühr für die Bestimmung des Testamentsvollstreckers $^1/_4$ (§ 112 Abs. 1 Nr. 6 KostO). 16
Beim Zusammenhang mit einem anderen gebührenpflichtigen Nachlassverfahren nach
den §§ 101 – 117 KostO entfällt die Gebühr des § 112 KostO (§ 115 KostO). Zu den Voraussetzungen siehe § 1945 Rn 9 ff.
Wert: Ist nach § 30 Abs. 2 KostO zu ermitteln.
Kostenschuldner: Der Erklärende (§ 2 Nr. 1 KostO).

II. Absatz 2

Gebühr für die Fristsetzung gegenüber dem Dritten: $^1/_2$ (§ 113 Satz 1 KostO). 17
Wert: Ist nach § 30 Abs. 2 KostO zu ermitteln.
Kostenschuldner: Antragsteller (§ 2 Nr. 1 KostO).

§ 2199 Ernennung eines Mitvollstreckers oder Nachfolgers

(1) Der Erblasser kann den Testamentsvollstrecker ermächtigen, einen oder mehrere Mitvollstrecker zu ernennen.

(2) Der Erblasser kann den Testamentsvollstrecker ermächtigen, einen Nachfolger zu ernennen.

(3) Die Ernennung erfolgt nach § 2198 Abs. 1 Satz 2.

A. Allgemeines

Die Vorschrift ergänzt die nach § 2198 eröffneten Möglichkeiten des Erblassers, Dritte auf 1
die Person des Testamentsvollstreckers Einfluss nehmen zu lassen. Dabei sind zwei Fälle
zu unterscheiden. Nach § 2199 Abs. 1 kann der Erblasser den Testamentsvollstrecker zur
Ernennung von Mitvollstreckern ermächtigen. In der Praxis lassen sich so auch sehr
kompliziert strukturierte Nachlässe optimal vollstrecken, weil der Testamentsvollstrecker
in die Lage versetzt wird, sich selbst den ihm im konkreten Fall geeignet erscheinenden
Mittestamentsvollstrecker zur Seite zu stellen (zu den Nachteilen der gemeinschaftlichen
Vollstreckung vgl § 2224 Rn 2). Nach § 2199 Abs. 2 kann der Erblasser den Testamentsvollstrecker ermächtigen, seinen eigenen Nachfolger zu ernennen. Mit diesem Mittel
lassen sich auch zeitlich lang andauernde Testamentsvollstreckungen gestalten.

B. Voraussetzungen

I. Anordnung durch den Erblasser

Die Ermächtigung des Testamentsvollstreckers setzt die wirksame Anordnung einer Tes- 2
tamentsvollstreckung iSd § 2197 voraus (wegen weiterer Einzelheiten vgl § 2198 Rn 2, 3).
Einschränkungen des Ermächtigungsrechtes kann der Erblasser durch letztwillige Ver- 3
fügung treffen. Er kann den Kreis der zu ernennenden Mittestamentsvollstrecker einschränken, bestimmte Auswahlkriterien vorgeben, aber auch bestimmen, dass Mittestamentsvollstrecker nur bei Eintritt bestimmter Ereignisse oder nur für bestimmte
Aufgabenbereiche ernannt werden dürfen. Hat der Erblasser von vornherein mehrere
Testamentsvollstrecker gemeinschaftlich eingesetzt und zugleich eine Ermächtigung
nach § 2199 ausgesprochen, ist es immer eine Frage des Einzelfalls, ob sich die Ermächtigung an alle ernannten Testamentsvollstrecker gemeinschaftlich richtet, so dass die

§ 2199 BGB | Ernennung eines Mitvollstreckers oder Nachfolgers

Testamentsvollstrecker ihr Bestimmungsrecht nach § 2224 Abs. 1 grds nur gemeinschaftlich ausüben können, oder ob sich die Ermächtigung an jeden Testamentsvollstrecker einzeln wendet (*Zimmermann*, Die Testamentsvollstreckung, 2. Auflage 2003, Rn 73).

II. Richtige Ausübung des Bestimmungsrechts

4 Ob und in welcher Weise der Testamentsvollstrecker von dem ihm eingeräumten Ermächtigungsrecht Gebrauch macht, obliegt grds seinem freien Ermessen. Nach hM vermag die Nichtausübung der Ermächtigung keine Haftung des Testamentsvollstreckers nach § 2219 zu begründen (MüKo/*Brandner* § 2199 Rn 4, aA Staudinger/*Reimann*, § 2199 Rn 8). Etwas anderes gilt nur, wenn sich der Testamentsvollstrecker aufgrund von vertraglichen Beziehungen mit dem Erblasser gebunden hat. In diesem Fall kann der Testamentsvollstrecker aus der Vereinbarung mit dem Erblasser unter dem Gesichtspunkt des Vertrages mit Schutzwirkung zu Gunsten Dritter haften.

5 Macht der Testamentsvollstrecker von der ihm durch den Erblasser erteilten Ermächtigung Gebrauch und begeht er dabei eine Pflichtverletzung, kommt eine Haftung nach § 2219 in Betracht (Erman/*M. Schmidt* § 2199 Rn 1).

6 Der Umfang der Ermächtigung des Testamentsvollstreckers zur Ernennung eines Nachfolgers ist vorrangig von dem durch den Erblasser vorgegebenen konkreten Aufgabenbereich der Testamentsvollstreckung her zu bestimmen. Bestehen keine besonderen Anordnungen des Erblassers, kommen alle Fälle der Amtsbeendigung des zunächst ernannten Testamentsvollstreckers nach §§ 2225 – 2227 in Betracht. **Praxishinweis:** Zu beachten ist in diesen Fällen, dass von dem eingeräumten Ernennungsrecht rechtzeitig vor Beendigung des eigenen Amtes Gebrauch gemacht wird, weil das Ernennungsrecht anderenfalls ins Leere geht (vgl hierzu § 2226 Rn 4).

7 Liegen keine besonderen Anordnungen des Erblassers vor, ist vom Sinn und Zweck der Testamentsvollstreckung her zu beurteilen, in welchem Umfange das Ernennungsrecht wirken soll. Für zulässig wird es gehalten, wenn der Testamentsvollstrecker seinen Nachfolger nur für einen beschränkten Wirkungskreis ernennt und im Übrigen die Testamentsvollstreckung selbst fortführt (MüKo/*Brandner* § 2199 Rn 9). Streitig ist hingegen die Frage, ob der ernannte Nachfolger seinerseits berechtigt ist, einen Nachfolger zu bestimmen (dagegen MüKo/*Brandner* § 2199 Rn 9 unter Hinweis darauf, dass dies die Testamentsvollstreckung ausufern lassen würde, Staudinger/*Reimann* § 2199 Rn 15; aA Erman/*M. Schmidt* § 2199 Rn 2; Haegele/Winkler, Der Testamentsvollstrecker nach bürgerlichem, Handels- und Steuerrecht, 16. Auflage 2001, Rn 50).

1. Erklärung gegenüber dem Nachlassgericht

8 Die Ernennung des Mittestamentsvollstreckers bzw des Nachfolgers erfolgt durch Erklärung des Testamentsvollstreckers gegenüber dem Nachlassgericht (zu den Einzelheiten vgl § 2198 Rn 6, 7). Da § 2199 Abs. 3 ausschließlich § 2198 Abs. 1 Satz 2 für anwendbar erklärt, wird allgemein vertreten, dass eine Fristsetzung durch das Nachlassgericht in analoger Anwendung des § 2198 nicht möglich ist (MüKo/*Brandner* § 2199 Rn 5). Die Auffassung verdient Zustimmung, da es grds dem freien Ermessen des Testamentsvollstreckers unterliegt, ob er überhaupt von dem ihm eingeräumten Ermächtigungsrecht Gebrauch machen will (vgl § 2199 Rn 4).

2. Form der Erklärung

9 Die Erklärung bedarf gem §§ 2199 Abs. 3, 2198 Abs. 1 Satz 2, zweiter Hs der öffentlich beglaubigten Unterschrift des Testamentsvollstreckers (zu den weiteren Einzelheiten vgl § 2198 Rn 8 – 10).

C. Rechtsfolgen

Ernennt der Testamentsvollstrecker einen Mitvollstrecker, gilt § 2224. Die Mittestaments- 10
vollstrecker haben das Amt gemeinschaftlich zu führen. Abweichungen von diesen Regelungen sind nur zulässig, wenn der Erblasser letztwillig entsprechendes verfügt hat (vgl § 2224 Rn 12, 13). Nach hM kann der Erblasser den Testamentsvollstrecker nicht ermächtigen, den von ihm ernannten Mittestamentsvollstrecker wieder abzusetzen (Palandt/ *Edenhofer* § 2199 Rn 1). Dem ernennenden Testamentsvollstrecker verbleibt nur der Weg des Antrages auf Entlassung des von ihm ernannten Mittestamentsvollstreckers nach § 2227 (vgl § 2227 Rn 6).

D. Rechtsförmliches

Bei Meinungsverschiedenheiten zwischen mehreren Mitvollstreckern entscheidet gem 11
§ 2224 Abs. 1 Satz 1 zweiter Hs das Nachlassgericht. Streitig ist hingegen, ob bei Meinungsverschiedenheiten zwischen mehreren Mitvollstreckern über die Ernennung von weiteren Mitvollstreckern nach § 2199 Abs. 1 das Nachlassgericht oder das Prozessgericht zuständig ist (vgl hierzu im einzelnen Erman/M. *Schmidt* § 2199 Rn 2 aE, der sich für die Entscheidung des Prozessgerichts ausspricht).

E. Kosten/Gebühren

Gebühr für die Ernennung von Mitvollstreckern oder eines Nachfolgers: $1/4$ (§ 112 Abs. 1 12
Nr. 6 KostO). Bei mehreren Mitvollstreckern entsteht für jede Ernennung eine Gebühr. Beim Zusammenhang mit einem anderen gebührenpflichtigen Nachlassverfahren nach den §§ 101 – 117 KostO entfällt die Gebühr des § 112 KostO (§ 115 KostO). Zu den Voraussetzungen siehe § 1945 Rn 9 ff.
Wert: Ist nach § 30 Abs. 2 KostO zu ermitteln. 13
Kostenschuldner: Der Testamentsvollstrecker (§ 2 Nr. 1 KostO, dieser kann jedoch die 14
Kosten von den Erben verlangen (§§ 2218 Abs. 1, 670).

§ 2200 Ernennung durch das Nachlassgericht

(1) Hat der Erblasser in dem Testament das Nachlassgericht ersucht, einen Testamentsvollstrecker zu ernennen, so kann das Nachlassgericht die Ernennung vornehmen.
(2) Das Nachlassgericht soll vor der Ernennung die Beteiligten hören, wenn es ohne erhebliche Verzögerung und ohne unverhältnismäßige Kosten geschehen kann.

A. Allgemeines

Die Vorschrift ist im Regelungszusammenhang mit den §§ 2198, 2199 zu sehen. Gegenüber 1
diesen Vorschriften kommt ihr jedoch eine deutlich höhere praktische Bedeutung zu. Noch immer gibt es zahlreiche Testamente, in denen ein Testamentsvollstrecker nicht benannt ist. Der Erblasser vergibt damit eine der größten Chancen, die ihm das Recht der Testamentsvollstreckung bietet: Bereits zu Lebzeiten dezidiert auf die Vermögensnachfolge nach seinem Tod Einfluss nehmen zu können.

B. Voraussetzungen

I. Anordnung der Testamentsvollstreckung durch den Erblasser

Die Anordnung einer Testamentsvollstreckung setzt zwingend eine wirksame letztwillige 2
Verfügung des Erblassers mitsamt entsprechender Anordnung voraus, § 2197. Hiervon zu

unterscheiden ist die Bestimmung der konkreten Person des Testamentsvollstreckers, die der Erblasser nicht selbst vorzunehmen braucht, sondern sie kraft Ersuchens dem Nachlassgericht überlassen kann.

II. Ersuchen durch den Erblasser

3   Das Ersuchen des Erblassers muss nicht wörtlich in der letztwilligen Verfügung zum Ausdruck gekommen sein. Es genügt, wenn sich ein entsprechender Wille des Erblassers nach den allgemeinen Auslegungsgrundsätzen (§§ 133, 2084) ermitteln lässt (BayObLG FamRZ 2003, 789). In der Praxis bereitet die Abgrenzung immer wieder Schwierigkeiten und ist von Kasuistik geprägt. Ausgangspunkt der Überlegungen muss immer der gründlich zu erforschende, konkrete Wille des Erblassers sein (Erman/*M. Schmidt* § 2200 Rn 1). Kommt es dem Erblasser auf eine möglichst lange Dauer der Testamentsvollstreckung an oder sind bestimmte Aufgaben noch nicht erfüllt, wird dies für die Annahme eines konkludenten Ersuchens des Erblassers an das Nachlassgericht auf Bestellung eines Testamentsvollstreckernachfolgers bei Wegfall des ursprünglich eingesetzten Testamentsvollstreckers sprechen (Palandt/*Edenhofer* § 2200 Rn 3).

III. Ernennung durch das Nachlassgericht

4   Das Nachlassgericht wird nicht von Amts wegen und auch nicht auf Antrag eines Erben tätig, sondern nur, wenn es durch den Erblasser ersucht wurde (vgl § 2200 Rn 3). Das Vorliegen dieser Voraussetzung prüft das Nachlassgericht in ureigener Zuständigkeit.

1. Doppelte Ermessensentscheidung des Nachlassgerichts

5   Dem Nachlassgericht kommt eine doppelte Ermessensentscheidung zu. Zunächst prüft es nach eigenem pflichtgemäßem Ermessen, ob die Ernennung eines Testamentsvollstreckers überhaupt den Interessen der Beteiligten entspricht und nach der Lage des Nachlasses geboten ist. Anschließend trifft es, solange der Erblasser nicht anderweitige Verfügungen getroffen hat, die Auswahl der richtigen Person des Testamentsvollstreckers (BGH NJW 1964, 1316).

a) Das »Ob« der Ernennung

6   Im Regelfall wird das Nachlassgericht dem Ersuchen des Erblassers nachkommen. Es kann die Ernennung aber auch ablehnen (BayObLG FamRZ 2004, 1406). Dies wird insb dann in Betracht kommen, wenn sich im Zeitpunkt des Ersuchens die Gründe für die Anordnung der Testamentsvollstreckung erledigt haben (Erman/*M. Schmidt* § 2200 Rn 2), zB weil das Unternehmen, das den Hauptanlass für die Anordnung der Testamentsvollstreckung gegeben hat, nicht mehr existiert.

b) Die Auswahl der Person des Testamentsvollstreckers

7   Der Erfolg einer Testamentsvollstreckung steht und fällt mit den richtigen Personen des Vollstreckers. Das Nachlassgericht ist daher gehalten, die Person des Testamentsvollstreckers sorgfältig auszuwählen. Dies setzt voraus, dass sich das Nachlassgericht vor der Auswahl des Testamentsvollstreckers in ausreichendem Umfang Informationen über die Art und den Umfang des Nachlasses sowie die durch den Testamentsvollstrecker zu erfüllenden Aufgaben verschafft. Eine pauschale Auswahl an Hand einer im Gerichtsbezirk geführten Liste, wie dies nicht selten zu beobachten ist, verbietet sich daher von vornherein. Seit der Einführung der Fachanwaltschaft für Erbrecht und der Zertifizierung von Testamentsvollstreckern wird die Ernennung eines nicht durch Zusatzqualifikationen ausgewiesenen Testamentsvollstreckers durch das Nachlassgericht unter dem Gesichtspunkt einer Haftung nach § 839 BGB iVm Art. 34 GG nur noch ausnahmsweise in Betracht kommen (vgl zur Haftung des Nachlassgerichts für die fehlerhafte Auswahl des Testamentsvollstreckers sowie die Zertifizierungsorganisationen § 2219 Rn 21).

Aus dem vorstehenden ergibt sich zwangsläufig, dass das Nachlassgericht an die Ernen- 8
nung einer bestimmten Person als Testamentsvollstrecker auch dann nicht gebunden sein
kann, wenn sich die Erben auf einen bestimmten, ihnen genehmen Testamentsvollstrecker
verständigt haben (Erman/*M. Schmidt* § 2200 Rn 2). Anders liegt der Fall, wenn der
Erblasser in seiner letztwilligen Verfügung den Kreis der Auswahlpersonen für das
Amt des Testamentsvollstreckers selbst festgelegt hat. In diesem Fall ist das Nachlassgericht gehalten, aufgrund des vorrangigen Erblasserwillens die zur Amtsführung am
besten qualifizierte Person aus dem vorgegebenen Kreis auszuwählen. Allgemeine Ausschließungsgründe, wie die Erwartung des Eintretens eines Entlassungsgrundes nach
§ 2227 (MüKo/*Brandner* § 2200 Rn 7) gelten aber auch hier.

2. Anhörung der Beteiligten

Der Kreis der anzuhörenden Beteiligten entspricht dem der in § 2198 Abs. 2 genannten (vgl 9
§ 2198 Rn 12). Nur durch die ordnungsgeme Anhörung wird das Nachlassgericht in die
Lage versetzt, sachgerecht darüber entscheiden zu können, ob ein Ersuchen des Erblassers
vorliegt, die Testamentsvollstreckung sich nicht möglicherweise bereits erledigt hat und
welche Qualifikationen der zu ernennende Testamentsvollstrecker aufweisen muss. Neben der Anhörung der Beteiligten ist die Anhörung des künftigen Testamentsvollstreckers
allein schon deshalb geboten, um dem Nachlassgericht die notwendigen Erkenntnisse
über die Eignung des Testamentsvollstreckers für das konkrete Amt und seine zeitliche
Verfügbarkeit zu verschaffen.

C. Rechtsfolgen

Bei der Ernennung des Testamentsvollstreckers durch das Nachlassgericht handelt es sich 10
um eine rechtsgestaltende Verfügung. Sie entfaltet Bindungswirkungen für die Folgeentscheidungen der öffentlichen Register, des Prozessgerichts und des Nachlassgerichts, zB
im Erbscheinsverfahren (BayObLG Beschluss v 25. 6. 1985 – 1 Z 25/85, BayObLGZ 1985,
233 – 240). Dies gilt auch dann, wenn das Nachlassgericht die Ernennung ohne ein wirksames Ersuchen des Erblassers vorgenommen hat. Eine Aufhebung von Amts wegen ist
nicht möglich (Palandt/*Edenhofer* § 2200 Rn 6). Insoweit bedarf es daher eines Antrages auf
Amtsenthebung nach § 2227 oder eines Beschwerdeverfahrens.

D. Rechtsförmliches

Über die Ernennung entscheidet das Nachlassgericht gem § 16 Abs. 1 Nr. 2 RPflG durch 11
den Richter im Wege des Beschlusses, der den Beteiligten gegenüber mit Zustellung (§ 16
Abs. 2 FGG) und nach hM (Palandt/*Edenhofer* § 2200 Rn 6) dem Testamentsvollstrecker
gegenüber durch formlose Bekanntmachung (§ 16 Abs. 1 SGG) wirksam wird. Gegen den
Ernennungsbeschluss ist die sofortige Beschwerde nach §§ 81, 22, 16 FGG möglich. Wird
die Ernennung abgelehnt, ist die unbefristete Beschwerde nach § 19 FGG gegeben (weiter
zu Rechtsmitteln vgl Palandt/*Edenhofer* § 2200 Rn 6).

E. Kosten/Gebühren

Gebühr für die Ernennung durch das Nachlassgericht: $1/2$ (§ 113 Satz 1 KostO). Bei 12
mehreren Ernennungen fällt die Gebühr jeweils neu an.
Wert: Ist nach § 30 Abs. 2 KostO zu ermitteln. Es ist vom Bruttowert des der Testaments- 13
vollstreckung unterliegenden Nachlasses auszugehen und die Art der Vollstreckung, der
Umfang der Aufgaben, die Schwierigkeit der Tätigkeit und die Haftung des Testaments-
vollstreckers angemessen zu berücksichtigen. Unter Berücksichtigung dieser Fakten ist ein
Bruchteil des Nachlasses als Wert maßgebend.
Kostenschuldner: Erben (§ 2 Nr. 2 KostO). 14

§ 2201 Unwirksamkeit der Ernennung

Die Ernennung des Testamentsvollstreckers ist unwirksam, wenn er zu der Zeit, zu welcher er das Amt anzutreten hat, geschäftsunfähig oder in der Geschäftsfähigkeit beschränkt ist oder nach § 1896 zur Besorgung seiner Vermögensangelegenheiten einen Betreuer erhalten hat.

A. Allgemeines

1 Die Vorschrift ist das Spiegelbild zu § 2225, indem sie für bestimmte Amtsunfähigkeitsgründe, die zum Erlöschen des Amtes nach § 2225 führen würden, bereits die Ernennung ausschließt

2 Die Aufzählung der Amtsunfähigkeitsgründe in § 2201 ist abschließend. Gleiches gilt für den Zeitpunkt des Vorliegens der Unfähigkeitsgründe. Treten die Unfähigkeitsgründe erst nach dem Amtsantritt des Testamentsvollstreckers ein, greift nicht § 2201, sondern § 2225 (s § 2225 Rn 9).

B. Voraussetzungen

I. Amtsantritt

3 Als Amtsantritt wird richtigerweise der Zeitpunkt der Amtsannahme angesehen, dh der Zeitpunkt, zu dem die Annahmeerklärung nach § 2202 (s § 2202 Rn 8) dem Nachlassgericht zugeht (MüKo/*Brandner* § 2201 Rn 3). Nach anderer Auffassung soll auf den Zeitpunkt der Kenntniserlangung von der Ernennung abgestellt werden (Palandt/*Edenhofer* § 2201 Rn 1). Auch wird vertreten, dass der maßgebliche Zeitpunkt, zu dem der Testamentsvollstrecker das Amt anzutreten hat, vor dem tatsächlichen Amtsantritt liegen kann (Erman/*M. Schmidt* § 2201 Rn 1). In der Praxis werden die unterschiedlichen Auffassungen selten Bedeutung erlangen.

4 Hat der Erblasser die Ernennung des Testamentsvollstreckers unter eine Bedingung oder eine Befristung gestellt, so ist auf den Zeitpunkt des Bedingungseintritts abzustellen (MüKo/*Brandner* § 2201 Rn 3).

II. Amtsunfähigkeitsgründe

5 Die Vorschrift unterscheidet zwischen drei enumerativ aufgeführten Fällen, die zur Unwirksamkeit der Ernennung des Testamentsvollstreckers führen. Andere Fälle berühren nicht die Ernennung, sondern führen zur Amtsbeendigung nach § 2225 oder zur Entlassung des Testamentsvollstreckers nach § 2227 (zB lange andauernde Krankheit s § 2227 Rn 17).

1. Geschäftsunfähigkeit

6 Für die Geschäftsunfähigkeit des zum Testamentsvollstrecker Vorgesehenen gilt die allgemeine Vorschrift des § 104. In der Praxis handelt es sich hierbei um die Fälle krankhafter Störung der Geistestätigkeit. Da immer noch verhältnismäßig viele ältere Menschen zum Testamentsvollstrecker berufen werden, spielen heutzutage zunehmend Fragen der Altersdemenz eine Rolle.

2. Beschränkte Geschäftsfähigkeit

7 Dieser Verweis stellt klar, dass derjenige, der zum Zeitpunkt des Amtsantrittes das 18. Lebensjahr noch nicht vollendet hat, nicht zum Testamentsvollstrecker ernannt werden kann.

3. Betreuerbestellung

Mit der Stellung des Testamentsvollstreckers als Sachwalter für fremdes Vermögen ist es 8
nicht vereinbar, wenn der Testamentsvollstrecker zur Besorgung seiner eigenen Vermögensangelegenheiten nicht in der Lage ist und deshalb einem Betreuer nach § 1896 erhalten hat. Ob der wohl überwiegenden Auffassung, dass lediglich die Bestellung eines Betreuers für sämtliche Vermögensangelegenheiten des Testamentsvollstreckers seine Ernennung ausschließt (MüKo/*Brandner* § 2201 Rn 3), zuzustimmen ist, erscheint fraglich. Der Streit mit den Erben über einen Entlassungsgrund nach § 2227 Abs. 1 zweiter Hs, 2. Alternative – Unfähigkeit zur ordnungsgemäßen Geschäftsführung) erscheint vorprogrammiert. Unstreitig ist die Ernennung möglich, wenn die Betreuerbestellung nur auf die persönlichen Angelegenheiten beschränkt ist oder nur für einzelne Vermögensangelegenheiten erfolgte. Der praktische Sinn einer solchen Testamentvollstreckerbestellung steht aber auch in diesen Fällen in Frage. Eine nur vorläufige Betreuungsanordnung nach § 69 FGG soll wiederum ausreichend sein, um die Ernennung auszuschließen, wenn sie sich auf sämtliche Vermögensangelegenheiten des Testamentsvollstreckers bezieht (MüKo/ *Brandner* § 2201 Rn 3).

C. Rechtsfolgen

Liegt einer der Fälle des § 2201 vor, ist die Ernennung unwirksam und das Amt erlischt, 9
ohne dass es einer besonderen Aufhebung des Amtes und Entlassung des Testamentsvollstreckers bedarf (MüKo/*Brandner* § 2201 Rn 4). Fällt der Grund anschließend wieder weg, kann das Amt nicht wiederaufleben. Vielmehr ist der Testamentsvollstrecker neu zu ernennen (Erman/*M. Schmidt* § 2201 Rn 1).

Ist die Ernennung unwirksam, muss geprüft werden, ob der Erblasser in seiner letzt- 10
willigen Verfügung einen Ersatztestamentsvollstrecker gem § 2197 Abs. 2 ernannt hat oder zumindest ein Ersuchen an das Nachlassgericht um Benennung eines Ersatztestamentsvollstreckers festgestellt werden kann. Anderenfalls besteht keine Testamentsvollstreckung (*Zimmermann*, Die Testamentsvollstreckung 2003, Rn 113).

§ 2202 Annahme und Ablehnung des Amts

(1) Das Amt des Testamentsvollstreckers beginnt mit dem Zeitpunkt, in welchem der Ernannte das Amt annimmt.

(2) Die Annahme sowie die Ablehnung des Amts erfolgt durch Erklärung gegenüber dem Nachlassgericht. Die Erklärung kann erst nach dem Eintritt des Erbfalls abgegeben werden; sie ist unwirksam, wenn sie unter einer Bedingung oder einer Zeitbestimmung abgegeben wird.

(3) Das Nachlassgericht kann dem Ernannten auf Antrag eines der Beteiligten eine Frist zur Erklärung über die Annahme bestimmen. Mit dem Ablauf der Frist gilt das Amt als abgelehnt, wenn nicht die Annahme vorher erklärt wird.

A. Allgemeines

Die Vorschrift regelt den Beginn des Amtes sowie die Formalitäten von Annahme und 1
Ablehnung. In Ergänzung sind die Vorschriften des § 2368 über das Testamentsvollstreckerzeugnis sowie die §§ 2225 – 2227 über das Erlöschen des Amtes, die Kündigung durch den Testamentsvollstrecker bzw dessen Entlassung zu sehen.

Die Bestimmungen gelten nicht nur für den in der letztwilligen Verfügung ausdrücklich 2
benannten Testamentsvollstrecker, sondern auch für einen gem §§ 2198, 2200 bestimmten

§ 2202 BGB | Annahme und Ablehnung des Amts

Testamentsvollstrecker. Dieser hat ebenfalls das Amt durch Erklärung gegenüber dem Nachlassgericht anzunehmen oder abzulehnen.

3 Eine Pflicht zur Amtannahme besteht grds nicht, auch wenn der Testamentsvollstrecker ausdrücklich in der letztwilligen Verfügung namentlich benannt wurde. Ein Zwang zur Amtannahme stünde im Widerspruch zu der Vertrauensbeziehung, auf der die Testamentsvollstreckung basiert. **Praxishinweis**: Will der Erblasser einen Anreiz zur Annahme des Amtes durch den benannten Testamentsvollstrecker schaffen, sollte er ihm eine (gesonderte) Zuwendung aussetzen, die von der Annahme und Ausübung des Amtes abhängig ist (Erman/*M. Schmidt* § 2202 Rn 2). Auch an eine etwas üppigere Bestimmung der Testamentsvollstreckervergütung nach § 2221 durch den Erblasser kann gedacht werden.

4 Ausnahmsweise können im Falle der Amtablehnung Schadensersatzansprüche entstehen, wenn sich der benannte Testamentsvollstrecker gegenüber dem Erben vertraglich zur Übernahme des Amtes verpflichtet haben sollte (Palandt/*Edenhofer* § 2202 Rn 2).

B. Voraussetzungen des Amtsbeginns

I. Annahmeerklärung gegenüber dem Nachlassgericht

5 Die Annahme des Amtes erfolgt – wie auch seine Ablehnung – durch Erklärung gegenüber dem Nachlassgericht, § 2202 Abs. 2 Satz 1. Eine stillschweigende Annahme wie bei der Erbschaftsannahme nach § 1943 Abs. 3 ist nicht möglich. In der Beantragung eines Testamentsvollstreckerzeugnisses nach § 2368 dann jedoch die konkludente Annahme des Testamentsvollstreckeramtes gesehen werden. Annahme und Ablehnung sind nicht widerruflich (Erman/*M. Schmidt* § 2202 Rn 1).

6 Örtlich zuständig ist das Nachlassgericht, das auch für die Eröffnung der Verfügung von Todes wegen zuständig ist, §§ 72, 73 FGG. Das Testament muss noch nicht eröffnet sein, auch die Annahme der Erbschaft durch den Erben braucht noch nicht erklärt zu sein.

7 Die Annahmeerklärung kann entweder zu Protokoll des Nachlassgerichts oder zu Protokoll der Geschäftsstelle eines beliebigen AGes abgegeben werden, § 11 FGG. Möglich ist auch die Einreichung in privatschriftlicher Form. Endgültig wirksam wird die Erklärung mit Eingang bei dem nach §§ 72, 73 FGG zuständigen Nachlassgericht.

II. Zeitpunkt der Annahmeerklärung

8 Aus § 2202 Abs. 2 Satz 2 erster Hs folgt, dass die Erklärung zur Annahme des Amtes als Testamentsvollstrecker erst nach dem Eintritt des Erbfalls abgegeben werden kann. Folglich sind Rechtsgeschäfte, die der Testamentsvollstrecker vor Amtsbeginn vornimmt, unwirksam. Sie werden auch nicht durch die spätere Amtsannahme ohne weiteres wirksam. Der Testamentsvollstrecker kann jedoch nach Annahme des Amtes die vorher von ihm vorgenommenen Rechtsgeschäfte gem §§ 177, 180, 184 genehmigen (Mayer/Bonefeld/Daragan/*Mayer* Testamentsvollstreckung Rn 61) und sollte dies auch tun, um nicht entsprechend § 179 persönlich in Anspruch genommen zu werden.

III. Unbeachtliche Annahmeerklärungen

9 Unbeachtlich sind Annahmeerklärungen, die vor dem Erbfall abgegeben wurden (s Rn 8). Sie sind, sollen sie Wirkung entfalten, dem Nachlassgericht gegenüber zu wiederholen.

10 Gem § 2202 Abs. 2 Satz 2 zweiter Hs sind Annahmeerklärungen unwirksam, die unter einer Bedingung oder einer Zeitbestimmung abgegeben werden. **Praxishinweis**: Bei der Formulierung der Annahmeerklärung sollten daher einschränkende Zusätze wie »sofern die Erben einverstanden sind« unterbleiben (*Zimmermann* Die Testamentsvollstreckung 2003 Rn 127).

11 Da der Testamentsvollstrecker sein Amt nicht anzunehmen braucht, kann ein Schwebezustand entstehen, in dem unklar ist, wer Testamentsvollstrecker wird, ggf sogar, ob eine

Testamentsvollstreckung überhaupt stattfinden wird. § 2202 Abs. 3 ermöglicht es daher jedem Beteiligten, dem benannten Testamentsvollstrecker durch das Nachlassgericht eine Frist zur Erklärung über die Annahme des Amtes setzen zu lassen. Geht bis zum Fristablauf beim Nachlassgericht keine wirksame Annahmeerklärung ein, geht das Amt kraft ges Fiktion als abgelehnt. Eine verspätete Annahmeerklärung ist folglich unwirksam.

Der Begriff des Beteiligten ist weit zu verstehen (Erman/*M. Schmidt* § 2202 Rn 3). Es wird sogar angenommen, dass das Nachlassgericht die Frist von Amts wegen setzen kann, dann allerdings ohne die Fiktion der Ablehnung (MüKo/*Brandner* § 2202 Rn 10). 12

Praxishinweis: Aufgrund des zeitlichen Auseinanderfallens von Amtsannahme des Testamentsvollstreckers und Beginn der Verfügungsbeschränkung des Erben nach § 2211, die bereits mit dem Erbfall eintritt, ist in der Gestaltungsberatung zu bedenken, ob in der Zwischenzeit nicht sinnvollerweise Handlungsmöglichkeiten in Form einer postmortalen Vollmacht geschaffen werden sollten (zu den Einzelheiten siehe § 2211 Rn 4). 13

C. Rechtsfolgen

Mit der Annahmeerklärung beginnt das Amt des Testamentsvollstreckers mit allen Rechten und Pflichten. Wird die Amtsübernahme abgelehnt, ist anhand der letztwilligen Verfügung zu prüfen, ggf durch Auslegung, ob der letzte Wille des Erblassers dahin ging, für diesen Fall einen Ersatztestamentsvollstrecker zu bestimmen, so dass die Ernennung eines anderweitigen Testamentsvollstreckers durch das Nachlassgericht nach § 2200 in Betracht kommt, oder ob keine Testamentsvollstreckung angeordnet sein soll. 14

Praxishinweis: Zu warnen ist vor einer **vorschnellen Annahme des Amtes** als Testamentsvollstrecker. Zwar kann das Amt jederzeit und ohne Angabe von Gründen durch Erklärung gegenüber dem Nachlassgericht nach § 2226 niedergelegt werden. Erfolgt die Niederlegung jedoch zur Unzeit, kann sich der Testamentsvollstrecker nach § 671 Abs. 2, Abs. 3 schadenersatzpflichtig machen. Es ist daher dringend zu empfehlen, zunächst genau abzuklären, ob der Testamentsvollstrecker überhaupt zeitlich und organisatorisch in der Lage ist, sich ordnungsgemäß um den Nachlass zu kümmern. Für rechts- und steuerberatende Berufe empfiehlt sich darüber hinaus unbedingt die sofortige Kontaktaufnahme zu ihrer **Vermögensschadenhaftpflichtversicherung**, um Deckungsumfang und Deckungssumme zu klären und ggf aufzustocken. Für sonstige Testamentsvollstrecker empfiehlt sich der Abschluss einer speziellen Haftpflichtversicherung für die testamentsvollstreckende Tätigkeit, wie sie alle größeren Versicherer anbieten (s § 2219 Rn 19). Besondere Beachtung muss die Versicherungsfrage finden, wenn die Testamentsvollstreckung die Übernahme unternehmerischer Geschäftsführung erfordert. Schäden aus falschen unternehmerischen Entscheidungen sind regelmäßig nicht Gegenstand der üblichen Vermögensschadenhaftpflichtversicherungen. Hier ist möglicherweise der Abschluss einer speziellen **D&O-Versicherung**, ggf iVm einer **Betriebshaftpflichtversicherung** angezeigt (zu den abgesicherten Haftungsfällen, denen Versicherungsumfang und den Besonderheiten der D&O-Versicherung s Schiffer/Rödel/Rott/*Kenntner* Haftungsgefahren im Unternehmen, 2003 Rn 571 ff) Die Grundzüge des **unternehmerischen Haftungspotenzials** sollten darüber hinaus in solchen Fällen ebenfalls bekannt sein (eine gute Übersicht über die sich bietenden Problemfälle bietet das Handbuch von Schiffer/Rödel/Rott, Haftungsgefahren im Unternehmen, 2003, in dem 55 Autoren verschiedenster Professionen typische Haftungsfragen in Unternehmen darstellen und Ratschläge zu ihrer Vermeidung geben). Nebentätigkeitsgenehmigungen können im Einzelfall ebenfalls eine Rolle spielen. Das Rechtsberatungsgesetzes hingegen wird nach der neueren Rechtsprechung des BGH regelmäßig kein Problem darstellen (BGH Anwaltsblatt 2005, 287 – Testamentsvollstreckung durch Steuerberater; BGH Anwaltsblatt 2005, 289 – Testamentsvollstreckung durch Banken). 15

D. Rechtsförmliches

16 Die Legitimation des Testamentsvollstreckers gegenüber Dritten erfolgt durch Vorlage des nach § 2368 Abs. 1 durch den Testamentsvollstrecker gesondert zu beantragenden Testamentsvollstreckerzeugnisses. Im Verhältnis zum Grundbuchamt soll auch die Vorlage der öffentlich beurkundeten letztwilligen Verfügungen nebst Eröffnungsprotokoll und einer (gesonderten) Bescheinigung des Nachlassgerichtes über die Amtsannahme genügen (Erman/*M. Schmidt* § 2202 Rn 5).

17 Die Fristsetzung durch das Nachlassgericht gem § 2202 Abs. 3 Satz 1 wird nach § 16 Abs. 1 FGG mit der Bekanntmachung gegenüber dem Betroffenen wirksam. Gegen die Fristsetzung befindet gem § 81 Abs. 1 zweiter Hs FGG die sofortige Beschwerde statt.

18 Kosten iHv einem Viertel der vollen Gebühr fallen gem § 112 Abs. 1 Nr. 6 KostenO für die Annahme oder die Ablehnung des Amtes des Testamentsvollstreckers an. Gem § 6 Satz 2 KostO ist diese Gebühr vom Nachlass zu tragen. Zu beachten ist ferner § 115 KostO, wonach die Erklärungen gebührenfrei bleiben, wenn sie in Zusammenhang mit einem anderen gebührenpflichtigen Verfahren stehen.

E. Kosten/Gebühren

19 In der Praxis wird die Annahmeerklärung häufig mit dem Antrag auf Erteilung des Testamentsvollstreckerzeugnisses gem § 2368 verbunden. Auf diesen Antrag finden gem § 2368 Abs. 3 die Vorschriften über den Erbschein Anwendung, sodass eine eidesstattliche Versicherung gegenüber dem Nachlassgericht erforderlich sein kann. Diese ist gem § 49 KostO mit einer $^{10}/_{10}$ Gebühr zu berechnen. Enthält der Antrag auch die Annahmeerklärung des Testamentsvollstreckers, ist nur einmal gem § 49 Abs. 3 KostO abzurechnen.

20 Der Wert richtet sich nach § 30 Abs. 3 KostO. Dabei sind der Bruttowert des Nachlasses, die Art der Testamentsvollstreckung, der Umfang der Aufgaben des Testamentsvollstreckers und die Schwierigkeit seiner Tätigkeit zu berücksichtigen. § 112 KostO findet gem 49 Abs. 2 KostO keine Anwendung.

§ 2203 Aufgabe des Testamentsvollstreckers

Der Testamentsvollstrecker hat die letztwilligen Verfügungen des Erblassers zur Ausführung zu bringen.

A. Allgemeines

1 § 2203 bildet gemeinsam mit § 2204 die sog Abwicklungsvollstreckung. Mit den beiden Vorschriften wird der Regelfall der Testamentsvollstreckung umschrieben, so dass andere Formen der Testamentsvollstreckung im Zweifel nicht als angeordnet gelten (MüKo/*Brandner* § 2203 Rn 1). Gelegentlich wird die Abwicklungsvollstreckung auch als ausführende Vollstreckung bezeichnet (vgl Palandt/*Edenhofer* § 2203 Rn 1).

2 Als weitere Formen der Testamentsvollstreckung kennt das Gesetz die Dauertestamentsvollstreckung gem § 2209 Abs. 1 zweiter Hs, die Verwaltungsvollstreckung nach § 2209 Satz 1, 1. Hs, die Vermächtnisvollstreckung nach § 2223, die Nacherbenvollstreckung nach § 2222 sowie die Testamentsvollstreckung mit beschränktem Aufgabenkreis gem § 2208. Allgemein wird auch die Testamentsvollstreckung bei Pflichtteilsbeschränkung in guter Absicht nach § 2338 als eigenständige Form der Testamentsvollstreckung angesehen (FA-ErbR/*Kopp* Kap 6 Rn 397).

3 Die Unterscheidung in verschiedene Arten der Testamentsvollstreckung ist weitgehend tradiert. Im Gesetz findet sie nur unsystematisch Anklang. Der Grund ist darin zu sehen,

dass das Gesetz vom Willen des Erblassers ausgeht und diesen in den Vordergrund stellt und nicht gesetzessystematische Erwägungen. Entsprechend den von den verschiedenen Erblassern verfolgten völlig unterschiedlichen Zwecken kommt eine ausschließlich einem bestimmten Typus bzw einer Norm zuzuordnende Testamentsvollstreckung in der Praxis eher selten vor.

B. Voraussetzungen

I. Letztwillige Verfügung

Die – rechtsgültige – letztwillige Verfügung des Erblassers ist unter zwei Gesichtspunkten 4
von Bedeutung. Zum einen ist sie zwingend erforderlich, um überhaupt eine Testamentsvollstreckung anzuordnen. Zum anderen bestimmt sie Art und Umfang des konkreten Aufgabenbereichs des Testamentsvollstreckers.

II. Aufgaben des Testamentsvollstreckers bei der Abwicklungsvollstreckung

1. Vorrang der Anordnungen des Erblassers

Der Testamentsvollstrecker hat den Willen des Erblassers auszuführen. Der – ggf im Wege 5
der allgemeinen Testamentauslegung zu ermittelnde – Erblasserwille ist für die Amtsführung des Testamentsvollstreckers daher stets vorrangig zu beachten ist (BayObLG NJW-RR 2000, 298 – 302). Mit Ausnahme der in § 2220 genannten Einschränkungen kann der Erblasser seine Vorstellungen von der Verwaltung des Nachlasses durch den Testamentsvollstrecker gegenüber den Erben durchsetzen. Im Einzelfall wird die für den Testamentsvollstrecker verbindliche Anordnung des Erblassers in der letztwilligen Verfügung abzugrenzen sein von bloßen Anregungen oder Wünschen des Erblassers. Diese braucht der Testamentsvollstrecker nicht zu befolgen (BayObLG NJW 1976, 1692 – 1694).

2. Die ges Aufgabenbestimmung

Der Testamentsvollstrecker hat die letztwilligen Verfügungen des Erblassers zur Ausfüh- 6
rung zu bringen. Dabei hat er alles zu tun, was zur Abwicklung des Nachlasses notwendig ist. Insb hat er den Nachlass in Besitz zu nehmen (§ 2205 Satz 2 erster Hs), ggf über die (klageweise) Geltendmachung des Erbschaftsherausgabeanspruchs nach § 2018, Verbindlichkeiten für den Nachlass einzugehen (§ 2206 Abs. 1), Forderungen einzuziehen und hierüber ggf Prozesse zu führen (§ 2212) oder den Nachlass gegen unberechtigte Forderungen zu verteidigen (§ 2213 Abs. 1).

Die praktische Umsetzung der Aufgaben des Testamentsvollstreckers bereitet erfahrungs- 7
gemäß immer wieder Schwierigkeiten, weil eine Vielzahl von Aufgaben organisatorischer Art erledigt werden muss, über die sich gerade Testamentsvollstrecker, die zum ersten Mal vor eine solche Aufgabe gestellt sind, regelmäßig nur unzureichende Vorstellungen machen. Dabei drohen dem Testamentsvollstrecker bei Fehleinschätzungen derartiger Aufgaben nachhaltige Haftungsgefahren (vgl § 2219 Rn 4).

a) Sofortmaßnahmen

Die Ablieferung des Testaments und die Beantragung des Testamentsvollstreckerzeug- 8
nisses, die Absicherung des Hauses, die Veranlassung der Bestattung, aber auch die Versorgung von Haustieren und Pflanzen gehören zu den ersten vom Testamentsvollstrecker zu ergreifenden Maßnahmen. **Praxishinweis:** Es erweist sich stets als vorteilhaft, wenn der Erblasser den Testamentsvollstrecker mit einer Vollmacht ausstattet, die dem Testamentsvollstrecker eine Legitimation außerhalb des Testamentsvollstreckerzeugnisses ermöglicht, dessen Erteilung gerade in str Fällen oft lange dauern kann.

§ 2203 BGB | Aufgabe des Testamentsvollstreckers

b) Inbesitznahme des Nachlasses und Bestandsaufnahme

9 Hierzu gehört die Feststellung der Nachlassaktiva (insb Bankvermögen, Wertpapierdepots, Bausparverträge, Lebensversicherungsverträge, Grund- und Auslandsvermögen, Beteiligungen, Ansprüche auf Sterbegeld), die Ermittlung der Nachlasspassiva, die Beendigung von Vertragsverhältnissen (zB Miet- und Versorgungsverträge, Vereinsmitgliedschaften, Daueraufträge, Versicherungen, GEZ).

c) Herstellung von Kontakten

10 In der Praxis müssen eine Vielzahl von Personen unterrichtet werden, insb die Erben, Arbeitgeber, Vermieter, Steuerberater, Finanzämter und Gläubiger des Erblassers. **Praxishinweis:** Eine Vorstellung des Testamentsvollstreckers bei den Erben gehört nicht nur zu den allgemeinen Höflichkeitsformen, sondern hilft dem Testamentsvollstrecker auch, Spannungen von Anbeginn der Vollstreckung an nach Möglichkeit gar nicht erst aufkommen zu lassen.

d) Errichtung des Nachlassverzeichnisses, Erfüllung der Informationspflichten

11 Die *Erstellung des Nachlassverzeichnisses* gehört zu den zentralen Pflichten des Testamentsvollstreckers. Es bildet die Grundlage für die ordnungsgemäße Amtsführung des Testamentsvollstreckers und den entsprechenden Nachweis, die von ihm geschuldete Rechnungslegung (§ 2218), die Herausgabe des Nachlasses bei Amtsbeendigung sowie die Ausübung der Kontrollrechte der Erben. **Praxishinweis:** Angesichts der häufig kritenen Einstellung des Erben zum Testamentsvollstrecker empfiehlt es sich, das Nachlassverzeichnis mit höchstmöglicher Sorgfalt zu erstellen. Zu Form und Inhalt des Verzeichnisses vgl § 2215 Rn 8 ff.

12 Den umfassenden Rechten des Testamentsvollstreckers im Verhältnis zu den Erben stehen seine Informationsverpflichtungen nach §§ 2218, 666 gegenüber. Zu unterscheiden sind drei Formen der Unterrichtungsverpflichtung. Zunächst ist dies die **Benachrichtigungspflicht**, die vom Testamentsvollstrecker unaufgefordert zu erfüllen ist, wenn es die jeweilige objektive, wirtschaftliche oder sonstige Situation des Nachlasses aus der Sicht eines umsichtigen und gewissenhaften Testamentsvollstreckers gebietet. Mit ihrer Hilfe soll der Erbe in die Lage versetzt werden, seine Entscheidungen sachgerecht treffen zu können (zu den weiteren Einzelheiten vgl § 2218 Rn 9 -11).

13 Im Unterschied zur Benachrichtigungspflicht setzt die **Auskunftspflicht** des Testamentsvollstreckers ein entsprechendes Verlangen des Berechtigten, regelmäßig des Erben voraus. Er soll die Lage versetzt werden, sich den Kenntnisstand zu verschaffen, die er benötigt, um seine jeweiligen Rechtspositionen richtig und vollständig beurteilen zu können. (zu den weiteren Einzelheiten vgl § 2218 Rn 12, 13).

14 Die nur auf Verlangen bestehende Verpflichtung des Testamentsvollstreckers zur **Rechnungslegung** nach §§ 2218, 666 ist jährlich sowie bei Beendigung des Amtes zu erfüllen (zu den weiteren Einzelheiten vgl § 2218 Rn 14 – 17).

e) Die Führung von Geschäften für den Nachlass

15 Nach § 2216 hat der Testamentsvollstrecker nicht nur das Recht, sondern auch die Pflicht, den Nachlass zu verwalten. Die ordnungsgemäße Verwaltung umfasst alle Maßnahmen, die zur Sicherung, Erhaltung, Mehrung und Nutzung des verwalteten Erbes erforderlich sind (Bengel/Reimann/*Schaub*, Handbuch der Testamentsvollstreckung, 4. Kapitel, Rn 1 f). Der Testamentsvollstrecker ist bei der Führung von Geschäften für den Nachlass zu besonderer Gewissenhaftigkeit und Sorgfalt verpflichtet (RGZ 130, 131, 135). Hieran sind grds strenge Anforderungen zu stellen (BGH NJW 1967, 443). Der Testamentsvollstrecker darf sich nicht von persönlichen Interessen oder Neigungen leiten lassen. Er muss in jedem Einzelfall wirtschaftlich, vernünftig und aus allgemeinen nachvollziehbaren Gründen handeln (BayObLG FamRZ 1997, 905). So ist er bei der Anlage und Verwaltung von Geld und Wertpapieren nicht gehalten, ausschließlich mündelsichere Anlagen zu tätigen. Verwehrt ist es ihm allerdings, Anlagen zu tätigen, die nach Lage des Falles

den Grundsätzen einer wirtschaftlichen Vermögensverwaltung zuwiderlaufen (BGH NJW 1997, 1070, 1071). Zu den weiteren Einzelheiten vgl § 2216 Rn 4 ff, zur Haftung des Testamentsvollstreckers für die Nichterfüllung steuerlicher Pflichten vgl § 2219 Rn 7.

III. Ende der Abwicklungsvollstreckung

Die Abwicklungsvollstreckung endet mit der vollständigen Aufgabenerledigung automatisch (Meyer/Bonefeld/Wälzholz/Weidlich/*Meyer* Testamentsvollstreckung, 2. Auflage 2005, 1. Teil Kap 3, Rn 16 aE). Eines besonderen Rechtsaktes, zB einer förmlichen Aufhebung der Testamentsvollstreckung durch das Nachlassgericht, bedarf es nicht. 16

C. Rechtsförmliches

Der Testamentsvollstrecker ist verpflichtet, die Wirksamkeit der letztwilligen Verfügungen des Erblassers zu überprüfen (MüKo/*Brandner* § 2203 Rn 7). Bedenken gegen die Gültigkeit einzelner Anordnungen des Erblassers hat er daher ggf im Wege der Feststellungsklage nach § 256 ZPO klären zu lassen (Palandt/*Edenhofer* § 2203 Rn 2, § 2212 Rn 3). Im Einzelfall wird auch eine Außerkraftsetzung durch das Nachlassgericht nach § 2216 Abs. 2 Satz 2 in Betracht kommen. 17

Streit um die Auslegung einzelner Anordnungen des Erblassers können ebenfalls im Wege der Feststellungsklage nach § 256 ZPO geklärt werden, solange sich der Streit nicht auf das Erbrecht selbst bezieht (Erman/*M. Schmidt* § 2203 Rn 4). 18

Bei unzureichendem Nachlass kann der Testamentsvollstrecker zur Haftungsbeschränkung die Einreden nach §§ 2014, 2015, 1990, 1992 erheben, das Aufgebot der Nachlassgläubiger nach § 991 Abs. 2 ZPO sowie Nachlassinsolvenz gem §§ 317 InsO, 1981 beantragen (vgl Palandt/*Edenhofer* § 2205 Rn 2). Streitig, wenngleich unbedingt empfehlenswert ist die Verpflichtung des Testamentsvollstreckers zur Geltendmachung der Haftungsbeschränkung. 19

Ob eine Einsetzung des Testamentsvollstreckers als Schiedsrichter zur Beilegung von Streitigkeiten unter den Erben über die Auslegung einzelner Testamentsverfügungen möglich ist, ist str, wird von der überwiegenden Auffassung aber anerkannt, soweit der Testamentsvollstrecker nicht zum Schiedsrichter in eigener Sache wird (Erman/*M. Schmidt* § 2203 Rn 6). 20

Praxishinweis: Von der Möglichkeit des § 1066 ZPO, Erbschaftsstreitigkeiten kraft testamentarischer Verfügung der ordentlichen Gerichtsbarkeit zu entziehen, wird in den Testamenten noch viel zu wenig Gebrauch gemacht. Dabei drängt sich diese Gestaltung geradezu auf, wenn es darum geht, Erbrechtsstreitigkeiten den allzu neugierigen Blicken der Öffentlichkeit zu entziehen, aber auch, um für die Entscheidung einem auf dem Gebiet des Erbrechts spezialisierten Fachmann als Schiedsrichter zu erhalten. Schiedsgerichtsvereinbarungen lassen sich sogar noch nachträglich zwischen den Streitparteien vereinbaren. Zu beachten ist die in § 1031 ZPO vorgeschriebene besondere Form. Aus § 1032 Abs. 3 ZPO ergibt sich, dass ein Schiedsverfahren selbst dann noch durchgeführt werden kann, wenn bereits eine Klage vor dem staatlichen Gericht anhängig ist. Diese Klage sollte dann allerdings bald zurückgenommen, zumindest aber in der Hauptsache für erledigt erklärt werden.

§ 2204 Auseinandersetzung unter Miterben

(1) Der Testamentsvollstrecker hat, wenn mehrere Erben vorhanden sind, die Auseinandersetzung unter ihnen nach Maßgabe der §§ 2042 – 2056 zu bewirken.

(2) Der Testamentsvollstrecker hat die Erben über den Auseinandersetzungsplan vor der Ausführung zu hören.

§ 2204 BGB | Auseinandersetzung unter Miterben

A. Allgemeines

1 Die Vorschrift ist im Zusammenhang mit § 2203 zu sehen, mit der zusammen sie die sog Abwicklungsvollstreckung als den ges Regelfall der Testamentsvollstreckung bildet (zu den weiteren Formen der Testamentsvollstreckung vgl § 2203 Rn 2, 3). Sie erlangt immer dann Bedeutung, wenn zwischen den Miterben Uneinigkeit über die Auseinandersetzung des Nachlasses besteht.

B. Voraussetzungen

I. Letztwillige Verfügung

2 Die – rechtsgültige – letztwillige Verfügung des Erblassers ist hier unter zwei Gesichtspunkten von Bedeutung. Zum einen ist sie zwingend erforderlich für die Anordnung der Abwicklungsvollstreckung. Zum anderen bestimmen die Festlegungen des Erblassers die konkrete Auseinandersetzung der Erbengemeinschaft.

II. Aufgaben des Testamentsvollstreckers bei der Auseinandersetzung

1. Allgemeines

3 Bei der Verpflichtung zur Herbeiführung der Auseinandersetzung handelt es sich um eine zentrale ges Pflicht des Testamentsvollstreckers im Rahmen der Abwicklungsvollstreckung (MüKo/*Brandner* § 2204 Rn 1). Sie kann nur dann ausnahmsweise ausgeschlossen sein, wenn eine wirksame Vereinbarung aller Miterben über eine – ggf auch nur auf Teile des Nachlasses bezogene – Fortsetzung der Erbengemeinschaft vorliegt.

2. Durchführung der Auseinandersetzung

4 Die Erbengemeinschaft ist von ihrer ges Konzeption her von Anfang an auf eine Auseinandersetzung ausgerichtet. Dies wird deutlich in § 2042 Abs. 1, wonach jeder Erbe grds jederzeit die Auseinandersetzung verlangen kann, zu deren kontrolliertem Verlauf die Testamentsvollstreckung regelmäßig angeordnet wurde. Ziel der Auseinandersetzung ist die Überführung des ursprünglich in den Händen der Erbengemeinschaft gebundenen Eigentums in das Alleineigentum jedes einzelnen Miterben.

a) Vertragliche Vereinbarungen zur Erbauseinandersetzung

5 Die Herbeiführung einer einvernehmlichen Regelung über die Auseinandersetzung des Nachlasses ist in der Praxis der einseitigen Planerstellung durch den Testamentsvollstrecker vorzuziehen. Mit einer solchen Vereinbarung kann, sofern alle Erben einschließlich etwaiger Nacherben zustimmen, sogar vom Willen des Erblassers abgewichen werden. **Praxishinweis:** Die Herbeiführung des Einvernehmens empfiehlt sich auch aus der Warte des Testamentsvollstreckers. Aufgrund des erzielten Einvernehmens sind eine spätere Inanspruchnahme des Testamentsvollstreckers wegen Pflichtverletzungen oder Streitigkeiten über die Höhe seiner Vergütung in der Praxis so gut wie ausgeschlossen.

b) Erstellung eines Teilungsplans durch den Testamentsvollstrecker und Feststellung

6 Lässt sich ein Einvernehmen mit den Erben nicht erzielen, hat der Testamentsvollstrecker den Auseinandersetzungsplan gem § 2204 Abs. 1 zu erstellen. Einer Mitwirkung der Erben bedarf es hierzu nicht.

7 Die Auseinandersetzung hat vorrangig nach den Anordnungen des Erblassers in der letztwilligen Verfügung unter Berücksichtigung billigen Ermessens zu erfolgen (MüKo/*Brandner* § 2204 Rn 1), anderenfalls er sich schadenersatzpflichtig nach § 2219 machen kann (Palandt/*Edenhofer* § 2204 Rn 5).

Soweit der Erblasser keine Anordnungen getroffen hat, hat der Testamentsvollstrecker **8** diese nach den Bestimmungen der Erbengemeinschaft und dem Gemeinschaftsrecht (§§ 2204, 2042, 2046 ff, 2050 ff, 752, 755 ff) vorzunehmen. Dabei sind zunächst die Nachlassverbindlichkeiten zu begleichen. Hierzu gehören sowohl die Erblasserschulden, als auch die Erbfallschulden. Für str oder noch nicht fällige Verbindlichkeiten sind die zu ihrer Begleichung erforderlichen Beträge gem § 2046 Abs. 1 Satz 2 zurückzuhalten. Bei der Aufteilung des Nachlasses sind die Vorschriften des Gemeinschaftsrechts nach §§ 752 ff zu beachten, die zwischen teilbaren und nicht teilbaren, bei Letzteren nochmals zwischen beweglichen und unbeweglichen Gegenständen unterscheiden. Maßgeblich für die Verteilung des Nachlasses sind die Erbquoten. Die ges Ausgleichungspflichten nach §§ 2050 ff sind zu beachten (vgl iE Mayer/Bonefeld/Wälzholz/Weidlich/*Mayer*, Testamentsvollstreckung 2. Auflage Kap 18.2.2 Rn 348).

Die Feststellung des Auseinandersetzungsplans ist ein einseitiges, empfangsbedürftiges **9** Rechtsgeschäft des Testamentsvollstreckers. Seine Bindungswirkung tritt ein, sobald die Erklärung gegenüber den Erben abgegeben wurde. Der Plan als solcher ist formfrei und unterliegt, auch wenn Grundstücke auseinandergesetzt werden, nicht der Form des § 311b (Dauner-Lieb/Heidel/Ring/*Weidlich*, AnwK, § 2204 Rn 9; MüKo/*Brandner* § 2204 Rn 4).

3. Anhörung der Erben

Die Anhörung der Erben soll vor der Ausführung des durch den Testamentsvollstrecker **10** für verbindlich erklärten Auseinandersetzungsplan erfolgen. Es handelt sich nicht um eine Wirksamkeitsvoraussetzung für die Planaufstellung (MüKo/*Brandner* § 2204 Rn 4), sondern um eine Zweckmäßigkeitsvorschrift. Den Erben soll die Möglichkeit gegeben werden, ihre Vorstellungen zu äußern, um unnötigen Streit zu vermeiden (Mayer/Bonefeld/Wälzholz/Weidlich/*Mayer*, Testamentsvollstreckung 2. Auflage Kap 18.2.4 Rn 350).
Praxishinweis: Sinnvollerweise wird der Testamentsvollstrecker die Anhörung nicht erst vor der Ausführung seines Planes, sondern zum frühestmöglichen Zeitpunkt durchführen (Dauner-Lieb/Heidel/Ring/*Weidlich*, AnwK, § 2204 Rn 11).

4. Vormundschafts- und familiengerichtliche Genehmigung

Für die Herbeiführung eines Auseinandersetzungsplan bei Vorhandensein minderjähriger **11** Erben bedarf der Testamentsvollstrecker nicht der Genehmigung des Vormundschaftsgerichts, weil er keinen Erbteilungsvertrag mit den Erben schließt, sondern mit der Auseinandersetzung den Willen des Erblassers verwirklicht (Mayer/Bonefeld/Wälzholz/Weidlich/*Mayer*, Testamentsvollstreckung 2. Auflage Kap 18.2.6 Rn 353). Etwas anderes gilt, wenn der Testamentsvollstrecker im Einvernehmen mit den Erben von den Anordnungen des Erblassers abweicht. Hier ist die Zustimmung des Vormundschaftsgerichts nach § 1822 Nr. 2 erforderlich, weil die Wirksamkeit des Auseinandersetzungsplan ist in diesem Fall nicht auf dem Willen des Erblassers, sondern auf der Zustimmung der Erben beruht (Bengel/Reimann/*Mayer*, Handbuch der Testamentsvollstreckung, Kap 5, Rn 362).
Praxishinweis: Hier drohen Haftungsgefahren, die sich gerade auch bei einem Prozessvergleich vor dem Zivilgericht realisieren können, wenn vorschnell dem Vergleichsdruck des Gerichts nachgegeben wird.
Handelt der Testamentsvollstrecker zugleich als Elternteil eines minderjährigen Erben, so **12** ist er als dessen ges Vertreter an der Mitwirkung der Auseinandersetzung gehindert. In diesem Fall ist ein Ergänzungspfleger zu bestellen (Palandt/*Edenhofer* § 2204 Rn 4).

5. Kosten

Nach §§ 2218 Abs. 1, 670 sind die Kosten der Auseinandersetzung von den Erben zu **13** tragen.

C. Rechtsfolgen

14 Der Auseinandersetzungsplan hat für die Erben berechtigende und verpflichtende Wirkung (Palandt/*Edenhofer* § 2050 Rn 4). Für den Testamentsvollstrecker begründet er die Verpflichtung, die für die Ausführung des Planes erforderlichen dinglichen Übertragungsakte vorzunehmen (MüKo/*Brandner*, § 2204 Rn 4).

D. Gerichtliche Möglichkeiten

I. der Beteiligten vor dem Nachlassgericht

15 Das Vermittlungsverfahren vor dem Nachlassgericht zur Meidung einer Klage vor dem Prozessgericht ist bei angeordneter Testamentsvollstreckung gem § 86 Abs. 1 zweiter Hs FGG stets ausgeschlossen.

II. des Testamentsvollstreckers zur Durchsetzung des Teilungsplans

16 Weigert sich ein Miterbe, den vom Testamentsvollstrecker aufgestellten Teilungsplan zuzustimmen, ist der Klageweg zum Prozessgericht auf Mitwirkung des Erben zur Übertragung der konkret zu bezeichnenden Nachlassgegenstände eröffnet. Regelmäßig wird die Klage auf Ersetzung der Willenserklärung des sich verweigernden Miterben durch das Urteil gerichtet sein (vgl Formulierungsvorschlag bei Mayer/Bonefeld/Wälzholz/Weidlich/*Bonefeld*, Testamentsvollstreckung, 2. Auflage, Kap 40.1.3 Rn 920). Teilweise wird auch die Feststellungsklage für zulässig erachtet (MüKo/*Brandner* § 2204 Rn 8).

III. der Erben

17 Ein auseinandersetzungsunwilliger Testamentsvollstrecker kann von den Erben vor dem Prozessgericht auf Bewirkung der Auseinandersetzung verklagt werden. Zu vollstrecken ist das Urteil nach § 888 ZPO durch Zwangsgeld. Der Testamentsvollstrecker wird hierauf möglicherweise mit einer Kündigung nach § 2226 reagieren. Greift keine Ersatztestamentsvollstreckung ein, ist der Weg für die Erben auf eine allein unter ihnen zu bewirkende Auseinandersetzung frei. Nur solange Testamentsvollstreckung besteht, besteht das Verbot der Auseinandersetzung ohne Zustimmung des Testamentsvollstreckers (BGH NJW 1963, 2320).

18 Hat der Erblasser eindeutige Anordnungen getroffen, wie die Auseinandersetzung im Einzelfall zu erfolgen hat, so kann unmittelbar Leistungsklage erhoben werden (Mayer/Bonefeld/Wälzholz/Weidlich/*Mayer*, Testamentsvollstreckung 2. Auflage Kap 18.1 Rn 342).

19 Nach überwiegender Auffassung ist die gegen den Testamentsvollstrecker gerichtete Feststellungsklage gem § 256 ZPO die für die Erben richtige Klageart, wenn es um die Geltendmachung der Unwirksamkeit eines von dem Testamentsvollstrecker vorgelegten Auseinandersetzungsplanes geht. In diesem Fall muss der einzelne Miterbe dem Gericht keinen eigenen Teilungsplan unterbreiten, diese Aufgabe obliegt vielmehr weiterhin dem Testamentsvollstrecker (vgl iE Mayer/Bonefeld/Wälzholz/Weidlich/*Mayer*, Testamentsvollstreckung 2. Auflage Kap 18.2.10, Rn 357). Zur Verhinderung einer Planausführung steht den Erben auch die Möglichkeit einer auf Unterlassung gerichteten einstweiligen Verfügung zu (Dauner-Lieb/Heidel/Ring/*Weidlich*, AnwK, § 2204 Rn 12; MüKo/*Brandner* § 2204 Rn 8).

§ 2205 Verwaltung des Nachlasses, Verfügungsbefugnis

Der Testamentsvollstrecker hat den Nachlass zu verwalten. Er ist insb berechtigt, den Nachlass in Besitz zu nehmen und über die Nachlassgegenstände zu verfügen. Zu unentgeltlichen Verfügungen ist er nur berechtigt, soweit sie einer sittlichen Pflicht oder einer auf den Anstand zu nehmenden Rücksicht entsprechen.

A. Allgemeines

Die Vorschrift ist im Zusammenhang mit § 2216, aber auch den §§ 2206, 2207 zu sehen. Sie regelt die elementaren Rechte des Testamentsvollstreckers auf Verwaltung des Nachlasses (Satz 1) und dessen Inbesitznahme (Satz 2, erster Hs) sowie die Verfügungsbefugnis über die zum Nachlass gehörenden Gegenstände (Satz 2, zweiter Hs). Darüber hinaus enthält sie das grds Verbot unentgeltlicher Verfügungen (Satz 3). Daneben gelten allgemeine Verfügungsbeschränkungen sowie die Beschränkungen nach § 2208. 1

B. Voraussetzungen

I. des Verwaltungsrechts, § 2205 Satz 1

Das Verwaltungsrecht des Testamentsvollstreckers ist grds umfassend. Während der Dauer der Vollstreckung (s Rn 24) schließt er den Erben von der Verwaltung des Nachlasses aus (MüKo/*Brandner* § 2205 Rn 4). Der Erbe kann lediglich als Geschäftsführer ohne Auftrag tätig werden (Palandt/*Edenhofer* § 2205 Rn 1). Der Testamentsvollstrecker kann sich nicht wirksam dazu verpflichten, seine Handlungen von der Zustimmung des Erben abhängig zu machen (BGHZ 25, 275 – 287). Der Testamentsvollstrecker unterliegt keiner Aufsicht durch das Nachlassgericht (MüKo/*Brandner* § 2205 Rn 13). Eine Sanktionierung von Pflichtverstößen kann nur mittelbar über eine Entlassung des Testamentsvollstreckers nach § 2227 oder die Schadenersatzverpflichtung nach § 2219 erfolgen. 2

Vom Verwaltungsrecht umfasst sind grds sämtliche Maßnahmen, die der Erhaltung, Sicherung, Nutzung und Mehrung des der Testamentsvollstreckung unterliegenden Vermögens dienen (Staudinger/*Reimann* § 2205 Rn 4). Hierzu gehört auch das Eingehen von Verpflichtungen nach §§ 2206, 2207, insb die Regulierung der Nachlassverbindlichkeiten, zB die Bezahlung der Steuerschulden des Erblassers und die Begleichung der Erbschaftsteuer, § 32 Abs. 1 Satz 2 ErbStG (Palandt/*Edenhofer* § 2205 Rn 6), die Führung von Prozessen (§§ 2212, 2213). Erfasst werden auch Maßnahmen tatsächlicher Art sowie die Entgegennahme von Willenserklärungen mit Wirkung für den Nachlass (MüKo/*Brandner* § 2205 Rn 11). 3

Praxishinweis: Zur Einlegung von Rechtsbehelfen gegen Steuerbescheide ist der Testamentsvollstrecker nur dann befugt, wenn er durch den Bescheid, insb durch einen Haftungsbescheid, selbst in Anspruch genommen wird. Betreffen die Steuerbescheide hingegen die Erben, sei es als Schuldner der Erbschaftsteuer, sei es als Rechtsnachfolger in die steuerlichen Pflichten des Erblassers, können die Bescheide nur durch die Erben angefochten werden (vgl H 88, Erbschaftsteuer-Richtlinien, Amtliche Hinweise 2003, Neufassung durch gleichlautende Erlasse der obersten Finanzbehörden der Länder v 17. März 2003 BStBl Teil Sondernummer 1 2003, S 91). Will der Testamentsvollstrecker hier gleichwohl tätig werden, muss er sich von den Erben ausdrücklich bevollmächtigen lassen (Bengel/Reimann/*Piltz*, Handbuch der Testamentsvollstreckung, Kap 8 Rn 33 ff). Hierbei ist auf jeden Fall zu empfehlen, dass der Testamentsvollstrecker das Vertretungsverhältnis – vergleichbar der Anzeige einer anwaltlichen Vertretung – auch nach außen zum Ausdruck bringt, damit ihm nicht später vorgeworfen werden kann, er habe das Rechtsmittel im eigenen Namen und damit unzulässigerweise eingelegt. 4

§ 2205 BGB | Verwaltung des Nachlasses, Verfügungsbefugnis

5 Der Verwaltung des Testamentsvollstreckers unterliegt grds der gesamte Nachlass einschließlich der Gegenstände, die mit Mitteln des Nachlasses hinzuerworben wurden (MüKo/*Brandner* § 2205 Rn 6; Palandt/*Edenhofer* § 2205 Rn 1). Ausnahmen können sich aus dem Erblasserwillen ergeben (MüKo/*Brandner* § 2205 Rn 5).

6 Nicht unter das Verwaltungsrecht des Testamentsvollstreckers fällt die Wahrnehmung höchstpersönlicher Rechte des Erben. Hierzu zählen zB die Ausschlagung der Erbschaft, die Anfechtung einer letztwilligen Verfügung nach § 2078, soweit nicht eigene Rechte des Testamentsvollstreckers betroffen sind, der Widerruf einer Schenkung gem § 530 Abs. 2 sowie die Geltendmachung von Ansprüchen wegen Verletzung des Namensrechts (vgl Palandt/*Edenhofer* § 2205 Rn 4 mit weiteren Beispielen).

II. des Rechts zur Inbesitznahme, § 2205 Satz 2 erster Hs

7 Nach § 857 tritt der Erbe in die besitzrechtliche Stellung des Erblassers in der Form ein, wie sie zur Zeit des Erbfalls bestand (Palandt/*Bassenge* § 857 Rn 2). § 2205 Satz 2 ermächtigt deshalb den Testamentsvollstrecker, sich die tatsächliche Sachherrschaft und damit die Besitzstellung nach § 854 an den seiner Vollstreckung unterliegenden Nachlassgegenständen zu verschaffen, notfalls durch Herausgabeklage (MüKo/*Brandner* § 2205 Rn 48). Zur Vermeidung des gutgläubigen Erwerbs eines Dritten vom Erben (§ 2211 Abs. 2) wird der Testamentsvollstrecker allgemein für verpflichtet gehalten, den Nachlass in Besitz zu nehmen (MüKo/*Brandner* § 2205 Rn 48).

8 Mit der Inbesitznahme der Nachlassgegenstände wird der Testamentsvollstrecker zum unmittelbaren Besitzer, der Erbe zum mittelbaren Besitzer (Palandt/*Bassenge* § 868 Rn 9). Dem Testamentvollstrecker stehen damit auch die Besitzschutzrechte nach § 859 ff zu.

III. der Verfügungsbefugnis

1. Umfang und Grenzen der Verfügungsbefugnis nach § 2205 Satz 2 zweiter Hs

9 Die Verfügungsbefugnis des Testamentsvollstreckers ist das notwendige Korrelat zu seinem Verwaltungsrecht. Damit beschränkt es sich von Inhalt und Umfang her zugleich auf die seiner Verwaltungsbefugnis unterliegenden Nachlassgegenstände (Palandt/*Edenhofer* § 2205 Rn 22; MüKo/*Brandner* § 2205 Rn 53).

10 Verfügungen iSd § 2205 Satz 2 sind entsprechend der allgemeinen Definition Rechtsgeschäfte, durch die ein bestehendes Recht unmittelbar übertragen, belastet, aufgehoben oder inhaltlich verändert wird (MüKo/*Brandner* § 2205 Rn 52). Auch bzgl dieser Geschäfte ist der Testamentsvollstrecker von Weisungen der Erben unabhängig. Entspricht eine von ihm vorgenommene Verfügung nicht dem Grundsatz der ordnungsgemäßen Verwaltung nach § 2216, hat dies keine Auswirkungen auf die Wirksamkeit der Verfügung (MüKo/*Brandner* § 2205 Rn 50). Ein solches Verhalten kann jedoch haftungsbegründend iSd § 2219 sein (MüKo/*Brandner* § 2205 Rn 59).

2. Das Verbot unentgeltlicher Verfügungen, § 2205 Satz 3

11 Die Bedeutung des Verbotes zeigt sich schon daran, dass der Erblasser den Testamentsvollstrecker hiervon nicht befreien kann (Palandt/*Edenhofer* § 2205 Rn 27). **Praxishinweis:** Will der Erblasser den Testamentsvollstrecker die Möglichkeit zu ganz oder teilweise unentgeltlichen Verfügungen einräumen, so muss er ihn mit einer über den Tod hinaus wirkenden Vollmacht ausstatten (Palandt/*Edenhofer* § 2205 Rn 27) und diese ggf durch erbrechtliche Sanktionsmechanismen gegen einen Widerruf durch die Erben absichern.

12 Das Merkmal der Unentgeltlichkeit enthält eine objektive und eine subjektive Komponente. Objektiv darf dem Nachlass zum Zeitpunkt der Verfügung wirtschaftlich betrachtet keine gleichwertige Gegenleistung zufließen (MüKo/*Brandner* § 2205 Rn 60, 64 f). Subjektiv

muss der Testamentsvollstrecker bei Anlegung der Kriterien des § 2216 dies zumindest erkennen können (BGHZ 57, 84 – 96). Eine rechtsgrundlose Verfügung wird ebenfalls als unentgeltlich angesehen (RGZ 163, 348 – 361, 357).

Die aufgrund von sittlicher Pflicht oder aus Gründen des Anstandes ausnahmsweise zulässige unentgeltliche Verfügung beurteilt sich nach den Kriterien der §§ 534, 2113 Abs. 2 Satz 2 (MüKo/*Brandner* § 2205 Rn 69). 13

Verstöße gegen das Verbot unentgeltlicher Verfügungen führen zur schwebenden Unwirksamkeit sowohl des schuldrechtlichen, als auch des dinglichen Geschäftes (Palandt/ *Edenhofer* § 2205 Rn 30). Genehmigt werden kann die Verfügung durch Zustimmung sämtlicher Beteiligter, zu deren Schutz das Verfügungsverbot besteht. Dies kann im Einzelfall neben dem Erben auch ein Vermächtnisnehmer sein. Verweigert ein Beteiligter die Genehmigung, wird die Verfügung endgültig nichtig (Palandt/*Edenhofer* § 2205 Rn 30). 14

3. Verfügungsbeschränkungen aufgrund allgemeiner Grundsätze

a) durch Erblasseranordnungen, § 2208

Aus § 2208 Abs. 1 Satz 1 folgt, dass der Wille des Erblassers die Verfügungsmacht des Testamentsvollstreckers (und auch seine Verwaltungsbefugnis) beschränkt. Wie weit diese Beschränkung geht, ist ggf nach den allgemeinen Auslegungsgrundsätzen zu ermitteln. Die Beschränkung kann sehr weitgehend sein. Sogar die Bindung des Testamentsvollstreckers an die vorherige Zustimmung der Erben ist zulässig (BGHZ 56, 275 – 285). 15

b) aus allgemeinen erbrechtlichen Grundsätzen

aa) keine Verfügungsbefugnis an Erbteilen

Die Verfügungsbefugnis des Testamentsvollstreckers erfasst nicht die Anteile eines Erben am Nachlass. Die allein dem jeweiligen Miterben zustehende Verfügungsbefugnis kann dem Testamentsvollstrecker auch nicht durch den Erblasser im Rahmen einer letztwilligen Verfügung eingeräumt werden (MüKo/*Brandner* § 2205 Rn 54). 16

bb) Besonderheiten bei Vor- und Nacherbschaft

Nicht einheitlich, sondern immer in Abhängigkeit von dem angeordneten Aufgabenumfang beurteilt sich die Verfügungsbefugnis des Testamentsvollstreckers, wenn er im Rahmen einer Vorerbschaft und/oder Nacherbschaft tätig wird. Folgende Fälle lassen sich unterscheiden: 17

Allgemeine Testamentsvollstreckung für die Vorerbschaft: Dogmatisch handelt es sich hier um eine Verwaltungsvollstreckung gem § 2209, zeitlich begrenzt für die Dauer der Vorerbschaft. Durch die angeordnete Testamentsvollstreckung wird der Vorerbe über das ges Maß der Vorerbschaft hinaus zusätzlich dadurch in seinen Rechten beschränkt, dass die Verwaltungs- und Verfügungsbefugnis nicht ihm, sondern dem Testamentsvollstrecker zusteht. Streitig ist, ob der Testamentsvollstrecker in seinem Verfügungsrecht nur nach § 2205 Satz 3 beschränkt ist (so *Nieder*, Handbuch der Testamentsgestaltung, Rn 655 aE), oder ob für die Testamentsvollstreckung die gleichen Beschränkungen gelten, wie sie für den Vorerben gesetzlich angeordnet sind, bspw § 2113 (so Mayer/Bonefeld/Daragan/ *Mayer*, Testamentsvollstreckung, Rn 546, aE). 18

Allgemeine Testamentsvollstreckung für die Nacherbschaft: Im Unterschied zur Testamentsvollstreckung für die Vorerbschaft beginnt hier die Testamentsvollstreckung erst mit dem Eintritt der Nacherbschaft. Damit wird der Nacherbe während der Dauer seiner Nacherbschaft durch den Testamentsvollstrecker in seiner Verwaltungs- und Verfügungsbefugnis beschränkt (*Nieder*, Handbuch der Testamentsgestaltung, Rn 656). 19

Allgemeine Testamentsvollstreckung für Vor- und Nacherbschaft: Hier ist der Testamentsvollstrecker nicht nur für den Vor- oder den Nacherben tätig, sondern für beide gemeinsam ernannt. Dies hat zur Folge, dass er ab dem Erbfall zunächst für die Dauer der Vorerbschaft das Verwaltungs- und Verfügungsrecht ausübt und anschließend für den Nacherben. Aufgrund seiner Amtsführung sowohl für den Vorerben, als auch für den 20

Nacherben ist der Testamentsvollstrecker hier während der Vorerbschaft unstreitig nur nach § 2205 Satz 3 in seiner Verfügungsbefugnis beschränkt, nicht nach den weitergehenden Vorschriften der §§ 2113, 2114 (Mayer/Bonefeld/Daragan/*Mayer*, Testamentsvollstreckung, Rn 548.). **Praxishinweis:** Es stellt sich die Frage, ob der Testamentsvollstrecker, während er als Vollstrecker für den Vorerben tätig ist, zugleich auch die Kontroll-, Sicherungs- und Mitwirkungsrechte des Nacherben ausüben kann. Da er in diesem Fall einer Interessenkollision ausgesetzt wäre, wird dies nach hM nur dann angenommen werden können, wenn sich ein so weit reichender Erblasserwille aus der testamentarischen Verfügung mit hinreichender Sicherheit entnehmen lässt (Mayer/Bonefeld/Daragan/*Mayer*, Testamentsvollstreckung, Rn 548; *Nieder*, Handbuch der Testamentsgestaltung Rn 657.). Es empfiehlt sich also bei der Testamentsgestaltung dringend, von vornherein für eine klarstellende Formulierung zu sorgen.

21 **Nacherbentestamentsvollstreckung:** Der Nacherbenvollstrecker nach § 2222 beschränkt nicht den Vorerben in seinen Rechten. Vielmehr nimmt der Testamentsvollstrecker hier die Rechte des Nacherben gegenüber dem Vorerben im eigenen Namen wahr (Dauner-Lieb/Heidel/Ring/*Weidlich*, AnwK Erbrecht, § 2222 Rn 1.). Aus diesem Grund hat der Testamentsvollstrecker kein eigenes Verwaltungs- und Verfügungsrecht kraft seines Amtes als Testamentsvollstrecker, sondern er kann nur die Rechte und Pflichten wahrnehmen, die dem Nacherben im Allgemeinen gegenüber dem Vorerben zustehen. Die Aufgaben und Befugnisse folgen aus den §§ 2116 – 2119, 2121 – 2123, 2127, 2129, 2115 iVm § 773 ZPO, die Pflichten aus den §§ 2120, 2123 (Dauner-Lieb/Heidel/Ring/Weidlich, AnwK, Erbrecht, § 2222 Rn 3; BGHZ 127, 360 – 367).

c) Verbot des Selbstkontrahierens

22 Wegen der auch bei einer Testamentsvollstreckung grds bestehenden Gefahr eines Interessenkonfliktes, der zu einer Schädigung des verwalteten Nachlassvermögens führen könnte, unterliegt der Testamentsvollstrecker nach allgemeiner Meinung den Beschränkungen des § 181 (BGHZ 51, 209 – 219; OLG Frankfurt NJW-RR 1998, 795 – 797 mit Anmerkung *Hohloch*, JuS 1998, 845). Eine Befreiung durch den Erblasser ist ausdrücklich oder stillschweigend möglich (RGZ 61, 139 – 145). Aber auch dann muss sich das Rechtsgeschäft in den Grenzen der ordnungsgemäßen Verwaltung nach § 2216 halten. Die Rechtsfolgen und die Heilungsmöglichkeiten bei Verstößen beurteilen sich wie bei einem Verstoß gegen das Schenkungsverbot (s Rn 14).

d) Insolvenzfälle

23 Die Eröffnung eines Nachlassinsolvenzverfahrens nach § 317 InsO und die Anordnung einer Nachlassverwaltung nach §§ 1981, 1984, 1985 schließen für Dauer dieser Verfahren eine Verwaltung durch den Testamentsvollstrecker aus (Palandt/*Edenhofer* § 2205 Rn 3).

IV. Dauer der Verwaltungs- und Verfügungsbefugnis

24 Die Befugnisse nach §§ 2205 stehen dem Testamentsvollstrecker vom Zeitpunkt der Annahme des Amtes bis zu seiner Beendigung zu, im Regelfall also mit Aufgabenerledigung, Erreichen der zeitlichen Grenze nach § 2210 oder dem Erlöschen des Amtes nach § 2225 (Palandt/*Edenhofer* § 2205 Rn 1).

§ 2206 Eingehung von Verbindlichkeiten

(1) Der Testamentsvollstrecker ist berechtigt, Verbindlichkeiten für den Nachlass einzugehen, soweit die Eingehung zur ordnungsmäßigen Verwaltung erforderlich ist. Die Verbindlichkeit zu einer Verfügung über einen Nachlassgegenstand kann der Testamentsvollstrecker für den Nachlass auch dann eingehen, wenn er zu der Verfügung berechtigt ist.

(2) Der Erbe ist verpflichtet, zur Eingehung solcher Verbindlichkeiten seine Einwilligung zu erteilen, unbeschadet des Rechts, die Beschränkung seiner Haftung für die Nachlassverbindlichkeiten geltend zu machen.

A. Allgemeines

Die Vorschrift regelt die Voraussetzungen, unter denen der Testamentsvollstrecker berechtigt ist, den Nachlass zu verpflichten. Für den Erben wird klargestellt, dass ihn seine Verpflichtung zur Einwilligung nicht des Rechtes beraubt, seine Haftung auf den übernommenen Nachlass zu beschränken. 1

B. Voraussetzungen

I. Wirksame Testamentsvollstreckung

Die wirksame Anordnung der Testamentsvollstreckung und das Bestehen des Testamentsvollstreckeramtes sind ungeschriebene Voraussetzungen, damit der Testamentsvollstrecker Verbindlichkeiten für den Nachlass begründen kann (MüKo/*Brandner* § 2206 Rn 3). Fehlt es an der wirksamen Anordnung einer Testamentsvollstreckung, muss der Erbe das rechtsgeschäftliche Handeln des mutmaßlichen Testamentsvollstreckers nach § 177 genehmigen, damit der Nachlass verpflichtet wird (Palandt/*Edenhofer* § 2206 Rn 5). 2

II. Begründung von rechtsgeschäftlichen Verbindlichkeiten für den Nachlass, § 2206 Abs. 1 Satz 1

Verbindlichkeiten sind alle Rechtsgeschäfte, die den Nachlass verpflichten. Hierzu gehören schuldrechtliche Verträge, aber auch Prozesshandlungen, wie der Abschluss eines Prozessvergleichs oder die Abgabe eines prozessualen Anerkenntnisses (*Zimmermann*, Die Testamentsvollstreckung, 2. Auflage 2003 Rn 399). 3

Erste Voraussetzung für eine Verpflichtung des Nachlasses ist die Einhaltung des Offenkundigkeitsprinzips durch den Testamentsvollstrecker. Für den Vertragspartner muss also ein erkennbares Handeln des Testamentsvollstreckers mit Wirkung für und gegen den Nachlass vorliegen. Anderenfalls wird nicht der Nachlass, sondern der Testamentsvollstrecker persönlich verpflichtet, § 164 Abs. 2. 4

Zweite Voraussetzung ist entweder das Handeln des Testamentsvollstreckers in dem Rahmen, wie dies zur ordnungsgemäßen Verwaltung des Nachlasses objektiv erforderlich ist, oder eine Befreiung des Testamentsvollstreckers von dieser Verpflichtung durch den Erblasser nach §§ 2207 Satz 1, 2209 Satz 2. Ob die Grenze ordnungsgemäßer Verwaltung überschritten ist, bestimmt sich nicht nur nach objektiven Gesichtspunkten, sondern aus der Sicht der Beteiligten. Die Beweislast trifft den Gläubiger, der Ansprüche gegen den Nachlass geltend macht (Erman/*M. Schmidt* § 2206 Rn 1). 5

III. Verbindlichkeit zur Verfügung über einen Nachlassgegenstand, § 2206 Abs. 1 Satz 2

Bei Verfügungen über Nachlassgegenstände besteht die Einschränkung des § 2206 Abs. 1 Satz 1 nicht. Der Grund ist darin zu sehen, dass es wenig sinnvoll wäre, dem Testamentsvollstrecker über § 2205 Satz 2 zweiter Hs einerseits die freie Verfügungsbefugnis zu geben, ihn aber andererseits in der Eingehung von Verbindlichkeiten zu seinen Verfügungen beschränken zu wollen (Palandt/*Edenhofer* § 2206 Rn 2). Verstößt der Testamentsvollstrecker bei der Begründung der Verbindlichkeit zu einer Verfügung allerdings gegen die Grundsätze der ordnungsgemäßen Verwaltung nach § 2216, macht er sich schadenersatzpflichtig (BGH NJW-RR 1989, 642 – 643). Die Wirksamkeit des von den Testamentsvoll- 6

§ 2206 BGB | Eingehung von Verbindlichkeiten

strecker abgeschlossenen Vertrages bleibt jedoch unberührt, ausgenommen es läge ein treuwidriges, auf kollusivem Zusammenwirken mit dem Dritten beruhendes oder Schädigung des Nachlasses ausgerichtetes Verhalten des Testamentsvollstreckers vor (Palandt/*Edenhofer* § 2206 Rn 2). In derartigen Fällen können die Grundsätze vom Missbrauch der Vertretungsmacht angewandt werden (BGH NJW-RR 1989, 642–643), in gravierenden Fällen mag auch § 138 eingreifen (Palandt/*Edenhofer* § 2206 Rn 2).

IV. Verpflichtung des Erben zur Erteilung der Einwilligung, § 2206 Abs. 2

7   Mit dieser Regelung, die sich nur auf § 2206 Abs. 1 Satz 1 bezieht (Erman/*M. Schmidt* § 2206 Rn 3), wird dem Testamentsvollstrecker ein Instrumentarium an die Hand gegeben, mit dem er sich bei den Erben Klarheit darüber verschaffen kann, ob die getätigten Rechtsgeschäfte noch seiner Verfügungsmacht entsprechen (Palandt/*Edenhofer* § 2206 Rn 3). Auf die Gültigkeit des Rechtsgeschäfts hat die Verweigerung der Einwilligung keinen Einfluss. Sie führt jedoch regelmäßig zum Ausschluss von Schadensersatzansprüchen gegen den Testamentsvollstrecker (§ 2219). Auch können die Erben sich dem Vertragspartner gegenüber nicht mehr auf einem Mangel der Vertretungsmacht des Testamentsvollstreckers berufen (Erman/*M. Schmidt* § 2206 Rn 3).

C. Rechtsfolgen

I. bei wirksamer Begründung von Verbindlichkeiten durch den Testamentsvollstrecker

8   Handelt der Testamentsvollstrecker im Rahmen seiner Verpflichtungsbefugnis, entstehen Nachlassverbindlichkeiten iSd § 1967, für die der Erbe einstandspflichtig ist. Die Möglichkeit der Herbeiführung der Haftungsbeschränkung (vgl Palandt/*Edenhofer*, Einf zu § 1967 Rn 4) bleiben dem Erben unbenommen, § 2206 Abs. 2 zweiter Hs.

II. bei fehlender Verfügungsmacht des Testamentsvollstreckers

9   Ist die Eingehung der Verbindlichkeit objektiv zur ordnungsgemäßen Verwaltung nicht erforderlich, ist die Maßnahme des Testamentsvollstreckers dem Nachlass gegenüber grds unwirksam. In diesen Fällen haftet der Testamentsvollstrecker dem Vertragspartner nach § 179 persönlich (Erman/*M. Schmidt* § 2206 Rn 1). Zu beachten ist allerdings, dass die überwiegende Auffassung die wirksame Begründung einer Nachlassverbindlichkeit bereits dann annimmt, wenn der Vertragspartner des Testamentsvollstreckers ohne Fahrlässigkeit davon ausgehen durfte, dass die Eingehung der Verbindlichkeit zulasten des Nachlasses durch den Testamentsvollstrecker zur ordnungsgemäßen Verwaltung erforderlich war (BGH NJW 1983, 40, 41; Staudinger/*Reimann* § 2206 Rn 11; MüKo/*Brandner* § 2206 Rn 8; Palandt/*Edenhofer* § 2206 Rn 1).

D. Rechtsförmliches

10 Die Einwilligung des Erben nach § 2206 Abs. 2 kann durch den Testamentsvollstrecker (nicht durch Dritte, Erman/*M. Schmidt* § 2206 Rn 4) im Wege der Klage vor dem Prozessgericht durchgesetzt werden. Die Zwangsvollstreckung erfolgt nach § 894 ZPO. Strittig ist, ob im Unterliegensfalle den Testamentsvollstrecker die Kostenlast persönlich trifft (so Soergel/*Damrau* § 2206 Rn 5, 13; aA *Zimmermann*, Die Testamentsvollstreckung, 2. Auflage 2003, Rn 406).

11 Soweit der Erbe oder ein Dritter ein berechtigtes Interesse iSd § 256 ZPO an der Feststellung der Unwirksamkeit der durch den Testamentsvollstrecker begründeten Verbindlichkeit geltend machen können, ist die Feststellungsklage vor dem Prozessgericht gegeben (Erman/*M. Schmidt* § 2206 Rn 4).

Im Nachlassinsolvenzverfahren gehören die Verbindlichkeiten aus den von einem Testa- 12
mentsvollstrecker vorgenommenen Rechtsgeschäften zu den Masseverbindlichkeiten,
§ 324 Abs. 1 Nr. 5 InsO (Erman/*M. Schmidt* § 2206 Rn 1 aE).

§ 2207 Erweiterte Verpflichtungsbefugnis

Der Erblasser kann anordnen, dass der Testamentsvollstrecker in der Eingehung von Verbindlichkeiten für den Nachlass nicht beschränkt sein soll. Der Testamentsvollstrecker ist auch in einem solchen Falle zu einem Schenkungsversprechen nur nach Maßgabe des § 2205 Satz 3 berechtigt.

A. Allgemeines

Die Norm ist in Zusammenhang mit § 2206 Abs. 1 Satz 1 zu sehen. Sie erweitert – unter 1
Aufrechterhaltung des Schenkungsverbotes des § 2205 Satz 3 – die Befugnis des Testamentsvollstreckers zur Verpflichtung des Nachlasses.

B. Voraussetzungen

I. Anordnung des Erblassers

Die – rechtsgültige – letztwillige Verfügung des Erblassers muss ausdrücklich oder zu- 2
mindest stillschweigend (MüKo/*Brandner* § 2207 Rn 4) die Erweiterung der Verpflichtungsbefugnis enthalten. Im Falle der Dauer- und Verwaltungsvollstreckung nach § 2209 Satz 1 stellt die Erweiterung der Verpflichtungsbefugnis den ges Regelfall dar, § 2209 Satz 2. Gehört die Erfüllung eines Verschaffungsvermächtnisses nach § 2170 zum Aufgabenbereich des Testamentsvollstreckers, gilt die Verpflichtungsbefugnis nach § 2207 Satz 1 regelmäßig als konkludent erteilt (Palandt/*Edenhofer* § 2207 Rn 1).

II. Keine Befreiung vom Schenkungsverbot

Auch im Falle erweiterter Verpflichtungsbefugnis unterliegt der Testamentsvollstrecker 3
dem Verbot unentgeltlicher Verfügungen nach § 2205 Satz 3 (vgl hierzu § 2205 Rn 11 – 15).

C. Rechtsfolgen

Die Erweiterung der Verpflichtungsbefugnis führt dazu, dass der Testamentsvollstrecker 4
zulasten des Nachlasses auch solche Verbindlichkeiten eingehen darf, die zur ordnungsgemäßen Verwaltung eigentlich nicht erforderlich wären. Im Verhältnis zum Erben besteht die Verpflichtung nach § 2216 jedoch fort (s Rn 5) mit den Sanktionsmechanismen nach §§ 2219, 2227.

Nach überwiegender Auffassung kann der Testamentsvollstrecker auch im Falle der 5
erweiterten Verpflichtungsbefugnis vom Erben die Einwilligung nach § 2206 Abs. 2 verlangen (Palandt/*Edenhofer* § 2207 Rn 2; MüKo/*Brandner* § 2207 Rn 5; Erman/*M. Schmidt* § 2207 Rn 1). Diese Auffassung verdient Zustimmung. Der Testamentsvollstrecker bleibt auch im Falle der Befreiung nach § 2207 zur ordnungsgemäßen Verwaltung des Nachlasses gem § 2216 verpflichtet. Von dieser Verpflichtung kann selbst der Erblasser den Testamentsvollstrecker nicht befreien, § 2220. Das Interesse des Testamentsvollstreckers, sich möglichst frühzeitig Klarheit über die ordnungsgemäße Verwaltung verschaffen zu können (vgl § 2206 Rn 7) besteht auch im Fall der erweiterten Verpflichtungsbefugnis. Es ist nicht ersichtlich, dass der Gesetzgeber den Testamentsvollstrecker im Falle des § 2207 schlechter stellen wollte, als im Regelfall des § 2206.

§ 2208 BGB | Beschränkung der Rechte des Testamentsvollstreckers

D. Rechtsförmliches

6 Gem § 2368 Abs. 1 Satz 2, 2. Alternative ist die Erweiterung der Verpflichtungsbefugnis als Abweichung von der üblichen Rechtsmacht des Testamentsvollstreckers im Testamentsvollstreckerzeugnis aufzunehmen.

§ 2208 Beschränkung der Rechte des Testamentsvollstreckers, Ausführung durch den Erben

(1) Der Testamentsvollstrecker hat die in den §§ 2203 – 2206 bestimmten Rechte nicht, soweit anzunehmen ist, dass sie ihm nach dem Willen des Erblassers nicht zustehen sollen. Unterliegen der Verwaltung des Testamentsvollstreckers nur einzelne Nachlassgegenstände, so stehen ihm die in § 2205 Satz 2 bestimmten Befugnisse nur in Ansehung dieser Gegenstände zu.

(2) Hat der Testamentsvollstrecker Verfügungen des Erblassers nicht selbst zur Ausführung zu bringen, so kann er die Ausführung von dem Erben verlangen, sofern nicht ein anderer Wille des Erblassers anzunehmen ist.

A. Allgemeines

1 Die Vorschrift ist im Zusammenhang mit den einem Testamentsvollstrecker grds nach den §§ 2203 – 2206 zustehenden Rechten zu sehen. Dabei stellt Abs. 1 der Vorschrift das Pendant zu § 2207 dar, über den eine Erweiterung der Rechte des Testamentsvollstreckers möglich ist. Abs. 2 der Vorschrift regelt den Sonderfall der sog beaufsichtigenden Testamentvollstreckung.

B. Voraussetzungen

I. Letztwillige Verfügung

2 Die – rechtsgültige – letztwillige Verfügung des Erblassers wird hier unter zwei Gesichtspunkten bedeutsam. Zum einen ordnet sie die Testamentsvollstreckung an, zum anderen beschränkt sie die Rechte des Testamentsvollstreckers. In welchem Umfang dem Testamentsvollstrecker danach Rechte zustehen sollen, ergibt sich häufig erst aus einer Auslegung der Verfügung.

II. Mögliche Beschränkungen

3 Anders als für die Erweiterung der Befugnisse des Testamentsvollstreckers bestehen für ihre Einschränkung keinerlei ges Beschränkungen. Ein Mindestumfang ist nicht vorgeschrieben (vgl BayObLG FamRZ 1986, 613 – 617; MüKo/*Brandner* § 2208 Rn 2).

4 Fehlen ausdrückliche Anordnungen des Erblassers zur Beschränkung der Befugnisse des Testamentsvollstreckers, ist auf den mutmaßlichen Erblasserwillen abzustellen. Dieser wird sich regelmäßig aus dem Sinnzusammenhang der letztwilligen Verfügung und aus den vom Erblasser mit der Anordnung der Testamentsvollstreckung verfolgten Zielen herleiten lassen (MüKo/*Brandner* § 2208 Rn 6). Zweifel am Beschränkungswillen des Erblassers gehen zulasten desjenigen, der sich auf die Beschränkung beruft.

1. Zeitliche Beschränkungen

5 Sie sind in jeder Form zulässig, zB durch Befristung der Testamentsvollstreckung oder Anknüpfung an Bedingungen. Die Testamentvollstreckung findet dann nur in diesem

Zeitraum statt, im Übrigen liegen die Rechte am Nachlass bei den Erben (Erman/*M. Schmidt* § 2208 Rn 2).

2. Inhaltliche Beschränkungen

Auch hier ist der Gestaltungsspielraum für den Erblasser vielfältig. Die Auseinandersetzung des Nachlasses kann ebenso untersagt werden (BGHZ 40, 115 – 126) wie das Verfügen über Grundstücke (BGHZ 56, 275 – 285) oder sonstige Nachlassgegenstände (Erman/*M. Schmidt* § 2208 Rn 3).

3. Gegenständliche Beschränkungen, § 2208 Abs. 1 Satz 2

In diesem Fall unterstellt der Erblasser von vornherein nur einzelne Nachlassgegenstände oder Teile des Nachlasses (vgl BGH NJW 1997, 1362 – 1363 – Miterbenanteil) der Testamentsvollstreckung. Nur für diese Nachlassgegenstände stehen dem Testamentsvollstrecker die Rechte aus §§ 2205, 2206 Abs. 1, insb das Inbesitznahmerecht sowie das Verpflichtungs- und Verfügungsrecht zu. Im Falle der Überschreitung der Verpflichtungsbefugnis durch den Testamentsvollstrecker haftet dennoch der gesamten Nachlass (Palandt/*Edenhofer* § 2208 Rn 3; MüKo/*Brandner* § 2208 Rn 9). Im Innenverhältnis macht sich der Testamentsvollstrecker schadenersatzpflichtig (§ 2219) und liefert möglicherweise auch einen Entlassungsgrund (§ 2227).

III. Beaufsichtigende Testamentvollstreckung, § 2208 Abs. 2

Bei dieser Sonderform der Testamentsvollstreckung kommt dem Testamentsvollstrecker überhaupt keine Verwaltungs-, Verpflichtungs- oder Verfügungsbefugnis zulasten des Nachlasses mehr zu. Seine Aufgabe beschränkt sich darauf, notfalls im Wege der Klage gegen den Erben, für die Ausführung der letztwilligen Verfügung, zB der Vollziehung einer Auflage oder der Erfüllung des einem Dritten zugedachten Vermächtnisses, zu sorgen (Palandt/*Edenhofer* § 2208 Rn 6; MüKo/*Brandner* § 2208 Rn 13). Die Abgrenzung zu einem bloßen Berater des Erben kann im Einzelfall schwierig sein. Sie wird sich daran orientieren müssen, ob im konkreten Einzelfall überhaupt noch ein durchsetzbares Vollzugsverlangen gegen den Erben gestellt werden kann, nur dann wird noch eine (beaufsichtigende) Testamentsvollstreckung angenommen werden können (Palandt/*Edenhofer* § 2208 Rn 6).

C. Rechtsfolgen

Die angeordneten Beschränkungen haben auch dingliche Wirkung. Sie wirken somit auch gegenüber einem Dritten, soweit er sie kennt oder sie im Testamentsvollstreckerzeugnis vermerkt sind (§§ 2366, 2368) oder kein Testamentsvollstreckerzeugnis erteilt wurde (Palandt/*Edenhofer* § 2208 Rn 5; MüKo/*Brandner* § 2208 Rn 4).

D. Rechtsförmliches

Als Abweichung von der üblichen Rechtsmacht des Testamentsvollstreckers ist jede Form der Beschränkung nach § 2208 gem § 2368 Abs. 1 Satz 2, 2. Alternative in das Testamentsvollstreckerzeugnis aufzunehmen (BayObLG FamRZ 1991, 612).

§ 2209 Dauervollstreckung

Der Erblasser kann einem Testamentsvollstrecker die Verwaltung des Nachlasses übertragen, ohne ihm andere Aufgaben als die Verwaltung zuzuweisen; er kann auch anordnen, dass der Testamentsvollstrecker die Verwaltung nach der Erledigung der ihm sonst zugewiesenen Aufgaben fortzuführen hat. Im Zweifel ist anzunehmen, dass einem solchen Testamentsvollstrecker die in § 2207 bezeichnete Ermächtigung erteilt ist.

A. Allgemeines

1 Die Vorschrift erweitert den ges Regelfall der sog Abwicklungsvollstreckung (vgl § 2203 Rn 1) durch zwei Formen der Testamentsvollstreckung. § 2209 Satz 1 zweiter Hs regelt die sog Dauertestamentsvollstreckung. Im Unterschied zur Abwicklungsvollstreckung führt hier die Erledigung der dem Testamentsvollstrecker auferlegten Aufgaben nicht zur Beendigung der Testamentsvollstreckung, sondern dauert mit dem Aufgabenbereich der Nachlassverwaltung fort. § 2209 Satz 1 erster Hs regelt die sog (schlichte) Verwaltungsvollstreckung. Sie unterscheidet sich von der Dauertestamentsvollstreckung dadurch, dass dem Testamentsvollstrecker außer der Verwaltung des Nachlasses keine weitere Aufgabe zugewiesen ist. § 2209 Satz 2 stellt eine ges Auslegungsregel für die Befugnis des Testamentsvollstreckers zur Eingehung von Verbindlichkeiten für den Nachlass auf.

B. Voraussetzungen

I. Letztwillige Verfügung

2 Die – rechtsgültige – letztwillige Verfügung des Erblassers ist Voraussetzung für die wirksame Anordnung der Testamentsvollstreckung als solcher. Darüber hinaus kommt ihr in besonderem Maße Bedeutung für die Festlegung des Aufgabenbereiches des Testamentsvollstreckers zu. Die allgemeinen Auslegungsregeln sind heranzuziehen. Die Anordnung einer – nicht näher umschriebenen – Testamentsvollstreckung über den Nachlass eines Alleinerben wird regelmäßig für eine Dauertestamentsvollstreckung sprechen, weil die Testamentsvollstreckung ansonsten weitgehend bedeutungslos wäre (Erman/*M. Schmidt* § 2209 Rn 1).

II. Aufgaben des Testamentsvollstreckers nach § 2209 Satz 1

3 Welche Aufgaben der Dauertestamentsvollstrecker im Einzelfall zu erfüllen hat, hängt zum einen von den besonderen Vorgaben des Erblassers, zum anderen aber auch davon ab, aus welcher Interessenlage heraus er diese spezielle Art der Testamentsvollstreckung angeordnet hat.

1. Motive für eine Dauertestamentsvollstreckung

a) Schutz des Nachlasses

4 Vielfach wird die Dauertestamentsvollstreckung angeordnet, um die Erben in fürsorglicher Form zu bevormunden (Palandt/*Edenhofer* § 2209 Rn 2). In diese Kategorie gehören die Dauervollstreckung für minderjährige Erben ebenso, wie die Vollstreckung für den überlebenden, in seinen körperlichen und geistigen Möglichkeiten bereits eingeschränkten Ehegatten. Im Wiederverheiratungsfalle ist es häufig gewollt zu verhindern, dass nach dem Tode des Zweitversterbenden große Teile des Vermögens an einen familienfremden Stamm gehen. In Form eines Behindertentestamentes kann durch eine geschickte Gestaltung der Dauertestamentsvollstreckung der Nachlass den übrigen Abkömmlingen weitgehend ungeschmälert vor dem Zugriff der öffentlichen Hand erhalten werden. Nach der bisherigen Rechtsprechung sind derartige Gestaltungen nicht sittenwidrig (BGH NJW 1990, 2055; BGH NJW 1994, 248).

5 Auch der unternehmerische Nachlass wird häufig mit einer Dauervollstreckung in Verbindung gebracht. Dabei geht es nicht nur darum, das Unternehmen solange durch den Testamentsvollstrecker fortführen zu lassen, bis der designierte Unternehmensnachfolger

die notwendige Qualifikation erworben hat. Die Dauertestamentsvollstreckung kann auch als akute Notfallplanung dienen und damit zu einem verbesserten Rating im Rahmen der Firmenfinanzierung (Basel II) führen.

Dauervollstreckung ermöglicht Vollstreckungsschutz. Durch die Regelungen der §§ 2205, 2211 wird die Trennung des Nachlasses vom Privatvermögen des Erben herbeigeführt (BGHZ 48, 214, 219). Nach § 2214 reichen die Rechte der Eigengläubiger des Erben nicht weiter, als die Rechte des Erben am Nachlass selbst. Gem § 36 InsO fallen grds nur die nicht der Testamentsvollstreckung unterliegenden Nachlassgegenstände in die Insolvenzmasse. Die Verfügungsbefugnis verbleibt auch im Falle der Insolvenz des Erben beim Testamentsvollstrecker (Dauner-Lieb/Heidel/Ring/*Weidlich*, AnwK, § 2214 Rn 4). Im Rahmen einer Restschuldbefreiung setzt sich das Zugriffverbot der Gläubiger fort. Die Anordnung einer Dauervollstreckung verhindert die Herausgabe des Nachlasses nach Abschluss der Abwicklungsvollstreckung an den Erben und damit die Verpflichtung des Erben nach § 295 Abs. 1 Nr. 2 InsO zur Herausgabe der Hälfte des Nachlasses an den Treuhänder (Dauner-Lieb/Heidel/Ring/*Weidlich*, AnwK, § 2214 Rn 5). 6

b) Erfüllung karitativer Zwecke

Hier ist die Dauertestamentsvollstreckung zB im Rahmen einer durch den Erblasser mittels letztwilliger Verfügung angeordneten Errichtung einer rechtsfähigen Stiftung, die Übertragung von Vermögenswerten auf die Stiftung und die Überwachung des Geschäftsganges der Stiftung durch den Testamentsvollstrecker denkbar (Palandt/*Edenhofer* § 2209 Rn 7). 7

2. Aufgaben des (schlichten) Verwaltungsvollstreckers, § 2209 Satz 1 erster Hs

Dem Testamentsvollstrecker kommt hier keine andere Aufgabe zu, als der Nachlass zu verwalten (MüKo/*Brandner* § 2209 Rn 1). Dabei kann sich die Verwaltungstätigkeit auf eine einzelne Verwaltungsaufgabe beschränken, zB die Abwicklung einer bestimmten Nachlassverbindlichkeit (Palandt/*Edenhofer* § 2209 Rn 1) oder die Verwertung einzelner Nachlassgegenstände (Erman/*M. Schmidt* § 2209 Rn 1). 8

3. Aufgaben des Dauervollstrecker, § 2209 Satz 1 zweiter Hs

Der Dauervollstrecker hat zunächst den Nachlass in Besitz zu nehmen. Insoweit gelten für ihn die Rechte und Pflichten nach § 2203. Anschließend hat er den Nachlass auf Dauer in Besitz zu halten. Erfasst ist die Befugnis, den Nachlass zu verpflichten und darüber zu verfügen. Erwirtschaftete Erträge sind an den Erben nur dann herauszugeben, wenn es den Grundsätzen ordnungsgemäßer Verwaltung oder dem – ggf durch Auslegung zu ermittelnden – Willen des Erblassers entspricht (Erman/*M. Schmidt* § 2209 Rn 3). Grds ist der Testamentsvollstrecker zur Thesaurierung berechtigt (Palandt/*Edenhofer* § 2209 Rn 5). Erstreckt sich die Dauervollstreckung nur auf einen von mehreren Miterben, so hat der Testamentsvollstrecker zunächst die Auseinandersetzung des Nachlasses nach § 2204 unter den Miterben zu bewirken und sodann den seiner Vollstreckung zugewiesenen Nachlass in seine Dauervollstreckung zu übernehmen (Erman/*M. Schmidt* § 2209 Rn 3). 9

10

4. Dauer der Vollstreckung nach § 2209

Die Vollstreckung endet entsprechend den Anordnungen des Erblassers zu einem bestimmten Zeitpunkt oder mit dem Eintritt einer bestimmten Bedingung, spätestens gem § 2210 30 Jahre nach dem Erbfall (zu den Ausnahmen vgl § 2210 Rn 5 – 7). 11

III. Die Bedeutung des § 2209 Satz 2

12 Der Verweis auf § 2207 begründet für die Testamentsvollstreckung nach § 2209 Satz 1 eine ges Auslegungsregel dahingehend, dass der Testamentsvollstrecker in der Eingehung von Verbindlichkeiten für den Nachlass nicht beschränkt sein soll. Damit wird dem Verkehrschutzinteresse beim Abschluss immer wieder neuer Geschäfte durch den Testamentsvollstrecker Rechnung getragen (MüKo/*Brandner* § 2209 Rn 18). Zu unentgeltlichen Verfügungen ist er jedoch nur im Rahmen des § 2205 Satz 3 befugt.

C. Rechtsförmliches

13 Jede Form der Dauertestamentsvollstreckung iSd § 2209 Satz 1 ist gem § 2368 Abs. 1 Satz 2 in das Testamentsvollstreckerzeugnis einzutragen (Palandt/*Edenhofer* § 2368 Rn 3; MüKo/*Brandner* § 2209 Rn 15).

14 Ein Antrag des Erben auf Außerkraftsetzung der angeordneten Dauervollstreckung nach §§ 2216 Abs. 2 Satz 2 scheidet richtigerweise aus, da von dieser Vorschrift nur die einzelne Anordnung des Erblassers, nicht jedoch die Anordnung der Testamentsvollstreckung insgesamt erfasst wird. Der Erbe kann sich daher gegen die ihn treffende Beschränkung seines Nachlasses allenfalls über eine Anfechtung nach § 2078 oder das Verlangen des Pflichtteils unter den Voraussetzungen des § 2306 zur Wehr setzen (Palandt/*Edenhofer* § 2209 Rn 2).

§ 2210 Dreißigjährige Frist für die Dauervollstreckung

Eine nach § 2209 getroffene Anordnung wird unwirksam, wenn seit dem Erbfall 30 Jahre verstrichen sind. Der Erblasser kann jedoch anordnen, dass die Verwaltung bis zum Tode des Erben oder des Testamentsvollstreckers oder bis zum Eintritt eines anderen Ereignisses in der Person des einen oder des anderen fortdauern soll. Die Vorschrift des § 2163 Abs. 2 findet entsprechende Anwendung.

A. Allgemeines

1 Die Norm stellt in Satz 1 den Grundsatz auf, dass dem Erben der Nachlass nicht auf Dauer entzogen werden kann. Hiervon lässt Satz 2 Ausnahmen zu. Satz 3 regelt schließlich als Sonderfall die Dauertestamentsvollstreckung durch juristische Personen. Die Fristdauer ist den Bestimmungen bei der Nacherbschaft (§ 2109), dem Vermächtnis (§ 2162) sowie dem Teilungsverbot (§ 2044) nachgebildet.

B. Voraussetzungen

I. Anordnung einer Dauervollstreckung

2 Die 30-Jahres-Frist gilt nur für die Dauervollstreckung nach § 2209. Sie gilt nicht für die Abwicklungsvollstreckung der §§ 2203, 2204, die in angemessener Zeit durchzuführen ist (Dauner-Lieb/Heidel/Ring/*Weidlich*, AnwK Erbrecht, § 2210 Rn 4). Dabei kann es im – sicherlich extremen – Ausnahmefall auch zu einer Überschreitung der 30 Jahresfrist kommen (OLG Hamburg FamRZ 1985, 538). Nicht unter die 30-Jahres-Frist des § 2210 Satz 1 fällt auch die die Erfüllung sonstiger Aufgaben des Testamentsvollstreckers, die keine Dauervollstreckung darstellen, bspw die Überwachung einer Auflage (vgl MüKo/*Brandner* § 2210 Rn 6, der zur Begründung anführt, dass § 2192 nicht auf die 30 Jahresfrist des § 2162 verweist).

3 § 2210 Satz 1 bestimmt nur eine zeitliche Obergrenze für die Dauervollstreckung. Sie kann gem §§ 2210 Satz 2 durch den Erblasser beliebig – allerdings grds nicht über

30 Jahre hinaus – modifiziert werden. In der Praxis sehr häufig wird als zeitliche Grenze der Dauervollstreckung die Erreichung eines bestimmten Lebensalters des Erben angeordnet. Auch der Tod des Testamentsvollstreckers kommt, sofern es sich nicht um eine juristische Person handelt, als denkbarer Beendigungszeitpunkt in Betracht. Dogmatisch wird man hier eine auflösende Bedingung für die Testamentsvollstreckung annehmen können, denn mit dem Ablauf der Frist oder dem Eintritt des Ereignisses endet die Testamentsvollstreckung automatisch (Dauner-Lieb/Heidel/Ring/*Weidlich*, AnwK Erbrecht, § 2210 Rn 3 unter Hinweis auf RGZ 81, 166, 167 f). **Praxishinweis:** Der Beendigungszeitpunkt kann durch den Erblasser auch in das Ermessen des Testamentsvollstreckers gesetzt werden. So hat die Rechtsprechung die Einsetzung eines Testamentsvollstreckerkollegiums, das ermächtigt ist, über die vorzeitige Beendigung der Testamentsvollstreckung zu entscheiden, ausdrücklich für zulässig gehalten, (BayObLG NJW 1976, 1692 – 1694).

II. Beginn der Frist

Die 30-Jahres-Frist beginnt immer mit dem Erbfall, nicht etwa mit der Annahme des Testamentsvollstreckeramtes (Dauner-Lieb/Heidel/Ring/*Weidlich*, AnwK Erbrecht, § 2210 Rn 3). 4

III. Ausnahmen von der 30-Jahres-Frist

1. Anordnungen des Erblassers

Eine Überschreitung der 30-Jahres-Frist ist in Ausnahmefällen bei entsprechend gestalteten letztwilligen Verfügungen des Erblassers denkbar. Begriffsnotwendig ist sie erforderlich, wenn die Auseinandersetzung des Nachlasses gem 2044 für die maximale Laufzeit von 30 Jahren ausgeschlossen wurde, § 2044 Abs. 2 Satz 1. Weitere Ausnahmen ermöglicht § 2210 Satz 2, der es zulässt, die Dauer der Testamentsvollstreckung an ein Ereignis in der Person des Erben oder des Testamentsvollstreckers anzuknüpfen. In der Praxis wird gerne an das Erreichen eines bestimmten Alters, der Heirat oder des Todes einer bestimmten Person angeknüpft (Dauner-Lieb/Heidel/Ring/*Weidlich*, AnwK Erbrecht, § 2210 Rn 5). § 2110 Satz 2 lässt die Ausdehnung des Vollstreckeramtes bis zum Lebensende des Erben (oder Testamentsvollstreckers) zu. Diese Regelung entbindet aber nicht von der Einzelfallprüfung, ob eine solche Bestimmung sich im konkreten Fall nicht möglicherweise als sittenwidrig darstellt (Erman/*M. Schmidt* § 2210 Rn 2). 5

Nicht zulässig ist die unendliche Dauer der Testamentsvollstreckung. Diese könne bspw dadurch erreicht werden, dass die Beendigung des Amtes vom Tod des Testamentsvollstreckers abhängig gemacht und zugleich der Testamentsvollstrecker ermächtigt wird, nach § 2199 Abs. 2 einen Nachfolger zu ernennen. Hier wird überwiegend angenommen, dass in entsprechender Anwendung der Regelung des § 2109 Abs. 1 Satz 2 Nr. 1 zur Nacherbschaft der Testamentsvollstreckernachfolger im Zeitpunkt des Erbfalls bereits geboren sein muss (Palandt/Edenhofer § 2210 Rn 3; MüKo/*Brandner* § 2210 Rn 6; andere Lösungsansätze finden sich bei Erman/*M. Schmidt* § 2210 Rn 3 dargestellt). 6

2. Sondervorschriften

Sondervorschriften sind vorrangig und können zu einer Überschreitung der 30-Jahres-Frist führen. In der Praxis bedeutsam ist die Stellung des Testamentsvollstreckers im Urheberrecht. Nach §§ 28 Abs. 2 Satz 2 BGB, 64 UrhG kann die Dauervollstreckung entsprechend der Dauer des Urheberrechts auf 70 Jahre erstreckt werden (Dauner-Lieb/Heidel/Ring/*Weidlich*, AnwK Erbrecht, § 2210 Rn 7 aE). 7

3. Juristische Personen als Testamentsvollstrecker

8 Nicht umgehen lässt sich die 30-Jahres-Frist durch die Einsetzung einer juristischen Person als Dauertestamentsvollstrecker. Nach § 2210 Satz 3 gilt die Vorschrift des § 2163 Abs. 2 aus dem Vermächtnisrecht entsprechend, so dass bei der Einsetzung einer juristischen Person als Testamentsvollstrecker die Vollstreckung auf jeden Fall nach Ablauf von 30 Jahren nach Eintritt des Erbfalls endet (Dauner-Lieb/Heidel/Ring/*Weidlich*, AnwK Erbrecht, § 2210 Rn 5).

C. Rechtsfolge

9 Mit dem Ablauf der dreißigjährigen Frist endet die Testamentsvollstreckung von selbst. Es bedarf also keiner Aufhebung der Testamentsvollstreckung durch das Nachlassgericht oder einer Amtsniederlegung durch den Testamentsvollstrecker (Dauner-Lieb/Heidel/Ring/*Weidlich*, AnwK Erbrecht, § 2210 Rn 3 unter Hinweis auf RGZ 81, 166, 167 f).

§ 2211 Verfügungsbeschränkung des Erben

(1) Über einen der Verwaltung des Testamentsvollstreckers unterliegenden Nachlassgegenstand kann der Erbe nicht verfügen.

(2) Die Vorschriften zugunsten derjenigen, welche Rechte von einem Nichtberechtigten herleiten, finden entsprechende Anwendung.

A. Allgemeines

1 § 2211 Abs. 1 durchbricht für den Fall der Testamentsvollstreckung den aus dem Gebot der Verfügungsfreiheit nach § 137 oder aus allgemeinen Erwägungen hergeleiteten Grundsatz, wonach Rechtsträgerschaft und Verfügungsbefugnis grds in einer Hand vereinigt sind (BGHZ 56, 275, 285). Damit stellt die Norm eine zentrale Vorschrift für die Testamentsvollstreckung dar. Soweit die Verwaltungsbefugnis des Testamentsvollstreckers (s § 2205) reicht, ist dem Erben seine eigene Verfügungsbefugnis über den Nachlass mit dinglicher Wirkung entzogen (BGHZ 56, 275, 285). Wegen ihres Ausnahmecharakters ist die Vorschrift eng auszulegen. § 2211 Abs. 1 kann deshalb nicht so verstanden werden, dass die Verfügungsmöglichkeit schlichtweg ausgeschlossen ist, nur dem Erben wird die Verfügungsbefugnis genommen. So kann der Erblasser durch eine an den Testamentsvollstrecker gerichtete restriktive Anordnung von Todes wegen eine Verfügung über den Nachlass nicht gänzlich ausschließen. Gemeinsam bleiben Testamentsvollstrecker und Erbe immer verfügungsbefugt. Die Bindung des Testamentsvollstreckers an den Willen des Erblassers steht hier hinter dem Gebot der Verfügungsfreiheit nach § 137 zurück (BGHZ 56, 275, 285).

2 § 2211 Abs. 2 schützt den guten Glauben eines Dritten an die Verfügungsmacht des Erben. Für bewegliche Sachen gelten die §§ 932 – 935. Für Verfügungen über Grundstücke oder Rechte an einem Grundstück gelten die §§ 892, 893 analog. Voraussetzung ist, dass der Erbe im Grundbuch eingetragen ist und der Dritte weder das Verwaltungsrecht des Testamentsvollstreckers kennt, noch ein Testamentsvollstreckervermerk nach § 52 GBO im Grundbuch eingetragen ist (MüKo/*Brandner* § 2211 Rn 16, 18) zu.

B. Voraussetzungen

I. Eintritt des Erbfalls

3 Das Verfügungsverbot trifft den Erben bereits mit dem Eintritt des Erbfalls (BGHZ 25, 275, 287; BGHZ 48, 214, 221). Auf die Ernennung durch das Nachlassgericht oder einen Dritten (§§ 2198, 2200), die Annahme des Amtes durch den Testamentsvollstrecker (s § 2202) oder

gar den Beginn der Testamentsvollstreckung kommt es somit nicht an. Der Erbe hat damit keine Möglichkeit, bspw durch entsprechende Antragstellung beim Nachlassgericht, die Testamentvollstreckerbestellung zu verzögern und zwischenzeitlich die Verwaltung des Nachlasses selbst zu übernehmen. Die Anordnung einer Testamentvollstreckung lässt auch das Sicherungsbedürfnis für die Bestellung eines Nachlasspflegers nach § 1960 entfallen (BayObLG FamRZ 2001, 453, 454). Kann der Testamentsvollstrecker sein Amt aus rechtlichen (zB bei einer Interessenkollision) oder aus tatsächlichen Gründen nicht ausüben und müssen dringende Verfügungen über den Nachlass getroffen werden, soll der Erbe nach hM als Geschäftsführer ohne Auftrag handeln dürfen (Erman/*M. Schmidt* § 2211 Rn 2). Für gegen den Nachlass gerichtete Prozesse gilt, dass der Gläubiger wegen § 2213 Abs. 1 Satz 1) grds kein berechtigtes Interesse nach § 1961 auf Bestellung eines Nachlasspflegers hat, wenn Testamentsvollstreckung angeordnet ist. Etwas anderes gilt bei Pflichtteilsansprüchen (§ 2213 Abs. 1 Satz 3) und wird auch im Falle der Verhinderung des Testamentsvollstreckers anzunehmen sein.

Praxishinweis: Bei der Anordnung einer Testamentsvollstreckung sollte der Erblasser immer bedenken, dass selbst bei nicht str Nachlässen die Bestellung des Testamentsvollstreckers eine geraume Zeit in Anspruch nehmen kann. Daher empfiehlt es sich, den Testamentsvollstrecker mit einer postmortalen Vollmacht auszustatten, die es ihm ermöglicht, sofort im Außenverhältnis, bspw gegenüber Banken, agieren zu können. Bei der Gestaltung der Vollmacht ist zu bedenken, dass sie als Generalsvollmacht stets widerruflich durch den Erben ist (Bengel/Reimann/*Bengel* Handbuch der Testamentsvollstreckung Kap 1 Rn 54). Um den sofortigen Widerruf der postmortale Vollmacht durch den Erben auszuschließen, wird die Erbeinsetzung unter der aufschiebenden Bedingung des unterbliebenen Vollmachtwiderrufs empfohlen (Bengel/Reimann/*Bengel* Handbuch der Testamentsvollstreckung Kap 1 Rn 60). 4

II. Der Verwaltung des Testamentsvollstreckers unterliegender Nachlassgegenstand

Die Verwaltungsbefugnis des Testamentsvollstreckers (s § 2205) richtet sich vorrangig nach den Anordnungen des Erblassers. Liegen solche Anordnungen nicht vor, ist der Testamentsvollstrecker in der Verwaltung des Nachlasses grds frei, insb nicht an Weisungen der Erben gebunden. Vorbehaltlich abweichender Anordnungen des Erblassers unterliegt der gesamte Nachlass der Verwaltung des Testamentsvollstreckers (MüKo/*Brandner* § 2205 Rn 6). Soweit ein Nachlassgegenstand der Verwaltung des Testamentsvollstreckers unterliegt, erstreckt sich die Testamentsvollstreckung auch auf die Erträgnisse (MüKo/*Brandner* § 2211 Rn 5). 5

III. Gutglaubensschutz

Der Dritte, der ein Rechtsgeschäft mit dem Erben abschließt, wird in seinem guten Glauben geschützt, wenn er entweder darauf vertraut, dass der Gegenstand nicht aus einem Nachlass stammt oder keine Testamentsvollstreckung angeordnet ist oder der Gegenstand des Rechtsgeschäftes jedenfalls nicht der Verwaltung des Testamentsvollstreckers unterliegt. Der gute Glaube kann sich auch daraus ergeben, dass das Testamentsvollstreckerzeugnis unrichtige Angaben über eine in Wahrheit nicht bestehende Verfügungsbeschränkung des Testamentsvollstreckers ausweist, § 2368 Abs. 1 Satz 2, Abs. 3 (MüKo/*Brandner* § 2211 Rn 18). 6

Im Falle des § 892 schließt jede Form der Fahrlässigkeit den Gutglaubensschutz aus, im Anwendungsbereich des § 932 nur die grobfahrlässige Unkenntnis und Vorsatz, § 932 Abs. 2). 7

Kein Gutglaubensschutz besteht bzgl der Verfügungsmacht des Testamentsvollstreckers (Palandt/*Edenhofer* § 2211 Rn 8), Überschreitungen der Verfügungsbefugnis durch den Testamentsvollstrecker (Erman/*M. Schmidt* § 2211 Rn 5) sowie im Hinblick auf die der 8

Verwaltung des Testamentsvollstreckers unterliegenden Forderungen (MüKo/*Brandner* § 2211 Rn 17).

9 Schuldner, die gutgläubig an den Erben leisten, genießen Gutglaubensschutz und werden von ihrer Leistungspflicht frei, entweder entsprechend § 2211 Abs. 2 (Palandt/*Edenhofer* § 2211 Rn 7) oder in Anwendung des Rechtsgedankens des § 407 Abs. 1 (Erman/*M. Schmidt* § 2211 Rn 5).

IV. Ende der Verfügungsbeschränkung

10 Die Verfügungsbeschränkung des Erben endet, wenn das Verfügungsrecht des Testamentsvollstreckers über den Nachlass erlischt. Bezüglich einzelner Nachlassgegenstände kann das Verfügungsverbot bspw nach § 2217 enden, wenn ein Anspruch des Erben auf Freigabe des Nachlassgegenstand ist besteht. Denkbar ist auch eine bedingte Verfügung des Erben nach § 160 auf den Wegfall des Verfügungsrechtes des Testamentsvollstreckers. Dabei muss man sich aber vergegenwärtigen, dass der Erbe in diesem Fall nicht gegen zwischenzeitliche anderweitige Verfügungen des Testamentsvollstreckers geschützt ist (MüKo/*Brandner* § 2211 Rn 12).

11 Unterliegt ein Miterbenanteil der Testamentsvollstreckung, so kann der Miterbe nach § 2033 Abs. 1 unabhängig von der angeordneten Testamentsvollstreckung über seinen Anteil am Nachlass persönlich verfügen (BGH NJW 1984, 2464, 2466). § 2033 Abs. 1 beinhaltet zwingendes Recht und gilt damit auch für den Fall der Testamentsvollstreckung (Staudinger/*Werner* § 2033 Rn 4). Die Testamentsvollstreckung setzt sich an dem übertragenen Miterbenanteil fort (Erman/*M. Schmidt* § 2211 Rn 4).

C. Rechtsfolgen

12 Rechtliche Verfügungen des Erben, die im Widerspruch zu § 2211 Abs. 1 erfolgen, sind absolut und gegenüber jedermann unwirksam (Erman/*M. Schmidt* § 2211 Rn 1), es sei denn, es liegt ein Fall des Gutglaubensschutzes nach § 2211 Abs. 2 (s Rn 6 – 9) oder einer Genehmigung bzw Zustimmung des Testamentsvollstreckers vor, §§ 183 – 185.

13 Tatsächliche Verfügungen des Erben mit dinglicher Wirkung, bspw nach §§ 946, 950, bleiben möglich (Erman/*M. Schmidt* § 2211 Rn 1).

14 An der Eingehung von Verpflichtungsgeschäften ist der Erbe nicht gehindert. Da er sie jedoch dinglich nicht wird erfüllen können, haftet er dem Dritten gegenüber für sein rechtliches Unvermögen (MüKo/*Brandner* § 2211 Rn 8). Der Nachlass wird durch ein solches Handeln des Erben nicht verpflichtet (BGHZ 25, 275, 287).

D. Rechtsförmliches

15 Den Testamentsvollstrecker trifft die Verpflichtung, die Eintragung des Testamentsvollstreckervermerks nach § 52 GBO zu überwachen. Der Vermerk bewirkt, dass der Nachlass zum einen gegen Zwangsverfügungen der Eigengläubiger der Erben geschützt ist, zum anderen aber auch Verfügungen der Erben ohne Zustimmung des Testamentsvollstreckers nicht mehr eingegangen werden können (FA-ErbR-*Kopp* Kap 6 Rn 628). Die Nichtbeachtung dieser Verpflichtung kann die Schadensersatzpflicht nach § 2219 auslösen.

§ 2212 Gerichtliche Geltendmachung von der Testamentsvollstreckung unterliegenden Rechten

Ein der Verwaltung des Testamentsvollstreckers unterliegendes Recht kann nur von dem Testamentsvollstrecker gerichtlich geltend gemacht werden.

A. Allgemeines

§ 2212 verdrängt die Prozessführungsbefugnis des Erben und verlagert sie auf den Testamentsvollstrecker. Gemeinsam mit § 2213 bildet sie das Gerüst der Regelungen über die Prozessführung des Testamentsvollstreckers und regelt die Befugnisse des Testamentsvollstreckers bei der Führung von Aktivprozessen. Für die Abgrenzung kommt es nicht darauf an, welche Parteirolle der Testamentsvollstrecker einnimmt, sondern darauf, ob der Streit um Ansprüche (Aktivprozess) oder um Verbindlichkeiten des Nachlasses (Passivprozess, auch bei negativer Feststellungsklage) geführt wird (Erman/*M. Schmidt* § 2212 Rn 1).

Unter die Vorschrift fallen nur Klagen, die der Testamentsvollstrecker für den Nachlass führt. Macht er hingegen seine persönlichen Rechte und Pflichten gegen den Nachlass geltend, bspw auf Aufwendungsersatz (§§ 2211, 670) oder auf Vergütung (§ 2221) so klagt er wie jeder andere Person. Auch die Erhebung einer Klage auf Feststellung des Erbrechts fällt grds nicht unter § 2212, denn das Erbrecht als solches unterliegt nicht der Testamentsvollstreckung. Nur ausnahmsweise kann der Testamentsvollstrecker das Erbrecht feststellen lassen, wenn er ein eigenes rechtliches Interesse geltend machen kann (BGH NJW-RR 1987, 1090, 1091), bspw um die zu seinem Aufgabenbereich gehörende Erbauseinandersetzung überhaupt erst durchführen zu können (Erman/*M. Schmidt* § 2212 Rn 3; s auch Rn 4).

Bei dem Prozessführungsrecht des Testamentsvollstreckers handelt es sich um einen Teil seines Verwaltungsrechts. Damit ist die Vorschrift abdingbar (BGHZ 38, 281, 289). Der Erblasser kann in seiner letztwilligen Verfügung das Prozessführungsrecht anderweitig, insb den Erben zuweisen. Auch kann der Testamentsvollstrecker im Wege der gewillkürten Prozessstandschaft die Erben zur Prozessführung ermächtigen (Mayer/Bonefeld/Daragan/*Mayer* Testamentsvollstreckung Rn 175).

B. Voraussetzungen

I. Der Verwaltung des Testamentsvollstreckers unterliegendes Recht

Die Prozessführungsbefugnis des Testamentsvollstreckers ist an sein Recht zur Verwaltung (s § 2205, 2211) geknüpft. Vorbehaltlich abweichender Anordnungen des Erblassers unterliegt der gesamte Nachlass einschließlich seiner Erträgnisse der Verwaltung des Testamentsvollstreckers (§ 2211 Rn 5). Entscheidend ist immer, ob der konkret zu führende Prozess im Rahmen der Verwaltungsaufgabe des Testamentsvollstreckers liegt. Daher kann der Testamentsvollstrecker ausnahmsweise auch prozessführungsbefugt für eine Klage auf Feststellung des Bestehens oder Nichtbestehens des Erbrechts eines Prätendenten sein, wenn der Testamentsvollstrecker gerade in dieser Eigenschaft ein rechtliches Interesse an der Feststellung hat, so dass sie den Bereich seiner Aufgabenerfüllung zuzuordnen ist (BGH NJW-RR 1987, 1090, 1091).

Sind **mehrere Testamentsvollstrecker** berufen, ist zu prüfen, ob sie gemeinsam zur Vollstreckung berufen sind, § 2224 Abs. 1. In diesen Fällen sind sie notwendige Streitgenossen nach § 62 Abs. 1, 2. Alternative ZPO (*Zimmermann* Die Testamentsvollstreckung 2. Auflage 2003 Rn 595). Allein prozessführungsbefugt ist hingegen der Mittestamentsvollstrecker, der bzgl des konkreten Rechts zur alleinigen Verwaltung berufen ist, § 2224 Abs. 1 Satz 3. Entsprechendes gilt, wenn die Prozessführung zur Erhaltung eines Nachlassgegenstandes notwendig ist, § 2224 Abs. 2 (Mayer/Bonefeld/Daragan/*Mayer* Testamentsvollstreckung Rn 173).

Praxisbeispiele: Herausgabeansprüche gegen den Erbschaftsbesitzer nach §§ 2018, 2027 – 2029 (Staudinger/*Reimann* § 2212 Rn 28); Geltendmachung von Schadensersatzansprüchen gegenüber einem früheren Testamentsvollstrecker nach § 2219 (BGH MDR 1958, 6 170, 670); Geltendmachung von Ansprüchen gegen den Erben selbst (BGHZ 25, 275, 287); str hingegen ist, ob die gerichtliche Geltendmachung der Vollziehung einer Auflage nach § 2194 erfasst ist (so richtigerweise Palandt/*Edenhofer* § 2212 Rn 1 gegen MüKo/*Brandner* § 2212 Rn 9). Im Falle der Testamentsvollstreckung am Anteil einer Personengesellschaft erstreckt sich das Verwaltungsrecht des Testamentsvollstreckers und entsprechend das Prozessführungsrecht allein auf die damit verbundenen Vermögensrechte, nicht aber auf Mitgliedschaftsrechte (BGH NJW 1998, 1313) oder die Auflösung der Gesellschaft (OLG Hamm NJW-RR 2002, 729).

II. Gerichtliche Geltendmachung

7 Soweit die Prozessführungsbefugnis des Testamentsvollstreckers reicht, verdrängt sie das Prozessführungsrecht des Erben (s Rn 1). Vom Prozessführungsrecht des Testamentsvollstreckers umfasst ist jede Form der gerichtlichen Geltendmachung der zum Nachlass gehörenden und der Verwaltung des Testamentsvollstreckers unterliegenden Rechte (MüKo/*Brandner* § 2212 Rn 6). **Praxisbeispiele:** Zivilprozesse, Steuerstreitverfahren, Verfahren vor den Steuer- und Verwaltungsbehörden sowie Verwaltungsgerichten, Verfahren der freiwilligen Gerichtsbarkeit, Schiedsverfahren (Palandt/*Edenhofer* § 2212 Rn 1). Die Klageart ist unerheblich. Leistungsklagen kommen ebenso in Betracht, wie Feststellungsklagen, Widerklagen, Vollstreckungsgegenklagen, Verfahren des einstweiligen Rechtsschutzes oder Zwangsvollstreckungsklagen (Palandt/*Edenhofer* § 2212 Rn 1).

8 Hat der Erblasser in seiner letztwilligen Verfügung das Prozessführungsrecht anderweitig zugewiesen (s Rn 3), ist der Testamentsvollstrecker insoweit nicht prozessführungsbefugt. Dies gilt auch dann, wenn der Testamentsvollstrecker selbst einem Dritten unter den Voraussetzungen einer **gewillkürten Prozessstandschaft** die Prozessführungsbefugnis übertragen hat. Bei einer Übertragung auf den Erben werden diese Voraussetzungen regelmäßig vorliegen, weil der Erbe letztendlich kein fremdes, sondern ein eigenes Recht geltend macht, das lediglich seiner Verwaltungs- und Verfügungsmacht entzogen ist (vgl BGHZ 38, 281, 289, der diese Frage für den vergleichbaren Fall einer Übertragung der Prozessführungsbefugnis vom Nachlassverwalter auf den Erben bejaht hat). In diesem Fall klagt der Erbe auf Leistung an sich selbst. Zu beachten ist, dass die Übertragung der Prozessführungsbefugnis durch den Testamentsvollstrecker den Anforderungen an die ordnungsgemäße Verwaltung des Nachlasses gem § 2216 Abs. 1 entsprechen muss (s § 2216 Rn 5).

9 Da die Prozessführungsbefugnis des Erben durch die Prozessführungsbefugnis des Testamentsvollstreckers nur verdrängt wird (s Rn 1), lebt sie wieder auf, wenn es dem Testamentsvollstrecker rechtlich unmöglich ist, einen Nachlassanspruch geltend zu machen (Erman/*M. Schmidt* § 2212 Rn 4 für den Fall, dass der Testamentsvollstrecker selbst Nachlassschuldner ist). Ist der Testamentsvollstrecker hingegen nur aus tatsächlichen Gründen nicht bereit oder nicht in der Lage, einen Anspruch gerichtlich geltend zu machen, lebt die Prozessführungsbefugnis des Erben hingegen nicht wieder auf. Der Erbe hat hier nur die Möglichkeit, entweder aus § 2216 Abs. 1 den Testamentsvollstrecker auf Führung des notwendigen Prozesses selbst klageweise in Anspruch zu nehmen oder Schadensersatzansprüche nach § 2219 geltend zu machen. Je nach Grad der Pflichtverletzung kommt auch ein Amtsenthebungsverfahren nach § 2227 Abs. 1 in Betracht (Staudinger/*Reimann* § 2212 Rn 10).

C. Rechtsfolgen

10 Das Prozessführungsrecht vermittelt dem Testamentsvollstrecker die Parteistellung (Erman/*M. Schmidt* § 2212 Rn 6). Der Erbe kann daher Zeuge, aber auch Neben- oder Hauptintervenient (§§ 66, 69, 64 ZPO) sein, ebenso kann ihm nach §§ 72 – 74 ZPO der Streit verkündet werden (Erman/*M. Schmidt* § 2212 Rn 7).

11 Als Partei kraft Amtes (BGHZ 51, 209, 219) klagt der Testamentsvollstrecker im eigenen Namen. **Praxishinweis:** Sowohl in der Klageschrift, als auch im Rubrum des Urteils ist dies entsprechend darzustellen (MüKo/*Brandner* § 2212 Rn 12). Im Falle einer Leistungs-

klage hat der Testamentsvollstrecker daher Leistung an sich als Testamentsvollstrecker (des näher zu bezeichnenden Nachlasses) zu fordern.

Eine durch den Erben statt vom Testamentsvollstrecker erhobene Klage ist wegen Fehlens der Prozessführungsbefugnis unzulässig. Wird dennoch über sie in der Sache entschieden und geht die Klage des Erben verloren, entfaltet das Urteil keine Bindungswirkung gegenüber dem Testamentsvollstrecker, er kann erneut klagen (Staudinger/*Reimann* § 2212 Rn 9). Obsiegt in einem solchen Fall der Erbe, so kann er gegen den Prozessgegner die Zwangsvollstreckung betreiben, ist aber dann dem Testamentsvollstrecker gegenüber herausgabepflichtig (*Zimmermann* Die Testamentsvollstreckung 2. Auflage 2003 Rn 596). Umgekehrt ist die Klage des Testamentsvollstreckers unzulässig, wenn das verfolgte Recht tatsächlich nicht seiner Verwaltung unterliegt. 12

D. Rechtsförmliches

Auch für die vom Testamentsvollstrecker geführten Aktivprozesse gilt der **Gerichtsstand** nach § 27 ZPO (MüKo/*Brandner* § 2212 Rn 14). Für Klagen aus Geschäften, die der Testamentsvollstrecker im Rahmen der Nachlassverwaltung abgeschlossen hat, ist str, ob diese im erweiterten Gerichtsstand der Erbschaft nach § 28 ZPO erhoben werden können (bejahend Staudinger/*Reimann* § 2212 Rn 24, ablehnend MüKo/*Brandner* § 2212 Rn 14). 13

Vergleichbar der Situation beim Insolvenzverwalter kann auch dem Testamentsvollstrecker **PKH** gewährt werden, wenn die entsprechenden Voraussetzungen (§§ 114, 116 Abs. 1 Nr. 1 ZPO) im Nachlass, nicht nach den persönlichen und wirtschaftlichen Verhältnissen des Testamentsvollstreckers, vorliegen (Erman/*M. Schmidt* § 2212 Rn 10). 14

Bei einem Ausscheiden eines Nachlassgegenstandes aus der Testamentsvollstreckung (bspw nach § 2217 Abs. 1), bei einem Wechsel in der Person des Testamentsvollstreckers oder bei Beendigung der Testamentsvollstreckung (OLG Koblenz NJW-RR 1993, 462, 463) sind die Vorschriften der §§ 239, 241 und 246 ZPO über die **Unterbrechung des Verfahrens** entsprechend anzuwenden (Erman/*M. Schmidt* § 2212 Rn 8). 15

Für die Aufnahme eines noch vom Erblasser begonnenen Aktivprozesses gelten die Vorschriften der §§ 243, 241 ZPO über die Unterbrechung und Wiederaufnahme des Verfahrens. 16

Die Kostentragungspflicht richtet sich nach § 91 ZPO. Unterliegt der Testamentsvollstrecker in einem von ihm geführten Aktivprozesses, ist er berechtigt, die Kosten dem Nachlass zu entnehmen oder gegen den Erben einen entsprechenden Aufwendungsersatzanspruch nach § 2218 Abs. 1, 670, 257 geltend zu machen (MüKo/*Brandner* § 2212 Rn 13). Aus einem **Kostenfestsetzungsbeschluss** gegen den Testamentsvollstrecker kann allein in den Nachlass vollstreckt werden (MüKo/*Brandner* § 2212 Rn 13). 17

Bei der **Rechtskrafterstreckung** ist zu unterscheiden. Urteile, die nach § 2212 ergehen, wirken gem § 327 Abs. 1 ZPO für und gegen die Erben. Will ein Erbe nach Beendigung der Testamentsvollstreckung aus einem solchen Urteil die Zwangsvollstreckung betreiben, muss die Vollstreckungsklausel zunächst nach §§ 728 Abs. 2, 727 ZPO umgeschrieben werden. Findet der Testamentsvollstrecker einen Vollstreckungstitel zu Gunsten des Erblassers vor, wirkt dieser Titel auch für den Testamentsvollstrecker. Die Vollstreckungsklausel muss gem §§ 749, 727 ZPO umgeschrieben werden. Dabei hat der Testamentsvollstrecker nachzuweisen, insb durch Vorlage des Testamentsvollstreckerzeugnisses (§ 2368), dass das betreffende Recht seiner Verwaltung unterliegt (Mayer/Bonefeld/Daragan/*Mayer* Testamentsvollstreckung Rn 184, 185). 18

§ 2213 Gerichtliche Geltendmachung von Ansprüchen gegen den Nachlass

(1) Ein Anspruch, der sich gegen den Nachlass richtet, kann sowohl gegen den Erben als gegen den Testamentsvollstrecker gerichtlich geltend gemacht werden. Steht dem Testamentsvollstrecker nicht die Verwaltung des Nachlasses zu, so ist die Geltendma-

§ 2213 BGB | Gerichtliche Geltendmachung von Ansprüchen gegen den Nachlass

chung nur gegen den Erben zulässig. Ein Pflichtteilsanspruch kann, auch wenn dem Testamentsvollstrecker die Verwaltung des Nachlasses zusteht, nur gegen den Erben geltend gemacht werden.

(2) Die Vorschrift des § 1958 findet auf den Testamentsvollstrecker keine Anwendung.

(3) Ein Nachlassgläubiger, der seinen Anspruch gegen den Erben geltend macht, kann den Anspruch auch gegen den Testamentsvollstrecker dahin geltend machen, dass dieser die Zwangsvollstreckung in die seiner Verwaltung unterliegenden Nachlassgegenstände dulde.

A. Allgemeines

1 § 2213 umfasst mehrere Regelungsgegenstände. Zunächst bildet § 2213 Abs. 1 Satz 1 das Pendant zu § 2212 und regelt mit der Abgrenzungsvorschrift des § 2213 Abs. 1 Satz 2 die Prozessführungsbefugnis des Testamentsvollstreckers für Passivprozesse. Wie bei § 2212 kommt es für die Abgrenzung zum Aktivprozess nicht darauf an, welche Parteirolle der Testamentsvollstrecker einnimmt, sondern allein darauf, ob der Streit um Ansprüche (Aktivprozess) oder um Verbindlichkeiten des Nachlasses (Passivprozess) geführt wird, so dass die negative Feststellungsklage über das Nichtbestehen eines dem Nachlass gegenüber behaupteten Anspruches den Regelungen des § 2213 und nicht den Vorschriften des § 2212 folgt (s § 2212 Rn 1 mwN).

2 § 2213 Abs. 1 Satz 3 regelt die Geltendmachung von Pflichtteilsansprüchen dahingehend, dass diese immer, also auch wenn dem Testamentsvollstrecker die Verwaltung des ganzen Nachlasses zusteht, nur gegen den Erben allein geltend gemacht werden können (Staudinger/*Reimann* § 2213 Rn 16 (s Rn 12, 13).

3 § 2213 Abs. 2 stellt klar, dass gegen den Nachlass gerichtete Ansprüche gegenüber dem Testamentsvollstrecker bereits vor Annahme der Erbschaft durch die Erben geltendgemacht werden können, sofern der Testamentsvollstrecker sein Amt gem § 2202 angenommen hat (s Rn 14).

4 § 2213 Abs. 3 enthält eine Anordnung für die Zwangsvollstreckung durch Nachlassgläubiger gegen den Erben und erweitert deren Zugriffsmöglichkeiten auf die der Verwaltung des Testamentsvollstreckers unterliegenden Gegenstände, indem eine Duldungsverpflichtung des Testamentsvollstreckers geschaffen wird (s Rn 15).

5 Unter die Vorschrift fallen nur solche gerichtlichen Streitigkeiten, die auf eine Leistung aus dem Nachlass oder auf die Feststellung einer Nachlassverbindlichkeit gerichtet sind. Hieran fehlt es bspw bei der Patentnichtigkeitsklage, weil hier der Streit um ein Recht des Nachlasses geführt wird (Erman/*M. Schmidt* § 2213 Rn 1). Nicht unter § 2213 fallen ferner Streitigkeiten der Miterben untereinander oder Ansprüche gegen den Testamentsvollstrecker persönlich, in denen keine »Amtshandlung« von ihm begehrt wird. Hierbei handelt es sich in der Praxis insb um die Schadensersatzansprüche nach § 2219 sowie die Ansprüche auf Herausgabe der Erbschaft nach Beendigung der Testamentsvollstreckung gem §§ 2218, 667 (BGH NJW-RR 1988, 386, 387).

6 **Praxishinweis:** In der praktischen Anwendung der Vorschrift ist aus der Sicht des Nachlassgläubigers stets zu beachten, dass im Gegensatz zu den Aktivprozessen nach § 2212 bei Passivprozessen der Erbe und der Testamentsvollstrecker grds nebeneinander in Anspruch genommen werden können und in Abhängigkeit vom Einzelfall auch in Anspruch genommen werden sollten. Der Grund hierfür liegt in der Trennung der persönlichen Haftung des Erben von der Verwaltung des Nachlasses durch den Testamentsvollstrecker (Erman/*M. Schmidt* § 2213 Rn 1; s Rn 9 ff)

7 Ergänzt wird § 2213 BGB durch § 748 ZPO, der für die Frage der Zwangsvollstreckung regelt, in welchem Umfange ein (auch) gegen den Testamentsvollstrecker gerichteter (Duldungs-) Titel erforderlich ist.

B. Voraussetzungen

I. Anspruch, der sich gegen den Nachlass richtet

Der Passivprozess nach § 2213 erfasst alle Formen gerichtlicher Streitigkeiten, unabhängig von der Verfahrensart. Entscheidend ist nur, dass eine Leistung aus dem Nachlass oder die Feststellung einer Nachlassverbindlichkeit beansprucht wird. **Praxisbeispiele:** Jede Form des Zivilrechtsstreits einschließlich der Restitutionsklage nach § 580 ZPO gegen ein dem Erblasser gegenüber ergangenem rechtskräftigen Urteil (Palandt/*Edenhofer* § 2213 Rn 1); Finanzgerichtprozesse, soweit sich die Steueransprüche gegen den Nachlass richten (BFH DStR 2003, 2068, 2071) oder auch Verwaltungsrechtsstreitigkeiten (OVG Münster NVwZ-RR 1997, 62). Keinen Passivprozess stellen die Ansprüche der Miterben untereinander oder die gegen den Testamentsvollstrecker persönlich gerichteten Ansprüche dar (s Rn 5).

II. Inanspruchnahme von Testamentsvollstrecker und/oder Erbe

Nach § 2213 können in verschiedenen Fallkonstellationen wahlweise der Testamentsvollstrecker und der Erbe in Anspruch genommen werden (s Rn 6). In welchen Fallgestaltungen dies möglich ist, richtet sich im Wesentlichen nach dem Umfang der angeordneten Testamentsvollstreckung. § 2213 Abs. 1 unterscheidet hierbei drei Fälle, darüber hinaus ermöglicht § 2213 Abs. 3 für den Sonderfall der Zwangsvollstreckung die gemeinsame Inanspruchnahme von Erbe und Testamentsvollstrecker. Voraussetzung einer gegen den Erben gerichteten Klage ist in allen Fällen die Annahme der Erbschaft, § 1958, denn unbeschadet der Möglichkeit zur Beschränkung der Erbenhaftung nach §§ 780 Abs. 1, 781, 785 ZPO kann grds auch auf das Eigenvermögen des Erben zugegriffen werden. Theoretisch ist daher denkbar, dass die Klageerhebung gegen den Testamentsvollstrecker zu einem früheren Zeitpunkt möglich ist, als gegen den Erben (Staudinger/*Reimann* § 2213 Rn 2). Der Testamentsvollstrecker braucht für seine Inanspruchnahme den Nachlass noch nicht in Besitz genommen zu haben (MüKo/*Brandner* § 2213 Rn 8).

1. Die Regelung des § 2213 Abs. 1 Satz 1

Die Vorschrift geht vom Normalfall der Testamentsvollstreckung nach §§ 2203 – 2206 aus. Der Nachlassgläubiger kann hier den Testamentsvollstrecker, solange der Nachlass seiner Verwaltung unterliegt, allein oder nur den Erben oder aber beide gleichzeitig als Gesamtschuldner der Forderung verklagen. Die Klagen können auch hintereinander erhoben werden (MüKo/*Brandner* § 2213 Rn 10). Um in das eigene (private) Vermögen des Erben zu vollstrecken, wird ein Titel gegen den Erben benötigt, um in den Nachlass zu vollstrecken, ein Titel gegen den Testamentsvollstrecker, § 748 Abs. 1 ZPO (Mayer/Bonefeld/Daragan/*Mayer* Testamentsvollstreckung Rn 193). **Praxishinweis:** In den meisten Fällen wird die Leistungsklage gegen den Erben iVm der Klage gegen den Testamentsvollstrecker auf Duldung der Zwangsvollstreckung die sinnvollste Vorgehensweise darstellen. In diesem Fall steht das umfassendste Vermögen zur Zwangsvollstreckung zur Verfügung und prozesstaktisch betrachtet lassen sich sowohl Testamentsvollstrecker, als auch Erbe als Zeuge im Prozess ausschalten.

2. Die Regelung des § 2213 Abs. 1 Satz 2

Nur gegen den Erben ist die Klage im Falle des § 2213 Abs. 1 Satz 2 zu richten, in der Praxis also in den Fällen der gegenständlich beschränkten Testamentsvollstreckung nach § 2208 Abs. 1 Satz 2 oder der beaufsichtigenden Vollstreckung nach § 2208 Abs. 2. Im Einzelfall kann die Abgrenzung zu einer Testamentsvollstreckung nach §§ 2203 – 2206 schwierig sein. Richtigerweise wird wie folgt abzugrenzen sein: Die Zuordnung der Prozessführungsbefugnis bei Passivprozessen auf den Testamentsvollstrecker gilt zwar grds nur bei Verwaltung des gesamten Nachlasses (Staudinger/*Reimann* § 2213 Rn 12). Diese Voraussetzungen wird man allerdings auch dann noch als gewahrt angesehen können, wenn der Erblasser nur einzelne Nachlassgegenstände von der Verwaltung durch den Testamentsvollstrecker ausgenommen hat oder diese Gegenstände nach § 2217 Abs. 1 freizugeben sind, und sich der Rechtsstreit nicht gerade auf diese Nachlassgegenstände erstreckt (MüKo/*Brandner* § 2213 Rn 8). Sind dem Testamentsvollstrecker hingegen von vornherein überhaupt nur einzelne Nachlassgegenstände zur Vollstreckung zugewiesen, greift § 2213 Abs. 1 Satz 2 nicht ein (Staudinger/*Reimann* § 2213 Rn 12) mit der Folge, dass die Klage nur gegen den Erben zu richten ist. **Praxishinweis:** Wegen der Abgrenzungsschwierigkeiten wird es für möglich gehalten, eine unzulässige Leistungsklage gegen den Testamentsvollstrecker noch in der Rechtsmittelinstanz in eine zulässige Duldungsklage (iSd § 748 Abs. 2 ZPO) umzudeuten (MüKo/*Brandner* § 2213 Rn 10).

3. Die Regelung des § 2213 Abs. 1 Satz 3

12 Pflichtteilsansprüche können nach § 2213 Abs. 1 Satz 3 nur gegen den Erben geltend gemacht werden, auch wenn dem Testamentsvollstrecker die Verwaltung des gesamten Nachlasses zusteht (Staudinger/*Reimann* § 2213 Rn 16). Hierzu gehören auch die vorbereitenden Ansprüche auf Auskunftserteilung und Wertermittlung sowie der sich nach Erbausschlagung gem § 2306 Abs. 1 Satz 2 ergebende Pflichtteilsanspruch (RGZ 113, 45, 49). Will der Pflichtteilsberechtigte später in den von dem Testamentsvollstrecker verwalteten Nachlass vollstrecken, bedarf er nach § 748 Abs. 3 ZPO hierfür neben dem gegen den Erben gerichteten Zahlungstitel noch einen gesonderten Duldungstitel gegen den Testamentsvollstrecker (LG Heidelberg NJW-RR 1991, 969). **Praxishinweis:** Auch in diesen Fällen empfiehlt sich die gleichzeitige Inanspruchnahme des Erben auf Leistung sowie des Testamentsvollstreckers auf Duldung (s Rn 10).

13 **Exkurs:** Aus § 2213 Abs. 1 Satz 3 folgert die hM, dass der Testamentsvollstrecker gegen den Willen des Erben eine Pflichtteilsforderung nicht rechtsgeschäftlich anerkennen darf. Zur Erfüllung einer Pflichtteilsforderung ist er nur dann berechtigt, wenn sie unstreitig ist (BGHZ 51, 125, 131). Nur dann handelt es sich um die Erfüllung der ihm obliegenden Aufgaben nach §§ 2205, 2046, 1967 Abs. 2 (OLG München Rpfleger 2003, 588). Ob ein entgegen § 2213 Abs. 1 Satz 3 abgegebenes prozessuales Anerkenntnis gegenüber dem Nachlass wirksam ist, ist str (Mayer/Bonefeld/Daragan/*Mayer* Testamentsvollstreckung Rn 198 aE sowie in Fn 440).

4. Die Regelung des § 2213 Abs. 2

14 Diese Regelung stellt klar, dass der Nachlassgläubiger nicht erst die Annahme der Erbschaft durch den Erben abwarten muss, um seinen gegen den Nachlass gerichteten Anspruch gerichtlich durchzusetzen. Es genügt, dass der Testamentsvollstrecker sein Amt angenommen hat (§ 2202 Abs. 1) und er im Übrigen prozessführungsbefugt ist (MüKo-*Brandner*, § 2213 Rn 14), also insb der Nachlass seiner Verwaltung unterliegt.

5. Die Regelung des § 2213 Abs. 3

15 Nach Annahme der Erbschaft ist der Erbe in jedem Fall passivlegitimiert (§ 1958, s auch Rn 9). Ist über den Nachlass Testamentsvollstreckung angeordnet, so folgt aus § 748 ZPO, dass die Zwangsvollstreckung aus dem gegen den Erben gerichteten Titel nur in das (private) Vermögen des Erben möglich ist, nicht hingegen in den der Testamentsvollstreckung unterliegenden Nachlass (Staudinger/*Reimann* § 2213 Rn 4, 26). § 2213 Abs. 3 gestattet daher dem Nachlassgläubiger die Inanspruchnahme des Testamentsvollstreckers auf Duldung der Zwangsvollstreckung in den seiner Verwaltung unterliegenden Nachlass.

C. Rechtsfolgen und Rechtskrafterstreckung

I. Rechtsfolgen

Ebenso wie beim Aktivprozess (§ 2212 Rn 10) begründet § 2213 für den Testamentsvollstrecker die Parteistellung. Wird er nicht gemeinsam mit den Erben verklagt, kann dieser in dem gegen den Testamentsvollstrecker gerichteten Prozess als Zeuge vernommen werden. Darüber hinaus kann der Erbe Nebenintervenient nach § 66 ZPO sein. In diesem Falle ist er gem §§ 69, 327, 61 ZPO Streitgenosse des Testamentsvollstreckers. 16

Einem nur gegen den Erben geführten Prozess kann der Testamentsvollstrecker als Nebenintervenient beitreten (Staudinger/*Reimann* § 2213 Rn 23). Streitgenosse des Erben wird der Testamentsvollstrecker in diesem Falle nicht, da die Rechtskraft des gegenüber dem Erben ergehenden Urteils nicht zwingend ihm gegenüber wirkt (s iE Rn 20). 17

II. Rechtskrafterstreckung

Zu unterscheiden ist, ob das Urteil gegen den Testamentsvollstrecker oder gegen den Erben ergangen ist. Als Sonderfall kann die Zwangsvollstreckung aus gegen den Erblasser gerichteten Titeln angesehen werden. 18

1. Gegen den Testamentsvollstrecker gerichteter Titel

Die Rechtskraft bei angeordneter Testamentsvollstreckung richtet sich hiernach § 327 Abs. 2, Abs. 1 ZPO. Das Urteil wirkt für und gegen den Erben, wenn der Testamentsvollstrecker zur Führung des Rechtsstreits berechtigt war. Die vollstreckbare Ausfertigung gegen den Erben kann bereits erteilt werden, während die Tätigkeit des Testamentsvollstreckers noch andauert, §§ 727 Abs. 2, 728 Abs. 2 ZPO (Erman/*M. Schmidt* § 2213 Rn 10). 19

2. Gegen den Erben gerichteter Titel

Hier ist zu differenzieren, ob der Erbe obsiegt hat oder unterlegen ist und wem gegenüber die Rechtskraftwirkung eintreten soll. Wird der gegen den Erben geltend gemachte Anspruch zurückgewiesen, wirkt das Urteil auch für den Testamentsvollstrecker. Andernfalls könnte es zu der paradoxen Situation kommen, dass der Nachlassgläubiger nochmals – nunmehr gegen den Testamentsvollstrecker – klagen könnte und dieses Urteil im Unterliegensfalle dann wiederum gem § 327 ZPO gegen den Erben wirken würde, womit ein Widerspruch zum ersten Urteil entstünde (MüKo/*Brandner* § 2213 Rn 7). Unterliegt der Erbe, besteht die Rechtskraftwirkung hingegen nur ihm gegenüber. Im Duldungsprozess kann der Testamentsvollstrecker stets alle Einwendungen entgegensetzen, die auch dem Erben gegen den Leistungsanspruch zustünden (Staudinger/*Reimann* § 2213 Rn 13). 20

3. Zwangsvollstreckung aus gegen den Erblasser gerichteten Titel

Liegt bereits ein Titel gegen den Erblasser vor, ist wiederum zu unterscheiden. Wurde die Zwangsvollstreckung bereits vor dem Erbfall begonnen, kann sie gem § 779 Abs. 1, Abs. 2 Satz 2 ZPO ungehindert gegen den Nachlass fortgeführt werden, ohne dass es einer neuen Vollstreckungsklausel bedarf. Hat die Zwangsvollstreckung noch nicht begonnen, so ist die Vollstreckungsklausel gegen den Testamentsvollstrecker umzuschreiben, wenn er den Nachlass verwaltet, § 749 ZPO. Ansonsten erfolgt die Titelumschreibung gem § 727 ZPO gegen den Erben. Schließlich kommt noch der Fall in Betracht, dass die Vollstreckungsklausel sowohl gegen den Erben, als auch gegen den Testamentsvollstrecker umzuschreiben ist, wenn beide zu Teilverwaltungen berechtigt sind, §§ 749, 748 Abs. 2 ZPO (Mayer/Daragan/Bonefeld/*Mayer* Testamentsvollstreckung Rn 205). 21

§ 2214 BGB | Gläubiger des Erben

D. Rechtsförmliches

22 Klagen gegen den Testamentsvollstrecker oder den Erben nach § 2213 BGB können im besonderen **Gerichtsstand** nach §§ 27, 28 ZPO erhoben werden. Liegen unterschiedliche Gerichtsstände für den Testamentsvollstrecker und den Erben vor und greifen die besonderen Gerichtsstände nach §§ 27, 28 ZPO nicht ein (zB weil sich der Nachlass nicht mehr im Bezirk des nach § 27 ZPO zuständigen Gerichts befindet), kommt eine Gerichtsstandsbestimmung nach § 36 Abs. 1 Nr. 3 ZPO in Betracht.

23 Für den Anspruch auf Gewährung von **PKH** gilt im Passivprozess nichts anderes, als im Aktivprozess (s § 2212 BGB Rn 14). Auch hier wird auf die wirtschaftlichen Voraussetzungen (§§ 114, 116 Abs. 1 Nr. 1 ZPO) im Nachlass, nicht in den persönlichen und wirtschaftlichen Verhältnissen des Testamentsvollstreckers abzustellen sein.

24 Mit Eröffnung des **Insolvenzverfahrens** über das Vermögen des Erben fällt der der Testamentsvollstreckung unterliegende Nachlass in die Insolvenzmasse und bildet ein Sondervermögen, auf das Insolvenzgläubiger erst nach Wegfall der Testamentsvollstreckung zugreifen können (OLG Köln FamRZ 2005, 1104, 1107).

§ 2214 Gläubiger des Erben

Gläubiger des Erben, die nicht zu den Nachlassgläubigern gehören, können sich nicht an die der Verwaltung des Testamentsvollstreckers unterliegenden Nachlassgegenstände halten.

A. Allgemeines

1 § 2214 ist Ausdruck der durch die Testamentsvollstreckung herbeigeführten Trennung von Nachlass und Privatvermögen des Erben (BGHZ 48, 214, 219). Darüber hinaus ergänzt die Vorschrift die in §§ 2211, 2205 normierte Verfügungsbeschränkung des Erben. Die Gläubiger des Erben sollen an dem der Testamentsvollstreckung unterliegenden Nachlass nicht mehr Rechte haben, als der Erbe selbst. **Praxishinweis:** Aufgrund der strikten Trennung von Nachlass und Privatvermögen des Erben ist es möglich, durch entsprechend geschickte Anordnung der Testamentsvollstreckung den Eigengläubigern des Erben den Zugriff auf das ererbte Vermögen über die Gesamtdauer der Testamentsvollstreckung zu verwehren (s Rn 11) und auch vor einer Verwertung im Rahmen einer Privatinsolvenz zu schützen (s Rn 8).

B. Voraussetzungen

I. Persönliche Gläubiger des Erben

2 Vom Zugriff auf den Nachlass ausgeschlossen sind ausschließlich die sog Eigengläubiger des Erben. Auf die Haftung des Nachlasses gegenüber Nachlassgläubigern (§ 2213) hat die Vorschrift des § 2214 hingegen keine Auswirkung (Dauner-Lieb/Heidel/Ring/*Weidlich* BGB § 2214 Rn 1). Dingliche Rechte wirken gegenüber jedermann und gehen deshalb auch dem Verwaltungs- und Verfügungsrecht des Testamentsvollstreckers vor unterliegen also nicht dem Zugriffverbot des § 2214 (Staudinger/*Reimann* § 2214 Rn 2).

II. Der Verwaltung des Testamentsvollstreckers unterliegender Nachlassgegenstand

3 Vorbehaltlich abweichender Anordnungen des Erblassers unterliegt der gesamte Nachlass einschließlich seiner Erträgnisse der Verwaltung des Testamentsvollstreckers (s weiterführend § 2211 Rn 5) und ist damit dem Zugriff ausgeschlossen. Beschränkt sich die

Testamentsvollstreckung nur auf einzelne Nachlassgegenstände, sind nur diese dem Zugriff der Eigengläubiger entzogen. Lastet auf dem der Testamentsvollstreckung unterliegenden Nachlassgegenstand ein dingliches Recht, ist der Gegenstand gegen den Zugriff des Gläubigers aus diesem Recht nicht geschützt (Erman/M. *Schmidt* § 2214 Rn 1; s auch Rn 2).

Vom Vollstreckungsschutz ausgeschlossen sind die Ansprüche des Erben gegen den Testamentsvollstrecker, bspw auf Auszahlung von Erträgen, die im Rahmen einer ordnungsgemäßen Verwaltung des Nachlasses nach § 2216 auszukehren sind, auf Überlassung von Nachlassgegenständen nach § 2217 (Erman/M. *Schmidt* § 2214 Rn 1) oder auf Schadenersatz nach § 2219. Für zulässig wird weiterhin die Vollstreckung in den Erbanteil eines Miterben gehalten, soweit die Rechte des Testamentsvollstreckers dadurch nicht beeinträchtigt werden. Auch kommt nach hM die vorzeitige Herbeiführung einer Auseinandersetzung der Erbengemeinschaft durch Eigengläubiger eines Erben in Betracht (arg e §§ 2044 Abs. 1, 751; s Erman/M. *Schmidt* § 2214 Rn 1).

III. Beginn des Vollstreckungsschutzes

Parallel zu der Regelung über das Verfügungsverbot des § 2211, das den Erben bereits mit dem Beginn des Erbfalls und unabhängig von der Ernennung des Testamentsvollstreckers oder seinem Amtsantritt beschränkt, ist der Zugriff von Eigengläubigern des Erben auf den der Testamentsvollstreckung unterliegenden Nachlass bereits mit dem Eintritt des Erbfalls ausgeschlossen (s § 2211 Rn 3).

C. Rechtsfolgen

Das Zugriffverbot der Eigengläubiger des Erben auf den der Testamentsvollstreckung unterliegenden Nachlass ist umfassend. Die von einem persönlichen Gläubiger des Erben veranlasste Vollstreckung in den der Verwaltung des Testamentsvollstreckers unterliegenden Nachlass ist unwirksam. Der Testamentsvollstrecker kann sich gegen die Beeinträchtigung seiner Nachlassverwaltung wehren und alle Vollstreckungsmaßnahmen der persönlichen Gläubiger des Erben mit den Zwangsvollstreckungsklagen (s Rn 9) anfechten.

Gem § 36 Abs. 1 InsO wirkt § 2214 BGB auch gegenüber dem Insolvenzverwalter, wenn über das Vermögen des Erben ein Insolvenzverfahren geöffnet wird. In die Insolvenzmasse fallen gem § 35 InsO nur die nicht der Testamentsvollstreckung unterliegenden Nachlassgegenstände sowie ggf nach § 2217 freigegebene Gegenstände. Die Verfügungsbefugnis bzgl der Nachlassgegenstände, die der Testamentsvollstreckung unterliegen, geht nicht gem §§ 22 Abs. 1, 80 Abs. 1 InsO auf den Insolvenzverwalter über, sondern verbleibt beim Testamentsvollstrecker (Dauner-Lieb/Heidel/Ring/*Weidlich* AnwK § 2214 Rn 4).

Das Zugriffverbot der Privatgläubiger setzt sich im Rahmen der Restschuldbefreiung (§ 286 InsO) fort. Grds besteht die Verpflichtung nach § 295 Abs. 1 Nr. 2 InsO zur Herausgabe des dem verschuldeten Erben zugeflossenen Nachlasses in Höhe der Hälfte. Beschränkt sich die Testamentsvollstreckung auf die reine Abwicklungsvollstreckung, so kann die Herausgabe nach Abschluss der Vollstreckung erfolgen. Ist hingegen eine Verwaltungsvollstreckung gem § 2209 angeordnet, scheitert die Herausgabe beim Alleinerben an dessen mangelnder Verfügungsbefugnis, § 2211 (Dauner-Lieb/Heidel/Ring/*Weidlich* AnwK § 2214 Rn 5).

D. Rechtsförmliches

Zwangsvollstreckungsmaßnahmen sind nach § 748 ZPO wegen des Fehlens eines gegen den Testamentsvollstrecker ergangenen Urteils nicht möglich. Eine gleichwohl vorgenommene Vollstreckungsmaßnahme ist jedoch nicht nichtig, sondern nur fehlerhaft. Folglich

§ 2215 BGB | Nachlassverzeichnis

muss der Testamentsvollstrecker gegen sie mit der Erinnerung nach § 766 ZPO, ggf auch mit der Drittwiderspruchsklage nach § 771 ZPO vorgehen (Dauner-Lieb/Heidel/Ring/ *Weidlich* AnwK § 2214 Rn 2).

10 Da die bloße Anordnung der Testamentsvollstreckung einen Miterben nicht in seiner Möglichkeit beschränkt, über seinen Erbteil zu verfügen (s iE § 2211 Rn 11), kann ein Privatgläubiger gem § 859 Abs. 2 ZPO den Miterbenanteil pfänden und hierüber ggf die Auseinandersetzung des Nachlasses herbeiführen. In diesem Fall ist der Pfändungsbeschluss den Testamentsvollstrecker zuzustellen (Dauner-Lieb/Heidel/Ring/*Weidlich* AnwK § 2214 Rn 6). Gleiches gilt für den Fall der Pfändung von im Rahmen ordnungsgemäßer Verwaltung gem § 2216 auszuschüttenden Erträgnissen (Dauner-Lieb/Heidel/ Ring/*Weidlich* AnwK § 2214 Rn 7).

11 Beschränkungen der Pfändung können sich aus § 863 Abs. 1 Satz 2 ZPO bei der Pflichtteilsbeschränkung in guter Absicht sowie nach § 850b Abs. 1 Nr. 3 ZPO bei fortlaufenden Einkünften aufgrund fürsorglicher Zuwendung ergeben. Darüber hinaus ist es möglich, über eine entsprechende Anordnung der Testamentsvollstreckung den Zugriff der Gläubiger des Erben auch auf diese Erträgnisse einzuschränken oder gar auszuschließen (Dauner-Lieb/Heidel/Ring/*Weidlich* AnwK § 2214 Rn 8). Vorgeschlagen wird in diesem Zusammenhang die Anweisung an den Testamentsvollstrecker im Rahmen der letztwilligen Verfügung, die Nutzungen des Nachlasses sowie auch einzelne Nachlassgegenstände zur freien Entscheidung des Testamentsvollstreckers zu überlassen oder auch den Testamentsvollstrecker zu ermächtigen, die Erträgnisse nur in Form von Naturalleistungen sowie Wohnraum zur ausschließlichen Eigennutzung durch den Erben auszukehren (Mayer/Bonefeld/Daragan/*Mayer* Testamentsvollstreckung Rn 555).

§ 2215 Nachlassverzeichnis

(1) Der Testamentsvollstrecker hat dem Erben unverzüglich nach der Annahme des Amts ein Verzeichnis der seiner Verwaltung unterliegenden Nachlassgegenstände und der bekannten Nachlassverbindlichkeiten mitzuteilen und ihm die zur Aufnahme des Inventars sonst erforderliche Beihilfe zu leisten.

(2) Das Verzeichnis ist mit der Angabe des Tages der Aufnahme zu versehen und von dem Testamentsvollstrecker zu unterzeichnen; der Testamentsvollstrecker hat auf Verlangen die Unterzeichnung öffentlich beglaubigen zu lassen.

(3) Der Erbe kann verlangen, dass er bei der Aufnahme des Verzeichnisses zugezogen wird.

(4) Der Testamentsvollstrecker ist berechtigt und auf Verlangen des Erben verpflichtet, das Verzeichnis durch die zuständige Behörde oder durch einen zuständigen Beamten oder Notar aufnehmen zu lassen.

(5) Die Kosten der Aufnahme und der Beglaubigung fallen dem Nachlass zu Last.

A. Allgemeines

1 § 2215 enthält zwei unterschiedliche Ansprüche. Überwiegend befasst sich die Vorschrift mit der Verpflichtung des Testamentsvollstreckers zur Errichtung eines Nachlassverzeichnisses (iE s Rn 6 – 14). Darüber hinaus gibt § 2215 Abs. 1 zweiter Hs dem Erben gegen den Testamentsvollstrecker einen Anspruch auf Hilfestellung für die Errichtung eines Inventars nach §§ 1993, 1994 (iE s Rn 15).

2 Die Erstellung des Nachlassverzeichnisses gehört zu den zentralen Pflichten des Testamentsvollstreckers. Es bildet die unverzichtbare Grundlage für eine ordnungsgemäße Amtsführung des Testamentsvollstreckers (BayObLG FamRZ 1998, 325), für die von

ihm geschuldete Rechnungslegung gem § 2218, für die Herausgabe des Nachlasses bei Amtsbeendigung, die Ausübung der Kontrollrechte der Erben und letztendlich auch den tatsächlichen Bestand des Nachlasses (BGH NJW 1981, 1271, 1272).

Die Vorschrift entspricht für die Errichtung des Nachlassverzeichnisses im Wesentlichen den Regelungen des § 2121 bzgl der Pflichten des Vorerben gegenüber dem Nacherben. Der hauptsächliche Unterschied liegt darin, dass der Testamentsvollstrecker das Nachlassverzeichnis unaufgefordert und unverzüglich (§ 121 Abs. 1) vorzulegen hat, während der Vorerbe das Nachlassverzeichnis nur auf Verlangen schuldet. 3

Ein Verstoß gegen die Verpflichtung zur Erstellung des Nachlassverzeichnisses stellt eine grobe Pflichtverletzung dar und kann ggf einen Entlassungsgrund nach § 2227 darstellen (vgl OLG Karlsruhe NJWE-FER 1998, 255 für ein erheblich unvollständiges Verzeichnis; in Abgrenzung hierzu BayObLG FamRZ 2002, 989, 991, das einen Entlassungsgrund im konkreten Fall deshalb verneint hat, weil die Erben durch ein sorgfältiges und detailliertes, auf amtlichem Vordruck zum Nachlassgericht gereichtes Nachlassverzeichnis einen umfassenden Überblick über die Vermögenssituation hatten und der Testamentsvollstrecker nicht zur Vorlage eines Verzeichnisses nach § 2215 Abs. 1 aufgefordert worden war). 4

Von der Verpflichtung zur Stellung des Nachlassverzeichnisses kann der Erblasser den Testamentsvollstrecker nicht befreien, § 2220. Der Erbe, bei Miterben jeder für sich, kann jedoch auf die Verzeichniserrichtung formlos verzichten (BGH NJW 1981, 1271, 1272; Staudinger/*Reimann* § 2215 Rn 7). 5

B. Anspruch auf Errichtung des Nachlassverzeichnisses, § 2215 Abs. 1 erster Hs

I. Anspruchsberechtigung

Die Verpflichtung zur Erstellung des Nachlassverzeichnisses besteht gegenüber den Erben bzw der Erbengemeinschaft, den Pfändungsgläubigern und den Nießbrauchsberechtigten (Staudinger/*Reimann* § 2215 Rn 17). Die Verpflichtung besteht hingegen nicht gegenüber den Pflichtteilsberechtigten (RGZ 50, 224; 2, 125) und einem Vermächtnisnehmer (Mayer/Bonefeld/Daragan/*Mayer* Testamentsvollstreckung Rn 98 f). 6

II. Annahme des Vollstreckeramtes

Vor der Annahme des Testamentsvollstreckeramtes nach § 2202 Abs. 2 Satz 1 wird das Nachlassverzeichnis nicht geschuldet. Nach der Amtsannahme ist es unverzüglich (§ 121 Abs. 1) an den Anspruchsberechtigten zu übermitteln. Bestehen erhebliche Schwierigkeiten bei der Erfassung der Vermögenswerte oder muss der Nachlass zunächst überhaupt erst einmal ermittelt werden, kann die Erstellung auch noch nach Monaten fristgerecht sein (BayObLG ZEV 1997, 381, 383). 7

III. Inhalt des Verzeichnisses

Für die Erstellung des Nachlassverzeichnisses hat der Testamentsvollstrecker alle verfügbaren Unterlagen zu sichten und sämtliche Erkenntnismöglichkeiten umfassend zu nutzen (BGH NJW 1981, 1271, 1272). Das Nachlassverzeichnis hat alle Gegenstände aufzuführen, die der Verwaltung des Testamentsvollstreckers unterliegen. Hierzu gehören sowohl die Nachlassaktiva, als auch die Nachlasspassiva. Es ist eine einzelne Auflistung der verwalteten Nachlassgegenstände erforderlich. Dabei sind auch Gegenstände und Verbindlichkeiten, deren Zugehörigkeit zum Nachlass zweifelhaft ist, aufzunehmen (OLG Karlsruhe NJWE-FER 1998, 255). Eine Verpflichtung zur Ermittlung des Wertes der Nachlassgegenstände besteht hingegen nicht (BayObLG NJW-RR 2002, 77, 79). **Praxishinweis:** Gehört ein Unternehmen zum Nachlass, so empfiehlt sich die Erstellung einer handelsrechtlichen Zwischenbilanz auf den Tag der Amtsannahme und zwar schon aus Gründen der Be- 8

§ 2215 BGB | Nachlassverzeichnis

weissicherung. Auch empfiehlt es sich, Saldenbestätigungen der Geschäftspartner einzuholen (Mayer/Bonefeld/Daragan/*Mayer* Testamentsvollstreckung Rn 101).

IV. Formalien, Kosten

1. Formerfordernis und öffentliche Beglaubigung

9 Nach § 2215 Abs. 2 ist das Nachlassverzeichnis vom Testamentsvollstrecker zu unterschreiben und mit der Angabe des Tages seine Aufnahme zu versehen. Hieraus kann das Erfordernis einfacher Schriftform hergeleitet werden. Als Stichtag ist richtigerweise der Tag der Amtsannahme des Testamentsvollstreckers anzugeben. Sollten dem Testamentsvollstrecker Veränderungen zwischen dem Erbfall und seiner Amtsannahme bekannt geworden sein, so empfiehlt es sich, diese Umstände in einer Erläuterung zum Verzeichnis darzulegen (Mayer/Bonefeld/Daragan/*Mayer* Testamentsvollstreckung, Rn 104).

2. Hinzuziehung des Erben

10 Nach § 2215 Abs. 3 kann der Erbe verlangen, bei der Aufnahme des Verzeichnisses zugezogen zu werden. **Praxishinweis:** Regelmäßig wird von dieser Möglichkeit, die § 2314 Abs. 1 Satz 2 auch dem Pflichtteilsberechtigten einräumt, so gut wie kein Gebrauch gemacht. Aus der Sicht des Beraters ist das nachvollziehbar, weil die persönliche Konfrontation vermieden werden soll. Andererseits handelt es sich hierbei häufig um die letzte Gelegenheit, den Nachlass in seiner Gesamtheit in Augenschein zu nehmen. Es ist daher durchaus in Erwägung zu ziehen, ob nicht möglicherweise ein Bevollmächtigter des Erben bei der Errichtung des Nachlassverzeichnisses zugegen ist.

3. Amtliche Aufnahme

11 Der Testamentsvollstrecker ist gem § 2215 Abs. 4, erste Alternative berechtigt und nach § 2215 Abs. 4 zweite Alternative auf Verlangen des Erben verpflichtet, das Verzeichnis als amtliches Nachlassverzeichnis errichten zu lassen. Zuständig hierfür sind nach § 20 Abs. 1 Bundesnotarordnung die Notare (die Zuständigkeit kann in den einzelnen Bundesländern unterschiedlich geregelt sein, vgl hierzu Bengel/Reimann/*Klumpp* Handbuch der Testamentsvollstreckung, Kap 3, Rn 27). **Praxishinweis:** Der amtlichen Erstellung des Nachlassverzeichnisses wird häufig ein höherer Grad an Vertrauen in die Richtigkeit und Vollständigkeit entgegengebracht. Bei den nach § 2314 zu erstellenden Nachlassverzeichnissen ist dies in Grenzen durchaus zutreffend, weil die Notare die Erben, bei denen es sich regelmäßig um nicht rechtserfahrene Personen handelt, entsprechend belehren. Bei geschäftsmäßigen Testamentsvollstreckern wird diese Überlegung eher weniger Platz greifen. Insoweit bietet sich die Geltendmachung des Anspruches auf Hinzuziehung bei der Aufnahme des Verzeichnisses gem § 2215 Abs. 3 (s Rn 10) eher an. Aus der Sicht eines geschäftsmäßigen Testamentsvollstreckers kann jedoch die amtliche Aufnahme iSd eigenen Schutzes in Betracht kommen.

4. Eidesstattliche Versicherung

12 Eine Verpflichtung zur eidesstattlichen Versicherung der sorgfältigen und richtigen Erstellung des Nachlassverzeichnisses ergibt sich unter den allgemeinen Voraussetzungen der §§ 2218 Abs. 1, 666, 260 Abs. 2, 261.

5. Kosten

13 Die Regelung über die Kostentragungspflicht entspricht dem, was das Gesetz auch bei dem vom Erben gegenüber dem Pflichtteilsberechtigten geschuldeten Nachlassverzeichnis angeordnet hat (§ 2314 Abs. 2). Die Kosten der Erstellung des Nachlassverzeichnisses in

jeder Form, auch die Kosten für eine etwaige Beglaubigung, hat der Nachlass zu tragen, § 2215 Abs. 5.

V. Ende der Verpflichtung

Die Verpflichtung zur Errichtung des Nachlassverzeichnisses endet erst mit Beendigung 14 des Amtes als Testamentsvollstrecker, in diesem Falle auch, wenn das Verzeichnis bis zu diesem Zeitpunkt noch nicht erstellt worden sein sollte (OLG Koblenz NJW-RR 1993, 462, 463). Dies gilt auch für den Fall der Kündigung des Testamentsvollstreckers nach § 2226.

C. Anspruch auf Hilfestellung für die Errichtung eines Inventars, § 2215 Abs. 1 zweiter Hs

Unabhängig von der Testamentsvollstreckung soll dem Erben die Möglichkeit erhalten 15 bleiben, bei Not leidenden Nachlässen eine Haftungsbeschränkung nach den allgemeinen Vorschriften herbeizuführen. Das vom Testamentsvollstrecker nach § 2215 Abs. 1 erster Hs geschuldete Nachlassverzeichnis genügt nicht den Anforderungen an ein Inventar nach §§ 1993, 1994. Aus diesem Grunde hat der Erbe den Anspruch, dass ihn der Testamentsvollstrecker über den Inhalt des Nachlassverzeichnisses hinaus die für die Inventarerrichtung erforderlichen Auskünfte erteilt und ihm Unterstützung, insb bei der Beschreibung der Nachlassgegenstände und der Wertermittlung gewährt (MüKo/*Brandner* § 2215 Rn 10). Denkbar ist im Einzelfall auch, dass dem Erben Einblick in den Nachlass gewährt werden muss (Staudinger/*Reimann* § 2215 Rn 3).

D. Rechtsförmliches

Die Klage des Erben gegen den Testamentsvollstrecker auf Verzeichniserrichtung ist vor 16 dem Prozessgericht zu führen. Etwaige Prozesskosten hat der Testamentsvollstrecker selbst zu tragen (MüKo/*Brandner* § 2215 Rn 7). Gleiches gilt bei einem Klageverfahren des Erben auf Hilfestellung für die Inventarerrichtung nach § 2215 Abs. 1 zweiter Hs, wobei die Beihilfehandlung konkret zu bezeichnen ist (Erman/*M. Schmidt* § 2215 Rn 2 aE). Umstritten ist, ob bei Eltern-Testamentsvollstreckern zum Schutz minderjähriger Erben 17 ein **Ergänzungspfleger** zu bestellen ist. Die Rechtsprechung nimmt dies überwiegend an (OLG Nürnberg ZEV 2002, 158; OLG Hamm FamRZ 1993, 1122). Die Literatur verweist hingegen richtigerweise darauf, dass die allgemeinen Pflichten des Testamentsvollstreckers bei Eltern-Testamentsvollstreckern sowie die Verpflichtung der Eltern zur Errichtung eines Vermögensverzeichnisses nach § 1640 die Kindesinteressen bereits so nachhaltig schützen, dass von einem erheblichen Interessengegensatz iSv § 1796 Abs. 2 idR nicht ausgegangen werden kann (*Schlüter* ZEV 2002, 158; *Damrau* ZEV 1994, 1; Staudinger/*Reimann* § 2215 Rn 8).

E. Kosten/Gebühren

Wird die Unterschrift des Testamentsvollstreckers auf einem nicht von dem Notar gefertigten Nachlassverzeichnis öffentlich beglaubigt, so ist gem § 45 Abs. 1 KostO eine $1/4$ 18 Gebühr, höchstens 130 € zu erheben.
Der Wert richtet sich nach § 30 KostO. Er richtet sich nach dem Bruttowert des Nachlasses 19 gem dem Verzeichnis.

§ 2216 Ordnungsmäßige Verwaltung des Nachlasses, Befolgung von Anordnungen

(1) Der Testamentsvollstrecker ist zur ordnungsmäßigen Verwaltung des Nachlasses verpflichtet.

(2) Anordnungen, die der Erblasser für die Verwaltung durch letztwillige Verfügung getroffen hat, sind von dem Testamentsvollstrecker zu befolgen. Sie können jedoch auf Antrag des Testamentsvollstreckers oder eines anderen Beteiligten von dem Nachlassgericht außer Kraft gesetzt werden, wenn ihre Befolgung den Nachlass erheblich gefährden würde. Das Gericht soll vor der Entscheidung, soweit tunlich, die Beteiligten hören.

Inhaltsverzeichnis

	Rn
A. Allgemeines	1–3
B. Pflicht zur ordnungsgemäßen Verwaltung des Nachlasses, § 2216 Abs. 1	4–18
I. Inhalt und Umfang der Verpflichtungen	4–17
1. Allgemeines	4–5
2. Ausgewählte Einzelfälle	6–17
a) Abwicklungsvollstreckung	6
b) Dauervollstreckung	7
c) Anlage von Nachlassvermögen	8–11
d) Unternehmerische Tätigkeiten	12
e) Verwertung eines Nachlassgrundstücks	13
f) Schutz vor Haftpflichtansprüchen	14
g) Überschuldeter Nachlass	15
h) Auskehr von Nachlasserträgen	16
i) Beauftragung eines Rechtsanwalts	17
II. Adressat der Verpflichtung	18
C. Beachtung von Anordnungen des Erblassers, § 2216 Abs. 2 Satz 1	19–32
I. Wirksame Anordnung durch den Erblasser	23–26
II. Außerkraftsetzung von Erblasseranordnungen	27–32
1. Antrag an das Nachlassgericht	28
2. Antragsberechtigung	29
3. Anhörung der Beteiligten	30
4. Rechtsschutzbedürfnis	31
5. Erhebliche Gefährdung des Nachlasses	32
D. Rechtsförmliches	33–36
E. Kosten/Gebühren zu Abs. 2 Satz 2	37

A. Allgemeines

1 Seiner Struktur nach handelt es sich bei der Vorschrift – ebenso wie bei der Verpflichtung aus § 2215 – um eine elementare Grundpflicht des Testamentsvollstreckers, was sich schon daran zeigt, dass der Erblasser gem § 2220 den Testamentsvollstrecker von der Einhaltung dieser Verpflichtung nicht befreien kann. Damit stellt die Vorschrift ein Pendant zum umfassenden Verfügungs- und Verwaltungsrecht des Testamentsvollstreckers dar, deren Nichtbefolgung Schadensersatzansprüche nach § 2219 auslösen kann.

2 Darüber hinaus stellt die Vorschrift klar, dass der Testamentsvollstrecker bei der Verwaltung des Nachlasses in erster Linie an die Anordnungen gebunden ist, die der Erblasser in seiner letztwilligen Verfügung ausgesprochen hat. Nur wenn diese Anordnungen den Nachlass gefährden, kann das Nachlassgericht auf Antrag des Testamentsvollstreckers (oder eines anderen Beteiligten (s Rn 28) Anordnungen des Erblassers außer Kraft setzen. Im Einzelfall wird man die Verpflichtung des Testamentsvollstreckers zu einer entsprechenden Antragstellung annehmen können (s Rn 27).

Praxishinweis: Bevor ein Verfahren nach § 2216 Abs. 2 Satz 1 eingeleitet wird, sollte geprüft werden, ob nicht eine Auslegung der letztwilligen Verfügung oder eine Anfechtung nach §§ 2078 – 2082 in Betracht kommt.

B. Pflicht zur ordnungsgemäßen Verwaltung des Nachlasses, § 2216 Abs. 1

I. Inhalt und Umfang der Verpflichtungen

1. Allgemeines

Eine besondere Qualifikation sehen die erbrechtlichen Vorschriften für das Amt des Testamentsvollstreckers nicht vor (BGH NJW 2005, 969, 971). Inhalt und Umfang der Verpflichtungen des Testamentsvollstreckers ergeben sich daher aus den Anordnungen des Erblassers (s Rn 19 ff) im Einzelfall (BGH FamRZ 1988, 279) sowie dem konkreten Sinn und Zweck der angeordneten Testamentsvollstreckung. Weiterhin ist grds danach zu unterscheiden, ob eine Abwicklungsvollstreckung iSd §§ 2203, 2204, eine Dauervollstreckung nach § 2209 oder eine gegenständlich beschränkte Testamentsvollstreckung nach § 2208 Abs. 1 Satz 2 angeordnet wurde (MüKo/*Brandner* § 2216 Rn 2). Die äußerste ges Grenze bildet das Schenkungsverbot nach § 2205 Satz 3.

Die Rechtsprechung betont immer wieder, dass an die ordnungsgemäße Verwaltung durch den Testamentsvollstrecker und die ihm in diesem Rahmen eingeräumten Ermessensentscheidungen strenge Anforderungen zu stellen sind (RGZ 130, 131, 135; BGH NJW 1967, 443). Die Entscheidungen des Testamentsvollstreckers müssen anhand objektiver Maßstäbe (BGHZ 25, 275, 287) bestimmt, in jedem Einzelfall wirtschaftlich und vernünftig sein (BayObLG FamRZ 1997, 905). Mit einem nur mäßigen Erfolg seiner Tätigkeit darf sich der Testamentsvollstrecker nicht begnügen, wenn Möglichkeiten zu einem besseren Erfolg bestehen. Darüber hinaus ist er gehalten, durch rechtzeitige Kontrollmaßnahmen sicherzustellen, dass drohende Verluste rechtzeitig begegnet werden kann (BGH NJW-RR 1995, 577, 578). Keinesfalls darf sich der Testamentsvollstrecker von persönlichen Interessen oder Neigungen leiten lassen. An diesen Grundsätzen haben sich alle Entscheidungen des Testamentsvollstreckers zu orientieren, die zu seinem Aufgabenbereich gehören, unabhängig davon, ob Verbindlichkeiten einzugehen, Forderungen geltend zu machen sind oder über Nachlassgegenstände zu verfügen ist (Erman/*M. Schmidt* § 2216 Rn 2 aE).

2. Ausgewählte Einzelfälle

a) Abwicklungsvollstreckung

Der Nachlassbestand ist vollständig zu erfassen und es sind sämtliche Nachlassrechte jeglicher Art geltend zu machen, insb Forderungen einzuziehen (Mayer/Bonefeld/Daragan/*Mayer* Kap 9.1.2 Rn 133). Unvorteilhafte Verträge sind anzufechten, Gewährleistungsansprüche geltend zu machen. Überflüssige oder gar erkennbar aussichtslose Prozesse dürfen jedoch nicht geführt werden (MüKo/*Brandner* § 2216 Rn 4).

b) Dauervollstreckung

Während es im Rahmen einer reinen Abwicklungsvollstreckung vorrangig zu den Pflichten des Testamentsvollstreckers gehört, Dauerschuldverhältnisse zu beenden, kann – insb bei der Fortführung eines Handelsgeschäfts – im Rahmen einer Verwaltungsvollstreckung auch der Abschluss eines Mietvertrages zulässig sein, der im Einzelfall die Laufzeit der Testamentsvollstreckung überschreitet (Mayer/Bonefeld/Daragan/*Mayer* Kap 9.1.2 Rn 132; MüKo/*Brandner* § 2216 Rn 6).

c) Anlage von Nachlassvermögen

Verwaltungsmaßnahmen des Testamentsvollstreckers im Zusammenhang mit der Anlage und Verwaltung von Geld und Wertpapieren bieten immer wieder Anlass zu Auseinandersetzungen zwischen den Erben und dem Testamentsvollstrecker. Zunächst einmal

§ 2216 BGB | Ordnungsmäßige Verwaltung des Nachlasses, Befolgung von Anordnungen

zeigt sich in diesem Zusammenhang wieder die starke Stellung des Testamentsvollstreckers im deutschen Recht. Anders als bspw ein Vormund ist der Testamentsvollstrecker nicht starr an das Prinzip des sichersten Weges gebunden (BGH NJW 1967, 443). Der Testamentsvollstrecker ist nicht gehalten, ausschließlich mündelsichere Anlagen zu tätigen. Es ist ihm lediglich verwehrt, Anlageformen zu wählen, die nach Lage des Falles den Grundsätzen einer wirtschaftlichen Vermögensverwaltung zuwiderlaufen (BGH NJW 1997, 1070, 1071). Entsprechend dem Grundsatz, dass sich der Testamentsvollstrecker nicht mit einem mäßigen Erfolg seines Verwaltungshandelns begnügen darf, wenn ein besserer Erfolg möglich ist (BGH NJW-RR 1995, 577, 578), muss der Testamentsvollstrecker im Rahmen des ihm eingeräumten Ermessensspielraums (BGH NJW-RR 1995, 577, 578) sein Handeln an Umfang, Zusammensetzung und Struktur des Nachlasses ausrichten. Insb bei größeren Vermögen hat er nach den Grundsätzen zu agieren, die ein solider und umsichtiger, zugleich auch erfolgsorientierter Unternehmer wählen würde (BGH NJW 1987, 1070, 1071). Rein spekulative Anlagen, die den gesamten oder einen sehr hohen Teil des Nachlasses umfassen, sind jedoch ausgeschlossen (BGH NJW 1987, 1070).

9 Zu beurteilen ist das gesamte Anlageverhalten des Testamentsvollstreckers und zwar ex ante, ggf auch unter Berücksichtigung steuerlicher Aspekte. Ein Aktiengeschäft, das sich später als Verlust erweist, kann daher im Moment der Kaufentscheidung durchaus den Kriterien ordnungsgemäßer Wirtschaft entsprochen haben (Erman/*M. Schmidt* § 2216 Rn 3).

10 Wird Vermögen professionell an Vermögensverwalter überlassen, müssen diese durch den Testamentsvollstrecker kontrolliert werden, auch wenn der Vermögensverwalter seinerzeit noch vom Erblasser ausgesucht war (BGH ZEV 1999, 26).

11 Bei kurzfristigen Geldanlagen müssen nicht zwingend vorab die Bedingungen anderer Geldinstitute eingeholt werden (BGH FamRZ 1995, 478).

d) Unternehmerische Tätigkeiten

12 Gehört es zu den Aufgaben des Testamentsvollstreckers, die Geschäftsführung einer Gesellschaft zu überwachen (BGH NJW 1959, 1820; s auch Rn 14) oder obliegt es dem Testamentsvollstrecker gar, selbst unternehmerische Tätigkeiten wahrzunehmen, ist die Frage, welche Geschäfte zur ordnungsgemäßen Verwaltung des Nachlasses zulässig sind, besonders schwierig zu beantworten. Unternehmerisches Handeln beinhaltet immer auch die Einbeziehung gewisser Risiken. Auszugehen ist hier vom Leitbild eines »zwar umsichtigen und soliden, aber dynamischen Geschäftsführers« (Erman/*M. Schmidt* § 2216 Rn 3).

e) Verwertung eines Nachlassgrundstücks

13 Hier hat der Testamentsvollstrecker die sich auf dem Markt bietenden Möglichkeiten zunächst sorgfältig zu ermitteln. Vorrangig sind die Möglichkeiten eines freihändigen Verkaufs des Grundstücks in Anspruch zu nehmen. Pflichtwidrig ist die Versteigerung zum hälftigen Verkehrswert, ohne zuvor eine bessere Verwertung etwa durch freihändigen Verkauf nachhaltig unternommen zu haben (BGH ZEV 2001, 358). Krit ist das Versprechen des Erwerbers auf Zahlung einer Provision an den Testamentsvollstrecker zu bewerten. Hier liegt die Möglichkeit einer besseren Verwertung für den Nachlass in Form eines höheren Veräußerungserlöses auf der Hand (BGH ZEV 2001, 28).

f) Schutz vor Haftpflichtansprüchen

14 Den Testamentsvollstrecker trifft weiterhin die Pflicht, den Nachlass vor Haftpflichtansprüchen in Schutz zu nehmen. Die Erfüllung der Räume- und Streupflichten im Winter gehört daher genauso zu den Pflichten des Testamentsvollstreckers, wie die Aufsichtspflicht über den Geschäftsführer einer GmbH, an der der Nachlass beteiligt ist (Mayer/Bonefeld/Daragan/*Mayer* Kap 9.1.2 Rn 141; s auch Rn 12).

g) Überschuldeter Nachlass

Zur ordnungsgemäßen Aufgabenerfüllung durch den Testamentsvollstrecker gehört auch die Stellung etwa erforderlicher Anträge auf Nachlassverwaltung nach § 1981 sowie die Einleitung eines Aufgebotsverfahrens nach §§ 1970, 989, § 991 Abs. 2, Abs. 3 ZPO (MüKo/ *Brandner* § 2216 Rn 10). Darüber hinaus besteht in Abhängigkeit vom Einzelfall die Verpflichtung zur Stellung eines Nachlassinsolvenzantrages (MüKo/*Brandner* § 2216 Rn 9).

h) Auskehr von Nachlasserträgen

Hierbei handelt es sich um einen häufigen Streitpunkt zwischen Erben und Testamentsvollstrecker. Als Anhaltspunkt kann § 2117 Abs. 1 dienen. Der Testamentsvollstrecker hat die erzielten Erträge insoweit an den Erben herauszugeben, wie er sie zur Erfüllung seiner Obliegenheiten nicht mehr benötigt. Benötigt der Erbe Mittel, um seine steuerlichen Verpflichtungen zu erfüllen, die ihm aus der Erbschaft erwachsen sind, sind auch diese herauszugeben. Gleiches gilt für Mittel, die der Erbe für seinen angemessenen Unterhalt und die Erfüllung seiner ges Unterhaltspflichten benötigt (MüKo/*Brandner* § 2216 Rn 7, 10).

i) Beauftragung eines Rechtsanwalts

Wird im Rahmen einer Testamentsvollstreckung die Beurteilung rechtlicher Fragen erforderlich, kann und muss der Testamentsvollstrecker Rechtsrat einholen. Die damit verbundene Belastung des Nachlasses mit zusätzlichen Kosten ist die für den Erblasser vorhersehbare Folge seiner Auswahl der Person des Testamentsvollstreckers (BGH NJW 2005, 969, 971). Die Grenze ist allerdings dort zu ziehen, wo die Beantwortung der Rechtsfrage für jedermann auf der Hand liegt. So entspricht die honorarpflichtige Beauftragung eines RA, um Einsprüche gegen Erbschaftsteuerbescheide einzulegen, an deren Berechtigung keine Zweifel bestehen, nicht mehr den Grundsätzen einer ordnungsgemäßen Verwaltung (BGH ZEV 2000, 195). Hier kann von jedem Testamentsvollstrecker erwartet werden, dass er diesen Rechtsbehelf, auf den im Erbschaftsteuerbescheid ausdrücklich hingewiesen wird, selbst ergreift, sofern er bspw aus Fristgründen, was sich häufig empfiehlt, vorsorglich eingelegt werden soll.

II. Adressat der Verpflichtung

Die Pflicht zur ordnungsgemäßen Verwaltung besteht, wie sich auch aus der insoweit korrespondierenden Vorschrift des § 2219 ergibt, gegenüber Erben und Vermächtnisnehmern. Die Verpflichtung besteht nicht gegenüber Nachlassgläubigern oder Pflichtteilsberechtigten (BayObLG FamRZ 1997, 905).

C. Beachtung von Anordnungen des Erblassers, § 2216 Abs. 2 Satz 1

Durch seine Anordnungen nach § 2216 Abs. 2 Satz 1 kann der Erblasser für den Testamentsvollstrecker bindende Richtlinien zur Durchführung seiner Aufgaben setzen. **Praxisbeispiele:** Veräußerungsverbot unterhalb eines Mindestpreises (*Zimmermann* Die Testamentsvollstreckung Rn 383); Verwendung der Erträge für einen behinderten Erben (Staudinger/*Reimann* § 2216 Rn 13) oder Verpflichtung des Testamentsvollstreckers, vor der Durchführung bestimmter Maßnahmen die Zustimmung eines bestimmten Gremiums einzuholen (Staudinger/*Reimann* § 2216 Rn 24).

Mit ihrer Anordnung werden die Richtlinien Inhalt der Verpflichtung des Testamentsvollstreckers zur ordnungsgemäßen Verwaltung des Nachlasses (MüKo/*Brandner* § 2216 Rn 15). Der konkrete Inhalt der Richtlinien ist ggf durch Auslegung festzustellen (BayObLG Z 1997, 1).

Die Verwaltungsanordnungen des Erblassers gem § 2216 Abs. 2 Satz 1 wirken, anders als die sich aus § 2208 Abs. 1 Satz 1 ergebenden Verfügungsbeschränkungen nicht dinglich, sondern nur schuldrechtlich. Setzt sich der Testamentsvollstrecker über eine Erblasseranordnung hinweg, ist die von ihm vorgenommene Verfügung folglich gleichwohl wirksam (Staudinger/*Reimann* § 2216 Rn 25). Sanktioniert wird ein derartiges Testamentsvollstreckerverhalten nur mittelbar über §§ 2219, 2227.

22 **Praxishinweis:** Setzt sich der Testamentsvollstrecker mit Zustimmung sämtlicher Beteiligten über die Erblasseranordnungen hinweg, so entfällt seine Haftung (MüKo/*Brandner* § 2216 Rn 16). Auch ein Entlassungsgrund nach § 2227 wird dann nicht mehr gegeben sein. Damit erübrigt sich auch in der Praxis das Verfahren vor dem Nachlassgericht nach §§ 2216 Abs. 2 Satz 2.

I. Wirksame Anordnung durch den Erblasser

23 Nur wirksam verfügte Erblasseranordnungen können Verbindlichkeit für den Testamentsvollstrecker entfalten.

24 Von einer wirksamen Erblasseranordnung nach § 2216 Abs. 2 abzugrenzen ist die Äußerung eines bloßen Wunsches des Erblassers, für den keine unbedingte Bindungswirkung besteht (BayObLG NJW 1976, 1692, 1 1694).

25 Ebenfalls keine Bindungswirkung entfalten nichtige Erblasseranordnungen, wie sie sich bspw aufgrund eines Verstoßes gegen die guten Sitten nach § 138 ergeben können (Palandt/*Edenhofer* § 2216 Rn 3). **Praxisfall:** vom Erblasser bewirkte übermäßige Beschränkung der wirtschaftlichen Bewegungsfreiheit oder Persönlichkeitssphäre des Erben (MüKo/*Brandner* § 2216 Rn 17).

26 Rechtliche Wirksamkeit und wirtschaftliche Auswirkungen der Erblasseranordnungen muss der Testamentsvollstrecker in eigener Verantwortlichkeit prüfen (MüKo/*Brandner* § 2216 Rn 17).

II. Außerkraftsetzung von Erblasseranordnungen

27 Die Notwendigkeit zur Außerkraftsetzung von Erblasseranordnungen ergibt sich dann, wenn der Erblasser zum Zeitpunkt seiner letztwilligen Verfügung bestimmte Umstände nicht bedacht hat oder sich im Laufe der Zeit aufgrund unerwarteter Entwicklungen seine Anordnungen als schädlich für den Nachlass herausstellen.

1. Antrag an das Nachlassgericht

28 Das Nachlassgericht wird nicht von Amts wegen tätig, wie ihm insgesamt kein allgemeines Aufsichtsrecht über den Testamentsvollstrecker zukommt. Ob es einen Testamentsvollstrecker dazu anhalten kann, nach § 2216 Abs. 2 vorzugehen, ist nicht abschließend geklärt (Staudinger/*Reimann* § 2216 Rn 35). In besonderen Ausnahmefällen wird eine Verpflichtung des Testamentsvollstreckers zur Antragstellung angenommen, bspw wenn die ordnungsgemäße Verwaltung die Antragstellung zwingend erfordert (BayObLG NJW-RR 2000, 298, 302).

2. Antragsberechtigung

29 Antragsberechtigt ist zunächst der Testamentsvollstrecker. Im Falle angeordneter Mittestamentsvollstreckung nach § 2224 sind dies alle Testamentsvollstrecker gemeinschaftlich (MüKo/*Brandner* § 2226 Rn 23). Als weitere Beteiligte iSd § 2216 Abs. 2 Satz 2 zweiter Hs kommen die aufgrund der letztwilligen Verfügung bedachten Erben, Vermächtnisnehmer oder Auflageberechtigten in Betracht. Der Kreis der Beteiligten ist ähnlich eng zu fassen wie in § 2227. Antragsberechtigt sollen lediglich diejenigen sein, die ein materiell-rechtliches Interesse an der ordnungsgemäßen Verwaltung des Nachlasses haben (Erman/*M. Schmidt* § 2226 Rn 7). Ein Nachlassgläubiger kann daher nicht Beteiligter sein, selbst wenn ihm ein Pfändungspfandrecht an einem Miterbenanteil zusteht (BayObLG Rpfleger 1983, 112).

3. Anhörung der Beteiligten

Teilweise wird vertreten, dass die Anhörung lediglich eine bloße Ordnungsvorschrift darstellt (so Staudinger/*Reimann* § 2216 Rn 33). Richtigerweise ist § 2216 Abs. 2 Satz 3 im Hinblick auf Art. 103 Abs. 1 GG sowie die Einführung der Gehörsrüge in § 321a ZPO einschränkend auszulegen (so im Ergebnis MüKo/*Brandner* § 2216 Rn 24). Nur ausnahmsweise, bspw bei besonders vielen Beteiligten oder ganz erheblichen Kosten, wird das Nachlassgericht von der Möglichkeit eines Absehens der Anhörung der Beteiligten Gebrauch machen dürfen. 30

4. Rechtsschutzbedürfnis

Streitig ist, ob eine Erblasseranordnung auch dann noch für kraftlos erklärt werden darf, wenn sich der Testamentsvollstrecker bereits über sie hinweggesetzt hat. Von der überwiegenden Auffassung wird dies mit der Begründung bejaht, dass die Frage der Verbindlichkeit der Anordnung Bedeutung für die Haftung des Testamentsvollstreckers nach § 2219 oder für einen Entlassungsgrund nach § 2227 haben kann (Erman/*M. Schmidt* bei § 2226 Rn 6; aA Staudinger/*Reimann* § 2226 Rn 27). 31

5. Erhebliche Gefährdung des Nachlasses

In materiell-rechtlicher Hinsicht ist Voraussetzung für die Aufhebung einer Erblasseranordnung, dass ihre Befolgung zu einer erheblichen Gefährdung des Nachlasses führen würde. Die Entscheidung dieser Frage hat vom Zweck der konkreten Testamentsvollstreckung her zu erfolgen (MüKo/*Brandner* § 2216 Rn 18) unter Berücksichtigung des mit der Anordnung verbundenen Erblasserwillens. **Praxisfälle:** Gefährdung der Nachlasssubstanz selbst (Palandt/*Edenhofer* § 2216 Rn 5) oder wirtschaftliche Gefährdung der am Nachlass beteiligten Personen (Staudinger/*Reimann* § 2216 Rn 18). In Betracht kommt auch ein durch den Erblasser angeordnetes Veräußerungsverbot für einen Nachlassgegenstand unterhalb einer bestimmten Wertgrenze, wenn diese absehbar nicht erzielbar ist. 32

D. Rechtsförmliches

Im Verfahren nach § 2216 Abs. 2 Satz 2 entscheidet der Richter gem § 16 Abs. 1 Nr. 3 RPflG. Er hat nur die Möglichkeit, die Anordnung des Erblassers außer Kraft zu setzen oder den Antrag zurückzuweisen. Eine neue Anordnung, mit der er seine Auffassung an die Stelle des Willens des Erblassers stellen würde, darf er nicht treffen (Erman/*M. Schmidt* § 2226 Rn 7). Eine nur teilweise Aufhebung der Anordnungen des Erblassers kommt in Betracht, wenn diese aus mehreren, voneinander selbstständigen Teilen besteht (Palandt/*Edenhofer* § 2216 Rn 6). Keine Verwaltungsanordnung stellen die Bestimmungen des Erblassers über Dauer und Vergütung der Testamentsvollstreckung sowie die Zahl der Testamentsvollstrecker dar. Sie können daher nicht durch das Nachlassgericht nach § 2216 Abs. 2 Satz 2 außer Kraft gesetzt werden (MüKo/*Brandner* § 2216 Rn 20), auch nicht in entsprechender Anwendung der Vorschrift (Staudinger/*Reimann* § 2216 Rn 31). 33

Für das gerichtliche Verfahren fällt eine halbe Gebühr nach § 113 Satz 1 KostO an, wobei sich der Wert nach § 30 Abs. 2 KostO bestimmt, also regelmäßig 3.000 € beträgt. 34

Als **Rechtsmittel** gegen die Entscheidung des Nachlassgerichts ist die einfache Beschwerde nach § 19 FGG gegeben. Beschwerdeberechtigt ist gem § 20 Abs. 1 FGG jeder, dessen Recht durch die Entscheidung beeinträchtigt ist, bei einer ablehnenden Entscheidung jedoch nur der Antragsteller, § 20 Abs. 2 FGG. Mittestamentsvollstrecker gem § 2224 müssen gegen eine die Außerkraftsetzung einer Erblasseranordnung ablehnende Entscheidung des Nachlassgerichts gemeinsam vorgehen (MüKo/*Brandner* § 2216 Rn 25). Setzt das Nachlassgericht Anordnungen des Erblassers über die Verwaltung des Nachlasses gegen 35 den Willen eines Mittestamentsvollstreckers außer Kraft, steht diesem gem § 82 Abs. 1 FGG die Beschwerde nach §§ 19, 20 Abs. 1 FGG selbstständig zu.

36 Maßnahmen des **einstweiligen Rechtsschutzes** sind dem Nachlassgericht versagt (*Reimann* FamRZ 1995, 590). Sie können unter den Voraussetzungen der §§ 935 ff ZPO jedoch vom Prozessgericht verfügt werden (Erman/*M. Schmidt* § 2216 Rn 1), bspw wenn es darum geht, dass der Erbe vom Testamentsvollstrecker eine dringlich gebotene Handlung verlangt, die zur ordnungsgemäßen Verwaltung erforderlich ist.

E. Kosten/Gebühren zu Abs. 2 Satz 2

37 **Gebühr** für das Außerkraftsetzen von Anordnungen des Erblassers: $^1/_2$ (§ 113 Satz 1 KostO).
Wert: Ist nach § 30 Abs. 2 KostO zu ermitteln. Zu bewerten ist dabei das Aufhebungsinteresse.
Kostenschuldner: Antragsteller (§ 2 Nr. 1 KostO).

§ 2217 Überlassung von Nachlassgegenständen

(1) Der Testamentsvollstrecker hat Nachlassgegenstände, deren er zur Erfüllung seiner Obliegenheiten offenbar nicht bedarf, dem Erben auf Verlangen zur freien Verfügung zu überlassen. Mit der Überlassung erlischt sein Recht zur Verwaltung der Gegenstände.

(2) Wegen Nachlassverbindlichkeiten, die nicht auf einem Vermächtnis oder einer Auflage beruhen, sowie wegen bedingter und betagter Vermächtnisse oder Auflagen kann der Testamentsvollstrecker die Überlassung der Gegenstände nicht verweigern, wenn der Erbe für die Berichtigung der Verbindlichkeiten oder für die Vollziehung der Vermächtnisse oder Auflagen Sicherheit leistet.

A. Allgemeines

1 Die Vorschrift berücksichtigt, dass der Testamentsvollstrecker den Nachlass oft nur teilweise benötigt (Palandt/*Edenhofer* § 2217 Rn 1). In diesem Fall soll dem Erben ein Instrumentarium an die Hand gegeben werden, sich unter Berücksichtigung des Verwaltungszweckes der Testamentsvollstreckung möglichst frühzeitig die uneingeschränkte Verfügungsmacht über Nachlassgegenstände zu verschaffen.

2 Wann der Anspruch in zeitlicher Hinsicht besteht, hängt von der Art der konkret angeordneten Testamentsvollstreckung ab. Handelt es sich um eine Dauervollstreckung nach § 2209, kommt eine Freigabe regelmäßig nicht in Betracht (BGHZ 56, 275, 285; BayObLG NJW-RR 328, 329). Handelt es sich um eine gegenständlich beschränkte Testamentsvollstreckung iSd § 2208 Abs. 1 Satz 2, so sind alle nicht von der Testamentsvollstreckung benötigten Gegenstände freizugeben (Erman/*M. Schmidt* § 2217 Rn 1). Bei einer Abwicklungsvollstreckung gem §§ 2203, 2204 bedarf der Testamentsvollstrecker nur solcher Gegenstände, die er zur Erfüllung von Nachlassverbindlichkeiten, Vermächtnissen und Auflagen sowie Teilungsanordnungen benötigt (Erman/*M. Schmidt* § 2217 Rn 1).

3 Die Regelungen des § 2217 sind abdingbar, wie sich aus dem fehlenden Verweis in § 2220 ergibt. Wahlweise kann der Erblasser den Testamentsvollstrecker auch nur von der Regelung des § 2217 Abs. 1 Satz 1 befreien. Strafklauseln des Erblassers zur Sicherung der Befolgung seiner Anordnungen sind zulässig (Palandt/*Edenhofer* § 2217 Rn 2).

B. Rechtsnatur der Freigabe

Von der Freigabe nach § 2217 zu unterscheiden ist die bloß gebrauchsweise Überlassung 4
eines Nachlassgegenstandes an den Erben. Hierbei wird die Verfügungsmacht des Testamentsvollstreckers nicht beeinträchtigt. Die Freigabe nach § 2217 bezweckt im Unterschied hierzu das vollständige Ausscheiden des Nachlassgegenstandes aus dem Verwaltungs- und Verfügungsrecht des Testamentsvollstreckers und die gleichzeitige Einräumung der unbeschränkten Verfügungsmacht gegenüber dem Erben. Nach heute hM handelt es sich bei der Freigabe um eine empfangsbedürftige rechtsgeschäftliche Erklärung des Testamentsvollstreckers gegenüber dem Erben mit Verfügungscharakter (BayObLG NJW-RR 1992, 328, 329), die inhaltlich darauf gerichtet ist, das Verwaltungsrecht über den Nachlassgegenstand endgültig aufzugeben (MüKo/*Brandner* § 2217 Rn 7). Die Erklärung des Testamentsvollstreckers kann auch konkludent erfolgen (Palandt/*Edenhofer* § 2217 Rn 5). Nach neuerer Auffassung ist die Erklärung des Testamentsvollstreckers annahmebedürftig durch den Erben, so dass die Freigabe einen dinglichen Vertrag darstellt (*Muscheler* ZEV 1996, 404).

C. Voraussetzungen der Freigabe

I. Verlangen des Erben

Eine Verpflichtung zur Freigabe eines Nachlassgegenstandes besteht für den Testaments- 5
vollstrecker nur dann, wenn dies von dem Erben verlangt wird.

1. Anspruchsberechtigter

Anspruchsberechtigt ist der Erbe. Bei mehreren Erben muss das Verlangen gemeinsam 6
ausgeübt werden. Begründet wird dies damit, dass es sich bei dem Freigabeverlangen um eine Verfügung der Erben handelt, die gem § 2040 Abs. 1 nur gemeinschaftlich vorgenommen werden kann (Staudinger/*Reimann* § 2217 Rn 8).

2. Anspruchsverpflichteter

Der Anspruch auf Freigabe richtet sich gegen den Testamentsvollstrecker (Erman/*M.* 7
Schmidt § 2217 Rn 1). Dem Testamentsvollstrecker steht gegen die Erben kein Zurückbehaltungsrecht aufgrund eigener Vergütungs- oder Auslagenerstattungsansprüche zu (Erman/*M. Schmidt* § 2217 Rn 1 aE). Der Testamentsvollstrecker muss das Amt angenommen haben, eine vorherige Freigabe ist wirkungslos (Staudinger/*Reimann* § 2217 Rn 14).

II. Entbehrlichkeit des Nachlassgegenstandes

§ 2217 kennt zwei Konstellationen, in denen der Testamentsvollstrecker zur Freigabe eines 8
Nachlassgegenstandes verpflichtet ist. Zum einen handelt es sich um den Fall, dass der Testamentsvollstrecker den Nachlassgegenstand für seine ordnungsgemäße Aufgabenerfüllung (s § 2216) nicht mehr benötigt, § 2217 Abs. 1 Satz 1. Zum anderen kann der Erbe unter den Voraussetzungen des § 2217 Abs. 2 die vorzeitige Freigabe gegen Sicherheitsleistung verlangen.

1. Offenkundigkeit der Entbehrlichkeit

ISd § 2217 Abs. 1 benötigt werden alle Gegenstände, die zur Berichtigung der Nachlass- 9
verbindlichkeiten einschließlich der Erfüllung der steuerlichen Verpflichtungen des Testamentsvollstreckers sowie zur Ausführung der letztwilligen Verfügungen des Erblassers unentbehrlich sind (MüKo/*Brandner* § 2217 Rn 10).
Offenbar ist die Entbehrlichkeit, wenn sie mit solcher Deutlichkeit feststeht, dass es hierzu 10
keiner Beweiserhebung bedarf (Staudinger/*Reimann* § 2217 Rn 12).

§ 2217 BGB | Überlassung von Nachlassgegenständen

11 Das dem Testamentsvollstrecker grds zukommende Ermessen ist bei der Erfüllung der Voraussetzungen des § 2217 Abs. 1 dahingehend reduziert, dass eine Herausgabeverpflichtung besteht (MüKo/*Brandner* § 2217 Rn 4). Im Übrigen hat der Testamentsvollstrecker bei der Entscheidung über die Freigabe die Grundsätze der ordnungsgemäßen Verwaltung nach § 2216 BGB zu beachten.

2. Sicherheitsleistung durch den Erben

12 Die Regelung des § 2217 Abs. 2 ermöglicht es dem Erben, einen Nachlassgegenstand vorzeitig freigegeben zu erhalten, auch wenn dieser grds noch vom Testamentsvollstrecker benötigt wird. Hinter dieser Regelung steckt die Überlegung, dass für die Nachlassverbindlichkeiten letztlich der Erbe haftet. Den Erben soll es daher möglich sein, durch Dispositionen mit seinem eigenen Vermögen die Nachlassgläubiger zu befriedigen und die Nachlassgegenstände nach eigenem Belieben zu verwenden (Erman/*M. Schmidt* § 2217 Rn 3). Dies gilt allerdings nicht, wenn der Testamentsvollstrecker verpflichtet ist, mit dem Nachlassgegenstand eine Auflage oder ein Vermächtnis zu erfüllen (Palandt/*Edenhofer* § 2217 Rn 4).

13 Die Sicherheitsleistung ist nach den Vorschriften der §§ 232 ff zu erbringen. Sie steht dem Testamentsvollstrecker zu.

III. Rechtsfolge

14 Mit der Freigabe des Nachlassgegenstandes erlischt gem § 2217 Abs. 1 Satz 2 das Recht des Testamentsvollstreckers zur Verwaltung des Gegenstandes. Der Nachlassgegenstand scheidet endgültig zu Gunsten des Erben aus der Verfügungsbefugnis des Testamentsvollstreckers dergestalt aus, dass der Erbe über den Gegenstand im Rechtsverkehr ohne Mitwirkung des Testamentsvollstreckers verfügen kann (Staudinger/*Reimann* § 2117 Rn 17). Gleichzeitig erlischt das Prozessführungsrecht des Testamentsvollstreckers über den Nachlassgegenstand sowie das Zugriffsverbot der Eigengläubiger des Erben nach § 2214.

15 Erfolgte die Freigabe **irrtümlich**, steht dem Testamentsvollstrecker nach § 812 Abs. 1 Satz 1 ein Anspruch auf Rückgewähr des Gegenstandes und Wiedereinräumung des Verwaltungsrechts zu (BGHZ 12, 1 100).

16 Der Anspruch auf Freigabe nach § 2217 ist abzugrenzen von der **eigenmächtigen Freigabe** durch den Testamentsvollstrecker sowie der im Einvernehmen mit dem Erben erfolgten Freigabe. Die Freigabe ohne einen darauf gerichteten Anspruch stellt eine unentgeltliche Verfügung des Testamentsvollstreckers dar, die nach § 2205 Satz 3 grds unwirksam ist (*Muscheler* ZEV 1996, 405). Eine im **Einvernehmen** zwischen Testamentsvollstrecker und Erben erfolgte Freigabe wird nach der hM als zulässig angesehen, selbst wenn sie gegen den Willen des Erblassers und ohne Rücksicht auf die Voraussetzungen des § 2217 Abs. 1 erfolgt (BGHZ 56, 275, 284; BGHZ 57, 84, 87). Der Testamentsvollstrecker kann sich allerdings gegenüber benachteiligten Vermächtnisnehmern nach § 2219 schadenersatzpflichtig machen, gegenüber Nachlassgläubigern gem §§ 823, 826 (Erman/*M. Schmidt* § 2217 Rn 4).

C. Rechtsförmliches

17 Der Rechtsstreit zwischen den Erben und dem Testamentsvollstrecker über die Erfüllung des Freigabeanspruchs ist vor dem Prozessgericht zu führen. Im Unterliegensfalle trägt der Testamentsvollstrecker die Kosten persönlich, er kann also keine Erstattung aus dem Nachlass verlangen (MüKo/*Brandner* § 2217 Rn 5). Die Beweislast für die tatsächlichen Voraussetzungen des Freigabeanspruchs trifft die Erben (Erman/*M. Schmidt* § 2217 Rn 1 aE).

18 Der Vermerk über die Testamentsvollstreckung nach § 52 GBO ist im Wege der Grundbuchberichtigung nach § 22 GBO zu löschen. Die erfolgte Freigabe ist dem Grundbuchamt

gegenüber in der Form des § 29 GBO nachzuweisen (Staudinger/*Reimann* § 2217 Rn 17). Der Testamentsvollstreckervermerk ist selbst dann im Grundbuch zu löschen, wenn die Voraussetzungen des § 2217 materiellrechtlich nicht vorgelegen haben (BGHZ 56, 275). Der Anspruch auf Freigabe ist abtretbar und pfändbar (Staudinger/*Reimann* § 2217 Rn 7). **19**

§ 2218 Rechtsverhältnis zum Erben; Rechnungslegung

(1) Auf das Rechtsverhältnis zwischen dem Testamentsvollstrecker und dem Erben finden die für den Auftrag geltenden Vorschriften der §§ 664, 666 – 668, 670, des § 673 Satz 2 und des § 674 entsprechende Anwendung.

(2) Bei einer länger dauernden Verwaltung kann der Erbe jährlich Rechnungslegung verlangen.

Inhaltsverzeichnis

		Rn
A.	Allgemeines	1 – 4
B.	Voraussetzungen	5 – 26
I.	Anspruchsberechtigte	5
II.	Anspruchsinhalte	6 – 26
1.	Pflichten des Testamentsvollstreckers gegenüber dem Erben	6 – 21
	a) Pflicht zur persönlichen Amtsführung durch den Testamentsvollstrecker, § 664	7
	b) Informations- und Rechnungslegungspflichten des Testamentsvollstreckers, § 666	8 – 15
	aa) Benachrichtigungspflicht	9 – 11
	bb) Auskunftspflicht	12 – 13
	cc) Rechnungslegungspflicht	14 – 15
	c) Verpflichtung zur jährlichen Rechnungslegung, § 2218 Abs. 2	16 – 17
	d) Herausgabepflicht nach Amtsbeendigung, § 667	18 – 19
	e) Verzinsungspflicht bei Eigenverwendung, § 668	20
	f) Anzeigepflicht bei Tod des Testamentsvollstreckers, § 673 Satz 2	21
2.	Pflichten des Erben gegenüber dem Testamentsvollstrecker	22 – 26
	a) Aufwendungsersatzanspruch, § 670	23 – 25
	b) Vermutung für das Fortbestehen des Amtes, § 674	26
C.	Rechtsförmliches	27 – 28

A. Allgemeines

§ 2218 regelt sowohl Ansprüche des Testamentsvollstreckers gegenüber den Erben, als auch Ansprüche des Erben gegenüber dem Testamentsvollstrecker. Auch wenn dabei verschiedene Vorschriften des Auftragsverhältnisses für anwendbar erklärt werden, bedeutet dies nicht, dass damit das zwischen dem Testamentsvollstrecker und dem Erben bestehende ges Schuldverhältnis (BGHZ 69, 235, 243; Staudinger/*Reimann* § 2218 Rn 2) einem vertraglichen Schuldverhältnis gleichgestellt werden würde (Erman/*M. Schmidt* § 2218 Rn 1). **1**

Bei der Verweisung auf die Vorschriften des Auftragsrechts handelt es sich um eine bloße Rechtsfolgenverweisung (Staudinger/*Reimann* § 2218 Rn 2). Mit der enumerativen Aufzählung wird zum Ausdruck gebracht, dass die Anwendung der übrigen Vorschriften des Auftragsrechts ausgeschlossen ist (Erman/*M. Schmidt* § 2218 Rn 1). Insoweit gilt nichts anderes, als bei § 2226, der ebenfalls nur eine selektive Verweisung auf das Auftragsrecht enthält. **2**

§ 2218 BGB | Rechtsverhältnis zum Erben; Rechnungslegung

3 § 2218 gehört zum Kreis der Vorschriften, von denen der Erblasser den Testamentsvollstrecker insgesamt nicht befreien kann (s § 2220 Rn 2). Hieran wird deutlich, welchen hohen Stellenwert der Gesetzgeber den Amtsführungs- und Informationspflichten des Testamentsvollstreckers gegenüber den Erben beimisst. Möglich ist allein ein Verzicht des Erben auf den ihm zustehenden Schutz (Staudinger/*Reimann* § 2218 Rn 23) oder der Abschluss vertraglicher Vereinbarungen zwischen Testamentsvollstrecker und dem Erben, die ihre Grenze jedoch in der unverzichtbaren Unabhängigkeit des Testamentsvollstreckers finden (BGHZ 25, 175, 130).

4 Mit der Annahme einer Verwirkung der Ansprüche des Erben ist Zurückhaltung geboten, die vorbehaltlose Entgegennahme der Leistungen des Testamentsvollstreckers kann nicht als stillschweigender Verzicht angesehen werden (Palandt/*Edenhofer* § 2218 Rn 3).

B. Voraussetzungen

I. Anspruchsberechtigte

5 Die Bestimmungen gelten grds nur im Verhältnis zwischen dem Testamentsvollstrecker und dem Erben (bei Miterben s Rn 27). Pflichtteilsberechtigte und grds auch Vermächtnisnehmer sind weder aktiv-, noch passivlegitimiert (Palandt/*Edenhofer* § 2218 Rn 9). Für Vermächtnisnehmer kann sich aus der Auslegung der letztwilligen Verfügung etwas anderes ergeben, wenn ein gegen den Testamentsvollstrecker gerichteter Informationsanspruch als vom Vermächtnis mit umfasst angesehen werden muss, bspw wenn der Vermächtnisnehmer anderweitig das Vermächtnis gar nicht bestimmen kann. **Praxisfall:** Quotenvermächtnis (Palandt/*Edenhofer* § 2218 Rn 9). Für den Amtsnachfolger des Testamentsvollstreckers findet § 2218 Abs. 1 entsprechende Anwendung (BGH NJW 1972, 1660). Dritte können sich auf § 2218 grds nicht berufen (Erman/*M. Schmidt* § 2218 Rn 10), Pfändungspfandgläubiger kommen jedoch wegen § 859 Abs. 2 ZPO sowie Nießbrauchsberechtigte wegen §§ 1035, 1068 BGB in Betracht (Meyer/Bonefeld/Daragan/*Bonefeld* Testamentsvollstreckung Rn 694).

II. Anspruchsinhalte

1. Pflichten des Testamentsvollstreckers gegenüber dem Erben

6 § 2218 statuiert unterschiedliche Pflichtentatbestände, die der Testamentsvollstrecker gegenüber dem Erben zu erfüllen hat und zwischen denen iE zu unterscheiden ist.

a) Pflicht zur persönlichen Amtsführung durch den Testamentsvollstrecker, § 664

7 Das Amt des Testamentsvollstreckers ist höchstpersönlicher Natur (Staudinger/*Reimann* § 2218 Rn 10) und auf ein besonderes Vertrauensverhältnis des Erblassers zurückzuführen. Der Testamentsvollstrecker ist zwar in der Annahme des Amtes frei und kann grds auch jederzeit kündigen (s § 2226). Er unterliegt jedoch dem Verbot der Substitution, dh, er kann die Geschäftsführung nicht in der Weise auf einen Dritten übertragen, dass dieser insgesamt an seine Stelle tritt (Erman/*M. Schmidt* § 2218 Rn 2). Wegen des Verweises auf § 664 Abs. 1 Satz 2 darf der Testamentsvollstrecker im Zweifel noch nicht einmal einzelne Obliegenheiten auf Dritte übertragen. Diese Vorschrift ist allerdings im Spannungsverhältnis zu der Verpflichtung des Testamentsvollstreckers nach § 2216 Abs. 1 zur ordnungsgemäßen Verwaltung des Nachlasses zu sehen sowie dem Umstand, dass die erbrechtlichen Vorschriften für das Amt des Testamentsvollstreckers keine besondere Qualifikation vorsehen (BGH NJW 2005, 969, 971). Es kann daher im Regelfall davon ausgegangen werden, dass die Delegation von einzelnen Aufgaben zumindest dem mutmaßlichen Erblasserwillen entspricht. Ob die Bestellung eines Generalbevollmächtigten selbst bei jederzeitigem Widerrufsrecht mit dem Verbot der Substitution vereinbar ist, ist str (Erman/*M. Schmidt* § 2218 Rn 2).

b) Informations- und Rechnungslegungspflichten des Testamentsvollstreckers, § 666

§ 666 begründet drei wesentliche Informationspflichten des Testamentsvollstreckers gegenüber dem Erben, bei Miterben gegenüber jedem Einzelnen (Palandt/*Edenhofer* § 2218 Rn 3), hinsichtlich derer jedoch in der Praxis selten präzise unterschieden wird. 8

aa) Benachrichtigungspflicht

Die Benachrichtigungspflicht betrifft die Information des Erben über drohende Schäden 9 (RGZ 130, 1 139) und die Ausführung von Anordnungen. Sie ist durch den Testamentsvollstrecker unaufgefordert zu erfüllen. Abzustellen ist darauf, ob die jeweilige objektive wirtschaftliche und sonstige Situation des Nachlasses und der darauf bezogenen Geschäfte für einen umsichtigen und gewissenhaften Testamentsvollstrecker eine Information des Erben gebietet, damit der Erbe seine sachgerechten Entscheidungen treffen kann (Mayer/Bonefeld/Daragan/*Mayer* Testamentsvollstreckung Kap 12.2 Rn 216).

Praxishinweis: Schon im eigenen Interesse sollte der Testamentsvollstrecker die Erben 10 kontinuierlich unterrichten. Nur durch laufende Kommunikation können Konflikte mit den Erben vermieden und eine reibungslose und effektive Abwicklung der Testamentsvollstreckung gewährleistet werden. Auch wenn eine bestimmte Form für die Benachrichtigung nicht vorgeschrieben ist (BayObLG Rpfleger 1998, 246, 249), empfiehlt sich schon aus Gründen der Beweissicherung eine schriftliche Unterrichtung.

Die Benachrichtigungspflicht kann nicht eingeklagt werden, ihre Verletzung ist nur mittel- 11 bar zu sanktionieren. In groben Fällen kann sie einen Grund für die Entlassung des Testamentsvollstreckers nach § 2227 darstellen (s § 2227 Rn 16).

bb) Auskunftspflicht

Die Auskunftspflicht des Testamentsvollstreckers setzt – anders als die Benachrichti- 12 gungspflicht (s Rn 9 – 11) ein entsprechendes Verlangen des Berechtigten voraus. Gerichtet ist das Begehren auf die Mitteilung über den Stand der Testamentsvollstreckung (BGHZ 127, 360, 367). Beschränkungen des Auskunftsbegehrens ergeben sich aus dem allgemeinen Schikaneverbot, dem Grundsatz von Treu und Glauben, dem Verhältnismäßigkeitsgrundsatz und dem Zweck, dem Erben den Kenntnisstand zu verschaffen, den er benötigt, um seine jeweilige Rechtsposition richtig und vollständig beurteilen zu können (Mayer/Bonefeld/Daragan/*Mayer* Testamentsvollstreckung Kap 12.3.1 Rn 228).

Eine bestimmte Form für die Auskunftserteilung ist grds nicht vorgeschrieben. Empfeh- 13 lenswert sind die Wahrung der Schriftform und die Unterzeichnung durch den Testamentsvollstrecker. Anders als bei einer Rechnungslegung nach § 259 müssen bei der Auskunftserteilung Belege grds nicht beigefügt werden, es sei denn, sie sind für den Erben erforderlich, um seine Lage richtig einschätzen zu können.

cc) Rechnungslegungspflicht

Die Rechnungslegungspflicht des Testamentsvollstreckers aus §§ 2218 Abs. 1, 666 ist bei 14 Beendigung der Testamentsvollstreckung zu erfüllen und besteht nur auf Verlangen. Die Rechnungslegung hat folgende Anforderungen zu erfüllen: Sie muss vollständig sein, mit größtmöglicher Sorgfalt erfüllt werden, verständlich und übersichtlich gestaltet sowie nachprüfbar sein. Durch die Rechnungslegung muss dem Erben die Prüfung ermöglicht werden, ob und in welcher Höhe ihm Ansprüche gegen den Testamentsvollstrecker zustehen. Handelt es sich – wie bei der Dauertestamentsvollstreckung regelmäßig – um eine mit Einnahmen und Ausgaben verbundene Verwaltung, muss eine geordnete Zusammenstellung der Einnahmen und Ausgaben erfolgen. Soweit üblicherweise Belege erteilt zu werden pflegen, sind diese vorzulegen.

Besteht Grund zu der Annahme, dass die Auskunft unrichtig oder unvollständig ist, kann 15 der Erbe verlangen, dass der Testamentsvollstrecker über die Richtigkeit der Rechnungslegung eine eidesstattliche Versicherung nach § 259 Abs. 2 abgibt (Mayer/Bonefeld/Daragan/*Mayer* Testamentsvollstreckung Kap 12.4.1 Rn 256).

c) Verpflichtung zur jährlichen Rechnungslegung, § 2218 Abs. 2

16 Inhaltlich nimmt § 2218 Abs. 2 Bezug auf die Rechnungslegungsverpflichtung nach §§ 2218 Abs. 1, 666 BGB und erweitert diese Verpflichtung für länger andauernde Testamentsvollstreckungen. Betroffen sind hier neben den Fällen der Verwaltungs- und Dauervollstreckung gem §§ 2209, 2210 BGB auch die Fälle einer langwierigen Abwicklungsvollstreckung. Vom Umfang her muss die jährliche Rechnungslegung nicht so ausführlich sein, wie die abschließende, sämtliche Einnahmen und Ausgaben müssen jedoch nachvollziehbar dargelegt werden (Staudinger/*Reimann* § 2218 Rn 36).

17 Dem Testamentsvollstrecker ist eine angemessene Frist zur Erfüllung der jährlichen Rechnungslegung zu gewähren. Dabei hat der Testamentsvollstrecker auf die berechtigten Belange der Erben Rücksicht zu nehmen, so dass steuerliche Verpflichtungen der Erben, bspw die Abgabe einer Einkommensteuererklärung, Auswirkungen auf die Erledigungsfrist des Testamentsvollstreckers haben können (Staudinger/*Reimann* § 2218 Rn 38).

d) Herausgabepflicht nach Amtsbeendigung, § 667

18 Die Herausgabepflicht wird mit der Beendigung des Testamentsvollstreckeramtes fällig. Sie umfasst alle in den Nachlass gefallenen Gegenstände einschließlich dessen, was der Testamentsvollstrecker zur Ausführung seines Amtes erhalten und aus der Besorgung des Amtes erlangt hat (BGH NJW 1972, 1660). § 260 ist anzuwenden (Palandt/*Edenhofer* § 2218 Rn 4), so dass der Testamentsvollstrecker ein Bestandsverzeichnis vorzulegen und unter den Voraussetzungen des § 260 Abs. 2 ggf eine eidesstattliche Versicherung über die ordnungsgemäße Errichtung und Vollständigkeit des Verzeichnisses abzugeben hat. Die Herausgabepflicht erfasst sowohl Surrogate des Nachlasses (Palandt/*Edenhofer* § 2218 Rn 4), als auch die Unterlagen über die Amtsführung (BGH NJW 1972, 1660).

19 Zu unterscheiden ist die Herausgabepflicht bei Amtsbeendigung nach § 667 von der Freigabeverpflichtung nach § 2217, die die Herausgabe während der noch laufenden Testamentsvollstreckung regelt. Während gegenüber dem Freigabeanspruch nach § 2217 kein Zurückbehaltungsrecht des Testamentsvollstreckers wegen eigener Gegenansprüche besteht (s § 2217 Rn 7), kann der Testamentsvollstrecker gegenüber dem Herausgabeanspruch nach § 667 ein Zurückbehaltungsrecht nach §§ 273, 274 geltend machen (MüKo/*Brandner* § 2218 Rn 15), was sich zur Durchsetzung des Vergütungsanspruchs des Testamentsvollstreckers nach § 2221 in der Praxis häufig empfiehlt.

e) Verzinsungspflicht bei Eigenverwendung, § 668

20 Ein Testamentsvollstrecker, der Geld, das eigentlich den Erben zusteht, für sich verwendet, ist nach § 668 zumindest verpflichtet, hierfür Zinsen in ges Höhe gem § 246 zu zahlen. Ein höherer Zinsschaden kann über § 2219 geltend gemacht werden (Staudinger/*Reimann* § 2218 Rn 27).

f) Anzeigepflicht bei Tod des Testamentsvollstreckers, § 673 Satz 2

21 Das Amt des Testamentsvollstreckers ist zwar nicht vererblich (Palandt/*Edenhofer* § 2225 Rn 1). Gleichwohl trifft den Erben des Testamentsvollstreckers gem §§ 2218 Abs. 1, 673 Satz 2 BGB die Pflicht zur unverzüglichen (§ 121) Anzeige sowie nach hM zur einstweiligen Besorgung, soweit es sich um notwendige Erhaltungsmaßnahmen iSd § 2224 handelt (s hierzu iE, auch zu den damit verbundenen Haftungsgefahren § 2225 Rn 5). Die Anzeigeverpflichtung kann sowohl gegenüber dem mit der Testamentsvollstreckung belasteten Erben, als auch gegenüber dem Nachlassgericht erfüllt werden (Erman/*M. Schmidt* § 2218 Rn 8).

2. Pflichten des Erben gegenüber dem Testamentsvollstrecker

22 Das zwischen dem Erben und dem Testamentsvollstrecker bestehende Rechtsverhältnis beinhaltet gegenseitige Rechte und Pflichten (BGH NJW 1977, 1726, 1727). § 2218 Abs. 1 statuiert daher auch Pflichten des Erben gegenüber dem Testamentsvollstrecker.

a) Aufwendungsersatzanspruch, § 670

Der Aufwendungsersatzanspruch des § 670 besteht – soweit der Erblasser nicht etwas anderes verfügt hat (Erman/*M. Schmidt* § 2218 Rn 7) neben dem Vergütungsanspruch des Testamentsvollstreckers nach § 2221. Im Unterschied zu diesem wird er nach § 271 sofort fällig (MüKo/*Brandner* § 2218 Rn 18). Eine Vorschusspflicht der Erben, wie sie im vertraglichen Auftragsrecht nach § 669 enthalten ist, besteht nicht, da § 2218 explizit keine Verweisung enthält. Überdies besteht für eine Vorschussregelung auch kein praktisches Bedürfnis, da der Testamentsvollstrecker gem § 2205 ohnehin über den Nachlass verfügen kann (Staudinger/*Reimann* § 2218 Rn 30), so dass der Testamentsvollstrecker jederzeit die Möglichkeit hat, die zu ersetzenden Auslagen dem Nachlass zu entnehmen. 23

Ersatzfähig sind sämtliche Aufwendungen, die der Testamentsvollstrecker in Ausführung der Testamentsvollstreckung gemacht hat und die er nach den Umständen für erforderlich halten durfte. Die Abgrenzung zu den mit der Testamentsvollstreckervergütung abgegoltenen Leistungen ist im Einzelfall schwierig. Als Faustformel kann gelten, dass Dienste allgemeiner Art dem Testamentsvollstrecker selbst obliegen und insoweit mit der allgemeinen Testamentsvollstreckervergütung abgegolten sind. Die mit der Einschaltung von Fachleuten, bspw Rechtsanwälten, Steuerberatern oder auch Handwerkern verbundenen Aufwendungen sind hingegen gesondert erstattungsfähig, sofern die Beauftragung nicht von vornherein unnötig erscheint. **Praxisfälle:** Prozesskosten zur sachgerechten Verteidigung des Erblasserwillens sind erforderlich (BGH NJW 1977, 1726, 1727), Anwaltskosten für die Einlegung eines Einspruchs gegen einen Erbschaftsteuerbescheid, an dessen Berechtigung keine Zweifel bestehen, hingegen nicht (s § 2216 Rn 17). Erbringt der Testamentsvollstrecker berufliche Dienstleistungen, bspw als RA, handelt es sich nicht um erstattungsfähige Aufwendungen nach § 670, sondern um vertragliche Vergütungsansprüche (MüKo/*Brandner* § 2218 Rn 20; RGZ 149, 121, 124 für anwaltliche Tätigkeit). 24

Dem vermeintlichen Testamentsvollstrecker steht grds kein Aufwendungsersatzanspruch zu. Weder können die §§ 2218 Abs. 1, 670 analog angewandt werden, noch wird in der Praxis ein Fall der §§ 683, 684, 812 vorliegen, da der allenfalls als Geschäftsherr iSd § 683 anzusehende Erbe der Geschäftsführung widersprechen wird. **Praxishinweis:** Wer bei einem zur Frage der Anordnung der Testamentsvollstreckung nicht eindeutigen Testamentsinhalt Aufwendungen zur Erlangung des Testamentsvollstreckeramtes tätigt, handelt auf eigenes Risiko. Jede Testamentsvollstreckung schränkt die Rechtsstellung des Erben in so starkem Maße ein, dass ihm Verpflichtungen aus der Testamentsvollstreckertätigkeit nur dann zugemutet werden können, wenn die Testamentsvollstreckung tatsächlich entweder auf dem Willen des Erblassers beruht oder ein entsprechender Wille von sämtlichen Beteiligten übereinstimmend angenommen wird (BGH NJW 1977, 1726, 1727). 25

b) Vermutung für das Fortbestehen des Amtes, § 674

Erlischt das Amt des Testamentsvollstreckers ohne sein Wissen, wie es bspw beim Eintritt einer auflösenden Bedingung geschehen kann, unter der die Testamentsvollstreckung angeordnet wurde (§ 2210 Satz 2 zweiter Hs), gilt das Amt zugunsten des Testamentsvollstreckers kraft ges Fiktion solange als fortbestehend, bis er Kenntnis vom Erlöschensgrund erlangt (Erman/*M. Schmidt* § 2218 Rn 9). 26

C. Rechtsförmliches

Die Ansprüche nach § 2218 sind vor dem Prozessgericht geltend zu machen. Ein Miterbe kann den Anspruch auf Rechnungslegung gegen den Testamentsvollstrecker allein geltend machen, wenn er Leistungen an alle Miterben verlangt (BGH NJW 1965, 396, 397). Bei Mittestamentsvollstreckern (s § 2224) ist die Inanspruchnahme jedes Einzelnen möglich (Staudinger/*Reimann* § 2218 Rn 4). 27

Die Notwendigkeit einer Pflegerbestellung für einen noch minderjährigen Erben kann sich für die Entgegennahme und Prüfung der Abrechnung des Testamentsvollstreckers erge- 28 ben, wenn der Testamentsvollstrecker zugleich Vormund des Minderjährigen ist (Palandt/*Edenhofer* § 2218 Rn 3).

§ 2219 Haftung des Testamentsvollstreckers

(1) Verletzt der Testamentsvollstrecker die ihm obliegenden Verpflichtungen, so ist er, wenn ihm ein Verschulden zur Last fällt, für den daraus entstehenden Schaden dem Erben und, soweit ein Vermächtnis zu vollziehen ist, auch dem Vermächtnisnehmer verantwortlich.

(2) Mehrere Testamentsvollstrecker, denen ein Verschulden zur Last fällt, haften als Gesamtschuldner.

A. Allgemeines

1   Mit dieser strengen Haftungsverpflichtung des Testamentsvollstreckers wird ein Kontrapunkt zu der starken Stellung geschaffen, die der Testamentsvollstrecker im deutschen Recht hat (Lange/Werkmüller/*Lang*, Der Erbfall in der Bankpraxis, § 25 E I Rn 204). Daneben kommen als Anspruchsgrundlagen § 823 sowie das Steuerrecht, insb § 69 AO in Betracht. Für das Verschulden gilt § 276, für die Gesamtschuld mehrerer Mitvollstrecker §§ 421 ff. Mehrere hintereinander tätige Testamentsvollstrecker haften dann nicht als Gesamtschuldner, wenn ihr jeweiliger Verursachungs- und Schadensbeitrag eindeutig zugeordnet werden kann.

B. Pflichtverletzung

2   Die Pflichten des Testamentsvollstreckers ergeben sich aus den §§ 2203 – 2209, 2215 – 2218 sowie § 2226 Satz 3 iVm § 671 Abs. 2, 3 BGB und den vom Erblasser getroffenen Anordnungen. Ohne Bedeutung sind Weisungen der Erben (MüKo/*Brandner* § 2219 Rn 12). Die Pflichtverletzung kann nicht nur in der Ausführung einer pflichtwidrigen Handlung bestehen, sondern auch in einem Unterlassen, insb einer Nichterfüllung oder nur teilweisen Erfüllung der dem Testamentsvollstrecker übertragenen Aufgaben (Staudinger/*Reimann* § 2219 Rn 5).

I. Fallgruppen der Haftung

3   Es können grds drei Fallgruppen der Haftung des Testamentsvollstreckers unterschieden werden: Haftung für eigene Tätigkeit, Haftung für eingeschaltete Dritte, Haftung für Steuerschulden.

1. Haftung für originär eigene Tätigkeit

4   Die Grundsätze, die der Testamentsvollstrecker im Rahmen ordnungsgemäßer Vollstreckung einzuhalten hat, werden durch objektive Maßstäbe bestimmt, nicht durch die subjektiven Fähigkeiten des Testamentsvollstreckers. Als Korrelat zur Zulässigkeit der Testamentsvollstreckung durch jedermann wird vom Testamentsvollstrecker verlangt, dass er sich der Hilfeleistung durch Fachleute bedient, wenn er selbst nicht über die entsprechenden Kenntnisse und Fähigkeiten verfügt (BGH AnwBl 2005, 287). **Typische Fälle:** der Testamentsvollstrecker darf sich nicht nur mit einem mäßigen Erfolg seiner Tätigkeit begnügen, wenn Möglichkeiten zu einem besseren Erfolg bestehen (BGH FamRZ 2003, 92 zum Leerstehenlassen einiger von mehreren Wohnungen); der Testamentsvollstrecker hat die Verkehrssicherungspflicht bzgl eines zum Nachlass gehörenden Grundstückes zu erfüllen, zB das Streuen bei Schnee- und Eisglätte (Bengel/Reimann/*Bengel*, Handbuch der Testamentsvollstreckung, Kap XII.1 Rn 99). Letztwillige

Verfügungen sind auf ihre Wirksamkeit hin zu überprüfen, unwirksame Vermächtnisse dürfen nicht erfüllt werden (MüKo/*Brandne*r § 2219 Rn 14). Verfügungen, die der Testamentsvollstrecker auf der Grundlage einer vertretbaren Auslegung des Testamentes vorgenommen hat, sind nicht haftungsbegründend (BGH NJW-RR 1992, 775, 746). Sämtliche zum Nachlass gehörenden Rechte sind geltend zu machen, erforderlichenfalls auch gerichtlich, überflüssige Prozesse sind hingegen zu unterlassen (MüKo/*Brandne*r § 2219 Rn 14).

2. Haftung für eingeschaltete Dritte

a) Haftung für Erfüllungsgehilfen

Für Gehilfen haftet der Testamentsvollstrecker in gleichem Maße, als hätte er die Pflichtverletzung selbst begangen, §§ 2218 Abs. 1, 664, 278 BGB. **Typischer Fall:** Der Testamentsvollstrecker lässt das Nachlassverzeichnis durch eine Sekretärin erstellen, die eine wesentliche Nachlassposition vergisst. War die Übertragung gar nicht zulässig, haftet der Testamentsvollstrecker für sämtliche infolge der Handlung des Dritten entstehenden Schäden (Staudinger/*Reimann* § 2219 Rn 31). Hierzu gehört zB die Beauftragung eines RA mit der lediglich fristwahrenden Einlegung von Einsprüchen gegen Erbschaftssteuerbescheide, an deren Richtigkeit keine Zweifel bestehen (BGH ZEV 2000, 195).

5

b) Haftung für eingeschaltete Fachleute

Schaltet der Testamentsvollstrecker berechtigterweise Fachleute ein, zB einen Steuerberater für die Erstellung der Erbschaftssteuererklärung, haftet er nur eingeschränkt und zwar für die sorgfältige Auswahl des Fachmanns, dessen sachgerechte und richtige Information sowie die Beaufsichtigung des Fachmanns. Die Haftung wegen nicht ausreichender Überwachung darf in der Praxis nicht unterschätzt werden. Sie wird insb relevant bei anspruchsvoll strukturierten Nachlässen, in denen umfangreicheres Vermögen zu verwalten ist. **Typischer Fall:** Der Testamentsvollstreckers haftet für den noch vom Erblasser selbst eingeschalteten Vermögensverwalter, wenn er ihn weiterhin beauftragt, aber nicht zusätzlich überwacht (BGH FamRZ 1999, 435).

6

c) Haftung für Steuerschulden

Für die regelmäßig im Rahmen der Testamentsvollstreckung vom Pflichtenkreis des Testamentsvollstreckers umfasste Erbschaftssteuer haftet der Testamentsvollstrecker grds nicht persönlich. Verletzt er jedoch grob fahrlässig oder gar vorsätzlich die ihm nach § 32 Abs. 1 Satz 2 ErbStG obliegende Pflicht, für die Zahlung der Erbschaftssteuer zu sorgen und kann deshalb die Steuer nicht oder nicht rechtzeitig festgesetzt oder erfüllt werden, haftet der Testamentsvollstrecker nach § 69 iVm § 34 Abs. 3 AO als Vermögensverwalter persönlich für die nicht beizutreibende Steuer (vgl Hess. FG Urt v 23. 2. 1995, EFG 1996, 666). Es kann daher dem Testamentsvollstrecker nur empfohlen werden, den Nachlass solange nicht vollständig auskehren, bis die Erbschaftsteuer festgesetzt und auch tatsächlich aus dem Nachlass bezahlt worden ist.

7

d) Verschulden

Aufgrund seiner Vertrauensstellung ist der Testamentsvollstrecker zu besonderer Sorgfalt verpflichtet. Das Maß seines Verschuldens bestimmt sich nach § 276 (BayObLG Rpfleger 1989, 246, 249), erfasst also jede Art von Vorsatz und Fahrlässigkeit. Ausnahmen sind denkbar, wenn der Erblasser in seiner letztwilligen Verfügung das Maß der vom Testamentsvollstrecker zu beachtenden Sorgfalt anderweitig festgelegt hat (s Rn 17). **Typische Fälle** für Verschulden: Unterlassen der Hinzuziehung von Fachleuten oder ungeprüftes Übergehen von Vorschlägen, die von den Erben vorgebracht werden, Annahme oder Beibehaltung des Amtes, obwohl dem Testamentsvollstrecker die notwendigen Kenntnisse fehlen (Müko/*Brandner* § 2219 Rn 11).

8

§ 2219 BGB | Haftung des Testamentsvollstreckers

e) Mitverschulden des Geschädigten

9 Auch hier geltend die allgemeinen Vorschriften, insb § 254. **Typischer Fall:** Als mitverschuldensbegründend wird es angesehen, wenn es der Erbe unterlässt, rechtzeitig Klage gegen den Testamentsvollstrecker auf Vornahme der pflichtgemäß gebotenen Maßnahme oder auf Unterlassung der vermeintlich pflichtwidrigen Handlung zu erheben (AnwK/*Weidlich*, § 2219 Rn 6).

C. Schaden

10 Als klassische Schadenersatznorm erfordert die Haftung nach § 2219 den Eintritt eines kausal auf die Pflichtverletzung des Testamentsvollstreckers zurückzuführenden Schadens. **Typischer Fall:** durch ein Handeln oder Unterlassen des Testamentsvollstreckers werden der Erbe oder ein Vermächtnisnehmer verpflichtet (Müko/*Brandner* § 2119 Rn 16).

D. Haftungsgläubiger

I. Der Erbe

11 Der Schadenersatzanspruch gegen den Testamentsvollstrecker wird entsprechend § 2041 Satz 1 als Surrogat dem Nachlass zugehörig angesehen. Bei mehreren Erben ist er deshalb von diesen gemeinsam geltend zu machen, §§ 2039, 2040 BGB. Etwas anderes gilt, wenn nur ein Erbe geschädigt wurde. Der Testamentsvollstrecker ist als Nachlassschuldner von der Vertretung des Nachlasses ausgeschlossen. Ist ein Nachfolger des schädigenden Testamentsvollstreckers bestimmt, unterliegt die Geltendmachung des Schadenersatzanspruches der Erben gegen den früheren Testamentsvollstrecker seiner Befugnis (Dauner-Lieb/Heidel/Ring/*Weidlich* § 2219 Rn 11 ff mwN).

II. Der Vermächtnisnehmer

12 Im Rahmen des Vollzuges eines Vermächtnisses haftet der Testamentsvollstrecker auch dem Vermächtnisnehmer und im Falle des § 2223 dem Unter- und Nachvermächtnisnehmer. Da der Schadenersatzanspruch des Vermächtnisnehmers jedoch nicht zum Nachlass gehört (RGZ 138, 132, 137) kann nach herrschender Auffassung der Vermächtnisnehmer seinen Schadenersatzanspruch gegen den Testamentsvollstrecker selbst geltend machen, ohne zuvor den Erben, der eigentlich Schuldner der gehörigen Erfüllung des Vermächtnisanspruchs ist, in Anspruch nehmen zu müssen (Dauer-Lieb/Heidel/Ring/*Weidlich* § 2219 Rn 14, MüKo/*Brandner* § 2219 Rn 7).

III. Dritte, am Nachlass nicht beteiligte Personen

13 Drittgläubigern steht der Anspruch aus § 2219 nicht zu. In Betracht kommen insoweit Ansprüche aus §§ 823 ff, diskutiert werden teilweise auch Ansprüche unter dem Gesichtspunkt der Drittschadensliquidation. (Dauer-Lieb/Heidel/Ring/*Weidlich* § 2219 Rn 15 mwN)

E. Verjährung

14 Entgegen warnender Stimmen der Literatur (bspw Bengel/Reimann/*Bengel* Handbuch der Testamentsvollstreckung, Kap 12. IX) hat der BGH mit Urteil v 18. 9. 2002 entschieden, dass die zivilrechtlichen Schadenersatzansprüche gegen einen Testamentsvollstrecker nach § 2219 Abs. 1 auch nach der Neuregelung des Verjährungsrechtes zum 1. 1. 2002 erst in 30 Jahren seit ihrer Entstehung verjähren. Dies gilt selbst dann, wenn berufsrechtliche Regelungen eine kürzere Verjährung vorsehen, bspw die – seinerzeit noch geltende – dreijährige Verjährungsfrist für die Haftung der Rechtsanwälte nach § 51b BRAO (BGH FamRZ 2003, 92; krit hierzu *Baldus* FamRZ 2003, 308).

Praxistipp: Da Haftpflichtprozesse der Enkel des Erblassers, dessen Nachlass vollstreckt wurde, gegen die Kinder eines mittlerweile verstorbenen Testamentsvollstreckers aufgrund dieser Rechtsprechung denkbar geworden sind, sollte jeder Testamentsvollstrecker sorgfältig darauf bedacht sein, nach Beendigung der Vollstreckung eine Entlastungsvereinbarung herbeizuführen, jedenfalls aber seine Unterlagen noch mindestens 30 Jahre aufzubewahren, insb auch seine Versicherungsunterlagen. Problematisch erscheinen in diesem Zusammenhang insb die Fälle, in denen die Haftung der vom Testamentsvollstrecker eingeschalteten Dritten ihm gegenüber als vertraglicher Schadenersatzanspruch in kurzer Frist verjähren, während der Testamentsvollstrecker wegen des angeblich erbrechtlichen Charakters selbst 30 Jahre lang für die sorgfältige Auswahl dieses Dritten haftet. Der erbrechtliche Charakter der Anspruchsgrundlage des § 2219 erscheint aber überaus fraglich (vgl Palandt/*Heinrichs* § 197 Rn 8, der insoweit konsequent schlussfolgert, dass auch die Verjährung der Vergütungsansprüche des Testamentsvollstreckers 30 Jahre betragen müsse).

F. Anspruch auf Entlastung des Testamentsvollstreckers

Nach bislang noch herrschender Auffassung (vgl Darstellung bei Mayer/Bonefeld/Daragan/*Bonefeld* Rn 796;) hat der Testamentsvollstrecker gegen die Erben keinen Anspruch auf Entlastung (aA MüKo/*Brandner* § 2218 Rn 14). Bei Meinungsverschiedenheiten zwischen dem Erben und dem Testamentsvollstrecker über die ordnungsgemäße Erledigung der Testamentsvollstreckung oder von Einzelgeschäften bleibt daher nur die Möglichkeit, gegenüber dem Erben, der eine Entlastungserklärung beharrlich verweigert, Klage auf Feststellung zu erheben, dass der Testamentsvollstrecker seine Pflichten ordnungsgemäß erfüllt hat und daher keine Schadenersatzansprüche gegen ihn bestehen. Da die Entlastung formlos möglich ist, kann sie auch konkludent in der vorbehaltslosen Zahlung des Vollstreckerhonorars oder der Aufwendungen des Testamentsvollstreckers gesehen werden (Mayer/Bonefeld/Daragan/*Bonefeld* Rn 798). Ob dieser Fall jedoch praxisrelevant werden wird, erscheint zweifelhaft, wenn der Testamentsvollstrecker, wie häufig, seine Vergütung selbst aus dem Nachlass entnimmt. 15

G. Haftungsbegrenzungsvereinbarungen

Um die missliebigen Folgen nahezu endloser Haftung zu vermeiden, sollte der Testamentsvollstrecker unbedingt sämtliche Möglichkeiten der Haftungsbegrenzung nutzen. Hierzu gehört speziell die Herbeiführung von Haftungsbegrenzungsvereinbarungen. 16

I. Vereinbarungen mit dem Erblasser

Nach § 2220 kann der Erblasser den (künftigen) Testamentsvollstrecker nicht von seiner Haftung befreien. Die Vorschrift ist zwingend, sie erfasst auch Umgehungsgeschäfte. Wie die Haftungsverpflichtung selbst bildet sie den Gegenpol zu der starken Stellung des Testamentsvollstreckers im deutschen Recht (Palandt/*Edenhofer* § 2220 Rn 1). Für die Testamentsgestaltung kann gleichwohl an die Aufnahme eines entsprechenden Wunsches in die letztwillige Verfügung des Erblassers gedacht werden. Denn wenn der Erblasser einen solchen Wunsch äußert, wird das sicherlich nicht ohne Eindruck auf die Erben bleiben. Als zulässig wird es erachtet, wenn der Erblasser das Maß der vom Testamentsvollstrecker zu beachtenden Sorgfalt erweitert (Staudinger/*Reimann* § 2219 Rn 8). 17

II. Vereinbarungen mit den Erben

Ein Verzicht der Erben auf den Schutz des § 2220 ist nach allgemeiner Auffassung – jedenfalls nach Eintritt des Erbfalls – zulässig (Palandt/*Edenhofer* § 2220 Rn 1; Staudinger/*Reimann* § 2220 Rn 5, s auch § 2120 Rn 3). Zu beachten ist, dass bei mehreren Erben alle 18

§ 2219 BGB | Haftung des Testamentsvollstreckers

einem entsprechenden Verzicht zustimmen, § 2040 Abs. 1 (Dauer-Lieb/Heidel/Ring/ *Weidlich*, Anwaltkommentar Erbrecht, § 2220 Rn 1 aE).

III. Haftpflichtversicherung

19 Jedem Testamentsvollstrecker, insb solchen Personen, die nicht bereits als Berufsträger ausreichend versichert sind, ist die Absicherung des Haftpflichtrisikos durch den Abschluss einer Vermögenschadenhaftpflichtversicherung dringend anzuraten. Solche Versicherungen werden von verschiedenen Versicherungsgesellschaften angeboten. Für kleine und mittlere Nachlässe bestehen häufig feste Tarife, die Versicherungsprämien für größere Nachlässe werden regelmäßig individuell ausgehandelt. Die Versicherungsprämien stellen Aufwendungen dar, die mit der Testamentsvollstreckervergütung nicht abgedeckt sind und daher als Auslagenersatz nach §§ 2218, 670 BGB aus dem Nachlass entnommen werden können (so richtigerweise Bengel/Reimann/*Bengel*, Handbuch der Testamentsvollstreckung, Rn 150, im einzelnen jedoch nicht unstreitig, vgl Staudinger/ *Reimann* § 2219 Rn 35 mwN). In den Berufshaftpflichtversicherungen der Rechtsanwälte, Notare, Wirtschaftsprüfer und Steuerberater ist das Risiko der Tätigkeit als Testamentsvollstrecker nach derzeitiger Rechtslage mit eingeschlossen. Eine Änderung erscheint jedoch nicht unwahrscheinlich. Wenn schon de lege lata eine geschäftsmäßige Testamentsvollstreckung durch jedermann zulässig ist (vgl BGH AnwBl 2005, 289) und de lege ferenda die geschäftsmäßige Testamentsvollstreckung als stets erlaubnisfreie Nebenleistung immer zulässig sein soll (so ausdrücklich der Referentenentwurf v 11. 4. 2005 zum Rechtdienstleistungsgesetz (RDG), nachzulesen etwa unter http://www.anwaltverein.de/ 01/depesche/texte05/RDG.pdf) wird man die Argumentation, die Testamentsvollstreckung gehöre zum Kernbereich der rechtsanwaltlichen Dienstleistungen und sei deshalb in den Versicherungsschutz der Berufshaftpflichtversicherung aufzunehmen, nicht mehr auf Dauer aufrechterhalten können. Der Zwang zu Sparmaßnahmen bei den Versicherungsgesellschaften wird dann ein Übriges tun.

Eine Haftung für Steueransprüche gem § 69 AO dürfte bei sämtlichen Versicherungsformen ausgeschlossen sein (Bengel/Reimann/*Bengel* Handbuch der Testamentsvollstreckung, Rn 151 f).

H. Die Haftung Dritter für den Testamentsvollstrecker

I. Die Haftung des Erben für Pflichtverletzungen des Testamentsvollstreckers

20 Über § 278 haftet der Erbe bei der Erfüllung einer Nachlassverbindlichkeit für ein Verschulden »seines« Testamentsvollstreckers wie für eigenes Verschulden (Dauner-Lieb/ Heidel/Ring/*Weidlich* Anwaltkommentar Erbrecht, § 2219 Rn 20 mwN). Eine unerlaubte Handlung des Testamentsvollstreckers wird dem Erben wegen der fehlenden Weisungsabhängigkeit hingegen nicht nach § 831 zugerechnet werden können (Dauner-Lieb/Heidel/Ring/*Weidlich* Anwaltkommentar Erbrecht, § 2219 Rn 20 aE).

II. Die Haftung für die Auswahl des Testamentsvollstreckers

1. Die Haftung des Nachlassgerichtes

21 Ernennt das Nachlassgericht einen Testamentsvollstrecker, so kommt eine Haftung nach § 839 BGB iVm Art. 34 GG in Betracht, wenn sich die Auswahl als fehlerhaft erweist, ein adäquat kausaler Schaden entstanden ist und anderweitiger Ersatz – insb vom Testamentsvollstrecker selbst – nicht zu erlangen ist (Dauer-Lieb/Heidel/Ring/*Weidlich* Anwaltkommentar Erbrecht § 2219 Rn 10). Mehr Bedeutung als bisher wird dieser Haftung möglicherweise in der Zukunft erlangen mit der Einführung der Fachanwaltschaft für Erbrecht seit dem 1. 7. 2005 sowie der Zertifizierung von Testamentsvollstreckern durch

Organisationen wie der AGT (Arbeitsgemeinschaft Testamentsvollstreckung und Vermögenssorge e.V. – www.agt.ev.de) oder der DVEV (Deutsche Vereinigung für Erbrecht und Vermögensnachfolge e.V. – www.dvev.de). Die Bestellung eines nicht durch Zusatzqualifikationen ausgewiesenen Testamentsvollstreckers durch das Nachlassgericht wird dann unter Haftungsgesichtspunkten nur noch ausnahmsweise in Betracht kommen können.

2. Die Haftung sonstiger Auswahlpersonen

Überlässt der Erblasser die Bestimmung der Person des Testamentsvollstreckers gem § 2198 einem Dritten und benennt dieser einen ungeeigneten Testamentsvollstrecker, so fehlt es an einer Haftungsnorm (Dauer-Lieb/Heidel/Ring/*Weidlich* § 2219 Rn 10), es sei denn, ein Tatbestand der §§ 823 ff würde eingreifen. 22

I. Rechtsförmliches

Die Darlegungs- und Beweislast für die anspruchsbegründenden Tatsachen liegt auch bei der Haftungsnorm des § 2219 bei demjenigen, der sich darauf beruft (BGH Urt v 23. 5. 2001 – IV ZR 64/00) LM § 2216 Nr. 11). Die Möglichkeit einer Beweiserleichterung nach § 287 ZPO wird für den Bereich der haftungsausfüllenden Kausalität gesehen (Staudinger/*Reimann* § 2219 Rn 34). 23

Aufrechnungen des Testamentsvollstreckers gegenüber einem Schadensersatzanspruch des Erben mit der Testamentsvollstreckervergütungsforderungen nach § 2221 sind zulässig (Staudinger/*Reimann* § 2219 Rn 23). Bei einer Aufrechnung gegenüber einem Vermächtnisnehmer oder einem Miterben ist jedoch zu beachten, dass diese nur soweit gehen kann, wie sie der Vermächtniserfüllung bzw der Erbquote entspricht (BGH Urt v 22. 1. 1997 – ZR 283/95 – LM § 2221 Nr. 7). 24

§ 2220 Zwingendes Recht

Der Erblasser kann den Testamentsvollstrecker nicht von den ihm nach den §§ 2215, 2216, 2218, 2219 obliegenden Verpflichtungen befreien.

§ 2220 soll den Erben vor der Allmacht des Testamentsvollstreckers schützen (Palandt/ *Edenhofer* § 2220 Rn 1). Selbst der Erblasser darf den Testamentsvollstrecker nicht von seinen grundlegenden Verhaltenspflichten im Umgang mit dem Nachlass und den Begünstigten befreien. 1

Das Befreiungsverbot ist umfassend. Durch den Verweis auf § 2218 werden auch die Ansprüche erfasst, die sich aus dem Auftragsrecht ergeben, so die Ansprüche auf Rechenschaftslegung, Herausgabe des Nachlasses bei Amtsbeendigung und Aufwendungsersatz. Umgehungsvereinbarungen, wie die Anordnung bedingter Vermächtnisse oder Auflagen, um den Erben zu veranlassen, auf die angesprochenen Rechte zu verzichten, sind ebenfalls unwirksam (RGZ 133, 128, Staudinger/*Reimann* § 2220 Rn 5). Dies gilt auch für sich aus der letztwilligen Verfügung nur sinngemäß ergebende Befreiungen des Testamentsvollstreckers von den Vorschriften der §§ 2215, 2216, 2218 und 2219 (Staudinger/*Reimann* § 2220 Rn 4). 2

Verzichtet hingegen der Erbe von sich aus auf den Schutz des § 2220, wird dies nach allgemeiner Auffassung für zulässig erachtet (Palandt/*Edenhofer* § 2220 Rn 1; Staudinger/*Reimann* § 2220 Rn 5, s auch § 2119 Rn 18). Da § 2217 in § 2220 nicht genannt ist, kann der Erblasser den Testamentsvollstrecker von der Pflicht zur Überlassung nicht mehr benötigter Nachlassgegenstände befreien. In diesem Fall darf der Testamentsvollstrecker, solange er sich im Rahmen ordnungsgemäßer Verwaltung nach § 2116 bewegt, mit den Gegenständen nach Belieben verfahren (Ermann/*M. Schmidt* § 2220 Rn 2). 3

§ 2221 Vergütung des Testamentsvollstreckers

Der Testamentsvollstrecker kann für die Führung seines Amts eine angemessene Vergütung verlangen, sofern nicht der Erblasser ein anderes bestimmt hat.

A. Allgemeines

1 Das Gesetz geht davon aus, dass für die Vergütung des Testamentsvollstreckers in erster Linie die Bestimmung durch den Erblasser maßgeblich ist und nur dann, wenn eine solche Bestimmung fehlt, die ges Regelung eingreift, nach welcher dem Testamentsvollstrecker eine angemessene Vergütung für seine Tätigkeit zusteht.

2 Die Praxis zeigt jedoch, dass nur in Ausnahmefällen die letztwillige Verfügung auch eine Bestimmung über die Höhe der dem Testamentsvollstrecker zustehenden Vergütung enthält. Somit steht die Frage im Vordergrund, welches die angemessene Vergütung des Testamentsvollstreckers für seine Tätigkeit ist, welchen Umständen insoweit besondere Bedeutung beizumessen ist und welche Bewertungskomponenten maßgeblich sind. Das Gesetz bietet insoweit keine weitere Hilfestellung; im neuen RVG ist ausdrücklich erwähnt, dass dessen Vorschriften auf die Tätigkeit des Testamentsvollstreckers **nicht** anwendbar sind. Die Rechtsprechung ist kasuistisch; ihr können keine allgemein verbindlichen Maßstäbe entnommen werden. Deswegen werden Vergütungsfragen weiterhin die Gerichte beschäftigen.

3 Zur Vermeidung von Rechtsstreitigkeiten empfiehlt sich der Abschluss einer Vergütungsregelung zwischen Testamentsvollstrecker und Erben. Eine solche Vereinbarung wäre gegenüber der entsprechenden letztwilligen Regelung des Erblassers vorrangig (Soergel/ *Damrau* § 2221 Rn 6).

B. Angemessenheit der Vergütung

I. Festlegung durch den Erblasser

4 Die Festlegung der Vergütung durch den Erblasser ist verbindlich, sowohl für den Testamentsvollstrecker als auch für den Erben. Erscheint dem Testamentsvollstrecker die Vergütung als zu gering, kann er versuchen, mit dem/den Erben als Schuldner der Vergütung eine andere Regelung zu vereinbaren, hinter welcher dann die testamentarische Regelung zurücktritt (s.o. Rn 3). Gelingt dies nicht, bleibt dem Testamentsvollstrecker nur die Möglichkeit, das Amt auszuschlagen.

5 Überschreitet die zugunsten des Testamentsvollstreckers verfügte Vergütung offenkundig die Grenze des Angemessenen, so gilt diese Regelung insoweit als Vermächtnis zugunsten des Testamentsvollstreckers, welches erbschaftsteuerpflichtig ist (Bengel/Reimann/*Eckelskemper* 10 Rn 183). Nur in Höhe des als angemessen zu bezeichnenden Honorars mindert dieses die Kosten des Nachlasses (Hess FG EFG 1991, 332).

6 Der Erblasser kann auch verfügen, dass ein Dritter die Höhe der Vergütung festsetzt (BGH WM 1972, 101) oder der Testamentsvollstrecker selbst die Vergütung für seine Tätigkeit bestimmen soll (BGH NJW 1957, 947). In diesen Fällen ist das billige Ermessen gem § 317 BGB maßgeblich. Das Nachlassgericht kann insoweit jedoch nicht befugt werden; eine solche Bestimmung wäre unwirksam (Palandt/*Edenhofer* § 2221 Rn 4).

II. Vereinbarung mit den Erben

7 Die zwischen dem Testamentsvollstrecker und dem/den Erben ausgehandelte Vergütung ist regelmäßig als angemessen anzusehen; die Angemessenheit kann unterstellt werden (Meinecke/Michel § 10 Anm 61). Eine solche Vereinbarung ist zwischen Testamentsvollstrecker und Erben möglichst zu Beginn der Tätigkeit der Testamentsvollstreckung zu

treffen. Gelingt in diesem Stadium eine einvernehmliche Regelung nicht, kann angenommen werden, dass hierüber auch bei Beendigung der Tätigkeit des Testamentsvollstreckers keine Einigung zu erzielen sein wird. Für den Testamentsvollstrecker gewinnt dann die laufende Dokumentation seiner Tätigkeit für die spätere Bestimmung der Angemessenheit der Vergütung besondere Bedeutung. Verzichtet der Testamentvollstrecker gegen Entschädigung auf die Ausübung seines Amtes, kann dies als »sonstige Leistung« iSd § 1 Abs. 1 Nr. 1 UStG 1993 umsatzsteuerpflichtig sein (BFH v 6. 5. 2004, BSEBl II, 854).

III. Angemessenheit der Vergütung nach dem Gesetz

Die ges Regelung knüpft an die Führung des Amtes des Testamentsvollstreckers an. Insoweit muss die Vergütung angemessen sein. Demgemäß hat die Rechtsprechung die Vergütung bemessen nach dem Umfang und der Schwierigkeit der Tätigkeit des Testamentsvollstreckers. Der BGH (NJW 1963, 487) hat in diesem Zusammenhang ausgeführt, dass »für die Vergütung des Testamentsvollstreckers der ihm im Rahmen der Verfügung von Todes wegen nach dem Gesetz obliegende Pflichtenkreis, der Umfang der ihn treffenden Verantwortung und die von ihm geleistete Arbeit maßgebend (sind), wobei die Schwierigkeit der gelösten Aufgaben, die Dauer der Abwicklung oder der Verwaltung, die Verwertung besonderer Kenntnisse und Erfahrungen und auch die Bewährung einer sich im Erfolg auswirkenden Geschicklichkeit zu berücksichtigen sind«. 8

Maßgebend ist somit der Einzelfall, wobei wichtige Kriterien sind: 9

- Wert und Umfang des Nachlasses;
- dessen Bestand (Immobilienbesitz, kaufm Unternehmen, Privathaushalt, Kapitalvermögen);
- dessen Zustand (Schulden, Steuersituation, Ordnung der Unterlagen);
- Zahl der Erben, Gläubiger, Vermächtnisnehmer;
- Streitigkeiten bei Auseinandersetzung und Schuldenregulierung; Außenprüfung durch Finanzamt;
- Dauer der Testamentsvollstreckung.

Es besteht überwiegend Einigkeit darüber, dass Ausgangspunkt für die Ermittlung der Vergütung ein Vomhundertsatz des Bruttonachlasswertes ist, wobei vom Verkehrswert auszugehen ist. Die dazu entwickelten verschiedenen Tabellen sind jedoch nicht schematisch anzuwenden, sondern unter Berücksichtigung der konkreten Amtstätigkeit des Testamentsvollstreckers evtl mit Zuschlägen oder Abschlägen zu versehen (BGH MDR 1993, 293). 10

Die Anwendung der Tabellen ist zwangsläufig mit Bewertungsunsicherheiten und Unwägbarkeiten hinsichtlich der tatsächlichen Höhe der dem Testamentsvollstrecker zustehenden Vergütung verbunden. Zur Vermeidung dieser Schwierigkeiten schlägt *Zimmermann* (ZEV 2001, 334) vor, die Tätigkeit des Testamentsvollstreckers nach Zeitaufwand und Stundenhonorar abzurechnen. Dadurch würde jedoch nur die Bewertungsproblematik verlagert; zudem sieht das Gesetz **eine** angemessene Vergütung vor, womit wohl keine laufende Abrechnung auf Zeithonorarbasis gemeint ist. De lege ferenda käme auch eine ges Ermächtigungsgrundlage für eine Vergütungsverordnung für Testamentsvollstrecker in Betracht, die bei vergleichbarer Vergütungsproblematik der Vergütungsverordnung für Insolvenzverwalter (InsVV v 19. 8. 1998 – BGBl I S 2205 –) nachgebildet werden könnte. 11

Von den unterschiedlichen Tabellen (vgl *Tiling* ZEV 1998, 331; *Haas/Lieb* ZErb 2002, 202) war die sog Rheinische Tabelle des Notariatsvereins für Rheinpreußen von 1925 am längsten in Gebrauch; sie war auch durch die Rechtsprechung (BGH NJW 1963, 487; 1967, 2402; OLG Köln NJW-RR 1987, 1098; NJW-RR 1994, 269) unverändert als Vergütungsrichtlinie bestätigt worden, wobei sich die Anpassung an die heutigen Verhältnisse ohne weiteres durch die gestiegenen Nachlasswerte ergeben sollte (BGH NJW 1967, 2402; dagegen zu Recht Bengel/Reimann/*Eckelskemper* 10 Rn 27). 12

§ 2221 BGB | Vergütung des Testamentsvollstreckers

Daraus ergaben sich folgende Richtwerte, bezogen auf die Höhe des Bruttonachlasswertes:

bis zu 10.000,00 €	4 Prozent
darüber hinaus bis 50.000,00 €	3 Prozent
darüber hinaus bis 500.000,00 €	2 Prozent
darüber hinaus	1 Prozent

13 In den unteren Wertbereichen stärker differenzierend enthält die sog Möhring'sche Tabelle (*Möhring/Beisswingert/Klingelhöffer* S 224), deren Anwendung ebenfalls von der Rechtsprechung akzeptiert worden ist (OLG Köln NJW-RR 1987, 1415), folgende Richtwerte:

bis 10.000,00 €	7,5 Prozent
bis 50.000,00 €	5,82 Prozent
bis 500.000,00 €	3,82 Prozent
bis 1.000 000,00 €	2,81 Prozent
darüber hinaus (von dem über 1 Mio. liegenden Wert) zusätzlich	1 Prozent

14 Inzwischen hat der Deutsche Notarverein im Jahre 2000 eine Nachfolgetabelle zur »Rheinischen Tabelle« entwickelt (ZEV 2000, 181). Demnach soll der Vergütungsgrundbetrag wie folgt ermittelt werden:

bis 250.000,00 €	4 Prozent
bis 500.000,00 €	3 Prozent
bis 2,5 Mio. €	2,5 Prozent
bis 5 Mio. €	2 Prozent
über 5 Mio. €	1,5 Prozent

mindestens aber der höchste Betrag der Vorstufe.
Beispiele: Bei einem Nachlass von 260.000,00 € beträgt der Grundbetrag nicht 7.800,00 € (= 3 Prozent aus 260.000,00 €), sondern 10.000,00 € (= 4 Prozent aus 250.000,00 €); bei einem Nachlass von 2 Mio. € werden in Ansatz gebracht:

bis 250.000,00 €	4 %	= 10.000,00 €
von 250.000,00 € bis 500.000,00 €	3 %	= 7.500,00 €
von 500.000,00 € bis 2 Mio. €	2,5 %	= 37.500,00 €
		55.000,00 €

Ferner enthält diese Darstellung des Deutschen Notarvereins typische Fallgestaltungen, nach denen zu dieser Grundvergütung Zuschläge und Abschläge vorzunehmen sind.

15 Anknüpfend an die Tätigkeit des Testamentsvollstreckers stellen diese Tabellenwerte eine Vergütung dar für

- die Konstituierung,
- die Verwaltung,
- die Auseinandersetzung

eines **normalen** Nachlasses durch den Testamentsvollstrecker. Dieser normale Tätigkeitsbereich des Testamentsvollstreckers wird bei einer normalen Nachlassabwicklung durch eine Grundgebühr entgolten. Die Rechtsprechung (OLG Köln NJW-RR 1994, 269) hat bei einem Nachlass, der aus 2 Grundstücken bestand, einem Wertpapierdepot, einem Bankguthaben und einem einzigen Girokonto, ferner aus einer Haushaltseinrichtung sowie Schmuck, angenommen, dass die damit zusammenhängende Tätigkeit des Testamentsvollstreckers durch eine Grundgebühr entgolten wird; die in diesem Zusammenhang erforderlichen Tätigkeiten des Testamentsvollstreckers, wie bspw die Beauftragung eines Grundstückssachverständigen oder die Kündigung von Dauerlieferverträgen, Versicherungen usw stellten keine besonderen Umstände dar, die den Ansatz einer zusätzlichen Konstituierungsgebühr rechtfertigten. Auch die Erstellung einer normalen Erbschaftsteuererklärung wird noch von der Grundgebühr erfasst (*Haas/Lieb* ZErb 2022, 202, 209). Nach der Neuen Rheinischen Tabelle liegt eine den Normalfall überschreitende Schwierigkeit der **Konstituierung** vor, wenn besondere Maßnahmen zur Ermittlung der Erben, der Sichtung und Inbesitznahme des Nachlasses erforderlich sind, umfangreiche Nachlassverbindlichkeiten einschließlich schwieriger inländischer Erbschaftsteuerfragen geregelt werden müssen. Diese aufwändige Grundtätigkeit soll einen Zuschlag zur Grundgebühr von $^2/_{10} - {}^{10}/_{10}$ rechtfertigen. Entsprechende Zuschläge gelten bei Schwierigkeiten bei der **Auseinandersetzung** (Aufstellung eines umfangreichen Teilungsplans) und Schwierigkeiten beim Vollzug oder der Erfüllung von Vermächtnissen; ferner bei komplexen **Nachlassverwaltungen**, zB Auslandsvermögen, Gesellschaftsbeteiligungen; ferner bei aufwändigen oder schwierigen Gestaltungsaufgaben, die über die bloße Abwicklung eines Nachlasses hinausgehen, wie zB Umstrukturierung, Umschuldung usw; ferner bei der Erledigung schwieriger Steuerangelegenheiten.

Dabei soll nach der Neuen Rheinischen Tabelle die Gesamtvergütung idR insgesamt das 3-fache des Vergütungsgrundbetrages nicht überschreiten. Ob die Rechtsprechung dem folgen wird, wird abzuwarten sein. 16

Im Hinblick auf die Gesamtvergütung ist bisher in der Rechtsprechung und in der Literatur angenommen worden, dass diese eine Obergrenze von 12 Prozent des Bruttonachlasswertes nicht überschreiten soll (s Deutscher Erbrechtskommentar/*Lenzen* § 2221 Rn 2 mit Hinweisen auf Literatur und Rechtsprechung). 17

Von der Rechtsprechung (BGH NJW 1967, 876) sind bspw **Abschläge** von der Grundvergütung vorgenommen worden, wenn von dem Testamentsvollstrecker Hilfspersonen eingesetzt worden sind, zB Steuerberater, Wirtschaftsprüfer, Hausverwaltungen usw, für Tätigkeiten, die er selbst hätte durchführen können; diese unnötig verursachten Kosten verringerten seinen Vergütungsanspruch. Im Hinblick auf die frühere Rheinische Tabelle hat das OLG Köln (NJW-RR 1995, 202) es als einen Reduzierungsgrund angesehen, dass der Testamentsvollstrecker nicht zu einer qualifizierten Berufsgruppe (Notare, Rechtsanwälte, Steuerberater, Wirtschaftsprüfer) gehörte; denn die Rheinische Tabelle hatte sich an Notare gewandt, so dass maßgeblich bei der Vergütungsregelung der Einsatz besonderer Kenntnisse und Erfahrungen war. 18

Andererseits ist anerkannt, dass der Testamentsvollstrecker, der als Berufsangehöriger besondere Leistungen erbringt, diese auch gesondert vergütet erhält (§§ 2218, 670 BGB). Insoweit ist maßgeblich, ob ein Laien-Testamentsvollstrecker für die entsprechende Tätigkeit einen RA, Steuerberater oder sonstigen Berufsangehörigen hinzugezogen hätte (so OLG Köln, NJW-RR 1994, 270). 19

Besonderheiten gelten bei der **Dauertestamentsvollstreckung**. Nach der Neuen Rheinischen Tabelle soll der Testamentsvollstrecker im Einklang mit Literatur (MüKo/*Zimmermann* § 2221 Rn 14) und Rechtsprechung (OLG Köln NJW-RR 1994, 269) nach dem Zeitpunkt der Erbschaftsteuerveranlagung pro Jahr als Verwaltungsgebühr $^1/_3$ Prozent bis $^1/_2$ Prozent des dann noch gegebenen Nachlassbruttowertes zusätzlich erhalten, oder – wenn höher – 2 % bis 4 % des jährlichen Nachlassbruttoertrags bzw des Jahresbetrages der Bruttoeinnahmen (so MüKo/*Zimmermann* aaO). Bei Geschäftsbetrieben/Unternehmen sollen der Tätigkeit entsprechende Vergütungen (zB Aufsichtsratvergütungen, Geschäftsführervergütung oÄ) in Betracht kommen. 20

Der BGH (DNotZ 1964, 168) hat in diesem Zusammenhang einen Ausgleich für das vom Testamentsvollstrecker zu tragende Unternehmensrisiko anerkannt durch Gewährung »eines namhaften Hundertsatzes des Gewinns«. Das LG Hamburg (MDR 1959, 761) hat im Falle der erfolgreichen Unternehmensführung eine Vergütung von 10 Prozent des jährlichen Reingewinns für angemessen erachtet. 21

Der oben (Rn 17) erwähnten Obergrenze der Gesamtvergütung kommt bei Dauervollstreckungen keine Bedeutung zu (*Tiling* ZEV 1998, 331, 335). 22

C. Einzelfragen

Die **Fälligkeit der Vergütung** ist gem §§ 2218, 666 von der vorherigen Rechnungslegung durch den Testamentsvollstrecker abhängig. Da § 2218 die Regelung der Vorschusspflicht 23 im Auftragsverhältnis (§ 669) nicht erwähnt, hat der Testamentsvollstrecker grds keinen Anspruch auf eine Vorschussleistung.

Da nach § 2218 der Testamentsvollstrecker bei länger dauernder Verwaltung zur jährlichen Rechnungslegung verpflichtet ist, ergibt sich daraus auch die Berechtigung zur entsprechenden Vorschussleistung.

24 Allerdings steht dem Testamentsvollstrecker das Recht zu, aus dem von ihm verwalteten Nachlass die fälligen Beträge zu entnehmen (BGH NJW 1963, 1616; WM 1972, 101). Dabei trifft ihn jedoch das Risiko der Angemessenheit dieser Entnahme. Im Missbrauchsfall kann dies zur Entlassung des Testamentsvollstreckers gem § 2227 führen. Im Zweifelsfall empfiehlt sich insoweit stets die Abstimmung mit den Erben.

25 **Mehrere Testamentsvollstrecker** haben Anspruch auf die ihnen jeweils konkret zustehende Vergütung, die sich wiederum nach der jeweiligen Tätigkeit des einzelnen Testamentsvollstreckers richtet. Die Vergütungen können somit unterschiedlich hoch ausfallen. Bei gleichem Einsatz der Testamentsvollstrecker kann jedem Testamentsvollstrecker die volle Vergütung zustehen (*Tiling* ZEV 1998, 331, 338).

26 Der **vermeintliche Testamentsvollstrecker**, der erst im nachhinein durch eine neu aufgetauchte letztwillige Verfügung erfährt, dass er nicht Testamentsvollstrecker sein sollte, hat Anspruch auf die für seine bis dahin geleistete Tätigkeit angemessene Vergütung, wobei Anspruchsgrundlage allerdings die Vorschriften über die Geschäftsbesorgung (§§ 675, 612 BGB) sind (BGH NJW 1963, 1615). Bestätigt sich aber später die von den Erben schon früher vertretene Auffassung, die Bestellung zum Testamentsvollstrecker sei zu Unrecht erfolgt, entfällt nach der Rechtsprechung des BGH der Vergütungsanspruch (BGH NJW 1977, 1726), während nach der Literatur (*Bumiller/Winkler* Rn 632) der Erbe den von dem Erblasser gesetzten Rechtsschein gegen sich gelten lassen muss, so dass dem (gutgläubigen) Testamentsvollstrecker eine Vergütung zuzubilligen ist.

27 Die **Umsatzsteuer** ist nach ständiger Rechtsprechung in der dem Testamentsvollstrecker zustehenden Gesamtvergütung bereits enthalten (KG NJW 1974, 752; OLG Köln FamRZ 1994, 328). Dagegen wendet sich die einhellige Literaturmeinung (MüKo/*Zimmermann* § 2221, Rn 15; *Möhring/Beisswingert/Klingelhöffer* S 236). Der Kritik folgend geht auch die neue Rheinische Tabelle davon aus, dass der Vergütung des Testamentsvollstreckers die Mehrwertsteuer hinzuzurechnen ist.

28 Der Vergütungsanspruch des Testamentsvollstreckers begründet gegenüber dem Herausgabeverlangen des Erben ein **Zurückbehaltungsrecht**. Gegenüber der Verpflichtung des Testamentsvollstreckers zur Rechnungslegung (§ 2218) und dem Überlassungsanspruch gem § 2217 besteht ein Zurückbehaltungsrecht nicht.

29 Die **Verjährung** des Vergütungsanspruchs richtet sich wegen seiner erbrechtlichen Grundlage nach § 197 Abs. 1 Nr. 2 (Palandt/*Edenhofer* § 2221 Rn 13) und beträgt daher 30 Jahre. Diese Frage ist jedoch wegen des bestehenden Zusammenhangs zum Auftragsrecht umstritten (vgl Palandt/*Heinrichs* § 197 Rn 8; *Löhning* ZEV 2004, 267).

30 **Prozessuales**. Streitigkeiten im Zusammenhang mit der Vergütung des Testamentsvollstreckers sind stets vor den Zivilgerichten auszutragen; die Zuständigkeit des Nachlassgerichts ist nicht gegeben (BGH WM 1972, 101).

§ 2222 Nacherbenvollstrecker

Der Erblasser kann einen Testamentsvollstrecker auch zu dem Zwecke ernennen, dass dieser bis zu dem Eintritt einer angeordneten Nacherbfolge die Rechte des Nacherben ausübt und dessen Pflichten erfüllt.

A. Allgemeines

Bei der Anordnung einer Vor- und Nacherbschaft ist die Testamentsvollstreckung mit 1
besonders vielen unterschiedlichen Aufgabenbereichen denkbar. Dabei ist die Testamentsvollstreckung immer in Abhängigkeit von dem Ziel zu sehen, zu dem die Vor- und Nacherbschaftsregelung letztwillig verfügt wurde. Eingebürgert hat sich die Unterscheidung in fünf Erscheinungsformen (Mayer/Bonefeld/Daragan/*Mayer* Rn 544 ff; *Nieder* Rn 654 ff).

I. Testamentsvollstreckung mit Normalbefugnissen

Hierbei handelt es sich um einen Fall der allgemeinen Abwicklungsvollstreckung. Der 2
Testamentsvollstrecker nimmt den Nachlass in Besitz, begleicht die Schulden, erfüllt Vermächtnisse und Auflagen sowie die weiteren bestehenden Verpflichtungen und händigt sodann den Nachlass an den Vorerben gem §§ 2203, 2209 BGB aus (*Nieder* Rn 654).

II. Allgemeine Testamentsvollstreckung für die Vorerbschaft

Dogmatisch handelt es sich hier um eine Verwaltungsvollstreckung gem § 2209, zeitlich 3
begrenzt für die Dauer der Vorerbschaft. Durch die angeordnete Testamentsvollstreckung wird der Vorerbe über das ges Maß der Vorerbschaft hinaus zusätzlich dadurch in seinen Rechten beschränkt, dass die Verwaltungs- und Verfügungsbefugnis nicht ihm, sondern dem Testamentsvollstrecker zustehen soll. Streitig ist, ob der Testamentsvollstrecker in seinem Verfügungsrecht nur nach § 2205 Satz 3 beschränkt ist (so *Nieder* Rn 655 aE), oder ob für die Testamentsvollstreckung die gleichen Beschränkungen gelten, wie sie für den Vorerben gesetzlich angeordnet sind, insb § 2113 (Mayer/Bonefeld/Daragan/*Mayer* Rn 546 aE).

III. Allgemeine Testamentsvollstreckung für die Nacherbschaft

Im Unterschied zur Testamentsvollstreckung für die Vorerbschaft beginnt hier die Testa- 4
mentsvollstreckung erst mit dem Eintritt der Nacherbschaft. Damit wird der Nacherbe während der Dauer seiner Nacherbschaft in seiner Verwaltungs- und Verfügungsbefugnis beschränkt (*Nieder* Rn 656).

IV. Allgemeine Testamentsvollstreckung für Vor- und Nacherbschaft

Hier ist der Testamentsvollstrecker nicht nur für den Vor- oder den Nacherben tätig, son- 5
dern für beide gemeinsam ernannt. Dies hat zur Folge, dass er ab dem Erbfall zunächst für die Dauer der Vorerbschaft das Verwaltungs- und Verfügungsrecht ausübt und anschließend für den Nacherben. Aufgrund seiner Amtsführung sowohl für den Vorerben, als auch für den Nacherben ist der Testamentsvollstrecker hier während der Vorerbschaft unstreitig nur nach § 2205 Satz 3 in seiner Verfügungsbefugnis beschränkt, nicht nach den weitergehenden Vorschriften der §§ 2113, 2114 BGB (Mayer/Bonefeld/Daragan/*Mayer* Rn 548).
Es stellt sich allerdings die Frage, ob der Testamentsvollstrecker, während er als Vollstrecker für den Vorerben tätig ist, zugleich auch die Kontroll-, Sicherungs- und Mitwirkungsrechte des Nacherben ausüben kann. Da er in diesem Fall einer Interessenkollision (s auch Rn 8) ausgesetzt wäre, kann dies nach überwiegender Auffassung nur dann angenommen werden, wenn sich ein so weit reichender Erblasserwille aus der testamentarischen Verfügung mit hinreichender Sicherheit entnehmen lässt (Mayer/Bonefeld/Daragan/*Mayer* Rn 548, *Nieder* Rn 657).
Als krit bei der Testamentsvollstreckung für Vor- und Nacherbschaft erweist sich in der 6
Praxis immer wieder die genaue Beachtung der ges Verteilung von Nutzen und Lasten

zwischen Vor- und Nacherben. Fehlende Sorgfalt führt hier schnell zu Regressansprüchen (Mayer/Bonefeld/Daragan/*Mayer* Rn 54 aE, BGH NJW-RR 1986, 1069).

V. Nacherbentestamentsvollstreckung

7 Der Nacherbenvollstrecker nach § 2222 beschränkt nicht den Vorerben in seinen Rechten. Vielmehr nimmt der Testamentsvollstrecker hier die Rechte des Nacherben gegenüber dem Vorerben im eigenen Namen wahr (Dauner-Lieb/Heidel/Ring/*Weidlich*, AnwK Erbrecht, § 2222 Rn 1). Aus diesem Grund hat der Testamentsvollstrecker kein eigenes Verwaltungs- und Verfügungsrecht kraft seines Amtes als Testamentsvollstrecker, sondern er kann nur die Rechte und Pflichten wahrnehmen, die dem Nacherben im Allgemeinen gegenüber dem Vorerben zustehen. Die Aufgaben und Befugnisse folgen aus den §§ 2116 – 2119, 2121 – 2123, 2127, 2129, 2115 BGB iVm § 773 ZPO, die Pflichten aus den §§ 2120, 2123 BGB (Dauner-Lieb/Heidel/Ring/*Weidlich* AnwK Erbrecht, § 2222 Rn 3 unter Hinweis auf BGH, NJW 1995, 456).

VI. Interessenkollisionen

8 Bei der Anordnung einer Testamentsvollstreckung in Vor- und Nacherbfällen liegt die Gefahr einer Interessenkollision sehr nahe. Die gesetzlich vorgesehenen Kontrollrechte des Nacherben gegenüber dem Vorerben dürfen durch die Anordnung einer Testamentsvollstreckung nicht unterlaufen werden. Folgende Kombinationen (vgl die Zusammenstellung in Mayer/Bonefeld/Daragan/*Mayer* Rn 553) der Berufung des Vorerben zum Testamentsvollstrecker werden als zulässig erachtet: bei Anordnung einer Vermächtnisvollstreckung nach § 2223; beim alleinigen Vorerben nur neben anderen Mittestamentsvollstreckern, wenn zugleich gewährleistet ist, dass bei Wegfall eines Mittestamentsvollstreckers der Vorerbe nicht zur alleinigen Vollstreckung der Vorerbschaft berufen ist; wenn neben einem Mitvorerben zugleich dritte Personen zur Testamentsvollstreckung berufen sind; wenn mehrere Mitvorerben zu Mittestamentsvollstreckern für die Vorerbschaft bestimmt sind; wenn der Testamentsvollstrecker nur Mitvorerbe ist oder zwar alleiniger Vorerbe, aber nur Mittestamentsvollstrecker und jeweils nicht gleichzeitig die Rechte der Nacherben wahrzunehmen sind; wenn von mehreren Vorerben einer zum Nacherbentestamentsvollstrecker nach § 2222 berufen ist. Auch einer von mehreren Nacherben kann wirksam zum Nacherbenvollstrecker ernannt werden (Staudinger/*Reimann* § 2222 Rn 17). Schließlich ist es zulässig, denselben Testamentsvollstrecker für den Vorerben als allgemeinen Testamentsvollstrecker und zugleich als Vollstrecker für den Nacherben nach § 2222 zu ernennen (BGHZ 127, 360, 367).

B. Typische Fälle der Nacherbenvollstreckung

9 Die Nacherbentestamentsvollstreckung bietet sich immer dann an, wenn zu erwarten ist, dass der Nacherbe während der Dauer der Vorerbschaft nicht oder nur eingeschränkt handlungsfähig sein wird und daher seine Rechte nicht selbst wahrnehmen kann (Staudinger/*Reimann* § 2222 Rn 5). Insb kommen hier in Betracht die Fälle des unbekannten oder noch gar nicht geborenen Nacherben oder eines minderjährigen Nacherben. Der Nacherbenvollstrecker unterliegt nämlich nicht der Kontrolle des Familien- bzw Vormundschaftsgerichts (Dauner-Lieb/Heidel/Ring/*Weidlich* AnwK Erbrecht, § 2222 Rn 3 aE unter Hinweis auf BayObLG NJW-RR 1989, 1096), denn er handelt aus eigenem Recht (Mayer/Bonefeld/Daragan/*Mayer* Testamentsvollstreckung, Rn 549). So entfällt auch das Erfordernis für noch nicht bekannte Nacherben einen Pfleger zu bestellen (Mayer/Bonefeld/Daragan/*Mayer* Rn 549). Einen weiteren Anwendungsfall bietet schließlich § 2338 Abs. 1 Satz 1 im Rahmen der Pflichtteilsbeschränkung in guter Absicht.

C. Die Rechte und Pflichten des Nacherbenvollstreckers

Welche Befugnisse dem Nacherbenvollstrecker zustehen, ist nicht in § 2222 geregelt, **10** sondern ergibt sich allein aus der Stellung des Nacherben im Verhältnis zum Vorerben, wobei Befreiungen des Vorerben nach § 2136 zu beachten sind (Palandt/*Edenhofer* § 2222 Rn 4; Staudinger/*Reimann* § 2222 Rn 11). Die Rechte des Nacherben folgen aus §§ 2116 – 2119, 2121 – 2123, 2127, 2128 BGB sowie §§ 773 ZPO, 2115 BGB, seine Pflichten aus §§ 2120, 2123 BGB.

Bei Amtsübernahme hat der Nacherbenvollstrecker dem Nacherben gegenüber über den **11** vorhandenen Bestand des Nachlasses ein Verzeichnis zu erstellen (BGHZ 127, 360, 367). Soweit notwendig, muss er hierfür gegenüber dem Vorerben von seinem Recht aus § 2121 BGB Gebrauch machen (Palandt/*Edenhofer* § 2222 Rn 5). Daneben besteht die allgemeine Auskunfts- und Rechenschaftspflicht des Testamentsvollstreckers nach §§ 2218, 666 BGB (BGHZ 127, 360, 367).

Schuldner der Testamentsvollstreckervergütung für den Nacherbenvollstrecker ist, sofern **12** nichts anderes durch den Erblasser geregelt wurde, der Nacherbe (Staudinger/*Reimann* § 2222 Rn 24).

Die allgemeinen Vorschriften für die Testamentsvollstreckung (§§ 2197 – 2202, 2119, 2221, **13** 2227 BGB) finden für das Verhältnis des Nacherbenvollstreckers zum Nacherben entsprechende Anwendung (Staudinger/*Reimann* § 2222 Rn 23).

D. Beginn und Ende der Nacherbenvollstreckung

Die Nacherbenvollstreckung beginnt entweder mit dem Zeitpunkt, den der Erblasser be- **14** stimmt hat (Staudinger/*Reimann* § 2222 Rn 19), oder mit dem Erbfall (MüKo/*Brandner* § 2222 Rn 5). Gem § 2139 endet sie, falls der Erblasser keine anderweitige Verfügung getroffen hat, mit dem Eintritt der Nacherbfolge (BayObLG NJW-RR 1995, 711, 713; Palandt/*Edenhofer* § 2222 Rn 6).

E. Rechtsförmliches

Die Prozessführungsbefugnis für Aktiv- wie für Passivprozesse liegt nach § 2212, 2213 **15** BGB ausschließlich beim Nacherbenvollstrecker. Für die Rechtskraft des Urteils gilt § 327 ZPO. Die Anordnung der Nacherbenvollstreckung ist im Grundbuch einzutragen, §§ 51, 52 GBO (Staudinger/*Reimann* § 2222 Rn 21). Gleiches gilt für die Eintragung im Erbschein nach § 2363.

§ 2223 Vermächtnisvollstrecker

Der Erblasser kann einen Testamentsvollstrecker auch zu dem Zwecke ernennen, dass dieser für die Ausführung der einem Vermächtnisnehmer auferlegten Beschwerungen sorgt.

A. Allgemeines

Grds wird der Testamentsvollstrecker nur im Rechtskreis des Erben tätig und beschränkt **1** diesen in seinen Rechten (Staudinger/*Reimann* § 2223 Rn 1). Die Vorschrift stellt daher klar, dass die Testamentsvollstreckung auch für einen Vermächtnisnehmer angeordnet werden kann. In diesem Fall hat der Testamentsvollstrecker für die Ausführung der Beschwerungen zu sorgen, die dem Vermächtnisnehmer auferlegt sind. Für die Testamentsauslegung kann die Vorschrift Bedeutung erlangen, insb dann, wenn Vermächtnisse von erheblichem Wert ausgesetzt sind und dem Erblasser ersichtlich daran gelegen war, die damit verbundenen Beschwerungen auch zur Ausführung gelangen zu lassen. Im

§ 2223 BGB | Vermächtnisvollstrecker

Einzelfall kann daher auch ohne ausdrückliche Anordnung der Erblasserwille als auf die Anordnung einer Vermächtnisvollstreckung gerichtet zu verstehen sein. Auch insoweit ist der Erblasserwille durch Auslegung der letztwilligen Verfügung zu ermitteln (Staudinger/*Reimann* § 2223 Rn 5).

B. Arten der Vermächtnisvollstreckung

2   Wie jede Testamentsvollstreckung ist die Vermächtnisvollstreckung zunächst auf den Regelfall der Abwicklungsvollstreckung des § 2203 ausgerichtet. In diesem Fall besteht die Aufgabe des Testamentsvollstreckers in Abhängigkeit vom Willen des Erblassers darin, die jeweils auferlegten Beschwerungen gem § 2203 selbst zu vollziehen oder vom Vermächtnisnehmer nach § 2208 Abs. 2 ihre Ausführung zu verlangen (BayObLG NJW-RR 1986, 629, 631). Typische Fälle sind die Erfüllung von Untervermächtnissen und Auflagen oder die Zahlung der auf das Vermächtnis entfallenden Erbschaftsteuer (BFH BStBl 1999 II, 529).

3   Aus der ausdrücklichen Formulierung »auch« wird darüber hinaus jedoch ganz allgemein geschlussfolgert, dass die Vermächtnisvollstreckung in jeder Form einer zulässigen Testamentsvollstreckung möglich ist, insb auch in der Form der Verwaltungs- und Dauervollstreckung. Die §§ 2209, 2210 BGB finden entsprechende Anwendung (BayObLG FamRZ 1991, 490, 491, Palandt/*Edenhofer* § 2223 Rn 2). Die Aufgabe des Vermächtnisvollstreckers besteht dann darin, die Verwaltung des Vermächtnisgegenstandes durchzuführen oder nach Ausführung der Beschwerungen des Vermächtnisnehmers die Verwaltung fortzusetzen.

4   Zulässig ist auch die Ernennung eines Vermächtnisvollstreckers zur Wahrung der Rechte des Nachvermächtnisnehmers bis zum Anfall des Nachvermächtnisses (BGH Urt v 18. 10. 2000 – IV ZR 99/99 – LM BGB § 2307 Nr. 2; Palandt/*Edenhofer* § 2223 Rn 2).

C. Person des Vermächtnisvollstreckers

5   Vermächtnisvollstrecker kann auch der Alleinerbe sein, da kein Interessenkonflikt besteht (*Nieder*, Handbuch der Testamentsgestaltung Rn 896), ebenso einer von mehreren Vermächtnisnehmern (Staudinger/*Reimann* § 2223 Rn 19).

D. Ende der Vermächtnisvollstreckung

6   Mit der Erledigung der Aufgabe endet auch die Vermächtnisvollstreckung (MüKo/*Brandner* § 2223 Rn 5). Der Vergütungsanspruch des Vermächtnisvollstreckers nach § 2221 richtet sich nach überwiegender Auffassung gegen den Vermächtnisnehmer (Staudinger/ Reimann § 2223 Rn 18; aA *Zimmermann*, Die Testamentsvollstreckung, 2. Auflage 2003, Rn 726 – Nachlassverbindlichkeit und damit Belastung sämtlicher Erben).

E. Rechtsförmliches

7   Die Prozessführungsbefugnis des Vermächtnisvollstreckers hinsichtlich des Vermächtnisgegenstandes beurteilt sich nach §§ 2212, 2213 BGB (Staudinger/*Reimann* § 2223 Rn 15). Die Bindungswirkung des § 327 Abs. 1 ZPO gilt führen gegen den Vermächtnisnehmer. Daher kann der Vermächtnisvollstrecker gegen den Erben Klage auf Erfüllung des Hauptvermächtnisses erheben. Eigengläubigern des Vermächtnisnehmers ist gem § 2214 der Zugriff auf den die Verwaltung des Vermächtnisvollstreckers unterliegenden Gegenstand versagt (Staudinger/*Reimann* § 2223 Rn 15).

8   Die Eintragung der Vermächtnisvollstreckung im Grundbuch ist entsprechend § 52 GBO möglich (BayObLG NJW-RR 1990, 844, 8 146). Auch für den Vermächtnisvollstrecker ist ein Testamentsvollstreckerzeugnis nach § 2368 zu erteilen (BayObLG NJW-RR 1986, 629, 631).

§ 2224 Mehrere Testamentsvollstrecker

(1) Mehrere Testamentsvollstrecker führen das Amt gemeinschaftlich; bei einer Meinungsverschiedenheit entscheidet das Nachlassgericht. Fällt einer von ihnen weg, so führen die übrigen das Amt allein. Der Erblasser kann abweichende Anordnungen treffen.

(2) Jeder Testamentsvollstrecker ist berechtigt, ohne Zustimmung der anderen Testamentsvollstrecker diejenigen Maßregeln zu treffen, welche zur Erhaltung eines der gemeinschaftlichen Verwaltung unterliegenden Nachlassgegenstands notwendig sind.

A. Allgemeines

Nach § 2197 kann der Erblasser selbst mehrere Testamentsvollstrecker ernennen. Er kann aber auch gem §§ 1999, 2200 BGB den Testamentsvollstrecker oder das Nachlassgericht ermächtigen, mehrere Testamentsvollstrecker zu ernennen. § 2224 regelt drei Sachverhaltskomplexe im Zusammenhang mit der Beauftragung von mehreren Testamentsvollstreckern. Dabei handelt es sich um die gemeinschaftliche Amtsausübung (§ 2224 Abs. 1, 1. Hs, 2224 Abs. 2), die Auflösung von Meinungsverschiedenheiten zwischen den Mittestamentsvollstreckern (§ 2224 Abs. 1, 2. Hs) sowie den Wegfall eines von mehreren Testamentsvollstreckern (§ 2224 Abs. 1 Satz 2). 1

B. Abgrenzung zu anderen Rechtsinstituten

Zweckmäßig ist die Ernennung mehrerer Testamentsvollstrecker, wenn der Erblasser ein System wechselseitiger Kontrolle der Testamentsvollstrecker beabsichtigt. Diesem Vorteil stehen aber auch Nachteile gegenüber. Die gemeinschaftliche Testamentsvollstreckung birgt die Gefahr einer gewissen Schwerfälligkeit in sich. Darüber hinaus ist sie kostenintensiv, denn jeder Testamentsvollstrecker kann die seiner Tätigkeit entsprechende Vergütung unabhängig von den andern Testamentsvollstreckern beanspruchen (BGH Urt v 29. 6. 1967 – III ZR 95/65 LM Nr. 4 zu § 2221; MüKo/*Brandner* § 2224 Rn 1). Im Einzelfall ist daher im Wege der **Auslegung** der letztwilligen Verfügung sehr sorgfältig zu prüfen, ob der Erblasser tatsächlich die Ernennung eines Mitvollstreckers gewollt hat, oder nicht möglicherweise lediglich eine Verwaltungsanordnung nach § 2216 Abs. 2 Satz 1 treffen wollte (vgl hierzu *Reimann* FamRZ 1995, 951, 952). Auch das bloße Verlangen des Erblassers nach Hinzuziehung eines Beraters oder der Herbeiführung der Zustimmung eines Dritten für einen bestimmten Kreis von Geschäften kommt hier in Betracht. 2

C. Gemeinschaftliche Amtsführung

I. Interne Vereinbarungen

Sind mehrere Testamentsvollstrecker ernannt, führen sie das Amt im Innen- und Außenverhältnis zwingend gemeinschaftlich (BGH NJW 1967, 2402). Hiervon zu unterscheiden ist ihre Befugnis, die Verwaltung nach Aufgabengebieten unter sich aufteilen oder einzelnen von ihnen Vollmacht erteilen (Staudinger/*Reimann* § 2224 Rn 15). Solche internen Vereinbarungen befreien sie aber nicht von ihrer Verantwortung gegenüber dem Erben. Hier verbleibt es bei der gesamtschuldnerischen Haftung. Auch die allgemeinen Ansprüche des Erben gegen den Testamentsvollstrecker, insb die Ansprüche auf Auskunft und Rechenschaftslegung, sind von den Mittestamentsvollstreckern im Verhältnis zum Erben gesamtschuldnerisch zu erfüllen. 3

§ 2224 BGB | Mehrere Testamentsvollstrecker

II. Meinungsverschiedenheiten zwischen den Testamentsvollstreckern

4 Hat der Erblasser keine abweichende Regelung verfügt, entscheidet bei Meinungsverschiedenheiten zwischen mehreren Mittestamentsvollstreckern über Fragen der gemeinschaftlichen Amtsführung das Nachlassgericht, § 2224 Abs. 1 Satz 1, 2. Hs. Anrufungsbefugt ist jeder einzelne Mittestamentsvollstrecker (s Rn 17).

5 Die Entscheidungsbefugnis des Nachlassgerichts ist eingeschränkt. Das Nachlassgericht kann nur entweder die Auffassung eines der Mittestamentsvollstrecker bestätigen oder eine Entscheidung insgesamt ablehnen, wenn sich aus der Sicht des Nachlassgerichts beide Auffassungen als unrichtig erweisen. Das Nachlassgericht ist jedoch nicht befugt, in die Unabhängigkeit der Amtsführung der Testamentsvollstrecker einzugreifen und eine selbst gebildete Meinung für verbindlich zu erklären (Erman/*M. Schmidt* § 2224 Rn 3 aE; Staudinger/*Reimann* § 2224 Rn 26).

6 Die Entscheidung des Nachlassgerichts bindet nur die Mittestamentsvollstrecker untereinander, nachfolgende Streitigkeiten zwischen den Mittestamentsvollstreckern und den Erben sind vor dem Prozessgericht auszutragen (Staudinger/*Reimann* § 2224 Rn 27).

7 Streitig ist, ob die Billigung der Auffassung eines der Mittestamentsvollstrecker durch das Nachlassgericht die Zustimmung des anderen Mittestamentsvollstreckers ersetzt (so unter Hinweis auf das Bestehen eines entsprechenden praktischen Bedürfnisses die im Vordringen befindliche Auffassung von *Zimmermann*, Die Testamentsvollstreckung, Rn 222; MüKo/*Brandner* § 2224 Rn 14) oder ob die fehlende Willenserklärung des nicht zustimmenden Mittestamentsvollstreckers nach der Entscheidung des Nachlassgerichts noch zwangsweise gegen den sich verweigernden Mitvollstrecker durchgesetzt werden muss (so Staudinger/*Reimann* § 2224 Rn 26).

8 In der Praxis bestehen häufig **Abgrenzungsschwierigkeiten** darüber, wann das Nachlassgericht und wann das Prozessgericht zuständig ist. Das Nachlassgericht ist grds nur zur Entscheidung von Fragen der sachlichen Amtsführung der Testamentsvollstrecker, nicht hingegen zur Entscheidung von Rechtsfragen zuständig. Diese unterliegen ausschließlich dem Prozessgericht. Dies gilt nach der Rechtsprechung selbst dann, wenn die Rechtsfrage als Vorfrage für die beabsichtigte Amtsführung von Bedeutung ist (BGHZ 20, 264, 270). Wegen der Abgrenzungsschwierigkeiten wird in der Literatur vertreten, dass die Kompetenz des Nachlassgerichts dann rechtliche Vorfragen erfassen soll, wenn hierin der Grund der Meinungsverschiedenheit zwischen den einzelnen Mittestamentsvollstreckern liegt (MüKo/*Brandner* § 2224 Rn 12). **Praxisfälle:** Meinungsverschiedenheiten über die Anlage von Vermögenswerten des Nachlasses oder über den zu stellenden Teilungsplan zur Auseinandersetzung des Nachlasses gehören in die Kompetenz des Nachlassgerichts (Staudinger/*Reimann* § 2224 Rn 22). Der Streit über die Auslegung des Testamentes ist hingegen vor dem Prozessgericht zu führen (Palandt/*Edenhofer* § 2224 Rn 3), ebenso die Auseinandersetzung, ob die streitbefangene Angelegenheit überhaupt in den Bereich der gemeinschaftlichen Amtsführung der Mittestamentsvollstrecker fällt (Erman/*M. Schmidt* § 2224 Rn 5).

D. Erhaltungsmaßnahmen ohne Zustimmung des Mittestamentsvollstreckers

9 Der Begriff der Erhaltungsmaßnahmen iSv § 2224 Abs. 2 deckt sich mit den Maßnahmen, zu denen jeder Erbe im Verhältnis zu seinem Miterben nach § 2038 Abs. 1 Satz 2 befugt ist. Die Maßnahmen müssen sowohl objektiv notwendig, als auch dringlich sein, damit ein Mittestamentsvollstrecker ohne Zustimmung des anderen tätig werden kann. **Praxisfälle:** Einlegung von Rechtsmitteln gegen einen vollstreckbaren Titel (OLG Saarbrücken NJW 1967, 1137); Verwertung verderblicher Gegenstände. Für den Fall, dass ein Mittestamentsvollstrecker eine Maßnahme eigenständig getroffen hat, ohne dass sie dringlich war, gelten die Regeln über die Geschäftsführung ohne Auftrag (§§ 677 – 683 BGB). Darüber hinaus besteht die Möglichkeit der Genehmigung nach §§ 177 ff, 185 BGB durch die

übrigen Mittestamentsvollstrecker (Erman/*M. Schmidt* § 2224 Rn 8 aE). Bei Verweigerung der Genehmigung kann der handelnde Mittestamentsvollstrecker gem § 2224 Abs. 1 Satz 1 zweiter Hs das Nachlassgericht anrufen (Staudinger/*Reimann* § 2224 Rn 43, s Rn 5 ff, 17).

E. Wegfall eines Testamentsvollstreckers

Nur eine dauernde Verhinderung eines Mittestamentsvollstreckers fällt unter § 2224 10
Abs. 1 Satz 2, eine lediglich vorübergehende Verhinderung genügt nicht (Palandt/*Edenhofer* § 2224 Rn 5). Aus Rechtsgründen weggefallen ist der Mittestamentsvollstrecker, wenn er das Amt gem § 2202 abgelehnt hat oder sein Amt nach § 2225 infolge Todes oder des Eintritts der (beschränkten) Geschäftsunfähigkeit oder Anordnung eines Betreuers für Vermögensangelegenheiten (§ 2201) erloschen ist. Auch die Kündigung des Testamentsvollstreckers nach § 2226 sowie die Entlassung aus wichtigem Grund nach § 2227 gehören hierher (Staudinger/*Reimann* § 2224 Rn 35). Aus tatsächlichen Gründen weggefallen gilt ein Vermisster (Erman/*M. Schmidt* § 2224 Rn 6).

Für die Dauer einer nur vorübergehenden Verhinderung können die übrigen Testaments- 11
vollstrecker ohne den verhinderten Mitvollstrecker handeln (Erman/*M. Schmidt* § 2224 Rn 6).

F. Abweichende Anordnungen des Erblassers

Abweichende Anordnungen, die den ges Bestimmungen gegenüber vorrangig sind, sind 12
sinnvoll, um in die schwerfällige ges Regelung (s Rn 2) den individuellen Bedürfnissen des Erblassers anzupassen. Die Anordnungen erfolgen in der Form der letztwilligen Verfügung (Staudinger/*Reimann* § 2224 Rn 10). Grenzen setzen die Zweckmäßigkeit und die rechtliche Zulässigkeit. Erschwerungen, die zur Ausschaltung eines Testamentsvollstreckers führen, sind ebenso unzulässig, wie etwa die Bindung des Testamentsvollstreckers an die Zustimmung des Nachlassgerichts (Erman/*M. Schmidt* § 2224 Rn 7). **Praxisfälle:** Zuweisung eines bestimmten Wirkungskreises an jedem Mittestamentsvollstrecker; Anordnung zur Entscheidung mit Stimmenmehrheit oder Entscheidung eines Dritten im Falle von Meinungsverschiedenheiten (BayObLG Beschluss v 8. 6. 2001 – 1 Z BR 74/00, Rpfleger 2001, 548, 550); Beendigung der Testamentsvollstreckung bei Wegfall eines Mitvollstreckers oder ersatzweise Benennung durch die Arbeitsgemeinschaft Testamentsvollstreckung und Vermögenssorge (www.agt-ev.de) an Stelle des Nachlassgerichts.

Aus der rechtssystematischen Stellung des § 2224 Abs. 1 Satz 1 heraus ergibt sich, dass 13
abweichende Anordnungen des Erblassers nur in Bezug auf die Regelungen des § 2224 Abs. 1 Satz 1 und Satz 2 möglich sind. § 2224 Abs. 2 ist hingegen nicht abdingbar (Staudinger/*Reimann* § 2224 Rn 41).

G. Rechtsförmliches

Anordnungen des Erblassers, die von der ges Regelung des § 2224 abweichen, sind nach 14
§ 2368 in das Testamentsvollstreckerzeugnis aufzunehmen (Staudinger/*Reimann* § 2224 Rn 41).

Aufgrund der zwingend gemeinschaftlichen Amtsführung (s Rn 4) können Mittesta- 15
mentsvollstrecker Anträge nur gemeinsam stellen, insb den Antrag auf Eröffnung des Nachlassinsolvenzverfahrens und, auf Berichtigung des Grundbuchs und auf Aufhebung einer Verwaltungsanordnung nach § 2216 Abs. 2 (Staudinger/*Reimann* § 2224 Rn 18).

Das Beschwerderecht nach § 82 FG gegen Verfügungen des Nachlassgerichts oder Entschei- 16
dungen bei Meinungsverschiedenheiten zwischen den Mittestamentsvollstreckern steht jedem Testamentsvollstrecker selbstständig zu. Alle übrigen Beschwerden sind von allen Mittestamentsvollstreckern gemeinsam einzulegen (Palandt/*Edenhofer* § 2224 Rn 2).

Das Antragsrecht auf Anrufung des Nachlassgerichts zur Streitentscheidung zwischen 17
mehreren Mittestamentsvollstreckern gem § 2224 Abs. 1 Satz 1 zweiter Hs kommt jedem

§ 2225 BGB | Erlöschen des Amts des Testamentsvollstreckers

Testamentsvollstrecker zu, aber auch jedem sonstigen Beteiligten, also dem Erben, einem Vermächtnisnehmer oder auch dem Pflichtteilsberechtigten. Die Zuständigkeit obliegt gem § 16 Abs. 1 Nr. 4 RPflG dem Richter. Nicht anrufungsbefugt sind Dritte, bspw derjenige, mit dem das streitbefangene Rechtsgeschäft abgeschlossen werden soll (Erman/*M. Schmidt* § 2224 Rn 3; Staudinger/*Reimann* § 2224 Rn 25).

18 Entscheidungen des Nachlassgerichts nach § 2224 Abs. 1 Satz 1 zweiter Hs unterliegen gem §§ 82, 53, 60 Abs. 1 Nr. 6 FGG der sofortigen Beschwerde.

H. Kosten/Gebühren zu Abs. 1 Satz 1

19 **Gebühr** für die Entscheidung bei Meinungsverschiedenheit der Testamentsvollstrecker: $^{1}/_{2}$ (§ 113 Satz 1 KostO).
Wert: ist nach § 30 Abs. 2 KostO zu ermitteln. Zu bewerten ist dabei das Regelungsinteresse.
Kostenschuldner: Antragsteller (§ 2 Nr. 1 KostO).

§ 2225 Erlöschen des Amts des Testamentsvollstreckers

Das Amt des Testamentsvollstreckers erlischt, wenn er stirbt oder wenn ein Fall eintritt, in welchem die Ernennung nach § 2201 unwirksam sein würde.

A. Allgemeines

1 Die Vorschrift stellt einen **Sonderfall** der Beendigung des Amtes des Testamentsvollstreckers dar. Im **Regelfall** endet das Amt des Testamentsvollstreckers mit der Erledigung aller ihm zugewiesener Aufgaben. Bei der Abwicklungsvollstreckung ist das nach der vollständigen Aufteilung des Nachlasses der Fall. Neben der Erledigung aller Aufgaben des Testamentsvollstreckers können weitere Gründe für die Beendigung der Testamentsvollstreckung in der letztwilligen Verfügung angeordnet sei, bspw ein bestimmter Endtermin oder eine auflösende Bedingung für die Vollstreckung (Dauner-Lieb/Heidel/Ring/*Weidlich* § 2225 Rn 2). Eine Verwaltungsvollstreckung endet darüber hinaus im Regelfall (zu der Möglichkeit einer lebenslänglichen Beschränkung des Erben in Ausnahmefällen vgl Palandt/*Edenhofer*, § 2210 Rn 2) spätestens 30 Jahre nach dem Erbfall, § 2210 Satz 1. Diese Frist gilt nicht für die normale Abwicklungsvollstreckung, hier geht der Gesetzgeber davon aus, dass sie sich ohnehin in angemessener Zeit erledigt (Palandt/*Edenhofer* § 2210 Rn 1).

2 Weitere Sonderfälle der Amtsbeendigung stellen die Kündigung durch den Testamentsvollstrecker, § 2226, die Entlassung des Testamentsvollstreckers nach § 2227 sowie die dreißigjährige Frist für die Dauervollstreckung nach § 2210 dar.

B. Amtsbeendigungstatbestände

3 § 2225 regelt zwei Sonderfälle der Amtsbeendigung: den Tod des Testamentsvollstreckers (§ 2125 1. Fall) sowie den Eintritt seiner Amtsunfähigkeit (§ 2225 2. Fall).

I. Tod des Testamentsvollstreckers, § 2225 1. Fall

4 Erfasst wird der Tod von natürlichen Personen ebenso, wie der Verlust der Rechtsfähigkeit natürlicher Personen, die als Testamentsvollstrecker eingesetzt sind.

5 Bei natürlichen Personen ist zu beachten, dass das Amt des Testamentsvollstreckers zwar nicht vererblich ist (Palandt/*Edenhofer* § 2225 Rn 1), gleichwohl Folgen für den Erben des Testamentsvollstreckers bestehen. Der Erbe des Vollstreckers ist gem §§ 2218, 673 Satz 2 anzeigepflichtig und nach hM auch einstweilen besorgungspflichtig, soweit es sich um

notwendige Erhaltungsmaßnahmen handelt (s § 2224 Rn 9). Hier lauern **Haftungsgefahren**, über die sich weder die Erben von Testamentsvollstreckern, noch die Testamentsvollstrecker selbst kaum Gedanken machen (Mayer/Bonefeld/Daragan/*Mayer* Rn 278). Aus diesen Gründen empfiehlt es sich, schon bei der Testamentsgestaltung durch die Benennung eines Ersatztestamentsvollstrecker Vorsorge zu treffen – nicht zuletzt zum Schutz der Erben des Testamentsvollstreckers. Auch die gemeinschaftliche Testamentsvollstreckung kann sich in geeigneten Fällen als Lösung anbieten. Dem Mitvollstrecker kommt dann gem § 2224 Abs. 1 Satz 2 die Verpflichtung zur Durchführung der zur Erhaltung des Nachlassbestandes notwendigen Maßnahmen zu.

Die praktische Bedeutung des Verlustes der Rechtsfähigkeit juristischer Personen als Testamentsvollstrecker ist eher gering, sieht man einmal von der Löschung juristischer Personen wegen Vermögenslosigkeit ab. Im Zuge von handelsrechtlichen Umwandlungen kann im Einzelfall eine Beendigung der Testamentsvollstreckung eintreten und zwar dann, wenn es bei einer Verschmelzung zur Neugründung kommt (§§ 36 Abs. 1 Satz 1, 20 Abs. 1 Nr. 2 Satz 1 UmwG). Erfolgt die Verschmelzung hingegen durch Aufnahme (§ 20 Abs. 1 Nr. 1 UmwG), dauert das Amt fort, wenn der aufnehmende Rechtsträger der Testamentsvollstrecker war (Mayer/Bonefeld/Daragan/*Mayer* Rn 282). Solche Fälle können bspw bei der Fusion von Banken eine Rolle spielen. 6

Fortzusetzen ist die Testamentsvollstreckung, wenn der Erblasser Ersatzvollstreckung (§§ 2197 Abs. 2, 2198, 2199 Abs. 2, 2200 BGB) angeordnet hat, was selbstverständlich auch in Person des Erben des Testamentsvollstreckers geschehen kann. Gleiches gilt, wenn der Erblasser in sonstiger zulässiger Weise durch letztwillige Verfügung einen Nachfolger benannt hat, was ggf durch Auslegung zu ermitteln ist. In diesen Fällen besteht dann auch kein Raum mehr für eine Vereinbarung zwischen den Erben und dem Testamentsvollstrecker über eine Beendigung der Vollstreckung (Erman/*M. Schmidt* § 2225 Rn 1 aE). Die Anordnung einer Ersatzvollstreckung kommt sowohl bei Testamentsvollstreckungen durch natürliche, wie auch durch juristische Personen in Betracht. 7

Der Tod des Erben hat auf die Testamentsvollstreckung hingegen regelmäßig keinen Einfluss. Vielmehr geht der Nachlass samt seiner Beschwerung durch die Testamentsvollstreckung auf den Erbeserben über und die Aufgaben des Testamentsvollstreckers bleiben erhalten (OLG München NJW 1951, 74). Etwas anderes kann dann gelten, wenn die Testamentsvollstreckung durch den Erblasser speziell für den Verstorbenen errichtet und auf dessen Lebenszeit angeordnet wurde (Erman/*M. Schmidt* § 2225 Rn 2). 8

II. Eintritt der Amtsunfähigkeit, §§ 2225 2. Fall, 2201

Die Testamentsvollstreckung endet in diesen Fällen spiegelbildlich mit den Gründen, die eine Ernennung ausschließen, also wenn der Testamentsvollstrecker (beschränkt) geschäftsunfähig oder für ihn zur Besorgung seiner Vermögensangelegenheiten ein Betreuer iSd § 1896 bestellt wird. Die Bestellung eines vorläufigen Betreuers nach §§ 69 f. FGG genügt bereits zur Amtsbeendigung (BayObLG ZEV 1995, 63; Mayer/Bonefeld/Daragan/*Mayer* Rn 280). Ein späterer Wegfall der Amtsunfähigkeit führt nicht zu einem Wiederaufleben des Testamentsvollstreckeramtes (MüKo/*Brandner* § 2225 Rn 5). 9

C. Rechtsfolgen der Amtsbeendigung

Zu unterscheiden ist stets, ob die Testamentsvollstreckung durch die Amtsbeendigung insgesamt beendet ist oder – bspw mit dem Ersatzvollstrecker (s Rn 7) – fortdauert. Je nach Konstellation geht die Verfügungsmacht über den Nachlass entweder auf den Nachfolger des Testamentsvollstreckers über, oder auf den Erben, § 2211. 10

Endigt die Testamentsvollstreckung durch die Amtsbeendigung insgesamt, ist das Testamentsvollstreckerzeugnis an das Nachlassgericht zurückzugeben bzw von Amts wegen durch das Nachlassgericht einzuziehen. Von Rechts wegen wird das **Testamentsvollstreckerzeugnis** gem § 2368 Abs. 3, 2. Hs kraftlos, ein gutgläubiger Erwerb ist sodann aus- 11 geschlossen. Ein **Erbschein** wird unrichtig und muss eingezogen werden. Ein etwaiger **Grundbuchvermerk** nach § 52 GBO ist zu löschen, entweder von Amts wegen nach §§ 84 ff GBO oder auf Antrag, §§ 13, 22 GBO.

12 **Vollmachten**, die dem Testamentsvollstrecker im Hinblick auf sein Amt erteilt wurden, erlöschen nach hM und sind zur Vermeidung einer Haftung nach § 179 zurückzugeben sind (Dauer-Lieb/Heidel/Ring/*Weidlich* § 2226 Rn 17).

13 Bei Fortdauer der Testamentsvollstreckung wird vertreten, dass das bestehende Testamentsvollstreckerzeugnis auf einen Nachfolger umgeschrieben werden kann (Erman/*M. Schmidt* § 2225 Rn 4). Änderungen am Erbschein sind nicht erforderlich, da in dieser Ruhegründe nur das Amt der Testamentsvollstreckung ausgewiesen wird, nicht hingegen die konkrete Person des Testamentsvollstreckers bezeichnet ist.

D. Rechtsförmliches

14 Über einen Streit betreffend die Beendigung der Testamentsvollstreckung nach § 2225 entscheidet ausschließlich das Prozessgericht (BGHZ 41, 23, 28).

15 Solange das Prozessgericht nicht über die Amtsbeendigung nach § 2225 entschieden hat, bleibt das Nachlassgericht für ein Amtsenthebungsverfahren, bspw nach § 2227 zuständig, ohne dass das Verfahren von dem Nachlassgericht ausgesetzt werden muss. In diesem Fall wird die Entscheidung des Nachlassgerichts gegenstandslos, wenn das Prozessgericht anschließend zu dem Ergebnis gelangt, das Amt des Testamentsvollstreckers sei bereits beendet gewesen (BayObLG Rpfleger 1988, 265; Erman/*M. Schmidt* § 2225 Rn 3 aE).

16 In einem vom Testamentsvollstrecker für den Nachlass betriebenen Prozess ist nach §§ 246, 239, 241 ZPO zu verfahren (Erman/*M. Schmidt* § 2225 Rn 4 aE).

§ 2226 Kündigung durch den Testamentsvollstrecker

Der Testamentsvollstrecker kann das Amt jederzeit kündigen. Die Kündigung erfolgt durch Erklärung gegenüber dem Nachlassgericht. Die Vorschrift des § 671 Abs. 2, 3 findet entsprechende Anwendung.

A. Allgemeines

1 Die Vorschrift stellt einen weiteren Sonderfall der Beendigung des Amtes des Testamentsvollstreckers dar (zu den Regelfällen der Amtsbeendigung, s § 2225 Rn 1, zu den übrigen Sonderfällen der Amtsbeendigung, s § 2225 Rn 2).

2 Die Kündigung des Testamentsvollstreckeramtes, häufig auch als **Amtsniederlegung** bezeichnet, steht ebenso wie die Annahme des Amtes (vgl § 2202 Abs. 2 Satz 1) im Belieben des Testamentsvollstreckers. Häufig sprechen persönliche oder familiäre Gründe für eine vorzeitige Amtsbeendigung (MüKo/*Brandner* § 2226 Rn 1), aber auch fachliche Gründe kommen in Betracht.

3 Das Gegenstück zur Kündigung durch den Testamentsvollstrecker stellt die Vereinbarung des Testamentsvollstreckers mit dem Erben über eine Verpflichtung zur Amtsniederlegung dar. Derartige Vereinbarungen sind allerdings nicht unbeschränkt zulässig. Als unzulässig, weil gegen die Unabhängigkeit des Testamentsvollstreckers verstoßend, wird die Verpflichtung zur jederzeitigen Amtsniederlegung auf entsprechendes Verlangen des Erben angesehen (BGHZ 25, 275). Die Nichteinhaltung einer zulässigen Verpflichtung zur Amtsniederlegung durch den Testamentsvollstrecker kann einen Entlassungsgrund nach § 2227 darstellen (BGH FamRZ 1966, 140; Palandt/*Edenhofer* § 2226 Rn 1).

B. Voraussetzungen der Kündigung

I. Kündigungserklärung

Die Kündigung wird mit dem Eingang der formlosen Erklärung des Testamentsvollstreckers beim Nachlassgericht wirksam, §§ 2226 Satz 2, 130 Abs. 3. **Praxishinweis:** ein Testamentsvollstrecker, dessen Kündigung beim Nachlassgericht eingegangen ist, kann keinen Gebrauch mehr von einem ihm etwa eingeräumten Recht auf Benennung eines Ersatztestamentsvollstreckers machen. Das Ernennungsrecht sollte daher spätestens im Kündigungsschreiben ausgeübt werden und zwar in der nach §§ 2199 Abs. 3, 2198 Abs. 1 Satz 2 erforderlichen öffentlich beglaubigten Form (Mayer/Bonefeld/Daragan/*Bonefeld* Testamentsvollstreckung Rn 282). 4

Die einmal zugegangene Kündigungserklärung ist nicht widerruflich, § 130 Abs. 1. In Betracht kommt allerdings eine Anfechtung nach den allgemeinen Regeln der §§ 119 ff. 5

Mittestamentsvollstrecker iSd § 2224 können die Kündigungserklärung jeder nur für seine Person ausüben (MüKo/*Brandner* § 2226 Rn 2). 6

II. Kündigungsgrund

Zu unterscheiden ist zwischen einer Kündigung des Testamentsvollstreckers aus wichtigem Grund, §§ 2226, 671 Abs. 3 und der jederzeit möglichen ordentlichen Kündigung nach § 2226 Satz 1. 7

1. Voraussetzungen der ordentlichen Kündigung

Die ordentliche Kündigung stellt den Normalfall der Amtsniederlegung des Testamentsvollstreckers dar. Durch den Verweis auf § 671 Abs. 2 ist klargestellt, dass der Testamentsvollstrecker sein Amt nur dergestalt kündigen darf, dass der Erbe die laufenden Verwaltungsgeschäfte entweder selbst übernehmen (für den Fall, dass die Kündigung zum Wegfall des Testamentsvollstreckeramtes insgesamt führt, s Rn 12) oder rechtzeitig ein Ersatztestamentsvollstrecker bestellt werden kann. Eine im Widerspruch hierzu gleichwohl ausgesprochene Kündigung ist wirksam (RGZ 100, 95, 97). § 2226 S 2 sanktioniert jedoch den hierin liegenden Pflichtenverstoß des Testamentsvollstreckers über die Schadenersatzpflicht nach § 671 Abs. 2 S 2. 8

2. Voraussetzungen der Kündigung aus wichtigem Grund

An das Vorliegen eines wichtigen Grundes sind hohe Anforderungen zu stellen. In Betracht kommen eine länger andauernde, schwere Erkrankung des Testamentsvollstreckers, ebenso längere Ortsabwesenheit, zB Untersuchungshaft. Greift ein wichtiger Kündigungsgrund nicht ein, steht dies die Wirksamkeit der ausgesprochenen Kündigung nicht entgegen (RGZ 100, 95, 97). Der Testamentvollstrecker macht sich in diesem Fall jedoch gem § 671 Abs. 2 Satz 2 schadenersatzpflichtig (OLG Koblenz NJW-RR 1993, 462, 463). 9

3. Abdingbarkeit des Kündigungsrechts

Korrespondierend mit der Freiheit zur Amtsannahme (s Rn 2) kann auch das Kündigungsrecht des Testamentsvollstreckers nach § 2226 durch den Erblasser nicht ausgeschlossen werden. Möglich sind allein Vereinbarungen des Testamentsvollstreckers mit den Erben über eine Erschwerung des Kündigungsrechts oder einen Verzicht auf dessen Ausübung (Staudinger/*Reimann* § 2226 Rn 1). Das Recht zur Kündigung aus wichtigem Grund nach kann auch in diesem Fall nicht ausgeschlossen werden, vgl § 671 Abs. 3. 10

III. Teilkündigung

11 Es gilt der Grundsatz, dass der Testamentsvollstrecker sein Amt nur insgesamt kündigen kann. Eine Teilkündigung ist nach überwiegender Auffassung unwirksam und entfaltet keinerlei Wirkung (OLG Hamm FamRZ 1992, 113). Etwas anderes gilt dann, wenn der in der letztwilligen Verfügung zum Ausdruck gekommene Wille des Erblassers ausdrücklich auf die Ermöglichung einer Teilkündigung gerichtet ist. In diesem Fall erlischt mit der Kündigungserklärung der entsprechende Aufgabenkreis des Testamentsvollstreckers (Erman/*M. Schmidt* § 2226 Rn 1), im Übrigen besteht die Testamentsvollstreckung fort.

C. Rechtsfolgen der Kündigung

12 Wie bei § 2225 ist auch im Rahmen von § 2226 die Frage der Beendigung der Testamentsvollstreckung insgesamt vom Ende des Amtes des konkreten Testamentsvollstreckers zu unterscheiden. Die Rechtsfolgen der Kündigung regeln sich daher wie die Rechtsfolgen der Amtsbeendigung (s § 2225 Rn 10 – 13).

13 Eine unzulässige Kündigung führt nicht zum Erlöschen des Amtes des Testamentsvollstreckers (OLG Hamm NJW-RR 1991, 837 – 841).

14 Die Kündigung eines von mehreren Mittestamentsvollstreckern führt gem § 2224 Abs. 1 Satz 2 nur zum Wegfall seiner Person als Testamentsvollstrecker. Die übrigen Mittestamentsvollstrecker setzen die Vollstreckung ohne ihn fort, es sei denn, der Erblasser hätte eine abweichende Anordnung nach § 2224 Abs. 1 Satz 3 getroffen (s § 2224 Rn 12). Gleiches gilt für den Ersatztestamentsvollstrecker (Erman/*M. Schmidt* § 2226 Rn 1 aE).

15 Die Kündigung des Testamentsvollstreckers nach § 2226 hat regelmäßig Auswirkungen auf die Höhe der Vergütung nach § 2221. Auch eine vom Erblasser in der letztwilligen Verfügung der Höhe nach bestimmte Vergütung ist in diesem Fall zu reduzieren (MüKo/*Brandner* § 2226 Rn 6).

D. Rechtsförmliches

16 Das Prozessgericht ist zuständig für einen Streit um die Wirksamkeit der Kündigung des Testamentsvollstreckers. Ausnahmsweise kann das Nachlassgericht zur Entscheidung einer hierauf gerichteten Vorfrage berechtigt sein (Palandt/*Edenhofer* § 2226 Rn 3), bspw im Rahmen eines Amtsenthebungsverfahren nach § 2227. Gegenüber einer Entscheidung des Prozessgerichts kann die nachlassgerichtliche Entscheidung jedoch keine Verbindlichkeit (s § 2225 Rn 15) entfalten.

17 Die Entgegennahme der Kündigung des Testamentsvollstreckers durch das Nachlassgericht löst ein Viertel der vollen Gebühr aus, § 112 Abs. 1 Nr. 6 KostO aus.

18 Für die Klage des Erben gegen den Testamentsvollstrecker auf Amtsniederlegung aufgrund einer zulässigen Vereinbarung (s Rn 3) ist ebenfalls das Prozessgericht zuständig (Erman/*M. Schmidt* § 2226 Rn 4 aE).

E. Kosten/Gebühren

19 **Gebühr** für die Kündigung: $1/4$ (§ 112 Abs. 1 Nr. 6 KostO). Beim Zusammenhang mit einem anderen gebührenpflichtigen Nachlassverfahren nach den §§ 101 – 117 KostO entfällt die Gebühr des § 112 KostO (§ 115 KostO). Zu den Voraussetzungen des § 115 KostO s § 1945 Rn 9 ff.

20 **Wert**: ist nach § 30 Abs. 2 KostO zu ermitteln (s § 2200 Rn 12 ff).

21 **Kostenschuldner**: Die Erben (§ 6 Satz 2 KostO).

§ 2227 Entlassung des Testamentsvollstreckers

(1) Das Nachlassgericht kann den Testamentsvollstrecker auf Antrag eines der Beteiligten entlassen, wenn ein wichtiger Grund vorliegt; ein solcher Grund ist insbesondere grobe Pflichtverletzung oder Unfähigkeit zur ordnungsmäßigen Geschäftsführung.

(2) Der Testamentsvollstrecker soll vor der Entlassung, wenn tunlich, gehört werden.

A. Allgemeines

Neben §§ 2225, 2226 und 2210 stellt die Vorschrift einen Sonderfall der Amtsbeendigung 1 des Testamentsvollstreckers dar (s § 2225 Rn 1, 2). Gemeinsam mit der strengen Haftungsverpflichtung des Testamentsvollstreckers nach § 2219 bildet sie einen Kontrapunkt zu der starken Stellung, die dem Testamentsvollstrecker im deutschen Recht zukommt (s § 2219 Rn 1). Dies zeigt sich auch daran, dass der Erblasser nicht befugt ist, in seiner letztwilligen Verfügung die Möglichkeit zur Entlassung nach § 2227 abzubedingen (Staudinger/*Reimann* § 2227 Rn 1).

§ 2227 ermöglicht unter bestimmten Voraussetzungen die Entlassung des Testamentsvoll- 2 streckers gegen dessen Willen und dient damit dem Schutz des durch die Testamentsvollstreckung Beschwerten. Die Vorschrift setzt immer einen entgegenstehenden Willen des Testamentsvollstreckers voraus, § 81 Abs. 2 FGG. Liegt ein Einverständnis des Testamentsvollstreckers mit seiner Entlassung vor, bedarf es keiner Entscheidung des Nachlassgerichtes. Vielmehr ist dann von einer Amtsniederlegung nach § 2226 auszugehen (Staudinger/*Reimann* 2227 Rn 1).

B. Voraussetzungen der Amtsenthebung

I. Antrag eines Beteiligten

Das Nachlassgericht wird nie von Amts wegen tätig. Es bedarf stets eines Antrages an das 3 zuständige Nachlassgericht.

1. Zuständigkeit des Nachlassgerichtes

Für die Zuständigkeit des Nachlassgerichtes gelten keine nennenswerten Besonderheiten. 4 Die sachliche und örtliche Zuständigkeit folgt aus §§ 72, 73 FGG. Die Vorschriften der §§ 81, 82 FGG enthalten lediglich Sonderregelungen für das Beschwerderecht des Testamentsvollstreckers.

2. Antragsberechtigung

Antragsberechtigt ist gem § 2227 Abs. 1 jeder Beteiligte, insb jeder Erbe oder Miterbe, der 5 Vermächtnisnehmer, die Mittestamentsvollstrecker, solange sie im Amt sind (OLG Köln NJW-RR 1987, 1098), sowie die Pflichtteilsberechtigten (BayObLG NJW-RR 2002, 439, 440; FamRZ 2005, 1595). Auch diejenigen Miterben, die ihren Erbteil übertragen haben oder deren Erbteil gepfändet ist, kommen in Betracht (Bengel/Reimann/*Bengel* Handbuch der Testamentsvollstreckung, 3. Auflage 2001 Kap VII Rn 24 unter Hinweis auf die Haftungsregelungen der §§ 2382, 2385), im Übrigen grds nur insoweit, als es um ihren eigenen Anteil geht und die Beziehungen zu den übrigen Miterben nicht berührt werden (OLG Köln NJW-RR 1987, 1098).

Nicht antragsberechtigt sind die Nachlassgläubiger (BGHZ 35, 296, 301), der Testaments- 6 vollstrecker selbst und die Eigengläubiger des Erben (Palandt/*Edenhofer* § 2227 Rn 8) sowie die Eltern, denen nach § 1638 die Sorge für das ihrem Kind zugewendete Vermögen entzogen ist (BGHZ 106, 96).

3. Anhörung des Testamentsvollstreckers und weiterer Beteiligter

7 Der Testamentsvollstrecker ist nach § 2227 Abs. 2 anzuhören, die übrigen Beteiligten nach Art. 103 Abs. 1GG (MüKo/*Brandner* § 2227 Rn 15). Die Anhörung ist nicht formgebundenen (BayObLG FamRZ 1998, 325), sie kann auch mündlich erfolgen.

II. Rechtsschutzbedürfnis

1. Laufende Rechtsbehelfe

8 Grds besteht für einen vorsorglich gestellten Entlassungsantrag gegen den Testamentsvollstrecker kein Rechtsschutzbedürfnis, solange die Rechtsmittelfrist gegen die Ernennung nach §§ 81 Abs. 1, 22 Abs. 1 FGG noch läuft oder über die Beschwerde noch nicht entschieden ist. Nur wenn ausnahmsweise die Fortführung dieses Verfahrens keinen effektiven Rechtsschutz bietet, weil bspw die zu klärenden Tatsachen- und Rechtsfragen langwierige Ermittlungen erfordern, ist ein vorsorglich gestellter Entlassungsantrag zulässig, wenn damit der Testamentsvollstrecker aus einem anderen Grund als den im Zusammenhang mit der Anfechtung der Ernennung geltendgemachten Gründen entlassen werden soll (BayObLG FamRZ 1987, 101, 104).

2. Bereits eingetretene Amtsbeendigung

9 Ist das Amt des Testamentsvollstreckers bereits auf andere Weise beendet, besteht kein Bedürfnis mehr zu Entlassung des Testamentsvollstreckers nach § 2227 (BGHZ 41, 23, 30; OLG Hamm NJW-RR 2002, 1300). Zu beachten ist allerdings, dass über den Streit, ob eine Beendigung der Testamentsvollstreckung eingetreten ist, ausschließlich das Prozessgericht entscheidet (s § 2225 Rn 14). Das Nachlassgericht muss den Rechtsstreit allerdings nicht aussetzen, sondern kann die Vorfrage selbst entscheiden. Gelangt das Prozessgericht in der Frage später zu einem anderen Ergebnis, wird die Entscheidung des Nachlassgerichtes gegenstandslos (s § 2225 Rn 15).

10 **Praxishinweis:** durch eine Kündigung nach § 2226 kann der Testamentsvollstrecker einer drohenden Amtsenthebung zuvorkommen. Die wirksame Kündigung führt zur Erledigung des Verfahrens nach § 2227 (Erman/*M. Schmidt* § 2227 Rn 14 aE).

3. Unwirksame Ernennung des Testamentsvollstreckers und fehlende Amtsannahme

11 Vor Annahme des Amtes ist nach hM eine Entlassung durch das Nachlassgericht nicht möglich, jedoch vor Beginn der ersten Amtstätigkeit des Testamentsvollstreckers (Staudinger/*Reimann* § 2227 Rn 1).

III. Wichtiger Grund

12 Die Frage, ob ein wichtiger Grund zu Entlassung vorliegt, ist sowohl Tat-, als auch Rechtsfrage, die nur im jeweiligen Einzelfall und unter Abwägung aller Umstände entschieden werden kann (BayObLG Rpfleger 2003, 655, 657). Bei dieser Abwägung ist dem Nachlassgericht ein Ermessensspielraum einzuräumen. Daher sind auch die Auswirkungen einer Entlassung zu berücksichtigen (BayObLG ZEV 2000, 315, 316), insb die Schutzbedürftigkeit des Nachlasses. Wurde eine Ersatztestamentsvollstreckung angeordnet, was sich möglicherweise der letztwilligen Verfügung des Erblassers durch Auslegung entnehmen lässt, wird eine Entlassung eher in Betracht kommen, als wenn dies nicht der Fall ist. Auch der mutmaßliche Wille des Erblassers an der Beibehaltung der von ihm eingesetzten Vertrauenspersonen ist zu berücksichtigen.

13 Das Gesetz nennt in § 2227 Abs. 1 nur exemplarisch zwei Entlassungsgründe. Daneben sind eine Vielzahl weiterer Gründe denkbar. Gleichwohl ist an die Entlassungsgründe ein

strenger Maßstab anzulegen, um die Umgehung des Erblasserwillens über den Weg der Absetzung eines dem Erben lediglich lästig gewordenen Testamentsvollstreckers zu verhindern. In der Praxis hat sich die Strukturierung der Entlassungsgründe in drei Fallgruppen herausgebildet.

1. Grobe Pflichtverletzungen

Eine grobe Pflichtverletzung besteht in jedem – zwingend schuldhaften (BayObLG FamRZ 1991, 235, 237) – Verhalten, das die Belange der Beteiligten erheblich gefährdet (OLG Köln FamRZ 1992, 723). **Praxisfälle:** schuldhafte Unterlassung der Vorlage des Nachlassverzeichnisses (OLG Zweibrücken FGPrax 1997, 109, 110); Nichtbeachtung von Auskunftsansprüchen der Erben und Rechnungslegungspflichten (BayObLG NJW-RR 1988, 645, 646); Verweigerung der Vermächtniserfüllung gegen den Willen der Erben (BayObLG FamRZ 2001, 124, 125; Missachtung von Verwaltungsanordnungen des Erblassers (BayObLG NJW-RR 2000, 298, 302); Ungleichbehandlung von Miterben (BGHZ 25, 275, 287); völlige Untätigkeit des Testamentsvollstreckers (Staudinger/*Reimann* § 2227 Rn 6).

14

2. Unfähigkeit zur ordnungsgemäßen Amtsführung

In dieser Fallgruppe lassen sich die Tatbestände zusammenfassen, in denen der Testamentsvollstrecker den ihm gestellten Aufgaben auf längere Zeit nicht gewachsen ist, so dass von einer ordnungsgemäßen Verwaltung nicht mehr ausgegangen werden kann (BayObLG FamRZ 1991, 235, 237). Auf ein Verschulden kommt es nicht an (MüKo/*Brandner* § 2227 Rn 9). **Praxisfälle:** länger andauernde Krankheit oder Ortsabwesenheit (BayObLG ZEV 1989, 348); Verschollenheit oder Haft (MüKo/*Brandner* § 2227 Rn 9); mangelnde persönliche Fähigkeiten, aber auch Insolvenz oder Vermögensverfall des Testamentsvollstreckers (MüKo/*Brandner* § 2227 Rn 9). Ebenfalls hierher gehört der Fall der fehlerhaften Auswahl der Person des Testamentsvollstreckers. Derartige Fehler sind zwar ohne Auswirkungen auf die Ernennung, können aber einen wichtigen Grund zur Entlassung darstellen (BayObLG Rpfleger 1987, 151).

15

3. Entlassung aus anderen wichtigen Gründen

Innerhalb dieser Fallgruppe lassen sich folgende Fälle unterscheiden:

16

- Objektiv gerechtfertigtes Misstrauen. **Praxisfall:** auf Tatsachen gegründetes Misstrauen des Erben gegenüber dem Testamentsvollstrecker, zu dem der Testamentsvollstrecker Anlass gegeben hat (BayObLG NJW-RR 2002, 77, 79).

17

- Interessengegensatz. **Praxisfall:** Geltendmachung des Pflichtteils durch den Testamentsvollstrecker gegen den Willen des Erblassers (OLG Zweibrücken FamRZ 1989, 788, 790); erhebliche Interessengegensätze zwischen dem Testamentsvollstrecker und dem Erben (OLG Zweibrücken FamRZ 1999, 472, 474); Konflikt mit einem Vermächtnisnehmer (BayObLG FamRZ 1991, 490, 491). Interessengegensätze von nur geringer Bedeutung genügen jedoch nicht (Staudinger/*Reimann* § 2127 Rn 17).

18

Sonderproblem: Banken als Testamentsvollstrecker. Nach der Entscheidung des BGH v 11. 11. 2004 (BGH AnwBl. 2005, 289) ist die geschäftsmäßige Testamentsvollstreckung durch Banken bereits de lege ferenda zulässig. Nach dem Referentenentwurf zum Rechtsdienstleistungsgesetz (RDG – nachzulesen etwa unter http://anwaltverein.de/01/depesche/texte05/RDG.pdf) ist eher noch eine weitere Erschließung des Geschäftsfeldes Testamentsvollstreckung durch Banken zu erwarten. Damit wird in Zukunft die Frage des Interessenkonfliktes sich nicht nur unter dem Gesichtspunkt des Spannungsverhältnisses zwischen dem Testamentsvollstrecker und den Erben ergeben, sondern auch unter dem Gesichtspunkt eines In-Sich-Interessenkonfliktes in der Person der Bank als Testamentsvollstrecker. Dabei dürfte es im Ergebnis keine Rolle spielen, ob die Bank als juristische Person testamentsvollstreckend wird, oder ein Angestellter der Bank als

19

Privatperson handelt. Interessenkonflikte entstehen ua dann, wenn die Gelegenheit eines günstigen Geschäftsabschlusses von einer bestimmten Handlung abhängt (*Lang*, Informationspflichten bei Wertpapierdienstleistungen 2003, § 8 I Rn 2). Bei einer Abwicklungsvollstreckung ist die Bank als Testamentsvollstrecker verpflichtet, möglichst zügig die Erbmasse an die Miterben zu verteilen. Ihr Eigeninteresse wird aber regelmäßig auf den Erhalt der Vermögensmasse im eigenen Hause gerichtet sein. Im Rahmen einer Dauertestamentsvollstreckung ist die Bank verpflichtet, sich als Testamentsvollstrecker nicht nur mit einem mäßigen Anlageerfolg zu begnügen, sondern in Abhängigkeit vom Willen des Erblassers in die verschiedensten Produkte zu investieren. Damit wird eine Kollision mit den Richtlinien des eigenen Hauses häufig vorprogrammiert sein. Da Banken nicht ausschließlich für einen Kunden vermögensverwaltend tätig sind, werden die als zwangsläufig möglich angesehenen widerstreitenden Anlegerinteressen (*Lang*, Informationspflichten bei Wertpapierdienstleistungen 2003, § 8 II.2 Rn 6) dann besonders virulent werden, wenn die Bank gleichzeitig neben ihrer Aufgabe als Testamentsvollstrecker für den Nachlass des Erblassers auch als Vermögensverwalter für einen Erben tätig ist. Die Banken werden daher gut beraten sein, der Frage der Interessenkollisionen in Zukunft ganz besondere Aufmerksamkeit zu widmen, um das neu gewonnene Geschäftsfeld nicht wegen zunehmender Anträge nach § 2227 wieder zu verlieren.

20 ▪ **Persönliche Spannungen und Feindschaft. Praxisfälle:** erhebliche Spannungen unter mehreren ernannten Testamentsvollstreckern (Staudinger/*Reimann* § 2227 Rn 13; abgelehnt von OLG Düsseldorf MDR 1994, 1016, 1017). Fehlendes Vertrauen des Erben in den Testamentsvollstrecker genügt nicht, da das Amt des Testamentsvollstreckers gerade kein Vertrauensverhältnis zwischen ihm und dem Erben voraussetzt (MüKo/*Brandner* § 2227 Rn 11). Auch die bloß subjektive Ablehnung aufgrund anwaltlicher Interessenvertretung des Erblassers in einem zu dessen Lebzeiten gegen die Erben geführten Unterhaltsrechtsstreit reicht nicht aus (OLG Hamm ZEV 2001, 278).

21 ▪ **Eigennütziges Verhalten des Testamentsvollstreckers. Praxisfälle:** Auslegung des Testamentes durch den Testamentsvollstrecker zu eigenen Gunsten (BayObLG NJW-RR 1996, 714, 716); Einbehalten einer zu hohen Vergütung durch den Testamentsvollstrecker (OLG Köln NJW-RR 1987, 1097, 1098).

C. Rechtsfolgen

22 Die rechtskräftige Entscheidung über die Entlassung des Testamentsvollstreckers nach § 2227 bewirkt regelmäßig nur die Beendigung des Amtes der konkret betroffenen Person des Testamentsvollstreckers. Wie bei den übrigen Sonderfällen der Amtsbeendigung ist die Frage der Beendigung der Testamentsvollstreckung insgesamt hiervon zu unterscheiden (s § 2226 Rn 12).

23 Gem § 2368 Abs. 3 zweiter Hs wird das Testamentsvollstreckerzeugnis im Falle der Entlassung von selbst kraftlos. Zur Vermeidung der Aufrechterhaltung des Rechtsscheins kann das Nachlassgericht das Testamentsvollstreckerzeugnis jedoch zurückfordern (Erman/*M. Schmidt* 2227 Rn 13).

D. Rechtsförmliches

24 Das Nachlassgericht ermittelt den Sachverhalt von Amts wegen, § 12 FGG. Zuständig ist der Richter, § 16 Abs. 1 Nr. 5 RPflG. Die Entlassungsverfügung ist dem Testamentsvollstrecker gem §§ 16 Abs. 2, 81 Abs. 2 FGG zuzustellen. Eine vorläufige Entlassung ist nicht möglich. Das Nachlassgericht kann auch nicht mit einstweiligen Anordnungen in die Amtsführung des Testamentsvollstreckers eingreifen, insoweit fehlt es an einer Ermächtigung, wie sie in § 24 Abs. 3 FGG für Ordnungs- und Zwangsmittel vorgesehen ist (Erman/*M. Schmidt* § 2227 Rn 12). Eine analoge Anwendung scheidet aus. Hierfür fehlt es sowohl an einer planwidrigen Regelungslücke, als auch an der Vergleichbarkeit des Sachverhalts.

Das Nachlassgericht ist nur dazu befugt, die konkrete Person des Testamentsvollstreckers 25
aus dem Amt zu entlassen. Eine Befugnis zur Aufhebung der Testamentsvollstreckung
insgesamt kommt ihm nicht zu (Palandt/*Edenhofer* 2227 Rn 1.

Wurde ein Testamentsvollstrecker **nach ausländischem Recht ernannt**, kann er von dem 26
deutschen Nachlassgericht nicht entlassen werden, wenn das ausländische Recht eine Entlassung nicht vorsieht. Entlassungen ausländischer Gerichte sind anzuerkennen, wenn sie
dem hiesigen ordre public entsprechen (Erman/*M. Schmidt* § 2227 Rn 16).

Gem § 13a Abs. 1 Satz 1 FGG kann das Nachlassgericht anordnen, dass einer der Be- 27
teiligten unter Berücksichtigung der Billigkeit die Kosten ganz oder teilweise zu erstatten
hat. Nach § 13a Abs. 1 Satz 2 FGG sind die Kosten, die ein Beteiligter durch grobes Verschulden verursacht hat, ihm aufzuerlegen. Eine solche Kostenentscheidung liegt in Fällen, in denen der Testamentsvollstrecker gem § 2227 Abs. 1 entlassen wird, besonders
nahe. Die Kosten treffen dann den Testamentsvollstrecker persönlich. Eine Erstattung
durch den Nachlass oder einen Erben kommt nur ausnahmsweise in Betracht, wenn
der Testamentsvollstrecker annehmen durfte, sein Verhalten habe dem letzten Willen
des Erblassers gedient (OLG Oldenburg NJW-RR 1996, 582).

Der Antrag auf Entlassung des Testamentsvollstreckers kann bis zur Rechtskraft der 28
gerichtlichen Entscheidung zurückgenommen werden (RGZ 133, 128, 137).

Bei den **Rechtsmitteln** ist zu unterscheiden. Gegen die Ablehnung des Antrages auf Ent- 29
lassung des Testamentsvollstreckers kann nur der Antragsteller vorgehen. Gegeben ist
die einfache Beschwerde nach §§ 19 Abs. 1, 20 Abs. 2 FGG. Wurde hingegen die Amtsenthebung des Testamentsvollstreckers verfügt, steht sowohl dem entlassenen Testamentsvollstrecker, als auch jedem durch die Entscheidung beschwerten Beteiligten die
sofortige Beschwerde nach §§ 20 Abs. 1, 22, 81 Abs. 2 FGG zu, die innerhalb einer Frist
von zwei Wochen nach Bekanntgabe beim Nachlassgericht oder dem Beschwerdegericht
einzulegen ist, §§ 22 Abs. 1, 21 FGG. Über die Beschwerde entscheidet das LG, § 19 Abs. 2
FGG.

Gegen die Beschwerdeentscheidung ist die weitere Beschwerde unter den einschrän- 30
kenden Voraussetzungen des § 27 Abs. 1 FGG möglich, ggf in der Form der sofortigen
weiteren Beschwerde nach § 29 Abs. 2 FGG. **Praxishinweis:** in Rheinland-Pfalz ist die
Entscheidung über das Rechtsmittel der weiteren Beschwerde im Wege der Rechtsmittelkonzentration generell dem **OLG in Zweibrücken** zugewiesen, auch soweit der Bezirk
des OLG Koblenz betroffen ist, § 4 Abs. 3 Nr. 2 lit. a) GerOrgG RP. Für Bayern war gem
Art. 11 Abs. 3 Nr. 1 Bayer. AGGVG bis zum 31. 12. 2004 die Entscheidung über die
weitere Beschwerde dem Bayerischen Obersten Landesgericht zugewiesen. Das Bayerische Oberste Landesgericht wurde mit Gesetz zur Auflösung des Bayerischen Obersten
Landesgerichts und der Staatsanwaltschaft bei diesem Gericht (Gerichtsauflösungsgesetz – BayObLGAuflG) v 25. 10. 2004 (GVBl S 400) mit dem Ablauf des 31. 12. 2004
aufgelöst. Für die bis zu diesem Zeitpunkt anhängig gewordenen Verfahren bleibt das
Bayerische Oberste Landesgericht zuständig. Rechtsmittel, für deren Behandlung bisher
das Bayerische Oberste Landesgericht zuständig war und die ab 1. 1. 2005 bei dem
Rechtsmittelgericht anhängig werden, sind für ganz Bayern durch das **OLG in München**
zu behandeln. Das gilt auch für diejenigen Verfahren, die durch die Gerichtliche
Zuständigkeitsverordnung Justiz bisher bei dem Bayerischen Obersten Landesgericht
konzentriert waren. Hieraus folgt: soll das Rechtsmittel gem § 21 Abs. 1 FGG unmittelbar
bei dem Rechtsmittelgericht eingelegt werden, muss das Rechtsmittel ab 1. 1. 2005
unmittelbar an das OLG München gerichtet werden. Anderenfalls kann Fristversäumung drohen.

Mit der Entlassung des Testamentsvollstreckers als rechtsgestaltenden Akt (Staudinger/ 31
Reimann, § 2227 Rn 37) regeln sich die Rechtsfolgen wie bei einer Amtsbeendigung nach
§ 2225 BGB (s § 2225 Rn 10 – 15). Das Testamentsvollstreckerzeugnis wird gem § 2368
Abs. 3 zweiter Hs kraftlos. Ein Erbschein ist unrichtig und muss eingezogen werden.

E. Kosten/Gebühren

32 **Gebühr** für die Entlassung des TV durch das Nachlassgericht: $^1/_2$ (§ 113 Satz 1 KostO)
Wert: ist nach § 30 Abs. 2 KostO zu ermitteln (s § 2200 Rn 12 ff).
Kostenschuldner: Antragsteller (§ 2 Nr. 1 KostO).

§ 2228 Akteneinsicht

Das Nachlassgericht hat die Einsicht der nach § 2198 Abs. 1 Satz 2, § 2199 Abs. 3, § 2202 Abs. 2, § 2226 Satz 2 abgegebenen Erklärungen jedem zu gestatten, der ein rechtliches Interesse glaubhaft macht.

A. Allgemeines

1 Seiner Struktur nach handelt es sich bei der Vorschrift nicht um ein allgemeines Akteneinsichtsrecht, sondern um ein Recht zur Einsichtnahme in bestimmte, vom Testamentsvollstrecker gegenüber dem Nachlassgericht abgegebene Erklärungen. Ein ähnlich beschränktes Einsichtsrecht findet sich in den §§ 1953 Abs. 3 Satz 2, 1957 Abs. 2 Satz 2, 2081 Abs. 2 Satz 2, 2146 Abs. 2, 2264, 2384 Abs. 2 BGB.

B. Voraussetzungen

I. Antrag

2 Der Akteneinsichtsantrag ist formlos beim Nachlassgericht zu stellen. Erfahrungsgemäß werden Nachlassakten wegen der darin enthaltenen unwiederbringlichen Originale auch an Rechtsanwälte nur zur Einsichtnahme in der Geschäftsstelle eines ortsnahen Nachlassgerichts übersandt

II. Rechtliches Interesse

3 Das Einsichtsrecht setzt ein rechtliches Interesse voraus, ein bloß wirtschaftliches Interesse genügt nicht (Staudinger/*Reimann* § 2228 Rn 2). Erforderlich ist die Darlegung, warum die Kenntnis der einzusehenden Erklärung für die Rechtsverhältnisse des Interessenten von Bedeutung ist (BGHZ 4, 323, 328). Die nach § 2228 notwendige Glaubhaftmachung erfolgt gem § 15 Abs. 2 FGG regelmäßig durch eidesstattliche Versicherung.

III. Einsichtnahmefähiger Akteninhalt

4 Das Akteneinsichtsrecht umfasst ausschließlich die Erklärungen, die im Zusammenhang mit einer angeordneten Testamentsvollstreckung gegenüber dem Nachlassgericht abgegeben wurden, insb die Erklärung eines zur Bestimmung berechtigten Dritten über die Person des Testamentsvollstreckers gem § 2198 Abs. 1 Satz 2, die Erklärung des Testamentsvollstreckers nach § 2199 Abs. 3 über die Ernennung eines Mittestamentsvollstreckers oder eines Ersatztestamentsvollstreckers, die Erklärung eines Testamentsvollstreckers über die Annahme oder Ablehnung des Amtes gem § 2202 sowie eine Kündigungserklärung des Testamentsvollstreckers nach § 2226.

5 Wird die Einsichtnahme in einzelne gerichtliche Verfügungen oder die Nachlassakte begehrt, ist nach §§ 34, 78, 85 FGG vorzugehen. Voraussetzung ist auch hier jeweils die Geltendmachung eines rechtlichen Interesses, das gem § 15 Abs. 2 FGG glaubhaft zu machen ist (s Rn 4).

C. Rechtsförmliches

Abschriften (Fotokopien), die aus den Akten verlangt werden, sind kostenpflichtig nach § 136 KostO. Das Recht, Abschriften zu erhalten, folgt aus §§ 34 Abs. 1 Satz 2, 78 Abs. 2 FGG. 6

Wird die begehrte Akteneinsicht verweigert, ist hiergegen die einfache Beschwerde nach § 19 FGG statthaft. 7

Titel 7 Errichtung und Aufhebung eines Testaments

§ 2229 Testierfähigkeit Minderjähriger, Testierunfähigkeit

(1) Ein Minderjähriger kann ein Testament erst errichten, wenn er das 16. Lebensjahr vollendet hat.

(2) Der Minderjährige bedarf zur Errichtung eines Testaments nicht der Zustimmung seines gesetzlichen Vertreters.

(3) *(Weggefallen)*

(4) Wer wegen krankhafter Störung der Geistestätigkeit, wegen Geistesschwäche oder wegen Bewusstseinsstörung nicht in der Lage ist, die Bedeutung einer von ihm abgegebenen Willenserklärung einzusehen und nach dieser Einsicht zu handeln, kann ein Testament nicht errichten.

Inhaltsverzeichnis

	Rn
A. Testierfähigkeit	1–7
I. Begriff	1–3
II. Zeitpunkt	4–5
III. Minderjährigkeit	6
IV. Betreuung	7
B. Testierunfähigkeit	8–20
I. Allgemeines	8–13
II. Krankhafte Störung der Geistestätigkeit, Geistesschwäche	14–18
III. Bewusstseinsstörungen	19
IV. Rechtsfolgen der Testierunfähigkeit	20
C. Feststellung der Testierfähigkeit durch den Notar	21–23
D. Beweislast	24–26
E. Recht der neuen Bundesländer	27

A. Testierfähigkeit

I. Begriff

Testierfähigkeit ist die rechtliche Fähigkeit ein Testament zu errichten, zu ergänzen, zu ändern und aufzuheben (Palandt/*Edenhofer* § 2229 Rn 1). Rechtssystematisch ist sie zwar ein Unterfall der Geschäftsfähigkeit, gleichwohl aber selbständig im 5. Buch des BGB geregelt. Die Testierfähigkeit ist allein auf Testamente bezogen. Für Erbverträge ist unbeschränkte Geschäftsfähigkeit erforderlich, da für den Erblasser gem § 2275 die allgemeinen Regeln der §§ 2, 104 Nr. 2 mit den dort genannten Ausnahmen gelten. 1

Im Gesetz ist ausschließlich die Testierunfähigkeit in § 2229 Abs. 4 geregelt. Derjenige, der die notwendige geistige Reife besitzt, soll die Möglichkeit haben, seinen letzten Willen verbindlich selbst zu regeln. Der Gesetzgeber stellt Instrumentarien im materiellen und im 2

§ 2229 BGB | Testierfähigkeit Minderjähriger, Testierunfähigkeit

Verfahrensrecht zur Verfügung, um dieses Ziel zu erreichen. Störungen der Geistestätigkeit werden als Ausnahmefälle behandelt. Jeder Staatsbürger, der über das notwendige Alter und damit die notwendige Reife verfügt, gilt solange als testierfähig, als nicht das Gegenteil erwiesen ist.

3 Nach der Rechtsprechung genügt es zur Bejahung der Testierfähigkeit nicht, dass der Testierende nur eine allgemeine Vorstellung von der Tatsache der Errichtung eines Testamentes und von dem Inhalt von Verfügungen von Todes wegen hat. Er muss vielmehr in der Lage sein, sich über die Auswirkungen solcher Anordnungen auf die persönlichen und wirtschaftlichen Verhältnisse der Betroffenen und über die Gründe, die für oder gegen deren Einsetzung sprechen, ein klares Urteil bilden (BGH FamRZ 1958, 127, BayObLG NJW 1992, 248, OLG Düsseldorf FamRZ 1998, 1064, OLG Köln FamRZ 1991, 1356). Nach seinem so gebildeten Urteil muss der Testierende grundsätzlich frei von Einflüssen Dritter handeln können. Das schließt nicht aus, dass er Anregungen Dritter aufnimmt und sie kraft eigenen Entschlusses in seiner letztwilligen Verfügung umsetzt (BayObLG FamRZ 2001, 55). Damit stellt die Rechtsprechung an die Testierfähigkeit höhere Anforderungen als an die allgemeine Geschäftsfähigkeit.

4 Testamentserrichtung ist Willenserklärung und nach deren Maßstäben rechtlich zu beurteilen. Sie ist Äußerung eines auf die Herbeiführung einer Rechtswirkung gerichteten Willens. Sie bringt einen Rechtsfolgewillen zum Ausdruck, subjektiv müssen Handlungswille, Erklärungsbewusstsein und Geschäftswille (Absicht einen rechtsgeschäftlichen Erfolg herbeizuführen) vorhanden sein. Hieraus leitet sich die ges Regelung des § 2229 Abs. 4 ab.

II. Zeitpunkt

5 Die Testierfähigkeit muss bei Errichtung des Testaments gegeben sein. Der Zeitpunkt bestimmt sich nach der Errichtungsform. Damit ist beim eigenhändigen Testament die Fertigung der Schrift und deren Unterzeichnung, beim öffentlichen Testament die Erklärung des letzten Willens zur Niederschrift bzw die Übergabe der Schrift nebst deren Genehmigung und Unterzeichnung durch den Testierenden maßgebend.

III. Minderjährigkeit

6 Die Testierfähigkeit wird mit der Vollendung des 16. Lebensjahres erlangt. Gem § 187 Abs. 2 ist der Geburtstag des Testierenden mitzurechnen, so dass er sein 16. Lebensjahr um 0.00 Uhr seines 16. Geburtstages vollendet hat (Palandt/*Edenhofer* § 2229 Rn 3). Testamente, die vor diesem Tag errichtet werden, sind und bleiben unwirksam und erlangen nicht durch Zeitablauf nachträglich ihre Wirksamkeit. In Abgrenzung zu § 107 stellt § 2229 Abs. 2 klar, dass zur wirksamen Errichtung die Zustimmung des ges Vertreters nicht erforderlich ist. Jedoch ist die Einschränkung der Testamentsform gem § 2233 Abs. 1 zu beachten.

IV. Betreuung

7 Aus der Anordnung der Betreuung nach § 1896 kann auf Testierunfähigkeit nicht geschlossen werden (Palandt/*Edenhofer* § 2229 Rn 5). Das Recht der Betreuung beantwortet die Frage der Geschäftsfähigkeit gerade nicht mehr. Daher besteht auch für den Betreuten die Vermutung der Testierfähigkeit. Jedoch kann zur Feststellung der Testierfähigkeit das im Betreuungsverfahren Vorgebrachte, insb gutachterliche Stellungnahmen, herangezogen werden. Wer wegen Geisteskrankheit, Geistesschwäche, Trunksucht, Verschwendung oder Rauschgiftsucht rechtskräftig vor dem 31. 12. 1991 entmündigt war, konnte nach damaligem Recht ein Testament nicht errichten, wobei die Testierunfähigkeit mit der Stellung des Antrages eintrat, aufgrund dessen die Entmündigung ausgesprochen wurde. Hatte der Entmündigte ein Testament errichtet und wurde mit der Neuregelung die

Entmündigung in eine Betreuung nach § 1896 umgewandelt, so blieb das Testament unwirksam. Das Betreuungsgesetz hat keine rückwirkende Kraft, Artikel 9 § 1 BZG (MüKo/*Hagena* § 2229 Rn 7). Ein Testament, das während der Dauer des Entmündigungsverfahrens errichtet wurde, bleibt unwirksam.

B. Testierunfähigkeit

I. Allgemeines

Die **Testierunfähigkeit** bestimmt sich gem § 2229 Abs. 4. Danach ist testierunfähig, wer wegen krankhafter Störungen der Geistestätigkeit, Geistesschwäche oder Bewusstseinsstörungen nicht in der Lage ist, die Bedeutung einer von ihnen abgegebenen Willenserklärung einzusehen und nach dieser Einsicht zu handeln. Der Testierende bedarf der uneingeschränkten Freiheit, ohne Einflüsse ein Testament zu errichten. Ausschlaggebend ist, ob die freie Willensbetätigung ausgeschlossen ist. Testierunfähig sind daher Personen, deren Erwägungen und Entschlüsse nicht mehr auf einer der allgemeinen Verkehrsanschauung entsprechenden Würdigung der Lebensverhältnisse beruhen, sondern durch krankhafte Empfindungen, Vorstellungen und Gedanken dauernd bestimmt werden, so dass sie tatsächlich nicht mehr frei sind, sondern sich diesen Einwirkungen schranken- und hemmungslos hingeben und von ihnen widerstandslos beherrscht werden (BayObLG FamRZ 2001, 701; RGZ 162, 223; MüKo/*Hagena* § 2229 Rn 7). 8

Testierunfähig ist auch derjenige, der nicht in der Lage ist, sich über die für und gegen die sittliche Berechtigung seiner letztwilligen Verfügung sprechenden Gründe ein klares, von Wahnideen nicht gestörtes Urteil zu bilden und nach diesem Urteil frei von Einflüssen etwaiger Dritter zu handeln (BayObLG FamRZ 2001, 701; NJW-RR 2005, 1025). 9

Entscheidend für die Beurteilung der Wirksamkeit eines Testamentes ist die Testierfähigkeit im Zeitpunkt der Errichtung. Daher kann rechtlich eine temporäre Testierfähigkeit angenommen werden, obwohl im Regelfall seines Zustandes der Testator testierunfähig ist – sog **lucida intervalla oder lichter Moment**. Die Feststellung im Einzelfall ist regelmäßig schwierig. Die Praxis kennt den Fall des Schwerkranken, der nur zu bestimmten Zeiten die Kraft besitzt, sich mit der Materie einer Testamentserrichtung zu beschäftigen, aber in dieser Zeit klar ansprechbar ist und auch in der Lage ist, seinen Testierwillen in rechtlich einwandfreier Form zu betätigen (Palandt/*Edenhofer* § 2229 Rn 7, sehr weitgehend BGHZ 30, 294). 10

Von diesem lichten Moment zu unterscheiden ist die Frage der sog partiellen und abgestuften Testierfähigkeit. Unter **partieller Testierfähigkeit** wird verstanden, dass der Erblasser für einen bestimmten gegenständlich abgegrenzten Lebensbereich – wie bei der Geschäftsfähigkeit – die Fähigkeit zu testieren besitzt. Die hM lehnt die Möglichkeit einer partiellen Testierfähigkeit ab (BayObLG NJW 1992, 248; Palandt § 2229 Rn 2; Soergel/*Mayer* § 2229 Rn 9). Dies wird damit begründet, dass die Testierfähigkeit sich nur allgemein auf die Errichtung und Aufhebung von Testamenten und nicht auf einen bestimmten Teil oder eine bestimmte Art von Testamenten, insb auch nicht auf Testamente mit einem bestimmten Inhalt beziehe. Die Fähigkeit zur Testamentserrichtung könne nur im vollen Umfang entweder gegeben oder ausgeschlossen sein. Wirken sich krankhafte Geistesstörungen nur in einzelnen Lebensbereichen aus, könne die Testierfähigkeit bei der Testamentseinrichtung nur ganz, aber nicht teilweise fehlen. 11

Als **abgestufte (relative) Testierfähigkeit** wird nach Schwirigkeitsgraden bemessene eingeschränkte Testierfähigkeit bezeichnet. Diese wird ebenso von der hM nicht anerkannt (BGHZ 30, 112; BGH NJW 1970, 1680; Palandt § 2229 Rn 2). Eine Anerkennung würde zu Rechtsunsicherheiten führen, da es zu erheblichen Abgrenzungsschwierigkeiten hinsichtlich des Schwierigkeitsgrades des Testamentes und des Maßes der dem Testierenden zuzubilligenden Einsichtsfähigkeit kommen würde. Auch sei eine solche Abgrenzung medizinisch bei verschiedenen Krankheitsbildern ausgeschlossen. 12

13 Gegen die hM ist zunächst hervorzuheben, dass der Gesetzgeber demjenigen, der dazu in der Lage ist, die Errichtung eines Testamentes weitestgehend ermöglichen wollte. Gerade im Alter schränken sich die allgemeinen intellektuellen Fähigkeiten eines Menschen ein. Bei der Festlegung der Testierfähigkeit sollte es jedoch aufgrund des gesetzgeberischen Willens berücksichtigt werden, wenn der Testierende sehr wohl einfache Sachverhalte überschauen kann und Regelungen nur diesbezüglich treffen möchte. In einem solchen Fall sollte es unbeachtlich sein, dass ein komplexer Sachverhalt und dessen Regelungsbedarf nicht erfasst werden könnte. Grds ist es eine rechtskonstruktive Frage, ob die Anforderungen an die allgemeine Testierfähigkeit hoch gesteckt werden, um sie dann über Rechtsinstitute wie die partielle bzw relative Testierfähigkeit aufzulockern, oder ob die allgemeine Testierfähigkeit von Anfang an großzügiger beurteilt wird. Testierfähigkeit wäre danach zu definieren als Fähigkeit des Einzelnen, die Tragweite und den Regelungsgehalt des von ihm Gewollten einzusehen und dabei in der Lage zu sein, für ihn ferner liegende und nicht mehr intellektuell erfassbare Regelungen auszuschließen, ohne dass die eingeschränkte intellektuelle Kraft die Einfachheit seines Willens derart bestimmt, dass allein dies maßgebend wird. Von einer Testierunfähigkeit wäre auszugehen, wenn die geistige Einschränkung entscheidenden Einfluss auf den Inhalt der Verfügung nimmt. In einem solchen Fall kann ggf medizinisch eine Testierunfähigkeit festgestellt werden.

II. Krankhafte Störung der Geistestätigkeit, Geistesschwäche

14 Krankhafte Störungen der Geistestätigkeit oder Geistesschwäche sind alle geistig-seelischen Anomalien von einigem Gewicht. Die Störung der Geistestätigkeit nach § 2229 Abs. 4 setzt keinen Dauerzustand wie § 104 Nr. 2 voraus, da es für die Testierunfähigkeit allein auf den Zeitpunkt der Testamentserrichtung ankommt. Erforderlich ist, dass die grundsätzlich funktionierende Geistesfähigkeit in einer als krankhaft zu bezeichnenden Weise eingeschränkt wird. Geistesschwäche bezeichnet eine andauernde geistige Insuffizienz, die unabhängig davon ist, ob sie auf einem krankhaften Zustand beruht (Reimann/Bengel/Mayer § 2229 Rn 10). Es handelt sich hierbei um Rechtsbegriffe, die keine medizinische Indikation unmittelbar abbilden. Dies liegt auch darin begründet, dass das Gesetz nur die Rechtsfolge regelt und nicht den medizinischen Sachverhalt einordnet. Der medizinische Befund ist Beweisgrundlage für die rechtliche Schlussfolgerung. Eine krankhafte Störung der Geistestätigkeit oder Geistesschwäche muss konkret und feststellbar vorliegen (OLG Celle ZEV 2003, 464). Eine bloße allgemeine Willensschwäche genügt nicht. Die durch die Willensschwäche evtl gegebene Beeinflussbarkeit muss auf einer krankhaften Störung beruhen und nicht auf einer allgemeinen Alltagsschwäche. Der krankhafte Zustand kann angeboren oder später entstanden sein. Allein entscheidend ist der Zustand bei Testamentserrichtung.

15 **Eingeschränkte Intelligenz,** die sich in der Einschränkung der Fähigkeit zum logischen Denken, kriten Urteilen und Bewerten uÄ ausdrückt, begründet nur Testierunfähigkeit, wenn diese zu einer nachhaltigen geistigen Schwäche führt, die als Schwachsinn zu bezeichnen wäre. Ansonsten ist von einer Testierfähigkeit auszugehen (vgl Ausführungen zur partiellen/relativen Testierfähigkeit). Medizinisch lernt eine Person, der von Kindheit an eine schwächere Geistesbildung attestiert wird, eher die für die Testamentserrichtung erforderliche Einsichtsfähigkeit, als die Person, bei der sich die Geistesschwäche später entwickelt.

16 Schwierigkeiten in der Feststellung und Entscheidung bereiten insb die **altersbedingte Einschränkung der Geistesstärke**. Die gewöhnlichen Alterserscheinungen, wie zB Nachlassen der Merkfähigkeit und Einengung der allgemeinen Interessen allein genügen nicht zur Annahme einer Testierunfähigkeit, da die Errichtung eines Testamentes keine reine verstandesgemäße und damit allein rationale Angelegenheit ist, sondern durch die auch emotional geprägte Gesamtbeurteilung der persönlichen Situation und der Bindung an Dritte (davon zu unterscheiden die beeinflussende Abhängigkeit) bedingt wird. Diese

Grundtendenzen der Willensbildungen bestimmen trotz altersbedingtem Gesamtabbaus den Inhalt eines Testamentes, so dass grds von der klaren Übersicht des Erblassers über seine Verfügungen auszugehen ist. Bei einer an **Altersdemenz** erkrankten Person ist zu beachten, dass die Voraussetzungen der Testierfähigkeit nicht anhand einzelner Erklärungen und Angaben festgestellt werden können, sondern nur anhand des Gesamtverhaltens und des Gesamtbildes der Persönlichkeit im Zeitpunkt der Testamentserrichtung (BayObLG FamRZ 1996, 566; 1998, 1511; OLG Düsseldorf FamRZ 1998, 1064 mit Hinweisen zur Unterscheidung der Demenzformen, *Wetterling/Neubauer/Neubauer*, Psychiatrische Gesichtspunkte zur Testierunfähigkeit Dementer, ZEV 1995, 46).

Testierunfähigkeit iSd § 2229 Abs. 4 ist **regelmäßig** in folgenden Fällen gegeben: altersbedingte Arteriosklerose (BGH NJW 1951, 481; BayObLG FamRZ 1996, 969; NJW-RR 1991, 1098), degenerative Demenz (BayObLG FamRZ 1997, 1511; OLG Düsseldorf FamRZ 1998, 1064), Demenz bei Parkinson-Syndrom (*Wetterling/Neubauer/Neubauer* ZEV 1995, 46), Wahnvorstellungen, die sich auf nächste Angehörige und als Erben in Betracht kommende Personen beziehen (BayObLG 1999, 205; BayObGL FamRZ 2005, 658; ZEV 2001 66), manisch-depressives Irresein (BGH WM 1956, 1184). 17

Nicht ohne weiteres zur Testierunfähigkeit führen idR: Psychopathie (BayObLG FamRZ 1996, 1109, NJW 1992, 248), querulantische Veranlagung und abnormes Persönlichkeitsbild (BayObLG FamRZ 1992, 724), Wahnvorstellungen (BayObLG FamRZ 2002, 497 sowie 1066), Rauschgift- oder Alkoholabhängigkeit (BayObLG 1956, 377). Auch kann von einem für Dritte unvernünftigen Testament nicht auf eine Testierunfähigkeit geschlossen werden, da aufgrund der grds gewährleisteten Testierfreiheit allein der Wille des Erblassers entscheidend ist. Irrtumsbedingte Vorstellungen, die nicht das Ausmaß krankhafter Wahnvorstellungen erreichen, können ggf zur Anfechtung nach § 2078 Abs. 2 berechtigen (BayObLG NJW-RR 2002, 1099; NJW 1992, 248). 18

III. Bewusstseinsstörungen

Der Störung der Geistestätigkeit und der Geistesschwäche werden Bewusstseinstörungen gleichgestellt. Es genügt hier ein Zustand, in dem ungeachtet der ansonsten nicht beeinträchtigenden Fähigkeiten eine vorübergehende Störung auftritt, die dem Testierenden die Fähigkeit nimmt, den Inhalt und die Tragweite seines Handelns im Zeitpunkt der Vornahme zu erkennen. Beispielhaft seien hier folgende Fälle genannt: Volltrunkenheit, Hypnose, Suggestion, Drogeneinfluss, manische oder depressive Phasen, epileptische Anfälle, Fieberwahn (MüKo/*Hagena* § 2229 Rn 4). 19

IV. Rechtsfolgen der Testierunfähigkeit

Rechtsfolge der Feststellung der Testierunfähigkeit ist die Nichtigkeit des Testamentes. Da der Zeitpunkt der Testamentserrichtung entscheidend ist, bleibt ein Testament unwirksam, selbst wenn die Testierfähigkeit nachträglich erlangt wird. Es muss ein neues Testament errichtet werden. Dies kann auch inhaltlich eine Bestätigung des unwirksamen Testamentes sein. Die bloße Bekräftigung des Inhalts des unwirksamen Testaments ohne Beachtung der Testamentsform führt nicht zu einem wirksamen Testament. Vielmehr bedarf die Bestätigung der Testamentsform, da sie als erneute Vornahme zu beurteilen ist, § 141 Abs. 1. 20

C. Feststellung der Testierfähigkeit durch den Notar

Bei privatschriftlichen Testamenten werden die Feststellungen zur Testierfähigkeit erst nach dem Todesfall getroffen. Wird jedoch zur Abfassung des Testamentes eine Urkundsperson eingeschaltet, so obliegt dieser eine Prüfungspflicht. Urkundsperson ist der Notar, sowie bei Nottestamenten der Bürgermeister (s § 2249), die drei Zeugen (s § 2250 u § 2251) und der Konsularbeamte (§ 10 Abs. 3 KonsG). Der Regelfall ist das notarielle Testament 21 gem §§ 11 Abs. 1 Satz 1, 17 Abs. 2 Satz 1, 28 BeurkG (s dort). Der Notar hat sich vor der Beurkundung einer letztwilligen Verfügung von der Testierfähigkeit des Erblassers zu überzeugen, § 11 Abs. 1 BeurkG. Dabei wird er sich idR am äußeren Erscheinungsbild einer Person und am Verlauf des Gesprächs mit dem Testierenden orientieren. Dabei darf er grds von der Testierfähigkeit ausgehen und braucht keine besonderen Prüfungen vornehmen, wenn seine Eindrücke keine Zweifel an der Testierfähigkeit aufkommen lassen. Der Notar braucht grds nicht danach zu fragen, ob für den Beteiligten eine Betreuung angeordnet oder ein entsprechender Antrag gestellt ist. Dies bedeutet jedoch nicht, dass er sich ihm aufdrängende Anhaltspunkte ohne weiteres negieren darf. Da er seine Hand nicht zur Beurkundung unwirksamer Rechtsgeschäfte reichen darf, ist er zur umsichtigen Sorgfalt verpflichtet.

22 Nachforschungen hat der Notar nur anzustellen, wenn Umstände ihm dies nahe legen. Wie er sich die erforderliche Überzeugung vom Vorliegen der Testierfähigkeit verschafft, liegt in seinem Ermessen. Er kann das Gespräch mit dem behandelnden Arzt oder einer kompetenten Pflegeperson zu suchen. Das Anfordern eines Attests ist nicht Pflicht. In Ausnahmefällen kann eine Einsicht der Akten des Vormundschaftsgerichts ratsam sein (zu den Feststellungen in der Urkunde s § 28 BeurkG).

23 Ist der Notar von der Testierunfähigkeit überzeugt, hat er die Beurkundung abzulehnen. Hegt der Notar lediglich Zweifel und kann er daher von einer Testierunfähigkeit nicht ausgehen, so darf er die Beurkundung nicht ablehnen (s hierzu § 17 BeurkG). Verwehrt der Notar trotz bestehender Testierfähigkeit seine Amtstätigkeit, kann dies dazu führen, dass der Testierwillige an der Errichtung seines Testamentes ggf endgültig gehindert wird. Insofern trifft den Notar eine hohe Verantwortung. Im Zweifel ist wegen des in Art. 14 Abs. 1 GG geschützten Rechts auf Testierfreiheit eine Beurkundung vorzunehmen. Ob die Testierfähigkeit tatsächlich vorlag, kann in einem späteren Verfahren geklärt werden.

D. Beweislast

24 Da bis zum Beweis des Gegenteils von der Testierfähigkeit des Erblassers auszugehen ist, trägt grds in einem Rechtsstreit derjenige die Beweislast, der sich auf die Testierunfähigkeit zu seinen Gunsten beruft. (BGH FamRZ 58, 127). Allerdings kann Anscheinsbeweis genügen (OLG Frankfurt NJW-RR 98, 870), insb wenn von einer Testierunfähigkeit vor und nach Testamentserrichtung ausgegangen werden kann (OLG Karlsruhe OLGZ 82, 280; OLG Köln NJW-RR 91, 1412). Dies genügt jedoch nicht, wenn das Gericht nicht von wechselnden Zuständen des Erblassers ausgeht und den lichten Moment für möglich erachtet. Das Gericht muss auch in diesem Fall von einer dauernden Testierunfähigkeit überzeugt sein (BayObLG FamRZ 99, 819 vgl auch BayObLG ZEV 1994, 303 m Anm *Jerschke*).

25 Im Erbscheinserteilungsverfahren hat das Nachlassgericht bei Zweifeln, die auf konkreten Umständen und dargelegten Auffälligkeiten beruhen, von Amts wegen ohne Bindung an den Vortrag der Beteiligten den Sachverhalt zu klären (BayObLG FamRZ 97, 1028, 90, 1281). Das Nachlassgericht hat das aus seiner Sicht Erforderliche zu veranlassen (OLG Köln NJW RR 1991, 1412; 94, 396). Der Umfang des zu Veranlassenden ist im Einzelfall festzustellen. Es ist eine sorgfältige Prüfung geboten (OLG Frankfurt NJW-RR 1998, 870). Zunächst muss sich das Gericht ein Bild von der allgemeinen Verhaltensweise des Erblassers machen und daran erst die Klärung des medizinischen Befunds herbeiführen, ggf unter Heranziehung von Gutachtern (OLG Hamm OLGZ 1989, 271, OLG Frankfurt NJW-RR 1996, 1159, BGH NJW 1962, 1770). Die Feststellung eines Krankheitsbilds genügt nicht, es ist die Folge auf die Einsichtsfähigkeit und die Willensbildungsfähigkeit zu entscheiden (BayObLG FamRZ 2002, 1066). Sämtliche Schlussfolgerungen obliegen dem Gericht (BayObLG Rpfleger 1988, 67).

26 Im FGG-Verfahren trifft bei verbleibendem Zweifel trotz Ausschöpfung aller Aufklärungsmöglichkeiten die Feststellungslast denjenigen, der sich auf die Unwirksamkeit des Testaments beruft. (KG NJW 2001, 903, Palandt/*Edenhofer* § 2229 Rn 13).

E. Recht der neuen Bundesländer

Das Recht der ehemaligen DDR forderte nach § 370 Abs. 1 ZGB zur Errichtung eines 27 Testamentes die Volljährigkeit und die Handlungsfähigkeit, die nach § 52 ZGB voraussetzte, dass der Bürger sich nicht in einem seine Entscheidungsfähigkeit ausschließendem Zustand befand. Danach war ein Entmündigter auch handlungsunfähig.

§ 2230
(Aufgehoben)

§ 2231 Ordentliche Testamente

Ein Testament kann in ordentlicher Form errichtet werden

1. zur Niederschrift eines Notars,

2. durch eine vom Erblasser nach § 2247 abgegebene Erklärung.

Das Gesetz stellt zwei ordentliche Testamentsformen zur Verfügung: das Testament zur 1 Niederschrift eines Notars und das handschriftliche Testament nach § 2247. Beide Testamentsformen werden in § 2231 als gleichwertig eingestuft. Der Testierende hat ein grds freies Wahlrecht, sofern dieses nicht aus sachlichen Gründen eingeschränkt ist. So können Minderjährige, auch wenn sie das 16. Lebensjahr vollendet haben, und leseunfähige Personen kein eigenhändiges Testament errichten, § 2247 Abs. 4. Zudem sind ihre Möglichkeiten zur Errichtung eines öffentl Testaments eingeschränkt (dazu näher § 2233). Die Gesetzesvorschriften zeigen die Tendenz, nach Möglichkeit die Formungültigkeit abzuwenden und den Willen des Erblassers zu verwirklichen. Dieses Interesse des Erblassers ist im Einzelfall gegen das öffentl Interesse an Rechtssicherheit durch eine möglichst strenge Einhaltung der Formvorschriften abzuwägen (vgl MüKo/*Hagena* § 2231 Rn 1).

Die Absicht des Gesetzgebers, dem Testierwilligen die Errichtung eines Testamentes 2 weitestgehend zu ermöglichen, führt trotz vielfältiger Bedenken zur Zulässigkeit des **eigenhändigen Testamentes**. Häufig sind privatschriftliche Testamente nur unter äußerster Anstrengung aller Auslegungsregeln rechtsgültig. Darüber hinaus enthalten manche Testamente Beschränkungen, die der Testierende bei entsprechender Beratung höchstwahrscheinlich unterlassen hätte (s hierzu insgesamt § 2247).

§ 2231 regelt die Möglichkeit der Errichtung eines Testamentes zur Niederschrift eines 3 Notars als ordentliche Testamentsform. Das **ordentliche öffentliche Testament** kann nur vor einem Notar errichtet werden (nach früherer Rechtslage auch vor einem Richter). Das Beurkundungsverfahren ergibt sich aus den Bestimmungen des Beurkundungsgesetzes, dort in den §§ 1 – 11, 13, 16 – 18, 22 – 26 und 27 – 35 (wegen der Einzelheiten siehe dort).

Das notarielle (öffentliche) Testament ist eine **öffentliche Urkunde**, die die in ihr genann- 4 ten Tatsachen bezeugt, § 415 Abs. 2 ZPO. Mit ihr kann voller Beweis erbracht werden für den Ort der Errichtung, die Zeit, die Abgabe der Erklärung mit dem wiedergegebenen Inhalt und die Identität des Testierenden und evtl Zeugen (BayObLG ZEV 2000, 66, Dittmann/Reimann/Bengel § 2231 Rn 5, *Reimann* DNotZ 1973, 154; aA bzgl Identität MüKo-ZPO § 415 Rn 24). Jede andere Beweiswürdigung ist ausgeschlossen. Zur Widerlegung ist der Nachweis der Unrichtigkeit erforderlich, der als Vollbeweis zu führen ist. Der besondere Beweiswert wird durch die Regelung des § 35 GBO unterstrichen, wonach die Erbfolge durch Vorlage der eröffneten Verfügung nebst Eröffnungsprotokoll nachgewiesen werden kann (zur Frage des nicht ausreichenden Nachweises nach Einschätzung des Grundbuchamtes *Demharter* § 35 GBO Rn 39, Reimann/Bengel/Mayer § 2231 Rn 5 mwN).

§ 2232 BGB | Öffentliches Testament

5 Von den ordentlichen Testamenten sind die **außerordentliche Testamente**, die Nottestamente, zu unterscheiden: das Bürgermeistertestament (§§ 2249, 2250 Abs. 1), das Dreizeugentestament (§ 2250 Abs. 1, Abs. 3) und das Seetestament (§ 2251). Eine Sonderform stellt das Konsulartestament dar (§ 10 Abs. 3 KonsG). Während der Geltung des WehrmFGG war zudem die Errichtung eines Wehrmachtstestamentes zulässig; in der Zeit v 30. 1. 1933 bis zum 8. 5. 1945 konnte ein Verfolgtentestament errichtet werden.

6 Nach dem **Recht der ehemaligen DDR** waren als ordentliche Testamentsformen das notariell beurkundete und das eigenhändige schriftliche Testament zulässig, § 383 Abs. 1 ZGB.

§ 2232 Öffentliches Testament

Zur Niederschrift eines Notars wird ein Testament errichtet, indem der Erblasser dem Notar seinen letzten Willen erklärt oder ihm eine Schrift mit der Erklärung übergibt, dass die Schrift seinen letzten Willen enthalte. Der Erblasser kann die Schrift offen oder verschlossen übergeben; sie braucht nicht von ihm geschrieben zu sein.

A. Allgemeines

1 Zur Errichtung eines öffentliches Testaments ist Erklärung zur Niederschrift oder die Übergabe einer Schrift erforderlich. Im Beurkundungsverfahren werden die Hauptfunktionen der notariellen Beurkundung deutlich: die Beweis-, die Belehrungsfunktion und der Schutz vor übereilten Rechtsgeschäften. Der Gesetzgeber überlässt es durch die verschiedenen Errichtungsformen dem Erblasser, inwieweit er dem Notar vom Inhalt des Testaments Kenntnis verschafft und damit dessen Beratung in Anspruch nimmt.

2 Das öffentliche Testament kann grds nur **durch einen amtlich bestellten Notar** errichtet werden. (§ 2231 Nr. 1, § 20 BNotO). Dabei besteht Wahlfreiheit für den Testierenden. Er kann mit der Beurkundung seines Testamentes jeden in Deutschland bestellten Notar betrauen. Der Notar seinerseits ist grds nur bzgl des Ortes gebunden, an dem er die Amtshandlung vornimmt. Grds soll er seine Amtshandlung in seinem Amtsbereich, also im Amtsgerichtsbezirk vornehmen, sofern nicht besondere berechtigte Interessen der Rechtssuchenden ein Tätigwerden außerhalb des Amtsbereichs gebieten, § 10a Abs. 1 und 2 BNotO). Beurkundungen außerhalb seines Amtsbezirkes, also des Oberlandesgerichtsbezirks, sind nur nach entsprechender Genehmigung der Aufsichtsbehörde oder bei Gefahr im Verzug zulässig, § 11 Abs. 1 u 2 BNotO. §§ 10, 11 BNotO sind lediglich dienstrechtliche Vorschriften, so dass ein Verstoß dagegen die Wirksamkeit der Beurkundung des Testamentes nicht berührt (§ 11 Abs. 3 BNotO, § 2 BeurkG). Im Ausland können deutsche Notare nicht wirksam beurkunden, da ihnen ihre Amtsstellung außerhalb des Hoheitsgebietes der Bundesrepublik Deutschland fehlt. Sie befinden sich dann außerhalb des Geltungsbereichs der BNotO (Eylmann/*Vaasen* BNotO § 11a Rn 2).

B. Errichtung durch Erklärung

3 Bei der Errichtung durch Erklärung zur Niederschrift des Notars erfolgt zunächst eine Kundgabe des Testamentsinhaltes durch den Testierenden selbst gegenüber dem Notar, der aufgrund dessen nach Erörterung und Belehrung über die rechtliche Tragweite diesen Inhalt zur Niederschrift bringt. Auch wenn oftmals die bloße Verwendung vorgefertigter Muster als Regelfall notarieller Tätigkeit unterstellt wird, so liegt gerade in den Testamentsbesprechungen deren Wesensgehalt. Es ist der Ausnahmefall, dass ein Testierender den Notar mit vorgefertigtem Willen aufsucht. Erst das beratende Gespräch zeigt die Gestaltungsmöglichkeiten auf, die das Erbrecht zur Verfügung stellt. Auch die Erbfolge und -quote ist häufig Gegenstand der Erörterung. Die zunehmende Kinderlosigkeit von

Erblassern erschwert die Wahl des richtigen Erben. Das Gespräch mit einem unabhängigen Dritten wird als hilfreich empfunden. Daneben gewinnen Fragen des Steuerrechts an Bedeutung, die in die Konzeption einer Nachlassregelung Eingang finden müssen. Grds sollten nicht steuerliche Aspekte im Vordergund stehen. Emotionale Bindungen und Motivation des Testierenden dürfen davon nicht überlagert werden.

I. Persönliche Erklärung

Der Erblasser kann nach § 2064 ein Testament nur persönlich errichten. Für § 2232 bedeutet dies, dass er dem Notar seinen letzten Willen persönlich erklären muss. Wesensmerkmal ist, dass der Notar persönlichen Willen des Erblassers feststellen muss. Die Übermittlung des geplanten Testamentes durch einen Dritten ist nur vorbereitende Handlung und ersetzt nicht die persönliche Bestätigung durch den Testierenden (vgl Reimann/Bengel/Mayer § 2232 Rn 9). Bei der Erklärung muss unmittelbarer Sichtkontakt zwischen ihm und dem Notar bestehen. Unter dieser Voraussetzung ist auch die Benutzung einer Sprechanlage zB in der Isolierstation eines Krankenhauses zulässig. Ansonsten wäre eine Testamentserrichtung unwirksam.

4

II. Erklärungsformen

Der Erblasser wird seinen Willen im Regelfall mündlich erklären. Dies ist jedoch für die Errichtung eines notariellen Testaments nicht mehr zwingend erforderlich, da durch das OLGVertrÄndG v 23.7.2002 (BGBl S 2850) das bisherige Wort »mündlich« gestrichen wurde. Grund für die Änderung war die Entscheidung des BVerfG v 19.1.1999 (NJW 1999, 1853), in der der generelle Ausschluss eines bestimmten Personenkreises mit Mehrfachbehinderungen vom Testieren trotz geistiger Testierfähigkeit als verfassungswidrig erklärt wurde. Solange ein Beurkundungsverfahren möglich ist, das den wahren Willen des Testierenden erfassen und wiedergeben kann, muss das Recht die Möglichkeit zur Errichtung eines Testamentes schaffen. Diese Pflicht hat das BVerfG dem verfassungsrechtlichen Schutz der Art. 3, 14 GG unterstellt (BVerfG DNotZ 1999, 409). Nur wenn mit dem Testierenden eine Verständigung überhaupt nicht mehr möglich ist, kann ein rechtswirksames Testament nicht errichtet werden. Dies ist der Fall, wenn der Testierende blind, stumm und taub ist und auch sonst keine schriftliche Verständigung möglich ist. Ein stummer oder am Sprechen Gehinderter, der sich nicht durch Gebärden klar erklären kann, etwa weil er vollständig gelähmt ist, und nicht lesen kann, ist faktisch testierunfähig. Die Neufassung des § 2232 ist auch auf bereits errichtete letztwillige Verfügungen anzuwenden, wenn der Erbfall bei der Rechtsänderung noch nicht eingetreten war, ansonsten steht einer Rückwirkung der Vertrauensschutz entgegen (Palandt/*Edenhofer* § 2232 Rn 2 mwN).

5

Die **mündliche Erklärung** muss durch verständliche Worte, also mittels Lautsprache, erfolgen. Dabei ist keine einheitliche Darstellung durch den Testierenden zu fordern, sondern eine geschlossene Verständigung zwischen Notar und Testierendem, die die Feststellung des beabsichtigten Willens ermöglicht (BGHZ 2, 172).

6

Durch Krankheit eingeschränkte Sprachfertigkeit beeinträchtigt den Erfolg der Verhandlung nicht, solange der Notar zu einer Feststellung des Willens des Testierenden in der Lage ist. Ein bloßes Lallen macht diese Feststellung unmöglich. Auch kann die mündliche Erklärung durch Gebärden nicht vollständig ersetzt werden; zulässig ist es aber, wenn der Erblasser seine Zustimmung bei einzelnen Punkten durch Gebärden zum Ausdruck bringt und die abschließende Frage, ob dies nun seinem Willen entspreche, mündlich bejaht (BayObLG FamRZ 2000, 1051). Es genügt grds, wenn der Testierende die an ihn gerichteten Fragen mit einem vernehmlichen Ja beantwortet und dabei nicht der Eindruck entsteht, dass dies nur eine mechanische Reaktion ist, sondern er seinen tatsächlichen Willen zum Ausdruck bringt. Die mündliche Bestätigung am Schluss der Verhandlung deckt Form und Inhalt der ganzen Verhandlung. Schlüssige Handlungen, zB die bloße

7

§ 2232 BGB | Öffentliches Testament

Unterschriftsleistung, ersetzen die ausdrückliche Bestätigung nicht. Seit der Neufassung kann sich der Erblasser in jeder **noverbalen Form** erklären, die eine hinreichend sichere Feststellung des Inhalts seines letzten Willens ermöglicht. Der Erblasser kann seine Erklärung durch Gebärden, Zeichen, Kopfnicken oder auf andere Weise gegenüber dem Notar abgeben (Palandt/*Edenhofer* § 2232 Rn 2). Er kann seinen letzten Willen auch schriftlich erklären, dadurch dass er dem Notar schriftlich antwortet. Erst wenn er seinen Willen vollständig ausformuliert, liegt ein Fall der Testamentserrichtung durch Übergabe einer Schrift vor.

III. Freie Erklärung

8 Der Wille muss frei erklärt werden. Dies ist in den Fällen besonders bedeutsam, in denen Dritte bei der Urkundenverhandlung zugegen sind. Werden zudem die Vorbesprechungen nur mit diesen Dritten geführt, ist besondere Sorgfalt anzuwenden. Fühlt sich der Testierende dadurch bedrängt oder zu einem bestimmten Inhalt seiner Erklärung bestimmt, so muss der Notar entweder die Beurkundung unterlassen oder durch Ausschluss des Dritten von der Verhandlung die Situation zugunsten des Testierenden ändern. Es ist dann in einem erneuten Gespräch der wahre Willen des Testierenden festzustellen. Dabei ist dieser in seiner eigentlichen Absicht zu bestärken. Die Anwesenheit weiterer Personen bei der Beurkundung, auch des durch das Testament Begünstigten, hat auf die Wirksamkeit der Beurkundung keinen Einfluss. Diese ist zulässig, soweit dadurch der Testierende in seinem freien Willensentschluss nicht beeinträchtigt wird.

C. Errichtung durch Übergabe einer Schrift

9 Die Übergabe einer Schrift verbunden mit der Erklärung des Erblassers, diese enthalte seinen letzten Willen, ist die zweite Errichtungsform des § 2232 (zu den Anforderungen an die Testiererklärung s.o.). Die Schrift kann der Testierende offen oder verschlossen übergeben (beachte die die Sonderfälle des § 2233). Der Testierende muss die übergebene Schrift nicht selbst verfasst haben. Diese kann auch von einem Dritten entworfen sein. Die Schrift wird Bestandteil der öffentlichen Urkunde und folgt daher nicht der Form der anderen Testamentsform, dem eigenhändigen Testament (KG DNotZ 1960, 487, BGHZ 37, 85). Da der Testierende die Schrift durch Übergabe zu seiner eigenen Erklärung macht, ist es unschädlich, wenn die Schrift von einem in dem Testament Bedachten stammt. Der Notar muss in diesem Fall im Gespräch mit dem Testierenden klären, dass er diesen Willen frei entäußert. Besondere Anforderungen an die Form und Schrift selbst bestehen nicht. Diese kann eigenhändig, in Maschinenschrift, in Blindenschrift, in Kurzschrift, in fremden Schriftzeichen oder in einer fremden Sprache gefertigt sein. Entscheidend ist, dass der Erblasser den Inhalt kennt und zu seinem letzten Willen erhebt (MüKo/*Hagena* § 2232 Rn 16). Teilweise wird verteten, dass eine Kenntnis des Testierenden vom Inhalt der Schrift nicht erforderlich sei (Reimann/Bengel/Mayer/*Voit* § 2232 Rn 17; Soergel/*Herder* § 2232 Rn 4). Dem kann nicht gefolgt werden (ebenso Palandt/*Edenhofer* § 2232 Rn 3; MüKo/*Hagena* § 2232 Rn 30). Diese Auffassung verkennt, dass die Übergabe einer Schrift eine mögliche Form zur Erklärung zur Niederschrift ist. Inhalt dieser Erklärung ist die Bestätigung, dass die Schrift den gewollten letzten Willen enthalte. Dies umfasst notwendigerweise die Kenntnis vom Inhalt. Geht der Testierende irrig davon aus, dass die Schrift seine letztwillige Verfügung enthält, weil er sich über den Inhalt nicht selbst vergewissert hat, errichtet er kein Testament.

10 Die Übergabe ist die tatsächliche Inbesitznahme durch den Notar. Sie muss nicht unmittelbar von dem Testierenden übergeben werden, also von Hand zu Hand (RGZ 150, 189). Es genügt, wenn die Schrift mit Willen des Testierenden aus seinem Verfügungsbereich in den des Notars gelangt.

D. Beurkundungsverfahren

Die Pflichten des Notars sind nicht dispositiv, jedoch durch die Wahl des Verfahrens **11** durch den Testierenden beeinflusst. In jedem Fall hat der Notar seine allgemeine Amtspflicht zur Feststellung der Identität des Erklärenden auszuüben und die Feststellungen zur Testierfähigkeit (s § 2229) zu treffen.

Des Weiteren hat er **zur Vorbereitung** der Beurkundung den Willen des Erblassers zu **12** erforschen, den Sachverhalt zu klären, die Beteiligten über die rechtliche Tragweite zu belehren sowie ihre Erklärungen unzweideutig wiederzugeben und in die erforderliche rechtliche Form zu bringen (§§ 17 Abs. 1, 30 BeurkG). Bei Übergabe einer verschlossenen Schrift ist der Notar zur Prüfung und Belehrung nur berechtigt, nicht aber verpflichtet.

Das Beurkundungsverfahren besteht stets aus der vom Notar zu führenden Verhandlung, **13** der Niederschrift, ihrer Verlesung, dem Genehmigen und Unterschreiben durch den Erblasser sowie dem Abschluss durch Unterschrift des Notars und etwaiger sonst mitwirkender Personen. **Verhandlung** ist nicht die gesamte Besprechung einschließlich der Vorbesprechung, sondern nur deren Ergebnis, also das, was sich als die rechtsgeschäftliche Erklärung des letzten Willens darstellt. Die **Niederschrift** muss diese Erklärung des Erblassers enthalten; sie ist grds in deutscher Sprache zu errichten (§§ 8, 9 Abs. 1 Satz 1 Nr. 2 BeurkG). Eine übergebene Schrift soll der Niederschrift mit einer die Verwechslung ausschließenden Kennzeichnung beigefügt werden. Einer Verlesung bedarf es nicht, weil die Schrift zwar Bestandteil des öffentlichen Testaments, aber nicht Teil der Niederschrift wird. Dass die Schrift übergeben worden ist, muss in der Niederschrift festgestellt werden (§ 30 BeurkG). Die gesamte körperliche Niederschrift muss mit Ausnahme des Schlussvermerks **verlesen** und auf Verlangen den Beteiligten vor der Genehmigung vorgelegt werden (§ 13 BeurkG). Für die **Genehmigung** genügt, wenn der Erblasser nach vollständiger Vorlesung auf die Frage nach der Richtigkeit des Vorgelesenen sein Einverständnis erkennbar zum Ausdruck bringt. Entscheidend ist, dass jeder Zweifel am Genehmigungswillen ausgeschlossen ist (OLG Frankfurt OLGZ 1990, 288). Ausreichend kann die Unterzeichnung der Niederschrift sein. Die **Unterzeichnung** muss eigenhändig erfolgen (§ 13 Abs. 1 Satz 1 BeurkG). **Zeugen oder ein zweiter Notar** können zu einer Beurkundungsverhandlung grds nur auf Verlangen der Beteiligten hinzugezogen werden (§ 29 Satz 1 BeurkG). Bei der **Beteiligung behinderter Personen** sind die besonderen Verfahrensvorschriften für sprach-, hör- oder sehbehinderte Erblasser vom Notar zu beachten, §§ 22 – 26 BeurkG. Danach ist bei einer Sprachbehinderung ggf ein Zeuge oder zweiter Notar und ein Gebärdendolmetscher, bei einer Doppelbehinderung eine Verständigungsperson hinzuzuziehen.

E. Recht der neuen Bundesländer

Nach § 383 Abs. 1 ZGB waren in der ehemaligen DDR ebenfalls das eigenhändige und **14** notariell beurkundete Testament zulässig. § 384 ZGB unterschied beim notariellen Testament die Erklärung in mündlicher oder schriftlicher Form zur Niederschrift. Letzteres bedeutete die Übergabe einer offenen oder verschlossenen Schrift.

F. Kosten und Gebühren

Gebühr: $^{10}/_{10}$ oder $^{20}/_{10}$ (bei gemeinschaftlichem Testament) gem § 46 Abs. 1. **15**
Unerheblich ist, ob der Verfügende den letzten Willen erklärt oder eine Schrift übergibt. **16**
Werden in einer Urkunde mehrere selbstständige Verfügungen von Todes wegen beur- **17** kundet, so hat getrennte Bewertung zu erfolgen; § 44 KostO gilt hier nicht.
Die Verpflichtung des Notars, den billigsten Weg zu wählen, muss grds dort enden, wo er **18** sich selbst ausschalten würde. Er ist daher bei Festlegung des letzten Willens nicht verpflichtet, die Form des privatrechtlichen Testaments zu empfehlen (s.a. OLG Hamm JurBüro 1970, 870, 873).

§ 2232 BGB | Öffentliches Testament

19 Maßgebend sind für die Bestimmung des Geschäftswerts die vom Erblasser getroffenen Verfügungen. Hat der Erblasser eine Erbeinsetzung hinsichtlich des gesamten Nachlasses oder über einen rechnerischen Bruchteil desselben verfügt (§ 46 Abs. 4 Satz 1 KostO), so kommt der Wert des nach Abzug der Verbindlichkeiten verbleibenden reinen Vermögens des Erblassers in Betracht; im erstgenannten Falle handelt es sich um den Wert des ganzen Nachlasses, im letztgenannten um den Wert des entsprechenden Bruchteils. Bei der Bewertung des Vermögens oder Nachlasses sind die einzelnen Vermögensgegenstände nach den allgemeinen Vorschriften der §§ 19 ff KostO festzustellen (OLG Hamm Rpfleger 1961, 259 LS). Grundbesitz ist entsprechend § 19 Abs. 2 bzw Abs. 4 KostO anzusetzen. Hypotheken und Grundschulden können nur mit ihren Valutierungen berücksichtigt werden.

20 Als Verbindlichkeiten können nur jene berücksichtigt werden, die bereits durch den Erblasser begründet worden sind (sog Erblasserschulden; so OLG Celle JurBüro 1966, 136 = NdsRpfl 1966, 11). Auszuscheiden haben also bereits nach der Bestimmung des § 46 Abs. 4 Satz 2 KostO Vermächtnisse, Pflichtteilsrechte und Auflagen. Hierzu gehören auch die Kosten der standesgemäßen Beerdigung (§ 1968), die die Erben treffen (BayObLG DNotZ 1959, 668 = Rpfleger 1959, 322). Diese Nachlassverbindlichkeiten können erst bei der Ermittlung des Geschäftswerts für die Gebühren nach §§ 49 Abs. 2, 107 Abs. 2 und nach § 107 Satz 1 KostO berücksichtigt werden (Rohs/Wedewer § 103 Rn 4).

21 Bei gemeinschaftlichem Testament ist der Wert des Vermögens beider Ehegatten zusammenzurechnen.

22 Hat der Erblasser nur Einzelrechtsnachfolge angeordnet (zB Vermächtnis oder Auflage), so ist der Wert der betroffenen Gegenstände maßgebend. Hierauf lastende Verbindlichkeiten werden nicht abgezogen (§ 18 Abs. 3 KostO). Es kann also ggf der Wert des reinen Nachlasses überschritten werden. Die KostO enthält insofern keine Wertbegrenzung. Sind hingegen neben der Verfügung über den gesamten Nachlass auch Verfügungen zur Einzelrechtsnachfolge angeordnet worden, so bleiben die letzteren wertmäßig außer Betracht, da diese bereits in der Erbeinsetzung enthalten sind.

23 Enthält die letztwillige Verfügung nur eine nichtvermögensrechtliche Anordnung, zB nur die Anordnung der Testamentsvollstreckung oder die Bestimmung eines Vormunds, so ist der Wert auf der Grundlage des § 30 Abs. 1 KostO, notfalls des § 30 Abs. 3, Abs. 2 KostO zu bestimmen. Eine solche Anordnung bleibt, wenn sie neben einer Erbeinsetzung getroffen wird, wertmäßig unberücksichtigt; bei einer Einzelnachfolge ist sie nur beachtlich, wenn sie diese nicht betrifft.

24 IdR sind die Angaben des Verfügenden über den Wert zu Grunde zu legen. Eine Überprüfung hat nur dann stattzufinden, wenn eindeutige Anhaltspunkte für die Unrichtigkeit des angegebenen Wertes sprechen (OLG Düsseldorf DNotZ 1956, 626). Begründete Zweifel an der Richtigkeit der Wertangabe berechtigen zur Wertschätzung, wenn der Schuldner die für die weitere Feststellung erforderlichen Tatsachen nicht mitteilt, obgleich er hierzu ohne Schwierigkeiten in der Lage wäre (KG JurBüro 1970, 977).

25 Die Angaben des Verfügenden sind auch im Verfahren nach § 156 KostO zu Grunde zu legen, doch hat das Gericht auf wahrheitsgemäße Angaben hinzuwirken (KG DNotZ 1971, 116 = Rpfleger 1971, 35).

26 Stellt sich bei der Eröffnung der letztwilligen Verfügung oder später heraus, dass der Wert bei der Beurkundung höher und vom Erblasser bewusst zu niedrig angegeben war, so ist Nachforderung möglich. Dem steht das Nachforderungsverbot des § 15 KostO nicht entgegen (§ 46 Abs. 5 Satz 2 KostO). Die Verjährung des Anspruchs (§ 17 KostO) beginnt in diesem Falle erst mit dem Ablauf des Jahres, in dem die Verfügung eröffnet oder zurückgegeben wurde (§ 46 Abs. 5 Satz 2 letzter Hs KostO), jedoch auch dann, wenn der Notar hiervon keine Kenntnis erhält (OLG Hamm JurBüro 1972, 454 = DNotZ 1973, 51 = Rpfleger 1972, 188).

§ 2233 Sonderfälle

(1) Ist der Erblasser minderjährig, so kann er das Testament nur durch eine Erklärung gegenüber dem Notar oder durch Übergabe einer offenen Schrift errichten.

(2) Ist der Erblasser nach seinen Angaben oder nach der Überzeugung des Notars nicht im Stande, Geschriebenes zu lesen, so kann er das Testament nur durch eine Erklärung gegenüber dem Notar errichten.

§ 2233 regelt zwei Sonderfälle, in denen nur das notarielle Testament als mögliche Testamentsform vorgesehen ist. Minderjährige Erblasser sowie leseunfähige Personen sollen durch notarielle Beratung und Belehrung besonders geschützt werden.

A. Minderjährige

Minderjährige können ohne Zustimmung ihres ges Vertreters nur ein öffentliches Testament errichten. Aus § 2229 Abs. 1 folgt, dass dies erst nach Vollendung des 16. Lebensjahres möglich ist und die Einschränkung der Form bis zum Eintritt der Volljährigkeit gilt. Weiter können Minderjährige ihren letzten Willen nur durch eine Erklärung gegenüber dem Notar oder durch Übergabe einer offenen Schrift ausüben. Die Übergabe einer verschlossenen Schrift ist unzulässig. Der Gesetzgeber wollte zum einen die volle Testierfähigkeit abweichend von der Geschäftsfähigkeit regeln, zugleich aber die Zuziehung einer unabhängigen Person sichern. In der Praxis sind Testamente nicht Volljähriger selten. Ein Verstoß gegen § 2233 Abs. 1 bewirkt die Nichtigkeit des Testamentes. Eine Heilung durch Eintritt der Volljährigkeit tritt nicht ein.

B. Leseunfähige Personen

Leseunfähige Personen können nur durch Erklärung gegenüber dem Notar testieren, Abs. 2. **Leseunfähig ist**, wem die Fähigkeit fehlt, den Text einer Schrift zu entziffern, oder wer den Text zwar wahrnehmen kann, diesen aber aufgrund seiner Leseschwäche inhaltlich nicht verstehen kann und damit dem Geschriebenen nicht den festgehaltenen Inhalt beimessen kann. Hierzu gehört auch der Fall, dass der Testierende wegen einer Störung des Gehirns das Gelesene nicht mehr umsetzen kann, ohne dass dadurch seine allgemeine Testierfähigkeit in Frage zu stellen ist (BayObLG NJW-RR 1997, 1438).

Von der Vorschrift erfasst werden auch **Blinde** und hochgradig Schwachsichtige (BayObLG FamRZ 2000, 322). Beherrschen sie jedoch die Blindenschrift, können sie mittels eines in Blindenschrift verfassten Textes durch dessen Übergabe an den Notar testieren (Soergel/*Harder* § 2233 Rn 2; Staudinger/*Baumann* § 2233 Rn 16).

Ein Verstoß gegen § 2233 Abs. 2 führt zur **Unwirksamkeit des Testaments**, wenn der Erblasser dem Notar seine Leseunfähigkeit mitgeteilt hat oder der Notar von dessen Leseunfähigkeit überzeugt war. Ohne Auswirkungen auf die Wirksamkeit des Testaments ist, ob die Angaben des Erblassers zutreffend sind oder der Notar einem Irrtum über die Lesefähigkeit unterliegt.

C. Kosten/Gebühren

Bezüglich der Kosten wird auf die Anm zu § 2232 verwiesen. Die Beurkundung der Errichtung einer Verfügung von Todes wegen durch Übergabe einer Schrift löst keine besonderen Kosten aus.

§§ 2234 – 2246
(Aufgehoben)

§ 2247 Eigenhändiges Testament

(1) Der Erblasser kann ein Testament durch eine eigenhändig geschriebene und unterschriebene Erklärung errichten.

(2) Der Erblasser soll in der Erklärung angeben, zu welcher Zeit (Tag, Monat und Jahr) und an welchem Orte er sie niedergeschrieben hat.

(3) Die Unterschrift soll den Vornamen und den Familiennamen des Erblassers enthalten. Unterschreibt der Erblasser in anderer Weise und reicht diese Unterzeichnung zur Feststellung der Urheberschaft des Erblassers und der Ernstlichkeit seiner Erklärung aus, so steht eine solche Unterzeichnung der Gültigkeit des Testaments nicht entgegen.

(4) Wer minderjährig ist oder Geschriebenes nicht zu lesen vermag, kann ein Testament nicht nach obigen Vorschriften errichten.

(5) Enthält ein nach Absatz 1 errichtetes Testament keine Angabe über die Zeit der Errichtung und ergeben sich hieraus Zweifel über seine Gültigkeit, so ist das Testament nur dann als gültig anzusehen, wenn sich die notwendigen Feststellungen über die Zeit der Errichtung anderweit treffen lassen. Dasselbe gilt entsprechend für ein Testament, das keine Angabe über den Ort der Errichtung enthält.

Inhaltsverzeichnis

	Rn
A. Normzweck	1–2
B. Allgemeines	3–8
I. Formzwang	5–7
II. Testierwille	8
C. Eigenhändige Unterschrift	9–15
I. Eigenhändigkeit	10
II. Form	11
III. Lesbarkeit	12
IV. Unterstützung durch Dritte	13–14
V. Bezugnahme	15
D. Eigenhändige Unterschrift	16–20
E. Zeit und Ort	21
F. Nachträge	22–23
G. Beweislast	24
H. Testamente mit Auslandsberührung	25
I. Recht der neuen Bundesländer	26

A. Normzweck

1 Das privatschriftliche Testament, anerkannt im Code Civil des französischen Rechts, hat trotz erheblicher Widerstände Eingang in das deutsche Recht gefunden (MüKo/*Burkart* § 2247 Rn 2; Dittmann/Reimann/Bengel § 2247 Rn 1). Es ist heute im Bewusstsein der Bevölkerung fest verankert und trotz der weiter bestehenden Bedenken nicht mehr durch entsprechende Kodifikation zu beseitigen.

2 Sinn und Zweck des eigenhändigen Testaments ist es, allen Bevölkerungsgruppen leichten Zugang zur Errichtung einer Verfügung von Todes wegen zu verschaffen. Das Interesse an Rechtssicherheit und Rechtsklarheit muss dafür in den Hintergrund treten. Das eigenhändige Testament ist im Gegensatz zum öffentlichen Testament in besonderem Maße der Gefahr der Fälschung und Verfälschung ausgesetzt, da der Testierende im Regelfall keine besondere Rechtskenntnis besitzt, zudem besteht die Gefahr der formalen Nichtigkeit. Besondere Probleme werfen die wirksam errichteten, aber dem Inhalt nach schwer fest-

stellbaren bzw ausführbaren Anordnungen des Erblassers auf. Falsche Verwendungen von Rechtsbegriffen sind ebenso ein Problem, wie nicht schlüssige Anordnungen. Da § 2247 das privatschriftliche Testament als ordentliche Testamentsform zulässt, ist es Aufgabe der Rechtsprechung, durch Auslegung dem mutmaßlichen Willen des Erblassers zum Erfolg zu verhelfen. Daraus folgt desweiteren, dass Anforderungen an die Formvorschriften nicht überspannt werden dürfen. Die Grenze liegt jedoch an dem Punkt, an dem zu weite Auslegungen der Formvorschriften im Ergebnis zur Negierung eines jeden Formerfordernisses führen würden. Formvorschriften sind zur Wirksamkeit der Urkunde erforderlich, da sie vor Übereilung schützen, Ernsthaftigkeit gewährleisten, den Inhalt klarstellen und sowohl den Beweis als auch die Echtheit der Erklärung sichern. Sie stehen damit im Interesse der Rechtssicherheit der Allgemeinheit und der unmittelbar Beteiligten.

B. Allgemeines

§ 2247 Abs. 1 ermöglicht die eigenhändige Errichtung eines Testaments. Eine Mitwirkung von Zeugen ist nicht vorgesehen, jedoch unschädlich. Mitunterzeichnung durch Bedachte gilt als nicht geschrieben (BayObLG NJW-RR 1998, 729) und macht das Testament nicht zu einem formnichtigen Erbvertrag (BayObLG 93, 248).

Das Gesetz schreibt die deutsche Sprache nicht als Urkundssprache des eigenhändigen Testaments vor, so dass andere Sprachen zulässig sind. Geheimsprachen sind zulässig, soweit sie eindeutig entziffert werden können. Die Abfassung mehrerer gleichlautender Testamente ist in der Praxis häufiger anzutreffen und zulässig.

I. Formzwang

§ 2247 Abs. 1 ist eine zwingende Formvorschrift. Der Erblasser ist zwar in der Wahl der zur Verfügung stehenden Formen frei, innerhalb der gewählten Form gilt dann jedoch Formzwang. Die Verletzung der Form führt zur Unwirksamkeit, § 125. Dies gilt selbst dann, wenn eindeutig feststeht, dass die Verfügung dem Willen des Erblassers entspricht (OLG Hamm NJW-RR 2002, 22 (für den Verstoß gegen die Einhändigkeit der Niederschrift).

Dem Willen des Erblassers kann bei Formrichtigkeit nicht nach den Grundsätzen von Treu und Glauben gem § 242 zum Erfolg verholfen werden (Palandt/*Edenhofer* § 2247 Rn 2), da die Formvorschriften damit zur Disposition eines allgemeinen Gerechtigkeitsgefühls gestellt würden. Der Erblasser darf grds unvernünftige Regelungen treffen, also bewusst formungültig handeln, so dass auf eine strenge Einhaltung der Vorschriften zu achten ist.

Formgültig sind alle Erklärungen, die im Zeitpunkt des Todes als eigenhändig geschriebene und vom Erblasser unterschriebene Erklärungen angesehen werden können. Der Errichtungsakt muss nicht in einem Zuge erfolgen. Es kann auch durch Zusammenfügen einzelner Teile ein wirksames Testament entstehen (BGH NJW 1974, 1083; OLG Karlsruhe NJW-RR 2003, 653). Ob die einzelnen Teile ursprünglich als Testamentstexte gewollt waren oder nicht, ob es sich letztlich um die Überarbeitung und Zusammenfassung früherer Testamentstexte handelt, ist unerheblich (OLG Zweibrücken FamRZ 1998, 581, vgl sehr weitgehend OLG Karlsruhe ZEV 2003, 204). Ein naher zeitlicher Abstand zwischen Texterstellung und Unterschrift ist nicht gefordert (BayObLG 84, 194, FamRZ 1999, 1392).

II. Testierwille

Der Erblasser muss den ernstlichen Willen haben, ein rechtsverbindliches Testament zu errichten. Ausreichend ist, dass er das Bewusstsein hat, seine Erklärung könne als Testament angesehen werden (BayObLG NJW-RR 1989, 1092). Erforderlich ist dieser Wille unter anderem, um Vorüberlegungen und Entwürfe von der maßgeblichen Verfügung klar abgrenzen zu können. Allerdings kann auch eine Vorfassung als wirksames Testament angesehen werden, wenn zu dem Zeitpunkt bereits der notwendige Wille vorliegt und die übrigen Anforderungen erfüllt sind (BayObLG 70, 173: der Erblasser wollte noch eine Reinschrift anfertigen). IdR ist der Testierwille bei einem formgerecht abgefassten und inhaltlich vollständigen Testament nicht zweifelhaft (KG OLGZ 1991, 144). Eine nähere Prüfung ist jedoch erforderlich, wenn besondere Umstände Anlass zu Zweifeln bieten (s III. 1. und 2.). Mangels Testierwillens kann ein formunwirksamer Erbvertrag grds nicht in ein privatschriftliches Testament umgedeutet werden, auch wenn ansonsten die Form des § 2247 Abs. 1 beachtet wurde, wenn der Wille zur Errichtung eines Erbvertrages im Vordergrund steht, dh die Vertragschließenden diesen Bindungswillen deutlich dokumentiert haben.

C. Eigenhändige Niederschrift

9 Nach § 2247 Abs. 1 muss der Erblasser den gesamten Wortlaut seiner letztwilligen Verfügung eigenhändig niederschreiben. Die Eigenhändigkeit ist unverzichtbar. Sie stellt zum einen die Urheberschaft und die Ernsthaftigkeit der Willensbekundung sicher, zum anderen trägt sie in hohem Maße dazu bei, dass der Testierende von Dritten unbeeinflusst verfügt.

I. Eigenhändigkeit

10 Eigenhändigkeit der Abfassung bedeutet, dass sich der Testierende in der gewöhnlich von ihm vorgenommenen Art schriftlich seiner Gedanken entäußert. Dabei ist die persönliche Herstellung unmittelbar mit der Hand, bei körperlich Beeinträchtigten mit einer Prothese, dem Fuß oder Mund entscheidend. Andernfalls ist er nicht mehr schreibfähig und kann nur mittels notariellen Testaments testieren (BGH NJW 1981, 1900; OLG Stuttgart BWNotZ 1977, 70; BayObLG NJW 1999, 1118). Die Herstellung eines Testamentes durch Blaupause erfüllt ebenfalls das Erfordernis der Eigenhändigkeit, wenn der Testierende mehrere Urschriften und nicht bloß eine Abschrift erstellen wollte (BGHZ 47, 68; BayObLG FamRZ 86, 1043; BayObLG Rpfleger 1993, 405). Eine nähere Prüfung, ob die Abfassung der Schrift von einem Testierwillen getragen war, ist insb erforderlich, wenn das vorgelegte Testament in einer für den Erblasser unübl Weise errichtet wurde, zB unter Verwendung einer untypischen Schrift. Problematisch ist die Herstellung eines Testamentstexts mittels elektronischer Medien, dergestalt, dass die auf einem Tablett aufgetragene Schrift in dieser Form ausgedruckt wird. Das gleiche gilt bei bloß gescannten Texten. Die Bedenken rühren daher, dass der Text elektronisch bearbeitet werden kann und nicht feststellbar ist, ob das Schriftstück einen geschlossenen Schreibvorgang wiedergibt. Wer die Veränderungen bis zum Ausdruck vorgenommen hat, ist nicht belegbar. Entscheidend ist, dass die Eigenhändigkeit unmittelbar zur Testamentsurkunde führen muss und nicht eine Umsetzungsnotwendigkeit mit Hilfsmitteln entsteht. Solche Testamente genügen daher den Anforderungen der Eigenhändigkeit nicht und sind unwirksam (ebenso Reimann/Bengel/Mayer § 2247 Rn 14). Diese Einordnung wird auch dadurch unterstützt, dass durch den Druckvorgang Schrifteigenarten verloren gehen, die für eine graphologische Untersuchung unerlässliche Voraussetzung sind.

II. Form

11 Ist die Eigenhändigkeit gewahrt, kommt es auf die vom Testierenden gewählte Form nicht mehr an. Damit können alle Schriftstücke Testamentsform erhalten, wenn diese eine Verfügung von Todes wegen tragen, zB Briefe, Postkarten, Notizen, Stoffunterlagen (BayObLG ZEV 2000, 365 zu Notizbuch). Auch das Schreibmaterial ist unerheblich (Tinte, Blei, Lack, Wasserfarbe, Stofffarbe, Kreide, Schiefer). Die gewählte Form kann allenfalls Anhaltspunkte dafür liefern, ob ein ernsthaft gewollter, dh von einem Testierwillen getragener, Text vorliegt (s.o.) (KG FamRZ 1977, 483, BayObLG Rpfleger 177, 438).

III. Lesbarkeit

Unlesbare Verfügungen sind unwirksam, weil sie keine Verkörperung einer Gedankenerklärung sind (Palandt/*Edenhofer* § 2247 Rn 9) (hM: KG ZEV 1998, 387). Davon zu unterscheiden sind schwer lesbare Testamente, die wirksam sind. Solange der Wille des Testierenden feststellbar ist, ist diesem zur Beachtung zu verhelfen. Daher sind alle erreichbaren Hilfen auszuschöpfen, bevor ein Testament als unlesbares Schriftstück zu qualifizieren ist. Soweit feststeht, dass zwar ein Inhalt niedergelegt wurde, dieser jedoch für Dritte nicht lesbar ist, so liegt ein wirksames, aber nicht ausführbares Testament vor. Eine spätere Entzifferung führt zur Beachtlichkeit. Gleichgelagert ist der Fall, dass unter Verwendung einer Geheimschrift oder -sprache testiert wird, die zunächst nicht entschlüsselt werden kann (vgl Reimann/Bengel/Mayer § 2247 Rn 15 mwN). Bei beiden Fallgestaltungen muss sich der Inhalt aus dem Testament und nicht aus Umständen und Aussagen außerhalb der Testamentsurkunde erschließen lassen. Der niedergelegte Testierwille muss festgestellt werden können (vgl *Musielak* FamRZ 1992, 358 aA OLG Hamm FamRZ 1992, 356, KG ZEV 1998, 387 f). Hiervon zu unterscheiden sind Testamente, die erst später unleserlich wurden, zB wegen Verblassens der Tinte. Da von vornherein feststeht, dass ein wirksames Testament vorgelegen hat, sind alle Beweisformen zulässig, um dessen Inhalt zu ermitteln. 12

IV. Unterstützung durch Dritte

Die Eigenhändigkeit schließt aus, dass Dritte bei der Fertigung den Schreibvorgang beherrschen. Eine unzulässige Beherrschung ist anzunehmen, wenn die Schrift nicht mehr den individuellen Zug des Testierenden trägt (BGHZ 47, 68, BGH NJW 1987, 1900). Davon zu unterscheiden ist die zulässige unterstützende Schreibhilfe. Diese liegt vor, wenn sich die Hilfe darauf beschränkt, dem Testierenden das eigenhändige Schreiben mit seiner im Zeitpunkt der Testamentserrichtung möglichen individuellen Schrift zu ermöglichen, zB durch Abstützen des Arms, Halten der Hand. Die Schrift muss nicht mit der früheren Schrift des Erblassers übereinstimmen, da die tatsächliche körperliche Fähigkeit zu einer anderen Schrift führt. Beruht die Schriftänderung allerdings auf der Schreibhilfe, so ist die Grenze des Zulässigen überschritten, und das Testament ist unwirksam (OLG Hamm ZEV 2002, 108). Die Einschränkung der körperlichen Schreibfähigkeit kann temporär sein, zB bei Unfallverletzungen. Das Testament bleibt bei späterer Heilung wirksam. 13

Ein Verstoß gegen die Eigenhändigkeit liegt eindeutig in den Fällen vor, in denen einzelne Absätze von Dritten verfasst wurden, selbst wenn dies dem Wunsch des Testierenden entsprach. Diese Absätze sind nach § 125 unwirksam. Das übrige Testament kann aber insoweit wirksam sein, als der vom Testierenden verfasste Teil des Testamentes eine in sich geschlossene Verfügung darstellt und als eigenhändig gewollt angesehen werden kann. Das ganze Testament ist unwirksam, wenn der Erblasser den übrigen Teil ohne die richtige Verfügung nicht geschrieben hätte (BayObLG FamRZ 1986, 726). 14

V. Bezugnahme

Ob eine Bezugnahme auf andere Schriftstücke zulässig ist, ist an den Kriterien der Eigenhändigkeit sowie an dem durch Unterschrift gedeckten Inhalt der Verfügung zu messen. Dient die Bezugnahme lediglich der näheren Erläuterung der in sich geschlossenen eigenhändigen Verfügung, ist diese zweifelsfrei zulässig (BGH Rpfleger 1980, 337, BayObLG 79, 215). Ergibt sich erst durch die Bezugnahme eine in sich schlüssige Verfügung und genügt das in Bezug genommene Schriftstück nicht den Anforderungen einer Testamentsform, liegt keine wirksame Verfügung vor (OLG Hamm FamRZ 92, 356 m Anm *Musielak*). Ist das in Bezug genommene Schriftstück ein wirksames gemeinschaftliches Ehegattentestament und von dem einen Ehegatten verfasst, so ist die Bezugnahme durch den anderen Ehegatten zulässig, weil die Form eines wirksamen Testamentes gewahrt wurde. Das gemeinschaft- 15

§ 2247 BGB | Eigenhändiges Testament

liche Testament durchbricht in dieser Beziehung die Form der Eigenhändigkeit (OLG Hamm NJW RR 91, 1352; Reimann/Bengel/Mayer § 2247 Rn 12 aA Staudinger/*Baumann* § 2247 Rn 69). Entscheidend ist, ob das in Bezug genomene Schriftstück den Formvorschriften selbst entspricht, so dass auf jedes wirksam errichtete Testament Bezug genommen werden kann. Voraussetzung ist, dass die in Bezug genommene Verfügung im Zeitpunkt ihrer Verweisung noch wirksam war. Nimmt der Erblasser auf eine Verfügung Bezug, die er bereits widerrufen hat, so liegt formal noch immer ein wirksames Testament vor. Die Unwirksamkeit bezieht sich allein auf den Testamentsinhalt. In der Bezugnahme kann daher der Widerruf des Widerrufs liegen. Wird das in Bezug genommene Testament von dem Testierenden vernichtet, bleibt die andere letztwillige Verfügung wirksam. Der Inhalt des vernichteten Testaments muss ggf bewiesen werden.

D. Eigenhändige Unterschrift

16 Die Erklärung des Erblassers muss nach § 2247 Abs. 1 eigenhändig unterschrieben sein. Die Unterschrift soll gem § 2247 Abs. 3 aus Vor- und Zuname bestehen (also kein Faksimile oder Stempel). Die Unterzeichnung in anderer Weise ist wirksam, wenn Identität und Ernstlichkeit festgestellt werden können. **Lesbarkeit** ist nicht erforderlich, wenn ein die Identität ausreichend kennzeichnender individueller Schriftzug vorliegt (BGH Rpfleger 1964, 211; 1976, 127 m Anm *Kohlhammer*). Entscheidend ist, dass die Unterzeichnung zum Ausdruck bringt, dass ein Testament willentlich abgeschlossen und zur Wirksamkeit gebracht werden soll. Richtet sich das Testament an einen bestimmten Personenkreis, genügt die Unterzeichnung mit dem in diesem Kreis gebräuchlichen Namen bzw der Anrede (Euer Vater, Euer Pappi, Tante Gertrud, Fritzchen etc) (Palandt/*Edenhofer* § 2274 Rn 10, Dittmann/Reimann/Bengel § 2247 Rn 21) Auch Künstler- und Kosenamen sind möglich. Jede nachhaltige Abweichung von der üblichen Unterschrift, insb die Verwendung von Druckbuchstaben, führt zur Unwirksamkeit des Testamentes.

17 Aus dem Grundsatz, dem Willen eines rechtsunerfahrenen Testierenden möglichst zum Erfolg zu verhelfen, folgt, dass auf dessen Übung bei der Unterschrift Rücksicht zu nehmen ist. Unterzeichnet der Testierende idR mit **Abkürzungen**, ist dies unschädlich (OLG Celle NJW 1977, 1690, MüKo/*Burkart* § 2247 Rn 29, Palandt/*Edenhofer* § 2247 Rn 12; aA Staudinger § 2247 Rn 103). Es ist jedoch im Einzelfall zu prüfen, ob der Testierende nur einen Entwurf zeichnete oder ob tatsächlich eine vom Willen des Urkundsabschlusses getragene Zeichnung vorliegt. Ein geschäftserfahrener Testierender wird seine Unterschrift nie durch eine Paraphe ersetzen (Reimann/Bengel/Mayer § 2247 Rn 20).

18 Die Unterschrift besteht aus **individuellen Schriftzeichen**. Die Unterzeichnung mit Symbolen (drei Kreuze, Kreis, Fingerabdruck, Zeichnung eines Gegenstandes oÄ) genügen den Anforderungen an einen individuellen Namenszug nicht. Stets ist zu bedenken, dass die Unterzeichnung der Rechtssicherheit dient.

19 Als **Abschluss der Urkunde** muss die Unterschrift **unter dem Text** stehen. Dieser Grundsatz, der die Ernstlichkeit der letztwilligen Verfügung garantiert und damit die Rechtssicherheit schützt, darf nur in Ausnahmefällen durchbrochen werden. Ein Zeichen am oberen Blattrand ist nicht ausreichend (vgl BGHZ 113, 48 zu Überweisungsträgern). Auch die handschriftliche Selbstbezeichnung des Testierenden im Texteingang (Ich, ..., verfüge hiermit ...) genügt den Anforderungen einer den Text abschließenden Unterschrift nicht (OLG Hamm ZEV 2002, 153). Wird die Namenszeichnung aus Platzgründen an den Rand gesetzt, so liegt dennoch eine Unterschrift vor (BayObLG FamRZ 1986, 728, OLG Hamm ZEV 2002, 152). Entscheidend ist, ob er Wille, den Text verbindlich zu zeichnen, erkennbar ist. Bei einem aus mehreren Seiten bestehenden Testament genügt die Unterzeichnung auf der letzten Seite, wenn die Niederschrift als einheitlich gewollter Text zu erkennen ist (BayObLG Rpfleger 1975, 243; OLG Neustadt Rpfleger 1962, 446, BayObLG FamRZ 1994, 193 bei einem gemeinschaftlichen Testament). Eine mechanische Verbindung der Seiten ist nicht erforderlich (BayObLG FamRZ 1991, 370).

Als ausreichend wird auch angesehen, wenn die **Namenszeichnung auf einem verschlossenen Umschlag**, in dem das Testament sich befindet, erfolgt. Es handelt sich dann um eine wirksame Unterschrift, wenn sie eindeutig als vom Testierenden gewollte Unterschrift zur Wirksamkeit seines Testamentes erkennbar ist (Reimann/Bengel/Mayer § 2247 Rn 23, BayObLG ZEV 2003, 26 m Anm *Hallfeuer* ZEV 2002, 4). Die Rechtsprechung verwendet die Formulierung »äußere Fortsetzung der innenliegenden Erklärung« (OLG Frankfurt NJW 1971, 1811; BayObLG ZEV 2002, 152). Die Frage, ob eine Unterschrift nur auf einem geschlossenen Umschlag ausreicht, wird unterschiedlich beantwortet (zulässig: Reimann/Bengel/Mayer § 2247 Rn 23, BayObLG NJW-RR 1989, 9; Staudinger § 2247 Rn 98, aA OLG Hamm OLGZ 86, 292 u ZEV 2002, 153, MüKo/*Burkart* § 2247 Rn 26). Eine generelle Beantwortung wird dem Erblasserwillen und der notwendigen Rechtssicherheit nicht gerecht. Auch bei einem unverschlossenen Umschlag kann die äußere Fortsetzung der innenliegenden Erklärung angenommen werden, wobei die Anforderungen an eine eindeutige Feststellung in diesen Fällen hoch angesetzt werden müssen. In der Praxis zeigt sich, dass diese Fälle die Ausnahme sind, da der Testierende zu einem Verschließen des Umschlages neigt (ebenso Palandt/*Edenhofer* § 2247 Rn 16).

E. Zeit und Ort

§ 2247 Abs. 2 formuliert als Soll-Voraussetzung die Angabe von Zeit und Ort, so dass das Testament auch bei Fehlen dieser Angaben grds wirksam ist. Die grds Wirksamkeit kommt zudem eindeutig in § 2247 Abs. 5 zum Ausdruck. Die Zeitangabe soll klarstellen, welches Testament als letztes Testament den wirksamen Willen des Erblassers beinhaltet, § 2258. Die Angabe von Ort und Zeit durch den Erblasser begründet eine tatsächliche Vermutung dafür, dass diese richtig sind (BayObLG FamRZ 1991, 237; 2001, 1329). Werden die Angaben im Testament widerlegt, so ist zunächst das Testament dennoch als grds wirksam anzusehen, jedoch ist gem § 2247 Abs. 5 zu verfahren (BayObLG FamRZ 1994, 593). Fehlen die Angaben, so erbringt das Testament unmittelbar selbst keinen Beweis. Die Feststellungen sind durch andere Umstände zu belegen, für die jedes Beweismittel zulässig ist. Lässt sich die notwendige Feststellung nicht treffen, ist gem § 2247 Abs. 5 im Zweifel von der Unwirksamkeit der Verfügung auszugehen.

F. Nachträge

Besonders zu beachten sind Nachträge des Erblassers auf einem vormalig wirksam errichteten Testament. Zusätze, Nachträge oder Streichungen müssen der Form des § 2247 genügen. Nach der Rechtsprechung ist eine erneute Unterzeichnung von **auf der formgültigen Testamentsurkunde angebrachten Nachträgen** nicht erforderlich, wenn die Auslegung ergibt, dass die Nachträge nach dem Willen des Erblassers durch die ursprüngliche Unterschrift umfasst ist und das äußere Erscheinungsbild dem nicht entgegensteht (BGH NJW 1974, 1083, BayObLG FamRZ 1892, 1137, 1984, 1268, 1985, 537; *Stumpf* FamRZ 1992, 1131). Diese Anerkennung steht nicht im Einklang mit der Formvorgabe des Gesetzes. Sie ist nur vor dem Hintergrund zu rechtfertigen, dem rechtsunerfahrenen Erblasser zu einer wirksamen Verfügung zu verhelfen, wenn dies dem eindeutig erkennbaren Willen entspricht.

Spätere Ergänzungen sind formal stets neue Verfügungen. Deren Unterzeichnung kann nicht durch Anerkennung der früheren Unterschrift ersetzt werden. Konsequenterweise wird nach allgemeiner Meinung daher einem Zusatz unter der Unterschrift die Anerkennung grds versagt (Palandt/*Edenhofer* § 2247 Rn 18), es sei denn, der Nachtrag ist seinem Inhalt nach dem Testamentsinhalt so zuzuordnen, dass dieses erst dadurch zu einem einheitlichen Text wird (BGH NJW 1974, 1083; BayObLG FamRZ 1986, 835). Hier sind dieselben Grundsätze wie bei der Bezugnahme zu beachten (s.o.). Ist der ursprüngliche Text wegen Unvollständigkeit nicht als wirksames Testament anzuerkennen oder der frühere Text bereits wirksam widerrufen oder stellt der Nachtrag selbst einen Widerruf

§ 2247 BGB | Eigenhändiges Testament

dar, kann ein späterer Zusatz ohne erneute Unterzeichnung nicht als formgültig angesehen werden (OLG Hamm Rpfleger 1984, 468; BayObLG FamRZ 1995, 246und FamRZ 1984, 1270, FamRZ 1986, 835; OLG Naumburg FamRZ 2003, 407). **Auf einem gesonderten Blatt niedergelegte** Nachträge sind stets zu unterzeichnen (BGH NJW 1974, 1083, OLG Hamm NJW 1983, 689).

G. Beweislast

24 In einem Rechtsstreit trägt derjenige die Beweislast für die Echtheit des Testaments, der sie behauptet (§ 440 Abs. 1 ZPO). Wer sich auf die Unwirksamkeit beruft, hat diese zu beweisen. Es ist davon auszugehen, dass ein Testament, das formgerecht errichtet wurde, echt ist. § 440 Abs. 2 ZPO findet keine Anwendung. Zum Beweis von Ort und Zeit s.o. Im Verfahren der freiwilligen Gerichtsbarkeit hat das Gericht gem § 12 FGG von Amts wegen die nötigen Feststellungen und Beweise darzulegen (zB bzgl der Echtheit der Unterschrift durch Schriftsachverständige, BayObLG FamRZ 1999, 832).

H. Testamente mit Auslandsberührung

25 Testamente mit Auslandsberührung sind in der Praxis heute vermehrt anzutreffen. Eine beachtliche Auslandsberührung liegt insb vor, wenn bei Testamenten der Testierende eine fremde Staatsangehörigkeit hat, bei gemeinschaftlichen Verfügungen die Urkundsbeteiligten unterschiedliche Staatsangehörigkeiten haben oder ein Deutscher eine Regelung bzgl einer Immobilie im Ausland treffen will. Gem Art. 25 Abs. 1 EGBGB unterliegt das Erbrecht grds dem Recht des Staates, dem der Erblasser im Zeitpunkt des Todes angehörte. Deutsche Staatsangehörige werden bzgl ihres Nachlasses in Deutschland nach deutschem Recht beerbt, auch wenn sich der letzte Wohnsitz im Ausland befand (KG OLGZ 1977, 457, BGH NJW-RR 1995, 197). Bei mehrfacher Staatsangehörigkeit ist das Recht des Staates anzuwenden, mit dem der Erblasser am engsten verbunden war (Art. 5 Abs. 1 Satz 1 EGBGB). Die Stellung als Deutscher geht jedoch stets vor (Art. 5 Abs. 1 Satz 2 EGBGB, BGH NJW 1980, 2016). Eine Ausnahme ist in Art. 25 Abs. 2 durch Einräumung einer begrenzten Rechtswahl geregelt. Danach kann der Testierende für im Inland belegenes unbewegliches Vermögen in der Form einer Verfügung von Todes wegen deutsches Recht wählen. Die Verfügung ist ebenso gültig, wenn diese dem Recht der Staatsangehörigkeit des Testierenden bei Testamentserrichtung oder Ableben entspricht (BayObLG NJW-RR 1991, 1098). Das auf die Form einer Verfügung von Todes wegen anzuwendende Recht bestimmt sich nach Art. 26 Abs. 1 – 3 EGBGB. Das Formstatut wird nach internationalem Privatrecht selbstständig angeknüpft und kann daher vom Erbstatut abgespalten sein. Die vorgenannte Regelung des Art. 26 wird jedoch durch das Haager Übereinkommen über das auf die Form letztwilliger Verfügungen anzuwendende Recht v 5. 10. 1961 (für die Bundesrepublik in Kraft getreten am 1. 1. 1966 BGB 1966 Abs. 2 Satz 11 der grds Anknüpfung des Erbstatus), in dessen Anwendungsbereich verdrängt. Das Übereinkommen entspricht Art. 26 EGBGB, geht aber auch teilweise darüber hinaus. Insgesamt bietet es zahlreiche Anknüpfungsmöglichkeiten für das Formstatut, Art. 1 des Übereinkommens: die Staatsangehörigkeit, den Wohnsitz, den gewöhnlichen Aufenthalt, den Lageort bei unbeweglichem Vermögen. Bei Staatsangehörigkeit, Wohnsitz und gewöhnlichem Aufenthalt kann entweder an den Zeitpunkt der Testamentserrichtung oder des Todes angeknüpft werden. Zudem kann gem Art. 3 des Übereinkommens iVm § 26 Abs. 1 Satz 1 Nr. 5 EGBGB nach dem tatsächlichen oder hypothetischen im Zeitpunkt der Errichtung entschieden werden. Durch die vielfältigen Anknüpfungsmöglichkeiten soll die Formnichtigkeit einer letztwilligen Verfügung vermieden werden. Es genügt, dass die Verfügung nach einer der maßgeblichen Rechtsordnungen formwirksam ist. Gem Art. 2 des Abkommens sind die vorgenannten Ausführungen auch auf den Testamentswiderruf anzuwenden (vgl hierzu insgesamt Kommentierung zum EGBGB in diesem Buch).

I. Recht der neuen Bundesländer

§ 385 ZGB der ehemaligen DDR enthielt eine dem § 2247 entsprechende Regelung für das eigenhändige Testament.

§ 2248 Verwahrung des eigenhändigen Testaments

Ein nach der Vorschrift des § 2247 errichtetes Testament ist auf Verlangen des Erblassers in besondere amtliche Verwahrung zu nehmen (§§ 2258a, 2258b). Dem Erblasser soll über das in Verwahrung genommene Testament ein Hinterlegungsschein erteilt werden.

§ 2248 ist eine Verfahrensvorschrift. Zum materiellen Recht der Testamentswirksamkeit enthält diese Vorschrift keine Aussage. Dem Gesetzgeber erschien es vor dem Hintergrund der Diskussion über das privatschriftliche Testament angezeigt, die amtliche Verwahrung dieser Testamente im Gesetz zu verankern. Die amtliche Verwahrung soll die Auffindung des Testaments beim Erbfall sichern und Schutz vor Unterdrückung und Fälschung bieten.

Die Inverwahrnahme setzt ein ausdrückliches **Verwahrungsverlagen** des Erblassers voraus. Das Verlangen muss weder in einer bestimmten Form noch persönlich geäußert werden. Daher ist Vertretung und Übergabe durch einen Boten, wie zB die bloße Übersendung durch die Post, zulässig. Die verwahrende Stelle muss sich bei Vorliegen besonderer Gründe von der Identität des Hinterlegers und seinem Hinterlegungswillen überzeugen.

Örtlich und sachlich **zuständig** ist jedes Amtsgericht, § 2258a, in Baden-Württemberg die Notariate (LG FGG BW § 1 Abs. 2 sowie AV des JM §§ 11 – 19; Die Justiz 1975, 201). Bei Konsulartestamenten ist gem § 11 Abs. 2 Satz 1 KonsG das AG Berlin-Schöneberg zuständig.

Die Hinterlegungsstelle hat kraft ges Anweisung einen **Hinterlegungsschein** zu erteilen, § 2248 Satz 2. Die Aufnahme einer Niederschrift über die Annahme zur Verwahrung fordert das Gesetz nicht. Eine solche Niederschrift kann jedoch angezeigt sein, wenn bei der Hinterlegung besondere Umstände vorliegen. Das Testament ist in einen Umschlag zu nehmen, der mit der Angabe der Person des Erblassers sowie des Errichtungszeitpunkts des Testamentes zu versehen und abschließend zu versiegeln ist (§ 27 Abs. 3 AktO). Besondere materiell-rechtliche Belehrungspflichten bestehen für die Beamten nicht (MüKo/ *Burkart* § 2248 Rn 4). Als öffentliche Stelle ist jedoch eine Belehrungspflicht über offenkundige Rechtsmängel als nobile officium zu fordern (Dittmann/Reimann/Bengel § 2248 Rn 6).

Die **Kosten** der Hinterlegung bestimmen sich nach § 101 KostO, dh es fällt eine $^1/_4$-Gebühr an. Der Geschäftswert bestimmt sich nach § 103 Abs. 1, 46 Abs. 4 KostO (zum Geschäftswert ausführlich s Anm zu § 2232).

Zur **Rücknahme** siehe § 2256.

Nach dem **Recht der ehemaligen DDR** bestand die Möglichkeit, privatschriftliche Testamente in die Verwahrung des früheren staatlichen Notariats zu geben, § 382 Satz 2 ZGB. Diese Akten wurden im Zuge der Neuorganisation der Gerichte und Notariate in die amtliche Verwahrung der AGe übergeben.

§ 2249 Nottestament vor dem Bürgermeister

(1) Ist zu besorgen, dass der Erblasser früher sterben werde, als die Errichtung eines Testaments vor einem Notar möglich ist, so kann er das Testament zur Niederschrift des Bürgermeisters der Gemeinde, in der er sich aufhält, errichten. Der Bürgermeister muss

§ 2249 BGB | Nottestament vor dem Bürgermeister

zu der Beurkundung zwei Zeugen zuziehen. Als Zeuge kann nicht zugezogen werden, wer in dem zu beurkundenden Testament bedacht oder zum Testamentsvollstrecker ernannt wird; die Vorschriften der §§ 7 und 27 des Beurkundungsgesetzes gelten entsprechend. Für die Errichtung gelten die Vorschriften der §§ 2232, 2233 sowie die Vorschriften der §§ 2, 4, 5 Abs. 1, §§ 6 – 10, 11 Abs. 1 Satz 2, Abs. 2, § 13 Abs. 1, 3, §§ 16, 17, 23, 24, 26 Abs. 1 Nr. 3, 4, Abs. 2, §§ 27, 28, 30, 32, 34, 35 des Beurkundungsgesetzes; der Bürgermeister tritt an die Stelle des Notars. Die Niederschrift muss auch von den Zeugen unterschrieben werden. Vermag der Erblasser nach seinen Angaben oder nach der Überzeugung des Bürgermeisters seinen Namen nicht zu schreiben, so wird die Unterschrift des Erblassers durch die Feststellung dieser Angabe oder Überzeugung in der Niederschrift ersetzt.

(2) Die Besorgnis, dass die Errichtung eines Testament vor einem Notar nicht mehr möglich sein werde, soll in der Niederschrift festgestellt werden. Der Gültigkeit des Testaments steht nicht entgegen, dass die Besorgnis nicht begründet war.

(3) Der Bürgermeister soll den Erblasser darauf hinweisen, dass das Testament seine Gültigkeit verliert, wenn der Erblasser den Ablauf der in § 2252 Abs. 1, 2 vorgesehenen Frist überlebt. Er soll in der Niederschrift feststellen, dass dieser Hinweis gegeben ist.

(4) Für die Anwendung der vorstehenden Vorschriften steht der Vorsteher eines Gutsbezirks dem Bürgermeister einer Gemeinde gleich.

(5) Das Testament kann auch vor demjenigen errichtet werden, der nach den ges Vorschriften zur Vertretung des Bürgermeisters oder des Gutsvorstehers befugt ist. Der Vertreter soll in der Niederschrift angeben, worauf sich seine Vertretungsbefugnis stützt.

(6) Sind bei Abfassung der Niederschrift über die Errichtung des in den vorstehenden Absätzen vorgesehenen Testaments Formfehler unterlaufen, ist aber dennoch mit Sicherheit anzunehmen, dass das Testament eine zuverlässige Wiedergabe der Erklärung des Erblassers enthält, so steht der Formverstoß der Wirksamkeit der Beurkundung nicht entgegen.

A. Allgemeines

1   § 2249 ermöglicht in bestimmten Notlagen die Errichtung eines öffentlichen Testaments ohne die Mitwirkung eines Notars. Voraussetzung ist die Unerreichbarkeit eines Notars. Der Unerreichbarkeit steht es gleich, wenn der Notar nicht tätig werden will. An die Stelle des Notars tritt der Bürgermeister. Da dieser idR keine juristisch ausgebildete Person ist, verzichtet § 2249 auf eine Reihe von gesetzlichen Voraussetzungen notarieller Testamente. Dadurch soll verhindert werden, dass der Erblasserwille aufgrund formaler Hindernisse nicht zur Geltung kommt. Gleichwohl ist das Nottestament des § 2249 eine öffentliche Urkunde mit der Beweiskraft des § 415 ZPO.

B. Besorgnis des vorzeitigen Ablebens

2   Es muss die Besorgnis bestehen, dass der Testierende verstirbt, als ihm die Errichtung eines Testamentes vor einem Notar möglich ist. Nach der Vorschrift ist das objektive Bestehen der Todesgefahr maßgebend. Dieser gleichgesetzt ist die subjektive Besorgnis der Urkundsperson (RGZ 109, 368; 171, 27, BGHZ 3, 372). Dies folgt aus § 2249 Abs. 2 Satz 2, der anordnet, dass für die Gültigkeit des Testaments nicht maßgebend ist, dass die Besorgnis begründet war. Bestand jedoch keine Todesgefahr und wusste die Urkundsperson dies, ist eine dennoch errichtete Verfügung von Todes wegen unwirksam.

3   Da die Norm sicherstellen soll, dass der nur noch kurze Zeit Testierfähige seinen letzten Willen in der Form des öffentlichen Testamentes erklären kann, wird der Besorgnis des

vorzeitigen Ablebens der voraussichtliche **Eintritt der Testierunfähigkeit** des Erblassers gleichgestellt (Palandt/*Edenhofer* § 2249, Rn 3, MüKo/*Burkart* § 2249 Rn 3, BGHZ 3, 372und 37, 79). Dem steht nicht entgegen, dass die Wahrscheinlichkeit einer späteren Wiedererlangung der Testierfähigkeit in einzelnen kurzen Phasen nicht völlig ausgeschlossen werden kann (BGHZ 3, 372). Die konkrete Gefahr der dauernden Testierunfähigkeit genügt; es ist nicht erforderlich, dass neben die drohende Testierunfähigkeit eine Lebensgefahr tritt. Dies entspricht dem Sinn der Regelung, nach dem die Möglichkeit zur Errichtung eines öffentlichen Testaments weitestgehend erhalten werden soll (so auch Reimann/Bengel/Mayer § 2249 Rn 3; MüKo/*Burkart* § 2249 Rn 3).

C. Mitwirkende Personen

Das Nottestament kann vor dem **Bürgermeister** (§ 2249 Abs. 1) oder seinem durch ges Vorschriften bestimmten Vertreter (2249 Abs. 5) errichtet werden. Wer als Vertreter des Bürgermeisters anzusehen ist, folgt aus dem anzuwendenden Landesrecht. Ein Nachweis über die Verhinderung des Bürgermeisters ist nicht erforderlich. Gem § 2249 Abs. 4 steht dem Bürgermeister der Vorsteher eines Gutsbezirkes gleich, wobei diese Regelung inzwischen kaum mehr zur Anwendung gelangen kann, da es kaum mehr gemeindefreie Gebiete gibt. Sachlich zuständig ist der Bürgermeister der Gemeinde, nicht der Vorsteher eines Gemeindeteiles (Reimann/Bengel/Mayer § 2249 Rn 6). Örtlich bestimmt sich die Zuständigkeit nach dem tatsächlichen Aufenthalt, unabhängig von ständigen Wohnsitz und Dauer des Aufenthaltes. Eine Überschreitung des Amtsbezirkes hat jedoch keine Auswirkung auf die Wirksamkeit des Testaments (§ 2 BeurkG).

Zwei Zeugen müssen zur Beurkundung hinzugezogen werden. Die Ausschlussregeln gem § 2249 Abs. 1 Satz 3 sind uneingeschränkt zu beachten. Ein Verstoß macht das Testament allerdings nicht in vollem Umfang unwirksam, da §§ 7, 27 BeurkG anzuwenden sind (siehe hierzu § 27 BeurkG). Mitwirkungsverbote ergeben sich aus § 26 BeurkG (siehe dort).

D. Tesamentserrichtung

Zunächst hat der Testierende seinen letzten Willen gegenüber den mitwirkenden Personen kundzutun. Die Kundgabe kann durch Erklärung des letzten Willens oder durch Übergabe einer offenen oder verschlossenen Schrift erfolgen (ausführlich hierzu bei § 2232). Sodann hat der Bürgermeister eine Niederschrift zu fertigen, die vorzulesen, vom Erblasser zu genehmigen und schließlich von allen Beteiligten zu unterschreiben ist. Die Urkunde kann nur in deutscher Sprache errichtet werden, da § 2249 Abs. 1 Satz 4 nur auf § 5 Abs. 1 BeurkG, nicht aber auf § 5 Abs. 2 BeurkG verweist.

E. Recht der neuen Bundesländer

Das ZGB als Recht der früheren DDR nennt ebenfalls das Nottestament, jedoch nur in der Form des Zwei-Zeugen-Testament. Voraussetzung ist, das der Testierende weder ein eigenhändiges noch ein notarielles Testament errichten kann, § 383 Abs. 2 ZGB. Die Errichtung eines Nottestaments vor dem Bürgermeister war nach dem ZGR der ehemaligen DDR nicht zulässig.

§ 2250 Nottestament vor drei Zeugen

(1) Wer sich an einem Ort aufhält, der infolge außerordentlicher Umstände dergestalt abgesperrt ist, dass die Errichtung eines Testaments vor einem Notar nicht möglich oder erheblich erschwert ist, kann das Testament in der durch § 2249 bestimmten Form oder durch mündliche Erklärung vor drei Zeugen errichten.

§ 2250 BGB | Nottestament vor drei Zeugen

(2) Wer sich in so naher Todesgefahr befindet, dass voraussichtlich auch die Errichtung eines Testaments nach § 2249 nicht mehr möglich ist, kann das Testament durch mündliche Erklärung vor drei Zeugen errichten.

(3) Wird das Testament durch mündliche Erklärung vor drei Zeugen errichtet, so muss hierüber eine Niederschrift aufgenommen werden. Auf die Zeugen sind die Vorschriften der § 6 Abs. 1 Nr. 1 – 3 der §§ 7, 26 Abs. 2 Nr. 2 – 5 und des § 27 des Beurkundungsgesetzes; auf die Niederschrift sind die Vorschriften der §§ 8 – 10, 11 Abs. 1 Satz 2, Abs. 2, § 13 Abs. 1, 3 Satz 1, §§ 23, 28 des Beurkundungsgesetzes sowie die Vorschriften des § 2249 Abs. 1 Satz 5, 6, Abs. 2, 6 entsprechend anzuwenden. Die Niederschrift kann außer in der deutschen auch in einer anderen Sprache aufgenommen werden. Der Erblasser und die Zeugen müssen der Sprache der Niederschrift hinreichend kundig sein; dies soll in der Niederschrift festgestellt werden, wenn sie in einer anderen als der deutschen Sprache aufgenommen wird.

A. Allgemeines

1 Neben dem Bürgermeistertestament lässt § 2250 weitere Möglichkeiten zu, in außerordentlichen Notfällen ein Testament zu errichten.

B. Aufenthalt an einem abgesperrten Ort

2 Gem § 2250 Abs. 1 ist ein Bürgermeistertestament auch möglich, wenn sich der Testierende an einem Ort aufhält, der infolge außerordentlicher Umstände abgesperrt ist und dadurch die Errichtung eines Testaments vor einem Notar nicht möglich oder erheblich erschwert ist. Alternativ kann das Testament durch mündliche Erklärung vor drei Zeugen errichtet werden, § 2250. Anders als das Bürgermeistertestament ist das Drei-Zeugen-Testament jedoch keine öffentliche, sondern lediglich eine Privaturkunde (hM MüKo/*Burkart* § 2250 Rn 1).

3 Voraussetzung ist die Absperrung infolge außerordentlicher Umstände, die das Erreichen eines Notars ausschließt oder erheblich erschwert. Absperrung meint eine räumliche Barriere wie Hochwasser, Erdrutsch, Schneeverwehung, behördliche Absperrung. Da Ort iSd Vorschrift nicht Ortschaft, sondern jede Örtlichkeit ist, kann es sich auch um ein Gebäude handeln (vgl auch OLG Hamm JMBl NRW 1962, 60). Die Absperrung muss eine tatsächliche sein. Die bloße subjektive Hemmnis des Erblassers genügt nicht (KG Rpfleger 1968, 391). Es genügt jedoch, dass der Bürgermeister oder die Zeugen die Auffassung nachvollziehbar teilen, dass die Voraussetzungen der Absperrung gegeben sind (BGHZ 3, 372). Diskutiert wird, ob die Absperrung für eine gewisse Dauer bestehen muss. Tatbestandsmerkmal des § 2250 Abs. 1 ist die Unerreichbarkeit eines Notars. Da es sich um eine Ausnahmevorschrift handelt, muss auch eine Ausnahmesituation vorliegen. Eine nur kurzfristige Absperrung als solches genügt daher idR nicht (vgl Reimann/Bengel/Mayer § 2250 Rn 9).

C. Nahe Todesgefahr

4 § 2250 Abs. 2 nennt die Todesgefahr als weitere, eigenständige Möglichkeit, ein Drei-Zeugen-Testament zu errichten. Der Gefahr des Todes steht die Gefahr des Eintritts der dauernden Testierunfähigkeit gleich. Das Vorliegen der Tatbestandsvoraussetzungen folgt entweder aus objektiven Feststellungen oder aus der übereinstimmenden und nachvollziehbaren Überzeugung aller drei Zeugen (BGHZ 3, 372, OLG Hamm Rpfleger 1931, 369, BayObLG ZEV 2003, 370). Die Unerreichbarkeit eines Notars wird nicht, wie bei Abs. 1, ausdrücklich als Errichtungsvoraussetzung genannt. Aus dem Verweis auf § 2249 folgt jedoch, dass weder Bürgermeister noch Notar erreichbar sein dürfen. Für die Frage der Zulässigkeit des Drei-Zeugen-Testaments ist es unerheblich, wie der Testierende in die

Notlage geraten ist, bzw wie lange er sich bereits in dieser befindet. Maßgeblich ist allein das Vorliegen der Voraussetzungen im Zeitpunkt der Testamentserrichtung. Deshalb kann trotz langer Krankheit wirksam gem §§ 2250 Abs. 2 testiert werden (BayObLGZ 1990, 294).

D. Testamentserrichtung

Beim Drei-Zeugen-Testament kann der Erblasser seinen letzten Willen nur durch mündliche Erklärung kundgeben. Die Übergabe einer Schrift ist nicht möglich.

I. Anwesenheit der Zeugen

Die drei Zeugen sind Adressat der mündlichen Erklärung des Testierenden. Sie treten gemeinsam an die Stelle der Urkundsperson (BGHZ 54, 89 BGH DNotZ 1971, 489). Daher ist nicht nur die bloße Anwesenheit von drei Personen maßgebend. Vielmehr müssen seitens der Zeugen im Zeitpunkt der Erklärung auch der Wille und die Bereitschaft hinzutreten, in der Funktion als Testamentszeugen die Erklärung des Testierenden entgegenzunehmen und für die zutreffende Wiedergabe der Erklärung die Verantwortung zu übernehmen (BGHZ 54, 89; BGH NJW 1972, 202). Hat der Erblasser lediglich in Anwesenheit von drei Personen seinen beabsichtigten Testamentsinhalt vorgetragen und errichtet er anschließend kein ordentliches Testament, kann der Vortrag auch wegen des fehlenden Zeugenbewusstseins nicht in ein wirksames Nottestament umgedeutet werden. Fehlt es an der entsprechenden Mitwirkung der drei Zeugen, liegt ein unbehebbarer Formmangel vor, § 2250 Abs. 3. Eine Heilung kann nicht nach § 2249 Abs. 6 eintreten (BGHZ 54, 89). Die drei Zeugen müssen während des gesamten Errichtungsvorgangs anwesend sein. Dies schließt die Erklärung des letzten Willens, die Fertigung der Niederschrift, deren Vorlesung und Genehmigung sowie zumindest die Unterzeichnung durch den Erblasser ein, was aus §§ 8, 13 BeurkG folgt (MüKo/*Burkart* § 2250 Rn 10). Anwesenheit der Zeugen bedeutet, dass sie in der Lage sind und die Gelegenheit haben, alle Teile des Errichtungsvorgangs selbst und unmittelbar wahrzunehmen. Es müssen sich nicht alle Personen körperlich in einem Raum aufhalten, es muss aber ein uneingeschränkter Sicht- und Hörkontakt bestehen (BGH DNotZ 1971, 489, BayObLG Rpfleger 1981, 195).

Zur Ausschließung als Zeuge gem § 2250 Abs. 3 Satz 2 vgl die Ausführungen zum BeurkG. Die Mitwirkung der in §§ 7, 27 BeurkG genannten Personen führt zur partiellen Unwirksamkeit (BayObLG ZEV 1995, 341) (zur Rechtslage vor dem 1. 1. 1970 vgl Reimann/Bengel/Mayer § 2250 Rn 11). Die bloße Anwesenheit ausgeschlossener Personen bei der Testamentserrichtung ist dagegen unschädlich (BGHZ 115, 169, aA OLG Frankfurt MDR 1981, 673). Die Zeugeneigenschaft stellt sicher, dass es zu einer einwandfreien Feststellung des Erblasserwillens kommt. Darin erschöpft sich die Funktion. Die Regelung stellt vor diesem Hintergrund lediglich klar, von welchen Personen die unbefangene Feststellung nicht erwartet werden kann.

II. Errichtungsakt

Die **mündliche Erklärung** erfolgt gem den Ausführungen zu § 2232 (vgl dort Rn 3). Es genügt deshalb, dass der Testierende nach Vorlesung eines Textes, diesen als für sich verbindlich mündlich erklärt (OLG Zweibrücken NJW 1987, 135, OLG Düsseldorf ZEV 2001, 319). Der Text selber muss nicht in Anwesenheit der Zeugen gefertigt sein. Die Fertigung einer Vorlage ist nicht Teil des Errichtungsvorganges.

Die **Niederschrift** ist in deutscher oder in einer anderen Sprache noch zu Lebzeiten des Erblassers aufzunehmen. Aus der Niederschrift ergibt sich, dass die Erklärungen des Erblassers vor den Zeugen abgegeben und von diesen niedergelegt werden. Die Niederschrift hat daher die Angabe zu enthalten, wer als Zeuge fungiert hat. Aus dem Verweis auf die Vorschriften des BeurkG ergibt sich folgender, notwendiger Inhalt:

§ 2251 BGB | Nottestament auf See

    a) Angaben zur Person des Testierenden und der Zeugen
    b) Angaben zu Tag und Ort der Testamentserrichtung
    c) Feststellungen zur Testierfähigkeit und den Voraussetzungen zur Zulässigkeit des Drei-Zeugen-Testaments (Sollvorschrift gem Verweis § 2250 Abs. 2 Satz 2)
    d) Verlesen des Textes
    e) Genehmigung des Erblassers nach Vorlesung des Textes
    f) Eigenhändige Unterschrift von Erblasser und Zeugen.

10 Die Unterschrift des Erblassers ist entbehrlich, wenn dieser schreibunfähig ist. Dann genügt die Unterschrift der Zeugen. Die Niederschrift sollte die Schreibunfähigkeit dokumentieren, was jedoch nicht Wirksamkeitserfordernis ist.

11 Die Unterschriften der Zeugen müssen nicht in Anwesenheit des Erblassers erfolgen, sie können nachgeholt werden (BayObLGZ 1997, 232; 1990, 294; Soegel/*Mayer* § 2250 Rn 16). Für die Wirksamkeit des Testaments zwingend ist dagegen die Anwesenheit der Zeugen bei der Unterzeichnung des Erblassers. Um einen unerheblichen Formfehler handelt es sich, wenn die Zeugen die Niederschrift im Eingangsteil und nicht am Ende der Urkunde unterzeichnen (so auch hM, BayObLG NJW 1991, 928; ZEV 2003, 368; Palandt/*Edenhofer* § 2250 Rn 10).

12 Streitig ist, ob die Unterschriften der Zeugen den Errichtungsakt als solchen oder die Abfassung der Niederschrift betreffen. Zum einen wird vertreten, dass das Fehlen der Unterschriften einen Verstoß gegen zwingende Vorschriften über den Errichtungsakt darstellt und somit die Unwirksamkeit des Testaments zur Folge hat (BGHZ 37, 79; BayObLG NJW 1991, 928; OLG Köln NJW-RR 1994, 777; MüKo/*Hagena* § 2250 Rn 18). Zum anderen wird die Auffassung vertreten, dass das Fehlen der Zeugenunterschriften gem § 2249 Abs. 6 nicht zur Unwirksamkeit der Verfügung führt, wenn die sonstige Voraussetzungen zur Errichtung eines Notfalltestaments eingehalten sind (BGHZ 115, 169; KG NJW 1966, 1661; OLG Köln Rpfleger 1994, 65; Reimann/Bengel/Mayer § 2250 Rn 15; Palandt/*Edenhofer* § 2250 Rn 10). Diese Meinung stellt die eindeutige Feststellung in den Mittelpunkt, dass der Wille des Testierenden zuverlässig wiedergegeben ist. Wurde dem Testierenden der Text der Verfügung von Todes wegen vorgelesen und hat er diesen genehmigt, ist eine Feststellung iSd § 2249 Abs. 6 zuverlässig möglich. Dann ist es folgerichtig, die Zeugenunterschriften als Teil der Form anzusehen.

E. Recht der neuen Bundesländer

13 Nach dem Recht der ehemaligen DDR war ein Nottestament zumindest in der Form des Zwei-Zeugen-Testaments zulässig. Nach § 383 Abs. 2 ZGB konnte ein solches Testament errichtet werden, wenn in besonderen Notfällen die Errichtung eines notariellen oder eigenhändigen Testaments nicht möglich war.

§ 2251 Nottestament auf See

Wer sich während einer Seereise an Bord eines deutschen Schiffes außerhalb eines inländischen Hafens befindet, kann ein Testament durch mündliche Erklärung vor drei Zeugen nach § 2250 Abs. 3 errichten.

1 § 2251 ermöglicht die Errichtung eines Seetestaments. Da es keine Notlage voraussetzt, ist es zwar ein außerordentliches, aber eigentlich kein Nottestament (Palandt/*Edenhofer* § 2251 Rn 1). Aus dem Bezug auf § 2250 Abs. 3 folgt, dass das Seetestament kein öffentliches Testament ist (hM Palandt/*Edenhofer* § 2251 Rn 1).

2 Ein wirksames Seetestament kann nur auf einem **deutschen Schiff** errichtet werden. Das Schiff wird rechtlich als schwimmender Gebietsteil der Bundesrepublik Deutschland angesehen. Daher könnte ein auf dem Schiff anwesender deutscher Notar auch in der Form eines öffentlichen Testaments ordnungsgemäß beurkunden. Ein deutsches Schiff ist ge-

geben, wenn es im Eigentum eines deutschen Staatsangehörigen oder einer ihm gleichgestellten Person steht (§§ 1, 2, 3 Flaggenrechtsgesetz). Ohne Bedeutung ist die Eintragung im Schiffsregister, die Erteilung eines Schiffszertifikats oder eines Flaggenzeugnisses. Für Schiffe von nichtdeutschen Eigentümern ist neben dem Recht der Flagge evtl das Ortsrecht des Hafens maßgebend.

Die Art des Schiffes (Motor-, Segel-, Küsten-, Binnen- oder Hochseeschiff) ist ohne Bedeutung, auch ein Floß genügt den Voraussetzungen (MüKo/*Burkart* § 2251 Rn 2). Erforderlich ist lediglich, dass es sich um ein Wasserfahrzeug handelt. Luftschiffe sind daher von der Vorschrift nicht erfasst. Im Flugzeug ist § 2250 anzuwenden. 3

Wirksamkeitserfordernis ist zudem, dass sich der Testierende **auf einer Seereise** befindet. Diese ist von einer kurzen Seefahrt abzugrenzen. Rechtsystematisch liegt die Besonderheit des Seetestaments gegenüber dem Nottestament gem § 2250 darin, dass allein ein bestimmter Ort ohne besondere Notlage die Errichtung eines außerordentlichen Testaments ermöglicht. Daher kann nicht jede auch nur kurzzeitige Seereise zu einem wirksamen Seetestament führen, wie zB kurze Sport-, Vergnügungs- und Angelfahrten. 4

§ 2252 Gültigkeitsdauer der Nottestamente

(1) Ein nach § 2249, § 2250 oder § 2251 errichtetes Testament gilt als nicht errichtet, wenn seit der Errichtung drei Monate verstrichen sind und der Erblasser noch lebt.

(2) Beginn und Lauf der Frist sind gehemmt, solange der Erblasser außerstande ist, ein Testament vor einem Notar zu errichten.

(3) Tritt im Falle des § 2251 der Erblasser vor dem Ablauf der Frist eine neue Seereise an, so wird die Frist mit der Wirkung unterbrochen, dass nach Beendigung der neuen Reise die volle Frist von neuem zu laufen beginnt.

(4) Wird der Erblasser nach dem Ablauf der Frist für tot erklärt oder wird seine Todeszeit nach den Vorschriften des Verschollenheitsgesetzes festgestellt, so behält das Testament seine Kraft, wenn die Frist zu der Zeit, zu welcher der Erblasser nach den vorhandenen Nachrichten noch gelebt hat, noch nicht verstrichen war.

A. Allgemeines

§§ 2249 – 2251 sollen einem Testierenden die Möglichkeit geben, in einer Ausnahmesituation wirksam letztwillig zu verfügen. Dabei wird hingenommen, dass diese Testamente wegen ihrer Entstehung und der Mitwirkung von Rechtslaien zu Rechtsunsicherheiten führen können. Insb ist weder die zutreffende Erlangung des Erblasserwillens noch eine umfassende rechtliche Beratung gewährleistet. Um den Testierenden zu zwingen, zur Aufrechterhaltung seiner Anordnungen nach Beendigung der Notsituation neu zu testieren, gilt ein Nottestament (§§ 2249, 2250 oder 2251) als nicht errichtet, wenn seit der Errichtung drei Monate verstrichen sind und der Erblasser noch lebt. 1

B. Frist

Die Frist wird nach den allgemeinen Regeln der §§ 186 f **berechnet**. Der Tag der Testamentserrichtung wird gem § 187 Abs. 1 nicht mitgerechnet. Die Frist endet mit Ablauf des Tages des letzten Monats, dessen Zahl dem Tag entspricht, an dem das Testament errichtet wurde, § 188 Abs. 2. 2

Gem Abs. 2 ist der Beginn und der Lauf der Frist **gehemmt**, solange der Testierende außerstande ist, ein Testament vor einem Notar zu errichten. Die Möglichkeit der Errichtung eines privatschriftlichen Testaments ist unbeachtlich. Testierunfähigkeit führt ebenfalls dazu, dass die Frist gehemmt wird. 3

§ 2253 BGB | Widerruf eines Testaments

4 Gem § 2252 Abs. 3 gilt bei **Seetestamenten** die Besonderheit, dass bei Antritt einer neuen Seereise iSd § 2251 die Frist unterbrochen wird, so dass nach deren Beendigung die volle Drei-Monats-Frist zu laufen beginnt. Nur eine neue Reise hat die Wirkung. Die bloße Unterbrechung der Reise, auf der das Seetestament errichtet wurde, setzt die Drei-Monats-Frist in Gang. Die Fortsetzung der alten Reise führt dann zur Hemmung nach § 2252 Abs. 2.

C. Wirkungen der Fristversäumnis

5 § 2252 enthält eine Fiktion mit Rechtswirkung. Das Testament gilt als nicht errichtet. Damit entfallen ebenso alle aufhebenden Wirkungen, die das Nottestament ggf entfaltet hat, insb die Widerrufswirkung (s § 2254). Ein früheres Testament wird somit durch ein Nottestament nicht endgültig aufgehoben (KG RJA 15, 280). § 2252 Abs. 1 ist eine gesetzliche Anordnung, dh auf die subjektive Einstellung des Testierenden zu seinem Nottestament und dessen Gültigkeit kommt es nicht an (Reimann/Bengel/Mayer § 2252 Rn 4). Eine Anfechtung kommt allenfalls dann nach § 2078 in Betracht, wenn der Testierende durch die irrige Annahme, dass das Testament mit Ablauf der Drei-Monats-Frist nicht kraftlos werde, zu der Verfügung bestimmt worden ist (RGZ 104, 322).

6 Eine Besonderheit kann eintreten, wenn das Nottestament in Form einer Übergabe einer Schrift gem § 2249 errichtet wurde und die Schrift selbst bereits die allgemeinen Formerfordernisse eines **eigenhändigen Testaments** nach § 2247 erfüllt. In einem solchen Fall ist entscheidend, welchen Testierwillen der Erblasser tatsächlich hatte. Lässt sich nachweisen, dass er bei Errichtung der Schrift schon ein wirksames Testament errichten wollte und dies von ihm dauerhaft gewollt war, so unterliegt dieses Testament nicht der Verfallsvorschrift des § 2252. War dem Testierenden nicht bewusst, dass seine Schrift bereits ein wirksames Testament darstellte, und wurde sein Testierwille erst bei Errichtung des Nottestaments betätigt, greift § 2252 uneingeschränkt ein. Weiß der Testierende um die Wirksamkeit seiner Schrift als eigenhändiges Testament und verbindet er mit der Errichtung des Nottestaments den Willen, dem Testament damit nachträglich die Verfallsfrist des § 2252 beizugeben, bleibt das Testament wirksam. Es ist allenfalls anfechtbar (vgl Reimann/Bengel/Mayer § 2252 Rn 5, vgl auch MüKo/*Burkart* § 2253 Rn 8 f). Die Feststellung ist im Einzelfall schwierig, sodass im Zweifel die gewählte Form als Nottestament entscheidend ist und zur Anwendung von § 2252 führt.

7 **Gemeinschaftliche Nottestamente** bleiben wirksam, wenn **einer** der Ehegatten innerhalb von drei Monaten verstirbt (KG OLGE 40, 140). Damit wird der vom Gesetz vorgesehenen Bindungswirkung gemeinschaftlicher Verfügungen Rechnung getragen.

D. Recht der neuen Bundesländer

8 Das ZGB der ehemaligen DDR hatte in § 386 Abs. 4 eine ähnliche Regelung. Die Hemmung der Frist trat jedoch auch ein, wenn der Testierende keine Möglichkeit hatte, ein eigenhändiges Testament zu errichten.

§ 2253 Widerruf eines Testaments

Der Erblasser kann ein Testament sowie eine einzelne in einem Testament enthaltene Verfügung jederzeit widerrufen.

1 Aus dem heute gefestigtem Verständnis von der Testierfreiheit übernimmt § 2253 eine klarstellende Funktion. Wer die Freiheit hat, jederzeit ein Testament zu errichten, dem steht es auch frei, dieses jederzeit zu widerrufen. Das Recht zum jederzeitigen Widerruf liegt im Wesen des Testaments als eine erst mit dem Tod wirksame Verfügung. Die Vorschrift stellt darüber hinaus klar, dass auch nur einzelne Teile eines Testaments

widerrufen werden können, ohne das gesamte Testament in Frage zu stellen. Für den Widerruf gelten grds die allg erbrechtlichen Regeln, so dass der testierende Erblasser testierfähig sein muss (vgl hierzu § 2229). Auch ist er anfechtbar nach § 2078. Die Formen des Widerrufs werden in den nachfolgenden Paragraphen geregelt.

Der Testierende kann sich des jederzeitigen Widerrufsrechts nicht begeben; es ist unverzichtbar. Nur durch die Wahl der Form, gemeinschaftliches Testament oder Erbvertrag kann eine Einschränkung herbeigeführt werden. Der Satz in einem einseitigen Testament, dieses nicht mehr ändern zu können, geht ins Leere (vgl hierzu auch die Regelung des § 2302 bzgl vertraglich vereinbarter Verzichte). 2

Das Gesetz sieht **Möglichkeiten des Widerrufs**: 3
a) durch Testament § 2254
b) durch Vernichtung oder Veränderung § 2255
c) durch Rücknahme aus der amtlichen Verwahrung § 2256
d) durch späteres widersprechendes Testament § 2258.

Ein Widerruf durch schlüssiges Handeln ist ausgeschlossen. Von der Frage des Widerrufs 4
sind die Aufnahmen von Bedingungen im Testament zu unterscheiden. Der Eintritt einer auflösenden Bedingung bzw der Nichteintritt einer aufschiebenden Bedingung sind kein Widerruf. Jedoch kann der Widerruf selbst mit Bedingungen verknüpft werden.

§ 387 Abs. 1 ZGB der ehemaligen DDR entsprach der Regelung des BGB. 5

§ 2254 Widerruf durch Testament

Der Widerruf erfolgt durch Testament.

A. Allgemeines

§ 2254 enthält eine grds Äußerung des Gesetzgebers, der den Widerruf einer letztwilligen 1
Verfügung der Testamentsform unterwirft. Dadurch soll ein übereilter Widerruf vermieden und die Rechtssicherheit gewährleistet werden (Reimann/Bengel/Mayer/*Voit* § 2254 Rn 3).

Der Widerruf unterliegt allen Erfordernissen und Regelungen eines Testaments. Er kann 2
in Form des privatschriftlichen oder öffentlichen Testaments erfolgen, auch in Form eines Nottestamentes. Als Nottestament ist er allerdings nur zeitlich beschränkt wirksam, § 2252. Zudem folgt aus § 2254, dass die Widerrufsform nicht von der Form der letztwilligen Verfügung abhängig ist, die widerrufen werden soll. Andere Widerrufsformen, wie zB der Prozessvergleich, stehen nicht zur Verfügung. Eine Verpflichtung zum Widerruf gibt es nicht, erst recht nicht in vertraglich vereinbarter Form, § 2302. Auch schlüssiges Handeln genügt nicht für einen wirksamen Widerruf.

B. Erklärung des Widerrufs

§ 2254 geht von einem Testament aus, in dem ein Widerruf ausdrücklich erklärt wird. Ein 3
solches Wiederrufstestament ist in der Praxis selten anzutreffen. Maßgebend ist nicht der Wortlaut des Testaments, sondern der eindeutig erkennbar niedergelegte Wille, die letztwillige Verfügung zu widerrufen (BayObLGZ 1956, 377, OLG Hamm DNotZ 1972, 101). Enthält das spätere Testament keine Ausführung zum Widerruf der früheren Verfügung, beurteilt sich die Rechtslage nach § 2258. Wird auf der Rückseite eines Testamentes zusätzlich ein Widerrufstestament vermerkt, ist die Auslegung der Reichweite des Widerrufs erforderlich; ist das Widerrufstestament allgemein formuliert, kann es sich um eine das umseitige Testament ergänzende Widerufserklärung bzgl früherer Verfügungen von Todes wegen handeln (BayObLG FamRZ 1990, 318).

§ 2254 BGB | Widerruf durch Testament

4 Das Widerrufstestament kann sich auf Teile des früheren Testaments beschränken. Daraus folgt auch, dass bei teilweiser Unwirksamkeit des Widerrufs der übrige Teil Wirksamkeit entfalten kann (OLG Zweibrücken ZEV 2003, 367).

C. Voraussetzungen des Widerrufs

5 Das Widerrufstestament muss neben den allgemeinen Anforderungen (insb Testierwille, -fähigkeit und persönliche Errichtung) die Formalien eines Testaments erfüllen. Bloße Vermerke »ungültig«, »aufgehoben« oder »überholt« genügen nicht. Der unterschriebene Vermerk muss klar erkennen lassen, dass im Augenblick der Niederlegung ein Widerrufswille vorhanden war und der Testierende den Widerruf beabsichtigt hat (BGH NJW 1966, 201). Entspricht ein Vermerk nicht der Form des § 2247 so ist der Vermerk ggf an § 2258 zu messen (siehe dort). Ist er als Widerruf erkennbar, so ist die Vermerkunterlage zweitrangig (so bei einem Vermerk auf einem Entwurf eines notariellen Testaments OLG Hamm NJW-RR 2000, 742). Auch ein Umschlag, in dem sich ein Testament befindet, kann genügen. Der Vermerk muss aber gesondert unterschrieben sein, die Unterschrift unter dem im Umschlag befindlichen Testament deckt die neue Verfügung nicht (BayObLG NJW 1963, 1622). Befindet sich die das Testament deckende Unterschrift auf dem Umschlag und wird der Vermerk hier hinzugefügt, so kann ein wirksamer Widerruf vorliegen (vgl § 2247 Rn 3a ff). Zum Fall eines nicht unterschriebenen und daher unwirksamen Widerrufs auf dem amtlichen Hinterlegungsschein LG München I, FamRZ 1998, 1623.

6 Die Überlassung eines wirksamen Testaments mit dem Vermerk »aufgehoben« nebst Unterschrift an einen Notar stellt noch keinen wirksamen Widerruf dar, da hier nur der Auftrag vermerkt ist, den Widerruf durch eine entsprechende Beurkundung herbeizuführen. Umgekehrt genügt jeder eigenhändig niedergelegte Widerrufswille mit Unterzeichnung, so zB auch ein Brief.

D. Widerruf gemeinschaftlicher Testamente

7 Auch gemeinschaftliche Widerrufstestamente und Erbverträge sind möglich, da dies zulässige Formen sind, den letzten Willen zu regeln. Auch kann nur ein Testierender seine frühere Verfügung widerrufen. Es gelten hier die Formerfordernisse der gemeinsamen Verfügung. Bei einem privatschriftlichen gemeinsamen Testament genügt daher die Niederlegung des Widerrufs durch den einen Ehegatten und Unterzeichnung durch den Widerrufenden, sofern die übrigen Voraussetzungen des gemeinschaftlichen Testaments beachtet wurden (siehe § 2265 f).

E. Recht der neuen Bundesländer

8 § 387 II ZGB der ehemaligen DDR enthielt eine dem § 2254 entsprechende Regelung.

F. Kosten/Gebühren

9 Die Beurkundung des Widerrufs einer Verfügung von Todes wegen ist gem § 46 Abs. 2 KostO nur mit einer $^5/_{10}$ Gebühr zu berechnen.

10 Wird der Widerruf mit einer neuen Verfügung von Todes wegen verbunden, so ist nur gem § 46 Abs. 1 KostO zu berechnen: $^{10}/_{10}$ Gebühr. Eine eigenständige Ansetzung des Widerrufs unterbleibt, wenn der Geschäftswert der neu errichteten Verfügung nicht hinter dem der widerrufenen Verfügung zurückbleibt.

11 Der Wert bestimmt sich gem § 46 Abs. 4 KostO (siehe Anmerkungen zu § 2232).

§ 2255 Widerruf durch Vernichtung oder Veränderungen

Ein Testament kann auch dadurch widerrufen werden, dass der Erblasser in der Absicht, es aufzuheben, die Testamentsurkunde vernichtet oder an ihr Veränderungen vornimmt, durch die der Wille, eine schriftliche Willenserklärung aufzuheben, ausgedrückt zu werden pflegt. Hat der Erblasser die Testamentsurkunde vernichtet oder in der bezeichneten Weise verändert, so wird vermutet, dass er die Aufhebung des Testaments beabsichtigt habe.

A. Allgemeines

Das Erbrecht ist getragen von dem Ausgleich zwischen Rechtssicherheit und der einfachen Zugänglichkeit von Gestaltungsmöglichkeiten durch den Rechtsunkundigen. Neben dem eindeutigen Widerruf eines Testamentes durch ein Widerrufstestament gem § 2254 regelt § 2255 Widerrufsmöglichkeiten, die dem Rechtsunkundigen nahe liegen, die aber zu Rechtsunsicherheit führen können. Das Gesetz sieht den Widerruf durch Vernichtung oder durch Vornahme von Veränderungen vor, durch die der Wille zum Ausdruck kommt, eine schriftliche Willenserklärung aufzuheben. In § 2255 Satz 2 wird die Aufhebungsabsicht gesetzlich vermutet.

B. Widerrufshandlung

Tatbestandsmerkmal ist eine Widerrufshandlung, die das Testament entweder vernichtet oder verändert. Das Handeln ist nicht schlüssig, beiläufig oder zufällig, sondern final. Unter **Vernichtung** ist die Zerstörung des materiellen Bestandes der Urkunde durch Zerreißen, Verbrennen, Zerschneiden oÄ zu verstehen. Die Vernichtung ist in ihrer Wirkung eindeutig, was bei der bloßen Veränderung im Einzelfall zu schwierigen Feststellungen führen kann. Nach § 2255 Satz 1 muss die **Veränderung** üblich sein, um den Willen zur Aufhebung einer schriftlichen Erklärung zum Ausdruck zu bringen. Dies kann erfolgen durch, Durchstreichen, Schwärzen, Abschneiden, Abreißen von Teilen, Einreißen (BayObLG FamRZ 1996, 1110), Zerknüllen (BayObLG Rpfleger 1980, 283), Lochen entsprechend teilweiser üblicher Kenntlichmachung von unwirksamen Urkunden ua.

Im Rahmen des § 2255 ist auch ein teilweiser Widerruf möglich. Dies geschieht durch nur teilweise Vernichtung bzw nur auf Teile des Testamentes bezogene Veränderungen. Entscheidend ist, dass die objektive Handlung eindeutig auch durch Auslegung feststellbar ist und im Übrigen ein wirksames Testament erhalten bleibt.

Problematisch sind die Fälle, in denen der Testierende sein Testament nicht selbst vernichtet oder verändert, sondern die **Widerrufshandlung durch einen Dritten** vornehmen lassen will, z. B. wenn er das Testament körperlich unversehrt zum Abfall gibt. Wie diese Fälle zu behandeln sind, ist fraglich, weil der Testierende zwar den Wortlaut des § 2255 nicht erfüllt, aber durchaus einen Weg wählt, durch den ein Wille ausgedrückt zu werden pflegt, eine schriftliche Willenserklärung aufzuheben. Die Überlassung an einen Dritten mit der Anweisung, das Testament körperlich zu verändern, führt dazu, dass die tatsächliche Widerrufshandlung nicht von dem Testierenden selbst vorgenommen wird. Die Widerrufshandlung setzt zwar ein persönliches Handeln des Erblassers voraus, die Vernichtung oder Veränderung muss jedoch nicht von der Hand des Erblassers herrühren. Daher kann die Handlung auch von einem Dritten als Werkzeug ohne Entscheidungsspielraum vorgenommen werden. Erforderlich ist allerdings, dass der Vernichtungsauftrag noch **zu Lebzeiten des Erblassers** ausgeführt wird (BayObLG FamRZ 1992, 1350; OLG Köln Rpfleger 1994, 65; OLG Hamm NJW-RR 2002, 222). Es für einen Widerruf nach § 2255 ausreichen zu lassen, alles Notwendige veranlasst zu haben, um den gewünschten Erfolg zu erreichen, käme einer Entscheidung gegen die Rechtssicherheit gleich. Überlässt der Testierende sein Testament Dritten und vertraut auf deren Handlung, würde eine

§ 2255 BGB | Widerruf durch Vernichtung oder Veränderungen

Nichteinhaltung der Weisung dazu führen, dass ein nicht verändertes Testament als unwirksam anzusehen ist.

5 Der **Ungültigkeitsvermerk** als Veränderung iSd § 2255 ist von dem Widerrufstestament durch Vermerk iSv § 2254 abzugrenzen. Nach dem Gesetzeswortlaut kann nur ein Ungültigkeitsvermerk auf der Testamentsurkunde selbst eine Veränderung iSd § 2255 darstellen. Ein Ungültigkeitsvermerk auf dem Testamentsumschlag bzw einem beigefügten Blatt ist nur in der Form des § 2254 ein wirksamer Widerruf (BayObLG Z 1963, 31). Bilden der Umschlag mit Unterschrift und das innenliegende Testament eine rechtliche Einheit, ist der Widerruf durch Vermerk auf dem Umschlag möglich (BGH NJW 1974, 1083, Reimann/Bengel/Mayer Rn 10; MüKo/*Hagena* Rn 6). Auch der Ungültigkeitsvermerk auf einer Testamentsabschrift/-kopie genügt allein nicht (KG NJW 1957, 1364). Hat der Testierende zwei Testamentsurkunden gefertigt und ist nur auf einer der Ungültigkeitsvermerk angebracht, ist im Wege der Auslegung zu ermitteln, ob damit ein Widerruf vorliegt (MüKo/*Hagena* § 2255 Rn 6).

6 Der Ungültigkeitsvermerk erfolgt durch einen eindeutigen Zusatz auf der Testamentsurkunde, wie zB »ungültig«, »aufgehoben«, »nicht wirksam«, »annulliert«. Der Vermerk muss in seiner Anbringung zu einer Veränderung der Urkunde führen. Zweifel an seiner Widerrufswirkung führen dazu, dass das Testament wirksam bleibt.

7 Wird mit dem Vermerk der Ungültigkeit eine neue Verfügung verbunden, werden zB Erbquoten verändert, müssen die allgemeinen Voraussetzungen zur wirksamen Errichtung eines Testamentes erfüllt werden. Werden die Veränderungen im Text vorgenommen, kann die ursprüngliche Unterschrift diese Veränderung decken.

C. Widerrufsabsicht

8 Voraussetzung des § 2255 ist die Widerrufsabsicht. Der Testierende muss in dem Bewusstsein handeln, dass er mit der Widerrufshandlung seinen Widerrufswillen betätigt. Ein Geschäftsunfähiger kann daher durch Vernichtung ein Testament nicht widerrufen. Zufälliger Untergang führt nicht zum Widerruf, auch wenn der Testierende nachträglich bekundet, dass er dieses als Widerruf ansehe. Notwendig ist ein Widerruf nach § 2254 oder § 2258. Diese Widerrufsabsicht muss feststehen. Dies ist Beweisfrage, wobei die Aufhebungsabsicht gem § 2255 Satz 2 ges vermutet wird, wenn das Testament von dem Testierenden vernichtet oder verändert wurde. (vgl OLG Hamm ZEV 2002, 153 zur Vernichtung des Ersttestaments ohne Widerrufsabsicht und Unwirksamkeit des Widerruf-Testaments).

D. Beweislast

9 Für die Errichtung eines nicht vorhandenen Testaments ist derjenige beweispflichtig, der aus dem Testament Rechte herleiten will. Hat er aber den Gegner durch Vernichtung oder Unterdrückung des Testaments die Aufklärung über die Errichtung und den Inhalt des Testaments erschwert oder vereitelt, muss er sich ggf so behandeln lassen, als ob ein formgültiges Testament errichtet worden wäre (OLG Hamm OLGZ 67, 79; MüKo/*Hagena* § 2255 Rn 17). Die Beweislast für die Ungültigkeit des Testaments trägt derjenige, der sich auf den Widerruf beruft (MüKo/*Hagena* § 2255 Rn 14).

E. Recht der neuen Bundesländer

10 Aus § 387 Abs. 3 ZGB folgt, dass auch in der ehemaligen DDR ein Widerruf durch Vernichtung oder Veränderung des Testaments möglich war. Diese Möglichkeit war auf eigenhändige Testamente beschränkt.

§ 2256 Widerruf durch Rücknahme des Testaments aus der amtlichen Verwahrung

(1) Ein vor einem Notar oder nach § 2249 errichtetes Testament gilt als widerrufen, wenn die in amtliche Verwahrung genommene Urkunde dem Erblasser zurückgegeben wird. Die zurückgebende Stelle soll den Erblasser über die in Satz 1 vorgesehene Folge der Rückgabe belehren, dies auf der Urkunde vermerken und aktenkundig machen, dass beides geschehen ist.

(2) Der Erblasser kann die Rückgabe jederzeit verlangen. Das Testament darf nur an den Erblasser persönlich zurückgegeben werden.

(3) Die Vorschriften des Absatzes 2 gelten auch für ein nach § 2248 hinterlegtes Testament; die Rückgabe ist auf die Wirksamkeit des Testaments ohne Einfluss.

A. Allgemeines

Nach § 2256 ist die Rücknahme eines öffentlichen Testamentes aus amtlicher Verwahrung ein wirksamer Widerruf. Die besondere Wirkung der Rücknahme aus amtlicher Verwahrung ist bei öffentlichen Urkunden konsequent, da die besondere Beweiskraft der öffentlichen Urkunde vor Einwirkungen Dritter geschützt werden muss. Dieser Schutz ist erforderlich, da das Testament vom Erblasser nicht eigenhändig geschrieben wurde, sondern maschinell geschrieben ist. Die Rechtssicherheit wird beeinträchtigt, wenn die Kette der öffentlichen Verantwortlichkeit für die Testamentsurkunde unterbrochen wird. Die Sanktionen des Widerrufs bei Rücknahme sind im Verhältnis zu anderen Vorschriften im Recht der Verfügung von Todes wegen hart. Der Gesetzgeber zeigt aber im Bezug auf öffentliche Urkunden und ihrer Beweiskraft stets eine besondere Strenge, die die Besonderheit einer öffentlichen Urkunde unterstreicht. Konsequenterweise führt die Herausnahme eines privatschriftlichen Testamentes aus der amtlichen Verwahrung nicht zu einem Widerruf, § 2256 Abs. 3. 1

Anwendbar ist § 2256 auf alle **öffentlichen Testamente**, dh auf vor einem Notar oder vor einem Bürgermeister nach § 2249 errichteten Testamente. Testamente, die nach § 2250 Abs. 1 nach den Regeln des § 2249 errichtet wurden, unterfallen der Regelung des § 2256. Bei gemeinschaftlichen Testamenten ist für die Rücknahme aus amtlicher Verwahrung Voraussetzung, dass das Verlangen von beiden Ehegatten gemeinsam gestellt wird, § 2272. Da das Konsulartestament im BGB nicht geregelt wurde, wird es in § 2256 nicht erwähnt. Die Möglichkeit zur Errichtung eines Konsulartestament ergibt sich aus den Regelungen des KonsularG. Die Beurkundung durch einen Konsularbeamten führt zu einem öffentlichen Testament mit der Verpflichtung zur amtlichen Verwahrung. Daher wendet die hM zutreffenderweise § 2256 auch auf Konsulartestamente an (vgl Dittmann/Reimann/Bengel § 2256 Rn 4). Bei Erbverträgen gilt über § 2300 Abs. 2 die Regelung des § 2256 Abs. 1 entsprechend. Voraussetzung ist jedoch, dass der Erbvertrag nur Verfügungen von Todes wegen enthält. Nur diese können aus der amtlichen oder notariellen Verwahrung genommen werden (iE siehe dort). Nicht anwendbar ist § 2256 auf privatschriftliche und Nottestamente vor drei Zeugen nach § 2250. 2

Zwar können auch privatschriftliche Testamente jederzeit aus der Verwahrung genommen werden. Gem § 2256 Abs. 3 führt dies jedoch nicht zum Widerruf. 3

Das Testament muss sich **in besonderer amtlicher Verwahrung** des Gerichts (in BW des Notariats) befinden. Gem § 34 BeurkG ist der Notar verpflichtet, ein vor ihm errichtetes öffentliches Testament unverzüglich in die besondere amtliche Verwahrung (s § 2258a und 2258b) zu geben. Gem § 2249 gilt dies durch die Verweisung auf § 34 BeurkG ebenso für die Urkundsperson des Bürgermeistertestamentes. Die amtliche Verwahrung ist Tatbestandsvoraussetzung. Somit findet § 2256 erst Anwendung, wenn ein öffentliches Testament in die amtliche Verwahrung gelangt ist. 4

B. Rückgabeverlangen

5 Die Rückgabe setzt das Verlangen des Testierenden auf Rückgabe voraus. Darin erschöpft sich die Voraussetzung des Verlangens. Da das Gesetz die Widerrufsfolge an die Herausgabe knüpft, wird zu Recht davon ausgegangen, dass das Verlangen als Teilakt nicht von dem Testierenden höchstpersönlich erklärt werden muss (allgM; MüKo/*Hagena* § 2258 Rn 5). Eine Übermittlung durch Dritte ist möglich. Eine Form ist weder inhaltlich noch äußerlich vorgeschrieben. Ein Telefonanruf, der den Willen zur Herausgabe zu erkennen gibt, genügt. Ob im Zeitpunkt des Verlangens auch Testierfähigkeit gegeben sein muss, ist aufgrund der Trennung in Verlangen und höchstpersönlicher Entgegennahme zweitrangig. Würde man beides als Einheit ansehen, so würde ein im Zustand der Testierunfähigkeit erklärtes Verlangen und eine Entgegennahme bei wiedererlangter Testierfähigkeit aufgrund des unwirksamen Verlangens zu einem unwirksamen Widerruf trotz Herausgabe führen (vgl LG Augsburg Rpfleger 1998, 344). Um dies zu vermeiden, ist zumindest in der Entgegennahme ein konkludentes und damit wirksames Rückgabeverlangen zu sehen (Reimann/Bengel/Mayer § 2256 Rn 6).

C. Rückgabe

6 Die ges Fiktion tritt nur durch die tatsächliche Rückgabe ein (BGH NJW 1959, 2113). Diese muss an den Testierenden selbst, dh höchstpersönlich erfolgen. Die Übermittlung durch Boten oder Post, die Entgegennahme durch einen Bevollmächtigten führt nicht zum Widerruf des Testamentes (OLG Saarbrücken NJW RR 1992, 586, KG DNotZ 1935, 828, DNotI Report 2002, 17). Die Aushändigung erfolgt durch das verwahrende Gericht in der Person eines Rechtspflegers (bzw in BW durch den Notar).

7 Kann der Testierende nicht selbst bei Gericht vorstellig werden, ist ihm das Testament an seinem Aufenthaltsort auszuhändigen. Der Rechtspfleger muss den Testierenden aufsuchen. Die Aushändigung kann bei weiter räumlicher Entfernung im Wege der Rechtshilfe durchgeführt werden (Keidel-Kuntze-Winkler § 2 FGG Rn 23). Hält sich der Testierende im Ausland auf, erfolgt die Rückgabe unter Hilfe des Konsuls. Ist die Rückgabe nicht durch die zuständige Stelle bzw nicht an den Testierenden persönlich erfolgt, tritt die Widerrufsfiktion nicht ein. Keine Rückgabe ist die bloße Hingabe zur Einsichtnahme bei Gericht (Palandt/*Edenhofer* § 2258 Rn 2). Wird das Testament dabei versehentlich von dem Testierenden behalten, führt dies nicht zum Widerruf. Anderes gilt zu Recht, wenn der Testierende das Testament willentlich und heimlich an sich nimmt und damit bewusst aus der amtlichen Verwahrung nimmt. Die Rechtssicherheit gebietet es, dieses Vorgehen als Akt des Widerrufs anzusehen (Palandt/*Edenhofer* § 2256 Rn 2, Reimann/Bengel/Mayer § 2256 Rn 7).

8 Fraglich ist, ob ein Nottestament, das durch Übergabe einer Schrift errichtet wurde, bei Rückgabe ausschließlich nach § 2256 zu behandeln ist oder ob es als privatschriftliches Testament wirksam bleiben kann. Durch die Übergabe einer Schrift entsteht ein notarielles Testament. Die Schrift ist ein Bestandteil der Urkunde. Der Testierende hat diese Form bei Errichtung gewählt und muss darauf vertrauen, dass auch bei einem Widerruf dieses Testament nur wie ein notarielles behandelt wird (Palandt/Edenhofer § 2256 Rn 1, Reimann/Bengel/Mayer § 2256 Rn 10, MüKo/*Hagena* § 2256 Rn 3).

9 Nach § 2256 Abs. 1 Satz 2 soll der Testierende bei der Rückgabe über die Widerrufsfiktion belehrt werden. Die **Belehrung** soll den Testierenden über die Tragweite seines Handelns informieren. Sie ist keine Wirksamkeitsvoraussetzung, da es sich um eine Sollvorschrift des Verfahrensrechts handelt. Die nicht erfolgte Belehrung kann jedoch zu einer Anfechtung des Widerrufs gem § 2078 berechtigen (Reimann/Bengel/Mayer § 2256 Rn 9).

E. Recht der neuen Bundesländer

Nach dem Recht der ehemaligen DDR wurde ein Testament ebenfalls durch die Rücknahme aus der Verwahrung widerrufen, § 387 Abs. 2 ZGB. Im Gegensatz zu § 2256 war § 387 Abs. 2 ZBG auch auf das Zwei-Zeugen-Nottestament anwendbar. 10

§ 2257 Widerruf des Widerrufs

Wird der durch Testament erfolgte Widerruf einer letztwilligen Verfügung widerrufen, so ist im Zweifel die Verfügung wirksam, wie wenn sie nicht widerrufen worden wäre.

A. Allgemeines

Durch die Worte im Zweifel hat der Gesetzgeber § 2257 zu einer Auslegungsregel erhoben. Nicht jeder Widerruf eines Widerrufs soll zur Erstarkung des ursprünglichen Testamentes führen. Hiermit räumt der Gesetzgeber unter Beachtung der im Interesse der Richtssicherheit und Rechtsklarheit notwendigen Grenzen dem Testierenden eine weitere diesem nahe liegende Möglichkeit ein, seinen letzten Willen zu verwirklichen. Der Widerruf eines Widerrufs ist rechtlich überhaupt nur möglich, weil über Wirksamkeit oder Unwirksamkeit einer Verfügung von Todes wegen erst im Zeitpunkt des Erbfalles entschieden wird. So kann ein ursprünglich durch Widerruf beseitigtes Testament wieder wirksam werden (vgl Dittmann/Reimann/Bengel § 2257 Rn 3). 1

B. Widerruf eines Widerrufstestaments

§ 2257 ist nur auf einen durch Testament erklärten Widerruf (§ 2254) anwendbar, da nur dieser Widerruf die ursprüngliche Testamentsurkunde in ihrer Körperlichkeit unversehrt lässt. 2

Der Widerruf des Widerrufs ist selbst eine Verfügung von Todes wegen, so dass alle Voraussetzungen eines wirksamen Testamentes erfüllt sein müssen (siehe § 2247). Er ist in den Formen der §§ 2254, 2255 und 2256 (Dittmann/Reimann/Bengel § 2257 Rn 6) sowie in der Form des gemeinschaftlichen Testaments zulässig. 3

Durch den Widerruf tritt das ursprüngliche Testament im Zweifel wieder in Kraft, § 2257, dh das ursprüngliche Testament entfaltet seine Geltung, als wenn es nie widerrufen worden wäre. Damit wird ges vermutet, dass die ursprüngliche Verfügung wirksam ist. 4

Da der Widerruf selbst Verfügung von Todes wegen ist, ist der Widerruf des Widerrufs des Widerrufs möglich. Denkbar ist letztendlich eine ganze Kette von Verfügungen, was in der Praxis einen unwahrscheinlichen Fall darstellt. Wer sich auf ein widerrufenes Testament beruft, ist für dessen Wirksamkeit beweispflichtig. 5

C. Andere Widerrufsarten

Ein **Widerruf durch Rücknahme aus der amtlichen Verwahrung** (§ 2256) kann nicht durch Testament widerrufen werden, da die Regelungsfunktion des § 2256 ansonsten unterlaufen würde, der gerade das öffentliche Testament vor Veränderung schützen will und daher die Unterbrechung der Kette der amtlichen Verwahrung als Widerruf ansieht (siehe Kommentierung dort) (BayObLG NJW RR 1990, 1481). Erfolgte der Widerruf nicht in der Form des § 2254, kann ein Testament nur durch vollständige Neuerrichtung entstehen (BayObLG Z 1973, 35). 6

In den Fällen des **Widerrufs durch Veränderung** insb durch Anbringung eines Ungültigkeitsvermerks oder durch Streichungen in der Testamentsurkunde ist grundsätzlich davon auszugehen, dass ein Widerruf dieses Widerrufs ausgeschlossen ist (MüKo/*Hagena* § 2257 Rn 3). Es genügt nicht, den Vermerk zu beseitigen, die Streichung zu radieren oder 7

§ 2258 BGB | Widerruf durch ein späteres Testament

gar ein zerrissenes Testament wieder zusammen zu kleben (BayObLG NJW RR 1996, 1094 = ZEV 1996, 271 m Anm *Hohmann*). Zu prüfen ist jedoch stets, ob ein Fall der Neuerrichtung durch Bezugnahme vorliegt. Wird zB neben einer Streichung ein unterschriebener Vermerk angebracht »Soll doch gelten« so ist die Form des § 2247 gewahrt und der Inhalt der Verfügung ist wegen seiner engen räumlichen Beziehung zur Streichung eindeutig feststellbar (vgl KG DNotZ 1943, 39, RGZ 115, 111). Auch das Zusammenfügen der Einzelteile eines zerrissenen Testamentes mit unterschriebenem Gültigkeitsvermerk kann zu einem neuen Testament gem § 2247 durch Bezugnahme führen (für den Fall des unterschriebenen Umschlages bei zerrissenem Testament OLG Düsseldorf JZ 1951, 309).

8 Ob ein nicht unterschriebener Vermerk der Form des § 2247 genügt, wenn die bereits vorhandene Unterschrift diesen Vermerk deckt (vgl Ausführungen zu § 2247) ist str. Die hL schließt diese Möglichkeit in den Fällen des vollständigen Widerrufs aus, da die Unterschrift die neue Verfügung nicht decke (vgl BayObLG FamRZ 1992, 1353; Lange-Kuchinke § 23 Abs. 3 Satz 1a). Diese Auffassung legt ihren Schwerpunkt auf die Rechtsklarheit. Das ist jedoch inkonsequent. Lässt man allgemein zu, dass eine frühere Unterschrift spätere Anordnungen trägt, so muss dies auch in dieser Fallkonstellation gelten. § 2257 ist eine Auslegungsregel und keine Formvorschrift, so dass das Vorliegen der Voraussetzungen nach § 2247 genügt. Wird aus den Regelungszusammenhängen heraus die Wirksamkeit einer Verfügung erst im Todeszeitpunkt festgestellt, so ist auch eine frühere Widerrufsunterschrift einer wirksamen neuen Verfügung zugänglich (vgl wie hier auch Dittmann/Reimann/Bengel § 2258 Rn 4).

D. Recht der neuen Bundesländer

9 Das Recht der ehemaligen DDR kennt keine entsprechende Regelung. Rechtlich denkbar ist die Fallgestaltung, dass unter dem Recht des ZGB widerrufen wurde und der Widerruf nach Beitritt zur Bundesrepublik gem § 2257 widerrufen wurde. Diese Verfahrensweise führt zu einer wirksamen Widerrufserklärung.

E. Kosten

10 Der Widerruf des Widerrufs ist selbst wiederum Verfügung von Todes wegen, jedoch mit der Maßgabe, dass auch hier für die Beurkundung § 46 Abs. 2 KostO zur Anwendung kommt und auch nur eine $^5/_{10}$ Gebühr zu erheben ist.
11 Der Geschäftswert bestimmt sich nach § 46 Abs. 4 KostO (siehe Anmerkungen zu § 2232).

§ 2258 Widerruf durch ein späteres Testament

(1) Durch die Errichtung eines Testaments wird ein früheres Testament insoweit aufgehoben, als das spätere Testament mit dem früheren in Widerspruch steht.

(2) Wird das spätere Testament widerrufen, so ist im Zweifel das frühere Testament in gleicher Weise wirksam, wie wenn es nicht aufgehoben worden wäre.

A. Allgemeines

1 § 2258 betrifft den oftmals anzutreffenden Fall, das der Erblasser mehrere Testamente hinterlässt, ohne dass in einzelnen Testamenten ausdrücklich oder durch Wortauslegung ermittelte Widerrufserklärungen bzgl früherer Verfügungen von Todes wegen aufgenommen wurden. Durch die Regelung des § 2258 wird gesetzlich unterstellt, dass spätere Testamente, die in Widerspruch zu früheren Testamenten stehen, die früheren Testamente widerrufen. Systematisch stellt sich die Frage, ob damit die Fiktion eines Widerrufstestamentes eintritt oder der Widerrufswille fingiert wird. Aus der Stellung der Vor-

schrift in der Reihe der Widerrufsverfügungen führt die Anwendung von § 2258 zur Fiktion eines Widerrufstestamentes, das von dem vermuteten Widerrufswillen bei Neuerrichtung getragen ist. Diese Fiktion tritt unabhängig davon ein, ob dem Testierenden die Existenz des früheren Testamentes noch bewusst war oder den Widerspruch selbst überhaupt bemerkt hat (BGH NJW 1981, 2745; 1987, 901). Entscheidend ist der Wille, ein Testament in der neuen Fassung zu errichten.

Anwendbar ist § 2258 auch auf gemeinschaftliche Testamente. Zudem kann durch ein 2 späteres gemeinschaftliches Testament ein früheres Einzeltestament aufgehoben werden. Gleiches gilt für Erbverträge.

B. Voraussetzungen

In Abgrenzung zu § 2254 ist es zunächst erforderlich, dass das spätere Testament keinen 3 Widerruf enthält. Ein solcher Widerruf muss nicht ausdrücklich erklärt werden, er kann auch durch Wortauslegung ermittelt werden. Nur wenn das spätere Testament überhaupt keine Anhaltspunkte enthält, ist der Weg zur Anwendung des § 2258 Abs. 1. gewiesen (BayObLG FamRZ 1993, 605, BGH NJW 1981, 2745, MüKo/*Hagena* § 2258 Rn 4).

I. Errichtungszeitpunkt

Gem § 2258 Abs. 1 muss klar sein, welches Testament das spätere ist. Die Datierung eines 4 Testamentes ist nach § 2247 nicht zwingend vorgeschrieben, so dass es bei fehlender Datierung darauf ankommt, ob die zeitliche Reihenfolge festgestellt werden kann. Zur Ermittlung stehen alle Beweismittel zur Verfügung (Palandt/*Edenhofer* § 2258 Rn 1, zur Auslegung BayObLG Rpfleger 1979, 123). Der genaue Zeitpunkt muss nicht feststellbar sein, es genügt die Feststellung, dass es sich um ein späteres Testament handelt. Lässt sich eine Klärung nicht erreichen, gelten mehrere Testamente als gleichzeitig errichtet (KG OLGZ 91, 144, allgM). Ist ein Testament datiert und ein weiteres undatiert und lässt sich nicht feststellen, welches das spätere Testament ist, gilt im Zweifel das undatierte Testament als das ältere mit der Folge, dass das datierte Testament Bestand hat (allgM vgl Palandt/*Edenhofer* § 2258 Rn 1, MüKo/*Hagena* § 2258, Rn 8, KG Rpfleger 1991, 155).

II. Widerspruch

Weitere Voraussetzung ist, dass der Inhalt der Testamente im Widerspruch steht. Bei 5 gleich lautenden Testamenten besteht kein Bedarf festzustellen, aufgrund welcher Verfügung die Erbfolge eintritt. Ein Widerspruch liegt dann vor, wenn mehrere letztwillige Verfügungen sachlich nicht miteinander vereinbar sind und damit die Anordnungen nicht nebeneinander Geltung erlangen, dh nicht nebeneinander ausgeführt werden können und sich somit gegeneinander ausschließen (BGH NJW 1985, 969).

Die vorliegenden Verfügungen sind abzugleichen, wobei dieser Abgleich allen Mitteln der 6 Erforschung des wahren Willens zugänglich ist. Erst wenn die Mittel der Auslegung erschöpft sind und die Unvereinbarkeit festgestellt ist, ist Raum für die Anwendung des § 2258 Abs. 1. Wiederholt der Erblasser in dem späteren Testament einzelne Verfügungen und lässt andere weg, ist hierin idR ein Widerspruch zur früheren Verfügung zu sehen, so dass die weggelassene Verfügung als widerrufen gilt (BayObLGZ 1991, 10). Dies kann anzunehmen sein beim Weglassen der Schlusserben in einem gemeinschaftlichen Testament, von Ersatzerben oder der Testamentsvollstreckung. Im Einzelfall kann die Feststellung schwierig sein, ob der Testierende eine umfassende Neuerrichtung oder nur eine Wiederholung mit dem redaktionellen Mangel des Weglassens gewollt hat. Das Gesetz sieht in dem Widerspruch den Anhaltspunkt zur Aufhebung der früheren letztwilligen Verfügung. Daher spricht eine Vermutung dafür, dass das Weglassen einen Widerruf darstellt. Hat der Testierende in einem früheren Testament Vermächtnisse ausgesetzt und errichtet er ein späteres, dass ausschließlich Vermächtnisse enthält, die den

§ 2258 BGB | Widerruf durch ein späteres Testament

Anordnungen des früheren Testamentes nicht widersprechen, kann von einer ergänzenden weiteren Verfügung von Todes wegen ausgegangen werden. Hierbei ist jedoch Sorgfalt auf die eindeutige Feststellbarkeit des Erblasserwillens zu legen. Dementsprechend hat der BGH dargelegt, dass selbst bei einer sachlichen Vereinbarkeit mehrerer Verfügungen dennoch ein Widerruf der früheren Verfügung gesehen werden kann, wenn nach dem durch Auslegung zu ermittelnden Willen des Erblassers die spätere Verfügung allein und ausschließlich gelten und die spätere somit die umfassende alleinige Regelung seines Willens enthalten soll (BGH NJW 1981, 2746; 1985, 969).

III. Aufhebungswille

7 § 2258 geht von einem späteren Testament aus, das keine ausdrückliche Widerrufserklärung bzgl einer früheren Verfügung von Todes wegen enthält. Daher ist auch ein ausdrücklicher Aufhebungswille des Testierenden nicht zu fordern, weil dieser gesetzlich fingiert wird. Es genügt die Feststellung, dass der Testierende evtl trotz sachlicher Vereinbarkeit mit der früheren Regelung – eine andere als die frühere treffen wollte (BGH NJW 1985, 969).

C. Wirkung

8 Die **Aufhebung** (Widerruf) erfolgt **insoweit**, als das spätere mit dem früheren Testament in Widerspruch steht. Entscheidend ist nicht der Wortlaut, sondern der durch allgemeine Auslegung ermittelte Inhalt (BGH Z 26, 104 = NJW 1958, 498, BayObLG FamRZ 1992, 607) und DNotZ 1996, 319) (vgl hierzu insb §§ 2084, 2085 dort). Wirkungslos gewordene Testamente sind zu beachten, zB wenn der Bedachte vorverstorben ist (KG NJW 35, 3122).

9 Der Widerruf des späteren Testamentes führt nur dann zur Beachtung des früheren, wenn sich der **Wille des Erblassers** im Zeitpunkt des Widerrufs feststellen lässt, die Wirksamkeit des früheren Testamentes wieder herstellen zu wollen (zum Fall eines maschinenschriftlichen späteren Testaments OLG Hamm Rpfleger 1983, 328, BayObLG 87, 59, DNotZ 1996, 319). Ist dieser Wille des Testierenden nicht feststellbar, greift die Auslegungsvermutung des § 2258 Abs. 2. Diese Regelung greift nur in der Systematik des § 2258, dh nur bei Widerruf durch späteres Testament. Die Regelung ist anderen Widerrufsformen (§ 2255, 2256) nicht zugänglich.

10 Wie bei **gleichzeitig errichteten Testamenten** bzw als gleichzeitig errichtet geltenden Testamenten zu verfahren ist, ist im Gesetz nicht geregelt. Problematisch sind diese Fallkonstellationen dann, wenn die Testamente sich inhaltlich ganz oder teilweise widersprechen. Decken sich die Testamente, sind sie beide wirksam. Es kommt nicht darauf an, aufgrund welches Testaments die Erbfolge geregelt ist (BayObLG Rpfleger 2000, 334). Bei teilweiser Deckung ist jedoch sorgfältig zu prüfen, ob hieraus auf eine Teilwirksamkeit geschlossen werden kann (Staudinger/Baumann § 2258 Rn 17, Dittmann/Reimann/Bengel § 2258 Rn 11). Schließen sich beide Testamente gegenseitig aus, geht dies zu Lasten der Wirksamkeit beider. Die Testamente sind unwirksam (BayObLG Rpfleger 1979, 123 und 2000, 334 aA Notariat Gernsbach BWNotZ 1993, 61). Vorgeschlagen wird, eine alle Testamente zusammenfassende mit anteilmäßiger Zuweisung an alle Benannten anzuwenden (Schneider MDR 1990, 1086). Dies findet jedoch keinerlei Grundlage im Erbrecht. Es ist der wahre Wille zu erforschen; Fehler gehen zulasten des Testierenden (wie hier Voit in Dittmann/Reimann/Bengel § 2258 Rn 10). Eine fiktive Zusammensetzung mehrerer Testamente und weitestgehende Auslegung ist nur insoweit möglich, wie dies den Testamenten entnommen werden kann. Lässt sich ein Wille des Testierenden ermitteln, liegt insoweit auch kein Widerspruch vor (zu weitgehend *Sonntag* ZEV 1996, 1, vgl Dittmann/Reimann/Bengel aaO.).

D. Recht der neuen Bundesländer

§ 387 Abs. 2 Nr. 1 ZGB enthielt eine dem § 2256 Abs. 1 entsprechende Regelung. Eine Vermutung wie § 2256 Abs. 2 gab es im Recht der ehemaligen DDR nicht, so dass das durch ein späteres Testament widerufene Testament stehts als unwirksam anzusehen ist, selbst wenn das spätere Testament noch widerrufen wird. **11**

E. Kosten

Die Errichtung eines neuen Testaments ist zugleich der Widerruf der früheren Verfügung. Es ist grds nur die Beurkundung der neuen Verfügung zu berechnen. Die Gebühr für den Widerruf wird gem § 46 Abs. 2 Satz 2 KostO nur insoweit erhoben, als der Geschäftswert der neu errichteten Verfügung hinter dem der widerufenen Verfügung zurückbleibt. Diese Fallkonstellation des § 2258 kann nur in Ausnahmefällen eintreten, da gerade § 2258 den deckungsgleichen Widerruf fingiert. **12**

§ 2258a Zuständigkeit für die besondere amtliche Verwahrung

(1) Für die besondere amtliche Verwahrung der Testamente sind die Amtsgerichte zuständig.

(2) Örtlich zuständig ist:

1. wenn das Testament vor einem Notar errichtet ist, das Amtsgericht, in dessen Bezirk der Notar seinen Amtssitz hat,

2. wenn das Testament vor dem Bürgermeister einer Gemeinde oder dem Vorsteher eines Gutsbezirks errichtet ist, das Amtsgericht, zu dessen Bezirk die Gemeinde oder der Gutsbezirk gehört,

3. wenn das Testament nach § 2247 errichtet ist, jedes Amtsgericht.

(3) Der Erblasser kann jederzeit die Verwahrung bei einem anderen Amtsgericht verlangen.

A. Allgemeines

Die besondere amtliche Verwahrung dient der größtmöglichen Sicherheit vor Verlust und Vernichtung der Urkunde sowie der Geheimhaltung ihres Inhalts. Zudem wird sichergestellt, dass das Testament aufgefunden und so der letzte Wille des Erblassers beachtet wird (MüKo/*Hagena* § 2258 Rn 1). **1**

Die besondere amtliche Verwahrung ist für Testamente (§ 2258a) und Erbverträge (§ 2300) vorgesehen. Gem § 34 Abs. 1 Satz 4 BeurkG ist ein vor dem Notar errichtetes Testament unverzüglich in die besondere amtliche Verwahrung zu bringen. Gleiches gilt, da es sich ebenfalls systematisch um ein öffentliches Testament handelt, für das vor einem Bürgermeister nach § 2249 bzw § 2250 Abs. 1 errichtete Testament. Über § 11 KonsularG gilt § 34 BeurkG auch für das Konsulartestament, sofern die Urschrift nicht gem § 10 Abs. 3 Nr. 4 KonsularG dem Erblasser selbst ausgehändigt wird. Alle übrigen Testamente (§§ 2247, 2250, 2251) unterliegen nicht der Pflicht zur besonderen amtlichen Verwahrung. Diese werden nur auf besonderes Verlangen des Testierenden in amtliche Verwahrung genommen. **2**

Abzugrenzen ist die besondere amtliche Verwahrung von der gewöhnlichen. In gewöhnlich amtlicher Verwahrung befinden sich die aufgrund § 2259 nach Eintritt des Erbfalls abgelieferten Testamente sowie die nach § 51 BNotO durch das Gericht zu verwahrenden Akten des nicht mehr amtierenden Notars. **3**

B. Zuständigkeit

4 Nach § 2258a Abs. 1 sind alleine die AGe zur Verwahrung **sachlich** zuständig. Andere Stellen, insb Notare, sind für die besondere amtliche Verwahrung von Testamenten unzuständig und dürfen diese daher auch nicht auf Verlangen des Testierenden in Verwahrung nehmen. In Baden-Württemberg gilt eine Ausnahme über Art. 147 Abs. 1 EGBGB iVm § 1 Abs. 1, 2, §§ 38, 46 Abs. 3 LFGG, wonach den Notariaten die Verwahrung obliegt (Richter Rpfleger 1975, 417).

5 Die **örtliche** Zuständigkeit ergibt sich zunächst aus § 2258a Abs. 2. Danach ist bei öffentlichen Testamenten grds der Errichtungsort maßgebend. Dies soll die Auffindbarkeit des Testaments erleichtern. Der nahe Bezug zwischen Urkundsperson und Verwahrungsort entfällt bei einem privatschriftlichen Testament. Daher ist nach Abs. 2 Nr. 3 in diesen Fällen jedes AG zur Verwahrung zuständig. Die örtliche Zuständigkeit ist eine Verfahrensvorschrift, so dass deren Verletzung auf die Wirksamkeit des Testamentes keinen Einfluss hat; insb wird die besondere amtliche Verwahrung auch durch die Ablieferung des Testaments bei einem unzuständigen Amtsgericht begründet (§ 7 FGG). Für das Konsulartestament folgt aus § 11 KonsularG die Zuständigkeit des AGs Schöneberg.

6 Gem § 2258a Abs. 3 ist jede Testamentsform dem **Verlangen des Erblassers nach örtlich anderweitiger Verwahrung** zugänglich. Bei notariellen Testamenten wird dies häufig gewünscht, wenn der ständige Aufenthalt des Testierenden nicht im Amtsbereich des Notars liegt. Auch kann das Interesse, mehrere Testamente am gleichen Ort zu verwahren, für ein solches Verlangen sprechen.

C. Recht der neuen Bundesländer

7 Durch VO v 15. 10. 1952 (GBl. 1952, 1055) wurde die Verwahrungszuständigkeit von den Gerichten auf die Staatlichen Notariate übertragen (ab 5. 2. 1976 war hierfür Rechtsgrundlage §§ 384 Satz 2, 385 Satz 2, 386 Abs. 2 ZGB iVm § 24 Abs. 1 NotG). Diese Verwahrung war im Gegensatz zu § 34 BeurkG zwingende Voraussetzung für die Wirksamkeit des notariellen Testaments. Nach der Wiedervereinigung wurden die Testamente zunächst den Kreisgerichten und nach der Neubildung der AG diesen zur Verwahrung übergeben.

§ 2258b Verfahren bei der besonderen amtlichen Verwahrung

(1) Die Annahme zur Verwahrung sowie die Herausgabe des Testaments ist von dem Richter anzuordnen und von ihm und dem Urkundsbeamten der Geschäftsstelle gemeinschaftlich zu bewirken.

(2) Die Verwahrung erfolgt unter gemeinschaftlichem Verschluss des Richters und des Urkundsbeamten der Geschäftsstelle.

(3) Dem Erblasser soll über das in Verwahrung genommene Testament ein Hinterlegungsschein erteilt werden. Der Hinterlegungsschein ist von dem Richter und dem Urkundsbeamten der Geschäftsstelle zu unterschreiben und mit dem Dienstsiegel zu versehen.

A. Allgemeines

1 § 2258b dient dem Schutz und der Geheimhaltung des Erblasserwillens sowie dem öffentlichen Interesse an einem geordneten Verwahrungsverfahren (Dittmann/Reimann/Bengel/*Voit*, § 2258b Rn 3). Der Anwendungsbereich stimmt mit dem des § 2258a überein (s dort). Gem §§ 34 BeurkG, §§ 10 Abs. 3, 11 Abs. 2 KonsularG soll die Urkundsperson das öffentliche Testament nebst Anlagen, die anzusiegeln sind, in einen Umschlag legen, diesen

mit dem Prägesiegel verschließen und unverzüglich in die besondere amtliche Verwahrung bringen. Diese Handlungen sind Pflichten der Urkundsperson, die sich der Beurkundungstätigkeit als weiteres Verfahren anschließen und daher nicht in Gegenwart des Testierenden und ggf der Zeugen stattfinden. Das Verfahren lässt die Art der Übermittlung in die besondere amtliche Verwahrung offen. Diese kann persönlich, durch Boten oder durch Post erfolgen.

B. Annahme zur besonderen amtlichen Verwahrung

Die Annahme zur besonderen amtlichen Verwahrung ist vom Rechtspfleger anzuordnen. 2
Die Zuständigkeit des Rechtspflegers ergibt sich aus § 3 Abs. 2c RPflG. Davor hat er allein seine Zuständigkeit zu prüfen. Besondere Prüfungspflichten bestehen nicht. Nur bei Offensichtlichkeit ist von einer Hinweispflicht als Obliegenheit (nobile officium) des Gerichts auszugehen. Über die besondere amtliche Verwahrung ist ein Verwahrungsbuch zu führen (§ 27 Nr. 4, 5 AktO). Die Aufbewahrung erfolgt an einem sicheren Ort unter gemeinsamen Verschluss von Rechtspfleger und Urkundsbeamter der Geschäftsstelle (§ 2258b Abs. 2).

Dem Erblasser ist ein Hinterlegungsschein zu erteilen, der ebenfalls vom Rechtspfleger 3
und Urkundsbeamten zu unterzeichnen ist. Es ist ferner das Dienstsiegel beizufügen.

Gem der Bekanntmachung über die Benachrichtigung in Nachlasssachen (s www. 4
BNotK.de) wird das Standesamt des Geburtsorts, soweit dieser im Inland liegt, von der Inverwahrungnahme benachrichtigt. Bei Geburtsorten außerhalb der Bundesrepublik Deutschland erfolgt eine Benachrichtigung an das AG Berlin-Schöneberg. Da im Todesfall eine entsprechende Mitteilungspflicht der die Sterbeurkunde ausstellenden Standesämter besteht, ist ein Auffinden der testamentarischen Verfügung sichergestellt.

C. Herausgabe

§ 2258b regelt neben der Entgegennahme zur Verwahrung auch die Herausgabe aus der 5
besonderen amtlichen Verwahrung. Sie erfolgt entweder zur Eröffnung der letztwilligen Verfügung (§§ 2260 ff) oder zur Rückgabe an den Testierenden, der dies jederzeit verlangen kann (§ 2256 Abs. 2). Die Rückgabe erfolgt grds nur gegen Vorlage des Hinterlegungsscheines und ist ebenso von Rechtspfleger und Urkundsbeamten gemeinsam zu bewirken. Die Anordnung zur Rückgabe erfolgt durch den Rechtspfleger. Die Rückgabe erfolgt in der körperlichen Form der Hinterlegung, dh im verschlossenen Umschlag. Eine Berechtigung zum Öffnen des Umschlags gibt es für das Gericht nicht, allenfalls auf Verlangen des Testierenden (Palandt/*Edenhofer* § 2258b Rn 4 str, *Granicky* Rpfleger 1957, 246, *Fischer* Rpfleger 1958, 177).

Erbverträge können gem der Regelung in § 2300 Abs. 1 aus der amtlichen Verwahrung 6
genommen werden, sofern in diesen nur Verfügungen von Todes wegen enthalten sind (iE s dort).7

D. Kosten

Gebühr für die amtl Verwahrung einer Verfügung von Todes wegen: $1/4$ (§ 101 KostO). 7
Die Gebühr entsteht, wenn eine letztwillige Verfügung in die »besondere amtliche Verwahrung« gebracht wird (§§ 2258a, 2258b). Die bloße Ablieferung eigenhändiger Testamente zur Eröffnung (§ 2259 Abs. 1) ist keine Verwahrung. Allerdings kann bei gemeinschaftlichen Testamenten die amtliche Verwahrung auch noch nachträglich erfolgen. Wurde nämlich ein solches lediglich zur Eröffnung abgeliefertes Testament nur hinsichtlich jener Anordnungen eröffnet, die sich auf den Tod des Erstvererbenden beziehen (§ 2273 Abs. 1), so kann der überlebende Ehegatte – erstmals – die Verbringung des Testaments in die amtliche Verwahrung beantragen, falls dieses auch Anordnungen für den Tod des Letztversterbenden enthält. Abgegolten werden durch die Gebühr des § 101

§ 2259 BGB | Ablieferungspflicht

KostO auch weitere mit der Verwahrung verbundene Tätigkeiten des Nachlassgerichts, zB wenn der Erblasser nachträglich die Verwahrung bei einem anderen Gericht begehrt (§ 2258a Abs. 3) oder, wenn er die Einsicht und den Wiederverschluss des verwahrten Testaments verlangt (§ 1 KostO). Auch die Rücknahme einer letztwilligen Verfügung aus der amtlichen Verwahrung (§ 2256) ist gebührenfrei. Gebührenfreie Nebentätigkeit (§ 35 KostO) ist ferner die Erteilung eines Hinterlegungsscheins an den Testator (§ 2258c Abs. 2 Satz 2).

8 **Wert**: Nettowert des Nachlasses oder des Bruchteils am Nachlass zum Zeitpunkt der Verwahrung. Vermächtnisse, Pflichtteilsrechte und Auflagen werden nicht abgezogen (§ 103 Abs. 4 KostO). Bei unrichtiger Angabe des Wertes ist eine Nachforderung auch noch nach Eröffnung der Verfügung von Todes wegen möglich (§§ 103 Abs. 4, 46 Abs. 5 Satz 2 KostO).

9 **Kostenschuldner**: Hinterleger (§ 2 Nr. 1 KostO).

§ 2259 Ablieferungspflicht

(1) Wer ein Testament, das nicht in besondere amtliche Verwahrung gebracht ist, im Besitz hat, ist verpflichtet, es unverzüglich, nachdem er von dem Tode des Erblassers Kenntnis erlangt hat, an das Nachlassgericht abzuliefern.

(2) Befindet sich ein Testament bei einer anderen Behörde als einem Gericht in amtlicher Verwahrung, so ist es nach dem Tode des Erblassers an das Nachlassgericht abzuliefern. Das Nachlassgericht hat, wenn es von dem Testament Kenntnis erlangt, die Ablieferung zu veranlassen.

A. Allgemeines

1 Die Ablieferungspflicht ist eine der Hauptpflichten Dritter in Bezug auf Verfügungen von Todes wegen anderer. Sie soll sicherstellen, dass das Testament rasch in das Nachlassverfahren Eingang findet und stets beachtet wird. Die Ablieferung ist Voraussetzung zur Eröffnung eines ordnungsgemäßen Nachlassverfahrens. Sie dient der Rechtsordnung und dem Rechtsfrieden, also öffentlichen Interessen. Aus diesem Grund ist § 2259 zwingende Vorschrift, so dass Weisungen des Testierenden (BayObLG FamRZ 1988, 656) und Absprachen der Beteiligten keine Auswirkungen auf die Pflicht haben (s.a. § 2263).

B. Gegenstand der Ablieferungspflicht

2 Gegenstand der Ablieferungspflicht sind nach dem Wortlaut der Vorschrift Testamente, die sich nicht in besonderer amtlicher Verwahrung befinden. Damit erstreckt sich diese auf jede Urkunde, die sich nach Form oder Inhalt als eine Verfügung von Todes wegen darstellt (BayObLG FamRZ 1988, 658). Da allein das Nachlassgericht im Verfahren zuständig ist, die Wirksamkeit einer Verfügung festzustellen, sind auch Testamente abzuliefern, die erkennbar unwirksam oder offensichtlich widerrufen wurden. Die Feststellung, ob es sich überhaupt um eine Verfügung von Todes wegen handelt, obliegt ebenso dem Nachlassgericht, so dass alle Schriftstücke abzuliefern sind, die möglicherweise eine Verfügung von Todes wegen enthalten, so zB Briefe, Aktennotizen, sonstige Mitteilungen des Erblassers. Die Pflicht bezieht sich zudem auf im Ausland errichtete Testamente deutscher Staatsangehöriger, ebenso wie auf im Inland errichtete Verfügungen ausländischer Mitbürger. Gegenstand der Ablieferung sind die Originalschriftstücke, bei notariellen Urkunden die Urschrift (ebenso Dittmann/Reimann/Bengel § 2259 Rn 7). Bei mehreren gleich lautenden Testamenten sind dem Nachlassgericht alle zur Verfügung zu stellen. Ist das Original verloren gegangen und soll die Erbfolge dennoch aufgrund des in Verlust geratenen Testamentes

nachgewiesen werden, müssen alle hierzu vorhandenen Schriftstücke beigebracht werden, in diesem Falle auch Kopien.

Nicht der Ablieferungspflicht unterliegen Schriftstücke, auf denen die Erbfolge nicht unmittelbar beruht; zB Aufhebungsverträge gem § 2290 (OLG Düsseldorf RNotK 1973, 199), Erbverzichtsverträge gem § 2346 (BayObLGZ 1983, 149), bloße Anordnungen über die Bestattung, sofern diese zweifelsfrei keine Verfügung von Todes wegen enthalten. 3

C. Ablieferungspflichtiger

Die Ablieferungspflicht nach § 2259 Abs. 1 richtet sich gegen den Besitzer des Testamentes, also gegen **Privatpersonen**. Da die Ablieferung als solche gesichert werden soll, kommt es nach dem Gesetzeswortlaut auf das Eigentum an der Urkunde nicht an (BayObLG FamRZ 1988, 658). Entscheidend für die Ablieferungspflicht ist, dass die Schriftstücke tatsächlich abgeliefert werden können. Den Erben trifft die Ablieferungspflicht aufgrund seines Besitzerwerbs nach § 857 nur, wenn er die tatsächliche Sachherrschaft als unmittelbarer Besitzer ausübt. In der Literatur wird diskutiert, ob auch der bloße Besitzdiener ablieferungspflichtig ist (so Soergel/*Harder* § 3359 Rn 2, Lange-Kuchinke § 38 Abs. 3 Satz 2b Fn 35). Gem § 855 ist die Besitzdienerschaft gerade dadurch gekennzeichnet, dass der Besitzdiener rechtlich nicht Besitzer ist und letztendlich nur nach Weisung des tatsächlichen Besitzers handeln darf. Würde man die Ablieferungspflicht des Besitzdieners bejahen, so führe § 2259 zu einer gesetzlich angeordneten Eigenmächtigkeit und somit Verletzung des Besitzmitteilungsverhältnisses. 4

Nach § 2259 Abs. 2 sind **Behörden** zur Ablieferung verpflichtet. Unter den Begriff »Behörde« fallen auch der Notar, der Bürgermeister und der Konsularbeamte als Urkundspersonen. Verpflichtet sind alle Behörden, die ein Testament im Besitz haben, so zB die Staatsanwaltschaft bei Beschlagnahme, Polizeibehörden. Dies können sogar Gerichte sein, wenn sie nicht Verwahrungsgericht iSd § 2261 sind. 5

D. Erfüllung

Ablieferung heißt, dem Nachlassgericht unmittelbaren Besitz an der Verfügung von Todes wegen zu verschaffen. Erst wenn dies erreicht wurde, ist die Pflicht erfüllt. Die Ablieferung kann in beliebiger Form geschehen, also durch den Besitzer persönlich, durch Boten oder per Versendung. Sie hat unverzüglich iSd § 121 nach Kenntnis vom Tod des Erblassers zu erfolgen. 6

Sachlich **zuständig** für die Entgegennahme ist das AG als Nachlassgericht (§ 72 FGG). Örtlich zuständig ist das AG am Wohnsitz des Erblassers. Fehlt es an einem inländischen Wohnsitz, bestimmt sich die örtliche Zuständigkeit nach dem letzten inländischen Aufenthaltsort, ansonsten ist das AG Schöneberg zuständig (§ 73 FGG). Bei Ausländern ist gem § 73 Abs. 3 FGG jedes Gericht zuständig, in dessen Bezirk sich Nachlassgegenstände befinden. Besteht danach keine örtliche Zuständigkeit, so ist eine internationale Zuständigkeit dem deutschen Gericht gegeben, in dessen Bezirk das Sicherungsbedürfnis aufgetreten ist, um die Ablieferungspflicht zu sichern und die Übergabe zur Sicherung der Testamentsurkunde zu ermöglichen (BayObLGZ 1958, 34, Dittmann/Reimann/Bengel § 2259 Rn 9 mwN). 7

Die Ablieferungspflicht wird jedoch auch erfüllt, wenn das Testament bei einem örtlich unzuständigen Gericht abgeliefert wird (BayObLG FamRZ 1991, 1222). Das entgegennehmende Gericht muss die Verfügung von Todes wegen nach § 2261 eröffnen und anschließend an das zuständige Gericht weiterleiten. Im Vordergrund steht die Ablieferung zur Wahrung der Rechtssicherheit, so dass die Anforderung an den Abliefernden dessen Ablieferungswillen nicht beeinträchtigen sollen. 8

§ 2260 BGB | Eröffnung des Testaments durch das Nachlassgericht

E. Durchsetzung der Ablieferungspflicht

9 Erhält das **Nachlassgericht** Kenntnis davon, dass jemand im Besitz eines abzuliefernden Testamentes ist, fordert es den Besitzer von Amts wegen zur Ablieferung auf. Wird dieser Aufforderung nicht Folge geleistet, so ist gegen Privatpersonen die Festsetzung von Zwangsgeld geboten (§§ 83 Abs. 1, 33 Abs. 1 FGG). Die Anwendung unmittelbarem Zwangs nach § 33 Abs. 2 FGG ist möglich (einschränkend Dittmann/Reimann/Bengel § 2259 Rn 10). Gegen Behörden kann nur Dienstaufsichtsbeschwerde erhoben werden. Besteht nur eine Vermutung des Nachlassgerichts, kann es den vermeintlichen Besitzer zur Abgabe einer eidesstattlichen Erklärung über den Verbleib des Testaments, anhalten (§ 83 Abs. 2 FGG). Gegen die Ablieferungsanordnung und gegen die Maßnahmen zur Durchsetzung der Pflicht ist die einfache Beschwerde gem § 19 FGG zulässig (Palandt/ *Edenhofer* § 2259 Rn 3).

10 Haben **Nachlassbeteiligte** Kenntnis davon, dass ein Dritter im Besitz eines Testamentes ist, können sie selbst Klage auf Herausgabe im ordentlichen Rechtsweg erheben (Dittmann/Reimann/Bengel § 2259 Rn 10; Palandt/*Edenhofer* § 2259 Rn 3). Sie können auch das Tätigwerden des Nachlassgerichts anregen.

F. Folgen der Nichterfüllung

11 Kommt der Besitzer des Testamentes seiner Ablieferungspflicht schuldhaft nicht nach, kann dies sowohl strafrechtliche Konsequenzen (§ 274 Abs. 1 Nr. 1 StGB) als auch eine Schadensersatzpflicht nach sich ziehen (§ 823 Abs. 2 iVm § 2259 I oder § 274 Abs. 1 Nr. 1 StGB). Für Behörden und Urkundspersonen kann eine Schadensersatzpflicht gem § 839, Art. 34 GG iVm § 2259 Abs. 2 bestehen.

G. Kosten

12 Gerichtskosten löst die Ablieferung nicht aus. Aufwendungen des Besitzers sind als Nachlassverbindlichkeiten vom Erben zu tragen (Dittmann/Reimann/Bengel § 2259 Rn 9).

§ 2260 Eröffnung des Testaments durch das Nachlassgericht

(1) Das Nachlassgericht hat, sobald es von dem Tode des Erblassers Kenntnis erlangt, zur Eröffnung eines in seiner Verwahrung befindlichen Testaments einen Termin zu bestimmen. Zu dem Termin sollen die gesetzlichen Erben des Erblassers und die sonstigen Beteiligten, soweit tunlich, geladen werden.

(2) In dem Termin ist das Testament zu öffnen, den Beteiligten zu verkünden und ihnen auf Verlangen vorzulegen. Die Verkündung darf im Falle der Vorlegung unterbleiben. Die Verkündung unterbleibt ferner, wenn im Termin keiner der Beteiligten erscheint.

(3) Über die Eröffnung ist eine Niederschrift aufzunehmen. War das Testament verschlossen, so ist in der Niederschrift festzustellen, ob der Verschluss unversehrt war.

A. Allgemeines

1 Die Eröffnung des Testamentes ist die Kundbarmachung des Inhalts durch das Nachlassgericht als staatliche und unabhängige Stelle. Damit ist sichergestellt, dass die Beteiligten den Testamentsinhalt erfahren und Gelegenheit erhalten, im weiteren Verfahren das aus ihrer Sicht Notwendige vorzutragen. Da mit der Kenntnis von der Eröffnung insb die Ausschlagungsfrist ausgelöst wird, dient die Eröffnung zudem der raschen Klärung der

Erbverhältnisse. Wegen dieser rechtswahrenden Funktion kann auf die Eröffnung weder verzichtet noch sonst zeitlich Einfluss auf sie genommen werden (zB Anordnung im Testament Eröffnung erst nach × Jahren), § 2263.

B. Eröffnung

I. Zuständigkeit

Für die Eröffnung des Testaments ist grds das Nachlassgericht (s dazu § 2259 Rn 6) oder ausnahmsweise das Verwahrungsgericht (§ 2261) zuständig. 2

II. Kenntnis vom Tod des Erblassers

Der Tod des Erblassers ist Voraussetzung für die Eröffnung des Testamentes. Diesem steht die Todeserklärung durch das AG gleich (§§ 9 Abs. 1 Satz 1, 44 Abs. 2 Satz 1 VerschG). Die entsprechenden Nachweise müssen dem Nachlassgericht zugehen, entweder durch Mitteilung des Geburtsstandesamtes gem der Allgemeinen Bekanntmachung über die Benachrichtigung in Nachlasssachen, durch das AG im Falle der Todeserklärung oder durch Dritte durch Übermittlung der Sterbeurkunde. In Zweifelfällen muss das Nachlassgericht gem § 12 FGG von Amts wegen tätig werden. 3

III. Gegenstand der Eröffnung

Zu eröffnen ist jedes Schriftstück, das angeblich vom Erblasser stammt und sich äußerlich und inhaltlich als Verfügung von Todes wegen darstellt (vgl § 2259 Anm 2). Die tatsächliche materielle oder formelle Gültigkeit spielt für die Eröffnung keine Rolle, Feststellungen dazu sind dem weiteren Nachlassverfahren vorbehalten. Daher sind aufgehobene, widerrufene, gegenstandslose und sogar offenkundig unwirksame Testamente zu eröffnen. Nur wenn zweifelsfrei feststeht, dass das Schriftstück keine letztwillige Verfügung enthält, darf die Eröffnung abgelehnt werden (OLG Hamm Rpfleger 1983, 252). Bei mehreren Urschriften sind alle zu eröffnen; dies gilt ebenso bei mehreren inhaltsgleichen Testamenten mit unterschiedlichen Datierungen (siehe zur Wirksamkeit § 2258). 4

Das Testament muss körperlich als Schriftstück vorliegen, sodass bei Verlust eine Eröffnung nicht stattfinden kann. Dies hindert jedoch nicht den Beweis über das Vorhandensein anderer, verloren gegangener Verfügungen von Todes wegen im Erbscheinserteilungsverfahren. Nach hL (Palandt/*Edenhofer* § 2260 Rn 2) sind bei Verlust beglaubigte Abschriften bzw Ausfertigungen als öffentliche Urkunde, nicht jedoch einfache Abschriften bzw Ablichtungen zu eröffnen (Letzteres str). 5

Die Eröffnung umfasst das gesamte Schriftstück, also auch durchgestrichene Passagen, denn erst im weiteren Verfahren ist zu prüfen, welche materiell rechtliche Wirkung die Streichung hat (Dittmann/Reimann/Bengel § 2260 Rn 10). In besonders gelagerten Fällen kann von der Eröffnung absonderungsfähiger Erklärungen abgesehen werden, wenn eindeutig feststeht, dass diese nicht zur Nachlassregelung gehören und ein Geheimhaltungsinteresse besteht (OLG Hamm Rpfleger 1983, 252; BayObLG Rpfleger 1984, 18). Bei gemeinschaftlichen Testamenten sind die Verfügungen des Längstlebenden gem § 2273 weder zu verkünden noch anderweitig zur Kenntnis der Beteiligten zu geben. Die Eröffnung bezieht sich allein auf die Verfügungen des Erblassers (siehe dazu näher § 2273 dort). Bei Erbverträgen gilt gem § 2300 die Regelung des § 2273 entsprechend. 6

IV. Ausländische Erblasser

Die **Eröffnung einer Verfügung** eines ausländischen Erblassers setzt voraus, dass ein deutsches Nachlassgericht international zuständig ist. Die internationale Zuständigkeit kann zum einen nach dem sog Gleichlaufgrundsatz vorliegen, wenn auf die Verfügung von Todes wegen deutsches Erbrecht zumindest teilweise – auch im Wege der Rück- 7 verweisung – Anwendung findet (BayObLGZ 1958, 34, Staudinger/Baumann § 2260 Rn 20, ausführlich Staudinger/Dörner Art. 25 EGBGB Rn 797). Zum anderen kann ein Staatsvertrag die Mitwirkung eines deutschen Gerichts bei der Testamentseröffnung vorsehen (Palandt/*Edenhofer* § 2260 Rn 4). Des Weiteren wird die Zulässigkeit der Eröffnung durch ein deutsches Gericht angenommen, wenn ein gegenständlich beschränkter Erbschein nach § 2369 beantragt wird oder wenn ein Sicherungsbedürfnis für den Nachlass besteht (Palandt/*Edenhofer* § 2260 Rn 3). Die Rechtssprechung hat darüber hinaus die Zuständigkeit bejaht, wenn ein dringendes Rechtsschutzbedürfnis der Erben besteht (OLG Zweibrücken OLGZ 1985, 413). Die Literatur (vgl insb *Rehm* MittBayNot 1994, 275) hat eine allgemeine Fürsorgezuständigkeit entwickelt. Dieser Meinung ist zuzugeben, dass aufgrund des stetig steigenden Ausländeranteils dauerhaft in der Bundesrepublik ansässiger Bürger Rechtssicherheit für deren Nachlass nur erreicht werden kann, wenn aufgrund der Annahme der Zuständigkeit eines deutschen Gerichts die Rechtsbetreuung des Nachlasses sichergestellt wird (vgl auch KG DNotZ 1970, 677 zur Weiterleitung an ein ausländisches Gericht).

8 Ist ein Testament **bereits im Ausland eröffnet**, erfolgt eine nochmalige Eröffnung in Deutschland grds nicht (Will DNotZ 1974, 273).

C. Eröffnungsverfahren

9 Mit der zügigen Bestimmung des Termins zur Eröffnung leitet das Gericht förmlich das Eröffnungsverfahren ein.

10 Nach § 2260 Abs. 1 Satz 2 sollen zu diesem Termin die ges Erben und die sonstigen Beteiligten geladen werden. Sonstige Beteiligte sind alle Personen, denen durch die letztwillige Verfügung ein Recht gewährt, genommen oder deren Rechtslage in sonstiger Weise unmittelbar beeinflusst wird. Dies können zB, die testamentarischen Erben, Vermächtnisnehmer, durch Auflagen betroffene Personen und Testamentsvollstrecker sein.

I. Zu ladende Personen

11 Der Personenkreis der zu Ladenden wird vom Nachlassgericht festgelegt. Das Nachlassgericht hat entsprechende Nachforschungen anzustellen, wobei es zu einer allgemein von ihm zu erwartenden Sorgfalt angehalten ist. Eine besondere Ermittlungspflicht obliegt ihm nicht, da eine unterlassene Ladung auf die Wirksamkeit der Eröffnung keinen Einfluss hat. Die Ladung ist laut Gesetzeswortlaut nur angezeigt, wenn dies tunlich ist. Für die Entscheidung, ob eine Ladung tunlich ist, ist zum einen maßgeblich, ob die Ladung besonders sachdienlich ist oder ob sie zB durch weite Entfernung vom Eröffnungsort außer Verhältnis steht. Zum anderen kann eine Ladung als untunlich unterbleiben, wenn ansonsten eine unnötige Verzögerung der Eröffnung eintreten würde. Da der Eröffnungstermin kein Termin zur Sicherung der Gewährung rechtlichen Gehörs ist, sind die Anforderungen an die Frage, ob die Ladung unterlassen werden kann, nicht zu hoch anzusetzen (siehe hierzu auch Dittmann/Reimann/Bengel § 2260 Rn 15, aA *Westphal* Rpfleger 1980, 460, *Eickmann* Rpfleger 1982, 449).

12 Die Eröffnungsverhandlung ist nicht öffentlich, dh an ihr können nur unmittelbar Beteiligte teilnehmen. Dritte bedürfen zu ihrer Teilnahme der Zustimmung aller Beteiligten.

II. Ablauf

13 In dem Termin werden zunächst die formalen Voraussetzungen (Todestag, Vorliegen einer oder mehrerer Verfügungen von Todes wegen festgestellt. Es wird weiter festgestellt, wer zu dem Termin erschienen ist und ob die Verfügungen von Todes wegen verschlossen waren oder nicht. Danach wird das Testament eröffnet und durch Verlesen bekannt gegeben. Eine Vorlegung ersetzt das Vorlesen (§ 2260 Abs. 2 Satz 1). Eine Bekanntmachung (Verkündung) unterbleibt, wenn keiner der Beteiligten erscheint (§ 2260 Abs. 2 Satz 3). Der

Eröffnungstermin ist ein reiner Bekanntmachungstermin. Eine Erörterung zur Sache ist nicht vorgesehen.

III. Niederschrift

Gem § 2260 Abs. 3 ist über die Eröffnung eine Niederschrift zu fertigen, die inhaltlich den Inhalt der Verhandlung protokolliert. Wegen des evtl hohen Beweiswerts ist kraft Gesetzes vorgesehen, dass die Niederschrift die Tatsache feststellt, ob der Verschluss des Testamentes unversehrt war (§ 2260 Abs. 3 S 2). Die Niederschrift ist von dem Rechtspfleger zu unterzeichnen, der die Eröffnung vorgenommen hat (vgl *Westphal* Rpfleger 1980, 214, 460, 1983, 210). Die Niederschrift ist zwar eine öffentliche Urkunde, aber kein Nachweis der Erbfolge (BayObLG Z 1983, 176 siehe zudem den Sonderfall des § 35 GBO). 14

IV. Eröffnungsvermerk, Verbleib des Testaments

Nach der Eröffnung wird auf der Verfügung von Todes wegen ein Eröffnungsvermerk angebracht und die Urkunde verbleibt auf Dauer in der allgemeinen Verwahrung des AG. Ein Anspruch auf Herausgabe der Urkunde besteht nicht. Teilweise wird vertreten, dass es nach der Erteilung des Erbscheines möglich sein sollte, Erben aufgrund eines allgemeinen persönlichen Interesses die Verfügung von Todes wegen auszuhändigen (OLG Hamburg MDR 1975, 666, OLG Stuttgart Rpfleger 1977, 398, MüKo/*Hagena* § 2260 Rn 15). Der geregelte Nachlass bedürfe nicht mehr des besonderen Schutzes durch amtliche Verwahrung des AGs. Dieser Auffassung ist mit der hM nicht zu folgen. Es ist zum einen die Gefahr nachträglicher Verfälschung auszuschließen und zum anderen der Beweiswert bei Auftauchen anderer Verfügungen von Todes wegen nicht zu gefährden (vgl BGH NJW 1978, 1484, Dittmann/Reimann/Bengel § 2260 Rn 18, Palandt/*Edenhofer* § 2260 Rn 7). 15

V. Mitteilungspflicht

Nach der Eröffnung ist der Inhalt gem § 34 Abs. 2 Nr. 3 ErbStG dem Finanzamt mitzuteilen. Mit der Eröffnung beginnt frühestens die Frist zur Ausschlagung der Erbschaft (§ 1944 Abs. 2 Satz 2, siehe dort). Gem § 83 GBO wird das Grundbuchamt benachrichtigt, soweit dies wegen einer evtl notwendigen Grundbuchberichtigung angezeigt ist. Außerdem sind die Beteiligten, die bei der Eröffnung nicht anwesend waren, zu benachrichtigen (s dazu § 2262). 16

D. Kosten/Gebühren

Gebühr für die Eröffnung einer Verfügung von Todes wegen: $1/2$ (§ 102 KostO). Die Gebühr wird von dem Nachlassgericht erhoben, auch wenn die Eröffnung durch ein anderes Gericht erfolgt (§ 103 Abs. 3 KostO; § 5 Abs. 5 KostVfG). Bei gleichzeitiger Eröffnung mehrerer letztwilliger Verfügungen desselben Erblassers durch dasselbe Gericht entsteht nur eine $1/2$ Gebühr nach den zusammengerechneten Werten, wobei Nachlasswerte, über die mehrmals verfügt ist, nur einmal anzusetzen sind (§ 103 Abs. 2 KostO). Bei der in zeitlichem Abstand erfolgenden Eröffnung mehrerer letztwilliger Verfügungen desselben Erblassers, die nacheinander bei demselben Nachlassgericht eingereicht werden, ist die für jede Verfügung entstehende Gebühr aus dem nach Abzug der Verbindlichkeiten verbleibenden Wert des Reinnachlasses anzusetzen. Abzustellen ist allein auf den Eröffnungsakt. Darauf, ob die Verfügung für den Erben noch einen Wert hat, kommt es nicht an. Es ist also unwesentlich, ob die letztwilligen Verfügungen ganz oder teilweise identisch sind (KG FamRZ 2002, 1578; RW § 102 Rn 4). Abzulehnen ist die von *Lappe* (K § 103 Rn 31) vertretene Auffassung, dass aus Billigkeitsgründen bei den weiter eröffneten letztwilligen Verfügungen desselben Erblassers, die dasselbe Vermögen betreffen, nur ein entsprechend § 30 Abs. 1 KostO geschätzter »Bestätigungswert« anzusetzen ist. Für eine solche angeblich verfassungskonforme Auslegung gibt die KostO keine Handhabe. 17

§ 2261 BGB | Eröffnung durch ein anderes Gericht

18 Wird in demselben Termin ein gemeinschaftliches Testament, das auch Verfügungen für den zweiten Erbfall enthält, für beide Erbfälle eröffnet, so ist die Gebühr des § 102 KostO für jeden Erbfall besonders zu erheben. Der Geschäftswert ist für jede Eröffnung gesondert festzustellen (aM RW § 103 Rn 10, wonach die Gebühr des § 102 aus dem zusammengerechneten Wert der Nachlasssachen nur einmal zu erheben ist).

19 **Wert**: Der Wert richtet sich entsprechend §§ 103 Abs. 1, 46 Abs. 4 KostO nach dem reinen Nachlasswert ohne Abzug der sog Erbfallschulden. Dies gilt auch bei der zeitlich unterschiedlichen Eröffnung mehrerer letztwilliger Verfügungen (LG Bayreuth JurBüro 1986, 261). Nicht abzusetzen sind die Testamentsvollstreckungs-, Notar- u Gerichtskosten aus Anlass der Testamentseröffnung und Erbscheinserteilung (OLG Frankfurt JurBüro 1963, 296 = Rpfleger 1963, 357); auch nicht die Beerdigungskosten (BayObLGZ 59, 209 = DNotZ 1959, 668 = Rpfleger 1959, 322).
Die Eröffnung eines formgültigen oder eines durch eine spätere letztwillige Verfügung widerrufenen Testaments löst ebenfalls die Gebühr der §§ 102, 103 aus dem vollen Vermögenswert des betreffenden Testaments und nicht nur die Mindestgebühr aus.

20 **Grundstücke** sind grds mit dem gemeinen Wert anzusetzen (§ 19 Abs. 1 KostO). Hilfsweise ist der Einheitswert anzusetzen (§ 19 Abs. 2 KostO; RW § 19 Rn 2).

21 Grundstücke, die der Erblasser aufgelassen (§ 925) hat, gehören noch zum Nachlass, wenn die Grundbucheintragung erst nach dem Erbfall erfolgte. Seinem Wert kann jedoch der auf Übereignung des Grundstücks gerichtete schuldrechtliche Anspruch als Nachlassverbindlichkeit gegenüberstehen (BayObLG 29. 9. 2004, AZ: 3Z BR 147/04).

22 **Kostenschuldner**: Die Erben (§ 6 KostO).

§ 2261 Eröffnung durch ein anderes Gericht

Hat ein anderes Gericht als das Nachlassgericht das Testament in amtlicher Verwahrung, so liegt dem anderen Gericht die Eröffnung des Testaments ob. Das Testament ist nebst einer beglaubigten Abschrift der über die Eröffnung aufgenommenen Niederschrift dem Nachlassgericht zu übersenden; eine beglaubigte Abschrift des Testaments ist zurückzubehalten.

1 Nach § 2261 obliegt ausnahmsweise dem Verwahrungs- und nicht dem Nachlassgericht die Eröffnung des Verfahrens. Dadurch soll ein Verlust des Testaments bei der Versendung vermieden und eine rasche Eröffnung gewährleistet werden. Die **Zuständigkeit** des verwahrenden Gerichts setzt voraus, dass es grds zur Eröffnung befugt ist. Ob sich die Verfügung von Todes wegen in allgemeiner oder besonderer amtlicher Verwahrung befindet, ist ohne Bedeutung (vgl OLG Hamm Rpfleger 1972, 23); entscheidend ist nur, ob es sich entweder um ein (örtlich unzuständiges) Nachlassgericht oder ein Verwahrungsgericht (§ 2258a) handelt. Wird das Testament bei einem anderen Gericht verwahrt, ist nach § 2259 Abs. 2 zu verfahren (s dort). Eine Einflussnahme auf die Zuständigkeit über § 4 FGG wird nicht ausgelöst, da es sich bei der Eröffnung durch das verwahrende Gericht nicht um eine Befassung iSd § 5 FGG handelt (BayObLG Z 1994, 346 = Rpfleger 1995, 254). In Baden-Württemberg ist das verwahrende Notariat zuständig.

2 Das **verwahrende Gericht eröffnet** das Testament. Anschließend leitet es das eröffnete Testament nebst einer beglaubigten Abschrift der Eröffnungsniederschrift an das zuständige Nachlassgericht weiter. Eine beglaubigte Abschrift der Verfügung von Todes wegen verbleibt bei dem eröffnenden Gericht (§ 2261 Satz 2). Das Nachlassgericht verwahrt die Urschrift des Testamentes auf Dauer (zur Frage von Kompetenzkonflikten siehe Dittmann/Reimann/Bengel § 2261 Rn 6).

3 § 2261 begründet nur eine Zuständigkeit zur Eröffnung. Die übrigen Zuständigkeiten für **das weitere Nachlassverfahren** werden dadurch nicht berührt. Alle weiteren Maßnahmen

obliegen allein dem zuständigen Nachlassgericht. Dazu gehört auch die Benachrichtigungspflicht nach § 2262.

Die **Gebühr** gem §§ 102, 103 KostO erhebt das Nachlassgericht, nicht das eröffnende Gericht, § 103 Abs. 3 KostO. 4

§ 2262 Benachrichtigung der Beteiligten durch das Nachlassgericht

Das Nachlassgericht hat die Beteiligten, welche bei der Eröffnung des Testaments nicht zugegen gewesen sind, von dem sie betreffenden Inhalt des Testaments in Kenntnis zu setzen.

A. Allgemeines

Die Eröffnung eines Testamentes ist in erster Linie die Eröffnung des insgesamt folgenden Nachlassverfahrens. Daher soll die Eröffnung zügig nach Kenntnis von dem Todesfall erfolgen. Im Regelfall unterbleibt daher die Ladung der Beteiligten. Deren Beteiligung ist jedoch für das weitere Verfahren zwingend. Als Ersatz für die Verkündigung im Eröffnungstermin sind die Beteiligten daher nach § 2262 vom Testamentsinhalt zu benachrichtigen. Durch die Benachrichtigung sollen sie in die Lage versetzt werden, das zur Wahrung ihrer Interessen Zweckdienliche zu veranlassen (BGHZ 117, 287, Dittmann/Reimann/Bengel § 2262 Rn 1, Palandt/*Edenhofer* § 2262 Rn 1). Zu weiteren Mitteilungspflichten s § 2260 Rn 12. 1

B. Benachrichtigungspflicht

Zuständig für die Benachrichtigung ist stets das Nachlassgericht, selbst wenn die Eröffnung des Testaments nach § 2261 durch ein anderes Gericht erfolgte. 2

I. Beteiligte

Zu benachrichtigen sind alle Personen, deren Rechtsposition durch die Verfügung von Todes wegen betroffen ist. Es sind somit neben den ausdrücklich Bedachten auch diejenigen zu benachrichtigen, die durch die Verfügung von Todes wegen von der ges Erbfolge ausgeschlossen werden, selbst wenn sie in der Verfügung nicht ausdrücklich erwähnt sind. Dies gilt unabhängig davon, ob es sich um bedingte Anordnungen oder aufgehobene Anordnungen handelt. Neben den Erben sind Nacherben, Ersatzerben, Nachvermächtnisnehmer und Ersatzvermächtnisnehmer zu benachrichtigen. Zu den zu benachrichtigenden Personen gehören die Personen, die durch eine Auflage betroffen sind. Selbstverständlich sind auch der Testamentsvollstrecker und der Ersatztestamentsvollstrecker vom Inhalt des Testaments in Kenntnis zu setzen. Der Erblasser kann die Benachrichtigung ebenso wie die Eröffnung nicht durch Anordnung ausschließen, § 2263. 3

II. Ermittlungspflicht

Es gehört zu den Aufgaben des Nachlassgerichts, von Amts wegen den Kreis der zu Benachrichtigenden zu ermitteln (BayObLG MDR 1980, 141). Das Nachlassgericht ist aber zu einer pflichtgemäßen, nicht extensiven Prüfung verpflichtet. Dabei muss die Beteiligteneigenschaft zur Überzeugung des Gerichts feststehen. Rein vorsorglich darf keiner Kenntnis vom Inhalt einer Verfügung von Todes wegen erhalten (BayObLG MDR 1980, 141). Zu den Pflichten des Nachlassgerichts gehört auch die Ermittlung der Anschriften (OLG Bremen Rpfleger 1973, 58). Im Testament Benannte sind zur Mitwirkung nicht verpflichtet. Sind Erben nicht zu ermitteln, ist Nachlasspflegschaft nach § 1960 Abs. 1 und ggf Pflegschaft nach § 1913 anzuordnen. 4

III. Umfang der Benachrichtigungspflicht

5 Der Umfang der Benachrichtigung ergibt sich aus dem Gesetzeswortlaut. Der Inhalt ist nur insoweit mitzuteilen, als der Einzelne von diesem betroffen ist. Grds ist also nicht die ganze Verfügung von Todes wegen mitzuteilen. Vielmehr ergibt sich der Umfang der Benachrichtigung aus der Betroffenheit des Beteiligten. Da bei einer Beeinträchtigung regelmäßig die Möglichkeit eines Anfechtungsrechts nicht ausgeschlossen werden kann, ist im Zweifel die gesamte Verfügung von Todes wegen mitzuteilen (OLG Hamm FamRZ 1974, 387; KG DNotZ 1979, 556). Bereits aus dem Zweck der Vorschrift folgt, dass sie weit auszulegen ist. Wer Vermächtnisnehmer ist, muss den Erben kennen. Allerdings kann bei Anordnung einer umfassenden Testamentsvollstreckung von einer Benachrichtigung der Vermächtnisnehmer abgesehen werden, da den Testamentsvollstrecker die Pflicht zur Abwicklung des Nachlasses trifft. Dies steht jedoch im Ermessen des Nachlassgerichts (zur Mitteilung bei gemeinschaftlicher Testamente und Erbverträge, siehe dort).

IV. Form der Benachrichtigung

6 Die Benachrichtigung erfolgt üblicherweise durch Übersendung einer Ablichtung der Verfügung von Todes wegen, ggf auszugsweise, wenn nicht die gesamte Verfügung mitzuteilen ist. Eine besondere Form für die Benachrichtigung ist nicht vorgesehen. Die Benachrichtigung kann auch in Form einer vom Nachlassgericht gefertigten Abschrift erfolgen, da es zunächst nur auf die Kenntnis vom Inhalt ankommt.

C. Rechtsmittel

7 Gegen die Verfügungen des Nachlassgerichts ist die Beschwerde für jeden zulässig, der durch eine Verfügung beeinträchtigt ist (§§ 11 RPflG, 19 FGG). Somit kann die Ankündigung einer Benachrichtigung durch Beschwerde angegriffen werden (OLG Düsseldorf OLGZ 1966, 64). Unstatthaft ist die Beschwerde gegen bereits erfolgte Benachrichtigungen.

D. Kosten

8 Die für die Benachrichtigung anfallenden Kosten sind Teil der Eröffnungskosten und zählen zu den Nachlassverbindlichkeiten. Für die Ermittlung der Personen, die zu benachrichtigen sind, sind gem § 105 KostO keine besonderen Kosten zu erheben.

§ 2263 Nichtigkeit eines Eröffnungsverbots

Eine Anordnung des Erblassers, durch die er verbietet, das Testament alsbald nach seinem Tode zu eröffnen, ist nichtig.

A. Allgemeines

1 Das notwendige nachlassgerichtliche Verfahren ist dem Willen des Erblassers entzogen. Dies stellt die Vorschrift des § 2263 klar. Das ordnungsgemäße Nachlassverfahren steht im überwiegenden Interesse der Allgemeinheit, dh im öffentlichen Interesse.

B. Verbotene Anordnungen

2 Aufgrund seines Zwecks beschränkt sich das Verbot des § 2263 nicht auf die bloße Testamentseröffnung, sondern auf das Eröffnungsverfahren insgesamt (Dittmann/Reimann/Bengel § 2263 Rn 3). Streitig ist, ob der Erblasser anordnen kann, dass die Eröffnung erst nach einer bestimmten kurzen Zeit (zB 2 Wochen) erfolgen solle. Die Wirksamkeit einer solchen Anordnung wird teilweise bejaht, da nicht die Eröffnung als solche aus-

geschlossen werde (Soergel/Harder Rn 1). Dem kann nicht gefolgt werden. Es obliegt ausschließlich und uneingeschränkt dem Nachlassgericht, das Notwendige in der üblichen Weise zu veranlassen. Eine Fristsetzung durch den Erblasser ist aufgrund des eindeutigen Wortlauts ausgeschlossen. Weisungen, die das Verlesen und Benachrichtigen beeinträchtigen, sind ebenso unwirksam (allgM). Anordnungen des Erblassers, sein Testament dem Nachlassgericht nicht zur Eröffnung abzuliefern oder seine Wohnung und ihre Behältnisse zum Auffinden seines letzten Willens nicht zu öffnen, sind ebenfalls unbeachtlich.

C. Rechtsfolgen

Grds ist davon auszugehen, dass die Unwirksamkeit der Anordnung nach § 2263 die 3
Wirksamkeit der Verfügung im Übrigen unberührt lässt. Nur ausnahmsweise kann davon ausgegangen werden, dass das Verbot der Eröffnung für den Testierenden derart maßgebend war, dass er die sonstigen Verfügungen bei Kenntnis des Verbots nicht getroffen hätte. Problematisch ist der Fall, dass der Testierende die Eröffnung völlig ausgeschlossen hat. Teilweise wird dies zum Anlass genommen, am Testierwillen des Erblassers zu zweifeln (Palandt/*Edenhofer* 2263 Rn 1, MüKo/*Hagena* § 2263 Rn 3, Dittmann/Reimann/Bengel § 2263 Rn 4). Weiter wird vertreten, dass in diesem Falle die Anwendung von § 118 in Betracht komme, da die Ernsthaftigkeit der Erklärung zweifelhaft sei (Palandt/*Edenhofer* aaO, Soergel/Harder § 2263 Rn 3, Staudinger § 2263 Rn 3). Eine allgemeingültige Lösung des Problems ist nicht möglich. Der Testierende kann in Unkenntnis des § 2263 verschiedene Ziele mit seiner Anordnung verbunden haben, zB den Willen, dass übergangene ges Erben davon nicht in Kenntnis gesetzt werden sollen. Es ist daher im Einzelfall zu entscheiden (Dittmann/Reimann/Bengel § 2263 Rn 4). Dabei ist grds von der Wirksamkeit der übrigen Verfügungen auszugehen. Davon ausgehend sind die Anhaltspunkte zu prüfen, die diese Grundannahme erschüttern.

§ 2263a Eröffnungsfrist für Testamente

Befindet sich ein Testament seit mehr als 30 Jahren in amtlicher Verwahrung, so hat die verwahrende Stelle von Amts wegen, soweit tunlich, Ermittlungen darüber anzustellen, ob der Erblasser noch lebt. Führen die Ermittlungen nicht zu der Feststellung des Fortlebens des Erblassers, so ist das Testament zu eröffnen. Die Vorschriften der §§ 2260 bis 2262 sind entsprechend anzuwenden.

A. Allgemeines

Nach § 2260 ist eine Testamentseröffnung erst nach dem Tode vorgesehen. Um sicher- 1
zustellen, dass Testamente zur Eröffnung gelangen und nicht übersehen werden, ist gem § 2263a das Eröffnungsverfahren nach Ablauf einer Frist einzuleiten. Der Gesetzgeber hat sich für eine Frist von 30 Jahren entschieden. Danach ist das Verfahren von Amts wegen in die Wege zu leiten.

B. Ermittlungspflicht

Das Testament muss sich in **amtlicher Verwahrung** befinden. Es kann sich dabei um eine 2
einfache oder eine besondere amtliche Verwahrung handeln. Zur Eröffnung ist jedoch nur eine hierfür zuständige Stelle befugt. Befindet sich die Verfügung von Todes wegen bei einem zur Eröffnung nicht befugten Gericht oder einer Behörde in einfacher amtlicher Verwahrung, ist das Testament in entsprechender Anwendung des § 2259 Abs. 2 an das **zuständige Verwahrungsgericht** abzugeben. Die leitet dann das Verfahren nach § 2263a ein.

§ 2264 BGB | Einsichtnahme in das und Abschrifterteilung von dem eröffneten Testament

3   Die **30-Jahre-Frist** beginnt mit dem Tag des Verwahrungsbeginns. Es genügt die ununterbrochene amtliche Verwahrung; unerheblich ist, ob die Verfügung von Todes wegen sich ausschließlich in Verwahrung bei dem zuständigen Verwahrungsgericht oder zeitweise auch in Verwahrung bei anderen Stellen befand (vgl Dittmann/Reimann/Bengel § 2263a Rn 4). Für das Fristende gilt § 188 Abs. 2.

4   Nach Ablauf der 30-jährigen Verwahrung sind **Ermittlungen** darüber anzustellen, ob der Erblasser noch lebt. Das Gesetz umschreibt die Notwendigkeit mit der Formulierung »soweit tunlich«. Daraus folgt, dass jede weitere Handlung des Gerichts unterbleibt, wenn es positive Kenntnis davon hat, dass der Erblasser noch lebt. Der Umfang der Ermittlungen steht im pflichtgemäßen Ermessen des Gerichts (des Rechtspflegers, § 3 Nr. 2c RPflG; in BaWü des Notariats). Regelmäßig sollten Ermittlungen Anfragen bei der Meldebehörde und dem zuständigen Geburtsstandesamt umfassen. Möglich sind ebenfalls Anfragen bei Verwandten des Erblassers, seiner Dienstbehörde oder einem früheren Arbeitgeber.

C. Verfahren nach Abschluss der Ermittlungen

5   Stellt sich bei den Ermittlungen heraus, das der **Erblasser noch lebt**, sollte dies in der Verwahrungsakte vermerkt werden. Weiteres ist nicht zu veranlassen. Ein ursprünglich verschlossenes Testament wird wieder verschlossen und in die Verwahrung zurückgebracht. Auf die Gültigkeit des Testaments hat die Eröffnung dann keinen Einfluss, da die Kette der amtlichen Verwahrung nicht unterbrochen wurde. Ist Ergebnis der Ermittlungen, dass der **Erblasser verstorben** ist, so ist gem §§ 2260, 2261 zu verfahren, insb ist das Testament zu eröffnen.

6   Bleiben die Ermittlungen **ohne Ergebnis**, so ist gem § 2263a Satz 2 die Verfügung von Todes wegen zu eröffnen. Dabei wird unterstellt, dass der Testierende unmittelbar vor Eröffnung im Zuständigkeitsbereich des Verwahrungsgerichts verstorben ist.

7   Nach der Eröffnung ist entsprechend §§ 2260 f zu verfahren.

D. Kosten

8   Kosten gem §§ 102, 103 KostO entstehen nur, wenn nach Tod des Erblassers die Eröffnung nach § 2263a erfolgte.

§ 2264 Einsichtnahme in das und Abschrifterteilung von dem eröffneten Testament

Wer ein rechtliches Interesse glaubhaft macht, ist berechtigt, ein eröffnetes Testament einzusehen sowie eine Abschrift des Testaments oder einzelner Teile zu fordern; die Abschrift ist auf Verlangen zu beglaubigen.

A. Allgemeines

1   Da das Nachlassgericht über den Kreis der von dem Inhalt einer Verfügung von Todes wegen zu Benachrichtigenden in pflichtgemäßem Ermessen entscheidet und die Urschrift der Verfügung in seinen Akten behält, besteht ein Bedürfnis auf Einsichtnahme. § 2264 soll sicherstellen, dass die Beteiligten ihre Interessen sachgerecht wahrnehmen können.

B. Recht auf Einsichtnahme und Abschrift

2   Das nachlassgerichtliche Verfahren ist ein Verfahren der Freiwilligen Gerichtsbarkeit, sodass gem **§ 34 FGG** ebenfalls eine Einsichtsmöglichkeit besteht. Die Vorschriften unterscheiden sich dahingehend, dass § 34 FGG ein berechtigtes Interesse, § 2264 dagegen ein

Einsichtnahme in das und Abschrifterteilung von dem eröffneten Testament | § 2264 BGB

rechtliches Interesse voraussetzt. Allerdings gewährt § 2264 bei Vorliegen der Voraussetzungen einen Anspruch auf Einsicht, während § 34 FGG die Einsicht in das pflichtgemäße Ermessen des Nachlassgerichts stellt. Daraus wird zu Recht gefolgert, dass beide Vorschriften nebeneinander bestehen (BayObLG DNotZ 1955, 433, KG Rpfleger 1978, 140). Die Finanzverwaltung hat auf der Grundlage des § 395 AO ein eigenes Einsichtsrecht.

Gegenstand der Einsichtnahme ist das eröffnete Testament. Erbverträge unterliegen nicht 3 dem § 2264, da in § 2300 eine entsprechende Verweisung fehlt. Hier bestimmt sich das Verfahren allein nach § 34 FGG. § 2264 ist nicht anwendbar auf noch uneröffnete Testamente. In diesem Verwahrungsstadium gilt allein § 34 FGG, der allerdings in jedem Fall voraussetzt, dass der Testierende verstorben ist. Anlagen unterliegen der Einsichtnahme insoweit diese als Testamentsanlagen eröffnet wurden. Bei gemeinschaftlichen Testamenten besteht der Anspruch nur auf Einsicht in die nach dem Erstverstorbenen eröffneten Verfügungen, wenn der Längstlebende noch lebt (zu eng: Einsichtsrecht nur der Längstlebende OLG Thüringen ZEV 1998, 262). Die Eröffnungsverhandlung selbst ist Teil der Nachlassakten und nicht Teil der Testamentsurkunde, so dass hier allein § 34 FGG zur Anwendung gelangt.

Das **rechtliche Interesse** setzt voraus, dass eine wirkliche oder vermeintliche, aber nicht 4 auszuschließende Rechtsposition betroffen ist (KG Rpfleger 1978, 140). Es müssen also eigene Rechtspositionen des Antragstellers betroffen sein. Es genügt, wenn gerade festgestellt werden soll, ob man betroffen ist. Im Gegensatz dazu muss sich das berechtigte Interesse iSd § 34 FGG nicht auf ein bereits vorhandenes Recht beziehen; es genügt jedes nach vernünftiger Erwägung durch die Sachlage gerechtfertigtes Interesse (BayObLGZ 1995, 1). Die hL subsumiert auch wirtschaftlich Interessierte unter § 2264 (zB Nachlassgläubiger; Soergel/*Harder* § 2264 Rn 3, Staudinger/*Baumann* § 2264 Rn 2). Richtigerweise sind diese jedoch gem § 34 FGG zu behandeln (Palandt/*Edenhofer* § 2264 Rn 1, Reimann/Bengel/Mayer § 2264 Rn 5), da es sich lediglich um ein berechtigtes Interesse handelt. Das rechtliche Interesse ist glaubhaft zu machen, ggf auch durch eidesstattliche Versicherung.

Die Einsichtnahme ist nur **so weit zu gewähren**, wie das rechtliche Interesse reicht (wie 5 hier: Soergel/*Mayer* § 2264 Rn 5; Staudinger/Baumann § 2264 Rn 12, 13). § 2264 gewährt kein allgemeines und umfassendes Einsichtsrecht (so jedoch: OLG Hamm FamRZ 1974, 387, MüKo/*Hagena* § 2264 Rn 12). Dies bedeutet, dass im Regelfall der Umfang der Mitteilungspflicht nach § 2262 und der Anspruch auf Einsichtnahme kongruent sind. Für den Umfang des Einsichtnahmerechts kann daher grds auf die Kommentierung zu § 2262 verwiesen werden. Darüber hinaus bestimmt sich der Umfang des Einsichtsrechtes auch aus dem Ziel der Einsichtnahme. Liegt dem Begehren eine Anfechtungsabsicht zugrunde, ist die Einsicht so weit zu gewähren, wie sie zur Prüfung des Anfechtungsrechts notwendig ist. Die Anfechtungsabsicht muss plausibel dargelegt werden. Auch ein bloß behauptetes Erbrecht, das der Antragsteller als wahr unterstellt, kann zu einem Einsichtsrecht führen, um für diesen negative Rechtsklarheit zu erhalten.

Das Einsichtsrecht muss nicht höchstpersönlich **ausgeübt** werden; Vertretung ist zulässig 6 (OLG Jena Rpfleger 1998, 249 = ZEV 1998, 262). Einsichtsrecht bedeutet Einsicht beim Nachlassgericht. Eine Überlassung der Urschrift an die Kanzlei eines bevollmächtigten RA ist wegen der damit verbundenen Gefahren auszuschließen. Auch eine Übergabe zur gutachterlichen Untersuchung scheidet im Rahmen des § 2264 aus (Palandt/*Edenhofer* § 2264 Rn 2, Reimann/Bengel/Mayer § 2264 Rn 7, aA MüKo/*Musielak* § 2264 Rn 5).

Auf Verlangen sind **Abschriften zu gewähren**, deren Umfang sich nach dem Recht auf 7 Einsicht bestimmt. Abschrift bedeutet heute idR Ablichtung. Es kann neben einer beglaubigten Abschrift auch eine Ausfertigung gem §§ 48, 49 BeurkG erteilt werden.

Gegen die Ablehnung der Einsichtnahme und der Abschriftserteilung ist das Rechtsmittel 8 der Erinnerung gem § 11 Abs. 2 Satz 1 RPflG zulässig (vgl KG OLGE 26, 366).

C. Kosten

9   Die Einsicht selbst löst keine Kosten aus. Die Abschriftenerteilung ist gem §§ 136 Abs. 1, 132 KostO abzurechnen.

Vorbemerkungen vor §§ 1 ff BeurkG

1   Das Beurkundungsgesetz ist das Verfahrensrecht, das bei Beurkundungen durch öffentliche Amtsträger im Allgemeinen zu beachten ist (Reimann/Bengel/Mayer § 1 Rn 1). Das Beurkundungsgesetz hatte eine Konzentration der Beurkundungszuständigkeit auf den Notar zum Ziel, da vor Inkrafttreten dieses Gesetzes in Deutschland noch eine weitgehende durch Landesrecht geprägte Zersplitterung der Beurkundungszuständigkeit in Deutschland herrschte (vgl *Eylmann/Vaasen* vor § 1 Rn 4 mwN).
2   Das Beurkundungsgesetz ist in erster Linie Verfahrensrecht mit besonderen Regelungen, die bei Beurkundungen von Verfügungen von Todes wegen einzuhalten sind, §§ 27 ff BeurkG. Die materiellen Formvorschriften finden sich für die Verfügungen von Todes wegen im BGB, §§ 2231 – 2233, 2249, 2250, 2251, 2265, 2266, 2274 – 2276.

§ 1 Geltungsbereich

(1) Dieses Gesetz gilt für öffentliche Beurkundungen und Verwahrungen durch den Notar.

(2) Soweit für öffentliche Beurkundungen neben dem Notar auch andere Urkundspersonen oder sonstige Stellen zuständig sind, gelten die Vorschriften dieses Gesetzes, ausgenommen § 5 Abs. 2, entsprechend.

1   Beurkunden heißt urkundlich bezeugen. Urkunde ist eine Verkörperung von Tatsachen. Beurkundung und Urkunde iSd Beurkundungsgesetzes bedeutet, dass die Herstellung der Verkörperung von der Urkundsperson herrührt, die damit ihre Wahrnehmung von Tatsachen vornimmt und darüber eine Niederschrift oder einen Vermerk fertigt. Das Beurkundungsgesetz legt einen weiten Urkundsbegriff zugrunde.
2   Die Beurkundung ist eine Öffentliche, wenn das Ergebnis des Beurkundungsvorgangs als eine öffentliche Urkunde anzusehen ist, dh gem § 415 ZPO, wenn eine mit öffentlichem Glauben ausgestattete Person innerhalb ihrer Amtszuständigkeit und ihrer Befugnisse eine Urkunde errichtet hat, unter Beachtung der vorgesehenen Form- und Verfahrensvorschriften.
3   Die Testamentsurkunde führt öffentlichen Nachweis, dass der Testierende vor der Urkundsperson zur Niederschrift seine Erklärungen, dh seine Verfügungen von Todes wegen, abgegeben bzw durch entsprechende Erklärung eine Schrift übergeben hat (§ 2232 siehe dort).
4   Die ordnungsgemäß errichtete Urkunde führt den vollen Beweis. Der Beweiskraft unterliegen alle Teile der Urkunde, auf die sich der öffentliche Glaube erstreckt (BGH NJW 1998, 3790, NJW 2001, 3135). Bei Verfügungen von Todes wegen nehmen an dem öffentlichen Glauben teil, der Ort, der Tag und der Inhalt der Erklärung durch eine in der Urkunde genannte Person. Die rechtliche Richtigkeit der Erklärung ist davon nicht erfasst. Es besteht eine Vermutung, dass die Erklärung vollständig und richtig in der Urkunde aufgenommen wurde (BGH DNotZ 1971, 37 und 1986, 78). Mitteilungen, die in die Urkunde aufgenommen werden und den subjektiven Eindruck der Urkundsperson wiedergeben, also nicht objektive Tatsachen sind, wie zB die Frage der Testierfähigkeit, einer evtl Behinderung der Sehkraft, des Hörvermögens etc, werden daher von der vollen Beweiskraft nicht umfasst (vgl Reimann/Bengel/Mayer § 1 Rn 5).

Mängel der Urkunde können zur Unwirksamkeit führen, wenn gegen zwingende Vor- 5
schriften des BGB und des BeurkG verstoßen wurde. Entscheidend ist, ob die verletzte
Norm eine unmittelbar zwingende Muss-Vorschrift ist oder eine Ordnungsvorschrift
(»Soll«). Die Nichtbeachtung einer Ordnungsvorschrift führt nicht zur Unwirksamkeit
(BayObLG DNotZ 1993, 471, allgM). Zum Kreis der Soll-Vorschriften zählen insb die
Regelungen des notariellen Dienstrechts, die Dienstanweisungen darstellen (BGH
BwNotZ 1963/64 S 71; BayObLG DNotZ 1993, 469). Hierauf beruhende Mängel der Urkunde können jedoch den Beweiswert beeinträchtigen, § 419 ZPO (BGH DNotZ 1995, 28 =
NJW 1994, 2768).

Da im Nachlassverfahren letztendlich die Urkunde die zentrale Beweisfunktion besitzt, 6
sollte die Beurkundungsperson besonders auf die Einhaltung auch der Sollvorschriften
achten. Hierzu gehört insb auch die Regelung des § 44a BeurkG (früher § 30 DONot). Nicht
ordnungsgemäß eingefügte Zusätze können die Beweiskraft der gesamten Urkunde erschüttern. Umstritten ist die Rechtsfolge (umfassender Verlust der Beweisfunktion und
freie Beweiswürdigung gem § 419 ZPO, BGH DNotZ 1956, 643, DNotZ 1995, 29; einschränkende Würdigung *Knurr* DNotZ 1956, 645; *Wochner* DNotZ 1995, 32, Reimann/
Bengel/Mayer § 1 Rn 10). Der zuletzt zitierten Auffassung ist zuzustimmen. Die Urkunde
erbringt grds Beweis über den Inhalt und Verlauf der Verhandlung. Nur wenn berechtigte
Zweifel bestehen, ist der Beweiswert der Urkunde zerstört und der Weg zu § 419 ZPO ist
eröffnet (insofern nicht eindeutig *Eylmann/Vaasen* § 44a Rn 8).

Urkundspersonen bei Verfügungen von Todes wegen können sein der Notar, der Bür- 7
germeister (§§ 2249, 2266) und der Konsularbeamte (§§ 10 ff KonsularG). Sonstige Personen scheiden aus. Das Drei-Zeugen-Testament führt nicht zu einer öffentlichen Urkunde. § 1 Abs. 2 BeurkG ist nicht anwendbar. § 2250 Abs. 3 verweist zwar auf Regelungen des
Beurkundungsgesetzes. Die Rechtsprechung hat daher auch formuliert, dass die drei
Zeugen in ihrer Gesamtheit zwar wie eine Urkundsperson auftreten, was allerdings nicht
zur Errichtung einer öffentlichen Urkunde führt (BGH Rpfleger 1971, 101 = DNotZ 1971,
489, BayObLGZ 1979, 232; Palandt/*Edenhofer* § 2250 Rn 11). Gem § 127a wird eine notarielle Beurkundung durch einen gerichtlichen Vergleich ersetzt. Jedoch sind Verfügungen
von Todes wegen einer vergleichsweisen Regelung nicht zugänglich, da die Verfügung
selbst nicht im Wege des Nachgebens zugestanden werden kann. Der freie Testierwille
muss unangetastet bleiben (BGH DB 1959, 790). Ist die Beeinflussung des Testierwillens
nicht Gegenstand des Vergleichs, so kommt eine Verfügung von Todes wegen in einer
Vergleichsprotokollierung in Betracht (BGHZ 14, 381, BGH NJW 1980, 2307).

§ 2 Überschreiten des Amtsbezirks

**Eine Beurkundung ist nicht deshalb unwirksam, weil der Notar sie außerhalb seines
Amtsbezirks oder außerhalb des Landes vorgenommen hat, in dem er zum Notar
bestellt ist.**

Gem § 11 Abs. 1 BNotO ist Amtsbezirk der Oberlandesgerichtsbezirk, in dem der Notar 1
seinen Amtssitz hat. Außerhalb seines Amtsbezirkes darf der Notar Amtshandlungen nur
vornehmen, wenn Gefahr in Verzug ist oder die Aufsichtsbehörde dies vorab genehmigt
hat (§ 11 Abs. 2 BNotO). Dies ist Dienstrecht und berührt daher die Wirksamkeit der
Beurkundung nicht.

§ 2 BeurkG ist auch auf die anderen Beurkundungspersonen anwendbar, dh Bürgermeis- 2
ter und Konsularbeamte (Reimann/Bengel/Mayer § 2 Rn 5).

Seine Regelungsgrenze findet § 2 in der Überschreitung der deutschen Staatsgrenze. Eine 3
Amtshandlung außerhalb Deutschlands führt nicht zu einer öffentlichen Urkunde. Die
Urkunde kann allenfalls als Privaturkunde angesehen werden und ist nach den allgemeinen Vorschriften evtl wirksam. Die teilweise vertretene Auffassung, dass innerhalb der EU

§ 3 BeurkG | Verbot der Mitwirkung als Notar

eine wirksame Urkunde durch eine deutsche Urkundsperson errichtet werden kann (so *Huhn/v Schuckmann* BeurkG § 2 Rn 29), ist abzulehnen da eine einheitliche Staatlichkeit der EU nicht besteht und das europäische Recht von souveränen Mitgliedsstaaten ausgeht (ebenso Reimann/Bengel/Mayer § 2 Rn 7, Keidel/*Winkler* § 2 Rn 2).

§ 3 Verbot der Mitwirkung als Notar

(1) Ein Notar soll an einer Beurkundung nicht mitwirken, wenn es sich handelt um

1. eigene Angelegenheiten, auch wenn der Notar nur mitberechtigt oder mitverpflichtet ist,
2. Angelegenheiten seines Ehegatten, früheren Ehegatten oder seines Verlobten,
2. a. Angelegenheiten seines Lebenspartners, früheren Lebenspartners oder Verlobten im Sinne des Lebenspartnerschaftsgesetzes,
3. Angelegenheiten einer Person, die mit dem Notar in gerader Linie verwandt oder verschwägert oder in der Seitenlinie bis zum dritten Grade verwandt oder bis zum zweiten Grade verschwägert ist oder war,
4. Angelegenheiten einer Person, mit der sich der Notar zur gemeinsamen Berufsausübung verbunden oder mit der er gemeinsame Geschäftsräume hat,
5. Angelegenheiten einer Person, deren gesetzlicher Vertreter der Notar oder eine Person im Sinne der Nummer 4 ist,
6. Angelegenheiten einer Person, deren vertretungsberechtigtem Organ der Notar oder eine Person im Sinne der Nummer 4 angehört,
7. Angelegenheiten einer Person, für die der Notar außerhalb seiner Amtstätigkeit oder eine Person im Sinne der Nummer 4 außerhalb ihrer Amtstätigkeit in derselben Angelegenheit bereits tätig war oder ist, es sei denn, diese Tätigkeit wurde im Auftrag aller Personen ausgeübt, die an der Beurkundung beteiligt sein sollen,
8. Angelegenheiten einer Person, die den Notar in derselben Angelegenheit bevollmächtigt hat oder zu der der Notar oder eine Person im Sinne der Nummer 4 in einem ständigen Dienst- oder ähnlichen ständigen Geschäftsverhältnis steht, oder
9. Angelegenheiten einer Gesellschaft, an der der Notar mit mehr als fünf von Hundert der Stimmrechte oder mit einem anteiligen Betrag des Haftkapitals von mehr als 2.500 € beteiligt ist.

Der Notar hat vor der Beurkundung nach einer Vorbefassung im Sinne der Nummer 7 zu fragen und in der Urkunde die Antwort zu vermerken.

(2) Handelt es sich um eine Angelegenheit mehrerer Personen und ist der Notar früher in dieser Angelegenheit als ges Vertreter oder Bevollmächtigter tätig gewesen oder ist er für eine dieser Personen in anderer Sache als Bevollmächtigter tätig, so soll er vor der Beurkundung darauf hinweisen und fragen, ob er die Beurkundung gleichwohl vornehmen soll. In der Urkunde soll er vermerken, dass dies geschehen ist.

(3) Abs. 2 gilt entsprechend, wenn es sich handelt um

1. Angelegenheiten einer Person, deren nicht zur Vertretung berechtigtem Organ der Notar angehört,
2. Angelegenheiten einer Gemeinde oder eines Kreises, deren Organ der Notar angehört,

3. Angelegenheiten einer als Körperschaft des öffentlichen Rechts anerkannten Religions- oder Weltanschauungsgemeinschaft oder einer als Körperschaft des öffentlichen Rechts anerkannten Teilorganisation einer solchen Gemeinschaft, deren Organ der Notar angehört. In den Fällen der Nummern 2 und 3 ist Abs. 1 Nr. 6 nicht anwendbar.

Die Vorschrift gehört zu den zentralen Vorschriften des Beurkundungsgesetzes. Die Norm schützt die Urkunde vor dem Anschein einer Gefährdung der Unabhängigkeit und Unparteilichkeit der Urkundsperson (*Winkler* MittBayNotZ 1999, 1, *Brücher* NJW 1999, 2168). 1

Entsprechend der Systematik ist zwischen Verfahrensrecht und materiellem Wirksamkeitsrecht zu trennen. § 3 ist eine Sollvorschrift, deren Verletzung nicht zur Unwirksamkeit der Urkunde führt (BGH DNotZ 1985, 231; *Eylmann/Vaasen* § 3 BeurkG Rn 2). § 3 ist zwingende Amtspflicht für den beurkundenden Notar (BGH aaO). 2

§ 3 gilt nur für den beurkundenden Notar, nicht für den als zweiten Notar Hinzugezogenen nach §§ 22, 25, 29 (vgl § 26 dort). 3

§ 3 gilt für den Notar und den Konsularbeamten, nicht jedoch für den Bürgermeister, § 2249 Abs. 1 Satz 4, und die Zeugen des Drei-Zeugen-Testamentes iSd § 2250 Abs. 3 Satz 2 BGB. 4

Die Vorschrift findet Anwendung, soweit Personen beteiligt sind, zu denen der Notar in der erwähnten Beziehung steht. Um wessen Angelegenheit es sich bei der Beurkundung handelt, erschließt sich aus der Urkunde unmittelbar und aus dem durch die Urkunde betroffenen Lebenssachverhalt. Es ist von einer weiteren Auslegung auszugehen, um den Schutzzweck der Norm zu erreichen (BGH DNotZ 1985, 2231; *Eylmann/Vaasen* § 3 BeurkG Rn 8). Eine nur mittelbare Wirkung genügt aber nicht (hL Reimann/Bengel/Mayer § 3 BeurkG Rn 7 mwN). 5

Bei Verfügungen von Todes wegen ist in erster Linie der Testierende die Person, die unmittelbar dem von § 3 BeurkG erfassten Personenkreis zuzuordnen ist. Hinzu kommen die in der Verfügung durch Erbeinsetzung und Vermächtnisse Begünstigten. Da die Auflage keinen Anspruch auf Erfüllung für den Begünstigten auslöst, wird § 3 nicht auf den durch eine Auflage Begünstigten angewandt. Ihm fehlt die rechtlich unmittelbare Beziehung zum Nachlass bzw dem Beschwerten (*Keidel/Winkler* § 3 BeurkG Rn 29, Reimann/Bengel/Mayer § 3 BeurkG Rn 10). Auch durch die Verfügung von Todes wegen unmittelbar in seinen Rechten betroffen ist derjenige, der von der ges Erbfolge unmittelbar ausgeschlossen (und evtl dadurch zum Pflichtteilsberechtigten) wird. 6

Zu den Regelungen iE: 7

a) Nr. 1 Eigene Angelegenheit
Die Vorschrift greift, wenn der Notar zu der in vorstehend Nr. 6 genannten Personengruppe gehört.

b) Nr. 2 Angelegenheiten von Ehegatten und Verlobten
Nr. 2a Angelegenheiten des Lebenspartners oder früheren Lebenspartners
Die Vorschrift erstreckt sich dem Wortlaut nach auf die früheren Ehegatten (durch Scheidung, Aufhebung oder Auflösung) nicht auf frühere Verlobte. Auch die nichtige Ehe führt zu einem Beurkundungsausschluss. Der Begriff des Verlöbnisses ist im Rechtssinne zu verstehen (§ 1297 BGB), sonstige Verbindungen sind wegen der notwendigen Rechtsklarheit nicht erfasst.

c) Nr. 3 Angelegenheiten von Verwandten und Verschwägerten
Die Verwandtschaft und Schwägerschaft ergibt sich aus den Definitionen in §§ 1589 ff BGB. Die Regelungen sind eindeutig. Bei nichtehelichen Abkömmlingen ist das neue Recht zu beachten, das die Unterscheidung zwischen nichtehelichen und ehelichen Abkömmlingen aufgehoben hat. Lebenspartner iSd LPartG gelten nach § 11 Abs. 2 LPartG als verschwägert.

d) Nr. 4 Angelegenheiten des Sozius bzw des Notars in Bürogemeinschaft

Die Vorschrift setzt nicht voraus, dass es zu einem Anschein der Parteilichkeit kommen kann, sondern erfasst jegliche Beurkundung für den Kollegen. Erfasst ist auch das eigene Testament des Büropartners (vgl Reimann/Bengel/Mayer § 3 BeurkG Rn 18) und dessen Ernennung als Testamentsvollstrecker (vgl *Mihm* DNotZ 1999, 8) (zum Verfahren des gesonderten Testaments vgl *Armbrüster* ZNotP 2002, 47). Für Ehepartner des Berufskollegen gilt die Vorschrift nicht. Eine erweiternde Auslegung verbietet sich aus den Gründen der Rechtsklarheit.

e) Nr. 5 Angelegenheiten einer Person, deren ges Vertreter der Notar oder eine Person iSd Nr. 4 ist

(siehe vorstehend d).

f) Nr. 6 der Notar bzw sein Berufspartner als vertretungsberechtigte Organe

Es ist festzustellen, ob das Organ wirklich vertretungsberechtigt ist, so besteht zB bei Mitgliedschaft in Aufsichtsräten einer AG, GmbH oder Genossenschaft das Mitwirkungsverbot nur insoweit, als das Gremium tatsächlich nach außen in der einschlägigen Angelegenheit zu vertreten hat bzw das Geschäft der ausdrücklichen Zustimmung des Gremiums unterliegt.

g) Nr. 7 Mitwirkungsverbot wegen Vorbefassung

Gem dieser Vorschrift besteht ein Mitwirkungsverbot in Angelegenheiten einer Person, für die der Notar oder einer seiner Berufspartner außerhalb der Amtstätigkeit in derselben Angelegenheit bereits tätig war oder ist, es sei denn, diese Tätigkeit wurde im Auftrag aller Personen ausgeübt, die an der Beurkundung beteiligt sind. Auf die parteiliche Interessenwahrnehmung kommt es nicht an. Die Tätigkeit außerhalb seiner Amtstätigkeit ist logisch, da als Amtsträger der Notar stets zur Unparteilichkeit verpflichtet ist (*Vaasen/Starke* DNotZ 1998, 661, *Mihm* DNotZ 1999, 8). Die Vorschrift gilt daher für alle sonstigen Tätigkeiten wie Anwalt, Steuerberater oder Wirtschaftsprüfer (zur Definition der Angelegenheit s.o. Anm 5).

h) Nr. 8 Angelegenheiten von Auftraggebern

Entscheidend ist der Auftrag in derselben Angelegenheit, wobei unerheblich ist, ob der Notar von seinem Auftragsrecht Gebrauch macht (BGH DNotZ 1985, 231).

i) Angelegenheiten bei eigener wirtschaftlicher Beteiligung

Mit dem Begriff des Haftkapitals ist der Nominalwert der Beteiligung gleichzusetzen (vgl *Eylmann/Vaasen* § 3 BeurkG Rn 58).

8 Abs. 2 regelt eine Hinweispflicht des Notars, wenn dieser in den dort genannten Fällen früher von der Beurkundung ausgeschlossen gewesen wäre. Es soll dadurch jeder Anschein der Parteilichkeit vermieden werden.

9 Die Hinweispflicht des Abs. 3 besagt, dass der Notar in den dort genannten Fällen nicht ausgeschlossen ist, jedoch im Interesse des Ausschlusses des Anscheins der Parteilichkeit die Beteiligten hinzuweisen hat.

§ 4 Ablehnung der Beurkundung

Der Notar soll die Beurkundung ablehnen, wenn sie mit seinen Amtspflichten nicht vereinbar wäre, insbesondere wenn seine Mitwirkung bei Handlungen verlangt wird, mit denen erkennbar unerlaubte oder unredliche Zwecke verfolgt werden.

§ 5 Urkundensprache

(1) Urkunden werden in deutscher Sprache errichtet.

(2) Der Notar kann auf Verlangen Urkunden auch in einer anderen Sprache errichten. Er soll dem Verlangen nur entsprechen, wenn er der fremden Sprache hinreichend kundig ist.

Grds sind Beurkundungen in deutscher Sprache zu errichten. § 5 Abs. 2 eröffnet die Möglichkeit diese auch auf Verlangen in einer anderen Sprache zu errichten, wenn der Notar der Sprache hinreichend kundig ist. Dies gilt auch für Verfügungen von Todes wegen. Nach § 10 Abs. 3 Nr. 1 KonsularG kann auch der Konsularbeamte in einer fremden Sprache beurkunden. Auch das Drei-Zeugen-Testament ist nach § 2250 Abs. 3 Satz 3 BGB in fremder Sprache möglich, nicht jedoch das Bürgermeistertestament nach § 2249 BGB. Dieses ist in fremder Sprache nichtig. Der Gesetzeswortlaut des § 2249 Abs. 1 Satz 4 BGB ist eindeutig, wenn auch heute nicht mehr erklärbar. 1

§ 5 betrifft die Urkundssprache. Das Gespräch mit den Urkundsbeteiligten kann gleichwohl in einer fremden Sprache geführt werden, jedoch muss die Urkundssprache verstanden werden, ansonsten ist gem § 16, 32 BeurkG zu übersetzen. 2

Ist die fremde Sprache mit fremden Schriftzeichen verbunden, gilt § 5 Abs. 2 entsprechend (Reimann/Bengel/Mayer § 5 BeurkG Rn 5). 3

§ 6 Ausschließungsgründe

(1) Die Beurkundung von Willenserklärungen ist unwirksam, wenn

1. der Notar selbst,

2. sein Ehegatte,

2 a. sein Lebenspartner,

3. eine Person, die mit ihm in gerader Linie verwandt ist oder war oder

4. ein Vertreter, der für eine der in den Nummern 1 bis 3 bezeichneten Personen handelt, an der Beurkundung beteiligt ist.

(2) An der Beurkundung beteiligt sind die Erschienenen, deren im eigenen oder fremden Namen abgegebene Erklärungen beurkundet werden sollen.

§ 6 regelt die Ausschließung des Notars von der Beurkundung. § 3 spricht lediglich im Rahmen einer Sollvorschrift von einem Mitwirkungsverbot. Rechtsfolge des § 6 ist im Gegensatz dazu, dass die Beurkundung im Ganzen unwirksam ist (anders § 7 BeurkG). Die Vorschrift ist aber nicht bloßer Verfahrenscharakter, sondern materiell-rechtliche Wirkung. 1

Die Norm gilt für Notare, für Konsularbeamte (§ 10 Abs. 3 KonsularG), das Bürgermeistertestament (§ 2249 BGB) und für das Drei-Zeugen-Testament in Bezug auf die Tatbestände der Nr. 1 – 3 (§ 2250 Abs. 3 Satz 2 BGB). § 6 gilt auch für den zur Beurkundung hinzugezogenen Dolmetscher, § 16 Abs. 3 Satz 2. 2

Gem § 6 ist die Beurkundung unwirksam, dh die Wirksamkeit bleibt nur bestehen, soweit ohne die Beurkundung die Form gewahrt bleibt. Dies kann bei Verfügungen von Todes wegen allenfalls bei Übergabe einer Schrift, die § 2149 BGB entspricht, angenommen werden. 3

Beteiligt iSd Vorschrift sind diejenigen Personen, die vor dem Notar die zu beurkundenden Erklärungen abgeben. 4

§ 7 Beurkundungen zugunsten des Notars oder seiner Angehörigen

Die Beurkundung von Willenserklärungen ist insoweit unwirksam, als diese darauf gerichtet sind,

1. **dem Notar,**
2. **seinem Ehegatten oder früheren Ehegatten,**

2 a. **seinem Lebenspartner oder früheren Lebenspartner oder**

3. **einer Person, die mit ihm in gerader Linie verwandt oder verschwägert oder in der Seitenlinie bis zum dritten Grade verwandt oder bis zum zweiten Grade verschwägert ist oder war, einen rechtlichen Vorteil zu verschaffen.**

1 § 7 schließt an § 3 an. Die dort genannten Fälle des Mitwirkungsverbotes werden zu Ausschließungsgründen und führen damit zur (teilweisen) Unwirksamkeit der Beurkundung. Zu § 6 besteht der Unterschied darin, dass § 6 zu einer vollständigen Unwirksamkeit der Beurkundung führt, § 7 nur zu einer teilweisen.

2 Die teilweise Unwirksamkeit tritt insoweit ein, als diese darauf gerichtet ist, einer der in § 7 Nr. 1 – 3 genannten Personen einen rechtlichen Vorteil zu verschaffen. Die teilweise Unwirksamkeit kann nach den allgemeinen Grundsätzen (§ 139 BGB, bei Testamenten § 2085 BGB) zur völligen Unwirksamkeit führen.

3 Bei der Errichtung durch Übergabe einer Schrift kann nicht ausgeschlossen werden, dass die beurkundende Person von der Betroffenheit durch die Regelung des § 7 BeurkG nichts weiß. Da es um die Vermeidung des Anscheins der Parteilichkeit geht, genügt das objektive Vorliegen für die Teilunwirksamkeit (Reimann/Bengel/Mayer § 7 BeurkG). Der Notar sollte daher nach dem Inhalt der Schrift fragen, wozu er jedoch rechtlich nicht verpflichtet ist, §§ 30 Satz 4, 17 Abs. 2 BeurkG.

4 Da § 7 voraussetzt, dass ein rechtlicher Vorteil verschafft wird, ist die materiell-rechtliche Beteiligung (anders § 6) maßgebend. Rechtlicher Vorteil bedeutet, dass die Rechtsstellung verbessert wird (RGZ 88, 147). Der rechtliche Vorteil muss unmittelbare Folge sein.

§ 8 Grundsatz der Niederschrift

Bei der Beurkundung von Willenserklärungen muss eine Niederschrift über die Verhandlung aufgenommen werden.

1 Die Regelung begründet den Grundsatz, dass für die Beurkundung von Willenserklärungen (= Verfügungen von Todes wegen) ist die Form der Niederschrift zwingend vorgeschrieben, Verfügungen von Todes wegen können nur in dieser Form aufgenommen werden.

2 § 8 gilt für Notare, Konsularbeamte (§ 1 Abs. 2, 3 KonsularG), das Bürgermeistertestament (§ 2249 Abs. 1 Satz 4 BGB) und das Drei-Zeugen-Testament (§ 2250 Abs. 3 Satz 2 BGB).

3 Gegenstand der Niederschrift ist das Ergebnis der Erörterungen, dh der Extrakt, der sich auf die Willenserklärung beschränkt. Motive oder sonstige Erklärungen können in die Niederschrift aufgenommen werden. Wegen der Möglichkeit der Anfechtung wegen Motivirrtums (§ 2078 f, 2281 f BGB), sollte bei der Aufnahme sonstiger Erklärungen und Motive Zurückhaltung geübt werden.

4 Für Notare ergibt sich die Herstellung des Protokolls aus den Regelungen in §§ 28 – 31 DONot.

§ 9 Inhalt der Niederschrift

(1) Die Niederschrift muss enthalten

1. die Bezeichnung des Notars und der Beteiligten sowie

2. die Erklärungen der Beteiligten.

Erklärungen in einem Schriftstück, auf das in der Niederschrift verwiesen und das dieser beigefügt wird, gelten als in der Niederschrift selbst enthalten. Satz 2 gilt entsprechend, wenn die Beteiligten unter Verwendung von Karten, Zeichnungen oder Abbildungen Erklärungen abgeben.

(2) Die Niederschrift soll Ort und Tag der Verhandlung enthalten.

Die Vorschrift enthält in Abs. 1 als Mussvorschrift den zwingenden Mindestgehalt, der zur Wirksamkeit der Beurkundung notwendig ist. Daneben steht als Mussvorschrift § 13 BeurkG. § 9 Abs. 2 ist als Sollvorschrift formuliert und beeinträchtigt die Wirksamkeit nicht. 1

§ 9 gilt für Notare, Konsularbeamte (§ 10 Abs. 3 KonsularG) für das Bürgermeistertestament (§ 2249 Abs. 1 Satz 4 BGB) und das Drei-Zeugen-Testament (§ 2250 Abs. 3 Satz 2 BGB). 2

Die Regelung des § 9 Abs. 1 hat zum Ziel, die eindeutige Beurkundungssituation zu definieren: Wer hat vor wem Erklärungen abzugeben. Damit wird eine der Beweisfunktionen der Urkunde gesichert. Die genaue Formulierung ist nicht vorgegeben, es muss eine objektive Feststellung des Notars und der Beteiligten möglich sein (Reimann/Bengel/Mayer § 9 BeurkG Rn 8). Eine unvollständige Angabe kann durch die Urkunde bzw die Unterschrift am Ende der Urkunde ergänzt werden (BGH Z 38, 130 = DNotZ 1964, 104 = NJW 1963, 200; Reimann/Bengel/Mayer § 9 Rn 9 mwN). 3

Beteiligte iSd Vorschrift sind diejenigen, deren Erklärungen beurkundet wird. Sonstige Personen, wie zB Zeugen, der zweite Notar, der Dolmetscher, sind nicht Beteiligte. Ihre Nennung in der Urkunde ist zweckmäßig, aber nicht zwingend. 4

Die Regelung unterscheidet gem Abs. 1 Satz 2 und Satz 3 zwischen Erklärungen, die als Anlage beigefügt werden und Karten, Zeichnungen oder Abbildungen. Die letzteren haben nur ergänzende Funktion zu der eigentlichen Erklärung in der Urkunde. Die Anlage mit Erklärung ist Willenserklärung in der Niederschrift selbst. Aus der Niederschrift muss erkennbar sein, dass die Anlage die Erklärung vervollständigt (BGH NJW 1994, 2095 = DNotZ 1995, 35). 5

Das Beifügen geschieht durch tatsächliches Zusammenfügen. § 44 fordert das Verbinden durch Schnur und Prägesiegel, ist jedoch lediglich eine Sollvorschrift. Ein eindeutiges Zusammenbringen genügt. 6

§ 10 Feststellung der Beteiligten

(1) In der Niederschrift soll die Person der Beteiligten so genau bezeichnet werden, dass Zweifel und Verwechslungen ausgeschlossen sind.

(2) Aus der Niederschrift soll sich ergeben, ob der Notar die Beteiligten kennt oder wie er sich Gewissheit über ihre Person verschafft hat. Kann sich der Notar diese Gewissheit nicht verschaffen, wird aber gleichwohl die Aufnahme der Niederschrift verlangt, so soll der Notar dies in der Niederschrift unter Anführung des Sachverhalts angeben.

§ 11 Feststellungen über die Geschäftsfähigkeit

(1) Fehlt einem Beteiligten nach der Überzeugung des Notars die erforderliche Geschäftsfähigkeit, so soll die Beurkundung abgelehnt werden. Zweifel an der erforderlichen Geschäftsfähigkeit eines Beteiligten soll der Notar in der Niederschrift feststellen.

(2) Ist ein Beteiligter schwer krank, so soll dies in der Niederschrift vermerkt und angegeben werden, welche Feststellungen der Notar über die Geschäftsfähigkeit getroffen hat.

1 § 11 ist Verfahrensrecht und hebt damit auf die nach allgemeinen Vorschriften zu beurteilende Geschäftsfähigkeit ab (§§ 104 ff; 2229 BGB; zu letzterer Vorschrift vgl dort). § 11 stellt allgemein auf die Geschäftsfähigkeit ab, wohingegen § 28 sich auf die Geschäftsfähigkeit des Erblassers bezieht. Beide Vorschriften sind jeweils auf die Beurkundungssituation einer Verfügung von Todes wegen zu beziehen. Dies bedeutet:
   a) Fehlt einem Beteiligten (bei Testament dem Testierenden, bei Erbvertrag dem Testierenden und/oder dem Vertragspartner) die Geschäftsfähigkeit ist die Beurkundung abzulehnen.
   b) Bei Zweifeln an der Geschäftsfähigkeit des Testierenden ist nach § 28 BeurkG zu verfahren, bei den sonstigen Beteiligten des Erbvertrages nach § 11 Abs. 1 Satz 2.
   c) § 11 Abs. 2 gilt für alle Beteiligten.
2 § 11 gilt uneingeschränkt für Notare und Konsularbeamte (§§ 1 Abs. 2, 10 Abs. 3 KonsularG). Beim Bürgermeistertestament und dem Drei-Zeugen-Testament fehlt die entsprechende Verweisung, so dass § 11 Abs. 1 Satz 1 nicht anzuwenden ist (§§ 2249 Abs. 1 Satz 4, 2250 Abs. 3 Satz 2 BGB).
3 Da § 11 eine Sollvorschrift ist, führt deren Nichtbeachtung nicht zur Unwirksamkeit der Beurkundung (Reimann/Bengel/Mayer § 11 BeurkG Rn 7, BayObLG DNotZ 1993, 471 m Anm *Kanzleiter* DNotZ 1993, 434).
4 § 11 begründet keine Prüfungspflicht. Es besteht nur Handlungsbedarf, wenn entsprechende Anzeichen wahrgenommen werden.
5 Die gem § 11 in die Niederschrift aufgenommenen Tatsachen nehmen an der Beweiskraft der Urkunde teil. Schlussfolgerungen und subjektive Eindrücke unterliegen dem allgemeinen Beweisrecht.

Beteiligung behinderter Personen

§ 22 Hörbehinderte, sprachbehinderte und sehbehinderte Beteiligte

(1) Vermag ein Beteiligter nach seinen Angaben oder nach der Überzeugung des Notars nicht hinreichend zu hören, zu sprechen oder zu sehen, so soll zu der Beurkundung ein Zeuge oder ein zweiter Notar zugezogen werden, es sei denn, daß alle Beteiligten darauf verzichten. Auf Verlangen eines hör- oder sprachbehinderten Beteiligten soll der Notar einen Gebärdensprachdolmetscher hinzuziehen. Diese Tatsachen sollen in der Niederschrift festgestellt werden.

(2) Die Niederschrift soll auch von dem Zeugen oder dem zweiten Notar unterschrieben werden.

1 § 22 sichert für den Behinderten die ordnungsgemäße Beurkundung nach § 13 BeurkG insb seine Teilnahme an der Verhandlung.

Besonderheiten für hör- und sprachbehinderte Beteiligte | § 24 BeurkG

§ 22 gilt für Beurkundungen durch den Notar und den Konsularbeamten (§ 10 Abs. 3 KonsularG). Beim Bürgermeistertestament und dem Drei-Zeugen-Testament sind Zeugen schon Kraft materiellen Rechts vorgesehen. **2**

Tatbestandsvoraussetzung ist, dass der Urkundsbeteiligte nach Überzeugung des Notars oder nach eigenen Angaben nicht hinreichend zu hören, zu sprechen oder zu sehen vermag. Dies ist der Fall, wenn die Verständigung mit dem und die Wahrnehmung des Beteiligten ein ordnungsgemäßes Beurkundungsverfahren nicht mehr möglich machen (OLG Hamm DNotZ 1967, 317 m Anm *Seybold*). **3**

Die Angabe des Beteiligten ist verbindlich und führt zur Anwendung des § 22. Die Überzeugung des Notars, die er nach eigenen, freien Feststellungen gewinnt, führt ebenfalls zur Anwendung des § 22, auch wenn der Beteiligte die Behinderung verneint. Eine falsche Angabe des Beteiligten und ein Irrtum des Notars sind unschädlich. **4**

Eine Zuziehung von Zeugen oder dem zweiten Notar entfällt, wenn alle an der Urkunde Beteiligten hierauf verzichten (Ehegatte beim gemeinschaftlichen Testament, Vertragspartner beim Erbvertrag). **5**

Soweit dem Zeugen Auslagenerstattung gewährt wird, sind dies Auslagen iSd § 137 Nr. 4 KostO. Dem zweiten Notar stehen Gebühren gem § 151 KostO zu. **6**

§ 24 Besonderheiten für hör- und sprachbehinderte Beteiligte, mit denen eine schriftliche Verständigung nicht möglich ist

(1) Vermag ein Beteiligter nach seinen Angaben oder nach der Überzeugung des Notars nicht hinreichend zu hören oder zu sprechen und sich auch nicht schriftlich zu verständigen, so soll der Notar dies in der Niederschrift feststellen. Wird in der Niederschrift eine solche Feststellung getroffen, so muss zu der Beurkundung eine Person zugezogen werden, die sich mit dem behinderten Beteiligten zu verständigen vermag und mit deren Zuziehung er nach der Überzeugung des Notars einverstanden ist; in der Niederschrift soll festgestellt werden, dass dies geschehen ist. Zweifelt der Notar an der Möglichkeit der Verständigung zwischen der zugezogenen Person und dem Beteiligten, so soll er dies in der Niederschrift feststellen. Die Niederschrift soll auch von der zugezogenen Person unterschrieben werden.

(2) Die Beurkundung von Willenserklärungen ist insoweit unwirksam, als diese darauf gerichtet sind, der nach Absatz 1 zugezogenen Person einen rechtlichen Vorteil zu verschaffen.

(3) Das Erfordernis, nach § 22 einen Zeugen oder zweiten Notar zuzuziehen, bleibt unberührt.

Die Vorschrift gewährleistet, dass der Wille in einer entsprechenden Willenserklärung seinen Ausdruck findet. Die Mehrfachbehinderung gem der Vorschrift erfordert daher die Zuziehung einer Person, mit der der Behinderte kommunizieren kann und die dem Notar den Inhalt der Erklärung mitteilen kann. Die Zuziehung der Vertrauensperson ist zwingend vorgesehen. **1**

Durch die Aufhebung des früheren § 31 BeurkG ist § 24 nunmehr uneingeschränkt auch auf Verfügungen von Todes wegen anwendbar (siehe Vorgabe durch BVerfGE 99, 341). **2**

Bei Vorliegen der Voraussetzungen ist die Zuziehung einer Vertrauensperson zwingend, dh § 24 ist eine Mussvorschrift, deren Verletzung zur Unwirksamkeit der Beurkundung führt. Wurde hingegen die Feststellung der doppelten Behinderung – auch pflichtwidrig und wahrheitswidrig – unterlassen, so beeinträchtigt die nicht erfolgte Zuziehung die Wirksamkeit der Beurkundung nicht (Reimann/Bengel/Mayer § 22 BeurkG Rn 2; vgl amtlBegr BT-Ds 14/§ 266 S 51). **3**

4 Die Vertrauensperson muss sich tatsächlich mit dem Behinderten verständigen können. Diese tatsächliche Verständigungsmöglichkeit ist Wirksamkeitsvoraussetzung.
5 § 24 gilt für Notare, Konsularbeamte (§ 10 Abs. 3 KonsularG) und das Bürgermeistertestament (§ 2249 Abs. 1 Satz 4 BGB), nicht jedoch für das Drei-Zeugen-Testament (§ 2250 Abs. 3 Satz 2 BGB).
6 Ausgeschlossen als Vertrauensperson sind diejenigen, die durch die Beurkundung einen rechtlichen Vorteil erlangen (vgl § 7 BeurkG dort).
7 Darüber hinaus gilt gem § 24 Abs. 3 die Regelung des § 22 BeurkG.

§ 26 Verbot der Mitwirkung als Zeuge oder zweiter Notar

(1) Als Zeuge oder zweiter Notar soll bei der Beurkundung nicht zugezogen werden, wer

1. selbst beteiligt ist oder durch einen Beteiligten vertreten wird,
2. aus einer zu beurkundenden Willenserklärung einen rechtlichen Vorteil erlangt,
3. mit dem Notar verheiratet ist,
3 a. mit ihm eine Lebenspartnerschaft führt oder
4. mit ihm in gerader Linie verwandt ist oder war.

(2) Als Zeuge soll bei der Beurkundung ferner nicht zugezogen werden, wer

1. zu dem Notar in einem ständigen Dienstverhältnis steht,
2. minderjährig ist,
3. geisteskrank oder geistesschwach ist,
4. nicht hinreichend zu hören, zu sprechen oder zu sehen vermag,
5. nicht schreiben kann oder
6. der deutschen Sprache nicht hinreichend kundig ist; dies gilt nicht im Falle des § 5 Abs. 2, wenn der Zeuge der Sprache der Niederschrift hinreichend kundig ist.

5. Besonderheiten für Verfügungen von Todes wegen

1 Die Vorschrift stellt sicher, dass nur Personen zugezogen werden, die allgemein die Gewähr für ein ordnungsgemäßes Verfahren bieten, sei es im Hinblick auf den Anschein der Parteilichkeit, sei es im Hinblick auf die Fähigkeit, die Aufgabe des Zeugen auszufüllen.
2 § 26 ist eine Sollvorschrift, deren Verletzung nicht zur Unwirksamkeit der Beurkundung führt.
3 § 26 gilt für Notare und Konsularbeamte (§ 10 Abs. 3 KonsularG). Die Vorschrift des Bürgermeistertestamentes § 2249 Abs. 1 Satz 4 verweist nur auf § 26 Abs. 1 Nr. 3, 4, Abs. 2. § 2250 Abs. 3 Satz 2 BGB verweist für das Drei-Zeugen-Testament nur auf § 26 Abs. 2 Nr. 2 – 5.

§ 27 Begünstigte Personen

Die §§ 7, 16 Abs. 3 Satz 2, § 24 Abs. 2, § 26 Abs. 1 Nr. 2 gelten entsprechend für Personen, die in einer Verfügung von Todes wegen bedacht oder zum Testamentsvollstrecker ernannt werden.

1 § 27 stellt klar, dass Personen, die bedacht werden oder als Testamentsvollstrecker benannt werden, solchen Personen gleichstehen, die unmittelbar einen rechtlichen Vorteil erlan-

gen. Das Beurkundungsverfahren soll von dem Anschein der Beeinflussung freigehalten werden.

§ 27 gilt bei Beurkundungen durch Notare und durch Konsularbeamte (§ 10 Abs. 3 KonsularG). Die Vorschrift gilt ferner für das Bürgermeistertestament (§ 2249 Abs. 1 Satz 4 BGB) mit der Maßgabe, dass die Hinzuziehung ausgeschlossener Zeugen zur Unwirksamkeit der Verfügung führt (§ 2249 Abs. 1 Satz 3 BGB). Beim Drei-Zeugen-Testament ist § 27 ebenfalls anzuwenden. 2

Durch Verfügung von Todes wegen bedacht sind der Erbe (auch der Vor- und der Nacherbe sowie die Ersatzerben) und der Vermächtnisnehmer (auch Vor- und Nachvermächtnisnehmer sowie Ersatzvermächtnisnehmer). 3

Nicht unmittelbar bedacht sind die durch eine Auflage Begünstigten (da diese kein Forderungsrecht erhalten § 1940 BGB) und Personen, die als Vormund, Pfleger oder Beistand benannt werden, wobei dies anhand der Ausgestaltung der Benennung im Einzelfall zu überprüfen ist. 4

Die Benennung als Testamentsvollstrecker fällt unter § 27; ebenso die Bevollmächtigung durch eine Verfügung von Todes wegen, da diese Rechtsmacht verleiht bzw verstärkt. Mittelbar betroffen und damit von § 27 nicht erfasst sind Personen, die ges Vertreter eines Bedachten (auch bei juristischer Person) sind vgl §§ 7, 16 Abs. 3 Satz 2, 24 Abs. 2, 26 Abs. 1 Nr. 2. 5

Die Rechtsfolge des Verstoßes ergibt sich aus der betroffenen Norm, dh es kann gänzliche oder teilweise Unwirksamkeit vorliegen. 6

§ 28 Feststellungen über die Geschäftsfähigkeit

Der Notar soll seine Wahrnehmungen über die erforderliche Geschäftsfähigkeit des Erblassers in der Niederschrift vermerken.

Durch diese Norm wird der Notar verpflichtet, seine Wahrnehmung über die erforderliche Geschäftsfähigkeit in der Niederschrift festzuhalten. Die Wahrnehmungen des Notars sind die primären Beweismittel. Die Beweiskraft umfasst die festgehaltenen Tatsachen, nicht die subjektiven Schlussfolgerungen. 1

§ 28 gilt für alle Verfügungen von Todes wegen, also neben dem Notar auch bzgl des Konsularbeamten (§ 10 Abs. 3 KonsularG), des Bürgermeistertestaments (§ 2249 Abs. 1 Satz 4 BGB) und des Drei-Zeugen-Testament (§ 2250 Abs. 3 Satz 2 BGB). 2

Der Begriff der erforderlichen Geschäftsfähigkeit stellt klar, dass § 28 auch für die Beurkundung von Erbverträgen gilt. Die erforderliche Geschäftsfähigkeit ergibt sich aus den materiell-rechtlichen Vorschriften des BGB (§§ 2229, 2275 BGB). 3

§ 28 ist eine Sollvorschrift, deren Verletzung nicht zur Unwirksamkeit der Beurkundung führt. 4

§ 29 Zeugen, zweiter Notar

Auf Verlangen der Beteiligten soll der Notar bei der Beurkundung bis zu zwei Zeugen oder einen zweiten Notar zuziehen und dies in der Niederschrift vermerken. Die Niederschrift soll auch von diesen Personen unterschrieben werden.

Die Zuziehung von Zeugen oder eines zweiten Notars gem § 29 hat mit der Frage der notwendigen Hinzuziehung wegen Behinderung nichts zu tun. Es regelt das evtl Bedürfnis, durch weitere Zeugen die Beweiskraft der Urkunde zu unterstreichen. 1

Die Zuziehung steht im Ermessen des Beteiligten und ist bei entsprechendem Verlangen zu erfüllen. Voraussetzung ist bei mehreren Beteiligten, dass alle die Zuziehung verlangen. 2

3 Der Notar selbst kann eine Zuziehung nur empfehlen, wenn er dies für ratsam hält. Von sich aus kann er die Zuziehung jedoch nicht anordnen; schon gar nicht gegen den Willen der Beteiligten.

4 Die Nichthinzuziehung trotz Verlangens, die Zuziehung ohne Verlangen oder die Hinzuziehung ausgeschlossener oder ungeeigneter Zeugen hat auf die Wirksamkeit der Urkunde keinen Einfluss. § 29 ist eine Sollvorschrift (*Eylmann/Vaasen* § 29 BeurkG Rn 6 u 7).

§ 34 Verschließung, Verwahrung

(1) Die Niederschrift über die Errichtung eines Testaments soll der Notar in einen Umschlag nehmen und diesen mit dem Prägesiegel verschließen. In den Umschlag sollen auch die nach den §§ 30 und 32 beigefügten Schriften genommen werden. Auf dem Umschlag soll der Notar den Erblasser seiner Person nach näher bezeichnen und angeben, wann das Testament errichtet worden ist; diese Aufschrift soll der Notar unterschreiben. Der Notar soll veranlassen, daß das Testament unverzüglich in besondere amtliche Verwahrung gebracht wird.

(2) Beim Abschluß eines Erbvertrages gilt Absatz 1 entsprechend, sofern nicht die Vertragschließenden die besondere amtliche Verwahrung ausschließen; dies ist im Zweifel anzunehmen, wenn der Erbvertrag mit einem anderen Vertrag in derselben Urkunde verbunden wird.

(3) Haben die Beteiligten bei einem Erbvertrag die besondere amtliche Verwahrung ausgeschlossen, so bleibt die Urkunde in der Verwahrung des Notars. Nach Eintritt des Erbfalls hat der Notar die Urkunde an das Nachlaßgericht abzuliefern, in dessen Verwahrung sie verbleibt.

1 Die Verfahrensvorschrift des § 34 soll gewährleisten, dass sowohl das Interesse des Testierenden als auch das öffentliche Interesse an einem ordnungsgemäßen Verfahren gewahrt bleiben. Die Verschließung hat das Interesse des Testierenden an der Geheimhaltung bis zur Eröffnung im Auge. Auch soll eine Verwahrung herbeigeführt werden, die unberechtigte Veränderungen ausschließt.

2 Die Vorschrift gilt für notarielle Testamente und auch für vor einem Konsularbeamten errichtete Verfügungen von Todes wegen (§§ 11 Abs. 1, 10 Abs. 3 KonsularG). Gem § 2249 Abs. 1 Satz 4 BGB ist die Vorschrift auch auf Bürgermeistertestamente anzuwenden. Sie gilt nicht für Drei-Zeugen-Testamente (§ 2250 Abs. 2 BGB).

3 Beim Erbvertrag ist gem §§ 2258a, b, 2300 BGB auch die besondere amtliche Verwahrung vorgesehen. Jedoch können die Vertragsschließenden (dh alle) diese besondere amtliche Verwahrung ausschließen mit der Folge, dass dieser dann von dem beurkundenden Notar verwahrt wird (§ 18 DONot, mit Anlegung eines Erbvertragsverzeichnisses durch den Notar § 9 Abs. 1 DONot).

4 Der Notar soll die Niederschrift und die beigefügten Schriftstücke in einem Umschlag verschließen. Niederschrift bedeutet hier die Urschrift. Beigefügte Schriftstücke sind zB die übergebene Schrift und die schriftliche Übersetzung (§§ 32, 16 BeurkG). Die beizufügenden Schriftstücke sind auch alle Anlagen zur Urkunde, da diese Urkundsinhalt sind. (§ 9 Abs. 1 Satz 2 BeurkG). Der Umschlag soll ein Vordruck nach dem Muster der in Anlage 1 der bundeseinheitlichen Bekanntmachung über die Benachrichtigung in Nachlasssachen sein (aktuelle Fassung v 2. 1. 2001). Der Umschlag wird mit dem Prägesiegel verschlossen § 2 BNotO, § 2 DONot (Siegellack oder Siegelmarke mit Oblate). Das Farbdrucksiegel kann nicht verwendet werden. Auf dem Umschlag sind die Angaben Gem § 34 Abs. 1 Satz 3 BeurkG anzubringen. Die Unterschrift des Notars hat wegen § 35 BeurkG besondere Bedeutung. Eine Frist zur Verschließung gibt es nicht, was bedeutet, dass diese

unverzüglich zu erfolgen hat. Wird die Verschließung zu einem Zeitpunkt vorgenommen, an dem ein amtlich bestellter Vertreter bestellt ist, so unterzeichnet dieser den Vermerk. Die Wirkung des § 35 BeurkG tritt dann jedoch nicht ein.
Die Ablieferung zur amtlichen Verwahrung hat ebenfalls unverzüglich zu erfolgen. Unverzüglich bedeutet die Vornahme ohne schuldhaftes Zögern (§ 121 BGB). In der Urkundensammlung verbleibt ein Vermerkblatt oder auf Wunsch eine beglaubigte Abschrift (§ 20 Abs. 1 Satz 3 DONot). Diese ist nur auf Wunsch der Beteiligten als verschlossene Schrift vom Notar zu verwahren (*Dumoulin* DNotZ 1966, 70, *Kanzleiter* DNotZ 1970, 581).
Zuständig zur Verwahrung ist das AG (vgl hierzu näher Kommentierung zu § 2258a).
Enthält die Urkunde neben Verfügung von Todes wegen in der Form des Erbvertrages noch weitere andere vertragliche Vereinbarungen (sog gemischte Verträge), so ist nach der ges Auslegungsregel des § 34 Abs. 2, 2. Hs im Zweifel davon auszugehen, dass die Parteien die besondere amtliche Verwahrung nicht wünschen und die Urkunde in der Verwahrung des Notars verbleibt. Anwendung findet diese Regelung besonders bei Ehe- und Erbverträgen (§ 2276 Abs. 2 BGB).
Zum Hinterlegungsschein siehe § 2277 BGB.

§ 35 Niederschrift ohne Unterschrift des Notars

Hat der Notar die Niederschrift über die Errichtung einer Verfügung von Todes wegen nicht unterschrieben, so ist die Beurkundung aus diesem Grunde nicht unwirksam, wenn er die Aufschrift auf dem verschlossenen Umschlag unterschrieben hat.

Die Vorschrift soll die Unwirksamkeit der Urkunde wegen eines Fehlers des Notars verhindern. Eine Urkunde ist grds unwirksam, wenn die Unterschrift der beurkundenden Person fehlt.
§ 35 ist auf alle öffentlichen Beurkundungsformen anzuwenden. Sie gilt daher für Beurkundungen vor dem Notar, dem Konsularbeamten (§ 11 Abs. 1, 10 Abs. 3 KonsularG) und dem Bürgermeister (§ 2249 Abs. 1 BGB); nicht hingegen für das Drei-Zeugen-Testament.
Voraussetzung ist, dass die Urkundsperson und die Person, die den Umschlag unterzeichnet hat, identisch sind. Die Unterschrift des amtlich bestellten Vertreters genügt nicht.
Die Vorschrift gilt bei allen Verfügungen von Todes wegen, also auch bei Erbverträgen. Wird der Erbvertrag zunächst von dem Notar verwahrt und erst später auf Wunsch der Beteiligten in die besondere amtliche Verwahrung verbracht, so ist § 35 anwendbar (str vgl Reimann/Bengel/Mayer § 35 Rn 5). Konsequenterweise muss § 35 auch auf gemischte Verträge Anwendung finden (zB Ehe- und Erbvertrag Reimann/Bengel/Mayer § 35 Rn 5, *Winkler* § 35 BeurkG Rn 6).

Vorbemerkungen vor §§ 2265 ff

Das gemeinschaftliche Testament ermöglicht es Eheleuten, gemeinsam Verfügungen von Todes wegen zu treffen. Es gibt in den insoweit einschlägigen §§ 2265 ff aber keine Legaldefinition eines solchen Testaments, sondern nur ergänzende Regelungen. So enthalten die §§ 2266, 2267 formale Erleichterungen für ein gemeinschaftliches Testieren, um – die Hauptzielsetzung des Gesetzgebers – den Eheleuten damit und durch nachfolgende materiell-rechtlichen Regelungen (insb in den §§ 2270, 2271) ein Mittel zu geben, korrespektiven Verfügungen, also Verfügungen mit der Begünstigung Dritter, die sich in ihrer Rechtswirksamkeit bedingen (Wechselbezüglichkeit iSv § 2270 Abs. 1), einen bindenden Charakter zu verleihen, so dass sich der andere Ehegatte darauf verlassen kann, dass sie nicht ohne sein Wissen geändert werden können (Kipp/*Coing* § 32 III. 2.).

§ 2265 BGB | Errichtung durch Ehegatten

2 Wenn bei einer Drittbegünstigung der überlebende Ehegatte hinsichtlich seines Nachlasses zulasten des Begünstigten anders als im gemeinschaftlichen Testament vorgesehen testiert, ist im Rahmen einer oft schwierigen Testamentsauslegung zu prüfen, in welchem Umfange die Drittbegünstigung für den überlebenden Ehegatten nach §§ 2270, 2271 wechselbezüglich, also bindend ist. Auch ist bei einer Drittbegünstigung selbst in einem notariellen Testament oft auslegungsbedürftig, ob der überlebende Ehegatte Vollerbe oder (nur) Vorerbe und ein Dritter Schlusserbe oder Nacherbe sein soll. Bei Vor- und Nacherbschaft ist zudem oft unklar, ob die Eheleute auch regeln wollten, wer den zuletzt versterbenden Ehegatten beerben soll. Das Gesetz gibt zwar zu all diesen Fragen Auslegungsregeln, auf die aber erst zurückgegriffen werden darf, wenn trotz einer umfassenden Testamentsauslegung der wirkliche oder mutmaßliche Erblasserwille nicht ermittelt werden kann. Dies wird häufig übersehen. Außerdem ist ergänzend das für Einzeltestamente geltende Recht zu beachten. Auch diese Verknüpfung mit dem allgemeinen Erbrecht hat eine Fülle von Auslegungs- und Rechtsproblemen zur Folge, bei denen sich erst allmählich, wenn überhaupt in Rechtsprechung und Literatur herrschenden Meinungen herausgebildet haben.

3 Von besonderer Bedeutung für die Praxis ist ferner, dass auf bindend gewordene, wechselbezügliche Verfügungen von Todes wegen die §§ 2287, 2288 entsprechend anwendbar sind, so dass der Drittbegünstigte in einem gewissen Umfange auch gegen seine testamentarischen Ansprüche vereitelnde, lebzeitige Verfügungen des überlebenden Ehegatten geschützt ist (s.u. § 2271 Rn 32). Insb hier zeigt sich die Nähe des Ehegattentestaments zum **Erbvertrag** (zu Gemeinsamkeiten und Unterschieden zwischen Ehegattentestament und Erbvertrag vgl Staudinger/*Kanzleitner* Vorbem Rn 25 ff vor § 2265).

4 Eine erweiterte Bedeutung haben die Vorschriften über das gemeinschaftliche Testament dadurch erfahren, dass sie mit Wirkung ab dem 1. 8. 2001 auch für eingetragene **Lebenspartnerschaften** gelten (s § 2265 Rn 8).

Titel 8 Gemeinschaftliches Testament

§ 2265 Errichtung durch Ehegatten

Ein gemeinschaftliches Testament kann nur von Ehegatten errichtet werden.

A. Eheleute als Testierende

I. Rechtsgültige Ehe

1 Nur im Zeitpunkt der Testamentserrichtung in rechtsgültiger Ehe lebende, testierfähige **Eheleute** können ein gemeinschaftliches Testament errichten. Die spätere Eheschließung genügt auch bei vorangegangenem Verlöbnis nicht (MüKo/*Musielak* § 2265 Rn 2; Staudinger/*Kanzleiter* § 2265 Rn 1; *ders* in FamRZ 2001, 1198; aA *Wacke* FamRZ 2001, 459). Andererseits wirkt auch die spätere Aufhebung der Ehe nach § 1313 nicht zurück (Staudinger/ *Kanzleiter* aaO Rn 3). Von anderen Personen errichtete gemeinschaftliche Testament sind unwirksam (zur Lebenspartnerschaft s.u. Rn 7; zur Umdeutung s.u. Rn 8). Dass nur Eheleute und eingetragene Lebenspartnerschaften ein gemeinschaftliches Testament errichten können, ist nicht verfassungswidrig (BVerfG NJW 1989, 1958, 1959).

II. Gemeinschaftliches Testieren

2 Bei einem gemeinschaftlichen Testament müssen letztwillige Verfügungen eines jeden der Ehegatten vorliegen, die dann zu einem gemeinschaftlichen Testament zusammengefasst

werden. Jeder der Ehegatten muss also zunächst eine seine Erbfolge betreffende letztwillige Verfügung vornehmen. Die bloße Zustimmung des Ehegatten zu der Verfügung des anderen genügt nicht. Er muss zumindest mit seiner Unterschrift zum Ausdruck bringen, dass er auch für seine Person eine letztwillige Verfügung treffen will (BGH NJW 1959, 1969).

Die Klammer zwischen den Verfügungen der Eheleute, die sie zu einem gemeinschaftlichen Testament iSd §§ 2265 ff macht, ist der **gemeinschaftliche Wille** zum Testieren (*Brox* Rn 176). Beide Eheleute, insb auch der nur mitunterzeichnende Ehegatten müssen daher einen auf die Errichtung eins gemeinschaftlichen Testamentes gerichteten Willen haben. Das setzt voraus, dass jeder Ehegatte die Verfügung des anderen kennt. **3**

Diese Gemeinschaftlichkeit muss auch in einem öffentlichen Testament (§§ 2231 Nr. 1, 2232) enthalten sein. Erklären die Ehegatten vor dem Notar zu Protokoll, dass ihr Wille ein gemeinschaftlicher sein soll, dann erklären sie damit aber zugleich, dass ihre jeweiligen letztwilligen Verfügungen auf einem gemeinsamen Entschluss beruhen (OLG Düsseldorf NJWE-FER 1999, 328). **4**

Für Gemeinschaftlichkeit in einem privatschriftlichen Testament (§§ 2267, 2247) spricht im Allgemeinen, wenn die Erklärungen zusammen auf einem Bogen Papier geschrieben worden sind, die wörtliche Übereinstimmung des Textes der Verfügungen und das Datieren auf einen Tag (OLG Zweibrücken FamRZ 2001, 518). **5**

Es ist aber nicht notwendig, dass die Eheleute in einer Urkunde testieren. Die Eheleute können auch in **getrennten Urkunden** jeweils ihren letzten Willen eigenhändig schreiben und unterschreiben. Auch jeweils in Ich – Form abgefasste Testamentsurkunden, die sich insb über gemeinsames Vermögen verhalten, können ein gemeinschaftliches Testament sein (BayObLG FamRZ 1994, 193, 194). Bei solchen äußerlich selbstständigen Urkunden muss der Wille zum gemeinsamen Testieren, der auch sukzessive erfolgen kann (Staudinger/*Kanzleiter* Rn 20), in den Urkunden zumindest andeutungsweise zum Ausdruck kommen. Nur wenn die Urkunden selbst solche Anhalte bieten, sind ergänzend auch die außerhalb der Urkunden liegenden Umstände zur Testamentsauslegung heranzuziehen (sog **Andeutungstheorie**, BGH NJW 1959, 1969; OLG Zweibrücken FamRZ 2003, 1415; BayObLG FamRZ 1994, 194). Am gleichen Tag und Ort errichtete Testamente von Ehegatten, die sich inhaltlich voll entsprechen und gemeinsam verwahrt werden, sind daher noch kein gemeinschaftliches Testament iSd § 2265, wenn der Wille zur gemeinsamen Verwahrung nicht in den Testamentsurkunden zum Ausdruck kommt (BayObLG FamRZ 1991, 1485, 1486). Andererseits dürfen an diese Erkennbarkeit auch keine übersteigerten Anforderungen gestellt werden. Es genügt, dass die Testamentsurkunden irgendwie, sei es auch nur durch die Mitunterzeichnung auf die Gemeinschaftlichkeit hinweisen, und der volle Beweis erst durch die Mitheranziehung von außertestamentarischen Umständen erbracht wird (BGH aaO). Gemeinschaftlichkeit ist aber anzunehmen, wenn ein **Nachtrag** erfolgt, in dem die Eheleute auf einem Bogen gemeinsam den Schlusserben bestimmen (BayObLG FamRZ 1994, 191, 193). **6**

B. Lebenspartnerschaften

Zwei Personen gleichen Geschlechts, die eine Lebenspartnerschaft iSd § 1 Abs. 1 LPartG begründet haben, können ab dem 1.8.2001, dem Inkrafttreten des Gesetzes gem § 10 Abs. 4 Satz 1 LPartG ein gemeinschaftliches Testament errichteten. Die Vorschrift stimmt im Wortlaut mit § 2265 überein. Wie bei Eheleuten muss die Partnerschaft schon bei der Errichtung des Testaments bestehen (s.o. Rn 1). Nach § 10 Abs. 4 Satz 2 LPartG gelten bei einem solchen gemeinschaftlichen Testament dann die §§ 2266 – 2273 entsprechend (ausführlich Bruns/*Kemper* § 10 LPartG Rn 33 ff). **7**

C. Andere Partnerschaften

8 Von anderen, selbst einander nahe stehenden Personen, wie zB Verlobten (s Rn 1), Geschwistern (BayObLG FamRZ 1993, 1370) oder engen Freunden (OLG Frankfurt MDR 1976, 667) gemeinschaftlich errichtete Testamente sind unwirksam. Sie können nur in Ausnahmefällen als Einzeltestament(e) **aufrechterhalten** oder dahin gem § 140 **umgedeutet** werden (BGH NJW-RR 1987, 1410), vorausgesetzt, die bei Einzeltestamenten notwendige Form (§§ 2231 ff) ist vollständig eingehalten. So muss das privatschriftliche Testament vom jeweils Testierenden geschrieben und unterschrieben sein (§ 2247). Hat einer der Partner nur – mit oder ohne Zusatz – mitunterzeichnet, ist dessen letzter Willen nicht eigenhändig iSd § 2247 Abs. 1 niedergelegt und stets unwirksam. Außerdem muss eine solche Umdeutung dem wirklichen Willen des Testierenden entsprechen. Das kann bei einer nicht wechselbezüglichen Schlusserbeneinsetzung eines Dritten, auch wenn das Testament in »Wir – Form« abgefasst ist, eher zu bejahen sein, als bei wechselbezüglichen Verfügungen iSv § 2270 (LG Bonn FamRZ 2004, 405, 406 mwN). Bei Wechselbezüglichkeit wird eine Umdeutung in Einzeltestamente nur in Ausnahmefällen in Frage kommen (OLG Hamm NJW-RR 1996, 1290, 1291 mwN; wohl großzügiger Palandt/*Edenhofer* § 2265 Rn 4; Staudinger/*Kanzleiter* § 2265 Rn 11).

D. Kosten

Die Beurkundung eines gemeinschaftlichen Testamentes löst die $^{20}/_{10}$ Gebühr gem § 46 Abs. 1 KostO aus.
Im Übrigen vgl die kostenrechtlichen Anmerkungen zu § 2232.

§ 2266 Gemeinschaftliches Nottestament

Ein gemeinschaftliches Testament kann nach den §§ 2249, 2250 auch dann errichtet werden, wenn die dort vorgesehenen Voraussetzungen nur bei einem der Ehegatten vorliegen.

A. Testieren in einer Notsituation

1 Auch wenn sich nur einer der Eheleute in einer lebensbedrohlichen Notlage befindet (§ 2249 Abs. 1 Satz 1), oder wenn er abgesperrt ist oder sich in Todesgefahr befindet (§ 2250 Abs. 1, 2), können beide Eheleute ein Nottestament nach §§ 2249, 2250 errichten. Der andere Ehegatte kann aber auch jede andere nach § 2231 zulässige Form wählen.

B. Versterben vor und nach Ende der Notsituation

2 Gleich wie testiert worden ist: Überleben beide Eheleute die Dreimonatsfrist des § 2252 Abs. 1 (einschließlich eines etwaigen Hemmungszeitraums nach § 2252 Abs. 2) ist das gemeinschaftliche Nottestament insgesamt unwirksam. Überleben beide Eheleute nicht die vorgenannte Frist, ist das Testament insgesamt wirksam. Überlebt nur einer der Ehegatten die vorgenannte Frist, bleiben die Verfügungen des vorverstorbenen Ehegatten und sämtliche Verfügungen des überlebenden Ehegatten, gleich ob einseitig oder wechselbezüglich, wirksam. Dies folgt aus der Gemeinschaftlichkeit des Ehegattentestaments (str, so MüKo/*Musielak* Rn 4; KG OLG 40, 140, 141). In der Literatur wird aber auch darauf abgestellt, wer der beiden Eheleuten zuerst verstirbt, und/oder ob beide Eheleute die Form des Nottestaments gewählt haben, und/oder ob es sich bei den Verfügungen des überlebenden Ehegatten um wechselbezügliche oder einseitige Verfügungen handelt (Staudinger/*Kanzleiter* § 2266 Rn 3, 4; Soergel/*Wolf* § 2266 Rn 3, jeweils mwN).

§ 2267 Gemeinschaftliches eigenhändiges Testament

(1) Zur Errichtung eines gemeinschaftlichen Testaments nach § 2247 BGB genügt es, wenn einer der Ehegatten das Testament in der dort vorgeschriebenen Form errichtet und der andere Ehegatte die gemeinschaftliche Erklärung eigenhändig mitunterzeichnet.

(2) Der mitunterzeichnende Ehegatte soll hierbei angeben, zu welcher Zeit (Tag, Monat und Jahr) und an welchem Orte er seine Unterschrift beigefügt hat.

Vorbemerkung

Die Vorschrift ermöglicht es Eheleuten, gemeinschaftlich ein privatschriftliches Testament 1 in einer gegenüber § 2247 Abs. 1 etwas erleichterten Form zu errichten. Ist einer der Ehegatten jedoch minderjährig, oder vermag er nicht zu lesen, so kann dieser seinen letzten Willen gem §§ 2247 Abs. 4, 2333 Abs. 1, 2 nur durch Erklärung gegenüber dem Notar oder durch Übergabe einer offenen Schrift, bei Leseunfähigkeit nur durch Erklärung gegenüber dem Notar errichten. Schon wegen der notwendigen Belehrung muss dem Notar dann aber auch das privatschriftliche oder öffentliche Testament des anderen Ehegatten unverschlossen vorliegen (ausführlich Staudinger/*Kanzleiter* Rn 8).

Es bleibt den Eheleuten natürlich auch unbenommen, gemeinschaftlich ein öffentliches 2 Testament unter Beachtung der für jeden der Ehegatten jeweils möglichen Form zu errichten oder einen Erbvertrag zu schließen (zur Auslegung, ob die Eheleute eine letztwillige Verfügung im Wege eines gemeinschaftlichen Testaments oder erbvertraglich getroffen haben vgl OLG Hamm FamRZ 2005, 2100, 2101, s.a. oben, Vorb § 2265 Rn 3).

A. Eigenhändigkeit

Die Form der §§ 2267, 2247 ist gewahrt, wenn einer der Ehegatten das Testament in seinem 3 gesamten Wortlaut eigenhändig schreibt und unterschreibt und der anderen Ehegatte – mit oder ohne Zusatz – die gemeinsame Erklärung mitunterzeichnet. Dabei soll Zeit und Ort der Unterzeichnung angegeben werden. Fehlt die Zeit- und/oder die Ortsangabe, ist § 2247 Abs. 5 entsprechend anzuwenden (ausführlich Staudinger/*Kanzleiter* § 2267 Rn 15). Diese zweite Unterschrift muss nicht unbedingt zeitgleich, aber noch zu Lebzeiten des anderen geleistet werden. Sie darf auch nicht blanko vorweg gegeben werden; es besteht aber eine widerlegbare Vermutung für die richtige Reihenfolge (OLG Hamm FamRZ 1993, 606, 607).

Die Eheleute können sich auch beim Schreiben abwechseln. Bei einer abwechselnden Nie- 4 derschrift müssen aber sämtliche Verfügungen von den Unterschriften beider Ehegatten abgedeckt sein (Staudinger/*Kanzleiter* Rn 16). Schreibt ein Ehegatte seine Verfügung nieder, unterschreibt sie und schreibt dann die Verfügung des anderen, die dieser nur unterschreibt, genügt dies nicht (BGH NJW 1958, 547). Diese Formalien sind auch bei späteren Ergänzungen zu beachten (Palandt/*Edenhofer* Rn 3).

Zur Erläuterung, nicht aber zur inhaltlichen Bestimmung eines formgültigen Testaments 5 kann auf ein nicht unterschriebenes, auch maschinenschriftliches Schriftstück Bezug genommen werden (BGH NJW 1983, 672, 673). So kann die Verweisung im Testament auf die in der »beigefügten Liste aufgeführten Verwandten« für deren Schlusserbeneinsetzung genügen (OLG Hamm v 1. 10. 2002, AZ: 15 W 164/02).

Maßgebend ist grds das zur Zeit der Testamentserrichtung geltende Recht (BGH NJW 6 1958, 547). Zulässig ist aber auch eine Beitrittserklärung nach § 2267 Satz 1 aF, die auch auf einem gesonderten Blatt mit Bezugnahme auf das Testament erklärt werden kann (BayObLG FamRZ 1994, 193, 194 f).

B. Fehlende zweite Unterschrift

7 Haben nicht beide Eheleute unterzeichnet, ist die Form eines gemeinschaftlichen Testaments nicht gewahrt. In diesem Fall ist zu prüfen, ob die Verfügung desjenigen, der unterschrieben hat, als **Einzeltestament** aufrechterhalten oder in ein solches umgedeutet werden kann. Dies scheidet von vornherein aus, wenn ein Ehegatte nicht und der andere nur seine Beitrittserklärung unterschrieben hat (BayObLG NJW 1969, 797).

8 Hat jedoch der Ehegatte, der unterschrieben hat, das Testament eigenhändig niedergeschrieben, so dass insoweit die Form des § 2247 gewahrt ist, können jedenfalls seine darin enthaltenen, einseitigen Verfügungen als Einzeltestament aufrechterhalten werden, sei es dass die Verfügungen von vornherein als wirksam angesehen, sei es dass sie gem § 140 in ein wirksames Einzeltestament umgedeutet werden, sofern dies dem erklärten oder mutmaßlichen Willen dieses Erblassers entspricht. Dem muss ein in Wir-Form abgefasster Text nicht entgegenstehen (Bay OLG FamRZ 2004, 224; *Münch* FamRZ 2006, 229).

9 Enthält das Testament aber Verfügungen, die mit den Verfügungen des anderen stehen und fallen sollen, die also wechselbezüglich iSd §§ 2270, 2271 sind, wird das Testament kaum als Einzeltestament aufrecht erhalten bleiben oder in ein solches umgedeutet werden können. Es kommt aber auch hier auf die jeweiligen Umstände des Einzelfalls an (BGH NJW-RR 1987, 1410 mwN; BayObLG Rpfleger 2003, 296 mwN; vern schon beim Berliner Testament BayObLG FamRZ 2001, 518, 519 u. beim wechselbezüglichen Testament OLG Düsseldorf FamRZ 1997, 771, 772).

§ 2268 Wirkung der Ehenichtigkeit oder -auflösung

(1) Ein gemeinschaftliches Testament ist in den Fällen des § 2077 seinem ganzen Inhalt nach unwirksam.

(2) Wird die Ehe vor dem Tode eines der Ehegatten aufgelöst oder liegen die Voraussetzungen des § 2077 Abs. 1 Satz 2 oder 3 vor, so bleiben die Verfügungen insoweit wirksam, als anzunehmen ist, dass sie auch für diesen Fall getroffen sein würden.

A. Unwirksamkeit des Testaments bei Scheidung

1 Nach §§ 2268 Abs. 1, 2077 Abs. 1 Satz 1 wird ein gemeinschaftliches Testament seinem ganzen Inhalt nach unwirksam, wenn die Ehe vor dem Tode eines der Ehegatten durch Scheidung (§§ 1564 ff) oder Aufhebung (§§ 1313 ff) aufgelöst ist. Der Auflösung steht es gleich, wenn die Voraussetzungen für die Scheidung gegeben waren und der Erblasser die Scheidung beantragt oder ihr zugestimmt hatte (§ 2077 Abs. 1 Satz 2), oder wenn er einen berechtigten Antrag auf Aufhebung der Ehe gestellt hatte (§ 2077 Abs. 1 Satz 3).

2 Dagegen ist § 2268 Abs. 1 beim Tode des Ehegatten, der die Scheidung nicht beantragt und ihr auch nicht zugestimmt hat, und der auch nicht die Aufhebungsklage erhoben hat, nicht anwendbar (hM Staudinger/*Kanzleiter* Rn 8 mwN; Soergel/*Wolf* § 2269 Rn 4; aA Müko/*Musielak* Rn 13 mwN).

B. Fortgeltung des Testaments trotz Scheidung

3 Wie sich aus §§ 2268 Abs. 2, 2277 Abs. 3 ergibt, handelt sich bei den §§ 2268, 2077 nur um dispositive Auslegungsregeln entsprechend dem vom Gesetzgeber vermuteten Willen der Eheleute, dass diese im Regelfall bei der Testamentserrichtung vom Bestand ihrer Ehe ausgehen. Die Eheleute können aber auch über den Zeitpunkt ihrer Scheidung hinaus testieren, wenn sie die **Fortgeltung** des Testaments nach einer Scheidung gewollt haben. Es können alle Verfügungen wirksam bleiben, von denen anzunehmen ist, dass sie auch für den Fall der Auflösung der Ehe getroffen sein würden (BGH NJW 2004, 3113 mit Anm von

Keim ZEV 2004, 424u von *Waldner* BGH Report 2004, 142; *Kanzleiter* ZEV 2005, 181 vern. den Forbestand der Wechselbezüglichkeit).

Es kommt auf den wirklichen, notfalls hypothetischen Willen der Eheleute bei der Testamentserrichtung an. Ein solcher Wille kann sich auch auf das Aufrechterhalten von wechselbezüglichen Verfügung (§§ 2270, 2271) erstrecken (BGH aaO). Diese wechselbezügliche Verfügungen können dann bei einem entsprechenden Willen der Eheleute nach der Scheidung ihre Wechselbezüglichkeit behalten und gem § 2271 Abs. 1 Satz 2 vom Überlebenden nicht durch einseitige Verfügung von Todes wegen aufgehoben werden (BGH aaO). Darauf hat sich die Belehrungspflicht des Notars bei der Testamentserrichtung zu erstrecken (*Keim* aaO). Ist dies nicht gewollt, ist bei bevorstehender Scheidung vorsorglich der förmliche Widerruf nach §§ 2271 Abs. 1, 2296 anzuraten (*Münch* FamRZ 2006, 229, 230).

Im Allgemeinen spricht aber die Wechselbezüglichkeit einer Verfügung eher gegen die Annahme, dass die Ehegatten sie auch im Falle der Scheidung ihrer Ehe aufrechterhalten wollen. Jedoch kann sich auch hier zB aus der Person der Bedachten (gemeinsame Kinder) und/oder wenn die Eheleute gerade wegen der bevorstehenden Scheidung Regelungen für die Zukunft treffen wollen, etwas anderes ergeben (BGH aaO; Soergel/*Wolf* Rn 3).

C. Wiederheirat

Heiraten die Eheleute einander erneut, wird ein nach § 2268 Abs. 1 unwirksam gewordenes, gemeinschaftliches Testament idR nicht wieder wirksam, weil mit der zweiten Ehe nicht die erste Ehe wieder hergestellt sondern eine neue Ehe geschlossen wird. Die Weitergeltung kann jedoch in Ausnahmefällen dem wirklichen oder mutmaßlichen Willen der Eheleute bei der Testamentserrichtung entsprochen haben. Dabei können im Rahmen der ergänzenden Testamentsauslegung auch die Umstände, die zur zweiten Ehe geführt haben, mitberücksichtigt werden (so BayObLG NJW 1996, 133, 134 – Ehen wurden als »Einheit« angesehen –; aA Staudinger/*Kanzleiter* Rn 7).

D. Beweislast

Es ist zunächst nach allgemeinen Testamentsauslegungsgrundsätzen der wirkliche oder mutmaßliche Wille beider Ehegatten bei der Testamentserrichtung (§§ 133, 154, 2084) zu ermitteln, wobei spätere Umstände nur als Anzeichen für einen Testierwillen in dem einen oder anderen Sinne berücksichtigt werden können (BGH NJW 2004, 3113; 1993, 256, 257 mwN). Verbleiben dann noch Zweifel am Aufrechterhaltungswillen der Eheleute, geht dies zulasten desjenigen, der sich auf die Wirksamkeit des Testaments trotz Scheidung oder Aufhebung der Ehe beruft (OLG Hamm OLGZ 92, 272, 278).

E. Umdeutung

Ein nach § 2268 Abs. 1 unwirksam gewordenes Ehegattentestament kann uU gem § 140 in ein Einzeltestament eines der ehemaligen Eheleute (oder bei beiden) umgedeutet werden, wenn eine der nach §§ 2231, 2232, 2247 notwendigen Formen gewahrt ist, und wenn der jeweilige Ehegatten die Fortgeltung seines Testaments unabhängig von der Fortgeltung des Testaments des anderen gewollt hat (MüKo/*Musielak* Rn 15; s.o. §§ 2267 Rn 7 – 9). Bei Einhaltung der für einen Erbvertrag notwendigen notariellen Form (§ 2276) soll auch eine Umdeutung in einen Erbvertrag möglich sein (MüKo/*Musielak* aaO mwN).

§ 2269 Gegenseitige Einsetzung

(1) Haben die Ehegatten in einem gemeinschaftlichen Testament, durch das sie sich gegenseitig als Erben einsetzen, bestimmt, dass nach dem Tode des Überlebenden der beiderseitige Nachlass an einen Dritten fallen soll, so ist im Zweifel anzunehmen, dass

§ 2269 BGB | Gegenseitige Einsetzung

der Dritte für den gesamten Nachlass als Erbe des zuletzt versterbenden Ehegatten eingesetzt ist.

(2) Haben die Ehegatten in einem solchen Testament ein Vermächtnis angeordnet, das nach dem Tode des Überlebenden erfüllt werden soll, so ist im Zweifel anzunehmen, dass das Vermächtnis dem Bedachten erst mit dem Tode des Überlebenden anfallen soll.

Vorbemerkung

1 Die Vorschrift betrifft das sog »**Berliner Testament**«. Sie enthält in Abs. 1 für ein gemeinschaftliche Testament, in dem sich die Ehegatten gegenseitig als Erben eingesetzt und den Übergang des Nachlasses nach dem Letztversterbenden auf einen Dritten geregelt haben, eine Auslegungsregel. Danach wird der überlebende Ehegatte zunächst Vollerbe und nach seinem Tode von dem Dritten als sog **Schlusserben** beerbt (Rn 5). Nach der weiteren Auslegungsregel in Abs. 2 fällt das in einem solchen Testament einem Dritten zugewandte Vermächtnis im Zweifel erst mit dem Tode des überlebenden Ehegatten an (§ 2176).

2 Vor der Anwendung dieser Auslegungsregeln hat aber zunächst eine umfassende Testamentsauslegung zu erfolgen. Denn diese **Auslegungsregeln** greifen erst ein, wenn nach Prüfung aller Umstände begründete, auf anderem Wege nicht zu lösende Zweifel über den wirklichen oder mutmaßlichen Willen der Eheleute im Zeitpunkt der Testamentserrichtung bestehen bleiben (BGHZ 22, 354, 366; WM 1973, 41).

A. Gemeinschaftliches Testament mit Drittbegünstigung

I. Möglichkeiten der Testamentsgestaltung

3 Es gibt zahlreiche Möglichkeiten, wie die Eheleute ihre Erbfolge unter Einbeziehung Dritter regeln können.

4 Die gebräuchlichste Form ist die, dass die Eheleute sich gegenseitig zu Erben und den (oder die) Dritten zum Erben des überlebenden Ehegatten einsetzen. Der Ehegatte wird Vollerbe und wird dann von einem (oder mehreren) Dritten als sog **Schlusserbe(n)** beerbt. Dies entspricht der Auslegungsregel in Abs. 1 und ist das sog **Berliner Testament**. Dieser Schlusserbe kann wiederum zum Vorerben des überlebenden Ehegatten und zB seine Kinder – auch die noch nicht gezeugten – können zu Nacherben bestimmt werden (BayObLG FamRZ 83, 839; zur gestuften Nacherbfolge bei einem Adelsgeschlecht vgl OLG Karlsruhe FamRZ 1999, 1535, 1534; zur Auslegung, wenn beim Tode des letztversterbenden Ehegatten solche Kindeskinder fehlen s BayObLG FamRZ 1998, 324, 325 unter Hinweis auf § 2102 Abs. 2).

5 Ist eine Schlusserbeneinsetzung gewollt, erwirbt der Schlusserbe nach dem Tode des erstversterbenden Ehegatten bei Wechselbezüglichkeit iSv § 2270 eine geschützte, aber gem § 311b Abs. 4 Satz 4 nicht übertragbare Anwartschaft, sonst nur eine rechtlich ungesicherte Aussicht, künftig Erbe zu werden (BGH NJW 1998, 543). Die Auslegungsregel des § 2269 Abs. 1 besagt aber nichts darüber, ob die Schlusserbeneinsetzung wechselbezüglich iSd § 2270 Abs. 1 sein soll oder nicht.

6 Gebräuchlich ist es auch, dass der überlebende Ehegatte nur (befreiter oder nicht befreiter) **Vorerbe** und Dritte – zB die gemeinsamen Kinder – **Nacherben** des Erstversterbenden werden sollen. Offen ist dann noch, wer Erbe des letztversterbenden Ehegatten wird. Das Testament kann, muss aber nicht, auch diesen Fall regeln (s.u. Rn 19). Auch muss dieser Erbe des Überlebenden nicht mit den Nacherben nach dem vorverstorbenen Ehegatten identisch sein.

7 Die Eheleute können sich auch gegenseitig überhaupt nicht bedenken, sondern jeweils (auch verschiedene) Dritte zu ihren Erben bestimmen (BGH NJW 1981, 1737, 1738). Es kann auch nur einer der Ehegatten den anderen zu seinem Vollerben einsetzen, während

dieser, idR der vermögende Ehegatte für den Fall seines Vorversterbens den anderen Ehegatten nur zum Vorerben und Abkömmlinge zu Nacherben bestimmt. Eine – von vielen – weiteren Möglichkeiten ist auch, dass der nicht vermögende Ehegatte nur mit einem Nießbrauchsvermächtnis bedacht wird, und ein Dritter den vermögenden Ehegatten im Falle dessen Vorversterbens beerbt. Auch kann zB nur eines der beiden Kinder zum Schlusserben und das andere mit einem Vermächtnis bedacht werden, falls es keine Pflichtteilsansprüche geltend macht (BGHZ 22, 364, 369).

II. Testamentsauslegung im Einzelnen

1. Abgrenzung von Schlusserbeneinsetzung zur Vor- und Nacherbschaft

Ein in der Praxis häufiger Streitpunkt ist, ob der überlebende Ehegatte Vollerbe und der Dritte Schlusserbe des Letztversterbenden oder ob der Überlebenden Vorerbe und der Dritte Nacherbe des vorverstorbenen Ehegatten ist. Dabei dürfen selbst Bezeichnungen wie Alleinerbe oder Nacherbe nicht überbewertet werden. Auch der Vorerbe ist »Alleinerbe« (KG OLGZ 93, 398, 399). Mit der Formulierung, dass sich die Eheleute gegenseitig zu Erben und die Kinder zu »Nacherben« einsetzen, wird selbst in notariellen Testamenten häufig gewollt sein, dass der Überlebende Vollerbe und die Kinder Schlusserben sein sollen. Die Eheleute können in einem Testament, in dem vom »Erben« und von »Nacherben« die Rede ist, aber auch gewollt haben, dass nur der Erbfall nach dem Erstversterbenden durch Vor- und Nacherbschaft geregelt wird, und dass offen bleiben soll, wer den überlebende Ehegatte beerbt (s.u. Rn 19). Dabei ist stets zu bedenken, dass der Nacherbe nicht den Vorerben sondern den Erblasser beerbt. 8

Eine wichtige Hilfestellung, ob Voll- und Schlusserbschaft oder Vor- und Nacherbschaft gewollt ist, bietet die Gegenüberstellung von **Einheitsprinzip** und **Trennungsprinzip**. 9

Soll das Vermögen des Erstversterbenden nach dessen Tode mit dem des Überlebenden auch rechtlich zu einer Einheit »**verschmelzen**« (*Brox* Rn 187), haben die Eheleute ihr Vermögen auch schon früher als wirtschaftliche Einheit verstanden, verwenden sie Begriffe wie »elterliches oder unser Vermögen«, soll erkennbar das Vermögen erst nach dem Tode des Letztversterbenden geschlossen auf den Dritten übergehen, spricht all dies für Vollerbschaft des Überlebenden und Schlusserbeneinsetzung des Dritten (**Einheitsprinzip**). Die Bezeichnung des Dritten als »Nacherben« hat dann keine entscheidende Bedeutung. Auch eine im Testament enthaltene Wiederverheiratungsklausel muss dem nicht entgegen stehen (BGH NJW 1983, 277, 278). 10

Soll hingegen das Vermögen des Erstversterbenden auch nach dessen Tod von dem etwaigen Vermögen des Überlebenden möglichst **getrennt** und so bis zum Tode des Überlebenden für den Dritten erhalten bleiben, spricht dies für Vor- und Nacherbschaft (**Trennungsprinzip**). So kann zB die Formulierung, dass das Hausgrundstück eines der Ehegatten nach dem Tode des anderen Ehegatten von den Kindern übernommen werden soll und von diesen nicht verkauft werden darf, für einen solchen Trennungswillen und damit für Vor- und Nacherbschaft sprechen (OLG Hamm FamRZ 2003, 1503). 11

Gleichwohl kann aber auch der **Wortwahl** im Testament eine entscheidende Bedeutung zukommen. Die gegenseitige Einsetzung zu »Alleinerben« und den gemeinsamen Sohn zum »Nacherben des Letztlebenden« spricht für Schlusserbeneinsetzung des Sohnes, und zwar auflösend bedingt, wenn bei Wiederverheiratung des überlebenden Ehegatten Vor- und Nacherbschaft eintreten soll (BGH NJW 1983, 277). Auch die Einsetzung des »Längstlebenden« als »Vollerben« und die Kinder als »Ersatzerben« in einem notariellen Testament kann idR nicht als Vor- und Nacherbschaft ausgelegt werden (OLG Oldenburg OLG Report 1999, 206). 12

Erst wenn die Auslegung zu keinem eindeutigen Ergebnis führt, wenn Zweifel bleiben, ist nach der Auslegungsregel des § 2269 Abs. 1 Vollerbschaft des überlebenden Ehegatten 13 und Schlusserbschaft des Dritten gewollt. Wer diese Erbfolge allerdings in Abrede stellt, muss die Zweifel ausräumen (BGHZ 22, 364, 366).

2. Weitere Einzelheiten zur Schlusserbeneinsetzung

14 **»Vergessene« Schlusserbeneinsetzung bei gegenseitiger Erbeinsetzung?** Haben die Eheleute sich gegenseitig zu Erben eingesetzt, aber nicht ausdrücklich bestimmt, wer den Überlebenden beerbt, kann gleichwohl bei hinreichenden Anhaltspunkten eine Schlusserbeneinsetzung vorliegen. Haben die Eheleute zB bestimmt, dass das Kind, das nach dem Todes des Erstversterbenden seinen Pflichtteil verlangt, auch nach dem Tode des Letztversterbenden nur den Pflichtteil erhält (sog **Pflichtteilsstrafklausel**), kann darin zugleich eine Schlusserbeneinsetzung der gemeinsamen Kinder liegen (OLG Frankfurt FamRZ 2002, 352, 353; vgl aber auch BGH FamRZ 1981, 17337, 1738; *Fischer* ZEV 2005, 189 mwN).

15 **Vorversterben des Schlusserben:** Verstirbt der Schlusserbe vor den Eheleuten oder in der Zeit zwischen dem Tod beider Eheleute, so kann es Wille der Ehegatten sein, dass an seine Stelle Dritte zB seine Abkömmlinge als **Ersatzschlusserben** treten. Ob ein solcher wirklicher oder mutmaßlicher Wille bestand, ist durch Testamentsauslegung zu ermitteln. Die Einsetzung der Geschwister eines der Ehegatten kann die Erbeinsetzung nach Stämmen bedeuten, so dass bei Vorversterben einzelner Geschwister deren Abkömmlinge an ihre Stelle treten (BayObLG FamRZ 2004, 569).

16 Erst wenn nach dieser vorrangigen, individuellen Testamentsauslegung gleichwohl Zweifel bleiben, was die Eheleute bei der Testamentserrichtung gewollt haben, ist, – wenn der verstorbene Schlusserbe ein Abkömmling ist –, zugunsten dessen Abkömmlingen die Auslegungsregel des § 2069 anzuwenden, nach der diese an die Stelle des weggefallenen Schlusserben treten (BGH NJW 2002, 1126 mwN). § 2069 gilt dann auch zugunsten von nichtehelichen Abkömmlingen. Jedenfalls gibt es keine Lebenserfahrung, die dagegen spricht (OLG Köln FamRZ 1993, 856).

17 **Sonstiges:** Die Einsetzung des Heimes, in dem sich der überlebende Ehegatte betreuen lassen will, zum Schlusserben ist zulässig. Es verstößt aber gegen § 2065 Abs. 2, wenn der Betreuer des überlebenden nicht mehr willensfähigen Ehegatten das Heim aussucht (OLG Hamm v 27. 12. 2001, AZ: 15 W 145/01).

18 Zu den Auswirkungen eines späteren **Erbverzichtsvertrages** eines der Schlusserben mit dem überlebenden Ehegatten, vgl OLG Frankfurt FamRZ 1994, 197, 198, und zu denen eines **Zuwendungsverzichts** des Schlusserben, vgl BayObLG FamRZ 2001, 319.

3. Weitere Einzelheiten zur Vor- und Nacherbschaft

19 **»Vergessene« Erbeneinsetzung nach dem überlebenden Ehegatten bei Vor- und Nacherbschaft?** Haben sich die Eheleute gegenseitig zu Vorerben und gemeinsame Kinder zu »Nacherben« eingesetzt, so kann darin auch in einem notariellen Testament die Einsetzung der Kinder zu Nacherben des vorverstorbenen und zu Schlusserben des überlebenden Elternteils liegen, insb dann, wenn die Eheleute wollten, dass das gesamte Vermögen letztlich den Kindern zukommen soll. Bei der Auslegung eines durch Erklärung vor dem Notar errichtetem Testaments (§ 2232) ist auch zu bedenken, dass dann, wenn sich der überlebende Ehegatte eine gesonderte Regelung für seinen Nachlass vorbehalten will, dies regelmäßig in der notariellen Urkunde entsprechend zum Ausdruck kommen wird (OLG Hamm FamRZ 2005, 1592, 1593).

20 Führt die nach allgemeinen Auslegungsgrundsätzen (vgl hierzu BGH NJW 1983, 672 f) durchzuführende Testamtensauslegung zu keinem Ergebnis, wird überwiegend die Auslegungsregel des § 2102 Abs. 1 angewandt, nach der im Zweifel der Nacherbe auch als Ersatzerbe gilt (BGH FamRZ 1987, 475, 476; KG NJW-RR 1987, 451; Staudinger/*Behrens/ Avenarius* § 2101 Rn 3 mwN; MüKo/*Grunsky* § 2101 Rn 3; aA OLG Karlsruhe FamRZ 1970, 255; Soergel/*Harder* § 2102 Rn 3; Palandt./*Edenhofer* § 2101 Rn 1). Es wird aber auch die

vertreten, dass § 2269 Abs. 1 insoweit schon eine Auslegungsregel zugunsten der Kinder als Erben des überlebenden Elternteils enthält (OLG Saarbrücken NJW-RR 1994, 844, 846).

Bedingte Vor- und Nacherbschaft: Jeder der Eheleute kann den anderen Ehegatten für den Fall dessen Überlebens zum Vorerben und einen Dritten zum Nacherben bestimmen, und zwar unter der **auflösenden Bedingung** (158 Abs. 2), dass der Überlebende nicht anders von Todes wegen verfügt. Dies verstößt nicht gegen § 2065 Abs. 1 (BGH NJW 1972, 1987; NJW 1951, 959, 960). Setzt der Überlebende dann einen Dritten zu seinem Erben ein, wird er selbst Vollerbe und der Dritte sein Erbe. Damit entfällt die Vor- und Nacherbschaft. Er kann auch befugt sein, einige Nacherben aus dem Kreis der Nacherben von der Erbfolge auszuschließen, indem er nur die anderen zu seinen Erben einsetzt. Diese Abänderungsbefugnis kann dem Überlebenden ausdrücklich oder stillschweigend eingeräumt worden sein, wobei bei einer dahin gehenden Testamentsauslegung jedoch Zurückhaltung geboten ist (BayObLG FamRZ 1991, 1488). Der Bedingungseintritt kann auch durch ein lebzeitiges Rechtsgeschäft herbeigeführt werden (OLG Hamm NJW-RR 2000, 78).   21

Wiederverheiratungsklausel: Die Einsetzung zB der Ehefrau zur Alleinerbin und der Kinder zu Erben für den Fall der Wiederheirat der überlebenden Ehefrau, kann die Einsetzung der Ehefrau zur auflösend bedingten Vollerbin und zur bedingten, befreiten Vorerbin und eine bedingte Nacherbeneinsetzung der Kinder bedeuten. Heiratet die überlebende Ehefrau wieder, verliert sie rückwirkend ihre Vollerbenstellung und wird Vorerbin und die Kinder werden Nacherben (BGH NJW-RR 1986, 493, 494). Die Erbeinsetzung der Kinder auf den Nachlass des Überlebenden kann dann als gegenstandslos gewollt sein (BGH aaO). Zumindest kann dieser Ehegatte dann anders testieren (OLG Hamm JR 1987, 376, 377; OLG Köln FamRZ 1976, 552; zur Bedeutung einer Wiederverheiratungsklausel vgl auch OLG Hamm FamRZ 1994, 188, 190).   22

Vorversterben des Nacherben: Verstirbt der Nacherbe vor dem Erblasser, wird die Anordnung der Nacherbenstellung gem §§ 2108 Abs. 1, 1923 unwirksam. Der Vorerbe wird Vollerbe. Verstirbt der Nacherbe aber erst nach dem Ehegatten, dessen Nacherbe er sein soll, jedoch vor dem Eintritt des Nacherbfalls werden seine Erben Ersatznacherben, sofern die Eheleute nicht den Ausschluss oder die Beschränkung der Vererblichkeit der Nacherbschaft gewollt haben (§ 2108 Abs. 2 Satz 1). Ist die Vererblichkeit nicht gewollt, wird der Vorerbe Vollerbe. Zur Ermittlung ist die Willenrichtung beider Eheleute von Bedeutung (BGH NJW 1963, 1150, 1151). Entscheidend ist, ob es Wille der Eheleute war, dass das Vermögen auch nach dem Tode des Nacherben und dem des Letztversterbenden weiterhin in der Familie bleiben soll (BGH aaO). Setzen die Eheleute die einzige Tochter zur Vorerbin und deren Kinder zu Nacherben ein, wird die Vererblichkeit des Nacherbenrechts auf den Ehegatten der Vorerbin nicht gewollt sein (KG Report 2002, 135, 137). Allein aber durch den Umstand, dass der vorverstorbene Nacherbe ein Abkömmling der Eheleute war, wird die Vererblichkeitsregel des § 2108 Abs. 2 S 1 noch nicht beseitigt. § 2069 geht dem § 2108 Abs. 2 Satz 1 nicht vor (BGH aaO; KG aaO).   23

Ist der Nacherbe unter einer aufschiebenden Bedingung eingesetzt, entfällt gem 2108 Abs. 2 Satz 2, 2047 auch in einem Ehegattentestament im Zweifel seine Nacherbenstellung, wenn er nach dem Erblasser, aber vor dem als Vorerben vorgesehenen Ehegatten verstirbt. Dieser wird dann wiederum Vollerbe. Das Erleben des Nacherbfalls ist allerdings keine solche aufschiebende Bedingung.   24

Befreite Vorerbschaft: Wird die Ehefrau zur Vorerbin und anstatt der Kinder ein entfernter Verwandter zum Nacherben bestimmt, und hat die Ehefrau erheblich zum Vermögen des Ehemannes beigetragen, spricht dies für befreite Vorerbschaft der Ehefrau (BayObLG 1960, 432, 436).   25

Gütergemeinschaft: Werden in einem gemeinschaftlichen Testament von in Gütergemeinschaft lebenden Eheleuten bestimmte Grundstücke aus dem Gesamtgut nach dem Tode des Überlebenden Abkömmlingen zugedacht, kann darin die Anordnung von Vor- und Nacherbschaft liegen (BayObLG FamRZ 1988, 542).   26

27 Behindertentestament: Die gegenseitige Erbeinsetzung und die Bestimmung des behinderten Kindes als Vorerben des letztversterbenden Elternteils, jedoch nur auf einen den Pflichtteil kaum übersteigenden Erbteil und – hinsichtlich des Hauptvermögens – die Einsetzung des anderen Kindes zum Nacherben und zum Schlusserben verstößt nicht gegen § 138 Abs. 1 (vgl BGH NJW 1994, 248, 249 zum einseitigen Testament).

III. Testieren für den Fall des »gleichzeitigen« Versterbens

28 Haben die Eheleute – ohne den Fall des gleichzeitigen Versterbens zu bedenken – einen Dritten zum Schlusserben nach dem längstlebenden Ehegatten bestimmt und versterben sie gleichzeitig, dann beerbt dieser Dritte gem § 2101 Abs. 1 (so Palandt/*Edenhofer* Rn 3; *Keim* ZEV 2005, 115 mwN) oder gem § 2097 (so OLG Stuttgart DNotZ 1979, 615) beide Eheleute.

29 Haben die Eheleute sich gegenseitig zu Erben und für den Fall des »gleichzeitigen Versterbens«, des »gemeinsamen Todes«, dass »uns beiden etwas zustößt«, »bei beider Tod« oder mit ähnlichen Formulierungen einen Dritten als Erben bestimmt, so beerbt dieser auch dann den Letztversterbenden, wenn die Eheleute nicht gleichzeitig sondern in kürzeren Zeiträumen aufgrund ein und desselben Ereignisses (zB Unfall) oder aus unterschiedlichen Gründen, aber so zeitnah hintereinander versterben, dass der überlebende Ehegatte praktisch keine Möglichkeit mehr hatte, ein weiteres Testament zu errichten. Versterben die Eheleute aber in größeren zeitlichen Abständen, dann müssen sich nach der Andeutungstheorie des BGH im Testament zumindest Anhaltspunkte dafür finden, dass auch für diesen Fall das Testament noch gelten soll (BayObLG ZEV 2004, 200, 201 m Anm *Kasper*); KG ZFE 2006, 157; OLG Karlsruhe ZFE 2003, 384; ausführlich *Feick* ZEV 2006, 16 ff).

IV. Vermächtnis

30 § 2269 Abs. 2 enthält für das in einem Berliner Testament enthaltene Vermächtnis eine Auslegungsregel, auf die wiederum erst zurückgegriffen werden darf, wenn die Testamentsauslegung zu keinem Ergebnis geführt hat. Haben die Ehegatten ein Vermächtnis angeordnet, das nach dem Tode des Überlebenden erfüllt werden soll, dann ist im Zweifel anzunehmen, dass das Vermächtnis erst mit dem Tode des Längstlebenden als dessen Vermächtnis erfüllt werden soll (BGH NJW 1983, 277, 278). Soll ein übergangener Sohn eine Abfindung erhalten, die in das Ermessen des Überlebenden gestellt wird, kann es sich um ein Zweckvermächtnis iSv § 2156 handeln (BGH aaO; zur Abgrenzung von Erbeinsetzung und Vermächtnis s BayObLG FamRZ 1997, 1177, 1178).

§ 2270 Wechselbezügliche Verfügungen

(1) Haben die Ehegatten in einem gemeinschaftlichen Testamente Verfügungen getroffen, von denen anzunehmen ist, dass die Verfügung des einen nicht ohne die Verfügung des anderen getroffen sein würde, so hat die Nichtigkeit oder der Widerruf der einen Verfügung die Unwirksamkeit der anderen zur Folge.

(2) Ein solches Verhältnis der Verfügungen zueinander ist im Zweifel anzunehmen, wenn sich die Ehegatten gegenseitig bedenken oder wenn dem einen Ehegatten von dem anderen eine Zuwendung gemacht und für den Fall des Überlebens des Bedachten eine Verfügung zugunsten einer Person getroffen wird, die mit dem anderen Ehegatten verwandt ist oder ihm sonst nahe steht.

(3) Auf andere Verfügungen als Erbeinsetzungen, Vermächtnisse oder Auflagen findet die Vorschrift des Absatzes 1 keine Anwendung.

Vorbemerkung

§ 2270 Abs. 1 definiert den Begriff der Wechselbezüglichkeit und bestimmt weiter, dass bei 1
einer solchen Wechselbezüglichkeit die Nichtigkeit oder der Widerruf der einen Verfügung die Unwirksamkeit der anderen zur Folge hat. Abs. 2 gibt eine Auslegungsregel hinsichtlich dieser Wechselbezüglichkeit, auf die aber erst zurückgegriffen werden kann, wenn eine umfassende Testamentsauslegung zu keinem Ergebnis geführt hat. Abs. 3 regelt, welche Verfügungen nicht wechselbezüglich sein können.

A. Wechselbezüglichkeit

I. Wechselbezügliche Verfügungen

Letztwillige Verfügungen in einem gemeinschaftlichen Testament sind mit Ausnahme der 2
in § 2270 Abs. 3 genannten Verfügungen (s.u. Rn 15) wechselbezüglich, wenn jeder der Ehegatten seine Verfügung gerade deswegen getroffen hat, weil auch der andere eine bestimmte Verfügung vorgenommen hat, so dass nach dem Willen der Testierenden die eine Verfügung mit der des anderen »stehen und fallen« soll. Haben die Eheleute ihre Verfügungen teilweise in diesem Sinne voneinander abhängig gemacht, liegt nur hinsichtlich dieser Verfügungen eine Wechselbezüglichkeit vor. Daneben kann das Testament also auch einseitige, nicht bindende Verfügungen eines jeden Ehegatten enthalten. Es muss der gesamte Inhalt des Testaments einschließlich aller Nebenumstände, auch solche außerhalb der Testamentsurkunde gewürdigt werden. Entscheidend ist nicht der Empfängerhorizont, sondern es ist zu fragen, was die Testierenden mit ihren Worten haben sagen wollen (BGH MDR 2001, 1409; NJW 1993, 256). Dabei kommt es auf den Willen beider Eheleute im Zeitpunkt der Testamentserrichtung an (OLG Hamm FamRZ 2001, 1647, 1648).

Eine allgemeine Lebenserfahrung, dass Ehegatten ihre letztwilligen Verfügungen bei ge- 3
genseitiger Erbeinsetzung und Bestimmung der gemeinsamen Kinder zu Schlusserben als wechselbezüglich bindend ansehen, gibt es nicht. Auch ein solches **Berliner Testament** muss zunächst ausgelegt werden (BGH FamRZ 1993, 1371; BayObLG FamRZ 2001, 1734, 1735; OLG Hamm FamRZ 2001, 1647, 1648). Auch die Übergabe eines Originals des Testaments an den Schlusserben genügt für sich allein nicht zur Annahme der Wechselbezüglichkeit, da dies verschiedenste Gründe haben kann (OLG Hamm FamRZ 2001, 1647, 1649; BayObLG FamRZ 1996, 1040, 1041). Die gegenseitige Erbeinsetzung der Eheleute und die Einsetzung der gemeinsamen Kinder zu Schlusserben ist aber in einer intakten Familie in aller Regel wechselbezüglich, weil dort die Vorstellung herrscht, dass das im Zeitpunkt des Todes des letztversterbenden Elternteils vorhandenen Vermögen auf die gemeinsamen Kinder übergehen soll (OLG Hamm OLG Report 2002, 179, 180).

Es ist bei jeder einzelnen Verfügung zu prüfen, ob Wechselbezüglichkeit gewollt ist (BGH 4
NJW-RR 1987, 1410; BayObLG FamRZ 2001, 1734, 1735; OLG Hamm FamRZ 2001, 1647, 1648). Möglich ist daher auch eine **einseitige Bindung** nur eines der Ehegatten zB hinsichtlich der Schlusserbeneinsetzung (BayObLG FamRZ 1986, 604, 606). So kann die Einsetzung der Tochter der Ehefrau aus einer früheren Ehe als Schlusserbin des beiderseitigen Vermögens für den überlebenden Ehemann, nicht aber für dessen Ehefrau, falls sie überlebt, bindend sein (BayObLG FamRZ 1985, 1287). Ähnlich kann es sein, wenn ein kinderloses Ehepaar teils Verwandte des Ehemannes und teils Verwandte der Ehefrau zu Schlusserben einsetzt (OLG Hamm FamRZ 1990, 1289, 1290).

Jegliche Wechselbezüglichkeit fehlt, wenn die Eheleute als bloße Testiergemeinschaft von 5
einander gänzlich unabhängige Verfügungen treffen, indem zB jeder seine Kinder aus einer früheren Ehe zu seinen Erben einsetzt, oder die Eheleute setzen sich zwar gegenseitig zu Erben ein, jeder bestimmt aber einen anderen Dritten zu seinem Erben für den Fall seines Nachversterbens, und zwar alles gänzlich unabhängig von dem Testieren des anderen.

§ 2270 BGB | Wechselbezügliche Verfügungen

6 Bei **Vor- und Nacherbschaft** kann von vornherein keine Wechselbezüglichkeit gewollt sein, oder dem Überlebenden ausdrücklich oder stillschweigend die Befugnis eingeräumt worden sein, anderweitig zu testieren (BayObLG FamRZ 2001, 1734, 1735; OLG Frankfurt Rpfleger 1997, 262). Diese Befugnis zum späteren abweichenden Testieren kann sich auch darauf beschränken, zugunsten eines Dritten, zB einer Pflegeperson, ein Vermächtnis auswerfen zu dürfen (BayObLG FamRZ 1997, 251).

7 Soll der überlebende Ehegatte »frei und unbeschränkt über das Vermögen verfügen« können, kann dies bedeuten, dass er durch Rechtsgeschäft unter Lebenden frei verfügen kann. Die Eheleute können aber auch gewollt haben, dass er darüber hinaus auch von Todes wegen frei über seinen Nachlass verfügen kann, so dass die erfolgte Schlusserbeneinsetzung nicht wechselbezüglich und daher nicht bindend ist (BayObLG FamRZ 2002, 1434, 1435 f; OLG Hamm OLG Report 2002, 179, 180).

8 **Weitere Beispiele für Wechselbezüglichkeit:** Die Einsetzung des behinderten Sohnes als Vorerben des letztversterbenden Ehegatten und die Bestimmung eines Ehepaars als Nacherben, um so die notwendige Hilfe für den Sohn durch dieses Ehepaar abzusichern (OLG Hamm 19. 4. 1994, AZ 10 U 61/91), oder die Einsetzung der Schwester der Ehefrau, die sich um ihren Schwager gekümmert hat, als Schlusserbin (BayObLG FamRZ 1994, 191, 192) wurden als bindend angesehen. Soll gemeinsam erworbenes Vermögen den Kindern erhalten bleiben, spricht dies für Wechselbezüglichkeit (BayObLG FamRZ 1994, 193, 195). Wechselbezüglichkeit kann auch gewollt sein, wenn wertvolles angesammeltes Vermögen (zB eine Bildersammlung) der Allgemeinheit erhalten und deshalb einer Stiftung als Schlusserbin zufallen soll (OLG München BWNotZ 2002, 15 m Anm Frisch). Es kommt aber immer auf die besonderen Umstände des Einzelfalls an. Dabei darf der Umstand, dass nur einer der Eheleute über Vermögen verfügt, nicht überbewertet werden. Auch hier kann Wechselbezüglichkeit gewollt sein (OLG Hamm FamRZ 1995, 1022).

9 **Weitere Beispiele gegen eine Wechselbezüglichkeit:** Gegen eine Wechselbezüglichkeit spricht die Lebenserfahrung, dass beim Fehlen verwandtschaftlicher Beziehungen zwischen den testierenden Ehegatten und dem eingesetzten Schlusserben der eine Ehegatte dem anderen das Recht belassen will, die Schlusserbeneinsetzung nach dem Tode des Erstversterbenden jederzeit zu ändern (OLG Hamm FamRZ 2001, 1647, 1648; BayObLG FamRZ 1991, 1232, 1234). Setzen die Eheleute sich nicht gegenseitig zu Erben ein, sondern jeder der Ehegatten setzt den gemeinsamen Sohn zu seinem Erben ein, so sind diese Verfügungen im Zweifel nicht wechselbezüglich (BayObLG FamRZ 1996, 1040, 1042; anders bei der Auflage an den Sohn, beide Eheleute zu pflegen, OLG Hamm FamRZ 1994, 1210, 1211). Eher gegen eine Wechselbezüglichkeit spricht es auch, wenn der überlebende Ehegatte seine eigenen Verwandten zu Erben bestimmt hat, oder wenn ein kinderloses Ehepaar die »ges Erben« zu Schlusserben einsetzt (OLG Frankfurt FamRZ 1997, 1572, 1572). Anders wird es wiederum sein, wenn mit diesen ges Erben die eigenen Abkömmlinge gemeint sind (BayObLG FamRZ 1997, 1241).

10 **Die »vergessene« Erbeinsetzung Dritter** (s auch Rn 19): Haben die Ehegatten sich gegenseitig zu Erben eingesetzt und enthält das Testament hinsichtlich der Abkömmlinge nur eine **Pflichtteilsstrafklausel** kann darin eine bindende Schlusserbeneinsetzung der Kinder liegen (OLG Frankfurt FamRZ 2002, 352). Näher liegt eine solche Bindungswirkung aber, wenn die Eheleute sich gegenseitig nur zu Vorerben und Abkömmlinge zu Nacherben eingesetzt haben, ohne zu bestimmen, wer den überlebenden Ehegatten beerbt. Dann kommen die Nacherben des erstverstorbenen Ehegatten auch als dessen Erben des überlebenden Ehegatten in Betracht (s.o. § 2296 Rn 19), und hinsichtlich dieser Erbeinsetzung wird idR auch eine Wechselbezüglichkeit gewollt sein, und zwar insb dann, wenn das Testament eine Pflichtteilsstrafklausel zu Lasten dieser Abkömmlinge enthält (OLG Hamm FamRZ 2005, 1592, 1594).

11 **Vorversterben des Schlusserben** (s auch Rn 20): Haben sich die Eheleute gegenseitig als Erben und ihren Sohn als Schlusserben eingesetzt und verstirbt der Sohn vor den Eltern oder einem Elternteil, so können seine Abkömmlinge an seine Stelle als Ersatzschlusserben

treten (s.o. § 2269 Rn 15). Hinsichtlich dieser Ersatzschlusserben muss das Testament aber Anhaltspunkte für eine auch insoweit gewollte Wechselbezüglichkeit ergeben. Kann die Ersatzerbenstellung nur unter Anwendung der Auslegungsregel des § 2069 angenommen werden, genügt dies allein nicht zur Feststellung der Wechselbezüglichkeit (BGH NJW 2002, 1126, 1127 unter Aufgabe von BGH NJW 1983, 277; OLG Hamm FamRZ 2004, 662, 663). Die Auslegung kann aber auch ergeben, dass der überlebende Ehegatte auswählen darf, welches Enkelkind an die Stelle des vorverstorbenen Schlusserben treten soll, wobei die Frage der Wechselbezüglichkeit wiederum gesondert zu prüfen ist (BayObLG FamRZ 1998, 388, 389; zur mehrfach gestuften Ersatzschlusserbeneinsetzung vgl BayObLG FamRZ 2005, 1931, 1932).

Vorversterben des Nacherben (s auch Rn 21): Kommen Dritte bei Vorversterben des Nacherben als Ersatznacherben in Betracht (s.o. § 2269 Rn 23), ist wiederum zu prüfen, ob auch hinsichtlich dieser Ersatznacherben Wechselbezüglichkeit gewollt war. Dies liegt nahe, wenn die Eheleute für den Fall des Vorversterbens des als Nacherben eingesetzten Kindes dessen Abkömmlinge ausdrücklich zu Ersatznacherben bestimmt haben. Dies muss aber nicht ohne weiteres der Fall sein, wenn diese Ersatznacherbenstellung nur gem § 2108 Abs. 2 auf die Erben des verstorbenen Nacherben übergegangen ist. Hier ist zu prüfen, ob die Eheleute auch hinsichtlich dieser Ersatznacherben eine Wechselbezüglichkeit gewollt haben. **12**

Wiederverheiratung: Die Wiederverheiratung des überlebenden Ehegatten berührt für sich allein noch nicht die Wechselbezüglichkeit der Verfügungen. Der Überlebenden ist auf sein Anfechtungsrecht zu verweisen. Etwas anderes kann sich jedoch ergeben, wenn im Testament die Folgen einer solchen Wiederheirat in einer Wiederverheiratungsklausel geregelt sind (s.o. § 2269 Rn 22). Soll danach der überlebende Ehegatte im Fall der Wiederheirat jegliche Beteiligung am Nachlass des Erstversterbenden verlieren, werden mit der Wiederheirat die wechselbezüglichen Verfügungen des überlebenden Ehegatten auch ohne Widerruf entsprechend dem Rechtsgedanken aus § 2270 Abs. 1 gegenstandslos (so OLG Hamm FamRZ 1995, 250, 251). Nach anderer Ansicht ist der Überlebenden nur nicht mehr gebunden, kann also anders testieren (Palandt/*Edenhofer* § 2269 Rn 20). Letztlich dürfte es aber eine Frage der ggf ergänzenden Testamentsauslegung sein, welche Folge eintritt (Palandt/*Edenhofer* aaO; Staudinger/*Kanzleiter* § 2269 Rn 50). Soll der überlebende Ehegatte im Falle seiner Wiederheirat Vermächtnisse an die gemeinsamen Kinder auszahlen, entfällt damit zumindest seine Bindung an die testamentarische Verfügung über seinen Nachlass (BayObLG NJW 1962, 1727). Es kann aber auch in Ausnahmefällen gewollt sein, dass die Wechselbezüglichkeit nach der Wiederheirat bestehen bleiben soll (BayObLG FamRZ 1996, 123, 124 f). **13**

II. Späterer Wegfall der Wechselbezüglichkeit

Die Bindungswirkung für den überlebenden Ehegatten kann entfallen, wenn sich die wirtschaftliche Situation nach dem Tode eines der Ehegatten durch späteren, unvorhersehbaren Vermögenserwerb grundlegend verändert hat (OLG Zweibrücken FamRZ 1992, 608). Einen allgemeinen dahin gehenden Erfahrungssatz gibt es aber nicht, und zwar auch dann nicht, wenn die Familie sich nach dem Viermögenszuwachs zerstritten hat (OLG Hamm OLG Report 2002, 179, 181). **14**

III. Unzulässige wechselbezügliche Verfügungen nach § 2270 Abs. 3

§ 2270 Abs. 3 stellt zunächst klar, dass nur Erbeinsetzungen, Vermächtnisse und Auflagen wechselbezügliche Verfügungen sein können. Die Enterbung gem § 1938 (BayOblG FamRZ 1993, 240, 241) oder die Anordnung der Testamentsvollstreckung (OLG Hamm FamRZ 2001, 1176, 1177; Staudinger/*Kanzleiter* Rn 19; MüKo/*Musielak* Rn 15; vgl aber auch § 2271 Rn 1) können nicht Gegenstand von wechselbezüglichen Verfügungen sein. Auch kann der überlebende Ehegatte gem § 1776 Abs. 1 für minderjährige Kinder einen anderen **15**

§ 2270 BGB | Wechselbezügliche Verfügungen

Vormund als den zunächst vorgesehenen benennen. Vor allem Teilungsanordnungen (§ 2048) können nicht wechselbezüglich sein, wobei die Abgrenzung zu einem bindenden Vorausvermächtnis (§ 2150) nicht immer einfach ist (s hierzu BGH NJW 1995, 721). Die Klausel, der Überlebende soll berechtigt sein, die Verteilung unter den Söhnen zu bestimmen, kann als eine zulässige Ermächtigung zur Vornahme von Teilungsanordnungen auszulegen sein (BGH NJW 1982, 43, 44).

B. Die Auslegungsregel in § 2270 Abs. 2

16 **Vorbemerkung:** Die materielle Feststellungslast für Tatsachen, die eine Wechselbezüglichkeit begründen, trägt derjenige, der sein Erbrecht auf die Wechselbezüglichkeit stützt (BayObLG FamRZ 1993, 1126, 1128). Ihm gibt Abs. 2 eine Auslegungsregel, auf die aber erst zurückgegriffen werden darf, wenn die Testamentsauslegung zu keinem eindeutigen Ergebnis führt, wenn also nach pflichtgemäßer Prüfung aller Umstände auf andere Weise nicht zu lösende Zweifel bestehen bleiben (OLG Hamm FamRZ 2004, 662). Nach anderer Ansicht handelt es sich um eine ges Vermutung, die aber auch erst bei Zweifelsfällen eingreift (MüKo/*Musielak* Rn 9), was aber zum selben Ergebnis führt.

I. Zuwendung an den Ehegatten

17 Erste Voraussetzung für die Anwendung der Auslegungsregel ist, dass sich die Eheleute gegenseitig bedenken, oder dass dem einen Ehegatte von dem anderen eine Zuwendung gemacht wird und für den Fall des Überlebens des Bedachten zugunsten eines Dritten eine Zuwendung getroffen wird, der mit dem anderen Ehegatten verwandt ist oder ihm sonst nahe steht. Eine Erbeinsetzung des Ehegatten ist nicht notwendig; ein Vermächtnis genügt als Zuwendung (OLG Hamm FamRZ 1994, 1210, 1211). Die Auslegungsregel ist auch anwendbar, wenn die in Frage stehenden Verfügungen nicht gleichzeitig getroffen worden sind (BayObLG FamRZ 1994, 191, 193).

II. Verwandte oder nahe stehende Personen

18 **Verwandte Personen** sind die in § 1589 aufgelisteten. Insb gehören dazu auch die gemeinschaftlichen Abkömmlinge (Staudinger/*Kanzleiter* Rn 31). Problematisch ist nur, ob die Auslegungsregel des Abs. 2 auch anwendbar ist, wenn der Kreis der bedachten verwandten Personen erst durch Testamentsauslegung unter Anwendung von Auslegungsregeln ermittelt werden kann.

19 **Die »vergessene« Erbeinsetzung Dritter:** Wird die Schlusserbenstellung im Wege der individuellen Testamentsauslegung festgestellt, ist die Auslegungsregel anwendbar. Fraglich ist nur, ob die Gründe, die bei einer Anwendung der Auslegungsregel des § 2069 den BGH zu dem Kumulationsverbot veranlasst haben (s.u. Rn 20, 21), auch gelten, wenn die Schlusserbenstellung auf einer Anwendung der Auslegungsregel des § 2102 Abs. 1 beruht. Es bestehen Bedenken, hier die Rechtsprechung des BGH zum Kumulationsverbot zu übernehmen, weil der nach § 2102 Abs. 1 als Ersatzerbe in Frage kommende Nacherbe namentlich von den Testierenden benannt worden ist, was bei § 2069 nicht der Fall ist (OLG Hamm FamRZ 2005, 1592, 1594). Jedenfalls ist die Auslegungsregel dann anwendbar, wenn die Schlusserbenstellung zwar aus § 2102 Abs. 1 folgt, aber weitere Anhaltspunkte für eine Wechselbezüglichkeit vorhanden sind, die für sich allein noch nicht zur Feststellung der Wechselbezüglichkeit genügen (s.u. Rn 20).

20 **Ersatzschlusserbe** (s.o. Rn 12): Wird die Ersatzschlusserbenstellung im Wege der individuellen Testamentsauslegung festgestellt, ist die Auslegungsregel anwendbar. Wird die Ersatzerbenstellung eines Abkömmlings aber allein aus § 2069 hergeleitet, rechtfertigt dies nicht die Annahme der Wechselbezüglichkeit über die Auslegungsregel des § 2270 Abs. 2 (BGH NJW 2002, 1126, 1127 mit krit Anm vom *Otte* ZEV 2002, 151 f; *v Leipold* JZ 2002, 895, 896; BayObLG ZEV 2004, 244, 245 mit zust Anm vom *Keim*). Dieses **Kumu-**

lationsverbot gilt jedoch dann nicht, wenn weitere außerhalb der Testamentsurkunde liegende Umstände für eine Wechselbezüglichkeit sprechen, die für sich allein noch nicht zu ihrer Feststellung genügen, – zB bei einer engen Bindung der Ehegatten an ihre Enkelkinder als Ersatznacherben (so OLG Hamm ZEV 2004, 68; aA *Keim* aaO).

Ersatznacherbe (s.o. Rn 13): Auf die im Wege der individuellen Auslegung festgestellte 21 Ersatznacherbenstellung anstelle des vorverstorbenen Nacherben kann die Auslegungsregel des Abs. 2 angewandt werden. Dies gilt aber auch dann, wenn die Ersatznacherbenstellung nur aus § 2108 Abs. 2 Satz 1 folgt und dieser Ersatznacherben eine nahe stehende Person ist. Das vorgenannte Kumulationsverbot greift hier nicht, weil § 2108 Abs. 2 Satz 1 den Regelfall enthält und nicht nur – wie § 2069 – im Zweifelsfall anzuwenden ist.

Nahestehende Personen sind Personen, zu denen zumindest der begünstigende Ehegatte 22 eine enge persönliche, innere Beziehung hat, die in etwa dem üblichen Verhältnis zu nahen Verwandten entspricht (zB Stief- oder Pflegekinder, enge Freunde, bewährte Hausgenossen oder langjährige Angestellte). An den Begriff des »Nahestehens« sind aber strenge Anforderungen zu stellen, um die ges Auslegungsregel nicht zum ges Regelfall werden zu lassen (OLG Hamm FamRZ 2001, 1647, 1649; BayObLG Rpfleger 1983, 155). Gute Nachbarschaft genügt idR nicht (OLG Hamm aaO; zu Geschwisterkindern s KG FamRZ 1993, 125, 1252; zur Schwägerin s.o. Rn 10). Bei der Testamentserrichtung noch nicht geborene oder aus anderen Gründen noch unbekannte Personen können nicht nahe stehend sein (KG FamRZ 1983, 98, 99).

Ob auch **juristische Personen** »nahe stehende Personen« sein können, ist umstritten (bei 23 einer öff Stiftung des BGB OLG München BWNotZ 2002, 15, 16 mit Anm *Frisch*; offen gelassen bei einem Verein – hier Aktion Sorgenkind – BayObLG FamRZ 1986, 604, 606 mit Anm vom *Bosch*; vern überwiegend die Lit. s Staudinger/*Kanzleiter* § 2270 Rn 31 mwN).

C. DDR/Auslandsbezug

Zur Bindungswirkung eines in der **DDR** errichteten Ehegattentestaments gem § 390 II 24 DDR/ZGB s BGH MDR 1995, 608 und zur Bindungswirkung eines in der BRD errichteten Ehegattentestaments hinsichtlich in der ehemaligen DDR gelegenen Immobilienvermögens s KG FamRZ 1998, 124, 126. (Zur Wechselbezüglichkeit bei Auslandsberührung vgl Rembert/*Haas*, Erbrecht in Europa, 2004).

§ 2271 Widerruf wechselbezüglicher Verfügungen

(1) Der Widerruf einer Verfügung, die mit einer Verfügung des anderen Ehegatten in dem in § 2270 bezeichneten Verhältnis steht, erfolgt bei Lebzeiten der Ehegatten nach den für den Rücktritt von einem Erbvertrag geltenden Vorschrift des § 2296. Durch eine neue Verfügung von Todes wegen kann ein Ehegatte bei Lebzeiten des anderen seine Verfügung nicht einseitig aufheben.

(2) Das Recht zum Widerruf erlischt mit dem Tode des anderen Ehegatten; der Überlebende kann jedoch seine Verfügung aufheben, wenn er das ihm Zugewendete ausschlägt. Auch nach der Annahme der Zuwendung ist der Überlebende zur Aufhebung nach Maßgabe des § 2294 und des § 2336 berechtigt.

(3) Ist ein pflichtteilsberechtigter Abkömmling der Ehegatten oder eines der Ehegatten bedacht, so findet die Vorschrift des § 2289 Abs. 2 entsprechende Anwendung.

Inhaltsverzeichnis

	Rn
Vorbemerkung	1
A. Wegfall der Wechselbezüglichkeit zu Lebzeiten beider Eheleute	2 – 4

§ 2271 BGB | Widerruf wechselbezüglicher Verfügungen

I.	Widerruf zu Lebzeiten beider Ehegatten	2– 3
	1. Erfordernis des Widerrufs	2
	2. Form des Widerrufs	3
II.	Gemeinsame Aufhebung durch die Eheleute	4
B. Wegfall der Wechselbezüglichkeit nach dem Tode eines der Eheleute		5–17
I.	Eingeräumte Widerrufsbefugnis für den überlebenden Ehegatten	5– 7
II.	Ausschlagung	8–14
	1. Ausschlagung durch den überlebenden Ehegatten	8–11
	2. Ausschlagung durch Dritte	12–14
III.	Einverständliche Aufhebung durch Vereinbarung mit dem Begünstigten	15
IV.	Maßnahmen bei Verfehlungen des Begünstigten	16–17
C. Anfechtung wechselbezüglicher Verfügungen		18–31
I.	Unzulässige Anfechtung zu Lebzeiten beider Eheleute	19
II.	Anfechtung nach dem Tode eines der Eheleute	20–25
	1. Anfechtung durch den Überlebenden	20–25
	2. Anfechtung durch Dritte	26–31
D. Schutz des Bedachten vor Schenkungen		32

Vorbemerkung

1 Die Vorschrift regelt den Widerruf wechselbezüglicher Verfügungen iSv § 2270 zu Lebzeiten beider Eheleute. Jeder Ehegatte kann seine eigenen Verfügungen, soweit sie wechselbezüglich sind, nur widerrufen. Er kann sie auf andere Art weder aufheben noch dadurch einschränken, dass er den Begünstigten mit Vermächtnissen beschwert, zu seinen Lasten Vor- und Nacherbschaft statt Vollerbschaft verfügt oder nachträglich Testamentsvollstreckung anordnet (OLG Hamm FamRZ 2001, 1176, 1177 mwN). Solche Verfügungen sind unwirksam. Unterbleibt ein Widerruf, ist der überlebende Ehegatte grds an seine eigenen, wechselbezüglichen Verfügungen gebunden, es sei denn er schlägt das ihm Zugewandte aus. Dem Überlebenden sind aber, wie sich aus § 2270 Abs. 3 ergibt (s.o. § 2270 Rn 2), Teilungsanordnungen iSv § 2048 gestattet, da diese dem Begünstigten wertmäßig letztlich das zukommen lassen, was er aufgrund des Ehegattentestaments erhalten sollte (vgl BGH NJW 1982, 43, 44). Hinsichtlich seiner eigenen, nicht wechselbezüglichen Verfügungen hat der überlebende Ehegatte freie Hand.

A. Wegfall der Wechselbezüglichkeit zu Lebzeiten beider Eheleute

I. Widerruf zu Lebzeiten beider Ehegatten

1. Erfordernis des Widerrufs

2 Die eigenen wechselbezüglichen Verfügungen müssen und können zu Lebzeiten beider Eheleute von diesem Ehegatten widerrufen werden, wenn sie unwirksam werden sollen. Andere letztwillige Verfügungen können von jedem Ehegatten vor und nach dem Vorversterben des anderen jederzeit wie bei jedem anderen privatschriftlichen Testament aufgehoben werden (Umkehrschluss aus § 2271 Abs. 1 Satz 2). Auch nach der Scheidung entgegen § 2268 bestehen gebliebene wechselbezügliche Verfügungen müssen widerrufen werden, können also nicht einseitig durch Verfügung von Todes wegen aufgehoben werden (so BGH NJW 2004, 3113; str s.o. § 2268 Rn 3).

2. Form des Widerrufs

3 Der einseitige Widerruf der eigenen wechselbezüglichen Verfügungen kann nur gem §§ 2271 Abs. 1 Satz 1, 2296 Abs. 2 durch notariell beurkundete Erklärung gegenüber dem anderen Ehegatten erfolgen. Die Ausfertigung der notariellen Widerrufsverhandlung des Widerrufenden muss zu Lebzeiten des Widerrufenden dem Ehegatten zugestellt

werden. Das auf den Weg bringen oder der Zugang einer beglaubigten Abschrift genügt nicht (BGH NJW 1968, 496, 497). Der Widerrufende kann den Notar auch nicht anweisen, den Widerruf erst nach seinem Tode dem überlebenden Ehegatten zu übermitteln. Der Notar hat den Auftrag an den Gerichtsvollzieher und die Prüfung der Zustellung als Teil seines Amtsgeschäftes selbst zu erledigen, kann dies jedenfalls nicht ohne nähere Anweisung und Überwachung seinem Büropersonal überlassen (BGH NJW 1960, 33, 34).

II. Gemeinsame Aufhebung durch die Eheleute

Die Eheleute können durch ein gemeinschaftliches **Testament** oder in einem **Erbvertrag** (auch in Form eines Prozessvergleichs, OLG Köln OLGZ 1970, 114, 115) die Wechselbezüglichkeit von Verfügungen in früheren Testamenten aufheben/widerrufen oder einschränken. Die Klausel in einem solchen weiteren Testament, der überlebende Ehegatten solle (jetzt) »Universalerbe« werden, kann eine solche Aufhebung oder nur die Einräumung eines Widerrufsrechts bedeuten (BayObLG Rpfleger 1966, 330, 331, s.u. Rn 5). Bei einem öffentlichen Testament kann die Aufhebung auch durch **gemeinsame Rücknahme** aus der amtlichen Verwahrung erfolgen, § 2272, 2256 (s.u. § 2272 Rn 1). 4

B. Wegfall der Wechselbezüglichkeit nach dem Tode eines der Eheleute

I. Eingeräumte Widerrufsbefugnis für den überlebenden Ehegatten

Gem § 2271 Abs. 2 erlischt das Recht zum Widerruf mit dem Tode des anderen Ehegatten. Etwas anderes gilt jedoch, wenn der verstorbene Ehegatte dem anderen ein Widerrufsrecht eingeräumt hat. Jeder Ehegatte kann in dem gemeinschaftlichen, aber auch in einem späteren einseitigen Testament dem anderen Ehegatten ein freies Widerrufsrecht auch bei dessen wechselbezüglichen Verfügungen einräumen, wobei die Abgrenzung, zwischen einen solchen Widerrufsrecht und einer von vornherein nicht als wechselbezüglich gewollten Verfügung eine Frage der jeweiligen Testamentsauslegung ist. Die spätere Benennung des Ehegatten als »Universalerbe« (s.o. Rn 4) oder die Gewährung von »Abänderungs- und Aufhebungsbefugnissen« (BayObLG FamRZ 1992, 476, 477) können das eine oder andere bedeuten. Das Recht zum Widerruf kann auch von Bedingungen abhängig gemacht werden (OLG Hamm, 18. 10. 1977, AZ: 15 W 21/76). Ein Änderungsvorbehalt, nach dem der überlebende Ehegatte zugunsten der gemeinsamen Kinder anderweitig verfügen darf, kann regelmäßig nicht dahin ausgelegt werden, dass er auch zur Erbeinsetzung eines Enkelkindes befugt ist (OLG Hamm FamRZ 2005, 2023, 2024; zum Änderungsvorbehalt s.a. *Münch* FamRZ 2006, 229, 230). 5

Der eingeräumte Widerruf kann nur durch Errichtung eines weiteren Testaments oder in einem Erbvertrag, nicht aber durch Vernichtung der Urkunde gem § 2255 Satz 1 ausgeübt werden (OLG Hamm FamRZ 1996, 825; vgl dort auch zu dem späteren Nachweis der Wechselbezüglichkeit in der vernichteten Urkunde). 6

Dem überlebenden Ehegatten bleibt es unbenommen, den Begünstigten besser zu stellen, als zunächst vorgesehen. Eines Widerrufs bedarf es dann nicht (BGH NJW 1959, 1730, 1732; BayObLG Rpfleger 1966, 33, 331). 7

II. Ausschlagung

1. Ausschlagung durch den überlebenden Ehegatten

Der überlebende Ehegatte kann gem § 2271 Abs. 2 Satz 1 das ihm Zugewandte, also die Erbschaft, das Vermächtnis oder auch eine ihn begünstigende Auflage ausschlagen und sich dadurch von der Bindungswirkung aus dem gemeinschaftlichen Testament hinsichtlich seiner eigenen Verfügungen befreien. Die Ausschlagung als solche beseitigt aber noch nicht die eigenen Verfügungen und die wechselbezüglichen Verfügungen des verstorbe- 8 nen Ehegatten. Der überlebende Ehegatte erhält durch die Ausschlagung nur das Recht, seine eigenen Verfügungen aufzuheben. Widerruft der überlebende Ehegatte dann seine eigenen wechselbezüglichen Verfügungen, so werden gem § 2270 Abs. 1 die wechselbezügliche Verfügungen des verstorbenen Ehegatten unwirksam. Dessen übrige Verfügungen bleiben nach Maßgabe des § 2085 wirksam (Soergel/*Wolf* Rn 21 mwN).

9 Auch wenn die Zuwendung wirtschaftlich wertlos ist, muss der Überlebende zunächst ausschlagen (BGH MDR 1961, 402; zur Zuwendung durch Auflage vgl MüKo/*Musielak* Rn 21). Wird der überlebende Ehegatte nach der Ausschlagung gem § 1948 Abs. 1 ges Erbe, muss er zur Erlangung seiner Testierfreiheit nicht auch das ges Erbe ausschlagen, selbst wenn der ihm zugefallene Erbteil nicht wesentlich kleiner ist. Das Testament kann jedoch dahin auszulegen sein, dass der Ausschlagende in diesem Fall enterbt sein soll (Palandt/*Edenhofer* Rn 18; MüKo/*Musielak* Rn 25; Staudinger/*Kanzleiter* Rn 43; *Tiedtke* FamRZ 1991, 1259, 1260 f; aA KG NJW- RR 1991, 330, 331). Ist dem Überlebenden nichts zugewandt, kann er sich auch nicht durch Ausschlagung befreien, und zwar auch dann nicht, wenn ein Dritter das ihm Zugewandte ausschlägt (str, so Staudinger/*Kanzleiter* Rn 40; MüKo/*Musielak* Rn 23).

10 Bei Zuwendungen an den Ehegatten und an einen Dritten muss der Dritte nicht auch ausschlagen. Die Ausschlagung kann gem § 2270 Abs. 1 zur Unwirksamkeit der Verfügung zugunsten des Dritten führen (Staudinger/*Kanzleiter* Rn 41; MüKo/*Musielak* Rn 24).

11 Die Ausschlagung hat binnen sechs Wochen nach Kenntniserlangung vom Anfall und Grund der Berufung (§ 1944 Abs. 1, 2) gegenüber dem Nachlassgericht zur Niederschrift oder in öffentlich – beglaubigter Form (§ 1945 Abs. 1) zu erfolgen.

2. Ausschlagung durch Dritte

12 **Vererblichkeit des Ausschlagungsrechts des Ehegatten:** Verstirbt der überlebende Ehegatte vor der Ausschlagung, geht sein Recht zur Ausschlagung nach Maßgabe des § 1952 auf seine Erben über. Das sind jedoch nur die nach dem gemeinschaftlichen Testament in Betracht kommenden Erben und nicht diejenigen Personen, die der Verstorbene in einem im Widerspruch dazu stehenden Testament zu seinen Erben bestimmt hat (OLG Zweibrücken NJW-RR 2005, 8, 9 mwN).

13 Der **Schlusserbe** kann die Erbschaft erst ausschlagen, wenn er nach dem Tode des länger lebenden Ehegatten Erbe geworden ist (BGH NJW 1998, 543; OLG Düsseldorf FamRZ 1998, 103, 104). Soll der Schlusserbe schon vorher etwas erhalten, und will sich der überlebende Ehegatte so von den Bindungen aus dem gemeinschaftlichen Testament befreien, bietet sich der Abschluss eines not. Zuwendungsverzichtsvertrag gem § 2352 an (OLG Düsseldorf aaO; vgl hierzu auch BGH NJW 1982, 43, 44).

14 Der **Nacherbe** kann die Erbschaft nach Eintritt des Erbfalls, also nach dem Tode des vorverstorbenen Ehegatten ausschlagen (§§ 2142 Abs. 1, 1946). Allerdings beginnt die sechswöchige Ausschlagungsfrist des § 1944 Abs. 1, nach deren Ablauf er nicht mehr ausschlagen kann, erst nach Eintritt des Nacherbfalls, also idR nach dem Tod des überlebenden Ehegatten als Vorerben und der Kenntnis davon zu laufen (Palandt/*Edenhofer* § 2141 Rn 2). Schlägt er aus, verbleibt die Erbschaft dem überlebenden Ehegatte, bzw dessen Erben als Vollerben, sofern nicht etwas anderes bestimmt worden ist. Insofern enthält § 2142 Abs. 2 auch beim Ehegattentestament eine Auslegungsregel zugunsten des überlebenden Ehegatten, auf die aber wiederum erst zurückgegriffen kann, wenn die Testamentsauslegung zu keinem Ergebnis geführt hat.

III. Einverständliche Aufhebung durch Vereinbarung mit dem Begünstigten

15 Der gebundene überlebende Ehegatte kann sich durch Abschluss eines Zuwendungsverzichtvertrages (§ 2352 Satz 1) mit dem Schlusserben von der Bindung an seine wechselbezügliche Verfügung ganz oder teilweise befreien (OLG Köln FamRZ 1983, 1278, 1279). Enthält das gemeinschaftliche Testament für den Fall des Wegfalls dieses Schlusserben

aber eine bindende Ersatzerbenregelung, bleibt diese bestehen (OLG Hamm MDR 1982, 320, 321).

IV. Maßnahmen bei Verfehlungen des Begünstigten

Hat sich derjenige, der durch eine bindend gewordene, wechselbezügliche Verfügung bedacht worden ist, nach der Testamentserrichtung einer schweren Verfehlung iSd §§ 2333 ff schuldig gemacht, kann der überlebenden Ehegatte gem §§ 2271 Abs. 2 Satz 2, 2294, 2296 Abs. 1 durch letztwillige Verfügung unter Benennung des Grundes (§ 2336 Abs. 2) seine eigene wechselbezügliche Verfügung rückgängig machen (MüKo/*Musielak* § 2271 Rn 27, 28). 16

Ist der bedachte Dritte ein Abkömmling der Eheleute oder eines von ihnen und verschwenderisch oder überschuldet iSd § 2338 Abs. 1, kann der überlebende Ehegatte gem §§ 2271 Abs. 3, 2289 Abs. 2, 2238 Abs. 1, 2 durch letztwillige Verfügung beschränkende Anordnungen treffen (sog Beschränkung in guter Absicht; s MüKo/*Musielak* § 2271 Rn 30). 17

C. Anfechtung wechselbezüglicher Verfügungen

Vorbemerkung: Die Anfechtung von den Testamenten ist in den §§ 2078 – 2084 geregelt. Die dortigen Fristen, Formalien und Anfechtungsgründe sind überwiegend auch bei der Anfechtung von letztwilligen Verfügungen in einem gemeinschaftlichen Testament zu beachten, so dass auf die dortige Kommentierung verwiesen werden kann. Gleichwohl sind beim gemeinschaftlichen Testament aus der Natur der Sache die nachfolgenden Besonderheiten zu beachten. 18

I. Unzulässige Anfechtung zu Lebzeiten beider Eheleute

Eine Anfechtung zu Lebzeiten beider Eheleute ist weder bei wechselbezüglichen noch bei einseitigen Verfügungen zulässig. Jeder Ehegatte kann seine eigenen wechselbezüglichen Verfügungen gem § 2271 Abs. 1 Satz 1, 2296 widerrufen. Dies hat nach § 2270 Abs. 1 auch die Unwirksamkeit der wechselbezüglichen Verfügungen des anderen Ehegatten zur Folge. Seine einseitigen Verfügungen kann jeder Ehegatte ohnehin nach Maßgabe der §§ 2253 ff jederzeit abändern oder aufheben. Eine Anfechtung der wechselbezüglichen oder einseitigen Verfügungen des anderen Ehegatten ist zu dessen Lebzeiten unzulässig, weil jede Testamentsanfechtung den Eintritt des Erbfalls voraussetzt (Staudinger/*Kanzleiter* Rn 65). 19

II. Anfechtung nach dem Tode eines der Eheleute

1. Anfechtung durch den Überlebenden

Die **Verfügungen des vorverstorbenen Ehegatten** kann der überlebende Ehegatte wegen Irrtums oder Drohung gem § 2078 Abs. 1, 2 anfechten. Bei erfolgreicher Anfechtung wird die eigene wechselbezügliche Verfügung gem § 2270 Abs. 1 unwirksam. Eine Anfechtung wegen Übergehens eines Pflichtteilsberechtigten nach § 2079 scheidet dagegen aus, weil der Ehegatte insoweit nicht gem § 2080 Abs. 2 zur Anfechtung berechtigt ist (Staudinger/*Kanzleiter* Rn 68; MüKo/*Musielak* Rn 39; aM Erman/*Schmidt* Rn 15). 20

Wird ein späteres gemeinschaftliches Testament durch Anfechtung des überlebenden Ehegatten unwirksam, so wird ein früheres Einzeltestament des vorverstorbenen Ehegatten, das gem § 2258 als widerrufen galt, wieder wirksam (BayObLG Report 1999, 59). Auch eine zunächst im Widerspruch zu einer wechselbezüglichen Verfügung stehende spätere Verfügung eines Ehegatten wird wirksam, wenn die wechselbezügliche Verfügung gegenstandslos wird (OLG Frankfurt FamRZ 1995, 1026). 21

§ 2271 BGB | Widerruf wechselbezüglicher Verfügungen

22 **Form der Anfechtung:** Die Anfechtung hat gem § 2081 Abs. 1 durch formlose Erklärung gegenüber dem Nachlassgericht binnen der Jahresfrist des § 2082 zu erfolgen (MüKo/ *Musielak* Rn 39).

23 Bei den **eigenen nicht wechselbezüglichen Verfügungen** besteht kein Anfechtungsrecht, da der Überlebenden diese Verfügungen jederzeit gem §§ 2253 ff abändern oder aufheben kann (Staudinger/*Kanzleiter* Rn 70).

24 Die **eigenen wechselbezüglichen Verfügungen** kann der überlebende Ehegatte in entsprechender Anwendung der §§ 2281 ff nach §§ 2078, 2079 anfechten, es sei denn, er hat hierauf verzichtet (BGH FamRZ 1970, 79, 80; Palandt/*Edenhofer* Rn 27; Staudinger/*Kanzleiter* Rn 69 f; MüKo/*Musielak* Rn 36, alle mwN). Heiratet er wieder oder kommen weitere pflichtteilsberechtigte Abkömmlinge hinzu, steht ihm ein Anfechtungsrecht gem §§ 2281, 2079 innerhalb eines Jahres nach Kenntnis vom Anfechtungsgrund (§ 2283) zu (BGH aaO). Es ist nicht notwendig, dass der Erblasser von der durch die Anfechtung erlangten Freiheit, anderweitig zu testieren, dann auch zugunsten der Pflichtteilsberechtigten Gebrauch macht. Die erfolgreiche Anfechtung hat nach § 2270 Abs. 1 die Nichtigkeit der wechselbezüglichen Verfügung des verstorbenen Ehegatten zur Folge (Müko/*Musielak* Rn 43). Bei einer durch Adoption begründeten Pflichtteilsberechtigung (§§ 1754, 1755) kann die Anfechtung gem §§ 138, 226 unwirksam sein, wenn die Adoption dem überlebenden Ehegatten nur dazu dienen sollte, sich von dem ihm lästig gewordenen Testament zu lösen (BGH aaO S 82).

25 **Form der Anfechtung:** Die Anfechtung hat wie bei vertragsmäßigen Verfügungen in einem Erbvertrag gem §§ 2281 Abs. 1, 2282 Abs. 3 durch not. beurkundete Erklärung gegenüber dem Nachlassgericht zu erfolgen (BGH MDR 1960, 145; MüKo/*Musielak* Rn 38; *Rohlfing/Mittenzwei* ZEV 2003, 49, 54).

2. Anfechtung durch Dritte

26 Wechselbezügliche und nicht wechselbezügliche Verfügungen **des erstverstorbenen Ehegatten** können vom betroffenen Dritten nach Maßgabe der §§ 2078, 2079 angefochten werden (BayObLG FamRZ 2004, 1068). Die Jahresfrist zur Anfechtung (§ 2082) beginnt mit Kenntniserlangung vom Anfechtungsgrund, und zwar auch dann, wenn der Dritte erst nach dem letztversterbenden Ehegatten Erbe wird (OLG Frankfurt MDR 1959, 393). Anfechtungsberechtigt ist auch der neue Ehegatte des überlebenden Ehegatten, allerdings nicht mehr, wenn die Jahresfrist des § 2283 Abs. 1 beim überlebenden Ehegatten abgelaufen ist (BGH FamRZ 1960, 145; FamRZ 1970, 80).

27 Bei erfolgreicher Anfechtung der wechselbezüglichen Verfügungen des vorverstorbenen Ehegatten hat dies gem § 2270 Abs. 1 zur Folge, dass auch die wechselbezüglichen Verfügungen des überlebenden Ehegatten unwirksam werden. § 2285 ist hier nicht entsprechend anwendbar (hM Staudinger/*Kanzleiter* Rn 66, 67 mwN)

28 **Form der Anfechtung:** Die Anfechtung ist formlos gegenüber dem Nachlassgericht, nicht gegenüber dem überlebenden Ehegatten zu erklären (§ 2081 Abs. 1). Wird ein Vermächtnis angefochten, ist gem § 143 Abs. 4 Erklärungsgegner der Begünstigte (*Rohlfing/Mittenzwei* s.o. Rn 18).

29 b) Wechselbezügliche und nicht wechselbezügliche Verfügungen **des überlebenden Ehegatten** können zu dessen Lebzeiten von Dritten **nicht** angefochten werden. Denn jede Anfechtung setzt einen Erbfall voraus (KG FamRZ 1986, 218, 219; Palandt/*Edenhofer* Rn 32).

30 c) Nach dem **Tode beider Eheleute** können wechselbezügliche und nicht wechselbezügliche Verfügungen eines jeden der Eheleute von Dritten nach §§ 2078, 2079 angefochten werden. Aber soweit der überlebende Ehegatte sein Recht zur Anfechtung seiner eigenen wechselbezüglichen Verfügungen gem § 2285 verloren hatte, kann der Dritte diese wechselbezüglichen Verfügungen nicht mehr anfechten (MüKo/*Musielak* Rn 41). § 2285 findet jedoch bei wechselbezüglichen Verfügungen des erstverstorbenen Ehegatten auch jetzt keine Anwendung (Müko/*Musielak* aaO; vgl dort aber auch zu dem Fall des bewussten

Unterlassens der Anfechtung durch den überlebenden Ehegatten). Die Jahresfrist zur Anfechtung (§ 2082) beginnt mit dem Tode des Ehegatten zu laufen, dessen Verfügung angefochten werden soll (*Musielak* aaO Rn 42; aA OLG Frankfurt MDR 1959, 393).

Form der Anfechtung: Die Anfechtung ist gem § 2081 Abs. 1 formlos gegenüber dem Nachlassgericht zu erklären. Wird ein Vermächtnis angefochten, ist gem § 143 Abs. 3 der Begünstigte Erklärungsgegner (*Rohlfing/Mittenzwei* s.o. Rn 18). 31

D. Schutz des Bedachten vor Schenkungen

Nimmt der überlebende Ehegatte Schenkungen vor, durch die Anwartschaften Dritter aufgrund von bindend gewordenen letztwilligen Verfügungen des überlebenden Ehegatten vereitelt werden, können dem testamentarisch Begünstigten nach dem Tod des überlebenden Ehegatten Ansprüche aus **§ 2287 Abs. 1, 2288** zustehen, sofern die Zuwendung nicht durch ein anzuerkennendes lebzeitiges Eigeninteresse des Schenkers gedeckt war. Die entsprechende Anwendung dieser Vorschriften ist gerechtfertigt, weil hier die Interessenlage die gleiche ist wie bei einem Erbvertrag (BGH NJW 1982, 43, 44; NJW 1976, 749, 751; zu Schenkungen zu Lebzeiten beider Eheleute s *Dickhuth-Harrach* FamRZ 2005, 323 ff). Die §§ 2287, 2288 sind auch zugunsten des überlebenden Ehegatten entsprechend anwendbar, wenn er nach dem Tode seines Ehepartners von dessen beeinträchtigenden Schenkungen erfährt (MüKo/*Musielak* Rn 45). 32

§ 2272 Rücknahme aus amtlicher Verwahrung

Ein gemeinschaftliches Testament kann nach § 2256 nur von beiden Ehegatten zurückgenommen werden.

A. Öffentliches Testament

Das vor einem Notar errichtete Testament und Nottestamente müssen gem §§ 2249 Abs. 1 Satz 4, § 34 Abs. 1 Satz 4 BeurkG in amtliche Verwahrung genommen werden. So errichtete gemeinschaftliche Testamente gelten gem § 2256 Abs. 1 Satz 1 als widerrufen, wenn sie beiden Eheleuten gleichzeitig und persönlich aus der amtlichen Verwahrung zurückgegeben werden. Da die Rücknahme eine mögliche Form des Testierens ist, müssen beide Eheleute bei der Rückgabe testierfähig sein (BGHZ 23, 207, 211; zu den Folgen der Rückgabe an nur einen der Ehegatten s Staudinger/*Kanzleiter* Rn 3). Auch das nach einer Scheidung gem § 2268 unwirksam gewordene Testament darf den früheren Eheleuten nur gemeinschaftlich zurückgegeben werden (Staudinger/*Kanzleiter* Rn 4). 1

B. Privatschriftliches Testament

Ein privatschriftliches gemeinschaftliches Testament kann auf Verlangen der Eheleute gem §§ 2247, 2258a, 2258b in besondere amtliche Verwahrung genommen werden. Danach kann es nur von den Eheleuten persönlich und gleichzeitig zurückgenommen werden. Es gilt damit jedoch nicht als widerrufen. 2

C. Einsicht

Jeder Ehegatte kann jederzeit auch allein Einsicht in das verwahrte Testament nehmen. Nach dem Tode eines der Ehegatten können Dritte nur aufgrund einer besonderen Vollmacht des überlebenden Ehegatten, nicht schon aufgrund dessen allgemeiner Verfahrensvollmacht den abgesonderten Teil des Testaments einsehen (so ThürOLG Rpfleger 1998, 249). 3

§ 2273 Eröffnung

(1) Bei der Eröffnung eines gemeinschaftlichen Testaments sind die Verfügungen des überlebenden Ehegatten, soweit sie sich sondern lassen, weder zu verkünden noch sonst zur Kenntnis der Beteiligten zu bringen.

(2) Von den Verfügungen des verstorbenen Ehegatten ist eine beglaubigte Abschrift anzufertigen. Das Testament ist wieder zu verschließen und in die besondere amtliche Verwahrung zurückzubringen.

(3) Die Vorschriften des Absatzes 2 gelten nicht, wenn das Testament nur Anordnungen enthält, die sich auf den Erbfall beziehen, der mit dem Tode des erstversterbenden Ehegatten eintritt, insbesondere wenn das Testament sich auf die Erklärung beschränkt, dass die Ehegatten sich gegenseitig zu Erben einsetzen.

A. Testamentseröffnung nach dem Tode eines der Ehegatten

I. Eröffnungstermin

1 Der beim Nachlassgericht gem § 3 Nr. 2c RPflG zuständige Rechtspfleger hat die Testamentseröffnung nach Maßgabe der §§ 2260 – 2262 durchzuführen. Es sind also zunächst die für jede Eröffnung geltenden Vorschriften zu beachten. Im Eröffnungstermin ist das Testament den Beteiligten zu verkünden und ihnen auf verlangen vorzulegen, § 2260 Abs. 2 Satz 1. Bei der Testamentseröffnung nicht anwesende Beteiligten sind gem § 2262 von dem Inhalt des Testaments in Kenntnis zu setzen.

II. Beteiligte

2 Zu beteiligen sind die ges Erben des Verstorbenen und jeder, den der Erblasser in irgendeiner Weise bedacht hat. Die ges und testamentarischen Erben des überlebenden Ehegatten sind nicht Beteiligte, wenn und soweit die Verfügung des verstorbenen Ehegatten keinen Bezug zu ihnen erkennen lässt. Da aber die Abgrenzung insb zwischen Schlusserbeneinsetzung und Vor- und Nacherbschaft eine oft schwierige Frage der Testamentsauslegung ist, die nicht Aufgabe des Rechtspflegers ist, sind diese idR auch zu beteiligen.

III. Absonderung

3 § 2273 Abs. 1 begrenzt den Umfang dessen, was den Beteiligten im Eröffnungstermin oder später mitzuteilen ist. Damit soll dem Interesse des überlebenden Ehegatten an der Geheimhaltung seines letzten Willens Rechnung getragen werden, wenn er zB hinsichtlich seines Nachlasses seine ges Erben unterschiedlich oder gar nicht bedacht hat, dies aber wegen des Familienfriedens nicht publik machen will. Die Rechtsprechung hat aber seit je den Kreis der schon bei der ersten Testamentseröffnung zu veröffentlichen Verfügungen sehr weit gezogen, was nicht gegen Art. 2 Abs. 1, Art. 14 Abs. 1 GG verstößt (BVerfG NJW 1994, 2535).

4 Nur wenn die Rechte der an der ersten Testamentseröffnung zu Beteiligenden in keiner Weise durch die Absonderung berührt werden können, wenn die Verfügung des Überlebenden für die Auslegung und die Tragweite der Verfügungen des verstorbenen Ehegatten ohne jede Bedeutung ist, und wenn auch keine sprachliche Klammer besteht, hat der Rechtspfleger die Verfügung des Überlebenden abzusondern. Denkbar kann dies zB sein, wenn in dem Testament des überlebenden Ehegatten Personen bedacht werden, die beim Tode des Erstversterbenden nicht als Beteiligte in Frage kommen (BGHZ 70, 173, 176; NJW 1984, 2098). Im Zweifel ist aber immer den Interessen vor allem der ges Erben des verstorbenen Ehegatten an der umfassenden Veröffentlichung der Vorzug zu geben (*Jo-*

hannsen WM 630, 631). In Mehrheitsform (»wir«, »unser«) abgefasste Verfügungen lassen sich regelmäßig kaum abtrennen (OLG Zweibrücken FamRZ 2004, 315). Das Interesse der ges Erben des überlebenden Erben zu erfahren, wer als dessen Erben vorgesehen ist, genügt jedoch nicht (so OLG Frankfurt Rpfleger 1977, 206, 207 mit Anm *Haegele*; anders wenn die Rechtsposition von Pflichtteilsberechtigten betroffen sein kann, OLG Zweibrücken aaO).

Die umfassende Eröffnung ist auch dann geboten, wenn eine Testamentsauslegung zu erfolgen hat, bei der auch andere Verfügungen von Bedeutung sein können. Die Eröffnung und Verkündung hat sich daher auch auf alle von dem verstorbenen Ehegatten herrührenden oder mitherrührenden, sonstigen gültigen, ungültigen oder durch den Tod des Ehegatten gegenstandslos gewordenen Verfügungen zu erstrecken (BayObLG FamRZ 1990, 215, 216). Nur solche Verfügungen, die nur für den Fall des Überlebens des Verstorbenen getroffen und eindeutig gegenstandslos geworden sind, brauchen nicht mitgeteilt zu werden (OLG Stuttgart DNotZ 1984, 505). 5

Weder können die Eheleute gemeinsam testamentarisch verfügen, welche Teile nach dem Tode des Erstversterbenden bekannt zu geben sind, noch kann dies der Überlebende bestimmen. Um den Rechtspfleger aber insoweit zu sensibilisieren, ist es ratsam, im Testament auf eine gewünschte Absonderung hinzuweisen. 6

Die Entscheidung über den Umfang der Bekanntmachung trifft der Rechtspfleger. Nur in Ausnahmefällen kann der überlebende Ehegatte im erklärten Einverständnis aller anderen Beteiligten auf eine Veröffentlichung seiner letztwilligen Verfügung zu verzichten (OLG Hamm JmBl NRW 1962, 62; Palandt/*Edenhofer* Rn 3). 7

Die Vollziehung der Absonderung geschieht idR durch Abdeckung. Es muss aber immer für die Beteiligten erkennbar sein, dass eine Absonderung stattgefunden hat. 8

Zum Recht der Einsichtnahme s.o. § 2272 Rn 3. 9

IV. Rechtsmittel

Nur der überlebenden Ehegatte kann gegen die Ablehnung der Aussonderung gem §§ 19 FGG, 11 RPflG Beschwerde einlegen, da nur dieser ein schutzwürdigen Interesse an einer Nichtveröffentlichung hat (OLG Hamm, 5. 11. 1990, AZ: 15 W 357/90). Dagegen kann jeder der Beteiligten, dessen Interessen durch das Absondern in irgendeiner Weise betroffen sein können, gegen die Absonderung gem § 19 FGG § 11 RPflG Beschwerde einlegen (OLG Frankfurt Rpfleger 1977, 206; Palandt/*Edenhofer* Rn 4). Es handelt sich jeweils um eine einfache, unbefristete Beschwerde, die beim Nachlassgericht oder beim LG als Beschwerdegericht durch Einreichung einer Beschwerdeschrift oder durch Erklärung zu Protokoll eingelegt werden kann (§ 21 Abs. 1, 2 FGG). 10

B. Wiederverwahrung

§ 2237 Abs. 2 bestimmt, wie weiter zu verfahren ist. Die zu fertigende begl. Abschrift des Testaments, soweit es eröffnet worden ist, tritt im Rechtsverkehr an die Stelle der Urschrift. Die Urschrift ist wieder zu verschließen und – schon aus Praktikabilitätsgründen – von dem Nachlassgericht in die besondere amtliche Verwahrung zu nehmen, das nach dem Tode des Erstversterbenden die Geschäfte des Nachlassgerichts wahrzunehmen hat (so OLG Zweibrücken Rpfleger 1998, 428; OLG Frankfurt NJW-RR 1995, 460; OLG Hamm FamRZ 1990, 1161). Allerdings wird auch – strenger am Wortlaut – die Ansicht vertreten, dass das Testament an das Nachlassgericht zurückzubringen ist, welches es vor der ersten Eröffnung in amtlicher Verwahrung hatte (so BayObLG FamRZ 2000, 638; OLG Zweibrücken NJWE-FER 1998, 276; OLG Stuttgart Rpfleger 1988, 189, 190). 11

§ 2273 Abs. 3 stellt klar, dass ein Testament, das nur die Erbfolge nach dem Tode des erstversterbenden Ehegatten regelt, nicht wieder zu verwahren ist. Es ist dann wie ein Einzeltestament zu behandeln. Auch nach dem **Tode des Längstlebenden** gelten nur noch die bei einem Einzeltestament zu beachtenden Vorschriften (s.o. §§ 2260 ff). 12

Vorbemerkungen vor §§ 2274 ff

Literatur
Basty, Bindungswirkung beim gemeinschaftlichen Testament und Erbvertrag, MittBayNot 2000, 73; *Battes*, Zur Wirksamkeit von Testamenten und Erbverträgen nach der Ehescheidung, JZ 1978, 733; *Brambring*, Bindung beim Ehegattentestament und -erbvertrag, ZAP 1993, 619; *Brandt*, Zur Inhaltskontrolle von Eheverträgen, MittBayNot 2004, 278; *Buchholz*, Zur bindenden Wirkung des Erbvertrags, FamRZ 1987, 440; *ders*, Einseitige Korrespektivität – Entwicklung und Dogmatik eines Modells zu §§ 2270, 2271, Rpfleger, 1990, 45; *Bund*, Die Bindungswirkung des Erbvertrags – BGHZ 31, 13, JuS 1968, 268; *Dickhuth-Harrach v.*, Erbrecht und Erbrechtsgestaltung eingetragener Lebenspartner, FamRZ 2001, 1660; *ders*, Testament durch Wimpernschlag – Zum Wegfall des Mündlichkeitserfordernisses bei der Beurkundung von Testamenten und Erbverträgen, FamRZ 2003, 493; *Dippel*, Zur Auslegung von Wiederverheiratungsklauseln in gemeinschaftlichen Testamenten und Erbverträgen, AcP 177, 349; *Dohr*, Überwindung der aufgrund gemeinschaftlichen Testaments oder Erbvertrags entstandenen erbrechtlichen Bindungswirkung, MittRhNotK 1998, 387; *Finger*, Ehenichtigkeit nach § 2077 BGB, MDR 1990, 213; *Frieser*, Streit des »Erbanwärters« mit dem vom Erblasser Beschenkten, ZErb 2000, 98; *Gerken*, Die Entstehung der Bindungswirkung beim Erbvertrag, BWNotZ 1992, 93; *Grziwotz*, Der Erbvertrag nichtehelicher Partner, ZEV 1999, 299; *Hahne*, Grenzen ehevertraglicher Gestaltungsfreiheit, DNotZ 2004, 84; *Helms*, Der Widerruf und die Anfechtung wechselbezüglicher Verfügungen bei Geschäfts- und Testierunfähigkeit, DNotZ 2003, 104; *Herlitz*, Abänderungs- und Rücktrittsvorbehalt beim Erbvertrag, MittRhNotK 1996, 153; *Hülsmeier*, Der Vorbehalt abweichender Verfügungen von Todes wegen beim Erbvertrag, NJW 1986, 3115; *Ivo*, Die Zustimmung zur erbvertragswidrigen Verfügung von Todes wegen, ZEV 2003, 58; *Jastrow*, Wie können sich Eheleute bei einem Testament nach § 2269 BGB gegen die Vereitelung ihrer Absichten durch Pflichtteilsansprüche der Kinder sichern, DNotZ 1904, 424; *Jünemann*, Rechtsstellung und Bindung des überlebenden Ehegatten bei vereinbarter Wiederverheiratungsklausel im gemeinschaftlichen Testament, ZEV 2000, 81; *Klingelhöffer*, Zuwendungen unter Ehegatten und Erbrecht, NJW 1993, 1097; *Keim*, Die Aufhebung von Erbverträgen durch Rücknahme aus amtlicher oder notarieller Verwahrung, ZEV 2003, 55; *Kornexl*, Gibt es einen Nachtrag zum Erbvertrag?, ZEV 2003, 62; *Krebber*, Die Anfechtbarkeit des Erbvertrages wegen Motivirrtums, DNotZ 2003, 20; *Krzywon*, Der Begriff des unbeweglichen Vermögens in Artikel 25 Abs. 2 EGBGB, BWNotZ 1986, 154; *Langenfeld*, Freiheit oder Bindung beim gemeinschaftlichen Testament oder Erbvertrag von Ehegatten, NJW 1987, 1577; *Lehmann*, Der Vorbehalt der Beschränkung und Beschwerung eines vertragsmäßig Bedachten, BWNotZ 2000, 129; *Lehmann*, Nochmals: Gibt es einen Nachtrag zum Erbvertrag? – Anmerkung zu *Kornexl*, ZEV 2003, 234; *Lichtenwimmer*, Die Feststellung der Geschäfts- und Testierfähigkeit durch den Notar, MittBayNot 2002, 240; *Mayer*, Der Änderungsvorbehalt beim Erbvertrag – erbrechtliche Gestaltung zwischen Bindung und Dynamik, DNotZ 1990, 755; *Mayer*, Der Fortbestand letztwilliger Verfügungen bei Scheitern von Ehe, Verlöbnis und Partnerschaft, ZEV 1997, 280 ff; *Mertens*, Die Reichweite ges Formvorschriften im BGB, JZ 2004, 431; *Oertzen v.*, Praktische Handhabung eines Erbrechtsfalls mit Auslandsberührung, ZEV 1995, 167; *Pfeiffer*, Das gemeinschaftliche Ehegattentestament – Konzept, Bindungsgrund und Bindungswirkung, FamRZ 1993, 1266; *Reimann*, Die Änderungen des Erbrechts durch das OLG-Vertretungsänderungsgesetz, FamRZ 2002, 1383; *Riering*, Die Rechtswahl im Internationalen Erbrecht, ZEV 1995, 404; *Rohlfing*, Einführung in Probleme des Internationalen Erbrechts, FF 2000, 6; *Rohlfing/Mittenzwei*, Der Erklärungsgegner bei der Anfechtung eines Erbvertrags oder gemeinschaftlichen Testaments, ZEV 2003, 49; *Rossak*, Neuere zivilrechtliche Probleme zu Vorschriften des Heimgesetzes und deren erweiterte Anwendung, MittBayNot 1998, 407; *Sarres*, Kann der potentielle Erbe lebzeitige Verfügungen des Erblassers verhindern?, ZEV 2003, 232; *Scheugenpflug*, Güterrechtliche und erbrechtliche Fragen bei Vertriebenen, Aussiedlern und Spätaussiedlern, MittRhNotK 1999, 372; *Speth*, Schutz des überlebenden Ehegatten bei gemeinschaftlichem Testament, NJW 1985, 463; *Strecker*, Pflichtteilsansprüche bei Wiederverheiratungsvermächtnissen im Berliner Testament, ZEV 1996, 450; *Strobel*, Nochmals: Pflichtteilsstrafklausel im Ehegatten-Testament, MDR 1980, 363; *Tappmeier*, Erbeinsetzung und Bezugsberechtigung des Ehegatten aus einer Kapitallebensversicherung nach Scheidung der Ehe, DNotZ 1987, 715; *Veit*, Die Anfechtung von Erbverträgen durch den Erblasser, NJW 1993, 1534; *Wachter*, Inhaltskontrolle von Pflichtteilsverzichtsverträgen?, ZErb 2004, 238; *Wacke*, Rechtsfolgen testamentarischer Verwirkungsklauseln, DNotZ 1990, 403; *Weiler*, Änderungsvorbehalt und Vertragsmäßigkeit der erbvertraglichen Verfügungen, DNotZ 1994, 427; *Weiss*, Pflichtteilsstrafklausel im Ehegattentestament, MDR 1979, 812;

Wien, Das unglückselige Berliner Testament – Tendenzen, Risiken, Gestaltung, DStZ 2001, 29; *Wilhelm*, Wiederverheiratungsklausel, bedingte Erbeinsetzung und Vor- und Nacherbfolge, NJW 1990, 2857; *M. Wolf*, Schutz der Nachlassgläubiger bei auflösend bedingter Vollerbschaft und Vorerbschaft, in: FS v. Lübtow 1991, S 325.

A. Allgemeines

Wesentliches Merkmal der Testierfreiheit (vgl § 1922 Rn 1) ist die dem Erblasser einge- 1
räumte Möglichkeit, seine testamentarischen Verfügungen jederzeit frei zu widerrufen. Auch sind nach § 2302 Verträge, die die Testierfreiheit des Erblassers einschränken, unzulässig. Der Gesetzgeber hat sich in §§ 1941, 2274 ff jedoch für die Zulässigkeit bindender Verfügungen von Todes wegen entschieden, die, anders als Verfügungen in einem Einzeltestament (§ 2253), vom Erblasser grds einseitig nicht geändert werden können. Der Erbvertrag stellt damit neben dem jederzeit frei widerruflichen Testament die zweite Form der **Verfügung von Todes** wegen dar. Das gemeinschaftliche Testament mit wechselbezüglichen Verfügungen (§ 2270) ist dabei eine Zwischenform von Testament und Erbvertrag, da es eine Bindung zwar vorsieht, diese Wirkung jedoch erst mit dem Tode des Erstversterbenden eintreten lässt. Die Entscheidung des Gesetzgebers für die Möglichkeit der Bindung des Testierenden, entsprach »einem anzuerkennenden Bedürfnis der Beteiligten« (Mot V S 310). Der Gesetzgeber hat dabei allerdings auch die zahlreichen Probleme, die mit dem Erbvertrag verbunden sind, gesehen, wie etwa die nur noch eingeschränkte Möglichkeit des Erblassers auf veränderte Umstände zu reagieren oder aber die Gefahr der Vereitelung der Zuwendung durch Rechtsgeschäfte unter Lebenden (Mot V S 311). Nicht zuletzt wegen der zahlreichen Probleme der bindenden Verfügung von Todes wegen sind Erbverträge, aber auch bindende Verfügungen in gemeinschaftlichen Testamenten, in zahlreichen Rechtsordnungen unbekannt, was insb bei Auslandsberührung eine Reihe von Zweifelsfragen aufwirft (zu den Problemen bei Auslandsberührung, vgl AnwK/*Kroiß* 2005, Art. 26 EGBG Rn 26, 35).

B. Begriff des Erbvertrages

Der Erbvertrag (§ 1941) ist ein **vertragliches Rechtsgeschäft von Todes** wegen, in dem 2
mindestens ein Vertragsteil mit erbrechtlicher Bindungswirkung (§ 2289) mit dem Einverständnis des anderen Vertragsteils Erbeinsetzungen vornimmt, Vermächtnisse oder Auflagen anordnet. Der Erbvertrag führt abweichend vom wechselbezüglichen gemeinschaftlichen Testament zu einer sofortigen vertraglichen Bindung, jedoch nicht zu lebzeitigen Beschränkungen des Erblassers. Die **Beschränkung der lebzeitigen Verfügungsfreiheit** kann nur durch Rechtsgeschäft unter Lebenden herbeigeführt werden, etwa durch den sog Verfügungsunterlassungsvertrag (vgl § 2286 Rn 8). Der bei Rechtsgeschäften unter Lebenden in aller Regel sofortige Eintritt der Wirkungen des Rechtsgeschäfts fehlt beim Erbvertrag.

Obwohl der Erbvertrag zwar sofort mit dem Abschluss die vertragliche Bindung an die 3
vertragsmäßigen Verfügungen begründet, er seine Wirkungen jedoch erst mit dem Tode des Erblassers entfaltet, ist er auch eine Verfügung von Todes wegen (sog »**Doppelnatur des Erbvertrages**«). Rechte und Pflichten der Bedachten entstehen erst mit dem Tod des Erblassers. Werden in der Erbvertragsurkunde neben letztwilligen Verfügungen auch lebzeitige Verpflichtungen vereinbart, so sind diese nicht Bestandteil des Erbvertrages selbst, sondern selbständige Rechtsgeschäfte unter Lebenden. Auch in diesen Fällen ist der Erbvertrag kein gegenseitiger Vertrag iSd §§ 320 ff (§ 2295 Rn 4), sondern wegen seiner Doppelnatur ein Vertrag »sui generis«.

C. Abgrenzung zu anderen Rechtsgeschäften und Verfügungen von Todes wegen

I. Abgrenzung zu Rechtsgeschäften unter Lebenden

4 Der Erbvertrag unterscheidet sich von **Rechtsgeschäften unter Lebenden** dadurch, dass er als Verfügung von Todes wegen zu Lebzeiten des Erblassers für diesen keine Rechte und Pflichten begründet. Ein Rechtsgeschäft unter Lebenden und damit liegt kein Erbvertrag vor, wenn lediglich die Erfüllung der vertraglichen Verpflichtungen auf den Tod eines Vertragschließenden hinausgeschoben wird (vgl die Erl zu § 2301 Rn 2). Dies gilt insb für den sog **Verfügungsunterlassungsvertrag** (vgl § 2286 Rn 8). Zu den Rechtsgeschäften unter Lebenden gehören insb auch die sog **Übergabeverträge**, mit denen zwar die gleichen Ziele verfolgt werden, wie mit letztwilligen Verfügungen, die jedoch bereits lebzeitig vollzogen werden (vgl MüKo/*Musielak* vor § 2274 Rn 11). Zur Unterscheidung von Erbverträgen, Schenkungen von Todes wegen und Verträgen zugunsten Dritter auf den Todesfall, vgl § 2301 Rn 3; § 328 Rn 5.

II. Abgrenzung zum Testament

5 Der **Unterschied** zwischen Erbvertrag und Testament besteht darin, dass das Testament frei widerruflich ist (§ 2253 ff), die in dem Erbvertrag getroffenen vertragsmäßigen Verfügungen jedoch grds nicht mehr einseitig beseitigt werden können (§ 2289 Abs. 1 Satz 2).

6 Im Übrigen gelten für vertragsmäßige Zuwendungen und Auflagen die Vorschriften über letztwillige Zuwendungen und Auflagen entsprechend (§ 2279 Abs. 1).

7 Auf **einseitige Verfügungen**, die in einem Erbvertrag getroffen sind, finden die Vorschriften über das Testamentsrecht Anwendung (§ 2299 Abs. 2 Satz 1).

8 Möglich ist eine **Umdeutung** des Erbvertrages in ein Testament oder ein gemeinschaftliches Testament und umgekehrt. Eine derartige Umdeutung spielt dort eine Rolle, wo etwa die Formvorschrift des § 2276 nicht beachtet ist oder aber der Erbvertrag keine vertragsmäßige Verfügung (vgl § 2278 Rn 3) enthält (zum »Nachtrag zum Erbvertrag« vgl *Kornexl* ZEV 2003, 62). Möglich ist auch die Umdeutung eines (notariell beurkundeten) gemeinschaftlichen Testaments in einen Erbvertrag.

III. Abgrenzung zum gemeinschaftlichen Testament

9 Der Erbvertrag hat mit dem gemeinschaftlichen wechselbezüglichen Testament die Bindungswirkung gemeinsam.
Der Erbvertrag – auch der zwischen Eheleuten geschlossene Erbvertrag – unterscheidet sich aber in einer Reihe von Voraussetzungen und Rechtsfolgen vom gemeinschaftlichen Testament (§§ 2265 ff). In der Praxis der notariellen Vertragsgestaltung ist allerdings zu beobachten, dass auch dort, wo das gemeinschaftliche Testament möglich und sinnvoll ist, dem Erbvertrag der Vorzug gegeben wird.

10 Besonderheiten beim Erbvertrag:

- Der Erbvertrag kann mit einer lebzeitigen Verpflichtung, etwa der Einräumung eines Wohnungsrechts, verknüpft werden.
- Der Erbvertrag kann mit einem Ehevertrag (oder Lebenspartnerschaftsvertrag nach § 7 LPartG) verbunden werden, was eine Kostenersparnis nach § 46 III KostO mit sich bringt.
- Der Erbvertrag kann mit einem Partnerschaftsvertrag zwischen nichtehelichen Partnern verbunden werden.
- Der Erbvertrag kann mit anderen Vereinbarungen unter Lebenden verbunden werden, bspw mit einer Scheidungsfolgenvereinbarung bzw einer Aufhebungsvereinbarung betreffend die Lebenspartnerschaft nach § 15 LPartG.

- Wird der Erbvertrag nicht in die besondere amtliche Verwahrung des AGs gebracht, sondern beim beurkundenden Notar verwahrt, so entsteht keine gesonderte Verwahrungsgebühr nach § 101 KostO.
- Der Erbvertrag muss mindestens eine vertragliche Regelung enthalten und ist grds nicht widerruflich, es sei denn, der Rücktritt ist vorbehalten oder es liegen besondere ges Rücktrittsgründe vor.
- Ist der Erbvertrag mit einem Rechtsgeschäft unter Lebenden verbunden, so kann er nicht mit Aufhebungswirkung aus der Verwahrung des Notars oder des AGs genommen werden, § 2300.
- Der Erbvertrag, der ausschließlich Verfügungen von Todes wegen enthält, kann mit Aufhebungswirkung von beiden Erblassern aus der Verwahrung genommen werden (§ 2300).

Besonderheiten des gemeinschaftlichen Testaments: **11**

- Ein gemeinschaftliches Testament kann nur von Ehepartnern bzw eingetragenen Lebenspartnern errichtet werden.
- Das gemeinschaftliche Testament braucht keine gegenseitige Verfügung zu enthalten.
- Ohne Rücktrittsvorbehalt kann zu Lebzeiten beider Erblasser einer von ihnen einen notariell beurkundeten Widerruf erklären, der dem anderen zugehen muss. Die Widerrufsmöglichkeit kann nicht ausgeschlossen werden.
- Ist das gemeinschaftliche Testament notariell beurkundet, so ist es amtlich zu verwahren; eine Verwahrung beim Notar ist ausgeschlossen.
- Die Bindung eines Erblassers an eine Verfügung – ohne jede Möglichkeit des Widerrufs bzw Rücktritts – kann erst nach dem Tod des Erstverstorbenen eintreten.
- Beide Erblasser können zu Lebzeiten ein verwahrtes Testament gemeinsam mit Widerrufswirkung aus der amtlichen Verwahrung zurücknehmen.
- Beide Erblasser können zu Lebzeiten das gemeinschaftliche Testament durch Vernichtung widerrufen. Es braucht dann nicht mehr eröffnet zu werden.

D. Arten des Erbvertrages

Erbverträge können unterschieden werden in einseitige und zwei- oder mehrseitige Erbverträge. **12**

I. Einseitiger Erbvertrag

Ein einseitiger Erbvertrag liegt dann vor, wenn in ihm nur ein Vertragsteil vertragsmäßige **13** Verfügungen von Todes wegen vornimmt, der andere dagegen eine vertragsmäßige Verfügung nicht vornimmt. Ein derartiger einseitiger Erbvertrag liegt häufig dann vor, wenn der andere Vertragschließende sich im Zusammenhang mit dem Erbvertrag verpflichtet dem Erblasser lebzeitige Leistungen (etwa Pflege) zu erbringen. Der die lebzeitige Verpflichtung begründende Vertrag enthält mithin eine schuldrechtliche Vereinbarung als Gegenleistung für die Erbeinsetzung, die jedoch nicht Bestandteil des Erbvertrages ist (vgl § 2295 Rn 4).

II. Zwei- oder mehrseitiger Erbvertrag

Ein zweiseitiger Erbvertrag ist ein Erbvertrag, in dem zwei oder mehr Personen vertrags- **14** mäßige Verfügungen von Todes wegen vornehmen. Bedenken sich die Vertragsteile dabei wechselseitig, etwa im Wege einer gegenseitigen Erbeinsetzung, so liegt ein gegenseitiger (korrespektiver) Erbvertrag vor.

III. Entgeltlicher und unentgeltlicher Erbvertrag

15 Wenn der andere Vertragschließende im Hinblick auf die vertragsmäßige Verfügung des Erblassers in der gleichen Urkunde lebzeitige Verpflichtungen eingeht, sich etwa zur Zahlung einer Rente verpflichtet, wird von einem entgeltlichen Erbvertrag gesprochen.

16 Auf die erbvertraglichen Vereinbarungen finden die §§ 320 ff keine Anwendung, vielmehr hat der Gesetzgeber in § 2295 eine Sonderregelung getroffen. Möglich ist jedoch die Vereinbarung eines Gesamtrechtsgeschäfts mit der Folge des § 139 (Palandt/*Heinrichs* § 2295 Rn 2) oder eine gegenseitige Bedingung der Wirksamkeit.

17 Übernimmt der andere Vertragschließende keine schuldrechtliche Gegenleistung, so handelt es sich um einen unentgeltlichen Erbvertrag.

E. Auslegung des Erbvertrages

18 Die Auslegung vertragsmäßiger Verfügungen richtet sich nach den allgemeinen Regeln über die Auslegung von Willenserklärungen, also vor allem nach den §§ 133, 157. Danach ist der wirkliche Wille der Vertragschließenden zu ermitteln. Auf einseitige Verfügungen in einem Erbvertrag finden nach § 2299 Abs. 2 Satz 1 jedoch die Vorschriften über letztwillige Verfügungen Anwendung, mithin auch die Auslegungsregeln der §§ 2066 ff, 2087 ff Für einen gesteigerten Vertrauensschutz besteht insoweit wegen der freien Widerruflichkeit kein Bedürfnis.

Abschnitt 4 Erbvertrag

§ 2274 Persönlicher Abschluss

Der Erblasser kann einen Erbvertrag nur persönlich schließen.

A. Allgemeines

1 Auch für den Erbvertrag gilt der Grundsatz, dass Verfügungen von Todes wegen nur höchstpersönlich zu treffen sind. Damit entspricht die Vorschrift dem § 2064 für das Testament und dem § 2347 Abs. 2 für den Erbverzicht. Der Grundsatz der Höchstpersönlichkeit gilt ferner für die Anfechtung des Erbvertrages (§ 2282), die Bestätigung des Erbvertrages (§ 2284), seine Aufhebung (§ 2290) sowie den Rücktritt vom Erbvertrag (§ 2296).

B. Keine Stellvertretung des Erblassers

2 Mit dem Gebot der persönlichen Errichtung schließt die Vorschrift jede Art von Vertretung des Erblassers aus. Erblasser ist die Person, die im Erbvertrag Erbeinsetzungen vornimmt, Vermächtnisse oder Auflagen anordnet (§ 2278 Abs. 2), wobei jedoch nur vertragsmäßige Verfügungen in Betracht kommen. Bei Abschluss eines Erbvertrages im gerichtlichen Vergleich in einem dem Anwaltszwang unterliegenden Verfahren müssen der Prozessbevollmächtigte und der Erblasser die erforderlichen Erklärungen gemeinsam abgeben (OLG Stuttgart NJW 1989, 2701).

C. Vertretung des anderen Vertragschließenden

3 Der andere Vertragschließende, der selbst weder vertragsmäßig noch einseitig in der Urkunde letztwillig verfügt, kann nach allgemeinen Grundsätzen vertreten werden. Werden im Erbvertrag zugleich einseitige letztwillige Verfügungen getroffen, so ist eine Vertretung des letztwillig Verfügenden durch § 2299 Abs. 2 iVm § 2064 ausgeschlossen.

Verfügt der andere Vertragschließende selbst vertragsmäßig, ist er selbst Erblasser, so dass eine Vertretung ausgeschlossen ist. Verfügt der andere Vertragschließende einseitig, so ist die Vertretung nach § 2064 ausgeschlossen.

D. Rechtsfolge bei unzulässiger Stellvertretung

Die Verletzung des § 2274 führt zur **Nichtigkeit** (§ 125), wobei auch eine Einschränkung dieser Rechtsfolge unter dem Gesichtspunkt von Treu und Glauben nicht möglich ist (OLG Stuttgart NJW 1989, 2701). Die **Genehmigung** durch den Erblasser ist nicht möglich. Auch die **Umdeutung** in ein Testament scheidet wegen § 2064 aus. Allerdings kann ein wegen Verletzung der Formvorschrift des § 2274 nichtiger Vertrag möglicherweise in einen wirksamen Vertrag unter Lebenden umgedeutet werden (vgl Soergel/*Wolf*, § 2274 Rn 8). 4

§ 2275 Voraussetzungen

(1) Einen Erbvertrag kann als Erblasser nur schließen, wer unbeschränkt geschäftsfähig ist.

(2) Ein Ehegatte kann als Erblasser mit seinem Ehegatten einen Erbvertrag schließen, auch wenn er in der Geschäftsfähigkeit beschränkt ist. Er bedarf in diesem Falle der Zustimmung seines ges Vertreters; ist der ges Vertreter ein Vormund, so ist auch die Genehmigung des Vormundschaftsgerichts erforderlich.

(3) Die Vorschriften des Absatzes 2 gelten entsprechend für Verlobte, auch im Sinne des Lebenspartnerschaftsgesetzes.

Literatur
Hahn, Die Auswirkungen des Betreuungsrechts auf das Erbrecht, FamRZ 1991, 27.

A. Allgemeines

Aus der Doppelnatur des Erbvertrages als letztwillige Verfügung einerseits und als echter Vertrag andererseits, folgt, dass das Vorliegen der Testierfähigkeit (§§ 2229, 2230) beim Erblasser nicht ausreicht, sondern grds seine unbeschränkte Geschäftsfähigkeit erforderlich ist. Ausnahmen ergeben sich lediglich aus Abs. 2 und 3. Da die fehlende Geschäftsfähigkeit (§§ 104 ff) eine Ausnahme darstellt, muss das Fehlen der unbeschränkten Geschäftsfähigkeit beweisen, wer sich darauf beruft (BGH FamRZ 1984, 1003). 1

I. Betreuung beim Erblasser

Der unter Betreuung stehende geschäftsfähige Erblasser kann einen Erbvertrag selbst schließen. Der Einwilligungsvorbehalt umfasst die Errichtung einer Verfügung von Todes wegen nicht (§ 1903 Abs. 2). 2

II. Geschäftsfähigkeit des anderen Vertragschließenden

Für den anderen Vertragschließenden, der keine vertragsmäßigen Verfügungen von Todes wegen vornimmt, gelten die Vorschriften der §§ 104 ff. Der beschränkt Geschäftsfähige kann wirksame vertragsmäßige Erklärungen abgeben, die für ihn rechtlich lediglich von Vorteil sind. Dies kann zB dann der Fall sein, wenn der andere Vertragschließende im Erbvertrag bedacht wird, ohne selbst Verpflichtungen einzugehen (vor § 2274 Rn 17; MüKo/ *Musielak* Rn 6). Ist der andere Vertragschließende beschränkt geschäftsfähig und bringt ihm der Erbvertrag **rechtliche Nachteile**, wie etwa die Übernahme einer Verpflichtung oder die 3

§ 2276 BGB | Form

Vornahme einer dinglichen Verfügung, so ist die Genehmigung des ges Vertreters bzw des Vormundschaftsgerichts erforderlich (Soergel/*Wolf* § 2275 Rn 4). Ein ohne die erforderliche Einwilligung des ges Vertreters geschlossener Erbvertrag bedarf zu seiner Wirksamkeit der Genehmigung des ges Vertreters (§ 108). Zweifelhaft erscheint, ob die Genehmigung durch den ges Vertreter auch noch nach dem Tode des Erblassers erfolgen kann. Nach überwiegender Ansicht ist dies nicht möglich (vgl etwa BGH LM Nr. 5 zu § 1829; Palandt/*Edenhofer* § 2275 Rn 3; MüKo/*Musielak* § 2275 Rn 8). Begründet wird diese Auffassung damit, das die mit dem Tode des Erblassers eingetretene Erbfolgeregelung auf sicherer Grundlage stehen müsse und nicht von der Willkür des ges Vertreters als eines am Nachlass in keiner Weise beteiligten Dritten abhängen dürfe (vgl etwa Soergel/*Wolf* § 2275 Rn 4; aA Erman/*Schmidt* § 2274 Rn 3). Die etwa erforderliche Genehmigung des ges Vertreters des anderen Vertragschließenden kann auch noch nach dessen Tod erteilt werden (Staudinger/*Kanzleiter* § 2274 Rn 9); § 109 Abs. 2 BGB bietet insoweit ausreichenden Schutz.

4 Der Notar hat bei fehlender Geschäftsfähigkeit die Beurkundung abzulehnen (§ 11 Abs. 1 BeurkG). Ist der Erblasser jedoch (möglicherweise) testierfähig und könnte er damit wirksam letztwillig verfügen, hat der Notar bei Gefahr im Verzug auf jeden Fall die Erklärungen des Erblassers zu beurkunden, da sie uU als Testament aufrecht zu erhalten ist (Soergel/*Wolf* § 2275 Rn 4; zu den Anforderungen an ein Gutachten über die Frage der Geschäftsfähigkeit bei Abschluss des Erbvertrages vgl BGH FamRZ 1984, 203).

B. Ausnahmen für Eheleute und Verlobte

5 Eheleute und Verlobte als Erblasser können einen Erbvertrag mit ihrem Ehegatten oder Verlobten auch bei beschränkter Geschäftsfähigkeit schließen. Der Erbvertrag bedarf allerdings zu seiner Wirksamkeit der Einwilligung (§§ 2275 Abs. 2 Satz 2 Hs 1, 107) bzw der Genehmigung (§§ 2275 Abs. 2 Satz 2 Hs 1, 108) des ges Vertreters. Wegen des Höchstpersönlichkeitsgrundsatzes (§ 2274) kann der ges Vertreter selbst keine rechtsgeschäftliche Erklärung abgeben, die Mitwirkung ist allein auf die Zustimmung zum Vertrag beschränkt. Die Zustimmung des ges Vertreters bedarf nicht der Form des Erbvertrages (§ 177 Abs. 2). Ist der ges Vertreter ein Vormund oder Pfleger ist außer der Zustimmung des Vertreters auch die Genehmigung des Vormundschaftsgerichts erforderlich (Abs. 2 Satz 2, Abs. 3, § 1915).

§ 2276 Form

(1) Ein Erbvertrag kann nur zur Niederschrift eines Notars bei gleichzeitiger Anwesenheit beider Teile geschlossen werden. Die Vorschriften der § 2231 Nr. 1 und der §§ 2232, 2233 sind anzuwenden; was nach diesen Vorschriften für den Erblasser gilt, gilt für jeden der Vertragschließenden.

(2) Für einen Erbvertrag zwischen Ehegatten oder zwischen Verlobten, der mit einem Ehevertrag in derselben Urkunde verbunden wird, genügt die für den Ehevertrag vorgeschriebene Form.

Literatur:
v. Dickhuth-Harrach, Testament durch Wimpernschlag – Zum Wegfall des Mündlichkeitserfordernisses bei Beurkundung von Testamenten und Erbverträgen, FamRZ 2003, 493; *Kanzleiter*, Bedürfen Rechtsgeschäfte »im Zusammenhang« mit Ehe- und Erbverträgen der notariellen Beurkundung?, NJW 1997, 21; *ders*, Der Umfang der Beurkundungsbedürftigkeit bei verbundenen Rechtsgeschäften, DNotZ 1994, 275; *Reimann*, Die Änderungen des Erbrechts durch das OLG-Vertretungsänderungsgesetz, FamRZ 2002, 1383.

A. Allgemeines

Das Erfordernis der notariellen Beurkundung bei gleichzeitiger Anwesenheit der Vertragsteile dient dem Interesse der Beweisbarkeit und dem Schutz vor Übereilung (Anw-Komm/*Kornexl* Rn 1). Die Mitwirkung des Notars soll zudem sicherstellen, dass der Erbvertrag rechtsfehlerfrei zustande kommt und die Vertragschließenden sachkundig beraten werden. Abs. 2 ist von keiner praktischen Bedeutung mehr, da auch der Abschluss des Ehevertrages den gleichen formalen Anforderungen unterliegt wie der Erbvertrag; (zur früheren Rechtslage vgl Staudinger/*Kanzleiter* Rn 7). Lediglich im Beurkundungsverfahren ergeben sich nach Abs. 2 Besonderheiten (dazu AnwK/*Kornexl* Rn 20). 1

B. Die Errichtung des Erbvertrages

Die **Form** des Erbvertrages entspricht der des ordentlichen öffentlichen Testaments (§ 2232). Die Form des eigenhändigen Testaments und die außerordentlichen Testamentsformen der §§ 2249 – 2251 sind damit ausgeschlossen. 2

I. Notarielle Beurkundung

Die notarielle Beurkundung erfolgt wahlweise auf der Grundlage einer mündlichen Erklärung oder einer offenen oder verschlossenen Schrift, verbunden mit der Erklärung, dass diese den letzten Willen des Erblassers enthalte (auch können sich die Vertragschließenden unterschiedlicher Verfahren bedienen, Staudinger/*Kanzleiter* Rn 5). Bei Minderjährigen oder Leseunfähigkeit ist § 2233 zu beachten. Die Niederschrift (§§ 8 ff BeurkG) muss den Beteiligten in Gegenwart des Notars vorgelesen, von ihnen genehmigt und eigenhändig unterschrieben werden (§ 13 BeurkG). 3

II. Gleichzeitige Anwesenheit

In Hinblick auf das Erfordernis der gleichzeitigen Anwesenheit ist § 128 auf Erbverträge nicht anwendbar. Eine zeitliche oder räumliche Aufspaltung des Erbvertrages in Angebot und Annahme ist damit nicht möglich. Derjenige, der den Vertrag als Erblasser schließt, muss im Hinblick auf § 2274 stets selbst anwesend sein, während der andere Vertragschließende auch vertreten werden kann. Der ges Vertreter, dessen Zustimmung nach § 2275 Abs. 2 erforderlich ist, braucht neben dem Vertragschließenden nicht selbst anwesend zu sein (§ 182 Abs. 2). 4

III. Prozessvergleich

Anstelle notarieller Beurkundung kann der Erbvertrag auch durch gerichtlichen Vergleich geschlossen werden (§ 127a). Dieser ersetzt jede für das Rechtsgeschäft vorgesehene Beurkundungsform, mithin auch die des § 2276 (OLG Stuttgart NJW 1989, 2700; Soergel/*Wolf*, § 2276 Rn 12). Erforderlich ist aber die Abgabe der letztwilligen Erklärung durch den Erblasser selbst und bei Anwaltszwang auch durch den Prozessbevollmächtigten (BGH NJW 1980, 2307; vgl § 2274 Rn 2). Das Protokoll muss die Feststellung darüber enthalten, dass neben dem Prozessbevollmächtigten auch der Erblasser zugestimmt hat, dass sich dessen Zustimmung aus sonstigen Umständen ergibt, kann hier nicht genügen (MüKo/*Musielak* Rn 8; Erman/*M. Schmidt* § 2274 Rn 2; aA Soergel/*M. Wolf*, Rn 12; OLG Stuttgart NJW 1989, 2700). 5

IV. Formverstoß und Umdeutung

Ein Formverstoß führt nach § 125 Abs. 1 zur Nichtigkeit des Erbvertrags (vgl dazu BGH NJW 1981, 1900). Allerdings können einzelne Erklärungen nach § 140 in Rechtsgeschäfte anderer Art, etwa ein Testament oder ein gemeinschaftliches Testament umgedeutet werden (vgl RGRK-BGB/*Kregel* Rn 13). Die **Umdeutung** in ein Rechtsgeschäft unter Lebenden 6 mit wirtschaftlich im Übrigen gleichen Folgen ist jedoch nicht möglich (Bamberger/Roth/ *Litzenburger* Rn 8 mwN). Besonderheiten gelten im Bereich der HöfeO (§ 6 Abs. 1 Nr. 1 und 2; § 7 Abs. 2 HöfeO) für die (formlose) Hofübergabe (ausführlich Staudinger/*Kanzleiter* Rn 14). Eine Übertragung der darin enthaltenen Grundsätze auf andere Fälle als die des Höferechts, etwa auf Gewerbebetriebe, ist nicht möglich (BGHZ. 17, 184, BGHZ. 44, 184; Erman/*Schmidt* Rn 8).

C. Verbindung mit anderen Verträgen

7 Der Erbvertrag kann mit anderen Verträgen verbunden werden. Dies können sowohl schuldrechtliche Verträge (vgl vor § 2274 Rn 13) als auch familien- oder erbrechtliche Vereinbarungen sein.

I. Verbindung mit einem Ehevertrag (Abs. 2)

8 Die in Abs. 2 vorgesehene Formerleichterung bei Verbindung mit einem Ehevertrag ist (nunmehr) ohne Bedeutung, da die für die Errichtung des Ehevertrages zu beachtenden Vorschriften sowohl die notarielle Beurkundung als auch die gleichzeitige Anwesenheit beider Parteien verlangen (Rn 1). Im Hinblick auf § 2274 als Vorschrift des materiellen Rechts muss auch bei Verbindung des Erbvertrages mit einem Ehevertrag der Vertrag vom Erblasser persönlich abgeschlossen werden, auch wenn beim Ehevertrag die Vertretung zulässig ist (Erman/*M. Schmidt* Rn 5; Soergel/*Wolf* Rn 13).

9 Wenn auch die Verbindung des Erbvertrages mit einem Ehevertrag keine Formerleichterungen bietet, können sich gleichwohl aus der Verbindung Kostenvorteile ergeben. In diesem Fall wird nach § 46 Abs. 3 KostO die notarielle Gebühr nur einmal berechnet und zwar nach dem Vertrag, der den höchsten Geschäftswert hat.

10 Auch bei einer Verbindung bilden Ehe- und Erbvertrag nicht notwendigerweise eine rechtliche Einheit iSv § 139, zumal der Grund für die Verbindung im Kostenvorteil des § 46 Abs. 3 KostO liegen kann. Es besteht daher auch keine Vermutung iSd § 139 in der Weise, dass die Unwirksamkeit des einen Vertrages die Unwirksamkeit des anderen Vertrages zur Folge hätte. Die Anfechtung des Erbvertrages führt daher im Zweifel nicht zur Unwirksamkeit des Ehevertrages (vgl BGHZ 29, 129 für den Rücktritt vom Erbvertrag; Palandt/*Edenhofer* Rn 10; aA etwa Bamberger/Roth/*Litzenburger* Rn 11). Aus der Zusammenfassung von Ehe- und Erbvertrag in einer Urkunde ergibt sich auch keine tatsächliche Vermutung (aA etwa Palandt/*Edenhofer*, Rn 10; Stuttgart FamRZ 1987, 1034), sodass die Nichtigkeit des einen Vertrages nur bei besonderen Anhaltspunkten für einen entsprechenden Willen der Vertragschließenden auch zur Nichtigkeit des anderen Vertrages führt. Bei fehlender abweichender Vereinbarung, werden beim Ehevertrag von Verlobten mit der Auflösung des Verlöbnisses jedoch auch die vertragsmäßigen erbvertraglichen Verfügungen unwirksam (Soergel/*M. Wolf* Rn 15; Erman/*M. Schmidt* Rn 6).

II. Verbindung mit sonstigen Verträgen

11 Weitere Verträge, die im Zusammenhang mit einem Erbvertrag geschlossen werden, sei es etwa das Versprechen einer lebzeitigen Versorgung oder ein Pflichtteilsverzichtsvertrag, bedürfen nicht in jedem Fall der Form des § 2276 (BGHZ 36, 65; *Kanzleiter* DNotZ 1994, 275, 280). Sollen jedoch Erklärungen nach dem Willen der Beteiligten untrennbar mit dem Erbvertrag in Zusammenhang stehen, dann müssen insgesamt die Vorschriften des Erbvertrages gewahrt werden (Soergel/*M. Wolf* Rn 17). Dies gilt insb dann, wenn diese Erklärungen in einer Urkunde abgegeben werden, etwa ein Zuwendungsverzichtsvertrag (vgl Langenfeld, Testamentsgestaltung, Rn 563) oder ein Verfügungsunterlassungsvertrag abgeschlossen wird (vgl *Nieder*, Handbuch der Testamentsgestaltung, Rn 1215). Dabei sind auch die besonderen Formvorschriften dieser Verträge zu beachten.

D. Kosten

Die Beurkundung eines Erbvertrags verlangt den Ansatz der $^{20}/_{10}$ Gebühr nach § 46 Abs. 1. Die in dem Vertrag mitbeurkundeten einseitigen Verfügungen werden durch diese Gebühr pauschal mit abgegolten. Indessen fällt diese auch dann an, wenn in einem Erbvertrag nur einseitig verfügt wird (§ 2299). **12**

Gebührenfreie Nebengeschäfte sind die Ablieferung des Erbvertrags an das AG (§ 34 Abs. 1 letzter Satz u Abs. 2 BeurkG; § 16 DONot) und die Benachrichtigung des Standesamts vom Abschluss des Erbvertrags. **13**

Weder der Erbverzicht noch der Pflichtteilsverzicht stellen eine Verfügung von Todes wegen dar, sondern einen Vertrag unter Lebenden; sie sind deshalb nicht nach § 46, sondern nach § 36 Abs. 2 KostO zu bewerten. Ein in einem Erbvertrag mitbeurkundeter Erbverzicht ist deshalb getrennt zu bewerten. **14**

Auf Abänderungen oder Ergänzungen von Erbverträgen findet § 42 KostO keine Anwendung; es verbleibt vielmehr bei der Bestimmung des § 46 KostO. Wird zB in einem Nachtragserbvertrag ein Barvermächtnis von 10.000 € geändert, so ist für diese Beurkundung die $^{20}/_{10}$ Gebühr nach § 46 Abs. 1 KostO aus 10.000 € zu erheben. § 46 Abs. 2 KostO findet hier keine Anwendung. **15**

Für den Wert: maßgebend sind die im Erbvertrag von den Vertragsschließenden getroffenen Verfügungen (§ 46 Abs. 4 KostO). Ist über dieselbe Masse oder über denselben Gegenstand mehrmals verfügt worden (zB mehrere Vermächtnisse hinsichtlich desselben Gegenstands) so wird dieser Gegenstand nur einmal gezählt. **16**

Hat der Erblasser in einem Erbvertrag eine **Gesamtrechtsnachfolge** getroffen, also über den Nachlass insgesamt oder einen rechnerischen Bruchteil hiervon verfügt (§ 46 Abs. 4 Satz 1 KostO), so kommt der Wert des nach Abzug der Verbindlichkeiten verbleibenden reinen Vermögens des Erblassers in Betracht. Im erstgenannten Falle handelt es sich um den Wert des ganzen reinen Nachlasses, im letztgenannten Falle um den Wert des entsprechenden Bruchteils. Bestimmt der Erblasser über sein gesamtes Vermögen und ordnet er hierbei ein Vermächtnis, Auflagen, eine Teilungsanordnung oder Testamentsvollstreckung an, so wird der Wert dieser Anordnungen nicht besonders gerechnet. **17**

Als Verbindlichkeiten können nur jene berücksichtigt werden, die bereits durch den Erblasser begründet worden sind (sog Erblasserschulden). Auszuscheiden haben also Vermächtnisse, Pflichtteilsrechte und Auflagen. Hierzu gehören auch die Kosten einer standesgemäßen Beerdigung (§ 1968), die die Erben allein treffen. Diese Nachlassverbindlichkeiten können erst bei der Berechnung des Geschäftswerts für die Gebühren nach §§ 49 Abs. 2, 107 Abs. 2 iVm § 107 Abs. 1 Satz 1 KostO berücksichtigt werden (*Assenmacher/Mathias* S 324 Erbvertrag). **18**

Auch wenn der Erblasser über Gegenstände verfügt hat, die nicht – oder noch nicht – zu seinem Vermögen gehören, stellt dieses die Höchstgrenze des Geschäftswerts dar. **19**

Die einzelnen Nachlassgegenstände sind nach den Wertbestimmungen der KostO (§§ 19 ff) zu erfassen; Grundbesitz grds mit dem Verkehrswert (§ 19 Abs. 2 KostO). Erstrebt der Erbvertrag die Fortführung eines land- oder forstwirtschaftlichen Betriebs samt Hofstelle, so richtet sich die Wertbestimmung entsprechend § 19 Abs. 4 KostO nur nach dem vierfachen Einheitswert. Problematisch wird hierbei indessen der vorgeschriebene Abzug der Verbindlichkeiten. Man wird sie, um zu einem wirtschaftlich vertretbaren Ergebnis zu kommen, nur in dem Verhältnis abziehen, in welchem der vierfache Einheitswert zum Verkehrswert des land- oder forstwirtschaftlichen Betrieb steht (vgl BFH BStBl 82, Abs. 2 83; s.a.: DNotZ 1983, 330 = MittBayNot 1983, 90; auch OLG Oldenburg JurBüro 1990, 1187, wonach Verbindlichkeiten, die auf dem Betrieb lasten, außer Betracht zu lassen sind; so auch bei der Anwendung der Verfahrensordnung für Landwirtschaftssachen OGH Rdl 50, 152; OLG Celle Rdl 1955, 332; auch *Holger Schmidt* MittRheinNotK 1989, 189; *Faßbender*, Das Kostenprivileg der Landwirtschaft, Rn 166 ff, K/L/B/R § 46 Rn 34; aM: *Reimann* MittBayNot 1989, 117, 123, der die Verbindlichkeiten in voller Höhe absetzen will; (s.a. Grundbesitzwert 5). **20**

§ 2276 BGB | Form

21 Hat der Erblasser nur **Einzelrechtsnachfolge** angeordnet (zB Anordnung, Vermächtnis oder Auflage), so ist der Wert der davon betroffenen Gegenstände maßgebend. Hierauf lastende Verbindlichkeiten werden nicht abgezogen (§ 18 Abs. 3 KostO). Es kann damit ggf der Wert des reinen Nachlasses überstiegen werden (K/L/B/R § 46 Rn 22; Rohs/Wedewer § 46 Rn 14; JurBüro 1967, 949); die KostO enthält insofern keine Wertbegrenzung.

22 Sind hingegen neben einer Verfügung über den gesamten Nachlass auch Verfügungen zur Einzelrechtsnachfolge in demselben Erbvertrag getroffen worden, so bleiben die letzteren wertmäßig außer Betracht, da sie bereits bei der Erbeinsetzung enthalten sind.

23 Enthält der Erbvertrag nur eine nichtvermögensrechtliche Anordnung, zB die Bestimmung eines Vormunds oder eine andere familienrechtliche Anordnung, so ist der Geschäftswert auf der Grundlage des § 30 Abs. 1, ggf des § 30 Abs. 3, Abs. 2 KostO zu bestimmen. Eine solche Anordnung bleibt indessen, wenn sie neben einer Erbeinsetzung erfolgt und dieselbe Person betrifft, wertmäßig unbeachtlich.

24 IdR sind die Angaben des Verfügenden über den Wert der Gebühr zugrundezulegen. Eine Überprüfung hat nur dann stattzufinden, wenn eindeutige Anhaltspunkte für die Unrichtigkeit des angegebenen Wertes sprechen (OLG Düsseldorf DNotZ 1956, 626; KG DNotZ 1971, 916 = Rpfleger 1971, 35). Begründete Zweifel an der Richtigkeit der Wertangabe berechtigen zur Wertschätzung, wenn der Schuldner die für weitere Feststellung erforderlichen Tatsachen nicht mitteilt, obwohl er hierzu ohne Schwierigkeit in der Lage wäre (KG JurBüro 1970, 977).

25 Stellt sich bei der Eröffnung des Erbvertrags später heraus, dass der Wert bei der Beurkundung höher war und vom Erblasser bewusst zu niedrig angegeben war, so ist Nachforderung möglich. Dem steht § 15 KostO nicht entgegen. Die Verjährung des Gebührenanspruchs (§ 17 KostO) beginnt in diesem Falle erst mit dem Ablauf des Jahres, in dem der Erbvertrag eröffnet worden ist (§ 46 Abs. 5 Satz 2 letzter Hs KostO), jedoch auch dann, wenn der Notar davon Kenntnis hat (OLG Hamm JurBüro 1972, 454 = DNotZ 1973, 51 = Rpfleger 1972, 188).

26 Bei der Nachforderung ist der Wert der Verfügung zur Zeit der Beurkundung des Erbvertrags maßgebend, nicht etwa jener bei der Eröffnung.

27 Werden mit einem Erbvertrag rechtsgeschäftliche Erklärungen in derselben Verhandlung beurkundet, so gilt § 44 KostO nicht. Vielmehr sind die Beurkundungsgebühren nach §§ 36 ff neben der Gebühr des § 46 KostO gesondert anzusetzen. Soweit jedoch in derselben Verhandlung mehrere rechtsgeschäftliche Erklärungen zusammentreffen, gilt wiederum § 44; auch K/L/B/R § 44 KostO Rn 6; Rohs/Wedewer § 44 Rn 2.

28 Eine Ausnahme von dieser Regel gilt nach § 46 Abs. 3 KostO, wenn in derselben Verhandlung ein Ehevertrag und ein Erbvertrag zwischen den gleichen Beteiligten beurkundet werden. In diesem Falle ist nur eine Gebühr zu erheben, und zwar nach dem Vertrag, der den höchsten Geschäftswert besitzt. § 46 Abs. 3 KostO ist nach den Motiven dahin zu verstehen, dass § 44 Abs. 1 KostO gilt, soweit beide Verträge dieselben Vermögensgegenstände betreffen (*Ackermann* Rpfleger 1965, 136). Schulden sind abzuziehen (§ 39 Abs. 3 Satz 2 bzw § 46 Abs. 4 KostO). Zweifel können sich im Gebührenansatz und Geschäftswert ergeben, wenn in dem Ehevertrag nur das Vermögen eines Ehegatten erfasst, in dem damit verbundenen Erbvertrag hingegen über das Vermögen des anderen Ehegatten verfügt wird. Nach dem Wortlaut des § 46 Abs. 3 KostO wäre nur der höhere der beiden Geschäftswerte maßgebend. Dieses Ergebnis entspricht aber nicht dem erwähnten gesetzgeberischen Motiv. Es ist vielmehr davon auszugehen, dass bei dieser Fallgestaltung eine Zusammenrechnung der Einzelwerte stattfinden muss (s.a. *Ackermann* Rpfleger 1965, 136 zu Abs. 1 und 1966, 241 zu Abs. 5; s.a.: *Eppig* DNotZ 1958, 273 ff).

§ 2277 Besondere amtliche Verwahrung

Wird ein Erbvertrag in besondere amtliche Verwahrung genommen, so soll jedem der Vertragschließenden ein Hinterlegungsschein erteilt werden.

A. Allgemeines

Die Verschließung und Verwahrung des Erbvertrages ist in § 34 BeurkG näher geregelt. Weitere Regelungen finden sich in den § 2300 iVm 2258a. Nach § 34 Abs. 2 BeurkG soll der Notar veranlassen, dass der Erbvertrag unverzüglich in besondere amtliche Verwahrung gebracht wird. Die Beteiligten können jedoch die besondere amtliche Verwahrung ausschließen. In diesem Fall wird der Erbvertrag in die gewöhnliche amtliche Verwahrung des Notars, also zu seinen Akten genommen. Der Ausschluss der besonderen amtlichen Verwahrung ist im Zweifel anzunehmen, wenn der Erbvertrag mit einem anderen Vertrag verbunden wird. Dies kann etwa die Verbindung mit einem Ehevertrag oder mit einem Zuwendungsverzichtsvertrag sein. In diesem Fall ist die Verschließung und Verwahrung nur auf Antrag vorzunehmen. Es genügt bereits der Antrag eines einzelnen Vertragschließenden, da damit die ges Vermutung der Ausschließung durch alle widerlegt ist (*Winkler* BeurkG § 34 Rn 16). Die Verschließung ist in § 34 Abs. 1 – 3 BeurkG näher beschrieben. Danach sind die Niederschrift und die nach §§ 30 und 32 beigefügten Schriften in einen Umschlag zu nehmen und mit Prägesiegel zu verschließen (Näheres etwa bei *Winkler* BeurkG § 34 Rn 33 ff).

1

B. Hinterlegungsschein

Dem Erblasser soll nach § 2258 Abs. 3 Satz 1 über das in Verwahrung genommene Testament ein Hinterlegungsschein erteilt werden. § 2277 ordnet darüber hinaus an, dass nicht nur dem Erblasser, sondern jeder Partei eines Erbvertrages ein Hinterlegungsschein erteilt werden soll, und zwar auch dann, wenn sie selbst keine letztwillige Verfügung getroffen hat. Für die Rücknahme aus der amtlichen Verwahrung vgl § 2300.

2

§ 2278 Zulässige vertragsmäßige Verfügungen

(1) In einem Erbvertrag kann jeder der Vertragschließenden vertragsmäßige Verfügungen von Todes wegen treffen.

(2) Andere Verfügungen als Erbeinsetzungen, Vermächtnisse und Auflagen können vertragsmäßig nicht getroffen werden.

Literatur
Basty, Bindungswirkung beim Erbvertrag und gemeinschaftlichen Testament, MittBayNot 2000, 73; *Lehmann*, Der Rücktrittsvorbehalt beim Erbvertrag – ein wenig genutztes Gestaltungsmittel, NotBZ 2000, 85; *J. Mayer*, Der Änderungsvorbehalt beim Erbvertrag: erbrechtliche Gestaltung zwischen Bindung und Dynamik, DNotZ 1990, 755; *Weiler*, Änderungsvorbehalt und Vertragsmäßigkeit der erbvertraglichen Verfügung, DNotZ 1994, 427; *Wirtz*, Freiheit und Bindung beim gemeinschaftlichen Testament und Erbvertrag, Festschrift Musielak, 2004, S 293.

A. Allgemeines

Die Vorschrift ergänzt die in § 1941 getroffene Regelung. Jeder Vertragsteil kann in einem Erbvertrag alle letztwilligen Verfügungen treffen, die auch Inhalt eines Testaments sein können (§ 2299 Abs. 1). Allerdings können vertragsmäßig nur Erbeinsetzungen, Vermächtnisse und Auflagen vorgenommen werden (Abs. 2). Andere Verfügungen, wie etwa die

1

§ 2278 BGB | Zulässige vertragsmäßige Verfügungen

Anordnung von Testamentsvollstreckung oder eine Teilungsanordnung, können nur einseitig, also mit der Möglichkeit der jederzeitigen Abänderbarkeit getroffen werden. Der Erbvertrag muss aber zumindest eine vertragsmäßige Verfügung enthalten (BGHZ 26, 204). Fehlt es daran, liegen in aller Regel ein oder mehrere Testamente vor, bei Vorliegen der weiteren Voraussetzungen kann es sich auch um ein gemeinschaftliches Testament handeln. Die Vorschriften über Erbverträge sind in diesem Fall nicht anwendbar (Staudinger/*Kanzleiter* Rn 3; zur Umdeutung eines nach § 1365 unwirksamen Rechtsgeschäfts in einen Erbvertrag, BGHZ 125, 355).

B. Vertragsmäßige Verfügungen

2 Vertragsmäßige Verfügungen in einem Erbvertrag werden mit Vertragsschluss gegenüber dem anderen Vertragschließenden bindend. Ein Widerruf scheidet hier, anders als beim einfachen Testament (§§ 2253 ff) oder dem gemeinschaftlichen Testament zu Lebzeiten beider Eheleute (§ 2271 Abs. 1) aus. Die **Bindungswirkung** bezieht sich jedoch nur auf die Testierfreiheit. Die Verfügungsfreiheit unter Lebenden wird durch die erbvertragliche Bindung nicht beseitigt (§ 2286).

I. Abgrenzung vertragsmäßiger von einseitigen Verfügungen

3 Aus dem Umstand, dass eine letztwillige Verfügung in einem Erbvertrag enthalten ist, lässt sich noch nicht der Schluss ziehen, dass es sich um eine vertragsmäßige Verfügung handelt (BayObLG FamRZ 1989, 1353, Bamberger/Roth/*Litzenburger* Rn 2; Staudinger/*Kanzleiter* Rn 7). Haben die Vertragschließenden ausdrücklich in der Urkunde erklärt, welche Verfügungen vertragsmäßig sein sollen, so sind sie ohne weiteres auch als vertragsmäßig anzunehmen. Dies kann etwa dadurch geschehen, dass der andere Vertragschließende die letztwillige Verfügung des Erblassers »annimmt«. Eine fehlende ausdrückliche Annahme durch den anderen Vertragschließenden steht der Annahme der Vertragsmäßigkeit nicht entgegen (Staudinger/*Kanzleiter* Rn 7). Die pauschale Erklärung, alle Verfügungen seien vertragsmäßig getroffen, ist jedoch dann nicht eindeutig, wenn auch Verfügungen enthalten sind, die nicht vertragsmäßig getroffen werden können, etwa die Anordnung einer Testamentsvollstreckung (BayObLG ZEV 1997, 160). Fehlt es an einer ausdrücklichen Festlegung der Vertragsmäßigkeit, ist die Vertragsmäßigkeit nach den §§ 133, 157 festzustellen, wobei jede Verfügung gesondert zu überprüfen ist. Die Verbindung von Erbverzicht und einem Vermächtnis zugunsten des Verzichtenden in derselben Urkunde spricht für die Vertragsmäßigkeit des Vermächtnisses (BGHZ 106, 359).

1. Verfügungen zugunsten des anderen Vertragschließenden

4 Bei der Zuwendung an den anderen Vertragschließenden ist in aller Regel davon auszugehen, dass diese Zuwendung vertragsmäßig vorgenommen ist (BGHZ 26, 204; BGHZ 106, 359; Staudinger/*Kanzleiter* Rn 9), wie etwa bei der gegenseitigen Erbeinsetzung von Eheleuten (OLG Zweibrücken FamRZ 1995, 1021). Dies gilt in besonderer Weise, wenn sich die Beteiligten des Vertrages gegenseitig etwas zuwenden.

2. Verfügungen zugunsten von Verwandten oder sonst nahe stehenden Personen des anderen Vertragschließenden

5 Ist der durch die Zuwendung Begünstigte zwar nicht der Vertragspartner, aber eine dem anderen Vertragschließenden nahe stehende Person, so wird auch hier in aller Regel davon auszugehen sein, dass die Zuwendung in vertragsmäßiger Form erfolgt (BGH NJW 1989, 2885; BayObLG FamRZ 04, 59). Bei der Zuwendung an einseitige Verwandte des anderen Ehepartners der zugleich am Erbvertrag beteiligt ist, sind die Grundsätze zur Wechselbezüglichkeit bei gemeinschaftlichen Testamenten heranzuziehen (OLG Zweibrücken FamRZ 1995, 1021; Palandt/*Edenhofer* Rn 3, Staudinger/*Kanzleiter* Rn 10; zweifelnd

AnwK/*Kornexl* Rn 17). So hat der BGH (LM Nr. 4 zu § 2278) angenommen, die gegenseitige Erbeinsetzung kinderloser Eheleute zu Alleinerben und die beiderseitige Einsetzung der jeweiligen Verwandten zu Erben des Längstlebenden sei insoweit vertragsmäßig als die Verwandten des erstversterbenden Ehepartners bedacht seien. Es sei dagegen nicht anzunehmen, die Einsetzung der Verwandten des Überlebenden sei vertragsmäßig gewollt, da gewöhnlich kein Ehegatte an die Verfügungen zugunsten seiner eigenen Verwandten gebunden sein wolle (ebenso OLG Zweibrücken FamRZ 1995, 1021).

Bei Zuwendungen an Dritte, die nicht Verwandte sind, ist auf das Näheverhältnis (§ 2270 Rn 22) abzustellen (vgl *Coing* NJW 1958, 689; Soergel/*M. Wolf* Rn 6). 6

C. Abänderungsvorbehalt

Der Erblasser kann sich im Erbvertrag das Recht vorbehalten, in einem bestimmten Umfang abweichend von den getroffenen vertragsmäßigen Verfügungen erneut zu testieren (BGHZ 26, 204; BGH NJW 1982, 441; OLG Köln MDR 1994, 71; Staudinger/*Kanzleiter* Rn 12; ablehnend neuerdings *Lehmann* NotBZ 2000, 85; *ders*, BWNotZ 2000, 129). Dieser sog Abänderungsvorbehalt bedarf der für den Erbvertrag vorgeschriebenen Form (BGHZ 26, 204). Für den Abänderungsvorbehalt beim Erbvertrag besteht ein praktisches Bedürfnis. Anders als der Rücktrittsvorbehalt (§ 2293), der nur die Beseitigung der vertragsmäßigen Verfügungen gestattet, ist es beim Abänderungsvorbehalt möglich, den Verteilungsplan innerhalb eines gesteckten Rahmens zu ändern, ohne dass diese Änderung im Hinblick auf § 2289 Abs. 1 Satz 2 unwirksam wäre (vgl AnwK/*Kornexl,* Rn 20). Die Zulässigkeit des Abänderungsvorbehalts findet seine Grenzen dort, wo dem Erblasser gestattet wäre, alle vertragsmäßigen Verfügungen zu beseitigen. Ein derartiger »Totalvorbehalt« würde dem Erbvertrag jede wirklich vertragsmäßige und damit den Erblasser bindende Verfügung nehmen (BGHZ 26, 204, BGH NJW 1982, 441; Staudinger/*Kanzleiter* Rn 12; Bamberger/Roth/*Litzenburger* Rn 7). Es würde sich bei einem derartigen Vorbehalt um einen Rücktrittsvorbehalt handeln, ohne dass die für den Rücktritt vom Erbvertrag vorgesehene Form des § 2296 Abs. 2 eingehalten werden müsste. Der BGH (BGHZ 26, 204) verlangt deshalb, dass dem Erblasser zwar das Recht vorbehalten werden könne, letztwillige Verfügungen zu treffen deren Inhalt von dem des Erbvertrages abweichen; der Erbvertrag müsse aber zumindest eine für den Erblasser bindende Verfügung enthalten (teilweise abweichend MüKo/*Musielak* Rn 17). Damit ist es etwa auch möglich, einen Erbvertrag nach dem Vorbild des Berliner Testaments zu errichten und dem Längstlebenden eine abweichende Schlusserbenbestimmung zu gestatten (BGH MittBayNot 1986, 265). 7

Nach einer neueren Ansicht ist der Änderungsvorbehalt bereits dann zulässig, wenn seine Ausübung nur unter bestimmten Voraussetzungen zulässig ist (Bamberger/Roth/*Litzenburger* Rn 7, *Bengel* DNotZ 1989, 156; AnwK/*Kornexl* Rn 36). Damit wäre sicher gestellt, dass der Erblasser keine willkürlichen Änderungen vornehme. Dieser Auffassung ist zuzustimmen, weil die Bindung des Erblassers auch durch einen solchen Abänderungsvorbehalt nicht beseitigt ist. Möglich ist mithin ein Abänderungsvorbehalt, der auf der Tatbestandsseite Einschränkungen der Abänderung vorsieht, als auch ein Abänderungsvorbehalt, der auf der Rechtsfolgenseite Grenzen der Abänderung setzt. 8

Erfüllt der Abänderungsvorbehalt diese Voraussetzungen nicht, handelt es sich mithin um einen »Totalvorbehalt«, so liegen vertragsmäßige Verfügungen nicht vor, sondern ein Testament (AnwK/*Kornexl* Rn 40; *Hülsmeier* NJW 1986, 3115; *Weiler* DNotZ 1994, 427). Eine Umdeutung des unwirksamen Abänderungsvorbehalts in einen Rücktrittsvorbehalt (so etwa Soergel/*M. Wolf* Rn 7; Staudinger/*Kanzleiter*, Rn 12) scheidet aus, da der Wille der Vertragschließenden in aller Regel dahin gehen wird, dem Erblasser die Möglichkeit zu geben, formlos jederzeit eine abweichende Verfügung zu treffen. 9

§ 2279 Vertragsmäßige Zuwendungen und Auflagen; Anwendung von § 2077

(1) Auf vertragsmäßige Zuwendungen und Auflagen finden die für letztwillige Zuwendungen und Auflagen geltenden Vorschriften entsprechende Anwendung.

(2) Die Vorschrift des § 2077 gilt für einen Erbvertrag zwischen Ehegatten, Lebenspartnern oder Verlobten (auch iS des Lebenspartnerschaftsgesetzes) auch insoweit, als ein Dritter bedacht ist.

Literatur
J. Mayer, Der Fortbestand letztwilliger Verfügungen bei Scheitern von Ehe, Verlöbnis und Partnerschaft, ZEV 1997, 280; *Reimann*, Erbrechtliche Überlegungen aus Anlass der Ehescheidung, ZEV 1995, 329; *Lehmann*, Anm. zu BGH 7.7.2004, NotBZ 2004, 478; *Ivo*, Erbrechtliche Bindung nach Ehescheidung, ZFE 2004, 292; *Stürzebecher*, Zur Anwendbarkeit der §§ 320 ff auf den entgeltlichen Erbvertrag, NJW 1988, 2727.

A. Allgemeines

1 Nach Abs. 1 finden auf die vertragsmäßigen Zuwendungen und Auflagen des Erbvertrages die für letztwillige Zuwendungen und Auflagen geltenden Vorschriften, also das Testamentsrecht, entsprechende Anwendung. Demgegenüber verweist § 2299 Abs. 2 Satz 1 für einseitige Verfügungen in dem Erbvertrag unmittelbar auf das Testamentsrecht. Abs. 2 erweitert für einen zwischen Eheleuten, Lebenspartner oder Verlobten geschlossenen Erbvertrag die Regelung des § 2077.

B. Entsprechende Anwendung des Testamentsrechts

2 Die entsprechende Anwendung des Testamentsrechts bezieht sich auf Regelungen materiell-erbrechtlicher Art. Die Verweisung gilt also nur insoweit, als sich nicht aus den vorrangigen §§ 2274 – 2298 oder dem Wesen des Erbvertrages etwas anderes ergibt. Die Form, die Errichtung und die Bindungswirkung oder der Rücktritt vom Erbvertrag bestimmt sich nach den besonderen Vorschriften. Die Frage der Anwendung allgemeiner Vorschriften über Rechtsgeschäfte und insb Verträge regelt § 2279 nicht. Anwendbar sind auf den Erbvertrag jedoch die Vorschriften über die Vertragsauslegung, §§ 133, 157, die Vorschriften der §§ 143, 138, die Vorschriften über Willenserklärungen §§ 116, 117 sowie die §§ 158 ff. Keine Anwendung finden hingegen die §§ 145 ff (außer § 147 Abs. 1), die §§ 305 ff, insb auch nicht die §§ 320 ff (Erman/*M. Schmidt*, Rn 2; aA *Stürzebecher* NJW 1988, 2717).

I. Anwendbare erbrechtliche Vorschriften

3 Entsprechend anzuwenden sind die §§ 1937 – 1959 und die §§ 2176 – 2180 über den möglichen Inhalt letztwilliger Verfügungen und über den Anfall, die Annahme und Ausschlagung der Erbschaft oder des Vermächtnisses; weiterhin die Regelungen über die Bestimmtheit und die Auslegung letztwilliger Verfügungen, §§ 2064 – 2076, 2084 – 2093; die §§ 1923, 2108, 2160; die §§ 2096 – 2099, 2190 über die Anordnung der Ersatzerbfolge und des Ersatzvermächtnisses, die §§ 2100 – 2146, 2191; die Vorschriften der §§ 2147 – 2191 und §§ 2192 – 2196. Die Vorschriften über das gemeinschaftliche Testament (§§ 2265 – 2273) finden hingegen für den Erbvertrag keine Anwendung, soweit nicht ausdrücklich, wie etwa in §§ 2280, angeordnet (vgl allerdings *v. Dickhuth-Harrach* FamRZ 2005, 322).

II. Besonderheiten bei Erbverträgen zwischen Ehegatten und Verlobten

4 § 2077 stellt eine Vermutung der Nichtigkeit für die Fälle auf, in denen der Erblasser durch letztwillige Verfügung seinen Ehegatten (Verlobten) bedacht hat und die Ehe (das Ver-

löbnis) im Nachhinein geschieden (aufgelöst) wird. Nach Abs. 2 gilt die Vorschrift entsprechend bei einem Erbvertrag zwischen Eheleuten, Lebenspartnern oder Verlobten auch insoweit, als ein Dritter bedacht ist. Damit sind Erbverträge zwischen Eheleuten, Lebenspartnern oder Verlobten bei Auflösung der Ehe, der eingetragenen Lebenspartnerschaft bzw des Verlöbnisses im Zweifel unwirksam (vgl BGH NJW 2004, 3113). Abs. 2 erstreckt die Unwirksamkeit auf Zuwendungen an Dritte, da idR auch hier das Fortbestehen der Ehe zwischen den Vertragspartnern für die Zuwendung von Bedeutung ist. Die Vorschrift findet jedoch nur auf vertragsmäßige Verfügungen Anwendung, bei einseitigen Verfügungen gilt die Auslegungsregel des § 2077 über die Verweisung des § 2299 Abs. 2 Satz 1 ohne die Besonderheiten § 2279 Abs. 2 BGB.

III. Erstreckung auf Dritte

Die Verweisung auf § 2077 ergibt sich bereits unmittelbar aus Abs. 1 (Stuttgart OLGZ 1976, 5 17; Soergel/*M. Wolf* Rn 4). Abs. 2 stellt dabei klar, das § 2077 nicht nur dann anwendbar ist, wenn ein Ehegatte, Lebenspartner, oder Verlobter bedacht wird, sondern auch dann, wenn im Erbvertrag ein Dritter bedacht ist. Die Vorschrift gilt dabei nicht nur bei einseitigen Erbverträgen, sondern auch, wenn ein Dritter durch einen zweiseitigen Erbvertrag von beiden Vertragschließenden bedacht ist (Stuttgart OLGZ 1976, 17; Soergel/*M. Wolf* Rn 4).

C. Abweichender Erblasserwille

Da es sich hierbei um Vermutungsregelungen handelt, empfiehlt sich stets eine aus- 6 drückliche Regelung im Erbvertrag selbst (Muster etwa bei *Langenfeld*, Testamentsgestaltung, 202).

Der BGH hat für das gemeinschaftliche Testament angenommen, dass im Falle des Fort- 7 geltens der wechselbezüglichen Verfügungen der Eheleute trotz Ehescheidung die Bindungswirkung der getroffenen Verfügungen nicht entfällt (NJW 2004, 3113). Ein derartiger Aufrechterhaltungswille ist etwa dann anzunehmen, wenn die gemeinsamen Kinder bereits nach dem Tode des erstversterbenden Ehepartners unmittelbar zu Erben eingesetzt sind (OLG Stuttgart OLGZ 1976, 17); aber auch dann, wenn die gemeinsamen Kinder zu Schlusserben eingesetzt sind (Reimann/Bengel/Mayer, Rn 19; AnwK/*Kornexl*, 53), wird die Vermutung für einen Aufrechterhaltswillen angenommen. Nach hier vertretener Ansicht müssen Anhaltspunkte vorliegen, die darauf schließen lassen, dass die Eheleute im Augenblick des Abschlusses des Erbvertrages die Einsetzung des Kindes als Schlusserben auch für den Fall der Ehescheidung gewollt haben (BayObLG, NJW-RR 1997, 7; OLG Hamm FamRZ 1994, 994).

Die Überlegungen des BGH zum gemeinschaftlichen Testament (NJW 2004, 3113) gelten in 8 gleicher Weise auch bei Anwendung des § 2279. Zu beachten ist in diesem Zusammenhang auch die Frage der Gesamtunwirksamkeit nach § 2298.

§ 2280 Anwendung von § 2269

Haben Ehegatten oder Lebenspartner in einem Erbvertrag, durch den sie sich gegenseitig als Erben einsetzen, bestimmt, dass nach dem Tode des Überlebenden der beiderseitige Nachlass an einen Dritten fallen soll, oder ein Vermächtnis angeordnet, das nach dem Tode des Überlebenden zu erfüllen ist, so findet die Vorschrift des § 2269 entsprechende Anwendung.

Literatur
Vgl insb die Angaben zu § 2269; *Waldner*, Das Testament nach der Scheidung, FamRB, 2003, 411; *J. Mayer*, Der Fortbestand letztwilliger Verfügungen und bei Scheitern von Ehe, Verlöbnis und Part-

nerschaft, ZEV 1997, 280; *Rohlfing/Mittenzwei*, Der Erklärungsgegner bei der Anfechtung eines Erbvertrages oder gemeinschaftlichen Testaments, ZEV 2003, 49.

A. Allgemeines

1 In der Praxis der Notare wird anstelle des gemeinschaftlichen Testaments in Form des sog »Berliner Testaments« (vgl § 2269 Rn 4) häufig ein Ehegattenerbvertrag gewählt. Nach § 2269 Abs. 1 ist beim gemeinschaftlichen Ehegattentestament, bei dem die Ehegatten bestimmt haben, dass nach dem Tode des Überlebenden der beiderseitige Nachlass an einen Dritten fallen soll, im Zweifel anzunehmen, dass der Dritte für den gesamten Nachlass als Erbe des zuletztversterbenden Ehegatten eingesetzt ist (sog Einheitslösung). Die Vorschrift findet entsprechende Anwendung, wenn sich Nichteheleute in einem Erbvertrag gegenseitig als Erben einsetzen und bestimmten, dass für den gesamten beiderseitigen Nachlass ein Dritter als Erbe des zuletztversterbenden Vertragsteils eingesetzt werden soll. Dabei ist jedoch die Einschränkung zu machen, dass bei den Nichteheleuten ein ähnlich starkes Vertrauensverhältnis bestehen muss, wie dies etwa bei Eheleuten der Fall ist (Staudinger/*Kanzleiter* Rn 3; Erman/*M. Schmidt* Rn 1; MüKo/*Musielak* Rn 4; BGH NJW-RR 1998, 577). Eine weitergehende Anwendung auf Vertragschließende, bei denen ein besonderes Vertrauensverhältnis nicht besteht (so etwa Soergel/*M. Wolf* Rn 2), ist jedoch abzulehnen.

B. Erbeinsetzung

2 Die Anwendung der Vorschrift des § 2269 setzt voraus, dass sich beide Eheleute im Erbvertrag gegenseitig als Erben und einen Dritten als Erben des Längstlebenden einsetzen (Staudinger/*Kanzleiter*, Rn 4). Dabei ist zu verlangen, dass die Erbeinsetzungen in vertraglicher Form, also nicht einseitig, erfolgen (MüKo/*Musielak*, Rn 5).

C. Wiederheirat

3 Bei der Wiederheirat des überlebenden Ehepartners ohne Vereinbarung einer sog Wiederverheiratungsklausel (vgl § 2269 Rn 22) und sofern eine Anfechtung nach §§ 2281, 2079 nicht erfolgt ist, steht dem neuen Ehegatten nach dem zweiten Erbfall der Pflichtteil aus dem gesamten Nachlass des letztverstorbenen Vertragspartners zu, außerdem der Zugewinnausgleichsanspruch gem § 1371 Abs. 2, wenn die Eheleute im ges Güterstand gelebt haben.

§ 2281 Anfechtung durch den Erblasser

(1) Der Erbvertrag kann auf Grund der §§ 2078, 2079 auch von dem Erblasser angefochten werden; zur Anfechtung auf Grund des § 2079 ist erforderlich, dass der Pflichtteilsberechtigte zur Zeit der Anfechtung vorhanden ist.

(2) Soll nach dem Tode des anderen Vertragschließenden eine zugunsten eines Dritten getroffene Verfügung von dem Erblasser angefochten werden, so ist die Anfechtung dem Nachlassgericht gegenüber zu erklären. Das Nachlassgericht soll die Erklärung dem Dritten mitteilen.

Literatur
Bengel, Zum Verzicht des Erblassers auf Anfechtung bei Verfügungen von Todes wegen, DNotZ 1984, 132; *Mankowski*, Selbstanfechtungsrecht des Erblassers beim Erbvertrag und Schadensersatzpflicht nach § 122 BGB, ZEV 1998, 46; *Joussen*, Die erbrechtliche Anfechtung durch Minderjährige, ZEV 2003, 181; *Krebber*, Die Anfechtbarkeit des Erbvertrages wegen Motivirrtums, DNotZ 2003, 20; *Harke*, Testamentsanfechtung durch den Erblasser?, JZ 2004, 180; *Veit*, Die Anfechtung von Erbverträgen, NJW 1993, 1553.

A. Allgemeines

Nach § 2279 finden bei Willensmängeln auf die vertragsmäßigen Zuwendungen und Auflagen die Grundsätze über letztwillige Verfügungen Anwendung (vgl § 2279 Rn 1). Für die Anfechtung des Erbvertrages sehen jedoch die §§ 2281 – 2285 besondere Regelungen vor, während § 2285 die Anfechtung durch die in § 2080 bezeichneten Personen betrifft. Der Erblasser benötigt ein Anfechtungsrecht, weil ihm hier das Recht des Widerrufs nicht zusteht, das bei den letztwilligen Verfügungen ein Anfechtungsrecht für ihn idR entbehrlich macht (vgl allerdings Harke JZ 2004, 180). Die Vorschriften der §§ 2281 – 2285 sind auf wechselbezügliche Verfügungen in einem gemeinschaftlichen Testament entsprechend anwendbar (BGHZ 37, 331; Staudinger/*Kanzleiter* Rn 40).

Die §§ 2281 – 2285 gelten nur für vertragsmäßige Verfügungen. Einseitige Verfügungen können gem § 2299 Abs. 2 iVm §§ 2253 ff widerrufen werden.

Der andere Vertragschließende, also der selbst nicht vertragsmäßig verfügende Vertragspartner, kann zu Lebzeiten des Erblassers seine Erklärungen nach §§ 119, 123 anfechten.

Nach allgemeiner Ansicht kann sich die Anfechtung auch auf eine oder mehrere in dem Erbvertrag enthaltene vertragsmäßige Verfügungen beschränken (Bamberger/Roth/*Litzenburger* Rn 2; Staudinger/*Kanzleiter* Rn 34).

B. Anfechtungsgrund

In Bezug auf die Anfechtungsgründe verweist Abs. 1 Satz 1 Hs 1 auf die §§ 2078, 2079. Es kann daher im Wesentlichen auf die Ausführungen zu diesen Vorschriften verwiesen werden.

I. Irrtum und Drohung

Die Vorschrift des § 2078 erfasst jeden Irrtum und jede Drohung, also auch den Motivirrtum (krit *Krebber* DNotZ 2003, 31 ff). Ein Irrtum kann auch dann anzunehmen sein, wenn der Erblasser glaubte, er könne eine vertragsmäßige Verfügung jederzeit widerrufen und über den Nachlass anderweitig verfügen (Palandt/*Edenhofer* § 2281 Rn 3). Es handelt sich dabei um einen Irrtum über wesentliche Rechtsfolgen der Erklärung und damit um einen Inhaltsirrtum (OLG Franfurt ZEV 1997, 422).

Ein die Anfechtung rechtfertigender Grund kann auch bei Nicht- oder Schlechterfüllung einer Gegenleistung des anderen Vertragschließenden über den Anwendungsbereich des § 2295 hinaus vorliegen.

II. Übergehung eines Pflichtteilsberechtigten

Bei der Anfechtung wegen Übergehung eines Pflichtteilsberechtigten (§ 2079) genügt es beim Erbvertrag, dass der Pflichtteilsberechtigte zur Zeit der Anfechtung vorhanden ist. Dass der Pflichtteilsberechtigte später den Erbfall auch tatsächlich erlebt, wird nicht verlangt (BGH FamRZ 1970, 82). Ob die Herbeiführung des Anfechtungsgrundes auf einem Handeln des Erblassers beruht, ist unerheblich. So kann etwa der Anfechtungsgrund durch erneute Eheschließung oder die Annahme als Kind herbeigeführt werden. Nur ausnahmsweise kann die Anfechtung nach § 138 nichtig sein (Soergel/*M. Wolf* Rn 10; BGH NJW 1970, 279).

C. Ausschluss der Anfechtung

Die Anfechtung ist ausgeschlossen, wenn der Erblasser oder ein sonst Anfechtungsberechtigter darauf verzichtet hat (BGH NJW 1983, 2247). Dieser **Verzicht** kann bereits im Erbvertrag bzw im gemeinschaftlichen Testament enthalten sein, er muss jedoch hineichend konkret sein und die Umstände erkennen lassen, mit denen der Erblasser rechnete (zB Wiederverheiratung). Ein genereller Verzicht oder Ausschluss des Anfechtungsrechts

§ 2281 BGB | Anfechtung durch den Erblasser

durch die Erblasser ist nicht zulässig (Bamberger/Roth/*Litzenburger* Rn 6; Soergel/*M. Wolf* Rn 7). Ein derartiger genereller Anfechtungsverzicht ist dahin auszulegen, dass der Erblasser damit nur die Anfechtung wegen solcher Tatsachen ausgeschlossen hat, mit denen er vernünftiger Weise rechnen musste (vgl OLG Celle NJW 1963, 353; *Nieder* Rn 792).

D. Anfechtungserklärung

10 In Bezug auf den Inhalt der Anfechtungserklärung ist ein bestimmter Wortlaut nicht vorgeschrieben, auch kann eine »**Rücktrittserklärung**« wegen Nichterfüllung der im Erbvertrag übernommenen Verpflichtungen als Anfechtungserklärung ausgelegt werden (Bamberger/Roth/*Litzenburger* Rn 7). Der Adressat der Anfechtung (Anfechtungsgegner) bestimmt sich bei der Selbstanfechtung des Erblassers nach den §§ 143 Abs. 2, 2281 Abs. 2. Zu Lebzeiten des anderen Vertragschließenden ist dieser Anfechtungsgegner (§ 143 Abs. 2), nach dem Tod des anderen Vertragschließenden ist die Anfechtung dem Nachlassgericht (§§ 72, 73 FGG) gegenüber zu erklären.

E. Rechtsfolgen

11 Die Anfechtung hat gem § 142 Abs. 1 die **Nichtigkeit** der angefochtenen Verfügung von Anfang an zur Folge. Unwirksam ist eine angefochtene Verfügung gem § 142 Abs. 1 jedoch nur in dem Umfang, in dem sie durch den Irrtum oder die Drohung kausal beeinflusst ist, so dass bei Teilbarkeit dieser Verfügung der verbleibende Rest wirksam ist. Soweit der Erbvertrag mit anderen Verträgen verbunden ist, findet § 139 Anwendung (BGHZ 50, 63).

12 Ein **Schadensersatzanspruch** gegen den Erblasser ist wegen § 2078 Abs. 3, nach dem die Vorschrift des § 122 keine Anwendung findet, ausgeschlossen (OLG München NJW 1997, 2331; Bamberger/Roth/*Litzenburger* Rn 10; aA Palandt/*Edenhofer* Rn 10; Soergel/*M. Wolf* Rn 6; vgl auch *Veit* NJW 1993, 1553), da gerade die Anfechtbarkeit eines Motivirrtums – im Gegensatz zu einer sonstigen Anfechtung – zeigt, dass hier keine dem Vertrauen in die Bestandskraft einer Willenserklärung vergleichbare Interessenlage besteht (OLG München aaO).

F. Prozessuales

13 Die Klage auf Feststellung der Wirksamkeit eines Erbvertrages ist grds zulässig (BGH NJW 1962, 1913 – gemeinschaftliches Testament –; *Hohmann* ZEV 1994, 133). Das für die **Feststellungsklage** (§ 256 Abs. 1 ZPO) erforderliche Feststellungsinteresse hat der Erblasser dann, wenn er die Feststellung begehrt, die erklärte Anfechtung sei wirksam und die Wirksamkeit bestritten wird (Palandt/*Edenhofer* § 2281 Rn 10). Ob der Vertragserbe ein solches Feststellungsinteresse hat (so etwa MüKo/*Musielak* § 2281 Rn 23; Soergel/*Wolf* § 2281 Rn 6) erscheint jedoch zweifelhaft. Auch für den Erbvertrag gilt, dass der Erblasser allein erbrechtlichen Bindungen unterliegt, er mithin auch nicht durch Klage zu seinen Lebzeiten über die Frage der Wirksamkeit seiner letztwilligen Verfügungen in erbrechtliche Streitigkeiten hineingezogen werden soll (§ 2286 Rn 1). Auch ist nicht ersichtlich, welche rechtlichen Folgen aus der Feststellung durch den Vertragserben gezogen werden sollen. Ein rechtliches Interesse an der Feststellung ist daher in aller Regel nicht gegeben (vgl Staudinger/*Kanzleiter* § 2281 Rn 39).

14 Die Feststellungslast trägt grds die Partei, von der die Unwirksamkeit wegen Anfechtung geltend gemacht wird. Dies gilt auch im Verfahren nach dem FGG (MüKo/*Musielak* § 2281 Rn 24). Auch die Ursächlichkeit des Irrtums für die Verfügung muss festgestellt werden (BGH NJW 1963, 246, 248).

§ 2282 Vertretung, Form der Anfechtung

(1) Die Anfechtung kann nicht durch einen Vertreter des Erblassers erfolgen. Ist der Erblasser in der Geschäftsfähigkeit beschränkt, so bedarf er zur Anfechtung nicht der Zustimmung seines gesetzlichen Vertreters.

(2) Für einen geschäftsunfähigen Erblasser kann sein gesetzlichen Vertreter mit Genehmigung des Vormundschaftsgerichts den Erbvertrag anfechten.

(3) Die Anfechtungserklärung bedarf der notariellen Beurkundung.

A. Allgemeines

Die Anfechtung nach den §§ 119 ff ist nicht höchstpersönlich ausgestaltet. Hiervon macht Abs. 1 für den Erbvertrag entsprechend den sonstigen erbrechtlichen Gestaltungsmöglichkeiten (vgl § 2254 für den Widerruf) eine Ausnahme. Die Vorschrift ist auf wechselbezügliche Verfügungen in einem gemeinschaftlichen Testament entsprechend anwendbar (vgl § 2271 Rn 24).

B. Höchstpersönliche Anfechtung

Die Anfechtung kann nur durch den Erblasser persönlich erfolgen. Eine Vertretung des Erblassers ist weder im Willen noch in der Erklärung zulässig (RGRK-BGB/*Kregel* Rn 1).

C. Geschäftsfähigkeit (Abs. 1 Satz. 2 Hs 2)

Der beschränkt Geschäftsfähige (§§ 106, 114) muss persönlich anfechten, er ist bei der Anfechtung aber nicht an die Zustimmung des ges Vertreters oder die Genehmigung des Vormundschaftsgerichts (§ 1831) gebunden. Dass die Anfechtung für den Erblasser rechtlich vorteilhaft sein muss (§ 107), kann nicht verlangt werden (Soergel/*M. Wolf* Rn 2; MüKo/*Musielak* Rn 3; aA: für den zweiseitigen Erbvertrag Dittmann/Reimann/Bengel/*Mayer* Rn 2; Staudinger/*Kanzleiter* Rn 2).

D. Geschäftsunfähige Erblasser (Abs. 2)

Für einen nach Errichtung geschäftsunfähig gewordenen Erblasser kann der ges Vertreter mit vormundschaftsgerichtlicher Genehmigung anfechten (Abs. 2).

E. Form der Anfechtung (Abs. 3)

Anders als die Anfechtung durch Dritte, die formlos erfolgen kann, bedarf die Anfechtungserklärung des Erblassers oder seines ges Vertreters (Abs. 2) der **notariellen Beurkundung** (§§ 6 ff BeurkG). Diese Form gilt sowohl bei der Anfechtung des anderen Vertragschließenden als auch bei der Anfechtung gegenüber dem Nachlassgericht (§ 2281 Abs. 2). Die Anfechtungserklärung muss in Urschrift oder in Ausfertigung zugehen (§ 130); der Zugang einer beglaubigten Abschrift genügt nicht (BayObLG NJW 1964, 205; vgl zu dieser Problematik § 2296 Rn 5). Die Anfechtung durch den anderen Vertragschließenden ist dagegen formlos möglich (vgl § 2081 Rn 3).

F. Kosten

Die Anfechtungserklärung bedarf der notariellen Beurkundung, sie ist eine einseitige Willenserklärung, auf die § 46 Abs. 2 Satz 1 KostO Anwendung findet, sodass die $^5/_{10}$ Gebühr zu erheben ist.
Wird gleichzeitig eine neue Verfügung von Todes wegen beurkundet, so wird die Gebühr für die Anfechtung nur insoweit erhoben, als der Geschäftswert der neu errichteten

§ 2283 BGB | Anfechtungsfrist

Verfügung hinter dem der angefochtenen Verfügung zurückbleibt, § 46 Abs. 2 Satz 2 KostO.
Der Wert bestimmt sich nach § 46 Abs. 4 KostO, dh der Wert des betroffenen Nachlasses abzüglich der Verbindlichkeiten ist maßgebend.

§ 2283 Anfechtungsfrist

(1) Die Anfechtung durch den Erblasser kann nur binnen Jahresfrist erfolgen.

(2) Die Frist beginnt im Falle der Anfechtbarkeit wegen Drohung mit dem Zeitpunkt, in welchem die Zwangslage aufhört, in den übrigen Fällen mit dem Zeitpunkt, in welchem der Erblasser von dem Anfechtungsgrund Kenntnis erlangt. Auf den Lauf der Frist finden die für die Verjährung geltenden Vorschriften der §§ 206, 210 entsprechende Anwendung.

(3) Hat im Falle des § 2282 Abs. 2 der gesetzlichen Vertreter den Erbvertrag nicht rechtzeitig angefochten, so kann nach dem Wegfall der Geschäftsunfähigkeit der Erblasser selbst den Erbvertrag in gleicher Weise anfechten, wie wenn er ohne gesetzlichen Vertreter gewesen wäre.

A. Allgemeines

1 Die einjährige Ausschlussfrist betrifft die Anfechtung durch den Erblasser. Für den anderen Vertragschließenden, der keine eigenen vertragsmäßigen Verfügungen vorgenommen hat, gelten die Fristen der §§ 121, 124. Bei sonstigen Anfechtungsberechtigten (§§ 2080, 2285) richtet sich das Anfechtungsrecht allein nach den § 2278 ff. Zum Fristbeginn bei Irrtum über die Wirksamkeit der letztwilligen Verfügung vgl OLG Hamm ErbPrax 1994, 229. Bei mehreren Erblassern kann jeder für sich anfechten.

B. Fristbeginn

2 Die Frist beginnt im Falle der Drohung (§ 2078 Abs. 2) mit dem Ende der Zwangslage (Abs. 2 Satz 1 Hs 1; vgl Palandt/*Heinrichs* § 124 Rn 2; Staudinger/*Kanzleiter* Rn 5).

3 In den übrigen Fällen beginnt die Frist mit dem Zeitpunkt, in welchem der Erblasser von dem Anfechtungsgrund Kenntnis erlangt (§ 2283 Abs. 2 Satz 1 Hs 2). Für die Frage, ob Rechtzeitigkeit vorliegt, muss zunächst geklärt werden, welcher Anfechtungsgrund vorliegt (BayObLG NJW-RR 1990, 200). Kenntnis in diesem Sinne ist die Kenntnis aller Tatsachen, die für die Anfechtung erforderlich sind (BayObLG Rpfleger 1995, 162). Ein Rechtsirrtum ist nur dann beachtlich, wenn dessen Folge die Unkenntnis einer die Anfechtung begründeten Tatsache ist (BayObLG NJW-RR 1997, 1027). Die Anfechtungsfrist läuft etwa dann nicht, wenn der Anfechtungsberechtigte den Erbvertrag für wirksam angefochten oder sonst für unwirksam hält (RGRK-BGB/*Kregel* Rn 2). Eine rechtsirrige Beurteilung des Anfechtungstatbestandes ist dagegen unerheblich.

C. Frist bei gesetzlicher Vertretung (Abs. 3)

4 Die Frist läuft auch gegen den ges Vertreter. Abs. 3 durchbricht aber den Grundsatz zugunsten des Vertretenen dann, wenn dieser die (beschränkte) Geschäftsfähigkeit wieder erlangt.

D. Prozessuales

5 Die Beweislast für das Vorliegen der Anfechtungsgründe trifft denjenigen, der sich auf die Wirkung der Anfechtung beruft (BayObLG NJW-FER 2001, 153). Die Beweislast für den

Ausschluss des entstandenen Anfechtungsrechts durch Fristablauf trifft dagegen nach herrschender Auffassung denjenigen, der die Verspätung behauptet (BayObLG NJW 1964, 205; aA MüKo/*Musielak* Rn 6; Staudinger/*Kanzleiter* Rn 9).

§ 2284 Bestätigung

Die Bestätigung eines anfechtbaren Erbvertrags kann nur durch den Erblasser persönlich erfolgen. Ist der Erblasser in der Geschäftsfähigkeit beschränkt, so ist die Bestätigung ausgeschlossen.

Literatur
Ischinger, Die Bestätigung anfechtbarer Verfügungen von Todes wegen, Ppfleger 1951, 159.

A. Allgemeines

Die Möglichkeit der Bestätigung des anfechtbaren Erbvertrags ergibt sich bereits aus §§ 144 Abs. 1. Die Vorschrift des § 2284 stellt klar, dass der Verzicht auf das Anfechtungsrecht dem Erblasser nur persönlich zusteht und nur für vertragsgemäße Verfügungen (§ 2278) gilt. Einseitige Verfügungen (§ 2299) sind für den Erblasser widerruflich und können daher nicht zusätzlich anfechtbar sein (vgl aber *Harke* JZ 2004, 180). **1**

Die Bestätigung kann nur erfolgen, soweit die vertragsmäßige Verfügung wirksam ist. Ist die vertragsmäßige Verfügung unwirksam, etwa durch bereits erfolgte Anfechtung, geht die Bestätigung ins Leere (RGRK-BGB/*Kregel* Rn 1).

B. Form

Die Bestätigung bedarf nicht der Form des Erbvertrages oder der Anfechtung (§ 144 Abs. 2; für die notarielle Beurkundung: Dittmann/Reimann/Bengel/*Mayer* Rn 8; *Bengel* DNotZ 1984, 132) und kann auch durch schlüssiges Handeln vorgenommen werden. Die Bestätigung ist eine einseitige, nicht empfangsbedürftige Willenserklärung (MüKo/*Musielak* Rn 5; Staudinger/*Kanzleiter* Rn 7). **2**

C. Kosten/Gebühren

Gebühr für die Anzeige über den Verkauf der Erbschaft: $1/4$ (§ 112 Abs. 1 Nr. 2 KostO). Beim Zusammenhang mit einem anderen gebührenpflichtigen Nachlassverfahren nach den §§ 101 – 117 KostO entfällt die Gebühr des § 112 KostO (§ 115 KostO). Zu den Voraussetzungen siehe § 1945. **3**
Wert: Nettowert der Erbschaft bei Verkauf (§ 112 Abs. 2 KostO).
Kostenschuldner: Der Erklärende (§ 2 Nr. 1 KostO). **4**

§ 2285 Anfechtung durch Dritte

Die in § 2080 bezeichneten Personen können den Erbvertrag auf Grund der §§ 2078, 2079 nicht mehr anfechten, wenn das Anfechtungsrecht des Erblassers zur Zeit des Erbfalls erloschen ist.

A. Allgemeines

Das Anfechtungsrecht des Erblassers ist höchstpersönlich und daher auch nicht vererblich (Erman/*Schmidt* Rn 1). Die Vorschrift berechtigt die Personen, die durch die Aufhebung der letztwilligen Verfügung unmittelbar einen Vorteil erlangen würden (§ 2080), zur **1**

§ 2286 BGB | Verfügungen unter Lebenden

Anfechtung des Erbvertrages, sofern dem Erblasser ein Anfechtungsrecht zugestanden hat. Das Anfechtungsrecht des Dritten ist damit zwar ein eigenes Anfechtungsrecht, dieses ist aber vom Anfechtungsrecht des Erblassers abhängig.

B. Anfechtungsrecht des Dritten

2 Statt des höchstpersönlichen und nicht vererblichen Anfechtungsrechts des Erblassers erhalten diejenigen Personen ein Anfechtungsrecht, für die die Aufhebung der vertragsmäßigen Verfügung von Vorteil ist. Dieses Anfechtungsrecht richtet sich nach den §§ 2278, 2079. Bei einseitigen testamentarischen Verfügungen gilt § 2285 nicht, weil hierbei ein Anfechtungsrecht des Erblassers nicht bestand, sondern ihm das Recht zum Widerruf zugestanden wurde.

C. Ausschluss des Anfechtungsrechts

3 Die Anfechtung durch Dritte ist ausgeschlossen, wenn das Anfechtungsrecht des Erblassers durch Fristablauf (§ 2283) oder Bestätigung (§ 2284) erloschen ist. Der Dritte hat auch dann kein Anfechtungsrecht, wenn der Erblasser auf sein Anfechtungsrecht verzichtet hat (§ 2280 Rn 7; vgl auch BayObLG NJW-RR 1989, 587).

D. Prozessuales

4 Die **Beweis- und Feststellungslast** für den Ausschluss des Anfechtungsrechts trägt grds derjenige, der das Anfechtungsrecht bestreitet (BayObLG ZEV 1995, 105). Wird gegenüber dem Erblasser festgestellt, dass ein von ihm geltend gemachtes Anfechtungsrecht nicht besteht, können die nach § 2285 zur Anfechtung Berechtigten gleichwohl die Anfechtungserklärung abgeben, wenn das Anfechtungsrecht nicht erloschen ist (vgl MüKo/*Musielak* § 2285 Rn 6).

5 Die Beweislast dafür, dass das Recht eines Dritten zur Anfechtung eines gemeinschaftlichen Testaments entsprechend § 2285 ausgeschlossen ist, trifft den Anfechtungsgegner (Stuttgart OLGZ 1982, 315; BayObLG Rpfleger 1995, 162; zT aA MüKo/*Musielak* Rn 8).

E. Kosten/Gebühren

6 **Gebühr** für die Anzeige über den Verkauf der Erbschaft: $1/4$ (§ 112 Abs. 1 Nr. 2 KostO). Beim Zusammenhang mit einem anderen gebührenpflichtigen Nachlassverfahren nach den §§ 101–117 KostO entfällt die Gebühr des § 112 KostO (§ 115 KostO). Zu den Voraussetzungen siehe § 1945.
Wert: Nettowert der Erbschaft bei Verkauf (§ 112 Abs. 2 KostO).

7 **Kostenschuldner**: Der Erklärende (§ 2 Nr. 1 KostO).

§ 2286 Verfügungen unter Lebenden

Durch den Erbvertrag wird das Recht des Erblassers, über sein Vermögen durch Rechtsgeschäft unter Lebenden zu verfügen, nicht beschränkt.

Literatur
Brambring, Bindung beim Ehegattentestament und -erbvertrag, ZAP 1993, 619; *Hohmann*, Die Sicherung des Vertragserben vor lebzeitigen Verfügungen des Erblassers, ZEV 1994, 133; *Kuchinke*, Enttäuschte Erwartungen beim Schlusserben – BGHZ 1982, 274, JuS 1988, 853; *ders*, Beeinträchtigende Anordnungen des an seine Verfügung gebundenen Erblassers, FS von Lübtow (1991), 283; *Kanzleiter*, Bedarf die Zustimmung des bindend bedachten Erben zu einer ihn beeinträchtigenden Schenkung der notariellen Beurkundung?, DNotZ 1990, 776; *ders*, »Umverteilung« des Nachlasses mit Zustimmung des Vertragserben und Eintritt der Ersatzerbfolge, ZEV 1997, 261; *Langenfeld*, Die Bestandskraft ehebedingter Zuwendungen im Verhältnis zu Vertragserben und Pflichtteilsberechtigten, ZEV 1994, 129;

Meincke, Zuwendungen unter Ehegatten, NJW 1995, 2769; *Meyding*, Erbvertrag und nachträgliche Auswechslung des Testamentsvollstreckers, ZEV 1994, 98; *Muscheler*, Zur Frage der Nachlasszugehörigkeit des Anspruchs aus § 2287 BGB, FamRZ 1994, 1361; *Remmel*, »Lebzeitiges Eigeninteresse« bei Schenkung zugunsten des zweiten Ehegatten?, NJW 1981, 2290; *Sarres*, Erbrechtliche Auskunftsansprüche, 2004; *Sarres/Afraz*, Auskunftsansprüche gegenüber Vertragserben sowie gegenüber der Erblasserbank bei lebzeitigen Zuwendungen des Erblassers, ZEV 1995, 433; *Schneider*, Darf zu Lebzeiten des Erblassers Klage erhoben werden auf Feststellung, ob eine Verfügung von Todes wegen bestimmte Folgen hat?, ZEV 1996, 56; *Schotten*, Ehebedingte Zuwendungen im Verhältnis zu Dritten, NJW 1991, 2687; *Stumpf*, Wirksamkeit und Formbedürftigkeit der Einwilligung des bedachten Erbvertragspartners in eine ihn beeinträchtigende letztwillige Verfügung, FamRZ 1990, 1057.

A. Allgemeines

I. Normzweck

1 Die Vorschrift regelt ebenso wie §§ 2287, 2288 den Einfluss des Erbvertrags auf das Verfügungsrecht des Erblassers unter Lebenden, während § 2289 sich auf Verfügungen von Todes wegen bezieht. Dabei stellt die Vorschrift den Grundsatz auf, dass der Erbvertrag nur eine erbrechtliche Bindung herbeiführt. Die Freiheit des Erblassers, über sein Vermögen durch Rechtsgeschäft unter Lebenden zu verfügen, wird auch durch den Erbvertrag nicht eingeschränkt. Diese **sog lebzeitige Entschließungsfreiheit** des Erblassers findet seine Grenze in den §§ 2287 ff und in Ausnahmefällen in § 138. Verfügungen, die die Voraussetzungen der §§ 2287 f erfüllen, bleiben aber für den Erblasser selbst ohne Folgen.

II. Begriff der Verfügung

2 Die Vorschrift findet nicht nur bei Verfügungen Anwendung, sondern gestattet es dem Erblasser auch Verpflichtungsgeschäfte vorzunehmen (AnwK/*Seiler* Rn 2). Schließlich sind dem Erblasser auch rein tatsächliche Handlungen oder familienrechtliche Akte, wie etwa eine Eheschließung oder eine Adoption, nicht untersagt, selbst wenn sie Einfluss auf die Rechte des Bedachten haben können (MüKo/*Musielak*, Rn 2). Bei derartigen Geschäften fehlt es bereits an einer Verfügung über das Vermögen.

B. Rechtsstellung des Bedachten vor dem Erbfall

3 Die Rechtsstellung des Bedachten gegen lebzeitige Verfügungen des Erblassers ist nur schwach ausgeprägt. Dies gilt auch dann, wenn er selbst Vertragschließender ist.

I. Anwartschaftsrecht

4 Der durch Erbvertrag Bedachte hat vor dem Erbfall kein Anwartschaftsrecht an dem Nachlass oder einzelnen Nachlassgegenständen (MüKo/*Musielak* Rn 3). Es fehlt insoweit an einer gesicherten Rechtsposition und zwar auch dann wenn der Bedachte selbst Vertragschließender ist (MüKo/*Musielak* Rn 3; Bamberger/Roth/Litzenburger, Rn 2; AnwK/*Seiler* Rn 4; vgl auch Soergel/*M. Wolf* Rn 2 kein Anwartschaftsrecht, jedoch eine Anwartschaft). Auch dann, wenn eine Schenkung in Benachteiligungsabsicht (§ 2287 Rn 8) vorliegt, hat der Bedachte einen Anspruch gegen den Erben oder Beschenkten erst nach Eintritt des Erbfalls.

II. Ansprüche aus unerlaubter Handlung

5 Der Bedachte ist gegen lebzeitige Verfügungen des Erblassers auch nicht durch §§ 823 ff geschützt, da seine Rechtsstellung weder ein sonstiges Recht iSd § 823 Abs. 1 ist, noch die §§ 2287, 2288 Schutzgesetze iSd § 823 Abs. 2 BGB sind (MüKo/*Musielak* Rn 5). Auch ein Anspruch aus § 826 BGB scheidet zu Lebzeiten des Erblassers aus, da die §§ 2286 ff gerade die völlige Verfügungsfreiheit des Erblassers hinsichtlich lebzeitiger Rechtsgeschäfte zum

Ausdruck bringen (str wie hier: BGHZ 108, 73; NJW 1991, 1952; Bamberger/Roth/*Litzenburger* Rn 3; aA für den Vertragserben etwa Soergel/*M.Wolf* Rn 2 mwN; zur Anwendung von § 138, vgl BGHZ 59, 343).

III. Vormerkungsfähigkeit der Rechtsposition

6 Soweit dem Bedachten durch Erbvertrag die Aussicht auf Erwerb eines Grundstücks eingeräumt ist, kann diese Erwerbsaussicht nicht durch Eigentumsvormerkung gesichert werden (BGHZ 12, 115; AnwK/*Seiler* Rn 9), da ansonsten eine erbrechtlich nicht zulässige Einschränkung der lebzeitigen Verfügungsfreiheit herbeigeführt werden könnte. Allerdings können Ansprüche aus lebzeitigen Rechtsgeschäften, die im Zusammenhang mit Erbverträgen stehen, vormerkungsfähig sein (vgl nachfolgend Rn 9).

IV. Verstärkung der Rechtsposition durch begleitende Rechtsgeschäfte

7 Im Hinblick auf die nur schwache Position des anderen Vertragschließenden und des durch den Erbvertrag Bedachten besteht gelegentlich ein praktisches Bedürfnis für eine weitergehende Bindung des Erblassers, insb bei entgeltlichen Erbverträgen (vgl vor § 2274 Rn 15 ff). In der Praxis wird diese Sicherung entweder durch einen sog Verfügungsunterlassungsvertrag (Muster etwa bei *Langenfeld*, Testamentsgestaltung, Rn 338; Dittmann/Reimann/Bengel, Formularteil, Rn 80) und durch eine bedingte Übereignungsverpflichtung erreicht.

1. Verfügungsunterlassungsvertrag

8 Durch den Verfügungsunterlassungsvertrag verpflichtet sich der Erblasser dem Bedachten gegenüber durch selbstständiges schuldrechtliches Rechtsgeschäft unter Lebenden, nicht über den von Todes wegen zugewendeten Gegenstand (jedoch nicht über den gesamten Nachlass, vgl § 311b Abs. 3) zu verfügen. Eine derartige Vereinbarung verstößt nicht gegen § 137 Abs. 1, da sie als allein schuldrechtliche Abrede nach § 137 Satz 2 ausdrücklich zugelassen ist. Als Verfügung unter Lebenden verstößt sie auch nicht gegen § 2302 (vgl *Nieder*, Testamentsgestaltung, Rn 1215).

9 Da der Verfügungsunterlassungsvertrag nur schuldrechtliche Wirkungen zwischen den Parteien des Erbvertrages und, sofern der Bedachte nicht Vertragschließender ist, möglicherweise als Vertrag zugunsten Dritter nach § 328 auch dem Bedachten gegenüber Rechtswirkungen entfaltet, bietet sich bei Grundbesitz die Möglichkeit an, den Anspruch durch Eigentumsvormerkung (§ 883) zu sichern. Die Verpflichtung, nicht über den Grundbesitz zu verfügen, ist nicht vormerkungsfähig. Vormerkungsfähig ist allerdings der Anspruch, den Grundbesitz sofort auf den Berechtigten zu übertragen, wenn der Erblasser vertragswidrig über den Grundbesitz verfügt hat. Der dieser sog **»Sicherungsschenkung«** zugrunde liegende (positive) Anspruch auf Eigentumsübertragung ist vormerkungsfähig (BGHZ 134, NJW 1997, 861; OLG Düsseldorf, Rechtspfleger 2003, 290; MüKo/*Armbrüster* § 137 Rn 33; umfassend *Nieder*, Testamentsgestaltung, Rn 1219; aA Erman/*Palm* § 137 Rn 9 mwN, der darin eine unzulässige Verdinglichung des Anspruchs sieht). Zur Abgrenzung vom Erbvertrag vgl vor § 2274 Rn 4 und BGH NJW 1998, 2136.

2. Bedingte Übereignungsverpflichtung

10 Der Verfügungsunterlassungsanspruch kann auch durch die zusätzliche Verpflichtung verstärkt werden, den Gegenstand bei verbotswidriger Verfügung an den Bedachten zu übereignen (vgl *Nieder*, Testamentsgestaltung, Rn 1218).

C. Rechtstellung des Erben nach dem Erbfall

Nach dem Erbfall steht dem Erben zusätzlich zu den Rechten als Erbe, der Anspruch aus 11
§ 2287 zu, sofern die Voraussetzungen vorliegen. Entsprechendes gilt für den Vermächtnisnehmer im Hinblick auf § 2288.

D. Prozessuales

I. Feststellungsklage

Durch den Erbvertrag wird ein Rechtsverhältnis iSd § 256 Abs. 1 ZPO geschaffen und zwar 12
sowohl im Verhältnis zum anderen Vertragschließenden als auch im Verhältnis zum Bedachten (BGHZ 37, 331; BGH NJW 1962, 1913). Ein rechtliches Interesse an der Klage auf Feststellung des Bestehens oder Nichtbestehens eines Erbvertrages ist aber nur unter engen Voraussetzungen und nur dann gegeben, wenn Zweifel an der Wirksamkeit des Erbvertrages bestehen, etwa bei erfolgter Anfechtung oder Rücktritt (§ 2281 Rn 13).

II. Auskunftsanspruch des Bedachten

Der Bedachte hat gegenüber dem Erblasser keinen Anspruch auf Auskunft über getroffene 13
Verfügungen, insb ist § 2127 nicht entsprechend anwendbar, da der vertragsmäßig Bedachte eine deutlich schwächere Rechtsposition hat, als der Nacherbe (MüKo/*Musielak* Rn 8).

§ 2287 Den Vertragserben beeinträchtigende Schenkungen

(1) Hat der Erblasser in der Absicht, den Vertragserben zu beeinträchtigen, eine Schenkung gemacht, so kann der Vertragserbe, nachdem ihm die Erbschaft angefallen ist, von dem Beschenkten die Herausgabe des Geschenks nach den Vorschriften über die Herausgabe einer ungerechtfertigten Bereicherung fordern.

(2) Der Anspruch verjährt in drei Jahren von dem Anfall der Erbschaft an.

Literatur
Vgl zunächst die Angaben bei § 2286: *Beisenherz*, »Berechtigte Erberwartung« des Vertragerben, Anwachsung und Ausschlagung, ZEV 2005, 8; *Ivo*, Zur Zustimmung zur erbvertragswidrigen lebzeitigen Verfügung, ZEV 2003, 101; *Hayler*, Die Drittwirkung ehebedingter Zuwendungen im Rahmen der §§ 2287, 2288 II 2, 2325, 2329 BGB, MittBayNot 2000, 290; *Spellenberg*, Verbotene Schenkungen gebundener Erblasser in der Rechtsprechung, NJW 1986, 2531; *Winkler vom Mohrenfels*, Die Auskunfts- und Wertermittlungspflicht des vom Erblasser Beschenkten, NJW 1987, 2557; *Mittenzwei*, Die Aufhebung des Zuwendungsverzichts, ZEV 2004, 488; *Schindler*, Irrtum über die rechtliche Bindung und die Beeinträchtigungsabsicht nach § 2287 BGB, ZEV 2005, 334.

A. Allgemeines

Der in § 2286 enthaltene Grundsatz, dass der Erblasser hinsichtlich lebzeitiger Verfügun- 1
gen keinen Beschränkungen unterliegt, wird mit dieser Vorschrift insoweit eingeschränkt, als der Vertragserbe gegen einen offensichtlichen Missbrauch der Verfügungsfreiheit des Erblassers geschützt wird. Derartige Rechtsgeschäfte des Erblassers sind allerdings nicht unwirksam, sondern sie geben dem benachteiligten Vertragserben einen erst mit dem Tode des Erblassers entstehenden Anspruch auf Herausgabe des Geschenks nach den Vorschriften über die ungerechtfertigte Bereicherung. Das Tatbestandsmerkmal der Beeinträchtigungsabsicht (Benachteiligungsabsicht) wurde in der früheren Rechtsprechung des BGH in der Weise aufgefasst, dass es sich dabei um den »**treibenden Beweggrund**« der

§ 2287 BGB | Den Vertragserben beeinträchtigende Schenkungen

Schenkung handeln müsse (BGH FamRZ 1960, 145). Daneben griff der BGH auf § 134 zurück und nahm bei offenkundigen Missbrauchsfällen die Unwirksamkeit der lebzeitigen Rechtsgeschäfte an (sog Aushöhlungsnichtigkeit, dazu Staudinger/*Kanzleiter* Rn 9 ff). Mit der Entscheidung v 5.7.1972 (BGHZ 59, 343) hat der BGH seine frühere Rechtsprechung aufgegeben und greift nunmehr auf das Merkmal des »**lebzeitigen Eigeninteresses**« des Erblassers an der Schenkung zurück (vgl nachfolgend Rn 9). Nur bei Fehlen eines derartigen Interesses können demnach die Voraussetzungen des § 2287 vorliegen. In der Praxis haben sich Fallgruppen herausgebildet, bei denen ein lebzeitiges Interesse zu bejahen sei (nachfolgend Rn 10 ff).

B. Anwendung auf gemeinschaftliche Testamente

2 Die Vorschrift ist wegen der gleichen Interessenlage auf gemeinschaftliche Testamente hinsichtlich bindender Verfügungen entsprechend anwendbar. Da das gemeinschaftliche Testament jedoch bei Lebzeiten der Erblasser durch Widerruf beseitigt werden kann, ist eine Einschränkung insoweit geboten als die Vorschrift erst mit dem Tode des Erstversterbenden anwendbar ist (BGHZ 89 274; AnwK/*Seiler* Rn 4; Staudinger/*Kanzleiter* Rn 2). Der andere Beteiligte des gemeinschaftlichen Testaments kann auf lebzeitige Schenkungen des anderen mit dem Widerruf reagieren und so seine Verfügungen beseitigen (krit v. *Dickhuth-Harrach* FamRZ 2005, 322). Dies gilt auch für den Fall, dass dem anderen Ehepartner die Schenkung zunächst verborgen bleibt, also auch bei Schenkungen auf den Todesfall (Dittmann/Reimann/Bengel/*Mayer* Rn 15; aA etwa MüKo/*Musielak* Rn 45 zu § 2271; Soergel/*Wolf* Rn 42 zu § 2271; *Speth* NJW 1985, 463).

C. Voraussetzungen im Einzelnen

I. Schenkung des Erblassers

3 Der Begriff der Schenkung entspricht im Grundsatz dem der §§ 516 ff (BGHZ 82, 274), insb bedarf es der Einigung über die Unentgeltlichkeit. Dazu gehören auch Pflicht- und Anteilsschenkungen iSd § 534 (vgl jedoch nachfolgend Rn 4), gemischte Schenkungen (MüKo/*Musielak* Rn 3; AnwK/*Seiler* Rn 13), sowie die sog verschleierte Schenkung (MüKo/*Musielak* Rn 3), also äußerlich ein entgeltliches Rechtsgeschäft, dass eine Schenkung verdecken soll und dessen Wirksamkeit sich nach § 117 bestimmt. Ob auch das noch nicht vollzogene Schenkungsversprechen als Schenkung iSd § 2287 aufzufassen ist, ist str. Entgegen der hA (etwa Palandt/*Edenhofer* Rn 5; Bamberger/Roth/*Litzenburger* Rn 4; kann der Erbe dem Herausgabeverlangen den Arglisteinwand entgegensetzen (wie hier MüKo/*Musielak* Rn 3). Für Schenkungen von Todes wegen, vgl § 2287 Rn 1.

1. Einzelfälle

4 Zweifelhaft erscheint, ob die unentgeltliche Gebrauchsüberlassung (Leihe) als Schenkung aufgefasst werden kann. Der BGH nimmt die Leihe aus dem Anwendungsbereich dieser Vorschrift heraus (BGHZ 82, 354) und hat namentlich die Einräumung eines unentgeltlichen schuldrechtlichen Wohnrechts nicht als Schenkung iSd § 2287 aufgefasst (BGH aaO). Demgegenüber soll die unentgeltliche Bestellung eines Nießbrauchs jedoch eine Schenkung iS dieser Vorschrift sein (BGH ZEV 1996, 25). Das Argument des BGH, bei dem schuldrechtlichen Wohnungsrecht komme es nicht zu einer dauerhaften Verminderung der Vermögenssubstanz, vermag jedenfalls bei auf Dauer angelegten Gebrauchs- und Nutzungsüberlassungen nicht zu überzeugen (wie hier Bamberger/Roth/*Litzenburger* Rn 2; Dittmann/Reimann/Bengel/*Mayer* Rn 25 zu § 2287). Die Schutzrichtung des § 2287, nämlich Rückabwicklung einseitig zu Lasten des Vertragserben vorgenommener Vermögensverschiebungen, muss auch die auf Dauer angelegte Entziehung von Nutzungen und Gebrauchsvorteilen umfassen (Bamberger/Roth/*Litzenburger* Rn 2).

2. Ehebedingte Zuwendungen

Ehebedingte Zuwendungen werden als Schenkungen iSd § 2287 aufgefasst, sofern sie 5
objektiv unentgeltlich sind (BGHZ 116, 167; BGH NJW 1992, 564; NJW-RR 1996, 133).
Die Unentgeltlichkeit derartiger Zuwendungen ist jedoch dann zu verneinen, wenn die
erbrachte Leistung unterhaltsrechtlich geschuldet oder als Vergütung für langjährige
Mitarbeit gewährt wird, sofern diese Leistungen nicht nach § 1360 geschuldet waren
(Bamberger/Roth/*Litzenburger* Rn 2; krit etwa MüKo/*Musielak* Rn 4; *Klingelhöfer* NJW
1993, 1097, *Hayler* DNotZ 2000, 681; ausführlich Dittmann/Reimann/Bengel/*Mayer*
Rn 29 f).

II. Objektive Beeinträchtigung

Die lebzeitige Verfügung muss zu einer Beeinträchtigung des Vertragserben führen (BGH 6
NJW-RR 1989, 259). Der dem Vertragserben durch die Vorschrift gewährte Schutz kann
nicht weitergehen, als die erbvertragliche Bindung (BGHZ 82, 274). Die lebzeitige Verfügung des Erblassers muss zu einer Vermögensminderung des Nachlasses führen, dessen
Erwerb der Vertragserbe erwarten kann (BGH aaO; Bengel/Dittmann/Reimann/*Mayer*
Rn 33). Da der Vertragserbe nicht erwarten kann, dass der Erblasser den Nachlass ungeschmälert und unverändert erhält oder sogar einen bestimmten Vermögensgegenstand
in seinem Vermögen behält, muss es sich um eine wesentliche Minderung des Vermögens handeln (Soergel/*Wolf* Rn 9; vgl auch AnwK/*Seiler* Rn 26). Eine Vermögensminderung ist etwa zu verneinen, wenn der Erblasser einen Vermögensgegenstand an einen
Pflichtteilsberechtigten verschenkt, dessen Wert dem Pflichtteilsanspruch entspricht (vgl
BGHZ 88, 272; MüKo/*Musielak* Rn 10; Staudinger/*Kanzleiter* Rn 7). Übersteigt der Wert
des übertragenen Vermögensgegenstandes den Pflichtteilsanspruch, besteht der Anspruch aus § 2287 hinsichtlich des übersteigenden Betrages (AnwK/*Seiler* Rn 29; zur Problematik *Muscheler* FamRZ 1994, 1361).

Eine objektive Beeinträchtigung liegt auch dann nicht vor, wenn der Erblasser durch Tei- 7
lungsanordnung oder im Wege vorweggenommener Erbfolge einem Erben an bestimmten
Nachlassgegenständen mehr zukommen lassen will, als es dem Wert seines Erbteils
entspricht, sofern der Begünstigte zu einer entsprechenden Ausgleichung verpflichtet
ist (BGHZ 82, 274; vgl auch *Beisenherz* ZEV 2005, 8). Auch bei einem überschuldeten
Nachlass liegt dann keine Beeinträchtigung vor, wenn die Nachlassverbindlichkeiten so
hoch sind, dass sie den Wert des verschenkten Gegenstandes ohnehin aufgezehrt hätten
(BGH NJW 1989, 2389).

III. Beeinträchtigungsabsicht

Zu der objektiven Beeinträchtigung des Vertragserben muss die Absicht des Erblassers 8
hinzukommen, den Erblasser zu beeinträchtigen. Seit der Entscheidung BGHZ 59, 343
verlangt die Rechtsprechung nicht mehr, dass die Absicht, den Vertragserben zu beeinträchtigen, der das Handeln des Erblassers leitende Beweggrund sein müsse. Es
reiche aus, wenn die Beeinträchtigung neben anderen Motiven mitgewollt war. Die
tatsächliche Vermutung für eine Benachteilungsabsicht besteht allerdings schon dann,
wenn durch die Schenkung die Stellung des Vertragserben betroffen ist, also wesentliche Teile der Vermögenssubstanz ohne angemessene Gegenleistung weggegeben
werden, sodass der Empfänger der Leistung als der Vermögensnachfolger erscheint
(Soergel/*M. Wolf* Rn 11); die Schenkung mithin als Korrektur des Erbvertrages aufzufassen ist (BGHZ 88, 269 – NJW 1984, 121; NJW 1992, 2630). Die Kenntnis des
Beschenkten von der Beeinträchtigungsabsicht ist dabei nicht erforderlich (Soergel/*M.
Wolf* Rn 11).

1. Missbrauch der Verfügungsfreiheit

9 Da der Beweggrund des Erblassers für die Schenkung in aller Regel nicht oder nicht allein darin liegen wird, den Vertragserben zu beeinträchtigen, sondern er vielmehr meist auch oder nur ganz andere **Beweggründe** für die Schenkung haben wird, verlangt die Rechtsprechung (BGHZ 59, 343; 88, 269, NJW 92, 2630) und die hL in der Literatur (etwa: MüKo/*Musielak* Rn 13; *Spellenberg* NJW 1986, 2531; *Brox*, Rn 159; RGRK-BGB/*Kregel*, Rn 4; abl etwa Staudinger/*Kanzleiter* Rn 13) nunmehr als Kriterium für die Annahme einer Beeinträchtigungsabsicht, dass dem Erblasser ein beachtenswertes »**lebzeitiges Eigeninteresse**« an der Verfügung fehlt. Die Verfügung muss im Hinblick auf die erbvertragliche Bindung als Rechtsmissbrauch erscheinen (*Brox* Rn 159; Soergel/*M. Wolf* Rn 12). Das Kriterium des »fehlenden lebzeitigen Eigeninteresses« lässt sich in Praxis nur verwenden, wenn zu seiner Konkretisierung Fallgruppen gebildet werden. Dabei ist stets eine Abwägung der Interessen des Erblassers an der Vornahme der lebzeitigen Verfügung und dem Interesse des Vertragserben an der Zuwendung vorzunehmen (vgl AnwK/*Seiler* Rn 50 ff). Im Zweifel ist jedoch davon auszugehen, dass die Handlungen des Erblassers Bestand haben sollten, da § 2287 lediglich eine Ausnahme zu § 2286 darstellt und damit für eine zu weitgehende Auslegung kein Raum ist.

2. Einzelfälle

10 Ein lebzeitiges Eigeninteresse fehlt etwa dann, wenn der Erblasser ohne Veränderung der Verhältnisse aufgrund eines Sinneswandels eine andere Person beschenkt (BGHZ 77, 264). Auch die Absicht, mit der Schenkung den Besitz für einen bestimmten Namensträger zu bewahren (BGHZ 59, 343), ist ebenso wenig als lebzeitiges Eigeninteresse aufzufassen, wie freundschaftliche oder verwandtschaftliche Beziehungen zum Beschenkten (OLG Oldenburg FamRZ 1994, 1423). Ebenfalls kein lebzeitiges Eigeninteresse begründet die Absicht des Erblassers, durch lebzeitige Verfügung für eine Gleichbehandlung seiner Abkömmlinge zu sorgen (BGH, Urteil v 29.6.2005, AZ: IV ZR 56/04). Bei Verfehlungen des Vertragserben bietet § 2294 eine ausreichende Grundlage für die angemessene Reaktion des Erblassers, sodass daneben eine Erweiterung der Befugnisse des Erblassers durch § 2287 nicht erforderlich ist und daher ein lebzeitiges Eigeninteresse nicht begründen kann (MüKo/*Musielak* Rn 19; Soergel/*M. Wolf* Rn 15; für eine Entscheidung im Einzelfall: AnwK/*Seiler* Rn 49).

Ein lebzeitiges Eigeninteresse ist etwa zu bejahen bei Pflicht- und Anstandsschenkungen, soweit diese überhaupt die Stellung des Vertragserben wesentlich beeinträchtigen (vgl oben). Derartige Schenkungen beruhen auf sittlicher Pflicht oder auf einer Rücksichtnahme aufgrund Anstand (BGHZ 66, 6; MüKo/*Musielak* Rn 15) und damit in aller Regel auf billigenswerten Motiven.

11 Nimmt der Erblasser die Schenkung zum Zwecke der Verbesserung oder zumindest der Sicherung der Altersversorgung vor, kann darin ein lebzeitiges Eigeninteresse gesehen werden (BGHZ 66, 8; 66, 82; BGH NJW 1992, 2630; OLG Köln ZEV 2000, 317), ob die Schenkung wirtschaftlich sinnvoll ist, ist nicht entscheidend, da dem Erblasser hier ein Gestaltungsspielraum bleibt (BGH NJW 1992, 2630; AnwK/*Seiler* Rn 45).

12 Ein lebzeitiges Eigeninteresse hat der BGH auch dann angenommen, wenn der Erblasser einem zur Geschäftsleitung befähigten Mitarbeiter einen Geschäftsanteil am Unternehmen übertragen hat, damit er dem Unternehmen erhalten bleibt (BGHZ 97, 188).

D. Der Anspruch aus Abs. 1

I. Gläubiger und Schuldner des Anspruchs

13 Der Anspruch aus § 2287 Abs. 1 steht dem Vertragserben persönlich zu, insb handelt es sich nicht um einen Anspruch der zum Nachlass gehört. Bei mehreren Vertrags-

erben steht der Anspruch jedem Vertragserben in Höhe seiner Quote und nicht im Rahmen der Erbengemeinschaft zu (BGHZ 78, 1; abw Spellenberg, NJW 1986, 2531). Bei Unteilbarkeit ist § 432 anzuwenden (Soergel/*M. Wolf* Rn 23; RGRK-BGB/*Kregel* Rn 6). Zur Gläubigerstellung bei Vor- und Nacherbschaft, vgl Dittmann/Reimann/Bengel/*Mayer* 79 ff).

Schuldner des Anspruchs ist, anders als bei § 2288, 2325 stets der Beschenkte, nicht der Miterbe oder der Erblasser. 14

II. Inhalt des Anspruchs

Der Anspruch richtet sich wegen der Rechtsfolgenverweisung auf die Vorschriften über die ungerechtfertigte Bereicherung, primär auf die **Herausgabe des Erlangten.** Ist die Herausgabe des Geschenks in Natur, etwa die Auflassung des verschenkten Grundstücks, nicht möglich, ist der Wert zu ersetzen (§ 818 Abs. 2), maßgeblich sind die Wertverhältnisse im Zeitpunkt der Schenkung. Der Beschenkte kann sich jedoch auf den Einwand der Entreicherung berufen, sofern er nicht nach § 818 Abs. 4 oder § 819 verschärft haftet. Die verschärfte Haftung nach § 819 beginnt mit dem Zeitpunkt, in dem der Schuldner von dem Erbvertrag und der Beeinträchtigungsabsicht Kenntnis erlangt (MüKo/*Musielak* Rn 21). Bei gemischten Schenkungen kommt es darauf an, ob die Entgeltlichkeit oder Unentgeltlichkeit überwiegt. Im ersten Fall geht der Anspruch auf die Differenz zwischen Wert und Gegenleistung (BGHZ 77, 264; MüKo/*Musielak* Rn 22; Dittmann/Reimann/Bengel/*Mayer* Rn 89). Ist der Vertragserbe durch die Schenkung nicht in ihrem vollen Wert beeinträchtigt, etwa weil dem Beschenkten Pflichtteilsansprüche zustehen oder aber eine Anwachsung erfolgt, geht der Anspruch nur auf teilweisen Wertersatz (Berechnungsbeispiele bei Beisenherz, ZEV 2005, 8; vgl auch Dittmann/Reimann/Bengel/Mayer, Rn 90). 15

III. Ausschluss des Anspruchs

1. Einräumung der Befugnis zur Verfügung

Der Anspruch ist ausgeschlossen, sofern der Erblasser sich die Befugnis zur Vornahme von Schenkungen im Erbvertrag ausdrücklich vorbehalten hat (MüKo/*Musielak*, Rn 24; Staudinger/*Kanzleiter*, Rn 7; OLG Köln, ZEV 2003, 76); er ist auch dann ausgeschlossen, wenn der andere Vertragschließende der Schenkung zustimmt, hierzu ist allerdings die Änderung des Erbvertrages in der Form des § 2276 erforderlich (vgl *Ivo* ZEV 2003, 102). Der BGH verlangt im Hinblick auf die Ähnlichkeit zum Zuwendungsverzicht nach § 2348 die notarielle Beurkundung (BGHZ 108, 252). Der Vertragserbe, der nicht zugleich Vertragschließender ist, kann in der Form des § 2348 auf den Anspruch aus § 2287 verzichten (vgl *Ivo* ZEV 2003, 103), da auch hier eine dem Zuwendungsverzicht vergleichbare Situation besteht. 16

2. Verjährung (Abs. 2)

Für den Verjährungsbeginn ist unabhängig vom Zeitpunkt der Kenntnis von der Schenkung oder der Beeinträchtigungsabsicht allein der Anfall der Erbschaft maßgebend. 17

E. Prozessuales – Feststellungsklage vor dem Erbfall?

Vor dem Erbfall besteht ein Anspruch des vertragsmäßig Bedachten nicht, auch nicht bedingt (Staudinger/*Kanzleiter* Rn 18). Daher kann zu Lebzeiten des Erblassers auch keine Sicherung des Anspruchs durch Arrest oder einstweilige Verfügung erfolgen. Auch eine Feststellungsklage vor dem Erbfall ist nicht möglich (str, wie hier Staudinger/*Kanzleiter* Rn 18; aA etwa OLG Koblenz MDR 1987, 935; Palandt/*Edenhofer*, Rn 17; *Hohmann* ZEV 1994, 133; differenzierend: OLG München). Auch wenn es sich um einen zukünftigen Anspruch handeln mag, soll der Erblasser zu seinen Lebzeiten nicht in Rechtsstreitigkeiten 18 über seine Beerbung hineingezogen werden (Staudinger/*Kanzleiter* Rn 18). Auch fehlt es an einem rechtlichen Interesse des Vertragserben, da nicht ersichtlich ist, welche Rechtsfolgen sich für ihn aus der Feststellung ergeben sollten.

§ 2288 Beeinträchtigung des Vermächtnisnehmers

(1) Hat der Erblasser den Gegenstand eines vertragsmäßig angeordneten Vermächtnisses in der Absicht, den Bedachten zu beeinträchtigen, zerstört, beiseite geschafft oder beschädigt, so tritt, soweit der Erbe dadurch außerstande gesetzt ist, die Leistung zu bewirken, an die Stelle des Gegenstands der Wert.

(2) Hat der Erblasser den Gegenstand in der Absicht, den Bedachten zu beeinträchtigen, veräußert oder belastet, so ist der Erbe verpflichtet, dem Bedachten den Gegenstand zu verschaffen oder die Belastung zu beseitigen; auf diese Verpflichtung findet die Vorschrift des § 2170 Abs. 2 entsprechende Anwendung. Ist die Veräußerung oder die Belastung schenkweise erfolgt, so steht dem Bedachten, soweit er Ersatz nicht von dem Erben erlangen kann, der in § 2287 bestimmte Anspruch gegen den Beschenkten zu.

A. Allgemeines

1 Die Vorschrift ergänzt den § 2287, schützt jedoch nicht den Erben, sondern den Vermächtnisnehmer gegen den Missbrauch der lebzeitigen Verfügungsbefugnis und bietet dabei einen umfassenderen Schutz als die Vorschrift des § 2287 für den vertragsmäßig bedachten Erben. Insb beschränkt sich die Vorschrift nicht allein auf Schenkungen (vgl § 2287 Rn 3 ff), sondern erfasst auch entgeltliche Rechtsgeschäfte und rein tatsächliche Handlungen, überhaupt alle Handlungen, die den Wert des vertragsmäßig zugewandten Gegenstandes im Vermögen des Erblassers beeinträchtigen. Das besondere Schutzbedürfnis des Vermächtnisnehmers ergibt sich daraus, dass die Wirksamkeit zumindest des Sachvermächtnisses im Regelfall davon abhängig ist, dass der vermachte Gegenstand im Zeitpunkt des Erbfalls noch zur Erbschaft gehört (§§ 2169, 2171). Der Vermächtnisnehmer kann im Zweifel auch nicht die Beseitigung einer Belastung des Vermächtnisgegenstandes verlangen (§ 2165 Abs. 1 Satz 1). Der vertragsmäßig bedachte Vermächtnisnehmer hätte daher ohne den Schutz des § 2288 keine Möglichkeit, die Vereitelung des Vermächtnisses durch den Erblasser zu verhindern.

Die Vorschrift erfasst zunächst das Stückvermächtnis, also das Vermächtnis, das eine bestimmte Sache betrifft, aber auch alle anderen Vermächtnisarten, insb auch das Geldvermächtnis. Der Anspruch des Vermächtnisnehmers kann sich in diesem Fall aus der Vorschrift des § 2288 ergeben, wenn der Erblasser den größten Teil seines Vermögens verschenkt (BGHZ 111, 138 = NJW 1990, 2063).

B. Tatsächliche Beeinträchtigung (Abs. 1)

2 Abs. 1 erfasst zunächst tatsächliche Handlungen des Erblassers, die zu einer **Wertminderung** oder zum Ausscheiden des Vermächtnisgegenstandes aus dem Vermögen des Erblassers führen. Neben den ausdrücklich genannten Handlungen wird der Vermächtnisnehmer auch bei einem Untergang des Gegenstandes durch Verbrauch, Verarbeitung oder Vermischung geschützt (MüKo/*Musielak* Rn 2).

3 Eine **Beschädigung** oder **Zerstörung** durch Unterlassen kommt nicht in Betracht, a.d. MüKo/*Musielak* Rn 2.
Insb besteht eine Pflicht zur Erhaltung und Pflege des Nachlassgegenstandes dem Vermächtnisnehmer gegenüber nicht (BGHZ 124, 38 = NJW 1994, 317). Der vertraglich bedachte Vermächtnisnehmer hat nur einen Anspruch auf den vermachten Gegenstand

in dem Zustand in dem er sich bei unbeeinflusster Entwicklung beim Erbfall befindet. Der Vermächtnisnehmer kann also nicht etwa verlangen, dass der vermachte Geschäftsbetrieb an moderne Anforderungen anzupassen wäre (BGH aaO). Auch kann er nicht verlangen, dass angemessene Renovierungsarbeiten oder Instandsetzungen am Nachlassgegenstand vorgenommen werden (aA MüKo/*Musielak* Rn 2; Vgl auch Dittmann/Reimann/Bengel/ *Mayer* Rn 25; einschränkend auch Soergel/*M. Wolf* Rn 2).

C. Rechtsgeschäftliche Beeinträchtigung (Abs. 2)

Abs. 2 erfasst im Gegensatz zur tatsächlichen Beeinträchtigung die rechtsgeschäftliche Beeinträchtigung, also die Veräußerung oder Belastung, unabhängig davon, ob es sich um ein entgeltliches oder unentgeltliches Rechtsgeschäft handelt. Liegt eine Veräußerung in Beeinträchtigungsabsicht vor (nachfolgend Rn 5), wird das Vermächtnis kraft Gesetzes in ein Verschaffungsvermächtnis verwandelt (§ 2170) und bei Belastung dem Vermächtnisnehmer abweichend von § 2165 ein Anspruch auf Beseitigung der Belastung eingeräumt. 4

D. Beeinträchtigungsabsicht

Neben der Beeinträchtigung ist Voraussetzung für den Anspruch die Beeinträchtigungsabsicht des Erblassers. Insoweit kann auf die Ausführungen zu § 2287 (Rn 8 ff) verwiesen werden. Ein danach zu verlangendes lebzeitiges Eigeninteresse kann danach nur bejaht werden, wenn es sich gerade auf die Veräußerung des vermachten Gegenstandes richtet und der erstrebte Zweck nicht durch andere wirtschaftliche Maßnahmen zu erreichen ist (BGH NJW 1984, 731; MüKo/*Musielak* Rn 4). 5

E. Inhalt des Anspruchs

Der Anspruch geht zunächst auf Leistung des vermachten Gegenstandes, soweit dies trotz der Beeinträchtigungshandlung noch möglich ist. Der Erbe hat den Nachlassgegenstand wiederzubeschaffen oder wiederherzustellen und ihn an den Vermächtnisnehmer herauszugeben. Der Erbe wird von der **Verschaffungspflicht** dann befreit, wenn er zur Verschaffung außerstande ist oder diese nur mit unverhältnismäßig hohem Aufwand möglich wäre (vgl § 2170 Rn 3). Ist die Verschaffung danach nicht möglich oder geschuldet, geht der Anspruch auf Wertersatz (MüKo/*Musielak* Rn 5). Zugrunde zu legen ist der Verkehrswert, den der vermachte Gegenstand im Zeitpunkt des Erbfalls hätte (Palandt/*Edenhofer* Rn 2). 6
Ist der Gegenstand belastet, geht der Anspruch auf Beseitigung der Belastung. Im Übrigen richtet sich der Anspruch nach den §§ 818 – 822 (Abs. 2 Satz 2 iVm § 2287 Abs. 1).
Anspruchsgegner ist der Erbe. Nur soweit bei einer durch Schenkung erfolgten Beeinträchtigung Ersatz vom Erben nicht zu erlangen ist, etwa wegen beschränkter Erbenhaftung (§ 1975 ff), kann sich der Vermächtnisnehmer an den Beschenkten halten. 7

§ 2289 Wirkung des Erbvertrags auf letztwillige Verfügungen; Anwendung von § 2338

(1) Durch den Erbvertrag wird eine frühere letztwillige Verfügung des Erblassers aufgehoben, soweit sie das Recht des vertragsmäßig Bedachten beeinträchtigen würde. In dem gleichen Umfang ist eine spätere Verfügung von Todes wegen unwirksam, unbeschadet der Vorschrift des § 2297.

(2) Ist der Bedachte ein pflichtteilsberechtigter Abkömmling des Erblassers, so kann der Erblasser durch eine spätere letztwillige Verfügung die nach § 2338 zulässigen Anordnungen treffen.

§ 2289 BGB | Wirkung des Erbvertrags auf letztwillige Verfügungen; ...

Literatur

Vgl die Literatur bei § 2286, § 2287; *Herlitz*, Abänderungs- und Rücktrittsvorbehalt beim Erbvertrag, MittRhNotK 1996, 153; *Ivo*, Die Zustimmung zur erbvertragswidrigen Verfügung von Todes wegen, ZEV 2003, 58; *Keim*, Der Wegfall des vertragsmäßig eingesetzten Erben und seine Auswirkungen auf beeinträchtigende Verfügungen von Todes wegen des Erblassers, ZEV 1999, 413; *Lehmann*, Ist eine Teilungsanordnung eine beeinträchtigende Verfügung?, MittBayNot 1998, 157.

A. Allgemeines

I. Grundsatz

1 Der Erblasser kann in den Grenzen der §§ 2287, 2288 lebzeitig über sein Vermögen frei verfügen (§ 2286). Die Vorschrift des § 2289 bringt zum Ausdruck, dass der Erblasser an seine vertragsmäßigen Verfügungen jedoch erbrechtlich gebunden ist. Diese Bindung hindert ihn zunächst an der Errichtung späterer letztwilliger Verfügungen, die das Recht des vertragsmäßig Bedachten beeinträchtigen würden und verdrängt zugleich bereits errichtete letztwillige Verfügungen, die ebenfalls das Recht des vertragsmäßig Bedachten beeinträchtigen würden und zwar unabhängig davon, ob sie formal im Widerspruch zur vertragsmäßigen Anordnung stehen (vgl Rn 4 ff). Diese **erbrechtliche Bindung** beginnt mit dem Abschluss des Erbvertrages, während bei wechselbezüglichen Verfügungen in einem gemeinschaftlichen Testament eine Bindung erst mit dem Tode des Erstversterbenden eintritt (abw v. *Dickhuth/Harrach* FamRZ 2005, 305, der eine Bindung bereits bei Errichtung des gemeinschaftlichen Testaments verlangt); zu Lebzeiten des anderen Ehepartners kann jeder Ehepartner seine lebzeitige Verfügungsfreiheit durch Widerruf seiner wechselbezüglichen Verfügungen wiedererlangen. Anders als beim gemeinschaftlichen Testament (§ 2271 Abs. 2) lässt sich die Bindung auch nicht durch Ausschlagung des Überlebenden beseitigen.

2 Eine Befugnis zu abweichenden späteren Verfügungen kann sich zunächst aus Parteivereinbarung ergeben oder bei Vorliegen der Voraussetzungen des Abs. 2.

II. Vorliegen eines wirksamen Erbvertrages

3 Die Aufhebungswirkung oder Unwirksamkeit nach Abs. 1 setzt voraus, dass eine beim Erbfall wirksame vertragsmäßige Verfügung vorliegt (AnwK/*Kornexl* Rn 21). Neben den allgemeinen Unwirksamkeitsgründen kann sich die Unwirksamkeit auch aus der Anfechtung durch den Erblasser (§§ 2281 ff) oder einen Dritten (§§ 2078 ff, 2285) ergeben. Die zunächst wirksame vertragsmäßige Verfügung kann darüber hinaus durch Rücktritt (§§ 2293 ff) oder Aufhebung (§§ 2290 ff) wirkungslos werden. Wird die vertragsmäßige Verfügung gegenstandslos, weil der vertragsmäßig Bedachte vor dem Erbfall wegfällt, etwa durch Vorversterben (§ 1923, 2160) oder Ausschlagung (§§ 1942, 1953, 2180) kann der Erblasser erneut verfügen (Bamberger/Roth/*Litzenburger* Rn 3). Zweifelhaft erscheint, ob die Aufhebungswirkung (Abs. 1 Satz 1) hinsichtlich einer früheren Verfügung entfällt, wenn die vertragsmäßige Verfügung gegenstandslos wird (str, vgl etwa AnwK/*Kornexl* 22; MüKo/*Musielak* Rn 4; OLG Zweibrücken FamRZ 1999, 1545), sofern ein Wille des Erblassers, dass die frühere Verfügung beseitigt werden soll, nicht festgestellt werden kann. Eine Mindermeinung nimmt an, es komme allein darauf an, ob die Aufhebungswirkung im Zeitpunkt der Errichtung des Erbvertrages vorliege (Bamberger/Roth/*Litzenburger* Rn 3; *Keim* ZEV 1999, 413; *Kummer* ZEV 1999, 440). Spätere Ereignisse könnten an dieser Rechtsfolge nichts ändern. Entscheidend für das Vorliegen einer Beeinträchtigung des Vertragserben kann aber nur der Zeitpunkt des Erbfalls sein, damit entfällt die Aufhebungswirkung des Abs. 1 Satz 1, wenn die vertragsmäßige Verfügung gegenstandslos wird.

B. Wirkung gegenüber früheren Verfügungen (Abs. 1 Satz 1)

Nach Abs. 1 Satz 1 wird eine frühere letztwillige Verfügung aufgehoben, soweit sie das 4
Recht des vertragsmäßig Bedachten beeinträchtigen würde. Im Hinblick auf die Vertragsmäßigkeit der Verfügung wird also der Verteilungsanordnung des Erbvertrages der Vorzug gegeben. Die frühere letztwillige Verfügung wird dabei nicht schlechthin aufgehoben, sondern nur soweit sie das Recht des vertragsmäßig Bedachten beeinträchtigt, also zunächst soweit die frühere letztwillige Verfügung von Todes wegen mit den erbvertraglichen Anordnungen iSv § 2258 in Widerspruch steht oder aber die Rechte des vertragsmäßig Bedachten in sonstiger Weise beeinträchtigt.

I. Wirkung auf einseitige frühere Verfügungen

Einseitige Verfügungen von Todes wegen können vom Erblasser jederzeit widerrufen werden 5
(§ 2353). Ein späteres Testament hebt ein früheres Testament insoweit auf, als es zu diesem in Widerspruch steht (§ 2258). Auch ohne einen solchen Widerspruch wird eine frühere Verfügung von Todes wegen nach Abs. 1 durch die vertragsmäßige Anordnung bereits dann aufgehoben, wenn eine Beeinträchtigung vorliegt. Wurde etwa durch die frühere letztwillige Verfügung ein Vermächtnis angeordnet, wird diese Anordnung nach Abs. 1 unwirksam, wenn später vertragsmäßig ein anderer Erbe eingesetzt wird (AnwK/*Kornexl* Rn 6). Die Vorschriften der §§ 2258, 2161 würden bei einseitiger Auswechselung des Erben das Vermächtnis unangetastet lassen (Staudinger/*Kanzleiter* Rn 3). Wird der durch frühere letztwillige Verfügung zum Alleinerben Eingesetzte durch vertragsmäßige Verfügung zum Miterben bestimmt, ohne dass Miterben bestimmt sind, fehlt es an einer Beeinträchtigung; die frühere Verfügung bleibt insoweit wirksam. Sind dagegen in dem Erbvertrag andere Miterben eingesetzt, wird die frühere Verfügung auch insoweit aufgehoben, bei einseitiger Anordnung nach § 2258, bei vertragsmäßiger Anordnung nach Abs. 1 Satz 1.

II. Beeinträchtigung

Die Beeinträchtigung iSd Abs. 1 kann nur eine rechtliche (so etwa MüKo/*Musielak* Rn 16; 6
Bamberger/Roth/*Litzenburger* 7), nicht eine wirtschaftliche (so Soergel/*Wolf* Rn 3; Palandt/*Edenhofer* Rn 4) sein. Vorzunehmen ist ein Vergleich der beiden Verfügungen. Ergibt sich aus diesem Vergleich, dass die frühere oder spätere Verfügung die Rechtsstellung des vertragsmäßig Bedachten einschränkt, ist eine Beeinträchtigung zu bejahen (vgl Rn 11).

III. Wirkung auf frühere wechselbezügliche oder vertragsmäßige Verfügungen

Die Aufhebungswirkung des Abs. 1 Satz 1 setzt voraus, dass der Erblasser nicht seinerseits 7
an seine früheren Verfügungen von Todes wegen gebunden ist, sei es aufgrund bindend gewordener wechselbezüglicher oder vertragsmäßiger Verfügungen.

Eheleute, die ein gemeinschaftliches Testament errichtet haben, können durch einen Erb- 8
vertrag ihre letztwilligen Verfügungen wieder aufheben. In diesem Fall ist Abs. 1 nicht anwendbar, es handelt sich vielmehr um eine Ersetzung des gemeinschaftlichen Testaments durch eine neue Verfügung von Todes wegen. Abs. 1 findet jedoch Anwendung auf einseitige, also nicht wechselbezügliche, Verfügungen der Eheleute.

Die Bindungswirkung eines früheren Erbvertrages hindert den Erblasser daran, beein- 9
trächtigende Verfügungen in einem zweiten Erbvertrag zu treffen. Sind aber sowohl an dem früheren als auch an dem späteren Erbvertrag dieselben Personen beteiligt, kann darin eine Aufhebung des früheren Erbvertrages nach § 2290 gesehen werden.

C. Wirkung auf spätere Verfügungen (Abs. 1 Satz 2)

Spätere Verfügungen von Todes wegen, nicht jedoch Verträge unter Lebenden, bei denen 10
die Erfüllung bis zum Tode des Verpflichteten hinausgeschoben wird (vgl Bamberger/

Roth/*Litzenburger* Rn 9), sind in gleichem Umfange, also insoweit unwirksam, als sie das Recht des vertragsmäßig Bedachten beeinträchtigen würden. Der Erblasser wird durch den Abschluss des Erbvertrages also nicht in seiner Testierfähigkeit beschränkt, sondern nur in seiner Testierfreiheit (RGRK-BGB/*Kregel* Rn 3).

11 Eine Beeinträchtigung ist etwa anzunehmen bei einer vollständigen Aufhebung der Erbeinsetzung, Anordnung einer Vor- und Nacherbfolge beim erbvertraglich zum Vollerben eingesetzten vertragsmäßig Bedachten (OLG Hamm NJW 1974, 1774), die Anordnung von Vermächtnissen (BGHZ 26, 204), die spätere Einsetzung eines Testamentsvollstreckers (BGH NJW 1962, 912, OLG Hamm FamRZ 1996, 637) oder Schiedsgerichts (OLG Hamm NJW-RR, 1991, 455). Die Auswechselung der Person des Testamentsvollstreckers oder des begünstigten Dritten stellt demgegenüber keine Beeinträchtigung dar (OLG Düsseldorf MDR 1994, 1016; FamRZ 1995, 123; Bamberger/Roth/*Litzenburger* Rn 9). Werden die Befugnisse des Testamentsvollstreckers erweitert, liegt eine derartige Beeinträchtigung jedoch vor (MüKo/*Musielak* Rn 10).

Eine wertverschiebende Teilungsanordnung soll den Vertragserben jedoch nach Ansicht des BGH (NJW 1982, 43; 1982, 441) nicht beeinträchtigen, wenn dem Begünstigten die Pflicht auferlegt ist, die Wertverschiebung auszugleichen (abl etwa Bamberger/Roth/*Litzenburger* Rn 9; MüKo/*Musielak* § 2271 Rn 17).

D. Ausnahmen von Abs. 1

12 Nur ausnahmsweise ist die Abänderung bindender Verfügungen möglich.

I. Abänderungsmöglichkeit nach Abs. 2

13 Ist der vertragsmäßig Bedachte ein pflichtteilsberechtigter Abkömmling des Erblassers, so kann der Erblasser abweichend von Abs. 1 die in § 2338 eingeräumten Anordnungen treffen.

II. Abänderungsvorbehalte

14 Der Erblasser kann sich im Erbvertrag das Recht vorbehalten, die einzelnen vertragsmäßigen Verfügungen einseitig ganz oder zum Teil ohne Zustimmung des anderen Vertragschließenden einseitig aufzuheben oder abzuändern. Sofern der Vorbehalt nicht im Erbvertrag enthalten ist, bedarf er der Form des § 2276 (BGH NJW 1958, 498). Bei einem Erbvertrag von Eheleuten genügt die Form des gemeinschaftlichen Testaments (Bamberger/Roth/*Litzenburger* Rn 10). IE vgl § 2278 Rn 7 ff. Zu beachten ist in jedem Fall, dass ein sog »Totalvorbehalt« (vgl § 2278 Rn 7 ff) nicht zulässig ist.

III. Zustimmung des anderen Vertragschließenden oder des Bedachten

15 Die Zustimmung zur erbvertragswidrigen Verfügung kann zunächst durch die Vertragschließenden durch Aufnahme eines Änderungsvorbehalts vorgenommen werden (*Ivo* ZEV, 2003, 58). Auch die einseitige Zustimmung des anderen Vertragschließenden ist möglich, bedarf aber der Form der §§ 2290 f (MüKo/*Musielak* Rn 18). Der vertragsmäßig Bedachte kann vor dem Erbfall einen Zuwendungsverzichtsvertrag schließen (§ 2352) oder aber nach dem Erbfall ausschlagen (§§ 1944 ff, 2180). Die formlose Zustimmung ist hingegen unwirksam (BGHZ 108, 252), nur ausnahmsweise kann der Berufung auf die Formunwirksamkeit die Arglisteinrede entgegengehalten werden (BGH DNotZ 1958, 495; MüKo/*Musielak* Rn 18).

§ 2290 Aufhebung durch Vertrag

(1) Ein Erbvertrag sowie eine einzelne vertragsmäßige Verfügung kann durch Vertrag von den Personen aufgehoben werden, die den Erbvertrag geschlossen haben. Nach dem Tode einer dieser Personen kann die Aufhebung nicht mehr erfolgen.

(2) Der Erblasser kann den Vertrag nur persönlich schließen. Ist er in der Geschäftsfähigkeit beschränkt, so bedarf er nicht der Zustimmung seines gesetzlichen Vertreters.

(3) Steht der andere Teil unter Vormundschaft oder wird die Aufhebung vom Aufgabenkreis eines Betreuers erfasst, so ist die Genehmigung des Vormundschaftsgerichts erforderlich. Das Gleiche gilt, wenn er unter elterlicher Sorge steht, es sei denn, dass der Vertrag unter Ehegatten oder unter Verlobten, auch im Sinne des Lebenspartnerschaftsgesetzes, geschlossen wird.

(4) Der Vertrag bedarf der in § 2276 für den Erbvertrag vorgeschriebenen Form.

Literatur
Keller, Aufhebung, Änderung und Ergänzung eines Erbvertrages durch die Vertragspartner, ZEV 2004, 93.

A. Allgemeines

Aus dem Vertragscharakter des Erbvertrages ergibt sich, dass dieser durch Vertrag (actus contrarius) und nicht etwa durch Widerruf aufgehoben werden kann. Erleichterungen ergeben sich aus § 2291 für die Aufhebung von Vermächtnissen und Erbeinsetzungen und aus § 2292 bei der Aufhebung durch gemeinschaftliches Testament. Schließlich ist die Aufhebung nach § 2300 Abs. 2 iVm § 2256 Abs. 1 möglich. Inwieweit von der Aufhebung durch Vertrag oder durch Rücktritt auch einseitige im Erbvertrag getroffene Verfügungen betroffen sind, bestimmt § 2299 Abs. 3. Der Vertrag zur Aufhebung des Erbvertrages kann nur von den Personen geschlossen werden, die auch den Erbvertrag geschlossen haben, also nicht deren Erben. Durch die Aufhebung werden auch die zugunsten Dritter getroffenen Verfügungen hinfällig. Die Zustimmung des vertraglich bedachten Dritten ist dabei nicht erforderlich. Der vertraglich bedachte Dritte hat vielmehr vor dem Erbfall keine Rechte, sondern allein eine tatsächliche Aussicht (AnwK/*Seiler* Rn 6). 1

Der bedachte Dritte kann durch einen **Erbverzichtsvertrag** in der Form des Zuwendungsverzichts mit dem Erblasser (§ 2352 Abs. 2) auf seine Rechte verzichten (MüKo/*Musielak* Rn 5; Soergel/*Wolf* Rn 3). Ist der Bedachte aber zugleich Vertragschließender, kann anstelle eines Aufhebungsvertrages auch ein Zuwendungsverzichtsvertrag geschlossen werden (str. wie hier etwa AnwK/*Seiler* Rn 7; Soergel/*Wolf* Rn 3; abl etwa RGRK-BGB/*Kregel* Rn 1). 2

B. Tod des Erbvertragspartners (Abs. 1 Satz 2)

Nach dem Tod eines der Vertragschließenden ist die Aufhebung des Erbvertrages abgesehen von der Regelung des § 2297 nicht mehr möglich, insb nicht durch Vertrag mit den Erben des Zuerstversterbenden. Die Vorschrift des § 2271 Abs. 2 Hs 1 findet keine entsprechende Anwendung, so dass eine Ausschlagung nicht zur Beseitigung vertragsmäßiger Verfügungen führt. 3

C. Form

Die Form des Aufhebungsvertrages (Abs. 4) entspricht der der Errichtung des Erbvertrages (§ 2276), also gleichzeitige Anwesenheit beider Teile. Der Aufhebungsvertrag kann auch durch Prozessvergleich erfolgen (vgl oben § 2276 Rn 5). 4

§ 2291 BGB | Aufhebung durch Testament

5 Der Erblasser kann den Aufhebungsvertrag nur **persönlich** schließen (Abs. 2 Satz 1). Der beschränkt Geschäftsfähige bedarf nicht der Zustimmung seines ges Vertreters (Abs. 2 Satz 2). Für den anderen Vertragschließenden, der nicht zugleich Erblasser ist, gelten die allgemeinen Vorschriften, bei Vormundschaft bedarf es der vormundschaftsgerichtlichen Genehmigung. Ist dem Betreuer dieser Aufgabenkreis zugewiesen, bedarf es bei Mitwirkung des Betreuers gleichfalls der vormundschaftsgerichtlichen Genehmigung (Abs. 3).

D. Wirkung der Aufhebung

6 Der Aufhebungsvertrag bewirkt die Unwirksamkeit der getroffenen Verfügungen und beseitigt die Bindungswirkung des Erbvertrages. Die Aufhebungswirkung kann sich auch auf einzelne vertragsmäßige Verfügungen beschränken oder nur die vertragliche Bindung beseitigen. Wird der Aufhebungsvertrag seinerseits aufgehoben, lebt der Erbvertrag wieder auf (AnwK/*Seiler* Rn 16).

E. Kosten

7 Die Beurkundung des reinen Aufhebungsvertrages ist gem § 46 Abs. 2 KostO mit einer $^5/_{10}$ Gebühr zu bewerten. Wird gleichzeitig eine neue Verfügung von Todes wegen beurkundet, so ist der Wert dieser Erklärung maßgebend, dh bei nicht vertragsmäßiger Erklärung ggf die $^{10}/_{10}$ Gebühr für eine Testamentserrichtung oder die $^{20}/_{10}$ Gebühr für die Beurkundung eines Erbvertrages. Die Gebühr für die Aufhebung wird daneben nur insoweit erhoben, als der Geschäftswert der neu errichteten Verfügung hinter dem der aufgehobenen Verfügung zurückbleibt, § 46 Abs. 2 Satz 3 KostO.
Der Wert bemisst sich gem § 46 Abs. 4 KostO.

§ 2291 Aufhebung durch Testament

(1) Eine vertragsmäßige Verfügung, durch die ein Vermächtnis oder eine Auflage angeordnet ist, kann von dem Erblasser durch Testament aufgehoben werden. Zur Wirksamkeit der Aufhebung ist die Zustimmung des anderen Vertragschließenden erforderlich; die Vorschrift des § 2290 Abs. 3 findet Anwendung.

(2) Die Zustimmungserklärung bedarf der notariellen Beurkundung; die Zustimmung ist unwiderruflich.

A. Allgemeines

1 Die Vorschrift bietet eine Erleichterung im Vergleich zum Aufhebungsvertrag nach § 2290, sofern es um die Beseitigung von Auflagen oder Vermächtnissen (nicht von Erbeinsetzungen) geht. Es bedarf nicht der notariellen Beurkundung der Aufhebung, damit entfällt auch das Erfordernis der gleichzeitigen Anwesenheit beider Teile vor dem Notar. Lediglich die Zustimmung des anderen Vertragschließenden bedarf der notariellen Beurkundung.

B. Aufhebung durch Testament

2 Das Aufhebungstestament ist nach richtiger Ansicht der Form nach ein Testament, der Sache nach ein Vertrag, da ein Zusammenwirken von Erblasser und anderen Vertragschließenden erforderlich ist (Palandt/*Edenhofer* Rn 1; Dittmann/Reimann/Bengel/*Mayer* Rn 2; aA MüKo/*Musielak* Rn 2, wonach es sich einerseits um ein Testament handelt, andererseits bei der Zustimmung nach Abs. 1 Satz 2 eine einseitige empfangsbedürftige Willenserklärung vorliege). Bedeutung hat die Frage beim Widerruf des Aufhebungstestaments (u Rn 7).

Das Aufhebungstestament kann nach den allgemeinen Vorschriften für Testamente errichtet werden, die vertragsmäßigen Verfügungen (Vermächtnis, Auflage) können durch bloßes Widerrufstestament (§ 2254), oder auch durch neue den vertragsmäßigen widersprechende Verfügungen beseitigt werden (auch schlüssig, vgl MüKo/*Musielak* Rn 3). Das Widerrufstestament kann auch in der Form des gemeinschaftlichen Testaments oder des Erbvertrages errichtet werden.

C. Zustimmung des anderen Vertragschließenden (Abs. 1 Satz 2)

Zur Wirksamkeit des Aufhebungstestaments bedarf es der Zustimmung des anderen Vertragschließenden, die Zustimmung des vertragsmäßig bedachten Dritten ist dagegen weder erforderlich noch ausreichend. Dieser kann durch Zuwendungsverzichtsvertrag auf die Zuwendung verzichten.

Die Zustimmungserklärung des anderen Vertragschließenden ist eine empfangsbedürftige Willenserklärung (§ 130). Sie bedarf der notariellen Beurkundung. Die §§ 182 ff finden entsprechende Anwendung (AnwK/*Seif* Rn 4). Der Erblasser kann bei bereits erteilter Einwilligung des anderen Vertragschließenden die Verfügungen auch dann aufheben, wenn der andere Vertragschließende zwischenzeitlich verstorben ist. Allerdings kann die Zustimmung des anderen Vertragschließenden nicht mehr nach dem Tod des Erblassers erfolgen (Palandt/*Edenhofer* Rn 2; AnwK/*Seif* Rn 8).

Die Zustimmung kann auch durch einen Vertreter erklärt werden, nach Abs. 1 Satz 2 ist bei Vormundschaft oder Betreuung die Genehmigung des Vormundschaftsgerichts erforderlich.

D. Widerruf des Aufhebungstestaments

Der Widerruf des Aufhebungstestaments ist nach den allgemeinen Vorschriften (§§ 2253 ff) möglich, solange die Zustimmung des anderen Vertragschließenden nicht erteilt ist. Nach erteilter Zustimmung bedarf die Aufhebung des Widerrufstestaments der Zustimmung des anderen Vertragschließenden in notarieller Form des Abs. 2 (str, wie hier etwa Palandt/*Edenhofer* Rn 3; AnwK/*Seif* Rn 6; Bamberger/Roth/*Litzenburger* Rn 3; abl. MüKo/*Musielak* Rn 6; Soergel/*Wolf* Rn 6). Der Widerruf des Aufhebungstestaments bewirkt das Wiederaufleben der vertragsmäßigen Verfügungen.

E. Kosten

Die Zustimmung gem § 2291 Abs. 2 ist eine einseitige Willenserklärung und gem § 38 Abs. 2 Nr. 1 KostO mit einer $^5/_{10}$ Gebühr zu bewerten.

Der Wert bestimmt sich nach § 39 KostO nach dem Wert, auf den sich die Erklärung bezieht.

§ 2292 Aufhebung durch gemeinschaftliches Testament

Ein zwischen Ehegatten oder Lebenspartnern geschlossener Erbvertrag kann auch durch ein gemeinschaftliches Testament der Ehegatten oder Lebenspartner aufgehoben werden; die Vorschriften des § 2290 Abs. 3 finden Anwendung.

A. Allgemeines

Ehegatten und Lebenspartner iSd § 1 Abs. 1 LPartG (§ 10 Abs. 4 Satz 1LPartG) wird die Möglichkeit gegeben, ihre letztwilligen Verfügungen in der Form des gemeinschaftlichen Testaments zu errichten (§ 2265). Mit der durch die Vorschrift eingeräumten Möglichkeiten der Aufhebung des Erbvertrages durch gemeinschaftliches Testament, soll den

§ 2292 BGB | Aufhebung durch gemeinschaftliches Testament

Eheleuten die Aufhebung des Erbvertrages erleichtert werden, da ansonsten für die Aufhebung oder Errichtung einer neuen abweichenden Verfügung von Todes wegen, entgegen § 2267 die Form der notariellen Beurkundung nach §§ 2290, 2290 erforderlich wäre (vgl MüKo/*Musielak* Rn 1).

2 Voraussetzung der Aufhebung des Erbvertrages durch gemeinschaftliches Testament ist, dass die Beteiligten Eheleute (§ 2265) oder gleichgeschlechtliche Lebenspartner (§ 10 Abs. 4 LPartG) sind. Diese Voraussetzung muss indessen allein im Zeitpunkt der Errichtung des Aufhebungstestaments vorliegen. Entgegen dem Wortlaut der Vorschrift müssen die Eheleute nicht bereits bei Errichtung des Erbvertrages verheiratet gewesen sein (MüKo/*Musielak* Rn 2; Palandt/*Edenhofer* Rn 1; BayObLG NJW-RR 1996, 457). Die Eheleute müssen jedoch die einzigen Vertragschließenden des Erbvertrages sein. Ist der Erbvertrag zwischen dem Ehepartner und einem Dritten geschlossen worden und der andere Ehepartner in diesem Erbvertrag bedacht worden, kann die Aufhebung des Erbvertrages nicht durch gemeinschaftliches Testament erfolgen (MüKo/*Musielak* Rn 2).

B. Aufhebungstestament

I. Form und Testierfähigkeit

3 Das Aufhebungstestament kann in jeder für gemeinschaftliche Testamente zulässigen Form errichtet werden, nicht zulässig ist jedoch die Errichtung zweier übereinstimmender Einzeltestamente, sofern sich ein auf Errichtung eines gemeinschaftlichen Testaments gerichteter Wille nicht erkennen lässt (vgl § 2265 Rn 6). Beide Eheleute oder Lebenspartner müssen bei Errichtung des Aufhebungstestaments testierfähig sein, wenn beide als Erblasser Verfügungen getroffen haben (BayObLGZ 1995, 383). Es gilt insoweit Testamentsrecht (Dittmann/Reimann/Bengel/*Mayer* Rn 8). Für den anderen Vertragschließenden, der nicht zugleich Verfügungen von Todes wegen getroffen hat, kann bei Geschäftsunfähigkeit sein ges Vertreter handeln (§ 2290 Abs. 3 iVm §§ 1629, 1793). Für ihn gilt Erbvertragsrecht (Dittmann/Reimann/Bengel/*Mayer* Rn 10).

II. Inhalt des Aufhebungstestaments

4 Das Aufhebungstestament kann sich in der Aufhebung der im Erbvertrag getroffenen Verfügungen erschöpfen (Palandt/*Edenhofer* Rn 1). Die Aufhebung kann sich dabei auch auf einzelne Verfügungen beschränken und andere bestehen lassen (*Keller* ZEV 2004, 93). Auch die Errichtung eines gemeinschaftlichen Testaments mit abweichenden Verfügungen kann ein Aufhebungstestament iSd Vorschrift sein, wenn hinreichend deutlich wird, dass die vertragsmäßigen Verfügungen beseitigt werden sollen (MüKo/*Musielak* Rn 5).

5 Auch die Ergänzung des Erbvertrages durch gemeinschaftliches Testament ist in der Weise möglich, dass beide eine einheitliche Gesamtregelung darstellen (MüKo/*Musielak* Rn 5; BayObLG FamRZ 2003, 1509).

C. Einseitiger Widerruf des Aufhebungstestaments

6 Streitig ist, ob der einseitige Widerruf des Aufhebungstestaments (§ 2271, 2253 ff) den aufgehobenen Erbvertrag wieder wirksam werden lässt, dies wäre nach §§ 2253 ff zu bejahen. Die Aufhebung des Aufhebungstestaments führt jedoch nicht zur erneuten Wirksamkeit des Erbvertrages (hM wie hier etwa Palandt/*Edenhofer*, Rn 3; Soergel/*Wolf* Rn 6; aA MüKo/*Musielak* Rn 6). Die Vorschrift soll Eheleuten lediglich eine Formerleichterung bieten. Die erneute Herstellung der vertraglichen Bindung kann damit nur durch Abschluss eines erneuten Erbvertrages erfolgen. Der einseitige Widerruf kann jedoch nach § 140 in eine letztwillige Verfügung von Todes wegen umgedeutet werden, mit dem der Widerrufende seine Erbeinsetzungen aus dem Erbvertrag erneut und einseitig vornimmt (Palandt/*Edenhofer* Rn 3; Soergel/*Wolf* Rn 6; Bengel/Dittmann/Reimann/*Mayer* Rn 18).

§ 2293 Rücktritt bei Vorbehalt

Der Erblasser kann von dem Erbvertrag zurücktreten, wenn er sich den Rücktritt im Vertrag vorbehalten hat.

Literatur
v. *Venrooy*, § 2293 BGB und die Theorie des Erbvertrages, JZ 1987, 10.

A. Allgemeines

Die Möglichkeit des Rücktrittsvorbehalts hat beim Erbvertrag eine große praktische Bedeutung, da mit ihm eine Annäherung des Erbvertrages an das nur Eheleuten und Lebenspartnern vorbehaltene gemeinschaftliche Testament ermöglicht wird. Mit dem Rücktrittsvorbehalt lässt sich die gleiche Wirkung erreichen, die Eheleuten beim gemeinschaftlichen Testament mit dem Widerruf nach § 2271 gesetzlich eingeräumt ist. Auch bei dem vorbehaltlos möglichen Rücktritt wird dem Erbvertrag gleichwohl nicht der Charakter eines Vertrages genommen (vgl *Venrooy* JZ 1987, 10). 1

I. Abgrenzung zum Abänderungsvorbehalt

Der Rücktrittsvorbehalt unterscheidet sich vom Abänderungsvorbehalt zunächst (§ 2278 Rn 7) dadurch, dass der Rücktritt der notariellen Beurkundung bedarf und dem Vertragsgegner die Rücktrittserklärung zugehen muss (vgl § 2296 Rn 5), die Ausnutzung des Abänderungsvorbehalts kann demgegenüber ohne Kenntnis des Vertragsgegners und sogar nach dessen Tod erfolgen (vgl § 2278 Rn 7 ff). Im Zweifel ist im Wege der Auslegung zu ermitteln, ob ein Rücktritts- oder ein Abänderungsvorbehalt vereinbart ist (vgl BayObLG FamRZ 1989, 1353). 2

II. Vorbehalt

Der Rücktrittsvorbehalt muss entweder im Erbvertrag selbst oder in einer Nachtragsurkunde enthalten sein. Die Nachtragsurkunde bedarf auch dann der Form des § 2276, wenn in ihr lediglich die Vereinbarung des Rücktrittsvorbehalts enthalten ist (Bamberger/Roth/Litzenburger, Rn 2). 3

Art und Umfang des Rücktrittsvorbehalts unterliegen der freien Vereinbarung. Der Rücktrittsvorbehalt kann sich auf den gesamten Erbvertrag erstrecken oder auf einzelne vertragsmäßige Verfügungen beschränken. Der Rücktrittsvorbehalt kann unbefristet, befristet, bedingt oder unbedingt vereinbart werden. Eine Wiederverheiratungsklausel kann die Vereinbarung eines Rücktrittsvorbehalts bedeuten (AnwK/*Seiler*, Rn 7), sofern es sich nicht um die Anordnung von Vor- und Nacherbfolge handelt. Dies ist durch Auslegung zu ermitteln. 4

B. Ausübung des Rücktritts bei Vorbehalt

Der Rücktritt erfolgt bei Lebzeiten des anderen Vertragschließenden in der Form des § 2296 Abs. 2 Satz 2 und nach dessen Tod durch Testament gem § 2297. Dem Erblasser steht es dabei frei, ob er von dem Rücktrittsrecht in der Weise Gebrauch macht, dass er vom Erbvertrag insgesamt zurücktritt oder, ob er sich von einzelnen vertragsmäßigen Verfügungen löst (Bamberger/Roth/*Litzenburger* Rn 5). 5

Macht der Rücktrittsvorbehalt die Ausübung des Rücktritts von dem Eintritt bestimmter Umstände abhängig, bedarf es nicht der Angabe des Rücktrittsgrundes (str wie hier OLG Düsseldorf ZEV 1994, 171, aA MüKo/*Musielak* Rn 7; Bamberger/Roth/*Litzenburger* Rn 5). Einer **Abmahnung,** etwa bei Nichterfüllung vertraglicher Verpflichtungen, bedarf es vor Ausübung des Rücktrittsrechts grds nicht (aA etwa Soergel/*Wolf* Rn 6; Dittmann/Rei- 6 mann/Bengel/*Mayer* Rn 18). Insb ist die Übernahme der Grundsätze des Erfordernisses der Abmahnung bei Kündigung des Arbeitsverhältnisses aus personenbedingten Gründen (§ 1 Abs. 2 KSchG; dazu etwa Kasseler Handbuch zum Arbeitsrecht/Kleinebrink, 6.2 Rn 6 ff) abzulehnen (so aber OLG Düsseldorf ZEV 1994, 171), da es an jeder Rechtsgrundlage für das Erfordernis einer Abmahnung fehlt. Ob im Einzelfall ein Verstoß gegen Treu und Glauben (§ 242) vorliegt, wenn der Rücktritt überraschend ausgeübt wird (vgl etwa BGH NJW 1981, 2299), ist eine andere Frage und lässt jedenfalls nicht den Schluss zu, es sei stets vor Ausübung des Rücktrittsvorbehalts abzumahnen.

7 Der Rücktritt führt zur Aufhebung der vertragsmäßigen Verfügung, in dem Umfang, in dem das Rücktrittsrecht ausgeübt wurde (Soergel/*Wolf* Rn 7). Bei einem Ehe- und Erbvertrag findet § 139 Anwendung (BGHZ 29, 129).

C. Prozessuales

8 Zur Feststellungsfähigkeit der Wirksamkeit eines Erbvertrages zu Lebzeiten der Vertragschließenden vgl § 2287 Rn 18.

§ 2294 Rücktritt bei Verfehlungen des Bedachten

Der Erblasser kann von einer vertragsmäßigen Verfügung zurücktreten, wenn sich der Bedachte einer Verfehlung schuldig macht, die den Erblasser zur Entziehung des Pflichtteils berechtigt oder, falls der Bedachte nicht zu den Pflichtteilsberechtigten gehört, zu der Entziehung berechtigen würde, wenn der Bedachte ein Abkömmling des Erblassers wäre.

A. Allgemeines

1 Die Vorschrift enthält einen ges Rücktrittsgrund für den Fall, dass der erbvertraglich Bedachte sich einer Verfehlung schuldig gemacht hat. Liegen die Voraussetzungen für eine Pflichtteilsentziehung (§ 2333) vor, soll der Erblasser dem Bedachten nicht die erbvertraglichen Vergünstigungen belassen müssen.

B. Voraussetzungen des Rücktrittsrechts

2 Der erbvertraglich Bedachte muss einen der in den §§ 2333 – 2335 genannten **Pflicht-**
3 **teilsentziehungsgründe** verwirklicht haben. Sofern eine Pflichtteilsberechtigung iSd §§ 2333 ff nicht vorliegt, kommt es darauf an, ob die Verfehlungen zur Entziehung des Pflichtteils berechtigen, würde der erbvertraglich Bedachte zum Kreis der Pflichtteilsberechtigten gehören.

4 Verfehlungen des nicht bedachten anderen Vertragschließenden kommen für einen Rücktritt nicht in Betracht, ebenso wenig Verfehlungen des Bedachten, die vor Abschluss des Vertrages begangen worden sind (AnwK/*Seiler*, § 2294 Rn 2; RGRK-BGB/*Kregel* Rn 1). Sind frühere Verfehlungen erst nach Abschluss des Erbvertrages bekannt geworden, so können die Voraussetzungen der Anfechtung (§§ 2081 ff, 2078 Abs. 2) vorliegen. Der Rücktritt kann nicht mehr ausgeübt werden in den Fällen der Verzeihung oder Besserung des Lebenswandels (§§ 2337, 2336 Abs. 4).

C. Umfang und Wirkung

5 Anders als § 2293, der zum Rücktritt vom gesamten Erbvertrag berechtigt, kann sich der Erblasser bei § 2294 nur insoweit von seinen vertragsmäßigen Verfügungen lösen, als diese zu Gunsten des Bedachten erfolgen, bei dem die Voraussetzungen der Vorschrift vorliegen. Eine Angabe von Gründen, die zum Rücktritt berechtigen, ist nicht erforderlich

(AnwK/*Seiler* § 2294 Rn 7; Bengel/Dittmann/Reimann/*Mayer* Rn 10), da § 2336 Abs. 2 nicht entsprechend anwendbar ist.

D. Prozessuales

Der den Erbvertrag widerrufende Erblasser muss beweisen, dass die Voraussetzungen des § 2333, vorliegen (BGH MDR 1996, 208). Dazu gehört bei einer Untreuehandlung der Vorsatz und ein pflichtwidriges Handeln (zum Verschuldensmaßstab vgl BVerfG, Beschluss v 19. 4. 2005 – 1 BvR 1644/00, BVerfG NJW 2005, 1561).
Lässt sich nicht klären, ob die Voraussetzungen des § 2333 vorliegen, muss nach Beweislastgrundsätzen vom Fortbestand des Erbvertrages ausgegangen werden (MüKo/*Musielak* § 2294 Rn 6).

6

§ 2295 Rücktritt bei Aufhebung der Gegenverpflichtung

Der Erblasser kann von einer vertragsmäßigen Verfügung zurücktreten, wenn die Verfügung mit Rücksicht auf eine rechtsgeschäftliche Verpflichtung des Bedachten, dem Erblasser für dessen Lebenszeit wiederkehrende Leistungen zu entrichten, insbesondere Unterhalt zu gewähren, getroffen ist und die Verpflichtung vor dem Tode des Erblassers aufgehoben wird.

A. Allgemeines

Der Erblasser kann von einer einzelnen vertragsmäßigen Verfügung (Erbeinsetzung, Vermächtnis) zurücktreten, wenn der im Erbvertrag Bedachte zu wiederkehrenden Leistungen auf Lebenszeit des Erblassers verpflichtet war und diese Verpflichtung weggefallen ist. Die Vorschrift begründet ein **gesetzliches Rücktrittsrecht** des Erblassers. Anders als bei der Vorschrift des § 323 kann es sich nicht um einen gegenseitigen Vertrag handeln (Soergel/Wolf Rn 1, 4). Ausreichend ist, dass der Erblasser und erbvertraglich Bedachte eine Zweckverbindung zwischen dem Erbvertrag und der Verpflichtung zur Erbringung wiederkehrender Leistungen hergestellt haben. Die Vorschrift bietet jedoch nur unzureichenden Schutz für den Erblasser, vor allem dann, wenn die versprochene schuldrechtliche Leistung verspätet oder mangelbehaftet erbracht wird. Trotz der fehlenden Abhängigkeit von lebzeitigem Rechtsgeschäft und Erbvertrag kann jedoch eine gegenseitige Bedingung beider Rechtsgeschäfte vereinbart werden. Möglich ist auch eine Zweckvorgabe iSv § 812 Abs. 1 Satz 2 Hs 2.

1

B. Verpflichtung zu wiederkehrenden Leistungen

Der Bedachte, nicht unbedingt der andere Vertragschließende, muss sich durch Rechtsgeschäft zu einer wiederkehrenden Leistung verpflichtet haben, die bis zum Tod des Erblassers fortlaufend zu erbringen ist. Das Bestehen einer ges Unterhaltspflicht genügt dabei nicht (RGRK-BGB/*Kregel* Rn 2). Dies gilt auch dann, wenn die ges Unterhaltspflicht rechtsgeschäftlich geregelt wird (aA AnwK/*Seiler* Rn 2; Erman/*M. Schmidt* Rn 2).
Die Verpflichtung muss zur Erbringung wiederkehrender Leistungen auf Lebenszeit gerichtet sein. Damit berechtigen Einmalzahlungen oder zeitlich begrenzte Leistungen nicht zum Rücktritt nach dieser Vorschrift. Die Verpflichtung kann etwa in einem Leibrentenvertrag (§ 759) begründet werden. Sie muss insb nicht mit dem Erbvertrag in einer Urkunde verbunden sein. Allerdings ist zu fordern, dass ein innerer Zusammenhang zwischen der erbvertraglichen Verfügung und dem Rechtsgeschäft besteht (AnwK/*Seiler* Rn 3; Bamberger/Roth/*Litzenburger* Rn 2). Auch ein zeitlicher Zusammenhang muss nicht zwingend bestehen (Bamberger/Roth/*Litzenburger* Rn 2).

2

3

§ 2296 BGB | Vertretung, Form des Rücktritts

4 Die Leistungspflicht muss aufgehoben sein. Dies ist dann der Fall, wenn sie nachträglich wieder entfällt, etwa durch Rücktritt, Kündigung oder auflösende Bedingung. Die bloße Nicht- oder Schlechterfüllung berechtigt nicht zum Rücktritt nach dieser Vorschrift, da auch in diesen Fällen die Verpflichtung fortbesteht (Bamberger/*Roth* Rn 3; RGRK-BGB/*Kregel* Rn 3; aA *Stürzebecher* NJW 1988, 2717), insb können die §§ 320 ff nicht, auch nicht entsprechend, angewandt werden. Der Erbvertrag ist selbst kein gegenseitiger Vertrag iSd §§ 320 ff (OLG Karlsruhe FamRZ 1997, 1180). Der zugrunde liegende Vertrag zur Erbringung wiederkehrender Leistungen wäre nach § 2302 unwirksam (Soergel/*Wolf* Rn 4).

5 Zur Frage des Erfordernisses einer Abmahnung, vgl § 2293 Rn 6.

C. Folgen

6 Liegen die Voraussetzungen der Vorschrift vor, kann der Erblasser, nicht ein Dritter, das Rücktrittsrecht ausüben. Der Rücktritt erfasst aber nur die vertragsmäßigen Verfügungen, die der Erblasser mit Rücksicht auf die rechtsgeschäftlichen Verpflichtungen getroffen hat (MüKo/*Musielak* Rn 8). Im Zweifel ist durch Auslegung zu ermitteln, ob die Verfügung mit Rücksicht auf die rechtsgeschäftliche Verpflichtung getroffen ist.

§ 2296 Vertretung, Form des Rücktritts

(1) Der Rücktritt kann nicht durch einen Vertreter erfolgen. Ist der Erblasser in der Geschäftsfähigkeit beschränkt, so bedarf er nicht der Zustimmung seines ges Vertreters.

(2) Der Rücktritt erfolgt durch Erklärung gegenüber dem anderen Vertragschließenden. Die Erklärung bedarf der notariellen Beurkundung.

A. Allgemeines

1 Die Vorschrift über die Erklärung des Rücktritts gilt sowohl für den vorbehaltenen Rücktritt nach § 2293 als auch für das ges Rücktrittsrecht (§§ 2294, 2295). Im Unterschied zu § 2297 findet die Vorschrift nur dann Anwendung, wenn der andere Vertragschließende noch lebt. Für die aufgrund eines Änderungsvorbehaltes getroffenen Verfügungen gilt die Vorschrift hingegen nicht (§ 2278 Rn 7). Durch die Verweisung des § 2271 Abs. 1 Satz 1 gilt die Vorschrift auch für den Widerruf einer wechselbezüglichen Verfügung in einem gemeinschaftlichen Testament zu Lebzeiten beider Ehegatten.

B. Vertretung des Erblassers

2 Der Rücktritt ist dem Erblasser persönlich vorbehalten, er kann also nicht durch einen Vertreter erfolgen. Nach dem Tode des Erblassers geht das Rücktrittsrecht auch nicht auf die Erben über (MüKo/*Musielak* Rn 2).

3 Bei Mängeln in der Geschäftsfähigkeit des anderen Vertragschließenden gilt § 131.

C. Rücktrittserklärung

4 Der Rücktritt erfolgt nach Abs. 2 Satz 1 durch Erklärung gegenüber dem anderen Vertragschließenden, bei mehreren gegenüber allen (BGH NJW-RR 1986, 371). Eine besondere Form des Zugangs ist nicht vorgeschrieben, doch ist eine Zustellung durch den Gerichtsvollzieher (§§ 191 ff ZPO) aus Gründen der Beweisbarkeit (§ 132 Abs. 1) zu empfehlen.

5 Nach herrschender Auffassung erfolgt der Zugang allein durch Übersendung einer Urschrift oder Ausfertigung (vgl § 47 BeurkG) gegenüber dem anderen Vertragschließenden (RG, RGZ 65 270; BGH NJW 1981, 2299; Reimann/Bengel/Mayer Rn 12). Die Übersendung einer beglaubigten Abschrift soll nach einer gelegentlich vertretenen Auffassung genügen

(so etwa Soergel/*Wolf* Rn 4; *Kanzleiter* DNotZ 1996, 931). Im Hinblick auf die Rechtsprechung des BGH ist für die Praxis jedoch an der Übermittlung einer Ausfertigung festzuhalten.

Im Hinblick auf die Entscheidung des BGH NJW 1995, 2217 steht es den Beteiligten des Erbvertrages jedoch frei, Erleichterungen hinsichtlich der Voraussetzungen des wirksamen Zuganges zu vereinbaren, also etwa den Zugang einer beglaubigten Abschrift genügen zu lassen (Palandt/*Edenhofer* Rn 3). 6

Ist der Erblasser nach Abgabe der Erklärung, aber vor ihrem Zugang gestorben, ist der Rücktritt grds wirksam (§ 130 Abs. 2). Eine Anweisung an den Notar, die Rücktrittserklärung erst nach dem Tode des Erblassers zuzustellen, würde jedoch einen Missbrauch des § 130 Abs. 2 darstellen und wäre deshalb nicht zulässig (BGH NJW 1953, 938; OLG Hamm NJW 1964, 53; Soergel/*M. Wolf* Rn 5). 7

Ist der Aufenthalt des Vertragsgegners unbekannt, so kann der Rücktritt öffentlich zugestellt werden (§§ 132 Abs. 2, 203 ff ZPO). 8

Zur Frage des Erfordernisses der Angabe von Gründen bei Ausübung des Rücktritts im Falle des § 2294, vgl dort Rn 2. 9

D. Wirkung des Rücktritts

Durch den Rücktritt werden die vertragsmäßigen Verfügungen des zurücktretenden Erblassers aufgehoben, die Aufhebung anderer Verfügungen des Erblassers oder des anderen Vertragschließenden bestimmt sich nach § 2298 f. Bei Ausübung des ges Rücktrittsrechts (§§ 2294, 2295) bleiben die Verfügungen des anderen Vertragschließenden grds als bindende Anordnung bestehen (Bengel/Dittmann/Reimann/*Mayer* Rn 21). 10

E. Kosten

Der Rücktritt ist gem § 46 Abs. 2 KostO mit der Hälfte der vollen Gebühr ($^5/_{10}$) zu bewerten. Wird gleichzeitig eine neue Verfügung von Todes wegen beurkundet, so wird gem § 46 Abs. 2 Satz 2 KostO die Gebühr für den Rücktritt nur insoweit erhoben, als der Geschäftswert der neu errichteten Verfügung hinter dem Wert der Verfügung zurückbleibt, auf die sich der Rücktritt bezieht. 11

Der Wert bemisst sich gem § 46 Abs. 4 KostO.

§ 2297 Rücktritt durch Testament

Soweit der Erblasser zum Rücktritt berechtigt ist, kann er nach dem Tode des anderen Vertragschließenden die vertragsmäßige Verfügung durch Testament aufheben. In den Fällen des § 2294 findet die Vorschrift des § 2336 Abs. 2 bis 4 entsprechende Anwendung.

A. Allgemeines

Die Vorschrift schafft für den einseitigen Erbvertrag eine besondere Rücktrittsform in dem Fall, in dem der andere Vertragschließende verstorben ist. Da es an einem Adressaten für den Rücktritt fehlt, insb der Rücktritt nicht gegenüber dem Erben des anderen Vertragschließenden erfolgen kann (Düsseldorf OLGZ 1966, 68), ist der Rücktritt durch aufhebendes Testament (§§ 2254, 2258) zu erklären. 1

B. Voraussetzungen

Der Erblasser muss zum Rücktritt berechtigt sein, sei es aufgrund Vorbehalts (§ 2293) oder auf Grund eines ges Rücktrittsrechtes (§§ 2294, 2295). Auf den Zeitpunkt in dem das Rücktrittsrecht entstanden ist, kommt es nicht an (MüKo/*Musielak* Rn 2). 2

§ 2298 BGB | Gegenseitiger Erbvertrag

3 Wird der Rücktritt auf die Vorschrift des § 2294 gestützt, muss der Erblasser die Vorschriften des § 2336 Abs. 2 – 4 beachten. Der Grund der Entziehung muss also im Testament angegeben werden (§ 2336 Abs. 2). Die nachträgliche Verzeihung (§ 2337) ändert nichts an dem wirksam erklärten Rücktritt, da § 2337 Satz 2 in § 2297 nicht erwähnt ist (RGRK-BGB/*Kregel* Rn 4; MüKo/*Musielak* Rn 5). Kommt es zur Verzeihung, muss der Erblasser das Aufhebungstestament widerrufen oder eine neue Verfügung von Todes wegen errichten.

§ 2298 Gegenseitiger Erbvertrag

(1) Sind in einem Erbvertrag von beiden Teilen vertragsmäßige Verfügungen getroffen, so hat die Nichtigkeit einer dieser Verfügungen die Unwirksamkeit des ganzen Vertrags zur Folge.

(2) Ist in einem solchen Vertrag der Rücktritt vorbehalten, so wird durch den Rücktritt eines der Vertragschließenden der ganze Vertrag aufgehoben. Das Rücktrittsrecht erlischt mit dem Tode des anderen Vertragschließenden. Der Überlebende kann jedoch, wenn er das ihm durch den Vertrag Zugewendete ausschlägt, seine Verfügung durch Testament aufheben.

(3) Die Vorschriften des Absatzes 1 und des Absatzes 2 Sätze 1 und 2 finden keine Anwendung, wenn ein anderer Wille der Vertragschließenden anzunehmen ist.

A. Allgemeines

1 Die Vorschrift setzt einen zweiseitigen Erbvertrag voraus, bei dem beide Vertragschließende vertragsmäßige Verfügungen (Erbeinsetzungen, Vermächtnisse oder Auflagen) getroffen haben. Unerheblich ist dabei, ob diese Verfügungen zu Gunsten des anderen Teiles oder zu Gunsten eines Dritten getroffen sind. Soweit bei beiden Vertragschließenden eine gegenseitige Bindung iS vertragsmäßiger Verfügungen vorliegt, wird angenommen, dass die Nichtigkeit einer vertragsmäßigen Verfügung die Unwirksamkeit des ganzen Vertrages zur Folge hat (Abs. 1). Entsprechendes gilt bei der Ausübung eines vorbehaltenen Rücktrittsrechts (Abs. 2). Allerdings gilt diese Annahme nur, wenn ein anderer Wille der Vertragschließenden nicht anzunehmen ist (Abs. 3).

B. Nichtigkeit einer vertragsmäßigen Verfügung (Abs. 1)

2 Die Unwirksamkeit des Erbvertrages nach Abs. 1 setzt voraus, dass eine vertragsmäßige Verfügung nichtig ist. Die Nichtigkeit einer einseitigen Verfügung hat keine Bedeutung für die Wirksamkeit vertragsmäßiger Verfügungen (MüKo/*Musielak* Rn 2).

3 Die Nichtigkeit der Verfügung kann von Anfang an gegeben sein. Sie kann aber auch auf Anfechtung beruhen, die Verfügung kann auch wegen §§ 2277, 2279 Abs. 2 nichtig sein (MüKo/*Musielak* Rn 3; Bamberger/Roth/*Litzenburger* Rn 2; aA Staudinger/*Kanzleiter* Rn 7).

4 Wird eine vertragsmäßige Verfügung gegenstandslos, etwa durch Vorversterben des Bedachten (§ 1923 Abs. 1), wegen Ausschlagung (§ 1944 ff, § 2180) oder infolge Verzichts (§ 2352), liegt eine Nichtigkeit iS dieser Vorschrift nicht vor (RGRK BGB/*Kregel* Rn 1; MüKo/*Musielak* Rn 3).

C. Rücktritt bei Vorbehalt (Abs. 2)

5 Ebenso wie der Widerruf beim gemeinschaftlichen Testament nach § 2270 bewirkt auch der Rücktritt beim Erbvertrag die Aufhebung des ganzen Erbvertrages. Abs. 2 gilt für vertragsmäßige Verfügungen, während für einseitige Verfügungen § 2299 Abs. 3 gilt.

Abs. 2 ist nicht, auch nicht entsprechend, für den Rücktritt des Erblassers nach §§ 2294, 2295 anwendbar (Palandt/*Edenhofer* Rn 3; RGRK BGB/*Kregel* Rn 3; MüKo/*Musielak* Rn 4; aA Jauernig/*Stürner* Rn 3).

I. Anwendung von § 2085

Im Anwendungsbereich des Rücktritts nach §§ 2294, 2295 ist jedoch § 2085 zu beachten. Dasselbe gilt, wenn der Rücktritt nur in Bezug auf eine einzelne vertragsmäßige Verfügung vorbehalten ist, denn aus dieser Beschränkung ist zu schließen, dass die Vertragspartner gerade nicht die Wirksamkeit der übrigen vertragsmäßigen Verfügungen vom Bestand dieser Anordnung abhängig sein lassen wollten (MüKo/*Musielak* Rn 4). 6

II. Erlöschen des Rücktrittsrechts (Abs. 2 Satz 2)

Das Rücktrittsrecht erlischt mit dem Tode des anderen Vertragschließenden; auch insoweit gilt, dass Abs. 2 Satz 2 nur beim vorbehaltenen Rücktrittsrecht nach § 2293 anwendbar ist. 7

III. Ausschlagung des Zugewendeten (Abs. 2 Satz 3)

Schlägt der Überlebende das ihm durch den Vertrag Zugewendete aus, kann er auch noch nach dem Tode des anderen Vertragschließenden seine Verfügung durch Testament aufheben (§ 2297). 8

Die Ausschlagung hat die gesamte Zuwendung, die auf vertragsmäßigen Verfügungen im Erbvertrag beruht zur Folge. Sofern vertragsmäßige Zuwendungen gegenüber den Vertragschließenden und einem Dritten vorgenommen werden, braucht nur der überlebende Vertragspartner das ihm Zugewendete auszuschlagen, um sich das Recht zur Aufhebung seiner vertragsmäßigen Verfügungen zu erhalten (MüKo/*Musielak* Rn 6). Sind die vertragsmäßigen Zuwendungen nicht gegenüber dem Vertragschließenden, sondern gegenüber einem Dritten vorgenommen wurden, so steht dem Überlebenden die Möglichkeit, durch Ausschlagung die Aufhebung zu bewirken, nicht zu. 9

D. Ausnahmen bei anderem Willen der Vertragschließenden (Abs. 3)

Abs. 1 und 2 enthalten Auslegungsregeln. Abweichende Vereinbarungen sind zulässig, so etwa eine einseitige Wechselbezüglichkeit (Soergel/*M. Wolf* Rn 7). Auch kann die Aufhebungswirkung bei Ausschlagung untersagt werden (RGRK BGB/*Kregel* Rn 6). 10

Für einen abweichenden Willen kommt es allein auf den Parteiwillen bei Abschluss des Erbvertrages an (AnwK/*Seiler* Rn 17; BayObLG ZEV 1995, 413), der durch Auslegung zu ermitteln ist. 11

§ 2299 Einseitige Verfügungen

(1) Jeder der Vertragschließenden kann in dem Erbvertrag einseitig jede Verfügung treffen, die durch Testament getroffen werden kann.

(2) Für eine Verfügung dieser Art gilt das Gleiche, wie wenn sie durch Testament getroffen worden wäre. Die Verfügung kann auch in einem Vertrag aufgehoben werden, durch den eine vertragsmäßige Verfügung aufgehoben wird.

(3) Wird der Erbvertrag durch Ausübung des Rücktrittsrechts oder durch Vertrag aufgehoben, so tritt die Verfügung außer Kraft, sofern nicht ein anderer Wille des Erblassers anzunehmen ist.

§ 2299 BGB | Einseitige Verfügungen

A. Allgemeines

1 Im Erbvertrag werden nicht selten zugleich einseitige, also nicht vertraglich bindende, Verfügungen vorgenommen. Die Vorschrift stellt in Abs. 1 ausdrücklich die Zulässigkeit derartiger Verfügungen klar. Die alleinige Vornahme einseitiger Verfügungen ohne zumindest eine vertragliche Vereinbarung ist jedoch nicht moglich (vgl vor § 2274 Rn 10). Folgerichtig unterstellt Abs. 2 derartige Verfügungen unmittelbar dem Testamentsrecht, so dass § 2279 Abs. 1 keine Anwendung findet. Abs. 3 wiederum enthält eine Auslegungsregel, nach der bei Aufhebung des Erbvertrages auch die einseitigen Verfügungen beseitigt werden.

B. Einseitige Verfügungen

I. Vorliegen einseitiger Verfügungen

2 Einseitige Verfügungen (§ 1937) können sowohl Erbeinsetzungen, Vermächtnisse als auch Auflagen zum Gegenstand haben, wenn keine Vertragsmäßigkeit angeordnet ist (§ 2278 Abs. 2). Einseitige Verfügungen können aber auch andere Verfügungen jeder Art sein, auch wenn sie nicht in erbvertraglich bindender Form vereinbart werden können (RGRK-BGB/Kregel, Rn 1), wie etwa die Anordnung von Testamentsvollstreckung. Wird in einem Erbvertrag eine Verfügung unter Verstoß gegen § 2278 Abs. 2 erbvertraglich bindend vereinbart, dann ist sie als vertragsmäßige Verfügung unwirksam, sie kann aber im Wege der Umdeutung nach § 140 als einseitige Verfügung iS Abs. 1 Satz 1 aufrechterhalten werden (MüKo/*Musielak* § 2278 Rn 12). Eine Aufrechterhaltung als einseitige Verfügung nach § 140 kommt auch dann in Betracht, wenn der Erbvertrag als solcher nichtig ist, etwa weil er keine vertraglichen Vereinbarungen enthält. Eine Umdeutung in ein gemeinschaftliches Testament kommt indessen nur in Betracht, wenn die Beteiligten des Erbvertrages miteinander verheiratet sind.

II. Abgrenzung einseitiger von vertragsmäßigen Verfügungen

3 Die Feststellung, ob eine Verfügung einseitig getroffen oder vertraglich vereinbart ist, ergibt sich zunächst aus den ausdrücklichen Anordnungen der Beteiligten. Fehlt es an einer ausdrücklichen Bestimmung, muss die Feststellung, ob es sich um eine einseitige Anordnung oder um eine vertragliche Vereinbarung handelt, im Wege der Vertragsauslegung (§§ 133, 157) gefunden werden (MüKo/*Musielak* Rn 2). Allein der Umstand, dass Erbeinsetzungen, Vermächtnisse und Auflagen im Erbvertrag enthalten sind, lässt jedoch nicht den Schluss zu, dass es sich um vertragsmäßige Anordnungen handelt (vgl § 2278 Rn 3). Die Gegenstandslosigkeit vertragsmäßiger Verfügungen hat im Regelfall jedoch keinen Einfluss auf einseitige Verfügungen (MüKo/*Musielak* Rn 3).

C. Anwendung der Testamentsvorschriften (Abs. 2 Satz 1)

4 Die Anwendbarkeit der Testamentsvorschriften für einseitige Verfügungen umfasst nicht die Frage der Voraussetzungen der Errichtung der letztwilligen Verfügung, also ob § 2275 Abs. 2 und 3 oder § 2229 Abs. 1 anzuwenden sind. Die Frage, ob für einseitige Verfügungen Testierfähigkeit oder die Fähigkeit zum Abschluss eines Erbvertrages vorliegen muss, ist ohne praktische Bedeutung.

D. Aufhebung einseitiger Verfügungen (Abs. 2 Satz 2)

5 Die Aufhebung einseitiger Verfügungen bestimmt sich nach §§ 2253, 2254, 2258, also in gleicher Weise wie beim Testament, mit Ausnahme des § 2255. Eine Mitwirkung des anderen Vertragsbeteiligten ist nicht erforderlich. Die Aufhebung kann aber auch durch aufhebenden Vertrag nach § 2290 erfolgen, sofern von der Aufhebung auch vertragliche Vereinbarungen umfasst sind.

E. Wirkung bei Aufhebung des Erbvertrages (Abs. 3)

Die Aufhebung des Erbvertrages im Ganzen durch Rücktritt (§§ 2293 – 2297) des Erblassers oder durch Aufhebungsvertrag (§ 2290) oder gemeinschaftliches Testament (§ 2292) wirkt im Zweifel auch als Aufhebung der einseitigen im Erbvertrag enthaltenen Verfügung. Die Aufhebung einzelner im Erbvertrag enthaltener vertraglicher Verfügungen berührt die Wirksamkeit einseitiger Verfügungen nicht, da hier gerade der Wille auf Beseitigung auch der einseitigen Verfügung fehlen wird (MüKo/*Musielak* Rn 6).

§ 2300 Amtliche Verwahrung; Eröffnung

(1) Die für die amtliche Verwahrung und die Eröffnung eines Testaments geltenden Vorschriften der §§ 2258a bis 2263, 2273 sind auf den Erbvertrag entsprechend anzuwenden, die Vorschrift des § 2273 Abs. 2, 3 jedoch nur dann, wenn sich der Erbvertrag in besonderer amtlicher Verwahrung befindet.

(2) Ein Erbvertrag, der nur Verfügungen von Todes wegen enthält, kann aus der amtlichen oder notariellen Verwahrung zurückgenommen und den Vertragsschließenden zurückgegeben werden. Die Rückgabe kann nur an alle Vertragsschließenden gemeinschaftlich erfolgen; die Vorschrift des § 2290 Abs. 1 Satz 2, Abs. 2 und 3 findet Anwendung. Wird ein Erbvertrag nach den Sätzen 1 und 2 zurückgenommen, gilt § 2256 Abs. 1 entsprechend.

Literatur
Commichau, Erbvertrag: Amtliche Verwahrung des Aufhebungsvertrages? MitBayNot 1998, 235; *v. Dickhuth-Harrach*, Die Rückgabe des Erbvertrages aus der amtlichen Verwahrung, RNotZ 2002, 384; *Keim*, Die Aufhebung von Erbverträgen durch die Rücknahme aus der amtlichen oder notariellen Verwahrung, ZEV 2003, 55; *Mümmler*, Zur besonderen amtlichen Verwahrung von Verträgen mit erbrechtlichen Folgen, JurBüro 1976, 1616.

A. Allgemeines

Die Vorschrift regelt die amtliche Verwahrung, Ablieferung und Eröffnung von Erbverträgen. Abs. 2 ist durch das OLG-Vertretungsänderungsgesetz zum 1. 8. 2002 in Kraft getreten.

B. Besondere amtliche Verwahrung

Nach § 34 Abs. 2 BeurkG ist die besondere amtliche Verwahrung des Erbvertrages durch das Nachlassgericht die Regel. Sie soll vom Notar unverzüglich nach Beurkundung veranlasst werden (§ 34 Abs. 2 iVm Abs. 1 Satz 4 BeurkG). Die Vorschriften der §§ 2258a, 2258b gelten für den Erbvertrag entsprechend, wobei jedem Vertragschließenden ein Hinterlegungsschein zu erteilen ist (§ 2277). Auf Wunsch der Beteiligten darf der Notar nach § 16 DNotO eine beglaubigte Abschrift des Erbvertrages zurückbehalten und zu den Akten nehmen.

I. Ausschluss der besonderen amtlichen Verwahrung

Alle Beteiligten können gemeinsam die besondere amtliche Verwahrung ausschließen. In diesem Fall wird der Erbvertrag vom beurkundenden Notar verwahrt; die Urschrift ist nach §§ 2300, 2259 unverzüglich zur Eröffnung an das Nachlassgericht abzuliefern, sobald der Notar vom Tod des Erblassers Kenntnis erlangt hat. Wird der Erbvertrag mit einem anderen Vertrag, etwa einem Ehevertrag verbunden, wird vermutet, dass die besondere amtliche Verwahrung ausgeschlossen ist (§ 34 Abs. 2 Hs 2 BeurkG).

§ 2300 BGB | Amtliche Verwahrung; Eröffnung

II. Rücknahme aus der Verwahrung

4 Nach Abs. 2 kann der Erbvertrag der nur Verfügungen von Todes wegen enthält, also insb nicht mit einem Ehevertrag, einem Erbverzichtsvertrag oder einem anderen Rechtsgeschäft verbunden ist, in gleicher Weise wie ein öffentliches Testament aus der amtlichen oder aus der notariellen Verwahrung zurückgenommen werden. Dies gilt auch für Erbverträge, die vor dem Inkrafttreten des Gesetzes beurkundet worden sind. Die Rücknahme kann nur von allen Vertragschließenden gemeinsam verlangt werden (Bamberger/Roth/ *Litzenburger* Rn 2a). Das Recht zur Rücknahme ist höchstpersönlich und deshalb auch nicht vererblich, es erlischt mit dem Tod auch nur eines Vertragschließenden für alle anderen Beteiligten (§ 2290 Abs. 2 Satz 2). Zur Rückgabe ist die Geschäftsfähigkeit aller Beteiligten erforderlich, da im Hinblick auf die Widerrufswirkung die Rücknahme sowohl ein Rechtsgeschäft unter Lebenden als auch eine Verfügung von Todes wegen darstellt (AnwK/ *Seiler* Rn 15). Ein beschränkt geschäftsfähiger Erblasser bedarf nicht der Zustimmung seines ges Vertreters (AnwK/*Seiler* Rn 15; Bamberger/Roth/*Litzenburger* Rn 2a). Die zurückgebende Stelle hat in entsprechender Anwendung des § 2256 Abs. 1 Satz 2 über die Wirkungen der Rücknahme zu belehren.

5 Die Rückgabe des Erbvertrags unter Beachtung des Absatzes 2 führt zur Aufhebung erbvertraglicher als auch zum Widerruf sämtlicher im Erbvertrag enthaltener Verfügungen von Todes wegen. Auch die erneute Aufnahme in die amtliche Verwahrung ändert daran nichts (AnwK/*Seiler* Rn 16).

C. Kosten/Gebühren bei Eröffnung

6 **Gebühr** für die Eröffnung einer Verfügung von Todes wegen: $1/2$ (§ 102 KostO).

7 Die Gebühr wird von dem Nachlassgericht erhoben, auch wenn die Eröffnung durch ein anderes Gericht erfolgt (§ 103 Abs. 3 KostO; § 5 Abs. 5 KostVfG). Bei gleichzeitiger Eröffnung mehrerer letztwilliger Verfügungen desselben Erblassers durch dasselbe Gericht entsteht nur eine $1/2$ Gebühr nach den zusammengerechneten Werten, wobei Nachlasswerte, über die mehrmals verfügt ist, nur einmal anzusetzen sind (§ 103 Abs. 2 KostO). Bei der in zeitlichem Abstand erfolgenden Eröffnung mehrerer letztwilliger Verfügungen desselben Erblassers, die nacheinander bei demselben Nachlassgericht eingereicht werden, ist die für jede Verfügung entstehende Gebühr aus dem nach Abzug der Verbindlichkeiten verbleibenden Wert des Reinnachlasses anzusetzen. Abzustellen ist allein auf den Eröffnungsakt. Darauf, ob die Verfügung für den Erben noch einen Wert hat, kommt es nicht an. Es ist also unwesentlich, ob die letztwilligen Verfügungen ganz oder teilweise identisch sind (KG FamRZ 2002, 1578; RW § 102 Rn 4). Abzulehnen ist die von *Lappe* (K § 103 Rn 31) vertretene Auffassung, dass aus Billigkeitsgründen bei den weiter eröffneten letztwilligen Verfügungen desselben Erblassers, die dasselbe Vermögen betreffen, nur ein entsprechend § 30 Abs. 1 KostO geschätzter »Bestätigungswert« anzusetzen ist. Für eine solche angeblich verfassungskonforme Auslegung gibt die KostO keine Handhabe.

8 Wird in demselben Termin ein gemeinschaftliches Testament, das auch Verfügungen für den zweiten Erbfall enthält, für beide Erbfälle eröffnet, so ist die Gebühr des § 102 KostO für jeden Erbfall besonders zu erheben. Der Geschäftswert ist für jede Eröffnung gesondert festzustellen (aM RW § 103 Rn 10, wonach die Gebühr des § 102 aus dem zusammengerechneten Wert der Nachlasssachen nur einmal zu erheben ist).

9 **Wert**: Der Wert richtet sich entsprechend §§ 103 Abs. 1, 46 Abs. 4 KostO nach dem reinen Nachlasswert ohne Abzug der sog Erbfallschulden. Dies gilt auch bei der zeitlich unterschiedlichen Eröffnung mehrerer letztwilliger Verfügungen (LG Bayreuth JurBüro 1986, 261). Nicht abzusetzen sind die Testamentsvollstreckungs-, Notar- u Gerichtskosten aus Anlass der Testamentseröffnung und Erbscheinserteilung (OLG Frankfurt JurBüro 1963, 296 = Rpfleger 1963, 357); auch nicht die Beerdigungskosten (BayObLGZ 59, 209 = DNotZ 1959, 668 = Rpfleger 1959, 322).

Die Eröffnung eines formgültigen oder eines durch eine spätere letztwillige Verfügung widerrufenen Testaments löst ebenfalls die Gebühr der §§ 102, 103 aus dem vollen Vermögenswert des betreffenden Testament und nicht nur die Mindestgebühr aus. 10

Grundstücke sind grds mit dem gemeinen Wert anzusetzen (§ 19 Abs. 1 KostO). Hilfsweise ist der Einheitswert anzusetzen (§ 19 Abs. 2 KostO; RW § 19 Rn 2). 11

Grundstücke, die der Erblasser aufgelassen (§ 925) hat, gehören noch zum Nachlass, wenn die Grundbucheintragung erst nach dem Erbfall erfolgte. Seinem Wert kann jedoch der auf Übereignung des Grundstücks gerichtete schuldrechtliche Anspruch als Nachlassverbindlichkeit gegenüberstehen (BayObLG 29. 9. 2004, AZ: 3Z BR 147/04). 12

Kostenschuldner: Die Erben (§ 6 KostO). 13

D. Kosten/Gebühren bei Verwahrung

Gebühr für die amtl Verwahrung einer Verfügung von Todes wegen: $1/4$ (§ 101 KostO). Die Gebühr entsteht, wenn eine letztwillige Verfügung in die »besondere amtliche Verwahrung« gebracht wird (§§ 2258a, 2258b). Die bloße Ablieferung eigenhändiger Testamente zur Eröffnung (§ 2259 Abs. 1) ist keine Verwahrung. Allerdings kann bei gemeinschaftlichen Testamenten die amtliche Verwahrung auch noch nachträglich erfolgen. Wurde nämlich ein solches lediglich zur Eröffnung abgeliefertes Testament nur hinsichtlich jener Anordnungen eröffnet, die sich auf den Tod des Erstvererbenden beziehen (§ 2273 Abs. 1), so kann der überlebende Ehegatte – erstmals – die Verbringung des Testaments in die amtliche Verwahrung beantragen, falls dieses auch Anordnungen für den Tod des Letztversterbenden enthält. Abgegolten werden durch die Gebühr des § 101 KostO auch weitere mit der Verwahrung verbundene Tätigkeiten des Nachlassgerichts, zB wenn der Erblasser nachträglich die Verwahrung bei einem anderen Gericht begehrt (§ 2258a Abs. 3) oder, wenn er die Einsicht und den Wiederverschluss des verwahrten Testaments verlangt (§ 1 KostO). Auch die Rücknahme einer letztwilligen Verfügung aus der amtlichen Verwahrung (§ 2256) ist gebührenfrei. Gebührenfreie Nebentätigkeit (§ 35 KostO) ist ferner die Erteilung eines Hinterlegungsscheins an den Testator (§ 2258c Abs. 2 Satz 2). 14

Wert: Nettowert des Nachlasses oder des Bruchteils am Nachlass zum Zeitpunkt der Verwahrung. Vermächtnisse, Pflichtteilsrechte und Auflagen werden nicht abgezogen (§ 103 Abs. 4 KostO). Bei unrichtiger Angabe des Wertes ist eine Nachforderung auch noch nach Eröffnung der Verfügung von Todes wegen möglich (§§ 103 Abs. 4, 46 Abs. 5 Satz 2 KostO). 15

Kostenschuldner: Hinterleger (§ 2 Nr. 1 KostO). 16

§ 2300a Eröffnungsfrist

Befindet sich ein Erbvertrag seit mehr als 50 Jahren in amtlicher Verwahrung, so ist § 2263a entsprechend anzuwenden.

A. Allgemeines

Die Vorschrift soll verhindern, dass Verfügungen von Todes wegen ungeöffnet in der amtlichen oder notariellen Verwahrung verbleiben. Die Vorschrift entspricht im Übrigen dem § 2263a, mit dem Unterschied, das anstelle der 30-jährigen die 50-jährige Frist gilt. 1

Die Vorschrift gilt für alle Erbverträge, unabhängig davon, ob sie mit anderen Rechtsgeschäften verbunden sind, aufgehoben sind oder aus anderen Gründen keine Rechtswirkung enthalten.

B. 50-Jahres-Frist

2 Die 50-Jahres-Frist beginnt mit dem Ablauf des Tages, an dem der Erbvertrag beurkundet bzw in die amtliche Verwahrung des Gerichts genommen worden ist. Ist durch den Notar oder das Gericht der Fristablauf festgestellt worden, so ist von Amts wegen nachzuforschen, ob der Erblasser lebt oder bereits verstorben ist.
Ist der Erblasser verstorben, hat der verwahrende Notar den Erbvertrag zum Zwecke der Eröffnung dem für seinen Amtssitz zuständigen AG abzuliefern (OLG Zweibrücken Rpfleger 1982, 1969). Lässt sich nicht feststellen, ob der Erblasser noch lebt, ist der Erbvertrag ebenfalls zu eröffnen (Bamberger/Roth/*Litzenburger* Rn 4).

§ 2301 Schenkungsversprechen von Todes wegen

(1) Auf ein Schenkungsversprechen, welches unter der Bedingung erteilt wird, dass der Beschenkte den Schenker überlebt, finden die Vorschriften über Verfügungen von Todes wegen Anwendung. Das Gleiche gilt für ein schenkweise unter dieser Bedingung erteiltes Schuldversprechen oder Schuldanerkenntnis der in den §§ 780, 781 bezeichneten Art.

(2) Vollzieht der Schenker die Schenkung durch Leistung des zugewendeten Gegenstands, so finden die Vorschriften über Schenkungen unter Lebenden Anwendung.

Literatur
Barnert, Anm zu BGH JZ 2004, 518, JZ 2004, 520; *Bork*, Schenkungsvollzug mit Hilfe einer Vollmacht, JZ 1987, 1059; *Bühler*, Die Rechtsprechung des BGH zur Drittbegünstigung auf den Todesfall, NJW 1976, 1727; *Krause*, Zuwendungen unter Lebenden auf den Todesfall als alternative Gestaltungsmöglichkeit der Vermögensnachfolge, NotBZ 2001, 87; *Kuchinke*, Das versprochene Bankguthaben auf den Todesfall und die zur Erfüllung des Versprechens erteilte Verfügungsvollmacht über den Tod hinaus, FamRZ 1984, 109; *Liessem*, Das Verhältnis von Schenkung von Todes wegen und Vertrag zugunsten Dritter zum Erbrecht, MittRhNotK 1988, 29; *Lindemeier*, Die Überlebensbedingung als Merkmal der Schenkung von Todes wegen, NotBZ 2002, 122, 167; *Muscheler*, Vertrag zugunsten Dritter auf den Todesfall und Erbenwiderruf, WM 1994, 291; *Nieder*, Rechtsgeschäfte unter Lebenden auf den Tod, ZNotP 1998, 143, 192; *Schmidt-Kessel*, Wohin entwickelt sich die unbedingte, auf den Tod des Erblassers befristete Schenkung, Festschrift Schippel, 317; *Trapp*, Die postmortale Vollmacht zum Vollzug lebzeitiger Zuwendungen, ZEV 1995, 314; *Werkmüller*, Zuwendungen auf den Todesfall: Die Bank im Spannungsverhältnis kollidierender Interessen nach dem Tod ihres Kunden, ZEV 2001, 97.

Inhaltsverzeichnis

	Rn
A. Allgemeines	1–2
B. Schenkungsversprechen von Todes wegen (Abs. 1 Satz 1)	3–13
I. Begriff des Schenkungsversprechens	4–10
1. Unentgeltlichkeit	6
2. Überlebensbedingung	7–10
a) Abgrenzung zur befristeten Schenkung	8
b) Feststellung des Vorliegens der Überlebensbedingung	9–10
II. Folgen der Schenkung unter Überlebensbedingung	11–13
1. Anzuwendende Formvorschriften	12
2. Materiellrechtliche Folgen	13
C. Die vollzogene Schenkung (Abs. 2)	14–28
I. Der Vollzug der Schenkung	16–27
1. Zufälliges Versterben	22
2. Vollzug unter Einschaltung eines Dritten	23–27
a) Einschaltung eines Erklärungsboten	24–27

		b) Einschaltung eines Bevollmächtigten	25–27
		aa) Transmortale Vollmacht	26
		bb) Postmortale Vollmacht	27
	II.	Folgen	28

A. Allgemeines

Der Erblasser kann für unentgeltliche Zuwendungen, die mit seinem Tod zusammenhängen, unterschiedliche Gestaltungen wählen. Insb ist er nicht gezwungen, für die gewillkürte Nachfolge in Vermögenswerte im Zusammenhang mit seinem Tod die Gestaltungsmöglichkeiten des Erbrechts zu nutzen. Er kann auch das Instrument der Schenkung unter Lebenden (§ 516 ff) wählen und dabei bestimmen, dass die Wirkungen der Schenkung erst mit seinem Tod eintreten sollen. In beiden Fällen geht es um den unentgeltlichen Erwerb von Vermögenswerten im Zusammenhang mit dem Tod. Das Steuerrecht behandelt den Fall der Schenkung unter Lebenden und den Erwerb von Todes wegen gleich (§§ 1 Nr. 1, 2 ErbStG). Da das Erbrecht aber den ges Rahmen für die Nachfolge von Todes wegen bietet, insb im Hinblick auf die ges Erbfolge, die Formen letztwilliger Verfügungen, das Pflichtteilsrecht und die Position der Nachlassgläubiger, muss auch bei einem außerhalb dieser Formen vorgenommenen schuldrechtlichen Vertrag im Zusammenhang mit dem Tod sichergestellt sein, dass die Regelungsziele des Erbrechts nicht unterlaufen werden. Der Gesetzgeber versucht mit der Vorschrift des § 2301, eine unter Außerachtlassung erbrechtlicher Vorschriften vorgenommene schuldrechtliche Vereinbarung zu verhindern, indem er sie im Grundsatz den Vorschriften über letztwillige Verfügungen unterstellt (Abs. 1). Nur wenn die Schenkung bereits zu Lebzeiten des Erblassers vollzogen wird, richtet sich die Wirksamkeit nach den Vorschriften über Schenkungen unter Lebenden (Abs. 2). Probleme ergeben sich insb dort, wo die Schenkung nicht unter der Überlebensbedingung vereinbart, die Erfüllung der Schenkung aber auf den Tod des Schenkers hinausgeschoben ist.

Neben der Schenkung (§ 516) unter der Bedingung, dass der Beschenkte den Schenker 2 überlebt, bietet das BGB eine weitere Gestaltungsmöglichkeit mit dem Vertrag zugunsten Dritter auf den Todesfall (§ 331). Insoweit wird auf die Erläuterungen zu § 328 verwiesen.

B. Schenkungsversprechen von Todes wegen (Abs. 1 Satz 1)

Eine eigenständige ges Regelung der Schenkung von Todes wegen (»donatio mortis 3 causa«) hat der Gesetzgeber bewusst nicht vorgenommen (Mot V, S 351), die Zulässigkeit derartiger Vereinbarungen aber nicht in Frage gestellt. Je nach dem, ob ein Vollzug der Schenkung vorliegt, ist die Schenkung den erbrechtlichen oder den schuldrechtlichen Vorschriften unterworfen. Dem Schenkungsversprechen ist dabei das schenkweise erteilte Schuldversprechen oder Schuldanerkenntnis (§§ 780, 781 Satz 2) gleichgestellt.

I. Begriff des Schenkungsversprechens

Der Begriff des Schenkungsversprechens ist im Gesetz nicht näher erläutert. Zunächst 4 wird die Auffassung vertreten, als Schenkungsversprechen iSd Vorschrift sei allein die auf Abschluss des Schenkungsvertrages gerichtete Offerte aufzufassen (MüKo/*Musielak* Rn 5; Bamberger/Roth/*Litzenburger* Rn 3). Diese Auffassung hat vor allem den Wortlaut des § 518 für sich. Bei dieser Vorschrift wird zwischen dem Vertrag »durch den eine Leistung schenkweise versprochen wird« und dem »Versprechen« also dem einseitigen Angebot auf Abschluss des Schenkungsvertrages unterschieden (vgl § 518 Rn 3). Nach überwiegender Ansicht wird unter dem Begriff des Schenkungsversprechens iSd Abs. 1 jedoch der gegenseitige Vertrag über die unentgeltliche Zuwendung verstanden (Staudinger/*Kanzleiter* Rn 9; Palandt/*Edenhofer* Rn 5; OLG Hamm FamRZ 1989, 673). Der zuletzt genannten

§ 2301 BGB | Schenkungsversprechen von Todes wegen

Auffassung ist zuzustimmen, da die Verwendung des Begriffs Schenkungsversprechen im Gegensatz zur bereits vollzogenen Schenkung steht (RGRK-BGB/*Kregel* Rn 5). Das einseitige Schenkungsversprechen kann als Testament aufzufassen sein oder zumindest in ein solches umgedeutet werden (Staudinger/*Kanzleiter* Rn 9). Dies gilt insb für den Fall, dass die Formvorschrift des § 518 Abs. 1 nicht beachtet ist (zu den Unterschieden vgl HK BGB/*Hoeren* Rn 13, der zu Recht darauf hinweist, dass diese Auffassungen meist zu keinen unterschiedlichen Ergebnissen führen).

5 Dem Schenkungsversprechen ist das selbständige Schuldversprechen oder das Schuldanerkenntnis (§§ 780, 781), das unter der Bedingung des Überlebens des Bedachten schenkweise erteilt wird, gleichgestellt (Abs. 1 Satz 2; § 518 Abs. 1 Satz 2). Zur entsprechenden Anwendung vgl § 518 Rn 4.

1. Unentgeltlichkeit

6 Die vertragliche Vereinbarung setzt voraus, dass die Vertragsparteien sich über sämtliche Tatbestandsmerkmale der Schenkung gem § 516 insb die Unentgeltlichkeit einig sind (§ 518 Rn 3; Erman/*Herrmann* § 518 Rn 2). Dies ist etwa dann zu verneinen, wenn die versprochene Leistung als Gegenleistung für bis dahin geleistete Dienste gewährt werden soll. (MüKo/*Musielak* Rn 7). IE vgl § 516 Rn 5 ff. Zur Frage des Vorliegens einer Schenkung bei Einräumung eines unentgeltlichen schuldrechtlichen lebenslänglichen Wohnungsrechts vgl § 2287 Rn 4. Zu gesellschaftsrechtlichen Nachfolgeregelungen, vgl Soergel/*Wolf* § 2301 Rn 29.

2. Überlebensbedingung

7 Das Schenkungsversprechen muss unter der Bedingung (§ 158) stehen, dass der Beschenkte den Schenker überlebt, das Überleben darf dabei nicht bloßes Motiv sein (Soergel/*Lange* Rn 3). Eine Schenkung von Todes wegen liegt demnach dann nicht vor, wenn die Schenkung ohne eine derartige Bedingung vereinbart ist. Fehlt es an der Überlebensbedingung handelt es sich um eine Schenkung unter Lebenden, die sich allein nach den §§ 516 ff richtet (Palandt/*Edenhofer* Rn 4). Überlebensbedingung bedeutet idR aufschiebende Bedingung, dass der Beschenkte den Schenker überlebt. Möglich ist aber auch eine auflösende Bedingung in der Weise, dass der Beschenkte vorverstirbt, da die Wirkung die gleiche ist, wie bei der aufschiebenden Bedingung (str, wie hier etwa Staudinger/*Kanzleiter* Rn 10b; Palandt/*Edenhofer* Rn 3; Soergel/*Lange* Rn 3; abl etwa MüKo/*Musielak* Rn 9; AnwK/*Seif* Rn 18, ausführlich Lindemeier NotBZ 2002, 167). Der Bedingungseintritt kann aber auch weiter konkretisiert sein, etwa auf den Fall eines bestimmten Todesereignisses (Palandt/*Edenhofer* Rn 11). Kann die Bedingung endgültig nicht mehr eintreten, weil der Bedachte vorverstirbt, kann der Schenker wieder frei über den Gegenstand verfügen.

a) Abgrenzung zur befristeten Schenkung

8 Zu unterscheiden ist die im vorgenannten Sinne bedingte Schenkung von der Schenkung, deren Erfüllung oder Fälligkeit auf den Tod des Schenkers hinausgeschoben ist (befristete Schenkung), die nicht in den Anwendungsbereich des Abs. 1 fällt (BGHZ 8, 23, AnwK/*Seif* Rn 26). In diesen Fällen ist das Schenkungsversprechen auch bei Vorversterben des Bedachten gegenüber den Erben des Bedachten zu erfüllen, der Schenker wird also hier bei Vorversterben des Bedachten nicht von seiner Leistungspflicht befreit (Palandt/*Edenhofer* Rn 4). Einzelne Beispiele aus der zumeist älteren Rechtsprechung finden sich bei Dittmann/Reimann/Bengel/*Reimann* Rn 24 ff.

b) Feststellung des Vorliegens der Überlebensbedingung

9 Die Überlebensbedingung muss nicht ausdrücklich erklärt werden, sie kann sich auch aus den Umständen ergeben (BGHZ 99, 97 = NJW 1987, 840; Palandt/*Edenhofer* Rn 9) und ist durch Auslegung (§ 133) zu ermitteln (Palandt/*Edenhofer*, Rn 9). Dabei soll nach Auffassung des BGH bei der Ermittlung der Überlebensbedingung nicht »engherzig« vor-

gegangen werden (BGHZ 99, 97). Eine allgemeine Auslegungsregel soll dabei jedoch nicht bestehen (Soergel/*Lange* Rn 3 mwN; BGH NJW 1988, 2731).

Liegen etwa in der Person des Bedachten besondere Gründe für die Schenkung und ist nicht anzunehmen, dass die Schenkung auch den Erben des Bedachten zugute kommen soll, kann dies bereits den Schluss auf eine Überlebensbedingung zulassen (BGHZ 99, 97 = NJW 1987, 840; krit *Lindemeier* NotBZ 20002, 168).

Zur Annahme der Überlebensbedingung genügt es jedoch nicht, dass aufgrund des Lebensalters der Beteiligten eine Wahrscheinlichkeit des Überlebens besteht (Soergel/*Lange* Rn 3). 10

II. Folgen der Schenkung unter Überlebensbedingung

Liegt eine Schenkung unter der Überlebensbedingung iSd Abs. 1 vor, ordnet das Gesetz die Anwendung der Vorschriften über die »Verfügungen von Todes wegen« an. 11

Streitig ist, ob der Gesetzgeber dabei auf die Vorschriften über das Testament (§ 2247) oder auf die Vorschriften über den Erbvertrag (§ 2276) verweist. Die Beantwortung dieser Frage hat Auswirkungen auf die zu beachtenden Formvorschriften, aber auch auf materiellrechtliche Fragen.

1. Anzuwendende Formvorschriften

Zum Teil wird die Ansicht vertreten, die Verweisung auf Verfügungen von Todes wegen beziehe sich auf die Vorschriften über Testamente, womit auch die Form des § 2247 ausreichend sei (so etwa MüKo/*Musielak* Rn 13; Bamberger/Roth/*Litzenburger* Rn 7; *Lindemeier* NotBZ 2002, 124). Demgegenüber wird von der überwiegenden Auffassung angenommen, die Verweisung sei eine solche auf den Erbvertrag. Dies hätte zur Folge, dass die Form des Erbvertrages (§ 2276) einzuhalten ist. Dieser Auffassung ist zuzustimmen, da die Schenkung von Todes wegen ein Vertrag ist (vgl oben Rn 1) und auch die systematische Stellung für die Anwendung der Vorschriften über den Erbvertrag dafür spricht. Allerdings kann eine dieser Form nicht entsprechende Schenkung von Todes wegen nach § 140 in ein Testament umgedeutet werden (Palandt/*Edenhofer* Rn 6). 12

2. Materiellrechtliche Folgen

Die Verweisung des Abs. 1 auf die Vorschriften über den Erbvertrag hat auch materiellrechtliche Auswirkungen. Der Versprechensempfänger hat keine gesicherte Rechtsposition (vgl § 2286 Rn 3), insb kein **Anwartschaftsrecht** auf den zugewendeten Gegenstand. Der Schenker hat die Rechte aus den §§ 2281, 2290, 2293 ff und nicht die Rechte aus den §§ 530 ff (Palandt/*Edenhofer* Rn 7). Allerdings wird grober Undank iSd § 530 in aller Regel auch zur Anfechtung berechtigen. Im Übrigen gelten, je nachdem ob das ganze Vermögen zugewendet ist (vgl aber § 311b Abs. 2) oder einzelne Gegenstände, die Vorschriften über Erbeinsetzungen oder über Vermächtnisse. 13

C. Die vollzogene Schenkung (Abs. 2)

Ist die Schenkung zu Lebzeiten des Schenkers vollzogen, unterliegt sie Vorschriften über die Schenkungen unter Lebenden. Die Vorschrift bezieht sich dabei nur auf Schenkungen iSd Abs. 1, also Schenkungen unter der Bedingung des Überlebens des Bedachten. Die »Umdeutung« der Schenkung von Todes wegen in eine Verfügung von Todes wegen durch Abs. 1 erfolgt also nach Abs. 2 dann nicht, wenn eine lebzeitige Erfüllung durch den Schenker erfolgt. Auf derartige Schenkungen sind die §§ 516 ff anzuwenden. Insb kann nach den § 516 ff der Formmangel durch Bewirkung der versprochenen Leistung geheilt werden. 14

Allerdings sind bei Schenkungen iSd Abs. 2 Unterschiede zu anderen Schenkungen zu beachten. Dies betrifft insb den Begriff des Vollzugs iSd Abs. 2 und dem des »Bewirkens 15 der Leistung« nach § 518 Abs. 2. Die Unterschiede folgen dabei nicht in erster Linie aus dem Wortlaut der Vorschriften, sondern aus der unterschiedlichen Zwecksetzung; § 518 Abs. 2 regelt den Zeitpunkt der Heilung des Formmangels, § 2301 Abs. 2 die Frage der Verweisung auf erbrechtliche Vorschriften. Die Zäsurwirkung des Todes ist bei § 518 Abs. 2 ohne Bedeutung, bei § 2301 jedoch entscheidend.

I. Der Vollzug der Schenkung

16 Abs. 2 setzt voraus, dass der Schenker die Schenkung durch Leistung des zugewendeten Gegenstandes bewirkt. Die Vorschrift verlangt dabei den Vollzug durch den Schenker selbst, also nicht durch seine Erben (HK BGB/*Hoeren* Rn 25). Einen derartigen lebzeitigen Vollzug verlangt die Vorschrift des § 518 Abs. 2 nicht, vielmehr kann die Heilung des Formmangels auch dadurch herbeigeführt werden, dass die Leistung nach dem Tode des Schenkers bewirkt wird (*Liessem* MittRhNotK 1988, 20; BGH NJW 1987, 840; NJW 1987, 122). Daher kann die vom Schenker formlos versprochene Leistung auch nach seinem Tod von seinem Erben – oder aufgrund postmortaler Vollmacht – von einem Vertreter für diesen bewirkt werden (BGH NJW 1987, 840).

17 Unproblematisch sind dabei zunächst die Schenkungen, bei denen der Leistungserfolg zu Lebzeiten des Schenkers ohne Zweifel eingetreten ist, der zugewendete Gegenstand also mit dinglicher Wirkung vom Vermögen des Schenkers zu dessen Lebzeiten in das Vermögen des Beschenkten übergegangen ist, zB der Beschenkte nach erfolgter Auflassung als Eigentümer in das Grundbuch eingetragen ist oder aber die Kontogutschrift beim Bedachten bereits erfolgt ist (BGH NJW 1994, 931). Ist der Leistungserfolg zu Lebzeiten des Schenkers vollzogen worden, hat sich der Schenker aber das Recht zum jederzeitigen Widerruf vorbehalten, liegt gleichwohl ein Vollzug iSd Abs. 2 vor (BGH NJW-RR 1989; RGRK-BGB/*Kregel* Rn 12; *Nieder* ZNotP 2002, 146; krit Bamberger/Roth/*Litzenburger* Rn 11, für den Fall, dass sich der Schenker zugleich einen Nießbrauch am verschenkten Gegenstand vorbehält). Entscheidend ist dabei, dass der Schenker selbst unmittelbar ein Vermögensopfer erbringt und nicht etwa erst seine Erben (Soergel/*Wolf* Rn 12). Entsprechendes gilt, wenn neben der Überlebensbedingung des Schenkungsversprechens (oben Rn 7) auch das Erfüllungsgeschäft unter der auflösenden Überlebensbedingung steht (Soergel/*Wolf* Rn 13). Bei der Schenkung von Grundstücken steht einer derartigen Bedingung allerdings § 925a entgegen.

18 Umgekehrt liegt ein Vollzug iSd Abs. 2 dann nicht vor, wenn lediglich der schuldrechtliche Vertrag über die Schenkung vereinbart ist, ohne dass der Schenker eine sein Vermögen mindernde Vollzugshandlung vorgenommen hat.

19 Problematisch sind hingegen die Fallgestaltungen, in denen der Leistungserfolg zu Lebzeiten des Schenkers nicht vollständig erreicht ist, sondern einzelne Leistungshandlungen im Zeitpunkt des Todes noch ausstehen oder aber eine Vermögensminderung des Schenkers nicht eindeutig zu erkennen ist.

20 Der BGH nimmt einen Vollzug dann an, wenn der Schenker zu seinen Lebzeiten alles getan hat, was von seiner Seite erforderlich ist, damit die versprochene Leistung ohne sein weiteres Zutun in das Vermögen des Erwerbers übergehen kann (BGHZ 87, 19; Palandt/*Edenhofer* Rn 10). Teilweise wird auch angenommen, für die Bejahung eines Vollzugs müsse der Erwerber zu Lebzeiten des Schenkers bereits eine gesicherte und unentziehbare Anwartschaft erworben haben (Bamberger/Roth/*Litzenburger* Rn 13; Staudinger/*Kanzleiter* Rn 23).

21 Demnach ist ausreichend und erforderlich:

- Bei beweglichen Gegenständen die dingliche Einigung, auch mit Überlebensbedingung und die Übergabe des Gegenstandes oder zumindest die Vereinbarung eines Übergabesurrogats,
- Bei Forderungen die bedingte oder befristete Abtretung (*Nieder* ZNotP 2002, 147),
- Bei Grundstücken, die Auflassung und der Antrag auf Eigentumsumschreibung oder zumindest die Eintragung einer Eigentumsvormerkung für den Erwerber.

Die Schenkung eines Grundstücks von Todes wegen kann also bereits dadurch erfolgen, dass die Auflassung erklärt wird und für den Erwerber eine Eigentumsvormerkung in das Grundbuch eingetragen wird oder aber in der Weise, dass die Eigentumsumschreibung erfolgt und der Veräußerer sich einen (durch Vormerkung sicherbaren) Anspruch auf Rückübertragung vorbehält und zwar unter der Überlebensbedingung.

1. Zufälliges Versterben

Hat der Schenker zu seinen Lebzeiten zwar alle Handlungen vorgenommen, damit der Leistungserfolg eintreten kann, verstirbt der Schenker jedoch vor Eintritt des Leistungserfolgs, etwa dem Zugang der zum Vollzug erforderlichen Willenserklärungen, fehlt es unter Zugrundelegung der vorgenannten Maßstäbe (Rn 21) an einem Vollzug iSd Abs. 2. Im Hinblick auf die Vorschriften der §§ 130 Abs. 2, 153, die einen Zugang der Willenserklärung und das Zustandekommen auch nach dem Tode des Schenkers ermöglichen, wird jedoch angenommen, dass ein Vollzug iSd Abs. 2 auch dann anzunehmen sei, wenn der Tod des Schenkers zufällig zwischen Abgabe und Annahme der Willenserklärung liegt (MüKo/*Musielack* Rn 23; Soergel/*M. Wolf* Rn 18; AnwK/*Seif* Rn 47). Allerdings ist hier zu fordern, dass der Zugang nicht absichtlich auf den Zeitpunkt nach Eintritt des Todesfalles verzögert wird (vgl § 2296 Rn 7; OLG Düsseldorf, NJW-RR 1997, 199; aA BGH NJW 1975, 382 f, dazu AnwK/*Seif* Rn 50 f).

2. Vollzug unter Einschaltung eines Dritten

Der Schenker kann sich beim Abschluss des Schenkungsvertrages insb aber auch bei seiner Erfüllung eines Dritten bedienen, etwa eines Boten oder Bevollmächtigten (zum Vertrag zugunsten Dritter, vgl § 328). Werden bei der Einschaltung Dritter die zum Leistungserfolg erforderlichen Handlungen erst nach dem Tode des Schenkers vorgenommen, kann der Vollzug iSd Abs. 2 zweifelhaft sein. Handelt es sich um eine Schenkung iSd § 516 ff, bei der eine Überlebensbedingung nicht vereinbart ist, kann der Vollzug demgegenüber die Bewirkung der Leistung und damit die Heilung des Formmangels auch durch Dritte, etwa durch **trans- oder postmortale Vollmacht** erfolgen.

a) Einschaltung eines Erklärungsboten

Bedient sich der Erblasser eines Erklärungsboten, und gehen die Erklärungen dem Bedachten erst nach dem Tode des Erblassers zu, sind die §§ 130 Abs. 2, 153 anzuwenden, jedoch mit der Einschränkung, dass der Zugang nicht bewusst auf den Eintritt des Todes verzögert sein darf (vgl Rn 22).

b) Einschaltung eines Bevollmächtigten

Beauftragt der Schenker einen Bevollmächtigten zur Vornahme der zum Vollzug der Schenkung erforderlichen Handlungen und verstirbt der Schenker vor Vollzug der Schenkung fehlt es ebenfalls am Vollzug iSd Abs. 2 (BGHZ 87, 18). Eine nicht vollzogene Schenkung von Todes wegen kann ebenso wenig wie eine formnichtige Verfügung von Todes wegen nach dem Erbfall durch eine Handlung einer vom Erblasser bevollmächtigten Person in Kraft gesetzt werden (BGH NJW 1988, 2731; aA offenbar Bamberger/Roth/*Litzenburger* Rn 15; Hk-BGB/*Hoeren* Rn 37; vgl auch MüKo/*Musielak* Rn 24).

aa) Transmortale Vollmacht

Ein Vollzug der Schenkung liegt zunächst nicht in der Erteilung einer transmortalen Vollmacht durch den Schenker. Dies gilt auch dann, wenn die Vollmacht unwiderruflich ist (wie hier AnwK/*Seif* Rn 52 f; Palandt/*Edenhofer* Rn 10; aA Reimann/Bengel/Mayer Rn 43, nur für die unwiderrufliche Vollmacht ohne Ermessen des Bevollmächtigten), da eine Vermögensminderung beim Schenker (oben Rn 19) nicht vorliegt. Allerdings sollte hier bei dem zufälligen Tod des Schenkers ein Vollzug bejaht werden (vgl Rn 22).

bb) Postmortale Vollmacht

27 Die postmortale Vollmacht setzt zur Wirksamkeit den Tod des Vollmachtgebers voraus. Ein Vollzug ist in der Vollmachterteilung selbst dann nicht zu sehen, wenn die Vollmacht unwiderruflich ist. Auch eine unmittelbare Anwendung der § 516 ff, die teilweise vorgeschlagen wird (*Kuchinke* FamRZ 1984, 109), ist nicht möglich (BGH NJW 1988, 2731). Die postmortale Vollmacht kann durch die Erben widerrufen werden und zwar auch dann, wenn das der Vollmacht zugrunde liegende Rechtsgeschäft fortbesteht. Mit dem Tod des Erblassers sind die Erben Geschäftsherren, sodass ihnen die Rechte aus §§ 168 Satz 3, 167 Abs. 1 zustehen. Die Widerrufsmöglichkeit für die Erben ist nicht abdingbar (BGH NJW 1975, 382); der Widerruf scheidet aber dann aus, wenn von der Vollmacht bereits Gebrauch gemacht wurde.

II. Folgen

28 Abs. 2 verweist für die anzuwendenden Vorschriften auf die Vorschriften für Rechtsgeschäfte unter Lebenden.

§ 2302 Unbeschränkbare Testierfreiheit

Ein Vertrag, durch den sich jemand verpflichtet, eine Verfügung von Todes wegen zu errichten oder nicht zu errichten, aufzuheben oder nicht aufzuheben, ist nichtig.

A. Allgemeines

1 Die Vorschrift bezweckt den Schutz der Testierfreiheit, die durch das BGB ausdrücklich nur durch gemeinschaftliches Testament oder Erbvertrag eingeschränkt werden kann (zu den Einschränkungen der Testierfreiheit durch das Pflichtteilsrecht vgl BVerfG, Beschluss v 19. 4. 2005, AZ: 1 BvR 1644/00, BVerfG NJW 2005, 1561). Eine weitergehende schuldrechtliche Beschränkung der Testierfreiheit wird durch die Vorschrift in der Weise geschützt, dass die die Testierfreiheit einschränkenden Verträge nichtig sind (BGH NJW 1977, 950).

B. Verträge

2 Die Vorschrift erfasst zunächst vertragliche Vereinbarungen, die sich auf Verfügungen von Todes wegen (§ 1937) beziehen. Unzulässig ist damit ein Vertrag, der die Verpflichtung begründen soll, eine Verfügung von Todes wegen zu errichten oder nicht zu errichten, aufzuheben oder nicht aufzuheben (AnwK/*Seif* Rn 3). Unzulässig sind aber auch Verträge, die die Verpflichtung begründen sollen, in einer bestimmten Weise zu testieren. Der Inhalt der Verpflichtung ist dabei ohne Bedeutung.

C. Andere Verpflichtungen

3 Die Vorschrift gilt entsprechend für Auflagen, mit denen die Testierfreiheit anderer beschränkt werden soll, also die in einem Testament gemachte Auflage zu Lasten des Bedachten, dieser habe einen Dritten zu bedenken (HK-BGB/*Hoeren* Rn 3). Derartige Auflagen sind abzugrenzen gegenüber bedingten Zuwendungen (sog »kaptatorischen Zuwendungen«), die etwa dahingehen, dass der Bedachte die Zuwendung nur erhält, wenn er seinerseits einen Dritten bedenkt. Mit einer solchen Verfügung wird lediglich die gemachte Zuwendung eingeschränkt, nicht aber die Testierfreiheit (MüKo/*Musielak* Rn 3).

D. Rechtsfolge

Rechtsgeschäfte iSd Vorschrift sind nichtig (§ 140). Die Nichtigkeit erfasst auch das Vertragsstrafeversprechen (MüKo/*Musielak* 5). Das Versprechen, eine Verfügung von Todes wegen mit einem bestimmten Inhalt zu errichten, kann jedoch Geschäftsgrundlage für einen anderen Vertrag sein oder sogar als Vergütungszusage im Rahmen eines Dienstvertrages aufzufassen sein (vgl MüKo/*Musielak* Rn 5; Soergel/*Wolf* Rn 5 mit der Folge eines Anspruchs aus § 612 Abs. 2 gegen die Erben). 4

Auch eine Umdeutung nichtiger Vereinbarungen kann in Betracht kommen, so kann etwa eine Schlusserbeneinsetzung vorliegen, wenn Ehegatten sich im gemeinschaftlichen Testament gegenseitig zu Erben einsetzen und weiter vereinbaren, dass der Längstlebende die gemeinsamen Kinder zu Erben zu bestimmen hat (RGRK BGB/Kregel, Rn 1). Auch die Vermächtniseinsetzung mit der Bestimmung, das Vermächtnis an bestimmte Personen zu vererben, kann in ein Nachvermächtnis umgedeutet werden. 5

E. Verträge zugunsten Dritter auf den Todesfall

Grds fällt der Vertrag zu Gunsten Dritter nicht in den Anwendungsbereich der Vorschrift. Der Erblasser kann jedoch durch einen Vertrag zu Gunsten Dritter Zuwendungen auf den Todesfall vornehmen, ohne dabei an erbrechtliche Vorschriften gebunden zu sein. IE vgl die Hinweise in §§ 328, 331. 6

Abschnitt 5 Pflichtteil
§ 2303 Pflichtteilsberechtigte; Höhe des Pflichtteils

(1) Ist ein Abkömmling des Erblassers durch Verfügung von Todes wegen von der Erbfolge ausgeschlossen, so kann er von dem Erben den Pflichtteil verlangen. Der Pflichtteil besteht in der Hälfte des Wertes des gesetzlichen Erbteils.

(2) Das gleiche Recht steht den Eltern und dem Ehegatten des Erblassers zu, wenn sie durch Verfügung von Todes wegen von der Erbfolge ausgeschlossen sind. Die Vorschrift des § 1371 bleibt unberührt.

A. Normzweck, Allgemeines

Das Pflichtteilsrecht sichert den nächsten Angehörigen des Erblassers einen Anteil an seinem Nachlass. Aufgrund seines gesetzlich zwingenden Charakters, der insb in den §§ 2305 – 2307, aber auch durch die restriktiv gehandhabten Tatbestände der Pflichtteilsentziehung (§§ 2335 ff) abgesichert wird, schränkt es die Testierfreiheit ein. 1

Die Rechtfertigung des Pflichtteilsrechts und seine Stimmigkeit wurden in den letzten Jahren zunehmend in Frage gestellt (zB *Dauner-Lieb* FF Sonderheft 2001, 16 ff; *Leissner* NJW 2001, 126 f; *Henrich* Testierfreiheit vs Pflichtteilsrecht, 2000; *Schlüter* Festschrift 50 Jahre BGH, S 1047 ff; *Martiny* Verhandlungen 64. DJT, 2002, Bd I, A 63 ff mwN; *Bengel* aaO, Bd II/1 I 59 ff). Das BVerfG hat nunmehr neben der Testierfreiheit auch »die grds unentziehbare und bedarfsunabhängige Mindestbeteiligung der Kinder am Nachlass« als tragendes, historisch überkommenes und heute noch in den meisten Rechtsordnungen anerkanntes Strukturprinzip des Erbrechts angesehen, das von der Erbrechtsgarantie des Art. 14 Abs. 1 Satz 1 GG geschützt wird (NJW 2005, 1561 ff; s.a. BVerfG NJW 2005, 2691; dazu *Gaier* ZEV 2006, 2 ff; *Kleensang* ZEV 2005, 277 ff; *Lange* ZErb 2005, 205 ff; *J. Mayer* FamRZ 2005, 1441 ff; *Muscheler* ErbR 2006, 34, 42 f; *Otte* JZ 2005, 1007 ff; *Schöpflin* FamRZ 2005, 2025 ff; *Stüber* NJW 2005, 2122 ff). Als Ausdruck einer grds unauflöslichen Familiensolidarität ist sie zudem nach Art. 6 Abs. 1 GG zu gewährleisten (BVerfG NJW 2005, 1561, 1563 f; s auch BGH NJW 1987, 122, 123 f; 1990, 911, 913). Die gesetzgeberische Ausgestaltung in Form des 2

§ 2303 BGB | Pflichtteilsberechtigte; Höhe des Pflichtteils

Pflichtteilsrecht sieht es deshalb ausdrücklich auch für den Fall als verfassungsgemäß an, in denen diese Mindestbeteiligung gegen den Willen des Erblassers erzwungen wird (BVerfG aaO Rn 76 f, 78 ff; s auch schon BVerfG 91, 346, 359 f = NJW 1995, 2977, 2978; NJW 1985, 1455; offengelassen von BVerfG NJW 2001, 141, 142).

3 Begrifflich ist zwischen **Pflichtteilsrecht** und **Pflichtteilsanspruch** zu unterscheiden. Das Pflichtteilsrecht bezeichnet das Rechtsverhältnis zwischen dem Pflichtteilsberechtigten einerseits und dem Erblasser bzw den Erben nach dessen Tod andererseits. Es wird durch die in §§ 2303, 2309 bestimmten verwandtschaftlichen, ehelichen oder lebenspartnerschaftlichen Beziehungen begründet und kann schon zu Lebzeiten des Erblassers rechtliche Wirkungen äußern. Namentlich kann es Gegenstand einer Feststellungsklage (etwa über die Wirksamkeit einer Pflichtteilsentziehung: BGHZ 28, 177, 178; NJW 2004, 1874 f; *Kummer* ZEV 2004, 274 ff) oder eines schuldrechtlichen Vertrages (etwa auf Pflichtteilsverzicht, vgl §§ 311b Abs. 5, 2346, BGHZ 134, 60, 63 = NJW 1997, 521, 522) sein. Der Pflichtteilsanspruch setzt das Pflichtteilsrecht voraus und erwächst aus diesem. Anders als das Pflichtteilsrecht ist er auf Zahlung einer Geldsumme gerichtet und von zusätzlichen Voraussetzungen – Eintritt des Erbfalls, Ausschluss der ges Erbfolge durch letztwillige Verfügung – abhängig. Nur der Pflichtteilsanspruch, nicht aber das Pflichtteilsrecht kann übertragen und gepfändet werden (§ 2317 Abs. 2; instruktiv BGH NJW 1997, 521, 522).

B. Der Kreis der Pflichtteilsberechtigten

4 Pflichtteilsberechtigt sind zunächst die **Abkömmlinge** des Erblassers, § 2303 Abs. 1 Satz 1. Darunter werden die Personen verstanden, die mit dem Erblasser in gerader (§ 1589 Abs. 1 Satz 1), absteigender Linie verwandt sind, mithin Kinder, Enkel, Urenkel usw (BGH NJW 1989, 2197, 2198).

5 Die erbrechtliche Stellung **nichtehelicher Kinder** unterscheidet sich seit Inkrafttreten des Erbrechtsgleichstellungsgesetzes v 17. 12. 1997 (BGBl I S 2968) am 1. 4. 1998 nicht von derjenigen ehelicher Kinder. Sie haben das uneingeschränkte ges Erb- und damit Pflichtteilsrecht auch nach dem Vater und dessen Verwandten in gerader, aufsteigender Linie. Voraussetzung ist, dass der Erbfall nach dem 31. 3. 1998 eingetreten (Art. 227 Abs. 1 Nr. 1 EGBGB) und das pflichtteilsberechtigte Kind nicht vor dem 1. 7. 1949 geboren ist (Art. 12 § 10 Abs. 2 NEhelG). Zudem muss die Vaterschaft gem § 1592 Nr. 2 oder Nr. 3 iVm § 1600d (§ 1600a aF) festgestellt sein (BGHZ 85, 274, 277). Dies kann ohne zeitliche Einschränkung auch noch nach dem Tod des Erblassers geschehen (vgl BVerfG NJW 1987, 1007 f). Nach Art. 235 § 1 Abs. 2 EGBGB (näheres dort) werden nichteheliche Kinder, deren Vater am 2. 10. 1990 seinen Wohnsitz in der DDR hatte und die vor dem Beitritt geboren wurden, auch schon für Erbfälle vor dem 31. 3. 1998 ehelichen Kindern gleichgestellt.

6 Ist das nichteheliche Kind vor dem 1. 7. 1949 geboren, ist es gem dem insoweit nach Art. 12 § 10 Abs. 2 NEhelG fortgeltenden § 1589 Abs. 2 aF rechtlich nicht mit dem Vater und dessen Familie verwandt und wird daher nicht erb- und pflichtteilsberechtigt. Anderes gilt nur, wenn Vater und Kind gem Art. 12 § 10a NEhelG eine notariell beurkundete abweichende Vereinbarung getroffen haben (s auch *Rauscher* ZEV 1998, 44 f; Staudinger/ *Haas* § 2303 Rn 13). Das BVerfG hat die unterschiedliche Behandlung gebilligt (BVerfGE 44, 1; BVerfG FPR 2004, 140).

7 Wurde vor dem 1. 4. 1998 eine wirksame Vereinbarung über den vorzeitigen Erbausgleich geschlossen oder dieser durch rechtskräftiges Urteil zuerkannt, bleibt es auch für Erbfälle nach dem 31. 3. 1998 bei dem dadurch bewirkten wechselseitigen Ausschluss des Erb- und Pflichtteilsrechts von Vater und Kind (Art. 227 Abs. 1 Nr. 2 EGBGB, § 1934e BGB aF). Für Erbfälle zwischen dem 1. 7. 1970 und dem 31. 3. 1998 gilt die Rechtslage nach dem Nichtehelichengesetz fort, dh das nichteheliche Kind ist pflichtteilsberechtigt, sofern die Vaterschaft festgestellt ist und ihm sein Erbrecht oder auch nur sein Erbersatzanspruch durch Verfügung von Todes wegen entzogen wurde (BGHZ 80, 290, 293; näher Staudinger/*Haas* Rn 9 ff).

Angenommene Kinder und deren Abkömmlinge sind ebenfalls pflichtteilsberechtigt, 8
soweit ihre verwandtschaftlichen Beziehungen durch die Adoption zu den Adoptiveltern
begründet wurden und zu den leiblichen Verwandten nicht erloschen sind. Wird ein
Minderjähriger als Kind angenommen, wird er vollständig in die Familie der Annehmenden eingegliedert und aus der Familie seiner leiblichen Eltern herausgenommen, §§ 1754 f
(anders bei Adoptionen vor dem 1. 1. 1977, Art. 12 AdoptG iVm § 1764 BGB aF). Angenommenes Kind und annehmende Elternteile werden daher wechselseitig pflichtteilsberechtigt, während die Pflichtteilsrechte im Verhältnis zu den ursprünglichen Eltern und deren
Verwandten entfallen. Wird hingegen ein Volljähriger adoptiert, bestehen die ursprünglichen verwandtschaftlichen Beziehungen neben den neu zu dem Annehmenden begründeten fort, sofern das Vormundschaftsgericht nicht die Wirkungen einer Minderjährigenadoption gem § 1772 verfügt hat. Im ersten Fall wäre der Angenommene nicht nur nach
dem Annehmenden pflichtteilsberechtigt, sondern auch gegenüber seinen ursprünglichen
Eltern und umgekehrt, nicht dagegen im Verhältnis zu den Verwandten der Annehmenden, § 1770 Abs. 1 BGB. Besonderheiten ergeben sich bei einer Annahme durch Verwandte
zweiten und dritten Grades und von Stiefkindern durch den anderen Ehegatten (§§ 1755
Abs. 2, 1756; krit *Frank* FamRZ 1998, 398; MüKo³/*Frank* § 2303, Rn 18 ff).

Die **Eltern** des Erblassers sind gem § 2303 Abs. 2 pflichtteilsberechtigt. Zu den pflichtteils- 9
berechtigten Elternteilen gehören nach den obigen Ausführungen auch der Vater des nichtehelichen Kindes und die Adoptiveltern, soweit durch die Adoption verwandtschaftliche Beziehungen begründet wurden. Beachte: Setzt in einer nichtehelichen
Lebensgemeinschaft ein kinderloser Partner den anderen zum Alleinerben ein, steht
dessen Eltern ein Pflichtteil in Höhe des halben Nachlasswertes zu.

Das Pflichtteilsrecht des **Ehegatten** setzt voraus, dass zwischen ihm und dem Erblasser bei 10
Eintritt des Erbfalls eine rechtsgültige Ehe bestanden hat, auch wenn die Eheleute schon
seit längerem getrennt lebten (OLGR Schleswig 2000, 241). Bei einer Nichtehe, einer
rechtskräftig geschiedenen, aufgehobenen oder für nichtig erklärten Ehe besteht dagegen
kein Pflichtteilsrecht. Ein nachehelicher Unterhaltsanspruch gegen den geschiedenen Erblasser geht allerdings bis zur Höhe des fiktiven Ehegattenpflichtteils als Nachlassverbindlichkeit auf den Erben über, § 1586b (Pflichtteilsergänzungsansprüche sind einzurechnen,
BGHZ 153, 372, 392 = FuR 2003, 358 ff; BGHZ 146, 114, 118 ff = FuR 2001, 259 ff).

Mit dem ges Erbrecht entfällt auch das Pflichtteilsrecht bei noch bestehender Ehe, wenn 11
der Erblasser im Zeitpunkt des Erbfalls die Scheidung beantragt oder dem gegnerischen
Scheidungsantrag zugestimmt hat und die Voraussetzungen für die Scheidung vorlagen.
Entsprechendes gilt bei beantragter Aufhebung der Ehe, nicht aber bei Erhebung der
Nichtigkeitsklage nach dem bis 30. 6. 1998 geltenden EheG (näher § 1933 Rn 11). Der
Scheidungs- bzw Aufhebungsantrag muss dem Antragsgegner zugestellt worden sein
(hM, BGHZ 111, 329, 331 ff; aA *Brox*, Erbrecht, Rn 56; Jauernig/*Stürner* § 1933 BGB Rn 1).
Bereits ohne Aufhebungsantrag entfällt das ges Erbrecht und damit auch Pflichtteilsrecht
gem § 1318 Abs. 5, wenn dem überlebenden Ehegatte einer der dort genannten Aufhebungsgründe – Geschäftsunfähigkeit, Doppelehe, Verwandtschaft, Formverstoß, Geistesstörung – bei der Eheschließung bekannt war (Soergel/*Dieckmann* Rn 20; MüKo/*Lange*
Rn 23).

Mit dem **Scheidungs- oder Aufhebungsantrag** wird zunächst **nur das Pflichtteilsrecht** 12
des Antragsgegners ausgeschlossen. Der antragstellende Ehegatte selbst bleibt erb- und
pflichtteilsberechtigt. Die Rechtsprechung (vgl BGHZ 111, 329, 333 f; BVerfG ZEV 1995,
358, 360 f) hat die im Schrifttum (*Zopfs* ZEV 1995, 309, 311 ff; *Bengel* ZEV 1994, 358, 360 f)
geäußerten verfassungsrechtlichen Zweifel an dem einseitigen Ausschluss bislang nicht
aufgegriffen. Will auch der Antragsgegner das Pflichtteilsrecht des Antragstellers ausschließen, bleibt als sicherer Weg nur, ebenfalls Scheidungs- bzw Aufhebungsantrag zu
stellen, denn die ausschließende Wirkung der Zustimmung zum Scheidungsantrag entfällt, wenn der Antragsteller den Antrag zurücknimmt (*Klingelhöffer* Rn 23; s auch *Abele/
Klinger* NJW-Spezial 2005, 157).

§ 2303 BGB | Pflichtteilsberechtigte; Höhe des Pflichtteils

13 Pflichtteilsberechtigt ist schließlich auch der **Lebenspartner** einer Lebenspartnerschaft, sofern die Lebenspartnerschaft beim Erbfall bestand und der verstorbene Lebenspartner keinen begründeten Aufhebungsantrag gestellt hat, § 10 Abs. 6 LPartG (näheres s dort und *Kaiser* FPR 2005, 286 ff).

C. Ausschluss von der Erbfolge

14 Der Pflichtteilsberechtigte muss **durch letztwillige Verfügung** des Erblassers (Testament oder Erbvertrag) von der Erbfolge ausgeschlossen worden sein. Deren Wirksamkeit und Inhalt ist daher sorgfältig zu prüfen (zu den verschiedenen Wirksamkeitsvoraussetzungen etwa *Frieser*, Anwaltliche Strategien im Erbschaftsstreit, Rn 160 ff). Wer sein ges Erbrecht schon aus anderen Gründen verloren hat, dem steht auch kein Pflichtteilsrecht zu.

15 Dies gilt für denjenigen, der vor oder gleichzeitig mit dem Erblasser verstirbt (§ 1923 Abs. 1; vgl OLG Frankfurt NJW 1997, 3099 ff; OLG Hamm NJW-RR 1996, 70) oder dessen ges Erbrecht durch einen näher stehenden Abkömmling (§ 1924 Abs. 2) oder einen Verwandten einer vorhergehenden Ordnung (§ 1930) verdrängt würde (zu den Fällen des § 2309 s dort). Nicht erforderlich ist, dass der vorrangig Pflichtteilsberechtigte seinen Anspruch geltend macht. So werden etwa die Eltern nicht pflichtteilsberechtigt, auch wenn das einzige Kind des Erblassers seinen Pflichtteil gegenüber der als Erbin eingesetzten Ehegattin nicht verfolgt.

16 Aber auch, wer durch Vertrag mit dem Erblasser auf sein ges Erbrecht (§ 2346 Abs. 1) oder sein Pflichtteilsrecht (§ 2346 Abs. 2) verzichtet hat, erhält keinen Pflichtteilsanspruch, wobei sich die **Verzicht**swirkung grds auf dessen Abkömmlinge erstreckt (§ 2349). Die davon zu unterscheidenden, nur schuldrechtlich wirkenden »**Erbschaftsverträge**« nach § 311b Abs. 5 (§ 312 Abs. 2 aF; dazu etwa BGHZ 104, 279, 281), in denen ein Erbe zugunsten eines Miterben auf seinen Erbteil oder seinen Pflichtteilsanspruch verzichtet, lassen hingegen wie der Zuwendungsverzicht nach § 2352 das ges Erbrecht und den Pflichtteilsanspruch unberührt (Staudinger/*Haas* Rn 39).

17 Schließlich kann derjenige nicht pflichtteilsberechtigt sein, der für **erb- oder pflichtteilsunwürdig** erklärt wurde (§§ 2339, 2344, 2345 Abs. 2) oder dessen **Pflichtteil** vom Erblasser wirksam **entzogen** wurde (§§ 2333 ff).

18 Die **Ausschlagung** des ges oder letztwillig zugewandten Erbteils durch einen potentiell Pflichtteilsberechtigten **lässt** den **Pflichtteilsanspruch** grds **nicht entstehen** (BGHZ 28, 177, 178). Ausnahmen sehen §§ 2306 f bei beschränkter oder beschwerter Erbenstellung bzw für Vermächtnisnehmer, sowie § 1371 Abs. 3 für den Ehegatten vor. Von der Ausschlagung unberührt bleiben jedoch der Pflichtteilsrestanspruch gem § 2305 und der Pflichtteilsergänzungsanspruch gem §§ 2325 ff (BGH NJW 1973, 995).

19 Die Erbfolge kann in der Verfügung von Todes wegen in verschiedener Weise ausgeschlossen werden. Der Erblasser kann einzelne Personen ausdrücklich enterben, auch ohne einen Erben zu benennen (§ 1938). Er kann aber auch Erben für den gesamten Nachlass bestimmen und so konkludent die nicht erwähnten Personen enterben. In jedem Fall muss der Enterbungswille eindeutig (vgl § 2304) in einer wirksamen letztwilligen Verfügung niedergelegt sein. Wurde der Pflichtteilsberechtigte irrtümlich oder aus Unkenntnis übergangen, kann er wählen, ob er sie gem §§ 2078 f, 2281, 2285 anficht und damit die ges Erbfolge herbeiführt oder seinen Pflichtteil verlangt (näher Staudinger/*Haas* Rn 61 ff).

20 Der aufschiebend bedingt eingesetzte **Ersatzerbe** ist anders als der aufschiebend befristet eingesetzte **Nacherbe** (§ 2306 Abs. 2 Rn 12) und der auflösend befristet eingesetzte **Vorerbe** von der Erbfolge ausgeschlossen und hat daher einen Pflichtteilsanspruch. Mit Bedingungseintritt wird er jedoch Erbe, der Pflichtteilsanspruch entfällt und darauf erhaltene Zahlungen sind nach Bereicherungsrecht zurückzugewähren (OLG Oldenburg NJW 1991, 988; BayObLGZ 1966, 228, 230). Ebenso sind die als **Schlusserben in einem gemeinschaftlichen** Testament eingesetzten Abkömmlinge beim Versterben des ersten

Elternteils von der Erbfolge ausgeschlossen und können daher ihren Pflichtteil fordern (BGHZ 22, 364, 366 f; BGH NJW-RR 2005, 369; zur Abgrenzung zur Vor- und Nacherbschaft s § 2269 Rn 8 ff).

21 Wer nur durch eine **Auflage** begünstigt oder zum **Testamentsvollstrecker** ernannt wurde, ist nicht Erbe. Ihm steht daher ein Pflichtteilsanspruch zu. Der allein mit einem **Vermächtnis** bedachte Pflichtteilsberechtigte, der ebenfalls nicht Erbe geworden ist, erhält hingegen einen Pflichtteilsanspruch nach Maßgabe des § 2307.

22 Ist der Berechtigte jedoch nach der letztwilligen Verfügung **Erbe** geworden, ist er nicht iSv § 2303 von der Erbfolge ausgeschlossen. Liegt der zugewandte Erbteil unter der Pflichtteilsquote steht ihm allerdings der Zusatzpflichtteilsanspruch des § 2305 zu. Bei Beschränkungen und Beschwerungen gilt § 2306. Möglich bleibt immer auch ein Pflichtteilsergänzungsanspruch, § 2326.

D. Anspruchsgegner

23 **Pflichtteilsschuldner** sind der **Erbe** bzw die **Miterben** als Gesamtschuldner (§ 2058, BGH NJW 1983, 2378). Dies gilt mit der Ausnahme des § 2329 auch für den Pflichtteilsergänzungsanspruch. Bis zur Teilung können die Miterben ihre Haftung auf ihren Anteil am Nachlass beschränken, § 2059 Abs. 1. Nach der Auseinandersetzung besteht neben §§ 2060 f eine Beschränkung zugunsten des selbst pflichtteilsberechtigten Miterben gem § 2319. Die Pflichtteilslast im Innenverhältnis bestimmt sich nach §§ 2318 – 2323 BGB – auch im Verhältnis zu Vermächtnisnehmern und durch Auflagen Begünstigte. Sie kann vom Erblasser gem § 2324 abweichend geregelt werden.

24 Der Pflichtteilsanspruch kann nur gegen die Erben, **nicht** gegen den **Testamentsvollstrecker** geltend gemacht werden, § 2213 Abs. 3 (vgl BGHZ 51, 125, 130; RGZ 113, 45, 49 f; s § 2213 Rn 12 f). Bis zum Eintritt des Nacherbfalles ist ausschließlich der **Vorerbe** verpflichtet (RGZ 113, 49, 50; BGH NJW 1973, 1690).

E. Inhalt und Höhe des Anspruchs

25 Der Pflichtteilsanspruch ist als Wertanspruch **auf Geld** gerichtet und wird von der hM als Geldsummenschuld behandelt (RGZ 104, 195, 116, 5; BGHZ 5, 12; s auch BGH WM 1991, 1352, 1353). Der Pflichtteilsberechtigte ist also nicht unmittelbar am Nachlass beteiligt und trägt grds das Risiko der Geldentwertung (krit *Braga* AcP 153 (1954), 144; *Coing* 49. DJT Gutachten A 49).

26 Die Anspruchshöhe bestimmt sich einerseits nach dem gem §§ 2311 ff zu ermittelnden Wert des Nachlasses im Zeitpunkt des Erbfalls, andererseits nach der **Pflichtteilsquote**, der Hälfte des (fiktiven) ges Erbteils. Auszugehen ist von der ges Erbfolge, wie sie ohne die letztwillige Verfügung nach § 1924 (Abkömmlinge), § 1925 (Eltern), §§ 1931, 1933 (Ehegatten), § 10 Abs. 1 u. 6 LPartG eingetreten wäre, modifiziert durch § 2310. Sie ist für jeden Berechtigten gesondert zu ermitteln.

27 Die Quote des **Ehegatten** hängt vom Güterstand und der Ausübung seines nach §§ 1371 Abs. 3 zustehenden Wahlrechts ab, § 2303 Abs. 2 Satz 2. Beides wirkt sich auch auf die Quote der anderen Pflichtteilsberechtigten aus. Daher ist immer zuerst der Anteil des Ehegatten festzulegen.

28 Lebte der Erblasser in **Zugewinngemeinschaft** und ist der ansonsten pflichtteilsberechtigte Ehegatte (s.o. Rn 10 ff) nicht Erbe oder Vermächtnisnehmer geworden, steht ihm nur (BGHZ 42, 182 = NJW 1964, 2404; BGH NJW 1982, 2497) der **kleine Pflichtteil** zu, dh die Hälfte des nicht nach § 1371 Abs. 1 erhöhten ges Erbteils. Der Ehegatte ist danach neben den Kindern des Erblassers zu einer Quote von $1/8$ pflichtteilsberechtigt (ges Erbteil: $1/4$, § 1931 Abs. 1, 1. Hs), neben dessen Eltern zu $1/4$ (ges Erbteil: $1/2$, § 1931 Abs. 1 2. Hs). Daneben hat er Anspruch auf Zugewinnausgleich (§ 1371 Abs. 2: güterrechtliche Lösung). Zu beachten ist, dass Pflichtteils- und Zugewinnausgleichsanspruch materiell-rechtlich und prozessual verschiedene Ansprüche sind. Insb ist ersterer beim Zivilgericht, zweiterer

§ 2303 BGB | Pflichtteilsberechtigte; Höhe des Pflichtteils

beim Familiengericht geltend zu machen. Eine Klage auf den (tatsächlich nicht bestehenden) großen Pflichtteilsanspruch hemmt deshalb nicht die Verjährung für den Zugewinnausgleichanspruch (Palandt/*Heinrichs* § 204 Rn 13; BGH NJW 1983, 388).

29 Ist der Ehegatte dagegen Erbe geworden oder mit einem Vermächtnis bedacht, erhält er den **großen Pflichtteil**. Der Zugewinnausgleich wird in diesem Fall durch eine pauschale Erhöhung des ges Erbteils um ein Viertel verwirklicht (§ 1371 Abs. 1: erbrechtliche Lösung). Dementsprechend erhöht sich sein Pflichtteil gegenüber dem nicht bedachten Ehegatten um $1/8$ (BGHZ 37, 58, 62 = FamRZ 1962, 372). Zusammen mit dieser Erhöhung beträgt die Pflichtteilsquote des Ehegatten neben den Kindern des Erblassers $1/4$, neben den Eltern $3/8$. Dies gilt unabhängig davon, ob der Erblasser einen ausgleichungspflichtigen Zugewinn erzielt hat. Wirkung entfaltet diese Regelung in den Fällen der §§ 2305, 2306 und 2307, beim Pflichtteilsergänzungsanspruch (§§ 2325, 2328) und der zu tragenden Pflichtteilslast (§§ 2318, 2319).

30 Darüber hinaus kann der Ehegatte Erbe oder Vermächtnis ausschlagen (§§ 1371 Abs. 3, 2307 Abs. 1 Satz 1, dort Rn 5) und so den kleinen Pflichtteil und Zugewinnausgleich in tatsächlicher Höhe verlangen, sofern er nicht in einer Weise verzichtet hat, die das Pflichtteilsrecht überhaupt ausschließt (s.o. Rn 16). Die Pflichtteilsquoten der anderen Pflichtteilsberechtigten ändern sich entsprechend (§ 1371 Abs. 2, 2. Hs, s.o. Rn 27 f). Sie stehen daher erst bei Ablauf der sechswöchigen Ausschlagungsfrist (§ 1944) bzw der vom Erben gesetzten Frist für die Annahme des Vermächtnisses (§ 2307 Abs. 2) fest. Die Ausschlagung kann vorteilhaft sein, wenn der Nachlass ganz oder zum ganz überwiegenden Teil aus Zugewinn besteht und der überlebende Ehegatte keinen oder nur geringen Zugewinn erzielt hat oder Zuwendungen iSv § 1375 Abs. 2 den Zugewinn des Erblassers entsprechend erhöhen (ausführlich Staudinger/*Haas* Rn 106 ff; *Nieder* Rn 14; *Klingelhöffer* ZEV 1995, 444 ff; *Maßfeller* DB 1957, 623 ff; 1958, 563 ff; s auch § 1371 Rn 6 f).

31 Haben die Ehegatten **Gütertrennung** vereinbart, hängt das ges Erbrecht des Überlebenden gem § 1931 Abs. 4 von der Gesamtzahl der Kinder des Erblassers ab. Dementsprechend beträgt die Pflichtteilsquote bei einem Kind $1/4$ (ges Erbteil $1/2$), bei zwei Kindern $1/6$ (ges Erbteil $1/3$). Ab drei Kindern bleibt sie bei $1/8$ (ges Erbteil gem § 1931 Abs. 1 Satz 1: $1/4$). Die Pflichtteilsquoten der Kinder verändern sich entsprechend. Der ges Erbteil im Verhältnis zu Verwandten 2. oder höherer Ordnung bestimmt sich nach § 1931 Abs. 1 und 2. Neben Eltern und Großeltern beträgt die Pflichtteilsquote $1/4$ (ges Erbteil: $1/2$). Sie kann sich im Verhältnis zu Großeltern auf maximal $7/16$ erhöhen, §§ 1931 Abs. 1 Satz 2, 1926 (näher § 1931 Rn 15 f; Staudinger/*Haas* Rn 82).

32 Bei **Gütergemeinschaft** bestimmt sich das ges Erbrecht allein nach § 1931 Abs. 1 und 2. Neben Kindern des Erblassers steht dem Ehegatten daher eine Quote von $1/8$ zu. Im Verhältnis zu Verwandten 2. oder höherer Ordnung gilt das oben unter Rn 28 Ausgeführte. Zu beachten ist, dass nur die Hälfte des Gesamtguts und das Vorbehalts- und Sondergut des Erblassers in den Nachlass fällt. Hinsichtlich der anderen Hälfte hat der überlebende Ehegatte einen Auseinandersetzungsanspruch.

33 Problematisch sind **Mischformen**. Wird ein Güterstand iE vertraglich vereinbart, ohne dadurch zur Gütertrennung zu werden, sollen die Grundnormen des § 1931 Abs. 1 und 2 für die Berechnung der Pflichtteilsquote maßgebend bleiben (Staudinger/*Haas* Rn 82; zu Mischformen zwischen Gütertrennung und Zugewinngemeinschaft *Klingelhöffer* Rn 89; *Reimann* FS Schippel 1996 S 301 ff).

34 Zu den Ähnlichkeiten und Unterschieden der Pflichtteilsquote des überlebenden **Lebenspartners** mit der von Ehegatten s § 6 LPartG Rn 2 f; § 10 LPartG Rn 19 ff.

35 Auch bei Erbfällen vor dem 1. 4. 1998 kann der Pflichtteilsanspruch eines **nichtehelichen Kindes** nicht mit dem halben Wert des Erbersatzanspruches gleichgesetzt werden, sondern ist nach den für die Pflichtteilsberechnung geltenden Regeln zu ermitteln. Dh auch bei ihm dürfen Vermächtnisse, Auflagen, Pflichtteilsansprüche sowie die Kosten der Testamentsvollstreckung nicht wie beim Erben oder Erbersatzanspruchberechtigten pflichtteilsmindernd abgesetzt werden (BGH NJW 1988, 136, 137).

Anhang zu § 2303
Pflichtteils- und Pflichtteilsergänzungsklage

A. Aktiv- und Passivlegitimation

I. Kläger

Der **Pflichtteilsanspruch** steht den Abkömmlingen, dem Ehegatten und – sofern keine Abkömmlinge vorhanden sind – den Eltern des Erblassers zu, sofern sie der Erblasser die von der Erbfolge ausgeschlossen hat (§§ 2303 Abs. 2, 2309 BGB), oder wenn sie unter den Voraussetzungen des 2306 Abs. 1 Satz 2 BGB die Erbschaft ausgeschlagen haben. Den **Pflichtteilsergänzungsanspruch** (§ 2325 BGB) können der Pflichtteilsberechtigte und auch der nicht von der Erbfolge ausgeschlossene pflichtteilsberechtigte Allein- oder Miterbe (§ 2326 Satz 1 BGB) geltend machen.

Der Anspruch aus § 2329 BGB steht dem Pflichtteilsberechtigten und dem pflichtteilsberechtigten Allein- oder Miterben zu (BGH NJW 1981, 1446; Näheres § 256 ZPO Rn 4). Bei diesen Ansprüchen handelt es sich um Geldforderungen, die mit dem Erbfall fällig werden (§ 2317 BGB), und unabhängig von der Auseinandersetzung der Erbengemeinschaft eingeklagt werden können. Diese Ansprüche kann auch der Träger der Sozialhilfe nach Überleitung einklagen (OLG Report Karlsruhe 2003, 512), und zwar auch bei einer Pflichtteilsstrafklausel (BGH ZEV 2006, 76).

Dagegen ist der **Pflichtteilsrestanspruch** aus § 2305 BGB, der dem pflichtteilsberechtigten Miterben zusteht, dem ein Erbteil hinterlassen ist, der geringer ist als die Hälfte des ges Erbteils, erst bei der Auseinandersetzung als Nachlassverbindlichkeit zu regeln (§ 2046 BGB). Grund und/oder Höhe des Anspruchs können aber bei Streit vorab zum Gegenstand einer Feststellungsklage gemacht werden (s Anh 2 zu § 2042, Rn 5).

II. Beklagter

1. Der Erbe als Schuldner

Schuldner der Pflichtteils- und Pflichtteilsergänzungsansprüche ist zunächst jeder der Erben. Mehrere Erben haften als Gesamtschuldner. Abweichende Anordnungen des Erblassers sind unbeachtlich, da sie nach §§ 2323, 2324 BGB nur das Innenverhältnis unter den Erben betreffen können. Mehrere Erben können mit der **Gesamtschuldklage (§ 2058 BGB)** oder der **Gesamthandsklage (§ 2059 Abs. 2 BGB)** in Anspruch genommen werden (s Anh zu § 2059, Rn 2 ff). Jeder wegen Pflichtteils- und/oder Pflichtteilsergänzung verklagte Erbe kann Grund und Höhe der Ansprüche bestreiten, oder zB bei der Stufenklage einzelnen Anträgen anerkennen. Vor allem kann und sollte er den **Vorbehalt der beschränkten Erbenhaftung (§ 780 ZPO)** zum frühestmöglichen Zeitpunkt geltend machen, also bei einer Stufenklage schon nach ihrer Zustellung (s in Anh zu § 2059 BGB Rn 8 ff). Das Gericht kann sich mit der Aufnahme des Vorbehaltes im Urteil begnügen. Stellt das Gericht jedoch die Unzulänglichkeit des Nachlasses ganz oder teilweise fest, hat es die Pflichtteilsklage und die auf § 2325 BGB gestützte Klage abzuweisen. Es kommt dann nur noch die subsidiäre Haftung des Beschenkten aus § 2329 BGB in Betracht. Der Beklagte sollte daher jedenfalls dann Sachverhalt zur Dürftigkeit des Nachlasses vortragen, wenn zu erwarten ist, dass das Gericht dem nachgehen wird, oder wenn dann zumindest eine Haftung aus § 2325 BGB entfallen kann.

Auch das **Leistungsverweigerungsrecht aus § 2328 BGB**, das jedem selbst beschenkten pflichtteilsberechtigten Allein- oder Miterben bei einer Inanspruchnahme aus §§ 2325, 2329 BGB zusteht, sollte geltend gemacht werden, sobald der Kläger Pflichtteilsergänzungsansprüche in den Rechtsstreit einführt. Diese Einrede ist nicht von Amts wegen zu beachten (BGHZ 85, 274, 276 f), mag sich im Einzelfall auch aus den Umständen ergeben, dass sich der Beklagte auch auf diese Einrede berufen will (OLG Zweibrücken NJW 1977, 1825).

2. Der Beschenkte als Schuldner (§ 2329 BGB)

4 Soweit der Nachlass auch wegen vorrangiger Nachlassverbindlichkeiten nicht zur Erfüllung des Pflichtteilsergänzungsanspruchs ausreicht und deshalb die von den Erben zu erhobene Unzulänglichkeitseinrede aus §§ 1990 Abs. 1, 1991 Abs. 4 BGB ganz oder teilweise durchgreift, und/oder die erhobene Einrede aus § 2338 BGB ganz oder teilweise gerechtfertigt ist, oder der Pflichtteilsberechtigte der alleinige Erbe ist, ist der Beschenkte gem § 2329 BGB auf Duldung der Zwangsvollstreckung in das Geschenk in Höhe des fehlenden Betrages, und in Ausnahmefällen auf Zahlung zu verklagen (s§ 254 ZPO Rn 28, vor §§ 256 ff ZPO Rn 62). Schuldner ist auch der Beschenkte, der zugleich Erbe oder Miterbe ist (BGH LM § 2325 Nr. 2). Der Beschenkte kann alle Einwendungen und Einrede zum Grund und zur Höhe des Pflichtteilsergänzungsanspruchs aus § 2325 BGB erheben. Er kann auch ausreichende Werthaltigkeit des Nachlasses zur Erfüllung des Anspruchs aus § 2325 BGB durch den Erben behaupten, und/oder sich auf die vorrangige Haftung anderer Beschenkten (§ 2329 Abs. 3 BGB) berufen. Ist der Beschenkte selbst pflichtteilsberechtigt, steht ihm die Einrede aus § 2328 BGB zu (BGH NJW 1983, 1485, 1486 f). Schließlich kann er die Einrede der Verjährung erheben, bei der gem § 2332 Abs. 2 BGB die Frist von drei Jahren bereits mit dem Erbfall beginnt.

B. Klagearten

I. Feststellungsklage

5 Bei Streit über den Grund des Pflichtteilsanspruchs, zB darüber, ob dem Erblasser ein Recht zur testamentarisch verfügten Entziehung des Pflichtteils zustand, kann vom Gläubiger eine positive Feststellungsklage und vom Schuldner eine negative Feststellungsklage erhoben werden. Der Antrag geht dahin, *festzustellen, dass ein Recht zur Entziehung bestand, bzw nicht bestand* (BGHZ 109, 306, 309). Der Kläger kann jedenfalls dann nicht auf die Leistungsklage verwiesen werden, wenn umfangreiche Ermittlungen zum Umfange und Wert des Nachlasses notwendig wären. Es ist nicht sinnvoll, den Streit über den Grund des Anspruchs in einer Stufenklage, in der erst in der letzten Stufe mit Rechtskraftwirkung über den Pflichtteilsanspruch entschieden wird, auszutragen (BGH aaO S 308; enger BGH NJW-RR 1993, 391).

6 Der Kläger hat zu beachten, dass seine den Pflichtteilsanspruch betreffende positive Feststellungsklage zwar die Verjährung dieses Anspruchs, nicht aber ohne weiteres auch die der Ansprüche auf Pflichtteilergänzung (§ 2325 BGB) hemmt (BGH NJW 1996, 1743; MüKo/*Frank* § 2332 Rn 11). Auch die negative Feststellungsklage des Erben hemmt die Ansprüche nicht (Palandt/*Edenhofer* § 204 Rn 3).

II. Zahlungs- und/oder Stufenklage? – auch unter Berücksichtigung der Verjährungsproblematik

1. Zahlungsklage

7 Verfügt der Pflichtteilsberechtigte über ausreichende Informationen über den realen und fiktiven Nachlass, die ihm auch eine grobe Schätzung der Verkehrswerte von Nachlassvermögen ermöglichen, sollte er sofort auf Zahlung klagen, ohne zuvor etwaige Wertermittlungsansprüche durchzusetzen. Denn die Bedeutung der nach § 2314 Abs. 1 Satz 2 BGB geschuldeten Gutachten wird oft überschätzt (BGHZ 107, 200, 204). Sie sind als Privatgutachten für beide Parteien nicht verbindlich, so dass bei Streit vom Gericht ein

Sachverständiger beauftragt werden muss. Außerdem belasten die oft hohen Kosten solcher Privatgutachten den Nachlass (§ 2314 Abs. 2 BGB) und mindern so letztlich den Pflichtteilsanspruch. Hinzu kommt, dass die Durchsetzung des Wertermittlungsanspruchs zu einer erheblichen Verzögerung in der Erledigung des Rechtsstreits führen kann.

2. Stufenklage

Ist dem Kläger eine Abschätzung der Höhe seiner Pflichtteils- und Pflichtteilsergänzungsansprüche nicht hinreichend möglich, steht ihm die **Stufenklage nach § 254 ZPO** zur Verfügung, die er auch mit einer Teilzahlungsklage verbinden kann, wenn er einen nennenswerten Mindestbetrag beziffern kann (OLG Report Düsseldorf 1999, 242). Zur Stufenklage iE siehe § 254 ZPO Rn 1 ff. 8

3. Zur Verjährungsproblematik

Der Kläger kann zwar zunächst nur seine Auskunfts- und Wertermittlungsansprüche gerichtlich durchsetzen, was aber selten prozessökonomisch ist. Auch hemmt diese Klage im Gegensatz zur Zahlungs- oder Stufenklage nicht gem § 204 Abs. 1 Nr. 4 BGB die Verjährung nach § 3232 BGB. Es genügt auch nicht, wenn der Kläger in den Gründen dieser Klage einen späteren Zahlungsantrag ankündigt (OLG Celle NJW-RR 1995, 1411). Hat der Kläger seinen Pflichtteilsanspruch rechtzeitig eingeklagt und stellt sich der geforderte Betrag im Verlaufe des Rechtsstreits als zu niedrig heraus, kann der Kläger die Klage erhöhen, ohne dass insoweit Verjährung eingetreten sein kann (Palandt/*Heinrichs* § 204 Rn 3). Eine schon vor der nach § 2306 Abs. 1 Satz 2 BGB notwendigen Ausschlagung vom pflichtteilsberechtigten Erben erhobene Klage unterbricht die Verjährung (OLG Report Schleswig 2003, 145). Der mit einem Vermächtnis bedachte Pflichtteilsberechtigte kann den Auskunftsanspruch aus § 2314 Abs. 1 Satz 1 BGB schon vor der Ausschlagung des Vermächtnisses nach § 2307 Abs. 1 Satz 1 BGB geltend machen (BGHZ 28, 177, 179), was allein aber noch nicht die Verjährung des Anspruchs hindert. 9

Zu beachten ist ferner, dass die gegen den Erben als Beschenkten rechtzeitig erhobenen Klage aus § 2325 BGB zwar nach § 204 Abs. 1 Nr. 1 BGB auch die **Verjährung des Anspruchs aus § 2329 BGB** hemmt, wenn der Erbe zugleich der Beschenkte ist (BGH NJW 1974, 1327 ff). Gehemmt wird aber nicht auch die Verjährung des Anspruchs aus § 2329 BGB gegen den nicht am Rechtsstreit beteiligte Dritten als Beschenkten (OLG Hamm 17. 3. 2004, 10 U 7/03; OLG Düsseldorf FamRZ 1996, 445, 446). Diese beginnt unabhängig von der Klage gegen die Erben nach § 2332 Abs. 2 BGB bereits mit dem Erbfall (zu Ausnahmen vgl OLG Zweibrücken NJW 1977, 1825, 1826). Da sich die Dürftigkeit des Nachlasses mit der Folge der subsidiären Haftung des Beschenkten erst im Verlaufe des Rechtsstreits mit den Erben herausstellen kann, sollte vor allem bei drohender Verjährung dem noch nicht am Rechtsstreit beteiligten Beschenkten als alternativ in Betracht kommender Schuldner, was für § 72 Abs. 1 ZPO genügt (BGHZ 8, 72, 80), mit der Hemmungswirkung aus §§ 204 Abs. 1 Nr. 6 BGB, 167 ZPO rechtzeitig der Streit verkündet werden (Palandt/*Heinrichs* § 204 Rn 21). 10

Auch kann die Verjährung durch eine Feststellungsklage gegen den Beschenkten nach 204 Abs. 1 Nr. 1 BGB gehemmt werden, und zwar mit dem Antrag, *festzustellen, dass der Beschenkte für den Fall der fehlenden Verpflichtung des/der Erben (§ 2329 Abs. 1 BGB) die Zwangsvollstreckung wegen eines Pflichtteilsergänzungsanspruchs in dem Beklagten vom Erblasser XY zugewandten Vermögensgegenstand .... zu dulden hat, hilfsweise zur Zahlung verpflichtet ist.* 11

§ 2304 Auslegungsregel

Die Zuwendung des Pflichtteils ist im Zweifel nicht als Erbeinsetzung anzusehen.

A. Normzweck

1 Der Gesetzgeber wollte in Abweichung zu § 2087 Abs. 1 eine widerlegliche Auslegungsregel aufstellen, um Streitigkeiten über die seiner Ansicht nach regelmäßig wohl nicht anzunehmende Erbeinsetzung vorzubeugen (Mot V 391). Sie **wirkt nur negativ** hinsichtlich der Erbeinsetzung, lässt aber offen ob die Zuwendung des Pflichtteils als Vermächtnis oder bloße Verweisung auf den ges Pflichtteilsanspruch zu verstehen ist. Widerlegt ist sie, wenn der Wille des Erblassers zur Erbeinsetzung ausdrücklich erklärt wurde oder durch Auslegung nach den allgemeinen Grundsätzen (vgl BGHZ 86, 41) ermittelt werden kann.

B. Erbeinsetzung in Höhe der Pflichtteilsquote

2 Eine Erbeinsetzung setzt den Willen des Erblassers voraus, dem Pflichtteilsberechtigten gleich einem (Mit-)Erben unmittelbar Rechte am Nachlass sowie Mitsprache bei seiner Verwaltung und Verteilung einzuräumen. Bei rechtskundigen und rechtlich beratenen Erblassern, namentlich also bei notariellen Testamenten oder Erbverträgen kommt der Bezeichnung als Erbe (zB »soll den Pflichtteil erben«) eine starke Indizwirkung zu (OLG Hamm OLGZ 1982, 41, 44; MüKo/*Lange* Rn 2).

C. Enterbung oder Vermächtnis

3 Ist aufgrund nicht ausräumbarer Zweifel die Erbeinsetzung zu verneinen, ist weiter zu entscheiden, ob der Pflichtteilsberechtigte enterbt wurde und nur den ges Pflichtteilsanspruch hat oder ihm ein Vermächtnis in Höhe des Pflichtteils zugewendet werden sollte. Davon hängt etwa ab, ob der Anspruch in 3 oder 30 Jahren verjährt (§§ 2332, 197 Abs. 1 Nr. 2), nur eingeschränkt nach § 852 oder uneingeschränkt pfändbar ist und nach Eintritt des Erbfalls nur vertraglich aufgehoben (§ 2317 BGB Rn 2, 7) oder einseitig ausgeschlagen werden kann (§§ 2176, 2180) mit der Folge, dass nur ersteres eine Schenkung sein kann (§ 517). Nur ein Vermächtnis kann Gegenstand eines Erbvertrages oder einer wechselbezüglichen Verfügung sein (§ 2278 Abs. 2). Weitere Unterschiede bestehen in der Geltendmachung, in der Insolvenz und in der Besteuerung (ausführlich Staudinger/*Haas* Rn 15 ff).

4 Nach hM kommt es darauf an, ob der Erblasser den Pflichtteilsberechtigten begünstigen oder ihm nur das belassen wollte, was er ihm nach dem Gesetz nicht entziehen konnte (BGH NJW 2004, 3558, 3559; RGZ 129, 239, 241; OLG Nürnberg ZErb 2003, 161 f; Staudinger/*Haas* Rn 17; aA MüKo/*Frank* Rn 4; Jauernig/*Stürner* Rn 1a, die darauf abheben, ob der Erblasser die Anwendung pflichtteilsrechtlicher Grundsätze erkennbar vermeiden wollte).

5 Der für eine Vermächtnisanordnung sprechende »gewährende« Charakter wird etwa angenommen, wenn dem Berechtigten zusätzliche pflichtteilsfremde oder -übersteigende Rechte – etwa auf dingliche Sicherung des Anspruchs (OLG Nürnberg ZErb 2003, 161 f; s auch RGZ 129, 239, 241) – eingeräumt, bestimmte Nachlassgegenstände zur Deckung des Pflichtteilsanspruchs zugewendet werden (sog **Deckungsvermächtnis**) oder ersichtlich nur ein Miterbe mit der Pflichtteilszuwendung belastet sein soll. Der Bezeichnung als Vermächtnis kommt jedenfalls bei rechtskundig verfassten Verfügungen richtungweisende Bedeutung zu. Umgekehrt haben sog »Ungehorsamsklauseln«, die auf den Pflichtteil verweisen, wenn sich der Betroffene gegen den Willen des Erblassers wendet, regelmäßig »beschränkenden« Charakter, dh ihm soll nur noch das unentziehbare ges Minimum des Pflichtteilsanspruchs zustehen (OLG Celle ZEV 1996, 307, 308 m Anm *Skibbe*).

D. Sonderfälle

Besondere Probleme ergeben sich, wenn einem **Ehegatten** der Pflichtteil zugewendet wird, 6
der mit dem Erblasser **in Zugewinngemeinschaft** gelebt hat. Wird er auf den kleinen Pflichtteil gesetzt, kommt es darauf an, ob dies als Erbeinsetzung bzw Vermächtnisanordnung oder als Enterbung mit bloßer Pflichtteilsverweisung (nach Staudinger/*Haas* Rn 22; Soergel/*Dieckmann* Rn 7 mwN der Regelfall) auszulegen ist. Im letztgenannten Fall bleibt ihm nur die güterrechtliche Lösung des § 1371 Abs. 1 (kleiner Pflichtteil + Zugewinnausgleich, § 2303 Rn 28). In den beiden erstgenannten Fällen kann er über §§ 2305, 2307 Abs. 1 Satz 2 den sog Pflichtteilsrestanspruch bis zur Höhe des großen Pflichtteils verlangen oder das Zugewendete nach § 1371 Abs. 3 ausschlagen und den kleinen Pflichtteil nebst Zugewinnausgleich wählen. Die Abgrenzung ist nach den dargelegten Grundsätzen vorzunehmen. Für die Erbeinsetzung gilt § 2304B. Eine Vermächtnisanordnung setzt voraus, dass der Erblasser erkennbar vom ges Pflichtteilsrecht abweichen, insb dem überlebenden Ehegatten den Zugang zum großen Pflichtteil eröffnen wollte. Eine Einsetzung auf den großen Pflichtteil dagegen ist entweder Erbeinsetzung oder Vermächtnisanordnung, denn der Ehegatte soll mehr erhalten als ihm bei Enterbung zustünde. Ob bei bloßer Zuwendung »des Pflichtteils« der große oder der kleine Pflichtteil gemeint ist, lässt sich nicht nach einer allgemeinen Regel beantworten: Zwar sieht das Gesetz in § 1371 Abs. 1 die Erhöhung des ges Erbteils als Grundfall an (*Ferid* NJW 1960, 126), doch spricht eine Pflichtteilverweisung eher für Enterbung und damit für den kleinen Pflichtteil nach § 1371 Abs. 2.

Ist der Pflichtteil Eltern oder Abkömmlingen zugewendet worden und der überlebende 7
Ehegatte Erbe oder wenigstens Vermächtnisnehmer kann sich wegen dessen Wahlrecht nach § 1371 Abs. 3 deren Pflichtteilsquote verändern (§ 2303 Rn 30). Diese »Quotenverschiebung« ist vom Erblasser regelmäßig gewollt, es sei denn besondere Umstände weisen auf eine abweichende Gestaltung hin.

Werden **nichteheliche Abkömmlinge** auf den Pflichtteil verwiesen, galt schon nach altem 8
Recht (zur Abgrenzung § 2303 Rn 5 ff) § 2304 auch hinsichtlich einer möglichen Erbeinsetzung. Wurde mit letztwilliger Verfügung vor dem 1. 4. 1998 der Erbersatzanspruch zugewendet, unterliegt der Erbfall aber neuem Recht, wird dies überwiegend als dynamische Verweisung auf die jeweils geltende Rechtslage angesehen. Der so Bedachte wird folglich Erbe (Staudinger/*Haas* Rn 26; MüKo/*Lange* Rn 10). Ein Vermächtnis dürfte jedoch vorliegen, wenn der Erblasser dem Pflichtteilsberechtigten damit genau und nur die Stellung einräumen wollte, die sich nach altem Recht ergeben hätte.

Wird **nicht pflichtteilsberechtigten Personen** ein Pflichtteil zugewendet, hilft § 2304 9
allenfalls insoweit weiter, als wohl kaum eine Erbeinsetzung gewollt war. Zu entscheiden bleibt aber, ob sie überhaupt etwas aus dem Nachlass enthalten sollen und wenn ja, in welcher Höhe (vgl BGH FamRZ 1991, 796, 797). Im letzten Fall ist eine Auslegung als Vermächtnis in Höhe der Hälfte oder des ganzen ges Erbteils zu erwägen.

§ 2305 Zusatzpflichtteil

Ist einem Pflichtteilsberechtigten ein Erbteil hinterlassen, der geringer ist als die Hälfte des gesetzlichen Erbteils, so kann der Pflichtteilsberechtigte von den Miterben als Pflichtteil den Wert des an der Hälfte fehlenden Teiles verlangen.

A. Normzweck

Zusammen mit §§ 2306 f sichert § 2305 dem Pflichtteilsberechtigten, der nicht enterbt worden 1
ist, aber weniger zu erhalten droht als den Pflichtteil, die mit dem Pflichtteilsrecht **garantierte Mindestbeteiligung am Nachlass**. Dabei erfasst § 2305 BGB die Zuwendung eines unbe-

§ 2305 BGB | Zusatzpflichtteil

schränkten und unbeschwerten Erbteils, der kleiner ist als der halbe ges Erbteil, während § 2306 die Folgen von Beschränkungen und Beschwerungen regelt (s aber Rn 4) und § 2307 auf Vermächtnisse zugeschnitten ist. Im Fall des § 2305 erhält der pflichtteilsberechtigte Miterbe einen Ausgleichsanspruch, dessen Höhe der Differenz zwischen zugewandtem Erbteil und Pflichtteil entspricht. Dieser **Pflichtteilsrestanspruch**, vom Gesetz als Zusatzpflichtteil bezeichnet, darf als echter Pflichtteilsanspruch nicht mit dem Pflichtteilsergänzungsanspruch (§§ 2325 ff) verwechselt werden.

B. Tatbestand und Rechtsfolge

2   Tatbestandlich setzt § 2305 voraus, dass der Pflichtteilsberechtigte Miterbe geworden ist. Dies kann nach Maßgabe des § 2088 Abs. 1 auch kraft ges Erbfolge geschehen. Die Stellung als **Ersatzerbe** genügt nicht (§ 2303 Rn 20).

3   Ob der zugewendete Erbteil unter der Hälfte des ges Erbteils liegt, ist grds durch Vergleich der Erbquote, mit der der Pflichtteilsberechtigte bedacht wurde, mit der halben ges Erbquote zu ermitteln (»**Quotentheorie**«; OLG Köln ZEV 1997, 298; OLG Celle ZEV 1996, 307, 308). Wurden dem Pflichtteilsberechtigten bestimmte Nachlassgegenstände oder Vermögensgruppen zugewiesen und ist er entgegen § 2087 Abs. 2 als Erbe anzusehen, bestimmt sich die Erbquote aus dem Verhältnis des Wertes der hinterlassenen Gegenstände zum Wert des gesamten Nachlasses (vgl BGHZ 120, 96, 98). Zum Vorgehen, wenn Anrechnungs- und Ausgleichungspflichten (§§ 2315, 2316 BGB) zu berücksichtigen sind s § 2306 Rn 4.

4   Dass der hinterlassene, unter der Hälfte des ges Erbteils liegende Erbteil unbeschränkt und unbeschwert ist, ergibt sich selbst bei angeordneten Belastungen aus § 2306 Abs. 1 Satz 1.

5   Nimmt der Pflichtteilsberechtigte das Erbe an, erhält er einen Anspruch auf Zahlung eines Geldbetrages in Höhe der Differenz zwischen zugewendetem Erbteil und gesm Pflichtteil als Pflichtteilsanspruch. Der Anspruch verjährt deshalb nach § 2332 in drei Jahren, ist Nachlassverbindlichkeit und richtet sich gegen die Miterben, die ihre Haftung allerdings nach § 2063 Abs. 2 beschränken können (OLG Düsseldorf ZEV 1996, 72, 73).

6   Die **Ausschlagung** des Erbes führt nicht zum vollen Pflichtteilsanspruch (vgl § 2303 Rn 18). Der Ausschlagende behält lediglich den Zusatzpflichtteil (BGH NJW 1973, 995, 996; RGZ 93, 3, 9; zu den Möglichkeiten, diese Rechtsfolge zu korrigieren, § 2306 BGB Rn 4, 19).

7   Der **Ehegatte einer Zugewinngemeinschaft** hingegen behält gem § 1371 Abs. 3 den kleinen Pflichtteil trotz Ausschlagung des Erbes. Zusätzlich kann er den Zugewinnausgleich verlangen. Die Differenz zum großen Pflichtteil (vgl § 2303 Rn 29) kann er dagegen nur geltend machen, wenn er das Erbe annimmt. Zugleich verliert er dadurch den Anspruch auf Zugewinnausgleich. Die Einsetzung auf einen zwischen kleinem und großem Pflichtteil liegenden Erbteil unter der Bedingung, dass der Bedachte den Pflichtteilsrestanspruch zum großen Pflichtteil nicht geltend macht, stellt den überlebenden Ehegatte vor die Wahl: Erbe oder kleiner Pflichtteil. Ob dies einer höchstrichterlichen Prüfung standhält, ist nach BGHZ 120, 96, 99 ff nicht zweifelsfrei (AnwK/*Bock* Rn 12; Staudinger/*Haas* Rn 15 verwirft die Bedingung nach § 2306 Abs. 1 Satz 1), aber zu bejahen, weil der Ehegatte durch Enterbung zulässigerweise auf den kleinen Pflichtteil gesetzt werden kann (Soergel/*Dieckmann* Rn 5; MüKo/*Lange* Rn 7).

8   Wurde einem **Erbersatzberechtigten** ein Erbteil hinterlassen, das die Hälfte des ges Erbteils unterschreitet, ist der Erbersatzanspruch gem § 2305 ausgeschlossen (Staudinger/ *Haas* Rn 16). Wurde der Erbersatzanspruch dagegen durch letztwillige Verfügung unter die Hälfte des Pflichtteilsanspruches verkürzt, soll auch der pflichtteilsberechtigte nichteheliche Abkömmling einen Pflichtteilsrestanspruch entsprechend § 2305 haben. Schlägt er aus, verliert er gleich dem Erben den gekürzten Erbersatzanspruch und behält lediglich den Zusatzpflichtteil (hM, Staudinger/*Haas* Rn 17; MüKo/*Lange* Rn 8).

§ 2306 Beschränkungen und Beschwerungen

(1) Ist ein als Erbe berufener Pflichtteilsberechtigter durch die Einsetzung eines Nacherben, die Ernennung eines Testamentsvollstreckers oder eine Teilungsanordnung beschränkt oder ist er mit einem Vermächtnis oder einer Auflage beschwert, so gilt die Beschränkung oder die Beschwerung als nicht angeordnet, wenn der ihm hinterlassene Erbteil die Hälfte des gesetzlichen Erbteils nicht übersteigt. Ist der hinterlassene Erbteil größer, so kann der Pflichtteilsberechtigte den Pflichtteil verlangen, wenn er den Erbteil ausschlägt; die Ausschlagungsfrist beginnt erst, wenn der Pflichtteilsberechtigte von der Beschränkung oder der Beschwerung Kenntnis erlangt.

(2) Einer Beschränkung der Erbeinsetzung steht es gleich, wenn der Pflichtteilsberechtigte als Nacherbe eingesetzt ist.

Inhaltsverzeichnis

	Rn
A. Normzweck	1
B. Bestimmung der Erbquote	2 – 7
C. Erbteil kleiner oder gleich Pflichtteil, § 2306 Abs. 1 Satz 1	8 – 16
I. Grundsätze	8
II. Beschränkungen und Beschwerungen	9 – 16
D. Erbteil größer als Pflichtteil, § 2306 Abs. 1 Satz 2	17 – 26
I. Wahlrecht	17 – 20
II. Die Ausschlagungsfrist, § 2306 Abs. 1 Satz 2, 2. Hs	21 – 24
III. Folgen der Ausschlagung	25 – 26

A. Normzweck

Die Vorschrift sichert die Teilhabe eines Pflichtteilsberechtigten am Nachlass, der nur mit 1 Beschränkungen oder Beschwerungen Erbe geworden ist. Abhängig von der Höhe der hinterlassenen Erbquote weist sie dazu zwei verschiedene Wege. Ist der hinterlassene **Erbteil kleiner oder gleich der Hälfte des ges Erbteils** lässt § 2306 Abs. 1 Satz 1 die angeordneten Belastungen entfallen. Nach § 2305 kann er darüber hinaus Ausgleich des Betrages fordern, um den der Wert des nunmehr unbelasteten Erbteils hinter dem Pflichtteil zurückbleibt. Ist der **Erbteil höher als die Hälfte des ges Erbteils** hat er nach § 2306 Abs. 1 Satz 2 die Wahl, ob er ihn mitsamt seinen Belastungen annimmt oder ob er frist- und formgerecht ausschlägt und den ihm dann abweichend von der Grundregel (§ 2303 Rn 18) eingeräumten Pflichtteil geltend macht.

B. Bestimmung der Erbquote

Ist der **Pflichtteilsberechtigte Erbe** geworden (s.o. § 2303 Rn 22; § 2305 Rn 2), wobei über 2 den Wortlaut hinaus auch der Alleinerbe den Schutz des § 2306 Abs. 1 Satz 2 genießt (hM, BayObLG NJW 1959, 1734; Staudinger/*Haas* Rn 54; aA Palandt/*Edenhofer* Rn 9; OLG Stuttgart NJW 1959, 1735), und ist der ihm zugewandte Erbteil mit einer oder mehrerer der in § 2306 Abs. 1 Satz 1 aufgeführten Beschränkungen und Beschwerungen belastet, hängen seine Rechte entscheidend von der Höhe des Erbteils ab.

Aus Gründen der Rechtsklarheit ist die Höhe grds nach der **Erbquote**, dh dem als Bruch- 3 teil ausgewiesenen Anteil am Gesamtnachlass zu bestimmen (»**Quotentheorie**«; hM BGH NJW 1983, 2378; OLG Köln ZEV 1997, 298; Staudinger/*Haas* Rn 5; MüKo/*Lange* Rn 3; aA *Klingelhöffer* ZEV 1997, 298). Sie ist mit der Hälfte der Quote des gesetzlichen Erbteils zu vergleichen. Eine Wertermittlung ist jedoch erforderlich, wenn einem Erben entgegen der Auslegungsregel des § 2087 Abs. 2 einzelne Nachlassgegenstände oder Vermögensgruppen zugewiesen wurden. Dann entspricht die Erbquote dem Verhältnis des Wertes der

§ 2306 BGB | Beschränkungen und Beschwerungen

zugewandten Vermögensgegenstände zum Wert des ganzen Nachlasses (BGH NJW-RR 1990, 391, 393; BGHZ 120, 96, 98, 102 = NJW 1993, 1005, 1006 f).

4 Sind Anrechnungs- und Ausgleichungspflichten (§§ 2315 f) zu berücksichtigen, vergleicht die überwiegende Auffassung den Wert des hinterlassenen Erbteils mit dem Wert des Pflichtteils nach Anrechnung und Ausgleichung (»**Werttheorie**«; RGZ 113, 48; OLG Köln aaO; BayObLG NJW-RR 1988, 387, 389; Bamberger/Roth/*Mayer* Rn 9 ff; nur für den Fall einer Erbeinsetzung nach Vermögensgruppen auch BGHZ 120, 96, 99 = NJW 1993, 1005, 1006 f; offen jedoch BGH NJW 1993, 1197 f; Palandt/*Edenhofer* Rn 4). Eine interessengerechte, gleichzeitig aber rechtsklarere Lösung lässt sich jedoch auch erzielen, wenn man auch hier die regelmäßig leichter feststellbare Quote des hinterlassenen Erbteils zugrunde legt und den Pflichtteilsrestanspruch gem §§ 2305, 2306 Abs. 1 Satz 1 bzw den Pflichtteilsanspruch nach Ausschlagung gem § 2306 Abs. 1 Satz 2 nach Maßgabe des § 2316 Abs. 2 berechnet. Eine Korrektur ist nur angebracht, wenn der Pflichtteilsanspruch aufgrund Anrechnung oder Ausgleichung unter den Wert der abstrakten Hälfte des ges Erbteils fällt und der hinterlassene Erbteil kleiner ist als die Hälfte des ges Erbteils. Erhält hier der Pflichtteilsberechtigte mehr als den ihm konkret zustehenden Pflichtteil, weil die Belastungen und Beschwerungen nach § 2306 Abs. 1 Satz 1 weggefallen sind (näher Staudinger/*Haas* Rn 10 ff; *Marotzke* AcP 191, 563, 568 ff), ist entweder die Werttheorie anzuwenden (so OLG Celle ZEV 1996, 307, 308) oder der Betrag, um den der Wert des unbelasteten Erbteils den Pflichtteil übersteigt, auf den Erbteil anzurechnen (*Marotzke*, aaO, S 580; Staudinger/*Haas* Rn 13; aA *Natter* JZ 1955, 140 ff). Will der pflichtteilsberechtigte Erbe in diesen rechtlich wie tatsächlich zweifelhaften Fällen die Belastungen und Beschwerungen seines Erbteils abschütteln, sollte er nur unter dem Vorbehalt des Pflichtteils ausschlagen, um nicht lediglich auf den Pflichtteilsrestanspruch verwiesen zu werden, sofern eine nachträgliche Bewertung ergibt, dass sein Erbteil kleiner/gleich der Hälfte des ges Erbteils ist (s.o. § 2305 Rn 6). Immer sind für den anzustellenden Vergleich die Verhältnisse im **Zeitpunkt des Erbfalls** zugrunde zu legen und die auf dem Erbteil ruhenden Belastungen außer Acht zu lassen (BGHZ 19, 309, 310 f).

5 Wurde dem Pflichtteilsberechtigten neben dem Erbteil ein **Vermächtnis** zugewendet, erhöht es den in den Vergleich einzustellenden Wert des Erbteils (BGHZ 80, 263, 265). Allerdings kann das Vermächtnis nach § 2307 Abs. 1 ausgeschlagen werden. Dann kommt es für die Rechtsfolgen der §§ 2305 f allein auf den Erbteil an. Ist er kleiner oder gleich der Hälfte des ges Erbteils entfallen die auf ihn lastenden Beschwerungen und Beschränkungen (vgl BGHZ 80, 263, 265). Sind dem Pflichtteilsberechtigten **mehrere Erbteile** zugewandt worden, von denen einer belastet ist und andere nicht, sind sie grds zu addieren.

6 Lebte der Erblasser in **Zugewinngemeinschaft**, hängen die für den Vergleich maßgeblichen ges Erbteile davon ab, ob für den überlebenden Ehegatten die erbrechtliche oder die güterechtliche Lösung gilt (s.o. § 2303 Rn 27 ff). Ist der überlebende Ehegatte Erbe oder Vermächtnisnehmer, ist für die Berechnung der Pflichtteilsquoten vom erhöhten Erbteil gem § 1371 Abs. 1 auszugehen. Ist er nicht Erbe oder Vermächtnisnehmer oder hat nach § 1371 Abs. 3 ausgeschlagen, erhöhen sich die Pflichtteilsquoten der anderen nach Maßgabe des § 1931. Entsprechendes gilt bei der Ausgleichsgemeinschaft der **Lebenspartner**.

7 Hat der Pflichtteilsberechtigte **teilweise auf seinen Pflichtteil verzichtet**, ist der hinterlassene Erbteil mit der Pflichtteilsquote zu vergleichen, die ihm nach dem Verzicht noch zusteht.

C. Erbteil kleiner oder gleich Pflichtteil, § 2306 Abs. 1 Satz 1

I. Grundsätze

8 Ist der hinterlassene Erbteil nicht größer als die Hälfte des ges Erbteils entfallen die angeordneten Beschränkungen und Beschwerungen, die § 2306 abschließend aufzählt, kraft Gesetzes ersatzlos, selbst wenn sie die Beteiligung des Pflichtteilsberechtigten am

Nachlass nicht wirtschaftlich schmälern (BGHZ 80, 263, 268 = NJW 1981, 1837 für ein Vermächtnis, dessen Erfüllung den Nachlasswert nicht unter den Pflichtteilswert hätte sinken lassen) oder in nur geringfügig belasten. Allerdings müssen sie noch im Zeitpunkt des Erbfalls Bestand haben, dürfen sich also nicht bis dahin erledigt haben. Der Anteil anderer Miterben bleibt grds belastet, es sei denn Auswirkungen auf den Pflichtteilsberechtigten lassen sich wie etwa beim Vermächtnis bestimmter Nachlassgegenstände nicht vermeiden (BGH aaO.). Darüber hinaus kann ihm noch der **Pflichtteilsrestanspruch** des § 2305 zustehen.

II. Beschränkungen und Beschwerungen

Als **Beschränkung** nennt § 2306 zunächst die Einsetzung eines Nacherben. Dies gilt auch, 9 wenn der Pflichtteilsberechtigte als befreiter **Vorerbe** eingesetzt wird. Im Fall des § 2306 Abs. 1 Satz 1 wird er demnach uneingeschränkter Vollerbe. Nach hM gilt dies auch, wenn – wie insb bei »Wiederverheiratungsklauseln«, nach denen der überlebende Ehegatte zunächst uneingeschränkt Erbe werden soll, der Nachlass aber bei Wiederverheiratung an die gemeinschaftlichen Kinder fallen soll – eine auflösend oder aufschiebend bedingte Vollerbschaft mit einer aufschiebend oder auflösend bedingten Vorerbschaft kombiniert ist (für ersteres RGZ 156, 172, 180; BGHZ 96, 198, 203 f = NJW 1988, 59, 60; für zweiteres MüKo/*Musielak* § 2269 Rn 56, 58 ff; allein für Vorerbschaft dagegen *Wilhelm* NJW 1990, 2858 ff). Auch der auflösend bedingte Vollerbe soll jedenfalls den nach § 2136 BGB nicht abdingbaren Beschränkungen unterliegen (RGZ 156, 172, 181 f; BayObLGZ 1966, 232 f; MüKo/*Musielak* § 2269 Rn 60; Staudinger/*Haas* Rn 16). Anders wäre möglicherweise zu entscheiden, wenn – was der BGH (NJW 1988, 59, 60) – immerhin offen lässt – in einem gemeinschaftlichen Testament auch die dem befreiten Vorerben kraft Gesetzes auferlegten Beschränkungen abbedungen werden könnten (so MüKo/*Musielak* § 2269 Rn 60 mwN; *Buchholz* MDR 1990, 204 f).

Eine angeordnete **Testamentsvollstreckung** beschränkt den Pflichtteilsberechtigten we- 10 gen der Verwaltungs- und Verfügungsbefugnisse des Testamentsvollstreckers immer.

Eine **Teilungsanordnung** beschränkt dagegen nur, wenn sie den Pflichtteilsberechtigten 11 benachteiligt, nicht aber, wenn sie ihn nicht berührt oder gar begünstigt. Im letzten Fall liegt idR ein Vorausvermächtnis vor (BGH NJW 1995, 721), das unter § 2307 BGB fiele. Die ebenfalls als Teilungsanordnung anzusehende Anordnung, ein Landgut könne zu einem bestimmten Preis übernommen werden, der mindestens dem Ertragswert und maximal dem Schätzwert entspricht, ist allerdings gem § 2312 Abs. 1 vom Pflichtteilsberechtigten hinzunehmen. Ist die Zuwendung bestimmter Nachlassgegenstände als Erbeinsetzung anzusehen (§ 2087 Abs. 2 Rn 5), gilt hinsichtlich der darin liegenden Teilungsanordnung § 2306. Übersteigt die aus dem Verhältnis des Werts der zugewandten Gegenstände und des Gesamtnachlasses errechnete Quote nicht die Hälfte des ges Erbteils des Pflichtteilsberechtigten, entfällt die Teilungsanordnung und er bleibt Erbe in Höhe des errechneten Anteils (BGH NJW-RR 1990, 391, 393; aA RG LZ 1932, 1050).

§ 2306 Abs. 2 setzt die Einsetzung als **Nacherbe** einer beschränkten Erbeinsetzung gleich. 12 Ist der Nacherbteil des Pflichtteilsberechtigten nicht größer als seine Pflichtteilsquote wird er deshalb in Höhe der Nacherbquote Vollerbe. Die Vorerbschaft entfällt. Auch hier sind die Verhältnisse im Zeitpunkt des Erbfalls maßgebend (OLG Schleswig NJW 1961, 1929, 1930). Umstritten ist, ob dies auch gilt, wenn er **aufschiebend bedingt** als Nacherbe eingesetzt wird, der Bedingungseintritt mithin ungewiss ist (dagegen AnwK/*Bock* Rn 22; MüKo³/*Frank* Rn 7; RGRK/*Johannsen* Rn 9; BayObLGZ 1966, 227, 230 für den Fall des § 2104, in dem die Person des Nacherben beim Erbfall nicht feststeht). Da der Eintritt der Nacherbschaft auch davon abhängt, ob der Nacherbe den Bedingungseintritt erlebt, ist jede Nacherbschaft ungewiss. Umgekehrt wachsen dem aufschiebend bedingt wie dem aufschiebend befristet bedachten Nacherben mit dem Erbfall gleichermaßen Anwartschaftsrechte zu (RGZ 170, 163, 168; § 2100 Rn 69). Eine auf befristete Nacherbeneinset-

§ 2306 BGB | Beschränkungen und Beschwerungen

zungen beschränkte Auslegung des § 2306 Abs. 2 erscheint daher nicht gerechtfertigt (Staudinger/*Haas* Rn 19 ff; Soergel/*Dieckmann* Rn 6; wohl jetzt auch MüKo/*Lange* Rn 9; Damrau/*Riedel/Lenz* Rn 9).

13 Als **Beschwerungen** nennt § 2306 Abs. 1 nur **Vermächtnis** und **Auflage**. Zu ersterem wird auch der Dreißigste iSd § 1969 gezählt, nicht dagegen der Voraus iSd § 1932. Letzterer geht dem Pflichtteil vor (§ 2311 Abs. 1 Satz 2).

14 Sieht man in einer **Schiedsgerichtsanordnung** eine Auflage (*Kohler* DNotZ 1962, 125, 126 f; aA etwa MüKo/*Leipold* § 1937 Rn 31 mwN), dürfte ihr jedenfalls die belastende Wirkung fehlen, soweit eine unabhängige und überparteiliche Rechtsprechung gewährleistet ist.

15 Nicht abschließend geklärt ist die Rechtslage bei der **Nachfolge in Personengesellschaften** (zum Ganzen *Keller* ZEV 2001, 297 ff). Da ein vererblich gestellter Gesellschaftsanteil im Wege der Sondererbfolge nach Maßgabe der Erbquote unmittelbar auf die einzelnen Miterben übergehen muss (std Rspr, etwa BGHZ 119, 346, 354) kommt § 2306 Abs. 1 Satz 1 bei der einfachen Nachfolgeklausel solange nicht zur Anwendung, als keine anderen Belastungen wie etwa Testamentsvollstreckung angeordnet wurden (Staudinger/*Haas* Rn 27; für generelle Nichtanwendbarkeit OLG Hamm NJW-RR 1991, 837). Qualifizierte Nachfolgeklauseln wirken hingegen wie dingliche Teilungsanordnungen. Entfiele diese Wirkung nach § 2306 Abs. 1 Satz 1, käme es zum gesellschaftsrechtlich unzulässigen Eintritt der Miterbengemeinschaft. Insoweit muss der Anwendungsbereich dieser Vorschrift beschränkt und dem Pflichtteilsberechtigten die Wahlmöglichkeit des § 2306 Abs. 1 Satz 2 auch für den Fall eingeräumt werden, dass die hinterlassene Erbquote hinter der Pflichtteilsquote zurückbleibt (so Staudinger/*Haas* Rn 28; Soergel/*Dieckmann* Rn 9).

16 Nicht unter § 2306 fallen die **Ersatzerbeneinsetzung**, **familienrechtliche Anordnungen** nach §§ 1418 Abs. 1 Nr. 2, 1638, 1639, soweit sie nicht ihrerseits als Bedingung für den Erbfall, Anordnung einer Testamentsvollstreckung oder Auflage anzusehen sind, **Pflichtteilsbeschränkungen »in guter Absicht«** (§ 2338) oder Beschränkungen und Beschwerungen, die unter den Voraussetzungen der **Pflichtteilsentziehung** (§§ 2333 ff) angeordnet wurden. Sie **bleiben wirksam** und berechtigen nicht zur Ausschlagung.

D. Erbteil größer als Pflichtteil, § 2306 Abs. 1 Satz 2

I. Wahlrecht

17 Übersteigt der zugewandte Erbteil die Pflichtteilsquote, kann der Pflichtteilsberechtigte auch wenn er Alleinerbe geworden ist (Staudinger/*Haas* Rn 54; BayObLG NJW 1959, 77, 79; aA Palandt/*Edenhofer* Rn 9; OLG Stuttgart NJW 1959, 1735) wählen, ob er den zugewandten Erbteil mit allen Belastungen oder Beschränkungen annimmt oder ausschlägt und den vollen Pflichtteil verlangt. Nimmt er das Erbe an, entfällt der Pflichtteilsanspruch auch dann, wenn er infolge der Belastungen weniger als den Wert des Pflichtteils erhält (OLG Celle ZEV 2003, 365; krit Hennig DNotZ 2003, 399 ff). Die Annahme kann wegen der Unkenntnis dieser Rechtsfolge nicht angefochten werden, wohl aber, wenn der Annehmende über das Bestehen einer Belastung geirrt hat, die seinen Pflichtteilsanspruch gefährdet (BGHZ 106, 359, 363 = NJW 1989, 2885).

18 Das **Ausschlagungsrecht** ist **vererblich**, aber **nicht übertragbar**. Insb kann es nicht auf den Sozialhilfeträger übergeleitet werden (§ 1943 Rn 14; offen BGHZ 123, 368, 369; NJW-RR 2005, 369; aA *van de Loo* NJW 1990, 2856). OVG Saarbrücken ZErb 2005, 176 (Ls.) verneint nunmehr auch eine Verpflichtung des Bedürftigen zur Ausschlagung (offen BGH NJW 1994, 248, 251). Das Ausschlagungsrecht entfällt, wenn die Belastung vor oder nach dem Erbfall, aber vor Erklärung der Ausschlagung weggefallen ist, bspw wenn der Nacherbe ausschlägt und der pflichtteilsberechtigte Vorerbe dadurch Vollerbe geworden ist, § 2142. Umgekehrt kann der Vorerbe auch noch nach Eintritt des Nacherbfalls ausschlagen, wenn er bis dahin die (Vor-)Erbschaft nicht angenommen hat und die Ausschlagungsfrist noch nicht abgelaufen ist (Staudinger/*Haas* Rn 66).

Ist der Erbteil nicht größer als die Hälfte des ges Erbteils führt die Ausschlagung dazu, **19** dass bis auf den Pflichtteilsrestanspruch nach § 2305 kein Pflichtteilsanspruch entsteht (BGH NJW 1958, 1964; § 2303 Rn 18; § 2305 Rn 6). Nach Beschl v 5. 7. 2006, AZ: IV ZB 39/05, liegt ein anfechtbarer Inhaltsirrtum jedenfalls dann vor, wenn der Ausschlagende meint, er verliere den Pflichtteilsanspruch nicht (so auch schon OLG Hamm OLGZ 1982, 41, 46; OLGR 2006, 83 ff mit zust Anm *Haas/Jeske* ZEV 2006, 172 f; AnwK/*Bock* Rn 45; *Bestelmeyer*, FamRZ 2004, 1327 f; anders die bisherige hM: nicht anfechtbarer Rechtsfolgenirrtum (MüKo/*Lange* Rn 4; BayObLG NJW-RR 1995, 904; allg BGH NJW 1995, 1485). Um das Wahlrecht des § 2306 auch in den Fällen, in denen die Voraussetzungen unsicher sind, effektiv zu erhalten, wird man daher eine Ausschlagung unter Vorbehalt des Pflichtteils zulassen müssen (str, wie hier Palandt/*Edenhofer* § 2305 Rn 3; MüKo/*Lange* § 2305 Rn 4; anders jedoch ders, § 2306 Rn 14; offen Staudinger/*Haas* Rn 12; aA Soergel/*Dieckmann* § 2305 BGB Rn 3; AnwK/*Bock* § 2305 Rn 9; § 2306 Rn 45). § 1947 erfasst nicht sog Gegenwartsbedingungen, deren Eintritt wie im vorliegenden Fall objektiv feststeht (MüKo/*Leipold* § 1950 Rn 5). Da die Unsicherheiten jedenfalls den Beginn der Ausschlagungsfrist verzögern müssen, führt im Ergebnis auch die Gegenauffassung zu keiner rascheren Klärung des Erbanfalls.

Der Erblasser kann den Pflichtteilsberechtigten hingegen nicht wirksam auf den Pflichtteil **20** verweisen, wenn er den zugedachten beschränkten oder beschwerten Erbteil, der nicht größer ist als der Pflichtteil, nicht annimmt (sog **socinische Klausel**). Solche Strafklauseln fallen als aufschiebend bedingte Nacherbeneinsetzung unter § 2306. Dessen Abs. 1 sollte nach den Intentionen des Gesetzgebers nicht nur die wertmäßige Beteiligung am Nachlass, sondern die unbelastete Erbenstellung des Pflichtteilsberechtigten gewährleisten (heute hM, BGHZ 120, 96, 99 ff = NJW 1993, 1005, 1006; aA Erman/*Schlüter* Rn 2). Ist der zugewandte Erbteil dagegen größer als der Pflichtteil, bleiben Verwirkungsklauseln wirksam (OLG Celle ZEV 1996, 307). Dies gilt auch, wenn der Erbteil, der dem überlebenden Ehegatten einer Zugewinngemeinschaft zugewandt wurde, die Hälfte des nicht erhöhten Ehegattenerbteils übersteigt (Soergel/*Dieckmann* Rn 13).

II. Die Ausschlagungsfrist, § 2306 Abs. 1 Satz 2, 2. Hs

§ 2306 Abs. 1 Satz 2, 2. Hs lässt über § 1944 Abs. 2 Satz 1 hinaus die Ausschlagungsfrist erst **21** mit Kenntnis der Belastungen beginnen, um dem Pflichtteilsberechtigten eine sachgerechte Entscheidung zu ermöglichen.

Über den Wortlaut hinaus muss er daher nicht nur **Kenntnis von den Beschwerungen** **22** **und Belastungen und deren Wirksamkeit** haben (BGH WM 1968, 542; Staudinger/*Haas* Rn 63; die irrige Annahme, Beschwerungen ausgesetzt zu sein, schiebt die Ausschlagungsfrist jedoch nicht hinaus, BGHZ 112, 269 = NJW 1991, 169), sondern auch **wissen, ob der hinterlassene Erbteil die Hälfte des ges Erbteils übersteigt** (RGZ 113, 45, 47 f). Hängt die ges Erbquote vom Verhalten des überlebenden Ehegatten einer Zugewinngemeinschaft ab (s dazu § 2303 Rn 29 f), beginnt die Frist daher nicht, ehe dessen Entscheidung getroffen ist. Wurden keine Nachlassquoten festgesetzt, sondern einzelne Nachlassgegenstände zugewandt oder sind Anrechnungs- und Ausgleichungspflichten zu beachten, die den Pflichtteil bestimmen, setzt der Fristlauf voraus, dass der Pflichtteilsberechtigte die maßgeblichen Wertverhältnisse einschätzen kann (nach BayObLGZ 1959, 77, 82 gilt dies nur, wenn über die Anrechnungs- und Ausgleichsbestimmung selbst Gewissheit besteht; aA MüKo/*Lange* Rn 18).

Auch wenn der überlebende **Ehegatte einer Zugewinngemeinschaft** schon nach § 1371 **23** Abs. 3 ausschlagen kann, bleibt ihm zusätzlich die Ausschlagung nach § 2306 Abs. 1 Satz 2 mit einer uU hinausgeschobenen Ausschlagungsfrist erhalten, damit er prüfen kann, ob er den zugewandten Erbteil nach § 2306 Abs. 1 Satz 1 unbelastet erworben hat und daneben noch einen Pflichtteilsrestanspruch bis zur Höhe des »großen Pflichtteils« geltend machen kann (MüKo/*Lange* Rn 18).

§ 2307 BGB | Zuwendung eines Vermächtnisses

24 Die Ausschlagungsfrist des **Nacherben** beginnt zwar erst mit Eintritt des Nacherbfalls, §§ 1944 Abs. 2 Satz 1, 2139 (RGZ 59, 341, 344 f), sein Pflichtteilsanspruch beginnt jedoch bereits mit Kenntnis des Erbfalls zu verjähren. Auf die Gefahr, dass er ohne rechtzeitige Ausschlagung nur einen durch den Vorerben erheblich verkürzten Nachlass erhalten könnte, ist daher deutlich hinzuweisen.

III. Folgen der Ausschlagung

25 Durch die Ausschlagung fällt der Erbteil demjenigen an, der – sei es aufgrund erbrechtlicher Verfügung, sei es nach dem Gesetz – berufen gewesen wäre, wenn der Ausschlagende den Erbfall nicht erlebt hätte, § 1953 Abs. 2. Beschränkungen und Beschwerungen bleiben zu Lasten des nachrückenden Erben in Kraft, es sei denn sie sollten den Pflichtteilsberechtigten persönlich treffen (vgl §§ 2161, 2192). Sie können aber nach § 2322 gekürzt werden, damit der Pflichtteilsanspruch aus dem Nachlass erfüllt werden kann.

26 Schlägt der zum **Nacherben** eingesetzte Pflichtteilsberechtigte aus, wird der Vorerbe Vollerbe. § 2069 wird nicht angewandt, weil das Nachrücken des ges Erben den Stamm des Ausschlagenden besser stellen würde (BGHZ 33, 60, 63 = NJW 1960, 1899; Staudinger/ *Haas* Rn 57).

§ 2307 Zuwendung eines Vermächtnisses

(1) Ist ein Pflichtteilsberechtigter mit einem Vermächtnis bedacht, so kann er den Pflichtteil verlangen, wenn er das Vermächtnis ausschlägt. Schlägt er nicht aus, so steht ihm ein Recht auf den Pflichtteil nicht zu, soweit der Wert des Vermächtnisses reicht; bei der Berechnung des Wertes bleiben Beschränkungen und Beschwerungen der in § 2306 bezeichneten Art außer Betracht.

(2) Der mit dem Vermächtnis beschwerte Erbe kann den Pflichtteilsberechtigten unter Bestimmung einer angemessenen Frist zur Erklärung über die Annahme des Vermächtnisses auffordern. Mit dem Ablauf der Frist gilt das Vermächtnis als ausgeschlagen, wenn nicht vorher die Annahme erklärt wird.

A. Normzweck

1 Mit dieser Vorschrift wollte der Gesetzgeber verhindern, dass der Pflichtteilsberechtigte auf ein in Wert und Durchsetzbarkeit (insb Untervermächtnis) zweifelhaftes Vermächtnis verwiesen werden kann. Er kann es daher unabhängig von seinem Wert ausschlagen und den Pflichtteil verlangen. Schlägt er nicht aus, bleibt sein Pflichtteilsanspruch erhalten, soweit er über den Wert des Vermächtnisses hinausgeht. Weil eine ges Frist für die Annahme und Ausschlagung eines Vermächtnisses fehlt, ermöglicht Abs. 2 dem mit dem Vermächtnis belasteten Erben den Schwebezustand zu beenden.

B. Anwendungsbereich

2 Die Regelung ist auf **alle Vermächtnisse** anzuwenden, unabhängig davon, ob sie wertmäßig über oder unter der Pflichtteilsquote liegen, beschränkt oder beschwert sind. Erfasst ist insb auch das **Untervermächtnis**, das nur gegen den Vermächtnisnehmer geltend gemacht werden kann, während für den Pflichtteilsanspruch alle Erben einzustehen haben.

3 Auflösend bedingte oder befristete Vermächtnisse fallen ebenso unter § 2307 wie aufschiebend befristete oder bedingte. Letzteres wird bestritten (*Schlitt* NJW 1992, 28 f; *Strecker* ZEV 1996, 327; offen BGH NJW 2001, 520). Vor allem die auch vom Gesetzgeber gewünschte rasche Nachlassabwicklung spricht jedoch neben dem nicht differenzierenden

Wortlaut dafür, auch die aufschiebend bedingten Vermächtnisse einzubeziehen (OLG Oldenburg NJW 1991, 988; Staudinger/*Haas* Rn 6). Dagegen gilt § 2307 **nicht** für den **Ersatzvermächtnisnehmer**, dem wie dem Ersatzerben (noch) nichts hinterlassen ist, oder für **Auflagen**, die schon nicht ausgeschlagen werden können.

C. Ausschlagung

Die Ausschlagung erfolgt durch formlose, bedingungs- und befristungsfeindliche Erklärung gegenüber dem Beschwerten nach Eintritt des Erbfalls, § 2180 Abs. 2. Eine Teilausschlagung ist nicht möglich. Sie kann auch stillschweigend erklärt werden. Der Geltendmachung des Pflichtteils kann eine Ausschlagung nur entnommen werden, wenn der Pflichtteilsschuldner auch mit dem Vermächtnis beschwert ist und der Pflichtteilsberechtigte das Vermächtnis kennt und weiß, dass er das Vermächtnis nicht neben dem Pflichtteil fordern kann. Zur Anfechtung s § 2308. 4

Nach der Ausschlagung kann der Pflichtteilsanspruch in voller Höhe gefordert werden (zur Entstehung s § 2317 Rn 2; zur internen Pflichtteilslast s § 2321). Der überlebende **Ehegatte** einer **Zugewinngemeinschaft** kann nur den kleinen Pflichtteil neben dem Zugewinnausgleich verlangen, es sei denn, es ist ihm zusätzlich ein Erbteil zugewandt worden: dann Pflichtteilsrestanspruch bis zur Höhe des großen Pflichtteils. 5

D. Annahme

Die **Annahmeerklärung** ist ebenfalls nicht form- und fristgebunden. Sie ist auch bedingungsfeindlich (anders für den Vorbehalt des Pflichtteilsanspruchs OLG Braunschweig OLGR 21, 343, 344) und setzt den Eintritt des Erbfalls voraus. Regelmäßig wird sie in der Geltendmachung oder Entgegennahme des Vermächtnisses liegen (vgl BGH ZEV 1998, 24). Die Annahmeerklärung kann nur nach den allgemeinen Regeln, nicht nach § 2308 analog angefochten werden (BayObLG NJW-RR 1995, 904, 906). 6

Mit der Annahme erwirbt der Pflichtteilsberechtigte endgültig das Vermächtnis und verliert den Pflichtteilsanspruch, soweit er nicht durch den Wert des Vermächtnisses gedeckt ist. 7

Maßgebend für den **Wertvergleich** ist der Verkehrswert zum Zeitpunkt des Erbfalls. Der Pflichtteilsanspruch ist konkret unter Berücksichtigung etwaiger Anrechnungs- und Ausgleichungspflichten zu ermitteln. Beschränkungen und Beschwerungen sind jedoch nicht wertmindernd einzustellen, § 2307 Abs. 1 Satz 2, 2. Hs Der Erblasser kann daher auch einen abweichenden Wert oder ein abweichendes Bewertungsverfahren anordnen oder verfügen, dass der Pflichtteil durch das Vermächtnis abgegolten sein soll. Nimmt der Pflichtteilsberechtigte das Vermächtnis an, ist er an diese Verfügungen gebunden und ein Pflichtteilsrestanspruch insoweit ausgeschlossen (LG Bonn, Urt v 24. 9. 2004 1 O 299/04; Staudinger/*Haas* Rn 18; MüKo/*Lange* Rn 2, 11). Bei der Entscheidung über Annahme oder Ausschlagung sind auch die weiteren Unterschiede zwischen Vermächtnis und Pflichtteilsanspruch – namentlich etwa Verjährung und Pfändbarkeit (s § 2304 Rn 3) – zu berücksichtigen. Für den hinterbliebenen **Ehegatten** einer Zugewinngemeinschaft ist der große Pflichtteil zugrunde zu legen. 8

E. Pflichtteilsberechtigter als Erbe und Vermächtnisnehmer

Wird der Pflichtteilsberechtigte mit einem Erbteil und zugleich mit einem Vermächtnis bedacht, ergeben sich die Rechtsfolgen und Wahlmöglichkeiten aus einer Zusammenschau von §§ 2305 f und § 2307 (ausführlich *Schlitt* ZEV 1998, 216 ff) 9

Ist der **Erbteil unbelastet** und größer oder gleich dem Pflichtteil besteht kein Pflichtteilsanspruch und kann auch durch Ausschlagung des Erbteils oder/und des Vermächtnisses nicht entstehen. Ist der unbelastete Erbteil kleiner als der Pflichtteil hat der Pflichtteilsberechtigte den Pflichtteilsrestanspruch des § 2305, den er durch Ausschlagung des Erb- 10

§ 2308 BGB | Anfechtung der Ausschlagung

teils nicht zum vollen Pflichtteilsanspruch erweitern kann (§ 2305 Rn 6). Er kann lediglich durch Ausschlagung des Vermächtnisses verhindern, dass der Pflichtteilsrestanspruch um dessen Wert vermindert wird.

11 Ist der **Erbteil belastet**, aber größer als die Hälfte des ges Erbteils, kann der Pflichtteilsberechtigte den Erbteil nach § 2306 Abs. 1 Satz 2 und das Vermächtnis nach § 2307 ausschlagen und so den vollen Pflichtteilsanspruch geltend machen. Schlägt er nur das Erbe aus, vermindert sich sein Pflichtteilsanspruch um den Wert des Vermächtnisses. Eine Ausschlagung nur des Vermächtnisses wäre nur nachteilig, weil ein Pflichtteilsanspruch nicht besteht.

12 **Übersteigt der belastete Erbteil allein nicht die Hälfte des ges Erbteils** ist zunächst festzustellen, ob er zusammen mit dem Vermächtnis größer ist. In diesem Fall kann der Erbteil nach § 2306 Abs. 1 Satz 2 ausgeschlagen werden, um den vollen Pflichtteilsanspruch zu gewinnen. Insoweit wird auf die Zuwendungen insgesamt abgestellt, weshalb die Belastungen bestehen bleiben (BGHZ 80, 262, 265 = NJW 1981, 1837, 1838). Schlägt der Pflichtteilsberechtigte danach auch das Vermächtnis aus, kann er dessen Anrechnung nach § 2307 Abs. 1 Satz 1 verhindern. Schlägt er zunächst nur das Vermächtnis aus, fallen hingegen die Belastungen des Erbteils weg (§ 2306 Abs. 1 Satz 1) und er kann zusätzlich den Pflichtteilsrestanspruch geltend machen. Dieser wird nicht zum vollen Pflichtteilsanspruch, wenn er danach auch den Erbteil ausschlägt. Wegen der unterschiedlichen Wirkungen ist daher die zeitliche Reihenfolge der Ausschlagungen strikt zu beachten.

13 Sind belasteter Erbteil und Vermächtnis zusammen nicht größer als der Pflichtteil, entfallen die Belastungen des Erbteils. Zusätzlich besteht ein Pflichtteilsrestanspruch, auf den der Wert des Vermächtnisses anzurechnen ist, sofern es nicht ausgeschlagen wird. Schlägt er den Erbteil aus, bleibt ihm ebenfalls nur der in gleicher Weise durch das Vermächtnis beschränkte Pflichtteilsrestanspruch.

F. Fristsetzung, 2307 Abs. 2

14 Mit empfangsbedürftiger, formloser Erklärung kann der mit dem Vermächtnis beschwerte Erbe dem Pflichtteilsberechtigten eine angemessene Frist setzen, sich über die Annahme des Vermächtnisses zu erklären. Dem nicht beschwerten Erben oder einem seinerseits mit einem Untervermächtnis beschwerten Vermächtnisnehmer steht dieses Recht nicht zu. Eine zu kurz bemessene Frist wird durch eine angemessene ersetzt (RG Recht 1908 Nr. 350; Staudinger/*Haas* Rn 26). Sind mehrere Erben mit dem Vermächtnis beschwert, muss die Fristsetzung mit Zustimmung aller erfolgen (näher Soergel/*Dieckmann* Rn 13). Anders als nach § 1943 gilt das Vermächtnis mit Fristablauf als ausgeschlagen (zur Anfechtung s § 2308 Rn 2 ff).

§ 2308 Anfechtung der Ausschlagung

(1) Hat ein Pflichtteilsberechtigter, der als Erbe oder als Vermächtnisnehmer in der in § 2306 bezeichneten Art beschränkt oder beschwert ist, die Erbschaft oder das Vermächtnis ausgeschlagen, so kann er die Ausschlagung anfechten, wenn die Beschränkung oder die Beschwerung zur Zeit der Ausschlagung weggefallen und der Wegfall ihm nicht bekannt war.

(2) Auf die Anfechtung der Ausschlagung eines Vermächtnisses finden die für die Anfechtung der Ausschlagung einer Erbschaft geltenden Vorschriften entsprechende Anwendung. Die Anfechtung erfolgt durch Erklärung gegenüber dem Beschwerten.

A. Normzweck

1 Die Vorschrift erweitert die Anfechtbarkeit der Ausschlagung nach §§ 2306 f für den nach den allgemeinen Bestimmungen nicht anfechtbaren Motivirrtum über das Fortbestehen von Beschränkungen und Beschwerungen, die bei der Ausschlagung weggefallen wa-

ren. Dadurch bewahrt sie den Pflichtteilsberechtigten davor, mit der Ausschlagung des nur vermeintlich belasteten Erbteils auch seinen Pflichtteilsanspruch zu verlieren. Soweit sie eine erweiterte Anfechtung der Vermächtnisausschlagung zulässt, ermöglicht sie es ihm hingegen, sich über den Pflichtteil hinaus die letztwillige Zuwendung zu sichern (vgl BGHZ 112, 229, 238 f = NJW 1991, 169, 171; krit MüKo/*Lange* Rn 3). Gleiches gilt, wenn nur wegen teilweise weggefallener Belastungen angefochten wird oder der Ehegatte einer Zugewinngemeinschaft nach § 2308 anficht, obwohl er durch Ausschlagung der Zuwendung immer zum kleinen Pflichtteil wechseln kann.

B. Voraussetzungen

Objektiv müssen Erbteil bzw Vermächtnis beim Erbfall noch iSd § 2306 beschränkt oder beschwert gewesen sein. Diese Beschränkungen und Beschwerungen müssen bis zur Ausschlagung (zB durch Ausschlagung eines Vermächtnisses) weggefallen sein. Ein früherer Wegfall berechtigt wie überhaupt nur irrig angenommene Belastungen nicht zur Anfechtung. Gleiches gilt für einen späteren Wegfall. BGHZ 112, 229, 238 f = NJW 1991, 169, 171 lässt allerdings die Anfechtung zu, wenn der Wegfall – wie bei der Ausschlagung, Anfechtung oder Erbunwürdigkeit – nach dem Gesetz auf den Zeitpunkt des Erbfalls zurückwirkt. Allerdings weicht dann die Wirklichkeit nicht von der Vorstellung des Erklärenden ab (deshalb aA OLG Stuttgart MDR 1983, 751; MüKo/*Lange* Rn 4). Die Unkenntnis des Wegfalls nach § 2306 Abs. 1 Satz 1 soll dagegen nicht zur Anfechtung berechtigen. Entsprechendes gilt, wenn der Ausschlagende irrig angenommen hat, er erhalte bei Ausschlagung den Pflichtteil (§ 2306 Rn 19). Der Irrtum über die Tragweite der Belastung oder den wirtschaftlichen Wert der Zuwendung berechtigt ebenfalls nicht zur Anfechtung. 2

Subjektiv muss dem Anfechtenden bei Ausschlagung der Wegfall unbekannt gewesen sein. Grob fahrlässige Unkenntnis schadet nicht. Die Ausschlagung muss auch auf diesem Irrtum beruht haben (MüKo/*Lange* Rn 5; aA RGRK/*Johannsen* Rn 1). 3

Form und Frist ergeben sich für die Anfechtung der Erbschaftsausschlagung unmittelbar aus §§ 1954 f. Die Anfechtung der Vermächtnisausschlagung ist jedoch nach Abs. 2 Satz 2 formlos gegenüber dem Beschwerten zu erklären. Für die Anfechtungsfrist bleibt es bei der 6-Wochenfrist des § 1954. 4

C. Wirkungen

Nach § 1957 Abs. 1 gilt die Anfechtung der Ausschlagung als Annahme des Erbteils bzw Vermächtnisses mitsamt den vom Erblasser angeordneten Belastungen. Praktisch führt sie im Regelfall zu einem Pflichtteilsverzicht, der als nicht rechtsgeschäftlicher Verzicht aber weder der vormundschaftlichen Genehmigung nach § 1822 Nr. 2 noch der Mitwirkung des Ehegatten nach § 1365 bedarf (s auch §§ 1432, 1455 BGB für die Gütergemeinschaft). 5

D. Anfechtung der Annahme einer Erbschaft oder eines Vermächtnisses

§ 2308 erfasst nur die Anfechtung der Ausschlagung einer vermeintlich belasteten Zuwendung. Sie ist auch nicht analog auf die Anfechtung der Annahme eines irrig für unbelastet angesehenen Erbteils oder Vermächtnisses zu erstrecken (OLG Stuttgart MDR 1983, 751; Staudinger/*Haas* Rn 13). Sie bleibt nur nach den allgemeinen Vorschriften möglich. Insb wird in der Belastung des Nachlasses mit Vermächtnissen, Auflagen, Testamentsvollstreckung oder Nacherbeinsetzung eine verkehrswesentliche Eigenschaft iSd § 119 Abs. 2 gesehen (BGH NJW 1989, 2885 f; BayObLG ZEV 1996, 425, 426 f). Gleiches wird sogar für den Irrtum bzgl der quotenmäßigen Beteiligung am Nachlass angenommen (BayObLG NJW-RR 1995, 904, 905; Staudinger/*Haas* Rn 14). Der BGH erkennt nunmehr auch einen Irrtum über die mit der Annahme verbundenen Rechtswirkungen, 6 namentlich den Verlust des Pflichtteilsrechts als Anfechtungsgrund an (Beschl v 5. 7. 2006, AZ: IV ZB 39/05 m Anm *Osterloh* jurisPR-BGHZivilR 40/2006 Anm 3; auch schon OLG Hamm OLGR 2006, 83 ff m zust Anm Haas/Jeske ZEV 2006, 172 f). Ein Irrtum über die wirtschaftliche Tragweite der als solcher bekannten Belastungen dürfte jedoch weiterhin nicht genügen.

§ 2309 Pflichtteilsrecht der Eltern und entfernteren Abkömmlinge

Entferntere Abkömmlinge und die Eltern des Erblassers sind insoweit nicht pflichtteilsberechtigt, als ein Abkömmling, der sie im Falle der gesetzlichen Erbfolge ausschließen würde, den Pflichtteil verlangen kann oder das ihm Hinterlassene annimmt.

A. Normzweck

1 Mit § 2309 wollte der Gesetzgeber die Vervielfältigung der Pflichtteilslast verhindern, die sich nach den allgemeinen Bestimmungen ergäbe, weil entferntere Abkömmlinge in den Kreis der Pflichtteilsberechtigten nachrücken können, obwohl der weggefallene nähere Abkömmling pflichtteilsberechtigt bleibt oder aus dem Nachlass etwas erhalten hat (Mot V 401 f; Prot V 512; RGZ 93, 193, 196). Jedem Stamm soll insgesamt nur ein Pflichtteil zustehen. Dementsprechend beschränkt die Vorschrift lediglich eine an sich gegebene Pflichtteilsberechtigung und vermag eine solche niemals zu begründen (OLG Köln ZEV 1998, 434; *Bestelmeyer* FamRZ 1997, 1124, 1125, MüKo/*Lange* Rn 2). Das Pflichtteilsrecht des Ehegatten wird durch die Bestimmung nicht berührt.

B. Voraussetzungen

2 Im Zusammenspiel von § 2303 und § 2309 ergibt sich ein Pflichtteilsrecht entfernter Berechtigter nur, wenn sie selbst erbberechtigt sind, durch eine nachteilige letztwillige Verfügung nach § 2303 BGB pflichtteilsberechtigt wurden und der näher Berechtigte weder seinen Pflichtteil verlangen kann noch das ihm Zugewendete annimmt.

3 Eine **eigene Erbberechtigung** des entfernter Berechtigten setzt, wenn ein nach §§ 1924 Abs. 2, 1930 näher Berechtigter beim Erbfall lebt, voraus, dass letzterer enterbt wurde, die Erbschaft ausgeschlagen, auf sein Erbrecht verzichtet hat oder für erbunwürdig erklärt wurde.

4 Die **Enterbung des näher Berechtigten** lässt im Regelfall keinen Pflichtteilsanspruch des entfernter Berechtigten entstehen, da jener den Pflichtteil verlangen kann, § 2309 Alt. 1. Ob er ihn tatsächlich verlangt, ist unerheblich. Eine Pflichtteilsberechtigung des entfernter Berechtigten kommt danach nur in Betracht, wenn der näher Berechtigte pflichtteilsunwürdig ist (§ 2345 Abs. 2), ihm der Pflichtteil wirksam entzogen wurde (§§ 2333 ff) oder er auf seinen Pflichtteil verzichtet hat und sich der Verzicht abweichend von § 2349 nicht auf seine Abkömmlinge erstreckt (MüKo/*Lange* Rn 12; AnwK/*Bock* Rn 4; aA Staudinger/*Haas* Rn 13 ff, 31 ff; *Bestelmeyer* FamRZ 1997, 1124, 1130 f, die ein Pflichtteilsrecht des entfernter Berechtigten bei Enterbung schon nach §§ 1924, 1930, 2303 ausschließen).

5 Die **Pflichtteilsbeschränkung in guter Absicht** (§ 2338) dagegen wird nicht als Pflichtteilsentziehung behandelt und führt daher nicht zu einem Pflichtteilsrecht der nachfolgend Berechtigten (Soergel/*Dieckmann* Rn 15; RGRK/*Johannsen* Rn 14).

6 Mit der **Ausschlagung des Erbteils durch den näher Berechtigten** gilt dieser als vorverstorben, § 1953 Abs. 2. Dadurch werden die durch ihn ausgeschlossenen entfernteren Berechtigten pflichtteilsberechtigt. Er selbst verliert grds den Pflichtteil (§ 2303 Rn 18). Liegt ein Fall des § 2306 Abs. 1 Satz 2 vor oder kann der näher Berechtigte noch einen Pflichtteilsrestanspruch nach § 2305 verlangen, schließt § 2309 insoweit den Pflichtteilsanspruch des an sich nachrückenden Berechtigten aus.

Der **Erbverzicht des näher Berechtigten** führt an sich über die Vorversterbensfiktion und 7
den Pflichtteilsausschluss des § 2346 Abs. 1 Satz 2 ebenfalls zu einem Pflichtteilsrecht der
entfernter Berechtigten. Nach § 2349 erstreckt sich der Verzicht jedoch im Zweifel auch auf
die Abkömmlinge des Verzichtenden, so dass auch sie ihr Pflichtteilsrecht verlieren.
Gegen ein Pflichtteilsrecht der Eltern des Erblassers wirkt wiederum die Vermutung
des § 2350 Abs. 2, wonach der Verzicht eines Abkömmlings im Zweifel nur zugunsten
der anderen Abkömmlinge und des Ehegatten wirken soll (nach *Pentz* NJW 1999, 1836 ist
§ 2309 beim Erbverzicht überhaupt nicht anzuwenden, s auch Planck/*Greiff* § 2309 II.1)

Ein **bloßer Pflichtteilsverzicht** nach § 2346 Abs. 2 ändert die ges Erbfolge nicht, führt also 8
auch nicht zu einer Pflichtteilsberechtigung der entfernter Berechtigten. Ob dies auch gilt,
wenn der Verzichtende zusätzlich enterbt wird, ist str (s.o. Rn 4 und Soergel/*Dieckmann*
Rn 10, der ein Pflichtteilsrecht der entfernter Berechtigten verneint, weil der Verzichtende
dem gleichstehe, der sein Pflichtteilsrecht nicht geltend mache).

Die **Erbunwürdigkeit des näher Berechtigten** lässt sein Erbrecht mit rückwirkender Kraft 9
entfallen, § 2344 Abs. 1. Infolgedessen kommen nachstehende Berechtigte als Pflichtteilsberechtigte zum Zuge, sofern sie – was praktisch nicht häufig sein wird – auch enterbt
wurden (vgl OLG Frankfurt NJW-RR 1996, 261). Gleiches dürfte gelten, soweit der Pflichtteilsschuldner nach versäumter Anfechtungsfrist noch erfolgreich die Einrede aus §§ 2083,
2345 Abs. 1 S 2, Abs. 2 geltend macht (Erman/*Schlüter* Rn 1).

Da § 2309 keinen eigenständigen Pflichtteilsanspruch begründet, müssen auch die **wei-** 10
teren Voraussetzungen eines Pflichtteilsanspruchs erfüllt sein. Die entfernteren Abkömmlinge oder Eltern müssen also entweder selbst enterbt worden sein oder ihren
Erbteil oder ihr Vermächtnis nach §§ 2306 Abs. 1 S 2, 2307 ausgeschlagen bzw wegen eines
zu geringen Erbteils oder Vermächtnisses einen Pflichtteilsrestanspruch haben und dürfen
nicht selbst pflichtteilsunwürdig sein.

Ein vor dem 1.1.1998 wirksam abgeschlossener **vorzeitiger Erbausgleich** beseitigt für 11
Erbfälle seit dem 1.7.1970 die Pflichtteilsberechtigung sowohl des nichtehelichen Kindes
als auch dessen Vaters oder entfernterer Abkömmlinge (s § 2303 Rn 7).

C. Wirkungen

Das verbleibende Pflichtteilsrecht wird nach § 2309 eingeschränkt oder ganz ausgeschlos- 12
sen, **soweit der vorgehende Abkömmling selbst Pflichtteilsansprüche hat**, auch wenn er
sie nicht oder nicht rechtzeitig geltend macht (s.o. Rn 4). In Betracht kommen insb die nach
Ausschlagung gem §§ 2306 Abs. 1 Satz 2, 2307 verbleibenden Pflichtteilsansprüche und der
Pflichtteilsrestanspruch nach § 2305. Die Pflichtteilsberechtigung wird jedoch nicht dadurch eingeschränkt, dass der nicht pflichtteilsberechtigte Abkömmling einen rechtlich
nicht bestehenden Pflichtteilsanspruch zu Unrecht eingezogen hat (RGZ 93, 193, 196).

Außerdem müssen sich die entfernter Berechtigten das anrechnen lassen, was der vor- 13
gehend Berechtigte **als Hinterlassenschaft angenommen** hat. Dies sind alle Zuwendungen, die einer Verfügung von Todes wegen entstammen, insb also Vermächtnisse, nach
hM auch Erbteile, wenn sie kleiner als die Hälfte des ges Erbteils sind (Soergel/*Dieckmann*
Rn 21; AnwK/*Bock* Rn 17; aA Staudinger/*Haas* Rn 22, da derjenige, der den Erbteil annimmt, nicht als vorverstorben gilt, so dass ein eigenes Pflichtteilsrecht der entfernteren
Abkömmlinge nicht entstehen kann) oder wenn ein Abkömmling, der auf sein Erbe
verzichtet hat, letztwillig bedacht wurde (Staudinger/*Haas* aaO; Damrau/*Riedel/Lenz*
Rn 14). Begünstigungen aus **Auflagen** sind nicht anzurechnen (etwa Staudinger/*Haas*
aaO).

Anzurechnen ist weiter, was dem näheren Angehörigen zu Lebzeiten als anrechnungs- 14
oder ausgleichungspflichtige Zuwendung gewährt wurde (OLG Celle NJW 1999, 1874 f;
Staudinger/*Haas* Rn 23). Die hM erstreckt dies auch auf Zuwendungen, mit denen ein
Erbverzicht abgegolten werden sollte (OLG Celle aaO; Staudinger/*Haas* aaO, aA *Pentz*
NJW 1999, 1835 ff).

15 Der Pflichtteilsanspruch des nachrückenden Pflichtteilsberechtigten vermindert sich um das, was der vorrangig Berechtigte als Pflichtteil verlangen kann. Steht diesem nur ein Pflichtteilsrestanspruch zu, ist der Pflichtteilsanspruch des nachrangig Berechtigten in Höhe des Pflichtteilrestes zu kürzen (Staudinger/*Haas* Rn 30).

16 Der Wert des Hinterlassenen ist hingegen nur anzurechnen, soweit es der vorrangig Berechtigte tatsächlich angenommen hat. Dabei ist der Wert der Zuwendung um bestehende Beschränkungen und Belastungen zu mindern (Soergel/*Dieckmann* Rn 20).

§ 2310 Feststellung des Erbteils für die Berechnung des Pflichtteils

Bei der Feststellung des für die Berechnung des Pflichtteils maßgebenden Erbteils werden diejenigen mitgezählt, welche durch letztwillige Verfügung von der Erbfolge ausgeschlossen sind oder die Erbschaft ausgeschlagen haben oder für erbunwürdig erklärt sind. Wer durch Erbverzicht von der gesetzlichen Erbfolge ausgeschlossen ist, wird nicht mitgezählt.

A. Normzweck

1 Die Vorschrift regelt zusammen mit §§ 2311 – 2316 die Berechnung des Pflichtteils, der nach § 2303 in der Hälfte des ges Erbteils besteht. Dabei löst sie die Berechnung von der konkreten Erb- und Pflichtteilsquote. Zwar darf überhaupt nur derjenige mitgezählt werden, der bezogen auf den Zeitpunkt des Erbfalls ges Erbe geworden wäre, ihn insb also erlebt hat. Um aber die Pflichtteilsquote vom Willen des Erblassers unabhängig zu machen, sind weiterhin diejenigen mitzuzählen, die durch letztwillige Verfügung enterbt wurden. Umgekehrt sollen auch die Erben die Pflichtteilsquote nicht beeinflussen können, damit der Erblasser die Pflichtteilsansprüche übersehen und entsprechend disponieren kann. Deshalb werden auch diejenigen mitgezählt, die die Erbschaft ausgeschlagen haben oder für erbunwürdig erklärt wurden. Da es nicht darauf ankommt, ob die berücksichtigten Personen selbst einen Pflichtteilsanspruch haben, kommt die Quotenminderung, die aus ihrer Mitberücksichtigung folgt, den Erben zugute. Dagegen wird derjenige, der auf sein Erbe verzichtet hat, nicht mitgerechnet (S 2). Diese für die Pflichtteilsberechtigten günstige Regel wurde vom Gesetzgeber angeordnet, weil der Erblasser die Folgen übersehen könne und der Verzicht regelmäßig mit einer den Nachlass schmälernden Abfindung verbunden sei (Prot V 611 ff; krit Soergel/*Dieckmann* Rn 3).

B. Die Pflichtteilsquote nach § 2310 Satz 1

2 Der **letztwillige Ausschluss von der Erbfolge** kann sowohl durch ausdrückliche Enterbung wie durch Einsetzung anderer Erben vollzogen werden. Bei **Ausschlagung der Erbschaft** ist der Ausschlagende unabhängig davon mitzuzählen, ob er einen ges oder gewillkürten Erbteil ausgeschlagen hat und ob er dadurch einen Pflichtteilsanspruch verliert oder ihn erst zum Entstehen bringt. Entsprechend hängt auch die Mitberücksichtigung des für **erbunwürdig Erklärten** nicht davon ab, ob ihm ein ges oder ein gewillkürter Erbteil entzogen wurde.

3 Die fiktive Mitberücksichtigung der vorstehend Genannten vermindert die Quote der übrigen Pflichtteilsberechtigten. Soweit sie selbst keinen Pflichtteilsanspruch haben, werden daher die Erben begünstigt.

C. Verhältnis zu anderen Bestimmungen

4 Die Rechenregel des § 2310 soll der Pflichtteilsberechtigung eines **entfernteren Abkömmlings oder der Eltern iRd § 2309** nicht entgegenstehen. Für die Berechnung ihrer Pflichtteile ist der Weggefallene, der sie ausschlösse, daher nicht mitzuzählen (etwa Soergel/

Dieckmann Rn 7; *Damrau/Riedel/Lenz* Rn 6): Der Erblasser hinterlässt eine Tochter und seine Mutter. Die zur Alleinerbin berufene Tochter schlägt aus. An ihre Stelle tritt der als Ersatzerbe berufene Freund. Der Pflichtteil der nach § 2309 pflichtberechtigten Mutter beträgt nach dem Wegfall der Tochter $1/2$.

Der Pflichtteil des überlebenden Ehegatten, der neben Verwandten einer bestimmten Ordnung erbt (§ 1933) ist auch dann uneingeschränkt nach § 2310 zu ermitteln, wenn daneben Pflichtteilsberechtigte stehen, für die § 2309 gilt. Dies führt insb für Elternpflichtteile zu eigentümlichen Ergebnissen (Soergel/*Dieckmann* Rn 9; *Damrau/Riedel/Lenz* Rn 7): Der Erblasser wird von einem kinderlosen Sohn (S), seiner in Zugewinngemeinschaft lebenden Ehefrau (F) und seinem Vater (V) überlebt. S soll Alleinerbe sein, ein Dritter (D) Ersatzerbe. F ist enterbt und erhält daher nur den kleinen Pflichtteil gem §§ 1931 Abs. 1, 2303, mithin $1/8$. V wird nicht gesetzlicher Erbe (§ 1930) und damit auch nicht pflichtteilsberechtigt. S ist bei der Berechnung seines Pflichtteils aber nicht mitzuzählen. Sein gesetzlicher Erbteil beträgt neben der enterbten F $1/2$ (§ 1931 Abs. 1), sein Pflichtteil somit $1/4$. Bei Gütertrennung hätte der Pflichtteil der F $1/4$ betragen, §§ 1931 Abs. 4. 2303 Abs. 2 Satz 1. Auch hier ist S trotz Ausschlagung weiter mitzuzählen. Der Pflichtteil des V beträgt unverändert $1/4$.

Der **Ehegatte**, der zwar den Erbfall erlebt, aber sein Ehegattenerbrecht nach §§ 1318 Abs. 5, 1933 Satz 1 verloren hat, ist nicht mitzuzählen. Dies sollte selbst dann gelten, wenn er gewillkürter Erbe geblieben ist (Soergel/*Dieckmann* Rn 5). Gleiches gilt für den **Lebenspartner** nach § 10 Abs. 3 LPartG und das **nichteheliche Kind** und seinen Vater nach **vorzeitigem Erbausgleich**, der vor dem 1. 4. 1998 wirksam geworden ist (vgl § 2303 Rn 7).

D. Pflichtteilsquote nach Erbverzicht, § 2310 Satz 2

Der Verzichtende wird nicht mitgezählt. Der Erbverzicht führt daher zur Erhöhung der Pflichtteilsquoten verbleibender Pflichtteilsberechtigter, worauf der den Verzicht beurkundende Notar hinzuweisen hat (OLG Hamm VersR 1981, 1037). Dabei bleibt es auch, wenn daneben ein Ausschlussgrund des S 1 vorliegt (Staudinger/*Haas* Rn 16).

Wirkt der Verzicht entgegen § 2349 nicht für die Abkömmlinge, sind diese jedoch mitzuzählen (Staudinger/*Haas* aaO). Ebenso mitzuzählen ist, wer nur auf seinen **Pflichtteil verzichtet** hat, selbst wenn er zusätzlich enterbt wird (Staudinger/*Haas* Rn 17; s auch BGH NJW 1982, 2497; differenzierend *Rheinbay*, Erbverzicht, Abfindung, Pflichtteilsergänzung, 1983, S 161 f).

Der **Ehegattenpflichtteil** bei **Zugewinn- oder Gütergemeinschaft** bleibt von dem Verzicht eines einzelnen Abkömmlings unberührt, solange noch andere Abkömmlinge mitzuzählen sind, weil der Ehegattenerbteil insoweit feststeht. Anders ist es bei **Gütertrennung**, weil sich der Erbteil nach der Zahl der anzusetzenden Abkömmlinge richtet (§ 1931 Rn 14).

§ 2311 Wert des Nachlasses

(1) Der Berechnung des Pflichtteils wird der Bestand und der Wert des Nachlasses zur Zeit des Erbfalls zugrunde gelegt. Bei der Berechnung des Pflichtteils eines Abkömmlings und der Eltern des Erblassers bleibt der dem überlebenden Ehegatten gebührende Voraus außer Ansatz.

(2) Der Wert ist, soweit erforderlich, durch Schätzung zu ermitteln. Eine vom Erblasser getroffene Wertbestimmung ist nicht maßgebend.

Inhaltsverzeichnis

	Rn
A. Normzweck	1
B. Allgemeines	2 – 4

§ 2311 BGB | Wert des Nachlasses

C. Nachlassbestand		5 – 12
I.	Aktivbestand	5 – 8
II.	Passivbestand	9 – 12
D. Nachlasswert		13 – 25
I.	Allgemeines	13 – 17
II.	Bewertung einzelner Nachlassgegenstände	18 – 24
III.	Nachlasswert	25
E. Voraus des überlebenden Ehegatten oder Lebenspartners, Abs. 1 Satz 2		26

A. Normzweck

1 §§ 2311 – 2313 regeln, wie der Wert des Pflichtteils zu ermitteln ist. § 2311 ist die Grundnorm. Da der Pflichtteilswert der Hälfte des ges Erbteils entspricht (§ 2303 Abs. 1 Satz 1) ist der Wert des Nachlasses zu bestimmen. Dabei ist zunächst der **Nachlassbestand** festzustellen, der sich aus Aktivbestand (vgl BGH WM 1971, 1338, 1339) und Passivbestand im Zeitpunkt des Erbfalls zusammensetzt. Sodann ist deren Wert zu ermitteln. Der Gesamtwert der Passiva ist von der Summe der Aktiva abzuziehen. Die Differenz bildet den **Nachlasswert**.

B. Allgemeines

2 § 2311 stellt für die Bestands- und Wertermittlung auf den Tod des Erblassers ab (**Stichtagsprinzip**). Grds trägt danach der Erbe das Risiko später eintretender Verluste oder Wertminderungen, während der Pflichtteilsberechtigte nicht an nachträglichen Wertsteigerungen oder Zuwächsen partizipiert und deshalb auch das Risiko der Geldentwertung trägt (BGHZ 7, 134, 135, 138; NJW 2001, 2713, 2714; krit wegen möglicher Härten, *Braga* AcP 153, (1954), 144, 158 ff).

3 **Gesetzliche Ausnahmen** ergeben sich aus §§ 2315 f, 2325 ff, nach denen Vermögensveränderungen vor dem Erbfall zu berücksichtigen sind, sowie aus § 2313, der Bestandsänderungen nach dem Erbfall betrifft (vgl BGHZ 123, 76, 78 = NJW 1993, 2176 f). Problematisch sind **auf den Stichtag zurückwirkende Rechtsänderungen**, wie etwa die Anfechtung eines Eigentumserwerbs oder die Ausschlagung eines zum Nachlass gehörenden Erbteils oder Vermächtnisses. Ersteres soll grds keine Abweichung rechtfertigen, letzteres dagegen um der persönlichen Entscheidungsfreiheit des Erbeserben willen bestandsmindernd zu berücksichtigen sein (hM Staudinger/*Haas* Rn 8 ff; aA noch Planck/*Greiff* Anm 2b). Teilweise werden auch **Verbindlichkeiten**, die erst nach dem Erbfall entstehen, pflichtteilsmindernd berücksichtigt (s.u. Rn 11). Zur Berücksichtigung von Zukunftserwartungen iRd Bewertung Rn 14.

4 **Wertbestimmungen des Erblassers** sind außerhalb des § 2312 nach § 2311 Abs. 2 Satz 2 nicht bindend, soweit sie für einen Pflichtteilsberechtigten nachteilig sind. Sie können allerdings als Teilungsanordnung oder (teilweise) Pflichtteilsentziehung Bestand haben (Staudinger/*Haas* Rn 56). Pflichtteilsberechtigter und -schuldner können sich selbstverständlich auf einen Wert einigen (zu Lebzeiten des Erblassers allerdings nur in der Form des § 311b Abs. 5). Eine bindende Vereinbarung mit dem Erblasser setzt die Form des § 2348 voraus.

C. Nachlassbestand

I. Aktivbestand

5 Der Aktivbestand setzt sich grds aus allen vererblichen Vermögensgegenständen (s § 1922 Rn 8, 15 ff), einschließlich vermögensrechtlicher Positionen wie dem Eigenbesitz (BGH LM § 260 Nr. 1 = JZ 1952, 492) oder kommerzialisierten Teilen des Persönlichkeitsrechts (vgl BGHZ 143, 214) und allen vom Erblasser eingeleiteten, »unfertigen« Rechtsbeziehungen zusammen, soweit nicht § 2313 zu beachten ist (zB Zuschlagsberechtigung nach § 81a

ZVG, OLG Düsseldorf FamRZ 1997, 1440 f oder Ansprüche auf Steuererstattung, *Klingelhöffer* Rn 241 ff). Surrogate, wie der Lastenausgleich (BGH FamRZ 1977, 128 f) oder Leistungen nach dem Vermögensgesetz (BGHZ 124, 76 ff = NJW 1993, 2176 f: § 2313 analog; krit *Dieckmann* ZEV 1994, 198) rechnen ebenfalls dazu (zur Gesamtproblematik der Fälle mit DDR-Bezug s *Klingelhöffer* Rn 381 ff; Soergel/*Dieckmann* Rn 47 ff; Staudinger/*Haas* § 2313 Rn 22 ff; Handbuch Pflichtteilsrecht/*Süß*/*Mayer* § 6).

Nicht dazu gehören Rechtspositionen, die kraft Gesetzes oder aufgrund vertraglicher 6 Vereinbarung nicht vererblich sind oder mit dem Tod des Erblassers erlöschen: zB Unterhaltsansprüche, Wohnrecht, persönliche Dienstbarkeit (zum Rückforderungsanspruch des verarmten Schenkers gem § 528 Abs. 1 s MüKo/*Lange* Rn 9 mwN; ebenso nicht der Herausgabeanspruch des Vertragserben gegen den Beschenkten nach § 2287 (BGH NJW 1989, 2389, 2391; OLG Frankfurt NJW-RR 1991, 1157, 1159) oder das Vermögen, das dem Erblasser nur als Vorerbe auf sein Ableben hin zugestanden hat (BGH NJW 2002, 672, 673). Hingegen werden Rechtsverhältnisse, die infolge des Erbfalls durch **Konfusion** (Vereini- 7 gung von Recht oder Verbindlichkeit) oder **Konsolidation** (Vereinigung von Recht und dinglicher Belastung) erlöschen, weiter dem Aktivbestand zugerechnet (BGHZ 98, 382, 389 = NJW 1987, 1260, 1262; unklar BGHZ 88, 102 ff). Hatte etwa der Erblasser gegen den Erben eine Forderung in Höhe von 10.000 € und der Nachlass im Übrigen einen Wert von 100.000 €, gehen auf den Erben nur diese 100.000 € über. Seine Verpflichtung gegenüber dem Erblasser erlischt durch Konfusion. Für die Berechnung des Pflichtteils ist sie aber dem Nachlass hinzuzurechnen. Der anzusetzende Nachlasswert beträgt daher 110.000 €. Dies gilt selbstverständlich auch, wenn sich die Forderung des Erblassers gegen den Pflichtteilsberechtigten gerichtet hat. Auch dann beträgt der anzusetzende Nachlasswert 110.000 €. Der Pflichtteilsberechtigte bleibt aber zur Zahlung der 10.000 € verpflichtet (Beispiel nach Staudinger/*Haas* Rn 16 f).

Grds gehört auch der Anspruch aus einer **Lebensversicherung** nicht zum Nachlass, 8 soweit ein Bezugsberechtigter bestimmt wurde (BayObLG ZEV 1995, 193; *Klingelhöffer* Rn 243; BGHZ 32, 44, 46 f); zum Widerruf des zugrundeliegenden Schenkungsversprechens durch den Erben s.a. OLG Hamm ZErb 2005, 280 ff m Anm *Schulz*). In Betracht kommen aber Pflichtteilsergänzungsansprüche (s dazu § 2325 Rn 16, 27). Anders dürfte es sein, wenn die Versicherungssumme als Vermächtnis und damit über den Nachlass zugewandt wird (*Klingelhöffer* Rn 245). Soweit die Versicherungsansprüche zur Kreditsicherung eingesetzt wurden und die gesicherte Schuld beim Erbfall noch besteht, sind sie dem Nachlass zuzurechnen (BGH NJW 1996, 2230 = ZEV 1996, 263 m Anm *Kummer*; *Klingelhöffer* Rn 274 ff).

II. Passivbestand

Weil sich der Pflichtteil nach dem ges Erbteil richtet, sind (grds) nur Verbindlichkeiten 9 abzusetzen, die auch bei **ges Erbfolge** entstanden wären. Dadurch scheiden **Verbindlichkeiten**, die – wie Vermächtnis oder Auflagen (BGH NJW 1988, 136, 137), aber auch die Kosten der Testamentsvollstreckung (soweit sie nicht auch dem Pflichtteilsberechtigten zu Gute kommt, BGH NJW 1985, 2828, 2830) – **aus einer letztwilligen Verfügung** erwachsen, von vornherein als abzugsfähige Positionen aus. Legt der Erbe eine Nachlassverbindlichkeit substantiiert dar, trägt der Pflichtteilsberechtigte die **Beweislast** für ihr Nichtbestehen (OLG Frankfurt ZEV 2003, 364).

Abzugsfähig sind zunächst die **Erblasserschulden** iSd § 1967 Abs. 2, mithin Verbindlich- 10 keiten, die in seiner Person wenigstens dem Grunde nach entstanden waren und nicht mit dem Todesfall erlöschen. Dazu gehören auch die den Tod des Erblassers überdauernden **Unterhaltsansprüche** des geschiedenen Ehegatten nach § 1586b (hM Staudinger/*Haas* Rn 33; aA *Probst* AcP 191 (1991), 138, 155) oder der nicht mit dem Vater verheirateten Mutter nach §§ 1616l, 1615n; nicht aber der Anspruch nach § 1963 (Staudinger/*Haas* aaO). Rückständige **Steuerschulden**, die den Erblasser betreffen, sind abzusetzende Nachlass-

§ 2311 BGB | Wert des Nachlasses

verbindlichkeiten, selbst wenn sie noch nicht veranlagt oder fällig sind. Bei Zusammenveranlagung von **Ehegatten** kommt es darauf an, wer im Innenverhältnis die Steuerschuld zu tragen hat (BGHZ 73, 29, 36 ff = NJW 1979, 546 ff). Überhaupt ist bei **gesamtschuldnerischer Haftung** des Erblassers auf den Anteil abzustellen, der ihn im Innenverhältnis trifft.

11 Abzuziehen sind weiter die den Erben als solchen treffenden **Erbfallschulden** (§ 1967 Abs. 2), wie etwa die **Beerdigungskosten** gem § 1968 und der **Anspruch auf Zugewinnausgleich** (BGHZ 37, 58, 64 = NJW 1962, 1719, 1721), was der überlebende Ehegatte bei seiner Entscheidung nach § 1371 berücksichtigen muss. Ferner fallen darunter die Aufwendungen für die **Nachlassverwaltung** (soweit sie dem Pflichtteilsberechtigten nützt, *Klingelhöffer* Rn 286), **Nachlasssicherung**, **Ermittlung der Nachlassgläubiger** und **Inventarerrichtung**, sowie die Kosten für die **Feststellung von Bestand und Wert des Nachlasses** einschließlich etwa erforderlicher Sachverständigengutachten oder Prozesse (OLG Hamburg OLGR 12, 393, 394) und die Kosten der **Auskunftserteilung** nach § 2314. Nach BGH LM Nr. 12 (= MDR 1980, 831) sollen auch die Kosten eines im Erbscheinverfahren ausgetragenen Erbprätendentenstreits abzuziehen sein, soweit sie vom Pflichtteilsberechtigten veranlasst wurden.

12 **Nicht abzugsfähig** sind dagegen neben den oben Rn 10 f genannten Verpflichtungen die **Pflichtteilsansprüche** selbst, die den Erben treffende **Erbschaftssteuer** nebst den dafür anfallenden Steuerberatungskosten (OLG Düsseldorf FamRZ 1999, 1465), die Kosten der **Erbscheinserteilung** (Staudinger/*Haas* Rn 46) und der **Erbauseinandersetzung**, der **Erbersatzanspruch** (abzugsfähig aber die Forderung aus einem rechtswirksamen vorzeitigen Erbausgleich, Soergel/*Dieckmann* Rn 15), wegen seines Vermächtnischarakters auch der **Dreißigste** (§ 1969), Schenkungen nach § 2301 Abs. 1 und die Ansprüche von **Stiefkindern** gem § 1371 Abs. 4, ebenso sog testamentsspezifische Sonderkosten wie die Kosten der **Testamentseröffnung** (nicht aber der Testamentserrichtung, Soergel/*Dieckmann* Rn 11; aA Jauernig/*Stürner* Rn 9).

D. Nachlasswert

I. Allgemeines

13 Der Wert der einzelnen Aktiva und Passiva ist ebenfalls auf den Erbfall bezogen erforderlichenfalls **durch Schätzung** zu ermitteln, Abs. 2 S 1. Für das Pflichtteilsrecht, das dem halben ges Erbteil am Nachlass entspricht, ist deshalb der Wert anzusetzen, der erzielt würde, wenn der Nachlass beim Tod des Erblassers in Geld umgesetzt würde (BGH NJW-RR 1991, 900 f; BVerfGE 78, 132 = NJW 1988, 2723, 2724; MüKo/*Lange* Rn 19). Dies ist der sog **gemeine Wert**, mithin der Verkehrs- oder Normalverkaufswert als der Preis, der sich bei einer Veräußerung im gewöhnlichen Geschäftsverkehr unter Normalbedingungen erzielen lässt (s auch OLG Düsseldorf ZEV 1994, 361). Affektionsinteressen bleiben außer Betracht, soweit sich dafür nicht ein besonderer (Sammler-)Markt gebildet hat. Zur Bewertung von **Kunstwerken** s etwa OLG Köln NJW 2006, 625 ff = ZEV 2006, 77 ff m Anm *v. Oertzen*; OLG Oldenburg NJW 1999, 1974 ff.

14 Kann sich ein Marktpreis nicht bilden, weil extreme Ausnahmebedingungen herrschen, benutzt die Rechtsprechung die »Denkfigur« (BGH NJW-RR 1991, 900, 901) des **inneren oder wahren Wertes**, (Stopppreis, BGHZ 13, 45 ff; NJW 1973, 995 f; Chruschtschow-Ultimatum, BGH NJW 1965, 1589 f; großzügiger für den Zugewinn, BGH NJW-RR 1992, 899; 1992, 226 ff; ablehnend Staudinger/*Haas* Rn 55; *Klingelhöffer* Rn 176; s auch *Kummer* ZEV 1995, 319, 320). Ein Großteil der Fälle wird sich allerdings schon mit der breit anerkannten Berücksichtigungsfähigkeit von Zukunftserwartungen lösen lassen, die auf nahe liegenden und wirtschaftlich fassbaren Entwicklungen beruhen, die am Stichtag zumindest im Keim angelegt waren (BGH JZ 1963, 620; NJW 1973, 509; Staudinger/*Haas* Rn 62; Damrau/*Riedel/Lenz* Rn 2 mwN).

Als vorrangiges Bewertungskriterium ist ein **zeitnah** zum Erbfall **erzielter Verkaufserlös** 15
heranzuziehen. Verkaufsbedingte Unkosten sind abzusetzen (BGH NJW-RR 1993, 834;
131; 1991, 900, 901; BGHZ 14, 368, 376; OLG Düsseldorf ZEV 1994, 361). Seine Tauglichkeit
als Vergleichsmaßstab wird allerdings durch zwischenzeitlich eingetretene Veränderungen des veräußerten Nachlassgegenstandes oder der Marktverhältnisse in Frage gestellt.
Sie werden umso wahrscheinlicher, je mehr Zeit zwischen Erbfall und Verkauf liegt (5
Jahre schließen eine Berücksichtigung jedoch nicht aus, BGH NJW-RR 1991, 900 f).
Ansonsten kommen für die Schätzung verschiedene, gesetzlich nicht vorbestimmte **Wert-** 16
ermittlungsmethoden (s aber § 2312) in Betracht. Der Tatrichter hat daher – idR sachverständig beraten – die jeweilige Methode sachverhaltsspezifisch auszuwählen und
anzuwenden (BGH FamRZ 2005, 99, 100; NJW 1991, 1547, 1548; 1982, 575, 576; s auch
BGH 2004, 2671, 2672). Als Tatfrage ist die revisionsgerichtliche Überprüfung auf rechtsfehlerhafte Erwägungen und Verstöße gegen Denk- und Erfahrungssätze beschränkt
(BGH aaO; aA *Großfeld* JZ 1981, 641, 643). Die Parteien sollten daher Einwände gegen
die Geeignetheit der gewählten Bewertungsmethode und ihre konkrete Umsetzung frühzeitig geltend machen.
In Betracht kommen (zum Ganzen *Mayer* ZEV 1994, 331 ff; *Piltz/Wissmann* NJW 1985, 17
2673 ff; *Michalski* ZIP 1991, 914 ff):

- das **Vergleichswertverfahren**, bei dem der Durchschnitt der für vergleichbare Gegenstände erzielten Verkaufspreise zugrunde gelegt wird (vgl BGH FamRZ 1989, 1276, 1279 = NJW-RR 1989, 68, 69), was eine ausreichende Zahl zeitnaher und vergleichbarer Verkaufsfälle voraussetzt;
- das **Sachwert- oder Substanzwertverfahren**, bei dem der Wert nach den Aufwendungen bestimmt wird, die nötig sind, um den Nachlassgegenstand wiederherzustellen (BGH NJW 1977, 949);
- das **Ertragswertverfahren**, das voraussetzt, dass der Nachlassgegenstand Erträge abwirft; die zukünftigen Erträge werden anhand der bisherigen Ertragslage prognostiziert und daraus der Betrag abgeleitet, der unter Ansatz eines angemessenen Kapitalisierungszinsfußes anzulegen ist, um eine vergleichbare Rendite zu erzielen (BGH NJW 1982, 575, 576; *Damrau/Riedel/Lenz* Rn 57);

oder eine geeignete **Kombination** aus mehreren Methoden (BGH FamRZ 2005, 99, 100 f;
NJW-RR 1986, 226, 227 f; NJW 1982, 575; *Zeiner* DB 1981, 2109 ff).

II. Bewertung einzelner Nachlassgegenstände

Bei **Grundstücken** und **Immobilien** ist in Anlehnung an die nicht unmittelbar geltende 18
(aA *Zimmermann* Zerb 2000, 46, 48) WertermittlungsVO nach der Art des Grundstücks zu
unterscheiden: Der Verkehrswert **unbebauter Grundstücke** wird idR durch Vergleich
ermittelt (BGH FamRZ 1989, 1276, 1279 = NJW-RR 1989, 68, 69; OLG Düsseldorf BB 1988,
1001, 1002). Dafür können die Kaufpreissammlungen der kommunalen Gutachterausschüsse und Bodenrichtwerte herangezogen werden. Für **eigengenutzte Immobilien** ist
regelmäßig das Sachwertverfahren anzuwenden (BGH NJW 1970, 2018; krit *Zimmermann/
Heller* Verkehrswert von Grundstücken, § 7 Rn 5; Vergleichswert möglich bei ausreichender Zahl von Vergleichspreisen, insb qm-Preisen bei Eigentumswohnungen, BGH NJW
2004, 2671, 2672). Dabei werden der Bodenwert durch Preisvergleich, der Gebäudewert
durch die Herstellungskosten zum Stichtag abzüglich alters- und schadensbedingter Minderungen ermittelt und beides addiert. **Miet- und Renditeobjekte** sind dagegen primär
nach dem Ertragswertverfahren zu bewerten (BGH aaO). Zum Bodenwert wird hierzu der
aus dem kapitalisierten jährlichen Reinertrag über die Restnutzungsdauer gebildete Gebäudewert addiert (ausführlich *Zimmermann/Heller*, § 7; *Damrau/Riedel/Lenz* Rn 48 ff
mwN). Lässt sich der Wert nur durch Veräußerung realisieren, sind Veräußerungskosten
und veräußerungsbedingte Einkommenssteuerlast abzuziehen (BGHZ 98, 382 = NJW

1987, 1260, 1262; FamRZ 2005, 99, 100). Besondere wertbestimmende Einflüsse sind mit Zu- oder Abschlägen zu berücksichtigen (zB Bauerwartungsland, OLG Stuttgart NJW 1967, 2410, 2411; Umwandlungsmöglichkeit in Wohnungseigentum, BGH NJW-RR 1993, 131, 132; Wiederkaufsrecht, BGH NJW 1993, 2804, 2806; hälftiger, fremdgenutzter Miteigentumsanteil, *Schopp* ZMR 1994, 553 f; *Damrau/Riedel/Lenz* Rn 45; Erbbaugrundstück, BayObLGZ 1976, 239)

19 Der maßgebliche **wirkliche Wert** von **Unternehmen** setzt sich nicht aus dem Buchwert der einzelnen Vermögensgegenstände zusammen. Zu berücksichtigen sind auch stille Reserven und der Firmenwert (vgl BGH NJW 1982, 575; umfassend *Piltz*, Die Unternehmensbewertung in der Rechtsprechung, 1994; *Peemöller*, Praxishandbuch der Unternehmensbewertung, 3. Aufl 2005; *Riedel*, Die Bewertung von Gesellschaftsanteilen im Pflichtteilsrecht, 2006, S. 29 ff). Gesetzliche Vorgaben und uneingeschränkt gültige betriebswirtschaftliche Bewertungsmethoden fehlen. Soweit nicht ausnahmsweise ein zeitnah unter Marktbedingungen erzielter Verkaufserlös zur Verfügung steht (vgl BGH NJW 1982, 2497, 2498), wird heute ganz überwiegend der **Ertragswert** zugrunde gelegt (BGH FamRZ 2005, 99, 100 ff; s auch NJW 1985, 192, 193; MüKo/*Lange* Rn 25; Soergel/*Dieckmann* Rn 20; *Klingelhöffer* Rn 201; aA AnwK/*Bock* Rn 43). Eine Mitteilung aus Substanz- und Ertragswert (so etwa noch BGH NJW 1973, 509, 510; 1982, 575), entspricht jedenfalls nicht mehr aktueller betriebswirtschaftlichen Sicht. Der **Liquidationswert**, mithin der Wert, der bei Einzelveräußerung der einzelnen Unternehmenswerte in der Abwicklung zu erzielen wäre, bildet nach wohl hL die **Untergrenze** der Bewertung, weil der Pflichtteilsberechtigte nicht mit unökonomischem und spekulativem Verhalten des Erben belastet werden kann (Soergel/*Dieckmann* Rn 21; *Damrau/Riedel/Lenz* Rn 63 f jew mwN; so auch BGH NJW 1982, 2497, 2498, wenn Unternehmen später tatsächlich liquidiert; aA noch BGH NJW 1973, 509; *Klingelhöffer* Rn 211, soweit der Erbe das Unternehmen fortführt, anders aber BGH ZIP 2006, 851 f). Latente **Ertragssteuern** auf stille Reserven mindern nach BGH NJW 1973, 509; 1987, 1260, 1262; NJW-RR 1993, 131, 132 den Wert jedenfalls dann, wenn er nur durch Veräußerung realisiert werden kann (weitergehend *Klingelhöffer* Rn 210a; anders bei Abschreibungsgesellschaften, vgl BGH WM 1986, 234, 235 f).

Zur **Ermittlung des Ertragswertes** werden auf der Grundlage der in der Vergangenheit (regelmäßig der letzten 3 – 5 Jahre) erzielten Erträge die zukünftigen Jahresgewinne (E) prognostiziert und mit Hilfe eines Kapitalisierungszinssatzes (i) zu einem Barwert (EW) nach der Formel

$$EW = \frac{E \times 100}{i}$$

abgezinst. Dabei sind ehemalige Sonderfaktoren, die die Gewinne in den vergangenen Jahren mitbestimmt haben, und rein bilanzrechtliche Effekte herauszurechnen (Handbuch Pflichtteilsrecht/*J. Mayer* § 5 Rn 95; *Riedel* aaO, S. 41 f). Entscheidende Bedeutung hat der zu ermittelnde Kapitalisierungszinsfuß, mit dem ausgehend von der üblichen Effektivverzinsung inländischer öffentlicher Anleihen als Basiszins über zu schätzende Risikozuschläge das Unternehmerrisiko im Vergleich zu alternativen Anlagemöglichkeiten abgebildet werden soll (BGH NJW 1982, 575). Zunehmende Bedeutung gewinnen die sog **Discounted-Cash-Flow (DCF)-Verfahren** (insb die Neufassung des IDW Standard S 1, WPg 2005, 690 ff; dazu krit *Großfeld/Stöver/Tönnes* BB-Special 2005 Nr. 7, 2 ff; *Hommel/Dehmel/Pauly* das., 13 ff; s.a. *Riedel* aaO, S. 51 ff). Anders als die klassische Ertragswertmethode, die sich an Aufwand und Ertrag orientiert, nehmen sie die Zahlungsflüsse des Unternehmens, dh dessen Einnahmen und Ausgaben und die daraus zu erwartenden freien Überschüsse, für die Eigentümer in den Blick. Daraus wird – wiederum unter Einsatz eines Kapitalisierungszinssatzes, der mit Hilfe eines unternehmensspezifischen sog ß-Faktors ermittelt wird – entweder zunächst der Gesamtwert des Unternehmens eines fiktiv unverschuldeten Unternehmens errechnet, von dem der Marktwert des durch den Verschuldungsgrad bestimmten Fremdkapitals abgezogen wird (Brutto/Entity-Ansätze, insb

WACC = Weight Average Cost of Capital-Ansatz oder APV = Adjusted Present Value-Ansatz) oder es wird direkt der Marktwert des Eigenkapitals aus der Abzinsung der um die Fremdkapitalzinsen verminderten Cash Flows berechnet (Netto/Equity-Ansätze). Alle Methoden zeichnen sich trotz erheblichen finanzmathematischen Aufwands durch erhebliche Bewertungsspielräume aus, die identifiziert und die jeweiligen Bewertungsansätze auf ihre Tragfähigkeit hinterfragt werden müssen.

Daneben ist sowohl bei dem klassischen Ertragswertverfahren wie bei den DCF-Verfahren das **nicht betriebsnotwendige Vermögen** zu ermitteln und nach Liquidationswerten hinzusetzen, da die Erträge unabhängig davon erzielt werden können.

Der Ertrag bei **kleineren** und **mittleren Unternehmen** hängt ebenso wie bei **freiberuf-** 20 **lichen Praxen** stark von der Persönlichkeit und Arbeitskraft des Inhabers ab. Ein reines Ertragswertverfahren spiegelt daher den maßgeblichen, von der Person des verstorbenen (!) Inhabers ablösbaren und damit veräußerbaren Wert nicht wider (*Klingelhöffer* Rn 199; s auch BGHZ 68, 163, 166; NJW 1982, 575, 576). Die Rechtsprechung stellt daher häufig auf den Substanzwert ab, dem – soweit vorhanden (BGHZ 70, 224 ff) – ein Geschäfts- oder Firmenwert (good will) zugeschlagen wird (BGH NJW 1991, 1547, 1548, 1550; NJW-RR 1996, 163 f; s auch BGH NJW 1999, 784, 787, wo ein modifiziertes Ertragswertverfahren nach den Empfehlungen der Berufskammer gebilligt wurde; s.a. *Behringer*, Unternehmensbewertung der Mittel- und Kleinbetriebe, 2. Aufl 2002; *Riedel* aaO (Rn 19), S. 58 ff; *Peemöller* BB-Special 2005 Nr. 7, 30 ff).

Entsprechend sind auch **Gesellschaftsanteile** zu bewerten, soweit nicht – wie bei Ak- 21 tien börsennotierter Gesellschaften (dazu eingehend *Schlichting* ZEV 2006, 197 ff) – der amtliche Kurs am Todestag heranzuziehen ist. Wird ein GmbH-Anteil vererbt (§ 15 Abs. 1 GmbHG) oder rücken bei Personengesellschaften alle oder nur bestimmte Erben in die Gesellschafterstellung ein, fällt der Anteil in den Nachlass (std Rspr, etwa BGHZ 98, 48 = NJW 1986, 2431, 2432 mwN; *Flume* NJW 1988, 161 ff). Der einzusetzende Wert entspricht grds dem quotalen Anteil am Wert des Unternehmens der Gesellschaft (BGHZ 75, 195, 199 = NJW 1980, 229, 230). Zu- und Abschläge aufgrund einer besonderen Qualität der Gesellschafterrechte sind denkbar (MüKo/*Lange* Rn 30). Wird die Personengesellschaft durch den Tod des Gesellschafters aufgelöst oder mit den verbleibenden Gesellschaftern fortgesetzt, ist der in den Nachlass fallende Auseinandersetzungs- (BGH NJW 1986, 2431, 2434) oder Abfindungsanspruch (BGH NJW-RR 1987, 989, 990) bei der Pflichtteilsberechnung anzusetzen. Wurde der Abfindungsanspruch, der an sich nach dem Ertragswert zu bestimmen ist (BGH NJW 1985, 192, 193), in zulässiger Weise eingeschränkt (vgl etwa BGH NJW 1989, 3272 f) oder ausgeschlossen (BGH WM 1971, 1338, 1339; BGHZ 22, 187, 194; gegen die Zulässigkeit eines Ausschlusses Heymann/*Emmerich* § 138 HGB Rn 41), ist dies auch für die Pflichtteilsberechnung hinzunehmen. Möglich bleibt jedoch ein Pflichtteilsergänzungsanspruch (§ 2325 Rn 13 f; ausführlich Staudinger/*Haas* Rn 95 ff; MüKo/*Lange* Rn 32). Entsprechendes gilt, wenn ein GmbH-Anteil nach dem Tod des Gesellschafters eingezogen werden kann und der Abfindungsanspruch beschränkt oder ausgeschlossen wurde (vgl BGH NJW 1992, 892 ff; Staudinger/*Haas* Rn 109; *Reimann* DNotZ 1992, 485). Zu **Abschreibungsgesellschaften** s BGH WM 1986, 234 ff; *Klingelhöffer* Rn 220 ff).

Umstritten und höchstrichterlich nicht geklärt ist, ob und wie sich **Abfindungsklauseln** 22 auswirken, wenn die Gesellschaft mit einem, mehreren oder allen Erben fortgesetzt wird. Einerseits fällt der Gesellschaftsanteil den nachrückenden Erben uneingeschränkt zu, weshalb manche grds den vollen Wert der Beteiligung zugrunde legen (*Heckelmann*, Abfindungsklauseln in Gesellschaftsverträgen, 1973, S 199 f, 209 ff; Soergel/*Dieckmann* Rn 30, die die Erben zu Lasten der Gesellschaft durch eine Anfechtbarkeit der Abfindungsklausel schützen wollen; RGRK/*Johannsen* Rn 21; *Winkler* BB 1997, 1702, die dem Erben ein Stundungsrecht nach § 2331a einräumen; Jauernig/*Stürner* Rn 7). Andererseits ist dessen Verwertbarkeit durch die Abfindungsklausel stark eingeschränkt (deshalb nur Klauselwert, *Sudhoff*, DB 1973, 53, 1006; *Huber*, Vermögensanteil, Kapitalanteil und Gesellschaftsanteil an Personengesellschaften des Handelsrechts, 1970, S 342 ff, 345 ff;

§ 2311 BGB | Wert des Nachlasses

Wiedemann, Die Übertragung und Vererbung von Mitgliedschaftsrechten bei Handelsgesellschaften, 1965, S 213 ff, 218 f; *Siebert* NJW 1960, 1036 mit der Möglichkeit der Aufstockung gem § 2313 Abs. 1 Satz 3). Der BGH (NJW 1980, 229, 330 f für Zugewinn) geht vom Vollwert aus; die eingeschränkte Abfindung könne wertmindernd berücksichtigt werden; (so auch *Riedel* aaO (Rn 19), S. 133 ff); hingegen sei der Abfindungsanspruch maßgebend, wenn am Stichtag die Kündigung bereits erfolgt sei (ähnl *Reimann* ZEV 1994, 10). Weitergehend will Staudinger/*Haas* Rn 101 ff; ders ZNotP 2001, 370 ff zeitnah nachfolgende Aufgabeentscheidungen genügen lassen). Gleichzeitig verwirft er die Möglichkeit, ein künftiges Ausscheiden nach § 2313 Abs. 1 zu berücksichtigen (anders *Ulmer* ZGR 1972, 338, 342; *Sudhoff* NJW 1961, 803 f).

23 **Bargeld, Bankguthaben** und sichere **Forderungen** (im Übrigen s § 2313 Rn 6 f) werden zum Nennwert angesetzt. War der Erblasser zusammen mit einem Dritten Inhaber eines Kontos (häufig: **Oderkonten** bei Ehegatten) steht das Guthaben den Inhabern zu gleichen Teilen zu (§ 430), falls keine anderen Absprachen nachweisbar sind, und zwar unabhängig davon, aus welchen Mitteln die Gelder stammen (Palandt/*Edenhofer* § 1922 Rn 31; s.a. OLG Köln WM 2000, 2485, 2486). Die gemeinsame Anlage eines Oderkontos, auf das nur einer der Ehegatten einzahlt, kann eine Schenkung des hälftigen Geldbetrags an den anderen Ehegatten darstellen (s aber OLG Bremen NJW-RR 2005, 1667 f für stillschweigend vereinbarte Bruchteilsgemeinschaft am Sparkonto eines Ehegatten). Die eben dargestellte Vermutung (»hälftiger Anteil«= gilt nicht beim Wertpapierdepot. Dort ist § 430 nur für die Rechte aus dem Depotverwahrungsvertrag, nicht aber für die Eigentumsanlage an den verwahrten Papieren maßgeblich. Die Vermutung des § 1006, die im Falle von Mitbesitz für gemeinschaftliches Eigentum streitet, kommt nicht zum Zuge, wenn sich aus dem Parteiwillen etwas anderes ergibt oder sie der Sachlage nicht gerecht wird: Dient die Errichtung eines Ehegattendepots nur dem Zweck, neben dem Eigentümer auch dem anderen Ehegatten Verfügungen zu ermöglichen, ändert dies nichts daran, dass der Ehepartner, der vor Anlegung des Gemeinschaftsdepots Eigentümer der Papiere war, auch Alleineigentümer bleibt, BGH NJW 1997, 1454. Ansprüche auf wiederkehrende Leistungen sind zu kapitalisieren (RGZ 72, 379, 382).

24 Entsprechendes gilt für **Verbindlichkeiten**. **Grundpfandrechte** sind nur in Höhe ihrer Valutierung anzusetzen (zweifelhaft, wenn sie Unternehmensforderungen sichern, die bereits bei dessen Bewertung berücksichtigt wurden, *Klingelhöffer* Rn 265 ff).

III. Nachlasswert

25 Der Nachlasswert ist die Differenz aus der Summe der Aktivwerte und der Passivwerte. Ist der Nachlass überschuldet, bestehen keine Pflichtteilsansprüche. Wurde in Unkenntnis der Überschuldung geleistet, kommt ein bereicherungsrechtlicher Rückzahlungsanspruch in Betracht (OLG Stuttgart NJW-RR 1989, 1283). Solange nicht geklärt ist, ob eine teilweise Klagabweisung wegen zu geringer Höhe der Aktivposten oder wegen zu hoher Passivposten gerechtfertigt ist, darf Teilurteil nicht ergehen (BGH NJW 1964, 205).

E. Voraus des überlebenden Ehegatten oder Lebenspartners, Abs. 1 Satz 2

26 Soweit dem überlebenden Ehegatten der Voraus gebührt, ist der Pflichtteil der Abkömmlinge und Eltern des Erblassers, nicht jedoch der Pflichtteil des Ehegatten selbst, zu berechnen, indem der Nachlass um den Voraus nach § 1932 Abs. 1 gekürzt wird. Dies setzt nach dem Wortlaut des § 1932 Abs. 1 voraus, dass der Ehegatte **ges Erbe** geworden ist (BGHZ 73, 29 = NJW 1979, 546 f; OLG Naumburg FamRZ 2001, 1406; aA MüKo/*Frank* Rn 28; *Goller* BWNotZ 1980, 12 f). Ist der Ehegatte gewillkürter Alleinerbe, kann er sich den Berechnungsvorteil sichern, indem er das gewillkürte Erbe ausschlägt und ein etwa bestehendes ges Erbe annimmt (§ 1948 Abs. 1; hM etwa Staudinger/*Haas* Rn 42). Die Ausschlagung des Voraus schadet nicht, wohl aber Verzicht und Ausschlagung des

ganzen Erbteils, Pflichtteils- und Vorausentziehung oder Erklärung der Erbunwürdigkeit. Für den Lebenspartner gilt nach § 10 Abs. 1 S 3u 4, Abs. 6 S 2 LPartG entsprechendes.

§ 2312 Wert eines Landguts

(1) Hat der Erblasser angeordnet oder ist nach § 2049 anzunehmen, dass einer von mehreren Erben das Recht haben soll, ein zum Nachlass gehörendes Landgut zu dem Ertragswert zu übernehmen, so ist, wenn von dem Recht Gebrauch gemacht wird, der Ertragswert auch für die Berechnung des Pflichtteils maßgebend. Hat der Erblasser einen anderen Übernahmepreis bestimmt, so ist dieser maßgebend, wenn er den Ertragswert erreicht und den Schätzungswert nicht übersteigt.

(2) Hinterlässt der Erblasser nur einen Erben, so kann er anordnen, dass der Berechnung des Pflichtteils der Ertragswert oder ein nach Absatz 1 Satz 2 bestimmter Wert zugrunde gelegt werden soll.

(3) Diese Vorschriften finden nur Anwendung, wenn der Erbe, der das Landgut erwirbt, zu den in § 2303 bezeichneten pflichtteilsberechtigten Personen gehört.

A. Normzweck

§ 2312 ist wie § 2049 seiner Entstehungsgeschichte nach (dazu *Kegel* liber amicorum Cohn 90 ff; Staudinger/*Haas* Rn 1) eine agrarpolitische Schutzvorschrift, die allerdings nur zugunsten des beschränkten Personenkreises selbst pflichtteilsberechtigter Erben leistungsfähige Höfe in der Hand bäuerlicher Familien erhalten soll. Pflichtteilsansprüche, die deren Wirtschaftlichkeit gefährden können, können danach verringert werden, indem ihrer Berechnung der regelmäßig erheblich niedrigere Ertragswert zugrunde gelegt wird, für den häufig landesrechtliche Vorschriften eingreifen, die den Übernehmer zusätzlich begünstigen (BGH NJW 1987, 951, 952; s auch BVerfG NJW 1985, 1329, 1330 für § 1376 Abs. 4). Die damit verbundene Ungleichbehandlung wird vom BVerfG trotz des Strukturwandels, der die Auflösung von Betrieben nicht von vornherein als nachteilig erscheinen lässt, hingenommen, weil sich die Produktionsbedingungen und auch die Wirtschaftsauffassung von Landwirten in erheblicher Weise von der gewerblichen Wirtschaft unterschieden (BVerfG aaO). Sie ist allerdings auf die Fälle zu beschränken, in denen die Erhaltung eines leistungsfähigen lw Betriebes in den Händen einer gesetzlich begünstigten Person tatsächlich erreicht wird (BGH aaO; NJW 1987, 1260, 1261 f). 1

B. Anwendungsbereich

§ 2312 ist nicht anwendbar, soweit der Betrieb der Sondererbfolge nach der HöfeO oder einem landesrechtlichen Anerbenrecht iSd Art. 64 EGBGB unterliegt (s § 1922 Rn 102 ff; solche Regelungen fehlen in den neuen Bundesländern, Bayern, Saarland und Berlin). 2
Wird das Landgut bereits zu Lebzeiten übergeben, gilt § 2312 entsprechend auch hinsichtlich etwaiger Pflichtteilsergänzungsansprüche (BGH NJW 1995, 1352). Der Übernehmer muss zwar Pflichtteilsberechtigter sein, aber nicht Erbe werden (Soergel/*Dieckmann* Rn 6). Seine weiteren Voraussetzungen, namentlich die realisierbare Absicht, den lw Betrieb auf Dauer fortzuführen, müssen spätestens beim Erbfall vorhanden sein, auch wenn sie erst nach der Übernahme hervorgetreten sind (BGH aaO unter Aufgabe von BGH NJW 1964, 1414, 1416). 3

C. Voraussetzungen

Der Übernehmende muss **Allein-** (Abs. 2) oder **Miterbe** geworden sein (Abs. 1) und selbst zu dem nach § 2303 gezogenen **Kreis der Pflichtteilsberechtigten** gehören (zweifelnd für 4

§ 2312 BGB | Wert eines Landguts

Lebenspartner, Soergel/*Dieckmann* Rn 6 Fn 14). Eine konkrete Pflichtteilsberechtigung iSv § 2309 BGB ist nicht erforderlich (Soergel/*Dieckmann* Rn 6; BGH NJW 1964, 1414, 1415).

5 Der **Erblasser** muss die Bewertung nach Ertragswert oder einen bestimmten Übergabepreis **angeordnet haben**, soweit sie sich nicht aus einer Teilungsanordnung gem § 2049 Abs. 1 ergibt. Die Anordnung kann auch stillschweigend erfolgen oder einer ergänzenden Testamentsauslegung zu entnehmen sein (BGH NJW 1987, 951; FamRZ 1983, 1220, 1221; NJW 1975, 1831, 1832; OLG Stuttgart NJW 1967, 2410 f: nicht zwingend bei unwirksamer Pflichtteilsentziehung).

6 **Landgut** ist eine Besitzung, die zum selbständigen und dauernden Betrieb der Landwirtschaft einschließlich der Viehzucht oder Forstwirtschaft geeignet und bestimmt und mit den nötigen Wohn- und Wirtschaftsgebäuden versehen ist (std Rspr, BGH NJW-RR 1992, 770; BGHZ 95, 375, 377 f = NJW 1987, 951; s.a. § 2049 Rn 3; auch Gartenbaubetrieb, OLG Oldenburg NJW-RR 1992, 464; **nicht** Massentierhaltung, die zum überwiegenden Teil auf Futtermittelzukauf angewiesen ist, MüKo/*Lange* Rn 3; BGH NJW 1964, 1414, 1416; Pferdepension, OLG München NJW-RR 2003, 1518, 1519, dazu krit *Mayer* MittBayNot 2004, 334 ff; ausschließliche Bewirtschaftung von anderem Hof aus, BGH RdL 1977, 119). Nebenerwerbsbetrieb genügt, solange er zu einem erheblichen Teil zum Lebensunterhalt seines Inhabers beiträgt, nicht aber, wenn auf Dauer keine Gewinnerzielung möglich oder beabsichtigt ist (vgl BGH NJW-RR 1992, 770; NJW 1987, 1260, 1261 f; Staudinger/*Haas* Rn 12). Diese Eigenschaften müssen grds beim Erbfall vorgelegen haben. Es genügt aber, wenn beim Erbfall die realisierbare Absicht des Übernehmers bestand, den uU ganz oder teilweise verpachteten Hof selbst oder durch Abkömmlinge weiter zu bewirtschaften (BGH NJW 1995, 1352; NJW-RR 1992, 770; BayObLG FamRZ 1989, 540; Soergel/*Dieckmann* Rn 9). Dafür trägt der Erbe die Darlegungs- und Beweislast (vgl BGH NJW-RR 1990, 68).

7 Das Landgut muss insgesamt von einem Erben **übernommen** werden. Geht es auf eine Erbengemeinschaft oder auf mehrere Erben zu Bruchteilen über oder erwirbt ein Miterbe nur einen Bruchteil, kommt § 2312 nicht zur Anwendung, weil der Erhalt des Betriebes rechtlich nicht gesichert ist (BGH LM Nr. 4; NJW 1973, 995; anders für den gütergemeinschaftlichen Anteil, BGH FamRZ 1983, 1220).

D. Rechtsfolgen

8 Der Ertragswert ist durch Kapitalisierung des nachhaltig erzielbaren Reinertrags zu errechnen, § 2049 Abs. 2. Landesrechtliche Bestimmungen nach Art. 137 EGBGB geben Kapitalisierungsfaktoren zwischen 18 und 25 vor. Die Zugrundelegung des steuerrechtlichen Einheitswertes wurde für verfassungswidrig erklärt (BVerfG NJW 1988, 2723 ff, wohl aber nicht §§ 12 f HöfeO). Liegt der Ertragswert ausnahmsweise über dem Schätz-, sprich Substanzwert, dürfte nach dem Zweck der Bestimmung letzterer zugrunde zu legen sein (Soergel/*Dieckmann* Rn 5 aE; Staudinger/*Haas* Rn 18).

9 Werden mit dem Landgut zusammen weitere Gewerbe betrieben (zB Pension, Brennerei, Gasthof), sind die Betriebsteile dieses **Mischbetriebes** grds getrennt zu bewerten (MüKo/*Lange* Rn 3). Ebenso sind **Flächen, die für eine andere Nutzung bestimmt** sind und für die Lebensfähigkeit des Betriebes nicht erforderlich sind, nach dem Verkehrswert zu bemessen (baureife Grundstücke, BGH NJW 1987, 1260, 1261 f; Flächen für Kiesabbau, BGH NJW-RR 1992, 66 f; *Müller-Feldmann* ZEV 1995, 161 ff). Die latente Ertragssteuerlast (§ 2311 BGB Rn 19) ist wertmindernd zu berücksichtigen (BGH NJW 1987, 1260, 1262).

10 Einen **Nachabfindungsanspruch** bei Einstellung oder Veräußerung des lw Betriebes nach dem Erbfall, wie ihn § 13 HöfeO und viele Landesanerbenregelungen vorsehen, soll nach dem BGB nicht bestehen (BGH NJW 1987, 1260, 1262; s auch NJW 1997, 653 f, aA MüKo/*Lange* Rn 7; für Anspruch nach § 242, Soergel/*Dieckmann* Rn 13; für Vorrang der Bewertung nach zeitnahem Verkaufserlös, Staudinger/*Haas* Rn 21).

11 Hat der Erblasser einen **Übernahmepreis** bestimmt, ist dieser maßgebend, wenn er zwischen Ertrags- und Verkehrswert liegt, Abs. 1 Satz 2.

§ 2313 Ansatz bedingter, ungewisser oder unsicherer Rechte; Feststellungspflicht des Erben

(1) Bei der Feststellung des Wertes des Nachlasses bleiben Rechte und Verbindlichkeiten, die von einer aufschiebenden Bedingung abhängig sind, außer Ansatz. Rechte und Verbindlichkeiten, die von einer auflösenden Bedingung abhängig sind, kommen als unbedingte in Ansatz. Tritt die Bedingung ein, so hat die der veränderten Rechtslage entsprechende Ausgleichung zu erfolgen.

(2) Für ungewisse oder unsichere Rechte sowie für zweifelhafte Verbindlichkeiten gilt das Gleiche wie für Rechte und Verbindlichkeiten, die von einer aufschiebenden Bedingung abhängig sind. Der Erbe ist dem Pflichtteilsberechtigten gegenüber verpflichtet, für die Feststellung eines ungewissen und für die Verfolgung eines unsicheren Rechts zu sorgen, soweit es einer ordnungsmäßigen Verwaltung entspricht.

A. Normzweck

Die Vorschrift modifiziert für das Pflichtteilsrecht (nicht den Zugewinn, BGHZ 87, 367, 370 = NJW 1983, 2244, 2246; NJW 1992, 2154, 2157; aA *Schubert* JR 1980, 104 f) das Stichtagsprinzip für unsichere, nicht endgültige oder noch nicht realisierbare Rechte und Verbindlichkeiten, um Entwicklungen, die nach dem Erbfall eintreten, noch berücksichtigen zu können und eine höchst unsichere Schätzung zu vermeiden. Nicht endgültig feststehende Rechtspositionen sind danach zunächst entweder mit ihrem vollen Wert oder überhaupt nicht anzusetzen, diese Ansätze aber auszugleichen, wenn sich die Rechtslage nachträglich in anderer Weise konsolidiert. 1

B. Voraussetzungen

§ 2313 ist auf Vermögensgegenstände aller Art, sowie auf Verbindlichkeiten und dingliche Belastungen anzuwenden (BGHZ 3, 394, 397). Die Bestimmung gilt nicht für **befristete Rechte und Verbindlichkeiten**, bei denen der Eintritt des Ereignisses, von dem die Rechtsfolge abhängt, gewiss, sein Zeitpunkt aber ungewiss ist, es sei denn sie sind unsicher. Deren Wert ist zu schätzen (BGH FamRZ 1979, 787, 788 für Leibrente). 2

Die Rechtspositionen müssen beim Erbfall zweifelhaft oder bedingt gewesen sein, sonst sind sie uneingeschränkt anzusetzen (BGHZ 3, 394, 396). Ihr voller Ansatz ist nach dem Sinngehalt des § 2313 aber auch geboten, wenn sich die Rechtslage bis zu ihrer Geltendmachung konsolidiert hat. 3

Aufschiebende oder **auflösende Bedingung** ist auch die sog **Rechtsbedingung** (Staudinger/*Haas* Rn 7; MüKo/*Lange* Rn 4; zweifelnd Soergel/*Dieckmann* Rn 2; aA RGZ 83, 253, 254 für Nacherbenrecht, aber unsicheres Recht bejaht; *Meincke*, Das Recht der Nachlassbewertung, 1973, S 230 ff). Beim Erwerb unter **Eigentumsvorbehalt** soll allerdings auf der Aktivseite das Anwartschaftsrecht angesetzt werden (Staudinger/*Haas* Rn 7; aA Soergel/*Dieckmann* Rn 5: Vollrecht auf Aktivseite, Restkaufpreis auf Passivseite). Latente Ertragssteuerschulden (§ 2311 Rn 19) gehören nicht hierher, weil sie schon bei der Schätzung des betroffenen Vermögensgegenstandes einzustellen sind. 4

Ein Recht ist **ungewiss**, wenn sein rechtlicher Bestand oder die Person des Berechtigten zweifelhaft ist (BGHZ 3, 394, 397), etwa weil es anfechtbar oder schwebend unwirksam ist. **Unsicher** ist es, wenn seine wirtschaftliche oder tatsächliche Verwertung zweifelhaft ist (BGHZ 3, 394, 396; RGZ 83, 253, 254 für Nacherbrecht, aA Staudinger/*Haas* Rn 9: aufschiebend bedingt), mithin in erster Linie Nachlassforderungen gegen zahlungsunfähige Schuldner (nicht, wenn der Schuldner infolge des Erbfalls zahlungsfähig wird, näher Soergel/*Dieckmann* Rn 7; s aber OLG Dresden JW 1918, 188 für zahlungsunfähigen Nacherben); aber etwa auch die sog Milchquote für den Verpächter (OLG Celle OLGR 2003, 5

429, 433), Aktienoptionen für Mitarbeiter (sog **stock options**), soweit sie vererblich sind (*Kolmann* ZEV 2002, 216, 217) und Ansprüche nach dem VermG (BGH NJW 1993, 2176 f; wNachw § 2311 Rn 5). Nicht ungewiss sind Forderungen, wenn bei im Tatsächlichen feststehenden Anspruchsvoraussetzungen nur die Feststellung ihrer Höhe Schwierigkeiten bereitet (BGH FamRZ 1977, 128, 130). Entsprechend schaffen Bewertungsschwierigkeiten bei der Feststellung von Unternehmenswerten, den Werten von Gesellschaftsanteilen oder gewerblichen Schutzrechten keine Unsicherheiten iSd § 2313 (vgl BGH NJW 1980, 229, 230, bes im Hinblick auf Abfindungsklauseln; Damrau/*Riedel/Lenz* Rn 9).

6 **Zweifelhaft** sind Verbindlichkeiten, wenn entweder ihr rechtlicher Bestand oder ihre tatsächliche Verwirklichung unsicher ist (BGH WM 1977, 1410, 1411, vage Versorgungszusagen; BGHZ 3, 394, 397). Dies sind alle Nachlassverbindlichkeiten, die der Erbe bestreitet, auch wenn schon ein vorläufig vollstreckbares, aber angefochtenes Urteil vorliegt (Soergel/*Dieckmann* Rn 8); aber auch **Bürgschaftsverpflichtungen** (OLG Köln ZEV 2004, 155) und **Pfandhaftungen** für fremde Schuld (Staudinger/*Haas* Rn 11; aA für Grundschuld OLG Düsseldorf NJW-RR 1996, 727), solange nicht feststeht, ob und in welcher Höhe die Sicherheit in Anspruch genommen wird.

7 Feststehende Forderungen/Verbindlichkeiten, die einer **einheitlichen Geschäftsbeziehungen** entstammen, in der sie wechselseitig verrechnet werden, bleiben unsicher, soweit ihnen eine zweifelhafte Verbindlichkeit/Forderung gegenübersteht (BGHZ 7, 134, 141 f; auch unbestrittene Nachlassschuld gegenüber zweifelhafter Nachlassverbindlichkeit, RGRK/*Johannsen* Rn 6).

C. Rechtsfolgen

8 Aufschiebend bedingte Rechte und Verbindlichkeiten bleiben wie ungewisse und unsichere Rechte sowie zweifelhafte Verbindlichkeiten zunächst außer Ansatz, Abs. 1 S 1, Abs. 2 Satz 1. Umgekehrt sind auflösend bedingte Rechte und Verbindlichkeiten wie unbedingte voll anzusetzen, Abs. 1 S 2, jeweils unabhängig davon, wie wahrscheinlich der Bedingungseintritt ist.

9 Tritt die Bedingung ein oder fällt die Zweifelhaftigkeit nachträglich weg, entsteht ein **Ausgleichsanspruch**, Abs. 1 S 3. Hat der Pflichtteilsberechtigte zu viel erhalten, weil ein auflösend bedingtes Recht infolge Bedingungseintritts entfallen oder sich eine aufschiebend bedingte oder zweifelhafte Verbindlichkeit verwirklicht hat, steht dem **Erben** ein **Rückzahlungsanspruch** zu. Ob sich dieser als uU bedingter Anspruch eigener Art (so Lange/Kuchinke, § 37 VI 5a; *Mayer* HB Pflichtteilsrecht, § 5 Rn 160) unmittelbar aus § 2313 Abs. 1 Satz 2 oder aus Bereicherungsrecht (Soergel/*Dieckmann* Rn 3) bzw § 159 (MüKo/ *Lange* Rn 5) ergibt, weil der ursprüngliche Pflichtteilsanspruch insoweit bedingt war, spielt solange keine Rolle, als der Entreicherungseinwand – wie regelmäßig bei Kenntnis der Unsicherheit – abgeschnitten ist.

10 Der **Nachzahlungsanspruch des Pflichtteilsberechtigten**, der entsteht, wenn die Bedingung bei aufschiebend bedingten Rechten bzw auflösend bedingten Verpflichtungen eintritt oder ein Recht sicher wird, unterliegt hingegen dem Pflichtteilsrecht. Insb richtet sich die Verjährung nach § 2332. Wie bei bedingten Ansprüchen (BGH NJW 1987, 2743, 2745) sollte sie hinsichtlich der Mehrforderung jedoch nicht zu laufen beginnen, ehe die Bedingung oder Gewissheit eingetreten ist (überwiegende Meinung, etwa Soergel/*Dieckmann* Rn 4; unentschieden BGH NJW 1993, 2176, 2177).

11 Für die **Anspruchshöhe** kommt es weiterhin auf den Wert der betroffenen Vermögensposition zur Zeit des Erbfalls an (BGH NJW 1993, 2147, 2147; Staudinger/*Haas* Rn 17). Bis auf den **Kaufkraftschwund** (BGH aaO; zweifelnd Soergel/*Dieckmann* Rn 6; aA AnwK/ *Bock* Rn 12m Fn 20) bleiben seither eingetretene Wertveränderungen außer Betracht. Auszugleichen ist die Differenz des um die veränderte Position bereinigten Nachlasswertes zum ursprünglich festgestellten.

12 Ansprüche auf **Sicherheitsleistung** bestehen nicht. Es bleiben der Arrest (§ 916 Abs. 2 ZPO) und §§ 77 Abs. 3, 95 Abs. 1, 191 InsO. Der Ausgleichsanspruch kann auch ohne Vor-

behalt in einem über den sonstigen Pflichtteil entscheidenden Urteil noch geltend gemacht werden.

Über § 162 hinaus hat der Pflichtteilsberechtigte gegen den Erben einen schadensersatzbewehrten Anspruch, im Rahmen ordnungsgemäßer Verwaltung für die Feststellung ungewisser und Verfolgung unsicherer Rechte zu sorgen, Abs. 2 Satz 2. 13

§ 2314 Auskunftspflicht des Erben

(1) Ist der Pflichtteilsberechtigte nicht Erbe, so hat ihm der Erbe auf Verlangen über den Bestand des Nachlasses Auskunft zu erteilen. Der Pflichtteilsberechtigte kann verlangen, dass er bei der Aufnahme des ihm nach § 260 vorzulegenden Verzeichnisses der Nachlassgegenstände zugezogen und dass der Wert der Nachlassgegenstände ermittelt wird. Er kann auch verlangen, dass das Verzeichnis durch die zuständige Behörde oder durch einen zuständigen Beamten oder Notar aufgenommen wird.

(2) Die Kosten fallen dem Nachlass zur Last.

A. Normzweck

Die gemessen an ihrer Zielsetzung nicht vollständige Regelung soll dem Pflichtteilsberechtigten die für die Geltendmachung und Durchsetzung seines Anspruchs erforderlichen Kenntnisse von Nachlassbestand und Nachlasswert verschaffen. Dazu räumt sie ihm Ansprüche auf Auskunft und Wertermittlung ein und verstärkt den Anspruch auf Vorlage eines Verzeichnisses gem. § 260. Die in § 2314 geregelten Ansprüche sind von anderen erbrechtlichen Auskunftsansprüchen etwa gem. §§ 2027 f, 2057 streng zu unterscheiden (umfassend *Sarres* Erbrechtliche Auskunftsansprüche, 2004). Daneben kann der Pflichtteilsberechtigte auch Grundbucheinsicht verlangen (KG NJW-RR 2004, 1316 ff; LG Stuttgart ZEV 2005, 313 m Anm *Damrau*). 1

B. Allgemeines

Anspruchsberechtigt ist dem Wortlaut nach jeder **Nichterbe**, der ein Pflichtteilsrecht, iSd §§ 2303, 2309, § 10 Abs. 6 LPartG hat, das ihm nicht wirksam entzogen wurde (OLG Hamm NJW 1983, 1067). Ein Pflichtteilsanspruch ist nicht erforderlich (BGH NJW 2002, 2469 f; 1981, 2051, 2052; BGHZ 28, 177, 179 f). Der Anspruch kann nicht mehr erhoben werden, soweit ein entsprechendes Informationsbedürfnis nicht mehr besteht, insb weil Pflichtteils- oder/und Pflichtteilsergänzungsansprüche verjährt sind (BGH NJW 1985, 384, 385; BGHZ 28, 177, 180; zur Auswirkung auf die Vollstreckbarkeit des Auskunftstitels OLG Zweibrücken OLGR 2003, 347 ff) oder das angenommene Vermächtnis nach dem Willen des Erblassers den Pflichtteil abgelten soll (Soergel/*Dieckmann* Rn 8; LG Bonn ZEV 2005, 313 (Ls.); s auch § 2307 Rn 8). Wegen seines Wahlrechts bleibt der **Vermächtnisnehmer** ohne Rücksicht auf die Höhe des Vermächtnisses anspruchsberechtigt (OLG Düsseldorf, FamRZ 1995, 1236 f; OLG Oldenburg NJW-RR 1993, 782; BGHZ 28, 177; nach OLG Köln NJW-RR 1992, 8 sogar, wenn Pflichtteilsansprüche schon verjährt sind). 2

Mehrere Pflichtteilsberechtigte sind nicht Gesamtgläubiger, sondern je für sich anspruchsberechtigt. Mit der **Abtretung** des Pflichtteils- und Pflichtteilsergänzungsanspruchs gehen auch die Ansprüche nach § 2314 auf den Zessionar über (§ 401 BGB; vgl BGH NJW 2005, 369 für Überleitung nach § 90 BSHG). 3

Wer **Erbe** – auch **Miterbe** oder **Nacherbe** – geworden ist, hat keinen Auskunftsanspruch nach § 2314, weil er sich regelmäßig kraft seiner Erbenstellung (s §§ 2027 f, 2038; 2121 f, 2127 BGB) über den Nachlass unterrichten kann und es nicht angeht, den Beschenkten mit den Kosten zu belasten (std Rspr BGH NJW 1993, 2737; 1990, 180; 1981, 2051 f; 1973, 1876; aA *Coing* NJW 1970, 734; MüKo/*Lange* Rn 18 aE). 4

§ 2314 BGB | Auskunftspflicht des Erben

5 **Gegenüber** dem **Beschenkten** wird jedoch ein Auskunftsanspruch nach § 242 gewährt, sofern der pflichtteilsberechtigte Erbe sich die für einen etwaigen Pflichtteilsergänzungsanspruch erforderlichen Kenntnisse nicht auf zumutbare andere Weise verschaffen, jener die Auskunft unschwer geben kann und gewisse Anhaltspunkte für unentgeltliche Zuwendungen vorliegen (grdl BGHZ 61, 180, 184 f; BGH NJW 1993, 2737; der Nacherbe soll hingegen gegen den vom Vorerben Beschenkten einen Anspruch analog § 2314 haben, BGHZ 58, 237, 239; zum Ganzen *Sarres* ZEV 2001, 225 ff). Dieser Anspruch soll sich zwar ggf auf die Wertermittlung erstrecken, nicht aber auf die Errichtung eines amtlichen Verzeichnisses oder die Zuziehung zur Erstellung eines Verzeichnisses. Die **Kosten** hat der Berechtigte zu tragen (BGH aaO; Staudinger/*Haas* Rn 25).

6 **Auskunftsverpflichtet** sind grds die **Erben** ggf als Gesamtschuldner gem §§ 431, 421 (nicht § 2058; RGRK/*Johannsen* Rn 13; MüKo/*Lange* Rn 19; *Sarres* ZEV 1998, 4). Dies gilt auch bei Nachlassinsolvenz oder Nachlassverwaltung. Anders als der **Testamentsvollstrecker** (s § 2213 Abs. 1 Satz 3) ist der **Nachlassverwalter** jedoch selbst nach § 2012 Abs. 1 S 2 BGB auskunftspflichtig.

7 Der **Beschenkte** ist **dem pflichtteilsberechtigten Nichterben** in entsprechender Anwendung des § 2314 Abs. 1 Satz 1 zur Auskunft verpflichtet, da sich der Pflichtteilsergänzungsanspruch nach § 2329 BGB auch gegen den Beschenkten selbst richten kann, (grdl BGHZ 55, 378, 379 f; 89, 24, 27 = NJW 1984, 487; enger Damrau/*Riedel*/*Lenz* Rn 34: nur subsidiär zum Erben und nicht, soweit Haftung nach § 2329 ausgeschlossen). Eine Verpflichtung zur Wertermittlung nach § 2314 Abs. 1 Satz 2 trifft ihn jedoch nur, soweit der Berechtigte die Kosten übernimmt (BGH NJW 1989, 2887, 2888; 1993, 2737; weitergehend *Winkler v. Mohrenfels* NJW 1987, 2560; differenzierend Soergel/*Dieckmann* Rn 27 ff; ders NJW 1988, 1809 ff). Zum Anspruch des **pflichtteilsberechtigten Erben** s.o. Rn 4 f.

8 Anders als der Pflichtteilsanspruch, für den die dreijährige Verjährungsfrist des § 2332 BGB gilt, **verjährt** der Auskunftsanspruch innerhalb von 30 Jahren (§ 197 Abs. 1 Nr. 2 BGB; vgl BGH NJW 1985, 384; zur Durchsetzbarkeit s aber Rn 2). Zu beachten ist, dass nur eine Stufenklage (vgl BGH NJW 1997, 2049; NJW-RR 1995, 770 f), nicht aber die isolierte Auskunftsklage die Verjährung des Pflichtteilsanspruchs nach § 204 Abs. 1 Nr. 1 hemmt (vgl BGH NJW 1975, 1409; zur möglichen Anerkenntniswirkung der Auskunftserteilung s § 2332 Rn 15). Da der Auskunftsanspruch einen möglichen Pflichtteilsanspruch nur vorbereitet, löst seine Geltendmachung allein regelmäßig noch nicht die Wirkungen einer **Pflichtteilstrafklausel** aus (BayObLG FamRZ 1991, 494; Soergel/*Dieckmann* Rn 4; *Sarres* ZEV 2004, 407 f. Eine abweichende Fassung bzw Auslegung der jeweiligen Klausel ist jedoch möglich, vgl *Lübbert* NJW 1988, 2706; MüKo/*Leipold* § 2074 Rn 29; Palandt/*Edenhofer* § 2269 Rn 14).

9 Hat der Auskunftsverpflichtete etwa wegen einer ausgleichungspflichtigen Zuwendung seinerseits einen Auskunftsanspruch gegen den Pflichtteilsberechtigten, kommt ein **Zurückbehaltungsrecht** in Betracht (Staudinger/*Haas* Rn 51; aA Handbuch Pflichtteilsrecht/*Bittler* § 9 Rn 49; vgl für § 1379, Erman/*Heckelmann* § 1379 Rn 1 mwN).

10 Der Pflichtteilsberechtigte kann die Ansprüche des § 2314 grds einzeln und nacheinander geltend machen. Namentlich Auskunfts- und Wertermittlungsanspruch werden als eigenständige, gesondert einzufordernde Ansprüche angesehen (*Coing* NJW 1983, 1298; BGHZ 89, 24, 28 = NJW 1984, 487; OLG Düsseldorf FamRZ 1995, 1236 f). Vorzugswürdig ist die Erhebung einer **Stufenklage** (näher Anh § 2338 Rn 8 ff u § 254 ZPO Rn 1 ff). Nur sie hemmt die Verjährung auch des Pflichtteilsanspruches und löst auch bei noch unbeziffertem Zahlungsantrag Verzug aus (vgl BGHZ 80, 269, 277 = NJW 1981, 1729, 1731, auch zur Mahnung). Auch wenn Auskunftsantrag und Urteilsausspruch allgemein gehalten und erst im Vollstreckungsverfahren konkretisiert werden können (Staudinger/*Haas* Rn 82), sollten sie möglichst umfassend und detailliert gefasst werden. Insb ist der Antrag ausdrücklich auf unentgeltliche und ausgleichungspflichtige Zuwendungen zu erstrecken, um Zweifel an der Reichweite des erstrebten Titels zu vermeiden (vgl OLG München ZEV 2004, 29). Die Vollstreckung der Auskunfts- und Wertermittlungsansprüche richtet sich nach § 888 ZPO

(OLG Brandenburg FamRZ 1998, 179), die des Anspruchs auf eidesstattliche Versicherung nach § 889 ZPO.

C. Auskunftsanspruch, Abs. 1 Satz 1

I. Inhalt

Gegenstand der geschuldeten Auskunft ist zunächst der **gesamte Nachlassbestand** zur Zeit des Erbfalls iSd § 2311, mithin alle Vermögensgegenstände und Verbindlichkeiten (BGHZ 33, 373 f), einschließlich wertloser oder bloß im Besitz des Erblassers befindlicher Gegenstände (BGH LM § 260 Nr. 1 = JZ 1952, 492) und zweifelhafter Rechte und Verbindlichkeiten iSd § 2313 BGB, auch wenn sie nach Auffassung des Erben zum Voraus gehören (RGZ 62, 109). Die Gegenstände sind iE aufzuschlüsseln. Ihre Zusammenfassung zu einem Saldo genügt nicht (BGH 21. 2. 1996, AZ IV ZB 27/95, veröffentlicht in juris). Zudem sind die tatsächlichen Umstände mitzuteilen, soweit ihre Kenntnis für eine eigenständige Bewertung der Nachlassgegenstände durch den Pflichtteilsberechtigten und damit zur Durchsetzung seines Pflichtteilanspruchs erforderlich ist. Gehört ein **Unternehmen** oder **Unternehmensanteil** zum Nachlass sind daher auch die für eine Bewertung erforderlichen Unterlagen – Bilanzen, Gewinn- und Verlustrechnungen, Umsatzzahlen, Geschäftsbücher und Belege der letzten drei bis fünf Jahre – vorzulegen (BGHZ 33, 373, 378; LM § 260 Nr. 1; NJW 1975, 1774, 1777; OLG Köln ZEV 1999, 110). 11

Darüber hinaus ist auch über den **fiktiven Nachlass** Auskunft zu geben. Er setzt sich aus den **ausgleichungspflichtigen Zuwendungen** iSd § 2316 und den **Schenkungen** der letzten 10 Jahre vor dem Erbfall nach § 2325 (BGHZ 89, 24, 27; 33, 373, 374), einschließlich der unbenannten Zuwendungen zwischen Eheleuten (vgl BGHZ 116, 167 ff = NJW 1992, 564 ff; die 10-Jahresgrenze gilt hier nicht, § 2325 Abs. 3) zusammen. Die Auskunftspflicht erstreckt sich auch auf Anstands- und Pflichtschenkungen gem § 2330, weil auch insoweit dem Pflichtteilsberechtigten eine eigene Bewertung ermöglicht werden soll (BGH NJW 1962, 245, 246). 12

Um den Auskunftsanspruch nicht zu einem umfassenden Anspruch auf Rechnungslegung auszuweiten und auch eine reine Ausforschung zu verhindern (vgl BGH NJW 1993, 2737; großzügiger *Klingelhöffer* Rn 138), wird insoweit jedoch der Nachweis konkreter Anhaltspunkte gefordert, die den Verdacht einer (teilweisen oder gemischten) unentgeltlichen Zuwendung begründen, ohne dass diese schon feststehen müsste (BGHZ 89, 24, 27; NJW 1962, 245, 246; OLG Düsseldorf FamRZ 1995, 1236, 1237, Staudinger/*Haas* Rn 13). Anhaltspunkte können etwa die Weggabe von Guthaben oder Vermögensgegenständen an Dritte bei ungeklärter Gegenleistung (vgl BGH NJW 1973, 1876, 1878), der Verlust von unstreitig vor dem Erbfall vorhandenem Vermögen, sofern der Erblasser aufgrund bestehender Feindschaft pflichtteilsverkürzende lebzeitige Zuwendungen plante (BGH FamRZ 1965, 135, 136), der Abschluss einer Lebensversicherung zugunsten eines Dritten, der Ausschluss von Abfindungsansprüchen bei todesbedingtem Ausscheiden aus einer Gesellschaft, schwer durchschaubare Transaktionen zwischen Ehegatten (OLG Frankfurt NJW-RR 1993, 1483, 1485) oder ein gemeinschaftlicher Immobilienerwerb sein (Staudinger/*Haas* Rn 14). Unter diesen Umständen sind auch die für die rechtliche Bewertung der Vermögensverschiebungen erforderlichen Umstände, insb also zugrunde liegende Verträge und Gegenleistungen zu offenbaren und die entsprechenden Unterlagen vorzulegen (BGH NJW 1973, 1876, 1878; 1962, 245, 246; OLG Düsseldorf FamRZ 1995, 1236, 1238; einschränkend *Bartsch* ZEV 2004, 176 ff). 13

Auskunftspflichtig sind schließlich über den Wortlaut hinaus auch andere Umstände, die die Pflichtteilsberechnung beeinflussen, etwa der Güterstand, in dem der Erblasser gelebt hat, ob der überlebende Ehegatte die güter- oder erbrechtliche Lösung gewählt oder welche ges Erben der Erblasser hinterlassen hat (Damrau/*Riedel/Lenz* Rn 19). 14

Der Auskunftsschuldner darf sich nicht auf vorhandenes Wissen beschränken, sondern muss sich die für die geschuldete Auskunft erforderliche **Kenntnisse soweit als möglich** 15

verschaffen (BGHZ 107, 104, 108). Insb muss er ihm zustehende Auskunftsansprüche, zB gegen eine kontoführende Bank (BGH aaO), gegen Behörden (BGH 21. 2. 1996, AZ IV ZB 27/95, juris KORE711179600), gegen Miterben, soweit sich im Nachlass ein anderer Nachlass befindet (RGZ 72, 379, 381), oder gegen Mitgesellschafter beim Unternehmensanteil geltend machen und durchsetzen.

II. Arten

16 Die Auskunft kann als **privates Bestandsverzeichnis** (Abs. 1 Satz 2 iVm § 260) verlangt werden, das im Unterschied zum Nachlassinventar nicht den Wert der einzelnen Gegenstände aufführen muss (so wohl OLG Frankfurt NJW-RR 1994, 9). Eine Bezugnahme auf ein bereits vorhandenes Nachlassinventar ist möglich (OLG Brandenburg FamRZ 1998, 180, 181). Teilverzeichnisse sind zulässig, soweit sie den Nachlass insgesamt vollständig und klar wiedergeben (BGH FamRZ 1962, 429; OLG Brandenburg FamRZ 1998, 179).

17 Obwohl keine **Form** vorgeschrieben ist, wird das Verzeichnis in aller Regel schriftlich zu erstellen sein. Anders ist die geforderte vollständige und übersichtliche Aufstellung aller Aktiv- und Passivpositionen mit Angabe des Rechtsgrundes nicht zu leisten. Streitig ist, ob es wegen seiner höchstpersönlichen Natur vom Verpflichteten selbst zu unterzeichnen ist (Damrau/*Riedel/Lenz* Rn 21; verneinend OLG Nürnberg NJW-RR 2005, 808 f; Staudinger/*Haas* Rn 38; Soergel/*Dieckmann* Rn 20; MüKo/*Lange* Rn 10; bejahend OLG Brandenburg ZErb 2004, 132 ff).

18 Daneben kann die Aufnahme eines **amtlichen Bestandsverzeichnisses** verlangt werden, Abs. 1 Satz 3 (allg *Nieder* ZErb 2004, 60 ff). Dieser Anspruch wird grds durch ein vorhandenes Privatverzeichnis nicht ausgeschlossen, selbst wenn es unter Zuziehung des Pflichtteilsberechtigten errichtet wurde (BGHZ 33, 373, 378; OLG Oldenburg OLGR 1999, 206, 207; OLG Düsseldorf FamRZ 1995, 1236, 1238). Ausnahmsweise kann Rechtsmissbrauch vorliegen, insbesondere wenn nach dem amtlichen Verzeichnis noch ein Privatverzeichnis verlangt wird (BGHZ 33, 373, 379).

19 Die aufnehmende Amtsperson darf nicht lediglich die Angaben des Auskunftsverpflichteten beurkunden (aA OLG Köln NJW-RR 1992, 8, 9), sondern ist zu eigenen Ermittlungen und Feststellungen verpflichtet, soweit sie möglich und erfolgversprechend erscheinen. Zudem hat sie auf wahrheitsgemäße Angaben und Vollständigkeit hinzuwirken. Soweit ihr allerdings allein die Angaben des Erben zur Verfügung stehen, sind der ansonsten unterstellte höhere Beweiswert und die größere Richtigkeitsgewähr (BGHZ 33, 373, 377; OLG Celle DNotZ 2003, 62 m Anm *Nieder*; ZErb 2003, 382 f; OLG Oldenburg NJW-RR 1993, 782; *Klinger* NJW-Spezial 2004, 61) praktisch in Frage gestellt.

20 Zuständig ist der Notar, § 20 Abs. 1 BNotO; daneben nach Landesrecht ggf auch das AG (nicht Nachlassgericht). Der Pflichtteilsberechtigte ist selbst nicht antragsberechtigt, sondern muss den Erben notfalls klageweise dazu anhalten.

21 Der Pflichtteilsberechtigte hat das **Recht, bei der Aufnahme des Verzeichnisses** (auch des amtlichen, KG FamRZ 1996, 767) **zugegen zu sein**, Abs. 1 S 2. Dabei kann er einen Beistand hinzuziehen oder sich vertreten lassen (hM, KG aaO). Mitwirkungsrechte sollen damit nicht verbunden sein (KG aaO; MüKo/*Lange* Rn 14). Das Anwesenheitsrecht besteht grds auch noch, wenn bereits ein Verzeichnis erstellt wurde. In diesem Fall ist nochmals ein Verzeichnis im Beisein des Pflichtteilsberechtigten zu fertigen.

22 Ein Anspruch auf Ergänzung einer **unvollständigen Auskunft** besteht nach hM nur, wenn ein oder mehrerer Nachlassteile völlig übergangen wurden (RG JW 1914, 348), der Auskunftspflichtige rechtsirrig meint, über eine unbestimmte Zahl von Gegenstände keine Auskunft geben zu müssen (BGH LM § 260 Nr. 1; OLG Oldenburg NJW-RR 1992, 777, 778; gleiches müsste gelten, wenn er rechtsirrig meint, einzelne tatsächlich auskunftspflichtige Umstände nicht angeben zu müssen; auch dann würde mit der eidesstattlichen Versicherung nur diese Rechtsansicht, nicht aber eine sorgfältige, vollständige Auskunftserteilung bekräftigt) oder die erteilte Auskunft so unzulänglich, insb so unübersichtlich

und unzusammenhängend ist, dass sie nicht als Erfüllung angesehen werden kann (Staudinger/*Haas* Rn 42; OLG Brandenburg FamRZ 1998, 179).
Ansonsten bleibt nur die **eidesstattliche Versicherung**, deren Abgabe verlangt werden 23 kann, wenn Anhaltspunkte – zB lückenhafte, zögerliche Auskunftserteilung (OLGR Düsseldorf 1998, 304) oder Auskunftsverhinderung OLG Frankfurt NJW-RR 1993, 1483) – bestehen, das Verzeichnis sei nicht mit der nötigen Sorgfalt erstellt worden, § 260 Abs. 2. Bei einer an sich zulässigen Aufspaltung in mehrere Teilakte muss die letzte Versicherung auch dahin gehen, dass die Auskunft nunmehr vollständig erteilt wurde (BGH LM § 2314 Nr. 5). Ist die eidesstattliche Versicherung einmal abgegeben, besteht ein Anspruch auf Ergänzung allenfalls in den oben Rn 22 dargelegten Grenzen (BGH aaO). Bei freiwilliger Abgabe ist das Amtsgericht als Nachlassgericht und dort der Rechtspfleger zuständig (vgl Handbuch Pflichtteilrecht/*J. Bittler* § 9 Rn 32 unter Hinweis auf § 163, 79 FGG, 3 Nr. 1b RPflG), nach Verurteilung das Vollstreckungsgericht, § 261 Abs. 1. Wurde einem Erben die Erstellung des Bestandsverzeichnisses übertragen, haften die anderen Erben für dessen mangelnde Sorgfalt nach § 278 und bleiben daher auch selbst zur Abgabe der eidesstattlichen Versicherung verpflichtet (vgl RGZ 129, 239, 246).

D. Wertermittlungsanspruch, Abs. 1 Satz 2

I. Besonderheiten des Wertermittlungsanspruchs

Der Wertermittlungsanspruch unterscheidet sich von dem Auskunftsanspruch, der nur 24 auf die Weitergabe von Wissen des Schuldners gerichtet ist (BGHZ 89, 24, 28 = NJW 1984, 487). Über die Vorlage der zur Wertermittlung erforderlichen Informationen und Unterlagen hinaus ist er verpflichtet, eine von seinen eigenen Wertvorstellungen unabhängige Wertermittlung durch einen unparteiischen Sachverständigen zu veranlassen und zu dulden (BGH NJW 1986, 127, 128; 1975, 258; Soergel/*Dieckmann* Rn 29).
Der **Anspruch** setzt voraus, dass der zu bewertende Gegenstand zum Nachlass, dh auch 25 dem fiktiven Nachlass gehört (BGHZ 7, 134, 136; 89, 24, 29). Dementsprechend verlangt die Rechtsprechung auch den Nachweis, dass die Voraussetzungen des § 2325 vorliegen (BGHZ 89, 24, 30; krit *Baumgärtel* JR 1984, 198; *Winkler von Mohrenfels* NJW 1987, 2557, 2559). Gemischte Schenkungen setzen aber ein Missverhältnis von Leistung und Gegenleistung voraus und damit die Kenntnis ihrer Werte. Wenn man nicht schon gewisse Anhaltspunkte für eine Schenkung ausreichen lässt (so OLG Düsseldorf FamRZ 1995, 1236, 1238), wird jedenfalls eine überschlägige Berechnung genügen müssen, die – ggf noch auf ein seitens des Pflichtteilsberechtigten eingeholtes Sachverständigengutachten gestützt – ein Missverhältnis ergibt, um den Anspruch auf eine genaue Wertermittlung auf Kosten des Nachlasses auszulösen (MüKo/*Lange* Rn 7; *Klingelhöffer* Rn 165). Darüber hinaus besteht nach BGH NJW 1993, 2737 ein Wertermittlungsanspruch des pflichtteilsberechtigten Erben nach § 242 schon dann, wenn gewisse Anhaltspunkte für eine Schenkung vorliegen, weil und sofern der Nachlass nicht mit den Kosten belastet wird (Staudinger/*Haas* Rn 73). Dies wird man auch dem pflichtteilsberechtigten Nichterben zugestehen müssen (Staudinger/*Haas* Rn 71).
Anspruchsverpflichtet sind die Erben. Nachrangig kann der Beschenkte nach § 242 in 26 Anspruch genommen werden. Er ist jedoch nicht verpflichtet, die Kosten zu tragen (BGH NJW 1990, 180, 181; BGHZ 107, 200 ff = NJW 1989, 2887, 2888; s.o. Rn 5, 7).

II. Umfang

Zu den vorzulegenden **Unterlagen** gehört bei zeitnah zum Erbfall erfolgten Kaufereig- 27 nissen der Kaufvertrag (vgl § 2311 Rn 15). Ansonsten sind die Unterlagen und Informationen zugänglich zu machen, die für eine sachverständige Wertermittlung nach den in Betracht kommenden Bewertungsverfahren nötig sind; insb also die für eine Ertragswertermittlung erforderlichen Bilanzen, Gewinn- und Verlustrechnungen, Umsatzzahlen, Geschäftsbücher und Belege (BGHZ 33, 373, 378; NJW 1975, 258, 259). Diese Verpflichtung kann nicht durch Vorlage eines Wertgutachtens selbst erfüllt werden (OLG Köln ZEV 1999, 110). **Geheimhaltungsinteressen** schränken den Vorlegungsanspruch nur ein, sofern konkrete Gründe für einen Rechtsmissbrauch bestehen. Ggf ist ihnen durch Einschaltung eines zur Verschwiegenheit verpflichteten Sachverständigen Rechnung zu tragen (BGH NJW 1975, 1774, 1776 f; OLG Düsseldorf NJW-RR 1997, 454, 456 = FamRZ 1997, 58, 60; OLG Köln ZEV 1999, 110).

28 Mit der Erstellung des ebenfalls geschuldeten Wertgutachtens (BGH NJW 1975, 258; 89, 2887; OLG Düsseldorf ZEV 1996, 431) haben die Erben einen von ihnen auszuwählenden Sachverständigen zu beauftragen (OLG Karlsruhe NJW-RR 1990, 341). Ein Anspruch auf Vorlage eines bereits erstellten Schätzgutachtens besteht daher nicht (BGH FamRZ 1965, 135). Der Sachverständige muss nicht notwendig öffentlich bestellt und vereidigt sein, wenn er nur über die hinreichende fachliche Qualifikation verfügt (LG Limburg WM 1990, 1832; AnwK/*Bock* Rn 34 Fn 76; aA *Fiedler* ZEV 2004, 169 f). So genügen für Kunstwerke die Bewertungen eines renommierten Kunstauktionshauses (OLG Köln NJW 2006, 625 ff = ZEV 2006, 77 ff m Anm *v. Oertzen*). Gibt der Pflichtteilsberechtigte selbst ein Gutachten in Auftrag, kommt eine Erstattung der Kosten allenfalls als Verzugsschaden (str, Coing NJW 1983, 1300; aA OLG Karlsruhe NJW-RR 1990, 393, 394) oder über die prozessuale Kostenerstattungspflicht in Betracht (OLG München RPfl 1983, 486; Staudinger/*Haas* Rn 66). Das Gutachten als allerdings nicht bindende Grundlage für die gerichtliche Durchsetzung des Pflichtteilsanspruchs muss eine nachvollziehbare Wertermittlung enthalten, wobei sich der Sachverständige nicht begründungslos auf eine Methode zurückziehen darf (OLG Brandenburg ZErb 2004, 132 f; s auch OLG Köln ZEV 1999, 110).

E. Kostentragung, Abs. 2

29 Die Kosten der Erstellung der Bestandsverzeichnisse, der Zuziehung des Auskunftsberechtigten einschließlich des hierzu eingesetzten Rechtsbeistandes (hL, MüKo/*Lange* Rn 23; offen OLG München RPfl 1997, 453) und der Wertermittlung (s auch Rn 25) fallen dem Nachlass als Nachlassverbindlichkeiten zur Last und mindern daher zugleich den Pflichtteilsanspruch (§ 2311 Rn 11). Der Erbe kann die Haftung auf den Nachlass beschränken und ist insoweit auch berechtigt, schon die Erfüllung der einzelnen Ansprüche mit Ausnahme des »einfachen« Auskunftsanspruchs zu verweigern, sofern der Nachlass die Kosten nicht deckt (BGH NJW 1989, 2887 für Wertgutachten; eingehend auch zu Problemlagen bzgl des Beschenkten, *Dieckmann* NJW 1988, 1813, 1815 ff). Die Kosten der Abnahme der eidesstattlichen Versicherung sind jedoch gem § 261 Abs. 3 vom Antragsteller, dh regelmäßig dem Pflichtteilsberechtigten zu tragen (hM, etwa Soergel/*Dieckmann* Rn 42); zu Auskünften des Beschenkten s Rn 7, 26).

F. Kosten

30 Wird das Nachlassverzeichnis durch die zuständige Behörde oder einen Notar aufgenommen, so fällt gem § 52 KostO die $^5/_{10}$ Gebühr. Nimmt das Geschäft einen Zeitaufwand von mehr als zwei Stunden in Anspruch, so erhöht sich die Gebühr für jede weitere angefangene Stunde um die Mindestgebühr nach § 33 KostO (= 10 €).
Der Wert bestimmt sich gem § 52 Abs. 1 KostO nach dem Wert der verzeichneten Gegenstände.

§ 2315 Anrechnung von Zuwendungen auf den Pflichtteil

(1) Der Pflichtteilsberechtigte hat sich auf den Pflichtteil anrechnen zu lassen, was ihm von dem Erblasser durch Rechtsgeschäft unter Lebenden mit der Bestimmung zugewendet worden ist, dass es auf den Pflichtteil angerechnet werden soll.

(2) Der Wert der Zuwendung wird bei der Bestimmung des Pflichtteils dem Nachlass hinzugerechnet. Der Wert bestimmt sich nach der Zeit, zu welcher die Zuwendung erfolgt ist.

(3) Ist der Pflichtteilsberechtigte ein Abkömmling des Erblassers, so findet die Vorschrift des § 2051 Abs. 1 entsprechende Anwendung.

A. Normzweck

§§ 2315 f regeln zusammen mit §§ 2325 ff die Auswirkungen von Zuwendungen des Erblassers zu Lebzeiten auf den Pflichtteil und durchbrechen insoweit das Stichtagsprinzip des § 2311 (s dort Rn 2). Dabei sollen §§ 2315 f eine zweifache Beteiligung des Pflichtteilsberechtigten am Vermögen des Erblassers ausschließen. Während nach § 2315 eine lebzeitige Zuwendung, die unter entsprechender Anordnung des Erblassers angenommen wurde, bei der Berechnung des Pflichtteils anzurechnen ist, setzt § 2316 die Regelungen über die Ausgleichung unter Abkömmlingen (§§ 2050 ff) für die Berechnung des Pflichtteils um (zur Entstehungsgeschichte MüKo/*Frank* Rn 5). 1

Dementsprechend unterscheiden sich die Bestimmungen in ihren Voraussetzungen, den Beteiligten und den Rechtsfolgen. Die Anrechnung kommt bei allen Pflichtteilsberechtigten in Betracht, setzt eine Anordnung des Erblassers voraus und kürzt ihren Pflichtteilsanspruch zum Vorteil des Erben. Die Ausgleichung findet nur im Verhältnis mehrerer Abkömmlinge statt, erfolgt grds kraft Gesetzes (s aber § 2050 Abs. 3) und begünstigt den pflichtteilsberechtigten Abkömmling, der keine oder geringere Vorempfänge erhalten hat. Das Zusammentreffen von Anrechnung und Ausgleichung ist in § 2316 Abs. 4 BGB (s dort Rn 15 ff) geregelt. Zum Verhältnis zu § 2327 Abs. 1 (Pflichtteilsergänzungsanspruch bei Geschenk an den Berechtigten) s dort Rn 7 f. 2

B. Voraussetzungen

I. Zuwendung des Erblassers

Zuwendung iSd § 2315 ist jede lebzeitige, freigiebige Verschaffung eines Vorteils unmittelbar (zur Ausnahme des Abs. 3 Rn 15 ff) für einen Pflichtteilsberechtigten gem §§ 2303, 2309 BGB, 10 Abs. 6 LPartG, die das Vermögen des Erblassers mindert (BGH DNotZ 1963, 113, 114; OLG Düsseldorf ZEV 1994, 173). Neben einer Schenkung kommen etwa auch eine **Ausstattung** iRd § 1624, gemischte Schenkungen oder Veräußerungen, die bewusst unter Wert erfolgen, ein zinslos gewährtes Darlehen oder die Zahlung von Schulden des Pflichtteilsberechtigten in Betracht (nicht jedoch der einseitige Verzicht auf einen Rückübertragungsanspruch, BGH WM 1983, 823). Dementsprechend scheiden Zuwendungen, mit denen eine Verpflichtung erfüllt wird, oder an Personen, die – wie der Ehegatte oder ein Kind – dem Pflichtteilsberechtigten lediglich nahe stehen, aus (OLG Celle FamRZ 2003, 1823, 1825; anders bei Vertrag zugunsten Dritter mit Pflichtteilsberechtigtem, BGH DNotZ 1963, 113, 114). 3

Für die Zuordnung von Zuwendungen aus dem Gesamtgut gilt § 2331 BGB analog. Überhaupt ist bei **Zuwendungen der Eltern** genau zu prüfen, aus wessen Vermögen sie stammen und wer die Anrechnung angeordnet hat, da sie nur auf den Pflichtteil nach dem Elternteil anzurechnen wären, für den alle Voraussetzungen erfüllt sind (OLG Celle FamRZ 2003, 1823, 1825; s auch BGHZ 88, 102, 106 ff = NJW 1983, 2875, 2876). 4

II. Anrechnungsbestimmung

Die Zuwendung muss mit der für den Pflichtteilsberechtigten erkennbaren Bestimmung verbunden sein, dass sie auf seinen Pflichtteil anzurechnen ist. Diese auch stillschweigend (RG SeuffA 76 Nr. 57; BayObLGZ 1959, 77, 81) und bedingt mögliche, **einseitige emp-** 5

§ 2315 BGB | Anrechnung von Zuwendungen auf den Pflichtteil

fangsbedürftige Willenserklärung muss dem Pflichtteilsberechtigten **vor oder spätestens mit der Zuwendung zugehen** und ihm bewusst gemacht worden sein, damit er die mögliche Schmälerung seines Pflichtteils erkennen und durch Zurückweisung der Zuwendung abwenden kann (hM, RGZ 67, 306, 307 ff; OLG Düsseldorf ZEV 1994, 173; OLG Karlsruhe NJW-RR 1990, 393; für bloßen Zugang MüKo/*Lange* Rn 7 mwN). Entscheidend ist die erkennbare Absicht des Erblassers, mit der Zuwendung etwa bestehende Pflichtteilsansprüche zu verkürzen. Die Bestimmung, dass die Zuwendung auf den Erbteil anzurechnen ist, reicht daher ohne weitere Umstände, die auf eine auch für den Pflichtteilsberechtigten erkennbare pflichtteilsrechtliche Wirkung hinweisen, nicht (OLG Koblenz ZErb 2003, 159 f; Staudinger/Haas, § 2315 Rn 23 mwN). Der Pflichtteilsberechtigte, der die Anrechnungsbestimmung kennt, kann sie nur durch Zurückweisung der Zuwendung außer Kraft setzen.

6 **Nachträgliche Anrechnungsbestimmungen** sind nur bei entsprechendem Vorbehalt, unter den Voraussetzungen der Pflichtteilsentziehung (OLG Düsseldorf ZEV 1994, 173; OLG Koblenz ZErb 2003, 159 f; EE 2006, 19 ff; *Mayer* ZEV 1996, 447) oder in der Form eines Erb- oder Pflichtteilsverzichtvertrages (RGZ 71, 133, 136 f) wirksam, nicht aber als bloße testamentarische Anordnung. Indes kann eine wirksame Anrechnungsbestimmung formlos wieder aufgehoben werden (RGZ 67, 306; aA *Lange/Kuchinke* § 37 VI 9a Fn 386: nur formwirksame letztwillige Verfügung).

7 Unklar ist, unter welchen Voraussetzungen eine Anrechnungsbestimmung gegenüber **Minderjährigen** wirksam wird. Zwar lässt die Anordnung nach § 2050 Abs. 3 die damit verbundenen Schenkung nicht rechtlich nachteilig werden (BGHZ 15, 168, 170 f). Damit ist aber nicht geklärt, ob die Anordnung bzw Anrechnungsbestimmung selbst wirksam wird, wenn sie nur dem Minderjährigen, nicht aber seinem ges Vertreter zugeht oder ein auch bei einseitigen Rechtsgeschäften möglicher Fall des Insichgeschäfts (BGH NJW-RR 1991, 1441 f) vorliegt, insb die Eltern dem Kind etwas zuwenden. Auch sonst soll die Zuwendung Bestand haben, wenn die Anrechnungsbestimmung mangels Zugang oder Kenntnis nicht wirksam geworden ist (Staudinger/*Haas* Rn 28). Weil die Hinnahme der Anrechnungsbestimmung einem (teilweisen) Pflichtteilsverzicht gleichkommt, wird heute überwiegend sogar eine Genehmigung durch das Vormundschaftsgericht gefordert (§§ 1822 Nr. 2, 2347; Staudinger/*Haas* Rn 31 f; MüKo/*Lange* Rn 9; aA Damrau/*Riedel/Lenz* Rn 4; Soergel/*Dieckmann* Rn 7; *Everts* Rpfleger 2005, 180 f).

C. Die Anrechnung nach Abs. 2

8 Der Pflichtteilsanspruch ist nach Maßgabe des § 2315 Abs. 2 in vier Schritten zu **berechnen**: (1) Zunächst ist der Nachlasswert festzustellen. (2) Dieser ist um den Wert der Zuwendung im Zeitpunkt des Zuwendungsempfangs (Abs. 2 Satz 2) zu erhöhen. (3) Mithilfe der Pflichtteilsquote ist aus dem fiktiven Nachlass der Pflichtteilsanspruch zu errechnen. (4) Davon ist der Wert der Zuwendung im Zeitpunkt des Zuwendungsempfangs abzuziehen.

9 Sind **mehrere Pflichtteilsberechtigte** vorhanden, sind diese Rechenschritte für jeden einzelnen gesondert zu durchlaufen. Der Nachlass ist nicht insgesamt um alle Zuwendungen zu erhöhen. In Abhängigkeit von der jeweils erhaltenen Zuwendung ergibt sich daher für jeden ein unterschiedlicher fiktiver Nachlass (Beispiel: Der Ehegatte des Erblassers hat eine anrechnungspflichtige inflationsbereinigte Zuwendung von 10.000 € erhalten, das gemeinsame Kind eine Zuwendung von 50.000 €. Den Nachlass im Wert von 150.000 € erbt ein nicht verwandter Dritter. Für den Pflichtteil des Ehegatten ist der aus Nachlasswert und Zuwendung gebildete Wert von 160.000 € zugrunde zu legen. Seine Pflichtteilsquote ist $^1/_8$ bei Zugewinn- oder Gütergemeinschaft (§ 2303 Rn 30, 32), $^1/_4$ bei Gütertrennung (§ 2303 Rn 31). Auf die sich ergebenden 20.000 € bzw 40.000 € muss er sich die erhaltenen 10.000 € anrechnen lassen, so dass sein Pflichtteilsanspruch bei 10.000 € bzw 30.000 € (Gütertrennung) liegt. Beim Kind ist von einem Wert von 200.000 € auszugehen.

Anrechnung von Zuwendungen auf den Pflichtteil | § 2315 BGB

Bei einer Quote von $^3/_8$ bzw $^1/_4$ (bei Gütertrennung) errechnen sich 75.000 € bzw 50.000 €, auf die es sich 50.000 € anrechnen lassen muss. Im ersten Fall erhält es daher noch 25.000 €, im zweiten Fall nichts mehr (weitere Beispiele bei Staudinger/*Haas* Rn 37 f; MüKo/*Lange* Rn 11 f; Palandt/*Edenhofer* Rn 6).

Ist der Wert der Zuwendung höher als der Pflichtteilsanspruch aus dem fiktiven Nachlass, entsteht kein Rückzahlungsanspruch. Möglich bleibt aber ein Pflichtteilsergänzungsanspruch gem §§ 2325, 2329. 10

Der **Wert der Zuwendung** ist abweichend vom Stichtag des § 2311 Abs. 1 Satz 1 für den Zeitpunkt zu ermitteln, in dem die Zuwendung erfolgte. Maßgeblich ist grds die Vollendung des dinglichen Erwerbs (str, BGHZ 65, 75, 76 f = NJW 1975, 1831; s auch § 2325 BGB Rn 28 f). Mit Ausnahme des Kaufkraftschwundes bleiben nachfolgende Wertveränderungen, aber auch Verlust, Verbrauch oder Beschädigung des übertragenen Gegenstandes unberücksichtigt (hM zB Staudinger/*Haas* Rn 47 ff; aA Staudinger/*Werner* 1996 § 2055 Rn 8 f; ders DNotZ 1978, 80 ff). Maßgebend ist auch hier der gemeine Wert (§ 2311 Rn 13). 11

Der **Kaufkraftschwund** wird ausgeglichen, indem der zum Stichtag ermittelte Geldwert der Zuwendung mit Hilfe des Lebenshaltungskostenindex (Indexzahlen bei Palandt/*Brudermüller* § 1376 BGB Rn 30) auf den Zeitpunkt des Erbfalls hochgerechnet wird (BGHZ 65, 75 = NJW 1975, 1831; BGH ZEV 2005, 22; krit Soergel/*Dieckmann* Rn 14 mwN). Dazu ist der ermittelte Geldwert (Z) durch die Indexzahl zur Zeit der Zuwendung (IZ) zu dividieren und mit der Indexzahl zur Zeit des Erbfalls (IE) zu multiplizieren, um den anzusetzenden bereinigten Wert X zu erhalten. Als Formel: 12

$$X = \frac{Z \times IE}{IZ}$$

Der Erblasser, der eine nur teilweise Anrechnung anordnen könnte, kann auch einen abweichenden niedrigeren Wert oder eine dazu führende Bewertungsmethode oder Stichtag vorgeben (vgl BayVerfGH FamRZ 2006, 715 ff). Ein höherer Wert würde den Pflichtteilsanspruch verkürzen und setzt daher einen wirksamen Erb- bzw Pflichtteilsverzicht voraus. 13

D. Anrechnung bei der Zugewinngemeinschaft

Lebte der Erblasser im ges Güterstand, kann er anordnen, dass eine Zuwendung an seinen Ehegatten/Lebenspartner auf den Zugewinnausgleich (§§ 1380 BGB, 6 LPartG) oder/und auf den Pflichtteil anzurechnen ist. Eine doppelte Berücksichtigung verbietet sich jedoch (Staudinger/*Haas* Rn 75; Soergel/*Dieckmann* Rn 21; *v. Olshausen* FamRZ 1978, 755, 758 ff will zusätzlich ausschließen, dass der Ehegatte durch die Zuwendung schlechter stünde als ohne; s auch *Bonefeld* ZErb 2002, 189 ff). Hat der Erblasser die Reihenfolge der Anrechnung offen gelassen, ist entspr § 366 BGB zunächst der Pflichtteilsanspruch als der rangschlechtere (§§ 1991 Abs. 4, 327 Abs. 1 Nr. 1 InsO) zu kürzen. Überdies unterliegt dieser der Erbschaftssteuer, während der Ausgleichsanspruch steuerfrei ist (Soergel/*Dieckmann* aaO; aA RGRK/*Johannsen* Rn 39; ders FamRZ 1961, 20: verhältnismäßige Anrechnung). 14

E. Wegfall eines Abkömmlings, Abs. 3

Abweichend von dem Grundsatz, dass fremde Vorempfänge nicht anzurechnen sind, sieht § 2315 Abs. 3 vor, dass sich der Abkömmling des Erblassers, der an die Stelle eines vor oder nach dem Erbfall weggefallenen Abkömmlings tritt, dessen Zuwendungen anrechnen lassen muss. 15

Ein **Abkömmling fällt weg,** wenn er durch Tod, Erbverzicht, vorzeitigen Erbausgleich, Erbunwürdigkeitserklärung oder Ausschlagung entweder seine ges Erbberechtigung oder durch Pflichtteilsverzicht, Pflichtteilsunwürdigkeit oder Pflichtteilsentziehung seine Pflichtteilsberechtigung verliert (§ 2303 Rn 15 f). 16

§ 2316 BGB | Ausgleichungspflicht

17 Durch diesen Wegfall muss dem neu eintretenden Abkömmling ein Pflichtteilsanspruch erwachsen sein oder sich sein schon bestehender Pflichtteilsanspruch erhöht haben (Staudinger/*Haas* Rn 63). Es genügt, wenn der neu Eintretende ein Abkömmling des Erblassers ist. Er muss nicht – wie etwa ein seitenverwandtes Geschwisterkind – Abkömmling des Weggefallenen sein. Zulasten der Eltern und Ehegatten des Erblassers gilt § 2315 Abs. 3 nicht. Soweit der weggefallene Abkömmling nicht vorverstorben ist, kann ihr Pflichtteilsanspruch jedoch nach § 2309 gemindert sein, weil die empfangene Zuwendung einer pflichtteilsmindernden angenommenen Hinterlassenschaft gleichsteht (§ 2309 Rn 14).

18 Der neu eintretende Pflichtteilsberechtigte muss sich die Zuwendung an den ihm zunächst vorgehenden Abkömmling in grds gleicher Weise anrechnen lassen. Eine Ausnahme ergibt sich für nur seitenverwandte Abkömmlinge des Erblassers, deren Pflichtteilsanspruch sich durch den Wegfall nur erhöht. Nach dem Grundgedanken des § 1935 sind der ursprünglich bestehende Pflichtteil und die durch den Wegfall eintretende Erhöhung als gesonderte Pflichtteile anzusehen. Die Zuwendung ist daher nur auf den Erhöhungspflichtteil anzurechnen. Der ursprüngliche Pflichtteil bleibt ungekürzt. Umgekehrt wird der Erhöhungspflichtteil auch dann nicht gemindert, wenn der neu Eintretenden selbst anzurechnende Zuwendungen in einer Höhe erhalten hat, die seinen eigenen Pflichtteil übersteigen (Staudinger/*Haas* Rn 64 ff). Beispiel: Der Erblasser hat zwei Kinder A und B. Erbe des Nachlasses mit einem Wert von 12.000 € wird sein Freund F. A, der kinderlos verstorben ist, hat eine Zuwendung von 6.0000 € erhalten. Der Pflichtteil des B beliefe sich ohne den Wegfall des A auf $1/4$, mithin auf 3.000 €. Durch den Wegfall des A erhöht er sich jedoch um ein Viertel. Dieses zusätzliche Viertel ist aus 18.000 € (Nachlasswert + Zuwendung des A) zu errechnen, worauf wiederum die Zuwenung von 6.000 € anzurechnen ist. Dies ergibt – 1.500 €. Gleichwohl kann B weiterhin 3.000 € verlangen, da ihm der Pflichtteil, der ihm ohne den Wegfall des A zusteht, entsprechend § 1935 ungekürzt verbleiben soll.

F. Darlegungs- und Beweislast

19 Die **Darlegungs- und Beweislast** für die Zuwendung und die Voraussetzungen einer wirksamen Anrechnungsbestimmung liegt beim Erben (für Anscheinsbeweis bei größeren Zuwendungen jedoch Soergel/*Dieckmann* Rn 7).

§ 2316 Ausgleichungspflicht

(1) Der Pflichtteil eines Abkömmlings bestimmt sich, wenn mehrere Abkömmlinge vorhanden sind und unter ihnen im Falle der gesetzlichen Erbfolge eine Zuwendung des Erblassers oder Leistungen der in § 2057a bezeichneten Art zur Ausgleichung zu bringen sein würden, nach demjenigen, was auf den gesetzlichen Erbteil unter Berücksichtigung der Ausgleichungspflichten bei der Teilung entfallen würde. Ein Abkömmling, der durch Erbverzicht von der gesetzlichen Erbfolge ausgeschlossen ist, bleibt bei der Berechnung außer Betracht.

(2) Ist der Pflichtteilsberechtigte Erbe und beträgt der Pflichtteil nach Absatz 1 mehr als der Wert des hinterlassenen Erbteils, so kann der Pflichtteilsberechtigte von den Miterben den Mehrbetrag als Pflichtteil verlangen, auch wenn der hinterlassene Erbteil die Hälfte des gesetzlichen Erbteils erreicht oder übersteigt.

(3) Eine Zuwendung der in § 2050 Abs. 1 bezeichneten Art kann der Erblasser nicht zum Nachteil eines Pflichtteilsberechtigten von der Berücksichtigung ausschließen.

(4) Ist eine nach Absatz 1 zu berücksichtigende Zuwendung zugleich nach § 2315 auf den Pflichtteil anzurechnen, so kommt sie auf diesen nur mit der Hälfte des Wertes zur Anrechnung.

A. Normzweck

Mit § 2316 wollte der Gesetzgeber die Ausgleichungspflichten gem §§ 2050 ff, die bei ges Erbfolge unter Abkömmlingen eintreten, auch bei der Berechnung des Pflichtteils zur Geltung bringen (BGH NJW 1993, 1197). Mangels Erbenstellung der allein pflichtteilsberechtigten Abkömmlinge kann es allerdings nur zu einer hypothetischen Ausgleichung durch Verschiebung der Höhe der Pflichtteilsansprüche zwischen den pflichtteilsberechtigten Abkömmlingen kommen, die sich aber – wie die »echte« Ausgleichung auch – sowohl zugunsten wie zulasten des Pflichtteilsberechtigten auswirken kann. Der nicht pflichtteilberechtigte Erbe als Pflichtteilsschuldner wird dadurch grds nicht begünstigt, es sei denn, dass die Ausgleichung zu einer Umverteilung auf zwar mitzuzählende, aber etwa wegen Pflichtteilsverzicht oder Erbunwürdigkeit nicht mehr anspruchsberechtigte Abkömmlinge geführt hat (Soergel/*Dieckmann* Rn 3). 1

B. Voraussetzungen der Ausgleichung

Beim Tod des Erblassers müssen **mehrere Abkömmlinge** – ehelich oder nichtehelich – **vorhanden** sein, die bei unterstellter ges Erbfolge zu Erben berufen wären. Wie nach § 2310 sind auch die Abkömmlinge zu berücksichtigen, die durch letztwillige Verfügung von der Erbfolge ausgeschlossen wurden, das Erbe ausgeschlagen haben oder für erbunwürdig erklärt wurden. Darüber hinaus sind aber auch die Abkömmlinge mitzuzählen, die nur auf ihren Pflichtteil verzichtet haben, denen der Pflichtteil entzogen wurde oder die Erben geworden sind, auch wenn sich die Ausgleichung zugunsten letzterer auswirkt (BGH NJW 1993, 1197 gegen OLG Stuttgart DNotZ 1989, 184 f). 2

Nach Abs. 1 Satz 2 sind jedoch die Abkömmlinge außer Acht zu lassen, die auf ihr ges Erbrecht verzichtet haben (§ 2346 Abs. 1 Satz 2; es sei denn, sie haben sich ihren Pflichtteil entgegen § 2346 Abs. 1 Satz 2, 2. Hs vorbehalten, Staudinger/*Haas* Rn 3) oder mit denen vor dem 1. 4. 1998 wirksam ein vorzeitiger Erbausgleich gem § 1934d aF BGB geschlossen wurde. 3

Einer oder mehrerer dieser Abkömmlinge muss **ausgleichungspflichtige Zuwendungen nach § 2050** (vgl BGH FamRZ 2006, 777, 778 f) erhalten oder **ausgleichungspflichtige Leistungen gem § 2057a** erbracht haben. IE gehören dazu Ausstattungen nach §§ 2050 Abs. 1, 1624 (zur Aussteuer s § 2050 Rn 5 und BGH NJW 1982, 575, 576 f), Zuschüsse zu den Einkünften und Aufwendungen zur Ausbildung, soweit sie die Verhältnisse des Erblassers übersteigen (§ 2050 Abs. 2) und die Zuwendungen, deren Ausgleichung der Erblasser angeordnet hat, § 2050 Abs. 3. Umstritten ist vor allem in Hinblick auf umfangreiche Unterhaltsleistungen an pflegebedürftige Kinder, ob anders als nach § 2315 (§ 2315 Rn 3) auch die Ausgleichungspflicht von Zuwendungen angeordnet werden kann, mit denen einer ges (Unterhalts-)Pflicht entsprochen wurde (verneinend Staudinger/*Haas* Rn 10; bejahend Soergel/*Dieckmann* Rn 5). 4

Die Anordnung nach § 2050 Abs. 3 muss auch hier vor oder bei der Zuwendung erfolgen (vgl § 2315 Rn 5). Die Bezeichnung als vorweggenommene Erbfolge spricht für eine Ausgleichungsanordnung (BGH NJW-RR 1989, 259; s aber Palandt/*Edenhofer* § 2050 Rn 16 und OLG Celle FamRZ 2004, 1823 ff: kann auch nur Hinweis auf vorbehaltene spätere letztwillige Anordnung sein). Die Anordnung kann auf den erbrechtlichen Ausgleich beschränkt werden. Anders als die erbrechtliche Wirkung (§ 2050 Rn 10) kann die pflichtteilsrechtliche Wirkung durch letztwillige Verfügung nicht mehr beseitigt werden, soweit dadurch der Pflichtteil der ausgleichungsberechtigten Abkömmlinge wieder verkürzt wird (hM, MüKo/*Lange* Rn 8; aA *Ebenroth/Bacher/Lorz* JZ 1991, 283). 5

Nach § 2316 Abs. 3 sind die **gesetzlich bestimmten Ausgleichungstatbestände** des § 2050 Abs. 1 und 2, die der Erblasser abbedingen kann (§ 2050 Rn 1; MüKo/*Heldrich* § 2050 Rn 21, 28), **für das Pflichtteilsrecht zwingend**. Die den Wortlaut übersteigende Einbeziehung der 6

§ 2316 BGB | Ausgleichungspflicht

Fälle des § 2050 Abs. 2 ist gerechtfertigt, weil sie lediglich eine sachliche Erweiterung des § 2050 Abs. 1 darstellen (statt aller MüKo/*Lange* Rn 5 f).

7 Bei **Wegfall des Abkömmlings** gilt § 2051: Danach bleibt auch ein nachrückender Abkömmling des Erblassers ausgleichungspflichtig. Bei seitenverwandten Abkömmlingen (insb die Geschwister des Weggefallenen), beschränkt sich die Ausgleichungspflicht aber auf den Erhöhungspflichtteil (§ 1935, s.o. § 2315 Rn 18). Entsprechendes gilt nach überwiegender Ansicht auch zugunsten des nachrückenden Abkömmlings, wenn der weggefallene ausgleichungspflichtige Leistungen iSd § 2057a erbracht hat (§ 2057a Rn 6; aA *Knur* FamRZ 1970, 277).

C. Berechnung des Pflichtteils

8 Bei **Zuwendungen** (BGH NJW 1965, 1526; WM 1975, 860, 862) errechnet sich der Ausgleichungspflichtteil auf folgende Weise: (1) Zunächst ist der tatsächliche Nachlasswert um die fiktiven ges Erbteile der nicht ausgleichungspflichtigen ges Erben (Ehegatten bzw Lebenspartner und die nach § 2056 BGB ausscheidenden Abkömmlinge, deren Zuwendung ihren fiktiven Erbteil übersteigt) zu kürzen. (2) Der so gekürzte Nachlasswert ist um den Wert aller ausgleichungspflichtigen Zuwendungen zu erhöhen. (3) Dieser fiktive Ausgleichsnachlass ist durch die Zahl der an der Ausgleichung Beteiligten zu dividieren. (4) Für jeden Ausgleichsbeteiligten getrennt sind von diesem Anteil die jeweils erhaltenen Zuwendungen abzuziehen. (5) Die Hälfte dieses Ausgleichserbteils ergibt den Ausgleichspflichtteil.

8 a **Beispiel:** Der Erblasser hinterlässt seine Ehefrau F und drei Kinder. Der Nachlass hat einen Wert von 60.000 €. Kind A hat eine ausgleichspflichtige Zuwendung im Wert von 6.000 €, Kind B eine im Wert von 12.000 € erhalten. Bestand Zugewinngemeinschaft und ist F nicht Erbe geworden, steht ihr nur der kleine Pflichtteil in Höhe von 7.500 € (gesetzlicher Erbteil $^1/_4$: 15.000 €) und der Zugewinn zu, der im Beispiel Null sein soll. Für den Pflichtteil der Kinder ist zunächst der Nachlasswert um den Erbteil der F zu kürzen. Dies ergibt 45.000 € (60.000 € – 15.000 €). Sodann sind alle ausgleichspflichtigen Zuwendungen hinzuzusetzen. Der so errechnete fikive Ausgleichsnachlass beträgt 63.000 € (45.000 € + 6.000 € + 18.000 €). Dieser ist durch die Zahl der ausgleichungsbeteiligten Abkömmlinge – hier drei – zu teilen. Von dem erhaltenen Wert (21.000 €) ist die jeweilige Zuwendung abzuziehen. Für A ergibt sich danach 15.000 € (21.000 € – 6.000 €), für B 3.000 € (21.000 € – 18.000 €). Der Pflichtteil ist die Hälfte dieses Wertes. Er beträgt mithin bei A 7.500 €, bei B 1.500 € und bei C 10.500 €.

8 b Ist F dagegen Erbin, hat sie einen gesetzlichen Erbteil von $^1/_2$, dh 30.000 €. Der fiktive Ausgleichsnachlass beträgt dann nur 54.000 € (60.000 € – 30.000 € + 6.000 € + 18.000 €). A erhält als Pflichtteil 6.000 € = [(54.000 € : 3) – 6.000 €] : 2; B 0 = [54.000 € : 3) – 18.000 €] : 2; C 9.000 € = [(54.000 € : 3)] : 2.

9 Auch hier ist der Wert der Zuwendung im Zeitpunkt der endgültigen Leistungserbringung maßgebend, der mit Hilfe des Lebenshaltungskostenindex um den Kaufkraftschwund zu bereinigen ist (BGHZ 65, 75 = NJW 1975, 1831; vgl § 2315 Rn 12). Wertbestimmungen des Erblassers sind nur wirksam, soweit sie die Pflichtteilsrechte der Beteiligten nicht verkürzen. Dementsprechend ist eine Höherbewertung zu Lasten des Zuwendungsempfängers (aA *Ebenroth/Bacher/Lorz* JZ 1991, 281) und eine zu niedrige Festsetzung des Wertes der zwingend auszugleichenden Zuwendungen nach §§ 2316 Abs. 3, 2050 Abs. 1 u 2 zu Lasten der anderen pflichtteilsberechtigten Abkömmlinge unzulässig.

10 Ist die **ausgleichungspflichtige Zuwendung größer als der Ausgleichserbteil** des Zuwendungsempfängers, besteht zwar kein Pflichtteilsanspruch mehr. Er ist jedoch auch nicht zur teilweisen Rückzahlung der Zuwendung verpflichtet (vgl § 2056). Möglich bleiben allerdings Pflichtteilsergänzungsansprüche gem §§ 2325 ff (RGZ 77, 282, 283; Staudinger/*Haas* Rn 34 ff). Bei der Berechnung der Pflichtteile der anderen an der Ausgleichung Beteiligten ist er wie ein nicht ausgleichungsbeteiligter Ehegatte auszuklammern,

dh deren Pflichtteilsquote erhöht sich (etwa OLG Köln ZEV 2004, 155 f). § 2309 greift zugunsten seiner Abkömmlinge jedoch nicht ein (Staudinger/*Haas* Rn 15).

Beispiel wie oben Rn 8, nur dass B 21.000 € zugewandt wurden: Ist F Erbe, beträgt der 10a fiktive Ausgleichsnachlass 57.000 € (60.000 € – 30.000 € + 6.000 € + 21.000 €). Der Pflichtteil des B wäre negativ [(57.000 € : 3) – 21.000 €] : 2 = – 1.000 €. B ist daher für die Berechnung der Pflichtteile der anderen Kinder auszuscheiden. Der fiktive Ausgleichsnachlass für sie beträgt folglich 36.000 € (60.000 € – 30.000 € + 6.000 €). Dieser ist nur noch durch zwei (ausgleichungsbeteiligte Kinder) zu teilen. Der Pflichtanspruch des A beläuft sich danach auf 6.000 € = [(36.000 € : 2) – 6.000 €] : 2, der des C auf 9.000 € = (36.000 € : 2) : 2.

Sind **Leistungen** nach § 2057a auszugleichen, ist der Rechenweg zu modifizieren, weil hier 11 nicht der Pflichtteilsberechtigte, sondern der Erblasser bereichert worden ist. Der nach Rn 8 (1) ermittelte Nachlasswert ist um die Summe aller ausgleichungspflichtigen Leistungen zu vermindern. Im Rechenschritt (4) ist die jeweils erbrachte Leistung dem auf den einzelnen Leistungserbringer entfallenden Nachlassteil gutzuschreiben, um den Ausgleichserbteil zu erhalten.

Da der Nachlasswert bei der nach § 2057a Abs. 3 vorzunehmenden Billigkeitsbewertung 12 (dazu BGH NJW 1993, 1197, 1198; OLG Nürnberg NJW 1992, 2303, 2304) mit zu berücksichtigen ist, kann der Ausgleichsanspruch den tatsächlich vorhandenen Nachlass nicht aufzehren. Eine Nachschusspflicht der anderen Ausgleichungsverpflichteten besteht jedoch ebenfalls nicht (zu möglichen Auswirkungen auf einen Pflichtteilsergänzungsanspruch s BGH NJW 1988, 820, 822).

D. Pflichtteilsrestanspruch, Abs. 2

Da bei gewillkürter Erbfolge eine Ausgleichung nicht stattfindet, verhindert § 2316 Abs. 2 13 eine Schlechterstellung des Pflichtteilsberechtigten, der mit einem Erbteil bedacht wird, der zwar über der Pflichtteilsquote liegt, der Nachlass durch ausgleichungsbedürftige Zuwendungen aber derart ausgezehrt ist, dass das Erbe hinter dem Wert des nach Abs. 1 berechneten Pflichtteils zurückbleibt. Die herrschende Werttheorie (§ 2306 Rn 4) erreicht dieses Ergebnis allerdings bereits iRd § 2305.

Auf den Alleinerben in vergleichbarer Lage, ist § 2316 Abs. 2 nicht anwendbar. Ihm stehen 14 allenfalls Pflichtteilsergänzungsansprüche gegen die Zuwendungsempfänger zu. Entsprechendes gilt, wenn der Zuwendungsempfänger als einziger weiterer ausgleichungspflichtiger Abkömmling als »Zuvielbedachter« nach § 2056 nicht zu berücksichtigen ist (Rn 10).

E. Das Zusammentreffen von ausgleichungs- und anrechnungspflichtigen Zuwendungen

Ausgleichungs- und anrechnungspflichtige Zuwendung können zunächst in der Wei- 15 se zusammentreffen, dass eine **Zuwendung iSd § 2316 Abs. 1 zugleich anrechenbar nach § 2315 Abs. 1 ist**. Für diesen Fall schreibt Abs. 4 vor, dass die Zuwendung nur mit ihrem halben Wert zur Anrechnung kommt. Zuvor ist jedoch der Ausgleichspflichtteil nach §§ 2316, 2050 ff zu ermitteln (s.o. Rn 8), von dem dann zusätzlich die durch die Ausgleichung noch nicht verbrauchte Hälfte des Werts der Zuwendung abzuziehen ist (BayObLGZ 1968, 112; Staudinger/*Haas* Rn 49). Da einer Ausgleichungsanordnung ohne weitere Umstände nicht der Wille einer vollständigen, letztlich den Erben entlastenden Anrechnung zu entnehmen ist (vgl RG JW 1925, 2124 Nr. 13 m Anm *Kipp*), ist dies idR nur bei den Zuwendungen nach § 2050 Abs. 1 und 2 in Betracht zu ziehen (Staudinger/*Haas* Rn 48).

Die vom Gesetzgeber nicht bedachten, vom Erblasser idR nicht übersehenen Wirkungen 16 des § 2316 Abs. 4 – ein Zuwendungsempfänger kann bei gleichzeitig angeordneter Anrechnung und Ausgleichung besser stehen als bei allein angeordneter Anrechnung (Staudinger/*Haas* Rn 50; *Tanck* ZErb 2003, 41 ff mit Gestaltungsvorschlägen) – verschärfen sich, wenn **neben** die **ausgleichungspflichtigen Abkömmlinge** der **pflichtteilsberechtigte**

§ 2316 BGB | Ausgleichungspflicht

Ehegatte tritt. Auch dann wird der Ausgleichungspflichtteil aus dem auf die Abkömmlinge entfallenden, dh um den dem Ehegatten gebührenden Nachlassteil verminderten Restnachlass errechnet (s.o. Rn 8) und davon noch die Hälfte der anzurechnenden Zuwendung abgezogen, obwohl nach § 2315 die Anrechnung grds den gesamten Nachlass betrifft (Staudinger/*Haas* Rn 51 ff; Soergel/*Dieckmann* Rn 22 f; *Tanck* aaO).

Beispiele: (1) Der Erblasser hinterlässt die Kinder A und B. A hat er 16.000 €, B 4.000 € zugewendet. Erbe des Nachlasses mit einem Wert von 40.000 € wird ein Freund. Sind die Zuwendungen nur anrechnungspflichtig, beträgt der Pflichtanteil des A $1/4$ × (40.000 € + 16.000 €) – 16.000 € = – 2.000 € (dh null, § 2315 Rn 10), der des B $1/4$ × (40.000 € + 4.000 €) – 4.000 € = 7.000 €. Sind die Zuwendungen gleichzeitig ausgleichungspflichtig, ist zunächst der Ausgleichungspflichtteil zu errechnen. Er beträgt für A 7.000 € = [(40.000 € + 16.000 € + 4.000 €) : 2 – 16.000 €] : 2, für B 13.000 € = [(40.000 € + 16.000 € + 4.000 €) : 2 – 4.000 €] : 2. Davon ist jeweils noch die Hälfte der Zuwendung abzuziehen. Der Pflichtteil des A beläuft sich demnach auf – 1.000 € (7.000 € – 16.000 € : 2), der des B auf 11.000 € (13.000 € – 4.000 € : 2). (2) Hinterlässt der Erblasser im Beispiel zusätzlich einen ebenfalls enterbten Ehegatten und sind die Zuwendungen an die Kinder gleichzeitig anrechnungs- und ausgleichspflichtig, ist wie folgt zu rechnen: Der Pflichtteil des E beträgt $1/8$ von 40.000 € = 5.000 €. Für A und B ist zunächst der fiktive Ausgleichsnachlass zu berechnen. Er beträgt 50.000 € = (40.000 € – 10.000 € + 16.000 € + 4.000 €). Daraus ergibt sich ein Ausgleichspflichtteil für A in Höhe von 1.687,50 € = (50.000 € : 2 – 16.000 €) × $3/16$, für B in Höhe von 3.937,50 € = (50.000 € : 2 – 4.000 €) × $3/16$. Für ihren Pflichtteil ist davon jeweils noch die Hälfte der auch anzurechnenden Zuwendung abzuziehen. A erhält mithin nichts mehr (1.687,50 € – 8.000 €), B noch 1.937,50 € (3.937,50 € – 2.000 €).

17 § 2316 Abs. 4 erfasst nicht den **Fall, dass neben Zuwendungen, die ausgleichspflichtig sind, andere Zuwendungen zu berücksichtigen sind, die nur anrechnungspflichtig sind**. Hier ist sowohl Anrechnung wie Ausgleichung vorzunehmen, indem die Ausgleichungsberechnung in die Anrechnungsberechnung eingeschoben wird. (1) Zunächst ist für jeden Beteiligten gesondert (§ 2315 Rn 8 f) der Gesamtnachlass um den Wert der jeweiligen anrechnungspflichtigen Zuwendung zu erhöhen. (2) Dann ist der maßgebliche Nachlasswert für die ausgleichungspflichtigen Abkömmlinge zu errechnen, indem der Nachlasswert abgezogen wird, der auf den nicht an der Ausgleichung beteiligten Erben (namentlich der Ehegatte) entfällt. (3) Sodann ist die Ausgleichung nach den allgemeinen Regel durchzuführen. (4) Schließlich sind wiederum für jeden Zuwendungsempfänger getrennt die anrechnungspflichtigen Zuwendungen abzuziehen; im Fall des § 2316 Abs. 4 BGB allerdings nur mit dem hälftigen Wert (MüKo/*Lange* Rn 22; Soergel/*Dieckmann* Rn 24 f; Staudinger/*Haas* Rn 55 ff).

Beispiel: Wie Rn 16 (2), die Zuwendung an A sei jedoch nur ausgleichungspflichtig, die an B nur anzurechnen. Der Pflichtteil des E bleibt unverändert bei 5.000 €. Für den Pflichtteil des B ist zunächst der anzusetzende Gesamtnachlass um seine Zuwenung zu erhöhen. Die ergibt 44.000 € (40.000 € + 4.000 €). Für den fiktiven Ausgleichungsnachlass ist der danach bemessene Erbteil des nicht beteiligten E abzuziehen und die ausgleichungspflichtige Zuwendung an A hinzuzusetzen: 44.000 € × $1/4$ + 16.000 € = 49.000 €. Dies ergibt einen fiktiven Ausgleichungserbteil des B von 24.500 € und einen Ausgleichungspflichtteil von 4.593,75 € (24.500 € × $3/16$). Für den Pflichtteil ist davon noch die anzurechnende Zuwendung abzuziehen. Er beträgt demnach 593,50 € (4.593,50 € – 4.000 €). Für A beträgt der fiktve Ausgleichsnachlass hingegen nur 40.000 € – 40.000 € × $1/4$ + 16.000 € = 46.000 €. Dies ergibt einen Pflichtteil von 625 € (46.000 € × $3/8$ – 16.000 €) : 2.

F. Auskunftsanspruch

18 Der Auskunftsanspruch des § 2314 gegen den Erben erstreckt sich auch auf ausgleichungspflichtige Zuwendungen, die zum fiktiven Nachlass gehören. Daneben hat jeder pflichtteilsberechtigte Abkömmling, auch wenn er Erbe ist, einen Auskunftsanspruch

gegen den Ausgleichungspflichtigen nach § 2057 (BGHZ 33, 372, 374; RGZ 73, 372; zum Vorrang des § 2314 Staudinger/*Haas* Rn 41), der auch Zuwendungen iSd § 2316 Abs. 3 umfasst, deren Ausgleichungspflichtigkeit der Erblasser aufgehoben hat (RG Recht 1912 Nr. 890).

G. Verhältnis zur Pflichtteilsergänzung

Soweit die auszugleichende Zuwendung eine Schenkung ist und nicht schon iRd Ausgleichung berücksichtigt wurde, stehen dem dadurch benachteiligten Pflichtteilsberechtigten Pflichtteilsergänzungsansprüche nach §§ 2325 ff zu (hM, etwa Staudinger/*Haas* Rn 58; MüKo/*Lange* Rn 15; aA *Schanbacher* ZEV 1997, 349 ff). In Betracht kommt insb der pflichtteilsberechtigte Ehegatte bzw Lebenspartner, der nicht an der Ausgleichung teilnimmt, sowie der Ausgleichungsberechtigte, der aufgrund des § 2056 keine vollständige Ausgleichung erlangt hat (s.o. Rn 10). 19

§ 2317 Entstehung und Übertragbarkeit des Pflichtteilsanspruchs

(1) Der Anspruch auf den Pflichtteil entsteht mit dem Erbfall.

(2) Der Anspruch ist vererblich und übertragbar.

A. Normzweck

Die Bestimmung regelt Entstehung, Vererblichkeit und Übertragung des Pflichtteilsanspruchs, der vom Pflichtteilsrecht als dem zugrunde liegenden Rechtsverhältnis zu unterscheiden ist (§ 2303 BGB Rn 3). Sie gilt für alle Pflichtteilsansprüche, einschließlich des Pflichtteilsergänzungsanspruchs und des Anspruchs gegen den Beschenkten gem § 2329 BGB. 1

B. Entstehung und Geltendmachung des Pflichtteilsanspruchs

Der **Pflichtteilsanspruch entsteht** unabhängig vom Willen des Berechtigten als Geldanspruch kraft Gesetzes **mit dem Erbfall** (RGZ 77, 238, 239). Zuvor kann er nicht durch Arrest oder einstweilige Verfügung gesichert werden (zur Feststellungsklage über das Pflichtteilsrecht s § 2303 Rn 3). Dies gilt auch bei angeordneter **Vor- und Nacherbschaft** (aA nur *Ottow* MDR 1957, 211). Hängt ein Pflichtteilsanspruch davon ab, dass der Berechtigte (§§ 2306 Abs. 1 Satz 2, 2307, 1371 Abs. 3) oder ein vorrangiger Dritter (in Fällen des § 2309) das ihm Zugewendete ausschlägt, ist streitig, ob er bereits mit der Erbschaft entsteht, aber vor Ausschlagung nicht geltend gemacht werden kann (RG JW 1931, 1354, 1356; RGRK/*Johannsen* Rn 4; offen BGH FamRZ 1965, 604, 606), oder erst mit der Ausschlagung, aber so zu behandeln ist, als wäre er bereits mit dem Erbfall entstanden (*Herzfelder* JW 1931, 1354 f; Palandt/*Edenhofer* Rn 1). Dieser Streit ist jedoch wegen § 2332 Abs. 3 weitgehend ohne praktische Relevanz (vgl OLG Schleswig-Holstein FamRZ 2003, 1696 f; Soergel/*Dieckmann* Rn 3 nennt neben dem Versäumnisverfahren den Fall, dass der Nacherbe ein nicht vererbliches Nacherbrecht nicht ausgeschlagen hat und sein Erbe dies nachholen will, um den Pflichtteil zu erhalten. 2

Bei wirksamem Erb- und Pflichtteilsverzicht (§ 2346 BGB), wirksamer Pflichtteilsentziehung (Bamberger/Roth/*Mayer* Rn 3; aA Staudinger/*Haas* Rn 3) und vor dem 1. 4. 1998 vereinbartem vorzeitigem Erbausgleich **entsteht kein Pflichtteilsanspruch**. Die erfolgreiche Geltendmachung der Erb- oder Pflichtteilsunwürdigkeit lässt ihn rückwirkend entfallen (§§ 2342 Abs. 2, 2344, 2345 Abs. 2). 3

Mit dem Erbfall wird der Pflichtteilsanspruch sofort **fällig**. Der Berechtigte muss eine Auseinandersetzung der Miterben nicht abwarten. Der Erblasser kann die Fälligkeit nur 4

§ 2317 BGB | Entstehung und Übertragbarkeit des Pflichtteilsanspruchs

unter den Voraussetzungen der Pflichtteilsentziehung oder eines vertraglichen Pflichtteilsverzichts (*Klingelhöffer* ZEV 1998, 122) hinausschieben. Zum Stundungsrecht des selbst pflichtteilsberechtigten Erben s § 2331a.

5 Der Anspruch ist nach den ges Vorschriften zu verzinsen, mithin bei **Verzug** oder **Rechtshängigkeit**. Verzug setzt Mahnung, Klageerhebung oder Zustellung eines Mahnbescheids (§ 286 Abs. 1) oder einen der Tatbestände des § 286 Abs. 2, namentlich die endgültige und ernsthafte Erfüllungsverweigerung voraus. § 286 Abs. 3 gilt nicht, weil der Pflichtteilsanspruch keine Entgeltsforderung iS dieser Vorschrift ist (übersehen von Damrau/*Riedel*/*Lenz* Rn 7; Bamberger/Roth/*Mayer* Rn 4; *Rißmann* ZErb 2002, 181 ff; wie hier AnwK/*Bock* Rn 15). Verzugsauslösend ist auch die Zahlungsaufforderung wegen eines unbezifferten Betrages, sofern sie dem zulässigen, ebenso verzugsauslösenden Antrag einer Stufenklage gem § 254 ZPO entspricht (BGHZ 80, 269, 276 f = NJW 1981, 1729 ff). Allerdings fehlt es am Verschulden, solange und soweit der Wert des Nachlasses und damit die Anspruchshöhe ohne Versäumnis des Erblassers nicht festgestellt werden kann (BGH aaO).

6 Wie sich vor allem § 852 Abs. 1 ZPO entnehmen lässt, kann der **Pflichtteilsberechtigte grds frei** entscheiden, **ob er den Anspruch geltend macht** (BGH NJW 1982, 2771; 1993, 2876, 2877; 1997, 2384; s aber noch u Rn 14, 15 ff). Er kann allerdings unterhaltsrechtlich gehalten sein, den Anspruch zu erheben (vgl BGH NJW 1982, 2771 ff für den Unterhaltsschuldner; BGH NJW 1993, 1920 ff für den Unterhaltsberechtigten). Beim **Minderjährigen** entscheidet grds der Sorgeberechtigte als ges Vertreter, auch wenn er insb als Erbe des anderen Elternteils zugleich Schuldner des Anspruchs ist (BayObLG FamRZ 1963, 578; Soergel/*Dieckmann* Rn 7). Das Vormundschaftsgericht kann allerdings eine Pflegschaft anordnen (§§ 1909, 1796, 1626 Abs. 2 Satz 3), wenn konkrete Anhaltspunkte für eine Gefährdung des Pflichtteilsanspruchs vorliegen. Sie wird sich wegen der Verjährungshemmung nach § 207 Abs. 1 Nr. 2 regelmäßig auf die Sicherung, nicht aber auf die Durchsetzung des Anspruchs richten (BayObLG FamRZ 1989, 540, 541; Staudinger/*Haas* Rn 49). Darüber hinaus besteht nach § 1640 die Verpflichtung, ein Vermögensverzeichnis vorzulegen, dem zumindest die Berechnungsgrundlagen für den Pflichtteil zu entnehmen ist (Soergel/*Dieckmann* Rn 7). Zur Geltendmachung durch den Betreuer s *Ivo* ZErb 2004, 174 ff; BayObLG NJW-RR 2004, 1157 = ZErb 2004, 69; BGH NJW-RR 2005, 369). Die Berechtigung des Nachlasspflegers, einen im Nachlass befindlichen Pflichtteilsanspruch geltend zu machen, bejaht *Primozic* NJW 2000, 711 f).

7 Auf den Pflichtteilsanspruch kann formlos durch **Erlassvertrag mit den Erben** verzichtet werden, § 397. Vor dem Erbfall ist eine Vereinbarung nur unter den künftigen ges Erben und nur in notarieller Form möglich, § 311b Abs. 5 (s auch RGZ 93, 297 ff für eine Vereinbarung in Unkenntnis des Erbfalls). Eine einseitige Ausschlagung ist nicht möglich. Ein Erlass des künftigen Pflichtteilsanspruchs kann allerdings auch schon **mit dem Erblasser** vereinbart werden, bedarf dann aber der notariellen Form des Pflichtteilsverzichts, §§ 2346, 2348 (BGHZ 134, 60, 64 = NJW 1997, 521, 522; *Muscheler* JZ 1997, 851, 853; Staudinger/*Haas* Rn 18). Die Umdeutung eines nur vor dem Erbfall möglichen Pflichtteilsverzichts in einen auch noch über den Erbfall hinaus möglichen Verzicht auf den (künftigen) Pflichtteilsanspruch scheidet wegen der unterschiedlichen Geschäftsgegenstände und Risikolagen im allgemeinen aus (BGH aaO; aA *Muscheler* JZ 1997, 851, 854 f; Soergel/*Dieckmann* Rn 5).

8 Der **Verzicht des Ehegatten/Lebenspartners** bedarf wegen der auch in §§ 1432 Abs. 1, 1455 sogar für die Gütergemeinschaft anerkannten Entscheidungsfreiheit des Pflichtteilsberechtigten keiner Zustimmung nach § 1365. Der Verzicht im Namen eines **Minderjährigen** ist nur mit vormundschaftsgerichtlicher Genehmigung möglich (§§ 1822 Nr. 2, 1643 Abs. 2 Satz 1) und wegen des Schenkungsverbots in §§ 1804, 1641 BGB nur, soweit er nicht unentgeltlich erfolgt (vgl RGZ 77, 268, 270).

9 Eine **Verwirkung** kommt wegen der kurzen Verjährungsfrist des § 2332 im Allgemeinen nicht in Betracht (*Klingelhöffer* Rn 130; s aber BGH WM 1977, 688 f).

C. Vererbung, Übertragung und Pfändung

Die ausdrücklich angeordnete **Vererblichkeit** gilt nicht nur für bereits entstandene Pflichtteilsansprüche, sondern auch, wenn der Pflichtteilsanspruch nach §§ 2306, 2307 BGB von einer Ausschlagung abhängt, der Pflichtteilsberechtigte aber vor Ausschlagung selbst verstirbt. Da auch das Ausschlagungsrecht auf dessen Erben übergeht (§§ 1952, 2180 Abs. 3) kann dieser ausschlagen und den Pflichtteil fordern. 10

Dies gilt uneingeschränkt auch, wenn der vorversterbende Pflichtteilsberechtigte **Vorerbe** war (BGHZ 44, 152 ff = FamRZ 1965, 604, 605 f m Anm *Bosch*; Soergel/*Dieckmann* Rn 12). Ist er **Nacherbe** geht ein noch bestehendes Ausschlagungsrecht auf seinen Erben jedenfalls dann über, wenn dieser Ersatznacherbe ist (RG JW 1931, 1354, 1356; MüKo/*Lange* Rn 14). Wird allerdings ein Dritter Ersatznacherbe, befindet sich im Nachlass des vorversterbenden Pflichtteilsberechtigten zwar kein Ausschlagungsrecht. Dies wäre aber auch der Fall, wenn bei aufschiebend bedingter Nacherbschaft der Bedingungseintritt zu Lebzeiten des Nacherben unmöglich würde. Dieser hätte dann ohne weiteres einen Pflichtteilsanspruch, den man deshalb auch seinem Erben zugestehen sollte, wenn die Nacherbschaft aufgrund Vorversterbens ausfällt (Staudinger/*Haas* Rn 33; RGRK/*Johannsen* Rn 15; aA MüKo/*Lange* Rn 14; AnwK/*Bock* Rn 6; Soergel/*Dieckmann* Rn 13 f, der aber einen Anspruch nach § 2309 geben will; zum Ganzen *Bengel* ZEV 2000, 388 ff). 11

Der Pflichtteilsanspruch ist nach den allgemeinen Regeln der §§ 398 ff **übertragbar**. Mit der Abtretung gehen auch die Auskunftsansprüche des § 2314 BGB als Hilfsansprüche über, § 401 (*Klumpp* ZEV 1998, 124). Anders als beim Verzicht (Rn 8) kann die Abtretung durch einen in Zugewinngemeinschaft lebenden Ehegatten nach § 1365 zustimmungspflichtig sein. Die Übertragbarkeit kann in der Form eines beschränkten Pflichtteilsverzichtvertrages ausgeschlossen werden. 12

Da das Ausschlagungsrecht als höchstpersönliches Recht nicht von der Erbenstellung getrennt werden kann, kann in es in den Fällen der §§ 1371 Abs. 3, 2306 nicht dergestalt zusammen mit dem Pflichtteilsanspruch übertragen werden, dass der Erwerber zwischen Erbteil oder Pflichtteil wählen kann. Das gilt auch, wenn der Miterbenanteil übertragen würde (hM, etwa Staudinger/*Haas* Rn 24; aA AK/*Däubler* Rn 20, offen BGH NJW 1994, 248, 249 f für Überleitung nach § 90 BSHG). Insb im Hinblick auf die Ausschlagung nach § 1371 Abs. 2 und die damit verbundenen Rechtswirkungen muss dies auch für die Ausschlagung des Vermächtnisses nach § 2307 gelten (Staudinger/*Haas* Rn 25; MüKo/*Lange* Rn 10; aA Soergel/*Dieckmann* Rn 11; RGRK/*Johannsen* Rn 16). 13

Für Belastungen, etwa mit einem Nießbrauch oder Verpfändung gilt entsprechendes. Der BGH hat nunmehr anerkannt, dass der Sozialhilfeträger den Pflichtteilsanspruch eines behinderten Kindes nach § 90 Abs. 1 BSHG überleiten und geltend machen kann, auch wenn seine Geltendmachung in einem sog **Behindertentestament** durch eine Pflichtteilsstrafklausel sanktioniert ist und der Betreuer sich gegen eine Geltendmachung entschieden hat (BGH NJW-RR 2005, 369 = ZEV 2005, 117 ff m krit Anm *Muscheler* gegen BayObLG NJW-RR 2004, 1157 f; OLG Frankfurt ZEV 2004, 24 f; bestätigt durch BGH FamRZ 2006, 194 ff; andere Gestaltungen bei *Litzenburger* RNotZ 2004, 138 ff; *Ruby* ZEV 2006, 66 ff; aus verwaltungsrechtlicher Sicht OVG Saarland ZErb 2006, 275 ff). 14

Die **Pfändung** ist nach § 852 Abs. 1 ZPO nur möglich, wenn der Pflichtteilsanspruch durch Vertrag anerkannt ist oder rechtshängig geworden ist. Ein rangwahrende Pfändung und Überweisung kann allerdings schon vor Eintritt dieser Voraussetzungen erfolgen. Die Verwertung ist durch sie aufschiebend bedingt (BGHZ 123, 183 ff = NJW 1993, 2876 ff; *Keim* ZEV 1998, 128; Zöller[25]/*Stober* § 852 ZPO Rn 3; für Überweisung aA *Kuchinke* NJW 1994, 1770; Staudinger/*Haas* Rn 53 ff). Die durch § 852 Abs. 1 ZPO geschützte Entscheidungsfreiheit des Pflichtteilsberechtigten bleibt dadurch gewahrt, zumal keine anfechtbare Gläubigerbenachteiligung vorliegt, wenn der Pflichtteilsberechtigte die Geltendmachung unterlässt (BGH NJW 1997, 2384; anders aber bei Abtretung, Verzicht oder Belastung auch vor Eintritt der Verwertungsvoraussetzungen, BGH NJW 1993, 2876, 2878). 15

16 Die **vertragliche Anerkennung** liegt in jeder auch nur schlüssigen Vereinbarung zwischen Pflichtteilsberechtigten und Erben (auch dem Vorerben, nicht aber dem Testamentsvollstrecker, § 2313 Abs. 1 Satz 3), die den Willen zur Geltendmachung erkennen lässt (Soergel/*Dieckmann* Rn 14). In gleicher Weise muss eine Abtretung oder sonstige Belastung die Pfändbarkeit begründen, auch wenn der Pflichtteilsschuldner daran nicht beteiligt ist. Die Geltendmachung hängt dann nicht mehr vom allein geschützten Willen des Pflichtteilsberechtigten ab (Soergel/*Dieckmann* Rn 15; Staudinger/*Haas* Rn 51).

17 In der gleichen beschränkten Weise wird der Pflichtteilsanspruch vom **Insolvenzbeschlag** erfasst. Anders als nach § 1 Abs. 1 KO (dazu BGH NJW 1993, 2876, 2878) gilt dies nach §§ 35 f InsO auch, wenn er erst nach der Verfahrenseröffnung entsteht. Gem § 394 S 1 BGB kann der Pflichtteilsschuldner ebenfalls erst aufrechnen, wenn die Pfändungsvoraussetzungen des § 852 Abs. 1 ZPO erfüllt sind.

D. Darlegungs- und Beweislast

18 Der Pflichtteilsberechtigte trägt die Darlegungs- und Beweislast für alle Tatsachen, von denen Grund und Höhe seines Anspruchs abhängen, insb also für den Ausschluss von der ges Erbfolge, den Güterstand des Erblassers, die Nachlasszugehörigkeit einzelner Vermögensgegenstände und das Nichtbestehen von Passivposten, soweit er einen Saldo geltend macht (OLG Frankfurt ZEV 2003, 364). Kommt der Pflichtteilsschuldner schuldhaft seiner Auskunftspflicht nicht nach ist dies iRd Beweiswürdigung zugunsten des Pflichtteilsberechtigten zu berücksichtigen und kann sogar zur Beweislastumkehr führen (offen BGHZ 7, 134, 136 = NJW 1952, 1173; aA *Baumgärtel* Hdb der Beweislast, § 2314 Rn 5).

§ 2318 Pflichtteilslast bei Vermächtnissen und Auflagen

(1) Der Erbe kann die Erfüllung eines ihm auferlegten Vermächtnisses soweit verweigern, dass die Pflichtteilslast von ihm und dem Vermächtnisnehmer verhältnismäßig getragen wird. Das Gleiche gilt von einer Auflage.

(2) Einem pflichtteilsberechtigten Vermächtnisnehmer gegenüber ist die Kürzung nur soweit zulässig, dass ihm der Pflichtteil verbleibt.

(3) Ist der Erbe selbst pflichtteilsberechtigt, so kann er wegen der Pflichtteilslast das Vermächtnis und die Auflage soweit kürzen, dass ihm sein eigener Pflichtteil verbleibt.

A. Normzweck

1 Die Bestimmung regelt mit den nachfolgenden §§ 2320 – 2324, wie die nach außen die Erben betreffende Pflichtteilslast auf die anderen Nachlassbeteiligten (Miterben, Vermächtnisnehmer oder Auflagenberechtigte zu verteilen ist (zum Ganzen *Buschmann*, Die Verteilung der Pflichtteilslast nach den §§ 2318 – 2324 BGB, Marburg 2004). Die Stellung des Pflichtteilsberechtigten lassen sie unberührt.

B. Kürzungsbefugnis nach Abs. 1

2 Die nach § 2324 vom Erblasser abänderbare und gegenüber den §§ 2321, 2322 nachrangige Regelung (BGH NJW 1983, 2378, 2379 f) gibt dem Erben eine **peremptorische Einrede** (MüKo/*Lange* Rn 2), mit der er eine Kürzung der ihn belastenden Vermächtnisse und Auflagen im Verhältnis zu deren Beteiligung am Nachlasswert erreichen kann. In Unkenntnis des Leistungsverweigerungsrechts erbrachte Leistungen können nach § 813 Abs. 1 zurückverlangt werden (KG FamRZ 1977, 267, 269; *Tanck* ZEV 1998, 133).

3 Die Kürzung richtet sich gegen Auflagen und Vermächtnisse. Dazu gehört auch der Dreißigste nach § 1969 (hM etwa Staudinger/*Haas* Rn 8; aA *Harder* NJW 1988, 2716 f),

nicht jedoch der Voraus gem § 1932 (wegen § 2311 Abs. 1 Satz 2), der Unterhaltsanspruch der werdenden Mutter gem § 1963 und der Ausbildungsanspruch des Stiefkinds nach § 1371 Abs. 4.

Der Pflichtteilsanspruch muss geltend gemacht werden und der Erbe dadurch wirtschaftlich belastet worden sein (OLG Frankfurt FamRZ 1991, 238, 240). Dies wird auch bejaht, wenn der bestehende Pflichtteilsanspruch dem Erben gegenüber vertraglich erlassen wird (LG München NJW-RR 1989, 8; Staudinger/*Haas* Rn 6). Bei strr Pflichtteilslast und möglichem Kürzungsrecht empfiehlt es sich, dem Vermächtnisnehmer im Pflichtteilsprozess den Streit zu verkünden (§ 68 ZPO). 4

Die Kürzung wird nach der sog Martin'schen Formel (*Martin* ZBlFG 14, 789 ff; *Ebenroth/Fuhrmann* BB 1989, 2050; MüKo/*Lange* Rn 5; Soergel/*Dieckmann* Rn 3) errechnet: 5

$$K \text{ (Kürzungsbertrag)} = \frac{P \text{ (Pflichtteilslast)} \times V \text{ (Vermächtnis)}}{U \text{ (Ungekürzter Nachlass)}}$$

Sind keine Anrechnungs- oder Ausgleichspflichten zu berücksichtigen kann die Kürzung einfacher errechnet werden, indem das Vermächtnis/die Auflage prozentual um die Pflichtteilsquote gekürzt wird; zB bei einer Pflichtteilsquote von $1/4$ um 25 % (Soergel/*Dieckmann* Rn 4). **Bei mehreren Vermächtnissen oder Auflagen** besteht das Kürzungsrecht jedem Begünstigten gegenüber und ist für jeden Fall nach obiger Formel zu berechnen. 6

Bei **unteilbaren Leistungen** (zB Übertragung eines Grundstücks), ist deren Wert zu ermitteln. Will der Begünstigte das Vermachte behalten, muss er dem Erben den aus dem Wert errechneten Kürzungsbetrag auszahlen. Anderenfalls erhält er nur den gekürzten Wert der Leistung in Geld (BGHZ 19, 309, 311 = JZ 1956, 283 m Anm *Natter* für § 2322). Ist der Vermächtnisnehmer seinerseits beschwert, kann er die Kürzung nach § 2188 weitergeben. 7

C. Eingeschränkte Kürzung bei pflichtteilsberechtigtem Vermächtnisnehmer, Abs. 2

Ist der Vermächtnisnehmer (nicht der Auflagenbegünstigte, Staudinger/*Haas* Rn 17) ebenfalls pflichtteilsberechtigt, kann sein Vermächtnis nur um den Betrag gekürzt werden, der im Wert seinen Pflichtteil übersteigt (aA Planck/*Greiff* Anm 3: nur anteilig; Bsp bei MüKo/*Lange* Rn 8). Diese Bestimmung ist **zwingend** (vgl § 2324). Beim überlebenden **Ehegatten einer Zugewinngemeinschaft** ist für die Kürzungsgrenze der nach §§ 1371 Abs. 1, 1931 Abs. 3 erhöhte Ehegattenpflichtteil (§ 2303 Rn 29) zugrundezulegen. Entsprechendes gilt für den Lebenspartner einer Ausgleichsgemeinschaft. 8

Der Ausfall, den das Kürzungsrecht des Erben dadurch erleiden kann, ist nach der Grundregel des Abs. 1 ebenfalls auf weiter vorhandene Vermächtnisnehmer oder Auflagenbegünstigte zu verteilen (hM etwa Soergel/*Dieckmann* Rn 8; Staudinger/*Haas* Rn 19; aA Kipp/Coing § 12 II 2c). Dabei ist das Beteiligungsverhältnis an dem um den Pflichtteil bereinigten Nachlass maßgeblich (Soergel/*Dieckmann* Rn 11m Bsp; *Ebenroth/Fuhrmann* BB 1989, 2058). 9

D. Erweiterte Kürzungsbefugnis des pflichtteilsberechtigten Erben, Abs. 3

Abs. 3 gibt dem pflichtteilsberechtigten Erben – auch dem Miterben, soweit er nicht durch § 2319 geschützt ist (BGHZ 95, 222, 226 = NJW 1985, 2828, 2829; *v. Olshausen* FamRZ 1986, 524 ff; Staudinger/*Haas* Rn 24; aA noch RGRK/*Johannsen* Rn 9) – das Recht, eine ihn treffende Pflichtteilslast auf Vermächtnisnehmer und Auflagenbegünstigte soweit abzuwälzen, dass ihm sein Pflichtteil verbleibt. Dabei kommt Abs. 3 aufgrund § 2306 Abs. 1 S 1 BGB nur zum Tragen, wenn der hinterlassene Erbteil die Hälfte des ges Erbteils übersteigt (§ 2306 Abs. 1 Satz 2). Übt er jedoch sein Ausschlagungsrecht nicht aus, muss er die Beschwerungen grds voll erfüllen, auch wenn er dadurch weniger als den Pflichtteil 10

§ 2319 BGB | Pflichtteilsberechtigter Miterbe

erhält. Abs. 3 schützt nur davor, dass er zusätzlich noch durch Pflichtteilslasten beeinträchtigt wird. Das Kürzungsrecht besteht daher nur, soweit sein möglicherweise schon durch die Beschwerungen unter den Pflichtteilswert gesunkene Erbanteil zusätzlich durch die Pflichtteilslast vermindert würde (BGHZ 95, 222, 227 = NJW 1985, 2828, 2829 f; *Tanck* ZEV 1998, 132 ff; Staudinger/*Haas* Rn 25 f jew mit Beispielen). Abs. 3 ist ebenfalls **zwingend** (vgl § 2324).

11 Treffen pflichtteilsberechtigter Vermächtnisnehmer und pflichtteilsberechtigter Erbe zusammen, was wegen ihrer Ausschlagungsrechte praktisch kaum vorkommen dürfte, hat das Kürzungsrecht des letzteren Vorrang (hM, etwa Staudinger/*Haas* Rn 27; aA MüKo/ *Frank* Rn 10).

E. Darlegungs- und Beweislast

12 Der Erbe ist für die Voraussetzungen des Kürzungsrechts darlegungs- und beweisbelastet.

§ 2319 Pflichtteilsberechtigter Miterbe

Ist einer von mehreren Erben selbst pflichtteilsberechtigt, so kann er nach der Teilung die Befriedigung eines anderen Pflichtteilsberechtigten soweit verweigern, dass ihm sein eigener Pflichtteil verbleibt. Für den Ausfall haften die übrigen Erben.

A. Normzweck

1 Die Vorschrift soll zusammen mit § 2328 für den Ergänzungspflichtteil den selbst pflichtteilsberechtigten Miterben davor bewahren, dass er **nach** der Teilung des Nachlasses Pflichtteilsansprüche Dritter auf Kosten seines eigenen Pflichtteiles erfüllen muss und gewährt ihm insoweit ein Leistungsverweigerungsrecht.

B. Voraussetzungen

2 § 2319 setzt **mehrere Erben** voraus. Den Alleinerben schützen §§ 2318 Abs. 3, 2306 Abs. 1 Satz 2 (Staudinger/*Haas* Rn 2; *v. Olshausen* FamRZ 1986, 525). Der in Anspruch genommene Erbe muss selbst pflichtteilsberechtigt sein.

3 Der **Nachlass** muss bereits **geteilt** sein. Vor der Teilung haften die Miterben als Gesamtschuldner (§ 2058), entweder beschränkt auf den Nachlass oder – sofern einer bereits unbeschränkt haftet – nur in Höhe der seinem Erbteil entsprechenden Quote der Nachlassverbindlichkeit (§ 2059 Abs. 1). Nach der Teilung haftet er jedoch als Gesamtschuldner grds in voller Höhe der Nachlassverbindlichkeit, soweit nicht die Voraussetzungen der §§ 2060 f vorliegen.

C. Wirkungen der Einrede

4 Bis zur Höhe des eigenen Pflichtteils kann der **pflichtteilsberechtigte Miterbe** die Leistung endgültig verweigern, unabhängig davon, ob er im Übrigen seine Haftung auf den Nachlass beschränken kann. Ist allerdings sein Erbteil, das er nach § 2306 Abs. 1 Satz 2 hätte ausschlagen können, schon durch Auflagen oder Vermächtnisse unter den Pflichtteilswert gesunken, kann er nur diesen niedrigeren Wert gegenüber dem Pflichtteilsberechtigten bzw den Miterben verteidigen (vgl § 2318 Rn 10; Staudinger/*Haas* Rn 7 ff m Bsp; *v. Olshausen* FamRZ 1986, 528; aA RGRK/*Johannsen* Rn 2). Gehört der überlebende Ehegatte einer Zugewinngemeinschaft zu den Erben berechnet sich sein Pflichtteil aus dem erhöhten Ehegattenerbteil des § 1371 Abs. 1. Entsprechend verringern sich die Pflichtteile der Abkömmlinge und Eltern. Gleiches gilt, wenn er Vermächtnisnehmer ist. Gehört

er nicht zu den Erben oder schlägt er als Vermächtnisnehmer aus, steht ihm nur der kleine Pflichtteil (§ 2303 Rn 28) zu. Die Pflichtteile der anderen erhöhen sich entsprechend.
Die **anderen Miterben** haften dem Pflichtteilsberechtigten für den dadurch entstandenen Ausfall wiederum als Gesamtschuldner bzw nach §§ 2360 f anteilig. Soweit sie selbst pflichtteilsberechtigt sind, können sie ebenfalls nach § 2319 Satz 1 die Leistung verweigern. Dies gilt über § 426 auch gegenüber Ausgleichsansprüchen der Miterben, weshalb § 2319 BGB letztlich die Pflichtteilslast auch im Innenverhältnis verschieben kann (BGH NJW 1985, 2828, 2829; Staudinger/*Haas* Rn 14). Soweit § 2320 BGB nicht eingreift, ist § 2319 BGB zugunsten der pflichtteilsberechtigten Miterben auch schon bei der Nachlassteilung zu beachten (*v. Olshausen* FamRZ 1986, 525 f; MüKo/*Lange* Rn 2).

Satz 1 ist wegen sonst möglicher Pflichtteilsbeeinträchtigungen zwingend. Für Satz 2 gilt dies jedenfalls, soweit der Erblasser nicht entgegen Satz 1 anderen pflichtteilsberechtigten Miterben in pflichtteilsverkürzender Weise die Ausfallhaftung aufbürdet (zu weitgehend daher Staudinger/*Haas* Rn 13; § 2324 BGB Rn 1; AnwK/*Bock* Rn 9).

D. Darlegungs- und Beweislast

Der Erbe hat die Voraussetzungen seines Leistungsverweigerungsrechts nachzuweisen (AnwK/*Bock* Rn 7).

§ 2320 Pflichtteilslast des an die Stelle des Pflichtteilsberechtigten getretenen Erben

(1) Wer anstelle des Pflichtteilsberechtigten gesetzlicher Erbe wird, hat im Verhältnis zu Miterben die Pflichtteilslast und, wenn der Pflichtteilsberechtigte ein ihm zugewendetes Vermächtnis annimmt, das Vermächtnis in Höhe des erlangten Vorteils zu tragen.

(2) Das Gleiche gilt im Zweifel von demjenigen, welchem der Erblasser den Erbteil des Pflichtteilsberechtigten durch Verfügung von Todes wegen zugewendet hat.

A. Normzweck

Die Vorschrift bestimmt abweichend von der sich aus §§ 2038 Abs. 2, 748, 2047 Abs. 1, 2148 ergebenden Grundregel, wonach die Miterben die Pflichtteils- und Vermächtnislast nach dem Verhältnis ihrer Anteile zu tragen haben, dass derjenige, der an Stelle des Pflichtteilsberechtigten ges oder gewillkürter Erbe wird, im Innenverhältnis mit dessen Pflichtteil und einem ihm zugewendeten Vermächtnis allein belastet ist, soweit der dadurch erlangte Vorteil reicht. Im Außenverhältnis – auch gegenüber dem Pflichtteilsberechtigten – bleibt es jedoch bei der gesamtschuldnerischen Haftung nach §§ 2058 ff BGB.

B. Pflichtteils- und Vermächtnislast des einrückenden ges Erben, Abs. 1

Ein ges Erbe tritt an die Stelle eines Pflichtteilsberechtigten, wenn dieser enterbt wird (§ 1938), nach §§ 1371 Abs. 3, 2306 Abs. 1 Satz 2 ausschlägt oder unter Pflichtteilsvorbehalt auf den ges Erbteil verzichtet hat. Abs. 1 gilt auch, wenn kein **neuer Erbe** eintritt, sondern sich die **Erbteile** der vorhandenen Erben durch den Wegfall des Pflichtteilsberechtigten **ungleichmäßig erhöhen** (zB wenn das einzige Kind enterbt wird und sich der ges Erbteil des Ehegatten neben den Eltern erhöht, MüKo/*Lange* Rn 5).

Hat der Pflichtteilsberechtigte ein ihm ausgesetztes Vermächtnis angenommen, trägt der an seine Stelle getretene Erbe auch die Vermächtnislast; daneben aber auch einen etwa bestehenden Pflichtteilsrestanspruch nach § 2307 Abs. 1 Satz 2 (Soergel/*Dieckmann* Rn 5).

§ 2321 BGB | Pflichtteilslast bei Vermächtnisausschlagung

Gleiches gilt, wenn dem Vermächtnisnehmer der Pflichtteil entzogen wurde (Staudinger/ *Haas* Rn 9 mwN). Der Erblasser kann Abweichendes anordnen, § 2324.

C. Pflichtteils- und Vermächtnislast des gewillkürten Erben, Abs. 2

4 Abs. 2 erstreckt die Grundregeln des Abs. 1 »im Zweifel« auf den Fall, dass der Erblasser den ges Erbteil des Pflichtteilsberechtigten (nicht einen gewillkürten, BGH NJW 1983, 2378 f; zu Fallgestaltungen bei der Zugewinnehe *Mauch* BWNotZ 1992, 146 ff) einem anderen zuwendet, indem er den Bedachten erst zum Erben einsetzt oder lediglich seinen ges Erbteil erhöht (RG JW 1918, 768, 769; Soergel/*Dieckmann* Rn 3). Die Zuwendung kann auch auf Anwachsung (2094) oder Ersatzerbenberufung (§ 2096; BGH aaO) beruhen. Während ein Teil der Lehre eine bewusste, nicht notwendig allerdings ausdrückliche Zuwendung des ges Erbteils fordert (Soergel/*Dieckmann* Rn 3; Jauernig/*Stürner* Rn 1; MüKo/*Lange* Rn 9), lässt ein anderer Teil die objektive Verteilung der an sich dem Pflichtteilsberechtigten zustehenden Erbquote genügen (Staudinger/*Haas* Rn 11 f; RG JW 1918, 768, 769; *Pentz* MDR 1998, 1391; der Sache nach auch BGH NJW 1983, 2378 f). Immer ist jedoch zu prüfen, ob der Erblasser nicht eine andere Verteilung wollte. Nach BGH NJW 1983, 2738 f dürfte jedoch ein bloß hypothetischer Wille die Auslegungsregel nicht beiseite schieben.

D. Die Lastenverteilung

5 Der Vorteil, aus dem der Miterbe die Pflichtteils- und Vermächtnislast allein zu erfüllen hat, besteht im Wert des gewonnenen Erbteils oder in dessen Steigerung (auch des Voraus gem § 1932) im Zeitpunkt des Erbfalls (BGH NJW 1983, 2378 f). Er kann durch Beschränkungen und Beschwerungen gemindert sein (Soergel/*Dieckmann* Rn 5), allerdings nur, soweit er sie nicht nach § 2318 Abs. 1 abwälzen kann (was OLG Stuttgart BWNotZ 1985, 88 verneint; dagegen *v. Olshausen* MDR 1986, 89). Treten Mehrere an die Stelle des Pflichtteilsberechtigten verteilt sich die Pflichtteilslast im Verhältnis der erhaltenen Vorteile (Staudinger/*Haas* Rn 17 ff m Bsp).

§ 2321 Pflichtteilslast bei Vermächtnisausschlagung

Schlägt der Pflichtteilsberechtigte ein ihm zugewendetes Vermächtnis aus, so hat im Verhältnis der Erben und der Vermächtnisnehmer zueinander derjenige, welchem die Ausschlagung zustatten kommt, die Pflichtteilslast in Höhe des erlangten Vorteils zu tragen.

A. Normzweck

1 Die Vorschrift legt wiederum in Abweichung zur Grundregel anteilsmäßiger Belastung (§ 2319 Rn 1) die Pflichtteilslast, die entsteht, wenn ein Pflichtteilsberechtigter das ihm zugewandte Vermächtnis nach § 2307 Abs. 1 Satz 1 ausschlägt, um seinen Pflichtteil zu erlangen, demjenigen auf, dem die Ausschlagung zustatten kommt. Auch sie wirkt nur im Innenverhältnis der Erben und Vermächtnisnehmer.

B. Die durch die Ausschlagung Begünstigten

2 Die Ausschlagung des Vermächtnisses kommt dem Erben oder Miterben zugute, wenn das Vermächtnis fortfällt und nicht einem Dritten nach §§ 2158, 2190 anfällt, sofern dieser und nicht ein anderer Vermächtnisnehmer damit belastet war. Sie können in Höhe des erlangten Vorteils weder als Miterbe (RG JW 1914, 593), noch als Alleinerbe die Belastung gem § 2318 Abs. 1 auf andere Vermächtnisnehmer oder Auflagenbegünstigte

abwälzen (Soergel/*Dieckmann* Rn 3). Dem allein beschwerten Miterben steht insoweit auch gegen die anderen Miterben kein Ausgleichsanspruch zu.

Ein **Vermächtnisnehmer** kann begünstigt sein, entweder weil er mit dem ausgeschlagenen 3 Untervermächtnis belastet war oder weil er gem §§ 2158, 2190 an die Stelle des ausschlagenden pflichtteilsberechtigten Vermächtnisnehmers getreten ist. Der Erbe bleibt zwar dem Pflichtteilsberechtigten gegenüber verpflichtet. Er hat gegen den begünstigten Vermächtnisnehmer jedoch einen Erstattungsanspruch, soweit er den Pflichtteilsanspruch erfüllt hat; zuvor einen Befreiungsanspruch, den er nach § 273 dem Vermächtnisanspruch entgegenhalten kann (Staudinger/*Haas* Rn 6).

C. Die Höhe der Begünstigung

Der erlangte Vorteil entspricht dem Wert des Vermächtnisses, wenn er den Pflichtteilsanspruch erreicht oder übersteigt (RG JW 1914, 593, 594; Soergel/*Dieckmann* Rn 5). Ist der 4 Wert des Vermächtnisses geringer, ist der Vorteil aus einem Vergleich der Lage vor Ausschlagung mit der Lage nach Ausschlagung zu ermitteln. Dabei ist insb der Restanspruch des § 2307 Abs. 1 Satz 2 zu berücksichtigen, dessen Last nach §§ 2318, 2320 zu verteilen ist (*Schlug* BayNotZ 1920, 225 ff; RG JW 1938, 2143; DR 1941, 441). Maßgebend sind die Werte zur Zeit des Erbfalls (RG JW 1914, 593, 594; Soergel/*Dieckmann* Rn 5).

§ 2322 Kürzung von Vermächtnissen und Auflagen

Ist eine von dem Pflichtteilsberechtigten ausgeschlagene Erbschaft oder ein von ihm ausgeschlagenes Vermächtnis mit einem Vermächtnis oder einer Auflage beschwert, so kann derjenige, welchem die Ausschlagung zustatten kommt, das Vermächtnis oder die Auflage soweit kürzen, dass ihm der zur Deckung der Pflichtteilslast erforderliche Betrag verbleibt.

A. Normzweck

Die Vorschrift gibt dem durch die Ausschlagung Begünstigten für den Fall, dass das ausgeschlagene Erbteil oder Vermächtnis selbst mit einem Vermächtnis oder einer Auflage 1 beschwert ist, das mit der ihm nach §§ 2320 f aufgebürdete Pflichtteilslast den zugewachsenen Vorteil übersteigt, das Recht, erstere zu kürzen. Sie legt damit auch ein Rangverhältnis zwischen Pflichtteilsberechtigtem, Vermächtnisnehmer, Auflagenbegünstigten und Einrückenden fest (MüKo/*Lange* Rn 1).

B. Voraussetzungen

Der nach Ausschlagung eintretende Erbe oder Vermächtnisnehmer kann die auf den erhaltenen Erbteil/Vermächtnis lastenden **Auflagen oder Vermächtnisse** kürzen. Dazu 2 rechnet auch der Dreißigste (§ 1969), nicht aber der Voraus des Ehegatten/Lebenspartners (§§ 1932, 10 Abs. 1 Satz 3 und 4 LPartG), da er dem Pflichtteil vorgeht, § 2311 Abs. 1 Satz 2 (Staudinger/*Haas* Rn 6; aA RGRK/*Johannsen* Rn 5).

C. Kürzungsfragen

Die Kürzung ist nur zur Deckung des Pflichtteilsanspruchs zulässig. Die Pflichtteilslast 3 kann nicht zusätzlich anteilig auf den Vermächtnisnehmer/Auflagenbegünstigten abgewälzt werden. § 2322 **verdrängt** in seinem Anwendungsbereich die allgemeine Ausgleichsregelung des **§ 2318 Abs. 1** zulasten des Eintretenden (BGH NJW 1983, 2378, 2379). Durch die Kürzungsbefugnis kann der Begünstigte daher nur den Vorrang des Pflichtteilsberechtigten wahren. Die erhaltene Zuwendung wird weiterhin durch die Pflichtteils-

§ 2324 BGB | Abweichende Anordnungen des Erblassers hinsichtlich der Pflichtteilslast

last und den nach Kürzung für die Vermächtnisse/Auflagen noch vorhandenen Rest vollständig aufgezehrt (BGHZ 19, 309, 311; Soergel/*Dieckmann* Rn 3). IdR sollte der Begünstigte daher selbst ausschlagen (Soergel/*Dieckmann* Rn 3), jedenfalls aber darauf achten, dass seine Haftung auf den Nachlass beschränkt bleibt; vor allem dann, wenn der Erblasser – was zulässig ist (§ 2324 BGB) – das Kürzungsrecht ausgeschlossen hat. Letzterer ist daher darauf hinzuweisen, dass ein solcher Ausschluss regelmäßig zur Nachlassinsolvenz führen wird (Soergel/*Dieckmann* Rn 3; AnwK/*Bock* Rn 9, vgl BGH WM 1981, 335 ff).

4 Ist eine **unteilbare Leistung** vermacht, muss der Vermächtnisnehmer den Kürzungsbetrag ausgleichen, wenn er das Vermächtnis erhalten will. Ansonsten kann er nur Zahlung des gekürzten Vermächtniswertes verlangen (BGHZ 19, 309 = JZ 1956, 283 m Anm *Natter*; s auch § 2318 Rn 7).

§ 2323 Nicht pflichtteilsbelasteter Erbe

Der Erbe kann die Erfüllung eines Vermächtnisses oder einer Auflage auf Grund des § 2318 Abs. 1 insoweit nicht verweigern, als er die Pflichtteilslast nach den §§ 2320 – 2322 nicht zu tragen hat.

A. Normzweck

1 Die Vorschrift **stellt klar** (hM, etwa Soergel/*Dieckmann* Rn 1; zweifelnd *v. Olshausen* MDR 1986, 89 ff), dass der Erbe, der intern die Pflichtteilslast gem §§ 2320 ff BGB nicht zu tragen braucht, sie auch nicht auf den Vermächtnisnehmer abwälzen kann.

B. Inhalt

2 Für § 2323 kommt es allein auf die rechtliche Verteilung der Pflichtteilslast an und nicht darauf, ob der Erbe sie tatsächlich abgewälzt hat (Staudinger/*Haas* Rn 1). Über den Wortlaut hinaus ist sie auch auf das Kürzungsrecht des § 2318 Abs. 3 anzuwenden (hM Staudinger/*Haas* Rn 3; aA Kipp/Coing § 12 II 2d; Erman/*Schlüter* Rn 1). Der Erblasser kann Abweichendes anordnen, § 2324 (vgl *v. Olshausen* MDR 1986, 94 f; OLG Stuttgart BWNotZ 1985, 88).

§ 2324 Abweichende Anordnungen des Erblassers hinsichtlich der Pflichtteilslast

Der Erblasser kann durch Verfügung von Todes wegen die Pflichtteilslast im Verhältnis der Erben zueinander einzelnen Erben auferlegen und von den Vorschriften des § 2318 Abs. 1 und der §§ 2320 – 2323 abweichende Anordnungen treffen.

A. Normzweck

1 Die Vorschrift ermöglicht es dem Erblasser, die gesetzlich in §§ 2318 Abs. 1, 2320 ff vorgegebene Verteilung der Pflichtteilslast im Innenverhältnis zwischen Erben, Vermächtnisnehmern und Auflagenbegünstigten abzuändern. Soweit die Verteilungsregeln dagegen den eigenen Pflichtteil eines Erben oder Vermächtnisnehmers sichern (§§ 2318 Abs. 2 und 3, 2319 Satz 1), sind sie zwingend. **Nicht abänderbar** sind auch die Rechtsbeziehungen zwischen Pflichtteilsschuldner und -berechtigten im Außenverhältnis und der Rangvorzug des Pflichtteilsberechtigten gem § 1991 Abs. 4 BGB, 327 Abs. 1 Nr. 1 InsO

B. Inhalt

Der Erblasser kann die Pflichtteilslast abweichend von der Grundregel anteiliger Tragung (§ 2320 Rn 1) einzelnen Erben auferlegen oder die Anteile verschieben, das Recht des Erben, die Pflichtteilslast gem § 2318 Abs. 1 anteilig auf Vermächtnisnehmer und Auflagenbegünstigte abzuwälzen, erweitern, beschränken oder ausschließen (RG Recht 1927 Nr. 617; OLG Stuttgart BWNotZ 1985, 88; vgl BGH WM 1981, 335 ff für § 2322, dazu § 2322 Rn 3) oder die Ausfallhaftung anders regeln, soweit dadurch nicht in Pflichtteilsrechte der zusätzlich belasteten Erben eingegriffen wird (s.o. § 2319 Rn 6). 2

Die abändernde Anordnung bedarf der **Form** eines Testaments oder Erbvertrages. Sie kann sich auch schlüssig aus dem Gesamtzusammenhang der letztwilligen Verfügung ergeben (RG JW 1938, 2143; BGH WM 1981, 335; OLG Stuttgart BWNotZ 1985, 88; MüKo/*Lange* Rn 3). Dabei handelt es sich um ein Vermächtnis zugunsten desjenigen, der von der gesetzlich vorgegebenen Pflichtteilslast befreit wird (Staudinger/*Haas* Rn 2). Die Kautelarpraxis ist zur Vermeidung einer Haftung gehalten, **klar zu regeln**, ob und inwiefern von den Abänderungsmöglichkeiten des § 2324 Gebrauch gemacht wurde (RG Warn 1939 Nr. 63; MüKo/*Lange* Rn 4). 3

§ 2325 Pflichtteilsergänzungsanspruch bei Schenkungen

(1) Hat der Erblasser einem Dritten eine Schenkung gemacht, so kann der Pflichtteilsberechtigte als Ergänzung des Pflichtteils den Betrag verlangen, um den sich der Pflichtteil erhöht, wenn der verschenkte Gegenstand dem Nachlass hinzugerechnet wird.

(2) Eine verbrauchbare Sache kommt mit dem Werte in Ansatz, den sie zur Zeit der Schenkung hatte. Ein anderer Gegenstand kommt mit dem Werte in Ansatz, den er zur Zeit des Erbfalls hat; hatte er zur Zeit der Schenkung einen geringeren Wert, so wird nur dieser in Ansatz gebracht.

(3) Die Schenkung bleibt unberücksichtigt, wenn zur Zeit des Erbfalls zehn Jahre seit der Leistung des verschenkten Gegenstands verstrichen sind; ist die Schenkung an den Ehegatten des Erblassers erfolgt, so beginnt die Frist nicht vor der Auflösung der Ehe.

Inhaltsverzeichnis

	Rn
A. Normzweck	1
B. Allgemeines	2
C. Voraussetzungen	3 – 17
D. Die Berechnung des Ergänzungsanspruchs, Abs. 2	18 – 27
I. Allgemeine Grundsätze	18 – 19
II. Bewertung	20 – 23
III. Sonderfälle	24 – 27
E. Zeitliche Grenzen, Abs. 3	28 – 31
F. Darlegungs- und Beweislast	32

A. Normzweck

§§ 2325 ff erstrecken das Pflichtteilsrecht über den beim Erbfall vorhandenen Nachlass hinaus auf Vermögen, das der Erblasser schon zu Lebzeiten weggeschenkt hat, indem der Wert des Geschenkes dem Nachlasswert hinzugesetzt und aus diesem erhöhten Nachlasswert der Pflichtteilsanspruch errechnet wird. Nur so bewahrt das Pflichtteilsrecht seine materielle Bedeutung (Mot V 452), weil es ansonsten leicht durch lebzeitige Verfügungen des Erblassers unterlaufen werden könnte. Die Ergänzung beschränkt sich allerdings auf Schenkungen innerhalb der letzten 10 Jahre vor dem Erbfall (Abs. 3); soweit der 1

§ 2325 BGB | Pflichtteilsergänzungsanspruch bei Schenkungen

Anspruch nur noch gegen den Beschenkten durchsetzbar ist, zudem auf das, was von der Schenkung noch vorhanden ist (§ 2329 Abs. 1 Satz 1 iVm § 818 Abs. 3).

B. Allgemeines

2 Der **Pflichtteilsergänzungsanspruch** steht zwar **selbständig** neben dem Pflichtteilanspruch BGHZ 132, 240, 244 = NJW 1996, 1743; 103, 333, 335 = NJW 1988, 1667, 1668; NJW 1973, 995; s auch § 2303 Rn 18). Gleichwohl gelten die wesentlichen Regelungen wie §§ 2314 (§ 2314 Rn 7, 12), 2315 f; 2317, 2332, 2333 ff, 2346 BGB, 852 Abs. 1 ZPO und §§ 35 f InsO auch für die Pflichtteilsergänzung. Er fließt auch in die Bemessungsgrenze des § 1586b Abs. 1 Satz 3 ein (BGH NJW 2001, 828, 829 f). Auch das Pflichtteilsergänzungsrecht entsteht für **jeden Erbfall gesondert**. Bei einem Berliner Testament begründen daher Schenkungen des Erstversterbenden keinen originären Pflichtteilsergänzungsanspruch nach dem Nachlass des Zweitversterbenden (BGHZ 88, 102 ff = NJW 1983, 2875 ff). Eine **lebzeitiger Schutz des Ergänzungsanspruchs** durch Arrest oder einstweilige Verfügung ist ebenfalls **nicht möglich**. Anders als das Pflichtteilsrecht kann das Pflichtteilsergänzungsrecht nicht Gegenstand einer Feststellungsklage sein (hM, etwa Soergel/*Dieckmann* vor § 2325 Rn 6; *Klingelhöffer* Rn 356; aA Erman/*Schlüter* vor § 2325 Rn 4).

C. Voraussetzungen

3 **Anspruchsberechtigt** ist, wer zum Kreis der »abstrakt« **Pflichtteilsberechtigten** gehört, dh bei vollständiger Ausschließung von der Erbfolge den Pflichtteil fordern könnte, und nicht durch § 2309 oder durch Verzicht, Entziehung oder Erb- und Pflichtteilsunwürdigkeit sein Pflichtteils- und Pflichtteilsergänzungsrecht verloren hat. Nach § 2326 kann das **auch der Erbe**, sogar der Alleinerbe sein, wenn im weniger hinterlassen wurde als die Hälfte des um das Verschenkte erhöhten ges Erbteils. Anders als der Pflichtteilsanspruch besteht dieser Anspruch auch, wenn der Erbe ausgeschlagen hat, ohne sich auf §§ 2306 Abs. 1 Satz 2, 1371 Abs. 3 berufen zu können (BGH NJW 1973, 995; ZEV 2000, 274; *Steiner* MDR 1997, 606). Gleiches gilt für den **Vermächtnisnehmer** (§ 2326 BGB Rn 2).

4 Der BGH fordert zusätzlich, dass die abstrakte **Pflichtteilsberechtigung** auch schon **im Zeitpunkt der Schenkung** vorgelegen hat (BGHZ 59, 210, 212 f = NJW 1973, 40; bestätigt durch BGH NJW 1997, 2676 f; *Keller* ZEV 2000, 269 ff; 373 ff noch enger. LG Dortmund ZEV 1999, 30 m krit Anm *Otte*, das auch bei Schenkung bereits geborene Enkel im Hinblick auf den vorrangigen Elternteil ausschließen will). Der später hinzugetretene Pflichtteilsberechtigte kennt nur die schon geschmälerten Vermögensverhältnisse und ist deshalb nicht schutzbedürftig. Dabei wird nicht unterschieden, ob die später entstandene Pflichtteilsbestimmung wie bei Heirat oder Adoption auf einer willentlichen Entscheidung oder wie die spätere Geburt auf einem unwillkürlichen Vorgang beruht (aA Damrau/*Riedel*/*Lenz* Rn 4 ff; in diese Richtung auch *Schmitz* WM 1998, Sonderbeilage Nr. 3, S. 15). Dass die Vaterschaft eines bei Schenkung bereits geborenen Abkömmlings noch nicht anerkannt war, schadet jedoch nicht (OLG Köln ZEV 2005, 398 ff = FamRZ 2006, 149 ff). Das überwiegende Schrifttum lehnt diese weder dem Wortlaut noch der Entstehungsgeschichte entsprechende Einschränkung weiterhin ab (Erman/*Schlüter* Rn 6; Soergel/*Dieckmann* Rn 3; *Otte* ZEV 1997, 375 f). Insbes für nachgeborene Abkömmlinge kann daher eine künftige Änderung der Rechtsprechung nicht ausgeschlossen werden. Dagegen müssen auch nach Auffassung des BGH bei der Schenkung die §§ 2303 ff noch nicht anwendbar gewesen sein (BGHZ 147, 95 ff = NJW 2001, 2398 f; NJW 2002, 2469 f für Schenkungen auf dem Gebiet der DDR vor dem Beitritt, s.a. Rn 31).

5 **Schuldner** des Pflichtteilsergänzungsanspruchs sind zunächst die **Erben**; sind sie selbst pflichtteilsberechtigt jedoch nur in den Grenzen des § 2328. Sind sie nach § 2328 nicht ergänzungspflichtig oder ist ihre Haftung nach § 1975 ff; 1990, 1991 Abs. 4 beschränkt (was auch bei unstreitiger Dürftigkeit des Nachlasses der Fall ist und den Ergänzungsanspruch ausschließt, BGH ZEV 2000, 274) wird **nachrangig** der **Beschenkte** verpflichtet, § 2329

Abs. 1 Satz 1. Ist der **Erbe zugleich Beschenkter** bleibt es zunächst beim Anspruch aus § 2325 (RGZ 58, 124 ff). Erst wenn sich der Erbe auf die vorgenannten Haftungsbeschränkungen berufen kann, ist auf den Ergänzungsanspruch gem § 2329 überzuwechseln. Da letzterer nur auf Duldung der Zwangsvollstreckung gerichtet ist, ist insoweit zumindest ein ausdrücklicher Hilfsantrag zu stellen (vgl BGH ZEV 2000, 274). Allerdings hemmt die auf § 2325 gestützte Klage gegen den beschenkten Erben auch die Verjährung des Anspruchs aus § 2329 (vgl BGH NJW 1989, 2887, 2889; 1974, 1327 noch zu § 209 aF).

Eine **Schenkung** iSd § 2325 setzt wie die Schenkung nach §§ 516 f die objektive Bereicherung eines Dritten aus dem Vermögen des Erblassers voraus, über deren Unentgeltlichkeit sich die Parteien einig sind (BGHZ 59, 132, 135; NJW 1974, 650; weiter *Pentz* FamRZ 1997, 726). Dazu zählen auch formwirksame, beim Erbfall noch nicht erfüllte Schenkungsversprechen (BGHZ 85, 274, 283 = NJW 1983, 1485; zur umstr Berechnung s Rn 24). Dagegen löst die **nicht vollzogene Schenkung auf den Todesfall** (§ 2301) keine Pflichtteilsergänzung aus, weil sie einem Vermächtnis gleichsteht und daher den Nachlass nicht schmälert (MüKo/*Lange* Rn 13). Entsprechend § 517 ist es keine Schenkung, wenn ein Erblasser seinen nach § 2306 Abs. 1 S 2 BGB möglichen Pflichtteilsanspruch mangels Ausschlagung nicht entstehen lässt (BGH NJW 2002, 672, 673) oder ein Vorkaufsrecht nicht ausübt (Staudinger/*Olshausen* Rn 47 f mit weiteren Fällen unterlassenen Vermögenserwerbs), wohl aber der **Erlass einer Forderung** (Soergel/*Dieckmann* Rn 33). 6

Die Schenkung muss **rechtsgültig** sein. Ist das Grundgeschäft nichtig, fällt der Bereicherungsanspruch in den Nachlass, ist Grund- und Erfüllungsgeschäft unwirksam, ist der Vermögensgegenstand selbst im Nachlass und bereits beim Pflichtteilsanspruch zu berücksichtigen (Soergel/*Dieckmann* Rn 11; *Kornexl* ZEV 2003, 196 ff). Entsprechendes gilt, wenn die Schenkung wegen groben Undanks widerrufen wurde (§ 530; Soergel/*Dieckmann* Rn 12); zur Rückforderung wegen Notbedarfs gem § 528 s § 2329 Rn 14 und Soergel/*Dieckmann* Rn 13. Schenkungen, die wegen Benachteiligung eines Vertragserben oder Vermächtnisnehmers nach §§ 2287 f zurückgefordert werden können, fallen grds unter § 2325. Ist der Pflichtteilsberechtigte selbst beschenkt worden oder scheitert ein Pflichtteilsergänzungsanspruch an der Dürftigkeit des Nachlasses, der durch den dem Vertragserben persönlich zustehenden Rückforderungsanspruch nicht aufgestockt wird (BGHZ 78, 1 = NJW 1980, 2461; NJW 1989, 2389, 2390), und gleichzeitig an der Entreicherung des Beschenkten, der das Geschenk herausgeben musste, kann der Vertragserbe das Geschenk nur zurückfordern, soweit er im Gegenzug den sich daraus ergebenden Pflichtteilsergänzungsbetrag erstattet. Denn insoweit ist er nicht iSd §§ 2287 f beeinträchtigt (BGH NJW 1984, 121, 122; s auch NJW 1990, 2063, 2064 f; FamRZ 2006, 473; im Ergebnis auch MüKo/*Lange* Rn 12; Soergel/*Dieckmann* Rn 14; *Muscheler* FamRZ 1994, 1361 ff). 7

Maßgebend ist der **Zeitpunkt der Zuwendung** (BGH NJW 1964, 1323; 2002, 2469, 2470). Allerdings können die Beteiligten eine ursprüngliche (Teil-)Schenkung auch **nachträglich in ein entgeltliches Geschäft umwandeln**, indem sie die Gegenleistung nachträglich heraufsetzen (RGZ 72, 188; 94, 157) oder überhaupt erst eine Gegenleistung vereinbaren (BGH NJW-RR 1986, 164 f; 1989, 706, auch zu den Grenzen einer solchen Umwandlung bei der nachträglichen Vergütung von Leistungen des Ehegatten). Sog renumeratorische Schenkungen, mit denen uU langjährige Dienste und Pflege- und Hilfsleistungen im Nachhinein vergolten werden sollen, bleiben jedoch grds Schenkungen, soweit nicht von vornherein eine spätere Entlohnung vereinbart war (BGH WM 1977, 1410, 1411; 1978, 905; *Keim* FamRZ 2004, 1081; *Wagner* ZErb 2003, 112 ff; für wirksame nachträgliche Entgeltsvereinbarung hingegen *Schindler* ZErb 2004, 46 ff). Sie können aber unter § 2330 fallen (BGH aaO; § 2330 Rn 3 f). 8

Vereinbaren die Parteien eine Gegenleistung, die hinter dem Wert der Leistung des Erblassers erheblich zurückbleibt, kann ein **gemischte Schenkung** vorliegen, bei der der Schenkungsanteil eine Ergänzungspflicht auslöst. Sie setzt allerdings voraus, dass sich die Parteien einig waren, dass der Mehrwert unentgeltlich zugewandt werden sollte, wobei sie den Wert der auszutauschenden Leistungen grds frei bestimmen können. Ob- 9

§ 2325 BGB | Pflichtteilsergänzungsanspruch bei Schenkungen

jektiv erkennbare Wertunterschiede allein schließen daher eine entgeltliche Zuwendung nicht aus (BGHZ 52, 132, 135 = NJW 1972, 1709; NJW 1982, 2497; OLG Oldenburg NJW-RR 1992, 778; für Übergabeverträge BGH LM § 2325 Nr. 1). Die Grenze ist jedoch eine **willkürliche Bemessung der Gegenleistung** ohne jede sachliche Grundlage (BGHZ 52, 132, 135; NJW 1961, 604, 605). Bei auffälligem grobem Missverhältnis von Leistung und Gegenleistung, das vom Pflichtteilsberechtigten zu beweisen ist, spricht aber eine **tatsächliche Vermutung** für eine (verdeckte) Schenkung (BGHZ 59, 132, 136; NJW 1981, 2458; 1992, 559). Gegenleistungen mit spekulativem Einschlag, wie Leibrenten, sind aus der Sicht der Veräußerung zu bewerten. Die spätere nachteilige Entwicklung allein führt nicht zur Unentgeltlichkeit (BGH NJW 1981, 2458; Staudinger/*Olshausen* Rn 6). Eine **Schenkung unter Auflagen** bleibt grds Schenkung iSd §§ 2325 ff (BGH NJW-RR 1996, 705, 706; Staudinger/*Olshausen* Rn 18; zur Bewertung s Rn 25). Gleiches gilt für **Schenkungen unter Vorbehalt eines Nutzungsrechts**, wie etwa **Wohnungsrecht** oder **Nießbrauch** (BGH ZEV 2003, 416 f; BGHZ 125, 395 = NJW 1994, 1791 f; 118, 49 = NJW 1992, 2887 f, zu den Bewertungsproblemen und dem Zeitpunkt des Schenkungsvollzugs s.u. Rn 25 u. Rn 29).

10 Obwohl sog **unbenannten Zuwendungen** zwischen **Eheleuten**, denen als Beitrag zur ehelichen Lebensgemeinschaft regelmäßig keine Einigung über die Unentgeltlichkeit zugrunde liegt, nicht als Schenkung iSd § 516 behandelt werden (BGH NJW 2006, 2330 f; FamRZ 2003, 230, 231; NJW-RR 1990, 386), stellen sie erbrechtlich grds ergänzungspflichtige Schenkungen dar (BGH NJW 1992, 564, 565; NJW-RR 1996, 133 f jew für § 2287; krit *Klingelhöffer* Rn 348; ders NJW 1993, 1097 ff; *Langenfeld* NJW 1994, 2133 ff; aA *Morhard* NJW 1987, 1735 f; Staudinger/*Olshausen* Rn 27). Ausgenommen sind Zuwendungen, die der unterhaltsrechtlich gebotenen Alterssicherung dienen (weitergehend MüKo/*Lange* Rn 15) oder konkrete Gegenleistungen vergüten sollen. Diese müssen allerdings über die ehelich gebotenen Beiträge hinausgegangen sein (BGH aaO; BGH NJW-RR 1989, 706; OLG Oldenburg FamRZ 2000, 628). Außerdem wird zu prüfen sein, inwieweit eine Pflichtschenkung iSd § 2330 vorliegt (Soergel/*Dieckmann* Rn 17). Bei unbenannten Zuwendungen innerhalb einer **nichtehelichen Lebensgemeinschaft** gilt entsprechendes (OLG Düsseldorf NJW-RR 1997, 1497, 1490). Eine Entgeltlichkeit kann insoweit allerdings nicht mit Unterhaltsverpflichtungen begründet werden.

11 **Eheverträge**, namentlich die Begründung einer Gütergemeinschaft, stellen hingegen idR keine Schenkungen dar, weil es regelmäßig an einer Einigung über die Unentgeltlichkeit auch dann fehlt, wenn sich die Vermögen der Ehegatten erheblich unterscheiden (BGH NJW 1992, 558 f). Eine verdeckte und damit ergänzungspflichtige Schenkung kann jedoch vorliegen, wenn nicht mehr die Ordnung der beiderseitigen Vermögen zwecks Verwirklichung der Ehe im Vordergrund steht, sondern eine uU bewusste Vermögensverschiebung zu Lasten der Pflichtteilsberechtigten oder Vertragserben (BGH aaO; NJW 1975, 1774; RGZ 87, 301 ff). Neben einem planmäßigen Wechsel der Güterstände ist dafür etwa auch eine vertragliche Auseinandersetzung indiziell, bei der ein Ehegatte erheblich mehr erhält, als ihm nach dem Gesetz (etwa §§ 1372 ff, 1476) zusteht (BGH NJW 1992, 558, 559; s auch Damrau/*Riedel/Lenz* Rn 56 ff; bedenklich daher Gestaltungsvorschläge, die offensichtlich auf eine Pflichtteilsreduzierung abzielen, zB *Wegmann* ZEV 1996, 201 ff; s.a. *Wälzholz* FamRZ 2006, 157 ff).

12 Umstritten ist, inwieweit **Abfindungen für einen Erbverzicht** entgeltlich oder unentgeltlich und damit ergänzungspflichtig sind. Nach einer Auffassung soll die damit erkaufte Testierfreiheit Entgeltcharakter begründen (Soergel/*Dieckmann* Rn 18; MüKo/*Lange* Rn 17; *Rheinbay* ZEV 2000, 278). Fraglich ist jedoch schon, ob dies zu Lasten des Pflichtteilsberechtigten geschehen kann. Als vorweggenommener erbrechtlicher Erwerb sind sie daher grds der Pflichtteilsergänzung zu unterwerfen, allerdings mit der Einschränkung, dass eine Pflichtteilserhöhung nach § 2310 S 2 BGB nicht zusätzlich zu Buche schlagen darf (OLG Hamm ZEV 2000, 277; Staudinger/*Olshausen* Rn 9 f; Damrau/*Riedel/Lenz* Rn 14). BGH NJW 1986, 126, 128 bejaht Pflichtteilsergänzung jedenfalls für den Betrag, der mögliche Ansprüche aus dem Pflichtteilsrecht des Abgefundenen übersteigt. Der bis 1. 4. 1998

möglich **vorzeitige Erbausgleich** für das nichteheliche Kind dagegen ist **keine Schenkung** (hM, Staudinger/*Olshausen* Rn 11).

Ergänzungspflichtige Zuwendungen in Zusammenhang mit **Beteiligungen an Personengesellschaften** können zunächst in deren Erwerb, sei es durch Gründung, Eintritt oder Übertragung des Anteils liegen. Übernimmt der aufgenommene Gesellschafter die persönliche Haftung und die Pflichten des Gesellschafters zur Geschäftsführung, soll eine Schenkung auch dann nicht vorliegen, wenn die Aufnahme zu günstigen Konditionen erfolgt, der neue Gesellschafter etwa die Einlage aus den Gewinnen aufbringen kann (BGH NJW 1959, 1433; NJW 1981, 1956; WM 1965, 359; KG DNotZ 1978, 109; krit Soergel/ *Dieckmann* Rn 24; aA Damrau/*Riedel/Lenz* Rn 22; MüKo/*Kollhosser* § 516 Rn 71). Anders ist es, wenn besondere Umstände für eine zumindest zum Teil gewollte unentgeltliche Zuwendung sprechen, etwa wenn ein Übernahmerecht bei gleichzeitigem Abfindungsausschluss vereinbart wird und der Altgesellschafter bzw aufnehmende Einzelunternehmer eine erheblich kürzere Lebenserwartung hat (BGH NJW 1981, 1956 f). Die Zuwendung eines Kommanditanteils ist dementsprechend regelmäßig ergänzungspflichtige Schenkung, soweit der Aufgenommene dafür kein Kapital einsetzen muss (BGH NJW 1990, 2616, 2617 f); entsprechendes müsste für den Erwerb von Anteilen rein vermögensverwaltender Gesellschaften gelten. 13

Scheidet der Erblasser mit dem Tod aus und ist für diesen Fall auch der **Abfindungsanspruch ausgeschlossen** oder beschränkt, kommt ebenfalls eine ergänzungspflichtige Zuwendung in Betracht (Gestaltungsvorschläge bei *Gassen* RNotZ 2004, 423 ff). Ein auch gesellschaftsrechtlich zulässiger (BGHZ 50, 316) Abfindungsausschluss, der alle Gesellschafter gleich trifft, soll allerdings wegen des aleatorischen Charakters, aber auch wegen der gemeinschaftlich gewollten Kapital- und Bestandssicherung nicht unentgeltlich sein (BGHZ 22, 186, 194; DNotZ 1966, 620, 622; WM 1971, 1338, 1340; Staudinger/*Olshausen* Rn 32, 34; MüKo/*Lange* Rn 20; Damrau/*Riedel/Lenz* Rn 33 f; aA Soergel/*Dieckmann* Rn 27 mwN; *Boujong* Festschrift Ulmer, 2003, S 45 ff; *Mayer* ZEV 2003, 356). Wenn der Abfindungsausschluss nur einzelne Gesellschafter trifft, liegt nach herrschender Auffassung eine unentgeltliche Zuwendung vor (MüKo/*Lange* Rn 19 mwN). Entsprechendes gilt bei einer ausnahmsweise zulässigen **rechtsgeschäftlichen Nachfolgeklausel**, wenn eine Abfindung ausgeschlossen oder beschränkt wurde, oder einer **Eintrittsklausel**, wenn die Erben keine oder eine hinter dem Verkehrswert des Anteils zurückbleibende Abfindung erhalten (vgl BGH WM 1971, 1338, 1340). 14

Zuwendungen an eine **Stiftung**, ob als Zustiftung oder als Spende, unterliegen der Pflichtteilergänzung (BGH NJW 2004, 1382, 1383 m Anm *Kollhosser* ZEV 2004, 117 f; RGZ 54, 399 ff; *Richter* ZErb 2005, 134 ff; aA noch OLG Dresden NJW 2002, 3181 m Anm *Rawert* NJW 2002, 3151; *Muscheler* ZEV 2002, 417). Für die Errichtung einer **Stiftung von Todes wegen** gelten die allgemeinen Pflichtteilsregeln. §§ 2325 ff BGB sind daher entsprechend auch auf die Errichtung einer Stiftung unter Lebenden anzuwenden, obwohl nur eine einseitige Willenserklärung und kein Schenkungsvertrag vorliegt (OLG Karlsruhe ZEV 2004, 470 ff; *Röthel* ZEV 2006, 8, 9; MüKo/*Lange* Rn 26; *Rawert/Kotschinski* ZEV 1996, 161; zum Ganzen *Fröhlich*, Die selbstständige Stiftung im Erbrecht: Familienstiftung, Pflichtteilergänzung, Erbvertrag, Vor- und Nacherbfolge, Baden-Baden 2004). 15

Ist ein Bezugsberechtigter benannt, stehen **Lebensversicherungen** nach §§ 328, 331, 167 VVG idR am Nachlass vorbei unmittelbar diesem zu (§ 2311 Rn 8). Anderenfalls fallen sie in den Nachlass. Ergänzungspflichtig werden sie, wenn sich der Bezugsberechtigte mit dem Erblasser über die Unentgeltlichkeit der Zuwendung einig war (BGH FamRZ 1976, 616; *Kuhn/Rohlfing* ErbR 2006, 11, 13; krit Soergel/*Dieckmann* Rn 20 f: an sich ordentlicher Pflichtteil; zum Widerruf eines Schenkungsangebots durch die Erben *Schulz* ZErb 2005, 280 ff), es sei den es handelte sich um eine Pflichtschenkung gem § 2330 (OLG Braunschweig FamRZ 1963, 376, 377), eine Ausstattung iSd § 1624 oder eine unterhaltsrechtlich gebotene Hinterbliebenenversorgung (OLG Düsseldorf OLGR 2001, 138 f). Zur Bewertung s.u. Rn 27. 16

§ 2325 BGB | Pflichtteilsergänzungsanspruch bei Schenkungen

17 Die Schenkung muss an einen **Dritten**, auch den Erben gegangen sein, nicht an den Ergänzungsberechtigten selbst. Schenkungen an Letzteren sind allein nach § 2327 zu berücksichtigen.

D. Die Berechnung des Ergänzungsanspruchs, Abs. 2

I. Allgemeine Grundsätze

18 Der **Ergänzungsbetrag** ergibt sich, indem zunächst der Wert des ordentlichen Nachlasses und daraus der ordentliche Pflichtteil errechnet wird. Sodann ist der fiktive Nachlass zu ermitteln, der sich aus dem ordentlichen Nachlass und der Summe des Wertes aller ergänzungspflichtigen Schenkungen zusammensetzt. Daraus ist durch Teilung mit der hälftigen ges Erbquote als der Pflichtteilsquote der Gesamtpflichtteil zu bilden. Zieht man davon den ordentlichen Pflichtteil ab, erhält man den Ergänzungspflichtteil. Der einfachere Weg, den Ergänzungspflichtteil nur aus der durch die Pflichtteilsquote geteilten Summe der Geschenke zu errechnen, führt nur zu zutreffenden Ergebnissen, wenn der ordentliche Nachlass nicht negativ ist und kein anderer denkbarer Sonderfall etwa nach §§ 2326 f vorliegt (Soergel/*Dieckmann* Rn 41 f).

19 Soweit eine **Schenkung zugleich nach § 2316 ausgleichspflichtig** ist und dem Nachlass hinzugerechnet wurde, ist sie nicht nochmals nach §§ 2325 ff zu berücksichtigen (RGZ 77, 282 ff; BGH DNotZ 1963, 113 f; MüKo/*Lange* Rn 28). Soweit der Ausgleichspflichtige jedoch nach § 2056 Satz 1 einen Mehrempfang nicht herausgeben muss, weil sein Ausgleichserbteil kleiner ist als der Vorwegempfang (§ 2316 Rn 10) und der Pflichtteilsberechtigte wegen der Ausklammerung dieses Vorwegempfangs bei der Berechnung seines Pflichtteils schlechter steht als ein nicht zur Ausgleichung Berechtigter mit Anspruch auf Pflichtteilsergänzung, kann er Ergänzung seines verkürzten Ausgleichspflichtteils nach § 2325 verlangen (MüKo/*Lange* Rn 28; RGRK/*Johannsen* Rn 16 Sturm/Sturm Festschrift Lübtow, 1991, S 291 ff; Staudinger/*Olshausen* Rn 41 aE; *Schanbacher* ZEV 1997, 353). Treffen ergänzungspflichtige Zuwendungen mit ausgleichungspflichtigen Vorempfängen zusammen, wird der Gesamtpflichtteil aus der Addition aller Schenkungen und ausgleichspflichtigen Vorempfänge zum Nachlass gebildet, von der jeweiligen Erbquote der Vorempfang abgezogen und davon der nicht ergänzte Pflichtteil abgezogen; dabei kann sich die Pflichtteilsquote der anderen erhöhen, sofern ein Ausgleichungspflichtiger wegen zu hohen Vorempfangs aus der Berechnung ausscheidet (BGH NJW 1988, 821, 822; 1965, 1526; Soergel/*Dieckmann* Rn 44; AnwK/*Bock* Rn 44; aA Staudinger/*Olshausen* Rn 41; *Schanbacher* ZEV 1997, 349 ff, die unter Berufung auf RGZ 77, 282 ff den Ausgleichspflichtigen weiter nach § 2056 Satz 1 schützen wollen). Zum möglichen Zusammenfallen von Pflichtteilsergänzung und **zugewinnerhöhender Schenkung** nach § 1375 Abs. 2 s Soergel/*Dieckmann* Rn 45.

II. Bewertung

20 Hinsichtlich der Bewertung der einzelnen Zuwendungen gelten die Grundsätze, die für § 2311 entwickelt wurden (§ 2311 Rn 13 ff). Maßgebend ist also der **gemeine Wert**. Auch § 2312 ist zu beachten (vgl BGH NJW 1995, 1352; OLG Thüringen OLG-NL 2006, 88, 89 f). Abweichend von § 2311 (Erbfall), aber auch von §§ 2315 f (Zeitpunkt der Zuwendung) sind nach Abs. 2 verschiedene Stichtage zugrunde zu legen.

21 **Verbrauchbare Sachen** (§ 92) – auch Geld oder Geldforderungen und der Erlass von Schulden (RGZ 80, 135, 137 f; BGH NJW 1987, 122, 124) – sind mit ihrem Wert zur Zeit der Erfüllung der Schenkung anzusetzen, Abs. 2 Satz 1. Ob eine bei Erlass noch nicht fällige Forderung abzuzinsen ist, ist umstritten (dafür Soergel/*Dieckmann* Rn 48; Damrau/*Riedel*/*Lenz* Rn 94; dagegen MüKo/*Lange* Rn 30). Rentenforderungen werden mit dem kapitalisierten Wert zum Zeitpunkt des Erlasses angesetzt (BGH aaO; aA Staudinger/*Olshausen* Rn 93; MüKo/*Lange* Rn 30; Soergel/*Dieckmann* Rn 48; *Frank* JR 1987, 245: konkrete

Berechnung nach der tatsächlichen Dauer). Beim Verzicht auf ein Wohnrecht stellt BGH NJW 2000, 728, 730 (allerdings für den Bereicherungsanspruch gem § 528 Abs. 1) auf die Wertsteigerung des belasteten Grundstücks ab (auch hier für kapitalisierten Nutzungswert dagegen Damrau/*Riedel*/*Lenz* Rn 94).

Für **nicht verbrauchbare Sachen** ist zunächst auf den Erbfall abzustellen. Hatten sie jedoch beim Schenkungsvollzug einen geringeren Wert, ist dieser maßgebend (**Niederstwertprinzip**, Abs. 2 Satz 2). Der Pflichtteilsberechtigte trägt danach das Risiko der nachträglichen Entwertung, ohne von etwaigen Wertsteigerungen profitieren zu können (Prot V 583 f). Dies gilt auch bei **Verschlechterung** oder **Untergang der Sache**. Insoweit entfällt auch der Ergänzungsanspruch; nicht jedoch mit der Veräußerung. Auch bei ihr kommt es aber nur auf den Wert der noch vorhandenen Sache und nicht auf den Veräußerungserlös an. Ersatzansprüche für den Untergang sollten jedoch weiter als Wert angesetzt werden (Staudinger/*Olshausen* Rn 99; Soergel/*Dieckmann* Rn 49). Erhaltungsaufwand des Beschenkten ist abzusetzen, sofern dadurch der Wert der Sache bewahrt oder gar erhöht wurde (Staudinger/*Olshausen* aaO; Soergel/*Dieckmann* Rn 49). 22

Soweit der Zeitpunkt der Schenkung maßgebend ist, ist der bis zum Erbfall eingetretene Kaufkraftschwund mit Hilfe des Lebenskostenindex auszugleichen (s.o. § 2315 BGB Rn 12; BGH NJW 1983, 1485; BGHZ 65, 75; einschränkend RGRK/*Johannsen* 20 f). 23

III. Sonderfälle

Bei einem noch **nicht vollzogenen Schenkungsversprechen** wendet der BGH das Niederstwertprinzip in Bezug auf den dadurch begründeten Anspruch an, vergleicht also dessen Wert bei seiner Begründung mit dem Wert beim Erbfall (BGHZ 85, 274, 283 = NJW 1983, 1485, 1486 f; aA Soergel/*Dieckmann* Rn 50 mwN: allein Wert beim Erbfall; offen BGH NJW 1993, 2737, 2738). 24

Wurde ein **Grundstück unter Vorbehalt des Nießbrauchs oder eines anderen Nutzungsrechts** verschenkt, kommt es für die Frage, ob der Grundstückswert um den Wert der vorbehaltenen Nutzungen zu kürzen ist, nach gefestigter Rechtsprechung (BGH ZEV 2003, 416 f; BGHZ 125, 395 = NJW 1994, 1791; BGHZ 118, 49 = NJW 1992, 2887 f; BGH FamRZ 2006, 777 f gegen OLG Celle ZErb 2002, 233 f; 2003, 283 f) darauf an, ob der inflationsbereinigte Wert der Immobilie ohne Berücksichtigung des Nießbrauchs bei der Übertragung oder beim Erbfall niedriger und damit gem Abs. 2 maßgebend ist. Ist der Wert bei der Übertragung niedriger, ist davon der Wert der kapitalisierten Nutzungen abzuziehen, die beim Erblasser verblieben sind. Ist hingegen der Wert beim Erbfall niedriger, erfolgt kein Abzug, weil die Nutzungsrechte zu diesem Zeitpunkt erloschen sind (aA *Reiff* NJW 1992, 2860 f; ders ZEV 1998, 244; *Leipold* JZ 1994, 1123 OLG Oldenburg NJW-RR 1999, 734, 735: kein Abzug des Nutzungswerts, weil nur zeitlich gestreckter Erwerb des unbelasteten Grundstücks; *Dingerdissen* JZ 1993, 402 f; *Mayer* FamRZ 1994, 743; *Pentz* FamRZ 1997, 728: immer Abzug des Nutzungswerts; im Ergebnis auch Staudinger/*Olshausen* Rn 103 f; Damrau/*Riedel*/*Lenz* Rn 101, *Blum* FF 2005, 21, die den um den kapitalisierten Nutzungswert verminderten Immobilienwert zur Zeit der Übertragung inflationsbereinigt dem ungekürzten Immobilienwert beim Erbfall gegenüberstellen). Dies gilt unabhängig davon, ob die Nutzungen kraft dinglicher Belastung, schuldrechtlicher Vereinbarung oder als Auflage vorbehalten wurden (BGH NJW-RR 1996, 705). Die Kapitalisierung wird grds nach der abstrakten Lebenserwartung aus Sicht der Übertragung vorgenommen (BGH aaO; OLG Koblenz FamRZ 2002, 772, 773 f; aA Staudinger/*Olshausen* Rn 103; s auch Oldenburg NJW-RR 1999, 734, 735; OLG Köln MittRhNotK 1997, 79: »todkranker Schenker«). Haben die Parteien keine abweichenden Vorstellungen, kann die Anlage 9 zum BewG zugrunde gelegt werden, die neben der Lebenserwartung eine Abzinsung von 5,5 % vornimmt (Bamberger/Roth/*Mayer* Rn 26). Abzusetzen sind auch **Pflegeverpflichtungen**, die häufig in Übergabeverträgen übernommen werden (OLG Köln FamRZ 1997, 1113). Da Dauer und Umfang kaum zuverlässig geschätzt werden können und es auf die tatsächli- 25 che Inanspruchnahme nicht ankommt, haben die Vertragsschließenden einen weiten Beurteilungsspielraum (vgl OLG Koblenz ZErb 2002, 104; OLG Oldenburg NJW-RR 1992, 778, 779; 1999, 734; s aber auch die an den Sätzen der Pflegeversicherung angelehnten Bewertungsvorschläge bei Bamberger/Roth/*Mayer* Rn 27). Eine Kürzung ist allerdings immer nur gerechtfertigt, soweit das vorbehaltene Recht dem Schenker und nicht einem ebenfalls beschenkten Dritten zugute kommt (*Reiff* NJW 1992, 2858 f; OLG Koblenz NJW-RR 2002, 512).

26 Wird ein mit einem Grundpfandrecht **belastetes Grundstück** geschenkt, kommt es darauf an, ob der Erblasser auch die Entlastung vornehmen soll und in der Folge auch vorgenommen hat, oder ob dies dem Beschenkten obliegt. Im letzten Fall ist die Belastung abzusetzen, im ersten wohl nicht (eingehend Soergel/*Dieckmann* Rn 39a, 49). Wertmindernd ist auch ein **Widerrufsvorbehalt**, weil er die wirtschaftliche Verwertung erschwert (OLG Koblenz NJW-RR 2002, 512 = FamRZ 2002, 772, 774; OLG Düsseldorf OLGR 1999, 349).

27 Bei **Lebensversicherungen** werden nach bisheriger höchstrichterlicher Rechtsprechung nicht die Versicherungssumme, sondern nur die insgesamt bezahlten Prämien ergänzungserheblich (BGH FamRZ 1976, 615 ff; MüKo/*Lange* Rn 22; aA Staudinger/*Olshausen* Rn 38: nur die letzten 10 Jahre vor dem Erbfall). Im Gegensatz dazu ist nach Insolvenz- bzw Zwangsvollstreckung rechtlicher Anfechtung eines unentgeltlich zugewandten widerruflichen Bezugsrechts die nach Eintritt des Versicherungsfalls ausbezahlte Versicherungssumme zurückzugewähren (BGH NJW 2004, 214, 215). Nach verbreiteter Meinung ist dies auf das Pflichtteilsrecht zu übertragen (eingehend *Kuhn/Rohlfing* ErbR 2006, 11, 14 ff; *Elfring* ZEV 2004, 305 ff; *ders* NJW 2004, 483, 485; *Progl* ZErb 2004, 187 ff; *Klinger* NJW-Spezial 2003, 13; Palandt/*Edenhofer* Rn 11). Zu den besonderen Problemen der sog Riester-Rente *Frieser* FF 2004, 212 f.

E. Zeitliche Grenzen, Abs. 3

28 Berücksichtigungsfähig sind nur Schenkungen in den letzten 10 Jahren vor dem Erbfall. Maßgebend ist grds der Vollzug der Schenkung, mithin regelmäßig der **Eintritt des rechtlichen Leistungserfolges**, namentlich etwa der Eigentumserwerb durch Eintragung im Grundbuch (BGH NJW 1988, 821 f; durch den vorverlagerten Beginn der Anfechtungsfristen in §§ 8 Abs. 2 AnfG, 140 Abs. 2 InsO wieder fraglich geworden, Soergel/*Dieckmann* Rn 53). Dementsprechend beginnt bei **aufschiebend auf den Tod des Erblassers bedingten Vermögensübertragungen**, auch wenn sie – wie bei Lebensversicherungen durch Vertrag zugunsten Dritter erfolgen – die Frist erst mit dem Tod des Erblassers. Gleiches gilt, wenn der Tod des Erblassers zu ergänzungspflichtigen Vorgängen in **Personengesellschaften** (s.o. Rn 13 f; anders noch BGH WM 1970, 1114) führt. Ist dagegen ein Gesellschaftsanteil ergänzungspflichtig zugewandt worden, ist der Eintritt in die Gesellschaft maßgebend. Bewirken Abfindungsklauseln bei lebzeitigem Ausscheiden eine ergänzungspflichtige Zuwendung ist dieser Zeitpunkt maßgebend.

29 Darüber hinaus muss der Vermögensgegenstand im Wesentlichen auch **wirtschaftlich aus dem Vermögen des Erblassers ausgegliedert** worden sein (BGH NJW 1987, 122, 123). Das ist für Guthaben auf einem Oderkonto erst der Fall, wenn die Verfügungsbefugnis des Erblassers beendet ist (MüKo/*Lange* Rn 36). Bei Grundstücksschenkungen unter **Nießbrauchsvorbehalt** beginnt die Frist erst mit Beendigung des Nießbrauchs zu laufen, regelmäßig also erst mit dem Erbfall (BGH NJW 1994, 1791 f; aA Staudinger/*Olshausen* Rn 58; MüKo/*Lange* Rn 39; *Mayer* ZEV 1994, 326 f; *Reiff* ZEV 1998, 246; Soergel/*Dieckmann* Rn 38; MüKo/*Frank* Rn 24a halten Wertzufluss bis 10 Jahre vor Erbfall für ergänzungsfest). Dies wird auch gelten, soweit der mit dem Nutzungsrecht belastete Teil des geschenkten Grundstücks überwiegt (vgl OLG Düsseldorf FamRZ 1999, 1546, 1547; *Mayer* ZEV 1994, 329; *Siegmann* DNotZ 1994, 789; OLG Bremen NJW 2005, 1726 für Wohnrecht, das sich nur auf 1 – 2 Räume eines Hauses bezog) oder ein ungebundenes Widerrufsrecht besteht

(Soergel/*Dieckmann* Rn 56; *Kollhosser* AcP 194 (1994), 329; *Mayer* FamRZ 1994, 743). Räumt der Erblasser bei einer **Lebensversicherung** nur ein widerrufliches Bezugsrecht ein, erfolgt die endgültige Ausgliederung ebenfalls erst mit dem Erb-/Versicherungsfall, während bei Einräumung eines unwiderruflichen Bezugsrechts die Zuwendung im Wesentlichen vollendet ist (*Kuhn/Rohlfing* ErbR 2006, 11, 16; *Progl* ZErb 2004, 189 f).

Für Schenkungen unter **Ehegatten** und **Lebenspartnern** (§ 10 Abs. 6 LPartG, *Leipold* ZEV 2001, 218) beginnt die Zehnjahresfrist frühestens mit **Auflösung der Ehe** bzw **Lebenspartnerschaft**. Dies führt zur Ergänzungspflichtigkeit von teilweise sehr lange zurückliegenden Zuwendungen. Die deshalb schon für Eheleute als bedenklich angesehene, aber wegen der regelmäßig weiter möglichen Mitnutzung des Geschenks gerechtfertige Regelung (BVerfG NJW 1991, 217) ist nicht analog auf Schenkungen vor (OLG Düsseldorf NJW 1996, 3156; Soergel/*Dieckmann* Rn 57; aA OLG Zweibrücken FamRZ 1994, 1492) und nach Auflösung der Ehe anzuwenden; ebenso nicht auf die Partner einer nichtehelichen Lebensgemeinschaft. 30

Obwohl das Recht der **DDR** mit Inkrafttreten des ZGB am 1.1.1976 keine Pflichtteilsergänzung mehr kannte, sind bei Erbfällen seit dem 3.10.1990 Pflichtteilsergänzungsansprüche auch für Schenkungen möglich, die noch unter DDR-Recht vorgenommen wurden (BGHZ 147, 95, 96 ff = NJW 2001, 2398 ff). Maßgebend sind allerdings auch hier die Wertverhältnisse zur Zeit der Übertragung (BGH NJW 2002, 2469, 2470). 31

F. Darlegungs- und Beweislast

Der **Pflichtteilsberechtigte** hat die Zugehörigkeit des Gegenstandes zum fiktiven Nachlass und damit auch die Unentgeltlichkeit darzulegen und zu beweisen (BGH NJW 1984, 487, 488). Er muss auch das grobe Missverhältnis von Leistung und Gegenleistung, mithin beide Werte vortragen und nachweisen, um in den Genuss der tatsächlichen Vermutung für den Schenkungswillen zu kommen (BGH NJW 1981, 2458, 2459). Allerdings müssen die **Anspruchsgegner** substantiiert zu den Gegenleistungen und den damaligen Vorstellungen vortragen (BGH NJW 2002, 2469, 2470; NJW-RR 1996, 705). Sie tragen auch die Beweislast für einen niedrigeren Wert zum Zeitpunkt der Schenkung (BGH JZ 1963, 320; OLG Düsseldorf FamRZ 1995, 1236, 1238) und dass die Schenkung außerhalb der Fristen des Abs. 3 liegt (MüKo/*Lange* Rn 38; Bamberger/Roth/*Mayer* Rn 40; aA AnwK/*Bock* Rn 53; Staudinger/*Olshausen* Rn 76). 32

§ 2326 Ergänzung über die Hälfte des gesetzlichen Erbteils

Der Pflichtteilsberechtigte kann die Ergänzung des Pflichtteils auch dann verlangen, wenn ihm die Hälfte des gesetzlichen Erbteils hinterlassen ist. Ist dem Pflichtteilsberechtigten mehr als die Hälfte hinterlassen, so ist der Anspruch ausgeschlossen, soweit der Wert des mehr Hinterlassenen reicht.

A. Normzweck

Die Vorschrift sichert den Pflichtteilsergänzungsanspruch gegenüber einer ungenügenden Einsetzung als Erbe oder Vermächtnisnehmer ab. Dazu stellt sie klar, dass der Anspruch auch dann besteht, wenn dem Pflichtteilsberechtigten die Hälfte oder mehr seines ges Erbteils hinterlassen wurde (Mot V 465; Prot V 589; BGH NJW 1973, 995). Insofern weicht sie für den Ergänzungsanspruch von dem Schutz des ordentlichen Pflichtteils nach §§ 2305 – 2307 etwas ab. 1

B. Grundfälle

2 Die Vorschrift schützt **jeden pflichtteilsberechtigten Erben**, gleich ob er gewillkürter oder ges, Mit- oder Alleinerbe geworden ist. Letzterer kann sich allerdings nur an den Beschenkten halten, § 2329. Darüber hinaus gilt sie auch für **Vermächtnisnehmer**. Auch ihnen wurde etwas »hinterlassen« (MüKo/*Lange* Rn 1).

3 Ist das Erbe **kleiner als die Hälfte des ges Erbteils** gewährt § 2305 hinsichtlich des ordentlichen Pflichtteils den Pflichtteilsrestanspruch. Nach Satz 1 steht dem Pflichtteilsberechtigten darüber hinaus der volle Pflichtteilsergänzungsanspruch nach Maßgabe des § 2325 zu. Dies gilt auch, wenn das Erbe der Hälfte des ges Erbteils entspricht und deshalb kein Pflichtteilsrestanspruch gem § 2305 besteht.

4 **Übersteigt das Erbe die Hälfte des ges Erbteils** muss er sich dessen Wert nach S 2 anrechnen lassen. Sein Pflichtteilsergänzungsanspruch ist – was von Amts wegen zu berücksichtigen ist (BGH NJW 1973, 995) – auf den Betrag zu kürzen, der sich ergibt, wenn man vom Gesamtpflichtteil, der der Pflichtteilsquote aus dem um die Schenkungen erhöhten tatsächlichen Nachlass entspricht (§ 2325 Rn 18), den Wert des Erbteils abzieht (BGH WM 1989, 382, 383 f = FamRZ 1989, 273 ff).

5 Die beiden Tatbestände sind allein anhand der Erbquote iSd §§ 2303, 1924 ff voneinander abzugrenzen (Staudinger/*Olshausen* Rn 10; aA Bamberger/Roth/*Mayer* Rn 3: Werttheorie, vgl § 2306 Rn 4). Der anzurechnende Wert des Erbteils ist entsprechend § 2311 zum Zeitpunkt des Erbfalls zu bestimmen (Soergel/*Dieckmann* Rn 9). Entsprechendes gilt jeweils für den Vermächtnisnehmer.

C. Ausschlagung, Beschwerungen und Belastungen

6 **Schlägt der Erbe aus**, kann er im Fall des S 1 nur den Pflichtteilsrestanspruch (s § 2305 Rn 6) und den allerdings ungekürzten Ergänzungsanspruch geltend machen (BGH NJW 1973, 995). Im Fall des Satz 2 ist weiterhin der Wert des ausgeschlagenen Erbteils anzurechnen, es sei denn, der Erbe konnte wegen auferlegter Beschwerungen oder Belastungen nach § 2306 Abs. 1 Satz 2 ausschlagen, um sich seinen Pflichtteilsanspruch zu sichern (Soergel/*Dieckmann* Rn 5; aA Staudinger/*Ferid/Cieslar* Rn 8: niemals Anrechnung der ausgeschlagenen Erbschaft). Eine Anrechnung soll auch stattfinden, wenn der Vermächtnisnehmer ein unbelastetes Vermächtnis ausschlägt (Staudinger/*Olshausen* Rn 12; Soergel/*Dieckmann* Rn 5; wegen seines uneingeschränkten Ausschlagungsrechts nach § 2307 Abs. 1 Satz 2 wenig überzeugend, MüKo/*Frank* Rn 4).

7 Der Wert des anzurechnenden Erbteils bzw Vermächtnisses wird entsprechend §§ 2306 Abs. 1 Satz 2, 2307 Abs. 1 Satz 2, 2. Hs durch **Belastungen und Beschwerungen** nicht gemindert (allg Meinung, etwa Staudinger/*Olshausen* Rn 13). Die Ausschlagung kann den Pflichtteilsberechtigten daher gerade bei Beschwerungen oder Belastungen erheblich besser stellen (vgl RG LZ 1925, 1071: Nacherbschaft).

8 Deshalb wird dem Pflichtteilsberechtigten, der ein beschwertes Erbe oder Vermächtnis in Unkenntnis der ergänzungspflichtigen Schenkung angenommen hat, ein Anfechtungsrecht nach § 119 wegen Inhaltsirrtums zugestanden (Staudinger/*Olshausen* Rn 14 mwN auch zu früheren Gegenstimmen). Daneben noch den Beginn der Ausschlagungsfrist entsprechend § 2306 Abs. 1 bis zur Kenntnis der ergänzungspflichtigen Schenkung hinauszuschieben (Erman/*Schlüter* Rn 5 mwN), ist nicht veranlasst (Staudinger/*Olshausen* Rn 14).

§ 2327 Beschenkter Pflichtteilsberechtigter

(1) Hat der Pflichtteilsberechtigte selbst ein Geschenk von dem Erblasser erhalten, so ist das Geschenk in gleicher Weise wie das dem Dritten gemachte Geschenk dem Nachlass hinzuzurechnen und zugleich dem Pflichtteilsberechtigten auf die Ergänzung

anzurechnen. Ein nach § 2315 anzurechnendes Geschenk ist auf den Gesamtbetrag des Pflichtteils und der Ergänzung anzurechnen.

(2) Ist der Pflichtteilsberechtigte ein Abkömmling des Erblassers, so findet die Vorschrift des § 2051 Abs. 1 entsprechende Anwendung.

A. Normzweck

Damit der Pflichtteilsberechtigte nicht über seinen Pflichtteil hinaus am Vermögen des Erblassers beteiligt wird, ordnet § 2327 an, dass auch er sich ein Geschenk, das er vom Erblasser erhalten hat (sog **Eigengeschenk**), auf den Ergänzungspflichtteil, soweit es nach § 2315 anzurechnen ist, sogar auf den gesamten Pflichtteil anrechnen lassen muss. 1

B. Voraussetzungen

Der Erblasser muss dem Pflichtteilsberechtigten zu Lebzeiten **etwas** iSd § 2325 BGB geschenkt haben. Ausreichend ist auch eine gemischte Schenkung (OLG Koblenz OLGR 2005, 114, 115). Pflicht- und Anstandsschenkungen bleiben entsprechend § 2330 unberücksichtigt. Unberücksichtigt bleiben aber auch Schenkungen, soweit sie nach §§ 2287 f wegen der Beeinträchtigung eines Vertragserben bzw vertragsmäßigen Vermächtnisnehmers oder nach § 528 BGB zurückgegeben wurden (Staudinger/*Olshausen* Rn 5; Soergel/*Dieckmann* Rn 22). Die **zeitliche Schranke des § 2325 Abs. 2 gilt nicht** (hM, OLG Schleswig-Holstein OLGR 2002, 138 ff). Anzurechnen sind also auch Geschenke, die länger als 10 Jahre vor dem Erbfall gemacht wurden, auch wenn anderen Pflichtteilsberechtigten dafür kein Ergänzungsanspruch zusteht, sei es, weil sie außerhalb der 10-Jahresfrist liegen, sei es, dass sie bei der Schenkung noch nicht pflichtteilsberechtigt waren (vgl BGH NJW 1997, 2676 f u. § 2325 Rn 4, 28; Soergel/*Dieckmann* Rn 5). 2

Das Geschenk muss vom **Erblasser** stammen. Geschenke Dritter bleiben unberücksichtigt. Deshalb bleiben auch Zuwendungen des erstverstorbenen Ehegatten bei der Berechnung des Pflichtteils nach dem zweitverstorbenen außer Betracht, selbst wenn ein Berliner Testament errichtet wurde (BGHZ 88, 102 ff = NJW 1983, 2875 ff; anders noch KG NJW 1974, 2131 und die Rechtslage bei §§ 2050 ff, s dort § 2052 Rn 4). Sie sind allein für den Pflichtteil nach dem Erstversterbenden von Belang. Lässt sich die Schenkung nicht hinreichend sicher zuordnen, sollte die für Gütergemeinschaftsehen getroffene Zuweisungsregel des § 2331 Abs. Satz 1 entsprechend angewandt werden (Soergel/*Dieckmann* Rn 3 Fn 9; *Mellmann*, Pflichtteilsergänzung und Pflichtteilsanrechnung, 1996, S 189 ff). 3

Umgekehrt muss das **Geschenk** auch **an den Pflichtteilsberechtigten** selbst gegangen sein. Geschenke an Dritte, auch an Ehegatten oder Lebenspartner, muss er sich nicht anrechnen lassen, es sei denn, damit sollte eine Zuwendung an ihn selbst verschleiert werden (BGH LM § 2327 BGB Nr. 1 = DNotZ 1963, 113). 4

Neben der Schenkung an den Pflichtteilsberechtigten muss **einem Dritten** – Außenstehender, Erbe oder anderer Pflichtteilsberechtigter – mindestens eine weitere Schenkung zugewandt worden sein. 5

C. Rechtsfolgen

Bei der **Anrechnung nach Abs. 1 Satz 1** sind zunächst sämtliche Geschenke dem Nachlass hinzuzurechnen. Ihr Wert ist nach Maßgabe des § 2325 Abs. 2 zu ermitteln, dh soweit danach der Zeitpunkt der Schenkung maßgebend ist, ist auch der Kaufkraftschwund auszugleichen (§ 2325 Rn 23). Daraus ist mit Hilfe der Pflichtteilsquote der Gesamtpflichtteil zu bilden, der aus Ergänzungs- und ordentlichem Pflichtteil besteht (vgl § 2325 Rn 18). Der ebenfalls nach § 2325 Abs. 2 ermittelte Wert des Eigengeschenks ist **nur vom Ergän-** 6 zungspflichtteil abzuziehen. Der ordentliche Pflichtteil bleibt unberührt, auch wenn der Wert des Eigengeschenks den Ergänzungspflichtteil übersteigt. Insoweit bleibt lediglich ein Anspruch eines anderen Pflichtteilsberechtigten nach § 2329 möglich.

7 Eine Zuwendung, für die der Erblasser **Anrechnung** gem § 2315 **angeordnet** hat, ist auf den Gesamtbetrag von Pflichtteil und Ergänzung anzurechnen, **Abs. 1 Satz 2**; dh insoweit wird die Anrechnung auch für den ordentlichen Pflichtteil eröffnet (Staudinger/ *Olshausen* Rn 23). Überwiegend wird hier gem § 2315 Abs. 2 Satz 2 der Wert zur Schenkungszeit angesetzt (Soergel/*Dieckmann* Rn 8; MüKo/*Lange* Rn 12), statt ihn ebenfalls nach § 2325 Abs. 2 zu ermitteln (so Staudinger/*Olshausen* Rn 25, der den ordentlichen Pflichtteil aber weiterhin nach § 2315 Abs. 2 Satz 2 ermittelt). Eine Doppelanrechnung ist ausgeschlossen.

8 Auf die verschiedenen Berechnungswege (Übersicht bei *Kasper*, Anrechnung und Ausgleichung, 1999, S 36 ff; Soergel/*Dieckmann* Rn 8 ff) kommt es nur an, wenn der Nachlass erschöpft ist und deshalb für den Ergänzungsanspruch gegen den Beschenkten festzustellen ist, inwieweit auf den ordentlichen bzw auf den Ergänzungspflichtteil angerechnet worden ist (aA Staudinger/*Olshausen* Rn 24, der den verbleibenden Anspruch immer als Ergänzungsanspruch behandelt). Nach Soergel/*Dieckmann* (Rn 8 ff, ihm folgen Bamberger/Roth/*Mayer* Rn 6 ff; AnwK/*Bock* Rn 12; Damrau/*Riedel/Lenz* Rn 13 f) ist auch hier zunächst der Gesamtpflichtteil aus der Summe aus Nachlass und allen Geschenken, geteilt durch die Pflichtteilsquote zu bilden. Dieser ist sodann um die anrechnungspflichtige Zuwendung zu vermindern. In einem weiteren Schritt ist der ordentliche Pflichtteil nach § 2315 unter Berücksichtigung der Anrechnung zu ermitteln. Der Ergänzungspflichtteil ergibt sich dann aus der Differenz zwischen dem um die anrechnungspflichtige Zuwendung verminderten Gesamtpflichtteil und dem ordentlichen Pflichtteil.

9 Bei **ausgleichungspflichtigen Zuwendungen** an den Pflichtteilsberechtigten ist der ordentliche Pflichtteil nach § 2316 Abs. 1 zu berechnen. Dabei bleibt die Schenkung an den Dritten außer Betracht. Darüber hinaus ist der Pflichtteil nach Ausgleichungsregeln zu ermitteln, indem zusätzlich auch die Schenkung zum Nachlass gezählt wird. Die Differenz zwischen dem zweiten und dem ersten Wert ergibt den Ergänzungspflichtteil (BGH NJW 1965, 1526; 1988, 821, 822; Soergel/*Dieckmann* Rn 15 f; aA Staudinger/*Olshausen* Rn 22: allein iRd der Ausgleichung zu berücksichtigen, da sonst § 2056 unterlaufen). Ist eine ausgleichungspflichtige Zuwendung gleichzeitig Schenkung darf auf den Ergänzungsanspruch der Wert des Geschenks nur zur Hälfte angerechnet werden, weil die andere Hälfte bereits bei der Ausgleichung »verbraucht« wurde (MüKo/*Lange* Rn 10 mit Berechnungsbeispiel; *Sturm/Sturm* Festschrift v. Lübtow, 1991, S 608 ff; aA *Schanbacher* ZEV 1997, 349).

10 Die Minderung des Ergänzungsanspruchs ist **von Amts wegen**, nicht erst auf Einrede zu berücksichtigen. Der **Auskunftsanspruch** gem § 2314 umfasst auch etwaige Eigengeschenke an den pflichtteilsberechtigten Erben, der einen anderen Pflichtteilsberechtigten als Beschenkten in Anspruch nimmt. Er kann deshalb noch geltend gemacht werden, auch wenn die Pflichtteilsansprüche des letzteren schon verjährt sind (BGH NJW 1990, 180, 181; s auch NJW 1964, 1414: Auskunftsanspruch gegen Pflichtteilsberechtigten bzgl erhaltener Eigengeschenke).

D. Schenkung an Abkömmlinge, Abs. 2

11 Wie nach § 2315 Abs. 3 muss sich nach Abs. 2 der Abkömmling, der einem fortgefallenen Abkömmling nachrückt, die Geschenke an seinen Vorgänger anrechnen lassen wie dieser selbst. Dies gilt auch zugunsten eines in Anspruch genommenen Beschenkten (RG JW 1912, 913).

E. Darlegung- und Beweislast

Der **Erbe** bzw **Beschenkte** muss vortragen und beweisen, dass der Pflichtteilsberechtigte 12
Eigengeschenke erhalten hat und welchen Wert diese haben (BGH NJW 1964, 1414; OLG
Dresden OLG-NL 2000, 67).

§ 2328 Selbst pflichtteilsberechtigter Erbe

Ist der Erbe selbst pflichtteilsberechtigt, so kann er die Ergänzung des Pflichtteils soweit verweigern, dass ihm sein eigener Pflichtteil mit Einschluss dessen verbleibt, was ihm zur Ergänzung des Pflichtteils gebühren würde.

A. Normzweck

Die Bestimmung bewahrt den pflichtteilsberechtigten Erben mittels eines Leistungsver- 1
weigerungsrechts davor, dass sein eigener Pflichtteil und Ergänzungspflichtteil durch
Pflichtteilsergänzungsansprüche Anderer verkürzt wird. Nicht er wird daher im Mangelfall an den Beschenkten verwiesen, sondern die anderen Pflichtteilsergänzungsberechtigten. Er muss daher auch nicht die Ausfälle tragen, die bei einer Entreicherung des Beschenkten entstehen (OLG Schleswig-Holstein OLGR 2002, 138).

B. Voraussetzungen und Wirkungen

Gegen den pflichtteilsberechtigten Erben, gleich ob Allein- oder Miterbe, ein Pflichtteils- 2
ergänzungsanspruch geltend gemacht werden muss. Ein Anspruch allein auf den ordentlichen Pflichtteil genügt nicht. Reicht der Nachlass nach Abzug des sich aus ordentlichem und Ergänzungspflichtteil des Erben ergebenden Gesamtpflichtteils nicht aus, den erhobenen Pflichtteilsergänzungsanspruch zu erfüllen, gewährt § 2328 eine **peremptorische Einrede**. Für den Ehegatten/Lebenspartner einer Zugewinnehe bzw Ausgleichsgemeinschaft ist der erhöhte Pflichtteil des § 1371 Abs. 1 maßgebend.
Der Pflichtteil ist gem § 2311 zur Zeit des Erbfalls, der Ergänzungspflichtteil zu den jeweils 3
nach § 2325 Abs. 2 maßgebenden Stichtagen zu bewerten, um den Gesamtpflichtteil zu
errechnen. **Steigt der Nachlasswert** nachträglich an, bleibt der so bestimmte Umfang
seines Leistungsverweigerungsrecht davon unberührt. Entsprechend vergrößert sich der
einredefreie Anspruchsteil des ergänzungsberechtigten Anspruchstellers (BGHZ 85, 274 =
NJW 1983, 1485, 1486).
Sinkt der Nachlasswert dagegen später ab, verringert sich bei gleich bleibendem Umfang 4
des einredegeschützten Gesamtpflichtteils des Erben der verfügbare Anteil des ergänzungsberechtigten Anspruchstellers. Der Sache nach wird über § 2328 die Dürftigkeitseinrede dahin erweitert, dass der Nachlass schon dann dürftig ist, wenn er den Gesamtpflichtteil des Erben nicht mehr übersteigt (BGH aaO; aA MüKo/*Lange* Rn 5; Staudinger/*Olshausen* Rn 12; Bamberger/Roth/*Mayer* Rn 3 wegen der ohnehin unangemessenen Bevorzugung und grundlegenden Risikotragung des Erben, s auch § 2311 BGB Rn 2). Im Urteilsausspruch ist diese Beschränkung durch einen Vorbehalt aufzunehmen, dass dem Beklagten bei der Vollstreckung in den Nachlass ein bestimmter Betrag verbleiben müsse (BGH aaO; Soergel/*Dieckmann* Rn 7, 9).
Soweit die Haftung des Erben nach § 2328 BGB entfällt, haftet der Beschenkte nach § 2329. 5
Dies gilt auch, wenn der Erbe der Beschenkte ist (MüKo/*Lange* Rn 6). Kann ein **Miterbe** die
Einrede erheben, haftet der Beschenkte jedoch erst nachrangig zu den anderen Erben
(OLG Zweibrücken NJW 1977, 1825).
Zahlt der Erbe ohne sein Leistungsverweigerungsrecht auszuüben, kann ihm gegen den 6
Ergänzungsberechtigten ein Bereicherungsanspruch nach § 813 Abs. 1 zustehen (zwei-

felnd Soergel/*Dieckmann* Rn 11). Gegen den Beschenkten hat er einen Anspruch aus Geschäftsführung ohne Auftrag, soweit dieser sich nicht auf Entreicherung iSd § 2329 Abs. 1 Satz 1 iVm § 818 Abs. 3 berufen kann.

C. Schutz gegenüber Vermächtnissen und Auflagen

7 Die Möglichkeit, nach § 2318 Abs. 1 die Ergänzungslast verhältnismäßig auf Vermächtnisnehmer und Auflagenbegünstigte abzuwälzen, bleibt unberührt. § 2318 Abs. 3 schützt auch den Ergänzungspflichtteil – allerdings nur vor der zu den nicht nach § 2306 Abs. 1 Satz 2 nach ausgeschlagenen Vermächtnissen und Auflagen hinzutretenden Pflichtteilslast (BGH NJW 1985, 2828, 2829 f; § 2318 Rn 10).

§ 2329 Anspruch gegen den Beschenkten

(1) Soweit der Erbe zur Ergänzung des Pflichtteils nicht verpflichtet ist, kann der Pflichtteilsberechtigte von dem Beschenkten die Herausgabe des Geschenks zum Zwecke der Befriedigung wegen des fehlenden Betrags nach den Vorschriften über die Herausgabe einer ungerechtfertigten Bereicherung fordern. Ist der Pflichtteilsberechtigte der alleinige Erbe, so steht ihm das gleiche Recht zu.

(2) Der Beschenkte kann die Herausgabe durch Zahlung des fehlenden Betrags abwenden.

(3) Unter mehreren Beschenkten haftet der früher Beschenkte nur insoweit, als der später Beschenkte nicht verpflichtet ist.

A. Normzweck

1 Die Bestimmung gibt dem Ergänzungsberechtigten einen subsidiären Anspruch gegen den Beschenkten, soweit die vorrangige Haftung des Erben ausgeschlossen ist. Wie insb die Anspruchsberechtigung des Alleinerben zeigt, schließt sie damit eine weitere Möglichkeit aus, den Pflichtteil durch lebzeitige Schenkungen auszuhöhlen.

B. Voraussetzungen

2 **Anspruchsberechtigt** sind die abstrakt nach §§ 2303, 2309 **Pflichtteilsberechtigten**, sofern sie nicht auf den Pflichtteil verzichtet haben oder er ihnen nicht entzogen wurde und sie einen Pflichtteilsergänzungsanspruch nach § 2325 haben. Mehrere Pflichtteilsberechtigte sind Gesamtgläubiger, § 428 (vgl BGHZ 80, 205 = NJW 1981, 1446; Staudinger/*Olshausen* Rn 3; bei mehreren Beschenkten zweifelnd Soergel/*Dieckmann* Rn 28).

3 Nach Abs. 1 Satz 2 ist auch der **Alleinerbe** anspruchsberechtigt. Er muss dazu nicht ausschlagen (RGZ 80, 135, 137; zur Anrechnung des Erbes s.u. Rn 11 u. § 2326 Rn 4, 7). Sein Anspruch richtet sich von vornherein gegen den Beschenkten. Für den **Miterben** gilt Abs. 1 Satz 2 analog, wenn der Nachlass zur Befriedigung der Pflichtteilsergänzungsansprüche nicht ausreicht (BGHZ 80, 205 = NJW 1981, 1446). Zum Anspruch des pflichtteilberechtigten Erben, der einen Pflichtteilsanspruch befriedigt, obwohl ihm ein Leistungsverweigerungsrecht gem § 2328 zugestanden hat s § 2328 Rn 6.

4 **Anspruchsschuldner** ist der **Beschenkte**, derjenige also, der eine Schenkung iSd § 2325 erhalten hat. Die Erben des Beschenkten haften auch dann, wenn dieser vor dem Schenker stirbt und deshalb der Pflichtteilsergänzungsanspruch erst nach dessen Tod entsteht (BGHZ 80, 205 = NJW 1981, 1446, 1447).

5 Ist der **Erbe zugleich Beschenkter** haftet er zunächst als Erbe auf Geld. Entfällt diese Haftung wegen der Dürftigkeit des Nachlasses kann er nach § 2329 in Anspruch genommen werden, was idR eine Klageänderung in einen Antrag auf Duldung der Zwangsvoll-

streckung erforderlich macht, auf die das Gericht hinzuweisen hat (BGH FamRZ 1961, 272; NJW 1974, 1327; s auch RGZ 80, 136 ff; Staudinger/*Olshausen* Rn 12). Die auf § 2325 gestützte Klage hemmt gem § 204 Abs. 1 Nr. 1 allerdings auch schon die Verjährung des Anspruchs aus § 2329, selbst wenn der Beschenkte nur als Erbeserbe in Anspruch genommen wurde (BGH NJW 1989, 2887, 2888; 1974, 1327 noch zu § 209 aF). Einer möglichen Haftungsbeschränkung auf den Nachlass ist durch einen Vorbehalt gem § 780 ZPO Rechnung zu tragen (BGH WM 1983, 823, 824). Die Haftungsbeschränkung nach § 2328 kommt ihm auch als Beschenkter zugute (BGHZ 85, 274, 283 = NJW 1983, 1485, 1486; nach Soergel/*Dieckmann* Rn 11 allerdings nicht zum Schutz seines ordentlichen Pflichtteils). Dem beschenkten, pflichtteilsberechtigten Nichterben sollte entsprechender Schutz gewährt werden (Staudinger/*Olshausen* Rn 36; Palandt/*Edenhofer* Rn 3; offen BGH NJW 1983, 1485).

Die Rangfolge der Haftung **mehrerer Beschenkter** richtet sich wie in § 528 Abs. 2 nach der 6 zeitlichen Reihenfolge ihrer Zuwendungen, Abs. 3. Diese Regelung ist für den Erblasser nicht disponibel (Staudinger/*Olshausen* Rn 56).

Maßgebend ist der **Vollzug der Schenkung** (BGHZ 85, 274, 283 f = NJW 1983, 1485, 1486; 7 OLG Hamm NJW 1969, 2148; Staudinger/*Olshausen* Rn 61). Für ein Schenkungsversprechen, das beim Tod des Erblassers noch nicht vollzogen worden ist, entscheidet der **Zeitpunkt** des Erbfalls (MüKo/*Lange* Rn 14; offen BGH aaO). Der später Beschenkte ist nur bei fehlender rechtlicher Verpflichtung, nicht aber bei Zahlungsunfähigkeit iSd Abs. 3 »**nicht mehr verpflichtet**« (BGHZ 17, 336 = NJW 1955, 1185; aA Staudinger/*Olshausen* Rn 10, 57, 61). Die Haftung des später Beschenkten kann danach an einem zu geringen Wert des Geschenks, Entreicherung oder auch an der Zehnjahresfrist des § 2325 Abs. 3 scheitern, wenn dem früher Beschenkten als Ehegatte des Erblassers diese Frist nicht zugute kommt. Für den Umfang der Verpflichtung kommt es auf die Rechtshängigkeit des Ergänzungsanspruchs gegen den später Beschenkten (§ 818 Abs. 4) oder dessen frühere Kenntnis an (§ 819 Abs. 1; BGH aaO; Soergel/*Dieckmann* Rn 25; aA MüKo/*Lange* Rn 15: bei Anspruch auf Duldung der Zwangsvollstreckung ist das Ergebnis der Zwangsvollstreckung maßgebend; Staudinger/*Olshausen* aaO lässt alle Wertverschlechterungen zu Lasten des früher Beschenkten gehen). Wegen der Schwierigkeiten, den Anspruch gegen den früher Beschenkten zu beziffern, schließt die Leistungsklage gegen den später Beschenkten eine **Feststellungsklage** gegen ersteren nicht aus (BGHZ 17, 336 = NJW 1955, 1185). Damit lässt sich zwar eine Verjährungshemmung (§ 204 Abs. 1 Nr. 1), nicht aber eine Haftungsverschärfung nach § 818 Abs. 4 erreichen (vgl BGHZ 93, 183 = NJW 1985, 1074, 1075 f; NJW 1998, 2433, 2434 f).

Erfolgten die **Schenkungen gleichzeitig**, haften die Beschenkten als Gesamtschuldner ins- 8 gesamt bis zur Höhe der geschuldeten Ergänzung und jeder begrenzt auf das jeweils Erhaltene. Wie § 528 Abs. 2 ist auch Abs. 3 eine Sonderregelung für die regelmäßig bei mehreren Verpflichteten geltenden §§ 421 ff (BGH NJW 1991, 1824 f, 1998, 537 für § 528; aA Staudinger/*Olshausen* Rn 65; MüKo/*Lange* Rn 16; Soergel/*Dieckmann* Rn 27: nur anteilige Haftung nach dem Verhältnis der Schenkungen).

Der Erbe darf aus Rechtsgründen nicht zur Erfüllung des Pflichtteilsergänzungsanspruchs 9 verpflichtet sein (**Subsidiarität** der Haftung). Wie bei § 822 wird die Haftung daher nicht auf den Beschenkten verlagert, wenn der Anspruch nur aus tatsächlichen Gründen, namentlich wegen Zahlungsunfähigkeit oder Nichterreichbarkeit, aber auch aufgrund Verjährung nicht gegen den Erben durchgesetzt werden kann (OLG Schleswig-Holstein OLGR 1999, 368, 369 f; BGH NJW 1999, 1026, 1028; 1969, 605 jew zu § 822; s auch BGH NJW 1983, 1485, 1486; Soergel/*Dieckmann* Rn 8 f; MüKo/*Lange* Rn 3; aA Staudinger/*Olshausen* Rn 10; *Kipp/Coing* § 13 VI 2). Rechtlich ausgeschlossen ist die Haftung des Erben dagegen, wenn kein Nachlass vorhanden ist, seine Haftung wirksam auf den unzureichenden Nachlass beschränkt ist (§§ 1975 ff, 1990, 1991 Abs. 4, 2060 BGB 327 InsO) oder er sich auf § 2328 berufen kann. Der Erbe wird sich darauf berufen müssen, wobei allerdings seine Weigerung, den Pflichtteil zu zahlen genügt (OLG Zweibrücken NJW 1977, 1825;

Staudinger/*Olshausen* Rn 9; MüKo/*Lange* Rn 4; aA Soergel/*Dieckmann* Rn 7 mwN; in diese Richtung auch BGH NJW 1981, 1446).

C. Inhalt und Umfang des Anspruch

10 Der Anspruch ist auf Herausgabe des geschenkten Gegenstandes zur Befriedigung des noch fehlenden Ergänzungsbetrages gerichtet. Er ist damit sowohl durch den zugewendeten Gegenstand wie durch die Höhe des Fehlbetrags begrenzt (BGH NJW 1989, 2887, 2888). In erster Linie ist die **Duldung der Zwangsvollstreckung in das Geschenk** in Höhe des Fehlbetrages geltend zu machen (BGHZ 85, 274, 282 = NJW 1983, 1485, 1486). Der Beschenkte kann dies durch Zahlung des Fehlbetrages abwenden, muss es aber nicht, Abs. 2. **Zahlung** kann nur verlangt werden, wenn entweder Geld geschenkt wurde oder der Gegenstand nicht mehr vorhanden ist, ohne dass sich der Beschenkte auf Entreicherung berufen könnte (Soergel/*Dieckmann* Rn 18). Bei einem noch nicht erfüllten Schenkungsversprechen soll der Beschenkte zur Abtretung des Anspruchs verpflichtet sein (Staudinger/*Olshausen* Rn 34; RGRK/*Johannsen* Rn 8).

11 Der **fehlende Betrag** ergibt sich aus der Differenz zwischen der Höhe des Anspruchs des Ergänzungsberechtigten nach §§ 2325–2327 und demjenigen, was der Erbe nach § 2329 zu leisten hat (BGH NJW 1989, 2887, 2888; 1990, 2063, 2064). Der Alleinerbe muss sich den Wert des Erbes ohne Abzug der Belastungen und Beschwerungen anrechnen lassen (AnwK/*Bock* Rn 5).

12 Die Haftung richtet sich im Weiteren nach **Bereicherungsrecht**. Danach entfällt einerseits die Verpflichtung des Beschenkten, soweit er **entreichert** ist, § 818 Abs. 3. Dies ist insb der Fall, wenn der geschenkte Gegenstand zufällig untergeht, sich zufällig verschlechtert oder die Schenkung nach §§ 134 InsO, 4 AnfG angefochten wird. Kosten in Zusammenhang mit der Schenkung und Aufwendungen und andere Nachteile, die den Beschenkten gerade hinsichtlich des Geschenks getroffen haben, mindern ebenfalls die Bereicherung. Andererseits ist er nach Maßgabe des § 818 Abs. 2 zum **Geldersatz** verpflichtet und muss auch **Surrogate** und tatsächlich gezogene **Nutzungen** zur Verfügung stellen. Die Haftung wird mit Rechtshängigkeit des Anspruchs (§ 818 Abs. 4) oder Kenntnis der Herausgabepflicht (§ 819 Abs. 1) verschärft, was frühestens mit dem Erbfall eintreten kann, weil der Anspruch zuvor nicht besteht (Staudinger/*Olshausen* Rn 29). Wurde das Geschenk unentgeltlich einem Dritten überlassen, haftet dieser nach § 822, auch wenn dies bereits vor dem Erbfall geschah (Soergel/*Dieckmann* Rn 19; BGHZ 106, 354 = NJW 1989, 1478 f; NJW 2004, 1314 f jew zu § 528 BGB).

D. Konkurrenzen, Nebenansprüche

13 Der **Anspruch des Vertragserben aus § 2287** steht selbständig neben dem Ergänzungsanspruch nach § 2329. Setzt der Vertragserbe seinen Anspruch gegen den Beschenkten durch, wird dieser gegenüber dem Pflichtteilsberechtigten frei, weil er entreichert ist. Der Vertragserbe haftet aber nunmehr selbst nach § 2329 (Soergel/*Dieckmann* Rn 30; Staudinger/*Olshausen* Rn 52). War der Pflichtteilsberechtigte erfolgreich, verbleibt dem Vertragserben der Mehrerlös aus der Zwangsverwertung. Hat der Beschenkte die Zwangsvollstreckung durch Zahlung abgewendet, bleibt ihm das Geschenk, wobei sich der Beschenkte aber ebenfalls auf Entreicherung berufen kann. Dem pflichtteilsberechtigten Erben können beide Ansprüche zustehen. Nach BGH NJW 1990, 2063, 2065 ist allerdings ein Anspruch nach § 2329 ausgeschlossen, soweit der Fehlbetrag durch die Ansprüche aus § 2287 f gedeckt ist (krit Soergel/*Dieckmann* Rn 2).

14 Eine Konkurrenz mit dem **Rückforderungsanspruch des verarmten Schenkers nach § 528** Abs. 1 Satz 1 ist nur möglich, sofern dieser Anspruch den Tod des Schenkers überdauert. Praktisch sind dies vor allem die Fälle, in denen er – auch nach dessen Tod (BGH NJW 1995, 2287, 2288) – nach § 90 BSHG auf den Sozialhilfeträger übergeleitet wurde (BGHZ 96, 380 = NJW 1986, 1606, 1607; weitergehend BGH ZErb 2001, 79; Soergel/

Dieckmann Rn 36, 38). Man wird dem Rückforderungsanspruch Vorrang einräumen müssen, weil das Geschenk damit beim Tod des Erblassers »belastet« war (Staudinger/*Olshausen* Rn 53; Soergel/*Dieckmann* Rn 37). Der Beschenkte ist folglich insoweit entreichert. Darüber hinaus wird man schon den Ergänzungsanspruch um den Wert des Rückforderungsanspruchs vermindern müssen (Soergel/*Dieckmann* Rn 37, der zudem das Niederstwertprinzip problematisiert).

Gegen den Beschenkten bestehen **Auskunftsansprüche**, nicht aber Wertermittlungsansprüche aus § 2314 (s dort Rn 5, 7). Der pflichtteilsberechtigte Erbe hat allerdings nur einen Auskunftsanspruch aus § 242, der auch auf Wertermittlung gehen kann, sofern er die Kosten übernimmt (BGHZ 108, 393 = NJW 1990, 180; § 2314 Rn 5). 15

E. Darlegungs- und Beweislast

Der Ergänzungsberechtigte ist für die Voraussetzungen des Anspruchs gegen den Beschenkten nachweisbelastet, insb auch dafür, dass und inwieweit der Erbe nicht haftet (RGZ 80, 135; BGH FamRZ 1961, 272; OLG Düsseldorf FamRZ 1996, 445). Er muss auch die Voraussetzungen für die verschärfte Haftung nach § 819 Abs. 1 dartun und beweisen (RG aaO). Der Beschenkte trägt die Darlegungs- und Beweislast für das Fehlen oder den Wegfall der Bereicherung und das Vorhandensein eines vorrangig haftenden später Beschenkten (Staudinger/*Olshausen* Rn 20). 16

§ 2330 Anstandsschenkungen

Die Vorschriften der §§ 2325 bis 2329 finden keine Anwendung auf Schenkungen, durch die einer sittlichen Pflicht oder einer auf den Anstand zu nehmenden Rücksicht entsprochen wird.

A. Normzweck

In Anlehnung an § 534 und andere Vorschriften, die Pflicht- und Anstandsschenkungen von bestimmten Schwächen des unentgeltlichen Erwerbs befreien (§§ 1425 Abs. 2, 1641, 1804, 2113 Abs. 2, 2205, 1375 Abs. 2 Nr. 1, 1380 Abs. 1 Satz 2) werden sie gem § 2330 auch von der Pflichtteilsergänzung ausgenommen. Die Grenzen dieser Ausnahmebestimmung sind allerdings unter Berücksichtigung des besonderen Schutzes des Pflichtteilsberechtigten zu ziehen (BGH NJW 1984, 2939, 2940; Staudinger/*Olshausen* Rn 3). 1

B. Voraussetzungen

Die Grundsätze der anderen genannten Regelungen können nur unter Beachtung der jeweiligen Schutzfunktion herangezogen werden. Sie dürfen also nicht ungeprüft verallgemeinert werden. Ob eine Pflicht- oder Anstandsschenkung vorliegt, ist für § 2330 nach **den objektiven Gegebenheiten zum Zeitpunkt der Zuwendung** zu entscheiden (BGH WM 1982, 100, 101; Staudinger/*Olshausen* Rn 3; Soergel/*Dieckmann* Rn 5). Die subjektiven Beweggründe des Erblassers sind ebenso unbeachtlich wie die übereinstimmende Ansicht der Beteiligten, die Zuwendung entspreche einer sittlichen Pflicht oder den Geboten des Anstands (RGZ 125, 380, 382 ff; BGH aaO). 2

Danach können **Pflichtschenkungen** durchaus von erheblichem Wert sein und möglicherweise sogar das wesentliche Vermögen des Erblassers ausschöpfen (BGH NJW 1984, 2939, 2940; 1981, 2458, 2459). Sie müssen jedoch in einer Weise sittlich geboten sein, dass das Unterlassen der Schenkung eine Verletzung der sittlichen Pflicht darstellt. Dass sie sich noch im Rahmen des sittlich Gerechtfertigten hält, reicht nicht aus (BGH NJW 1984, 2939, 2940). Die Umstände, die die sittliche Pflicht begründen – insb Sicherung des Unterhalts naher Verwandter oder des Lebensgefährten (BGH aaO; WM 1983, 19, 21; 1982, 100, 101); 3

Belohnung für Nothilfe oder langjährige Dienste (RG JW 1931, 1356; WM 1978, 905; 1977, 1410 f; Soergel/*Dieckmann* Rn 4; *Keim* FamRZ 2004, 1081 ff) – müssen es unabweisbar erscheinen lassen, die im Pflichtteil ausgedrückte Mindestbeteiligung eines nahen Angehörigen am Nachlass einzuschränken, die gleichfalls sittlich geboten ist (BGH Beschl v 3. 5. 2006, Az IV ZR 72/05 Rn 14 f; NJW 1984, 2939, 2940; OLG Koblenz OLGR 2002, 100, 103; s auch BGH WM 1982, 100, 101).

4 Bei den **belohnenden Zuwendungen** ist vorab zu prüfen, ob es sich nicht um eine Entlohnung für die erbrachten Dienste und damit schon um eine entgeltliche Zuwendung handelt (BGH WM 1977, 1410 f; OLG Düsseldorf OLGR 1996, 147 f).

5 **Anstandsschenkungen** sind dagegen kleinere Zuwendungen, insb die üblichen Gelegenheitsgaben zu besonderen Tagen (Weihnachten, Geburtstag) oder Anlässen (Hochzeit, Geburt, Jubiläen), aber etwa auch Trinkgeld. Hierbei kommt es einerseits darauf an, was nach den örtlichen und gesellschaftlichen Anschauungen unter Berücksichtigung der gesellschaftlichen Stellung und des Vermögens des Erblassers üblich und angemessen erscheint (BGH NJW 1984, 2939, 2940; NJW-RR 1996, 705, 706 f).

6 Überschreitet der Wert des Geschenks das durch Anstand oder sittliche Pflicht gebotene Maß, wird nur der überschießende Teil ergänzungspflichtig (BGH WM 1981, 909, 910; LM § 2330 BGB Nr. 2).

C. Auskunftsanspruch, Darlegungs- und Beweislast

7 Der Auskunftsanspruch des Ergänzungsberechtigten erstreckt sich auch auf Pflicht- und Anstandsschenkungen, damit er selbst beurteilen kann, ob die Voraussetzungen des § 2330 vorliegen (BGH NJW 1962, 245).

8 Während der Pflichtteilsberechtigte beweisen muss, dass überhaupt eine Schenkung vorliegt, muss der Anspruchsgegner – Erbe oder Beschenkter – die Voraussetzungen des § 2330 als Ausnahmevorschrift beweisen (RG LZ 1918, 1076; MüKo/*Lange* Rn 5).

§ 2331 Zuwendungen aus dem Gesamtgut

(1) Eine Zuwendung, die aus dem Gesamtgut der Gütergemeinschaft erfolgt, gilt als von jedem der Ehegatten zur Hälfte gemacht. Die Zuwendung gilt jedoch, wenn sie an einen Abkömmling, der nur von einem der Ehegatten abstammt, oder an eine Person, von der nur einer der Ehegatten abstammt, erfolgt, oder wenn einer der Ehegatten wegen der Zuwendung zu dem Gesamtgut Ersatz zu leisten hat, als von diesem Ehegatten gemacht.

(2) Diese Vorschriften sind auf eine Zuwendung aus dem Gesamtgut der fortgesetzten Gütergemeinschaft entsprechend anzuwenden.

A. Normzweck

1 Die wegen der geringen Zahl von Gütergemeinschaften praktisch derzeit wenig bedeutsame Bestimmung soll wie § 2054 Zweifel über die Person des Zuwendenden beheben, deren Feststellung wegen der getrennten pflichtteilsrechtlichen Bewertung der Nachlässe von Ehegatten (vgl BGHZ 88, 102 = NJW 1983, 2875 f) erforderlich ist.

B. Anwendungsbereich

2 Die § 2054 nachgebildete Bestimmung greift überall dort ein, wo es im Pflichtteilsrecht auf Zuwendungen ankommt, mithin nicht nur bei der Pflichtteilsergänzung nach §§ 2325 ff, sondern auch in den Fällen der §§ 2315 f (RGZ 94, 262, 265). Sie gilt daher für den ordentlichen Pflichtteil und den Ergänzungspflichtteil.

C. Wirkungen

Die ganz herrschende Auffassung entnimmt der Vorschrift nur eine **widerlegliche Vermutung** (Soergel/*Dieckmann* Rn 1; MüKo/*Lange* Rn 1; offen RGZ 94, 262, 265). Insbesondere ist es entgegen § 2331 Abs. 1 Satz 2 keineswegs ausgeschlossen, dass auch der nicht verwandte Ehegatte einem Verwandten des anderen Ehegatten etwas schenkt. 3

Über den Wortlaut des Abs. 1 Satz 2 hinaus kann die Zuwendung allerdings nur insoweit dem verwandten Ehegatten zugeordnet werden, als die auf ihn treffende Hälfte des Gesamtguts reicht. Dies zeigt sich insb, wenn das Gesamtgut vollständig einem nicht gemeinschaftlichen Kind übertragen wird (RGZ 94, 262, 264 ff). Entgegen RGZ 94, 262, 266 f sollte dafür aber nicht auf den Vermögensstand bei Beendigung der Gütergemeinschaft, sondern auf denjenigen zur Zeit der Schenkung abgestellt werden (Staudinger/*Olshausen* Rn 5; MüKo/*Lange* Rn 3; aA AnwK/*Bock* Rn 4). 4

Für Errungenschafts- und Fahrnisgemeinschaften aus der Zeit vor Inkrafttreten des Gleichberechtigungsgesetzes am 1. 4. 1953 gilt § 2331 in seiner bis dahin geltenden Fassung, Art. 8 Abs. 1 Nr. 7 GleichberG. 5

§ 2331a Stundung

(1) Ist der Erbe selbst pflichtteilsberechtigt, so kann er Stundung des Pflichtteilsanspruchs verlangen, wenn die sofortige Erfüllung des gesamten Anspruchs den Erben wegen der Art der Nachlassgegenstände ungewöhnlich hart treffen, insbesondere wenn sie ihn zur Aufgabe seiner Familienwohnung oder zur Veräußerung eines Wirtschaftsguts zwingen würde, das für den Erben und seine Familie die wirtschaftliche Lebensgrundlage bildet. Stundung kann nur verlangt werden, soweit sie dem Pflichtteilsberechtigten bei Abwägung der Interessen beider Teile zugemutet werden kann.

(2) Für die Entscheidung über eine Stundung ist, wenn der Anspruch nicht bestritten wird, das Nachlassgericht zuständig. § 1382 Abs. 2 bis 6 gilt entsprechend; an die Stelle des Familiengerichts tritt das Nachlassgericht.

A. Normzweck

Die mit dem NEhelG geschaffene Bestimmung, die § 1382 nachempfunden ist, soll verhindern, dass Nachlasswerte durch rücksichtslose Geltendmachung des Pflichtteilanspruchs zerschlagen werden. Diese Gefahr war nach Ansicht des Gesetzgebers mit der erbrechtlichen Beteiligung des nichtehelichen Kindes am Nachlass des Vaters erheblich gewachsen, weil dieses zu ihm und zu seiner Familie häufig keine enge Beziehung hatte. 1

B. Voraussetzungen

Gestundet werden kann der **Pflichtteilsanspruch** einschließlich des Restanspruchs iSd §§ 2305, 2307 und der **Pflichtteilsergänzungsanspruch**, aber nur soweit er sich gegen den pflichtteilsberechtigten Erben richtet, nicht aber der Anspruch nach § 2329, auch soweit er sich gegen den Erben als Beschenkten richtet (aA für Schenkungen auf den Todesfall, zB die Übertragung eines Gesellschaftsanteils Soergel/*Dieckmann* Rn 6). 2

Stundungsberechtigt ist nur der selbst nach §§ 2303, 2309 pflichtteilsberechtigte Erbe, mithin Abkömmlinge, Eltern und Ehegatte, nicht Geschwister, denen das Familienunternehmen vererbt wird; gem § 2309 auch nicht die Enkel oder Eltern, die unter Übergehung der eigenen Kinder als Erben eingesetzt werden (Soergel/*Dieckmann* Rn 3). 3

Unter **Miterben** ist ebenfalls nur derjenige stundungs- und antragsberechtigt, der auch **pflichtteilsberechtigt** ist. **Bis zur Teilung** kommt die dem pflichtteilsberechtigten Mit- 4

§ 2331a BGB | Stundung

erben gewährte Stundung auch den anderen, mit der Gesamthandsklage in Anspruch genommenen Miterben zugute (§ 2059 Abs. 1 Satt 1, 2). Dass der in Anspruch genommene pflichtteilsberechtigte Miterbe die Pflichtteilslast im Innenverhältnis nicht zu tragen hat, bedeutet für sich gesehen noch keine außergewöhnliche Härte (hM Soergel/*Dieckmann* Rn 9; aA *Bosch* FamRZ 1972, 175; *Schramm* BWNotZ 1970, 11). **Nach der Teilung**, die der Pflichtteilsberechtigte über die Pfändung eines Nachlassanteils erzwingen kann (§ 751 Satz 2), kann sich auch der pflichtteilsberechtigte Miterbe auf die Stundungsmöglichkeit berufen, der im Innenverhältnis die Pflichtteilslast nicht zu tragen hat (vgl § 2319) und dem deshalb Ausgleichsansprüche gegen die anderen Miterben zustehen (Soergel/*Dieckmann* Rn 4). Der **Testamentsvollstrecker** kann für die betroffenen Erben keine Stundung beantragen (vgl § 2213 Abs. 1 Satz 3), wohl aber der **Nachlasspfleger**, **Nachlassverwalter** und **Nachlassinsolvenzverwalter** (MüKo/*Lange* Rn 2).

5 Einerseits muss die sofortige Erfüllung des Pflichtteilsanspruchs für den Schuldner eine **ungewöhnliche Härte** darstellen. Wie die genannten, allerdings nicht abschließenden Regelbeispiele zeigen, muss die zur Erfüllung notwendige Veräußerung die Existenzgrundlage des Erben und seiner Familie betreffen. Eine Veräußerung zur Unzeit reicht daher ebenso wenig aus, wie die Notwendigkeit einer Kreditaufnahme oder der Einsatz eigener Mittel (Soergel/*Dieckmann* Rn 7; MüKo/*Lange* Rn 6; s auch OLG Hamburg OLGR 1998, 294, 295 f; für eine großzügigere Handhabung vor allem bei Unternehmenserben *Oechsler* AcP 200 (2000), 602, 612 ff). Umgekehrt muss die Wohnung oder der Betrieb nicht notwendig schon beim Erbfall die Lebensgrundlage gewesen sein (Soergel/*Dieckmann* Rn 8). Wirtschaftsgüter sind über § 6 Abs. 1 EStG hinaus alle wirtschaftlichen Werte, die die Lebensgrundlage des Erben bilden, wie etwa Mietshäuser, gewerbliche oder lw Betriebe und Unternehmensanteile (Staudinger/*Olshausen* Rn 14). Dass mit dem Nachlass existenznotwendige Wirtschaftsgüter im nicht ererbten Vermögen gesichert werden können, reicht ebenfalls nicht aus (Staudinger/*Olshausen* Rn 17).

6 Andererseits muss die Stundung auch in Anbetracht der Härte für den Pflichtteilsberechtigten **zumutbar** sein. Es wird mithin eine Abwägung der beiderseitigen Interessen gefordert. Dabei können insb bislang bestehende Unterhaltsverpflichtungen des Erblassers, die dem Pflichtteilsberechtigten den Abschluss einer Ausbildung oder eine Existenzgründung ermöglichen sollen, einem Aufschub entgegenstehen. Zu berücksichtigen ist auch, ob der Erbe die gerichtliche Entscheidung über den Pflichtteilsanspruch über Gebühr oder gar böswillig hinausgezögert hat und sich so schon Stundung verschaffen konnte (Palandt/*Edenhofer* Rn 4). Vor allem aber kann die Abwägung zu einer Gestattung von Teil- oder Ratenzahlungen führen (MüKo/*Lange* Rn 7).

C. Verfahren

7 Ist der **Pflichtteilsanspruch unstreitig**, ist das **Nachlassgericht** für die Entscheidung über den Stundungsantrag zuständig, Abs. S 1. Die örtliche Zuständigkeit ergibt sich aus § 73 FGG. Funktionell ist der Rechtspfleger zuständig, § 3 Nr. 2c RPflG. Das Verfahren richtet sich nach § 83a FGG iVm § 53a FGG. Das Verfahren kann durch einen vollstreckbaren Vergleich, in dem Schuldbetrag, Zahlungsbedingungen, Verzinsung (Abs. 2 Satz 2 iVm § 1382 Abs. 2), etwaige Sicherheiten (Abs. 2 Satz 2 iVm § 1382 Abs. 3) und die Kostenregelung aufzunehmen sind oder eine ebenfalls vollstreckbare Entscheidung des Rechtspflegers mit entsprechendem Inhalt abgeschlossen werden. Die **ablehnende Entscheidung** kann auf Antrag des Pflichtteilsberechtigten die Verpflichtung zur Zahlung des Pflichtteils aussprechen, die ebenfalls einen vollstreckbaren Titel darstellt. Zu Rechtsmitteln s FGG §§ 19 ff.

8 Ist der **Pflichtteilsanspruch str** oder schon **rechtshängig**, entscheidet das **Prozessgericht** auch über den Stundungsantrag, Abs. 2 Satz 2 iVm § 1382 Abs. 5. Mit Rechtshängigkeit wird ein beim Nachlassgericht gestellter Stundungsantrag unzulässig (OLG Karlsruhe FamRZ 2004, 661). Soweit der pflichtteilsberechtigte Erbe die Gründe für eine Stundung

im Rechtsstreit über den Pflichtteilsanspruch hätte geltend machen können, ist er nach dessen rechtskräftigen Abschluss mit einem Stundungsantrag beim Nachlassgericht ausgeschlossen. Wie eine Aufhebung oder Änderung ist aber auch ein neuer Stundungsantrag beim Nachlassgericht zulässig, wenn sich die Verhältnisse nach der Entscheidung wesentlich geändert haben, Abs. 2 Satz 2 iVm § 1382 Abs. 6 (MüKo/*Lange* Rn 12).

D. Kosten/Gebühren

Gebühr für die Stundung des Pflichtteilsanspruchs: $^1/_1$ (§ 106a Abs. 1 KostO). Die Gebühr fällt auch bei Folgeentscheidungen an. 9
Wert: Wert des Stundungsinteresses, nicht Wert des Anspruchs (§§ 106a Abs. 2, 30 KostO).
Kostenschuldner: Antragsteller (§ 2 Nr. 1 KostO).

§ 2332 Verjährung

(1) Der Pflichtteilsanspruch verjährt in drei Jahren von dem Zeitpunkt an, in welchem der Pflichtteilsberechtigte von dem Eintritt des Erbfalls und von der ihn beeinträchtigenden Verfügung Kenntnis erlangt, ohne Rücksicht auf diese Kenntnis in 30 Jahren von dem Eintritt des Erbfalls an.

(2) Der nach § 2329 dem Pflichtteilsberechtigten gegen den Beschenkten zustehende Anspruch verjährt in drei Jahren von dem Eintritt des Erbfalls an.

(3) Die Verjährung wird nicht dadurch gehemmt, dass die Ansprüche erst nach der Ausschlagung der Erbschaft oder eines Vermächtnisses geltend gemacht werden können.

A. Normzweck

Die Vorschrift verkürzt die allgemein geltende Verjährungsfrist für erbrechtliche Ansprüche von 30 Jahren (§ 197 Abs. 1 Nr. 2 BGB) für Pflichtteilsansprüche auf drei Jahre. Damit soll eine zügige Abwicklung des Nachlasses erreicht und den mit Zeitablauf erheblich zunehmenden Beweis- und Bewertungsschwierigkeiten Rechnung getragen werden. Während die Verjährung der Ansprüche gegen die Erben von der Kenntnis des Erbfalls und der Kenntnis der beeinträchtigenden Verfügung abhängt, beginnt zugunsten des Beschenkten die Frist bereits mit dem Erbfall zu laufen. 1

B. Anwendungsbereich

Abs. 1 erfasst den ordentlichen **Pflichtteilsanspruch** einschließlich der **Pflichtteilsrestansprüche** gem §§ 2305, 2307, 2316 Abs. 2 und den **Pflichtteilsergänzungsanspruch** gegen den Erben, §§ 2325 f. § 1378 Abs. 4 Satz 3 erstreckt den Anwendungsbereich auf den **Zugewinnausgleichsanspruch** nach dem Tod des Ehegatten. Abs. 2 enthält eine Sonderregelung für den Ergänzungsanspruch gegen den Beschenkten gem § 2329. Gem § 2338a aF gilt die Verjährungsregelung auch für das pflichtteilsberechtigte nichteheliche Kind, soweit der Erbfall vor dem 1.4.1998 eingetreten ist. Die Verjährungsfrist kann nach dem Wortlaut des § 202 Abs. 2 durch letztwillige Verfügung verlängert werden (str, *Schlichting* ZEV 2002, 480; *Brambring* ZEV 2002, 138; *Klingelhöffer* Rn 123a; *Keim* ZEV 2004, 173 ff; aA *Lange* ZEV 2003, 433, 435 f; Soergel/*Dieckmann* Rn 1 unter Berufung auf die Entstehungsgeschichte). 2

Der **Auskunftsanspruch** (§ 2314) verjährt hingegen nach § 197 Abs. 1 Nr. 2 in 30 Jahren. Er kann allerdings nicht mehr verfolgt werden, wenn wegen der Verjährung des Pflichtteilsanspruchs kein vom Berechtigten darzulegendes Informationsinteresse mehr besteht (BGH NJW 1985, 384, 385; 1990, 180, 181; anders noch BGHZ 33, 373, 379). Gleiches gilt 3

§ 2332 BGB | Verjährung

für den **Auseinandersetzungsanspruch des Erben** oder den **Vermächtnisanspruch**, wenn der Pflichtteilsberechtigte entgegen der Auslegungsregel des § 2304 tatsächlich zum Erben in Höhe des Pflichtteils eingesetzt oder mit einem pflichtteilsgleichen Vermächtnis bedacht wurde (RGZ 113, 234; OLG Nürnberg ZErb 2003, 161 ff). Auch nach Aufhebung des § 493 aF dürfte die Verjährung für kaufrechtliche **Gewährleistungsansprüche** gem § 438 gelten, wenn der Pflichtteilsanspruch vergleichsweise mit mangelhaften Sachgütern abgegolten wurde (vgl § 365; Soergel/*Dieckmann* Rn 2; BGH NJW 1974, 363 zu §§ 493, 477 aF).

C. Beginn der Verjährungsfrist gegenüber den Erben, Abs. 1

4   Der Beginn der Verjährungsfrist setzt **kumulativ** die Kenntnis des Pflichtteilsberechtigten vom Erbfall wie von der ihn beeinträchtigenden Verfügung voraus. Ohne Kenntnis tritt Verjährung spätestens 30 Jahre nach dem Erbfall ein. Grds entscheidet die Kenntnis des Pflichtteilsberechtigten selbst. Ist er geschäftsunfähig oder beschränkt geschäftsfähig, kommt es auf die Kenntnis seines ges Vertreters an (OLG Hamburg FamRZ 1984, 1274; BayObLG NJW-RR 2004, 1157, 1158 f); auf die Kenntnis des Betreuers eines Geschäftsfähigen nur, wenn die Geltendmachung von Pflichtteilsrechten zu den ihm übertragenen Aufgaben gehört (MüKo/*Lange* Rn 3; aA Bamberger/Roth/*Mayer* Rn 5: Kenntnis des Berechtigten oder des Betreuers; Staudinger/*Otte* § 1944 Rn 14: nur Kenntnis des Betreuten).

5   **Kenntnis vom Erbfall** erhält der Berechtigte, wenn er vom Tod des Erblassers bzw von der Todeserklärung beim Verschollenen erfährt. Dies gilt auch bei **Vor- und Nacherbschaft**. Es besteht nur ein Pflichtteilsanspruch, der sich gegen den jeweiligen Inhaber des Nachlasses richtet (BGH NJW 1973, 1690).

6   Eine **beeinträchtigende Verfügung** kann sowohl in einer letztwilligen Verfügung liegen wie in einem Rechtsgeschäft unter Lebenden, namentlich einer ergänzungs- oder ausgleichungspflichtigen Zuwendung. Eine Verfügung von Todes wegen beeinträchtigt den Pflichtteilsberechtigten, wenn sie dessen ges Erbrecht derart beschränkt, dass nach §§ 2303, 2305 – 2307 ein Pflichtteilsanspruch ausgelöst wird; also auch, wenn ihm der Pflichtteil ausdrücklich zugewandt (§ 2304) oder er mit einem Erbteil bedacht wird, der bei Berücksichtigung der Ausgleichungspflichten unter der Hälfte seines ges Erbteils liegt (BGH NJW 1972, 760, 761; 1964, 297; dazu *Ruby* ZErb 2006, 86 ff).

7   Hinsichtlich des **Pflichtteilsergänzungsanspruchs** muss zur Kenntnis der beeinträchtigenden letztwilligen Verfügung die **Kenntnis der jeweiligen unentgeltlichen Zuwendung** hinzutreten, durch die der Erblasser seinen Nachlass verkürzt hat (hM, BGHZ 103, 333 ff = NJW 1988, 1667, 1668; 95, 76, 80 = NJW 1985, 2945, 2946 f; krit Soergel/*Dieckmann* Rn 12). Dh der Pflichtteilsergänzungsanspruch verjährt niemals vor dem Pflichtteilsanspruch, kann aber als eigenständiger Anspruch nach diesem verjähren (BGH NJW 1988, 1667, 1668). Wurden mehrere Zuwendungen gemacht, die nicht gleichzeitig bekannt werden, beginnen die Verjährungsfristen zu verschiedenen Zeitpunkten (BGH aaO; OLG Düsseldorf FamRZ 1992, 1223).

8   Erforderlich ist die **positive Kenntnis** der beeinträchtigenden Verfügung. Kennenmüssen oder grob fahrlässige Unkenntnis genügen nicht (Staudinger/*Olshausen* Rn 15). Der Berechtigte muss zwar nicht die Testamentsurkunde selbst, wohl aber ihren für die Beeinträchtigung wesentlichen Inhalt kennen (RGZ 70, 360; BGH JZ 1951, 527). Ein Rechts- oder Tatsachenirrtum über die Wirksamkeit der Verfügung schließt Kenntnis aus, sofern die Bedenken nicht von der Hand zu weisen sind (BGH NJW 1995, 1157, RGZ 140, 75, 76; entsprechendes gilt, wenn er über die Anwendbarkeit der Verfügung auf den vorliegenden Erbfall irrt, BGH NJW 2000, 288, 289). Wird die Wirksamkeit eines bekannten beeinträchtigenden Testaments zweifelhaft, weil der Berechtigte danach von einem anderen erfährt, das die Beeinträchtigung möglicherweise aufhebt, entfällt der bereits begonnene Fristlauf und beginnt von neuem, wenn der Bestand des beeinträchtigenden Testaments feststeht (BGHZ 95, 76 = NJW 1985, 2945, 2946). Dagegen steht ein Irrtum über die richtige

Auslegung einer als wirksam und beeinträchtigend erkannten Verfügung dem Verjährungsbeginn genauso wenig entgegen wie unrichtige Vorstellungen über Bestand und Wert des Nachlasses (BGH NJW 1995, 1157 m Anm *Ebenroth/Koos* ZEV 1995, 233; WM 1977, 176 f; s.a. OLG Koblenz OLGR 2004, 662, 663 f für Irrtum über die Wirksamkeit eines Pflichtteilverzichts). Steht die Erbeinsetzung unter einer Bedingung auch in der Form einer Verwirkungsklausel, kommt es nur auf die Kenntnis der beeinträchtigenden Klausel, nicht aber auf den Eintritt der Bedingung an (Palandt/*Edenhofer* Rn 6).

Führen **nachträglich durch Gesetz geschaffene Ansprüche** wie der Lastenausgleichsanspruch oder die Ansprüche nach dem Vermögensgesetz nach § 2313 Abs. 1 Satz 3 zu Ausgleichsansprüchen, beginnt deren Verjährung nicht vor ihrer Entstehung (BGH WM 1977, 176 f; NJW 1993, 2176, 2177; ZEV 1996, 117; ZEV 2004, 377 f). 9

Entsteht die Pflichtteilsberechtigung gem § 2309 erst durch **Wegfall vorrangiger Berechtigter**, beginnt die Verjährung nicht, bevor der nunmehr Berechtigte von deren Wegfall erfahren hat (RG JW 1912, 70; MüKo/*Lange* Rn 9). Da die Pflichtteilsquote ungewiss bleibt, bis ein als Erbe oder Vermächtnisnehmer eingesetzter Ehegatte einer **Zugewinngemeinschaft** gem § 1371 entschieden hat, ob er das Zugewendete annimmt oder ausschlägt, kann die Verjährung nicht beginnen, bevor der Berechtigte diese Entscheidung kennt (Soergel/*Dieckmann* Rn 18 mwN). 10

D. Verjährung der Ergänzungsansprüche gegen den Beschenkten, Abs. 2

Gegenüber dem Beschenkten beginnt die Verjährung des Ergänzungsanspruchs immer schon mit dem Eintritt des Erbfalls, selbst wenn der Pflichtteilsberechtigte weder um die Schenkung noch um den Erbfall weiß. Dies gilt auch, wenn der Beschenkte selbst Erbe geworden ist (BGH NJW 1986, 1610; wegen der Möglichkeit, dass sich der Ergänzungsanspruch erst nachträglich auf den Beschenkten verlagert, zweifelnd Soergel/*Dieckmann* Rn 28). Allerdings hemmt die Pflichtteilsklage gegen den beschenkten Erben auch die Verjährung des Anspruchs gem § 2329, BGH aaO u § 2329 Rn 5). 11

E. Ausschlagung zur Pflichtteilserlangung, Abs. 3

Abs. 3 stellt klar, dass die Verjährung auch dann zu den in Abs. 1 und Abs. 2 bestimmten Zeitpunkten beginnt, wenn die Geltendmachung des Pflichtteilsanspruchs von einer Ausschlagung des Pflichtteilsberechtigten abhängt (§§ 2306 Abs. 1 Satz 2, 2307, 1371 Abs. 3). Namentlich bei angeordneter Nacherbschaft kann daher die Verjährung bei noch laufender Ausschlagungsfrist eintreten (vgl RGZ 59, 341, 346). Wird die Klage vor Ausschlagung erhoben, soll sie jedenfalls hemmen, wenn bis zum Schluss der mündlichen Verhandlung ausgeschlagen wurde (*Pentz* NJW 1966, 1647), dagegen nicht mehr, wenn sie mangels Ausschlagung rechtskräftig abgewiesen wurde (*Pentz* aaO; MüKo/*Lange* Rn 14; Erman/*Schlüter* Rn 6 aE; zweifelhaft, weil der Gesetzgeber bewusst auf eine § 212 Abs. 1 BGB aF entsprechende Regelung für zurückgewiesene Klageanträge verzichtet und dem Verfahren unabhängig vom Ausgang hemmende Wirkung beigemessen hat, BT-Ds 14/6040, S 118; s auch Staudinger/*Peters*, 2004, § 240 Rn 142). 12

F. Wirkung, Hemmung und Neubeginn der Verjährung

Das mit Ablauf der Verjährungsfrist entstehende **Leistungsverweigerungsrecht** (§ 214) nimmt dem Pflichtteilsanspruch auf Einrede hin die Durchsetzbarkeit. Die Pflichtteilsansprüche Anderer bleiben davon unberührt. Auch die Geltendmachung eines schon verjährten Pflichtteilsanspruchs nach dem erstverstorbenen Ehegatten kann daher die Schlusserbeneinsetzung durch ein Berliner Testament entfallen lassen, wenn sie mit einer Pflichtteilsstrafklausel verbunden war (BGH WM 2006, 1820 ff m Anm Stürmer juris 38/2006 Anm 2). 13

Die **Verjährung** kann durch Verhandlungen über den Pflichtteilsanspruch (§ 203; vgl BGH NJW 2001, 1168), bei deren Ablehnung durch Klageerhebung auch in Form der Stufen- 14 oder Feststellungsklage **gehemmt** werden (§ 204 Abs. 1 Nr. 1; vgl BGH FamRZ 2006, 862, 863 f; NJW 1992, 2563). Wird der Zahlungsanspruch in der Leistungsstufe beziffert, tritt Hemmung allerdings auch rückwirkend nur in Höhe des bezifferten Klageantrags ein (BGH NJW 1992, 2563 f zu § 211 Abs. 2 aF). Die Klage auf den ordentlichen Pflichtteil soll nach herrschender Auffassung auch die Verjährung des Pflichtteilsergänzungsanspruchs in der eingeklagten Höhe hemmen (BGH NJW 1972, 760; MüKo/*Lange* Rn 10; Soergel/ *Dieckmann* Rn 22; Staudinger/*Olshausen* Rn 29; aA Bamberger/Roth/*Mayer* Rn 18). Dagegen hemmt die Feststellungsklage insoweit nur, wenn auch zu einer beeinträchtigenden Schenkung vorgetragen wird (BGHZ 132, 240 = NJW 1996, 1743). Die auf § 2325 gestützte Zahlungsklage gegen den beschenkten Erben hemmt auch die Verjährung des Anspruchs nach § 2329, selbst wenn der Beschenkte nur als Erbeserbe belangt wird (BGH NJW 1989, 2887, 2888; 1986, 1610; 1974, 1327), dies gilt aber nicht für den Anspruch gegen einen beschenkten Dritten. Hier hemmt erst eine gegen diesen gerichtete Feststellungsklage oder Streitverkündung (§ 204 Abs. 1 Nr. 6). Eine Klage auf Auskunft allein hemmt die Verjährung des Pflichtteilsanspruchs nicht (BGH NJW 1975, 1409; BayObLG NJW-RR 1991, 394). Ebenso wenig hemmt eine Pflichtteilsklage gegen den Testamentsvollstrecker (vgl BGHZ 51, 125) oder die Klage des pflichtteilsberechtigten Scheinerben nach § 2018 (Soergel/ *Dieckmann* Rn 24a).

15 Die Verjährung kann auch wegen eines **Anerkenntnisses** von neuem beginnen, § 212 Abs. 1 Nr. 1. Ein solches kann schon in der Bereitschaft liegen, den Auskunftsanspruch zu erfüllen, sofern dies unzweideutig erkennen lässt, dass sich der Inanspruchgenommene des Bestehens des Pflichtteilsanspruchs bewusst war (BGH NJW 1985, 2945 f; 1975, 1409). Das Anerkenntnis eines Vorerben wirkt auch gegenüber dem Nacherben (BGH NJW 1973, 1690), während ein Urteil gegen den Vorerben nicht die dreißigjährige Verjährung nach § 97 Abs. 1 Nr. 3 gegen den Nacherben auslöst (§ 326 Abs. 1 ZPO; Soergel/*Dieckmann* Rn 24).

E. Darlegungs- und Beweislast

16 Der auf den Pflichtteil in Anspruch Genommene muss die die Verjährung begründenden Tatsachen darlegen und beweisen, namentlich die Kenntnis des Pflichtteilsberechtigten vom Erbfall und von der beeinträchtigenden Verfügung. Für die Geltendmachung sollte jedoch vorsorglich immer vom frühest möglichen Zeitpunkt der Verjährung ausgegangen werden.

§ 2333 Entziehung des Pflichtteils eines Abkömmlings

Der Erblasser kann einem Abkömmling den Pflichtteil entziehen:

1. wenn der Abkömmling dem Erblasser, dem Ehegatten oder einem anderen Abkömmling des Erblassers nach dem Leben trachtet,

2. wenn der Abkömmling sich einer vorsätzlichen körperlichen Misshandlung des Erblassers oder des Ehegatten des Erblassers schuldig macht, im Falle der Misshandlung des Ehegatten jedoch nur, wenn der Abkömmling von diesem abstammt,

3. wenn der Abkömmling sich eines Verbrechens oder eines schweren vorsätzlichen Vergehens gegen den Erblasser oder dessen Ehegatten schuldig macht,

4. wenn der Abkömmling die ihm dem Erblasser gegenüber gesetzlich obliegende Unterhaltspflicht böswillig verletzt,

5. wenn der Abkömmling einen ehrlosen oder unsittlichen Lebenswandel wider den Willen des Erblassers führt.

A. Normzweck

Die Vorschriften über die Pflichtteilsentziehung (§§ 2333 – 2337) geben dem Erblasser für **abschließend** (hM, BGH NJW 1974, 1084, 1085; 1977, 339, 340) aufgezählte Fälle besonders grober Verletzungen der familiären Nähebeziehung die Testierfreiheit zurück, die durch die zwingend angeordnete Mindestbeteiligung der Pflichtteilsberechtigten am Nachlass erheblich eingeschränkt wird. Viele sehen die Bestimmungen als missglückt und antiquiert an und kritisieren ihre restriktive Handhabung durch die Rechtsprechung (etwa *Leissner* NJW 2001, 127; Staudinger/*Olshausen* Rn 5; Soergel/*Dieckmann* Rn 2; *Herzog* FF 2003, 19 f; *Dauner-Lieb* FF 2001, 81). Bezweifelt wird auch ihre Verfassungsmäßigkeit, zumindest in den willkürlich erscheinenden Differenzierungen der Entziehungstatbestände (*Petri* ZRP 1993, 206; *Leisner* aaO; *Haas* ZEV 2000, 249 ff; *Mayer* ZEV 2000, 447). Das BVerfG hat mit dem Pflichtteilsrecht auch die Pflichtteilsentziehung in ihrer konkreten Ausgestaltung als verfassungsrechtlich unbedenklich angesehen (NJW 2005, 1561, 1564 f; s auch § 2303 Rn 2). Insb hält es eine General- oder Auffangklausel wie etwa in § 1579 Nr. 7 (dafür etwa *Herzog* FF 2003, 20; *Schlüter* Festschrift 50 Jahre BGH, 2000, S 1075) nicht für geboten (aaO s 1565; aA *Schöpflin* FamRZ 2005, 2025, 2028 ff). Allerdings fordert es, § 2333 Nr. 1 verfassungsorientiert auszulegen und das Verschuldenserfordernis einzuschränken (s.u. Rn 6).

B. Allgemeines

Die Tatbestände der Pflichtteilsentziehung haben im Gegensatz zu § 2338 **Strafcharakter**. Deshalb wird **schuldhaftes Verhalten** des Pflichtteilsberechtigten vorausgesetzt (Staudinger/*Olshausen* Rn 4; Soergel/*Dieckmann* Rn 6). Gerade nach der Entscheidung des Bundesverfassungsgerichts scheint es jedoch vorzugswürdig, in den Entziehungstatbeständen Verhaltensweisen zu sehen, in denen der Pflichtteilsberechtigte einseitig für die Zerrüttung der familiären Solidarbeziehung verantwortlich ist (in diese Richtung *Lange* AcP 204 (2004), 804, 814 ff; *Herzog* FF 2006, 86, 92 f, 94).

Das Recht zur Pflichtteilsentziehung kann schon zu Lebzeiten des Erblassers zum Gegenstand einer Feststellungsklage gemacht werden, die sowohl vom Erblasser (BGHZ 28, 177, 178; NJW 1974, 1084, 1085) wie idR vom betroffenen Pflichtteilsberechtigten angestrengt werden kann (BGH NJW 2004, 1874 f; 1990, 911, 912; aA AnwK/*Herzog* Rn 27; zum Ganzen *Kummer* ZEV 2004, 274 ff). Mit dem Tod des Erblassers entfällt jedoch auf beiden Seiten das Feststellungsinteresse. Dann ist nur noch klärungsbedürftig, ob ein Pflichtteilsanspruch besteht (BGH NJW-RR 1990, 130, 131; 1993, 391).

C. Die Gründe der Pflichtteilsentziehung

Als eine besonders schwerwiegende Zerstörung der Familiensolidarität stellt das Gesetz den Fall voran, dass ein Abkömmling dem Erblasser, seinem Ehegatten, dem Lebenspartner (§ 10 Abs. 6 Satz 2 LPartG) oder anderen Abkömmlingen einschließlich der Adoptivkinder **nach dem Leben trachtet**, Nr. 1. Ein Angriff auf den früheren Ehegatten müsste entsprechend Nr. 2, 2. Hs die Pflichtteilsentziehung jedenfalls dann rechtfertigen, wenn der Täter von ihm abstammt (Soergel/*Dieckmann* Rn 3; AnwK/*Herzog* Rn 3 Fn 9).

Der **ernsthafte Wille**, den Erblasser oder seinen Angehörigen zu töten, genügt, soweit er, wenn auch nur im Umfang strafloser Vorbereitungshandlungen, nach außen tritt (RGZ 100, 114, 115 zu § 1566 aF). Anders als nach § 2339 Abs. 1 Nr. 1 muss das Stadium strafbaren Versuchs nicht erreicht sein, weshalb ein Rücktritt das Pflichtteilsentziehungsrecht nicht ausschließt (RG Warn 1928 Nr. 46). Teilnahme in jeder Form erfüllt ebenso wie Unterlassen den Tatbestand. Der Abkömmling ist im Regelfall Garant.

Das BVerfG hat das von der bisher herrschenden Auffassung (vgl BGH ZEV 1998, 142 f) strikt geforderte **Verschulden**, das seinerseits Schuldfähigkeit voraussetzt, um der Testierfreiheit willen eingeschränkt; nach Wortlaut und Entstehungsgeschichte der Vorschrift könne auch

§ 2333 BGB | Entziehung des Pflichtteils eines Abkömmlings

der natürliche Vorsatz eines zwar schuldunfähigen, sich aber des Unrechts bewussten Täters genügen (BVerfG NJW 2005, 1561, 1565 f; AnwK/*Herzog* Rn 2 mwN).

7 Unter **vorsätzlicher körperlicher Misshandlung** (Nr. 2) ist wie in § 223 StGB eine üble, unangemessene Behandlung zu verstehen, die das körperliche Wohlbefinden oder seine Unversehrtheit beeinträchtigt (BGH NJW 1977, 399, 340). Wegen des »außerordentlichen Gewichts der Pflichtteilsentziehung« fordert die hM, dass in der Verletzungshandlung eine grobe Missachtung des Eltern-Kind-Verhältnisses, dh eine »schwere Pietätsverletzung« zum Ausdruck kommt (BGH NJW 1990, 911, 912 f mwN; MüKo/*Lange* Rn 8; aA Erman/*Schlüter* Rn 4; *Leipold* JZ 1990, 700; nach AnwK/*Herzog* Rn 5 begründet die körperliche Misshandlung eine vom Pflichtteilsberechtigten zu widerlegende Vermutung, dass die persönliche Nähebeziehung zerstört ist). **Seelische Misshandlungen** erfüllen nur dann den Tatbestand der Nr. 2, wenn durch sie zumindest bedingt vorsätzlich das körperliche Wohlbefinden beeinträchtigt ist (BGH NJW 1977, 339, 340; *Schlüter* Festschrift 50 Jahre BGH, S 1054 verzichtet auf Vorsatz; krit auch *Herzog* FF 2003, 22).

8 Liegen **Rechtfertigungs- oder Entschuldigungsgründe** vor, hat sich der Täter nicht »schuldig gemacht« (zur Beweislast § 2336 Rn 7). Opfer muss der Erblasser sein; sein Ehegatte nur, sofern der Täter von ihm abstammt, was auch bei Adoptivkindern anzunehmen ist (AnwK/*Herzog* Rn 7). Misshandlungen des Stiefelternteils werden jedoch über Nr. 3 erfasst (AnwK/*Herzog* Rn 7; MüKo/*Lange* Rn 11).

9 **Verbrechen oder schwere vorsätzliche Vergehen** (Nr. 3) sind nach § 12 StGB zu unterscheiden. Eine Verurteilung wird nicht vorausgesetzt (MüKo/*Lange* Rn 12). Neben Angriffen auf die Person des Erblassers kommen auch Angriffe auf dessen Eigentum oder Vermögen in Betracht (BGH NJW 1974, 1084, 1085; NJW-RR 1986, 371, 372), ohne dass es entscheidend auf das strafrechtlich geschützte Rechtsgut ankäme (etwa bei Aussagedelikten zu Lasten des Erblassers, AnwK/*Herzog* Rn 8). Wie in Nr. 2 muss auch in der Natur, sowie in Art und Weise der Straftat eine grobe Missachtung des Eltern-Kind-Verhältnisses erkennbar werden (BGH aaO). Einzelne, auch grobe Beleidigungen reichen nicht hin (RG JW 1929, 2707; s auch BGH FamRZ 1964, 86; OLG Hamburg NJW 1988, 977, 978 f; krit AnwK/*Herzog* Rn 10).

10 Geschützt sind der Erblasser und – abweichend von Nr. 2 – einschränkungslos der Ehegatte, weshalb hier auch körperliche Misshandlungen des Stiefelternteils erfasst sind (AnwK/*Herzog* Rn 11).

11 Ohne praktische Bedeutung ist die **böswillige Verletzung der ges Unterhaltspflicht** (Nr. 4). Da ges Unterhalt nur in Geld zu leisten ist (§ 1612) erfüllt die Verweigerung notwendiger tatsächlicher Sorge und Pflege nicht den Tatbestand. Die bloße Nichterfüllung einer bekannten Unterhaltsverpflichtung ist noch nicht »böswillig«. Sie muss vielmehr nach den Umständen des Einzelfalls **verwerflich** erscheinen (Staudinger/*Olshausen* Rn 16 f mwN). Aufgrund der Regresssperre des § 91 Abs. 1 S 3 BSHG verletzen Enkel die Unterhaltspflicht den Großeltern gegenüber nicht schon durch Verweis auf die Sozialhilfe (Soergel/*Dieckmann* Rn 12).

12 Der Entziehungstatbestand des **ehrlosen oder sittenwidrigen Lebenswandels** (Nr. 3; die beiden Merkmale überdecken sich, *Gotthardt* FamRZ 1987, 759; *Kanzleiter* DNotZ 1984, 29) richtet sich nicht unmittelbar gegen den Erblasser, sondern schützt die **Familienehre**. Der Pflichtteilsberechtigte soll daher insoweit nicht nur bestraft, sondern auch zur Abkehr von seinem anstößigen Lebenswandel bewegt werden (BGHZ 76, 109, 115 = NJW 1980, 936, 937 f; s auch § 2336 Abs. 4). Folglich fordert der BGH, dass tatsächlich noch familiäre Beziehungen zwischen Erblasser und Pflichtteilsberechtigtem bestehen, weil sonst ein Eingriff in die Familienehre des Erblassers nicht möglich sei (BGH aaO; OLG Hamburg NJW 1988, 977, 978). Wie für die Begründung des Pflichtteilrechts wird jedoch auch insoweit die biologische Verbundenheit ausreichen müssen (hL, MüKo/*Lange* Rn 14; AnwK/*Herzog* Rn 17; Soergel/*Dieckmann* Rn 16; *Tiedtke* JZ 1980, 717).

13 Der Begriff Lebenswandel setzt ein **dauerndes, auf Neigung beruhendes Verhalten** voraus, das bei der Pflichtteilsentziehung noch andauern muss und von dem sich der

Berechtigte auch beim Erbfall nicht abgewendet haben darf (§ 2336 Abs. 4). Einzelne ehrlose Handlungen genügen nicht (OLG Köln ZEV 1998, 144, 146; RGZ 168, 39, 42). Weiter ist **Verschulden** erforderlich, wobei schon verminderte Schuldfähigkeit die Ehr- und Sittenlosigkeit ausschließen kann. **Trunk- und Rauschgiftsucht** berechtigen daher wegen ihres Krankheitswert regelmäßig nicht zur Pflichtteilsentziehung (OLG Düsseldorf NJW 1968, 944 f; *Kanatsiz* ZFE 2004, 260 f).

Auszugehen ist zunächst von dem auch selbst praktizierten **Ehr- und Sittenverständnis** 14 **des Erblassers und seiner Familie** (RG JW 1929, 2707; OLG Hamm NJW 1983, 1067; MüKo/*Lange* Rn 15; aA RG JW 1914, 1081; OLG Hamburg NJW 1988, 977, 978; AnwK/*Herzog* Rn 20: vornehmlich objektive Wertvorstellungen der Gesellschaft maßgebend). Weichen diese Vorstellungen jedoch erheblich von den allgemein herrschenden Wertüberzeugungen ab, entfällt in einer liberal verfassten Gesellschaftsordnung die Ehrverletzung (Staudinger/*Olshausen* Rn 20; Soergel/*Dieckmann* Rn 15; *Gotthardt* FamRZ 1987, 757 schlägt eine Konkretisierung anhand der Grundsätze für eine sittenwidrige Testamentsgestaltung vor). Damit scheidet heute das nichteheliche Zusammenleben auch gleichgeschlechtlicher Paare als Entziehungsgrund aus. Es wird allgemein nicht mehr als anstößig empfunden, sondern ist sogar rechtlich anerkannt. Neben fortgesetztem Ehebruch (OLG Hamm NJW 1983, 1067; aA AK-BGB/*Däubler* 26; *Kanzleiter* DNotZ 1984, 31) können vor allem fortgesetzte Straftaten mit ehrlosem Gehalt (zB die Erscheinungsformen organisierten Verbrechens, Mitgliedschaft in einer terroristischen Vereinigung; Rauschgifthandel), aber auch Zuhälterei, Prostitution (infolge des ProstG zweifelhaft), gewerbsmäßiger Wucher, gewerbsmäßiges Glücksspiel oder unsinniges Schuldenmachen die Pflichtteilsentziehung rechtfertigen (etwa Soergel/*Dieckmann* Rn 16 f; AnwK/*Herzog* Rn 23 f jew mwN). IE ist wegen der zunehmenden Wertepluralität vieles unsicher.

Der Lebenswandel muss **wider den Willen** des Erblassers praktiziert werden. Er darf ihm 15 weder zustimmen noch gleichgültig sein, wobei Resignation kein Einverständnis bedeuten muss (Soergel/*Dieckmann* Rn 20). Ein ausdrückliches Verbot oder eine Abmahnung ist nicht erforderlich, aber schon aus Beweisgründen empfehlenswert.

D. Wirkungen

Die wirksame Pflichtteilsentziehung **nimmt alle Ansprüche**, die das Pflichtteilsrecht 16 gewährt, mithin auch die Pflichtteilsrestansprüche gem §§ 2305, 2307, 2316 Abs. 2, die Ansprüche auf Pflichtteilsergänzung gem §§ 2325, 2329 und die Auskunftsansprüche nach § 2314. Die Entziehung kann auf Teile oder sonst unzulässige Beschränkungen oder Beschwerungen begrenzt werden (Soergel/*Dieckmann* Rn 5). Sie erhöht die Quote der anderen Pflichtteilsberechtigten nicht (§ 2310 Satz 1). Abkömmlinge des von der Entziehung betroffenen Pflichtteilsberechtigten rücken nach (§ 2309; MüKo/*Lange* Rn 17).

Unter den Voraussetzungen der Pflichtteilsentziehung kann der in **Gütergemeinschaft** 17 lebende Ehegatte einem Abkömmling den ihm zustehenden Anteil am Gesamtgut entziehen, § 1513 Abs. 1. Er kann auch von einem **Erbvertrag** zurücktreten oder ihn durch Testament aufheben, sofern der Bedachte einen Entziehungsgrund verwirklicht hat, §§ 2294, 2297. Entsprechendes gilt für die Aufhebung wechselbezüglicher Verfügungen in einem **gemeinschaftlichen Testament**, § 2271 Abs. 2 Satz 2.

§ 2334 Entziehung des Elternpflichtteils

Der Erblasser kann dem Vater den Pflichtteil entziehen, wenn dieser sich einer der in § 2333 Nr. 1, 3, 4 bezeichneten Verfehlungen schuldig macht. Das gleiche Recht steht dem Erblasser der Mutter gegenüber zu, wenn diese sich einer solchen Verfehlung schuldig macht.

§ 2335 BGB | Entziehung des Ehegattenpflichtteils

A. Normzweck

1 Die Vorschrift regelt das Entziehungsrecht des Kindes gegenüber den Eltern, auch dem nichtehelichen Vater. Sie verweist hierfür auf die Entziehungsgründe der § 2333 Nrn. 1, 3 und 4. Die Ausklammerung der körperlichen Misshandlung (§ 2333 Nr. 2) ist insb nach dem Verbot körperlicher Züchtigung (§ 1631 Abs. 2 Satz 2) nicht mehr zu rechtfertigen (*Bowitz* JZ 1980, 304 hält sie deshalb für verfassungswidrig). Sie wirkt sich jedoch nicht aus, weil die relevanten Fälle durch § 2333 Nr. 3 erfasst werden (hM Soergel/*Dieckmann* Rn 1; AnwK/*Herzog* Rn 2). Ebenso wenig veranlasst erscheint heute die Aussparung des § 2333 Nr. 5 (Soergel/*Dieckmann* Rn 1), wenn auch dessen Bedeutung rückläufig ist.

B. Inhalt

2 Für die einzelnen Entziehungsgründe und Wirkungen kann im Wesentlichen auf die Erläuterungen zu § 2333 verwiesen werden. Ihre **Unterhaltsverpflichtung** verletzen Eltern aber auch, wenn sie die Erziehung oder Berufsausbildung ihrer Kinder vernachlässigen (§ 1610 Abs. 2) oder notwendige Betreuungsleistungen (§ 1606 Abs. 3 Satz 2) nicht erbringen. Eine missbräuchliche Handhabung der elterlichen Sorge und Vernachlässigung des Kindes wird auch in schweren Fällen (vgl § 1666) einer Unterhaltspflichtverletzung nicht gleichgestellt (Soergel/*Dieckmann* Rn 2). Erst wenn § 171 StGB verwirklicht ist, kommt § 2333 Nr. 3 in Betracht (zu Recht krit MüKo/*Lange* Rn 3). Ein von den Eltern verlorener Unterhaltsprozess indiziert noch keine Böswilligkeit (Soergel/*Dieckmann* Rn 2).

§ 2335 Entziehung des Ehegattenpflichtteils

Der Erblasser kann dem Ehegatten den Pflichtteil entziehen:

1. wenn der Ehegatte dem Erblasser oder einem Abkömmling des Erblassers nach dem Leben trachtet,

2. wenn der Ehegatte sich einer vorsätzlichen körperlichen Misshandlung des Erblassers schuldig macht,

3. wenn der Ehegatte sich eines Verbrechens oder eines schweren vorsätzlichen Vergehens gegen den Erblasser schuldig macht,

4. wenn der Ehegatte die ihm dem Erblasser gegenüber gesetzlich obliegende Unterhaltspflicht böswillig verletzt.

A. Normzweck

1 Die Vorschrift regelt das Entziehungsrecht zwischen **Eheleuten**. Sie wurde mit dem 1. Eherechtsreformgesetz v 4. 6. 1976 neu gefasst und trat am 1. 7. 1977 in Kraft. Gegenüber den früheren Entziehungsgründen, die an die Scheidungsgründe alten Rechts angelehnt waren, verkürzt es mit den nunmehr an § 2333 Nr. 1 – 4 orientierten Gründen das Entziehungsrecht der Ehegatten (zur Übergangsproblematik BGH NJW 1989, 2054 f: bei Erbfällen nach dem 31. 6. 1977 ausschließlich neues Recht anwendbar). Für **Lebenspartner** gilt sie entsprechend, § 10 Abs. 6 S 2 LPartG. Die Neufassung ist insb wegen ihrer Widersprüche zum Unterhaltsrecht (insb §§ 1579, 1586b BGB) wenig gelungen (Soergel/*Dieckmann* Rn 2).

B. Die Entziehungsgründe

2 Die Gründe sind § 2333 Nrn. 1 – 4 nachgebildet. Insoweit ist zunächst auf die dortige Kommentierung zu verweisen. Geschützt wird außerhalb der Nr. 1 nur der Ehegatte. Ergänzend gilt:

Abkömmlinge iSd Nr. 1 sind die in gerader, absteigender Linie mit dem Erblasser ver- 3
wandten Personen (vgl § 1924 Abs. 1), einschließlich der nichtehelichen Kinder, soweit
ihre Vaterschaft anerkannt oder festgestellt ist, der scheinehelichen Kinder iSd § 1592 Nr. 1
(Soergel/*Dieckmann* Rn 6) und der angenommenen Kinder.

An die Stelle der Gefühlsrohheiten alten Rechts, die auch seelische Misshandlungen 4
umfassten, sind die körperlichen Misshandlungen getreten (Nr. 2; vgl § 2333 Rn 7). In
ihnen muss eine schwere Verletzung der ehelichen Beziehung (vgl § 1353) zum Ausdruck
kommen (AnwK/*Herzog* Rn 2; s auch OLG Köln ZEV 1996, 430 = OLGR 1997, 37 ff).
Entsprechendes gilt für die Verbrechen und Vergehen der Nr. 3.

Die **böswillige Verletzung der Unterhaltspflicht** bezieht sich auf die erheblich komple- 5
xere Rechtslage zwischen Eheleuten. Sie zeichnet sich durch wechselseitige Unterhaltspflichten aus, die nach einer einvernehmlichen Absprache teils in Geld, teils in Arbeitsleistungen zu erfüllen sind (§§ 1356, 1360 f). Die für Böswilligkeit erforderliche Kenntnis
der konkreten Unterhaltspflicht und ihre erhebliche Vernachlässigung lässt sich daher nur
schwer nachweisen (Staudinger/*Olshausen* Rn 16). Die einseitige Aufkündigung der bisherigen Aufgabenverteilung insb bei einer Trennung wird nur unter zusätzlichen Umständen (grobe Rücksichtslosigkeit, Unzeit) zur Pflichtteilsentziehung berechtigen (näher
Soergel/*Dieckmann* Rn 11).

C. Wirkungen

Auch insoweit kann zunächst auf § 2333 Rn 16 verwiesen werden. Bezüglich des nach- 6
ehelichen Unterhaltsanspruchs kann eine Pflichtteilsentziehung sinnvoll bleiben, auch
wenn das Pflichtteilsrecht schon wegen der Scheidung oder Aufhebung der Ehe entfällt.
Durch die wirksame Entziehung wird der für den Unterhaltsanspruch gegen die Erben
(§ 1586b Abs. 1 Satz 3) maßgebende Pflichtteil auf Null gestellt. Dadurch wird der Unterhaltsanspruch über § 1579 hinaus ausgeschlossen. Deshalb lässt die hL eine Pflichtteilsentziehung auch noch nach Scheidung oder Aufhebung zu, soweit die Gründe während
der Ehezeit verwirklicht wurden (Soergel/*Dieckmann* Rn 3; AnwK/*Herzog* Rn 4). Darüber
hinaus kann in der Gütergemeinschaftsehe die Fortsetzung der Gütergemeinschaft ausgeschlossen werden, wenn ein Entziehungsgrund vorliegt, § 1509. Ein (teilweiser) Ausschluss des Zugewinnausgleichs ist dagegen nur nach der Billigkeitsvorschrift des § 1381
möglich.

§ 2336 Form, Beweislast, Unwirksamwerden

(1) Die Entziehung des Pflichtteils erfolgt durch letztwillige Verfügung.

(2) Der Grund der Entziehung muss zur Zeit der Errichtung bestehen und in der
Verfügung angegeben werden.

(3) Der Beweis des Grundes liegt demjenigen ob, welcher die Entziehung geltend
macht.

(4) Im Falle des § 2333 Nr. 5 ist die Entziehung unwirksam, wenn sich der Abkömmling
zur Zeit des Erbfalls von dem ehrlosen oder unsittlichen Lebenswandel dauernd abgewendet hat.

A. Normzweck

Die Bestimmung regelt Form und Inhalt der Entziehungserklärung des Erblassers. Da- 1
neben enthält sie eine Beweislastregelung und bestimmt, dass der Entziehungsgrund zur
Zeit der Errichtung bestehen, und – beschränkt auf den anstößigen Lebenswandel – beim
Erbfall noch fortdauern muss.

B. Form und Inhalt, Abs. 1 und 2

2 Die Entziehung des Pflichtteils bedarf der **Form einer letztwilligen Verfügung**, mithin eines Testaments oder Erbvertrags. Sowohl der Wille, den Pflichtteil zu entziehen, wie der Entziehungsgrund müssen formgerecht erklärt und bezeichnet werden. Wird sie im Erbvertrag oder einem gemeinschaftlichen Testament von beiden Ehegatten angeordnet, bleibt sie dennoch nur eine einseitige Verfügung (§§ 2270 Abs. 3, 2278 Abs. 2), die nicht den vertraglichen Bindungen und Widerrufsbeschränkungen unterliegt (Soergel/*Dieckmann* Rn 2).

3 Der **Entziehungswille** muss zumindest schlüssig **erklärt** werden (OLG Hamm FamRZ 1972, 660 m Anm *Bosch*; Soergel/*Dieckmann* Rn 3). Rechtlich bedeutet »Enterbung« nicht Pflichtteilsentziehung. Ist dem Erblasser dieser Unterschied vertraut, wird dieser Begriff daher nicht iS einer Pflichtteilsentziehung auszulegen sein (OLG Düsseldorf NJW-RR 1995, 520, 521). Umgekehrt spricht es für eine Pflichtteilsentziehung, wenn der Wille deutlich wird, dass der Betroffene überhaupt nichts erhalten soll und gleichzeitig Gründe für diese »Enterbung« genannt werden, was bei einer Enterbung im rechtlichen Sinn nicht erforderlich wäre (OLG Hamm aaO). In der Entziehung liegt regelmäßig eine schlüssige Enterbung (es sei denn, sie ist für den Fall ausgesprochen, dass der Berechtigte eine belastende Erbschaft ausschlägt, BayObLG ZEV 2000, 280 ff). Sie bleibt idR wirksam, wenn die Entziehung sich als unwirksam erweist (Soergel/*Dieckmann* Rn 14). Möglich bleibt eine Anfechtung nach § 2078 Abs. 2. Bei einer Abkehr vom anstößigen Lebenswandel könnte allerdings § 2085 eingreifen (OLG Hamm OLGZ 1973, 83; s auch BayObLG FamRZ 1996, 826, 828).

4 Die **Entziehungsgründe** müssen in der letztwilligen Verfügung selbst formgerecht (dh von der Unterschrift gedeckt, RG Recht 1914 Nr. 1292) so **konkret und unverwechselbar** angegeben werden, dass beurteilt werden kann, auf welche Vorfälle die Entziehung gestützt wurde und nicht nachträglich andere, für den Erblasser nicht bestimmende Ereignisse nachgeschoben werden können. Diese Anforderungen sind verfassungsrechtlich unbedenklich (BVerfG NJW 2005, 2691; im Grundsatz auch schon BVerfG NJW 2005, 1561, 1565). Die Angabe eines **Kernsachverhalts** genügt; nicht jedoch die Wiederholung des Gesetzeswortlauts oder die Erhebung zeitlich, örtlich und inhaltlich nicht näher konkretisierter Vorwürfe (BGH NJW 1985, 1554, 1555 f; LM § 2336 BGB Nr. 1; OLG Frankfurt OLGR 2005, 867, 868 f; OLG Düsseldorf OLGR 2001, 95, 96; OLG Köln ZEV 1998, 144, 145 f; großzügiger noch OLG Köln ZEV 1996, 430 = OLGR 1997, 37, 38; zu eng dagegen OLG Düsseldorf NJW-RR 1995, 520, 521 f: Angabe eines Faustschlags ins Gesicht nicht ausreichend, MüKo/*Lange* Rn 6 mwN). Auch die Verweisung auf andere Schriftstücke soll grds nicht genügen, solange nicht aus dem Testament selbst die konkreten Vorfälle hinreichend deutlich werden (BGH NJW 1985, 1554, 1555; aA Soergel/*Dieckmann* Rn 7; *Schubert* JR 1986, 26 unter Berufung auf die allgemeinen Auslegungsgrundsätze). Lockerungen werden für den Tatbestand des § 2333 Nr. 5 erwogen (RGZ 95, 24, 26; offengelassen BGH NJW 1985, 1554, 1555). Auch hier dürfte aber wenigstens eine inhaltliche Konkretisierung des beanstandeten Verhaltens erforderlich sein (OLG Köln OLGR 2002, 59 f). Es ist ratsam klarzustellen, dass jeder der genannten Gründe für sich die Pflichtteilsentziehung tragen soll (AnwK/*Herzog* Rn 6).

C. Vorliegen des Grundes, Abs. 2 und 4

5 Die entziehungsbegründenden Tatsachen müssen bei Errichtung der Verfügung vorliegen, Abs. 2. Später eintretende Umstände rechtfertigen eine mit ihrem künftigen Eintreten bedingte Entziehung nicht. Sie müssen zur Grundlage einer erneuten Entziehung gemacht werden. Im Rahmen der Beweiswürdigung können sie allerdings als Indiz für zurückliegende Vorfälle herangezogen werden (Soergel/*Dieckmann* Rn 9; zweifelnd AnwK/*Herzog* Rn 7). Die grds mögliche Entziehung wegen eines nur vermuteten Sachverhalts (RG DR 1939, 382; Soergel/*Dieckmann* Rn 4), setzt jedoch voraus, dass dieser hinreichend konkret bezeichnet werden kann (AnwK/*Herzog* Rn 7).

Abs. 4 lässt zugunsten des Berechtigten die Pflichtteilsentziehung unwirksam werden, 6
wenn er sich bis spätestens zum Erbfall auf Dauer von seinem unsittlichen Lebenswandel
abwendet. Eine spätere Besserung bleibt ebenso unbeachtlich, wie ein späterer Rückfall, es
sei denn dieser steht einer nachhaltigen Besserung entgegen (Staudinger/*Olshausen*
Rn 23). Ob einer Feststellungsklage insoweit das Feststellungsinteresse fehlt (Staudinger/
Olshausen Rn 23), ist zweifelhaft, weil die Chancen, vor dem Erbfall über das Pflichtteilsrecht zu verfügen, schon durch die Entziehung geschmälert werden (vgl BGH NJW 2004,
1874 f).

D. Darlegungs- und Beweislast, Abs. 3

Abs. 3 legt die Beweislast für den Grund der Entziehung demjenigen auf, der sich darauf 7
beruft; regelmäßig also dem Erben oder Beschenkten als Pflichtteilsschuldner, im lebzeitig
geführten Feststellungsprozess (§ 2333 Rn 3) dem Erblasser. Dies gilt auch für das Verschulden bzw das Nichtvorliegen von Rechtfertigungs- und Entschuldigungsgründen, die
vom Berechtigten geltend gemacht werden (BGH NJW-RR 1986, 371, 372; OLG Düsseldorf
NJW 1968, 944; MüKo/*Lange* Rn 8). BGH ZEV 1998, 142, 143 bürdet allerdings die Beweislast für die Schuldunfähigkeit entsprechend § 827 dem pflichtteilsberechtigten Kläger
auf (so auch AnwK/*Herzog* Rn 10; Soergel/*Dieckmann* Rn 10). Die Beweislast für die nachhaltige Aufgabe des Lebenswandels und die Verzeihung trägt hingegen der Pflichtteilsberechtigte (RGZ 77, 162, 163; Soergel/*Dieckmann* Rn 10; aA AnwK/*Herzog* § 2333 Rn 18:
Erben müssen mit dem Beweis der Neigung auch dauerhafte Abkehr ausschließen). UU ist
ein selbständiges Beweisverfahren in Betracht zu ziehen, um wenigstens Beweisschwierigkeiten durch Zeitablauf entgegen zu wirken.

§ 2337 Verzeihung

*Das Recht zur Entziehung des Pflichtteils erlischt durch Verzeihung. Eine Verfügung,
durch die der Erblasser die Entziehung angeordnet hat, wird durch die Verzeihung
unwirksam.*

A. Normzweck

Wie in § 532 Satz 1 für die Schenkung und in § 2343 für die Erbunwürdigkeit sieht auch 1
§ 2337 für die Pflichtteilsentziehung die Möglichkeit einer Verzeihung vor (zur gleich-
laufenden Bedeutung BGH NJW 1984, 2089, 2090). Sie führt dazu, dass eine Pflichtteilsentziehung unwirksam wird bzw nicht mehr möglich ist.

B. Voraussetzungen

Die Verzeihung ist ein **rein tatsächlicher innerer Vorgang** – weder Rechtsgeschäft noch 2
rechtsgeschäftsähnliche Handlung –, der dazu führt, dass der Erblasser selbst die seitens
des Pflichtteilsberechtigten erfahrenen Kränkungen, auch wenn sie Angehörige betroffen
haben, nicht mehr als solche empfindet (BGH NJW 1984, 2089, 2090 f; LM § 2337 Nr. 1;
Soergel/*Dieckmann* Rn 1 f). Diese Haltungsänderung muss jedoch objektiv nach außen treten, dh zum Ausdruck gebracht werden (BGH aaO; etwas missverständlich auch BGH
NJW 1974, 2084, 2085). Die Wirkungen auf das Recht zur Pflichtteilsentziehung müssen
ihm nicht bewusst sein (MüKo/*Lange* Rn 1; Soergel/*Dieckmann* Rn 7; aA Staudinger/*Olshausen* Rn 2).
Sie setzt **Kenntnis der verletzenden Verhaltensweise** voraus. Sieht der Erblasser künftig 3
über eine ihm bekannte Verletzung hinweg, bleibt daher eine Pflichtteilsentziehung wegen
einer ihm bislang unbekannten Kränkung möglich, muss dann aber eigens und formgerecht erklärt werden (Soergel/*Dieckmann* Rn 10). IE sind die Voraussetzungen fließend

und stark einzelfallabhängig. Eine Versöhnung wird zwar nicht zwingend gefordert (OLG Köln ZEV 1998, 144, 146); auch nicht die Wiederherstellung des ursprünglichen Verhältnisses (BGH NJW 1984, 2089, 2090; LM § 2337 Nr. 1). Andererseits reicht bloße Gleichgültigkeit bei völliger Entfremdung (BGH aaO) oder gelegentlicher höflicher Umgang nicht aus (Soergel/*Dieckmann* Rn 5); genauso wenig eine bloß in Aussicht gestellte Versöhnung (Soergel/*Dieckmann* Rn 9), wohl aber die in Form eines Vergleichs (BGH NJW 1974, 1084, 1085) oder einer nachfolgenden Nacherbeinsetzung (OLG Köln OLGR 1997, 321 = ZEV 1996, 144, 146) offenbarte Vorstellung, die früheren Verletzungen als bereinigt anzusehen, und das Verlangen einer Entschuldigung, obwohl die Kränkung als solche nicht mehr empfunden wird und der Pflichtteilsberechtigte damit nur noch diszipliniert werden soll (BGH NJW 1989, 2089, 2091). Zur Beweislast s § 2336 Rn 7.

C. Wirkung

4 Mit der Verzeihung erlischt das Recht, den Pflichtteil zu entziehen, S 1. Eine schon angeordnete Pflichtteilsentziehung wird wirkungslos, S 2. Das gilt auch, wenn das Entziehungsrecht schon durch Feststellungsurteil anerkannt wurde (AnwK/*Herzog* Rn 1). Verschlechtern sich die Beziehungen nachträglich wieder, bleiben die Verzeihungswirkungen bestehen (AnwK/*Herzog* Rn 2). Sie beziehen sich grds nur auf die Entziehung. Die damit regelmäßig verbundene Enterbung bleibt bestehen, es sei denn § 2085 BGB wäre anwendbar (MüKo/*Lange* Rn 6).

5 Anders wäre es, wenn der Erblasser die Pflichtteilsentziehung widerruft, ohne dass darin zugleich eine Verzeihung zu sehen ist. Dann kann er durch **Widerruf** des Widerrufs die Entziehungswirkungen wieder herstellen (Bamberger/Roth/*Mayer* Rn 6; Soergel/*Dieckmann* Rn 17).

§ 2338 Pflichtteilsbeschränkung

(1) Hat sich ein Abkömmling in solchem Maße der Verschwendung ergeben oder ist er in solchem Maße überschuldet, dass sein späterer Erwerb erheblich gefährdet wird, so kann der Erblasser das Pflichtteilsrecht des Abkömmlings durch die Anordnung beschränken, dass nach dem Tode des Abkömmlings dessen gesetzliche Erben das ihm Hinterlassene oder den ihm gebührenden Pflichtteil als Nacherben oder als Nachvermächtnisnehmer nach dem Verhältnis ihrer gesetzlichen Erbteile erhalten sollen. Der Erblasser kann auch für die Lebenszeit des Abkömmlings die Verwaltung einem Testamentsvollstrecker übertragen; der Abkömmling hat in einem solchen Falle Anspruch auf den jährlichen Reinertrag.

(2) Auf Anordnungen dieser Art findet die Vorschrift des § 2336 Abs. 1 bis 3 entsprechende Anwendung. Die Anordnungen sind unwirksam, wenn zur Zeit des Erbfalls der Abkömmling sich dauernd von dem verschwenderischen Leben abgewendet hat oder die den Grund der Anordnung bildende Überschuldung nicht mehr besteht.

A. Normzweck

1 Im Gegensatz zum Strafcharakter der Pflichtteilsentziehung schafft die Pflichtteilsbeschränkung die praktisch wenig genutzte Möglichkeit, iS einer Art **Zwangsfürsorge** das Vermögen des Erblassers dem pflichtteilsberechtigten Abkömmling in einer Weise zukommen zu lassen, die es vor dem Zugriff seiner Gläubiger und seiner eigenen Verschwendungssucht bewahrt. Dafür lässt die Vorschrift in Abweichung von §§ 2306 f bestimmte, abschließend bezeichnete Beschränkungen zu.

B. Voraussetzungen

Die wohlmeinende Pflichtteilsbeschränkung ist nur gegenüber **Abkömmlingen** jeden 2
Grades, auch nichtehelichen und adoptierten Kindern, nicht aber gegenüber Eltern, Ehegatten und Lebenspartnern zulässig. Letzteren gegenüber bleibt nur die (teilweise) Pflichtteilsentziehung, die gegenüber den Abkömmlingen zusätzlich angeordnet werden kann (Soergel/*Dieckmann* Rn 3). Die Tatbestandsmerkmale müssen in der Person des Abkömmlings, nicht etwa nur bei dessen Angehörigen erfüllt sein (Staudinger/*Olshausen* Rn 8).

Verschwendung ist in Anlehnung an § 6 Nr. 2 aF der Hang zu unvernünftigen, sinn- und 3
zwecklosen Ausgaben oder zu unwirtschaftlichem Gebaren (RG JW 1914, 862 f; *Baumann* ZEV 1996, 122). Anders als in § 6 Nr. 2 aF muss der Pflichtteilsberechtigte sich und seine Familie dadurch nicht in die Gefahr eines Notstandes bringen (MüKo/*Lange* Rn 4).

Überschuldung liegt nach allgemeinem Sprachgebrauch vor, wenn die Passiva die Aktiva 4
übersteigen (vgl § 19 Abs. 2 InsO). Da bei natürlichen Personen nur die Zahlungsunfähigkeit, nicht die Überschuldung Insolvenzgrund ist, berechtigt die Eröffnung eines Insolvenzverfahrens über das Vermögen des Pflichtteilsberechtigten allein noch nicht zur Pflichtteilsbeschränkung (Staudinger/*Olshausen* Rn 10).

Überschuldung und Verschwendung müssen – möglicherweise auch kumulativ – **ob-** 5
jektiv erwarten lassen, dass der hinterlassene Erb- oder Pflichtteil entweder dem Zugriff der Gläubiger oder der Vergeudung durch den Pflichtteilsberechtigten anheim fällt (*Mayer* HB Pflichtteilsrecht, § 10 Rn 55; aA Staudinger/*Olshausen* Rn 9; *Baumann* ZEV 1996, 122, die auch die Erwartung, sonstiges Vermögen würde verschwendet, ausreichen lassen). Eine aktuell bestehende Überschuldung allein rechtfertigt daher die Beschränkung nicht, wenn – etwa bei einer erfolgversprechenden Unternehmensgründung – die Aussicht besteht, dass sie zurückgeführt werden kann (MüKo/*Lange* Rn 5). Vergleichbare Gefährdungen des hinterlassenen Familienvermögens durch Trunk- oder Rauschgiftsucht, Sektenmitgliedschaft oder psychischen Störungen sollen nicht genügen (vgl Mot V 437; Staudinger/*Olshausen* Rn 8), obwohl dadurch veranlasste unverhältnismäßige Ausgaben zumindest wirtschaftlich kaum als sinnvoll angesehen werden können (zu Recht für eine erweiternde Auslegung daher AnwK/*Herzog* Rn 6; *Baumann* ZEV 1996, 121, 127).

Der **Beschränkungsgrund** muss **bei Errichtung der letztwilligen Verfügung** vorliegen, 6
Abs. 2 Satz 1 iVm § 2336 Abs. 2. Drohende Überschuldung genügt daher nicht, es sei denn es hat sich darin bereits ein Hang zur Verschwendung manifestiert. Er muss aber auch noch **beim Erbfall** vorliegen, Abs. 2 Satz 2. Zwischenzeitliche Veränderungen sind ebenso unbeachtlich, wie eine Änderung nach dem Erbfall. Allerdings kann der Erblasser verfügen, dass die Beschränkungen bei einer Besserung entfallen sollen, was uU auch eine ergänzende Auslegung ergeben kann (KG HRR 1942 Nr. 691; Staudinger/*Olshausen* Rn 13).

Für die **Form** der Beschränkungsanordnung gilt nach Abs. 2 Satz 1 § 2336 Abs. 1 (s dort 7
Rn 2 auch zur »Einseitigkeit« der Anordnung). In der **letztwilligen Verfügung** muss auch der **Beschränkungsgrund genannt** sein, Abs. 2 Satz 1 iVm § 2336 Abs. 2. Wegen der anderen Zweckrichtung können aber die strengen Anforderungen für die bestrafende Pflichtteilsentziehung nicht unbesehen übertragen werden. Sachverhaltskern und Art des Grundes müssen jedoch hinreichend umschrieben sein, schon um die Beweisschwierigkeiten in Grenzen zu halten (allg Meinung, OLG Köln MDR 1983, 318; Staudinger/*Olshausen* Rn 16; *Baumann* ZEV 1996, 123).

C. Die möglichen Beschränkungsanordnungen und ihre Wirkung

§ 2338 umschreibt die zulässigen **Beschränkungen abschließend** (AnwK/*Herzog* Rn 8). 8
Sie können aber – was häufig sinnvoll ist – miteinander verbunden werden (KG OLG 6, 332; Soergel/*Dieckmann* Rn 8). Soweit die Beschränkungen § 2338 nicht entsprechen, unterliegen sie den §§ 2306 f. Sie werden also außerhalb von § 2306 Abs. 1 Satz 1 nicht per se

§ 2338 BGB | Pflichtteilsbeschränkung

unwirksam (Soergel/*Dieckmann* Rn 11). Vielmehr muss der Pflichtteilsberechtigte ausschlagen, um sich den Pflichtteil zu sichern. Außerdem kommt ein Pflichtteilsrestanspruch gem §§ 2305, 2307 in Betracht. Soweit die Beschränkungen § 2338 entsprechen und das Hinterlassene nicht größer ist als die Hälfte des ges Erbteils, wird der Pflichtteilsrestanspruch von der Anordnung erfasst, wie wenn er von vornherein auf einen beschränkten Pflichtteilsanspruch gesetzt wurde. Für den Pflichtteilsergänzungsanspruch gilt entsprechendes (Soergel/*Dieckmann* Rn 9 u Rn 11). Die Ausschlagung eines Erbteils, der die Hälfte des ges Erbteils nicht übersteigt, führt insoweit zum Verlust des Pflichtteilsanspruchs (§ 2306 Rn 19). Schlägt der Abkömmling einen größeren Erbteil oder ein Vermächtnis aus, das entsprechend § 2338 belastet ist, erhält er einen ebenso belasteten Pflichtteilsanspruch (RGZ 85, 347; Soergel/*Dieckmann* Rn 9; aA MüKo/*Lange* Rn 10 mwN).

9 Der Abkömmling kann bzgl des Hinterlassenen oder seines Pflichtteils nur **auf seinen Tod** als Vorerbe und seine **ges Erben als Nacherben oder Nachvermächtnisnehmer** eingesetzt werden. Eine abweichende Bedingung macht ebenso wie eine abweichende Bestimmung der Nacherben die Beschränkung iSd § 2338 unwirksam (KG OLGE 6, 332 ff). Die individuelle Bezeichnung der Nacherben ist daher wegen der möglichen Veränderungen bis zum Nacherbfall nicht tunlich (Staudinger/*Olshausen* Rn 22 mit denkbarem Ausnahmefall). Allerdings kann die Nacherben-/Nachvermächtnisnehmerstellung auf eine oder mehrere ges Ordnungen beschränkt werden (Staudinger/*Olshausen* Rn 2m Prot V 573). Ganz überwiegend wird auch der Ausschluss desjenigen zugelassen, dem der Erblasser den Pflichtteil entziehen könnte (Staudinger/*Olshausen* Rn 23; Soergel/*Dieckmann* Rn 12; RG Recht 1914 Nr. 645; aA MüKo/*Frank* Rn 12). Tritt der Nacherbfall nicht ein, weil beim Tod des Abkömmlings keine Nacherben/Nachvermächtnisnehmer der festgelegten Ordnung vorhanden sind, fällt das Hinterlassene an dessen gewillkürte oder ges Erben (MüKo/*Lange* Rn 8).

10 Ist **Nacherbschaft** angeordnet, unterliegt der Abkömmling als Vorerbe den Verfügungsbeschränkungen der §§ 2113 f. Ein Zugriff der Gläubiger auf das Hinterlassene wird durch § 2115, auf die daraus fließenden Nutzungen in den Grenzen des § 863 Abs. 1 Satz 1 ZPO abgewehrt (vgl RGZ 85, 348 ff).

11 Ist ein **Nachvermächtnis** angeordnet bzw erhält der Abkömmling – auch nach Ausschlagung (Rn 8) – einen entsprechend § 2338 belasteten Pflichtteilsanspruch, der hinsichtlich der ges Erben wie ein Nachvermächtnis behandelt wird (Staudinger/*Olshausen* Rn 27; Soergel/*Dieckmann* Rn 16), besteht kein lebzeitiger Schutz vor Verfügungen des Abkömmlings selbst oder vor Zugriffen seitens seiner Gläubiger. In diesem Fall ist daher zusätzlich zur Anordnung der Testamentsvollstreckung zu raten.

12 Der Erblasser kann auch **Verwaltung durch einen Testamentsvollstrecker** mit der Maßgabe anordnen, dass dem Pflichtteilsberechtigten der jährliche Reinertrag verbleibt. Damit entzieht er diesem die Verfügungsbefugnis (§ 2211) und schränkt gleichzeitig den Zugriff der Gläubiger auf das Hinterlassene und die Erträge ein, §§ 2214 BGB, 863 Abs. 1 Satz 2 ZPO (zur Wirkung in der Insolvenz des Erben BGH ZIP 2006, 1258 ff). Um die Gläubiger über den Tod des Abkömmlings vom Hinterlassenen fernzuhalten, muss allerdings daneben Nacherbschaft oder weitere Testamentsvollstreckung angeordnet werden (*Baumann* ZEV 1996, 125 f).

13 Erstreckt der Erblasser die Testamentsvollstreckung auf den Reinertrag, kann der Abkömmling dies auch zu Lasten seiner Gläubiger gelten lassen (OLG Bremen FamRZ 1984, 213). Unwirksam ist dagegen die Anordnung, dass die Reinerträge nur bei Abtretung oder Pfändung unter die Verwaltungsvollstreckung fallen (Soergel/*Dieckmann* Rn 18; Staudinger/*Olshausen* Rn 29; aA RG Warn 1919 Nr. 71; OLG Bremen FamRZ 1984, 213; Erman/*Schlüter* Rn 4 unter unzutreffender Berufung auf § 135).

14 Der in Gütergemeinschaft lebende Ehegatte kann den Anteil eines Abkömmlings, den dieser bei fortgesetzter Gütergemeinschaft am Gesamtgut erwirbt, entsprechend beschränken, § 1513 Abs. 2.

D. Darlegungs- und Beweislast

Die Beweislast für den Beschränkungsgrund trägt derjenige, der sich darauf beruft, Abs. 2 15
Satz 1 iVm § 2336 Abs. 2, regelmäßig also der Testamentsvollstrecker, Nacherbe oder Nachvermächtnisnehmer. Für den späteren Wegfall des Beschränkungsgrundes gem Abs. 2 Satz 2 ist jedoch der Abkömmling oder sein Gläubiger darlegungs- und beweisbelastet (MüKo/*Lange* Rn 19).

Abschnitt 6 Erbunwürdigkeit
§ 2339 Gründe für Erbunwürdigkeit

(1) Erbunwürdig ist:

1. wer den Erblasser vorsätzlich und widerrechtlich getötet oder zu töten versucht oder in einen Zustand versetzt hat, infolge dessen der Erblasser bis zu seinem Tode unfähig war, eine Verfügung von Todes wegen zu errichten oder aufzuheben,

2. wer den Erblasser vorsätzlich und widerrechtlich verhindert hat, eine Verfügung von Todes wegen zu errichten oder aufzuheben,

3. wer den Erblasser durch arglistige Täuschung oder widerrechtlich durch Drohung bestimmt hat, eine Verfügung von Todes wegen zu errichten oder aufzuheben,

4. wer sich in Ansehung einer Verfügung des Erblassers von Todes wegen einer Straftat nach den §§ 267, 271 bis 274 des Strafgesetzbuches schuldig gemacht hat.

(2) Die Erbunwürdigkeit tritt in den Fällen des Absatzes 1 Nr. 3, 4 nicht ein, wenn vor dem Eintritt des Erbfalls die Verfügung, zu deren Errichtung der Erblasser bestimmt oder in Ansehung deren die Straftat begangen worden ist, unwirksam geworden ist, oder die Verfügung, zu deren Aufhebung er bestimmt worden ist, unwirksam geworden sein würde.

A. Allgemeines

In § 2339 sind die Erbunwürdigkeitsgründe erschöpfend aufgeführt. Eine Unterscheidung 1
zwischen gewillkürter und ges Erbfolge hat der Gesetzgeber nicht vorgenommen. Motiv und Zweck der Tat sind unerheblich (Erman/*Schlüter* § 2339 Rn 2).
Der Verlust des Erbrechts erfolgt nach dem Erbfall und nur über ein rechtskräftiges Urteil, 2
§ 2342 Abs. 2, das nach dem Erbfall durch rechtsgestaltende Anfechtung des Erbanfalls im Klageweg durch den Anfechtungsberechtigten herbeigeführt werden kann und nur im Verhältnis zu einem bestimmten Erblasser wirkt. Nur unter den Voraussetzungen des § 2345 genügt die Anfechtungserklärung. Danach hat der Anfechtungsberechtigte ein Wahlrecht: Er kann sich mit der ihn beeinträchtigenden erbrechtlichen Situation abfinden oder durch ein rechtsgestaltendes Urteil die Erbunwürdigkeit herbeiführen, § 2342 Abs. 2 (Erman/*Schlüter* Vor § 2339 Rn 2).
Die Feststellung der Erbunwürdigkeit ist nur im Rahmen eines Rechtsstreits aufgrund 3
einer Anfechtungsklage möglich, nicht aber im Erbscheinsverfahren (BayObLGZ 1973, 257) mit der Folge, dass die erfolgreiche Anfechtung dem pflichtteilsberechtigten Erben nicht nur die Erb-, sondern auch die Pflichtteilsrechte nimmt, §§ 2342, 2344, 2345 Abs. 2.
Zweck der Erbunwürdigkeitsgründe ist die Unterdrückung des wahren Erblasserwillens 4
durch Handlungen des Erbunwürdigen, wobei alle Formen der Beteiligung erfasst werden. Im Übrigen kommt es auch nicht auf den Ort der Handlung an, weshalb die Unrechtstatbestände auch im Ausland erfüllt werden können (*Ferid* GRUR Intern Teil 1973, 474).

§ 2339 BGB | Gründe für Erbunwürdigkeit

5 Nach § 2343 erlischt das Anfechtungsrecht, wenn der Erblasser dem Erbunwürdigen noch zu seinen Lebzeiten verziehen hat.

6 Ist die Verfügung von Todes wegen bereits vor dem Erbfall unwirksam, so tritt die Erbunwürdigkeit nicht ein, § 2339 Abs. 2. Dabei muss der späteren Unwirksamkeit durch Widerruf die ursprüngliche Unwirksamkeit wegen Formmangels gleichgestellt werden (hM; aA: MüKo/*Frank* § 2339 Rn 30).

7 Das Vorliegen eines Erbunwürdigkeitsgrundes führt nicht automatisch zum Ausschluss des Zugewinnausgleichsanspruchs nach § 1381 (OGL Karlsruhe FamRZ 1987, 823). Nur dann, wenn die Tötung durch den ausgleichsberechtigten Ehegatten als besonders verwerflich zu bewerten ist, muss sie mit einer lang dauernden Eheverfehlung gleichgesetzt werden, die den völligen Ausschluss des Zugewinnausgleichsanspruchs rechtfertigt (BGH FamRZ 1966, 560).

B. Tötung des Erblassers (Nr. 1)

8 Der Erbunwürdigkeitsgrund der Tötung umfasst sämtliche auf die Tötung gerichteten Tatbestände des StGB einschließlich der versuchsweisen Begehung mit Ausnahme der Tötung auf Verlangen (§ 216 StGB), die wie die Verzeihung zu bewerten ist. Tritt der Täter von der versuchten Tötung zurück, entfällt nicht nur die Strafbarkeit, sondern auch die Erbunwürdigkeit (Palandt/*Edenhofer* § 2339 Rn 2). Die Tötung des Vorerben durch den Nacherben fällt nicht unter § 2339 Nr. 1, da der Vorerbe Erbe und nicht Erblasser ist. Der BGH wendet § 162 Abs. 2 analog an, um diese Gesetzeslücke zu schließen (FamRZ 1968, 518; für die direkte Anwendung des § 162 Abs. 2: MüKo/*Frank* § 2339 Rn 8). Daher kann sich der Nacherbe nicht auf den Eintritt des Nacherbfalls berufen (BGH NJW 1968, 2051).

9 Die Tötung muss vorsätzlich und rechtswidrig begangen sein, wobei die Absicht, die Testierunfähigkeit herbeizuführen, nicht erforderlich ist. Daher scheiden sowohl die fahrlässige Tötung als auch die Körperverletzung mit Todesfolge aus dem Anwendungsbereich des § 2339 Nr. 1 aus.

10 Beruft sich der Täter hinsichtlich der Tatbegehung auf Zurechnungsunfähigkeit, trägt er nach § 827 die Beweislast für sein Vorbringen; der Grundsatz in dubio pro reo findet nur im Strafprozess Anwendung (BGH NJW 1988, 822).

C. Herbeiführung der Testierunfähigkeit (Nr. 1)

11 Der Täter ist nur dann erbunwürdig, wenn er den Erblasser dauerhaft in einen Zustand versetzt, der es ihm unmöglich macht, zu testieren (Palandt/*Edenhofer* § 2339 Rn 3). Den Tatbestand erfüllen insb die Herbeiführung von Siechtum, körperliche Verstümmelung oder die Geisteskrankheit durch Vergiften. Nicht erforderlich ist, dass der Täter beabsichtigt, den Erblasser testierunfähig zu machen. Der Versuch zur Herbeiführung der Testierunfähigkeit genügt nicht (Staudinger/*v. Olshausen* § 2339 Rn 27). Bei dieser Tatbestandsvariante muss sich der Vorsatz nicht auf die Testierunfähigkeit, sondern auf die Herbeiführung eines entsprechenden Zustandes von gewisser Dauer beziehen (Mot. V, 518).

12 Nach dem Wortlaut der Vorschrift hat die Kindesmisshandlung durch einen Elternteil, die zu einer dauernden geistigen Behinderung führt, nicht die Erbunwürdigkeit zur Folge, wenn das Kind vor Eintritt der Testierfähigkeit verstirbt; denn nach der geltenden Rechtslage reicht die Herbeiführung der Behinderung nicht aus, wenn nicht das Kind das 16. Lebensjahr erreicht hat und infolge seiner geistigen Behinderung testierunfähig ist (Damrau/*Mittenzwei* § 2339 Rn 13).

D. Verhinderung (Nr. 2)

13 Geschützt ist jegliche letztwillige Willensbildung, und zwar unabhängig davon, ob sie noch wirksam erfolgen kann (Palandt/*Edenhofer* § 2339 Rn 4).

Die Verhinderung des Erblassers, eine Verfügung von Todes wegen zu errichten oder auf- 14
zuheben, kann sowohl durch physische Gewalt als auch durch Drohung oder Täuschung
begangen werden. So fällt nicht nur die arglistige Bestimmung des Erblassers zur Errichtung einer formunwirksamen letztwilligen Verfügung unter den Anwendungsbereich
dieses Erbunwürdigkeitsgrundes, sondern auch die Verhinderung eines Widerrufs nach
§ 2255 durch das wahrheitswidrige Behaupten, das Testament sei bereits vernichtet und
befinde sich somit nicht mehr im Besitz des Bedachten (BGH NJW-RR 1990, 515). Ein Fall
der rechtswidrigen Verhinderung ist auch darin zu sehen, dass der Täter die Willensschwäche des Erblassers oder eine Zwangslage nützt, um den Erblasser durch bloßen Widerspruch an der Errichtung der beabsichtigten Verfügung von Todes wegen zu hindern
(BGH FamRZ 1965, 495; aA: Staudinger/*v. Olshausen* § 2339 Rn 35).

Der bloße Versuch, den Erblasser an der Errichtung oder Aufhebung einer letztwilligen 15
Verfügung zu hindern, genügt nicht.

Der Täter kann den Erbunwürdigkeitsgrund der Verhinderung auch durch Unterlassen 16
verwirklichen, sofern ihn eine Rechtspflicht zum Handeln trifft.

Zwischen der Handlungstätigkeit des Täters und dem Unterbleiben der beabsichtigten Er- 17
richtung oder Aufhebung einer letztwilligen Verfügung muss ein ursächlicher Zusammenhang bestehen, dh der Erblasser muss beabsichtigt haben, letztwillig zu verfügen (Pa-
landt/*Edenhofer* § 2339 Rn 4). Gelingt es dem Erblasser noch, zu testieren, so kann er dem
Täter nach § 2333 Nr. 3 den Pflichtteil entziehen.

Widerrechtlichkeit und Vorsatz sind wie in § 123 zu verstehen (BGHZ 49, 155). 18

E. Täuschung und Drohung (Nr. 3)

Diese beiden Begehungsweisen sind, ebenso wie die unmittelbare Gewaltanwendung, nur 19
dann von Bedeutung, wenn sie zur Errichtung oder Aufhebung einer wirksamen Verfügung von Todes wegen führen. § 123 kann auch in einer Unterlassung liegen, sofern eine
Rechtspflicht zur Aufklärung besteht, so zB im Verschweigen der ehelichen Untreue des
den testierenden Ehegatten bestimmenden Ehepartners (BGHZ 49, 155), wenn der Ehegatte, zu dessen Gunsten der andere ein Testament errichtet, der Wahrheit zuwider be-
teuert, er sei treu. Da aber die Untreue in der Ehe nicht einmal zur Pflichtteilsentziehung
ausreicht, darf sie nicht versteckt als allgemeiner Unwürdigkeitsgrund herangezogen
werden (MüKo/*Frank* § 2339 Rn 23). Allerdings reicht auch hier der Versuch nicht aus,
um den Tatbestand zu verwirklichen (hM, etwa *Kipp-Coing* § 85 II 4 mwN; aA: Hk-BGB/
Hoeren § 2339 Rn 11).

Die Drohung muss unmittelbar auf die Errichtung oder Aufhebung einer Verfügung von 20
Todes wegen gerichtet sein, wobei aber ein durch Drohung zustande gekommener Vertrag
über die Annahme eines Kindes nicht ausreicht, obwohl dadurch ein ges Erbrecht begründet wird (OLG Köln NJW 1951, 158).

Ein unter Hypnose, die keinen Fall der Drohung darstellt, errichtetes Testament ist nichtig, 21
§ 2229 Abs. 4 (Soergel/*Damrau* § 2339 Rn 7). Wird dem unter Hypnose befindlichen Erblasser in diesem Zustand die Hand geführt, liegt ein Fall des § 2339 Nr. 4 vor. Entsprechendes gilt bei der Anwendung von Gewalt gegen den Willen des Erblassers (MüKo/
Frank § 2339 Rn 21).

Bei Irrtum, Drohung und Täuschung kommt auch eine Anfechtung nach §§ 2078 ff in 22
Betracht (BGH FamRZ 1968, 153). Allerdings lässt die Anfechtung die Rechtsstellung
des Erbunwürdigen als ges Erben unberührt (*Brox* Rn 279).

F. Urkundsdelikte (Nr. 4)

Die Unwürdigkeitsgründe ergeben sich durch eine Bezugnahme auf die Urkundendelikte 23
des StGB, wobei nicht nur die Vollendung, sondern schon der Versuch eines solchen De-
likts ausreicht, sofern er geeignet ist, den Willen des Erblassers tatsächlich zu verdunkeln
(MüKo/*Frank* § 2339 Rn 25). Obgleich es beim Herstellen einer unechten Urkunde an einer

§ 2340 BGB | Geltendmachung der Erbunwürdigkeit durch Anfechtung

Tathandlung »in Ansehung einer Verfügung des Erblassers« fehlt, verwirklicht auch dieses Handeln den Tatbestand (OLG Stuttgart Rpfleger 1956, 160).

24 Im Gegensatz zu Nrn. 1 – 3 kann die Fälschungshandlung auch nach dem Tod des Erblassers begangen werden (Palandt/*Edenhofer* § 2339 Rn 8).

25 Auch wenn der Erbe durch seine Handlungen den wirklichen Erblasserwillen zur Geltung kommen lassen wollte, entfällt nicht schon deshalb der Tatbestand des § 2339 Nr. 4 (BGH NJW 1970, 197). Die Erbunwürdigkeit tritt allerdings dann nicht ein, wenn die Verfügung von Todes wegen bereits vor dem Erbfall unwirksam war, Abs. 2.

26 Die Aufforderung an den Alleinerben, ein zu seinen Gunsten vorhandenes Testament zu seinem eigenen Nachteil zu vernichten, fällt nicht unter Nr. 4 (OLG Dresden OLG-NL 1999, 167).

G. Erbschaftsteuer

27 Tötet der als Erbe eingesetzte Sohn seine Eltern und führt dies zu seiner Erbunwürdigkeit, ist auf den Erbanfall seines Kindes Steuerklasse II anzuwenden (FG Berlin EFG 1993, 45).

§ 2340 Geltendmachung der Erbunwürdigkeit durch Anfechtung

(1) Die Erbunwürdigkeit wird durch Anfechtung des Erbschaftserwerbs geltend gemacht.

(2) Die Anfechtung ist erst nach dem Anfall der Erbschaft zulässig. Einem Nacherben gegenüber kann die Anfechtung erfolgen, sobald die Erbschaft dem Vorerben angefallen ist.

(3) Die Anfechtung kann nur innerhalb der in § 2082 bestimmten Fristen erfolgen.

A. Allgemeines

1 Die Erbunwürdigkeit tritt nicht kraft Gesetzes ein, sondern muss durch eine Unwürdigkeitserklärung im Wege der Anfechtungsklage oder, gegenüber Vermächtnisnehmer und Pflichtteilsberechtigten durch Erklärung gem § 2345, nach dem Anfall der Erbschaft an den Unwürdigen geltend gemacht werden. Allerdings kann der Anfechtungsberechtigte auf die Anfechtung verzichten mit der Folge, dass sich der Erbunwürdige auf einen wirksamen Verzicht berufen kann.

B. Anfechtungsmöglichkeiten (Abs. 2)

2 Neben der Anfechtung durch Erklärung in den Fällen des § 2345 kommt nur die Anfechtungsklage in Betracht. Die Anfechtungsklage ist aber erst nach Anfall der Erbschaft statthaft und kann gegen mehrere Erbunwürdige gleichzeitig erhoben werden (str, Mot V, 521; aA Bamberger/Roth/*Müller-Christmann* § 2340 Rn 2). Zu Lebzeiten des Erblassers kann eine Feststellungsklage nicht anhängig gemacht werden (RGZ 92, 1). Die Klage ist gegen den Unwürdigen, ggf gegen dessen Erben, zu erheben. Der Erbunwürdige kann die Kosten eines solchen Erbunwürdigkeitsverfahrens nur dadurch vermeiden, dass er die Erbschaft aus allen Berufungsgründen ausschlägt bzw den Klageanspruch nach § 307 ZPO anerkennt (Damrau/*Mittenzwei* § 2340 Rn 2). Der Anfechtungsberechtigte kann die Klage unmittelbar gegen alle von ihm für erbunwürdig erachteten und vor ihm nacheinander berufenen Erben erheben (str; so MüKo/*Frank* § 2340 Rn 2 mwN; aA Soergel/*Damrau* § 2340 Rn 1).

3 Die Anfechtung ist erst nach dem Fortfall zulässig, wenn der Anfall an den Erbunwürdigen davon abhängt, dass ein Vorberufener mit Wirkung auf den Erbfall wegfällt (RGRK/

Kregel § 2340 Rn 2). So kann die Anfechtung gegen einen unwürdigen Ersatzerben erst geltend gemacht werden, wenn der Erbe weggefallen ist.

Die Erbunwürdigkeit kann nicht im Rahmen des Erbscheinsverfahrens, sondern nur im Wege der Anfechtungsklage nach § 2342 festgestellt werden (BayObLGZ 1973, 257). Nur das rechtskräftige Anfechtungsurteil entfaltet Bindungswirkung gegenüber dem Nachlassgericht. 4

C. Anfechtung gegenüber Nacherben (Abs. 2 Satz 2)

Bereits nach dem Anfall der Erbschaft beim Vorerben kann die Anfechtung gegenüber dem erbunwürdigen Nacherben erklärt werden, damit der Vorerbe baldmöglichst Klarheit darüber hat, ob er Vor- oder Vollerbe geworden ist (Palandt/*Edenhofer* § 2340 Rn 1). 5

D. Fristen (Abs. 3)

Die Anfechtung muss binnen Jahresfrist erklärt werden (BGH NJW-RR 2005, 1024), wobei die Frist mit dem Zeitpunkt beginnt, in dem der Anfechtungsberechtigte vom Anfechtungsgrund Kenntnis erlangt, dh sobald dem Anfechtungsberechtigten die Klage zumutbar ist (OLG Koblenz, FamRZ 2005, 1206), beginnt die Anfechtungsfrist zu laufen. Sie rechnet somit ab Kenntnis und Beweisbarkeit des Anfechtungsgrundes gerechnet (OLG Düsseldorf FamRZ 2000, 991). Die subjektive Überzeugung vom Anfechtungsrecht kann die Frist nicht auslösen, vielmehr muss der Berechtigte seine Überzeugung objektiv begründen und beweisen können (BGH NJW 1989, 3214). 6

Die Frist beginnt einem Nacherben gegenüber erst mit dem Nacherbfall, auch wenn die Anfechtung bereits vorher erfolgen kann. 7

Die für die Verjährung geltenden Vorschriften der §§ 206, 210, 211 finden auf den Fristenlauf entsprechende Anwendung. Die Anfechtung ist ausgeschlossen, wenn seit dem Erbfall mehr als 30 Jahre verstrichen sind, §§ 2340 Abs. 3 mit 2082 Abs. 3. 8

Im Falle des § 2339 Abs. 1 Nr. 1 beginnt die Frist zur Erhebung der Erbunwürdigkeitsklage erst mit der Verkündung des erstinstanzlichen Strafurteils (OLG Koblenz FamRZ 2005, 1206). 9

§ 2341 Anfechtungsberechtigte

Anfechtungsberechtigt ist jeder, dem der Wegfall des Erbunwürdigen, sei es auch nur bei dem Wegfall eines anderen, zustatten kommt.

A. Materielles Recht

I. Allgemeines

Bei der Anfechtung wegen Erbunwürdigkeit ist der Kreis der Anfechtungsberechtigten weiter gefasst als bei § 2080, weil der evtl später Berufene ein »besseres« Recht auf die Erbschaft hat als der Erbunwürdige und die Geltendmachung der Erbunwürdigkeit nicht an der Rücksichtnahme, der Bequemlichkeit oder den unlauteren Motiven der zunächst Berufenen scheitern soll (Mot V, 644). 1

II. Anfechtungsberechtigte

Zum Kreis der Anfechtungsberechtigten gehört neben dem Erben, dem Ersatzerben und dem Anwachsungsberechtigten nach § 2094 (Soergel/*Damrau* § 2341 Rn 1) auch der Vorerbe gegenüber dem Nacherben, der Nacherbe gegenüber dem Vorerben (Erman/*Schlüter* 2

§ 2342 BGB | Anfechtungsklage

§ 2341 Rn 1) und der Fiskus. Solange der Erbunwürdige noch nrkr für erbunwürdig erklärt worden ist, ist er befugt, gegen einen anderen Anfechtungsklage zu erheben (*Lange/Kuchinke* § 6 III 3a). Hat der Verzichtende zugunsten des Erbunwürdigen verzichtet, ist er gleichfalls anfechtungsberechtigt, weil er durch den Wegfall des Erbunwürdigen seine erbrechtliche Position zurückerhält (Soergel/*Damrau* § 2341 Rn 1; aA Staudinger/*v. Olshausen* § 2341 Rn 6). Bei mehreren Anfechtungsberechtigten übt jeder sein Anfechtungsrecht selbständig aus (Palandt/*Edenhofer* § 2341 Rn 1).

3 Nicht anfechtungsberechtigt ist der Vermächtnisnehmer, da ihm lediglich ein schuldrechtlicher Anspruch gegen die Erben, nicht aber eine erbrechtliche Position zusteht. Dies gilt ausnahmsweise dann nicht, wenn »die naheliegende Gefahr einer Kürzung des Vermächtnisses« besteht (OLG Celle NdsRpfl 1972, 238; aA *Brox* Rn 277). Da es beim Auflagenbegünstigten (Soergel/*Damrau* § 2341 Rn 1) ebenso wie beim Gläubiger des Nächstberufenen (MüKo/*Frank* § 2341 Rn 2) an der erbrechtlichen Stellung des Anfechtenden fehlt, scheidet das Anfechtungsrecht aus. Entsprechendes gilt auch für den Erben, der die Erbschaft ausgeschlagen hat.

III. Anfechtungsrecht

4 Das vererbliche Anfechtungsrecht (Mot V, 521; Prot V, 645) besteht nur, wenn die Begünstigung durch den Wegfall des Erbunwürdigen erbrechtlicher Natur ist, dh die Möglichkeit gegeben ist, dass der Anfechtende selbst Erbe wird und damit seine Rangstelle verbessert. Es reicht das »mittelbare Interesse des Nachrückens« (BGH NJW 1989, 3214). Stirbt der Berechtigte, geht sein Anfechtungsrecht auf die Erben über, wobei für sie keine eigene Frist beginnt. Die bereits begonnene Frist läuft weiter (Staudinger/*Ferid/Cieslar* § 2341 Rn 7). Eine rechtsgeschäftliche Übertragung des Anfechtungsrechts ist ebenso wenig möglich wie die Pfändung desselben (Mot V, 522; Prot V, 645). Allerdings können die Beteiligten auf das Recht zur Anfechtung untereinander verzichten.

5 Durch die Anfechtung fällt die Erbschaft an den Nächstberufenen, § 2344 Abs. 2.

B. Verfahrensrecht

6 Anfechtungsberechtigt und damit klagebefugt ist jeder, dem der Wegfall des Erbunwürdigen zustatten kommt. Dass weitere Miterben von der Erbunwürdigkeitsfeststellung profitieren, hat keinen Einfluss auf die Klagebefugnis des Klägers (OLG Düsseldorf NJW-FER 2000, 156). Wird die Klage eines Anfechtungsberechtigten abgewiesen, so entfaltet dieses Urteil nur Rechtskraft zwischen den Prozessparteien mit der Folge, dass die übrigen Berechtigten nicht gehindert sind, ihrerseits Klage auf Feststellung der Erbunwürdigkeit zu erheben. Nur ein obsiegendes Urteil kommt allen Anfechtungsberechtigten zugute, auch wenn sie zuvor im Klageverfahren unterlegen sind (*Stiewe* § 2341 Rn 5). Klagen allerdings mehrere Anfechtungsberechtigte auf Feststellung der Erbunwürdigkeit, bilden sie eine notwendige Streitgenossenschaft nach § 62 ZPO.

§ 2342 Anfechtungsklage

(1) Die Anfechtung erfolgt durch Erhebung der Anfechtungsklage. Die Klage ist darauf zu richten, dass der Erbe für erbunwürdig erklärt wird.

(2) Die Wirkung der Anfechtung tritt erst mit der Rechtskraft des Urteils ein.

A. Anfechtungsklage (Abs. 1)

1 Die Feststellung der Erbunwürdigkeit setzt eine darauf gerichtete Klageerhebung voraus. Die Anfechtung kann also nur durch die rechtzeitige rechtsgestaltende Klage innerhalb

der Jahresfrist des § 2340 Abs. 3 gegen den Erbunwürdigen und ggf gegen dessen Erben, wofür auch eine Widerklage ausreicht (Soergel/*Damrau* § 2342 Rn 1), erfolgen. (Palandt/*Edenhofer* § 2342 Rn 1). Dem Antrag muss eindeutig zu entnehmen sein, dass eine Anfechtung der letztwilligen Verfügung nach § 2078 nicht gewollt ist (Hk-BGB/*Hoeren* § 2342 Rn 1). Die Geltendmachung durch Einrede ist ebenso wenig möglich wie im Erbscheinsverfahren (BayObLG Rpfleger 1975, 243).

Lediglich die Anfechtung eines Vermächtnisses oder Pflichtteilsrechts ist nach § 2345 **2** durch eine formlose Erklärung gegenüber dem Gläubiger dieser Ansprüche möglich und daher im Wege der zeitlich unbeschränkten Einrede abgegeben werden, § 2083.

Im Übrigen lässt auch die Ausschlagung der Erbschaft durch den Erbunwürdigen das **3** Rechtsschutzbedürfnis für die Anfechtungsklage nicht entfallen (KG FamRZ 1989, 675). Das Rechtsschutzbedürfnis für die Anfechtungsklage entfällt auch beim Verzicht des Unwürdigen auf die Anfechtung der Ausschlagung nicht (KG FamRZ 1989, 675).

Unter dem Gesichtspunkt der Prozessökonomie ist es zulässig, die Anfechtungsklage mit **4** einer Erbschaftsklage nach § 2018 zu verbinden (str, so Palandt/*Edenhofer* § 2342 Rn 1), wobei aber die Erbschaftsklage erst nach rechtskräftiger Feststellung der Erbunwürdigkeit auf Herausgabe begründet ist. Im Fall der Erbunwürdigkeit nach § 2339 Abs. 1 Nr. 3 kann die Testamentsanfechtung mit einer entsprechenden Feststellungs- oder Leistungsklage neben der Anfechtungsklage stehen (BGH FamRZ 1968, 153).

B. Verfahren

Der verfahrenseinleitende Antrag muss darauf gerichtet sein, dass der Erbe für erbunwür- **5** dig erklärt wird.

Die sachliche Zuständigkeit richtet sich nach dem Streitwert, der sich wiederum an der **6** Beteiligung des Beklagten am Nachlass orientiert (BGH NJW 1970, 197; str, MüKo/*Frank* § 2342 Rn 6 mN). Hinsichtlich der örtlichen Zuständigkeit kann der Kläger zwischen dem allgemeinen Gerichtsstand und dem Gerichtsstand der Erbschaft, § 27 ZPO, wählen.

Die Klage ist gegen den erbunwürdigen Erben oder dessen Erben zu richten (MüKo/*Frank* **7** § 2342 Rn 2). Weder der Erbschaftskäufer (§§ 2371, 2385) noch der Erbteilserwerber (§ 2033) sind richtige Beklagte (Palandt/*Edenhofer* § 2342 Rn 1).

In dem Rechtsstreit über die Erbunwürdigkeitserklärung kann der Klageanspruch nach **8** § 307 ZPO anerkannt werden (LG Köln MDR 1977, 322), da für das Verfahren der Verhandlungsgrundsatz gilt (LG Aachen MDR 1987, 240). Nach Ansicht des KG kann ein Versäumnis- und Anerkenntnisurteil gegen den Beklagten nur dann ergehen, wenn die Benachteiligung Dritter ausgeschlossen ist (KG FamRZ 1989, 675). Klagt der Nächstberufene, so ist darin nicht notwendigerweise die Annahme der Erbschaft zu sehen (RGRK/*Kregel* § 2342 Rn 1).

Die Erhebung der Anfechtungsklage kann die Aussetzung des Erbscheinsverfahrens **9** rechtfertigen (BayObLGZ 1973, 257).

C. Wirkung (Abs. 2)

Die rechtsgestaltende Wirkung der Anfechtung und damit die Änderung der materiellen **10** Rechtslage mit der Wirkung für und gegen jedermann, tritt erst mit Rechtskraft des stattgebenden Urteils ein. Daher geht die hM zu Recht von einer Gestaltungs- (KG FamRZ 1989, 675) und nicht von einer Feststellungsklage aus. Ein klageabweisendes Urteil gestaltet dagegen die Rechtslage nicht um, sondern hat nur Wirkung inter partes (BGH NJW 1970, 197). Daher kann ein Dritter erneut die Anfechtungsklage erheben (Hk-BGB/*Hoeren* § 2342 Rn 4).

Eine vollstreckbare Urkunde nach § 794 Nr. 5 ZPO auf Anerkennung der Unwürdigkeits- **11** wirkung ist ebenso wenig möglich wie die Vereinbarung in einem Prozessvergleich (OLG Dresden RJA 7, 185).

§ 2343 Verzeihung

Die Anfechtung ist ausgeschlossen, wenn der Erblasser dem Erbunwürdigen verziehen hat.

A. Allgemeines

1 Die Erbunwürdigkeit tritt zum Schutz der Verfügungsbefugnis des Erblassers ein. Der Erblasser bedarf des Schutzes nicht mehr, wenn er dem Täter nachträglich verzeiht (*Lange/Kuchinke* § 6 II 3).

B. Regelungsinhalt

I. Verzeihung

2 Sie ist keine rechtsgeschäftliche Willenserklärung, sondern ein Realakt (BGH NJW 1974, 1085), der ein auf verzeihender Gesinnung beruhendes Verhalten (Staudinger/*v. Olshausen* § 2343 Rn 2) darstellt und zum Ausdruck bringt, dass der Erblasser die erlittene Kränkung nicht mehr als solche empfindet (BGH NJW 1984, 2089) und den Erbunwürdigen, trotz Kenntnis von den Verfehlungen, nicht von der Erbfolge ausschließen will. Die Verzeihung ist formfrei möglich und kann sowohl stillschweigend (OLG Karlsruhe FamRZ 1967, 691) als auch durch schlüssiges Verhalten (*Brox* Rn 27.2) erfolgen.

3 Die Verzeihung setzt subjektiv die Kenntnis vom Erbunwürdigkeitsgrund voraus (Palandt/*Edenhofer* § 2343 Rn 1), dh der Verzeihende muss den Unrechtsgehalt der Tat, nicht aber die Rechtsfolgen der Verzeihung kennen (MüKo/*Frank* § 2343 Rn 1).

4 Die **Beweislast** für die Verzeihung trägt der Erbunwürdige, der sich auf die Verzeihung beruft (MüKo/*Frank* § 2343 Rn 2).

II. Erbunwürdigkeitsgründe

5 Grds ist die Verzeihung bei allen Erbunwürdigkeitsgründen des § 2339 möglich, also auch bei einem Mordversuch (BGH NJW 1984, 2089). Verstirbt der Erblasser infolge der Handlung, ist Verzeihung nur dann anzunehmen, wenn er damit rechnete, dass er an der Tat sterben werde. Ansonsten ist nur der Mordversuch, nicht auch die vollendete Tat verziehen (OLG Halle NJ 1958, 145). Die Verzeihung ist aus tatsächlichen Gründen ausgeschlossen, wenn das Testament nach dem Tod des Erblassers gefälscht wird. Eine mutmaßliche Verzeihung ist nicht zu berücksichtigen, da der Erblasser zu seinen Lebzeiten nicht verzeihen konnte. Sie reicht daher ebenso wenig (OLG Stuttgart Rpfleger 1956, 160) wie die Verzeihung unter Vorbehalt (RGRK/*Kregel* § 2337 Rn 1).

C. Anfechtung

6 Vereinbaren der Anfechtungsberechtigte und der Anfechtungsgegner vertraglich einen Verzicht auf die Anfechtung, so stellt dies neben der Verzeihung einen weiteren Ausschlussgrund dar (Staudinger/*Frank* § 2343 Rn 6; aA MüKo/*Frank* § 2343 Rn 2, wonach eine einseitige Erklärung des Verzichtenden erforderlich aber auch ausreichend sein soll). Der Verzicht hat aber nur schuldrechtliche Wirkung zwischen den Beteiligten (Erman/*Schlüter* § 2343 Rn 1), dh die anderen Anfechtungsberechtigten behalten ihr Anfechtungsrecht. Eine entgegen der Verzichtsvereinbarung erhobene Anfechtungsklage ist wegen Verstoßes gegen den Grundsatz des venire contra factum proprium, § 242, unzulässig bzw unbegründet (MüKo/*Frank* § 2343 Rn 2; Palandt/*Heinrichs* § 275 Rn 12).

§ 2344 Wirkung der Erbunwürdigerklärung

(1) Ist ein Erbe für erbunwürdig erklärt, so gilt der Anfall an ihn als nicht erfolgt.

(2) Die Erbschaft fällt demjenigen an, welcher berufen sein würde, wenn der Erbunwürdige zur Zeit des Erbfalls nicht gelebt hätte; der Anfall gilt als mit dem Eintritt des Erbfalls erfolgt.

A. Allgemeines

Die Vorschrift entspricht in ihrer Wirkung dem § 1953 Abs. 1, 2 und hat unmittelbare Auswirkungen nur auf den Erbunwürdigen persönlich. Ein die Erbunwürdigkeit feststellendes rechtsgestaltendes Urteil lässt die Wirkungen der Rechtsnachfolge ex tunc entfallen (RGZ 142, 98), und zwar auch dann, wenn die Tat erst nach dem Erbfall vorgenommen wurde (Soergel/*Damrau* § 2344 Rn 1). Durch die Erbunwürdigkeitserklärung wird er nicht erbunfähig (Palandt/*Edenhofer* § 2344 Rn 1). Der Nächstberufene rückt nach; dies ist bei testamentarischer Erbfolge zunächst der eingesetzte Ersatzerbe (OLG Frankfurt/M NJW-RR 1996, 261), dessen Abkömmlinge oder der ges Erbe (*Lange/Kuchinke* § 6 IV 2). Dabei steht nicht entgegen, dass der Unwürdige seine Abkömmlinge wiederum beerben kann. Fehlt es an einer gewillkürten Erbfolge, wächst der Erbteil nach § 2094 den anderen Erben an (OLG Frankfurt/M NJW-RR 1996, 261).

Die Wirkungen eines Erbverzichts zugunsten eines Erbunwürdigen sind umstritten. Bei einem Verzicht zugunsten eines Dritten ist im Zweifel gem § 2350 davon auszugehen, dass der Verzicht nur für den Fall gelten soll, dass dieser auch Erbe wird. Dadurch erlangt der Verzichtende seine erbrechtliche Position wieder zurück, wenn der Dritte, zu dessen Gunsten er verzichtet hat, für erbunwürdig erklärt wird (Soergel/*Damrau* § 2344 Rn 1). Wurde der Verzichtende durch eine Verfügung von Todes wegen enterbt, lebt in diesem Fall zumindest sein Pflichtteilsrecht wieder auf, sofern er sich dieses im Erbverzichtsvertrag nicht ohnehin vorbehalten hatte (Damrau/*Mittenzwei* § 2344 Rn 4; aA Staudinger/*v. Olshausen* § 2344 Rn 17).

B. Folgen der Erbunwürdigkeit für den Erbunwürdigen

Nach § 2344 Abs. 2 wird der Erbunwürdige behandelt, als hätte er zur Zeit des Erbfalls nicht gelebt. Er verliert nicht nur die ges Vermächtnisse (Voraus und Dreißigsten), sondern auch einen möglichen Pflichtteilsanspruch einschließlich etwaiger Pflichtteilsergänzungsansprüche, § 2345. Nach § 2310 Satz 1 wird der Erbunwürdige bei der Berechnung der Höhe der Pflichtteilsansprüche der übrigen Pflichtteilsberechtigten mitgezählt.

Da der Zugewinnausgleichsanspruch kein originär erbrechtlicher Anspruch ist, hat die Erbunwürdigkeit des Ehegatten nicht zwingend auch den Verlust des Zugewinnausgleichsanspruchs zur Folge (Hk-BGB/*Hoeren* § 2344 Rn 2). Allerdings können sich Einschränkungen aus § 1381 Abs. 2 ergeben. Die Verjährung des Zugewinnausgleichsanspruchs beginnt erst mit der Kenntnis von der Rechtskraft des die Erbunwürdigkeit aussprechenden Urteils (BayObLG NJW-RR 1997, 326).

C. Wirkungen gegenüber Dritten

Soweit der Erbunwürdige über Nachlassgegenstände verfügte, handelte er als Nichtberechtigter. Die Rechtsgeschäfte, die der Erbunwürdige in Bezug auf den Nachlass getätigt hat, sind unwirksam. Einen besonderen Schutz gutgläubiger Dritter gibt es nicht (Soergel/*Damrau* § 2344 Rn 3). Vielmehr kommen die allgemeinen Vorschriften zur Anwendung. Daher wird der gute Glaube an das fehlende Eigentum und das fehlende Erbrecht nach den §§ 932 ff, 891 ff, 1032, 1207 und 2365 ff geschützt. § 935 greift dagegen nicht ein, da dem

§ 2345 BGB | Vermächtnisunwürdigkeit; Pflichtteilsunwürdigkeit

nächstberufenen Erben die Nachlassgegenstände nicht abhanden gekommen sind (BGH NJW 1969, 1349).

6 Der öffentliche Glaube des Erbscheins gilt nicht für schuldrechtliche Verpflichtungsgeschäfte, Zwangsvollstreckungsakte und den Erwerb kraft Gesetzes, sondern nur für Verfügungsgeschäfte. Soweit sich der Erbunwürdige über einen Erbschein legitimieren konnte, ist der gutgläubige Dritte geschützt.

7 Nach § 2367 wird der Schuldner, der auf eine Forderung des Erblassers an den im Erbschein ausgewiesenen Erbunwürdigen leistet, von seiner Leistungsverpflichtung frei. § 407 findet entsprechende Anwendung, da der Nachlassschuldner nicht das Recht hat, seine Leistung von der Vorlage eines Erbscheins abhängig zu machen (str: so *Lange/Kuchinke* § 6 IV 2; aA: MüKo/*Frank* § 2344 Rn 4). Neben § 407 besitzt der Schuldner einen Bereicherungsanspruch gegen den Unwürdigen nach § 819. Wegen dieser Rechtsunsicherheit ist dem Schuldner anzuraten, die Leistung nach § 372 Satz 2 zu hinterlegen.

8 Im Falle einer Erbunwürdigkeitserklärung kann § 1959 Abs. 2, 3 der für die Ausschlagung einen verstärkten Schutz Dritter beinhaltet, nicht entsprechend angewendet werden (MüKo/*Frank* § 2344 Rn 5).

D. Wirkungen gegenüber dem Erben

9 Gegenüber dem Erbunwürdigen kann der neue Erbe die Ansprüche aus den §§ 2018 ff geltend machen: Der Erbunwürdige ist herausgabepflichtig auch hinsichtlich der Surrogate, kann Verwendungsersatz verlangen und haftet als Bösgläubiger auf Schadensersatz nach § 2024, da es ihm zumindest als grobe Fahrlässigkeit anzulasten ist, wenn er aus seinem Verhalten nicht zu der Erkenntnis gelangt ist, dass er nicht rechtmäßiger Erbe ist (*Brox* Rn 281). Er haftet aber nicht mehr für Nachlassverbindlichkeiten, mit Ausnahme der Nachlasseigenschulden (Staudinger/*v. Olshausen* § 2345 Rn 9). Im Übrigen gelten auch die §§ 677 ff

10 Der Erbunwürdige haftet nach §§ 2023, 2024 im Falle der Rechtshängigkeit bzw Bösgläubigkeit auf Schadensersatz. Hat der Erbschaftsbesitzer eine strafbare Handlung begangen, ergibt sich die Rechtsgrundlage für den Regressanspruch aus §§ 2025, 823 ff Er kann aber gem §§ 683, 994 Abs. 2, 2022 Abs. 2. Ersatz seiner notwendigen und gem §§ 812 ff, 2022 Abs. 3. Ersatz solcher Verwendungen verlangen, die nicht auf einzelne Erbschaftsgegenstände gemacht wurden. Kam er für die Beerdigungskosten auf, kann er von den Erben nach § 1968 Ersatz verlangen.

11 Wird der Nacherbe nach § 2340 Abs. 2, Satz 2 vor Eintritt des Nacherbfalls für erbunwürdig erklärt, erlischt sein Anwartschaftsrecht rückwirkend auf den Zeitpunkt des Anfalls der Erbschaft, so dass auch der Anfall an ihn unterbleibt, § 2139. Daher kann das Nacherbrecht nicht auf seine Erben übergehen; es verbleibt endgültig beim Vorerben, § 2142, sofern keine Ersatznacherben berufen sind. Erfolgt die Erbunwürdigkeitserklärung erst nach Eintritt der Nacherbfalls, so tritt entweder der Vorerbe oder dessen Erbe an seine Stelle (Soergel/*Damrau* § 2344 Rn 4).

§ 2345 Vermächtnisunwürdigkeit; Pflichtteilsunwürdigkeit

(1) Hat sich ein Vermächtnisnehmer einer der in § 2339 Abs. 1 bezeichneten Verfehlungen schuldig gemacht, so ist der Anspruch aus dem Vermächtnis anfechtbar. Die Vorschriften der §§ 2082, 2083, § 2339 Abs. 2 und der §§ 2341, 2343 finden Anwendung.

(2) Das Gleiche gilt für einen Pflichtteilsanspruch, wenn der Pflichtteilsberechtigte sich einer solchen Verfehlung schuldig gemacht hat.

Vermächtnisunwürdigkeit; Pflichtteilsunwürdigkeit | § 2345 BGB

A. Allgemeines

Die Vorschrift regelt die Abwehr schuldrechtlicher Ansprüche eines Erbunwürdigen gegen den Erben. Selbständige Bedeutung erlangt die Pflichtteilsunwürdigkeit dann, wenn der Unwürdige zwar enterbt, ihm aber zu Lebzeiten des Erblassers nicht auch der Pflichtteil nach §§ 2333 ff entzogen wurde. Durch die einseitige Anfechtungserklärung des Vermächtnisbeschwerten werden die Ansprüche unwirksam (*Kipp/Coing* § 85 VI 2). Mangels Publizitätswirkung bedarf es keiner Anfechtungsklage (Mot V, 189, 523). Durch den Verweis in Abs. 1 auf § 2339 Abs. 1 entsprechen die Gründe der Vermächtnis- und Pflichtteilsunwürdigkeit denen der Erbunwürdigkeit. Allerdings gilt die Vorschrift nicht für die Tat eines Vermächtnisnehmers gegen den Erben (BGH FamRZ 1962, 257). 1

Die Erhebung der Anfechtungsklage mit dem Ziel, die Erbunwürdigkeit festzustellen, schließt die in § 2345 geforderte Anfechtungserklärung wegen Vermächtnis- und Pflichtteilsunwürdigkeit mit ein (Damrau/*Mittenzwei* § 2345 Rn 1). 2

B. Art der Ansprüche

I. Vermächtnisansprüche; Schenkungen; Auflage

Anfechtbar sind die Ansprüche des Vermächtnisnehmers aus §§ 2147 ff, 2174 sowie der ges Vermächtnisse des Voraus und des Dreißigsten (MüKo/*Frank* § 2345 Rn 7). Darüber hinaus kommen auch Ansprüche aus noch nicht vollzogenen Schenkungen von Todes wegen nach § 2301 Abs. 1 in Betracht (Bamberger/Roth/*Müller-Christmann* § 2345 Rn 3). Ist die Schenkung bereits vollzogen, findet § 530 Abs. 2 Anwendung. Da die Widerrufsgründe nach § 530 Abs. 2 nur mit § 2339 Abs. 1 Nr. 1 identisch sind, kann der Widerruf einer vollzogenen Schenkung von Todes wegen nicht auf die Vorschriften der §§ 2339 Abs. 1 Nr. 2 – 4 gestützt werden. Die Vollziehung einer Auflage kann nicht gem § 2345 verweigert werden. Ist der durch die Auflage Begünstigte unwürdig, muss die Verfügung von Todes wegen gem §§ 2078, 2083 angefochten werden (Soergel/*Damrau* § 2345 Rn 1; aA: *Lange/Kuchinke* § 6 I Fn 22). 3

II. Pflichtteilsansprüche

Da auch der Pflichtteilsberechtigte erbunwürdig werden kann, ist es möglich, nicht nur den Pflichtteilsanspruch, sondern auch den Pflichtteilsergänzungs- (*Brox* Rn 283) und den Pflichtteilsrestanspruch (*Lange/Kuchinke* § 6 V 2) durch eine Anfechtungserklärung zu vernichten, §§ 2305, 2307. 4

III. Erbersatzansprüche

Die Erbersatzansprüche nach altem Recht, § 1934b, d aF können wegen Erbunwürdigkeit angefochten werden (*Jauernig/Stürner* § 2345 Rn 1). Damit scheidet das nichteheliche Kind nicht endgültig aus der Reihe der Erbberechtigten aus. Verzeiht der Vater dem Kind nicht, so ist beim Erbfall die Erbunwürdigkeit klageweise geltend zu machen (Soergel/*Damrau* § 2345 Rn 1). 5

C. Geltendmachung der Erbunwürdigkeit

I. Anfechtungserklärung

Der Anfechtungsberechtigte nach § 2341 hat die Anfechtungserklärung gegenüber dem Erbunwürdigen zu erklären. Ein Formzwang besteht nicht. Anfechtungsberechtigt ist jeder, dem die Anfechtungswirkung auch nur mittelbar zustatten kommt, § 2343, und somit auch ein Vermächtnisnehmer, wenn die Gefahr besteht, dass sein Vermächtnis gekürzt werden könnte (Palandt/*Edenhofer* § 2345 Rn 1). Eine Anfechtungsklage nach § 2342 ist nicht erforderlich, da die Bestimmung ausdrücklich nicht in Abs. 1 erwähnt ist. 6

§ 2346 BGB | Wirkung des Erbverzichts, Beschränkungsmöglichkeit

7 Hinsichtlich der Anfechtungsfrist verweist § 2345 Abs. 1, Satz 2 auf § 2082. Die Frist beginnt mit zuverlässiger Kenntnis vom Vorhandensein des Anfechtungsgrundes. Im Übrigen richtet sich die Anfechtung nach den allgemeinen Vorschriften (*Lange/Kuchinke* § 6 V 1). Dies gilt insb für § 143 Abs. 1, 4. Nach § 142 Abs. 1 entfällt durch die wirksame Anfechtung rückwirkend der Anspruch.

II. Einrede der Erbunwürdigkeit

8 Gem §§ 2345 Abs. 1, Satz 2, 2083 kann die Erbunwürdigkeit auch nach Verlust des Anfechtungsrechts noch geltend gemacht werden. Dies geschieht durch die Einrede der Erbunwürdigkeit. Dadurch besteht nach Ablauf der in § 2082 geregelten Anfechtungsfrist ein Leistungsverweigerungsrecht. Der Anspruch erlischt aber durch Erheben der Einrede nicht (str, MüKo/*Frank* § 2345 Rn 9; aA: *Brox* Rn 290).

9 Ist die Frage der Erbunwürdigkeit str, muss der Gläubiger eine Leistungsklage erheben, in deren Rahmen die Frage der Erbunwürdigkeit zu erklären ist.

D. Folgen der Anfechtung

I. Für den Vermächtnisanspruch

10 Der schuldrechtliche Anspruch des Erbunwürdigen entfällt nach § 142 Abs. 1 rückwirkend. Soweit ein Ersatzvermächtnis bestimmt ist, kann der Anspruch nach § 2190 auf den Ersatzvermächtnisnehmer übergehen. Ist ein Mitvermächtnisnehmer vorhanden, sind die §§ 2158, 2159 anwendbar, andernfalls erlischt das Vermächtnis (Palandt/*Edenhofer* § 2345 Rn 4).

11 Hat der Erbe bereits an den erbunwürdigen Vermächtnisnehmer geleistet, so kann er das Geleistete nach §§ 812 Abs. 1, 813, 819 zurückfordern. Nach Ablauf der Anfechtungsfrist bestehen nur noch Ansprüche aus §§ 813, 814 (Hk-BGB/*Hoeren* § 2345 Rn 4).

12 Wurde die Anfechtung nicht innerhalb der Anfechtungsfrist des § 2082 erklärt, ist die Rückforderung des Vermächtnisanspruchs ausgeschlossen.

13 Hat der Erblasser dem Vermächtnisnehmer nach § 2343 verziehen, ist auch die Einrede aus § 2083 ausgeschlossen. Entsprechendes gilt nach § 2339 Abs. 2, wenn die Verfügung des Erblassers, zu deren Errichtung der Erbunwürdige den Erblasser bestimmt oder in Ansehung deren ein Urkundsdelikt begangen worden ist, unwirksam geworden ist.

II. Für den Pflichtteilsanspruch

14 Die wirksame Anfechtung des Pflichtteilsanspruchs führt zur Beseitigung der Sperre des § 2309 mit der Folge, dass nun die entfernteren pflichtteilsberechtigten Abkömmlinge den Pflichtteil verlangen können. Neben der Anfechtung wegen Erbunwürdigkeit besteht für den Erblasser das Recht zur Pflichtteilsentziehung, die auch dann noch erfolgen kann, wenn der Erblasser auf die Pflichtteilsentziehung verzichtet hat, sofern darin keine Verzeihung zu sehen ist.

15 Nur bei Einhaltung der Anfechtungsfrist kann das auf den Pflichtteilsanspruch Geleistete zurückgefordert werden.

Abschnitt 7 Erbverzicht
§ 2346 Wirkung des Erbverzichts, Beschränkungsmöglichkeit

(1) Verwandte sowie der Ehegatte des Erblassers können durch Vertrag mit dem Erblasser auf ihr gesetzliches Erbrecht verzichten. Der Verzichtende ist von der gesetzlichen Erbfolge ausgeschlossen, wie wenn er zur Zeit des Erbfalls nicht mehr lebte; er hat kein Pflichtteilsrecht.

(2) Der Verzicht kann auf das Pflichtteilsrecht beschränkt werden.

Inhaltsverzeichnis

		Rn
A.	Allgemeines	1 – 5
B.	Arten des Erbverzichts	6 – 11
	I. Entgeltlicher Erbverzicht	6
	II. Unentgeltlicher Erbverzicht	7
	III. Bedingter Erbverzicht	8 – 9
	IV. Stillschweigender Erbverzicht	10 – 11
C.	Voraussetzungen des Erbverzichts	12 – 16
	I. Beteiligte des Erbverzichts	12 – 14
	II. Zeitliche Begrenzung	15
	III. Formerfordernis	16
D.	Gegenstand und Inhalt des Erbverzichtsvertrages	17 – 28
	I. Gegenstand des Erbverzichts	17 – 19
	II. Inhalt des Erbverzichts	20 – 22
	III. Umfang des Erbverzichts	23 – 28
E.	Rechtsfolgen des Erbverzichts	29 – 30
F.	Erbverzicht und Abfindung	31 – 34
G.	Beseitigung des Erbverzichts	35 – 42
	I. Anfechtung	35 – 37
	II. Rücktritt	38 – 40
	III. Störung der Geschäftsgrundlage	41 – 42
H.	Pflichtteilsverzicht	43 – 45
I.	Steuerrecht	46
J.	Gebühren	47
K.	Gestaltungshinweise	48 – 49

A. Allgemeines

Der Erbverzicht ist ein verfügender Vertrag unter Lebenden auf den Todesfall (hM; Soer- **1** gel/*Damrau* § 2346 Rn 1), mit dem der Verzichtende auf sein ges Erbrecht und/oder auf sein Pflichtteilsrecht verzichtet. Soweit die §§ 2346 ff, die zwingender Natur sind, keine abweichenden Regelungen enthalten, gelten die allgemeinen Vorschriften über Rechtsgeschäfte und Willenserklärungen. Beim Erbverzicht handelt es sich nicht um einen gegenseitigen verpflichtenden Vertrag, sondern um ein abstraktes erbrechtliches Verfügungsgeschäft (Palandt/*Edenhofer* Überbl vom § 2346 Rn 5). Gegenstand des Erbverzichts ist eine bestehende Erbchance, nicht aber ein Anwartschafts- oder Vollrecht (*Lange/Kuchinke* § 7 IV 1 mwN).

Um konditionsfest zu sein, bedarf der Erbverzicht eines schuldrechtlichen Kausalge- **2** schäfts (BGH NJW 1997, 653). Da es sich beim Erbverzichtsvertrag nicht um eine Verfügung von Todes wegen, sondern um ein Rechtsgeschäft unter Lebenden handelt, verstößt die Pflicht zum Abschluss eines Erbverzichtsvertrages auch nicht gegen § 2302 (Staudinger/*Schotten* § 2346 Rn 115 mwN). Im Übrigen ist der Erbverzicht als Verfügungsgeschäft in seinem rechtlichen Bestand von der Gültigkeit des Verpflichtungsgeschäfts unabhängig. Allerdings bedarf auch das Kausalgeschäft analog § 2348 der notariellen Beurkundung (Kroiß/Ann/Mayer/*Ullrich* § 2346 Rn 23).

Die §§ 2346 ff bezwecken die Erweiterung der Testierfreiheit des Erblassers und die An- **3** passung des Einzelfalls an besondere Verhältnisse (Kroiß/Ann/Mayer/*Ullrich* § 2346 Rn 1).

Darüber hinaus machen die Vorschriften von der Regelung, dass Rechtsgeschäfte über den **4** Nachlass eines noch lebenden Dritten nichtig sind, eine Ausnahme, indem sie einzelne Rechtsgeschäfte durch Vertrag, der bestimmten Formerfordernissen unterliegt, zulassen. Dabei unterscheidet das Gesetz zwischen dem Verzicht auf das ges Erbrecht unter Ein-

§ 2346 BGB | Wirkung des Erbverzichts, Beschränkungsmöglichkeit

schluss des Pflichtteilsrechts und dem Verzicht auf eine Zuwendung aus einer letztwilligen Verfügung gem § 2352.

5 Es ist wegen der zahlreichen Gestaltungsmöglichkeiten genau zu prüfen, auf welches Recht verzichtet wird, weil die Abgrenzung schwierig sein kann.

B. Arten des Erbverzichts

I. Entgeltlicher Erbverzicht

6 Der in der Praxis übliche entgeltliche Erbrechtsverzicht verknüpft das Kausal- mit dem Verfügungsgeschäft. Darauf finden die allgemeinen Vorschriften der §§ 320 ff auch hinsichtlich der Leistungsstörungen, Anwendung. Zivilrechtlich ist die Abfindung kein Entgelt für den Erbverzicht, sondern eine unentgeltliche Zuwendung (BGH NJW 1991, 1610).

II. Unentgeltlicher Erbverzicht

7 Das Grundgeschäft ist die Bereitschaft des Verzichtenden, auf ein zukünftiges Erbrecht ohne Gegenleistung zu verzichten. Da die Tatbestandsvoraussetzungen der §§ 516 ff nicht erfüllt sind, handelt es sich nicht um eine Schenkung des Verzichtenden an den Erblasser oder an die durch den Verzicht Begünstigten, weil damit weder eine Vermögensminderung beim Verzichtenden noch eine Bereicherung beim Erblasser stattfindet (Münchener Anwaltshandbuch/*Bengel* § 34 II 2 Rn 5).

III. Bedingter Erbverzicht

8 Der abstrakte Erbverzicht und das Kausalgeschäft zum Erbverzicht können durch eine aufschiebende oder auflösende Bedingung miteinander verknüpft werden (BGHZ 37, 319). Nach § 2350 kann der Verzicht zugunsten eines Dritten erklärt werden; insb ist es möglich, den Verzicht unter der Bedingung zu erklären, dass der Verzichtende eine Gegenleistung erhält. Es ist zweckmäßig, die Geltung des abstrakten Erbverzichts davon abhängig zu machen, dass die Abfindungsleistung bewirkt wird, wenngleich dies zu Problemen beim Vollzug der Vereinbarung kommen kann (Kroiß/Ann/Mayer/*Ullrich* § 2346 Rn 30).

9 Die Vereinbarung eines Erbverzichts unter einer Befristung ist ebenfalls möglich (Damrau/*Mittenzwei* § 2346 Rn 12).
Im Übrigen kann die aufschiebende Bedingung auch noch nach Eintritt des Erbfalls eintreten (hM BayObLG NJW 1958, 344 f; MüKo/*Strobel* § 2346 Rn 15), wobei der Verzichtende nach Eintritt des Erbfalls vor Bedingungseintritt bis zum Wirksamwerden des Erbverzichts als Vorerbe zu betrachten ist (*J. Mayer* MittBayNot 1985, 101). Allerdings kann von einer solchen Bedingung beim entgeltlichen Erbverzicht nicht ohne weiteres ausgegangen werden (BayObLG NJW-RR 1995, 648).

IV. Stillschweigender Erbverzicht

10 Es ist umstritten, ob der Erbverzicht ausdrücklich erklärt werden oder zumindest aus dem Vertragsinhalt zu entnehmen sein muss oder ob auch ein konkludenter Erbverzicht möglich ist. In zwei Fällen hat der BGH einen stillschweigenden Erbverzicht angenommen: Die Ehegatten hatten sich in einem Erbvertrag gegenseitig zu Erben eingesetzt und eines ihrer Kinder, welches Vertragspartner war, zum Schlusserben berufen. Der BGH sah darin die Annahme der vertragsmäßigen Verfügungen und einen Verzicht auf das nach dem Tod des erstversterbenden Elternteils entstehende Pflichtteilsrecht (BGH NJW 1957, 422). Die Ehegatten haben in einem notariellen Testament jeweils ihre Kinder aus erster Ehe zu Erben nach ihrem Ableben eingesetzt. Auch hier bejaht der BGH einen stillschweigenden Erb- bzw Pflichtteilsverzicht des überlebenden Ehegatten hinsichtlich des Nachlasses des Erstversterbenden (BGH NJW 1977, 1728).

Wirkung des Erbverzichts, Beschränkungsmöglichkeit | § 2346 BGB

Unter Anwendung der Grundsätze der Andeutungstheorie und der ergänzenden Ausle- 11
gung wäre ohne die Annahme eines derartigen Verzichts die von den Ehegatten beabsichtigte Nachlassplanung unvollständig. Bedenken gegen diese Rechtsprechung ergeben sich allerdings im Hinblick auf die Missachtung der Formvorschriften (*Habermann* JuS 1979, 169; RGZ 118, 63), die aber zurücktreten, wenn es sich um eine notariell beurkundete Verfügung von Todes wegen handelt.

C. Voraussetzungen des Erbverzichts

I. Beteiligte des Erbverzichts

Nur die ges Erben können Beteiligte eines Erbverzichts sein, wobei der Verzichtende zum 12
Zeitpunkt des Vertragsschlusses keineswegs konkret zur Erbfolge berufen sein muss; in Betracht kommen daher Verwandte des Erblassers, insb eheliche und nichteheliche Kinder, aber auch der künftige Ehegatte, der Verlobte oder Lebenspartner. Sie können ebenso wie der Annehmende und der zu Adoptierende sowie der Vater mit dem nichtehelichen Kind auf ihr ges Erb- oder Pflichtteilsrecht verzichten, noch bevor die Statusänderung eingetreten ist (Kroiß/Ann/Mayer/*Ullrich* § 2346 Rn 3). Der Fiskus als letzter ges Erbe kann auf sein ges Erbrecht nicht verzichten, weil darin eine Umgehung des Ausschlagungsverbots zu sehen wäre.

Beschränkungen des Verzichtenden in der Verfügungsbefugnis aufgrund güterrechtlicher 13
Bestimmungen oder infolge der Insolvenz hindern den Abschluss des Erbverzichts nicht (Staudinger/*Schotten* § 2346 Rn 8). Daher ist auch die Zustimmung des Ehegatten nach § 1365 nicht erforderlich, auch wenn der Verzichtende vermögenslos ist und eine erhebliche Erbschaft zu erwarten hat (Damrau/*Mittenzwei* § 2346 Rn 7).

Nach § 2346 Abs. 2, Satz 1 muss der Erbverzicht mit dem Erblasser persönlich abgeschlos- 14
sen werden. Verträge unter künftigen Erben sind nur nach Maßgabe des § 311b Abs. 5 zulässig; sie haben allerdings nur schuldrechtlichen Charakter (Kroiß/Ann/Mayer/*Ullrich* § 2346 Rn 4). Die Annahme eines Angebots zum Erbverzichtsvertrag ist nach dem Tod des Erblasser nicht mehr möglich; die Erklärung kann auch nicht in ein Angebot zum Abschluss eines Erlassvertrages über den Pflichtteilsanspruch umgedeutet werden (BGH NJW 1997, 521).

II. Zeitliche Begrenzung

Der Erbverzicht ist nur zu Lebzeiten des Erblassers möglich. Will sich der Erbe danach von 15
der Erbschaft befreien, muss er sie ausschlagen oder übertragen; beim Vermächtnis kommt auch ein Erlassvertrag nach § 397 in Betracht. Ggf ist auch eine entsprechende Umdeutung möglich (MüKo/*Strobel* § 2346 Rn 10). Dies gilt auch für den Pflichtteilsvertrag (BGH NJW 1997, 521; aA: Kroiß/Ann/Mayer/*Ullrich* § 2346 Rn 5). Er muss noch zu Lebzeiten des Erblassers wirksam geworden sein (hM).

III. Formerfordernis

Nach § 2348 bedarf der Erbverzichtsvertrag zu seiner Wirksamkeit der notariellen Beur- 16
kundung. Der geschäftsfähige Erblasser kann den Vertrag nach § 2347 Abs. 2, Satz 1 nur persönlich schließen. Daher genügt es nicht, wenn der Erblasser das Angebot eines vollmachtlosen Vertreters auf Abschluss eines Erbverzichts durch notariell beglaubigte Erklärung genehmigt (OLG Düsseldorf FamRZ 2002, 1147). Angebot und Annahme können in getrennten Urkunden erklärt werden, wobei die Annahme aber noch zu Lebzeiten des Erblassers erfolgen muss (BGH NJW 1997, 653).

D. Gegenstand und Inhalt des Erbverzichtsvertrages

I. Gegenstand des Erbverzichts

17 Sofern die Parteien nichts anderes vereinbart haben, ist Gegenstand des Erbverzichts das ges Erbrecht des Verzichtenden, wie es beim Tod des Erblassers bestehen würde. Erfasst werden grdse alle Ansprüche aus der ges Erbfolge ohne Beschränkung auf das dem Verzichtenden zur Zeit des Vertragsschlusses hypothetische ges Erbrecht.

18 Daher sind Ereignisse in der Zeit zwischen dem Abschluss des Erbverzichtsvertrages und dem Tod des Erblassers ohne Bedeutung für die Wirksamkeit und Reichweite des Erbverzichts, und zwar unabhängig davon, welches Ereignis diese Veränderung herbeigeführt hat und ob dies überhaupt Auswirkungen auf die Erbquote des Verzichtenden gehabt hätte (Palandt/*Edenhofer* § 2346 Rn 8).

19 Da der Erbverzicht ein Risikogeschäft ist, stellen weder der Irrtum über die Wertverhältnisse noch eine spätere Änderung der Erbquote einen Anfechtungsgrund für einen Motivirrtum dar (Fall Wildmoser: OLG München, Az.: 15 U 4751/04 v 25. 1. 2006; BGHZ 16, 54).

II. Inhalt des Erbverzichts

20 Inhalt des Erbverzichtsvertrages ist der einseitige oder wechselseitige Verzicht auf das gesetzliche Erbrecht nach dem Vertragsschließenden (OLG Frankfurt/M FamRZ 1995, 1450). Er wirkt nur zwischen den Vertragspartnern und bezieht sich ausschließlich auf den Erbfall, der durch den Tod der Person eintritt, die Vertragspartner des Verzichtsvertrags war (BayOLG FamRZ 2005, 1701).

21 Eine gegenständliche Beschränkung des Erbverzichts ist nur in der Weise möglich, dass auf einen Bruchteil des ges Erbrechts verzichtet wird. Wegen des Grundsatzes der Gesamtrechtsnachfolge ist eine Beschränkung der Erbverzichts auf einzelne Nachlassgegenstände oder Inbegriffe bzw das »gegenwärtige Vermögen« unzulässig (KG JW 1973, 1735). In Betracht kommt ggf die Umdeutung eines unzulässig gegenständlich beschränkten Erbverzichts in einen Bruchteilsverzicht, wobei der Bruchteil aus dem Verhältnis des Wertes des vom Verzicht erfassten Gegenstandes zum Gesamtnachlass zu bilden ist (MüKo/*Strobel* § 2346 Rn 14). Darüber hinaus können durch den Verzichtsvertrag Beschränkungen und Beschwerungen verschiedenster Art zu Lasten des verzichtenden Erben zugelassen und auf diese Weise eine Unwirksamkeit dieser Beschränkungen und Beschwerungen wegen § 2306 umgangen werden; allerdings bedarf es hierzu einer entsprechenden Anordnung des Erblassers in einer letztwilligen Verfügung (Damrau/*Mittenzwei* § 2346 Rn 11).

22 Nach hM ist ein isolierter Verzicht auf die ges Vermächtnisse des Voraus und des Dreißigsten mangels Erwähnung in den §§ 2346, 2352 nicht möglich (MüKo/*Strobel* § 2356 Rn 17; aA: Soergel/*Damrau* § 2346 Rn 11).

III. Umfang des Erbverzichts

23 Sofern nichts anderes vereinbart ist, erstreckt sich der Verzicht eines Abkömmlings oder eines Seitenverwandten auch auf die Abkömmlinge des Verzichtenden, § 2349.

24 In sachlicher Hinsicht bezieht sich der Erbverzicht nur auf das ges Erbrecht einschließlich des Pflichtteils, wie es zur Zeit des Erbfalls bestünde, sofern nichts anderes vereinbart wurde (Kroiß/Ann/Mayer/*Ullrich* § 2346 Rn 18). Der Erbverzicht kann von den Parteien in dem Umfang eingeschränkt werden, in dem aufgrund des im Erbrecht geltenden Typenzwangs eine Beschränkung zulässig ist (Palandt/*Edenhofer* § 2346 Rn 6). Nicht umfasst sind letztwillige Zuwendungen an den Verzichtenden, da insoweit eine Sonderregelung in § 2352 besteht.

25 Beim Verzicht eines Ehegatten auf sein ges Erbrecht entfallen auch die Ansprüche auf den Voraus und den Dreißigsten, weil sie nicht isoliert erklärt werden können, nicht aber der Zugewinnausgleichsanspruch nach § 1371 Abs. 2, 1372 ff (Palandt/*Edenhofer* § 2346 Rn 10),

wohl aber der erhöhte Erbteil nach § 1371 Abs. 1. Im Übrigen kann der überlebende Ehegatte, wenn ihm ein Vermächtnis zugewendet wurde oder sein Erbteil hinter dem Pflichtteil zurückgeblieben ist, nach §§ 2305, 2307 vorgehen (Damrau/*Mittenzwei* § 2346 Rn 20). Liegt ein Erb- und Pflichtteilsverzicht vor und wurde der Überlebende durch eine Verfügung von Todes wegen Erbe, steht ihm nach § 1371 Abs. 3 auch im Falle einer Ausschlagung der Erbschaft der Pflichtteil nicht zu.

Gem § 1371 Abs. 4 haben die erbberechtigten Stiefabkömmlinge gegen den überlebenden Ehegatten einen Ausbildungsunterhaltsanspruch, auf den aber die Bestimmungen über den Erbverzicht nicht anwendbar sind, weil die Unterhaltsberechtigung güterrechtlicher, nicht aber erbrechtlicher Natur ist (Soergel/*Damrau* § 2346 Rn 17). Nach dem Tod des Elternteils ist hinsichtlich des Ausbildungsunterhaltsanspruchs ein Erlassvertrag möglich, für den die minderjährigen Kinder der vormundschaftsgerichtlichen Genehmigung bedürfen. 26

Mit dem Tod des Verpflichteten erlöschen auch die Unterhaltsansprüche. Nach § 1586b Abs. 1 gilt dies nicht für den nachehelichen Unterhalt des geschiedenen Ehepartners. Ihm steht der Unterhaltsanspruch gegen die Erben bis zu einem Betrag zu, der den Pflichtteil nicht übersteigt. Noch nicht abschließend geklärt ist, ob ein vorbehaltloser Erb- oder Pflichtteilsverzicht auch den nachehelichen Unterhaltsanspruch nach § 1586b, 1933 Satz 3 umfasst. Nach hM ist die Frage zu bejahen, wenn beim Erbverzicht der Pflichtteil nicht ausdrücklich vorbehalten bleibt (MüKo/*Leipold* § 1933 Rn 16; aA: *Grziwotz* FamRZ 1991, 1258). Mangels höchstrichterlicher Rechtsprechung ist, soll der Unterhaltsanspruch vom Erbverzicht des Ehegatten unberührt bleiben, bei Abschluss des Verzichtsvertrages ausdrücklich zu vereinbaren, ob § 1586b gelten soll oder nicht (Groll/*Muscheler* S 878). 27

Das Nachlassgericht hat im Verfahren über die Erteilung eines Erbscheins inzidenter über die Wirksamkeit des Erbverzichts als Vorfrage zu entscheiden (BayObLG NJW-RR 195, 648). 28

E. Rechtsfolgen des Erbverzichts

Nach § 2346 Abs. 1 Satz 2 wird der Verzichtende von der ges Erbfolge ausgeschlossen, als wäre er zur Zeit des Erbfalls bereits verstorben. Allerdings verbleibt ihm, anders als zB bei der Ausschlagung, kein Pflichtteilsrecht, es sei denn, dieses ist ihm ausdrücklich vorbehalten. Bei der Berechnung des Pflichtteils der übrigen Pflichtteilsberechtigten wird der Verzichtende nach § 2310 Satz 2 nicht mitgezählt. Er bleibt auch bei der Berechnung von Ausgleichspflichten nach § 2316 Abs. 1 Satz 2 unberücksichtigt. 29

Der Verzicht auf das ges Erbrecht führt regelmäßig zu einer Vergrößerung der Pflichtteilsquote der anderen Pflichtteilsberechtigten. Zur Vermeidung dieser oft unerwünschten Folge sollte nur ein Pflichtteilsverzicht erklärt und der Verzichtende zum Erben eingesetzt werden, weil sich dadurch die Berechnung der Pflichtteile nicht ändert (Damrau/*Mittenzwei* § 2346 Rn 18). 30

F. Erbverzicht und Abfindung

Der Erbverzicht und die Abfindungsvereinbarung sind zwei selbständige Geschäfte, die keinen einheitlichen Vertrag iSd §§ 320 ff bilden, wohl aber durch ein Kausalgeschäft miteinander verbunden werden können (BayObLG ZEV 1995, 228). Um sicherzustellen, dass der Verzichtende seine Gegenleistung erhält, können die Parteien Erbverzicht und Abfindung zum Gegenstand eines zusätzlichen, notariell zu beurkundenden, gegenseitigen Vertrages machen mit der Folge, dass jede Partei auf Erfüllung klagen oder zurücktreten kann oder bis zur Erfüllung von ihrem Leistungsverweigerungsrecht Gebrauch machen können. Ein Formmangel kann durch die formgültige Vornahme des Erfüllungsgeschäfts analog § 311b Abs. 1 Satz 2 geheilt werden (Staudinger/*Schotten* § 2348 Rn 17). 31

Der Erblasser kann, wenn das Grundgeschäft nichtig ist, die bereits geleistete Abfindung gem § 812 Abs. 1 Satz 1 zurückfordern. Im Gegenzug kann der Verzichtende vom Erblasser 32

§ 2346 BGB | Wirkung des Erbverzichts, Beschränkungsmöglichkeit

zu dessen Lebzeiten nach der gleichen Rechtsgrundlage die Aufhebung des bereits erklärten Verzichts gem § 2351 verlangen (MüKo/*Strobel* § 2346 Rn 24). Nach Eintritt des Todes eines Vertragspartners ist die Aufhebung nach § 2351 nicht mehr möglich, in Betracht kommt nur noch ein Anspruch auf Wertersatz nach § 818 Abs. 2. Allerdings ist die Wertermittlung beim Tod des Verzichtenden im Hinblick auf den Wert des Nachlasses im Erbfall ungewiss und daher problematisch.

33 Bestand die Gegenleistung in einem Vermächtnis, so kann sich der Bedachte nicht deswegen vom Erbverzicht lösen, weil beim Erbfall der vermachte Gegenstand nicht mehr zum Nachlass gehörte (BayObLGE 95, 29).

34 Die Verbindung des Erbverzichts und der Abfindungsvereinbarung in einer Urkunde als einheitliches Rechtsgeschäft führt unter zumindest analoger Anwendung des § 139 bei Unwirksamkeit des einen Teils auch zur Unwirksamkeit des anderen Teils (Bamberger/Roth/*J. Mayer* § 2346 Rn 36).

G. Beseitigung des Erbverzichts

I. Anfechtung

35 Die Anfechtung des Erbverzichts, die nur zu Lebzeiten des Erblassers möglich ist (OLG Schleswig ZEV 1998, 28; aA Soergel/*Damrau* § 2346 Rn 20), weil beim Tod des Erblassers im Drittinteresse die Rechtsbeziehungen geregelt sein müssen, richtet sich ebenso wie die Anfechtung des Kausalgeschäfts nach den §§ 119 ff, 123. Nicht anwendbar sind dagegen die §§ 2078, 2081, so dass auch ein Motivirrtum unbeachtlich ist (Damrau/*Mittenzwei* § 2346 Rn 22). Täuscht der Erblasser den Verzichtenden über den Umfang des gegenwärtigen Vermögens und wird dadurch eine niedrigere Abfindung vereinbart, entfallen mit der Anfechtung nach § 123 nicht nur die Wirkungen des Erbverzichts, sondern auch die des Kausalgeschäfts (*Coing* NJW 1967, 1777).

35a Erklärungs- und Inhaltsirrtümer sind wegen der Beurkundungspflicht sowohl des Kausalgeschäfts als auch des Erbverzichts kaum denkbar. In Betracht kommt allenfalls eine Anfechtung wegen eines Eigenschaftsirrtums nach § 119 Abs. 2, wenn sich die Beteiligten über den Umfang des gegenwärtigen Vermögens des Erblassers irren, das Grundlage für die Berechnung der Abfindung ist. Hier kann aber nur das Kausalgeschäft angefochten werden (Staudinger/*Schotten* § 2346 Rn 104), wobei die Rückabwicklung dann problematisch ist, wenn der Erblasser bereits verstorben ist.

36 Dagegen stellt die falsche Prognose über das Vermögen des Erblassers bzw dessen Entwicklung ebenso wenig einen Anfechtungsgrund iSd § 119 Abs. 2 dar wie der einseitige Irrtum des Verzichtenden über das Erblasservermögen (BGH NJW 1997, 653).

37 Eine Anfechtung seitens des Erblassers ist dann, wenn der Verzichtende vor dem Erblasser verstirbt, nicht erforderlich, da sein Erbverzicht gegenstandslos geworden ist und er ohnehin nicht Erbe werden kann (Kroiß/Ann/Mayer/*Ullrich* § 2346 Rn 2).

II. Rücktritt

38 Ein einseitiger Widerruf des Erbverzichts ist wegen der vertraglichen Bindung nicht möglich. Da der Erbverzicht ein abstraktes Rechtsgeschäft darstellt, scheidet mangels Anwendbarkeit der Rücktrittsvorschriften nicht nur der Rücktritt, sondern auch der Rücktrittsvorbehalt aus (BayObLG ZEV 1995, 228). Der Erbverzicht kann aber nach §§ 2347 Abs. 2, Satz 1, 2348, 2351 durch einen Vertrag zwischen Erblasser und Verzichtenden aufgehoben werden. Die Zustimmung der Dritter, insb der Erben, ist nicht erforderlich, es sei denn, dies wäre im Vertrag so vorgesehen. Ein Aufhebungsvertrag nur mit den Erben einer Vertragspartei ist unzulässig (BGH NJW 1998, 3117; aA: Staudinger/*Schotten* § 2346 Rn 97).

39 Ungeachtet dessen ist aber der Rücktritt vom Kausalgeschäft unter Beachtung der ges Voraussetzungen oder der Widerruf bei einem entsprechenden Vorbehalt möglich; ist der

Erbverzicht durch den Bestand des Kausalgeschäfts auflösend bedingt, entfällt er mit dem Rücktritt bzw Widerruf (Damrau/*Mittenzwei* § 2346 Rn 21).

Im Übrigen ist es dem Erblasser unbenommen, den Verzichtenden wieder in seiner Verfügung von Todes wegen zu bedenken. Die Wirkungen des Erbverzichts können dadurch allerdings nicht beseitigt werden (BGHZ 30, 261).

III. Störung der Geschäftsgrundlage

Inwieweit das mit dem Erbverzicht erzielte Ergebnis nach den Grundsätzen der Störung der Geschäftsgrundlage gem § 311b Abs. 1 anzupassen ist, beurteilt sich nach den Besonderheiten des Erbverzichts sowie dessen Risikocharakter. Daher sind Veränderungen zwischen Vertragsschluss und Eintritt des Erbfalls nicht zu berücksichtigen (BGH ZEV 1999, 62), weshalb auch die Veränderungen der Vermögensverhältnisse des Erblassers nach Abschluss des Vertrages unbeachtlich sind (BayObLG FamRZ 1995, 964). Stirbt also der Verzichtende vor dem Erblasser, so ist letzterer nicht berechtigt, die bereits geleistete Abfindung zurückzufordern (Damrau/*Mittenzwei* § 2346 Rn 23). Eine Anpassung der Rechtsfolgen nach den Grundsätzen der Störung der Geschäftsgrundlage ist nur in krassen Ausnahmefällen angezeigt (Staudinger/*Schotten* § 2346 Rn 191).

Da der Verzicht nur zu Lebzeiten des Erblassers wirksam erklärt werden kann, tritt nachträgliche Unmöglichkeit ein, wenn ein Vertragsteil vor Abgabe der Verzichtserklärung verstirbt (BGHZ 37, 319) mit der Folge, dass eine bereits geleistete Abfindung vom Erben zurückgefordert werden kann und der Anspruch auf die Leistung erlischt (Staudinger/*Schotten* § 2346 Rn 169 mwN).

H. Pflichtteilsverzicht

Nach § 2346 Abs. 2 kann der Verzicht auf das Pflichtteilsrecht beschränkt werden. Durch den Pflichtteilsverzicht entstehen von Anfang an keine Pflichtteilsansprüche. Er umfasst auch die Ansprüche aus den §§ 2305, 2307, 2325 ff und die Rechte aus §§ 2306, 2318 Abs. 2, 2319 und 2328 (Bamberger/Roth/*Mayer* § 2346 Rn 16). Verzichtet werden kann auch auf mögliche Ausgleichungsrechte gem §§ 2050 ff und auf ges Ausgleichs- oder Anrechnungspflichten beim Pflichtteilsrecht (§§ 2315, 2316; Kroiß/Ann/Mayer/*Ullrich* § 2346 Rn 14). Daher ist es möglich, Beschränkungen und Beschwerungen zu vereinbaren, ohne dass diese dann nach § 2306 unwirksam sind. Der Verzicht kann, da es sich um einen reinen Geldanspruch handelt, beliebig auf einzelne der vorgenannten Wirkungen beschränkt werden, dh auf einen Bruchteil, auf den Pflichtteilsergänzungsanspruch, auf die Festlegung eines bestimmten Bewertungsverfahrens, auf eine Anrechnungsvereinbarung, Stundung oder Ratenzahlung, sich auf »das gegenwärtige Vermögen« beziehen oder auf einen bestimmten Höchstbetrag beschränkt werden (Kroiß/Ann/Mayer/*Ullrich* § 2346 Rn 15). § 2311 Abs. 2, Satz 2 steht dem nicht entgegen, da durch diese Vorschrift nur einseitige Festlegungen durch den Erblasser verboten werden.

Beim Verzicht auf Pflichtteilsergänzungsansprüche ist zu beachten, dass der Verzicht auch die Ausgleichsansprüche gem § 2316 erfasst sind, da der bloße Verzicht auf Pflichtteilsergänzungsansprüche einen evtl Ausgleichsanspruch unberührt lässt (*J. Mayer* ZEV 2000, 263). Im Übrigen sollte zur Streitvermeidung zwischen den Vertragsparteien vorsorglich klargestellt werden, dass der gegenständlich beschränkte Pflichtteilsverzicht nur mit Zustimmung des Zuwendungsempfängers aufgehoben werden kann (Damrau/*Mittenzwei* § 2346 Rn 16).

Ist der Verzicht auf das Pflichtteilsrecht beschränkt, so entsteht der ges Anspruch auf den Pflichtteil nicht. Das ges Erbrecht des Verzichtenden und der übrigen gesetzlichen Erben bleibt unberührt. Bei der Berechnung des Pflichtteils anderer Berechtigter sowie bei der Ausgleichspflicht wird der Verzichtende mitgezählt; dadurch unterbleibt, anders als beim Erbverzicht, eine Erhöhung des Pflichtteilsanspruchs der übrigen Berechtigten (BayObLGZ 19981, 30).

45 Der Eintritt der aufschiebenden Bedingung oder Befristung ist auch beim Pflichtteilsverzicht noch nach dem Erbfall möglich, auch wenn sich das Pflichtteilsrecht durch den Erbfall in einen Pflichtteilsanspruch gewandelt hat (Münchener Anwaltshandbuch/*Bengel* § 34 Rn 12).

I. Steuerrecht

46 Der Erbverzicht ist erbschaftsteuerneutral. Allerdings unterliegt die Abfindung oder eine sonstige Gegenleistung der Schenkungsteuer nach § 7 Abs. 1 Nr. 5 ErbStG. Die Steuerklasse bestimmt sich nach dem Verhältnis des Verzichtenden zum Erblasser.

J. Gebühren

47 Für den Erbverzicht fällt, da er keine Verfügung von Todes wegen ist, eine Vertragsgebühr nach § 36 Abs. 2 KostO, dh eine doppelte Gebühr, an. Da der Wert des Rechtsgeschäft zum Zeitpunkt des Vertragsabschlusses noch nicht feststeht, ist dieser gem § 30 Abs. 1 KostO nach freiem Ermessen zu bestimmen, wobei sowohl der Umfang des Nachlasses zum Zeitpunkt des Verzichts also auch der Erbteil des Verzichtenden zu berücksichtigen ist.

K. Gestaltungshinweise

48 Zum Schutz des Verzichtenden kann die Abfindung auf einem Notaranderkonto hinterlegt werden. Ist dies aber nicht möglich, so sollte der Erbverzicht unter der allgemein für zulässig erachteten Bedingung der vollständigen Zahlung erklärt werden (Staudinger/*Schotten* § 2346 Rn 153 mwN).

49 Darüber hinaus wird es für zulässig erachtet, den Erbverzicht und die Abfindungsvereinbarung in einer Urkunde zu einem »einheitlichen Rechtsgeschäft« zu verbinden mit der Folge, dass ohne Bedingung unter Anwendung des § 139 bei Unwirksamkeit des einen Teils auch der andere Teil nichtig ist (OLG Bamberg OLGR 1998, 169). Mangels höchstrichterlicher Rechtsprechung sollte wegen der zweifelhaft erscheinenden Anwendung des § 139 auf ein abstraktes Verfügungsgeschäft von dieser Gestaltungsvariante zunächst noch Abstand genommen werden (Staudinger/*Schotten* § 2346 Rn 151).

§ 2347 Persönliche Anforderungen, Vertretung

(1) Zu dem Erbverzicht ist, wenn der Verzichtende unter Vormundschaft steht, die Genehmigung des Vormundschaftsgerichts erforderlich; steht er unter elterlicher Sorge, so gilt das Gleiche, sofern nicht der Vertrag unter Ehegatten oder unter Verlobten geschlossen wird. Die Genehmigung des Vormundschaftsgerichts ist auch für den Verzicht durch den Betreuer erforderlich.

(2) Der Erblasser kann den Vertrag nur persönlich schließen; ist er in der Geschäftsfähigkeit beschränkt, so bedarf er nicht der Zustimmung seines gesetzlichen Vertreters. Ist der Erblasser geschäftsunfähig, so kann der Vertrag durch den gesetzlichen Vertreter geschlossen werden; die Genehmigung des Vormundschaftsgerichts ist in gleichem Umfang wie nach Absatz 1 erforderlich.

A. Allgemeines

1 Die Vorschrift gilt sowohl für den Erb- als auch für den Pflichtteils- und Zuwendungsverzicht, nicht aber für das schuldrechtliche Kausalgeschäft zum Erbverzicht. Auf dieses finden die allgemeinen Vorschriften Anwendung (BGH NJW 1962, 1910). Daher kann sich der Erblasser beim schuldrechtlichen Grundgeschäft vertreten lassen. § 2347 Abs. 2 Satz 1 gilt nicht für das Kausalgeschäft (BGHZ 37, 319). Allerdings bedarf er für die schuldrechtliche Verpflichtung zur Abgabe eines Erb- und Pflichtteilsverzichts der vormundschaftsgerichtlichen Genehmigung, da § 1822 Nr. 1 nicht alle Fälle des Erbverzichts erfasst und ansonsten die Genehmigungspflicht durch eine Klage aus dem Kausalgeschäft auf Abgabe einer Willenserklärung (§ 894 ZPO) umgangen werden könnte (Palandt/*Edenhofer* § 2347 Rn 1; aA Soergel/*Damrau* § 2347 Rn 9). Auf den mit dem Verzicht verbundenen Abfindungsvertrag finden die allgemeinen Vorschriften Anwendung.

Dagegen ist § 2347 nicht anwendbar auf schuldrechtliche Verträge, die sich lediglich 2 wirtschaftlich nachteilig auf den späteren Pflichtteilsanspruch eines Minderjährigen auswirken können (BGHZ 24, 372).

B. Vertragsbeteiligte

I. Vertretung

Die Vertretung ist in gleicher Weise zulässig wie bei anderen Rechtsgeschäften unter Le- 3 benden. Nach § 167 Abs. 2 bedarf die Vollmacht keiner besonderen Form. Ein in Abwesenheit des Verzichtenden geschlossener Erbverzichtsvertrag kann nur zu Lebzeiten des Erblassers nachgenehmigt werden. Dies gilt nicht für den Pflichtteilsverzichtsvertrag; er kann auch nach Eintritt des Erbfalls noch wirksam werden, da er auf die Feststellungen der Erbfolge keinen Einfluss hat (Kroiß/Ann/Mayer/*Ullrich* § 2347 Rn 4).

1. Verzichtender

Der Verzichtende kann sich nicht nur bei den sonstigen Rechtsgeschäften unter Lebenden, 4 sondern auch beim Erbverzicht vertreten lassen. Eine Stellvertretung ist, wie sich im Umkehrschluss aus § 2347 Abs. 2 Satz 1 ergibt, zulässig (Soergel/*Damrau* § 2347 Rn 2). Eine bestimmte Form bedarf die Vollmacht nicht, sofern sie nicht unwiderruflich erteilt wird. Beim Handeln ohne Vertretungsmacht kann die Genehmigung des Verzichtenden nur bis zum Eintritt des Erbfalls erteilt werden (BGH NJW 1978, 1159). Maßgeblicher Zeitpunkt ist der Zugang der Erklärung beim Erblasser, § 130 I 1.

2. Erblasser

Der Verzicht seitens des Erblassers ist nur durch persönlichen Vertragsschluss möglich 5 (OLG Hamm NJW-RR 1996, 906). Der Ehegatte bedarf zum Abschluss eines Verzichtsvertrages als Erblasser nicht der Zustimmung des anderen Ehegatten.

II. Geschäftsfähigkeit

1. Verzichtender

Beim **geschäftsunfähigen** Verzichtenden schließen seine ges Vertreter den Vertrag für ihn 6 ab. Ist er **beschränkt geschäftsfähig**, kann der Verzichtende den Vertrag mit Zustimmung des ges Vertreters abschließen oder sich durch ihn vertreten lassen. Steht der Verzichtende unter elterlicher Sorge, Vormundschaft oder Betreuung, bedarf der Vertrag der Zustimmung des Vormundschaftsgerichts, es sei denn, dass der minderjährige Verzichtende unter elterlicher Sorge steht und den Vertrag mit seinem Ehegatten oder Verlobten schließt (Damrau/*Mittenzwei* § 2347 Rn 2). Entsprechendes gilt im Fall der Vertretung eines nichtehelichen Minderjährigen durch einen Pfleger, der die Rechte hinsichtlich des väterlichen Erbes durchsetzt, §§ 1705, 1706 Nr. 3, 1915. Eine Heilung ist weder durch die nachträgliche Zustimmung des inzwischen volljährigen Verzichtenden möglich noch durch die vormundschaftsgerichtliche Genehmigung nach Eintritt des Erbfalls (BGH NJW 1978, 1159). Der Verzichtende kann nach § 2290 Abs. 3 nur unter denselben Voraussetzungen verzich- 7 ten, unter denen der Vertragspartner des Erblassers einen Erbvertrag aufheben kann (Erman/*Schlüter* § 2347 Rn 1).

2. Erblasser

8 Der **Erblasser** muss persönlich handeln (BGH NJW 1996, 1062). Eine Stellvertretung ist ausgeschlossen, es sei denn, er wäre geschäftsunfähig. Ist der Erblasser **beschränkt geschäftsfähig**, kann er ohne Zustimmung des ges Vertreters einen Erbverzichtsvertrag schließen. Entsprechendes gilt für den im Prozess vergleichsweise abgeschlossenen Erbverzichtsvertrag. Allerdings muss bei Anwaltszwang der Erblasser die erforderlichen Erklärungen zusammen mit seinem Anwalt abgeben (BayObLG NJW 1965, 1276). Der Prozessvergleich genügt der Form des § 2348. Eine Bevollmächtigung ist unzulässig. Der Ehegatte bedarf weder als Erblasser noch als Verzichtender der Zustimmung des anderen.

9 Auch die Vertretung durch den ges Vertreter ist unzulässig. Der **unter Betreuung stehende geschäftsfähige Erblasser** kann den Erbverzicht nur selbst schließen (Staudinger/ *Schotten* § 2347 Rn 30). Bei einem Einwilligungsvorbehalt muss der Betreuer zustimmen, wobei die vormundschaftsgerichtliche Genehmigung einzuholen ist (Soergel/*Damrau* § 2347 Rn 9).

III. Anwesenheit

10 Trotz des Erfordernisses des persönlichen Handelns des Erblassers ist es nicht erforderlich, dass Angebot und Annahme von den Vertragsparteien gleichzeitig abgeben werden müssen; die Erklärungen können somit getrennt beurkundet werden (Soergel/*Damrau* § 2347 Rn 5). Mit der Beurkundung der Annahmeerklärung kommt der Erbverzicht zustande, ohne dass der Anbieter Kenntnis von der Annahme erlangt haben muss, § 152 Satz 1 (RG JW 1909, 139).

11 Der Vertrag muss vor Eintritt des Erbfalls wirksam zustande gekommen sein, da die die Erbfolge begründenden Tatsachen zum Todeszeitpunkt feststehen müssen und nachträglich nicht abgeändert werden können. § 153 ist nicht anwendbar, und zwar auch nicht für den Pflichtteilsverzichtsvertrag (BGH NJW 1997, 521; aA: *J. Mayer* MittBayNot 1997, 85).

C. Vormundschaftsgerichtliche Genehmigung

12 Der ges Vertreter und damit auch der Betreuer eines geschäftsunfähigen Erblassers bedarf zum Abschluss des Vertrages der vormundschaftsgerichtlichen Genehmigung. Die Genehmigung des Vormundschaftsgerichts, für die nach § 3 Nr. 2a RPflG der Rechtspfleger funktionell zuständig ist, wird benötigt beim Verzichtsvertrag iSd §§ 2346, 2352, beim nur teilweisen Erbverzicht (BGH NJW 1978, 1159) und entsprechend beim schuldrechtlichen Vertrag, durch den der Verzichtende sich zum Abschluss eines Verzichtsvertrages verpflichtet (Palandt/*Edenhofer* § 2347 Rn 1). Bei einem Einwilligungsvorbehalt muss der Betreuer zustimmen, wobei die vormundschaftsgerichtliche Genehmigung einzuholen ist (Soergel/*Damrau* § 2347 Rn 9).

13 Durch die Regelung des § 1896 Abs. 2 bedarf auch der Betreuer, der insoweit die Angelegenheiten des Betreuten wahrzunehmen hat, für den von ihm erklärten Erbverzicht der vormundschaftsgerichtlichen Genehmigung.

14 Das Vormundschaftsgericht hat sich bei der Prüfung der Erteilung der Genehmigung am Wohl des Minderjährigen/Betreuten zu orientieren, das dann gewahrt ist, wenn der Verzichtende eine (nahezu) vollwertige Abfindung erhält (BGH NJW-RR 1995, 248). Entscheidend hierfür sind die Vermögensverhältnisse des Erblassers zum Zeitpunkt des Vertragsabschlusses (OLG Köln FamRZ 1990, 99). Zur ordnungsgemäßen Ausübung des Beurteilungsspielraums hat das Vormundschaftsgericht im Rahmen des Amtsermittlungsgrundsatzes die wirtschaftlichen Folgen des Verzichts und die Einkommens- und Vermögensverhältnisse des Erblassers aufzuklären und zu berücksichtigen (BGH NJW-RR 1995, 248).

15 Die Genehmigung sowie die Zustimmung des ges Vertreters müssen im Zeitpunkt des Erbfalls wirksam sein.

§ 2348 Form

Der Erbverzichtsvertrag bedarf der notariellen Beurkundung.

A. Notarielle Beurkundung

Die Beurkundungspflicht dient der sachkundigen Belehrung (Schutzfunktion des § 17 **1** BeurkG), dem Schutz vor übereiltem, unüberlegtem Handeln (Warnfunktion) und der Sicherung des Beweises hinsichtlich Abschluss und Inhalt des Erbverzichtsvertrages (Beweisfunktion). Daher gilt § 2348 nicht nur für alle Arten von Verzichtsverträgen wie Erb-, Pflichtteils- und Zuwendungsverzicht und die Aufhebung derartiger Verträge (§ 2351), sondern auch entsprechend für das dem Verfügungsgeschäft zugrunde liegende schuldrechtliche Kausalgeschäft wie zB den schuldrechtlichen Verzicht auf die Geltendmachung des Pflichtteilsanspruchs (KG OLGZ 74, 263) einschließlich der Verpflichtung zur Aufhebung derartiger Rechtsgeschäfte (Staudinger/*Schotten* § 2348 Rn 24). Ein Erbverzicht, der nicht ausdrücklich erklärt wurde und nur durch Auslegung zu erschließen ist, genügt der in § 2348 vorgesehenen Form nicht (Palandt/*Edenhofer* § 2348 Rn 1; vgl aber Rn 8). Allerdings soll der rechtswirksam erklärte Erbverzicht sowie die Erfüllung seiner Verpflichtung durch den Erblasser den Mangel der Form des Kausalgeschäfts nach dem Rechtgedanken des § 311b Abs. 1 Satz 2 heilen (LG Bonn ZEV 1999, 356). Zweifelhaft ist aber, ob die Erklärung des Erbverzichts, ohne dass die Gegenleistung erbracht worden ist, das Kausalgeschäft heilt, wenn die vom Erblasser eingegangene Verpflichtung zur Gegenleistung der notariellen Beurkundung bedarf (OLG Düsseldorf FamRZ 2002, 1147; aA: *Damrau* NJW 1984, 1163). Da § 139 den Erbverzicht nicht erfasst (OLG Bamberg OLGR 1998, 169), muss sich der Verzichtende auf die Unwirksamkeit des Kausalgeschäfts gem § 139 berufen (Staudinger/*Schotten* § 2348 Rn 18). Der Erblasser bzw dessen Erben sind dann nicht verpflichtet, die Gegenleistung zu erbringen.

Für das Verfahren gelten die §§ 8 ff BeurkG. Ein Erbverzicht, welcher der durch § 2348 **2** vorgeschriebenen Form nicht entspricht, ist nach § 125 nichtig. Entsprechendes gilt auch für den Vertrag, der auf eine Verpflichtung zum Abschluss eines Erbverzichts gerichtet ist. Eine Heilung ist nicht möglich. Dies gilt auch dann, wenn die Abfindung oder die sonstige Gegenleistung bereits erbracht wurde (OLG Düsseldorf FamRZ 2002, 1147, aA: *Damrau* NJW 1984, 1163).

Ein formlos geschlossenes Kausalgeschäft wird durch die notarielle Beurkundung des Erb- **3** vertrages geheilt (Hk-BGB/*Hoeren* § 2348 Rn 2). Für den Fall, dass der Verzicht von einer Bedingung abhängig ist, muss auch die Bedingungsvereinbarung beurkundet werden (BGH NJW 1962, 1910). Die bloße Beurkundung der Erbverzichtserklärung reicht nicht (RG JW 1909, 139). Im Übrigen ist es nicht erforderlich, dass beide Parteien gleichzeitig vor dem Notar anwesend sind, §§ 128, 152. Beurkundet der Notar die Erklärungen der getrennt anwesenden Beteiligten in einem einheitlichen Protokoll, so dass der Eindruck entsteht, sie seien gemeinsam erschienen, ist der Vertrag trotzdem gültig (RGZ 69, 130).

Erfolgt die Beurkundung im Rahmen eines Prozessvergleichs, so ist die Form gewahrt, **4** § 127a (BGH FamRZ 1960, 28), allerdings bedarf es im Anwaltsprozess der Mitwirkung des Anwalts und der persönlichen Mitwirkung des Erblassers, ansonsten ist die Beurkundung nichtig ist (BayObLGE 65, 86). Die Pflicht zur persönlichen Mitwirkung betrifft nicht das Kausalgeschäft. Daher kann sich daraus die Pflicht zur formgerechten Wiederholung des Verfügungsgeschäfts ergeben (BGHZ 37, 319). Stirbt allerdings der Erblasser vor dem Abschluss des Erbverzichtsvertrages, so wird die Erfüllung der Verpflichtung unmöglich und damit unwirksam (BGHZ 37, 319).

Bei der Verbindung des Erbverzichts mit einem anderen Rechtsgeschäft (Erbvertrag, **5** Grundstücksvertrag) sind die Formvorschriften beider Rechtsgeschäfte zu beachten.

Nimmt der Erblasser, der durch ein gemeinschaftliches Testament oder einen Erbvertrag **6** gebunden ist, eine beeinträchtigende Schenkung vor, kann der bindend Bedachte die

§ 2348 BGB | Form

Ansprüche aus §§ 2287 ff nicht geltend machen, wenn er mit der Schenkung einverstanden war. In analoger Anwendung des § 2351 ist auch diese Erklärung, im Hinblick auf die Beweissicherung, formbedürftig (str, so: BGH NJW 1989, 2618; aA: *Kanzleiter* DNotZ 1990, 776).

7 Im Erbscheinsverfahren hat das Nachlassgericht die Wirksamkeit und den Umfang des Verzichts von Amts wegen zu prüfen; eine Verweisung auf den ordentlichen Rechtsweg ist nicht zulässig (BayObLGE 81, 30). Der Notar ist verpflichtet, das Standesamt des Geburtsortes des Erblassers über den Abschluss eines Erbvertrages zu benachrichtigen. Das Standesamt des Geburtsortes des Erblassers informiert daraufhin den Urkundsnotar vom Tod des Erblassers, der sodann den Erbverzicht in beglaubigter Abschrift an das Nachlassgericht zu übersenden hat, § 16 BeurkG (Soergel/*Damrau* § 2348 Rn 7; aA BayObLG Rpfleger 1983, 355).

B. Verzicht in anderem Vertrag

8 In einem zwischen Ehegatten und einem Kind geschlossenen Erbvertrag ein stillschweigend erklärter Pflichtteilsverzicht des als Schlusserben eingesetzten Kindes enthalten ist (BGHZ 22, 364). In gleicher Weise kann ein notariell beurkundetes gemeinschaftliches Testament einen stillschweigenden Erb- oder Pflichtteilsverzicht eines der Ehegatten beinhalten (BGH NJW 1977, 1728). Allerdings ist in der Erklärung des Abkömmlings, sein künftiges Erbrecht sei abgefunden in einem Vertrag, durch den ihm das elterliche Anwesen übertragen wird, idR kein Erbverzicht zu sehen (BayObLGE 81, 30); dies gilt insb dann nicht, wenn die Altersversorgung der Eltern wesentlicher Vertragsbestandteil ist (BayObLG Rpfleger 1984, 191). Im Übrigen kann eine privatschriftliche Erklärung eines Miterben, die nach dem Erbfall zugunsten eines anderen Miterben abgegeben wurde, die Verpflichtung enthalten, den Überlebenden so zu stellen, als sei er Alleinerbe geworden, §§ 133, 311 Abs. 1 (OLG Köln OLGZ 75, 1).

C. Rechtsfolgen bei Formverstoß

9 Ein unter Missachtung der Form des § 2348 geschlossener Erbverzichtsvertrag ist nach § 125 unheilbar nichtig. Ein Formverstoß wird beim abstrakten Verzicht nicht durch § 311b Abs.1 Satz 2 geheilt. Der formnichtige schuldrechtliche Vertrag, durch den sich eine Vertragspartei zur Erbverzichtserklärung verpflichtet, wird durch den formgerecht erklärten abstrakten Erbverzicht geheilt. Wird dagegen ein formpflichtiges Grundstücksgeschäft mit einem formpflichtigen Erbverzicht gekoppelt, und ist eines der Geschäfte wegen Formmangels nichtig, bewirkt die Heilung des einen Rechtsgeschäfts durch Vollzug nicht auch die Heilung des anderen Rechtsgeschäfts; im Zweifel ist von Gesamtnichtigkeit auszugehen (Soergel/*Damrau* § 2348 Rn 5). Allerdings ist bei einem formnichtigen Verzichtsvertrag immer auch an eine Umdeutung nach § 140 in eine formgültige letztwillige Verfügung zu denken in der Weise, dass darin eine Enterbung oder ein Widerruf zu sehen sein könnte (Hk-BGB/*Hoeren* § 2348 Rn 5).

D. Kosten

10 Der Erbverzicht ist ein Vertrag unter Lebenden, keine Verfügung von Todes wegen. Für seine Beurkundung entsteht deshalb die $^{20}/_{10}$ Gebühr nach § 36 Abs. 2 KostO, bei Trennung in Angebot und Annahme fallen Gebühren nach §§ 37 und 38 Abs. 2 Nr. 2 KostO an. Werden ein Erbverzicht und eine Verfügung von Todes wegen in einer Verhandlung beurkundet, sind für den Erbverzicht getrennte Gebühren neben der Gebühr nach § 46 KostO anzusetzen.

11 Der **Wert** ist unter Anwendung des § 39 Abs. 2 KostO zu bestimmen, maßgebend ist also die höherwertige Leistung. Dem Wert des Erbverzichts ist der Wert der vereinbarten Gegenleistungen gegenüberzustellen. Bei der Bewertung des Verzichts, die auf Grund

einer Schätzung zu erfolgen hat (§ 30 KostO), ist der Wert des gegenwärtigen reinen Vermögens des Erblassers und des dem Verzichtenden daran zustehenden Anteils sowie die mehr oder minder große Wahrscheinlichkeit des Überlebens des Verzichtenden und Erhöhung oder Verminderung des Wertes des Vermögens des Erblassers bis zu seinem Tode zu berücksichtigen (nach *Ackermann* JVBl 1967, 221 Wert iSv § 30 Abs. 1 KostO aus § 46 Abs. 4, also nach der Quote, auf die verzichtet wird und dem im Zeitpunkt des Verzichts vorhandenen Reinvermögen; abweichend K/L/B/R § 39 Rn 30 ff, der gem §§ 39 Abs. 1, 18 Abs. 1 die Vermögensverhältnisse im Verzichtszeitpunkt annimmt).

Bei Verbindung eines Erbverzichtsvertrages mit einem anderen Rechtsgeschäft unter Lebenden (zB Ehevertrag, Überlassungsvertrag, Ausstattungsvertrag, Leibrentenvertrag gilt § 44 Abs. 2 KostO (OLG Stuttgart JurBüro 1975, 1485 = Rpfleger 1975, 409; s.a. JurBüro 1984, 1326); für Erbvertrag und Erbverzichtsvertrag in einer Urkunde also gesonderter Ansatz der Gebühren nach §§ 36, 46 KostO (OLG Frankfurt JurBüro 1965, 76; s.a. JurBüro 1984, 1796). 12

Gleichzeitig beurkundete Übergabe- und Erbverzichtsverträge sind jedoch bei Vorliegen eines Austauschvertrages ein nach § 39 Abs. 2 KostO einheitlich zu bewertender Vertrag (OLG Hamm DNotZ 1971, 611 = Rpfleger 1971, 118). 13

§ 2349 Erstreckung auf Abkömmlinge

Verzichtet ein Abkömmling oder ein Seitenverwandter des Erblassers auf das gesetzliche Erbrecht, so erstreckt sich die Wirkung des Verzichts auf seine Abkömmlinge, sofern nicht ein anderes bestimmt wird.

A. Allgemeines

Der Verzicht eines Abkömmlings oder Seitenverwandten wirkt kraft Gesetzes für den ganzen Stamm, dh auf die vorhandenen und künftigen Abkömmlinge, die nichtehelichen Abkömmlinge des Vaters und adoptierte Kinder (Staudinger/*Schotten* § 2349 Rn 1). Dadurch erlangt der Verzichtende Einfluss auf die an sich selbständige erbrechtliche Position seiner Abkömmlinge, ohne sie vertraglich einzubeziehen. (*Muscheler* ZEV 1999, 49). Durch die Zahlung einer Abfindung wird der Erbteil des gesamten Stammes abgegolten, wodurch die Bevorzugung dieses Stammes vermieden wird. Allerdings ist die Erstreckung grds von einer Abfindung unabhängig. In diesen Fällen ist ggf § 2350 zu berücksichtigen. Der Verzichtsvertrag mit Wirkung für Abkömmlinge bedarf nicht der vormundschaftsrechtlichen Genehmigung. Die Erstreckung erfolgt nach hM entgegen des Gesetzeswortlauts auch beim Verzicht auf das Pflichtteilsrecht (*Baumgärtel* DNotZ 1959, 65). Mangels Verweises in § 2352 auf § 2349 erstreckt sich der Verzicht nicht auf letztwillige Zuwendungen an Abkömmlinge (OLG Köln FamRZ 1990, 99; aA *Schotten* ZEV 1997, 1). 1

Die wirksame Aufhebung des Erbverzichts nach § 2351 lässt das Erbrecht der Abkömmlinge wieder aufleben (Mot V 476; BGH ZEV 1998, 304). Der Erblasser kann, wenn die Aufhebung durch den Tod des Verzichtenden nicht mehr möglich ist, die Drittwirkung isoliert durch Vertrag mit den Abkömmlingen beseitigen (*Muscheler* ZEV 1999, 49). 2

Da es sich bei § 2349 um eine Ausnahmevorschrift handelt, scheidet eine analoge Anwendung auf Abkömmlinge des Verzichtenden, die nicht Abkömmlinge oder Seitenverwandte sind, aus (Staudinger/*Schotten* § 2349 Rn 8). 3

B. Abweichende Bestimmung

Die Vorschrift gilt weder bei einer ausdrücklich abweichenden Vereinbarung im Verzichtsvertrag noch findet sie Anwendung auf andere Personen als Abkömmlinge und Seitenverwandte, wie zB Vorfahren und Ehegatten (*Regler* DNotZ 1970, 646) oder wenn 4

§ 2350 BGB | Verzicht zugunsten eines anderen

der Abkömmling trotz des Verzichts zum Erben/Vermächtnisnehmer eingesetzt wurde (KG JFG 23, 255). Entsprechendes gilt bei der Vereinbarung eines Zuwendungsverzichts.

5 Durch einen entsprechenden Vorbehalt wird dem Verzichtenden ausnahmsweise die Möglichkeit verliehen, die Erstreckung zu beseitigen oder zumindest zu modifizieren in der Weise, dass sich der Verzicht nur auf bestimmte Abkömmlinge erstreckt (so Damrau/*Mittenzwei* § 2374 Rn 1; aA Staudinger/*Schotten* § 2349 Rn 14). Dagegen kann der Verzicht auf das ges Erbrecht, welcher durch die Eltern oder Großeltern erklärt wird, nicht vertraglich auf deren Abkömmlinge ausgedehnt werden (Soergel/*Damrau* § 2349 Rn 1).

§ 2350 Verzicht zugunsten eines anderen

(1) Verzichtet jemand zugunsten eines anderen auf das gesetzliche Erbrecht, so ist im Zweifel anzunehmen, dass der Verzicht nur für den Fall gelten soll, dass der andere Erbe wird.

(2) Verzichtet ein Abkömmling des Erblassers auf das gesetzliche Erbrecht, so ist im Zweifel anzunehmen, dass der Verzicht nur zugunsten der anderen Abkömmlinge und des Ehegatten des Erblassers gelten soll.

A. Allgemeines

1 § 2350 stellt eine Auslegungsregel dar für zwei Fälle, in denen auf das ges Erbrecht verzichtet wird, die aber nur dann zur Anwendung kommt, wenn die Zweifel nicht überwunden sind (Palandt/*Edenhofer* § 2350 Rn 1). Die Vorschrift ist trotz ihrer systematischen Stellung auch auf den Zuwendungsverzicht anwendbar (BGH NJW 1974, 44), nicht jedoch auf den Pflichtteilsverzicht, § 2346 Abs. 2, weil der Verzichtende nicht gem § 2310 Satz 2 von der ges Erbfolge ausgeschlossen ist (Soergel/*Damrau* § 2350 Rn 1). Wird der Pflichtteilsverzicht nur für den Fall erklärt, dass eine bestimmte Person Erbe und deshalb mit Pflichtteilen belastet wird, ist ein gewöhnlicher (und zulässiger) bedingter Erbverzicht (Palandt/*Edenhofer* § 2350 Rn 1).

2 Der Erbverzichtsvertrag ist ein Rechtsgeschäft unter Lebenden. Es kann, sofern dies im Vertrag ausdrücklich bestimmt wird und die entsprechenden Formvorschriften gewahrt sind, ausnahmsweise zugleich eine Verfügung von Todes wegen sein (Kroiß/Ann/Mayer/*Ullrich* § 2350 Rn 6). Allerdings ist eine solche Verfügung nicht notwendiger Inhalt oder Wirksamkeitsvoraussetzung für den Erbverzichtsvertrag; vielmehr kann sich der Erblasser vorbehalten, die Bedingung eintreten zu lassen oder nicht (str, so OLG Hamm OLGZ 1982, 272; aA: KG DNotZ 1942, 148).

3 Die Unwirksamkeit des Erbverzichts ist im Erbscheinsverfahren zu berücksichtigen, ohne dass auf ein Prozessverfahren verwiesen werden kann (OLG München JFG 15, 364).

B. Verzicht auf das gesetzlich Erbrecht zugunsten eines anderen (Abs. 1)

I. Voraussetzungen

4 Voraussetzung ist zunächst, dass ein ges Erbe auf sein ges Erbrecht ganz oder teilweise verzichtet. Dieser Verzicht muss zugunsten einer anderen Person bzw einer Personenmehrheit erklärt werden, die ihrerseits ges oder gewillkürter Erbe ist (MüKo/*Strobel* § 2350 Rn 4). Der Verzicht ist also auflösend bedingt durch die Erbeneigenschaft (Palandt/*Edenhofer* § 2350 Rn 2). Der Kreis der Begünstigen muss aus dem Vertrag zumindest bestimmbar sein; es reicht nicht aus, wenn der Verzicht zugunsten einer vom Erblasser noch zu benennenden Person erklärt wird (Staudinger/*Schotten* § 2350 Rn 8). Im Zweifel fällt einem ges Miterben der volle Erbteil des Verzichtenden zu, wenn der Miterbe begünstigt wird (KG DNotZ 1942, 148; hM). Verzichtet dagegen ein Abkömmling des Erblassers auf sein

ges Erbrecht, so gilt § 2350 Abs. 2; eine Benennung des Begünstigten im Vertrag ist nicht erforderlich. Sind mehrere Personen begünstigt, wird der Verzicht erst wirksam, wenn sie alle weggefallen sind (RG LZ 1926, 1006). Wird der Begünstigte zwar Erbe, ist er aber mit Vermächtnissen und Auflagen beschwert, liegt, wegen der Ausschlagungsmöglichkeit, kein Fall der Unwirksamkeit iSd § 2350 Abs. 1 vor. Durch die Ausschlagung wird der Verzicht wirkungslos; soweit der Begünstigte eingeschränkt ist, wird im Zweifel unter Umrechnung der Bruchteile von der Unwirksamkeit des Verzichts auszugehen sein (Soergel/*Damrau* § 2350 Rn 5).

Die Zuwendung eines Vermächtnisses ist nicht in der Lage, den Bedingungseintritt herbeizuführen, und zwar selbst dann nicht, wenn es den wirtschaftlichen Wert des Erbteils des Verzichtenden erreicht (Kroiß/Ann/Mayer/*Ullrich* § 2350 Rn 7). Dies liegt darin begründet, dass die Erbfolge durch die Gewährung eines Vermächtnisses unberührt bleibt.

II. Rechtsfolgen

Der Erbverzicht steht, bei Vorliegen einer entsprechenden Begünstigungsabsicht, unter der aufschiebenden Bedingung, dass der Begünstigte anstelle des Verzichtenden Erbe des Erblassers wird (Damrau/*Mittenzwei* § 2350 Rn 2). Tritt die Bedingung nicht ein, ist der Verzicht unwirksam. Der Erbteil des Verzichtenden muss dem Begünstigten bei ges Erbfolge ungeschmälert und in voller Höhe zukommen (Soergel/*Damrau* § 2350 Rn 2).

Durch den Erbverzicht wird die Rechtsstellung der Nichtbegünstigten nicht verbessert, vielmehr bleibt deren Erbquote vom Erbverzicht unberührt (OLG Oldenburg FamRZ 1992, 1226).

Die Annahme eines Erbverzichts zugunsten eines Dritten durch den Erblasser hat keinesfalls die Wirkung einer vertraglich bindenden Erbeinsetzung des Begünstigten (Damrau/*Mittenzwei* § 2350 Rn 2). In einem solchen Erbverzicht kann aber zugleich eine nach § 311b Abs. 4 schuldrechtliche Verpflichtung zur Übertragung des künftigen Erbteils auf den Begünstigten liegen, wenn der Erblasser keine letztwillige Verfügung errichtet (Soergel/*Damrau* § 2350 Rn 4).

Wird von mehreren Begünstigten nur ein Teil Erbe, ein anderer Teil nicht, so ist der Erbverzicht nicht teilweise unwirksam, sondern analog Abs. 2 wirksam, solange auch nur eine Person aus dem begünstigten Personenkreis Erbe wird (Soergel/*Damrau* § 2350 Rn 2). Setzt der Erblasser neben gemeinschaftlichen Kindern auch einen Dritten zum Erben ein, ist der Erbverzicht insoweit unwirksam, als der Dritte Erbe wird (Damrau/*Mittenzwei* § 2350 Rn 3).

C. Verzicht eines Abkömmlings auf sein gesetzliches Erbrecht (Abs. 2)

§ 2350 Abs. 2 findet nur Anwendung, wenn sich aus dem Erbverzichtsvertrag weder direkt noch durch Auslegung ermitteln lässt, zu wessen Gunsten der Verzicht gelten soll. Dann enthält die Vorschrift eine widerlegbare Vermutung für den Fall, dass der verzichtende Abkömmling nur zugunsten Verwandter erster Ordnung und der Eltern, auch Stiefeltern, verzichten will (Erman/*Schlüter* § 2350 Rn 5). Eine unbeabsichtigte Begünstigung der Verwandten in der Seitenlinie oder des Staates soll vermieden werden. Daher ist ein Erbverzicht im Zweifel dann hinfällig, wenn nur Fernstehende erben würden; er ist wirksam, wenn auch nur einer der Begünstigten Erbe wird (Palandt/*Edenhofer* § 2350 Rn 3).

Die Vorschrift gilt auch für den teilweisen Verzicht auf das ges Erbrecht, wobei es unerheblich ist, ob für den Erbverzicht eine Abfindung gewährt wurde oder nicht (Staudinger/*Schotten* § 2350 Rn 25).

Sind mehrere durch den Verzicht begünstigt, so tritt die Unwirksamkeit des Verzichts erst ein, wenn alle Abkömmlinge des Erben weggefallen sind; der Verzicht des einen Abkömmlings ist im Zweifel zugunsten aller anderen wirksam (Soergel/*Damrau* § 2350 Rn 6). Solange beim Tod der Eltern noch ein Erbe der ersten Ordnung vorhanden ist, kommt ihm der Verzicht in vollem Umfang zugute (RG LZ 1926, 1006). Schwierigkeiten ergeben sich dann, wenn der Erblasser einen Dritten zum Erben eingesetzt hat: In diesem Fall hat der Verzichtende neben dem Abfindungs- auch einen Pflichtteilsanspruch, weil der Erbverzicht unwirksam ist (näher hierzu: Soergel/*Damrau* § 2350 Rn 6). Hat der Verzichtende eine Abfindung erhalten, so kann die Geltendmachung des Pflichtteils aufgrund der Unwirksamkeit des Verzichts rechtsmissbräuchlich sein (Damrau/*Mittenzwei* § 2350 Rn 4).

D. Beweislast

13 Der Verzichtende trägt die Beweislast für die Unwirksamkeit des Verzichts. Wer aus einem unbedingten Verzicht oder einem solchen nach Abs. 2 Rechte herleitet, muss den von der Auslegungsregel abweichenden Willen des Verzichtenden darlegen und beweisen (RG LZ 1926, 1006). Gelingt dieser Beweis nicht, so bleibt es bei der Auslegungsregel des Abs. 2.

§ 2351 Aufhebung des Erbverzichts

Auf einen Vertrag, durch den ein Erbverzicht aufgehoben wird, findet die Vorschrift des § 2348 und in Ansehung des Erblassers auch die Vorschrift des § 2347 Abs. 2 Satz 1 erster Halbsatz, Satz 2 Anwendung.

A. Allgemeines

1 Die Vorschrift ist Ausdruck der Vertragsfreiheit, indem sie die Möglichkeit eröffnet, den Erbverzichtsvertrag wieder aufzuheben. Dabei ist nicht nur der Erbverzicht, sondern auch der Verzicht auf das Pflichtteilsrecht, die nur teilweise Aufhebung eines Verzichtsvertrages sowie der Zuwendungsverzicht (LG Kempten MittBayNot 1978, 63) erfasst.

2 Der Verzichtende gewinnt durch den Aufhebungsvertrag seiner Aussicht auf sein Erbrecht unmittelbar wieder zurück, der Pflichtteilsberechtigte sein Pflichtteilsrecht und der Begünstigte seine Zuwendung. Er kann nur von dem Erblasser und dem Verzichtenden geschlossen werden. Ein Aufhebungsvertrag ist nicht mehr möglich, wenn entweder der Erbfall eingetreten oder der Verzichtende bereits verstorben ist (BGH NJW 1998, 3117).

3 Die Formvorschrift gilt nicht für das dem Erbverzicht zugrunde liegende Kausalgeschäft, da beide Verträge unterschiedlichen Normen unterliegen (Staudinger/*Schotten* § 2351 Rn 5).

B. Aufhebung

4 Die vertragsmäßige Aufhebung des Erb- und Pflichtteilsverzichtsvertrages ist den Vertragsparteien unter Beachtung der Form der notariellen Beurkundung jederzeit möglich.

I. Form

5 Der Aufhebungsvertrag bedarf wie der Erbverzichtsvertrag der notariellen Beurkundung. Entsprechendes gilt für das Kausalgeschäft, mit welchem die Verpflichtung zum Abschluss des Erbverzichtsvertrags verbunden ist, nicht jedoch die Aufhebung desselben, soweit er nicht bereits erfüllt ist oder aus anderen Gründen ein Formzwang besteht (MüKo/*Strobel* § 2351 Rn 3 Fn 7). Ist das Kausalgeschäft bereits erfüllt, bedarf auch der Aufhebungsvertrag zur Vermeidung einer Umgehung des § 2351 durch eine klageweise Durchsetzung der formlosen Aufhebungsverpflichtung der notariellen Beurkundung (Staudinger/*Schotten* § 2351 Rn 25).

II. Persönliche Anforderungen

Sowohl der Erblasser als auch der Verzichtende können in ihrer Geschäftsfähigkeit beschränkt sein (Erman/*Schlüter* § 2351 Rn 2).

1. Erblasser

Nach § 2347 Abs. 2 Satz 1 kann der Erblasser den Vertrag nur persönlich schließen, andernfalls ist der Vertrag nach § 125 formnichtig, da bei ihm sowohl die Vertretung im Willen als auch in der Erklärung ausgeschlossen ist (BGHZ 37, 319). dh nach Eintritt des Erbfalls ist die Aufhebung nicht mehr möglich. Dies ergibt sich ausdrücklich aus der Verweisung auf § 2347 Abs. 2 Satz 1. Eine einseitige Aufhebung durch den Erblasser ist, auch wenn sie durch eine letztwillige Verfügung erfolgt, nicht zulässig (BGHZ 30, 261). Der **minderjährige Erblasser** muss persönlich handeln (Palandt/*Edenhofer* § 2351 Rn 1); er benötigt aber zum Abschluss eines Aufhebungsvertrages nur die Zustimmung seines gesetzlichen Vertreters; die Genehmigung des Vormundschaftsgerichts ist nicht einzuholen (MüKo/*Strobel* § 2351 Rn 3). Wird der **geschäftsunfähige Erblasser** durch seinen ges Vertreter vertreten, bedarf der Aufhebungsvertrag unter den gleichen Voraussetzungen wie der Abschluss des Erbverzichtsvertrages der vormundschaftsgerichtliche Genehmigung (Staudinger/*Schotten* § 2351 Rn 12), dh der Vertragsschluss bedarf der vormundschaftsgerichtlichen Genehmigung, es sei denn, der Erblasser steht unter elterlicher Sorge und will den Aufhebungsvertrag als Ehegatte oder Verlobter schließen, §§ 2347 Abs. 2 Satz 2, 2. Hs Abs. 1 Satz 1, 2. Hs, 2351. Im Rahmen der Betreuung kann der Betreuer den Vertrag nur schließen, wenn der Erblasser geschäftsunfähig ist. Ist die Geschäftsfähigkeit zweifelhaft, sollten zur Vermeidung von Auseinandersetzungen über die Wirksamkeit des Aufhebungsvertrages sowohl der Betreuer als auch der Erblasser beim Vertragsabschluss mitwirken und die vormundschaftsgerichtliche Genehmigung beantragen (Kroiß/Ann/Mayer/*Ullrich* § 2351 Rn 4). Unabhängig davon ist bei einem Einwilligungsvorbehalt in jedem Fall die Zustimmung des Betreuers einzuholen (Staudinger/*Schotten* § 2351 Rn 11).

2. Verzichtender

Da § 2351 keine besonderen Regelungen für den Verzichtenden enthält, kann er sich, wie bei Abschluss des Erbverzichtsvertrages, auch bei dessen Aufhebung vertreten lassen. Es gelten die gleichen Grundsätze:
Der **beschränkt geschäftsfähige Verzichtende** kann den Aufhebungsvertrag selbst abschließen, da er lediglich rechtlich vorteilhaft iSd § 107 ist. Allerdings kann der ges Vertreter für den Minderjährigen kraft seiner Vertretungsmacht die Willenserklärung abgeben (MüKo/*Strobel* § 2351 Rn 3). Für den Fall, dass das Kausalgeschäft erfüllt ist und ggf die Abfindungsleistungen zurückzugewähren sind, gelten die allgemeinen Regelung zur rechtsgeschäftlichen Vertretung eines Minderjährigen.
Der **geschäftsunfähige Verzichtende** wird durch seinen ges Vertreter vertreten, dh nur der Betreuter kann für ihn den Aufhebungsvertrag schließen; eine vormundschaftsgerichtliche Genehmigung ist nicht erforderlich (Staudinger/*Schotten* § 2351 Rn 22). Eine Aufhebung des Erbverzichtsvertrages ist nach dem Tod des Verzichtenden mit dessen Erben bzw Abkömmlingen nicht möglich (str, so: BGH NJW 1998, 3117; aA: *J. Mayer* MittBayNot 1999, 41).
Mit dem Tod des Verzichtenden muss aus Gründen der Rechtsklarheit feststehen, dass er und sein Stamm aus der Erbfolge ausgeschieden sind. Deshalb können seine Erben mit dem Erblasser keinen Aufhebungsvertrag mehr schließen. Der Erblasser ist nicht befugt, die durch § 2310 Satz 2 kraft Gesetzes eingetretene Begünstigung anderer Pflichtteilsberechtigter ohne deren Zustimmung wieder rückgängig zu machen (BGH NJW 1998, 3117).

§ 2352 BGB | Verzicht auf Zuwendungen

13 Die Zustimmung der Abkömmlinge, auf die sich der Verzicht nach § 2349 erstreckt, ist nicht erforderlich. Entsprechendes gilt für denjenigen, der durch den Verzicht begünstigt wird (Palandt/*Edenhofer* § 2351 Rn 1).

C. Rechtsfolgen des Aufhebungsvertrags

14 Die Aufhebung des Verzichtsvertrag führt zur Wiederherstellung der ursprünglichen Rechtslage; der Verzichtende erlangt die Rechtsstellung, die er ohne den Erbverzicht hatte. Er wird nicht Erbe, wenn der Erblasser inzwischen anderweitig testiert hat; er kann aber einen Pflichtteil beanspruchen (Palandt/*Edenhofer* § 2351 Rn 3). Der Aufhebungsvertrag stellt keine beeinträchtigende Verfügung iSd §§ 2287 ff dar (BGH NJW 1980, 2307). Er beseitigt grds nur die Wirkungen des Erb- oder Pflichtteilsverzichts, nicht jedoch diejenigen des dem Verzicht zugrunde liegenden Kausalgeschäfts (Damrau/*Mittenzwei* § 2351 Rn 4).

15 Wegen Fortfalls der Geschäftsgrundlage kann die bereits gezahlte Abfindung nach § 812 I 2 zurückgefordert werden, da in der Aufhebung des Erbverzichts zugleich die Aufhebung des Kausalgeschäfts für Verzicht und Abfindung zu sehen ist (Erman/*Schlüter* § 2351 Rn 3; aA: Soergel/*Damrau* § 2351 Rn 1), es sei denn, im Aufhebungsvertrag ist eine – dringend zu empfehlende – Regelung für die Rückabwicklung enthalten. (im einzelnen *Reul* MitRHNotK 1997, 383).

16 Ist zwischenzeitlich eine anderweitige erbvertragliche Bindung des Erblassers eingetreten, soll diese als auflösend bedingt unwirksam sein (LG Kempten MittBayNot 1978, 63).

17 Im Übrigen ist es str, ob der Zuwendungsverzicht unter entsprechender Anwendung des § 2351 durch Vertrag zwischen dem Erblasser und dem Verzichtenden aufgehoben werden muss (so LG Kempten MittBayNot 1978, 63; Damrau/*Mittenzwei* § 2351 Rn 5 mwN; aA Kornexl, Zuwendungsverzicht).

18 Der Notar hat gem § 16 Abs. 2 BNotO dem Standesamt Mitteilung zu machen, dass ein Erbverzichtsvertrag aufgehoben wurde.

D. Kosten

19 Der Vertrag zur Aufhebung eines Erbverzichts ist ein Vertrag unter Lebenden und keine Verfügung von Todes wegen. Für seine Beurkundung entsteht daher die Gebühr nach § 36 Abs. 2 KostO = $^{20}/_{10}$ Gebühr. Im Übrigen kann auf die Ausführungen zu § 2348 verwiesen werden.

§ 2352 Verzicht auf Zuwendungen

Wer durch Testament als Erbe eingesetzt oder mit einem Vermächtnis bedacht ist, kann durch Vertrag mit dem Erblasser auf die Zuwendung verzichten. Das Gleiche gilt für eine Zuwendung, die in einem Erbvertrag einem Dritten gemacht ist. Die Vorschriften der §§ 2347, 2348 finden Anwendung.

A. Allgemeines

1 Grds kann jeder Bedachte (Erbe, Vermächtnisnehmer, Auflagenbegünstigter und der durch einen Erbvertrag mit einer Zuwendung bedachte Dritte), und somit auch der Fiskus, auf eine **erfolgte** letztwillige Zuwendung verzichten, dh der Verzicht auf ein künftiges Testamentserbrecht ist, solange ein Testament noch nicht errichtet ist, ebenso wenig möglich (BGHZ 30, 261) wie ein genereller Verzicht ohne Objektbezogenheit (allg M, BayObLG Rpfleger 1987, 374). Dabei kommt es nicht darauf an, in welcher Art von Verfügung von Todes wegen die Zuwendung erfolgt ist.

Im Hinblick auf die Widerrufsmöglichkeit kommt dem Verzicht bei testamentarischer Zuwendung in erster Linie im Fall der nachträglichen Geschäftsunfähigkeit oder bei wechselbezüglichen Verfügungen, die durch den Tod des anderen Teils unabänderlich geworden sind, besondere Bedeutung zu (OLG Frankfurt/M Rpfleger 1997, 309). Durch einen Zuwendungsverzicht kann der Erblasser bei einem gemeinschaftlichen Testament, seine Testierfreiheit wiederherstellen. 2

Der Zuwendungsverzicht ist ein abstraktes Verfügungsgeschäft (Palandt/*Edenhofer* § 2352 Rn 5). Die letztwillige Verfügung bleibt bestehen, die Zuwendung fällt dem Erben bzw Vermächtnisnehmer nicht an; die Verfügung ist unwirksam (Erman/*Schlüter* § 2352 Rn 6). 3

Die Geschäftsfähigkeit sowie die Zulässigkeit der Stellvertretung beurteilt sich nach § 2347. 4

B. Gegenstand des Zuwendungsverzichts

Nach § 2352 Satz 1 kann der Erbe bzw Vermächtnisnehmer durch Vertrag mit dem Erblasser auf eine testamentarische Zuwendung nachträglich verzichten. In Betracht kommen die Erbeinsetzung oder ein Vermächtnis, sofern letzteres nicht gesetzlich angeordnet ist. Dabei sind die §§ 2347, 2348 zu beachten. 5

Ein Zuwendungsverzicht ist zu erwägen, wenn der Erblasser nicht (mehr) in der Lage ist, die Erbeinsetzung frei zu widerrufen, weil er zB infolge einer wechselbezüglichen Verfügung (BayObLG FamRZ 1983, 837) oder nachträglicher Geschäftsunfähigkeit daran gehindert ist (Hk-BGB/*Hoeren* § 2352 Rn 1). 6

Mangels Erwähnung in § 2352 kommt der Verzicht auf ein ges Vermächtnis, wie den Dreißigsten oder den Voraus, nicht in Betracht. 7

Bei einem Erbvertrag kann ein Verzicht nach Satz 2 nur von einem Dritten erklärt werden. Die Parteien sind dagegen auf § 2290 verwiesen: Sofern nicht nur eine einseitige Verfügung iSd § 2299 vorliegt, auf die der Bedachte verzichten kann, müssen sie den Erbvertrag aufheben. 8

C. Form und Inhalt des Zuwendungsverzichtsvertrags

I. Notarielle Beurkundung

Der Verzichtsvertrag bedarf der notariellen Beurkundung, § 2353 Satz 3 iVm § 2348. Er kann vom Erblasser nur persönlich geschlossen werden, § 2347 Abs. 2 Satz 1. Nicht erforderlich ist die gleichzeitige Anwesenheit der Vertragsparteien; er muss aber noch zu Lebzeiten des Erblassers wirksam geworden sein, dh die Annahme muss, sofern die Erklärungen getrennt abgegeben werden, noch vor dem Tod des Erblassers beurkundet sein, §§ 152, 151. 9

In gleicher Weise ist auch das zugrunde liegende Kausalgeschäft notariell zu beurkunden (Kroiß/Ann/Mayer/*Ullrich* § 2352 Rn 5). 10

II. Inhalt

Der Zuwendungsverzicht kann jede Art zulässiger Bedingungen enthalten, wie zB die Leistung einer Abfindung, Eintritt eines bestimmten Ereignisses (Geburt eines Kindes, Bestehen einer Prüfung, Heirat) und kann auch unter der Bedingung erfolgen, dass ein anderer Erbe wird (Soergel/*Damrau* § 2352 Rn 2). Statt einer ausdrücklichen Bedingung eines »Verzichts zugunsten eines anderen« kann zur Auslegung § 2350 Abs. 1 herangezogen werden (BGH NJW 1974, 43). 11

§ 2352 BGB | Verzicht auf Zuwendungen

III. Art der Zuwendung

12 Satz 1 der Vorschrift bezieht sich auf die testamentarische Verfügung, wohingegen § 2352 Satz 2 die erbvertragliche Verfügung zugunsten eines Dritten erfasst. Daher können die Erbvertragsparteien keinen Zuwendungsverzicht vereinbaren (näher s.u. Rn 27 ff).

D. Teilverzicht/bedingter Verzicht

I. Teilverzicht

13 Da ein Teilverzicht möglich ist, kann der Verzicht auch auf einen ideellen Bruchteil der Erbschaft (OLG Köln FamRZ 1983, 837) oder einen Teil eines Vermächtnisses beschränkt werden; nicht zulässig ist eine gegenständliche Beschränkung auf einzelne Nachlassgegenstände (Staudinger/*Schotten* § 2352 Rn 11 mwN). Ein teilweiser Verzicht liegt zB in der nachträglichen Einwilligung in die Anordnung von Beschwerungen wie Testamentsvollstreckung, Vermächtnis oder Auflage (BGH NJW 1978, 1159), die Einräumung des Rechts des Erblassers, Ausgleichspflichten oder Auflagen anzuordnen oder eine Vor- und Nacherbfolge zu verfügen (hM, BGH NJW 1982, 1100).

14 Der Teilverzicht lässt die Bindung des Erblassers an eine Verfügung von Todes wegen entfallen, soweit der Teilverzicht reicht (Damrau/*Mittenzwei* § 2352 Rn 6).

II. Bedingter Verzicht

15 Ein bedingter Verzicht kann zugunsten bestimmter Personen vereinbart werden wobei damit noch keine Übertragung der Rechtsstellung des Verzichtenden auf den Begünstigten verbunden ist (OLG Hamm OLGZ 82, 272). Eine zu Lebzeiten des Erblassers vorgenommene, nach § 311b Abs. 4 unwirksame Übertragung eines in einem gemeinschaftlichen Testament einem Abkömmling zugewendeten Erbteils an die als Miterben berufenen Geschwister kann in einen Erbverzicht zugunsten der Geschwister umgedeutet werden, wenn die dafür geltenden Formvorschriften beachtet und der Erblasser den Erklärungen zugestimmt hat (BGH NJW 1974, 43).

16 Darüber hinaus kann auch auf ein Vermächtnis ganz oder teilweise verzichtet werden, nicht aber nur auf die ges Vermächtnisse des Voraus und Dreißigsten (Palandt/*Edenhofer* § 2352 Rn 4).

E. Wirkung des Zuwendungsverzichts

17 Durch den Zuwendungsverzicht wird nicht die Verfügung von Todes wegen unwirksam, vielmehr unterbleibt nur der Anfall der Zuwendung so, als sei der Bedachte bereits vor dem Erbfall verstorben. Der Anfall der Erbschaft wird von Anfang an ausgeschlossen, die Erbeinsetzung damit gegenstandslos (RG WarnR 1918 Nr. 124). Alle sonstigen letztwilligen Verfügungen bleiben unberührt. Dadurch erhält der Erblasser wieder die Möglichkeit, neue Verfügungen von Todes wegen zu errichten.

18 Der Zuwendungsverzicht umfasst weder zwangsläufig noch regelmäßig den Erb- oder Pflichtteilsverzicht (RG LZ 19, 594), kann aber, was Auslegungsfrage ist, darauf ausgedehnt werden (BGH DNotZ 1972, 500). Im Übrigen bleibt das Pflichtteilsrecht des Verzichtenden durch den Zuwendungsverzicht unberührt. Verzichtet der Vorerbe auf seine Erbeinsetzung, tritt der Nacherbe nach § 2102 Abs. 1 an seine Stelle.

19 Der Zuwendungsverzicht wirkt nur in Bezug auf den Verzichtenden; das eigene Erbrecht der Abkömmlinge wird durch den Verzicht nicht beseitigt (BGH DNotZ 1972, 500). Haben sich die Eltern wechselseitig zu Erben und die Kinder zu Schlusserben eingesetzt, liegt es nahe, dass ein später geschlossener Erbverzichtsvertrag mit einem Kind sich auch auf die Zuwendung erstreckt (OLG Frankfurt/M FamRZ 1994, 197).

20 Der Verzicht auf das ges Erbrecht allein berührt die Zuwendungen nicht und führt daher auch nicht zu einem Wegfall des Bedachten. Stirbt der Verzichtende oder fällt er aus

anderen Gründen weg, steht der Verzicht nicht einer Ersatzberufung seiner Abkömmlinge entgegen (Damrau/*Mittenzwei* § 2352 Rn 7).

Mit dem ges Erbrecht bleibt auch das Pflichtteilsrecht erhalten (Erman/*Schlüter* § 2352 **21** Rn 9). Anders als bei § 2346, der nur den Verzicht auf das ges Erbrecht betrifft, sind daher die Abkömmlinge des Verzichtenden von einem Verzicht nach § 2352 nicht betroffen, da es in Satz 3 an einem Verweis auf § 2349 fehlt (BayObLG NJW-RR 1997, 1027; aA: Staudinger/ *Schotten* § 2352 Rn 31 ff).

Die Erklärung des ges Vertreters für einen minderjährigen Verzichtenden bedarf der **22** vormundschaftsgerichtlichen Genehmigung, § 2347 I, die nur dann möglich ist, wenn eine vollwertige Abfindung geleistet wird (*Schotten* ZEV 1997, 1). Sind die Abkömmlinge des Verzichtenden als Ersatzerben berufen, treten sie an dessen Stelle, sofern sich kein entgegenstehender Erblasserwille feststellen lässt (OLG Hamm OLGZ 82, 272). Haben dagegen die Ersatzerben bereits auf ihr Ersatzerbrecht verzichtet oder der Verzichtende eine vollumfängliche Abfindung erhalten, wird vermutet, dass die Abkömmlinge des Verzichtenden nicht zum Ersatzerben berufen sind, weil dadurch eine Doppelbegünstigung vermieden werden kann (BGH NJW 1974, 43). Dies gilt dann nicht, wenn nur ein Kind zum Erben berufen ist, weil in diesem Fall eine Doppelbegünstigung ausgeschlossen ist (OLG Frankfurt/M ZEV 1997, 454). Im Übrigen wird die (ggf ergänzende) Auslegung des Erblasserwillens regelmäßig ergeben, dass eine Ersatzberufung gegen volle Abfindung nicht gewollt war (OLG Köln FamRZ 1990, 99). In aller Regel erstrecken sich die Wirkungen eines Verzichts auf ein vertragliches Erbrecht nicht auf die zu Ersatzerben berufenen Abkömmlinge des Verzichtenden (OLG Düsseldorf DNotZ 1974, 367). Wird allerdings der Zuwendungsverzicht ohne Abfindung erklärt, wirkt er nicht gegen die Ersatzberufenen, es sei denn, ein anderer Erblasserwille ist aus der letztwilligen Verfügung zumindest im Wege der ergänzenden Auslegung feststellbar (Soergel/*Damrau* § 2352 Rn 2; BGH ZEV 2002, 150).

Ungeachtet dessen kann der Erblasser den Verzichtenden in einer späteren Verfügung von **23** Todes wegen erneut bedenken (BayObLG Rpfleger 1987, 374).

Im Falle einer beeinträchtigenden Verfügung durch den erbvertraglich oder durch ge- **24** meinschaftliches Testament gebundenen Erblasser bedarf die Zustimmung des bindend Bedachten der notariellen Beurkundung, um seine Rechte aus §§ 2287 ff auszuschließen (BGH DNotZ 1990, 803). Verfügt der Vorerbe iSd §§ 2287 ff, so bedarf es keiner Zustimmung des Ersatznacherben, wenn die Verfügung zu Lebzeiten des Nacherben erfolgt und dieser der Verfügung des Vorerben zustimmt (BGH NJW 1963, 2320). Da der Schutz des Ersatzberufenen nicht weiter gehen kann als der des Ersatznacherben, bedarf es ihrer Zustimmung nicht (*Kanzleiter*, ZEV 1997, 261).

F. Aufhebung

Durch einen Aufhebungsvertrag zwischen dem Erblasser und dem Verzichtenden gem **25** § 2351 kann der Zuwendungsverzicht wieder beseitigt werden (Hk-BGB/*Hoeren* § 2352 Rn 5) mit der Folge, dass die aufgehobene Verfügung vollumfänglich wieder Wirksamkeit erlangt, ohne dass sie vom Erblasser wiederholt werden muss (Kroiß/Ann/Mayer/*Ullrich* § 2352 Rn 20). Von Bedeutung ist die Aufhebung dann, wenn der Erblasser daran gehindert ist, erneut zu verfügen, wie zB im Falle der Bindung durch ein gemeinschaftliches Testament oder einen Erbvertrag.

Für die Anfechtung des Zuwendungsverzichtsvertrages gelten die Grundsätze für die **26** Anwendung des Erbverzichtsvertrages, ein Rücktritt ist nicht möglich (Kroiß/Ann/Mayer/*Ullrich* § 2352 Rn 20).

G. Besonderheiten beim Erbvertrag

Die Aufhebung vertraglicher Zuwendungen an den anderen Vertragsteil im Erbvertrag ist **27** nur nach den §§ 2290 – 2292 möglich (OLG Stuttgart DNotZ 1979, 107). Die Parteien eines

§ 2353 BGB | Zuständigkeit des Nachlassgerichts, Antrag

Erbvertrags können auf vertragliche Zuwendungen nicht verzichten. Sie müssen den Vertrag nach § 2290 ganz oder teilweise aufheben. Allerdings geht die hM zwischenzeitlich davon aus, dass ein Zuwendungsverzichtsvertrag auch zwischen dem Erblasser und dem von ihm bedachten Dritten, der als Vertragspartei am Erbvertrag beteiligt ist, zulässig ist (MüKo/*Strobel* § 2352 Rn 8), sofern noch ein weiterer Vertragsbeteiligter vorhanden ist.

28 Anders ist die Rechtslage bei einseitigen Verfügungen: Neben der Aufhebung ist auch der Verzicht des Vertragspartners als Bedachter möglich (Staudinger/*Schotten* § 2352 Rn 27).

29 Beim Erbvertrag ist der Verzicht nur durch den bedachten Dritten möglich. Dritter ist, wer weder als Erblasser noch als dessen Vertragspartner am Abschluss des Erbvertrags beteiligt war (OLG Celle NJW 1959, 1923). Die Zustimmung des Erbvertragspartners ist nicht erforderlich. Haben mehrere Vertragspartner den Erbvertrag unterschrieben, kann nur der formal Beteiligte auf die Zuwendung verzichten (BayObLGZ 74, 401).

30 Zuwendungen zugunsten Dritter können durch einen Aufhebungsvertrag beseitigt werden, ohne dass es der Mitwirkung des begünstigten Dritten bedarf (RGZ 134, 325). Dessen ungeachtet kann auch der Dritte ohne Zustimmung des Erbvertragspartners und noch nach dessen Tod mit dem Erblasser einen Erbverzichtsvertrag schließen.

H. Zuwendungsverzicht und Kausalgeschäft

31 Auch das Kausalgeschäft bedarf der notariellen Beurkundung. Die Heilung eines formnichtigen Kausalgeschäfts durch den nachfolgenden formgerechten Abschluss des Zuwendungsverzichtsvertrages wird bejaht (MüKo/*Strobel* § 2348 Rn 5).

I. Gebühren

32 Der Verzicht auf Zuwendungen ist ein Vertrag unter Lebenden und gem § 36 Abs. 2 KostO mit einer $^{20}/_{10}$ Gebühr zu bewerten.
Der Wert bestimmt sich gem § 39 KostO nach dem Wert der Zuwendung.

Abschnitt 8 Erbschein
§ 2353 Zuständigkeit des Nachlassgerichts, Antrag

Das Nachlassgericht hat dem Erben auf Antrag ein Zeugnis über sein Erbrecht und, wenn er nur zu einem Teil der Erbschaft berufen ist, über die Größe des Erbteils zu erteilen (Erbschein).

Literatur
Kammerlohr, Grundzüge der freiwilligen Gerichtsbarkeit anhand des Erbscheinsverfahrens, JA 2003, 143; *dies.*, Das Rechtsmittel der Beschwerde im Erbscheinsverfahren, JA 2003, 580; *Köster*, Vor- und Nacherbschaft im Erbscheinsverfahren, Rpfleger 2000, 90 (Teil 1); 2000, 133 (Teil 2); *Kroisz*, Grundzüge des Erbscheinsverfahrens, ZErb 2000, 147; *Pentz*, Der Vorbescheid im Erbscheinsverfahren, NJW 1996, 2559; *Zimmermann*, Das Erbscheinsverfahren und seine Ausgestaltung, ZEV 1995, 275; *ders*, Erbschein und Erbscheinsverfahren, 2004.

Inhaltsverzeichnis

	Rn
A. Der Erbschein	1–20
I. Sinn und Zweck des Erbscheins	1–2
II. Wirkungen des Erbscheins	3–6
III. Rechtsnatur des Erbscheins	7–8
IV. Inhalt des Erbscheins	9–20

		1. Person des Erben	9
		2. Größe des Erbteils	10–12
		3. Verfügungsbeschränkungen des Erben	13
		4. Kein Erbscheinsinhalt	14
		5. Besondere Erbscheine	15–20
			a) Gegenständlich beschränkter Erbschein	15
			b) Landwirtschaftliches Erbrecht	16–19
			c) Ausländischer Grundbesitz	20
B.	Das Erteilungsverfahren		21–45
	I.	Antrag	21–31
		1. Allgemeines	21
		2. Antragsberechtigung	22–28
		3. Form	29
		4. Inhalt	30–31
	II.	Zuständigkeit	32–39
		1. Sachliche Zuständigkeit	32–33
		2. Örtliche Zuständigkeit	34–37
		3. Funktionelle Zuständigkeit	38–39
	III.	Entscheidung des Nachlassgerichts	40–45
		1. Zwischenverfügung	41
		2. Vorbescheid	42
		3. Zurückweisung des Antrags	43
		4. Erteilung des Erbscheins	44
		5. Korrekturmöglichkeiten	45
C.	Rechtsmittel		46–52
D.	Kosten		53–54

A. Der Erbschein

I. Sinn und Zweck des Erbscheins

Verfügungen über Nachlassgegenstände oder über Nachlassverbindlichkeiten tragen das **1** Risiko in sich, dass derjenige, der sich als Berechtigter ausgibt, in Wirklichkeit als Nichtberechtigter verfügt. Bei Eintragungen in das Grundbuch und in andere öffentliche Register besteht die Gefahr, dass sie durch die Eintragung desjenigen, der sich zu Unrecht auf seine Erbenstellung beruft, unrichtig werden.

Um hinsichtlich der Person des Erben größtmögliche Klarheit zu haben, benötigen die **2** Teilnehmer am Rechtsverkehr und die Register führenden Stellen einen verlässlichen Nachweis darüber, dass das Erbrecht demjenigen zusteht, der es für sich in Anspruch nimmt. Umgekehrt muss der Erbe in der Lage sein, das Erbrecht nachzuweisen, auf welches er sich beruft. Beiden Anliegen gerecht zu werden dient der Erbschein, der von dem Nachlassgericht auf Antrag zu erteilen ist.

II. Wirkungen des Erbscheins

Der Erbschein weist aus, wer Erbe ist; sind mehrere Erben vorhanden, bezeugt er auch den **3** Umfang des Erbrechts, indem die Größe des Erbteils angegeben wird. Damit ist allerdings keine konstitutive Begründung des Erbrechts verbunden; der Erbschein lässt die materiellrechtliche Erbfolge unberührt, er wirkt nicht rechtsgestaltend und erwächst nicht in materielle Rechtskraft (vgl nur BGHZ 47, 58, 66; BayObLG FamRZ 2004, 313, 314; Staudinger/*Schilken* § 2353 Rn 9 mwN). Entsprechend seinem Zweck hat er nur eine klarstellende Funktion (MüKo/*J. Mayer* § 2353 Rn 2). Ist er unrichtig, berührt das die wahre Rechtslage in Bezug auf das Erbrecht nicht. Die fehlerhafte Entscheidung des Nachlassgerichts ist nach § 2361 dadurch zu korrigieren, dass es den unrichtigen Erbschein von Amts wegen einzuziehen hat.

4 Damit der Erbschein trotz seiner lediglich klarstellenden Funktion seinen Zweck erfüllen kann, begründet er die Vermutung, dass demjenigen, der in dem Erbschein als Erbe bezeichnet ist, das darin angegebene Erbrecht zusteht und er nicht durch andere als die angegebenen Anordnungen beschränkt ist (§ 2365). Aufgrund dessen entfällt für den Erben die Pflicht, sein Erbrecht in anderer Art und Weise nachzuweisen; bis das Gegenteil bewiesen ist, gilt der Erbschein als richtig.

5 Die widerlegbare Vermutung des § 2365 schützt denjenigen, der in dem Erbschein als Erbe ausgewiesen ist. Das reicht jedoch nicht aus, den Sinn und Zweck des Erbscheins zu verwirklichen. Vielmehr ist eine Regelung erforderlich, durch welche auch jeder Teilnehmer am Rechtsverkehr geschützt wird. Deshalb ist der Erbschein nach §§ 2366, 2367 BGB mit öffentlichem Glauben ausgestattet. Das heißt, dass sich jedermann auf die Richtigkeit des Erbscheins verlassen kann, solange er nicht die Unrichtigkeit kennt. Diese Schutzwirkung besteht allerdings nur innerhalb der Grenzen der Vermutung des § 2365.

6 Der Erbe ist nicht verpflichtet, sein Erbrecht durch einen Erbschein nachzuweisen; er hat auch die Möglichkeit, den Nachweis seines Erbrechts in anderer Form zu erbringen (BGH ZfIR 2005, 220; *Zimmermann* Rn 9 ff). So kann zB die Vorlage eines von dem Nachlassgericht eröffneten (§ 2260) notariellen Testaments (§ 2232) genügen. Für Eintragungen in das Grundbuch aufgrund ges Erbfolge ist ein Erbschein erforderlich (§ 35 Abs. 1 Satz 1 GBO).

III. Rechtsnatur des Erbrechts

7 Nach dem Wortlaut der Vorschrift ist der Erbschein ein »Zeugnis über das Erbrecht«. Dieser Begriff trifft insoweit zu, als der Erbschein das Erbrecht bezeugt. Er erfasst auch den Umstand, dass das Nachlassgericht als ausstellende Stelle eine rechtliche Beurteilung der Erbfolge vornimmt, denn ein Zeugnis enthält nach allgemeinem Sprachgebrauch nicht nur die Wiedergabe eines äußerlich wahrnehmbaren Umstands, sondern auch dessen Bewertung (aA MüKo/*J. Mayer* § 2353 Rn 5).

8 Entscheidend für die Rechtsnatur des Erbscheins ist seine Funktion. Er hat Beweiskraft, wie sich aus § 2365 BGB und aus § 35 Abs. 1 GBO ergibt. Auch im Zivilprozess begründet der Erbschein nach § 417 ZPO den vollen Beweis seines Inhalts (MüKo/*J. Mayer* § 2353 Rn 6; Zöller/*Geimer* § 417 Rn 1; aA Palandt/*Edenhofer* § 2353 Rn 2). Da er das Erbrecht nicht begründet und jederzeit eingezogen werden kann (§ 2361), ist sein Inhalt für das Prozessgericht jedoch nicht bindend (BGHZ 47, 58, 66). Das hat zur Folge, dass sich die Beweiswirkung nach § 417 ZPO nur darauf erstreckt, dass der Erbschein formell richtig ist, also von dem Nachlassgericht an dem angegebenen Ort und Datum sowie mit dem angegebenen Inhalt erteilt worden ist. Aus demselben Grund kann der Erbschein auch nicht zur Wiederaufnahme eines rechtskräftig abgeschlossenen Rechtsstreits über das Erbrecht im Wege der Restitutionsklage führen; der Erbschein ist keine Urkunde iSd § 780 Nr. 7b ZPO. Er ist jedoch Urkunde iSd § 271 StGB (BGHSt 19, 87).

IV. Inhalt des Erbscheins

1. Person des Erben

9 Der Erbschein muss die Person des Erblassers sowie den oder die Erben so genau wie möglich bezeichnen. Das geschieht durch die Angabe des Namens, Todestags, letzten Wohnsitzes und Todesorts des Erblassers. Ebenso genau, natürlich mit Ausnahme der Angabe von Todestag und Todesort, sind der oder die Erben zu bezeichnen. Bei ihnen empfiehlt sich auch die Angabe des Geburtsdatums; sie ist bei Eintragungen in das Grundbuch, welche aufgrund des Erbscheins erfolgen sollen, zwingend erforderlich (§ 15 GBVfg).

2. Größe des Erbteils

Zu der in dem Erbschein bezeugten Erbfolge gehört auch die Angabe, in welchem Umfang das Erbrecht dem oder den Erben zusteht. Liegt Alleinerbfolge vor, ist also nur eine Person Erbe geworden, ist das in dem Erbschein ausdrücklich zu vermerken. Man spricht in diesem Fall von einem Alleinerbschein. Sind mehrere Personen Erben geworden, muss die Größe ihrer Erbteile angegeben werden. Das kann zum einen in einem Teilerbschein geschehen. Er weist nur einen von mehreren Miterben und seinen Erbanteil aus. Die übrigen Miterben werden nicht genannt. Die Größe des Erbteils darf nicht in einer festen Geldsumme oder gar mit der Bezeichnung bestimmter Nachlassgegenstände angegeben werden, sondern ausschließlich mit einem auf den gesamten Nachlass bezogenen Bruchteil (Soergel/*Zimmermann* § 2353 Rn 42). Wenn im Zeitpunkt der Erteilung des Erbscheins ungewiss ist, ob sich der Erbteil des Miterben durch den Wegfall eines anderen ges (§ 1935) oder testamentarisch eingesetzten (§ 2094) Miterben erhöht, kann ein Mindest-Teilerbschein erteilt werden. Darin ist zusätzlich anzugeben, aus welchem Grund die Größe des Erbteils derzeit ungewiss ist (MüKo/*J. Mayer* § 2353 Rn 10). Auch in dem umgekehrten Fall, dass die Größe des Erbteils eines Miterben noch nicht endgültig feststeht, weil ein weiterer Miterbe hinzukommen kann, der im Zeitpunkt des Erbfalls noch nicht geboren, aber schon gezeugt ist (§ 1923 Abs. 2), oder bei dem die Vaterschaft des Erblassers noch nicht gerichtlich festgestellt ist (§ 1600d), kommt die Erteilung eines Teilerbscheins in Betracht. Darin fehlt die Angabe der Größe des Erbteils, was zu begründen ist.

Zum anderen kann mehreren Miterben ein gemeinschaftlicher Erbschein erteilt werden, in welchem sämtliche Miterben und die Größe ihrer Erbteile angegeben sind (§ 2357). Stehen noch nicht alle Miterben fest oder ist ungewiss, welcher Erbteil auf sie jeweils entfällt, ist auch die Erteilung eines vorläufigen gemeinschaftlichen Erbscheins möglich. Das kommt insb in Betracht, wenn der überlebende Ehegatte des Erblassers Miterbe geworden ist, es aber noch unbekannt ist, in welchem Güterstand die Eheleute gelebt haben. In einem solchen Fall gibt der Erbschein nur Auskunft über die Person der Miterben, nicht aber über die Größe ihres Erbteils. Allerdings muss der Grund dafür angegeben werden.

Schließlich ist auch die Erteilung einer Kombination von Teilerbschein und gemeinschaftlichem Erbschein möglich. Dieser gemeinschaftliche Teilerbschein weist mehrere, jedoch nicht alle Miterben und die Größe ihrer Erbteile aus. Von dieser Möglichkeit Gebrauch zu machen bietet sich dann an, wenn eine Erbengemeinschaft aus den Mitgliedern mehrerer Erbstämme besteht und das nach außen dokumentiert werden soll.

3. Verfügungsbeschränkungen des Erben

Verfügungsbeschränkungen des Erben hinsichtlich des Nachlasses sind ebenfalls in dem Erbschein anzugeben, allerdings nur, soweit sie mit dem Erbfall entstanden sind. Als solche kommen nur die von dem Erblasser angeordnete Nacherbschaft sowie die Testamentsvollstreckung in Betracht (§§ 2363, 2364). Nach dem Erbfall eintretende Verfügungsbeschränkungen des Erben wie die Verpfändung des Erbteils oder seine Belastung mit einem Nießbrauch werden nicht in dem Erbschein angegeben. Auch schuldrechtliche Verpflichtungen des Erben werden nicht ausgewiesen, selbst wenn sie erbrechtlichen Ursprungs sind. Demgemäß werden Pflichtteile und Vermächtnisse nicht genannt.

4. Kein Erbscheinsinhalt

Entsprechend seiner Funktion enthält der Erbschein keine Begründung für die Entscheidung des Nachlassgerichts. Es wird auch nicht vermerkt, ob die Erbfolge auf dem Gesetz oder auf einer letztwilligen Verfügung beruht. Eine Ausnahme gilt allerdings dann, wenn die Berufung zum Erben auf verschiedenen Gründen beruht, nämlich teils auf ges und teils auf gewillkürter Erbfolge (vgl § 1951 Abs. 1), oder wenn der Erblasser mehrere

§ 2353 BGB | Zuständigkeit des Nachlassgerichts, Antrag

Miterben zu bestimmten Erbteilen eingesetzt hat, diese jedoch nicht 100 % erreichen (vgl § 2089). In diesen Fällen dient die Angabe des Berufungsgrundes in dem Erbschein der Erklärung des Umfangs des Erbrechts (Soergel/*Zimmermann* § 2353 Rn 41). Auch die Angabe von Nachlassgegenständen und des Nachlasswerts gehört nicht zu dem Erbscheinsinhalt, ebenfalls nicht die rechtsgeschäftliche Übertragung des Nacherben-Anwartschaftsrechts zwischen Erbfall und Nacherbfall (OLG Braunschweig OLGR 2004, 415; *Köster* Rpfleger 2000, 133 ff).

5. Besondere Erbscheine

a) Gegenständlich beschränkter Erbschein

15 In besonderen Fällen kommt die Erteilung eines gegenständlich beschränkten Erbscheins in Betracht, wenn die gegenständliche Beschränkung aufgrund ges oder durch Rechtsfortbildung gewonnener Ausnahmen zulässig ist (MüKo/*J. Mayer* § 2353 Rn 15). Hauptanwendungsfall ist der, dass zu dem Nachlass eines Ausländers Gegenstände im Inland gehören, insb Grundstücke und grundstücksgleiche Rechte. In diesem Fall besteht hinsichtlich dieser Gegenstände für den Erben, für jeden Dritten und für das Grundbuchamt oder andere öffentliche Register führende Stellen das Bedürfnis, dass das Erbrecht durch eine inländische Urkunde nachgewiesen wird. Deshalb lässt § 2369 Abs. 1 die Erteilung eines Erbscheins zu, der in zweifacher Hinsicht beschränkt ist, nämlich zum einen auf einen bestimmten Gegenstand des Nachlasses und zum anderen auf das Inland. Dieser Erbschein wird auch »Fremdrechtserbschein« genannt. Beschränkt sind auch die für das Rückerstattungsverfahren nach dem Bundesrückerstattungsgesetz und die für den Entschädigungsanspruch nach dem Bundesentschädigungsgesetz benötigten Erbscheine. Sie gelten nur für das Verfahren oder für den Anspruch und damit für einen besonderen Teil des Nachlasses; das ist in diesen Erbscheinen zu vermerken.

b) Landwirtschaftliches Erbrecht

16 Gehören zu dem Nachlass lw oder forstwirtschaftliche Grundstücke, greift je nach deren Belegenheit eine Sondererbfolge ein. In den Bundesländern Bremen, Hessen, Rheinland-Pfalz und Baden-Württemberg gilt ein eigenständiges lw Erbrecht in Form des Anerbenrechts (vgl Art. 64 EGBGB). In Hamburg, Niedersachsen, Nordrhein-Westfalen und Schleswig-Holstein gilt die HöfeO idF der Bekanntmachung v 26. 7. 1976 (BGBl I S 520), in der ebenfalls das Anerbenrecht vorgesehen ist. In den übrigen Bundesländern gibt es kein besonderes lw Erbrecht.

17 Das Anerbenrecht regelt die Sondererbfolge unterschiedlich: Nach § 4 HöfeO fällt der Hof als Teil der Erbschaft nur einem Erben zu; andere Miterben erhalten Ausgleichsansprüche gegen den Hoferben. In den Bundesländern mit eigenständigem Anerbenrecht gehört der Hof dagegen zunächst zum allgemeinen Nachlass; der Anerbe hat jedoch gegen die Miterben ein Recht auf Übernahme des Hofes bei der Erbauseinandersetzung. Damit besteht nur für solche Erbfälle, für welche die HöfeO gilt, die Notwendigkeit für die Erteilung eines besonderen Erbscheins. Denn in diesen Fällen kommt es von Anfang an zu einer echten Nachlassspaltung hinsichtlich der verschiedenen Nachlassgegenstände. Dem trägt § 18 Abs. 2 Satz 3 HöfeO Rechnung. Danach ist auf Antrag ein Erbschein zu erteilen, in welchem lediglich die Hoferbfolge bescheinigt wird. Wer Erbe hinsichtlich des übrigen Nachlasses, des sog hoffreien Vermögens geworden ist, bezeugt dieser Erbschein nicht. Er wird allgemein als Hoffolgezeugnis bezeichnet. Hat der Erblasser Nacherbschaft oder Testamentsvollstreckung angeordnet, ist das ebenfalls in dem Hoffolgezeugnis anzugeben. Darüber hinaus muss das Hoffolgezeugnis auch andere Beschränkungen des Hoferben verlautbaren. Insoweit kommt in erster Linie das Recht der Verwaltung und Nutznießung des überlebenden Ehegatten nach § 14 Abs. 1 HöfeO in Betracht.

18 Der Hoferbe kann sein Erbrecht hinsichtlich des Hofes auch durch einen allgemeinen Erbschein nachweisen. Darin sind sämtliche Miterben mit ihrem jeweiligen Anteil an dem

Nachlass zu bezeichnen; zusätzlich ist der Hoferbe wie in einem Hoffolgezeugnis als solcher besonders aufzuführen (OLG Köln RdL 2000, 187).

Schließlich kann auch als Folge der mit dem Erbfall eintretenden Nachlassspaltung ein besonderer Erbschein für das hoffreie Vermögen erteilt werden (*Wöhrmann* § 18 HöfeO Rn 36). Er muss als solcher zu erkennen sein. Das lässt sich am besten durch den Zusatz erreichen, dass sich der Erbschein nicht auf den zum Nachlass gehörenden Hof bezieht.

c) Ausländischer Grundbesitz

Ein Fall der Nachlassspaltung liegt auch dann vor, wenn zu dem Nachlass eines deutschen Erblassers im Ausland belegener Grundbesitz gehört, der nicht nach deutschem, sondern nach dem Recht des Belegenheitsortes vererbt wird, und das deutsche Kollisionsrecht dies anerkennt (vgl Art. 3 Abs. 3 EGBGB). Dann gelten für verschiedene Nachlassgegenstände unterschiedliche Erbstatuten. Da für den im Ausland belegenen Teil des Nachlasses keine internationale Zuständigkeit eines deutschen Nachlassgerichts besteht, kann sich der hier erteilte Erbschein nicht auf diesen Teil des Nachlasses beziehen. Das ist deutlich zum Ausdruck zu bringen (BayObLG NJW-RR 1997, 201), indem ein entsprechender Zusatz in den Erbschein aufgenommen wird.

B. Das Erteilungsverfahren

I. Antrag

1. Allgemeines

Der Erbschein wird nicht von Amts wegen, sondern nur auf Antrag erteilt. Dieser kann bis zur Entscheidung des Nachlassgerichts jederzeit zurückgenommen werden, auch noch in der Rechtsmittelinstanz.

2. Antragsberechtigung

Antragsberechtigt ist der Erbe. Der Alleinerbe kann den Erbschein über sein alleiniges Erbrecht beantragen. Bei mehreren Erben kann jeder Miterbe einen Teilerbschein für seinen Erbteil (Rn 10), aber auch einen gemeinschaftlichen Erbschein (Rn 11) beantragen, in welchem sämtliche Miterben und die Größe ihrer Erbteile angegeben sind. Stirbt ein Mitglied einer Erbengemeinschaft, steht den übrigen Miterben das Antragsrecht für einen Erbschein nach dem verstorbenen Miterben nur für den Fall zu, dass sie die Aufhebung der Erbengemeinschaft durch Zwangsversteigerung eines zu dem Nachlass des Erblassers gehörenden Grundstücks (§ 180 ZVG) betreiben wollen (BayObLG NJW-RR 1995, 272, 273). Das gilt natürlich nur, wenn der überlebende Miterbe nicht selbst Erbe des verstorbenen Miterben geworden ist. Anderenfalls folgt seine Antragsberechtigung ohne weiteres aus dieser Erbenstellung. Zu dem Kreis der antragsberechtigten Erben gehört auch der Fiskus, nachdem das Nachlassgericht sein Erbrecht festgestellt hat (§ 1964).

Hat der Erblasser Vor- und Nacherbschaft angeordnet (§ 2100), ist sowohl der Vorerbe als auch der Nacherbe antragsberechtigt. Jedoch sind die Wirkungen der Vor- und Nacherbschaft zu berücksichtigen. Deshalb kann der Vorerbe nur bis zum Eintritt des Nacherbfalls einen Erbschein beantragen, der Nacherbe erst nach diesem Zeitpunkt (*Köster* Rpfleger 2000, 90). Vorher hat er auch nicht das Recht, die Erteilung eines Erbscheins zu beantragen, in welchem der Vorerbe als solcher ausgewiesen ist (BayObLG NJW-RR 1999, 805).

Lebt ein Erbe im Güterstand der Gütergemeinschaft, gehört die Erbschaft zum Gesamtgut (§ 1416). In diesem Fall ist der andere Ehegatte antragsberechtigt, wenn das Gesamtgut von ihm verwaltet wird; bei gemeinschaftlicher Verwaltung (§ 1421 BGB) steht das Antragsrecht beiden Ehegatten gemeinschaftlich zu.

Erwirbt ein Dritter von dem Alleinerben die ihm angefallene Erbschaft oder von einem Miterben dessen Erbteil (§ 2371), ist er zwar antragsberechtigt. Der Antrag darf aber nicht auf die Erteilung eines Erbscheins gerichtet sein, welchen den Erbschaftserwerber als Erben ausweist; vielmehr muss der Erbschein den Erbschaftsveräußerer als Erben benennen. Dementsprechend ist derjenige, der von einem Nacherben dessen Anwartschaftsrecht erworben hat, nur dahingehend antragsberechtigt, als der Nacherbe in dem Erbschein ausgewiesen wird.

26 Auch der Testamentsvollstrecker (§ 2197) ist ab dem Beginn seines Amts (§ 2202 Abs. 1) antragsberechtigt. Daneben sind noch der Nachlassverwalter (§§ 1981, 1985), der Nachlassinsolvenzverwalter (vgl § 1980) und der Pfleger, der einen abwesenden Miterben bei der Erbauseinandersetzung (§ 2042) vertritt (§ 88 FGG), antragsberechtigt.

27 Die rechtsgeschäftliche Vertretung eines Antragstellers ist zulässig (§ 13 FGG). Minderjährige Antragsteller werden von ihren Eltern im Rahmen der Vermögenssorge gesetzlich vertreten. Das gilt allerdings nicht, wenn der Erblasser durch letztwillige Verfügung bestimmt hat, dass die Eltern das Vermögen des minderjährigen Kindes nicht verwalten sollen (§ 1638). In diesem Fall ist ein Ergänzungspfleger zu bestellen (§ 1909 Abs. 1 Satz 2), der für den Minderjährigen den Erbscheinsantrag stellen kann.

28 Kein Antragsrecht haben Vermächtnisnehmer und Pflichtteilsberechtigte (BayObLG FamRZ 2000, 1231; OLG Köln NJW-RR 1994, 1421). Dasselbe gilt grds auch für Nachlassgläubiger. Haben diese jedoch einen vollstreckbaren Titel gegen den oder die Erben, können sie an deren Stelle die Erteilung des Erbscheins beantragen, wenn er für die Zwangsvollstreckung erforderlich ist (§§ 792, 896 ZPO).

3. Form

29 Eine Formvorschrift für den Antrag gibt es nicht (beachte jedoch § 2356 Abs. 2).Der Antrag kann schriftlich oder zu Protokoll der Geschäftsstelle des zuständigen Nachlassgerichts oder jedes AGs gestellt werden (§ 11 FGG). Möglich ist auch die fernschriftliche oder telefonische Antragstellung.

4. Inhalt

30 Der Antrag muss inhaltlich bestimmt sein. Dazu gehört, dass er mit dem Inhalt des zu erteilenden Erbscheins übereinstimmt. Deshalb muss er alle Angaben enthalten, die für den Erbscheininhalt notwendig sind (siehe Rn 9 ff). Insb ist die Größe des Erbteils anzugeben; sie darf nicht der Ermittlung des Nachlassgerichts überlassen werden. Den Grund für den Anfall der Erbschaft (ges oder gewillkürte Erbfolge) muss der Antrag ebenfalls enthalten. Er gehört zwar nicht zum Erbscheininhalt, bildet aber die Grundlage für die Entscheidung über den Antrag. Hat der Erblasser Nacherbschaft angeordnet (§ 2100), sind in dem Antrag die Voraussetzungen für den Eintritt der Nacherbfolge, der Nacherbe und ggf der Ersatznacherbe anzugeben (zu dem weiteren Antragsinhalt siehe die Erläuterungen zu den §§ 2354, 2355).

31 Die Stellung eines Hauptantrags und eines Hilfsantrags ist zulässig, auch wenn sie unterschiedliche Inhalte haben. Voraussetzung ist allerdings, dass jeder der beiden Anträge für sich allein den inhaltlichen Anforderungen genügt; auch muss zweifelsfrei zu erkennen sein, welcher Antrag in erster Linie (Hauptantrag) und welcher erst in zweiter Linie (Hilfsantrag) verfolgt wird.

II. Zuständigkeit

1. Sachliche Zuständigkeit

32 Sachlich zuständig für die Erteilung des Erbscheins ist das Nachlassgericht. Dieses ist nicht etwa ein eigenständiges Gericht, sondern lediglich eine Abteilung des AGs (§ 72 FGG). Von dem Vorbehalt in Art. 147 EGBGB, wonach die landesges Vorschriften unberührt bleiben, nach welchen für die Geschäfte des Nachlassgerichts andere als gerichtliche

Behörden zuständig sind, macht nur noch Baden-Württemberg Gebrauch. Dort werden die Aufgaben der Nachlassgerichte von den staatlichen Notariaten wahrgenommen (§§ 1 Abs. 1 und 2, 37, 38 FGG-BaWü).

Abweichend von der Zuständigkeit des Nachlassgerichts ist das Landwirtschaftsgericht 33 für die Erteilung eines Erbscheins oder eines Hoffolgezeugnisses zuständig, wenn zu dem Nachlass ein Hof iSd HöfeO gehört. Das kommt nur in den Bundesländern Hamburg, Niedersachsen, Nordrhein-Westfalen und Schleswig-Holstein in Betracht.

2. Örtliche Zuständigkeit

Örtlich zuständig ist das für den Wohnsitz des Erblassers zur Zeit seines Todes zuständige 34 Nachlassgericht (§ 73 Abs. 1 Alternative 1 FGG). Bei mehrfachem Wohnsitz des Erblassers ist das Nachlassgericht zuständig, welches zuerst in der Sache tätig geworden ist (§ 4 FGG). Ein Tätigwerden liegt erst bei einer Förderung der Sache selbst durch Erlass einer Verfügung oder Beginn der Sachaufklärung vor, nicht aber schon mit der bloßen Sachbefassung aufgrund des Eingangs des Antrags (Keidel/Kuntze/Winkler/*Sternal* § 4 Rn 13). Hatte der Erblasser keinen inländischen Wohnsitz, ist das Nachlassgericht zuständig, in dessen Bezirk er sich zur Zeit des Todes aufgehalten hat (§ 73 Abs. 1 Alternative 2 FGG).

Bei einem Deutschen, der im Inland weder Wohnsitz noch Aufenthalt hatte, ist das AG 35 Berlin-Schöneberg zuständig, welches die Sache aus wichtigem Grund jederzeit an ein anderes Gericht mit Bindungswirkung abgeben kann (§ 73 Abs. 2 FGG). Diese besondere Zuständigkeit ist also dann begründet, wenn ein deutscher Staatsbürger ohne inländischen Wohnsitz im Ausland verstorben ist.

Jedes Nachlassgericht, in dessen Bezirk sich Nachlassgegenstände befinden, ist zuständig, 36 wenn ein Ausländer ohne Wohnsitz in Deutschland im Ausland gestorben ist; diese Zuständigkeit ist nicht auf die Nachlassgegenstände in dem jeweiligen Gerichtsbezirk beschränkt, sondern besteht hinsichtlich aller in Deutschland befindlichen Nachlassgegenstände (§ 73 Abs. 3 FGG).

Bei einem Streit zwischen mehreren Nachlassgerichten über die örtliche Zuständigkeit 37 wird das zuständige Gericht bindend durch das gemeinschaftliche obere Gericht (§ 5 Abs. 1 und 2 FGG) bestimmt (LG oder OLG, nicht BGH).

3. Funktionelle Zuständigkeit

Innerhalb des Nachlassgerichts ist grds der Rechtspfleger für die Erteilung des Erbscheins 38 zuständig (§ 3 Nr. 2c RPflG). Dem Richtervorbehalt unterliegt die Erbscheinerteilung dann, wenn eine Verfügung von Todes wegen vorliegt (§ 16 Abs. 1 Nr. 6 Alternative 1 RPflG). Diese muss nicht wirksam sein; vielmehr kann auch die ges Erbfolge eingreifen. Allerdings kann der Richter in einem solchen Fall die Erteilung des Erbscheins dem Rechtspfleger übertragen, wenn deutsches Erbrecht anzuwenden ist; der Rechtspfleger ist an die Rechtsauffassung des Richters zu der Unwirksamkeit der letztwilligen Verfügung und zu der Anwendung deutschen Erbrechts gebunden (§ 16 Abs. 2 RPflG). Daraus ist abzuleiten, dass der Richter auch darüber entscheiden muss, ob ein Schriftstück überhaupt eine letztwillige Verfügung ist (MüKo/*J. Mayer* § 2353 Rn 48). Weiter ist der Richter für die Erteilung eines gegenständlich beschränkten Erbscheins (§ 2369) zuständig; das gilt sowohl für den Fall der ges als auch für den Fall der gewillkürten Erbfolge (§ 16 Abs. 1 Nr. 6 Alternative 2 RPflG). In allen Fällen des Richtervorbehalts ist der Richter nicht nur für die Erteilung des Erbscheins zuständig, sondern für das gesamte Verfahren (*Zimmermann* ZEV 1995, 275, 276).

Hat der Richter einen Erbschein erteilt, obwohl die Zuständigkeit des Rechtspflegers ge- 39 geben war, berührt das nicht die Wirksamkeit des Erbscheins (§ 8 Abs. 1 RPflG). Unwirksam ist der Erbschein, wenn ihn der Rechtspfleger anstelle des zuständigen Richters trotz einer fehlenden Übertragbarkeit des Geschäfts erteilt hat (§ 8 Abs. 4 Satz 1 RPflG); in

§ 2353 BGB | Zuständigkeit des Nachlassgerichts, Antrag

diesem Fall muss der Erbschein entsprechend § 2361 eingezogen werden. Dagegen ist der von dem Rechtspfleger erteilte Erbschein trotz funktioneller Zuständigkeit des Richters und fehlender Übertragung wirksam, wenn der Richter dem Rechtspfleger die Erteilung übertragen konnte.

III. Entscheidung des Nachlassgerichts

40 Das Nachlassgericht muss auf der Grundlage der Angaben des Antragstellers von Amts wegen den Sachverhalt ermitteln (§ 2358). Welcher Erkenntnismöglichkeiten und Beweismittel es sich dabei bedient, liegt in seinem Ermessen. An die Angaben in dem Antrag auf Erteilung des Erbscheins ist es nicht gebunden. Vor seiner abschließenden Entscheidung hat es allen Beteiligten rechtliches Gehör zu gewähren (Art. 103 Abs. 1 GG).

1. Zwischenverfügung

41 Einen inhaltlich von dem Antrag abweichenden Erbschein darf das Nachlassgericht nicht erteilen (BayObLG FamRZ 2000, 1231, 1232). Seine endgültige Entscheidung ist deshalb darauf beschränkt, entweder dem Antrag in vollem Umfang stattzugeben oder ihn zurückzuweisen. Letzteres ist allerdings nicht sofort gerechtfertigt, wenn der Erbscheinserteilung behebbare Hindernisse entgegenstehen. In diesem Fall hat das Nachlassgericht zuvor eine Zwischenverfügung zu erlassen. Darin ist dem Antragsteller Gelegenheit zu geben, seinen Antrag zu ändern oder zu ergänzen oder weitere Unterlagen beizubringen (Beispiele für eine Zwischenverfügung bei *Zimmermann* ZEV 1995, 275, 279).

2. Vorbescheid

42 Von der Zwischenverfügung zu unterscheiden ist der Vorbescheid. Das Nachlassgericht kann ihn erlassen, wenn hinsichtlich desselben Erbrechts sich widersprechende Anträge vorliegen. Beantragt der Antragsteller A einen Erbschein des Inhalts, dass er Alleinerbe geworden ist, und liegt ein Antrag des B vor, dass ein Erbschein erteilt werden soll, wonach A und B zu je $^1/_2$ Anteil Miterben geworden sind, kündigt das Nachlassgericht in dem an die Beteiligten gerichteten Vorbescheid an, welchem Antrag es statt geben und welchen Antrag es zurückweisen werde; zugleich gibt es dem unterlegenen Antragsteller die Möglichkeit, dagegen innerhalb einer bestimmten Frist Beschwerde (§ 19 Abs. 1 FGG) einzulegen (vgl BayObLGZ 1994, 73). Der Inhalt des angekündigten Erbscheins ist in dem Vorbescheid konkret zu bezeichnen. Diese Vorgehensweise dient dazu, die Gefahr der Erteilung eines unrichtigen Erbscheins so gering wie möglich zu halten.

3. Zurückweisung des Antrags

43 Kommt das Nachlassgericht zu dem Ergebnis, dass der Erbscheinsantrag unzulässig oder nicht begründet ist, weist es ihn zurück. Die Entscheidung ergeht durch Beschluss; dieser ist zu begründen.

4. Erteilung des Erbscheins

44 Ist der Antrag zulässig und begründet, erteilt das Nachlassgericht den Erbschein. Die Entscheidung kann durch eine Verfügung oder durch einen Beschluss ergehen. In beiden Fällen wird die Erteilung des Erbscheins angeordnet. Eine Begründung ist grds nicht erforderlich, sondern nur dann, wenn der Anordnung ein Hilfsantrag zugrunde liegt (Rn 31), weil darin die Zurückweisung des Hauptantrags liegt. Mit der Anordnung der Erteilung des Erbscheins ist dieser allerdings noch nicht existent. Die Anordnung wird erst durch die Aushändigung der Urschrift oder einer Ausfertigung (vgl § 47 BeurkG) des Erbscheins an den Antragsteller oder an einen von ihm benannten Dritten vollzogen (BayObLG FamRZ 2004, 1404, 1405). Der Erbschein entfaltet seine Wirkungen (Rn 3 ff) in dem

Zeitpunkt, in welchem die Urschrift oder Ausfertigung mit Willen des Nachlassgerichts und des Antragstellers in den Verkehr kommt (Staudinger/*Schilken* § 2353 Rn 63). Damit endet das Erbscheinserteilungsverfahren.

5. Korrekturmöglichkeiten

Die Möglichkeiten des Nachlassgerichts zu einer Korrektur des erteilten Erbscheins sind 45 gering. Sie beschränken sich auf die Berichtigung von Schreibfehlern oder offensichtlichen Unrichtigkeiten (vgl § 319 ZPO) und unbeachtliche Zusätze wie zB den Namen eines Testamentsvollstreckers oder Nacherben. In seinem sachlichen Inhalt darf der Erbschein nicht korrigiert werden. Bei inhaltlicher Unrichtigkeit muss der Erbschein eingezogen oder für kraftlos erklärt werden (§ 2361).

C. Rechtsmittel

Gegen die Entscheidungen des Nachlassgerichts ist die Beschwerde (§ 19 Abs. 1 FGG) 46 statthaft. Sie kann sowohl bei dem AG, bei welchem das Erteilungsverfahren geführt wurde, als auch bei dem zu der Entscheidung über das Rechtsmittel berufenen Landgericht eingelegt werden (§ 21 Abs. 1 FGG); sie muss nicht begründet werden. Eine Frist für die Einlegung der Beschwerde gibt es nicht; sie kann auch noch mehrere Jahre nach der Erteilung des Erbscheins erhoben werden, ohne dass durch bloßen Zeitablauf das Beschwerderecht verwirkt ist (BayObLGZ 1996, 69).

Für die Form der Beschwerde gilt § 21 Abs. 2 FGG. Danach kann sie schriftlich oder zu 47 Protokoll der Geschäftsstelle des Nachlassgerichts, dessen Verlautbarungen angefochten werden sollen, oder des LG als Beschwerdegericht oder elektronisch bei einem dieser Gerichte eingelegt werden (s.a. AnwK-BGB/*Kroiß* § 2353 Rn 134 f). Dafür besteht kein Anwaltszwang.

Die Beschwerde kann sich gegen alle Entscheidungen und Verfügungen des Nachlassge- 48 richts richten, die es im Laufe des Erteilungsverfahrens erlässt. Beschwerdegegenstand sind also die Zwischenverfügung (Rn 41), der Vorbescheid (Rn 42), die Zurückweisung des Erbscheinerteilungsantrags (Rn 43) und die Anordnung der Erbscheinserteilung vor ihrem Vollzug (Rn 44). Eine Beschwerde gegen den erteilten Erbschein selbst ist nicht zulässig, weil er bereits seine Wirkungen entfaltet hat. Diese können weder von dem Nachlassgericht noch von dem Beschwerdegericht rückgängig gemacht werden. Allerdings kann eine solche Beschwerde als Anregung gedeutet werden, den Erbschein nach § 2361 BGB einzuziehen oder für kraftlos zu erklären (BayObLG FamRZ 1996, 1113; KG Rpfleger 2005, 669; OLG Stuttgart Rpfleger 2005, 431). Der Beschwerdeführer darf keine neuen Anträge stellen, welche dazu führen, dass sich das Beschwerdegericht mit einer anderen Angelegenheit als das Nachlassgericht befassen müsste. In diesem Fall würde es an einer Verfügung des Nachlassgerichts fehlen, welche mit der Beschwerde angegriffen werden könnte (*Kammerlohr* JA 2003, 580, 584).

Beschwerdeberechtigt ist, wenn sich das Rechtsmittel gegen eine Zwischenverfügung, 49 einen Vorbescheid oder die Anordnung der Erbscheinserteilung richtet, jeder, dessen Recht durch die Erteilung des angekündigten oder angeordneten Erbscheins beeinträchtigt wird (§ 20 Abs. 1 FGG). Richtet sich die Beschwerde gegen die Zurückweisung des Erteilungsantrags, muss zu der vorgenannten materiellen Beschwer die formelle Beschwer (§ 20 Abs. 2 FGG) hinzukommen.

Die Beschwerdeentscheidung ergeht aufgrund einer Beurteilung der gesamten Sach- und 50 Rechtslage, welche das Beschwerdegericht anstelle des Nachlassgerichts vornimmt. Sie kann jedoch nicht auf die Erteilung oder Einziehung des Erbscheins lauten. Beides bleibt dem Nachlassgericht vorbehalten. Das Beschwerdegericht kann das Nachlassgericht nur allerdings bindend zu einer bestimmten Entscheidung anweisen.

Gegen die Entscheidung des Beschwerdegerichts (LG) ist die weitere Beschwerde statthaft 51 (§ 27 Abs. 1 FGG). Sie kann bei dem Nachlassgericht, bei dem Beschwerdegericht oder bei dem OLG, welches über dieses Rechtsmittel entscheidet (§ 28 Abs. 1 FGG), eingelegt werden (§ 29 Abs. 1 Satz 1 FGG). Die weitere Beschwerde ist eine reine Rechtsbeschwerde (§ 27 Abs. 1 FGG); das OLG kann die Entscheidung des Beschwerdegerichts nur auf Rechtsfehler überprüfen.

52 Für die Einlegung der weiteren Beschwerde gibt es keine Frist. Hinsichtlich der Form unterscheidet sie sich von der Beschwerde dadurch, dass die Rechtsmittelschrift von einem RA unterzeichnet sein muss (§ 29 Abs. 1 Satz 2 FGG; beachte jedoch Satz 3). Für die Beschwerdeberechtigung gilt dasselbe wie bei der Beschwerde (Rn 49). Auch hinsichtlich der Entscheidung über die weitere Beschwerde kann auf die Grundsätze verwiesen werden, die für das Beschwerdegericht gelten (Rn 50).

D. Kosten

53 **Gebühr** für die Erteilung eines Erbscheins: $1/1$ (§ 107 Abs. 1 Satz 1 KostO) für jeden Erbschein. Wird jedem Miterben ein (Teil-)Erbschein erteilt, fällt für jeden Erbschein die Gebühr an.

54 **Wert**: Wert des Nachlasses im Zeitpunkt des Erbfalls nach Abzug der Nachlassverbindlichkeiten (Erlasserschulden und Erbfallschulden) (§ 107 Abs. 2 Satz 1 KostO). Die Ermittlung des Wertes erfolgt nach § 18 ff KostO. Bei Teilerbschein jedoch nur der Wert des Teils des Nachlasses, auf den sich der Erbschein bezieht (§ 107 Abs. 2 KostO). Beim Hoffolgezeugnis ist der Nettowert des Hofes maßgebend.
Bei Erbscheinen für bestimmte Zwecke beschränkt sich der Wert auf diesen Zweck (§ 107 Abs. 3 und 4 KostO). Wurde dieser Erbschein nach anderen Gesetzen oder Vorschriften gebührenfrei oder gebührenermäßigt erteilt, so ist die Gebühr nach § 107 Abs. 1 KostO nachzuheben, wenn der Erbschein auch zu anderen Zwecken benutzt wird (§ 107a KostO).
Kostenschuldner (Antragsteller – § 2 Nr. 1 KostO).

§ 2354 Angaben des gesetzlichen Erben im Antrag

(1) Wer die Erteilung des Erbscheins als gesetzlicher Erbe beantragt, hat anzugeben:

1. die Zeit des Todes des Erblassers,

2. das Verhältnis, auf dem sein Erbrecht beruht,

3. ob und welche Personen vorhanden sind oder vorhanden waren, durch die er von der Erbfolge ausgeschlossen oder sein Erbteil gemindert werden würde,

4. ob und welche Verfügungen des Erblassers von Todes wegen vorhanden sind,

5. ob ein Rechtsstreit über sein Erbrecht anhängig ist.

(2) Ist eine Person weggefallen, durch die der Antragsteller von der Erbfolge ausgeschlossen oder sein Erbteil gemindert werden würde, so hat der Antragsteller anzugeben, in welcher Weise die Person weggefallen ist.

1 Zu dem notwendigen Inhalt des Antrags auf Erteilung eines Erbscheins siehe § 2353 Rn 30 f. Darüber hinaus obliegen dem Antragsteller förmliche Mitwirkungspflichten. Diese sind in § 2354 aufgeführt, soweit es um die Erteilung eines Erbscheins aufgrund ges Erbfolge geht. Die Angaben sind der Ausgangspunkt für die von dem Nachlassgericht von Amts wegen anzustellenden Ermittlungen (§ 2358). Verstößt der Antragsteller gegen seine Pflicht zur Mitwirkung, indem er die geforderten Angaben verweigert, ist der Antrag als unzulässig zurückzuweisen (MüKo/J. Mayer § 2354 Rn 3). Das gilt allerdings nur, wenn der Antragsteller auch in der Lage ist, die geforderten Angaben zu machen. Fehlt es daran, ist der Antrag zulässig; führen die Ermittlungen des Nachlassgerichts nicht dazu, dass es

die für die Erteilung des Erbscheins erforderlichen Tatsachen feststellen kann, ist er als unbegründet zurückzuweisen.

Der Antragsteller muss den genauen Zeitpunkt des Todes des Erblassers angeben. Liegt dem Nachlassgericht bereits eine Sterbeurkunde betreffend den Tod des Erblassers vor, entfällt die Verpflichtung des Antragstellers zur Angabe des Todeszeitpunkts. Beantragt der Nacherbe die Erteilung eines Erbscheins für sich, hat er den Tag des Eintritts der Nacherbfolge anzugeben.

Das Verhältnis, auf dem das Erbrecht des Antragstellers beruht, muss ebenfalls angegeben werden. Darunter fällt das Verwandtschaftsverhältnis zwischen dem Antragsteller und dem Erblasser (§§ 1924 ff). Beruht es auf einer Annahme an Kindes Statt, ist das unter Angabe der Situation, die ohne diese Annahme bestünde, darzulegen. Wer als erbberechtigter Ehegatte (§§ 1931 ff) den Antrag stellt, hat das Ehegattenverhältnis und auch den Güterstand anzugeben, in welchem er mit dem Erblasser gelebt hat.

Ebenfalls anzugeben sind die Personen, durch die der Antragsteller von der Erbfolge ausgeschlossen oder sein Erbteil gemindert werden würde. Dazu zählen alle Personen, die als ges oder testamentarische Erben berufen wären, wenn sie nicht vor dem Erbfall verstorben wären oder infolge Enterbung (§ 1938), Ausschlagung der Erbschaft (§§ 1942 ff), Erbverzicht (§ 2346 Abs. 1), Erbunwürdigkeit (§§ 2339 ff) oder vorzeitigen Erbausgleichs (vgl Art. 227 EGBGB) als vor dem Erbfall verstorben gelten. Anzugeben ist auch, wer an die Stelle der weggefallenen Person getreten ist.

Ob und welche Verfügungen des Erblassers von Todes wegen vorhanden sind, muss der Antragsteller ebenfalls angeben. Das können Testamente (§ 1937) oder Erbverträge (§ 1941) sein, auch wenn sie unwirksam, widerrufen oder gegenstandslos sind. Jedoch brauchen sie nicht angegeben zu werden, wenn sie mit Willen des Erblassers vernichtet worden sind (Staudinger/*Schilken* § 2354 Rn 8).

Anzugeben ist, ob ein Rechtsstreit über das Erbrecht des Antragstellers anhängig ist. Damit ist nur ein Zivilrechtsstreit zwischen Erbprätendenten gemeint. Wird das Erbrecht des Antragstellers anderweitig bestritten, muss das in dem Erbscheinsantrag nicht angegeben werden.

Nach Abs. 2 der Vorschrift muss der Antragsteller in den Fällen des Absatzes 1 Nr. 3 auch angeben, in welcher Weise die Person weggefallen ist. Das kann infolge der in Rn 4 genannten Umstände geschehen sein.

Zu den im Gesetz nicht ausdrücklich aufgeführten Angaben gehört die Erklärung über die Annahme der Erbschaft (§ 1943). Das ist notwendig, weil der Erbschein nur erteilt werden darf, wenn der darin ausgewiesene Erbe die Erbschaft angenommen hat. Beantragt der Antragsteller die Erteilung für sein Erbrecht, liegt darin zugleich die Erklärung, dass er die Erbschaft annehme. Bezieht sich der Antrag auf ein anderes Erbrecht, hat der Antragsteller die Annahme der Erbschaft durch denjenigen darzutun, der als Erbe ausgewiesen werden soll.

Schließlich muss der Antragsteller angeben, dass er das Erbrecht aufgrund ges Erbfolge beansprucht. Ein Antrag, der auf die Erteilung eines Erbscheins entweder aufgrund ges oder aufgrund gewillkürter Erbfolge gerichtet ist, ist unzulässig. Das gilt ausnahmsweise nicht beim Vorhandensein eines Testaments, dessen Gültigkeit zweifelhaft ist, wenn die ges Erbfolge zu derselben Erbeinsetzung führt (Staudinger/*Schilken* § 2354 Rn 14).

§ 2355 Angaben des gewillkürten Erben im Antrag

Wer die Erteilung des Erbscheins auf Grund einer Verfügung von Todes wegen beantragt, hat die Verfügung zu bezeichnen, auf der sein Erbrecht beruht, anzugeben, ob und welche sonstigen Verfügungen des Erblassers von Todes wegen vorhanden sind, und die in § 2354 Abs. 1 Nr. 1, 5, Abs. 2 vorgeschriebenen Angaben zu machen.

§ 2356 BGB | Nachweis der Richtigkeit der Angaben

1 Beruft sich der Antragsteller für sein Erbrecht auf eine Verfügung von Todes wegen (Testament oder Erbvertrag), muss er ebenfalls die in § 2354 Abs. 1 Nr. 1 und 5 sowie in Abs. 2 vorgeschriebenen Angaben machen. Die Angabe des Verhältnisses, auf welchem das Erbrecht beruht (§ 2354 Abs. 1 Nr. 2), ist erforderlich, wenn sich allein aus der Verfügung von Todes wegen die als Erben in Betracht kommenden Personen nicht ergeben, sondern erst aus anderen Umständen wie zB Verwandtschaft oder Ehe mit dem Erblasser (Soergel/*Zimmermann* § 2355 Rn 2).

2 Weiter muss der Antragsteller das Testament oder den Erbvertrag bezeichnen, auf dem sein Erbrecht beruht. Dazu gehören die Angabe des Datums der Errichtung und ggf sonstiger Kennzeichen. Über den Gesetzeswortlaut hinaus trifft diese Pflicht jeden Antragsteller, also auch denjenigen, der nicht Erbe ist (siehe dazu § 2353 Rn 22 ff).

3 Schließlich ist anzugeben, ob und welche sonstigen Verfügungen des Erblassers von Todes wegen vorhanden sind. Dazu gehören auch die widerrufenen, ungültigen oder gegenstandslosen, nicht aber die mit Willen des Erblassers vernichteten.

§ 2356 Nachweis der Richtigkeit der Angaben

(1) Der Antragsteller hat die Richtigkeit der in Gemäßheit des § 2354 Abs. 1 Nr. 1 und 2, Abs. 2 gemachten Angaben durch öffentliche Urkunden nachzuweisen und im Falle des § 2355 die Urkunde vorzulegen, auf der sein Erbrecht beruht. Sind die Urkunden nicht oder nur mit unverhältnismäßigen Schwierigkeiten zu beschaffen, so genügt die Angabe anderer Beweismittel.

(2) Zum Nachweis, dass der Erblasser zur Zeit seines Todes im Güterstand der Zugewinngemeinschaft gelebt hat, und in Ansehung der übrigen nach den §§ 2354, 2355 erforderlichen Angaben hat der Antragsteller vor Gericht oder vor einem Notar an Eides Statt zu versichern, dass ihm nichts bekannt sei, was der Richtigkeit seiner Angaben entgegensteht. Das Nachlassgericht kann die Versicherung erlassen, wenn es sie für nicht erforderlich erachtet.

(3) Diese Vorschriften finden keine Anwendung, soweit die Tatsachen bei dem Nachlassgericht offenkundig sind.

A. Allgemeines

1 Die in §§ 2354, 2355 normierten Mitwirkungspflichten des Antragstellers werden durch § 2356 ergänzt. Die bloße Angabe bestimmter Umstände reicht nicht aus, das Nachlassgericht zu der Aufnahme von Amtsermittlungen (§ 2358) zu veranlassen. Vielmehr muss die Richtigkeit der erforderlichen Angaben nachgewiesen werden. Das ist nur dann entbehrlich, wenn und soweit Tatsachen bei dem Nachlassgericht offenkundig sind. In allen anderen Fällen muss sich der Antragsteller grds auf öffentliche Urkunden berufen, Testamente vorlegen und eine eidesstattliche Versicherung abgeben. Kommt er diesen Verpflichtungen nicht nach, obwohl er dazu in der Lage ist, muss der Antrag als unzulässig zurückgewiesen werden. Kann der Antragsteller seine Verpflichtung nicht erfüllen, ohne dass ihn daran ein Verschulden trifft, darf das Nachlassgericht den Antrag nicht zurückweisen; vielmehr muss es den Sachverhalt von Amts wegen aufklären.

B. Öffentliche Urkunden

2 Durch öffentliche Urkunden nachzuweisen sind die in § 2354 Abs. 1 Nr. 1 und 2, Abs. 2 genannten positiven Tatsachen. Was öffentliche Urkunden sind, ergibt sich aus § 415 ZPO. Hier sind die Personenstandsurkunden nach § 61a PStG gemeint, also beglaubigte Abschriften aus dem Buch für Todeserklärungen, Geburtsscheine, Geburts-, Heirats- und

Sterbeurkunden, Abstammungsurkunden und Auszüge aus dem Familienbuch. Sie beweisen die darin enthaltenen Angaben; allerdings ist der Beweis der Unrichtigkeit der beurkundeten Tatsachen zulässig (§§ 60, 66 PStG). Dieselbe Beweiskraft haben die v 1.1.1876 an geführten Standesregister, die im Land Baden-Württemberg geführten Familienregister und die in der früheren DDR angelegten Personenstandsbücher (§ 61 Abs. 1 PStV).

C. Ausländische Urkunden

Auch mit ausländischen Urkunden können die erforderlichen Nachweise geführt werden. Voraussetzung ist jedoch, dass sie von einer ausländischen Behörde oder von einer mit öffentlichem Glauben versehenen Person des Auslands errichtet wurden (vgl § 438 Abs. 1 ZPO). Für sie gilt die Echtheitsvermutung des § 437 Abs. 1 ZPO nicht. Deshalb ist zum Beweis der Echtheit solcher Urkunden wenigstens die Legalisation durch einen Konsul oder Gesandten des Bundes, dh die Bescheinigung über die Herkunft der Urkunde erforderlich (§ 438 Abs. 2 ZPO). Davon kann aufgrund bilateraler Abkommen abgesehen werden (siehe die Zusammenstellung im Beck'schen Notarhandbuch G Rn 236 ff). Ist die Urkunde, wie regelmäßig, in einer ausländischen Sprache aufgenommen, muss der Antragsteller sie auf Verlangen des Nachlassgerichts in deutscher Übersetzung vorlegen.

D. Andere Beweismittel

Andere Beweismittel sind zulässig, wenn die öffentlichen Urkunden nicht oder nur mit unverhältnismäßigen Schwierigkeiten zu beschaffen sind. Das ist zB der Fall, wenn Personenstandsurkunden im Ausland beschafft werden müssen, dies jedoch aus rechtlichen (fehlender Rechtsverkehr) oder tatsächlichen (Krieg, Unruhen) Gründen nicht möglich ist. Unverhältnismäßige Schwierigkeiten der Urkundenbeschaffung können unter wirtschaftlichen Gesichtspunkten bestehen, wenn die Kosten für die Beschaffung den reinen Nachlasswert übersteigen. Kann eine Sterbeurkunde nicht beschafft werden, muss das Verfahren zur Todeserklärung nach dem Verschollenheitsgesetz durchgeführt werden (OLG Hamburg, NJW 1953, 627). Als andere Beweismittel kommen nicht-öffentliche Urkunden, Abschriften, Ablichtungen, Zeugen und eidesstattliche Versicherungen sowohl des Antragstellers als auch von Dritten in Betracht (ausführlich *Zimmermann* Rn 107 ff).

E. Gewillkürte Erbfolge

Bei gewillkürter Erbfolge hat der Antragsteller die letztwillige Verfügung vorzulegen, auf der sein Erbrecht beruht. Damit ist die Urschrift der Urkunde gemeint. Ist diese nicht auffindbar, genügen auch insoweit andere Beweismittel. Die Errichtung und der Inhalt der letztwilligen Verfügung können mit allen zulässigen Beweismitteln bewiesen werden; da das Nachlassgericht vor der Erteilung des Erbscheins die Gültigkeit der Verfügung nach Form und Inhalt prüfen muss, sind an den Nachweis strenge Anforderungen zu stellen (siehe nur BayObLGZ 2004, 91, 92 mwN). Deshalb muss das Nachlassgericht im Strengbeweisverfahren (OLG Zweibrücken Rpfleger 2001, 350, 351) ermitteln, ob und mit welchem Inhalt der Erblasser eine formwirksame letztwillige Verfügung errichtet und bis zu seinem Tod nicht widerrufen hat. Die Feststellungslast dafür trägt derjenige, der seinen Erbscheinsantrag auf die nicht auffindbare letztwillige Verfügung stützt (BayObLGZ 2004, 91, 93). Steht nach der Beweisaufnahme nicht zur Überzeugung des Nachlassgerichts fest, dass dem Antragsteller das Erbrecht zusteht, muss es den Antrag als unbegründet zurückweisen.

F. Eidesstattliche Versicherung

Die in dem Erbscheinsantrag anzugebenden negativen Tatsachen (§ 2354 Nr. 3, 4, 5 und § 2355 Alternative 2) können nicht durch die Vorlage von Urkunden nachgewiesen wer-

§ 2356 BGB | Nachweis der Richtigkeit der Angaben

den. Dasselbe gilt für den Nachweis, dass der Erblasser zur Zeit seines Todes im Güterstand der Zugewinngemeinschaft gelebt hat. Deshalb sieht das Gesetz vor, dass der Nachweis dafür durch eine eidesstattliche Versicherung des Antragstellers zu erbringen ist. Darin hat er zu versichern, dass ihm nichts bekannt ist, was der Richtigkeit seiner Angaben entgegensteht. Jeder Antragsteller und jeder Miterbe ist zur Abgabe der eidesstattlichen Versicherung verpflichtet, auch derjenige, der kein eigenes Erbrecht für sich in Anspruch nimmt. Die eidesstattliche Versicherung kann nur persönlich abgegeben werden, nicht durch einen Bevollmächtigten. Der ges Vertreter muss die Versicherung für den Vertretenen abgeben. Eine Ausnahme gilt allerdings für Minderjährige, die das 16. Lebensjahr vollendet haben; sie können zur Abgabe der eidesstattlichen Versicherung zugelassen werden (vgl § 455 Abs. 2 ZPO).

7   Das Nachlassgericht kann dem Antragsteller nach freiem Ermessen die eidesstattliche Versicherung erlassen, wenn es sie für nicht erforderlich hält. Das ist nur in Ausnahmefällen möglich, etwa wenn die Erbfolge eindeutig oder dem Nachlassgericht aus einem anderen Erbscheinserteilungsverfahren bekannt ist oder bereits die eidesstattliche Versicherung eines Dritten vorliegt. Kostengesichtspunkte spielen indes keine Rolle. Ein geringer Nachlasswert rechtfertigt nicht das Absehen von der Abgabe der eidesstattlichen Versicherung (MüKo/*J. Mayer* § 2356 Rn 56; aA Soergel/*Zimmermann* § 2356 Rn 17).

8   Zuständig für die Abnahme der eidesstattlichen Versicherung sind die Notare und die Gerichte; es besteht eine Doppelzuständigkeit; welche der Antragsteller wählt, bleibt ihm überlassen. Unter den Gerichten ist sowohl das Nachlassgericht, welches für die Erteilung des Erbscheins örtlich zuständig ist (§ 2353 Rn 33 ff), als auch jedes andere AG zuständig, also nicht nur das von dem zuständigen Nachlassgericht im Wege der Rechtshilfe ersuchte AG (Palandt/*Edenhofer* § 2356 Rn 11; MüKo/*J. Mayer* § 2356 Rn 46; aA Staudinger/*Schilken* § 2356 Rn 38). Für das Verfahren vor den Notaren gilt § 38 iVm §§ 6 ff BeurkG.

G. Offenkundige Tatsachen

9   Der Antragsteller ist von seiner Mitwirkungspflicht befreit, wenn die nachzuweisenden Tatsachen bei dem Nachlassgericht offenkundig sind. Der Begriff der Offenkundigkeit ist hier derselbe wie in § 291 ZPO. Danach sind allgemein bekannte und gerichtsbekannte Tatsachen offenkundig.

H. Gesetzlich vermutete Tatsachen

10 Darüber hinaus müssen auch gesetzlich vermutete Tatsachen (vgl § 292 ZPO) nicht nachgewiesen werden. Der Antragsteller muss jedoch beweisen, dass die tatsächlichen Voraussetzungen für das Eingreifen der Vermutung vorliegen. Von Bedeutung ist hier die Vermutung für den gleichzeitigen Tod nach § 11 VerschG. Die Vermutung kann durch den Beweis des Gegenteils widerlegt werden.

I. Kosten § 2356 Abs. 2

11 Nach § 107 Abs. 1 Satz 2, 1. Hs KostO ist für die Beurkundung der eidesstattlichen Versicherung die $^{10}/_{10}$ Gebühr nach § 49 KostO zu erheben. Diese Gebühr gilt auch die Beurkundung des Antrags auf Erteilung des Erbscheins ab (§ 49 Abs. 3 KostO; soweit das Gericht tätig wird, ist dies bereits in § 129 KostO bestimmt). Die Ablieferung des dem Notar übergebenen Testaments zur Eröffnung dient der Förderung der Erbscheinsverhandlung; sie ist gebührenfreies Nebengeschäft (OLG Hamm JurBüro 1972, 727).
Die auftragsgemäße Beschaffung von Personenstandsurkunden durch den Notar fällt unter die Generalvorschrift des § 147 Abs. 2 KostO; Danach ist auch die vom Notar vorgenommene Ausfüllung des gerichtlichen Fragebogens »Angaben zum Wert des Nachlasses« zu vergüten, wobei entsprechend § 30 Abs. 1 KostO nur ein geringer Bruchteil des Nettonachlasses als Geschäftswert anzunehmen sein wird (s.a. JurBüro 1989, 313).

Grds ist für jede besonders beurkundete eidesstattliche Versicherung die volle Gebühr nach §§ 107 Abs. 1, 2 1. Hs, 49 Abs. 2 KostO zu erheben. Dabei ist die erste Kostenrechnung aus dem vollen Wert, dh dem vollen Betrag des reinen Nachlasses, anzusetzen. Wird eine solche eidesstattliche Versicherung gleichzeitig von mehreren Miterben abgegeben, so löst sie nur den Ansatz einer Gebühr aus, da es sich bei den Abgebenden um mehrere in einer Rechtsgemeinschaft stehende Personen handelt. Treten hingegen später Miterben einer bereits beurkundeten eidesstattlichen Versicherung bei, so wird die – volle – Gebühr nur aus dem Anteil des – oder der – Beitretenden am Nachlass berechnet.

Bezieht sich eine in demselben Termin beurkundete eidesstattliche Versicherung sowohl auf den Erbschein als auch auf das gleichzeitig beantragte Testamentsvollstreckerzeugnis, so sind dafür zwei Gebühren nach § 49 KostO zu erheben.

Wird die eidesstattliche Versicherung – nebst Antrag auf Erbscheinserteilung – für mehrere Erbfälle in *einer* Verhandlung abgegeben, so handelt es sich dennoch gebührenrechtlich um mehrere Versicherungen, die jeweils die volle Gebühr nach §§ 107 Abs. 1 Satz 2, 1. Hs, 49 Abs. 2 KostO aus dem jeweiligen Reinnachlass verursachen. Aus dem Zusammenhang der Bestimmungen der §§ 107 Abs. 1 Satz 2 und 49 Abs. 2 KostO ergibt sich, dass das entscheidende gebührenrechtliche Kriterium die Zahl der Erbfälle darstellt (OLG Hamm JurBüro 1964, 825; OLG Frankfurt DNotZ 1965, 178; *Kaiser* DNotZ 1965, 506; K/L/B/R § 49 Rn 9 m.w.N.; Streifzug Rn 516: Rohs/Wedewer § 49 Rn 16.

Werden eidesstattliche Versicherung und rechtsgeschäftliche Erklärungen (§§ 36 ff KostO) in einer Verhandlung verbunden, so scheidet § 44 KostO insoweit aus, als die Gebühr des § 49 KostO stets gesondert zu berechnen ist; für mehrere rechtsgeschäftliche Erklärungen ist § 44 KostO anzuwenden. Erbscheinsverhandlungen und Erbauseinandersetzungsvertrag über denselben Nachlass haben verschiedenen Gegenstand (§ 44 Abs. 2 KostO; OLG Hamm JurBüro 1960, 77 = Rpfleger 1960, 233).

Für die Erteilung des Erbscheins wird die volle Gebühr erhoben (§ 107 Abs. 1 Satz 1 KostO), falls der Erbschein an den Antragsteller ausgehändigt ist oder sonst von ihm antragsgemäß Gebrauch gemacht wurde. Für den Gebührenansatz ist es gleichgültig, ob es sich um einen Teilerbschein (§ 2353) oder um einen gemeinschaftlichen Erbschein handelt (§ 2357); unerheblich ist auch, ob der Erbschein auf ges oder gewillkürter Erbfolge beruht. Durch die Erbscheinsgebühr werden auch die von Amts wegen auf dem Erbschein anzubringenden Nacherben- bzw Testamentsvollstreckervermerke (§§ 2363, 2364 Abs. 1 BGB), ferner auch alle Tätigkeiten des Nachlassgerichts iRd amtlichen Ermittlungsverfahrens (§ 2358 Abs. 1) und öffentliche Aufforderungen (nicht aber auch die Eröffnung einer letztwilligen Verfügung, die die Gebühr des § 102 KostO auslöst) abgegolten. »Erteilt« ist der Erbschein iSd § 107 Abs. 1 KostO nicht bereits mit der Unterzeichnung durch den Richter oder Rechtspfleger, es ist vielmehr darauf abzustellen, ob der Erbschein im verfahrensrechtlichen Sinne existent geworden ist (Rohs/Wedewer § 107 Rn 10). Die gebührenrechtliche Privilegierung des § 130 Abs. 2 KostO ist – nur – dann zu gewähren, wenn die Rücknahme des Antrags vor seiner verfahrensrechtlichen Wirksamkeit erfolgt (s BayObLG Rpfleger 1975, 47 LS; s.a. LG Frankfurt Rpfleger 1971, 411; LG Düsseldorf JurBüro 1985, 1391 = Rpfleger 1985, 330). In diesem Sinne ist die »Erteilung« des Erbscheins auch dann gegeben, wenn die die Unterschrift enthaltenden Nachlassakten vom Grundbuchamt für die Benachrichtigung des Grundbuchs verwertet worden sind, nachdem ein dahingehender Antrag beim Grundbuchamt gestellt wurde. Wird nach einer solchen Auswertung durch das Grundbuchamt der Antrag auf Erteilung des Erbscheins zurückgenommen, so ist der Geschäftswert entsprechend § 107 Abs. 3 nur aus dem Wert des betroffenen Grundstücks zu berechnen (KG JurBüro 1981, 1714).

Ein Erbschein nach mehreren Erblassern ist nur iS einer äußeren Zusammenfassung mehrerer Einzelzeugnisse über verschiedene Erbfälle möglich (KGJ 44, 99; RGRK § 2357 Anm 1). Daraus folgt, dass für jeden der in einem Schriftstück zusammengefassten Erbscheine die Gebühr des § 107 KostO gesondert zu erheben ist (nach den Werten, die für getrennt beantragte und erteilte Erbscheine anzusetzen wären), sodass der in dem Nach-

§ 2356 BGB | Nachweis der Richtigkeit der Angaben (Kosten)

lass des zuletzt Verstorbenen enthaltene Teil des Vermögens des zuerst Verstorbenen doppelt zum Ansatz kommt (KG JFGErg 19, 110; OLG Hamm Rpfleger 1965, 24).
Die Gebühr des § 49 KostO für die Beurkundung der eidesstattlichen Versicherung wird in jedem Falle daneben erhoben; sie wird bei dem Nachlassgericht angesetzt, auch wenn die Erklärung von einem anderen Gericht aufgenommen ist (§ 107 Abs. 1 Satz 2 KostO).
Bei Gesamtrechtsnachfolge, ist als Geschäftswert maßgebend der Wert des nach Abzug aller Nachlassverbindlichkeiten (§§ 1960 – 1969) verbleibenden Reinnachlasses im Zeitpunkt des Erbfalls. Dies ist auch dann der Fall, wenn der Erbe lediglich sein Recht an Wertpapieren nachweisen will (OLG Düsseldorf JurBüro 1988, 892 = Rpfleger 1988, 267). Veränderungen, die in der Zwischenzeit zwischen dem Erbfall und der Beurkundung der eidesstattlichen Versicherung bzw Erteilung des Erbscheins eingetreten sind, so zB die Veräußerung von Nachlassgegenständen oder Wertminderungen nach dem Erbfallzeitpunkt, bleiben unberücksichtigt.
Beantragt ein Miterbe, ihm nur einen Erbschein über seinen Erbteil zu erteilen (Teilerbschein), so beschränkt sich der Geschäftswert nur auf den betreffenden Anteil am (Rein-)-Nachlass.
Handelt es sich hingegen nur um eine vom Erblasser angeordnete Einzelrechtsnachfolge, zB nur um die Anordnung von Vermächtnissen oder Auflagen, so ist der Wert der betroffenen Nachlassgegenstände (ohne Schuldenabzug § 18 Abs. 3 KostO) maßgebend.
Enthält die letztwillige Verfügung nur eine nichtvermögensrechtliche Anordnung, zB nur die Anordnung einer Testamentsvollstreckung oder die Bestimmung eines Vormunds, so ist der Wert auf der Grundlage freier Schätzung nach § 30 Abs. 1 KostO, notfalls nach § 30 KostO, Abs. 3, Abs. 2 KostO zu bestimmen. Eine solche Anordnung bleibt allerdings, wenn sie neben einer Erbeinsetzung verfügt wird, wertmäßig unberücksichtigt.
Wird nach Eintritt der Nacherbfolge ein neuer Erbschein erteilt, so ist beim Wert dasjenige Vermögen zu berücksichtigen, das im Zeitpunkt des Nacherbfalles vorhanden ist, und zwar mit seinem Wert zu diesem Zeitpunkt. Inbegriffen sind dabei ggf Ansprüche des Nacherben gegen den Vorerben als solchen.
Als Geschäftswert für die Neuerteilung eines Erbscheins nach Erbscheineinziehung ist auch dann der volle ursprüngliche Nachlasswert (§ 107 Abs. 2 KostO) maßgebend, wenn der frühere Erbschein nur teilweise unrichtig war und der neue Erbschein die übrigen Bezeugungen nur erneuert (KG JurBüro 1992, 821).
Nachlassgrundbesitz ist grds mit dem nach § 19 Abs. 2 KostO festzustellenden (Verkehrs)Wert festzustellen. Ein Abweichen, »sofern sich aus dem Inhalt des Geschäfts ein höherer Wert ergibt«, ist möglich, wenn die Erbquoten unter Widerlegung der Vermutung des § 2087 Abs. 2 entsprechend der Teilungsanordnung des Erblassers nach § 2048 durch Wertvergleich der Zuwendungen ermittelt werden (BayObLG Rpfleger 1964, 154 = JVBl 1964, 62) oder wenn der Nachlasspfleger den Nachlassgrundbesitz zu einem den Einheitswert übersteigenden Preis verkauft (BayObLG Rpfleger 1962, 282). Diese Voraussetzung wird auch dann angenommen werden können, wenn der Erblasser in der letztwilligen Verfügung bei der Bestimmung von Vermächtnissen und Auflagen einen »höheren Wert« des Grundbesitzes sachlich-rechtlich veranschlagt hat (BayObLG JVBl 1966, 185). Betrifft der Nachlass die Vererbung eines land- oder forstwirtschaftlichen Betriebs mit Hofstelle, so kann nur vom vierfachen Einheitswert ausgegangen werden, der zur Zeit der Fälligkeit der Gebühr festgestellt ist (§ 19 Abs. 4 KostO).
Lebensversicherungsbeträge gehören dann zum Nachlass, wenn nicht die Bezugsberechtigung eines Dritten durch den Erblasser vertraglich bestimmt worden ist (§ 331, §§ 166 ff VVG; BayObLG Rpfleger 1959, 322). Der Leistungserwerb durch einen Dritten ist selbst dann gegeben, wenn die Leistung »an die Erben« – ohne nähere Bezeichnung – vorzunehmen ist, weil diese dann unmittelbare Bezugsberechtigte sind und nicht als Rechtsnachfolger des Erblassers erwerben (§ 167 Abs. 2 VVG). Anders liegt der Fall, wenn der Erblasser erst in seiner letztwilligen Verfügung den Bezugsberechtigten benennt. In diesem Falle gehört der Anspruch auf Leistung der Lebensversicherungssumme zum Nachlass.

Die zum Nachlass ferner gehörenden beweglichen Gegenstände sind entsprechend § 19 Abs. 1 KostO mit dem sog gemeinen Wert zu erfassen. Darunter wird jener Preis verstanden, der im gewöhnlichen Geschäftsverkehr nach der Beschaffenheit einer Sache unter Berücksichtigung aller den Preis beeinflussenden Umstände erzielt werden würde. Ungewöhnliche und persönliche Umstände haben dabei auszuscheiden. Börsengängige Wertpapiere sind mit dem Börsenkurs anzusetzen, der auf den jeweiligen Gebührenfälligkeitszeitpunkt zutrifft. Der gemeine Wert gilt als Wertgrundlage auch für die ziffernmäßige Erfassung der persönlichen Habe des Erblassers, wobei besonders höherwertige Einrichtungsgegenstände zu erfassen sind.

Hinsichtlich der Sterbegelder ist zu unterscheiden, welcher Art sie sind. Werden sie nur zweckgebunden gewährt, wie dies zB bei den von den Trägern der Sozialversicherung bezahlten Sterbegeldern (§§ 203, 596 RVO, §§ 36, 37 BVG) der Fall ist, so zählen sie nicht zum Nachlass; sie sind sogleich von den Beerdigungskosten abzusetzen. Die von privaten Kassen bezahlten Sterbegelder gehören hingegen, falls nicht ausnahmsweise auch hier eine Bezugsberechtigung vertraglich vereinbart worden ist, zum Nachlass. Es ist in diesem Falle nicht richtig, solche Sterbegelder nur in Höhe des nach Begleichung der Beerdigungskosten verbleibenden Überschusses zu berücksichtigen. Sie sind vielmehr bei der Ermittlung des Geschäftswerts für die Gebühr des § 102 KostO in voller Höhe einzusetzen (BayObLG Rpfleger 1959, 322 mN).

Für die Bewertung von Anteilen an Einzelfirmen oder Personengesellschaften enthält die KostO keine besonderen Bestimmungen. Der Wert wird daher auf Grund einer besonderen Schätzung nach § 30 Abs. 1 KostO zu bestimmen sein. Anhaltspunkte hierfür bieten die Vermögensverhältnisse der Gesellschaft. Für die Feststellung des wahren Wertes sind die in den jährlichen Bilanzen eingestellten Posten unter Beachtung der Wertbestimmungen der KostO (§§ 18, 19) zu untersuchen. Dabei wird besonders darauf zu achten sein, dass Grundstücke mit dem nach § 19 Abs. 2 KostO zu bestimmenden (Verkehrs-)Wert, bewegliche Sachen mit dem gemeinen Wert angesetzt sind, ob und in welcher Höhe evtl Rückstellungsposten wirkliche Verbindlichkeiten sind und ob ggf Posten der passiven Rechnungsabgrenzung tatsächlich Schulden des Unternehmens darstellen. Dem Gesamtvermögen ist ferner noch der sog Firmenwert, dh der Wert des Unternehmens als solcher, hinzuzurechnen, der über den Wert der greifbaren Aktiven hinausgeht und nicht selten den größeren Wert des Unternehmens darstellt.

Bei der Wertermittlung für die Beurkundung der eidesstattlichen Versicherung und der Erteilung des Erbscheins sind sowohl jene Nachlassverbindlichkeiten zu berücksichtigen, die vom Erblasser herrühren (sog **Erblasserschulden**) als auch jene Verbindlichkeiten, die erst durch den Erbfall ausgelöst worden sind (sog **Erbfallschulden**).

Bei Grundpfandrechten (Hypotheken, Grundschulden usw), die als Nachlassverbindlichkeiten in Betracht kommen (§ 1967), ist nicht vom Nennbetrag, sondern von der Valutierung auszugehen, wie sie im Zeitpunkt der jeweiligen Gebührenfälligkeit gegeben war (OLG Celle Rpfleger 1962, 26; OLG Düsseldorf DNotZ 1969, 57).

Wiederkehrende Leistungen und Nutzungen, die als Nachlassverbindlichkeiten in Betracht kommen, so zB auf dem Nachlassgrundbesitz ruhende Reallasten, sind nicht nach dem Verwandtenprivileg des § 24 Abs. 3 KostO, sondern mit der Lebensaltersstaffel des § 24 Abs. 2 KostO zu kapitalisieren, da andernfalls die vom Gesetzgeber gewollte Wertbegünstigung ins Gegenteil verkehrt würde (OLG München JVBl 40, 182).

Bei der Berechnung des Reinnachlasses sind auch die vom Erblasser herrührenden Nachlassverbindlichkeiten abzusetzen, die infolge Vereinigung von Forderung und Schuld in der Person des – oder der – Erben erloschen sind (auch BGH Rpfleger 1959, 4; LG Frankenthal JurBüro 1986, 1230). Bei Ansprüchen von Familienangehörigen für Dienstleistungen im Haushalt oder im Erwerbsbetrieb des Erblassers sind stets die Voraussetzungen der §§ 1356 Abs. 2, 1617 zu untersuchen.

Nachlassverbindlichkeiten als Erbfallschulden sind unbestritten die in den §§ 1967 und 1968 ausdrücklich genannten Pflichtteilsrechte, Vermächtnisse, Auflagen und Beerdigungskosten.

Pflichtteilsrechte sind grds abzugsfähige Nachlassverbindlichkeiten. Sie sind zumindest dann als Erbfallschulden von Amts wegen zu berücksichtigen, wenn ihre Höhe ohne Schwierigkeit festgestellt werden kann. Nur dann, wenn sichere Anhaltspunkte für die Nichtgeltendmachung vorhanden sind, kann der Abzug unterbleiben (BayObLG JurBüro 1976, 77; K/L/B/R § 107 Rn 32). Dies ist zB bei entsprechenden Strafklauseln in Erbverträgen oder Ehegattentestamenten der Fall. Wollte man auch in diesen Fällen den Abzug von Pflichtteilsansprüchen zulassen, so käme der Kostenschuldner durch die geminderte Geschäftswertberechnung zu einem ungerechtfertigten finanziellen Vorteil (K/L/B/R § 107 Rn 32; aM OLG Düsseldorf JurBüro 1991, 93 = MDR 1991, 67).

Gleiches gilt für den Anspruch eines Vermächtnisnehmers auf den Zusatzpflichtteil. Gehört zum Nachlass Grundbesitz, so ist der Pflichtteilsanspruch aus dem Verkehrswert zu berechnen (§ 2311 Abs. 2), wobei davon ausgegangen wird, dass auch der Grundbesitz mit seinem Verkehrswert erfasst worden ist. Dies gilt auch für Vermächtnisansprüche. Hinsichtlich des Abzugs von Vorausvermächtnissen (§ 2150) wird auf BayObLG Rpfleger 1955, 336; JVBl 1964, 224 verwiesen. Ein vom Erben erfüllter Pflichtteilsergänzungsanspruch ist als Nachlassverbindlichkeit abzuziehen. Die bei dessen Berechnung zu berücksichtigenden Vorschenkungen sind dem Aktivnachlass nicht hinzuzurechnen (BayObLG MDR 1976, 152u 1984, 948 = JurBüro 1985, 269).

Wird der ges Güterstand der **Zugewinngemeinschaft** durch den Tod eines Ehegatten beendet, so erfolgt der Ausgleich des Zugewinns durch die Erhöhung des ges Erbteils des überlebenden Ehegatten um ein Viertel der Erbschaft (§ 1371 Abs. 1). Dieser ges Erbteil ist ein erbrechtlicher Erwerb und nicht eine güterrechtliche Ausgleichsforderung in Geld, die den Nachlass belasten würde. Wird hingegen der überlebende Ehegatte nicht Erbe (zB bei einer Enterbung oder einer Erbschaftsausschlagung) und steht ihm auch kein Vermächtnis zu, so kann er Ausgleich des Zugewinns nach den Vorschriften der §§ 1373 – 1383, 1390 verlangen (§ 1371 Abs. 2). Diese Ausgleichsforderung, die sich gegen die Erben des Verstorbenen richtet, ist eine tatsächliche Nachlassverbindlichkeit, die bei der Ermittlung des Geschäftswerts für die Gebühren der §§ 49 Abs. 2, 107 Abs. 1, 2. Hs KostO berücksichtigt werden muss (BayObLG JurBüro 1975, 55).

Zu den Erbfallschulden zählen auch die Beerdigungskosten (§ 1968) Die Kosten der Instandhaltung der Grabstätte oder des Grabmals gehören indessen nicht mehr zu den Beerdigungskosten. Der Erbe ist hierzu rechtlich nicht verpflichtet (Palandt/*Edenhofer* § 1968 Rn 5).

Nicht abzusetzen ist jedoch die Vergütung des Testamentsvollstreckers.

Hinsichtlich der Berücksichtigung der **Erbschaftsteuer** als abzugsfähige Nachlassverbindlichkeit bestehen unterschiedliche Auffassungen. Man wird davon auszugehen haben, dass der Begriff »Nachlassverbindlichkeiten« in § 107 Abs. 2 KostO nicht identisch ist mit den Nachlassverbindlichkeiten iSd § 1967 ff. Abgrenzungskriterium ist die weitere Bestimmung »im Zeitpunkt des Erbfalls« in § 107 Abs. 2 KostO. Erbfallschulden, die erst im Verlaufe der Nachlassabwicklung entstehen, sollen nach dem Willen des Gesetzgebers außer Betracht bleiben. Ebenso wenig wie eine Veränderung des Aktivnachlasses nach dem Erbfall noch zu beachten ist, können auch als Nachlassverbindlichkeiten solche, die noch gar nicht entstanden sind und deren Höhe völlig ungewiss ist, berücksichtigt werden. Gerade wegen der Ungewissheit und der Entstehung solcher weiterer Erbfallschulden und der Unbestimmbarkeit ihrer Höhe sind sie für eine Bemessung des Geschäftswerts ungeeignet. Solche vornehmlich praktischen Gesichtspunkte hat das KG (JVBl 39, 235) bereits veranlasst, die Erbschaftssteuerschuld als abzugsfähige Erbfallschuld zu verneinen.

Zudem ist auch eine überschlägige Berechnung der Steuerschuld durch den Kostenbeamten wegen der Kompliziertheit der Materie nicht möglich; auch würde dadurch eine nicht zu vertretende Verzögerung und ein erheblicher Mehraufwand eintreten.

In diesem Sinne haben sich auch das LG Nürnberg-Fürth (JurBüro 1990, 1188) und das OLG Hamm (JurBüro 1990, 1502 = Rpfleger 1990, 462) ausgesprochen.

Handelt es sich bei dem Erblasser um einen **im Inland verstorbenen Ausländer**, der nach ausländischem Recht beerbt wird, so kann auf Antrag durch das an sich zuständige Nachlassgericht ein Erbschein für die im Inland befindlichen Gegenstände erteilt werden (§ 2369). In diesem Fall kommt als Geschäftswert der Wert dieser Gegenstände in Betracht. Auf ihnen lastende Verbindlichkeiten dürfen nicht abgezogen werden, da § 107 Abs. 2 Satz 3 KostO – nicht wie Satz 1 aaO – die Anwendung des § 18 Abs. 3 KostO nicht ausschließt (s.a. BayObLG Rpfleger 1959, 200 Z. 1; OLG Düsseldorf JurBüro 1986, 85; K/L/B/R § 107 Rn 54; Rohs/Wedewer § 107 Rn 36; *Mümmler* JurBüro 1989, 1366; dies ist verfassungskonform: BVerfG Rpfleger 1997, 320).

Nach § 2369 kann ein **auf einzelne Nachlassgegenstände beschränkter Erbschein** erteilt werden. Wird der Erbschein nur zur Verfügung über ein Grundstück, über ein im Grundbuch eingetragenes Recht oder zur Berichtigung des Grundbuchs benötigt, so bemisst sich die Gebühr des § 107 Abs. 1 KostO nach dem Wert des Grundstücks oder Grundstücksrechts, über das verfügt werden soll (§ 107 Abs. 3 KostO). Die hierauf lastenden Verbindlichkeiten sind abzuziehen. Dies gilt auch, wenn ein Fremdrechtserbschein nur für Grundbuchzwecke benötigt wird (BayObLG JurBüro 1984, 271 = Rpfleger 1984, 334).

Indessen können die Bestimmungen des § 107 Abs. 3 und Abs. 4 KostO nicht analog auf ähnliche Fälle angewendet werden, so wenn zB der Erbe lediglich sein Recht an Wertpapieren nachweisen will (OLG Düsseldorf JurBüro 1988, 892; aM: K/L/B/R § 107 Rn 59). Der Geschäftswert bei Erteilung eines **Erbscheins zu Gunsten des Vorerben** ist nach den allgemeinen – vorstehend aufgeführten – Grundsätzen zu ermitteln. Die verfügungsbeschränkende Anordnung der Vor- und Nacherbfolge bleibt außer Betracht (BayObLG NJW RR 1999, 583).

Wird dem **Nacherben nach Eintritt des Nacherbfalls** ein Erbschein erteilt, so fällt hierfür eine weitere Gebühr nach § 107 Abs. 1 Satz 1 KostO – unabhängig von der Bewertung des dem Vorerben erteilten Erbscheins – an. Hierbei kommt als Geschäftswert der im Zeitpunkt des Nacherbfalles (§§ 1942, 2139) nach Abzug der noch vorhandenen Verbindlichkeiten an den Nacherben gelangende Teil des Nachlasses – des Erblassers – einschließlich der dem Nacherben gegenüber dem Vorerben als solchen zustehenden Ansprüche (zB nach §§ 2113 Abs. 1, Abs. 2, Satz 1, 2133) in Betracht. Wird hierbei der dem Vorerben erteilte Erbschein eingezogen, so erwächst hierfür nicht die Gebühr des § 108 KostO, da es sich nicht um eine unter diese Norm fallende Einziehung handelt, abgesehen davon, dass auch nach § 108 KostO die nachfolgende Erteilung eines Erbscheins an den Nacherben die Einziehung gebührenfrei bliebe.

In einigen Fällen sehen Vorschriften der KostO oder Sonderbestimmungen Gebührenfreiheit oder Gebührenbegünstigung dann vor, wenn die beantragten Erbscheine nur für bestimmte Zwecke benötigt werden. Dabei sind die in § 107a KostO genannten Vorschriften zu beachten.

Für die Erbscheinserteilung ist keine Gebühr zu erheben, wenn der Erbschein nur für Zwecke des **Lastenausgleichs** benötigt wird (§ 317 Abs. 5 LAG). Diese ges Gebührenfreiheit erfasst aber nicht die Gebühren nach §§ 107 Abs. 2 Satz 2, 2. Hs; 49 Abs. 2 und nach § 102 (JVBl 1964, 43).

Geschäfte und Verhandlungen, die aus Anlass der Beantragung oder des Ersatzes einer **nach dem SGBx vorgesehenen Leistung** nötig werden, sind kostenfrei (§ 64 Abs. 2 SGB X). Nach § 64 Abs. 2 SGB X sind alle gerichtlichen Beurkundungen, Urkunden und Vollmachten, die von der zuständigen Verwaltungsstelle zur Durchführung des **BVersG** und der zu seiner Ergänzung ergangenen Vorschriften für erforderlich gehalten werden, kostenfrei. Unter den Begriff der amtlichen Bescheinigung fallen auch die Erbscheine, die hierbei vorgelegt werden müssen.

Verlangen die **Entschädigungsbehörden** einen Erbschein, so ist der auf Antrag eines Erben ausgestellte Erbschein einschließlich des vorangegangenen Verfahrens gebührenfrei (§ 181 Abs. 3 BEG). Die Gebühr für die Beurkundung der eidesstattlichen Versicherung ist jedoch zu erheben (§ 118 Abs. 3 Satz 2 BEG).

§ 2357 Gemeinschaftlicher Erbschein

(1) Sind mehrere Erben vorhanden, so ist auf Antrag ein gemeinschaftlicher Erbschein zu erteilen. Der Antrag kann von jedem der Erben gestellt werden.

(2) In dem Antrag sind die Erben und ihre Erbteile anzugeben.

(3) Wird der Antrag nicht von allen Erben gestellt, so hat er die Angabe zu enthalten, dass die übrigen Erben die Erbschaft angenommen haben. Die Vorschrift des § 2356 gilt auch für die sich auf die übrigen Erben beziehenden Angaben des Antragstellers.

(4) Die Versicherung an Eides Statt ist von allen Erben abzugeben, sofern nicht das Nachlassgericht die Versicherung eines oder einiger von ihnen für ausreichend erachtet.

1 Ist der Erblasser von mehreren Personen beerbt worden, ist ihnen auf Antrag ein gemeinschaftlicher Erbschein zu erteilen. Er bezeugt einheitlich das Erbrecht aller Miterben. Der Antrag kann von allen Miterben gemeinsam, von einigen von ihnen oder von einem Miterben allein gestellt werden. Auch Dritte können, wenn sie antragsberechtigt sind (§ 2353 Rn 24 ff), einen gemeinschaftlichen Erbschein beantragen, selbst wenn sich ihr Antragsrecht nur aus der Rechtsbeziehung zu einem einzelnen Miterben herleitet. Für den **Antrag** auf Erteilung eines gemeinschaftlichen Erbscheins gelten zunächst die §§ 2354 – 2356; auf die dortigen Erläuterungen kann deshalb verwiesen werden. Zusätzlich sind weitere Angaben des Antragstellers notwendig:

2 Die Erben und ihre Erbteile sind anzugeben. Die Angabe von Nachlassgegenständen oder bestimmten Summen ist nicht zulässig. Ausnahmsweise kann der Anteil offen bleiben, wenn zwar feststeht, welche Personen Erben geworden sind, ihre quotenmäßige Beteiligung untereinander aber noch ermittelt werden muss. In diesem Fall kann ein vorläufiger gemeinschaftlicher Erbschein erteilt werden. Er ermöglicht den Erben Verfügungen über Nachlassgegenstände unter Nachweis ihres Erbrechts. Allerdings muss dieser Erbschein später eingezogen werden, wenn die Erbquote endgültig feststeht.

3 Da die Erteilung des Erbscheins die Annahme der Erbschaft durch den in ihm ausgewiesenen Erben voraussetzt, muss in einem Antrag, der nicht von allen Erben, sondern nur von einem oder von einzelnen gestellt wird, angegeben werden, dass die übrigen Erben die Erbschaft angenommen haben. Für den oder die Antragsteller selbst entfällt diese Angabe, weil in der Antragstellung regelmäßig die Annahme der Erbschaft zu sehen ist.

4 Nach Abs. 2 muss jeder Antragsteller, der die Erteilung eines **gemeinschaftlichen Erbscheins** beantragt, die notwendigen Nachweise der Richtigkeit der von ihm anzugebenden positiven und negativen Tatsachen (§ 2356 Rn 2 ff) auch hinsichtlich aller Erben erbringen. Ist der Antragsteller Miterbe, bezieht sich das auf die die übrigen Erben, die nicht Antragsteller sind, betreffenden Angaben. Stellt ein nicht zu dem Kreis der Erben gehörender **Dritter** den Antrag (§ 2353 Rn 24 ff), muss er die Richtigkeit der alle Erben betreffenden Angaben nachweisen. Als Beweismittel kommen auch hier in erster Linie die Vorlage öffentlicher Urkunden und letztwilliger Verfügungen sowie die eidesstattliche Versicherung in Betracht. Über Ausnahmen siehe § 2356 Rn 4 f. Das gilt auch für den Nachweis der Annahme der Erbschaft durch die nicht Antrag stellenden Erben. Er kann allerdings nicht allein dadurch erbracht werden, dass der Antragsteller die Annahme behauptet und die Richtigkeit seiner Behauptung an Eides Statt versichert. Da die Behauptung zugleich eine rechtliche Schlussfolgerung enthält, müssen auch die Tatsachen angegeben und nachgewiesen werden, aus denen die Schlussfolgerung gezogen werden kann. Das ist insb der Umstand, dass der Erbe von dem Erbfall und der Berufung als ges oder gewillkürter Erbe weiß und die Erbschaft nicht ausgeschlagen hat.

5 Die **eidesstattliche Versicherung** muss grds von allen Erben abgegeben werden. Ausnahmsweise kann das Nachlassgericht von diesem Erfordernis absehen, wenn es die

Versicherung eines oder einiger Erben für ausreichend hält. Das ist etwas anderes, als wenn es die Abgabe der eidesstattlichen Versicherung für nicht erforderlich ansieht und sie dem Antragsteller deshalb erlässt (§ 2356 Abs. 2 Satz 2). Während das Nachlassgericht dort nach freiem Ermessen über den Erlass der Versicherung befindet, steht ihm hier keine Ermessensentscheidung zu. Maßgeblich sind vielmehr **objektive Kriterien**. Reichen andere Nachweise für die Überzeugungsbildung des Nachlassgerichts aus, darf es keine eidesstattliche Versicherung verlangen. Demgemäß begnügt sich die Praxis überwiegend allein mit der Versicherung des Antragstellers oder der Antragsteller, auch wenn das nicht sämtliche Erben sind.

Weigert sich ein Miterbe, der keinen Erbscheinsantrag gestellt hat, die von dem Nachlassgericht geforderte eidesstattliche Versicherung abzugeben, berührt das die Zulässigkeit des Antrags nicht. Vielmehr muss das Nachlassgericht von Amts wegen (§ 2358) ermitteln, ob die Angaben des Antragstellers richtig sind. Jedoch hat der Erbe, der den Antrag gestellt hat, gegen die übrigen Erben einen Anspruch auf Abgabe der eidesstattlichen Versicherung, wenn die Erteilung des Erbscheins zur ordnungsmäßigen Verwaltung des Nachlasses erforderlich ist (§ 2038 Abs. 1 Satz 2 Hs 1). 6

§ 2358 Ermittlungen des Nachlassgerichts

(1) Das Nachlassgericht hat unter Benutzung der von dem Antragsteller angegebenen Beweismittel von Amts wegen die zur Feststellung der Tatsachen erforderlichen Ermittlungen zu veranstalten und die geeignet erscheinenden Beweise aufzunehmen.

(2) Das Nachlassgericht kann eine öffentliche Aufforderung zur Anmeldung der anderen Personen zustehenden Erbrechte erlassen; die Art der Bekanntmachung und die Dauer der Anmeldungsfrist bestimmen sich nach den für das Aufgebotsverfahren geltenden Vorschriften.

Inhaltsverzeichnis

		Rn
A. Amtsermittlung		1 – 12
I.	Allgemeines	1
II.	Gegenstand der Amtsermittlung	2 – 8
III.	Verfahren	9 – 12
B. Öffentliche Aufforderung		13

A. Amtsermittlung

I. Allgemeines

Das Nachlassgericht muss von Amts wegen die zur Feststellung von Tatsachen erforderlichen Ermittlungen durchführen und die geeignet erscheinenden Beweise erheben. Insoweit besteht Übereinstimmung mit dem für die gesamte freiwillige Gerichtsbarkeit geltenden § 12 FGG. Im Unterschied dazu wird hier besonders hervorgehoben, dass die Ermittlungen und Beweiserhebungen unter Benutzung der von dem Antragsteller angegebenen Beweismittel zu erfolgen haben. Damit ist nicht etwa eine Einschränkung des Amtsermittlungsgrundsatzes verbunden. Das Nachlassgericht braucht und darf seine Untersuchungen nicht auf diese Beweismittel zu beschränken. Es muss alle in Betracht kommenden Beweismöglichkeiten ausschöpfen, braucht aber nicht alle von dem Antragsteller angegebenen Beweismittel heranzuziehen. Die Mitwirkungspflichten des Antragstellers nach §§ 2354 – 2356 beschränken die Amtsermittlungspflicht nicht. Kommt der Antragsteller ihnen schuldhaft nicht nach, führt das allerdings zu einer Begrenzung der gerichtlichen Untersuchungspflicht. In diesem Fall weist das Nachlassgericht den Erb- 1

§ 2358 BGB | Ermittlungen des Nachlassgerichts

scheinsantrag zurück, ohne (weitere) Ermittlungen durchzuführen (OLG Frankfurt FamRZ 1996, 1441). Trifft den Antragsteller kein Verschulden an der fehlenden Mitwirkungspflicht, muss das Nachlassgericht die erforderlichen Tatsachen selbst ermitteln. Daran hat der Antragsteller durch vollständige und wahrheitsgemäße Angaben mitzuwirken (KG Rpfleger 2005, 667).

II. Gegenstand der Amtsermittlungen

2   Zunächst muss das Gericht prüfen, ob es für die Erteilung des beantragten Erbscheins örtlich zuständig ist (siehe § 2353 Rn 34 ff). Dabei ist es nicht an die Angaben in der Sterbeurkunde betreffend den letzten Wohnsitz des Erblassers gebunden. Auch die sachliche Zuständigkeit des Nachlassgerichts muss gegeben sein; sie kann wegen der evtl Zuständigkeit des Landwirtschaftsgerichts zweifelhaft sein, wenn lw Erbrecht in Betracht kommt (siehe § 2353 Rn 15 ff, 33). Die Ermittlungen erstrecken sich auch darauf, ob ein ordnungsgemäßer Erbscheinsantrag vorliegt. Das Nachlassgericht muss sich deshalb über die Antragsberechtigung des Antragstellers (siehe § 2353 Rn 22 ff) und darüber Gewissheit verschaffen, dass der Antrag den notwendigen Inhalt hat (siehe § 2353 Rn 30 f sowie §§ 2354 – 2357).

3   Die Staatsangehörigkeit des Erblassers muss das Nachlassgericht dann ermitteln, wenn zu dem Nachlass eines Ausländers Gegenstände gehören, die sich im Inland befinden. Es kommt die Erteilung eines gegenständlich beschränkten Erbscheins nach § 2369 in Betracht. Dafür muss das Nachlassgericht den Inhalt des anzuwendenden materiellen ausländischen Erbrechts (vgl Art. 25 Abs. 1 EGBGB) von Amts wegen ermitteln. Gegebenenfalls wird es dazu ein Gutachten einzuholen haben.

4   Das Nachlassgericht muss den genauen Zeitpunkt des Todes des Erblassers ermitteln. Zwar reicht dafür grds das aus der Sterbeurkunde ersichtliche Datum aus. Etwas anderes kann jedoch gelten, wenn mehrere Personen, die als gegenseitige Erben in Betracht kommen, aufgrund derselben Ursache (Unfall) gestorben sind (OLG Köln NJW-RR 1992, 1480). Dann ist für die Erbfolge nicht nur der Todestag, sondern auch die Stunde, Minute und ggf Sekunde des Eintritts des Todes maßgeblich.

5   Voraussetzung für die Erteilung des Erbscheins ist die Annahme der Erbschaft durch den oder die Erben. Auch diesen Umstand muss das Nachlassgericht ermitteln. Grds reicht die Erklärung des Antragstellers aus. Falls jedoch ein zunächst berufener Erbe die Erbschaft ausgeschlagen hat, ist die Wirksamkeit der Ausschlagung zu prüfen, insb hinsichtlich der Ausschlagungsfrist von sechs Wochen (§ 1944) und der Form der Ausschlagungserklärung (§ 1945). Die Anfechtung einer Ausschlagungserklärung muss ebenfalls auf ihre Wirksamkeit hin überprüft werden.

6   Amtsermittlungen hinsichtlich der Testierfähigkeit des Erblassers (§ 2229) sind nur erforderlich, wenn sich aus den Angaben des Antragstellers oder eines anderen Beteiligten konkrete Anhaltspunkte für eine fehlende Testierfähigkeit ergeben (BayObLG FamRZ 1997, 1029), denn die Testierunfähigkeit stellt die Ausnahme dar. Danach reicht die bloße Behauptung der fehlenden Testierfähigkeit nicht aus; vielmehr muss derjenige, der sich darauf beruft, Tatsachen vortragen und unter Beweis stellen, aus denen sich die Testierunfähigkeit ergibt.

7   Die Amtsermittlungspflicht erstreckt sich auch auf die Wirksamkeit einer von dem Erblasser errichteten letztwilligen Verfügung. Das betrifft zunächst die Frage, ob der Erblasser eine solche überhaupt errichtet hat. Sie stellt sich nur, wenn das Original eines privatschriftlichen Testaments nicht vorgelegt werden kann. Errichtung, Form und Inhalt können mit allen zulässigen Beweismitteln bewiesen werden (OLG Zweibrücken Rpfleger 2001, 350). Wird dem Nachlassgericht eine letztwillige Verfügung vorgelegt, muss es dessen Echtheit prüfen. Ermittlungen hat es insoweit nur anzustellen, wenn sich aus den Angaben der Beteiligten konkrete Anhaltspunkte für Zweifel ergeben.

8   Gelangt das Nachlassgericht zu der Überzeugung, dass der Erblasser ein wirksames Testament errichtet hat, muss es anhand des Inhalts den Willen des Erblassers ermitteln. Dabei

ist, wie auch sonst bei der Auslegung von Willenserklärungen, zwar von dem Wortlaut auszugehen, aber nicht dabei stehen zu bleiben (vgl BayOLG FamRZ 2006, 226 ff). Spezielle Auslegungsregeln enthalten die §§ 2066 – 2073. Darüber hinaus kommt in erster Linie die Vernehmung von Zeugen in Betracht, die zB den Erblasser bei der Errichtung eines eigenhändigen Testaments (§ 2247) beraten oder zumindest mit ihm über den Testamentsinhalt gesprochen haben.

III. Verfahren

Die Amtsermittlungspflicht bedeutet, dass das Nachlassgericht den Sachverhalt vollständig aufklären muss. Damit ist jedoch nicht gesagt, dass in alle Richtungen zu ermitteln ist. Vielmehr müssen die Angaben der Beteiligten oder sonstige Umstände Anlass zu der Aufnahme von Amtsermittlungen geben; diese sind so weit auszudehnen, bis der Sachverhalt aufgeklärt ist, und erst dann abzuschließen, wenn von weiteren Ermittlungen ein sachdienliches, die Entscheidung beeinflussendes Ergebnis nicht mehr zu erwarten ist (BGHZ 40, 54, 57). Bei der Prüfung, ob die Erklärung, die Erbschaft auszuschlagen, wirksam angefochten wurde, beschränkt sich die Ermittlungstätigkeit des Nachlassgerichts auf die Prüfung der von dem Anfechtungsberechtigten geltend gemachten Anfechtungsgründe (BayObLG FamRZ 1994, 848). Besondere Bedeutung erlangt die Beschränkung der Amtsermittlungspflicht bei der Ermittlung der Testierfähigkeit des Erblassers. Wird sie von einem Beteiligten bezweifelt, sind zunächst die Tatsachen zu ermitteln, welche für die Annahme der fehlenden Testierfähigkeit geeignet sein können; erst aufgrund der dabei gewonnenen Überzeugung muss das Nachlassgericht entscheiden, ob es einen medizinischen Sachverständigen beauftragt (BayObLG FamRZ 1990, 1405).

Die Beweisaufnahme des Nachlassgerichts kann in zweierlei Art und Weise erfolgen, zum einen im Wege des Freibeweises und zum anderen im Wege des Strengbeweises. Für welche Vorgehensweise sich das Gericht entscheidet, liegt in seinem pflichtgemäßen Ermessen. Entscheidet es sich für den Freibeweis, wird es in erster Linie Akten beiziehen, Auskünfte einholen und Beteiligte bzw Zeugen formlos (mündlich oder schriftlich) anhören. Will es sich seine Überzeugung im Strengbeweisverfahren bilden, muss es eine förmliche Beweisaufnahme (§§ 355 – 370 ZPO) durch Augenscheinseinnahme oder Vernehmung von Zeugen und Sachverständigen durchführen (§ 15 FGG).

Zwar gibt es im Rahmen des Amtsermittlungsgrundsatzes keine subjektive Beweislast, aber eine objektive Feststellungslast. Sie gibt darüber Auskunft, zu wessen Lasten die fehlende Aufklärung des Sachverhalts geht. Als Grundsatz gilt, dass derjenige, der sich auf eine für ihn günstige Rechtsfolge beruft, die Feststellungslast für das Vorliegen ihrer Voraussetzungen trägt. Wer sich zB auf ein eigenes Erbrecht beruft, trägt die Feststellungslast für die Existenz, die Wirksamkeit und den Inhalt einer letztwilligen Verfügung. Wird das Erbrecht eines Beteiligten bestritten, trägt der Bestreitende die Feststellungslast für die Tatsachen des Widerrufs einer letztwilligen Verfügung oder ihrer wirksamen Anfechtung.

Der Amtsermittlungsgrundsatz gilt auch im Rechtsmittelverfahren (dazu § 2353 Rn 46 ff). Allerdings ist zu unterscheiden: Im Beschwerdeverfahren unterliegt er keinen Einschränkungen. Das Beschwerdegericht hat eigene Ermittlungen zur Aufklärung des Sachverhalts anzustellen, wenn es dies für erforderlich hält. Insb muss es neuem Vorbringen der Beteiligten nachgehen. Im Rechtsbeschwerdeverfahren ist die Ermittlungspflicht dagegen auf das Vorliegen von Verfahrensmängeln beschränkt, weil das Rechtsbeschwerdegericht an die tatsächlichen Feststellungen der Vorinstanz gebunden ist (§ 27 Abs. 1 Satz 2 FGG iVm § 577 Abs. 2, § 559 ZPO).

B. Öffentliche Aufforderung

Die öffentliche Aufforderung des Nachlassgerichts, anderen Personen zustehende Erbrechte anzumelden, ist das letzte Mittel der Amtsermittlung. Sie kommt nach freiem gerichtlichem Ermessen in Betracht, wenn dem Antragsteller der Nachweis des Erbrechts durch Urkunden nicht oder nur mit unverhältnismäßigen Schwierigkeiten möglich ist (OLG Hamm FamRZ 2000, 124). Die Art der Bekanntmachung der Aufforderung und die Dauer der Frist, innerhalb derer die Anmeldung erfolgen kann, richten sich nach den §§ 948, 950 ZPO.

§ 2359 Voraussetzungen für die Erteilung des Erbscheins

Der Erbschein ist nur zu erteilen, wenn das Nachlassgericht die zur Begründung des Antrags erforderlichen Tatsachen für festgestellt erachtet.

1 Die Vorschrift ergänzt die vorhergehende, indem sie dem Nachlassgericht vorschreibt, unter welcher Voraussetzung es den beantragten Erbschein erteilen darf: Es muss die zur Begründung des Antrags erforderlichen Tatsachen als festgestellt ansehen; dh, dass nach seiner Überzeugung diese Tatsachen vorliegen. Damit ist zugleich umschrieben, in welchen Fällen der Erbscheinserteilungsantrag zurückzuweisen ist, nämlich dann, wenn das Nachlassgericht die erforderlichen Tatsachen nicht feststellen kann.

2 Seine Überzeugung bildet sich das Gericht aufgrund der durchgeführten Ermittlungen nach dem Grundsatz der freien Beweiswürdigung (vgl § 286 ZPO) unter Berücksichtigung aller Umstände. Einzelne Punkte wie zB eine Auslegungsfrage darf es nicht offen lassen. Auch darf es den Antragsteller nicht darauf verweisen, strittige Fragen in einem Zivilrechtsstreit klären zu lassen. Ist ein solcher über das Erbrecht anhängig, darf das Nachlassgericht allerdings das Erbscheinerteilungsverfahren bis zum Abschluss des Rechtsstreits aussetzen. Die Entscheidung des Prozessgerichts in einem Erbprätendentenstreit bindet das Nachlassgericht innerhalb der Grenzen der Rechtskraft. Daraus folgt, dass die Bindungswirkung der Erteilung eines Erbscheins mit anderem Inhalt als dem, der dem Ausgang des Rechtsstreits entspricht, nicht entgegensteht, wenn nach dem Erlass des Zivilurteils ein neues Testament des Erblassers bekannt wird.

3 Vereinbarungen der Beteiligten über das Erbrecht, die in einem Vergleich oder in einem Anerkenntnis zum Ausdruck kommen, sind für die Überzeugungsbildung des Nachlassgerichts unerheblich. Dasselbe gilt für deren Rechtsansichten über die Wirksamkeit und den Inhalt von letztwilligen Verfügungen. Selbst wenn alle Beteiligten ein Testament übereinstimmend iSd Erbscheinserteilungsantrags auslegen, gilt nichts anderes; das Nachlassgericht kann gleichwohl die Erteilung des Erbscheins verweigern, weil nach seiner Überzeugung das Testament anders auszulegen ist. Umgekehrt kann es den Erbschein auch dann erteilen, wenn die Beteiligten außer dem Antragsteller anderer Meinung sind.

4 Da das Nachlassgericht nur ermitteln muss, wer Erbe geworden ist, hat es den beantragten Erbschein unabhängig davon zu erteilen, ob der Geltendmachung des Erbrechts besondere Umstände entgegenstehen. Auch darf es die Erteilung des Erbscheins nicht verweigern, weil nach seiner Überzeugung der Antragsteller keinen Erbschein benötigt.

5 Die Ermittlungen des Nachlassgerichts müssen zur Feststellung gerade derjenigen Tatsachen geführt haben, welche zur Begründung des Erbscheinserteilungsantrags erforderlich sind. Werden andere Tatsachen festgestellt, darf kein inhaltlich von dem Antrag abweichender Erbschein erteilt werden.

6 Ist der Erbschein durch Vollziehung der Erteilungsanordnung existent geworden (§ 2353 Rn 44), kann die Erteilung nicht mehr mit einem Rechtsmittel angegriffen werden. Es bleibt nur die Möglichkeit der Einziehung oder Kraftloserklärung (§ 2361). Die Anordnung der Erteilung unterliegt der Beschwerde, ebenso die Zurückweisung des Erbscheinserteilungsantrags (§ 2353 Rn 49 ff).

§ 2360 Anhörung von Betroffenen

(1) Ist ein Rechtsstreit über das Erbrecht anhängig, so soll vor der Erteilung des Erbscheins der Gegner des Antragstellers gehört werden.

(2) Ist die Verfügung, auf der das Erbrecht beruht, nicht in einer dem Nachlassgericht vorliegenden öffentlichen Urkunde enthalten, so soll vor der Erteilung des Erbscheins derjenige über die Gültigkeit der Verfügung gehört werden, welcher im Falle der Unwirksamkeit der Verfügung Erbe sein würde.

(3) Die Anhörung ist nicht erforderlich, wenn sie untunlich ist.

In dieser Vorschrift geht es nicht um die Anhörung zur Aufklärung des Sachverhalts, welche das Nachlassgericht im Rahmen der Amtsermittlungen ggf durchführen muss, sondern um die Gewährung rechtlichen Gehörs als Grundrecht des gerichtlichen Verfahrens (Art. 103 Abs. 1 GG). Es verpflichtet das Nachlassgericht, einen Beteiligten zu für ihn nachteiligen Tatsachen, die es für festgestellt erachtet (§ 2359), vor der Erteilung des Erbscheins anzuhören. Ob dieser Pflicht nur der Nachlassrichter und nicht der Rechtspfleger unterliegt (zur funktionellen Zuständigkeit siehe § 2353 Rn 38), kann offen bleiben, weil der Rechtspfleger jedenfalls nach dem rechtsstaatlichen Grundsatz eines fairen Verfahrens zu dieser Anhörung verpflichtet ist (BVerfGE 101, 397 = NJW 2000, 1709). Daraus ergibt sich zugleich, dass die dem Wortlaut entsprechende Soll-Vorschrift in Wahrheit eine Muss-Vorschrift ist. 1

In welcher Weise die Anhörung geschieht, liegt im Ermessen des Nachlassgerichts. Der Betroffene kann sowohl Akteneinsicht als auch die Erteilung von Abschriften verlangen (§ 34 FGG). Das betrifft nicht nur die Verfahrensakten des mit der Erbscheinserteilung befassten Nachlassgerichts, sondern auch die von ihm beigezogenen Akten anderer Verfahren, Gerichte oder Behörden (BayObLG NJW-RR 1999, 86; OLG Düsseldorf FamRZ 2000, 1642). 2

Der Gegner des Antragstellers ist anzuhören, wenn eine Urkunde vorliegt. Das ist der Fall, wenn der Antragsteller das Erbrecht aufgrund eines privatschriftlichen Testaments (§ 2247), eines vor dem Bürgermeister (§ 2249) oder vor drei Zeugen (§§ 2250, 2251) errichteten Nottestaments oder einer öffentlichen Verfügung von Todes wegen (§§ 2234, 2274 ff), welche nicht vorgelegt werden kann, beansprucht. Entgegen dem Gesetzeswortlaut gebieten Art. 103 Abs. 1 GG und der verfassungsrechtliche Grundsatz des fairen Verfahrens (vgl Rn 1) die Anhörung aller Beteiligter, zu deren Nachteil das Nachlassgericht den Erbschein erteilen will. Das gilt entgegen dem Wortlaut des Absatzes 2 auch für den Fall, dass dem Nachlassgericht die Verfügung von Todes wegen nicht in einer öffentlichen Urkunde vorliegt (Staudinger/*Schilken* § 2360 Rn 16 mwN). 3

Die Anhörung ist nicht erforderlich, wenn sie untunlich ist. Davon ist – wegen der Pflicht des Nachlassgerichts zur Einhaltung der vorgenannten Verfahrensgrundsätze – nur auszugehen, wenn die Anhörung unmöglich ist, nicht aber schon dann, wenn sich die Ermittlung der anzuhörenden Betroffenen rechtlich oder tatsächlich als schwierig erweist. 4

§ 2361 Einziehung oder Kraftloserklärung des unrichtigen Erbscheins

(1) Ergibt sich, dass der erteilte Erbschein unrichtig ist, so hat ihn das Nachlassgericht einzuziehen. Mit der Einziehung wird der Erbschein kraftlos.

(2) Kann der Erbschein nicht sofort erlangt werden, so hat ihn das Nachlassgericht durch Beschluss für kraftlos zu erklären. Der Beschluss ist nach den für die öffentliche Zustellung einer Ladung geltenden Vorschriften der ZPO bekanntzumachen. Mit dem Ablauf eines Monats nach der letzten Einrückung des Beschlusses in die öffentlichen Blätter wird die Kraftloserklärung wirksam.

§ 2361 BGB | Einziehung oder Kraftloserklärung des unrichtigen Erbscheins

(3) Das Nachlassgericht kann von Amts wegen über die Richtigkeit eines erteilten Erbscheins Ermittlungen veranstalten.

Inhaltsverzeichnis

	Rn
A. Unrichtigkeit des Erbscheins	1–7
I. Formelle Unrichtigkeit	3
II. Materielle Unrichtigkeit	4
III. Andere Einziehungsgründe	5
IV. Feststellung der Unrichtigkeit	6–7
B. Einziehungsverfahren	8–10
C. Einziehungswirkung	11–12
D. Kraftloserklärung	13–14
E. Rechtsmittel	15–17
F. Kosten	18

A. Unrichtigkeit des Erbscheins

1 Sinn und Zweck der Vorschrift bestehen darin, die Gefahren, die für den Rechtsverkehr von einem unrichtigen Erbschein im Hinblick auf seinen öffentlichen Glauben (§ 2365) und die daraus folgende Möglichkeit des gutgläubigen Erwerbs (§§ 2366, 2367) ausgehen, zu beseitigen. Mit der Einziehung oder Kraftloserklärung enden die Wirkungen des Erbscheins.

2 Der Erbschein ist unrichtig, wenn die Voraussetzungen für seine Erteilung nicht mehr vorliegen, wenn also die zur Begründung des Erbscheinserteilungsantrags erforderlichen Tatsachen nicht mehr als festgestellt zu erachten sind (BGHZ 40, 54, 56). Dürfte das Nachlassgericht den Erbschein, wenn es jetzt entscheiden müsste, nicht mehr erteilen, muss es ihn einziehen oder für kraftlos erklären. Unerheblich ist, ob die Voraussetzungen für die Erteilung von Anfang an nicht vorgelegen haben oder erst später weggefallen sind.

I. Formelle Unrichtigkeit

3 Formell unrichtig ist ein Erbschein, der trotz Fehlens von Verfahrensvoraussetzungen, welche für die Zulässigkeit des Erteilungsverfahrens vorliegen müssen, erteilt wurde. In diesen schwerwiegenden Fällen eines Verstoßes gegen Verfahrensvorschriften unterliegt auch ein materiell richtiger Erbschein der Einziehung bzw Kraftloserklärung. Beispiele: Erbscheinserteilung ohne Antrag (BayObLG NJW-RR 1994, 1032) oder mit einem von dem Antrag abweichenden Inhalt (BayObLG NJW-RR 2001, 950, 952) oder aufgrund eines von einem nicht antragsberechtigten Beteiligten gestellten Antrags (BayObLG NJW 2001, 950; allerdings ist in diesen Fällen die Einziehung unzulässig, wenn der Erbschein sachlich richtig ist und ein Antragsberechtigter die Erteilung genehmigt); Erteilung des Erbscheins durch ein örtlich unzuständiges Nachlassgericht (OLG Zweibrücken, NJW-RR 2002, 154) oder durch den funktionell unzuständigen Rechtspfleger (KG NJW-RR 2004, 801) oder durch das Beschwerdegericht (KG Rpfleger 1966, 208) oder durch das Nachlassgericht statt durch das Landwirtschaftsgericht; fehlendes Rechtsschutzbedürfnis für die Erbscheinserteilung (BayObLGZ 1998, 242); Erteilung des Erbscheins unter Verstoß gegen die Amtsermittlungspflicht (BayObLGZ 1977, 59); dagegen führt die Verletzung des rechtlichen Gehörs im Erbscheinerteilungsverfahren (§ 2360) für sich allein nicht zur Einziehung (BayObLG Rpfleger 1984, 141).

II. Materielle Unrichtigkeit

4 Materielle Unrichtigkeit ist gegeben, wenn der Inhalt des Erbscheins, soweit er am öffentlichen Glauben teilnimmt (§ 2365), nicht der materiellen Rechtslage entspricht oder nicht vollständig ist, weil die nach §§ 2363, 2364 erforderlichen Angaben fehlen. Diese Unrichtigkeit kann auf sachlichen Gründen wie zB auf falschen Angaben der Beteiligten oder auf

rechtlichen Gründen wie zB einer unrichtigen Testamentsauslegung durch das Nachlassgericht beruhen. Maßgeblich ist deshalb die objektive Unrichtigkeit des Erbscheins aufgrund der gesamten Sach- und Rechtslage.

III. Andere Einziehungsgründe

In dem Fall der teilweisen Unrichtigkeit infolge unvollständiger Wiedergabe der Rechtslage ist der Erbschein ebenfalls einzuziehen. Beispiel: Angabe der Testamentsvollstreckung aufgrund unwirksamer Einsetzung eines Testamentsvollstreckers durch den Erblasser (OLG Zweibrücken FamRZ 2000, 323). Wenn mehrere widersprechende Erbscheine erteilt sind, müssen sie eingezogen werden.

IV. Feststellung der Unrichtigkeit

Das Nachlassgericht kann von Amts wegen Ermittlungen über die Richtigkeit eines Erbscheins durchführen. Abweichend von dem Wortlaut der Vorschrift gebietet § 12 FGG dem Nachlassgericht, Amtsermittlungen aufzunehmen, wenn es in irgendeiner Weise Kenntnis von der Unrichtigkeit eines Erbscheins erlangt (vgl BayObLG FamRZ 1990, 1037). Art und Umfang der Ermittlungen entsprechen denen, die der Erteilung des Erbscheins vorausgehen (§ 2358 Rn 2 ff).

Verbleiben danach Zweifel an der Richtigkeit des Erbscheins, darf das Nachlassgericht ihn nicht einziehen. Die Einziehung setzt vielmehr voraus, dass die Überzeugung des Nachlassgerichts von dem bezeugten Erbrecht über einen bloßen Zweifel hinaus erschüttert ist; deshalb darf die Einziehung erst angeordnet werden, wenn das Nachlassgericht die Richtigkeit des Erbscheins nicht mehr als erwiesen erachtet (BGHZ 40, 54, 58).

B. Einziehungsverfahren

Die Einziehung selbst erfolgt in zwei Abschnitten: Zunächst wird sie von dem Nachlassgericht, das den Erbschein erteilt hat, durch eine Verfügung angeordnet. Funktionell zuständig ist der Richter, wenn der Erbschein von dem Richter erteilt worden oder wegen einer Verfügung von Todes wegen einzuziehen ist (§ 16 Abs. 1 Nr. 7 RpflG); in allen anderen Fällen ist der Rechtspfleger zuständig. Die Anordnungsverfügung ist dem oder den in dem Erbschein genannten Erben bekannt zu machen. Gleichzeitig hat das Nachlassgericht sie aufzufordern, den Erbschein und sämtliche Ausfertigungen an das Nachlassgericht herauszugeben. Befinden sich die Urschrift und die einzige Ausfertigung des Erbscheins bereits bei den Nachlassakten, entfällt die Herausgabeaufforderung; die Einziehung ist in diesem Fall mit der Bekanntmachung der Anordnungsverfügung vollzogen. Der zweite Abschnitt der Einziehung besteht darin, dass das Nachlassgericht den Erbschein und alle Ausfertigungen zurücknimmt. Erst wenn es im Besitz sämtlicher Ausfertigungen ist, ist die Einziehung abgeschlossen.

Weigert sich ein zur Rückgabe verpflichteter und aufgeforderter Beteiligter, den Erbschein bzw die Ausfertigung herauszugeben, hat das Nachlassgericht seine Rückgabeanordnung durch die Verhängung von Zwangsgeld oder durch unmittelbaren Zwang (§ 33 FGG) durchzusetzen. Ist die Urkunde nicht auffindbar, kann dem Verpflichteten die Abgabe einer eidesstattlichen Versicherung über den Verbleib auferlegt werden.

Die weitere Behandlung des Erbscheins und seiner Ausfertigungen gehört nicht mehr zu den Wirksamkeitsvoraussetzungen der Einziehung. Die Urkunden werden nicht vernichtet, sondern verbleiben in den Akten des Nachlassgerichts.

C. Einziehungswirkung

Mit dem Abschluss der Einziehung verliert der Erbschein seine Rechtswirkungen. Der öffentliche Glaube des Erbscheins (§ 2365) und der darauf beruhende Gutglaubensschutz (§§ 2366, 2367) entfallen mit dem Abschluss der Einziehung. Hat davor bereits ein gut-

§ 2361 BGB | Einziehung oder Kraftloserklärung des unrichtigen Erbscheins

gläubiger Erwerb stattgefunden, berührt die spätere Einziehung die Wirksamkeit des Geschäfts nicht.

12 Die Einziehung kann nicht rückgängig gemacht werden. Ergibt sich später, dass sie zu Unrecht erfolgte, muss ein neuer Erbschein erteilt werden.

D. Kraftloserklärung

13 Das Nachlassgericht hat den Erbschein für kraftlos zu erklären, wenn er nicht sofort erlangt werden kann. Die Kraftloserklärung erfolgt durch einen Beschluss, den das Gericht auch erlassen muss, wenn es die Herausgabe des Erbscheins zwangsweise durchsetzt (Rn 9). Der Beschluss muss öffentlich bekannt gemacht werden, und zwar nach den für die öffentliche Zustellung einer Ladung im Zivilprozess geltenden Vorschriften (§§ 186 Abs. 2, 187 ZPO).

14 Ist der Erbschein wirksam für kraftlos erklärt worden, verliert er seine rechtlichen Wirkungen wie mit dem Abschluss der Einziehung (Rn 11). Wird er danach doch noch aufgefunden, ist er trotz seiner Wirkungslosigkeit einzuziehen (Staudinger/*Schilken* § 2361 Rn 38; AnwK-BGB/*Kroiß* § 2361 Rn 29; MüKo/*J. Mayer* § 2361 Rn 41; aA Palandt/*Edenhofer* § 2361 Rn 13; *Zimmermann* Rn 531). Das erfordert der Schutz des Rechtsverkehrs, weil sich die Wirkungslosigkeit nicht aus der Urschrift oder Ausfertigung ergibt.

E. Rechtsmittel

15 Auch im Einziehungsverfahren ist gegen die Entscheidung des Nachlassgerichts die Beschwerde (§ 19 FGG) und gegen die Entscheidung des Beschwerdegerichts die weitere Beschwerde (§ 27 FGG) zulässig (siehe näher § 2353 Rn 49 ff). Dabei ist zu unterscheiden, wogegen sich das Rechtsmittel richtet. Solange die Einziehung nicht abgeschlossen ist, kann die Anordnungsverfügung mit dem Ziel der Aufhebung angefochten werden. Ist die Einziehung dagegen bereits vollzogen, kann mit der Beschwerde nur verlangt werden, einen neuen Erbschein gleichen Inhalts zu erteilen.

16 Beschwerdeberechtigt ist jeder, dessen (behauptetes) Recht durch die Anordnung der Einziehung oder durch die Einziehung selbst beeinträchtigt wird (§ 20 Abs. 1 FGG). Deshalb kann jeder, der berechtigt ist, einen Antrag auf Erteilung eines Erbscheins zu stellen (§ 2353 Rn 22 ff), die Einziehung mit der Beschwerde angreifen, unabhängig davon, ob er tatsächlich einen Antrag gestellt hat (Staudinger/*Schilken* § 2361 Rn 31 mit Nachw. auch zu der abweichenden Meinung). Die Ablehnung der Einziehung kann auch von demjenigen angefochten werden, der die Erteilung des Erbscheins beantragt hatte, wenn sein Erbrecht nicht richtig ausgewiesen ist (BayOLG NJW-RR 2005, 1245).

17 Erweist sich die Beschwerde als begründet, hebt das Beschwerdegericht die Verfügung auf, mit der das Nachlassgericht die Einziehung angeordnet hat. Damit wird der Erbschein allerdings nicht wieder wirksam. Vielmehr muss das Nachlassgericht nach näherer Weisung des Beschwerdegerichts einen neuen Erbschein erteilen.

F. Kosten

18 Für die Einziehung oder Kraftloserklärung des Erbscheins wird die Hälfte der vollen Gebühr erhoben (§ 108 Satz 1 KostO). Sie bleibt außer Ansatz, wenn in demselben Verfahren ein neuer Erbschein erteilt wird (§ 108 Satz 3 KostO), wofür dann die volle Gebühr erhoben wird (§ 107 Abs. 1 Satz 1 KostO). Der Gegenstandswert bestimmt sich nach dem reinen Wert des Nachlasses im Zeitpunkt des Erbfalls (§ 108 Satz 2 iVm § 107 Abs. 2 – 4 KostO). Beruht die Unrichtigkeit des Erbscheins auf einer unrichtigen Sachbehandlung des Nachlassgerichts, werden für die Einziehung oder Kraftloserklärung keine Kosten erhoben (§ 16 KostO).

§ 2362 Herausgabe- und Auskunftsanspruch des wirklichen Erben

(1) Der wirkliche Erbe kann von dem Besitzer eines unrichtigen Erbscheins die Herausgabe an das Nachlassgericht verlangen.

(2) Derjenige, welchem ein unrichtiger Erbschein erteilt worden ist, hat dem wirklichen Erben über den Bestand der Erbschaft und über den Verbleib der Erbschaftsgegenstände Auskunft zu erteilen.

1 Die Einziehung oder Kraftloserklärung eines unrichtigen Erbscheins dient dem Schutz des wirklichen Erben. Denn solange ein unrichtiger Erbschein wirksam ist, gilt er gegenüber jedermann als richtig und ermöglicht den gutgläubigen Erwerb von Nachlassgegenständen von dem in dem Erbschein genannten Erben (§ 2366) und die schuldbefreiende Leistung an diesen (§ 2367). Der wirkliche Erbe verliert in diesen Fällen sein Recht. Das wird durch die Einziehung oder Kraftloserklärung des unrichtigen Erbscheins verhindert. Da beides von der auf die Ermittlungen gestützten Überzeugung des Nachlassgerichts abhängt (§ 2361), gibt das Gesetz dem wirklichen Erben einen materiell-rechtlichen Herausgabeanspruch gegen den Besitzer eines unrichtigen Erbscheins.

2 Der Anspruch steht jedem zu, der sich – abweichend von dem Inhalt des Erbscheins – auf ein eigenes Erbrecht beruft. Daneben können der Nacherbe (§ 2363 Abs. 2), auch schon vor dem Eintritt des Nacherbfalls, der Testamentsvollstrecker (§ 2364 Abs. 2) und der fälschlich für tot Erklärte (§ 2370 Abs. 2) den Herausgabeanspruch geltend machen. Er richtet sich gegen jeden, der den unrichtigen Erbschein bzw eine Ausfertigung davon in Besitz hat; mittelbarer Besitz reicht aus. Der Anspruchsinhaber kann allerdings nicht die Herausgabe an sich selbst verlangen, sondern nur die an das Nachlassgericht.

3 Kommt der Besitzer des Erbscheins der Herausgabepflicht nicht freiwillig nach, muss der Anspruch des wirklichen Erben im Zivilprozess geltend gemacht werden. Dabei trägt der wirkliche Erbe die Darlegungs- und Beweislast für sein Erbrecht und für den Besitz des Beklagten. Für die von dem Gericht zu entscheidende Frage, ob dem Kläger das beanspruchte Erbrecht zusteht, gilt die Vermutung des § 2365 BGB selbstverständlich nicht. Der Herausgabeanspruch kann auch vorläufig im Wege der einstweiligen Verfügung (§ 935 ZPO) durchgesetzt werden. Weigert sich der Besitzer, den Erbschein trotz erfolgreicher Klage herauszugeben, wird das Urteil nach § 883 ZPO vollstreckt, also mittels Wegnahme des Erbscheins durch den Gerichtsvollzieher.

4 Hat das Nachlassgericht den Erbschein oder seine Ausfertigung in Besitz, verliert er seine rechtlichen Wirkungen ebenso wie bei der Einziehung (siehe § 2361 Rn 11). Das Nachlassgericht muss also kein gesondertes Einziehungsverfahren durchführen und den Erbschein auch nicht ausdrücklich für kraftlos erklären (Staudinger/*Schilken* § 2362 R 4 mwN). Ein besonderer Einziehungsbeschluss (vgl BayObLG FamRZ 2001, 1181) hat lediglich deklaratorische Wirkung. Wird der Erbschein aufgrund einer einstweiligen Verfügung an das Nachlassgericht zurückgegeben, verliert er damit seine Wirkungen noch nicht. Das folgt aus dem bloß vorläufigen Rechtsschutz, der nur eine Sicherungsfunktion hat und noch keine abschließende Entscheidung über die Herausgabepflicht darstellt. Das Nachlassgericht muss eine solche Rückgabe allerdings zum Anlass nehmen, ein Verfahren nach § 2361 einzuleiten.

5 Abs. 2 dient dem Schutz des wirklichen Erben, weil der Inhaber des unrichtigen Erbscheins aufgrund dessen öffentlichen Glaubens über den Nachlass mit Wirkung gegen den wirklichen Erben verfügen kann (§§ 2366, 2367). Anspruchsinhaber ist wie bei dem Herausgabeanspruch nach Abs. 1 der wirkliche Erbe. Er trägt auch hier die Beweislast für sein Erbrecht. Anspruchsgegner ist jeder Erbscheinserbe, also auch ein in dem Erbschein genannter Miterbe, dessen Erbanteil falsch angegeben ist (aA Soergel/*Zimmermann* § 2362 Rn 3). Nicht erforderlich ist, dass der Anspruchsgegner den Erbschein in Besitz hat.

6 Der Auskunftsanspruch ist im Zivilprozess geltend zu machen. Er ist auf die Aufstellung eines Verzeichnisses des Erbschaftsbestands einschließlich des Verbleibs der Erbschaftsgegenstände gerichtet. Besteht Grund zu der Annahme, dass das Verzeichnis nicht mit der erforderlichen Sorgfalt aufgestellt worden ist, hat der Erbscheinserbe auf Verlangen des wirklichen Erben eine eidesstattliche Versicherung dahingehend abzugeben, dass er den Bestand so vollständig wie möglich angegeben hat (§ 260 Abs. 2).

§ 2363 Inhalt des Erbscheins für den Vorerben

(1) In dem Erbscheine, der einem Vorerben erteilt wird, ist anzugeben, dass eine Nacherbfolge angeordnet ist, unter welchen Voraussetzungen sie eintritt und wer der Nacherbe ist. Hat der Erblasser den Nacherben auf dasjenige eingesetzt, was von der Erbschaft bei dem Eintritt der Nacherbfolge übrig sein wird, oder hat er bestimmt, dass der Vorerbe zur freien Verfügung über die Erbschaft berechtigt sein soll, so ist auch dies anzugeben.

(2) Dem Nacherben steht das in § 2362 Abs. 1 bestimmte Recht zu.

1 Zusätzlich zu dem allgemeinen Inhalt (siehe § 2353 Rn 9 ff) ist in dem einem Vorerben erteilten Erbschein zu vermerken, dass Nacherbfolge angeordnet ist, unter welchen Voraussetzungen sie eintritt und wer der Nacherbe ist. Fehlen diese Angaben oder sind sie falsch, ist der Erbschein unrichtig mit der Folge, dass er einzuziehen oder für kraftlos zu erklären ist (§ 2361). Die Angaben sind nur dann entbehrlich, wenn im Zeitpunkt der Erteilung des Erbscheins bereits feststeht, dass der Nacherbfall nicht mehr eintreten kann, zB durch den Tod des Nacherben vor dem Erbfall, wenn der Erblasser keinen Ersatznacherben bestimmt hat, oder durch Übertragung des Nacherbenanwartschaftsrechts auf den Vorerben.

2 Nur der Vorerbe kann die Erteilung des Erbscheins beantragen, nur sein Erbrecht wird bezeugt. Für den Nacherben kann erst nach dem Eintritt des Nacherbfalls ein Erbschein erteilt werden. Zu seinem Schutz ist die namentliche oder, wenn sie noch nicht feststeht wie zB in dem Fall, dass der Erblasser noch nicht geborene Personen zu Nacherben eingesetzt hat, die genaue Bezeichnung der Person des Nacherben in den dem Vorerben zu erteilenden Erbschein aufzunehmen (OLG Hamm NJW-RR 1997, 1095, 1096; *Köster* Rpfleger 2000, 90, 93). Nur wenn das nicht möglich ist, weil erst mit dem Eintritt des Nacherbfalls die Person des Nacherben feststeht, kann der Nacherbe zB anhand eines Verwandtschaftsverhältnisses bezeichnet werden. Jedenfalls ist es Aufgabe des Nachlassgerichts, die von dem Erblasser zu Nacherben berufenen Personen namentlich oder zumindest nach ihrer Zugehörigkeit zu einem bestimmten Personenkreis zu ermitteln. Das alles bezieht sich auch auf Nach-Nacherben, die erst in einem zweiten Nacherbfall Erbe werden sollen, und auf Ersatznacherben, die an die Stelle eines bei Eintritt des Nacherbfalls weggefallenen Nacherben treten sollen. Kann das Nachlassgericht ihre Person zunächst nicht ermitteln, hat es aber richtigerweise die Anordnung der Nach-Nacherbschaft oder der Ersatznacherbschaft in dem Erbschein vermerkt, ist eine spätere bloße Ergänzung des Erbscheins durch Hinzufügen der Namen der zwischenzeitlich ermittelten Nach- oder Ersatznacherben möglich (Staudinger/*Schilken* § 2363 Rn 12; aA *Köster* Rpfleger 2000, 133, 139).

3 Hat der Erbe dem Vorerben ein Vorausvermächtnis zugewendet (§ 2150), erstreckt sich das Recht des Nacherben im Zweifel nicht darauf (§ 2110 Abs. 2). Wird diese Vermutung nicht widerlegt, ist in einem dem Vorerben erteilten Erbschein zu vermerken, dass das Recht des Nacherben nicht den Gegenstand des Vorausvermächtnisses umfasst.

4 Der Erbschein muss auch eine Aussage über die Vererblichkeit der Nacherbenanwartschaft enthalten. Da nach § 2108 Abs. 2 Satz 1 die Vererblichkeit grds anzunehmen ist, wird sie in dem Erbschein nicht nur durch die Aufnahme eines entsprechenden Vermerks, sondern auch dadurch bezeugt, dass der Erbschein über die Vererblichkeit des Nach-

erbenanwartschaftsrechts schweigt. Nur beim Ausschluss der Vererblichkeit ist ein entsprechender Vermerk in den Erbschein aufzunehmen.

Eine Beschränkung des Nacherben dadurch, dass der Erblasser ihn lediglich auf dasjenige 5 eingesetzt hat, was von der Erbschaft bei dem Eintritt der Nacherbfolge übrig sein wird (§ 2137), ist ebenfalls in dem Erbschein zu vermerken. Dasselbe gilt für den Fall, dass der Erblasser den Vorerben von den Beschränkungen und Verpflichtungen der §§ 2113 Abs. 1, 2114, 2116 – 2119, 2132, 2127 – 2131, 2133 und 2134 BGB befreit hat. Insoweit sind zum Schutz des Nacherben alle Verfügungsbeschränkungen, von denen der Vorerbe befreit ist, im einzelnen anzugeben, nicht aber die Befreiung von Verpflichtungen, denn sie entfaltet nur gegenüber dem Nacherben und nicht gegenüber Dritten ihre Wirkung.

Mit dem Eintritt des Nacherbfalls wird der dem Vorerben erteilte Erbschein unrichtig; er 6 ist einzuziehen oder für kraftlos zu erklären (§ 2361), damit seine Rechtswirkungen entfallen (aA Soergel/*Zimmermann* § 2363 Rn 12). Anderenfalls könnte sich der Vorerbe bei Verfügungen über Nachlassgegenstände nach wie vor auf das in dem Erbschein bezeugte Erbrecht berufen (§ 2365), obwohl er nicht mehr verfügungsberechtigt ist. Dritte könnten auf diese Weise einen Nachlassgegenstand gutgläubig erwerben, wenn ihnen zwar aus dem Erbschein die Voraussetzungen für den Eintritt der Nacherbfolge bekannt sind, sie aber nicht wissen, dass diese inzwischen eingetreten sind.

Der Nacherbe kann von jedem Besitzer eines unrichtigen Erbscheins die Herausgabe an 7 das Nachlassgericht verlangen. Soweit die Unrichtigkeit seine Stellung als Nacherbe berührt, hat er den Herausgabeanspruch bereits vor dem Eintritt des Nacherbfalls. Dagegen steht ihm das Recht auf Auskunftserteilung über den Bestand der Erbschaft und den Verbleib der Erbschaftsgegenstände erst nach dem Eintritt des Nacherbfalls zu. Näheres zu dem Herausgabe- und Auskunftsanspruch siehe bei den Erläuterungen zu § 2362.

§ 2364 Angabe des Testamentsvollstreckers im Erbschein, Herausgabeanspruch des Testamentsvollstreckers

(1) Hat der Erblasser einen Testamentsvollstrecker ernannt, so ist die Ernennung in dem Erbschein anzugeben.

(2) Dem Testamentsvollstrecker steht das in § 2362 Abs. 1 bestimmte Recht zu.

Unerheblich ist, ob der Erblasser den Testamentsvollstrecker selbst ernannt oder die Er- 1 nennung einem Dritten (§ 2198) oder dem Nachlassgericht (§ 2200) überlassen hat. Fehlt der Testamentsvollstreckervermerk, ist der Erbschein unrichtig; er ist einzuziehen oder für kraftlos zu erklären (§ 2361). Anders als bei der Angabe der Nacherben (§ 2363) ist nur die Tatsache der Testamentsvollstreckung, nicht aber der Name des Testamentsvollstreckers anzugeben. Der Testamentsvollstreckervermerk kann entfallen, wenn die Verfügungsmacht des in dem Erbschein ausgewiesenen Erben durch die Testamentsvollstreckung nicht beschränkt wird (§§ 2205 ff, 2211, 2212). Das ist der Fall, wenn in einem Teilerbschein (§ 2353 Rn 12) das Erbrecht eines Miterben bezeugt wird, der Erblasser jedoch nur hinsichtlich anderer Miterben die Testamentsvollstreckung angeordnet hat. Beschränkt sich die Aufgabe des Testamentsvollstreckers auf die Verteilung des Nachlasses entsprechend der letztwilligen Verfügung des Erblassers, ohne dass ihm Verwaltungsbefugnisse in Bezug auf den Nachlass zustehen, braucht der Erbschein ebenfalls keinen Testamentsvollstreckervermerk zu enthalten. Ist der Testamentsvollstrecker vor dem Erbfall verstorben oder lehnt er die Annahme des Amtes ab, ohne dass der Erblasser einen Ersatztestamentsvollstrecker ernannt hat, wird die Anordnung der Testamentsvollstreckung ebenfalls nicht in dem Erbschein vermerkt. Dasselbe gilt für den Fall der unwirksamen Ernennung des Testamentsvollstreckers (§ 2201).

Auch der Umfang der Testamentsvollstreckung ist anzugeben, zB wenn sie der Erblas- 2 ser nur für einen Teil des Nachlasses (BayOLG NJW-RR 2005, 1245) oder nur zu dem

Zweck angeordnet hat, dass der Testamentsvollstrecker bis zum Eintritt des Nacherbfalls die Rechte des Nacherben ausübt und dessen Pflichten erfüllt (§ 2222). Die Anordnung der Testamentsvollstreckung erst bei Eintritt der Nacherbfolge ist dagegen in dem dem Vorerben erteilten Erbschein nicht zu vermerken.

3 Wie der wirkliche Erbe (§ 2362) und der Nacherbe (§ 2363) kann auch der Testamentsvollstrecker von dem Besitzer eines unrichtigen Erbscheins die Herausgabe an das Nachlassgericht verlangen. Besteht die Unrichtigkeit darin, dass der Testamentsvollstreckervermerk fehlt, hat der Testamentsvollstrecker den Anspruch auch gegenüber dem wirklichen Erben. Für das Auskunftsrecht des Testamentsvollstreckers gelten die Ausführungen in § 2362 Rn 5 und 6 entsprechend.

4 Mit dem Ende der Testamentsvollstreckung wird der Testamentsvollstreckervermerk gegenstandslos; die Folge ist die Unrichtigkeit des Erbscheins. Er ist nach § 2361 einzuziehen oder für kraftlos zu erklären (OLG Köln FamRZ 1993, 1124). Die bloße Berichtigung reicht nicht aus, weil auch der Testamentsvollstreckervermerk an der Gutglaubenswirkung des Erbscheins (§§ 2366, 2367) teilnimmt (MüKo/*J. Mayer* § 2364 Rn 17). Keine Unrichtigkeit des Erbscheins bewirkt ein Wechsel in der Person des Testamentsvollstreckers, weil die Beschränkung des Erben als solche, die durch den Testamentsvollstreckervermerk zum Ausdruck gebracht wird, bestehen bleibt.

§ 2365 Vermutung der Richtigkeit des Erbscheins

Es wird vermutet, dass demjenigen, welcher in dem Erbschein als Erbe bezeichnet ist, das in dem Erbschein angegebene Erbrecht zustehe und dass er nicht durch andere als die angegebenen Anordnungen beschränkt sei.

1 Die – widerlegbare – Vermutung der Richtigkeit des Erbscheins wirkt in zwei Richtungen. Zum einen wird vermutet, dass die in dem Erbschein als Erbe bezeichnete Person in Wahrheit Erbe ist; zum anderen wird vermutet, dass diese Person nicht durch andere als die in dem Erbschein angegebenen Anordnungen beschränkt ist. Beides sind Rechtsvermutungen, die mit denen in § 891 vergleichbar sind. Allerdings beziehen sie sich nicht, wie dort, nur auf ein einzelnes Recht, sondern auf die gesamte Erbschaft.

2 Voraussetzung für das Bestehen der Vermutungen ist die Existenz eines Erbscheins. Er muss formell wirksam sein. Nicht erforderlich ist die Vorlage des Erbscheins im Rechtsverkehr. Seine bloße Existenz reicht für das Bestehen der Richtigkeitsvermutung aus. Weiter setzt die Vermutung die Geltendmachung des Erbrechts des in dem Erbschein genannten Erben voraus, dh er muss sich auf sein Erbrecht berufen.

3 Die Vermutungen entstehen mit der Erteilung des Erbscheins (siehe § 2353 Rn 44). Sie bleiben so lange bestehen, wie der Erbschein nicht eingezogen oder für kraftlos erklärt (§ 2361) oder an das Nachlassgericht abgeliefert wird (§ 2362). Widerlegt werden können die Vermutungen durch den Beweis, dass die Voraussetzungen (siehe Rn 2) fehlen, und durch den Beweis der Unrichtigkeit des Erbscheins. Die Vorschrift des § 292 ZPO gilt dafür entsprechend. Der Beweis kann durch jedes zulässige Beweismittel geführt werden. Gegenstand des Beweises können nur Tatsachen sein, nicht rechtliche Umstände wie zB die Auslegung einer letztwilligen Verfügung des Erblassers. Diese können die Vermutungen nur aufgrund der Rechtsauffassung des Prozessgerichts widerlegen.

4 Die Vermutungen entfallen, wenn zwei sich widersprechende Erbscheine erteilt worden sind und sich im Verkehr befinden. Sie bleiben allerdings insoweit bestehen, wie kein inhaltlicher Widerspruch gegeben ist, weil von ihnen in diesem Umfang keine unterschiedlichen Wirkungen ausgehen (BGH NJW-RR 1990, 1159). Widersprechen sich ein Erbschein und ein Testamentsvollstreckerzeugnis (§ 2368), indem die Anordnung der Testamentsvollstreckung nicht in dem Erbschein vermerkt ist, entfallen die Vermutungen ebenfalls.

Die Vermutungen wirken für und gegen jedermann. Das gilt allerdings nicht im Erb- 5
prätendentenstreit unabhängig davon, ob der Erbscheinserbe als Kläger oder als Beklagter
auftritt; denn das Prozessgericht ist nicht an die Auffassung des Nachlassgerichts gebunden ist, die zu der Erteilung des Erbscheins geführt hat (BayObLG FamRZ 1999, 334, 335).
Geht es dagegen nicht um das Erbrecht des in dem Erbschein genannten Erben, sondern
um einen anderen Streitgegenstand, wirken die Vermutungen auch in einem Zivilprozess,
an dem der Erbscheinserbe beteiligt ist. In diesem Fall ist seine Erbenstellung lediglich
Voraussetzung für eine bestimmte Rechtsfolge.

Im Grundbuchverfahren wird der Nachweis der Erbfolge durch den Erbschein geführt 6
(§ 35 Abs. 1 Satz 1 GBO). Er hat volle Beweiskraft für den Tod des Erblassers und für das
Bestehen des bezeugten Erbrechts. Das Grundbuchamt prüft nur die sachliche Zuständigkeit der Stelle, die den Erbschein erteilt hat, und den Erbscheinsinhalt im Hinblick auf
Zulässigkeit und Verständlichkeit (vgl *Demharter* § 35 Rn 25, 26). Die materielle Richtigkeit
des Erbscheins prüft es dagegen nicht. Insoweit ist es an die Beurteilung der Rechtslage
durch das Nachlassgericht gebunden. Das gilt nicht, wenn das Grundbuchamt solche Tatsachen kennt, die das Nachlassgericht seiner Entscheidung nicht zugrunde legen konnte,
sei es, dass sie neu sind und deshalb im Zeitpunkt der Erteilung des Erbscheins noch nicht
bekannt waren, oder sei es, dass sie dem Nachlassgericht unbekannt waren, und die Anhaltspunkte für eine Unrichtigkeit des Erbscheins geben. In diesem Fall darf das Grundbuchamt den Inhalt des Erbscheins einer Eintragung in das Grundbuch nicht ohne weiteres zugrunde legen. Vielmehr hat es dem Nachlassgericht die in dem Erbscheinserteilungsverfahren nicht berücksichtigten Tatsachen mitzuteilen. Zieht das Nachlassgericht
daraufhin den Erbschein nicht ein oder erklärt es ihn nicht für kraftlos (§ 2361), dient er
dem Grundbuchamt als Eintragungsgrundlage.

Im Steuerverfahren gilt die Richtigkeitsvermutung des Erbscheins ebenfalls nur so lange, 7
wie den Finanzbehörden und den Finanzgerichten keine Umstände bekannt sind, welche gegen die Richtigkeit des Erbscheins sprechen. Erlangen sie von solchen Umständen
Kenntnis, haben sie selbst den Sachverhalt aufzuklären (§ 88 AO, § 76 Abs. 1 FGO), sie
müssen also das Erbrecht und – bei mehreren Erben – die Erbteile ermitteln. Dabei sind sie
nicht an die Auffassung des Nachlassgerichts gebunden.

Die positive Vermutung beinhaltet, dass das Erbrecht dem Grunde und der angegebenen 8
Höhe nach besteht. Die Angabe des Berufungsgrundes (ges oder gewillkürte Erbfolge) nimmt nicht an der Vermutungswirkung teil. Dasselbe gilt für das Erbrecht der
Nacherben, die in dem einem Vorerben erteilten Erbschein genannt sind. Es wird auch
nicht vermutet, dass der Erbscheinerbe unbeschränkt verfügungsberechtigt ist oder dass
ein bestimmter Gegenstand bzw ein Recht zu dem Nachlass gehört. Auch erstreckt sich die
Vermutung nicht auf die der Feststellung des Erbrechts zugrunde liegenden Tatsachen
und Rechtsverhältnisse.

Die negative Vermutung besagt, dass keine anderen als die angegebenen Beschränkungen 9
bestehen. Das bezieht sich nur auf die Anordnung der Nacherbfolge (§ 2363 Abs. 1) und
der Testamentsvollstreckung (§ 2364 Abs. 1), nicht aber auf andere Beschränkungen, denen der Erbe unterliegt. Eine positive Wirkung entfaltet diese Vermutung nicht. Enthält
der Erbschein die Angabe, dass Nacherbschaft oder Testamentsvollstreckung angeordnet
ist, wird nicht vermutet, dass diese Beschränkungen in Wirklichkeit bestehen (OLG Frankfurt WM 1993, 803, 805).

§ 2366 Öffentlicher Glaube des Erbscheins

Erwirbt jemand von demjenigen, welcher in einem Erbschein als Erbe bezeichnet ist, durch Rechtsgeschäft einen Erbschaftsgegenstand, ein Recht an einem solchen Gegenstand oder die Befreiung von einem zur Erbschaft gehörenden Recht, so gilt zu seinen Gunsten der Inhalt des Erbscheins, soweit die Vermutung des § 2365 reicht, als richtig,

§ 2366 BGB | Öffentlicher Glaube des Erbscheins

es sei denn, dass er die Unrichtigkeit kennt oder weiß, dass das Nachlassgericht die Rückgabe des Erbscheins wegen Unrichtigkeit verlangt hat.

Inhaltsverzeichnis

	Rn
A. Normzweck	1
B. Öffentlicher Glaube des Erbscheins	2
C. Gutgläubiger Erwerb	3–8
I. Gegenstand des gutgläubigen Erwerbs	3
II. Rechtsgeschäftlicher Erwerb	4
III. Redlichkeit des Erwerbers	5–7
IV. Rechtsfolge des gutgläubigen Erwerbs	8
D. Verhältnis zu anderen Gutglaubensvorschriften	9–13

A. Normzweck

1 Die Vorschrift dient dem Schutz gutgläubiger Dritter. Die Richtigkeitsvermutung des § 2365 reicht dafür nicht aus. Sie wird hier dahingehend erweitert, dass der Inhalt des Erbscheins in bestimmten Fällen als richtig gilt. Das ist eine echte Fiktion und damit mehr als die widerlegbare Vermutung nach § 2365. Derjenige, der in Unkenntnis der Unrichtigkeit des Erbscheins mit dem Erbscheinerben ein Rechtsgeschäft der in der Vorschrift genannten Art abschließt, wird im Fall der Unrichtigkeit des Erbscheins so behandelt, als habe er mit dem wirklichen Erben kontrahiert. Damit hilft der unrichtige Erbschein über die fehlende Verfügungsmacht des Erbscheinerben hinweg.

B. Öffentlicher Glaube des Erbscheins

2 Soweit die Vermutung des § 2365 reicht, gilt der Inhalt des Erbscheins zugunsten eines gutgläubigen Dritten als richtig. Dieser öffentliche Glaube bezieht sich sowohl auf die positive Vermutung (§ 2365 Rn 8) als auch auf die negative Vermutung (§ 2365 Rn 9) des § 2365. Damit wird die Richtigkeitsfiktion begrenzt. Alle Angaben in dem Erbschein, die nicht an den Vermutungswirkungen teilnehmen, weil sie nicht zu dem notwendigen Inhalt des Erbscheins gehören, unterliegen nicht der Fiktion; dasselbe gilt für das Fehlen von Verfügungsbeschränkungen, die nicht mit dem Erbrecht verbunden sind. Der gutgläubige Dritte kann sich nicht auf den öffentlichen Glauben berufen, wenn der Erbschein für kraftlos erklärt worden ist (§ 2361 Abs. 2), der Erbscheinerbe ihn aber noch in Händen hat, oder wenn ein Miterbe keine Verfügungsberechtigung mehr hat, weil er seinen Erbteil übertragen hat, oder wenn der Erbscheinerbe solchen Verfügungsbeschränkungen unterliegt, die nicht in den Erbschein aufgenommen werden (§ 2353 Rn 13), oder wenn die Vermutungswirkung wegen der Existenz zweier sich widersprechender Erbscheine oder bei einem Widerspruch zwischen dem Erbschein und dem Testamentsvollstreckerzeugnis (§ 2365 Rn 4) weggefallen ist oder wenn der Dritte ein Rechtsgeschäft mit dem in dem Erbschein ausgewiesenen Vorerben abschließt, obwohl der Nacherbfall schon eingetreten ist. Der öffentliche Glaube gilt nur für das Sondervermögen »Nachlass«; er bezieht sich nicht auf die Zugehörigkeit bestimmter Gegenstände dazu.

C. Gutgläubiger Erwerb

I. Gegenstand des gutgläubigen Erwerbs

3 Der öffentliche Glaube des Erbscheins schützt den Erwerb eines Erbschaftsgegenstandes, eines Rechts daran und die Befreiung von einem zu der Erbschaft gehörenden Recht. Sowohl der Erwerb dinglicher und persönlicher Sachen und Rechte jeder Art als auch die Befreiung von einem dinglichen und persönlichen Recht unterliegen dem Gutglaubensschutz. Damit ist der Kreis der geschützten Erwerbsvorgänge weiter gefasst als bei der

Anwendung der allgemeinen Gutglaubensvorschriften. Nicht geschützt ist der Erwerb aufgrund Erbschaftskaufs (§ 2371) und ähnlicher Verträge (§ 2385), weil es sich in diesen Fällen nicht um den Erwerb einzelner Nachlassgegenstände handelt.

II. Rechtsgeschäftlicher Erwerb

Der öffentliche Glaube des Erbscheins gilt nur für Erwerbsvorgänge aufgrund eines dinglichen Rechtsgeschäfts zwischen dem Erbscheinerben und dem gutgläubigen Erwerber. Unerheblich ist, ob es sich um einen entgeltlichen oder unentgeltlichen Erwerb handelt. Der Erbschein entfaltet seine Wirkungen nur hinsichtlich der Rechtsinhaberschaft des in ihm ausgewiesenen Erben. Er enthält keine darüber hinausgehende Ermächtigung zu einer schuldrechtlichen Verpflichtung des wirklichen Erben; dieser haftet nicht für die Erfüllung der von dem Erbscheinerben begründeten schuldrechtlichen Verpflichtungen. Der Erwerb von Erbschaftsgegenständen kraft Gesetzes wie zB durch einen weiteren Erbgang oder im Wege der Zwangsvollstreckung oder bei der Auseinandersetzung einer Erbengemeinschaft unterfällt nicht dem gutgläubigen Erwerb. 4

III. Redlichkeit des Erwerbers

Die Redlichkeit des Erwerbers muss im Zeitpunkt der Vollendung des Rechtserwerbs vorliegen. Etwas anderes gilt nur für den Fall des gutgläubigen Erwerbs eines Anwartschaftsrechts, in welchem eine spätere Bösgläubigkeit für den Erwerb des Vollrechts unerheblich ist. Die Redlichkeit fehlt bei Kenntnis der Unrichtigkeit des Erbscheins und bei Kenntnis der Rückforderung des Erbscheins wegen Unrichtigkeit durch das Nachlassgericht oder, wenn der Erbe die Anfechtbarkeit einer letztwilligen Verfügung, aufgrund derer der Erbschein erteilt worden ist, die Möglichkeit der Ausschlagung oder der Anfechtung der Annahme der Erbschaft oder die Erbunwürdigkeit des Erbscheinerben kennt. 5

Der gutgläubige Erwerber muss das Bewusstsein haben, einen Erbschaftsgegenstand zu erwerben. Fehlt es daran, bezieht sich sein guter Glaube lediglich darauf, dass der Veräußerer Eigentümer und nicht etwa Erbe ist. In diesem Fall richtet sich der Schutz des Dritten nur nach den allgemeinen Vorschriften über den gutgläubigen Erwerb. Die Anwendung der Grundsätze des öffentlichen Glaubens des Erbscheins kommt nicht in Betracht, weil es nicht um das in dem Erbschein ausgewiesene Erbrecht und um das Fehlen von nicht angegebenen Beschränkungen geht. Nur insoweit soll der Dritte jedoch vor unrichtigen Feststellungen des Nachlassgerichts geschützt werden. Weiß er nicht, dass er einen Nachlassgegenstand von dem Veräußerer als Erbe erwirbt, vertraut er auch nicht auf die Richtigkeit des Erbscheins. Dann kommt ihm auch nicht dessen besonderer Schutz zugute. 6

Dagegen ist es nicht erforderlich, dass der Erbschein bei dem Abschluss des Rechtsgeschäfts zwischen dem Erbscheinerben und dem gutgläubigen Erwerber vorliegt oder auch nur erwähnt wird; der Erwerber muss noch nicht einmal wissen, dass ein Erbschein erteilt ist, in welchem das Erbrecht des Veräußerers bezeugt wird. Das ist nicht unumstritten, entspricht aber der weitaus überwiegenden Auffassung (BGHZ 33, 314, 317; siehe näher Staudinger/*Schilken* § 2366 Rn 2 mit umfangreichen Nachweisen). Sie geht – anders als bei anderen Erwerbsvorgängen aufgrund guten Glaubens des Erwerbers – von einem rein objektivierten Vertrauensschutz aus. 7

IV. Rechtsfolge des gutgläubigen Erwerbs

Der gutgläubige Erwerb kraft öffentlichen Glaubens des Erbscheins hat zur Folge, dass der Erwerber dieselbe Rechtsstellung wie bei dem Erwerb von dem wirklichen Erben erlangt. Diesem stehen gegen den Erbscheinerben der Anspruch auf Herausgabe des Veräußerungserlöses aus § 816 Abs. 1 Satz 1 und aus §§ 2018, 2019, ggf auch der Schadensersatzanspruch aus § 823 Abs. 1 zu. Von dem gutgläubigen Erwerber kann der wirkliche Erbe 8

§ 2367 BGB | Leistung an Erbscheinserben

nur in dem Fall einer unentgeltlichen Verfügung des Erbscheinserben die Herausgabe des veräußerten Nachlassgegenstands aus § 816 Abs. 1 Satz 2 BGB verlangen. Es kommt auch ein Schadensersatzanspruch des wirklichen Erben gegen die Anstellungskörperschaft des Richters oder Rechtspflegers in Betracht, der den unrichtigen Erbschein erteilt hat (BGH NJW-RR 1991, 515, 516).

D. Verhältnis zu anderen Gutglaubensvorschriften

9 Bei dem gutgläubigen Erwerb einer beweglichen Nachlasssache kann der öffentliche Glaube des Erbscheins sowohl allein als auch im Zusammenwirken mit §§ 932 Abs. 1 Satz 1, 933, 934 zur Geltung kommen. Dies folgt daraus, dass der öffentliche Glaube des Erbscheins das mangelnde Erbrecht des Erbscheinserben ersetzt; dagegen gibt der Erbschein keine Gewähr dafür, dass der veräußerte Gegenstand zu dem Nachlass gehört.

10 Verfügt der Erbscheinserbe über ein zu dem Nachlass gehörendes Recht, ohne vorher als dessen Inhaber in das Grundbuch eingetragen worden zu sein (§ 40 GBO), wird der gutgläubige Erwerber ausschließlich durch den öffentlichen Glauben des Erbscheins geschützt; Voraussetzung ist allerdings, dass das Grundbuch hinsichtlich der Eintragung des Erblassers als des früheren Rechtsinhabers richtig ist. In dem anderen Fall, dass der eingetragene Erblasser in Wahrheit nicht der Rechtsinhaber war und das Grundbuch deshalb unrichtig ist, kommt für den gutgläubigen Erwerb sowohl der öffentliche Glaube des Grundbuchs (§ 892) als auch der öffentliche Glaube des Erbscheins zum Tragen.

11 Der gutgläubige Erwerb einer Forderung ist grds ausgeschlossen; auch § 405 ermöglicht ihn nicht, sondern schneidet dem wirklichen Schuldner lediglich die Einwendung gegenüber dem gutgläubigen Erwerber ab, die Forderung sei nur zum Schein eingegangen oder sie habe nicht abgetreten werden dürfen. Anders ist das bei dem Erwerb einer zu dem Nachlass gehörenden Forderung von dem Erbscheinserben. Tritt er sie ab, wird der gutgläubige Erwerber Forderungsinhaber, weil es sich um die Verfügung über einen Erbschaftsgegenstand handelt.

12 Auf den gutgläubigen Erwerb eines vertraglich eingeräumten Pfandrechts an beweglichen Sachen finden die Vorschriften der §§ 932, 934, 935 BGB über den gutgläubigen Erwerb beweglicher Sachen entsprechende Anwendung (§ 1207). Dasselbe gilt für den gutgläubigen Erwerb des Pfandrechts kraft öffentlichen Glaubens des Erbscheins. Auf die vorstehenden Ausführungen in Rn 9 kann deshalb verwiesen werden. Hervorzuheben ist, dass es keinen gutgläubigen Erwerb eines ges Pfandrechts (§§ 562, 647) gibt, auch nicht kraft öffentlichen Glaubens des Erbscheins.

13 Rechte, insb Forderungen, können Gegenstand eines Pfandrechts sein (§ 1273). Das gilt grds jedoch nicht für Pfandrechte an Forderungen oder sonstigen dinglichen Rechten, die selbst nicht gutgläubig erworben werden können. Darüber hilft jedoch der öffentliche Glaube des Erbscheins hinweg. Er bezieht sich auf sämtliche Forderungen und auf nicht dingliche Rechte, die zu dem Nachlass gehören (Rn 3).

§ 2367 Leistung an Erbscheinserben

Die Vorschrift des § 2366 findet entsprechende Anwendung, wenn an denjenigen, welcher in einem Erbschein als Erbe bezeichnet ist, auf Grund eines zur Erbschaft gehörenden Rechts eine Leistung bewirkt oder wenn zwischen ihm und einem anderen in Ansehung eines solchen Rechts ein nicht unter die Vorschrift des § 2366 fallendes Rechtsgeschäft vorgenommen wird, das eine Verfügung über das Recht enthält.

1 Die Vorschrift ergänzt § 2366, indem sie alle Verfügungsgeschäfte des oder mit dem Erbscheinserben, die nicht unter § 2366 fallen, dem Schutz des öffentlichen Glaubens des Erbscheins unterstellt. Es handelt sich um einen Auffangtatbestand, und zwar in zweierlei

Richtung: Zum einen hinsichtlich von Leistungen an den Erbscheinserben, zum anderen hinsichtlich dinglicher Rechtsgeschäfte über zu dem Nachlass gehörender Rechte.

Leistet der iSd § 2366 redliche Schuldner einer Nachlassforderung an den Erbscheinerben, wird er von seiner Verbindlichkeit frei, auch wenn der Erbscheinserbe nicht der wirkliche Erbe ist. Wird die Leistung von einem Dritten erbracht (§ 267 Abs. 1), befreit das den Schuldner ebenfalls. Der Leistende wird somit so gestellt, als habe er an den wirklichen Erben geleistet. Das gilt nicht nur für die Erfüllungswirkung, sondern auch hinsichtlich der weiteren Rechtsfolgen (§§ 268, 426, 774, 1143, 1163, 1177). Nicht hierher gehören Leistungen, die nicht aufgrund eines zu dem Nachlass gehörenden Rechts erbracht werden. Denn auch hier reicht der öffentliche Glaube des Erbscheins nur so weit wie die Richtigkeitsvermutung des § 2365. Von der Vorlage des Erbscheins darf der Schuldner seine Leistung nicht abhängig machen, wenn ihm das Erbrecht auf andere Weise nachgewiesen wird.

Nimmt der in dem Erbschein ausgewiesene wirkliche Erbe die Leistung an, obwohl er dazu wegen einer von dem Erblasser angeordneten Testamentsvollstreckung nicht berechtigt ist (§ 2211 Abs. 1), wird der Schuldner gleichwohl von seiner Verbindlichkeit frei. Ist die Beschränkung des Erben nicht in dem Erbschein vermerkt, folgt das unmittelbar aus § 2367. Enthält der Erbschein dagegen den erforderlichen Vermerk, ist er also richtig, ist für einen Gutglaubensschutz kraft öffentlichen Glaubens des Erbscheins kein Raum. In diesem Fall ergibt sich die Rechtsfolge aus §§ 407, 2111 Abs. 2.

Zu den geschützten dinglichen Rechtsgeschäften, die nicht bereits unter die Vorschrift des § 2366 fallen, gehören die Kündigung, die Aufrechnung, die Stundung, die Mahnung, die Zustimmung zu der Verfügung eines Dritten, jede Inhaltsänderung eines zu dem Nachlass gehörenden Rechts, die Bewilligung einer Auflassungsvormerkung (BGHZ 57, 348) und jeder anderen Eintragung in das Grundbuch. Unerheblich ist, ob der Erbscheinerbe oder der gutgläubige andere Teil verfügt; in beiden Fällen ist die Verfügung dem wirklichen Erben gegenüber wirksam.

Wie bei § 2366 (siehe dort Rn 4) muss es sich auch hier um Verfügungsgeschäfte handeln. Verpflichtungsgeschäfte, auch wenn sie sich auf Nachlassgegenstände beziehen, werden nicht geschützt. Sie verpflichten nur den Erbscheinerben, nicht aber den wirklichen Erben.

§ 2368 Testamentsvollstreckerzeugnis

(1) Einem Testamentsvollstrecker hat das Nachlassgericht auf Antrag ein Zeugnis über die Ernennung zu erteilen. Ist der Testamentsvollstrecker in der Verwaltung des Nachlasses beschränkt oder hat der Erblasser angeordnet, dass der Testamentsvollstrecker in der Eingehung von Verbindlichkeiten für den Nachlass nicht beschränkt sein soll, so ist dies in dem Zeugnis anzugeben.

(2) Ist die Ernennung nicht in einer dem Nachlassgericht vorliegenden öffentlichen Urkunde enthalten, so soll vor der Erteilung des Zeugnisses der Erbe wenn tunlich über die Gültigkeit der Ernennung gehört werden.

(3) Die Vorschriften über den Erbschein finden auf das Zeugnis entsprechende Anwendung; mit der Beendigung des Amts des Testamentsvollstreckers wird das Zeugnis kraftlos.

A. Allgemeines

Der Vermerk über die Anordnung der Testamentsvollstreckung in dem Erbschein bezeugt die Verfügungsbeschränkung des Erben. Das reicht jedoch nicht aus, den Testamentsvollstrecker im Rechtsverkehr zu legitimieren. Diese Funktion übernimmt das Testamentsvoll-

§ 2368 BGB | Testamentsvollstreckerzeugnis

streckerzeugnis. Es ist der amtliche Nachweis darüber, dass der darin genannten Person die Rechte und Pflichten eines Testamentsvollstreckers zustehen.

2 Die Richtigkeit des Testamentsvollstreckerzeugnisses wird vermutet. Das bezieht sich darauf, dass der in dem Zeugnis genannte Testamentsvollstrecker wirksam ernannt worden ist und nur den in dem Zeugnis angegebenen Beschränkungen unterliegt (OLG Düsseldorf FamRZ 2001, 123, 124). Keine Richtigkeitsvermutung besteht hinsichtlich der Fortdauer des Amtes. Im Übrigen kann auf die Erläuterungen zu § 2365 verwiesen werden.

3 Ebenso wie der Erbschein ist auch das Testamentsvollstreckerzeugnis mit öffentlichem Glauben ausgestattet. Dieser reicht so weit, wie die Richtigkeitsvermutung wirkt. In diesem Umfang ist ein gutgläubiger Erwerb von dem Testamentsvollstrecker in den in §§ 2366, 2367 genannten Fällen möglich.

4 Anders als der öffentliche Glaube des Erbscheins umfasst der öffentliche Glaube des Testamentsvollstreckerzeugnisses auch den Abschluss von Verpflichtungsgeschäften durch den Testamentsvollstrecker. Das folgt daraus, dass der wirkliche Testamentsvollstrecker zur Eingehung von Verbindlichkeiten berechtigt ist (§§ 2206, 2207). Somit gelten die von dem in dem Zeugnis genannten Testamentsvollstrecker für den Nachlass begründeten Verbindlichkeiten als Nachlassverbindlichkeiten, auch wenn er nicht der wirkliche Testamentsvollstrecker ist oder wenn ihm die Befugnis zum Eingehen von Nachlassverbindlichkeiten fehlt.

5 Besteht zwischen dem Erbschein und dem Testamentsvollstreckerzeugnis ein Widerspruch, entfällt sowohl die Vermutung der Richtigkeit des Zeugnisses als auch sein öffentlicher Glaube.

6 Die Richtigkeitsvermutung und der öffentliche Glaube des Testamentsvollstreckerzeugnisses enden, wenn das Amt des Testamentsvollstreckers beendet ist. Eine besondere Einziehung oder Kraftloserklärung des Zeugnisses ist in diesem Fall nicht notwendig (vgl OLG München Rpfleger 2005, 661); im Interesse der Sicherheit des Rechtsverkehrs empfiehlt sich das jedoch. Ob der gutgläubige Dritte von der Beendigung des Amtes Kenntnis hat, ist unerheblich.

7 Aus dem Testamentsvollstreckerzeugnis müssen sich die Person des Erblassers, die Person des Testamentsvollstreckers, seine Befugnisse nach §§ 2209, 2210, 2224, die ihm auferlegten Beschränkungen wie zB die Beschränkung auf besondere Aufgaben (§§ 2222, 2223), das Verbot der Veräußerung von Nachlassgegenständen, die gegenständliche Beschränkung, die Anordnung über die Dauer der Testamentsvollstreckung, überhaupt alle Einschränkungen der ges Verfügungsmacht, ergeben.

B. Gemeinschaftliches Testamentsvollstreckerzeugnis

8 Sind mehrere Testamentsvollstrecker ernannt worden, kann ein gemeinschaftliches Testamentsvollstreckerzeugnis erteilt werden. Möglich ist auch die Erteilung eines Teil-Testamentsvollstreckerzeugnisses, welches nur einen oder mehrere, jedoch nicht alle Testamentsvollstrecker ausweist; allerdings sind nicht als Testamentsvollstrecker ausgewiesene Mitvollstrecker auch in diesem Zeugnis anzugeben.

C. Antrag

9 Wie der Erbschein wird auch das Testamentsvollstreckerzeugnis nur auf Antrag erteilt. Antragsberechtigt ist jeder Testamentsvollstrecker, sobald er das Amt angenommen hat und ernannt worden ist. Nachlassgläubigern steht das Antragsrecht in den Fällen der §§ 792, 896 ZPO zu. Der Erbe hat kein Antragsrecht (BayObLG FamRZ 1995, 124, 125), denn seiner Legitimation dient nur der Erbschein, nicht aber das Testamentsvollstreckerzeugnis. Der Antrag muss den Todeszeitpunkt des Erblassers, die Person des oder der Erben, die letztwillige Verfügung, auf der die Anordnung der Testamentsvollstreckung beruht, die Erklärung, ob und welche Personen vorhanden sind oder waren, durch die der Antragsteller von dem Amt ausgeschlossen oder in seinen Befugnissen beschränkt werden

würde, die Angabe weiterer letztwilliger Verfügungen des Erblassers und die Erklärung zu der Anhängigkeit eines Rechtsstreits über die Ernennung des Testamentsvollstreckers enthalten. Wegen Einzelheiten hierzu und hinsichtlich des Nachweises der Angaben des Antragstellers wird auf die Erläuterungen zu §§ 2354 – 2356 verwiesen.

D. Zuständigkeit, Verfahren und Kosten

Für die Erteilung des Testamentsvollstreckerzeugnisses ist das Nachlassgericht sachlich zuständig, auch wenn zum Nachlass ein Hof iSd HöfeO gehört (BGHZ 58, 105). Die örtliche Zuständigkeit ist dieselbe wie bei der Erteilung eines Erbscheins (siehe § 2353 Rn 34 ff). Funktionell zuständig ist der Richter, nicht der Rechtspfleger (§ 16 Abs. 1 Nr. 6 RpflG). Dieselben Zuständigkeiten bestehen bei der Einziehung und Kraftloserklärung des Testamentsvollstreckerzeugnisses. Für das Verfahren des Nachlassgerichts gelten dieselben Grundsätze wie für das Erbscheinerteilungsverfahren. Insoweit wird auf die Erläuterungen zu § 2358 verwiesen. **10**

Ebenso wie bei der Entscheidung über den Antrag auf Erteilung eines Erbscheins kann das Nachlassgericht dem Antrag auf Erteilung eines Testamentsvollstreckerzeugnisses nur mit dem beantragten Inhalt stattgeben oder den Antrag zurückweisen; ein Zeugnis mit einem anderen Inhalt darf es nicht erteilen. **11**

Für die Beschwerde und die weitere Beschwerde gegen die Entscheidungen des Nachlassgerichts im Zusammenhang mit der Erteilung und Einziehung des Testamentsvollstreckerzeugnisses gelten dieselben Grundsätze wie im Erbscheinverfahren. Auf die Erläuterungen in § 2353 Rn 46 ff und in § 2361 Rn 15 ff wird deshalb verwiesen. **12**

Für die Erteilung des ersten Testamentsvollstreckerzeugnisses wird die volle Gebühr erhoben (§ 109 Abs. 1 Nr. 2 iVm § 107 Abs. 1 KostO), für jedes weitere Zeugnis ein Viertel der vollen Gebühr (§ 109 Abs. 1 Nr. 2 KostO). Der Geschäftswert bestimmt sich nach § 30 Abs. 2 KostO. Bei seiner Festsetzung sind der Wert des der Testamentsvollstreckung unterliegenden Vermögens, der Umfang und die Schwierigkeit der Tätigkeit des Testamentsvollstreckers sowie die Bedeutung für den Nachlass und die Erben zu berücksichtigen. Unter Berücksichtigung dieser Fakten ist ein Bruchteil des Nachlasses als Wert maßgebend. Fehlen genügende Anhaltspunkte für eine Schätzung des Werts, ist der Regelwert von 3.000 € anzusetzen. Kostenschuldner sind der Antragsteller (§ 2 Nr. 1 KostO) und die Erben (§ 3 Nr. 3 KostO iVm 2206 BGB). **13**

§ 2369 Gegenständlich beschränkter Erbschein

(1) Gehören zu einer Erbschaft, für die es an einem zur Erteilung des Erbscheins zuständigen deutschen Nachlassgericht fehlt, Gegenstände, die sich im Inland befinden, so kann die Erteilung eines Erbscheins für diese Gegenstände verlangt werden.

(2) Ein Gegenstand, für den von einer deutschen Behörde ein zur Eintragung des Berechtigten bestimmtes Buch oder Register geführt wird, gilt als im Inland befindlich. Ein Anspruch gilt als im Inland befindlich, wenn für die Klage ein deutsches Gericht zuständig ist.

A. Zweck

Die **internationale Zuständigkeit** deutscher Nachlassgerichte bestimmt sich grds nach der **Gleichlauftheorie** (dazu MüKo/*Sonnenberger* Einl IPR Rn 464 ff; Staudinger/*Dörner* Art. 25 EGBGB Rn 797 ff): Sie sind international grds nur zuständig, wenn und soweit auf die Erbfolge deutsches Recht anwendbares Sachstatut ist oder ein internationales Abkommen (Rn 17; vgl Art. 3 Abs. 2 Satz 1 EGBGB) die deutsche Zuständigkeit begründet. Abgesehen von solchen Abkommen ist das deutsche Nachlassgericht also international nur zuständig, **1**

§ 2369 BGB | Gegenständlich beschränkter Erbschein

wenn auf die Erbfolge **deutsches Erbrecht** (Statuszugehörigkeit) unmittelbar gem Art. 25 EGBGB oder aufgrund von Rück- oder Weiterverweisungen (vgl Art. 4 Abs. 1 Satz 2 EGBGB) Anwendung findet, also für den Erbfall materiell-rechtlich deutsches Erbrecht mindestens teilweise gilt (BayObLGZ 1959, 8, 11; 1961, 176, 177; 1971, 34, 37; 1972, 383, 384; NJW 1967, 447 ff; 1987, 1148; NJW-RR 2000, 298; FamRZ 1990, 1123, 1124; 1991, 1237, 1238; 1998, 1199, 1200; 2003, 1594; 1595, 1598; 2005, 310, 311; Rpfleger 1994, 25; ZEV 1995, 416; 2001, 487, 488; 2005, 168, 169; OLG Brandenburg FamRZ 1998, 985, 986; OLG Frankfurt OLGZ 77, 181; KGR 2000, 363; OLG Köln DNotZ 1993, 171; OLG Hamm Rpfleger 1973, 249; 303; ZEV 2005, 436, 437; OLG Zweibrücken FamRZ 1998, 263; 2003, 1697, 1700; NJW-RR 2002, 154; Staudinger/*Schilken* Rn 11; *v Bar* IPR II § 3 Rn 389 f; *Neuhaus* Grundbegriffe, § 57 S 424 ff, 430; *Schotten* Rn 340; *Dölle* RabelsZ 27 [1962/1963], 201, 203 f; *Riering* MittBayNot 1999, 519). Durch den Gleichlauf von materiellem Recht und Verfahrensrecht sollen Widersprüche zwischen Entscheidungen deutscher Nachlassgerichte und ausländischer Nachlassgerichte bzw -stellen vermieden werden; gerade in der Nachlassgerichtsbarkeit stünden materielles Recht und Verfahrensrecht in einem unlösbaren Zusammenhang (vgl die Nachw bei *Dölle* aaO, 203). Die **hL** will dagegen § 73 ZPO direkt oder analog anwenden (MüKo/*Sonnenberger* Einl IPR Rn 445 f, 468 ff; MüKo/*Birk* Art. 25 EGBGB Rn 317; Soergel/*Schurig* Art. 25 EGBGB Rn 50; Staudinger/*Dörner* Art. 25 EGBGB Rn 811 ff; *Heldrich* NJW 1967, 417, 420; auch [ohne Begründung] OLG Schleswig-Holstein SchlHA 1978, 37, 38).

2 Ist **ausländisches Recht** anwendbar, kann die internationale Zuständigkeit deutscher Gerichte nur bei besonderen Gründen angenommen werden (BayObLG NJW 1967, 447 ff). In der Praxis erachten sich die Gerichte insoweit für zuständig, als dass Verrichtungen mit der Erbscheinserteilung in engem Zusammenhang stehen, zB bei der Testamentseröffnung (LG Lübeck IPRspr 58/59 Nr. 202), der Entgegennahme einer Annahme- oder Ausschlagungserklärung nach griechischem ZGB (BayObLG NJW-RR 1998, 798, 800) oder einer nach österreichischem materiellen Erbrecht erforderlichen Annahmeerklärung (Rn 49) oder der Einziehung eines Erbscheins (BayObLG NJW 1971, 991). Besondere Gründe werden außer bei Maßnahmen zur Sicherung des Nachlasses gem §§ 1960, 1961 (BGH NJW 1968, 353; BayObLGZ 1982, 288; KGJ 1953, 79; JW 1934, 909; F/F/D/H/*Firsching*/*Heusler* Deutschland C Rn 799 ff; Staudinger/*Dörner* Art. 25 EGBGB Rn 803 ff) insb bei dringendem Fürsorgebedürfnis oder der Gefahr der Rechtsverweigerung bejaht (vgl BayObLG NJW 1961, 1969; 1967, 447 [mit *Heldrich* aaO 417 und *Neuhaus* aaO 1167]; 2123; NJW-RR 2000, 298, 299 f; OLG Frankfurt OLGZ 77, 180; KG JR 1963, 144 f; OLG Zweibrücken IPRax 1987, 108; AnwK/*Kroiß* Art. 25 EGBGB Rn 135; B/R/*Lorenz* Art. 25 EGBGB Rn 64; MüKo/*Mayer* Rn 10; *Bumiller*/*Winkler* § 73 FGG Rn 10; Palandt/*Heldrich* Art. 25 EGBGB Rn 18; PWW/*Freitag* Art. 25 EGBGB Rn 35; Soergel/*Schurig* Art. 25 EGBGB Rn 56, 64; Staudinger/*Dörner* Art. 25 EGBGB Rn 808 f; FA-ErbR/*Rohlfing* Kap 11 Rn 253; Hdb Pflichtteilsrecht/*Süß* § 15 Rn 307; *Hohloch* ZEV 1997, 469, 473; *Neuhaus* NJW 1967, 1167; *Dölle* RabelsZ 27 [1962/63], 201, 213 ff, 220 ff, 234).

3 Von dem Standpunkt der Gleichlauftheorie aus erscheint **§ 2369 Abs. 1** daher als **Ausnahme**, während die hL die Norm als Bestätigung der Belegenheitszuständigkeit (§ 73 Abs. 3 FGG) sieht (vgl zum Streit BayObLG NJW 1971, 991; 1974, 1075; FamRZ 1977, 490; 1994, 330; 1354; OLG Hamm Rpfleger 1973, 249; 303; AnwK/*Kroiß* Rn 2; B/R/*Lorenz* Art. 25 EGBGB Rn 66; Keidel/Kuntze/*Winkler* § 73 FGG Rn 32; Palandt/*Edenhofer* Rn 1; Soergel/*Schurig* Art. 25 EGBGB Rn 63 f; *Kegel*/*Schurig* § 21 IV 1): Nach hM eröffnet § 2369 im Interesse des Verkehrs und der Rechtssicherheit eine internationale Zuständigkeit, wenn wegen der Anwendung ausländischen Rechts **kein** Erbschein nach § 2353 als sog **Eigenrechtserbschein** ausgestellt werden kann, im Inland Nachlassgegenstände vorliegen (Rn 26) und das Nachlassgericht die Erteilung des Erbscheins auf das inländische Nachlassvermögen territorial beschränkt. Durch den Erbschein nach § 2369 – den sog **Fremdenrechtserbschein** – werden Verfügungen über im Inland belegenen, aber nach ausländischem Recht vererbten Nachlass erleichtert und insb die Grundbuchberichtigung (dazu PWW/*Deppenkemper* § 2353 Rn 7) ermöglicht (Rn 8).

Ein von einem international und damit zugleich örtlich **unzuständigen** Gericht erteilter Erbschein ist unrichtig. Er beschwert den Erben selbst dann, wenn er inhaltlich der Erbrechtslage entspricht. Er ist auf die Beschwerde hin durch das Nachlassgericht, welches ihn erteilt hat, einzuziehen (BayObLGZ 1964, 291, 292; KG Rpfleger 1966, 209; OLG Hamm OLGZ 1972, 352, 353; OLG Zweibrücken ZEV 2001, 488, 489 m krit Anm *Riering* MittBayNot 2002, 204 f; Soergel/*Schurig* Art. 25 EGBGB Rn 66; Staudinger/*Dörner* Art. 25 EGBGB Rn 823).

Das **Haager Erbrechtsübereinkommen** v 1. 8. 1989 (inoffizieller deutscher Text IPRax 2000, 53; s auch Reimann/Bengel/Mayer/*Riering* B Rn 14) ist in Deutschland nicht in Kraft. Zur Zeit wird ein »**Grünbuch Erb- und Testamentsrecht**« KOM(2005) 65 endgültig (ZEV 2005, 138 f; dazu *Dörner/Hertel/Lagarde/Riering* IPRax 2005, 1 ff; *Dörner* ZEV 2005, 137 f; *Lehmann* IPRax 2006, 204 ff; *Voltz* IPRax 2005, 64 f) mit 39 Fragen diskutiert, welches die internationale Zuständigkeit von Gerichten bei Erbstreitigkeiten sowie die bei einem Erbfall anwendbaren Kollisionsnormen – vorgesehen ist (grds für den gesamten Nachlass mit Ausnahmen) eine objektive Anknüpfung des Erbstatuts an den letzten gewöhnlichen Aufenthalt des Erblassers – harmonisieren will. Gerade in Hinblick auf die zunehmende Mobilität der EU-Bürger und internationalen familiären Bindungen erscheint dieses sinnvoll. Für diese Anknüpfung, die von der geltenden Anknüpfung an der letzten Staatsangehörigkeit (Art. 25 Abs. 1 EGBGB) abweicht, spricht, dass am letzten Wohnort, wenn er längere Zeit bestand, idR auch der größte Teil des Nachlasses belegen sein wird. Bei mehreren Millionen in Deutschland lebenden ausländischen Mitbürgern, für die nach bisherigem Recht idR ein Fremdenrechtserbschein zu erteilen sein wird (Rn 11), wäre für die Nachlassgerichte eine einheitliche Wohnsitzanknüpfung des Erbstatuts sehr hilfreich (*Basedow* NJW 1996, 2971, 2977; *Dörner/Hertel/Lagarde/Riering* IPRax 2005, 1, 2, 4 f; auch *Kroiß* ErbR 2006, 2). Ferner wird ein **europäischer Erbschein** angeregt; dazu *Baldus* GPR 2006, 80 – 82; *Dörner/Hertel/Lagarde/Riering* aaO S 7 f.

B. Wirkung

Die Wirkung des Fremdenrechtserbscheins nach materiell ausländischem Recht ist **territorial begrenzt** auf den in Deutschland befindlichen Nachlass (idR) eines Ausländers (Staudinger/*Schilken* Rn 3, 10; *Zimmermann* Rn 404). Die **§§ 2365 – 2367** gelten wie beim Erbschein nach § 2353 als sog Eigenrechtserbschein (*Lange/Kuchinke* § 39 IV 5a). Sie erfassen aber keine Nachlassgegenstände, die sich im Ausland befinden. Wie auch der Eigenrechtserbschein (PWW/*Deppenkemper* § 2353 Rn 4) bezeugt der Fremdenrechtserbschein nur die Zuordnung der Erbschaft, nicht die Zugehörigkeit einzelner Gegenstände zum Nachlass. Der Erbschein nach § 2369 kann – wie ein Eigenrechtserbeschein (Rn 66b, 70) – auf eine bestimmte Nachlassmasse (beweglicher oder unbeweglicher) Nachlass beschränkt sein. Eine solche Beschränkung ist im Erbschein kenntlich zu machen (Rn 33, 70; Staudinger/*Schilken* Rn 5).

Nur wenige andere Staaten (zB Griechenland [Art. 1956 – 1966 ZGB] und Israel; in Italien das *certificato di eredità* in Südtirol und Venetien; mit schwächerer Wirkung die Schweiz [Art. 559 ZGB]) kennen einen dem deutschen Erbschein vergleichbaren Erbnachweis (vgl MüKo/*Mayer* Vor § 2353 Rn 2 f; Staudinger/*Schilken* Einl zu §§ 2353 Rn 44 ff; Bauer/v Oefele/*Schaub* Internationale Bezüge Rn 564 ff). Eine Anerkennung ausländischer Erbnachweise ist nicht durch das Brüsseler EWG-Übereinkommen über die gerichtliche Zuständigkeit und die Vollstreckung in Zivil- und Handelssachen v 27. 9. 1968 (BGBl 1972 II S 774, idR des 1. Beitrittsübereinkommens v 9. 10. 1978, BGBl 1983 II S 803) vereinbart, da der dortige Art. 1 Abs. 2 ausdrücklich das Gebiet des Erbrechts ausnimmt. Insoweit nicht zwischenstaatliche Vereinbarungen, wie sie zB zwischen Deutschland und der Türkei bestehen (Rn 18), die Anerkennung vorsehen (vgl Staudinger/*Dörner* Art. 25 EGBGB Rn 867 f, 876), ist das Nachlassgericht trotz **§ 16a FGG** an einen **ausländischen** Erbschein (verfahrensrechtlich) nicht gebunden (BVerwG LKV 2005, 221, 223; BayObLGZ

1965, 377, 383; NJW-RR 1991, 1098, 1099; OLG Hamm ZEV 2005, 436, 437; KG NJW 1954, 1331; FamRZ 1998, 308 f; B/R/*Seidl* Rn 10; B/R/*Lorenz* Art. 25 EGBGB Rn 73; Keidel/*Zimmermann* § 16a FGG Rn 2n; MüKo/*Mayer* Rn 3, § 2353 Rn 179; Soergel/*Zimmermann* Rn 4; Staudinger/*Schilken* Rn 12; Staudinger/*Dörner* Art. 25 EGBGB Rn 874; Zöller/*Geimer* § 328 Rn 90a; FA-ErbR/*Rohlfing* Kap 11 Rn 287; **aA** Bengel/Reimann/Haas Hdb Testamentsvollstreckung Kap 9 Rn 460; Bauer/v Oefele/*Schaub* Internationale Bezüge Rn 558 f; Gotthardt ZfRV 35 [1991], 6 ff, 13: zum franz Recht; *Griem* 28 ff, 50; s.a. *Siehr* § 21 III 2). Auch ein von einem deutschen Gericht erteilter Erbschein kann eingezogen (§ 2361) werden und entfaltet keine Rechtskraft (PWW/*Deppenkemper* § 2353 Rn 4). Der ausländische Erbschein kann in seiner Wirkung nicht weiter gehen als ein inländischer (Soergel/*Zimmermann* Rn 4; Keidel/Kuntze/*Winkler* § 73 Rn 32). Zudem werden ausländische Erbscheine idR nicht im Rahmen eines Amtsermittlungsverfahrens erteilt (*Zimmermann* Rn 736). Auch wird die ausländische Behörde ihren Nachweis aus Sicht des ausländischen IPR, also nicht unter Berücksichtigung der ggf abweichenden Anknüpfung aus Sicht des deutschen IPR und dem dann anwendbaren Erbstatut, erstellt haben. Ferner kommt auch die materiell-rechtliche Gutglaubenswirkung der §§ 2365 ff ausländischen Erbscheinen nach hM idR nicht zu (Meikel/*Roth* § 35 GBO Rn 47; MüKo/*Birk* Art. 25 EGBGB Rn 361; PWW/*Freitag* Art. 25 EGBGB Rn 37; Staudinger/*Schilken* Rn 12; Staudinger/*Dörner* Art. 25 EGBGB Rn 875; *Zimmermann* 736; **aA** Erman/*Hohloch* Art. 25 EGBGB Rn 55; Kegel/*Schurig* § 21 IV 4). Ausländische Erbbescheinigungen können also nur die Rechtsauffassung der ausstellenden ausländischen Behörde bezeugen, insoweit das fremde Recht selbst ihnen diese Wirkung zuerkennt.

8 Ein Erbschein (in Urschrift oder Ausfertigung) nach § 2369 ist ebenso wie der nach § 2353 zum Nachweis der Erbfolge iSd § 35 Abs. 1 Satz 1 GBO geeignet (Bauer/v Oefele/*Schaub* § 35 GBO Rn 56, 58; *Demharter* § 35 GBO Rn 13; Meikel/*Roth* § 35 GBO Rn 42, 44). Ergibt die Auslegung einer ausländischen Sachnorm, dass ein ausländischer Erbschein insb nach seiner Funktion und seinem Inhalt mit dem deutschen Erbschein vergleichbar ist, wäre es denkbar, dem ausländischen Erbschein als im Tatbestand einer deutschen Rechtsnorm gleichwertig anzusehen (Substitution; vgl Palandt/*Heldrich* Art. 25 EGBGB Rn 22 mit Einl vom Art. 3 EGBGB Rn 31). Nach hM genügt aber (abgesehen vom Nachweis nach § 35 Abs. 2 Satz 1 GBO) auch ein solcher ausländischer Erbschein wegen der Sondervorschrift des § 35 GBO, die § 16a FGG (dazu Rn 7) vorgeht, nicht, um eine Eigentumsübertragung im **Grundbuchverfahren** zu bewirken (KG DRpfl 1938, 601; DNotZ 1953, 406 m Anm *Firsching*; FamRZ 1998, 308; OLG Zweibrücken Rpfleger 1990, 121; 1997, 384; AnwK/*Kroiß* Art. 25 EGBGB Rn 163; B/R/*Lorenz* Art. 25 EGBGB Rn 73; *Demharter* § 35 GBO Rn 13; F/F/D/H/*Firsching/Heusler* Deutschland C Rn 896; Kuntze/Eickmann § 35 GBO Rn 25; Meikel/*Roth* § 35 GBO Rn 42, 46 ff; MüKo/*Mayer* § 2353 Rn 179; Schöner/Stöber Rn 800; Staudinger/*Schilken* Rn 11, 12; Staudinger/*Dörner* Art. 25 EGBGB Rn 875; s auch DNotI-Rep 2000, 81 f; **aA** Erman/*Hohloch* Art. 25 EGBGB Rn 55; Bauer/v Oefele/*Schaub* Internationale Bezüge Rn 558 ff, 587: bei funktionaler Gleichwertigkeit; MüKo/*Birk* Art. 25 EGBGB Rn 363: ein ausländisches Zeugnis könne die Funktion eines Erbscheins erfüllen, soweit sich um die erbrechtliche Legitimation handelt und es insoweit dem inländischen Erbschein gleichkommt; ähnlich Soergel/*Schurig* Art. 25 EGBGB Rn 74; vgl auch *Kaufhold* ZEV 1997, 399, 405; *Ludwig* NotBZ 2003, 216, 221).

C. Ausländisches Erbrecht

9 Eine Erteilungsvoraussetzung ist es, dass es an einem zur Erteilung des Erbscheins zuständigen deutschen Nachlassgericht fehlt (**Abs. 1**). Ein Fremdenrechtserbschein nach § 2369 kommt nur in Betracht, wenn nicht nach § 2353 ein Eigenrechtserbschein erteilt werden kann. Wegen der objektiven Anknüpfung für die ges Erbfolge an das letzte Heimatrecht des Erblassers (Art. 25 Abs. 1 EGBGB) ist – vorbehaltlich einer Rechtswahl (Art. 25 Abs. 2 EGBGB) – für Nachlassvermögen eines deutschen Erblassers ohne Berück-

sichtigung der Belegenheit einzelner Nachlassgegenstände (s. aber Rn 6) oder des letzten Wohnsitzes des Erblassers aus deutscher Sicht grds deutsches materielles Erbrecht anwendbar. Nach der Gleichlauftheorie (Rn 1) ist dann eine Zuständigkeit deutscher Nachlassgerichte gegeben und ein Eigenrechtserbschein zu erteilen. Das gilt auch, wenn der Erblasser – unabhängig vom Wohnsitz oder Aufenthalt – **auch** Deutscher und daher auf den Erbfall deutsches Erbrecht anwendbar (vgl Art. 5 Abs. 1 Satz 2 EGBGB) war (BayObLG NJW-RR 2001, 297; Staudinger/*Schilken* Rn 4).

Ist deutsches Recht nur bzgl eines **Nachlassteils** anwendbar, zB aufgrund Rechtswahl (Art. 25 Abs. 2 EGBGB) nur für das unbewegliche inländische Vermögen eines Ausländers, ist nur für diese Nachlassmasse ein Erbschein nach § 2353 und für den inländischen Nachlass, der materiellem ausländischen Recht unterfällt, zB der bewegliche Nachlass, ein gegenständlich beschränkter Erbschein nach § 2369 zu erteilen. Dieser territorial auf das Inland begrenzte Fremdenrechtserbschein kann also – wie auch der Eigenrechtserbschein nach § 2353 (vgl Soergel/*Schurig* Art. 25 EGBGB Rn 62) – zusätzlich auf nur eine Nachlassmasse beschränkt sein (s. zur Nachlassspaltung Rn 45 ff). Diese Beschränkung ist **kenntlich** zu machen (Rn 33). 10

Beispiel: Ein Erblasser mit US-amerikanischer Staatsangehörigkeit und letztem Wohnsitz in den USA hinterlässt beweglichen und unbeweglichen Nachlass in Deutschland. Aufgrund Art. 25 Abs. 1 EGBGB ist das Heimatrecht anwendbar, welches für den unbeweglichen Nachlass auf das deutsche materielle Recht zurückverweist. Für den beweglichen Nachlass bleibt es wegen der Wohnortanknüpfung beim materiellen Heimatrecht (Rn 62). Für das Grundstück ist ein gegenständlich und territorial beschränkter Eigenrechtserbschein, für den beweglichen Nachlass ein gegenständlich beschränkter Fremdenrechtserbschein zu erteilen. Die territoriale Beschränkung ist hier selbstverständlich (Rn 6). Die Erbscheine können in einer Urkunde zusammengefasst werden (sog »Doppelerbschein«, Rn 70).

Für einen Fremdenrechtserbschein ist demnach erforderlich, dass nach internationalem Privatrecht (teilweise) **ausländisches Erbrecht** anwendbar, dh der Erblasser nicht deutsch (dazu F/F/D/H/*Firsching/Heusler* Deutschland C Rn 362–392; Staudinger/*Dörner* Art. 25 EGBGB Rn 425 ff) iSv § 3 StAG oder Art. 116 Abs. 1, Abs. 2 GG (Art. 5 Abs. 1 Satz 2, Abs. 2 EGBGB) und deshalb nach dem Gleichlaufgrundsatz keine internationale Zuständigkeit des deutschen Nachlassgerichts gegeben ist (MüKo/*Mayer* Rn 7 ff). Bei einem **ausländischen Erblasser** ist grds ausländisches materielles Recht anwendbar, wenn das Heimatrecht die Verweisung des Art. 25 Abs. 1 EGBGB annimmt, so dass der Erblasser nach dem Recht des Heimatstaates beerbt wird (*lex patriae*, s. die Rn 45 genannten Länderübersichten). Ausnahmsweise kann aber auch ein **Ausländer nach deutschem Recht** beerbt werden. Dann gilt § 2369 schon nach seinem Wortlaut nach nicht (BayObLG NJW-RR 1991, 297, 298; ZEV 2001, 487, 488). Es ist dann ein Eigenrechtserbschein (§ 2353), kein Fremdenrechtserbschein, zu erteilen. Mögliche Fälle (vgl F/F/D/H/*Firsching/Heusler* Deutschland C Rn 793 ff, 303 ff; MüKo/*Birk* Art. 25 EGBGB Rn 347; *Edenfeld* ZEV 2000, 482, 483) sind: 11

- **Staatenlosigkeit** (vgl UN-Staatenlosenkonvention v 28. 9. 1954, BGBl 1976 II S 474; in der Bundesrepublik Deutschland in Kraft getreten am 24. 1. 1977) des Erblassers, wenn ihn kein Staat aufgrund seines Rechts als Staatsangehörigen ansieht. Sein Personalstatut bestimmt sich dann nach seinem gewöhnlichen (»*résidence habituelle*«) Wohnsitz iS eines tatsächlichen Daseinsmittelpunktes (BGH NJW 1975, 1068; 1993, 2047, 2048) bzw mangels eines solchen nach seinem (schlichten) Aufenthalt. Demnach ist ggf deutsches materielles Recht anwendbar (Art. 5 Abs. 2 EGBGB; vgl F/F/D/H/*Firsching/Heusler* Deutschland C Rn 304 ff; Staudinger/*Dörner* Art. 25 EGBGB Rn 448). 12
Beispiel: Ein Staatenloser mit gewöhnlichem Aufenthaltsort **New York** stirbt dort. Er hinterlässt Grundstücke in Hannover und New York und jeweils auch bewegliches Vermögen. Anwendbar ist das IPR von New York, welches nach dem *domicile* des Erblassers anknüpft, aber für Grundstücke die *lex rei sitae* kennt (Rn 61): Die Erbfolge

in das Grundstück in Hannover beurteilt sich danach nach deutschem Recht, hinsichtlich der Immobilien in New York nach dem Recht dieses Staates. Bezüglich des beweglichen Nachlasses gilt insgesamt das Wohnortrecht. Insoweit sich der bewegliche Nachlass in Deutschland befindet, ist ein Fremdenrechtserbschein zu erteilen, für das in Deutschland belegene Grundstück ein Eigenrechtserbschein. War der letzte Wohnsitz des Erblassers in **Deutschland**, vererbt sich der gesamte bewegliche Nachlass unabhängig von seiner Belegenheit nach deutschem Recht (s. Rn 62, 66c; BayObLGZ 1958, 34, 38 ff; 1967, 418, 423 f). Ausgenommen das in New York belegene Grundstück ist für den ganzen Nachlass ein Eigenrechtserbschein zu erteilen.

13 **Flüchtlingseigenschaft** des Erblassers nach Art. 12 Abs. 1 Genfer Flüchtlingskonvention (GK): »Das Personalstatut jedes Flüchtlings bestimmt sich nach dem Recht des Landes seines Wohnsitzes oder, in Ermangelung eines Wohnsitzes, nach dem Recht seines Aufenthaltslandes« v 28. 7. 1951 (BGBl 1953 II 559; mit Zusatzprotokoll v 31. 1. 1967, BGBl 1969 II S 1294). Insoweit bestimmt sich das Personalstatut eines Flüchtlings nach seinem gewöhnlichen, sonst schlichten Wohnsitz (iS der *lex fori*; vgl KG FamRZ 1996, 545, 546), hilfsweise nach den Gesetzen seines Aufenthaltsortes (Staudinger/*Dörner* Art. 25 EGBGB Rn 451 ff). Statt Anknüpfungen, die im Ergebnis zum Erbrecht des Verfolgerstaates führten, gilt das Erbrecht des Wohnsitzes bzw Aufenthalts (B/R/*Lorenz* Art. 5 EGBGB Rn 29). Bereits erworbene Rechte bleiben aber von einem durch Begründung des Flüchtlingsstatus verursachten Statutenwechsel unberührt (Art. 12 Abs. 2 GK).

14 Das Asylverfahrensrecht erkennt in § 2 Abs. 1 AsylVfG **Asylberechtigten** und in § 3 AsylVfG iVm § 60 Abs. 1 AufenthG Personen, die unanfechtbar nicht abgeschoben werden dürfen, Flüchtlingsstatus zu (vgl BGH FamRZ 1993, 47; VG Düsseldorf NVwZ 1990, 102 f; *Schotten* Rn 38). Auch ansonsten bedarf es für Asylbewerber einer Ersatzanknüpfung, da sie sich von ihrem Heimatstaat abgewandt haben. Relevant ist auch hier der Wohnsitz: Asylbewerber haben bei entsprechender Dauer ihres Aufenthalts in Deutschland ihren gewöhnlichen Aufenthalt, solange ihre Abschiebung nicht konkret absehbar ist ([zu § 606a ZPO] OLG Bremen FamRZ 1992, 962; OLG Hamm NJW 1990, 651 f m Anm *Spickhoff* IPRax 1990, 225; OLG Köln FamRZ 1996, 946; OLG Koblenz NJWE-FER 1998, 207; OLG Nürnberg FamRZ 1989, 1304; 2002, 342; *Gottwald* FamRZ 2002, 1342; s. auch OLG Stuttgart FamRZ 1998, 1321, 1322). Zum Erlöschen der Aufenthaltsgestattung vgl § 67 AsylVfG, zur Anerkennung als Asylberechtigter s. § 72 AsylVfG, zu Rücknahme und Widerruf § 73 AsylVfG.

15 **(Teil)Rechtswahl** des Erblassers nach **deutschem** Recht (vgl Art. 25 Abs. 2 EGBGB; dazu OLG Hamburg IPRspr 2003, 281; F/F/D/H/*Firsching/Heusler* Deutschland C Rn 323 ff; Reimann/Bengel/Mayer/*Sieghörtner* B Rn 28; *Lange* DNotZ 2000, 332, 337 ff; *Mankowski/Osthaus* DNotZ 1997, 10; *Riering* ZEV 1995, 404) in Form einer Verfügung von Todes wegen (vgl Art. 26 EGBGB sowie die im Haager TestÜbk v 5. 10. 1961 [BGBl II 1965 S 1145, II 1966 S 11; in Kraft getreten am 1. 1. 1966 – dazu Staudinger/*Dörner* Vorbem Art. 25 f EGBGB Rn 31 ff, 40 ff; Text: *Jayme/Hausmann* Nr. 60] genannten Alternativen) bzgl im Inland belegenen **unbeweglichen** Vermögens (iS des deutschen Rechts), also (auch einzelnen) Grundstücken und die ihnen gleichgestellten Rechte wie Wohnungseigentum, Erbbaurecht und die beschränkten dinglichen Nutzungsrechte (Grundpfandrechte, Reallasten, dingliche Vorkaufsrechte).
Beispiel: Ein polnischer Erblasser bestimmt in einer Verfügung von Todes wegen, dass für eines seiner zwei in Hannover belegenen Grundstücke deutsches Erbrecht gelten solle. Insoweit ist deutsches materielles Erbrecht anwendbar. Für das andere Grundstück, auf das sich die Rechtswahl nicht bezog, bleibt es wegen der Anknüpfung an der Staatsangehörigkeit (Art. 25 Abs. 1 EGBGB) beim polnischen Erbrecht (s. dazu Rn 48). Das gilt auch bzgl der Erbfolge in den beweglichen Nachlass.

16 **Rechtswahl** des Erblassers, die das IPR des **Heimat**staates des ausländischen Erblassers gestattet (vgl für Finnland Erbgesetz Nr. 1228/2002 Kap 26 § 6 [dazu Staudinger/*Haus-*

mann Anh Art. 4 EGBGB Rn 149], Italien Art. 46 Abs. 2 Satz 1 des Gesetzes v 31. 5. 1995, Nr. 218 [Übersetzung *Kronke* IPRax 1996, 364; *Riering* IPR-Gesetze, 43 ff]; s. *Hausmann* JbItR 15/16 [2002/2003], 173, 192 ff], für Rumänien § 68 Abs. 1 IPRG, für die Schweiz Art. 90 Abs. 2 IPRG), da Art. 25 Abs. 1 EGBGB als Gesamtverweisung auch insoweit auf das ausländische Recht verweist (BayObLG FamRZ 1996, 694; Reimann/Bengel/Mayer/*Sieghörtner* B Rn 31; Staudinger/*Hausmann* Art. 4 EGBGB Rn 269; Staudinger/*Dörner* Art. 25 EGBGB Rn 470).

Völkerrechtliche Vereinbarung (Art. 3 Abs. 2 Satz 1 EGBGB), wie sie Deutschland mit der **Türkei** (Abkommen v 17. 2. 1929 als Anlage zu Art. 20 des Konsularvertrags v 28. 5. 1929, RGBl 1930 II S 748 mit BGBl II 1952 S 608, abgedruckt bei B/R/*Lorenz* Art. 25 EGBGB Rn 10; F/F/D/H/*Firsching/Heusler* Deutschland Texte Abschn 1. A. II 2 Nr. 12; MüKo/*Birk* Art. 25 EGBGB Rn 331; Staudinger/*Dörner* Vorbem zu Art. 25 f EGBGB Rn 164 ff; vgl auch AnwK/*Kesen* Länderbericht Türkei Rn 123 ff; Reimann/Bengel/Mayer/*Riering* B Rn 15; MüKo/*Birk* Art. 25 EGBGB Rn 299, 366; Staudinger/*Hausmann* Anh Art. 4 EGBGB Rn 337; *Schotten* Rn 264; s zum Abkommen *Dörner* ZEV 1996, 90 ff; *Kremer* IPRax 1981, 205 ff; *Naumann* RNotZ 2003, 343, 345 ff), und der **Sowjetunion** – heute mit Fortgeltung in Armenien (BGBl 1993 II 169), Aserbeidschan (BGBl 1996 II 2471), Georgien (BGBl 1992 II 1128), Kasachstan (BGBl 1992 II 1120; vgl F/F/D/H/*Weishaupt* Kasachstan C Rn 3), Kirgistan (BGBl 1992 II 1015; vgl F/F/D/H/*Weishaupt* Kirgisistan C Rn 3), Moldawien (BGBl 1996 II 768), der Russischen Föderation (BGBl 1992 II 1016, vgl Staudinger/*Hausmann* Anh Art. 4 EGBGB Rn 473), Tadschikistan (BGBl 1995 II 255), der Ukraine (BGBl 1993 II 1189), Usbekistan (BGBl 1993 II 2038; vgl F/F/D/H/*Weishaupt* Usbekistan C Rn 4) und Weißrussland (1994 II 2533; vgl F/F/D/H/*Mosgo* Weißrussland C Rn 14 f) – (Konsularvertrag v 25. 4. 1958, BGBl 1959 II 232; abgedruckt bei F/F/D/H/*Firsching/Heusler* Deutschland Texte Abschn 1. A. II. 2 Nr. 17; *Jayme/Hausmann* Nr. 40; MüKo/*Birk* Art. 25 EGBGB Rn 302 ff; Staudinger/*Dörner* Vorbem Art. 25 f EGBGB Rn 191 ff, 199 ff) geschlossen hat. Danach beurteilt sich jeweils die Erbfolge in **Immobilien** bzw Rechte an diesen nach dem Recht der **Belegenheit** (*lex rei sitae*).

§ 14 Abs. 1 der Anlage zum deutsch-**türkischen** Konsularvertrag regelt darüber hinaus, dass sich die erbrechtlichen Verhältnisse in Ansehung des **beweglichen** Nachlasses nach dem Recht des Staates bestimmt, dessen Nationalität der Erblasser zum Zeitpunkt seines Todes besaß (»Heimatrecht«). Diese Bestimmung sowie die zur Erbfolge in Immobilien (§ 14 Abs. 2) gehen nach Art. 3 Abs. 2 Satz 1 EGBGB den Art. 25 Abs. 1, 26 Abs. 5 EGBGB vor (Staudinger/*Dörner* Anh Art. 25 EGBGB Rn 683). § 15 dieses Vertrags sind **Klagen**, welche die Feststellung des Erbrechts, Erbschaftsansprüche, Ansprüche aus Vermächtnissen sowie Pflichtteilsansprüche zum Gegenstand haben, bzgl beweglichen Nachlasses bei den Gerichten des Heimatstaates und, soweit es sich um unbeweglichen Nachlass handelt, bei den Gerichten des Belegenheitsstaates anhängig zu machen. Die Entscheidungen sind von dem anderen Staat anzuerkennen. Ferner ist die gegenseitige **Anerkennung** von **Erbschein** und **Testamentsvollstreckerzeugnis** (§ 17) vereinbart: »Ein Zeugnis über ein erbrechtliches Verhältnis, insb über das Recht des Erben oder eines Testamentsvollstreckers, das von der zuständigen Behörde des Staates, dem der Erblasser angehörte, nach dessen Gesetzen ausgestellt ist, genügt, soweit es sich um beweglichen Nachlass handelt, zum Nachweis dieser Rechtsverhältnisse auch für das Gebiet des anderen Staates. Zum Beweise der Echtheit genügt die Beglaubigung durch einen Konsul oder einen diplomatischen Vertreter des Staates, dem der Erblasser angehörte.«

Beispiel: Hinterlässt ein **Türke** in Deutschland Grundstücke und beweglichen Nachlass, gilt für die Grundstücke materiell deutsches, für den beweglichen Nachlass materiell türkisches Recht (*Dörner* ZEV 1996, 90; *Kroiß* FÜR 2006, 136). Es kommt zur Nachlassspaltung (vgl Rn 45 ff). Bezüglich der Grundstücke ist ein Erbschein nach § 2353, hinsichtlich der Erbfolge in den beweglichen Nachlass ein Erbschein nach § 2369 (dazu

Naumann RNotZ 2003, 343, 370) zu erteilen.

19 Der deutsch-**sowjetische** Konsularvertrag regelt nur den unbeweglichen Nachlass (dort Art. 28 Abs. 3), enthält aber keine Bestimmung bzgl des beweglichen Nachlasses. Insoweit gilt aus deutscher Sicht Art. 25 Abs. 1 EGBGB (PWW/*Freitag* Art. 25 EGBGB Rn 5; Staudinger/*Dörner* Vor Art. 25 EGBGB Rn 196). Mithin kann es zur Nachlassspaltung (Rn 45 ff) kommen, wenn ein Russe in Deutschland neben unbeweglichen auch beweglichen Nachlass hinterlässt. Für in Deutschland belegene Grundstücke ist ein Erbschein nach § 2353, für den beweglichen Nachlass ein Erbschein nach § 2369 zu erteilen.

20 Das deutsch-**iranische** Niederlassungsabkommen v 17. 2. 1929 (RGBl 1931 II 9; BGBl 1955 II 829; abgedruckt bei F/F/D/H/*Firsching/Heusler* Deutschland Texte Abschn 1. A. II 2 Nr. 11; *Jayme/Hausmann* Nr. 17; MüKo/*Birk* Art. 25 EGBGB Rn 294; vgl auch OLG Hamm FamRZ 1993, 111; Reimann/Bengel/Mayer/*Riering* B Rn 17; *Schotten* Rn 263; *Birmanns* IPRax 1996, 320; *Schotten/Wittkowski* FamRZ 1995, 264) kennt das Prinzip der Nachlasseinheit und sieht in Art. 8 Abs. 3 die Anwendung des Heimatrechts vor (Staudinger/*Dörner* Vorbem Art. 25 f EGBGB Rn 147 ff und Anh Rn 237). Eine Rechtswahl eines Iraners nach Art. 25 Abs. 2 EGBGB, dass für Immobilien deutsches Erbrecht gelte, ist nach hM nicht zulässig (Erman/*Hohloch* Art. 25 EGBGB Rn 4; *v Bar* IPR II § 3 Rn 354; *Schotten/Wittkowski* aaO S 269; **aA** Staudinger/*Dörner* Art. 25 EGBGB Rn 155).

21 Umfassende oder teilweise **Rückverweisung** (»Renvoi«) des vom deutschen Recht zunächst berufenen ausländischen Rechts (vgl *Süß* ZEV 2000, 486 ff), welches statt an der Staatsangehörigkeit des ausländischen Erblassers zB an seinen letzten gewöhnlichen Aufenthaltsort bzw Wohnsitz oder an seinem *domicile* anknüpft und darüber in das deutsche Recht zurückverweist (vgl Soergel/*Schurig* Art. 25 EGBGB Rn 82). Wegen der Gesamtverweisung nach Art. 25, 4 Abs. 1 EGBGB auf das IPR des ausländischen Rechts (vgl Staudinger/*Hausmann* Art. 4 EGBGB Rn 246) wird nach Art. 4 Abs. 1 Satz 2 EGBGB die Rückverweisung stets angenommen, so dass deutsches Sachrecht anzuwenden ist (OLG Karlsruhe NJW 1990, 1420, 1421; s. auch MüKo/*Birk* Art. 25 EGBGB Rn 87 ff; Soergel/*Schurig* Art. 25 EGBGB Rn 79; Staudinger/*Dörner* Art. 25 EGBGB Rn 615 f, 621 ff, 638 ff). Es ist ein (ggf gegenständlich und territorial beschränkter) Eigenrechtserbschein zu erteilen (OLG Zweibrücken Rpfleger 1994, 466). Anderes gilt, wenn dass Heimatrecht auf eine dritte, mithin ausländische Rechtsordnung weiter verweist. Auch dieser Verweisung ist zu folgen (Art. 4 Abs. 1 Satz 1 EGBGB).
Beispiel: Ein Franzose mit letztem *domicile* in Paris hinterlässt Grundstücke und Mobilien in Deutschland. Aus deutscher Sicht richtet sich die Erbfolge in Mobilien nach französischem, die in Immobilien nach deutschem Recht (Rn 63, 66b). Lag das *domicile* in Deutschland, gilt aus deutscher Sicht auch für die Mobilien deutsches Erbrecht. Aus französischer Sicht weist Art. 25 Abs. 1 EGBGB auf das Heimatrecht zurück. Daher könnte sich eine Rechtwahl bzgl der in Deutschland belegenen Immobilien anbieten (Art. 25 Abs. 2 EGBGB).

D. *Ordre public* (Art. 6 EGBGB)

22 Ausländisches Recht wird **nicht** angewandt, wenn es im konkreten Fall (MüKo/*Sonnenberger* Art. 6 EGBGB Rn 47, 78) zu Ergebnissen führt, die mit wesentlichen Grundsätzen (dazu MüKo/*Sonnenberger* Art. 6 EGBGB Rn 49, 58 ff) des deutschen Rechts **offensichtlich unvereinbar** (dazu MüKo/*Sonnenberger* Art. 6 EGBGB Rn 81) sind, insb, wenn es mit den Grundrechten (des GG – vgl Erman/*Hohloch* Art. 6 EGBGB Rn 21; MüKo/*Sonnenberger* Art. 6 EGBGB Rn 50; Staudinger/*Blumenwitz* Art. 6 EGBGB Rn 74 – und der Landesverfassungen, und wohl auch der Grundrechte iSd der EMRK, so BT-Ds 10/504 S 44; AnwK/*Schulze* Art. 6 EGBGB Rn 51; Palandt/*Heldrich* Art. 6 EGBGB Rn 7; *v Bar/Mankowski* IPR I § 7 Rn 270) unvereinbar ist, ausländische Rechtsnormen anzuwenden (Art. 6 EGBGB: *ordre public*; vgl BGHZ 50, 370, 375; 75, 32, 43; 104, 240, 243; 118, 312, 330; PWW/*Mörsdorf-Schulte* Art. 6 EGBGB Rn 1). Nur insoweit der Verstoß reicht, wird das ausländische Recht un-

anwendbar. Die entstandene Regelungslücke ist, soweit erforderlich, nach dem Prinzip des geringstmöglichen Eingriffs primär durch die Anwendung des fremden Rechts und, ist dadurch ein eingetretener Normmangel nicht beseitigt, sekundär durch die *lex fori* als »Ersatzrecht« zu schließen (RGZ 106, 82, 85 f; BGH NJW 1959, 529, 532; 66, 296, 299; OLG Düsseldorf FamRZ 1998, 1113, 1114; OLG Hamm FamRZ 1993, 111, 116; IPRax 1995, 174, 176 f; OLG Neustadt FamRZ 1963, 51; KG OLGZ 68, 118, 120; F/F/D/H/*Firsching/Heusler* Deutschland C Rn 692; Palandt/*Heldrich* Art. 6 EGBGB Rn 13; Staudinger/*Dörner* Art. 25 EGBGB Rn 686 f). Nach **aA** sei deutsches Recht unter Berücksichtigung der ausländischen Ordnung anzuwenden (AnwK/*Schulze* Art. 6 EGBGB Rn 53; B/R/*Lorenz* Art. 6 EGBGB Rn 17; *v Bar/Mankowski* IPR I § 7 Rn 285 f, 288; *Kegel/Schurig* § 16 IV). Ein Verstoß gegen die Öffentliche Ordnung ist von Amts wegen zu beachten (MüKo/*Sonnenberger* Art. 6 EGBGB Rn 91), doch hat die Partei, der die Folge zugute kommt, ihn darzulegen (BGH IPRspr 1996 Nr. 233; FG Düsseldorf IPRspr 2002 Nr. 91). Korrekturen des ausländischen Erbstatuts sind im Erbschein anzugeben (OLG Hamm IPRax 1994, 49, 55; F/F/D/H/*Firsching/Heusler* Deutschland C Rn 880; MüKo/*Mayer* Rn 23; Palandt/*Heldrich* Art. 25 EGBGB Rn 20; Staudinger/*Dörner* Art. 25 EGBGB Rn 688, 841; *Lorenz* IPRax 1993, 148, 150).

Im Bereich des **Erbrechts** ist zu beachten, dass hier zT funktional ganz unterschiedliche 23 Nachfolgeregelungen mit oft gewachsenen sozialen und kulturellen Traditionen bestehen. Teilweise werden dem deutschen Recht wirtschaftlich ähnliche Ergebnisse durch rechtlich anders konzipierte Institute erreicht. Daher sollte ein Verstoß gegen die Öffentliche Ordnung nur bejaht werden, wenn das ausländische Recht **gravierend** von der deutschen Erbrechtsordnung abweicht (Erman/*Hohloch* Art. 6 EGBGB Rn 46). Das ist selten (s. auch F/F/D/H/*Firsching/Heusler* Deutschland C Rn 687; Reimann/Bengel/Mayer/*Siegholtner* B Rn 26).

Insoweit sind bei hinreichendem **Inlandsbezug**, dh hinreichend starker örtlicher Bezie- 24 hung des Sachverhalts zum deutschen Recht im Urteilszeitpunkt (vgl BGH NJW 1959, 529, 531; 1960, 189, 191; 1963, 1541, 1543; 1969, 988, 991; OLG Hamm ZEV 2005, 436, 438; Erman/*Hohloch* Art. 6 EGBGB Rn 16 f; MüKo/*Sonnenberger* Art. 6 EGBGB Rn 82), zu nennen die quotenmäßige Benachteiligung der weiblichen Erben gegenüber den männlichen, die das Doppelte bekommen, des islamischen Erbrechts (vgl Koran 4. Sure [Al-Nisa] Vers 12; s auch *Dörner* IPRax 1994, 33 ff; *Lorenz* IPRax 1993, 148 ff), die gegen Art. 3 Abs. 2 GG verstößt (OLG Hamm ZEV 2005, 436 ff m Anm *Looschelders* IPRax 2006, 462 ff u Anm *Lorenz* u Anm *Ludwig* FamRBint 2006, 9; B/R/*Lorenz* Art. 6 EGBGB Rn 25, Art. 25 EGBGB Rn 58; Erman/*Hohloch* Art. 25 EGBGB Rn 8; Staudinger/*Dörner* Art. 25 EGBGB Rn 691; Palandt/*Heldrich* Art. 6 EGBGB Rn 30; *Zimmermann* Rn 441; **aA** LG Hamburg IPRspr 1991 Nr. 142), sowie die Zurückstellung der überlebenden Ehefrau (B/R/*Lorenz* Art. 25 EGBGB Rn 58; Erman/*Hohloch* Art. 6 EGBGB Rn 50; Staudinger/*Dörner* Art. 25 EGBGB Rn 691; **aA** OLG Hamm FamRZ 1993, 111, 113 f). Hier sind die Erbquoten gleichheitsverträglich anzupassen (Erman/*Hohloch* Art. 6 EGBGB Rn 50; MüKo/*Sonnenberger* Art. 6 EGBGB Rn 97). Auch ist eine Anpassung vorzunehmen, wenn Ehebruchkindern das Erbrecht verweigert wird (MüKo/*Sonnenberger* Art. 6 EGBGB Rn 94) oder nichteheliche Kinder vom Erbe nach dem Vater ausgeschlossen sind (Staudinger/*Dörner* Art. 25 EGBGB Rn 693; **aA** LG Stuttgart FamRZ 1998, 1627; *Zimmermann* Rn 441). Es verstößt gegen Art. 3 Abs. 3, 4 GG, wenn Normen vorsehen, dass Kinder uU allein deswegen nichts erben, weil sie nichtislamischer Religion sind (OLG Hamm ZEV 2005, 436 ff; LG Hamburg IPRspr 1991 Nr. 142; AnwK/*Kroiß* Art. 25 EGBGB Rn 81; Bamberger/Roth/*Lorenz* Art. 6 EGBGB Rn 25; Staudinger/*Dörner* Art. 25 EGBGB Rn 692; *Riering* ZEV 1998, 456). Anderes gilt, wenn ein gesetzlich vorgesehener Erbrechtsausschluss dem tatsächlichen Willen des Erben entspricht und nach deutschem Recht (s. § 138) möglich wäre (OLG Hamm ZEV 2005, 436, 438 ff m Anm *Lorenz*; s. auch MüKo/*Birk* Art. 25 EGBGB Rn 114).

Allein, dass das ausländische Recht kein Pflichtteilsrecht oder Noterbrecht naher Ange- 25 höriger (dazu Rn 40) kennt, stellt trotz seiner Funktion im deutschen Recht, die wirtschaftliche Mindestbeteiligung sicherzustellen (BVerfG NJW 2005, 1561, 1562 f; 2691;

PWW/*Deppenkemper* Vor § 2303 Rn 1), keinen Verstoß gegen Art. 6, 14 Abs. 1 Satz 1 GG iSv Art. 6 EGBGB dar (RG JW 1912, 22 ff; BGH NJW 1993, 1920, 1921; OLG Köln FamRZ 1976, 170, 172, Erman/*Hohloch* Art. 6 EGBGB Rn 48; Staudinger/*Blumenwitz* Art. 6 EGBGB Rn 126; *Zimmermann* Rn 441; **aA** Staudinger/*Dörner* Art. 25 EGBGB Rn 695; *Lorenz* ZEV 2005, 440, 441; *Pentz* ZEV 1998, 449, 450; differenzierend *Gruber* ZEV 2001, 463, 468). Nach hM läge ein Verstoß aber vor, wenn der Erbberechtigte deswegen im Inland sozialhilfebedürftig wird (MüKo/*Birk* Art. 25 EGBGB Rn 113; PWW/*Freitag* Art. 25 EGBGB Rn 34; Soergel/*Schurig* Art. 25 EGBGB Rn 104; Staudinger/*Dörner* aaO; ablehnend F/F/D/H/*Firsching/Heusler* Deutschland C Rn 699 Fußn 1). Es ist **zulässig**, dass das ausländische Recht die Dispositionsbefugnis des Erblassers auf ein Drittel seines Nachlasses beschränkt (LG Hamburg IPRspr 1991 Nr. 142), es mehrere Ehefrauen eines verstorbenen Mannes am Nachlass beteiligt (Staudinger/*Dörner* Art. 25 EGBGB Rn 699), oder den Kreis der ges Erben viel weiter als das deutsche Recht zieht (BayObLG NJW 1976, 2076: Erbrecht der Lebensgefährtin in Israel). Gebilligt wurde auch ein unterschiedliches Erbstatut im Rückerstattungsfall (OLG Hamm NJW 1954, 1731), ein Genehmigungserfordernis bei Vermächtniserwerb durch eine Körperschaft (OLG Celle ROW 1989, 442 m Anm *Wohlgemuth* aaO 418; vgl auch KG FamRZ 1996, 973, 974), Verpflichtungsgeschäfte über Nachlassgegenstände von einer Zustimmung eines Testamentsvollstreckers abhängig zu machen (BGH NJW 1963, 44, 46), sowie eine Beschränkung der Testierfreiheit, die nach § 2302 unzulässig wäre (hM, MüKo/*Birk* Art. 25 EGBGB Rn 116; Staudinger/*Dörner* Art. 25 EGBGB Rn 701).

E. Inländische Nachlassgegenstände

26 Inländische Nachlassgegenstände müssen bei **Antragsstellung** (KG OLGZ 75, 293; MüKo/*Birk* Art. 25 EGBGB Rn 331; Staudinger/*Schilken* Rn 18; *Zimmermann* Rn 408; **aA** *Edenfeld* ZEV 2000, 482, 483: oder beim Erbfall; MüKo/*Mayer* Rn 14: bei Erbscheinserteilung) vorhanden sein (BGH ZEV 1995, 448), wobei verfahrensrechtlich die konkrete **Angabe** im Antrag (ggf Hilfsantrag, vgl BayObLG Rpfleger 1996, 199; Staudinger/*Schilken* Rn 14) genügt (BayObLG ZEV 1995, 256; 416, 417; 1998, 475; KG OLGZ 75, 293; DtZ 1992, 187; OLG Zweibrücken FamRZ 1992, 1474; Rpfleger 1994, 466; AnwK/*Kroiß* Rn 28; B/R/*Lorenz* Art. 25 EGBGB Rn 67; Palandt/*Edenhofer* Rn 7; Soergel/*Zimmermann* Rn 8; **aA** BGH aaO; MüKo/*Mayer* Rn 13). Ist offensichtlich kein inländischer Nachlass vorhanden, fehlt es aber am Rechtsschutzbedürfnis.

27 Die Angabe des Wertes oder der Art der Nachlassgegenstände ist nicht notwendig (OLG Zweibrücken Rpfleger 1994, 446) und sollte unterbleiben, da der Erbschein ihr Vorhandensein nicht bezeugt (Erman/*Schlüter* Rn 2). Welche vorhandenen Gegenstände zum Nachlass gehören, bestimmt nicht allgemein die *lex rei sitae* (so KG OLGZ 77, 457; Palandt/*Edenhofer* Rn 7), sondern richtet sich nach dem ausländischen Recht als dem zu Grunde zu legenden Erbstatut (vgl Art. 220 EGBGB Rn 21; allgemeiner aber BGH NJW 1959, 1317, 1318; MüKo/*Mayer* Rn 15; *Zimmermann* Rn 408). Ob aber ein Gegenstand sich bereits im Vermögen des Erblassers befand, ist eine selbstständig anzuknüpfende Vorfrage, die sich nach dem auf den Gegenstand anzuwendenden Recht bestimmt (KG ZEV 2000, 499, 500 m Hinw auf BGH DNotZ 1969, 300; KG DNotZ 1977, 749; Palandt/*Heldrich* Art. 25 EGBGB Rn 17; *Lorenz* NJW 1995, 176; s auch B/R/*Lorenz* Art. 25 EGBGB Rn 31; Reimann/Bengel/Mayer/*Sieghörtner* B Rn 60).

28 Bewegliche und unbewegliche Sachen (§ 90) befinden sich im Inland, wenn sie bei der Antragstellung (str., Soergel/*Zimmermann* Rn 8; Staudinger/*Dörner* Art. 25 EGBGB Rn 839) im Inland körperlich belegen sind (BayObLG FamRZ 1991, 725; AnwK/*Kroiß* Rn 27; *Edenfeld* ZEV 1997, 479, 482). Auf ihre Art oder ihren Wert kommt es nicht an (BayObLG ZEV 1995, 416, 417). An die Stelle von Grundstücken in der DDR ist ggf ein Restitutionsanspruch getreten (BayObLGZ 1994, 40; s. Rn 30). Nach der zwingenden Vorschrift des **Abs. 2 Satz 1** sind solche Nachlassgegenstände eingeschlossen, für die von einer deut-

schen Behörde ein zur Eintragung des Berechtigten bestimmtes Buch oder Register (zB Patentrollen oder ähnliche Schutzregister, Schuldbücher, Handelsregister, Schiffsregister oder Grundbuch) geführt wird. Es kommt nicht darauf an, dass die Gegenstände tatsächlich eingetragen sind. Es genügt, dass sie eingetragen werden könnten (MüKo/*Mayer* Rn 17).
Beispiel (*Edenfeld* ZEV 2000, 482, 484): Ein Grundstück ist nach § 2369 Abs. 1 im Inland belegen. Wegen der Eintragung des Erblassers (§ 891) kommt es auf Abs. 2 Satz 1 nicht an. Anderes gilt bei einer Vormerkung: Der von ihr gesicherte schuldrechtliche Anspruch auf dingliche Rechtsänderung ist eintragungsfähig, auch wenn er nicht eingetragen wird, §§ 883 Abs. 1, 885. Er gehört zum inländischen Nachlass.

Ansprüche befinden sich nach der Fiktion des **Abs. 2 Satz 2** im Inland, wenn für die Klage 29
ein deutsches Gericht zuständig ist (§§ 13 ff ZPO). Die Zuständigkeit auch aus einer Gerichtsstandvereinbarung (§ 38 ZPO) oder dem Vermögensgerichtsstand (§ 23 ZPO) ergeben (*Fetsch* ZEV 2005, 425 ff). Zu beachten ist die EuGVVO, nach der sich vorrangig (Musielak/*Heinrich* § 12 ZPO Rn 10; Zöller/*Vollkommer* § 12 ZPO Rn 5) die internationale Zuständigkeit deutscher Gerichte bei Sachverhalten mit Auslandsbezug (Thomas/Putzo/ *Hüßtege* EuGVVO Vorbem Rn 11; *Piltz* NJW 2002, 789, 790) bestimmen kann. Die Zuständigkeiten nach der EuGVVO – vgl zB dort Art. 2 ff, 5 ff – weichen zT von der nach der ZPO ab (*Fetsch* aaO). Inhaberpapiere sind am Verwahrungsort und am Sitz des Ausstellers belegen (OLG Frankfurt NJW 1955, 1564). Ist der Anspruch aufgrund eines Schadensereignisses nach dem Erbfall in der Person des Erben entstanden, ist § 2369 nicht anwendbar (BGH NJW 1972, 945, 946; BayObLGZ 1974, 460, 463; Staudinger/*Schilken* Rn 20; aA Palandt/*Edenhofer* Rn 7). Ansprüche nach dem Vermögensgesetz entstehen, wenn der Berechtigte nicht mehr lebt, originär in der Person seines Rechtsnachfolgers, also der des Erben (BGH DTZ 1996, 84, 85; BayObLG FamRZ 1991, 517, 518; KG ZEV 2000, 499, 500).

Restitutionsansprüche nach dem VermG – die nicht ihrerseits Vermögensgegenstände iSv 30
§ 25 Abs. 2 DDR-RAG sind (BGH FamRZ 1995, 1567; BayObLG ZEV 1996, 435; NJW 2000, 440, 442; OLG Düsseldorf NJW 1998, 2607, 2608; KG ZEV 2000, 499, 500; OLG Hamm FamRZ 1995, 758; 1092; OLG Jena OLG-NL 2001, 35, 39), so dass ein auf das in der ehemaligen DDR belegene Immobilienvermögen beschränkter Erbschein nicht in Betracht kommt, wenn nur Ansprüche nach dem VermG bestehen können (KG FamRZ 1996, 569) – sind inländisch (BayObLGZ 1994, 40, 45). Auch Lastenausgleichsansprüche (dazu *Bumiller*/*Winkler* § 73 FGG Rn 19 f; Keidel/Kuntze/*Winkler* § 73 FGG Rn 42 ff), die vor dem Tod des Erblassers entstanden sind, sind inländisch (BayObLG FamRZ 1991, 725; OLG Hamm NJW 1973, 2156). Ansonsten sind deutsche Nachlassgerichte nicht zuständig (Rn 29 aE; BGH NJW 1972, 945, 946). Ein solcher Anspruch befindet sich grds am Sitz des zuständigen Ausgleichsamts (BayObLG FamRZ 1991, 992; 1992, 1352; 1993, 368; Keidel/Kuntze/ *Winkler* § 73 FGG Rn 48). Nach den gleichen Grundsätzen sind Rückerstattungs- und Entschädigungsansprüche nach dem BEG (vgl OLG Hamm JMBl NJW 1957, 161; OLG Stuttgart BWNotZ 1963, 300) inländisch (Keidel/Kuntze/*Winkler* § 73 FGG Rn 49; MüKo/ *Mayer* Rn 18, 20; Soergel/*Zimmermann* Rn 13 mit § 2353 Rn 14 f; Staudinger/*Schilken* [1997] Rn 22; *Zimmermann* Rn 411). Handelt es sich um einen rückerstattungsrechtlichen Erfüllungsanspruch, ist das Nachlassgericht zuständig, in dessen Bezirk sich die zuständige Behörde befindet (Berlin RzW 1966, 208). Bei einem Schadensersatzanspruch ist das AG des Entziehungsortes örtlich zuständig (BayObLGZ 1961, 79; 1967, 5).

F. Inhalt

Der Fremdenrechtserbschein ist nach deutschem Recht zu gestalten. Es sind in ihm 31
zusätzlich zu den speziellen auch die **allgemeinen Angaben** (dazu PWW/*Deppenkemper* § 2353 Rn 11 f) zu machen. Denn er unterscheidet sich vom Eigenrechtserbschein grds nicht nach seinem Inhalt, sondern nach seiner territorial begrenzten Wirkung (vgl *Mugdan*

§ 2369 BGB | Gegenständlich beschränkter Erbschein

V S 845): Er entfaltet Wirkung nur bzgl im Inland vorhandenen Nachlasses (Rn 6). Daher ist es irrelevant, ob das ausländische Erbstatut als die Rechtsordnung, nach der sich die Erbfolge beurteilt, den Erbschein des deutschen Gerichts anerkennt oder ihn überhaupt kennt (BayOLGZ 1961, 4, 5; 176, 181; NJW-RR 1991, 1098, 1099; Soergel/*Schurig* Art. 25 EGBGB Rn 63; Staudinger/*Schilken* Rn 16).

32 In dem Erbschein muss der **Erbe** (AnwK/*Kroiß* Rn 32) benannt und sein (schon im Antrag anzugebender; vgl BayObLG FamRZ 1995, 1028; PWW/*Deppenkemper* § 2353 Rn 12) **Berufungsgrund** (Staudinger/*Dörner* Art. 25 EGBGB Rn 840; Firsching/*Graf* Rn 2.106; Riering DNotZ 1996, 109; aA *Zimmermann* Rn 426) sowie seine **Stellung** als Erbe iSd deutschen Rechts bezeichnet werden. Das ausländische Erbstatut muss zu einer unmittelbaren Rechtsinhaberschaft entsprechend dem deutschen subjektiven Erbrecht führen (OLG Hamm FamRZ 1993, 111, 116; Staudinger/*Schilken* Rn 32). Daher kann für eine ruhende Erbschaft (*hereditas iacens*), die zwischen Erbfall und Erwerb der Erbschaft durch ihre Annahme infolge Antretung bzw behördlicher Einweisung herrenlos ist (*res nullius*; vgl Rn 49), idR kein Erbschein erteilt werden (*Edenfeld* ZEV 2000, 482, 485; *Zimmermann* Rn 422).

33 Anzugeben ist auch das relevante **Erbstatut** (BGH WM 1976, 1137, 1139; BayOblGZ 1961, 4, 21; 1967, 197, 200; 338, 347; NJW 2003, 216; OLG Düsseldorf NJW 1963, 2228, 2230; KG Rpfleger 1977, 307; Soergel/*Schurig* Art. 25 EGBGB Rn 68; Staudinger/*Dörner* Art. 25 EGBGB Rn 840; *Griem* 188; aA LG Frankfurt MDR 1976, 688), bei Mehrrechtsstaaten (zB Australien, Kanada, Spanien, USA, Vereinigte Königreich von Großbritannien und Nordirland) möglichst die angewandte Teilrechtsordnung (MüKo/*Mayer* Rn 23), zwingend mögliche **Korrekturen** nach Art. 6 EGBGB (Rn 22 ff), und im Interesse der Rechtssicherheit die territoriale und ggf gegenständliche **Beschränkung** des Erbscheins (BayObLG Rpfleger 1997, 68, 69; OLG Celle NJOZ 2002, 2695; OLG Zweibrücken ZEV 2001, 488, 489; F/F/D/H/*Firsching/Heusler* Deutschland C Rn 875; Staudinger/*Schilken* Rn 31; Firsching/*Graf* Rn 2.101; Lange/Kuchinke § 39 IV 5a; *Schotten* Rn 344; *Zimmermann* Rn 423; *Edenfeld* ZEV 2000, 482, 484; *Werkmüller* ZEV 2001, 480, 481 f). Eine Einzelbezeichnung der Gegenstände ist unschädlich, sollte aber unterbleiben, denn ihre Zugehörigkeit zum Nachlass wird nicht bezeugt.

Beispiel: «Unter Beschränkung auf den im Inland (Deutschland) befindlichen (unbeweglichen) Nachlass wird bezeugt, dass der am ... verstorbene (französische Staatsangehörige) E, geboren am ... in ..., zuletzt wohnhaft in ..., kraft/aufgrund .... (zB kraft Gesetzes; aufgrund Testaments vom ...) in Anwendung französischen Rechts durch seine Kinder K1 und K2 zu je $1/2$ beerbt worden ist.»

34 **Abweichende erbrechtliche Verhältnisse**, Begriffe oder Institutionen des ausländischen Rechts, die im deutschen Recht kein Gegenstück haben, müssen nicht als solche (so aber jurisPK/*Lange* Rn 8; Palandt/*Edenhofer* Rn 8; Kegel/*Schurig* § 21 IV 4; *Zimmermann* Rn 431), sondern unter Angabe des zugrunde gelegten ausländischen Rechts angeglichen in entsprechenden, gleichwertigen Begriffen des deutschen Rechts im Erbschein aufgeführt werden (OLG Köln NJW 1983, 525 f; LG Düsseldorf JZ 1961, 745 m Anm *Henrich*; MüKo/*Mayer* Rn 24; Staudinger/*Schilken* Rn 31; v Bar IPR II § 3 Rn 387 f; *Griem* S 183). Gerade weil eine Angleichung fremder Rechtsinstitutionen schwierig sein kann, ist es vorzugswürdig, dass für den (deutschen) Rechtsverkehr der Erbschein, an dessen Angaben die Vermutung des öffentlichen Glaubens (§§ 2365–2367) anknüpft, eindeutige und verständliche deutsche Rechtsbegriffe enthält. Der Fremdenrechtserbschein sollte daher den formellen Voraussetzungen der §§ 2353 ff entsprechen und einen Erben iS des deutschen Rechts in deutscher Rechtsterminologie bezeugen.

35 **Wertausgleichsansprüche** mit nach deutschem Recht schuldrechtlichen Charakter, wie sie nach islamischem Recht für die Witwe bzgl auf einem inländischen Nachlassgrundstück befindliche Gebäude und Bäume bestehen (OLG Hamm FamRZ 1993, 111, 112, 116), sind nicht aufzunehmen (MüKo/*Mayer* Rn 30; Staudinger/*Dörner* Art. 25 EGBGB Rn 145, 850). Anders verhält es sich, wenn dem überlebenden Ehegatten nach dem englischen *Inter-*

state's Estate Act von 1952 vom beweglichen Nachlass eine konkrete Geldsumme (*statutory legacy*) gebührt. Dabei handelt es sich der Sache nach um eine Mindesterbquote (str, MüKo/*Mayer* Rn 30; Staudinger/*Dörner* Art. 25 EGBGB Rn 852; s.a. *Gottheiner* RabelsZ 21 [1956], 38, 71; *Wengler* JR 1955, 41, 42). Gebührt ihm mit der Summe faktisch der ganze Nachlass, kann er als Alleinerbe bezeichnet werden (B/R/*Lorenz* Art. 25 EGBGB Rn 70). Zum australischen *Family Provisions Act 1982* (»FPA«) vgl *Glomb* ZEV 2005, 371, 372 ff; zu englischen *family provosions* vgl *Konopatsch* ZfRV 2006, 3, 5 ff.

Verfügungsbeschränkungen des ausländischen Rechts, soweit sie den inländischen im Wesentlichen entsprechen, sind zu vermerken. So ist eine nach ausländischem Recht angeordnete Testamentsvollstreckung aufzunehmen, wenn sie das ausländische Recht kennt (vgl Soergel/*Schurig* Art. 25 EGBGB Rn 39 ff), sie sich auf Gegenstände bezieht, für die der Erbschein gilt, und sie eine Verfügungsbeschränkung des Erben darstellt, wie sie etwa bestünde, wenn eine Testamentsvollstreckung nach deutschem Recht angeordnet wäre (vgl BGH NJW 1963, 46 ff; BayObLG FamRZ 1990, 669, 670; LG München I FamRZ 1998, 1067, 1068; MüKo/*Mayer* Rn 38; MüKo/*Birk* Art. 25 EGBGB Rn 342; Soergel/*Zimmermann* Rn 11; Staudinger/*Schilken* Rn 33; mit Mustern *Firsching/Graf* 2.98 ff). Daher ist trotz fehlender Nachlassverwaltungsbefugnis (Art. 1031 franz. Cc) der *exécuteur testamentaire* des französischen, luxemburgischen und belgischen Rechts, wenn er auf Anordnung des Erblassers für ein Jahr Besitz (*saisie*) von den beweglichen Gegenständen hat (Art. 1026 franz. Cc), zu vermerken (vgl LG München I FamRZ 1998, 1067, 1068). Auch ein schweizerischer Willensvollstrecker (Art. 517 f ZGB), der den Nachlass zu verwalten, Nachlassschulden zu erfüllen und den Überschuss auszukehren hat, ist anzugeben (BayObLG FamRZ 1990, 669, 670). Ein Testamentsvollstrecker mit nur beaufsichtigender Funktion (vgl § 2208 Abs. 2), wie ihn das italienische (*esecutore testamentario*; Art. 700 ital. Cc) und ungarische Recht kennt, ist es dagegen nicht (*Zimmermann* Rn 439). Gleiches gilt für den österreichischen »Vollzieher des letzten Willens« (§ 816 ABGB).

Im englischen (und weitgehend auch im US-amerikanischen) Recht fällt der Nachlass nicht unmittelbar mit dem Erbfall dem Erben an. Vielmehr ist ein *personal representative* zwischengeschaltet (AnwK/*Odersky* Länderbericht Großbritannien Rn 2; USA Rn 4 f). Ist er ausdrücklich vom Erblasser im Testament benannt oder ergibt sich die Bestellung aus der Gesamtschau der übertragenen Aufgaben, handelt es sich um einen *executor*. Ansonsten bestellt das Gericht hilfsweise einen *administrator* (eingehend *Siegwart* ZEV 2006, 110, 111 ff). Jener muss deklaratorisch vom Gericht bestätigt (*grant of probate*), dieser konstitutiv in sein Amt eingewiesen (*letters of administration*) werden. Ihnen fällt unmittelbar der ganze Nachlass mit dem Todesfall an. Vor Auskehrung des Überschusses (*residue*) an die *beneficiaries* – an die gesetzlich (*distributees*) oder an die durch Verfügung von Todes wegen (*residuary legatees*) Letztbedachten – haben sie den Nachlass zu sammeln sowie Nachlassschulden zu erfüllen (KG ZEV 2000, 499, 500; AnwK/*Odersky* Länderbericht Großbritannien Rn 69 ff; *v Oertzen/Seidenfus* ZEV 1996, 210, 211). Im Erbscheinsverfahren stellt sich die Frage, ob und wie diese *representatives* berücksichtigt werden. Zunächst ist einzuschränken, dass die *administration* entfällt, wenn sie sich auf in Deutschland belegene Grundstücke bezieht. Denn die meisten anglo-amerikanischen Rechtsordnungen verweisen für Immobilien auf die *lex rei sitae* (Rn 62), und das deutsche Kollisionsrecht nimmt das an (Rn 21). Mithin erfolgt die Nachlassabwicklung nach deutschem Recht, also durch die Erben selbst. Relevant wird die Problematik also insb, wenn in Deutschland beweglicher Nachlass eines zB in England wohnenden Engländers hinterlassen wird, so dass für den beweglichen Nachlass das Domizilrecht, mithin materielles englisches Recht, gilt (Rn 61). Eine Ansicht meint, dass schon das (englische) Heimatrecht (*lex fori*) selbst die Rechtsbefugnisse eines *personal representative* auf den Heimatstaat beschränke. Für die Abwicklung des Nachlasses werde auf deutsches Recht zurückgewiesen. Während das Erbstatut einheitlich englischem Recht unterstehe, werde die Abwicklung territorial gespalten (KG IPRspr 1972 Nr. 123; Staudinger/*Dörner* Art. 25 EGBGB Rn 853 ff, 871, *Firsching* DNotZ 1959, 354, 363 f; 1960, 641, 642 f; *Süß* ZEV 2000, 486, 488; *Wohlgemuth* MittRhNotK 1992, 101, 106 f). Die Abwicklung auch beweglichen Nachlasses, der in Deutschland belegen ist, richtet sich danach nach deutschem Erbrecht. Die praktische Rechtsentwicklung in Nachlassverfahren (AnwK/ *Odersky* Länderbericht Großbritannien Rn 20 ff, USA Rn 25 ff) spricht aber für die hM, die die Befugnisse auch auf das in Deutschland belegene (bewegliche) Nachlassvermögen erstreckt (B/R/*Lorenz* Art. 25 EGBGB Rn 34; Soergel/*Schurig* Art. 25 EGBGB Rn 74, 86; *Griem* 176 ff; *Kegel/Schurig* § 21 IV; *Gruber* Rpfleger 2000, 250, 251; *Odersky* ZEV 2000, 492, 493). Die hM erteilt *representatives* selbst aber zu Recht trotz ihres Erwerbs mangels Erbenstellung keinen Erbschein, wenn sie nicht zugleich *beneficiaries* sind (Erman/*Hohloch* Art. 25 EGBGB Rn 53). Denn dann können sie nicht als Erben iSd deutschen Rechts verstanden werden (BayObLG FamRZ 2003, 1595, 1599). Ihre (treuhänderische) Berechtigung ist nur vorläufig. Im Verhältnis zu den Letztbedachten nicht frei über den Nachlass verfügen (KG IPRspr 1972 Nr. 123; B/R/*Lorenz* Art. 25 EGBGB Rn 69; MüKo/*Mayer* Rn 33; MüKo/*Birk* Art. 25 EGBGB Rn 336; Staudinger/*Schilken* Rn 32 mit § 2368 Rn 41 ff; Staudinger/*Dörner* Art. 25 EGBGB Rn 853; *v Bar* IPR II § 3 Rn 376 Fußn. 105; *Edenfeld* ZEV 2000, 482, 485; *Riering* MittBayNot 1999, 519, 524; *Wengler* JR 1955, 41 f). Vielmehr sind die im Wege ges Erbfolge berufenen *distributees* und idR auch die testamentarisch (*residuary legatees*) Letztbedachten (*beneficiaries*) trotz ihrer mangelnden dinglichen Berechtigung und nur *equitable ownership* als Erben anzusehen (BayObLG FamRZ 2003, 1595, 1599; AnwK/*Odersky* Länderbericht USA Rn 29; B/R/*Seidl* Rn 9; F/F/D/H/*Henrich* Großbritannien C VI Rn 91; MüKo/*Mayer* Rn 33 f; MüKo/*Birk* Art. 25 EGBGB Rn 337; *v Bar* IPR II § 3 Rn 388; *Kropholler* § 51 VI 3b). Entsprechendes gilt für *beneficiary* bei Vorschaltung eines *trustees* (AnwK/*Kroiß* Rn 45; Staudinger/*Schilken* Rn 32; Staudinger/*Dörner* Art. 25 EGBGB Rn 853 f), idR nicht aber für die *specific legatees* (MüKo/*Mayer* Rn 34). Dieser ist idR als Vermächtnisnehmer zu qualifizieren. Im Erbschein des Universalbegünstigten nach § 2369 ist eine Verfügungsbescheinigung durch *administration* analog § 2364 zu vermerken.

38 Für den Treuhänder (*trustee*) des anglo-amerikanischen Rechtskreises (vgl *Siegwart* ZEV 2006, 110, 112 f) ist anerkannt, dass er idR als einem Testamentsvollstrecker vergleichbar (BayObLG FamRZ 2003, 1595, 1599; *Klein* ZVglRWiss 101 [2002], 175, 189 ff) im Erbschein zu vermerken ist; ggf ist er als Dauertestamentsvollstrecker auszuweisen ist (BGH WM 69, 72; BFH WM 1988, 1679, 1680; OLG Frankfurt IPRspr 1962/1963 Nr. 146; 1966/1967 Nr. 168a; DNotZ 1972, 543, 545; LG Nürnberg-Fürth IPRspr 1962/1963 Nr. 148; AnwK/*Odersky* Länderbericht USA Rn 30; MüKo/*Mayer* Rn 41; MüKo/*Birk* Art. 25 EGBGB Rn 344; Staudinger/*Schilken* § 2368 Rn 45). Ein *trustee* kann ggf auch einem Vorerben gleichstehen (AnwK/*Kroiß* Art. 25 EGBGB Rn 88). Auch der vom Erblasser benannte *executor* (F/F/D/H/*Firsching/Heusler* Deutschland C Rn 680, 684, 814 ff) kann idR mit einem Testamentsvollstrecker verglichen werden (vgl FG München UVR 1996, 22; F/F/D/H/*Henrich* Großbritannien C I 8 mit C VI 82 f; aA MüKo/*Birk* Art. 25 EGBGB Rn 357). Bestehen Aufgaben, die mit denen eines Testamentsvollstreckers vergleichbar sind (vgl §§ 2203, 2204), und wollte der Erblasser den *personal representative* gerade zu diesen Aufgaben berufen, ist dieser im Erbschein mit Funktionsbezeichnung aufzunehmen (OLG Brandenburg FGPrax 2001, 206, 207; MüKo/*Mayer* Rn 40; MüKo/*Birk* Art. 25 EGBGB Rn 338). Auf darüber hinausgehende Aufgaben, die nach Umfang und Zeit über die *administration* hinausgehen, kommt es nicht an (MüKo/*Mayer* Rn 40; insoweit zT aA F/F/D/H/*Firsching/Heusler* Deutschland C Rn 827 f; F/F/D/H/*Henrich* Großbritannien C VI Rn 83; *Firsching/Graf* Rn 2.67 und 2.122; Staudinger/*Dörner* Art. 25 EGBGB Rn 853 f und Anh Rn 205; *Lucht* Rpfleger 1997, 133, 138; s auch BGH WM 1969, 72; BayObLGZ 1980, 42, 48). Der *administrator* ist durch Gericht bestellt und nicht vom Erblasser erwählt worden (Rn 37). Aber auch für ihn sollte entscheidend sein, ob er Befugnisse hat und seine Bestellung bzgl der Verfügungsfreiheit über den Nachlass in einer Weise wirkt, wie es im Rechtsverkehr ansonsten bei einem Testamentsvollstrecker der Fall ist (AnwK/*Odersky* Länderbericht USA Rn 30; B/R/*Lorenz* Art. 25 EGBGB Rn 34, 70; MüKo/*Mayer* Rn 41, § 2368 Rn 27; *Kegel/Schurig* § 24 IV 4; *Gruber* Rpfleger 2000, 250, 255; aA Staudinger/*Schilken* Rn 33, § 2368 Rn 42; Staudinger/*Dörner* Art. 25 EGBGB Rn 855, 871; *Firsching/Graf* 2.211).

Gegenständlich beschränkter Erbschein | § 2369 BGB

Besteht Vergleichbarkeit, kann zum Nachweis der Befugnisse des Testamentsvollstreckers 39
ein (gegenständlich beschränktes) Fremdenrechtstestamentsvollstreckerzeugnis (dazu
PWW/*Deppenkemper* § 2368 Rn 6) zu erteilen sein (OLG Brandenburg FGPrax 2001, 206,
207; Staudinger/*Dörner* Art. 25 EGBGB Rn 859). Die Befugnisse sind zu umschreiben. Da
das deutsche Recht eine gerichtliche Ernennung zum Testamentsvollstrecker ohne entsprechende testamentarische Anordnung nicht kennt, ist seine internationale Zuständigkeit für ein »Erbschaftsverwalterzeugnis« des *administrator* auf eine Analogie zu §§ 2368,
2369 zu stützen (vgl AnwK/*Odersky* Länderbericht USA Rn 31; B/R/*Seidl* Rn 11). Vielfach
wird ein Testamentsvollstreckerzeugnis für ihn mangels Zuständigkeit aber abgelehnt
und vorausgesetzt, dass eine entsprechende Ernennung durch den Erblasser selbst in
einer Verfügung von Todes wegen vorgenommen worden ist (so OLG Brandenburg
FGPrax 2001, 206, 207; MüKo³/*Promberger* Rn 30; MüKo/*Birk* Art. 25 EGBGB Rn 357;
Staudinger/*Schilken* § 2368 Rn 42; Staudinger/*Dörner* Art. 25 EGBGB Rn 855, 871; *Flick/
Piltz* Rn 345; *Firsching/Graf* 2.211; s auch BayObLG ZEV 2005, 168).

Das deutsche Recht kennt ein Pflichtteilsrecht (§§ 2303, 2317), aus dem sich mit dem Erbfall 40
ein Pflichtteilsanspruch als Geldanspruch in Höhe des Wertes des halben ges Erbteils
(§ 2303 Abs. 1 Satz 2) herleiten kann (PWW/*Deppenkemper* Vor §§ 2303 Rn 4, § 2317 Rn 1 f).
In anderen Rechten hat sich der Gedanke des germanischen Rechts, dass grds nur Blutverwandte erben können und der Erblasser nicht frei über den Nachlass verfügen kann,
erhalten (Hdb Pflichtteilsrecht/*Süß* § 15 Rn 2). So kennen zB Frankreich (Art. 913 ff Cc),
Luxemburg, Italien (Art. 536 ff Cc), die Schweiz (vgl Art. 471 ZGB) und Spanien (Art. 806,
817 Cc) **Noterbrechte** (Zwangserbrechte; vgl *v Bar* IPR II § 3 Rn 377; zB zu Frankreich
AnwK/*Frank* Länderbericht Frankreich Rn 104 ff; Hdb Pflichtteilsrecht/*Süß* § 16 Rn 56 ff;
zu Italien *Süß* aaO Rn 168 ff, 184; auch *Reiß* ZEV 2005, 148 ff; zu Luxemburg *Süß* aaO
Rn 502; zur Schweiz *Süß* aaO Rn 332 ff, 344 ff; zu Spanien *Süß* aaO Rn 363 ff) mit dinglicher
Nachlassbeteiligung naher Angehöriger, insb der Abkömmlinge (Art. 913 f franz. Cc), als
Pflichterben (franz.: *héritiers réservataires*; span.: *herederos forzosos*). Ein Noterbe ist im
Erbschein aufzunehmen, wenn er bereits eine materielle Stellung als Miterbe erlangt hat
(OLG Düsseldorf NJW 1963, 2230; MüKo/*Mayer* Rn 31; Staudinger/*Schilken* Rn 32 mwN;
zum ital. Recht LG Saarbrücken IPRspr 2000 Nr. 193). Das ist der Fall, wenn wie zB nach
griechischem Recht (vgl Art. 1829 ZGB) der Noterbe mit dem Erbfall *ipse iure* eine dingliche Nachlassbeteiligung erlangt (MüKo/*Mayer* Rn 31; Staudinger/*Dörner* Art. 25 EGBGB
Rn 845; Hdb Pflichtteilsrecht/*Süß* § 16 Rn 90). Einige Rechte (wie das belgische, italienische, französische [Art. 920 ff Cc] und schweizerische Recht) sehen vor, dass die Erbenstellung erst durch eine rechtsgestaltende Herabsetzungsklage durchgesetzt werden muss,
wenn der Erblasser die pflichtteilsfreie Quote (franz.: *quotité disponible*; ital.: *quota disponible*
[Art. 457 Abs. 3 Cc]), über die er verfügen kann, (unter Berücksichtigung gewisser lebzeitiger Verfügungen [*libéralités*]) überschritten und über den vorbehaltenen Teil (*la réserve*;
riserva) verfügt hat. Die Vermögensgüter, welche Gegenstand der beeinträchtigenden
Verfügungen gewesen sind, wobei diese durch die Herabsetzungsklage gegenüber dem
Pflichtteilsberechtigten für unwirksam erklärt wurden, werden dem Noterben restituiert
(*Reiß* ZEV 2005, 148, 149 [zum ital. Recht]). Die Erbquote desjenigen, der unberechtigt zu
einer das Noterbrecht beeinträchtigenden Quote eingesetzt wurde, wird herabgesetzt. Der
Noterbberechtigte wird an seiner Stelle zu der ihm zustehenden Quote Mitglied der
Erbengemeinschaft (*Kroiß* 100 ff [Italien], 118 ff [Spanien]; *Jülicher* ZEV 2001, 428, 429).
Schenkungen und Vermächtnisse gem Art. 925 f franz. Cc werden durch das Gestaltungsurteil rückwirkend rückgängig gemacht. Liegt ein solches Urteil vor oder ist das geltend
gemachte Noterbrecht vom Testamentserben anerkannt (BayObLGZ 1995, 366, 378), ist es
im Erbschein aufzunehmen (Hdb Pflichtteilsrecht/*Süß* § 15 Rn 310). Ansonsten, vor Eintritt der Rechtskraft des Herabsetzungsurteils, sind die Noterben keine Erben und bleiben
beeinträchtigende Verfügungen wirksam (vgl zB Art. 554 ital. Cc). Die Bedachten sind
demgegenüber, solange die Herabsetzungsklage noch erhoben werden kann, nur unter
dem Vorbehalt der Herabsetzung Erben. Daher sind die Noterbrechte in Hinblick auf

§ 2369 BGB | Gegenständlich beschränkter Erbschein

Publizitätswirkung und Gutglaubensschutz im Erbschein anzuführen und die Klagemöglichkeit zu vermerken (MüKo/*Mayer* Rn 32; Staudinger/*Dörner* Art. 25 EGBGB Rn 845 f; *Ekkernkamp* BWNotZ 1988, 158 ff; *Sonnenberger* IPRax 2002, 169, 174 Fn 43: Angabe des Vorbehalts eines Herabsetzungsurteils; *Taupitz* IPRax 1988, 207, 210; s. auch *Naumann* RNotZ 2003, 344, 370; *Johnen* MittRhNotK 1986, 57, 69 f; *Schotten* Rn 346 und Rpfleger 1991, 181, 188: wie bei bedingter Klagemöglichkeit; insoweit wegen der Rückwirkung des Urteils krit *Riering* MittBayNot 1999, 519, 524), wobei die Angabe auch der Quote der Nacherben sinnvoll erscheint (MüKo/*Birk* Art. 25 EGBGB Rn 346). Nach **aA** sind die Nacherbrechte nach vergeblicher Aufforderung der Noterben, sich über ihr Noterbrecht zu erklären, vor Herabsetzungsklage nicht aufzunehmen (B/R/*Lorenz* Art. 25 EGBGB Rn 70; Staud[12]/*Firsching* Rn 43; Hdb Pflichtteilsrecht/*Süß* § 15 Rn 314; *Griem* 193) oder den Erben nur ein Teilerbschein über die noterbrechtsfreie Quote zu erteilen (*Johnen* MittRhNotK 1986, 57, 67; *Riering* aaO). Die Herabsetzungsklage mag für das deutsche Gericht keine wesensfremde Tätigkeit sein (so MüKo/*Birk* Art. 25 EGBGB Rn 227; Staudinger/*Dörner* Art. 25 EGBGB Rn 187; Hdb Pflichtteilsrecht/*Süß* § 15 Rn 303; *Kroiß* 100 [zu Italien]; str), so dass das Noterbrecht vor einem deutschen Gericht durchgesetzt werden könnte. Das Urteil hilft jedoch nicht, wenn es im Ausland – wo ggf der Nachlass belegen ist – nicht anerkannt wird (*Birk* aaO, s. auch *Sonnenberger* IPRax 2002, 169, 178). Verzichtet der Pflichtteilsberechtigte oder ist seine Klage verfristet (Frankreich: 30 Jahre; Italien: 10 Jahre grds ab Testamentseröffnung [Art. 2946 Cc; vgl *Reiß* ZEV 2005, 148, 151]; Schweiz: 1 Jahr seit Kenntnis von der Pflichtteilsverletzung, ansonsten 10 Jahre [Art. 533 ZGB]; Spanien: 30 Jahre), steht ihm kein Noterbrecht zu und ist er nicht aufzuführen (BayObLG FamRZ 1996, 694: zum belgischen Recht).

41 Ein (dinglich wirkendes) ***Vindikationslegat*** (*legatum per vindicationem*), bei dem das Zugewendete unmittelbar in das Eigentum des Legatar fällt, ohne dass es einen Zwischenerwerb des Erben gibt (vgl Art. 588 Abs. 1, 649 ital. Cc), erkennt wegen dieser sachenrechtlichen Wirkung das deutsche Recht, welches nur ein schuldrechtlich wirkendes Damnationslegat (§ 2174; vgl auch § 684 ABGB; §§ 484 f ZGB) vorsieht, nicht an (vgl zum Ganzen *v Venrooy* ZvglRWiss 85 [1986], 205 ff; *Süß* RabelsZ 65 [2001], 245 ff, der allerdings die Frage, ob ein Vindikationslegat vorliegt, nicht erb-, sondern sachenrechtlich qualifiziert). Zur Befriedigung evtl Nachlassgläubiger muss der Erbe ggf über vermachte Nachlassgegenstände verfügen können (Mot V, 133; Prot V, 204; VI, 344). Auch stünde ein Vindikationslegat im Widerspruch mit dem Publizitätsprinzip des deutschen Sachenrechts. Daher gilt nach deutschem IPR aus Gründen des Verkehrsschutzes (BT-Ds 14/343 S 15) für sachenrechtliche Vorgänge und Verhältnisse die *lex rei sitae*, das Recht des Lageorts der Sache (vgl Art. 43 Abs. 1 EGBGB; BGH NJW 1995, 58, 59). Es werden sachenrechtliche Tatbestände nach deutschem Sachstatut beurteilt, in dessen räumlichem Geltungsbereich sich die Sache zum Zeitpunkt des Eintritts des betreffenden Tatbestands befindet (BGH NJW 1987, 3077; 1995, 58, 59). Folglich beurteilt sich die Frage der Begründung eines dinglichen Rechts an einem inländischen Grundstück nicht nach dem als Erbstatut berufenen ausländischen Recht, sondern im Hinblick auf die *lex rei sitae* nach deutschem Sachenrecht (RG HRR 1930 Nr. 2066; BGH NJW 1995, 58, 59; MüKo/*Birk* Art. 25 EGBGB Rn 170). Ein Vindikationslegat kann also nicht Inhalt eines Erbscheins sein (*Schotten* Rn 347; **aA** MüKo/*Birk* Art. 25 EGBGB Rn 343; Soergel/*Schurig* Art. 25 EGBGB Rn 70). Es kann nur nach den vom deutschen Sachenrecht für die Übertragung eines einzelnen Vermögensstücks bereitgestellten Regeln erfüllt werden (BGH NJW 1995, 58, 59; BayObLGZ 1961, 4, 19 f; 1974, 460, 466; 1995, 366, 378; OLG Düsseldorf RzW 1960, 277; OLG Frankfurt RzW 1964, 382; OLG Köln NJW 1983, 525; OLG Hamm FamRZ 1993, 111; Staudinger/*Schilken* Rn 10; *Dörner* IPRax 1996, 26 ff; *Nishitani* IPRax 1998, 74 ff; **aA** MüKo/*Birk* Art. 25 EGBGB Rn 343; PWW/*Freitag* Art. 25 EGBGB Rn 13; *Kegel* FS Seidl-Hohenveldern, 339, 360 ff; *v Venrooy* aaO 212 ff; s auch OLG Hamm IPRspr 1989 Nr. 162b; LG Münster IPRspr 1989 Nr. 162a; *Siehr* § 20 VII 1). Ggf ist eine (materiellrechtliche) Anpassung durch Umdeutung in ein Damnationslegat vorzunehmen, wenn dieses dem (mutmaßlichen) Willen des Erblassers entspricht (OLG Hamm IPRax 1994, 49, 55; AnwK/ *Kroiß* Art. 25 EGBGB Rn 73 ff; Staudinger/*Dörner* Art. 25 EGBGB Rn 272, 847; *v Bar* IPR II § 3 Rn 377; s auch MüKo/*Birk* Art. 25 EGBGB Rn 170).

Ein testamentarisch oder erbvertraglich zugewandter Nießbrauch am Nachlass wird nach deutschem Recht nicht in den Erbschein aufgenommen (PWW/*Deppenkemper* § 2353 Rn 3, 15). Gleiches gilt für den **Legalnießbrauch** des überlebenden Ehegatten am Nachlass oder Teilen von diesem, wie ihn Rechtssysteme des romanistischen Rechtskreises kennen (zB Belgien [Art. 731, 745 Cc], Frankreich [Art. 757, 764 ff Cc], Italien [Art. 540 Abs. 2 Cc], Spanien [Art. 34 ff Cc], Rumänien; Ungarn [§ 615 Abs. 1 ZGB]). Er führt nicht zu einer Erbenstellung (BayObLG FamRZ 1996, 694, 698; Rpfleger 1996, 199, 202; auch BayObLGZ 1961, 4, 19; OLG Hamm NJW 1954, 1731, 1733; LG Frankfurt MDR 1976, 668; B/R/*Lorenz* Art. 25 EGBGB Rn 70; *Zimmermann* Rn 434; *Greif* MDR 1965, 447). Nach **aA** sei der Legalnießbrauch aufzunehmen, wenn er eine erbenähnliche Stellung begründet (*Griem* 193) oder Verfügungsrechte anderer Erben am Nachlass beschränkt (MüKo/*Birk* Art. 25 EGBGB Rn 343; Soergel/*Schurig* Art. 25 EGBGB Rn 69; *Kegel/Schurig* § 21 IV 2; dagegen Staudinger/*Dörner* Art. 25 EGBGB Rn 849). Ein dinglich wirkender Legalnießbrauch ist in eine schuldrechtliche Pflicht, den Nießbrauch zu bestellen (vgl §§ 1085, 1089), **umzudeuten** (str, BayObLG FamRZ 1996, 694; OLG Hamm NJW 1954, 1731; MüKo/*Mayer* Rn 29; Staudinger/*Dörner* Art. 25 EGBGB Rn 144, 849; *Kropholler* § 51 IV 1d).

Eine erbrechtliche **Singularsukzession** durch Vermächtnis (vgl das Universalvermächtnis des französischen [Art. 1003 Cc], des belgischen [Art. 1003 ff belg Cc] und des luxemburgischen [dazu AnwK/*Frank* Länderbericht Luxemburg Rn 83] Rechts) führt aber zur Erbenstellung, wenn die Universalsukzession (*legs universel*; dazu *Frank* aaO und Länderbericht Frankreich Rn 92) damit nur rechtstechnisch anders bezeichnet wird, so dass ein Erbschein zu erteilen ist (BayObLG FamRZ 1996, 694, 697 [zu Art. 1003 ff belg Cc]; OLG Saarbrücken NJW 1967, 732, 733; LG München I FamRZ 1998, 1067, 1068 [zum luxemb Recht]; MüKo/*Birk* Art. 25 EGBGB Rn 340; Staudinger/*Dörner* Art. 25 EGBGB Rn 848; *Zimmermann* Rn 438). Entsprechendes gilt bei einem Einzelvermächtnis mit rechtsübertragender Wirkung wie beim Erbteilvermächtnis (*legs à titre universel* [Art. 1010 Cc]; dazu *Frank* aaO Rn 93), wenn aufgrund dessen eine vergleichbare (dingliche) Erbenstellung erlangt wird und insb eine Haftung für Nachlassschulden (vgl Art. 1012 Cc) besteht (BayObLG FamRZ 1996, 694, 697; MüKo/*Mayer* Rn 28). Das Erbstückvermächtnis (*legs particulier*; Art. 1014 ff Cc) steht einem Vermächtnis nach deutschem Recht gleich. Es wird nicht aufgenommen (BayObLGZ 1961, 19 f; 1974, 460, 466). Das gilt auch dann, wenn es faktisch den gesamten Nachlass umfasst und der Vermächtnisnehmer auch für die Nachlassschulden haftet (MüKo/*Mayer* Rn 28; Staudinger/*Dörner* Art. 25 EGBGB Rn 848; **aA** MüKo/*Birk* Art. 25 EGBGB Rn 340).

Unproblematisch ist das **Besondere ges Erbrecht** des überlebenden Ehegatten (Art. 4:13 ff BW), welches das niederländische Erbrecht dem Ehegatten über sein ges Erbrecht (Art. 4, 10 Abs. 1 lit. a BW) hinaus zuerkennt und welches zum Übergang des gesamten Nachlasses einschließlich der Nachlassschulden führt (vgl *Eule* RNotZ 2003, 434, 439 ff; ZEV 2005, 156; *Schimansky* ZEV 2003, 149, 150 f), als Universalsukzession anzuerkennen (AnwK/*Süß* Länderbericht Niederlande Rn 30).

G. Nachlasseinheit und Nachlassspaltung

Hinweis: Zur den im Folgenden genannten Rechten geben Staudinger/*Hausmann* Art. 3 EGBGB Rn 109 ff und Anh Art. 4 EGBGB sowie Staudinger/*Dörner* Anh Art. 25 f EGBGB umfassende Übersichten. S auch AnwK/*Kroiß* Art. 25 EGBGB Rn 165 ff sowie die im AnwK im Anschluss an das Erbrecht gegebenen Länderberichte; Reimann/Bengel/Mayer/*Riering* B 75 ff; F/F/D/H/*Firsching/Heusler* Deutschland C Rn 302, 357 ff; *Süß/Haas* S 246 ff; auch FA-ERbR/*Rohlfing* Kap 11 Rn 327 ff; *Schotten* Rn 418; *Lange* DNotZ 2000, 332, 335 ff; *Süß* ZEV 2000, 486, 489. Der beratende Anwalt hat im Einzelfall zu prüfen,

§ 2369 BGB | Gegenständlich beschränkter Erbschein

ob ausländische Gerichte aufgrund ihres IPR anders anknüpfen als deutsche. Käme bei Anrufung des ausländischen Gerichts ein Erbstatut zur Anwendung, welches für den Mandanten günstiger ist, zB weil es keine Pflichtteilsrechte kennt, ist diese Wahlmöglichkeit (sog **Forum-Shopping**) wahrzunehmen (*v Oertzen* ZEV 1995, 167, 171). Vorsorgend kann eine Rechtswahl anzuraten sein. So kennen anglo-amerikanische Rechtsordnungen häufig kein Pflichtteils- oder Noterbrecht, allerdings zT Unterhaltsansprüche. Nur in krassen Fällen könnte eine Gestaltung durch Wechsel des Anknüpfungspunktes oder Rechtswahl ordre public-widrig (Rn 22 ff) bzw eine Gesetzesumgehung sein (Reimann/Bengel/Mayer/*Sieghörtner* B Rn 26, 27a).

I. Einheitliche Anknüpfung an die Staatsangehörigkeit

46 Das römische Recht ging vom Gedanken der Gesamtnachfolge (Erwerb *per universitatem*, Gai. 2, 97; Inst. 2, 9, 6) aus. Der Nachlass gelangte als Inbegriff der vererblichen Rechte des Erblassers in die Hand der Erben (die Erben treten an die Stelle des Erblassers: *succedere in locum defuncti*). Dem Gedanken der Universalsukzession entspricht im Kollisionsrecht der der Nachlasseinheit. Das **deutsche** Recht folgt grds den Prinzipien der Universalsukzession (§ 1922) und der Nachlasseinheit. Der Nachlass unterliegt, unabhängig von seiner Belegenheit oder dem letzten Wohnsitz des Erblassers, grds als Einheit dem Recht nur des Heimatstaates (Art. 25 Abs. 1 EGBGB; vgl DErbK/*Vökl* Art. 25 EGBGB Rn 17; FA-ERbR/*Rohlfing* Kap 11 Rn 170 ff; MüKo/*Birk* Art. 25 EGBGB Rn 1). Der Gesetzgeber hielt bei der Neuregelung des IPR zum 1. 9. 1986 (BGBl I 1142) an der Anknüpfung an der Staatsangehörigkeit aus Gründen der Klarheit, wegen der Übereinstimmung mit der personenrechtlichen Anknüpfung und zur Beibehaltung eines bewährten Grundsatzes fest. Der Grundsatz der kollisionsrechtlichen Nachlasseinheit sei gegenüber einer Nachlassspaltung vorzugswürdig (BT-Ds 10/504 S 74 f). Kollisionsrechtlichen Interessen sei am ehesten durch die einheitliche und umfassende Regelung einer zusammengehörigen Vermögensmasse wie dem Nachlass gedient (s aber Rn 5). Vorbehaltlich einer Rechtswahl für Immobiliarvermögen (Art. 25 Abs. 2 EGBGB) beherrscht das Erbstatut grds den gesamten Nachlass, wenn nicht das einheitlich berufene Statut insoweit einen Renvoi erklärt (vgl Rn 21). Das gilt grds auch, wenn einem deutschen Erblasser im Ausland belegene Grundstücke gehören (s aber Rn 59).

47 Das gleiche Prinzip gilt zB auch in **Griechenland** (Art. 28 ZGB [ohne Berücksichtigung abweichender *lex rei sitae*]; vgl BayObLG NJW-RR 1994, 967, 968; OLG Karlsruhe FamRZ 1990, 1398, 1399; F/F/D/H/*Geordiades/Papadimitropoulos* C 10; Staudinger/*Hausmann* Anh Art. 4 EGBGB Rn 316, 321, 326; Staudinger/*Dörner* Anh Art. 25 f EGBGB Rn 195), in **Kroatien** (Art. 30 Abs. 1 IPR-Gesetz; vgl F/F/D/H/*Pintaric* Kroatien C Rn 8), der (1992 – 2003 existierenden, dann v 2006 aufgelösten Staatenbund Serbien und Montenegro abgelösten) **BR Jugoslawien** (F/F/D/H/*Cekovic-Vuletic* Jugoslawien C Rn 34 ff; Staudinger/*Hausmann* Anh Art. 4 EGBGB Rn 373, 376 f) und **Spanien**, wo Art. 9 Nr. 1 spanischer Cc für das Erbstatut grds an das Personalstatut anknüpft, welches sich nach der Staatsangehörigkeit richtet. Für die Erbfolge gilt – und zwar einheitlich für den ganzen Nachlass unabhängig von seiner Belegenheit – das letzte Heimatrecht des Erblassers (Art. 9 Nr. 8 Satz 1 Cc; vgl BayObLG NJWE-FER 2001, 213 f; Staudinger/*Hausmann* Anh Art. 4 EGBGB Rn 263; Staudinger/*Dörner* Anh Art. 25 f EGBGB Rn 628). Eine Besonderheit ist, dass sich das ges Erbrecht eines überlebenden Ehegatten nach dem Güterrecht (vgl dazu Art. 9 Nr. 2 iVm Nr. 1 Cc) richtet (Art. 9 Nr. 8 Satz 3 Cc). Für die Erbfolge eines Spaniers gilt daher immer materielles spanisches Recht, für die eines Deutschen, der in Spanien seinen letzten gewöhnlichen Aufenthalt hatte, deutsches materielles Recht (F/F/D/H/*Hierneis* Spanien Grdz Rn 34). Zu beachten ist die mögliche Unteranknüpfung an die zivile Rechtsgebietszugehörigkeit (*vecindad civil*). Denn in Spanien gelten in bestimmten Gebieten (Aragonien, Balearen, Galizien, Navarra, Baskenland, Katalonien) besondere Partikularrechte (Foralrechte), die Vorrang vor dem gemeinspanischem Recht und gerade im Bereich des

Gegenständlich beschränkter Erbschein | § 2369 BGB

Erbrechts größere Bedeutung haben (*Jayme* RabelsZ 55 [1991], 330 ff, 328) Die Unteranknüpfung erfolgt nach der Zugehörigkeit zu einem Gebiet (*vecindad*; vgl Reimann/Bengel/Mayer/*Sieghörtner* B Rn 23; *Jayme* aaO 315). In Spanien wird ein deutscher (Eigenrechts) erbschein anerkannt (AnwK/*Reckhorn-Hengemühle* Länderbericht Spanien Rn 87 f). In materieller Hinsicht besteht zum deutschen Erbrecht ua der Unterschied, dass kein Vollselbsterwerb stattfindet, sondern die Rechtsnachfolge eine Erbschaftsannahmeerklärung erfordert (*Reckhorn-Hengemühle* aaO Rn 1 f); vor ihr liegt eine ruhende Erbschaft vor (vgl Rn 49). Das **schwedische** Kollisionsrecht behandelt den Nachlass grds einheitlich und knüpft an der Staatsangehörigkeit an, wenn nicht aufgrund der einschlägigen Nordischen Konvention für Angehörige anderer skandinavischer Staaten das Wohnortprinzip gilt (Hdb Pflichtteilsrecht/*Süß* § 16 Rn 307).

In der **Slowakei** und **Tschechischen Republik** gilt unter Anknüpfung an die letzte Staatsangehörigkeit das Prinzip der Nachlasseinheit (§§ 17, 18 Abs. 1 des fortgeltenden tschechoslowakischen Gesetzes über das internationale Privat- und Prozessrecht v 4.12.1963; vgl Staudinger/*Hausmann* Anh Art. 4 EGBGB Rn 442, 446; Staudinger/*Dörner* Anh Art. 25 f EGBGB Rn 611 f, 678). Art. 32 IPRG sieht für **Slowenien** die entsprechende Regelung vor. Auch nach Art. 34 Abs. 1 des **polnischen** Gesetzes über das IPR v 12.11.1965 gilt unter Beachtung des Grundsatzes der Nachlasseinheit ohne Rücksicht auf die Belegenheit (str Ausnahme: Grundbesitz über 1 ha; vgl Art. 1058 ff ZGB) des Nachlasses das letzte Heimatrecht des Erblassers (AnwK/*Ludwig* Länderbericht Polen Rn 1, 3, 20). In **Portugal** richtet sich das Erbstatut nach dem letzten Heimatrecht des Erblassers (Art. 62 iVm 31 Abs. 1 Cc). Der Nachlass wird einheitlich behandelt (Staudinger/*Hausmann* Anh Art. 4 EGBGB Rn 248).

48

Auch in **Österreich** gilt im Wesentlichen der Grundsatz der Nachlasseinheit (vgl OHG IPRax 1988, 246 m Anm *Hoyer* aaO 255; AnwK/*Süß* Länderbericht Österreich Rn 1). Angeknüpft wird an das Personalstatut des Erblassers im Zeitpunkt seines Todes (Art. 28 Abs. 1 IPRG). Personalstatut einer natürlichen Person ist das Recht des Staates, dem die Person (zuletzt) angehört (Art. 9 Abs. 1 Satz 1 IPRG). Ggf kommt es aber aufgrund Art. 28 Abs. 2 IPRG zur (funktionellen) Nachlassspaltung (Staudinger/*Dörner* Anh Art. 25 f EGBGB Rn 493; *Steiner* ZEV 2003, 500). Denn danach richten sich der Nachlasserwerb sowie die Haftung für Nachlassverbindlichkeiten nach österreichischem Recht, sofern der Nachlass dort abzuhandeln ist (OHG IPRax 1999, 112 m Anm Dörner aaO 125). Diese Sonderanknüpfung erklärt sich dadurch, dass das österreichische materielle Recht eine Verlassenschaftsabhandlung kennt: Soweit in Österreich eine Verlassenschaftsabhandlung durchgeführt wird, richten sich der Erwerb der Erbschaft und die Haftung für Nachlassschulden nach österreichischem materiellen Recht. Dies ist insb der Fall, wenn ein deutscher Erblasser Immobilien in Österreich hinterlässt oder er mit letztem Wohnsitz in Österreich verstorben ist (*v Oertzen/Mondl* ZEV 1997, 240).

49

Nach österreichischem Recht wird im Erbfall das Erblasservermögen nicht sofort Eigentum des Erben (vgl § 797 ABGB), sondern zu einem Sondervermögen, dem ruhenden Nachlass (*hereditas iacens*; vgl Staudinger/*Schilken* Einl zu §§ 2353 ff Rn 45). Die Verlassenschaft wird behandelt, als ob sie der Erblasser noch besäße (§ 547 Satz 3 ABGB). Nach dem Institut der Einantwortung (§§ 797, 819 ABGB) bedarf der Erbe neben einem Erwerbsgrund (*titulus*) einer gerichtlichen Einweisung durch Einantwortungsbeschluss (*modus*) des Verlassenschaftsgerichts (örtliche Zuständigkeit: § 105 JN), um Eigentümer der Nachlassgegenstände zu werden. Entsprechendes gilt für Vermächtnisnehmer und Pflichtteilsberechtigte. Das Verfahren, geregelt in §§ 143 ff AußStrG, wird von Amts wegen eingeleitet, außer es geht um im Ausland belegenes Vermögen (§ 143 Abs. 1, Abs. 2 AußStrG). Es bedarf nach einer Aufforderung innerhalb einer Frist (§ 157 AußStrG) einer ausdrücklichen Erbantrittserklärung, die unbedingt oder unter dem Vorbehalt der Inventarerrichtung (§ 159 AußStrG) abgegeben werden kann. Vor ihr hat der Erbe außerhalb des ordentlichen Wirtschaftsbetriebs kein Verfügungsrecht über Nachlassgegenstände. Nach ihrer Abgabe kann er den Nachlass nutzen und verwalten, falls sein Erbrecht hinreichend

§ 2369 BGB | Gegenständlich beschränkter Erbschein

nachgewiesen ist und nichts anderes angeordnet wurde. Bei widersprüchlichen Erbantrittserklärungen mehrerer Erbschaftsprätendenten wird die Sache dem Verlassenschaftsgericht zur Entscheidung vorgelegt (§§ 160 ff AußStrG). Am Ende steht die Einantwortung des Erben in die Verlassenschaft durch Beschluss des Verlassenschaftsgerichts (§ 177 AußStrG). Dieser Beschluss ist Grundlage für die Eintragung im Grundbuch.

50 Hinterlässt ein **Österreicher** ein **Grundstück** in Österreich, besteht eine österreichische Zuständigkeit sowohl für den Erwerbsgrund (*titulus*), dh bzgl Berufungsgrund, Erbquote, Bestimmung des konkreten Erben, Vermächtnisse und Pflichtteilsansprüche, als auch bzgl des Erbgangs (*modus*; vgl Art. 28 Abs. 1 IPRG; § 106 Abs. 1 Nr. 1 JN). Hinterlässt er ein in Deutschland belegenes Grundstück, bleibt nach Art. 28 Abs. 1 IPRG für den Erwerbsgrund materielles österreichisches Recht maßgebend (BayObLGZ 1980, 276, 278; 1981, 178, 179 ff; OLG Köln FamRZ 1997, 1176; Staudinger/*Hausmann* Art. 4 EGBGB Rn 267 mit Anh Rn 284; Staudinger/*Dörner* Anh Art. 25 f EGBGB Rn 494). Es besteht insoweit aber keine Zuständigkeit des Verlassenschaftsgerichts (vgl § 106 I JN). Daher ist bzgl des Erbgangs (*modus*) aufgrund der gegenständlich und funktionell beschränkten Rückverweisung des österreichischen Kollisionsrechts (§§ 32, 31 Abs. 1 IPRG) deutsches Recht anwendbar. Das deutsche Recht nimmt die Verweisung gem Art. 4 Abs. 1 Satz 2 EGBGB an (OHG IPRax 1992, 328, 329; BayObLG FamRZ 2000, 573, 575; OLG Köln FamRZ 1997, 1176 f; LG Kassel NJWE-FER 1997, 63; *Solomon* ZVglRWiss 99 [2000], 170, 189). Es richtet sich der Eigentumserwerb im Erbgang (*modus*) nach der *lex rei sitae*. Es tritt Vonselbsterwerb ein (§ 1922; vgl OLG Köln aaO; MüKo/*Mayer* Rn 36). Eine Einantwortung ist nicht nötig. Es besteht eine Nachlassspaltung (OGH IPRax 1992, 382; *Lorenz* IPRax 2004, 536, 539; *Ludwig* ZEV 2005, 419, 420). Da materielles ausländisches Erbrecht über die Berufung zum Erben entscheidet, ist ein Fremdenrechtserbschein zu erteilen (Staudinger/*Hausmann* Anh Art. 4 EGBGB Rn 284; Staudinger/*Dörner* Anh Art. 25 f EGBGB Rn 497). Grundbesitz **deutscher** Erblasser in Österreich ist vor dem österreichischen Verlassenschaftsgericht abzuhandeln, auch wenn aus deutscher Sicht die Erbschaft *ipse iure* anfällt. § 28 Abs. 2 IPRG iVm § 106 Abs. 1 Nr. 1 JN sind besondere Vorschriften iSv Art. 3 Abs. 3 EGBGB, insoweit sie in Österreich belegene Grundstücke für den Erbgang der *lex rei sitae* unterstellen (vgl Rn 59). Ein deutscher Erbschein oder auch ein notarielles Testament iVm dem Eröffnungsprotokoll des deutschen Nachlassgerichts (vgl PWW/*Deppenkemper* § 2353 Rn 6) reicht nicht.

51 Bis zum 1.1.2005 war für **bewegliches** Vermögen im Ausland eines österreichischen Erblassers österreichisches Recht anwendbar. Die Erteilung eines Fremdenrechtserbschein setzte voraus, das dem Erben der Nachlass eingeantwortet war (BayObLGZ 1995, 47, 51 f; LG Kassel NJWE-FER 1997, 63 f). Nach bisheriger Praxis konnte das deutsche Gericht zwar die Einantwort, die vom Verlassenschaftsgericht beschlossen wird, als ihm wesensfremde Tätigkeit nicht ersetzen (BayObLGZ 1967, 197, 201; 1971, 34, 44; MüKo/*Mayer* Rn 36; **aA** MüKo/*Sonnenberger* Einl IPR Rn 472; Soergel/*Schurig* Art. 25 EGBGB Rn 58). Doch konnte auf die Einantwortung verzichtet und sich mit der unbedingten Erbschaftsannahme (§ 800 ABGB) begnügt werden, wenn die gerichtliche Handlung im Einzelfall vom ausländischen (österreichischen) Gericht nicht zu erlangen war (BayObLGZ 1965, 432; 1967, 197, 201; 1995, 47, 52 m Anm *Geimer* MittBayNot 1995, 232 f und *v Oertzen* ZEV 1995, 418 und *Riering* DNotZ 96, 108 f; OLG Köln FamRZ 1997, 1176; zur Erbausschlagungserklärung nach italienischem Recht bei letztem inländischen Wohnsitz des Erblassers LG Haagen FamRZ 1997, 645 f; s auch *Riering/Bachler* DNotZ 1995, 580, 598). **Seit dem 1.1.2005** gilt, dass bei beweglichem Vermögen **in Österreich** das österreichische Gericht für die Verlassenschaftsabhandlung zuständig ist, wenn der Verstorbene zuletzt **österreichischer** Staatsbürger war oder wenn er seinen letzten gewöhnlichen **Aufenthalt** im Inland hatte (§ 106 Abs. 1 Nr. 2 JN). Für deutsche Erblasser mit letztem gewöhnlichem Aufenthalt in Österreich ist das österreichische Gericht daher auch für den in Österreich gelegenen beweglichen Nachlass zuständig. Ansonsten bestimmt § 150 AußStrG, dass, ist nach § 106 JN über das im Inland gelegene bewegliche Vermögen nicht abzuhandeln (§ 106 JN), das Gericht auf Antrag einer Person, die auf Grund einer Erklärung der Heimatbehörde des

Verstorbenen oder der Behörde des Staates, in dem der Verstorbene seinen letzten gewöhnlichen Aufenthalt hatte, zur Übernahme berechtigt ist, mit Beschluss auszufolgen hat. Dieser Ausfolgungsbeschluss kann auf Grund eines deutschen Erbscheins erwirkt werden (AnwK/*Süß* Länderbericht Österreich Rn 17; *Steiner* ZEV 2005, 144, 145). Für beweglichen Nachlass **im Ausland** ist das österreichische Verlassenschaftsgericht nur zuständig, wenn der Verstorbene zuletzt Österreicher war und seinen letzten gewöhnlichen Aufenthalt im Inland hatte (§ 106 Abs. 1 Nr. 3a JN; *Ludwig* ZEV 2005, 419); ggf kommt hier eine Notzuständigkeit in Betracht. Lag der gewöhnliche Aufenthalt eines Österreichers in Deutschland, wäre nach Art. 28 Abs. 1 IPRG; Art. 25 Abs. 1 EGBGB zwar österreichisches Erbrecht anwendbar. Es bestünde aber keine Zuständigkeit für das Verlassenschaftsverfahren. Es wird erwogen, insoweit den Erbschaftserwerb nach § 28 Abs. 2 IPRG zu einer allseitigen Kollisionsnorm ausdehnen und aufgrund Rückverweisung deutsches materielles Recht anzuwenden (so *Ludwig* ZEV 2005, 419, 424; s aber *Lorenz* IPRax 2004, 536, 537). Dann wäre ein Fremdenrechtserbschein zu erteilen, ohne dass es auf eine Einantwortung oder unbedingte Annahmeerklärung ankäme.

Für einen **Deutschen** mit gewöhnlichem Wohnsitz in Deutschland, der beweglichen Nachlass in Österreich hinterlässt, besteht keine Abhandlungszuständigkeit des österreichischen Gerichts. Allerdings wird in der Praxis, insb von Banken bzgl Konten des Erblassers, ein deutscher Erbschein oder eine transmortale Bankvollmacht nicht als ausreichend anerkannt, sondern gem den AGB (P 31) ein Gerichtsbeschluss verlangt (*Steiner* ZEV 2005, 144, 145). 52

Auch in **Italien** gilt das Staatsangehörigkeitsprinzip (Art. 46 Nr. 1 IPRG) und der Grundsatz der Nachlasseinheit (Staudinger/*Hausmann* Art. 3 EGBGB Rn 118; Staudinger/*Dörner* Anh Art. 25 f Rn 263). Ein Sonderstatut entsprechend Art. 3 Abs. 3 EGBGB kennt das italienische IPR nicht (AnwK/*Frank* Länderbericht Italien Rn 8). Doch wird hier, ähnlich wie in Österreich (Rn 49 f), materiellrechtlich zwischen der Erbfolge (*titulus*), die sich nach der letzten Staatsangehörigkeit entscheidet, und dem Erbgang (*modus*), der sich nach der *lex rei sitae* richtet, unterschieden (Staudinger/*Hausmann* Anh Art. 4 Rn 240; *Ebenroth/Kleiser* RIW 1993, 353, 358). Die Erbschaft geht erst mit ihrer Annahme (*accettazione*) durch den Erben auf diesen über, und zwar rückwirkend (Art. 459 Cc; vgl *Rauscher* DNotZ 1985, 204; *Salaris* ZEV 1995, 240, 241). Sie kann unter dem Vorbehalt der Inventarerrichtung erklärt werden (Art. 470 ff Cc; vgl BayObLG NJW 1967, 447). Art. 46 Nr. 2 IPRG erlaubt dem Erblasser durch Testament für die Rechtsnachfolge in sein gesamtes Vermögen das Recht zu wählen, in dem er sich gewöhnlich aufhält. Dadurch kann also deutsches Recht für den gesamten Nachlass eines in Deutschland wohnenden Italieners anwendbar werden (*Hausmann* JbItR 15/16 [2002/2003], 173, 192). 53

Bsp.: Ein **Italiener** hinterlässt in Deutschland beweglichen und unbeweglichen Nachlass. Die Erbfolge richtet sich gem Art. 46 Abs. 1 des am 1. 9. 1995 in Kraft getretenen IPRG (Rn 16) primär nach der Staatsangehörigkeit. Es gilt der Grundsatz der Nachlasseinheit. Es kommt daher nicht zu einer Nachlassspaltung (vgl BayObLG NJW 1967, 447; FamRZ 1994, 330 m Anm *Rehm* MittBayNot 1994, 275 ff; NJW-RR 1996, 711; OLG Frankfurt IPRax 1986, 111; OLG Hamm FamRZ 1993, 607). Materielles italienisches Erbrecht ist insgesamt bzgl der Erbfolge (*titulus*) anwendbar. Auf Antrag ist bzgl inländischer Nachlassgegenstände ein Fremdenrechterbschein zu erteilen. Hinterlässt ein Deutscher Nachlass in Italien, ist einheitlich, auch für Grundstücke, deutsches Erbrecht anwendbar. 54

Fazit: Soweit das Heimatrecht eines ausländischen Erblassers an die Staatsangehörigkeit anknüpft und vom Grundsatz der Nachlasseinheit ausgeht, gilt für den in Deutschland belegenen Nachlass einheitlich ausländisches materielles Recht. Solche Regelungen sind der Regelfall, zB (mit zT Abweichungen im Detail) vorgesehen in Ägypten, Albanien, Algerien, Bosnien und Herzegowina, Bulgarien, China (§ 22 Satz 1 IPRG), Kroatien, Libyen, Marokko, Irak, Iran, Italien, Japan (Art. 26 IPRG), Jordanien, Jugoslawien, Korea (Art. 49 Abs. 1 IRRG), Polen, Portugal, Slowakei, Slowenien, Spanien, Syrien, Thailand, Tschechien, Tunesien, Ungarn (§§ 36 Abs. 1, 11 IPRG) – s. iE Staudinger/*Hausmann* Art. 4 55

EGBGB Rn 252 und jeweils im Anh. Eine **Nachlassspaltung**, bei der der Nachlass nicht einheitlich nach einem Recht vererbt wird, kann sich ergeben:

- durch eine beschränkte (Teil)Rechtswahl (zB gem Art. 25 Abs. 2, 4 Abs. 2 EGBGB; vgl BayObLGZ 1999, 296, 302; Rn 15) bzgl inländischen Immobiliarvermögens durch Verfügung von Todes wegen (vgl MüKo/*Mayer* Rn 44; Staudinger/*Dörner* Art. 25 EGBGB Rn 723 ff),
- durch gespaltene staatsvertragliche Anknüpfungen des Erbstatuts (s. zum deutsch-türkischen und deutsch-sowjetischen Konsularvertrag Rn 17 ff),
- durch teilweise Rück- oder Weiterverweisungen (»Renvoi«) des Heimatrechts des ausländischen Erblassers (vgl OLG Karlsruhe NJW 1990, 1420, 1421; MüKo/*Birk* Art. 25 EGBGB Rn 87 ff, 93) – dazu Rn 21 –,
- wenn die *lex rei sitae* Vorrang vor dem Gesamtstatut beansprucht – dazu Rn 59.

II. Anknüpfung an das Domizil

56 Als Besonderheit gilt für die **Niederlande**, dass sie als einziges Land bisher das **Haager Erbrechtsübereinkommen** v 1. 8. 1989 (Rn 5) ratifiziert haben (AnwK/*Süß* Länderbericht Niederlande Rn 2; Reimann/Bengel/Mayer/*Riering* B Rn 14). Für Erbfälle seit dem 30. 9. 1996 richtet sich mangels Rechtswahl die Anknüpfung primär nach dem Recht des Staates des letzten (fünfjährigen) gewöhnlichen Aufenthalts (Staudinger/*Hausmann* Anh Art. 4 EGBGB Rn 218, 224; vgl die Texte bei F/F/D/H/*Weber* Niederlande A I Nr. 5 und A II Nr. 9). Hat ein niederländischer Erblasser in den letzten fünf Jahren seinen Lebensmittelpunkt in Deutschland und nicht zu seinem Heimatstaat offensichtlich engere Beziehungen, verweist Art. 25 Abs. 1 EGBGB zwar auf das materielle niederländische Erbrecht, doch wird die dort ausgesprochene Rückverweisung angenommen (Art. 4 Abs. 1 Satz 2 EGBGB). Es gilt materielles deutsches Erbrecht (BayObLG ZEV 2001, 487, 488). Für den deutschen Erblasser mit Wohnsitz in den Niederlanden gilt aus deutscher Sicht deutsches Erbrecht, aus niederländischer Sicht niederländisches Erbrecht, wenn nicht der Erblasser deutsches Recht gewählt hat.

57 Auch in **Dänemark** (Danske Lov von 1638) und **Norwegen** (Norske Lov von 1687) gilt schon seit den Gesetzen Christians V. für das internationale Erbrecht das Wohnsitzprinzip (Staudinger/*Hausmann* Art. 4 EGBGB Rn 253 mit Anh Rn 105, 116). Ähnliches galt gewohnheitsrechtlich in **Finnland**, bis am 1. 3. 2002 Kap 26 § 5 ErbG (deutscher Text: *Reich* IPRax 2002, 548) in Kraft trat, der inhaltlich an das Haager Erbrechtsübereinkommen angelehnt ist. Die Anknüpfung an den Wohnsitz ist auch in **Südamerika** vorherrschend (Staudinger/*Hausmann* Art. 4 EGBGB Rn 256), zB in Brasilien (Art. 10 des EG von 1942 zum ZGB von 1916), Peru (Art. 2100 Cc) und Venezuela (Art. 34 IPRG). Das **israelische** Erbgesetz (Succession Act 5725/1965) kennt keine Nachlassspaltung und knüpft kollisionsrechtlich an den letzten Wohnsitz (sec. 135) des Erblassers an (sec 137), räumt aber einer zwingenden *lex rei sitae* den Vorrang ein. Für Israel ist – wie zT auch für Staaten mit islamischer Staatsreligion – zu beachten, dass uU die Anknüpfung des anzuwendenden Rechts durch das interreligiöse Recht bestimmt wird. Aus deutscher Sicht ist auf einen Israeli mit letztem Wohnsitz in Deutschland wegen sec. 137 gem Art. 4 Abs. 1 Satz 2 EGBGB deutsches Recht anzuwenden (österreichischer OHG IPRax 1993, 188; Staudinger/*Hausmann* Art. 4 EGBGB Rn 254; **aA** BayObLG NJW 1976, 2076). Auf einen deutschen Erblasser mit letztem Wohnsitz in Israel ist deutsches Recht (Art. 25 Abs. 1 EGBGB), aus israelischer Sicht israelisches Recht anwendbar (Staudinger/*Hausmann* Art. 3 EGBGB Rn 134, Art. 4 EGBGB Rn 254).

58 Für die **Schweiz** sieht Art. 90 Abs. 1 IPRG vor, dass der gesamte Nachlass einer Person mit letztem Wohnsitz (dazu Art. 20 IPRG) in der Schweiz schweizerischem Recht untersteht. Verstirbt ein Deutscher mit letztem Wohnsitz in der Schweiz, ist aus deutscher Sicht gem Art. 25 Abs. 1 EGBGB deutsches materielles Recht anzuwenden. Art. 90 IPRG ist keine besondere Regel iSd Art. 3 Abs. 3 EGBGB (Staudinger/*Hausmann* Art. 3 EGBGB Rn 128).

Der Nachlasskonflikt, der sich deshalb bei einem in der Schweiz wohnhaften Deutschen ergibt, kann durch eine Rechtswahl vermieden werden (*Lorenz* DNotZ 1993, 148, 155 f): Art. 90 Abs. 2 Satz 1 IPRG erlaubt Ausländern die Wahl eines seiner Heimatrechte durch letztwillige Verfügung oder Erbvertrag. Die Rechtswahl ist, anders als nach Art. 25 Abs. 2 EGBGB, nur einheitlich möglich, nicht nur bzgl eines Nachlassteils. In der Schweiz gilt der Grundsatz der Nachlasseinheit (AnwK/*Süß* Länderbericht Schweiz Rn 2; F/F/D/H/*Lorenz* Schweiz C III Rn 13; Staudinger/*Hausmann* Anh Art. 4 EGBGB Rn 306), doch ist die Zuständigkeit des Staates, der für Grundstücke auf seinem Gebiet die ausschließliche Zuständigkeit vorsieht, vorbehalten (Art. 86 Abs. 2 IPRG). Insoweit gilt die *lex rei sitae* (Staudinger/*Dörner* Anh Art. 25 f EGBGB Rn 584). Ist aufgrund Rechtswahl auf einen in der Schweiz wohnenden Deutschen materielles deutsches Recht anwendbar (Erbstatut), richtet sich die Durchführung der einzelnen Maßnahmen (Eröffnungsstatut) doch nach dem Recht am Ort der zuständigen Behörde (Art. 92 Abs. 2 IPRG). Das Verfahren, namentlich sichernde Maßnahmen und die Nachlassabwicklung einschließlich der Willensvollstreckung, mithin auch die Erbscheinserteilung und Testamentseröffnung, richtet sich also nach der *lex fori* (vgl *Lorenz* aaO Rn 20; *Dörner* aaO Rn 587; *Süß* aaO Rn 8). Verstirbt ein Schweizer in der Schweiz, ist aus Sicht des deutschen Rechts (Art. 25 Abs. 1 EGBGB) schweizerisches Recht anwendbar. Die Verweisung wird angenommen, war der letzte Wohnsitz in der Schweiz (Art. 80 Abs. 1 IPRG). War er in Deutschland, kann der Erblasser durch Rechtswahl (Art. 25 Abs. 2 EGBGB) für sein unbewegliches Vermögen und wegen der Verweisung des Art. 25 Abs. 1 EGBGB auch auf Art. 91 Abs. 2 IPR für sein übriges Vermögen schweizerisches Erbrecht wählen. Mangels Rechtswahl sieht Art. 91 Abs. 1 IPRG eine Gesamtverweisung auf das Wohnsitzrecht vor (Staudinger/*Hausmann* Anh Art. 4 EGBGB Rn 313). Art. 91 Abs. 2 IPRG ordnet jedoch an, dass sich bei einem schweizerischen Erblasser die Beerbung nach schweizerischem Recht richtet, wenn die Heimatzuständigkeit nach Art. 87 IPRG besteht. Verstirbt der Erblasser also in Deutschland, verweist aus deutscher Sicht Art. 25 Abs. 1 EGBGB auf das schweizerische Recht. Dieses verweist über Art. 91 Abs. 1 IPRG auf das deutsche Recht zurück, welches dieses annimmt (vgl Art. 4 Abs. 1 Satz 2 EGBGB; BayObLG ZEV 2001, 483; LG Kempten NJW-RR 2002, 1588 m Anm *Dörner* IPRax 2004, 519 ff; AnwK/*Süß* Länderbericht Schweiz Rn 6; Staudinger/*Hausmann* Art. 4 EGBGB Rn 255 mit Anh Rn 313; **aA** *Overbeck* IPRax 1988, 329, 332 f). Ein deutscher Eigenrechtserbschein wird nach Art. 96 Abs. 1 lit a IPR in der Schweiz grds anerkannt (*Süß* aaO Rn 14). Aus Sicht des schweizerischen Rechts können andere Ergebnisse folgen (*Lorenz* aaO Rn 14; s aber AnwK/*Süß* aaO und Hdb Pflichtteilsrecht § 16 Rn 326: iSd *foreign court theory* würden die schweizerischen Gerichte, wenn sich über Art. 91 Abs. 1 IPRG eine nach Art. 14 Abs. 1 IPRG beachtliche Rückverweisung [Art. 25 Abs. 1 EGBGB] auf das schweizerische Recht ergibt, letztendlich deutsches materielles Erbrecht anwenden [*double renvoi*]; vgl auch OLG Frankfurt ZEV 2000, 513 m Anm *Küpper* aaO 514 f).

III. Wohnsitzanknüpfung mit Vorrang der *lex rei sitae*

1. Vorrang des Sonderstatuts nach Art. 3 Abs. 3 EGBGB

Nach germanischem Recht zerfiel der Nachlass in mehrere Sondervermögen mit unterschiedlichem erbrechtlichen Schicksal, da die jeweiligen Vermögensrechte (zB Recht an Fahrnis, Liegenschaft) individuell betrachtet wurden und das Erbrecht für sie unterschiedliche Erbfolgeordnungen kannte (Universalsukzession in Sondervermögen). Dieser Gedanke führte im IPR zur Nachlassspaltung (Soergel/*Schurig* Vor Art. 25 EGBGB Rn 1). Während zwar eine materiellrechtliche Nachlassspaltung außer in USA-Staaten heute kaum noch in Geltung ist, kommt es insb im Rechtskreis des Common Law öfter zu einer kollisionsrechtlichen Nachlassspaltung in einen dem Erbrecht eines anderen Staates und in einen dem deutschen Erbrecht unterliegenden Nachlassteil (vgl Staudinger/*Hausmann*

§ 2369 BGB | Gegenständlich beschränkter Erbschein

Art. 4 EGBGB Rn 257; *Leible/Sommer* ZEV 2006, 93 f; *Steiner* ZEV 2001, 477 ff). Führt nämlich nicht bereits eine Gesamtverweisung (Art. 25 Abs. 1 EGBG) zum Recht des Belegenheitsstaats, eröffnet ggf **Art. 3 Abs. 3 EGBGB** die Anwendung ausländischen Rechts. Art. 3 Abs. 3 EGBGB ist *lex specialis* zu Art. 25 Abs. 1 EGBGB. Er bildet ein Sonderstatut, wenn für im Ausland belegene Gegenstände – Sachen und unkörperliche Vermögensgüter wie Forderungen, gewerbliche Rechte, Miterbenanteile – das Recht des Staates, in dem sich diese befinden, besondere Vorschriften enthält.

60 **Besondere Vorschriften** sind jedenfalls Sachnormen des Belegenheitsstaates, die gebundene Güter oder Sondervermögen vorsehen, welches dem allgemeinen bürgerlichen Recht entzogen ist (Staudinger/*Hausmann* Art. 3 EGBGB Rn 58). Dazu zählt der Gesetzgeber Lehen, Familienfideikommisse, Stammgüter und Anerbengüter (Protokoll 11 575, abgedruckt bei *Hartwieg/Korkisch* 136, 168, 175 f; zum Erlöschen spätestens bis zum 1. 1. 1939 beachte §§ 1 Abs. 1, 30 Abs. 1 FidErlG), der BGH erwähnt noch Rentengüter und Erbhöfe (BGH NJW 1968, 1571 f; s ferner hier Art. 3 EGBGB Rn 48 ff; Staudinger/*Dörner* Art. 25 EGBGB Rn 534). Für in Deutschland belegene Immobilien ist heute (fast) nur noch an in den Nachlass fallende Höfe nach der HöfeO zu denken (vgl BGH IPRspr 1964/1965 Nr. 171; OLG Köln IPRspr 1954/1955 Nr. 133; Staudinger/*Hausmann* Art. 3 EGBGB Rn 46, 81 ff; Reimann/Bengel/Mayer/*Sieghörtner* B Rn 25; *Stöcker* WM 1980, 1134 f). Praxisrelevant sind **Kollisionsnormen** des Belegenheitsstaates, die für **Immobilien** nicht das sog Personalstatut (Wohnsitzrecht bzw Recht des gewöhnlichen Aufenthaltsortes oder Heimatrecht) als allgemeines Vermögensstatut, sondern die *lex rei sitae* berufen (BT-Ds 10/504 S 3 f; BR-Ds 222/83 S 3 f; BGH NJW 1966, 2270; 1968, 1571; 1993, 1920, 1921; 2004, 3558, 3560; IPRax 1994, 375; 1997, 41 [interlokal]; BayObLGZ 1967, 418, 424; FamRZ 1997, 287; 318, 319; 2003, 1595 f; NJW-RR 1990, 1033; ZEV 1999, 485; 2005, 168, 169; OLG Celle IPRspr 2002, 287; OLG Zweibrücken FamRZ 1998, 263; B/R/*Lorenz* Art. 3 EGBGB Rn 13; Reimann/Bengel/Mayer/*Sieghörtner* B Rn 25; *Looschelders* IPR Art. 3 EGBGB Rn 30; Mü-Ko/*Sonnenberger* Art. 3 EGBGB Rn 24; MüKo/*Birk* Art. 25 EGBGB Rn 102; Palandt/*Heldrich* Art. 3 EGBGB Rn 14; Staudinger/*Hausmann* Art. 3 EGBGB Rn 62; Staudinger/*Dörner* Art. 25 EGBGB Rn 536; hier Art. 3 EGBGB Rn 50; *v Bar/Mankowski* IPR I § 7 Rn 47). Weil in dem Belegenheitsstaat die Herrschaft über unbewegliche Vermögen ausgeübt werde und damit die größere Sachnähe bestehe, sei gerade hier ein internationaler Entscheidungseinklang wichtig, damit keine undurchsetzbaren Rechtslagen entstehen (BT-Ds 10/504 S 36 f; BGHZ 131, 22, 29; PWW/*Mörsdorf-Schulte* Art. 3 EGBGB Rn 47). Die ablehnende Ansicht (Soergel/*Kegel* Art. 3 EGBGB Rn 18; Soergel/*Schurig* Art. 15 EGBGB Rn 66, Art. 25 EGBGB Rn 89; *Kegel/Schurig* § 12 II 2b cc; *Schurig* IPRax 1990, 389, 390; *Solomon* IPRax 1997, 81, 87; ZVglRWiss 99 [2000], 184 f, 189; *Thoms* 105 ff), die sich zunächst in Hinblick auf Art. 28 EGBGB aF gebildet hatte, ist trotz der berechtigten rechtspolitischen Kritik nach der Gesetzesbegründung zu Art. 3 Abs. 3 EGBGB nicht mehr haltbar. Wenn besondere Vorschriften in anderen Staaten für die Erbfolge das dort belegene unbewegliche Vermögen (*rei lex sitae*) erfassen wollen (Belegenheitsstatut), haben diese Vorschriften gem Art. 3 Abs. 3 EGBGB Vorrang vor der abweichenden (subsidiären) Gesamtverweisung (Art. 25 Abs. 1 EGBGB), die für das Erbstatut an die Staatsangehörigkeit des Erblassers anknüpft (»Einzelstatut [besser: »Sonderstatut«] bricht Gesamtstatut«, vgl BGH NJW 1966, 2270; 1993, 1920, 1921; 2004, 3558, 3560; BayObLG FGPrax 2004, 130; ZEV 2005, 168 f; OLG Zweibrücken FamRZ 1997, 263; B/R/*Lorenz* Art. 3 EGBGB Rn 10). Insoweit bestimmt die *lex fori*, ob ein Nachlassbestandteil beweglich ist oder unbeweglich, es sei denn, es (wie das anglo-amerikanische Recht) verweist zurück (BGH NJW 2000, 2421; MüKo/*Sonnenberger* Art. 4 EGBGB Rn 59) oder weiter, und wo sich ein Gegenstand befindet, also in Deutschland das deutsche Recht ([zu Miterbenanteilen] BayObLG ZEV 1998, 475, 477; **aA** Staudinger/*Dörner* Art. 25 EGBGB Rn 532). In diesem Sinn abweichende Vorschriften kennen zB Frankreich und England (Rn 61 f).

61 Für die Gegenstände, die die »besondere Vorschrift« dem Gesamtstatut entzieht, ist das Recht anzuwenden, welches die Gerichte des Belegenheitsortes anwenden würden, mithin

die *lex rei sitae* (BGH NJW 1993, 1920, 1921; Staudinger/*Hausmann* Art. 3 EGBGB Rn 77; Staudinger/*Dörner* Art. 25 EGBGB Rn 542; *Kegel/Schurig* § 12 II 2b; *v Hoffmann/Thorn* § 4 Rn 19). Das Belegenheitsrecht entscheidet auch, ob ein Gegenstand beweglich oder unbeweglich ist. Dem Erbstatut des Belegenheitsortes unterliegt bzgl des dort belegenen Nachlassteils nicht nur die Erbfolge, sondern auch die Zulässigkeit der Testamentsvollstreckung und die Rechtsstellung des Testamentsvollstreckers (Rn 66d; BayObLG ZEV 1999, 485; 2005, 168, 169; OLG Brandenburg FGPrax 2001, 206, 207; Reimann/Bengel/Mayer/*Sieghörtner* B Rn 43). Das Verfahren für die Erteilung eines Testamentsvollstreckerzeugnisses (vgl § 2368) bestimmt sich nach deutschem Recht (BayObLG FamRZ 1990, 669, 671 [zur Schweiz]). Demgegenüber wirkt der Vorrang des Belegenheitsrechts nicht über Art. 3 Abs. 3 EGBGB auch gegenüber dem Formstatut. So bestimmt sich aus deutscher Sicht sich die zulässige Form eines Testament, welches die Erbfolge für zB in Florida belegene Grundstücke bestimmt, das nach den Vorschriften des Haager Übereinkommens über das auf die Form letztwilliger Verfügungen anzuwendende Recht (TestÜbk, Rn 15) bzw den entsprechenden Regelungen des Art. 26 Abs. 1 – Abs. 3 EGBGB. Das gilt, obwohl Florida dem Abkommen nicht beigetreten ist (BGH NJW 2004, 3558, 3560; OLG Hamburg IPRspr 2003, 281 [Ägypten]; *Bestelmeyer* ZEV 2004, 359; *Dörner* FamRZ 2003, 1880; *Hohloch* JuS 2004, 251 f; *Looschelders* IPRax 2005, 232 ff; *Süß* ZErb 2004, 157; aA OLG Celle ZEV 2003, 509, 510 m Anm *Eichinger* ZEV 2003, 513 ff). Im Geltungsbereich des Abkommens ist die Formfrage vom Erbstatut gelöst (BGH NJW 1995, 58; 2004, 3558, 3560). Ist ein demnach formwirksames Testament nach dem Recht des Belegenheitsstaates unwirksam, ist die deutsche Sicht dort nicht durchsetzbar; es kommt zu einem sog international hinkenden Rechtsverhältnis (BGH NJW 2004, 3558, 3560 f), zu einem Fall faktischer Nachlassspaltung (R/B/M/*Sieghöftner* B Rn 35; *Hohloch* aaO; *Looschelders* aaO).

62 In **England** (und idR zunächst auch in den USA) galt wegen einer zunächst eher lehnsrechtlichen Betrachtung der Bodenordnung bis 1925 ein unterschiedlicher Erbgang für Liegenschaften (*real property*), die unmittelbar an den lehnsrechtlich bestellten Erben fielen, und Fahrnisse (*personal property*), die an einen *executor* oder *administrator* fielen (zum geltend Recht s. Rn 37). Diese unterschiedliche Behandlung besteht bis heute – auch in **Schottland** – auf der Ebene der Kollisionsnormen fort (Staudinger/*Hausmann* Art. 3 EGBGB Rn 44, 48, 61, 110, 113; Anh Art. 4 Rn 11, 24, 30). Hier findet regelmäßig bei der Erbfolge (*succession*) auf das unbewegliche Vermögen die *lex rei sitae* und auf das bewegliche Vermögen das Erbstatut des letzten Domizils (*lex domicilii*) iSd ausländischen Rechts (vgl *Graupner/Dreyling* ZVglRWiss 82 [1983], 193, 197) Anwendung (Staudinger/*Hausmann* Art. 3 EGBGB Rn 110, 113, Art. 4 EGBGB Rn 257 f; Staudinger/*Dörner* Anh Art. 25 f EGBGB Rn 746, für die **USA** BGH NJW 1957, 1316; FamRZ 1967, 473; BayObLGZ 1974, 223, 225; 1975, 1986, 88; 1980, 42, 46, OLG Brandenburg FamRZ 1998, 985, 986; Staudinger/*Hausmann* Anh Art. 4 Rn 75 ff, 97; zB zu **California** F/F/D/H/*Heusler* USA Nr. 4 A II 1, für **Florida** BGH NJW 2004, 3558, 3560 [mit Anm *Looschelders* IPRax 2005, 232 ff]; BayObLG ZEV 2005, 168 f; F/F/D/H/*Lundmark* USA Nr. 8, B Rn 2, für **New York** F/F/D/H USA Nr. 30 II m Hinw auf § 3 – 5.1 Etates, Powers and Trusts Law; Staudinger/*Hausmann* Anh Art. 4 Rn 77; zu **Großbritannien** vgl BayObLGZ 1982, 331, 336; DNotZ 1984, 86; FamRZ 1988, 1100, 1101; OLG Frankfurt NJW 1954, 111; OLG Zweibrücken Rpfleger 1994, 466; F/F/D/H/*Henrich* Großbritannien C I, Rn 6, VI 76; Staudinger/*Dörner* Anh Art. 25 f EGBGB Rn 198 ff). Dabei ist zu beachten, dass der Nachlass nicht unmittelbar auf die eigentlichen Erben (*beneficiaries*) übergeht, sondern im Rahmen der Nachlassabwicklung (*administration*) zunächst auf einen *executor* oder *administrator* (s. Rn 37). Auch in **Australien** (*Glomb* ZEV 2004, 371) und allen zehn **kanadischen** Provinzen gilt das beschriebene Prinzip der Nachlassspaltung (vgl BGH NJW 1972, 1001; F/F/D/H/*Fleischhauer* Kanada B Rn 4; Staudinger/*Hausmann* Anh Art. 4 EGBGB Rn 60; Staudinger/*Dörner* Anh Art. 25 f Rn 306, 310).

63 In Folge der seit dem Mittelalter weiterentwickelten Statutentheorie kennt auch das **französische** Kollisionsrecht die Anknüpfung an das Recht des letzten Wohnsitzes (*do-

micile; vgl Art. 102 ff Cc) und für Grundstücke die *lex rei sitae* (Staudinger/*Hausmann* Art. 4 EGBGB Rn 259 mit Anh Rn 162, 177; Staudinger/*Dörner* Anh Art. 25 f EGBGB Rn 173): Es geht das Vermögen grds auf die Erben mit Eröffnung der Erbfolge im Wege der Universalsukzession über (Art. 720 Cc). Das Erbkollisionsrecht folgt jedoch dem Prinzip der Nachlassspaltung. Für in Deutschland belegene Grundstücke eines Franzosen ist deutsches Erbrecht anwendbar (Rn 66b, RGZ 78, 48, 51; OLG Köln NJW 1955, 755; OLG Saarbrücken NJW 1967, 732, 733), für in Frankreich belegene eines deutschen Erblassers französisches. Insoweit wäre ein (vor dem Erbfall geschlossener) Erbverzicht (§ 2346) unter Deutschen nichtig (Art. 1139, 791 Cc). Insoweit materielles französisches Recht anwendbar ist, wäre auch ein gemeinschaftliches Testament Deutscher mit Wohnsitz in Frankreich oder ein in Deutschland beurkundeter Erbvertrag unter Deutschen nichtig (Art. 968, 1130 Abs. 2, 1389 CC; vgl *Edenfeld* ZEV 2001, 457, 461; *Riering* ZEV 1994, 225, 227 f; s.a. Art. 458 ital Cc).

64 Eine entsprechende Nachlassspaltung kennt das **luxemburgische** (*Dörner* aaO Rn 391; *Hausmann* aaO Rn 205, 207; AnwK/*Frank* Länderbericht Luxemburg Rn 7 f, 11 ff) und kannte gewohnheitsrechtlich bis zum 1. 10. 2004 das **belgische** (vgl OLG Köln NJW 1986, 2199; LG München I FamRZ 1998, 1067, 1068; *Dörner* aaO Rn 71; zur Anknüpfung am Domizil auch BayObLG FamRZ 1996, 694, 695; OLG Köln DNotZ 1993, 171, 172) Kollisionsrecht. Seit diesem Tag ist das neue belgische IPRG (englischer Text RabelsZ 70 [2006], 358 ff; dazu *Franco* RabelsZ 70 [2006], 235 ff) in Kraft. Es bestimmt, dass das materielle Recht des Staates des letzten gewöhnlichen Aufenthalts (dazu Art. 4 § 2 IPRG) des Erblassers auf bewegliche Gegenstände (Art. 78 § 1 IPRG) und das Belegenheitsrecht für Grundstücke (Art. 78 § 2 Abs. 1 IPRG), es sei denn, dieses weist auf das Recht des letzten gewöhnlichen Aufenthalts zurück (Art. 78 § 2 Abs. 2 IPRG), anwendbar ist; zur Rechtswahl s. Art. 79 IPRG. Der deutsch-**russische** Konsularvertrag von 1958 (Rn 17, 19) bestimmt in Art. 18 Abs. 3, dass sich die Erbfolge in den unbeweglichen Nachlass nach der *lex rei sitae* richtet. Die Erbfolge in den beweglichen Nachlass richtet sich aus russischer Sicht nach dem Wohnsitzprinzip, aus deutscher Sicht nach der Staatsangehörigkeit (Art. 25 Abs. 1 EGBGB).

65 Nach Art. 66 des **rumänischen** Gesetzes zur Regelung der Verhältnisse des Internationalen Privatrechts, Gesetz Nr. 105 v 22. 9. 1992, unterliegt die Erbfolge in das bewegliche Vermögen dem Heimatrecht (nicht: Wohnsitz) des Erblassers (Staatsangehörigkeitsprinzip, lit. a), während für unbewegliche Sachen und Geschäftsvermögen das Belegenheitsstatut gilt (lit. b), vgl BayObLG FamRZ 1997, 318, 319; F/F/D/H/*Leonhardt* Rumänien C 24 f; Staudinger/*Hausmann* Art. 4 EGBGB Rn 265 mit Anh Rn 427. Art. 68 Abs. 1 IPRG ermöglicht eine Rechtswahl.

66 **Fazit**: Bei einem **deutschen** Erblasser kann die *lex rei sitae* im Zusammenhang mit § 2369, der nur für inländischen Nachlass gilt (Rn 6), keine Bedeutung erlangen. Es greift Art. 25 Abs. 1 EGBGB. Materielles deutsches Erbrecht ist anzuwenden und ein Eigenrechtserbschein zu erteilen. Nur über eine Rechtswahl (Art. 25 Abs. 2 EGBGB) kann auf einen deutschen Erblasser im Inland ausländisches materielles Recht anwendbar werden. Denn ein inländisches Belegenheitsstatut, das vom Gesamtstatut (Art. 25 Abs. 1 EGBGB) berufenen deutschen Erbrecht abwiche, gibt es nicht. Nur wenn der (deutsche) Erblasser im Ausland Immobilien hinterlässt, kann (nach ausländischem Recht) einer *lex rei sitae* Vorrang (Art. 3 Abs. 3 EGBGB) vor dem Gesamtstatut zukommen. Im Eigenrechtserbschein ist das zu vermerken. Richtet sich bei einem **ausländischen** Erblasser die Erbfolge nach materiellem ausländischem Erbrecht (Art. 25 Abs. 1 EGBGB), kann dieses (teilweise) auf das materielle deutsche Recht zurückverweisen (Art. 4 Abs. 1 EGBGB). Kennt das ausländische Recht zB die *lex rei sitae*, ist für den in Deutschland belegenen (unbeweglichen) Nachlass ein – gegenständlich und territorial beschränkter – Eigenrechtserbschein zu erteilen (Rn 66b).

2. Beispiele

Hinterlässt ein **Deutscher** mit gewöhnlichem und letztem Wohnsitz **in Frankreich** dort 66 a
Grundstücke und beweglichen Nachlass, gilt aus deutscher Sicht zunächst materielles deutsches Erbrecht (Art. 25 Abs. 1 EGBGB). Anderes gilt aber nach Art. 3 Abs. 3 EGBGB bzgl der in Frankreich belegenen Grundstücke. Denn das französische Kollisionsrecht stellt für Immobilien, auch bei solchen, die von Ausländern besessen werden, auf den Lageort des Grundbesitzes ab *(lex rei sitae)*, vgl Art. 3 Abs. 2 Cc: »Les immeubles, même ceux possédés par des étrangers, sont régis par la loi française.« Für das Grundstück gilt also materielles französisches Erbrecht (BayObLGZ 1982, 284, 289; OLG Zweibrücken IPRax 1987, 108, 109; LG München FamRZ 1998, 1068, 1069 [zu Belgien]; AnwK/*Frank* Länderbericht Frankreich Rn 5, 9; Staudinger/*Hausmann* Art. 3 EGBGB Rn 115). Die Erbfolge in das bewegliche Vermögen richtet sich nach dem Personalstatut, welches durch den letzten Wohnsitz *(loi du domicile du de cujus,* vgl Art. 102 ff Cc) bestimmt wird (F/F/D/H/*Ferid* Frankreich C Rn 6 – 8). Insoweit liegt keine »besondere Vorschrift« iSv Art. 3 Abs. 3 EGBGB vor, weil es für die Anknüpfung am Wohnsitz nicht darauf ankommt, dass Gegenstände in Frankreich belegen sind. Daher liegt bzgl des beweglichen Nachlasses ein abweichendes Gesamtstatut vor. Art. 3 Abs. 3 EGBGB greift nicht. Es bleibt dabei, dass materielles deutsches Recht anwendbar ist (BayObLG NJW-RR 1990, 1033; [zu Rumänien] FamRZ 1997, 318, 319; [zu Kanada/Provinz Ontario] FamRZ 2003, 1595; [zu Südafrika] OLG Zweibrücken FamRZ 1997, 263, 264; Staudinger/*Hausmann* Art. 3 EGBGB Rn 72, 115; Staudinger/*Dörner* Art. 25 EGBGB Rn 541; *Schotten* Rn 273 f).

Hinterlässt ein in **Frankreich** wohnender **Franzose** Grundbesitz und bewegliches Vermögen **in Deutschland**, richtet sich aus deutscher Sicht die Erbfolge wegen Art. 25 Abs. 1 66 b
EGBGB nach französischem Recht. Für das bewegliche Vermögen bleibt es dabei. Insoweit ist ein (gegenständlich beschränkter) Fremdenrechtserbschein zu erteilen. Für in Deutschland belegene Grundstücke weist das französische Recht auf das deutsche Recht zurück (vgl Art. 3 Abs. 2 Cc), weil jenes Kollisionsrecht bei Immobilien auf die *lex rei sitae* abstellt (OLG Saarbrücken NJW 1967, 732; BayObLGZ 1982, 284, 289; *Süß* ZEV 2000, 486, 487). Art. 3 Abs. 3 EGBGB kommt insoweit gar nicht zur Anwendung. Das Grundstück liegt ja in Deutschland. Für es gilt deutsches materielles Recht wegen Art. 25 Abs. 1, Art. 4 Abs. 1 EGBGB (Staudinger/*Hausmann* Art. 3 EGBGB Rn 70, 110; Art. 4 Rn 247 f mit Anh Rn 177). Der zu erteilende Eigenrechtserbschein hat zu vermerken, dass er sich (territorial) auf in Deutschland belegenen Immobilien beschränkt (Staudinger/*Hausmann* Anh Art. 4 EGBGB Rn 179).

Ein **Engländer** mit Wohnsitz in **Deutschland** hinterlässt Immobilien *(immovable)* und 66 c
Mobilien *(movable)* in Deutschland. Nach dem Staatsangehörigkeitsprinzip (Art. 25 Abs. 1 EGBGB) ist aus deutscher Sicht englisches Recht anwendbar. Die *situs*-Regel (Rn 59, 61) des englischen IPR verweist für den beweglichen Nachlass grds auf das Recht am Wohnsitz des Erblassers, während für das unbewegliche Vermögen die *lex rei sitae* gilt (vgl F/F/D/H/*Henrich* Großbritannien C I Rn 6, III Rn 19 f, IV Rn 45, VI Rn 76). Für das Grundstück gilt materielles deutsches Recht (BayObLGZ 1967, 1, 4 f). Auch für die Vererbung des beweglichen Vermögens hat das deutsche Gericht deutsches Recht anzuwenden (vgl Rn 61; BayObLG NJW 1988, 2745, 2746). Der zu erteilende Eigenrechtserbschein hat zu vermerken, dass er sich bzgl der Erbfolge in Immobilien auf die in Deutschland belegenen beschränkt. Hat ein **Engländer** mit letztem *domicil* in **England** ein Grundstück und beweglichen Nachlass in Deutschland, verweist Art. 25 Abs. 1 EGBGB auf das englische Recht. Die Gesamtverweisung erfasst auch das fremde Kollisionsrecht, mithin bzgl des Grundstücks den Verweis des englischen Rechts auf das deutsche Recht als *lex rei sitae*. Das deutsche Recht nimmt dies an. Die Rechtsfolge in das bewegliche Vermögen richtet sich nach materiellem englischem Recht. Es ist für den im Inland belegenen unbeweglichen Nachlass ein Eigenrechtserbschein, für den im Inland befindlichen beweglichen Nachlass ein Fremdenrechtserbschein zu erteilen (Staudinger/*Schilken* Rn 5). Hinterlässt

§ 2369 BGB | Gegenständlich beschränkter Erbschein

ein **Deutscher** mit Wohnsitz in Deutschland ein Grundstück und Mobilien **in England**, tritt bzgl des Grundstücks das Gesamtstatut, welches deutsches Recht berufen würde, hinter dem englischen Sonderstatut als »besondere Vorschrift« iSd Art. 3 Abs. 3 EGBGB zurück. Dagegen gilt aus deutscher Sicht für den beweglichen Nachlass deutsches Erbrecht. Art. 3 Abs. 3 EGBGB greift nicht (Rn 66a). Aber zur Abwicklung des in England belegenen Nachlasses bedarf der Erbe einer Bestätigung durch ein englisches Gericht. Er muss sich als *executor* bestätigen bzw als *administrator* bestellen (Rn 37) lassen (AnwK/*Odersky* Länderbericht Großbritannien Rn 14).

66 d Eine **Deutsche** hinterlässt Grundstücke in Deutschland, Florida und Marokko. Sie hat **Testamentsvollstreckung** angeordnet. Es gilt das Gesamtstatut des Art. 25 Abs. 1 EGBGB, so dass deutsches Erbrecht anwendbar ist. Für das in Marokko belegene Grundstück bleibt es dabei. Für das in Florida belegene Grundstück hat aber die dortige *lex rei sitae* Vorrang (Art. 3 Abs. 3 EGBGB). Auch die Zulässigkeit der Testamentsvollstreckung und Rechtsstellung des Testamentsvollstreckers unterliegt dem Erbstatut des Bundesstaates Florida. Deutsche Gerichte sind insoweit nach der Gleichlauftheorie (Rn 1) international weder für dessen Bestellung noch Entlassung zuständig (BayObLG ZEV 2005, 168).

3. Nachlassspaltung wegen § 25 Abs. 2 DDR-RAG

67 Eine Nachlassspaltung konnte auch wegen **§ 25 Abs. 2 DDR-RAG** v 5. 12. 1975, der dem Gesamtstatut (Art. 25 Abs. 1 EGBGB) vorgeht (Art. 3 Abs. 3 EGBGB), eintreten: Bis zum 3. 10. 1990 galt die Kollisionsnorm des § 25 Abs. 2 des DDR-Rechtsanwendungsgesetzes, nach der sich die erbrechtlichen Verhältnisse in Bezug auf das Eigentum und andere Rechte an Grundstücken und Gebäuden in der DDR auch bei einem im Übrigen abweichenden Erbstatut nach dem (ehemaligen) Recht der DDR bestimmten. Aufgrund dieser Norm kann sich ergeben, dass sich die Erbfolge hinsichtlich des im Beitrittsgebiet belegenen Grundbesitzes nach dem Zivilgesetzbuch der ehemaligen DDR (DDR-ZGB) und für den übrigen Nachlass nach dem Erbrecht des BGB richtet (Art. 235 EGBGB Rn 8 ff). Hatte nämlich der Erblasser seinen gewöhnlichen Aufenthalt in der Bundesrepublik Deutschland, wurde er grds entsprechend Art. 25 Abs. 1 EGBGB nach dem BGB beerbt (BGH NJW 1994, 582; 1996, 932 [LS]; JR 2002, 106, 107; BayObLG FamRZ 2001, 1181, 1182; NJW 2003, 216). War er Eigentümer von in der ehemaligen DDR gelegenen Grundstücken, tritt Nachlassspaltung ein, wenn der Erblasser noch vor dem Wirksamwerden des Beitritts (3. 10. 1990) verstorben ist (vgl Art. 235 § 1 Abs. 1 EGBGB). Das Sonderstatut des § 25 Abs. 2 DDR-RAG wurde bereits vor dem Beitritt entsprechend Art. 3 Abs. 3 EGBGB in der Bundesrepublik anerkannt. Es ist auch nach dem Beitritt für Erbfälle vor dem 3. 10. 1990 noch zu beachten (BayObLG NJW 2003, 216; vgl zum Ganzen Art. 235 EGBGB Rn 8 ff; BGH NJW 1994, 582; 2001, 2396; FamRZ 1995, 481 mit OLG Koblenz ZEV 1995, 31, 32; BayObLGZ 1998, 242, 245; FamRZ 1994, 723; 1999, 1470; 2002, 1293, 1294; 2003, 1327, 1328; NJW 2000, 440, 441; ZEV 2001, 489, 491 f; OLG Frankfurt DNotZ 1992, 53; OLG Hamm ZEV 1997, 502; OLG Jena OLG-NL 1997, 16; KG DNotZ 1992, 445; 1993, 407; ZEV 1996, 349; VIZ 2001, 392; 2004, 92; OLG Zweibrücken Rpfleger 1993, 113; MüKo/*Mayer* § 2353 Rn 144 f; Palandt[64]/*Edenhofer* Rn 7 f; Palandt/*Heldrich* Art. 25 EGBGB Rn 23; Soergel/*Zimmermann* § 2353 Rn 65 f; Staudinger/*Schilken* Einl zu §§ 2353 ff Rn 35 ff; Staudinger/*Hausmann* Art. 3 EGBGB Rn 87 ff; Staudinger/*Dörner* Art. 25 EGBGB Rn 2, 572 ff, 879 ff; *Zimmermann* Rn 396–403.

68 Handelt es sich demnach um zwei nach verschiedenen Rechtsordnungen (BGB und ZGB) vererbte Nachlässe, muss dies bei der Erbscheinserteilung beachtet werden. Entweder wird ein Erbschein in Anwendung des BGB, der sich nicht auf den in der ehemaligen DDR belegenen unbeweglichen Nachlass iSd § 25 Abs. 2 DDR-RAG erstreckt, oder ein Erbschein in Anwendung des ZGB, der sich lediglich auf den in der ehemaligen DDR belegenen unbeweglichen Nachlass iSd § 25 Abs. 2 DDR-RAG erstreckt (vgl OLG Oldenburg MDR 1992, 879; OLG Zweibrücken FamRZ 1992, 1474; LG Berlin FamRZ 1991, 1361; LG Aachen

Rpfleger 1991, 460; LG München I FamRZ 1991, 1489), oder ein sog Doppelerbschein, der diese beiden (an sich selbstständigen) Erbscheine vereinigt, erteilt (BayObLG ZEV 2001, 489, 491; KG Rpfleger 1992, 158, 159; *Bestelmeyer* Rpfleger 1992, 229, 231; s. auch Notariat Stuttgart-Botnang FamRZ 1994, 658, 659). Hat ein Nachlassgericht in der alten Bundesrepublik bereits einen auf den hier befindlichen Nachlass bezogenen Erbschein erteilt, ist nunmehr ein auf die Nachlassgegenstände iSv § 25 DDR-RAG beschränkter Erbschein zu erteilen; einer Einziehung des bereits erteilten Erbscheins bedarf es nicht (BayObLG FamRZ 1994, 723; OLG Hamm ZEV 1996, 346; LG Berlin FamRZ 1992, 230). In der DDR waren für Testaments- und Erbschaftsangelegenheiten die Staatlichen Notariate zuständig (§ 1 Abs. 2 Nr. 3 iVm §§ 24 ff NotG). Heute sind es an ihrer Stelle die Nachlassgerichte. Den vom Staatlichen Notariat zu erteilenden Erbschein (§ 413 Abs. 1 ZGB) konnte der Erbe, Miterbe, Nachlasspfleger, Nachlassverwalter, Testamentsvollstrecker und Nachlassgläubiger beantragen (§ 27 Abs. 1 NotG). Die Entscheidungen im Erbscheinsverfahren erwuchsen nicht in materielle Rechtskraft (KG ZEV 1998, 498). Das Nachlassgericht am westdeutschen Wohnsitz des Erblassers ist jetzt für die Erbscheinserteilung auch zuständig, wenn es für unbewegliches Vermögen in der ehemaligen DDR zu einer Nachlassspaltung (Art. 235 EGBGB Rn 10) kam (BayObLG NJW 1991, 1237, 1238; BezG Dresden DtZ 1991, 216; LG Berlin NJW 1991, 1238; LG München I FamRZ 1991, 1489).

4. Folgen

Im Fall einer Nachlassspaltung ist **jede Nachlassmasse** grds nach dem jeweils für sie maßgebenden Erbstatut zu beurteilen (BGHZ 24, 352, 355; ZEV 2004, 374, 376; BayObLG NJW 2000, 440, 441; 2003, 216, 217; R/B/M/*Sieghörtner*; Soergel/*Schurig* Art. 25 EGBGB Rn 88 f; Staudinger/*Dörner* Art. 25 EGBGB Rn 730, 733; F/F/D/H/*Firsching/Heusler* Deutschland C Rn 425). Sie sind getrennt zu behandeln (OLG Celle ZEV 2003, 509, 511 [insoweit bestätigt von BGH NJW 2004, 3558]: zur Bemessungsgrundlage eines Pflichtteilsanspruchs). Für den einen Nachlassteil kann ges und für den anderen gewillkürte Erbeinsetzung eintreten. Für die Erbteile können jeweils selbstständig Erben bestimmt werden (vgl BGH NJW 1957, 1316; BayObLG FamRZ 1994, 723, 724; 1997, 391, 392; DtZ 1995, 411; OLG Zweibrücken FamRZ 1992, 1474 f; 1998, 263), ohne dass darin eine Bruchteilseinsetzung zu sehen wäre. IdR wird aber eine Einsetzung für den Gesamtnachlass gewollt sein (BayObLG NJW 2000, 441; OLG Hamm FamRZ 1998, 121; Palandt/*Heldrich* Art. 25 EGBGB Rn 9). Eine Erbquote, Erbausschlagung sowie deren Anfechtung (BayObLG NJW 2003, 216, 217, 220 [interlokal] mit Anm *Ivo* aaO 182; *Kegel/Schurig* § 21 II 3), Gültigkeit (aus deutscher Sicht zu bestimmen nach den Vorschriften des HTestFÜ; Rn 60) und Auslegung eines Testaments (BayObLGZ 1980, 42; 1995, 89; KG FamRZ 1995, 762; Reimann/Bengel/Mayer/*Sieghörtner* B Rn 34), Bestehen eines Pflichtteilsrechts (BGH NJW 1993, 1920, 1921; OLG Celle ZEV 2003, 509, 511; *Gruber* ZEV 2001, 463, 464 ff), Rechtsstellung eines Testamentsvollstreckers (BayObLG ZEV 2005, 168, 169) ist jeweils **getrennt** zu beurteilen.

Es sind für die erbrechtlich gesonderten Rechten unterfallenden Nachlassmassen gesonderte **selbstständige** Erbscheine (Fremden- und Eigenrechtsererbschein) auszustellen (B/R/*Lorenz* Art. 25 EGBGB Rn 71; *Edenfeld* ZEV 2000, 482, 483; *Schotten* Rpfleger 1991, 181, 185 f). Diese können in einer Urkunde zusammengefasst werden (BayObLG DNotZ 1984, 47; NJW-RR 2001, 950, 952; Soergel/*Schurig* Art. 25 EGBGB Rn 65; Staudinger/*Dörner* Art. 25 EGBGB Rn 735, 832; Staudinger/*Schilken* Rn 5; Firsching/*Graf* 2.102; mit Bsp FA-ErbR/*Rohlfing* Kap 11 Rn 272). Die Nachlassspaltung ist als Zuständigkeitsbegrenzung des deutschen Rechts und als Begrenzung dessen Wirkung im Eigenrechtserbschein zu **vermerken** (BayObLG FamRZ 1971, 258; 1990, 1130; 1997, 318; KG JR 1967, 465; Rpfleger 1984, 358; OLG Köln NJW 1955, 755; NJW-RR 1992, 1480; OLG Zweibrücken FamRZ 1998, 263; B/R/*Lorenz* Art. 25 EGBGB Rn 65; MüKo/*Mayer* Rn 11; MüKo/*Birk* Art. 25 EGBGB Rn 348, 352; Staudinger/*Schilken* Rn 5, 8, Staudinger/*Hausmann* Art. 4 EGBGB Rn 276; *Gruber* ZEV

2001, 463; **aA** Palandt/*Edenhofer* § 2353 Rn 6; *Schotten* Rn 342; *Bestelmeyer* Rpfleger 1992, 229; 1997, 164 f; *Weithase* Rpfleger 1985, 267 ff; *Zimmermann* ZEV 1995, 275, 282).

H. Verfahren

71 Abgesehen von der Beschränkung des Fremdenrechtserbscheins (Rn 6) gelten die §§ 2353–2367 als *lex fori*. Auch bei Anwendung materiellen fremden Rechts gilt für das Verfahren deutsches Recht (BGH NJW-RR 1993, 130; BayObLGZ 1965, 382; FamRZ 1995, 1210; ZEV 2005, 441, 443; OLG Hamm NJW 1964, 553, 554; KG KGJ 1936 A 109; JW 1927, 2316; JR 1951, 762; MüKo/*Birk* Art. 25 EGBGB Rn 318 ff; Soergel/*Schurig* Art. 25 EGBGB Rn 67; Staudinger/*Dörner* Art. 25 EGBGB Rn 807). Die internationale **Zuständigkeit** folgt aus § 2369, die örtliche aus § 73 Abs. 1, Abs. 3 FGG (BayObLGZ 1961, 79; KG JFG 21, 203; OLGZ 1973, 149; MüKo/*Birk* Art. 25 EGBGB Rn 329; Soergel/*Zimmermann* Rn 2). Insoweit zuständig ist das Nachlassgericht des letzten inländischen Wohnsitzes (§§ 7 ff FGG), ansonsten des letzten Aufenthalts (§ 73 Abs. 1 Hs 2 FGG), hilfsweise bei einem Ausländer der Belegenheit von Nachlassgegenständen (§ 73 Abs. 3 FGG; vgl OLG Karlsruhe NJW 1990, 1420, 1421; F/F/D/H/*Firsching/Heusler* Deutschland C Rn 813; Keidel/Kuntze/*Winkler* § 73 FGG Rn 37 ff; Soergel/*Schurig* Art. 25 EGBGB Rn 59, 61). Die Entscheidung über Ausstellung oder Einziehung des Erbscheins trifft der Richter (§ 16 Abs. 1 Nr. 6, 7 RPflg). Das Justizmodernisierungsgesetz v 24. 8. 2004 (BGBl I 2198) ermächtigt die Landesregierungen, u.a. diesen Richtervorbehalt aufzuheben (§ 19 Abs. 1 Satz 1 Nr. 5 RPflG). Bisher wurde davon zu Recht – kein Gebrauch gemacht.

72 Erteilungsvoraussetzung ist ein **Antrag**, aufgrund dessen der Erbschein erteilt werden kann (PWW/*Deppenkemper* § 2353 Rn 11 f). Der Antrag muss die (territoriale) **Beschränkung** des Erbscheins enthalten (BayObLG FamRZ 1998, 1199, 1200; OLG Hamm ZEV 2005, 436; OLG Zweibrücken NJW-RR 2002, 154; *Lorenz* ZEV 1998, 472). Das Nachlassgericht ist an den Antrag gebunden. Es darf bei Erteilung des Erbscheins vom Antrag nicht inhaltlich abweichen und insb keinen allgemeinen Erbschein statt eines beantragten gegenständlich beschränkten Erbscheins erteilen (RGZ 156, 172, 180; BayObLGZ 1967, 1, 8; ZEV 2001, 489, 491; OLG Hamm NJW 1968, 1682). Weicht der Inhalt des Erbscheins von dem Inhalt des gestellten Antrags ab, ist der durch den Antrag nicht gedeckte Erbschein, falls seine Erteilung nicht nachträglich – auch schlüssig – vom Berechtigten genehmigt wird, wegen formeller Unrichtigkeit von Amts wegen einzuziehen, selbst wenn er inhaltlich richtig sein sollte (BayObLGZ 1959, 390, 400; ZEV 2001, 489, 491; OLG Hamm OLGZ 1972, 352, 257 f; PWW/*Deppenkemper* § 2361 Rn 3). Antragsberechtigt sind auch solche Personen, die nach dem ausländischen Erbstatut Funktionen wahrnehmen, wie sie nach deutschem Recht Antragberechtigte (Testamentsvollstrecker, Abwesenheitspfleger, Nachlass- oder Insolvenzverwalter) ausüben (Staudinger/*Dörner* Art. 25 EGBGB Rn 838).

73 Erforderlich sind ferner die Angaben und Nachweise nach §§ 2354–2357. Das Nachlassgericht hat vAw die Staatsangehörigkeit des Erblassers festzustellen (BayObLGZ 1965, 457, 458; 1968, 262, 265; KG JW 1937, 2527; JR 1951, 762; Staudinger/*Schilken* Rn 26) und sich gem dem Amtsermittlungsgrundsatz (§ 12 FGG) die Kenntnis ausländischen Rechts zu verschaffen (BGH NJW 1995, 1032; AnwK/*Kroiß* Art. 25 EGBGB Rn 113; MüKo/*Sonnenberger* Einl IPR Rn 635). Auch der Anwalt hat das zur Ausführung seines Auftrags maßgebliche ausländische Recht zu kennen (BGH NJW 1972, 1044; OLG Bamberg MDR 1989, 542). § 293 ZPO (vgl dazu nur BGH NJW-RR 2005, 1071, 1072) ist im FGG-Verfahren nicht unmittelbar anwendbar (KG JFG 7, 255; JW 1932, 2815; OLG München WM 1967, 812, 814; OLG Köln Rpfleger 1989, 66; F/F/D/H/*Firsching/Heusler* Deutschland C Rn 831; *Zimmermann* Rn 214). Umfang und Intensität der erforderlichen Ermittlungen hängen von den jeweiligen Umständen des Falls ab (BGH FamRZ 1994, 434). Auch hat das Gericht ein Ermessen, wie es vorgeht (BGH IPRax 1993, 87). Ermittlung durch Freibeweis ist zulässig (BayObLG FamRZ 2003, 1595, 1599). Es hat aber alle erreichbaren Erkenntnismöglichkeiten auszuschöpfen (vgl PWW/*Deppenkemper* § 2358 Rn 3 f) und auch zu ermitteln, wie

die Praxis die ausländische Normen handhabt (BGH NJW 1991, 1418; FamRZ 2003, 1549). Häufig wird auf die Sammlung von *Ferid/Firsching/Dörner/Hausmann*, Internationales Erbrecht (s.a. dort Deutschland C Rn 652 ff), oder auf Gutachten von Universitätsinstituten zurückgegriffen. Auskunft geben ua auch die Sammlungen »Deutsche Rechtsprechung auf dem Gebiet des IPR« (IPRspr) und »Gutachten zum Internationalen Privatrecht« (IPG). Schrifttums- und Rechtsprechungsnachweise bietet *v Bar*, Ausländisches Privat- und Privatverfahrensrecht in deutscher Sprache« (6. Aufl 2006). Wenig hilfreich ist das (in Kraft befindliche; BGBl 1975 I S 698) Europäische Übereinkommen betreffend Auskünfte über ausländisches Recht (BGBl 1974 II S 937; 1975 II S 300). Wird fehlerhaft nicht die Rechtsordnung ermittelt, deren Recht anwendbar ist, ist dieses der Revision (§ 545 Abs. 1 ZPO) zugänglich, vgl BGHZ 136, 380, 386. Führen das ausländische und das deutsche Recht zum gleichen Ergebnis, kann (in der Revisionsinstanz) offen bleiben, welches Recht anwendbar ist (BGH NJW-RR 2004, 308, 309).

Ein ausländischer Erbschein wird idR zuverlässig Auskunft über die Rechtslage nach ausländischem Recht geben, wenn er von einer Behörde erstellt wurde, deren Heimatrecht Erbstatut ist. Es besteht aber keine Bindung an ihn oder an eine sonstige Feststellung einer ausländischen Behörde, wenn nicht staatsvertraglich (wie zB mit der Türkei, Rn 18) eine Anerkennung vereinbart ist (BayObLG FamRZ 1991, 1237). Dagegen sind **formelle Rechtsakte** nach ausländischem materiellen Recht zu beachten, so nach hM die Einantwortungsurkunde (§§ 797, 819 ABGB; vgl Rn 49) des österreichischen Rechts (s BayObLGZ 1971, 34, 44; 1995, 47, 52; LG Hamburg IPRax 1992 Nr. 253; B/R/*Seidl* Rn 11; B/R/*Lorenz* Art. 25 EGBGB Rn 69; Palandt/*Edenhofer* Rn 13; **aA** Staudinger/*Schilken* Rn 13; Staudinger/*Dörner* Art. 25 EGBGB Rn 868) und die konstitutive Erbschaftsannahme nach italienischem Recht (dazu Rn 53); zur Herabsetzungsklage nach schweizerischem Recht (Rn 40) vgl LG Kempten NJW-RR 2002, 1588m insoweit krit Anm *Dörner* IPRax 2004, 519 ff. Bei englischen oder US-amerikanischen Erblassern ist es bei testamentarischer Erbfolge aber nicht erforderlich, ein im *probate proceeding* (dazu *Weinschenk* ZEV 1998, 457 ff) erteiltes *probate* (Rn 37) vorzulegen (hM; MüKo/*Mayer* Rn 35; Staudinger/*Schilken* Rn 30). Es vorzulegen empfiehlt sich aber wegen der Beweiskraft für die behördliche Entscheidung und insb für die nach § 2356 Abs. 1, Abs. 2 erforderlichen Angaben (vgl OLG München WM 1967, 812, 815; MüKo/*Birk* Art. 25 EGBGB Rn 364).

Bei testamentarischer Erbfolge ist eine Verfügung von Todes wegen zu **eröffnen** (PWW/ *Deppenkemper* § 2360 Rn 4), und zwar durch ein deutsches Gericht auch dann, wenn das ausländische Recht die Eröffnung nicht kennt (LG Lübeck SchlHA 1958, 334; MüKo/*Mayer* Rn 3). Sie erübrigt sich, wenn das Testament bereits im Ausland durch die zuständige Behörde eröffnet wurde (Staudinger/*Schilken* Rn 28).

Die **Beschwerdeberechtigung** als Zulässigkeitsvoraussetzung der Beschwerde (§ 20 FGG; dazu PWW/*Deppenkemper* § 2353 Rn 29) ist in einem Erbfall mit Auslandsberührung nach dem deutschen Verfahrensrecht zu beurteilen. Nach dem Erbstatut ist demgegenüber zu beurteilen, ob ein Recht des Beschwerdeführers beeinträchtigt ist (BayObLG NJW 1988, 2745).

I. Kosten

Vgl PWW/*Deppenkemper* § 2353 Rn 27. Für den Geschäftswert kommt es nur auf den Wert der im Inland befindlichen Nachlassgegenstände an (§ 107 Abs. 2 Satz 3 KostO; *Hartmann* § 107 KostO Rn 16). § 107 Abs. 2 Satz 3 KostO sieht beim Fremdenrechtserbschein keinen Schuldenabzug vor (verfassungsgemäß nach BVerfG NJWE-FER 1997, 162 f mit krit Anm *Lappe* ZEV 1997, 250). Nach § 18 Abs. 3 KostO sind bei der Festsetzung des Geschäftswertes Verbindlichkeiten nicht abzuziehen (BayObLGZ 1984, 34, 37; OLG Düsseldorf JurBüro 1986, 86). Maßgebend ist der Bruttowert des nach ausländischem Recht vererbten Inlandsvermögens. Da § 107 Abs. 3 KostO für den Fremdenrechtserbschein gilt, sind dingliche Belastungen abzugsfähig (BayObLG aaO).

78 Kosten, die einer Partei entstehen, weil sie zur zweckentsprechenden Rechtsverfolgung ein Privatgutachten über das anzuwendende ausländische Recht einholte, sind nach § 13a FGG erstattungsfähig (LG Bremen Rpfleger 1965, 235; Staudinger/*Schilken* Rn 27).

§ 2370 Öffentlicher Glaube bei Todeserklärung

(1) Hat eine Person, die für tot erklärt oder deren Todeszeit nach den Vorschriften des Verschollenheitsgesetzes festgestellt ist, den Zeitpunkt überlebt, der als Zeitpunkt ihres Todes gilt, oder ist sie vor diesem Zeitpunkt gestorben, so gilt derjenige, welcher auf Grund der Todeserklärung oder der Feststellung der Todeszeit Erbe sein würde, in Ansehung der in den §§ 2366, 2367 bezeichneten Rechtsgeschäfte zugunsten des Dritten auch ohne Erteilung eines Erbscheins als Erbe, es sei denn, dass der Dritte die Unrichtigkeit der Todeserklärung oder der Feststellung der Todeszeit kennt oder weiß, dass sie aufgehoben worden sind.

(2) Ist ein Erbschein erteilt worden, so stehen demjenigen, der für tot erklärt oder dessen Todeszeit nach den Vorschriften des Verschollenheitsgesetzes festgestellt ist, wenn er noch lebt, die in § 2362 bestimmten Rechte zu. Die gleichen Rechte hat eine Person, deren Tod ohne Todeserklärung oder Feststellung der Todeszeit mit Unrecht angenommen worden ist.

1 Als Konsequenz aus der – widerlegbaren – Richtigkeitsvermutung der Todeserklärung (§ 9 Abs. 1 VerschG) und des Beschlusses betreffend die Feststellung der Todeszeit (§ 44 Abs. 2 VerschG) gelten für die Todeserklärung eines Verschollenen (§ 2 VerschG) und für die Feststellung des Todeszeitpunkts durch gerichtliche Entscheidung (§ 39 VerschG) die §§ 2366, 2367 entsprechend. Zugunsten gutgläubiger Dritter gilt derjenige, der aufgrund der Todeserklärung oder der Feststellung des Todeszeitpunkts Erbe geworden wäre, hinsichtlich der in §§ 2366, 2367 bezeichneten Rechtsgeschäfte als Erbe, auch wenn ihm kein Erbschein erteilt worden ist. Der gute Glaube wird nur dadurch ausgeschlossen, dass der Dritte entweder die Unrichtigkeit der Todeserklärung oder der Feststellung des Todeszeitpunkts kennt oder weiß, dass sie aufgehoben worden sind (§§ 30 ff VerschG). Die bloße Kenntnis von Umständen, welche für das Weiterleben des für tot Erklärten sprechen, beseitigt den guten Glauben nicht.

2 Ist jemand für tot erklärt oder sein Todeszeitpunkt gerichtlich festgestellt worden, obwohl er noch lebt, kann er von dem Besitzer eines deshalb unrichtigen Erbscheins dessen Herausgabe an das Nachlassgericht sowie Auskunft hinsichtlich solcher Gegenstände aus dem Vermögen des noch Lebenden verlangen, welche er aufgrund seines vermeintlichen Erbrechts in Besitz genommen und über die er verfügt hat.

3 Das Herausgabe- und Auskunftsverlangen steht auch demjenigen zu, dessen Tod ohne Todeserklärung oder gerichtliche Feststellung des Todeszeitpunkts zu Unrecht angenommen worden ist. Das sind die Fälle der Erteilung eines Erbscheins aufgrund einer falschen Sterbeurkunde.

Abschnitt 9 Erbschaftskauf
§ 2371 Form

Ein Vertrag, durch den der Erbe die ihm angefallene Erbschaft verkauft, bedarf der notariellen Beurkundung.

A. Allgemeines

Beim Erbschaftskauf handelt es sich um ein schuldrechtliches Verpflichtungsgeschäft unter Lebenden: Der Erbe verpflichtet sich als Verkäufer zur Übertragung der Erbschaft im Ganzen, der Miterbe zur Übertragung seines Erbteils, der Nacherbe zur Übertragung seines Anwartschaftsrechts. Er ist Rechtskauf, § 453 (Palandt/*Edenhofer* Überbl vor § 2371 Rn 1). Durch die Pflicht zur notariellen Beurkundung soll der Verkäufer vor Übereilung und vor Übervorteilung gewerbsmäßiger Aufkäufer geschützt werde (Prot II S 114). Im Übrigen erleichtert die Beurkundung dem Käufer den Nachweis des Zeitpunkts des Vertragsabschlusses für Nachlassgläubiger sowie seiner Rechtsstellung gegenüber Dritten (Erman/*Schlüter* § 2371 Rn 2).

Soweit die §§ 2371 ff keine Sonderregelungen enthalten, finden die allgemeinen Vorschriften des Kaufrechts Anwendung, somit auch die §§ 320 ff und insb § 323, welcher die Möglichkeit des Rücktritts vom Vertrag wegen Nichterfüllung der Nachlassverbindlichkeiten durch den Erbschaftskäufer vorsieht (Palandt/*Edenhofer* Überbl vor § 2371 Rn 3) sowie die §§ 456 ff über den Wiederkauf (RGZ 101, 192). Der Erbschaftskauf hat, wie sich aus dem Gegenstand des Rechtsgeschäfts und der Einbeziehung des Käufers in die Erbenhaftung ergibt, nicht nur eine schuldrechtliche, sondern auch eine erbrechtliche Natur (Lange/Kuchinke § 45 I 2a). Gem § 2385 finden die §§ 2371 ff auch auf andere Verträge entsprechende Anwendung, sofern diese den Nachlass zum Gegenstand haben.

Nach wohl überwiegender Ansicht verjähren die Ansprüche aus dem Erbschaftskauf in der regelmäßigen Verjährungsfrist der §§ 195, 199 (Palandt/*Edenhofer* Überbl vor § 2371 Rn 3; aA: *Schlichting* ZEV 2002, 480), da es sich nicht um einen erbrechtlichen Anspruch iSd § 197 Abs. 2 Satz 2 handelt. Dagegen gelten die §§ 197 Abs. 1 Nr. 2, 200 für die Gewährleistungsansprüche aus dem Erbschaftskauf (*Löhnig* ZEV 2004, 267).

Das Bestehen einer Nachlassverwaltung oder Testamentsvollstreckung hindert nicht den Erbschaftskauf. (Soergel/*Damrau* § 2371 Rn 2).

B. Regelungsgegenstand

Gegenstand des Erbschaftskaufs ist

- die Erbschaft als Ganzes
- ein Bruchteil einer Alleinerbschaft
- der Erbteil eines Miterben
- ein Teil des Miterbenanteils (BGH WM 1979, 592)
- das Anwartschaftsrecht des Nacherben.

Folgende Besonderheiten sind gegenüber dem allgemeinen Kaufrecht zu berücksichtigen:

- der Vertrag bedarf zwingend der notariellen Beurkundung, § 2371;
- vom Zeitpunkt des Kaufs an haftet der Erbschaftskäufer gegenüber den Nachlassgläubigern zwingend, jedoch beschränkbar gem §§ 2382, 2383;
- anders als bei § 446 geht die Gefahr nach § 2380 im Zeitpunkt des Kaufabschlusses über;
- die Sachmängelhaftung ist in § 2376 Abs. 2 teilweise ausgeschlossen;
- in § 2376 Abs. 1 sind Besonderheiten der Rechtsmängelhaftung geregelt (Hk-BGB/*Hoeren* Vorbem zu §§ 2371 – 2385 Rn 4).

Weder durch den Abschluss des Erbschaftskaufvertrags noch durch seine Erfüllung wird der Käufer Erbe oder Miterbe. Dies gilt auch dann, wenn der Erwerber anstelle des Veräußerers in eine Gesamthandsgemeinschaft eintritt (BGH NJW 1971, 1264). Daher steht dem veräußernden Miterben das Vorkaufsrecht eines Miterben auch noch nach dem Verkauf der Erbschaft zu (Kroiß/Ann/Mayer/*Ullrich* § 2371 Rn 2). Durch eine Reihe von gesetzlichen Regelungen wird der Erbschaftskäufer ab dem Erbfall wirtschaftlich einem Erben gleichgestellt (Staudinger/*v. Olshausen* § 2372 Rn 2).

8 Der Erbschaftskauf unterscheidet sich vom Kauf einzelner Nachlassgegenstände zunächst dadurch, dass die Erbschaft als Ganzes zu einem Pauschalpreis veräußert wird (Staudinger/*v. Olshausen* Einl zu §§ 2371 ff Rn 19) und die §§ 2371 ff Anwendung finden, wobei die §§ 2372 – 2381 dispositives Recht enthalten (Hk-BGB/*Hoeren* Vorbem zu §§ 2371 – 2385 Rn 5). Zum Schutz der Nachlassgläubiger geht die Rechtsprechung auch dann von einem Erbschaftskauf aus, wenn zwar nur einzelne Nachlassgegenstände verkauft werden, diese aber den ganzen oder nahezu den ganzen Nachlass darstellen und der Erwerber dies weiß oder zumindest die Umstände kennt, aus denen sich dies ergibt (BGH FamRZ 1965, 267).

9 Auf den Erbteilskauf finden die §§ 2371 ff entsprechende Anwendung. Verkauft dagegen der Miterbe seinen Anteil am Nachlass, so hat § 2033 als lex specialis Vorrang.

10 Der Erbschaftskaufvertrag beinhaltet die quotenmäßig bestimmte Teilhaberschaft an einer Erbengemeinschaft, die Erfüllung des Kaufvertrages erfolgt durch die dingliche Übertragung des Erbteils mit der Folge, dass der Erbschaftskäufer Mitglied der Erbengemeinschaft wird, ohne Erbe zu sein (Kroiß/Ann/Mayer/*Ullrich* § 2371 Rn 4).

11 Beim Verkauf der Erbschaft durch den Vorerben besteht die Pflicht zur Erfüllung nur insoweit, als die Übertragung nach §§ 2112 ff möglich ist. Auf die Übertragung des Anwartschaftsrechts durch den Nacherben ist § 2033 analog anzuwenden. Auch bei der Vor- und Nacherbfolge wird der Erwerber nicht Erbe/Miterbe (Bamberger/Roth/*Litzenburger* § 2100 Rn 25 ff).

C. Pflichten aus dem Erbschaftskauf

12 Verkaufender Erbe iSd § 2371 kann nicht nur der Alleinerbe, sondern auch der Mit-, Ersatz-, Vor- und Nacherbe hinsichtlich seines Anwartschaftsrechts sein (zu letzterem: RGZ 101, 185). Üblicherweise werden das schuldrechtliche Verpflichtungs- und das dingliche Erfüllungsgeschäft in einer Urkunde zusammengefasst (RGZ 137, 171), in der auch die Leistung und Gegenleistung miteinander verbunden werden, wobei das dingliche Erfüllungsgeschäft kraft Parteivereinbarung von der rechtlichen Wirksamkeit des Schuldgrundes abhängig gemacht werden kann (BGH FamRZ 1967, 465). Für den Alleinerben ergibt sich der Pflichtenkatalog aus §§ 2373 ff; der Miterbe erfüllt den Vertrag durch die dingliche Erbteilsübertragung nach § 2033 (Kroiß/Ann/Mayer/*Ullrich* § 2371 Rn 6) und der Nacherbe durch Übertragung des Anwartschaftsrechts gem § 2033 analog. Die Eintragung einer **Vormerkung** zur Sicherung des bindenden notariellen Angebotes des Miterben zum Verkauf und zur Übertragung des Miterbenanteils ist nicht möglich, selbst wenn der Nachlass nur aus einem Grundstück besteht (*Michaelis* JuS 1963, 229). Auch die Verpflichtung zur Erbteilsübertragung zur Sicherung eines Darlehens unterliegt weder dem Formzwang des § 2371 noch löst sie das Vorkaufsrecht der Miterben aus (Soergel/*Zimmermann* § 2371 Rn 9).

13 Die Vollziehung des Erbschaftskaufs bedarf zusätzlicher Übertragungsakte, dh der Erbe muss die Rechte an allen Nachlassgegenständen einzeln übertragen, §§ 398 ff, 929 ff, 873, 925. Wurde dagegen nur ein Miterbenanteil verkauft, kommt es für die Erfüllung darauf an, ob die Miterbengemeinschaft bereits auseinandergesetzt ist oder nicht. Bei noch nicht vollständig durchgeführter Auseinandersetzung wird der Rest-Erbteil nach § 2033 als Ganzes übertragen, wodurch der Erwerber, ohne selbst Erbe zu werden (BGHZ 56, 115), in die vermögensrechtliche Position der Verkäufers eintritt, die ihm zugeteilten Gegenstände gehen im Wege der Einzelübertragung über.

14 Nach erfolgter Erbauseinandersetzung erfolgt die Erfüllung wie beim Alleinerben durch einzelne Übertragungsakte bewirkt (RGZ 134, 299). Erfolgt die Erbauseinandersetzung zum Zwecke der Erfüllung eines Erbteilskaufvertrages, so tritt an die Stelle des Anspruchs auf Übertragung des Erbteils der Anspruch auf Übertragung der dem verkaufenden Miterben bei der Auseinandersetzung des Nachlasses zufallenden Nachlassgegenstände (Palandt/*Edenhofer* Überbl vor § 2371 Rn 2). Im Falle der Testamentsvollstreckung kann der Alleinerbe den Erbschaftskaufvertrag solange nicht erfüllen, wie die Testamentsvoll-

streckung besteht, weil nur der Testamentsvollstrecker verfügungsbefugt ist, §§ 2205, 2211 (Soergel/*Damrau* § 2371 Rn 12).

Mit dem Abschluss des Erbschaftskaufvertrages haften Verkäufer und Käufer für Nach- 15 lassverbindlichkeiten als Gesamtschuldner (§§ 421 ff), allerdings mit der Beschränkung des § 2383 Abs. 1.

Darüber hinaus ist der Verkäufer, nicht auch der Käufer, den Nachlassgläubigern gegen- 16 über verpflichtet, den Erbschaftsverkauf sowie den Namen des Käufers unverzüglich dem Nachlassgericht anzuzeigen, wodurch die Verfolgung von Ansprüchen der Gläubiger erleichtert wird (Damrau/*Redig* § 2371 Rn 22). Nach § 2384 ersetzt allerdings die Anzeige des Käufers diejenige des Verkäufers.

Einen Gutglaubensschutz für den Erbschaftskäufer kennt das Gesetz nicht. § 2366 schützt 17 nur den Erwerb einzelner Erbschaftsgegenstände, nicht aber den gutgläubigen Erwerb der Erbschaft/des Erbteils gem § 2033 von einem Erbscheinsbesitzer, der in Wirklichkeit kein Erbe ist (Soergel/*Zimmermann* § 2371 Rn 18). Einfache Gegenstände im Nachlass des Erblassers, die diesem nicht gehörten, können nach §§ 892, 932 ff gutgläubig erworben werden, sofern es sich nicht um den Erbteil oder die Erbschaft als Ganzes handelt; ein gutgläubiger Erwerb von Forderungen scheitert an § 2030 (Damrau/*Redig* § 2371 Rn 23).

D. Formbedürftigkeit

Der Erbschaftskaufvertrag bedarf der notariellen Beurkundung, wobei sich das Form- 18 erfordernis auf alle Vertragsabreden erstreckt, die nach dem Willen der Vertragsbeteiligten das schuldrechtliche Veräußerungsgeschäft bilden (Kroiß/Ann/Mayer/*Ullrich* § 2371 Rn 7) und so wesentlich sind, dass ohne sie der Vertrag nicht oder nicht zu den vereinbarten Bedingungen zustande gekommen wäre (BGH NJW 1957, 1129). Im Übrigen sind, wenn Verpflichtungs- und Verfügungsgeschäft zusammengefasst werden, die Formvorschriften beider Rechtsgeschäfte zu beachten (§§ 2371, 2033). Darüber hinaus sind auch eine nachträgliche Änderung des ursprünglichen Vertrags sowie der Vorvertrag formbedürftig (BGH FamRZ 1967, 465). Eine formlos vereinbarte Nebenabrede ist nichtig und kann gem § 139 zur Nichtigkeit des gesamten Vertrages führen (BGH WM 1969, 592).

Dem Normzweck des § 2371, der die Beweis- und Klarstellungsfunktion beinhaltet, und 19 der Vorschrift des § 2385 ist zu entnehmen, dass auch die Aufhebung des noch nicht erfüllten Erbschaftskaufvertrages der notariellen Beurkundung bedarf (OLG Schleswig SchlHA 1957, 181). Dagegen ist die Vollmacht zum Abschluss eines Erbschaftskaufvertrages nicht formbedürftig, § 167 Abs. 2, es sei denn,

- sie ist unwiderruflich erteilt,
- sie schafft eine ähnliche Rechtslage wie beim Veräußerungsgeschäft,
- sie enthält eine Befreiung vom Selbstkontrahierungsverbot des § 181 oder
- sie wird in der Absicht erteilt, das Vertretergeschäft kurzfristig herbeizuführen (*Högel* ZEV 1995, 121).

Es ist str, ob ein wegen Formmangels nichtiger Vertrag in einen Erbauseindersetzungs- 20 vertrag oder in eine Abtretung des Auseinandersetzungsanspruchs **umgedeutet** oder der Formmangel **geheilt** werden kann (Soergel/*Damrau* § 2371 Rn 26). Wegen des Übereilungsschutzes sowie des Klarstellungs- und Beweissicherungsinteresses hinsichtlich des Abschlusses und des Inhalts des Vertrages kann eine Umdeutung nur in Ausnahmefällen in Betracht kommen. Mit denselben Gründen kann der Einwand der Arglist oder der unzulässigen Rechtsausübung gegen die Nichtigkeit wegen Formmangels nicht erhoben werden (Staudinger/*v. Olshausen* § 2371 Rn 29). Eine unwirksame Anteilsübertragung kann uU in eine formlose mögliche Erbauseinandersetzung oder Auflassung des zum Nachlass gehörenden Grundstücks umgedeutet werden (RGZ 129, 123). Der verpflichtende Erbauseinandersetzungsvertrag bedarf keiner besonderen Form, wenn weder der Bestand noch der Umfang des Erbrechts der einzelnen Vertragsteile str ist und nur bestimmt wird, wie

§ 2371 BGB | Form

21 Eine Heilung des Formmangels ist nach hM weder beim Verkauf von Erbteilen durch Miterben in entsprechender Anwendung des § 311b Abs. 1 Satz 2 (Bamberger/Roth/J. Mayer § 2371 Rn 3 mwN) noch beim Verkauf des gesamten Nachlasses durch den Alleinerben bzw alle Miterben möglich (BGH NJW 1967, 1128; zum Streitstand: MüKo/Musielak § 2371 Rn 8), weil die Erfüllung der kaufvertraglichen Verpflichtung durch Übertragung der einzelnen Nachlassgegenstände erfolgt und es an einem einheitlichen Heilungszeitpunkt fehlt, da das Erfüllungsgeschäft idR keinem Formzwang unterliegt (Bamberger/Roth/J. Mayer § 2371 Rn 3). Dagegen soll eine analoge Anwendung des § 311b Abs. 1 Satz 2 und mithin eine Heilung des Formmangels in Betracht kommen, wenn zwar die Erbteilsübertragung nach § 2033, nicht aber das Grundgeschäft beurkundet wurde (Soergel/Damrau § 2371 Rn 26; aA: Palandt/Edenhofer § 2371 Rn 3). Bedenken gegen diese Ansicht ergeben sich in erster Linie aus dem Ausnahmecharakter des § 311b Abs. 1 Satz 2, weshalb eine analoge Anwendung ausscheidet (Keller Rn 157 ff). Schließlich ist zu berücksichtigen, dass § 2033 keine Eintragung im Grundbuch erfolgt, wohingegen § 311b Abs. 1 Satz 2 auf der positiven Publizität des Grundbuchs beruht (Kroiß/Ann/Mayer/Ullrich § 2371 Rn 11). Eine weitere Meinung in der Literatur wendet § 311b Abs. 1 umfassend analog an mit der Begründung, dass nur auf diese Weise eine Umdeutung in eine Vielzahl von formlos möglichen Einzelverpflichtungen über § 140 vermieden wird (Lange AcP 144, 161).

22 In dem Einwand einer Partei, der Vertrag sei wegen Formmangels nichtig, kann eine unzulässige Rechtsausübung zu sehen sein, wobei die Berufung auf §§ 2371, 125, 128 an § 242 scheitert (Hk-BGB/Hoeren § 2371 Rn 4).

E. Verfahrensrecht

23 Da der Verkauf einer Erbschaft die Erbenstellung des verkaufenden Erben unberührt lässt, wird auch der Erbschein durch die Veräußerung nicht unrichtig. Daher kann der Käufer nur einen Erbschein im Namen des Erben beantragen (Palandt/Edenhofer Überbl vor § 2371 Rn 6).

24 Aus einem gegen den Erblasser oder den Erbschaftsverkäufer vor dem Verkauf erlassenen und rechtskräftigen Urteil kann nach einer Titelumschreibung gem § 729 ZPO die Zwangsvollstreckung gegen den Erbschaftskäufer betrieben werden (MüKo/Musielak § 2382 Rn 9).

F. Genehmigungspflicht

25 Die Genehmigungspflichten richten sich nach der Art des Erfüllungsgeschäfts. Zu beachten ist, dass das Vorkaufsrecht nach §§ 24 ff BauGB ausgeschlossen ist, da nach § 2371 »die Erbschaft« verkauft wird und nicht das Grundstück (LG Berlin Rpfleger 1994, 502). Besteht der Nachlass im Wesentlichen aus einem land- und forstwirtschaftlichen Betrieb oder gehören land- bzw forstwirtschaftliche Grundstücke zum Nachlass, so ist nach § 2 Abs. 2 Nr. 2 GrStVG auch die Veräußerung des Erbteils genehmigungspflichtig, wenn der Erbteil an einen anderen als den Miterbe veräußert wird (Palandt/Edenhofer Überbl vor § 2371 Rn 4).

26 Nach §§ 1643 Abs. 1, 1822 Nr. 1 bedarf die Veräußerung der Erbschaft/des Erbteils durch einen Minderjährigen der familiengerichtlichen Genehmigung. Entsprechendes gilt auch für den Erwerb einer Erbschaft, § 1822 Nr. 10, und zwar auch dann, wenn sie schenkweise erfolgt, weil die Haftung aus § 2382, die nicht durch Vereinbarung zwischen den Vertragsteilen ausgeschlossen werden kann (AG Stuttgart MDR 1971, 182; aA: Kroiß/Ann/Mayer/Ullrich § 2371 Rn 13, wonach § 1822 Nr. 10 auf den Erwerb nicht anwendbar ist). Eine Genehmigungspflicht kann sich aus § 1821 Nr. 5 für den Fall ergeben, dass der Nachlass im Wesentlichen nur aus Grundbesitz besteht und zwar selbst dann, wenn nur ein Erbteil übertragen wird (OLG Köln Rpfleger 1996, 446).

Der Verkauf einer Erbschaft oder eines Bruchteils einer Erbschaft und das sich daraus 27
ergebende Erfüllungsgeschäft fallen bei Ehegatten unter das Zustimmungserfordernis des
§ 1365, wenn der Veräußerungsgegenstand das ganze Vermögen oder nahezu das ganze
Vermögen des Verkäufers darstellt (Palandt/*Edenhofer* Überbl vor § 2371 Rn 5).

G. Steuerrechtliche Behandlung

Nach § 20 ErbStG bleibt der Erbe Erbschaftssteuerschuldner; der Erbschaftskäufer haftet 28
nur subsidiär und beschränkt auf den Erwerb, § 20 Abs. 3 ErbStG. Bei unentgeltlichem
Erwerb besteht eine persönliche Haftung des Erwerbers, auf die § 7 ErbStG Anwendung
findet. Im Innenverhältnis zum Veräußerer haftet der Erwerber nach § 2379 Satz 3.

H. Kosten

Der Erbschaftskauf ist Kauf iS der §§ 433 ff und gegenseitiger Vertrag. 29
Nach § 36 Abs. 2 KostO fällt eine $^{20}/_{10}$ Gebühr an.
Der Wert ist der Kaufpreis oder der Wert der Sache (Erbschaft), wenn höher und nach jetzt
allg Ans nach § 39 Abs. 2 KostO. Der Wertvergleich ist zwischen den Leistungen des Erben
und denen des Erwerbers vorzunehmen; der Wert der Erbschaft ist nach den allgemeinen
Wertvorschriften (§§ 18 ff KostO) zu bestimmen, maßgebend ist der Gesamtwert der Nachlassgegenstände ohne Schuldenabzug (Aktivwert, OLG Hamm JurBüro 1971, 189 = DNotZ
1971, 124 = Rpfleger 1971, 77), wobei Nachlassgrundstücke mit dem gemeinen Wert nach
§ 19 Abs. 1 Satz 1 KostO anzusetzen sind.
Die Anzeige bedarf keiner Form. Ihre Aufnahme ist bei Gericht gebührenfrei (§ 112 Abs. 3 30
letzter Hs KostO).
Der Wert der Vermögensmasse ist maßgebend, §§ 112 Abs. 2, 20, 19 KostO.
Hat der Notar den Erbschaftskauf beurkundet, so hat er seine Anzeige nach § 147 Abs. 2 31
KostO aus einem nach § 30 Abs. 1 KostO zu bestimmenden Wert zu berechnen.
Für den nicht mit dem Erbschaftskaufvertrag befassten Notar entsteht für die auftrags- 32
gemäß gefertigte Anzeige die Entwurfsgebühr, auch wenn er – unnötigerweise – die
Unterschriften beglaubigt, soweit nicht § 16 KostO entgegensteht.

§ 2372 Dem Käufer zustehende Vorteile

**Die Vorteile, welche sich aus dem Wegfall eines Vermächtnisses oder einer Auflage
oder aus der Ausgleichungspflicht eines Miterben ergeben, gebühren dem Käufer.**

A. Allgemeines

Zweck dieser Vorschrift ist, dass die Vorteile, die sich aus dem nachträglichen Weg- 1
fall von Beschränkungen und Beschwerungen ergeben, dem Nachlasskäufer gebühren
sollen, da seine Stellung der des Erben angenähert werden und ein Ausgleich für die ihn
treffende Haftung nach § 2383 darstellen soll (MüKo/*Musielak* § 2372 Rn 1). Der Erbschaftskäufer wird schuldrechtlich und wirtschaftlich so gestellt, als wäre er Erbe
geworden. Infolgedessen ist § 2372 auch anwendbar beim Wegfall einer Teilungsanordnung (Bamberger/Roth/Mayer § 2372 Rn 1), eines Nacherbenrechts (MüKo/*Musielak*
§ 2372 Rn 4), von Pflichtteilslasten (Bamberger/Roth/Mayer § 2372 Rn 1), der Testamentsvollstreckung (Lange/Kuchinke, § 45 III Fn 51) und eines vermeintlichen
Pflichtteilsanspruchs (Staudinger/*v. Olshausen* § 2372 Rn 8) nach Abschluss des Vertrages.
Da die Vorschrift dispositiv (Soergel/*Zimmermann* § 2372 Rn 1) ist, können die Partei- 2
en übereinstimmend ausdrückliche oder konkludente abweichende Vereinbarungen
treffen.

B. Wegfall von Vermächtnissen/Auflagen

3 Der Wegfall eines Vermächtnisses führt zu einem mittelbaren oder unmittelbaren Vermögenszuwachs, welcher nach dem Willen des Gesetzgebers dem Erbschaftskäufer zusteht. Entsprechendes gilt beim Wegfall der Leistungspflicht aus einer Auflage. Die Vorteile stehen dem Käufer nur dann zu, wenn sie nach Abschluss des schuldrechtlichen Erbschaftskaufs eingetreten sind (Soergel/*Zimmermann* § 2372 Rn 1), ansonsten, dh beim Wegfall vor Vertragsschluss, ist der Erbschaftskäufer unter den Voraussetzungen des § 119 Abs. 2 zur Anfechtung wegen Falschberechnung des Kaufpreises infolge Irrtums über wertbildende Faktoren (Erman/*Schlüter* § 2371 Rn 1) berechtigt.

C. Wegfall einer Ausgleichungspflicht

4 Vorteile aus dem Wegfall einer Ausgleichungspflicht können nur beim Kauf eines Erbteils entstehen (MüKo/*Musielak* § 2372 Rn 3). Fällt eine Ausgleichungspflicht weg, so ist davon auszugehen, dass die von einem Miterben auszugleichenden Beträge Vorempfänge aus dem Nachlass sind und daher dem Erbschaftskäufer zustehen (Damrau/*Redig* § 2371 Rn 5). Aus diesem Grunde ist es unerheblich, ob der Wegfall vor oder nach Abschluss des Erbschaftskaufvertrages erfolgt.

5 Der Erbschaftskäufer wird behandelt, als sei er Miterbe geworden. Ist demnach ein Miterbe zur Ausgleichung verpflichtet, so vergrößert sich der bei der Auseinandersetzung der Erbengemeinschaft auf den Käufer entfallende Teil entsprechend.

6 Der Verkäufer haftet nach § 2376 dafür, dass der an den Käufer veräußerte Erbteil nicht durch Ausgleichungspflichten des Verkäufers gemindert wird.

§ 2373 Dem Verkäufer verbleibende Teile

Ein Erbteil, der dem Verkäufer nach dem Abschluss des Kaufs durch Nacherbfolge oder infolge des Wegfalls eines Miterben anfällt, sowie ein dem Verkäufer zugewendetes Vorausvermächtnis ist im Zweifel nicht als mitverkauft anzusehen. Das Gleiche gilt von Familienpapieren und Familienbildern.

A. Allgemeines

1 Dem Verkäufer bleibt nach der Auslegungsregel des Satz 1 der zusätzliche Erbteil, der ihm nach Verkauf des Erbteils anfällt, da dieser Teil nicht auf dem übertragenen Erbteil beruht und grds nicht alles verkauft sein soll, was der Verkäufer erbrechtlich erhält. Im Zweifel ist daher das zugewandte Vorausvermächtnis und, wegen der identischen Interessenlage, der Voraus des § 1932 als ges Vermächtnis nicht mitverkauft. Anders dagegen die Rechte und Pflichten aus einer Teilungsanordnung: Sie gehen auf den Käufer über (*Benk* RhNotK 1979, 53). Da es sich nur um eine Auslegungsregel handelt, ist eine abweichende Auslegung bzw Regelung möglich. Der Anfall eines weiteren Erbteils vor Kaufabschluss unterliegt der freien Auslegung (Erman/*Schlüter* § 2373 Rn 1).

2 Für Familienpapiere und -bilder, zu denen auch Tagebücher, Briefe und Korrespondenzen sowie Personenstandsurkunden gehören, gilt die gleiche widerlegbare Vermutung, und zwar unabhängig von deren Wert (Staudinger/*v. Olshausen*, § 2373 Rn 4). Allerdings ermöglichen der Wert und die Höhe des Kaufpreises die Annahme einer abweichenden Vereinbarung. Beweispflichtig ist der Käufer. Können die Tatsachen nicht aufgeklärt werden, kommt im Zweifel die Auslegungsregel des § 2373 zur Anwendung (MüKo/*Musielak* § 2373 Rn 6).

§ 2374 Herausgabepflicht

Der Verkäufer ist verpflichtet, dem Käufer die zur Zeit des Verkaufs vorhandenen Erbschaftsgegenstände mit Einschluss dessen herauszugeben, was er vor dem Verkauf auf Grund eines zur Erbschaft gehörenden Rechts oder als Ersatz für die Zerstörung, Beschädigung oder Entziehung eines Erbschaftsgegenstands oder durch ein Rechtsgeschäft erlangt hat, das sich auf die Erbschaft bezog.

A. Allgemeines

§ 2374 ergänzt und konkretisiert die Verkäuferpflichten des § 433 Abs. 1 zum Zeitpunkt des Vertragsschlusses. Danach schuldet der Alleinerbe nicht die Verschaffung der Erbschaft als Ganzes, sondern die Übertragung der verkauften Nachlassgegenstände einschließlich der Surrogate nach den jeweiligen Vorschriften (§§ 929 ff; 873, 925 ff; 398 ff). Der Käufer rückt nicht in die Erbenstellung des Verkäufers ein (Bamberger/Roth/*Mayer* § 2374 Rn 1). 1

Da die Vorschrift abdingbar ist, kann auch die Pflicht zur Herausgabe von Surrogaten ausgeschlossen sein (Hk-BGB/*Hoeren* § 2374 Rn 2). 2

B. Alleinerbschaft

Bei der Alleinerbschaft bezieht sich die schuldrechtliche Verpflichtung des Verkäufers auf die Herausgabe aller Vermögenswerte, die zum Zeitpunkt des Kaufvertragsabschlusses zum Nachlass gehören (MüKo/*Musielak* § 2374 Rn 5 ff). Der Verkäufer hat danach die zum verkauften Nachlass gehörenden Sachen einschließlich der Surrogate zu übereignen, die Forderungen abzutreten (Hk-BGB/*Hoeren* § 2374 Rn 1) und die vom Verkäufer kraft seiner Erbenstellung erlangten Ansprüche gegen den Testamentsvollstrecker, Erbschaftsbesitzer, Nachlasspfleger und die Vorerben (Palandt/*Edenhofer* § 2374 Rn 1), nicht jedoch Pflichtteilsansprüche des Erben gem §§ 2305, 2316 Abs. 2, 2325 (Damrau/*Redig* § 2374 Rn 6) zu übertragen. Bei Zerstörung, Beschädigung oder Entziehung erfasst die Ersatzsurrogation auch die Versicherungssummen und Enteignungsentschädigungen, nicht aber Lastenausgleichsansprüche (BVerwG NJW 1963, 1266). 3

Die Surrogate sind nur herauszugeben, wenn sie zur Zeit des Verkaufs noch vorhanden sind (Palandt/*Edenhofer* § 2374 Rn 1; aA Damrau/*Redig* § 2374 Rn 1, der auf den Zeitpunkt des Erbanfalls abstellt). 4

Unter den Voraussetzungen des § 2375 Abs. 1 verwandelt sich die Verschaffungspflicht in eine Pflicht zum Wertersatz. Sind bestimmte Ersatzstücke nicht vorhanden, muss der Verkäufer Wertersatz leisten. 5

Unterliegt der Nachlass der Testamentsvollstreckung oder der Nachlassverwaltung, so bedarf der Verkäufer zur Herausgabe der Genehmigung des Testamentsvollstreckers bzw des Nachlassverwalters (Staudinger/*v. Olshausen* Einl zu §§ 2371 ff Rn 56). 6

Unter den Voraussetzungen der §§ 892 ff, 932 ff finden die Vorschriften über den gutgläubigen Erwerb vom Nichtberechtigten Anwendung, wenn einzelne Sachen nicht dem Verkäufer gehören (Palandt/*Edenhofer* § 2374 Rn 2). Wurde der Verkäufer aber überhaupt nicht Erbe, findet wegen § 2030 kein gutgläubiger Erwerb statt, selbst wenn der Verkäufer durch einen Erbschein ausgewiesen ist (MüKo/*Musielak* § 2374 Rn 12). Daher kann der Erbschaftskäufer bei der Übertragung durch einen Scheinerben keine Rechte zu Lasten des wahren Erben erwerben (Palandt/*Edenhofer* § 2374 Rn 2). 7

Verkauft der überlebende, in Zugewinngemeinschaft lebende Ehegatte die ihm vom Erstversterbenden angefallene Erbschaft, so dass kein Zugewinnausgleichsanspruch entstand, auf den sich der Verkauf erstrecken könnte, findet § 1371 Abs. 1 Anwendung (Palandt/*Edenhofer* § 2374 Rn 3). Erfolgte der Erbschaftskauf gem § 311b Abs. 5 vor dem Erbfall, wird zum Ausgleich des Zugewinns dennoch der ges Erbteil erhöht (Soergel/*Zimmermann* § 2374 Rn 1). 8

9 Ist der Nachlass vollständig auseinandergesetzt, so bezieht sich der Erbschaftskauf nur noch auf die dem Verkäufer durch die Auseinandersetzung zugefallenen Vermögenswerte. Im Übrigen gelten die zur Alleinerbschaft dargestellten Grundsätze.

C. Verkauf eines Miterbenanteils

10 Nach § 2033 bezieht sich der Verkauf des Miterbenanteils nicht auf einzelne Nachlassgegenstände, sondern auf die Rechtsstellung des Miterben zum Zeitpunkt des Kaufvertragsabschlusses. Eine Übertragung von Anteilen an einzelnen Nachlassgegenständen ist nicht möglich; ebenso wenig bedarf es der Zustimmung des Testamentsvollstreckers bzw Nachlassverwalters (Kroiß/Ann/Mayer/*Ullrich* § 2374 Rn 4). Da § 2366 keine Anwendung findet, scheidet auch ein gutgläubiger Erwerb aus.

11 Ist die Erbauseinandersetzung durchgeführt, so ist Gegenstand des Kaufvertrages nicht mehr das Anteilsrecht des Miterben, sondern die ihm durch die Auseinandersetzung zugefallenen Gegenstände, zu deren Einzelübertragung der Verkäufer dann verpflichtet ist (Kroiß/Ann/Mayer/*Ullrich* § 2374 Rn 5). Nichts anderes gilt bei der Teilerbauseinandersetzung. Hier muss der Verkäufer seine Verpflichtung durch Einzelübertragung der ihm bereits zugeteilten Gegenstände und durch Übertragung seines Restanteils nach § 2033 I erfüllen (Staudinger/*v. Olshausen* Einl zu §§ 2371 ff Rn 58).

12 Grds ist der Erbauseinandersetzungsvertrag formfrei (§ 2042), sofern sich die Formbedürftigkeit nicht aus den allgemeinen Vorschriften, wie zB § 311b Abs. 1, 518, ergibt.

13 Die Herausgabepflicht bezieht sich auch auf die Surrogate, wobei es sich, anders als bei § 2041, nur um eine schuldrechtliche Herausgabepflicht mit gleicher Reichweite handelt (Erman/*Schlüter* § 2374 Rn 2). Nicht erforderlich ist, dass der Erwerb mit Mitteln des Nachlasses erfolgt sein muss; ausreichend ist die objektive Beziehung des Rechtsgeschäfts zum Nachlass (BGH NJW 1968, 1824). Dies gilt dann, wenn es sich um eine typische Maßnahme der Nachlassgeschäftsführung handelt, dh wenn sie mit Mitteln des Nachlasses durchgeführt wird, ohne dass ein entgegenstehender Wille beachtlich wäre oder sich aus sonstigen Umständen die objektive Fremdbezogenheit ergäbe (BGH NJW 1968, 1824). Bei einem objektiv neutralen Geschäft kommt es hinsichtlich der Nachlassbezogenheit auf den subjektiven Willen des Erben an, wenn dieser nach außen in Erscheinung getreten ist (OLG München NJW 1956, 1880). Der Erwerb eines in den Nachlass gefallenen Gegenstandes mit eigenen Mitteln des Verkäufers begründet kein Leistungsverweigerungsrecht (RGZ 117, 257).

14 Darüber hinaus unterliegen der Herausgabepflicht des Verkäufers auch die Ansprüche, die er kraft seiner Erbenstellung erworben hat (vgl Rn 3). Nicht erfasst sind die Ansprüche nach § 1371 Abs. 2, da sie die Ausschlagung des verkauften Erbteils voraussetzen würden (Kroiß/Ann/Mayer/*Ullrich* § 2374 Rn 7).

15 Nach § 2379 verbleiben die Nutzungen bis zum Verkauf beim Verkäufer.

§ 2375 Ersatzpflicht

(1) Hat der Verkäufer vor dem Verkauf einen Erbschaftsgegenstand verbraucht, unentgeltlich veräußert oder unentgeltlich belastet, so ist er verpflichtet, dem Käufer den Wert des verbrauchten oder veräußerten Gegenstands, im Falle der Belastung die Wertminderung zu ersetzen. Die Ersatzpflicht tritt nicht ein, wenn der Käufer den Verbrauch oder die unentgeltliche Verfügung bei dem Abschluss des Kaufes kennt.

(2) Im Übrigen kann der Käufer wegen Verschlechterung, Unterganges oder einer aus einem anderen Grunde eingetretenen Unmöglichkeit der Herausgabe eines Erbschaftsgegenstands nicht Ersatz verlangen.

A. Wertersatz (Abs. 1 Satz 1)

Die Vorschrift regelt die Haftung des Verkäufers vor dem Erbschaftsverkauf. Hat der 1
Verkäufer vor dem Verkauf der Erbschaft ohne Wissen des Käufers einen Nachlassgegenstand verbraucht, veräußert oder belastet und dadurch die Erbschaft geschmälert, ohne dass dafür ein Gegenwert in den Nachlass gefallen ist, ist er dem Käufer zum Wertersatz verpflichtet. Entscheidend ist der objektive Wert des Nachlassgegenstandes im Zeitpunkt des Verbrauchs usw. Verbrauch ist neben der Aufrechnung mit einer Nachlassforderung gegen eine persönliche Verbindlichkeit auch die Verwendung von Mitteln der Erbschaft zur Bezahlung persönlicher Schulden (Soergel/*Damrau*, § 2375 Rn 1), die Verbindung, Vermengung, Vermischung und die Verarbeitung nach §§ 946 ff (Staudinger/*v. Olshausen*, § 2375 Rn 6).
Im Falle der Surrogation ist der Verkäufer zur Herausgabe des Ersatzstücks gem § 2374 2 verpflichtet.
Eine abweichende Vereinbarung der Vertragsparteien ist möglich. 3

B. Unentgeltliche Verfügungen/Belastungen (Abs. 1 Satz 2)

Die Unentgeltlichkeit der Verfügung bzw Belastung liegt nicht nur bei der Schenkung vor, 4
sondern auch dann, wenn die Verringerung des Nachlasses nicht durch die Zuführung entsprechender Vermögensvorteile ausgeglichen wird (BGH NJW 1971, 2264), der empfangene Gegenwert also weder in Natur noch als Surrogat in den Nachlass fällt (RGRK/ *Kregel* § 2375 Rn 3). Entsprechendes gilt für die Bestellung einer Hypothek oder eines Pfandrechts an den Nachlassgegenständen, um eine eigene Schuld des Verkäufers zu sichern (Staudinger/*v. Olshausen* § 2375 Rn 7). Maßgebend ist die objektive Unentgeltlichkeit und nicht die Vorstellung der Parteien über das Vorliegen einer Schenkung (Kroiß/ Ann/Mayer/*Ullrich* Erbrecht § 2375 Rn 1).

C. Haftung (Abs. 2)

Der Verkäufer haftet ab Vertragsschluss nach den allgemeinen Vorschriften der §§ 433 ff, 5
die durch die §§ 2376, 2380 modifiziert werden; vor Abschluss des Vertrages ist er generell von der Haftung wegen Verschlechterung, Untergangs oder einer aus anderen Gründen eingetretenen Unmöglichkeit der Herausgabe freigestellt, und zwar unabhängig von einem etwaigen Verschulden. Dies gilt nicht, wenn er das Fehlen oder die Verschlechterung von Nachlassgegenständen vorsätzlich/arglistig verschweigt (Prot II, S 119).
Hat die Nachlassauseinandersetzung im Zeitpunkt des Erbschaftskaufs noch nicht statt- 6
gefunden, so haftet der Verkäufer eines Erbteils nur anteilig und zwar nur für den seinem Erbteil entsprechenden Wert des von den Erben gemeinsam verbrauchten bzw unentgeltlich veräußerten oder belasteten Erbschaftsgegenstandes (Soergel/*Damrau* § 2375 Rn 3).
Abs. 2 ist abdingbar; daher kann auch eine Garantiehaftung des Verkäufers vereinbart 7
werden (Staudinger/*v. Olshausen* § 2375 Rn 12).
Der Verkäufer trägt, sofern er seine Ersatzpflicht nach § 2375 bestreitet, die Beweislast für 8
die Tatsachen, aus denen sich die Kenntnis des Käufers für die Behauptung, er habe bei Abschluss des Kaufvertrages Kenntnis vom Verbrauch bzw der unentgeltlichen Verfügung gehabt, ergibt (MüKo/*Musielak* § 2375 Rn 6).

§ 2376 Haftung des Verkäufers

(1) Die Verpflichtung des Verkäufers zur Gewährleistung wegen eines Mangels im Recht beschränkt sich auf die Haftung dafür, dass ihm das Erbrecht zustehen, dass es nicht durch das Recht eines Nacherben oder durch die Ernennung eines Testaments-

vollstreckers beschränkt ist, dass nicht Vermächtnisse, Auflagen, Pflichtteilslasten, Ausgleichungspflichten oder Teilungsanordnungen bestehen und dass nicht unbeschränkte Haftung gegenüber den Nachlassgläubigern oder einzelnen von ihnen eingetreten ist.

(2) Sachmängel einer zur Erbschaft gehörenden Sache hat der Verkäufer nicht zu vertreten.

A. Allgemeines

1 Durch den Verkauf der Erbschaft möchte sich der Verkäufer endgültig vom Erbe trennen. Daher will er auch von weiteren Ansprüchen verschont werden.

2 Die Haftung des Verkäufers kann, da die Vorschrift abdingbar ist, erweitert oder weiter beschränkt werden.

B. Rechtsmängel

3 Der Verkäufer haftet für Rechtsmängel nur bei Vorliegen einer der in der Vorschrift abschließend aufgezählten Fallgruppen, und zwar auch ohne besondere Vereinbarung. Eine solche kann nur insoweit im Nachlassverzeichnis gesehen werden, als sie erbrechtlicher Natur ist. Er hat also dafür einzustehen, dass ihm das Erbrecht im Umfang der verkauften Quote zusteht, nicht durch eine in Abs. 1 genannte Beschränkung beeinträchtigt ist (Soergel/*Damrau* § 2376 Rn 1) und in analoger Anwendung des § 2376 auch dafür, dass kein Erbersatzanspruch eines nichtehelichen Kindes, kein Zugewinnausgleichsanspruch nach § 1371 Abs. 2, 3 (*Lange/Kuchinke* § 47 IV 1b), kein Anspruch auf den Voraus oder Dreißigsten besteht und er nicht durch die Ernennung eines Testamentsvollstreckers beschränkt ist. Der Erbschaftskäufer kann aufgrund der weitreichenden Befugnisse des Testamentsvollstreckers verlangen, dass ihm die Erbschaft ohne die sich aus der Testamentsvollstreckung ergebenden Beschränkungen verschafft wird (Damrau/*Redig* § 2376 Rn 2).

4 Eine Haftung des Veräußerers ist ausgeschlossen dafür, dass die verkauften Nachlassgegenstände frei von Rechten Dritter sind, die Gegenstände auch tatsächlich als zum Nachlass gehörig anzusehen sind, der Erblasser Eigentümer/Inhaber der im Nachlass befindlichen Vermögenswerte war und dass keine Unterhaltsansprüche der werdenden Mutter nach § 1963 existieren (MüKo/*Musielak* § 2376 Rn 5). Eine darüber hinausgehende Haftung wäre unvereinbar mit der Ersetzung und dem Wertersatz nach §§ 2375, 2376.
Beim Kauf eines Erbteils haftet der Verkäufer nur nach dem Verhältnis seines Erbteils, und zwar auch dafür, dass keine Ausgleichungspflichten oder Teilungsanordnungen bestehen.

5 Die Rechte des Käufers bestimmen sich nach §§ 433 Abs. 1 Satz 2, 437 ff, wobei die bei Abschluss des Kaufvertrags vorliegende Kenntnis die Haftung ausschließt, § 442 Abs. 1. Allerdings sind abweichende Vereinbarungen möglich. Der Käufer, der sich auf das Vorliegen eines Rechtsmangels beruft, hat den Mangel zu beweisen.

6 Ist der Verkäufer nicht Erbe, so hat der wirkliche Erbe dem »Erbschafts«-käufer gegenüber einen Anspruch nach § 2030 (Staudinger/*v. Olshausen* § 2376 Rn 6).

C. Sachmängel

7 Beim Verkauf eines Inbegriffs von Sachen und Rechten scheidet eine Sachmängelhaftung aus. Dieser Ausschluss ist verschuldensunabhängig und schließt auch die sonstigen Mängelgewährleistungsrechte des Käufers aus § 437 aus. Dies gilt nicht bei Arglist (Verkäufer kennt den Mangel und verschweigt ihn unter Verletzung seiner Aufklärungs- und Offenbarungspflichten und hält es für möglich, dass der Käufer bei entsprechender Kenntnis den Vertrag nicht schließen würde) und bei Übernahme einer Garantie nach § 443 (Bamberger/Roth/*Mayer* § 2376 Rn 3).

Werden einzelne Nachlassgegenstände verkauft, die nahezu den gesamten Nachlass des 8
Verkäufers darstellen und weiß dies der Käufer, so verstößt der Ausschluss der Sachmängelhaftung bei einem Verbrauchsgüterkauf durch einen Unternehmer (zB »Antiquitätenhändler«) an einen Verbraucher nur dann nicht gegen Art. 3 der EU-Richtlinie zum Verbrauchsgüterkauf v 25. 5. 1999, wenn bei richtlinienkonformer Auslegung die §§ 474 ff entsprechend angewendet werden (Bamberger/Roth/*J Mayer* § 2376 Rn 3).

Nach Abschluss des Kaufvertrages haftet der Verkäufer für jedes Verschulden (Erman/ 9
Schlüter § 2376 Rn 2).

§ 2377 Wiederaufleben erloschener Rechtsverhältnisse

Die infolge des Erbfalls durch Vereinigung von Recht und Verbindlichkeit oder von Recht und Belastung erloschenen Rechtsverhältnisse gelten im Verhältnis zwischen dem Käufer und dem Verkäufer als nicht erloschen. Erforderlichenfalls ist ein solches Rechtsverhältnis wiederherzustellen.

Im Verhältnis zwischen Erbschaftskäufer und -verkäufer enthält die Vorschrift eine ges 1
Fiktion, wonach die infolge des Erbfalls durch Konfusion und Konsolidation erloschenen Rechte, Pflichten und Belastungen mit Wirkung ex tunc als fortbestehend gelten. Dies gilt auch für erloschene Nebenrechte wie Hypothek, Pfandrecht und Bürgschaft. So sind insb die akzessorischen Sicherungsrechte wie Bürgschaft und Pfandrecht, die durch Konfusion erloschen sind, neu zu begründen. Eine Erstreckung dieser Wirkung auf Dritte ist aufgrund des eindeutigen Wortlauts der Norm nicht möglich. Auf diese Weise wird die Benachteiligung einer Vertragspartei vermieden. Die Parteien haben sich gegenseitig das zu gewähren, was sie bei fortbestehendem Rechtsverhältnis verlangen können.

§ 2377 findet allerdings keine Anwendung auf den Verkauf eines Erbteils, da die Rechts- 2
verhältnisse zwischen Erblasser und einzelnen Erben durch den Erbfall nicht erlöschen, sondern darüber hinaus fortbestehen (Palandt/*Edenhofer* § 2377 Rn 1).

Die Vorschrift ist einer abweichenden Regelung zugänglich. Sie findet aber keine Anwen- 3
dung auf den Verkauf eines Erbteils, weil bei der gesamthänderisch gebundenen Erbengemeinschaft eine Konfusion vor der Auseinandersetzung nicht eintritt (Palandt/*Edenhofer* § 2377 Rn 1).

Kommt es mit dem Anfall der Erbschaft zu einem Erlöschen des Anspruchs des Erben 4
gegen den Erblasser, so tilgt der Erbe eine Nachlassverbindlichkeit aus seinem Eigenvermögen, wofür er dann vom Käufer nach § 2378 Abs. 2 Ersatz verlangen kann (Erman/
Schlüter § 2377 Rn 2). Im Übrigen tritt bei einer Erbenmehrheit und der Anteilsübertragung nach § 2033 keine Änderung der Rechtsverhältnisse ein, da vor der Auseinandersetzung die Verbindlichkeit/das Recht eines Erben gegenüber dem Nachlass fortbesteht (RGRK/
Kregel § 2377 Rn 2). Aus den §§ 755 Abs. 2, 756 Satz 2 folgt die Pflicht zur Anrechnung der früheren Schuld des Verkäufers durch den Erbteilserwerber.

§ 2378 Nachlassverbindlichkeiten

(1) Der Käufer ist dem Verkäufer gegenüber verpflichtet, die Nachlassverbindlichkeiten zu erfüllen, soweit nicht der Verkäufer nach § 2376 dafür haftet, dass sie nicht bestehen.

(2) Hat der Verkäufer vor dem Verkauf eine Nachlassverbindlichkeit erfüllt, so kann er von dem Käufer Ersatz verlangen.

§ 2379 BGB | Nutzungen und Lasten vor Verkauf

A. Allgemeines

1 Die Vorschrift regelt die Haftung des Käufers im Innenverhältnis gegenüber dem Verkäufer. Durch den Erbschaftskauf übernimmt der Käufer vereinbarungsgemäß den Nachlass mit Aktiva und Passiva. Er ist schuldrechtlich und wirtschaftlich gestellt wie der Erbe selbst (MüKo/*Musielak* § 2378 Rn 1). Unberührt bleibt die Haftung des Erbschaftskäufers im Außenverhältnis gegenüber den Nachlassgläubigern, die neben die Haftung des Verkäufers tritt.

B. Innenverhältnis (Abs. 1)

2 Nach dieser Vorschrift ist der Käufer verpflichtet, die Nachlassverbindlichkeiten zu erfüllen, soweit nicht der Verkäufer nach § 2376 dafür zu haften hat. Da § 2378 wie eine Erfüllungsübernahme iSd § 415 Abs. 3 wirkt (Staudinger/*v. Olshausen* § 2378 Rn 3), haftet der Erbschaftsverkäufer im Außenverhältnis neben dem Käufer für die Nachlassverbindlichkeiten. Gegenüber dem Verkäufer ist der Käufer, sofern er Kenntnis von den Nachlassverbindlichkeiten hat, verpflichtet, auch die Vermächtnisansprüche, Auflagen und Pflichtteilslasten zu erfüllen. § 2379 enthält eine Sonderregelung für bestimmte Lasten. Ausgleichspflichten gehören nicht zu den Nachlassverbindlichkeiten (Erman/*Schlüter* § 2378 Rn 3). Im Gegensatz zur Haftung im Außenverhältnis zu den Nachlassgläubigern nach §§ 2382, 2383 kann die Pflicht zur Leistung abbedungen, dh durch eine entsprechende Regelung vertraglich abgeändert werden (Palandt/*Edenhofers* § 2378 Rn 1)

3 Dem Verkäufer steht hinsichtlich seiner Leistung kein Leistungsverweigerungsrecht gegenüber dem Käufer zu, bis der Käufer ihn von der Haftung für die Nachlassverbindlichkeiten befreit hat (RGZ 101, 185). Vielmehr ist der Erbschaftsverkäufer vorleistungspflichtig.

4 Der Käufer macht sich schadensersatzpflichtig, wenn er die Befriedigung der Nachlassgläubiger verweigert. Darüber hinaus kann der Verkäufer gem §§ 281, 323 vom Vertrag zurücktreten (RG Warn 33, Nr. 163).

C. Ersatzpflicht (Abs. 2)

5 Der Käufer ist nur in dem Umfang zum Ersatz verpflichtet, als er selbst die Nachlassverbindlichkeit hätte erfüllen müssen.

6 Der Verkäufer erfüllt seine Verbindlichkeiten nicht nur durch das Bewirken der Leistung gem § 362, sondern auch durch die Leistung an Erfüllung Statt (§ 364), Hinterlegung nach § 378 und Aufrechnung mit einer Forderung des Eigenvermögens des Verkäufers nach § 389. Hat der Verkäufer für die Verbindlichkeit einzustehen, weil er für die Rechtsmängelfreiheit haftet, scheidet eine Ersatzpflicht aus.

§ 2379 Nutzungen und Lasten vor Verkauf

Dem Verkäufer verbleiben die auf die Zeit vor dem Verkauf fallenden Nutzungen. Er trägt für diese Zeit die Lasten, mit Einschluss der Zinsen der Nachlassverbindlichkeiten. Den Käufer treffen jedoch die von der Erbschaft zu entrichtenden Angaben sowie die außerordentlichen Lasten, welche auf den Stammwert der Erbschaftsgegenstände gelegt anzusehen sind.

A. Allgemeines

1 Die Vorschrift gilt nur beim Erbschaftskauf, nicht auch beim Kauf eines Erbteils. In diesem Fall sind die §§ 2038 Abs. 2 iVm 743, 745, 746, 748 lex specialis mit der Folge, dass § 2379 nicht anwendbar ist.

Nutzungen, Lasten und Gefahr gehen bereits mit Abschluss des Kaufvertrages über. Der Erbschaftsverkäufer hat, soweit er die bis zum Kaufvertragsabschluss anfallenden Nutzungen behalten darf, für diese Zeit auch die Lasten und Zinsen der Nachlassverbindlichkeiten zu tragen. Die Vorschrift ist abdingbar (Soergel/*Damrau* § 2379 Rn 1). Sofern die Vertragsparteien keine anderweitige Vereinbarung getroffen haben, die allerdings dem Formzwang des § 2371 unterliegt, hat der Erbschaftskäufer auch die Erbschaftssteuer zu tragen (KG KGBl 1920, 22).

Verkauft der Erbschaftsverkäufer den Erbteil vor der Nachlassauseinandersetzung, so gilt 2 § 2038 Abs. 2 Satz 2, 3. Erträge, die nach dem Erbschaftskauf verteilt werden, stehen in vollem Umfang dem Käufer zu, und zwar selbst dann, wenn sie überwiegend vor dem Erbschaftskauf angefallen sind (Staudinger/*Ferid-Cieslar* § 2379 Rn 6).

B. Nutzungen

Nutzungen sind Früchte und Nutzungen iSd § 100. Die Lasten des Nachlasses hat der 3 Verkäufer bis zum Vertragsschluss ebenso zu tragen wie die Kosten für die Gewinnung der Nutzungen und die Zinsen der Nachlassverbindlichkeiten. Danach gebühren dem Erbschaftskäufer die Nutzungen. Zur selben Zeit gehen Kosten und Lasten auf ihn über. Notwendige Verwendungen, die der Verkäufer noch vor Abschluss des Vertrages tätigt und die über den laufenden Unterhalt hinausgehen, hat der Käufer zu tragen, § 2381 Abs. 1. Für nicht notwendige Verwendungen haftet der Käufer nur, soweit der Wert des Nachlasses zur Zeit des Kaufs noch erhöht ist, § 2381 Abs. 2. Der Käufer hat für Verwendungen des Verkäufers nach Kaufvertragsabschluss nach allgemeinem Kaufrecht einzustehen (*Lange/Kuchinke* § 45 III 3 mwN).

C. Lasten

Lasten, die auf die Zeit vor dem Erbschaftskauf entfallen, hat zunächst der Verkäufer, 4 dann der Käufer zu tragen. Darüber hinaus fallen dem Erbschaftskäufer auch die für die Zeit vor dem Kauf die von der Erbschaft zu entrichtenden Abgaben, insb die Erbschaftssteuer (Palandt/*Edenhofer* § 2379 Rn 1) und die außerordentlichen Lasten, welche als auf den Stammwert der Erbschaftsgegenstände gelegt anzusehen sind, zur Last.

Zu den außerordentlichen Lasten gehören neben den privatrechtlichen (Erblasserschul- 5 den, Verbindlichkeiten aus Vermächtnissen und Auflagen, Pflichtteilslasten, Beerdigungskosten, Kosten der Nachlassfürsorge, Gebühren für Nachlasspfleger und Testamentsvollstrecker, Kapitalien oder Kapitalwerte von Hypotheken, Grundschulden und Reallasten sowie die Zinsen und Leistungen aus einer Rentenschuld) auch die öffentlich-rechtlichen Lasten. Zu nennen sind insb Erschließungsbeiträge, Straßenanliegerbeiträge, außerordentliche Vermögensabgaben (KG JW 1920, 564), Erbschaftssteuern (§ 20 IV ErbStG) sowie die nach § 16 EStG im Falle der Veräußerung des Gewerbebetriebs anfallende Einkommensteuer auf den erzielten oder fingierten Veräußerungsgewinn und die daraus folgende Kirchensteuer (BGH NJW 1980, 2465), aber auch die Zinsen für Nachlassschulden (Erman/*Schlüter* § 2379 Rn 2). Mangels anderweitiger förmlicher Abrede hat der Erbschaftskäufer hierfür einzustehen.

§ 2380 Gefahrübergang, Nutzungen und Lasten nach Verkauf

Der Käufer trägt von dem Abschluss des Kaufes an die Gefahr des zufälligen Unterganges und einer zufälligen Verschlechterung der Erbschaftsgegenstände. Von diesem Zeitpunkt an gebühren ihm die Nutzungen und trägt er die Lasten.

§ 2381 BGB | Ersatz von Verwendungen und Aufwendungen

A. Gefahrübergang (Satz 1)

1 Die Gefahr der zufälligen Verschlechterung bzw des zufälligen Untergangs geht mit dem Kaufvertragsabschluss auf den Käufer über. Dadurch soll dem Verkäufer die Möglichkeit gegeben werden, sich frühzeitig und endgültig von der Erbschaft zu lösen. Mithin regelt die Vorschrift die Gegenleistungs- und Preisgefahr (MüKo/*Musielak* § 2380 Rn 2). Grund für diese von § 446 abweichende Regelung ist es, dass Gegenstand des Erbschaftskaufs nicht ein einzelner Erbschaftsgegenstand ist, sondern der Inbegriff des Nachlasses. (Palandt/*Heinrichs* § 2380 Rn 1). Eine abweichende Vereinbarung ist zulässig.

2 Nach dem Normzweck findet § 2380 auch auf den Erbteilskauf Anwendung (Staudinger/*v. Olshausen* § 2380 Rn 3).

B. Verteilung der Nutzungen und Lasten (Satz 2)

3 Mit dem Gefahrübergang verteilen sich auch die Nutzen und Lasten neu. Bis zu diesem Zeitpunkt stehen die Nutzungen dem Verkäufer zu, der gleichzeitig auch die Lasten zu tragen hat, § 2379. Die außerordentlichen Lasten, welche als auf den Stammwert der Erbschaftsgegenstände gelegt anzusehen sind, hat der Erbschaftskäufer schon für die Zeit vor Abschluss des Kaufvertrages zu übernehmen (MüKo/*Musielak* § 2380 Rn 3). Zu diesen Lasten gehören ua Erschließungsbeiträge, Gerichtskosten, die im Zusammenhang mit der Erbschaft angefallen sind, Einkommenssteuer und die bei der Veräußerung anfallende Umsatzsteuer. Nicht erfasst sind wiederkehrende Lasten oder Steuern wie bspw Grundsteuer oder Kraftfahrzeugsteuer.

§ 2381 Ersatz von Verwendungen und Aufwendungen

(1) Der Käufer hat dem Verkäufer die notwendigen Verwendungen zu ersetzen, die der Verkäufer vor dem Verkauf auf die Erbschaft gemacht hat.

(2) Für andere vor dem Verkauf gemachte Aufwendungen hat der Käufer insoweit Ersatz zu leisten, als durch sie der Wert der Erbschaft zur Zeit des Verkaufs erhöht ist.

A. Notwendige Verwendungen (Abs. 1)

1 Der Begriff der notwendigen Verwendungen entspricht dem des Eigentümer-Besitzer-Verhältnisses in den §§ 994 ff Sie dienen objektiv der Erhaltung, Nutzbarkeit und der Substanz der Erbschaft bzw einzelner Erbschaftsgegenstände. Zu den notwendigen Verwendungen gehören auch die gewöhnlichen Erhaltungskosten, soweit sie über die laufenden Unterhaltungskosten hinausgehen; sie sind keine Lasten iSd § 2379 (Palandt/*Edenhofer* § 2381 Rn 1; str s MüKo/*Musielak* § 2381 Rn 2). Davon zu unterscheiden sind die Kosten des Verkäufers aus allgemeinen Obhuts-, Erhaltungs- und Schutzpflichten.

2 Der Käufer hat dem Verkäufer die Verwendungen, die vor dem Verkauf der Erbschaft gemacht wurden, zu ersetzen, soweit sie den Wert des Nachlasses erhöht oder einen drohenden Wertverlust vermieden haben (Hk-BGB/*Hoeren* § 2381 Rn 2). Abweichende Vereinbarungen in der Form des § 2371 sind zulässig.

3 Nach dem Verkauf der Erbschaft ist, sofern die Übergabe noch nicht erfolgt ist, § 2381 wegen seines Wortlauts nicht anwendbar.

B. Andere Aufwendungen (Abs. 2)

4 Der Begriff der Aufwendungen ist weiter als der Begriff der Verwendungen. Es handelt sich dabei um eine freiwillige Aufopferung von Vermögenswerten im Interesse eines anderen (Damrau/*Redig* § 2381 Rn 3). Mitumfasst sind demnach auch sonstige Verwen-

dungen, wie zB die nützlichen Verwendungen nach § 996 und die Verwendungen nach § 2022. Sie sind vom Käufer nur zu ersetzen, soweit sie werterhöhend sind und die Werterhöhung bei Verkauf der Erbschaft noch besteht (BGHZ 59, 328). Der Verkäufer erbringt sie auf eigenes Risiko.

Verwendungen auf die Früchte hat derjenige zu tragen, dem die Früchte zugute kommen (Soergel/*Damrau* § 2381 Rn 1). 5

C. Besonderheiten beim Erbteilskauf

Beim Verkauf eines Erbteils ist nicht nur zu unterscheiden, ob Aufwendungen für den gesamten Nachlass oder nur für den verkauften Erbteil bzw einzelne Nachlassgegenstände erfolgt sind und zu welchem Zeitpunkt sie gemacht wurden: Erfolgte der Verkauf vor der Nachlassauseinandersetzung, hat der Verkäufer gegen alle Erben, einschließlich des Erbschaftskäufers, Anspruch auf Verwendungsersatz aus dem ungeteilten Nachlass, § 2038. Eine Alleinhaftung des Käufers scheidet somit aus. Diese trifft ihn nach der Auseinandersetzung nur unter den Voraussetzungen des § 2381 Abs. 2. 6

§ 2381 Abs. 1 findet nur Anwendung bei einer zumindest teilweise durchgeführten Auseinandersetzung. 7

Ist die Übergabe erfolgt und macht der Verkäufer Verwendungen auf die Erbschaft, kommen Ersatzansprüche nur noch unter den Voraussetzungen der GoA, §§ 683 ff, in Betracht (Erman/*Schlüter* § 2381 Rn 2). 8

§ 2382 Haftung des Käufers gegenüber Nachlassgläubigern

(1) Der Käufer haftet von dem Abschluss des Kaufs an den Nachlassgläubigern, unbeschadet der Fortdauer der Haftung des Verkäufers. Dies gilt auch von den Verbindlichkeiten, zu deren Erfüllung der Käufer dem Verkäufer gegenüber nach den §§ 2378, 2379 nicht verpflichtet ist.

(2) Die Haftung des Käufers den Gläubigern gegenüber kann nicht durch Vereinbarung zwischen dem Käufer und dem Verkäufer ausgeschlossen oder beschränkt werden.

A. Allgemeines

Die Vorschrift betrifft, anders als § 2378, der die Haftung im Innenverhältnis regelt, die Haftung des Käufers im Außenverhältnis und begründet eine ges kumulative Schuldhaftung (Erman/*Schlüter* § 2382 Rn 1). Sie dient dem Erhalt des Vermögens als Haftungsmasse für die Gläubiger. 1

Nach § 2382 Abs. 2 handelt es sich um eine zwingende Vorschrift. 2

B. Haftung des Käufers

Mit Abschluss eines wirksamen Erbschaftskaufvertrages (BGH NJW 1967, 1128) mit dem wirklichen Erben haftet der Käufer zusammen mit dem Verkäufer den Nachlassgläubigern als Gesamtschuldner, und zwar beschränkbar gem § 2383. Dies gilt auch für die Haftung des Erbteilskäufers. 3

Auf die Kenntnis des Käufers, dass Nachlassverbindlichkeiten existieren, kommt es nicht an. Allerdings muss er wissen, ob es sich beim Vertragsgegenstand um den gesamten oder nahezu den ganzen Nachlass handelt. Zumindest muss er die Verhältnisse kennen, aus denen sich dieser Umstand ergibt (BGHZ 43, 174). Nur unter diesen Voraussetzungen ist es möglich, die Veräußerung eines einzigen Nachlassgegenstandes, der den ganzen oder nahezu ganzen Nachlass darstellt, als Erbschaftskauf mit der Haftungsfolge des § 2382 4

§ 2382 BGB | Haftung des Käufers gegenüber Nachlassgläubigern

anzusehen (BGH FamRZ 1965, 267). Der Irrtum über das Vorhandensein von Nachlassverbindlichkeiten kann zu einem Anfechtungsrecht nach § 119 Abs. 2 führen mit der Folge, dass die Haftung entfällt, § 142 Abs. 1 (Bamberger/Roth/*J Mayer* § 2382 Rn 3). Die fehlerhafte Bewertung des dem Verkäufer verbleibenden Vermögens durch den Käufer hat keinen Einfluss auf die Haftung (BGH NJW 1976, 1398).

5 Wird die Erbschaft von einem Nachlassverwalter, einem Nachlassinsolvenzverwalter, von einem Treuhänder oder sonstigen Sachwalter erworben, tritt die Haftung nicht ein (Erman/ *Schlüter* § 2382 Rn 1). Andererseits führt der Erwerb des Nachlasses durch den Testamentsvollstrecker zur Haftungsbegründung, da nicht gewährleistet ist, dass der Nachlass zunächst zur Befriedigung der Nachlassverbindlichkeiten verwendet wird (*Brocker* S 139 ff).

6 Beim Verkauf des Nacherbenanwartschaftsrechts tritt die Haftung des Käufers erst mit dem Nacherbenfall ein, da die Haftung des Verkäufers erst mit dem Nacherbfall eintritt (LG Heilbronn NJW 1956, 513).

7 Die Ausübung des Vorkaufsrechts durch die Miterben führt zum Erlöschen der Käuferhaftung nach § 2036 mit der Übertragung des Erbteils an den Miterben (*Siber* S 133 ff), es sei denn, dass er den Nachlassgläubigern nach §§ 1978, 1980 verantwortlich ist (Staudinger/*v. Olshausen* § 2382 Rn 10).

8 Die Vereinbarung eines Haftungsausschlusses bzw einer Haftungsbeschränkung zwischen den Vertragsparteien zulasten der Nachlassgläubiger ist nicht möglich, wohl aber mit den Nachlassgläubigern, und zwar sowohl durch den Käufer als auch den Verkäufer (Palandt/*Edenhofer* § 2382 Rn 1) in Form der Schuldübernahme nach § 414.

9 Durch die Aufhebung des Kaufvertrages vor dem Vollzug und der Anzeige an das Nachlassgericht erlischt die Haftung, § 2384 (MüKo/*Musielak* § 2382 Rn 4). Die Haftung des Erwerbers scheidet auch dann aus, wenn der Kaufvertrag wegen eines Formmangels nichtig ist (BGH NJW 1967, 1128). Ist die Verfügung von Todes wegen nichtig und wurde der Verkäufer infolgedessen nicht wirklicher Erbe, so geht die Haftung nicht auf den Käufer über (BGH NJW 1967, 1128).

C. Haftungsumfang

10 Der Umfang der Haftung des Käufers richtet sich nach der des Erben. Sie umfasst daher sämtliche Nachlassverbindlichkeiten (RGZ 112, 129). Hierzu gehören nicht nur die Erblasserschulden, sondern auch die Erbfallschulden und die Nachlasserbenschulden, sofern sie im Rahmen ordnungsgemäßer Nachlassverwaltung entstanden sind (BGHZ 38, 187). Die Haftung des Käufers erstreckt sich auch auf Ansprüche aus Pflichtteil, Vermächtnis, Auflagen, Zinsen (KGJ 52, 60) und Zugewinnausgleich, für die er im Innenverhältnis nicht einzustehen hat, §§ 2378 f, 2376, nicht aber den Regressanspruch des Sozialhilfeträger nach § 102 SGB III (VGH Baden-Württemberg FEVS 41, 459). Darüber hinaus haftet der Käufer auch für die Nachlasseigenverbindlichkeiten des Erben (BGHZ 38, 187).

11 Durch die Ausübung des Vorkaufsrechts des Miterben wird die Haftung des Erbteilskäufers wieder aufgehoben. Sie erlischt auch durch die Aufhebung des Kaufvertrages vor Vollzug und Anzeige an das Nachlassgericht.

12 Beim Kauf eines Erbteils bestimmt sich der Umfang der Käuferhaftung gem §§ 2058 ff nach der des Miterben (RGZ 60, 126). Der Käufer haftet neben den Miterben in vollem Umfang. Die Haftung erstreckt sich insoweit auch auf den Anspruch eines anderen Miterben gegen die Erbengemeinschaft aus einem Erbauseinandersetzungsvertrag, den die Miterben vor dem Erbteilskauf miteinander abgeschlossen haben.

D. Prozessuales

13 Da der Käufer nicht Rechtsnachfolger des Verkäufers iSd ZPO wird, wirkt auch ein gegen den Erbschaftsverkäufer ergangenes Zahlungsurteil einer Nachlassverbindlichkeit nicht gegen den Käufer, § 425 Abs. 2 (BGH NJW 1957, 420). Daher kann ein gegen den Verkäufer ergangenes Urteil nicht nach § 727 ZPO auf den Käufer umgeschrieben werden. Dagegen

ist eine Klauselumschreibung nach § 729 ZPO möglich (*Thomas/Putzo* § 729 ZPO). Ein gegen den Erblasser ergangenes und bereits rechtskräftig gewordenes Urteil kann nach Klauselumschreibung und ohne vorherige Titelumschreibung auf die Erben vollstreckt werden (MüKo/*Musielak* § 2382 Rn 9).

§ 2383 Umfang der Haftung des Käufers

(1) Für die Haftung des Käufers gelten die Vorschriften über die Beschränkung der Haftung des Erben. Er haftet unbeschränkt, soweit der Verkäufer zur Zeit des Verkaufs unbeschränkt haftet. Beschränkt sich die Haftung des Käufers auf die Erbschaft, so gelten seine Ansprüche aus dem Kauf als zur Erbschaft gehörend.

(2) Die Errichtung des Inventars durch den Verkäufer oder den Käufer kommt auch dem anderen Teil zustatten, es sei denn, dass dieser unbeschränkt haftet.

A. Allgemeines

§ 2383 regelt ergänzend zu § 2382 den Umfang der Haftung des Erbschaftskäufers für die 1 Nachlassverbindlichkeiten und die Möglichkeit der Haftungsbeschränkung. Nach dem Normzweck tritt mit Abschluss des schuldrechtlichen Vertrages faktisch die Universalsukzession des Käufers bzgl der Passiva des Nachlasses ein (MüKo/*Musielak* § 2382 Rn 1). Die gesamtschuldnerische Haftung der Kaufvertragsparteien ist inhaltlich ein ges Schuldbeitritt (BGHZ 26, 91). Im Übrigen ist es nicht möglich, die Käuferhaftung vertraglich auszuschließen, § 2383 Abs. 2, wohl aber zu beschränken. Mit Zustimmung des Gläubigers kann im Wege der befreienden Schuldübernahme der Verkäufer von der Mithaftung befreit werden (BGHZ 26, 91).

Voraussetzung der Haftung des Erwerbers ist ein wirksamer Erbschaftskaufvertrag. Fehlt 2 es hieran oder ist der Verkäufer nicht der wirkliche Erbe, kann die Haftung nicht auf den Käufer übergehen (BGH NJW 1967, 1128). Auf die Kenntnis des Erwerbers von der Existenz von Nachlassverbindlichkeiten kommt es nicht an (MüKo/*Musielak* § 2382 Rn 4), wohl aber kann der Irrtum hierüber zur Anfechtung nach 119 Abs. 2 berechtigen, was wiederum den Wegfall der Haftung zur Folge hat. Dies gilt nicht, wenn die subjektive Kenntnis des Erwerbers von Bedeutung ist, weil es sich um den Verkauf eines den wesentlichen Wert des Nachlasses bildenden Gegenstandes geht.

Die Haftung erlischt mit der Aufhebung eines nichterfüllten Kaufvertrages und der 3 diesbzgl Anzeige an das Nachlassgericht.

B. Haftungsumfang

I. Haftungsumfang bei Kaufvertragsabschluss 4

Die bei Abschluss des Erbschaftskaufvertrages bestehende Haftungslage wirkt für und gegen den Erbschaftskäufer. Haftet also der Verkäufer bereits bei Vertragsschluss unbeschränkt, so gilt dies auch für den Käufer, und zwar unabhängig davon, ob dieser vom Rechtsverlust Kenntnis hatte oder nicht. Im Übrigen kann der Käufer, sofern der Verkäufer bei Vertragsabschluss sein Beschränkungsrecht noch nicht verloren hat, die Haftungsbeschränkung selbständig herbeiführen (Palandt/*Edenhofer* § 2383 Rn 2). Auch laufende Fristen aus §§ 1994 ff, 2014 wirken gegen ihn (Bamberger/Roth/*J Mayer* § 2383 Rn 2). Sofern die unbeschränkte Haftung nicht bereits aus anderen Gründen eingetreten ist, scheidet die Haftung des Käufers mit seinem Eigenvermögen aus (Bamberger/Roth/*J Mayer* § 2383 Rn 2). Nach § 2383 Abs. 1 Satz 2 haftet auch der Käufer unabhängig davon, ob die Haftung einzelnen oder allen Gläubigern gegenüber besteht, unbeschränkt, wenn auch der Verkäufer zum Zeitpunkt des Erbschaftsverkaufs endgültig unbeschränkt haftet.

§ 2383 BGB | Umfang der Haftung des Käufers

Insofern hat der Gläubiger, der vom Erblasser nicht ausreichend befriedigt wurde, die Möglichkeit, nicht nur vom Verkäufer, sondern auch vom Käufer, die mit ihrem gesamten Vermögen haften, Befriedigung zu erlangen. Wird der Käufer in Anspruch genommen, bleibt ihm nur die Geltendmachung der Rechtsmängelhaftung gegenüber dem Verkäufer nach § 2376 Abs. 1.

5 Der Käufer kann neben der Einleitung der Nachlassverwaltung auch das Nachlassinsolvenzverfahren zur Haftungsbeschränkung durchführen. Die vom Verkäufer eingeleitete Haftungsbeschränkung wird mit dem Käufer fortgeführt (Staudinger/*v. Olshausen* § 2383 Rn 6 ff).

6 **II. Haftungsumfang nach Kaufvertragsabschluss**

Sofern im Zeitpunkt des Abschlusses des Erbschaftskaufvertrages die Möglichkeiten der Haftungsbeschränkung noch nicht verloren waren, können Verkäufer und Käufer, unabhängig vom Verhalten des jeweils anderen, die Haftung auf den Nachlass beschränken. Nach dem **Grundsatz der selbständigen Haftungslage** hat die unbeschränkte Haftung des Verkäufers keinerlei Auswirkungen auf die Haftung des Käufers. Es stehen ihm, sofern der Verkäufer hiervon noch keinen Gebrauch gemacht hat, von folgenden Möglichkeiten der Haftungsbeschränkung zur Verfügung:

- das Aufgebot nach §§ 1970 ff nebst der sich hieraus ergebenden Einreden,
- die Nachlassverwaltung, § 1981, die nach § 1981 Abs. 2 vom Verkäufer analog § 330 InsO beantragt werden kann,
- die Nachlassinsolvenz, § 330 InsO und
- die Einreden der §§ 1990 – 1992, 2014, 2015; 782 ZPO (MüKo/*Edenhofer* § 2382 Rn 6).

7 Im Nachlassinsolvenzverfahren gehört nicht nur der Nachlass zur Masse, sondern sämtliche Ansprüche aus dem Kaufvertrag, wie zB der Anspruch auf Übertragung der Erbschaftsgegenstände, Wertvergütung oder Schadensersatz. Fällt nicht nur der Käufer, sondern auch der Verkäufer gleichzeitig in Insolvenz, so hat der Nachlassverwalter ein Aussonderungsrecht hinsichtlich der vom Verkäufer noch nicht übertragenen Nachlassgegenstände, zu deren Herausgabe er aber aufgrund des Kaufvertrages verpflichtet ist (Palandt/*Edenhofer* § 2383 Rn 1).

8 Vom Verkäufer kann das Nachlassinsolvenzverfahren nur dann beantragt werden, wenn es sich um eine Nachlassverbindlichkeit handelt, die im Verhältnis zwischen ihm und dem Käufer von ihm zu erfüllen ist. Dieses Recht steht ihm auch hinsichtlich anderer Nachlassverbindlichkeiten zu, wenn er noch nicht unbeschränkt haftet oder keine Nachlassverwaltung angeordnet ist, § 330 Abs. 2 InsO.

9 Im Übrigen gelten hinsichtlich des Haftungsumfangs die Ausführungen zu § 2382 Rn 10 f entsprechend.

C. Inventarerrichtung

10 Die Inventarerrichtung durch den Verkäufer erhält die Möglichkeit der Haftungsbeschränkung, die durch Versäumen der Inventarfrist verloren geht und kommt auch dem Vertragspartner, dh dem Käufer, zustatten, sofern ersterer nicht bereits unbeschränkt haftet, § 2383 Abs. 2.

11 Die Fristen zur Inventarerrichtung können dem Erben und dem Käufer getrennt gesetzt werden, wobei jede Frist selbständig läuft.

D. Haftungsbeschränkung beim Erbteilskauf

12 Für den Käufer eines Erbteils stehen in den §§ 2058 – 2063 besondere Möglichkeiten der Haftungsbeschränkung zur Verfügung, die im Fall des § 2383 Abs. 1 entsprechend angewendet werden (RGZ 60, 126). Daraus folgt, dass der Käufer bis zur Erbteilsübertragung, durch welche er erst die Beteiligung am Nachlass erhält, jede Befriedigung der Nachlass-

gläubiger verweigern kann. Nach der Übertragung haftet er gem § 2059 bis zur Teilung beschränkt auf den Nachlass. Da der Verkäufer am Nachlass nicht mehr beteiligt ist, kann er jede Befriedigung der Nachlassgläubiger verweigern (Soergel/*Zimmermann* § 2383 Rn 5). Ab diesem Zeitpunkt stehen den Nachlassgläubigern (Miterben) der Käufer und Verkäufer als Gesamtschuldner für die gesamte Forderung zur Verfügung. Dies gilt dann nicht, wenn eine anteilige Haftung nach §§ 2060, 2061 besteht (Soergel/*Zimmermann* § 2383 Rn 5). Danach haben die Kaufvertragsparteien die Möglichkeit, die gesamtschuldnerische Haftung in eine gegenständlich beschränkte, aber beschränkbare Teilhaftung umzuwandeln (Staudinger/*v. Olshausen* § 2383 Rn 34).

E. Prozessuales

Für die gesamtschuldnerische Haftung des Käufers neben dem Verkäufer gelten die §§ 421 ff Daher wirkt ein gegen den einen ergangenes Urteil nicht auch gegen den anderen, § 425 Abs. 2. Mangels Rechtsnachfolge ist eine Klauselumschreibung nach § 727 ZPO nicht möglich, vielmehr wird § 729 ZPO angewendet (überwiegende Meinung, vgl ua *Thomas/Putzo* § 729 ZPO Rn 2). 13

§ 2384 Anzeigepflicht des Verkäufers gegenüber Nachlassgläubigern, Einsichtsrecht

(1) Der Verkäufer ist den Nachlassgläubigern gegenüber verpflichtet, den Verkauf der Erbschaft und den Namen des Käufers unverzüglich dem Nachlassgericht anzuzeigen. Die Anzeige des Verkäufers wird durch die Anzeige des Käufers ersetzt.

(2) Das Nachlassgericht hat die Einsicht der Anzeige jedem zu gestatten, der ein rechtliches Interesse glaubhaft macht.

A. Anzeigepflicht (Abs. 1)

Nur der Verkäufer ist den Nachlassgläubigern gegenüber zur unverzüglichen Anzeige beim Nachlassgericht verpflichtet. Sie erfolgt idR durch Übersendung einer Vertragsabschrift durch den beurkundenden Notar im Namen der Kaufvertragsparteien; eine Verpflichtung hierzu besteht allerdings nicht (Staudinger/*v. Olshausen* § 2384 Rn 2). Wird dies nicht gewünscht, sind zumindest Name und Anschrift des Käufers sowie die Vertragsbedingungen mitzuteilen. 1

Die Zuständigkeit des Nachlassgerichts ergibt sich aus § 1962. Der Grund der Anzeigepflicht besteht in der Information der Gläubiger über die veränderte Haftungslage für die Nachlassverbindlichkeiten. Die Kenntnis ist auch für den Insolvenzeröffnungsantrag von Bedeutung, da sich der Antrag nur noch gegen den Erbschaftskäufer richtet. Unabhängig davon, ob die Miterben von ihrem Vorkaufsrecht Gebrauch machen, gilt die Anzeigepflicht auch für den Erbteilskauf. 2

Die Anzeigepflicht umfasst neben dem schuldrechtlichen Erbschaftskauf auch die dingliche Erbteilsübertragung (*Haegele* BWNotZ 1972, 6) und gilt sowohl für den Erbteilskauf als auch in entsprechender Anwendung für die Vertragsaufhebung vor Erfüllung (MüKo/*Musielak* § 2384 Rn 2). Die Aufhebung eines Erbteilskaufvertrages bedarf, auch wenn er noch nicht oder noch nicht vollständig erfüllt ist, der Form, da sonst der Schutz des § 2384 umgangen würde (Staudinger/*v. Olshausen* § 2384 Rn 12). 3

Das Unterlassen der Anzeige stellt eine Pflichtverletzung dar und führt bei einem Verschulden des Verkäufers zu Schadensersatzansprüchen der Nachlassgläubiger nach § 823 Abs. 2 iVm § 2384 (Schutzgesetz) (MüKo/*Musielak* § 2384 Rn 3) mit der Folge, dass auch mit dem nicht ererbten Vermögen, wie zB dem Kaufpreis, gehaftet wird (Soergel/*Damrau* 4

§ 2385 BGB | Anwendung auf ähnliche Verträge

§ 2384 Rn 2), sofern nicht die Anzeige des Käufers oder die Information des Nachlassgläubigers die Ursächlichkeit der unterlassenen Mitteilung an das Nachlassgericht beseitigt (Palandt/*Edenhofer* § 2384 Rn 2). Erfährt der Nachlassgläubiger anderweitig vom Kaufvertragsschluss, ist er gehalten, sich beim Nachlassgericht zu informieren, will er sich nicht dem Vorwurf eines Mitverschuldens aussetzen.

B. Einsicht (Abs. 2)

5 Das Nachlassgericht trifft keine Pflicht zur Mitteilung an die ihm bekannten Nachlassgläubiger, dass ein Erbschaftskaufvertrag geschlossen wurde. Es hat lediglich jedem, der ein rechtliches Interesse glaubhaft macht, die Einsicht zu gewähren. Ein Anspruch auf Offenlegung des Kaufpreises besteht grds nicht.

6 Erforderlich ist ein rechtliches Interesse an der Einsicht, dh die erstrebte Kenntnis ist zur Rechtsverfolgung bzw Abwehr von Ansprüchen erforderlich (BayObLG NJW-RR 1999, 661) und setzt ein auf Rechtsnormen beruhendes oder durch solche geregeltes, gegenwärtig bestehendes Verhältnis zu einer Person zu einer anderen oder einer Sache voraus (BGH NJW 1959, 579). Dieses Interesse kann sich insb aus den §§ 1953 III 2, 2010, 2081, 2228 ergeben. Es ist somit enger als das berechtigte Interesse, für das wirtschaftliche, gesellschaftliche, wissenschaftliche und/oder außerrechtliche Belange ausreichen.

7 Da die Nachlassakten keine »Daten« iSd BDSG sind, finden Datenschutzvorschriften keine Anwendung (BVerfGE 65, 1, 43). Allerdings bestimmt das Recht auf informationelle Selbstbestimmung der Vertragsparteien den Umfang des Einsichtsrechts.

C. Kosten

8 Die Gebühr ergibt sich aus dem §§ 112 Abs. 1 Nr. 7, 115 KostO. Ein Viertel der Gebühr wird bereits durch die Entgegennahme der Anzeige durch das Nachlassgericht ausgelöst. Hat der Notar den Erbschaftskauf beurkundet, so hat er seine Anzeige nach § 147 Abs. 2 KostO nach einem gem § 30 Abs. 1 KostO zu bestimmenden Wert zu berechnen.

§ 2385 Anwendung auf ähnliche Verträge

(1) Die Vorschriften über den Erbschaftskauf finden entsprechende Anwendung auf den Kauf einer von dem Verkäufer durch Vertrag erworbenen Erbschaft sowie auf andere Verträge, die auf die Veräußerung einer dem Veräußerer angefallenen oder anderweit von ihm erworbenen Erbschaft gerichtet sind.

(2) Im Falle einer Schenkung ist der Schenker nicht verpflichtet, für die vor der Schenkung verbrauchten oder unentgeltlich veräußerten Erbschaftsgegenstände oder für eine vor der Schenkung unentgeltlich vorgenommene Belastung dieser Gegenstände Ersatz zu leisten. Die in § 2376 bestimmte Verpflichtung zur Gewährleistung wegen eines Mangels im Recht trifft den Schenker nicht; hat der Schenker den Mangel arglistig verschwiegen, so ist er verpflichtet, dem Beschenkten den daraus entstehenden Schaden zu ersetzen.

A. Allgemeines

1 Neben dem Erbschaftskauf sind andere schuldrechtliche Verträge mit gleicher Interessenlage wie beim Erbschaftskauf bzw Erbteilskauf denkbar, die eine entsprechende Anwendung der Vorschriften zum Erbschaftskauf rechtfertigen, weil sie die Veräußerung einer Erbschaft bzw eines Erbteils zum Gegenstand haben (MüKo/*Musielak* § 2385 Rn 1).

2 Bei den anderen Verträgen ist darauf zu achten, dass sie über § 2385 dem Formerfordernis des § 2371 unterliegen.

B. Ähnliche Verträge

Zunächst ist zu prüfen, ob ein mit dem Erbschaftskauf vergleichbarer anderer, auf die Veräußerung einer Erbschaft gerichteter Vertrag vorliegt. 3
Ähnliche Verträge sind:

- außergerichtlicher Vergleich über die Verteilung einer Erbschaft (RG JW 1910, 998)
- Vertrag über die Auslegung eines zweifelhaften Testaments (BGH NJW 1986, 1812)
- Vertrag über die Anerkennung eines zweifelhaften Testaments (RGZ 72, 209)

C. Rechtsfolgen

§ 2385 verweist auf die Vorschrift der §§ 2371 – 2384, wobei die notarielle Beurkundung eines solchen Vertrages die bedeutsamste Rechtsfolge darstellt. Ähnlich wichtig sind die Haftungsvorschriften der §§ 2382, 2383: Im Falle des Weiterverkaufs haftet der zweite Käufer mit dem ersten Käufer und dem Erben als Gesamtschuldner für die Nachlassverbindlichkeiten; im Übrigen hat der erste Käufer sämtliche Nachlassgegenstände nebst Surrogte an den zweiten Käufer herauszugeben, soweit sie beim zweiten Kauf noch vorhanden sind (MüKo/*Musielak* § 2385 Rn 4). Ist der Herausgabeanspruch aus dem ersten Kauf beim zeiten Kauf noch nicht efüllt, ist der Erstkäufer zur Herausgabe verpflichtet. Die Abtretung des Herausgabeanspruchs gegen den Erben reicht nicht (Staudinger/*v. Olshausen* § 2385 Rn 24). Darüber hinaus hat der erste Käufer für verbrauchte, unentgeltliche oder unentgeltlich übertragene Erbschaftsgegenstände Ersatz zu leisten (Staudinger/*v. Olshausen* § 2385 Rn 25). Die Rechtmängelhaftung des zweiten Verkäufers erfasst aber auch den mangelfreien Erwerb durch den ersten Kauf (MüKo/*Musielak* § 2385 Rn 4). 4

Im Übrigen entbindet die Verweisung auf die Vorschriften zum Erbschaftskauf nicht von der Verpflichtung zur Prüfung, ob im Einzelfall nicht Besonderheiten des jeweiligen Rechtsgeschäfts zu einer Modifizierung der Bestimmungen des Erbschaftskaufs zwingen (Staudinger/*v. Olshausen* § 2385 Rn 24). 5

D. Schenkung (Abs. 2)

Durch diese Vorschrift wird die Schenkung der Erbschaft dem allgemeinen Schenkungsrecht angeglichen; insb gilt § 521, wonach die Haftung auf Vorsatz und grobe Fahrlässigkeit beschränkt ist. Ungeachtet dessen sind die §§ 2371, 2375, 2376 zu beachten, dh der gesamte Vertrag ist nach § 2371 notariell zu beurkunden und nicht nur die Erklärung des Schenkers nach § 518, da diese Vorschrift nicht anwendbar ist. Infolgedessen kommt auch eine Heilung nach § 518 Abs. 2 durch Übertragung der Nachlassgegenstände vom Alleinerben auf den Beschenkten nicht in Betracht. 6

Grds hat der Beschenkte die Nachlassverbindlichkeiten zu tragen, obgleich den Schenker die Gewährleistungspflicht des § 2376 nicht trifft.

Für den Fall der Rückforderung der Schenkung hat der Schenker den Beschenkten Zug um Zug von der Haftung für die Nachlassverbindlichkeiten aus § 2382 zu befreien. Gleichzeitig kann er die Herausgabe des Geschenkes nach den Vorschriften über die Herausgabe einer ungerechtfertigten Bereicherung fordern (Staudinger/*v. Olshausen* § 2385 Rn 27). 7

Des weiteren gilt auch § 521, wonach die Haftung auf Vorsatz und grobe Fahrlässigkeit beschränkt ist. Ungeachtet dessen ist vor allem § 2371 zu beachten, dh der gesamte Vertrag, und nicht nur das Schenkungsversprechen ist notariell zu beurkunden. § 518 ist nicht anwendbar. Infolgedessen kommt auch eine Heilung nach § 518 Abs. 2 durch Übertragung der Nachlassgegenstände vom Alleinerben auf den Beschenkten nicht in Betracht (MüKo/*Musielak* § 2385 Rn 5). 8

Darüber hinaus gelten neben den analog anzuwendenden Vorschriften für den Erbschaftskauf auch die allgemeinen Vorschriften über die Schenkung. 9

Zweites Kapitel Internationales Privatrecht
Art. 3 EGBGB
Allgemeine Verweisungsvorschriften

(1) Bei Sachverhalten mit einer Verbindung zum Recht eines ausländischen Staates bestimmen die folgenden Vorschriften, welche Rechtsordnungen anzuwenden sind (Internationales Privatrecht). Verweisungen auf Sachvorschriften beziehen sich auf die Rechtsnormen der maßgebenden Rechtsordnung unter Ausschluss derjenigen des Internationalen Privatrechts.

(2) Regelungen in völkerrechtlichen Vereinbarungen gehen, soweit sie unmittelbar anwendbares innerstaatliches Recht geworden sind, den Vorschriften dieses Gesetzes vor. Regelungen in Rechtsakten der Europäischen Gemeinschaften bleiben unberührt.

(3) Soweit Verweisungen im Dritten und Vierten Abschnitt das Vermögen einer Person dem Recht eines Staates unterstellen, beziehen sie sich nicht auf Gegenstände, die sich nicht in diesem Staat befinden und nach dem Recht des Staates, in dem sie sich befinden, besonderen Vorschriften unterliegen.

Inhaltsverzeichnis

		Rn
A.	Bedeutung der Vorschrift	1–9
	I. Einleitung der ges Regelung des deutschen IPR	1
	II. Bedeutung des IPR	2–9
	1. Verweisungsvorschriften für Fälle mit Auslandsbezug	2–6
	a) Rechtsanwendungsrecht	2
	b) Kein Prozessrecht	3–6
	2. Nachrang gegenüber Einheitsrecht	7, 8
	3. Modell für weitere Kollisionsrechte	9
B.	Legaldefinition des IPR (Abs. 1 Satz 1)	10–13
	I. Voraussetzung	10
	II. Regelungsort	11
	III. Rechtsfolge	12, 13
	1. Staatliche Rechtsordnung	12
	2. Privatrecht	13
C.	Rechtsquellen des deutschen IPR	14–26
	I. Überblick	14–21
	1. Autonomes IPR	14, 15
	2. IPR in EG-Normen	16–20
	a) im Kontext von Sachrechtsvereinheitlichung	16, 17
	b) eigenständige Kollisionsrechtsvereinheitlichung	18–20
	3. IPR in Staatsverträgen	21
	II. Hierarchie (Abs. 2)	22–25
	III. Intertemporales	26
D.	Funktionsweise, Terminologie, Verweisungstechnik des IPR	27–68
	I. Anwendung von IPR	27
	II. Verdrängung des IPR	28, 29
	III. Struktur von Kollisionsnormen	30, 31
	IV. Depeçage	32
	V. Qualifikation	33, 34
	VI. Anknüpfungspunkte/-momente	35–42
	1. Abweichung von Anknüpfungspunkten	35, 36
	2. Mehrzahl von Anknüpfungspunkten	37
	3. Wandelbarkeit/Statutenwechsel	38–40
	4. Auslegung	41
	5. Manipulation von Anknüpfungspunkten (Gesetzesumgehung, fraus legis)	42

VII. Umfang der Verweisung	43–53
1. Gesamt- und Sachnormverweisungen (Abs. 1 Satz 2)	43
2. »Einzelstatut bricht Gesamtstatut« (Abs. 3)	44–53
a) Gesamtstatut	45, 46
b) Einzelstatut	47
c) besondere Vorschriften	48–50
d) Gegenstände	51
e) Einschränkungen bzgl der Rechtsfolge	52, 53
VIII. Besonderheiten bei der Auslegung von Normen bei Auslandsbezug	54–58
1. Vorfragen	54–56
2. Auslandssachverhalt	57
3. Substitution	58
IX. Ausländisches Recht	59–65
1. Ermittlung fremden Rechts	59–63
a) Ermittlungspflicht	59, 60
b) Erkenntnisquellen	61, 62
c) Nichtermittelbarkeit	63
2. Anwendung fremden Rechts	64, 65
X. Ergebniskorrekturen	66–68
1. Anpassung (Angleichung)	67
2. Ordre public	68

A. Bedeutung der Vorschrift

I. Einleitung der ges Regelung des deutschen IPR

Art. 3 leitet das zweite Kapitel des EGBGB ein und stellt eine gesetzgeberische Einführung in das deutsche IPR dar. Dieses ist hauptsächlich, wenn auch nicht ausschließlich, in den Art. 3–46 EGBGB kodifiziert. Art. 3 Abs. 1 enthält zwei Legaldefinitionen: In Satz 1 wird in einer sog Klammerdefinition einleitend das IPR selbst definiert und in Satz 2 die Sachnormverweisung, deren Definition systematisch besser in den vom Umfang der Verweisung handelnden Art. 4 gepasst hätte (s Art. 4 Rn 1, 9 ff). Art. 3 Abs. 2 legt die Normenhierarchie im deutschen IPR fest. Art. 3 Abs. 3 betrifft wiederum den Umfang der Verweisung, der für das Internationale Familien- und Erbrecht durch Anordnung einer bedingten Sonderanknüpfung modifiziert wird.

II. Bedeutung des IPR

1. Verweisungsvorschriften für Fälle mit Auslandsbezug

a) Rechtsanwendungsrecht

Die Bezeichnung »allgemeine Verweisungsvorschriften« in der Überschrift zu Art. 3 trifft eine erste Aussage zur Natur des IPR, das nicht die materielle Lösung des Falles liefert, sondern ausschließlich auf ein Recht »verweist«, nach dessen Vorschriften die materielle Lösung zu erfolgen hat. Das IPR lässt sich als Meta-Recht auffassen, das gleichsam über den eigentlichen Regeln des Privatrechts schwebt und zwischen mehreren in Betracht kommenden Rechtsordnungen eine Auswahl trifft. Rechtsordnungen verschiedener Staaten kommen von vornherein nur in Betracht bei Fällen, die überhaupt Beziehungen zum Recht eines ausländischen Staates aufweisen (Abs. 1 Satz 1). Deutlich wird diese übergeordnete Funktion des IPR insb durch seine in Abs. 1 Satz 2 niedergelegte Abgrenzung von den sog **Sachnormen**, die die Rechtfrage selbst inhaltlich beantworten, also zum Ergebnis »in der Sache« und nicht zur anwendbaren Rechtsordnung insgesamt führen. Das IPR wird auch als **»Kollisionsrecht«** bezeichnet. Mag dies für manche (zB vBar-Mankowski I § 1 Rn 16) rechtstheoretisch zweifelhafte Assoziationen mit einem Konflikt wecken, so ist die Vorstellung des Aufeinandertreffens verschiedener Rechtsordnungen doch jedenfalls anschaulich.

Art. 3 EGBGB | Allgemeine Verweisungsvorschriften

b) Kein Prozessrecht

3 Keine Aussage trifft das IPR zur **internationalen Zuständigkeit** deutscher Gerichte und Behörden. Regeln zur internationalen Zuständigkeit finden sich ua vorrangig in der EheVO und der EuGVO, im Verhältnis zu Dänemark bisher dem EuGVÜ (Erstreckung der EuGVO geplant, vgl *Jayme/Kohler* IPRax 2005, 485/486, im Verhältnis zu Norwegen, der Schweiz und Island dem Luganer Übereinkommen (LugÜ – BGBl 1994 II 2660, 1995 II 221, 1996 II 223) sowie sonst den §§ 606a ZPO, 35b, 43b FGG bzw den subsidiär analog heranzuziehenden Regeln zur örtlichen Zuständigkeit, insbes §§ 12 ff ZPO. In der Berufungsinstanz sind bei Fällen mit Auslandsbezug auch hinsichtlich der **sachlichen Zuständigkeit** Besonderheiten zu beachten (§ 119 Abs. 1 Nr. 1b, c GVG).

4 Das in Fällen mit Auslandsbezug anzuwendende **Verfahrensrecht** wird nicht durch das IPR bestimmt, sondern ist grds das am Gerichtsort geltende Prozessrecht (BGH NJW-RR 1993, 130; BayObLG FamRZ 1995, 1210), wobei das vom IPR bestimmte materiell anwendbare Recht ausnahmsweise Modifikationen bedingen kann, wenn es materielle Rechtsfolgen an die Durchführung eines hier unbekannten Verfahrens knüpft (BGH NJW 1967, 2109, 2113; OLG Hamburg FamRZ 2001, 1008) und die betreffenden ausländischen Verfahrensvorschriften daher materiellrechtlich zu qualifizieren sind (prozessrechtlich qualifiziert OLG Frankfurt FamRZ 2001, 293). Beweis- und Darlegungs*last* werden grds materiellrechtlich qualifiziert (BGH NJW 1992, 3106; BGHZ 3, 342; OLG Koblenz RIW 1993, 502). Grenzüberschreitende Rechtshilfe bei der Durchführung von Zivilverfahren regeln im Hinblick auf die Mitwirkung bei der Zustellung und der Beweisaufnahme EuZVO und EuBVO, das HZÜ und HBÜ sowie bilaterale Staatsverträge (die wichtigsten sind abgedruckt bei *Jayme/Hausmann*, Internationales Privat- und Verfahrensrecht, 12. Aufl 2004).

5 Prozessrechtliche und daher nicht dem IPR unterliegende Fragen stellen sich schließlich auch bei Anhängigkeit eines Verfahrens im Ausland oder bei Vorliegen einer ausländischen Entscheidung. Zum Einwand der ausländischen **Rechtshängigkeit** finden sich Regelungen in EheVO, EuGVO, EuGVÜ, LugÜ, ZPO und FGG.

6 Die Wirkung ausländischer Urteile und Entscheidungen hängt von deren **Anerkennung** ab, für die EuGVO, EheVO, §§ 328, 606a Abs. 2 ZPO und 16a FGG Voraussetzungen nennen, aber auch bilaterale Staatsverträge über die gegenseitige Anerkennung und Vollstreckung von gerichtlichen Entscheidungen, wie sie mit der Schweiz, Israel und Tunesien bestehen (vgl zB *Jayme/Hausmann*, aaO, Ordnungsnr 185). Eines besonderen Ausspruchs bedarf die Anerkennung nur im Ausnahmefall (Art. 7 § 1 FamRÄndG, insbes. Scheidung durch Gerichte außerhalb der EG). Die Vollstreckung aus ausländischen Titeln in Deutschland setzt außerhalb des Anwendungsbereichs der EuVTVO, die für unbestrittene Forderungen die Ausstellung eines Europäischen Vollstreckungstitels ermöglicht, stets ein deutsches Vollstreckungsurteil (Exequatur) voraus, dessen Voraussetzungen insbes EuGVO, EuGVÜ, LugÜ, § 722 ZPO und bilaterale Abkommen regeln.

2. Nachrang gegenüber Einheitsrecht

7 Wo Rechtsvereinheitlichung übereinstimmendes Sachrecht geschaffen hat, ist IPR gegenstandslos (BGH NJW 76, 1583). Wann Einheitsrecht Anwendung findet, ergibt sich nicht aus dem (allgemeinen) IPR, sondern aus den besonderen Anwendungsvoraussetzungen des Staatsvertrages, auf dem es beruht. Ob der Vorrang vor dem IPR (BGHZ 96, 313, 318) auf Art. 3 Abs. 2 zu stützen ist (so ausf *vBar/Mankowski* § 2 Rn 55 ff) oder sich bereits aus der Natur von Einheitsrecht ergibt, bzw, insofern Regelungsgegenstand nur grenzüberschreitende Sachverhalte sind, aus dessen Spezialität, kann dahinstehen. Wichtige Beispiele für Internationales Einheitsrecht sind das UN-Übereinkommen über den internationalen Warenkauf CISG (BGBl 1989 II 586), das Warschauer (RGBl 33 II 1039; BGBl 1958 II 291, 312; 1964 II 1295) und Montrealer (BGBl 2004 II 459) Abkommen zum Flugverkehr, die CMR zum Beförderungsvertrag im internationalen Straßengüterverkehr (BGBl 1961 II

1119; 1962 II 12; 1980 II 721, 733, 1443) sowie die COTIF zum Eisenbahntransport (BGBl 1985 II 130 und 666; BGBl 1992 II 1182; 1996 II 2655), die Genfer Abkommen zu Wechsel (RGBl 33 II 377) und Scheck (RGBl 33 II 537) und das Abkommen zur Gastwirtshaftung (BGBl 1996 II 269, 1565; 67 II 1210). Bei der Anwendung von Einheitsrecht ist eine besondere rechtsvergleichende Auslegungsmethodik zu beachten und es sind die Entscheidungen der Gerichte anderer Abkommensstaaten zu berücksichtigen (BGHZ 88, 157, 160 f; dazu *Gruber*, Methoden des internationalen Einheitsrechts, 2004; *Linhart*, Internationales Einheitsrecht und einheitliche Auslegung, 2005). Dennoch kann es bei Fehlen eines mit autoritativer Auslegung betrauten Gerichts (zB EuGH) zu **Auslegungsdifferenzen** in den verschiedenen Vertragsstaaten kommen; in diesem Fall besteht die Vereinheitlichung nur auf dem Papier und es ist letztlich doch eine kollisionsrechtliche Entscheidung über die anwendbare Version des vermeintlichen Einheitsrechts erforderlich, die zunächst in dem Abkommen selbst und sonst im allgemeinen Kollisionsrecht des Forumstaates zu suchen ist *(vBar/Mankowski* § 2 Rn 70). Das gleiche gilt für sog externe **Lücken** des Einheitsrechts, dh Fragen die außerhalb der Regelungsmaterie liegen, während zum staatsvertraglichen Relegungsgegenstand zu zählende sog interne Lücken aus dem Kontext des Abkommen heraus zu füllen sind (MüKo/*Sonnenberger* Einl IPR Rn 384; zum CISG MüKo/*Martiny* Art. 28 Anh Rn 86).

Da auch Einheitsrecht nur Geltungskraft besitzt, wenn es staatlich gesetztes Recht ist, lassen sich die häufig als »**lex mercatoria**« bezeichneten verdichteten einheitlichen Handelsgewohnheiten nicht dazu zählen *(Kegel/Schurig* § 1 IX). **8**

3. Modell für weitere Kollisionsrechte

Als einziges ausführlich geregeltes und dogmatisch weitgehend durchdrungenes Kollisionsrecht dient das IPR anderen Kollisionsrechten (dazu *Kegel/Schurig* § 1 VII; *Lüderitz* Rn 13) als Referenzsystem. Am unmittelbarsten wird das **Interlokale Privatrecht**, das seit der Wiedervereinigung nur noch für Altfälle Bedeutung hat, aus dem IPR abgeleitet, indem die Vorschriften des EGBGB analog angewandt werden (dazu zB *Looschelders* Rn 6 ff) und an die Stelle der Staatsangehörigkeit der gewöhnliche Aufenthalt tritt (BGHZ 91, 186, 194 ff; 1985, 16, 22; s auch Rn 21). Soweit »Übergangsrecht« sich zu **Intertemporalem Privatrecht** emanzipiert hat, greift auch dieses inzwischen explizit auf Analogien zum IPR zurück *(Hess,* Intertemporales Privatrecht, 1998; *Vonkilch*, Das Intertemporale Privatrecht, 1999). **9**

B. Legaldefinition des IPR (Abs. 1 Satz 1)

I. Voraussetzung

Erforderlich ist nach der Beschreibung des Regelungsgegenstandes des IPR in Abs. 1 Satz 1 eine **Auslandsbeziehung**, deren Art. und Intensität aber nicht näher umrissen wird. Daher lässt sich in der Forderung einer Verbindung zum Recht eines ausländischen Staates ein verengendes Tatbestandsmerkmal für die Anwendung des IPR nicht sehen *(Kegel/Schurig* § 1 III; MüKo/*Sonnenberger* Rn 2; *vHoffman/Thorn* § 1 Rn 21 ff; aA Palandt/*Heldrich* Rn 2 f; *Looschelders* Rn 3). Letztlich weisen die besonderen Kollisionsnormen ohnehin jeweils nur einem einzigen bestimmten Merkmal, nämlich dem Anknüpfungspunkt (dazu s.u. Rn 34 ff), eine kollisionsrechtliche Bedeutung zu, so dass an dieser Stelle bei der Vorprüfung großzügig verfahren werden kann (OLG Hamm FamRZ 1999, 1426; FG Prax 1999, 55; OLG Düsseldorf RIW 1995, 1025), in reinen Inlandsfällen bedarf die Rechtsanwendung sicherlich keiner kollisionsrechtlichen Begründung *(Lüderitz* Rn 6). **10**

II. Regelungsort

Der Hinweis auf den Regelungsort des IPR in den »folgenden Vorschriften« ist zu eng gefasst, denn zahlreiche internationalprivatrechtliche Regelungen finden sich auch an **11** anderen Regelungsorten (s.u. Rn 14 ff). Die ges Definition lässt durch diesen Hinweis immerhin erkennen, dass es sich bei IPR nicht um internationales, sondern um **nationales Recht** handelt.

III. Rechtsfolge

1. Staatliche Rechtsordnung

12 Abs. 1 Satz 1 spricht nur davon, dass eine »Rechtsordnung« anzuwenden sei, und sagt damit streng genommen nicht, dass es sich dabei um die Rechtsordnung eines Staates handeln muss (aA MüKo/*Sonnenberger* Rn 5; *Looschelders* Rn 5). Darauf deutet jedoch die im Gesetzestext geforderte »Verbindung zum Recht eines ausländischen Staates« hin. Nach allgemeiner Ansicht kommt daher nur eine staatliche Rechtsordnung in Betracht. Die völkerrechtliche Anerkennung eines Staates, einer Regierung oder eines Gebietserwerbs spielt dabei aber keine Rolle (*Kegel/Schurig* § 1 IV; Bamberger/Roth/ *Lorenz* Einl IPR Rn 1), sondern nur das Vorliegen der Staatsmerkmale und die faktische Durchsetzung eines Rechts, wie dies inzwischen etwa bei den palästinensischen Autonomiegebieten diskutiert wird (MüKo/*Sonnenberger* Einl IPR Rn 140 mwN). Es können über das IPR aber weder Sitten und Gebräuche bestimmter **Volksgruppen** berufen werden (OLG Köln NJW-RR 1994, 1026 zur Sitte der Roma; Palandt/*Heldrich* Einl vom Art. 3 Rn 1; aA OLG Hamm StAZ 1995, 238 bzgl Kurden) noch – soweit kein staatlicher Anwendungsbefehl vorliegt, wie dies zB bei interreligiöser Rechtsspaltung der Fall ist – die Regeln einer **Religionsgemeinschaft** (OLG Köln FamRZ 2002, 1481) oder **Handelsgewohnheiten** (zur sog lex mercatoria s.a. oben Rn 8).

2. Privatrecht

13 Auf die Frage, welcher Teil der berufenen Rechtsordnung anzuwenden ist, gibt die Legaldefinition keine Antwort. Der Begriff »IPR« legt eine Beschränkung auf das Privatrecht nahe; ebenso die internationalprivatrechtliche Gerechtigkeit, die nicht in erster Linie auf Staats- sondern auf Partei- und Verkehrsinteressen blickt. Dennoch sollen Vorschriften des **öffentlichen Rechts** nicht von vornherein von der Anwendung ausgeschlossen sein (Palandt/*Heldrich* Rn 4). Berufen sein können sie aber nur, wenn sie aus unserer Sicht Privatrecht funktional vertreten (*Lüderitz* Rn 75); im übrigen bestimmt internationales öffentliches Recht, welchen Staates öffentliches Recht anzuwenden ist (*Kegel/Schurig* § 2 IV 1; § 1 VII 1b). Bei der internationalprivatrechtlichen Beurteilung kommt öffentliches Recht im Rahmen der Beantwortung öffentlichrechtlicher Vorfragen zur Anwendung, etwa bei der Bestimmung einer ausländischen Staatsangehörigkeit (s Art. 5 Rn 5) oder bei der Heranziehung ausländischer Verkehrsvorschriften zur Beurteilung des Verhaltensmaßstabs im Rahmen der ihrerseits dem Art. 40 folgenden deliktischen Beurteilung oder auch bei der Beurteilung der Qualifikation und Stellung einer ausländischen Urkundsperson zur Beantwortung der Substituierbarkeit der kollisionsrechtlich (etwa nach Art. 11 oder Art. 26 anwendbaren) deutschen Formvorschriften. In keinem dieser Fälle ist es allerdings die IPR-Norm, die über ihren Anknüpfungspunkt in das ausländische öffentliche Recht verweisen würde, sondern es handelt sich um **datumsähnliche** Einzelaspekte auf dem Weg zu oder bei der Anwendung des kollisionsrechtlich berufenen (Privat)rechts.

C. Rechtsquellen des deutschen IPR

I. Überblick

1. Autonomes IPR

Das deutsche Kollisionsrecht umfasst zum einen das autonome IPR, das grds unabhängig 14
von der in anderen Staaten erfolgenden Rechtssetzung erlassen worden ist. Es besteht
neben dem zweiten Kapitel des ersten Teils des EGBGB (Art. 3 – 46) aus richterrechtlichem
Gewohnheitsrecht (etwa das Kollisionsrecht der rechtsgeschäftlichen Stellvertretung, s
Prütting/Wegen/Weinreich/*Mörsdorf-Schulte* vor Art. 7 Rn 6 ff, oder des Gesellschafts-
rechts, s Prütting/Wegen/Weinreich/*Brödermann/Wegen* vor Art. 27 Rn 42) und einzelnen,
in verschiedenen Gesetzen nach Sachzusammenhängen **verstreuten** Einzelnormen (zB
Art. 91 ff WG, 60 ff ScheckG, 61 BörsenG, §§ 130 Abs. 2 GWB, 335 ff InsO).

Die **Gliederung** des Kollisionsrechts im zweiten Kapitel des ersten Teils des EGBGB folgt 15
mit den – gegenüber dem BGB, aus Gründen der Genese des Gesetzes, in ihrer Reihenfolge
veränderten – Blöcken »Recht der natürlichen Personen und Rechtsgeschäfte«, »Familienrecht«, »Erbrecht«, Schuldrecht« und »Sachenrecht« der sachrechtlichen Systematik, was im
Hinblick auf den nationalen Charakter der Materie und den Horizont des Rechtsanwenders
sinnvoll ist, der entweder deutsch ist oder der nach einer Gesamtverweisung die Perspek-
tive deutscher Gerichte oder Behörden einnimmt. Die **Überschriften** sind amtlich.

2. IPR in EG-Normen

a) im Kontext von Sachrechtsvereinheitlichung

Hinzu kommen – ebenfalls nach Sachzusammenhängen geordnet – vereinzelte europa- 16
rechtliche Kollisionsnormen, die an das sachrechtsvereinheitlichende **VO**srecht angehängt
sind, wie zB Art. 2 Abs. 1 EWIV-VO (VO 2137/85/EWG, dazu *Basedow* NJW 1996, 1926),
Art. 1 VO 295/91/EWG (vgl LG Frankfurt aM NJW-RR 1998, 1589) und Art. 93 VO
1408/71/EWG idF von Anh I der VO 2001/83/EWG (vgl BGH NJW 2004, 3111).

Auch soweit Sachrechtsvereinheitlichung durch europäische **Richtlinien** erfolgt, finden 17
sich teilweise kollisionsrechtliche Vorgaben. Diese bedürfen dann der Umsetzung durch
die Mitgliedstaaten. Die kollisionsrechtlichen Vorgaben von vier Verbraucherschutzricht-
linien sind in Deutschland in Art. 29a Abs. 4 umgesetzt und in den Regelungszusammenhang des autonomen IPR eingestellt worden. Kollisionsrechtliche Angleichung fordern
außerdem ua (Nennung weiterer Richtlinien bei MüKo/*Sonnenberger* Einl Rn 202) Art. 10
Insiderrichtlinie nF (2003/6/EG); Art. 2 Abs. 1 Fernsehrichtlinie (89/552/EWG; 97/36/
EG; Änderungsvorschlag KOM (2005) 646 endg), Art. 12 Abs. 2 Finanzdienstleistungsricht-
linie (2002/65/EG), Art. 1 Entsenderichtlinie (96/71/EG) und möglicherweise Art. 3
Abs. 1 der e-commerce-Richtlinie (2000/31/EG), umgesetzt in § 4 TDG, dessen kollisionsrechtlicher Gehalt wegen Art. 1 Abs. 4 der VO/§ 2 Abs. 6 TDG allerdings umstritten ist
(dafür Bamberger/Roth/*Spickhoff* Art. 40 Rn 46; Palandt/*Heldrich* Art. 40 Rn 11; dagegen
Looschelders Art. 40 Rn 99; *Sack* WRP 2002, 271; *Halfmeier* ZEuP 2001, 863). Da hier nur die
umgesetzten Regelungen unmittelbare Geltung entfalten, handelt es sich letztlich um
autonomes Recht, bei dem Besonderheiten allenfalls im Hinblick auf ihre richtlinienkon-
forme Auslegung bestehen, die auch Veranlassung zu einer Vorlage an den EuGH bieten
kann (die MüKo/*Sonnenberger* Einl IPR Rn 207 im Hinblick auf die e-commerce-Richtlinie
zu Recht dringend empfiehlt). Im Einzelfall hat der EuGH aus dem Umstand punktueller
europäischer Rechtsharmonisierung auf Grundlage einer Richtlinie, ohne dass diese eine
kollisionsrechtliche Bestimmung enthielt, dennoch eine unmittelbar anwendbare kollisionsrechtliche Aussage (nämlich die Durchsetzung des von der Richtlinie vorgeschriebenen Ausgleichsanspruchs des Handelsvertreters als Eingriffsnormen, dazu s.u. Rn 28)
entwickelt (EuGH C-381/98 – *Ingmar* NJW 2001, 2007).

b) eigenständige Kollisionsrechtsvereinheitlichung

18 Seitdem die EG – letztlich außer im Verhältnis zu Dänemark – in Art. 65 Buchst b EGV eine (beschränkte) kollisionsrechtliche Rechtssetzungskompetenz erhalten hat, ist auch mit dem Erlass ganze Anknüpfungsgegenstände erfassender, unmittelbar anwendbarer europäischer Kollisionsnormen zu rechnen. Vor allem auf dem Gebiet des Internationalen Schuldrechts ist ein Abschluss des europäischen Rechtssetzungsverfahrens in Sicht (sog Verordnungen Rom I und II). Außerdem ist eine EG-VO zum internationalen Unterhaltsrecht mit internationalprozessrechtlichen und kollisionsrechtlichen Bestimmungen in Vorbereitung. Vereinheitlichungsvorhaben zum Internationalen Eherecht (sog Rom III, auch zur intl Zuständigkeit, Grünbuch KOM (2005) 82 endg) und zum Internationalen Ehegüter- und Erbrecht (sog Rom IV, Grünbuch Erb- und Testamentsrecht v 1. 3. 2005 KOM (2005) 65 endg, dazu Lehmann, Internationale Reaktionen auf das Grünbuch zum Erb- und Terstamentsrecht, IPRax 2006, 204 ff), zu beidem vgl *Wagner* NJW 2004, 1836, sind beabsichtigt. Am 7. 7. 2006 ist im EU Parlament der Entwurf eines Berichts des Rechtsausschusses zum Erb- und Testamentsrecht vorgelegt worden, der außer einer Kollisionsrechtsvereinheitlichung auch ein einheitliches materielles und prozessuales Sachrecht zu einem Europäischen Erbschein vorsieht (2005/2148 [INI]). Der Europäische Rat **plant** die stufenweise **Gesamtvereinheitlichung des IPR** (sog Haager Programm, ABl EU C 53/1, 13v 3. 3. 2005) und hat mit der Kommission im Juni 2005 einen Aktionsplan zur Umsetzung beschlossen (ABl EU C 198v 12. 8. 2005, dazu *Wagner* IPRax 2005, 494; NJW 2005, 1754–1757).

19 Die bereits in Kraft befindlichen internationalrechtlichen EG-Verordnungen sind auf Grundlage des Art. 65 Buchst a EGV ergangen und betreffen, mit Ausnahme der EuInsVO, nicht das anwendbare Recht, sondern die internationale **Zuständigkeit** und die **Anerkennung und Vollstreckung** ausländischer Entscheidungen, nämlich EheVO, EuGVO und EuVTVO (dazu s.o. Rn 3 ff).

20 Der **EG-Vertrag** selbst enthält zwar keine Kollisionsnormen, ist aber nicht frei von Vorgaben für die nationalen Kollisionsrechte. Insofern kann eine offene oder versteckte Privilegierung von Inländern, wie sie etwa im unabdingbaren Vorrang der Inländerstellung in Normen wie Art. 5 Abs. 1 Satz 2 gesehen werden kann, gegen das Verbot der Diskriminierung von Unionsbürgern aus Gründen der Staatsangehörigkeit (Art. 12 EGV) verstoßen (EuGH IPRax 2004, 339m Aufs *Mörsdorf-Schulte* 315). Die Verwendung der Staatsangehörigkeit als Anknüpfungsmerkmal ist hierdurch aber gerade nicht ausgeschlossen (s auch EuGH FamRZ 2000, 83; *Sonnenberger* ZVglRWiss 1996, 15). Wenn der Eingriff gemeinschaftsrechtlich nicht gerechtfertigt ist, ist auch eine Verletzung einer der fünf Grundfreiheiten des EGV dadurch denkbar, dass Anknüpfungen mit Grenzübertritt zum Statutenwechsel zwingen (*Roth* RabelsZ 1991, 645; *Röthel* JZ 2003, 1027). Aus der Niederlassungsfreiheit nach Art. 43 und 48 EGV folgen Vorgaben für die Anknüpfung des Gesellschaftsstatuts (BGH NJW 2005, 1648; EuGH C-167/01 Inspire Art NJW 2003, 3331 C-208/00 Überseering NJW 2002, 3614; ausf Prütting/Wegen/Weinreich/*Brödermann/Wegen* vor Art. 27 Rn 26 ff, 30 ff).

3. IPR in Staatsverträgen

21 Ferner gibt es eine unübersichtliche Vielzahl multi- und bilateraler **Staatsverträge** (Abdruck der gebräuchlichsten bei *Jayme/Hausmann*, aaO), die kollisionsrechtliche Regelungen enthalten. Teilweise handelt es sich um Konventionen zur Kollisionsrechtsvereinheitlichung wie die von der Haager Konferenz für IPR vorbereiteten Übk. (Text und Ratifikations-Stand abrufbar unter www.hcch.net), teilweise um Freundschaftsverträge wie zB das deutsch-iranische Niederlassungsabkommen (RGBl 30 II 1006; 31 II 9; 55 II 829) oder der deutsch-amerikanische Freundschafts-, Handels- und Schifffahrtsvertrag (BGBl 1956 II 488, 763), die mehr oder weniger ausdrücklich das anwendbare Recht regeln (BGH BB 2003, 810; ZIP 2004, 1549; JZ 2005, 298 zum internationalen Gesellschaftsrecht im Ver-

hältnis zu den USA). Auch dem EFTA entnimmt der BGH inzwischen eine kollisionsrechtliche Aussage (BGH NJW 2005, 3351 zum internationalen Gesellschaftsrecht im Verhältnis zu den EFTA-Staaten; ausf s Prütting/Wegen/Weinreich/*Brödermann/Wegen* vor Art. 27 Rn 29 ff). Staatsvertragliche Kollisionsnormen können auch **in das EGBGB inkorporiert** sein, wie das bei Art. 18 (Haager Unterhaltsübereinkommen v 2. 10. 73), 26 (Haager Testamentsformübereinkommen v 5. 10. 61) oder 27 ff (EVÜ) der Fall ist (s u. Rn 23). Auch bei Inkorporierung in das EGBGB sind das Gebot **einheitlicher, staatsvertragsautonomer Auslegung** und somit insb auch die Rechtspraxis in den übrigen Vertragsstaaten zu beachten, was für Art. 27 ff etwa ausdr angeordnet ist in Art. 36. Nach den einzelnen Sachgebieten gegliederte tabellarische Übersichten über die jeweils einschlägigen autonomen, europäischen und staatsvertraglichen Kollisonsnormen finden sich bei MüKo/ *Sonnenberger* Einl IPR Rn 333 (unter Einschluss geplanter Rechtsakte) und Bamberger/ Roth/*Lorenz* Einl IPR Rn 96. Selbstverständlich sind auch staatsvertragliche Kollisionsnormen verfassungsgemäß auszulegen (BVerfG NJW 1999, 631) und im Falle ihrer Verfassungswidrigkeit nicht anzuwenden (BGH FamRZ 1987, 879; 1986,1200).

II. Hierarchie (Abs. 2)

1. Völkerrechtliche Vereinbarung (s. 1)

Staatsvertragliche Regelungen, die nicht nur, wie zB das EG-Übk über das auf Vertragliche 22 Schuldverhältnisse anzuwendende Recht, die Staaten zur Schaffung einer mehr oder weniger genau vorgegebenen Regelung verpflichten, sondern nach Transformation selbst unmittelbar Rechte und Pflichten für die Privatrechtssubjekte erzeugen, schaffen **unmittelbar anwendbares** innerstaatliches Recht. Dieses hat nach Abs. 2 Satz 1 Vorrang vor dem EGBGB. Soweit es sich nicht um allgemeine Normen des Völkerrechts handelt, ergibt sich der Vorrang nicht schon aus Art. 25 Satz 2 GG. Ob der Vorrang nach Abs. 2 Satz 1 auch gegenüber autonomem Kollisionsrecht außerhalb des EGBGB gilt, ist umstritten (dafür Erman/*Hohloch* Rn 9, dagegen unter Hinweis auf den Wortlaut des Art. 3 Abs. 2 EGBGB Palandt/*Heldrich* Rn 7).

Die **Konkurrenz mehrerer Staatsverträge** kann in diesen selbst geregelt sein (zB Art. 21 23 EVÜ) und richtet sich sonst nach allgemeinen Prinzipien: Es geht das speziellere Vertragswerk dem allgemeineren und sodann das jüngere dem älteren vor; sind bei nur einem der in Betracht kommenden Staatsverträge mehrere Staaten deren Recht vom Fall betroffen ist, Vertragspartei, so hat dieser Vorrang (Palandt/*Heldrich* Rn 9).

Die Aufnahme einer staatsvertraglichen Regelung in das autonome Recht (z.B. die **Inkor-** 24 **porierung** des Haager Testamentsform-übk. in Art. 26 EGBGB) ändert nichts an ihrem Vorrang.

2. Rechtsakte des EG (Satz 2)

Satz 2 hat wegen des schon aus europarechtlichen Gründen bestehenden Anwendungs- 25 vorrangs von Gemeinschaftsrecht vor autonomem Recht lediglich Hinweisfunktion (Palandt/*Heldrich* Rn 10). Erfasst wird nur unmittelbar anwendbares Europarecht, nicht aber EG-Richtlinien. Die zu ihrer Umsetzung ergangenen nationalen Vorschriften sind ohnehin, soweit wie möglich, am Wortlaut und Zweck der umgesetzten Richtlinie auszurichten (EUGH NJW 2000, 2572). Zweifelsfragen entscheidet in beiden Fällen der EuGH im Wege des Vorlageverfahrens (Vorabentscheidung nach Art. 234 EGV mit Modifikation in Art. 68 Abs. 1 EGV) letztlich kommt damit auch umgesetztem Richtlinienrecht Vorrang zu.

III. Intertemporales

Bei **Altfällen** ist zusätzlich eine intertemporale Prüfung erforderlich. Denn bis zur Errei- 26 chung der heutigen Fassung des EGBGB durch die grundlegende IPR-Reform von 1986

Art. 3 EGBGB | Allgemeine Verweisungsvorschriften

(BGBl I 1142) und die partiellen Reformen von 1997 (BGBl I 2942) und 1999 (BGBl I 1026) war die ges Regelung des deutschen internationalen Privatrechts äußerst lückenhaft und selbst grundlegende Fragen waren der Rechtsprechung selbst überlassen. Ob altes oder neues IPR gilt, ist allgemein in Art. 220 EGBGB geregelt. Für das Gebiet der ehemaligen Deutschen Demokratischen Republik hat sich außerdem mit dessen Beitritt zum Jahr 1990 eine umfassende Rechtsänderung ergeben, die auch das IPR betraf: Insoweit gilt die spezielle Überleitungsvorschrift des Art. 236 EGBGB. Auch das deutsch-deutsche interlokale Kollisionsrecht hat nach der Wiedervereinigung nur noch für Altfälle Bedeutung (dazu oben Rn 4; ausf Palandt/*Heldrich* Anh zu Art. 3; *ders* 64. Aufl 2005 Art. 236 Rn 4 f (in der 65. Aufl nur noch über www.palandt.beck.de im Palandt/Archiv, Teil II einsehbar).

D. Funktionsweise, Terminologie, Verweisungstechnik des IPR

I. Anwendung von IPR

27 Die Regeln des IPR sind **von Amts wegen** anzuwenden, nicht nur, wenn eine Partei sich darauf beruft (BGH NJW 2003, 2605, RIW 1999, 537, NJW 1996, 54). Offen bleiben kann die kollisionsrechtliche Entscheidung, wenn alle in Betracht kommenden Kollisionsnormen auf dasselbe Recht verweisen (BGH FamRZ 1987, 463) und wenn sämtliche möglicherweise anwendbaren Rechte zum selben Ergebnis führen, nach der Rspr nicht aber dann, wenn eines der in Betracht kommenden Rechte das deutsche Recht ist (BGH NJW 1996, 54 IPRspr 1991 Nr. 3, WM 1980, 1085; RGZ 71, 8, 10; OLG Frankfurt RIW 1985; da, aA zu Recht – denn Wahlfeststellung steht der Revisibilität tatsächlich nicht entgegen – MüKo/*Sonnenberger* Einl IPR Rn 634; *Kegel/Schurig*, § 15 I; *Schack*, Internationales Zivilverfahrensrecht, 3. Aufl 2002, Rn 948; Wahlfeststellung der Vorinstanz nicht gerügt durch BGH JR 2006, 340 mit zust. Aufsatz *Mörsdorf-Schulte*, eben da 309).

II. Verdrängung des IPR

28 Verdrängt wird das IPR, soweit **Einheitsprivatrecht** anwendbar ist (s.o. Rn 7)
29 Ebenso unabhängig von den Regeln des IPR kommen **Eingriffsnormen** zur Anwendung. Es sind dies Sachnormen mit »unbedingtem Anwendungswillen«, die einen öffentlich-rechtlichen Einschlag haben, als »international zwingend« bezeichnet werden und damit durchsetzungskräftiger sind als (intern) zwingende Normen in dem Sinne, dass sie sich nicht nur gegenüber privatautonome Regelungen der Parteien in Verträgen, sondern auch gegenüber Regelungen des Gesetzgebers in den Normen des IPR durchsetzen. Diese Eigenschaft kommt nur wenigen Normen von äußerster sozial- und wirtschaftspolitischer Bedeutung zu. Eingriffsnormen sind Regelungen des Wirtschaftsrechts, die nach ihrem Geltungswillen – vornehmlich als Veräußerungsverbote und Verfügungsbeschränkungen – in den Bereich des Vertragsstatuts hineinwirken (BGH NJW 1998, 2452, 2453). Eingriffsnormen der lex fori setzen sich stets durch. Das ist nicht auf den Bereich des Vertragsrechts beschränkt, Prütting/Wegen/Weinreich/*Remien* für diesen aber in Art. 34 ausdrücklich normiert. Ob und inwieweit **ausländische** Eingriffsnormen über ihre faktische Berücksichtigung hinaus unmittelbar als Recht zur Anwendung gelangen ist umstritten und wird, mit Ausnahme des Abkommens über den Internationalen Währungsfonds (BGBl 1952 II 637; dazu BGH NJW 1994, 390), überwiegend verneint (s Prütting/Wegen/Weinreich/*Remien* Art. 34 Rn 18 ff).

III. Struktur von Kollisionsnormen

30 Die Kollisionsnormen des Besonderen Teils des IPR (insbes Art. 7 – 46 EGBGB), die auch als Verweisungsnormen bezeichnet werden, weisen eine besondere Struktur auf, die idealtypisch verwirklicht ist bei den sog **allseitigen** Kollisionsnormen: Jede Kollisionsnorm (zB Art. 40, 27, 13, 25) ordnet einer abstrakt beschriebenen Klasse von Rechtsfragen,

dem sog Anknüpfungsgegenstand (zB Delikt, Vertrag, Form der Eheschließung, Erbschaft) mittels Benennung eines abstrakt beschriebenen »Anknüpfungspunktes« oder »Anknüpfungsmomentes« (zB Tatort, Rechtswahl, ausl Eheschließungsort, Staatsangehörigkeit) ergebnisoffen eine bestimmte Rechtsordnung zu. Nach dem betreffenden Rechtsgebiet wird der entsprechende Ausschnitt aus der berufenen Rechtsordnung dann als Delikts-, Vertrags-, Form- oder Erb**statut** bezeichnet.

Abweichend von diesem Idealtypus der sog allseitigen Kollisionsnorm gibt es auch **einseitige** Kollisionsnormen die nur regeln, wann deutsches Recht Anwendung findet (zB Art. 16 oder Art. 17a). Derartige unvollständigen Kollisionsnormen können – wie dies bei Art. 16 (*Kegel/Schurig* § 12 III: bedingte Verweisung), nicht aber etwa bei Art. 17a der Fall ist – von der Rechtsprechung durch analoge Anwendung zu allseitigen Kollisionsnormen ausgebaut werden, was aber seit der IPR-Reform von 1986 nur noch ausnahmsweise zulässig ist. Keinesfalls analogiefähig sind demgegenüber sog **Exklusivnormen** (*Kegel/Schurig* § 6 I 3; *Lüderitz* Rn 64). Dabei handelt es sich um Ausnahmevorschriften von allseitigen Kollisionsnormen zugunsten des eigenen Rechts. So soll Art. 13 Abs. 3 Satz 1 das Prinzip der obligatorischen Zivilehe unabhängig von dem sonst maßgeblichen Recht gewährleisten (*Looschelders* Vorbem zu Art. 3 – 6 Rn 5). Eine Exklusivnorm aus dem Bereich des Erbrechts ist Art. 25 Abs. 2 der nur die Erbfolge in inländisches unbewegliches Vermögen erleichtern soll (vgl *Junker*, IPR, Rn 580).

31

IV. Depeçage

Die Kollisionsnormen überantworten nicht einen Fall als ganzen einer bestimmten Rechtsordnung, sondern weisen jeweils einer bestimmten Rechtsfrage (Anknüpfungsgegenstand) eine bestimmte Rechtsordnung zu. Unterschiedliche Rechtsfragen eines einheitlichen Falles können mit unterschiedlichen Rechtsordnungen eng verbunden sein, was dazu führt, dass verschiedene Rechtsordnungen nebeneinander anwendbar sein können (»depeçage«, zu der daraus folgenden Anpassungsproblematik s.u. Rn 67). Je nach Zuschnitt des Anknüpfungsgegenstandes spricht man von Haupt- und **Teilfrage** bzw von Sonderanknüpfung. So ist die Geschäftsfähigkeit eine Teilfrage zur Hauptfrage der Wirksamkeit eines Schuldvertrages; denn gäbe es nicht die gesonderte Anknüpfung in Art. 7, so würde auch diese Frage mit unter Art. 27 mit seinem breiten Anknüpfungsgegenstand fallen; ähnlich regeln auch Art. 11 und 26 Teilfragen. Das für die Hauptfrage berufene Recht wird auch als Wirkungs- oder Geschäftsstatut oder lex causae bezeichnet. Der auf eine bestimmte Rechtsfrage anwendbare Ausschnitt der berufenen Rechtsordnung wird als **Statut** bezeichnet, dh auf deliktsrechtliche Fragen ist das Deliktsstatut anwendbar.

32

V. Qualifikation

Das Auffinden der anwendbaren Kollisionsnorm erfolgt durch Qualifikation der betreffenden Rechtsfrage. Mit der Qualifikation wird diese einem **Anknüpfungsgegenstand** zugeordnet. Es wird unter die passende Kollisionsnorm subsumiert. In einem ersten Schritt ist hierzu die Kollisionsnorm auszulegen, dh das von dem genannten Systembegriff (zB Geschäftsfähigkeit, Eheschließung, Unterhalt, Adoption, Erbrecht, Vertrag, Delikt) umfasste Bündel an Rechtsverhältnissen näher zu bestimmen. Da die Systembegriffe dem deutschen Sachrecht entlehnt sind (s auch oben Rn 15), ist hierfür zunächst die lex fori maßgeblich (BGH FamRZ 1996, 604; BGHZ 29, 139). Schon Institute des deutschen Rechts können aber bei der Einordnung Schwierigkeiten bereiten, zB § 1371 Abs. 1 BGB, der sich ebenso gut dem Ehegüterrecht und damit Art. 15 (so BGHZ 40, 32, 34 f; OLG Hamm IPRspr. 1995, Nr. 119; OLG Karlsruhe NJW 1990, 1421; LG Mosbach ZEV 1998, 489) wie dem Erbrecht und damit Art. 25 (*Raape*, IPR, S 336) zuordnen lässt; OLG Düsseldorf IPRspr. 1987 Nr. 105 wendet § 1371 Abs. 1 nur an, wenn sowohl Güterrechts- als auch Erbstatut deutsches Recht sind. Sind hierzulande **unbekannte Rechtsinstitute** (zB Morgengabe, Legitimation des islamischen Rechts, Trust) einzuordnen, so ist zunächst eine

33

Art. 3 EGBGB | Allgemeine Verweisungsvorschriften

Funktionsanalyse des ausländischen Rechtsinstituts im Kontext der fremden Rechtsordnung erforderlich. Vermittels der hierdurch möglichen Abstraktion lässt sich die ausländische Norm aus ihrem heimischen System herauslösen und fiktiv in unser System einfügen. Es sind also auslandsrechtliche Vorarbeiten und ein sich darauf stützender funktionaler Rechtsvergleich erforderlich. Maßgeblich bleibt die deutsche Systematik; die ausländische systematische Zuordnung ist (im Gegensatz zum sachlichen Gehalt der ausländischen Norm) irrelevant (BGH NJW 1960, 1720; RGZ 145, 126). Da jedes fremde Institut des Zivilrechts erfasst werden muss, sind die deutschen Kollisionsnormen weit auszulegen (BGHZ 47, 336) oder es ist eine Analogie zu entwickeln. Soweit mehrere in Betracht kommende Kollisionsnormen im Einzelfall zum selben Recht führen, kann die Qualifikationsfrage offen bleiben.

34 Bei staatsvertraglichen Kollisionsnormen sind Qualifikationsfragen – bei ebenfalls grdser Maßgeblichkeit der lex fori – im Interesse der einheitlichen Anwendung aufgrund von Entstehungsgeschichte und Zweck des Abkommen unter vergleichender Heranziehung der Rechtsordnungen der Vertragsstaaten zu beantworten (**autonome Qualifikation**, als Fall der autonomen Auslegung, zuletzterer s.o. Rn 21) (Palandt/*Heldrich* Einl vom Art. 3 Rn 28). Dies gilt auch bei den in das EGBGB inkorporierten staatsvertraglichen Normen, Art. 18, 26, 27 ff (Bamberger/Roth/*Lorenz* Einl IPR Rn 62).

VI. Anknüpfungspunkte/-momente

1. Abweichung von Anknüpfungspunkten

35 Die von den einzelnen Kollisionsnormen zum Anknüpfungspunkt erhobenen Umstände (Staatsangehörigkeit, gewöhnlicher Aufenthalt, Handlungsort, Belegenheitsort etc) konkretisieren in einer typisierenden Weise die engste Verbindung der im Anknüpfungsgegenstand zusammengefassten Rechtsfragen zu einer Rechtsordnung. Falls im Einzelfall aufgrund atypischer Umstände zu einem anderen als dem durch den Anknüpfungspunkt bezeichneten Recht eine wesentlich engere Verbindung besteht, lässt sich dies nur berücksichtigen, wenn eine sog **Ausweichklausel** dies gestattet, nämlich in den Fällen der Art. 28 Abs. 5, 30 Abs. 2, 41, 46. Ausweichklauseln ähneln teleologischen Reduktionen und sind daher und im Hinblick auf die Rechtssicherheit eng auszulegen (*Looschelders* Vorbem zu Art. 3 – 6 Rn 6)

36 Die gesetzlich festgelegten Anknüpfungspunkte sind grds nicht abdingbar. Anders als das private Sachrecht kennt das Kollisionsrecht keine umfassende Privatautonomie, sondern nur eine auf die ausdrücklich zugelassenen Rechtswahlmöglichkeiten beschränkte **Parteiautonomie**. Freie Rechtswahl ist möglich nach Art. 27 und 42, unter mehreren durch Anknüpfungspunkte vorgegebenen Rechten auswählen können die Betroffenen nach Art. 10 Abs. 2, Abs. 3, 14 Abs. 2, Abs. 3, 15 Abs. 2, 25 Abs. 2. Eine Option zugunsten eines sonst nicht anwendbaren Rechts bietet Art. 40 Abs. 1 Satz 2, 3; im Unterschied zur Rechtswahl erlaubt die Option die Festlegung des anwendbaren Rechts einseitig durch nur eine der Parteien.

2. Mehrzahl von Anknüpfungspunkten

37 Nennt eine Kollisionsnorm mehrere Anknüpfungspunkte, so stehen sie zueinander im Verhältnis der Subsidiarität (zB Art. 14 Abs. 1, »Kegelsche Leiter«), der Kumulativität (zB § 17 Abs. 3 Satz 1 Hs 2, 18 Abs. 3, 23 Abs. 1 sowie letztlich durch Koppelung zweier Statute auch Art. 13 Abs. 1 bei zweiseitigen Ehehindernissen) oder der Alternativität, bei der die Auswahl zwischen den verschiedenen Rechten idR wegen kollisionsrechtlich intendierter Begünstigung eines bestimmten Rechtserfolges nach dem Günstigkeitsprinzip erfolgt (zB Art. 11 Abs. 1, 19 Abs. 1, 26), letzteres wirft Probleme auf, wenn das begünstigte Ziel nur abstrakt beschrieben ist (Feststellung eines Vaters bei Art. 19) und mehrere der in Betracht kommenden Rechtsordnungen dieses auf unterschiedliche Weise erreichen (unterschied-

liche Personen als Vater, hierzu Prütting/Wegen/Weinreich/*Rausch* Art. 19 Rn 11 f). Eine Lösung lässt sich mit Mitteln der Anpassung (s.u. Rn 68) finden (*Looschelders* Vorbem zu Art. 3–6 Rn 22).

3. Wandelbarkeit/Statutenwechsel

Der Anknüpfungspunkt kann mittels Anknüpfungsperson, -grund und -zeitpunkt spezifiziert sein. So ist zB für die Adoption nach Art. 22 Abs. 1 anzuknüpfen an die Staatsangehörigkeit (Anknüpfungsgrund) des Annehmenden (Anknüpfungsperson) bei Annahme (Anknüpfungszeitpunkt). Art. 25 stellt auf den Zeitpunkt des Todes Art. 26 Abs. 1 auf den der Testamentserrichtung ab. Ist der Anknüpfungszeitpunkt nicht bestimmt, so ist grds von dessen »Wandelbarkeit« auszugehen, dh es gilt der Anknüpfungsgrund zu dem Zeitpunkt, zu dem die Rechtsfrage sich stellt bzw die maßgeblichen Tatsachen sich ereignen (zB Art. 10, 18 Abs. 1, 14 Abs. 1 Nr. 1, 43). Ob beim Schweigen der Kollisionsnorm zur Frage des Zeitpunktes ausnahmsweise von Unwandelbarkeit auszugehen ist (so OLG Hamm NJW 2005, 291 aA Palandt/*Heldrich* Art. 19 Rn 2), ist eine Frage der Auslegung der betreffenden Kollisionsnorm. Im Falle der Wandelbarkeit ändert sich mit Änderung des Anknüpfungspunktes ex nunc das anwendbare Recht (Statutenwechsel). 38

Unter dem ehemaligen Recht entstandene Rechtsverhältnisse werden von dem Statutenwechsel per se nicht beeinträchtigt (**wohlerworbene Rechte**), doch ist ggf eine **Transposition** ihrer Wirkungen in das neue Recht erforderlich, falls diesem die unter dem alten Recht entstandene Rechtsfolge unbekannt ist. Die Transponibilität hängt davon ab, inwieweit das betreffende neue Recht funktionsäquivalente Rechtsinstitute aufweist und die Ergebnisse der Transposition sachrechtlich dulden kann (ausl Mobiliarregisterpfandrecht lässt sich transportieren in deutsches Sicherungseigentum, ggf mit Verwertungsweise des Faustpfands BGH NJW 1991, 1415; BGHZ 39, 173). Ist eine Transposition nicht möglich, kann das Recht nicht ausgeübt werden, kann sich aber nach einem weiteren Statutenwechsel ggf wieder entfalten, weil dann ausschließlich das nunmehr geltende Recht über die Notwendigkeit und Möglichkeit einer Transposition befindet (ähnl *Looschelders* Vorbem zu Art. 3–6 Rn 26; *Pfeiffer* IPrax 2000, 273; aA *Kegel/Schurig* § 19 III). Zur Transposition bei Handeln unter falschem Recht s.u. Rn 58. 39 40

4. Auslegung

Auslegungsfragen in Bezug auf den Anknüpfungspunkt richten sich ebenso wie zum Anknüpfungsgegenstand primär nach deutschem Recht (zum gewöhnlichen Aufenthalt vgl Art. 5 Rn 28 ff). Eine Sonderstellung nehmen Vorfragen ein, hier insbes diejenige nach der Staatsangehörigkeit (dazu s.u. Rn 56). Für den Fall mehrfacher oder nicht festzustellender Staatsangehörigkeit sieht Art. 5 Regelungen vor (s.u. Art. 5 Rn 1 ff). Zwar kennt das IPR, anders als etwa das Internationale Zivilprozessrecht, keine Exterritorialität, sondern für ortsbezogene Anknüpfungen (zB Abschlussort, Tatort, Lageort) sind etwa auch Botschaften Staatsgebiet des Aufnahmestaates (BGHZ 82, 34, 44; Bamberger/Roth/*Lorenz* Einl IPR Rn 1), doch gibt es **staatsfreie Orte** wie die Hohe See oder eine Staatsgrenze, deren Handhabung als Anknüpfungspunkt Probleme bereitet. Für solche Fälle wird idR auf Ersatzanknüpfungen zurückgegriffen, etwa für den Tatort auf das Recht der Flagge (OLG Hamburg HRGZ 35 B 584) oder für den Belegenheitsort von Transportgut auf den Bestimmungsort oder den gewöhnlichen Aufenthalt des Veräußerers (vgl *Kegel/Schurig* § 1 IV2a). 41

5. Manipulation von Anknüpfungspunkten (Gesetzesumgehung, fraus legis)

Unter den Anknüpfungsmomenten, auf die das IPR zur Festlegung der anwendbaren Rechtsordnung zurückgreift, befinden sich ua leicht veränderliche Umstände wie der Vornahmeort eines Rechtsgeschäfts, der Lageort einer Sache oder der gewöhnliche Auf- 42

Art. 3 EGBGB | Allgemeine Verweisungsvorschriften

enthalt einer Person. Durch gezielte Veränderung dieser Umstände sind die Parteien in der Lage, Einfluss darauf zu nehmen, welches Recht anwendbar ist. Auch wenn eine solche Manipulation letztlich nicht iSd Gesetzgebers liegt, der in diesen Fällen gerade keine Rechtswahl eröffnet hat, hat er deren Möglichkeit bei Verwendung instabiler Anknüpfungskriterien idR hingenommen, so dass sie für sich genommen keine Einwendung der Gesetzesumgehung begründet. Selbst der zweckorientierte Wechsel der Staatsangehörigkeit ist kollisionsrechtlich beachtlich (BGH NJW 1971, 2124). Wo Manipulationen der Anknüpfungsmomente ausgeschlossen werden sollen, ist dies positivrechtlich geregelt, etwa durch das Haager Üb über die zivilrechtlichen Aspekte internationaler Kindesentführung (BGBl 1990 II 206), wonach die Wiederherstellung des gewöhnlichen Aufenthalts des Kindes verlangt werden kann.

VII. Umfang der Verweisung

1. Gesamt- und Sachnormverweisungen (Abs. 1 Satz 2)

43 Grds sind die Verweisungen des deutschen IPR als Gesamtverweisungen zu verstehen (Art. 4 Abs. 1 Satz 1, dort auch zum Begriff) und zu weiteren im Hinblick auf die Zielrechtsordnung zu beachtenden Besonderheiten, dh anzuwenden ist zunächst das IPR der berufenen Rechtsordnung. Die berufene Rechtsordnung ist in Bezug auf die betreffende Rechtsfrage umfassend anzuwenden: Im Falle einer Rechtsänderung entscheiden ihre intertemporalen Normen, ob altes oder neues ausländisches Recht anwendbar ist (*Kropholler*, IPR, § 28 Abs. 3), bei Mehrrechtsstaaten entscheidet nach Maßgabe des Art. 4 Abs. 3 ihr eigenes etwa vorhandenes nationales interlokales Recht, welches Partikularrecht anwendbar ist (s Art. 4 Rn 21). Sachnormverweisungen gibt es nur als Ausnahmen zum Prinzip der Gesamtverweisung: Es kommen dann ohne Befragung des fremden IPR gleich die fremden Sachnormen zur Anwendung (s Art. 4 Rn 1 ff, 9 ff). Der Gesetzgeber hat die Definition der Sachnormverweisung an den Anfang des Regelungskomplexes zum IPR gestellt, weil die Definition sich zur Verdeutlichung des Wesens des IPR eignet (vgl BT-Ds 10/504 und oben Rn 3). Aus diesem Grunde wurde sie mit der Einordnung in Art. 3 aus ihrem eigentlichen Regelungszusammenhang des Umfangs der Verweisung in Art. 4 herausgenommen (krit MüKo/*Sonnenberger* Rn 9; Soergel/*Kegel* Rn 4).

2. »Einzelstatut bricht Gesamtstatut« (Abs. 3)

44 Art. 3 Abs. 3, der 1986 den Art. 28 aF ablöste, ordnet eine bedingte Sonderanknüpfung für bestimmte Fragen des Internationalen Familien- und Erbrechts an. Trotz rechtspolitischer Kritik ist sie als geltendes Recht zu respektieren.

a) Gesamtstatut

45 In diesen Rechtsgebieten werden regelmäßig **ganze Vermögensmassen** einem Recht unterstellt, zB dem Güterrechtsstatut nach Art. 15, BGH NJW 1969, 369, oder dem Lebenspartnerschaftsstatut nach Art. 17b Abs. 1; die Vermögensverwaltung von Kindern untersteht dem Eltern-Kind-Statut nach Art. 21, der gesamte Nachlass dem Erbstatut nach Art. 25. Auf die Belegenheit der zu der Vermögensmasse gehörenden Gegenstände nimmt dieses »Gesamtstatut« keine Rücksicht.

46 Gesamtstatute in diesem Sinne gibt es zwar auch in anderen Rechtsgebieten, doch beschränkt Abs. 3 seinen Anwendungsbereich ausdrücklich auf Verweisungen des Familien- und Erbrechts. Er findet daher weder Anwendung auf das **Gesellschaftsstatut** – auch nicht in Fällen, in denen dieses letztlich das Erbrecht beeinflusst, weil es etwa Fragen wie die Besonderheiten der Erbfolge in Anteile an Personengesellschaften regelt (MüKo/*Sonnenberger*, Rn 36; Kegel/*Schurig* § 12 II 2b aa bbb; *Dörner* IPRax 2004, 520; Bamberger/Roth/*Lorenz* Rn 12; *Lüderitz* Rn 168 Fn 38; aA MüKo/*Birk* Art. 25 Rn 102, 198; Erman/*Hohloch* Rn 16) – noch auf den Ausgleich von **Versorgungsanwartschaften**, bei denen

Art. 17 Abs. 2 Satz 2 Nr. 2 als das speziellere Gesetz vorgeht (MüKo/*Sonnenberger* Rn 37; Palandt/*Heldrich* Rn 17; Bamberger/Roth/*Lorenz* Rn 12).

b) Einzelstatut
Eine Anwendung von Art. 3 Abs. 3 kommt in Betracht, soweit die Gesamtverweisung nicht zum Recht des Belegenheitsstaates führt (MüKo/*Sonnenberger* Rn 28). Art. 3 Abs. 3 macht dann im Wege einer »bedingten Verweisung« gewisse Zugeständnisse an das Recht des Belegenheitsstaates, weil nur in diesem Recht die Herrschaft über den Vermögensgegenstand ausgeübt werden kann und **internationaler Entscheidungseinklang** daher von besonderer Bedeutung ist (BT-Ds 10/504 36; BGHZ 131, 22, 29). Unter der Bedingung, dass das Belegenheitsrecht für die betreffenden Gegenstände **besondere** familien- oder erbrechtliche (MüKo/*Sonnenberger* Rn 27) **Vorschriften** vorsieht, sind statt des Gesamtstatuts diese Vorschriften als sog »Einzelstatut« anzuwenden. 47

c) besondere Vorschriften
Um »besondere« Vorschriften iS eines solchen Einzelstatuts handelt es sich aber nur dann, wenn der Belegenheitsstaat des betreffenden Vermögensgegenstandes gerade die Zusammenfassung der Vermögensgegenstände zu einer Einheit nicht anerkennt (Staudinger/*Dörner* Art. 25 Rn 522; *Junker* Rn 212), gewisse Vermögensgegenstände also aussondert und einem gegenüber dem sonst anwendbaren Familien- oder Erbrecht **besonderen Regime** unterwirft. Besondere Vorschriften sind zunächst sachrechtliche Vorschriften, die einzelne Vermögensgegenstände dem allgemeinen privaten Vermögensrecht entziehen und einer besonderen Ordnung unterwerfen, nach einer Ansicht nur dann, wenn dem wirtschafts- oder gesellschaftspolitische Erwägungen zugrunde liegen (BGHZ 50, 63, 64; MüKo/*Sonnenberger* Rn 21; *Kegel/Schurig* § 12 II 2b), nach zutreffender Ansicht auch dann, wenn hinter der besonderen Ordnung zugleich oder ausschließlich Nachlassregulierung im Privatinteresse, etwa zur Zusammenhaltung von Familiengut, steht, wie dies im common law gelegentlich noch der Fall ist (MüKo/*Sonnenberger* Rn 22 f; aA *Kegel/Schurig* § 12 II 2b). 48

In Deutschland wird mit Art. 3 Abs. 3 vor allem die Sonderbehandlung von Vermögen in Gestalt der – in den Gebieten der ehemaligen britischen Zone als partielles Bundesrecht geltenden (*Looschelders* Rn 27) – **HöfeO** gegen ein ausländisches Gesamtstatut durchgesetzt (BR-Ds 222/83 S 37; BT-Ds 10/504 S 37; BGH IPRspr 64/65 Nr. 171). Entsprechendes gilt für die landesrechtlichen **Anerbengesetze**, für die man sich zwar nicht auf den bundeskollisionsrechtlichen Art. 3 Abs. 3 stützen kann (Soergel/*Kegel* Rn 14 f), zumal sie ihre jeweiligen Anwendungsbereiche selbst definieren (MüKo/*Sonnenberger* Rn 32), wohl aber auf eine ungeschriebene landesrechtliche einseitige Kollisionsnorm (*Looschelders* Rn 27; Staudinger/*Dörner* Art. 25 Rn 548). Ebenfalls Art. 3 Abs. 3 unterliegen dürfte die **Sondererbfolge in bestehende Mietverhältnisse** gem §§ 563 ff BGB oder entsprechenden ausländischen Vorschriften (MüKo/*Birk* Art. 25 Rn 198; aA *Looschelders* Rn 29; Staudinger/*Dörner* Art. 25 Rn 550); denn der Wortlaut des Art. 3 Abs. 3 bietet keinen Anhaltspunkt dafür, dass es sich bei den besonderen Vorschriften zwingend um dingliche Rechte handeln müsse. 49

Unter »Vorschriften« versteht die hM nicht nur Sach-, sondern auch Kollisionsnormen, so dass etwa die ua in Frankreich, England und den USA vorkommende **kollisionsrechtliche Vermögensspaltung** erfasst ist (BR-Ds 222/83 S 3 f; BT-Ds 10/504 S 3 f; BGH FamRZ 1993, 1065; BayObLG FamRZ 1997, 287; OLG Celle IPRspr 2002, 287; MüKo/*Sonnenberger* Rn 24; *Lüderitz* Rn 168; aA *Kegel/Schurig* § 12 II 2b cc). Wenn das ausländische Internationale Erbrecht einen anderen Anknüpfungspunkt wählt als das deutsche, wenn etwa das dänische IPR generell an den letzten Wohnsitz anknüpft, ist damit noch keine »besondere Vorschrift« gegeben (MüKo/*Sonnenberger* Rn 25; *Looschelders* Rn 32; *Firsching* IPRax 1993, 169; aA BayObLG IPRax 1983, 187 ff), auch nicht, wenn ein Teil des Nachlasses ohne **Rücksicht auf seine Belegenheit** einem eigenen Erbstatut unterstellt wird, also nicht, wenn zB alle Mobilien dem letzten Wohnortrecht unterstehen (MüKo/*Sonnenberger* Rn 35; *Lüderitz* Rn 168; *Ebenroth/Eyles* IPRax 1998, 4), wohl aber wenn sie dem Recht des Belegen- 50 heitsortes unterstellt werden (MüKo/*Sonnenberger* Rn 35; Staudinger/*Dörner* Art. 25 Rn 538). Es reicht für das Eingreifen des Art. 3 Abs. 3 auch aus, wenn die »besondere« Anordnung der Anwendung des Belegenheitsrechts sich nur auf bestimmte Teilfragen bezieht, etwa auf den Eigentumsübergang und die Haftung im Erbfall oder die Behandlung erbenloser Nachlässe, wie das österreichische Recht dies für in Österreich liegende Nachlassgegenstände vorsieht (BayObLG IPRax 1983, 187 ff; MüKo/*Sonnenberger* Rn 25; Staudinger/*Hausmann* Rn 67; *Firsching* IPRax 1993, 187 ff; *Rauscher* IPRax 2003, 271 f).

d) Gegenstände

51 Unter »Gegenstände« iSd Art. 3 Abs. 3 sind bewegliche und unbewegliche Sachen sowie **unkörperliche Vermögensgüter** wie Forderungen, Immaterialgüterrechte und Miterbenanteile zu verstehen (BayObLG IPRax 2000, 309m zust Aufs *Andrae* 300 f; München WM 1987, 809; LG Traunstein IPR 1986 Nr. 111; MüKo/*Sonnenberger* Rn 35; *Looschelders* Rn 24). Wo diese Gegenstände belegen sind, ist nach deutschem Recht zu entscheiden (BayObLG IPRax 2000, 309m zust Aufs *Andrae* 300 f; KG IPRspr 35–44 Nr. 227; MüKo/*Sonnenberger* Rn 35).

e) Einschränkungen bzgl der Rechtsfolge

52 Art. 3 Abs. 3 bestimmt zur Rechtsfolge nur, welche Kollisionsnormen *nicht* anzuwenden sind (MüKo/*Sonnenberger* Rn 29). Welches Recht positiv auf die dem Gesamtstatut entzogenen Gegenstände anzuwenden sein soll, bleibt offen. Ausgehend vom Zweck des Entscheidungseinklangs (s.o. Rn 44) kann das nur das Recht sein, das Gerichte des Belegenheitsortes anwenden würden (*vHoffmann/Thorn* § 4 Rn 19; *Kegel/Schurig* § 12 II 2b; *Lüderitz* Rn 168). Aus diesem Grund kommen am Belegenheitsort geltende Sachnormen, auch wenn es sich um besondere Vorschriften iSd Abs. 3 handelt, **nur zur Anwendung, wenn das am Belegenheitsort geltende IPR sie im gegebenen Fall überhaupt zur Anwendung ruft**, wobei die betreffende IPR-Vorschrift in diesem Fall aber nicht ihrerseits eine »besondere Vorschrift« in diesem Sinne sein muss; wegen des besonderen Anwendungswillens der betreffenden Sachnorm wird es sich idR aber auch um eine Sonderanknüpfung handeln (vgl MüKo/*Sonnenberger* Rn 23 aE). IE kann es so über Art. 3 Abs. 3 zur Anwendung fremden Eingriffsrechts kommen, wobei das besondere fremde Eingriffsinteresse ungeprüft bleiben kann, weil Art. 3 Abs. 3 nicht dieses sondern nur überhaupt eine besondere Regelung voraussetzt.

53 Da die besonderen Vorschriften des Belegenheitsstatuts nur den Zweck haben, die eigenen Regeln durchzusetzen, ist ein **Renvoi** ausgeschlossen (*Looschelders* Rn 34), was auch bei bloß kollisionsrechtlicher Rechtsspaltung überzeugt, bei der die Teilverweisung zwar so auszuführen ist, wie das betreffende Recht sie versteht, es sich aber praktisch immer um eine Verweisung auf das Belegenheitsrecht handelt, die nur als Sachnormverweisung (dazu allg Art. 4 Rn 9 ff) denkbar ist. Wenn es über Art. 3 Abs. 3 zur kollisionsrechtlichen Nachlassspaltung kommt, kann wegen mangelnder Harmonie der anzuwendenden Rechte **Anpassung** (s.u. Rn 68) nötig sein (s.u. Art. 25 Rn 11)

VIII. Besonderheiten bei der Auslegung von Normen bei Auslandsbezug

1. Vorfragen

54 Nicht vom Umfang der Verweisung erfasst sind Vorfragen. Vorfragen iwS tauchen immer dann auf, wenn eine Norm die Rechtsfolge einer anderen Norm als Voraussetzung verwendet. Es handelt sich um Rechtsverhältnisse, zu denen inzidenter Feststellungen zu treffen sind, zB die Frage der wirksamen Ehe im Rahmen der Beurteilung des Ehegattenerbrechts nach § 1931 oder im Rahmen der Anknüpfung des Kindschaftsstatuts nach Art. 19 Abs. 1 Satz 3. Vorfragen gibt es sowohl im heimischen und fremden IPR als auch im heimischen und fremden Sachrecht. Im ersten dieser vier Fälle sprechen manche auch von »**Erstfragen**« (*vHoffmann/Thorn* § 6 Rn 47 ff; *Lüderitz* Rn 137; dagegen zB MüKo/

Sonnenberger Einl IPR Rn 550; Palandt/*Heldrich* Einl vom Art. 3 Rn 31 fasst auch den zweiten Fall unter »Erstfrage«). Stellen sich die Vorfragen im ausländischen Recht, so ist zu entscheiden, ob dessen IPR die Kollisionsnorm für die Anknüpfung der Vorfrage liefert (unselbständige Vorfragenanknüpfung) oder ob die Anknüpfung der Vorfrage nach dem Kollisionsrecht des Forumstaates zu beurteilen ist (selbständige Vorfragenanknüpfung). Stellt sich die Vorfrage im heimischen Recht, läuft beides auf dasselbe hinaus: Auf Erstfragen ist daher in jedem Fall das IPR des Forums anzuwenden.

Die **selbständige** Anknüpfung führt dazu, dass das betreffende Rechtsverhältnis vor deutschen Gerichten unabhängig davon, in welchem Zusammenhang es relevant wird bzw ob es als Haupt- oder Vorfrage auftaucht, stets gleich beurteilt wird; sie fördert daher den internen Entscheidungseinklang und wird idR bevorzugt (BGH NJW 1997, 2114; 81, 1900; BGHZ 43, 213, 218; BayObLG FamRZ 1997, 959; OLG Frankfurt ZV 2001, 493). Die **unselbständige** Anknüpfung fördert umgekehrt den internationalen Entscheidungseinklang zwischen den deutschen Gerichten und denjenigen des Staates des berufenen Rechts. Sie wird insb dann bevorzugt, wenn es um Vorfragen **staatsvertraglicher** Kollisionsnormen geht (OLG Karlsruhe FamRZ 2003, 956), aber auch dann, wenn international **hinkende** Statusverhältnisse (Wirksamkeit des Rechtsverhältnisses wie zB Ehe, Verwandtschaft, Name aus Sicht eines Staates, Unwirksamkeit des Rechtsverhältnisses aus Sicht eines anderen Staates) vermieden werden sollen und wenn der Durchsetzbarkeit im Ausland im Einzelfall besondere Bedeutung zukommt (Bamberger/Roth/*Lorenz* Einl IPR Rn 71). Nach einer Ansicht soll sie bei Vorfragen im ausländischen IPR die Regel sein (Palandt/*Heldrich* Einl vom Art. 3 Rn 31). Insgesamt gilt für die Entscheidung zwischen selbständiger oder unselbständiger Anknüpfung, dass Leitschnur die **Auslegung der Norm zur Hauptfrage** sein muss (Einzelfälle daher kommentiert unter den einzelnen Kollisionsnormen der Art. 7 ff), da es sich bei der Beurteilung von inzidenter sich stellenden Rechtsfragen letztlich um eine Auslegungsfrage handelt (MüKo/*Sonnenberger* Einl IPR Rn 553); dies kann sogar dazu führen, im Einzelfall von dem Vorliegen des in der Hauptnorm dem Begriff nach geforderten Rechtsinstituts ganz abzusehen und einen analogen Sachverhalt ausreichen zu lassen (so zB SozG Düsseldorf InfAuslR 1996, 127, 128 bei Doppelehe marokkanischen Rechts im Hinblick auf § 34 Abs. 1 SGB).

Kommt es auf die **Staatsangehörigkeit** einer Person an, so ist diese Vorfrage stets nach dem Recht des Staates, dessen Staatsangehörigkeit in Anspruch genommen wird, zu beurteilen (s Art. 5 Rn 5). Dass familienrechtliche Vorfragen bei der Beurteilung einer fremden Staatsangehörigkeit nach dortigem IPR angeknüpft werden, ist weniger eine Frage unselbständiger Anknüpfung (so aber zB Bamberger/Roth/*Lorenz* Einl IPR Rn 71) als eine Auswirkung dessen, dass es sich bei Staatsangehörigkeitsrecht um öffentliches Recht handelt (s. Art. 5 Rn 8).

2. Auslandssachverhalt

Auch bei der Subsumtion tatsächlicher Voraussetzungen der anzuwendenden Normen sind bei Fällen mit Auslandsberührung Besonderheiten zu beachten. Denn die Sachnormen einer jeden Rechtsordnung sind primär auf reine Inlandsfälle zugeschnitten (*Looschelders* Vorbem zu Art. 3–6 Rn 53). Insb im Zuge der Auslegung von Generalklauseln kann so auch eine **faktische Berücksichtigung ausländischer Vorschriften** bei der Anwendung inländischen Rechts erforderlich sein. So kann zB bei der Ausfüllung der Begriffe »gute Sitten«, oder »Treu und Glauben« eine entsprechende tatsächliche Beziehung zu einem – kollisionsrechtlich nicht anwendbaren – Recht dessen Heranziehung oder Berücksichtigung gleichsam als »local data« nach der sog Datumstheorie erforderlich machen (*vHoffmann/Thorn* § 1 Rn 129; Palandt/*Heldrich* Einl vom Art. 3, Rn 1).

Als besonderer Fall des Auslandssachverhalts lässt sich das **Handeln unter falschem Recht** auffassen, bei dem Rechtsgeschäfte unter kollisionsrechtlichem Irrtum in der Vorstellung getätigt werden, ein Recht sei anwendbar, das wirklich nicht anwendbar ist. Das tatsächlich anwendbare Recht entscheidet in diesen Fällen darüber, ob durch Auslegung oder Umdeutung dem rechtsgeschäftlichen Willen zur Wirkung verholfen werden kann (*Lüderitz* Rn 149). Hier können ähnliche Transpositionserwägungen anzustellen sein wie beim Statutenwechsel (s.o. Rn 40). Erfolgt der Abschluss des Rechtsgeschäfts in der Vorstellung, nicht mit rechtlicher Bedeutung zu handeln, sondern nur an Brauchtum teilzunehmen, so ist dies – im Rahmen der Anwendung des kollisionsrechtlich berufenen deutschen Sachrechts – bei der Feststellung des Rechtsbindungswillens zu würdigen (*Mörsdorf-Schulte* FamRBInt 2005, 72). Irrt ein Erblasser bei der Abfassung des Testaments über das Erbstatut, so dient das vermeintlich anwendbare Recht als Hilfsmittel zur ermittlung des Parteiwillens, soweit das tatsächlich anwendbare Recht, wie nach § 133 BGB, darauf abstellt (BGH Urt. v. 22. 3. 2006 – IV ZR 93/05).

3. Substitution

59   Einen besonderen Fall des Auslandssachverhalts spricht auch die Frage der Substitution an. Hier geht es nicht um schlichte, sondern um rechtlich angereicherte Tatsachen: Im Tatbestand der anzuwendenden Norm wird die Beachtung von Förmlichkeiten vorgeschrieben, etwa ein unter Mitwirkung öffentlicher Stellen (insbes Notar) ablaufendes rechtlich geregeltes Verfahren. Bei der Frage, inwieweit dieses Verfahren auch im Ausland unter Beteiligung entsprechender Stellen stattfinden kann, kommt es entscheidend auf die Gleichwertigkeit des ausländischen Rechtsvorgangs und der beteiligten Stellen an, die ihrerseits ein Aspekt der Auslegung der anzuwendenden Norm ist und sich damit insbes nach Sinn und Zweck der Anordnung der betreffenden Förmlichkeit richtet, weshalb etwa bei Beglaubigungen großzügiger verfahren werden kann als bei Beurkundungen. Ähnlich wie bei der Transposition (s.o. Rn 40) spielt auch hier die funktionale Rechtsvergleichung eines wichtige Rolle, allerdings werden nicht zivilrechtliche Institutionen, sondern eher dem öffentlichen Recht zuzuordnende Verfahrensvorschriften und Verfahrenspraxen verglichen. Hauptanwendungsfälle sind Auflassung und notarielle Beurkundung (dazu s Prütting/Wegen/Weinreich/*Mörsdorf-Schulte* Art. 11 Rn 20).

IX. Ausländisches Recht

1. Ermittlung fremden Rechts

a) Ermittlungspflicht

60   Nicht nur das IPR (s.o. Rn 27), sondern auch ein dadurch zur Anwendung berufenes ausländisches Recht ist von Amts wegen anzuwenden (BGH JR 2006, 340, 341/342). Da der deutsche Richter ausländisches Recht nicht kennen muss, muss er dessen Inhalt von Amts wegen ermitteln (§ 293 ZPO). Die Parteien trifft dabei eine Mitwirkungsobliegenheit (*Kindl* ZZP 111 (1998) 177, 192 mwN). Es handelt sich aber nicht um eine (prozessuale) Beweisführungslast (BGH JR 2006, 340; BGHZ 120, 334, 342); der Inhalt ausländischen Rechts ist nicht geständnisfähig und im Versäumnisverfahren nicht von § 331 Abs. 1 ZPO erfasst (OLG Koblenz IPRspr 2002 Nr. 1; Baumbach/Lauterbach/Albers/*Hartmann* § 293 ZPO Rn 13; Bamberger/Roth/*Lorenz* Einl IPR Rn 79). Übereinstimmenden **Parteivortrag** zum Inhalt ausländischen Rechts darf das Gericht nicht ohne weiteres als richtig zugrunde legen (BAG JZ 1979, 647; Bamberger/Roth/*Lorenz* Einl IPR Rn 79; Schack, Internationales Zivilverfahrensrecht, 3. Aufl 2002, Rn 626; aA BAG AWD 75, 521; OLG Celle RIW 1993, 587), jedoch kann der Umfang der Ermittlungspflicht durch den Vortrag beeinflusst, insb durch Unterlassung zumutbaren Vortrags gemindert werden (BGH JR 2006, 340; BGHZ 118, 151, 164). Neben den von den Parteien beigebrachten Nachweisen können nach § 293 Satz 2 ZPO sämtliche dem Gericht zugängliche Erkenntnisquellen (Freibeweis) benutzt werden (BGH NJW 1966, 296, 298); das Gericht ist zu ihrer Ausschöpfung verpflichtet (BGH NJW 1991, 1418). Als bekannt darf ausländisches Recht gelten, wenn eine Partei eine Auskunft des obersten Gerichts des betreffenden Staates vorlegt (BGH IPRspr 1994 Nr. 2).

Die Ausübung des richterlichen Ermessens hinsichtlich der Beweisaufnahme über das **61** fremde Recht ist – anders als dessen Inhalt (s.u. Rn 66) – **revisionsgerichtlich überprüfbar** (BGH IPRspr 1998 Nr. 3; NJW 1992, 2029).

b) Erkenntnisquellen

Die wichtigsten deutschsprachigen Hilfsmittel bei der Ermittlung fremden Rechts sind **62** die beiden vielbändigen **Quellensammlungen** *Bergmann/Ferid*, Internationales Ehe- und Kindschaftsrecht und *Ferid/Firsching/Dörner/Hausmann*, Internationales Erbrecht, je Losebl, sowie *vBar* Deliktsrecht in Europa, 1993, 1994; *vBar* Sachenrecht in Europa, 1999, 2000; *Kropholler/Krüger/Riering/Samtleben/Siehr*, Außereuropäische IPR-Gesetze, 1999; die fortlaufend erscheinenden Sammlungen »Die deutsche Rechtsprechung auf dem Gebiet des IPR« (IPRspr) und »Gutachten zum Internationalen Privatrecht« (IPG) sowie zahlr auslandsrechtliche Informationen passim insbes in den Großkomm Staudinger, Einzelbde zum EGBGB, 13./14. Bearb 2000 ff und Soergel, 12. Aufl 1996 Bd 10. Eine umfassende Bibliographie (Schrifttum, Rspr und Gutachten) bietet *vBar* Ausländisches Privat- und Privatverfahrensrecht in deutscher Sprache, 6.–Aufl 2006, jährl als CD-ROM, alle fünf Jahre als Buch, und eine ausführliche »Auswahl wichtiger Erkenntnismittel des ausländischen IPR« MüKo/*Sonnenberger* Einl IPR Rn 334. Ergiebig sind auch Internetrecherchen ausgehend von www.jura.uni-sb.de/internet/, weitere Internetadressen nennt IPRax 1998, 231 ff.

Nach dem Europäischen Abkommen v 7. 6.1968 betreffend **Auskünfte** über ausländisches **63** Recht (BGBl 1974 II 938; 75 II 300; 1987 II 58; AusfG BGBl 1974 I 1433; 1990 I 2847) werden gerichtliche Ersuchen um Auskunft über das Recht eines fremden Staates nach Einreichung bei der deutschen Vermittlungsstelle von einer zentralen Stelle jenes Staates beantwortet. Bevorzugt greifen deutsche Gerichte aber auf **Sachverständigengutachten** zurück, die Universitätsinstitute sowie das Max-Planck-Institut für Ausländisches und Internationales Privatrecht in Hamburg und weitere Sachverständige (Übersicht bei *Hetger* RIW 2003, 444 ff), für Notare das Deutsche Notarinstitut, erstatten.

c) Nichtermittelbarkeit

Da bei Nichtfeststellbarkeit des ausländischen Rechts ein non liquet ausscheidet (da- **64** zu s.o. Rn 60), ist ein **Ersatzrecht** heranzuziehen: Die Rechtsprechung greift grds auf deutsches Recht als lex fori zurück, insb, wenn starke Inlandsbeziehungen bestehen und die Beteiligten einer Anwendung deutschen Rechts nicht widersprechen (BGHZ 89, 387). Nur wenn die Anwendung deutschen Rechts äußerst unbefriedigend wäre, wird das nächstverwandte oder wahrscheinlich geltende Recht herangezogen (BGH NJW 1982, 1215; BGHZ 69, 387; KG FamRZ 2002, 166). Umgekehrt versucht das Schrifttum ganz überwiegend eine größtmögliche Annäherung an den unbekannten tatsächlichen Rechtszustand und greift auf deutsches Recht nur hilfsweise zurück (Palandt/*Heldrich* Einl vom EGBGB 3, Rn 36; *Kegel/Schurig* IPR § 15 V 2; Zöller/*Geimer* § 293 ZPO Rn 24 jeweils mwN). Hilfestellung bei der Ermittlung des **wahrscheinlichen Rechts** bieten verwandte Rechtsordnungen aus dem gleichen Rechtskreis. Mutterrechte lassen sich ohnehin als Indizien für den Inhalt der Tochterrechte heranziehen. Insb für familienrechtliche Ansprüche wird alternativ vorgeschlagen, auf die gesetzlich vorgesehene **Hilfsanknüpfung** im eigenen Kollisionsrecht zurückzugreifen bzw eine solche zu entwickeln (*vHoffmann/Thorn* § 3 Rn 145m Nachw; aA MüKo/*Sonnenberger* Einl IPR Rn 752; Bamberger/Roth/*Lorenz* Einl IPR Rn 84); die Verbindung zu der so bezeichneten Rechtsordnung sei nach den Wertungen unseres Kollisionsrechts enger als zur lex fori. Praktische Bedeutung kommt dem Ersatzrecht, im Hinblick auf die zeitliche Begrenztheit der Ermittlungsmöglichkeiten, vor allem im Verfahren des **einstweiligen Rechtsschutzes** zu (KG IPRax 1991, 60; OLG Düsseldorf FamRZ 74, 456).

2. Anwendung fremden Rechts

65 Wenn ein deutsches Gericht ausländisches Recht anwendet, muss es so entscheiden wie ein zum selben Zeitpunkt entscheidendes Gericht des fremden Landes (authentische Anwendung). Es hat sich dabei an die **ausländische Praxis und Lehre** zu halten (BGH, NJW 2003, 2685, NJW-RR 2002, 1359, NJW 1991, 1419, RIW 1982, 199 und 435, NJW 1976, 1581) und die ausländische Rechtsquellen-, Rechtsanzeichen- und Auslegungsgrundsätze zu beachten; bei Verweisung in ein fremdes Recht muss das Gericht die vertraute Methodik der Rechtsfindung im eigenen Recht ggf hinter sich lassen. Bei Fallgestaltungen, die die Gerichte des Staates, dessen Gericht anwendbar ist, bisher nicht entschieden haben, ist das ausländische Recht aus *dessen* Geist und System heraus fortzuentwickeln (zB AG Charlottenburg, IPRax 1983, 128). Die Vereinbarkeit ausländischer Normen mit der Verfassung des betreffenden Staates darf das deutsche Gericht nur prüfen, wenn auch dem ausländischen Gericht eine solche Prüfung gestattet ist (*Kegel/Schurig* § 15 III); ansonsten hat es von der Gültigkeit der zweifelhaften Norm auszugehen (BayObLG IPRspr 68/69 Nr. 106; Bamberger/Roth/*Lorenz* Einl IPR Rn 85).

66 Der Inhalt des ausländischen Rechts ist nach §§ 545 Abs. 1, 560 ZPO **nicht revisibel**, was de lege ferenda beachtlicher Kritik ausgesetzt ist (*Jansen/Michaels* ZZP 2003, 3). Im arbeitsgerichtlichen Verfahren (§ 73 Abs. 1 ArbGG; BAG RIW 75, 521) und in der FGG (OLG Köln WM 1988, 1749; LG Frankenthal Rpfleger 1981, 324) wird die Revisibilität demgegenüber bejaht. Revisionsgerichtlich überprüfbar ist aber stets die Ausübung des richterlichen Ermessens hinsichtlich der Beweisaufnahme über das fremde Recht (s.o. Rn 61).

X. Ergebniskorrekturen

67 Die unbesehene Anwendung ausländischen Rechts, gleicht einem »Sprung ins Dunkle« (*Raape* Deutsches IPR, I. Bd.,1938). Dieser kann im Einzelfall nicht nur dazu führen, dass das Ergebnis eines Falles mit Auslandsbezug nach Abschluss der kollisionsrechtlichen Prüfung so sehr von den privatrechtlichen Gerechtigkeitsvorstellungen der lex fori abweicht, dass es so letztlich doch nicht hingenommen werden kann (dazu s.u. Art. 6 Rn 1 ff), sondern auch dazu, dass mehrere Rechtsordnungen, die in einem Fall nach- oder nebeneinander anzuwenden sind, einander letztlich inhaltlich widersprechen (*Looschelders* Vorbem zu Art. 3 – 6 Rn 22, 58; Bamberger/Roth/*Lorenz* Einl IPR Rn 90). Die Ergebniskorrektur im Wege der Angleichung hat gegenüber derjenigen des ordre-public-Vorbehalts Vorrang (s Art. 6 Rn 1).

1. Anpassung (Angleichung)

68 Zu solchen Verwerfungen kann es kommen, (a) wenn ein Fall mehrere Rechtsfragen aufwirft, die unterschiedlich zu qualifizieren sind und unterschiedlichen Rechtsordnungen unterliegen (Depeçage ieS, s.o. Rn 32), (b) wenn Vor- und Hauptfrage unterschiedlichen Rechten unterliegen (s.o. Rn 55) oder (c) wenn ein Statutenwechsel zu einem Nacheinander unterschiedlicher Rechtsordnungen führt (s.o. Rn 38). Die Disharmonie der in diesen Situationen aufeinander treffenden Normen kann mehr oder weniger deutlich sein: Ein offener Widerspruch liegt etwa bei einander widersprechenden Kommorientenvermutungen in den Personalstatuten mehrerer Verstorbener vor (s Art. 9 Rn 10). Die meisten Wertungswidersprüche sind aber auf den ersten Blick weniger gut erkennbar; bereits ihre Feststellung setzt eine ansonsten bei der Fallbearbeitung ungewohnt weite Sicht auf die in Rede stehenden Rechtsordnungen insgesamt, jedenfalls über ihren kollisionsrechtlich berufenen Ausschnitt (dazu s.o. Rn 32) hinaus, voraus: Klassisches Beispiel ist hier die fehlende Abstimmung von Güter- und Erbstatut (s Art. 25 Rn 10), die dazu führt, dass der überlebende Ehegatten weniger (»Normenmangel«) oder mehr (»Normenhäufung«) erhält als *jede* der beteiligten Rechtsordnungen für sich betrachtet ihm im Ganzen zubilligen würde. Zu beachten ist dabei, dass dies nicht zu einer Überspielung der einzelnen, durch-

aus bewusst nur auf einen bestimmten Anknüpfungsgegenstand beschränkten Anknüpfungsentscheidungen führen darf (vgl MüKo/*Sonnenberger* Einl IPR Rn 605 f). Mit der Anpassung (Angleichung) wird in diesen Fällen lediglich eine durch die Anknüpfungsmechanismen des IPR zweckwidrig erzeugte Schieflage zurechtgerückt. Hierfür stehen die kollisionsrechtliche und die sachrechtliche Methode zur Verfügung (BGH DtZ 1993, 278; FamRZ 1986, 345, 347; BGHZ 56, 193, 196; BayObLG StaZ 1996, 41; OLG Köln FamRZ 1995, 1200, 1201; *Looschelders*, Die Anpassung im IPR, 1995, S 164 ff). Bei der ersteren wird der Verweisungsumfang einer der Kollisionsnormen zu Gunsten einer anderen teleologisch reduziert, bei der zweiten wird zwischen den zur Wahl stehenden Sachnormen interpoliert und eine an die grenzüberschreitende Situation angepasste neue Sachnorm geschaffen, was mit dem Vorgehen beim »Auslandssachverhalt« (s.o. Rn 57) verglichen worden ist (*Looschelders* Vorbem zu Art. 3 – 6 Rn 60). Die Entscheidung zwischen beiden Methoden muss aufgrund einer Interessenabwägung im Einzelfall getroffen werden, wobei die hM die kollisionsrechtliche Methode bevorzugt (Erman/*Hohloch* Einl Art. 3 Rn 46; *vHoffmann/Thorn* § 6 Rn 36 f; *Kropholler* § 34 IV 2d; *Lüderitz* Rn 198), während vermehrt die Auffassung vertreten wird, dass überwiegend (*Looschelders* Vorbem zu Art. 3 – 6 Rn 60 f) oder ausschließlich (MüKo/*Sonnenberger* Einl IPR Rn 605 ff; *Raape/Sturm* S 262) die sachrechtliche Methode anzuwenden sei, weil es sich bei der kollisionsrechtlichen Methode letztlich um eine Korrektur der Qualifikation (s.o. Rn 33) handele, die mit der Bestimmung der anwendbaren Rechte auch wertungsmäßig abgeschlossen sein sollte.

2. Ordre public

Führt im Einzelfall die Anwendung der vom IPR berufenen ausländischen Rechtsnormen zu einem Ergebnis, das mit wesentlichen Grundsätzen des deutschen Rechts, namentlich den Grundrechten, nicht vereinbar ist, so greift der Vorbehalt des ordre public ein, der in Art. 6 gesetzlich geregelt ist und eine Korrektur des Ergebnisses erforderlich macht (s Art. 6 Rn 1 ff). **69**

Art. 4 EGBGB
Rück- und Weiterverweisung; Rechtsspaltung

(1) Wird auf das Recht eines anderen Staates verwiesen, so ist auch dessen Internationales Privatrecht anzuwenden, sofern dies nicht dem Sinn der Verweisung widerspricht. Verweist das Recht des anderen Staates auf deutsches Recht zurück, so sind die deutschen Sachvorschriften anzuwenden.

(2) Soweit die Parteien das Recht eines Staates wählen können, können sie nur auf die Sachvorschriften verweisen.

(3) Wird auf das Recht eines Staates mit mehreren Teilrechtsordnungen verwiesen, ohne die maßgebende zu bezeichnen, so bestimmt das Recht dieses Staates, welche Teilrechtsordnung anzuwenden ist. Fehlt eine solche Regelung, so ist die Teilrechtsordnung anzuwenden, mit welcher der Sachverhalt am engsten verbunden ist.

Inhaltsverzeichnis

		Rn
A. Einführung		1
B. Gesamtverweisung		2 – 8
I. Als Grundsatz		2
II. Konsequenzen		3 – 8
1. Überblick		3
2. Verweisungsketten		4

		3. Abweichende Qualifikation im Ausland	5, 6
		4. Fehlen ausländischer Kollisionsnorm	7, 8
C.	Sachnormverweisung		9–18
	I.	Ausdrückliche Sachnormverweisungen	11
	II.	Sinn der Verweisung	12–15
	III.	Rechtswahl	16
	IV.	Staatsvertragliche Grundlage	17, 18
D.	Unteranknüpfung		19–25
	I.	Bei Vorhandensein eines Interlokalen oder Interpersonalen Rechts	
		1. Anknüpfung an einen Ort	20–22
		2. Anknüpfung an die Staatsangehörigkeit	23
	II.	Bei Fehlen Interlokalen oder Interpersonalen Rechts	24
	III.	Vorrangige Staatsvertragliche Regelung	25

A. Einführung

1   Art. 4 ist eine Hilfsnorm. Sie regelt Einzelheiten zum **Ziel der Verweisung**: Steht aufgrund der anwendbaren Kollisionsnorm fest, welches Staates Recht anzuwenden ist, so stellt sich die Frage, ob das betreffende Recht in seiner Gesamtheit oder ob nur ein bestimmter Ausschnitt anzuwenden ist. Zwar kommt von vornherein nur das Zivilrecht in Betracht (s.o. Art. 3 Rn 13). In Fällen mit Auslandsbezug hängt die materiellrechtliche Beantwortung einer zivilrechtlichen Frage aber, außer von den die Rechtsfrage selbst inhaltlich beantwortenden Sachnormen (zur Legaldefinition in Art. 3 Abs. 1 Satz 2, die systematisch besser in Art. 4 gepasst hätte, s Art. 3 Rn 1, 43) stets auch von kollisionsrechtlichen Regelungen ab. Daher ist grds auch innerhalb der Rechtsordnung, auf die verwiesen worden ist, das dortige IPR zu beachten, zumal ausländisches Recht so angewandt werden soll, wie es der Praxis im betreffenden Lande entspricht (s.o. Art. 3 Rn 64), die bei Fällen mit Auslandsbezug eben um eigenen IPR ausgeht. Diesem Anliegen des sog internationalen Entscheidungseinklangs entsprechend, ordnet Abs. 1 als Grundsatz die sog Gesamtverweisung an. Abs. 1 Satz 1 Hs 2 und Abs. 2 formulieren Ausnahmen, sog Sachnormverweisungen. Abs. 3 behandelt eine weitere mögliche kollisionsrechtliche Fragestellung in der Zielrechtsordnung: Besteht dort räumliche oder personale Rechtsspaltung, so stellt sich die Frage, nach welchen interlokalen oder interpersonalen Regeln die anwendbare Teilrechtsordnung zu ermitteln ist (sog Unteranknüpfung). Eine gegenüber Abs. 3 vorrangige spezielle Regelung für das internationale Vertragsrecht enthält Art. 35 Abs. 2.

B. Gesamtverweisung

I. Als Grundsatz

2   Verweist eine deutsche Kollisionsnorm auf ausländisches Recht, so liegt darin nach Abs. 1 Satz 1 stets eine auch das fremde IPR umfassende Gesamtverweisung, es sei denn, dass eine der von Art. 4 selbst genannten oder außerhalb der Norm vorzufindenden Ausnahmen (s.u. Rn 9 ff) vorliegt. Als Grund hierfür wird herkömmlich das Streben nach internationalem Entscheidungseinklang genannt, auch wenn dieser sich ohnehin letztlich kaum erreichen lässt, weil die meisten ausländischen Rechtsordnungen ihrerseits vom Grundsatz der Gesamtverweisung ausgehen und die Rechtsanwendung durch in- und ausländische Gerichte sich damit im Ergebnis häufig gerade nicht entspricht, sondern spiegelverkehrt zueinander verhält (s.u. Rn 4). Tragfähiger erscheint die Begründung, wonach es aus Sicht des deutschen Kollisionsrechts inkonsequent wäre, eine bestimmte Rechtsordnung zu berufen und damit den Schwerpunkt des Sachverhalts dort anzusiedeln, ohne zugleich dieser Rechtsordnung aufgrund deren größerer Sachnähe auch selbst eine gewisse Mitsprache bei der Bestimmung des räumlichen Schwerpunkts des Falles einzuräumen. Die dem IPR zugrunde liegende räumliche »Relativität der Gerechtigkeit« schlage

sich in der »Relativität der Anknüpfungsentscheidung« des eigenen IPR nieder (*Looschelders* Rn 5; *Lurger* ZfRV 1995, 178, 184).

II. Konsequenzen

1. Überblick

Eine Gesamtverweisung hat drei denkbare Konsequenzen: Entweder kommen die Kollisionsnormen der Zielrechtsordnung zu demselben Ergebnis wie die Ausgangsrechtsordnung, dass nämlich dieses Zielrecht anwendbar sei (sog **Annahme der Verweisung**), oder deren Kollisionsnormen kommen zu dem Ergebnis, dass die Ausgangsrechtsordnung (lex fori) selbst anwendbar sei (**Rückverweisung**/Renvoi), oder deren Kollisionsnormen kommen zu dem Ergebnis, eine bestimmte dritte Rechtsordnung sei anwendbar (**Weiterverweisung**). Ob im Rahmen der Anwendung ausländischen Kollisionsrechts auch **ausländische ordre-public-Klauseln** anzuwenden sind, ist umstritten (s Art. 6 Rn 3).

2. Verweisungsketten

Ob eine Weiterverweisung ihrerseits eine Gesamtverweisung ist, bleibt dem Grundsatz der authentischen Anwendung fremden Rechts (s.o. Art. 3 Rn 65) entsprechend, dem betreffenden Recht überlassen (BayObLG IPRspr 72, Nr. 128; LG Augsburg IPRspr 72 Nr. 89; LG Bochum IPRspr 58/59 Nr. 147; *vHoffmann/Thorn* § 6 Rn 104; *Kegel/Schurig* § 10 IV 3; *Looschelders* Rn 12; *vBar/Mankowski* I § 7 Rn 222 ff; *Soergel/Kegel* Rn 19; *Staudinger/Hausmann* Rn 55; aA RGZ 64, 389 ff, 394; AG Kaufbeuren IPRax 1984, 221; *Kropholler* § 24 II 4; *Staudinger/Dörner* Art. 25 Rn 641: stets Sachnormverweisung). So kann es zu einer Kette mehrerer anzuwendender Rechtsordnungen kommen. Für die **Rückverweisung** gilt im Prinzip nichts anderes, doch würde die ausländische Gesamtverweisung hier zu einem Zirkelschluss führen; dieser wird durch Abs. 1 Satz 2 pragmatisch an der Stelle unterbrochen, wo auf deutsches Recht verwiesen wird, weil die Gewähr für eine zügige und richtige Rechtsanwendung größer ist, wenn es sich um deutsches Recht handelt, in dem der deutsche Richter geschult ist (BT-Ds 10/504, 37; *Kegel/Schurig* § 10 III 3). Eine ähnliche Situation kann bei der Weiterverweisung entstehen, wenn die Kette der anzuwendenden Rechte in eine Schlaufe mündet, in der ein Recht auf das andere und dieses wiederum auf das eine verweist usw. Wo hier abzubrechen ist, ist umstritten. Handelt es sich bei dem Recht am Ausgangspunkt der Schlaufe um das deutsche Recht, ist wiederum Abs. 1 Satz 2 anzuwenden (MüKo/*Sonnenberger* Rn 36: direkte Anwendung; *Looschelders* Rn 13: Analogie). Erscheint ein anderes Recht zum zweiten Mal in der Kette, ist nach hM ebenfalls ein Abbruch geboten und dessen Sachrecht anzuwenden (Palandt/*Heldrich* Rn 3; Erman/*Hohloch* Rn 9; *Looschelders* Rn 13; Bamberger/Roth/*Lorenz* Rn 15; vorsichtig auch MüKo/*Sonnenberger* Rn 36; aA *vBar/Mankowski* I § 7 Rn 224).

3. Abweichende Qualifikation im Ausland

Da das fremde Recht so anzuwenden ist, wie der ausländische Richter es anwenden würde, ist bei einer Gesamtverweisung darauf zu achten, dass Unterschiede in der Qualifikation bestehen können. So werden Ansprüche wegen Verlöbnisbruchs in Frankreich deliktsrechtlich und in Deutschland familienrechtlich qualifiziert. Leben verlobte Franzosen in Deutschland und kommt es hier zu einem Verlöbnisbruch, so liegt aufgrund der deliktsrechtlichen Qualifikation eine Rückverweisung vor (Staudinger/*vBar/Mankowski* Anh Art. 13n 35 ff). Man spricht auch von »Renvoi kraft anderer Qualifikation«. Kein Fall der abweichenden Qualifikation liegt nach einer Ansicht vor, wenn das berufene Recht die Frage von vornherein völlig anders regelt, zB prozessual einstuft, wie angloamerikanische Jurisdiktionen dies mit Aufrechnung und Verjährung handhaben; denn dann sei der dortige Normenkomplex einschließlich seiner Kollisionsnormen wegen Fehlens funktioneller Kongruenz erst gar nicht von der deutschen Kollisionsnorm berufen (MüKo/*Sonnenberger* Rn 39 f; *Looschelders* Rn 10; Soergel/*Lüderitz* Anh Art. 10 Rn 124). Die überwiegende Meinung unterscheidet freilich nicht, sondern lässt auch hier eine Rückverweisung zu (*Kegel/Schurig* § 10VI; *Kropholler* § 24II1a; Soergel/*Kegel* Rn 13; Staudinger/*Hausmann* Rn 63). Aufgrund abweichender Qualifikation im Ausland kann es auch zu einer **Teilrückverweisung** kommen (MüKo/*Sonnenberger* Rn 65).

6 Von dieser Konstellation zu unterscheiden ist die sog **Qualifikations(rück)verweisung**: Es gibt Staaten, die bewegliches und unbewegliches Vermögen unterschiedlich anknüpfen und die Entscheidung darüber, ob es sich um bewegliches oder um unbewegliches Vermögen handelt, einem anderen Staat – idR dem Belegenheitsstaat – überlassen, also für die Qualifikation in ein anderes Recht verweisen. Dies ist bei der Anwendung des betreffenden Rechts zu beachten und kann für die Frage der Einordnung des Vermögens in die eine oder andere Kategorie je nach Belegenheit des Grundstücks zu einer Qualifikationsrück- oder -weiterverweisung führen, bei der es sich letztlich auch um eine Teilverweisung handelt (BGHZ 144, 251; 24, 352; LG Wiesbaden FamRZ 73, 657 f; MüKo/*Sonnenberger* Rn 59 ff; *vHoffmann/Thorn* § 6 Rn 17a; *Schurig* IPRax 1990, 389).

4. Fehlen ausländischer Kollisionsnorm

7 Es gibt Rechtsordnungen, die nicht für alle Fragen über Kollisionsnormen verfügen, sondern Rechtsanwendungsfragen letztlich nach dem Territorialitätsprinzip in der Weise lösen, dass bei internationaler Zuständigkeit der eigenen Gerichte stets eigenes Recht angewandt wird. Eine Gesamtverweisung lässt sich hier nur durchführen, wenn sich dem Recht dennoch Ansätze einer kollisionsrechtlichen Wertung für die zu beantwortende Sachfrage entnehmen lassen. Einzigen Ansatzpunkt hierfür bietet die Zuständigkeitsordnung. Abstrahiert man in der Weise, dass ein zuständiges Gericht, bei dem der Fall anhängig gemacht wird, sein eigenes Recht anzuwenden hat, lässt sich diese zu einer – wenn auch nur mit einem beschränkten Anwendungsbereich versehenen, aber doch auf im Forumstaat anhängige Fälle übertragbaren – Kollisionsnorm ausbauen. Da die aus einer Zuständigkeitsnorm entwickelte Kollisionsnorm nur auf das Recht am Ort des ersuchten Gerichts verweisen kann, kann man so zwar weder zu einer Annahme der Verweisung noch zu einer Weiterverweisung kommen, wohl aber zu einer Rückverweisung, die dann als **»versteckte« Rückverweisung** bezeichnet wird (OLG Hamburg FamRZ 2001, 916, 917; Staudinger/*Hausmann* Rn 72; Soergel/*Kegel* Rn 16; krit, auch auf die Anerkennungsfähigkeit abstellend MüKo/*Sonnenberger* Rn 50 ff). Diese ist dann zu bejahen, wenn die deutschen Gerichte Zuständigkeitsnorm des betreffenden US-Staates für die Entscheidung der betreffenden, idR familienrechtlichen, Frage ausschließlich zu ständig wären (KG NJW 1980, 535, 536; OLG Bamberg FamRZ 1979, 930) und nach hM auch bei konkurrierender Zuständigkeit (*Kegel/Schurig* § 10 VI; *Kropholler* § 25 III; *Rauscher* S 82 f; *Hay* IPRax 1988, 265, 268; aA MüKo/*Sonnenberger* Rn 52: das ausl Recht desavouiere in diesem Fall die deutsche Verweisung nicht), was überzeugt, da der Fall nur im Forumstaat anhängig ist und daher nur dort sämtliche Voraussetzungen einer versteckten Rückverweisung gegeben sind (ähnl *Looschelders* Rn 8 aE).

8 Lässt sich aus dem ausländischen Recht auch mit Hilfe solcher Erwägungen **keine kollisionsrechtliche Aussage** gewinnen, so erfolgt anstelle der Gesamt- eine Sachnormverweisung, weil jedenfalls zwischen lex fori und lex causae keine Anknüpfungsdifferenz festzustellen ist (MüKo/*Sonnenberger* Rn 71).

C. Sachnormverweisung

9 Im Falle einer Sachnormverweisung wird das IPR der Zielrechtsordnung von der Verweisung ausgenommen. Es gelangen nur deren Sachnormen zur Anwendung, dh die Internationalität des Falles wird insoweit bei ihrer Behandlung durch das anwendbare Recht ausgeblendet. Hiervon ist nach Art. 4 Abs. 1 und Abs. 2 nur ausnahmsweise aus-

zugehen. Ausdrückliche Ausnahmen finden sich im Besonderen Teil des IPR, zwei Ausnahmen werden in Art. 4 genannt, eine weitere Ausnahme ist allgemein anerkannt.
Verweist deutsches IPR **einseitig nur auf deutsches Recht** (zB Art. 9 Satz 2; 10 Abs. 2 **10**
Satz 1 Nr. 2, Abs. 3 Nr. 2; 13 Abs. 2, Abs. 3 Satz 1; 16; 17 Abs. 3 S 2; 18 Abs. 2, Abs. 5; 23 Satz 2; 24 Abs. 1 Satz 2; 25 Abs. 2), ist von vornherein nur eine Sachnormverweisung denkbar (Palandt/*Heldrich* Rn 5).

I. Ausdrückliche Sachnormverweisungen

Wann eine Sachnormverweisung anzunehmen ist, teilen manche Normen des Besonderen **11**
Teils **ausdrücklich** mit (zB Art. 12 Satz 1; 17b Abs. 1 Satz 1, 18 Abs. 1; 35 Abs. 1 – letzteres unstr für das objektive, aber str für das subjektive Vertragsstatut, s.u. Rn 16).

II. Sinn der Verweisung

Eine Sachnormverweisung findet weiter statt, wenn eine Gesamtverweisung dem Sinn der **12**
betreffenden Verweisung, dh der anwendbaren Kollisionsnorm des Besonderen Teils des IPR widerspricht (Abs. 1 Satz 1 Hs 2). Dies ist dies durch Auslegung zu ermitteln, bei der der Ausnahmecharakter der Sachnormverweisung zu beachten ist (BGH NJW 1987, 679, 681; Palandt/*Heldrich* Rn 6; Erman/*Hohloch* Rn 17; Soergel/*Kegel* Rn 21). Dass es jeweils um **sachliche Erfordernisse** des maßgebenden Rechts gehe, nimmt die hM etwa bei Art. 11, Art. 23 Satz 1 und Art. 26 an (Begr RegE BT-Ds 10/504, 35 und 38; *vHoffmann/Thorn* § 6 Rn 112; *Kropholler* § 24Ic; *Looschelders* Rn 15; aA *Kegel/Schurig* § 10 V).
Art. 11 und Art. 19 sind Beispiele für Normen, die auf **Begünstigung** bestimmter recht- **13**
licher Erfolge (Formwirksamkeit, Feststellung einer Vaterschaft) abzielen und bei denen man daher gestützt auf Abs. 1 Satz 1 Hs 2 die Entscheidung über den Umfang der Verweisung von einem Vergleich der unterschiedlichen, mittels Gesamt- oder Sachnormverweisung berufbaren Sachrechte abhängig machen kann (BT-Ds 10/5632, 39; OLG Nürnberg FamRZ 2005, 1697; OLG Stuttgart FamRZ 2001, 246; MüKo/*Sonnenberger* Rn 27; Erman/*Hohloch* Rn 17, 19; *Kegel/Schurig* § 10 V). Bei Art. 40 Abs. 1 Satz 2 dient die Alternativität nur bei noch der Begünstigung, so dass nur dieser Fall aufgrund der Sinnklausel als Sachnormverweisung anzusehen ist, während Art. 40 Abs. 1 Satz 1 und Abs. 2 heute der Grundregel des 4 Abs. 1 Satz 1 Hs 1 folgen (s auch Rn 16 aE; MüKo/*Junker* Art. 40 Rn 236 ff; *vBar/Mankowski* I § 7 Rn 230 f; *vHein* ZVglRWiss 99 (2000) 251, 260 ff; *Looschelders* VersR 1999, 1316, 1324; aA *Huber* JA 2000, 67, 73; *v Hoffmann* IPRax 1996, 1, 7).
Weiter würde es dem Sinn der Verweisung widersprechen, bei akzessorischen Anknüp- **14**
fungen von einer Gesamtverweisung auszugehen, wenn die **Akzessorietät** gewährleisten soll, dass verschiedene Fragen nach derselben Rechtsordnung zu beurteilen sind; dieses Ergebnis wäre gefährdet, wenn das Zielrecht über die seinerseits ggf unterschiedlichen Anknüpfungsnormen für die verschiedenen Fragen letztlich doch zu unterschiedlichen Rechtsordnungen führen würde (MüKo/*Sonnenberger* Rn 28; Palandt/*Heldrich* Rn 9; *Kropholler* § 24II2d; *Looschelders* Rn 24; *v Hoffmann/Thorn* § 6 Rn 114). Beispiel sind Art. 41 Abs. 2 Satz 2 Nr. 1, insbes der dort angeordnete Gleichlauf von Vertrags- und Deliktsstatut (Palandt/*Heldrich* Art. 41 Rn 2; *v Hein* ZVglRWiss 99 (2000) 251, 274, *Looschelders* VersR 1999, 1316, 1324), sowie Art. 38 Abs. 1, 39 Abs. 2, 40 Abs. 4, 44 und 45 Abs. 2. Nicht um einen eine Sachnormverweisung auslösenden Gleichlauf geht es bei den familienrechtlichen Verweisungen, die vielfach auf das sog Familienstatut des Art. 14 zurückgreifen (Palandt/*Heldrich* Rn 9).
Eine letzte Fallgruppe der Sinnklausel bilden nach einer beachtlichen Literaturansicht **15**
diejenigen Kollisionsnormen, die nicht schematisch nach festen Anknüpfungspunkten verweisen, sondern unmittelbar auf die **engste Verbindung** abstellen und damit einen optimierten kollisionsrechtlichen Gerechtigkeitsgehalt aufweisen, der nicht durch die Rücksicht auf fremde kollisionsrechtliche Wertungen konterkariert werden solle (Palandt/*Heldrich* Rn 8; Erman/*Hohloch* Rn 18; *Rauscher* S 77; *vHein* ZVglRWiss 99 (2000) 251, 275;

Art. 4 EGBGB | Rück- und Weiterverweisung; Rechtsspaltung

Staudinger/*Hausmann* Rn 97; *Rauscher* NJW 1988, 2151, 2154). Dies sei bei den Ausweichklauseln der Art. 41 und 46 (»wesentlich engere Verbindung«) der Fall – Art. 28 Abs. 5 ist ohnehin von Art. 35 Abs. 1 erfasst – sowie bei Normen wie zB Art. 14 Abs. 1 Nr. 3, die eine Hilfsanknüpfungen an die gemeinsame engste Verbindung vorsehen (Palandt/*Heldrich* Rn 8; Erman/*Hohloch* Rn 18). Hiergegen wird aber zutreffend eingewandt, dass es sich bei der Hilfsanknüpfung von vornherein schon nicht um eine optimale kollisionsrechtliche Beurteilung handeln kann (MüKo/*Sonnenberger* Rn 29; Bamberger/Roth/*Lorenz* Rn 8; *Kropholler* § 24 II 2a; vBar/*Mankowski* I § 7 Rn 227); aber auch wenn, wie bei den Ausweichklauseln, möglicherweise ein kollisionsrechtliches Optimum vorliegt, so berührt dies doch in keiner Weise den dem Prinzip der Gesamtverweisung zugrunde liegenden Gedanken der Einholung einer Stellungnahme des berufenen Rechts (s.o. Rn 2). Gerade wenn es sich hier aufgrund der besonderen kollisionsrechtlichen Einzelfallgerechtigkeit, die diese Klauseln ermöglichen, um das optimal passende Recht handelt, ist es sinnvoll, dieses auch nach den allgemeinen Grundsätzen in die kollisionsrechtliche Gesamtbeurteilung einzubeziehen (ähnl *Looschelders* Rn 27, 21; iE ebenso AG Leverkusen FamRZ 2003, 1484; AG Hannover FamRZ 2000, 1576).

III. Rechtswahl

16 Eine weitere Fallgruppe der Sachnormverweisung nennt Art. 4 Abs. 2: Eine Rechtswahl wird unmittelbar auf das Sachrecht der gewählten Rechtsordnung bezogen. Das wird sich idR bereits aus der Auslegung der Rechtswahlerklärungen ergeben; Bedeutung hat die Vorschrift dennoch, weil sie den Parteien darüber hinaus die Möglichkeit nimmt, freiwillig eine Gesamtverweisung zu vereinbaren (MüKo/*Sonnenberger* Rn 72; Palandt/*Heldrich* Rn 11; *Kegel/Schurig* § 10 V). Diese Beschränkung muss angesichts der Klarheit der Regelung sowohl dann gelten, wenn nur ein begrenzter Kreis an Rechten zur Wahl steht (zB Art. 10, 14 oder 15), als auch dann, wenn, wie im Falle der Art. 27 oder 42 völlig unbeschränkte Rechtswahl möglich ist (MüKo/*Sonnenberger* Rn 72 f; Palandt/*Heldrich* Rn 11 f; *vHein* ZVglRWiss 99 (2000) 101, 140; aA Erman/*Hohloch* Art. 42 Rn 4; *Freitag/Leible* ZVglRWiss 99 (2000) 101, 140 f).

IV. Staatsvertragliche Grundlage

17 Bei der dritten Fallgruppe von Sachnormverweisungen handelt es sich um staatsvertragliche Kollisionsnormen und solche, die eine staatsvertragliche Grundlage haben (MüKo/*Sonnenberger* Rn 66 ff; Palandt/*Heldrich* Rn 13; *Looschelders* Rn 30; Bamberger/Roth/*Lorenz* Rn 7). Denn Staatsverträge versuchen, das Problem der Unterschiedlichkeit der anwendbaren Normen durch Schaffung einheitlicher Anknüpfungselemente zu lösen. Die erreichte Harmonie würde durch Weiterverweisung wieder beseitigt. Dass diese Ausnahme vom Prinzip der Gesamtverweisung in Art. 4 nicht erwähnt ist, steht dem nicht entgegen; denn wegen ihres Vorrangs vor dem EGBGB (Art. 3 Abs. 2 Satz 1) gehen Regelungen aufgrund völkerrechtlicher Vereinbarungen diesem ohnehin vor.

18 Ein besonderes Augenmerk ist hier auf in das EGBGB **inkorporierte Normen** zu legen, die nicht mehr ohne weiteres als staatsvertragliche Normen (Art. 18 und 26) oder Normen staatsvertraglichen Ursprungs (Art. 27 ff, teilw Art. 11) zu erkennen sind.

D. Unteranknüpfung

19 Abs. 3 beschäftigt sich mit Zielrechtsordnungen, die **Mehrrechtsstaaten** sind. Staaten wie die USA, das Vereinigte Königreich, Kanada, Australien oder Spanien haben insgesamt oder auf bestimmte Rechtsgebiete bezogen mehrere örtlich gegeneinander abgegrenzte Zivilrechte. Indien, Pakistan, Israel und einige arabische und afrikanische Staaten kennen interpersonale Rechtsspaltung, bei der auf bestimmte Personengruppen je nach Religions- oder Stammeszugehörigkeit unterschiedliches Recht angewandt wird.

I. Bei Vorhandensein eines Interlokalen oder Interpersonalen Rechts

1. Anknüpfung an einen Ort

Welche Teilrechtsordnung des Zielrechts anzuwenden ist, regelt für das **internationale Vertragsrecht** der den Art. 4 Abs. 3 verdrängende Art. 35 Abs. 2. Danach sind die örtlichen Verweisungsnormen des deutschen Internationalen Vertragsrechts doppelfunktional in dem, Sinne, dass sie nicht nur den Staat bezeichnen, dessen Recht anzuwenden ist, sondern zugleich auch bei räumlicher Rechtsspaltung die anwendbare Teilrechtsordnung festlegen. 20

Nach einer Ansicht soll Art. 4 Abs. 3 ebenso zu verstehen sein. Dem Wortlaut lässt sich dies nicht ohne weiteres entnehmen. Doch wird die Passage »**ohne die maßgebende zu bezeichnen**« dahingehend ausgelegt, dass mit der Anknüpfung an einen örtlichen Anknüpfungspunkt bei interlokaler Rechtsspaltung die maßgebende Teilrechtsordnung in der Zielrechtsordnung gleich mit festgelegt, also iSd Abs. 3 »bezeichnet« ist (BT-Ds 10/504, 40; Palandt/*Heldrich* Rn 14; Erman/*Hohloch* Rn 22; *Kegel/Schurig* § 11II; *Looschelders* Rn 33; *Kropholler* § 29II2). Das fremde Interlokale Privatrecht würde damit bei örtlichen Anknüpfungen prinzipiell übergangen. Da dies ohne Not dem Prinzip der authentischen Anwendung ausländischen Rechts widerspricht und nicht vom Wortlaut der Vorschrift her erzwungen wird, ist dieses Vorgehen trotz des subjektiven Gesetzgeberwillens und seiner größeren Praktikabilität abzulehnen (MüKo/*Sonnenberger* Rn 99; vBar/*Mankowski* I § 4 Rn 154; *Spickhoff* JZ 1993, 336, 337; Staudinger/*Hausmann* Rn 324; *Rauscher* 87 f und IPRax, 87, 206, 209), solange ein Staat über ein nationales Interlokales Privatrecht verfügt und dieses nicht, wie in den USA mit 50 interlokalen Privatrechten, selbst gespalten ist. 21

Für den Fall einer **Gesamtverweisung auf das Recht eines Mehrrechtsstaates** ist der Meinungsstreit entschärft, weil über die Gesamtverweisung des Abs. 1 fremdes Kollisionsrecht jeglicher Art. berufen sein soll, sei es internationales, interlokales oder interpersonales usw (*Kegel/Schurig* § 11II; *Looschelders* Rn 34). 22

2. Anknüpfung an die Staatsangehörigkeit

Knüpft das deutsche Kollisionsrecht an die Staatsangehörigkeit an, so ist die vorrangige Heranziehung des ausländischen Interlokalen Privatrechts einhellige Ansicht. 23

II. Bei Fehlen Interlokalen oder Interpersonalen Rechts

Fehlt der Zielrechtsordnung, wie etwa den USA, ein einheitliches Interlokales oder Interpersonales Kollisionsrecht, was auch anhand der ausländischen Gerichtspraxis und ggf ergänzender Auslegung zu ermitteln ist (MüKo/*Sonnenberger* Rn 100; zur Ableitung eines US-amerikanischen interlokalen Kollisionsrechts aus den Zuständigkeitsregelungen Staudinger/*Hausmann* Rn 326), so ist stattdessen nach Abs. 3 Satz 2 die **engste Verbindung** maßgeblich. Diese bestimmt sich nach den Wertungen des deutschen Kollisionsrechts (MüKo/*Sonnenberger* Rn 100; Palandt/*Heldrich* Rn 14, Erman/*Hohloch* Rn 24; aA vHoffmann/*Thorn* § 6 Rn 10: wegen internationalen Entscheidungseinklangs primär Anknüpfungsgrundsätze des ausländischen Rechtskreises). Bei Differenzierung nach Religionszugehörigkeit oder ethnischer Zugehörigkeit kann der entsprechenden deutschen Kollisionsnorm immerhin entnommen werden, auf welches Anknüpfungssubjekt dafür abzustellen ist (MüKo/*Sonnenberger* Rn 110). Soweit sich dem deutschen IPR keine Wertung entnehmen lässt, muss hilfsweise auf die Kriterien des fremden Rechts zurückgegriffen werden (*Looschelders* Rn 37). 24

III. Vorrangige staatsvertragliche Regelung

25 Für die Form letztwilliger Verfügungen wird Art. 4 Abs. 3 durch die vorrangige staatsvertragliche Regelung in Art. 1 Abs. 2 Haager Üb über das auf die Form letztwilliger Verfügungen anzuwendende Recht v 5.10.1961 verdrängt, die iU zu Abs. 3 nicht auf die engste Verbindung des Sachverhalts, sondern des Erblassers zu einer der Teilrechtsordnungen abstellt.

Art. 5 EGBGB
Personalstatut

(1) Wird auf das Recht des Staates verwiesen, dem eine Person angehört, und gehört sie mehreren Staaten an, so ist das Recht desjenigen dieser Staaten anzuwenden, mit dem die Person am engsten verbunden ist, insbesondere durch ihren gewöhnlichen Aufenthalt oder durch den Verlauf ihres Lebens. Ist die Person auch Deutscher, so geht diese Rechtsstellung vor.

(2) Ist eine Person staatenlos oder kann ihre Staatsangehörigkeit nicht festgestellt werden, so ist das Recht des Staates anzuwenden, in dem sie ihren gewöhnlichen Aufenthalt oder, mangels eines solchen, ihren Aufenthalt hat.

(3) Wird auf das Recht des Staates verwiesen, in dem eine Person ihren Aufenthalt oder ihren gewöhnlichen Aufenthalt hat, und ändert eine nicht voll geschäftsfähige Person den Aufenthalt ohne den Willen des ges Vertreters, so führt diese Änderung allein nicht zur Anwendung eines anderen Rechts.

Inhaltsverzeichnis

	Rn
A. Einführung	1–4
I. Regelungsmaterie	1, 2
II. Begriffe	3, 4
B. Staatsangehörigkeit	5–33
I. Bestimmung der Staatsangehörigkeit	5–8
1. Recht des betreffenden Staates	5
2. Deutschland	6
3. Völkerrechtlich nicht anerkannte Staaten	7
4. Anknüpfung von Vorfragen	8
II. Nichtfeststellbarkeit der Staatsangehörigkeit	9, 10
III. Staatenlose und Flüchtlinge	11–18
1. Autonome Regelungen	11, 12
2. Vorrangige staatsvertragliche Regelungen	13–18
a) Die Staatsverträge und ihr Anwendungsbereich	13–15
b) Erweiterung des Anwendungsbereichs	16–18
IV. Mehrstaater	19–33
1. Deutsch-Ausländer	20–23
a) Regel	20
b) Ausnahmen	21–23
2. Mehrere ausländische Staatsangehörigkeiten	24, 25
3. Mehrstaatigkeit bei Staatsverträgen und im Verfahrensrecht	26, 27
C. Aufenthalt	28–33
I. Gewöhnlicher Aufenthalt	28–32
1. Definition	28–30
a) Objektive Festlegung	28
b) Subjektive Erwägungen	29
c) Eindeutigkeit	30

  2. Einzelfälle   31
  3. Wandelbarkeit   32
 II. Schlichter Aufenthalt   33

A. Einführung

I. Regelungsmaterie

Art. 5 ist eine Hilfsnorm für personenbezogene Anknüpfungen. Sie regelt Fragen, die im 1
Zusammenhang mit zwei Anknüpfungsmomenten auftreten können: In Abs. 1 und 2 geht
es um Einzelheiten zu einem der wichtigsten Anknüpfungspunkte des deutschen IPR, der
Staatsangehörigkeit. Abs. 1 behandelt die Fälle mehrfacher Staatsangehörigkeit und
Abs. 2 die Fälle fehlender oder nicht feststellbarer Staatsangehörigkeit.
Abs. 3 regelt Einzelheiten zu einem weiteren Anknüpfungspunkt, dem **gewöhnlichen** 2
Aufenthalt. Dieser ist nach Abs. 2 generell als Hilfsanknüpfung für die Staatsangehörigkeit vorgesehen. Daneben hat er auch eine eigenständige Bedeutung, da Vorschriften des
Besonderen Teils auf ihn als Hilfs- (zB 14 Abs. 1 Nr. 2) oder auch als Primäranknüpfung
(Art. 19 ff; 40 Abs. 2) zurückgreifen. Hilfsanknüpfung für den gewöhnlichen ist der
schlichte Aufenthalt (Abs. 2 Alt. 2).

II. Begriffe

Zusammengefasst wird all dies unter der amtlichen Überschrift »**Personalstatut**«. Mit 3
diesem Oberbegriff wird auf die Ratio des Abstellens auf die personenbezogenen
Anknüpfungsmomente hingewiesen, die in der Annahme liegt, dass die von dem
Rechtsverhältnis betroffene Person primär mit dem Recht ihrer Staatsangehörigkeit
und sekundär ihres gewöhnlichen Aufenthalts am engsten verbunden ist (*Looschelders*
Rn 2). Art. 5 stellt aber keine vor die Klammer gezogene Legaldefinition des Begriffs
»Personalstatut« dar, da die betreffenden Normen des Besonderen Teils den Begriff nicht
aufgreifen, sondern nur von »Staatsangehörigkeit« sprechen, auch wenn der dann gebotene Rückgriff auf Art. 5 dazu führen kann, dass letztlich gar nicht auf die Staatsangehörigkeit, sondern etwa auf den gewöhnlichen oder schlichten Aufenthalt abzustellen ist.
Das durch die Anknüpfung an die Staatsangehörigkeit berufene Recht wird kurz als 4
»**Heimatrecht**« bezeichnet, was nicht bedeutet, dass eine über die formale Staatsbürgerschaft hinausgehe Beziehung kultureller oder seelischer Art. bestehen müsste.

B. Staatsangehörigkeit

I. Bestimmung der Staatsangehörigkeit

1. Recht des betreffenden Staates

Da die Staatsangehörigkeit eine öffentlichrechtliche Zugehörigkeitsbeziehung zwischen 5
Person und Staat schafft (*Kegel/Schurig* § 9 II 2a), richtet sich ihre Bestimmung – auch aus
völkerrechtlichen Gründen (Staud/*Blumenwitz* Rn 45 ff; Bamberger/Roth/*Lorenz* Rn 2 zu
Art. 1 Abs. 1 New Yorker Staatenlosenübereinkommen) – nach dem Recht des Staates,
dessen Staatsangehörigkeit in Anspruch genommen wird (dazu auch Art. 3 Rn 56) für
Deutschland daher stets – etwa auch als Vorfrage einer nach Gesamtverweisung anzuwendenden ausländischen Kollisionsnorm – nach den in Rn 6 dargestellten Grundsätzen.
Entzieht oder verleiht ein Staat einer Person die Staatsangehörigkeit völkerrechtswidrig
aus politischen, religiösen oder rassischen Gründen, so ist dies für die kollisionsrechtliche
Anknüpfung unbeachtlich, es sei denn, das Festhalten an der entzogenen Staatsangehörigkeit läge nicht im Interesse des Betroffenen (*Looschelders* Rn 4).

2. Deutschland

6 Die Erwerbs- und Verlusttatbestände der deutschen Staatsangehörigkeit finden sich im StAG. Im gesamten Bürgerlichen Recht und damit auch im IPR stehen deutschen Staatsangehörigen aber die sog **Statusdeutschen** gleich (Art. 116 Abs. 1 GG; Art. 9 Abschn 2 Nr. 5 Satz 1 FamRÄndG), so dass auch diese als »Deutsche« iSd Kollisionsnormen, die an die Staatsangehörigkeit anknüpfen anzusehen sind (BGHZ 121, 305; OLG Hamm FamRZ 2001, 918, 919; Erman/*Hohloch* Rn 41). Statusdeutsche sind Flüchtlinge und Vertriebene deutscher Volkszugehörigkeit sowie deren Ehegatten und Abkömmlinge, die in dieser Eigenschaft im Gebiet des Deutschen Reiches nach dem Stand v 31. 12. 1937 Aufnahme gefunden haben, ohne die deutsche Staatsangehörigkeit zu besitzen (Art. 116 Abs. 1 GG). Die Gleichstellung tritt aber erst mit der Aufnahme der betreffenden Personen in das heutige Gebiet der Bundesrepublik Deutschland einschließlich der ehemaligen DDR ein; bis zu diesem Zeitpunkt gilt das bisherige Personalstatut; Art. 116 hat insoweit keine Rückwirkung (BGHZ 121, 305, 311 ff). Nach § 40a StAG haben die meisten Statusdeutschen zum 1. 8. 1999 ohnehin kraft Überleitung die deutsche Staatsangehörigkeit erworben; Spätaussiedler und deren nichtdeutsche Ehegatten und Abkömmlinge, die vor diesem Zeitpunkt keine Bescheinigung nach dem Bundesvertriebenengesetz erhalten haben, fallen zwar nach § 40 Satz 2 StAG nicht unter die Überleitungsregelung, doch können sie bei Nachholung der Bescheinigung nach § 7 StAG die deutsche Staatsangehörigkeit noch erwerben (*Fuchs* NJW 2000, 489, 490).

3. Völkerrechtlich nicht anerkannte Staaten

7 Da nach hM allein die faktischen Verhältnisse maßgeblich sind, spielt es keine Rolle, ob der Staat völkerrechtlich anerkannt ist oder nicht, solange nur mit Staatsgewalt, Staatsvolk und Staatsgebiet die konstitutiven Elemente eines Staates gegeben sind und dieser eine Rechtsordnung hat (MüKo/*Sonnenberger* Einl IPR Rn 718; *Lüderitz* Rn 108; dazu s.a. Art. 3 Rn 12). Ob insofern angesichts der von Israel und der PLO vereinbarten Aufenthaltsberechtigung in den Autonomiegebieten von einer eigenen palästinensischen Staatsangehörigkeit ausgegangen werden kann, ist umstritten (dafür *Looschelders* Rn 6; *Börner* IPRax 1997, 47, 51 f; dagegen Staudinger/*Sturm*/*Sturm* Einl IPR Rn 673 und wohl MüKo/*Sonnenberger* Einl IPR Rn 718). Lehnt man dies ab, so ist auf die ägyptische, israelische, jordanische oder syrische Staatsangehörigkeit des betreffenden Palästinensers abzustellen bzw bei Staatenlosigkeit nach Abs. 2 zu verfahren.

4. Anknüpfung von Vorfragen

8 Da es sich bei Fragen der Staatsangehörigkeit um öffentliches Recht handelt und wegen der besonderen Bedeutung des internationalen Entscheidungseinklangs im Hinblick auf das Passwesen sind Vorfragen wie Eheschließung, Kindschaft und Adoption nach dem IPR des betreffenden Staates zu beurteilen (Palandt/*Heldrich* Einl Art. 3 Rn 30; *Kegel/Schurig* § 9 II2a; Soergel/*Kegel* Rn 3).

II. Nichtfeststellbarkeit der Staatsangehörigkeit

9 Ob die Staatsangehörigkeit feststellbar ist oder nicht, hängt auch vom Umfang der Ermittlungspflicht ab. Wo der Untersuchungsgrundsatz gilt (zB §§ 616, 640 ZPO, 12 FGG) ist das Gericht nicht an die Feststellungen ausländischer Behörden gebunden (BGH IPRspr 77 Nr. 110; Palandt/*Heldrich* Rn 6). Zweifel lassen sich dann nicht durch ein **Wahrscheinlichkeitsurteil** (aA bei deutlich überwiegender Wahrscheinlichkeit *Kegel/Schurig* § 15 V 1b) oder ein Abstellen auf die frühere oder letzte feststellbare Staatsangehörigkeit überwinden (MüKo/*Sonnenberger* Rn 31), sondern der Betreffende ist nach Abs. 2 wie ein Staatenloser zu behandeln. Jedenfalls, wenn auch die hierfür von Abs. 2 genannten Anknüpfungs-

punkte nicht ermittelbar sind, lässt sich hilfsweise eine wahrscheinliche Staatsangehörigkeit heranziehen (*Kegel/Schurig* § 15 V 1 a.E.).

Umstritten ist, ob Abs. 2 zu reduzieren ist in der Weise, dass er auf einseitige Kollisionsnormen keine Anwendung findet, wenn es sich um **Exklusivnormen** (s.o. Art. 3 Rn 31) handelt. Die hM fordert eine Unterscheidung danach, ob Deutsche gerade wegen ihrer Staatsangehörigkeit begünstigt werden sollen oder ob es um »normale« kollisionsrechtliche Erwägungen geht (BGH IPRax 1985, 292 zu Art. 12 Flüchtlingskonvention; Palandt/ *Heldrich* Rn 9; Soergel/*Schurig* Art. 17 Rn 27), nimmt aber überwiegend, zB für Art. 17 Abs. 1 Satz 2 und 18 Abs. 5, das letztere an (OLG Köln FamRZ 1996, 946, 947; Palandt/ *Heldrich* Art. 17 Rn 9; Erman/*Hohloch* Art. 18 Rn 24) und verwehrt in Deutschland lebenden Staatenlosen nicht die Gleichstellung mit Deutschen (in diesem Sinne Großzügigkeit fordernd MüKo/*Sonnenberger* Rn 29). 10

III. Staatenlose und Flüchtlinge

1. Autonome Regelungen

Wie allgemein bei **Staatenlosen** zu verfahren ist, wenn die anwendbare Kollisionsnorm an die Staatsangehörigkeit anknüpft, regelt Abs. 2, wonach ersatzweise an den gewöhnlichen, sonst den schlichten Aufenthalt anzuknüpfen ist (dazu s.u. Rn 33; KG FamRZ 1996, 545, 546). Umstritten ist, was für den Fall gelten soll, dass eine staatenlose Person in dem maßgeblichen Zeitpunkt keinen gewöhnlichen oder schlichten Aufenthalt besitzt, weil sie sich etwa auf der Durchreise befindet: Hier könnte auf vergangene Aufenthalte abgestellt werden (Staudinger/*Blumenwitz* Rn 471). Eher überzeugt wegen der Willkürlichkeit der zeitlichen Verschiebung des Anknüpfungspunktes die Anwendung der lex fori (*Looschelders* Rn 31; *Raape/Sturm* S 131), die immerhin eine gewisse gesicherte Beziehung zum Fall hat und leicht feststellbar ist. 11

Da die Ersatzanknüpfung bei Staatenlosigkeit aber auch in einem internationalen Übereinkommen geregelt ist (s.u. Rn 13 ff), kommt nach Art. 3 Abs. 2 die autonome Regelung des Abs. 2 nur außerhalb dessen Anwendungsbereichs zum Zuge, was in der Praxis selten ist.

Für **Flüchtlinge** gibt es zwar keine allgemeine Vorschrift wie Abs. 2, aber einzelne deutsche Regelungen, die freilich nur selten zur Anwendung kommen: Wenn sie ihren Aufenthalt in der Bundesrepublik Deutschland haben (Art. 10 Buchst a) gilt das AHK-Gesetz 23 über die Rechtsverhältnisse verschleppter Personen und Flüchtlinge v 17. 3. 1950 (AHKABl 140) idF des Änderungsgesetzes v 1. 3. 1951 (AHKABl 808). Anknüpfungspunkt ist danach ebenfalls der gewöhnliche, sonst der schlichte Aufenthalt (Art. 1). Das Internationale Erbrecht ist vom Anwendungsbereich ausgenommen (Art. 2), so dass es insoweit beim Heimatrecht bleibt (*Raape/Sturm* S 147). Eine diesbzgl Regelung zum Schutz wohlerworbener Rechte bei Statutenwechsel enthält § 8 des Gesetzes über die Rechtsstellung heimatloser Ausländer im Bundesgebiet v 25. 4. 1951 (BGBl I 269). Auch diese Regelungen werden durch die folgenden staatsvertraglichen Regelungen verdrängt, soweit diese zeitlich und sachlich anwendbar sind (MüKo/*Sonnenberger* Anh II Art. 5 Rn 54). 12

2. Vorrangige staatsvertragliche Regelungen

a) Die Staatsverträge und ihr Anwendungsbereich

Die wichtigsten staatsvertraglichen Regelungen sind zum einen die Genfer **Flüchtlingskonvention** (Genfer UN-Übereinkommen über die Rechtsstellung der Flüchtlinge v 28. 7. 1951, BGBl 1953 II 560, mit Zusatzprotokoll v 31. 1. 1967, BGBl 1969 II 1294) und zum anderen die UN-**Staatenlosenkonvention** (UN-Üb über die Rechtsstellung der Staatenlosen v 28. 9. 1954, BGBl 1976 II 474). Während bei den Staatenlosen eine andere Anknüpfung unausweichlich ist, besitzen Flüchtlinge idR noch eine Staatsangehörigkeit; doch haben sie sich von dem betreffenden Staat abgewandt, so dass eine Anknüpfung 13

Art. 5 EGBGB | **Personalstatut**

materiell nicht mehr gerechtfertigt erscheint und daher auch hier eine Ersatzanknüpfung stattfinden muss.

Beide Abkommen knüpfen anstelle der Staatsangehörigkeit an den Wohnsitz an, bei den Flüchtlingen deshalb, weil sie an diesem mutmaßlich auch rechtlich nach einer neuen Heimat suchen. Die Definition des Wohnsitzbegriffes überlassen beide Konventionen dem jeweiligen Mitgliedstaat und in Deutschland wird darunter übereinstimmend der gewöhnliche Aufenthalt einschließlich der Hilfsanknüpfung an den schlichten Aufenthalt (*Looschelders* Rn 13) verstanden (BT-Ds 10/504 S 41; Palandt/*Heldrich* Rn 7 und 27; Erman/ *Hohloch* Rn 58 und 84; *Looschelders* Rn 20 und 36). Beide Konventionen sehen im Falle eines Statutenwechsels durch Aufenthaltswechsel auch einen Schutz wohlerworbener Rechte vor (Art. 12 Abs. 2 Flüchtlingskonvention; Art. 12 Abs. 2 Staatenlosenkonvention), was insb bei Eheschließungen relevant wird. Obwohl es sich um Staatsverträge handelt, ist nach umstrittener Ansicht grds von einer Gesamtverweisung auszugehen, weil die Konventionen keine eigenständigen Kollisionsnormen enthalten, sondern die Art. 12 Abs. 1 nur Hilfsnormen darstellen, denen nur die Funktion zukommen, den Anknüpfungspunkt »Staatsangehörigkeit« in den einzelnen Kollisionsnormen des Besonderen Teils der nationalen Kollisionsrechte einheitlich durch andere Anknüpfungspunkte zu ersetzen (Mü-Ko/*Sonnenberger* Anh I Art. 5 Rn 11; *Looschelders* Rn 15; Bamberger/Roth/*Lorenz* Rn 54; Soergel/*Kegel* Rn 32; aA Palandt/*Heldrich* Rn 2 iVm Rn 28; Erman/*Hohloch* Rn 16; Staudinger/*Blumenwitz* Rn 494). Bei der Flüchtlingskonvention sind Rück- und Weiterverweisung allerdings einhellig dann nach Art. 4 Abs. 1 Satz 1, 2. Hs nicht zu beachten, wenn das IPR des Aufenthaltsstaats auf die Staatsangehörigkeit abstellt; denn dies würde dem Zweck widersprechen, den Flüchtlingen die Lösung vom Heimatstaat zu ermöglichen (OLG Hamm IPRspr 1992 Nr. 144; 1991 Nr. 74; *Looschelders* Rn 21; Bamberger/Roth/*Lorenz* Rn 33). Entsprechend ist der Ausschluss des Renvoi auch bei Staatenlosen geboten, wenn das IPR des Aufenthaltsstaates an die frühere Staatsangehörigkeit des Betroffenen anknüpfen würde (*Looschelders* Rn 15).

Eine Abgrenzung zwischen den beiden Staatsverträgen ist wegen dieser Übereinstimmungen entbehrlich (*Looschelders* Rn 11; Bamberger/Roth/*Lorenz* Rn 53; Staudinger/*Blumenwitz* Rn 485). Im Hinblick auf den nachrangigen Art. 5 Abs. 2 ist jedoch der jeweilige Anwendungsbereich zu bestimmen:

14 Die **Flüchtlingskonvention** ist für die Bundesrepublik Deutschland am 24. 12. 1953 in Kraft getreten. Eine ausführliche Definition des Flüchtlingsbegriffs findet sich in Art. 1, wonach es insb um Menschen geht, die ihr Land aus Furcht vor Verfolgung verlassen haben oder jedenfalls nicht zurückkehren können. Das Übereinkommen ist anwendbar auf alle internationalen Flüchtlinge, mit Ausnahme derjenigen, die sich freiwillig wieder dem Schutz ihres Heimatstaates unterstellt oder eine neue Staatsangehörigkeit erworben haben; der palästinensischen Flüchtlinge, die unter der Obhut der UN-Relief and Works Agency for Palestine Refugees in the Near East stehen; der unter Art. 116 Abs. 1 GG fallenden volksdeutschen Flüchtlinge (s.o. Rn 6) und der Personen, gegen die der schwerwiegende Verdacht der Begehung bestimmter Verbrechen besteht (Art. 1 C–F).

15 Die **Staatenlosenkonvention** ist für die Bundesrepublik Deutschland am 24. 1. 1977 in Kraft getreten (BGBl 1977 II 235). Als loi uniforme setzt die Konvention nicht voraus, dass der Wohnsitz des Betroffenen in einem Vertragsstaat liegt. (MüKo/*Sonnenberger* Anh I Art. 5 Rn 8). Von ihrem Anwendungsbereich ausgenommen sind nach Art. 1 Abs. 2, ebenso wie bei der Flüchtlingskonvention, von der speziellen UN-Behörde betreute staatenlose Palästina-Flüchtlinge, staatenlose Volksdeutsche (Erman/*Hohloch* Rn 61; *Looschelders* Rn 12) und staatenlose Personen, die im schwerwiegenden Verdacht der Begehung eines Verbrechens stehen (Parallele s.o. Rn 13).

b) Erweiterung des Anwendungsbereichs

16 Über diesen autonomen Anwendungsbereich der Flüchtlingskonvention hinaus erklären nationale Regelungen sie auch auf weitere Personengruppen für anwendbar, die zwar

häufig, aber nicht immer auch die Flüchtlingsvoraussetzungen der Konvention erfüllen. So ist die Konvention nach § 2 Abs. 1 AsylVfG anwendbar auf **Asylberechtigte**, deren Asylantrag bereits stattgegeben worden ist (BGH FamRZ 1993, 47; Palandt/*Heldrich* Anh Art. 5 Rn 31) und nach § 3 AsylVfG auf sonstige **politisch Verfolgte**, die aufgrund einer unanfechtbaren Feststellung des Bundesamts oder eines Gerichts nach § 51 Abs. 1 AuslG nicht abgeschoben werden dürfen (*Looschelders* Rn 25). Während die hM für diese beiden Personengruppen, wie auch sonst bei der Flüchtlingskonvention, einen Rückgriff auf das Heimatrecht für ausgeschlossen hält (MüKo/*Sonnenberger* Art. 5 Anh II Rn 94; Erman/*Hohloch* Rn 94; *Looschelders* Rn 26; Soergel/*Kegel* Rn 97) gehen andere von der Geltung eines Günstigkeitsprinzips aus (OLG Düsseldorf StAZ 1989, 281, 282; Palandt/*Heldrich* Anh Art. 5 Rn 32; *Jayme* IPRax 1984, 114, 115).

Eine dritte Erweiterung des personellen Anwendungsbereichs der Flüchtlingskonvention erfolgt durch § 1 Abs. 1 des Gesetzes über Maßnahmen für die im Rahmen **humanitärer Hilfsaktionen** aufgenommenen Flüchtlinge v 22. 7. 1980 (BGBl I 1057). Erlischt die betreffende Rechtsstellung (für die aus humanitären Gründen Aufgenommenen etwa nach § 2a des genannten Gesetzes), so kommt es zu einem Statutenwechsel, wobei aber die nach dem Recht am »Wohnsitz« iSd gewöhnlichen Aufenthalts erworbenen Rechte nach allgemeinen kollisionsrechtlichen Grundsätzen ebenso wie bei einem Staatsangehörigkeitswechsel bestehen bleiben (*Looschelders* Rn 28; allg: Staudinger/*Blumenwitz* Rn 493).

IV. Mehrstaater

Mehrstaatigkeit entsteht durch das Zusammentreffen von ius-soli- und ius-sanguinis-Prinzip, durch die Ableitung der Staatsangehörigkeit von Eltern unterschiedlicher Staatsangehörigkeit usw. Um hier eine eindeutige Anknüpfung zu ermöglichen, ist zu entscheiden, welche der mehreren Staatsangehörigkeiten die für das Kollisionsrecht maßgebliche ist.

1. Deutsch-Ausländer

a) Regel

Ist eine der Staatsangehörigkeiten die **deutsche**, so ist grds nur auf diese abzuheben (Abs. 1 Satz 2; BGH FamRZ 1997, 1070, 1071), wobei auch hier der Deutschenbegriff des Art. 116 Abs. 1 GG gilt, Statusdeutsche (s.o. Rn 6) also mit umfasst sind (*Looschelders* Rn 23; Staudinger/*Blumenwitz* Rn 429). Hinter diesem starren, vielfach kritisierten (vgl nur v*Hoffmann/Thorn* § 5 Rn 22) Auswahlmechanismus stehen Interessen der Rechtssicherheit und der Erleichterung der standesamtlichen Praxis; geopfert werden hierfür Erwägungen der engsten Verbindung des Sachverhalts und der internationale Entscheidungseinklang. Die praktische Bedeutung der Vorschrift hat mit der wachsenden Anzahl deutscher Doppelstaater infolge der Reform des Staatsangehörigkeitsrechts von 1999 zugenommen.

b) Ausnahmen

Ausnahmen von der Regel des Vorrangs der Deutschenstellung normieren Art. 10 Abs. 2 und Abs. 3 für das **Namensstatut** und Art. 14 Abs. 2 für das **Ehewirkungsstatut**. Wo ohnehin gewählt wird, kann auch die Auswahl unter den mehreren Staatsangehörigkeiten dem oder den Betroffenen überlassen bleiben.

Soweit das **Güterrechtsstatut** wählbar ist (Art. 15 Abs. 2), ist dementsprechend nach der zutreffenden hM auch ohne ausdrückliche Erwähnung im Gesetzestext ebenfalls von der Unabhängigkeit der Wahlmöglichkeiten von Abs. 1 Satz 2 auszugehen (MüKo/*Siehr* Art. 15 Rn 28; Palandt/*Heldrich* Art. 15 Rn 22; Erman/*Hohloch* Art. 15 Rn 26; Reithmann/Martiny/*Hausmann* Rn 2743 m.w.N.; Bamberger/Roth/*Otte* Art. 15 Rn 21; Soergel/*Schurig* Rn 18; aA v*Hoffmann/Thorn* § 8 Rn 40 *Looschelders* Art. 15 Rn 35; Staudinger/*vBar/Mankowski* Art. 15 Rn 133 ff). Dasselbe muss für die Bestimmung des **Namensstatuts** nach dem Heimatrecht des Namensträgers (Art. 10 Abs. 1) gelten, das zwar nicht positiv gewählt werden muss, aber durch Wahl eines Heimatrechts der Eltern letztlich abgewählt

Art. 5 EGBGB | Personalstatut

werden kann, insb im EG-Kontext, wenn andernfalls durch die starre Anknüpfung europäischer Entscheidungseinklang unter Verletzung der Freizügigkeit verhindert würde (*Mörsdorf-Schulte* IPRax 2004, 323 zu EuGH ebenda 339 – Garcia Avello).

23 Aber auch, wo keine Wahlmöglichkeit eröffnet ist, wird angesichts der og Kritik (s Rn 19) eine **teleologische Reduktion** des Abs. 1 Satz 2 in Betracht gezogen, und zwar generell dann, wenn der Betroffene wesentlich engere Beziehungen zu seinem ausländischen Heimatstaat hat (*Benicke* IPRax 2000, 171, 179; aA *Looschelders* Rn 25) oder jedenfalls wenn jegliche **Verbindung zu Deutschland fehlt** (*Looschelders* Rn 25; *Mansel* Rn 272; aA OLG Hamm IPRspr 1993 Nr. 77; *Erman/Hohloch* Rn 6; *vHoffmann/Thorn* § 5 Rn 22 *Kegel/Schurig* § 13 II 5) oder generell bei **Alternativanknüpfungen**, um dem Begünstigungseffekt zur größtmöglichen Wirkung zu verhelfen (MüKo/*Sonnenberger* Rn 14; Palandt/*Heldrich* Rn 4; aA *Erman/Hohloch* Rn 7; *Looschelders* Rn 28; *Dethloff* JZ 1995, 70) oder wenn, wie bei in Deutschland geborenen Kindern ausländischer Eltern nach §§ 4 Abs. 3, 29 StAG, eine bloße »Staatsangehörigkeit auf Zeit« (immerhin für die prägenden ersten 23 Lebensjahre!) vorliegt (Palandt/*Heldrich* Rn 3; Bamberger/Roth/*Lorenz* Rn 8; dagegen zu Recht LG Karlsruhe StAZ 2001, 111; MüKo/*Sonnenberger* Rn 14; *Looschelders* Rn 26).

2. Mehrere ausländische Staatsangehörigkeiten

24 Die Auswahl zwischen mehreren ausländischen Staatsangehörigkeiten ist nach Abs. 1 Satz 1 nach der sog Effektivität zu treffen: Es kommt darauf an, mit welchem Staat die Person am engsten verbunden ist, wobei der Gesetzestext unter der zu berücksichtigenden Gesamtheit der **Umstände des Einzelfalles** (Bamberger/Roth/*Lorenz* Rn 6) als Indizien den gewöhnlichen Aufenthalt und den Lebensverlauf hervorhebt. Liegt der gewöhnliche Aufenthalt in einem der Heimatstaaten so wird dies idR den Ausschlag geben (BGHZ 75, 33, 39), nicht aber immer, etwa dann nicht, wenn der gewöhnliche Aufenthalt auf berufliche Gründe gestützt wird, die Familienbindung aber zum anderen Heimatstaat enger ist (MüKo/*Sonnenberger* Rn 5). Ob mit dem Verlauf des Lebens nur der bisherige Verlauf oder auch ein künftig geplanter Verlauf (so BR-Ds 222/83 41; BT-Ds 10/504 41; Palandt/*Heldrich* Rn 2; *Looschelders* Rn 21; aA *Dörner* StaAZ 1990, 1, 2) gemeint ist, ist umstritten. Jedenfalls muss die Entscheidung nach objektiven Kriterien erfolgen, um dem Betroffenen auf diesem Wege nicht letztlich eine von Abs. 1 Satz 1 nicht vorgesehene Rechtswahlmöglichkeit einzuräumen (MüKo/*Sonnenberger* Rn 6; *Mansel* Rn 180 ff; *Lüderitz* Rn 114). Subjektive Momente wie Heimatgefühl oder Rückkehrabsichten können aber zur Verstärkung der objektiven Momente herangezogen werden (*Mansel* IPRax 1985, 209, 211 f; *ders* Rn 218). Wichtige Indizien sind kulturelle Prägung und Sprache, berufliche und private Verbindungen einschl Beziehung zu einem Elternteil, Ausübung und Erfüllung staatsbürgerlicher Rechte wie des Wahlrechts und Pflichten wie der Wehrpflicht und der Steuerpflicht sowie ggf die Gründe für den jeweiligen Erwerb der Staatsangehörigkeit (München FamRZ 1994, 634; MüKo/*Sonnenberger* Rn 5; *Erman/Hohloch* Rn 4; *Looschelders* Rn 21; Bamberger/Roth/*Lorenz* Rn 6; *Dörner* StAZ 1990, 1, 2; *ders* HK Rn 5; *Mansel* IPRax 1985, 209, 211).

25 Lässt sich **nicht feststellen**, welche Staatsangehörigkeit die effektive ist, so ist analog Abs. 2 auf den gewöhnlichen Aufenthalt zurückzugreifen (OLG Frankfurt FamRZ 1994, 715, 716; MüKo/*Sonnenberger* Rn 6; *Looschelders* Rn 22; *Erman/Hohloch* Rn 5).

26 EG-Mehrstaaten können hinsichtlich des Namens und anderen Statusfragen zwischen ihren Staatsangehörigkeiten wählen, so dass Art. 5 Abs. 1 Satz 1 insoweit als abdingbar gelten muss (*Mörsdorf-Schulte* IPRAX 2004, 323 zu EUGH ebenda 339 – RS. Bracia Avello).

3. Mehrstaatigkeit bei Staatsverträgen und im Verfahrensrecht

27 Als Regel des autonomen IPR findet Art. 5 Abs. 1 keine Anwendung in Bezug auf **staatsvertragliche Kollisionsnormen**, im Hinblick auf die geringe rechtspolitische Zustimmung zu Satz 2, dessen Begünstigung der lex fori im Übrigen dem staatsvertraglichen Verein-

heitlichungszweck zuwiderlaufen würde (*Mansel* Rn 271, 482 ff), auch nicht analog (Mü-Ko/*Sonnenberger* Rn 12; Bamberger/Roth/*Lorenz* Rn 10; *vBar/Mankowski* § 7 Rn 120; aA Palandt/*Heldrich* Anh Art. 24 Rn 19; Erman/*Hohloch* Rn 8).

Da bei der **internationalen Zuständigkeit** konkurrierende Zuständigkeiten nicht von 28 vornherein ausgeschlossen sind, stellt sich hier bei Mehrstaatigkeit das Auswahlproblem der maßgeblichen Staatsangehörigkeit nicht in der beim Kollisionsrecht vorgefundenen Weise. Eine Zuständigkeit ist wegen des grdsen Gleichrangs aller Staatsangehörigkeiten im Internationalen Verfahrensrecht (*Looschelders* Rn 29) bereits dann gegeben, wenn eine der Staatsangehörigkeiten die deutsche ist (BayObLG FamRZ 1997, 959, 960; aA KG FamRZ 1998, 440: nicht wenn die ausländische die effektive ist). Wenn die internationale Zuständigkeit deutscher Gerichte und Behörden nicht mit der Erwägung verneint wird, die deutsche Staatsangehörigkeit des Betroffenen sei nicht effektiv (BGH FamRZ 1997, 1070, 1071; *Rauscher* S 51) lässt sich daher darin keine Anwendung des Abs. 1 Satz 2 sehen, zumal der BGH ausdrücklich auf verfassungsrechtliche Erwägungen abgestellt hat. Abs. 1 gilt grds nur für das Kollisionsrecht und nicht für das internationale Verfahrensrecht (BT-Ds 10/504 41; BGHZ 118, 312, 328; Palandt/*Heldrich* Rn 5; Erman/*Hohloch* Rn 9).

C. Aufenthalt

I. Gewöhnlicher Aufenthalt

1. Definition

a) Objektive Festlegung

Der gewöhnliche Aufenthalt setzt nicht wie das im anglo-amerikanischen Rechtskreis 29 beliebte Anknüpfungsmoment des »**domicile**« eine dauerhafte heimatliche Verbundenheit (OLG Hamm FamRZ 1992, 551, 552; Erman/*Hohloch* Rn 59; *Looschelders* Rn 15) mit dem betreffenden Ort voraus. Gewöhnlicher Aufenthalt ist vielmehr der Ort, an dem eine Person ihren **tatsächlichen** Daseinsmittelpunkt hat (BGH NJW 1993, 2047, 2048; 75, 1068; Z 78, 293, 295; Palandt/*Heldrich* Rn 10; Erman/*Hohloch* Rn 47). Das Dasein wird insb durch die Einbindung in Familie und Beruf bestimmt. Bei Auseinanderfallen von Wohnort und Arbeitsort gibt bei täglichen oder wöchentlichen Pendlern der Wohnort den Ausschlag, bei selteneren Heimaturlauben der Arbeitsort (*Looschelders* Rn 8; *Spickhoff* IPRax 195, 185). Gewöhnlich ist ein Aufenthalt ab ca 6 – 12 Monaten (BGHZ 78, 293, 294 f; Rostock IPRAX 2001, 588; Erman/*Hohloch* Rn 48).

b) Subjektive Erwägungen

Auch wenn ein rechtsgeschäftlicher Wille zu Begründung oder Beibehaltung des gewöhn- 30 lichen Aufenthalts nicht erforderlich ist (BGH NJW 1993, 2047, 2048), sind **subjektive** Elemente nicht ohne Bedeutung: so ist etwa sofort ein neuer gewöhnlicher Aufenthalt begründet, wenn ein Aufenthaltswechsel auf einen längeren Zeitraum angelegt ist (BGHZ 78, 293, 295); auch lässt die zeitweilige Entfernung den gewöhnlichen Aufenthalt unberührt, wenn Rückkehrwille besteht (BGH NJW 1993, 2047, 2048; 75, 1068). Ist der Aufenthalt durch Inhaftierung, Kriegsgefangenschaft oder Verschleppung erzwungen worden, so handelt es sich idR nicht um einen gewöhnlichen Aufenthalt iSd Art. 5 (OLG Koblenz FamRZ 1998, 756; OLG Köln FamRZ 1996, 946, 947; Palandt/*Heldrich* Rn 10; Staudinger/ *Blumenwitz* Rn 466; aA *Raape/Sturm* S 130).

c) Eindeutigkeit

Um als Anknüpfungspunkt für die kollisionsrechtliche Beurteilung brauchbar zu sein, 31 muss der gewöhnliche Aufenthalt eindeutig sein. Die Annahme eines doppelten gewöhnlichen Aufenthalts (so BayObLG 1996, 122; KG RamRZ 1987, 603; Soergel/*Kegel* Rn 49; *Spickhoff* IPRax 1995, 185, 189) ist daher nicht sachdienlich; der Schwerpunkt ist vielmehr eindeutig auszuermitteln (OLG Stuttgart FamRZ 2003, 959, *Kropholler* § 39 II 6a [1]). Selbst für ein Kind, das bei Trennung der Eltern einen Doppelwohnsitz erwirbt, soll ein eindeutiger Schwerpunkt der persönlichen Bindungen feststellbar sein (OLG Bremen FamRZ 1992, 962, 963), was indes nicht für alle Fälle überzeugt.

2. Einzelfälle

32 Auch **Asylbewerber** haben bei entsprechender Dauer des Aufenthalts ihren gewöhnlichen Aufenthalt in Deutschland, solange eine Abschiebung nicht konkret absehbar ist (OLG Koblenz FamRZ 1998, 536; OLG Bremen FamRZ 1992, 962, 963; OLG Nürnberg FamRZ 1989, 1304; *Spickhoff* IPRax 1990, 225), was aber nicht schon aufgrund einer Ablehnung des Asyalantrags der Fall ist (*Looschelders* Rn 10). Der gewöhnliche Aufenthalt von **Kindern** leitet sich – anders als der Wohnsitz nach § 11 – nicht von demjenigen der Eltern ab, sondern ist selbstständig zu ermitteln (BGH NJW 1981, 520; OLG Düsseldorf FamRZ 1999, 112; KG FamRZ 1998, 440, 441; OLG Bremen FamRZ 1992, 963; Palandt/*Heldrich* Rn 10). Abs. 3 schließt allerdings für den Sonderfall der Verlegung des gewöhnlichen Aufenthalts ohne den Willen des ges Vertreters die Wandelbarkeit aus, so dass grds nur der konsentierte gewöhnliche Aufenthalt relevant ist.

3. Wandelbarkeit

33 Mit dem Ausschluss der Wandelbarkeit bei Aufenthaltswechsel ohne den Willen des ges Vertreters zielt Abs. 3 nicht auf eigensinnige Kinder oder Volljährige unter Betreuung ab, sondern auf die internationale Kindesentführung durch den anderen Elternteil (BT-Ds 10/504 42), der durch Begründung eines anderen gewöhnlichen Aufenthalts auch eine veränderte Zuständigkeits- und kollisionsrechtliche Lage anstreben mag. Bei gemeinsamem Sorge- oder Aufenthaltsbestimmungsrecht ist Abs. 3 schon dann anwendbar, wenn der Aufenthalt des Kindes ohne den Willen auch nur eines Elternteils verändert wird (BT-Ds 10/504 S 42; Palandt/*Heldrich* Rn 11; *Looschelders* Rn 41). Abs. 3 flankiert die durch das Haager Üb über die zivilrechtlichen Aspekte internationaler Kindesentführung mögliche Rückführung des Kindes. Als Vorschrift des autonomen IPR findet Abs. 3 zwar nicht im Rahmen der praktisch besonders wichtigen Vorschriften der Art. 1 und 2 MSA und Art. 3 und 4 EheVO nF Anwendung, doch gelten dort richterrechtlich die gleichen Grundsätze (MüKo/*Sonnenberger* Rn 39). Abs. 3 schließt nicht völlig aus, dass an dem Ort, an dem sich die nicht vollgeschäftsfähige Person befindet, überhaupt ein kollisionsrechtlich relevanter Aufenthalt begründen ließe; nur die Aufenthaltsveränderung allein soll – entgegen den zu Abs.-1 geltenden Grundsätzen (s.o. Rn 29) – nicht ausreichen; erforderlich ist also eine fest und dauerhafte Bindung an die neue soziale Umwelt, die erst einmal entstehen muss (MüKo/*Sonnenberger* Rn 40; Bamberger/Roth/*Lorenz* Rn 15), wofür man in Anlehnung an das Kindesentführungsübereinkommen bei einem Aufenthalt von 6 Monaten bis zu 1 Jahr ausgehen kann (*Looschelders* Rn 43; Staudinger/*Blumenwitz* Rn 502). Geschäftsfähigkeit und ges Vertretungsmacht sind selbständig anzuknüpfende Vorfragen (BR-Ds 222/83 S 42; BT-Ds 10/504 S 42).

II. Schlichter Aufenthalt

34 Der schlichte Aufenthalt hat weder ein zeitliches Moment noch setzt er besondere Beziehungen zu dem Ort voraus, doch reichen ganze flüchtige Kontakte, wie etwa die bloße Durchreise, nach hM nicht aus (Erman/*Hohloch* Rn 57; *Looschelders* Rn 13; Staudinger/*Blumenwitz* Rn 468; Soergel/*Kegel* Rn 60; aA vBar/*Mankowski* I § 7 Rn 30). Ob der Fundort einer Leiche einen sicheren Schluss auf den letzten Aufenthalt des Verstorbenen zulässt, ist umstritten (dafür KG FamRZ 68, 489; Soergel/*Kegel* Rn 60; dagegen Erman/*Hohloch* Rn 57; *Looschelders* Rn 13) und dürfte richtigerweise von den Einzelfallumständen abhängen.

Art. 6 EGBGB
Öffentliche Ordnung (ordre public)

Eine Rechtsnorm eines anderen Staates ist nicht anzuwenden, wenn ihre Anwendung zu einem Ergebnis führt, das mit wesentlichen Grundsätzen des deutschen Rechts offensichtlich unvereinbar ist. Sie ist insb nicht anzuwenden, wenn die Anwendung mit den Grundrechten unvereinbar ist.

Inhaltsverzeichnis

	Rn
A. Einführung	1–8
I. Allgemeine und spezielle Vorbehaltsklauseln	1–4
II. Anwendungsbereich	5–8
B. Prüfungsmaßstab	9–13
I. Wesentliche Grundsätze des deutschen Rechts	9–12
1. Umfang	9–11
2. Zeitpunkt	12
II. insb die Grundrechte	13
C. Verstoß	14–17
I. Ergebnis als Prüfungsgegenstand	14
II. Inlandsbezug	15–17
D. Sanktion: Ergebniskorrektur	18
E. Beispiele	19–20
I. Kein Verstoß	19
II. Verstöße	20

A. Einführung

I. Allgemeine und spezielle Vorbehaltsklauseln

Art. 6 schreibt vor, dass die **Ergebnisse** von Auslandsrechtsanwendungen generell noch 1 einer letzten Überprüfung bedürfen. Diese Überprüfung erfolgt anhand des deutschen ordre public und findet erst nach Abschluss der kollisions- und sachrechtlichen Rechtsanwendung statt, die insb etwaige Notwendigkeiten einer Anpassung (dazu s.o. Art. 3 Rn 67) bereits einschließt (Saarbrücken OLGZ 65, 366; Palandt/*Heldrich* Rn 5; *Looschelders* Rn 12 – Vorrang der Anpassung). Maßstab sind die **wesentlichen Grundsätze** des deutschen Rechts, die sich insb in den Grundrechten niederschlagen. Die zunächst unbesehene Anwendung ausländischer Rechtsnormen erfolgt unter dem **Vorbehalt** der Vereinbarkeit des Verweisungsergebnisses mit der nicht nur intern, sondern international unverzichtbaren inländischen öffentlichen Ordnung, die als ordre public bezeichnet wird (*Niemeyer*, Das internationale Privatrecht des BGB, 1901, S 96; *Savigny*, System des heutigen Römischen Rechts Bd I–VIII, 1814–49, 2. Neudruck 1981, S 32). Art. 6 wird daher auch als »allgemeine Vorbehaltsklausel« bezeichnet. Er bildet das Korrektiv zu den internationalprivatrechtlichen Kollisionsnormen, die selbst nicht auf den materiellrechtlichen Inhalt des ausländischen Rechts blicken (MüKo/*Sonnenberger* Rn 2). Art. 6 soll verhindern, dass der deutsche Rechtsanwender, aus deutscher Sicht völlig unannehmbare Vorstellungen eines ausländischen Gesetzgebers im Wege ihrer Durchsetzung in Deutschland in soziale Realität umsetzen muss (*vBar/Mankowski* § 7 Rn 265 mwN). Diese Umsetzung ist umso untragbarer, je intensiver die **Inlandsbeziehung** des Falles ist (BGHZ 118, 312, 349; 28, 375, 385; MüKo/*Sonnenberger* 82 ff; Palandt/*Heldrich* Rn 6; Soergel/*Kegel* Rn 7; *vHoffmann/Thorn* § 6 Rn 152; *Kegel/Schurig* § 16III2b), was neben der Abweichung des Ergebnisses von deutschen Rechtsgrundsätzen die zweite wichtige Voraussetzung der ordre-public-Prüfung darstellt. Es ist bedauerlich, dass der Gesetzgeber versäumt hat, die zweite Voraussetzung ausdrücklich in den Tatbestand aufzunehmen. Die Wesentlichkeit der Grund-

Art. 6 EGBGB | Öffentliche Ordnung (ordre public)

sätze, die Erheblichkeit der Abweichung und das Ausmaß der Inlandsbeziehung stehen gleichsam in einem beweglichen System zueinander. Damit durch ein überstarkes **Korrektiv** nicht die, auf dem Axiom der Gleichwertigkeit aller Rechtsordnungen beruhende Idee des IPR ausgehöhlt wird, darf von der Verwerfung nach Art. 6 nur zurückhaltend Gebrauch gemacht werden. Darauf weist der Gesetzestext mit der Forderung »**offensichtlicher**« Unvereinbarkeit hin (Palandt/*Heldrich* Rn 4; *Looschelders* Rn 10, 17). Ein offensichtlicher Verstoß liegt vor, »wenn das Ergebnis der Anwendung in einer besonders schwerwiegenden Weise dem Sinn und Zweck der deutschen Regelung widerspricht« (BGHZ 50, 370, 375; 75, 32, 43, ähnl 104, 240, 243).

2 Das EGBGB kennt daneben eine Reihe **spezieller Vorbehaltsklauseln, die** gewisse Verstöße gegen den ordre public typisieren, indem sie idR zum einen den wesentlichen Grundsatz benennen und zum anderen festlegen und konkretisieren, wann eine ausreichende Inlandsbeziehung gegeben ist. Einen Rückgriff auf die allgemeine Vorbehaltsklausel des Art. 6 für ähnlich gelagerte Fälle schließen sie nicht aus (Palandt/*Heldrich* Rn 10, Erman/*Hohloch* Rn 10). Beispiele sind Art. 13 Abs. 2, Abs. 3 Satz 1, 17 Abs. 1 Satz 2, Abs. 2, Abs. 3 Satz 2, 17b Abs. 4 und 40 Abs. 3.

3 **Ausländische Vorbehaltsklauseln** werden im Rahmen einer Gesamtverweisung überwiegend für anwendbar gehalten (OLG Frankfurt IPRax 1991, 403; OLG Karlsruhe FamRZ 70, 251, 253; LG Hannover FamRZ 69, 668, 669 f; Palandt/*Heldrich* Rn 6; *Kegel/Schurig* § 10 VI; *Looschelders* Rn 14, *Raape/Sturm* S 220 f; aA Bamberger/Roth/*Lorenz* Rn 18; *K Müller* RabelsZ 36 (1972) 60, 68). Dies erscheint zwar im Hinblick auf den Gedanken des Vorbehalts und des internationalen Entscheidungseinklangs konsequent. Im Hinblick auf die Nähe des Eingreifens des Vorbehalts zur Tätigkeit des Gerichts als Staatsorgan, die ja nur bei dem tatsächlichen Forum, nicht aber dem hypothetisch mit dem Fall befassten ausländischen, ohnehin möglicherweise gar nicht zuständigen Gericht vorliegt, ist die Anwendung ausländischer Vorbehaltsklauseln indes entbehrlich und widerspricht auch dem Umstand, dass nach dem Gesetzestext nur das Ergebnis Gegenstand der Überprüfung ist, nicht aber die zu seiner Erzielung angewandten einzelnen Normen. Die genannte Ansicht korrigiert sich denn auch jedenfalls bei aus Sicht des berufenen Rechts ordre-public-widriger Rückverweisung, die sie idR dennoch annimmt (vgl MüKo/*Sonnenberger* Rn 74; *Looschelders* Rn 14), und indem sie weitere Reduktionen für erforderlich hält (MüKo/*Sonnenberger* Rn 75 f).

4 Abzugrenzen sind Vorbehaltsklauseln insb von sog **Eingriffsnormen**, dh zwingenden Vorschriften iSd Art. 34. Während letztere einzelne, besonders wichtige deutsche Regelungen entgegen der kollisionsrechtlichen Wertung positiv zur Anwendung bringen, wehren die ordre-public-Klauseln negativ ausländische Regelungen ab, die zu einem nach den Grundsätzen des deutschen Rechts schlechthin untragbaren Ergebnis führen.

II. Anwendungsbereich

5 Art. 6 gilt im Prinzip ebenso für das autonome (Begriff oben Art. 3 Rn 14) wie für das **staatsvertragliche IPR**, wobei Staatsverträge häufig eigene Regelungen zum ordre public enthalten, die dem Art. 6 vorgehen. IÜ muss durch Auslegung des betreffenden Staatsvertrages festgestellt werden, ob die Vertragsstaaten den Rückgriff auf die jeweiligen nationalen Vorbehaltsklauseln zulassen oder diese generell ausschließen wollten (Staudinger/*Blumenwitz* Rn 52 f). Auch im letzteren Falle dürfen allerdings die Grundrechte nicht verletzt werden (*Raape/Sturm* S 222).

6 Für die **Anerkennung ausländischer Entscheidungen** gilt nicht Art. 6, sondern die verfahrensrechtlichen Parallelvorschriften in den §§ 328 Abs. 1 Nr. 4 ZPO, 16a Nr. 4 FGG, 1059 Abs. 2 Nr. 2b iVm 1060 Satz 1 ZPO, Art. 34 Nr. 1 EuGVO, Art. 23 Buchst a EheVO nF, 27 Nr. 1 EuGVÜ und LugÜ, 102 Abs. 1 Nr. 2 EGInsO, Abs. 5 Abs. 2 UN-Übereinkommen über die Anerkennung und Vollstreckung ausländischer Schiedssprüche. Der anerkennungsrechtliche ordre public umfasst neben materiellrechtlichen Fragen, deren Beurteilung sich

grds an denselben Kriterien wie Art. 6 orientiert (BGHZ 140, 395, 397; 118, 312, 330), auch prozessrechtliche Normen, auf deren Grundlage die in Rede stehende Entscheidung zustandegekommen ist (BGH RIW 2000, 797; NJW 1990, 2201; Z 53, 357, 359; 48, 327, 332; *Looschelders* Rn 8 f; Staudinger/*Blumenwitz* Rn 83; *Kegel/Schurig* § 16 III 3), ist andererseits aber gegenüber dem materiellrechtlichen ordre public des Art. 6 insgesamt abgeschwächt.

Im Zusammenhang mit Art. 13 Abs. 1 HZÜ, wonach die Erledigung eines Zustellungsantrags abgelehnt werden kann, wenn der ersuchte Staat sie für geeignet hält, seine Hoheitsrechte oder seine Sicherheit zu gefährden, ist gelegentlich auch vom **zustellungsrechtlichen** ordre public die Rede (OLG Koblenz, IPRAX 2006, 25, 35/36). Die Prüfung ist hier noch weiter abgeschwächt (München NJW 1989, 3102, 3102 f): Es soll nicht der gesamte unverzichtbare Teil der eigenen Rechtsordnung, sondern nur deren innerster, politischer Kern geschützt werden (BVerfG NJW 1995, 649), ohne dass bisher hierfür eine klare Definition vorläge (OLG Frankfurt NJW-RR 2002, 357). Wegen der Grundrechtsbindung der um Zustellung ersuchten zentralen Behörde gehören dazu jedenfalls die Grundrechte (OLG Koblenz IPRAX 2006, 25, 35), der Verstoß gegen Völkerrecht (BVerfGE 63, 343, 371 f) und ggf auch die missbräuchliche Inanspruchnahme staatlicher Gerichte, um mit publizistischen Druck und dem Prozessrisiko einen Marktteilnehmen gefügig zu machen (BVerfGE 108, 238, 248, krit Huber Jayme – FS 04, Bd I S. 561, 568. Entsprechendes gilt für den Vorbehalt bei rechtshilfe für Beweiserhebungen im Ausland nach Art. 12 Ib HBÜ (OLG Koblenz IPRAX 2006, 25, 37). 7

Gegenüber den Rechten anderer **EU-Staaten** ist die ordre-public-Klausel ebenso anzuwenden wie gegenüber Drittstaaten; denn eine allgemeine Parallelität der Rechtspolitik ist innerhalb der EU nicht angestrebt (MüKo/*Sonnenberger* Rn 28 und 79; *Spickhoff* S 90). Umgekehrt kann der ordre public aber auch nicht als Vehikel genutzt werden, in mit der Umsetzung in Verzug befindlichen Mitgliedstaaten dem EG-Recht zur Geltung zu verhelfen; dieses verfügt über eigenständige Durchsetzungsmechanismen (MüKo/*Sonnenberger* Rn 79; Einl IPR Rn 222; zu EG-Recht als Bestandteil des deutschen ordre public aber s.u. Rn 10 f). 8

B. Prüfungsmaßstab

I. Wesentliche Grundsätze des deutschen Rechts

1. Umfang

Bei den »wesentlichen Grundsätzen des deutschen Rechts« handelt es sich um grundlegende Gerechtigkeitsvorstellungen, die den »**Kernbestand**« des inländischen Rechts bilden (BT-Ds 10/40504, 42; Erman/*Hohloch* Rn 11; *Looschelders* Rn 13). Dieser Kernbestand umfasst Grundsätze, die sich aus staatlicher Rechtssetzung ergeben (herkömmlich bezeichnet als »Zweck eines deutschen Gesetzes«) oder aus gesellschaftlichen Wertungen (herkömmlich bezeichnet als »gute Sitten«) (BT-Ds 10/504 S 43; BR-Ds 222/83 S 43 jeweils iVm Art. 30 aF; MüKo/*Sonnenberger* Rn 49). Letztere sind außerhalb des Rechts vorgefundene Wertmaßstäbe, wie sie auch von sachrechtlichen Generalklauseln wie § 138 BGB in Bezug genommen werden (MüKo/*Sonnenberger* Rn 49); als Abwehrgrundsätze gegen ausländisches Recht haben sie angesichts fortgeschrittener Verrechtlichung nur noch geringe praktische Bedeutung. Eine hohe »Grundwertehaltigkeit« kommt im allgemeinen Normen zu, die Ausdruck der Menschenwürde sind oder der Umsetzung der in den Grundrechten zum Ausdruck kommenden objektiven Wertungen oder von Zielen wie Kindeswohl (vgl OLG Hamm 13. 7. 2000 berichtet von *Thorn* IPRax 2002, 352), Minderjährigenschutz (VG Berlin IPRspr 2002 Nr. 69) oder allgemeinem Persönlichkeitsschutz (OLG Stuttgart IPRax 2002, 128m Aufs *Henrich* 118 f) dienen (MüKo/*Sonnenberger* Rn 62). 9

Art. 6 EGBGB | Öffentliche Ordnung (ordre public)

10 Ob die als unverzichtbar angesehenen Wertentscheidungen **nationalem, europäischem oder internationalem** Rechtsdenken entstammen, ist grds gleichgültig (MüKo/*Sonnenberger* Rn 58). Um Bestandteil des ordre public zu sein, müssen völkerrechtliche Grundprinzipien oder Wertungen aber – sei es über Art. 25, sei es kraft Transformation eines Staatsvertrages – als innerstaatliches Recht gelten; einen darüber hinausgehenden »internationalen« ordre public kennt das deutsche IPR nicht (*Looschelders* Rn 16).

11 Umstritten ist, ob EG-Richtlinien bereits vor ihrer Umsetzung zum ordre public gezählt werden können (dafür *Kropholler* § 36 IIIc, IV; dagegen zu Recht Palandt/*Heldrich* Rn 8; Erman/*Hohloch* Rn 23, *Looschelders* Rn 15). Verstieße die Durchsetzung der Wertung des deutschen Rechts gegen **Prinzipien des EG-Rechts**, so kann das nationale Recht insoweit nicht zum ordre public gezählt werden (BGHZ 123, 268, 279 zu Art. 27 EuGVÜ). Denkbar ist eine Anreicherung des deutschen ordre public aufgrund des EG-rechtlichen Kontextes bestimmter Grundsätze in dem Sinne, dass diese an Wesentlichkeit (s.o. Rn 9) gewinnen dadurch, dass sie gemeinschaftsrechtlich vorgegeben sind und ihre Beachtung damit eine zusätzliche, integrationsbezogene Dimension erhält.

2. Zeitpunkt

12 Die wesentlichen Grundsätze des deutschen Rechts sind wandelbar und können sich auch bei unveränderter Gesetzeslage durch Veränderung der Gewichtung ändern. Für Art. 6 sind die zum **Zeitpunkt der Entscheidung** maßgebenden Grundsätze heranzuziehen (BGH IPRax 1990, 55; 1992, 380; OLG Hamburg IPRspr 1992 Nr. 153, jeweils zum anerkennungsrechtlichen ordre public, s.o. Rn 6; MüKo/*Sonnenberger* Rn 50; Erman/*Hohloch* Rn 15; *Looschelders* Rn 20; *Kegel/Schurig* § 16 V; Mörsdorf-Schulte JR 2006, 309, 312; a.A. BGH JR 2006, 340: Vertragsabschlusszeitpunkt).

II. Insb die Grundrechte

13 Bei den Grundrechten handelt es sich um besonders hervorgehobene Wertentscheidungen der Verfassung (MüKo/*Sonnenberger* Rn 49). Jeder Verstoß gegen sie tangiert den ordre public (BGHZ 120, 29, 34; BT-Ds 10/504 44), weshalb der Gesetzgeber in Satz 2 auf das Merkmal der »Offensichtlichkeit« verzichtet hat. Ob unter Satz 2 auch völkerrechtliche Normen fallen, deren Grundwertegehalt sich Deutschland durch Ratifizierung zueigen gemacht hat, zB die EMRK, ist umstritten (so MüKo/*Sonnenberger* Rn 50; Erman/*Hohloch* Rn 21; *Looschelders* Rn 32; aA Palandt/*Heldrich* Rn 7), für die Praxis aber ohne besondere Relevanz. Im Rahmen des Art. 6 sind bisher vor allem Art. 3 und 6 GG relevant geworden.

C. Verstoß

I. Ergebnis als Prüfungsgegenstand

14 Der so ermittelte Prüfungsmaßstab ist sodann anzuwenden auf das Ergebnis der Rechtsanwendung (BT-Ds 10/504, 43; Palandt/*Heldrich* Rn 5; *Looschelders* Rn 11; Staudinger/*Blumenwitz* Rn 86). Dieses ist im Lichte der Wertungen des anwendbaren Rechts zu betrachten (*Dörner* IPRax 1994, 33, 35), die aber nur insoweit interessieren, als sie sich im Einzelfallergebnis niederschlagen (*Looschelders* 6 Rn 12). So mag die abstrakte Norm ordre-public-widrig erscheinen, das konkrete Subsumtionsergebnis aber hinnehmbar sein, zB im Falle des einseitigen gegenüber der Frau ausgesprochenen Talaq, wenn die Frau einwilligt und/oder ein Scheidungsgrund nach deutschem Recht vorliegt (Ham IPRspr 1994 Nr. 83; OLG Koblenz IPRspr 1992, 236; Justizministerium NW IPRspr 1991 Nr. 216; MüKo/*Sonnenberger* Rn 47) oder im Falle einer Sorgerechtsverteilung nach iranischem Recht, die in casu dem Kindeswohl entspricht (BGH IPRspr 1993, Nr. 6 aE). Auch eine polygame Ehe ist nicht als solche zu verwerfen, sondern die Bewertung muss sich auf die konkreten Rechtswirkungen im Einzelfall beziehen: Steht einer Heirat im Inland unter Mitwirkung des

Standesbeamten der ordre public entgegen (MüKo/*Coester* Art. 13 Rn 70), so gilt dies idR nicht auch für die Herleitung vermögensrechtlicher Wirkungen aus einer wirksam geschlossenen polygamen Ehe (MüKo/*Birk* Art. 25 Rn 115). An der Maßgeblichkeit nur des Ergebnisses liegt es auch, dass die ordre-public-Widrigkeit des auf eine Vorfrage anwendbaren Rechtsfür Art. 6 letztlich weniger Bedeutung hat als diejenige des auf die Hauptfrage anwendbaren Rechts (MüKo/*Sonnenberger* Rn 88).

II. Inlandsbezug

Weist der Sachverhalt im Entscheidungszeitpunkt (OLG Hamm IPRspr 60–61 Nr. 115; LG Regensburg IPRspr 54–55 Nr. 120; MüKo/*Sonnenberger* Rn 86) keine über den deutschen Gerichtsstand hinaus gehende Beziehung zum Inland auf, so ist Satz 1 unanwendbar (OLG Hamm IPRax 1982, 194, 197; Palandt/*Heldrich* Rn 6; *Kegel/Schurig* § 16III2b; *Looschelders* Rn 18; Soergel/*Kegel* Rn 27). Denn ob ein Verstoß vorliegt, kann nicht absolut, sondern nur **relativ**, dh bezogen auf alle Umstände des zu entscheidenden Falles beurteilt werden (BGH NJW 1965, 1664; Z 22, 162, 163; RGZ 119, 259, 263; BayObLGZ 1969, 70, 79 ff; Erman/*Hohloch* Rn 14; Soergel/*Kegel* Rn 26): Der Sachverhalt muss in räumlicher, sachlicher und zeitlicher Hinsicht so enge Beziehungen zur gegenwärtigen deutschen Rechtsordnung und damit zu deren ordre public aufweisen, dass die Hinnahme der Rechtsfolge unerträglich erscheint (MüKo/*Sonnenberger* Rn 78). 15

Die Inlandsbeziehung ist nach hM auch dann nicht entbehrlich, wenn es um die Verletzung von Grundrechten geht (BGHZ 120, 29, 34; MüKo/*Sonnenberger* Rn 85; aA wegen Art. 1 Abs. 3 GG *Looschelders* Rn 18 und RabelsZ 65 (2001) 476; *Spickhoff* S 125; *Raape/Sturm* S 217), wobei aber die Bedeutung der deutschen Entscheidung für den Grundrechtsverstoß in die Beurteilung der **im Einzelfall** bestehenden Inlandsbeziehung einfließen kann und andererseits auch zu berücksichtigen ist, dass möglicherweise Grundrechten bei starkem Auslandsbezug schon verfassungsrechtlich eine andere Wirkung zukommt (BGHZ 63, 219, 226; *Looschelders* Rn 26; *Dörner* Sandrock-FS 2000, 205, 208; Deutungsansatz von BVerfGE 31, 86 und NJW 1991, 1600 durch MüKo/*Sonnenberger* Rn 85). Bei der Verletzung von Normen mit völkerrechtlicher Grundlage, etwa der EMRK, kann als Inlandsbezug ausreichen, wenn Deutschland sich bei Anwendung einer ausländischen Vorschrift völkerrechtlichen Sanktionen aussetzen würde (MüKo/*Sonnenberger* Rn 85). Entsprechend erscheinen bei auf EG-Recht beruhenden Anteilen des ordre public hinsichtlich der Inlandsbeziehung Modifikationen angebracht, wenn der Fall eine **intensive Beziehung zu einem anderen EG-Staat** hat; eine abzulehnende (MüKo/*Sonnenberger* Rn 87; Einl IPR Rn 224) Gleichsetzung des EG-Auslandes mit dem Inland liegt hierin nicht. 16

Eklatante Verletzungen der **Menschenrechte** sind nach allgemeiner Ansicht niemals hinnehmbar (vgl *Looschelders* Rn 26; Staudinger/*Blumenwitz* Rn 119). 17

D. Sanktion: Ergebniskorrektur

Art. 6 schreibt als Rechtsfolge die Nichtanwendung einer ausländischen Rechtsnorm vor. Wie die hierdurch entstandene Lücke zu füllen ist, bleibt offen. Nach hM ist dafür auf das ausländische Recht selbst zurückzugreifen, hilfsweise auf deutsches Recht (BGHZ 120, 29, 37; RGZ 106, 82, 85 f; OLG Hamm FamRZ 1993, 111, 116), nach aA von vornherein auf deutsches Recht unter weitmöglicher Berücksichtigung der ausländischen Wertungen (*Kegel/Schurig* § 16 IV, *v Bar/Mankowski* § 7 Rn 285 f; *Lüderitz* Rn 214; vermittelnd mit Fallgruppenbildung MüKo/*Sonnenberger* Rn 93 ff; ähnl *Looschelders* Rn 32). Der Streit ist aber letztlich dogmatischer Natur; denn bei Rechtsfragen, die nur bejahend oder verneinend beantwortet werden können, ist die Lückenfüllung bei Ablehnung des ausländischen Ergebnisses denknotwendig anhand des deutschen Rechts vorzunehmen (*Looschelders* Rn 32; Bamberger/Roth/*Lorenz* Rn 17). Kann hingegen die durch Nichtanwendung des ausländischen Rechts entstandene Lücke auf unterschiedliche Weise gefüllt werden, so ist 18 nach dem Prinzip des geringsten Eingriffs, letztlich dem Verhältnismäßigkeitsprinzip, den ausländischen Vorstellungen jedenfalls so weit wie möglich Rechnung zu tragen. Dabei kann darinstehen, ob dies ausgehend von einer Anwendung deutschen Rechts geschieht, die dann zu korrigieren ist, oder ob von vornherein die **ausländischen Vorstellungen im Rahmen des nach deutschem Recht zumutbaren** berücksichtigt werden (*Looschelders* Rn 33; Bamberger/Roth/*Lorenz* Rn 17).

E. Beispiele

I. Kein Verstoß

19 Kein Verstoß gegen den ordre public liegt etwa vor, wenn das Ergebnis der ausländischen Norm in Deutschland durch eine entsprechende AGB-Klausel herbeigeführt werden kann (LG Frankfurt aM IPRspr 2002 Nr. 51, MüKo/*Sonnenberger* Rn 78); wenn Heilung des bei der Eheschließung bestehenden Ehehindernisses durch Zeitablauf, Bestätigung und gemeinsame Kinder möglich ist (AG Hamm FamRZ 2002, 1116, 1117); wenn Deutscher im Ausland heiratet, trotz gebundener Stellvertretung oder Boten (BGHZ 29, 137, 143; KG FamRZ 73, 313, 315); wenn eine polygame **Ehe** im Inland vor einer ausländischen Trauungsperson (vgl Art. 13 Abs. 3 Satz 2) geschlossen wird (LG Frankfurt aM FamRZ 76, 217) oder im Ausland (BFH NJW 1986, 2209, 2210; BVerwGE 71, 228, 230; VG Gelsenkirchen FamRZ 75, 338, 340); wenn die **Ehelichkeits**anfechtungsfrist nur 1 Monat beträgt (AG Spandau FamRZ 1998, 1132); wenn das Institut der **Adoption** fehlt, soweit es ein Ersatzinstitut wie die islamische Kafala vorsieht, die eine angemessene Betreuung des Kindes im Einzelfall ermöglicht (OLG Karlsruhe FamRZ 1998, 56, 57); wenn eine Adoption bereits durch Vertrag möglich ist (*Looschelders* Rn 54); wenn ein Ausländer in Deutschland nach seinem Heimatrecht unter Hinzuziehung eines nach deutschem Recht bestellten (Art. 24 Abs. 1 Satz 2) Betreuers entmündigt wird (*Looschelders* Art. 24 Rn 8; Soergel/*Kegel* Art. 24 Rn 4); wenn **letztwillige** Verfügungen zulässig sind, in denen nach Geschlecht oder Religion diskriminiert wird (*Looschelders* Art. 25 Rn 33); wenn Angehörige des **Erblassers** von Gesetzes wegen wegen ihres Geschlechts unterschiedlich behandelt werden (OLG Hamm IPRax 1994, 49; LG Hamburg IPRspr 1991, 142; Palandt/*Heldrich* Rn 30; aA Erman/*Hohloch* Art. 25 Rn 8; Bamberger/Roth/*Lorenz* Art. 25 Rn 58); wenn nichtehelichem Lebensgefährten (BayObLG NJW 1976, 2076; AG München IPRspr 74 Nr. 130) oder mehreren Ehefrauen einer polygamen Ehe (MüKo/*Birk* Art. 25 Rn 115) ges Erbrecht zusteht; wenn nahen Angehörigen kein Pflichtteils- oder Noterbenrecht zusteht (BGH NJW 1993, 1920, 1921); wenn der numerus clausus der **Sachenrechte** verletzt ist (Erman/*Hohloch* Art. 43 Rn 5 – Art. 43 statt Art. 6).

II. Verstöße

20 Verstöße gegen den ordre public wurden bisher ua gesehen in folgenden Fällen: Ehemündigkeit von Kindern unter 14 (Erman/*Hohloch* Art. 13 Rn 24) bzw 15 (Staudinger/*vBar*/*Mankowski* Art. 13 Rn 203) oder 16 Jahren (MüKo/*Coester* Art. 13 Rn 38); Zulassung der **Eheschließung** unter Blutsverwandten über § 1307 hinaus (*Looschelders* Rn 44); Ehehindernis das mit Eheschließungsfreiheit des Art. 6 GG unvereinbar ist oder auf rassischen, religiösen oder politischen Gründen beruht und damit auch die Grundrechte aus den Art. 1 – 4 GG verletzt (vorrangig nach Art. 13 Abs. 2) (MüKo/*Coester* Art. 13 Rn 34); Eheschließung durch Vertreter im Willen wie etwa die Eltern (MüKo/*Coester* Art. 13 Rn 44); Schließung einer polygamen Ehe vor dem deutschen Standesbeamten (*Looschelders* Rn 46); alleinige Entscheidungsbefugnis des Ehemannes über Fragen des ehelichen Zusammenlebens wie Wohnsitz, Haushaltsführung oder Erwerbstätigkeit (*Looschelders* Rn 47); wenn Ehefrau sich bei Streitigkeiten bzgl ihres Vermögens vor einem deutschen Gericht von ihrem Ehemann vertreten lassen müsste (LG Berlin FamRZ 1993, 198); Unmöglichkeit oder übermäßige Erschwerung der **Scheidung** (Vorrang hat

aber Anwendung deutschen Rechts zugunsten deutschem Scheidungswilligen nach Art. 17 Abs. 1 Satz 2) (BVerfGE 31, 58, 82 f; BGHZ 1997, 304, 307; Soergel/*Schurig* Art. 17 Rn 168); Privilegierung des Mannes hinsichtlich der Scheidungsmöglichkeit durch Verstoßung (talaq), es sei denn die Frau willigt ein (OLG Frankfurt IPRax 1985, 48; BayObLG IPRax 1982, 104, 105; Staudinger/*vonBar/Mankowski* Art. 17 Rn 124; aA AG Frankfurt aM IPRax 1989, 237, 238) oder die Ehe könnte auch nach deutschem Recht geschieden werden (OLG Köln FamRZ 1996, 1147; München IPRax 1989, 238, 241; *Beitzke* IPRax 1993, 231, 234; *Jayme* IPRax 1989, 223; aA OLG Düsseldorf FamRZ 1998, 1113, 1114; OLG Stuttgart FamRZ 1997, 882; Staudinger/*vonBar/Mankowski* Art. 17 Rn 209 ff); über diejenigen des deutschen Rechts hinaus gehende Wirkungen einer eingetragenen gleichgeschlechtlichen **Lebenspartnerschaft** bereits nach Art. 17b Abs. 4; keine Anfechtungsmöglichkeit für ohne ausreichende Bedenkzeit abgegebenes Vaterschaftsanerkenntnis (OLG Stuttgart FamRZ 2001, 246); mit dem Wohl des Kindes unvereinbare Minderjährigenadoption (MüKo/*Klinkhardt* Art. 22 Rn 60; *Lüderitz* Rn 388); Kinderlosigkeit als unabdingbare Voraussetzung der **Adoption** auch wenn es sonst dem Kinderwohl entspräche (Schleswig FamRZ 2002, 698 f; OLG Zweibrücken NJW-RR 2001, 1372; AG Heidenheim IPRspr 1996 Nr. 11; AG Siegen IPRax 1993, 184, 185; AG Recklinghausen IPRax 1982, 205; *Looschelders* Rn 54 und Art. 22 Rn 15; aA AG Weilheim IPRax 1982, 161; MüKo/*Klinkhardt* Art. 22 Rn 58; Staudinger/*Henrich* Art. 22 Rn 71); Diskriminierung von Angehörigen des **Erblassers** von Gesetzes wegen wegen deren Religionszugehörigkeit (LG Hamburg IPRspr 1991 Nr. 142; Bamberger/Roth/*Lorenz* Rn 58); Versagung jeglichen Erbrechts gegenüber nichtehelichen Kindern (LG Stuttgart FamRZ 1998, 1627); Ausschluss des Pflichtteilsrechts zu Lasten eines minderjährigen Abkömmlings, der nicht durch Unterhaltsansprüche oä abgesichert ist (MüKo/*Birk* Art. 25 Rn 113; Bamberger/Roth/*Lorenz* Art. 25 Rn 59; *Lüderitz* Rn 208).

Art. 9 EGBGB
Todeserklärung

Die Todeserklärung, die Feststellung des Todes und des Todeszeitpunktes sowie Lebens- und Todesvermutungen unterliegen dem Recht des Staates, dem der Verschollene in dem letzten Zeitpunkt angehörte, in dem er nach den vorhandenen Nachrichten noch gelebt hat. War der Verschollene in diesem Zeitpunkt Angehöriger eines fremden Staates, so kann er nach deutschem Recht für tot erklärt werden, wenn hierfür ein berechtigtes Interesse besteht.

A. Einführung

Der Tod und sein Zeitpunkt haben zivilrechtlich mannigfaltige Konsequenzen, etwa im 1 Hinblick auf die Rechtsfähigkeit, das Familien- und das Erbrecht. Verbleiben Zweifel in tatsächlicher Hinsicht, so behelfen sich die verschiedenen Rechtsordnungen mit sehr unterschiedlichen Vermutungen, die teilweise kraft Gesetzes eingreifen, teilweise aber auch behördliche Maßnahmen der in Art. 9 beispielhaft aufgezählten Art. voraussetzen. Um dennoch sämtliche Rechtsverhältnisse der betreffenden Person einheitlich beurteilen zu können, entzieht Art. 9 die Frage, wovon bei tatsächlicher Ungewissheit des Todes auszugehen ist und welche Wirkung etwaigen behördlichen Maßnahmen zukommt, den verschiedenen Wirkungsstatuten (zB Art. 7, 13, 17, 25) und unterstellt sie im Wege der **Sonderanknüpfung** dem Heimatrecht (Staatsangehörigkeit). Die ergänzende Sonderregelung des Art. 2 § 1 Abs. 4 VerschÄndG hat nur noch geringe praktische Bedeutung (s.u. Rn 7).

B. Anknüpfungsgegenstand

2 Der Anknüpfungsgegenstand des Art. 9 entspricht im Wesentlichen der Regelungsmaterie des Verschollenheitsgesetzes. Er erfasst über die in Art. 9 ausdrücklich genannten Bspe hinaus auch alle anderen Funktionsäquivalente der – für nahezu sämtliche Rechtsverhältnisse des Verschollenen einheitliche Rechtsfolgen herbeiführenden – gerichtlichen Todeserklärung deutschen Musters, etwa auch die mit schwächerer Wirkung ausgestatteten Verschollenheits- oder Abwesenheitserklärungen des romanischen Rechtskreises oder die einfachen **Lebens- oder Todesvermutungen** des common law. Gilt die Verschollenheitsregelung allerdings nur für ein bestimmtes Rechtsgebiet, wie dies etwa in Deutschland im öffentlichrechtlichen Versorgung- oder Sozialversicherungsrecht der Fall ist, so gilt nicht Art. 9, sondern das betreffende Wirkungsstatut (*Looschelders* Rn 5). Außerdem sind Vermutungen und andere Regelungen zur anzunehmenden Reihenfolge des Versterbens mehrerer nach Art. 9 anzuknüpfen (Kommorientenvermutung, unterschiedliche Überlebensvermutungen) (Palandt/*Heldrich* Rn 2; Erman/*Hohloch* Rn 14; Staudinger/*Wiek* Rn 61; *Looschelders* Rn 7; *Dörner* IPRax 1994, 362, 365).

C. Anknüpfungspunkt

I. Regelanknüpfung

3 Die Anknüpfung ist nicht wandelbar: Als **Anknüpfungszeitpunkt** ist der letzte Zeitpunkt festgelegt, in dem der Verschollene nach den vorhandenen Nachrichten noch gelebt hat.

4 Welche von mehreren Staatsangehörigkeiten oder welche Ersatzanknüpfung bei Staatenlosen, Vertriebenen und Flüchtlingen maßgeblich ist, ergibt sich aus Art. 5 bzw vorrangigen Staatsverträgen.

II. Vorbehalte zugunsten deutschen Rechts

5 Ist nach Satz 1 ausländisches Recht anwendbar, so darf stattdessen nach Satz 2 ausnahmsweise auf deutsches Recht zurückgegriffen werden, wenn ein »berechtigtes Interesse« gegeben ist. Das ist wegen des Ausnahmecharakters des Satzes 2 eng auszulegen und hängt von einer Gesamtbetrachtung aller Umstände des Einzelfalles ab; dabei kommt dem Inlandsbezug des Sachverhaltes große Bedeutung zu, der sich ausdrücken kann im letzten gewöhnlichen Aufenthalt, in der Belegenheit von Vermögen, in der Staatsangehörigkeit oder dem gewöhnlichen Aufenthalt naher Angehöriger (Palandt/*Heldrich* Rn 3; *Looschelders* Rn 13; Erman/*Hohloch* Rn 9; etwas enger MüKo/*Birk* Rn 26); es kann auch zu berücksichtigen sein, ob deutsches Recht Wirkungsstatut ist und ob das nach Satz 1 anwendbare Recht keine Todeserklärung oä kennt (Palandt/*Heldrich* Rn 3; Erman/*Hohloch* Rn 9; *Looschelders* Rn 13), doch kann dies alleine nicht ausreichen, weil es letztlich darauf ankommt, inwieweit die **Funktionsfähigkeit des inländischen Rechtsverkehrs** oder die Betätigungsfreiheit eines betroffenen Einzelnen beeinträchtigt ist (MüKo/*Birk* Rn 26).

6 Der ausdrücklich nur für die Todeserklärung vorgesehene Vorbehalt zugunsten deutschen Rechts gilt analog auch für den Rest des Anknüpfungsgegenstandes des Art. 9, also auch für die Feststellung des **Zeitpunktes** des Todes (Soergel/*Kegel* Rn 10; *Looschelders* Rn 14).

7 Eine weitere Möglichkeit der Todeserklärung eines Ausländers nach deutschem Recht ergibt sich aus Art. 2 § 1 Abs. 4 VerschÄndG, der Verschollene und Gefangene des **Zweiten Weltkriegs** betrifft.

D. Geltung der allgemeinen Regeln

8 Vorrangig zu beachtender (Art. 3 Abs. 2) **Staatsvertrag** ist vor allem das deutsch-iranische Niederlassungsabkommen v 17. 2. 1929 (RGBl 1930 II 1006), das in Art. 8 Abs. 3 aber ebenfalls an die Staatsangehörigkeit anknüpft. Nach dessen Art. 8 Abs. 3 Satz 2 steht der

Anwendung des Art. 9 Satz 2 auch gegenüber Iranern nichts entgegen, weil diese Abweichung vom Staatsvertrag alle fremden Staatsangehörigen gleichermaßen trifft (*Looschelders* Rn 25; *v Bar* IPR Bd. II § 1 Rn 14).

Art. 9 spricht eine **Gesamtverweisung** aus (Art. 4 Abs. 1). **9**

Eine **Anpassung** erfordernde Normwidersprüche können sich ergeben, wenn es um die **10** zeitliche Reihenfolge des Versterbens von Personen mit unterschiedlichen Nationalitäten in demselben Ereignis ankommt. So wäre für den Todeszeitpunkt einer Deutschen die Kommorientenvermutung heranzuziehen, während für den Todeszeitpunkt eines Franzosen eine der Vermutungen des französischen Rechts anzuwenden wäre, wonach eine Person die andere überlebt hat. Die hM löst den durch Depeçage entstandenen Widerspruch im Wege einer sachrechtlichen Anpassung (dazu Art. 3 Rn 68) iSe gleichzeitigen Versterben auf (*vHoffmann/Thorn* § 7 Rn 4; *Kegel/Schurig* § 8 III; *Looschelders* Rn 8; Staudinger/*Dörner* Art. 25, Rn 95; *Looschelders*, Die Anpassung im Internationalen Privatrecht, S 382 f; *Dörner* IPRax 1994, 365 f; hilfsweise auch MüKo/*Birk* Art. 25 Rn 196; Erman/*Hohloch* Rn 14), andere wollen auf die Rechtsordnung, der die familienrechtlichen Beziehungen unterliegen oder zu der sonst die gemeinsame engste Beziehung besteht, zurückgreifen (Palandt/*Heldrich* Rn 2; *v Bar/Mankowski* § 7 Rn 255; *v Bar* II Rn 20; *Jayme/Haak* ZVglRWiss 1985, 81) und nehmen damit eine Ersatzanknüpfung vor, die nicht zum anerkannten Kanon der Methoden zur Lösung eines Anpassungsproblems gehört (dazu Art. 3 Rn 68).

E. Verfahrensrechtliches

I. Tätigkeit deutscher Gerichte

Die **Internationale Zuständigkeit** deutscher Gerichte für die Todeserklärung ist geregelt **11** in § 12 Verschollenheitsgesetz, wonach es auf die Staatsangehörigkeit oder den letzten Wohnsitz des Betreffenden oder ein berechtigtes Interesse ankommt. Das führt wegen Art. 9 Satz 2 idR zu einem Gleichlauf mit dem anwendbaren Recht. Ausländisches Recht müssten deutsche Gerichte aber dann anwenden, wenn eine Todeserklärung im Heimatstaat zwar materiellrechtlich unproblematisch wäre, aber von den verfahrensmäßigen Gegebenheiten her unvertretbar lange Zeit brauchen würde und daher nur iSd § 12 Verschollenheitsgesetzes (und nicht iSd Art. 9 Satz 2) ein berechtigtes Interesse vorliegt (*Looschelders* Rn 15). Bei der **Tenorierung** ist zu beachten, dass statt der deutschen Todeserklärung uU eine weniger weitgehende Erklärung auszusprechen sein kann, etwa die Verschollenheits- oder Abwesenheitserklärung nach französischem Recht.

II. Umgang mit ausländischen Entscheidungen

Rechtsakte ausländischer Behörden oder Gerichte im Anwendungsbereich des Art. 9 **12** bedürfen der **Anerkennung**, die sich nach § 328 ZPO oder § 16a FGG richtet. Bei der Abgrenzung kommt es weniger auf die Form der ausländischen Entscheidung als auf Funktion und Wesen des ausländischen Verfahrens an (*Looschelders* Rn 17 mwN). Bei der Prüfung der Anerkennungszuständigkeit ist § 12 Verschollenheitsgesetz spiegelbildlich anzuwenden, so dass bei Vorliegen eines berechtigten Interesses auch die Todeserklärung eines Deutschen durch ein ausländisches Gericht anerkannt werden kann (BGH FamRZ 1994, 498). Haben mehrere konkurrierend international zuständige Gerichte Todeserklärungen ausgesprochen, so gilt nach § 16a Nr. 3 FGG nur die Entscheidung des inländischen Gerichts, sonst nur die zuerst ergangene Entscheidung (MüKo/*Birk* Rn 40; Staudinger/*Weick* Rn 83). Die Wirkungen einer anerkennungsfähigen ausländischen Entscheidung richten sich nach dem Recht des Entscheidungsstaates (BGH FamRZ 1994, 498). Stellt sich heraus, dass der im Ausland für tot Erklärte lebt, so ist **Aufhebung oder Änderung** durch inländische Gerichte möglich (MüKo/*Birk* Rn 41).

Art. 25 EGBGB
Rechtsnachfolge von Todes wegen

(1) Die Rechtsnachfolge von Todes wegen unterliegt dem Recht des Staates, dem der Erblasser im Zeitpunkt seines Todes angehörte.

(2) Der Erblasser kann für im Inland belegenes unbewegliches Vermögen in der Form einer Verfügung von Todes wegen deutsches Recht wählen.

Inhaltsverzeichnis

		Rn
A.	Grundzüge der Art. 25, 26	1
B.	Vorrangige Staatsverträge	2–6
C.	Intertemporaler Anwendungsbereich. Innerdeutsches Kollisionsrecht	7
D.	Geltungsbereich des Erbstatuts (Art. 25 Abs. 1, 26 Abs. 5)	8–25
I.	Gesetzliche Erbfolge (Art. 25 Abs. 1). Allgemeine Qualifkationsfragen	8–14
II.	Gewillkürte Erbfolge, letztwillige Verfügungen (Art. 25 Abs. 1, 26 Abs. 5)	15–23
1.	Allgemeines	15–19
2.	Gemeinschaftliches Testament. Erbvertrag	20, 21
3.	Rechtsgeschäfte unter Lebenden auf den Todesfall. Erbschaftskauf. Erbverzicht. Testierverträge	22, 23
III.	Vorfragen der Ehe und Kindschaft	24, 25
D.	Rechtswahl, Art. 25 Abs. 2	26–29
E.	Allgemeine Fragen	30–35
I.	Renvoi, Unteranknüpfung	30, 31
II.	Nachlassspaltung	32, 33
III.	Ordre public (Art. 6)	34, 35
F.	Nachlassverfahren mit internationalen Bezügen	36–38

A. Grundzüge der Art. 25, 26

1 Art. 25 Abs. 1 beruft für alle Rechtsfragen in Zusammenhang mit einem Erbfall mit Auslandsbezug grds umfassend das Recht des Staates, dessen **Staatsangehörigkeit** iSd Art. 5 der Erblasser **bei seinem Tode** besaß. Die Anknüpfung an das Heimatrecht wurde vom Gesetzgeber des IPR-Gesetzes von 1986 mit ihrer Klarheit, der Übereinstimmung mit den personenrechtlichen Anknüpfungen und der Beibehaltung eines bewährten Prinzips begründet (BT-Ds 10/504, 74). Viele ausländische Kollisionsrechte stellen dagegen auf das Recht am letzten gewöhnlichen Aufenthalt bzw Wohnsitz des Erblassers bzw dessen domicile ab oder sehen differenzierte Regeln vor (umfassende rechtsvergleichende Nachw nach Ländern bei *Ferid/Firsching/Hausmann/Dörner*, Internationales Erbrecht, Loseblatt; Überblick bei Bamberger/Roth/*Lorenz* Rn 83). Die Erbfolge nach ausländischen Erblassern, die im Inland versterben, richtet sich daher vielfach nach deutschem Sachrecht, wenn das ausländische Heimatrecht des Erblassers seinerseits an den letzten gewöhnlichen Aufenthalt bzw Wohnsitz bzw das letzte domicile anknüpft und auf deutsches Recht zurückverweist (zum renvoi s.u. Rn 29). Eine **Rechtswahl** ist nur sehr eingeschränkt möglich (s.u. Rn 25 f). Sonderregelungen für **Verfügungen von Todes wegen** enthalten in Bezug auf deren Form Art. 26 Abs. 1-Abs. 4 bzw das Haager Übereinkommen über das auf die Form letztwilliger Verfügungen anwendbare Recht v 5. 10. 1961 – HTÜ (BGBl II 1145, abgedruckt Palandt/*Heldrich* Anh Art. 26, näher Art. 26 Rn 1 ff), in Bezug auf ihre Gültigkeit sowie Bindungswirkung gilt Art. 26 Abs. 5 Satz 1 (s.u. Rn 15 f). Art. 25, 26 gehen ebenso wie das inländische materielle Erbrecht vom **Grundsatz der Nachlasseinheit** aus (BT-Ds 10/504, 75), dh der gesamte Nachlass unterliegt dem nach Art. 25 Abs. 1 ermittelten Recht unabhängig davon, in welchem Staat die einzelnen Nachlassgegenstände belegen sind. Aus unterschiedlichen Gründen kommt es jedoch häufig zu Nachlassspaltungen,

dh dazu, dass Teile des Nachlasses einem anderen materiellen Recht unterliegen als andere (u Rn 31 ff).

B. Vorrangige Staatsverträge

Von den auf dem Gebiet des Internationalen Erbrechts bestehenden **multilateralen Übereinkommen**, die gem Art. 3 Abs. 2 Satz 2 den Art. 25, 26 vorgehen, gilt für die Bundesrepublik nur das HTÜ (s.o. Rn 1, näher Art. 26 Rn 1 ff). Dagegen hat die Bundesrepublik insbes das Haager Übereinkommen über das auf die Rechtsnachfolge von Todes wegen anwendbare Recht v 1. 8. 1989 nicht ratifiziert.

Bilaterale Übereinkommen bestehen insb mit dem **Iran**, der **Sowjetunion bzw ihren Nachfolgestaaten** und der **Türkei**. Die Kollisionsnormen dieser Übereinkommen enthalten durchweg Sachnormverweisungen (s.u. Rn 29). Da das deutsch-türkische und das deutsch-sowjetische Übereinkommen die Erbfolge in Immobilien bzw Rechte an diesen nach dem Recht der Belegenheit beurteilen, kommt es hier häufig zur Nachlassspaltung (u Rn 31 ff).

Gem § 14 Abs. 1 des **deutsch-türkischen Nachlassabkommens** 17. 2. 1929, das als Anhang zu Art. 20 des deutsch-türkischen Konsularvertrages v 28. 5. 1929 (RGBl 1930 II 748) abgeschlossen wurde (Abdruck und Kommentierung Staudinger/*Dörner* vor Art. 25 Rn 158 ff; MüKo/*Birk* Rn 299 ff), unterliegt der bewegliche Nachlass eines Deutschen oder Türken dem Recht des Staates, dessen Nationalität der Erblasser bei seinem Tode besaß. Für unbewegliches Vermögen gilt gem § 14 Abs. 2 das Recht der Belegenheit. Gem § 16 sind Verfügungen von Todes wegen formwirksam, wenn sie den Formanforderungen des Heimatstaates des Erblassers oder aber denjenigen des Staates, in dem die Verfügung getroffen wurde, entsprechen. Nach § 15 Satz 1 sind für Klagen über die Feststellung des Erbrechts, Erbschaftsansprüche und Ansprüche aus Vermächtnissen und Pflichtteilen, soweit sie sich auf den beweglichen Nachlass beziehen, die Gerichte des Heimatstaates des Erblassers, soweit sie den unbeweglichen Nachlass betreffen, die Gerichte der Belegenheit der Immobilie zuständig.

Nach Art. 28 Abs. 3 des **deutsch-sowjetischen Konsularvertrages** v 25. 4. 1958 (BGBl 1959 II 233, Abdruck und Kommentierung Staudinger/*Dörner* vor Art. 25 Rn 191 ff; MüKo/*Birk* Rn 302 ff) wird unbeweglicher Nachlass eines Staatsangehörigen eines Mitgliedstaates nach dem Recht der Belegenheit vererbt. Für beweglichen Nachlass enthält der Vertrag keine Regelung, so dass es aus deutscher Sicht bei Art. 25 Abs. 1 bewendet (Staudinger/*Dörner* vor Art. 25 Rn 196). Für die Form letztwilliger Verfügungen finden Art. 26 Abs. 1-Abs. 4 bzw das HTÜ Anwendung (dazu Art. 26 Rn 1 ff). Der Vertrag gilt heute im Verhältnis zu Armenien, Aserbeidschan, Georgien, Kasachstan, Kirgistan, Moldawien, der Russischen Föderation, Tadschikistan, der Ukraine, Usbekistan und Weißrussland. Im Verhältnis zu Estland, Lettland, Litauen und Turkmenistan wurde die Fortgeltung nicht vereinbart, so dass Art. 25, 26 anzuwenden sind (MüKo/*Birk* Rn 303g, unklar Staudinger/*Dörner* vor Art. 25 Rn 193).

Art. 8 Abs. 3 Satz 1 des **deutsch-iranischen Niederlassungsabkommens** v 17. 2. 1929 (RGBl 1931 II 9, Abdruck und Kommentierung Staudinger/*Dörner* vor Art. 25 Rn 147 ff; MüKo/*Birk* Rn 293 ff) unterstellt den Nachlass umfassend dem Heimatrecht des Erblassers.

C. Intertemporaler Anwendungsbereich. Innerdeutsches Kollisionsrecht

Die Art. 25, 26 wurden durch das Gesetz zur Neuregelung des Internationalen Privatrechts v 25. 7. 1986 eingefügt und sind mit diesem **am 1. 9. 1986 in Kraft getreten**. Gem Art. 220 Abs. 1 gelten die Art. 25, 26 nF nur für solche Vorgänge, die am 1. 9. 1986 noch nicht »abgeschlossen« waren. Art. 25 Abs. 1 nF ist danach anwendbar auf sämtliche Erbfälle aus der Zeit nach dem 31. 8. 1986. Dagegen gilt altes Recht, wenn der Erbfall vor dem 1. 9. 1986 eingetreten ist. In Bezug auf die Form letztwilliger Verfügungen (HTÜ bzw

Art. 25 EGBGB | Rechtsnachfolge von Todes wegen

Art. 26 Abs. 1-Abs. 4) und eine Rechtswahl (Art. 25 Abs. 2) kommt es darauf an, ob die Verfügung vor oder nach dem 1. 9. 1986 errichtet wurde. Eine nach altem Recht **formunwirksame Verfügung bzw Rechtswahl** iSd Art. 25 Abs. 2, die nach neuem Recht wirksam bzw zulässig wäre, wird durch den am 1. 9. 1986 eingetretenen Statutenwechsel im Interesse der Beachtung des Erblasserwillens, der auf den Zeitpunkt des Erbfalls gerichtet ist, **validiert**, falls der Erbfall nach dem 1. 9. 1986 eintritt (OLG Hamburg IPRspr 1992 Nr. 162; *Lange* DNotZ 2000, 332, 342 f; Erman/*Hohloch* Rn 12; Palandt/*Heldrich* Art. 26 Rn 8; aA Staudinger/*Dörner* Rn 14; MüKo/*Birk* Rn 5).

Von abnehmender Bedeutung sind Erbfälle mit **Bezug zum Gebiet der ehemaligen DDR**. Insoweit enthalten Art. 235 §§ 1, 2 sowie Art. 236 § 1 spezielle intertemporale und interlokale Kollisionsnormen (dazu MüKo/*Birk* Rn 373 ff; Staudinger/*Dörner* Rn 879 ff).

D. Geltungsbereich des Erbstatuts (Art. 25 Abs. 1, 26 Abs. 5)

I. Gesetzliche Erbfolge (Art. 25 Abs. 1). Allgemeine Qualifkationsfragen

8 Das nach Art. 25 Abs. 1 und dem ausländischen IPR (zum renvoi s.u. Rn 29) berufene Sachrecht (Erbstatut) regelt **umfassend** alle mit der ges Erbfolge zusammenhängenden Rechtsfragen. Es gilt insbes für den Kreis der ges Erben und den Umfang ihrer Erbrechte, Reichweite und Umfang von Pflichtteilsrechten (BGHZ 9, 151, 154; BGHZ 147, 95, 96 ff), den Zeitpunkt des Erbfalls, den Anfall der Erbschaft, etwa ob diese kraft Gesetzes auf die Erben übergeht oder wie in vielen anglo-amerikanischen Rechten oder in Österreich durch gerichtliche Verfügung auf diese übertragen wird, das Recht zur Ausschlagung, das Verhältnis der Erben zu Dritten einschließlich der Erbenhaftung (BGHZ 9, 151, 154) wie auch die Rechtsbeziehungen zwischen den Erben und die Erbauseinandersetzung (BGH NJW 1997, 1150, 1151; MüKo/*Birk* Rn 247; Bamberger/Roth/*Lorenz* Rn 37). Auch die Erbfähigkeit unterliegt dem Erbstatut (Bamberger/Roth/*Lorenz* Rn 24, aA Palandt/*Heldrich* Rn 16: selbständige Anknüpfung nach Art. 7), ebenso die Erb(un)würdigkeit.

9 Dagegen bestimmt sich der **Umfang des Nachlasses** nach dem bzw den Recht(en), die als Einzelstatut (insbes Forderungs-, Sach-, oder Gesellschaftsstatut) jeweils darüber entscheiden, ob der Erblasser Inhaber des betreffenden Nachlassgegenstandes war (BGH NJW 1959, 1317, 1318; OLG Düsseldorf FamRZ 2001, 1102, 1103 f mwN; Soergel/*Kegel* Rn 17); zur Schmälerung des Nachlasses durch **Rechtsgeschäfte auf den Todesfall** u Rn 22 f.

10 Da die Art. 25 und 15 für die Bestimmung des **Erb-** und **Ehegüterstatuts** unterschiedliche Anknüpfungspunkte verwenden, können für die erb- und ehegüterrechtlichen Folgen eines Erbfalls unterschiedliche Sachrechte berufen werden und der überlebende Ehegatte aufgrund von Normkonflikten weniger oder mehr erhalten, als er nach jeder der beteiligten Rechtsordnungen erhielte, wäre diese sowohl als Erb- wie als Ehegüterstatut berufen. Hinzunehmen sind derartige Normkonflikte, wenn das erzielte Ergebnis zwar keiner der beteiligten Rechtsordnungen entspricht, der Ehegatte aber weder besser als er nach dem ihm günstigeren noch schlechter als nach dem ihm ungünstigeren Recht steht. Stellt die kumulative Anwendung der Art. 25, 15 den überlebenden Ehegatten schlechter, als er bei alleiniger Maßgeblichkeit einer der beteiligten Rechtsordnungen stünde, ist er durch Anpassung zumindest so zu stellen, wie er nach der für ihn ungünstigeren Rechtsordnungen stünde (Staudinger/*Dörner* Rn 717; Palandt/*Heldrich* Rn 26; aA MüKo/*Siehr* Art. 15 Rn 118: Anwendung des dem Ehegatten günstigeren Rechts). Erhält der Ehegatte nach Art. 25, 15 mehr als nach jeder der beteiligten Rechtsordnungen, ist er auf dasjenige zu beschränken, was er nach dem ihm günstigeren Recht erhielte. **§ 1371 Abs. 1** ist nach ganz hM güterrechtlich zu qualifizieren, obwohl er den Zugewinnausgleich gerade im Hinblick auf den Tod eines Ehegatten regelt (OLG Stuttgart NJW-RR 2005, 740; OLG Karlsruhe NJW 1990, 1420; MüKo/*Birk* Rn 158; MüKo/*Siehr* Art. 15 Rn 117; Staudinger/*Mankowski* Art. 15 Rn 343 ff; Erman/*Hohloch* Art. 15 Rn 37; Palandt/*Heldrich* Art. 15 Rn 26),

so dass sich die Erbquote des überlebenden Ehegatten grds auch um ein Viertel erhöht, wenn ausländisches Recht Erbstatut ist. Gegebenenfalls ist auch hier anzupassen.

Bei Normkonflikten zwischen **Erb- und Unterhaltsstatut** ist die ungerechtfertigte Besserstellung des Erben durch Normenhäufung im Wege der Qualifikation erbrechtsersetzender Unterhaltsansprüche als erbrechtlich zu vermeiden (Staudinger/*Dörner* Rn 719), notfalls ist anzupassen. 11

Entsprechend den Grundsätzen des deutschen Sachrechts bestimmt das Gesellschaftsstatut über die Art und Weise der **Nachfolge in Personengesellschaften**, das Erbstatut darüber, wer Erbe geworden ist und damit nach gesellschaftsrechtlichen Grundsätzen in die Gesellschaft eintritt (MüKo/*Birk* Rn 180 ff; Bamberger/Roth/*Lorenz* Rn 32). Anteile an **Kapitalgesellschaften** werden wie sonstiger Nachlass nach Art. 25 Abs. 1 behandelt. 12

Die vermögensrechtliche Zuordnung des Nachlasses durch das Erbstatut wird von dem auf den jeweiligen Nachlassgegenstand anwendbaren Einzelstatut (insbes Sach- oder Forderungsstatut) idR anerkannt (zur Nachfolge in Personengesellschaften Rn 12). Doch bestimmt insbes das **Sachstatut iSd Art. 43** darüber, ob es ihm unbekannte dingliche Folgen des Erbfalles akzeptiert. Kennt das ausländische Erbstatut dem deutschen Belegenheitsrecht fremde Formen sachenrechtlicher (Mit-)Berechtigung am Nachlass (joint tenancy, trust, dinglich wirkender Ehegattennießbrauch), so sind diese in Bezug auf im Inland befindliche Sachen durch Anpassung oder Substitution (Art. 3 Rn 67 ff) in den deutschen numerus clausus der Sachenrechte einzupassen. Nach hM ist ein nach fremdem Erbstatut zulässiges **Vindikationslegat**, das zur Singularsukzession in einzelne Nachlassgegenstände führt, in Bezug auf im Inland belegene Nachlassgegenstände in ein bloß schuldrechtlich wirkendes Vermächtnis (§§ 2147 ff) umzudeuten, weil die Singularsukzession dem deutschen Sachenrecht fremd sei (BGH NJW 1995, 58, 59; AnwK/*Kroiß*, § 2369 Rn 37; MüKo/*Birk* Rn 170; Staudinger/*Dörner* Rn 720). Das überzeugt nicht, da weder dem deutschen Erb- noch Sachenrecht der unmittelbare Übergang einzelner Nachlassgegenstände gänzlich unbekannt ist, vgl §§ 2150, 2110 Abs. 2 (wie hier *van Venrooy* ZvglRWiss 1985 (1986), 205, 212 ff). 13

Viele Rechte kennen anders als § 1936 beim Fehlen ges Erben kein **ges Erbrecht des Fiskus**, sondern räumen diesem ein **Recht zur Aneignung** herrenloser Gegenstände ein. Richtiger Auffassung nach sind sowohl ges Fiskalerbrechte als auch Aneignungsrechte aufgrund ihrer funktionalen Vergleichbarkeit erbrechtlich zu qualifizieren (Soergel/*Schurig* Rn 30; MüKo/*Birk* Rn 173). Gesetzliche Fiskalerbrechte erfassen stets auch im Ausland befindliche Nachlassgegenstände, während Aneignungsrechte dem Fiskus des betreffenden Staates in aller Regel nur den Zugriff auf den in seinem Staatsgebiet belegenen Nachlass erlauben. Zur Vermeidung herrenloser Auslandsnachlässe tritt in diesen Fällen in allen anderen Staaten der Nachlassbelegenheit je nach nationalem Recht ein auf das jeweilige Territorium beschränktes ges Erb- oder Aneignungsrecht des jeweiligen Fiskus (MüKo/*Birk* Rn 175 f). 14

II. Gewillkürte Erbfolge, letztwillige Verfügungen (Art. 25 Abs. 1, 26 Abs. 5)

1. Allgemeines

Das Erbstatut iSd Art. 25 Abs. 1 gilt grds auch für **letztwillige Verfügungen**. Allerdings bestimmt sich deren **Form** ausschließlich nach dem HTÜ bzw Art. 26 Abs. 1-Abs. 4 (vgl dort). Gem Art. 26 Abs. 5 Satz 1 entscheidet über die **Gültigkeit** einer letztwilligen Verfügung sowie deren **Bindungswirkung** dagegen das Sachrecht des Staates, das im Zeitpunkt der Errichtung der Verfügung iSd Art. 25 Abs. 1 (hypothetisches) Erbstatut gewesen wäre (**Errichtungsstatut**). Bedeutung erlangt Art. 26 Abs. 5 bei **Statutenwechseln**, dh wenn Errichtungsstatut und Erbstatut nicht identisch sind. Hierzu kann es zum einen bei einem Wechsel der Staatsangehörigkeit des Erblassers kommen, wenn das von Art. 25 Abs. 1 berufene IPR seines Heimatstaates ebenfalls an die Nationalität im Zeitpunkt des 15

Art. 25 EGBGB | Rechtsnachfolge von Todes wegen

Erbfalls anknüpft. Ein Statutenwechsel tritt zum anderen bei einem Wechsel des gewöhnlichen Aufenthaltes bzw Wohnsitzes bzw Domizils des Erblassers ein, falls das von Art. 25 Abs. 1 berufene IPR des Heimatstaates des Erblassers an dessen gewöhnlichen Aufenthalt bzw Wohnsitz bzw domicile anknüpft.

16 Zur **Gültigkeit** einer Verfügung iSd Art. 26 Abs. 5 Satz 1 zählt nach hM nur ihre äußere, nicht ihre inhaltliche Wirksamkeit (KG FamRZ 1998, 124, 125; MüKo/*Birk* Art. 26 Rn 28; Staudinger/*Dörner* Art. 26 Rn 288). Zur Gültigkeit gehören insbes Regelungen darüber, **wer gemeinschaftlich verfügen** darf (zum Erbvertrag und zum gemeinschaftlichen Testament Rn 20 ff). Auch die **Bindung an die Verfügung** unterliegt dem Errichtungsstatut, dh ihre Widerruflich- und Aufhebbarkeit sowie die Anfechtbarkeit wegen anfänglicher Mängel (Erman/*Hohloch* Art. 26 Rn 28), aber auch und gerade der Umfang der Bindung bei wechselbezüglichen Verfügungen in gemeinschaftlichen Testamenten und Erbverträgen (KG FamRZ 1998, 124, 125).

17 Auch die **Testierfähigkeit** ist grds nach dem Errichtungsstatut zu beurteilen (Gegenschluss aus Art. 26 Abs. 5 Satz 2); kennt dieses keine von der allgemeinen Geschäftsabweichende Testierfähigkeit, ergibt sich letztere aus den Vorschriften des Errichtungsstatuts über die Geschäftsfähigkeit (MüKo/*Birk* Art. 26 Rn 13; Staudinger/*Dörner* Art. 26 Rn 69 ff; aA BayObLG FamRZ 2003, 1594; AnwK/*Kroiß* Rn 68, *van Venroy*, JR 1988, 485: Testierfähigkeit selbständig nach Art. 7 anzuknüpfen; differenzierend Palandt/*Heldrich* Rn 16; Erman/*Hohloch* Rn 29). Gem Art. 26 Abs. 5 Satz 2 verliert ein Erblasser, der nach seinem früheren Heimatrecht testierfähig war, diese Fähigkeit nicht durch einen Wechsel zur deutschen Nationalität und ist daher nach dem Statutenwechsel nach seinem alten Heimatrecht als testierfähig anzusehen, auch wenn das deutsche Recht ihm diese Fähigkeit abspricht. Die Regelung ist auf Fälle des Erwerbs anderer Staatsangehörigkeiten entsprechend anzuwenden (Staudinger/*Dörner* Art. 26 Rn 85; MüKo/*Birk* Art. 26 Rn 16; Bamberger/Roth/*Lorenz* Art. 26 Rn 12; Palandt/*Heldrich* Art. 26 Rn 9). Zur **Abgrenzung** der Testierfähigkeit **von der Form** (Art. 5 HTÜ bzw Art. 26 Abs. 3) siehe Art. 26 Rn 6.

18 **Im Übrigen** unterliegen letztwillige Verfügungen nach hM dem tatsächlichen Erbstatut iSd Art. 25 Abs. 1, das insbes über ihre **Auslegung** sowie darüber bestimme, mittels welcher materiell-rechtlichen Institute einer nach dem Errichtungsstatut »gültigen« Verfügung zur Durchsetzung zu verhelfen und ob ihr **Inhalt** zulässig sei (Palandt/*Heldrich* Rn 11; Staudinger/*Dörner* Rn 288; MüKo/*Birk* Art. 26 Rn 28 ff). Da sich der Erblasser bei der Verfügung idR am Errichtungsstatut orientiert hat, sollen bei der Auslegung die Grundsätze des Handelns unter falschem Recht (Art. 3 Rn 58) anzuwenden sein (BGH NJW 2004, 3558, 3561; Bamberger/Roth/*Lorenz* Art. 26 Rn 12 f; MüKo/*Birk* Art. 26 Rn 28; Palandt/*Heldrich* Rn 12). Überzeugender ist es, den Begriff der Gültigkeit iSd Art. 26 Abs. 5 Satz 1 weit auszulegen und auch Auslegung und Inhalt der Verfügung unter ihn zu fassen, da sich die »Gültigkeit« einer Verfügung nur nach ihrer vorherigen Auslegung und in Bezug auf dasjenige Recht beurteilen lässt, an dem sich die Verfügung orientiert (ähnlich Erman/*Hohloch* Art. 26 Rn 27: Maßgeblichkeit des Errichtungsstatuts bzgl inhaltlicher Anforderungen an die Wirksamkeit der Verfügung). Zur Qualifikation von Vorschriften, die die **Stellvertretung** bei der Testamtenserrichtung untersagen vgl Art. 26 Rn 7.

19 Die Zulässigkeit der Einsetzung von **Testamentsvollstreckern** und deren Befugnisse unterstehen ebenfalls dem Erbstatut (BGH NJW 1963, 46; BGH WM 69, 72; BayObLGZ 1999, 296, 302; BayObLG NJW-RR 2005, 594; Staudinger/*Dörner* Rn 274 ff).

2. Gemeinschaftliches Testament. Erbvertrag

20 Manche Rechtsordnungen, insb des romanischen und südamerikanischen Rechtskreises, lehnen gemeinschaftliche Testamenten und Erbverträge ab. Die hM (Staudinger/*Dörner* Rn 312; Erman/*Hohloch* Art. 26 Rn 27; MüKo/*Birk* Art. 26 Rn 100) **qualifiziert** derartige Verbote als Formvorschriften, wenn sie primär der Klarheit über den Inhalt der Verfügungen der Erblasser dienen (so das Verbot gemeinschaftlicher Testamente im franzö-

sischen, niederländischen, schweizerischen oder spanischen Recht), als inhaltliche Verbotsnormen, wenn sie auf inhaltlichen Bedenken gegen lebzeitige Bindung beruhen (so die Verbote von Erbverträgen sowie von gemeinschaftlichen Testamenten im italienischen, portugiesischen und kroatischen Recht, Nachw bei AnwK/*Kroiß* Art. 26 Rn 32 f). Im Grundsatz unbestritten ist, dass die Zulässigkeit der **Errichtung** von gemeinschaftlichen Testamenten und Erbverträgen gem Art. 26 Abs. 5 Satz 1 **für jede Partei getrennt** nach ihrem jeweils eigenen Errichtungsstatut zu beurteilen ist (BGHZ 19, 315, 316; BGH WM 78, 171, 173 jew implicite).

Verneint auch nur ein Errichtungsstatut eine lebzeitige Bindung aus **inhaltlichen** Gründen, ist die Verfügung insgesamt ungültig. Sehen beide Rechte eine unterschiedlich weit gehende Bindung vor, sind die Parteien durch kumulative Anwendung der Errichtungsstatute nur so weit gebunden, wie dies das bindungsfeindlichere der beiden Rechte gestattet (*Pfeiffer* FamRZ 1993, 1266, 1276 f; MüKo/*Birk* Art. 26 Rn 102; Erman/*Hohloch* Rn 31; aA Staudinger/*Dörner* Rn 324; Palandt/*Heldrich* Rn 13: Umfang der Bindung für jede Partei isoliert zu betrachten, der nach ihrem Recht stärker gebundenen Partei ist durch Auslegung oder Anpassung zu helfen). Handelt es sich bei dem Verbot gemeinschaftlicher Testamente um eine bloße **Formvorschrift**, kann die Verfügung zwar nicht nach dem Errichtungsstatut, aber gem Art. 4 HTÜ bzw Art. 26 Abs. 4 wirksam in einem Staat errichtet werden, dessen Recht wie das deutsche eine Bindung gestattet. Bei **Erbverträgen** mit erbrechtlicher Bindung nur einer Partei kommt es allein auf das Errichtungsstatut der betreffenden Partei an, während bei zweiseitigen Erbverträgen beide Errichtungsstatute kumuliert anzuwenden sind (ebenso MüKo/*Birk* Art. 26 Rn 133 f; Erman/*Hohloch* Rn 32). 21

3. Rechtsgeschäfte unter Lebenden auf den Todesfall. Erbschaftskauf. Erbverzicht. Testierverträge

Rechtsgeschäfte unter Lebenden auf den Todesfall, **insbes Schenkungen von Todes wegen** nach § 2301, sind nach hM erbrechtlich zu qualifizieren, wenn sie bei Erbfall noch nicht vollzogen waren, sonst unterliegen sie den Art. 27 ff bzw dem maßgeblichen Sachstatut. Ob Vollzug vorliegt, soll aus dem jeweiligen Einzel-, nicht dem Erbstatut folgen (BGH NJW 1959, 1317, 1318; OLG Düsseldorf FamRZ 2001, 1102, 1103 f mwN; Erman/*Hohloch* Rn 34; Bamberger/Roth/*Lorenz* Rn 39; aA zu Recht *Henrich*, FS Firsching (85), 111, 118; *ders* ZEV 2001, 486 f; ähnlich MüKo/*Siehr* Art. 26 Rn 155: auch insoweit Erbstatut). 22

Der **Erbschaftskauf** hat sowohl schuldrechtliche wie erbrechtliche Wirkungen, ist jedoch zur Vermeidung von Normwidersprüchen umfassend erbrechtlich zu qualifizieren (MüKo/*Siehr* Art. 26 Rn 162; Palandt/*Heldrich* Rn 10 aE; aA Bamberger/Roth/*Lorenz* Rn 41; Staudinger/*Dörner* Rn 416: Differenzierung zwischen schuld- und erbrechtlichen Aspekten). Als erbrechtliches Rechtsgeschäft untersteht der **Erbverzicht** dem Erbstatut, (BGH NJW 1997, 521; Staudinger/*Dörner* Rn 373; Erman/*Hohloch* Rn 33; MüKo/*Birk* Art. 26 Rn 145), während der ihm zugrunde liegende schuldrechtliche Vertrag den Art. 27 ff unterliegt. Auf die insbes im anglo-amerikanischen Recht vorkommenden **Testierverträge**, in denen sich der Erblasser schuldrechtlich zur Errichtung bestimmter Verfügungen verpflichtet (contract to make will), sind nicht die Art. 27 ff, sondern die Art. 25 Abs. 1, 26 Abs. 1 – Abs. 4, Abs. 5 analog anzuwenden (Bamberger/Roth/*Lorenz* Rn 42; MüKo/*Birk* Art. 26 Rn 152; Staudinger/*Dörner* Rn 387). 23

III. Vorfragen der Ehe und Kindschaft

Die sich iRd Anwendung des Erbstatuts stellende Vorfrage der Wirksamkeit einer Ehe ist entsprechend der Grundregel (Art. 3 Rn 54 ff) **selbständig** nach Art. 13 **anzuknüpfen** (BGH NJW 1981, 1900, 1901; OLG Zweibrücken FamRZ 2003, 1697, 1699; OLG Frankfurt FamRZ 2002, 705, 706; Erman/*Hohloch* Rn 9; Bamberger/Roth/*Lorenz* Rn 45 f). Unterscheidet das ausländische Erbstatut zwischen ehelichen und **nichtehelichen Kindern**, so ist die 24

Art. 25 EGBGB | Rechtsnachfolge von Todes wegen

Frage der Ehelichkeit bzw Nichtehelichkeit des Kindes, da sie im deutschen IPR keine Bedeutung mehr hat und eine unselbständige Anknüpfung daher die Einheit der deutschen Rechtsordnung nicht berührt, nach der lex causae zu beurteilen (BayObLG FamRZ 2003, 1595, 1597).

25 Äußerst problematisch und umstritten ist die erbrechtliche Stellung **angenommener (adoptierter) Kinder**. Im Ausgangspunkt besteht im Hinblick auf die durch Adoption vermittelte **Verwandtschaft** Einigkeit darüber, dass das Erbstatut entscheidet, welches Verwandtschaftsverhältnis zwischen dem Erblasser und dem potentiellen Erben bestehen muss, während dem (selbständig anzuknüpfenden) Adoptionsstatut iSd Art. 22 zu entnehmen ist, ob diese Verwandtschaft besteht (BGH FamRZ 1989, 378, 381; BayObLG ZEV 2003, 503, 504; Erman/*Hohloch* Rn 9; Staudinger/*Dörner* Rn 165 ff; AnwK/*Benicke* Art. 22 Rn 40, 42 mwN). Fraglich ist, wie zu verfahren ist, wenn dem angenommenen Kind aufgrund besonderer erbrechtlicher Wertungen entweder nach dem Erb- oder dem Adoptionsstatut kein **Erb- bzw Pflichtteilsrecht** zusteht, weil insoweit zwischen allein erbberechtigten leiblichen und von der Erbfolge ausgeschlossenen angenommenen Kindern unterschieden wird. Soweit lediglich das Adoptionsstatut das Erbrecht versagt, schadet dies bei der Anerkennung eines Erbrechts durch das Erbstatut nicht. Im umgekehrten Fall, in dem das Erbstatut angenommene Kinder von der Erbfolge ausschließt, erhält das Adoptivkind dagegen das ihm fehlende Erbrecht auch nicht deswegen, weil es ein solches nach dem Adoptionsstatut besäße (str, Nachw bei AnwK/*Benicke*, Art. 22 Rn 40 ff). Bei der Auslegung letztwilliger Verfügungen ist ggf zu beachten, dass der Erblasser ein angenommenes Kind evtl nur deswegen nicht oder nicht hinreichend bedacht hat, weil er irrig davon ausging, dessen erbrechtliche Stellung ergebe sich aus dem vom Erbstatut insoweit abweichenden Adoptionsstatut; ggf ist anzupassen.

D. Rechtswahl (Art. 25 Abs. 2)

26 Trotz grdser Unzulässigkeit der Rechtswahl iRd Art. 25, 26 (BT-Ds 10/504, 74) ist diese **in zwei Fällen** möglich. Zum einen kann der Erblasser gem Art. 25 Abs. 2 durch Verfügung von Todes wegen für inländisches Immobiliarvermögen die Geltung deutschen Erbrechts anordnen. Zum anderen ist eine Rechtswahl insoweit zulässig, wie sie vom IPR des Heimatstaates des Erblassers gestattet wird, da Art. 25 Abs. 1 eine Gesamtverweisung auf dieses Recht ausspricht (vgl Rn 29 f).

27 Über die **Wirksamkeit** der Rechtswahl entscheidet im Fall des Art. 25 Abs. 2 analog Art. 27 Abs. 4, 31 das deutsche, im Fall der Rechtswahlmöglichkeit nach dem IPR des Heimatstaates des Erblassers das ausländische Recht (OLG Zweibrücken FamRZ 2003, 1697, 1698; *Tiedemann* RabelsZ 55 (1991), 17, 26 f; Staudinger/*Dörner* Rn 492; MüKo/*Birk* Rn 32). Die **Abgrenzung** von beweglichem und unbeweglichem Vermögen iSd Art. 25 Abs. 2 entspricht derjenigen des BGB. Zum unbeweglichen Vermögen iSd Art. 25 Abs. 2 zählen daher Grundstücke und grundstücksgleiche Rechte (Wohnungseigentum und Erbbaurechte) nebst Zubehör und die beschränkt dinglichen Rechte. Die Rechtswahl nach Art. 25 Abs. 2 muss in einer letztwilligen Verfügung enthalten sein (auch isoliertes Rechtswahltestament ist zulässig), setzt Testierfähigkeit voraus und hat die Formvorgaben des Art. 26 Abs. 1 – Abs. 4 bzw des HTÜ zu beachten und kann sich auf sämtliche oder auch nur einzelne inländische Immobilien beziehen. Auch eine **konkludente (Teil-)Rechtswahl** kommt nach § 2084 in Betracht, wenn die Verfügung den Willen des Erblassers hinreichend deutlich erkennen lässt, die inländische(n) Immobilie(n) deutschem Recht zu unterstellen, wofür insbes die inhaltliche Ausrichtung der Verfügung am deutschem Recht sprechen kann (BayObLG FamRZ 1996, 694, 696; OLG Zweibrücken FamRZ 2003, 1697, 1698; Soergel/*Schurig* Rn 10); bei der Annahme einer Teilrechtswahl ist allerdings große Zurückhaltung geboten (*Süß* ZEV 2003, 164 f; *Schack* GS Lüderitz (2000), 659, 668; Staudinger/*Dörner* Rn 501).

28 Wählt der Erblasser entgegen Art. 25 Abs. 2 auch für ausländische Immobilien und/oder inländische Mobilien deutsches Recht, so ist nach deutschem Sachrecht (Bamberger/

Roth/*Lorenz* Rn 21) zu prüfen, ob die **Teilunwirksamkeit der Rechtswahl** diese insgesamt hinfällig werden lässt. Maßgeblich ist der Erblasserwille, dh die Frage, ob der Erblasser eine Teilrechtswahl und eine aus ihr folgende Nachlassspaltung mit ihren nicht vorhergesehenen sachrechtlichen Folgen gewollt hätte, wovon nur ausnahmsweise ausgegangen werden kann. Bei einer **unwirksamen Rechtswahl** ist dem Erblasserwillen im Rahmen des objektiv ermittelten Erbstatuts nach Möglichkeit im Wege der Auslegung der letztwilligen Verfügung und der Substitution zur Durchsetzung zu verhelfen (BGH NJW-RR 2006, 948 f; BayObLGZ 2003, 68, 82 f).

Der **Widerruf der Rechtswahl** ist jederzeit durch Verfügung von Todes wegen möglich. 29 War die Rechtswahl Bestandteil eines gemeinschaftlichen Testaments oder Erbvertrages, kann der Widerruf jedoch eine nach dem damaligen Errichtungsstatut gültige Verfügung und die Bindung an sie nicht mehr beseitigen (hM Staudinger/*Dörner* Rn 514; Palandt/ *Heldrich* Rn 8; aA MüKo/*Birk* Rn 58: nur gemeinschaftlicher Widerruf möglich).

E. Allgemeine Fragen

I. Renvoi, Unteranknüpfung

Art. 25 Abs. 1 enthält einen **Gesamtverweis** auf das Heimatrecht des Erblassers (Art. 4 30 Abs. 1 Satz 1 Hs 1). Knüpft dessen IPR anders als Art. 25 Abs. 1 an den letzten gewöhnlichen Aufenthalt bzw Wohnsitz oder das domicile des Erblassers an, ist eine sich daraus ergebende Rück- bzw Weiterverweisung zu befolgen. Knüpft das ausländische IPR die Rechtsnachfolge in den beweglichen anders an als diejenigen in den unbeweglichen Nachlass, ist dies zu beachten, auch wenn daraus **Nachlassspaltung** resultiert (näher Rn 31 f). Dabei entscheidet grds das ausländische IPR über die Qualifikation von Gegenständen als beweglich oder unbeweglich, kann diese Qualifikation aber auch dem Recht der Belegenheit der Immobilie überlassen (BGHZ 144, 251, 253 ff – Qualifikationsrenvoi). Der Begriff des unbeweglichen Vermögens iSd des deutschen Rechts ist eng auszulegen (BGHZ 131, 22, 28 f); der gesamthänderische Anteil des Erblassers an einer Personengesellschaft zählt selbst dann nicht zum unbeweglichen Vermögen, wenn Immobilien zum Gesellschaftsvermögen zählen (BGHZ 24, 253, 367 f), ebenso wenig Ansprüche aus einer Miterbengesellschaft mit Immobilienbesitz (BGHZ 146, 310, 315 f), oder Ansprüche auf Rückübertragung von Immobilien nach dem Vermögensgesetz (BGHZ 144, 251, 253 ff).

Eine **Sachnormverweisung** liegt vor, wenn das anwendbare Recht auf einer wirksamen 31 Rechtswahl (Art. 25 Abs. 2) bzw zulässigen Rechtswahl nach einem ausländischem Recht beruht, Art. 4 Abs. 2. Gleiches gilt nach dem Sinn der Verweisung gem Art. 4 Abs. 1 Satz 1 Hs 2 bei den Anknüpfungen nach den oben Rn 3 ff genannten Konsularverträgen sowie im Rahmen der Formanknüpfung gem Art. 26 Abs. 1-Abs. 4 bzw dem HTÜ.

II. Nachlassspaltung

Nachlassspaltung tritt ein, wenn **unterschiedliche Teile des Nachlasses unterschiedli-** 32 **chen Sachrechten** unterliegen, insbes der bewegliche Nachlass einem anderen Recht untersteht als der unbewegliche. Hierzu kann es iRd deutsch-türkischen und deutschsowjetischen Konsularverträge, der Wahl deutschen Rechts für inländische Immobilien gem Art. 25 Abs. 2 wie auch gem Art. 4 Abs. 1 Satz 1 kommen, wenn das IPR des Heimatstaates des Erblassers zwischen beweglichem und unbeweglichem Vermögen unterscheidet und auf unterschiedliche Rechte rück- bzw weiterverweist. Schließlich kann **Art. 3 Abs. 3** eine Nachlassspaltung bewirken, wenn das Recht der Belegenheit von Nachlassimmobilien diese aus zwingenden sachrechtlichen Gründen oder aber nach seinem Kollisionsrecht der lex rei sitae unterstellt (BGH NJW 1993, 1920, 1921; BGH NJW 2004, 3558, 3560; näher AnwK/*Freitag* Art. 3 Rn 68 f). Über den **Umfang der Sonderanknüpfung** an das besondere Erbstatut bestimmt grds dieses (BayObLG FamRZ 2003, 1327, 1330; AnwK/*Freitag* Art. 3 Rn 67).

Art. 25 EGBGB | Rechtsnachfolge von Todes wegen

33 Im Fall der Nachlassspaltung ist zunächst **jeder Teilnachlass selbständig** so zu behandeln, als sei er (etwa in Bezug auf Auslegung, Wirksamkeit und Inhalt letztwilliger Verfügungen, Erbberechtigung, Pflichtteilsrechte, Ausschlagung, Erbenhaftung etc) infolge eines eigenständigen Erbganges angefallen (BGHZ 24, 352, 355 f; BayObLG NJW 2003, 216, 217; Bamberger/Roth/*Lorenz* Rn 50). Der Erblasser kann die **Erbfolge** in einzelne Spaltnachlässe auch **unterschiedlich regeln** (BayObLG FamRZ 1995, 1089, 1091; FamRZ 2003, 1327, 1331; Staudinger/*Dörner* Rn 730 ff). Entsprechen die Folgen der Nachlassspaltung jedoch nicht den Vorstellungen des Erblassers, ist im Rahmen der anwendbaren Sachrechte durch **Auslegung** letztwilliger Verfügungen zu helfen, um unbeabsichtigte Ungleichbehandlungen im Einklang mit dem Erblasserwillen zu vermeiden (BGHZ 134, 60, 63; BGH NJW 2004, 3558 ff; BayObLG NJW 2000, 440 f; OLG Hamm FamRZ 1998, 121 f), ggf ist **anzupassen**, insbes um andernfalls fehlende oder zu geringe Pflichtteilsansprüche zu vermeiden (Staudinger/*Dörner* Rn 750; Bamberger/Roth/*Lorenz* Rn 51).

III. Ordre public (Art. 6)

34 Bei der Anwendung des ordre public iSd Art. 6 ist zwischen ges und testamentarischer Erbfolge zu unterscheiden. **Letztwillige Verfügungen**, die bestimmte Personen wegen ihres Geschlechts, Glaubens oder ihrer Herkunft diskriminieren, sind allenfalls sittenwidrig, wenn eine vergleichbare Verfügung nach deutschem Sachrecht gem § 138 verboten wäre, was nur selten der Fall sein wird (MüKo/*Birk* Rn 114; Erman/*Hohloch* Rn 8).

35 Die Anwendung einer Rechtsordnung iRd **ges Erbfolge**, die selbst enge Verwandte bzw Ehegatten vom Erbrecht insgesamt ausschließt und auch kein Noterbrecht (Pflichtteil) und Ehegatten auch keinen güterrechtlichen Ausgleich gewährt, verstößt jedenfalls dann gegen Art. 14 Abs. 1 GG iVm Art. 6, falls die iSd deutschen Rechts erbberechtigte Person hierdurch im Inland sozialhilfebedürftig wird (Staudinger/*Dörner* Rn 695; Soergel/*Schurig* Rn 104; MüKo/*Birk* Rn 113). Die Diskriminierung von Personen allein wegen ihres Geschlechts, der Staatsangehörigkeit oder ihres Glaubens iRd ges Erbfolge verstößt jedenfalls dann gegen Art. 3, 4, 14 GG, wenn der Erblasser eine Verfügung gleichen Inhalts nach deutschem Recht nicht wirksam hätte treffen können (OLG Hamm FamRZ 2005, 1705, 1707 f).

F. Nachlassverfahren mit internationalen Bezügen

36 Die Internationale Zuständigkeit (IZ) der deutschen Gerichte in Nachlasssachen ist nicht ausdrücklich gesetzlich geregelt. Die Rspr geht iSd sog **Gleichlauftheorie** davon aus, die IZ deutscher Gerichte für die Erteilung von Erbscheinen und Testamentsvollstreckerzeugnissen bestehe nur, wenn der Nachlass deutschem Recht unterliege (BayObLG FamRZ 2005, 310, 311; OLG Hamm FamRZ 2005, 1705; OLG Zweibrücken FamRZ 2003, 1697, 1700; KG FamRZ 2001, 794, 795; OLG Brandenburg FamRZ 1998, 985, 986; Palandt/*Heldrich* Rn 18; aA die hL, wonach die IZ aus der örtlichen Zuständigkeit der Nachlassgerichte gem § 73 FGG folge und daher auch fremdes Erbrecht anzuwenden sei, etwa Staudinger/*Dörner* Rn 810 ff; MüKo/*Birk* Rn 315 ff; Bamberger/Roth/*Lorenz* Rn 63). Eine IZ deutscher Gerichte trotz fremdem Erbstatuts kommt nur in Betracht für die Erteilung von **Fremdrechtserbscheinen** gem § 2369 bzw **Fremdrechtszeugnissen** für den Testamtensvollstrecker gem § 2368 Abs. 3 iVm 2369 in Bezug auf inländischen Nachlass, für Maßnahmen zur **Sicherung inländischen Nachlasses** gem § 1960 sowie ausnahmsweise als **Notzuständigkeit**, falls wegen Unzuständigkeit oder Untätigkeit ausländischer Gerichte andernfalls Rechtsverweigerung droht (BayObLG NJW-RR 2000, 298, 299 f; OLG Hamm OLGZ 73, 289, 293; OLG Zweibrücken IPRax 1987, 108, 109; Bamberger/Roth/*Lorenz* Rn 64; Palandt/*Heldrich* Rn 18 f).

37 Bei IZ der deutschen Gerichte wegen Anwendbarkeit deutschen Erbrechts wird gem § 2353 ein **Eigenrechtserbschein** ausgestellt. Ist deutsches Erbrecht infolge Nachlassspaltung (Rn 31 f) nur für inländischen Nachlass berufen, besteht IZ nur in Bezug auf diesen,

ausgestellt wird ein **gegenständlich beschränkter Erbschein**, dessen territorial bzw gegenständlich begrenzte Wirkung ebenso deutlich zu machen ist, wie die grdse Maßgeblichkeit fremden Erbrechts (BayObLGZ 1961, 4, 21 f; KG Ppfleger 77, 307; Staudinger/ *Dörner* Rn 840; Bamberger/Roth/*Lorenz* Rn 65).

Ausländischen Erbrechtsbescheinigungen (Einantwortungsurkunden, Rotsiegelbeschlüssen nach österreichischem Recht) und Testamentsvollstreckerzeugnissen kommt nach ihrem Heimatrecht regelmäßig keine ähnlich weitgehende Wirkung zu wie sie das deutsche Recht für inländische Erbscheine und Zeugnisse vorsieht. Weithin unbestritten ist, dass nur Erbscheine und Zeugnisse, die von deutschen Behörden ausgestellt wurden, die **materiell-rechtliche Gutglaubenswirkung** der §§ 2365 ff entfalten können (Staudinger/ *Dörner* Rn 875; Bamberger/Roth/*Lorenz* Rn 73; unklar Erman/*Hohloch* Rn 55, MüKo/*Birk* Rn 359 ff, die bei ausländischen Akten auf deren Anerkennungsfähigkeit iSd § 16a FGG abstellen und dabei verkennen, dass es sich um ein Problem der Substitution handelt). Eine Ausnahme gilt im deutsch-türkischen Rechtsverkehr gem § 17 des deutsch-türkischen Nachlassabkommens (dazu Rn 2), wonach ein Zeugnis eines Mitgliedsstaates über die Erbfolge in den beweglichen Nachlass auch im anderen Mitgliedstaat dem Nachweis der Erbfolge dient. Ist eine ausländische Entscheidung in Nachlasssachen iSd § 16a FGG anerkennungsfähig, so können ihre verfahrensrechtlichen Wirkungen auf das Inland erstreckt werden, insbes ist der im Ausland eingesetzte Testamentsvollstrecker dann auch im Inland grds als iSd ausländischen Rechts verfügungsbefugt zu betrachten. 38

Art. 26 EGBGB
Verfügungen von Todes wegen

(1) Eine letztwillige Verfügung ist, auch wenn sie von mehreren Personen in derselben Urkunde errichtet wird, hinsichtlich ihrer Form gültig, wenn diese den Formerfordernissen entspricht

1. des Rechts eines Staates, dem der Erblasser ungeachtet des Artikels 5 Abs. 1 im Zeitpunkt, in dem er letztwillig verfügt hat, oder im Zeitpunkt seines Todes angehörte,

2. des Rechts des Ortes, an dem der Erblasser letztwillig verfügt hat,

3. des Rechts eines Ortes, an dem der Erblasser im Zeitpunkt, in dem er letztwillig verfügt hat, oder im Zeitpunkt seines Todes seinen Wohnsitz oder gewöhnlichen Aufenthalt hatte,

4. des Rechts des Ortes, an dem sich unbewegliches Vermögen des Erblassers befindet, soweit es sich um dieses handelt, oder

5. des Rechts, das auf die Rechtsnachfolge von Todes wegen anzuwenden ist oder im Zeitpunkt der Verfügung anzuwenden wäre.

Ob der Erblasser an einem bestimmten Ort einen Wohnsitz hatte, regelt das an diesem Ort geltende Recht.

(2) Abs. 1 ist auch auf letztwillige Verfügungen anzuwenden, durch die eine frühere letztwillige Verfügung widerrufen wird. Der Widerruf ist hinsichtlich seiner Form auch dann gültig, wenn diese einer der Rechtsordnungen entspricht, nach denen die widerrufene letztwillige Verfügung gemäß Absatz 1 gültig war.

(3) Die Vorschriften, welche die für letztwillige Verfügungen zugelassenen Formen mit Beziehung auf das Alter, die Staatsangehörigkeit oder andere persönliche Eigenschaften des Erblassers beschränken, werden als zur Form gehörend angesehen. Das

Art. 26 EGBGB | Verfügungen von Todes wegen

gleiche gilt für Eigenschaften, welche die für die Gültigkeit einer letztwilligen Verfügung erforderlichen Zeugen besitzen müssen.

(4) Die Absätze 1 – 3 gelten für andere Verfügungen von Todes wegen entsprechend.

(5) Im Übrigen unterliegen die Gültigkeit der Errichtung einer Verfügung von Todes wegen und die Bindung an sie dem Recht, das im Zeitpunkt der Verfügung auf die Rechtsnachfolge von Todes wegen anzuwenden wäre. Die einmal erlangte Testierfähigkeit wird durch Erwerb oder Verlust der deutschen Staatsangehörigkeit nicht beeinträchtigt.

Inhaltsverzeichnis

		Rn
A.	Einleitung	1–4
B.	Anwendungsbereich	5–8
	I. Formfragen	5–7
	II. Letztwillige Verfügungen (Art. 26 Abs. 1) sowie sonstige Verfügungen von Todes wegen (Art. 26 Abs. 4)	8
C.	Formanknüpfung, Folgen von Verstößen	9–11

A. Einleitung

1 Art. 26 Abs. 1 – Abs. 4 normieren das auf die **Form** letztwilliger Verfügungen anwendbare Recht. Dagegen enthält **Art. 26 Abs. 5**, der die Maßgeblichkeit des Errichtungsstatuts für Fragen der Gültigkeit letztwilliger Verfügungen und der Bindung an sie anordnet, eine materielle Sonderregelung zu Art. 25 Abs. 1, die im Zusammenhangs mit Art. 25 zu kommentieren ist (dort Rn 20 ff).

2 Art. 26 Abs. 1-Abs. 3 übernehmen inhaltlich die Anknüpfungsregeln des für Deutschland geltenden **Haager Testamentsübereinkommen** von 1961 (HTÜ, Nachw Art. 25 Rn 1) in das EGBGB. Umstritten, aufgrund der inhaltlichen Übereinstimmung von Art. 26 Abs. 1-Abs. 3 und HTÜ aber weitgehend ohne praktische Relevanz ist, ob Art. 26 wegen Vorrangs (vgl Art. 3 Abs. 2) des HTÜ insoweit rein deklaratorischen Charakter haben, als sie mit dem HTÜ übereinstimmen (zu den Abweichungen Rn 3 f) und daher ausschließlich dieses anzuwenden ist (so BGH NJW 2004, 3558 ff; NJW 1995, 58), oder ob umgekehrt das HTÜ hinter die nationale lex posterior des Art. 26 Abs. 1-Abs. 3 zurücktritt oder ob die Anwendung des Art. 26 zumindest völkerrechtlich zulässig ist (Nachw bei MüKo/*Birk* Rn 2; Bamberger/Roth/*Lorenz* Rn 2; Staudinger/*Dörner* Rn 12 ff). In jedem Fall ist beim Rückgriff auf Art. 26 Abs. 1 – Abs. 3 deren völkervertraglichen Ursprung Rechnung zu tragen, insbes durch **Auslegung** des Art. 26 am Maßstab des HTÜ und der grdsen Annahme von **Sachnormverweisungen** (Rn 4).

3 **Autonomes IPR** ohne Entsprechung im HTÜ enthalten Art. 26 Abs. 1 Nr. 5, Abs. 2, Abs. 4. Die Formanknüpfungen der **Art. 26 Abs. 1 Nr. 5** und **Art. 26 Abs. 2** sind zwar in Art. 1 lit a–d HTÜ nicht enthalten, mit dem HTÜ aber vereinbar, da Art. 3 HTÜ den Mitgliedstaaten gestattet, zusätzliche Formerleichterungen einzuführen. Auch die Erstreckung der nur für einseitige letztwillige Verfügungen und gemeinschaftliche Testamente geltenden Formanknüpfungen des HTÜ auf »sonstige« Verfügungen von Todes wegen, insbes auf Erbverträge, durch **Art. 26 Abs. 4** ist rein deutsch-rechtlichen Ursprungs.

4 Das HTÜ ist gem seinem Art. 6 als **loi uniforme** ausgestaltet und daher auch anzuwenden, wenn es auf das Recht eines Staates verweist, der seinerseits nicht dem HTÜ angehört und die Form letztwilliger Verfügungen abweichend anknüpft (BGH NJW 2004, 3558 ff). Die Verweise des HTÜ und damit auch des Art. 26 Abs. 1-Abs. 3 stellen aufgrund des Wortlauts des Art. 1 HTÜ (»innerstaatliches Recht«) wie auch ihrer völkervertraglichen Natur **Sachnormverweise** dar (MüKo/*Birk* Rn 48; Staudinger/*Dörner* Rn 32; Palandt/*Heldrich* Rn 2; Erman/*Hohloch* Rn 6; aA Bamberger/Roth/*Lorenz* Rn 7; Soergel/*Schurig* Rn 14: Weiterverweisung zu Gunsten der Gültigkeit der Verfügung zu

Verfügungen von Todes wegen | Art. 26 EGBGB

beachten). Eine **mittelbare Gesamtverweisung** enthält **Art. 26 Abs. 1 Nr. 5**, wonach auch die Einhaltung der Form des tatsächlichen Erbstatuts iSd Art. 25 bzw des Errichtungsstatuts iSd Art. 26 Abs. 5 genügt, das ggf erst aufgrund Rück- oder Weiterverweisung durch das IPR des Heimatrechts des Erblassers ermittelt werden kann (Palandt/*Heldrich* Rn 2).

B. Anwendungsbereich

I. Formfragen

Für die Frage, welche Materien zur Form zählen, sind zunächst **Art. 26 Abs. 3** (Art. 5 HTÜ) 5 maßgeblich. Danach sind solche Vorschriften als zur Form gehörig anzusehen, die die für letztwillige Verfügungen zugelassenen Formen mit Beziehung auf das Alter, die Staatsangehörigkeit oder andere persönliche Eigenschaften des Erblassers beschränken. Gleiches gilt für Eigenschaften, welche die für die Gültigkeit einer letztwilligen Verfügung erforderlichen Zeugen besitzen müssen. Art. 26 Abs. 3 (Art. 5 HTÜ) enthalten indes keine umfassende autonome Definition der Form. Soweit Art. 5 HTÜ keine Vorgaben macht, müsste die Qualifikationsfrage zwar autonom iSd HTÜ geklärt werden (MüKo/*Birk* Rn 46; Bamberger/Roth/*Lorenz* Rn 5), was mangels aussagekräftiger Anhaltspunkte im HTÜ indes unmöglich ist. Ersatzweise ist daher auf die Vorstellungen der **lex fori** zurückzugreifen (Staudinger/*Dörner* vor Art. 25 Rn 84; Bamberger/Roth/*Lorenz* Rn 5; aA Palandt/*Heldrich* Rn 6: Qualifikation lege causae).

Die nach dem Errichtungsstatut zu beurteilende **Testierfähigkeit** (Art. 25 Rn 17) ist ab- 6 zugrenzen von Vorschriften, die die für letztwillige Verfügungen zugelassenen Formen mit Beziehung auf das **Alter** beschränken (Art. 5 Satz 1 HTÜ, Art. 26 Abs. 3 Satz 1). Zwar hängt die Testierfähigkeit wohl nach den meisten Rechtsordnungen ua vom Alter des Testators ab (vgl § 2229 Abs. 1), doch sind nach dem Wortlaut der Art. 5 HTÜ, Art. 26 Abs. 3 nur solche Vorschriften als Formregelungen zu qualifizieren, die dem Erblasser bei auch in Bezug auf sein Alter grds gegebener Testierfähigkeit die Errichtung der Verfügung in einer bestimmten Form untersagen bzw die Art und Weise der Errichtung besonders regeln, wie insbes die §§ 2233 Abs. 1, 2247 Abs. 4, 2275 (Soergel/*Schurig* Rn 19; Bamberger/Roth/*Lorenz* Rn 5; Staudinger/*Dörner* vor Art. 25 Rn 90).

Vorschriften über die (Un-)Zulässigkeit der Errichtung der Verfügung durch **Stellvertre-** 7 **ter** sind als Formanforderungen zu qualifizieren, wenn sie nicht wie die §§ 2064, 2274, 2347 den Schutz der Willensentschließungsfreiheit des Erblassers, sondern allein die Wahrung der Übereinstimmung des Inhalts des niedergelegten Testamentsinhalts mit dem unbeeinflusst gebildeten Willen des Erblassers bezwecken (Staudinger/*Dörner* vor Art. 25 Rn 310; Bamberger/Roth/*Lorenz* Rn 5). Zur **Abgrenzung** zwischen Anforderungen an die **Form** und **an die materielle Wirksamkeit** bei gemeinschaftlichen Testamten und Erbverträgen vgl Art. 25 Rn 15 ff.

II. Letztwillige Verfügungen (Art. 26 Abs. 1) sowie sonstige Verfügungen von Todes wegen (Art. 26 Abs. 4)

Art. 26 Abs. 1 sowie das HTÜ gelten originär nur für **letztwillige Verfügungen** sowie 8 **gemeinschaftliche Testamente** (Art. 4 HTÜ). Das HTÜ enthält keine Definition der letztwilligen Verfügung. Aus Art. 4 HTÜ, wonach auch letztwillige Verfügungen, die zwei oder mehr Personen in derselben Urkunde errichtet haben, in den Anwendungsbereich des HTÜ fallen, folgt jedoch im Gegenschluss, dass **nur einseitige Verfügungen** von Todes wegen erfasst sind (Staudinger/*Dörner* vor Art. 25 Rn 76). **Art. 26 Abs. 4** erweitert den Anwendungsbereich des Art. 26 Abs. 1 als Regelung des autonomen deutschen Rechts auch auf **Erbverträge** und **Erbverzichte**.

C. Formanknüpfung, Folgen von Verstößen

9   Grds genügt iRd HTÜ bzw Art. 26 **im Interesse der Formwirksamkeit** der Verfügung die Wahrung einer der alternativ anwendbaren Formen. Bei **einseitigen** letztwilligen Verfügungen genügt es daher, wenn der Testator die Formanforderungen des ihm günstigsten der im HTÜ bzw Art. 26 Abs. 1 genannten Rechte einhält. Für den eher theoretischen Fall, dass **mehrere Personen** an verschiedenen Orten letztwillige Verfügungen getroffen haben, die in einer Urkunde dokumentiert sind (gemeinschaftliches Testament, Erbvertrag), sind jedoch in Bezug auf jede Verfügung die Formanforderungen des HTÜ bzw des Art. 26 getrennt zu prüfen (Staudinger/*Dörner* vor Art. 25 Rn 78; Soergel/*Schurig* Rn 7; MüKo/*Birk* Rn 69; aA Erman/*Hohloch* Rn 19: analoge Anwendung von Art. 11).

10 Die alternativen Formanknüpfungen des Art. 1 HTÜ bzw Art. 26 Abs. 1 bedürfen keiner detaillierten Kommentierung. Im Rahmen der Anwendung der berufenen Sachrechte kann sich die allgemeine Frage stellen, ob die vom anwendbaren Formstatut vorgeschriebene Form durch eine Handlung im Ausland **substituiert** werden kann; insoweit gelten die gleichen Grundsätze wie iRd Art. 11. Bei der Anknüpfung der Form an die Staatsangehörigkeit des Erblassers gem **Art. 26 Abs. 1 Nr. 1** (Art. 1 lit b HTÜ) folgt aus der Formulierung des Art. 26 Abs. 1 Nr. 1, dass es bei Mehrstaatern entgegen Art. 5 Abs. 1 genügt, wenn die Form irgendeines der Heimatrechte eingehalten sind. In Bezug auf **Art. 26 Abs. 1 Nr. 2** (Art. 1 lit a HTÜ) ergibt sich aus dem Gegenschluss zu Art. 1 lit c, d HTÜ, dass es genügt, wenn der Testator ausschließlich zur Errichtung der Verfügung in einen Staat gereist ist, nach dessen Recht die Verfügung wirksam ist; eine weitere Beziehung zum Errichtungsstaat ist nicht erforderlich.

11 Ist eine einseitige Verfügung **formunwirksam**, so entscheidet das mildeste der anwendbaren Rechte über die Folgen des Verstoßes, insbes ob die Verfügung unwirksam oder bloß vernichtbar ist (Bamberger/Roth/*Lorenz* Rn 6). Bei zwei- bzw mehrseitigen Verfügungen führt die Formunwirksamkeit auch nur einer (Teil-)Verfügung dazu, dass die Verfügung insgesamt hinfällig wird (Art. 25 Rn 21).

Art. 220 Übergangsvorschrift zum Gesetz vom 25. Juli 1986 zur Neuregelung des Internationalen Privatrechts

(1) Auf vor dem 1. September 1986 abgeschlossene Vorgänge bleibt das bisherige Internationale Privatrecht anwendbar.

(2) Die Wirkungen familienrechtlicher Rechtsverhältnisse unterliegen von dem in Absatz 1 genannten Tag an den Vorschriften des Zweiten Kapitels des Ersten Teils.

(3) Die güterrechtlichen Wirkungen von Ehen, die nach dem 31. März 1953 und vor dem 9. April 1983 geschlossen worden sind, unterliegen bis zum 8. April 1983

1. dem Recht des Staates, dem beide Ehegatten bei der Eheschließung angehörten, sonst

2. dem Recht, dem die Ehegatten sich unterstellt haben oder von dessen Anwendung sie ausgegangen sind, insb nach dem sie einen Ehevertrag geschlossen haben, hilfsweise

3. dem Recht des Staates, dem der Ehemann bei der Eheschließung angehörte.

Für die Zeit nach dem 8. April 1983 ist Artikel 15 anzuwenden. Dabei tritt für Ehen, auf die vorher Satz 1 Nr. 3 anzuwenden war, an die Stelle des Zeitpunkts der Eheschließung der 9. April 1983. Soweit sich allein aus einem Wechsel des anzuwendenden Rechts zum Ablauf des 8. April 1983 Ansprüche wegen der Beendigung des früheren Güterstands ergeben würden, gelten sie bis zu dem in Absatz 1 genannten Tag als gestundet.

Auf die güterrechtlichen Wirkungen von Ehen, die nach dem 8. April 1983 geschlossen worden sind, ist Artikel 15 anzuwenden. Die güterrechtlichen Wirkungen von Ehen, die vor dem 1. April 1953 geschlossen worden sind, bleiben unberührt; die Ehegatten können jedoch eine Rechtswahl nach Artikel 15 Abs. 2 und 3 treffen.

(4) (weggefallen)

(5) (weggefallen)

A. Zweck

Am 1. 9. 1986 ist das Gesetz zur Neuregelung des internationalen Privatrechts v 25. 7. 1986 **1** (BGBl I S 1142) in Kraft getreten. Es setzte die Art. 4, 7, 8, 11, 13 – 31 aF, die überwiegend einseitige Kollisionsnormen enthielten, außer Kraft und führte neue Anknüpfungsnormen ein. Dadurch konnte die Rechtsordnung, der ein bestimmtes Rechtsverhältnis unterliegt, wechseln (Statutenwechsel), und es aus dem zeitlichen Nacheinander von Rechtsnormen zu Konflikten kommen. Art. 220 als intertemporale Kollisionsnorm enthält Übergangsvorschriften, die die Abgrenzung des neuen, am 1. 9. 1986 in Kraft getretenen IPR-Neuregelungsgesetzes vom alten Kollisionsrecht festlegen. Der Gesetzgeber verstand Art. 220 Abs. 1-Abs. 3 nicht als abschließende Regelung, sondern schloss ausdrücklich »ein Rückgriff auf Übergangsgrundsätze, die in den Art. 153 ff EGBGB Ausdruck gefunden haben, ... zur Ergänzung« nicht aus (BT-Ds 10/504 S 85).

Abs. 1 und Abs. 2 enthalten allgemeine bzw verallgemeinerungsfähige Regelungen, wäh- **2** rend der komplizierte Abs. 3 auch Sachnormen für das Ehegüterrecht enthält, die nötig wurden, da Art. 15 Abs. 1, Abs. 2 Hs 2 aF verfassungswidrig (BVerfGE NJW 1983, 1968, 1970; 1987, 583; 2003, 1656, 1657; *Basedow* NJW 1986, 2971, 2973; *Henrich* IPRax 1987, 93 ff; *Lichtenberger* DNotZ 1986, 844, 872) war (Staudinger/*Dörner* Rn 1). Die vormaligen Abs. 4 und Abs. 5 enthielten Sachnormen zum deutschen internationalen Ehe- und Kindschaftsnamensrecht, die durch das Gesetz zur Neuordnung des Familiennamensrechts v 16. 12. 1993 (BGBl I 2054) mit Wirkung zum 1. 4. 1994 fortgefallen sind.

Die intertemporale Abgrenzung der verfahrensrechtlichen Vorschriften des IPRG be- **3** stimmt Art. 220 nicht. Hier gilt der Grundsatz, dass immer das neuste Verfahrensrecht anzuwenden ist (MüKo/*Sonnenberger* Rn 2 mit Fußn 1).

B. Grundsatz der Nichtberücksichtigung (Abs. 1)

Für Vorgänge, die seit Inkrafttreten des neuen Rechts, also ab dem 1. 9. 1986, **abgeschlos-** **4** **sen** werden, gilt das neue IPR. Dem Gesetzgeber war das so selbstverständlich, dass ihm eine besondere Erwähnung entbehrlich erschien (BT-Ds 10/504 S 85). Für Vorgänge, die bis zum Inkrafttreten des neuen IPR abgeschlossen waren, bleibt aber das vorherige internationale Privatrecht in seiner verfassungskonformen Weiterentwicklung (vgl BGH NJW 1990, 32, 34) anwendbar. Damit wird dem verfassungsrechtlichen Grundsatz entsprochen, mögliche Vertrauen eines Betroffenen an den Bestand des zur Zeit seines Handelns bestehenden Rechts zu schützen (MüKo/*Sonnenberger* Rn 11; Soergel/*Schurig* Rn 3; Staudinger/*Dörner* Rn 3). Das neue IPR wirkt nicht zurück. Der Gesetzgeber dachte insb an »abgeschlossene Statusbegründungen und -änderungen einschließlich der unmittelbar durch sie bewirkten Statusfolgen, aber auch zB ... Erbfälle« (BT-Ds 10/504 S 85; BR-Ds 222/83 S 85). Ferner müsse der Sache nach »sichergestellt sein, dass der in Art. 7 Abs. 2 und Art. 26 Abs. 5 S 2 EGBGB-E ausgedrückte Grundsatz, wonach eine einmal erlangte Fähigkeit nicht mehr entfallen darf, sowohl für einen Statutenwechsel wie hier für einen Wechsel des anwendbaren Rechts aufgrund des Inkrafttretens des Neuregelungsgesetzes gilt« (aaO; s. auch *Heß* 246).

Die intertemporale Abgrenzung kann offen bleiben, wenn das alte und neue Kollisions- **5** recht zum gleichen Ergebnis führen und daher kein schützenswertes Vertrauen verletzt sein kann (BGH NJW 1990, 2194, 2196; 1991, 3088, 3090; B/R/*Otte* Rn 1; MüKo/*Sonnenberger* Rn 8; Soergel/*Schurig* Rn 2).

C. Abgeschlossene Vorgänge

6 Die entscheidende Frage, ob ein Vorgang am 1. 9. 1986 abgeschlossen war, setzt zunächst voraus, den **relevanten Vorgang** zu bestimmen. Insoweit obliegt es dem neuen Recht festzulegen, ob der konkrete Vorgang zB eine Eheschließung iSv Art. 13 EGBGB oder eine Rechtsnachfolge von Todes wegen iSv Art. 25 EGBGB ist (str, MüKo/*Sonnenberger* Rn 13). Sodann ist zu prüfen, ob dieser Vorgang am 1. 9. 1986 **abgeschlossen** war. Insoweit gilt, dass das neue IPR über die intertemporale Anwendbarkeit seiner Vorschriften und der von ihm neu eingeführten Begriffe wie »abgeschlossen« selbst entscheidet. Insoweit maßgeblich sind die Wertungen des neuen IPR, welches festlegt, ob und wieweit es Vertrauen auf das alte Recht schützen will (Erman/*Hohloch* Rn 6; Palandt/*Heldrich* Rn 4; ablehnend wegen des Gesichtspunkts des Vertrauensschutzes F/F/D/H/*Firsching*/*Heusler* Deutschland B Rn 138 ff; *Dörner* DNotZ 1988, 67, 70; FS Henrich 129; *Kaum* IPRax 1987, 280, 284). Das neue IPR bestimmt die Reichweite seines Anwendungsanspruchs, mithin die Frage der Abgeschlossenheit eines von ihm geregelten Rechtsverhältnisses, selbst (BGH NJW-RR 1991, 386; NJW 1993, 2305, 2306; 1994, 2360; 1997, 2114; B/R/*Otte* Rn 4).

7 Ferner interpretiert die hM »abgeschlossen« **kollisionsrechtlich**, nicht sachrechtlich. Es handele sich um eine Übergangsregelung für das Kollisionsrecht und nicht für das materielle Recht, das über das Kollisionsrecht erst zu bestimmen sei. Es sei ein Vorgang abgeschlossen, für den das anzuwendende Sachrecht bereits abschließend nach dem intertemporalen IPR bestimmt ist, dh unwandelbar fixiert worden ist (so Palandt/*Heldrich* Rn 2 f mit Hinw auf BGH NJW 1993, 386; 1994, 2360; s. auch BGH FamRZ 1987, 583; 1990, 636; 1991, 325; NJW 1988, 636; 1990, 636 f; 1991, 3087, 3088; 1993, 2305, 2306; 1997, 2114; BayObLG NJW 1987, 1148; KG FamRZ 1987, 859, 860; NJW-RR 1994, 774; OLG Zweibrücken FamRZ 1988, 623; Erman/*Hohloch* Rn 6; F/F/D/H/*Firsching/Heusler*, Deutschland B Rn 129 ff, C 259; *Heß* 246; *Hohloch* JuS 1989, 84). Eine Veränderung der anknüpfungserheblichen Tatsachen nach einer vor dem 1. 9. 1986 verwirklichten Anknüpfung kommt demnach nicht in Betracht. Diese Sichtweise dürfte dem Verständnis des historischen Gesetzgebers entsprechen, der die Rückwirkung in »unwandelbar angeknüpfte Vorgänge« ausschließen wollte (BT-Ds 10/504 S 85; BR-Ds 222/83 S 85). Die kollisionsrechtliche Lösung ist zudem leichter praktikabel (so auch Staudinger/*Dörner* Rn 18).

8 Eine starke Gegenansicht will dagegen nach **materiellrechtlichen** Kriterien entscheiden, ob ein Vorgang »abgeschlossen« iSv Abs. 1 ist. Dieses sei der Fall, wenn aufgrund eines durch das vor dem 1. 9. 1986 geltende Kollisionsrecht berufenen Statuts der Vorgang materielle Rechtsfolge bereits vor diesem Stichtag eintreten ließ (MüKo/*Sonnenberger* Rn 13; Staudinger/*Dörner* Rn 17 ff, 20, 22; Kegel/*Schurig* § 1 VII 2b; *Dörner* DNotZ 1988, 67, 70 ff; *Hepting* StAZ 1987, 188, 189; IPRax 1988, 153, 159; *Kaum* IPRax 1987, 280, 285; *Rauscher* IPRax 1989, 224, 225; *Prinz vom Sachsen Gessaphe* IPRax 1991, 107 f; mit Differenzierungen Soergel/*Schurig* Rn 6; aus der **Rspr** BGH FamRZ 1990, 34; OLG Celle FamRZ 1987, 159, 160; IPRax 1991, 121, 122; OLG Frankfurt IPRax 1988, 175 f; OLG Karlsruhe FamRZ 1988, 296, 298; KG FamRZ 1994, 986, 987; OLG München IPRax 1989, 238, 240). Die Abgrenzung danach, ob subjektive Rechtspositionen aufgrund des materiellen Rechts eingetreten sind, soll in idealerer Weise das Vertrauen der Bürger in das jeweils anwendbare (materielle) Recht schützen (Staudinger/*Dörner* Rn 19; *Kaum* aaO, 282, 284; *Hepting* StAZ 1987, 188).

9 Für das Erbrecht ist der Streit **kaum praxisrelevant** (Rn 10–12). Zu beachten ist jedoch für auch-deutsche Mehrstaater, dass für sie – vorbehaltlich eingeräumter Rechtswahlbefugnisse (zB Art. 10 Abs. 2, Abs. 3 und Art. 14 Abs. 2) – der neue Art. 5 Abs. 1 Satz 2 der Rechtsstellung als Deutscher Vorrang einräumt (vgl BGH FamRZ 1997, 1070, 1071; zur Kritik; MüKo/*Sonnenberger* Art. 5 Rn 10 ff; *v Bar/Mankowski* IPR I § 7 Rn 119). Es ist allein

die deutsche Staatsangehörigkeit als Anknüpfungsgrund zu verwenden, wenn sie zu dem in der Kollisionsnorm für maßgeblich erklärten Anknüpfungszeitpunkt vorhanden ist (MüKo/*Sonnenberger* Art. 5 Rn 7). Vor der Neuregelung waren jedoch Fälle anerkannt, in denen der ausländischen Staatsangehörigkeit nach den Umständen ein derartiges Übergewicht zukommt, dass sie für das anzuwendende Recht bestimmend ist (BGH NJW 1979, 1776, 1778; s. auch NJW 1986, 3022 und zuvor OLG Düsseldorf FamRZ 1974, 528, 530; 1976, 277, 278 f m Anm *Otte* aaO 279; OLG Köln FamRZ 1976, 170, 171; anders RGZ 150, 374, 382; 1929, 434, 435; BayObLGZ 1964, 385, 388 f; OLG Hamm FamRZ 1976, 168, 169). Kommt nach Art. 220 Abs. 1 altes IPR zur Anwendung, muss entsprechend dieser Rspr ggf für Mehrstaater auf die effektive Staatsangehörigkeit abgestellt werden (BayVGH IPRspr 1986 Nr. 12; KG IPRspr 1986 Nr. 14; B/R/*Lorenz* Art. 5 Rn 8; DErbK/*Völkl* Art. 25 Rn 8; MüKo/*Sonnenberger* Art. 5 Rn 12). Nach hM ist Art. 5 Abs. 1 Satz 2 jedoch anzuwenden, soweit nach Art. 220 Abs. 3 neues IPR rückwirkend die Bestimmung des Güterrechtsstatuts beherrscht (so BGH FamRZ 1986, 1200, 1203; 1987, 679, 681; OLG Frankfurt IPRax 1988, 104, 105m abl Aufsatz *Schurig* aaO 88; KG IPRspr 1987 Nr. 56; Palandt/*Heldrich* Art. 15 Rn 8; **aA** B/R/*Lorenz* Art. 5 Rn 8 Fußn 20; MüKo/*Sonnenberger* Art. 5 Rn 12; MüKo/*Siehr* Art. 15 Rn 158; Soergel/*Schurig* Rn 61; *Jayme* IPRax 1987, 95, 96).

D. Einzelfälle aus dem Bereich des Erbrechts

Zu unterschiedlichen Ergebnissen führen die Ansichten (Rn 7 f) nur, wenn eine kollisionsrechtliche Anknüpfung vorliegt, aber die materiellrechtliche Wirkung noch nicht eingetreten ist. Das ist im Bereich des Erbrechts selten (vgl allgemein B/R/*Otte* Rn 9; MüKo/*Sonnenberger* Rn 13; Palandt/*Heldrich* Rn 3; Soergel/*Schurig* Rn 5; *Heß* 243 ff). Der heute für die materiell-rechtliche Anknüpfung maßgebliche Art. 25 unterscheidet sich – abgesehen von der nunmehr möglichen Rechtswahl (Art. 25 Abs. 2) – sachlich gegenüber Art. 24, 25 aF nicht (MüKo/*Birk* Art. 25 Rn 189). Es besteht Einigkeit, dass das alte Kollisionsrecht bzgl der Zulässigkeit und materiellrechtlichen Wirksamkeit von Verfügungen von Todes wegen oder der Rechtsfolgen des Erbfalls gilt, soweit aufgrund eines Erbfalls vor dem 1. 9. 1986 Erbrechte und erbrechtliche Ansprüche nach dem berufenen Sachrecht zur Entstehung gelangt sind (Staudinger/*Dörner* Rn 59). Dann liegt unstreitig ein abgeschlossener Vorgang vor (vgl BGH FamRZ 1989, 378, 379; NJW 1995, 58 f; BayObLGZ 1986, 470; NJW 1987, 1148; FamRZ 1998, 514; NJW-RR 1994, 967, 968; KG FamRZ 1988, 434 f; 2001, 795; OLG Zweibrücken FamRZ 1992, 608, 609; MüKo/*Sonnenberger* Rn 17; MüKo/*Birk* Art. 25 Rn 5; Soergel/*Schurig* Rn 27 f; Staudinger/*Dörner* Art. 25 EGBGB Rn 8; *Dörner* DNotZ 1988, 67, 80; F/F/D/H/*Firsching*/*Heusler* Deutschland B Rn 149 f). Auf den Zeitpunkt der Abwicklung kommt es insoweit nicht an.

So beurteilt sich die Erbfolge, die bis zum 31. 8. 1986 eintrat, nach altem, danach nach neuem Kollisionsrecht (vgl Art. 24 aF; BGH IPRax 1990, 55; 1996, 39 m Anm *Dörner* aaO 26; BayObLGZ 1994, 40 ff; NJW 1987, 1148, 1149; FamRZ 1998, 514; KG FamRZ 1988, 434 m Anm *Gottwald* aaO 436 und Anm *Lüderitz* NJW 1988, 1471; F/F/D/H/*Firsching*/*Heusler* Deutschland C Rn 259; MüKo/*Sonnenberger* Rn 17; Palandt/*Heldrich* Rn 4). Ob ein Erbe erbunwürdig ist, bestimmt sich nach dem Statut, das zur Zeit des vorgeworfenen Verhaltens galt (MüKo/*Birk* Art. 25 Rn 5, 212; Soergel/*Schurig* Rn 30; *Dörner* DNotZ 1988, 67, 85). Für die Beurteilung der Testierfähigkeit kommt es auf das Erbstatut zur Zeit der Verfügung von Todes wegen an (str, F/F/D/H/*Firsching*/*Heusler* aaO Deutschland B Rn 151). Eine Rechtswahl dahin, dass die Rechtsnachfolge von Todes wegen einem anderen Recht als dem Heimatrecht des Erblasser unterstellt sein solle, ist bei Erbfällen bis zum 31. 8. 1986 unwirksam, da Art. 25 aF sie nicht zuließ, auch wenn sie (bei einem späteren Erbfall oder späterer Errichtung) wegen Art. 25 Abs. 2 nF wirksam wäre. Eine Heilung (§ 141) der unwirksamen Verfügung von Todes wegen ist bei Erbfällen nach dem Stichtag aber möglich (OLG Hamburg IPRspr 1992 Nr. 162; F/F/D/H/*Firsching*/*Heusler* aaO B Rn 152, C Rn 260; Palandt/*Heldrich* Art. 26 Rn 8; *Lange* DNotZ 2000, 332, 343; *Reinhart*

10

11

Art. 220 EGBGB EGBGB | Übergangsvorschrift zum Gesetz zur Neuregelung des IPR

BWNotZ 1987, 104; *Tiedemann* RabelsZ 55 1991, 17, 37; erwägend MüKo/*Sonnenberger* Rn 17), wenn keine Anzeichen bestehen, dass der Erblasser sich nicht an sie gebunden glaubte. Nach **aA** setzt ihre Wirksamkeit voraus, dass der im neuen Erbstatut enthaltene Tatbestand nach dem 1. 9. 1986 verwirklicht wird (DErbK/*Völkl* Art. 25 Rn 11; MüKo/*Birk* R/B/M/*Sieghörtner* B Rn 29; Soergel/*Schurig* Art. 25 Rn 21; Staudinger/*Dörner* Rn 61–64). Neues IPR trotz Erbfalls vor dem 1. 9. 1986 und damit §§ 2313 Abs. 2 Satz 1 iVm Abs. 1 Satz 3 analog kam zur Anwendung, wenn der Erbe aufgrund des Vermögensgesetzes ein vor dem Erbfall in der ehemaligen DDR enteignetes Grundstück des Erblassers entweder zurückerhält oder für das Grundstück eine Entschädigung bekommt (BGH NJW 1993, 2176; dazu krit *Solomon* IPRax 1995, 24, 29); zur innerdeutschen Übergangsregelung s. Art. 235 §§ 1, 2 und Art. 236 § 1.

12 Problematischer sind sog **unvollendete gestreckte** Tatbestände, in denen der Eintritt einer Rechtsfolge von mehreren Rechtsakten oder vom Ablauf einer Frist abhängt (Staudinger/ *Dörner* Rn 24), und **Dauertatbestände**, in denen ein nach altem Recht erworbener Status (zB: Geschäftsfähigkeit) oder begründetes Recht oder Rechtsverhältnis noch Rechtswirkungen über den 31. 8. 1986 hinaus entfaltet (Staudinger/*Dörner* Rn 28). Stirbt der Erblasser am 31. 8. 1986 wäre es bei einer materiellrechtlichen Interpretation des Begriffs »abgeschlossen« denkbar, eine spätere Ausschlagung, Nachlassabwicklung, Erbenhaftung, Nacherbschaft oder einen Erbschaftskauf dem neuen Kollisionsrecht zu unterwerfen, weil die an diese Tatbestände geknüpften Rechtsfolgen am Stichtag noch nicht eingetreten sind. Da aber ein berechtigtes Interesse der Erben besteht, dass das zur Zeit des Erbfalls gefundene Statut einheitlich fortgilt, unterwerfen auch die Vertreter der materiellrechtlichen Interpretation (Rn 8) sämtliche durch den Erbfall aufgeworfene Rechtsfragen einheitlich dem Erbstatut, das durch das zum Todeszeitpunkt geltende Kollisionsrecht berufen ist (Staudinger/*Dörner* Rn 60). Bei einem Recht, das mindestens dem Grunde nach entstanden ist, kommt es nicht darauf an, ob seine Geltendmachung von späteren Vorgängen abhängt. Ist der Erbfall vor Inkrafttreten des neuen IPR eingetreten, ist eine abgeschlossene Rechtslage auch bei der (noch ausstehenden) Erbannahme, Erbausschlagung oder Inanspruchnahme eines Erben auf Grund Erbenhaftung (auch wegen erst später entstandener Nachlassschulden) zu bejahen (MüKo/*Sonnenberger* Rn 13, 17, 19; Soergel/*Schurig* Rn 27; auch MüKo/*Birk* Art. 25 Rn 4). Das alte IPR bestimmt auch über die Nacherbfolge, wenn der Nacherbe Erbe des ursprünglichen Erblassers wird (Soergel/ *Schurig* Rn 27).

E. Sonstige Einzelfälle

13 Ein nach dem früher maßgeblichen Recht erlangter Status der **Rechts-, Geschäfts- oder Testierfähigkeit** bleibt entsprechend Art. 7 Abs. 2 und Art. 26 Abs. 5 Satz 2 durch das neue IPR unberührt (Rn 4; BT-Ds 10/504 S 85; Erman/*Hohloch* Rn 12; Palandt/*Heldrich* Rn 8; Staudinger/*Dörner* Rn 32; *v Bar*/*Mankowski* IPR I § 4 Rn 175). Ansonsten gelten mannigfaltige Ereignisse als vor dem Stichtag, dem 1. 9. 1986, abgeschlossene Vorgänge. Für ihre Beurteilung gilt daher nach Abs. 1 das **alte** IPR (vgl F/F/D/H/*Firsching*/*Heusler* Deutschland B Rn 155 ff; Staudinger/*Dörner* Rn 33 ff), zB bzgl der Rechtsfolgen eines Verlöbnisses (LG Bochum FamRZ 1990, 882; aA Soergel/*Schurig* Rn 20: nach Abs. 2 sei der Zeitpunkt der Wirkungen maßgebend) und der Wirksamkeit eines **Ehe**schlusses (vgl Art. 13; BGH NJW 1997, 2114; NJW-RR 2003, 850; BayObLG FamRZ 2000, 699, 700; OLG Frankfurt ZEV 2001, 493; OLG Düsseldorf FamRZ 1992, 815, 816; OLG Hamm FamRZ 2001, 1631, 1632; KG StAZ 1996, 204, 205; München IPRax 1988, 354, 356; NJW-RR 1993, 1350; MüKo/*Sonnenberger* Rn 15; *v Bar*/*Mankowski* IPR I § 4 Rn 175).

14 Nach altem IPR sind zu beurteilen die Voraussetzungen und Rechtsfolgen einer gerichtlichen Ehe**scheidung**, wenn der Scheidungsantrag vor dem Stichtag rechtshängig geworden ist (vgl Art. 17 Abs. 1; BGH NJW 1988, 636; 1990, 638; 2194; 1991, 3087, 3088; FamRZ 1990, 386 f; 1992, 295; 1993, 416, 417; 1994, 884; 2005, 1467; Bamberg FamRZ 2003, 1567, 1568; OLG

Zweibrücken FamRZ 1988, 623; Erman/*Hohloch* Art. 17 Rn 13; im Ergebnis zust MüKo/ *Sonnenberger* Rn 15; Staudinger/*Dörner* Rn 49; **aA** Karlsruhe FamRZ 1988, 296, 298; München IPRax 1989, 238, 240; MüKo/*Siehr* Rn 35; Soergel/*Schurig* Rn 21; unzutreffend für Anwendbarkeit des Abs. 2: OLG Celle FamRZ 1987, 159, 160; OLG Hamm FamRZ 1989, 991, 992), und die Frage nach der Durchführbarkeit eines **Versorgungsausgleichs**, wenn das Scheidungsverfahren der Parteien **vor** dem 1. 9. 1986 rechtshängig geworden ist (MüKo/*Sonnenberger* Rn 20). Denn die Anknüpfungsregeln des dementsprechend bestimmten Scheidungsstatuts gelten auch für die Frage, ob zwischen geschiedenen Ehegatten in Fällen mit Auslandsberührung ein Versorgungsausgleich durchzuführen ist oder nicht da Scheidung und Scheidungsfolgen einen umfassenden, in den Einzelheiten aufeinander abgestimmten Regelungskomplex darstellen (BGH NJW 1990, 638; FamRZ 2005, 1467, 1468; 1993, 416; OLG Bamberg FamRZ 2003, 1567, 1568; anders noch OLG Frankfurt IPRax 1988, 175 f; OLG Karlsruhe FamRZ 1988, 296, 298; OLG München IPRax 1989, 243 f). Daher findet zwischen Ehegatten, die während der Ehe ihren gewöhnlichen Aufenthalt zuletzt im Gebiet der ehemaligen DDR (vgl Art. 235 § 1 Rn 7, 10) hatten und dort vor dem 1. 1. 1992 (vgl Art. 234 § 6 Satz 1) auf einen vor dem In-Kraft-Treten des IPR-Neuregelungsgesetzes am 1. 9. 1986 rechtshängig gewordenen Scheidungsantrag geschieden wurden, der Versorgungsausgleich nicht statt, es sei denn, dass beide vor dem Wirksamwerden des Beitritts am 3. 10. 1990 in die alten Bundesländer übergesiedelt sind (BGH NJW 2006, 2034 ff).

Das alte Recht gilt für die **Legitimation** eines Kindes durch nachfolgende Ehe, wenn die Eheschließung und die Anerkennung der Ehe vor dem Stichtag erfolgte (vgl Art. 21 Abs. 1 aF; BayObLGZ 1990, 1; 1995, 241; StAZ 1996, 81, 82; OLG Düsseldorf FamRZ 1994, 381, 383; KG FamRZ 1987, 859; 1994, 1413; AG Rottweil NJW-RR 1995, 1032; Soergel/*Schurig* Rn 22 f; Staudinger/*Dörner* Rn 40; **aA** AG Düsseldorf IPRax 1987, 188: Zeitpunkt der Feststellung nach § 30 PStG. Erfolgt die Legitimation in anderer Weise, kommt es auf den Zeitpunkt an, an dem die für sie relevanten Voraussetzungen vollzogen sind, zB Ausspruch einer vormundschaftsgerichtlichen Verfügung bei einer Ehelicherklärung (KG FamRZ 1987, 859; Palandt/*Heldrich* Rn 4; Soergel/*Schurig* Rn 23; krit *Dörner* IPRax 1988, 222, 224) oder dass alle erforderlichen Einwilligungen vorliegen (LG Berlin FamRZ 1988, 208, 209; B/R/*Otte* Rn 12; F/F/D/H/*Firsching/Heusler* Deutschland B Rn 162), während es nach **aA** (OLG Hamm FamRZ 1988, 314, 318; 1991, 221; KG StAZ 1994, 192; *Hepting* StAZ 1987, 188, 192) zur Aufspaltung des Legitimationsstatuts kommt: Es seien die für die Legitimation maßgebenden Einzelvorgänge, die vor dem Stichtag verwirklicht worden sind, gem Abs. 1 nach früherem Kollisionsrecht zu beurteilen. 15

Altes IPR gilt bzgl der **Abstammung** eines vor dem Stichtag geborenen nichtehelichen Kindes (vgl Art. 20 Abs. 1 aF; BGH FamRZ 1987, 583; NJW-RR 1989, 707; OLG Brandenburg FamRZ 1996, 369; OLG Celle IPRspr 2002 Nr. 92; OLG Hamburg IPRspr 1994 Nr. 113; IPRax 1996, 422 m Anm *Mangold* aaO 412; OLG Hamm FamRZ 2001, 1631, 1632; OLG Karlsruhe FamRZ 1991, 1337, 1339; KG IPRax 2004, 255, 256). Nach der kollisionsrechtlichen Auffassung gilt das alte Recht auch für die **Anfechtung** der Ehelichkeit nach dem Stichtag, wenn das Kind vor dem 1. 9. 1986 geboren ist (BGH NJW-RR 1991, 386, NJW 1994, 2360; OLG Hamm IPRax 1996, 422; s. auch Soergel/*Schurig* Rn 22), sowie für die Vaterschaftsanerkennung bzw -feststellung und -anfechtung (BGH FamRZ 1987, 583; NJW-RR 1989, 707; OLG Hamm IPRax 2000, 155; OLG Düsseldorf FamRZ 1994, 381, 382; B/R/*Otte* Rn 12; Palandt/*Heldrich* Rn 4; **aA** KG FamRZ 1994, 986, 987; s. auch MüKo/*Sonnenberger* Rn 16; zur namensrechtlichen Wirkung s. AG Rottweil FamRZ 2000, 52), und zwar auch, wenn die Vaterschaftsfeststellung oder Anfechtung erst nach dem 31. 8. 1983 erfolgte (ablehnend Staudinger/*Dörner* Rn 38 f). Altes IPR ist anwendbar auf das Zustandekommen und die Statuswirkungen einer vor dem Stichtag durchgeführten **Adoption** (vgl Art. 22 aF; *Beitzke* IPRax 1990, 37; Soergel/*Schurig* Rn 25), wobei, wenn sie durch Beschluss erfolgt, dieser Zeitpunkt, nicht der des Antrags, maßgeblich ist (vgl Art. 22 Satz 2 aF; AG Höxter IPRax 1987, 124m zustimmender Anm *Jayme* aaO; Staudinger/*Dörner* Rn 42; Palandt/*Heldrich* Rn 4). 16

Art. 220 EGBGB EGBGB | Übergangsvorschrift zum Gesetz zur Neuregelung des IPR

17 Für eine vor dem Stichtag emittierte Teilschuldverschreibung gelten die Art. 27 ff (nF) nicht (BGH 164, 361 ff m Anm *Mankowski* WuB IV Art. 37 EGBGB 1.06; Anm *Taussaint* WLaR 2006, 49 f). Nach altem Kollisionsrecht richtet sich auch ein vor dem Stichtag geschlossener Vertrag, in dem eine Mindestausschüttung aus der vermittelten Beteiligung garantiert wird (BGH NJW 1996, 2569). Denn für einen vor dem 1. 9. 1986 nach deutschem Recht abgeschlossenen **Schuldvertrag** ist der ursprüngliche Vertragsstatus nach den alten Anknüpfungsregeln relevant (BGH NJW 1987, 1141; 1992, 618; NJW-RR 1990, 248, 249; 2002, 618; 1359; OLG Karlsruhe FamRZ 1998, 322; MüKo/*Sonnenberger* Rn 18; Staudinger/ *Dörner* Rn 66 f). Den genauen Zeitpunkt des Zustandekommens bestimmt das Vertragsstatut (Soergel/*Schurig* Rn 14). Die Anwendbarkeit des alten Statuts gilt grds auch bei über den 31. 8. 1986 hinauswirkenden, noch nicht abgewickelten Tatbeständen (Staudinger/ *Dörner* Rn 67) sowie bei **Dauerschuldverhältnissen**. Auch hier kommt zunächst (s. aber Rn 18) auf den Abschluss des Entstehungsvorgangs, mithin den Vertragsschluss, an (OLG Dresden DtZ 1992, 189; OLG Koblenz RIW 1993, 934, 935; B/R/*Otte* Rn 18; Erman/*Hohloch* Rn 12; Palandt/*Heldrich* Rn 4; Soergel/*Schurig* Rn 14; *Basedow* NJW 1986, 2973; **aA** OLG Hamm RIW 1993, 940; MüKo/*Martiny* Vor Art. 27 Rn 44 f; Staudinger/*Magnus* Art. 28 Rn 23; Staudinger/*Dörner* Rn 68; *v Bar*/*Mankowski* IPR I § 4 Rn 177 mit Hinw auf Art. 171 EGBGB sowie die bewusste Nichtübernahme des Art. 17 EGÜ; *Heß* 247; *Däubler* RIW 1987, 249, 256; *Mankowski* RabelsZ 53 [1989], 487, 514).

18 Das gilt aber nur **eingeschränkt** und vor allem, wenn ein schützenswertes Vertrauen der Vertragspartner auf die Anwendbarkeit eines bestimmten Rechts nach bisherigem IPR bestand. Insoweit bleibt nur die Möglichkeit der abweichenden Rechtswahl nach Art. 27 Abs. 2 (vgl zum Ganzen MüKo/*Sonnenberger* Rn 24). Ansonsten sind teilbare (neue) Wirkungen aus Dauerschuldverhältnissen grds *ex nunc* nach neuem Recht zu beurteilen (vgl MüKo/*Sonnenberger* Rn 22, 24; ablehnend Soergel/*Schurig* Rn 14: zwischen Begründung und Wirkung könne kollisionsrechtlich nicht unterschieden werden). Überzeugend hat die Rspr Wirkungen von vor dem 1. 9. 1986 geschlossenen **Arbeitsverträgen** der Neuregelung zugeordnet (BAG NZA 1993, 743, 744; BB 2004, 1393, 1394; LAG BaWü BB 2003, 900; LAG Hamburg IPRspr 1988 Nr. 52b; LAG Köln RIW 1992, 933; s. auch *Heß* 247). Die Zuordnung der Dauerschuldverhältnisse unter die Neuregelung entspreche dem Ziel des Übereinkommens über das auf vertragliche Schuldverhältnisse anzuwendende Recht (EVÜ) v 19. 6. 1980, das Recht auf dem Gebiet des internationalen Schuldvertragsrechts zu vereinheitlichen. Ferner sei der Terminus »abgeschlossener Vorgang« nach Art. 220 Abs. 1 enger als der Begriff »geschlossener Vertrag« nach Art. 17 EÜV. Zudem trete bei anderer Interpretation auf unabsehbare Zeit eine Rechtsspaltung des Kollisionsrechts ein (ablehnend B/R/*Otte* Rn 18; Palandt/*Heldrich* Rn 4; *Basedow* NJW 1986, 2973; *Hönsch* NZA 1988, 113, 119; *Lorenz* RdA 1989, 220, 228). Für eine vor dem Stichtag erklärte fristlose Entlassung ist aber altes Recht anwendbar (BAG NZA 1996, 1098, 1099).

F. Wirkungen familienrechtlicher Verhältnisse (Abs. 2)

19 Die Wirkungen familienrechtlicher Verhältnisse unterliegen ab dem 1. 9. 1986, dem Tag, an dem das IPRG mit den Neuregelungen in Kraft trat (Rn 1), dem neuen Recht. Das gilt für Vormundschaft, Betreuung und Pflegschaft (Art. 24; vgl Soergel/*Schurig* Rn 26; Staudinger/*Dörner* Rn 46) und die allgemeinen Wirkungen der Ehe nach Art. 14 (vgl BGH FamRZ 1987, 463, 464 [zur Morgengabe] – aber unrichtig, weil die Ehe bereits vor dem Stichtag [Scheidung am 13. 6. 1980] aufgelöst war [Staudinger/*Dörner* Rn 46] –; BayObLG NJW-RR 1994, 771; Soergel/*Schurig* Rn 33), das Eltern-Kind-Verhältnis nach Art. 19 Abs. 2 und 20 Abs. 2 aF (vgl BayObLGZ 1988, 6, 13; OLG Hamburg DAVorm 1999, 928, 929; KG OLGZ 1987, 145, 148; MüKo/*Sonnenberger* Rn 23), die (mit ihrer gespaltenen Anknüpfung) durch Art. 21, der durch das KindRG v 16. 12. 1997 (BGBl 2942) neu gefasst worden ist (vgl MüKo/*Sonnenberger* Rn 16), abgelöst worden sind. Ab diesem Stichtag beurteilt sich zB die elterliche Sorge für ein nichteheliches Kind nach dem Recht des gewöhnlichen Auf-

enthalts des Kindes (Palandt/*Heldrich* Rn 7). Anders als der Versorgungsausgleich (Rn 14) bringt der **Unterhalt** als fortdauerndes familienrechtliches Rechtsverhältnis weitere Rechtswirkungen hervor. Unterhaltsansprüche sind keine abgeschlossenen Vorgänge iSv Abs. 1 (B/R/*Otte* Art. 18 Rn 86; Soergel/*Schurig* Rn 33). Sie unterliegt *ex nunc* den neuen Vorschriften (BGH NJW 2006, 2034, 2035; s. bereits FamRZ 1991, 925, 926; 1993, 416, 417; 2005, 1467, 1468; OLG Düsseldorf FamRZ 1992, 573). Sie werden von dem Recht beherrscht, das in dem Zeitraum gilt, für den Unterhalt begehrt wird (BGH FamRZ 1991, 925, 926; Karlsruhe FamRZ 1989, 1310 f; Soergel/*Kegel* Art. 18 Rn 5; Staudinger/*Dörner* Rn 47). Der Bestand und Umfang von Unterhaltspflichten richtet sich also nach Art. 18 (nF), insoweit die Ansprüche ab dem 1. 9. 1986 fällig werden (BGH FamRZ 1991, 925, 926; 1993, 176, 179; BSG B 5 RJ 50/02 R vom 10. 12. 2003; OLG Düsseldorf FamRZ 1992, 573). Entsprechend gilt für die Abänderung einer vor dem Stichtag erlassenen Unterhaltsentscheidung, dass ab dem Stichtag neues Recht anzuwenden ist (MüKo/*Siehr* Art. 18 Anh I Rn 352m 322, 326; *Kartzke* NJW 1988, 104, 107). Auch der Scheidungsunterhalt unterfällt Abs. 2 (BGH FamRZ 1987, 682; 1991, 925, 926 [m Anm *Henrich* IPRax 1992, 85]; 1993, 178; BSG NZS 1998, 180 f; Karlsruhe FamRZ 1988, 167; OLG Düsseldorf FamRZ 1992, 573), doch ergab sich wegen Art. 18 Abs. 4 kein Statutenwechsel zum Stichtag (B/R/*Otte* Art. 18 Rn 87; Palandt/*Heldrich* Art. 18 Rn 6).

Das am 1. 4. 1987 in Kraft getretene Haager Übereinkommen über das auf Unterhaltspflichten anzuwendende Recht v 2. 10. 1973 – HÜK (*Jayme/Hausmann* Nr. 41) – (BGBl 1986 II S 837), dessen Normen Art. 18 vorgehen (MüKo/*Siehr* Art. 18 Rn 1) und unmittelbar für die Rechtanwendung mit Auslandsbezug gelten (BGH FuR 2001, 265), enthält in Art. 12 eine intertemporale Regelung, die (zeitlich versetzt zum 1. 4. 1987; vgl BGH NJW-RR 1987, 1474; MüKo/*Siehr* Art. 18 Anh I Rn 351) mit der Regelung des Art. 220 Abs. 2 sachlich übereinstimmt. 20

G. Eheliches Güterrecht (Abs. 3)

I. Grundsatz

Für das Erbrecht des überlebenden Ehegatten und ggf der Kinder des Erblassers kann der Güterstand, in dem der Erblasser lebte, bedeutsam werden. Denn es gilt der Grundsatz, dass das Erbstatut zB den Zeitpunkt des Erbfalls und den Anfall der vorhandenen Erbschaft (kraft Gesetz; durch Annahmeerklärung; durch gerichtliche Einweisung) sowie ihre Ausschlagung, den Berufungsgrund und die Rechtsnachfolger (zB ges Erben; ggf Zwischenpersonen) in den Nachlass des Erblassers, die Auslegung eines Testament (BayObLG FamRZ 2003, 1595, 1599) und die Möglichkeiten einer Rechtswahl (OLG Hamburg IPRspr 2003 Nr. 98), die Rechtsstellung eines Nachlassverwalters oder Testamentsvollstreckers, die Erbenhaftung und die Verteilung (zB Erbquoten; vgl OLG Stuttgart NJW-RR 2005, 740, 741; Pflichtteilsrechte) des dem Erblasser gehörenden Vermögens festlegt (vgl MüKo/*Birk* Art. 25 Rn 137, 214 ff). Nach den (Einzel)statuten (zB Forderungs-, Sach- und Gesellschaftsstatut) richtet sich, was überhaupt zum Nachlass gehört. Zum Nachlass gehört insb nicht, was dem überlebenden Ehegatten (zum eingetragenen Lebenspartner vgl Art. 17b Abs. 1 Satz 2) kraft güterrechtlicher Zuordnung (vgl Art. 15) gehört (Anteil am Gesamtgut) oder (aufgrund Zugewinnausgleichs) gebührt (Erman/*Hohloch* Art. 15 Rn 34, 37; MüKo/*Birk* Art. 25 Rn 153; Staudinger/*Mankowski* Art. 15 Rn 329; Staudinger/*Dörner* Art. 25 Rn 31). Insoweit kommt also dem Güterstatut die Bestimmungsmacht dahingehend zu, wie sich die Vermögenszuordnung während bzw bei Auflösung des Güterstandes verhält und was davon als Anteil des Erblassers in dessen Nachlass fällt (AnwK/*Sieghörtner* Art. 15 Rn 69 ff, 92; MüKo/*Siehr* Art. 15 Rn 109; *Siehr* § 20 VII 2). Es ist daher auf internationaler Ebene notwendig, die Rechtsbereiche voneinander abzugrenzen (*Kroiß* FPR 2006, 136, 137). 21

Es können sich neben materiellrechtlichen auch kollisionsrechtliche Berührungen und Überschneidungen ergeben, und zwar insb bzgl der Abgrenzung von Erb- und Güter- 22 rechtsstatut (MüKo/*Birk* Art. 25 Rn 149). Diese Statuten decken sich oftmals nicht, weil das Erbrecht auf das Heimatrecht des Erblassers zum Zeitpunkt seines Todes abstellt (Art. 25 Abs. 1), während im ehelichen Güterrecht primär an die gemeinsame Staatsangehörigkeit der Ehegatten oder deren gemeinsamen gewöhnlichen Aufenthalt zur Zeit der Eheschließung angeknüpft wird (Art. 15 Abs. 1 iVm Art. 14 Abs. 1 Nr. 1 oder 2; dazu PWW/*Rausch* Art. 15 Rn 12; s. auch Staudinger/*Mankowski* Art. 15 Rn 324), wenn nicht das Güterrechtsstatut von den Gatten durch Rechtswahl (Art. 15 Abs. 2; dazu PWW/*Rausch* Art. 15 Rn 5; *Mankowski/Osthaus* DNotZ 1997, 10, 12 ff) bestimmt worden ist. Ggf kann **nach** erfolgter Qualifizierung eine **Anpassung** (dazu F/F/D/H/*Firsching/Heusler* Deutschland C Rn 299, 663 ff; MüKo/*Sonnenberger* Einl IPR Rn 593 ff, 610; MüKo/*Siehr* Art. 15 Rn 118; MüKo/*Birk* Art. 25 Rn 164 ff; Staudinger/*Mankowski* Art. 15 Rn 325, 348, 376–382; Staudinger/*Dörner* Art. 25 EGBGB Rn 710 ff, 717 ff; *v Bar/Mankowski* IPR I § 7 Rn 252, 256; *Ludwig* DNotZ 2005, 586, 589 f) erforderlich werden, wenn das Güterrechtsstatut erbrechtlich und das Erbstatut güterrechtlich Vorsorge für den überlebenden Ehegatten treffen. Dann würde dieser bei formaler Betrachtung leer ausgehen (Normenmangel; vgl IPG 73 Nr. 74 [Hamburg]: brasilianisches Erb- und deutsches Ehegüterrecht). Umgekehrt würde er mehr erhalten, als ihm jeweils nach jeder Rechtsordnung insgesamt zustünde, wenn jede von ihnen gerade auf dem Gebiet zur Anwendung gelangte, welches die Versorgung gewährleistet (Normenhäufung; vgl Staudinger/*Dörner* Art. 25 EGBGB Rn 716). Hier soll eine Anpassung verhindern, dass der überlebende Ehegatte aufgrund der Aufspaltung mehr oder weniger erhält, als ihm bei isolierter Anwendung eines der Statuten zuflösse (LG Mosbach ZEV 1998, 489, 490; Erman/*Hohloch* Art. 15 Rn 37; Palandt/*Heldrich* Art. 15 Rn 26; Soergel/*Schurig* Art. 15 Rn 40; Staudinger/*Mankowski* Art. 15 Rn 378 f; Staudinger/*Dörner* Art. 25 EGBGB Rn 717; *v Bar* IPR II, § 2 Rn 244; *Dörner* ZEV 2005, 445). **Ablehnend** aber im Zusammenhang mit § 1371 Abs. 1 OLG Stuttgart NJW-RR 2005, 740, 741 – dazu Rn 28.

23 Aus deutscher Sicht gehören Vorschriften, die mit dem Wesen des Güterrechts eng verknüpft sind, grds zum ehelichen Güterrecht (Art. 15, 14; s. auch Art. 17a). So beurteilt sich nach dem **Güterstatut** zB (w Nachw bei AnwK/*Sieghörtner* Art. 15 Rn 69 ff; Palandt/*Heldrich* Art. 15 Rn 25 f, 30; Staudinger/*Mankowski* Art. 15 Rn 330 ff) die güterrechtliche Auseinandersetzung (BGH NJW 1980, 2643, 2364; OLG Koblenz NJW-RR 1994, 648), zB der Zugewinnausgleich (BGH FamRZ 1982, 358, 359; OLG Düsseldorf FamRZ 1995, 1203), und zwar auch die Verjährung der Ausgleichsforderung (BGH NJW-RR 2002, 937; s. auch BayObLGZ 1978, 276, 284; OLG Frankfurt FamRZ 1987, 1147) und ihre vorläufige Sicherung (§§ 916 f ZPO; OLG Düsseldorf NJW-RR 1994, 453), sowie ein Auskunftsanspruch, insb, wenn er darauf zielt, das Vermögen des Anspruchsgegners zu ermitteln (BGH FamRZ 1986, 1200, 1202; OLG Karlsruhe FamRZ 1995, 738, 740; OLG Stuttgart FamRZ 2002, 1032). Gleiches gilt für nach ausländischem Recht den Gerichten eingeräumte Verteilungsbefugnisse (AG Dortmund FamRZ 1999, 1507; Staudinger/*Mankowski* Art. 15 Rn 282).

24 Einhellig wird dem **Erbrecht** § 1371 Abs. 2 Hs 2 und Abs. 3 zugeordnet (Erman/*Hohloch* Art. 15 Rn 38; Staudinger/*Mankowski* Art. 15 Rn 365; *v Bar* IPR II, § 2 V 2c, Rn 244 Fußn 676), und ebenso wird nach hM § 1931 Abs. 4 qualifiziert (vgl R/B/M/*Sieghörtner* B Rn 53; MüKo/*Birk* Art. 25 Rn 163; Staudinger/*Mankowski* Art. 15 Rn 366 ff), wobei seine Anwendung bei ausländischem Güterrecht davon abhängt, dass die dort geregelte Gütertrennung mit der nach deutschem Recht funktional vergleichbar ist (OLG Stuttgart NJW-RR 2005, 740, 741; AnwK/*Sieghörtner* Art. 15 Rn 95; B/R/*Otte* Art. 15 Rn 68; Erman/*Hohloch* Art. 15 Rn 38; Palandt/*Heldrich* Art. 15 Rn 28; Staudinger/*Mankowski* Art. 15 Rn 370; **aA** Soergel/*Schurig* Art. 15 Rn 38, 41). Ob dem überlebenden Ehegatten ein Pflichtteilsanspruch zusteht, entscheidet das Erbstatut. Ist dieses ein ausländisches Recht, findet § 1371 Abs. 2 Hs 2, Abs. 3 keine Anwendung (Palandt/*Heldrich* Art. 15 Rn 27). Werden Ehe- und Erbvertrag miteinander gekoppelt, sind getrennt Güter- und Erbstatut maßgeblich (BayObLGZ 1981, 178; Erman/*Hohloch* Art. 15 Rn 39; Palandt/*Heldrich* Art. 15 Rn 29; Staudinger/*Mankowski* Art. 15 Rn 337; *Schotten* Rn 212). Das Erbstatut ist auch dafür maßgeblich, ob in einem

Ehevertrag letztwillige Verfügungen enthalten sein (AnwK/*Sieghörtner* Art. 15 Rn 91) und inwieweit durch Vertrag zwischen Ehegatten Pflichtteilsrechte Dritter beschränkt werden können (Staudinger/*Mankowski* Art. 15 Rn 339; *Henrich* FS Schippel 1996, 905, 916).

Sehr umstritten ist die Qualifizierung des **Zugewinnausgleichs** nach §§ 1371 Abs. 1, 1931. 25 Danach verwirklicht sich der Ausgleich, indem sich der ges Erbteil des überlebenden Ehegatten unabhängig von einem konkret erzielten Zugewinn pauschal um ein Viertel erhöht. Hier sind Güter- und Erbrecht eng miteinander verwoben. Für die Zuordnung einer kollisionsrechtlich relevanten Frage ist nicht entscheidend auf die äußerliche erbrechtliche Stellung oder Einkleidung einer Vorschrift abzustellen. Es kommt vielmehr darauf an, ob sie aus dem Wesen des betreffenden Rechtsgebiets hervorgeht und als Folge desselben zu betrachten ist (RG SA 43 Nr. 196; RGZ 36, 331, 334 [zur güterrechtlichen Einordnung der sich äußerlich als erbrechtlich darstellenden Regulierung des Güterverhältnisses] – dazu Staudinger/*Mankowski* Art. 15 Rn 328).

Anerkannt ist, dass § 1371 Abs. 1 jedenfalls gilt, wenn (ggf aufgrund Rückverweisung) 26 sowohl das Erbrecht als auch das Güterrecht deutschem Recht unterliegen und dieses die Nachlassmassen beherrscht (BayObLG NJW 1971, 991, 1975, 1062; OLG Karlsruhe NJW 1990, 1420; MüKo/*Siehr* Art. 15 Rn 115). Hier ist eine Zuordnung des § 1371 Abs. 1 entbehrlich. Anders verhält es sich, wenn mit der hM (zur aA Rn 29) die Anwendung der Norm nicht davon abhängig gemacht wird, dass kumulativ Erb- und Güterrecht deutschem Recht unterliegen, so dass die Norm kollisionsrechtlich dem Erbstatut oder Güterrechtsstatut zuzuweisen ist.

Die hM qualifiziert § 1371 Abs. 1 zu Recht als **güterrechtlich**, da die Norm einen (pau- 27 schalierten) Ausgleich für den in der Ehe erarbeiteten und nicht ausgeglichenen Zugewinn gibt (OLG Düsseldorf FamRZ 1995, 1203; OLG Hamm IPRax 1994, 49, 53; FamRZ 1995, 1606 f; OLG Karlsruhe NJW 1990, 1421; OLG Stuttgart NJW-RR 2005, 740, 741; LG Bonn MittRhNotK 1985, 106, 107; LG Memmingen IPRax 1985, 41, 42; LG Mosbach ZEV 1998, 489; LG Wuppertal IPRspr 1987 Nr. 54; AnwK/*Sieghörtner* Art. 15 Rn 94; B/R/*Otte* Art. 15 Rn 67; Erman/*Hohloch* Art. 15 Rn 37; *Looschelders* Art. 15 Rn 12; Palandt/*Heldrich* Art. 15 Rn 26; Soergel/*Schurig* Art. 15 Rn 38, 101 f; Staudinger/*Mankowski* Art. 15 Rn 346; *v Hoffmann/Thorn* IPR § 9 Rn 54 f; *Derstadt* IPRax 2001, 84, 88; *Ludwig* DNotZ 2005, 586, 587; dagegen für **erbrechtliche** Qualifikation Staud[12]/*Firsching* Vorbem Art. 24 – 26 [aF] Rn 227; *Bärmann* AcP 157 [1958/59], 145, 198). § 1371 Abs. 1 ist jedenfalls bei deutschem Ehegüterstatut anwendbar. Bei **ausländischem Güterstatut** wird § 1371 Abs. 1 nicht berufen (*v Bar* IPR II § 2 Rn 244). Ein erbrechtlicher Zugewinnausgleich setzt voraus, dass ihn das ausländische Güterstatut kennt und durch eine Kollisionsnorm § 1371 Abs. 1 anwendbar macht (*Ludwig* DNotZ 2005, 586, 587). Das ist idR nicht der Fall, so dass § 1371 nicht einschlägig ist (OLG Karlsruhe NJW 1990, 1420; LG Memmingen IPRax 1985, 41, 42 m Anm *Vékás* aaO 24; LG Wuppertal IPRspr 1987 Nr. 54; Erman/*Hohloch* Art. 15 Rn 37; MüKo/*Siehr* Art. 15 Rn 116; MüKo/*Birk* Art. 25 Rn 159).

Problematisch ist, ob § 1371 Abs. 1 anwendbar ist, wenn **neben** deutschem Güterstatut 28 **ausländisches Erbstatut** gilt. Die hM bejaht dieses. Es sei aber eine Anpassung vorzunehmen, wenn der überlebende Ehegatte insgesamt mehr erlangte als er nach der günstigsten Rechtsordnung bekäme, wenn sie insgesamt für Güter- und Erbrecht anwendbar wäre, oder er weniger erlangte, als er nach den ungünstigsten einheitlich anwendbaren Rechtsordnung erhielte (Rn 22). Erhält der überlebende Ehegatte nach ausländischem Erbrecht eine kleinere Erbquote als nach deutschem Recht, ist § 1371 Abs. 1 anzuwenden (OLG Hamm FamRZ 1993, 111, 115). Bekommt der überlebende Ehegatte nach dem ausländischen Erbstatut dagegen eine größere Erbquote, ist ein erbrechtlicher Zugewinnausgleich nur zulässig, wenn der überlebende Ehegatte über § 1371 Abs. 1 insgesamt nicht mehr erhält als nach deutschem Recht oder dem ausländischem Erbrecht (LG Mosbach ZEV 1998, 489; auch LG Bonn MittRhNotK 1985, 106, 107 m Anm *Clausnitzer* MittRhNotK 1987, 15 und FGPrax 2005, 169 f; Anm *Schotten* MittRhNotK 1987, 18; s. auch *Krug* ZErb 2002, 221; *Süß* ZErb 2005, 208, 211; aA zB *Kropholler* IPR § 34 IV). Einer solchen Anpassung aus Billigkeitsgesichtspunkten ist OLG Stuttgart NJW-RR 2005, 740, 741 (m zust Anm *Ludwig* DNotZ 2005, 586, 590; Anm *Clausnitzer* FGPrax 2005, 169 f; krit Anm *Jeremias/ Schäper* IPRax 2005, 521 ff; Anm *Süß* ZErb 2006, 168 ff; Anm *Tersteegen* NotBZ 2005, 351 ff) in einem Erbfall, in dem neben deutschem Güterrecht das Erbstatut gem Art. 25 Abs. 1, Abs. 4 Satz 1, 28 Abs. 1, 9 Abs. 1 österreichisches IPRG materielles österreichisches Recht war, **entgegengetreten:** Der Zugewinnausgleich nach § 1371 Abs. 1 sei güterrechtlicher Natur (Rn 27), doch rechtfertige dies es nicht, den Zugewinn als Erbquote auch dann zu verwirklichen, wenn sich das Erbstatut nach ausländischem Recht richtet und dieses eine solche Erbquote nicht kennt. Die durch das Erbstatut bestimmte Erbquote sei keiner Abänderung unter Billigkeitsgesichtspunkten zugänglich. Wenn dem überlebenden Ehegatten nach dem deutschen Güterstatut ein Zugewinnausgleich zustehe, könne dieser, wenn er nicht erbrechtlich ausgleichbar sei, nur nach den Regeln der §§ 1373 ff erfolgen (vgl auch *Ludwig* aaO, 592: pauschalierter schuldrechtlicher Zugewinnausgleichsanspruch analog § 1371 Abs. 1). Dieser schuldrechtliche Zugewinnausgleichsanspruch ist eine Nachlassverbindlichkeit iSv § 1967 und in einem gesonderten Verfahren nach §§ 1373 ff, nicht im Erbscheinsverfahren, geltend zu machen (vgl OLG Düsseldorf IPRspr 1987 Nr. 105).

29 Nach **aA** sei § 1371 Abs. 1 nicht nur güterrechtlich, sondern **auch erbrechtlich** zu qualifizieren (OLG Düsseldorf IPRspr 1987 Nr. 105; Staudinger/*Gamillscheg* Art. 15 Rn 335; Staudinger/*Firsching* Vor Art. 24 Rn 227; *Firsching/Graf* Rn 2.89; *Schotten* Rn 288; *Braga* FamRZ 57, 334, 341; *Schotten* MittRhNotK 1987, 18, 19; *Schotten/Johnen* DtZ 1991, 257, 259; *Süß* ZNotP 1999, 385, 392; *Vékás* IPRax 1985, 24). Demnach wäre § 1371 Abs. 1 bei ausländischem Erbstatut nicht anwendbar. Erwogen wird aber eine Substitution deutschen Erbrechts, wie es § 1371 Abs. 1 eigentlich voraussetzt, durch den ausländischen Erbteil, wenn und soweit das ausländische Erbrecht dem deutschen Erbrecht insofern gleich und äquivalent ist, als dass es nicht bereits mit der Erbquote des überlebenden Ehegatten dessen güterrechtliche Beteiligung am abzuwickelnden Güterstand abgilt (MüKo/*Siehr* Art. 15 Rn 116; trotz rein güterrechtlicher Qualifikation auch *Jeremias/Schäper* IPRax 2005, 521, 525). Ist also der nach ausländischem Recht gewährte Erbteil mit dem deutschen Erbteil des § 1931 nicht funktional vergleichbar, sondern berücksichtigt es zB bereits den güterrechtlichen Ausgleich, den § 1371 Abs. 1 bewirken will, müsse eine zusätzliche Erhöhung durch den pauschalierten Zugewinnausgleich nach § 1371 Abs. 1 ausscheiden. IdR sei eine Äquivalenz zu bejahen, und zwar vor allem, wenn das ausländische Erbrecht dem überlebenden Ehegatten genauso viel zuspricht wie das deutsche Erbrecht (MüKo/*Birk* Art. 25 Rn 158). Fehlt jegliche Äquivalenz ausländischen Erbrechts, sei der dem deutschen Güterstatut unterliegende Zugewinnausgleich nach §§ 1371 Abs. 2, 1372 ff so durchzuführen, als wenn der überlebende Ehegatte nicht Erbe geworden wäre (OLG Düsseldorf IPRspr 1987 Nr. 105; F/F/D/H/*Firsching/Heusler* Deutschland C Rn 477; MüKo/*Siehr* aaO; MüKo/*Birk* Art. 25 Rn 159; *Schotten* MittRhNotK 1987, 18, 19; dagegen zu Recht Staudinger/*Mankowski* Art. 15 Rn 356 f). Erhält der überlebende Ehegatte nach ausländischem Erbrecht eine kleinere Erbquote als nach deutschem Recht, sei § 1371 Abs. 1 problemlos anzuwenden (OLG Hamm FamRZ 1993, 111). Bekommt der überlebende Ehegatte nach dem ausländischen Erbstatut dagegen eine größere Erbquote, sei ein erbrechtlicher Zugewinnausgleich nur zulässig, wenn der überlebende Ehegatte über § 1371 Abs. 1 insgesamt nicht mehr erhält als nach deutschem Recht oder dem ausländischem Erbrecht (vgl insoweit die hM Rn 28).

II. Anknüpfung

30 Die Regelung des Art. 220 Abs. 3 (Materialien: Bericht der Bundesregierung: BT-Ds 10/504 85; Stellungnahme des Bundesrats: aaO 101; Gegenäußerung der Bundesregierung: aaO 106 f; Bericht des Rechtsausschusses: aaO Nr. 5632 S 45 f) ist durch zwei Ereignisse beeinflusst: Durch Beschluss v 22. 2. 1983 hat das BVerfG festgestellt (E 63, 181, 182 = NJW 1983, 1968, 1970; dazu *v Bar/Ipsen* aaO 2849 ff), dass Art. 15 Abs. 1, Abs. 2 Hs 2 aF verfassungs-

widrig und nichtig ist (vgl §78 BVerfGG). Indem für die Beurteilung des maßgeblichen Güterrechtsstatuts an die Staatsangehörigkeit des Mannes zurzeit der Eheschließung angeknüpft wird, werde gegen Art. 3 Abs. 2 GG verstoßen. Das Urteil wurde am 8. 4. 1983 im BGBl veröffentlicht (BGBl 1983 I S 525). Die Fortgeltung gleichheitswidriger Regelungen war durch Art. 117 Abs. 1 GG bis zum 31. 3. 1953 angeordnet (vgl BVerfGE 4, 115). Ab dem 1. 4. 1953 traten sie, und zwar auch gleichheitswidrige Kollisionsnormen des EGBGB, außer Kraft (vgl BVerfGE 3, 225; 37, 262 ff). In der heutigen Fassung gilt Art. 15 seit dem 1. 9. 1986 (s. Rn 1), wobei Art. 15 nF für ab dem 8. 4. 1983 geschlossene Ehen gilt (Abs. 3 Satz 5). Für Ehen, die bis zum 1. 9. 1986 bereits durch Tod oder rechtskräftige und im Inland wirksame Scheidung aufgelöst und güterrechtlich vollständig abgewickelt (ansonsten nach BGH NJW 1987, 573: Art. 220 Abs. 3 analog) waren, hat Art. 220 Abs. 3 keine Bedeutung (AnwK/*Sieghörtner* Anh III Art. 15 Rn 4; MüKo/*Siehr* Rn 35 f, Art. 15 Rn 147 f; Soergel/*Schurig* Rn 57 f; Staudinger/*Dörner* Rn 95). Denn dann liegt idR ein abgeschlossener Vorgang iSv Abs. 1 vor (Rn 14). Ansonsten ist nach den genannten Zeitpunkten zu differenzieren (Staudinger/*Dörner* Rn 73 f; Kroiß FPR 2006, 136, 137):

1. Eheschluss vor dem 1. 4. 1953 (Abs. 3 Satz 6)

Da gleichheitswidriges Recht nach Art. 117 Abs. 1 GG bis zum 31. 3. 1953 in Kraft blieb, gilt 31 dieses auch für Art. 15 aF. Die güterrechtlichen Wirkungen von Ehen, die bis zu diesem Zeitpunkt geschlossen worden sind, bleiben unberührt (Abs. 3 Satz 6; vgl BayObLG StAZ 1998, 206, 208; MüKo/*Siehr* Rn 38; Soergel/*Schurig* Rn 36). Alleiniger, grds unwandelbarer Anknüpfungspunkt des Güterrechtsstatuts ist die Staatsangehörigkeit des Mannes zum Zeitpunkt der Eheschließung (MüKo/*Siehr* Art. 15 Rn 150; Palandt/*Heldrich* Art. 15 Rn 6). Ist er Doppelstaater, kommt es auf seine effektive Staatsangehörigkeit an, und zwar auch, wenn er auch Deutscher ist, da Art. 5 Abs. 1 Satz 2 nF für die Zeit vor dem 1. 4. 1953 nicht gilt (BGHZ 75, 32, 41; NJW 1980, 2016, 2017; Staudinger/*Dörner* Rn 96).

Der Güterstand der Eheleute unterliegt vorbehaltlich etwaiger Rück- oder Weiterverwei- 32 sungen (vgl Art. 27 aF; Staudinger/*Dörner* Rn 139; *Schotten* Rn 180) also dem Heimatrecht des Ehemannes. Das ist wegen Art. 117 Abs. 1 GG verfassungsgemäß (AnwK/*Sieghörtner* Anh III zu Art. 15 Rn 5; Erman/*Hohloch* Art. 15 Rn 41; MüKo/*Siehr* Art. 15 Rn 150; Palandt/*Heldrich* Art. 15 Rn 6; Staudinger/*Dörner* Rn 94; zweifelnd *Eule* MittBayNot 2003, 335; *Rauscher* NJW 1987, 531, 534; *Schurig* IPRax 1988, 89; ablehnend *Lorenz* 53 ff). Abs. 3 Satz 6 ermöglicht es aber, eine (nachträgliche) **Rechtswahl** nach Art. 15 Abs. 2 und Abs. 3 zu treffen (vgl Soergel/*Schurig* Rn 38). Dieses ist eine Ausnahme zum Grundsatz der Unwandelbarkeit. Dieser besagt, dass nach dem Zeitpunkt der Eheschließung eintretende Änderungen in den persönlichen Verhältnissen der Ehegatten das begründete Güterrechtsstatut grds nicht berühren (F/F/D/H/*Firsching*/*Heusler* Deutschland C Rn 496). Die ursprünglich berufene Rechtsordnung gilt fort (Palandt/*Heldrich* Art. 15 Rn 3; PWW/ *Rausch* Art. 15 Rn 3). Das Güterrecht konnte sich nur ändern, wenn sich das anwendbare Sachrecht änderte, wie zB in der Bundesrepublik durch das Gleichberechtigungsgesetz (MüKo/*Siehr* Rn 40, 58, Art. 15 Rn 152). Weitere Ausnahmen von diesem Grundsatz entstehen durch das Gesetz über den ehelichen Güterstand von Vertriebenen und Flüchtlingen v 4. 8. 1969 (BGBl 1969 I 1067; vgl Art. 15 Abs. 4; AnwK/*Sieghörtner* Art. 15 Anh II; Erman/*Hohloch* Art. 15 Rn 51 ff; PWW/*Rausch* Art. 15 Rn 15 f) iS eines Statutenwechsels, wegen der Versteinerung eines ausländischen Güterrechts bei Flüchtlingen (BGH FamRZ 1963, 512; BayObLGZ 1959, 81; 1961, 123; OLG Hamm NJW 1977, 1590; MüKo/*Siehr* Art. 15 Rn 55 ff; PWW/*Rausch* Art. 15 Rn 4) und (vorbehaltlich abweichender Erklärung bis zum 2. 10. 1992) durch sachrechtliche Überleitung in den Güterstand der Zugewinngemeinschaft bzgl in der DDR lebenden deutschen Ehegatten, die nach dem Familiengesetzbuch der DDR im ges Güterstand der Eigentums- und Vermögensgemeinschaft lebten (Art. 234 §4; dazu Art. 235 Rn 49).

2. Eheschluss zwischen dem 1. 4. 1953 und dem 8. 4. 1983 (Abs. 3 Satz 1 – 4)

33 Für Ehen, die nach dem 1. 4. 1953 geschlossen worden sind, darf grds (auch rückwirkend, MüKo/*Sonnenberger* Rn 27 ff; MüKo/*Siehr* Rn 38, 60, Art. 15 Rn 173) nur verfassungskonform angeknüpft werden. Art. 15 aF gilt nicht (vgl auch *v Bar/Ipsen* NJW 1985, 2849, 2854). Somit fehlt es seit dem 1. 4. 1953 an einer entsprechenden Kollisionsnorm (*Mansel* FS Geimer, 625). Daher wird das Güterrechtsstatut, das für die güterrechtlichen Wirkungen der Ehe bis zum 8. 4. 1983 gegolten hat, rückwirkend nach der besonderen Anknüpfungsleiter des am 1. 9. 1986 in Kraft getretenen Art. 220 Abs. 3 Satz 1 Nr. 1 – 3 festgelegt. Damit soll Vertrauen der Eheleute geschützt (BT-Ds 10/504 S 107; *Böhringer* BWNotZ 1987, 104, 105) und zugleich den Vorgaben der Verfassung entsprochen werden. Für das **Erbrecht** gilt, dass bei Erbfällen seit dem 9. 4. 1983 immer Art. 15 nF iVm Art. 14 nF gilt, auch wenn die Ehe vor diesem Stichtag geschlossen worden ist (F/F/D/H/*Firsching*/*Heusler* Deutschland C Rn 485).

a) Abs. 3 Satz 1 Nr. 1

34 Vorbehaltlich einer Rück- oder Weiterverweisung (Art. 4 Abs. 1; vgl Staudinger/*Dörner* Rn 139) ist nach **Nr. 1** in erster Linie das **Heimatrecht** des Staates maßgeblich, dem **beide** Ehegatten bei der Eheschließung angehörten. Die Absicht, später die Staatsangehörigkeit des Partners zu erwerben, genügt nicht, da das Ehegüterrecht eindeutige Verhältnisse im Einsatzzeitpunkt braucht (BGH FamRZ 1987, 679, 681; AnwK/*Sieghörtner* Anh III zu Art. 15 Rn 11; **aA** KG IPRax 1987, 117, 119 f; *Schurig* IPRax 1988, 88, 90: wenn die Absicht verwirklicht wird). Im Ergebnis kommt es damit zu dem Güterstatut, wie er auch nach Art. 15 Abs. 1 iVm Art. 14 Abs. 1 Satz 1 anwendbar wäre. Bei Doppel- und Mehrstaatern gilt neben Art. 5 Abs. 1 Satz 1 auch der dortige Satz 2 (BGH FamRZ 1986, 1200, 1203; NJW 1987, 583, 585; OLG Karlsruhe IPRax 1990, 122, 123; Erman/*Hohloch* Art. 15 Rn 43; Palandt/*Heldrich* Art. 15 Rn 8; **aA** MüKo/*Sonnenberger* Rn 28; Soergel/*Schurig* Rn 41; *Schotten* Rn 183; *Jayme* IPRax 1987, 95, 1996; 1990, 103; s. auch MüKo/*Siehr* Rn 46, Art. 15 Rn 158: bei Mehrstaatern solle die gemeinsame effektive Staatsangehörigkeit maßgebend sein; zust Staudinger/*Dörner* Rn 102).

b) Abs. 3 Satz 1 Nr. 2

35 Nach der verfassungsgemäßen (BVerfG FamRZ 1988, 920; BGH NJW 1987, 583, 584; 1988, 638; FamRZ 1988, 40, 41; **aA** *Rauscher* NJW 1987, 531, 533; IPRax 1988, 343, 348) **Nr. 2 Alt. 1** kommt ansonsten das Recht, dem beide Ehegatten sich unterstellt haben, zur Anwendung. Erforderlich ist ein konkreter **gemeinsamer** Wille, eine bestimmte Rechtsordnung anzuwenden (KG IPRax 1988, 106; *Lichtenberger* DNotZ 1987, 297, 298), und dass dieser Wille wenigstens zwischen den Parteien nach außen getreten ist (KG aaO; Staudinger/*Dörner* Rn 104; *Böhringer* BWNotZ 1987, 104, 106). Das dürfte selten der Fall sein, da nach altem Recht eine Rechtswahl als unzulässig beurteilt wurde (AnwK/*Sieghörtner* Anh III zu Art. 15 Rn 16; *Schotten* Rn 185). Am ehesten dürfte an Fälle zu denken sein, in denen die Ehegatten auf Basis fremden Kollisionsrechts handelten oder erwarteten, ihre Wahl werde rückwirkend anerkannt (vgl Soergel/*Schurig* Rn 43; Staudinger/*Dörner* Rn 104).

36 **Nr. 2 Alt. 2** benennt alternativ das Recht, von dessen Anwendung die Eheleute, insb nachdem sie einen Ehevertrag geschlossen haben, ausgegangen sind. Die Vorstellung muss hier also nicht so zielgerichtet wie nach Alt. 1 sein (OLG Hamburg IPRax 2002, 304, 306; KG IPRax 1988, 106, 107), da die Ehegatten sich nicht konstitutiv einer Rechtsordnung unterstellen wollen, sondern sie (lediglich) als gegeben voraussetzen (Staudinger/*Dörner* Rn 105). Der Gesetzgeber formuliert, dass es als schlüssige Rechtswahl eingeordnet werde, dass die Ehegatten die bisherige Anknüpfung hingenommen und auf ihrer Grundlage gelebt haben (BT-Ds 10/5632 S 46). Von der Anwendbarkeit einer Rechtsordnung können Ehegatten aber nur ausgehen, wenn sie sich wenigstens bewusst sind und sich konkret vorstellen, dass eine bestimmte Rechtsordnung ihrer Ehe zu Grunde liegt (OLG Hamburg IPRax 2002, 304, 306; MüKo/*Siehr* Art. 15 Rn 160; *Mansel* FS Geimer, 625,

629); sie müssen willentlich eine bestimmte Rechtsordnung in das Konzept ihrer Ehe einbezogen haben (OLG Hamburg aaO m Hinw auf BGH FamRZ 1988, 40; KG IPRax 1988, 106). Das muss feststellbar sein (*Böhringer* BWNotZ 1987, 104, 106; *Henrich* FamRZ 1986, 841, 848). IdR wird diese übereinstimmende Vorstellung nach außen deutlich werden. Eine verfassungsmäßige Auslegung erfordert es aber nicht, dass die Vorstellung in allen Fällen »manifest gewordenes konkretes Verhalten« ist (so aber die hM, zB MüKo/*Siehr* Rn 48; *Lorenz* 83 f; *Lichtenberger* DNotZ 1986, 672; *Rauscher* NJW 1987, 531, 536; einschränkend Staudinger/*Dörner* Rn 83). Ein solcher, strengerer Maßstab muss aber gelten, wenn es im Ergebnis zur einer Mannrechtsanknüpfung kommt, die gegen den Gleichheitssatz (Rn 38 f) verstieße. Der engere Wortlaut des Gesetzes (MüKo/*Siehr* Rn 48, Art. 15 Rn 160) ermöglicht es, insoweit zu verlangen, dass die bewusste gemeinsame Vorstellung nach außen offenbar wurde. Die Eheleute müssen insoweit ihr Bekenntnis zu einem bestimmten Güterrecht offen und eindeutig abgelegt haben; eine Rechtswahl durch Passivität genügt nicht (str, MüKo/*Siehr* Rn 48, 70 f, Art. 15 Rn 182 f; **aA** ist der BGH, s. Rn 38, 45).

Dabei kommt es auf die **gemeinsame**, nicht etwa auf eine einseitige Vorstellung der 37 Ehegatten an (BGH NJW 1993, 385, 387; FamRZ 1988, 40, 41). Sie ist anhand aller Umstände des Einzelfalls zu ermitteln (BGH FamRZ 1988, 40, 41; 1998, 906; 1999, 217; OLG Düsseldorf FamRZ 1995, 1588; OLG Frankfurt FamRZ 1987, 1147; OLG Hamburg FamRZ 2001, 916, 918; OLG Karlsruhe IPRax 1990, 122, 123; KG IPRax 1988, 106; OLG Köln FamRZ 1996, 1479, 1480). Das Gesetz erwähnt als Umstand den Abschluss eines (auch unwirksamen, vgl OLG Stuttgart FamRZ 1991, 708, 709; Staudinger/*Dörner* Rn 108) **Ehevertrags** (einschränkend zur Indizwirkung der im Ehevertrag vereinbarten Morgengabe OLG Frankfurt FamRZ 1996, 1478, 1479). Dieser kann einen Rückschluss auf die Vorstellung der Ehegatten allerdings nur gestatten, wenn ihm erkennbar eine Rechtsordnung zu Grunde gelegt ist, zB in ihm bestimmte Normen oder für einzelne Rechtsordnungen typische Rechtsinstitute benannt werden (MüKo/*Siehr* Rn 52 f, Art. 15 Rn 165; Staudinger/*Dörner* Rn 108; *Lorenz* 93 f). Unter dieser Voraussetzung entfaltet auch eine Verfügung von Todes wegen Indizwirkung (AnwK/*Sieghörtner* Anh III zu Art. 15 Rn 20; MüKo/*Siehr* Rn 54, Art. 15 Rn 166; *Schotten* Rn 187). Daneben sind es Anhaltspunkte (vgl BGH NJW 1993, 385, 387; Erman/*Hohloch* Art. 15 Rn 44; Palandt/*Heldrich* Art. 15 Rn 9; nach **aA** seien Umstände, die rein objektiv und nicht güterrechtsspezifischer Art. sind, nicht zu berücksichtigen, so AnwK/*Sieghörtner* Anh III zu Art. 15 Rn 19; Staudinger/*Dörner* Rn 112), dass die Ehegatten die Ehe an einem bestimmten Ort schlossen, sich gegenüber Dritten (zB Grundbuchämtern, Notaren; Kreditgeber; vgl BGH FamRZ 1998, 906; OLG Düsseldorf FamRZ 1995, 1587, 1588) über ihre Vorstellungen äußerten (MüKo/*Siehr* Rn 56, Art. 15 Rn 168; Staudinger/*Dörner* Rn 109), Vermögen in der Rechtsform einer bestimmten Rechtsordnung erwarben oder in einem bestimmten Staat sich dauerhaft aufhielten, erwerbstätig und rentenversichert (OLG Frankfurt FamRZ 1987, 1147, 1148) waren bzw dort Gerichte und Behörden in Anspruch nahmen (vgl OLG Köln FamRZ 1996, 1479, 1480). Letztlich erübrigt sich die Frage, wenn die Ehegatten ab dem 1. 9. 1986 erklärten, sie hätten bis zum 8. 4. 1983 unter einem bestimmten Recht gelebt. Diese Erklärung ist idR anzuerkennen (MüKo/*Siehr* Rn 55; Staudinger/*Dörner* Rn 107; zweifelnd AnwK/*Sieghörtner* Anh III zu Art. 15 Rn 42; mit Formulierungsvorschlägen *Schotten* Rn 203 ff; *Böhringer* BWNotZ 1987, 104, 108; *Lichtenberger* DNotZ 1987, 297, 299 f). Die Erklärung sollte die Voraussetzungen des Art. 15 Abs. 2, Abs. 3 erfüllen. Zur Sicherheit kann sich empfehlen, zusätzlich durch Rechtswahl *ex nunc* das anwendbare Güterrecht festzulegen (AnwK/*Sieghörtner* Anh III zu Art. 15 Rn 41).

Die Rechtsprechung ging zunächst aus Gründen der Rechtssicherheit und zum Schutz des 38 Vertrauens in den vor dem 9. 4. 1983 faktisch bestehenden Rechtszustand von der Fortgeltung der aus Art. 15 aF entwickelten Kollisionsnorm aus (vgl BGH NJW 1980, 2643; 1982, 1937, 1938; auch FamRZ 1987, 679). Nr. 2 solle weit ausgelegt werden, insb auch um den Rückgriff auf Abs. 3 Satz 1 Nr. 3 mit der dortigen (gleichheitswidrigen, Rn 42) Anknüpfung zu vermeiden (vgl BGH NJW 1987, 383, 385; 1988, 638, 640; abl MüKo/*Siehr* Art. 15 Rn 171; Soergel/*Schurig* Rn 47). Im Ergebnis konnte die Anknüpfung des Abs. 3 Satz 2 verdrängt werden (vgl BGH FamRZ 1998, 905, 906; OLG Düsseldorf NJWE-FER 1996, 25). Dem ist das **BVerfG** entgegengetreten: Es verstößt gegen Art. 3 Abs. 2 GG, die nach Art. 220 Abs. 3 Satz 1 Nr. 2 in der Alternative des »Ausgehens« von der Anwendung eines Rechts erfolgte Berufung des Heimatrechts des Ehemanns unbeschadet der Vorschrift des dortigen Art. 220 Abs. 3 Satz 2 und unter Verdrängung des hierdurch bedingten Statutenwechsels auch für den Zeitraum **nach** dem 8. 4. 1983 als maßgeblich anzusehen (BVerfG NJW 2003, 1656, 1657). Ein Verhalten der Eheleute, welches **allein** darin bestanden hat, von der alten gleichheitswidrigen Rechtsordnung auszugehen bzw diese als für sich maßgeblich anzusehen, kann nicht, auch nicht aus Gründen des Vertrauensschutzes (vgl BVerfG NJW 1988, 1081), als Begründung dafür dienen, den gleichheitswidrigen Zustand ihnen gegenüber dauerhaft aufrechtzuerhalten (BVerfG NJW 2003, 1656, 1657).

39 Zwar bezieht sich der Beschluss (Rn 38) ausdrücklich nur auf Anknüpfungen nach dem 8. 4. 1983 (vgl Abs. 3 Satz 2). Es liegt aber nahe, die dort angestellten Erwägungen auch auf die Übergangszeit v 1. 4. 1953 bis zum 8. 4. 1983 zu übertragen (AnwK/*Sieghörtner* Anh III zu Art. 15 Rn 25). Potenzielles Vertrauen in eine gleichheitswidrige Anknüpfung ist nicht schutzwürdig. Eine weite Auslegung des »Ausgehens«, die letztlich zu einer gleichheitswidrigen Mannrechtsanknüpfung führt, ist verfassungswidrig. Art. 15 nF wirkt deshalb nicht nur bis zum 9. 4. 1983 (Abs. 3 Satz 2), sondern sogar bis zum Beginn der »Übergangszeit«, dem 1. 4. 1953, zurück (Erman/*Hohloch* Art. 15 Rn 45). Die Erwägungen des BVerfG sind bei der Auslegung von Abs. 3 Satz 1 Nr. 2 zu berücksichtigen. Entgegen der Vorstellung des Gesetzgebers erfüllt ein lediglich unbewusstes Verhalten die Alt. 2 (»ausgehen«) nicht (enger noch AnwK/*Sieghörtner* Anh III zu Art. 15 Rn 26: Alt. 2 sei nur erfüllt, wenn die Ehegatten tatsächlich nicht vom Mannesrecht ausgehen).

40 Relevanter **Zeitpunkt** ist der, an dem die Ehegatten sich letztmalig vor dem 9. 4. 1983 gemeinsam vorstellten, sich einem Recht zu unterstellen bzw davon ausgingen, dass es anwendbar sei (BGHZ 119, 392, 400; FamRZ 1988, 40, 41; OLG Karlsruhe IPRax 1990, 122, 123 m Anm *Jayme* aaO 102).

41 Diese der Sache nach **Rechtswahl** (Staudinger/*Dörner* Rn 104; einschränkend MüKo/*Siehr* Art. 15 Rn 161) nach Alt. 1 kann formfrei und in iE umstrittenen Grenzen (Rn 34) durch schlüssiges Handeln erfolgen (BGH NJW 1987, 583, 584; 1988, 638, 640; *Sonnenberger* FS Geimer, 1241, 1246). Die Wahl nach Alt. **2** hat der Gesetzgeber einer schlüssigen Rechtswahl bewusst gleichgestellt (Rn 36; BGH aaO; Staudinger/*Dörner* Rn 105; s. aber Rn 39). Die Abgrenzung zwischen den Alternativen ist in der Praxis kaum zuverlässig möglich (BGH NJW 1988, 638, 640; *Eule* MittBayNot 2003, 335, 337; **aA** *Schotten* Rn 186: durch das Erklärungsbewusstsein) und auch nicht nötig. IdR dürfte die zweite Alternative, das Ausgehen von der Anwendung eines Rechts, wirklichkeitsnäher sein. Die Rechtswahl ist eine solche iSd Art. 4 Abs. 2, so dass Rück- und Weiterverweisungen ausscheiden (BGH NJW 1988, 638, 640; AnwK/*Sieghörtner* Anh III zu Art. 15 Rn 15; MüKo/*Siehr* Rn 48; Palandt/*Heldrich* Art. 15 Rn 9; **aA** *Lorenz* 76, 91; *Rauscher* NJW 1988, 2151, 2154),

c) Abs. 3 Satz 1 Nr. 3

42 Hilfsweise, wenn nach Nr. 1 und nachrangig Nr. 2 keine Anknüpfung möglich ist, bleibt es nach **Nr. 3** für die Anknüpfung bei dem Recht des Staates, dem der Ehemann bei der Eheschließung angehörte. Diese Anknüpfung entspricht derjenigen, die aus Art. 15 Abs. 1 aF abgeleitet wurde. Unabhängig von einem abstrakten Vertrauen Beteiligter, welches wegen der Gleichheitswidrigkeit dieser Notanknüpfung nicht schützenswert ist, ist Nr. 3 **entgegen der Rechtsprechung des BGH** (BGH NJW 1987, 583m zust Anm *Henrich* IPRax 1987, 93, 95 und *Lichtenberger* DNotZ 1987, 297 und m abl Anm *Rauscher* NJW 1987, 531; BGH NJW 1993, 385; LM Art. 14 Nr. 1 m Anm *Kronke* aaO und *Winkler vom Mohrenfels* IPRax 1995, 379) **verfassungswidrig** (AnwK/*Sieghörtner* Anh III zu Art. 15 Rn 27; MüKo/ *Siehr* Art. 15 Rn 173 f [mit der Ausnahme, es besteht ein bekundetes konkretes einseitiges

Vertrauen mindestens eines Ehegatten]; Staudinger/*Dörner* Rn 87 ff; Soergel/*Schurig* Rn 52; *Heß* 324; *Basedow* NJW 1986, 2971, 2974; *Klinke* MittRhNotK 1984, 53; *Puttfarken* RIW 1987, 834, 838; *Rauscher* NJW 1987, 531, 536; *Schurig* IPRax 1988, 88, 93; differenzierend *Sonnenberger* FS Ferid, 460, sowie in MüKo Einl IPR Rn 340: Aufrechterhaltung, soweit verfassungskonforme Auslegung möglich; für **Verfassungsgemäßheit** F/F/D/H/*Firsching/Heusler* Deutschland B Rn 165; Palandt/*Heldrich* Art. 15 Rn 10; *v Bar/Mankowski* IPR I § 4 Rn 182 Fußn. 992; *v Bar* IPR II § 2 V 1e, Rn 231 Fußn 591; *Henrich* FamRZ 1986, 848; *Lorenz* 37, 113 ff; *Reinhart* BWNotZ 1985, 97, 101). Statt der Nr. 3 ist ersatzweise an den neuen Art. 15 Abs. 1 iVm Art. 14 Abs. 1 Nr. 2 und 3 anzuknüpfen (Staudinger/*Dörner* Rn 90, 118; s. auch MüKo/*Siehr* Art. 15 Rn 174).

4. Statutenwechsel nach Abs. 3 Satz 2

Der **Güterstand** der v 1. 4. 1953 bis zum 8. 4. 1983 geschlossenen Ehen unterliegt nach **43** **Abs. 3 Satz 2** seit dem 9. 4. 1983 Art. 15 (nF). Die Anknüpfung nach Abs. 3 Satz 1 gilt nur bis zum 8. 4. 1983, danach greift der neue Art. 15. Nach Abs. 3 Satz 3 tritt für Ehen, auf die vorher Abs. 3 Satz 1 Nr. 3 anzuwenden war, an die Stelle des Zeitpunkts der Eheschließung der 9. 4. 1983. Diese zeitliche Differenzierung ist verfassungsgemäß. Sie bewirkt zwar, dass insoweit Ehen, die vor dem 1. 4. 1953 geschlossen wurden, anders als später geschlossene behandelt werden. Auch durchbricht sie rückwirkend den kollisionsrechtlichen Grundsatz der Unwandelbarkeit (Rn 32). Doch ist die Differenzierung in verschiedene Rechtslagen mit unterschiedlichem Vertrauensschutz für die in den jeweiligen Zeiträumen geschlossenen Ehen gerechtfertigt. Auch bestand kein schutzwürdiges Vertrauen isoliert auf den Unwandelbarkeitsgrundsatz (Art. 15 Abs. 2 Hs 1 aF), der sich vom gleichheitswidrigen Teil der Norm nicht trennen ließ (BVerfG NJW 1989, 1081; vgl auch BGH NJW 1988, 638, 639).

Die Rückwirkung kann einen **Statutenwechsel** mit sich bringen, wenn durch die An- **44** knüpfung nach Abs. 3 Satz 1 für die Zeit bis zum 8. 4. 1983 ein anderes Recht galt als nach neuem IPR. Das ist aber selten der Fall. So ergibt sich kein Statutenwechsel, wenn sich das Güterstatut für die Zeit bis zum 8. 4. 1983 mangels Rechtswahl nach dem gemeinsamen Heimatrecht bestimmte (Abs. 3 Satz 1 **Nr. 1**). Dieses wird auch durch Art. 15 nF iVm Art. 14 Abs. 1 Nr. 1 primär berufen (MüKo/*Siehr* Rn 65, Art. 15 Rn 177) und ist für die Zeit vor und nach diesem Stichtag gleich zu bestimmen (Erman/*Hohloch* Art. 15 Rn 46; Soergel/*Schurig* Rn 40); Abs. 3 Satz 3 ist nicht analog heranzuziehen (OLG Frankfurt NJW-RR 1994, 72, 73; Staudinger/*Dörner* Rn 121; zT **aA** MüKo/*Siehr* Rn 66, 74, Art. 15 Rn 183).

In den Fällen des Abs. 3 Satz 1 **Nr. 2** (»unterstellen« und »ausgehen«) kommt es ebenfalls **45** zu keinem Statutenwechsel, wenn für die Zeit nach dem Stichtag der über Abs. 3 Satz 2 für anwendbar erklärte Art. 15 Abs. 2 erfüllt ist (Erman/*Hohloch* Art. 15 Rn 46; MüKo/*Sonnenberger* Rn 29). Die strengere Form der Art. 15 Abs. 3, 14 Abs. 4 muss dabei nicht eingehalten sein (Rechtsausschuss BT-Ds 10/5632 S 46; BGH FamRZ 1986, 1200, 1202; OLG Karlsruhe IPRax 1990, 122, 123). Dieses Formerfordernis gilt nur für eine ab dem 1. 9. 1986 getroffene Rechtswahl. Darüber hinaus wird oft vertreten, dass grds ein »ausgehen« iSv Abs. 3 Satz 1 Nr. 2 Alt. 2 über den 8. 4. 1983 hinaus fortwirke (Staudinger/*Dörner* Rn 125). Mit dem Beschluss des BVerfG (Rn 38; s. auch Soergel/*Schurig* Rn 48 ff; Staudinger/*Dörner* Rn 126 f; *Eule* MittBayNot 2003, 335) ist aber klargestellt, dass es verfassungswidrig ist, in Fällen des Abs. 3 Satz 1 Nr. 2 Alt. 2 (»ausgehen«) entgegen dem Wortlaut des Abs. 3 Satz 2 das ursprüngliche Statut über den 8. 4. 1983 hinaus als fortwirkend anzusehen, wenn das Verhalten der Ehegatten allein darin bestanden hat, von der alten gleichheitswidrigen Rechtsordnung auszugehen bzw diese als für sich maßgeblich anzusehen, und deshalb einen Statutenwechsel abzulehnen (so aber BGH NJW 1987, 583, 584; 1988, 638, 639 f [dazu BVerfG NJW 1989, 1081]; 1993, 385, 387; FamRZ 1988, 40, 41; s. auch BT-Ds 10/5632 S 46 und – nach dem Beschluss des BVerfG aus dem Jahre 2002 [Rn 38] – Erman/*Hohloch* Art. 15 Rn 46). Es muss dann eine objektive Neuanknüpfung mit der möglichen Folge, dass ein

Art. 220 EGBGB EGBGB | Übergangsvorschrift zum Gesetz zur Neuregelung des IPR

Statutenwechsel eintritt, vorgenommen werden (Staudinger/*Dörner* Rn 126). Als Anknüpfungszeitpunkt wird analog Abs. 3 Satz 3 der 9. 4. 1983 genannt (Staudinger/*Dörner* Rn 127). Richtiger Weise gelten die Erwägungen des BVerfG aber auch für die Zeit vor dem 9. 4. 1983 (Rn 39). Abs. 3 Satz 1 Nr. 2 Alt. 2 ist dann in solchen Fällen gar nicht anwendbar. Wegen der Verfassungswidrigkeit des Abs. 3 Satz 1 Nr. 3 (str, Rn 42) wäre ersatzweise an Art. 15 nF anzuknüpfen, so dass kein Statutenwechsel entsteht (AnwK/ *Sieghörtner* Anh III zu Art. 15 Rn 36).

46 War nach Abs. 3 Abs. 1 Nr. 3 das Heimatrecht des Mannes maßgeblich, soll es nach dem Gesetz (vgl BT-Ds 10/5632 S 46) idR aufgrund der Neuanknüpfung zu einem Statutenwechsel nach Abs. 3 Satz 2–3 iVm Art. 15 nF kommen. Denn es gilt für die Zeit ab dem 9. 4. 1983 – das Gesetz verweist für die Anknüpfung zeitlich auf den 9. 4. 1983 (Abs. 3 Satz 3) – das neue IPR. Es kommt dann zu dem nach Art. 14 Abs. 1 Nr. 1–3 maßgeblichen Güterstatut. Erachtet man Abs. 3 Satz 1 Nr. 3 wie hier für verfassungswidrig (Rn 42), ändert sich die Anknüpfung nicht und gibt es keinen Statutenwechsel (AnwK/*Sieghörtner* Anh III zu Art. 15 Rn 37; Staudinger/*Dörner* Rn 129).

47 **Folge** eines Statutenwechsels ist nicht, dass der frühere Güterstand mit den bis zum 8. 4. 1983 erworbenen Vermögensgegenständen fortbesteht und daneben ein für später erworbenes Vermögen zuständiger neuer Güterstand tritt (gespaltenes Güterrecht). Die hM nimmt an, dass der früher bestehende Güterstand endgültig beendet wird (BGH NJW 1987, 583, 584 f; 1988, 638, 639; OLG Karlsruhe IPRax 1990, 123, 124; MüKo/*Sonnenberger* Rn 29; MüKo/*Siehr* Rn 77 f, Art. 15 Rn 189 f; Staudinger/*Dörner* Rn 134; *Rauscher* NJW 1987, 531, 532). Eine Auseinandersetzung des am Stichtag vorhandenen Vermögens ist aber nicht zwingend erforderlich (BGH aaO; OLG Hamm FamRZ 1993, 115; Erman/*Hohloch* Art. 15 Rn 48; Palandt/*Heldrich* Art. 15 Rn 13; **aA** *Lichtenberger* DNotZ 1987, 297, 302; *Rauscher* NJW 1987, 531, 532; *Schurig* IPRax 1988, 88, 93; *Winkler vom Mohrenfels* IPRax 1995, 383; s. Rn 48). Für güterrechtsrelevante Vorgänge wie Scheidung, Tod oder sonstige Eheauflösung bis zum 8. 3. 1983 gilt das bisherige Güterrechtsstatut (Rn 30), danach das neue nach Art. 15 Abs. 1 iVm Art. 14 bestimmte Güterrechtsstatut (BGH NJW 1987, 583, 584; 1988, 638, 639; 1993, 385, 387; OLG Hamm IPRax 1994, 49, 53; OLG Karlsruhe 1990, 122, 123; Palandt/*Heldrich* Art. 15 Rn 12; *Kropholler* § 45 III 4b; *Henrich* IPRax 1987, 93, 94). Das neue Statut und der aufgrund dessen eingetretene Güterstand definiert für das **ganze Ehegattenvermögen** die güterrechtliche Lage (Erman/*Hohloch* Art. 15 Rn 48); auf den Zeitpunkt des Vermögenserwerbs kommt es nicht an. Tritt an die Stelle einer Gütergemeinschaft nach ausländischem Recht zum 9. 4. 1983 Gütertrennung, verwandelt sich das Gesamthandseigentum in Miteigentum nach Bruchteilen; das Grundbuch ist entsprechend zu berichtigen (Palandt/*Heldrich* Art. 15 Rn 13). Der Zugewinn bei einer Scheidung im Güterstand der Zugewinngemeinschaft errechnet sich aus dem gesamten Vermögen der Ehegatten, selbst wenn es vor dem 9. 4. 1983 im Güterstand der Gütertrennung erworben worden ist (BGH NJW 1987, 583, 584; 1988, 638, 639; MüKo/*Sonnenberger* Rn 29; nach **aA** sei das Anfangsvermögen zum 9. 4. 1983 zu berechnen, so *Lorenz* 124 ff; *Lichtenberger* DNotZ 1986, 637; MittBayNot 1987, 258; *Rauscher* IPRax 1988, 347 f; s. Rn 48). Umgekehrt entfällt ein Zugewinnausgleich, wenn bei Scheidung Gütertrennung nach ausländischem Recht, bis zum 8. 4. 1983 aber Zugewinngemeinschaft nach deutschem Recht bestand (zum Ganzen Palandt/*Heldrich* Art. 15 Rn 13).

48 Andere sehen einen vergleichbaren Fall, als wenn während der Ehe ein Statutenwechsel aufgrund Rechtswahl nach Art. 15 Abs. 2 stattfände (AnwK/*Sieghörtner* Anh III zu Art. 15 Rn 33 f; MüKo/*Sonnenberger* Rn 29: Güterrechtlich gesehen werden die Eheleute behandelt, als ob sie bis zum 8. 4. 1983 eine erste Ehe geführt und ab dem 9.4. eine zweite Ehe eingegangen sind; Staudinger/*Dörner* Rn 136: Abwicklung des Güterstandes zum Stichtag). Die sich aus der Auflösung des alten Güterstandes ergebenden Rechte und Ansprüche etc würden als Rechtspositionen der jeweiligen Ehegatten vom neuen Güterstand übernommen (Soergel/*Schurig* Rn 56; *Lorenz* 117 ff; *Schotten* Rn 199). Zur **Stundung**, die die Verjährung von Ausgleichsansprüchen vor ihrer Kenntnisnahme bei Inkrafttreten der

§ 1 Erbrechtliche Verhältnisse I Art. 235 EGBGB

Neuregelung am 1. 9. 1986 verhindert, beachte Abs. 3 Satz 4. Die hM bezieht Abs. 3 Satz 4 nur auf Ehen, die zwischen dem 9. 4. 1983 und dem 31. 8. 1986 geschieden (BGH NJW 1988, 638, 639) bzw eingegangen worden sind (Erman/*Hohloch* Art. 15 Rn 49; Palandt/*Heldrich* Art. 15 Rn 14; **aA** AnwK/*Sieghörtner* Anh III zu Art. 15 Rn 33m Fußn 103; Staudinger/ *Dörner* Rn 135; *Rauscher* IPRax 1988, 343, 347).

5. Rechtswahl nach Abs. 3 Satz 2 iVm Art. 15 Abs. 2, Abs. 3

Ist nicht nach Abs. 3 Satz 1 Nr. 1 das Heimatstatut beider Ehegatten maßgeblich und keine wirksame Rechtswahl aufgrund der in Abs. 3 Satz 1 Nr. 2 genannten zwei Alternativen vorgenommen worden, eröffnet der Verweis in Abs. 3 Satz 2 die Möglichkeit einer Rechtswahl nach Art. 15 Abs. 2, Abs. 3, wobei die hier genannten Voraussetzungen erfüllt sein müssen. 49

6. Eheschluss v 9. 4. 1983 – 31. 8. 1986 (Abs. 3 Satz 5)

Es gilt (rückwirkend) Art. 15 nF (Erman/*Hohloch* Art. 15 Rn 50). Es gilt grds das Ehewirkungsstatut zur Zeit der Eheschließung (Art. 15 iVm Art. 14). Für Mehrstaater gilt auch Art. 5 Abs. 1 Satz 2 (BGH NJW 1987, 583, 584; OLG Karlsruhe IPRax 1990, 122, 123; **aA** Staudinger/*Dörner* Rn 138; *Schurig* IPRax 1988, 88, 89). Eine Rechtswahl muss die Voraussetzungen des Art. 15 Abs. 2 erfüllen und im Inland notariell beurkundet sein (Art. 15 Abs. 3 iVm 14 Abs. 4 1; vgl AnwK/*Sieghörtner* Anh III zu Art. 15 Rn 40; MüKo/*Siehr* Rn 83; Staudinger/*Dörner* Rn 138). 50

7. Eheschluss ab dem 1. 9. 1986

Es gilt das neue IPR (so ausdrücklich BT-Ds 10/504 S 85). Das Güterstatut wird nach Art. 15 bestimmt. Abs. 2 besagt, dass die Wirkungen familienrechtlicher Rechtsverhältnisse seit dem 1. 9. 1986 dem neuen IPR unterliegen, soweit nicht die folgenden Absätze des Art. 220 anderes bestimmen (MüKo/*Siehr* Rn 84, Art. 15 Rn 196; Staudinger/*Dörner* Rn 137: Abs. 1 *e contrario*). 51

Art. 235 Fünftes Buch. Erbrecht

§ 1 Erbrechtliche Verhältnisse

(1) Für die erbrechtlichen Verhältnisse bleibt das bisherige Recht maßgebend, wenn der Erblasser vor dem Wirksamwerden des Beitritts gestorben ist.

(2) Ist der Erblasser nach dem Wirksamwerden des Beitritts gestorben, so gelten in Ansehung eines nichtehelichen Kindes, das vor dem Beitritt geboren ist, die für die erbrechtlichen Verhältnisse eines ehelichen Kindes geltenden Vorschriften.

A. Zweck

Nach dem Einigungsvertrag (Anlage I Kap III Sachgebiet B Abschnitt II) und Art. 230 Abs. 2 aF (dieser ist durch das Beistandschaftsgesetz v 4. 12. 1997 [BGBl I S 2846] neugefasst) trat das BGB und das EGBGB für das Gebiet der ehemaligen DDR (Beitrittsgebiet, vgl Art. 3 EinigungsV: die Länder Brandenburg, Mecklenburg-Vorpommern, Sachsen, Sachsen-Anhalt und Thüringen sowie der Teil Berlins, in dem das GG bisher nicht galt) am 3. 10. 1990 in Kraft. Ist der Erblasser **vor** diesem Tag gestorben, bleibt bzgl des Erbfalls als abgeschlossenen Vorgang (Art. 220 Rn 10; MüKo/*Birk* Art. 25 Rn 377) aber das »bisherige Recht maßgebend« (Art. 235 § 1 Abs. 1). Vertrauen in die (potenzielle) Erbrechtslage im Zeitpunkt des Eintritts des Erbfalls nach dem Recht der DDR, auf die sich Beteiligte **vor** dem 3. 10. 1990 eingerichtet haben könnten (OLG Dresden ZEV 1999, 492, 493), wird 1 dadurch geschützt (BGH NJW 1994, 582). Verstarb der (deutsche) Erblasser am 3. 10. 1990 oder später, gilt grds auch im Beitrittsgebiet das BGB und – vgl Art. 236 § 1 (MüKo/ *Sonnenberger* Vorbem Art. 236 § 1 Rn 2) – das EGBGB. Art. 235 § 1 Abs. 1 als intertemporale Kollisionsnorm grenzt also nach dem Zeitpunkt des Erbfalls das im Beitrittsgebiet anzuwendende materielle Recht – BGB oder ZGB – ab.

2 Unter Umständen können aber bei einem Erbfall **nach** dem 2. 10. 1990 Rechtsverhältnisse bestehen, für die vor dem Stichtag das Recht der DDR anwendbar gewesen wäre und bei denen schützenswertes Vertrauen in den Fortbestand der zu Lebzeiten geltenden, durch die Wiedervereinigung überholten Rechtslage entstanden ist. So kannte das Zivilgesetzbuch der DDR (ZGB) erbrechtliche Vorschriften, die nichteheliche Kinder besser stellten, als ihre Rechtslage nach dem BGB gewesen wäre. Art. 235 § 1 Abs. 2 berücksichtigt dieses (Rn 51 ff; zur Entwicklung des Erbrechts der DDR *Bosch* FamRZ 1992, 869, 875 ff). Abweichende Wirksamkeitsvoraussetzungen der vor dem Beitritt in der DDR errichteten (bzw aufgehobenen) Verfügungen von Todes wegen sowie die ggf abweichende Bindung an ein gemeinschaftliches Testament nach ZGB berücksichtigt Art. 235 § 2.

3 Der Anwendungsbereich der intertemporalen Kollisionsnormen Art. 235 §§ 1 f, 236 § 1 ist nicht formal danach abzugrenzen, ob mit der Entscheidung über einen erbrechtlichen Fall mit »Auslandsbezug« eine Behörde oder ein Gericht im Beitrittsgebiet befasst ist, so dass Behörden und Gerichte der alten Bundesrepublik stets das BGB und EGBGB anzuwenden hätten (vgl aber die sog Lehre vom gespaltenen Kollisionsrecht: Staudinger/*Dörner* Art. 25 Rn 573, Art. 236 Rn 22, 76 ff; Soergel/*Kegel* Vor Art. 3 Rn 239; *Kegel/Schurig* § 1 VII; *Dörner* IPRax 1991, 392 ff; *Siehr* RabelsZ 55 [1991], 240, 256 ff). Zutreffend erachtet die sog Lehre vom einheitlichen Kollisionsrecht die Normen für im gesamten Bundesgebiet geltend (MüKo/*Birk* Art. 25 Rn 374; MüKo/*Sonnenberger* Art. 236 § 1 Rn 2). Sie sind im internationalen Erbrecht immer – aber auch nur – anwendbar, wenn nach den Regeln des innerdeutschen Kollisionsrechts am Tag des Beitritts auf das Recht der ehemaligen DDR verwiesen wird (Rn 7; Erman/*Hohloch* Art. 25 Rn 58; MüKo/*Birk* Art. 25 Rn 374; MüKo/*Sonnenberger* Art. 236 § 1 Rn 13; Palandt/*Heldrich* Art. 25 Rn 24; Soergel/*Schurig* Art. 25 Rn 117; *Kropholler* IPR § 29 III 1; *Henrich* IPRax 1991, 14, 19; zT **aA** *Jayme/Stankewitsch* IPRax 1993, 162, 164 ff: engste Verbindung analog Art. 4 Abs. 3 Satz 2).

4 Soweit das Recht der früheren DDR anwendbar ist, ist es nach dem Einigungsvertrag (Art. 9 Abs. 4 2) partielles Bundesrecht (BGH NJW 1994, 2684, 2685). Seit dem Beitritt ist im innerdeutschen Kollisionsrecht das DDR-RAG (Rn 7, 25) nicht mehr anzuwenden; mithin insoweit auch Art. 236 unanwendbar (BGHZ 124, 270, 272 ff; 127, 368, 370; 18, 41, 43; 131, 22, 26; 135, 209, 211; IPRax 1998, 479; BayObLG FamRZ 1994, 848; OLG Brandenburg FamRZ 2002, 1663; OLG Hamm FamRZ 1995, 759; 1092; OLG Rostock ZEV 1995, 333; ThürOLG OLG-NL 1994, 60).

B. Interlokales Recht

I. Grundsatz

5 Art. 235 § 1 Abs. 1 stellt in Übereinstimmung mit früheren Übergangsregelungen (s. insb Art. 213 Satz 1; ferner § 10 Abs. 1 Satz 1 NEhelG; Art. 12 § 1 Abs. 4 AdoptG; § 51 Abs. 1 TestG; vgl BT-Ds 11/7817 S 47) fest, dass für Erbfälle vor dem 3. 10. 1990 als abgeschlossene Vorgänge das alte, zur Zeit des Erbfalls geltende Recht maßgebend bleibt. Er besagt also intertemporal, inwieweit das neue Recht des Beitrittsgebiets mit seinen Besonderheiten anzuwenden ist und dessen alte Gesetze geltend bleiben. Art. 235 Abs. 1 sagt nicht, welches Recht das bisherige Recht iSd § 1 Abs. 1 ist. Er setzt voraus, dass im konkreten Fall das erbrechtliche Verhältnis einer der beiden Teilrechtsordnungen zugeordnet ist.

6 Von der intertemporalen Regelung ist also die vorrangige Frage zu unterscheiden, welches interlokale Privatrecht, ob nämlich das Recht des Beitrittsgebietes (Teilrechtsordnung Ost) oder das im früheren Bundesgebiet geltende Recht (Teilrechtsordnung West), maßgebend

§ 1 Erbrechtliche Verhältnisse | Art. 235 EGBGB

ist. Die dafür erforderlichen Kollisionsregeln sind nicht gesetzlich normiert. Bei den Verhandlungen zum Einigungsvertrag ist bewusst davon abgesehen worden, derartige Regeln vorzuschreiben (Denkschrift zum Einigungsvertrag Teil C – BT-Ds 11/7817 S 36 f). Der BGH hat zur Lösung an seine länger zuvor entwickelten interlokalen Regeln angeknüpft (BGH NJW 2006, 2034). Die deutsch-deutschen Kollisionsregeln seien an Art. 3 ff EGBGB anzulehnen, allerdings mit dem Unterschied, dass in deutsch-deutschen Fällen nicht auf das Heimatrecht, sondern statt dessen auf den **gewöhnlichen Aufenthalt** der Anknüpfungsperson abgestellt (BGH NJW 1994, 582 mit Hinw auf BGH NJW 1983, 279; 1984, 2361; s. auch NJW 1995, 318; 1996, 932 [LS]; JR 2002, 106, 107; BayObLG NJW 2003, 216; FamRZ 2001, 1181, 1182; OLG Brandenburg FamRZ 1997, 1023, 1024; OLG Naumburg ZEV 1999, 271; Staudinger/*Rauscher* Rn 7; Staudinger/*Sturm/Sturm* Einl IPR Rn 734) und auf kollisionsrechtliche Interessen der Beteiligten besondere Rücksicht genommen wird (BGH NJW 1994, 582). Diese ungeschriebene Regel gilt auch nach dem Einigungsvertrag fort – auf Art. 236 § 1 kommt es insoweit nicht an (MüKo/*Sonnenberger* Art. 236 § 1 Rn 9) – und ist gem Art. 8 EinigungsV seit der deutschen Einigung auch im Beitrittsgebiet zu beachten (BGH NJW 1994, 582; Soergel/*Stein* Einl Erbrecht Rn 83).

Im **Erbrecht** gilt danach einheitlich im gesamten Bundesgebiet, dass es nicht auf das IPR der DDR ankommt: **§ 25 Abs. 1 DDR-RAG** knüpfte zwar auch im Verhältnis zur BRD an die letzte Staatsangehörigkeit an: »Erbrechtliche Verhältnisse« sind danach an das Heimatrecht des Erblassers zum Zeitpunkt seines Todes angeknüpft. Aus Sicht der DDR war die Bundesrepublik Ausland (MüKo/*Sonnenberger* Einl IPR Rn 263). Für DDR-Staatsangehörige (vgl § 1 Staatsbürgerschaftsgesetz v 20. 2. 1967, GBl DDR I S 3) waren unabhängig vom letzten Aufenthalts- oder Wohnort die §§ 362 ff ZGB anzuwenden (vgl RechtsanwendungsG v 5. 12. 1975 [GBl DDR I S 3]). Das galt aus Sicht der DDR auch für Personen, die die DDR »illegal« nach dem 31. 12. 1971 verlassen hatten. Die Bundesrepublik hat eine eigene Staatsangehörigkeit der DDR aber nie anerkannt (Staudinger/*Stürner/Stürner* Einl IPR Rn 729). Die Verfassung hätte dieses in Hinblick auf das Wiedervereinigungsgebot der Präambel auch nicht zugelassen (BGH NJW 1994, 592m Hinw auf BVerfG NJW 1973, 1539; 1974, 893). Daher kann eine DDR-Staatsangehörigkeit nicht Maßstab für eine interlokale Anknüpfung sein (MüKo/*Leipold* Rn 6; Staudinger/*Rauscher* Rn 7). Die Rechtsnachfolge von Todes wegen nach einem deutschen Erblasser richtet sich daher nach den Bestimmungen derjenigen Teilrechtsordnung, in deren Geltungsbereich der Erblasser seinen **gewöhnlichen Aufenthalt** hatte (BGH FamRZ 1977, 786, 787, 2001, 993, 994; NJW 1994, 582; JR 2002, 106, 107; BayObLG NJW 2000, 440, 441; 2003, 216 f; OLG Brandenburg FamRZ 2004, 981, 982; OLG Hamm FamRZ 1995, 1092, 1093; ThürOLG OLG-NL 2001, 35, 39; Soergel/*Stein* Einl Erbrecht Rn 82; Staudinger/*Schilken* Einl §§ 2353 ff Rn 33). Diese Rechtslage gewährleistet den mit dem Einigungsvertrag angestrebten interlokal-privatrechtlichen Entscheidungseinklang (BGH NJW 1994, 582). Das ehemalige Recht der DDR bleibt also nach Art. 235 § 1 Abs. 1 anwendbar, wenn der Erbfall **vor** dem 3. 10. 1990 eingetreten ist (Rn 31) und der Erblasser seinen letzten gewöhnlichen Aufenthaltsort im Beitrittsgebiet hatte. War der Erblasser dagegen in das Gebiet der Teilrechtsordnung-West übergesiedelt und bestand keine engere Verbindung zur Teilrechtsordnung-Ost fort, gilt das BGB und EGBGB, und zwar auch, wenn der Erblasser aus Sicht der DDR deren Staatsbürgerschaft inne oder in der DDR belegene Grundstücke hatte (B/R/*Lohmann* Rn 3; MüKo/*Leipold* Rn 7; MüKo/*Birk* Art. 25 Rn 387, 389).

II. Nachlassspaltung wegen § 25 Abs. 2 DDR-RAG

1. Voraussetzungen

Gehört zum Nachlass eines zwischen dem 1. 1. 1976 und dem 3. 10. 1990 (00.00 Uhr) verstorbenen Erblassers ein in der ehemaligen DDR belegenes **Grundstück** (zum Miteigentumsanteil vgl KG FamRZ 2004, 736 m krit Anm *Heidrich* NJ 2004, 178 f), ist zuerst das

Art. 235 EGBGB | § 1 Erbrechtliche Verhältnisse

anzuwendende Recht zu ermitteln (BayObLGZ 1991, 103, 104 f; BayObLG Rpfleger 1994, 299; NJW 2003, 216 f).

9 Welches Sachrecht bzgl der Rechtsnachfolge von Todes wegen nach einem deutschen Erblasser anzuwenden ist, richtet sich nach derjenigen Teilrechtsordnung, in deren Geltungsbereich der Erblasser seinen gewöhnlichen Aufenthalt hatte (Rn 7). Lag dieser in der Teilrechtsordnung-West, richtet sich die Erbfolge nach dem BGB und EGBGB.

10 Allerdings kann gegenüber dem Gesamtstatut (Art. 25 Abs. 1) dem Belegenheitsstatut Vorrang zukommen, soweit dieses für die in seinem Gebiet befindlichen Vermögenswerte besondere Vorschriften aufstellt (Art. 3 Abs. 3 analog; vgl § 2369 Rn 70; MüKo/*Leipold* Rn 9 f; Staudinger/*Rauscher* Rn 10 f). Für Erbfälle seit Inkrafttreten des ZGB und des DDR-RAG am 1.1.1976 – nicht vorher (Rn 25) – ist daher **§ 25 Abs. 2 DDR-RAG** zu beachten. Nach dieser Norm richten sich die erbrechtlichen Verhältnisse in Bezug auf das Eigentum und andere Rechte an Grundstücken und Gebäuden (zB das Gebäudeeigentum, §§ 288 Abs. 4, 292 Abs. 3 ZGB, und dingliche Nutzungsrechte an Grundstücken, §§ 287 ff, 291 ff ZGB), die sich in der DDR befinden, nach dem ZGB (BGHZ 131, 22, 26 f [= NJW 1996, 932 [LS]; NJW 1998, 227; 2001, 2396; BayObLG ZEV 1998, 475, 476; OLG Frankfurt FamRZ 2001, 1173, 1174; KG DtZ 1992, 187 f; OLG Köln FamRZ 1994, 591; OLG Oldenburg MDR 1992, 879; OLG Zweibrücken FamRZ 1992, 1474 f). Es tritt Nachlassspaltung ein. Die Vereinigung Deutschlands am 3.10.1990 ändert daran nichts (BGH FamRZ 1995, 481; 1567; BayObLG FamRZ 1997, 391; 1999, 1470, 1471; 2001, 1181, 1182; NJW 2003, 216).

11 Diese Nachlassspaltung hat zur Folge, dass das in der ehemaligen DDR belegene, unter § 25 Abs. 2 DDR-RAG fallende Grundstück einen selbstständigen Nachlass bildet, für den sich die Erbfolge im Grundsatz nach den Regeln des ZGB richtet (Rn 15).

12 In Bezug auf den abgespaltenen DDR-Nachlass ist für die Testierfähigkeit, die Arten zulässiger testamentarischer Verfügungen und deren Anfechtung **§ 26 DDR-RAG** zu beachten (s. Rn 39). Dieser verweist auf das Recht des Staates, in dem der Erblasser zur Zeit der Errichtung des Testaments seinen Wohnsitz hatte (Errichtungsstatut, vgl BayObLG DtZ 1996, 214, 215; KG Rpfleger 1996, 113; FamRZ 1998, 124, 125; B/R/*Lohmann* 25; DErbK/*Völkl* Rn 6; Soergel/*Stein* Einl Erbrecht Rn 84). Hatte der Erblasser, der zwischen dem 1.1.1976 und 3.10.1990 starb, seinen gewöhnlichen Aufenthalt zur Zeit der Testamentserrichtung und des Erbfalls in der Bundesrepublik, richtet sich die Bindungswirkung auch für in der DDR belegene Grundstücke nach dem BGB (KG FamRZ 1998, 124). Auch eine Erbeinsetzung durch Erbvertrag ist dann für den abgespaltenen Nachlass wirksam, obwohl das ZGB (Rn 40, 42) keine Erbverträge vorsah (BayObLG DtZ 1996, 214, 215).

13 War dagegen der gewöhnliche Aufenthalt des vor dem 3.10.1990, aber nach dem 1.1.1976 (vgl KG DtZ 1996, 213, 214) verstorbenen Erblassers in der DDR, ist **insgesamt**, auch bzgl in der Bundesrepublik belegenen Grundstücke (KG OLGZ 85, 179; MüKo/*Leipold* Rn 18; Staudinger/*Rauscher* Rn 12; *Henrich* IPRax 1991, 14, 19; **aA** MüKo/*Birk* Art. 25 Rn 401: § 25 Abs. 2 DDR-RAG analog), die Teilrechtsordnung-Ost anzuwenden. Grds waren bis zum 2.10.1990 in der DDR für die Erbscheinserteilung die Staatlichen Notariate (§ 413 Abs. 1 ZGB) zuständig. Verweigerten diese die Erteilung, konnte ausnahmsweise aus dem Gesichtspunkt der Notzuständigkeit und wegen des Fürsorgebedürfnisses die interlokale Zuständigkeit westdeutscher Nachlassgerichte gegeben sein (BGH NJW 1976, 480; Soergel/*Zimmermann* § 2353 Rn 7). Zu DDR-**Erbscheinen** s. Rn 46.

14 Was unter **Grundvermögen** iSd § 25 Abs. 2 DDR-RAG zu qualifizieren ist, bestimmt das Recht der früheren DDR (BGH FamRZ 1995, 1567, 1568; OLG Zweibrücken FamRZ 1992, 1474, 1475; Soergel/*Stein* Einl Erbrecht Rn 84). Nachlassspaltung tritt auch ein, wenn zum Nachlass eines Erblassers mit letztem Wohnsitz in den »alten« Bundesländern Bodenreformgrundstücke (zur Vererblichkeit: BGH NJW 1999, 1470) gehören, und zwar schon dann, wenn der Erblasser nur Bucheigentümer war (BayObLGZ 2003, 1, 8 f m abl Anm *Heidrich* NJ 2003, 484), oder ihm ein Miteigentumsanteil an einem DDR-Grundstück

gehörte (KG FamRZ 2004, 736, 738m abl Anm *Heidrich* NJ 2004, 178 f; MüKo/*Leipold* Rn 11; Staudinger/*Rauscher* Rn 19). Erfasst sind auch neben dinglichen Rechten bestimmte, gegen den Eigentümer gerichtete, mit dem Grundstück verbundene Forderungen (Steuern, Abgaben, Versicherungsbeiträge) sowie Guthaben aus Haus- oder Grundstückserträgen (BGHZ 131, 22 [28] = NJW 1996, 932 [LS]; s. auch BGH NJW 2001, 2396, 2397; OLG Zweibrücken FamRZ 1992, 1474, 1475; B/R/*Lohmann* Rn 23). **Keine Nachlassspaltung entsteht bei der Vererbung eines Gesamthandsanteils**, selbst wenn zum Gesamthandsvermögen Grundstücke in der DDR gehörten (BGH NJW 2001, 2396 m Anm *Andrae* NJ 2001, 287 und *Feuerborn* JR 2002, 108 und *Koutses* BGHRP 2001, 332 und *Mankowski* EWiR 2001, 389 und *Theisen* NotBZ 2002, 245; BayObLG ZEV 1998, 475, 477; OLG Dresden MittRhNotK 1997, 267; KG Rpfleger 2004, 44; 2006, 542; MüKo/*Mayer* § 2353 Rn 144; Staudinger/*Rauscher* Rn 21; aA KG Rpfleger 2001, 79; OLG Oldenburg MittRhNotK 1998, 136). Auch erfasst § 25 Abs. 2 DDR-RAG nicht den schuldrechtlichen Anspruch aus § 3 Abs. 1 VermG (§ 2369 Rn 29 f; MüKo/*Birk* Art. 25 Rn 400).

2. Folgen

Im Fall der Nachlassspaltung ist jeder Teilnachlass selbstständig je für sich nach dem jeweils anzuwendenden Erbstatut zu beurteilen; er ist aus Sicht des jeweiligen Erbstatuts quasi der gesamte Nachlass (BayObLG NJW 2000, 440, 441; OLG Hamm ZEV 1996, 346; Soergel/*Stein* Einl Erbrecht Rn 84). Für die durch § 25 Abs. 2 DDR-RAG erfassten Vermögensgegenstände (Rn 10, 14) gilt das **Erbrecht der ehemaligen DDR** (BayObLG NJW 2000, 440, 441; ZEV 1998, 475, 476; OLG Hamm FamRZ 1998, 121, 122; KG OLGZ 92, 289, 280 f; FamRZ 1998, 124, 125; Jauernig/*Stürner* Vorbem § 1922 Rn 5). Der übrige Nachlass unterliegt dagegen den Regeln des BGB (BayObLG NJW 2003, 216). Die Erbfolge ist hinsichtlich der verschiedenen Nachlassteile je für sich zu beurteilen (§ 2369 Rn 69; BayObLG FamRZ 1999, 1470, 1471; 2001, 1181, 1182; OLG Hamm FamRZ 1998, 121, 122; KG FamRZ 1998, 124, 125; Staudinger/*Rauscher* Rn 14; *Lorenz* DStR 1994, 584, 585; *Märker* ZEV 1999, 245, 246).

15

DDR-Erbrecht gilt also bezüglich in der DDR belegene Grundstücke auch für die **Testamentsvollstreckung** (KG Rpfleger 1995, 505; FamRZ 1996, 569, 570 f; vgl *v Morgen/Götting* DtZ 1994, 199 – 203), die Testamentsanfechtung (KG FamRZ 1995, 762, 763; 1996, 569, 571 f), den Erbverzicht (vgl OLG Düsseldorf FGPrax 1998, 58), die **Annahme der Erbschaft** oder ihre Anfechtung oder **Ausschlagung** (BGH NJW 1998, 227; BayObLG NJW 1991, 1237; 2003, 216 f, 220 m Anm *Ivo* aaO 185; OLG Karlsruhe DtZ 1995, 338; KG DtZ 1992, 187 f; FamRZ 1996, 611, 612; OLG Naumburg OLG-NL 1999, 235, 237), wobei diese bis zum 2. 10. 1990 wirksam nur gegenüber einem Staatlichen Notariat der DDR erklärt werden konnte (§ 403 Abs. 2 Satz 1 ZGB; BGH NJW 1998, 227; BayObLG ZEV 1995, 256; FamRZ 1996, 765, 766; KG OLGZ 1992, 279, 281; 1993, 1, 2 f; ZEV 1997, 154; OLG Naumburg aaO; ThürOLG OLG-NL 1996, 42; Staudinger/*Rauscher* Rn 193; *Adlerstein/Desch* DtZ 1991, 193, 198; *de Leve* DtZ 1996, 199, 201), danach nur gegenüber dem nunmehr örtlich zuständigen Nachlassgericht (BayObLG NJW 2003, 216, 218; Staudinger/*Rauscher* Rn 195). Die gegenüber dem Nachlassgericht in der alten Bundesrepublik abgegebene Ausschlagungserklärung wird jedoch hinsichtlich des abgespaltenen Nachlasses wirksam, wenn am 3. 10. 1990 die Ausschlagungsfrist nicht abgelaufen war; denn nunmehr ist das Nachlassgericht auch insoweit zuständig (KG NJW 1998, 243; s. auch BayObLG FamRZ 1994, 723, 726). S auch Rn 23.

16

Auch die **Auslegung** eines Testament erfolgt nach dem ZGB, insoweit dieses auf den Teilnachlass anzuwenden ist (Rn 22; OLG Köln OLGZ 1994, 334, 336; Staudinger/*Rauscher* Rn 149). So kann die Zuwendung eines Grundstücks, das den abgespaltenen Nachlass ausmacht, eine Erbeinsetzung sein (OLG Hamm FamRZ 1996, 1576, 1577). Eine allgemein formulierte Erbeinsetzung durch einen im Westen lebenden Erblasser umfasst idR auch die Immobilien in der ehemaligen DDR, wobei der Widerruf aber auch auf das Westvermögen beschränkt sein kann (OLG Hamm FamRZ 1998, 121, 123).

17

Art. 235 EGBGB | **§ 1 Erbrechtliche Verhältnisse**

18 Auch **Pflichtteilsansprüche** (Rn 36) sind bei Nachlassspaltung hinsichtlich des unbeweglichen Vermögens in der ehemaligen DDR nach dem Recht der DDR zu beurteilen (OLG Hamburg DtZ 1993, 28, 29; LG Karlsruhe DtZ 1994, 318, 319). Ferner gilt DDR-Recht für einen Erb- oder Pflichtteils**verzicht**, die das ZGB nicht kannte und der unwirksam war (vgl OLG Düsseldorf NJW 1998, 2607), nicht aber für einen zu Grunde liegenden schuldrechtlichen Abfindungsvertrag (OLG Hamm ZEV 2000, 507, 508).

19 Ein im Fall der Nachlassspaltung in **West**deutschland vor dem 3. 10. 1990 erteilter **Erbschein** (s. auch Rn 13, 46) ist seit dem 3. 10. 190 auch im Beitrittsgebiet wirksam (Staudinger/*Rauscher* Rn 88). Daher muss er einen negativen Geltungsvermerk dahingehend enthalten, dass sich die Vererbung der in der DDR belegenen Grundstücke nach dem ZGB richtet. Das ist idR unterblieben, weil der Erbschein in der DDR ohnehin nicht anerkannt wurde. Notfalls, wenn ein allgemeiner Erbschein erteilt worden ist, ist (**aA** *Bestelmeyer* Rpfleger 1997, 164, 165) nachträglich ein einschränkender Geltungsvermerk anzubringen (MüKo/*Mayer* § 2353 Rn 147; Palandt/*Edenhofer* § 2353 Rn 7 f; Soergel/*Zimmermann* § 2353 Rn 65; Staudinger/*Schilken* Einl §§ 2353 ff Rn 35; *Lange/Kuchinke* § 39 I 3b). Daneben ist auf Antrag ein (zusätzlicher) Erbschein bzgl der in der DDR belegenen Grundstücke zu erteilen (§ 2369 Rn 68; BayObLG FamRZ 1994, 723, 724; ZEV 2001, 489, 491; KG FamRZ 1992, 611, 612; OLG Zweibrücken FamRZ 1992, 1474, 1475; LG Berlin FamRZ 1991, 1361 m Anm *Henrich* aaO 1362 f; 1992, 230, 231 f; Staudinger/*Rauscher* Rn 106). Sollen Rechte an Grundstücken in der ehemaligen DDR geltend gemacht werden, kann statt dessen auch eine klarstellende Ergänzung in dem allgemeinen Erbschein erfolgen, wenn die Rechtsnachfolge auch für den Nachlassteil, den der Erbschein nicht nennt, richtig bezeugt ist (LG Hamburg FamRZ 1992, 1475, 1476; MüKo/*Mayer* § 2353 Rn 147; Soergel/*Zimmermann* § 2353 Rn 65; **aA** LG Berlin FamRZ 1992, 230, 232; Staudinger/*Rauscher* Rn 105). Eine Einziehung nach § 2361 ist daher nicht erforderlich (BayObLG FamRZ 1994, 723, 724 m Anm *Gottwald* aaO 726; LG Berlin FamRZ 1992, 230, 231 f; Soergel/*Zimmermann* § 2353 Rn 65; Staudinger/*Schilken* Einl §§ 2353 ff Rn 35; *Henrich* FamRZ 1991, 1362; *Sandweg* BNotZ 1991, 45, 52 f; **aA** Staudinger/*Rauscher* Rn 91; *Lorenz* ZEV 1996, 347, 348 f; *Schotten/Johnen* DtZ 1991, 257, 261 f). Hatte der Erblasser seinen gewöhnlichen Aufenthalt in der DDR, war für einen allgemeinen Erbschein nach ihm entsprechend § 73 Abs. 2 FGG das AG Berlin-Schöneberg örtlich zuständig (BGH NJW 1976, 480). Bei in der Bundesrepublik belegenen Nachlassgegenständen galt § 73 Abs. 3 FGG analog.

C. Erbrechtliche Verhältnisse

20 Erbrechtliche Verhältnisse sind solche Tatbestände, die mit dem Anfall oder dem Erwerb einer Erbschaft in Zusammenhang stehen (BGH FamRZ 2004, 537, 538; OLG Dresden DtZ 1995, 140, 141; KG FamRZ 1998, 124; ähnlich auch Staudinger/*Rauscher* Rn 31). Das ist – wie bei Art. 213 Satz 1 – weit zu verstehen.

21 Erfasst sind die ges Erbfolge (Rn 35) einschließlich des Erbrechts nichtehelicher Kinder, die Errichtung und grds die Wirksamkeit und der Inhalt von Verfügungen von Todes wegen (Rn 37 f), die Ausschlagung (s. Rn 16; vgl zur Auslegung BayObLG NJW 2003, 216, 217) oder Annahme der Erbschaft (OLG Brandenburg FamRZ 1997, 1023), die Erbfähigkeit juristischer Personen (KG FamRZ 1996, 973, 974 [zum Genehmigungsvorbehalt]), das Pflichtteilsrecht samt der Beziehungen zwischen Erben und Pflichtteilsberechtigten (Rn 18, 36; vgl auch OLG Dresden OLG-NL 2000, 67; OLG Naumburg OLGR 2000, 290; LG Hamburg NJW 1998, 2608), die Haftung für Nachlassverbindlichkeiten (Rn 43), der Erbschaftsanspruch (BGH FamRZ 2004, 537, 538) oder sonstige Herausgabe- oder Schadensersatzansprüche des Erben (OLG Brandenburg NJ 2004, 227: zur Haftung der Bundesrepublik für privatrechtliche Wertersatzansprüche von Erben gegen den Staatsfiskus der DDR wegen unberechtigter Verwertung des Nachlasses [bestätigt: BGH NJW 2006, 912]), und die Erbauseinandersetzung. Soweit das DDR-Recht anwendbar ist, sind auch sonstige

§ 1 Erbrechtliche Verhältnisse | Art. 235 EGBGB

Vorschriften in der DDR, soweit sie auf die erbrechtlichen Verhältnisse Einfluss hatten, anzuwenden (OLG Naumburg FGPrax 1996, 148 [zur weiterhin wirksamen Versagung einer Genehmigung]; Soergel/*Stein* Einl Erbrecht Rn 86; Staudinger/*Rauscher* Rn 33). Erfasst von § 1 Abs. 1 ist auch, ob (nach materiellem Recht) eine materiell-rechtliche Erklärung oder eine Klage erforderlich ist (MüKo/*Leipold* Rn 24), so zB dass eine Testamentsanfechtung gem § 374 Abs. 2 ZGB durch Klage zu erfolgen hat (BGH NJW 1994, 582, 583; OLG Dresden FamRZ 1994, 268, 269; ThürOLG OLG-NL 1996, 42; Soergel/*Hartmann* Rn 2; Staudinger/*Rauscher* Rn 159 [für seit dem 1. 1. 1976 errichtete Testamente]; **aA** Notariat 1 Müllheim DtZ 1992, 157, 159; *Bestelmeyer* Rpfleger 1993, 387; DtZ 1994, 1999 f; FamRZ 1994, 1444).

Aus Gründen des **Vertrauensschutzes** ist das anzuwendende DDR-Recht – auch das DDR-RAG (MüKo/*Sonnenberger* Art. 236 § 1 Rn 15) – so anzuwenden, wie es in der Praxis der DDR gehandhabt wurde (BGH NJW 1993, 2531; 1994, 1792 f; 1996, 990 f; OLG Brandenburg ZEV 2002, 283, 284 [zur vormundschaftsgerichtlichen Genehmigung bei Ausschlagung]; OLG Dresden ZEV 1999, 492, 493 [zur Auslegung des Begriffs »Ausland« in § 1944 Abs. 3]; OLG Naumburg OLG-NL 1998, 226, 227; B/R/*Kühnholz* Art. 230 Rn 8; zT enger MüKo/*Säcker* Art. 230 Rn 8: das veränderte Normengefüge sei zu berücksichtigen; s. auch Oetker JZ 1992, 608 f). Letztwillige Verfügungen sind nach den entsprechenden Vorschriften des ZGB (vgl § 372 ZGB; dazu Staudinger/*Rauscher* Rn 149) auszulegen (ThürOLG OLG-NL 2001, 35, 39; 2005, 127, 129; vgl auch BGH FamRZ 2001, 993, 994; [zu einseitigen Willenserklärungen] BayObLG NJW 2003, 216, 217; KG FamRZ 1995, 762, 763; 1996, 125; 2004, 736, 739; OLG Köln FamRZ 1994, 591, 592; OLG Naumburg OLG-NL 1996, 35, 36). Die Auslegungsmethode entspricht im Wesentlichen der nach § 2084 (BGH ZEV 1999, 269; FamRZ 2001, 993; OLG Frankfurt FamRZ 2001, 1173, 1174 [zur Nachlassspaltung]; OLG Dresden OLG-NL 1999, 163, 165 [Erbeinsetzung oder Vermächtnis]; OLG Hamm ZEV 1995, 758, 761; KG ZEV 1997, 504, 506; Rpfleger 2004, 44, 47 [zur Nachlassspaltung]; OLG Oldenburg DtZ 1992, 290, 291; ThürOLG OLG-NL 2005, 127, 129; zur Anordnung einer Vor- und Nacherbschaft, sofern ein entsprechender Wille des Erblassers in der formgültigen Testamentsurkunde wenigstens andeutungsweise zum Ausdruck kommt, vgl OLG Brandenburg VIZ 2004, 42; mit Einzelheiten MüKo/*Leipold* Einl Erbrecht Rn 337 ff). Eine **Grenze** besteht dort, wo das alte Normenverständnis nicht mit dem **GG** vereinbar ist. Grundrechtswidrige spezifisch sozialistische Wertungen oder Parteilichkeit oder Auslegungen sind nicht mehr anzuwenden (BGH NJW 1994, 582, 583; 1995, 1087; Staudinger/*Rauscher* Rn 75; s. auch B/R/*Lorenz* Art. 6 Rn 6; Palandt/*Heldrich* Art. 6 Rn 12; Staudinger/*Blumenwitz* Art. 6 Rn 87 f; Fischer DfZ 1997, 75; Oetker JZ 1992, 608, 613; Thode JZ 1994, 472, 473 f). Insoweit gelten die Grundsätze des sozialen Rechtsstaats (B/R/*Kühnholz* Art. 230 Rn 12; MüKo/*Säcker* Art. 230 Rn 8; Palandt/*Heinichs* Art. 230 Rn 4). Innerhalb dieser Grenze können auch die Richtlinien des Obersten Gerichts beachtlich sein (BGHZ 117, 37, 38).

Nicht zu den erbrechtlichen Verhältnissen gehört die Geschäftsfähigkeit. Diese richtet sich nach dem Persönlichkeitsstatut zur Zeit der maßgeblichen Erklärung (Art. 7; vgl BayObLG NJW 2003, 216, 218). Ausgenommen von der Überleitung nach Art. 235 § 1 Abs. 1 sind zudem erbrechtliche Fristen, insb die **Frist** auszuschlagen (vgl B/R/*Lohmann* Rn 6). Bei der **Ausschlagungsfrist** gilt nach **Art. 231 § 6** Abs. 3 iVm Abs. 1, Abs. 2 die kürzere Frist des BGB (§ 1944 Abs. 1: sechs Wochen statt zwei Monate nach § 402 Abs. 1 Satz 1 ZGB), aber (frühestens) gerechnet ab dem 3. 10. 1990 (Soergel/*Stein* Einl Erbrecht Rn 80), und nicht, wenn die Frist nach ZGB früher abläuft als die Frist nach BGB (MüKo/*Leipold* Rn 22; *Wandel* BWNotZ 1991, 1, 29; *Trittel* DNotZ 1991, 237, 240). Für einen Erben mit Wohnsitz außerhalb der DDR, wozu auch ein Wohnsitz in der Bundesrepublik gezählt wurde, gilt die Sechsmonatsfrist nach § 402 Abs. 1 Satz 2 ZGB, wenn die Frist vor dem 3. 10. 1990 zu laufen begonnen hat (MüKo/*Leipold* Rn 22; *Trittel* DNotZ 1991, 237, 240); zur Frist die Ausschlagung anzufechten (vgl BayObLG NJW 2003, 216, 221; ThürOLG OLG-NL 1996, 42). Auch gilt die Überleitung nicht für die Frist, ein **Testament anzufechten** (Staudinger/

Art. 235 EGBGB | § 1 Erbrechtliche Verhältnisse

Rauscher Rn 151 ff) sowie für die **Pflichtteilsverjährung** (Rn 50; Staudinger/*Rauscher* Rn 34).

D. Abzugrenzende Zeiträume

24 Im Folgenden ist für die intertemporale Anknüpfung nach dem Tag des Inkrafttretens des ZGB (1. 1. 1976) und dem Tag des Beitritts (3. 10. 1990), seit dem grds auch im Beitrittsgebiet das BGB gilt (Rn 1), zu unterscheiden:

I. Erbfälle vor dem 1. 1. 1976

25 Bis zum Inkrafttreten des **ZGB** am **1. 1. 1976** galt auch in der DDR das bisherige Recht, insb also auch das BGB und das in der DDR nicht außer Kraft gesetzte TestG (vgl Art. 8 Abs. 1 EGZGB; BGH FamRZ 2004, 537, 538; OLG Brandenburg FamRZ 2004, 981, 982; ZEV 2002, 283, 284 [Erbausschlagung im Jahre 1960 nach damals geltendem BGB]; OLG Frankfurt FamRZ 1993, 858, 859; OLG Köln NJW 1998, 240; OLG Naumburg Urteil v 11. 4. 2006 Az 10 Wx 1/06 [Ausschlagung im Jahre 1966 nach BGB]; LG Köln DtZ 1993, 215; LG Hamburg DtZ 1994, 316, 317; Erman/*Schlüter* Einl § 1922 BGB Rn 14; Soergel/*Stein* Einl Erbrecht Rn 103), und zwar auch für den Erbschaftsanspruch (BGH FamRZ 2004, 537) und eine Testamentsvollstreckung (*Janke* DtZ 1994, 364 f). Auch das **DDR-RAG** trat am 1. 1. 1976 in Kraft (Rn 31), so dass sich erst seit diesem Tag eine Nachlassspaltung ergeben konnte (dazu Rn 8 ff; vgl BayObLGZ 1993, 382, 385; FamRZ 1992, 1106, 1107; NJW-RR 1994, 967, 968; ZEV 1998, 475, 476; KG FamRZ 1996, 972, 973; OLG Koblenz DtZ 1993, 253). Die Wirksamkeit eines Testaments bestimmt sich nach dem Zeitpunkt der Errichtung des Testaments (§ 8 Abs. 2 Satz 1 EGZGB; vgl BayObLG FamRZ 2001, 1181, 1183; OLG Naumburg ZEV 1999, 271). Das vor dem 1. 1. 1976 geltende Recht bestimmt bei einem vor diesem Stichtag errichteten Testament auch, ob die enthaltene Verfügung durch Ehescheidung unwirksam geworden ist (BayObLG FamRZ 1995, 1088; FamRZ 2001, 1181, 1183). Die Rechtsfolgen des Testaments und seine Auslegung beurteilen sich aber nach dem Recht, welches zum Zeitpunkt des Erbfalls galt (OLG Jena FamRZ 1995, 446, 447).

26 Relevante Änderungen erfuhr das Erbrecht insb durch familienrechtliche Reformen, die die sozialistische Eigentumsordnung (vgl §§ 17 ff, 22 ff ZGB) verwirklichen sollten und zT das ges Erbrecht umgestalteten.

27 Wegen VO v 29. 11. 1956, in Kraft seit dem 1. 1. 1957 (GBl DDR 1956 I, 1326; *Wagenitz* FamRZ 1990, 1169; *Wandel* BWNotZ 1992, 17, 26), sind bei Erbfällen seit dem 1. 1. 1957 **angenommene Kinder** mit ehelichen gleichgestellt. Seit dem 1. 4. 1966 sehen die §§ 66, 72 f FGB eine inhaltsgleiche Regelung vor.

28 Seit dem 1. 4. 1966 haben **nichteheliche** Kinder aufgrund §§ 9, 10 EGFGB grds das ges Erbrecht (auch) nach dem Vater und seinen Eltern, sofern die Vaterschaft festgestellt ist (OLG Dresden NJW 1998, 2609; OLG Naumburg FamRZ 2002, 779, 780; s. auch B/R/*Lohmann* 35; *Bosch* FamRZ 1992, 869, 878 f; *Eberhardt* NJ 74, 732 ff; DtZ 1991, 293 f; *Kittke* JZ 76, 268, 270; *Mampel* NJW 1976, 593, 594; *Meincke* JR 1976, 47, 50; *Sandweg* BWNotZ 1992, 45, 50 ff). Bei einem volljährigen Kind gilt das aber wegen § 9 EGFGB ggf nur, wenn es unterhaltsbedürftig ist (OLG Brandenburg FamRZ 2000, 253, 254), oder es während der Minderjährigkeit überwiegend im Haushalt des Vaters gelebt hatte, oder wenn es zum Zeitpunkt des Erbfalls mit dem Vater in einem gemeinsamen Haushalt lebte (OLG Rostock OLGR 1998, 433, 434; Staudinger/*Rauscher* Rn 54). Ferner hatte das volljährige nichteheliche Kind ein ges Erbrecht nach dem Vater, wenn weder Ehefrau noch Abkömmlinge noch (beide) Eltern des Vaters als Erben vorhanden waren. Für die Zeit **vor** dem 1. 4. 1966 können nichteheliche Kinder auch aus Art. 22 Abs. 2 und 33 Abs. 2 der Verfassung der DDR v 7. 10. 1949 grds kein ges Erbrecht herleiten (BezG Erfurt FamRZ 1994, 465; OLG Naumburg FamRZ 2002, 779, 780; Soergel/*Hartmann* Rn 4). Ein nichteheliches Kind mit gewöhnlichem Aufenthalt in der DDR eines Erblassers, der vor dem 1. 7. 1970 in der Bundesrepublik verstorben war, hatte nach dem damaligen Recht der Bundesrepublik

kein ges Erbrecht. Daran änderte auch § 9 EGFGB hinsichtlich in der DDR belegenenen Grundbesitzes nichts. Das DDR-Recht ist insoweit (s. Rn 25) erst für Erbfälle ab dem 1.1.1976 anwendbar (BayObLG ZEV 1994, 310).

Ist die Vaterschaft festgestellt, hat auch der Vater beim Tod des nichtehelichen Kindes als Erbe der zweiten Ordnung ein volles Erbrecht (§ 9 Abs. 4 EGFGB; s. auch § 367 ZGB). 29

Seit dem 1.4.1966 ist der **Ehegatte** als ges Erbe 1. Ordnung eingeordnet (§ 10 Abs. 1 EGFGB; dazu *Bestelmeyer* Rpfleger 1992, 321; *Bosch* FamRZ 1992, 869, 878; *Mampel* NJW 1976, 593, 594). Er erhält denselben Erbteil wie ein Kind des Erblassers, wenigstens ein Viertel (§ 10 Abs. 1 EGFGB). Hat der Erblasser keine Abkömmlinge, wird der Ehegatte idR Alleinerbe. § 27 Nr. 3 EGFGB hob die §§ 1931 – 1934, 2050 Abs. 1, 2077 Abs. 1 Satz 2, Abs. 2 zum 1.4.1966 auf. 30

II. Erbfälle zwischen dem 1.1.1976 (00.00 Uhr) und einschließlich dem 2.10.1990 (24.00 Uhr)

1. Grundsatz

Die intertemporale Übergangsregelung des § 8 Abs. 1 EGZGB sah vor, dass grds für Erbfälle vor dem 1.1.1976 das alte Erbrecht fortgilt (Rn 25 und 42; BezG Erfurt NJ 1993, 372, 374). Für Erbfälle eines Erblassers in der DDR zwischen dem Inkrafttreten des ZGB am 1.1.1976 (§ 1 EGZGB) und dem Tag des Beitritts gilt das Erbrecht des ZGB (§ 2 Abs. 1 EGZGB). Die vorherigen Reformen (Rn 27 ff) wurden beibehalten. Allerdings sind die Beschränkungen des § 9 EGZGB entfallen, § 365 ZGB. Über das ZGB hinaus enthalten § 24 des Gesetzes über die Landwirtschaftlichen Produktionsgenossenschaften (LPG-Gesetz) v 3.6.1959 (GBl I S 577) iVm § 12 EGZGB, das Notariatsgesetz (NotG) v 5.2.1976 (GBl I S 93) und §§ 25 f des DDR-Rechtsanwendungsgesetzes (RAG) v 5.12.1975 (GBl I S 748) neue erbrechtliche Bestimmungen. 31

2. Grundzüge des materiellen Erbrechts des ZGB

Im ZGB behandeln die §§ 362 – 427 ZGB das Erbrecht. Dieses wurde hier völlig neu, und zwar deutlich kürzer als im BGB, normiert. Die Grundbegriffe wie Erblasser, Erbfall, Nachlass, Erbschaft (§§ 362 Abs. 2, 363 ZGB) entsprachen denen des BGB (MüKo/*Leipold* Einl Erbrecht Rn 316). 32

Der Nachlass fällt dem Erben als Einheit (**Universalsukzession**, § 363 Abs. 1 Satz 2 ZGB [vgl Soergel/*Stein* Einl Erbrecht Rn 106]; Ausnahme: Haushaltsgegenstände: § 365 Abs. 1 Satz 3 ZGB) durch Vonselbsterwerb mit dem Erbfall an (§§ 363 Abs. 1, 399 Abs. 1 Satz 1, 402 ZGB – vgl BayObLG NJW 2003, 216, 218; Ausnahme: Erwerb durch ein Betrieb oder eine staatliche Organisation [§ 399 Abs. 1 Satz 2: Genehmigungspflicht]). § 399 Abs. 2 ZGB gewährt jedem Erben einen Anspruch auf **Auskunft** über Umfang und Verbleib von Nachlassgegenständen gegen jeden Besitzer (OLG Dresden FamRZ 1999, 406, 407). **Miterben** (§§ 400, 423 – 427 ZGB) bilden eine Erbengemeinschaft (§ 400 Abs. 1 ZGB); es gilt das Gesamthandsprinzip. Insoweit kennt das ZGB im Wesentlichen dem BGB vergleichbare Regelungen (BGH NJW 2001, 2396, 2397). Zum Nachlass gehörende Forderungen kann jeder Miterbe für alle Miterben geltend machen (§ 400 Abs. 3 ZGB). Dabei muss er Leistung an die Gesamtheit der Miterben verlangen (BGH ZEV 2000, 498; OLG Dresden FamRZ 1999, 406, 408). Der Schuldner darf die Leistung nur verweigern, wenn er ein entsprechendes Recht gegenüber allen Miterben hat (BGH aaO). 33

Zum **Nachlass** des Erblassers gehört neben den Gegenständen, die er in Alleineigentum hatte, idR die Hälfte des während der Ehe erworbenen gemeinschaftlichen Vermögens der Ehegatten (§ 365 Abs. 3 ZGB iVm §§ 13, 39 FGB). Die andere Hälfte gehört dem überlebenden Ehegatten kraft Güterrechts. Der Nachlass ist gem § 39 FGB auseinanderzusetzen. Hat der überlebende Ehegatte wesentlich zur Vergrößerung oder Erhaltung des Vermögens des Erblassers beigetragen, hat er noch einen besonderen güterrechtlichen 34

Ausgleichsanspruch (§ 40 FGB; vgl OLG Rostock DtZ 1997, 389, 390). Schließlich stehen ihm die Haushaltsgegenstände zu (§ 365 Abs. 1 Satz 3 ZGB).

35 Die Erbfolge des ZGB ist eine ges (§§ 364–369 ZGB), wenn der Erblasser seinen Willen nicht kundgetan hat, der Testamentserbe vorverstorben war oder dieser die Erbschaft ausgeschlagen hat und kein Ersatzerbe (§§ 378 f ZGB) bestimmt war. Es gibt 3 Ordnungen **ges Erben**, nachrangig erbt der Fiskus (§ 369 Abs. 1 ZGB; Staudinger/*Rauscher* Rn 64). Erben 1. Ordnung sind (unabhängig vom Alter) die Abkömmlinge, auch Adoptivkinder (vgl §§ 66, 73 FGB), aber keine Stiefkinder, des Erblassers und sein Ehegatte (§§ 365 Abs. 1 Satz 1, 366 ZGB). »Kinder« iSv § 365 ZGB als ges Erben 1. Ordnung und iSv § 396 Abs. 1 ZGB als Pflichtteilsberechtigte sind alle Kinder des Erblassers, auch uneheliche und an Kindes Statt Angenommene, diese, solange das Adoptionsverhältnis bestand. Der Ehegatte erbt mindestens 1/4, ansonsten zu gleichen Teilen wie jedes der Kinder (§ 365 Abs. 1 ZGB) und, sind keine Abkömmlinge des Erblassers vorhanden, allein (§ 366 ZGB). Erben 2. Ordnung sind die Eltern und deren Abkömmlinge (§ 367 Abs. 1 ZGB). Erben 3. Ordnung sind die Großeltern und deren Abkömmlinge (§ 368 Abs. 1 ZGB). Erben vorrangiger Ordnungen schließen Erben höherer Ordnung von der Erbfolge aus (§ 364 II ZGB; Erman/*Schlüter* Einl § 1922 Rn 17). Verstirbt ein Abkömmling, treten die Nachkommen an seine Stelle (§§ 365 Abs. 2, 367 Abs. 3, 368 Abs. 3-Abs. 5 ZGB). Potenzielle Erben können enterbt (§ 371 Abs. 1 ZGB) oder durch Klage für erbunwürdig erklärt werden (§§ 406–408 ZGB).

36 Ein generelles **Pflichtteilsrecht** hat nur der Ehegatte. Kinder, Enkel und – wenn sie nicht nach §§ 364 Abs. 2, 367 ZGB als Erben ausgeschlossen waren – Eltern des Erblassers sind in Höhe des Wertes von 2/3 des ges Erbteils pflichtteilsberechtigt, wenn sie beim Erbfall gegenüber dem Erblasser unterhaltsberechtigt (§§ 81 ff FGB) sind (§ 396 Abs. 1, Abs. 2 ZGB). Der Anspruch verjährt zwei Jahre nach Kenntnis vom Erbfall und des Testamentsinhalts, spätestens aber 10 Jahre nach dem Erbfall (§ 396 Abs. 3 ZGB). Entferntere Abkömmlinge als die Enkel sind nicht pflichtteilsberechtigt. Der Pflichtteil kann nicht entzogen oder beschränkt werden. Auch den §§ 2315, 2316, 2325 ff vergleichbare Normen kennt das ZGB nicht (s. aber Rn 50).

37 Es gilt der Grds der Testierfreiheit (§§ 6 Abs. 2, 362 Abs. 1 Satz 2 ZGB). Die Vorschriften zum Testament sind in den §§ 370–395 ZGB enthalten, dazu §§ 24 ff NotG. Der Erblasser als volljähriger (18 Jahre), handlungsfähiger Bürger (§§ 49 ff ZGB) kann die Erbfolge im Wege **gewillkürter Erbfolge** nur durch persönlich errichtetes **Testament** gestalten (§§ 363 Abs. 1 Satz 2, 370 Abs. 1, Abs. 2, Abs. 3 ZGB). Ehegatten können unter erleichterten Formvorschriften (§ 391 Abs. 2 ZGB) ein gemeinschaftliches Testament errichten (§ 388 ZGB), wobei, wenn nichts anderes vorbehalten ist (§ 390 Abs. 1 Satz 2 ZGB), die Bindungswirkung für alle, nicht nur bzgl der wechselbezüglichen (vgl § 2271; dazu *Pfeiffer* FamRZ 1993, 1266, 1272 ff), Verfügungen bis zu ihrer Aufhebung oder ihrem Widerruf (§ 392 ZGB) besteht (§ 390 Abs. 2 Satz 2 ZGB). Eine den §§ 2287 f vergleichbare Norm enthält das ZGB aber nicht. Lebzeitige Verfügungen des überlebenden Ehegatten sind daher uneingeschränkt möglich (§ 390 Abs. 2 Satz 1 ZGB; vgl Art. 235 § 2 Rn 15; BGH NJW 1995, 1087; OLG Dresden DtZ 1995, 140, 141). Es kann nicht wirksam vereinbart werden, dass der Überlebende über Nachlassgegenstände nicht frei verfügen dürfe (BGH NJW 1995, 1087). Nur testamentarische Verfügungen sind nichtig, wenn sie dem gemeinschaftlichen Testament widersprechen (BGH aaO). Zulässige Verfügungen von Todes wegen sind nach § 371 Abs. 1 ZGB, dass der Erblasser Erben bestimmt, ges Erben von der Erbfolge ausschließt, (schuldrechtliche) Vermächtnisse (§§ 380 f ZGB) zuwendet, Auflagen (§ 382 ZGB) erteilt oder Teilungsanordnungen trifft. Nach § 371 Abs. 3 ZGB kann er einen Testamentsvollstrecker ernennen (vgl auch § 32 NotG). Der Testamentsvollstrecker gilt als Vertreter des Erben (§§ 53 ff ZGB). Da der Erbe trotz Testamentsvollstreckung frei über den Nachlass verfügen kann, ist in einem ihm erteilten Erbschein die Testamentsvollstreckung – anders als nach dem BGB (PWW/*Deppenkemper* § 2353 Rn 2) – nicht zu vermerken (KG FamRZ 1996, 569, 572).

§ 1 Erbrechtliche Verhältnisse | Art. 235 EGBGB

Neben dem gemeinschaftlichen Testament (Rn 37) und dem Nottestament vor zwei **38** Zeugen (§§ 383 Abs. 2, 386 ZGB) mit nur zeitlich beschränkter Gültigkeit kennt das ZGB zwei **Formen**: Das Testament kann ein notariell beurkundetes (§ 384 ZGB) oder ein eigenhändig schriftlich errichtetes sein (§ 383 ZGB). Das eigenhändige Testament muss vom Erblasser handschriftlich geschrieben und unterschrieben sein; es soll Ort und Datum der Errichtung enthalten (§ 385 Satz 1 ZGB; R/B/M/*Voit* § 2247 Rn 2). Der Erblasser kann es in die Verwahrung des Staatlichen Notariats geben (§ 385 Satz 2 ZGB), welches die Verwahrung bestätigen soll (§ 24 Abs. 2 Satz 1 NotG). **Aufheben** kann der Erblasser sein Testament jederzeit durch ein neues Testament, welches dem älteren widerspricht (KG FamRZ 1998, 124), durch Aufhebung (§ 393 ZGB) oder Widerruf (§ 392 ZGB). Der Widerruf erfolgt nach § 387 ZGB durch Testament, Rücknahme aus der Verwahrung oder durch Vernichtung oder Veränderung eines eigenhändigen Testaments in Widerrufsabsicht. Zum Widerruf auch eines gemeinschaftlichen Testaments ist auch eine einseitige, notariell beurkundete Erklärung zulässig (§ 392 Abs. 2 ZGB). Die Scheidung der Ehe oder die Erklärung, dass diese nichtig ist, macht ein gemeinschaftliches Testament der Ehegatten unwirksam (§ 392 Abs. 3 ZGB). Nach dem Tod des anderen Gatten kann es durch den überlebenden Gatten nur noch durch Widerruf der eigenen Erklärung und Ausschlagung der Erbschaft (§ 392 Abs. 4 ZGB) gegenüber dem Staatlichen Notariat (seit dem 3. 10. 1990: Nachlassgericht) ausgeschlagen werden (Rn 16); der Ehegatte erhält dann nur den Pflichtteil (Rn 36; § 392 Abs. 4 ZGB). Nach Annahme der Erbschaft kann der Überlebende seine Testierfreiheit nur zurückgewinnen, indem er seine eigenen testamentarischen Verfügungen im gemeinschaftlichen Testament aufhebt und an den Schlusserben den Teil des Nachlasses des Erblassers herausgibt, der seinen eigenen ges Erbteil als überlebender Gatte übersteigt.

Das Testament kann wegen Inhalts- und wohl auch – obwohl im Wortlaut des § 374 ZGB **39** nicht genannt – wegen Motivirrtums des Erblassers (Staudinger/*Rauscher* Rn 185 f), wegen Übergehung eines unbekannten Pflichtteilsberechtigten (vgl §§ 2078 Abs. 2, 2079; vgl BGH NJW 1994, 582) und wegen arglistiger Täuschung oder widerrechtlicher Drohung nach § 374 ZGB **angefochten** werden. Dieses geschieht auch seit dem 3. 10. 1990 durch Klage (BGH aaO; OLG Dresden FamRZ 1994, 268, 269). Tritt Nachlassspaltung ein, weil der gewöhnliche Aufenthalt des Erblassers in der Bundesrepublik lag (Rn 7, 10), gilt wegen § 26 DDR-RAG das für das Testament geltende Recht der Bundesrepublik (KG FamRZ 1995, 762; 1996, 569, 571 f; s. auch Staudinger/*Rauscher* Rn 152).

Wesentliche Unterschiede zum BGB ergeben sich, weil wichtige Rechtsinstitute des BGB **40** **nicht** übernommen wurden. So fehlen der Erbvertrag (§§ 2374 ff), Erb- oder Pflichtteilsverzicht (§§ 2346 ff; vgl OLG Hamm ZEV 2000, 507, 508; *Köster* Rpfleger 1991, 97, 99; *Wasmuth* DNotZ 1991, 113), Erbschaftskauf (§§ 2371 ff) und Nacherbfolge (§§ 2100 ff). Auch kennt das ZGB Ansprüche des Erben gegen den vermeintlichen Erben, wie sie in §§ 2018 ff geregelt sind, nicht. Vielmehr bleibt der Erbe auf Einzelansprüche angewiesen, wie sie ihm als Rechtsinhaber nach allgemeinen Regeln zustehen (BGH NJW 2006, 912 f).

Insoweit die Regelungen des ZGB lückenhaft sind, kann in Grenzen (vgl BGH ZEV 1996, **41** 114, 116; MüKo/*Leipold* Rn 23) auf das BGB zurückgegriffen werden, wenn das ZGB von dessen Normen nicht grds abkehrte (BGH NJW 1994, 582, 583). Ein Erbvertrag, den ein Erblasser, auf den interlokal das ZGB anzuwenden ist, in der Bundesrepublik vor einem Notar geschlossen hat, kann bei einem entsprechendem hypothetischen Willen in ein notarielles Testament umgedeutet werden (ThürOLG FamRZ 1994, 786; OLG-NL 1995, 11, 12; Soergel/*Hartmann* Rn 6). Ein nach dem 1. 1. 1976 errichteter Erbvertrag kann also ggf in Einzeltestamente, und, ist er zwischen Ehegatten geschlossen worden, ggf in ein gemeinschaftliches Testament **umzudeuten** sein (ThürOLG OLG-NL 1995, 11, 12). Ein gemeinschaftliches Testament zwischen Nichtgatten (vgl § 388 ZGB; Rn 37) kann in Einzeltestamente umzudeuten sein, wenn die Erbeinsetzung als Alleinerben des anderen Gatten auch erfolgt wäre, wenn dieser den Testierenden nicht zum Alleinerben eingesetzt hätte (OLG Naumburg OLG-NL 1998, 226, 227).

Art. 235 EGBGB | § 1 Erbrechtliche Verhältnisse

42 § 2 Abs. 2 EGZGB sieht vor, dass das ZGB auch auf bereits bestehende Rechtsverhältnisse anzuwenden ist. Es ist aber der Fall ausgenommen, dass andere Vorschriften anderes besagen. Relevant ist insoweit § 8 EGZGB (s. Rn 31): Der Erbvertrag, Vor- und Nacherbfolge und der Erbschaftskauf wurden zwar abgeschafft. War ein **Erbvertrag** (oder ein Testament) vor dem Inkrafttreten des ZGB nach den Bestimmungen des BGB bzw des TestG gültig geschlossen worden, bleibt er aber wirksam, auch wenn der Erbfall nach Inkrafttreten des ZGB eintritt (BayObLG ZEV 2001, 489, 491; OLG Brandenburg FamRZ 1997, 1030; OLG Jena FamRZ 1995, 446, 447; aA MüKo/*Birk* Art. 25 Rn 402). Die materiellrechtlichen Wirkungen werden aber nach dem beim Erbfall geltenden Recht beurteilt (§ 8 EGZGB). Wegen § 25 Abs. 2 DDR-RAG kann es zur Nachlassspaltung kommen (Rn 10). Auch eine vor dem 1.1.1976 angeordnete **Vor- oder Nacherbfolge** bleibt unter den Voraussetzungen des § 8 Abs. 2 Satz 2 EGZGB in Kraft (vgl BayObLG NJW 1998, 241 [zum Fall einer Nachlassspaltung]; KG ZEV 1995, 372; OLG Zweibrücken FamRZ 1992, 1474, 1475). Bei Erbfällen nach dem 1.1.1976 entfallen aber (vgl § 371 Abs. 2 ZGB) die Verfügungsbeschränkungen des Vorerben (BayObLG ZEV 1996, 435, 436; *Köster* Rpfleger 2000, 144; *Lübchen/Espig* NJ 1975, 710, 712). Nicht möglich sind dem Vorerben Verfügungen von Todes wegen hinsichtlich des der Nacherbfolge unterliegenden Nachlasses (KG ZEV 1995, 372; OLG Naumburg ZEV 1999, 271). Eine nach dem ZGB unwirksame Anordnung der Vor- und Nacherbfolge kann als Vollerbeneinsetzung, verbunden mit einem aufschiebend auf den Nacherbfall bedingten Quotenvermächtnis zugunsten des Nacherben, auszulegen sein ([in Fällen der Nachlassspaltung] KG FamRZ 1996, 1572, 1574 f; OLG Zweibrücken FamRZ 1992, 1474, 1475). Die Vor- und Nacherbfolge ist im Erbschein aufzunehmen. Dabei ist aber zu vermerken, dass die Verfügungsbeschränkungen des Vorerben nicht bestehen (KG ZEV 1995, 372, 373).

43 **Haften** muss der Erbe für Nachlassverbindlichkeiten von vornherein nur mit dem Nachlass (§ 409 ZGB), es sei denn, er hat schuldhaft, zB durch Fristversäumung oder unrichtige Angaben, die Pflicht zur Errichtung eines ordnungsgemäßen Nachlassverzeichnisses (§ 416 Abs. 1 ZGB, § 33 Abs. 3 NotG) verletzt (§§ 411 Abs. 4, 418 Abs. 1, Abs. 2 ZGB). Denn das Staatliche Notariat kann dem Erben oder einem Besitzer von Nachlassgegenständen aufgeben, innerhalb einer bestimmten Frist ein Nachlassverzeichnis aufzustellen und beim Staatlichen Notariat einzureichen (§ 416 ZGB). In diesem Verzeichnis hat er den beim Eintritt des Erbfalls vorhandenen Nachlass, dessen Wert sowie die Nachlassverbindlichkeiten unter Bezeichnung der Gläubiger vollständig anzugeben (§ 417 Abs. 1 ZGB). Der Erbe hat die Richtigkeit und Vollständigkeit des Nachlassverzeichnisses zu versichern (§ 417 Abs. 2 ZGB). Zudem haftet er unbeschränkt für bestimmte Nachlassverbindlichkeiten wie zB Bestattungskosten, Kosten des Nachlassverfahrens und Zinsen für zu den Nachlassverbindlichkeiten gehörende Kredite (§ 411 Abs. 2, Abs. 3 ZGB). Reicht der Nachlass nicht zur Erfüllung der Nachlassverbindlichkeiten aus, sieht § 410 ZGB eine Rangfolge vor: Bestattungskosten, Kosten des Nachlassverfahrens, Zahlungsverpflichtungen des Erblassers einschließlich der Erstattung von Aufwendungen für die Betreuung des Erblassers, familienrechtliche Ausgleichsansprüche, Pflichtteilsansprüche, Vermächtnisse und Auflagen. Ehegatten sowie unterhaltsberechtigte Nachkommen und Eltern als Erben des Erblassers (Rn 35) haben Pflichtteilsansprüche (Rn 36), Vermächtnisse und Auflagen nur insoweit zu erfüllen, als dass der Nachlass ihren eigenen Pflichtteilsanspruch übersteigt (§ 411 Abs. 1 ZGB). Miterben (Rn 33) haften grds als Gesamtschuldner (§ 412 Abs. 1 ZGB). Ein Aufgebotsverfahren sieht § 144 DDR-ZPO nur in besonderen Fällen vor. Grds haben die Erben oder der Nachlassverwalter die Nachlassgläubiger zu ermitteln. Eine mögliche Nachlassverwaltung bezweckt »berechtigte Interessen des Staates, der Nachlassgläubiger oder der Erben« zu schützen (§ 420 Abs. 1, Abs. 2 ZGB). Während der Verwaltung darf der Erbe nicht über den Nachlass verfügen (§ 430 Abs. 3 ZGB). Ansprüche gegen den Nachlass sind gegen den Nachlassverwalter geltend zu machen (§ 421 Abs. 3 ZGB).

3. Verfahrensrecht

Das Notariatsgesetz (NotG) der DDR trat am 3. 10. 1990 durch das Einigungsvertrags- **44** gesetz v 23. 9. 1990 (BGBl II S 885) außer Kraft. Das **Nachlassverfahren** richtet sich seit dem Beitritt auch in Erbfällen, in denen materiellrechtlich das ZGB anzuwenden ist, unabhängig vom Zeitpunkt des Erbfalls auch im Beitrittsgebiet grds nach dem FGG (BayObLG FamRZ 1994, 723, 726; B/R/*Lohmann* Rn 19; MüKo/*Leipold* Rn 28; MüKo/*Birk* Art. 25 Rn 407; Soergel/*Stein* Einl Erbrecht Rn 115; Staudinger/*Schilken* Einl §§ 2353 ff Rn 36). In Streitverfahren, insb für Pflichtteilsprozesse, gilt das GVG und die ZPO (B/R/*Lohmann* Rn 19; Staudinger/*Rauscher* Rn 78). Insoweit Lücken bleiben, sind sie nach den Bestimmungen des BGB, nicht des NotG der DDR, zu schließen (MüKo/*Leipold* Rn 30; Staudinger/*Rauscher* Rn 85). Verfahrensrechtliche Vorschriften der DDR sind nur noch dort anzuwenden, wo sie in einem engen Sachzusammenhang mit materiellrechtlichen erbrechtlichen Rechtsverhältnissen (iSd ZGB) stehen und ihre Anwendung in einem FGG-Verfahren nicht systemwidrig erscheint (MüKo/*Leipold* Rn 29). Als Beispiel werden neben der Anfechtung eines Testaments durch Klage (Rn 21) die in § 415 ZGB vorgesehenen Maßnahmen zur Sicherung und Verwaltung des Nachlasses genannt (s. auch Rn 43), mithin die Bestellung eines Nachlasspflegers (§ 415 Abs. 2 ZGB), die Verpflichtung zur Aufstellung eines Nachlassverzeichnisses (§§ 416–419 ZGB) und die Anordnung der Nachlassverwaltung (§§ 420 ff ZGB; so MüKo/*Leipold* aaO; Staudinger/*Rauscher* Rn 83 f). Auch §§ 425 ff ZGB zur vermittelnden Tätigkeit bei der Aufhebung der Erbengemeinschaft soll vom Nachlassgericht beachtet werden (MüKo/*Leipold* Rn 31, Staudinger/*Rauscher* Rn 86; s. aber KG JFG 1, 362, 364). **Nicht** mehr anzuwenden ist § 427 ZGB, der mangels Einigung der Erben eine Entscheidung über die Teilung des Nachlasses vorsah, da hier die nötigen Verfahrens- und Rechtsmittelvorschriften fehlen; hier mögen die Parteien einen Prozess anstrengen (B/R/*Lohmann* Rn 20; MüKo/*Leipold* Rn 32; erwägend Staudinger/*Rauscher* Rn 83).

Seit dem 3. 10. 1990 sind statt der Staatlichen Notariate (§ 413 Abs. 1 ZGB) die **Nachlass-** **45** **gerichte zuständig**, Erbscheine zu erteilen (§ 2369 Rn 68; B/R/*Lohmann* Rn 21). Die **örtliche** Zuständigkeit richtet sich nach § 73 Abs. 1 FGG (OLG Bremen Rpfleger 1994, 113; KG Rpfleger 2000, 275, 276; OLG Köln FGPrax 1996, 226).

Materiell richtige **Erbscheine** der Staatlichen Notariate für den Nachlass Deutscher mit **46** gewöhnlichem Aufenthalt in der DDR bleiben für den Nachlass wirksam, der im Gebiet der DDR belegen ist. Fehlt für den Erbfall ein bundesdeutscher Erbschein, ist er nunmehr vom zuständigen Nachlassgericht zu erteilen. Insoweit in Fällen der Nachlassspaltung (Rn 10) **bis zum 2. 10. 1990** bzgl in der DDR belegenen Grundstücken (etc) ein Erbschein erteilt worden ist, der auf diese Grundstücke beschränkt ist, ist er nicht zwingend unrichtig (hM; MüKo/*Mayer* § 2353 Rn 147, 150; Palandt/*Edenhofer* § 2353 Rn 8) und muss nur eingezogen werden, wenn er wegen des abweichenden interlokalen Kollisionsrechts zu einem anderen materiellrechtlichen Ergebnis führt, als wenn er in der Teilrechtsordnung-West erteilt worden wäre (Staudinger/*Rauscher* Rn 95 f), er mithin inhaltlich unrichtig ist (MüKo/*Mayer* § 2353 Rn 147; Palandt/*Edenhofer* § 2353 Rn 7 f; Staudinger/*Schilken* Einl §§ 2353 ff Rn 34; *Bestelmeyer* Rpfleger 1992, 229, 232; 331, 332; *Köster* Rpfleger 1991, 97, 100; *Lorenz* ZEV 1996, 347, 348; *Rau* DtZ 1991, 19, 20; *Schotten*/*Johnen* DtZ 1991, 257, 261; *Trittel* DNotZ 1991, 237, 243 f; s. auch BayObLG FamRZ 1994, 724; offen NJW 1998, 242; OLG Hamm FamRZ 1996, 1576, 1577). Es ist bzgl der Grundstücke das Erbrecht der DDR anzuwendendes Erbstatut (Rn 11, 15 ff). Im Erbschein ist die gegenständliche und örtliche Beschränkung (BayObLG ZEV 2001, 489, 491; ThürOLG OLG-NL 1997, 16; OLG Zweibrücken Rpfleger 1993, 113, 114; Soergel/*Zimmermann* § 2353 Rn 64; Staudinger/*Schilken* Einl §§ 23253 ff Rn 35) sowie, dass die Erbfolge auf dem ZGB beruht (KG FamRZ 2004, 736, 737: entsprechend § 2369), anzugeben. Ein fehlender einschränkender Geltungsvermerk kann notfalls nachgeholt werden (vgl Rn 19; BayObLG FamRZ 1994, 723; OLG Hamm ZEV 1996, 346, 347; KG OLGZ 1992, 279; LG München I FamRZ 1991, 1489, 1490). Das ZGB war vor

Art. 235 EGBGB | § 1 Erbrechtliche Verhältnisse

dem Beitritt (revisionsrechtlich) analog ausländischem Recht zu behandeln, wenn auch die noch anwendbaren Rechtsvorschriften seit dem Beitritt aufgrund Art. 9 Abs. 4 Satz 2 EinigungsV partielles Bundesrecht darstellen (BGH NJW 1994, 2684, 2685) und das ZGB in diesem Sinn durch den Einigungsvertrag zu innerdeutschem Recht geworden ist (LG Berlin FamRZ 1991, 1361, 1362). Auch § 25 Abs. 2 DDR-RAG als *lex rei sitae*, der bzgl der DDR belegenen Grundstücke (etc) nach Art. 3 Abs. 3 (analog) Vorrang vor dem Gesamtstatut beansprucht, nähert den Erbschein funktional an einen nach § 2369 zu erteilenden an. Zumindest enthält er auch Elemente des § 2369 (KG Rpfleger 1993, 113, 114; OLG Hamm FamRZ 1995, 758, 759). Die ganz hM sieht in ihm zu Recht aber keinen Fremdenrechtserbschein (BayObLG ZEV 1998, 475, 476; KG aaO; OLG Zweibrücken FamRZ 1992, 1474, 1475; LG Berlin FamRZ 1991, 1361, 1362 mit zust Anm *Henrich* aaO 1362 f; MüKo/*Mayer* § 2353 Rn 146; Staudinger/*Rauscher* Rn 108). Denn er bezeugt eine Sondernachfolge in einen gesamten Sondernachlass (KG Rpfleger 1993, 113, 114). Für ihn besteht zudem eine Zuständigkeit der (west)deutschen Nachlassgerichte (Rn 13, 19; BGH NJW 1969, 1428; 1976, 480), so dass es insoweit an einer Voraussetzung des § 2369 fehlt (§ 2369 Rn 9). Folge ist, dass **funktional** der Rechtspfleger zuständig ist, weil der Richtervorbehalt des § 16 Abs. 1 Nr. 6, 7 RPflG (dazu § 2369 Rn 71) nicht gilt (BayObLG aaO; B/R/*Lohmann* Rn 21).

47 **Seit dem 3. 10. 1990** kommt eine Beschränkung nach § 25 Abs. 2 DDR-RAG nicht mehr in Betracht. Die vormalige Zuständigkeitsbegrenzung deutscher Nachlassgerichte ist entfallen, so dass ein Erbschein unabhängig vom Zeitpunkt des Erbfalls, vom gewöhnlichen Aufenthalt des Erblassers und dem anzuwendenden materiellen Erbrecht nur noch nach den §§ 2353 ff erteilt werden kann (BayObLG FamRZ 1992, 989; MüKo/*Mayer* § 2353 Rn 149; Staudinger/*Rauscher* Rn 98; *de Leve* FamRZ 1996, 201, 203 f; *Zimmermann* ZEV 1995, 275, 281). Bei einem Erbschein, der die Sondererbfolge nach ZGB in die in der DDR belegene Grundstücke bezeugt, kann aber auch bei einem weiteren Erbfall noch ein Rechtsschutzbedürfnis bestehen (BGH NJW 2001, 2396, 2397 f; BayObLG ZEV 1998, 475, 476), es sei denn, Anhaltspunkte für von ihm zu erfassende Nachlassgegenstände liegen nicht vor (KG Rpfleger 2006, 542, 543). In Fällen, in denen vor dem 2. 10. 1990 ein nach § 73 Abs. 2 interlokal und örtlich zuständiges Gericht in der Bundesrepublik einen Erbschein erteilt hat, bleibt es für die Erteilung weiterer Ausfertigungen sowie die Erweiterung durch Erteilung eines weiteren gegenständlich beschränkten Erbscheins zuständig (KG Rpfleger 1993, 201). Ansonsten richtet sich die örtliche Zuständigkeit, zB für die Neuerteilung (KG Rpfleger 1992, 160; 2000, 275, 276) oder Einziehung (KG Rpfleger 1992, 487; **aA** Staudinger/*Rauscher* Rn 100) eines von einem Nachlassgericht in den alten Bundesländern erteilten Erbscheins, auch in Erbfällen vor dem Beitritt, seit dem 3. 10. 1990 nach § 73 Abs. 1 FGG (§ 2369 Rn 71, 74; BayObLG ZEV 1998, 475, 476).

III. Erbfall seit dem 3. 10. 1990

1. Grundsatz

48 Für Erbfälle seit einschließlich dem 3. 10. 1990 gilt grds (Ausnahmen: Rn 51 ff; Art. 235 § 2) das Recht der Bundesrepublik. Für die Übergangsphase vor dem Beitritt wurde das Erbrecht des ZGB nicht mehr geändert. Es sollten aber Vorschriften nicht mehr angewendet werden, die den Einzelnen oder die staatlichen Organe auf die »sozialistische Gesetzlichkeit«, die »sozialistische Moral« (vgl § 373 Abs. 2 ZGB) oder Ähnlichem verpflichten (§ 1 Abs. 2 Satz 2 VerfGrdG). Die seinerzeit bestehenden Rechtsvorschriften waren insoweit nach einer freiheitlichen demokratischen Grundordnung auszulegen (§ 1 Abs. 2 Satz 1 und § 1 Abs. 1 VerfGrdG; vgl BGH NJW 1992, 1757; 2000, 1487, 1488). Entsprechendes folgt aus Art. 2 und 4 des Staatsvertrags über die Herstellung einer Wirtschafts- und Währungsunion v 18. 5. 1990; s. auch das dazugehörige Gemeinsame Protokoll (BGBl 1990 II S 545). Demgemäß wurde in das am 28. 6. 1990 geänderte Gesetz über Wirtschaftsverträge § 12 Abs. 2 eingefügt, der bestimmt, dass Erklärungen nichtig sind, die gegen die guten Sitten

verstoßen. Insoweit ist ersatzweise auf Treu und Glauben und die guten Sitten abzustellen (MüKo/*Leipold* Rn 20; Staudinger/*Rauscher* Rn 76; s. auch BGH NJW 2000, 1487 f; VIZ 1998, 259, 262).

2. Einfluss des Güterstandes des Ehegatten

Beim Erbrecht des Ehegatten ist zu berücksichtigen, dass zwar nach Art. 234 § 4 Abs. 1 bei Ehegatten, die am 3. 10. 1990 im ges Güterstand der Eigentums- und Vermögensgemeinschaft iSd FGB DDR gelebt haben, mangels abweichender Vereinbarung ab diesem Tag die Vorschriften über den ges Güterstand der Zugewinngemeinschaft gelten. Ihr gemeinschaftliches Vermögen iSv § 13 FGB DDR wird dann zu Eigentum nach (idR) gleichen Bruchteilen (Art. 234 § 4a Abs. 1 Satz 1). In erbrechtlicher Hinsicht gelten die Bestimmungen des BGB, insb §§ 1371, 1931 (MüKo/*Leipold* Rn 51). Haben die Ehegatten erklärt, der ges Güterstand der Eigentums- und Vermögensgemeinschaft solle bestehen bleiben (Art. 234 § 4 Abs. 2 Satz 1), finden nach Art. 234 § 4a Abs. 2 auf das bestehende und künftige gemeinschaftliche Eigentum die Vorschriften über das durch beide Ehegatten verwaltete Gesamtgut einer Gütergemeinschaft entsprechend Anwendung. Aber auch insoweit bleibt nicht das Erbrecht der DDR anwendbar. Vielmehr sind die Rechtsfolgen des Güterstands im Rahmen des Erbrechts des BGB zu berücksichtigen: Es richtet sich das ges Erbrecht des Ehegatten nach § 1931 Abs. 1, Abs. 2. Nach § 1482 gehört der Anteil des Erblassers zum Nachlass. §§ 1931 Abs. 3 und § 1371 (für die Zugewinngemeinschaft) bzw § 1931 Abs. 4 (für die Gütertrennung) gelten nicht (MüKo/*Leipold* Rn 54 und Einl Erbrecht Rn 297; Staudinger/*Rauscher* Rn 27 ff). Der überlebende Ehegatte erhält daher neben Abkömmlingen eine Erbquote von ¹/₄.

49

3. Besonderheiten zum Pflichtteil

In Erbfällen seit dem 3. 10. 1990 gilt das Pflichtteilsrecht des BGB (§§ 2303 ff; vgl OLG Karlsruhe ZEV 2005, 470, 471; OLG Naumburg OLG-NL 2000, 182). Auf Erbfälle nach dem 3. 10. 1990 kommen die Vorschriften über die **Pflichtteilsentziehung** (§§ 2335 ff) auch dann zur Anwendung, wenn das maßgebliche Testament zur Zeit der Geltung des ZGB errichtet wurde, das nur ein eingeschränktes Pflichtteilsrecht kannte und keine Pflichtteilsentziehung (Rn 36) vorsah (OLG Dresden ZEV 1999, 274). **§§ 2325, 2329** sind auch auf Schenkungen anzuwenden, die ein nach der Einigung Deutschlands verstorbener Erblasser in der DDR unter der Geltung des ZGB vorgenommen hatte (BGH RdL 2002, 316; NJW 2001, 2398, 2399 m Anm *Edenfeld* JR 2002, 151 und *Essebier* NJW 2001, 540 und *Klingelhöffer* ZEV 2001, 239 und *Leipold* LM § 2325 Nr. 30 und *Pentz* BGHRp 2001, 418; ThürOLG OLG-NL 1999, 108, 109; OLG Rostock DNotZ 1991, 237, 238; ZEV 1995, 333, 334 mit BGH aaO 335). Soweit Pflichtteilsergänzungsansprüche die Erberwartungen des eingesetzten Erben schmälern, überwiegt gegenüber dem Vertrauen auf den uneingeschränkten Bestand letztwilliger Verfügungen das Anliegen des Gesetzgebers an der Einheit der Rechtsordnung nach der Einigung Deutschlands (BGH; OLG Dresden NJW 1999, 3345; Staudinger/*Rauscher* Rn 114). Die Folge der Schwäche des unentgeltlichen Erwerbs, der Anspruch aus § 2329, gilt auch bzgl des Beschenkten, der unter dem ZGB unangreifbar Eigentum erworben hatte. Hier kann die Belastung durch das Recht nach § 2329 Abs. 2 gemildert werden, wobei es für die Berechnung gem § 2325 Abs. 2 Satz 2 auf den Wert im Zeitpunkt des Vollzugs der Schenkung ankommt (BGH NJW 1975, 1831), wenn der Wert in diesem Zeitpunkt geringer ist als im Zeitpunkt des Erbfalls (BGH NJW 2001, 2398, 2399); zu nachträglichen Wertsteigerungen vgl BGH NJW 2002, 2469. Bezüglich der **Verjährung** eines Pflichtteilsanspruchs ist Art. 231 § 6 Abs. 1 Satz 1 zu berücksichtigen: Demnach gelten für einen am 3. 10. 1990 noch nicht verjährten Anspruch – zB den Pflichtteilsanspruch – seit diesem Stichtag grds die Vorschriften des BGB über die Verjährung, mithin ggf die dreijährige Frist nach § 2332 Abs. 1 (BGH JZ 1996, 971, 972 m Anm *Rauscher* aaO 973 f). Ist der Pflichtteilsanspruch bei einem Erbfall vor dem 3. 10. 1990

50

erst wegen Restitutionsansprüchen der Erben nach dem VermG entstanden, treten diese an die Stelle des entzogenen Vermögens. Auch sie unterliegen dem Pflichtteil (Staudinger/*Rauscher* Rn 39), obwohl der Anspruch nach dem VermG nicht in den Nachlass fällt (§ 2369 Rn 29 f). Die Dauer der Verjährungsfrist richtet sich nach Art. 231 § 6 Abs. 1 Satz 1 EGBGB, wenn der Pflichtteilsanspruch nicht am 3. 10. 1990 gem § 396 Abs. 3 ZGB verjährt war (BGH aaO).

E. Vor dem 3. 10. 1990 geborene nichteheliche Kinder (Art. 235 § 1 Abs. 2)

I. Zweck

51 In der DDR hatten schon seit dem 1. 4. 1966 **nichteheliche** Kinder grds das ges Erbrecht (auch) nach dem Vater und seinen Eltern, sofern die Vaterschaft festgestellt war (Rn 28). Entsprechendes galt nach dem ZGB (§ 365 ZGB). Umgekehrt hatte der Vater beim Tod seines nichtehelichen Kindes das Erbrecht innerhalb der 2. Ordnung (Rn 35). In der Bundesrepublik hatte das nichteheliche Kind bis zum 1. 4. 1998 keinen echten Erbanspruch, sondern unter den Voraussetzungen des vormaligen § 1934a Abs. 1 aF nur einen Erbersatzanspruch. Entsprechendes galt für das Erbrecht des Vaters bzw seiner Verwandten beim Tod des nichtehelichen Kindes (§ 1934a Abs. 2, Abs. 3 aF). Ein nur dem nichtehelichen Kind zustehendes Recht auf vorzeitigen Erbausgleich gewährte § 1934d aF. Erst durch das Gesetz zur erbrechtlichen Gleichbehandlung nichtehelicher Kinder (ErbGleichG) v 16. 12. 1997 (BGBl I S 2968) wurden die Sondervorschriften der §§ 1934a-e, 2338a aF mit Wirkung zum 1. 4. 1998 (vgl Art. 8 ErbGleichG v 16. 12. 1997; BGBl I S 2968, berichtigt 1998 I S 524) ersatzlos aufgehoben. Die Unterscheidung zwischen ehelichen und unehelichen Kindern ist erbrechtlich obsolet geworden. Grds besteht ein volles ges Erb- und Pflichtteilsrecht des nichtehelichen Kindes nach dem Vater und den väterlichen Verwandten und umgekehrt (BT-Ds 13/4183 S 12; *Rauscher* ZEV 1998, 41, 42 ff). Für Erbfälle **vor** diesem Stichtag sowie wenn über den vorzeitigen Erbausgleich eine wirksame Vereinbarung getroffen worden oder der Erbausgleich rechtskräftig zuerkannt worden ist, sind nach Art. **227 Abs. 1** aber die vormaligen, bis zum 1. 4. 1998 geltenden Vorschriften über das Erbrecht des nichtehelichen Kindes anzuwenden.

52 Der Gesetzgeber hatte die rechtlich bessere Stellung des nichtehelichen Kindes in der DDR zu berücksichtigen: In der bis zum 1. 4. 1998 geltenden Fassung des Art. 235 § 1 Abs. 2 war angeordnet, dass anstelle der §§ 1934a-e, 2338 (aF) die Vorschriften über das Erbrecht des ehelichen Kindes gelten, wenn das nichteheliche Kind vor dem Wirksamwerden des Beitritts geboren ist (Soergel/*Stein* Einl Erbrecht Rn 79, 88). Seit dem 1. 4. 1998 sind nichteheliche Kinder erbrechtlich ehelichen im BGB gleichgestellt (Rn 51). Art. 235 § 1 Abs. 2 wurde entsprechend angepasst (vgl BT-Ds 13/4183 S 13; *Rauscher* ZEV 1998, 41, 45). Während Art. 235 § 1 Abs. 2 aF insb bei Erbfällen zwischen dem 3. 10. 1990 und 1. 4. 1998 Relevanz erhält (MüKo/*Leipold* Rn 38), bewirkt die Norm nunmehr bei Erbfällen seit dem 1. 4. 1998 eine Gleichstellung, wenn das nichteheliche Kind vor dem 1. 7. 1949 geboren ist (MüKo/*Leipold* Rn 39, 49; Staudinger/*Rauscher* Rn 118, 120; zT **aA** Jauernig/*Stürner* Vorbem § 1922 Rn 6; Staudinger/*Rauscher* Rn 3 [aber mit gleichem Ergebnis]). Denn wegen Art. 12 § 10 Abs. 2 NEhelG (Gesetz v 19. 8. 1969 [BGBl I 1243], geändert durch Gesetz v 17. 7. 1970 [BGBl I 1099]), hat (unter der Herrschaft des westdeutschen Rechts) das vor dem 1. 7. 1949 geborene nichteheliche Kind kein ges Erbrecht nach seinem Vater und väterlichen Verwandten (MüKo/*Leipold* Einl Erbrecht Rn 96; Staudinger/*Mayer* Vorbem Art. 213 ff Rn 15 ff, 20; krit *Heß* 227 f – s. aber Rn 53). Da aber das Erbrecht der DDR ein zeitlich unbeschränktes Nichtehelichenerbrecht vorsah, gelten aufgrund Art. 235 § 1 Abs. 2 ggf diejenigen Vorschriften der Bundesrepublik, die für die erbrechtlichen Verhältnisse eines ehelichen Kindes gelten (LG Neubrandenburg MDR 1995, 503; Palandt/*Edenhofer* Rn 3; Soergel/*Stein* Einl Erbrecht Rn 88; *Heß* 228; *Bosch* FamRZ 1992, 993, 994).

§1 Erbrechtliche Verhältnisse | Art. 235 EGBGB

Art. 12 § 10 Abs. 2 Satz 1 NEhelG beeinträchtigt zwar Art. 6 Abs. 5 und Art. 3 Abs. 1 GG, da 53
vor dem 1. 7. 1949 geborene nichteheliche Kinder (nach westdeutschem Recht) benachteiligt werden. Die Regelung ist aber insb wegen des Vertrauens des nichtehelichen Vaters als präsumtiver Erblasser auf die Fortgeltung des bisherigen Rechtszustands gerechtfertigt (vgl BVerfG 44, 1, 34 [= NJW 1977, 1677]; s. auch BayObLG NJW 1976, 1947). Auch die durch Art. 235 § 1 Abs. 2 geschaffene unterschiedliche erbrechtliche Stellung der vor dem 1. 7. 1949 geborenen nichtehelichen Kinder führt von Verfassungs wegen nicht dazu, dass auch die von Art. 12 § 10 Abs. 2 Satz 1 NEhelG erfassten nichtehelichen Kinder ein ges Erbrecht nach ihrem Vater haben müssten (BVerfG ZEV 2004, 114 f).

II. Voraussetzungen

Art. 235 § 1 Abs. 2 nennt als Voraussetzung seiner Rechtsfolge lediglich, dass der Erblasser 54
nach dem Beitritt (also nach dem 2. 10. 1990, 24.00 Uhr) gestorben und das nichteheliche Kind vor dem Beitritt geboren – nicht nur gezeugt (B/R/*Lohmann* 30; MüKo/*Leipold* Rn 46; Palandt/*Edenhofer* Rn 3; Soergel/*Stein* Einl Erbrecht Rn 88; aA DErbK/*Völkl* Rn 9; Staudinger/*Rauscher* Rn 121; *Egerland* 175, 186 ff; *de Leve* 103; *Adlerstein/Desch* DtZ 1991, 193, 197; *Heß* JR 1994, 273, 274) – wurde. Ferner muss die **Vaterschaft** feststehen (§§ 55 Abs. 1, 56 Abs. 1, 57 FGB; vgl OLG Dresden FamRZ 1999, 406 f), und zwar entweder durch Anerkennung oder ein gerichtliches Verfahren nach §§ 55 ff FGB oder, vor Inkrafttreten des FGB, durch Anerkennung in einer öffentlichen Urkunde, durch einen Titel zur Leistung von Kindesunterhalt oder »bei Gelegenheit« einer öffentlich beglaubigten Verfügung von Todes wegen (OLG Brandenburg NotBZ 2003, 239 f).

Mit Recht wird der Anwendungsbereich aber in Hinblick auf den Zweck der Norm, zu 55
verhindern, dass das nichteheliche Kind aufgrund des Beitritts Rechtsnachteile erleidet, **eingeschränkt**. Die Gleichstellung nichtehelicher Kinder mit ehelichen soll nur bewirken, dass die begründete Erberwartung, die nach dem ZGB bestanden hat, geschützt wird (KG FamRZ 1996, 972, 973). Die Gleichstellung setzt in diesem Sinn voraus, dass das nichteheliche Kind bei einem fiktiven Erbfall am 2. 10. 1990, also vor dem Beitritt, nach den Normen des ZGB nach seinem Vater geerbt hätte (Staudinger/*Mayer* Vorbem Art. 213 ff Rn 19; Palandt/*Edenhofer* Rn 2).

Daher wird als interlokale Voraussetzung des § 1 Abs. 2 zwar – wie allgemein (Rn 7) – auf 56
den gewöhnlichen Aufenthalt des Vaters als Erblasser abgestellt. Relevanter Zeitpunkt kann hier aber nicht der Tod des Erblassers sein. Denn § 1 Abs. 2 berücksichtigt berechtigte Erberwartungen aufgrund der (gegenüber dem BGB) besseren Rechtsstellung des nichtehelichen Kindes nach dem ZGB. Es ist nicht Zweck der Norm, bei einem Wohnortwechsel nach dem Beitritt einen Statutenwechsel zu bewirken. § 1 Abs. 2 will nicht einem nichtehelichen Kind das volle Erbrecht verschaffen, wenn dessen Vater zwischen dem 3. 10. 1990 und 1. 4. 1998 von der Teilrechtsordnung-West in das Gebiet der DDR übergesiedelt ist (Staudinger/*Rauscher* Rn 125; **aA** *Lück* JR 1994, 45, 50). Umgekehrt ist das nichteheliche Kind auch dann in seinem Vertrauen, potenziell nach dem ZGB zu erben, zu schützen, wenn sein Vater in diesem Zeitraum – nicht vor dem 3. 10. 1990 (Soergel/*Stein* Einl Erbrecht Rn 92) – vom Gebiet der DDR in das der »alten« Bundesrepublik übersiedelt ist, so dass an sich (vgl Art. 230) auf den Erbfall das BGB (§§ 1934a ff) anzuwendendes Erbstatut wäre (Staudinger/*Rauscher* Rn 124; **aA** LG Berlin FamRZ 1992, 1105 f; *Adlerstein/Desch* DtZ 1991, 193, 197; *Dörner/Meyer-Sparenberg* DtZ 1991, 1, 6; *Henrich* IPRax 1991, 14, 19). Die hM stellt daher zu Recht auf den **gewöhnlichen Aufenthalt** des Vaters des nichtehelichen Kindes **am 3. 10. 1990** als Tag, an dem der Beitritt wirksam wurde, ab (OLG Köln FamRZ 1993, 484 m Anm *Bosch* aaO 485; B/R/*Lohmann* Rn 31; MüKo/*Leipold* Rn 42; Jauernig/*Stürner* Vorbem § 1922 Rn 6; Palandt/*Edenhofer* Rn 2; Soergel/*Stein* Einl Erbrecht Rn 91 ff; *de Leve* 102; *Bosch* FamRZ 1992, 993, 994; *Frieser* AnwBl 1992, 293, 297 f; *Heß* JR 1994, 273, 274; *Schlüter/Fegeler* FamRZ 1998, 1337, 1340; *Schotten/Johnen* DtZ 1991, 225, 233; *Wandel* BWNotZ 1991, 1, 27; nach DErbK/*Völkl* Rn 10 und Staudinger/*Rauscher*

Art. 235 EGBGB | § 2 Verfügungen von Todes wegen

Rn 123 sei bei gewöhnlichem Aufenthalt in der DDR zusätzlich die DDR-Staatsbürgerschaft notwendig). Auf den Geburtsort, den gewöhnlichen Aufenthalt oder die Staatsangehörigkeit des Kindes kommt es nicht an (OLG Brandenburg FamRZ 1997, 1031, 1032; LG Berlin FamRZ 1992, 1105, 1106; LG Neubrandenburg MDR 1995, 503; MüKo/*Leipold* Rn 44; Soergel/*Hartmann* Rn 4; Staudinger/*Rauscher* Rn 122).

57 § 1 Abs. 2 greift auch, wenn sich im Nachlass des Vaters aufgrund eines Erbfalls vor dem 3. 10. 1990 ein in der DDR belegenes Grundstück befand und es wegen § 25 Abs. 2 DDR-RAG zur Nachlassspaltung (Rn 10) kam. Für dieses Grundstück ist das ZGB das anzuwendende Erbstatut. Auch wenn der Vater als Erblasser am 3. 10. 1990 seinen gewöhnlichem Aufenthalt in der Teilrechtsordnung-West hatte, ist deshalb hinsichtlich dieses **Grundstücks** das nichteheliche Kind wie ein eheliches erbberechtigt, wenn das Grundstück beim Erbfall noch zum Nachlass gehörte (B/R/*Lohmann* Rn 31; Staudinger/*Rauscher* Rn 127; *Egerland* 175, 199 f; *de Leve* 105; *Eberhardt/Lübchen* DtZ 1992, 206, 209; *Heß* JR 1994, 273, 274; *Köster* Rpfleger 1992, 369, 373; *Schlüter/Fegeler* JZ 1998, 1337, 1340 f; **aA** MüKo/*Leipold* Rn 45; Soergel/*Hartmann* Rn 4; *Lück* JR 1994, 45, 47; *Schotten/Johnen* DtZ 1991, 225, 233).

58 Die Anknüpfung an den gewöhnlichen Aufenthalt des Vaters am 3. 10. 1990 gilt auch für die Beerbung des nichtehelichen Kindes **durch seinen Vater** (B/R/*Lohmann* Rn 33; DErbK/*Völkl* Rn 11; MüKo/*Leipold* Rn 43, 48; Palandt/*Edenhofer* Rn 4; Staudinger/*Rauscher* Rn 131; **aA** *de Leve* 104; *Eberhard/Lübchen* DtZ 1992, 206, 208; *Köster* Rpfleger 1992, 369, 376; zT aA Soergel/*Stein* Einl Erbrecht Rn 89; *Schlüter/Fegeler* FamRZ 1998, 1337, 1342).

III. Rechtsfolgen

59 Es sind die für eheliche Kinder geltenden Vorschriften des BGB, nicht die des ZGB, anzuwenden. So hat ein nichteheliches Kind, welches vor dem 3. 10. 1990 geboren worden ist, gem Art. 235 § 1 Abs. 2 EGBGB iVm § 2303 einen Pflichtteilsanspruch nach seinem leiblichen, am Stichtag in der DDR wohnenden Vater (Soergel/*Stein* Einl Erbrecht Rn 96). Ist das Kind vor dem 3. 10. 1990 adoptiert worden, ist sein Pflichtteilsanspruch nach dem leiblichen Vater infolge der Adoption erloschen. § 1770 Abs. 2 ist nicht anzuwenden. Gem Art. 234 § 13 Abs. 1 Satz 1 EGBGB findet diese Vorschrift nämlich keine Anwendung auf ein Annahmeverhältnis, das vor dem Wirksamwerden des Beitritts begründet worden ist (vgl Art. 220 Rn 16), damit den Bestimmungen des Familiengesetzbuches der DDR Rechnung getragen wird, die von vornherein nur eine Annahme von Minderjährigen gestattete (ThürOLG NJ 2004, 19).

§ 2 Verfügungen von Todes wegen

Die Errichtung oder Aufhebung einer Verfügung von Todes wegen vor dem Wirksamwerden des Beitritts wird nach dem bisherigen Recht beurteilt, auch wenn der Erblasser nach dem Wirksamwerden des Beitritts stirbt. Dies gilt auch für die Bindung des Erblassers bei einem gemeinschaftlichen Testament, sofern das Testament vor dem Wirksamwerden des Beitritts errichtet worden ist.

A. Zweck

1 An sich gilt gem Art. 230 seit dem 3. 10. 1990 das BGB als Erbstatut für alle Erbfälle. Mithin gilt das BGB seit dem Beitritt auch für Erblasser, die bis zu diesem Stichtag ihren gewöhnlichen Aufenthalt in der DDR hatten. Das nunmehr geltende Erbstatut entspricht daher ggf nicht dem Errichtungsstatut einer Verfügung von Todes wegen, die der Erblasser zur Geltungszeit des ZGB errichtete. Ähnlich wie Art. 235 § 1 Abs. 2 Vertrauen nichtehelicher Kinder in eine begründete Erberwartung, die sie ggf aufgrund der besseren Rechtsstellung

nach dem ZGB anders als nach dem BGB haben konnten (Art. 235 § 1 Rn 51 f), schützt, erklärt Art. 235 § 2 Satz 1 ggf für eine zwischen dem 1.1.1976 und einschließlich dem 2.10.1990 erfolgte **Errichtung** und **Aufhebung** einer Verfügung von Todes wegen das Recht der DDR selbst bei Erbfällen **nach** dem Beitritt für maßgebend. Das Vertrauen des Erblassers, seine Verfügung werde nach der bei ihrer Errichtung geltenden Rechtsordnung wirksam werden, wenn er die dafür vorgegebenen Vorschriften dieser Rechtsordnung beachtet, ist dadurch geschützt (OLG Dresden ZEV 1999, 274).

Entsprechendes gilt für die **Bindung** des Erblassers bei einem gemeinschaftlichen Testament, welches vor dem 3.10.1990 errichtet wurde (Rn 14 ff). Die testierenden Ehegatten sollen in ihrem Vertrauen geschützt werden, dass die bei Errichtung des Testaments vorgesehenen Bindungswirkungen auch eintreten werden, wenn es zwischenzeitlich zu einer Änderung der Rechtslage gekommen ist (LG Leipzig NJW 2000, 438, 439). Auf den **Erbvertrag** (§§ 2274 ff) war nicht einzugehen, da das ZGB ihn nicht kannte (Art. 235 § 1 Rn 40). Wenn er vor dem Inkrafttreten des ZGB geschlossen worden ist, richtet sich seine Bindungswirkung seit dem Beitritt wieder voll nach dem BGB (Staudinger/*Rauscher* Rn 13).

B. Sachlicher Anwendungsbereich

Erfasst ist insb die Errichtung und Aufhebung einer Verfügung von Todes wegen (Rn 8 ff; Staudinger/*Rauscher* Rn 11): Für zwischen dem 1.1.1976 und einschließlich dem 2.10.1990 errichtete Verfügungen von Todes wegen ist die durch das ZGB vorgegebene Testamentsform zu beachten, dazu sowie zur Aufhebung Art. 235 § 1 Rn 37, 38. Zur »Errichtung« eines Testaments zählt auch die Frage der Testierfähigkeit. Das ZGB verlangte, dass der volljährige Erblasser handlungsfähig ist (§§ 49 ff ZGB). **Nicht** erfasst sind Inhalt und materiellrechtliche Wirkungen der Verfügungen von Todes wegen (B/R/*Lohmann* Rn 2; DErbK/*Völkl* Rn 2; Palandt/*Edenhofer* Rn 1; Soergel/*Hartmann* Rn 5; Staudinger/*Rauscher* Rn 14). Insoweit gilt für alle Erbfälle seit dem 3.10.1990 das BGB. Das ist bei der Auslegung des Testaments (BGH NJW 2003, 2095; Soergel/*Hartmann* Rn 5) einschließlich der ges Auslegungs- und Ergänzungsregeln, bzgl der Fragen der Sittenwidrigkeit eines Testaments und möglicher Willensmängel, insb bei die Testamentsanfechtung (OLG Brandenburg FamRZ 1998, 59; B/R/*Lohmann* Rn 2, 12; Staudinger/*Rauscher* Rn 16; *Bestelmeyer* Rpfleger 1993, 381; 1994, 235, 236; **aA** *de Leve* Rpfleger 1994, 233, 234; *Kuchinke* DtZ 1996, 194, 198: für Willensmängel als Anfechtungsgründe gelte das bei Testamentserrichtung geltende Recht der DDR) zu berücksichtigen (zum Ganzen MüKo/*Leipold* Rn 14).

Über Satz 2 ist die Bindungswirkung sowie deren Beseitigung bei einem gemeinschaftlichen Testament einbezogen (Rn 14 ff; Staudinger/*Rauscher* Rn 12).

C. Intertemporaler Anwendungsbereich

§ 2 gilt nach seinem Wortlaut nur für Erbfälle, die sich seit dem Wirksamwerden des Beitritts, also **seit** einschließlich dem 3.10.1990 ereignen. Für die Erbfälle, die vor diesem Stichtag liegen, ist schon gem Art. 235 § 1 Abs. 1 in vollem Umfang das bisherige Recht der ehemaligen DDR maßgebend. Das gilt auch für die in § 2 besonders für spätere Erbfälle geregelten Fragen (MüKo/*Leipold* Rn 3; Staudinger/*Rauscher* Rn 8; aA OLG Rostock OLGR 1999, 196, 197: § 2 als Bestätigung des § 1 für Alterbfälle).

D. Interlokaler Anwendungsbereich

Die intertemporale Regelung des Art. 235 § 2 ist im Zusammenhang mit den interlokalen Rechtsnormen zu sehen. Denn § 2 selbst sagt – ebenso wie § 1 – nicht, wann überhaupt das im Gebiet der ehemaligen DDR geltende Erbrecht »bisheriges Recht« und damit zur Anwendung berufen ist. Auch insoweit gilt, dass sich die Frage, ob das ZGB gem § 2 für die Form und Fähigkeit, eine Verfügung von Todes wegen zu erreichten bzw auf-

Art. 235 EGBGB | **§ 2 Verfügungen von Todes wegen**

zuheben (§ 2 Satz 1) oder bzgl der Bindungswirkung (§ 2 Satz 2) gilt, allein nach dem innerdeutschen Kollisionsrecht beantwortet (B/R/*Lohmann* Rn 3; Palandt/*Edenhofer* Rn 1; Staudinger/*Rauscher* Rn 2). Maßgeblich, ob BGB oder ZGB als Erbstatut anzuwenden ist, ist der **gewöhnliche Aufenthaltsort**, wobei das Kriterium in Ausnahmefällen, insb bei gewöhnlichem Aufenthaltsort in einem Drittstaat, anhand des Merkmals einer besonderen Verbindung zu einer der beiden Teilrechtsordnungen ergänzt wird (Art. 235 § 1 Rn 7). So regelt Satz 2 die Bindungswirkung gemeinschaftlicher Testamente nur, wenn die Ehegatten ihren gewöhnlichen Aufenthalt im Gebiet der DDR hatten und gilt **nicht** – unabhängig davon, ob sie in der DDR Grundbesitz hatten, wegen dem es zur Nachlassspaltung (Art. 235 § 1 Rn 10) kam – wenn ihr gewöhnlicher Aufenthalt in Westdeutschland lag (KG FamRZ 1998, 124).

7 Allerdings ergeben sich aufgrund des Haager Übereinkommens über das auf die Form letztwilliger Verfügungen anzuwendende Recht (**HTÜ**) v 5.10.1961, dem Art. 26 Abs. 1-Abs. 4 im Wesentlichen entspricht, mehrere zu beachtende Anknüpfungen, die auf die Formgültigkeit eines Testaments zielen (MüKo/*Leipold* Rn 2). Die Bundesrepublik (BGBl 1965 II S 1145; Text: Palandt/*Heldrich* Anh Art. 26 Rn 1 ff) und auch die DDR sind dem HTÜ beigetreten. Seit dem 21.9.1974 galt auch im innerdeutschen Verkehr (BGBl 1974 II S 1461; GBl DDR 1975 II S 40). Das HTÜ bzw **Art. 26** als Teil des geltenden IPR ist daher auch für die interlokale Betrachtung analog anzuwenden (MüKo/*Leipold* Rn 6). Somit ist nach dem HTÜ (bzw Art. 26 analog) zu beurteilen, in welchen der in § 2 behandelten Fällen das Recht der ehemaligen DDR anzuwenden ist (*Limmer* ZEV 1994, 290, 293). Insoweit sind für letztwillige Verfügungen einige Sonderregeln vorgesehen. Unberührt bleiben aber die anderen im HTÜ bzw in Art. 26 enthaltenen Anknüpfungen, die ebenfalls zur Wirksamkeit der Verfügung von Todes wegen bzw des Widerrufs einer Verfügung von Todes wegen führen können (MüKo/*Leipold* Rn 7).

E. Verfügung von Todes wegen (Satz 1)

8 Relevant ist Satz 1 für Verfügungen von Todes wegen, die **vor** dem Inkrafttreten des ZGB errichtet worden sind, nur insoweit, als dass sie von den Übergangsvorschriften des EGZGB (vgl Art. 235 § 1 Rn 31, 42) betroffen wurden (Palandt/*Edenhofer* Rn 2). Denn nach § 8 Abs. 2 Satz 1 EGZGB richtete sich ihre Wirksamkeit nach altem Recht, mithin nach dem BGB (OLG Brandenburg FamRZ 1997, 1030; Staudinger/*Rauscher* Rn 19). So wurde der Erbvertrag zwar abgeschafft, behielten vor dem 1.1.1976 wirksam geschlossene aber ihre Wirkung (§§ 2 Abs. 2, 8 Abs. 2 EGZGB, vgl Art. 235 § 1 Rn 42; s. auch hier Rn 2).

9 Über § 2 Satz 1 wird bzgl der **Form** eines vor dem 3.10.1990 (ggf gemeinschaftlichen) Testaments das Recht der ehemaligen DDR – insb das ZGB – anwendbar, wenn das HTÜ (und entsprechend eine der alternativen Anknüpfung nach Art. 26 analog) insoweit auf es weist (Staudinger/*Rauscher* Rn 3; s. dazu iE PWW/*Freitag* Art. 26 Rn 5 ff). So ist nach Art. 1 Abs. 1 HTÜ eine Verfügung von Todes wegen formwirksam, wenn sie dem innerstaatlichen Recht entspricht, und zwar zB (a) des Errichtungsortes, (b) dem Heimatrecht bei Errichtungs- oder Todeszeitpunkt oder (c) dem Wohnsitz oder (d) gewöhnlichem Aufenthaltsort beim Errichtungs- oder Todeszeitpunkt sowie (e) bei unbeweglichen Vermögen dem Belegenheitsort.

10 Allerdings muss insoweit, als dass für die Formwirksamkeit wahlweise auf den Errichtungs- und Todeszeitpunkt des Erblassers abgestellt wird, eine Einschränkung erfolgen, weil ein nach dem 2.10.1990 veränderter Wohnsitz oder Aufenthalt das bis zum Beitritt bestehende Vertrauen nicht berührt (Art. 235 § 1 Rn 56). Daher ist in diesen Fällen neben dem Errichtungszeitpunkt auf den 2.10.1990 abzustellen (Staudinger/*Rauscher* Rn 3).

11 Wäre aufgrund einer der genanten Anknüpfungen das Recht der DDR anwendbar und das Testament danach formgültig, ist es das auch nach dem Beitritt. Allerdings ist ein Testament auch formwirksam, wenn es zwar nicht die Erfordernisse des ZGB erfüllt, aber

aufgrund eines anderen von Art. 1 Abs. 1 HTÜ berufenen Rechts formwirksam ist (ThürOLG OLG-NL 1995, 11, 12; Staudinger/*Rauscher* Rn 4). Für die Form gemeinschaftlicher Testamente (Art. 4 HTÜ) und des Widerrufs letztwilliger Verfügung durch eine erneute Verfügung gelten nach Art. 2. HTÜ bzw Art. 26 Abs. 2 Satz 1 analog dieselben Anknüpfungsvarianten (MüKo/*Leipold* Rn 9; Staudinger/*Rauscher* Rn 5). So ist ein Widerruf auch formgültig, wenn er einer Rechtsordnung entspricht, nach der die Errichtung der Verfügung von Todes wegen formgültig war (B/R/*Lohmann* Rn 4). Nach MüKo/*Leipold* sei Art. 26 Abs. 2 Satz 1 und 2 analog auch auf den Widerruf durch Vernichtung oder Veränderung der Testamentsurkunde oder durch Rücknahme des Testaments aus der amtlichen Verwahrung anwenden, nach aA sei insoweit das nach Art. 25 Abs. 1 anzuwendende Erbstatut maßgeblich (Palandt/*Heldrich* Art. 26 Rn 5).

Auch die Vorschriften, die mit Beziehung auf das Alter, die Staatsangehörigkeit oder **12** andere persönliche Eigenschaften des Erblassers die zugelassenen Formen beschränken, gehören zu den Formvorschriften (Art. 5 Satz 1 HTÜ; Art. 26 Abs. 3 Satz 1 EGBGB; dazu PWW/*Freitag* Art. 26 Rn 6). Entsprechendes gilt für Eigenschaften, welche die für die Gültigkeit einer letztwilligen Verfügung erforderlichen Zeugen besitzen müssen (Art. 5 Satz 2 HTÜ; Art. 26 Abs. 3 Satz 2 EGBGB).

Die **Gültigkeit** der Errichtung, insb die **Testierfähigkeit**, die **Aufhebung** und die **Bindungswirkung** bestimmt sich nach dem hypothetischen Erbstatut zur Zeit der Testamentserrichtung bzw hinsichtlich der Aufhebung nach deren Zeitpunkt (Art. 26 Abs. 5 analog; B/R/*Lohmann* Rn 5; MüKo/*Leipold* Rn 11; Staudinger/*Rauscher* Rn 6). Analog Art. 25 Abs. 1 ist das Recht der DDR maßgeblich, wenn der Erblasser beim Errichtungs- oder Aufhebungszeitpunkt seinen gewöhnlichen Aufenthalt im Gebiet der DDR hatte (Staudinger/*Rauscher* Rn 6); der Ort der Errichtung ist insoweit irrelevant (MüKo/*Leipold* Rn 11). Entsprechendes gilt für die Bindung an (gemeinschaftliche) Testamente und beim Erbvertrag (dazu Art. 235 § 1 Rn 31, 42). Auch insoweit gilt das Recht der DDR, wenn der Erblasser bei Errichtung der Verfügung seinen gewöhnlichen Aufenthalt in der DDR hatte (MüKo/*Leipold* Rn 12). **13**

F. Bindungswirkung (Satz 2)

Das gemeinschaftliche Testament kann – unter erleichterter Form (§ 391 ZGB) – nur von **14** Ehegatten errichtet werden (§ 388 ZGB; vgl Art. 235 § 1 Rn 37). Es ist gem § 390 ZGB bindend. »Bindung« iSv Art. 235 § 2 Satz 2 ist die Bindung, die zu Lebzeiten beider Ehegatten besteht, und auch die nach dem Tod des ersten Ehegatten eintretenden Beschränkungen des überlebenden Ehegatten (B/R/*Lohmann* Rn 12), so zB die Vorschriften über den Widerruf des gemeinschaftlichen Testaments nach § 392 Abs. 1-Abs. 3 ZGB und über den Widerruf des überlebenden Ehegatten (§ 392 Abs. 4 ZGB) sowie über die Aufhebung durch ihn nach Annahme der Erbschaft (§ 393 ZGB – dazu Art. 235 § 1 Rn 38; vgl MüKo/*Leipold* Rn 15; Staudinger/*Rauscher* Rn 25 ff; *Limmer* ZEV 1994, 290; *Janke* NJ 1998, 393).

In den Grenzen des § 138 – zB bei Sittenwidrigkeit wegen Umgehens der Bindungswirkung (*Leipold* ZEV 1995, 222, 223; *Müller* JZ 1996, 106, 107 f) – kann der überlebende **15** Ehegatte nach § 390 Abs. 2 Satz 1 ZGB unter Lebenden frei über den Nachlass verfügen (Art. 235 § 1 Rn 37; BGH NJW 1995, 1087; OLG Naumburg OLG-NL 1995, 10; Staudinger/ *Rauscher* Rn 29). Daher sind die §§ 2287 f nicht anwendbar (BGH NJW 1995, 1087; OLG Naumburg OLG-NL 1995, 10, 11; OLG Dresden DtZ 1995, 140, 141; *Limmer* ZEV 1994, 290, 294; MüKo/*Leipold* Rn 15; Soergel/*Stein* Einl Erbrecht Rn 101; Soergel/*Hartmann* Rn 5; Staudinger/*Rauscher* Rn 12, 29). Zwar bleiben dem Erblasser Verfügungen unter Lebenden möglich (§ 2286) und richtet sich der Anspruch aus § 2287 bzw § 2288 nicht gegen den Erblasser (PWW/*Deppenkemper* § 2287 Rn 4); der Vertragserbe erwirbt ihn erst mit dem Anfall der Erbschaft (PWW/*Deppenkemper* § 2287 Rn 3). Aber der wirtschaftlichen Wirkung nach resultiert aus dem Ersatzanspruch des Vertragserben gegen den Beschenkten eine gewisse Einschränkung des Erblassers. Auch bei Art. 214 Abs. 2, dem Art. 235 § 2 nachgebildet ist, wurden §§ 2287 f als Regeln über die Bindung des Erblassers aufgefasst (RGZ 78, 268, 270; 1987, 120, 123; Soergel/*Hartmann* Art. 214 Rn 3).

16 Die **Anfechtung** eines gemeinschaftlichen Testaments wegen Willensmängeln gehört **nicht** zur »Bindung« (MüKo/*Leipold* Rn 15; Palandt/*Edenhofer* Rn 5; Staudinger/*Rauscher* Rn 16; Notariat Müllheim 1 DtZ 1992, 158: § 2078 Abs. 2; *Adlerstein/Desch* DtZ 1991, 193, 196). Sie ist auch bei vor dem Beitritt errichteten Testamenten nach dem Erbrecht des BGB zu beurteilen. Auch die Voraussetzungen einer in einem vor dem Beitritt errichten Testament erklärten Pflichtteilsentziehung richten sich nach dem BGB (OLG Dresden ZEV 1999, 274).

17 Bei der mit einem gemeinschaftlichen Testament verbundenen Bindungen meint Art. 235 § 2, wenn das Testament vor 1. 1. 1976 errichtet wurde, mit »bisherigem Recht« das vor Inkrafttreten des ZGB geltende Recht (OLG Brandenburg FamRZ 1997, 1030 [in Hinblick auf § 8 Abs. 2 Satz 1 EGZGB]; wegen Art. 26 Abs. 5 KG FamRZ 1998, 124, 125; LG Leipzig NJW 2000, 438, 439). Die möglichen Bindungswirkungen des überlebenden Ehegatten bestimmen sich seit dem 3. 10. 1990 daher nach dem Errichtungsstatut, mithin nach dem BGB (vgl §§ 2270 f). Nach **aA** sei das BGB nur für die Wirksamkeit, aber das ZGB für die Wirkung maßgebend (Staudinger/*Rauscher* Rn 10; *Janke* NJ 1998, 393, 394).

Zivilprozessordnung (ZPO)

In der Fassung der Bekanntmachung v 5. Dezember 2005
(BGBl I S. 3202, ber. BGBl 2006 I S. 431)

Buch 1: Allgemeine Vorschriften
Abschnitt 1: Gerichte
Titel 1: Sachliche Zuständigkeit der Gerichte und Wertvorschriften

§ 3 Wertfestsetzung nach freiem Ermessen

Der Wert wird von dem Gericht nach freiem Ermessen festgesetzt; es kann eine beantragte Beweisaufnahme sowie von Amts wegen die Einnahme des Augenscheins und die Begutachtung durch Sachverständige anordnen.

Titel 2: Gerichtsstand

§ 27 Besonderer Gerichtsstand der Erbschaft

(1) Klagen, welche die Feststellung des Erbrechts, Ansprüche des Erben gegen einen Erbschaftsbesitzer, Ansprüche aus Vermächtnissen oder sonstigen Verfügungen von Todes wegen, Pflichtteilsansprüche oder die Teilung der Erbschaft zum Gegenstand haben, können vor dem Gericht erhoben werden, bei dem der Erblasser zur Zeit seines Todes den allgemeinen Gerichtsstand gehabt hat.

(2) Ist der Erblasser ein Deutscher und hatte er zur Zeit seines Todes im Inland keinen allgemeinen Gerichtsstand, so können die im Absatz 1 bezeichneten Klagen vor dem Gericht erhoben werden, in dessen Bezirk der Erblasser seinen letzten inländischen Wohnsitz hatte; wenn er einen solchen Wohnsitz nicht hatte, so gilt die Vorschrift des § 15 Abs. 1 Satz 2 entsprechend.

§ 28 Erweiterter Gerichtsstand der Erbschaft

In dem Gerichtsstand der Erbschaft können auch Klagen wegen anderer Nachlassverbindlichkeiten erhoben werden, solange sich der Nachlass noch ganz oder teilweise im Bezirk des Gerichts befindet oder die vorhandenen mehreren Erben noch als Gesamtschuldner haften.

Vorbemerkung: Bei dem besonderen und dem erweiterten Gerichtsstand der Erbschaft (§§ 27, 28 ZPO) handelt es sich um Wahlgerichtsstände iSv § 35 ZPO. Der Kläger sollte sich für sie nur dann entscheiden, wenn sie zweifelsfrei gegeben sind. Andernfalls sollte auf die sonstigen Gerichtsstände, insb den allgemeinen Gerichtsstand des Wohnsitzes des Beklagten (§§ 13, 12 ZPO) zurückgegriffen werden. 1

A. Besonderer Gerichtsstand der Erbschaft (§ 27 ZPO)

Unter den besonderen Gerichtsstand der Erbschaft fallen Klagen auf **Feststellung des Erbrechts nach Eintritt des Erbfalls**, nicht solche vor dem Tode des Erblasser (Baumbach/ Lauterbach/*Hartmann* § 27 Rn 4), Ansprüche aus § 2018 ff gegen den **Erbschaftsbesitzer** und aus § 2028 gegen den **Hausgenossen**, nicht aber solche aus §§ 985 ff BGB (MüKo/ *Putzina* § 27 Rn 7 mwN), Ansprüche aus **Vermächtnissen**, Auflagen und Schenkungsversprechen von Todes wegen (§ 2301), nicht aus einem Vertrag zugunsten Dritter (§§ 328, 331; fraglich im Falle des § 332), **Pflichtteils- und Pflichtteilsergänzungsansprüche** (§§ 2303 ff, 2325), auch soweit sich der Ergänzungsanspruch nach § 2329 gegen den beschenkten Dritten richtet (Müko/*Putzina* § 27 Rn 11), Ansprüche aus § 1969 und § 1932, und sämtliche Streitigkeiten der Erben untereinander im Zusammenhang mit der Verwaltung des Nachlasses und der **Auseinandersetzung der Erbengemeinschaft**. 2

B. Erweiterter Gerichtsstand der Erbschaft (§ 28 ZPO)

Unter den erweiterten Gerichtsstand der Erbschaft fallen Klagen wegen der nicht schon von § 27 ZPO erfassten Nachlassverbindlichkeiten iSd § 1967, einschließlich der Nachlasserbenschulden wie Beerdigungskosten (§ 1968) und Ansprüche aus Geschäftsführung für die Erbengemeinschaft mit oder ohne Auftrag (MüKo/*Putzina* § 28 Rn 2). 3

Der Gerichtsstand kann jedoch nicht gewählt werden, wenn sich der Nachlass nicht mehr ganz oder teilweise im Bezirk des Gerichtes befindet, oder wenn die Erben hinsichtlich des Nachlassgegenstandes, der Gegenstand der Klage ist, nicht mehr gesamtschuldnerisch nach §§ 2058 ff haften, weil sie sich insgesamt oder hinsichtlich dieses str Nachlassgegenstandes auseinandergesetzt haben. 4

C. Unanwendbarkeit von §§ 27, 28 ZPO

Außer den og Fällen (Rn 2) sind die §§ 27, 28 ZPO zB unanwendbar bei Streitigkeiten aus einem **Erbschaftskauf** (§§ 2371, 2374 ff), bei Klagen wegen des **Widerrufs** bindender Verfügungen in Erbvertrag oder Ehegattentestament (MüKo/*Putzina* § 27 Rn 5, § 28 Rn 2) oder bei Klagen auf Herausgabe eines unrichtigen **Erbscheins** gem § 2362 Abs. 1 (Baumbach/Lauterbach/*Hartmann* § 27 Rn 5). 5

§§ 239, 246 ZPO | Unterbrechung und Aussetzung bei Tod eines Prozessbeteiligten

D. Gerichtsort

6 Gerichtsort ist dort, wo der Erblasser im Zeitpunkt seines Todes seinen allgemeinen Wohnsitz iSv §§ 12 – 16 ZPO gehabt hat. Bei mehreren Wohnsitzen kann der Kläger wählen (§ 35 ZPO). War der Erblasser ein im Ausland lebender Deutscher, kommt es auf seinen letzten inländischen Wohnsitz an (§ 27 Abs. 2 ZPO). Fehlt ein solcher, gilt gem § 15 Abs. 1 Satz 2 ZPO nF der Gerichtstand beim AG Schöneberg in Berlin.

Abschnitt 3: Verfahren
Titel 5: Unterbrechung und Aussetzung des Verfahrens

§ 239 Unterbrechung durch Tod der Partei

(1) Im Falle des Todes einer Partei tritt eine Unterbrechung des Verfahrens bis zu dessen Aufnahme durch die Rechtsnachfolger ein.

(2) Wird die Aufnahme verzögert, so sind auf Antrag des Gegners die Rechtsnachfolger zur Aufnahme und zugleich zur Verhandlung der Hauptsache zu laden.

(3) Die Ladung ist mit dem den Antrag enthaltenden Schriftsatz den Rechtsnachfolgern selbst zuzustellen. Die Ladungsfrist wird von dem Vorsitzenden bestimmt.

(4) Erscheinen die Rechtsnachfolger in dem Termin nicht, so ist auf Antrag die behauptete Rechtsnachfolge als zugestanden anzunehmen und zur Hauptsache zu verhandeln.

(5) Der Erbe ist vor der Annahme der Erbschaft zur Fortsetzung des Rechtsstreits nicht verpflichtet.

§ 246 Aussetzung bei Vertretung durch Prozessbevollmächtigten

(1) Fand in den Fällen des Todes, des Verlustes der Prozessfähigkeit, des Wegfalls des gesetzlichen Vertreters, der Anordnung einer Nachlassverwaltung oder des Eintritts der Nacherbfolge (§§ 239, 241, 242) eine Vertretung durch einen Prozessbevollmächtigten statt, so tritt eine Unterbrechung des Verfahrens nicht ein; das Prozessgericht hat jedoch auf Antrag des Bevollmächtigten, in den Fällen des Todes und der Nacherbfolge auch auf Antrag des Gegners die Aussetzung des Verfahrens anzuordnen.

(2) Die Dauer der Aussetzung und die Aufnahme des Verfahrens richten sich nach den Vorschriften der §§ 239, 241 – 243; in den Fällen des Todes und der Nacherbfolge ist die Ladung mit dem Schriftsatz, in dem sie beantragt ist, auch dem Bevollmächtigten zuzustellen.

A. Unterbrechung und Aussetzung bei Tod einer Partei (§§ 239, 246 ZPO)

1 **Überblick:** Im Falle des Todes einer Partei wird ein rechtshängiger Zivilprozess nach § 239 Abs. 1 ZPO unterbrochen, gleich vor welchem Gericht und in welcher Instanz er sich befindet, und gleich, ob und wann die anderen Prozessbeteiligten oder das Gericht Kenntnis vom Tode der Partei erlangt haben (**I.**). Diese Unterbrechung kraft Gesetzes tritt jedoch gem § 246 Abs. 1 ZPO nicht ein, wenn die verstorbene Partei durch einen postulationsfähigen Prozessbevollmächtigten vertreten war. In diesem Fall ist das Verfahren aber auf

Antrag auszusetzen (**II.**). Die Unterbrechung oder Aussetzung endet mit der Aufnahme des Verfahrens (**III.**).

I. Unterbrechung (§ 239 ZPO)

1. Tod einer »Partei«

Partei ist zunächst jede verstorbene oder für verschollen erklärte (§ 9 VerschG), natürliche 2
Person, die allein oder mit mehreren Streitgenossen als Kläger oder Beklagter Partei eines Rechtsstreits ist. Sind Parteien **notwendige Streitgenossen** iSd § 69 ZPO, unterbricht der Tod eines jeden von ihnen den gesamten Prozess. Dies sind die Fälle, in denen aus materiellrechtlichen Gründen mehrere Parteien gemeinsam klagen oder verklagt werden müssen, und das Gericht nur einheitlich entscheiden kann, was bei der Gesamthandsklage idR der Fall ist (ausführlich und differenzierend: Rosenberg/Schwab/*Gottwald*; Zivilprozessrecht § 49 Rn 19 ff). Auch der Tod des streitgenössischen Nebenintervenienten unterbricht den Prozess (*Gottwald* aaO § 50 Rn 70, 76). Dagegen hat der Tod des **einfachen Streitgenossen** auf den Fortgang des Prozesses der anderen Streitgenossen keinen Einfluss. Denn hier führt jeder Streitgenossen nur seinen Prozess und kann auf die Prozessführung des anderen nicht einwirken, und es kann unterschiedlich entschieden werden (*Gottwald* aaO § 48 Rn 12 ff). Erst recht ist der Tod des dem Rechtsstreit beigetretenen gewöhnlichen Streithelfer oder Streitverkündeten für den Fortgang des Prozesses ohne Bedeutung.

Bei **Tod einer Partei** kraft Amtes ist nicht § 239 ZPO sondern § 241 ZPO anwendbar. Das 3
gilt insb auch beim Tod des **Testamentsvollstreckers** (Zöller/*Gergor* § 239 Rn 7, § 241 Rn 1). § 239 ist jedoch in den Fällen anwendbar sein, in denen mit dem Erlöschen des Amtes durch den Tod (§ 2225) an die Stelle des TV der Erbe als Rechtsnachfolger tritt (**BGHZ 83, 104, 107**; Baumbach/Lauterbach/*Hartmann* § 239 Rn 7; MüKo/*Feiber* § 239 Rn 14) oder wenn in den Fällen der §§ 2218, 673 Satz 2 die Erben des Testamentsvollstreckers dessen Amt vorläufig fortführen (Palandt/*Edenhofer* § 2225 Rn 2). Es sollte vorsorglich Aussetzung beantragt werden.

2. Verfahren iSd § 239 ZPO

§ 239 ZPO gilt für Hauptsache- und Nebenverfahren wie das einstweiligen Verfügungs- 4
oder Arrestverfahren. Unerheblich ist auch, in welcher Instanz sich der Rechtsstreit befindet. Das Verfahren muss nur rechtshängig sein. Die Zustellung des Mahnbescheides genügt (MüKo/*Feiber* § 239 Rn 6). Auch wenn ein unvererbliches, höchst persönliches Recht Gegenstand der Klage ist und sich der Streit durch den Tod des Inhabers des Rechts in der Hauptsache erledigt hat, ist § 239 ZPO wegen der noch offen Kostenentscheidung anwendbar (MüKo/*Feiber* aaO). Die Aussetzung erfasst auch ein noch offenes Kostenfestsetzungsverfahren (OLG Hamm MDR 1988, 870).

Die §§ 239 ff ZPO sind **unabwendbar** für das selbstständige **Beweissicherungsver-** 5
fahren nach § 458 ZPO (so BGH NJW 2004, 1388, 1389 bei Eröffnung des Insolvenzverfahrens). Sie gelten auch nicht für ein **PKH-Verfahren** vor Rechtshängigkeit des Hauptverfahrens (Zöller/*Greger* vor § 239 Rn 8). Die Aussetzung oder Unterbrechung des rechtshängigen Hauptverfahrens erfasst hingegen auch ein noch offenes PKH-Verfahren, so dass über das Gesuch in dieser Zeit nicht entschieden werden kann (str, so OLG Köln MDR 2003, 526; teilweise aA und gut differenzierend *Fischer* MDR 2004, 255 ff mwN). Die §§ 239 ff betreffen ferner nicht die Streitwertfestsetzung, das schiedsrichterliche Verfahren und die Gerichtsstandsbestimmung nach § 36 Nr. 3 ZPO (*Greger* aaO mwN).

II. Keine Unterbrechung, sondern nur Aussetzung auf Antrag bei Vertretung durch einen Prozessbevollmächtigten (§ 246 ZPO)

1. Vertretung durch einen Prozessbevollmächtigten

6 Nach § 246 ZPO findet keine Aussetzung des Verfahrens kraft Gesetzes statt, wenn die verstorbenen Partei – gleich ob im Partei- oder Anwaltprozess – von einem Prozessbevollmächtigten aufgrund einer Prozessvollmacht iSd §§ 79, 80 ZPO vertreten war. Denn eine Prozessvollmacht gilt über den Tod der Partei hinaus (§ 86 ZPO). Im Anwaltprozess muss der Bevollmächtigte jedoch vor der Instanz, in der sich der Rechtsstreit befindet, iSd § 78 ZPO zugelassen sein. Hatte dieser Anwalt aber das Mandat niedergelegt, bleibt es bei der Unterbrechung des Verfahrens kraft Gesetzes. § 87 Abs. 1 ZPO, nach dem die Kündigung des Mandats dem Gericht gegenüber erst durch die Anzeige der Bestellung eines anderen Anwalts rechtliche Wirksamkeit erlangt, ist hier nicht anwendbar (Baumbach/Lauterbach/*Hartmann* § 246 Rn 2).

2. Aussetzungsantrag

7 Der Prozessbevollmächtigte des Verstorbenen oder des weggefallenen Vorerben und der Gegner können eine Aussetzung des Verfahrens beantragen. Unterbleibt diese Antragstellung wird der Rechtsstreit mit dem oder den – uU noch unbekannten – Erben als Rechtsnachfolger fortgesetzt (BGHZ 121, 263, 265). Der Aussetzungsantrag ist nach § 248 Abs. 1 ZPO schriftlich beim Prozessgericht oder vor der Geschäftsstelle zu Protokoll zu stellen. Es gilt auch im Anwaltprozess kein Anwaltszwang. Entschieden wird idR ohne mündlichen Verhandlung durch Beschluss, § 248 Abs. 2 ZPO. Für den Streitwert des Aussetzungsantrages ist das Interesse des Antragstellers an der Aussetzung maßgebend (idR bis 1/5 des Wertes des Hauptsacheverfahrens (Baumbach/Lauterbach Anh § 3 Rn 25).

8 **Hinweis**: Im Fall der Fortsetzung sollte der Anwalt der verklagten Erben unverzüglich den Vorbehalt der beschränkten Erbenhaftung gem § 780 ZPO geltend machen (siehe Anh § 2059 Rn 8), sofern er nicht, was sich regelmäßig empfiehlt, die Aussetzung des Verfahrens beantragt.

III. Wirkung von Unterbrechung und Aussetzung (§ 249 ZPO)

9 Gem § 249 Abs. 1 ZPO hört der Lauf jeder gerichtlichen Frist, insb der Notfristen iSd § 224 Abs. 1 Satz 2 ZPO auf. Die Fristen beginnen nach Beendigung der Unterbrechung oder Aussetzung im vollen Umfang neu zu laufen, § 246 Abs. ZPO. Die Zustellung eines Urteils nach vorheriger Unterbrechung oder Aussetzung ist unwirksam (BGH NJW 1990, 1854). Bei nachheriger Unterbrechung oder Aussetzung hört die Berufungsfrist auf und nach Beendigung der Unterbrechung oder Aussetzung beginnt die volle Frist von neuem. Die in der Hauptsache vorgenommenen Prozesshandlungen sind gegenüber dem Gegner, nicht aber gegenüber dem Gericht unwirksam. Das gilt insb bei Rechtsmitteln, die nach Ende der Aussetzung oder Unterbrechung nicht wiederholt werden müssen (BGH NJW 1997, 1445; Zöller/*Greger* § 249 Rn 5).

10 In der Hauptsache kann das Gericht gem § 249 Abs. 3 ZPO nur entscheiden, wenn die Unterbrechung (nicht die Aussetzung BGH NJW 1965, 1019; aA Baumbach/Lauterbach/*Hartmann* § 249 Rn 13) nach Schluss der letzten mündlichen Verhandlung (§ 136 Abs. 4 ZPO) oder – im schriftlichen Verfahren – nach Ablauf der nach § 128 Abs. 2 Satz 2 ZPO gesetzten Frist erfolgt ist.

IV. Aufnahme des Verfahrens (§ 239, 250 ZPO)

1. Aufnahme durch Rechtsnachfolger

Antragsberechtigter Rechtsnachfolger ist jeder, der befugt ist, an der Stelle der verstorbe- 11
nen Partei den Rechtsstreit fortzuführen. Dies sind vor allem der oder die Erben (§§ 1922, 2032, vgl hierzu Zöller/*Greger* § 239 Rn 9), der Testamentsvollstrecker (§§ 2212, 2213 BGB) und der Nachlasspfleger (BGH NJW 1995, 2171, 2172). Bei gewillkürter Prozessstandschaft (zB bei einer Zession) kann bei Tod des Prozessstandschafters der Rechtsinhaber den Rechtsstreit nach den Regeln über den Parteiwechsel (§ 263 ZPO) fortsetzen (BGH NJW 1993, 3072). Die Aufnahme des Verfahrens erfolgt durch einen schriftlichen bei Gericht einzureichenden und von Amts wegen (§ 270 Abs. 1 ZPO) zuzustellenden Antrag. Die Rechtsnachfolge sollte belegt werden (zB Erbschein). Im Übrigen muss der Antrag nicht weiter begründet werden. Im Parteiprozess kann der Antrag auch zu Protokoll der Geschäftsstelle gestellt werden (§ 496 ZPO). Im Anwaltsprozess ist er durch einen postulationsfähigen Anwalt zu stellen (§§ 129, 78 ZPO), jedoch in der Revisionsinstanz auch durch den Berufungsanwalt (BGH NJW 2001, 1581).

Es hat eine mündliche Verhandlung stattzufinden. Bei Säumnis kann ein Versäumnisurteil 12
ergehen. Bei str Verhandlung und bei Streit über die Berechtigung der Aufnahme kann das Gericht durch Zwischenurteil (§ 303 ZPO) die Berechtigung zur Aufnahme feststellen, oder durch Endurteil den Antrag auf Kosten des Antragstellers zurückweisen. Statt eines Zwischenurteils kann es aber auch in der Sache durch Endurteil entscheiden und in den Gründen darlegen, warum es von einer wirksamen Aufnahme des Rechtsstreits durch den Antragsteller als Rechtsnachfolger ausgeht (Zöller/*Greger* vor § 239 Rn 3). Bei Säumnis beider Parteien nach früherer mündlicher Verhandlung kann unter den weiteren Voraussetzungen des § 251a ZPO auch eine Entscheidung nach Lage der Akten ergehen. Zur Neufassung des Klageantrages s Anhang zu § 2059 Rn 4.

2. Aufnahme durch den Gegner

Wird die Aufnahme des Rechtsstreits durch den Rechtsnachfolger verzögert, kann der 13
Gegner durch einen bei Gericht einzureichenden Schriftsatz (im Anwaltsprozess nur durch einen postulationsfähigen Anwalt, § 78 ZPO) die Aufnahme des Verfahrens beantragen (§ 239 Abs. 2 ZPO). Es ist Termin anzuberaumen, zu dem der Rechtsnachfolger zur Aufnahme des Verfahrens und zur Verhandlung in der Hauptsache unter Bestimmung einer Ladungsfrist durch den Vorsitzenden des Gerichts zu laden ist (§§ 239 Abs. 2, 3, 250, 216 ZPO). Erscheint der Rechtsnachfolger (im Anwaltsprozess sein Anwalt) nicht im Termin, so ist auf Antrag die behauptete Rechtsnachfolge als zugestanden anzusehen und zur Hauptsache zu verhandeln (§ 239 ZPO). Es kann ein Versäumnisurteil in der Hauptsache ergehen.

Bei str Verhandlung über den Aufnahmeantrag, muss der Gegner eine Verzögerung iSd 14
§ 239 Abs. 2 ZPO darlegen und beweisen. Der Rechtsnachfolger verzögert die Aufnahme, wenn er den ihm bekannten Rechtsstreit ohne ges Grund nicht aufnimmt. Der Erbe ist nicht vor Annahme der Erbschaft, also nicht vor Ablauf der Ausschlagungsfrist des § 1944 BGB zur Aufnahme verpflichtet (§§ 239 Abs. 5 ZPO, 1958 BGB). Gelingt dem Gegner nicht der Nachweis der Rechtsnachfolge oder der vom Rechtsnachfolger zu vertretenden Verzögerung, hat das Prozessgericht durch Endurteil den Antrag auf Aufnahme des Verfahrens auf Kosten des Gegners zurückzuweisen. Bejaht es eine Verzögerung, ergeht ein Zwischenurteil, in dem im Tenor die Rechtsnachfolge und die Verpflichtung zur Aufnahme des Rechtsstreits festgestellt wird (ausführlich zur Verzögerung MüKo/*Feiber* § 239 Rn 29, Baumbach/Lauterbach/*Hartmann* § 239 Rn 17).

Hinweis zu 1) und 2): Da schon in der ersten mündlichen Verhandlung mit einer Sach- 15
entscheidung zulasten des Erben gerechnet werden muss, sollte der verklagte Erbe schon

mit dem eigenen Aufnahmeantrag oder nach Zustellung des gegnerischen Aufnahmeantrag umgehend vorsorglich den Vorbehalt der beschränkten Erbenhaftung (§ 780 ZPO) geltend machen.

3. Aufnahme bei Nachlasspflegschaft und Testamentsvollstreckung (§ 243 ZPO)

16 Ist das Verfahrens durch Tod der Partei unterbrochen (239 ZPO) oder auf Antrag ausgesetzt (§ 246 ZPO) worden, endet die Aussetzung oder Unterbrechung nach Bestellung des Nachlasspflegers oder des Testamentsvollstreckers, sobald das Verfahren nach Maßgabe des § 240 ZPO aufgenommen und in entsprechender Anwendung des § 241 ZPO angezeigt wird. In Passivprozessen können auch die Erben den Rechtsstreit nach § 239 ZPO aufnehmen (so BGH NJW 1988, 1390).

B. Sonstige Fälle von Unterbrechung oder Aussetzung bei Tod eines Prozessbeteiligten

17 Der Tod eines Prozessbeteiligten kann auf vielfältige Art auf den Fortgang eines Prozesses Einfluss haben.

I. Eröffnung des Nachlassinsolvenzverfahrens (§ 240 ZPO)

18 Durch die Eröffnung des Nachlassinsolvenzverfahren (§ 27 InsO) wird ein Rechtsstreit, soweit er betroffen ist (ausf Zöller/*Greger* § 240 Rn 7 ff, Baumbach/Lauterbach/*Hartmann* § 240 Rn 8), kraft Gesetzes unterbrochen. § 246 ZPO ist nicht anwendbar. Die Unterbrechung endet mit der Beendigung des Insolvenzverfahrens oder durch Aufnahme nach § 250 ZPO durch den Insolvenzverwalter, den Gegner oder durch den Schuldner. Lässt der Erbe die Insolvenzforderung gegen den Nachlass unbestritten, kann der unterbrochene Rechtsstreit gegen ihn nicht aufgenommen werden (BGH ZEV 2005, 112).

II. Tod des ges Vertreters (§ 241 ZPO)

19 Der Tod des ges Vertreters führt zu einer Unterbrechung des Verfahrens, es sei denn die Partei des ges Vertreters war durch einen Prozessbevollmächtigten iSd § 246 ZPO vertreten. Dann kann Aussetzung gem § 246 ZPO beantragt werden. Unterbrechung und Aussetzung enden nach Anzeige des neuen ges Vertreters oder der gegnerischen Anzeige auf Aufnahme des Verfahrens und Zustellung der Anzeige (§ 241 Abs. 1, 2 ZPO). Diese Vorschrift ist gem § 241 Abs. 3 ZPO bei angeordneter Nachlassverwaltung entsprechend anwendbar. Das gilt auch bei Tod der Partei kraft Amtes (Zöller/*Greger* § 241 Rn 7).

III. § Tod des Vorerben (§ 242 ZPO)

20 Tritt während eines Rechtsstreits zwischen dem Vorerben und einem Dritten über einen der Nacherbfolge unterliegenden Gegenstand, über den der Vorerbe verfügen konnte (§§ 2112, 2120, 2136), der Nacherbfall ein, weil der Vorerbe verstorben ist, oder ist die Vorerbschaft aus sonstigen Gründen beendet, wird das Verfahren gem § 239 ZPO unterbrochen. War der Vorerbe durch einen Prozessbevollmächtigten iSd § 246 ZPO vertreten, ist das Verfahren auf Antrag des Prozessbevollmächtigten oder des Gegners auszusetzen.

IV. § 244 Unterbrechung durch Tod des Anwalts

21 Im Anwaltsprozess führt der Tod des alleinigen Prozessbevollmächtigten (nicht also bei einer Sozietät, Baumbach/Lauterbach/*Hartmann* § 246 Rn 4) zu einer Unterbrechung des Verfahrens, bis die Bestellung des neuen Anwalts dem Gericht angezeigt und die Anzeige dem Gegner zugestellt ist. Bei Verzögerung der Anzeige kann der Gegner nach § 244 Abs. 2 ZPO vorgehen. Auch diese Unterbrechung ist von Amts wegen in jeder Lage des

Verfahrens zu beachten (BGH NJW 2002, 2107). Das Verfahren wird in dem Umfange unterbrochen, in dem bei Tod der Partei, die der Anwalt vertreten hat, unterbrochen worden wäre (Zöller/*Greger* § 244 Rn 4; siehe hierzu auch Rn 2).

C. Rechtsmittel

Gegen Beschlüsse, die eine Aussetzung oder Unterbrechung eines Verfahren anordnen oder ablehnen. oder Anträgen auf Aufnahme des Verfahrens stattgeben oder sie zurückweisen, findet die **sofortige Beschwerde** statt (§§ 252, 567 Abs. 1 Nr. 1 ZPO) und bei Zulassung die Rechtsbeschwerde (§ 574 Abs. 1 Nr. 2 ZPO). Die Überprüfung durch das Beschwerdegericht hat sich auf Verfahrens- und Ermessenfehler zu beschränken (Baumbach/Lauterbach/*Hartmann* § 252 Rn 8). Ist durch Zwischenurteil oder Endurteil (auch über die Aussetzung) entschieden, muss **Berufung** (bei Versäumnisurteilen der Einspruch) eingelegt werden (OLG Köln NJW-RR 1996, 581 mwN). Eine zuvor eingelegte sofortige Beschwerde erledigt sich durch ein solches Urteil. 22

Buch 2: Verfahren im ersten Rechtszug
Abschnitt 1: Verfahren vor den Landgerichten
Titel 1: Verfahren bis zum Urteil

§ 254 Stufenklage

Wird mit der Klage auf Rechnungslegung oder auf Vorlegung eines Vermögensverzeichnisses oder auf Abgabe einer eidesstattlichen Versicherung die Klage auf Herausgabe desjenigen verbunden, was der Beklagte aus dem zugrunde liegenden Rechtsverhältnis schuldet, so kann die bestimmte Angabe der Leistungen, die der Kläger beansprucht, vorbehalten werden, bis die Rechnung mitgeteilt, das Vermögensverzeichnis vorgelegt oder die eidesstattliche Versicherung abgegeben ist.

A. Die Besonderheiten der Stufenklage

Vorbemerkung: Vor Klageerhebung sollte der Kläger den Beklagten zur Vermeidung von Kostenrisiken mit einer Stufenmahnung, bei der außer der Auskunftserteilung und der Wertermittlung ein noch zu beziffernder Pflichtteil und eine etwaige Pflichtteilsergänzung verlangt wird, in Verzug setzen (siehe Rn 15). 1

I. Örtliche Zuständigkeit

Der Kläger kann den Erben als Pflichtteilsschuldner an dem Wahlgerichtsstand der Erbschaft (27 Abs. 1, 35 ZPO), also dort wo der Erblasser zur Zeit seines Todes seinen allgemeinen Wohnsitz (§§ 12, 13 ff ZPO) gehabt hat, oder am Wohnsitz des Schuldners (§§ 12, 13 ZPO) verklagen. Das gilt auch bei Ansprüchen aus § 2329 BGB gegen den beschenkten Dritten (Zöller/*Vollkommer* § 27 ZPO Rn 8; s.a. §§ 27, 28 ZPO Rn 2). 2

II. Zuständigkeitsstreitwert

Die sachliche Zuständigkeit des anzurufenden Gerichts richtet sich nach dem nach §§ 2 ff ZPO festzusetzenden Wert des Streitgegenstandes (§§ 23 Nr. 1, 71 Abs. 1 GVG). Das ist bei der Zahlungsklage unproblematisch, jedoch bei der Stufenklage umstritten. Die hM rechnet unter Anwendung des § 5 ZPO die Streitwerte aller Anträge der Klage zusammen 3

§ 254 ZPO | **Stufenklage**

(OLG Brandenburg MDR 2002, 536, 537; Zöller/*Herget* § 5 Rn 7; Baumbach/Lauterbach/
Hartmann § 5 ZPO Rn 8). Nach anderer mE überzeugender Ansicht ist nur der höchste der
Anträge, idR also der unbezifferte Leistungsantrag der letzen Stufe maßgebend (MüKo/
Schwerdtfeger § 5 ZPO Rn 7). Der Kläger muss so oder so bei Prozessbeginn hinsichtlich des
unbezifferten Leistungsantrages Mindestvorstellungen äußern. Die Werte der vorrangigen
Anträge sind dann jeweils gem § 3 ZPO – je nach den Umständen des Einzelfalls – auf
einen Bruchteil hiervon zu schätzen (1/5 – 1/3 für den Auskunftsantrag und/oder Wertmittlungsantrag und noch niedriger für den Antrag auf Abgabe der eV).

III. Gebührenstreitwert bei Prozessbeginn und später

4 Für die vom Gericht vorzunehmende Festsetzung des Gebührenstreitwert, nach dem sich die Höhe des Gerichtskostenvorschusses (§ 40 GKG) und die mit der Klageerhebung entstehende anwaltliche Verfahrensgebühr (Nr. 3100 VVRVG) richten, ist nur der wertmäßig höchste der Stufenanträge, idR also der unbezifferte Zahlungsantrag maßgebend. Eine Addition findet hier nicht statt (§ 44 GKG). Maßgebend sind wiederum die Mindestvorstellungen des Klägers bei Prozessbeginn (*Bischof/Jungbauer/Podlech/Trappmann* § 2 Rn 15 RVG mwN). Das Gericht hat eine bindende Streitwertfestsetzung vorzunehmen (OLG Report Köln 1999, 236). Nachträglich kann es den Streitwert der unbezifferten Stufenklage nicht herabsetzen, auch wenn sich im Verlaufe des Rechtsstreits herausstellt hat, dass die Wertvorstellungen des Klägers übersetzt waren (hM OLG Report Köln 2003, 207 mwN; *Bischof* aaO mwN; aA wohl KG Report Berlin 2000, 252; OLG Frankfurt JurBüro 1987, 878). Die Gebühren können sich aber erhöhen, wenn der Kläger im Verlaufe des Rechtsstreits einen höheren Betrag einfordert (*Bischof* aaO § 2 Rn 11, 15).

5 Soweit später durch die Stellung der einzelnen Anträge weitere Gebührentatbestände erfüllt werden, ist der Streitwert des jeweiligen Antrages maßgebend. Der Gebührenstreitwert ist dann jeweils nach dem Interesse des Klägers an der neuen Antragstellung zu schätzen und erneut festzusetzen (OLG Hamm JurBüro 1997, 139). So richtet sich die nach Verhandlung über den Auskunftsantrag verdiente Terminsgebühr gem Nr. 3104 VVRVG (Verhandlungsgebühr gem § 31 Abs. 1 Ziff 2 BRAGO) nach dem Wert des Auskunftsantrages, der nach einem Bruchteil (1/5 – 1/3) des unbezifferten Zahlungsantrages gem §§ 3 ZPO zu schätzen ist. Weist das Gericht hingegen durch Endurteil die Klage insgesamt ab, richten sich die erstinstanzlichen Gebühren nach dem Wert des unbezifferten Antrages als dem idR höchsten, auch wenn der Antrag nicht gestellt worden ist (OLG Report Frankfurt 1999, 55).

6 Hinweis: Der Kläger sollte zu Beginn des Prozesses zur Vermeidung von Kostenrisiken (siehe Rn 16) moderate Mindestvorstellungen hinsichtlich des unbezifferten Zahlungsantrages nennen, zumal er später jederzeit einen höheren bezifferten Zahlungsantrag stellen kann.

IV. Prozesskostenhilfe für die Stufenklage

7 Es muss PKH für die gesamte Stufenklage beantragt und bewilligt werden und nicht nur – was immer wieder geschieht – abschnittsweise (OLG Report Hamm 2000, 380; OLG Düsseldorf FamRZ 1997, 1017). Gibt sich der Kläger mit der Bewilligung von PKH nur für den Auskunftsantrag zufrieden, läuft er Gefahr, dass bei einer dann erst später eintretenden Rechtshängigkeit des Zahlungsanspruchs dieser verjährt ist. Lediglich wenn der Antragssteller für das Gericht erkennbar hinsichtlich des unbezifferten Zahlungsantrages zu hohe Wertvorstellungen äußert oder später seinen Leistungsantrag zu hoch beziffert, kann das Prozessgericht korrigierend eingreifen, indem es PKH für eine Stufenklage mit niedrigeren Wertvorstellungen hinsichtlich des unbezifferten Betrages bewilligt oder den bezifferten Zahlungsantrag herabsetzt.

8 Der Kläger muss nach Bezifferung seines Antrages in der letzten Stufe jedenfalls dann erneut um PKH nachsuchen, wenn der Betrag über den früheren Wertvorstellungen liegt

(OLG Report Braunschweig 2002, 497; OLG München FamRZ 1993, 340, 341; OLG Frankfurt FamRZ 1991, 1458). Vorsorglich sollte er aber bei jeder Änderung oder Ergänzung eines der Klageanträge erneut PKH beantragen, zumindest aber nachfragen, ob sich die bewilligte PKH auch auf den Antrag erstreckt.

V. Teil-, End- und Schlussurteil

Das Prozessgericht hat zunächst durch **Teilurteil ohne Kostenentscheidung** über die jeweils zur Entscheidung anstehenden Anträge zu entscheiden, die dem Antrag der letzten Stufe vorbereiten sollen, also zunächst über den Auskunftsantrag und den Wertermittlungsantrag, sofern letzterer nicht in einem Stufenverhältnis zum Auskunftsantrag steht. Nur die zur Entscheidung anstehenden Anträge sind jeweils zu stellen. Es ist jedoch unschädlich, da unbeachtlich, wenn der Kläger alle Anträge aus der Klageschrift stellt und der Beklagte insgesamt Klageabweisung beantragt. Dadurch werden nur dann höhere Gebührentatbestände ausgelöst, wenn das Gericht über die Anträge entscheidet. 9

Die in einem solchen Teilurteil **verfahrensfehlerhaft ergangene Kostenentscheidung** kann isoliert analog § 99 Abs. 2 ZPO mit der sofortigen Beschwerde angefochten werden (OLG Report Köln 2001, 394). Das gilt auch, wenn das Gericht nach Erlass des Teilurteils verfahrensfehlerhaft analog § 93d ZPO eine Kostenentscheidung trifft, weil die Parteien das Verfahren nicht weiter betrieben haben (OLG Report Karlsruhe 2003, 83). 10

Hält das Gericht den noch unbezifferten Zahlungsantrag für unbegründet, weil zB die Pflichtteil- und Pflichtteilsergänzungsansprüche verjährt sind, kann es durch **Endurteil** die Klage insgesamt abweisen und dem Kläger die Kosten des Rechtsstreits auferlegen, auch wenn nur über den Auskunftsantrag verhandelt worden ist. In diesem Fall ist auch das Verlangen auf Auskunft und Wertermittlung unbegründet, da rechtsmissbräuchlich iSv § 242 BGB (BGH NJW 1985, 384, 385). Befasst sich ein Urteil, durch das nach dem Tenor die Klage abgewiesen wurde, in den Gründen nur mit dem Auskunftsantrag oder Wertermittlungsantrag, handelt es sich in Wirklichkeit um ein Teilurteil über den Auskunftsantrag mit einer fehlerhaften Kostenentscheidung (OLG Report Schleswig 2003, 194). Ein **Schlussurteil mit Kostenentscheidung** ergeht, wenn der Kläger seinen unbestimmten Leistungsantrag der letzten Stufe beziffert hat und darüber verhandelt worden ist. 11

VI. Berufung (Beschwer)

1. Berufung des Beklagten

Sofern die Berufung nicht nach § 511 Abs. 2 Nr. 2, Abs. 4 ZPO zugelassen worden ist, ist das Rechtsmittel nach § 511 Abs. 2 Nr. 1 ZPO nur zulässig, wenn die Beschwer 600,- € übersteigt. Bei Stattgabe des Auskunfts- und/oder Wertermittlungsantrages oder des Antrages auf Abgabe der eV durch Teilurteil gilt für die Beschwer des Beklagten als Berufungskläger der sog **Lästigkeitsstreitwert**. Dieser richtet sich nach den vom Berufungskläger im Einzelnen aufzulistenden und gem § 511 Abs. 3 ZPO glaubhaft zu machenden Aufwand an Zeit und Kosten, der ihm durch die Erfüllung des Auskunft- und/oder Wertermittlungstitels oder durch Abgabe der eV entstehen würde, und zwar auch unter Berücksichtigung von Kosten durch die notwendige Zuziehung von sachkundigen Hilfspersonen (BGH FamRZ 2006, 33, 34 mwN; OLG Report Saarbrücken 2003, 161). Bei einer Verurteilung zur Wertermittlung wird die Beschwer fast immer gegeben sein, weil Gutachterkosten idR weit über 600,- € liegen. Wird aber nur die titulierten Auskunftserteilung mit der Berufung angegriffen, ist eine ausreichende Beschwer meistens nur dann gegeben, wenn die Auskunft nur unter Einschaltung von Dritten (zB Steuerberater, RA) ordnungsgemäß erteilen kann. Ein solcher Beistand wird idR bei der Abgabe der eV nicht notwendig sein, so dass die Berufung idR nicht zulässig ist. Ein die Beschwer erhöhendes Geheimhaltungsinteresse des Beklagten ist nicht zu berücksichtigen, da die Erfüllung des 12

§ 254 ZPO | Stufenklage

ges Pflichtteilsanspruchs vorrangig ist (vgl hierzu BGH FamRZ 2005, 1064, 1065 u 1986; MDR 1999, 1082).

13 Dieser Lästigkeitsstreitwert ist dann auch für den **Gebührenstreitwert der Berufungsinstanz** maßgebend (BGH NJW 2002, 3477, 3478; aA OLG Report Stuttgart 2001, 19, das hier auf das Interesse des Klägers an der Auskunft abstellt).

2. Berufung des Klägers

14 Werden Anträge der Stufenklage durch Teilurteil ganz oder teilweise abgewiesen, entspricht der Wert der Beschwer und der Gebührenstreitwert dem erstinstanzlichen Streitwert des jeweiligen Antrages, also dem Interesse des Klägers an dem jeweiligen Antrag, der auf einen Bruchteil des unbezifferten Zahlungsantrages zu schätzen ist. Wird die Klage insgesamt durch Endurteil abgewiesen, richten sich Beschwer und Gebührenstreitwert nach dem Wert des höchsten Antrages, idR also nach dem Wert des unbezifferten Leistungsantrages (BGH MDR 2002, 107). In diesem Fall kann das Berufungsgericht auf Antrag gem § 538 Abs. 1 Nr. 4 ZPO den Auskunfts- und/oder Wertermittlungsanträgen stattgegeben und im Übrigen die Sache an das Gericht des ersten Rechtszuges zurückverweisen. Es kann aber auch, wenn die Voraussetzungen des § 304 Abs. 1 ZPO gegeben sind, zum Leistungsanspruch ein Grundurteil erlassen und wegen des Betrages zurückverweisen (vgl BGH MDR 1999, 823 zur Revisionsinstanz). Gibt das Berufungsgericht der Auskunftsklage statt und verweist den Rechtsstreit im Übrigen ohne Erlass eines Grundurteils über den Zahlungsantrag an das Gericht des ersten Rechtszuges zurück, gilt für die Beschwer und den Streitwert der **Revision** dann wiederum nur der Lästigkeitsstreitwert (BGH NJW 2002, 3477, 3478).

VII. Vorzeitige Beendigung des Rechtsstreits nach Auskunftserteilung

15 Erteilt der Schuldner vor oder nach seiner Verurteilung die geschuldeten Auskünfte und ergibt sich daraus, dass dem Kläger keine weiteren Ansprüche mehr zustehen können, war der angekündigte Leistungsantrag bereits vor Rechtshängigkeit unbegründet. Dies ist kein Fall der Erledigung iSd § 91a ZPO (BGH NJW 1994, 2895, 2896). Der Kläger kann jedoch sein Klagebegehren insgesamt umstellen, indem er *beantragt, dem Beklagten die Kosten des Rechtsstreits aufzuerlegen*. Mit diesem Antrag hat der Kläger Erfolg, wenn er den Beklagten vor Klageerhebung mit der Erfüllung des Auskunftsanspruch in Verzug gesetzt hat (§ 268 Abs. 1 BGB). Denn dann ist die Erhebung der Stufenklage die adäquate Folge des säumigen Verhaltens des Beklagten, so dass dem Kläger wegen der dadurch entstandenen Kosten ein materiellrechtlicher Schadensersatzanspruch aus Verzug zusteht (BGH aaO S 2896). Diesen Schadensersatzanspruch, den der Kläger im Wege der sachdienlichen Klageänderung nach § 263 ZPO in den Rechtsstreit einführen kann (BGH aaO), muss der Kläger nicht beziffern. Der BGH hat sogar in der Erledigungserklärung des Klägers eine hinreichende Antragsstellung gesehen (BGH aaO). Der Kläger könnte nur dann mit einer Quote an den Kosten des Rechtsstreits aufgrund eines Mitverschuldens (§ 254 Abs. 1 BGB) belastet werden, wenn er eine zu hohe Streitwertfestsetzung veranlasst hat, weil er vorwerfbar unangemessen hohe Wertvorstellungen hinsichtlich des unbezifferten Leistungsbetrages geäußert hat.

16 Das Gericht entscheidet durch Endurteil über die Begründetheit des Kostenantrages. Die Kostenentscheidung im Übrigen beruht auf §§ 91 ff ZPO (BGH aaO). Es bleibt den Parteien allerdings auch unbenommen, den Rechtsstreit übereinstimmend gem § 91a ZPO für erledigt zu erklären, wobei bei der Kostenverteilung die gleichen Überlegungen anzustellen sind (OLG Report Brandenburg 2003, 170; OLG Report Nürnberg 2001, 80; OLG Report Düsseldorf 2000, 189; OLG Report Karlsruhe 1998, 251u 425, die zum Teil auch den Rechtsgedanken aus §§ 93, 93d ZPO berücksichtigen).

B. Musteranträge einer Stufenklage

Vorbemerkung: Das nachfolgende Muster mit anschließenden Erläuterungen enthält die je nach der Fallgestaltung in Betracht kommenden Anträge einer Stufenklage zur Durchsetzung von Pflichtteils- und Pflichtteilsergänzungsansprüchen. Dabei wurde von einem Sachverhalt ausgegangen, bei dem der Kläger aus der 1. geschiedenen Ehe der vermögenden Erblasserin XY stammt und die Erblasserin ihren zweiten Ehemann, den Beklagten, zu ihrem alleinigen Erben eingesetzt hat.

I. Auskunft

Der Kläger beantragt, den Beklagten zu verurteilen, Auskunft zu erteilen,
1.) über den Bestand des Nachlasses (Aktiva und Passiva) der am . . . .verstorbenen Erblasserin XY im Zeitpunkt des Erbfalls unter Beifügung aller Belege, die Informationen über den Wert des jeweiligen Nachlassgegenstandes enthalten,
2.) über alle Zuwendungen der Erblasserin (Schenkungen oder gemischte Schenkungen), soweit die Zuwendungen in den letzten 10 Jahren erfolgt sind,
jedoch unbefristet, soweit die Zuwendungen an den Beklagten als Ehegatten oder an Dritte, bei diesen unter dem Vorbehalt der Nutzungen durch die Erblasserin (zB Nießbrauch; Altenteil) erfolgt sind,
und zwar jeweils unter Benennung des Datum des Vollzuges der Zuwendung (Eigentumsübergang) und unter Beifügung von Belegen über den Wert der Zuwendung und den Inhalt der getroffenen Vereinbarung,
3.) über alle nach §§ 2315, 2316, 2050, 2051 Abs. 1 2057a Abs. 1, 3, 2055 BGB möglicherweise ausgleichspflichtigen Zuwendungen der Erblasserin an den Beklagten oder Dritte oder von Abkömmlingen an die Erblasserin, unter Beifügung von Belegen über den Wert der jeweiligen Zuwendung und den Inhalt der jeweils getroffenen Vereinbarung,
4.) über den ehelichen Güterstand der Erblasserin im Zeitpunkt ihres Todes, unter Beifügung einer etwaigen Vertragurkunde,
5.) darüber, ob pflichtteilsberechtigte Abkömmling und/oder der Beklagte als Ehegatte auf ihr ges Erbrecht ohne Beschränkung auf den Pflichtteil verzichtet haben (§ 2346 Abs. 1 BGB), unter Beifügung der Vertragsurkunde,
und zwar durch Vorlage eines Nachlassverzeichnisses iSv § 260 BGB unter Beifügung aller Belege,
– oder –
und zwar
a) durch Vorlage eines notariellen Nachlassverzeichnis unter Beifügung aller Belege,
und
b) unter Hinzuziehung des Klägers bei der Aufnahme des Verzeichnisses.

II. Eidesstattliche Versicherung

Der Kläger beantragt, den Beklagten zur Abgabe der eidesstattlichen Versicherung zu verurteilen, falls das Verzeichnis nicht mit der erforderlichen Sorgfalt erteilt wird (§ 260 Abs. 2 BGB),
und später nach Auskunftserteilung:
Der Kläger beantragt, den Beklagten zu verurteilen, zu Protokoll an Eides statt zu versichern, dass er in dem Nachlassverzeichnis vom . . . mit den Ergänzungen vom . . . und vom . . . den Bestand des Nachlasses einschließlich der lebzeitigen Zuwendungen der Erblasserin so vollständig angegeben hat, als er dazu in der Lage ist.

III. Wertermittlung

Der Kläger beantragt, den Beklagten zu verurteilen, die nach Erteilung der Auskünfte zu Ziff I. noch zu benennenden realen und fiktiven Nachlassgegenstände durch einen unparteiischen Sachverständigen unter Vorlage des Gutachtens bewerten zu lassen,

§ 254 ZPO | Stufenklage

und später nach Kenntnis von den zu bewertenden Gegenständen des realen Nachlasses:
26 *1.) Der Kläger beantragt, den Beklagten zu verurteilen, den Wert des im Grundbuch von ... eingetragenen Grundbesitzes Flur ... Flurstück ... unter Berücksichtigung der im Grundbuch in Abt. II unter lfd Nr.. eingetragenen Belastungen zum ... (Datum des Sterbetages) durch ein dem Kläger vorzulegendes Gutachten eines unparteiischen Sachverständigen ermitteln zu lassen.*
und später nach Kenntnis von den zu bewertenden Gegenständen des fiktiven Nachlasses (zB nachfolgend bei Grundstücksschenkung unter Nießbrauchsvorbehalt für die Erblasserin)
27 *2.) Der Kläger beantragt ferner, den Beklagten zu verurteilen, den Wert des im Grundbuch von ... Blatt. eingetragenen Grundbesitz Flur. Flurstück.*
a) zum Zeitpunkt der Eigentumsumschreibung am ...,
und zwar
aa) ohne die im Grundbuch in Abt. II. lfd Nr. ... eingetragenen Belastungen und
bb) unter Berücksichtigung dieser Belastungen
b) zum Zeitpunkt des Erbfalls am ...,
und zwar
aa) ohne die im Grundbuch in Abt. II lfd Nr. eingetragenen Belastungen und
bb) unter Berücksichtigung der in Abt. II lfd Nr. ... des Grundbuchs eingetragenen Belastungen, durch ein dem Kläger vorzulegendes Gutachten eines unparteiischen Sachverständigen ermitteln zu lassen.

IV. unbezifferter Leistungsantrag der letzten Stufe

28 *Der Kläger beantragt, den Beklagten zu verurteilen, nach Auskunftserteilung und Wertermittlung*
1.) an den Kläger einen der Höhe nach zu beziffernden Pflichtteil nebst Zinsen zu zahlen,
2.) an den Kläger einen der Höhe nach noch zu beziffernden Betrag nebst Zinsen als Pflichtteilsergänzung zu zahlen, hilfsweise die Zwangsvollstreckung in Höhe dieses Betrages in den noch zu bezeichnenden Gegenstand zu dulden.

V. Später, wenn die Bezifferung der Leistungsanträge in der letzten Stufe möglich ist:

29 *Der Kläger beantragt,*
1.) den Beklagten zu verurteilen, an ihn ... € nebst ...Zinsen seit ...... zu zahlen,
2.) den Beklagten zu verurteilen, wegen einer Forderung iHv ... € nebst ... Zinsen seit dem ... die Zwangsvollstreckung in den im Grundbuch von Blatt Flur .... Flurstück Nr. ... eingetragenen Grundbesitz zu dulden.

C. Erläuterung der einzelnen Anträge

Zu I. (Auskunft)

Zu I. 1.) (Auskunft über den realen Nachlass)

30 Der Erbe muss dem Pflichtteilsberechtigten nach §§ 2314 Abs. 1, 260 BGB Auskunft über den Bestand des Nachlasses im Zeitpunkt des Erbfalls geben. Mehrere Erben sind Gesamtschuldner (§ 2058 BGB).
31 **Belege** sind bei dieser Auskunft über den Bestand (§ 260 Abs. 1 BGB) im Gegensatz zur hier nicht geschuldeten Rechnungslegung nach § 259 BGB nicht vorzulegen (hM *Klinger* NJW-Spezial 2004, 61; Staudinger/*Haas* § 2314 Rn 12; aA *Bartsch* ZEV 2004, 176). Etwas anderes gilt nur, wenn der Kläger zur Bewertung von Nachlassgegenständen Unterlagen benötigt, zB wenn zum Nachlass ein Unternehmen oder die Beteiligung an einem solchen gehört. Hier sind Gewinn- und Verlustrechnungen, Bilanzen aus den letzten 3 – 5 Jahren vorzulegen (BGH NJW 1961, 602; NJW 1975, 258; OLG Düsseldorf NJW-RR 1997, 454; vgl auch *Bartsch* ZEV 2004, 176).

Zu I. 2.) (Auskunft über Schenkungen)

Die Auskunftspflicht des Erben erstreckt sich auch auf den fiktiven Nachlass. Diese Pflicht 32 setzt nicht voraus, dass die Unentgeltlichkeit einer Zuwendung bereits feststeht. Diese Entscheidung muss dem Betragsverfahren vorbehalten bleiben (OLG Düsseldorf FamRZ 1999, 1546). Das gilt auch für die Frage, ob eine Schenkung als Anstandsschenkung (2330 BGB) zu bewerten ist, so dass solche Schenkungen nicht von vornherein von dem Auskunftsantrag ausgespart werden sollten. Die Zehn – Jahresfrist des § 2325 Abs. 3 BGB gilt nicht für Schenkungen an Ehegatten oder wenn sich der Erblasser die Nutzungen des Geschenkes zB durch Einräumung des Nießbrauchs vorbehalten hat (BGH NJW 1994, 1791). Die Daten des Vollzuges der jeweiligen Schenkung sind wegen des Niederstwertprinzipes aus § 2325 Abs. 2 BGB erforderlich. **Belege** sind, soweit sie für die rechtliche Einordnung der Zuwendung als Schenkung und/oder die Feststellung ihres Wertes von Bedeutung sein können, – wie beim realen Nachlass – vorzulegen.

Zu I. 3.) (Auskunft über Ausgleichungen)

Für die Berechnung von Pflichtteils- und Pflichtteilsergänzungsansprüche können Zu- 33 wendungen des Erblassers an den Erben und an Dritte oder des Erben an den Erblasser gem §§ 2315, 2316, 2327 BGB von Bedeutung sein, so dass der Erbe zur Auskunft verpflichtet ist. Auch wenn sich die Auskünfte mit denen nach Ziff 2.) teilweise überschneiden, sollte sie gesondert beantragt werden. Belege sind aus den zuvor genannten Gründen vorzulegen. Widerklagend kann der Beklagte vom Kläger über alle nach §§ 2315, 2316, 2327 BGB möglicherweise zu berücksichtigenden Zuwendungen des Erblassers an den Kläger Auskunft verlangen (zu § 2315 BGB siehe OLG Koblenz ZFE 2006, 159).

Zu I. 4.) (Auskünfte über den ehelichen Güterstand)

Der Güterstand des verheirateten Erblassers ist wegen der Pflichtteilsquote von Bedeu- 34 tung. Die Pflichtteilsquote des Abkömmlings ist höher, wenn der verheiratete Erblasser nicht im allgemeinen Güterstand der Zugewinngemeinschaft gelebt hat, da dann keine Erhöhung der Quote des überlebenden Ehegatten gem § 1931 Abs. 3, 1371 BGB erfolgt. Bei Zweifeln sollte vom Güterrechtsregister gem § 1563 BGB Auskunft verlangt werden.

Zu I. 5.) (Auskunft über Erbverzichte)

Besteht die ernsthafte Möglichkeit, dass Abkömmlinge oder der Ehegatte mit dem Erb- 35 lasser einen Erbverzichtvertrag geschlossen haben, erhöht dies die Quote des Klägers (§ 2346 Abs. 1 Satz 2 BGB), so dass vorsorglich Auskunft verlangt werden sollte.

Zu I. 6. a) (notarielles Verzeichnis)

Ob es sinnvoll ist, gem § 2314 Abs. 1 Satz 3 BGB ein amtliches Verzeichnis zu verlangen, 36 dessen Kosten nach § 2314 Abs. 2 BGB zu Lasten des Nachlasses gehen, und damit auch anteilig den Pflichtteilsanspruch des Klägers mindern, hängt von den Umständen des Einzelfalls ab. Es sollte dann verlangt werden, wenn der Erbe allein mit der Auskunftserteilung überfordert ist, und/oder wenn zu erwarten ist, dass sich der Beklagte damit verteidigen wird, dass seine bereits erteilten Auskünfte ausreichend sind (*Klinger* NJW-Spezial 2004, 61). Bei der Aufnahme des Verzeichnisses hat der Notar den Nachlassbestand, wenn auch in einem eingeschränkten Umfange selbst zu ermitteln (*Klinger* aaO mwN).

Zu I. 6. b) (Hinzuziehung des Klägers bei Aufnahme des Nachlassverzeichnisses)

Die Hinzuziehung des Klägers bei der Aufnahme des Nachlassverzeichnisses sollte gem 37 § 2314 Abs. 1 Satz 2 BGB nur in Ausnahmefällen verlangt werden, zB wenn die Gefahr besteht, dass umfangreicher, wertvoller Hausrat oder eine Sammlung nicht vollständig aufgelistet wird.

Streitwert der Auskunftsanträge: Er ist gem § 3 ZPO nach dem Interesse des Klägers an 38 der Erteilung der Auskünfte zur Durchsetzung seiner Pflichtteils- und Pflichtteilsergänzungsansprüche zu schätzen (1/10 – 1/3 des Wertes der unbezifferten Anträge der letzten Stufe).

39 **Vollstreckung aus dem Auskunftstitel:** Kann der Kläger wegen unzureichender Auskünfte nicht auf den nächsten Stufenantrag übergehen, muss er aus dem Auskunftstitel vollstrecken. Die geschuldete Auskunft ist eine unvertretbare Handlung iSd § 888 ZPO, so dass der Schuldner auf Antrag durch ein vom Prozessgericht des ersten Rechtszuges (§ 20 Nr. 17 RPflG) festzusetzendes Zwangsgeld oder Zwangshaft ohne vorherige Androhung (§ 888 Abs. 2 ZPO) zur Erfüllung angehalten werden kann, und zwar einschließlich einer ausgeurteilten Verpflichtung zur Vorlage von Belegen (OLG Report Karlsruhe 2000, 311). Die Verurteilung zur Auskunft über den Bestand des Nachlasses beinhaltet nicht auch die Pflicht zur Auskunft über etwaige Schenkungen, so dass diese Auskunft ohne eine Titulierung auch nicht durch Zwangsmittel nach § 888 ZPO durchgesetzt werden kann (OLG München ZEV 2004, 29). Ein vollstreckungsfähiger Auskunftstitel muss zweifelsfrei für jeden Dritten erkennen lassen, welche konkrete Auskunft geschuldet wird (OLG Saarbrücken ZFE 2006, 118 mwN). Zwangsgeld kann zudem nur beantragt werden. wenn die Auskunft nicht oder nicht vollständig erteilt worden ist. Besteht Streit darüber, muss der Schuldner den **Einwand der Erfüllung** im Wege der Vollstreckungsabwehrklage nach § 767 ZPO geltend machen (OLG Dresden FamRZ 2001, 178; OLG München OLGZ 1994, 485, 486). Andererseits gibt der Auskunftstitel dem Gläubiger nach erteilter Auskunft keinen Nachbesserungsanspruch, wenn Zweifel an der Richtigkeit der Auskunft bestehen. Der Gläubiger ist auf seinen Anspruch auf Abgabe der eV zu verweisen (BGH WM 1980, 318, 319; MDR 1961, 751; Staudinger/*Bittner* § 260 Rn 36).

40 **Streitwert und Kosten des Vollstreckungsverfahrens:** Der Streitwert richtet sich nach dem §§ 3 ZPO, 25 Abs. 1 Nr. 3 RVG zu schätzende Interesse des Klägers an der Auskunft, das idR etwas unter dem Streitwertes des Auskunftsantrag liegt (*Bischof/Jungbauer/Podlech/Trappmann* § 25 RVG Rn 18) Das Verfahren ist gerichtsgebührenfrei, nur Kosten des Gerichtsvollziehers fallen nach der Anlage zu § 9 KostG an. Anwaltsverfahrensgebühren fallen nach Nr. 3309 VV RVG an (*Bischof/Jungbauer/Podlech/Trappmann* aaO Rn 19 ff).

41 **Rechtsbehelfe:** Sofortige Beschwerde nach § 793 ZPO gegen die Festsetzung oder Ablehnung des Zwangsgeldes und Erinnerung nach § 766 ZPO gegen die Art und Weise der Zwangsvollstreckung.

Zu II. (Abgabe der eidesstattliche Versicherung)

42 *Zu II 1.)* Vor Auskunftserteilung kann der Kläger nur ankündigen, zu beantragen, den Beklagten zur Abgabe der eV zu verurteilen, falls nach Auskunftserteilung die Voraussetzungen des § 260 Abs. 2 BGB gegeben sein werden.

43 *Zu II. 2.)* Der Antrag kann erst dann konkret zur Entscheidung gestellt werden, wenn der Schuldner nach Verurteilung Auskunft erteilt hat. Im jetzt zu präzisierenden Klageantrag muss klargestellt werden, auf welche erteilte Auskunft sich die eV beziehen soll (OLG Report Hamm 2000. 380). Solange aber die Auskunft unstreitig noch nicht oder nicht vollständig erteilt ist, kann die eV nicht verlangt werden. In diesem Fall muss der Kläger zunächst aus dem Auskunftstitel vollstrecken (OLG Report Köln 2001, 248; s.o. Rn 39). Der Kläger sollte daher nicht voreilig von einer Erledigung des Auskunftsanspruchs ausgehen (*Rohlfing* § 5 Rn 226). Der Kläger muss seinen Antrag begründen. Er muss darlegen und beweisen, dass der begründete Verdacht besteht, dass das ihm vom Schuldner als Erfüllung übergebene Bestandsverzeichnis nicht mit der erforderlichen Sorgfalt erstellt worden ist (§ 260 Abs. 2 BGB). Weiter ist zu bedenken, dass der Schuldner mit der eV nur die Richtigkeit seiner bisherigen Auskünfte zu bekräftigen hat, und dass damit selten eine Vervollständigung der bisherigen Auskünfte erreicht wird. Der Streit um die Verpflichtung, führt häufig nur zu einer nichts bringenden Verzögerung, so dass der Kläger den Antrag zwar als Drohmittel in der Stufenklage ankündigen, aber nach Auskunftserteilung nur in Ausnahmefällen weiter verfolgen sollte. Der Kläger kann nach Auskunftserteilung

sofort einen der nachfolgenden Stufenanträge stellen, ohne dass darin eine kostenpflichtige Rücknahme des Antrages auf Abgabe der eV liegt.

Streitwert des Antrages: Der Streitwert ist nach dem Interesse des Klägers an der Abgabe 44
der eV: 1/3 – 1/2 des Auskunftsstreitwertes zu schätzen (§ 3 ZPO).

Erfüllung und Vollstreckung des Titels zur Abgabe der eV: Der Schuldner kann die eV 45
nur höchst persönlich abgeben (§ 478 ZPO), und zwar freiwillig vor dem Nachlassgericht
(§§ 79, 163 FGG). Im Falle seiner Verurteilung ist die eV aber vor dem AG als Vollstreckungsgericht abzugeben (§ 889 ZPO), in dem der Schuldner seinen Wohnsitz iSd § 13
ZPO hat (Keidel/Kuntze/*Winkler* § 163 FGG Rn 3). Zuständig ist jeweils der Rechtspfleger
(§ 20 Nr. 17 RPflG). Der Rechtspfleger hat nach § 79 FGG auf Antrag des Gläubigers oder
des Schuldners Termin zu bestimmen. Ein Rechtsmittel gegen Terminsbestimmung und
Ladung gibt es nicht (Keidel/Kuntze/*Winkler* aaO Rn 9). Im Termin ist vom Schuldner die
erteilte Auskunft, also das Bestandsverzeichnis vorzulegen. Bei Unvollständigkeit muss
das Gericht auf Ergänzung einwirken (Keidel/Kuntze/*Winkler* aaO Rn 6). Erscheint der
Schuldner nicht und war auch nicht entschuldbar verhindert, oder verweigert er die
Abgabe der eV, so ist auf Antrag des Gläubigers durch den Richter des Vollstreckungsgerichts gem §§ 889 Abs. 2, 888 Abs. 1 ZPO Zwangsgeld ohne vorherige Androhung festzusetzen. Das Vollstreckungsgericht darf den Auskunftstitel in engen Grenzen auch abändern (Palandt/*Heinrichs* § 261 Rn 34).

Streitwert und Kosten: Wie beim Auskunftstitel siehe Rn 38, 39 (ausführlich *Bischof/Jung-* 46
bauer/Podlech/Trappmann § 25 RVG Rn 18 ff).

Rechtsbehelfe: Sofortige Beschwerde nach § 793 ZPO gegen die Festsetzung des Zwangs- 47
geldes oder die Ablehnung der Festsetzung und Erinnerung nach § 766 ZPO gegen die Art
und Weise der Zwangsvollstreckung.

Zu III. (Wertermittlung)

Zu III. 1.) (Wertermittlung von realen Nachlassgegenständen)

Der Erbe ist gem § 2314 Abs. 1 Satz 2 BGB verpflichtet, auf Verlangen des Pflichtteils- 48
berechtigten den Verkehrswert von realen Nachlassgegenständen durch einen unparteiischen Sachverständigen bewerten zu lassen (BGH NJW 1975, 258, 259). Der Kläger
muss jedoch, um einen vollstreckungsfähigen Titel zu erhalten, den zu bewertenden
Nachlassgegenstand konkret bezeichnen. Ist ihm dies wegen fehlender Auskünfte noch
nicht möglich, kann er seinen Wertermittlungsanspruch in der nach Auskunft und (evtl)
Abgabe der eV dann dritten Stufe der Stufenklage nur in Aussicht stellen. Danach muss
der Kläger dann diesen angekündigten oder schon konkretisierten Wertermittlungsantrag
nicht weiter verfolgen. Er kann sofort auf den Leistungsantrag übergehen, indem er den
letzten Stufenantrag beziffert. Darin liegt keine teilweise Erledigung des Rechtsstreits und
auch keine Klagerücknahme (BGH NJW 2001, 122).

Stichtag ist der Todestag des Erblassers. Belastungen, wie Altenteile, Wohnrechte oder
Nießbrauch, zu deren Erbringung der Erblasser bereits verpflichtet war, sind mitzubewerten. Sie mindern zunächst den Wert des Nachlasses, auch wenn sie möglicherweise
zugleich nach §§ 2325, 2329 BGB zu berücksichtigende Schenkungen des Erblassers an
Dritte sein können. Belastungen, die erst aufgrund eines Vermächtnisses oder einer Auflage des Erblassers begründet worden sind, bleiben jedoch unberücksichtigt, da sie dem
Pflichtteilsanspruch im Range nachgehen (§§ 1992, 1991 Abs. 4 BGB, 327 Abs. 1 Nr. 2 InsO).
Der Kläger sollte möglichst schon vor Klageerhebung einen Grundbuchauszug anfordern,
um sich insoweit selbst Klarheit zu verschaffen.

Hinweis: Die Bedeutung eines solchen Gutachtens, dessen Kosten nach § 2314 Abs. 2 BGB 49
zu Lasten des Nachlasses gehen und damit auch den Pflichtteilsanspruch mindern, wird
oft überschätzt (s.o. Anhang zu § 2303 Rn 7). Kann sich der Kläger daher auf andere Weise
hinreichende Kenntnis von dem Wert der Nachlassgegenstände verschaffen, sollte er auf

§ 254 ZPO | Stufenklage

Zahlung klagen und seinen zunächst anhängig gemachten Wertermittlungsanspruch nicht weiter verfolgen. Der Wertermittlungsanspruch kann erfüllt sein, wenn der Schuldner zB ein Sachwertgutachten eines Architekten über ein Einfamilienhausgrundstück oder die Bewertung von Kunstgegenständen eines Auktionshauses vorlegt (OLG Köln ZEV 2006, 77, 78 mit Anm *v Oertzen*).

Zu III. 2.) (Wertermittlung von fiktiven Nachlassgegenständen)

50 Der Pflichtteilsberechtigte hat gegen den Erben gem § 2314 Abs. 1 Satz 2 BGB einen Anspruch darauf, dass auch der Verkehrswert eines vom Erblasser verschenkten Gegenstands (fiktiver Nachlass) auf Kosten des Nachlasses bewertet wird. Das gilt auch bei einer gemischten Schenkung. Der Kläger muss nicht beantragen, dass die Bewertung auf Kosten des Nachlasses geschieht. Es bleibt dem Beklagten unbenommen, die Einrede aus § 780 ZPO zu erheben. Steht jedoch fest, dass der Nachlass dürftig ist, kann der Kläger eine Begutachtung nicht auf Kosten des Nachlasses beantragen (BGHZ 107, 200, 202). Will der Kläger gleichwohl eine Bewertung, sollte er *hilfsweise beantragen, dass im Falle der Dürftigkeit des Nachlasses das Gutachten auf seine, des Klägers Kosten erstellt* wird.

51 Der Pflichtteilsberechtigte und der pflichtteilsberechtigte Allein- oder Miterben haben gegen den Beschenkten nur aus § 242 BGB einen Anspruch auf Wertermittlung auf eigene Kosten oder auf Duldung der Wertermittlung (BGHZ 108, 393, 397). Dieser Wertmittlungsanspruch auf eigene Kosten oder auf Duldung der Wertermittlung steht auch dem pflichtteilsberechtigten Miterben gegen die Miterben und dem Beschenkten zu. Ist der Beschenkte selbst pflichtteilsberechtigt, kann er selbst – widerklagend – Auskunft über Schenkungen und Wertermittlung oder Duldung der Wertermittlung verlangen, und zwar selbst dann, wenn sein eigener Pflichtteilsergänzungsanspruch verjährt ist (BGHZ 108, 393, 399).

52 Bei der Antragsformulierung ist weiter das **Niederstwertprinzip aus § 2325 Abs. 2 BGB** zu beachten, und zwar unter Berücksichtigung der Rspr des BGH (ZEV 2006, 265, 266, NJW 1992, 2887 u. 2888; vgl auch BGH NJW 1983, 1485, 1486 zum Niederwertprinzip einer beim Erbfall noch nicht vollzogenen Schenkung). Danach ist zB bei einer Grundstücksschenkung unter Nießbrauchsvorbehalt für den Erblasser zunächst der Wert des Grundstückes ohne den Nießbrauch im Zeitpunkt des Vollzuges der Schenkung (Eigentumsumschreibung im Grundbuch) unter Berücksichtigung des Kaufkraftschwundes (Indexzahlen bei Palandt/*Brudermüller* § 1376 Rn 30) mit dem Wert des Grundstückes beim Erbfall zu vergleichen. Der niedrigere Wert ist maßgebend. Ist dies der indexierte Wert im Zeitpunkt der Eigentumsumschreibung, muss der Wert des Grundstückes unter Berücksichtigung des Nießbrauchs ermittelt werden. Ist der Grundstückswert beim Erbfall der niedrigere, ist er maßgebend und der dem Erblasser eingeräumte Nießbrauch bleibt unberücksichtigt, da er mit dem Tode des Erblassers erlischt (§ 1061 Satz 1 BGB).

53 **Streitwert der Wertermittlungsanträge:** Er ist gem § 3 ZPO nach dem Interesse des Klägers an der Wertermittlung zu schätzen (1/10 – 1/3 des unbezifferten Zahlungsantrages, mindestens die Kosten der Wertermittlung, wenn sie der Beklagte zu tragen hat).

54 **Vollstreckung des Wertermittlungstitels:** Hat der Schuldner die Wertermittlung nur zu dulden und kann sich der Gutachter die notwendige Sachkunde von dem Objekt ohne die Mitwirkung des Schuldners verschaffen (zB bei Bewertung eines Grundstückes), erfolgt die Vollstreckung nach § 887 ZPO. Der Gläubiger ist vom Prozessgericht auf seinen Antrag hin zu ermächtigen, die Wertermittlung auf Kosten des Schuldners vornehmen zu lassen. Ist die Mitwirkung des Schuldners notwendig, zB bei der Bewertung der geerbten Firmenbeteiligung ist nach § 888 ZPO, also durch Festsetzung eines Zwangsgeldes zu vollstrecken (OLG Bamberg NJW-RR 1999, 577; Zöller/*Stöber* § 887 Rn 3).

55 **Streitwert und Kosten der Vollstreckung:** Wie bei der Vollstreckung des Auskunftstitels (siehe Rn 39). Die im Rahmen der Erfüllung des Wertermittlungsanspruchs anfallenden

Gutachterkosten gehen zu Lasten des Nachlasses oder des Klägers. Sie sind nicht zugleich Kosten des Rechtsstreits (OLG Report Karlsruhe 2000, 437).

Rechtsbehelfe: Sofortige Beschwerde nach § 793 ZPO gegen die Anordnung der Ermächtigung nach § 887 ZPO oder des Zwangsgeldes nach § 888 ZPO oder die jeweilige Ablehnung und Erinnerung nach § 766 ZPO gegen die Art und Weise der Zwangsvollstreckung. 56

Zu IV. (unbestimmter Leistungsantrag der letzten Stufe)

Der Vorteil der Stufenklage als ein Sonderfall der objektiven Klagehäufung (§§ 254, 260 ZPO) besteht darin, dass sich der Kläger die Bezifferung des Anspruchs bis zur Erteilung der geforderten Auskünfte und zur erfolgten Wertermittlung vorbehalten kann. In dem unbezifferten Stufenantrag sollte aber – schon wegen der Verjährungsproblematik – klar zu Ausdruck kommen, dass sich der Klageantrag auf Pflichtteils- und Pflichtteilergänzungsansprüche aus §§ 2325, 2329 BGB bezieht. 57

Zu V. (Bestimmter Zahlungsantrag in der letzten Stufe)

Vorbemerkung: Ist das Verfahren hinsichtlich der dem unbestimmten Zahlungsantrag vorangegangen Stufen durch Auskunftserteilung, eV und Wertermittlung beendet, muss das Gericht auf Antrag das Verfahren fortsetzen. Der Kläger hat jetzt bestimmte, also bezifferte Klageanträge zu stellen (§ 253 Abs. 2 Nr. 2 ZPO). Andernfalls ist die Klage auf Antrag des Beklagten als unzulässig abzuweisen (OLG Köln NJW 1973, 1848). Auch ist vom Kläger das Ende der Hemmung der Verjährung nach § 204 Abs. 2 BGB zu beachten (vgl hierzu – auch zum alten Recht – ausführlich BGH ZEV 2006, 263, 264). Bei der Antragstellung und in der Begründung sollten die Pflichtteils- und Pflichtteilsergänzungsansprüche schon aus Gründen der Übersichtlichkeit, aber auch zur Vermeidung von Fehlern nicht miteinander vermengt, sondern getrennt abgehandelt werden, vgl Anh § 2303 Rn 9 – 11. Im Einzelnen vgl Rn 59 ff. 58

Pflichtteilsanspruch: Der Pflichtteilsanspruch ist ein Zahlungsanspruch, den der Kläger mit der Gesamtschuldklage (§ 2058 BGB) oder der Gesamthandsklage (§ 2059 Abs. 2 BGB) geltend machen (siehe Anh § 2059 Rn 2, 3). 59

Pflichtteilsergänzung nach § 2325 BGB: Auch der Pflichtteilsergänzungsanspruch aus § 2325 BGB ist ein Zahlungsanspruch, den der Kläger mit der Gesamtschuldklage (§ 2058 BGB) oder der Gesamthandsklage (§ 2059 Abs. 2 BGB) weiter verfolgen kann. 60

Hinweis an den Beklagten: Der Beklagte sollte gegenüber beiden Ansprüchen vorsorglich nochmals die Unzulänglichkeitseinrede nach § 1990 BGB und den Vorbehalt der beschränkten Erbenhaftung gem § 780 Abs. 1 ZPO geltend machen. Ist der verklagte Miterbe der Beschenkte, steht ihm auch die Einrede aus § 2328 BGB zu (OLG Zweibrücken NJW 1977, 1825). Klärt das Gericht den Sachverhalt insoweit auf und stellt es fest, dass kein Nachlass von wirtschaftlichen Wert vorhanden ist und/oder die Einrede aus § 2328 BGB durchgreift, hat es die auf § 2325 BGB gestützte Zahlungsklage ganz oder teilweise abzuweisen (BGH ZEV 2000, 274). 61

Pflichtteilsergänzung nach § 2329 BGB: Bei wertlosen oder zur Befriedigung von Pflichtteilsergänzungsansprüchen nicht ausreichendem Nachlass muss der Pflichtteilsberechtigte den Beschenkten nach Maßgabe des § 2329 BGB in Anspruch nehmen. Der Antrag geht im Allgemeinen nicht auf Zahlung, sondern auf Duldung der Zwangsvollstreckung wegen eines zu beziffernden Betrags in den genau zu bezeichnenden Nachlassgegenstand (BGH NJW 1983, 1485, 1486). Dem Beklagten ist auf seinem Antrag hin nachzulassen, die Zwangsvollstreckung durch Zahlung des geschuldeten Betrages abzuwenden zu dürfen (§ 2329 Abs. 2 BGB). 62

Hinweis an den Kläger: Schon bei der Berechnung seines Pflichtteilsanspruchs wird der Kläger idR ersehen können, ob zur Erfüllung seines Ergänzungsanspruchs ausreichend Nachlassmasse vorhanden ist. Er kann dann gegen den am Rechtsstreit beteiligten und 63

§ 256 ZPO | Feststellungsklage

beschenkten Miterben auch erst in der Berufungsinstanz statt Zahlung Duldung der Zwangsvollstreckung in den geschenkten Gegenstand beantragen. Dies beinhaltet lediglich eine qualitative Änderung des Klageantrages, deren Zulässigkeit aus § 264 Ziff 2 ZPO folgt und die nicht unter § 533 ZPO fällt (BGH FamRZ 1998, 905, 906). Zumindest sollte er diesen Antrag hilfsweise stellen.

64 **Hinweis an den Beklagten:** Der Beklagte sollte nach Bezifferung der Ansprüche in der letzten Stufe vorsorglich nochmals die beschränkte Erbenhaftung (§ 780 ZPO) geltend machen und, wenn er selbst pflichtteilsberechtigt ist, die Einrede am § 2328 erheben. kann auch gem §§ 2331a, 1382 Abs. 5 BGB zumindest hilfsweise beantragen, *dass ihm durch das Prozessgericht im Urteil die Stundung des Pflichtteilsanspruchs gestattet,* falls die sofortige Erfüllung eine Härte iSd § 2331a Abs. 1 BGB für ihn bedeutet. Dem beschenkten, pflichtteilsberechtigten Erben steht bei seiner Inanspruchnahme aus § 2329 BGB ebenfalls die Einrede aus § 2328 BGB zu (BGHZ 85, 274, 284), dieser vorsorglich ausdrücklich – nochmals erheben sollte.

Vorbemerkung vor §§ 256 ff ZPO

Bereits zu Lebzeiten des Erblassers, vor allem aber danach kann es aus den verschiedensten erbrechtlichen Gründen zu einem Zivilprozess kommen. Die nachfolgenden Ausführungen sollen und können nur zu den am häufigsten vorkommenden verfahrensrechtlichen Fragen Stellung nehmen. Im Übrigen wird auf die obige Kommentierung zum materiellen Recht verwiesen.

§ 256 Feststellungsklage

(1) Auf Feststellung des Bestehens oder Nichtbestehens eines Rechtsverhältnisses, auf Anerkennung einer Urkunde oder auf Feststellung ihrer Unechtheit kann Klage erhoben werden, wenn der Kläger ein rechtliches Interesse daran hat, dass das Rechtsverhältnis oder die Echtheit oder Unechtheit der Urkunde durch richterliche Entscheidung alsbald festgestellt werde.

(2) Bis zum Schluss derjenigen mündlichen Verhandlung, auf die das Urteil ergeht, kann der Kläger durch Erweiterung des Klageantrags, der Beklagte durch Erhebung einer Widerklage beantragen, dass ein im Laufe des Prozesses streitig gewordenes Rechtsverhältnis, von dessen Bestehen oder Nichtbestehen die Entscheidung des Rechtsstreits ganz oder zum Teil abhängt, durch richterliche Entscheidung festgestellt werde.

A. Grundsatz der Unzulässigkeit

1 Mit der Feststellungsklage nach § 256 Abs. 1 ZPO kann die Feststellung des Bestehens oder nicht Bestehens eines Rechtsverhältnisses begehrt werden. Unter einem solchen Rechtsverhältnis ist die rechtlich geregelte Beziehung einer Person zu anderen Personen oder einem Gegenstand zu verstehen, wobei das Rechtsverhältnis zwischen den Parteien, aber auch zwischen einer Partei und Dritten oder zwischen Dritten bestehen kann. Auch können nicht nur konkret rechtlich geregelte Rechtsverhältnisse sondern auch bedingte oder nur mögliche, künftige Beziehungen zu einer Person zum Gegenstand einer Feststellungsklage gemacht werden, sofern die klagende Partei ein rechtliches Interesse an der alsbaldigen Feststellung hat (BGH NJW-RR 1992, 252, 253).

2 Trotz dieses weiten Zulässigkeitsrahmens wird ein solches einer Feststellungsklage zugängliches Rechtsverhältnis hinsichtlich des **Nachlasses einer noch lebenden Person** von

der Rechtsprechung idR verneint. Dies folgt schon aus § 1922 BGB, wonach das Vermögen des Erblassers erst mit seinem Tode auf seine Erben übergeht (»vivi hereditas non datur«, RGZ 49, 370, 372). Vor dem Erbfall hat der ges oder testamentarische Erbanwärter nur eine tatsächliche Aussicht, eine Hoffnung auf den Erbschaftserwerb, uU auch eine rechtlich begründete Erwartung auf das Erbrecht, aber noch keine rechtlich gesicherte Rechtsposition iS eines Anwartschaftsrecht (BGHZ 1, 343, 349; BGH FamRZ 1957, 171, 172; OLG Frankfurt FamRZ 1997, 1021, 1023). Denn eine solche einer Feststellungsklage zugängliche Anwartschaft setzt voraus, dass von dem mehraktigen Entstehungstatbestand des künftigen Rechts schon so viele Erfordernisse erfüllt sind, dass die Entstehung des Rechts durch einseitige Erklärung oder Unterlassung einer Erklärung des an der Entstehung des Rechts Beteiligten nicht mehr zerstört werden kann (BGHZ 37, 319, 321). Das ist bei einer künftigen Erbschaft idR schon deshalb nicht der Fall, weil zB der Erbanwärter vorversterben kann (§ 1923 Abs. 1, 2176 BGB), der nicht gebundene Erblasser anders testieren, ein Ehegattentestament widerrufen oder ein Erbvertrag von den Vertragsparteien wieder aufgehoben werden kann. Schon wegen dieser Ungewissheiten fehlt es an dem für eine Feststellungsklage gegenwärtigen konkreten Rechtsverhältnis, selbst wenn die Erbaussicht einer Partei der Lebenserfahrung entspricht (BGHZ 12, 135, 119).

Begründet wird die Unzulässigkeit der Feststellungsklage ferner damit, dass der Gesetzgeber Rechtsgeschäfte über das Vermögen eines Lebenden in der Erwartung seines Todes als sittlich verwerflich ansieht und damit gem § 311 Abs. 4 BGB (= § 312 Abs. 1 Satz 1 aF BGB) für nichtig erklärt. Dann darf auch der Nachlass eines noch Lebenden nicht zum Gegenstand eines Rechtsstreits gemacht werden (BGH NJW 1962, 1723). Hinter dem Interesse einer lebenden Person, dass sie zu ihrem Lebzeiten nicht in einem Rechtsstreit über ihr künftiges Erbe einbezogen wird, dass sie insoweit nicht einmal in irgendeiner Weise behelligt wird (OLG Frankfurt FamRZ 1997, 1021, 1022), muss daher das wirtschaftliche Interesse des künftigen Erben oder Vermächtnisnehmer an der Feststellung seiner Teilhabe an dem Nachlass zurücktreten. Dabei ist es unerheblich, ob der Erblasser als Partei am Rechtsstreit beteiligt ist. Jedenfalls sind an die Zulässigkeit von Feststellungsklagen der Erbprätendenten wesentlich höhere Anforderungen zu stellen als an die des künftigen Erblassers (*Lange* NJW 1993, 1571, 1575). 3

Beispiele von unzulässigen Feststellungsklagen:
Unzulässig sind insb Feststellungsklagen künftiger ges oder testamentarischer Erben mit dem Ziel, die **Testierunfähigkeit** einer lebenden Person feststellen zu lassen, auch wenn der Nachweis der Testierunfähigkeit nach dem Tod des Erblassers wesentlich schwieriger zu führen ist (OLG Köln JW 1930, 2064). Das OLG Köln hat allerdings damals wegen dieser Beweisnot auf das Beweissicherungsverfahren verwiesen, in dem der künftige Erblasser begutachtet werden könne. Ein solches **selbständiges Beweissicherungsverfahren** hält das OLG Frankfurt (FamRZ 1997, 1021, 1021) aber zu Recht für **unzulässig**, weil das Interesse einer lebenden Person, nicht Rechenschaft über die beabsichtigte Verteilung ihres Nachlasses geben zu müssen, höher zu bewerten ist, als etwaige Nachteile für den Erbanwärter durch eine Beweisaufnahme erst nach dem Tode des Erblassers. Das hat selbst dann zu gelten, wenn zu befürchten ist, dass ein labiler Erblasser unter dem Einfluss Dritter zum Nachteil des Erbanwärters testiert. 4

Auch der Streit unter Erbprätendenten über die **künftige Nachlasszugehörigkeit** von Vermögen, zB darüber, ob die erfolgte Übereignung eines Grundstückes wegen Geschäftsunfähigkeit des noch lebenden Erblassers nichtig ist, so dass das Grundstück später in den Nachlass fallen wird, kann nicht zum Gegenstand einer Feststellungsklage gemacht werden. Dies gilt selbst dann, wenn ein pflichtteilsberechtigter Abkömmling klagen will (OLG Celle MDR 1954, 547). 5

Der in einem **Ehegattentestament oder Erbvertrag** bedachte künftige **Schlusserbe** kann weder zu Lebzeiten beider Erblasser noch nach dem Tode eines der Ehegatten auf Feststellung der Rechtsbeziehungen zu seinen künftigen Mitschlusserben klagen (OLG Karls- 6

§ 256 ZPO | Feststellungsklage

ruhe FamRZ 1989, 1351) oder darauf, dass ihm nach Eintritt des Erbfalls wegen einer beeinträchtigenden Schenkung Ansprüche aus §§ 2287, 2288 BGB zustehen werden (BGH FamRZ 1957, 171, 172; OLG München FamRZ 1996, 253, 254; aA OLG Koblenz MDR 1987, 935, 936). Ein Gefeilsche um das Hab und Gut eines noch Lebenden soll auch hier möglichst vermieden werden. Nur in Ausnahmefällen kann – so das OLG München aaO – ein für eine solche Klage ausreichendes wirtschaftliches Interesse an der alsbaldigen Feststellung des Anspruchs gegeben sein (s.a. Rn 14, 15). Auch der **Vermächtnisnehmer**, dessen schuldrechtlicher Anspruch erst mit dem Tode des Erblassers anfällt (§§ 2160, 2176), hat selbst bei einem wechselbezüglichen, vertragsmäßigen Vermächtnis (§§ 2270 Abs. 1, 2278 Abs. 1 BGB) nur eine für eine Feststellungsklage nicht ausreichende Aussicht auf den Anspruch, gleich wie wahrscheinlich das Vorversterben des Erblassers ist. Deshalb kann auch der in einem Erbvertrag oder einem Ehegattentestament mit einem Grundstück bedachte Vermächtnisnehmer seinen Anspruch vor Eintritt des Erbfalls nicht durch Eintragung einer Auflassungsvormerkung vor beeinträchtigenden, lebzeitigen Verfügungen des Erblassers schützen (BGHZ 37, 319, 322).

7 Eine Feststellungsklage des **Nacherben gegen den verfügenden Vorerben** ist vor Eintritt des Nacherbfalls unzulässig, selbst wenn der Vorerbe Schenkungen iSv § 2113 Abs. 2 BGB vornimmt (s.o. OLG Celle MDR 1954, 547, str; aA u.a. Staudinger/Avenaris § 2113 Rn 42 mwN; aA wohl auch BGHZ 52, 269, 271). Der Nacherbe ist auf sein Sicherungsrechte aus §§ 2116, 2118, 2123, 2128, 2129, 1052 BGB zu verweisen.

B. Durchbrechung des Grundsatzes der Unzulässigkeit

8 In einigen Ausnahmefällen können auch Feststellungsklagen, die die Erbfolge nach einer noch lebenden Person betreffen, zulässig sein. Dies gilt insb dann, wenn der künftige Erblasser, der testieren will, sich darüber Klarheit verschaffen will, ob eine Person zu seinen pflichtteilsberechtigten Erben gehört.

Beispiele von zulässigen Feststellungsklagen:
9 **Feststellung des ges Erben:** Das RG hat die Klage einer künftigen Erblasserin auf Feststellung, dass die Beklagte im Falle ihres Vorversterbens nicht zu ihren ges Erben gehöre, weil sie entgegen der vorliegende Abstammungsurkunde nicht ihre Schwester sei, für zulässig erachtet (RGZ 169, 98, 99). Begründet wurde dies damit, dass ein nach dem Tode eines Erblassers zum Zuge kommenden Erbrecht auch schon zu Lebzeiten des Erblassers Gegenstand eines Erbverzichts sein könne, und auch schuldrechtliche Abmachungen der ges Erben über den Nachlass eines noch Lebenden nach § 312 Abs. 3 BGB aF (= § 311b Abs. 5 nF) zulässig sind. Allerdings hat das RG die Zulässigkeit der Klage auch willfährig mit nationalsozialistischen Erwägungen zu rechtfertigen versucht. Jedenfalls ist im umgekehrten Fall, in dem ein Erbanwärter die Feststellung begehrt, dass er im Falle seines Nachversterbens zu den ges Erben gehören wird, die Feststellungsklage idR unzulässig (*Assmann* ZZP 111, 357, 370 f mwN).

10 **Feststellung der Pflichtteilsberechtigung:** Obwohl der Pflichtteilsanspruch gem § 2317 BGB erst mit dem Tode des Erblassers entsteht, kann der Streit, ob ein Dritter überhaupt zum Kreis der Pflichtteilsberechtigten gehören wird, sowohl vom künftigen Erblasser gegen den betroffenen Pflichtteilsberechtigten als auch von dem Pflichtteilsberechtigten gegen diesen Erblasser zum Gegenstand einer Feststellungsklage gemacht werden.

11 So kann der **künftige Erblasser** eine positive Feststellungsklage mit dem Antrag erheben, festzustellen, dass ihm aufgrund eines konkreten Sachverhaltes das Recht zusteht, dem Beklagten sein Pflichtteilsrecht zu entziehen (§§ 2333, 2334, 2335, 2337 BGB). Das notwendige Interesse an alsbaldiger Feststellung bejaht der BGH damit, dass die Klärung der Grenzen der Testierfreiheit im Allgemeinen keinen größeren Aufschub vertrage (BGH NJW 1990, 911, 912 = JZ 1990, 697 mit Anm von *Leipold*; BGH NJW 1974, 1085). Ob weitere Voraussetzung ist, dass der Erblasser eine entsprechende letztwillige Verfügung gem § 2336 Abs. 1, 2 BGB bereits vorgenommen hat, oder ob es genügt, dass der Pflichtteils-

berechtigte die Unwirksamkeit einer beabsichtigten Entziehung geltend machen wird, lässt sich den Entscheidungen nicht entnehmen. Letzteres wird genügen, da der künftige Erblasser schon durch das Vorhandensein von Pflichtteilsberechtigten in seiner Testierfreiheit eingeschränkt wird (BGH NJW 1962, 1723).

Der **Pflichtteilsberechtigte** kann gegen den Erblasser wegen einer erfolgten, testamentarischen Pflichtteilsentziehung eine negative Feststellungsklage erheben. Zwar kommt dem Interesse des Pflichtteilsberechtigten an alsbaldiger Feststellung des Nichtbestehens des Entziehungsrechts des Erblassers nicht das gleiche Gewicht zu, wie dem des Erblassers an der Klärung der Grenzen seiner Testierfreiheit. Gleichwohl hält der BGH jetzt unter Aufgabe seiner früheren Zurückhaltung auch die negative Feststellungsklage des Pflichtteilsberechtigten gegen den künftigen Erblasser mit dem Antrag, *festzustellen, dass ihm sein Pflichtteilsrecht nicht durch letztwilligen Verfügung wirksam entzogen worden ist*, in aller Regel für zulässig (BGH ZEV 2004, 243 = BGH Report 2004, 944 mit abl Anm von *Waldner*). Das Interesse des Pflichtteilsberechtigten an alsbaldiger Feststellung begründet der BGH damit, dass der Pflichtteilsberechtigte erst nach einer solchen Feststellung wieder die konkrete Chance bekomme, schon vor dem Erbfall seine bestehenden Verfügungsmöglichkeiten zu nutzen. So könne er bei Fortbestehen des Pflichtteilsrechts schon vor dem Erbfall gem § 311b Abs. 5 BGB einen Vertrag mit anderen ges Erben über seinen Pflichtteil oder gem § 2346 Abs. 2 BGB mit dem dann meistens zu Gegenleistungen bereiten Erblasser einen Pflichtteilsverzichtsvertrag abschließen. Weil der Erblasser durch die Pflichtteilsentziehung schon zu seinen Lebzeiten in diese bestehende Rechtsstellung des Pflichtteilsberechtigten eingreife, müssen dessen Interesse, zu seinen Lebzeiten vor einer Auseinandersetzung über seinen Nachlass geschützt zu werden, zurücktreten. Verstirbt der Erblasser während des Rechtsstreits, kann das Feststellungsinteresse des Klägers entfallen. Das bis dahin str Pflichtteilsentziehungsrecht wird zu einer Vorfrage des Pflichtteilsanspruchs. Der Rechtsstreit kann in der Hauptsache für erledigt erklärt werden, sofern er nicht mit einem erweiterten, den Pflichtteilsanspruch betr Antrag gegen den Erben fortgeführt werden kann (so BGH NJW-RR 1993; siehe aber auch Anh § 2338 BGB Rn 5).

Hinweis an den Pflichtteilsberechtigten: Der Pflichtteilsberechtigte sollte sorgfältig abwägen, ob er klagt, oder ob es nicht besser ist, den Erbfall abzuwarten. Eine Klage zu Lebzeiten des Erblassers kann die Fronten zwischen Erblasser und Pflichtteilsberechtigten weiter verhärten und so die Chancen einer Verzeihung (§ 2337 BGB) mindern. Zeigen sich im Verlaufe des Rechtsstreits etwaige Mängel in der Form der Entziehung (§ 2336 Abs. 1, 2 BGB), wird der Richter hierauf hinweisen und der Erblasser hat Gelegenheit, nachzubessern, was dessen Erben nicht mehr können. Da diese Erben ferner die Beweislast für das Vorliegen eines Entziehungsgrundes treffen wird (§ 2336 Abs. 3 BGB), arbeitet auch hier in aller Regel die Zeit für den Pflichtteilsberechtigten. Ihm können allenfalls günstige eigene Gegenbeweismittel durch Zeitablauf verloren gehen oder entwertet werden.

Ehegattentestament: Der in einem gemeinschaftlichen Testament bedachte Dritte kann zu Lebzeiten beider Eheleute seine künftigen Ansprüche nicht zum Gegenstand eines Rechtsstreits machen (Rn 2, 3). Etwas anderes gilt jedoch nach dem Tode eines der Ehegatten. Jetzt kann der zum Erben des Letztversterbenden eingesetzte Dritte (**Schlusserbe**) mit einer Klage gegen den überlebenden Ehegatten dessen Bindung an das Testamentes gem §§ 2270, 2271 BGB feststellen lassen. Denn der durch ein gemeinschaftliches Testament eingesetzte Schlusserbe erlangt mit dem Tode des erstverstorbenen Ehegatten eine gegenwärtige, gesicherte Rechtsstellung, Erbe des überlebenden Ehegatten zu werden, wenn auch noch kein übertragbares Anwartschaftsrecht (vgl BGHZ 37, 319, 322). Dagegen bewertet *Lange* (NJW 1963, 1571, 1573) das Schutzinteresse des überlebenden Ehegatten als künftiger Erblasser so hoch, dass er dessen Feststellungsklage für zulässig hält, nicht aber die des Schlusserben, und zwar auch nicht bei wechselbezüglichen Verfügungen. Ficht jedoch der überlebende Ehegatte eine bindend gewordene letztwillige Verfügung an, dann kann der bedachte, künftige Erbe oder Vermächtnisnehmer auf Feststellung klagen,

§ 256 ZPO | Feststellungsklage

dass die Erbeinsetzung oder Vermächtnisanordnung durch die Anfechtung nicht unwirksam geworden ist (BGHZ 37, 331, 333).

15 **Erbvertrag**: Besteht zwischen den Vertragsparteien Streit über die Gültigkeit eines Erbvertrages, insb ob eine Rücktrittserklärung wirksam ist, kann jede Vertragspartei dies zum Gegenstand einer Feststellungsklage machen (OLG Düsseldorf NJW-RR 1995, 141, 142). Das gilt jedoch vor dem Eintritt des Erbfalls nicht für den gem § 1941 Abs. 1 BGB bedachten Dritten (BGHZ 12, 115, 118 f). Dieser kann sich allerdings gegen eine nach seiner Ansicht unwirksame Anfechtung des Erbvertrages durch den überlebenden Ehegatten aus den gleichen Gründen wie beim Ehegattentestament mit der Feststellungsklage wehren (BGHZ 37, 331, 333 f).

16 **Notarhaftung**: Hat der Notar zB unter Verstoß gegen § 2347 Abs. 2 Satz 1 BGB einen unwirksamen Erb- und Pflichtteilsverzichtsvertrag beurkundet, kann ein Pflichtteilsberechtigter, dem der Pflichtteilsverzicht zugute gekommen wäre (Erhöhung der eigenen Quote), schon zu Lebzeiten des Erblassers gegen den Notar eine Feststellungsklage mit dem Antrag erheben, dass der Notar verpflichtet ist, den ihm durch die unwirksame Beurkundung entstehenden, künftigen Schaden zu ersetzen (BGH NJW 1996, 1062). Der BGH betont auch hier, dass die Stellung des Pflichtteilsberechtigten bereits zu Lebzeiten des Erblassers ein Rechtsverhältnis begründet. Es genügt dem BGH, dass diesem Pflichtteilsberechtigten mit hinreichender Wahrscheinlichkeit künftig ein Schaden entstehen wird. Auch einer Feststellungsklage des Erblassers kann in einem solchen Fall das Feststellungsinteresse nicht abgesprochen werden.

C. Streitwert und Gericht

17 Der **Streitwert** ist gem § 3 ZPO nach freiem Ermessen zu schätzen. Maßgebend ist das nach wirtschaftlichen Gesichtspunkten zu schätzende Interesse der klagenden Partei am Erfolg ihrer Klage. Klagt der Erblasser kommt es auf sein Interesse an, den »lästigen« Erbanwärter als Pflichtteilsberechtigten bei der Regelung seines Nachlasses durch Testament oder Erbvertrag nicht in seine Überlegungen mit einbeziehen zu müssen. Klagt der Erbanwärter, ist seine Erwartung, als Pflichtteilsberechtigter am Nachlass teilhaben zu können, abzuschätzen. Zugrunde zu legen ist daher in beiden Fällen das pauschal festzustellende, gegenwärtige Vermögen des künftigen Erblassers und die künftigen Erb- oder Pflichtteilsquote des Anwärters. Schon wegen der großen Ungewissheiten hinsichtlich des Eintritts des Erbfalls, des Überlebens des Anwärters und des beim Erbfall noch vorhandenen Vermögens werden aber erhebliche Abschläge zu machen sein, so dass allenfalls 1/3 des zu erwartenden Pflichtteils zugrunde gelegt werden kann. Maßgebend sind aber immer die besonderen Umstände des Einzelfalls, wobei die Lebenserwartung des Erblassers, die analog § 24 Abs. 2 KostO geschätzt werden kann, eine erhebliche Rolle spielt.

18 **Örtliche Zuständigkeit** ist idR das Amts- oder LG, in dem die verklagte Partei ihren Wohnsitz hat (§§ 12, 13 ZPO). Der besondere oder erweiterte Gerichtsstand der Erbschaft (§§ 27, 28 ZPO) gilt nicht, da der Erbfall noch nicht eingetreten ist (siehe § 28 ZPO Rn 2).

D. Arten der Feststellungsklagen nach dem Erbfall

19 Nach Eintritt des Erbfalles sind Feststellungsklagen zur Abklärung von erbrechtlichen Beziehungen in einem wesentlich größeren Umfange zulässig als zu Lebzeiten des Erblassers. Es kommt aber immer auf den Einzelfall an.

I. Feststellungsklage betr die Erbfolge

20 Derjenige, der ein Erbrecht für sich in Anspruch nimmt, kann dies im **Erbscheinsverfahren** geltend machen und/oder eine **Feststellungsklage** erheben. Das Erbscheinsverfahren ist kein einfacherer Weg, der das Feststellungsinteresse für eine Klage entfallen

lässt. Die Feststellungsklage bietet den Vorteil, dass unter den streitenden Erbprätendenten die Erbfolge rechtskräftig festgestellt werden kann. Demgegenüber kennt das Erbscheinsverfahren keine solche materielle Rechtskraft. An der Erbfolge ändert sich durch die Erteilung oder die Ablehnung des Erbscheins nichts (BGHZ 47, 58, 66). Der Erbschein hat auch für ein Prozessgericht bei einer von ihm vorzunehmenden Testamentsauslegung keine bindende Wirkung (BGH NJW-RR 1987, 1090, 1091). Der Erbschein entfaltet gem § 2365 BGB nur eine jederzeit widerlegbare Vermutung dafür, dass demjenigen, der in dem Erbschein als Erbe bezeichnet ist, das Erbrecht in dem angegebenen Umfange zusteht. Auch das Nachlassgericht kann jederzeit nach erneuter Überprüfung einen Erbschein wegen Unrichtigkeit einziehen, selbst wenn seit der ersten Entscheidung ein langer Zeitraum verstrichen ist, keine neuen Tatsachen aufgetreten sind, und die Erteilung seinerzeit dem übereinstimmenden Willen der Beteiligten entsprochen hat (BGHZ 47, 58, 67). Das Nachlassgericht ist zudem an die Entscheidung des Prozessgerichts gebunden und der Obsiegende des Prozessverfahrens kann gem § 2362 Abs. 1 BGB die Herausgabe des unrichtigen Erbscheins an das Nachlassgericht erzwingen. Die Feststellungsklage hat Vorrang vor einer Verfassungsbeschwerde gegen die Endentscheidung im Erbscheinsverfahren (BVerfG ZEV 2006, 74).

Ob gleichwohl aus prozesstaktischen Gründen vor Erhebung einer Feststellungsklage 21 zunächst die Durchführung des Erbscheinsverfahrens anzuraten ist, hängt von den Umständen des Einzelfalls ab. Im allgemeinen schafft ein Erbschein dann unter den Beteiligten ausreichenden »Rechtsfrieden«, wenn es um Rechtsfragen geht, zumal im FGG-Verfahren der Grundsatz der Amtsermittlung gilt, und vor allem in der Beschwerde und der Rechtsmittelinstanz auf das Erbrecht spezialisierte Kollegialgerichte entscheiden. Insb aber dann, wenn sich die Fronten bereits verhärtet haben und/oder sich die Notwendigkeit einer umfangreichen Beweisaufnahme abzeichnet, sollte auch im Interesse einer Verfahrensbeschleunigung sofort vor dem Prozessgericht geklagt werden. Das Prozessverfahren bietet zudem den umfassenderen Rechtsschutz. Es kann wegen der fehlender Vorgreiflichkeit nicht gem § 141 ZPO bis zur Erledigung des Erbscheinsverfahrens ausgesetzt werden, wohl aber umgekehrt das Erbscheinsverfahren. Die für eine solche Feststellungsklage um **PKH** nachsuchende Partei kann nicht auf das Erbscheinsverfahren verwiesen werden, es sei denn, es ist ausnahmsweise prozessökonomisch sinnvoll, eine dort bereits begonnene Beweisaufnahme zB zur Frage der Testierfähigkeit des Erblassers abzuwarten. Dann kann die Klage allenfalls verfrüht sein.

Hinweis für eine einverständliche Regelung: Auch wenn die Erben die Auslegung eines 22 Testaments nicht in der Hand haben, können sie jedoch nach dem Erbfall untereinander verbindlich in einem **Vergleich** iSd § 779 BGB oder in einem gesetzlich nicht normierten sog **Testamentsauslegungsvertrag** verbindlich festlegen, wie ein str Testament auszulegen ist (BGH NJW 1986, 1812, 1813). Ein solcher Vergleich oder Testamentsauslegungsvertrag bedarf gem §§ 2385, 2371, 2033 BGB der notariellen Form (BGH aaO). Dieser Form genügt der **Prozessvergleich** (§ 127a BGB). Der Streit mit einem »lästigen« Miterben zB über die Auslegung des Testaments kann auch einfach und endgültig dadurch beigelegt werden, dass dieser Miterbe durch **Übertragung seines Erbteil** auf den oder die anderen Miterben (§ 2033 Abs. 1 Satz 2, 2371 BGB) gegen Zahlung einer Abfindung aus der Erbengemeinschaft ausscheidet. Ein dritter nach BGH NJW 1998, 1557 sogar formfrei gangbarer Weg soll auch der sein, dass ein Miterbe gegen Abfindung unter Aufgabe seiner Mitgliedschaftsrechte aus der Erbengemeinschaft ausscheidet (**sog »Abschichtungsvertrag«**), mit der Folge, dass – so der BGH – der Erbteil des so ausgeschiedenen Erben den verbleibenden Miterben kraft Gesetzes anwächst (vgl hierzu FA-ErbR/*Sarres* Kap 7 Rn 40 – 42 mwN).

II. Feststellungsklage des Testamentsvollstreckers

Auch der Testamentsvollstrecker kann zur Abklärung von Streitfragen mit den Erben eine 23 Feststellungsklage erheben, soweit davon seine Verwaltungsaufgaben berührt werden. Er

§ 727 ZPO | Vollstreckbare Ausfertigung für und gegen Rechtsnachfolger

kann zwar um das Erbrecht als solches keinen Rechtsstreit führen, kann aber zB auf Feststellung klagen, ob und in welchem Umfange einem Erbprätendenten ein Erbrecht zusteht oder dieser seinen Erbteil einem Dritten übertragen hat (BGH ZEV 2005, 256), oder in welchem Umfange die Erben zur Mitwirkung an der Auseinandersetzung verpflichtet sind (BGH DB 1981, 366). Auch kann der Testamentsvollstrecker gegen einen Erben auf Feststellung klagen, dass ein Dritter als Erbprätendent Miterbe (oder kein Miterbe) ist (OLG Karlsruhe FamRZ 2005, 1200, 1201; 842, 843).

III. Hinweise

Zur Zulässigkeit von Feststellungsklagen der Erben zur Vorbereitung der **Erbauseinandersetzung** wird auf Rn 5 in Anh 2 zu § 2042 BGB und von Feststellungsklagen betr das **Pflichtteilsrecht** auf Rn 5 in Anh zu § 2303 BGB verwiesen.

E. Streitwert und Gericht

24 Für den Streitwert ist das nach § 3 ZPO zu schätzende wirtschaftliche Interesse der klagenden Partei am Erfolg ihrer Klage maßgebend (Wert der str Erb- oder Pflichtteilsquote und davon – je nach den Umständen – 1/5 – 1/3).

25 Es kann vor dem Gericht geklagt werden, bei dem der Beklagten seinen Wohnsitz hat (§§ 12, 13 ZPO). Es kann aber auch der besondere Gerichtsstand der Erbschaft (§ 27 ZPO) gewählt werden (siehe §§ 27, 28 ZPO Rn 1 ff).

Buch 8: Zwangsvollstreckung
Abschnitt 1: Allgemeine Vorschriften

§ 727 Vollstreckbare Ausfertigung für und gegen Rechtsnachfolger

(1) Eine vollstreckbare Ausfertigung kann für den Rechtsnachfolger des in dem Urteil bezeichneten Gläubigers sowie gegen denjenigen Rechtsnachfolger des in dem Urteil bezeichneten Schuldners und denjenigen Besitzer der in Streit befangenen Sache, gegen die das Urteil nach § 325 wirksam ist, erteilt werden, sofern die Rechtsnachfolge oder das Besitzverhältnis bei dem Gericht offenkundig ist oder durch öffentliche oder öffentlich beglaubigte Urkunden nachgewiesen wird.

(2) Ist die Rechtsnachfolge oder das Besitzverhältnis bei dem Gericht offenkundig, so ist dies in der Vollstreckungsklausel zu erwähnen.

A. Regelungszweck und Anwendungsbereich

1 Grds findet die Zwangsvollstreckung aus einem Titel nur für oder gegen die in diesem bezeichneten Parteien statt. Für oder gegen andere Personen kann nur dann die Zwangsvollstreckung durchgeführt werden, wenn der Titel entsprechend umgeschrieben wurde. Da es sich bei den Verfahren nach §§ 727 ff ZPO um einen einfacheren Weg handelt als eine neue Klage für oder gegen den Erben, fehlt dieser neuen Klage das Rechtsschutzinteresse.

2 Einer Klauselumschreibung bedarf es nicht, wenn ein Fall des § 779 ZPO vorliegt, die Zwangsvollstreckung aus diesem Titel also vor dem Tode des Schuldners gegen diesen bereits begonnen hatte und noch nicht beendet war.

3 Die Vorschrift wird über § 795 ZPO auch für die in § 794 ZPO genannten Titel entsprechend angewendet. Funktionell zuständig für die Klauselerteilung nach § 727 ZPO ist der Rechtspfleger, im Falle einer notariellen Urkunde der Notar.

B. Rechtsnachfolge auf Gläubigerseite

Auf den Erben des Gläubigers geht der titulierte Anspruch mit dem Tod des Gläubigers 4
über, ohne dass es einer Annahme bedürfte, vgl § 1942. Daher kann die Klausel zugunsten des Erben sofort erteilt werden.

Bei einer **Mehrheit von Erben** wird vor der Auseinandersetzung der Erbengemeinschaft 5
grds wegen §§ 2032, 2039 nur eine gemeinschaftliche Klausel erteilt. Beantragt ausnahmsweise nur einer der Miterben die Klausel, muss diese mit der Maßgabe erteilt werden, dass die Leistung nur an alle Miterben zu erbringen ist.

Nach der **Auseinandersetzung** muss der frühere Miterbe nachweisen, dass ihm der 6
Anspruch übertragen wurde.

C. Rechtsnachfolge auf Schuldnerseite

Gegen den Erben kann die Klausel wegen einer titulierten **Nachlassverbindlichkeit** erst 7
dann umgeschrieben werden, wenn er die Erbschaft angenommen hat oder die Ausschlagungsfrist ohne Ausschlagung abgelaufen ist (Folge aus § 1958). Solange dieser Nachweis nicht in den unter Rn 12 ff genannten Formen geführt werden kann, muss der Gläubiger die Bestellung eines Nachlasspflegers beantragen, gegen den die Klausel dann sofort umgeschrieben werden kann (vgl § 1960 Abs. 3).

Bei einer **Mehrheit von Erben** kann die Klausel gegen alle Miterben erteilt werden, wegen 8
§ 2058 aber auch gegen einen einzelnen Miterben zur Zwangsvollstreckung in sein Vermögen. Wegen der Haftungsbeschränkungsmöglichkeiten im letzteren Fall siehe §§ 781, 785 ZPO.

Lautet der Titel auf Zahlung von **nachehelichem Unterhalt**, kann auch dieser Titel bei Tod 9
des Unterhaltsverpflichteten gegen den nach § 1586b haftenden Erben umgeschrieben werden (BGH NJW 2004, 40).

D. Besonderheiten bei Nachlassinsolvenz, Nachlassverwaltung und Nachlasspflegschaft

Die Vorschrift des § 727 ZPO wird für die sog **Parteien kraft Amtes** entsprechend ange- 10
wendet. Das bedeutet, dass Nachlassinsolvenzverwalter und Nachlassverwalter als »Rechtsnachfolger« iSd § 727 ZPO anzusehen sind. Der Nachlasspfleger ist ges Vertreter des/der Erben, sodass die Klausel gegen die unbekannten Erben vertreten durch den namentlich genannten Nachlasspfleger erteilt wird. Sobald also eine Zwangsvollstreckung für oder gegen die og Personen in Betracht kommt, kann die Klausel bei entsprechendem Nachweis umgeschrieben werden.

Für den Testamentsvollstrecker enthält § 728 ZPO Sonderregelungen. 11

E. Nachweis der Rechtsnachfolge und Auswirkungen auf die Vollstreckungsvoraussetzungen

Die Klausel darf nur dann erteilt werden, wenn die Rechtsnachfolge bei Gericht **offen-** 12
kundig ist oder aber durch **öffentliche oder öffentlich beglaubigte Urkunden** nachwiesen wird. Darüber hinaus kann der Schuldner im Rahmen der Anhörung nach § 730 ZPO auch die nachzuweisenden Tatsachen zugestehen. Sein Schweigen darf nicht als Zugeständnis gewertet werden (Zöller/*Stöber* § 727 Rn 20 mwN).

Neben einem Erbschein kann daher die Rechtsnachfolge im Bereich des Erbrechts durch 13
ein **öffentliches Testament** oder einen **Erbvertrag** jeweils mit **Eröffnungsprotokoll** geführt werden. Dies gilt jedoch nur dann, wenn sich die Erben hieraus zweifellos ermitteln lassen. Ein privatschriftliches Testament mit Eröffnungsprotokoll reicht nicht.

Wenn sich die Nachlassakten nicht bei demselben Gericht befinden und daher nicht auf 14
diese verwiesen werden kann, muss ein Erbschein in Ausfertigung vorgelegt werden.

15 Die Grundlage der Klauselumschreibung ist in dieser zu benennen, da im Falle des Nachweises durch öffentliche oder öffentlich beglaubigte Urkunden wegen § 750 Abs. 2 ZPO als besondere Vollstreckungsvoraussetzung – neben der Klausel selbst – auch eine Abschrift der Nachweisurkunde dem Schuldner zuzustellen ist.

16 Kann der erforderliche Nachweis nicht in der vorgeschriebenen Form geführt werden, bleibt die Möglichkeit der **Klage auf Erteilung der Vollstreckungsklausel** nach § 731 ZPO, bei der alle Beweismittel zugelassen sind.

F. Rechtsbehelfe

17 Gegen die Erteilung der Vollstreckungsklausel kann der Schuldner gem § 732 ZPO **Erinnerung** einlegen. Wird der Antrag auf Klauselumschreibung zurückgewiesen, ist gegen diese Entscheidung nach § 11 Abs. 1 RPflG vorzugehen. Ausführlich mwN Stein/Jonas/*Münzberg* § 727 Rn 50 ff.

§ 728 Vollstreckbare Ausfertigung bei Nacherbe oder Testamentsvollstrecker

(1) Ist gegenüber dem Vorerben ein nach § 326 dem Nacherben gegenüber wirksames Urteil ergangen, so sind auf die Erteilung einer vollstreckbaren Ausfertigung für und gegen den Nacherben die Vorschriften des § 727 entsprechend anzuwenden.

(2) Das Gleiche gilt, wenn gegenüber einem Testamentsvollstrecker ein nach § 327 dem Erben gegenüber wirksames Urteil ergangen ist, für die Erteilung einer vollstreckbaren Ausfertigung für und gegen den Erben. Eine vollstreckbare Ausfertigung kann gegen den Erben erteilt werden, auch wenn die Verwaltung des Testamentsvollstreckers noch besteht.

A. Regelungszweck und Anwendungsbereich

1 Die Frage, ob ein für oder gegen den Vorerben ergangenes Urteil auch für oder gegen den Nacherben wirkt, soll nicht das Vollstreckungsorgan beurteilen müssen, sondern der Rechtspfleger, der die Vollstreckungsklausel erteilt. Gleiches gilt im Hinblick auf Titel, die für oder gegen den Testamentsvollstrecker ergangen sind, in Bezug auf die Erben. Da aber der Nacherbe nicht Rechtsnachfolger des Vorerben und der Erbe nicht Rechtsnachfolger des Testamentsvollstreckers ist, kann § 727 ZPO nicht direkt, sondern über § 728 ZPO nur entsprechend angewendet werden.

B. Vollstreckbare Ausfertigung bei Titel für oder gegen Vorerben

2 Wenn ein für oder gegen den Vorerben ergangenes Urteil nach § 326 ZPO auch für oder gegen den Nacherben wirksam ist, kann in entsprechender Anwendung des § 727 ZPO auch für oder gegen den Nacherben eine Klausel erteilt werden. Dabei ist nachzuweisen, dass zum einen die Voraussetzungen des § 326 ZPO vorliegen und zum anderen der Nacherbfall eingetreten ist.

C. Vollstreckbare Ausfertigung bei Titel für oder gegen Testamentsvollstrecker

3 Unter den Voraussetzungen des § 327 ZPO wirkt ein Urteil, das für oder gegen den Testamentsvollstrecker ergangen ist, auch für und gegen den Erben. **Für den Erben** wird in diesem Fall die Klausel allerdings erst dann erteilt, wenn dem Rechtspfleger die Beendigung der Testamentsvollstreckung nachgewiesen ist. **Gegen den Erben** kann sofort eine vollstreckbare Ausfertigung erteilt werden. Eine möglicherweise dem Erben

noch zustehende Haftungsbeschränkung kann dieser nach § 780 Abs. 2 ZPO auch dann einwenden, wenn dieser Vorbehalt nicht im Urteil enthalten ist.

D. Rechtsbehelfe

Die Ausführungen unter § 727 ZPO Rn 17 gelten hier entsprechend. 4

§ 747 Zwangsvollstreckung in ungeteilten Nachlass

Zur Zwangsvollstreckung in einen Nachlass ist, wenn mehrere Erben vorhanden sind, bis zur Teilung ein gegen alle Erben ergangenes Urteil erforderlich.

A. Regelungszweck und Anwendungsbereich

Die Vorschrift gilt in Bezug auf Nachlassverbindlichkeiten, aber auch dann, wenn alle 1 Miterben aus einem anderen Rechtsgrund gesamtschuldnerisch haften (Baumbach/*Hartmann* § 747 Rn 2).

Sie ist eine Folge der **gesamthänderischen Bindung** der Miterben nach §§ 2032 ff BGB. 2 Liegt nur ein Titel gegen einzelne Miterben vor, so kann nicht in den ungeteilten Nachlass, sondern nur in das Vermögen der verurteilten Miterben vollstreckt werden. Zu diesem Vermögen gehört auch der **Miterbenanteil**, sodass in diesem Fall eine Zwangsvollstreckung nach § 859 Abs. 2 ZPO zulässig ist.

Nur aufgrund eines Titels gegen alle Miterben kann in den ungeteilten Nachlass voll- 3 streckt werden. Dies gilt nicht beim unbeschränkten Testamentsvollstrecker (vgl § 748 ZPO) und wenn der Gläubiger selbst Miterbe ist (BGH MDR 88, 653 = NJW-RR 88, 710). Ist Nachlassverwaltung angeordnet, können Nachlassverbindlichkeiten nur gegen den Nachlassverwalter geltend gemacht werden. Soll also in diesem Fall in den ungeteilten Nachlass vollstreckt werden, muss der Titel gegen den Nachlassverwalter vollstreckbar sein (Stein/*Jonas* ZPO § 747 Rn 3).

B. Zwangsvollstreckung vor Teilung

Der Titel muss zwar gegen alle Miterben vorliegen, es braucht sich aber nicht um einen 4 einheitlichen Titel zu handeln. Es kann sich um Titel verschiedener Art handeln, zB Vergleich, Urteil oder Vollstreckungsbescheid. Der Rechtsgrund des Titels muss allerdings ein einheitlicher sein. Daher genügt es nicht, wenn ein Teil der Erben zur Leistung und die übrigen zur Duldung verurteilt wurden.

Der Titel kann auch durch Klauselumschreibung eines bereits gegen den Erblasser ergan- 5 genen Titels nach § 727 ZPO nunmehr gegen alle Miterben vollstreckbar sein. Hat die Vollstreckung aus einem solchen Titel bereits gegen den Erblasser begonnen, gilt § 779 ZPO.

Neben dem Titel müssen auch alle übrigen Zwangsvollstreckungsvoraussetzungen hin- 6 sichtlich aller Miterben erfüllt sein, insb müssen der Titel und ggf die in § 750 Abs. 2 ZPO bezeichneten Urkunden nebst der Klausel allen Miterben zugestellt sein.

C. Zwangsvollstreckung nach Teilung

Nach der Teilung sind das Privatvermögen des Erben und sein ihm bei der Auseinander- 7 setzung übertragenes Vermögen nicht mehr getrennt zu betrachten. Die Zwangsvollstreckung kann daher mit einem Titel gegen ihn in sein gesamtes Vermögen durchgeführt werden. Die Teilung des Nachlasses ist nicht erst dann durchgeführt, wenn alle Gegenstände einzelnen Miterben zugewiesen wurden. Es ist bei dieser Frage vielmehr auf den Einzelfall abzustellen (Palandt/*Edenhofer* § 2059 Rn 3).

D. Rechtsbehelfe

8 Wird mit einem Titel gegen einen Teil der Miterben in den ungeteilten Nachlass vollstreckt, kann jeder Miterbe, also auch derjenige, gegen den ein Titel vorliegt, gegen die Zwangsvollstreckung mit der **Erinnerung** nach § 766 ZPO bei **Vollstreckungsmaßnahmen**, mit der **sofortigen Beschwerde** nach § 793 ZPO bei **Entscheidungen in der Zwangsvollstreckung** vorgehen.

9 Der nicht verurteilte Miterbe kann außerdem **Drittwiderspruchsklage** nach § 771 ZPO einreichen.

10 Macht der Gläubiger geltend, dass die Voraussetzungen des § 747 ZPO nicht mehr gegeben seien, weil zB eine Teilung schon erfolgt sei, ist er hierfür beweispflichtig.

§ 748 Zwangsvollstreckung bei Testamentsvollstrecker

(1) Unterliegt ein Nachlass der Verwaltung eines Testamentsvollstreckers, so ist zur Zwangsvollstreckung in den Nachlass ein gegen den Testamentsvollstrecker ergangenes Urteil erforderlich und genügend.

(2) Steht dem Testamentsvollstrecker nur die Verwaltung einzelner Nachlassgegenstände zu, so ist die Zwangsvollstreckung in diese Gegenstände nur zulässig, wenn der Erbe zu der Leistung, der Testamentsvollstrecker zur Duldung der Zwangsvollstreckung verurteilt ist.

(3) Zur Zwangsvollstreckung wegen eines Pflichtteilanspruchs ist im Falle des Absatzes 1 wie im Falle des Absatzes 2 ein sowohl gegen den Erben als gegen den Testamentsvollstrecker ergangenes Urteil erforderlich.

A. Regelungszweck und Anwendungsbereich

1 Mit dieser Vorschrift werden die Auswirkungen des materiellen Rechts im Falle der Testamentsvollstreckung für den Bereich der Zwangsvollstreckung geregelt. So wie auch § 2211 bereits mit Eintritt des Erbfalls und nicht erst mit Annahme des Amtes als Testamentsvollstrecker gilt (s § 2211 Rn 3), wirkt auch die Regelung des § 748 ZPO bereits mit dem Tod des Erblassers.

2 Die Vorschrift findet keine Anwendung, wenn zwar Testamentsvollstreckung angeordnet ist, dem Testamentsvollstrecker aber nach § 2213 Abs. 1 Satz 2 die Verwaltung des Nachlasses nicht zusteht.

B. Zwangsvollstreckung bei unbeschränkter Testamentsvollstreckung

3 Soweit dem Testamentsvollstrecker die unbeschränkte Verwaltung des Nachlasses zusteht, ist zur Zwangsvollstreckung in den Nachlass ein Titel gegen den Testamentsvollstrecker nötig. Dabei muss es sich grds um einen Leistungstitel handeln, und nur, wenn ein solcher Leistungstitel schon gegen den Erben vorliegt, kann ausnahmsweise ein Duldungstitel gegen den Testamentsvollstrecker ausreichen (BGH NJW 1989, 936).

4 Entscheidend bei dem Titel ist, dass er den Testamentsvollstrecker als solchen im Rubrum ausweisen muss, denn er ist **Partei kraft Amtes,** und mit diesem Titel soll nur in den Nachlass, nicht aber in das Privatvermögen des Testamentsvollstreckers vollstreckt werden.

5 Sind **mehrere Testamentsvollstrecker** vorhanden, die das Amt gemeinsam ausüben, muss ein Titel gegen alle vorliegen. Es braucht sich nicht um einen einheitlichen Titel zu handeln.

6 Wenn der Testamentsvollstrecker selbst als Kläger auftritt, weil ihm zB ein Vermächtnis zusteht, richtet sich seine Klage gegen den Erben (*Baumbach* ZPO § 748 Rn 3).

C. Testamentsvollstreckung bzgl einzelner Nachlassgegenstände

Wenn dem Testamentsvollstrecker nur die Verwaltung von **einzelnen Nachlassgegenständen** zusteht und in diese vollstreckt werden soll, so muss neben dem Leistungstitel gegen den Erben ein Duldungstitel gegen den Testamentsvollstrecker vorgelegt werden. Es empfiehlt sich, in diesem Duldungstitel alle die Gegenstände aufführen zu lassen, die der Testamentsvollstreckung unterliegen.

Der Duldungstitel gegen den Testamentsvollstrecker kann neben einer Klage sowohl über § 794 Abs. 2 ZPO als auch über die Klauselumschreibung nach § 749 ZPO bei vorliegendem Titel gegen den Erblasser erlangt werden.

Zur Zwangsvollstreckung in Gegenstände, die von der Testamentsvollstreckung nicht erfasst sind, reicht ein Titel gegen den/die Erben.

Ein Fall des Abs. 2 ist auch anzunehmen, wenn zwar insgesamt Testamentsvollstreckung angeordnet ist, mehreren Testamentsvollstreckern aber die Verwaltung nicht gemeinsam, sondern jedem nur für bestimmte Gegenstände zusteht.

D. Zwangsvollstreckung wegen eines Pflichtteilsanspruches

Bei der Geltendmachung eines **Pflichtteilsanspruches** ist nach Abs. 3 in allen Fällen der Testamentsvollstreckung, bei denen dem Testamentsvollstrecker die Verwaltung des gesamten Nachlasses oder einzelner Nachlassgegenstände zusteht, sowohl ein Titel gegen den Erben als auch gegen den Testamentsvollstrecker erforderlich. Dies ist die Folge des § 2213 Abs. 1 Satz 3 BGB.

E. Rechtsbehelfe

Der Erbe kann bei fehlendem Leistungstitel gegen Vollstreckungsmaßnahmen **Erinnerung** nach § 766 ZPO und gegen Entscheidungen des Vollstreckungsgerichts **sofortige Beschwerde** nach § 793 ZPO einlegen (*Garlichs* Rpfleger 1999, 60). Ob der Erbe hinsichtlich der Art und Weise der Zwangsvollstreckung bei Gegenständen, deren Verwaltung dem Testamentsvollstrecker zusteht, Erinnerung einlegen kann, ist bestritten. Im Falle des Abs. 1 ist er nicht Vollstreckungsschuldner, sondern Dritter. Er kann daher die Vorschriften rügen, die dem Schutz Dritter dienen, zB §§ 809, 886 ZPO (*Garlichs* aaO).

Dem Testamentsvollstrecker steht neben den og Rechtsbehelfen außerdem die **Drittwiderspruchsklage** nach § 771 ZPO zu.

§ 749 Vollstreckbare Ausfertigung für und gegen Testamentsvollstrecker

Auf die Erteilung einer vollstreckbaren Ausfertigung eines für oder gegen den Erblasser ergangenen Urteils für oder gegen den Testamentsvollstrecker sind die Vorschriften der §§ 727, 730 – 732 entsprechend anzuwenden. Auf Grund einer solchen Ausfertigung ist die Zwangsvollstreckung nur in die der Verwaltung des Testamentsvollstreckers unterliegenden Nachlassgegenstände zulässig.

A. Regelungszweck und Anwendungsbereich

Über § 749 ZPO wird es dem Gläubiger oder dem Testamentsvollstrecker ermöglicht, einen bereits für oder gegen den Erblasser ergangenen Titel umschreiben zu lassen. Da der Testamentsvollstrecker nicht Rechtsnachfolger des Erblassers ist, können über § 749 ZPO die §§ 727, 730 – 732 ZPO entsprechend angewendet werden.

B. Voraussetzungen

2 Es muss ein zumindest vorläufig vollstreckbares Urteil oder ein sonstiger Titel mit einem vollstreckungsfähigen Inhalt für oder gegen den Erblasser vorliegen. Liegt ein **Titel zugunsten des Erblassers** vor, muss der Testamentsvollstrecker nachweisen, dass der Anspruch seiner Verwaltung unterliegt und er das Amt angenommen hat. Ist in diesem Fall bereits eine vollstreckbare Ausfertigung zugunsten des Erben erteilt, so hat dieser die Ausfertigung an den Testamentsvollstrecker herauszugeben.

3 War der Erblasser **Titelschuldner**, kann der Gläubiger die Klauselumschreibung im Fall des § 748 Abs. 1 ZPO auf den Testamentsvollstrecker allein und im Falle des § 758 Abs. 2 auf den Testamentsvollstrecker und den Erben beantragen. Er hat die Nachweise, insb auch über die Annahme des Amtes, zu führen. Die hierzu erforderlichen Urkunden kann er über § 792 ZPO erlangen.

C. Verfahren

4 Für die Klauselerteilung nach §§ 749, 727 ZPO ist grds der Rechtspfleger, bei einer notariellen Urkunde der Notar zuständig. Ist die Klausel im ersten Fall irrtümlich vom Urkundsbeamten der Geschäftsstelle erteilt worden, ist sie wegen Überschreiten der funktionellen Zuständigkeit nichtig (OLG Frankfurt MDR 1991, 162). Zum Verfahren gilt das zu § 727 ZPO Gesagte entsprechend. Wegen der besonderen Vollstreckungsvoraussetzung des § 750 Abs. 2 ZPO (Zustellung der Nachweisurkunden an den Schuldner) ist in die Klausel mit aufzunehmen, wie der Nachweis, dass das Amt angenommen wurde, erfolgte.

5 Abs. 2 wird nicht bei der Klauselerteilung, sondern der Zwangsvollstreckung berücksichtigt.

D. Rechtsbehelfe

6 Wird der Antrag auf Klauselerteilung **zurückgewiesen**, ist die sofortige Beschwerde nach § 567 Abs. 1 ZPO iVm § 11 Abs. 1 RPflG zulässig (LG Stuttgart Rpfleger 2000, 537). Daneben kann der Antragsteller unter den Voraussetzungen des § 731 ZPO Klage auf Erteilung der Klausel erheben.

7 Wurde die **Klausel antragsgemäß erteilt**, kann der Beschwerte nach § 732 ZPO Erinnerung oder aber nach § 768 ZPO Klage einreichen.

§ 773 Drittwiderspruchsklage des Nacherben

Ein Gegenstand, der zu einer Vorerbschaft gehört, soll nicht im Wege der Zwangsvollstreckung veräußert oder überwiesen werden, wenn die Veräußerung oder die Überweisung im Falle des Eintritts der Nacherbfolge nach § 2115 des Bürgerlichen Gesetzbuchs dem Nacherben gegenüber unwirksam ist. Der Nacherbe kann nach Maßgabe des § 771 Widerspruch erheben.

A. Regelungszweck und Anwendungsbereich

1 Die Vorschrift gilt für die Fälle, bei denen der Gläubiger wegen eines Zahlungsanspruchs vor Eintritt des Nacherbfalls in einen Gegenstand vollstreckt, der zur Vorerbschaft gehört und dessen Verwertung im Falle des Eintritts der Nacherbfolge nach § 2115 dem Nacherben gegenüber unwirksam ist.

B. Zulässige Maßnahmen der Zwangsvollstreckung

2 Zunächst sind die Maßnahmen zulässig, die die Rechte des Nacherben nicht beeinträchtigen. Dazu gehören Vollstreckungsmaßnahmen

- von Nachlassgläubigern sowie Verbindlichkeiten, die aus einer ordnungsgemäßen Verwaltung des Nachlasses durch den Vorerben entstanden sind (BGH NJW 1990, 1237);
- aufgrund der Geltendmachung eines an dem Nachlassgegenstand bestehenden Rechts, das bei Eintritt des Nacherbfalles auch dem Nacherben gegenüber wirksam ist. Hierzu gehört insb die Zwangsversteigerung aufgrund eines durch den Erblasser oder des befreiten Vorerben bestellten Grundpfandrechts (*Klawikowski* Rpfleger 1998, 100).

Darüber hinaus sind alle Vollstreckungsmaßnahmen, die nicht der Veräußerung oder Überweisung dienen, zulässig, insb also Pfändungen, die Eintragung einer Zwangssicherungshypothek und die Anordnung von Zwangsversteigerung und Zwangsverwaltung. 3

C. Widerspruch durch Klage

Der Nacherbe hat seine Einwendungen im Wege der **Drittwiderspruchsklage** nach § 771 ZPO geltend zu machen. Dabei ist darauf zu achten, dass anders als bei der direkten Anwendung des § 771 ZPO nicht die Zwangsvollstreckung in den bestimmten Gegenstand insgesamt, sondern lediglich die Veräußerung bzw Überweisung des bestimmten Gegenstands für unzulässig zu erklären ist. Mehrere Nacherben sind im Rahmen dieser Klage nicht zwingend Streitgenossen (BGH WM 1993, 1158). 4

D. Einstweiliger Rechtsschutz

Im Rahmen einer **einstweiligen Anordnung** kann nach §§ 773 Satz 2, 771 Abs. 3, 769 ZPO sichergestellt werden, dass bis zur Entscheidung über die Klage keine Nachteile für den Nacherben eintreten. Auch im Rahmen dieser einstweiligen Anordnung kann die Vollstreckungsmaßregel bereits **ohne Sicherheitsleistung** aufgehoben werden. Der Erlass einer einstweiligen Anordnung mit Sicherheitsleistung sollte daher lediglich als Hilfsantrag mit gestellt werden. 5

§ 778 Zwangsvollstreckung vor Erbschaftsannahme

(1) Solange der Erbe die Erbschaft nicht angenommen hat, ist eine Zwangsvollstreckung wegen eines Anspruchs, der sich gegen den Nachlass richtet, nur in den Nachlass zulässig.

(2) Wegen eigener Verbindlichkeiten des Erben ist eine Zwangsvollstreckung in den Nachlass vor der Annahme der Erbschaft nicht zulässig.

A. Regelungszweck und Anwendungsbereich.

Durch die Vorschrift wird die Vermögensmasse des/der Erben bis zur Annahme der Erbschaft für jede Art der Zwangsvollstreckung – also auch für die **Arrestvollziehung** – streng vom Nachlass getrennt. Damit dient diese Regelung sowohl dem vorläufigen Erben als auch demjenigen, der endgültig Erbe wird. Dieser Regelungsbedarf besteht nur bis zur ausdrücklichen oder stillschweigenden Annahme der Erbschaft. 1

B. Zwangsvollstreckung wegen einer Nachlassverbindlichkeit

Solange die Erbschaft noch nicht angenommen ist, ist die Rechtsstellung des Erben eine vorläufige. Im Hinblick auf Nachlassverbindlichkeiten sind daher zunächst zwei Fälle zu unterscheiden: 2

§ 778 ZPO | Zwangsvollstreckung vor Erbschaftsannahme

I. Titel liegt noch nicht vor

3 Wegen § 1958 kann eine **Nachlassverbindlichkeit** vor Annahme der Erbschaft nicht gerichtlich gegen den Erben geltend gemacht werden. Will der Gläubiger also vor Annahme der Erbschaft einen Titel erwirken, muss eine Nachlasspflegschaft nach § 1961 eingerichtet werden, da der vorläufige Erbe nicht prozessführungsbefugt ist.

II. Titel liegt vor

4 Liegt bereits ein Titel gegen den Erblasser vor, so bleibt das Eigenvermögen des Erben bis zur Annahme der Erbschaft über Abs. 1 weiterhin geschützt. Zur zulässigen Vollstreckung in den Nachlass sind jedoch nachfolgende Fallgruppen zu unterscheiden:

1. Zwangsvollstreckung gegen den Erblasser hatte bereits begonnen

5 Eine Zwangsvollstreckung, die zur Zeit des Todes des Erblassers **bereits begonnen** hatte, wird in den Nachlass fortgesetzt, § 779 ZPO. Einer **Klauselumschreibung** bedarf es nicht.

2. Zwangsvollstreckung gegen den Erblasser hatte noch nicht begonnen

6 Liegt zwar ein Titel gegen den Erblasser vor, die Zwangsvollstreckung hatte aber **noch nicht begonnen**, dann ist vor der Zwangsvollstreckung zunächst die Klausel nach § 727 ZPO umzuschreiben. Diese Klauselumschreibung kann nur gegen einen **Nachlasspfleger** (oder ggf Testamentsvollstrecker oder Nachlassverwalter) erfolgen.

C. Zwangsvollstreckung wegen einer Eigenverbindlichkeit

7 Vor Annahme der Erbschaft kann wegen einer **Eigenverbindlichkeit** des vorläufigen Erben nicht in den Nachlass vollstreckt werden. Diese Regelung schützt den möglicherweise anderen endgültigen Erben.

D. Erbengemeinschaft

8 Bei einer **Mehrheit von Erben** kommt es auf die Annahme des einzelnen Erben an. Solange die übrigen Erben nicht angenommen haben, kann für diese erforderlichenfalls ein Nachlasspfleger bestellt werden.

9 Selbst wenn alle Miterben die Erbschaft angenommen haben, bleibt es bei einer Mehrheit von Erben bis zur Auseinandersetzung dabei, dass Nachlassgläubiger nur in den Nachlass und Eigengläubiger einzelner Miterben nur in das jeweilige Eigenvermögen vollstrecken dürfen. Diesen bleibt jedoch die Möglichkeit der Zwangsvollstreckung in den **Miterbenanteil**, da dieser Miterbenanteil, sobald der einzelne Miterbe angenommen hat, zu seinem Eigenvermögen zählt.

E. Rechtsbehelfe

10 Der Erbe kann bei Verstoß gegen Abs. 1 oder Abs. 2 gegen Vollstreckungsmaßnahmen **Erinnerung** nach § 766 ZPO und gegen Entscheidungen des Vollstreckungsgerichts **sofortige Beschwerde** nach § 793 ZPO einlegen. Daneben steht dem Erben die **Widerspruchsklage** des § 771 ZPO zu. Ist zu Unrecht eine Klausel erteilt worden, hat der Erbe die Möglichkeit der **Klauselerinnerung** nach § 732 ZPO oder der **Klage gegen die Vollstreckungsklausel** nach § 768 ZPO.

11 Beeinträchtigte Dritte (zB Nachlasspfleger, Nachlassverwalter und Testamentsvollstrecker) können ebenfalls Erinnerung nach § 766 ZPO bzw bei Entscheidungen des Vollstreckungsgerichts sofortige Beschwerde nach § 793 ZPO einlegen.

Gegen eine ablehnende Entscheidung kann der Gläubiger im Bereich der Gerichtsvollziehervollstreckung Erinnerung nach § 766 ZPO, im Übrigen sofortige Beschwerde nach § 793 ZPO einlegen. 12

§ 779 Fortsetzung der Zwangsvollstreckung nach dem Tod des Schuldners

(1) Eine Zwangsvollstreckung, die zur Zeit des Todes des Schuldners gegen ihn bereits begonnen hatte, wird in seinen Nachlass fortgesetzt.

(2) Ist bei einer Vollstreckungshandlung die Zuziehung des Schuldners nötig, so hat, wenn die Erbschaft noch nicht angenommen oder wenn der Erbe unbekannt oder es ungewiss ist, ob er die Erbschaft angenommen hat, das Vollstreckungsgericht auf Antrag des Gläubigers dem Erben einen einstweiligen besonderen Vertreter zu bestellen. Die Bestellung hat zu unterbleiben, wenn ein Nachlasspfleger bestellt ist oder wenn die Verwaltung des Nachlasses einem Testamentsvollstrecker zusteht.

A. Regelungszweck und Anwendungsbereich

Der Tod des Schuldners soll, wenn die Zwangsvollstreckung gegen ihn bereits begonnen 1 hatte in den Nachlass für den Gläubiger ohne wesentliche Schwierigkeiten fortgeführt werden können. Darüber hinaus ist der Erbe, der die Erbschaft noch nicht angenommen hat, durch den zu bestellenden Vertreter zu schützen, damit auch seine Belange Berücksichtigung finden.

B. Fortsetzung der Zwangsvollstreckung nach Tod des Schuldners

Hat vor dem Tod des Schuldners die Zwangsvollstreckung bereits begonnen, kann sie aus 2 diesem Titel in den Nachlass fortgesetzt werden, ohne dass es einer Klauselumschreibung nach § 727 ZPO bedarf. Dies gilt nicht für Zwangsvollstreckungen nach §§ 878, 888 und 890 ZPO. Die Möglichkeit der Fortsetzung ist auch streng auf den Titel begrenzt, aus dem bereits ein Vollstreckungsversuch stattgefunden hat. Ist in derselben Angelegenheit noch ein Kostenfestsetzungsbeschluss ergangen, aus dem die Vollstreckung noch nicht versucht wurde, gilt die Erleichterung des Abs. 1 hierfür nicht.

Es darf nach Abs. 1 nicht nur die begonnene Vollstreckungsmaßnahme zu Ende geführt 3 werden, sondern es dürfen auch **neue Maßnahmen** eingeleitet werden (Zöller/*Stöber* § 779 Rn 4); die Zwangsvollstreckung aus dem Titel ist also als Ganzes zu sehen (hM). Dies gilt auch für den Antrag auf Eintragung einer **Zwangssicherungshypothek**. Falls der verstorbene Schuldner noch nicht als Grundstückseigentümer eingetragen ist und der Eintragung der Zwangssicherungshypothek § 39 GBO entgegensteht, kann auf Antrag des Gläubigers der verstorbene Schuldner noch im Grundbuch eingetragen werden (Schöner/*Stöber* Grundbuchrecht Rn 2183), § 14 GBO.

C. Vertreterbestellung für den Erben

Zum Schutz des Erben wird diesem vor Annahme der Erbschaft für alle Vollstreckungs- 4 maßnahmen auf Antrag des Gläubigers vom Rechtspfleger des Vollstreckungsgerichts (§ 20 Nr. 17 RPflG) ein **besonderer Vertreter** bestellt. Die Vertreterbestellung ist in allen Fällen nötig, bei denen der Schuldner gehört werden muss und bei denen an ihn Benachrichtigungen und Zustellungen zu erfolgen haben. Hierzu gehören insb §§ 808 Abs. 3, 825 Abs. 1, 826 Abs. 3, 829 Abs. 2, 835 Abs. 3, 844 Abs. 2, 875 Abs. 2 und 885 Abs. 2 ZPO. Die Kosten dieses Verfahrens trägt zunächst der Gläubiger, sie gehören zu den notwendigen Kosten der Zwangsvollstreckung iSd § 788 ZPO.

5 In den Fällen, in denen eine Nachlasspflegschaft oder Testamentsvollstreckung besteht, entfällt eine Bestellung des besonderen Vertreters.

D. Rechtsbehelfe

6 Gegen eine ablehnende Entscheidung kann der Gläubiger im Bereich der Gerichtsvollziehervollstreckung (Abs. 1) Erinnerung nach § 766 ZPO, im Übrigen **sofortige Beschwerde** nach §§ 793 ZPO, 11 Abs. 1 RPflG einlegen. Auch die Ablehnung des Antrags auf Vertreterbestellung (Abs. 2) kann mit der sofortigen Beschwerde angefochten werden. Gegen die Bestellung des besonderen Vertreters ist kein Rechtsmittel gegeben, allerdings kann der Bestellte die Bestellung ablehnen (keine Pflicht zur Übernahme des Amtes).

§ 780 Vorbehalt der beschränkten Erbenhaftung

(1) Der als Erbe des Schuldners verurteilte Beklagte kann die Beschränkung seiner Haftung nur geltend machen, wenn sie ihm im Urteil vorbehalten ist.

(2) Der Vorbehalt ist nicht erforderlich, wenn der Fiskus als gesetzlicher Erbe verurteilt wird oder wenn das Urteil über eine Nachlassverbindlichkeit gegen einen Nachlassverwalter oder einen anderen Nachlasspfleger oder gegen einen Testamentsvollstrecker, dem die Verwaltung des Nachlasses zusteht, erlassen wird.

A. Regelungszweck und Anwendungsbereich

1 Der Erbe hat nach materiellem Recht verschiedene Möglichkeiten, seine zunächst uneingeschränkte Haftung für Nachlassverbindlichkeiten nach § 1967 auf den Nachlass zu beschränken. Zu diesen Möglichkeiten gehören insb alle Einreden, alle Beschränkungsfälle wegen einer Nachlassinsolvenz oder einer Nachlassverwaltung, wegen Minderjährigkeit nach § 1629a Abs. 1 Satz 2, wegen Ablehnung eines Nachlassinsolvenzverfahrens mangels Masse, gegenüber einer ausgeschlossenen oder verspätet angemeldeten Nachlassforderung, gegenüber dem Vermächtnisnehmer, bei ungeteiltem Nachlass (zu allem Baumbach/*Hartmann* § 780 Rn 3 mwN) sowie 5-jähriger Gläubigersäumnis nach § 1974, Erschöpfungs- und Dürftigkeitseinrede (Zöller/*Stöber* § 780 Rn 3). Die Haftungsbeschränkungsmöglichkeit ist gegenüber allen Gläubigern verwirkt, wenn der Erbe die Inventarfrist versäumt (§ 1994 Abs. 1 Satz 2) oder wenn er absichtlich falsche Angaben im Inventar macht (§ 2005 Abs. 1 Satz 1, 2). Gegenüber einzelnen Gläubigern verliert er die Möglichkeit der Haftungsbeschränkung, wenn er auf dieselbe verzichtet oder sich weigert, die in § 2006 vorgesehene eidesstattliche Versicherung abzugeben. Die Vorschrift setzt die materiellen Haftungsbeschränkungsmöglichkeiten prozessual um.

2 Sie gilt nicht nur für das Urteil, sondern für alle Titel, insb auch für den Vergleich (BGH NJW 1991, 2840). Wenn der Erbe eine Haftungseinrede geltend machen kann und mit einem Mahnbescheid in Anspruch genommen wird, ist Widerspruch gegen den Mahnbescheid mit dem Ziel der Aufnahme des Vorbehalts im Urteil einzulegen. Bei einem ausländischen Urteil ist der Vorbehalt iRd Verfahrens nach § 722 ZPO geltend zu machen. Ist das Urteil bereits gegen den Erblasser ergangen und wird nun gegen den Erben die **Klausel** umgeschrieben, bedarf es keines Vermerks des Vorbehalts. Vielmehr kann der Erbe in diesem Fall auch ohne Vermerk seine beschränkte Haftung im Zwangsvollstreckungsverfahren geltend machen. Wird allerdings eine **Klauselklage** nach § 731 ZPO erhoben, kann der Erbe sich in diesem Klageverfahren wieder auf seine Haftungsbeschränkungen berufen.

3 Das Verfahren gilt sowohl für den Erben als auch für einzelne Miterben, den Nacherben ab Eintritt der Nacherbfolge und den Erbschaftskäufer nach § 2383.

Die Vorschrift gilt nicht für die **aufschiebenden Einreden** nach §§ 2014, 2015, da hierfür 4
§ 305 ZPO eine Sonderregelung enthält.

B. Verfahren und Wirkungen des Vorbehalts im Urteil

Bis zum **Schluss der letzten mündlichen Verhandlung** kann über die Einrede der beschränk- 5
ten Erbenhaftung dafür gesorgt werden, dass der Vorbehalt ins Urteil aufgenommen wird. In
Anwaltsprozessen kann die Einrede nur über einen RA geltend gemacht werden (BGH NJW
1992, 2694). Im **Kostenfestsetzungsverfahren** nach § §§ 103 ff ZPO kann der Vorbehalt nicht
mehr geltend gemacht werden, wohl aber im Verfahren nach § 11 RVG. Ist die Einrede im
erstinstanzlichen Verfahren unterblieben, kann sie in der **Berufungsinstanz** nur noch dann
geltend gemacht werden, wenn die Voraussetzungen des § 531 Abs. 2 ZPO vorliegen. Im
Revisionsverfahren kann der Erbe die Einrede nur dann noch erstmalig erheben, wenn der
Erblasser erst nach dem Schluss der letzten Tatsacheninstanz verstorben ist oder zu diesem
Zeitpunkt der Erbe noch keinen Anlass für die Einrede hatte.

Das Gericht kann, muss aber nicht über die **Begründetheit des Vorbehalts** entscheiden 6
(KG NJW-RR 2003, 941). Entscheidet das Gericht nicht über die Begründetheit, bleibt dies
dem Verfahren nach § 785 ZPO vorbehalten.

Zunächst hindert der Vorbehalt nicht die Zwangsvollstreckung in das gesamte Vermögen 7
des Schuldners. Der Vorbehalt ist also weder vom Gerichtsvollzieher noch von einem
anderen Vollstreckungsorgan zu beachten (vgl auch § 781 ZPO). Er ermöglicht dem Erben
lediglich die Klage nach § 785 ZPO, deren Einreichung ansonsten nach § 767 Abs. 2 ZPO
ausgeschlossen wäre.

C. Entbehrlichkeit des Vorbehalts

Da die Erbenhaftung in den in Abs. 2 genannten Fällen ohnehin beschränkt ist, bedarf es in 8
diesen Fällen nicht des Vermerks. Des Weiteren bedarf es des Vermerks nicht bei einem
sog **Individualanspruch**, also dann, wenn sich das Verfahren nur auf einen konkreten
Nachlassgegenstand bezieht (zB Herausgabe eines Nachlassgegenstandes oder Duldung
der Zwangsvollstreckung bei einem dinglichen Anspruch nach § 1147).

D. Rechtsbehelfe

Hat das Gericht den Vorbehalt trotz Einrede ohne Prüfung nicht ins Urteil aufgenommen, 9
kann eine **Urteilsergänzung** nach § 721 ZPO erfolgen. Hat eine Prüfung stattgefunden und
der Vorbehalt wurde nicht oder zu Unrecht ins Urteil aufgenommen, muss gegen das
Urteil selbst das zulässige Rechtsmittel eingelegt werden.

§ 781 Beschränkte Erbenhaftung in der Zwangsvollstreckung

**Bei der Zwangsvollstreckung gegen den Erben des Schuldners bleibt die Beschränkung
der Haftung unberücksichtigt, bis auf Grund derselben gegen die Zwangsvollstreckung
von dem Erben Einwendungen erhoben werden.**

Die Vorschrift stellt klar, dass das Vollstreckungsorgan die **beschränkte Erbenhaftung** 1
nicht zu prüfen hat, da diese Prüfung in vielen Fällen auch für dieses nicht möglich sein
wird. Sie korrespondiert insoweit mit § 93 Nr. 3 GVGA. Dies gilt nicht, wenn bereits das
erkennende Gericht den Vorbehalt so eindeutig gefasst hat, dass die Vollstreckung nur in
bestimmte Gegenstände erfolgen darf. Hat der Gläubiger also seinen Antrag nicht bereits
entsprechend eingeschränkt, kann grds zunächst in den Nachlass und das eigene Vermögen des Erben vollstreckt werden. Der Vorbehalt berechtigt den Erben allerdings dazu,
gegen die Zwangsvollstreckung nach §§ 785, 767 ZPO vorzugehen (BGH FamRZ 1989,

§ 782 ZPO | Einreden des Erben gegen Nachlassgläubiger

1071). In diesem Verfahren hat der Erbe zu beweisen, dass es sich bei dem von der Zwangsvollstreckung betroffenen Gegenstand um sein privates Vermögen handelt.

2 Soweit der Titel auf **Abgabe einer Willenserklärung** gerichtet ist, was grds dazu führt, dass wegen § 894 ZPO keine Zwangsvollstreckung erforderlich ist, hat der Vorbehalt zur Folge, dass in diesem Fall ausnahmsweise die Abgabe der Willenserklärung auch bei Rechtskraft des Titels nach § 888 ZPO als nicht vertretbare Handlung zu erzwingen ist (hM).

§ 782 Einreden des Erben gegen Nachlassgläubiger

Der Erbe kann auf Grund der ihm nach den §§ 2014, 2015 des Bürgerlichen Gesetzbuchs zustehenden Einreden nur verlangen, dass die Zwangsvollstreckung für die Dauer der dort bestimmten Fristen auf solche Maßregeln beschränkt wird, die zur Vollziehung eines Arrestes zulässig sind. Wird vor dem Ablauf der Frist die Eröffnung des Nachlassinsolvenzverfahrens beantragt, so ist auf Antrag die Beschränkung der Zwangsvollstreckung auch nach dem Ablauf der Frist aufrechtzuerhalten, bis über die Eröffnung des Insolvenzverfahrens rechtskräftig entschieden ist.

A. Regelungszweck und Anwendungsbereich

1 Die Vorschrift gilt nur für **Nachlassverbindlichkeiten** iSd § 1967 Abs. 2 und wird durch § 783 ZPO hinsichtlich der persönlichen Gläubiger erweitert. Die Vorschrift stellt sicher, dass zum einen die Ansprüche des Gläubigers nicht über das notwendige Maß hinaus zurückstehen müssen, der Erbe allerdings auch seine materiellrechtlich gesicherten aufschiebenden Einreden der §§ 2014, 2015 nicht im Rahmen der Zwangsvollstreckung verliert.

2 Die Vorschrift findet keine Anwendung, wenn der Gläubiger aus einem dinglichen Anspruch vollstreckt, § 2016 Abs. 2. Dies gilt nicht, wenn das dingliche Recht eine im Rahmen dieses Verfahrens eingetragene Zwangssicherungshypothek ist, vgl Rn 4.

B. Geltendmachung der Einreden

3 Die **Einreden** nach § 782 ZPO kann der Erbe, aber auch ein Nachlasspfleger, Nachlassverwalter oder Testamentsvollstrecker durch eine Klage nach §§ 785, 767 ZPO geltend machen. Dazu reicht es aus, wenn der Erbe seine **Haftungsbeschränkungsmöglichkeiten** verloren hat bzw nach § 2016 uneingeschränkt haftet und die Zwangsvollstreckung droht. Voraussetzung ist allerdings, dass das Urteil den **Vorbehalt der beschränkten Erbenhaftung** nach § 305 ZPO enthält.

C. Zulässige Maßnahmen

4 Unter Berücksichtigung der Interessen von Gläubiger und Erbe sind alle Maßnahmen zulässig, die im Rahmen der **Arrestvollziehung** möglich sind und damit der Sicherung des Anspruchs dienen. Für den Gläubigeranspruch dürfen damit alle Möglichkeiten der **Pfändung** erfolgen, aber keinerlei Verwertung. Zulässig sind damit die Pfändung durch den Gerichtsvollzieher, aber nicht die Versteigerung der Pfandsache oder Aushändigung von gepfändetem Geld. Letzteres ist vielmehr nach § 930 Abs. 2 ZPO zu hinterlegen. Auch die Verfahren nach § 825 ZPO sind nicht zulässig. Hinsichtlich Forderungen und anderer Rechte des Erben dürfen Pfändungsbeschlüsse erlassen werden, aber keine Überweisungsbeschlüsse. Als Sicherungsmaßnahme ist auch die Eintragung einer **Zwangssicherungshypothek** erlaubt, nicht aber die Zwangsversteigerung oder Zwangsverwaltung aus diesem Recht.

D. Besonderheiten bei beantragter Nachlassinsolvenz

Wenn vor den in §§ 2014, 2015 genannten Fristen ein Antrag auf Eröffnung eines **Nachlassinsolvenzverfahrens** gestellt wurde, kann durch die Klage nach § 785 ZPO erreicht werden, dass sich die Frist bis zur rechtskräftigen Entscheidung über den Eröffnungsantrag verlängert.

§ 783 Einreden des Erben gegen persönliche Gläubiger

In Ansehung der Nachlassgegenstände kann der Erbe die Beschränkung der Zwangsvollstreckung nach § 782 auch gegenüber den Gläubigern verlangen, die nicht Nachlassgläubiger sind, es sei denn, dass er für die Nachlassverbindlichkeiten unbeschränkt haftet.

Regelungszweck und Anwendungsbereich

Die Vorschrift gilt für die **persönlichen Gläubiger** des Erben und erweitert damit den § 782 ZPO. Hinsichtlich der Geltendmachung und Besonderheiten gilt daher das dort bzgl der Nachlassgläubiger Gesagte. Im Verfahren nach §§ 785, 767, 783 ZPO hat der Kläger zu beweisen, dass die fraglichen Gegenstände Nachlassgegenstände sind und die Haftungsbeschränkungsmöglichkeiten nach den §§ 2014, 2015 noch bestehen. Da es sich um persönliche Gläubiger handelt, ist die Vorschrift des § 305 ZPO nicht anwendbar; das Leistungsurteil enthält also keinen Vorbehalt und braucht diesen zur Geltendmachung der Rechte nach § 783 ZPO auch nicht zu enthalten.

§ 784 Zwangsvollstreckung bei Nachlassverwaltung und -insolvenzverfahren

(1) Ist eine Nachlassverwaltung angeordnet oder das Nachlassinsolvenzverfahren eröffnet, so kann der Erbe verlangen, dass Maßregeln der Zwangsvollstreckung, die zugunsten eines Nachlassgläubigers in sein nicht zum Nachlass gehörendes Vermögen erfolgt sind, aufgehoben werden, es sei denn, dass er für die Nachlassverbindlichkeiten unbeschränkt haftet.

(2) Im Falle der Nachlassverwaltung steht dem Nachlassverwalter das gleiche Recht gegenüber Maßregeln der Zwangsvollstreckung zu, die zugunsten eines anderen Gläubigers als eines Nachlassgläubigers in den Nachlass erfolgt sind.

A. Regelungszweck und Anwendungsbereich

Die Anordnung einer Nachlassverwaltung oder eines Nachlassinsolvenzverfahrens führen dazu, dass der Erbe nunmehr endgültig beschränkt für die Nachlassverbindlichkeiten haftet (§ 1975), es sei denn, es ist bereits eine unbeschränkte Haftung eingetreten. Diese beschränkte Haftung soll nicht dadurch umgangen werden, dass Zwangsvollstreckungsmaßnahmen in das Vermögen des Erben erfolgt sind, die aufgrund des dadurch entstandenen Pfändungspfandrechts nunmehr zu einer Verwertung des Privatvermögens führen. Andererseits dürfen Privatgläubiger des Erben nicht mehr in den Nachlass vollstrecken, da dieser den Nachlassgläubigern vorbehalten bleiben soll.

Die Vorschrift findet auch dann Anwendung, wenn das Gericht den Antrag auf Eröffnung eines Nachlassinsolvenzverfahrens oder einer Nachlassverwaltung mangels Masse abgelehnt hat, § 1990.

B. Möglichkeiten des Erben

4 Anders als bei § 782 ZPO, bei dem es ausreicht, dass die Zwangsvollstreckung droht, muss bei § 784 ZPO die Zwangsvollstreckung bereits begonnen haben und noch nicht beendet sein. Unter den Voraussetzungen des Abs. 1 hat dann der Gläubiger die Möglichkeit, diese Zwangsvollstreckung in den zu seinem Privatvermögen gehörenden Gegenstand im Klagewege (§§ 785, 767 ZPO) für **unzulässig** erklären zu lassen.

C. Möglichkeiten des Nachlassverwalters

5 Privatgläubiger des Erben dürfen nach Anordnung der Nachlassverwaltung nicht mehr in den Nachlass vollstrecken, § 1985 Abs. 1. Bereits begonnene und noch nicht beendete Zwangsvollstreckungsmaßnahmen in den Nachlass durch Privatgläubiger kann der Nachlassverwalter über die Klage nach §§ 785, 767 ZPO für unzulässig erklären lassen. Unterlässt der Nachlassverwalter die Klage, wird die Zwangsvollstreckungsmaßnahme fortgesetzt.

D. Möglichkeiten des Insolvenzverwalters

6 Nach Eröffnung eines **Nachlassinsolvenzverfahrens** besteht für die Insolvenzgläubiger ein Vollstreckungsverbot nach § 89 InSO. Vor der Eröffnung des Verfahrens erfolgte und noch nicht beendete Vollstreckungsmaßnahmen sind unter den Voraussetzungen des § 88 InSO rückwirkend unwirksam (Rückschlagsperre). Alle nach Anwendung dieser Vorschriften noch verbleibende Pfändungspfandrechte an Nachlassgegenständen berechtigen weder Nachlassgläubiger noch Privatgläubiger des Erben zu einer abgesonderten Befriedigung, § 321 InSO. Der Nachlassinsolvenzverwalter kann also die Verwertung des Nachlassgegenstandes zugunsten der Masse ungehindert durchführen (Unterschied zur Nachlassverwaltung, bei der der Nachlassverwalter die dem § 321 InSO vergleichbare Wirkung nur über die Klage nach §§ 785, 767 ZPO erreichen kann).

§ 785 Vollstreckungsabwehrklage des Erben

Die auf Grund der §§ 781 – 784 erhobenen Einwendungen werden nach den Vorschriften der §§ 767, 769, 770 erledigt.

A. Regelungszweck und Anwendungsbereich

1 Sowohl der Erbe als auch der Nachlassverwalter können die in §§ 781 – 784 ZPO gemachten Einreden ausschließlich mit der **Vollstreckungsabwehrklage** geltend machen. Soweit die Zwangsvollstreckung nur bzgl einzelner Gegenstände für unzulässig erklärt werden soll, handelt es der Natur nach jedoch eher um eine Art Drittwiderspruchsklage (*Schmidt* JR 1989, 45). Gleichwohl bleibt das Prozessgericht des ersten Rechtszuges nach § 767 Abs. 1 ZPO zuständig (keine Anwendung von § 771 ZPO). Durch diese Vorschrift werden auch eine Erinnerung nach § 766 ZPO oder eine sofortige Beschwerde nach § 793 ZPO ausgeschlossen. **Prozessführungsbefugnis** kann neben dem Erben und dem Nachlassverwalter im Einzelfall auch einem Testamentsvollstrecker, einem Nacherbe oder einem Erbschaftskäufer zustehen.

2 Die Klage kann neben dem Rechtsmittel gegen das Urteil selbst eingelegt werden (OLG Frankfurt NJW-RR 1992, 31).

3 Voraussetzung für die Klage ist ein Vorbehalt im Urteil, es sei denn, das Urteil ist noch gegen den Erblasser ergangen, vgl § 780 Abs. 1 ZPO.

B. Besonderheiten bei der Klage nach § 767

Der Klageantrag ist abhängig von der geltend gemachten Einwendung. Zum einen kann 4
die **Vollstreckbarkeit des Titels** auf die der Haftung unterliegende Vermögensmasse ganz oder aber auf Zeit (im Fall des § 782 ZPO) eingeschränkt werden. Zum anderen kann die **Vollstreckung in bestimmte Gegenstände**, in die vollstreckt wird oder die Vollstreckung droht, die aber nicht zur haftenden Masse gehören, für unzulässig erklärt werden. Letzteres kann dazu führen, dass nacheinander verschiedene Klagen nötig werden, weil der Gläubiger immer wieder in Gegenstände vollstreckt, die nicht der Haftung unterliegen. Andererseits müssen wegen § 767 Abs. 3 ZPO alle Einwendungen, die zum Zeitpunkt der 5
Klageerhebung möglich sind, mit dieser einen Klage geltend gemacht werden. Hat das Prozessgericht gem § 780 ZPO bereits über geltend gemachte Haftungsbeschränkungen entschieden, schließt § 767 Abs. 2 ZPO eine erneute Klageerhebung aus.

C. Einstweilige Anordnungen nach § 769

Die einstweilige Einstellung der Zwangsvollstreckung gem § 769 Abs. 1 oder 2 ZPO sollte 6
im Regelfall zur Vermeidung von irreparablen Schäden durch eine fortgesetzte Zwangsvollstreckung nach Erhebung der Klage nach § 785 ZPO mit beantragt werden. Diese einstweilige Anordnung wird grds bei dem Gericht des ersten Rechtszuges als dem Hauptsachegericht für die Klage nach § 767 ZPO beantragt, in besonderen Ausnahmefällen auch beim Vollstreckungsgericht nach § 769 Abs. 3 ZPO. Ein solcher Ausnahmefall liegt nur dann vor, wenn die Entscheidung des Prozessgerichts nach Abs. 1 nicht mehr rechtzeitig eingeholt werden kann.

Die einstweilige Anordnung kann befristet werden, ansonsten gilt sie bis zur Verkündung 7
des Urteils in der Vollstreckungsabwehrsache. Den darüber hinaus gehenden Schutz des Erben gewährleistet § 770 ZPO.

D. Einstweilige Anordnungen nach § 770

Für die Zeit zwischen Verkündung und Rechtskraft des Urteils in der Vollstreckungs- 8
abwehrsache kann das Prozessgericht die einstweiligen Anordnungen auch im Urteil nach § 770 ZPO erlassen oder aber bereits nach § 769 ZPO erlassene einstweilige Anordnungen bestätigen, ändern oder aufheben. Diese einstweiligen Anordnungen treten ohne Weiteres mit Rechtskraft des Urteils außer Kraft.

§ 786 Vollstreckungsabwehrklage bei beschränkter Haftung

(1) Die Vorschriften des § 780 Abs. 1 und der §§ 781 – 785 sind auf die nach § 1489 des Bürgerlichen Gesetzbuchs eintretende beschränkte Haftung, die Vorschriften des § 780 Abs. 1 und der §§ 781, 785 sind auf die nach den §§ 1480, 1504, 1629a, 2187 des Bürgerlichen Gesetzbuchs eintretende beschränkte Haftung entsprechend anzuwenden.

(2) Bei der Zwangsvollstreckung aus Urteilen, die bis zum Inkrafttreten des Minderjährigenhaftungsbeschränkungsgesetzes v 25. August 1998 (BGBl I S 2487) am 1. Juli 1999 ergangen sind, kann die Haftungsbeschränkung nach § 1629a des Bürgerlichen Gesetzbuchs auch dann geltend gemacht werden, wenn sie nicht gemäß § 780 Abs. 1 dieses Gesetzes im Urteil vorbehalten ist.

Auch in anderen Bereichen besteht ein Bedürfnis, materiell rechtliche Haftungsbeschrän- 1
kungen im Zwangsvollstreckungsrecht sicherzustellen. Hierzu gehört aus dem Bereich des Erbrechts die **beschränkte Haftung des Hauptvermächtnisnehmers** nach § 2187. Auch dieser muss bei Geltendmachung des ihn beschwerenden Vermächtnisses oder der ihn beschwerenden Auflage dafür sorgen, dass seine beschränkte Haftung im Urteil

vorbehalten bleibt (§ 780 Abs. 1 ZPO), und seine Einwendungen nach § 781 ZPO über die Klage nach §§ 785, 767 ZPO, uU unterstützt mit einer einstweiligen Anordnung, vorbringen.

Abschnitt 2: Zwangsvollstreckung wegen Geldforderungen
Titel 1: Zwangsvollstreckung in das bewegliche Vermögen
Untertitel 3: Zwangsvollstreckung in Forderungen und andere Vermögensrechte

§ 852 Beschränkt pfändbare Forderungen

(1) Der Pflichtteilsanspruch ist der Pfändung nur unterworfen, wenn er durch Vertrag anerkannt oder rechtshängig geworden ist.

(2) Das Gleiche gilt für den nach § 528 des Bürgerlichen Gesetzbuchs dem Schenker zustehenden Anspruch auf Herausgabe des Geschenkes sowie für den Anspruch eines Ehegatten auf den Ausgleich des Zugewinns.

A. Regelungszweck und Anwendungsbereich

1 Grds dient die Vorschrift dem **Schutz der familiären Gemeinschaft** und damit insb dazu, dass der Gläubiger nicht gegen den Willen des Pflichtteilsberechtigten einen Pflichtteil geltend macht. Hat der Pflichtteilsberechtigte (gleich Vollstreckungsschuldner) allerdings selbst zu erkennen gegeben, dass er seinen Pflichtteil geltend machen will, entfällt der Schutzgedanke. Die vertragliche Anerkennung bedarf dabei keiner besonderen Form; für die Rechtshängigkeit genügt bereits die Zustellung der Klage, die auf Feststellung des Anspruchs gerichtet ist, ohne die genaue Höhe des Anspruchs zu beziffern (BGH MDR 1973, 401). Die Einreichung eines Prozesskostenhilfegesuchs oder eines Mahnantrags reichen dagegen nicht aus (*Stöber* Rn 270).

B. Pfändung des Pflichtteilsanspruches

2 Zwingend kann der Anspruch erst nach dem Erbfall gepfändet werden, da vorher keine Anwartschaft besteht. Entgegen dem Wortlaut der Vorschrift kann aber eine Pfändung des Pflichtteilsanspruchs auch schon **vor vertraglicher Anerkennung oder Rechtshängigkeit** des Anspruchs erfolgen (BGH NJW 1997, 2384). Es handelt sich in diesem Fall um eine **bedingte Pfändung**, die zum vollwertigen Pfandrecht erstarkt, wenn die Voraussetzungen des § 852 ZPO vorliegen. Gleichwohl ist auch nach dieser bedingten Pfändung der Pflichtteilsberechtigte in seiner Entscheidung, den Pflichtteil – auch hinsichtlich der Höhe – geltend zu machen, nicht eingeschränkt. Macht er ihn jedoch geltend, bestimmt sich der Rang und damit auch die relative Unwirksamkeit evtl Verfügungen nach dem Zeitpunkt der Pfändung.

3 **Drittschuldner** für die Pfändung sind der Erbe bzw alle Miterben. Ein Testamentsvollstrecker kann als weiterer Drittschuldner in den Pfändungsbeschluss mit aufgenommen werden (OLG Hamburg OLGZ 30, 237). Steht noch nicht fest, ob der Schuldner Miterbe oder Pflichtteilsberechtigter wird, können beide Rechte nebeneinander gepfändet werden (*Stöber* aaO, aA *Behr* JurBüro 1996, 65).

4 Im Rahmen des § 840 ZPO hat der Erbe auf Aufforderung die **Drittschuldnererklärung** abzugeben, zu der auch die Auskunft über den **Bestand des Nachlasses** nach § 2314 (zur betragsmäßigen Bestimmung des Pflichtteilsanspruches) gehört.

C. Überweisung des Pflichtteilsanspruches

Auch die **Überweisung zur Einziehung** ist bereits vor Geltendmachung des Anspruchs durch den Pflichtteilsberechtigten zulässig (*Stöber* aaO, aA *Kuschinke* NJW 1994, 1769). Wird der Anspruch dann allerdings in Prozessstandschaft durch den Gläubiger gerichtlich geltend gemacht, ist die Rechtshängigkeit oder Anerkennung nachzuweisen.

§ 859 Pfändung von Gesamthandanteilen

(1) Der Anteil eines Gesellschafters an dem Gesellschaftsvermögen einer nach § 705 des Bürgerlichen Gesetzbuchs eingegangenen Gesellschaft ist der Pfändung unterworfen. Der Anteil eines Gesellschafters an den einzelnen zu dem Gesellschaftsvermögen gehörenden Gegenständen ist der Pfändung nicht unterworfen.

(2) Die gleichen Vorschriften gelten für den Anteil eines Miterben an dem Nachlass und an den einzelnen Nachlassgegenständen.

A. Regelungszweck und Anwendungsbereich

Hat ein Erblasser bei seinem Tod mehrere Erben hinterlassen, wird der Nachlass nach § 2032 gemeinschaftliches Vermögen dieser Gesamthandsgemeinschaft. Aus dem Wesen dieser Gesamthandsgemeinschaft folgt, dass keiner der Miterben über seinen Anteil am Einzelgegenstand verfügen kann. Da sich die Erbengemeinschaft aber nicht freiwillig – wie zB die Gesellschaft Bürgerlichen Rechts – zusammengetan hat, kann der einzelne Miterbe durch Übertragung seines gesamten Miterbenanteiles auf einen anderen aus der Gemeinschaft ausscheiden, § 2033. Diesen Grundsatz setzt § 859 ZPO für den Bereich der Zwangsvollstreckung um.

B. Pfändung des Miterbenanteils

Als Vermögensrecht unterliegt der Miterbenanteil der Zwangsvollstreckung in das bewegliche Vermögen nach §§ 857, 829 ZPO, auch dann, wenn zum Nachlass Grundstücke gehören. Ein pfändbarer Anspruch besteht erst nach dem Erbfall. Der Rang der Pfändung richtet sich nach dem Datum der Zustellung an den letzten Miterben, bei Testamentsvollstreckung mit Zustellung an den Testamentsvollstrecker. Sind einzelne Miterben unbekannt, wird für diese ein (nicht beschränkter) Nachlasspfleger bestellt (*Stöber* Rn 1670). Durch die Pfändung verliert der Schuldner seine Rechtsstellung als Miterbe nicht. Er muss daher bei einer rechtsgeschäftlichen Nachlassteilung mitwirken. Da aufgrund des Pfändungspfandrechts jedoch seine Verfügungen über den Miterbenanteil dem Pfändungsgläubiger gegenüber relativ unwirksam sind, bedarf sowohl die Verfügung des Schuldners über seinen gesamten Anteil als auch die Verfügung der Erbengemeinschaft über einen Nachlassgegenstand der Zustimmung des Pfändungsgläubigers. Die Position des Gläubigers ist die eines dinglichen Mitberechtigten neben dem Schuldner (*Stöber* Rn 1676). Die wirksame Pfändung hindert den Schuldner nicht, seine höchstpersönlichen Rechte auszuüben, insb die **Erbschaft auszuschlagen**.

C. Überweisung des Miterbenanteils

Nach erfolgter Pfändung ist ausschließlich die **Überweisung zur Einziehung**, nicht aber an Zahlungs Statt zulässig (*Ripfel* NJW 1958, 692): Aufgrund der Überweisung kann der Gläubiger das Recht des Schuldners auf **Auseinandersetzung** der Erbengemeinschaft nach § 2042 Abs. 1 geltend machen. Ist aufgrund einer Anordnung des Erblassers oder Vereinbarung der Miterben die Auseinandersetzung der Erbengemeinschaft für immer oder auf Zeit ausgeschlossen oder von der Einhaltung einer Kündigungsfrist abhängig, gilt dies für den Pfändungsgläubiger dann nicht, wenn sein Titel rechtskräftig ist, §§ 2042 Abs. 2 BGB, 751 Satz 2 ZPO. An den aufgrund der Auseinandersetzung dem Schuldner zugewiesenen Vermögenswerten erhält der Gläubiger aufgrund des Surrogationsgrundsatzes ein Pfändungspfandrecht.

D. Besonderheiten bei Grundstücken, die zum Nachlass gehören

5 Nach erfolgter Pfändung darf die Erbengemeinschaft nicht mehr ohne Zustimmung des Gläubigers über ein zum Nachlass gehörendes Grundstück rechtsgeschäftlich verfügen. Um einen gutgläubigen Erwerb eines Dritten zu verhindern, ist es allerdings erforderlich, dass diese **Verfügungsbeschränkung** im Grundbuch vermerkt wird, § 892 Abs. 1 Satz 2. Steht im Grundbuch noch der Erblasser als Eigentümer eingetragen, muss der Gläubiger hierzu zunächst die sog »Voreintragung« der Erbengemeinschaft herbeiführen, § 39 GBO. Hierzu hat gem § 14 GBO ein eigenes Antragsrecht. Zur Grundbuchberichtigung muss er im Rahmen der §§ 35 GBO, 792 ZPO die Erbfolge nachweisen.

6 Aufgrund der Überweisung ist der Gläubiger berechtigt, die **Teilungsversteigerung** eines zum Nachlass gehörenden Grundstücks gem § 181 Abs. 2 ZVG zu beantragen. Ist die Erbengemeinschaft lediglich Eigentümer eines Bruchteiles des Grundstücks (zB dem überlebenden Ehegatten A gehört ½ Anteil, der Erbengemeinschaft bestehend aus A und den gemeinschaftlichen Kindern B und C gehört der andere ½ Anteil), steht dem Pfändungsgläubiger das sog »große Antragsrecht« zu, das zu einer Teilungsversteigerung insgesamt und nicht nur des der Erbengemeinschaft gehörenden Anteils berechtigt. Für den Pfändungsgläubiger gilt in diesem Fall § 1365 Abs. 1 nicht.

7 Wird dem Schuldner bei der Auseinandersetzung der Erbengemeinschaft ein Grundstück zum Alleineigentum zugewiesen, erhält der Gläubiger aufgrund der Surrogation eine Sicherungshypothek an diesem Grundstück (BGH MDR 1969, 750, aA *Stöber* Rn 1693).

§ 863 Pfändungsbeschränkungen bei Erbschaftsnutzungen

(1) Ist der Schuldner als Erbe nach § 2338 des Bürgerlichen Gesetzbuchs durch die Einsetzung eines Nacherben beschränkt, so sind die Nutzungen der Erbschaft der Pfändung nicht unterworfen, soweit sie zur Erfüllung der dem Schuldner seinem Ehegatten, seinem früheren Ehegatten, seinem Lebenspartner, einem früheren Lebenspartner oder seinen Verwandten gegenüber gesetzlich obliegenden Unterhaltspflicht und zur Bestreitung seines standesmäßigen Unterhalts erforderlich sind. Das Gleiche gilt, wenn der Schuldner nach § 2338 des Bürgerlichen Gesetzbuchs durch die Ernennung eines Testamentsvollstreckers beschränkt ist, für seinen Anspruch auf den jährlichen Reinertrag.

(2) Die Pfändung ist unbeschränkt zulässig, wenn der Anspruch eines Nachlassgläubigers oder ein auch dem Nacherben oder dem Testamentsvollstrecker gegenüber wirksames Recht geltend gemacht wird.

(3) Diese Vorschriften gelten entsprechend, wenn der Anteil eines Abkömmlings an dem Gesamtgut der fortgesetzten Gütergemeinschaft nach § 1513 Abs. 2 des Bürgerlichen Gesetzbuchs einer Beschränkung der im Absatz 1 bezeichneten Art unterliegt.

A. Regelungszweck und Anwendungsbereich

1 Die Vorschrift setzt den § 2338, also die sog »**Pflichtteilsbeschränkung in guter Absicht**«, für das Vollstreckungsrecht um.

Die Vorschrift gilt für alle Gläubiger, die nicht Nachlassgläubiger sind oder aber ein Recht geltend machen, das auch gegenüber dem Nacherben oder dem Testamentsvollstrecker wirksam ist.

Es wird erreicht, dass die Nutzungen der Erbschaft in dem genannten Umfang unpfändbar sind, um den eigenen und den in Abs. 1 genannten gesetzlich geschuldeten Unterhalt nicht durch persönliche Gläubiger zu gefährden. Im Testament müssen die Voraussetzungen des § 2338 dargelegt sein, wenngleich die Vorschrift selbst nicht erwähnt sein muss.

B. Rechtsbehelfe

Sowohl der Schuldner als auch die geschützten Unterhaltsberechtigten können gegen Vollstreckungsmaßnahmen mit der Erinnerung nach § 766 ZPO, gegen Entscheidungen in der Zwangsvollstreckung durch Richter und Rechtspfleger mit der sofortigen Beschwerde nach § 793 ZPO vorgehen.

Buch 10 Schiedsrichterliches Verfahren
Abschnitt 1 Allgemeine Vorschriften

§ 1025 Anwendungsbereich

(1) Die Vorschriften dieses Buches sind anzuwenden, wenn der Ort des schiedsrichterlichen Verfahrens im Sinne des § 1043 Abs. 1 in Deutschland liegt.

(2) Die Bestimmungen der §§ 1032, 1033 und 1050 sind auch dann anzuwenden, wenn der Ort des schiedsrichterlichen Verfahrens im Ausland liegt oder noch nicht bestimmt ist.

(3) Solange der Ort des schiedsrichterlichen Verfahrens noch nicht bestimmt ist, sind die deutschen Gerichte für die Ausübung der in den §§ 1034, 1035, 1037 und 1038 bezeichneten gerichtlichen Aufgaben zuständig, wenn der Beklagte oder der Kläger seinen Sitz oder seinen gewöhnlichen Aufenthalt in Deutschland hat.

(4) Für die Anerkennung und Vollstreckung ausländischer Schiedssprüche gelten die §§ 1061 – 1065.

§ 1026 Umfang gerichtlicher Tätigkeit

Ein Gericht darf in den in den §§ 1025 – 1061 geregelten Angelegenheiten nur tätig werden, soweit dieses Buch es vorsieht.

§ 1027 Verlust des Rügerechts

Ist einer Bestimmung dieses Buches, von der die Parteien abweichen können, oder einem vereinbarten Erfordernis des schiedsrichterlichen Verfahrens nicht entsprochen worden, so kann eine Partei, die den Mangel nicht unverzüglich oder innerhalb einer dafür vorgesehenen Frist rügt, diesen später nicht mehr geltend machen. Dies gilt nicht, wenn der Partei der Mangel nicht bekannt war.

§ 1028 Empfang schriftlicher Mitteilungen bei unbekanntem Aufenthalt

(1) Ist der Aufenthalt einer Partei oder einer zur Entgegennahme berechtigten Person unbekannt, gelten, sofern die Parteien nichts anderes vereinbart haben, schriftliche Mitteilungen an dem Tag als empfangen, an dem sie bei ordnungsgemäßer Übermittlung durch Einschreiben gegen Rückschein oder auf eine andere Weise, welche den Zugang an der letztbekannten Postanschrift oder Niederlassung oder dem letztbekannten gewöhnlichen Aufenthalt des Adressaten belegt, dort hätten empfangen werden können.

(2) Absatz 1 ist auf Mitteilungen in gerichtlichen Verfahren nicht anzuwenden.

Abschnitt 2 Schiedsvereinbarung

§ 1029 Begriffsbestimmung

(1) Schiedsvereinbarung ist eine Vereinbarung der Parteien, alle oder einzelne Streitigkeiten, die zwischen ihnen in Bezug auf ein bestimmtes Rechtsverhältnis vertraglicher oder nichtvertraglicher Art entstanden sind oder künftig entstehen, der Entscheidung durch ein Schiedsgericht zu unterwerfen.

(2) Eine Schiedsvereinbarung kann in Form einer selbständigen Vereinbarung (Schiedsabrede) oder in Form einer Klausel in einem Vertrag (Schiedsklausel) geschlossen werden.

§ 1030 Schiedsfähigkeit

(1) Jeder vermögensrechtliche Anspruch kann Gegenstand einer Schiedsvereinbarung sein. Eine Schiedsvereinbarung über nichtvermögensrechtliche Ansprüche hat insoweit rechtliche Wirkung, als die Parteien berechtigt sind, über den Gegenstand des Streites einen Vergleich zu schließen.

(2) Eine Schiedsvereinbarung über Rechtsstreitigkeiten, die den Bestand eines Mietverhältnisses über Wohnraum im Inland betreffen, ist unwirksam. Dies gilt nicht, soweit es sich um Wohnraum der in § 549 Abs. 2 Nr. 1 – 3 des Bürgerlichen Gesetzbuchs bestimmten Art handelt.

(3) Gesetzliche Vorschriften außerhalb dieses Buches, nach denen Streitigkeiten einem schiedsrichterlichen Verfahren nicht oder nur unter bestimmten Voraussetzungen unterworfen werden dürfen, bleiben unberührt.

§ 1031 Form der Schiedsvereinbarung

(1) Die Schiedsvereinbarung muss entweder in einem von den Parteien unterzeichneten Dokument oder in zwischen ihnen gewechselten Schreiben, Fernkopien, Telegrammen oder anderen Formen der Nachrichtenübermittlung, die einen Nachweis der Vereinbarung sicherstellen, enthalten sein.

(2) Die Form des Absatzes 1 gilt auch dann als erfüllt, wenn die Schiedsvereinbarung in einem von der einen Partei der anderen Partei oder von einem Dritten beiden Parteien

übermittelten Dokument enthalten ist und der Inhalt des Dokuments im Falle eines nicht rechtzeitig erfolgten Widerspruchs nach der Verkehrssitte als Vertragsinhalt angesehen wird.

(3) Nimmt ein den Formerfordernissen des Absatzes 1 oder 2 entsprechender Vertrag auf ein Dokument Bezug, das eine Schiedsklausel enthält, so begründet dies eine Schiedsvereinbarung, wenn die Bezugnahme dergestalt ist, dass sie diese Klausel zu einem Bestandteil des Vertrages macht.

(4) Eine Schiedsvereinbarung wird auch durch die Begebung eines Konnossements begründet, in dem ausdrücklich auf die in einem Chartervertrag enthaltene Schiedsklausel Bezug genommen wird.

(5) Schiedsvereinbarungen, an denen ein Verbraucher beteiligt ist, müssen in einer von den Parteien eigenhändig unterzeichneten Urkunde enthalten sein. Die schriftliche Form nach Satz 1 kann durch die elektronische Form nach § 126a des Bürgerlichen Gesetzbuchs ersetzt werden. Andere Vereinbarungen als solche, die sich auf das schiedsrichterliche Verfahren beziehen, darf die Urkunde oder das elektronische Dokument nicht enthalten; dies gilt nicht bei notarieller Beurkundung.

(6) Der Mangel der Form wird durch die Einlassung auf die schiedsgerichtliche Verhandlung zur Hauptsache geheilt.

§ 1032 Schiedsvereinbarung und Klage vor Gericht

(1) Wird vor einem Gericht Klage in einer Angelegenheit erhoben, die Gegenstand einer Schiedsvereinbarung ist, so hat das Gericht die Klage als unzulässig abzuweisen, sofern der Beklagte dies vor Beginn der mündlichen Verhandlung zur Hauptsache rügt, es sei denn, das Gericht stellt fest, dass die Schiedsvereinbarung nichtig, unwirksam oder undurchführbar ist.

(2) Bei Gericht kann bis zur Bildung des Schiedsgerichts Antrag auf Feststellung der Zulässigkeit oder Unzulässigkeit eines schiedsrichterlichen Verfahrens gestellt werden.

(3) Ist ein Verfahren im Sinne des Absatzes 1 oder 2 anhängig, kann ein schiedsrichterliches Verfahren gleichwohl eingeleitet oder fortgesetzt werden und ein Schiedsspruch ergehen.

§ 1033 Schiedsvereinbarung und einstweilige gerichtliche Maßnahmen

Eine Schiedsvereinbarung schließt nicht aus, dass ein Gericht vor oder nach Beginn des schiedsrichterlichen Verfahrens auf Antrag einer Partei eine vorläufige oder sichernde Maßnahme in Bezug auf den Streitgegenstand des schiedsrichterlichen Verfahrens anordnet.

Abschnitt 3 Bildung des Schiedsgerichts

§ 1034 Zusammensetzung des Schiedsgerichts

(1) Die Parteien können die Anzahl der Schiedsrichter vereinbaren. Fehlt eine solche Vereinbarung, so ist die Zahl der Schiedsrichter drei.

(2) Gibt die Schiedsvereinbarung einer Partei bei der Zusammensetzung des Schiedsgerichts ein Übergewicht, das die andere Partei benachteiligt, so kann diese Partei bei Gericht beantragen, den oder die Schiedsrichter abweichend von der erfolgten Ernennung oder der vereinbarten Ernennungsregelung zu bestellen. Der Antrag ist spätestens bis zum Ablauf von zwei Wochen, nachdem der Partei die Zusammensetzung des Schiedsgerichts bekannt geworden ist, zu stellen. § 1032 Abs. 3 gilt entsprechend.

§ 1035 Bestellung der Schiedsrichter

(1) Die Parteien können das Verfahren zur Bestellung des Schiedsrichters oder der Schiedsrichter vereinbaren.

(2) Sofern die Parteien nichts anderes vereinbart haben, ist eine Partei an die durch sie erfolgte Bestellung eines Schiedsrichters gebunden, sobald die andere Partei die Mitteilung über die Bestellung empfangen hat.

(3) Fehlt eine Vereinbarung der Parteien über die Bestellung der Schiedsrichter, wird ein Einzelschiedsrichter, wenn die Parteien sich über seine Bestellung nicht einigen können, auf Antrag einer Partei durch das Gericht bestellt. In schiedsrichterlichen Verfahren mit drei Schiedsrichtern bestellt jede Partei einen Schiedsrichter; diese beiden Schiedsrichter bestellen den dritten Schiedsrichter, der als Vorsitzender des Schiedsgerichts tätig wird. Hat eine Partei den Schiedsrichter nicht innerhalb eines Monats nach Empfang einer entsprechenden Aufforderung durch die andere Partei bestellt oder können sich die beiden Schiedsrichter nicht binnen eines Monats nach ihrer Bestellung über den dritten Schiedsrichter einigen, so ist der Schiedsrichter auf Antrag einer Partei durch das Gericht zu bestellen.

(4) Haben die Parteien ein Verfahren für die Bestellung vereinbart und handelt eine Partei nicht entsprechend diesem Verfahren oder können die Parteien oder die beiden Schiedsrichter eine Einigung entsprechend diesem Verfahren nicht erzielen oder erfüllt ein Dritter eine ihm nach diesem Verfahren übertragene Aufgabe nicht, so kann jede Partei bei Gericht die Anordnung der erforderlichen Maßnahmen beantragen, sofern das vereinbarte Bestellungsverfahren zur Sicherung der Bestellung nichts anderes vorsieht.

(5) Das Gericht hat bei der Bestellung eines Schiedsrichters alle nach der Parteivereinbarung für den Schiedsrichter vorgeschriebenen Voraussetzungen zu berücksichtigen und allen Gesichtspunkten Rechnung zu tragen, die die Bestellung eines unabhängigen und unparteiischen Schiedsrichters sicherstellen. Bei der Bestellung eines Einzelschiedsrichters oder eines dritten Schiedsrichters hat das Gericht auch die Zweckmäßigkeit der Bestellung eines Schiedsrichters mit einer anderen Staatsangehörigkeit als derjenigen der Parteien in Erwägung zu ziehen.

§ 1036 Ablehnung eines Schiedsrichters

(1) Eine Person, der ein Schiedsrichteramt angetragen wird, hat alle Umstände offen zu legen, die Zweifel an ihrer Unparteilichkeit oder Unabhängigkeit wecken können. Ein Schiedsrichter ist auch nach seiner Bestellung bis zum Ende des schiedsrichterlichen Verfahrens verpflichtet, solche Umstände den Parteien unverzüglich offen zu legen, wenn er sie ihnen nicht schon vorher mitgeteilt hat.

(2) Ein Schiedsrichter kann nur abgelehnt werden, wenn Umstände vorliegen, die berechtigte Zweifel an seiner Unparteilichkeit oder Unabhängigkeit aufkommen lassen, oder wenn er die zwischen den Parteien vereinbarten Voraussetzungen nicht erfüllt. Eine Partei kann einen Schiedsrichter, den sie bestellt oder an dessen Bestellung sie mitgewirkt hat, nur aus Gründen ablehnen, die ihr erst nach der Bestellung bekannt geworden sind.

§ 1037 Ablehnungsverfahren

(1) Die Parteien können vorbehaltlich des Absatzes 3 ein Verfahren für die Ablehnung eines Schiedsrichters vereinbaren.

(2) Fehlt eine solche Vereinbarung, so hat die Partei, die einen Schiedsrichter ablehnen will, innerhalb von zwei Wochen, nachdem ihr die Zusammensetzung des Schiedsgerichts oder ein Umstand im Sinne des § 1036 Abs. 2 bekannt geworden ist, dem Schiedsgericht schriftlich die Ablehnungsgründe darzulegen. Tritt der abgelehnte Schiedsrichter von seinem Amt nicht zurück oder stimmt die andere Partei der Ablehnung nicht zu, so entscheidet das Schiedsgericht über die Ablehnung.

(3) Bleibt die Ablehnung nach dem von den Parteien vereinbarten Verfahren oder nach dem in Absatz 2 vorgesehenen Verfahren erfolglos, so kann die ablehnende Partei innerhalb eines Monats, nachdem sie von der Entscheidung, mit der die Ablehnung verweigert wurde, Kenntnis erlangt hat, bei Gericht eine Entscheidung über die Ablehnung beantragen; die Parteien können eine andere Frist vereinbaren. Während ein solcher Antrag anhängig ist, kann das Schiedsgericht einschließlich des abgelehnten Schiedsrichters das schiedsrichterliche Verfahren fortsetzen und einen Schiedsspruch erlassen.

§ 1038 Untätigkeit oder Unmöglichkeit der Aufgabenerfüllung

(1) Ist ein Schiedsrichter rechtlich oder tatsächlich außerstande, seine Aufgaben zu erfüllen, oder kommt er aus anderen Gründen seinen Aufgaben in angemessener Frist nicht nach, so endet sein Amt, wenn er zurücktritt oder wenn die Parteien die Beendigung seines Amtes vereinbaren. Tritt der Schiedsrichter von seinem Amt nicht zurück oder können sich die Parteien über dessen Beendigung nicht einigen, kann jede Partei bei Gericht eine Entscheidung über die Beendigung des Amtes beantragen.

(2) Tritt ein Schiedsrichter in den Fällen des Absatzes 1 oder des § 1037 Abs. 2 zurück oder stimmt eine Partei der Beendigung des Schiedsrichteramtes zu, so bedeutet dies nicht die Anerkennung der in Absatz 1 oder § 1036 Abs. 2 genannten Rücktrittsgründe.

§ 1039 Bestellung eines Ersatzschiedsrichters

(1) Endet das Amt eines Schiedsrichters nach den §§ 1037, 1038 oder wegen seines Rücktritts vom Amt aus einem anderen Grund oder wegen der Aufhebung seines Amtes durch Vereinbarung der Parteien, so ist ein Ersatzschiedsrichter zu bestellen. Die Bestellung erfolgt nach den Regeln, die auf die Bestellung des zu ersetzenden Schiedsrichters anzuwenden waren.

(2) Die Parteien können eine abweichende Vereinbarung treffen.

Abschnitt 4 Zuständigkeit des Schiedsgerichts

§ 1040 Befugnis des Schiedsgerichts zur Entscheidung über die eigene Zuständigkeit

(1) Das Schiedsgericht kann über die eigene Zuständigkeit und im Zusammenhang hiermit über das Bestehen oder die Gültigkeit der Schiedsvereinbarung entscheiden. Hierbei ist eine Schiedsklausel als eine von den übrigen Vertragsbestimmungen unabhängige Vereinbarung zu behandeln.

(2) Die Rüge der Unzuständigkeit des Schiedsgerichts ist spätestens mit der Klagebeantwortung vorzubringen. Von der Erhebung einer solchen Rüge ist eine Partei nicht dadurch ausgeschlossen, dass sie einen Schiedsrichter bestellt oder an der Bestellung eines Schiedsrichters mitgewirkt hat. Die Rüge, das Schiedsgericht überschreite seine Befugnisse, ist zu erheben, sobald die Angelegenheit, von der dies behauptet wird, im schiedsrichterlichen Verfahren zur Erörterung kommt. Das Schiedsgericht kann in beiden Fällen eine spätere Rüge zulassen, wenn die Partei die Verspätung genügend entschuldigt.

(3) Hält das Schiedsgericht sich für zuständig, so entscheidet es über eine Rüge nach Absatz 2 in der Regel durch Zwischenentscheid. In diesem Fall kann jede Partei innerhalb eines Monats nach schriftlicher Mitteilung des Entscheids eine gerichtliche Entscheidung beantragen. Während ein solcher Antrag anhängig ist, kann das Schiedsgericht das schiedsrichterliche Verfahren fortsetzen und einen Schiedsspruch erlassen.

§ 1041 Maßnahmen des einstweiligen Rechtsschutzes

(1) Haben die Parteien nichts anderes vereinbart, so kann das Schiedsgericht auf Antrag einer Partei vorläufige oder sichernde Maßnahmen anordnen, die es in Bezug auf den Streitgegenstand für erforderlich hält. Das Schiedsgericht kann von jeder Partei im Zusammenhang mit einer solchen Maßnahme angemessene Sicherheit verlangen.

(2) Das Gericht kann auf Antrag einer Partei die Vollziehung einer Maßnahme nach Absatz 1 zulassen, sofern nicht schon eine entsprechende Maßnahme des einstweiligen Rechtsschutzes bei einem Gericht beantragt worden ist. Es kann die Anordnung abweichend fassen, wenn dies zur Vollziehung der Maßnahme notwendig ist.

(3) Auf Antrag kann das Gericht den Beschluss nach Absatz 2 aufheben oder ändern.

(4) Erweist sich die Anordnung einer Maßnahme nach Absatz 1 als von Anfang an ungerechtfertigt, so ist die Partei, welche ihre Vollziehung erwirkt hat, verpflichtet,

dem Gegner den Schaden zu ersetzen, der ihm aus der Vollziehung der Maßnahme oder dadurch entsteht, dass er Sicherheit leistet, um die Vollziehung abzuwenden. Der Anspruch kann im anhängigen schiedsrichterlichen Verfahren geltend gemacht werden.

Abschnitt 5 Durchführung des schiedsrichterlichen Verfahrens

§ 1042 Allgemeine Verfahrensregeln

(1) Die Parteien sind gleich zu behandeln. Jeder Partei ist rechtliches Gehör zu gewähren.

(2) Rechtsanwälte dürfen als Bevollmächtigte nicht ausgeschlossen werden.

(3) Im Übrigen können die Parteien vorbehaltlich der zwingenden Vorschriften dieses Buches das Verfahren selbst oder durch Bezugnahme auf eine schiedsrichterliche Verfahrensordnung regeln.

(4) Soweit eine Vereinbarung der Parteien nicht vorliegt und dieses Buch keine Regelung enthält, werden die Verfahrensregeln vom Schiedsgericht nach freiem Ermessen bestimmt. Das Schiedsgericht ist berechtigt, über die Zulässigkeit einer Beweiserhebung zu entscheiden, diese durchzuführen und das Ergebnis frei zu würdigen.

§ 1043 Ort des schiedsrichterlichen Verfahrens

(1) Die Parteien können eine Vereinbarung über den Ort des schiedsrichterlichen Verfahrens treffen. Fehlt eine solche Vereinbarung, so wird der Ort des schiedsrichterlichen Verfahrens vom Schiedsgericht bestimmt. Dabei sind die Umstände des Falles einschließlich der Eignung des Ortes für die Parteien zu berücksichtigen.

(2) Haben die Parteien nichts anderes vereinbart, so kann das Schiedsgericht ungeachtet des Absatzes 1 an jedem ihm geeignet erscheinenden Ort zu einer mündlichen Verhandlung, zur Vernehmung von Zeugen, Sachverständigen oder der Parteien, zur Beratung zwischen seinen Mitgliedern, zur Besichtigung von Sachen oder zur Einsichtnahme in Dokumente zusammentreten.

§ 1044 Beginn des schiedsrichterlichen Verfahrens

Haben die Parteien nichts anderes vereinbart, so beginnt das schiedsrichterliche Verfahren über eine bestimmte Streitigkeit mit dem Tag, an dem der Beklagte den Antrag, die Streitigkeit einem Schiedsgericht vorzulegen, empfangen hat. Der Antrag muss die Bezeichnung der Parteien, die Angabe des Streitgegenstandes und einen Hinweis auf die Schiedsvereinbarung enthalten.

§ 1045 Verfahrenssprache

(1) Die Parteien können die Sprache oder die Sprachen, die im schiedsrichterlichen Verfahren zu verwenden sind, vereinbaren. Fehlt eine solche Vereinbarung, so bestimmt hierüber das Schiedsgericht. Die Vereinbarung der Parteien oder die Bestim-

mung des Schiedsgerichts ist, sofern darin nichts anderes vorgesehen wird, für schriftliche Erklärungen einer Partei, mündliche Verhandlungen, Schiedssprüche, sonstige Entscheidungen und andere Mitteilungen des Schiedsgerichts maßgebend.

(2) Das Schiedsgericht kann anordnen, dass schriftliche Beweismittel mit einer Übersetzung in die Sprache oder die Sprachen versehen sein müssen, die zwischen den Parteien vereinbart oder vom Schiedsgericht bestimmt worden sind.

§ 1046 Klage und Klagebeantwortung

(1) Innerhalb der von den Parteien vereinbarten oder vom Schiedsgericht bestimmten Frist hat der Kläger seinen Anspruch und die Tatsachen, auf die sich dieser Anspruch stützt, darzulegen und der Beklagte hierzu Stellung zu nehmen. Die Parteien können dabei alle ihnen erheblich erscheinenden Dokumente vorlegen oder andere Beweismittel bezeichnen, derer sie sich bedienen wollen.

(2) Haben die Parteien nichts anderes vereinbart, so kann jede Partei im Laufe des schiedsrichterlichen Verfahrens ihre Klage oder ihre Angriffs- und Verteidigungsmittel ändern oder ergänzen, es sei denn, das Schiedsgericht lässt dies wegen Verspätung, die nicht genügend entschuldigt wird, nicht zu.

(3) Die Absätze 1 und 2 gelten für die Widerklage entsprechend.

§ 1047 Mündliche Verhandlung und schriftliches Verfahren

(1) Vorbehaltlich einer Vereinbarung der Parteien entscheidet das Schiedsgericht, ob mündlich verhandelt werden soll oder ob das Verfahren auf der Grundlage von Dokumenten und anderen Unterlagen durchzuführen ist. Haben die Parteien die mündliche Verhandlung nicht ausgeschlossen, hat das Schiedsgericht eine solche Verhandlung in einem geeigneten Abschnitt des Verfahrens durchzuführen, wenn eine Partei es beantragt.

(2) Die Parteien sind von jeder Verhandlung und jedem Zusammentreffen des Schiedsgerichts zu Zwecken der Beweisaufnahme rechtzeitig in Kenntnis zu setzen.

(3) Alle Schriftsätze, Dokumente und sonstigen Mitteilungen, die dem Schiedsgericht von einer Partei vorgelegt werden, sind der anderen Partei, Gutachten und andere schriftliche Beweismittel, auf die sich das Schiedsgericht bei seiner Entscheidung stützen kann, sind beiden Parteien zur Kenntnis zu bringen.

§ 1048 Säumnis einer Partei

(1) Versäumt es der Kläger, seine Klage nach § 1046 Abs. 1 einzureichen, so beendet das Schiedsgericht das Verfahren.

(2) Versäumt es der Beklagte, die Klage nach § 1046 Abs. 1 zu beantworten, so setzt das Schiedsgericht das Verfahren fort, ohne die Säumnis als solche als Zugeständnis der Behauptungen des Klägers zu behandeln.

(3) Versäumt es eine Partei, zu einer mündlichen Verhandlung zu erscheinen oder innerhalb einer festgelegten Frist ein Dokument zum Beweis vorzulegen, so kann

das Schiedsgericht das Verfahren fortsetzen und den Schiedsspruch nach den vorliegenden Erkenntnissen erlassen.

(4) Wird die Säumnis nach Überzeugung des Schiedsgerichts genügend entschuldigt, bleibt sie außer Betracht. Im Übrigen können die Parteien über die Folgen der Säumnis etwas anderes vereinbaren.

§ 1049 Vom Schiedsgericht bestellter Sachverständiger

(1) Haben die Parteien nichts anderes vereinbart, so kann das Schiedsgericht einen oder mehrere Sachverständige zur Erstattung eines Gutachtens über bestimmte vom Schiedsgericht festzulegende Fragen bestellen. Es kann ferner eine Partei auffordern, dem Sachverständigen jede sachdienliche Auskunft zu erteilen oder alle für das Verfahren erheblichen Dokumente oder Sachen zur Besichtigung vorzulegen oder zugänglich zu machen.

(2) Haben die Parteien nichts anderes vereinbart, so hat der Sachverständige, wenn eine Partei dies beantragt oder das Schiedsgericht es für erforderlich hält, nach Erstattung seines schriftlichen oder mündlichen Gutachtens an einer mündlichen Verhandlung teilzunehmen. Bei der Verhandlung können die Parteien dem Sachverständigen Fragen stellen und eigene Sachverständige zu den streitigen Fragen aussagen lassen.

(3) Auf den vom Schiedsgericht bestellten Sachverständigen sind die §§ 1036, 1037 Abs. 1 und 2 entsprechend anzuwenden.

§ 1050 Gerichtliche Unterstützung bei der Beweisaufnahme und sonstige richterliche Handlungen

Das Schiedsgericht oder eine Partei mit Zustimmung des Schiedsgerichts kann bei Gericht Unterstützung bei der Beweisaufnahme oder die Vornahme sonstiger richterlicher Handlungen, zu denen das Schiedsgericht nicht befugt ist, beantragen. Das Gericht erledigt den Antrag, sofern es ihn nicht für unzulässig hält, nach seinen für die Beweisaufnahme oder die sonstige richterliche Handlung geltenden Verfahrensvorschriften. Die Schiedsrichter sind berechtigt, an einer gerichtlichen Beweisaufnahme teilzunehmen und Fragen zu stellen.

Abschnitt 6 Schiedsspruch und Beendigung des Verfahrens

§ 1051 Anwendbares Recht

(1) Das Schiedsgericht hat die Streitigkeit in Übereinstimmung mit den Rechtsvorschriften zu entscheiden, die von den Parteien als auf den Inhalt des Rechtsstreits anwendbar bezeichnet worden sind. Die Bezeichnung des Rechts oder der Rechtsordnung eines bestimmten Staates ist, sofern die Parteien nicht ausdrücklich etwas anderes vereinbart haben, als unmittelbare Verweisung auf die Sachvorschriften dieses Staates und nicht auf sein Kollisionsrecht zu verstehen.

(2) Haben die Parteien die anzuwendenden Rechtsvorschriften nicht bestimmt, so hat das Schiedsgericht das Recht des Staates anzuwenden, mit dem der Gegenstand des Verfahrens die engsten Verbindungen aufweist.

(3) Das Schiedsgericht hat nur dann nach Billigkeit zu entscheiden, wenn die Parteien es ausdrücklich dazu ermächtigt haben. Die Ermächtigung kann bis zur Entscheidung des Schiedsgerichts erteilt werden.

(4) In allen Fällen hat das Schiedsgericht in Übereinstimmung mit den Bestimmungen des Vertrages zu entscheiden und dabei bestehende Handelsbräuche zu berücksichtigen.

§ 1052 Entscheidung durch ein Schiedsrichterkollegium

(1) Haben die Parteien nichts anderes vereinbart, so ist in schiedsrichterlichen Verfahren mit mehr als einem Schiedsrichter jede Entscheidung des Schiedsgerichts mit Mehrheit der Stimmen aller Mitglieder zu treffen.

(2) Verweigert ein Schiedsrichter die Teilnahme an einer Abstimmung, können die übrigen Schiedsrichter ohne ihn entscheiden, sofern die Parteien nichts anderes vereinbart haben. Die Absicht, ohne den verweigernden Schiedsrichter über den Schiedsspruch abzustimmen, ist den Parteien vorher mitzuteilen. Bei anderen Entscheidungen sind die Parteien von der Abstimmungsverweigerung nachträglich in Kenntnis zu setzen.

(3) Über einzelne Verfahrensfragen kann der vorsitzende Schiedsrichter allein entscheiden, wenn die Parteien oder die anderen Mitglieder des Schiedsgerichts ihn dazu ermächtigt haben.

§ 1053 Vergleich

(1) Vergleichen sich die Parteien während des schiedsrichterlichen Verfahrens über die Streitigkeit, so beendet das Schiedsgericht das Verfahren. Auf Antrag der Parteien hält es den Vergleich in der Form eines Schiedsspruchs mit vereinbartem Wortlaut fest, sofern der Inhalt des Vergleichs nicht gegen die öffentliche Ordnung (ordre public) verstößt.

(2) Ein Schiedsspruch mit vereinbartem Wortlaut ist gemäß § 1054 zu erlassen und muss angeben, dass es sich um einen Schiedsspruch handelt. Ein solcher Schiedsspruch hat dieselbe Wirkung wie jeder andere Schiedsspruch zur Sache.

(3) Soweit die Wirksamkeit von Erklärungen eine notarielle Beurkundung erfordert, wird diese bei einem Schiedsspruch mit vereinbartem Wortlaut durch die Aufnahme der Erklärungen der Parteien in den Schiedsspruch ersetzt.

(4) Mit Zustimmung der Parteien kann ein Schiedsspruch mit vereinbartem Wortlaut auch von einem Notar, der seinen Amtssitz im Bezirk des nach § 1062 Abs. 1, 2 für die Vollstreckbarerklärung zuständigen Gerichts hat, für vollstreckbar erklärt werden. Der Notar lehnt die Vollstreckbarerklärung ab, wenn die Voraussetzungen des Absatzes 1 Satz 2 nicht vorliegen.

§ 1054 Form und Inhalt des Schiedsspruchs

(1) Der Schiedsspruch ist schriftlich zu erlassen und durch den Schiedsrichter oder die Schiedsrichter zu unterschreiben. In schiedsrichterlichen Verfahren mit mehr als einem

Schiedsrichter genügen die Unterschriften der Mehrheit aller Mitglieder des Schiedsgerichts, sofern der Grund für eine fehlende Unterschrift angegeben wird.

(2) Der Schiedsspruch ist zu begründen, es sei denn, die Parteien haben vereinbart, dass keine Begründung gegeben werden muss, oder es handelt sich um einen Schiedsspruch mit vereinbartem Wortlaut im Sinne des § 1053.

(3) Im Schiedsspruch sind der Tag, an dem er erlassen wurde, und der nach § 1043 Abs. 1 bestimmte Ort des schiedsrichterlichen Verfahrens anzugeben. Der Schiedsspruch gilt als an diesem Tag und diesem Ort erlassen.

(4) Jeder Partei ist ein von den Schiedsrichtern unterschriebener Schiedsspruch zu übermitteln.

§ 1055 Wirkungen des Schiedsspruchs

Der Schiedsspruch hat unter den Parteien die Wirkungen eines rechtskräftigen gerichtlichen Urteils.

§ 1056 Beendigung des schiedsrichterlichen Verfahrens

(1) Das schiedsrichterliche Verfahren wird mit dem endgültigen Schiedsspruch oder mit einem Beschluss des Schiedsgerichts nach Absatz 2 beendet.

(2) Das Schiedsgericht stellt durch Beschluss die Beendigung des schiedsrichterlichen Verfahrens fest, wenn

1. der Kläger

   a) es versäumt, seine Klage nach § 1046 Abs. 1 einzureichen und kein Fall des § 1048 Abs. 4 vorliegt, oder

   b) seine Klage zurücknimmt, es sei denn, dass der Beklagte dem widerspricht und das Schiedsgericht ein berechtigtes Interesse des Beklagten an der endgültigen Beilegung der Streitigkeit anerkennt; oder

2. die Parteien die Beendigung des Verfahrens vereinbaren; oder

3. die Parteien das schiedsrichterliche Verfahren trotz Aufforderung des Schiedsgerichts nicht weiter betreiben oder die Fortsetzung des Verfahrens aus einem anderen Grund unmöglich geworden ist.

(3) Vorbehaltlich des § 1057 Abs. 2 und der §§ 1058, 1059 Abs. 4 endet das Amt des Schiedsgerichts mit der Beendigung des schiedsrichterlichen Verfahrens.

§ 1057 Entscheidung über die Kosten

(1) Sofern die Parteien nichts anderes vereinbart haben, hat das Schiedsgericht in einem Schiedsspruch darüber zu entscheiden, zu welchem Anteil die Parteien die Kosten des schiedsrichterlichen Verfahrens einschließlich der den Parteien erwachsenen und zur zweckentsprechenden Rechtsverfolgung notwendigen Kosten zu tragen haben. Hierbei entscheidet das Schiedsgericht nach pflichtgemäßem Ermessen unter Berücksichtigung der Umstände des Einzelfalles, insbesondere des Ausgangs des Verfahrens.

(2) Soweit die Kosten des schiedsrichterlichen Verfahrens feststehen, hat das Schiedsgericht auch darüber zu entscheiden, in welcher Höhe die Parteien diese zu tragen haben. Ist die Festsetzung der Kosten unterblieben oder erst nach Beendigung des schiedsrichterlichen Verfahrens möglich, wird hierüber in einem gesonderten Schiedsspruch entschieden.

§ 1058 Berichtigung, Auslegung und Ergänzung des Schiedsspruchs

(1) Jede Partei kann beim Schiedsgericht beantragen,

1. Rechen-, Schreib- und Druckfehler oder Fehler ähnlicher Art im Schiedsspruch zu berichtigen;

2. bestimmte Teile des Schiedsspruchs auszulegen;

3. einen ergänzenden Schiedsspruch über solche Ansprüche zu erlassen, die im schiedsrichterlichen Verfahren zwar geltend gemacht, im Schiedsspruch aber nicht behandelt worden sind.

(2) Sofern die Parteien keine andere Frist vereinbart haben, ist der Antrag innerhalb eines Monats nach Empfang des Schiedsspruchs zu stellen.

(3) Das Schiedsgericht soll über die Berichtigung oder Auslegung des Schiedsspruchs innerhalb eines Monats und über die Ergänzung des Schiedsspruchs innerhalb von zwei Monaten entscheiden.

(4) Eine Berichtigung des Schiedsspruchs kann das Schiedsgericht auch ohne Antrag vornehmen.

(5) § 1054 ist auf die Berichtigung, Auslegung oder Ergänzung des Schiedsspruchs anzuwenden.

Abschnitt 7 Rechtsbehelf gegen den Schiedsspruch

§ 1059 Aufhebungsantrag

(1) Gegen einen Schiedsspruch kann nur der Antrag auf gerichtliche Aufhebung nach den Absätzen 2 und 3 gestellt werden.

(2) Ein Schiedsspruch kann nur aufgehoben werden,

1. wenn der Antragsteller begründet geltend macht, dass

    a) eine der Parteien, die eine Schiedsvereinbarung nach den §§ 1029, 1031 geschlossen haben, nach dem Recht, das für sie persönlich maßgebend ist, hierzu nicht fähig war, oder dass die Schiedsvereinbarung nach dem Recht, dem die Parteien sie unterstellt haben oder, falls die Parteien hierüber nichts bestimmt haben, nach deutschem Recht ungültig ist oder

    b) er von der Bestellung eines Schiedsrichters oder von dem schiedsrichterlichen Verfahren nicht gehörig in Kenntnis gesetzt worden ist oder dass er aus einem anderen Grund seine Angriffs- oder Verteidigungsmittel nicht hat geltend machen können oder

c) der Schiedsspruch eine Streitigkeit betrifft, die in der Schiedsabrede nicht erwähnt ist oder nicht unter die Bestimmungen der Schiedsklausel fällt, oder dass er Entscheidungen enthält, welche die Grenzen der Schiedsvereinbarung überschreiten; kann jedoch der Teil des Schiedsspruchs, der sich auf Streitpunkte bezieht, die dem schiedsrichterlichen Verfahren unterworfen waren, von dem Teil, der Streitpunkte betrifft, die ihm nicht unterworfen waren, getrennt werden, so kann nur der letztgenannte Teil des Schiedsspruchs aufgehoben werden; oder

d) die Bildung des Schiedsgerichts oder das schiedsrichterliche Verfahren einer Bestimmung dieses Buches oder einer zulässigen Vereinbarung der Parteien nicht entsprochen hat und anzunehmen ist, dass sich dies auf den Schiedsspruch ausgewirkt hat; oder

2. wenn das Gericht feststellt, dass

a) der Gegenstand des Streites nach deutschem Recht nicht schiedsfähig ist oder

b) die Anerkennung oder Vollstreckung des Schiedsspruchs zu einem Ergebnis führt, das der öffentlichen Ordnung (ordre public) widerspricht.

(3) Sofern die Parteien nichts anderes vereinbaren, muss der Aufhebungsantrag innerhalb einer Frist von drei Monaten bei Gericht eingereicht werden. Die Frist beginnt mit dem Tag, an dem der Antragsteller den Schiedsspruch empfangen hat. Ist ein Antrag nach § 1058 gestellt worden, verlängert sich die Frist um höchstens einen Monat nach Empfang der Entscheidung über diesen Antrag. Der Antrag auf Aufhebung des Schiedsspruchs kann nicht mehr gestellt werden, wenn der Schiedsspruch von einem deutschen Gericht für vollstreckbar erklärt worden ist.

(4) Ist die Aufhebung beantragt worden, so kann das Gericht in geeigneten Fällen auf Antrag einer Partei unter Aufhebung des Schiedsspruchs die Sache an das Schiedsgericht zurückverweisen.

(5) Die Aufhebung des Schiedsspruchs hat im Zweifel zur Folge, dass wegen des Streitgegenstandes die Schiedsvereinbarung wiederauflebt.

Abschnitt 8 Voraussetzungen der Anerkennung und Vollstreckung von Schiedssprüchen

§ 1060 Inländische Schiedssprüche

(1) Die Zwangsvollstreckung findet statt, wenn der Schiedsspruch für vollstreckbar erklärt ist.

(2) Der Antrag auf Vollstreckbarerklärung ist unter Aufhebung des Schiedsspruchs abzulehnen, wenn einer der in § 1059 Abs. 2 bezeichneten Aufhebungsgründe vorliegt. Aufhebungsgründe sind nicht zu berücksichtigen, soweit im Zeitpunkt der Zustellung des Antrags auf Vollstreckbarerklärung ein auf sie gestützter Aufhebungsantrag rechtskräftig abgewiesen ist. Aufhebungsgründe nach § 1059 Abs. 2 Nr. 1 sind auch dann nicht zu berücksichtigen, wenn die in § 1059 Abs. 3 bestimmten Fristen abgelaufen sind, ohne dass der Antragsgegner einen Antrag auf Aufhebung des Schiedsspruchs gestellt hat.

§ 1061 Ausländische Schiedssprüche

(1) Die Anerkennung und Vollstreckung ausländischer Schiedssprüche richtet sich nach dem Übereinkommen v 10. Juni 1958 über die Anerkennung und Vollstreckung ausländischer Schiedssprüche (BGBl 1961 II S 121). Die Vorschriften in anderen Staatsverträgen über die Anerkennung und Vollstreckung von Schiedssprüchen bleiben unberührt.

(2) Ist die Vollstreckbarerklärung abzulehnen, stellt das Gericht fest, dass der Schiedsspruch im Inland nicht anzuerkennen ist.

(3) Wird der Schiedsspruch, nachdem er für vollstreckbar erklärt worden ist, im Ausland aufgehoben, so kann die Aufhebung der Vollstreckbarerklärung beantragt werden.

Abschnitt 9 Gerichtliches Verfahren

§ 1062 Zuständigkeit

(1) Das Oberlandesgericht, das in der Schiedsvereinbarung bezeichnet ist oder, wenn eine solche Bezeichnung fehlt, in dessen Bezirk der Ort des schiedsrichterlichen Verfahrens liegt, ist zuständig für Entscheidungen über Anträge betreffend

1. die Bestellung eines Schiedsrichters (§§ 1034, 1035), die Ablehnung eines Schiedsrichters (§ 1037) oder die Beendigung des Schiedsrichteramtes (§ 1038);
2. die Feststellung der Zulässigkeit oder Unzulässigkeit eines schiedsrichterlichen Verfahrens (§ 1032) oder die Entscheidung eines Schiedsgerichts, in der dieses seine Zuständigkeit in einem Zwischenentscheid bejaht hat (§ 1040);
3. die Vollziehung, Aufhebung oder Änderung der Anordnung vorläufiger oder sichernder Maßnahmen des Schiedsgerichts (§ 1041);
4. die Aufhebung (§ 1059) oder die Vollstreckbarerklärung des Schiedsspruchs (§§ 1060 ff) oder die Aufhebung der Vollstreckbarerklärung (§ 1061).

(2) Besteht in den Fällen des Absatzes 1 Nr. 2 erste Alternative, Nr. 3 oder Nr. 4 kein deutscher Schiedsort, so ist für die Entscheidungen das Oberlandesgericht zuständig, in dessen Bezirk der Antragsgegner seinen Sitz oder gewöhnlichen Aufenthalt hat oder sich Vermögen des Antragsgegners oder der mit der Schiedsklage in Anspruch genommene oder von der Maßnahme betroffene Gegenstand befindet, hilfsweise das Kammergericht.

(3) In den Fällen des § 1025 Abs. 3 ist für die Entscheidung das Oberlandesgericht zuständig, in dessen Bezirk der Kläger oder der Beklagte seinen Sitz oder seinen gewöhnlichen Aufenthalt hat.

(4) Für die Unterstützung bei der Beweisaufnahme und sonstige richterliche Handlungen (§ 1050) ist das Amtsgericht zuständig, in dessen Bezirk die richterliche Handlung vorzunehmen ist.

(5) Sind in einem Land mehrere Oberlandesgerichte errichtet, so kann die Zuständigkeit von der Landesregierung durch Rechtsverordnung einem Oberlandesgericht oder dem obersten Landesgericht übertragen werden; die Landesregierung kann die Ermächtigung durch Rechtsverordnung auf die Landesjustizverwaltung übertragen. Mehrere

Länder können die Zuständigkeit eines Oberlandesgerichts über die Ländergrenzen hinaus vereinbaren.

§ 1063 Allgemeine Vorschriften

(1) Das Gericht entscheidet durch Beschluss. Vor der Entscheidung ist der Gegner zu hören.

(2) Das Gericht hat die mündliche Verhandlung anzuordnen, wenn die Aufhebung des Schiedsspruchs beantragt wird oder wenn bei einem Antrag auf Anerkennung oder Vollstreckbarerklärung des Schiedsspruchs Aufhebungsgründe nach § 1059 Abs. 2 in Betracht kommen.

(3) Der Vorsitzende des Zivilsenats kann ohne vorherige Anhörung des Gegners anordnen, dass der Antragsteller bis zur Entscheidung über den Antrag die Zwangsvollstreckung aus dem Schiedsspruch betreiben oder die vorläufige oder sichernde Maßnahme des Schiedsgerichts nach § 1041 vollziehen darf. Die Zwangsvollstreckung aus dem Schiedsspruch darf nicht über Maßnahmen zur Sicherung hinausgehen. Der Antragsgegner ist befugt, die Zwangsvollstreckung durch Leistung einer Sicherheit in Höhe des Betrages, wegen dessen der Antragsteller vollstrecken kann, abzuwenden.

(4) Solange eine mündliche Verhandlung nicht angeordnet ist, können zu Protokoll der Geschäftsstelle Anträge gestellt und Erklärungen abgegeben werden.

§ 1064 Besonderheiten bei der Vollstreckbarerklärung von Schiedssprüchen

(1) Mit dem Antrag auf Vollstreckbarerklärung eines Schiedsspruchs ist der Schiedsspruch oder eine beglaubigte Abschrift des Schiedsspruchs vorzulegen. Die Beglaubigung kann auch von dem für das gerichtliche Verfahren bevollmächtigten Rechtsanwalt vorgenommen werden.

(2) Der Beschluss, durch den ein Schiedsspruch für vollstreckbar erklärt wird, ist für vorläufig vollstreckbar zu erklären.

(3) Auf ausländische Schiedssprüche sind die Absätze 1 und 2 anzuwenden, soweit Staatsverträge nicht ein anderes bestimmen.

§ 1065 Rechtsmittel

(1) Gegen die in § 1062 Abs. 1 Nr. 2 und 4 genannten Entscheidungen findet die Rechtsbeschwerde statt. Im Übrigen sind die Entscheidungen in den in § 1062 Abs. 1 bezeichneten Verfahren unanfechtbar.

(2) Die Rechtsbeschwerde kann auch darauf gestützt werden, dass die Entscheidung auf einer Verletzung eines Staatsvertrages beruht. Die §§ 707, 717 sind entsprechend anzuwenden.

Abschnitt 10 Außervertragliche Schiedsgerichte

§ 1066 Entsprechende Anwendung der Vorschriften des Buches 10

Für Schiedsgerichte, die in gesetzlich statthafter Weise durch letztwillige oder andere nicht auf Vereinbarung beruhende Verfügungen angeordnet werden, gelten die Vorschriften dieses Buches entsprechend.

A. Zulässigkeit

1 Der Erblasser kann gem § 1066 ZPO die Einsetzung eines Schiedsgerichts anordnen, das dann Streitigkeiten im Zusammenhang mit dem Nachlass und seiner Abwicklung unter Ausschluss des ordentlichen Rechtsweges zu entscheiden hat. Ein solches Schiedsgerichts, für das die §§ 1025 ff ZPO entsprechend gelten, ist wesentlich freier gestellt als ein Prozessgericht. Es ist nicht an die Anträge der Erben gebunden und kann so zügig eine wirtschaftlich zweckmäßige und praktische Erledigung der Streitpunkte herbeiführen (BGH ZZP 73, 118, 119; FA-ErbR/*Krause* Kap 2 Rn 535 ff). Gleichwohl wird von dieser Möglichkeit leider noch wenig Gebrauch gemacht.

B. Form

2 Der Erblasser kann das Schiedsgericht einseitig in jedem nach den §§ 2229 ff BGB zulässigen **Testament** anordnen. Das gilt auch für vertragsmäßige und nicht vertragsmäßige Verfügungen und Auflagen iSv §§ 2278, 2279 BGB in einem **Erbvertrag** im Verhältnis zwischen beschwerten Erben und begünstigten Dritten. Lediglich soweit das Schiedsgericht auch für Streitigkeiten der Vertragparteien des Erbvertrages untereinander zuständig sein soll, bedarf es einer zusätzlichen **Schiedsvereinbarung** in der Form des § 1031 BGB (OLG Hamm NJW-RR 1991, 455, 456; MüKo/*Münch* § 1066 Rn 2; 15 Zöller/*Geimer* § 1066 Rn 15).

C. Gegenstand des Schiedsverfahren

3 Die Erbfolge kann nicht durch ein Schiedsgericht entschieden werden, da dieses nicht der Disposition der Erbprätendenten unterliegt und mit § 2065 Abs. 2 BGB unvereinbar ist. Eine Schiedsklausel ist daher für das Erbscheinsverfahren unbeachtlich (BayObLG FamRZ 2001, 873, 874; LG Hechingen FamRZ 2001, 721, 723; zustimmend OLG Stuttgart 2002, 1365, 1366; *Otte* FamRZ 2006, 309 mwN; *Grziwotz* MDR 2002, 734, 736). Das Schiedsgericht kann auch nicht anstelle des Nachlassgerichts über die Entlassung des Testamentsvollstreckers entscheiden (§§ 2220, 2227 BGB; MüKo/*Münch* § 1066 Rn 3). Auch für die ges Pflichtteilsansprüche kann der Rechtsweg vor dem Prozessgericht nicht ausgeschlossen werden. Im Übrigen kann der Schiedsrichter nur das nicht, was auch der Erblasser nicht durfte (so *Münch* aaO). Dem Schiedsgericht können daher weitreichende Aufgaben zugewiesen werden. So kann der Erblasser anordnen, dass es über die Auseinandersetzung der Erbengemeinschaft und die Zuweisung von Vermögensgegenständen an einzelne Erben, Vermächtnisnehmer oder durch eine Auflage Begünstigte zu entscheiden hat (BGH ZZP 73, 118, 119). Das Schiedsgericht darf auch das Testament auslegen, wobei allerdings die im Einzelfall schwirig zu ziehende Grenze zu einer unzulässigen Bestimmung der Erbfolge nicht überschritten werden darf (zur Auslegung von testamentarischen Schiedsklauseln, insbesondere zur Abgrenzung von Schiedsgerichts- und Schiedsgutachterklauseln siehe *Otte* FamRZ 2006, 309, 310).

D. Zusammensetzung des Schiedsgerichts

Der Erblasser kann die Zusammensetzung des Schiedsgerichts bestimmen. Einzelschieds- 4
richter oder Vorsitzenden des Schiedsgericht sollte ein im Erbrecht erfahrener Jurist sein.
Schiedsrichter kann auch der Testamentsvollstrecker sein, der jedoch insoweit ausgeschlossen ist, als es um sein Amt oder um seine persönlichen erbrechtlichen Ansprüche geht, da er nicht Richter in eigener Sache sein darf (MüKo/*Münch* aaO Rn 3; FA-ErbR/ *Krause* aaO Rn 536a, d mwN).

E. Schiedsvereinbarung unter den Erben

Nach dem Erbfall kann zwischen den Erben und den sonstigen Begünstigten ein schieds- 5
richterliches Verfahren gem § 1029 ff ZPO in dem Umfange vereinbart werden, in dem es
auch der Erblasser hätte anordnen dürfen (siehe Rn 160, 162).

Gesetz über die Angelegenheiten der freiwilligen Gerichtsbarkeit

Vom 17. Mai 1898 (RGBl. S 189) in der Fassung der Bekanntmachung v 20. Mai 1898 (RGBl. S 771) in der im Bundesgesetzblatt Teil III, Gliederungsnummer 315-1, veröffentlichten bereinigten Fassung

– Auszug –

Erster Abschnitt Allgemeine Vorschriften

§ 11 Protokollierung von Anträgen und Erklärungen

Anträge und Erklärungen können zu Protokoll der Geschäftsstelle des zuständigen Gerichts oder der Geschäftsstelle eines Amtsgerichts erfolgen.

§ 11 regelt nicht abschließend, in welcher Form Anträge und Erklärungen abgegeben 1
werden können. Die Vorschrift besagt nur, dass Erklärungen und Anträge bei jeder
Geschäftsstelle eines AGs gestellt werden können (BGH Rpfleger 1957, 346).
Erklärungen sind für das Gericht bestimmte Äußerungen tatsächlicher, verfahrensrecht- 2
licher oder rechtsgeschäftlicher Art, wie zB die Ausschlagung der Erbschaft etc; Anträge
sind Erklärungen, die eine bestimmte Tätigkeit des Gerichts fordern, ohne Unterschied, ob
es sich um einen notwendigen Antrag oder eine Anregung (Antrag auf Einziehung des
unrichtigen Erbscheins bspw) handelt.

§ 12 Ermittlungen des Gerichts von Amts wegen

Das Gericht hat von Amts wegen die zur Feststellung der Tatsachen erforderlichen Ermittlungen zu veranstalten und die geeignet erscheinenden Beweise aufzunehmen.

Inhaltsverzeichnis

		Rn
A.	Regelungsgehalt	1–4
B.	Verfahrensgrundsätze	5–7
	I. Offizialmaxime	6
	II. Inquisitionsmaxime	7

§ 12 FGG | Ermittlungen des Gerichts von Amts wegen

C.	Amtsverfahren und Antragsverfahren	8–13
	I. Amtsverfahren	9
	II. Antragsverfahren	10–13
D.	Art und Umfang der Ermittlungen	14–35
	I. Allgemeines	14
	II. Mitwirkungspflicht der Beteiligten	15–19
	1. Allgemeines	15
	2. Übereinstimmende Beteiligtenerklärungen, Auslegungsverträge und Vergleiche	16–19
	III. Prüfung von Vorfragen und Bindung an andere Entscheidungen	20–22
	1. Gerichtliche Entscheidungen	21
	2. Rechtsgestaltende Verwaltungsakte	22
	IV. Anwendungsbereich in den Instanzen	23–31
	1. Verfahren erster Instanz	23–27
	a) Zulässigkeit des Antrags	25
	b) Materiellrechtliche Ermittlungen	26
	c) Ermittlungen im Zusammenhang mit Verfügungen von Todes wegen	27
	2. Beschwerdeverfahren	28–30
	3. Weitere Beschwerde	31
	V. Amtsermittlung und Aussetzung, Unterbrechung und Ruhen des Verfahrens	32–35
	1. Aussetzung des Verfahrens	32–33
	2. Unterbrechung des Verfahrens	34
	3. Ruhen des Verfahrens	35
E.	Freibeweis und Strengbeweis	36–41
	I. Allgemeines	36
	II. Freibeweis	37–39
	III. Strengbeweis	40–41
F.	Beweiswürdigung und Feststellungslast	42–53
	I. Grundsatz der freien Beweiswürdigung	42–45
	1. Allgemeines	42
	2. Beweis des ersten Anscheins	43
	3. Verwertung offenkundiger Tatsachen und privaten Wissens des Richters	44–45
	II. Abgrenzung: Beweisführungslast und Feststellungslast	46–47
	III. Grundsätze der Feststellungslast	48–52
	1. Rechtsbegründende Tatsachen	48
	2. Rechtshindernde oder rechtsvernichtende Tatsachen	49
	3. Ausnahmetatbestände	50
	4. Auslegungs- und Ergänzungsregeln	51
	5. Beweisvereitelung und Feststellungslast	52
	IV. Vereinbarungen über die Feststellungslast	53
G.	Rechtliches Gehör und Anhörung der Beteiligten	54–67
	I. Unterschied zwischen Anhörung der Beteiligten und rechtlichem Gehör	54–55
	1. Anhörung der Beteiligten	54
	2. Rechtliches Gehör	55
	II. Kreis der Berechtigten	56
	III. Inhalt des rechtlichen Gehörs	57–63
	1. Recht auf Kenntnisnahme vom Verfahrensstoff	59
	2. Recht zur Stellungnahme	60–62
	3. Pflicht zur Berücksichtigung des Beteiligtenvorbringens	63
	IV. Folgen der Verletzung des rechtlichen Gehörs	64–65
	V. Anhörung der Beteiligten zur Sachverhaltsaufklärung	66–67
H.	Anhang	68–91

Ermittlungen des Gerichts von Amts wegen | § 12 FGG

I.	Voraussetzungen für die Erteilung eines Erbscheins	68–84
	1. Zuständigkeit des Gerichts	69
	2. Antrag	70–79
	a) Form und Frist	71–72
	b) Antragsberechtigung	73
	c) Inhalt	74–76
	d) Vertretung	77
	e) Mängel des Antrags	78
	f) Fehlen eines Antrags, Genehmigung	79
	3. Angaben und Nachweise gem §§ 2354 ff	80
	4. Annahme der Erbschaft	81
	5. Beteiligtenfähigkeit	82
	6. Verfahrensfähigkeit	83
	7. Rechtsschutzbedürfnis	84
II.	Entscheidungsmöglichkeiten des Nachlassgerichts	85–90
	1. Erbscheinserteilungsanordnung	85
	2. Vorbescheid	86
	3. Zwischenverfügung (analog § 18 GBO)	87–89
	4. Ablehnung des Erbscheinsantrags	90
III.	Erbscheinseinziehung	91

A. Regelungsgehalt

Diese Vorschrift regelt zunächst ihrem Wortlaut nach, dass die für die Beweiserhebung 1
Tatsachenermittlungen von Amts wegen zu erfolgen hat. Die Amtsermittlungspflicht gilt
sowohl für das Nachlassgericht als auch im Beschwerdeverfahren. § 12 FGG enthält jedoch
auch zwei wesentliche Verfahrensgrundsätze (s Rn 5), die die Abgrenzung zum ZPO-Verfahren darstellen.

§ 12 FGG und § 2358 BGB sind von ihrem Regelungsgehalt her deckungsgleich. Auch 2
§ 2358 regelt, dass das Nachlassgericht im Erbscheinsverfahren verpflichtet ist, die erforderlichen Ermittlungen von Amts wegen durchzuführen und sämtliche zur Aufklärung
des Sachverhalts erforderlichen Beweise zu erheben (siehe insoweit auch die Kommentierung zu § 2358).

Die Ermittlungspflicht des Nachlassgerichts ist allerdings nicht unbegrenzt, sie wird 3
durch die jeweiligen Tatbestandsvoraussetzungen des materiellen Rechts näher bestimmt.
Die Beteiligten sind dazu angehalten, durch entsprechenden Tatsachenvortrag und die
Benennung von Beweismitteln an der Sachverhaltsaufklärung mitzuwirken.

Dem Gericht stehen der Freibeweis und der Strengbeweis zur Verfügung (s.u. 36 ff). 4

B. Verfahrensgrundsätze

Das Verfahren der freiwilligen Gerichtsbarkeit unterliegt verschiedenen Verfahrensgrund- 5
sätzen, von denen die **Offizialmaxime** (der Grundsatz des Amtsverfahrens) und die
Inquisitionsmaxime (der Untersuchungsgrundsatz) die wichtigsten sind.

I. Offizialmaxime

Die Offizialmaxime führt dazu, dass das Verfahren von Amts wegen einzuleiten und in 6
Gang zu halten ist, soweit nicht ein Antrag gesetzlich vorgeschrieben ist (wie etwa beim
Erbscheinsverfahren). Anders als im Zivilprozess, in dem die Dispositionsmaxime gilt,
obliegt es im Regelfall nicht den Verfahrensbeteiligten zu bestimmen, ob ein gerichtliches
Verfahren eingeleitet werden soll und was dessen Gegenstand sein soll. Nur in den
Antragsverfahren gilt zumindest die Dispositionsmaxime insoweit, als die Beteiligten
darüber entscheiden können, ob ein Verfahren in Gang gesetzt wird und welchen Gegen-

§ 12 FGG | Ermittlungen des Gerichts von Amts wegen

stand es haben soll (Antrag auf Erteilung eines bestimmten Erbscheins). Auch kann der Antrag im laufenden Verfahren zurückgenommen werden.

II. Inquisitionsmaxime

7 Die Inquisitionsmaxime der (Grundsatz der Amtsermittlung) kennzeichnet den wesentlichen Unterschied des FGG zum Zivilgerichtsverfahren. Sie steht im Widerspruch zum Verhandlungs- und Beibringungsgrundsatz. Während es im Zivilprozess Aufgabe der Parteien ist, die Tatsachen vorzutragen, die später Entscheidungsgrundlage des Gerichts sein sollen, obliegt es im Verfahren der freiwilligen Gerichtsbarkeit dem Gericht, den gesamten Sachverhalt von Amts wegen festzustellen. Es ist an das Vorbringen und die Beweisangebote der Beteiligten nicht gebunden und hat nach pflichtgemäßem Ermessen den Sachverhalt durch die geeignet erscheinenden Beweise zu ermitteln. Letztlich kann auch ein Geständnis oder ein übereinstimmender Vortrag nicht dazu führen, die Beweisbedürftigkeit entfallen zu lassen, vielmehr ist insoweit der Beweiswert ist durch das vom Gericht zu überprüfen. Das Prinzip der formellen Wahrheit gilt insoweit nicht.

C. Amtsverfahren und Antragsverfahren

8 Grds sind alle Verfahren der freiwilligen Gerichtsbarkeit, für deren Einleitung keine besondere ges Regelung getroffen ist, Amtsverfahren, zB das Verfahren über die Einziehung eines Erbscheins, § 2361. Auf Antrag wird ein Verfahren nur dann eingeleitet, wenn dies gesetzlich vorgesehen ist, wie zB im Erbscheinserteilungsverfahren, § 2353.

I. Amtsverfahren

9 Ein Amtsverfahren beginnt regelmäßig damit, dass das Gericht aufgrund von Tatsachen, die ihm zur Kenntnis gelangt sind und die sein Einschreiten von Amts wegen erfordern können, erkennbar nach außen hin tätig wird. Dies kann der Fall sein, wenn zB die Unrichtigkeit des Erbscheins behauptet wird und das Nachlassgericht Ermittlungen aufnimmt, um den Sachverhalt weiter aufzuklären. Ein etwaiger »Antrag« (auf Einziehung des Erbscheins) ist aus diesem Grunde lediglich als »Anregung« zu verstehen. Auch die Rücknahme des »Antrags« beendet das Verfahren daher nicht. Der Anstoß zur Einleitung des Amtsverfahrens kann von jeder beliebigen Privatperson oder Behörde kommen.

II. Antragsverfahren

10 Auf Antrag wird ein Verfahren nur dann eingeleitet, wenn dies im Gesetz vorgeschrieben ist; dies ist insb im Erbscheinsverfahren, § 2353, oder bei Erteilung eines Testamentsvollstreckerzeugnisses, § 2368, der Fall. Soweit ein Verfahren auf Antrag eingeleitet wird, ist der Antrag Verfahrensvoraussetzung. Das Vorliegen des Antrags ist in jeder Lage des Verfahrens von Amts wegen zu prüfen.

11 Die Rücknahme des Antrags ist bedingungsfeindlich und unanfechtbar (*Bumiller/Winkler* § 12 Rn 16, 17). Sie kann zu jedem Zeitpunkt des Verfahrens durch Erklärung gegenüber dem Gericht erfolgen und beendet das Verfahren in der Hauptsache (Keidel/*Schmidt* § 12 Rn 42).

12 Ein Verzicht auf das Antragsrecht ist möglich, wenn ein Beteiligter über den Verfahrensgegenstand verfügen kann. Er ist gegenüber dem Antragsgegner zu erklären (*Bumiller/Winkler* § 12 Rn 18). Im Erbscheinsverfahren ist er praktisch nur im Rahmen von Vergleichen von Bedeutung, wenn auf das Antragsrecht oder Beschwerderecht verzichtet werden soll (siehe dazu u Rn 20 m.w.N. zu § 19 Rn 33 ff).

13 Eine Verwirkung des Antragsrechts auf Einleitung eines gerichtlichen Verfahrens ist selbst bei treuwidriger Verzögerung des Verfahrens ausgeschlossen (KG OLGZ 1977, 427, 428).

D. Art und Umfang der Ermittlungen

I. Allgemeines

Sowohl im Amts- als auch im Antragsverfahren bestimmt das Gericht nach pflichtgemäßem Ermessen unter Berücksichtigung der ges Tatbestandsmerkmale und der besonderen Umstände des Einzelfalles den Umfang der Ermittlungen. Eine Bindung an die Beweisanträge der Beteiligten besteht nicht. Die vom Antragsteller angegebenen Beweismittel müssen aber berücksichtigt werden (BGHZ 40, 54, 56 f), sodass dem entsprechenden Vertrag letztlich erheblicher Einfluss zukommt. Es müssen alle zur Aufklärung des Sachverhalts dienlichen Beweise erhoben werden. Das Gericht muss aber nicht jeder nur denkbaren Möglichkeit von Amts wegen nachgehen. Die Aufklärungs- und Ermittlungspflicht besteht nur insoweit, als das Vorbringen der Beteiligten oder der vorgefundene Sachverhalt aufgrund der Tatbestandsvoraussetzungen des materiellen Rechts bei sorgfältiger Überlegung Anlass dazu gibt (MüKo/*Mayer* § 2358 Rn 5). Die Ermittlungen sind daher so weit auszudehnen, bis der Sachverhalt vollständig aufgeklärt ist, und erst dann abzuschließen, wenn von weiteren Ermittlungen ein sachdienliches, die Entscheidung beeinflussendes Ergebnis nicht mehr zu erwarten ist. Zur Verpflichtung der Tatsacheninstanzen zur Verfolgung von Beweisangeboten, BayObLG, FamRZ 2006, 226 – 228 = FGPrax 2005, 162 – 164.

II. Mitwirkungspflicht der Beteiligten

1. Allgemeines

Trotz des Amtsermittlungsgrundsatzes haben die Beteiligten jedenfalls in Streit- und Antragsverfahren die Pflicht, durch eingehende Tatsachendarstellung an der Aufklärung des Sachverhalts mitzuwirken (Beibringungsgrundsatz, Darlegungs- oder Informationslast) (BayObLG FamRZ 1998, 1242; BayObLGZ 2001, 347, 351; zuletzt: KG ZEV 2006, 75 = FamRZ 2006, 151, 152; MüKo/*Mayer* § 2358 Rn 11 spricht von sog »Verfahrensförderungslast« – einem Begriff, der sich letztlich aber noch nicht durchgesetzt hat). Die Ermittlungspflicht des Gerichts findet dort ihre Grenze, wo die Verfahrensbeteiligten es allein oder in erster Linie in der Hand haben, die notwendigen Erklärungen abzugeben und Beweismittel vorzulegen, um eine ihren Interessen entsprechende Entscheidung herbeizuführen (BGHZ 16, 378, 383). Die Darlegungslast erhöht sich umso mehr, als das Gericht auf die Mitwirkung angewiesen ist, insb bei Vorgängen aus dem höchstpersönlichen Lebensbereich (BayObLG FamRZ 1998, 1242, 1243).

2. Übereinstimmende Beteiligtenerklärungen, Auslegungsverträge und Vergleiche

Wegen des Untersuchungsgrundsatzes gilt das Prinzip der formellen Wahrheit nicht. Das Nachlassgericht ist an ein Nichtbestreiten, ein Anerkenntnis oder eine übereinstimmende Erklärung der Beteiligten nicht gebunden; es muss vielmehr auch unstreitige Tatsachen auf ihre Richtigkeit hin überprüfen, wenn hiergegen Bedenken bestehen.
Auch ein »Feststellungs- oder Auslegungsvertrag« bindet das Nachlassgericht nicht, da die Beteiligten an der durch den Erbfall objektiv eingetretenen Rechtslage durch Vereinbarung nichts ändern können. Dennoch hat der BGH (BGH NJW 1986, 1812, 1813) dem von den Erbprätendenten zum Ausdruck gebrachten übereinstimmenden Verständnis des Testaments »im Allgemeinen ... eine nicht zu unterschätzende indizielle Bedeutung« beigemessen (dazu ausführlich FA-ErbR/*Tschichoflos* Kap 10 Rn 246 ff mit einem Muster für einen Auslegungsvertrag Rn 260; krit hiergegen MüKo/*Mayer* § 2358 Rn 9 aE; gänzlich ablehnend: Keidel/*Schmidt* § 12 Rn 211).
Vergleiche im Erbscheinsverfahren sind grds problematisch, da wegen des Amtsermittlungsgrundsatzes die Beteiligten weder über den Verfahrensgegenstand verfügen können

§ 12 FGG | Ermittlungen des Gerichts von Amts wegen

noch den Gang des Verfahrens beeinflussen dürfen (FA-ErbR/*Tschichoflos* Kap 10 Rn 246). Es bestehen daher lediglich mittelbare Einflussmöglichkeiten, soweit die Dispositionsbefugnis der Beteiligten reicht. Daher können sich die Beteiligten über die Stellung oder die Rücknahme eines Erbscheinsantrags oder über die Rechtsmitteleinlegung oder einen Rechtsmittelverzicht einigen (FA-ErbR/*Tschichoflos* Kap 10 Rn 247).

19 Ein Verzicht auf die Beschwerde führt bei erneuter Einlegung des Rechtsmittels (Beschwerde) zu deren Unzulässigkeit (OLG Hamm Pfleger 1971, 181; zuletzt auch zutr KG Pfleger 2004, 101, 103 = FamRZ 2004, 836 – 839).

III. Prüfung von Vorfragen und Bindung an andere Entscheidungen

20 Soweit eine Entscheidung von der Beurteilung str Rechtsverhältnisse abhängt, hat das Gericht der freiwilligen Gerichtsbarkeit die nötigen Ermittlungen selbst anzustellen und eine eigene Entscheidung über die Vorfrage zu treffen. So ist das Nachlassgericht insb im Erbscheinsverfahren verpflichtet, die Erbfolge festzustellen, ohne die Beteiligten auf den Zivilrechtsweg verweisen zu können. Auch die Wirksamkeit einer Adoption durch den Erblasser oder die Wirksamkeit einer Erbausschlagung hat es zu prüfen.

1. Gerichtliche Entscheidungen

21 Eine Bindung an Zivilurteile besteht dann, wenn es sich um Gestaltungsurteile handelt sowie im Rahmen der §§ 325 ff ZPO. Eine Bindung an ein das Erbrecht feststellendes rechtskräftiges Urteil besteht danach nur dann, wenn es sich auf alle am Erbscheinsverfahren Beteiligten erstreckt. Sind keine weiteren Erbprätendenten als Parteien des rechtskräftig festgestellten Rechtsstreits vorhanden, so muss das Nachlassgericht dem obsiegenden Kläger den Erbschein erteilen (BayObLG 69, 184, 186; Bassenge/*Herbst* § 12 Rn 18; *Bumiller/Winkler* § 12 Rn 46; Keidel/*Schmidt* § 12 Rn 94). Andernfalls entfällt die Bindungswirkung insgesamt (Keidel/*Schmidt* § 12 Rn 93, 94).

2. Rechtsgestaltende Verwaltungsakte

22 Auch sie binden das Gericht. Andere Verwaltungsakte binden das Gericht nur ausnahmsweise. Ihnen kann aber Tatbestandswirkung zukommen, solange sie nicht aufgehoben sind (*Bumiller/Winkler* § 12 Rn 46).

IV. Anwendungsbereich in den Instanzen

1. Verfahren erster Instanz

23 Die Amtsermittlung gilt in allen Verfahren der freiwilligen Gerichtsbarkeit. Im Erbscheinsverfahren wird der Umfang allerdings durch die in den §§ 2354 – 2356, 2357 Abs. 3 und 4 enthaltene Darlegungs- und Beweisführungslast eingeschränkt. Die Amtsermittlung greift daher erst ein, wenn dem Antragsteller die Angaben und Nachweise nicht möglich sind. Bei schuldhafter Nichterfüllung der Mitwirkungspflicht kann der Erbscheinsantrag (nach einem vorherigen Zwischenbescheid) sogar als unzulässig zurückzuweisen sein.

24 Der Amtsermittlungsgrundsatz wirkt sich innerhalb des Verfahrens auf folgende Punkte aus:

a) Zulässigkeit des Antrags

25 Bereits die Frage der Zulässigkeit des Antrags ist von ihm erfasst. Hierzu gehören die Klärung der sachlichen, örtlichen und funktionellen Zuständigkeit (siehe hierzu die Kommentierung zu §§ 72, 73 FGG), die Verfahrensfähigkeit des Antragstellers, seine Antragsberechtigung und die weiteren Zulässigkeitsvoraussetzungen, ebenso das Rechtsschutzbedürfnis.

b) Materiellrechtliche Ermittlungen

Soweit über die Angaben der §§ 2354, 2355, 2357 hinaus Anhaltspunkte für das Vorhandensein oder den Wegfall weiterer Erben besteht, sei es im Hinblick auf die Ausschlagung der Erbschaft, durch Auftauchen eines nichtehelichen Kindes etc, so sind die dazu notwendigen Ermittlungen durchzuführen.

c) Ermittlungen im Zusammenhang mit Verfügungen von Todes wegen

Ermittlungen im Zusammenhang mit Verfügungen von Todes wegen betreffen insb deren Bestehen (insb wenn die Urkunde nicht mehr vorhanden ist, das Vorliegen eines Testierwillens), deren Echtheit und deren Auslegung (siehe hierzu insb FA-ErbR/*Tschichoflos* Kap 10 Rn 167 – 192 – bzgl den Fragen der Eigenhändigkeit der handschriftlichen letztwilligen Verfügung, der Testierfähigkeit und der Anfechtung einer Verfügung von Todes wegen – mit vielen Praxis-Tipps uwN).

2. Beschwerdeverfahren

Das Beschwerdegericht tritt vollständig an die Stelle des erstinstanzlichen Gerichts. Es kann die Beschwerde nicht wegen ungenügender Begründung zurückweisen, da es in gleicher Weise wie das erstinstanzliche Gericht zur Aufklärung des Sachverhalts verpflichtet ist.

Die Amtsermittlungspflicht umfasst sowohl die Prüfung der Zulässigkeit der Beschwerde als auch die Beschwerdebegründung nebst neuer Tatsachen und Beweismittel (Keidel/ *Schmidt* § 12 Rn 63 – 75). Das Beschwerdegericht führt seine Ermittlungen grds selbst durch; es kann daher die Ermittlungen der ersten Instanz wiederholen. Dies ist allerdings dann nicht notwendig, wenn die Beweisaufnahme erster Instanz an keinem Verfahrensmangel leidet (oder dieser nach § 295 ZPO analog geheilt wurde) und sich auch aus dem Akteninhalt ergibt, dass eine erneute persönliche Anhörung nichts zur Sachaufklärung beitragen wird.

Eine Zurückverweisung an die erste Instanz kann nur ausnahmsweise erfolgen. Es gelten die Grundsätze wie im Zivilprozess, § 538 ZPO, entsprechend. Das erstinstanzliche Gericht muss eine Sachentscheidung aus unzutreffenden verfahrensrechtlichen Gründen abgelehnt oder das Verfahren grob fehlerhaft durchgeführt haben, wie zB bei völlig unzureichender Sachaufklärung, Verstoß gegen die Parteiöffentlichkeit oder Unmittelbarkeit der Beweisaufnahme. Der Verfahrensfehler muss so gravierend sein, dass die erstinstanzlichen Feststellungen praktisch unverwertbar sind und die tatsächlichen Grundlagen für die Entscheidung des Beschwerdegerichts erst geschaffen werden müssen. Die erstmalige Durchführung der notwendigen Beweisaufnahme durch das Beschwerdegericht würde dann praktisch zum Verlust einer Instanz führen (Keidel/*Schmidt* § 12 Rn 73).

3. Weitere Beschwerde

Im Verfahren der weiteren Beschwerde ist § 12 FGG auf wenige Ausnahmen beschränkt, da die Rechtsbeschwerde keine Tatsacheninstanz ist, das Gericht vielmehr an die tatsächlichen Feststellungen des Beschwerdegerichts gebunden ist. Die angefochtene Entscheidung ist lediglich dahingehend zu überprüfen, ob diese auf einer Verletzung des Gesetzes beruht, § 27 Abs. 1 Satz 1 FGG (siehe im Übrigen Kommentierung zu § 27 FGG).

V. Amtsermittlung und Aussetzung, Unterbrechung und Ruhen des Verfahrens

1. Aussetzung des Verfahrens

Die Aussetzung des Verfahrens ist im FGG nicht geregelt. Sie kann nach pflichtgemäßem Ermessen angeordnet werden, wenn die Entscheidung von der in einem anderen Verfahren zu treffenden Entscheidung abhängt (entsprechend dem Gedanken des § 148 ZPO) und den Beteiligten die hierdurch bedingte Verzögerung zugemutet werden kann (Bay-

§ 12 FGG | Ermittlungen des Gerichts von Amts wegen

ObLG Rpfleger 1983, 74; *Bumiller/Winkler* § 12 Rn 39). Liegen diese Voraussetzungen vor, so kann auch ein Antragsverfahren wie das Erbscheinsverfahren ohne Zustimmung des Antragstellers ausgesetzt werden. Das Nachlassgericht darf nach seinem pflichtgemäßen Ermessen im Erbscheinsverfahren einen anhängigen Rechtsstreit über das Erbrecht abwarten (BayObLGZ 64, 231; 67, 19, 22; *Bumiller/Winkler* § 12 Rn 39; *Bassenge/Herbst* § 12 Rn 21). Zur Frage der Aussetzung wegen einer Vorlage an das BVerfG oder den EuGH siehe Keidel/*Schmidt* § 12 Rn 103 – 114.

33 Die verfahrensleitende Anordnung der Aussetzung ist mit der einfachen Beschwerde anfechtbar (*Bassenge/Herbst* § 12 Rn 22).

2. Unterbrechung des Verfahrens

34 Ein Verfahrensstillstand mit den sich aus § 249 ZPO ergebenden Wirkungen findet im Verfahren der freiwilligen Gerichtsbarkeit grds nicht statt, auch nicht beim Tod eines Beteiligten oder bei Eröffnung des Insolvenzverfahrens über sein Vermögen. Die Wirkungen des Todes eines Beteiligten sind von Amts wegen festzustellen, und ein etwaiger Rechtsnachfolger ist zu ermitteln, dann zu beteiligen (*Bumiller/Winkler* § 12 Rn 40; Keidel/*Schmidt* § 12 Rn 115).

3. Ruhen des Verfahrens

35 Das Ruhen des Verfahrens kann in echten Streitverfahren (WEG-Sachen) entsprechend §§ 251, 251a ZPO erfolgen. Im Erbscheinsverfahren gelten diese Vorschriften nicht.

E. Freibeweis und Strengbeweis

I. Allgemeines

36 Das FGG überlässt es dem Gericht, »die geeignet erscheinenden Beweise aufzunehmen.« Damit wird dem Gericht die alleinige Verantwortung für die Beweisaufnahme auferlegt. Das Nachlassgericht entscheidet nach pflichtgemäßem Ermessen, ob es sich mit der formlosen Ermittlung nach den Grundsätzen des Freibeweises auf der Grundlage des § 12 FGG begnügt oder in entsprechender Anwendung der ZPO, § 15 FGG, nach denen des Strengbeweises verfährt (BayObLG NJW-RR 1996, 583). Die Unterlassung einer förmlichen Beweisaufnahme kann im Einzelfall einen Ermessensfehler darstellen, der im Rechtsbeschwerdeverfahren zur Aufhebung der darauf beruhenden Entscheidung führen kann (OLG Düsseldorf FamRZ 1968, 260; BayObLGZ 1963, 235, 249).

II. Freibeweis

37 Der Freibeweis umfasst formlose Ermittlungen, Beiziehung von Akten, Erholen von amtlichen Auskünften, die Erholung von schriftlichen oder fernmündlichen Erklärungen von Zeugen und Sachverständigen und auch den formlosen Augenschein.

38 Zu beachten ist, dass im Freibeweisverfahren die Zeugen und Sachverständigen nicht zum Erscheinen vor Gericht oder Erstattung des Gutachtens gezwungen werden können. Der Grundsatz der Beteiligtenöffentlichkeit gilt hier nicht (anders als im Strengbeweisverfahren). Es besteht kein Recht auf Teilnahme an der Anhörung von Zeugen, Sachverständigen oder Mitbeteiligten. Es besteht lediglich ein Anspruch auf rechtliches Gehör gem Art. 103 Abs. 1 GG, wonach alle Beteiligten vom Ergebnis einer solchen Anhörung in Kenntnis zu setzen sind und ihnen die Möglichkeit zur Stellungnahme eingeräumt werden muss.

39 Aus diesen Gründen ist der Freibeweis vor allem bei der Feststellung der Verfahrensvoraussetzungen oder im Antragsverfahren heranzuziehen, wenn bei weitgehend identischem Vorbringen der Beteiligten im Hinblick auf den Amtsermittlungsgrundsatz zwar Beweis zu erheben ist, dies aber ein widerspruchsfreies, geschlossenes Ergebnis erbringt.

III. Strengbeweis

Der Strengbeweis ist vor allem dann durchzuführen, wenn es die Bedeutung des Beweisthemas erfordert, etwa wenn es um die Erweisbarkeit einer ausschlaggebenden Tatsache geht. Es handelt sich hierbei in der Regel um das für die Wahrheitsfindung überlegene Verfahren. Es ist insb anzuwenden bei Fragen der Testierfähigkeit, der Errichtung und den Inhalt eines abhanden gekommenen Testaments. Sind durch die Beteiligten Fragen an die Zeugen zu stellen bzw Vorhalte zu machen, so spricht dies eher für das Strengbeweisverfahren mit dem Grundsatz der Beteiligtenöffentlichkeit. Auch die Bedeutung der Angelegenheit kann ein förmliches Beweisverfahren gebieten (Keidel/*Schmidt* § 15 Rn 3 ff). 40

Zum Strengbeweis und dessen Durchführung siehe auch die Anmerkung zu § 15 FGG. 41

F. Beweiswürdigung und Feststellungslast

I. Grundsatz der freien Beweiswürdigung

1. Allgemeines

Auch im Verfahren der freiwilligen Gerichtsbarkeit gilt der Grundsatz der freien Beweiswürdigung, § 286 ZPO. Das Gericht entscheidet ohne Bindung an feste Beweisregeln nach seiner freien Überzeugung über das Ergebnis der von ihm getroffenen Feststellungen (Keidel/*Schmidt* § 12 Rn 207). 42

2. Beweis des ersten Anscheins

Bei der Beweiswürdigung gilt auch im Verfahren der freiwilligen Gerichtsbarkeit der Beweis des ersten Anscheins (BGHZ 53, 245, 256; BGH NJW-RR 1994, 567; Keidel/*Schmidt* § 12 Rn 209, FamRZ 2005, 1014). Dieser kann allerdings durch einfachen Gegenbeweis erschüttert werden (BGHZ 100, 31 ff = NJW 1987, 2876). Dann muss die Tatsache, für die zunächst der Beweis des ersten Anscheins sprach, voll bewiesen werden. Am häufigsten kommt der Beweis des ersten Anscheins bei der Frage der Testier(un)fähigkeit in Betracht. Er spricht für die Testierunfähigkeit des Erblassers, wenn das Gericht davon überzeugt ist, der Erblasser sei in der Zeit vor und nach der Errichtung seiner letztwilligen Verfügung testierunfähig gewesen. Umgekehrt ist der Anscheinsbeweis erschüttert, wenn die ernsthafte Möglichkeit besteht, der Erblasser habe bei Errichtung des Testaments einen »lichten Augenblick« gehabt. Dann gelten die Grundsätze der Feststellungslast: die Ausnahme (Testierunfähigkeit des Erblassers) muss bewiesen werden (s.u. Rn 52, 53). 43

3. Verwertung offenkundiger Tatsachen und privaten Wissens des Richters

Offenkundige Tatsachen bedürfen nach § 291 ZPO keines Beweises. Dies gilt auch im Verfahren der freiwilligen Gerichtsbarkeit. Hierzu gehören allgemeinkundige und gerichtskundige Tatsachen. Sie sind allerdings in das Verfahren einzuführen, wenn zweifelhaft ist, ob sie den Verfahrensbeteiligten bekannt sind. Vor ihrer Verwertung ist den Beteiligten rechtliches Gehör zu gewähren. 44

Rein privates Wissen darf der Richter nur dann verwerten, wenn er es den Verfahrensbeteiligten bekannt gibt und diese der Verwertung nicht widersprechen. Andernfalls ist die Verwertung privaten Wissens nur möglich, wenn der Richter als Zeuge vernommen wird (Keidel/*Schmidt* § 12 Rn 201). 45

II. Abgrenzung: Beweisführungslast und Feststellungslast

Die Erteilung des Erbscheins setzt gem § 2359 voraus, dass das Nachlassgericht die zur Begründung des Antrags erforderlichen Tatsachen für festgestellt erachtet. Der Grundsatz 46

§ 12 FGG | Ermittlungen des Gerichts von Amts wegen

der Amtsermittlung schließt für das Erbscheinsverfahren eine Beweisführungslast (formelle Beweislast) des Antragsstellers aus, denn diese betrifft die Pflicht einer Partei, einen Beweis antreten oder führen zu müssen. Im Verfahren der freiwilligen Gerichtsbarkeit ist das Nachlassgericht aber zur vollständigen Sachverhaltsklärung verpflichtet, so dass es auch nicht in Teilen die Sachaufklärung den Beteiligten auferlegen kann.

47 Dagegen gibt es auch in diesem vom Untersuchungsgrundsatz geprägten Verfahren eine sog Feststellungslast (materielle Beweislast). Sie betrifft die Frage, welche Folge die Nichterweislichkeit eines Sachverhalts trotz umfangreicher Aufklärungsbemühung hat.

III. Grundsätze der Feststellungslast

1. Rechtsbegründende Tatsachen

48 Der Antragsteller trägt die Feststellungslast für die das Erbrecht begründenden Tatsachen. Dazu gehören die Existenz, die Formgültigkeit, die Echtheit und der Inhalt der letztwilligen Verfügung von Todes wegen, auf die der Erbscheinsantrag gestützt wird.

2. Rechtshindernde oder rechtsvernichtende Tatsachen

49 Die Feststellungslast für die das Erbrecht hindernden oder vernichtenden Tatsachen trägt derjenige, dem diese Tatsachen zugute kommen. Hierzu gehören insb die wirksame Anfechtung der Verfügung von Todes wegen, deren Unwirksamkeit, die Testierunfähigkeit, die Ausschlagung, Erbunwürdigkeit etc (siehe hierzu iE die Kommentierung zu § 2359).

3. Ausnahmetatbestände

50 Die Feststellungslast für besondere Ausnahmetatbestände trägt derjenige, dem das Eingreifen derselben nützt.

4. Auslegungs- und Ergänzungsregeln

51 Auslegungs- und Ergänzungsregeln haben auch im Erbscheinsverfahren eine besondere Bedeutung, insb etwa § 2069. Sie sind zwar keine Regeln der materiellen Beweislastverteilung im eigentlichen Sinne, wirken aber wie Beweislastregeln.

5. Beweisvereitelung und Feststellungslast

52 Die Beweisvereitelung durch einen Beteiligten führt ebenso wie im Zivilprozess nicht automatisch zu einer Umkehr der materiellen Beweislast. Jedoch müssen die sich daraus ergebenden Beweisschwierigkeiten bei der Beweiswürdigung oder in Form einer Beweiserleichterung berücksichtigt werden. Dies kann im Einzelfall auch zu einer Beweislastumkehr führen (Keidel/*Schmidt* § 12 Rn 214 ff, insb 216; OLG Hamm NJW-RR 1996, 1095: Die Vernichtung des gemeinschaftlichen Testaments durch den überlebenden Ehegatten führt zur Feststellungslast dahingehend, dass der nicht mehr eindeutig feststellbare Wortlaut der Schlusserbeneinsetzung im Zweifel als wechselbezüglich anzusehen ist).

IV. Vereinbarungen über die Feststellungslast

53 *Schmidt* (Keidel/*Schmidt* § 12 Rn 211, 217) lehnt Beweisverträge im Hinblick auf den Untersuchungsgrundsatz ab. Vereinbarungen über die Feststellungslast lässt er nur zu, soweit die Parteien zur Disposition hierüber berechtigt sind, also im Zweifel nur bei sog echten Streitverfahren (im Übrigen s.o. bzgl Vergleichen der Beteiligten im Erbscheinsverfahren, Rn 17 ff).

G. Rechtliches Gehör und Anhörung der Beteiligten

I. Unterschied zwischen Anhörung der Beteiligten und rechtlichem Gehör

1. Anhörung der Beteiligten

Eine Vorschrift, die das Gericht zur Anhörung der Beteiligten verpflichtet, enthält das FGG nicht. Dennoch wird aus dem Amtsermittlungsgrundsatz des § 12 FGG die Anhörung als eine Form der Tatsachenfeststellung und Sachverhaltsaufklärung angesehen, wobei es im Ermessen des Gerichts steht, ob und inwieweit es sich dieses Mittels bedienen will. Im Regelfall wird sie aber im Interesse der sachgerechten Aufklärung notwendig sein, da sie eine wesentliche Erkenntnisquelle des Gerichts darstellt. Ein Rechtsanspruch auf Anhörung besteht daher letztlich nicht. **54**

2. Rechtliches Gehör

Das Recht auf rechtliches Gehör iSd Art. 103 Abs. 1 GG ist dagegen ein grundrechtsgleiches Recht und objektives Verfassungsprinzip. Es ist Ausprägung des Rechtsstaatsgebots und schützt die Menschenwürde (MüKo/*Mayer* § 2360 Rn 4 f). Der Anspruch auf Gewährung des rechtlichen Gehörs gilt auch im Verfahren der freiwilligen Gerichtsbarkeit für alle Arten von Verfahren, unabhängig davon, ob es sich um echte Streitsachen handelt oder nicht und unabhängig davon, ob seine Anwendbarkeit spezialgesetzlich vorgesehen ist oder nicht (BVerfGE 65, 227, 234; 89, 381, 390). Soweit das BVerfG (BVerfGE 101, 397 = NJW 2000, 1709) das rechtliche Gehör allein im Verfahren vor dem Richter, nicht aber im Verfahren vor dem Rechtspfleger gelten lässt, stößt diese Entscheidung einhellig auf Ablehnung. Letztlich ergibt sich aber nach übereinstimmender Auffassung die Anhörungspflicht aus dem rechtsstaatlichen Prinzip des fairen Verfahrens, Art. 20 Abs. 3, 2 Abs. 1 GG, das auch im Verfahren vor dem Rechtspfleger zu beachten ist (MüKo/*Mayer* § 2360 Rn 5 aE; Keidel/*Schmidt* § 12 Rn 139). **55**

II. Kreis der Berechtigten

Anspruch auf rechtliches Gehör haben wegen des Erfordernisses einer unmittelbaren Rechtsbeeinträchtigung (BVerfG NJW 1984, 719) nur die formell und materiell Beteiligten. **56**

III. Inhalt des rechtlichen Gehörs

Der Anspruch auf Gewährung rechtlichen Gehörs (Art. 103 Abs. 1 GG) verpflichtet das Gericht, seiner Entscheidung nur solche Tatsachen und Beweisergebnisse zum Nachteil eines Beteiligten zugrunde zu legen, zu denen sich dieser vorher äußern konnte (std Rspr des BVerfG: BVerfGE 6, 12, 14; 60, 175. 210; 64, 135, 143; 69, 145, 148; 86, 133, 144; Keidel/*Schmidt* § 12 Rn 147, *Knörringer* § 5 II). Umgekehrt gibt das rechtliche Gehör keinen Anspruch auf eine bestimmte Gestaltung des Verfahrens und begründet kein Recht auf mündliche Verhandlung, da Art. 103 Abs. 1 GG über die Form der Gewährung des rechtlichen Gehörs nichts bestimmt (BVerfGE 5, 11; BayVerfGH NJW 1991, 2078; Keidel/*Schmidt* § 12 Rn 152, 157). Das Recht auf rechtliches Gehör gilt für alle Instanzen, also auch im Beschwerdeverfahren und im Verfahren der weiteren Beschwerde. **57**

Aus dem Anspruch auf rechtliches Gehör werden folgende drei wesentliche Grundsätze gefolgert: **58**

1. Recht auf Kenntnisnahme vom Verfahrensstoff

Jeder Beteiligte hat einen Anspruch darauf, die Tatsachen, die während des Verfahrens zu Tage getreten sind und die das Gericht seiner Entscheidung zu Grunde legen will, zu erfahren (BVerfGE 55, 95, 98; 67, 154, 155; BayObLG FamRZ 1994, 1602; 1999, 648). Das **59**

§ 12 FGG | Ermittlungen des Gerichts von Amts wegen

Gericht muss Gelegenheit zur Kenntnisnahme geben (Keidel/*Schmidt* § 12 Rn 151). Die Kenntnis ist zu gewähren durch Übersendung von Abschriften der Schriftsätze anderer Beteiligter, der Auskünfte von Behörden, der Anhörungsniederschriften, etwaiger Aktenvermerke über das Ergebnis formloser Beweiserhebungen, insb im Freibeweisverfahren sowie durch die Gewährung von Akteneinsicht (*Bumiller/Winkler* § 12 Rn 59). Im förmlichen Beweisverfahren (§ 15 FGG) haben die Beteiligten ohnehin ein Anwesenheitsrecht mit der Möglichkeit, ggf vom Fragerecht Gebrauch zu machen. Das rechtliche Gehör wird durch die Parteiöffentlichkeit gewahrt (*Bumiller/Winkler* § 12 Rn 59; Keidel/*Schmidt* § 12 Rn 150). Soweit ein Beteiligter an der Beweisaufnahme nicht teilnehmen konnte oder aus verfahrensrechtlichen Gründen nicht durfte, so sind ihm die festgestellten Tatsachen und das Ergebnis der Beweisaufnahme zumindest inhaltlich mitzuteilen und eine Frist zur Stellungnahme zu gewähren. Offenkundige Tatsachen müssen nur dann bekannt gegeben werden, wenn Anhaltspunkte dafür bestehen, dass sie den Verfahrensbeteiligten nicht bekannt sind (Keidel/*Schmidt* § 12 Rn 149). Allen materiell Beteiligten ist das Verfahren bekannt zu machen, damit für sie die Möglichkeit besteht, am Verfahren als formell Beteiligte mitzuwirken.

2. Recht zur Stellungnahme

60 Weiter umfasst das rechtliche Gehör das Recht zur Stellungnahme. Den Beteiligten ist Gelegenheit zu geben, sich zu dem vom Gericht ermittelten Tatsachenstoff und den bekannt gegebenen Beweismitteln und Beweisergebnissen, dem Vorbringen anderer Beteiligter und auch zu Rechtsansichten zu äußern. Es muss die Möglichkeit gegeben werden, selbst Anträge zu stellen und Beweismittel vorzutragen. Ein Anspruch auf mündliche Verhandlung ergibt sich daraus aber nicht (Keidel/*Schmidt* § 12 Rn 157).

61 Das Recht zur Stellungnahme erfordert nicht, dass die Beteiligten davon Gebrauch machen. Daher ist für die Stellungnahme eine angemessene Frist zu setzen. Eine solche Frist bindet allerdings lediglich das Gericht dahingehend, nicht vor deren Ablauf zu entscheiden. Es handelt sich aber nicht um eine Ausschlussfrist. Auch ein nach Ablauf der gesetzten Äußerungsfrist eingehendes Vorbringen der Verfahrensbeteiligten ist zu berücksichtigen, solange die Entscheidung noch nicht aus dem internen Geschäftsbetrieb herausgegeben wurde. Dies gilt sogar dann, wenn die Entscheidung bereits abgesetzt und unterschrieben war, es lediglich an der Herausgabe fehlte (BayObLG NJW-RR 1989, 1090, 1091).

62 Das rechtliche Gehör umfasst auch das Recht der Verfahrensbeteiligten, sich zu Rechtsfragen zu äußern. Dies führt aber nicht zu einer umfassenden Aufklärungs- und Informationspflicht des Gerichts, insb nicht im Hinblick auf die von ihm beabsichtigte rechtliche Würdigung. Geschützt sind die Verfahrensbeteiligten aber vor endgültigen, inhaltlich überraschenden Entscheidungen. Verletzt ist das rechtliche Gehör dann, wenn die Entscheidung auf einen rechtlichen Gesichtspunkt gestützt wird, der für die Verfahrensbeteiligten auch bei sorgfältiger Überlegung nicht erkennbar war, das Gericht einen Gesichtspunkt, der bislang nicht erörtert wurde, zur Grundlage der Entscheidung machen oder von der allgemein anerkannten Rechtsprechung abweichen will (BVerfG NJW 1996, 3202; Keidel/*Schmidt* § 12 Rn 162). Zwar fehlt im FGG eine dem § 139 Abs. 2 ZPO (früher § 278 Abs. 3 ZPO aF) entsprechende Vorschrift; diese ist aber entsprechend anzuwenden (MüKo/*Mayer* § 2360 Rn 13).

3. Pflicht zur Berücksichtigung des Beteiligtenvorbringens

63 Anträge, Beweismittel und Ausführungen der Beteiligten sind zur Kenntnis zu nehmen und bei der Entscheidung in Erwägung zu ziehen (BVerfG NJW 1982, 1453; 1983, 2017; 1984, 2203; 1995, 2096). Dies erfordert nicht, dass jedem Beweisantrag nachgegangen wird oder das Gericht sich bei seiner Entscheidung mit allen Tatsachenbehauptungen und Rechtsausführungen auseinanderzusetzen hätte. Allerdings ist das rechtliche Gehör verletzt, wenn das Vorbringen eines Beteiligten erkennbar nicht oder zumindest nicht hin-

reichend in Erwägung gezogen wurde (BVerfG NJW 1987, 485; 1997, 2311; FamRZ 1998, 606 BayObLG FamRZ 2006, 226).

IV. Folgen der Verletzung des rechtlichen Gehörs

Die Verletzung des Anspruchs auf rechtliches Gehör stellt einen Verfahrensfehler dar und begründet die Erstbeschwerde. Der Verstoß bewirkt keinen absoluten, sondern nur einen relativen Beschwerdegrund, dh, die Entscheidung muss auf dem Verfahrensverstoß beruhen oder zumindest beruhen können. Der Verstoß ist im Beschwerdeverfahren geltend zu machen. Auf ein Verschulden des Gerichts kommt es dagegen nicht an. 64

Ein Gehörsverstoß führt nicht zwangsläufig zur Aufhebung der unter Verletzung des rechtlichen Gehörs ergangenen Entscheidung. Vielmehr besteht die Möglichkeit der Heilung durch Nachholung im Beschwerdeverfahren (BVerfGE 5, 9, 10; 19, 93, 99; BGH NJW 1989, 984, 985; BayObLG NJW-RR 1991, 1098). Wenn die Nachholung des rechtlichen Gehörs zeigt, dass umfangreiche neue Ermittlungen notwendig sind und die Behebung des Verfahrensmangels dem Verlust einer Instanz gleichkäme, ist die Angelegenheit unter Aufhebung des erstinstanzlichen Beschlusses zurückzuverweisen (BayObLGZ 1966, 435, 440; *Bumiller/Winkler* § 12 Rn 72). In der Rechtsbeschwerdeinstanz (§ 27 FGG) kann ein Verstoß gegen die Gewährung des rechtlichen Gehörs in Bezug auf neue Tatsachen und Beweismittel nicht mehr nachgeholt werden (BayObLG FamRZ 1989, 201; Keidel/*Schmidt* § 12 Rn 176). Eine Heilung ist nur in Bezug auf Rechtsfragen möglich (BayObLG FGPrax 2001, 248). Andernfalls muss die angefochtene Entscheidung, soweit sie auf dem Mangel beruht, aufgehoben und an das Beschwerdegericht zurückverwiesen werden; eine Zurückverweisung an das Ausgangsgericht ist der Ausnahmefall (siehe hierzu Keidel/ *Schmidt* § 12 Rn 176 mwN). 65

V. Anhörung der Beteiligten zur Sachverhaltsaufklärung

Die Anhörung der Beteiligten steht im Ermessen des Gerichts. Sie ist für das Erbscheinsverfahren insb auch in § 2360 geregelt (insoweit wird auf die Kommentierung zu § 2360 verwiesen). Hierbei ist das Gericht insb verpflichtet, im Rahmen der Anhörung die Beteiligten entsprechend den Grundsätzen des § 139 Abs. 1 – 3 ZPO zu einer vollständigen Erklärung zu entscheidungserheblichen Tatsachen anzuhalten und auf die Stellung von sachdienlichen Anträgen hinzuwirken. Auch sind Hinweise entsprechend § 139 Abs. 4 Satz 1 ZPO zu geben und aktenkundig zu machen. § 139 Abs. 4 Satz 2 und 3 ZPO gelten dagegen nicht, da sie auf das ZPO-Verfahren zugeschnitten sind (Keidel/*Schmidt* § 12 Rn 185). 66

Die Anhörung kann mündlich oder schriftlich erfolgen. Das Ergebnis ist in einem Protokoll oder Aktenvermerk zu dokumentieren. 67

H. Anhang

I. Voraussetzungen für die Erteilung eines Erbscheins

Der Erbschein wird im Antragsverfahren nicht im Streit erteilt (umfassend hierzu: Gregor, Erbscheinsverfahren, Rn 25 – 327 sowie FA-ErbR/*Tschichoflos* Kap 10 Rn 74 – 260). 68

1. Zuständigkeit des Gerichts

Die sachliche Zuständigkeit ist in § 72 FGG, die örtliche in § 73 FGG und die funktionelle in §§ 3 Nr. 2c, 16 Abs. 1 Nr. 6 und Abs. 2 RPflG geregelt (siehe im Übrigen die Kommentierungen zu §§ 72, 73 FGG). 69

2. Antrag

Voraussetzung für die Erteilung eines Erbscheins ist, dass ein Antrag gestellt wird, § 2353. 70

§ 12 FGG | Ermittlungen des Gerichts von Amts wegen

a) Form und Frist

71 Die Erbscheinserteilung ist an keine besondere Form gebunden. Gem § 11 FGG kann der Antrag zu Protokoll des Urkundsbeamten der Geschäftsstelle des zuständigen Gerichts oder jedes beliebigen AGs erklärt werden. Selbst eine mündliche oder fernmündliche Antragsstellung ist grds möglich, wenngleich hiervon aus Gründen des Nachweises letztlich abzuraten ist.

72 Fristen für die Antragstellung bestehen nicht.

b) Antragsberechtigung

73 Die Antragsberechtigung ist eine Zulässigkeitsvoraussetzung für den Antrag. Beim Erben (Allein- oder auch Miterbe) genügt die schlüssige Behauptung seines Erbrechts (sog doppeltrelevante Tatsache, da das Vorliegen des Erbrechts erst im Rahmen der Begründetheit des Antrags geprüft wird). Daneben sind noch der Vorerbe bis zum Nacherbfall, der Nacherbe ab dem Nacherbfall antragsberechtigt – aber nur bzgl seines Erbrechts, der Erbeserbe nach dem Erbfall, der dingliche Erbteilserwerber (§ 2033), der Ersatzerbe nach dem Erbfall, der Testamentsvollstrecker (§§ 2197 ff), Nachlassverwalter (§ 1985) und Insolvenzverwalter, der Fiskus und der Nachlass- und Erbengläubiger, aber nur unter den Voraussetzungen der §§ 792, 896 ZPO (weitergehend siehe Kommentierung zu § 2353; Palandt/*Edenhofer* § 2353 Rn 12; FA-ErbR/*Tschichoflos* Kap 10 Rn 82 – 87). Nicht antragsberechtigt sind dagegen der Nacherbe vor dem Nacherbfall bzgl seines Erbrechts oder dem des Vorerben, der Vorerbe nach dem Nacherbfall bzgl seines Erbrechts oder dem des Nacherben, der Pflichtteilsberechtigte und der Vermächtnisnehmer (weitergehend siehe Kommentierung zu § 2353; Palandt/*Edenhofer* § 2353 Rn 13; FA-ErbR/*Tschichoflos* Kap 10 Rn 84).

c) Inhalt

74 Der Antrag muss das beanspruchte Erbrecht nach Umfang und beschränkenden Anordnungen sowie dem Berufungsgrund genau bezeichnen (Sachantrag). Der Antrag im Erbscheinsverfahren bindet das Gericht in der Weise, dass es dem Antrag entweder entsprechen oder ihn ablehnen muss. Dagegen ist es nicht zulässig, ihm nur teilweise oder mit einem anderen Inhalt stattzugeben. Der Antrag muss daher enthalten: den Erblasser, den Erben, den Berufungsgrund, die Erbquote, die im Erbschein anzugebenden Verfügungsbeschränkungen (wie Testamentsvollstreckung und Nacherbfolge, wobei anzugeben ist, wer Nacherbe ist und unter welchen Voraussetzungen der Nacherbfall eintritt), sowie ob der Erbschein unbeschränkt oder ausnahmsweise beschränkt sein soll.

(1) Berufungsgrund

75 Die Angabe des Berufungsgrundes (Testament, Erbvertrag oder ges Erbfolge) ist Entscheidungsgrundlage und daher im Antrag anzugeben. Dies ist in Erfüllung der Darlegungspflicht des § 2354 BGB notwendig, wenngleich der Berufungsgrund nicht Entscheidungsinhalt ist. Er muss daher nicht – wird aber häufig – im Erbschein angegeben.

(2) Haupt- und Hilfsantrag

76 Da Testamente oder Erbverträge häufig auszulegen sind, können sich unterschiedliche Beurteilungen ergeben, die wiederum zu unterschiedlichen Erbquoten führen. Da der Erbscheinsantrag genau bestimmt sein muss, ist es sinnvoll, neben günstigsten Antrag, dem Hauptantrag, noch einen weiteren Antrag hilfsweise zu stellen für den Fall, dass der Hauptantrag nicht erfolgreich ist. Dies ist zulässig (RGZ 156, 172 ff), sofern jeder der verschiedenen Anträge das begehrte Erbrecht bestimmt bezeichnet und der Antragsteller dem Gericht die Reihenfolge, in der über die Anträge zu entscheiden ist, genau vorgibt (*Gregor*, Erbscheinsverfahren, Rn 73, 74).

d) Vertretung

77 Erbscheinsanträge müssen nicht persönlich, sondern können auch durch gewillkürte Vertreter (vor allem Rechtsanwälte und Notare) gestellt werden, § 13 FGG (siehe im Übrigen dort).

e) Mängel des Antrags

Genügt der Antrag nicht den Erfordernissen der Rn 71 – 75, so hat das Nachlassgericht bei behebbaren Mängeln eine Zwischenverfügung zu erlassen, in der es auf die Behebung der Mängel hinwirkt, bevor der Antrag zurückgewiesen wird.

f) Fehlen eines Antrags, Genehmigung

Grds ist auch ein inhaltlich richtiger Erbschein nach § 2361 einzuziehen oder für kraftlos zu erklären, wenn er ohne Antrag, aufgrund eines unvollständigen Antrags oder abweichend vom gestellten Antrag erteilt worden ist (Keidel/*Schmidt* § 12 Rn 27). Die Einziehung des Erbscheins ist jedoch dann nicht mehr möglich, wenn der Antragsteller oder einer der Antragsberechtigten den Erbschein genehmigt hat (BGH NJW 1989, 984; BayObLG NJW-RR 2001, 950; Palandt/*Edenhofer* § 2361 Rn 5), wobei diese Genehmigung ausdrücklich oder stillschweigend, zB durch Entgegennahme des fehlerhaften Erbscheins in Kenntnis der Fehlerhaftigkeit, erfolgen kann. Der fehlende Antrag kann in jedem Verfahrensstadium, auch noch in der Rechtsbeschwerdeinstanz, nachgeholt werden. Hierin liegt keine Änderung des Verfahrensgegenstandes, die im Rechtsmittelverfahren unzulässig wäre (BayObLG FamRZ 1995, 1449; Keidel/*Schmidt* aaO).

3. Angaben und Nachweise gem §§ 2354 ff

Ein Erbscheinsantrag ohne die vorgeschriebenen, aber dem Antragsteller möglichen Angaben (siehe die Kommentierung zu den §§ 2354 ff) ist unzulässig und (nach erfolgloser Zwischenverfügung) zurückzuweisen. Die §§ 2354 ff begrenzen die Substantiierungspflicht des Antragstellers; weitere Angaben können im Rahmen der Ermittlungen nur bei konkreten Anhaltspunkten verlangt werden (Bassenge/*Herbst* § 84 Rn 6).

4. Annahme der Erbschaft

Sie ist wegen § 2357 Abs. 3 Satz 1 Erteilungsvoraussetzung für den Erbschein (Beispiel: Beantragt ein Miterbe einen gemeinschaftlichen Erbschein, so liegt darin für seine Person die Annahme; er ist als nun endgültiger Erbe antragsberechtigt, § 2357 Abs. 1 Satz 2. Die Erteilung des Erbscheins setzt aber weiter voraus, dass auch die übrigen Miterben die Erbschaft angenommen haben; dies ist vom Nachlassgericht von Amts wegen zu klären, wenn sich diese noch nicht geäußert haben).

5. Beteiligtenfähigkeit

Auch die Beteiligtenfähigkeit, also die Fähigkeit selbst Träger von Rechts und Pflichten zu sein, richtet sich nach den Vorschriften des bürgerlichen Rechts.

6. Verfahrensfähigkeit

Nach hM gelten die §§ 104 ff analog, jedoch ohne die §§ 107 – 111 (BGHZ 35, 1, 4; Bumiller/ *Winkler* Vor § 13 Rn 13 ff; Keidel/*Zimmermann* § 13 Rn 32 – 50; lediglich eine MM vertritt die Auffassung, § 52 ZPO gelte analog). Im Erbscheinsverfahren hat sich daher der Geschäftsunfähige oder in der Geschäftsfähigkeit beschränkte regelmäßig durch seinen ges Vertreter, § 1626, bei der Antragstellung vertreten zu lassen.

7. Rechtsschutzbedürfnis

Dieses ist wegen der Nachweisqualität des Erbscheins regelmäßig gegeben; es kann aber ausnahmsweise fehlen, wenn die Beerbung einer Person ohne jeden Bezug auf eine sich daraus ergebende Rechtsfolge festgestellt werden soll (BayObLG Ppfleger 1990, 512).

Vorbemerkung zu § 13 FGG

II. Entscheidungsmöglichkeiten des Nachlassgerichts

1. Erbscheinserteilungsanordnung

85 Liegen alle Zulässigkeitsvoraussetzungen vor und ist der Antragsteller in dem geltend gemachten Umfang Erbe, so ist ihm ein Erbschein zu erteilen. Die Erteilung erfolgt durch Aushändigung oder Zustellung des Originals des Erbscheins oder einer Ausfertigung. Erst damit entfaltet der Erbschein seine Publizitätswirkung, §§ 2365 – 2367 (FA-ErbR/*Tschichoflos* Kap 10 Rn 195 – 203).

2. Vorbescheid

86 Unter besonderen Voraussetzungen ist bei widersprechenden Erbscheinsanträgen oder umstrittener Rechtslage zur Vermeidung der Publizitätswirkung ein Vorbescheid zulässig, mit dem die Erteilung eines Erbscheins mit bestimmten Inhalt angekündigt wird (FA-ErbR/*Tschichoflos* Kap 10 Rn 204 – 211; ausführlich auch vor allem zur Anfechtbarkeit des Vorbescheids und seiner Erteilungsvoraussetzungen: Kommentierung zu § 19 Rn 4 ff).

3. Zwischenverfügung (analog § 18 GBO)

87 Bestehen Mängel in der Zulässigkeit oder Begründetheit des Antrags auf Erteilung des Erbscheins, die aber behebbar sind, so kann das Nachlassgericht eine Zwischenverfügung erlassen, in der eine Frist zur Beseitigung des Mangels gesetzt und die Ablehnung des Erbscheinsantrages angekündigt wird (FA-ErbR/*Tschichoflos* Kap 10 Rn 212 – 218).

88 Voraussetzungen für die Zwischenentscheidung sind:
(1) Zuständigkeit des Nachlassgerichts für die Endentscheidung,
(2) wirksame Antragstellung,
(3) Behebbarkeit des Mangels.

89 Das Nachlassgericht muss den Mangel benennen, eine Frist zur Behebung setzen und einen Hinweis auf die Folgen der Fristversäumung erteilen. Da in der Zwischenverfügung gleichzeitig zu erkennen gegeben wird, dass ein Erbschein anderen Inhalts abgelehnt würde, ist die Zwischenverfügung mit der Beschwerde anfechtbar (siehe Kommentierung zu § 19 Rn 8).

4. Ablehnung des Erbscheinsantrags

90 Ist der Erbscheinsantrag unzulässig, unbegründet oder liegt ein nicht behebbarer Mangel vor, so ist der Antrag zurückzuweisen. Zu beachten ist, dass nur der Antrag, wie er gestellt ist, zu berücksichtigen ist (FA-ErbR/*Tschichoflos* Kap 10 Rn 219 – 221). Es gibt im Erbscheinsverfahren kein teilweises Obsiegen. Das Nachlassgericht ist an den gestellten Erbscheinsantrag gebunden (s.o.).

III. Erbscheinseinziehung

91 Siehe hierzu die Kommentierung zu § 84 FGG.

Vorbemerkung zu § 13 FGG

A. Beteiligte

1 Der Begriff des Beteiligten wird im Verfahren der freiwilligen Gerichtsbarkeit anstelle des Begriffs der Parteien verwendet. Der Beteiligtenbegriff ist im Gesetz nicht geregelt, er unterscheidet den materiell Beteiligten vom formell Beteiligten.

Vorbemerkung zu § 13 FGG

I. Materiell Beteiligter

Materiell Beteiligter ist wessen Rechte und Pflichten durch die Regelung der Angelegenheit unmittelbar betroffen werden können, ohne Rücksicht darauf, ob er an dem Verfahren teilnimmt oder nicht. Im Erbscheinsverfahren sind dies sämtliche Personen, die durch die zu treffende Entscheidung in ihrem Erbrecht unmittelbar betroffen sein können (*Gregor*, Erbscheinsverfahren, Rn 21 – 23, *Bumiller/Winkler* Vor § 13 Rn 2): so sind die gesetzlichen Erben und Miterben stets materiell Beteiligte, solange kein Testament oder Erbvertrag vorliegt. In den Fällen gewillkürter Erbfolge sind dies die eingesetzten Erben nebst dem Testamentsvollstrecker ab Annahme des Amtes. Daneben sind auch die ges Erben materiell Beteiligte, zumindest dann, wenn die Gültigkeit des Testaments/Erbvertrags umstritten oder zweifelhaft ist.

Für die materielle Beteiligung genügt die bloße Möglichkeit der Rechtsbeeinflussung, weil die Frage, ob das Recht wirklich betroffen ist, gerade erst durch das Verfahren geklärt werden soll. Beispiele aus der Rechtsprechung: in Nachlasssachen der Erbe in dem auf Antrag eines anderen Erben eingeleiteten Verfahrens zur Erteilung eines gemeinschaftlichen Erbscheins (BayObLG Ppfleger 1998, 518), ebenso der Erbe in einem auf Antrag eines Nachlassgläubigers eingeleiteten Verfahrens zur Errichtung eines Nachlassinventars (BayObLG Ppfleger 1992, 521).

Nicht materiell Beteiligter ist, wer nur ein mittelbar rechtliches oder ein wirtschaftliches Interesse hat.

II. Formell Beteiligter

Beteiligter im formellen Sinne sind diejenigen Personen, die zur Wahrnehmung sachlicher Interessen am Verfahren teilnehmen oder, möglicherweise sogar nur zu Unrecht, hinzugezogen werden. Formell beteiligt wird eine Person insb durch eine Verfahrenshandlung, also durch Antragstellung oder Einlegung der Beschwerde, ohne Rücksicht auf die materielle Berechtigung.

III. Behörden

Eine Behörde wird nicht schon dadurch beteiligt, dass sie aufgrund ges Vorschriften zur Wahrung des öffentlichen Interesses oder zur Unterstützung des Gerichts zu dem Verfahren hinzugezogen wird. Sie wird erst dann Beteiligte im formellen Sinne, wenn sie von einem ihr verliehenen Antrags- oder Beschwerderecht Gebrauch macht (*Bumiller/Winkler* Vor § 13 § Rn 4). Im Erbscheinsverfahren ist dies regelmäßig nicht der Fall.

B. Beteiligtenfähigkeit (Parteifähigkeit)

Die Beteiligtenfähigkeit ist die Fähigkeit, selbst an einem Verfahren beteiligt zu sein, also Träger von Rechten und Pflichten zu sein. Sie bestimmt sich im Wesentlichen nach der Rechtsfähigkeit des Bürgerlichen Rechts (*Bumiller/Winkler* Vor § 13 Rn 6 ff, *Keidel/Zimmermann* § 13 Rn 51) und ist in jeder Lage des Verfahrens von Amts wegen zu prüfen. Teilweise wird auch die entsprechende Anwendung des § 50 ZPO vertreten (*Knörringer* § 4 III, *Habscheid* § 15 I), wobei der nichtrechtsfähige Verein (§ 54 BGB, § 50 Abs. 2 ZPO), anders als im ZPO-Verfahren, nicht als Beteiligter am Verfahren teilnehmen kann (anderes gilt nur in echten Streitverfahren [WEG-Sachen]). Beteiligtenfähig sind daher:
1. jeder Mensch (jede natürliche Person), weil er rechtsfähig ist;
2. juristische Personen des öffentlichen und privaten Rechts wie Gemeinden, Vereine, GmbH, AG, OHG (§ 124 HGB) und KG (§ 161 Abs. 2 HGB);
3. Behörden sind beteiligtenfähig, auch wenn sie keine eigene Rechtspersönlichkeit besitzen, wenn ihnen das Gesetz die Fähigkeit zuspricht, sich an einem Verfahren zu beteiligen;

§ 13 FGG | Beistände, Bevollmächtigte

4. die BGB-Gesellschaft (§§ 705 ff BGB), wenn sie als Außengesellschaft durch Teilnahme am Rechtsverkehr eigene Rechte und Pflichten begründet (BGH NJW 2001, 1056); die frühere hM, die das verneinte, ist nunmehr auch im FGG-Verfahren überholt (Keidel/ *Zimmermann* § 13 Rn 51). Dagegen ist die BGB-Innengesellschaft weiterhin nicht rechts- und parteifähig;
5. bei Ausländern bestimmt sich die Parteifähigkeit nach deren Heimatrecht. Parteifähig sind aber auch ausländische juristische Personen, die im Inland in aller Regel anerkannt werden (BayObLGZ 1986, 61, 67).

8 Bei ausländischen juristischen Personen bestimmt sich die Parteifähigkeit nach dem Verwaltungssitz (BGH NJW 1986, 2194; 1997, 658, str); bei Sitz in Deutschland dürfte daher deutsches Recht maßgeblich sein (siehe Vorlagebeschluss des BGH, abgedruckt in BB 2000, 1106).

C. Verfahrensfähigkeit

9 Unter Verfahrensfähigkeit versteht man die Fähigkeit, in einem Verfahren als Beteiligter auftreten zu können. Eine allgemeine Vorschrift darüber, wer im Verfahren der freiwilligen Gerichtsbarkeit fähig ist, seine Rechte wahrzunehmen, fehlt. Die Verfahrensfähigkeit ist stets von Amts wegen zu prüfen und stellt eine Sachurteilsvoraussetzung (Prozess- und Verfahrensvoraussetzung) und Voraussetzung für die Wirksamkeit der Verfahrenshandlung (Prozesshandlungsvoraussetzung) dar.

10 Mit der hM und Rspr sind die Vorschriften des Bürgerlichen Rechts über die Geschäftsfähigkeit entsprechend anzuwenden, also die §§ 104 ff, allerdings ohne die §§ 107 – 111 (RGZ 145, 284, 296; BGHZ 35, 1, 4; BayObLG MDR 1982, 228; *Bumiller/Winkler* Vor § 13 Rn 14 ff, Keidel/*Zimmermann* § 13 Rn 44 ff). § 105a ist zu beachten. Soweit eine Mindermeinung die analoge Anwendung des § 52 ZPO vertritt, Ausnahmeregelungen zu denselben Ergebnissen wie die h.M. (*Habscheid* § 15 II).

11 Geschäftsunfähige und in der Geschäftsfähigkeit beschränkte Personen müssen sich durch ihren ges Vertreter vertreten lassen, §§ 1626, 1629, 1793. Dies gilt vor allem für die Antragsstellung im Antragsverfahren sowie für die Beschwerdeeinlegung. Mangelnde gesetzliche Vertretung kann rückwirkend durch Genehmigung des ges Vertreters geheilt werden; sie kann auch erst in der Beschwerdeinstanz erfolgen (BGH NJW 1989, 984, 985). Grds sind Volljährige als geschäftsfähig anzusehen, bis das Gegenteil bewiesen ist (BayObLGZ 1966, 261, 263).

12 Beteiligte juristische Personen müssen sich durch ihre ges Vertreter vertreten lassen, die sich, soweit zulässig, Bevollmächtigter bedienen können. Beteiligte Behörden werden durch ihren Leiter oder dessen Vertreter oder einen von diesem beauftragten Sachbearbeiter vertreten; auch sie können sich eines Bevollmächtigten bedienen (Keidel/*Zimmermann* § 13 Rn 49).

13 Größere Probleme bzgl der Verfahrensfähigkeit bestehen im Zusammenhang mit dem Erbscheinsverfahren nicht.

§ 13 Beistände, Bevollmächtigte

Die Beteiligten können mit Beiständen erscheinen. Sie können sich, soweit nicht das Gericht das persönliche Erscheinen anordnet, auch durch Bevollmächtigte vertreten lassen. Die Bevollmächtigten haben auf Anordnung des Gerichts oder auf Verlangen eines Beteiligten die Bevollmächtigung durch eine öffentlich beglaubigte Vollmacht nachzuweisen.

Vorbemerkungen zu § 13a

A. Kosten (Gebühren und Auslagen) und Rechtsanwaltsgebühren

I. Allgemeines

Das Gesetz über die Kosten in Angelegenheiten der freiwilligen Gerichtsbarkeit (Kostenordnung) regelt, ob Gerichtskosten (Gebühren und Auslagen) anfallen, in welcher Höhe und die Frage, wer Kostenschuldner ist. Aus dem Rechtsanwaltsvergütungsgesetz (RVG) ergibt sich, in welcher Höhe ein Beteiligter seinem RA eine Vergütung schuldet. Die Kostenerstattungspflicht eines Beteiligten an einen anderen Beteiligten ist in § 13a Abs. 1 FGG geregelt, stellt allerdings eher die Ausnahme dar und erfolgt ggf durch gerichtliche Entscheidung. 1

II. KostO

Die §§ 1 bis 35 KostO regeln die allgemeinen Vorschriften, die §§ 101 bis 117 regeln Nachlass- und Teilungssachen. Für eine gerichtliche Kostenentscheidung ist regelmäßig kein Raum (BayObLGZ 1963, 80; 1968, 195, 198; LG Düsseldorf JurBüro 1980, 1072). Ob und in welcher Höhe im Verfahren der freiwilligen Gerichtsbarkeit Gerichtskosten (Gebühren und Auslagen) angefallen sind und wer diese zu Kosten zu tragen hat, ist in den §§ 18 ff, 2 bis 6 KostO geregelt und im Einzelfall vom Kostenbeamten zu prüfen (Keidel/*Zimmermann* Vorb § 13a Rn 20). 2

III. Rechtsanwaltsgebühren

1. Frühere Rechtslage

Für die Vertretung im Erbscheinsverfahren erhielt der RA Gebühren nach Maßgabe des § 118 BRAGO (Keidel/*Zimmermann* Vorb § 13a Rn 10 ff insgesamt noch zur alten Rechtslage). Es konnten anfallen: Geschäftsgebühr, Besprechungsgebühr und Beweisaufnahmegebühr (die allerdings nicht schon mit der Anhörung der Beteiligten anfiel, sondern erst mit einer tatsächlichen Beweisaufnahme, Keidel/*Zimmermann* Vorb § 13a Fn 11) gem § 118 Abs. 1 Ziff 1 – 3 BRAGO sowie eine Vergleichsgebühr gem § 23 BRAGO. Der Umfang der Gebühren betrug zwischen $5/10$ und $10/10$ der vollen Gebühr; im Durchschnittsfall $7{,}5/10$. Auch im Beschwerdeverfahren richtete sich die Vergütung nach § 118 BRAGO – ohne Zuschlag von $3/10$, weil § 11 Abs. 1 Satz 4 BRAGO nicht anzuwenden war (BGH NJW 1969, 932). Im Verfahren der weiteren Beschwerde fiel dann regelmäßig nur noch eine Geschäftsgebühr iHv $5/10$ bis $10/10$ an, da das OLG/BayObLG regelmäßig ohne mündliche Verhandlung entschied. 3

Der Gegenstandswert für die Anwaltsgebühren bestimmte sich im Erbscheinsverfahren und auch für die vorangegangene Tätigkeit nach den für die Gerichtsgebühren geltenden Wertvorschriften, §§ 18 ff KostO (gem § 8 Abs. 1 BRAGO). 4

2. Aktuelle Rechtslage/RVG

Auch nach der aktuellen Rechtslage bestimmt sich der Gegenstandswert nach den Wertvorschriften für die Gerichtsgebühren, § 23 Abs. 1 Satz 1 RVG. Dieser Geschäftswert ist gem § 32 Abs. 1 RVG für die Rechtsanwaltsgebühren im Einziehungsverfahren entscheidend (FA-ErbR/*Tschichoflos* Kap 10 Rn 394). 5

a) Allgemeine erbrechtliche Beratung

Die Beratungsgebühr ist in Nr. 2100 VV-RVG als Rahmengebühr ausgestaltet und beträgt grds 0,1 – 1,0, im Durchschnitt 0,55. Sie fällt dann an, wenn der RA einen mündlichen oder 6

§ 13a FGG | Kosten

schriftlichen Rat oder eine Auskunft erteilt und die Beratung nicht mit einer anderen gebührenpflichtigen Tätigkeit in Zusammenhang steht, Abs. 2 zu Nr. 2100 VV-RVG. Bei der Erstberatung ist für Verbraucher Nr. 2102 VV-RVG zu beachten, wonach die Kappungsgrenze 190 € beträgt.

7 Wird mehr als eine Beratung geleistet, so entsteht die Geschäftsgebühr gem Nr. 2400 VV-RVG, die auch als Rahmengebühr ausgestaltet ist; sie beträgt grds 0,5 – 2,5, wobei eine Gebühr von mehr als 1,3 nur dann gefordert werden kann, wenn die Tätigkeit umfangreich oder schwierig war, Anm zu Nr. 2400 VV-RVG. Beschränkt sich der Auftrag auf ein Schreiben einfacher Art, so beträgt die Gebühr gem Nr. 2402 VV-RVG 0,3.

b) Vertretung im Erbscheinsverfahren

8 Im Erbscheinsverfahren, aber auch in den übrigen nachlassgerichtlichen Verfahren, zB bei der gerichtlichen Nachlassauseinandersetzung gem §§ 86 f FGG, der Erbschaftsausschlagung, der Eröffnung letztwilliger Verfügungen etc fallen nunmehr für den RA dieselben Gebühren an wie in bürgerlich-rechtlichen Streitigkeiten nach Teil 3 des VV-RVG. Es entsteht daher grds die Verfahrensgebühr iHv 1,3 gem Nr. 3100 VV-RVG. Soweit im Erbscheinsverfahren nur ein Antrag gestellt oder eine Entscheidung entgegengenommen wird, beträgt die Gebühr 0,8 gem Nr. 3101 Nr. 3 VV-RVG. Danach fällt für den einfachen Erbscheinsantrag lediglich die Gebühr iHv 0,8 an. Zu beachten ist aber, dass bei einem zusätzlichen Sachvortrag durch den RA (was regelmäßig der Fall sein dürfte) dann doch die Verfahrensgebühr nach Nr. 3100 VV-RVG iHv 1,3 anfällt. Die Terminsgebühr gem Nr. 3104 VV-RVG iHv 1,2 kann auch im Erbscheinsverfahren anfallen, wenn eine Beweisaufnahme stattfindet oder die Angelegenheit in mündlicher Verhandlung mit den Beteiligten erörtert wird.

9 Für das Beschwerdeverfahren in Nachlasssachen betragen die Verhandlungs- und Terminsgebühr jeweils 0,5 gem Nr. 3500 VV-RVG und Nr. 3513 VV-RVG. *Kroiß* hält allerdings die Nr. 3200 ff VV-RVG für entsprechend anwendbar (*Kroiß* RVG-Letter 2004, 110). Eine Vergütungsfestsetzung ist nunmehr auch im Erbscheinsverfahren nach § 11 RVG möglich. Die Nr. 7000 ff RVG gelten ohnehin für alle Verfahren.

c) Tätigkeit im Zivilprozess (Erbprozess)

10 Im Zivilprozess kommen bspw die Klage auf Feststellung des Erbrechts, die Herausgabeklage des Erben gegen den Erbschaftsbesitzer, die Pflichtteilsklage, die Erbunwürdigkeitsklage oder die Erbteilungsklage in Betracht. Für die gerichtliche Tätigkeit in Erbschaftsstreitigkeiten gelten die Verfahrensgebühr gem Nr. 3100 VV-RVG und die Terminsgebühr gem Nr. 3104 VV-RVG. Die Verfahrensgebühr entsteht für das Betreiben eines Geschäfts einschließlich der Information. Die Terminsgebühr entsteht für die Vertretung einem Verhandlungs-, Erörterungs- oder Beweisaufnahmetermin oder die Wahrnehmung eines von einem gerichtlich bestellten Sachverständigen anberaumten Termins oder die Mitwirkung an auf die Vermeidung oder Erledigung des Verfahrens gerichtete Besprechungen ohne Beteiligung des Gerichts gem Vorbemerkung 3, Abs. 3 zu Nr. 3100 VV-RVG, wobei jedoch Besprechungen mit dem Auftraggeber ausgenommen sind.

11 Soweit bereits eine Besprechungsgebühr nach Nr. 2400 VV-RVG angefallen ist, so ist diese gem Vorbemerkung 3, Abs. 4 zu 3100 VV-RVG zur Hälfte, höchstens jedoch mit einem Gebührensatz von 0,75 auf die Verfahrensgebühr des gerichtlichen Verfahrens anzurechnen. Bei einer Einigung im Prozess kann auch noch die Verfahrensgebühr nach Nr. 1000 VV-RVG anfallen.

§ 13a Kosten

(1) Sind an einer Angelegenheit mehrere Personen beteiligt, so kann das Gericht anordnen, daß die Kosten, die zur zweckentsprechenden Erledigung der Angelegenheit notwendig waren, von einem Beteiligten ganz oder teilweise zu erstatten sind, wenn

dies der Billigkeit entspricht. Hat ein Beteiligter Kosten durch ein unbegründetes Rechtsmittel oder durch grobes Verschulden veranlaßt, so sind ihm die Kosten aufzuerlegen.

(2) In Betreuungs- und Unterbringungssachen kann das Gericht die Auslagen des Betroffenen, soweit sie zur zweckentsprechenden Rechtsverfolgung notwendig waren, ganz oder teilweise der Staatskasse auferlegen, wenn eine Betreuungsmaßnahme nach den §§ 1896 – 1908i des Bürgerlichen Gesetzbuchs oder eine Unterbringungsmaßnahme nach § 70 Abs. 1 Satz 2 Nr. 1 und 2 abgelehnt, als ungerechtfertigt aufgehoben, eingeschränkt oder das Verfahren ohne Entscheidung über eine Maßnahme beendet wird. Wird in den Fällen des Satzes 1 die Tätigkeit des Gerichts von einem am Verfahren nicht beteiligten Dritten veranlaßt und trifft diesen ein grobes Verschulden, so können ihm die Kosten des Verfahrens ganz oder teilweise auferlegt werden. Wird ein Antrag auf eine Unterbringungsmaßnahme nach § 70 Abs. 1 Satz 2 Nr. 3 abgelehnt oder zurückgenommen und hat das Verfahren ergeben, daß für die zuständige Verwaltungsbehörde ein begründeter Anlaß, den Unterbringungsantrag zu stellen, nicht vorgelegen hat, so hat das Gericht die Auslagen des Betroffenen der Körperschaft, der die Verwaltungsbehörde angehört, aufzuerlegen.

(3) Die Vorschriften des § 91 Abs. 1 Satz 2 und der §§ 103 – 107 der Zivilprozeßordnung gelten entsprechend.

(4) Unberührt bleiben bundesrechtliche Vorschriften, die die Kostenerstattung abweichend regeln.

§ 15 Beweisaufnahme, Glaubhaftmachung

(1) Die Vorschriften der Zivilprozeßordnung über den Beweis durch Augenschein, über den Zeugenbeweis, über den Beweis durch Sachverständige und über das Verfahren bei der Abnahme von Eiden finden entsprechende Anwendung. Über die Beeidigung eines Zeugen oder Sachverständigen entscheidet jedoch, unbeschadet der §§ 393, 402 der Zivilprozeßordnung, das Ermessen des Gerichts.

(2) Behufs der Glaubhaftmachung einer tatsächlichen Behauptung kann ein Beteiligter zur Versicherung an Eides Statt zugelassen werden.

A. Allgemeines

Das Gericht hat die Verpflichtung, den Sachverhalt gem § 12 FGG umfassend aufzuklären, die notwendigen Tatsachen zu ermitteln und die erforderlichen Beweise zu erheben. Dies kann nach § 12 FGG durch formlose Ermittlungen (Freibeweis) oder durch eine förmliche Beweisaufnahme iSd § 15 FGG (Strengbeweis) erfolgen. Das Gericht hat die Wahl des Beweisverfahrens nach pflichtgemäßem Ermessen zu treffen. § 15 FGG regelt nicht Art und Umfang der Beweismittel, sondern lediglich die **Form der Beweisaufnahme** bei bestimmten Beweismitteln. Dabei sind die Vorschriften der ZPO entsprechend anzuwenden, soweit sich nicht aus der Natur des Verfahrens der freiwilligen Gerichtsbarkeit ein anderes ergibt (BayObLGZ 1970, 173, 177). Zwar verweist § 15 FGG nicht auf die §§ 355 – 370 ZPO; dennoch gelten die Prinzipien der Beteiligtenöffentlichkeit und der Unmittelbarkeit der Beweisaufnahme grds auch hier. Ein Beweisbeschluss ist dagegen nicht notwendig, wenngleich er vielfach zur Konkretisierung des Beweisthemas zweckmäßig ist.

§ 15 FGG | Beweisaufnahme, Glaubhaftmachung

I. Beteiligtenöffentlichkeit

2 Die Beteiligtenöffentlichkeit folgt aus Art. 103 Abs. 1 GG sowie den §§ 357 Abs. 1, 397, 402 und 451 ZPO und ist grds auch im Verfahren der freiwilligen Gerichtsbarkeit gewährleistet. Die Beteiligten haben das Recht, an einer förmlichen Beweisaufnahme selbst oder durch ihre Verfahrensbevollmächtigten teilzunehmen und Fragen zu stellen. Auch von präsenten Beweismitteln (mitgebrachte Zeugen, vorgelegte Urkunden, in Augenschein zu nehmende Gegenstände) kann ohne Verfahrensverstoß nur Gebrauch gemacht werden, wenn das Recht der Beteiligten auf Teilnahme an der förmlichen Beweisaufnahme gewahrt wird (Keidel/*Schmidt* § 15 Rn 13, 14).

3 Ein Verstoß kann mit der Beschwerde gerügt werden oder die Rechtsbeschwerde begründen, wenn der Beschwerdeführer rügt, ihm gegenüber sei dieser Grundsatz nicht eingehalten worden und nicht ausgeschlossen werden kann, dass die Entscheidung auf diesem Verstoß beruht (OLG Hamm Ppfleger 1973, 172; BayObLGZ 1977, 59, 65). Auf die Einhaltung kann aber entsprechend § 295 ZPO verzichtet werden.

4 Nur bei formloser Beweisaufnahme genügt die Übersendung der Protokollabschrift an die Beteiligten, ggf mit einer Frist zur Stellungnahme.

5 Im Umkehrschluss aus § 8 FGG folgt im Übrigen der Grundsatz der Nichtöffentlichkeit des Verfahrens, wenngleich die Vernehmung von Zeugen in öffentlicher Sitzung keinen Rechtsverstoß darstellt, auf den die Beschwerde gestützt werden kann (BayObLGZ 1974, 258).

II. Unmittelbarkeit

6 Der Grundsatz der Unmittelbarkeit der Beweisaufnahme (§ 355 Abs. 1 ZPO) gilt im förmlichen Beweisverfahren der freiwilligen Gerichtsbarkeit entsprechend (BayObLG FamRZ 1983, 836; NJW-RR 1996, 583). Dies bedeutet, dass sich das Gericht der freiwilligen Gerichtsbarkeit seine Überzeugung auf der Grundlage einer von ihm selbst durchgeführten Beweisaufnahme bilden soll. Ausnahmen hiervon sind nur in den Fällen möglich, in denen das Gesetz bei entsprechender Anwendung der §§ 372 Abs. 2, 375, 402, 451, 479 ZPO eine Beweiserhebung durch den beauftragten oder ersuchten Richter zulässt. Bei einem Wechsel in der Besetzung des Gerichts nach Abschluss der Beweisaufnahme ist eine Verwertung einer Zeugenvernehmung nur dann zulässig, wenn auch der persönliche Eindruck aus der Niederschrift entnommen werden kann (BayObLG MDR 1983, 326).

III. Form der Beweisaufnahme

7 Das FGG enthält keine allgemeinen Vorschriften, in welcher Form das Ergebnis der Beweisaufnahme festzustellen ist. Die zwingenden Formvorschriften der ZPO über die Protokollaufnahme (§§ 159 ff ZPO) gelten nicht (KG NJW-RR 1989, 842). Dennoch müssen die Feststellungen in geeigneter Weise in den Akten niedergelegt werden, wenn sie bei der Entscheidung verwendet werden sollen. Sie können, wenn sämtliche Richter, die bei der Entscheidung mitwirken, auch schon die Beweisaufnahme durchgeführt haben, in den Gründen wiedergegeben werden (Keidel/*Schmidt* § 15 Rn 15), wobei zunächst das Ergebnis der Anhörung oder einer Beweisaufnahme im Zusammenhang mitgeteilt werden muss (OLG Köln NJW-FER 1999, 96). Die Bestimmungen der ZPO über die Art der Protokollaufnahme können entsprechend angewendet werden.

B. Die einzelnen Beweismittel

I. Augenschein

8 Augenschein ist jede unmittelbare Wahrnehmung von Personen und Sachen oder über Vorgänge und Verhaltensweisen; dazu gehören auch das Abhören von Tonbändern und das Betrachten von Bildern (BGHZ 27, 284; Bassenge/*Herbst* § 15 Rn 10 ff). Für den Augen-

schein gelten die Vorschriften der §§ 371 – 372a ZPO gem § 15 Abs. 1 Satz 1 FGG entsprechend. § 371 Abs. 1 Satz 2 und Abs. 2 ZPO gelten nicht, da sie zum Amtsermittlungsgrundsatz in Widerspruch stehen. Es besteht grds keine Verpflichtung zur Duldung des Augenscheins, außer in den Fällen des § 372a ZPO, in denen auch im Verfahren der freiwilligen Gerichtsbarkeit über § 372a Abs. 2 iVm §§ 386 – 390 ZPO die Untersuchung erzwungen werden kann (OLG Zweibrücken FamRZ 1986, 493).

II. Zeugenbeweis

1. Zeugnisfähigkeit

Zeuge kann nur sein, wer nicht formell oder materiell Beteiligter ist (BayObLG NJW-RR 1993, 85; BayObLG-Report 1998, 34; zur Abgrenzung siehe Vorb § 13 Rn 1 – 6). Auch der ges Vertreter eines verfahrensunfähigen Beteiligten kann nicht als Zeuge vernommen werden, so zB die Eltern des minderjährigen Kindes oder auch der Vorstand oder Geschäftsführer einer juristischen Person sowie der vertretungsberechtigte persönlich haftende Gesellschafter einer OHG oder KG (Keidel/*Schmidt* § 15 Rn 22). Zeugnisfähig sind dagegen der Aktionär einer AG, der Gesellschafter einer GmbH oder das Mitglied eines eingetragenen Vereins, soweit sie nicht als Antragsteller formell beteiligt sind. Der Testamentsvollstrecker, der das Amt angenommen hat, ist nunmehr Beteiligter im Erbscheinsverfahren und kann daher nicht mehr als Zeuge vernommen werden (BayObLGZ 1974, 224). Der Nachlasspfleger dagegen ist im Erbscheinsverfahren nicht Beteiligter und kann daher als Zeuge insb über die Vorgänge der Testamentserrichtung vernommen werden (*Bumiller/Winkler* § 15 Rn 12). Wurde ein Beteiligter als Zeuge vernommen, so kann seine Aussage zumindest als Einvernahme eines Beteiligten verwertet werden (OLG Hamm OLGZ 67, 390). 9

2. Pflicht zum Erscheinen

Aus der Zeugnispflicht folgt auch die Verpflichtung zum Erscheinen vor Gericht. Die Zeugen sind entsprechend § 377 ZPO formlos zu laden, wobei eine Bezugnahme auf den Beweisbeschluss entfällt, wenn die Beweisaufnahme formlos angeordnet ist. Wegen des Amtsermittlungsgrundsatzes darf die Ladung nicht von der Zahlung eines Auslagenvorschusses abhängig gemacht werden, sodass § 379 ZPO keine Anwendung findet. Bei Verstoß gegen die Verpflichtung zum Erscheinen sind die §§ 380, 381 ZPO entsprechend anzuwenden, wobei eine ordnungsgemäße Ladung vorausgesetzt wird. Dem Zeugen können daher die durch sein Ausbleiben verursachten Kosten auferlegt werden. Es kann gegen ihn auch ein Ordnungsgeld, ersatzweise Ordnungshaft, verhängt werden. Gegen die Maßnahmen des Gerichts findet gem § 380 Abs. 3 ZPO die sofortige Beschwerde statt. Diese richtet sich nach den Vorschriften der freiwilligen Gerichtsbarkeit – nicht nach denen der ZPO. Die Beschwerde hat aufschiebende Wirkung nach § 24 Abs. 1 FGG. 10

3. Aussagepflicht und Zeugnisverweigerung

Grds ist der Zeuge zu einer wahrheitsgemäßen Aussage verpflichtet, §§ 390, 395 ZPO. Die Aussagepflicht kann aber durch die Schweigepflicht (§ 376 ZPO) oder ein Zeugnisverweigerungsrecht nach §§ 383 ff ZPO ausgeschlossen oder beschränkt sein. 11
Eine Aussagegenehmigung nach § 376 ZPO ist daher vom Gericht vorab beim Dienstvorgesetzten zu erholen und dem Zeugen mit der Ladung mitzuteilen. 12
Auf das Recht zur Zeugnisverweigerung sind die in § 383 Abs. 1 Nr. 1 – 3 ZPO bezeichneten Personen hinzuweisen, § 383 Abs. 2 ZPO. 13
Wichtige Fälle aus der Rechtsprechung zum Erbscheinsverfahren: 14
Grds besteht eine Verschwiegenheitspflicht des Arztes im Erbscheinsverfahren (FA-ErbR/*Tschichoflos* Kap 10 Rn 171 ff, insb 175 mwN; Keidel/*Schmidt* § 15 Rn 36). Der 15

den Erblasser behandelnde Arzt ist im Erbscheinsverfahren grds sachverständiger Zeuge (§ 414 ZPO), da er aufgrund seiner Sachkunde eigene Wahrnehmungen, und zwar im Zusammenhang mit der Behandlung des Erblassers, gemacht hat. Allerdings unterliegen alle Daten, die er im Rahmen seiner Tätigkeit erhebt oder die ihm sonst zur Kenntnis gelangen, der ärztlichen Schweigepflicht. Daher steht ihm gem § 383 Abs. 1 Nr. 6 ZPO ein Zeugnisverweigerungsrecht zu. Der Arzt müsste hierzu von seinem Schweigerecht entbunden werden, § 385 Abs. 2 ZPO. Als höchstpersönliche Angelegenheit geht das Recht auf Entbindung nicht auf die Erben über und endet nicht mit dem Tod. Zu klären ist, ob der Erblasser den Arzt zu Lebzeiten von seiner Schweigepflicht entbunden hat, was regelmäßig nicht der Fall ist. Daher kommt es regelmäßig auf den mutmaßlichen Willen des Erblassers an. Es liegt in der Regel im wohlverstandenen Interesse des Erblassers, dass geklärt wird, ob er zum Zeitpunkt der Verfügung von Todes wegen testierfähig war oder nicht (BGHZ 91, 392, 399, 400). Er gilt daher regelmäßig als von seiner Schweigepflicht entbunden (BayObLG NJW 1987, 1493). Das Nachlassgericht hat den sich auf ein ärztliches Schweigerecht berufenden Arzt darauf hinzuweisen, damit das Verfahren nicht unnötig verzögert wird. Ist der mutmaßliche Wille zweifelhaft, dann sind bei vermögensrechtlichen Umständen die Erben befreiungsberechtigt, während bei höchstpersönlichen Rechten der Geheimnisträger selbst nach pflichtgemäßem Ermessen entscheidet, soweit nicht aus obigen Gründen eine Entbindung anzunehmen ist (BayObLG aaO; Bassenge/*Herbst* § 15 Rn 22). Beachte: auch ein Verstoß gegen die Verschwiegenheitspflicht begründet kein Verwertungsverbot (BGH NJW 1977, 1198; BayObLG NJW-RR 1991, 7). Für die Angehörigen sozialpflegerischer Berufe (zB Sozialarbeiter, Krankenschwester/-pfleger) gilt § 383 Abs. 1 Nr. 6 ZPO nicht (BayObLG FamRZ 1990, 1012; dagegen besteht eine Verschwiegenheitspflicht des Steuerberaters des Erblassers: OLG Stuttgart OLGZ 83, 9 und des Notars: OLG Düsseldorf OLGZ 79, 466; OLG München OLGZ 81, 322 ff).

16 Im Verfahren über die Berechtigung zur Zeugnisverweigerung gelten im FGG-Verfahren die Vorschriften der §§ 386 ff ZPO entsprechend. Gegen den nach § 16 FGG bekannt zu machenden Beschluss, mit dem ein Zeugnisverweigerungsrecht abgelehnt wird, ist nach § 387 Abs. 3 ZPO die sofortige Beschwerde zulässig; im Übrigen finden die Vorschriften des FGG Anwendung (BGHZ 91, 392, 395). Wird das Zeugnis dennoch verweigert, so kann entsprechend § 390 ZPO Ordnungsgeld – ersatzweise Ordnungshaft – festgesetzt werden (Keidel/*Schmidt* § 15 Rn 40).

4. Beeidigung

17 Grds ist jeder aussagepflichtige Zeuge mit Ausnahme der eidesunfähigen Personen (§ 393 ZPO) zur Eidesleistung verpflichtet. Allerdings stellt es § 15 Abs. 1 Satz 2 FGG, in dem Ermessen des Gerichts, ob eine Vereidigung erfolgen soll oder nicht. § 391 ZPO gilt daher nicht, soweit es um den Verzicht der Beteiligten auf eine Vereidigung geht. Die übrigen Gesichtspunkte sind aber bei der Ermessensentscheidung zu berücksichtigen. Zeugnisverweigerungsberechtigte dürfen auch nach der Aussage noch den Eid verweigern; ihre Aussage ist dann als uneidliche frei zu würdigen (BGHZ 43, 368).

III. Sachversändigenbeweis

1. Gegenstand

18 Der Sachverständige vermittelt dem Gericht fehlendes Fachwissen zur Beurteilung von Tatsachen. Wer nur über Tatsachen berichtet, die er mit Hilfe seines Fachwissens wahrgenommen hat, ist Zeuge. Wer aufgrund seines Fachwissens daraus Schlüsse auf Ursachen und Wirkungen zieht, ist zugleich sachverständiger Zeuge (§ 414 ZPO).

19 Es gelten wegen § 15 Abs. 1 FGG die §§ 402 ff ZPO, soweit sie mit dem Amtsermittlungsgrundsatz vereinbar sind. Auch die im Zivilprozess entwickelten Grundsätze zur münd-

lichen Erläuterung eines schriftlichen Sachverständigengutachtens gelten entsprechend (OLG Hamm NJW-RR 1992, 1469).

2. Sachverständiger

a) Auswahl
Die Auswahl trifft das Gericht. §§ 404 Abs. 1 – 3 (nicht 4!), 405 ZPO gelten entsprechend. Auf die öffentliche Bestellung und Vereidigung kommt es nicht an (BayObLGZ 1994, 263). 20

b) Gutachterpflicht
Es besteht wegen §§ 407, 408 ZPO die Pflicht zur Gutachtenserstattung nebst den Pflichten nach § 407a ZPO, mit der Möglichkeit einer Erzwingung, §§ 402, 409, 411 Abs. 2 ZPO. Das Gericht leitet gem § 404a ZPO und kann gem §§ 410, 391 ZPO den Gutachter vereidigen (BayObLG FamRZ 1991, 618). 21

c) Ausschluss oder Befangenheit
Es gelten die §§ 406, 41 Nr. 1 – 4, 42 ZPO, nicht § 6 FGG. Die Entscheidung über ein Ablehnungsgesuch darf nicht unterbleiben und erst mit der Hauptsacheentscheidung ergehen (BayObLGZ 94, 263). Berechtigt zur Geltendmachung ist jeder Verfahrensbeteiligte. Entschieden wird durch selbständigen Beschluss. Gem § 406 Abs. 5 ZPO ist dieser mit der sofortigen Beschwerde angreifbar. Für die Beschwerde und die Förmlichkeiten gelten die §§ 19 – 22 FGG (Keidel/*Schmidt* § 15 Rn 52). Eine weitere Beschwerde ist nicht statthaft (*Bumiller/Winkler* § 15 Rn 25). 22

d) Gutachten
Das Gutachten ist in mündlicher oder schriftlicher Form zu erstatten. Einem Antrag auf mündliche Erläuterung ist regelmäßig zu entsprechen (BVerfG FamRZ 1992, 1043). 23

(1) Inhalt
Das Gutachten muss die Anknüpfungstatsachen, Untersuchungsmethoden, wissenschaftlichen Erfahrungssätze und Befunde angeben und so gehalten sein, dass das Gericht sich ein eigenes Bild von der Richtigkeit der gezogenen Schlüsse machen kann (BayObLGZ 1986, 145, 174). Eigene Zeugeneinvernahmen darf der Sachverständige nur verwenden, wenn sie mit den gerichtlichen Zeugenaussagen übereinstimmen (BayObLG FamRZ 1985, 739) oder alle Beteiligten mit der Verwertung einverstanden sind. 24

(2) Neues Gutachten (Obergutachten)
Ein weiteres Gutachten nach § 412 ZPO liegt im pflichtgemäßen Ermessen des Gerichts (§ 12 FGG). Es ist insb dann zu erholen, wenn das erste Gutachten grobe Mängel aufweist oder bei fehlender Sachkunde des Gutachters, bei falschen Anknüpfungstatsachen, Widersprüchen etc; nicht zwingend notwendig ist es dagegen bei Vorlage eines widersprechenden Gutachtens oder nur deshalb, weil es von einem Verfahrensbeteiligten vorgelegt wurde. 25

IV. Urkundenbeweis

Urkunden sind vor allem im Erbscheinsverfahren ein wertvolles Mittel zur Aufklärung des Sachverhalts. § 15 FGG verweist zwar nicht auf die Vorschriften der ZPO zum Urkundenbeweis. Dennoch ist anerkannt, dass die Vorschriften der §§ 415 ff ZPO entsprechend anwendbar sind, soweit sie mit dem Verfahren der freiwilligen Gerichtsbarkeit zu vereinbaren sind. Es gelten insb die §§ 415 – 419 ZPO, wobei anstelle des Gegenbeweises des § 415 Abs. 2 ZPO die Amtsermittlungspflicht des § 12 FGG tritt (BayObLGZ 1981, 42). Für die Beurteilung der Beweiskraft öffentlicher Urkunden sind die §§ 415, 417 – 419 ZPO, für die Echtheit die §§ 438, 439 ZPO entsprechend anwendbar (BayObLGZ 1961, 268, 273; FamRZ 1994, 530), für Privaturkunden gelten §§ 416, 419 ZPO. Die §§ 439, 440 Abs. 2 ZPO werden durch die freie Beweiswürdigung ersetzt (Bassenge/*Herbst* § 15 Rn 33 – 35). 26

§ 16a FGG | Nichtanerkennung einer ausländischen Entscheidung

27 Die Vorschriften der ZPO über das Beweisverfahren gelten nicht (Amtsermittlungsgrundsatz, BayObLG FamRZ 1988, 659). Die Vorlage von Urkunden kann angeordnet, aber nicht erzwungen werden (OLG Stuttgart NJW 1978, 547). Die verweigerte Vorlage ist frei zu würdigen.

28 Die Aktenbeiziehung führt zur Verwertung der in ihnen enthaltenen Urkunden (zB Strafurteil, Sachverständigengutachten, Zeugenaussagen) im Urkundenbeweis (BGH NJW-RR 1992, 1214; BayObLG NJW-RR 1990, 776; 1991, 1219). Wenn es um die Richtigkeit einer so verwerteten Aussage geht, darf diese nicht aus Gründen angezweifelt werden, die sich nicht aus der Urkunde selbst ergeben und für die sich keine belegbaren Umstände ergeben. Gegebenenfalls muss die Zeugeneinvernahme wiederholt werden (BGH aaO).

V. Beteiligteneinvernahme

29 Eine förmliche Beteiligteneinvernahme kann entsprechend § 448 ZPO ohne die dortigen Beschränkungen angeordnet werden (BayObLG Ppfleger 1970, 340, BayObLGZ 1977, 59, 65). Die §§ 445 – 447 ZPO sind wegen ihrer Anknüpfung an die formelle Beweislast mit dem Amtsermittlungsgrundsatz nicht vereinbar und daher nicht anzuwenden. Der Beteiligte ist ggf unter Mitteilung der Anordnung zu laden; eine Aussage oder ein Eid sind nicht erzwingbar.

VI. Verfahren bei der Abnahme von Eiden

30 Wegen § 15 Abs. 1 Satz 1 FGG sind die ZPO-Vorschriften (§§ 478 – 484 ZPO) entsprechend anwendbar. Sie gelten für den Zeugen- und Sachverständigeneid sowie den Eid der Beteiligten. Es ist stets ein Protokoll aufzunehmen, in dem auch die Eidesbelehrung festzustellen ist, § 480 ZPO (Keidel/*Schmidt* § 15 Rn 62).

VII. Beweiswürdigung und Beweislast

31 Hier gilt das unter § 12 FGG Gesagte.

VIII. Glaubhaftmachung (Abs. 2)

32 Glaubhaftmachung ist eine Art der Beweisführung, durch die dem Gericht nicht die volle Überzeugung, sondern lediglich die erhebliche Wahrscheinlichkeit eines zu beweisenden Sachverhalts vermittelt werden muss (BGHZ 8, 183, 185; BayObLGZ 1992, 162). Glaubhaft gemacht ist eine Tatsache, wenn für ihr Vorliegen eine erhebliche Wahrscheinlichkeit besteht (Bassenge/*Herbst* § 15 Rn 41). Neben allen Beweismitteln ist eine mündliche oder schriftliche eidesstattliche Versicherung zulässig. Der Bevollmächtigte kann eine solche nur über eigenes Wissen abgeben (KG OLGZ 67, 247). Den Beweiswert würdigt das Gericht frei. Die Beschränkung des § 294 Abs. 2 ZPO auf präsente Beweismittel gilt nicht. Die Glaubhaftmachung kann auch durch Bezugnahme auf die Angaben von Zeugen und Sachverständigen, die zu vernehmen sind, erfolgen oder durch Bezugnahme auf noch vorzulegende Urkunden (Keidel/*Schmidt* § 15 Rn 70 – 74).

§ 16a Nichtanerkennung einer ausländischen Entscheidung

Die Anerkennung einer ausländischen Entscheidung ist ausgeschlossen:

1. wenn die Gerichte des anderen Staates nach deutschem Recht nicht zuständig sind;
2. wenn einem Beteiligten, der sich zur Hauptsache nicht geäußert hat und sich hierauf beruft, das verfahrenseinleitende Schriftstück nicht ordnungsgemäß oder nicht so rechtzeitig mitgeteilt worden ist, daß er seine Rechte wahrnehmen konnte;

3. wenn die Entscheidung mit einer hier erlassenen oder anzuerkennenden früheren ausländischen Entscheidung oder wenn das ihr zugrunde liegende Verfahren mit einem früher hier rechtshängig gewordenen Verfahren unvereinbar ist;
4. wenn die Anerkennung der Entscheidung zu einem Ergebnis führt, das mit wesentlichen Grundsätzen des deutschen Rechts offensichtlich unvereinbar ist, insbesondere wenn die Anerkennung mit den Grundrechten unvereinbar ist.

Ausländische Erbscheine sind nach § 16a FGG grds anzuerkennen, ohne dass es eines besonderen Anerkennungsverfahrens bedarf. Allerdings die ausländische Erbscheine idR keine ausreichenden Erbnachweise im Grundbuchverfahren des § 35 GBO dar. 1

Lässt das Grundbuchamt einen ausländischen Erbschein nicht als Nachweis iSd § 35 GBO genügen, so kann vom zuständigen Nachlassgericht ein gegenständlich beschränkter Fremdrechtserbschein nach § 2369 erteilt werden. Dieser ist in jedem Falle ein Unrichtigkeitsnachweis iSv § 35 GBO. Gegebenenfalls bietet es sich aus anwaltlicher Sicht an, einen entsprechenden gegenständlichen Fremdrechtserbschein sogleich zu beantragen (*Krug/Tauck/Kerscher*, Das erbrechtliche Mandat, § 25 Rn 181, 182). 2

§ 18 Änderung gerichtlicher Verfügungen

(1) Erachtet das Gericht eine von ihm erlassene Verfügung nachträglich für ungerechtfertigt, so ist es berechtigt, sie zu ändern; soweit eine Verfügung nur auf Antrag erlassen werden kann und der Antrag zurückgewiesen worden ist, darf die Änderung nur auf Antrag erfolgen.

(2) Zu der Änderung einer Verfügung, die der sofortigen Beschwerde unterliegt, ist das Gericht nicht befugt.

A. Anwendungsbereich

§ 18 FGG regelt die verfahrensrechtliche Befugnis und bei Vorliegen seiner Voraussetzungen auch die Pflicht zur nachträglichen Änderung (vollständige oder teilweise Aufhebung, Ersetzung durch eine andere Regelung, Ergänzung) einer Entscheidung in demselben Verfahren, in dem sie ergangen ist. Das Änderungsverfahren ist Teil des Ursprungsverfahrens. 1

B. Abgrenzung

I. Zweitentscheidung

Von einer Änderung nach § 18 FGG ist die Zweitentscheidung zu unterscheiden. Es handelt sich hierbei um eine inhaltlich abweichende Entscheidung in einem neuen Verfahren, die nicht die Erstentscheidung, sondern den von ihr geschaffenen Zustand ändert. Im Erbscheinsverfahren setzt ein neuer Erbschein stets einen neuen Erbscheinsantrag voraus; der frühere, dann unrichtige Erbschein ist dagegen von Amts wegen einzuziehen. 2

II. Berichtigung und Ergänzung nach §§ 319 – 321 ZPO

1. Offenbare Unrichtigkeit, § 319 ZPO

Die Berichtigungsvorschrift des § 319 ZPO ist auch im Verfahren der freiwilligen Gerichtsbarkeit entsprechend anwendbar (*Bumiller/Winkler* § 18 Rn 3; Thomas/Putzo/*Reichold* § 319 Rn 1 – 10; *Gregor*, Erbscheinsverfahren, Rn 240 – 249). Die Berichtigung nach § 319 3

§ 18 FGG | Änderung gerichtlicher Verfügungen

ZPO setzt voraus, dass der sachliche Inhalt der Entscheidung nicht geändert wird. Berichtigt werden können vor allem Schreibfehler und unerhebliche Fehlbezeichnungen. Nicht mehr umfasst sind die Fälle, in denen die Identitätsbestimmung geändert würde. Für die Änderung nach § 319 ZPO genügt ein formloser Antrag, § 11 FGG. Das Gericht kann sogar von Amts wegen ändern (OLG Düsseldorf NJW-RR 1991, 1471; Keidel/*Schmidt* § 18 Rn 61). Gegen die Berichtigung findet die einfache Beschwerde statt, soweit es sich um ein Verfahren handelt, gegen das auch sonst die einfache Beschwerde möglich ist. Auch der Erbschein kann wegen offenbarer Unrichtigkeit berichtigt werden. Andere Berichtigungen und Ergänzungen sind nur zulässig, wenn es sich um die Beseitigung unzulässiger oder überflüssiger oder um die Aufnahme vorgeschriebener Zusätze handelt, die den sachlichen Inhalt unberührt lassen und am öffentlichen Glauben nicht teilnehmen. Andernfalls ist der sachlich unrichtige Erbschein einzuziehen, § 2361 (Keidel/*Schmidt* § 18 Rn 63; zB: enthält ein Erbschein einen Testamentsvollstreckervermerk, so ist dieser, wenn die Testamentsvollstreckung endet, als unrichtig einzuziehen).

2. Ergänzungen nach §§ 320, 321 ZPO / Umdeutung

4   Ergänzungen sind im Erbscheinsverfahren eher selten; häufiger sind dagegen die Fälle, in denen ein unzulässiger Berichtigungsantrag umzudeuten ist. Beantragt bspw A, den ihn als Alleinerben ausweisenden Erbschein dahin zu berichtigen oder ergänzen, dass auch B zu 1/5 Miterbe ist, so ist eine Berichtigung unzulässig, da der Inhalt des Erbscheins verändert würde. Stattdessen ist dieser Antrag als Anregung auf Einziehung des unrichtigen Erbscheins, verbunden mit einem Antrag auf Erteilung eines neuen Erbscheins umzudeuten. Die Umdeutung setzt entsprechend § 140 voraus (zum Ganzen s.a. *Gregor*, Erbscheinsverfahren, Rn 250 – 260):

(1) Auslegung scheidet wegen Eindeutigkeit aus;
(2) die Voraussetzungen einer anderen, dem gleichen Zweck dienenden Verfahrenshandlung müssen erfüllt sein:

- Der erteilte Erbschein soll unrichtig sein; deshalb regt der Antragsteller zumindest formlos die Einziehung an;
- Antrag auf Erteilung eines neuen Erbscheins, soweit dafür die Voraussetzungen vorliegen.

(3) Erkennbarkeit eines entsprechenden Willens: der erteilte Erbschein wird inhaltlich für unrichtig gehalten und soll deshalb nicht Bestand haben; gewollt ist ein Erbschein mit neuem Inhalt.

III. Einziehung des Erbscheins, § 2361

5   Der erteilte Erbschein kann nach § 18 FGG nicht mehr geändert werden. Er muss nach § 2361 eingezogen oder für kraftlos erklärt werden; es muss ein neuer Erbschein ausgestellt werden (Palandt/*Edenhofer* § 2353 Rn 23; § 2361 Rn 2). Auch eine Abänderung der Verfügung, aufgrund derer die Einziehung oder Kraftloserklärung des Erbscheins erfolgt, ist nach erfolgter Einziehung oder Kraftloserklärung nicht mehr möglich. Eine kraftlos gewordene oder eingezogene Urkunde kann nur durch Erneuerung (neuer Antrag auf neuen Erbschein, BGHZ 40, 54; BayObLG FamRZ 1989, 550; Palandt/*Edenhofer* § 2361 Rn 14) wiederhergestellt werden. Die Abänderung der Einziehungsanordnung ist daher nur solange möglich, bis der Erbschein an das Nachlassgericht zurückgegeben wurde (BayObLGZ 1961, 200, 202, 206).

C. Anwendungsbereich im Erbscheinsverfahren

6   Auch im Erbscheinsverfahren ist eine Änderung gerichtlicher Verfügungen gem § 18 FGG zulässig (*Gregor*, Erbscheinsverfahren, Rn 263 – 275).

I. Änderung der Erbscheinserteilungsanordnung oder der Einziehungsanordnung

Verfügungsgegenstand sind die Erbscheinserteilungsanordnung und die Erbscheinseinziehungsanordnung. Diese Verfügungen führen nicht sogleich zu einer Außenwirkung. Die Entscheidung bleibt bis zu ihrer Bekanntmachung an die Beteiligten, § 16 FGG, ein Internum. In diesem Zeitraum kann und muss (§ 12 FGG) das Nachlassgericht alle tatsächlichen oder rechtlichen Änderungsgesichtspunkte berücksichtigen.

II. Erteilter oder eingezogener Erbschein

Wurde der Erbschein bereits erteilt, so gilt § 18 FGG nicht mehr. Der Erbschein ist bei Unrichtigkeit gem § 2361 einzuziehen. Wurde der Erbschein bereits eingezogen, so kann lediglich ein neuer Erbschein gleichen oder anderen Inhalts beantragt werden.

Soweit der Antrag auf Erteilung eines Erbscheins abgelehnt wurde, gilt § 18 Abs. 1, 2. Hs FGG, weil der Antrag für die Entscheidung Voraussetzung war. Das Gericht darf die Entscheidung nur ändern, wenn der Antragsteller einen neuen Antrag stellt (BGHZ 30, 223; § 20 Abs. 2 FGG steht insoweit mit § 18 Abs. 1, 2. Hs FGG in Zusammenhang). Nach dem Gesetzeszweck soll es dem Antragsteller überlassen bleiben, ob es bei der ergangenen Entscheidung sein Bewenden haben soll oder ob er sein ursprüngliches Ziel durch neuen Antrag oder mit der Beschwerde verfolgen will. In der Beschwerde gegen die Ablehnung des Antrags ist allerdings regelmäßig ein neuer Antrag zu sehen (Keidel/*Schmidt* § 18 Rn 10), sodass das Erstgericht auch nach vorgelegter Beschwerde nach § 18 Abs. 1, 2. Hs FGG zur Änderung berechtigt bleibt (Palandt/*Edenhofer* § 2353 Rn 26).

III. Beschwerdegericht oder Gericht der weiteren Beschwerde

Das Beschwerdegericht und das Gericht der weiteren Beschwerde dürfen die von ihnen selbst erlassenen Entscheidungen nicht, auch nicht auf Antrag ändern (Keidel/*Schmidt* § 18 Rn 8, 9). Das Beschwerdegericht kann nur tätig werden, wenn es im Instanzenzug wieder mit der Sache befasst wird. Anderes gilt allenfalls für die Fälle des § 319 ZPO.

Vorbemerkungen zu §§ 19 – 30 FGG

A. Geltungsbereich

Die §§ 19 – 30 gelten für die Anfechtung von Verfügungen und Entscheidungen in dem gesamten Bereich der freiwilligen Gerichtsbarkeit, soweit nicht Sondervorschriften des 2. bis 9. Abschnitts oder außerhalb des FGG Abweichungen enthalten.

B. Rechtsmittel und Rechtsbehelfe des FGG

I. Rechtsmittelzug

In Angelegenheiten der freiwilligen Gerichtsbarkeit sind in erster Instanz regelmäßig die AGe (im Erbscheinsverfahren das Nachlassgericht) zuständig. Die Entscheidungen des Nachlassgerichts sind mit der Beschwerde nach § 19 Abs. 1 FGG (Erstbeschwerde) anfechtbar. Über die Beschwerde entscheidet als zweite Instanz das LG (Zivilkammer) als das funktionell zuständige Beschwerdegericht, § 19 Abs. 2 FGG. Die Entscheidungen des Beschwerdegerichts sind regelmäßig mit der weiteren Beschwerde nach § 27 Abs. 1 FGG (Rechtsbeschwerde) anfechtbar. In dritter Instanz ist das OLG (Für die bis 31. 12. 2004 eingelegten Rechtsbeschwerden in Bayern das BayObLG, welches zum 1. 1. 2005 abgeschafft wurde, aber bis 30. 6. 2005 noch für alle zu diesem Zeitpunkt anhängigen Verfahren

Vorbemerkungen zu §§ 19–30 FGG

zuständig blieb, Art. 55 Abs. 6 BayAGGVG) als Rechtsinstanz das funktionell zuständige Gericht der weiteren Beschwerde (Rechtsbeschwerdegericht; Keidel/*Kahl* Vorb §§ 19–30 Rn 1).

II. Beschwerde

3 Die Beschwerde ist das Rechtsmittel, mit dem ein Beteiligter die Nachprüfung einer Entscheidung durch ein Gericht höherer Instanz erstrebt.

1. (Erst-)Beschwerde, § 19 FGG

4 Die (Erst-)Beschwerde ist das Rechtsmittel, mit dem Verfügungen des Gerichts erster Instanz (Nachlassgericht) statthaft angefochten werden können, unabhängig davon, ob der Richter oder der Rechtspfleger entschieden hat. Die Beschwerde eröffnet eine zweite Tatsachen- und Rechtsinstanz, §§ 19 Abs. 1 und 2, 23 FGG, und ähnelt der Berufung im Zivilprozess. Das Beschwerdegericht tritt in den Grenzen des Rechtsmittels an die Stelle des AGs und hat das gesamte Sach- und Rechtsverhältnis, wie es sich zur Zeit seiner Entscheidung darstellt, von Amts wegen seiner Beurteilung zu unterziehen (BayObLG FamRZ 1994, 1068). Die Beschwerde ist insb im Erbscheinsverfahren unbefristet. Durch die Einlegung der Beschwerde wird das Verfahren in der höheren Instanz anhängig (Devolutiveffekt); dennoch bleibt das Erstgericht zur Abhilfe in den Grenzen des § 18 FGG berechtigt (siehe die Anmerkung zu § 18). Wichtig: Der Erbschein kann nur vom Nachlassgericht erteilt (§ 2353) und vom Nachlassgericht eingezogen werden (§ 2361). Daher kann das Beschwerdegericht das Nachlassgericht lediglich anweisen, einen Erbschein zu erteilen oder einzuziehen, nicht dagegen, die gewünschte Handlung selbst vornehmen.

2. Weitere Beschwerde, §§ 27 f FGG

5 Mit der weiteren Beschwerde wird die Entscheidung des Beschwerdegerichts über die Erstbeschwerde angefochten. Anders als in der ZPO vorgesehen (§§ 567 ff ZPO), ist auch sie unbefristet.

6 Es entscheidet das Rechtsbeschwerdegericht (OLG – in Bayern: siehe Rn 1; KG) soweit die Sache nicht dem BGH vorgelegt wird, § 28 Abs. 2, 3 FGG. Es handelt sich ausschließlich um eine Überprüfung in rechtlicher Hinsicht. Entscheidungen des Rechtsbeschwerdegerichts unterliegen keinem weiteren ordentlichen Rechtsmittel. Der Rechtsmittelzug endet hier.

3. Anschlussbeschwerde

7 Die Anschlussbeschwerde betrifft eher die Streitverfahren der freiwilligen Gerichtsbarkeit. Im Erbscheinsverfahren sind allenfalls mehrere einander widersprechende Erbscheinsanträge denkbar. Diese können in einem Verfahren zusammengefasst und entschieden werden.

4. Verfassungsbeschwerde

8 Sie ist kein zusätzliches Rechtsmittel. Ziel der ZPO-Reform 2002 war es auch, die Verfassungsgerichte zu entlasten. Im ZPO-Verfahren wurde § 321a ZPO eingeführt; im Verfahren der freiwilligen Gerichtsbarkeit ist § 18 FGG zu beachten, soweit es sich um Entscheidungen der ersten Instanz handelt. Im Übrigen sind Gegenvorstellungen zulässig (s.u. Rn 14). Diese dienen vor allem der Beseitigung von eindeutigem Verfahrensunrecht, offenkundiger Verletzungen des Anspruchs auf rechtliches Gehör (Art. 103 Abs. 1 GG), Verstößen gegen die Garantie des ges Richters (Art. 101 Abs. 1 Satz 2 GG) sowie gegen das Grundrecht auf ein objektiv willkürfreies Verfahren (Art. 3 Abs. 1 iVm Art. 20 Abs. 3 GG).

5. Menschenrechtsbeschwerde, Art. 34, 35 EMRK

Sie ist erst zulässig, wenn der Verfassungsrechtsweg erschöpft ist; siehe im Übrigen Keidel/*Kahl* Vorb §§ 19 – 30 FGG Rn 4 aE und *Meyer-Ladewig/Petzold* NJW 1999, 1165).

III. Sonstige Rechtsbehelfe

1. Erinnerung

Die Erinnerung ist seit der Abschaffung der Durchgriffserinnerung (Näheres dazu: Keidel/*Kahl* Vorb §§ 19 – 30 FGG Fn 6 und Rn 6) praktisch bedeutungslos. Im Erbscheinsverfahren findet die Erinnerung nicht statt.

2. Einspruch und Widerspruch

Diese gelten nur für die speziell geregelten Fälle, beim Einspruch gem §§ 132 Abs. 1, 133 ff, 140, 159 FGG, beim Widerspruch gem §§ 141, 142 Abs. 2, 144, 147, 159, 161 FGG und gegen die Dispache §§ 155, 156 FGG. Auch sie sind im Erbscheinsverfahren vernachlässigbar.

3. Wiederaufnahme und Wiedereinsetzung

Die Wiederaufnahme des Verfahrens setzt den rechtskräftigen Abschluss eines Verfahrens voraus, der im Erbscheinsverfahren ohnehin nicht vorliegt. Bei Unrichtigkeit des Erbscheins muss das Nachlassgericht von Amts wegen tätig werden und den Erbschein einziehen.

Da das Erbscheinsverfahren keine Fristen kennt, bedarf es auch keiner Wiedereinsetzung.

4. Gegenvorstellung

a) Begriff

Darunter versteht man die Anregung zur Abänderung einer Entscheidung. Sie ist auch im Bereich der freiwilligen Gerichtsbarkeit als ein gesetzlich nicht geregelter formloser Rechtsbehelf anerkannt, durch den das Gericht veranlasst werden soll, seine Entscheidung erneut zu überprüfen sowie aus übersehenen oder neuen tatsächlichen oder rechtlichen Gründen aufzuheben oder zu ändern (Bassenge/*Herbst* Vor §§ 19 ff Rn 12 ff; Keidel/*Kahl* Vorb §§ 19 – 30 Rn 11und Fn 36 mwN, Thomas/Putzo/*Reichold* Vorbem § 567 Rn 13 – 17). Die Gegenvorstellung führt das Verfahren (anders als die Beschwerden, §§ 19, 27 FGG) nicht in eine höhere Instanz. Die Abhilfebefugnis nach § 18 FGG dient ausschließlich der Selbstkontrolle des Erstgerichts. Mit der Gegenvorstellung hat jedes Gericht die Möglichkeit, seiner Amtspflicht nachzukommen (BVerfGE 72, 322, 327 ff), korrigierbare Fehler zu beheben und dementsprechend bindungsfreie Entscheidungen abzuändern. Die Gegenvorstellung dient vor allem dazu, das BVerfG zu entlasten (s.o. bei der Verfassungsbeschwerde Rn 8).

b) Statthaftigkeit/Rechtsschutzbedürfnis

Die Gegenvorstellung ist unstatthaft, solange die angegriffene Entscheidung noch mit förmlichen Rechtsmitteln oder Rechtsbehelfen angegriffen werden kann. Weiter fehlt das Rechtsschutzbedürfnis, wenn eine materielle Beschwer fehlt oder der erstrebte Erfolg auch auf einem anderen verfahrensrechtlich zulässigen Weg erreicht werden kann, etwa durch einen neuen Antrag beim Erstgericht.

c) Verfahren

Die Gegenvorstellung richtet sich nach den für das Beschwerdeverfahren geltenden Vorschriften. Eine weitere Rechtsmittelinstanz wird nicht eröffnet (BGH NJW 1990, 838, 840; BayObLG JurBüro 1991, 1108, 1109).

5. Dienstaufsichtsbeschwerde

17 Die Dienstaufsichtsbeschwerde richtet sich nicht gegen die Sachentscheidung als solche, sondern gegen den Geschäftsbetrieb (Untätigkeit, Verzögerung) und die äußere Ordnung. Sie stellt einen formlosen Rechtsbehelf dar, mit dem der Dienstvorgesetzte aufgefordert wird, seine Beamten und Richter zu kontrollieren (Keidel/*Kahl* Vorb §§ 19 – 30 Rn 15; Bassenge/*Herbst* vor §§ 19 ff Rn 10).

§ 19 Beschwerde

(1) Gegen die Verfügungen des Gerichts erster Instanz findet das Rechtsmittel der Beschwerde statt.

(2) Über die Beschwerde entscheidet das Landgericht.

Inhaltsverzeichnis

	Rn
A. Statthaftigkeit der Beschwerde	1 – 13
I. Endentscheidungen	2
II. Zwischenentscheidungen des Erstgerichts	3 – 9
1. Vorbescheid	4 – 7
a) Allgemeines	4 – 6
b) Voraussetzungen des Vorbescheids	7
2. Anfechtbare Zwischenverfügungen	8
3. Verfahrensleitende Anordnungen	9
III. Zwischenentscheidungen des Beschwerdegerichts	10 – 13
1. Weitere Beschwerde, § 27 FGG	11
2. Erstbeschwerde, § 19 Abs. 1 FGG	12
3. Sofortige weitere Beschwerde, § 27 FGG iVm § 567 Abs. 1 ZPO	13
B. Beschwerdegericht, § 19 Abs. 2 FGG	14
C. Prüfungsschema zur Zulässigkeit der Beschwerde	15 – 36
I. Statthaftigkeit, § 19 Abs. 1 FGG	15
II. Form, § 21 FGG	16
III. Frist	17
IV. Beschwerdeberechtigung, § 20 FGG	18 – 20
1. Amtsverfahren (Erbscheinseinziehungsverfahren)	19
2. Antragsverfahren (Erbscheinserteilung)	20
V. Beteiligtenfähigkeit	21
VI. Verfahrensfähigkeit	22
VII. Vertretungsbefugnis	23
VIII. Legitimation der Partei kraft Amtes	24
IX. Rechtsschutzbedürfnis	25 – 36
1. Abhilfe	26
2. Rücknahme des Antrags im Antragsverfahren	27
3. Erledigung der Hauptsache	28 – 29
4. Prozessuale Überholung/Umdeutungsfälle	30 – 32
5. Verwirkung, Verzicht und Rücknahme der Beschwerde	33 – 36
a) Verwirkung	33
b) Verzicht	34
c) Rücknahme der Beschwerde	35
6. Vergleich	36
D. Die Entscheidung des Beschwerdegerichts	37 – 43
I. Verwerfung als unzulässig	38
II. Zurückweisung der Beschwerde	39
III. Stattgebende Entscheidung	40 – 41

IV. Zurückverweisung 42
V. Reformatio in peius 43

A. Statthaftigkeit der Beschwerde

§ 19 Abs. 1 FGG regelt die Statthaftigkeit der Beschwerde (*Gregor*, Erbscheinsverfahren, 1
Rn 365 ff). Danach ist die Beschwerde nur gegen Verfügungen des Gerichts erster Instanz
zulässig. Hierunter versteht man ohne Rücksicht auf die unterschiedliche Benennung
(Verfügung, Entscheidung, Anordnung oder Beschluss) Willensentschließungen des Gerichts, die auf eine Feststellung oder Änderung der Sach- und Rechtslage abzielen oder
eine solche Feststellung oder Änderung ablehnen. Sie können materiell- oder verfahrensrechtlichen Inhalt haben; betroffen sind somit alle sachlichen Entschließungen (Entscheidungen) des Gerichts (*Bumiller/Winkler* § 19 Rn 2). Die Entscheidungen müssen bereits
erlassen sein, also Außenwirkung erlangt haben. Hierzu gehören:

I. Endentscheidungen

Anfechtbar sind alle Entscheidungen, die die Instanz abschließen, wie zB die Erbscheinser- 2
teilungsanordnung, die Zurückweisung des Erbscheinsantrags, die Erbscheinseinziehungsanordnung, die Ablehnung der Einziehung des Erbscheins, der Berichtigungsbeschluss oder seine Zurückweisung. Der Vollzug der Erbscheinserteilungsanordnung
(Aushändigung des Erbscheins) stellt dagegen keine Verfügung dar, sondern lediglich
die Verwirklichung dieses Willens. Daher ist gegen den erteilten Erbschein lediglich die
Anregung der Einziehung möglich.

II. Zwischenentscheidungen des Erstgerichts

Zwischenentscheidungen können angefochten werden, sofern sie nicht lediglich den 3
inneren Dienstbetrieb betreffen, wenn sie geeignet sind, Rechte der Beteiligten zu beeinträchtigen (*Bumiller/Winkler* Rn 6 – 10).

1. Vorbescheid

a) Allgemeines

Insb der Vorbescheid im Erbscheinsverfahren ist anfechtbar (BayObLG FamRZ 1994, 593; 4
OLG Köln NJW-RR 1991, 1412). Dieser setzt regelmäßig einen wirksamen Erbscheinsantrag voraus (BayObLGZ 94, 73 ff). Er ergeht als anfechtbare Zwischenentscheidung eigener
Art, mit der das Nachlassgericht durch Beschluss die Erteilung eines bestimmten Erbscheins (oder eines Testamentsvollstreckerzeugnisses) ankündigt, sofern nicht binnen
bestimmter Frist dagegen Beschwerde eingelegt wird (Palandt/*Edenhofer* § 2353 Rn 22;
zum Vorbescheid siehe unter § 12 Rn 87). Die Fristsetzung macht die Beschwerde nicht
zur sofortigen Beschwerde, sondern stellt lediglich eine Selbstbindung des Gerichts dar,
vor Ablauf dieser Frist nicht zu entscheiden. Letztlich kündigt das Nachlassgericht im
Vorbescheid an, gegenteilige Erbscheinsanträge abzulehnen.
Grund für die Zulässigkeit des Vorbescheids ist die Publizitätswirkung des Erbscheins, 5
§§ 2365 – 2367, die nicht rückwirkend beseitigt werden kann (FA-ErbR/*Tschichoflos* Kap 10
Rn 204 – 211; Palandt/*Edenhofer* § 2353 Rn 22).
Anfechtbar sind aber auch Vorbescheide mit unzulässigem Inhalt, wie zB die Ankündi- 6
gung im Vorbescheid, einen Erbscheinsantrag abzulehnen (OLG Hamm Ppfleger 1977, 208
a.A. nunmehr: OLG Stuttgart, FamRZ 2005, 1863 = FGPrax 2005, 221) oder einen Erbschein
einziehen zu wollen (BayObLGZ 1994, 169), da der »unzulässige« Inhalt des grds anfechtbaren Vorbescheids keine Rückschlüsse auf die Zulässigkeit des Rechtsmittels zulässt
(*Bumiller/Winkler* § 19 Rn 9). Gleiches gilt für den unzulässigen Vorbescheid, mit dem
die Ernennung des Testamentsvollstreckers angekündigt wird (BayObLGZ 1993, 389 ff
= NJW-RR 1994, 590, 591 und BayObLG FamRZ 1994, 1068, 1069; aA OLG Hamm NJW-RR

1995, 1414, wonach die Beschwerde unstatthaft und damit unzulässig ist, mit der zwingenden Kostenfolge des § 13a Abs. 1 Satz 2 FGG).

b) Voraussetzungen des Vorbescheids

7   Der BGH (BGHZ 20, 255, 257 = NJW 1956, 987) hat als Voraussetzungen für den Vorbescheid folgende Kriterien aufgestellt: Der Sachverhalt muss vollständig ermittelt, § 12 FGG, und somit der Erbscheinsantrag entscheidungsreif sein. Der Vorbescheid muss aber nicht inhaltlich mit dem Erbscheinsantrag übereinstimmen, da das Nachlassgericht alle im Verfahren gestellten Anträge zu entscheiden hat und daher auch den Erbscheinsantrag eines anderen Beteiligten für begründet ansehen kann. Teilweise wird sogar vertreten, dass der vom Nachlassgericht nicht als zutreffend angesehene Antrag noch nicht einmal gestellt sein müsse, es reiche aus, wenn mit ihm zu rechnen sei (BayObLG NJW-RR 1994, 590; ZEV 1995, 256, 257). Weiter muss es sich um eine schwierige Sach- und Rechtslage handeln, in der zumindest zwei widersprechende Anträge vorliegen oder zu erwarten sind (BayObLG FamRZ 1994, 1449; 1996, 566, 567; zuletzt FGPrax 2004, 35; aA OLG Hamm OLGZ 1970, 117). Schließlich muss es sich um einen Fall handeln, in dem die Publizitätswirkung des Erbscheins, §§ 2365 – 2367, relevant ist. Damit sind Vorbescheide, die die Einziehung eines Erbscheins oder Ablehnung eines Erbscheinsantrags ankündigen, unzulässig (OLG Düsseldorf NJW-RR 1994, 90; OLG Köln FamRZ 1991, 1356, 1358 so auch OLG Stuttgart, FamRZ 2005, 1863).

2. Anfechtbare Zwischenverfügungen

8   Zwischenverfügungen, die in nicht unerheblicher Weise in die Rechtssphäre der Beteiligten eingreifen, sind anfechtbar. Hierunter fallen vor allem die Anordnung der Ergänzung eines Antrags (analog der Zwischenentscheidung § 18 GBO), die eine Zurückweisung des ursprünglichen Antrags darstellt (FA-ErbR/*Tschichoflos* Kap 10 Rn 212 – 218), sämtliche Anordnungen, die ein bestimmtes Verhalten der Beteiligten verlangen, die Anordnung und Androhung von Zwangsmaßnahmen (BayObLG NJW-RR 1987, 1202), die Anordnung des persönlichen Erscheinens (BayObLG NJW-RR 1998, 437 und 1987) und die Vorführung. Auch die Aussetzung des Verfahrens ist mit der einfachen Beschwerde anfechtbar (siehe vorne § 12 Rn 33 f).

3. Verfahrensleitende Anordnungen

9   Zwischenverfügungen, die nicht für die Beteiligten bestimmt sind, sondern nur den inneren Dienstbereich betreffen, und soweit die Rechte der Beteiligten nicht verletzen, sind der Anfechtung entzogen. Hierunter fallen insb die Terminsbestimmung und Ladung (OLG Hamm Pfleger 1995, 161), die Ablehnung von Beweisanträgen (es gilt der Amtsermittlungsgrundsatz, § 12 FGG) und die Beweisanordnungen (OLG Köln Pfleger 1990, 354) einschließlich der Erholung eines Sachverständigengutachtens (OLG Brandenburg, FamRZ 2005, 917, 918), die Anhörung in Gegenwart des Sachverständigen (BayObLG NJW-RR 1987, 136) und die Auswahl des Sachverständigen (BayObLG NJW 1987, 1202).

III. Zwischenentscheidungen des Beschwerdegerichts

10   Gegen diese Entscheidungen sind unterschiedliche Rechtsmittel statthaft.

1. Weitere Beschwerde, § 27 FGG

11   Die weitere Beschwerde ist statthaft, wenn die Zwischenentscheidung in Wahrheit einer Endentscheidung gleichkommt, die Instanz somit letztlich abschließt.

2. Erstbeschwerde, § 19 Abs. 1 FGG

Die Erstbeschwerde ist nur in den im Gesetz ausdrücklich geregelten Fällen möglich, zB 12 bei einem Zwischenstreit im Beweisverfahren (§§ 15 FGG iVm 380 Abs. 3, 387 Abs. 3, 406 Abs. 5 oder 409 Abs. 2 ZPO).

3. Sofortige weitere Beschwerde, § 27 FGG iVm § 567 Abs. 1 ZPO

Das BayObLG (FGPrax 2002, 182) hat entschieden, dass eine im Verfahren der freiwilligen 13 Gerichtsbarkeit ergangene Ablehnung der PKH entsprechend der ZPO-Beschwerde (§ 574 Abs. 1 Nr. 2 ZPO) nur mit der zulassungsbedürftigen sofortigen weiteren Beschwerde zum OLG (damals noch BayObLG) anfechtbar ist. Gleiches gilt für das Verfahren der Richterablehnung, § 6 FGG iVm § 46 ZPO (FGPrax 2002, 119, 120).

B. Beschwerdegericht, § 19 Abs. 2 FGG

Beschwerdegericht ist im Erbscheinsverfahren das dem jeweiligen AG (Nachlassgericht) 14 nach der Gerichtsverfassung übergeordnete LG.

C. Prüfungsschema zur Zulässigkeit der Beschwerde

I. Statthaftigkeit, § 19 Abs. 1 FGG

Die Beschwerde setzt letztlich eine beschwerdefähige Verfügung des Gerichts voraus. 15 Siehe dazu oben Rn 1.

II. Form, § 21 FGG

Form und Begründung der Beschwerde sind in § 21 FGG geregelt (wegen der Einzelheiten 16 siehe die Kommentierung dort). Sie kann beim Ausgangs- oder beim Beschwerdegericht ohne Anwaltszwang eingelegt werden. Beschwerdeantrag und Beschwerdebegründung sind für die Beschwerde nach § 19 Abs. 1 FGG regelmäßig nicht erforderlich, aber zweckmäßig.

III. Frist

Die Beschwerde im Verfahren der freiwilligen Gerichtsbarkeit ist regelmäßig unbefristet, 17 so insb auch im Erbscheinsverfahren. Einzig in den gesetzlich geregelten Fällen, § 22 FGG, wie zB bei §§ 81, 82 Abs. 1 FGG bzgl der Testamentsvollstreckerbestellung, liegt ein Fall der sofortigen Beschwerde vor.

IV. Beschwerdeberechtigung, § 20 FGG

Hier muss zwischen den Amtsverfahren (§ 20 Abs. 1 FGG) und den Antragsverfahren (§ 20 18 Abs. 2 iVm Abs. 1) differenziert werden.

1. Amtsverfahren (Erbscheinseinziehungsverfahren)

Im Amtsverfahren genügt die materielle Beschwer, § 20 Abs. 1 FGG. Danach muss ein 19 subjektives materielles Recht des Beschwerdeführers, wie zB sein Erbrecht, verletzt sein. Verfahrensfehler und Verfahrensrechte allein genügen nach hM nicht. Die Rechtsbeeinträchtigung muss grds feststehen. Da es sich im Erbscheinsverfahren allerdings stets um eine doppeltrelevante Tatsache handelt, genügt es, wenn die Beeinträchtigung möglich ist. Die exakte Prüfung ist Frage der Begründetheit der Beschwerde.

2. Antragsverfahren (Erbscheinserteilung)

20 Im Antragsverfahren ist neben der materiellen Beschwer zusätzlich noch eine formelle Beschwer notwendig. Diese ist gegeben, wenn der Antragsteller weniger erreicht hat, als er beantragt hat, insb wenn sein Antrag (auf Erteilung des Erbscheins) abgelehnt wurde. Beschwerdeberechtigt sind dann der zurückgewiesene Antragsteller und jeder, der einen gleich lautenden Antrag hätte stellen können. Mit der Behauptung, der Erbschein weise sein Erbrecht nicht richtig aus, ist auch derjenige, der den Erbschein beantragt hatte, beschwerdeberechtigt gegen die Ablehnung der Einziehung des Erbscheins (FamRZ 2006, 147 = NJW-RR 2005, 1245). § 20 Abs. 2 FGG gilt auch für die Zwischenentscheidungen, die einer Zurückweisung anders lautender Anträge gleichkommen, daher insb auch für den Vorbescheid im Erbscheinsverfahren.

V. Beteiligtenfähigkeit

21 Sie ist gleichzusetzen mit der Rechtsfähigkeit.

VI. Verfahrensfähigkeit

22 Es kann auf die Kommentierung zu Vor § 13 Rn 9 ff verwiesen werden.

VII. Vertretungsbefugnis

23 Die Vertretungsbefugnis ist nur von Bedeutung, wenn die Beschwerde im fremden Namen eingelegt wurde, zB von den Eltern für ihr Kind, § 1629 Abs. 1, oder durch einen Vormund. In solchen Fällen sind Einschränkungen oder der Ausschluss der Vertretungsmacht und die wirksame Bestellung stets vorweg zu prüfen. Für die Fälle der Vollmacht iSd § 13 FGG oder die Beauftragung eines Anwalts ergeben sich keine Besonderheiten (siehe insoweit Kommentierung zu § 13 FGG).

VIII. Legitimation der Partei kraft Amtes

24 Der Testamentsvollstrecker führt das Amt und auch die Beschwerde im eigenen Namen als Beteiligter, nicht als Vertreter. Bei Zweifeln ist die Legitimation, insb die Annahme des Amtes zu prüfen.

IX. Rechtsschutzbedürfnis

25 Das Rechtsschutzbedürfnis ist Verfahrensvoraussetzung und ergibt sich regelmäßig schon aus der Beschwerdeberechtigung. Fehlt es, so ist oder wird die Beschwerde unzulässig. Das Rechtsschutzbedürfnis muss auch noch zum Zeitpunkt der Entscheidung des Beschwerdegerichts bestehen, sodass eine zunächst zulässige Beschwerde unzulässig wird, wenn das Rechtsschutzbedürfnis im Beschwerdeverfahren, zB wegen prozessualer Überholung, wegfällt. IE kommen im Erbscheinsverfahren in Betracht: Rechtmissbrauch, Abhilfemöglichkeit (§ 18 FGG; siehe insoweit die Kommentierung zu § 18 FGG), Rücknahme des Erbscheinsantrags, Erledigung der Hauptsache und verfahrensrechtliche Überholung, Verwirkung, Verzicht, Beschwerderücknahme. Generell fehlt das Rechtsschutzbedürfnis, wenn die geltend gemachte Beschwer auf verfahrensrechtlich einfacherem Weg in der Vorinstanz (etwa durch Berichtigung) beseitigt werden kann.

1. Abhilfe

26 Erfolgte die Abhilfe noch vor Einlegung der Beschwerde, so war diese überflüssig und ist daher von Anfang an unzulässig. Erfolgte die Abänderung erst im Beschwerdeverfahren, so stellt diese einen Beendigungsgrund dar (Erledigung der Hauptsache). Im Verfahren der weiteren Beschwerde (§ 27 FGG) erlischt die Abänderungsbefugnis, § 29 Abs. 3 FGG.

Eine dennoch erfolgte Abänderung ist unwirksam und berührt das laufende Verfahren der weiteren Beschwerde nicht.

2. Rücknahme des Antrags im Antragsverfahren

Sie wird zumeist als Erledigung der Hauptsache verstanden, soweit der Antragsteller die Hauptsache als erledigt ansieht (BayObLGZ 1973, 30; 1985, 178; *Bumiller/Winkler* § 12 Rn 31). Teilweise wird darin ein eigener Verfahrensbeendigungsgrund gesehen. Beide Ansichten führen letztlich zum gleichen Ergebnis. Es besteht die Möglichkeit, nach Antragsrücknahme eine Kostenentscheidung nach § 13a FGG Abs. 1 Satz 1 FGG zu erlassen.   27

3. Erledigung der Hauptsache

Diese ist gegeben, wenn sich die Sach- und Rechtslage so geändert hat, dass der Verfahrensgegenstand (Beschwerdegrund) weggefallen ist und somit die Voraussetzungen für eine gerichtliche Entscheidung über den Verfahrensgegenstand nicht mehr vorliegen (allg Meinung: statt vieler: BayObLGZ 1993, 348, 349; 1990, 130, 131; Keidel/*Kahl* § 19 Rn 85). Eine Fortsetzung des Verfahrens mit dem Ziel der Feststellung der Rechtswidrigkeit ist im Verfahren der freiwilligen Gerichtsbarkeit nicht vorgesehen. Im Beschwerdeverfahren führt das erledigende Ereignis zu einer Erledigung des Gegenstandes des Rechtmittels in der Hauptsache. Eine Sachentscheidung kann nicht mehr ergehen, die Beschwerde ist unzulässig geworden. Der Beschwerdeführer kann seinen Beschwerdeantrag auf die Kostenfrage beschränken.   28

Im Erbscheinsverfahren stellt die rechtskräftige Feststellung in einem Rechtsstreit, dass der Antragsteller nicht Erbe ist, zu einer Erledigung (BayObLGZ 1982, 236, 239). Das Problem der Erbscheinserteilung während des Beschwerdeverfahrens gegen den Vorbescheid oder die Erbscheinserteilungsanordnung stellt keine Erledigung (BayObLG FGPrax 2000, 69) dar, sondern führt vielmehr zu einer prozessualen Überholung und wird über die Umdeutung gelöst (BayObLGZ 1954, 71, 74; BayObLG FamRZ 1996, 1113; Keidel/*Kahl* § 19 Rn 15).   29

4. Prozessuale Überholung/Umdeutungsfälle

Typisch sind drei Konstellationen: 30
(1) Nach eingelegter Beschwerde gegen die Erbscheinserteilungsanordnung wird der Erbschein (= Vollzug der Erbscheinserteilungsanordnung) erteilt.
(2) Nach eingelegter Beschwerde gegen die Erbscheinseinziehungsanordnung wird der Erbschein zurückgegeben oder für kraftlos erklärt (= Vollzug).
(3) Nach eingelegter Beschwerde gegen den Vorbescheid wird dennoch der angekündigte Erbschein erteilt.

Allen Konstellationen ist gemein, dass selbst ein Obsiegen in der Beschwerde dem Beschwerdeführer nichts nützen würde. In den Fällen (1) und (3) würde die Entscheidung nichts an dem Erbschein und seiner damit verbundenen Gutglaubenswirkung (§§ 2365 – 2367) ändern. Im Fall (2) wollte der Beschwerdeführer seinen Erbschein behalten; nach der Rückgabe hat dieser aber keine Wirkung mehr, § 2361 Abs. 1 Satz 2. Die eingetretene Außenwirkung ist in allen drei Konstellationen nicht mehr zu beseitigen.   31

In diesen Fällen muss die Beschwerde vom Beschwerdeführer umgestellt, andernfalls durch das Gericht umgedeutet werden, indem das ursprüngliche Ziel nunmehr zum Beschwerdeziel wird. In den Fällen (1) und (3) muss die Beschwerde in eine Anregung auf Einziehung des nunmehr erteilten Erbscheins umgestellt bzw umgedeutet werden (Keidel/*Kahl* § 19 Rn 15; OLG Stuttgart FamRZ 2005, 1863 = Rpfleger 2005, 431). Im Fall (2) ist die Beschwerde gegen die Einziehungsanordnung in einen Antrag auf Erteilung eines neuen Erbscheins gleichen Inhalts umzustellen bzw umzudeuten (BayObLG NJW-RR 1995, 711, 712; FamRZ 1994, 658). Insb zu dieser Konstellation hat der BGH (NJW 1959,   32

§ 19 FGG | Beschwerde

1729) bereits früh ausgeführt, es sei nicht einzusehen, weshalb der Beschwerdeführer nunmehr genötigt sein solle, einen neuen Erbscheinsantrag beim Nachlassgericht zu stellen, obwohl vorauszusehen sei, dass die auf einen solchen Fall hin ergehende Entscheidung wieder mit der Beschwerde angefochten werden würde. Im Übrigen spricht auch die Prozessökonomie gegen eine Wiederholung des Verfahrens aus rein formalen Gründen (Palandt/*Edenhofer* § 2353 Rn 26, *Gregor*, Erbscheinsverfahren, Rn 409, 410 und Strukturübersicht Rn 414).

5. Verwirkung, Verzicht und Rücknahme der Beschwerde

a) Verwirkung

33 Die Verwirkung führt bei unbefristeten Beschwerden zum Verlust des Rechtsschutzbedürfnisses. Voraussetzung sind zum einen ein längerer Zeitablauf ab Kenntnis von der angefochtenen Verfügung und zum anderen besondere Umstände (ein Vertrauenstatbestand entsprechend § 242), der die Rechtsmitteleinlegung als rechtsmissbräuchlich iS unzulässiger Rechtsausübung erscheinen lässt (Keidel/*Kahl* § 19 Rn 96). Im Erbscheinsverfahren ist die Verwirkung nicht denkbar, da mit dem Erbschein allein die Wirkungen der §§ 2365 – 2367 verbunden sind, er gerade keine materiell-rechtlichen Folgen zeitigt.

b) Verzicht

34 Ein Verzicht auf das Beschwerderecht ist grds nach Erlass der Entscheidung möglich. Dieser kann gegenüber dem Gericht, gegenüber einem Gegner oder durch Vereinbarung erfolgen und ist von Amts wegen (§ 12 FGG) zu berücksichtigen. Besondere Formvorschriften bestehen nicht; der Verzichtende muss sich aber der Bedeutung des Verzichts bewusst sein; in der Erklärung, sich nicht beschweren zu wollen, liegt daher nicht von vornherein ein Verzicht. Die trotz eines Verzichts eingelegte Beschwerde ist als unzulässig zu verwerfen (BayObLGZ 1964, 448, 449).

c) Rücknahme der Beschwerde

35 Die Beschwerde kann bis zum Erlass der Entscheidung jederzeit zurückgenommen werden. Die Rücknahme ist Verfahrenshandlung und erfolgt formlos gegenüber dem Gericht (Beschwerdegericht oder Vorinstanz). Sie muss unbedingt und vorbehaltlos erklärt sein. Der Widerruf und die Anfechtung der Rücknahme sind ausgeschlossen (Keidel/*Kahl* § 19 Rn 108); ein Verzicht auf erneute Einlegung ist aber in der Rücknahme regelmäßig nicht zu sehen.

6. Vergleich

36 Das Beschwerdeverfahren kann auch durch einen Vergleich beendet werden. Dieser ist sowohl im Amts- als auch im Antragsverfahren in der Rechtsmittelinstanz zulässig, da die zweite Instanz durch den Dispositionsakt der Rechtsmitteleinlegung eröffnet wird. Im Erbscheinsverfahren ist der Abschluss eines Vergleichs über die Erbenstellung unzulässig, da über diese das Nachlassgericht/Beschwerdegericht von Amts wegen zu entscheiden hat (BayObLG FGPrax 1997, 229). Es sind aber Vergleiche zulässig, die im Antragsverfahren die Rücknahme des Erbscheinsantrags oder im Beschwerdeverfahren die Rücknahme oder den Verzicht des Rechtsmittels regeln. Die Erbprätendenten können auch in einem (notariellen) Auslegungsvertrag (s.a. BGHZ NJW 1986, 1812, 1813; Kommentierung zu § 12 FGG Rn 17 ff) die Auslegung eines Testaments für ihr Verhältnis untereinander verbindlich festlegen; auch eine Vereinbarung über die Anerkennung eines zweifelhaften Testaments ist zulässig – nicht aber bzgl nicht beteiligter Dritter. Hier gilt der Amtsermittlungsgrundsatz.

D. Die Entscheidung des Beschwerdegerichts

Die Entscheidung des Beschwerdegerichts lautet je nach Ergebnis der Prüfung der vorinstanzlichen Entscheidung auf Verwerfung der Beschwerde (als unzulässig), auf Zurückweisung (als unbegründet) oder auf Aufhebung und/oder Änderung der angefochtenen Entscheidung.

I. Verwerfung als unzulässig

Fehlt es an einer Zulässigkeitsvoraussetzung, so wird die Beschwerde ohne weitere Sachprüfung als unzulässig verworfen. Erfüllt im Antragsverfahren der Hauptantrag die Zulässigkeitserfordernisse nicht, der Hilfsantrag aber schon, so ist das Rechtsmittel teilweise zu verwerfen (BayObLG FamRZ 1990, 649).

II. Zurückweisung der Beschwerde

Ergibt die sachliche Prüfung der Beschwerde, dass für eine Änderung der Sachentscheidung kein Anlass besteht, so erfolgt die Zurückweisung der Beschwerde als unbegründet, selbst dann, wenn die Entscheidung auf anderen Gründen beruht, die erst neu hervorgetreten sind. Mit Ausnahme der sog »doppelt« oder »doppelrelevanten« Tatsachen darf die Zulässigkeit nicht unterstellt werden und sogleich die Begründetheit geprüft werden (siehe bei § 20 Rn 7).

III. Stattgebende Entscheidung

Erweist sich die Beschwerde als zulässig und begründet, so trifft das LG unter Aufhebung der Verfügung der Vorinstanz idR selbst die sachliche Entscheidung, die das AG hätte treffen sollen. Die Entscheidung besteht regelmäßig aus zwei Teilen, nämlich der kassatorischen, durch welche die Vorentscheidung aufgehoben wird, und der reformatorischen, durch welche über den Verfahrengegenstand anderweitig entschieden wird (KG FamRZ 1968, 331, 333; unzul war es hier, eine Vorentscheidung des AGs in einer Erbscheinssache nur aufzuheben).

Im Erbscheinsverfahren ist zu beachten, dass das Beschwerdegericht weder einen Erbschein erteilen noch ihn einziehen kann. Dies obliegt einzig dem Nachlassgericht, §§ 2353 Abs. 1, 2361 Abs. 1. Insoweit kann das Beschwerdegericht in diesen Fällen lediglich nach Aufhebung der Entscheidung das Nachlassgericht anweisen, einen Erbschein bestimmten Inhalts zu erlassen oder einen Erbschein einzuziehen (BayObLG FamRZ 1991, 491, 493; NJW-RR 1991, 1222, 1223).

IV. Zurückverweisung

Ausnahmsweise kann das Beschwerdegericht die Ausgangsentscheidung aufheben und zur anderweitigen (neuen) Sachentscheidung zurückverweisen. Dies ist vor allem bei schwerwiegenden Verfahrensmängeln der Fall, zB bei völlig unzureichender Aufklärung des Sachverhalts (BayObLG NJW-RR 2002, 679, 680), wenn die Sachentscheidung des Beschwerdegerichts dem Verlust einer Tatsacheninstanz gleichkäme (st Rspr BayObLG NJW-RR 2002, 679, 680; 1086; OLG Zweibrücken FamRZ 1993, 82, 83; *Bumiller/Winkler* § 25 Rn 8). Eine bloß lückenhafte Begründung reicht aber noch nicht. Die Zurückverweisung steht im Ermessen des Beschwerdegerichts, zwingend vorgeschrieben ist sie nicht.

V. Reformatio in peius

Im Amtsverfahren ist eine Schlechterstellung des Beschwerdeführers, ohne dass dies von einem anderen Beteiligten angestrebt wird, grds möglich, wenn das Wohl des Betroffenen es erfordert, wobei die Schlechterstellung sich im Rahmen des Verfahrensgegenstandes

§ 20 FGG | Beschwerdeberechtigte

halten muss (BGH NJW 1983, 173, 174; FamRZ 1989, 957; BayObLG FamRZ 1985, 635). Zumeist ist dies in Verfahren der Fall, die im öffentlichen Interesse durchgeführt werden. Unzulässig ist die reformatio in peius dagegen in den Angelegenheiten, die private Interessen der Beteiligten betreffen und deren auf Antrag betrieben werden (OLG Hamm Rpfleger 1970, 393; Todeserklärungsverfahren). Im Erbscheinsverfahren kann das Beschwerdegericht nicht zu Lasten des Beschwerdeführers den Erbschein abändern. Hatte bspw der Beschwerdeführer einen Erbschein als Alleinerbe beantragt, hilfsweise als Miterbe zu einem Drittel und das Nachlassgericht dem Hilfsantrag entsprochen, kann er mit seiner Beschwerde den Erbschein als Alleinerbe weiterverfolgen. Selbst wenn das Beschwerdegericht der Auffassung ist, dass der Beschwerdeführer überhaupt nicht zum Erben berufen wurde, kann es nur die Beschwerde zurückweisen und nicht zugleich das Nachlassgericht anweisen, den erteilten unrichtigen Erbschein einzuziehen (im Ergebnis hilft dies dem Beschwerdeführer jedoch wenig, da das Beschwerdegericht sicherlich in den Entscheidungsgründen ausführen wird, warum es den Beschwerdeführer nicht als Erben ansieht. Das Nachlassgericht wird dann im Amtsverfahren zu prüfen haben, ob nicht der Erbschein einzuziehen ist). Im Erbscheinseinziehungsverfahren als reinem Amtsverfahren gilt das Verbot der reformatio in peius ohnehin nicht (BayObLGZ 1979, 215, 220).

§ 20 Beschwerdeberechtigte

(1) Die Beschwerde steht jedem zu, dessen Recht durch die Verfügung beeinträchtigt ist.

(2) Soweit eine Verfügung nur auf Antrag erlassen werden kann und der Antrag zurückgewiesen worden ist, steht die Beschwerde nur dem Antragsteller zu.

A. Allgemeines

1 § 20 FGG regelt die Beschwerdeberechtigung im Bereich der freiwilligen Gerichtsbarkeit. Es sollen sog Popularbeschwerden ausgeschlossen werden. § 20 Abs. 1 FGG gilt sowohl für das Amts- als auch das Antragsverfahren und regelt den Grundsatz der materiellen Beschwer. § 20 Abs. 2 FGG gilt dagegen nur für reine Antragsverfahren und erfordert über die materielle Beschwer hinaus noch ein Zurückbleiben hinter dem Antrag, die formelle Beschwer. § 20 FGG gilt über § 29 Abs. 4 FGG auch für das Verfahren der weiteren Beschwerde. Hier genügt dann allerdings bereits die Erfolglosigkeit der Erstbeschwerde. In den Nachlasssachen sind § 82 FGG für den Testamentsvollstrecker und § 76 FGG für die Nachlassverwaltung zu beachten.

B. Materielle Beschwer, § 20 Abs. 1 FGG

I. »Recht« iSv § 20 FGG

2 Geschützt sind alle subjektiven materiellen Rechte des Beschwerdeführers, wozu insb auch das Erbrecht, das Eigentum und das Recht des Testamentsvollstreckers aus § 2203 gehören. Das subjektive Recht kann dem Privatrecht oder dem öffentlichen Recht angehören. Nicht dagegen sind geschützt wirtschaftliche, rechtliche oder berechtigte Interessen oder eine nur moralische Berechtigung oder sittliche Pflicht (BGH NJW 1999, 3718; 1989, 1858; BayObLGZ 1998, 82; 1993, 234, 245 f). Teilweise werden auch rechtlich geschützte Interessen iSd § 42 Abs. 2 VwGO mit umfasst (siehe hierzu Keidel/*Kahl* § 20 Rn 8 mwN).

3 Problematisch ist, ob auch Verfahrensrechte umfasst sind. Ein Teil der Lit und Rspr sieht auch in der Verletzung zwingender Verfahrensvorschriften oder eines von ihr bejahten

»allgemeinen Rechts eines Beteiligten auf ordnungsgemäße Führung sowie gesetz- und sachgerechte Behandlung seiner Angelegenheit« ein Recht iSv § 20 Abs. 1 FGG (frühere Auffassung des BayObLG, BayObLGZ 1950/51, 397, 400; 1967, 19, 21 f; OLG Celle NdsRPfl 1960, 83; *Bumiller/Winkler* § 20 Rn 6). Die herrschende Rechtsprechung (BGH FamRZ 1981, 132; 1984, 670; jetzige Auffassung des BayObLG FamRZ 1998, 1299; KG FamRZ 1977, 65, 66; OLG Hamm FamRZ 1980, 604; 1985, 614 f) und das überwiegende Schrifttum (*Habscheid* § 32 III 1; *Bassenge/Herbst* § 20 Rn 6, weitere Fundstellen Keidel/*Kahl* § 20 Rn 10) lehnen dies ab. Allein ein Verfahrensverstoß eröffnet die Rechtsmittelinstanz grds nicht; die Rüge eines Verfahrensverstoßes betrifft nicht die Zulässigkeit der Beschwerde, sondern ihre Begründetheit. Wer allerdings in seinen materiellen Rechten nicht betroffen ist, hat grds kein Rechtsschutzbedürfnis, Unkorrektheiten im Verfahren nachprüfen zu lassen.

Da die Verletzung des rechtlichen Gehörs (Art. 103 Abs. 1 GG) oder des fairen Verfahrens die Verfassungsbeschwerde begründen (BVerfG NJW 1994, 1053; 2000, 1709), muss eine Möglichkeit zur Abhilfe (Selbstkorrektur) in der jeweiligen Gerichtsbarkeit gegeben werden (BVerfGE 73, 322, 329; BGH NJW 2001, 2262 und NJW 2000, 590; BGHZ 130, 97), damit der zeit- und kostenaufwändige Weg über die Verfassungsbeschwerde vermieden wird. *Kahl* bejaht bei schweren Verfahrensverstößen die Beschwerdeberechtigung, insb wenn das rechtliche Gehör (Art. 103 Abs. 1 GG) verletzt ist (Keidel/*Kahl* § 20 Rn 11a). Bei festgestelltem Verstoß gegen ein Verfahrensgrundrecht soll die Beschwerdeberechtigung (§ 20 Abs. 1 FGG) auch zu bejahen sein, sofern eine materielle Rechtsbeeinträchtigung des Betroffenen durch die angefochtene Entscheidung möglich ist (Keidel/*Kahl* § 20 Rn 11b und c).

II. Beeinträchtigung des Rechts

Rechtsbeeinträchtigung iSd § 20 Abs. 1 FGG liegt vor, wenn der Entscheidungssatz unmittelbar nachteilig in die Rechtsstellung des Beschwerdeführers eingreift, indem er entweder dessen Rechtsstellung aufhebt, beschränkt, mindert, erschwert oder ihm eine Verbesserung seiner Rechtsstellung vorenthält (BGH FamRZ 1956, 222, 223; BayObLG NJW 1988, 2745; MDR 2001, 94). Die sachliche Richtigkeit der Beeinträchtigung ist Frage der Begründetheit. Das Recht muss dem Beschwerdeführer als eigenes Recht selbst zustehen, zB sein Erbrecht. Es besteht daher kein Beschwerderecht für denjenigen, dessen Antrag auf Erteilung eines Erbscheins für eine andere Person zurückgewiesen wurde (BayObLG FamRZ 2004, 1407 f: zur fehlenden Beschwerdeberechtigung des Nacherben, wenn der von ihm gestellte Erbscheinsantrag für den Vorerben [mit Nacherbenvermerk] abgelehnt wurde). Ebenso fehlt dem Vermächtnisnehmer im Erbscheinsverfahren eine Beschwerdeberechtigung (FamRZ 2004, 1818). Ist das beeinträchtigte Recht übertragbar oder vererblich, so geht mit Übertragung des Rechts auch das Beschwerderecht über (BayObLG FamRZ 1997, 218, 219; KG OLGZ 1991, 1).

1. Tatsächliches Vorliegen des Beschwerderechts

Die Rechtsbeeinträchtigung muss im Verfahren der freiwilligen Gerichtsbarkeit von Amts wegen festgestellt werden, da die Beschwerde nicht begründet werden muss. Grds muss die Beschwerdeberechtigung auch tatsächlich vorliegen. Dies ist regelmäßig dann der Fall, wenn – bei unterstellter Unrichtigkeit der angefochtenen Entscheidung – der Beschwerdeführer in seinem subjektiven Recht tatsächlich beeinträchtigt wäre (Keidel/*Kahl* § 20 Rn 17).

2. Ausnahmen

a) Doppeltrelevante Tatsachen

Betreffen die Tatsachen zur Rechtsbeeinträchtigung sowohl die Zulässigkeit als auch die Begründetheit der Beschwerde (sog doppeltrelevante Tatsachen), so genügt zur Bejahung der Zulässigkeit der Beschwerdeberechtigung die ernsthafte Möglichkeit einer Rechtsbeeinträchtigung (so die hM: BGHZ 124, 240; BayObLG FamRZ 1992, 1205; 1994, 1061; OLG Hamm FamRZ 2000, 487; während eine MM die schlüssige Behauptung einer Beeinträchtigung für ausreichend erachtet, so *Bassenge/Herbst* § 20 Rn 10; BayObLGZ 1996, 52; OLG Stuttgart OLGZ 1970, 419, 421. Eine Schlüssigkeitsprüfung nach zivilprozessualen Grundsätzen scheitert jedenfalls am Amtsermittlungsgrundsatz). Bspw ist die Frage der Testierfähigkeit nicht in der Zulässigkeit, sondern erst im Rahmen der Begründetheit zu prüfen, wenn ein übergangener Abkömmling im Rahmen der Beschwerde gegen die Erbscheinserteilung die Testierunfähigkeit des Erblassers behauptet und daher einen Erbschein gem der ges Erbfolge beantragt. Die Frage der Testierfähigkeit wäre zwingend sowohl in der Zulässigkeit und in der Begründetheit zu prüfen. Es ist daher gerechtfertigt, die Prüfung in die Begründetheit zu verlagern.

b) Vorbescheid im Erbscheinsverfahren

8   Für den Vorbescheid ist anerkannt, dass nach Sinn und Zweck keine Rechtsbeeinträchtigung notwendig ist (§ 2365!), vielmehr die Gefahr einer Rechtsbeeinträchtigung des Beschwerdeführers durch den im Vorbescheid angekündigten Erbschein ausreicht (BayObLG FamRZ 1999, 117; ZEV 1995, 256, 257).

III. Zeitpunkt der Beeinträchtigung

9   Die Beeinträchtigung muss im Zeitpunkt des Erlasses der angefochtenen Entscheidung bereits bestanden haben und dem Beschwerdeführer zur Zeit der Beschwerdeeinlegung zustehen (BGH NJW 1989, 1858; KG FGPrax 1999, 157). Sie muss auch noch zum Zeitpunkt der Beschwerdeentscheidung vorliegen.

IV. Ausübung des Beschwerderechts

1. Ausübung im fremden Namen

10 Wird die Beschwerde in fremdem Namen eingelegt, so ist neben der Beschwerdeberechtigung (des Vertretenen) auch die prozessuale Befugnis des Vertreters zur Ausübung des Beschwerderechts zu prüfen (Vertretungsbefugnis/Beschwerdeführungsbefugnis; Keidel/*Kahl* § 20 Rn 21), da die Beschwerde ansonsten unzulässig ist.

2. Ausübung im eigenen Namen und bei der Partei kraft Amtes

11 Bei Beschwerden im eigenen Namen ist die Verfahrensbefugnis zu prüfen (siehe bereits Kommentierung Vorb § 13 FGG). Der Testamentsvollstrecker handelt in eigenem Namen als Partei kraft Amtes. Seine Legitimation ist daher ebenso zu prüfen (OLG Düsseldorf FGPrax 2000, 205).

C. Formelle Beschwer, § 20 Abs. 2 FGG

12 Ergänzt wird § 20 Abs. 1 FGG, dessen Voraussetzungen bei jeder Beschwerde vorliegen müssen, durch die Zulässigkeitsvoraussetzung des § 20 Abs. 2 FGG:

13 Diese Vorschrift betrifft das reine Antragsverfahren, dh Verfahren, in denen ein Antrag notwendige Verfahrensvoraussetzung ist (vgl: »nur«). Nicht anwendbar ist die Vorschrift bei Entscheidungen, die zwar keinen Antrag erfordern, jedoch tatsächlich aufgrund eines als Anregung aufzufassenden Antrags ergehen.

14 § 20 Abs. 2 FGG wird von der Rechtsprechung erweiternd ausgelegt. Die Beschwerdebefugnis steht auch demjenigen zu, der einen Antrag in erster Instanz zwar nicht gestellt hat, ihn aber hätte stellen können (BGHZ 120, 396 = NJW 1993, 662; KG NJW-RR 1998, 1021; BayObLG FamRZ 1996, 186; *Bumiller/Winkler* § 20 Rn 43; Palandt/*Edenhofer* § 2353 Rn 29). Dies ergibt sich vor allem aus prozesswirtschaftlichen Gründen, da nicht anzu-

nehmen ist, dass das Nachlassgericht bei Wiederholung des Erbscheinsantrags oder bei einem anderen Antrag von seiner Entscheidung abweicht.

Beispiel: Gegen die Versagung eines gemeinschaftlichen Erbscheins kann auch ein Miterbe, der den Antrag selbst nicht gestellt hat (vgl § 2357 Abs. 1 Satz 2), Beschwerde einlegen (BayObLGZ 1963, 58, 64). Umgekehrt kann auch jeder Antragsberechtigte im Verfahren gegen die Einziehung des Erbscheins mit dem Ziel der Neuerteilung eines inhaltsgleichen Erbscheins die Beschwerde einlegen (BGHZ 30, 220 = NJW 1959, 1729).

Das Beschwerderecht im Erbscheinsverfahren ist vererblich und kann von jedem Erben ausgeübt werden (Palandt/*Edenhofer* § 2353 Rn 12). Beim Tod des Antragstellers kann die Beschwerde nur von sämtlichen Miterben gemeinsam eingelegt werden, sofern es sich bei der Antragstellung nicht um eine zur Erhaltung des Nachlasses erforderliche Maßnahme handelt. Gegen die Ablehnung des Erbscheinsantrags kann jeder Erbeserbe als Rechtsnachfolger namens des Erben Beschwerde einlegen (Palandt/*Edenhofer* § 2353 Rn 12).

§ 20a Anfechtung von Kostenentscheidungen

(1) Die Anfechtung der Entscheidung über den Kostenpunkt ist unzulässig, wenn nicht gegen die Entscheidung in der Hauptsache ein Rechtsmittel eingelegt wird. Gegen die Auslagenentscheidung nach § 13a Abs. 2 findet jedoch die sofortige Beschwerde der Staatskasse, des Betroffenen, des Dritten oder der Körperschaft, deren Verwaltungsbehörde den Antrag auf eine Unterbringungsmaßnahme nach § 70 Abs. 1 Satz 2 Nr. 3 gestellt hat, statt, wenn der Wert des Beschwerdegegenstandes 100 Euro übersteigt.

(2) Ist eine Entscheidung in der Hauptsache nicht ergangen, so findet gegen die Entscheidung über den Kostenpunkt die sofortige Beschwerde statt, wenn der Wert des Beschwerdegegenstandes 100 Euro übersteigt.

§ 21 Einlegung der Beschwerde

(1) Die Beschwerde kann bei dem Gerichte, dessen Verfügung angefochten wird, oder bei dem Beschwerdegericht eingelegt werden.

(2) Die Einlegung erfolgt durch Einreichung einer Beschwerdeschrift oder durch Erklärung zu Protokoll der Geschäftsstelle desjenigen Gerichts, dessen Verfügung angefochten wird, oder der Geschäftsstelle des Beschwerdegerichts. Die Beschwerde kann auch entsprechend den Regelungen der Zivilprozessordnung betreffend die Übermittlung von Anträgen und Erklärungen als elektronisches Dokument eingelegt werden.

(3) Die Bundesregierung und die Landesregierungen bestimmen für ihren Bereich durch Rechtsverordnung den Zeitpunkt, von dem an elektronische Dokumente bei den Gerichten eingereicht werden können, sowie die für die Bearbeitung der Dokumente geeignete Form. Die Landesregierungen können die Ermächtigung durch Rechtsverordnung auf die Landesjustizverwaltungen übertragen. Die Zulassung der elektronischen Form kann auf einzelne Gerichte oder Verfahren beschränkt werden.

A. Allgemeines

§ 21 Abs. 1 FGG bestimmt das Gericht, bei dem die Erstbeschwerde eingelegt werden kann, während die Abs. 2 und 3 die zulässige Form des Rechtsmittels regeln. Insb wird hierbei den neuen Kommunikationsmitteln Rechnung getragen, wobei die Vorschriften der ZPO für elektronische Dokumente für entsprechend anwendbar erklärt sind, Abs. 2 Satz 2.

§ 21 FGG | Einlegung der Beschwerde

B. Adressat der Beschwerde

2 Die Beschwerde kann nach Wahl des Beschwerdeführers bei dem Gericht, dessen Verfügung angefochten wird (iudex a quo) oder bei dem Beschwerdegericht (iudex ad quem) eingelegt werden, im Erbscheinsverfahren also entweder beim Nachlassgericht oder dem LG, § 19 Abs. 2 FGG. Wird die Beschwerde beim AG (Nachlassgericht) eingelegt, so legt dieses die Beschwerde dem LG vor, soweit es nicht von seiner Befugnis zur Abhilfe (§ 18 FGG – siehe dort) Gebrauch macht (BayObLG Ppfleger 1996, 189). Wird die Sache iSd Beschwerde abgeändert, so ist diese erledigt. Einer Äußerung darüber, warum das AG der Beschwerde nicht abhilft, bedarf es nicht. Umgekehrt muss das Beschwerdegericht eine bei ihr eingelegte Beschwerde nicht dem AG zur Prüfung vorlegen, ob es der Beschwerde abhelfen möchte, auch wenn sich dies idR empfiehlt. Eine Rückgabe zur erneuten Entscheidung über die Abhilfe ist auf jeden Fall nicht zulässig, da ggf das Beschwerdegericht selbst in der Sache entscheiden muss (BayObLG aaO).

C. Beschwerdeeinlegung

3 Die Beschwerdeeinlegung kann entweder durch Einreichung einer Beschwerdeschrift bei einem der in Abs. 1 genannten Gerichte oder durch Erklärung zu Protokoll eines dieser Gerichte erfolgen. Zuletzt besteht die Möglichkeit, die Beschwerde durch ein elektronisches Dokument einzulegen.

4 Die Beschwerde kann auch **telegraphisch** eingelegt werden (BVerfGE 74, 228, 235 = NJW 1987, 2067; GmS-OGH NJW 2000, 2340, 2341; BayObLGZ 1987, 236, 237 = NJW-RR 1988, 72), durch **Telebrief** (BayObLG FamRZ 1990, 562) und **Telefax** (BVerfG NJW 1996, 2857; GmS-OGH NJW 2000, 2340, 2341; BayObLGZ 1990, 71, 73), wobei es auf den ordnungsgemäßen vollständigen Ausdruck ankommt (BGHZ 101, 276, 280; BayObLG FamRZ 1998, 634). Das Gericht hat für die Funktionsfähigkeit des Faxgeräts auch nach Dienstschluss Sorge zu tragen. Der positive »Statusbericht« beweist den störungsfreien Zugang der übermittelten Daten (BGH FamRZ 1992, 296). Aus ihm kann im Einzelfall auf den ordnungsgemäßen Ausdruck geschlossen werden, auch wenn das Fax bei Gericht nicht mehr auffindbar ist (OLG Zweibrücken NJW-RR 2002, 355).

5 Die Einlegung zu Protokoll der Geschäftsstelle muss in persönlicher Anwesenheit des Erklärenden erfolgen, damit klar ist, wer die Beschwerde eingelegt hat und welchen Inhalt die Erklärung hat (OLG Frankfurt FGPrax, 2001, 46). Das Protokoll muss vom Urkundsbeamten selbst abgefasst sein und bedarf nur seiner Unterschrift – nicht auch der des Einlegenden (BayObLGZ 1964, 330, 334). Eine Einlegung zu Protokoll des Richters ist ebenfalls zulässig (BayObLG FamRZ 1989, 1003 = NJW-RR 1989, 1241; OLG Frankfurt FGPrax 2001, 46); § 8 RPflG gilt insoweit. Auch eine bei einem anderen Gericht zu Protokoll eingelegte Beschwerde ist ausreichend. Sie gilt aber erst mit dem Eingang bei einem der zuständigen Gerichte als eingelegt.

6 Für die Einlegung als elektronisches Dokument bedarf es der entsprechenden notwendigen Rechtsverordnungen; sodann ist die Einlegung auch durch **E-Mail** möglich. § 130a ZPO mit der entsprechenden Kommentierung ist zu beachten. Es kommt nicht auf den Ausdruck der E-Mail, sondern auf den Zeitpunkt der Aufzeichnung in der für den Empfang bestimmten Einrichtung an (BT-Ds 14/4987/S 24; Zöller/*Greger* § 130a Rn 2).

D. Inhalt der Beschwerde

7 Aus dem Gesetz ergeben sich keine besonderen Voraussetzungen für die Form oder den Inhalt der Beschwerde. Es dürfen keine übermäßigen Anforderungen gestellt werden. Das Rechtsmittel muss in deutscher Sprache abgefasst sein, wobei das Wort »Beschwerde« nicht zwingend gewählt werden muss. Eine falsche Bezeichnung schadet nicht (BayObLG FamRZ 1989, 1003 = NJW-RR 1989, 1241; OLG Frankfurt FGPrax 2001, 46). Es muss lediglich der Wille hervorgehen, die bestimmte Verfügung anzufechten (BayObLG FamRZ

2000, 1099, 1100; BGHZ 8, 299 = NJW 1953, 624). Bei unkorrekt bezeichneten Entscheidungen gilt auch im Verfahren der freiwilligen Gerichtsbarkeit der Grundsatz der Meistbegünstigung (BGH MDR 1991, 247; BGHZ 98, 362; FamRZ 1996, 1544 f; Thomas/Putzo/ *Reichold* Vorb § 511 Rn 6 ff).

Eines förmlichen Antrags oder einer Begründung bedarf die Beschwerde nicht (BayObLG FamRZ 2001, 364). Lediglich die Person des Beschwerdeführers, die Verfügung die angegriffen wird und der Wille, diese überprüfen zu lassen, muss ersichtlich sein. Betrifft die Sachentscheidung in einem Antragsverfahren mehrere Gegenstände oder einen teilbaren Gegenstand, so kann die Beschwerde auf einen Teil beschränkt werden, so zB im Erbscheinsverfahren (BayObLG NJW-RR 1997, 7). Auch im Amtsverfahren kann die Beschwerde auf einen von mehreren selbständigen Verfahrensgegenständen beschränkt werden. Die Entscheidung kann von vornherein beschränkt eingelegt werden (BayObLG aaO). Im Zweifel ist sie jedoch unbeschränkt eingelegt (BayObLG BayObLGR 1999, 52; FamRZ 2001, 364). Wurde die Beschwerde trotz unteilbaren Verfahrensgegenstandes auf einen Teil beschränkt, so hat das Beschwerdegericht die angefochtene Entscheidung im Zweifel in vollem Umfang zu überprüfen (BGHZ 92, 5 = NJW 1984, 2879, 2880; OLG Zweibrücken, NJW-RR 1993, 649). Eine unter einer Bedingung eingelegte Beschwerde ist unzulässig, eine innerprozessuale Bedingung schadet nicht (Haupt- und Hilfsantrag; BGH NJW 1984, 1240, 1241; BayObLG NJW –RR 1990, 1033; FamRZ 2001, 1311). 8

Eine Unterschrift des Beschwerdeführers ist nicht notwendig, solange sich mit ausreichender Sicherheit erkennen lässt, dass sie von ihm herrührt und seinem Willen entspricht (BayObLG WuM 1991, 313, 314; KG FamRZ 1979, 966). In Zweifelsfällen ist das Gericht gem § 12 FGG verpflichtet festzustellen, ob diese Voraussetzungen vorliegen (BayObLGR 1998, 43). Soweit die Beschwerde als elektronisches Dokument eingelegt wurde, so soll sie von der verantwortlichen Person mit einer qualifizierten elektronischen Signatur gem § 2 Nr. 3 SigG versehen werden (s hierzu *Rossnagel* NJW 2001, 1817, 1820; §§ 21 Abs. 2 Satz 2 FGG iVm 130a Abs. 1 Satz 2 ZPO). Dennoch ist wohl auch hier für bestimmende Schriftsätze von einer Muss-Vorschrift auszugehen (Keidel/*Sternal* § 21 Rn 34). 9

E. Vertretung des Beschwerdeführers

Für die Einlegung und Abfassung der Erstbeschwerde besteht kein Anwaltszwang, anders als bei der weiteren Beschwerde, § 29 Abs. 1 FGG. Die Beschwerde kann jedoch von einem Bevollmächtigten eingelegt werden, siehe zu § 13 FGG. Hierzu zählen der RA, auch der Notar und die Eltern als ges Vertreter. 10

F. Zeitpunkt der Beschwerdeeinlegung, Verwirkung des Beschwerderechts und Rücknahme/Verzicht

Die Beschwerde kann bereits vor ihrer Zustellung eingelegt werden, wenn die angegriffene Entscheidung zumindest erlassen ist (OLG Zweibrücken, Ppfleger 1977, 306; *Bumiller/ Winkler* § 21 Rn 9). Eine vor Erlass eingelegte Beschwerde ist dagegen unwirksam (Keidel/ *Sternal* § 21 Rn 40). 11

Im Erbscheinsverfahren scheidet eine Verwirkung des Beschwerderechts aus, da der Erbschein keine endgültige Entscheidung über das Bestehen des bezeugten Erbrechts enthält und damit ein unrichtiger Erbschein durch Zeitablauf nicht richtig werden kann (BGHZ 47, 58; BayObLGZ 1960, 478, 480). Der Erbschein führt lediglich zu den Wirkungen der §§ 2365 ff. 12

Bis zum Erlass der Beschwerdeentscheidung kann die Beschwerde jederzeit zurückgenommen werden (OLG Frankfurt OLGR 1995, 129; OLG Zweibrücken OLGR 2001, 44, 45). Die Rücknahme führt zum Verlust des eingelegten Rechtsmittels, verbraucht es aber nicht, sodass jederzeit eine Wiederholung möglich ist. Auch ein Verzicht ist möglich. 13

§ 25 Begründung der Beschwerdeentscheidung

Die Entscheidung des Beschwerdegerichts ist mit Gründen zu versehen.

A. Allgemeines

1 § 25 FGG regelt die Verpflichtung des Beschwerdegerichts, die Entscheidung über die Beschwerde mit Gründen zu versehen, damit das Gericht der weiteren Beschwerde (§ 27 FGG) die richtige Anwendung des Gesetzes auf den festgestellten Sachverhalt überprüfen kann. Die Entscheidung des Beschwerdegerichts muss eine vollständige Sachverhaltsdarstellung unter Anführung der Gründe, aus denen eine Tatsache für erwiesen erachtet worden ist, sowie die Rechtsanwendung auf den festgestellten Sachverhalt enthalten.

B. Bindungswirkung der Entscheidung

2 Das Erstgericht ist an die Beurteilung der Sach- und Rechtslage, die der aufhebenden Entscheidung des Beschwerdegerichts unmittelbar zugrunde liegt, gebunden, außer es tritt inzwischen eine Änderung des Sachverhalts (neue Tatsachen oder Beweismittel) ein. Bei Aufhebung wegen eines Verfahrensmangels ist das Erstgericht in seiner materiellrechtlichen Beurteilung frei (BayObLG FamRZ 1988, 214, 215).

3 Gegen die erneute Entscheidung des Erstgerichts findet dann wieder das Rechtsmittel der Beschwerde statt. Das Beschwerdegericht ist aber bei neuerlichem Befassen mit derselben Sache an seine erste Entscheidung gebunden, es sei denn, der Sachverhalt hat sich inzwischen geändert.

4 Die Selbstbindung im Erbscheinsverfahren setzt aber voraus, dass dieselbe Sache erneut in die Rechtsmittelinstanz gelangt ist. Hat das Beschwerdegericht in einem neuen Verfahren, mag es auch denselben Nachlass betreffen, zu entscheiden, so ist es nicht gehindert, nunmehr den Sachverhalt rechtlich oder tatsächlich anders zu würdigen (BayObLG FamRZ 1992, 343 = NJW 1992, 322).

C. Begründungszwang

5 Die Entscheidung ist im Hinblick auf § 27 FGG in tatsächlicher und rechtlicher Hinsicht zu begründen, damit das Gericht der weiteren Beschwerde die richtige Anwendung des Gesetzes auf den vorliegenden Tatbestand nachprüfen kann. Die Entscheidung muss eine vollständige, klare Darstellung des Sachverhalts unter Aufführung der Gründe, aus denen eine Tatsache für erwiesen erachtet wurde oder nicht, sowie die Rechtsanwendung auf den festgestellten Sachverhalt enthalten (st Rspr: BayObLG FamRZ 1993, 442, 443; KG NJW-RR 1989, 842; OLG Frankfurt FGPrax 2002, 292, 293). Dem genügt die pauschale Mitteilung des Beschwerdegerichts, das Beschwerdevorbringen rechtfertige keine vom Erstgericht abweichende Entscheidung, nicht (BayObLG FamRZ 2001, 54).

6 Eine Verweisung auf Aktenbestandteile – die Feststellungen der ersten Instanz, Protokolle über Zeugenaussagen, Gutachten – ist grds zulässig, nicht aber eine allgemeine Bezugnahme auf den Akteninhalt (BayObLG FamRZ 1984, 208; 1998, 1327, 1328).

7 Fehlt die Begründung gänzlich oder ist sie in wesentlichen Punkten unvollständig, so führt dies idR bereits zum absoluten Beschwerdegrund der §§ 27 Abs. 1 Satz 2 FGG, 547 Nr. 6 ZPO (Näheres siehe bei § 27 FGG).

8 Die Entscheidung ist schriftlich abzufassen. Der Aufbau ist aber grds nicht vorgeschrieben.

D. Bekanntmachung und Rechtsmittelbelehrung

9 Die Bekanntmachung der Entscheidung geschieht durch § 16 FGG, nur im Falle der sofortigen Beschwerde durch Zustellung, § 16 Abs. 2 FGG. Sie erfolgt nicht nur ggü

dem Beschwerdeführer, sondern auch ggü allen am Verfahren formell und materiell Beteiligten.
Der Entscheidung des Beschwerdegerichts muss eine Rechtsmittelbelehrung beigefügt werden, wenn dies im Gesetz ausdrücklich vorgeschrieben ist. Im Erbscheinsverfahren ist dies grds nicht der Fall. **10**

§ 27 Weitere Beschwerde

(1) Gegen die Entscheidung des Beschwerdegerichts ist das Rechtsmittel der weiteren Beschwerde zulässig, wenn die Entscheidung auf einer Verletzung des Rechts beruht. Die Vorschriften der §§ 546, 547, 559, 561 der Zivilprozeßordnung finden entsprechende Anwendung.
(2) In den Fällen des § 20a Abs. 1 Satz 2, Abs. 2 gilt Absatz 1 nur, wenn das Beschwerdegericht erstmals eine Entscheidung über den Kostenpunkt getroffen hat.

Inhaltsverzeichnis

	Rn
A. Allgemeines	1
B. Zuständigkeit	2
C. Zulässigkeit der weiteren Beschwerde	3–15
I. Statthaftigkeit	4–9
1. Endentscheidungen des Beschwerdegerichts	4–5
2. Zwischenentscheidungen	6–8
3. Kostenentscheidungen	9
II. Form, § 29 Abs. 1 FGG	10
III. Frist, § 29 Abs. 2 FGG	11
IV. Beschwerdeberechtigung, §§ 29 Abs. 4, 20 Abs. 1 und 2 FGG	12–15
1. Erstbeschwerdeführer	12
2. Andere Beteiligte	13–15
D. Prüfungsumfang – Tatsächliche Grundlagen der neuen Entscheidung	16–24
I. Berücksichtigung neuer Tatsachen und Beweismittel	17–20
II. Auslegung von Urkunden und Erklärungen	21–23
III. Erledigende Tatsachen	24
E. Begründetheit	25–35
I. Rechtsverletzung	29
II. Ermessensentscheidungen	30–31
III. Unbestimmte Rechtsbegriffe	32
IV. Denk- und Erfahrungssätze	33
V. Absolute Beschwerdegründe, § 547 ZPO	34–35
F. Entscheidung des Beschwerdegerichts	36–42
I. Unzulässigkeit der weiteren Beschwerde	36
II. Unbegründetheit der weiteren Beschwerde	37
III. Eigene Sachentscheidung	38–41
IV. Aufhebung und Zurückverweisung	42
G. Bindungswirkung der Entscheidung bei Aufhebung und Zurückverweisung	43–44
I. Bindung der Vorinstanzen	43
II. Selbstbindung des Gerichts der weiteren Beschwerde	44

A. Allgemeines

§ 27 Abs. 1 FGG eröffnet auch in den Verfahren der freiwilligen Gerichtsbarkeit eine **1** dritte Instanz. Die weitere Beschwerde ist das statthafte Rechtsmittel gegen Entscheidungen des Beschwerdegerichts, eröffnet aber keine weitere Tatsacheninstanz, es handelt sich um eine reine Rechtsbeschwerde. Insoweit ist sie der ZPO-Rev nachgebildet es

§ 27 FGG | Weitere Beschwerde

gelten vielfach auch deren Vorschriften entsprechend. Ziel ist auch hier eine einheitliche Rechtsanwendung und die Wahrung rechtsstaatlicher Grundsätze bei der Tatsachenfeststellung. Zu beachten ist, dass – anders als bei § 18 FGG – wegen § 29 Abs. 3 FGG weder das Nachlassgericht noch das Erstbeschwerdegericht der weiteren Beschwerde abhelfen dürfen.

B. Zuständigkeit

2 Zuständig zur Entscheidung über die weitere Beschwerde ist gem § 28 Abs. 1 FGG das OLG, in Bayern noch für Altfälle (das sind die vor dem 1. 1. 2005 eingelegten weiteren Beschwerden) das BayObLG (Art. 11 Abs. 3 Nr. 1 BayAGGVG). In Rheinland-Pfalz ist das OLG Zweibrücken zuständig, § 4 Abs. 2 Nr. 2 GerOrgG. Gem § 28 Abs. 2, 3 FGG muss die Sache zur Vermeidung widersprechender obergerichtlicher Entscheidungen dem BGH vorgelegt werden, der dann in der Sache selbst entscheidet (BGHZ 20, 255; 135, 107).

C. Zulässigkeit der weiteren Beschwerde

3 Prüfungsschema der weiteren Beschwerde: FA-ErbR/*Tschichoflos* Kap 10 Rn 318, 319; *Gregor*, Erbscheinsverfahren, Rn 479 – 484.

I. Statthaftigkeit

1. Endentscheidungen des Beschwerdegerichts

4 Statthaft ist die weitere Beschwerde gegen Endentscheidungen des Beschwerdegerichts. Dies gilt unabhängig davon, ob die Erstbeschwerde statthaft war (BGH FamRZ 1993, 1310; BayObLG NJW-RR 1990, 1239). Gegenstand der Beschwerde ist nur der Verfahrensgegenstand, über den in der Vorinstanz entschieden wurde – ein unterlassener Angriff gegen die Ausgangsentscheidung kann auf diese Weise nicht nachgeholt werden (BGH NJW 1983, 1858). Die Frage der Rechtsverletzung (§ 27 Abs. 1 FGG) ist eine Frage der Begründetheitsprüfung.

5 Hierunter fällt auch die Aufhebung und Zurückverweisung an die erste Instanz zur anderweitigen Behandlung der Sache und erneuten Entscheidung, da durch eine solche Entscheidung das Beschwerdeverfahren beendet wird und der Beschwerdeführer dadurch beschwert wird, dass das LG nicht seinem Antrag entsprechend in der Sache selbst entschieden hat (BayObLG FamRZ 1985, 839, 840; 1991, 724, 725).

2. Zwischenentscheidungen

6 Zwischenentscheidungen unterliegen der weiteren Beschwerde nur, wenn sie einer Endentscheidung gleichkommen so zB bei der weiteren Beschwerde gegen die zum Vorbescheid ergangene Beschwerdeentscheidung mit dem Ziel der Einziehung des Erbscheins (KG Rpfleger 2005, 669) oder die weitere Beschwerde vom Gesetz zugelassen ist, zB § 22 Abs. 2 FGG.

7 In entsprechender Anwendung der ZPO-Vorschriften ist § 574 Abs. 1 Nr. 2 ZPO zu beachten: für Fälle, in denen die Rechtsbeschwerde bei Zulassung in dem Beschluss stattfindet, in denen das Rechtsmittel nicht im Gesetz vorgesehen ist, insb bei Versagung der PKH (§ 14 FGG iVm § 127 Abs. 2 Satz 2 ZPO), Ablehnungsgesuch gegen einen Richter (§ 6 FGG iVm § 46 Abs. 2 ZPO) oder Sachverständigen (§ 15 Abs. 1 FGG iVm § 406 Abs. 5 ZPO; Keidel/*Meyer-Holz* § 27 Rn 5).

8 Nicht dagegen unterliegen der weiteren Beschwerde Zwischenverfügungen als sog verfahrensleitende Verfügungen, da durch sie noch nicht in der Sache selbst entschieden, sondern lediglich die Beschwerdeentscheidung vorbereitet werden.

3. Kostenentscheidungen

Kostenentscheidungen sind nach § 27 Abs. 2 FGG nur dann anfechtbar, wenn das Beschwerdegericht nach § 20a Abs. 1 Satz 2 FGG oder nach § 20a Abs. 2 FGG (sog isolierte Kostenentscheidung) erstmals entschieden hat und der Wert des Beschwerdegegenstandes 100 € übersteigt. 9

II. Form, § 29 Abs. 1 FGG

Die weitere Beschwerde kann beim Nachlassgericht (Gericht erster Instanz), beim Beschwerdegericht (LG) oder beim Gericht der weiteren Beschwerde eingelegt werden. Anders als bei der Erstbeschwerde muss im Verfahren der weiteren Beschwerde die Beschwerdeschrift von einem Anwalt unterzeichnet sein, § 29 Abs. 1 Satz 2 FGG, wobei Satz 3 zu beachten ist. Die Einlegung der Beschwerde selbst kann auch durch Erklärung zu Protokoll der Geschäftsstelle (der ersten Instanz, Beschwerdeinstanz oder des Gerichts der weiteren Beschwerde) erfolgen, §§ 29 Abs. 4 iVm 21 Abs. 2 FGG. Eines Antrags oder einer Begründung bedarf die weitere Beschwerde aber nicht – es muss auch keine Rechtsverletzung behauptet werden. Die angefochtene Entscheidung, der Anfechtungswille und der Beschwerdeführer müssen aber erkennbar sein. 10

III. Frist, § 29 Abs. 2 FGG

Im Erbscheinsverfahren gilt auch in der weiteren Beschwerde keine Frist. Im Übrigen sind §§ 29 Abs. 4, 22 FGG zu beachten. 11

IV. Beschwerdeberechtigung, §§ 29 Abs. 4, 20 Abs. 1 und 2 FGG

1. Erstbeschwerdeführer

Der Erstbeschwerdeführer, dessen erste Beschwerde erfolglos geblieben ist, ist unabhängig vom Grund, stets beschwerdebefugt, §§ 29 Abs. 4, 20 Abs. 1, 2 FGG (st Rspr BGH FamRZ 1989, 603 = NJW 1989, 1860; BayObLG FamRZ 1992, 104; BayObLGZ 2000, 14 und 48). 12

2. Andere Beteiligte

Andere Beteiligte sind beschwerdebefugt, wenn die erstinstanzliche Entscheidung auf Beschwerde eines anderen Beteiligten zu ihren Ungunsten abgeändert wurde, sie also durch die Entscheidung des Beschwerdegerichts in ihrer Rechtsstellung beeinträchtigt sind. 13

Ebenso steht das Beschwerderecht auch denjenigen zu, die von ihrem Recht zur einfachen Beschwerde gegen die erstinstanzliche Verfügung keinen Gebrauch gemacht haben (st Rspr BGHZ 6, 46, 52; BGH NJW 1980, 2418 f; BayObLG FamRZ 1990, 563; OLG Zweibrücken, FamRZ 1993, 445 = NJW 1993, 1805, 1806). 14

§ 20 Abs. 2 FGG gilt auch hier. Hat das LG einen Erbscheinsantrag zurückgewiesen, so ist nur der Antragsteller zur Einlegung der weiteren Beschwerde befugt. Allerdings steht das Beschwerderecht auch demjenigen zu, der berechtigt gewesen wäre, den Antrag in erster Instanz zu stellen, ihn aber nicht gestellt hat. Voraussetzung ist, dass er ihn noch stellen könnte, was im Erbscheinsverfahren stets der Fall ist. Auch dem liegt die Überlegung – wie bei § 20 Abs. 2 FGG – zugrunde, dass eine rein formal bedingte und verfahrensökonomisch unerwünschte Wiederholung des Verfahrens durch erneute Antragstellung zu vermeiden ist (BGHZ 30, 220, 224 f; s.a. zu § 20 FGG mit den dort genannten Bsp). Hat daher ein Miterbe die Erteilung eines Erbscheins beantragt, kann er seinen Antrag auch noch mit der weiteren Beschwerde weiter verfolgen, wenn im Laufe des Verfahrens einem weiteren Miterben ein Erbschein anderen Inhalts erteilt worden ist (BayObLG Ppfleger 2001, 304). 15

§ 27 FGG | Weitere Beschwerde

Hebt das LG einen Vorbescheid des Nachlassgerichts auf, kann gegen diese Entscheidung nur derjenige weitere Beschwerde mit dem Ziel der Wiederherstellung des Vorbescheids einlegen, der den dort angekündigten Erbschein beantragt hat oder hätte beantragen können (BayObLG FamRZ 2000, 1231, 1232).

D. Prüfungsumfang – Tatsächliche Grundlagen der neuen Entscheidung

16 Das Beschwerdegericht hat bei Zulässigkeit der weiteren Beschwerde von Amts wegen die Begründetheit zu prüfen. Sofern das Beschwerdegericht die Tatsachen ordnungsgemäß ermittelt hat, bleibt das Gericht der weiteren Beschwerde hieran gebunden.

I. Berücksichtigung neuer Tatsachen und Beweismittel

17 Neue Tatsachen und Beweismittel sind hierzu grds nicht zuzulassen. Die Rechtsprechung und hM lässt hiervon allerdings aus Gründen der Verfahrensökonomie Ausnahmen zu bzgl Tatsachen, die:
  1. offenkundig sind, weil sie auf rechtskräftigemäß Gerichtsurteil (BGH FamRZ 1994, 96, 97 = NJW 1994, 579) oder Verwaltungsakt beruhen;
  2. ohne weitere Ermittlungen feststehen, weil sie unstreitig sind oder sich unzweideutig aus den Akten ergeben (BayObLG FamRZ 2001, 1245).

18 Neue Tatsachen in Bezug auf das Verfahren, also solche aus denen sich ein Verfahrensverstoß ergibt (§§ 559 Abs. 1 Satz 2, 551 Abs. 3 Satz 1 Nr. 2b ZPO), aus denen die Heilung eines Verfahrensmangels folgt oder von denen die Zulässigkeit der weiteren Beschwerde oder die Fortsetzung des Verfahrens abhängt, sind stets von Amts wegen zu berücksichtigen und ggf zu ermitteln, § 12 FGG (BGHZ 130, 304 = NJW 1995, 2791, 2792, betraf die ordnungsgemäße Besetzung des Gerichts).

19 Tatsachen iSv § 551 Abs. 3 Satz 1 Nr. 2b ZPO sind die Zuständigkeit der Vorinstanzen, die vorschriftsmäßige Besetzung des Gerichts, die Zulässigkeit der Erstbeschwerde, die Geschäfts- und Verfahrensfähigkeit etc.

20 Eine neue Tatsache, aus der sich eine rückwirkende Heilung ergeben kann, ist insb der Erbscheinsantrag, der noch bis zum rechtskräftigen Abschluss des Erbscheinsverfahrens und somit durch Erklärung gegenüber dem Gericht erfolgen kann (BayObLG FamRZ 1991, 230, 231).

II. Auslegung von Urkunden und Erklärungen

21 Grds obliegt die Feststellung dessen, was nach dem Willen der Beteiligten erklärt ist, bei rechtsgeschäftlichen Willenserklärungen ausschließlich dem Tatrichter, soweit die Feststellungen nicht unter Verletzung des Rechts zustande gekommen sind. Das Gericht der weiteren Beschwerde kann nur prüfen, ob nicht Denkgesetze oder ges Auslegungsregeln verletzt wurden und alle wesentlichen Tatsachen berücksichtigt wurden (BGH NJW-RR 1990, 455; 1995, 3251; OLG Köln FGPrax 2000, 34, 35). Dazu gehört auch die interessensgerechte Auslegung (BGH NJW 2001, 3777, 3778).

22 Im Erbscheinsverfahren gelten dieselben Grundsätze auch bzgl der Auslegung von Testamenten und Erbverträgen, bei denen neben § 133 die im BGB enthaltenen Auslegungsregeln (§§ 2069, 2087 Abs. 2) zu beachten sind und deren Anwendung nachzuprüfen ist (BGH NJW 1960, 959; BayObLG FamRZ 1983, 1226, 1228; 1992, 988; OLG Köln FamRZ 1989, 549, 550). Sind dem LG (Beschwerdegericht) bei der Auslegung von Testamenten oder Erbverträgen Rechtsfehler unterlaufen, so kann das Gericht der weiteren Beschwerde eine eigene Auslegung vornehmen und in der Sache selbst entscheiden, wenn der tatsächliche Sachverhalt keiner weiteren Aufklärung bedarf (BayObLG NJW-RR 1989, 1286). Dies gilt sogar dann, wenn die Tatsachen erst im Verfahren der weiteren Beschwerde vorgebracht wurden, sofern hierzu keine weiteren Ermittlungen erforderlich sind (BayObLG FamRZ 1988, 878, 879).

Auch bei der Auslegung von Verfahrenshandlungen ist das Gericht der weiteren Beschwerde nicht an die Auffassung der Vorinstanz gebunden (s hierzu ausführlich mit Beispielen Keidel/*Meyer-Holz* § 27 Rn 50). 23

III. Erledigende Tatsachen

Das Gericht der weiteren Beschwerde muss auch solche Tatsachen von Amts wegen berücksichtigen, die das ganze Verfahren gegenstandslos machen, so zB im Erbscheinsverfahren bei der Beschwerde gegen den Vorbescheid, wenn der angekündigte Erbschein nunmehr erteilt wird. Hierbei sind aber auch die Fälle der Umdeutung noch zu beachten (siehe § 19 Rn 30). 24

E. Begründetheit

Die Beschwerde ist begründet, wenn die Entscheidung des Beschwerdegerichts (LG) auf einer Rechtsverletzung beruht (*Gregor*, Erbscheinsverfahren, Rn 485 – 488; FA-ErbR/*Tschichoflos* Kap 10 Rn 319, 320). 25

Eine Rechtsverletzung liegt vor, wenn das Beschwerdegericht die Unzulässigkeit der Erstbeschwerde nicht erkannt hatte, wenn der Erstentscheidung die Verfahrensvoraussetzungen gefehlt hatten oder wenn die materiell-rechtliche Prüfung Fehler enthielt. Die Begründetheitsprüfung unterteilt sich daher wie folgt: 26
1. Zulässigkeit der Erstbeschwerde
2. Verfahrensvoraussetzungen der Erstentscheidung
3. Materielles Recht

Materiellrechtlich beruht eine Entscheidung nur dann auf einer Rechtsverletzung, wenn zwischen ihr und der Entscheidung, wie sie getroffen wurde, ein ursächlicher Zusammenhang besteht. Es genügt nicht, dass die Entscheidung eine Rechtsverletzung erkennen lässt. Voraussetzung ist, dass sie im Ergebnis anders ausgefallen wäre, wenn das Recht nicht verletzt worden wäre (BayObLG FamRZ 1982, 958, 960; OLG Köln OLGZ 1982, 408). Bei Verfahrensverstößen reicht es dagegen aus, wenn die angefochtene Entscheidung auf dem Verstoß beruhen kann (BGH NJW 1990, 121, 122; BayObLG FamRZ 1981, 999, 1001; 1988, 86, 97). 27

Die Begründetheitsprüfung ist durch die Verweisung auf die entsprechenden ZPO-Vorschriften stark an die dort geregelten Grundsätze und Kriterien gebunden. 28

I. Rechtsverletzung

Eine Rechtsverletzung liegt danach vor, wenn eine Rechtsnorm nicht oder nicht richtig angewendet wurde, § 546 ZPO. Erfasst sind alle formellen Gesetze, aber auch die Vorschriften des materiellen Rechts und Verfahrensvorschriften, ebenso Rechtsverordnungen und Satzungen. Eine unrichtige Anwendung des Rechts und somit eine Rechtsverletzung liegt auch in der unrichtigen Auslegung einer Rechtsnorm (Interpretationsfehler) oder Anwendung einer nicht zutreffenden oder nicht mehr geltenden Norm oder wenn der festgestellte Sachverhalt die Tatbestandsmerkmale der angewandten Norm nicht erfüllt (Subsumtionsfehler). 29

II. Ermessensentscheidungen

Ermessensentscheidungen sind nur begrenzt überprüfbar. Das Ergebnis der Ermessensausübung ist der Nachprüfung entzogen. Zu überprüfen ist lediglich, ob die Voraussetzungen für eine Ermessensentscheidung vorlagen, ob das Ermessen ausgeübt wurde (BayObLG NJW-RR 1990, 52,53; 1992, 1159), die Grenzen des Ermessens überschritten wurden (BGH NJW 1989, 3222, 3223; NJW-RR 1992, 866, 868) oder das Gericht von seinem Ermessen einen rechtlich fehlerhaften, dem Sinn und Zweck des Gesetzes zuwiderlaufenden Gebrauch gemacht hat (BayObLG FGPrax 1998, 240). 30

31 Es ist zwischen dem Handlungsermessen und dem Beurteilungsermessen zu unterscheiden.

III. Unbestimmte Rechtsbegriffe

32 »Unbestimmte Rechtsbegriffe« haben mit Ermessenserwägungen nichts zu tun. Die Frage, ob Tatsachen aufgrund ihrer Gesamtheit Merkmale eines unbestimmten Rechtsbegriffs erfüllen, ist eine Rechtsfrage ihre unrichtige Beantwortung stellt somit eine vollständig überprüfbare Gesetzesverletzung dar.

IV. Denk- und Erfahrungssätze

33 Die Anwendung von Denk- und Erfahrungssätzen bei der Beurteilung und Wertung von Tatsachen ist nachprüfbar, da diese insoweit Rechtsnormen gleichstehen.

V. Absolute Beschwerdegründe, § 547 ZPO

34 Soweit die Verletzung eines der in § 547 ZPO aufgezählten Beschwerdegründe vorliegt, ist die angefochtene Entscheidung ohne weitere Prüfung als auf der Rechtsverletzung beruhend anzusehen; § 561 ZPO findet keine Anwendung. Der ursächliche Zusammenhang zwischen Rechtverletzung und Entscheidung wird unwiderlegbar vermutet. Erfolgte die Verletzung des § 547 ZPO bereits in der ersten Instanz und hat sich das Beschwerdegericht auf das rechtsfehlerhafte Verfahren gestützt, so gilt dasselbe.

35 Am ehesten einschlägig ist § 547 Nr. 6 ZPO: fehlende Entscheidungsgründe stellen einen absoluten Beschwerdegrund dar. Dies ist nicht nur dann der Fall, wenn die Begründung (§ 25 FGG) gänzlich fehlt, sondern auch dann, wenn die Ausführungen die tatsächlichen oder rechtlichen Erwägungen, aus denen das Gericht zu seiner Entscheidung gelangt ist, nicht erkennen lassen. Dies kann sich darin zeigen, dass die Darstellung des festgestellten Sachverhalts völlig fehlt (BayObLG FamRZ 1980, 1150; 1994, 913) oder die Gründe unverständlich und inhaltslos sind und somit die zugrunde liegenden Erwägungen nicht erkennen lassen.

F. Entscheidung des Beschwerdegerichts

I. Unzulässigkeit der weiteren Beschwerde

36 Erweist sich die weitere Beschwerde als unzulässig, so ist sie zu verwerfen (*Gregor*, Erbscheinsverfahren, Rn 489 – 493).

II. Unbegründetheit der weiteren Beschwerde

37 Die zulässige, aber unbegründete Beschwerde wird zurückgewiesen. Dies ist der Fall, wenn die angefochtene Entscheidung entweder nicht auf einer Gesetzesverletzung beruht, § 27 Abs. 1 Satz 1 FGG, oder zwar eine Gesetzesverletzung enthält, aber sich aus anderen Gründen als im Ergebnis richtig darstellt, § 561 ZPO.

III. Eigene Sachentscheidung

38 Voraussetzung hierfür ist, dass die weitere Beschwerde zulässig und begründet ist und keine weiteren Ermittlungen (§ 12 FGG) mehr erforderlich sind, die Sache also zur Entscheidung reif ist. Hat das Beschwerdegericht zwar den Sachverhalt erschöpfend und rechtsfehlerfrei festgestellt, aber bei der Anwendung des Gesetzes das Recht verletzt (Subsumtionsfehler), so hat das Gericht der weiteren Beschwerde entsprechend § 563 Abs. 3 ZPO in der Sache selbst zu entscheiden. Auch wenn die Beschwerde zu Unrecht als unzulässig verworfen wurde (BayObLGZ 2000, 220) oder erst durch neue Tatsachen entscheidungsreif wurde, kann das Gericht der weiteren Beschwerde in der Sache selbst

entscheiden. Es tritt dann an die Stelle des Beschwerdegerichts (BGHZ 35, 135, 142 f) und kann eine eigene Tatsachenwürdigung vornehmen (BayObLG NJW-RR 1990, 901, 902; 1993, 780, 781; OLG Schleswig FamRZ 1994, 781, 782), Urkunden und Willenserklärungen selbst auslegen (BayObLG NJW-RR 1996, 650, 651 f; 1991, 1222, 1223) und sein Ermessen selbständig ausüben (BayObLG FamRZ 1990, 430; 1988, 1200, 1201; OLG Oldenburg FamRZ 1999, 472). Für die Entscheidung gilt dann § 562 ZPO entspr – sie lautet danach auf (Keidel/*Meyer-Holz* § 27 Rn 56):

a) Zurückverweisung oder Verwerfung der Beschwerde, dh Wiederherstellung der erstinstanzlichen Verfügung, soweit der Beschwerde stattgegeben worden war; **39**

b) die erstinstanzliche Verfügung ersetzende eigene Sachentscheidung, soweit die Beschwerde zurückgewiesen oder verworfen worden war. **40**

Beachte: Ausführungshandlungen, die dem AG vorbehalten sind, kann das Gericht der weiteren Beschwerde nicht treffen, bspw die Erbscheinserteilung oder Einziehung eines Erbscheins. Hierzu ist das AG anzuweisen. **41**

IV. Aufhebung und Zurückverweisung

Bei Zulässigkeit und Begründetheit der weiteren Beschwerde ist neben der entsprechend § 562 Abs. 1 ZPO gebotenen Aufhebung des angefochtenen Beschlusses eine Zurückverweisung der Sache an das Beschwerdegericht zur anderweitigen Behandlung und erneuten Entscheidung obligatorisch, wenn ein absoluter Beschwerdegrund (§ 547 ZPO) vorlag oder weitere Ermittlungen erforderlich sind. Im Übrigen steht die Zurückverweisung im pflichtgemäßen Ermessen des Gerichts; so zB bei schweren Verfahrensmängeln (zB Verstoß gegen Art. 103 Abs. 1 GG; Keidel/*Meyer-Holz* § 27 Rn 58). **42**

G. Bindungswirkung der Entscheidung bei Aufhebung und Zurückverweisung

I. Bindung der Vorinstanzen

Die Vorinstanzen sind entspr § 563 Abs. 2 ZPO an die für die Aufhebung und Zurückverweisung tragende rechtliche Beurteilung gebunden (BVerfG NJW 1953, 1385; BGH FamRZ 1999, 22, 23). Ein Abweichung ist nur möglich, wenn sich nach der Zurückverweisung der Sachverhalt oder das anzuwendende Recht ändert (BGH FamRZ 1985, 691), wenn das BVerfG eine abweichende Entscheidung erlassen hat, § 31 BVerfGG, wenn das Gericht der weiteren Beschwerde seine Rechtsprechung geändert hat, oder wenn es sich um ein anderes Verfahren handelt. Dies ist auch dann der Fall, wenn es sich zwar um denselben Nachlass handelt, aber um einen anderen Erbscheinsantrag (BayObLG FamRZ 1998, 1198, 1199). Keine Bindung besteht dagegen für rechtliche Hinweise oder Empfehlungen, wenn die Entscheidung nicht darauf beruht (BayObLG StAZ 1981, 53; Keidel/*Meyer-Holz* § 27 Rn 63). **43**

II. Selbstbindung des Gerichts der weiteren Beschwerde

Grds ist das Gericht der weiteren Beschwerde gem § 318 ZPO analog an seine der Aufhebung unmittelbar zugrunde liegende rechtliche Beurteilung gebunden, wenn es sich im Instanzenzug nochmals mit der Sache befassen muss (BGHZ 51, 131, 135; BGH FamRZ 1999, 22, 23). Eine Ausnahme besteht nur dann, wenn das BVerfG eine entgegenstehende Entscheidung erlassen hat, § 31 Abs. 1 BVerfGG, oder wenn das Gericht der weiteren Beschwerde die seinem auf Aufhebung und Zurückverweisung erkennenden Beschluss zugrunde liegende Rechtsmeinung aufgegeben hat (GmS-OGB NJW 1973, 1273, 1274 f). Auch die Grundsätze des § 563 Abs. 2 ZPO gelten hier entsprechend (BayObLG FamRZ 1999, 170, 171). **44**

§ 73 FGG | Örtliche Zuständigkeit

Fünfter Abschnitt Nachlaß- und Teilungssachen

§ 72 Sachliche Zuständigkeit

Für die dem Nachlaßgericht obliegenden Verrichtungen sind die Amtsgerichte zuständig.

1 Das BGB erklärt in zahlreichen Vorschriften das Nachlassgericht für zuständig. Es bestimmt jedoch nicht, welches Gericht die Funktion des Nachlassgerichts auszuüben hat. Dies erfolgt in § 72 FGG, wonach das AG für die dem Nachlassgericht obliegenden Verrichtungen zuständig ist.

2 Es ist bspw für die Erteilung von Erbscheinen berufen. Eine **Ausnahme** besteht für das Land **Baden-Württemberg**. Hier sind die **staatlichen Notariate** Nachlassgericht. Der dort amtierende Notar ist für die Erbscheinserteilung zuständig, Art. 147 EGBGB, §§ 1, 36, 38 Ba-WüLFGG.

3 Innerhalb des AGs nimmt wegen § 3 Nr. 2c RPflG grds der Rechtspfleger die Geschäfte des Nachlassgerichts war. So sind ihm insb die Nachlass- und Teilungssachen iS des 5. Abschnitts des FGG sowie die amtliche Verwahrung von Testamenten und Erbverträgen nach §§ 2258a bis 2264, 2300 und 2300a übertragen. Dieser Grundsatz gilt allerdings nur mit der Maßgabe des § 16 RPflG. Danach bleiben die dort genannten Angelegenheiten dem Richter vorbehalten. Für das Erbscheinsverfahren ist § 16 Abs. 1 Nr. 6 RPflG zu beachten, wonach der Richter für die Erteilung von Erbscheinen (§ 2353) zuständig ist, sofern eine Verfügung von Todes wegen vorliegt. Umgekehrt ist der Richter auch für die Einziehung des Erbscheins (§ 2361) zuständig, § 16 Abs. 1 Nr. 7 RPflG, wenn er vom Richter erteilt wurde oder wegen einer Verfügung von Todes wegen einzuziehen ist (*Bumiller/Winkler* § 72 Rn 21). Der Richter ist ferner stets zuständig, wenn es sich um die Erteilung eines gegenständlich beschränkten Erbscheins (§ 2369) handelt, unabhängig davon, ob eine Verfügung von Todes wegen vorliegt. Er ist auch für die Erteilung und Einziehung von Testamentsvollstreckerzeugnissen gem § 2368 zuständig. Diese Vorschrift findet sich wegen der Verweisung auf §§ 2365 – 2367 im Bereich der Erbscheinsvorschriften, da das Testamentsvollstreckerzeugnis dieselben Vermutungs- und Gutglaubenswirkungen nach sich zieht (Palandt/*Edenhofer* § 2368 Rn 8, 9). Die Kraftloserklärung (§ 2361 Abs. 2) von Erbscheinen und die Rückforderung eines nach § 2368 Abs. 3 kraftlos gewordenen Testamentsvollstreckerzeugnisses sind dagegen Aufgabe des Rechtspflegers (*Bumiller/Winkler* § 72 Rn 21).

4 Nach § 16 Abs. 2 RPflG kann der Richter auch bei Vorliegen einer Verfügung von Todes wegen dem Rechtspfleger die Erteilung des Erbscheins zuweisen, wenn nach Auffassung des Richters die ges Erbfolge Anwendung findet.

5 Zur Zuständigkeit des Landwirtschaftsgerichts, wenn zum Nachlass ein Hof gehört, sogs Hoffolgezeugnis, § 18 HöfeO (s bei Palandt/*Edenhofer* Überblick vor § 2353 Rn 4; weitergehend Keidel/*Winkler* § 72 Rn 3 ff; Bassenge/*Herbst* § 72 Rn 3 f).

§ 73 Örtliche Zuständigkeit

(1) Die örtliche Zuständigkeit bestimmt sich nach dem Wohnsitz, den der Erblasser zur Zeit des Erbfalls hatte; in Ermangelung eines inländischen Wohnsitzes ist das Gericht zuständig, in dessen Bezirk der Erblasser zur Zeit des Erbfalls seinen Aufenthalt hatte.

(2) Ist der Erblasser Deutscher und hatte er zur Zeit des Erbfalls im Inland weder Wohnsitz noch Aufenthalt, so ist das Amtsgericht Schöneberg in Berlin-Schöneberg

Örtliche Zuständigkeit | § 73 FGG

zuständig. Es kann die Sache aus wichtigen Gründen an ein anderes Gericht abgeben; die Abgabeverfügung ist für dieses Gericht bindend.

(3) Ist der Erblasser ein Ausländer und hatte er zur Zeit des Erbfalls im Inlande weder Wohnsitz noch Aufenthalt, so ist jedes Gericht, in dessen Bezirk sich Nachlaßgegenstände befinden, in Ansehung aller im Inlande befindlichen Nachlaßgegenstände zuständig. Die Vorschriften des § 2369 Abs. 2 des Bürgerlichen Gesetzbuchs finden Anwendung.

A. Allgemeines

§ 73 FGG regelt die örtliche Zuständigkeit für Nachlasssachen und wird durch § 74 FGG (Vornahme von Sicherungsmaßnahmen) ergänzt. Das Nachlassgericht hat seine Zuständigkeit (auch die internationale) von Amts wegen zu prüfen – in jeder Instanz (auch in der weiteren Beschwerde). Gleichgültig für die örtliche Zuständigkeit ist, ob deutsches oder ausländisches Erbrecht anzuwenden ist. 1

B. Wohnsitz und Aufenthalt

Gem § 73 Abs. 1 FGG ist der Wohnsitz zum Zeitpunkt des Todes maßgeblich. Dieser bestimmt sich nach §§ 7 – 11 BGB, 3 FGG. Stirbt der Erblasser im Krankenhaus, so ist regelmäßig seine Wohnung als Schwerpunkt seiner Lebensverhältnisse anzusehen, da im Krankenhaus die zeitlich begrenzte Versorgung im Vordergrund steht und die alsbaldige Rückkehr des Patienten in seine Wohnung vorgesehen ist (Keidel/*Winkler* § 73 Rn 6, 6a). Dagegen ist der Ort des Hospizes maßgeblich, wenn der Erblasser seinen Wohnsitz bereits aufgegeben und aufgelöst hat (OLG Düsseldorf Ppfleger 2002, 314). 2

Nur wenn kein Wohnsitz zu ermitteln ist, kommt es auf den letzten Aufenthalt an; dieser wird durch tatsächliches Verhalten begründet, so dass er sich aus der Sterbeurkunde ergibt. 3

C. Internationale Zuständigkeit und Ersatzzuständigkeit

Bei Fällen mit Auslandsberührung ist zu klären, welche Normen maßgeblich sind und ob das Gericht überhaupt zuständig ist. Die anzuwendenden Normen ergeben sich aus dem internationalen Privatrecht – die internationale Zuständigkeit muss gegeben sein, damit das Nachlassgericht auch in diesen Fällen tätig werden kann. Eine internationale Zuständigkeit ist jedenfalls dann gegeben, wenn die Tätigkeit des Nachlassgerichts der Verwirklichung des maßgeblichen ausländischen Rechts dient, das ausländische Recht eine derartige Mitwirkung billigt und die Tätigkeit des Gerichts diesem nicht wesensfremd ist (Palandt/*Edenhofer* § 2353 Rn 11; Palandt/*Heldrich* Art. 25 EGBGB Rn 18; BayObLGZ 1965, 423, 426 = NJW 1967, 447; Keidel/*Winkler* § 73 Rn 19) – insb, wenn die Ablehnung der Verweigerung des Rechtsschutzes gleichkommt (BayObLG aaO). 4

Wird am Sitz des nach § 73 Abs. 1 FGG zuständigen Nachlassgerichts deutsche Gerichtsbarkeit nicht mehr ausgeübt, so ist jedes AG, in dessen Bezirk sich Nachlassgegenstände befinden, als Nachlassgericht zuständig, § 7 ZustErgG. 5

D. Zuständigkeit nach § 73 Abs. 2 FGG

Das AG Schöneberg ist zuständig, wenn der Erblasser Deutscher ist und zur Zeit des Erbfalls im Inland weder Wohnsitz noch Aufenthalt hatte. Dies gilt auch, wenn der Erblasser daneben noch eine andere Staatsangehörigkeit besitzt (KG OLGZ 1969, 285, 287). Das AG Schöneberg kann das Verfahren in jeder Verfahrenslage unanfechtbar abgeben. 6

E. Zuständigkeit nach § 73 Abs. 3 FGG

7 Nach Abs. 3 ist, wenn der Erblasser Ausländer war, das Gericht, in dessen Bezirk sich Nachlassgegenstände befinden, erst dann zuständig, wenn nicht zu ermitteln ist, dass der Erblasser zum Todeszeitpunkt im Inland einen Wohnsitz oder Aufenthalt hatte; die Wohnsitz- oder Aufenthaltszuständigkeit (Abs. 1) schließt jede Belegenheitszuständigkeit (Abs. 3) aus.

8 Zuständig ist bei beweglichen Sachen oder Grundstücken das Gericht, in dessen Bezirk sich diese befinden, wobei zu den beweglichen Sachen auch Forderungen aus Inhaber- und Orderpapieren gehören. Für die nach § 2369 Abs. 2 Satz 1 und 2 genannten Gegenstände ist das Gericht zuständig, bei dem das Buch oder Register geführt wird. Bei Ansprüchen, für deren Geltendmachung ein deutsches Gericht zuständig ist, ist das AG – streitwertunabhängig – zuständig, welches auch für die Klage zuständig wäre.

F. Lastenausgleichsfälle und Zuständigkeitswechsel

9 Für Lastenaugleichsfälle siehe *Bumiller/Winkler* § 73 Rn 19 ff und Keidel/*Winkler* § 73 Rn 42 ff.

10 Ein Zuständigkeitswechsel ist für die einmal begründete Zuständigkeit nicht vorgesehen, außer in den Fällen der Nachlasspflegschaft, § 75 FGG. Es muss sich allerdings immer um eine Sache handeln. Dann bleibt das Nachlassgericht bis zur Erledigung aller dem Nachlassgericht obliegenden Verrichtungen bestehen, selbst wenn sich die ges Zuständigkeitsregelung ändert (sog perpetuatio fori).

§ 74 Zuständigkeit zur Sicherung des Nachlasses

Für die Sicherung des Nachlasses ist jedes Amtsgericht zuständig, in dessen Bezirk das Bedürfnis der Fürsorge hervortritt. Das Gericht soll von den angeordneten Maßregeln dem nach § 73 zuständigen Nachlaßgericht Mitteilung machen.

A. Materielles Recht

1 Nach § 1960 hat das Nachlassgericht, soweit ein Bedürfnis besteht, der Erbe unbekannt oder wenn ungewiss ist, ob er die Erbschaft annimmt, für die Sicherung des Nachlasses zu sorgen, und zwar auch beim Nachlass eines Ausländers. Dies kann insb durch Anordnung der Siegelanlegung, der Hinterlegung von Geld, Wertpapieren und Kostbarkeiten sowie der Aufnahme eines Nachlassverzeichnisses erfolgen. Das Gericht kann auch für denjenigen, der Erbe wird, einen Nachlasspfleger bestellen. Keine Maßnahme der Nachlasssicherung ist die Ausstellung eines Erbscheins (BGH NJW 1976, 481).

B. Zuständigkeit

I. Internationale Zuständigkeit

2 Das nach § 74 FGG zuständige AG ist international zuständig. Vorbehaltlich abweichender Staatsverträge wendet es § 1960 an, auch wenn im Übrigen ausländisches Erbrecht gilt (OLG Hamburg NJW 1960, 1207). Ob ein Fürsorgebedürfnis besteht und welche Sicherungsmaßnahmen anzuwenden sind, bestimmt sich, sofern ein Staatsvertrag keine Geltung beansprucht, nach deutschem Recht (Soergel/*Stein* § 1960 Rn 53; Soergel/*Schurig* Art. 25 EGBGB Rn 53).

II. Örtliche Zuständigkeit

Örtlich zuständig ist jedes AG, in dessen Bezirk sich ein Fürsorgebedürfnis ergibt. Durch Sicherungsmaßnahmen iSd § 74 FGG wird die Zuständigkeit des Nachlassgerichts gem § 73 FGG nicht berührt. Allerdings ergehen seine Maßnahmen nur vorbehaltlich der abweichenden Regelungen durch das zuständige Nachlassgericht (Keidel/Kuntze/Winkler § 74 Rn 2). Das AG ist verpflichtet, die in seinem Bezirk notwendigen Sicherungsmaßnahmen vorzunehmen, wodurch mehrere AGe für denselben Nachlass zuständig sein können. Treten die Maßnahmen in Widerspruch, so gebührt nach § 4 FGG demjenigen der Vorzug, welches zuerst in der Sache tätig geworden ist. Nicht ausreichend ist es, auf das zuständige Nachlassgericht zu verweisen.

III. Funktionelle Zuständigkeit

Für Maßnahmen der Nachlasssicherung ist nach § 3 Nr. 2c RPflG grds der Rechtspfleger zuständig, soweit sich nicht aus dem Richtervorbehalt des § 16 Abs. 1 Nr. 1 RPflG etwas anderes ergibt. Die Vorbehalte bei der Nachlasspflegschaft des § 16 Abs. 1 Nr. 1 RPflG entsprechen den Vorbehalten des § 14 Nr. 4 RPflG; daher ist auch die Anordnung bei einem ausländischen Erblasser dem Richter vorbehalten, sofern der Erblasser nicht auch die deutsche Staatsangehörigkeit besaß, der letzte Wohnsitz im Inland war und hier das Testament errichtet wurde (BayObLG Rpfleger 1982, 423). Allerdings besteht nach § 19 Abs. 1 Nr. 1 RPflG die Möglichkeit der Aufhebung des Richtervorbehalts.

IV. Sonderzuständigkeiten

Nach Landesrecht ergeben sich Zuständigkeiten weiterer Institutionen: der Gemeinde nach § 40 Abs. 2 LFGG BW; Art. 36 Bay AGGVG, Art. 11 NdsFGG; § 54 SaarlAGJuG; der Ortspolizeibehörde nach § 5 BremAGFGG; die Verwaltungsbehörde nach § 3 HambFGG; der Ortsgerichtsvorsteher mit einem Schöffen nach § 16 HessOrtsGerG.

C. Mitteilungspflicht

Das die Maßnahmen zur Nachlasssicherung anordnende Nachlassgericht soll dem nach § 73 FGG zuständigen Nachlassgericht Mitteilung machen, welche Sicherungen vorgenommen wurden, damit letzteres über die Sachlage informiert ist.

D. Kosten/Gebühren

Für die Sicherung des Nachlasses durch Siegelung oder auf andere Weise wird für das ganze Verfahren, einschließlich der erforderlichen Anordnungen wegen Aufbewahrung und Auslieferung des Nachlasses die volle Gebühr erhoben, § 104 KostO. Neben der Gebühr werden die Gebühren für die Siegelung, Entsiegelung oder Aufnahme des Vermögensverzeichnisses (§ 52 KostO) besonders erhoben. Allerdings entsteht nach § 52 KostO lediglich die Hälfte der vollen Gebühr, wobei die Gebühr nur einmal nach dem Gesamtzeitaufwand erhoben wird.

Auch für die Nachlasspflegschaft wird nach § 106 KostO die volle Gebühr, für die der Wert des von der Pflegschaft betroffenen Vermögens maßgebend ist, erhoben. Auf diese Gebühr wird eine nach § 104 KostO entstandene Gebühr angerechnet, wenn die Nachlasspflegschaft zur Sicherung des Nachlasses eingeleitet wurde.

§ 74a Mitteilung des Nachlaßgerichts

Erhält das Nachlaßgericht Kenntnis davon, daß ein Kind Vermögen von Todes wegen erworben hat, das nach § 1640 Abs. 1 Satz 1, Abs. 2 des Bürgerlichen Gesetzbuchs zu verzeichnen ist, so teilt das Nachlaßgericht dem Vormundschaftsgericht den Vermögenserwerb mit.

A. Materielles Recht

1 Die Eltern sind nach § 1640 Abs. 1 Satz 1 verpflichtet, das ihrer Verwaltung unterliegende Vermögen, welches das Kind von Todes wegen erwirbt, zu verzeichnen, das Verzeichnis mit der Versicherung der Richtigkeit und Vollständigkeit zu versehen und dem Familiengericht einzureichen. Eine entsprechende Pflicht trifft die Eltern für Vermögen, welches das Kind sonst anlässlich eines Sterbefalles erwirbt, zB in Erfüllung einer einem Dritten gemachten Auflage, für Renten- und Schadensersatzansprüche (§ 844 Abs. 2), für Leistungen aus einer Lebensversicherung (Palandt/*Diederichsen* § 1640 Rn 3; aA Bassenge/Herbst/*Roth* § 74a Rn 1), für Unterhaltsabfindungen von verheirateten und wieder geschiedenen Kindern hinsichtlich der Unterhaltsrückstände, vgl §§ 1615e aF, 1585c (Palandt/*Diederichsen* § 1640 Rn 3) und unentgeltliche Zuwendungen.

2 Die Pflicht zur Anfertigung des Vermögensverzeichnisses besteht nicht, wenn der Wert des Vermögenserwerbs 15.000 € nicht übersteigt, wobei für die Wertgrenze der Verkehrswert der zugewendeten Gegenstände und der Nettovermögenszuwachs, dh nach Abzug der Verbindlichkeiten, maßgebend sind (krit Staudinger/*Engler* § 1640 Rn 15) oder der Erblasser/Zuwendender eine abweichende Anordnung getroffen hat, § 1640 Abs. 2.

3 Bei Verletzung der Pflicht zur (vollständigen und ordnungsgemäßen) Einreichung des Verzeichnisses kann das Familiengericht nach fruchtlosem Ablauf einer von ihm gesetzten Frist ein Zwangsgeld (OLG Hamm FamRZ 1969, 660) nach vorheriger Androhung verhängen und, nachdem die Eltern Gelegenheit zur Ergänzung und Verbesserung hatten, anordnen, dass ein öffentliches Inventar durch die zuständige Landesbehörde (§ 200 FGG) oder einen Notar errichtet wird, § 1640 Abs. 3. Der Ausschluss dieser Rechtsfolge durch den Erblasser/Zuwendenden ist möglich (Staudinger/*Engler* § 1640 Rn 31). Als ultima ratio kommt die Entziehung der Vermögenssorge (Palandt/*Diederichsen* § 1667 Rn 7) und die Bestellung eines Pflegers (RGZ 80, 65) durch das Familiengericht in Betracht, wobei es auf ein Verschulden der Eltern nicht ankommt.

4 Seit der Familienrechtsreform v 1.7.1998 ist für die Entgegennahme des Vermögensverzeichnisses und für die Anordnungen in Abs. 3 nicht mehr das Vormundschaftsgericht, sondern das Familiengericht zuständig (FamRefK/*Rogner* § 1626 Rn 24). Seither entscheidet das Familiengericht umfassend über alle Fragen der elterlichen Sorge.

B. Prozessrecht

5 Das Nachlassgericht ist verpflichtet, das Familiengericht über den Erwerb von Todes wegen zu informieren, damit das Familiengericht ggf nach § 1640 Abs. 2 oder Abs. 3 von Amts wegen tätig werden kann (*Bumiller/Winkler* § 74a).

C. Kosten

6 Die Kosten für die Inventarerrichtung trägt das Kind, für die Maßnahme nach § 1640 Abs. 3 hat ggf nach §§ 94 Abs. 1 Nr. 3, Abs. 3 Satz 2 Kost O der verpflichtete Elternteil aufzukommen.

D. Haftung

Erfüllt das Nachlassgericht seine gesetzliche Mitteilungspflicht nicht, kommt eine Haftung 7
nach § 839 in Betracht (OLG München Rpfleger 2003, 657).

§ 75 Nachlaßpflegschaft

Auf die Nachlaßpflegschaft finden die für Vormundschaftssachen geltenden Vorschriften dieses Gesetzes Anwendung. Unberührt bleiben die Vorschriften über die Zuständigkeit des Nachlaßgerichts; das Nachlaßgericht kann jedoch die Pflegschaft nach Maßgabe des § 46 an ein anderes Nachlaßgericht abgeben.

A. Allgemeines

Die Anordnung der Nachlasspflegschaft erfolgt einerseits zur Sicherung des Nachlasses 1
bis zur Annahme der Erbschaft unter den Voraussetzungen der §§ 1960 f, andererseits aber auch zum Zwecke der Befriedigung der Nachlassgläubiger (Nachlassverwaltung) nach §§ 1975 ff (Keidel/Kuntze/*Winkler* § 75 Rn 1). Die Nachlasspflegschaft ist eine Unterart der Pflegschaft nach §§ 1915 ff, für die gem § 1962 nicht das Vormundschafts-, sondern das Nachlassgericht zuständig ist. Dagegen ist die Nachlassverwaltung eine Abart der Nachlasspflegschaft zur Befriedigung der Nachlassgläubiger, § 1975 (Soergel/*Stein* § 1975 Rn 7).

B. Zuständigkeit

Die Zuständigkeit in sachlicher und örtliche Hinsicht bestimmt sich nach den §§ 72 – 74 2
FGG. Die §§ 35 – 45 FGG finden keine Anwendung. Allerdings kann das Nachlassgericht die Pflegschaft aus Zweckmäßigkeitserwägungen nach Maßgabe des § 46 FGG an ein anderes inländisches, wenn auch einem anderen Bundesland angehörendes Gericht, abgeben. Eine Abgabe an das zur Übernahme bereite Gericht kommt insb dann in Betracht, wenn der Nachlass im Wesentlichen aus Immobilien besteht, die nicht im Bezirk des Gerichts liegen, in dem der Erblasser seinen letzten Wohnsitz hatte (*Jansen* Rn 3). Der bereits bestellte Nachlasspfleger muss zustimmen, § 46 Abs. 1 Satz 1, 2. Hs FGG. Nach § 46 Abs. 2 hat in den Fällen, in denen sich die Gerichte nicht einigen oder der Nachlasspfleger seine Zustimmung verweigert, das gemeinschaftliche obere Gericht zu entscheiden. Das annehmende Gericht wird nur für die Nachlasspflegschaft, nicht aber für andere Funktionen des Nachlassgerichts zuständig.

Die funktionelle Zuständigkeit richtet sich nach der Vorbehaltsübertragung des § 3 Nr. 2c 3
RPflG, wobei dem Richter nach § 16 Abs. 1 Nr. 1 RPflG die Geschäfte des Nachlassgerichts vorbehalten sind, die bei einer Nachlasspflegschaft oder Nachlassverwaltung erforderlich werden, soweit sie den nach § 14 RPflG von der Übertragung ausgeschlossenen Geschäften in Vormundschaftssachen entsprechen.

C. Verfahren 4

Für die Nachlasspflegschaft gelten die Verfahrensvorschriften der §§ 35a; 55; 57 Abs. 1 Nr. 3, 6, 7; 58; 60 Abs. 1 Nr. 2, 3, 6; 62 und 63 FGG. Sie wird wirksam mit einfacher Bekanntgabe an den Pfleger (KG NJW 1958, 1926).

Gegen die Anordnung, Erweiterung und die Ablehnung der Aufhebung der Nachlass- 5
pflegschaft sind beschwerdeberechtigt der Erbe, der sein Erbrecht schlüssig darlegende Erbprätendent (OLG Karlsruhe FamRZ 2004, 222), Erbteilserwerber, Testamentsvollstrecker (KG OLGZ 1973, 106) und der Nachlassgläubiger, der einen Vollstreckungstitel erwirkt oder einen Erbteil gepfändet hat. Die Beschwerdeberechtigung erstreckt sich nicht auf den Ersatz- und Vorerben, auch wenn für den Nacherben die Pflegschaft angeordnet

ist (OLG Stuttgart OLGZ 71, 463). Ein Beschwerderecht zur Wahrung der Rechte der ges Erben steht dem Nachlasspfleger ebenso wenig zu (OLG Celle JR 1950, 59) wie gegen die Aufhebung der Nachlasspflegschaft (OLG Jena Rpfleger 1998, 427).

6 Der Nachlasspfleger bedarf zu Rechtsgeschäften der in §§ 1821, 1822 bezeichneten Art der Genehmigung des Nachlassgerichts (BayObLGZ 1964, 137). Genehmigt das Vormundschaftsgericht statt des Nachlassgerichts einen Vertrag des Nachlasspflegers, so ist er dennoch wirksam (*Müller* NJW 1956, 652, 654).

7 Das Gericht ist grds frei in der Auswahl des Nachlasspflegers. Nach § 34 Abs. 2 Nr. 2 ErbStG, § 12 ErbStDV haben ua die Gerichte die Anordnung einer Nachlasspflegschaft dem Finanzamt anzuzeigen.

D. Nachlasspfleger

8 Die Bestellung wird wirksam mit der Bekanntgabe an den Pfleger. Eine Verfügung, durch welche die Weigerung, eine Pflegschaft zu übernehmen, zurückgewiesen wird, kann mit der sofortigen Beschwerde nach § 60 FGG angegriffen werden. Hingegen ist die Ablehnung der Entlassung mit der einfachen Beschwerde anfechtbar. Entsprechendes gilt für die Ablehnung, dem Nachlasspfleger Weisungen zu erteilen.

9 Die Vergütungsfestsetzung erfolgt nach § 56g FGG Beschwerdeberechtigt sind diejenigen, die für die Nachlassverbindlichkeiten haften (BayObLG FamRZ 1989, 1119), wie Nachlassinsolvenzverwalter, Nachlassgläubiger, soweit deren Befriedigung gefährdet ist, der Testamentsvollstrecker und der Pfleger.

10 Die Gerichtsgebühren bestimmen sich nach § 106 KostO.

§ 76 Unzulässigkeit der Beschwerde gegen Anordnung der Nachlaßverwaltung

(1) Gegen eine Verfügung, durch die dem Antrag des Erben, die Nachlaßverwaltung anzuordnen, stattgegeben wird, ist die Beschwerde unzulässig.

(2) Gegen eine Verfügung, durch die dem Antrag eines Nachlaßgläubigers, die Nachlaßverwaltung anzuordnen, stattgegeben wird, findet die sofortige Beschwerde statt. Die Beschwerde steht nur dem Erben, bei Miterben jedem Erben, sowie dem Testamentsvollstrecker zu, welcher zur Verwaltung des Nachlasses berechtigt ist.

A. Allgemeines

1 Für das Verfahren der Nachlassverwaltung, das einen Unterfall der Nachlasspflegschaft darstellt und der Befriedigung der Nachlassgläubiger bei unübersichtlichem Nachlass dient, gilt § 75 FGG, soweit § 76 FGG keine Sonderregelungen für die Anfechtung der Anordnung enthält. Sofern kein Ablehnungsgrund nach §§ 1982, 2013, 2062 ersichtlich ist, ordnet das Nachlassgericht die Nachlassverwaltung an. Der Antrag eines Nachlassgläubigers hat nur dann Erfolg, wenn Grund zu der Annahme besteht, dass die Befriedigung der Nachlassgläubiger aus dem Nachlass durch das Verhalten oder die Vermögenslage des Erben gefährdet wird, § 1981 Abs. 2 (BayObLG JZ 1954, 234) und seit der Annahme der Erbschaft noch nicht zwei Jahre verstrichen sind.

2 Die Anordnung der Nachlassverwaltung wird wirksam mit der Bekanntmachung an den Erben bzw Pfleger (BayObLG Rpfleger 1979, 382) oder Testamentsvollstrecker, wobei im Falle des Abs. 2 eine förmliche Bekanntmachung notwendig ist. Die Beschwerdefrist beginnt gem § 22 Abs. 1 FGG mit der Zustellung an den Beschwerdeführer. Nach § 18 Abs. 2 FGG ist die Änderung der Anordnung durch das Nachlassgericht ausgeschlossen (LG Mannheim MDR 1960, 505).

B. Antrag des Erben

Nach § 1981 Abs. 1 können der Erbe bzw die Miterben nur gemeinsam den Antrag stellen. 3
Das Antragsrecht ist zeitlich unbegrenzt bis zur Eröffnung eines Nachlassinsolvenzverfahrens möglich und kann bereits vor Annahme der Erbschaft ausgeübt werden. Allerdings kann der Antrag, nachdem die Anordnung wirksam geworden ist, nicht mehr zurückgenommen werden (KG JFG 22, 65).

Neben dem Erben sind auch der Nacherbe (§ 2144), der Testamentsvollstrecker und ein 4
Erbschaftskäufer (§ 2383), nicht aber der Nachlasspfleger, antragsberechtigt.

Die Anordnung der Nachlassverwaltung ist, abgesehen von § 11 Abs. 2 Satz 1 RPflG, 5
unanfechtbar. Die einfache Beschwerde eines jeden Erben bzw der Nachlassgläubiger ist ausnahmsweise gegen eine unzulässige Anordnung statthaft, wenn es an einem Antrag oder der internationalen Zuständigkeit des Nachlassgerichts fehlt (BayObLGE 1976, 151) oder der Nachlass bereits geteilt ist.

Gegen die Zurückweisung des Anordnungsantrag steht dem Antragsteller die einfache 6
Beschwerde nach § 20 Abs. 2 FGG zur Verfügung, wobei die Miterben nur gemeinsam anfechtungsberechtigt sind, wenn sie auch den Antrag gemeinsam gestellt haben (*Bumiller/Winkler* § 76 Rn 2). Auf entsprechenden Antrag ist die Aufhebung der Nachlassverwaltung wegen veränderter Verhältnisse zulässig (OLG Hamm NRWJMBl 1955, 230). In diesem Fall ist die Beschwerde gegen die Antragsablehnung statthaft. Lehnt das Nachlassgericht die Aufhebung des Antrags auf Nachlassverwaltung ab, steht jedem Miterben das Beschwerderecht gesondert zu (OLG Frankfurt/M JZ 1953, 53).

Wird der Aufhebungsantrag auf die schon bei der Anordnung vorliegenden Gründe 7
gestützt, ist die Zurückweisung unanfechtbar (KGJ 36, 70). Dagegen ist die einfache Beschwerde statthaft, wenn der Antragsteller seinen Aufhebungsantrag auf veränderte Umstände stützt.

Dem Nachlassverwalter steht kein Beschwerderecht gegen die Aufhebung der Nachlass- 8
verwaltung zu.

C. Antrag eines Nachlassgläubigers

Die Nachlassverwaltung kann innerhalb der zweijährigen Ausschlussfrist auch von einem 9
Nachlassgläubiger beantragt werden, wenn er glaubhaft macht, dass die Erfüllung seiner Forderung gefährdet ist. Dies gilt selbst dann, wenn er Erbe geworden ist (KGJ 44, 72).

Zum Kreis der Nachlassgläubiger gehören neben den Gläubigern des Erblassers auch die 10
Pflichtteilsberechtigten sowie die Vermächtnisnehmer und die Auflagenbegünstigten nach § 1967 Abs. 2.

Gegen die Anordnung ist die sofortige Beschwerde nach § 76 Abs. 2 FGG statthaft, und 11
zwar auch dann, wenn geltend gemacht wird, dass der Antragsteller nicht Nachlassgläubiger und somit zur Antragstellung nicht berechtigt war. Beschwerdeberechtigt sind nach Abs. 2 Satz 2 nur der Erbe, die Miterben jeder einzeln und der zur Nachlassverwaltung berechtigte Testamentsvollstrecker, auch wenn er in der Verwaltungsbefugnis beschränkt ist; bei mehreren sind sie nur gemeinsam beschwerdeberechtigt, § 2224 (*Jansen*, § 76 Rn 10).

Die Beschwerde ist begründet, wenn die vom Nachlassgericht nach § 12 Abs. 1 FGG zu 12
ermittelnden Voraussetzungen weder bei Anordnung der Nachlassverwaltung (BayObLGZ 1966, 75) noch bei der Entscheidung des Beschwerdegerichts (KGJ 44, 72) vorlagen, wobei der spätere Wegfall der Anforderungen nicht schadet.

Wird der Antrag zurückgewiesen, kann er nur vom Antragsteller mit der einfachen 13
Beschwerde angegriffen werden, § 20 Abs. 2 FGG. Dagegen findet die sofortige weitere Beschwerde dann statt, wenn das Beschwerdegericht die Nachlassverwaltung bei Antragszurückweisung anordnet.

D. Gebühren

14 Die Gerichtsgebühren richten sich nach § 106 KostO.

§ 77 Inventarfrist

(1) Gegen eine Verfügung, durch die dem Erben eine Inventarfrist bestimmt wird, findet die sofortige Beschwerde statt.

(2) Das gleiche gilt von einer Verfügung, durch die über die Bestimmung einer neuen Inventarfrist oder über den Antrag des Erben, die Inventarfrist zu verlängern, entschieden wird.

(3) In den Fällen der Absätze 1, 2 beginnt die Frist zur Einlegung der Beschwerde für jeden Nachlaßgläubiger mit dem Zeitpunkt, in welchem die Verfügung demjenigen Nachlaßgläubiger bekannt gemacht wird, welcher den Antrag auf die Bestimmung der Inventarfrist gestellt hat.

A. Materielles Recht

1 Nach § 1994 Abs. 1 erfolgt die Bestimmung der Inventarfrist auf Antrag eines Nachlassgläubigers, der seine Forderung glaubhaft macht. Allerdings gehört der Miterbe, der gleichzeitig Nachlassgläubiger ist, nicht zum Kreis der Antragsberechtigten iSd § 1994 (KG OLGZ 1979, 276 mwN). Die Frist, die mindestens einen Monat, höchstens drei Monate betragen soll, beginnt mit der Zustellung des die Frist bestimmenden Beschlusses, § 1995 Abs. 1. Auf entsprechenden Antrag eines Erben kann das Nachlassgericht die Frist nach seinem Ermessen verlängern, § 1995 Abs. 3. Es hat dem Erben, der durch höhere Gewalt an der rechtzeitigen Errichtung des Inventars oder an dem nach den Umständen gerechtfertigten Beitrag zur Verlängerung der Inventarfrist verhindert ist, auf dessen Antrag nach § 1996 eine neue Inventarfrist zu bestimmen. Allerdings muss der Antrag binnen zwei Wochen nach der Beseitigung des Hindernisses und spätestens vor Ablauf eines Jahres nach dem Ende der zuerst bestimmten Frist gestellt werden (§ 1996 Abs. 2).

2 Versäumt der Erbe die Frist, so führt dies zur unbeschränkten Haftung für die Nachlassverbindlichkeiten, § 1994 Abs. 1 Satz 2.

3 Der Erbe muss nach § 2002 einen zuständigen Beamten oder Notar zur Aufnahme des Nachlassverzeichnisses hinzuziehen. Er kann auch beantragen, dass das Nachlassgericht das Inventar selbst aufnimmt oder die Aufnahme einem zuständigen Beamten oder Notar überträgt, § 2003.

B. Zuständigkeit

4 Zur Inventarerrichtung ist das nach § 73 FGG örtlich zuständige Nachlassgericht berufen. Funktionell zuständig für die Entscheidungen nach §§ 1994 Abs. 1, 1995 Abs. 3, 1996, 2005 Abs. 2 und die Mitteilung nach § 1999 ist der Rechtspfleger, § 3 Nr. 2c RPflG. Im Übrigen sind auch die aufrechterhaltenen landesrechtlichen Vorschriften zu beachten (Palandt/ *Heldrich* Art. 148 EGBGB Anm 2). IE zur Zuständigkeit zur Inventarerrichtung vgl Keidel/ Kuntze/*Winkler* § 77 Rn 5.

C. Bestimmung der Inventarfrist auf Antrag eines Nachlassgläubigers

I. Antragsbefugnis 5

Der Miterbe (KG OLGZ 1979, 276) und jeder Nachlassgläubiger, der nicht nach §§ 1973 ff BGB ausgeschlossen ist, kann die Bestimmung einer Inventarfrist beantragen. Dem Erben ist rechtliches Gehör zu gewähren (BayObLGZ 1992, 162).

II. Rechtsmittel 6

Gegen die Fristbestimmung kann jeder Erbe, dem eine Inventarfrist gesetzt wurde, die sofortige Beschwerde nach § 77 Abs. 1 FGG einlegen. Wird dagegen der Antrag auf Fristbestimmung zurückgewiesen, steht nur dem Antragsteller die einfache Beschwerde zur Verfügung (*Jansen* § 77 Rn 6).

III. Beschwerdeberechtigung 7

Beschwerdeberechtigt ist neben dem Erben auch jeder Nachlassgläubiger und –, im Fall des § 2008 auch der nichterbende Ehegatte (Palandt/*Edenhofer* § 2008 Rn 5). Der Antragsteller ist auch hinsichtlich der Länge der Frist nach § 20 Abs. 2 beschwerdebefugt. Der nicht antragstellende Gläubiger muss seine Forderung bei Beschwerdeeinlegung glaubhaft machen, § 1994 Abs. 2 FGG (*Jansen* § 77 Rn 8).

IV. Fristbeginn 8

Die Beschwerdefrist beginnt nach § 22 Abs. 1 FGG für jeden Erben mit der Bekanntmachung der Verfügung an ihn, § 16 Abs. 2 Satz 1 FGG, – und für alle Nachlassgläubiger mit der förmlichen Bekanntmachung der Verfügung an denjenigen, der den Antrag auf Bestimmung der Inventarfrist gestellt hat, § 77 Abs. 3 FGG.

D. Verlängerte/Neue Inventarfrist auf Antrag des Erben 9

I. Antragsbefugnis 10

Jeder Erbe ist hinsichtlich der ihm gesetzten Frist berechtigt, einen Antrag auf Verlängerung der Inventarfrist zu stellen. Die Frist beginnt mit der Zustellung an den Erben, § 1995 Abs. 1.

II. Rechtsmittel 11

Nach § 77 Abs. 2 FGG ist die sofortige Beschwerde statthaft gegen Verfügungen, durch die eine neue Inventarfrist bestimmt, einem Antrag auf Verlängerung der Inventarfrist stattgegeben oder ein Antrag auf Fristverlängerung bzw Bestimmung einer neuen Inventarfrist abgelehnt wird. Soweit der Antrag auf Fristbestimmung zurückgewiesen wird, findet für den Antragsteller nur die einfache Beschwerde statt, § 20 Abs. 2 FGG.

III. Beschwerdeberechtigung 12

Beschwerdeberechtigt ist neben dem Erben auch der Nachlassgläubiger, im Fall des § 2008 auch der nichterbende Ehegatte (Palandt/*Edenhofer* § 2008 Rn 5). Nach § 20 Abs. 2 FGG ist auch der Antragsteller hinsichtlich der Länge der Frist beschwerdeberechtigt. Der nicht antragstellende Gläubiger muss seine Forderung bei Beschwerdeeinlegung glaubhaft machen, § 1994 Abs. 2 (*Jansen* § 77 Rn 8).

§ 78 FGG | Akteneinsicht, Abschriften

13 IV. Fristbeginn

Die Beschwerdefrist beginnt für jeden Erben mit der förmlichen Bekanntmachung der Verfügung an ihn, § 16 Abs. 2 Satz 1 FGG, für die Nachlassgläubiger mit der förmlichen Bekanntmachung an den ursprünglichen Antragsteller. Im Fall des § 2005 Abs. 2 muss die Bekanntmachung an den antragstellenden Nachlassgläubiger erfolgen. Ungeachtet dessen muss die Verfügung an alle am Verfahren beteiligten Nachlassgläubiger bekannt gemacht werden. Eine nur formlose Mitteilung des mit der sofortigen Beschwerde anfechtbaren Beschlusses setzt die Beschwerdefrist nicht in Gang, wohl aber ist die Einlegung der sofortigen weiteren Beschwerde vor Beginn des Laufs der Beschwerdefrist zulässig (Keidel/Kuntze/*Winkler* § 77 Rn 10).

E. Wirksamkeit, Zurücknahme, Verlängerung

14 Die Verfügung, welche eine Fristbestimmung oder -verlängerung beinhaltet, wird mit der Bekanntmachung an den Erben, bei mehreren Erben an jeden gesondert, wirksam. Die Frist beginnt für jeden einzelnen Erben im Zeitpunkt der Bekanntmachung an ihn. Dies gilt nach § 1995 Abs. 2 auch dann, wenn die Erbschaft bereits angenommen wurde.
15 Nach § 18 Abs. 2 FGG kann die Fristbestimmung nicht zurückgenommen werden.
16 Eine Verlängerung steht nach § 1995 Abs. 3 im Ermessen des Nachlassgerichts.

§ 78 Akteneinsicht, Abschriften

(1) Hat das Nachlaßgericht nach § 1964 des Bürgerlichen Gesetzbuchs festgestellt, daß ein anderer Erbe als der Fiskus nicht vorhanden ist, so steht die Einsicht der dieser Feststellung vorausgegangenen Ermittlungen jedem zu, der ein berechtigtes Interesse glaubhaft macht. Das gleiche gilt von der Einsicht einer Verfügung, welche die Bestimmung einer Inventarfrist oder die Ernennung oder die Entlassung eines Testamentsvollstreckers betrifft, eines Protokolls über die Abgabe der im § 79 bezeichneten eidesstattlichen Versicherung sowie von der Einsicht eines Erbscheins und eines der in den §§ 1507, 2368 des Bürgerlichen Gesetzbuchs und den §§ 37, 38 der Grundbuchordnung [10]vorgesehenen gerichtlichen Zeugnisse.

(2) Von den Schriftstücken, deren Einsicht gestattet ist, kann eine Abschrift gefordert werden; die Abschrift ist auf Verlangen zu beglaubigen.

A. Allgemeines

1 In den Fällen des § 78 FGG besteht, sofern ein berechtigtes Interesse glaubhaft gemacht wird, ein Recht auf Akteneinsicht und Abschrifterteilung, wobei sich die Vorschrift nur auf einzelne Aktenteile erstreckt (*Jansen*, § 78 Rn 2). Ein berechtigtes Interesse liegt vor, wenn ein nach vernünftigen Erwägungen durch die Sachlage gerechtfertigtes tatsächliches, auch wirtschaftliches, Interesse besteht (BayObLGZ 1959, 420), das bereits dann gegeben ist, wenn der Antragsteller auf die Erteilung der Abschriften angewiesen ist, um seine rechtlichen Beziehungen zu regeln (OLG Oldenburg Rpfleger 1968, 120). Im Übrigen genügt die Glaubhaftmachung; eine Beweisführung zur vollen Überzeugung des Richters von der Richtigkeit der zu beweisenden Tatsache ist nicht erforderlich. Das Recht auf Einsicht beinhaltet nicht die Pflicht zur Auskunftserteilung über die Erbenstellung (LG Weimar LZ 1926, 858).
2 Für das Recht auf Abschrift ist nicht der besondere Nachweis eines Interesses gerade an dieser Abschrift erforderlich.
3 Die Abschrift kann nicht nur selbst gefertigt sein; vielmehr kann auch die Herstellung von Fotokopien verlangt werden (*Jansen* § 78 Rn 8).

Gegen die Versagung ist, ebenso wie gegen die Gewährung, die einfache Beschwerde 4
statthaft (BayObLG Rpfleger 1997, 162). Die Entscheidung des Beschwerdegerichts kann mit der einfachen weiteren Beschwerde angegriffen werden.

B. Einzelfälle

Das Recht zur Einsicht und Abschrift besteht, sofern ein berechtigtes Interesse glaubhaft 5
gemacht wird, in folgenden Fällen:

- Die Feststellung, dass ein anderer Erbe als der Fiskus nicht vorhanden ist, erfolgt durch förmlichen Beschluss. Gegenstand des Rechts auf Einsicht und Abschrift sind nur die auf die Feststellung des Erbrechts gerichteten Ermittlungen. Voraussetzung ist, dass das Erbrecht des Fiskus bereits festgestellt ist. Während des Ermittlungsverfahrens bzw. für den Fall, dass ein anderer als Erbe ermittelt wird, richtet sich das Einsichtsrecht nur nach § 34 (BayObLG Rpfleger 1997, 162).
- Das Recht auf Einsicht und Abschrift besteht auch hinsichtlich der Verfügungen, die die Bestimmung einer Inventarfrist einschließlich der Verlängerung oder Festlegung einer neuen Frist sowie die Ablehnung eines entsprechenden Antrags betreffen, wobei dieses Recht, wenn Verfügungen mehrerer Instanzen vorliegen, nur hinsichtlich der zuletzt wirksamen gilt (Keidel/Kuntze/*Winkler* § 78 Rn 5). Im Übrigen gilt § 34 FGG.
- Hinsichtlich der Ernennung oder Entlassung eines Testamentsvollstreckers kann Einsicht nur in die Verfügung selbst, nicht aber auch in die dieser Entscheidung zugrunde liegenden Urkunden gewährt werden.
- Das Protokoll über die Abgabe der eidesstattlichen Versicherung des Erben sowie die Anlagen zum Protokoll und die Schriftstücke, auf die im Protokoll Bezug genommen werde, stehen dem Nachlassgläubiger nur auf dessen Verlangen zur Verfügung. Das Einsichtsrecht erstreckt sich nicht auf die sonstigen Akten.
- Gegenstand des Rechts auf Einsicht und Abschrift ist nur der Erbschein, nicht auch die Akte über die Ermittlungen und Verhandlungen. Daher unterliegt die Akte sowie ein eingezogener oder für kraftlos erklärter Erbschein lediglich der Vorschrift des § 34 FGG (BayObLG Rpfleger 1997, 162).
- Für das Zeugnis über die Fortsetzung der Gütergemeinschaft, das auf Antrag des überlebenden Ehegatten auszustellen ist, gilt § 1507.
- Für das Zeugnis über die Ernennung des Testamentsvollstreckers gilt § 2368 und
- das Zeugnis, aufgrund dessen einer der Beteiligten als Eigentümer oder Erbbauberechtigter eingetragen werden soll, sofern ein Grundstück oder Erbbaurecht zum Nachlass oder zum Gesamtgut einer ehelichen oder fortgesetzten Gütergemeinschaft gehört, § 36 GBO (Keidel/Kuntze/*Winkler* § 78 Rn 11) sowie
- das Zeugnis, aufgrund dessen einer der Beteiligten als neuer Gläubiger eingetragen werden soll, sofern ein Grundpfandrecht zum Nachlass oder zum Gesamtgut einer ehelichen oder fortgesetzten Gütergemeinschaft gehört, § 37 GBO.
- die Zeugnisse nach §§ 42, 74 SchiffsRegO.

C. Andere Nachlasssachen

Auch in anderen Nachlasssachen ist das Recht auf Einsicht in die Akten geregelt, so zB in 6
den §§ 1953 Abs. 3, 1957 Abs. 2, 2010, 2081 Abs. 2, 2146 Abs. 2, 2228, 2264, 2384 Abs. 2 (Keidel/Kuntze/Winkler § 78 Rn 12).

D. Zuständigkeit

Über die Gewährung von Akteneinsicht und Erteilung von Abschriften entscheidet nach 7
§ 3 Nr. 2c RPflG der Rechtspfleger. Gegen die ablehnende Entscheidung ist die Erinnerung nach § 11 RPflG statthaft.

§ 79 FGG | Eidesstattliche Versicherung des Erben

E. Gebühren

8 Die Akteneinsicht als solche ist gebührenfrei; auch eine Beglaubigungsgebühr – für die Erteilung von Abschriften und deren Beglaubigung wird nach § 132 KostO nicht erhoben. Nach § 136 Abs. 1 KostO fällt aber eine Dokumentenpauschale für die ersten 50 Seiten iHv 0,50 € je Seite und für jede weitere Seite 0,15 € an.

§ 79 Eidesstattliche Versicherung des Erben

Verlangt ein Nachlaßgläubiger von dem Erben die Abgabe der im § 2006 des Bürgerlichen Gesetzbuchs vorgesehenen eidesstattlichen Versicherung, so kann die Bestimmung des Termins zur Abgabe der eidesstattlichen Versicherung sowohl von dem Nachlaßgläubiger als von dem Erben beantragt werden. Zu dem Termin sind beide Teile zu laden. Die Anwesenheit des Gläubigers ist nicht erforderlich. Die Vorschriften der §§ 478 bis 480, 483 der Zivilprozeßordnung gelten entsprechend.

A. Materiell-rechtliche Lage

1 Der Nachlassgläubiger kann nach § 2006 von dem Erben, der ein Inventar errichtet hat, verlangen, dass er an Eides statt versichert, dass er nach bestem Wissen die Nachlassgegenstände so vollständig angegeben habe, als er dazu imstande sei. Vor der Abgabe der eidesstattlichen Versicherung kann der Erbe das Inventar vervollständigen, § 2006 Abs. 2. Die Abnahme erfolgt durch den Rechtspfleger vor dem Nachlassgericht bzw in Baden-Württemberg vor dem Notar.

2 Die Weigerung des Erben, die eidesstattliche Versicherung abzugeben, hat seine unbeschränkte Haftung gegenüber dem Gläubiger, der den Antrag gestellt hat, zur Folge, § 2006 Abs. 3. Eine derartige Sachentscheidung wird im Verfahren nach § 79 nicht getroffen (OLG Hamm FGPRax 1995, 69). Über die Frage der unbeschränkten Erbenhaftung hat allein das Prozessgericht zu entscheiden.

B. Verfahren

I. Zuständigkeit

3 Sachlich und örtlich zuständig ist das Nachlassgericht, in Baden-Württemberg das Notariat. NAch § 3 Nr. 2c RPflG gehört die Abnahme der eidesstattlichen Versicherung in den Aufgabenbereich des Rechtspflegers.

II. Terminbestimmung

4 Die Bestimmung des Termins zur Abgabe der eidesstattlichen Versicherung erfolgt nur, wenn der Erbe ein Inventar errichtet hat und dann nur auf Antrag. Antragsberechtigt ist neben dem Nachlassgläubiger, wozu auch der Pflichtteilsberechtigte (BayObLGZ 22, 189) und der Vermächtnisnehmer (RGZ 129, 239) gehörten, sofern er seine Forderung glaubhaft macht, § 1994 Abs. 2, auch der zur Abgabe der eidesstattlichen Versicherung verpflichtete Erbe.

5 Hat der Erbe die Erbschaft ausgeschlagen, ist die Terminbestimmung unzulässig (KG KGJ 20 A, 256). Entsprechendes gilt während der Dauer der Nachlassverwaltung (KG KGJ 28 A, 27) und des Nachlassinsolvenzverfahrens.

6 Auf Antrag eines der Beteiligten ist eine wiederholte Terminsbestimmung zulässig, wenn Grund zu der Annahme besteht, dass dem Erben nach der Abgabe der eidesstattlichen Versicherung weitere Nachlassgegenstände bekannt geworden sind, § 2006 Abs. 4. Der Grund muss glaubhaft gemacht werden. Erscheint der Erbe weder im Termin noch in

einem auf Antrag des Gläubigers bestimmten neuen Termin, so haftet er unbeschränkt, es sei denn, dass ein Grund vorliegt, durch den das Nichterscheinen genügend entschuldigt wird, § 2006 Abs. 3 Satz 2. Akzeptiert das Nachlassgericht den Entschuldigungsgrund, und lässt es den Erben in diesem oder einem weiteren Termin zur Abgabe der eidesstattlichen Versicherung zu, ist diese Entscheidung für das Prozessgericht bindend (Palandt/ *Edenhofer* § 2006 Rn 4).

Auch die Anberaumung eines dritten Termins ist zulässig (OLG Hamm Rpfleger 1995, 161). 7

Der Nachlassgläubiger kann den Beschluss, durch den der Rechtspfleger einen Termin vertagt hat, nicht mit dem Ziel anfechten, feststellen zu lassen, dass der Erbe die Abgabe der eidesstattlichen Versicherung verweigert habe (OLG Hamm Rpfleger 1995, 161). 8

III. Ladung zum Termin

Die Ladung zum Termin erfolgt von Amts wegen gegen Zustellungsurkunde oder Empfangsbekenntnis. Nach § 16 Abs. 2 ist dem Erben die Ladung förmlich zuzustellen oder zu Protokoll bekannt zu machen, § 16 Abs. 3. 9

IV. Verfahren

Der Rechtspfleger hat über den Verlauf des Termins ein Protokoll zu errichten. Dies gilt auch im Falle des Nichterscheinenes oder der Verweigerung der Abgabe der eidesstattlichen Versicherung (KG OLGZ 1970, 408). Die Abgabe der eidesstattlichen Versicherung wird zu Protokoll des Nachlassgerichts erklärt. Sie ist vom Betroffenen in Person zu leisten, S. 4. Die Anwesenheit des Gläubigers ist nicht erforderlich. Vor der Abgabe ist der Pflichtige in angemessener Weise auf die Bedeutung der eidesstattlichen Versicherung hinzuweisen, § 480 ZPO. Ein Zwang zur Abgabe der eidesstattlichen Versicherung ist ausgeschlossen (OLG Zweibrücken MDR 1979, 492). Im Klageweg kann ein Nachlassgläubiger die Abgabe der eidesstattlichen Versicherung nach § 2006 nicht durchsetzen (*Firsching* S. 316). Vielmehr haftet der Erbe dem antragstellenden Gläubiger gegenüber unbeschränkt, § 2006 Abs. 3 Satz 1. 10

Über die Verpflichtung zur Abgabe der eidesstattlichen Versicherung entscheidet das Prozessgericht (BayObLGZ 24, 305). Nach überwiegender Ansicht ist das Prozessgericht an die Entscheidung des Nachlassgerichts, einen Entschuldigungsgrund des Erben anzuerkennen, gebunden, weil nur das Nachlassgericht einen neuen Termin bestimmen kann (MüKo/*Siegmann* § 2006 Rn 6; Palandt/*Edenhofer* § 2006 Rn 4, a. A.: Soergel/*Stein* § 2006 Rn 7). 11

C. Rechtsmittel

Gegen die Einleitung des Verfahrens ist für jeden Beteiligten bis zum Verfahrenseintritt, gegen die Zurückweisung des Antrags sowie gegen eine Zwischenverfügung nach Abs. 2 die einfache Beschwerde statthaft. Entsprechendes gilt für die Entscheidung, mit der die Terminbestimmung oder die Abnahme der eidesstattlichen Versicherung abgelehnt wird (OLG München JFG 15, 118). Mit der Einlassung auf das Verfahren, die auch im Schweigen auf die Ladung und Nichtteilnahme am Termin liegen kann, wird die Beschwerde unzulässig (KGJ 30, 106). Danach ist nur noch der Widerspruch nach § 95 FGG zulässig. 12

Die Beschwerde ist nicht gegeben gegen die Terminbestimmung, Vertagung (OLG Hamm Rpfleger 1995, 161) und Ladung (BayObLGZ 4, 229). 13

D. Gebühren

Für die Verhandlung in einem Termin zur Abgabe einer eidesstattlichen Versicherung wird nach § 124 KostO die volle Gebühr erhoben, auch wenn die Abgabe der eidesstattlichen Versicherung unterbleibt. Erledigt sich das Verfahren durch Zurücknahme des 14

Antrags oder in anderer Weise vor Eintritt in die Verhandlung, so ermäßigt sich die Gebühr entsprechend § 130 KostO.

15 Kostenschuldner ist nach § 2 Nr. 1 KostO der Antragsteller. Er kann wegen der Erstattung der Gebühren die Entscheidung des Prozessgerichts herbeiführen (KG OLGZ 1970, 408).

16 § 13a ist im Verfahren der 1. Instanz nicht anwendbar (KG OLGZ 1970, 408).

§ 80 Sofortige Beschwerde gegen erbrechtliche Fristbestimmung

Gegen eine Verfügung, durch die nach den §§ 2151, 2153 bis 2155, 2192, 2193 und dem § 2198 Abs. 2 des Bürgerlichen Gesetzbuchs dem Beschwerten oder einem Dritten eine Frist zur Erklärung bestimmt wird, findet die sofortige Beschwerde statt.

A. Anwendungsbereich

1 Das Gesetz sieht in einzelnen Fällen vor, dass das Nachlassgericht dem Beschwerten oder einem Dritten eine Erklärungsfrist setzt. Zu den in § 80 FGG genannten Fällen gehört:

- § 2151, wonach der Erblasser mehrere mit einem Vermächtnis in der Weise bedenken kann, dass der Beschwerte oder ein Dritter zu bestimmen hat, wer von den mehreren das Vermächtnis erhalten soll.
- § 2153, wonach der Erblasser mehrere mit einem Vermächtnis in der Weise bedenken kann, dass der Beschwerte oder ein Dritter zu bestimmen hat, was jeder von dem vermachten Gegenstand erhalten soll.
- § 2154, wonach der Erblasser ein Vermächtnis in der Art anordnen kann, dass der Bedachte von mehreren Gegenständen nur den einen oder den anderen erhalten soll und die Wahl einem Dritten übertragen hat.
- § 2155, wonach der Erblasser die vermachte Sache nur der Gattung nach bestimmen und die Bestimmung der Sache dem Bedachten oder einem Dritten übertragen kann.
- § 2192, wonach der Erblasser die gleichen Bestimmungen mittels einer Auflage treffen kann.
- § 2193, wonach der Erblasser bei der Anordnung einer Auflage, deren Zweck er bestimmt, die Bestimmung der Person, an die die Leistung erfolgen soll, dem Beschwerten oder einem Dritten überlässt.
- § 2198, wonach der Erblasser die Bestimmung der Person des Testamentsvollstreckers einem Dritten überlassen kann.

B. Fristbestimmung

2 Die Fristbestimmung erfolgt nur auf Antrag eines Beteiligten (*Jansen* § 80 Rn 3) durch den Rechtspfleger des örtlich zuständigen Nachlassgerichts, § 3 Nr. 2c RPflG, § 73. Sie wird mit der förmlichen Bekanntmachung (§ 16 Abs. 1) an die wirksam, für den sie ihrem Inhalt nach bestimmt ist. Nach § 16 Abs. 2 FGG muss die Bekanntmachung an die übrigen Beteiligten durch Zustellung von Amts wegen bewirkt werden.

3 Nach § 18 Abs. 2 ist eine Änderung der Fristbestimmung durch das Nachlassgericht nicht möglich. Lediglich auf Antrag desjenigen, der den abgelehnten Antrag gestellt hat, kommt eine Änderung der ablehnenden Verfügung in Betracht, § 18 Abs. 1 2. Hs FGG.

C. Rechtsmittel

4 Gegen die Fristbestimmung und eine etwaige Verlängerung der Frist, auch wenn es nur um die Länge der Frist geht, findet die sofortige Beschwerde statt. Die Beschwerdefrist beträgt 2 Wochen und beginnt für jeden Beteiligten mit der Zustellung an ihn.

Beschwerdeberechtigt ist jeder Beteiligte, dessen Recht durch die Verfügung beeinträchtigt 5
ist, § 20 FGG. Beteiligt ist jeder, der ein rechtliches Interesse an der Angelegenheit hat
(BGHZ 35, 296). Hierzu gehören bei §§ 2151, 2153 – 2155 die Bedachten ebenso wie die
Beschwerten, bei §§ 2191, 2193 der Beschwerte und der Vollziehungsberechtigte einer
Auflage, wozu nach § 2194 auch die zuständige Behörde gehört und bei § 2198 die Erben,
Pflichtteils- und Auflagenberechtigten (nicht der Auflagenbegünstigte, LG Verden MDR
1955, 231), Mitvollstrecker und die Nachlassgläubiger (BGHZ 35, 296).

Nach § 20 Abs. 2 FGG hat nur der Antragsteller das Rechtsmittel der einfachen Beschwer- 6
de gegen die Zurückweisung seines Antrags.

Die sofortige weitere Beschwerde findet nicht nur statt gegen die im Wege der aufheben- 7
den Verfügung bestimmte Frist des Beschwerdegerichts, sondern auch, wenn das Beschwerdegericht auf die Beschwerde gegen die Fristbestimmung hin den Antrag auf
Fristbestimmung ablehnt.

D. Gebühren

Die Gebühren für die Fristbestimmungen nach §§ 2151, 2153 – 2155, 2192 und 2193 8
berechnen sich nach § 114 Nr. 2 KostO und werden in Höhe der Hälfte der vollen Gebühr
erhoben.

Dagegen bestimmen sich die Gebühren für die Fristbestimmung gem § 2198 Abs. 2 nach
§ 113 KostO in Höhe der Hälfte der vollen Gebühr, wobei sich der Wert nach § 30 Abs. 2
KostO regelt.

Für den Fall, dass die og Verrichtungen in Zusammenhang mit einem anderen gebühren- 9
pflichtigen Verfahren stehen, entstehen die genannten Gebühren nicht, § 115 KostO.

§ 81 [Sofortige Beschwerde gegen Ernennung und Entlassung eines Testamentsvollstreckers]

(1) Gegen eine Verfügung, durch die von dem Nachlaßgericht ein Testamentsvollstrecker ernannt oder einem zum Testamentsvollstrecker Ernannten eine Frist zur Erklärung über die Annahme des Amtes bestimmt wird, findet die sofortige Beschwerde
statt.

(2) Das gleiche gilt von einer Verfügung, durch die ein Testamentsvollstrecker gegen
seinen Willen entlassen wird.

A. Ernennung (Abs. 1)

Das Nachlassgericht ernennt einen Testamentsvollstrecker, wenn es vom Erblasser im 1
Testament hierum ersucht wird, § 2200. Sind alle Testamentsvollstreckeraufgaben ausgeführt, ist ein Antrag auf Ernennung eines (neuen) Testamentsvollstreckers gegenstandslos (Keidel/Kuntze/*Winkler* § 81 Rn 1).

Im Übrigen beginnt das Amt des Testamentsvollstreckers erst mit der Annahme durch den 2
Ernannten, § 2202 Abs. 1. Darüber hinaus kann ein Testamentsvollstrecker vom Erblasser,
von einem Dritten, dem der Erblasser die Bestimmung der Person überlassen hat oder
einem Testamentsvollstrecker ernannt werden. Die Ernennung kann aber auch in der
Erteilung des Testamentsvollstreckerzeugnisses für einen nicht vom Erblasser Ernannten
liegen (BayObLGZ 1992, 175).

Dem Testamentsvollstrecker kann nur auf Antrag eines der Beteiligten eine Frist gesetzt 3
werden, eine Erklärung über die Annahme Testamentsvollstreckeramtes abzugeben. Gem
§ 2202 Abs. 3 gilt das Amt mit Ablauf der Frist als abgelehnt, wenn nicht zuvor die
Annahme erklärt wird.

4 Die Ernennung und die Fristbestimmung ist nicht nur dem Ernannten, sondern auch den sonstigen Beteiligten, deren Verfügungsrecht über den Nachlass durch die Ernennung eingeschränkt wird, insb dem Erben gegenüber, bekannt zumachen (KG JW 1939, 421). Nach § 16 Abs. 1 wird die Verfügung des Nachlassgerichts mit der Bekanntmachung an den Testamentsvollstrecker wirksam.

B. Entlassung (Abs. 2)

5 Das Nachlassgericht kann den Testamentsvollstrecker nur auf Antrag eines Beteiligten entlassen, wenn ein wichtiger Grund vorliegt, der insb in einer groben Pflichtverletzung oder der Unfähigkeit zur ordnungsgemäßen Geschäftsführung, § 2227 Abs. 1, liegen kann (OLG Hamm NJW 1968, 800). Des Weiteren hat das Gericht zu prüfen, ob die geltend gemachte Vergütung angemessen ist und ob ein erhöhtes Verlangen einen Entlassungsgrund darstellt (OLG Köln MDR 1963, 763).

6 Antragsberechtigt ist jeder, der ein rechtliches Interesse an der Testamentsvollstreckung hat und dessen Rechte und Pflichten durch die Testamentsvollstreckung unmittelbar betroffen werden können (BGH NJW 1961, 1717). Hierzu gehören insb die Erben, Nacherben, Vermächtnisnehmer, Auflagen- und Pflichtteilsberechtigte (BayObLG FamRZ 1997, 905), Mittestamentsvollstrecker, die Devisenstelle (KG JFG 16, 74) und im Falle des § 2198 Abs. 1 Satz 1 auch der Dritte (KG KGH 41, 70), nicht aber andere Nachlassgläubiger (OLG Düsseldorf FGPrax 2004, 32).

7 Vor der Entlassung ist zu prüfen, ob das Testamentsvollstreckeramt bereits wegen vollständiger Erfüllung der Aufgaben geendet hat (BGH NJW 1964, 1316; KG Rpfleger 2002, 207). Im Übrigen ist der Testamentsvollstrecker vor seiner Entlassung zu hören, § 2227 Abs. 2. Mit der Bekanntmachung der Verfügung an den Testamentsvollstrecker wird sie wirksam. Zu diesem Zeitpunkt wird dann auch das über die Ernennung erteilte Zeugnis kraftlos, § 2368 Abs. 3 (OLG Stuttgart OLGZ 1979, 387). Wird die Entlassung durch Beschluss des Beschwerdegerichts aufgehoben, so gilt sie als nicht kraftlos geworden (BayObLG NJW 1959, 1920).
Es ist unzulässig, einen Testamentsvollstrecker vorläufig aus dem Amt zu entheben (*Jansen* § 81 Rn 9).

C. Zuständigkeit

I. Internationale Zuständigkeit

8 Es ist bestritten, ob das deutsche Nachlassgericht zur Entscheidung über die Entlassung eines Testamentsvollstreckers, dessen Rechtsstellung sich nach ausländischem Recht bestimmt, international zuständig ist (BayObLGZ 1965, 376 mwN).

II. Sachliche Zuständigkeit

9 Es besteht keine allgemeine Zuständigkeit des Nachlassgerichts für Entscheidungen von Streitigkeiten zwischen Testamentsvollstrecker und Erben (Keidel/Kuntze/Winkler § 81 Rn 10). Vielmehr kann das Gericht nur in den gesetzlich vorgesehenen Fällen tätig werden. Es kann daher die Testamentsvollstreckung als solche nicht aufheben (BGH NJW 1964, 1316) oder entscheiden, ob die Testamentsvollstreckung beendet ist (Palandt/Edenhofer § 2227 Rn 13). Ansonsten ist aber die Zuständigkeit zwischen Nachlassgericht und Prozessgericht genau abgegrenzt: Das Prozessgericht kann die Entscheidung über die Rechtmäßigkeit der Ernennung durch das Nachlassgericht nicht überprüfen, sondern ist daran gebunden (OLG Hamburg NJW 1965, 68). Etwas anderes kann nur bei krassen Fehlentscheidungen des Nachlassgerichts in Betracht kommen, wenn zB keine Testamentsvollstreckung angeordnet ist (MüKo/Zimmermann § 2205 Rn 13) oder ein Ernennungsersuchen des Erblassers fehlt (BayObLG FamRZ 1995, 124).

III. Funktionelle Zuständigkeit

Nach § 16 Abs. 1 Nr. 2, 5 RPflG ist die Ernennung und Entlassung des Testamentsvollstreckers dem Richter vorbehalten. Dagagen entscheidet der Rechtspfleger gem § 3 Nr. 2c RPflG über die Fristbestimmung nach § 2202. Gegen diese Verfügung ist die befristete, gegen die Ablehnung des Antrags die unbefristete Erinnerung statthaft, § 11 Abs. 1 RPflG.

D. Rechtsmittel

Gegen die Verfügung, durch die das Nachlassgericht den Testamentsvollstrecker ernennt, gegen seinen Willen entlässt, weil er die Niederlegung des Amtes ablehnt oder eine Erklärung nicht abgibt, findet die **sofortige Beschwerde** statt (*Haegele/Winkler* Rn 84). Entsprechendes gilt für den Fall, dass ihm eine Frist zur Erklärung über die Annahme des Amtes bestimmt wurde. Sie ist auch dann gegen die Entlassung statthaft, wenn die Ernennung unwirksam ist (*Jansen* § 81 Rn 13). Erfolgt eine gerichtliche Verfügung, obgleich der Testamentsvollstrecker sein Einverständnis mit der Entlassung erklärt hat, so ist die Entscheidung ebenfalls mit der sofortigen Beschwerde anfechtbar. Entsprechendes gilt für die Anfechtung der Zurückweisung des Antrags (Keidel/Kuntze/*Winkler* § 81 Rn 5a). Kündigt der Testamentsvollstrecker zu einem bestimmten Zeitpunkt sein Amt und betreibt er gleichzeitig das Beschwerdeverfahren gegen seine Entlassung, so erledigt sich das Verfahren in dem Zeitpunkt, auf den gekündigt wurde (BayObLGZ 1997, 1). Gegen die Ablehnung der Entlassung ist die unbefristete Beschwerde nach § 19 gegeben. Hier ist nur der Antragsteller, gegen die Entlassung jeder beschwerdeberechtigt, der in seinem Recht beeinträchtigt ist, § 20 FGG.

Die Beschwerdefrist beginnt für jeden Beschwerdeführer gesondert, und zwar jeweils mit der Bekanntgabe an ihn.

Die **sofortige weitere Beschwerde** ist zulässig gegen den Beschluss des LG, durch den das AG angewiesen wird, einen Testamentsvollstrecker zu bestellen (OLG Hamburg JW 1934, 2247). Dagegen findet die sofortige weitere Beschwerde gegen die Ernennung eines Testamentsvollstrecker bzw Ankündigung des Nachlassgerichts, ein Testamentsvollstreckerzeugnis zu erteilen, mangels Rechtsschutzbedürfnis nicht zulässig, wenn der Antrag auf Erteilung des Zeugnisses im Verlauf des Rechtsbeschwerdeverfahrens zurückgenommen wurde (»prozessuale Überholung des Rechtsschutzziels«, OLG Düsseldorf ZEV 1998, 353).

Gegen die Abweisung des Antrags auf Ernennung oder Fristbestimmung findet das Rechtsmittel der einfachen Beschwerde statt, wobei im zuletzt genannten Fall nur der Antragsteller nach § 20 Abs. 2 FGG beschwerdeberechtigt ist (BayObLG ZEV 2001, 284).

Der Testamentsvollstrecker unterliegt keinem Aufsichtsrecht des Nachlassgerichts. Er kann daher weder zu Handlungen noch zu Unterlassungen nach § 33 FGG gezwungen werden (OLG Zweibrücken, Rpfleger 2004, 105).

E. Antrag auf Wiedereinsetzung in das Testamentsvollstreckeramt

Ist der Entlassungsgrund weggefallen und beantragt der rechtskräftig entlassene Testamentsvollstrecker die Wiedereinsetzung, so kann er gegen die seinen Antrag abweisende Entscheidung des Nachlassgerichts die unbefristete Beschwerde erheben (BayObLG Rpfleger 1964, 181). Ungeachtet dessen hat der Testamentsvollstrecker kein Recht auf Wiedereinsetzung in sein früheres Amt, wenn sich der Entlassungsgrund später als nicht haltbar erweist oder wegfällt (SchlHOLG SchlHA 1965, 197). Sofern die Voraussetzungen vorliegen ist eine Ernennung nach § 2200 rechtlich möglich (BayObLG Rpfleger 1964, 181).

§ 82 Selbständige Beschwerde mehrerer Testamentsvollstrecker

(1) Führen mehrere Testamentsvollstrecker das Amt gemeinschaftlich, so steht gegen eine Verfügung, durch die das Nachlaßgericht Anordnungen des Erblassers für die Verwaltung des Nachlasses außer Kraft setzt oder bei einer Meinungsverschiedenheit zwischen den Testamentsvollstreckern entscheidet, jedem Testamentsvollstrecker die Beschwerde selbständig zu.

(2) Auf eine Verfügung, durch die bei einer Meinungsverschiedenheit zwischen den Testamentsvollstreckern über die Vornahme eines Rechtsgeschäfts das Nachlaßgericht entscheidet, finden die Vorschriften des § 53 und des § 60 Abs. 1 Nr. 6 entsprechende Anwendung.

A. Allgemeines

1 Die Vorschrift ergänzt für den Fall, dass mehrere Testamentsvollstrecker eingesetzt sind, die materiell-rechtlichen Normen der §§ 2216 Abs. 2 Satz 2 und 2224 und enthält eine Sonderregelung für die Beschwerdeberechtigung. Denn grds können Testamentsvollstrecker, die ihr Amt gemeinschaftlich führen, Anträge und Beschwerden nur gemeinschaftlich verfolgen (Haegele/*Winkler* § 82 Rn 458 ff).

2 Nach Abs. 1 besteht das Beschwerderecht jedem Testamentsvollstrecker einzeln nur in folgenden Fällen zu:

- gegen die durch das Nachlassgericht auf Antrag des Testamentsvollstreckers oder eines anderen Beteiligten erfolgte Außerkraftsetzung letztwilliger Anordnungen des Erblassers für die Nachlassverwaltung, § 2216 Abs. 2 BGB, wobei es nicht darauf ankommt, ob es sich um die Anordnung rein wirtschaftlicher oder rechtsgeschäftlicher Natur handelt (*Jansen* § 82 Rn 2). Die Aufhebung von Auflagen ist nicht möglich (BayObLGZ 961, 155).
- bei einer Meinungsverschiedenheit zwischen den Testamentsvollstreckern, die eine bestimmte zur gemeinschaftlichen Geschäftsführung gehörende Maßnahme, wie z.B. ein Rechtsgeschäft oder eine tatsächliche Verwaltungshandlung betreffen. Das Recht, die Entscheidung des Nachlassgerichts anzurufen, haben nicht nur der Testamentsvollstrecker, sondern auch sonstige Beteiligte, wie der Erbe, Vermächtnisnehmer und Pflichtteilsberechtigte (KG RJA 13, 94; Staudinger/*Reimann* § 2224 Rn 15; aA: *Jansen* § 82 Rn 6).

3 Das Beschwerderecht besteht für beide Beschwerdeinstanzen (Keidel/Kuntze/*Winkler* § 82 Rn 5).

B. Zuständigkeit

4 Nach § 16 I Nr. 3 RPflG ist der Richter für die Entscheidung nach § 2216 BGB zuständig, nach § 16 I Nr. 4 RPflG auch für die Entscheidung nach § 2224 BGB.

C. Beschwerdeberechtigung

5 Hat der Erblasser die Verwaltungsbefugnisse der einzelnen Testamentsvollstrecker nach bestimmten Wirkungskreisen verteilt (§ 2224 I 3 BGB), so ist jeder nur hinsichtlich der seinen Wirkungskreis betreffenden Verfügungen beschwerdeberechtigt (Haegele/Winkler, Testamentsvollstrecker, Rn 683).

6 Beschwerdeberechtigt ist

- nur der Antragsteller nach § 20 II
  - gegen die Ablehnung einer Anordnung nach § 2216 II BGB und
  - gegen die Ablehnung des Antrags nach § 2214 I BGB.

- jeder, dessen Rechte durch die Verfügung beeinträchtigt werden (§ 20 I), also Erben, Vermächtnisnehmer, Pflichtteilsberechtigte, Auflagenberechtigte und Berechtigte nach § 2194 BGB, nicht aber sonstige Nachlassgläubiger (BGHZ 35, 296) gegen die eine Anordnung nach § 2216 II BGB treffende Entscheidung. Das Nachlassgericht kann die Anordnung nur aufheben, nicht aber durch eine andere ersetzen (KG OLGZ 1971, 220) oder den Antrag zurückweisen. Wirksam wird die Entscheidung erst mit der einfachen Bekanntgabe an die Testamentsvollstrecker.
- jeder, der durch die Entscheidung in seinem Recht betroffen wird. § 20 I, wie z.B. der Erbe (str., so Staudinger/*Reimann* § 2224 Rn 18) gegen die Entscheidung über eine Meinungsverschiedenheit. Entscheidend ist, dass es sich um eine Auseinandersetzung innerhalb der gemeinschaftlichen Amtsführung handelt (BGH NJW 1956, 986).

D. Beschwerdeverfahren

Gegen die Verfügungen des Nachlassgerichts findet grds das Rechtmittel der einfachen Beschwerde statt. Eine Ausnahme gilt nach § 82 Abs. 2 nur für eine Verfügung, durch die bei einer Meinungsverschiedenheit zwischen den Testamentsvollstreckern über die Vornahme eines Rechtsgeschäfts entschieden wird (*Bumiller/Winkler* § 82 Anm 2). Nach Abs. 2 iVm § 53 wird diese Entscheidung erst mit der Rechtskraft wirksam. Sie kann daher nach § 60 Abs. 1 Nr. 6 nur mit der sofortigen Beschwerde angegriffen werden. Bei Gefahr im Verzug kann das Nachlassgericht die sofortige Wirksamkeit der Verfügung anordnen, § 53 Abs. 2. 7

E. Gebühren 8

Die Gerichtsgebühren ergeben sich aus §§ 113, 115 KostO. Danach wird die Hälfte der vollen Gebühr ua erhoben für sonstige anlässlich einer Testamentsvollstreckung zu treffenden Anordnungen, wobei sich der Wert nach § 30 Abs. 2 KostO bestimmt, dh soweit keine genügenden tatsächlichen Anhaltspunkte für eine Schätzung vorliegen, ist der Wert von 3.000 € anzunehmen. Steht die Anordnung mit einem anderen gebührenpflichtigen Verfahren des 5. Abschnitts in Zusammenhang, so bleibt die Verrichtung gebührenfrei.

§ 83 Festsetzung von Zwangsgeld bei Ablieferung von Testamenten

(1) Das Nachlaßgericht kann im Falle des § 2259 Abs. 1 des Bürgerlichen Gesetzbuchs den Besitzer des Testaments durch Festsetzung von Zwangsgeld zur Ablieferung des Testaments anhalten.

(2) Besteht Grund zu der Annahme, daß jemand ein Testament in Besitz hat, zu dessen Ablieferung er nach § 2259 Abs. 1 des Bürgerlichen Gesetzbuchs verpflichtet ist, so kann er von dem Nachlaßgericht zur Abgabe einer eidesstattlichen Versicherung über den Verbleib angehalten werden; die Vorschriften des § 883 Abs. 2 bis 4, des § 900 Abs. 1 und der §§ 901, 902, 904 bis 910, 912[11], 913 der Zivilprozeßordnung finden entsprechende Anwendung.

A. Materiell-rechtliche Regelung

Nach § 2259 Abs. 1 ist derjenige, der ein Testament, welches nicht in die besondere amtliche Verwahrung gegeben wurde, im Besitz hat, verpflichtet, es unverzüglich, nachdem er von dem Tod des Erblassers Kenntnis erlangt hat, an das Nachlassgericht abzuliefern. Die Ablieferungspflicht erstreckt sich auf alle Schriftstücke, die den Anschein eines Testaments haben, auch solche, die nach § 2256 zurückgenommen wurden, und zwar unabhängig von deren materieller und formeller Gültigkeit (*Jansen* § 83 Rn 2). Daher 1 sind auch vorhandene beglaubigte Abschriften abzuliefern, wenn die Urschrift verloren gegangen ist (OLG Hamburg RJA 15, 25).

2 Gegen Behörden und Beamte steht das Zwangsmittel des § 83 FGG nicht zur Verfügung. Bedeutsam ist dies insb bei Notaren, soweit sie noch Testamente in Verwahrung haben. Nach § 1 II LFGG sind in Baden-Württemberg die Notare zur besonderen amtlichen Verwahrung berufen (OLG Stuttgart BWNotZ 1977, 175). Nach dem Tod des Erblassers haben sie bei ihnen verwahrte Verfügung von Todeswegen zur Eröffnung an das zuständige Nachlassgericht (= Notariat) abzuliefern (OLG Karlsruhe BWNotZ 1977, 175).

3 Erlangt das Nachlassgericht Kenntnis davon, dass sich die letztwillige Verfügung in der Hand bei einer anderen Person als einem Notar oder Gericht befindet, so fordert es den Besitzer auf, das Testament unverzüglich an das Nachlassgericht abzuliefern. Dies gilt für alle Arten von letztwilligen Verfügungen, und zwar auch für gemeinschaftliche Testamente und Erbverträgen (§ 2300).

4 Zwangsmaßnahmen sind erst dann gegen den Besitzer zulässig, wenn er nachweisbar vom Tod des Erblassers Kenntnis erlangt hat.

B. Verfahren

5 Die Festsetzung von Zwangsgeld, die Anordnung unmittelbaren Zwangs, die Anordnung der Abgabe der eidesstattlichen Versicherung sowie die Haftanordnung erfolgen von Amts wegen, wenn das Gericht diese Maßnahmen nach dem Ergebnis der durchgeführten Ermittlungen und unter Anwendung seines pflichtgemäßen Ermessens für zweckmäßig und erforderlich erachtet. An den Antrag eines Beteiligten, der zwar zulässig ist, aber keine Verfahrensvoraussetzung darstellt, ist das Gericht nicht gebunden, weshalb es nicht erforderlich ist, dass den Antragstellen seine Berechtigung zur Antragstellung und sein Interesse an der Maßnahme darlegt. Das Gericht kann daher, wenn es die beantragte Maßregel nicht für angezeigt hält, anders entscheiden.

6 Nach § 900 Abs. 1 ZPO beginnt das Verfahren mit der Bestimmung eines Termins zur Abgabe der eidesstattlichen Versicherung und der Ladung des mutmaßlichen Besitzers des Testaments. Der Grund der Verpflichtung ist dem Betroffenen ebenso mitzuteilen wie der Inhalt der eidesstattlichen Versicherung. Eine Benachrichtigung sonstiger Beteiligter vom Termin ist nicht erforderlich.

7 Bestreitet der Erschienene seine Verpflichtung, so entscheidet das Nachlassgericht. Gegen denjenigen, der im Termin entweder nicht erscheint oder die Abgabe der eidesstattlichen Versicherung grundlos verweigert, kann das Nachlassgericht zur Erzwingung der Abgabe der eidesstattlichen Versicherung von Amts wegen die Haft anordnen, § 901 ZPO. Die Durchführung und die Dauer der Haft ist in §§ 902, 904 – 910, 913 ZPO geregelt. Da es sich um ein Amtsverfahren handelt, muss ein Haftkostenvorschuss nicht entrichtet werden (*Bumiller/Winkler* § 83 Anm 4b), und zwar auch dann nicht, wenn ein Beteiligter die Abgabe beantragt hat; § 911 ZPO findet keine Anwendung.

8 Die Abnahme der eidesstattlichen Versicherung nach § 83 Abs. 2 FGG ist ein selbständiges Verfahren. Hat der Antragsteller bereits im Rahmen des Erbscheinsverfahrens eine eidesstattliche Versicherung abgegeben, besteht regelmäßig kein Bedürfnis mehr, ihn nun noch die eidesstattliche Versicherung nach § 83 Abs. 2 FGG abgeben zu lassen; allerdings ist das Verfahren nach § 83 Abs. 2 FGG nicht grds ausgeschlossen (BayObLG Rpfleger 1977, 210).

9 Die Zwangsmaßregeln des § 83 FGG können nur im Inland angewendet werden. Es ist möglich, derartige Maßregeln gegen einen im Inland Wohnenden anzuwenden, der ein im Ausland befindliches Testament besitzt und darüber verfügen kann oder zur Erlangung des im Inland befindlichen Testaments eines verstorbenen Ausländers (*Jansen* § 73 Rn 30).

D. Erzwingung der Ablieferung

10 Zur Erzwingung der Ablieferung des Testaments kann entweder unmittelbarer Zwang gem § 33 Abs. 2 FGG angewendet (*Höver* DFG 1937, 133; so, wenn sich die Urkunde in

einem Bankfach befindet) oder Zwangsgeld durch das Nachlassgericht iHv 5 – 25.000 € verhängt werden, § 33 Abs. 3 Satz 2 FGG (Keidel/Kuntze/*Winkler* § 83 Rn 6). Darüber hinaus kommt auch die Klage eines Beteiligten in Betracht. Schließlich kann die Nichtablieferung nicht nur strafrechtlich als Urkundenunterdrückung nach § 274 StGB geschuldet werden, sondern auch zu Schadensersatzansprüchen führen (*Firsching* S 181).

Die Maßregel ist, nur rechtmäßig, wenn feststeht, dass der Betroffene, gegen den sich die Maßnahme richtet, im Besitz des Testaments ist (Keidel/Kuntze/*Winkler* § 83 Rn 7). 11

E. Rechtsmittel

Gegen 12

- die Festsetzung des Zwangsgeldes,
- die Anordnung unmittelbaren Zwangs,
- die Entscheidung über die Verweigerung der Abgabe der eidesstattlichen Versicherung,
- die Ablehnung der Ladung zur Abgabe der eidesstattlichen Versicherung (BayObLG Rpfleger 1977, 210),
- die Androhung der Haft und
- die Verfügungen, durch die der Antrag auf eine dieser Maßnahmen abgelehnt wird (BayObLGZ 1977, 59)

findet die einfache Beschwerde statt.

Beschwerdeberechtigt ist jeder, dessen Recht durch die Verfügung beeinträchtigt ist. § 20 I 13 (BayObLGZ 18, 75), dh jeder von der Maßnahme Betroffene. Gegen eine Terminsbestimmung und Ladung ist die Beschwerde nicht statthaft (*Jansen* § 83 Rn 7). Die Rechtsbeschwerde gegen die Ablehnung des Antrags auf Abnahme der eidesstattlichen Versicherung kann darauf gestützt werden, dass ein Ermessensfehlgebrauch vorliegt (OLG München JFG 15, 118).

Die Beschwerde ist unbefristet und hat nach § 24 I aufschiebende Wirkung, da sie gegen 14 eine Verfügung gerichtet ist durch die ein Zwangsmittel festgesetzt wird. Entsprechend es gilt auch für die Beschwerde gegen die Haftanordnung (*Jansen* § 83 Rn 7).

F. Eidesstattliche Versicherung

Das Nachlassgericht kann von einer Person die Abgabe der eidesstattlichen Versicherung 15 dahingehend verlangen, dass » er das Testament nicht besitze und auch nicht wisse, wo es sich befinde«, §§ 83 Abs. 2 FGG; 883 Abs. 2 ZPO, sofern diese Person den Besitz des Testaments bestreitet und auch die angestellten Ermittlungen höchstens eine Vermutung für den Besitz ergeben haben (Keidel/Kuntze/*Winkler* § 83 Rn 8).

Zur Durchsetzung der dem Besitzer eines Testaments obliegenden Ablieferungspflicht im 16 Wege der eidesstattlichen Versicherung ist das Amtsgericht, in Baden-Württemberg das staatliche Notariat, zuständig (§ 1 II, § 38 LFGG). Nach § 5 III LFGG ist für die Haftandrohung und -anordnung auch in Baden-Württemberg das Amtsgericht zuständig. Funktionell ist für die Haftangelegenheiten der Richter zuständig, § 4 II Nr. 2 RPflG. Im Übrigen verbleibt es nach § 3 Nr. 2c RPflG bei der Zuständigkeit des Rechtspflegers für das Verfahren nach § 2259 BGB mit §§ 33 I, II 1, 83.

Für die Abgabe der eidesstattlichen Versicherung gelten die §§ 478 – 480, 483 ZPO ent- 17 sprechend, § 883 Abs. 4 ZPO. Nach § 480 ZPO ist der Betroffene vor der Abgabe über die Bedeutung der eidesstattlichen Versicherung zu belehren. Schreibunkundige leisten die eidesstattliche Versicherung mit Hilfe eines Dolmetschers durch Zeichen, § 483 Abs. 2, Stumme, die aber des Schreibens mächtig sind, geben die Erklärung durch Abschreiben und Unterschriftsleistung der og Formel ab, § 483 Abs. 1 ZPO.

Der Pflichtige kann die eidesstattliche Versicherung nur vor dem Nachlassgericht oder 18 einem von diesem ersuchten Gericht leisten; er hat keinen Anspruch darauf, die eidesstattliche Versicherung vor einem anderen Gericht abzugeben (KG RJA 11, 95).

G. Gebühren

19 In einem Verfahren zur Erzwingung der Ablieferung durch Zwangsgeld wird in jedem Rechtszug das Dreifache der vollen Gebühr erhoben für die Festsetzung des Zwangsgeldes erhoben, § 119 Abs. 5 KostO. Die Gebühr wird nach dem festgesetzten oder angedrohten Betrag des Zwangsgeldes berechnet; sie darf den Betrag des Zwangsgeldes nicht übersteigen.
20 Für die Vornahme von Vollstreckungshandlungen in Angelegenheiten der freiwilligen Gerichtsbarkeit, dh der Anwendung von Gewalt, werden die für solche Handlungen im GKG vorgesehenen Gebühren erhoben, § 134 KostO.
21 Nach § 124 Abs. 1 KostO wird für die Verhandlung in dem Termin zur Abnahme einer eidesstattlichen Versicherung die volle Gebühr erhoben, auch wenn die Abgabe der eidesstattlichen Versicherung unterbleibt. Erledigt sich das Verfahren vor Eintritt in die Verhandlung, weil der Antrag zurückgenommen wurde, so ermäßigt sich die Gebühr nach § 130 Abs. 2 KostO auf ein Viertel der vollen Gebühr, dh es wird höchstens ein Betrag von 20 € erhoben.

§ 83a Stundung eines Pflichtteils- oder Erbersatzanspruchs

Für das Verfahren, das die Stundung eines Pflichtteilsanspruchs zum Gegenstand hat (§ 2331a in Verbindung mit § 1382 des Bürgerlichen Gesetzbuchs), gilt § 53a entsprechend.

A. Stundung

1 Nach dieser Vorschrift kann der pflichtteilsberechtigte Erbe die Stundung des Pflichtteilsanspruchs verfangen. Voraussetzung dafür ist dass die sofortige Erfüllung des gesamten Anspruchs den Erben wegen der Art der Nachlassgegenstände ungewöhnlich hart treffen, insbesondere wenn sie ihn zur Aufgabe seiner Familienwohnung oder zur Veräußerung eines Wirtschaftsguts zwingen würde, das für den Erben und seine Familie die wirtschaftliche Lebensgrundlage bildet. Die Stundung kann nur gefordert werden, soweit sie dem Pflichtteilsberechtigten bei Abwägung aller Interessen zugemutet werden kann (*Bumiller/Winkler* § 83a Anm 1a).

B. Zuständigkeit

2 Nach § 2331a Abs. 2 ist das Nachlassgericht für die Entscheidung über die Stundung, wenn der Anspruch unbestritten ist, **sachlich** zuständig. Innerhalb des Gerichts ist die Entscheidung dem Rechtspfleger übertragen, § 3 Nr. 2c RPflG (*Bosch* FamRZ 1972, 174); in Baden-Württemberg entscheidet der Bezirksnotar. Die **örtliche** Zuständigkeit bestimmt sich nach § 73 FGG.
3 Ist der Pflichtteilsanspruch dagegen streitig und über ihn ein Rechtsstreit anhängig, kann der Stundungsantrag gemäß § 1382 V BGB nur beim Prozessgericht gestellt werden (*Bumiller/Winkler* § 83a Anm 2).

C. Antrag

4 Das Verfahren wird nur auf einen Antrag hin eingeleitet, wobei ein Sachantrag nicht erforderlich ist (*Bassenge/Herbst/Roth* § 83a Rn 1). Der Antrag ist nicht befristet
5 Antragsberechtigt sind:
- der Erbe als Schuldner des Pflichtteilsanspruchs, sofern er selbst pflichtteilsberechtigt, dh Abkömmling, Elternteil oder Ehegatte/eingetragener Lebenspartner des Erblassers, ist

- der Vorerbe bis zum Eintritt des Nacherbfolge (*Jansen* § 83a Rn 6)
- der Nachlassinsolvenzverwalter während der Dauer des Nachlassinsolvenzverfahrens bzw.
- der Nachlassverwalter während der Nachlassverwaltung und
- der Nachlasspfleger, wenn er den Nachweis erbringt, dass der Erbe zum Kreis der Pflichtteilsberechtigten gehört (*Palandt/Edenhofer* § 2331a BGB Rn 5).

Nach § 2038 I BGB kann, da er der Erhaltung des Nachlasses dient, jeder von mehreren antragsberechtigten Miterben den Antrag alleine stellen. Sind von mehreren Miterben nur einzelne antragsberechtigt, weil selbst pflichtteilsberechtigt, so können die anderen die Stundung nicht verlangen (BTDrucks V/2370 S 99). Dagegen ist ein Testamentsvollstrecker nach § 2213 I BGB zur Antragstellung für den Erben nicht berufen (BGHZ 51, 125). Der Stundungsantrag richtet sich gegen den Pflichtteilsberechtigten.

Der Antrag kann auf einen Teil des Pflichtteilsanspruchs beschränkt werden. Die Rücknahme des Antrags ist bis zur rechtskräftigen Entscheidung jederzeit möglich (*Palandt/Heinrichs* § 2331a BGB Rn 5).

D. Verfahren

I. Verfahren im Allgemeinen

Gemäß § 2331 II 2 BGB gelten die §§ 1382 II – IV BGB, § 53a für das Verfahren und die Gestaltung der Stundung entsprechend.

II. Verfahren iE

Das Nachlassgericht ist nur befugt, über den unstreitigen Anspruch oder unstreitigen Teil des Anspruchs zu entscheiden. Ist der Pflichtteilsanspruch dagegen str und über ihn ein Rechtsstreit anhängig, kann der Stundungsantrag gem § 1382 Abs. 5 nur beim Prozessgericht gestellt werden (*Bumiller/Winkler* § 83a Anm 2). Wurde über die Forderung rechtskräftig entschieden, ohne dass ein Stundungsantrag gestellt worden wäre, so kann ein Antrag beim Nachlassgericht nur gestellt werden, wenn die Voraussetzungen des § 1382 Abs. 6 vorliegen (*Keidel/Kuntze/Winkler* § 83a Rn 7).

1. Gütliche Einigung

Nach § 53a FGG soll das Nachlassgericht mit den Beteiligten (Gläubiger und Schuldner) mündlich verhandeln und auf eine gütliche Einigung hinwirken. Einigen sich die Beteiligten, so ist hierüber eine Niederschrift aufzunehmen, die neben dem Ort und Tag der mündlichen Verhandlung, dem Namen des Rechtspflegers und der erschienenen Beteiligten, ges Vertreter, Bevollmächtigten und Beistände auch den Inhalt der Vereinbarung enthalten muss (§ 160 ZPO). In den Vergleich sind aufzunehmen der Schuldbetrag, Zins- und Zahlungsbedingungen sowie etwa vereinbarte Sicherheiten. Darüber hinaus ist es zweckmäßig, eine Regelung über die Kostentragungspflicht zu treffen (*Keidel/Kuntze/Weber* § 53a Rn 8). Die Niederschrift ist den Beteiligten vorzulesen und zur Durchsicht vorzulegen. Dies ist ebenso wie deren Genehmigung in der Niederschrift zu vermerken, § 162 ZPO. Sie ist anschließend vom Rechtspfleger zu unterzeichnen, § 163 ZPO. Nach § 53a Abs. 4 FGG findet aus dem Vergleich die Vollstreckung statt.

2. Entscheidung des Gerichts.

Das Nachlassgericht hat, wenn eine Einigung nicht zustande kommt, die für die Sachentscheidung erheblichen Tatsachen von Amts wegen zu ermitteln, § 12 FGG. Aufgrund dieser Feststellungen entscheidet es dann über den Antrag. Nach § 53a Abs. 3 FGG kann das Gericht, sofern hierfür ein Bedürfnis besteht, eine einstweilige Anordnung erlassen, die allerdings nur mit der Endentscheidung anfechtbar ist (*Bumiller/Winkler* § 83a Anm 5). Liegen die Voraussetzungen für eine Stundung nicht oder nur für einen Teilbetrag vor, kann das Gericht den Antrag ganz oder teilweise zurückweisen. Schließlich hat es die Möglichkeit, die Stundung des ganzen Betrages bis zu einem bestimmten Termin oder Ratenzahlung bewilligen und die Höhe der Verzinsung und den Zinsbeginn nach billigem Ermessen festlegen, § 1382 Abs. 2, 4 BGB. Nach § 1382 III ist die Anordnung einer Sicherheitsleistung auf Antrag des Gläubigers zulässig.

13 Darüber hinaus kann das Nachlassgericht auf einen entsprechenden Antrag des Gläubigers, in der Entscheidung, die erst mit Rechtskraft wirksam wird, auch die Verpflichtung des Schuldners zur Zahlung des unstreitigen Pflichtteils aussprechen (Bosch, FamRZ 1972, 169). Damit wird gleichzeitig ein Vollstreckungstitel geschaffen, § 53a Abs. 4. Gegen die Endentscheidung ist nach § 60 I Nr. 6 FGG die sofortige Beschwerde statthaft (*Keidel/Kuntze/Weber* § 53a Rn 16).

E. Nachträgliche Aufhebung oder Änderung

14 Die Möglichkeit der nachträglichen Aufhebung oder Änderung der Stundungsentscheidung regelt § 1382 Abs. 6. Danach kann das Nachlassgericht auf Antrag des Erben oder des Pflichtteilsberechtigten eine rechtskräftige Entscheidung über die Stundung aufheben oder abändern, und zwar auch dann, wenn es sich um eine Entscheidung des Prozessgerichts handelt. Voraussetzung dafür ist aber, dass sich die Verhältnisse nach der Entscheidung wesentlich geändert haben. Entsprechendes gilt auch für einen gerichtlichen Vergleich (*Keidel/Kuntze/Winkler* § 83a Rn 9).

15 Für das Verfahren gelten die Grundsätze unter Rn 8 ff.

F. Gebühren

16 Nach § 106a Abs. 1 KostO wird für die Entscheidung über die Stundung eines Pflichtteilsanspruchs die volle Gebühr erhoben. Der Geschäftswert bestimmt sich nach § 30 KostO. Sofern keine anderweitigen Anhaltspunkte für eine Schätzung vorliegen, ist regelmäßig der Wert von 3.000 € anzunehmen, § 30 Abs. 2 Satz 1 KostO.

§ 84 Ausschluß der Beschwerde bei Kraftloserklärung des Erbscheins

Gegen einen Beschluß, durch den ein Erbschein für kraftlos erklärt wird, findet die Beschwerde nicht statt. Das gleiche gilt von einem Beschluß, durch den eines der in den §§ 1507, 2368 des Bürgerlichen Gesetzbuchs und den §§ 37, 38 der Grundbuchordnung [12]vorgesehenen gerichtlichen Zeugnisse für kraftlos erklärt wird.

A. Allgemeines

1 §§ 2353 ff und die allgemeinen Vorschriften der freiwilligen Gerichtsbarkeit regeln die Voraussetzungen für die Erteilung eines Erbscheins (siehe Anmerkung zu § 12 FGG VIII). Der Erbschein hat die Vermutung für sich, dass demjenigen, der im Erbschein als Erbe bezeichnet ist, das im Erbschein angegebene Erbrecht zusteht und dass er nicht durch andere als die angegebenen Anordnungen beschränkt ist (*Bumiller/Winkler* § 84 Rn 1; *AnwK/Kroiß* § 2365 Rn 1). Ergibt sich jedoch, dass der erteilte Erbschein unrichtig ist, so hat ihn das Nachlassgericht einzuziehen, § 2361 Abs. 1 Satz 1. Mit der Einziehung wird der Erbschein kraftlos, § 2361 Abs. 1 Satz 2. Wenn der Erbschein nicht sofort erlangt werden kann, so hat ihn das Nachlassgericht durch Beschluss für kraftlos zu erklären, § 2361 Abs. 2. Da der sich im Umlauf befindliche, unrichtige Erbschein eine Gefahr für den Rechtsverkehr darstellt, ist er von Amts wegen einzuziehen.

B. Die Erbscheinseinziehung

Ergibt sich, dass der erteilte Erbschein unrichtig ist, so hat ihn das Nachlassgericht einzuziehen. Die Unrichtigkeit kann sich aus formellen oder materiellen Gründen ergeben (FA-ErbR/*Tschichoflos* Kap 10 Rn 329 ff).

I. Voraussetzungen der Erbscheinseinziehung

1. Formelle Voraussetzungen

Existenz eines bereits erteilten Erbscheins. Eingezogen werden kann nur ein Erbschein, der bereits erteilt ist. Der Begriff der Erteilung ist daher zu definieren.
a) Noch nicht erteilt ist der Erbschein dann,

- wenn lediglich ein die Erbscheinserteilung ankündigender Beschluss ergangen ist. Es ist daher streng zu trennen zwischen der Erbscheinserteilungsanordnung (Beschluss) und der eigentlichen Erbscheinserteilung;
- wenn lediglich die ggf im Vorbescheid gesetzte Frist abgelaufen ist; der bloße Fristablauf führt nicht »automatisch« zur Anordnung der Erteilung (diese ist gesondert auszusprechen) bzw zur Erteilung (diese hat gem u [2] zu erfolgen)

b) Erteilt ist der Erbschein dann, wenn die Urschrift des Erbscheins oder eine Ausfertigung dem Antragsteller, einem von ihm bestimmten Dritten oder einer von ihm bestimmten Behörde ausgehändigt wurde (Palandt/*Edenhofer* § 2353 Rn 23).

2. Materielle Voraussetzungen

Gem § 2361 Abs. 1 ist der Erbschein einzuziehen, wenn er unrichtig ist. Unrichtig ist der Erbschein, wenn die Voraussetzungen für die Erteilung entweder schon ursprünglich nicht gegeben waren oder nachträglich entfallen sind. Das Nachlassgericht hat sich bei der Entscheidung in die Lage zu versetzen, als hätte es den Erbschein erstmalig zu erteilen (Palandt/*Edenhofer* § 2361 Rn 9 mwN).
Bei der Unrichtigkeit lassen sich mehrere Fallgruppen unterscheiden:
(1) wenn das bezeugte Erbrecht überhaupt nicht oder anders besteht oder wenn bestehende Beschränkungen (Nacherbfolge; Testamentsvollstreckung) nicht vermerkt sind (Palandt/*Edenhofer* § 2361 Rn 3).
(2) wenn nachträgliche Änderungen eingetreten sind, zB Eintritt des Nacherbfalles (OLG Hamm Ppfleger 1980, 347).
(3) wenn der Erbschein unter Verletzung formellen Rechts erteilt wurde, auch wenn er inhaltlich richtig ist.
Ausreichend sind jedoch nicht alle Rechtsverstöße, sondern es müssen gravierende Verfahrensfehler vorliegen (Palandt/*Edenhofer* § 2361 Rn 4), wie zB Erteilung des Erbschein durch das örtlich unzuständige Gericht (BayObLG Rpfleger 1975, 304; 1981, 112), den funktionell unzuständigen Rechtspfleger, oder bei fehlendem Antrag, es sei denn, es erfolgt Heilung durch ausdrückliche oder stillschweigende Genehmigung (BayObLGZ 1967, 9; 1970, 109; NJW-RR 2001, 950).
Für den Nachweis der Unrichtigkeit reicht es aus, dass die Überzeugung des Gerichts (§ 2359) von der Richtigkeit des Erbscheins so erschüttert ist, dass eine erstmalige Erteilung des Erbscheins nicht erfolgen würde; bloße Zweifel reichen nicht.

II. Einziehungsverfahren

1. Kein Antragserfordernis

10　Die Einleitung des Einziehungsverfahrens erfolgt von Amts wegen, § 2361 Abs. 1 Satz 1 und 3 BGB und § 12 FGG.

11　Ein Antrag ist weder vorgeschrieben noch erforderlich, kann aber von jedem Beeinträchtigten gestellt werden (Palandt/*Edenhofer* § 2361 Rn 7).

2. Zuständigkeit

12　Zuständig ist immer das Gericht, das den Erbschein erteilt hat, ohne Rücksicht auf dessen örtliche Zuständigkeit für die Erteilung (Palandt/*Edenhofer* § 2361 Rn 8). Funktionell zuständig ist unter den Voraussetzungen des § 16 Abs. 1 Nr. 7 RPflG der Richter, wenn eine Verfügung von Todes wegen vorliegt oder ein gegenständlich beschränkter Erbschein eingezogen wird (Palandt/*Edenhofer* aaO).

13　Ist der Antrag auf Einziehung durch das Nachlassgericht abgelehnt worden, so kann das Beschwerdegericht selbst den Erbschein nicht einziehen, sondern nur das Nachlassgericht hierzu anweisen (OLG Frankfurt Rpfleger 1973, 95; Palandt/*Edenhofer* § 2361 Rn 14).

3. Anhörung

14　Den durch den einzuziehenden Erbschein begünstigten Personen ist vor der Anordnung der Einziehung rechtliches Gehör zu gewähren, Art. 103 Abs. 1 GG.

III. Entscheidungsarten

1. Stattgebende Entscheidung

15　Wenn die Voraussetzungen für die Erbscheinseinziehung vorliegen, wird des Erbschein eingezogen.

2. Ablehnende Entscheidung

16　Es ist zu unterscheiden zwischen

a) Amtseinleitung des Verfahrens

17　In diesen Fällen erfolgt nur ein Aktenvermerk und die Benachrichtigung an die im Verfahren angehörten Erben, um die Unsicherheit zu beseitigen. Ebenso werden die Fälle behandelt, in denen ein unbeteiligter Dritter das Verfahren angeregt hat (BayObLGZ 1958, 171).

b) Antragsverfahren

18　In diesen Fällen ist der Antrag formell durch einen zu begründenden Beschluss zurückzuweisen.

IV. Ausführung der Einziehungsanordnung

1. Einziehung durch Rückgabe

19　Durchgeführt ist die Einziehung erst mit der Ablieferung der Urschrift und aller erteilter Ausfertigungen (BayObLGZ 1966, 233; 1980, 72). Dies ergibt sich auch aus der in § 2361 Abs. 2 eröffneten Möglichkeit der Kraftloserklärung (Palandt/*Edenhofer* § 2361 Rn 10).

2. Verfahren bei nichtdurchführbarer Rückgabe

Bei Unmöglichkeit der sofortigen Erlangung des Erbscheins und der Ausfertigungen 20
besteht die Möglichkeit der Kraftloserklärung, § 2361 Abs. 2.
Die Kraftloserklärung erfolgt gem § 2361 Abs. 2 Satz 2 nach den für die öffentliche Zu- 21
stellung einer Ladung geltenden Vorschriften der ZPO (§§ 185 – 188 ZPO), dh durch Anheftung des Beschlusses an die Gerichtstafel (§ 206 Abs. 2 ZPO) und fakultative Veröffentlichung im Bundesanzeiger (§ 187 ZPO); die Wirksamkeit tritt gem § 188 I ZPO ein.
Der Beschluss ist gem § 84 FGG unanfechtbar, jedoch kann Beschwerde mit dem Ziel der 22
Neuerteilung eines gleichlautenden Erbscheins eingelegt werden (Palandt/*Edenhofer*
§ 2361 Rn 14; s.a. Umdeutungsfälle bei § 19 FGG).

V. Beschwerde

1. Statthaftigkeit

Gegen die Anordnung der Einziehung und gegen die Ablehnung des Antrags auf Ein- 23
ziehung ist Beschwerde statthaft. Nach erfolgter Einzeichung oder Kraftloserklärung ist eine Beschwerde nicht mehr möglich, § 84 Satz 1 FGG.

2. Beschwerdeberechtigung

Bei Einziehungsanordnung sind beschwerdeberechtigt der im Erbschein ausgewiesene 24
Erbe und derjenige, der den Antrag hätte stellen können.
Bei Ablehnung jeder erbrechtlich Beeinträchtigte (Palandt/*Edenhofer* § 2361 Rn 15). 25

3. Rechtsschutzbedürfnis

Es fehlt, wenn die Einziehung bereits erfolgt ist, da die durchgeführte Einziehung nicht 26
mehr rückgängig gemacht werden kann. Zulässig ist jedoch die Beschwerde mit dem Ziel, das Nachlassgericht zur Erteilung eines neuen Erbscheins anzuweisen (ggf sind die Voraussetzung der Umdeutung zu prüfen, Palandt/*Edenhofer* § 2361 Rn 14).

§ 85 Ausfertigung eines Erbscheins und anderer Zeugnisse

Wer ein rechtliches Interesse glaubhaft macht, kann verlangen, daß ihm von dem Gericht eine Ausfertigung des Erbscheins erteilt wird. Das gleiche gilt in Ansehung der im § 84 Satz 2 bezeichneten Zeugnisse sowie in Ansehung der gerichtlichen Verfügungen, die sich auf die Ernennung oder die Entlassung eines Testamentsvollstreckers beziehen.

A. Anwendungsbereich

Die Vorschrift betrifft zunächst die Erbscheine und Hoffolgezeugnisse. Darüber hinaus gilt 1
sie aber auch für das Testamentsvollstreckerzeugnis (§ 2368), für das Zeugnis über die Fortsetzung der Gütergemeinschaft (§ 1507), Zeugnisse nach §§ 36, 37 GBO, §§ 42, 74 SchiffsRegO und für Verfügungen, die die Ernennung oder Entlassung des Testamentsvollstreckers betreffen, §§ 2198 Abs. 2, 2200, 2202 Abs. 3 und 2227.
§ 85 FGG gibt kein Recht auf Erteilung eines solchen Zeugnisses, sondern lediglich auf 2
Erteilung einer Ausfertigung. Bei entsprechend geltend gemachtem rechtlichen Interesse und Glaubhaftmachung kann auch eine Abschrift und Einsicht in die Gerichtsakte gewährt werden, § 34 FGG (*Bumiller/Winkler* § 85 Rn 2; *Gregor*, Erbscheinsverfahren, Rn 55).

§ 86 FGG | Nachlaßauseinandersetzung; Antragsrecht der einzelnen Miterben

B. Erteilungsvoraussetzungen

3 Für die Erteilung einer Ausfertigung muss ein rechtliches Interesse an der Ausfertigung geltend und glaubhaft gemacht werden.

I. Rechtliches Interesse

4 Ein rechtliches Interesse an einer Ausfertigung hat neben den jeweiligen Antragsberechtigten (für Erbscheine, insb die möglichen Erben und alle nach § 2353 Antragsberechtigten) jeder, der die Ausfertigung für die Änderung seiner gegenwärtigen Rechtsbeziehungen zu einer Sache (bspw der Erwerber des Nachlassgrundstücks, § 35 GBO) oder Person (der Nachlassschuldner oder der Nachlassgläubiger (dieser kann durch Vorlage einer Ausfertigung des vollstreckbaren Titels problemlos eine Abschrift des bereits erteilten Erbscheins erhalten, §§ 792 ZPO, 78 FGG) benötigt. Auch der den Erbscheinsantrag beurkundende Notar und möglich betroffene Behörden haben ein rechtliches Interesse. Die Erteilung muss erfolgen, sie steht nicht im Ermessen des Nachlassgerichts.

5 Ein rein wirtschaftliches Interesse (Ehefrau des Erben) oder auch ein berechtigtes Interesse reichen nicht – dieses führt nur zu einem Anspruch auf Akteneinsicht und Erteilung einer beglaubigten Abschrift (*Bumiller/Winkler* § 85 Rn 4).

II. Glaubhaftmachung:

6 Für die Glaubhaftmachung gilt grds dasselbe wie bei § 294 ZPO. Der Antragsteller kann sich aller Mittel bedienen, wie zB Urkunden, Zeugenaussagen, schriftliche Bestätigungen dritter Personen und eidesstattliche Versicherungen. Die Einschränkung des § 294 Abs. 2 ZPO gilt aber nicht.

§ 86 Nachlaßauseinandersetzung; Antragsrecht der einzelnen Miterben

(1) Hinterläßt ein Erblasser mehrere Erben, so hat das Nachlaßgericht auf Antrag die Auseinandersetzung in Ansehung des Nachlasses zwischen den Beteiligten zu vermitteln, sofern nicht ein zur Bewirkung der Auseinandersetzung berechtigter Testamentsvollstrecker vorhanden ist.

(2) Antragsberechtigt ist jeder Miterbe, der Erwerber eines Erbteils sowie derjenige, welchem ein Pfandrecht oder ein Nießbrauch an einem Erbteil zusteht.

A. Allgemeines

1 Grds wird die Auseinandersetzung des Nachlasses zwischen den Beteiligten ohne Mitwirkung des Nachlassgerichts durchgeführt, §§ 2046 ff. Allerdings kann auf einen entsprechenden Antrag hin die Auseinandersetzung durch das Nachlassgericht vermittelt werden (*Bracker* MittBayNot 1984, 114 f). Das Verfahren wird durch einen förmlichen Einleitungsbeschluss oder durch Ladung zum Verhandlungstermin eingeleitet, § 89 FGG. Es ist unzulässig, wenn bereits im Zeitpunkt der Antragstellung str Rechtsfragen auftreten, da diese ausschließlich vor dem Prozessgericht zu klären sind (OLG Düsseldorf FGPrax 2002, 231).

2 Zur Durchführung des Auseinandersetzungsverfahrens bedarf es einer Mehrheit von Erben, die nebeneinander, dh als Miterben erben (Jansen, § 86 Rn 2). Daher ist weder bei der Zuwendung eines Vermächtnisses noch des Pflichtteils bzw. der Anordnung von Vor- und Nacherbfolge Raum für die gerichtliche Vermittlung der Nachlassauseinandersetzung (BayObLG 5, 659).

B. Aufgaben des Nachlassgerichts

Das Nachlassgericht hat zwischen den Beteiligten zu vermitteln und zu versuchen, eine 3
gütliche Einigung herbeizuführen. Es gehört nicht zu seinen Aufgaben, Streitigkeiten zu
entscheiden oder die getroffene Vereinbarung zu vollziehen. Ergeben sich während der
Verhandlung Streitpunkte, ist darüber nach § 95 FGG ein Protokoll aufzunehmen und das
Verfahren bis zur Erledigung der Streitpunkte, ggf im Prozesswege, auszusetzen.

Die Tätigkeit des Nachlassgerichts bezieht sich auf die Begründung von Verbindlich- 4
keiten, um Rechtsänderungen zu bewirken und die Entgegennahme von Erklärungen,
die zur Bewirkung der Auseinandersetzung erforderlich sind. So können vor ihm zB
Forderungen abgetreten oder mit bindender Wirkung über Grundstücke oder Grundstücksrechte
verfügt oder entsprechende Vollmachten hierzu erteilt werden.

Die Weigerung eines Miterben, der Auseinandersetzung zuzustimmen, hindert die Durch- 5
führung des Verfahrens (KG NJW 1965, 1538). Dagegen kann der Widerspruch eines
einzelnen Beteiligten gegen die Einleitung des Verfahrens diese nicht verhindern (KG
NJW 1965, 1538). Wird das Erbrecht bestritten, kann sich das Nachlassgericht, vorbehaltlich
der Entscheidung des Prozessgerichts, ein Urteil über die Erbenstellung machen und das
Verfahren einleiten und §§ 95 bzw 87 Abs. 2 FGG anwenden (OLG München DFG 1937, 128).

Wird nach der erfolgten Vermittlung eine erneute Vermittlungstätigkeit des Nachlass- 6
gerichts von einem Miterben beantragt mit der Begründung, die Auseinandersetzung sei
unwirksam, steht es im Ermessen des Gerichts, ob es erneut tätig werden will (LG Heilbronn,
Justiz 1976, 259).

C. Zuständigkeit

I. Allgemeine Zuständigkeit

Nach § 72 FGG ist das Nachlassgericht zur Vermittlung der Nachlassauseinandersetzung 7
sachlich zuständig. Die örtliche Zuständigkeit regelt sich nach § 73 FGG. Funktionell zuständig
für die Vermittlung ist nach § 3 Nr. 2c RPflG der Rechtspfleger; allerdings gilt der
Richtervorbehalt gem § 16 Abs. 1 Nr. 8 RPflG für die Genehmigungen nach § 97 Abs. 2 FGG.

II. Sonderzuständigkeit

Eine Sonderzuständigkeit des Landwirtschaftsgerichts ist dann gegeben, wenn zu einer 8
Erbengemeinschaft (auch) ein lw Betrieb gehört und sich die Miterben im Auseinandersetzungsverfahren
nach §§ 86 ff FGG nicht einigen können (Keidel/Kuntze/*Winkler* § 86
Rn 7). Das Landwirtschaftsgericht kann, sofern ein Miterbe einen Zuweisungsantrag stellt,
die Zuweisung vornehmen (ausführlich Keidel/Kuntze/*Winkler* § 86 Rn 7 ff). Ist die Erbengemeinschaft
durch eine Verfügung von Todes wegen entstanden, ist das Zuweisungsverfahren
ausgeschlossen. Das gilt sowohl bei Übereinstimmung der Verfügung mit der
gesetzlichen Erbfolge (BGH NJW 1063, 2170) als auch im Falle des Ausschlusses der
Auseinandersetzung (*Drummen* MittRhNotK 1961, 859).

Mit dem Verfahren nach §§ 86 ff FGG soll die Nachlassauseinandersetzung vermittelt 9
werden. Ein Zuweisungsverfahren kommt dann nicht mehr in Betracht, wenn sich die
Miterben über die Auseinandersetzung geeinigt haben. Allerdings hindert die Anhängigkeit
eines Zuweisungsverfahrens die Einleitung des Auseinandersetzungsverfahrens nach
§§ 86 ff FGG nicht, vielmehr führt dessen Einleitung zur Aussetzung der Entscheidung
über den Zuweisungsantrag, weil mit der Möglichkeit der Einigung im Auseinandersetzungsverfahren
zu rechnen ist (*Lange* § 14 GrdstVG Anm. 5). Insoweit haben die §§ 86 ff
FGG Vorrang vor den §§ 13 ff GrStVG.

Im Übrigen ist für die gerichtliche Vermittlung der Auseinandersetzung nach den §§ 86 ff 10
FGG ausschließlich das Nachlassgericht zuständig, auch wenn zum Nachlass ein lw
Betrieb oder Hof iSd HöfeO gehört (Palandt/*Edenhofer* § 2042 Rn 15).

III. Internationale Zuständigkeit

11 Das Nachlassgericht ist immer dann international zuständig, wenn der Erblasser Ausländer war und sich die Erbfolge entweder nach deutschem Recht richtet oder zwar ausländisches Recht für die Beerbung maßgebend ist, dieses aber die Zuständigkeit des deutschen Nachlassgerichts nicht ausschließt (*Drobnig* JZ 1959, 317).

D. Ausschluss der Auseinandersetzung

12 Die Auseinandersetzung durch das Nachlassgericht setzt voraus, dass die Erbengemeinschaft noch besteht (*Schlegelberger* § 86 Rn 7). Es kann zur Verteilung des Erlöses aus der Zwangsversteigerung eines zum Nachlass gehörenden Grundstücks durchgeführt werden, wenn die Versteigerung zum Zwecke der Aufhebung der Erbengemeinschaft erfolgt ist (BGH NJW 1952, 263). Unschädlich ist eine mögliche Überschuldung des Nachlasses (BayObLGZ 1956, 363).

13 Sind nur einzelne Nachlassgegenstände noch nicht verteilt, so kommt lediglich eine Sachteilung nach §§ 752 ff in Betracht.

14 Ist ein Testamentsvollstrecker zur Durchführung der Auseinandersetzung berechtigt oder kann ein Dritter die Auseinandersetzung nach § 2048 nach billigem Ermessen vornehmen, scheidet eine gerichtliche Auseinandersetzung aus (BayObLGZ 1967, 230). Entsprechendes gilt dann, wenn die Erben das Recht, die Aufhebung der Erbengemeinschaft zu verlangen, durch Vereinbarung auf Zeit oder auf Dauer nach §§ 2042 Abs. 2, 749 Abs. 2, 3 ausgeschlossen haben. Über die Frage, ob wichtige Gründe vorliegen, welche die Teilung gleichwohl rechtfertigen, entscheidet das Prozessgericht (*Jansen* § 86 Rn 8, 9).

15 Das Auseinandersetzungsverfahren ist ferner ausgeschlossen, wenn str Rechtsverhältnisse bzw -fragen auftreten (OLG Düsseldorf FGPrax 2002, 231) wie zB das Bestreiten des Erbrechts (BayObLG FGPrax 1997, 229; vgl aber auch die Erläuterungen Rn 4), der Antragsberechtigung bzw Unbestimmtheit der Erbteile, die aus rechtlichen Gründen nicht vermittelt werden können (OLG Frankfurt Rpfleger 1993, 505; dagegen OLG Düsseldorf NJW-RR 2003, 5).

16 Schließlich steht eine bereits erhobene Erbteilungsklage der Einleitung des gerichtlichen Vermittlungsverfahrens entgegen (*Keidel/Kuntze/Winkler* § 86 Rn 5; aA: *Jansen* § 86 Rn 10).

17 Darüber hinaus steht dem Auseinandersetzungsverfahren entgegen:
- die Nachlassverwaltung (KGJ 49, 84)
- die Nachlassinsolvenz, weil dem Erben in beiden Verfahren die Verwaltungs- und Verfügungsbefugnis über den Nachlass entzogen ist (*Firsching* S 322)
- der Aufschub der Auseinandersetzung nach §§ 2043 ff wegen der Unbestimmtheit der Erbteile.
- Vermögen, das nach dem ehelichen Güterstand des Erblassers zum Nachlass gehörte, nicht vorhanden ist (BayObLGZ 6, 538).

18 Diese entgegenstehenden Umstände sind durch eine Vermittlung nicht zu überwinden (*Bassenge/Herbst/Roth* § 86 Rn 5). Widerspricht ein Beteiligter der gerichtlichen Auseinandersetzung, so hindert das die Einleitung des Verfahrens zwar nicht, wohl aber die Entscheidung in der Sache (KG NJW 1965, 1538).

19 Tritt ein Hindernis erst im Laufe des Verfahrens auf oder stellt es sich erst dann heraus, ist das Verfahren endgültig, sonst bis zum Wegfall des Hindernisses einzustellen (*Keidel/ Kuntze/Winkler* § 86 Rn 43).

20 Dagegen können nachfolgende Hindernisse durch eine Vermittlung überwunden werden:
- Ausschluss der Auseinandersetzung durch Anordnungen des Erblassers oder Vereinbarungen der Miterben, die allerdings nach § 751 Satz 2 gegenüber den Pfändungsgläubigern wirkungslos sind

- Teilungsvereinbarungen, -klage oder -urteil (*Jansen* § 86 Rn 10; str) bis zur Vollziehung
- im Voraus erklärter Widerspruch eines Beteiligten (OLG Frankfurt Rpfleger 1993, 505), sofern er nicht auf str Rechtsfragen beruht, deren Vermittlung ausgeschlossen ist
- Zerstrittenheit der Erben (LG Koblenz FamRZ 2003, 1940).

F. Beteiligte

Beteiligt iS dieser Vorschrift sind alle, von deren Mitwirkung die Wirksamkeit der Auseinandersetzung abhängt, weil sie auch nach §§ 2046 ff an der Auseinandersetzung zu beteiligen sind (*Bassenge/Herbst/Roth* § 86 Rn 7): 21

- alle Antragsberechtigten einschließlich dem Erbteilserwerber (vgl Rn 26)
- der Erbe, soweit er auch antragsberechtigt ist
- die Nacherben, soweit Verfügungen nach §§ 2112 ff ihnen gegenüber unwirksam wären (KG DJZ 1907, 300)
- bei Ehegatten im Güterstand der Zugewinngemeinschaft oder Gütertrennung nur der Ehegatte, der Erbe geworden ist, soweit sich aus den §§ 1365 – 1367 nichts anderes ergibt; im Güterstand der Gütergemeinschaft der verwaltungsberechtigte Ehegatte, sofern die Erbschaft nicht zum Vorbehaltsgut gehört, § 1418 Abs. 1 Nr. 2 oder es sich um Grundbesitz handelt (*Bumiller/Winkler* § 86 Anm 3b). Gehört die Erbschaft zum Vorbehaltsgut, ist nur der erbende Ehegatte beteiligt.

Ist ein Miterbe verstorben, so treten an seine Stelle die Erben bzw der Testamentsvollstrecker, der Nachlass- oder Insolvenzverwalter für seinen Nachlass, im Falle der ges Vertretung der ges Vertreter. Die Vertretung mehrerer Beteiligter durch denselben ges Vertreter ist nicht möglich (RGZ 93, 334). Ein Beteiligter kann sich nach § 13 FGG ohne weiteres durch einen Bevollmächtigten vertreten lassen. 22

Im Falle der Abwesenheit eines Beteiligten, bei dem die Voraussetzungen einer Abwesenheitspflegschaft vorliegen, hat das Nachlassgericht einen Pfleger zur Wahrnehmung der Rechte des Abwesenden im Auseinandersetzungsverfahren zu bestellen, § 88 oder die Bestellung beim Vormundschaftsgericht anzuregen (Keidel/Kuntze/*Winkler* § 86 Rn 52). 23

Werden während des Verfahrens weitere Beteiligte bekannt, so sind auch diese hinzuziehen. Gegen die Terminsladung kann Beschwerde eingelegt werden (KG OLGZ 12, 216). Lehnt das Gericht die Zuziehung dieser Beteiligten ab, so steht jedem Beteiligten die einfache Beschwerde zur Verfügung (KGJ 52, 84). 24

Nicht beteiligt sind die Nachlassgläubiger (KGJ 45, 159) wie die Gläubiger eines Miterben einschließlich Vermächtnisnehmer und Pflichtteilsberechtigte. Zum Kreis der Nichtbeteiligten gehört auch das Vormundschaftsgericht, welches zur Erteilung der Genehmigung für einen Miterben berufen ist (Keidel/Kuntze/*Winkler* § 86 Rn 53). 25

G. Antragsberechtigung

Antragsberechtigt nach Abs. 2 ist 26

- jeder Miterbe alleine und ohne Mitwirkung der anderen Miterben, auch dann, wenn sein Erbteil gepfändet, mit einem Pfandrecht oder Nießbrauch belastet ist; allerdings verliert er sein Antragsrecht durch Ausscheiden aus der Erbengemeinschaft nach § 2033 Abs. 1 (KG OLG 14, 154)
- der Ehegatte bei Gütertrennung und Zugewinngemeinschaft allein, bei Gütergemeinschaft ist es der verwaltungsberechtigte Ehegatte, wenn die Erbschaft in das Gesamtgut gefallen ist; gehört es zum Vorbehaltsgut eines Ehegatten, so ist nur dieser berechtigt, den Vermittlungsantrag zu stellen
- die Erben des Miterben bzw der an ihrer Stelle über den Nachlass Verfügungsbefugte, wenn der Erbe nach dem Tod des Erblassers verstorben ist

§ 86 FGG | Nachlaßauseinandersetzung; Antragsrecht der einzelnen Miterben

- der Testamentsvollstrecker bzgl des Miterbenanteils unter Ausschluss des Miterben (KGJ 28, 16)
- der Erbteilserwerber statt des veräußernden Miterben, sofern der Erbteil im Wege der Gesamtrechtsnachfolge nach §§ 2033, 2037, 2371 ff übergegangen ist, nicht aber nur bei Übertragung des Anspruchs auf das Auseinandersetzungsguthaben (RGZ 60, 126); er ist auch antragsberechtigt für das Zuweisungsverfahren nach §§ 13 ff GrdstVG
- der Pfandrechtsinhaber, und zwar unabhängig davon, ob das Pfandrecht durch Vertrag, welcher der notariellen Beurkundung bedarf, oder durch Pfändung entstanden ist; der Pfändungspfandgläubiger muss im Besitz eines rechtskräftigen, nicht nur vorläufig vollstreckbaren Schuldtitels sein; dagegen kann der Vertragspfandgläubiger den Antrag nach § 1258 Abs. 2 vor dem Eintritt der Verkaufsberechtigung nur zusammen mit dem Erben stellen, danach ist er und der Miterbe je allein antragsberechtigt (*Bumiller/Winkler* § 86 Anm 1a (3) und
- der Nießbraucher am Erbteil, wobei der Miterbe sein Antragsrecht behält, allerdings kann er ohne Mitwirkung und Zustimmung des Miterben (Besteller des Nießbrauchs) keinen Auseinandersetzungsantrag stellen.

27 Der ges Vertreter des Antragstellers bedarf zur Antragstellung keiner vormundschaftsgerichtlichen Genehmigung (OLG Frankfurt Rpfleger 1993, 505). Allerdings ist, sofern die Eltern von der Vermögenssorge für die Erbschaft nach § 1638 ausgeschlossen sind, ein Pfleger zur Antragstellung zu bestellen, § 1909. Ein Testamentsvollstrecker ist für die Vermittlung der Erbauseinandersetzung mit dessen Miterben antragsberechtigt, auch wenn ihm nur die Verwaltung des Erbteils eines Kindes übertragen ist (KG KGJ 28 A 17).

28 Mit dem Wegfall des Miterbenanteils tritt im Wege der dinglichen Surrogation an die Stelle des Anteils der auf den einzelnen Miterben entfallende Gegenstand (BGHZ 52, 99).

29 Der Vorlage eines Erbscheins zum Nachweis der Erbenstellung bedarf es zur Ausübung des Antragsrechts nicht. Es ist auch nicht erforderlich, dass das Antragsrecht des Miterben unbestritten ist, da das Nachlassgericht über das Antragsrecht entscheidet (OLG München JFG 15, 161). Ist das Antragsrecht vom Erbrecht abhängig, so kann das Gericht den Nachweis des Erbrechts gem § 87 Abs. 2 FGG verlangen oder nach § 95 FGG verfahren (BayObLGZ 30, 270).

30 Gegen die Einleitung des Verfahrens wegen fehlender Antragsberechtigung kann nur bis zum Beginn des Verhandlungstermins Beschwerde eingelegt werden; danach ist nur der Widerspruch im Termin geeignet, die Aussetzung nach § 95 FGG herbeizuführen (KG RJA 6, 35). Wird der Auseinandersetzungsantrag abgelehnt, steht nur dem Antragsteller die Beschwerde zu.

31 Dagegen steht ein Antragsrecht **nicht** zu:
- dem Nacherben vor Eintritt des Nacherbfalls
- dem Testamentsvollstrecker
- dem Nachlassgläubiger (BayObLGZ 1983, 101) und somit dem Vermächtnisnehmer
- dem Pflichtteilsberechtigten
- dem Nachlasspfleger, -verwalter, -insolvenzverwalter für den Gesamtnachlass.

H. Antragsrücknahme

32 Der Antrag kann bis zur Rechtskraft des Bestätigungsbeschlusses zurückgenommen werden. Dagegen ist eine einseitige Rücknahme dann, wenn das Verfahren in Gang gesetzt wurde und sich die anderen Beteiligten auf das Verfahren eingelassen haben, nicht mehr möglich (str, so Weißler, Nachlassverfahren II, S. 120; aA: *Jansen* § 86 Rn 25). Im Übrigen ist die Zurücknahme des Antrags ist auch in der Rechtsbeschwerdeinstanz zu beachten (Keidel/Kuntze/*Winkler* § 86 Rn 71).

33 Die Fortsetzung des Verfahrens kann auf Antrag eines Beteiligten oder durch stillschweigende Beteiligung erfolgen.

I. Gebühren

Für die Kosten gilt § 13a (KG NJW 1965, 1538). Im Übrigen finden die §§ 116, 148 KostO **34** Anwendung. Nach § 116 KostO wird für die gerichtliche Vermittlung der Auseinandersetzung eines Nachlasses einschließlich des vorangegangenen Verfahrens das Vierfache der vollen Gebühr erhoben. Dabei bestimmt sich die Gebühr nach dem Wert der den Gegenstand der Auseinandersetzung bildenden Vermögensinteressen, § 116 Abs. 5 KostO. Für die Notargebühren wird in § 148 Abs. 1 KostO auf § 116 KostO verwiesen.

Soweit die Parteien im Auseinandersetzungsverfahren nichts anderes bestimmt haben, **35** fallen die Kosten im Verhältnis der Beteiligten zueinander dem Nachlass zur Last (Keidel/Kuntze/*Winkler* § 86 Rn 73).

Gebühr: Für die **gerichtliche Vermittlung einer Auseinandersetzung** entsteht eine $^4/_1$ **36** Gebühr (§ 116 Abs. 1 KostO). Diese Gebührenbestimmung betrifft die Regelung des Verfahrens auf gerichtliche Vermittlung der Auseinandersetzung, das sich auf einen Nachlass oder auf das Gesamtgut einer fortgesetzten Gütergemeinschaft bezieht und nach den Bestimmungen des FGG (§§ 86 ff, 99, 193 FGG) vorgenommen wird.

Durch diese Gebühr für das gesamte Verfahren vom Eingang des Antrags bis zur rechts- **37** kräftigen Bestätigung der Auseinandersetzung werden pauschal auch abgegolten zB die Ladung der Beteiligten zu den Terminen (die Verhandlung mit ihnen, die Aufstellung eines Auseinandersetzungsplanes und die Anhörung der Beteiligten).

Nicht in die Pauschalabgeltung fällt hingegen zB die Erteilung eines Erbscheins oder die **38** Anordnung einer Pflegschaft für einen unbekannten Beteiligten usw.

Bei Erledigung des Verfahrens vor Eintritt in die Verhandlung durch Zurücknahme oder **39** auf andere Weise ermäßigt sich die Gebühr auf $^1/_2$ (§ 116 Abs. 1 Satz 2 Nr. 2 KostO). »Eintritt in die Verhandlung« ist nach allgemeiner Ansicht nicht der Beginn der Verhandlung in dem nach § 89 FGG bestimmten Termin, sondern jede über die formellen Verfahrensfragen (Zuständigkeit, Zulässigkeit) hinausgehende, auf die materielle Erledigung der Auseinandersetzung gerichtete Verfügung. »Auf andere Weise« muss auch die Zurückweisung erfassen, § 130 Abs. 1 KostO gilt nicht, da etwas anderes bestimmt ist (Rohs/*Wedewer* § 116 Rn 6; K/L/B/R § 116 Rn 9).

Wird das Verfahren nach Eintritt in die Verhandlung aber ohne Bestätigung der Aus- **40** einandersetzung abgeschlossen, ermäßigt sich die Gebühr auf $^2/_1$ (§ 116 Abs. 1 Satz 2 Nr. 1 KostO).

Gibt ein Beteiligter die zu beurkundende Erklärung in einer fremden Sprache ab, fällt eine **41** Zusatzgebühr in Höhe der Hälfte der zu erhebenden Gebühr für das Geschäft bis zu einem Höchstbetrag von 30 € an (§§ 116 Abs. 1 Satz 3, 59 Abs. 1 KostO).

Wird zum Zweck der Auseinandersetzung mit einem nicht der Rechtsgemeinschaft zur gesamten Hand angehörigen Dritten vor dem Teilungsgericht ein Vertrag geschlossen, so ist von dem Dritten die Hälfte der nach dem Beurkundungsabschnitt anfallenden Gebühr (§ 36 Abs. 2 KostO) zu erheben; die andere Hälfte ist durch die Gebühr des § 116 KostO abgegolten (§ 116 Abs. 2 KostO). Dies ist zB der Fall, wenn der Dritte den gesamten Nachlass oder auch nur Gegenstände aus dem Nachlass käuflich übernimmt oder wenn mit einem Pflichtteilsberechtigten ein Abfindungsvertrag geschlossen wird.

Einigen sich die Erben im gerichtlichen Auseinandersetzungsverfahren, endet dieses also **42** nicht durch die gerichtliche Bestätigung des Auseinandersetzungsplanes, sondern durch eine freiwillige Vereinbarung der Beteiligten, so wird neben der Verfahrensgebühr des § 116 Abs. 1 Satz 2 Nr. 1 oder Nr. 2 KostO noch die doppelte Gebühr nach § 36 Abs. 1 KostO für die Beurkundung der vertragsmäßigen Auseinandersetzung zur Niederschrift des Nachlassgerichts angesetzt (§ 116 Abs. 3 KostO).

Nimmt das Gericht im Rahmen des Auseinandersetzungsverfahren ein Vermögensver- **43** zeichnis auf, wird die Gebühr nach § 52 Abs. 1 Satz 1 KostO ($^1/_2$ Gebühr aus dem Wert der verzeichneten Gegenstände) gesondert erhoben (§ 116 Abs. 3 KostO). Das Gleiche gilt für die Aufnahme von Schätzungen ($^1/_1$ Gebühr – § 50 Abs. 1 Nr. 4 KostO) sowie für die

§ 86 FGG | Nachlaßauseinandersetzung; Antragsrecht der einzelnen Miterben

Durchführung einer freiwilligen Versteigerung von Grundstücken (Gebühren nach § 53 KostO). Allerdings haben diese Verfahren kaum noch praktische Bedeutung.
Für eine Pflegschaft für einen abwesenden Beteiligten nach § 88 FGG wird eine volle Gebühr erhoben. Maßgebend ist der Wert des von der Pflegschaft betroffenen Vermögens, dh der Erbteil des Abwesenden.

44 Überträgt das Gericht die Vermittlung der Auseinandersetzung einem Notar, entstehen folgende Gerichtsgebühren:

- $1/2$ Gebühr für das gerichtliche Verfahren der Anordnung von Beweisaufnahmen (§ 116 Abs. 4 Nr. 1 KostO),
- $1/2$ Gebühr für die Bestätigung der Auseinandersetzung (§ 116 Abs. 4 Nr. 2 KostO).

45 **Wert**: Der Geschäftswert bestimmt sich nach dem Wert der den Gegenstand des Auseinandersetzungsverfahrens bildenden Vermögensmasse (§ 116 Abs. 5 Satz 1 KostO). Da das Gesetz keinen Schuldenabzug bestimmt, ist nach der allgemeinen Aussage des § 18 Abs. 3 KostO vom Bruttowert auszugehen. § 39 Abs. 2 KostO ist nicht anzuwenden, da keine Leistungen ausgetauscht, sondern Vermögen verteilt wird. Es sind also bei einem Nachlass vornehmlich Vermächtnisse, Pflichtteilsrechte und Auflagen nicht abzusetzen. Gehört zur Auseinandersetzungsmasse Grundbesitz, so ist dieser mit dem nach § 19 Abs. 2 KostO zu bestimmenden Wert anzusetzen. Handelt es sich um die Auseinandersetzung eines lw Anwesens, so ist § 19 Abs. 4 KostO zu beachten.

46 Zum Aktivnachlass gehören auch Gegenstände, die im Laufe des Verfahrens, zB zur Deckung von Nachlassverbindlichkeiten, veräußert worden sind, da sich die Auseinandersetzung auch auf sie bezieht. Der Geschäftswert der Beurkundungsgebühr hingegen richtet sich nur nach dem in diesem Zeitpunkt noch vorhandenen Teilwert.

47 Werden mehrere Nachlässe auseinandergesetzt, werden die Werte der einzelnen Nachlässe zusammengerechnet (§ 116 Abs. 5 Satz 2 KostO).
Beispiel: Der im ges Güterstand lebende A wurde kraft Gesetzes von seiner Witwe B und seinen beiden Kindern C und D beerbt. Erben zu gleichen Teilen der nachverstorbenen Witwe B wurden ebenfalls infolge ges Erbfolge C und D. Der Wert des Nachlasses des A beträgt (brutto) 40.000 €, jener des Nachlasses der B (einschl des Anteils am Nachlass des A) beläuft sich auf 30.000 €. Die Auseinandersetzung der Nachlässe nach A und B wird gleichzeitig durch das Nachlassgericht durchgeführt.
Im konkreten Falle ist also der Anteil der Witwe B an dem Nachlass des A wertmäßig doppelt zu berücksichtigen, sodass die nur einmal anfallende Gebühr des § 116 KostO aus einem Geschäftswert von 70.000 € zu erheben ist.

48 Bei der Auseinandersetzung des Gesamtguts an einer Gütergemeinschaft und eines Nachlasses wird der Wert nach § 116 Abs. 5 Satz 3 KostO ermittelt.
Beispiel: Das (Brutto-)Gesamtgut der zwischen den Eheleuten A und B bestehenden Gütergemeinschaft beläuft sich auf 30.000 €. Nach dem Tode des Ehemannes A wird durch die überlebende Witwe B die Gütergemeinschaft nicht fortgesetzt. Der Verstorbene verfügte über ein Vorbehalts- und Sondergut von zusammen (brutto) 20.000 €. Die Auseinandersetzung des Gesamtgutes und des Nachlasses wird in einem Verfahren vorgenommen.

49 Der Anteil des A am Gesamtgut der Gütergemeinschaft gehört zu seinem Nachlass (§§ 1482, 1484 Abs. 3). Im vorliegenden Falle ist also die Gebühr des § 116 KostO nur aus einem Geschäftswert von 30.000 € und 20.000 € = 50.000 € zu erheben.

50 **Kostenschuldner**: Kostenschuldner der Gebühr des § 116 KostO (und der Auslagen) sind die Anteilsberechtigten bzw die an ihre Stelle tretenden Erwerber der Erbanteile (§ 2 Nr. 1 KostO). Sie haften gesamtschuldnerisch (§ 116 Abs. 6 KostO). Das Nachlassgericht hat, falls es nicht die Auseinandersetzung einem Notar übertragen muss oder voraussichtlich übertragen wird, einen Vorschuss in Höhe der vierfachen Gebühr zu erheben (§ 8 Abs. 1 Satz 1 KostO).

51 Für die Beurkundungsgebühren gilt § 116 Abs. 6 KostO nicht, ebenso nicht für die Aufnahme von Vermögensverzeichnissen, für Schätzungen und Versteigerungen (§ 116 Abs. 3

KostO), auch nicht für die Ausführung der Auseinandersetzung (Grundbucheintragungen usw). Hierfür gelten die allgemeinen Haftungsvorschriften.

§ 87 Inhalt des Antrags, Ergänzungen

(1) In dem Antrag sollen die Beteiligten und die Teilungsmasse bezeichnet werden.

(2) Hält das Gericht vor der Verhandlung mit den Beteiligten eine weitere Aufklärung für angemessen, so hat es den Antragsteller zur Ergänzung des Antrags, insbesondere zur Angabe der den einzelnen Beteiligten in Ansehung des Nachlasses zustehenden Ansprüche, zu veranlassen. Es kann dem Antragsteller auch die Beschaffung der Unterlagen aufgeben.

A. Form des Antrags

Es gelten die allgemeinen Vorschriften: Der Antrag kann, ebenso wie jede Ergänzung des Auftrages, schriftlich oder zu Protokoll des Richters oder Urkundsbeamten der Geschäftsstelle gestellt werden (Keidel/Kuntze/*Winkler* § 87 Rn 1). Er muss auf die Einleitung eines Verfahrens nach § 86 gerichtet sein. 1

B. Inhalt des Antrags

Der Auseinandersetzungsantrag (Muster s *Firsching/Graf* Nachlassrecht Rn 4.910) soll enthalten: 2

- Name, Stand, Staatsangehörigkeit, letzter Wohnsitz/Aufenthalt, Sterbeort und Todestag des Erblassers, weil sich hieraus die Zuständigkeit des Gerichts ergeben muss;
- Bezeichnung der Beteiligten nach Namen, Stand, Wohnort und ggf ihrer ges Vertreter und ihrer erbrechtlichen Stellung, dh ob sie kraft Gesetzes unter Angabe des Verwandtschaftsverhältnisses oder aufgrund letztwilliger Verfügung besteht, um sie laden zu können;
- Bezeichnung der Teilungsmasse durch Vorlage eines Verzeichnisses sämtlicher Nachlassbestandteile oder eines Inventars, wobei das Nachlassgericht nicht berechtigt ist, von einem der Beteiligten die Einreichung eines NAchlassverzeichnisses zu erzwingen (KGJ 23 A 197).

C. Ergänzung des Antrags

Ist nach Ansicht des Nachlassgerichts eine weitere Aufklärung erforderlich oder ist der Antrag unvollständig, so darf das Gericht den mangelhaften Antrag nicht sofort zurückweisen, sondern hat den Antragsteller aufzufordern, seinen Antrag zu ergänzen (BayObLGZ 1983, 101), wobei sich die Ergänzung auf die Klärung der Nachlassverhältnisse beziehen muss. Hierzu kann es ihm die Beschaffung der nötigen Unterlagen, wie Testamente, Personenstandsurkunden, Eheverträge und Auszüge aus dem Grundbuch, aufgeben (Jansen § 87 Rn 6). Dabei hat es den Antragsteller soweit als möglich zu unterstützen, und zwar in erster Linie bei der Beschaffung von amtlichen Auskünften und Urkunden (KG OLG 41, 17 A. 1). Insoweit stellt Abs. 2 eine Einschränkung des Amtsermittlungsgrundsatzes dar. Ungeachtet dessen kann das Nachlassgericht die Nachlassverhältnisse nach seinem Ermessen von Amts wegen aufklären und Rechts- bzw. Amtshilfe in Anspruch nehmen. Verweigert der Erbschaftsbesitzer die Auskunft, kann das Nachlassgericht die Aufnahme eines Nachlassverzeichnisses veranlassen, sofern nicht ein Miterbe widerspricht (*Jansen* § 87 Rn 2). Es ist aber nicht berechtigt, die zur Durchführung des Verfahrens erforderlichen Unterlagen auf Antrag eines Beteiligten gegen den Willen anderer Beteiligter zwangsweise beizuschaffen (*Jansen* § 87 Rn 2). 3

§ 87 FGG | Inhalt des Antrags, Ergänzungen

4   Besteht Streit zwischen den Beteiligten über die Beibringung von Unterlagen, so muss dieser vom Prozessgericht entschieden werden (KGJ 23 A, 197)
5   Ist es nicht möglich, die Teilungsmasse im Antrag vollständig anzugeben, so hat dies bei der Verhandlung mit den Beteiligten zu gesehen (*Bumiller/Winkler* § 87 Anm 2).

D. Zurückweisung des Antrags

6   In folgenden Fällen kann das Nachlassgericht den Antrag zurückweisen,

- Das Antragsrecht des Antragstellers wird bestritten oder steht ihm nicht zu. Zu beachten ist, dass der Widersprich eines Beteiligten die Einleitung des Verfahrens nicht hindert (KG NJW 1965, 1538).
- der Auseinandersetzung stehen Hindernisse entgegen. Ein derartiges Hindernis liegt insbesondere dann vor, wenn Beteiligte der Auseinandersetzung mit der Behauptung, es bestünden Hindernisse, widersprechen oder ein Hindernis vorliegt, welches sich auch durch den übereinstimmenden Willen aller Beteiligten nicht beseitigen lässt. Allerdings rechtfertigt die Meinungsverschiedenheit über den Wert der Teilungsmasse nicht die Ablehnung des Auseinandersetzungsantrags (OLG München DFG 1936. 239).
- der Antragsteller bringt die verlangten Ergänzungen zum Antrag nicht bei und auch das Nachlassgericht ist nicht in der Lage ist, die fehlenden Unterlagen von Amts wegen zu beschaffen (*Keidel/Kuntze/Winkler* § 87 Rn 6).

E. Entscheidungen

7   **I. Zurückweisung**

Die Zurückweisung kommt in Betracht bei Unzuständigkeit, Alleinerbschaft und Anhängigkeit eines anderen Verfahrens nach § 86 FGG (LG Koblenz FamRZ 2003, 1940).

8   **II. Zwischenverfügung**

Unter Fristsetzung kann das Nachlassgericht dem Antragsteller in der Zwischenverfügung die Antragsergänzung und Beschaffung der Unterlagen aufgeben. Werden die Auflagen nicht erfüllt, ist das Gericht zur Zurückweisung des Antrags berechtigt.

9   **III. Verfahrenseinleitung.**

Das Verfahren kann durch eine besondere Verfügung oder durch eine Ladung nach § 89 FGG eingeleitet werden. Eine Aussetzung im Termin nach § 95 FGG ist möglich. Im Übrigen kommt auch eine Einstellung in Betracht, wenn sich nach der Verfahrenseinleitung ein Zurückweisungsgrund ergibt (*Bassenge/Herbst/Roth* § 87 Rn 5).

F. Rechtsmittel

10 Gegen die Zurückweisung des Antrags und gegen die Zwischenverfügung nach Abs. 2, die einer bedingten Abweisung des Antrages entspricht, steht dem Antragsteller ebenso iwe jedem Antragsberechtigten die einfache Beschwerde nach § 20 Abs. 2 FGG zur Verfügung.
11 Darüber hinaus steht den als Beteiligten in Anspruch Genommenen, solange sie nicht in das Verfahren eingetreten sind, das Recht zu, die einfache Beschwerde gegen die Einleitung des Verfahrens einzulegen. Das Rechtsmittel ist längstens bis zum Verhandlungstermin statthaft (KGJ 30 A, 106). Sind die Beteiligten trotz der Mitteilung nach §§ 89, 91 Abs. 3 FGG untätig geblieben, so entfällt die Beschwerdemöglichkeit (*Schlegelberger* § 87 Rn 6). Danach ist nur noch der Widerspruch nach § 95 FGG zulässig.

§ 88 Pflegschaft für abwesende Beteiligte

Einem abwesenden Beteiligten kann, wenn die Voraussetzungen der Abwesenheitspflegschaft vorliegen und eine Pflegschaft über ihn nicht bereits anhängig ist, für das Auseinandersetzungsverfahren von dem Nachlaßgericht ein Pfleger bestellt werden. Für die Pflegschaft tritt an die Stelle des Vormundschaftsgerichts das Nachlaßgericht.

A. Voraussetzungen

Voraussetzung für die Anwendung des § 88 ist 1

- das Vorliegen der allgemeinen Voraussetzungen einer Abwesenheitspflegschaft nach § 1911 BGB, dh Volljährigkeit des Abwesenden, unbekannter Aufenthalt oder Fürsorgebedürfnis bzw. bei bekanntem Aufenthalt die Verhinderung an der Rückkehr und die damit verbundene Möglichkeit der Besorgung seiner Vermögensangelegenheiten. Es genügt die Verhinderung, an den Ort zu gelangen, an dem die Vermögensangelegenheit zu besorgen ist (RGZ 98, 263) oder eine wesentliche Erschwerung, wenn davon auszugehen ist dass die Rückkehr wegen der Entfernung nicht rechtzeitig und ohne unverhältnismäßige Verzögerung des Auseinandersetzungsverfahrens erfolgen könnte oder wegen der Entfernung und dem Umfang seiner Beteiligung eine Rückkehr und die Bestellung eines Vertreters nicht zu erwarten ist (*Keidel/Kuntze/Winkler*, § 88 Rn 2). Dabei kommt es nicht darauf an. ob die Verhinderung auf seinem Willen beruht oder nicht (*Bumiller/Winkler* § 88 Anm 2).
- die Abwesenheit eines Beteiligten von seinem Wohnsitz, wobei es gleichgültig ist, ob es sich bei dem Abwesenden um einen Deutschen oder Ausländer handelt (KGJ 30 A, 106); Eine ausländische Staatsangehörigkeit des Abwesenden steht nicht entgegen. Art. 24 EGBGB findet keine Anwendung (*Bassenge/Herbst/Roth* § 88 Rn 1), so dass das Nachlassgericht nicht zu klären hat, ob der ausländische Staat die Fürsorge für den Abwesenden im Auseinandersetzungsverfahren übernimmt. An der Abwesenheit fehlt es, wenn sein gesetzlicher Vertreter anwesend ist
- das Fehlen eines bereits anhängigen Pflegschaftsverfahrens für den Abwesenden im Inland. Dabei steht es im Ermessen des Nachlassgerichts, ob es trotz einer Pflegschaft im Ausland eine weitere Pflegschaft für die Beteiligung am Auseinandersetzungsverfahren für erforderlich erachtet.

Das Fürsorgebedürfnis besteht nicht wenn bereits eine Vormundschaft oder eine Betreuung für den Abwesenden besteht (*Bumiller/Winkler* § 88 Anm 1). 2

B. Zuständigkeit

Die **örtliche Zuständigkeit** des Nachlassgerichts für die Anordnung der Pflegschaft bestimmt sich ausschließlich nach § 73 FGG, wobei eine nachträgliche Abgabe an ein anderes Gericht nicht statthaft ist (*Jansen* § 88 Rn 4). Allerdings ist das AG Berlin-Schöneberg nach § 73 Abs. 2 FGG berechtigt, die Angelegenheit abzugeben. 3

Nach § 3 Nr. 2c RPflG ist der Rechtspfleger **funktionell zuständig**. Nach Aufhebung des § 14 Nr. 9, 17 RPflG greift der Richtervorbehalt in § 16 Abs. 1 Nr. 8 RPflG nicht mehr. 4

Sachlich zuständig für das Amtsverfahren ist das Nachlassgericht. Solange eine Pflegschaft nach § 88 FGG besteht und das Fürsorgebedürfnis nur die Beteiligung am Auseinandersetzungsverfahren betrifft, ist das Vormundschaftsgericht sachlich nicht zuständig, weshalb es mangels Fürsorgebedürfnis daran gehindert ist, seinerseits eine Pflegschaft einzuleiten. Bedürfen aber andere Angelegenheiten des Abwesenden der Fürsorge, so kann auch das Vormundschaftsgericht eine Pflegschaft, aber nur für diese Angelegenheiten, einleiten. Allerdings kann das Nachlassgericht die Einleitung einer Abwesenheits- 5 pflegschaft beim Vormundschaftsgericht anregen, da dieses daneben zuständig bleibt (KG OLGZ 1979, 131).

6 Der Notar ist, auch wenn ihm nach landesrechtlichen Vorschriften die Auseinandersetzung übertragen ist, weder zur Anordnung und Führung der Pflegschaft noch zur Erteilung der während des Auseinandersetzungsverfahrens notwendigen Genehmigungen zuständig (BayObLGZ 1983, 101).

C. Anordnung der Pflegschaft

7 Die Anordnung der Pflegschaft für abwesende Beteiligte ist nur für das amtliche Auseinandersetzungsverfahren, nicht aber für die formlose, rechtsgeschäftliche Auseinandersetzung der Beteiligten ohne behördliche Beteiligung möglich (*Bassenge/Herbst/Roth* § 88 Rn 1). Daher kann die Pflegschaft bereits vor der Annahme der Erbschaft durch den Abwesenden (OLG Colmar RJA 16, 63) und vor Einleitung des Auseinandersetzungsverfahrens, aber auch noch während des Verfahrens angeordnet werden.

8 Das Nachlassgericht hat ein Ermessen, ob es die erforderliche Pflegschaft bei dem nach § 39 zuständigen Vormundschaftsgericht anregen will oder sie selbst einleitet.

9 Hält das Vormundschaftsgericht die Voraussetzungen des § 1911 BGB für gegeben, so darf es die Anordnung der Pflegschaft nicht deshalb ablehnen, weil praktische Erwägungen dafür sprechen, dass das Nachlassgericht selbst dazu in der Lage wäre (OLG Frankfurt/M. OLGZ 1979, 131).

D. Umfang der Pflegschaft

10 Die Pflegschaft nach § 88 FGG ist ein Unterfall der Abwesenheitspflegschaft des § 1911. Sie erfolgt nur für das Auseinandersetzungsverfahren. Deshalb tritt das Nachlassgericht an die Stelle des Vormundschaftsgerichts. Es finden daher neben den Vorschriften des BGB über die Pflegschaft auch die Normen des 2. Abschnitts des FGG Anwendung.
Dem Gericht obliegt nicht nur die Anordnung der Pflegschaft, sondern auch die Aufsicht über den Pfleger und die Erteilung der erforderlichen Genehmigungen nach §§ 1915, 1822 Nr. 2. Bei der Erteilung der Genehmigung für den Erbteilungsplan hat das Nachlassgericht in erster Linie zu prüfen, ob der Plan den Interessen des Abwesenden gerecht wird (*Keidel/Kuntze/Winkler* § 88 Rn 11). Gegen Pflichtwidrigkeiten hat das Nachlassgericht durch geeignete Ge- und Verbote einzuschreiten (§§ 1915, 1837 ff).

11 Der Pfleger ist im Rahmen des Auseinandersetzungsverfahrens ges Vertreter des Abwesenden und ist zu allen Handlungen, die hierzu erforderlich sind, berechtigt. Daher kann er für den Pflegling die Erbschaft annehmen und die Erteilung eines Erbscheins beantragen (*Jansen* § 88 Rn 6). Darüber hinaus hat er alle zur Feststellung des Aktiv- und Passivvermögens notwendigen Maßnahmen zu treffen (*Bumiller/Winkler* § 88 Anm 5). Zur Entgegennahme und Verwaltung des Nachlasses des Abwesenden oder zu Zwangsvollstreckungsmaßnahmen aus der bestätigten Auseinandersetzungsvereinbarung nach § 98 ist der Pfleger dagegen nicht befugt (*Keidel/Kuntze/Winkler* § 88 Rn 12).

E. Ende der Pflegschaft

12 Die vom Nachlassgericht angeordnete Pflegschaft endet entweder während des Auseinandersetzungsverfahrens dadurch, dass

- der Abwesende an der Wahrnehmung seiner Angelegenheit nicht mehr verhindert ist
- er verstorben ist
- seine Todeserklärung rechtskräftig durch Beschluss ausgesprochen wurde

oder mit der Beendigung des Auseinandersetzungsverfahrens in Form des rechtskräftigen Bestätigungsbeschlusses. Stellt sich heraus, dass die Angelegenheiten des Abwesenden auch nach Abschluss des Auseinandersetzungsverfahrens noch der Fürsorge bedürfen, muss das Nachlassgericht das Vormundschaftsgericht nach § 35a FGG benachrichtigen, welches bei Vorliegen der Voraussetzungen des § 1911 eine neue Pflegschaft einzuleiten hat; § 46 FGG findet hier keine Anwendung (Keidel/Kuntze/*Winkler* § 88 Rn 14).

F. Rechtsmittel

Der Abwesende kann gegen die Anordnung der Pflegschaft einfache Beschwerde einlegen (*Bassenge/Herbst/Roth* § 88 Rn 5). Den übrigen Beteiligten steht gegen die Ablehnung der Pflegschaftsbestellung das Rechtsmittel der Beschwerde zu (KG NJW 1962, 1921). Dies gilt aber nicht für das Nachlassgericht hinsichtlich der ablehnenden Entscheidung (Keidel/Kuntze/*Winkler* § 88 Rn 5). 13

G. Kosten

Nach § 2 Nr. 2 KostO trägt der Abwesende die Kosten, wobei zu beachten ist, dass die Kosten der Pflegschaft nicht identisch sind mit den Kosten des Auseinandersetzungsverfahrens (*Jansen* § 88 Rn 11). 14

Für die Abwesenheitspflegschaft wird gem § 106 KostO die volle Gebühr erhoben, die mit der Anordnung fällig wird. Maßgebend ist der Wert des von der Pflegschaft betroffenen Vermögens. 15

§ 89 Ladung der Beteiligten

Das Gericht hat den Antragsteller und die übrigen Beteiligten, diese unter Mitteilung des Antrags, zu einem Verhandlungstermin zu laden. Die Ladung durch öffentliche Zustellung ist unzulässig. Die Ladung soll den Hinweis darauf enthalten, daß ungeachtet des Ausbleibens eines Beteiligten über die Auseinandersetzung verhandelt werden würde und daß, falls der Termin vertagt oder ein neuer Termin zur Festsetzung der Verhandlung anberaumt werden sollte, die Ladung zu dem neuen Termin unterbleiben könne. Sind Unterlagen für die Auseinandersetzung vorhanden, so ist in der Ladung zu bemerken, daß die Unterlagen auf der Geschäftsstelle eingesehen werden können.

A. Verfahrenseinleitung

Das Auseinandersetzungsverfahren wird durch die Anberaumung eines Termins und der Ladung der Beteiligten eingeleitet (BayObLGZ 1983, 101). Bei der Neuterminierung ist darauf zu achten, dass die Ladungsfrist des § 90 FGG von mindestens zwei Wochen eingehalten werden kann. Sind alle Beteiligten freiwillig beim Nachlassgericht erschienen und lassen sie sich rügelos ein, ist eine Ladung nicht erforderlich, der Mangel geheilt (KG OLGR 41, 17). 1

B. Form und Inhalt der Ladung

I. Form

Die Ladung hat von Amts wegen nach den Vorschriften der ZPO zu erfolgen, da mit der Zustellung die Frist des § 90 FGG in Lauf gesetzt wird. Sie ist förmlich bekannt zumachen. Nach Satz 2 ist die Ladung durch öffentliche Zustellung unzulässig. Ist sie ausnahmsweise erforderlich, ist ein Abwesenheitspfleger nach § 88 FGG zu bestellen. 2

II. Inhalt der Ladung und Folgen bei Verstoß

Zwingender Inhalt der Ladung ist die Mitteilung des wesentlichen Inhalts des Antrags und seiner etwaigen Ergänzungen sowie der Vermerk, dass die Unterlagen für die Aus- 3

§ 89 FGG | Ladung der Beteiligten

einandersetzung auf der Geschäftsstelle eingesehen werden können, sofern solche vorhanden sind.

4 Fehlt eine dieser Voraussetzungen, so ist die Ladung unwirksam. Ein dennoch durchgeführtes Verfahren ist anfechtbar und erzeugt für den nicht (ordnungsgemäß) geladenen Beteiligten keine Bindungswirkung. Der Mangel kann bis zur Rechtskraft des Bestätigungsbeschlusses durch die Anfechtung geltend gemacht werden. Mit Eintritt der Rechtskraft wird der Mangel geheilt.

5 Dagegen **soll** die Ladung den Hinweis aus Satz 3 enthalten, dass auch bei Ausbleiben eines Beteiligten über die Auseinandersetzung verhandelt werden wird und die Ladung bei Neuterminierung bzw Vertagung die Ladung unterbleiben kann. Das Fehlen dieser Hinweise berührt die Wirksamkeit der Ladung nicht und ist insoweit unschädlich.

6 Bei sonstigen Mängeln ist ein Versäumnisverfahren unzulässig, vielmehr ist die Ladung zu wiederholen.

7 Die Beteiligten werden vor das Nachlassgericht geladen. Ein Anspruch auf Einvernahme bei einem auswärtigen Gericht im Wege der Rechtshilfe besteht nicht (Keidel/Kuntze/ Winkler § 89 Rn 8). Allerdings kann das Nachlassgericht ein anderes AG im Wege der Rechtshilfe ersuchen, die Erklärungen einzelner Beteiligter entgegenzunehmen bzw einen Termin abzuhalten (Jansen § 89 Rn 1).

III. Zu ladende Personen

8 Das Nachlassgericht hat den Antragsteller sowie die im Antrag benannten und vom Gericht ermittelten Beteiligten zu laden, wobei für Geschäftsunfähige und beschränkt Geschäftsfähige wenigstens einer der ges Vertreter (§ 171 ZPO) zu laden ist.

9 Wird ein Beteiligter durch einen Bevollmächtigten vertreten, so muss diesem die Ladung zugestellt werden (Jansen § 89 Rn 2), entsprechendes gilt für den Generalbevollmächtigten. Ausreichend ist die Zustellung an einen Zustellungsbevollmächtigten.

10 Die Beteiligten können nicht gezwungen werden, der Ladung zu folgen.

C. Versäumnisfolgen

11 Ist ein ordnungsgemäß geladener Beteiligter zur Verhandlung nicht erschienen, kann das Gericht mit den übrigen Beteiligten über die Auseinandersetzung verhandeln, da die Einhaltung der Ladungsvorschriften keinen Einfluss auf die Zulässigkeit der Verhandlung mit den Erschienenen hat, sondern nur eine Voraussetzung für die Einleitung des Versäumnisverfahrens darstellt (KG OLG 41, 17).

12 Reicht ein Termin nicht aus, um die Verhandlung zu Ende zu führen und wird ein Fortsetzungstermin anberaumt, muss der ordnungsgemäß geladene aber nicht erschienene Beteiligte nicht mehr geladen werden.

13 Die weiteren Versäumnisfolgen ergeben sich aus §§ 91 Abs. 3, 92, 93 Abs. 2 FGG: Der Nichterschienene kann die Anberaumung eines neuen Termins beantragen. Ist mit einem solchen Antrag zu rechnen, weil dieser Beteiligte seine Abwesenheit entschuldigen kann, ist es zweckmäßiger, den Termin sofort zu verlegen bzw den Nichterschienenen zum neuen Termin zu laden.

D. Rechtsmittel

14 Die Terminsladung ist eine Verfügung iSd § 19 FGG und daher mit der einfachen Beschwerde anfechtbar. Ausreichend ist die Behauptung, der Antragsteller sei nicht antragsberechtigt oder der Geladene sei nicht beteiligt. Sie ist zeitlich befristet nur bis zum Beginn des Verhandlungstermins möglich. Danach kann die Aussetzung nur durch einen Widerspruch im Termin herbeigeführt werden, § 95 FGG.

§ 90 Ladungsfrist

(1) Die Frist zwischen der Ladung und dem Termin muß mindestens zwei Wochen betragen.

(2) Diese Vorschrift findet auf eine Vertagung sowie auf einen Termin zur Fortsetzung der Verhandlung keine Anwendung. In diesen Fällen kann die Ladung der zu dem früheren Termin geladenen Beteiligten durch die Verkündung des neuen Termins ersetzt werden.

A. Erster Termin (Abs. 1)

I. Frist

Das Gericht ist an die Mindestfrist von zwei Wochen gebunden, sofern nicht alle Beteiligten von vornherein oder in der Verhandlung auf die Einhaltung der Frist verzichten (*Jansen* § 90 Rn 1). In diesem Fall kann dann bei Nichteinhaltung der Ladungsfrist ein Versäumnisverfahren durchgeführt werden (BayObLGZ 4, 504). Zur Wirksamkeit einer Vereinbarung oder des Verzichts ist die Teilnahme sämtlicher Beteiligten erforderlich, wobei der Verzicht aller Erschienenen nicht gegen die Nichterschienenen wirkt und auch über § 91 Abs. 3 FGG nicht ersetzt werden kann. 1

Über § 17 finden bei der Fristberechnung die Vorschriften des BGB (§§ 187 Abs. 1, 188 Abs. 2) in der Weise Anwendung, dass der Zustellungs- und Terminstag nicht mitgerechnet wird. Entsprechendes gilt bei einer Terminsverlegung. 2

Die Frist ist auch dann zu wahren, wenn der erste Termin aufgehoben und ein neuer Termin bestimmt wird, bevor der erste stattgefunden hat, wenn sich im ersten Termin rechtliche Hindernisse für den Verhandlungsbeginn ergeben, weil die Beteiligten nicht oder nicht vollständig geladen waren oder ein Beteiligter erstmals vor einem ersuchten Gericht vernommen wurde (Keidel/Kuntze/*Winkler* § 90 Rn 4). 3

II. Ausnahmen

Die Ladungsfrist ist dagegen nicht einzuhalten, wenn vertagt wird, ein neuer Termin zur Fortsetzung der Verhandlung anberaumt wird oder bei den Terminen, die auf Antrag eines im Termin nicht erschienenen Beteiligten gem §§ 91 Abs. 3, 93 Abs. 2 FGG bestimmt werden. In diesen Fällen kann die Ladung der Beteiligten, die zum früheren Termin geladen waren, durch die Verkündung des neuen Termins ersetzt werden. 4

III. Folgen der Nichteinhaltung der Frist

Sofern nicht alle Beteiligten auf Einhaltung der Frist verzichtet haben, ist ein neuer Termin, und zwar unter Wahrung der Frist, anzuberaumen. Trotz Einverständnisses aller Beteiligten kann in die Verhandlung nicht eingetreten werden, wenn ein Beteiligter nicht anwesend ist; unter Beachtung der Ladungsfrist ist ein neuer Termin zu bestimmen. Darüber hinaus haben die Erschienenen das Recht, die Verhandlung zu verweigern. Wird dennoch verhandelt, muss sich der Nichterschienene die Versäumnisfolgen der §§ 91 Abs. 3, 93 Abs. 2 FGG nicht entgegenhalten lassen. Haben die Beteiligten aber auf die Einhaltung der Ladungsfrist verzichtet, kann das Versäumnisverfahren durchgeführt werden. Dies ist nur dann unzulässig, wenn die Frist nicht eingehalten wurde; die Ladung ist dann gem § 89 FGG zu wiederholen. 5

Da sein Recht, unter Wahrung der Frist geladen zu werden, beeinträchtigt ist, kann der nicht rechtzeitig Geladene gegen die Ladungsverfügung Beschwerde einlegen mit dem Antrag, den Termin aufzuheben und einen neuen Termin unter Wahrung der Ladungsfrist anzuberaumen (str, so: *Bumiller*/*Winkler* § 90 Anm 3; aA *Jansen* § 90 Rn 2). 6

§ 91 FGG | Außergerichtliche Vereinbarung über Teilung des Nachlasses

7 Der Bestätigungsbeschluss kann mit der sofortigen und sofortigen weiteren Beschwerde angefochten werden (*Josef* S 515). Der Mangel wird erst durch die Rechtskraft des Bestätigungsbeschlusses geheilt.

B. Fortsetzungstermin (Abs. 2)

8 Das Gericht kann, sofern es die Verhandlung vertagt (Verlegung des Termins in der mündlichen Verhandlung vor Eintritt in die sachliche Verhandlung (Keidel/Kuntze/Winkler § 90 Rn 5a) oder einen Termin zur Fortsetzung der Verhandlung anberaumt, sämtliche Beteiligte zum neuen Termin erneut laden, wobei eine formlose Ladung genügt, welche die Ladungsfrist nicht zu beachten hat, den neuen Termin durch Verkündung bekannt geben, wobei die nichterschienenen, aber ordnungsgemäß geladenen Beteiligten nicht mehr geladen zu werden brauchen, sofern das Ausbleiben nicht als entschuldigt erscheint oder den Erschienenen den Termin verkünden und die Nichterschienenen zum Termin laden.

9 Die Ladungsfrist entfällt, wenn zum ersten Termin alle Beteiligten ordnungsgemäß geladen oder trotz fehlerhafter Ladung rügelos erschienen sind und in der Verhandlung ein neuer Termin bestimmt wird. Zum neuen Termin erfolgt die Ladung nach Abs. 2 Satz 2 oder durch einfache Bekanntmachung (*Bassenge/Herbst/Roth* § 90 Rn 2). § 89 Satz 1, 3, 4 FGG findet keine Anwendung.

§ 91 Außergerichtliche Vereinbarung über Teilung des Nachlasses

(1) Treffen die erschienenen Beteiligten vor der Auseinandersetzung eine Vereinbarung über vorbereitende Maßregeln, insbesondere über die Art der Teilung, so hat das Gericht die Vereinbarung zu beurkunden. Das gleiche gilt, wenn nur ein Beteiligter erschienen ist, in Ansehung der von diesem gemachten Vorschläge.

(2) Sind die Beteiligten sämtlich erschienen, so hat das Gericht die von ihnen getroffene Vereinbarung zu bestätigen. Dasselbe gilt, wenn die nicht erschienenen Beteiligten ihre Zustimmung zu gerichtlichem Protokoll oder in einer öffentlich beglaubigten Urkunde erteilen.

(3) Ist ein Beteiligter nicht erschienen, so hat das Gericht, sofern er nicht nach Absatz 2 Satz 2 zugestimmt hat, ihm den Inhalt der Urkunde, soweit dieser ihn betrifft, bekanntzumachen und ihn gleichzeitig zu benachrichtigen, daß er die Urkunde auf der Geschäftsstelle einsehen und eine Abschrift der Urkunde fordern könne. Die Bekanntmachung muß den Hinweis darauf enthalten, daß, wenn der Beteiligte nicht innerhalb einer von dem Gericht zu bestimmenden Frist die Anberaumung eines neuen Termins beantrage oder wenn er in dem neuen Termin nicht erscheine, sein Einverständnis mit dem Inhalt der Urkunde angenommen werden würde. Beantragt der Beteiligte rechtzeitig die Anberaumung eines neuen Termins und erscheint er in diesem Termin, so ist die Verhandlung fortzusetzen. Anderenfalls hat das Gericht die Vereinbarung zu bestätigen.

A. Allgemeines

1 Das Gesetz regelt in den §§ 91 und 93 FGG zwei Verfahrensabschnitte: die Verhandlung über vorbereitende Maßregeln und die Verhandlung über die Auseinandersetzung. Das Vermittlungsverfahren soll sich nach dem jeweiligen Einzelfall richten. Daher ist eine Untergliederung in mehrere Abschnitte mit mehreren Terminen, wie zB eine Verhandlung über vorbereitende Maßregeln und über die Auseinandersetzung nicht zwingend. Es ist ohne weiteres möglich, dass über beides im selben Termin verhandelt wird. So können die

Beteiligten schon im ersten Termin eine Vereinbarung über die Teilung mit der endgültigen Auseinandersetzung verbinden; denkbar ist auch, dass sich das Verfahren über vorbereitende Maßregeln erübrigt (*Bracker* MittBayNot 1984, 114).

B. Vorbereitenden Maßregeln

Erfordert die Auseinandersetzung vorbereitende Maßregeln, so sind diese zunächst mit den Beteiligten zu erörtern. Als vorbereitende Maßregeln zur Auseinandersetzung kommen in Betracht: 2

- Vollständige Erfassung der Aktiva und Passiva des Nachlasses
- Vereinbarungen über die Schätzung und Art der Teilung einzelner Nachlassgegenstände (durch Verkauf, Übernahme seitens eines Miterben oder Teilung in Natur), über die Art des Verkaufs (freihändiger Verkauf oder öffentliche Versteigerung, BayObLGZ 3, 381) und über die Zahlung (§§ 752 ff, 2042, 2048 ff BGB, §§ 180 ZVG) (Keidel/Kuntze/*Winkler* § 91 Rn 3). Wird die Zwangsversteigerung zwecks Aufhebung der Gemeinschaft betrieben, weil sich die Beteiligten über die Verteilung des Grundbesitzes nicht einigen können, wird das Vermittlungsverfahren bis zur Beendigung der Zwangsversteigerung ausgesetzt (*Firsching/Graf* Rn 4.926).
- Vereinbarungen über Gegenstand und Wert der unter Abkömmlingen zur Ausgleichung zu bringenden Zuwendungen
- Vereinbarungen über die Übernahme von Nachlassverbindlichkeiten durch einzelne Erben (Bumiller/*Winkler* § 91 Anm 2a), insb durch den überlebenden Ehegatten
- Bezeichnung der Nachlassgegenstände, aus denen Nachlassverbindlichkeiten zu berichtigen sind bzw welche zur Berichtigung zurückzubehalten sind, § 2046
- Feststellung der gegenseitigen Ansprüche der Nachlassmasse und der einzelnen Miterben (Keidel/Kuntze/*Winkler* § 91 Rn 3).

Zu den vorbereitenden Maßregeln gehören nicht die Vereinbarungen über die Teilung selbst, dh welche Teile jeder Miterbe erhalten soll. 3

C. Verfahren

Das Nachlassgericht hat zu verhandeln, wenn auch nur ein einziger der Beteiligten erschienen ist, wobei es sich bei diesem Beteiligten nicht um den Antragsteller handeln muss. 4

Sind sämtliche Beteiligte erschienen und kommt eine Einigung zustande, so ist diese zu beurkunden; und zwar auch dann, wenn darin nicht alle Streitpunkte erledigt sind. Hierüber ist ein Protokoll aufzunehmen und das Verfahren bis zur Erledigung dieser Streitpunkte im Rechtsweg auszusetzen, § 95 FGG. Dies gilt auch dann, wenn eine Einigung unter den Erschienenen nicht zustande kommt. 5

Ist nur ein Beteiligter erschienen und macht dieser Vorschläge, so sind diese zu beurkunden und an die Nichterschienenen mitzuteilen. Darüber hinaus ist ihnen eine Frist für die Beantragung eines neuen Termins zu bestimmen und anzukündigen, dass die Fristversäumnis als Zustimmung gilt (§ 91 Abs. 3 Satz 2 FGG; *Schubert* DFG 1944, 91). Entsprechendes gilt, wenn nur ein Teil der Beteiligten erschienen ist und sie sich einigen. 6

Nicht erschienen ist nicht nur derjenige, der dem Termin ferngeblieben ist, sondern auch, wer sich vor Abschluss der Verhandlung und Beurkundung entfernt hat, ohne eine widersprechende Erklärung abgegeben zu haben, der unentschuldigt dem Termin ferngeblieben ist (Bumiller/*Winkler* § 91 Anm 3c) und der wegen Ungebühr nach § 8 iVm § 177 GVG aus dem Verhandlungsraum entfernt wurde, bevor er eine Erklärung zur Sache abgeben konnte (Keidel/Kuntze/*Winkler* § 91 Rn 17). In einem solchen Fall wird das Gericht den Termin vertagen und neu laden. 7

Weigert sich ein Beteiligter, eine Erklärung abzugeben, ist dies als Widerspruch gegen die Durchführung des Verfahrens zu bewerten (Bumiller/*Winkler* § 91 Anm 3c). Er darf aber 8

§ 91 FGG | Außergerichtliche Vereinbarung über Teilung des Nachlasses

nicht wie ein nicht erschienener Beteiligter behandelt werden. Entsprechendes gilt, wenn sich der Beteiligte durch einen Bevollmächtigten vertreten lässt, vom Gericht aber das persönliche Erscheinen angeordnet ist und der Beteiligte nicht erscheint; auch er gilt als widersprechend (OLG Stuttgart WürttZ 22, 65). Der Nichterschienene kann aber nachträglich seine Zustimmung erteilen, und zwar entweder zu Protokoll des Nachlassgerichts oder in Form einer öffentlich beglaubigten Urkunde, § 91 Abs. 2 Satz 2 FGG. Es ist nicht notwendig, dass die Zustimmung auch den anderen Beteiligten gegenüber erklärt wird (RG DNotZ 1912, 33). Unerheblich ist, aufgrund wessen Veranlassung die nachträgliche Zustimmung erteilt wurde; ist ein Beteiligter erst nachträglich bekannt geworden, so kann gegen ihn nur dann nach § 91 Abs. 3 FGG verfahren werden, wenn er freiwillig zustimmt (Keidel/Kuntze/*Winkler* § 91 Rn 15). Er ist dann in einem neuen Termin zu laden.

9 Im Übrigen ist es nach § 91 Abs. 2 Satz 1 FGG möglich, die Zustimmung bereits vor dem Termin wirksam abzugeben mit der Folge, dass eine wirksame Vereinbarung zustande gekommen ist, die vom Gericht bestätigt werden kann (KG KGJ 49, 88).

10 Ist im ersten Verhandlungstermin vor dem Nachlassgericht niemand erschienen, ruht das Verfahren von Amts wegen (Keidel/Kuntze/*Winkler* § 91 Rn 7). Im Übrigen können die Beteiligten nicht zum Erscheinen gezwungen werden.

11 Hat ein Beteiligter gegen die Bestätigung der Vereinbarung über vorbereitende Maßregeln Beschwerde eingelegt, kann über die Auseinandersetzung erst nach Rechtskraft der Bestätigung verhandelt werden (Keidel/Kuntze/*Winkler* § 91 Rn 9).

D. Beteiligte

12 Beteiligte sind Personen, von deren Mitwirkung nach bürgerlichem Recht die Wirksamkeit der Auseinandersetzung abhängt (Keidel/Kuntze/*Winkler* § 86 Rn 44). Hierzu zählen der Erbe, der Nacherbe, der Erwerber eines Erbteils an Stelle des Erben, der Nießbraucher an einem Erbteil und derjenige, dem ein Pfandrecht oder Pfändungspfandrecht (*Jansen* § 86 Rn 23) an einem Erbteil zusteht, der ges Vertreter und bei Ehegatten derjenige, der im Güterstand der Zugewinngemeinschaft oder Gütertrennung Erbe geworden ist (näher hierzu s.o. § 86 Rn 21 ff).

13 Ein Versäumnisurteil gegen neue Beteiligte, die erst im Laufe des Verfahrens ermittelt werden, kann nur dann ergehen, wenn alle Beteiligte zu einem neuen Termin geladen sind (*Weißler* S 116). Ergibt sich aus einem später aufgefundenen Testament, dass die Zugezogenen nicht Erben geworden sind, ist die Bestätigung zu versagen (AG Stuttgart BWNotZ 1970, 46).

E. Widerspruch

14 Widerspricht nur ein erschienener Beteiligter, hindert dieser Widerspruch, soweit er sich erstreckt, die Vereinbarung über die vorbereitenden Maßregeln und die Auseinandersetzung (Keidel/Kuntze/*Winkler* § 91 Rn 11). Auch die Verweigerung der Unterschrift auf der aufgenommenen Urkunde ist, da sie nach § 13 BeurkG zwingend erforderlich ist, als Widerspruch zu werten (AG Stuttgart BWNotZ 1970, 46). Dagegen hindert der Widerspruch eines Dritten mit der Behauptung, ihm stünde ein Pfandrecht an einem Erbteil zu, die Beurkundung der Vereinbarung nicht, wenngleich er aber zur Aussetzung des Verfahrens zwingt (KG RJA 5, 230).

15 Ein Beteiligter kann denWiderspruch nur mündlich vor dem Nachlassgericht oder einem ersuchten Gericht erklären (Keidel/Kuntze/*Winkler* § 91 Rn 11). Ein schriftlicher oder außerhalb eines Verhandlungstermins erhobener Widerspruch eines Nichterschienenen ist rechtlich wirkungslos. Er hindert daher weder die Fortsetzung des Verfahrens noch verpflichtet er das Nachlassgericht zur Verfahrenseinstellung (*Firsching* DNotZ 1952, 117; aA: OLG Köln DNotZ 1951, 524).

F. Inhalt der Beurkundung und Form

I. Inhalt der Beurkundung

Das Nachlassgericht hat sowohl die Vorschläge einzelner Erschienener über vorbereitende Maßregeln als auch die Vereinbarungen mehrerer Erschienener zu beurkunden, wenn und soweit sie eine Einigung erzielt haben. Dabei kann sich das Gericht nicht weigern, eine Vereinbarung zu beurkunden, die ihm unbillig erscheint oder die den Interessen der Nichterschienenen oder dem Willen des Erblassers widersprechen. Ein Weigerungsrecht steht dem Nachlassgericht nur zu, wenn die Vereinbarung gegen ein ges Verbot oder die guten Sitten verstößt (*Jansen* § 91 Rn 7).

Aus dem Beurkundungsprotokoll muss sich ergeben, worüber keine Einigung erzielt werden konnte, § 95.

Die Beteiligten sind an die beurkundeten Vereinbarungen gebunden; die Bindung erlischt, wenn ein früher nicht erschienener Beteiligter in dem auf seinen Antrag anberaumten Termin widerspricht oder einen neuen Vorschlag macht (KG OLGZ 40, 26).

II. Form der Beurkundung

Die Vereinbarung wird zu Protokoll des Nachlassgerichts erklärt, und zwar unter Beachtung der für die Beurkundung von Willenserklärungen geltenden Vorschriften der §§ 6 – 16, 22 – 26 BeurkG (*Bracker* MittBayNot 1984, 114), wobei insb § 13 BeurkG zu berücksichtigen ist, der die Genehmigung und Unterzeichnung des Protokolls durch die Beteiligten und den Rechtspfleger vorsieht. Zuständig ist der Rechtspfleger nach § 3 Nr. 2c und § 3 Nr. 1f RPflG (*Jansen* § 91 Rn 3).

G. Benachrichtigung

Das Nachlassgericht hat die nicht erschienenen Beteiligten sofort von der erfolgten Beurkundung zu benachrichtigen, wenn mehrere Personen zu einer Vereinbarung gelangt oder der Vorschlag eines einzigen Erschienenen entgegengenommen wurde (*Keidel/Kuntze/Winkler* § 91 Rn 21).

Die Benachrichtigung hat folgenden notwendigen Inhalt:

- Inhalt der Urkunde, soweit sie den Empfänger betrifft; eine vollständige Abschrift erteilt das Gericht nur auf Verlangen (OLG Stuttgart WürttZ 22, 65).
- Hinweis, dass die Urkunde auf der Geschäftsstelle des Gerichts eingesehen und eine Abschrift verlangt werden kann
- Hinweis auf die Versäumnisfolgen und Bestimmung einer angemessenen Frist zur Abwendung dieser Folgen
- Bestimmung einer Frist zur Beantragung eines neuen Termins

Das Nachlassgericht setzt die Frist nach seinem Ermessen fest und kann sie daher auch verlängern. Gegen die Fristsetzung ist das Rechtsmittel der Beschwerde statthaft mit der Behauptung, die Frist sei zu lang oder zu kurz bemessen (*Jansen* § 91 Rn 17).

Ein inhaltlicher Mangel der Bekanntmachung hindert den Eintritt der Versäumnisfolgen (BayObLGZ 25, 126). Die Bekanntmachung ist wegen des Fristenlaufs von Amts wegen zuzustellen, wobei die öffentliche Zustellung zulässig ist.

H. Versäumnis

Das Versäumnisverfahren ist in § 91 Abs. 3 FGG geregelt. Zwar ist das Gericht gehalten, eine gütliche Einigung der Beteiligten zu vermitteln, doch kann es deren Erscheinen nicht erzwingen. Daher hat der Gesetzgeber im Versäumnisverfahren Rechtsfolgen vorgesehen, welche die Beteiligten anhalten sollen, zum Termin zu erscheinen. Wer also trotz ord-

§ 91 FGG | Außergerichtliche Vereinbarung über Teilung des Nachlasses

nungsgemäßer Ladung nicht erscheint, kann entweder innerhalb der vom Gericht gesetzten Frist einen neuen Terminsantrag stellen und erscheinen oder es wird unterstellt, dass er mit dem beurkundeten Vorschlag bzw der Vereinbarung einverstanden ist (*Firsching* S 370).

25 Gibt der Ausgebliebene innerhalb der Frist keine Erklärung ab, wird sein Einverständnis zu der Vereinbarung/zum Vorschlag angenommen und sofort nach Fristablauf die Bestätigung erteilt. Es wird fingiert, als habe der Säumige im Zeitpunkt der Auseinandersetzung der beurkundeten Vereinbarung zugestimmt (BayObLGZ 11, 720). Es ist dem nicht Erschienenen nicht mehr möglich, materielle Einwendungen gegen die Bestätigung geltend zu machen. Eine Anfechtung kommt nur wegen Formfehlern in Betracht, wenn der Ausgebliebene Beteiligter ist. Seine bloße Mitteilung, er sei mit der Vereinbarung nicht einverstanden, hindert nicht den Eintritt der Säumnisfolgen. Daher ist auch in diesem Fall die Auseinandersetzung zu bestätigen (Keidel/Kuntze/*Winkler* § 91 Rn 29). Allerdings kann dem Widersprechenden eine Frist gesetzt werden, zu erklären, ob sein Widerspruch einen Terminsantrag enthält (*Firsching* DNotZ 1952, 117).

26 Beantragt der Nichterschienene einen Termin und erscheint dann erneut nicht, so sind die übrigen Beteiligten an ihre frühere Vereinbarung gebunden (Keidel/Kuntze/*Winkler* § 91 Rn 30).

27 Bei geschäftsunfähigen oder beschränkt geschäftsfähigen Beteiligten treten die Versäumnisfolgen nur dann ein, wenn der ges Vertreter säumig ist; ggf ist die vormundschafts- bzw familiengerichtliche Genehmigung einzuholen, § 97 Abs. 2 FGG. Die Versäumnisfolgen können gegen einen nichtvertretenen, aber der Vertretung bedürftigen Beteiligten nicht eintreten. Sie erstrecken sich auf alle Vereinbarungen der Beteiligten, die im Auseinandersetzungsverfahren wirksam getroffen wurden (KG NJW 1965, 1538).

I. Anberaumung eines neuen Termins

28 Beantragt ein nicht erschienener Beteiligter rechtzeitig die Anberaumung eines neuen Termins und erscheint er in diesem Termin, so ist nach § 91 Abs. 3 Satz 3 FGG die Verhandlung fortzusetzen. Nicht notwendig ist die ausdrückliche Antragstellung, sofern er sich aus dem gesamten Inhalt der Erklärung ergibt (OLG Karlsruhe BadRpsr 1932, 62). Zum neuen Termin sind wieder alle Beteiligten zu laden, wobei die Ladung weder den nach § 91 Abs. 3 vorgeschriebenen Inhalt haben noch die Frist des § 90 Abs. 1 beachten muss (*Schlegelberger* Rn 10).

29 Erklärt der nunmehr Erschienene sein Einverständnis mit den Vereinbarungen, können sie bestätigt werden. Ist er dagegen nicht einverstanden und macht er abweichende Vorschläge, muss das Nachlassgericht erneut mit den übrigen Beteiligten verhandeln und versuchen, eine Einigung herbeizuführen.

J. Bestätigung

30 Die Bestätigung der getroffenen Vereinbarungen erfolgt durch einen besonderen Beschluss, § 96, wenn entweder sämtliche Beteiligten erschienen sind (Abs. 2 Satz 1), nicht erschienene Beteiligte ihre Zustimmung erteilt haben (Abs. 2 Satz 2) oder nicht erschienene Beteiligte nach ordnungsgemäßer Benachrichtigung und Aufforderung nicht rechtzeitig einen neuen Termin beantragt haben (Abs. 3 Satz 4) (*Bumiller/Winkler* § 91 Anm 6).

31 In einfach gelagerten Fällen kann der Bestätigungsbeschluss entfallen, wenn die sofortige Erledigung angezeigt ist. Im Übrigen können die Beteiligten auf die Bestätigung verzichten. Voraussetzung dafür ist, dass sämtliche Beteiligte den Verzicht erklären. Durch den Verzicht gilt der Antrag auf amtliche Vermittlung der Auseinandersetzung als zurückgenommen bzw das Verfahren im Wege der Vereinbarung als beendet. Bis zum Eintritt der Rechtskraft des Bestätigungsbeschlusses kann der Verzicht erklärt werden (*Josef* WürttZ 191b, 311).

K. Prüfung durch das Gericht

Vor Erteilung der Bestätigung prüft das Gericht lediglich die Einhaltung der formellen Verfahrensvoraussetzungen, wie zB Form und Frist für Ladungen und Bekanntmachungen, nicht aber die Zweckmäßigkeit der Vereinbarung oder ihre Vorteilhaftigkeit für die einzelnen Beteiligten (Keidel/Kuntze/*Winkler* § 91 Rn 36). 32

Die Bestätigung muss aus sachlichen Gründen versagt werden, wenn die getroffene Vereinbarung gegen ein ges Verbot (§ 134) oder gegen die guten Sitten verstößt (§ 138) (*Jansen* § 91 Rn 7). Unter den Voraussetzungen des § 97 Abs. 2 kann das Nachlassgericht zu einer materiellen Prüfung veranlasst sein. 33

Die Wirksamkeit der Erklärungen des ges Vertreters eines ausländischen Minderjährigen bestimmt sich gem Art. 7 EGBGB nach ausländischem Recht (OLG Colmar 5, 288). 34

L. Bekanntmachung der Bestätigung

Wegen des Fristenlaufs für die sofortige Beschwerde ist die Bestätigung sämtlichen Beteiligten nach § 16 Abs. 2 Satz 1 oder Abs. 3 bekannt zu machen. Gegen den Beschluss findet nach § 96 FGG die sofortige Beschwerde nur mit der Begründung statt, dass die Verfahrensvorschriften nicht beachtet worden seien. Ein Verzicht auf die Bekanntmachung ist nicht möglich (*Seeger* AcP 126, 254). 35

Verweigert das Nachlassgericht die Bestätigung, findet hiergegen die einfache Beschwerde statt. 36

M. Rechtshilfe

Hat ein Beteiligter seinen Wohnsitz nicht im Bezirk des Nachlassgerichts, so kann eine Vereinbarung im Wege der Rechtshilfe herbeigeführt werden, wenngleich ein Anspruch auf Ladung zum Gericht des Wohnortes, um dort eine Erklärung abzugeben, nicht besteht (Keidel/Kuntze/*Winkler* § 91 Rn 33). Es ist nicht erforderlich, dass das Nachlassgericht zunächst einen Verhandlungstermin abgehalten hat, um das Rechtshilfeverfahren einzuleiten. Nach §§ 2, 194 IV ist auch den Notaren bzw. sonstigen landesrechtlich für die Auseinandersetzung zuständigen Behörden Rechtshilfe zu leisten. 37

§ 92 Wiedereinsetzung in den vorigen Stand

War im Falle des § 91 der Beteiligte ohne sein Verschulden verhindert, die Anberaumung eines neuen Termins rechtzeitig zu beantragen oder in dem neuen Termin zu erscheinen, so ist ihm auf Antrag von dem Gericht die Wiedereinsetzung in den vorigen Stand zu erteilen, wenn er binnen zwei Wochen nach der Beseitigung des Hindernisses die Anberaumung eines neuen Termins beantragt und die Tatsachen, welche die Wiedereinsetzung begründen, glaubhaft macht. Eine Versäumung, die in dem Verschulden eines Vertreters ihren Grund hat, wird als eine unverschuldete nicht angesehen. Nach dem Ablauf eines Jahres, von dem Ende der versäumten Frist an gerechnet, kann die Wiedereinsetzung nicht mehr beantragt werden.

A. Voraussetzungen der Wiedereinsetzung

Grund für die Wiedereinsetzung ist die unverschuldete Verhinderung, im Termin zu erscheinen, auf eine nach § 91 Abs. 3 FGG oder § 93 Abs. 2 FGG erfolgte Bekanntmachung hin rechtzeitig die Anberaumung eines neuen Termins zu beantragen oder in dem neuen Termin zu erscheinen. Der Antrag ist binnen zwei Wochen nach Beseitigung des Hindernisses, spätestens binnen Jahresfrist seit dem Ende der versäumten Frist zu stellen. Die die Wiedereinsetzung begründenden Tatsachen sind glaubhaft zu machen. Mit dem Antrag 1 auf Wiedereinsetzung ist auch der Antrag auf Anberaumung eines neuen Termins zu verbinden.

2 Die Versäumnis ist nicht unverschuldet, wenn sich der Beteiligte durch einen Bevollmächtigten hätte vertreten lassen können (KG OLG 41, 17). Ein Verschulden seines Vertreters muss sich der Beteiligte zurechnen lassen. Die Gründe des mangelnden Verschuldens sind die gleichen wie in § 22 Abs. 2 FGG: eigene Erkrankung oder Erkrankung eines Familienmitglieds des Beschwerdeführers (BGH NJW 1975, 593), Geistesschwäche, die den Beteiligten außerstande setzt, die Bedeutung der ihm zugestellten Schriftstücke zu verstehen (BayObLGZ 2, 330), Unkenntnis oder zu spät erlangte Kenntnis vom Inhalt bei Vorenthalten der Entscheidung bei Ersatzzustellung (BayObLG 56, 1), Rechtsirrtum und Unkenntnis des Gesetzes (BGH NJW 1964, 2304/2305). Auf den normalen Gang des Postverkehrs kann sich der Beschwerdeführer im Allgemeinen verlassen (BVerfG NJW 1977, 1233), wobei aber in Erwägung gezogen werden muss, dass die normalen Postlaufzeiten überschritten werden (OLG Hamm NJW 1973, 2000).

3 **B. Zuständigkeit**

Zuständig ist der Rechtspfleger beim Nachlassgericht bzw der Notar in Baden-Württemberg. Die Beteiligten sind von der Wiedereinsetzung in Kenntnis zu setzen.

4 **C. Wirkungen**

Durch die Wiedereinsetzung wird das Verfahren in die Lage zurückversetzt, die vor der Säumnis bestand. Vereinbarungen oder Auseinandersetzungen werden wirkungslos, allerdings bleibt der erste mit den Beteiligten abgehaltene Termin hiervon unberührt. Die Verhandlungen sind wiederaufzunehmen und nach § 91 Abs. 3 Satz 3 FGG so fortzusetzen, als hätte der Antragsteller rechtzeitig die Anberaumung eines neuen Termins beantragt.

5 Das Gericht hat den nicht rechtzeitig beantragten Termin anzuberaumen bzw den versäumten Termin zu wiederholen. Für die Ladung zum Termin sind, da es sich um die Fortsetzung des Verfahrens handelt, weder die Beteiligten nach § 89 FGG zu laden noch die Ladungsfristen nach § 90 FGG zu beachten.

D. Rechtsmittel

6 Gegen den Beschluss über den Wiedereinsetzungsantrag findet die sofortige Beschwerde (§ 11 Abs. 1 RPflG, § 96 FGG) statt. Beschwerdeberechtigt ist, sofern die Wiedereinsetzung gewährt wurde, jeder andere Beteiligte; wurde die Wiedereinsetzung abgelehnt, ist nur der Antragsteller nach § 20 Abs. 2 FGG bzw jeder, der den Antrag stellen konnte (Keidel/Kuntze/Winkler/*Kahl* § 20 Rn 51), beschwerdeberechtigt.

Bei Versäumung der Frist für die sofortige Beschwerde ist die Wiedereinsetzung nach Maßgabe des § 22 Abs. 2 FGG statthaft.

§ 93 Auseinandersetzungsplan

(1) Sobald nach Lage der Sache die Auseinandersetzung stattfinden kann, hat das Gericht einen Auseinandersetzungsplan anzufertigen. Sind die erschienenen Beteiligten mit dem Inhalt des Planes einverstanden, so hat das Gericht die Auseinandersetzung zu beurkunden. Sind die Beteiligten sämtlich erschienen, so hat das Gericht die Auseinandersetzung zu bestätigen; dasselbe gilt, wenn die nicht erschienenen Beteiligten ihre Zustimmung zu gerichtlichem Protokoll oder in einer öffentlich beglaubigten Urkunde erteilen.

(2) Ist ein Beteiligter nicht erschienen, so hat das Gericht nach § 91 Abs. 3 zu verfahren. Die Vorschriften des § 92 finden entsprechende Anwendung.

A. Allgemeines

§ 93 FGG regelt den zweiten Verfahrensabschnitt, nämlich die Auseinandersetzungsverhandlung selbst.

Das Nachlassgericht hat die Auseinandersetzung vorzunehmen und den Auseinandersetzungsplan aufzustellen, sobald die Voraussetzungen vorliegen. Diese liegen nach der Bestätigung der Vereinbarung über die vorbereitenden Maßregeln vor. Nur für den Fall, dass mit einer Anfechtung zu rechnen ist, weil das Versäumnisverfahren gegen einen Nichterschienenen stattgefunden hat, muss die Rechtskraft der Bestätigung der Vereinbarung vorbereitender Maßregeln abgewartet werden.

Es ist möglich, über die vorbereitenden Maßregeln und die Auseinandersetzung in einem Termin zu verhandeln. Kann die Auseinandersetzung nicht im ersten Termin stattfinden, muss das Nachlassgericht einen neuen Termin zur Auseinandersetzung von Amts wegen bestimmen und die Beteiligten hierzu laden (Keidel/Kuntze/*Winkler* § 93 Rn 1). Die Einhaltung einer Ladungsfrist ist nicht erforderlich.

B. Auseinandersetzungsplan

Grundlage der Auseinandersetzung ist der vom Nachlassgericht vorgelegte Auseinandersetzungsplan, wobei es sich auch eines Planes der Beteiligten bedienen und ihn zum Gegenstand der Auseinandersetzungsverhandlung machen kann (OLG Dresden 40, 25). Sind sich alle Beteiligte über den Plan einig, kann die Auseinandersetzung sofort bestätigt werden (KG OLG 41, 17). Das Nachlassgericht entscheidet nach pflichtgemäßem Ermessen, wann die Sache zur Teilung und damit zur Planaufstellung bereit ist. Eine Bindungswirkung besteht nur hinsichtlich der nach § 91 FGG getroffenen Vereinbarungen über vorbereitende Maßregeln.

I. Form

Der Plan kann entweder in einem gesonderten Schriftstück oder zu Protokoll aufgestellt werden. In einfach gelagerten Fällen ist ein förmlicher schriftlicher Auseinandersetzungsplan nicht erforderlich; vielmehr genügt der Vorschlag über eine Teilungsart und die Aufnahme in das Verhandlungsprotokoll (*Firsching*, Nachlassrecht. S 365). Sind die Beteiligten einverstanden, kann die Auseinandersetzung danach beurkundet werden. Ansonsten, dh in komplizierteren Fällen, kann das Gericht bei der Aufstellung des Planes einen Sachverständigen zu Rate ziehen.

Die Beurkundung der Nachlassauseinandersetzung erfolgt nach den Regeln des BeurkG. Nach § 1 II LFGG ist in Baden-Württemberg das Notariat zuständig.

II. Inhalt

Im Auseinandersetzungsplan sind die gesamten Verhältnisse des Nachlasses und seiner Verteilung zu berücksichtigen, dh es müssen neben den Erbrechtsverhältnissen auch die Höhe der Erbmasse unter Berücksichtigung der Aktiva und Passiva, die sich insb nach der Verwertung bzw Übergabe der Nachlassgegenstände und der Berichtigung der Nachlassverbindlichkeiten ergibt, aufgeführt werden. Darüber hinaus sind folgende Angaben zu machen:

- Anspruchsberechnung der einzelnen Beteiligten
- Bezeichnung der Nachlassgegenstände, die jeder einzelne erhalten soll
- Ausgleichung der Ansprüche
- dingliche Vollzugserklärungen wie Abtretung, Übertragung oder Einigung sowie
- evtl Auflassungsvollmachten (KG JFG 1, 362); allgemeine Vollmachten zur Vertretung eines säumigen Beteiligten können in den Auseinandersetzungsplan nicht aufgenommen werden (*Kehrer* WürttNotV 1953, 275).

§ 94 FGG | Verteilung durch das Los

8 Wegen § 925 können Auflassungen nicht erklärt werden (*Bassenge* Rpfleger 1982, 237).

C. Verfahren

9 Sind alle Beteiligten erschienen bzw. haben die Nichterschienenen ihre Zustimmung zu gerichtlichem Protokoll oder in öffentlich beglaubigter Urkunde erteilt oder wird ihre Zustimmung nach § 93 II durch die Säumnisfolge ersetzt, hat das Gericht die Auseinandersetzung zu bestätigen. Gegen den Bestätigungsbeschluss findet die sofortige Beschwerde gemäß § 96 statt, sofern sie darauf gestützt wird, dass die Verfahrensvorschriften nicht beachtet worden seien.

10 Der beurkundete Plan ist den nicht erschienenen und nicht zustimmenden Beteiligten gemäß § 91 III 1, 2 wegen der Fristsetzung förmlich bekannt zu machen.

11 Stellt der Säumige innerhalb der gesetzten Frist den Antrag, so ist ein neuer Verhandlungstermin anzuberaumen, zu dem alle Beteiligten ohne Einhaltung einer Ladungsfrist (§ 90 II 1) zu laden sind. Erscheint der Säumige erneut nicht, wird der Plan bestätigt. Widerspricht er ihm, so entfällt die Bindung der Beteiligten an ihr Einverständnis (KGJ 32, 110) und das Verfahren wird fortgesetzt als hätte die erste Verhandlung nicht stattgefunden. Stimmt der zunächst Säumige dem Plan zu, wird der Plan durch Beschluss vom Nachlassgericht bestätigt.

D. Verhandlung

12 Die §§ 91, 92 finden, ebenso wie für die vorbereitenden Maßregeln, auch auf die Verhandlung über die Auseinandersetzung und die Bestätigung Anwendung. Allerdings hindert der Widerspruch nur eines erschienenen Beteiligten die Vereinbarung über die Auseinandersetzung (Keidel/Kuntze/*Winkler* § 91 Rn 11). Es gilt § 95. Der schriftliche Widerspruch eines nicht erschienenen Beteiligten ist unbeachtlich (str, so BayObLG RJA 4, 14; a.A. OLG Köln DnotZ 1951, 524).

§ 94 Verteilung durch das Los

Ist vereinbart, daß eine Verteilung durch das Los geschehen soll, so wird das Los, sofern nicht ein anderes bestimmt ist, für die nicht erschienenen Beteiligten von einem durch das Gericht zu bestellenden Vertreter gezogen.

A. Materielles Recht

I. Geltungsbereich

1 Nicht erfasst ist die durch Klage auf Mitvornahme zu erzwingende Verlosung nach §§ 2042, 752 (Bassenge/Herbst/*Roth* § 94 Rn 1).

II. Voraussetzungen

2 Die Beteiligten müssen die Verteilung durch das Los vereinbart haben bzw ist eine Vereinbarung nach § 91 Abs. 3 Satz 2 FGG als getroffen anzusehen.

3 Darüber hinaus darf nichts anderes bestimmt sein, wie zB die Ziehung des Loses durch eine oder mehrere andere Personen (Bumiller/*Winkler* § 94 Rn 1).

4 Verteilung des Nachlasses bedeutet die Bestimmung des konkreten Empfängers der einzelnen Nachlassteile (Bassenge/Herbst/*Roth* § 94 Rn 1).

III. Vertreterbestellung

Das Nachlassgericht muss den säumigen Beteiligten ordnungsgemäß zum Losziehungs- 5
termin geladen haben. Verweigert der erschienene Beteiligte die Losziehung oder erscheint ein Bevollmächtigter, so scheidet die Vertreterbestellung durch das Gericht aus; in Betracht kommen Zwangsvollstreckungsmaßnahmen nach § 887 ZPO, § 98 FGG.
Die Vertreterbestellung steht nicht im Ermessen des Nachlassgerichts, sondern kann mit 6
der Beschwerde erzwungen werden (*Bumiller/Winkler* § 94 Rn 2). Liegen die Voraussetzungen vor, muss der zuständige Rechtspfleger einen Vertreter bestellen, der das Los zieht. Mit der Bekanntmachung an den bestellten Vertreter wird die Bestellung wirksam. Nach der Losziehung ist die Bestellung nicht mehr abänderbar (Bassenge/Herbst/*Roth* § 94 Rn 2).
Die bestellte Person ist ges Vertreter des Nichterschienen, welcher sich das Verhalten des 7
Vertreters in vollem Umfang zurechnen lassen muss. Allerdings beschränkt sich die Vertretungsmacht ausschließlich auf die Losziehung; zu weiteren Handlungen oder Erklärungen ist der Vertreter nicht berechtigt (*Bumiller/Winkler* § 94 Ziff 2).

§ 95 Vorläufige Aussetzung des Verfahrens bei Streit

Ergeben sich bei den Verhandlungen Streitpunkte, so ist ein Protokoll darüber aufzunehmen und das Verfahren bis zur Erledigung der Streitpunkte auszusetzen. Soweit bezüglich der unstreitigen Punkte die Aufnahme einer Urkunde ausführbar ist, hat das Gericht nach den §§ 91, 93 zu verfahren.

A. Allgemeines

Es ist Aufgabe des Nachlassgerichts, bei Meinungsverschiedenheiten auf eine gütliche 1
Einigung hinzuwirken, und zwar nicht nur im vorbereitenden Verfahren nach § 91 FGG, sondern auch im Auseinandersetzungsverfahren nach § 93 FGG. Dazu kann es eigene Ermittlungen zur Aufklärung der Streitpunkte anstellen, um den Sachverhalt im Interesse einer Einigung weitestgehend festzustellen. Kommt auch dann eine Einigung nicht zustande, ist nach § 95 FGG zu verfahren und das Verfahren auszusetzen, um den Streit im Prozesswege auszutragen (*Jansen* § 95 Rn 2). Für das Verfahren nach § 95 FGG ist dann kein Raum, wenn bereits bei Antragstellung str Rechtsfragen bestehen.

B. Feststellung der Streitpunkte

Das Gericht muss die zur Teilung der Masse erforderlichen Maßregeln mit den Beteiligten 2
besprechen. Dabei muss es alle zwischen den Beteiligten bestehenden Meinungsverschiedenheiten feststellen und in einem für das Prozessgericht und die Beteiligten nicht bindenden **Protokoll** aufnehmen. Hinsichtlich der Form gelten die allgemeinen Grundsätze des § 11. Dabei ist anzugeben, zwischen welchen Beteiligten die Streitigkeiten bestehen und welche Stellung die nicht unmittelbar beteiligten Personen einnehmen (*Jansen* § 95 Rn 2). Im Prozess können neue Streitpunkte vorgebracht werden, ohne dass sie zuvor im Protokoll, für dessen Form das BeurkG nicht zwingend gilt, festgehalten worden wären (OLG Colmar 6, 397).
Streitpunkte können sein: 3

- Antragsrecht
- Ausgleichspflicht
- Bestand des Nachlasses
- Erbrecht
- Pfandrecht an einem Erbteil

■ Zulässigkeit des Verfahrens.

4 Zu den Beteiligten iSd § 95 FGG gehört auch der Dritte, der ein Pfändungspfandrecht an einem Erbteil geltend macht. Der unberechtigte Verfahrensausschluss berechtigt ihn zur Beschwerde gegen den Bestätigungsbeschluss und führt neben der Aufhebung des Beschlusses auch zur Aussetzung des Verfahrens bis zur Erledigung des Einspruchs gegen die Art der Teilung (KG RJA 5, 230).

5 Die Streitpunkte müssen sich im Rahmen der Verhandlungen vor dem Nachlassgericht ergeben. Daher zwingt nur der im Termin geltend gemachte Widerspruch zur Aussetzung (BayObLGZ 4, 501; aA: OLG Köln DNotZ 1951, 524). Der Widerruf kann nur mündlich vor dem Nachlassgericht oder vor einem von diesem ersuchten Gericht erklärt werden (Keidel/Kuntze/*Winkler* § 91 Rn 11).

6 Die Aussetzung ist nur bei einem konkreten Streitverhältnis, das Gegenstand eines Rechtsstreits sein kann, gerechtfertigt. Allgemeine Streitigkeiten der Beteiligten können die Aussetzung nicht rechtfertigen, da sie keinen wirksamen Widerspruch darstellen (KGJ 32, 114).

C. Zwang zur Aussetzung

7 Das Nachlassgericht ist zur Entscheidung über die Streitpunkte nicht berufen. Vielmehr hat es, sofern eine Einigung nicht zu erzielen ist, dass Verfahren auszusetzen und einzustellen. Dabei ist es unzulässig, den Beteiligten eine Frist zur Erledigung der Streitpunkte zu setzen, da es in ihrem Belieben steht, einen Ausgleich der Meinungsverschiedenheiten zu schaffen oder nicht.

8 Betreffen die Streitpunkte die Auseinandersetzung des gesamten Nachlasses, erfolgt auch die Aussetzung des ganzen Verfahrens; besteht nur ein Teil des Nachlasses in Streit, wird es das Verfahren nur hinsichtlich dieses Teils ausgesetzt. Die Aussetzung kann von jedem Beteiligten mit der einfachen Beschwerde (§ 19 FGG) angefochten werden (KG RJA 16, 228).

9 Durch den Antrag eines Beteiligten kann das Verfahren wieder aufgenommen werden, wenn das Hindernis behoben ist, sei es durch eine gerichtliche Entscheidung, die das Nachlassgericht bindet, sei es durch eine gütliche Einigung.

10 Zur Fortsetzung des ausgesetzten Verfahrens ist die Ladungsfrist des § 90 Abs. 1 FGG nicht zu beachten.

11 Ein von einem Beteiligten trotz gegen ihn ergangener Entscheidung aufrecht erhaltener Widerspruch ist im Auseinandersetzungsverfahren unbeachtlich (*Schlegelberger* Rn 1, Abs. 5).

D. Teilweise Durchführung

12 Das Verfahren ist, wenn sich die Streitpunkte nur auf einen Nachlassteil beziehen, nur hinsichtlich der unstreitigen Teilbereiche gem §§ 91, 93 FGG bis zur Bestätigung der teilweisen Vereinbarung fortzusetzen, wobei unabhängig von der Erledigung der Streitpunkte die Vollstreckung nach § 98 FGG zulässig ist (*Weißler* Nachlassverfahren II, S 123 f).

13 Das Auseinandersetzungsverfahren ist nicht nur dann teilweise durchzuführen, wenn für alle Beteiligten ein unstreitiger Nachlassteil vorhanden ist (Keidel/Kuntze/*Winkler* § 95 Rn 12), sondern auch dann, wenn der unstreitige Teil nur unter einzelnen zu verteilen ist. Auch im zuletzt genannten Fall bleiben die übrigen Beteiligten am Verfahren beteiligt, weshalb ihre Zustimmung zu den weiteren Vereinbarungen auch ggf im Versäumnisverfahren nach §§ 91 Abs. 3, 93 Abs. 2 FGG einzuholen ist.

§ 96 Sofortige Beschwerde

Gegen den Beschluß, durch welchen eine vorgängige Vereinbarung oder eine Auseinandersetzung bestätigt, sowie gegen den Beschluß, durch welchen über den Antrag auf Wiedereinsetzung in den vorigen Stand entschieden wird, findet die sofortige Beschwerde statt. Die Beschwerde gegen den Bestätigungsbeschluß kann nur darauf gegründet werden, daß die Vorschriften über das Verfahren nicht beobachtet seien.

A. Sofortige Beschwerde

Die sofortige und die sofortige weitere Beschwerde (§ 29 II) sind statthaft gegen 1

- die Bestätigung einer vorgängigen Vereinbarung
- oder einer Auseinandersetzung und
- jede Entscheidung über einen Antrag auf Wiedereinsetzung in den vorigen Stand.

Andere Verfügungen, die im Rahmen des Auseinandersetzungsverfahrens ergehen, können mit der einfachen Beschwerde angegriffen werden. Dies gilt insbesondere für Beschlüsse, die eine Versagung bestätigen oder die sich gegen eine Zwischenverfügung, die Zurückweisung des Antrags oder gegen die Einleitung des Auseinandersetzungsverfahrens richten. Die der Bestätigung zugrunde liegenden Beschlüsse sind nicht anfechtbar, wohl aber die Bestätigung selbst (*Keidel/Kuntze/Winkler* § 96 Rn 5). 2

Die Beschlüsse sind den Beteiligten nach § 16 Abs. 2, 3 FGG bekannt zugeben. Eine Abänderung durch das Nachlassgericht ist nicht möglich, § 18 Abs. 2 FGG. 3

B. Beschwerdeberechtigung

Nach § 20 Abs. 1 FGG sind beschwerdeberechtigt 4

- die am Verfahren Beteiligten, wobei ihre Rechtsbeeinträchtigung in der Betroffenheit ihres Rechts an der Gesamthandsgemeinschaft liegt und dann vorliegt, wenn die bestätigte Vereinbarung ihnen gegenüber verbindlich wird (*Jansen* § 96 Rn 4) und auch dann, wenn sie einen Verfahrensmangel behaupten, von dem der Beschwerdeführer aber nicht betroffen sein muss (*Ötker* RheinZ 1923, 257), dagegen ist die Beschwerde dann nicht statthaft, wenn er sich bereits auf das Verfahren eingelassen hat und nun geltend macht, er sei zu Unrecht als Beteiligter zum Verfahren hinzugezogen worden (OLG Colmar OLGR 6, 486);
- diejenigen, die zum Verfahren nicht hinzugezogen worden sind, obgleich sie von der Vereinbarung betroffen sind, weil ihnen durch sie eine Verpflichtung auferlegt worden ist. Fehlt es an einer derartigen Verpflichtung, sind die Betroffenen nicht gebunden und damit nicht beschwerdeberechtigt. Daher ist auch der Tastamentvollstrecker beschwerde berechtigt.

Die Beschwerde ist unbegründet, wenn sie von einem Beschwerdeberechtigten auf nicht zugelassene Beschwerdegründe gestützt wird (*Jansen* Rn 4). 5

C. Beschwerdefrist

Die zweiwöchige Beschwerdefrist läuft für jeden Beschwerdeberechtigten gesondert und beginnt mit der Bekanntmachung. Hat nur einer der Beteiligten Beschwerde eingelegt und wurde daraufhin der Bestätigungsbeschluss aufgehoben, so wirkt diese Entscheidung für und gegen alle Beteiligten (*Jansen* Rn 6). 6

§ 97 FGG | Wirkung der Rechtskraft des Bestätigungsbeschlusses

D. Beschränkung der Beschwerdegründe

7 Nach Satz 2 ist die Anfechtung des Bestätigungsbeschlusses in ihrer Begründung insoweit beschränkt, als die Beschwerde nur auf formale Gründe, wie die Nichtbeachtung oder fehlerhafte Anwendung von Verfahrensvorschriften, gestützt werden kann. Hierzu zählen insb

- die Verletzung allgemeiner Verfahrensvorschriften über die Zuständigkeit, Vertretung der verfahrensunfähigen Beteiligten
- die fehlende vormundschaftsgerichtliche Genehmigung (*Ötker* RheinZ 1923, 253)
- die mangelnde Vertretung Geschäftsunfähiger oder beschränkt Geschäftsfähiger
- die Nichtbeachtung zwingender Vorschriften des BeurkG (*Jansen* Rn 6)
- die Einleitung eines Versäumnisverfahrens unter Verletzung der Vorschriften über die Ladung und Bekanntmachung von Beschlüssen
- die Fortsetzung des an sich nach § 95 FGG auszusetzenden Verfahrens (BayObLGZ 18, 71)
- der Verstoß gegen die Vorschriften der §§ 89, 90 Abs. 1, 91 Abs. 3 und 93 Abs. 2 FGG.

8 Allerdings ist die Rüge nicht auf solche Verfahrensverstöße beschränkt, die den Beschwerdeführer selbst verletzen (*Bassenge/Herbst/Roth* § 96 Rn 2).

9 Dagegen ist die Beschwerde nicht statthaft, wenn die Anforderungen an den Auseinandersetzungsantrag nach § 87 FGG nicht beachtet werden.

10 Ausgeschlossen und auf den Klageweg verwiesen sind danach alle Einwendungen, die sich gegen den Inhalt, dessen Richtigkeit oder die Gültigkeit der bestätigten Vereinbarung selbst richten. Auseinandersetzungsmängel sind ebenso wie inhaltliche Mängel mit der Feststellungs- oder Vollstreckungsgegenklage vor dem Prozessgericht geltend zu machen.

E. Aufhebung des Bestätigungsbeschlusses

11 Das Verfahren wird gegenstandslos und muss wiederholt werden, wenn folgende Mängel vorliegen:

- die Zuziehung eines Beteiligten wurde unterlassen
- der Beteiligte war nicht vertreten.

12 Fehlt es allerdings nur an der vormundschaftsgerichtlichen Genehmigung oder liegt eine unwirksame Fristsetzung nach § 91 Abs. 3 Satz 2 FGG vor, so wird das übrige Verfahren durch diesen Mangel nicht berührt, so dass eine Wiederholung nur insoweit erforderlich ist, als es zur Mangelbeseitigung erforderlich ist (KGJ 46, 151).

13 Ansonsten wird die Entscheidung mit Rechtskraft für und gegen alle Beteiligten wirksam. Nur bei Erfolg beseitigt sie die Bestätigung.

F. Auseinandersetzungsvertrag

14 Der vom Notar als Urkundsperson beurkundete Auseinandersetzungsvertrag kann, sofern ein Antrag auf amtliche Vermittlung nicht gestellt wurde, von den Beteiligten nicht mit der Beschwerde angefochten werden (BayObLG JFG 7, 54).

§ 97 Wirkung der Rechtskraft des Bestätigungsbeschlusses

(1) Eine vorgängige Vereinbarung sowie eine Auseinandersetzung ist nach dem Eintritt der Rechtskraft des Bestätigungsbeschlusses für alle Beteiligten in gleicher Weise verbindlich wie eine vertragsmäßige Vereinbarung oder Auseinandersetzung.

(2) Bedarf ein Beteiligter zur Vereinbarung oder zur Auseinandersetzung der Genehmigung des Vormundschaftsgerichts, so ist, wenn er im Inland keinen Vor-

mund, Betreuer, Pfleger oder Beistand hat, für die Erteilung oder die Verweigerung der Genehmigung an Stelle des Vormundschaftsgerichts das Nachlaßgericht zuständig.

A. Rechtliche Bedeutung des Bestätigungsbeschlusses

Die Bestätigung bezeugt die Beachtung der Verfahrensvorschriften (*Bassenge/Herbst/Roth* § 97 Rn 1). Zwar sind die Beteiligten bis zur Bestätigung an die Vereinbarungen gebunden und können sie nicht mehr einseitig widerrufen (KG FJA 18, 27). Aber erst die Bestätigung verleiht den rechtsgeschäftlichen Vereinbarungen der Beteiligten als hoheitlicher Akt die unbedingte Wirksamkeit und Vollstreckbarkeit (*Keidel/Kuntze/Winkler* § 97 Rn 2). weil die Bindung mit der Bestätigung für alle zum Verfahren ordnungsgemäß Zugezogenen, Erschienenen und Nichterschienenen bindend wird. Mit der Versagung der Bestätigung endet die Bindungswirkung. 1

Voraussetzung der Vollstreckbarkeit des Bestätigungsbeschlusses ist dessen Rechtskraft. Er hat nur festzustellen, dass die Verfahrensvorschriften beachtet (KG JFG 1, 362) und die Versäumnisfolgen des §§ 91 III, 93 II eingetreten sind. Nach rechtskräftiger Bestätigung gilt die Zustimmung der Nichterschienenen als erteilt (BayObLGZ 11, 720). 2

Sachliche Mängel des Auseinandersetzungsvertrags werden durch die Bestätigung nicht geheilt (KG JFG 1, 362). Daher kann die Auseinandersetzung trotz der Bestätigung aus allgemeinen Gründen (zB Willensmängel, fehlende Zustimmung des Vormundschaftsgerichts) unwirksam weil ungültig, nichtig oder anfechtbar, sein (*Jansen* § 97 Rn 4). In gleicher Weise werden auch zwingende Formmängel der Beurkundung durch die Bestätigung nicht geheilt (*Keidel/Kuntze/Winkler* § 97 Rn 5). 3

Mängel der Auseinandersetzung können mit der Feststellungs- oder Vollstreckungsgegenklage geltend gemacht werden, über die das Prozessgericht entscheidet (BayObLGZ 11, 720). Dagegen steht dem Grundbuchamt eine Nachprüfung, ob der Bestätigungsbeschluss in einem ordnungsgemäßen Verfahren zustande gekommen ist nicht zu (KG JFG 1, 362). 4

B. Rechtskraft des Bestätigungsbeschlusses

Sind die zulässigen Rechtsmittel erschöpft, rechtskräftig zurückgewiesen oder ist die Frist für die sofortige Beschwerde für alle Beteiligten, die zum Verfahren zugezogen waren, verstrichen, ohne dass das Rechtsmittel eingelegt wurde, tritt Rechtskraft ein. Mit Eintritt der formellen Rechtskraft sind alle Verfahrensmängel geheilt; sie sind in keinem Verfahren mehr nachprüfbar (*Bassenge/Herbst/Roth* § 97 Rn 1). Die Rechtskraft des Beschlusses ist mit der eines Urteils vergleichbar (*Bumiller/Winkler* § 97 Anm 1). 5

Die bestätigte Vereinbarung oder Auseinandersetzung hat nicht eine der materiellen Rechtskraft vergleichbare Wirksamkeit. Dies hat zur Folge, dass 6

- die Beteiligten die bestätigte Vereinbarung oder Auseinandersetzung durch vertragliche Vereinbarung ändern oder aufheben können (BayObLGZ 5, 472), dh sie können durch Schaffung eines neuen Gemeinschaftsverhältnisses in Form einer Gesellschaft wieder Rechte an den ehemaligen Nachlassgegenständen einräumen, ohne dadurch die Erbengemeinschaft wiederherstellen zu können (*Keidel/Kuntze/Winkler* § 97 Rn 9). Bei Grundstücken ist hierzu die Auflassung erforderlich (KG RheinNotZ 1902, 178).
- die rechtskräftig bestätigte Vereinbarung oder Auseinandersetzung nicht gegenüber Beteiligten wirkt, die dem Verfahren nicht oder nicht ordnungsgemäß zugezogen waren (KG ZBlFG 16, 561). Daher kann ein bei der Auseinandersetzung nicht Begünstigter im Prozessweg eine neue Teilung verlangen, bei der sein Anteilsrecht berücksichtigt wird (*Keidel/Kuntze/Winkler* § 97 Rn 10).

C. Unwirksamkeit der Auseinandersetzung

7 Die Beteiligten können, wenn die Auseinandersetzung unwirksam ist, erneut die amtliche Vermittlung der Teilung nach §§ 86 ff FGG beantragen (*Hall* WürttZ 1928, 334). Dabei kommt es nicht darauf an, ob die Aufhebung vom Prozessgericht ausgesprochen oder die Unwirksamkeit von den Beteiligten anerkannt wurde. Ein neuer Antrag ist insb dann angezeigt, wenn ein Beteiligter nicht zugezogen war oder noch ungeteilte Nachlassgegenstände von einem Umfang vorhanden sind, die den Nachlass als ungeteilt erscheinen lassen (OLG Colmar Recht 1905 Nr. 2841). Dagegen führt das Auffinden einzelner zum Nachlass gehörender Sachen nur zu einer Teilung nach §§ 752 ff (OLG Colmar Recht 1905 Nr. 2841).

8 Die Hinzuziehung erfordert eine ordnungsgemäße Ladung (§ 89 FGG) oder Bekanntmachung (§ 91 Abs. 3 FGG; KGJ 35, 74). Die Zustellung der Bestätigung alleine genügt nicht (*Bassenge/Herbst/Roth* § 97 Rn 4).

D. Vormundschaftsgerichtliche Genehmigung

9 In den Fällen der §§ 1643, 1821, 1822 Nr. 2 bedarf ein Beteiligter zur Vereinbarung oder Auseinandersetzung der Genehmigung des Vormundschaftsgerichts, weil erst auf einen entsprechenden Nachweis seiner Mitwirkung nach § 1829 BGB die Bestätigung erfolgen darf (OLG Colmar RJA 12, 27). Dies gilt auch für die nach §§ 2, 3 ff, 18 ff GrdstVG notwendige Genehmigung (SchlHOLG DNotZ 1964, 120). Liegt die Bestätigung der Nachlassauseinandersetzung des Nachlassgerichts vor, kann der nicht erschienene Beteiligte, dessen Einverständnis als ersetzt gilt, nicht gegen die Erteilung der lw Genehmigung in die Beschwerde zu gehen (OLG Stuttgart RdL 1995, 77).

10 Im Übrigen kann sich die Zuständigkeit des Nachlassgerichts zur Erteilung der Genehmigung aus den § 88 bzw § 97 Abs. 2 FGG ergeben (Keidel/Kuntze/*Winkler* § 97 Rn 12).

11 Das Nachlassgericht ist nach § 97 Abs. 2 FGG zur Erteilung oder Verweigerung der Genehmigung berufen, wenn

- ein ges Vertreter, der auch ein Elternteil sein kann (*Jansen* § 97 Rn 12) für den Beteiligten aufgetreten ist, der nicht von einem inländischen Vormundschafts- oder Familiengericht bestellt oder dessen Aufsicht untersteht, und zwar unabhängig davon, ob der Beteiligte deutscher oder ausländischer Staatsangehöriger ist (LG Colmar Recht 1901 Nr. 1376),
- die Zuständigkeit eines inländischen Vormundschafts- oder Familiengerichts zur Bestellung eines ges Vertreters nicht gegeben ist (LG Leipzig ZBlFG 3, 127) oder
- die Erklärungen des ges Vertreters nach inländischem Recht der Genehmigung des Vormundschafts- oder Familiengerichts bedürfen.

12 Dagegen findet Abs. 2 keine Anwendung,

- beim Fehlen eines ges Vertreter, obwohl er nach dem Recht, dem er untersteht, einen solchen benötigt. In diesen Fällen muss dem Beteiligten, um das Verfahren durchführen zu können, ein Vertreter, ggf nach § 88 FGG oder § 1911 BGB, bestellt werden oder
- der vom inländischen Gericht bestellte ges Vertreter sich im Ausland aufhält (Keidel/Kuntze/*Winkler* § 97 Rn 16).

E. Zuständigkeit

13 Das Nachlassgericht ist nach § 97 Abs. 2 FGG sachlich zuständig nur innerhalb eines vor ihm oder dem Notar anhängigen Auseinandersetzungsverfahrens nach §§ 86 ff FGG, nicht aber, wenn der Notar lediglich einen Teilungsvertrag oder eine private Auseinandersetzung der Beteiligten beurkundet (OLG Colmar 5, 288).

14 Nach §§ 16 Abs. 1 Nr. 8, 14 Nr. 9 RPflG sind dem Richter die Angelegenheiten vorbehalten, die bei entsprechender vormundschaftsgerichtlicher Genehmigung in gleicher Weise dem

Richter vorbehalten sind. Im Übrigen ist der Rechtspfleger gem § 3 Nr. 2c RPflG funktionell zuständig.

F. Inhaltliche Prüfung

Es ist Aufgabe des Nachlassgerichts, die getroffenen Vereinbarungen sachlich zu prüfen und zwar vom Standpunkt des Interesses des Beteiligten aus, für den die Genehmigung erforderlich ist. Die Genehmigung muss nach den §§ 1828, 1643 Abs. 3, 1690 gegenüber dem ges Vertreter erfolgen und nach § 1819 dem anderen Teil mitgeteilt werden (Keidel/Kuntze/*Winkler* § 97 Rn 18). 15

Die Entscheidung des Nachlassgerichts hinsichtlich der Genehmigung ist endgültig. Sie kann lediglich mit der Beschwerde nach den §§ 19 ff FGG überprüft werden. Eine von der zuständigen ausländischen Behörde ergangene gegenteilige Entscheidung ist für die Wirksamkeit der Vereinbarung und der Bestätigung ohne Bedeutung. 16

G. Gebühren 17

Nach § 116 KostO wird für die gerichtliche Vermittlung der Auseinandersetzung eines Nachlasses das Vierfache der vollen Gebühr erhoben. Dabei bestimmt sich die Gebühr nach dem Wert der den Gegenstand der Auseinandersetzung bildenden Vermögensmasse, § 116 Abs. 5 KostO.

§ 98 Zwangsvollstreckung

Aus einer vorgängigen Vereinbarung sowie aus einer Auseinandersetzung findet nach dem Eintritt der Rechtskraft des Bestätigungsbeschlusses die Zwangsvollstreckung statt. Die Vorschriften der §§ 795, 797 der Zivilprozeßordnung finden Anwendung.

A. Zuständigkeit

Nach § 724 ZPO erfolgt die Zwangsvollstreckung aufgrund einer vollstreckbaren Ausfertigung der bestätigten Urkunde. Zur Erteilung der vollstreckbaren Ausfertigung ist, sofern die vorgängige Vereinbarung oder die Auseinandersetzung vom Nachlassgericht beurkundet wurde, der Urkundsbeamte der Geschäftsstelle dieses Gerichts zuständig, § 797 Abs. 1 ZPO. 1

Erfolgte die Beurkundung durch einen Notar, so ist der Notar solange zuständig, als sich die Akten noch bei ihm befinden, sofern ihm die Verrichtungen des Nachlassgerichts landesrechtlich übertragen sind, § 193 ZPO (*Schlegelberger* § 98 Rn 4). 2

Ein anderes Gericht, welches die Erklärung eines Beteiligten im Wege der Rechtshilfe beurkundet hat, ist zur Erteilung der vollstreckbaren Ausfertigung nicht zuständig. 3

Neben dem Bestätigungsbeschluss ist auch die Urkunde, die vollstreckungsbedürftige Abmachungen unter den Beteiligten enthält, auszufertigen (Keidel/Kuntze/*Winkler* § 98 Rn 9). Hinsichtlich der Erteilung einfacher Ausfertigungen und Abschriften gelten die allgemeinen Vorschriften, § 34 FGG. 4

Für die Erteilung einer weiteren vollstreckbaren Ausfertigung nach § 733 ZPO und der Erteilung einer vollstreckbaren Ausfertigung in den Fällen des § 726 Abs. 1, 727, 729 ZPO ist nach § 797 Abs. 3 ZPO der Rechtspfleger des Gerichts funktionell zuständig, § 20 Nr. 13 RPflG. 5

Im Übrigen ist die Entscheidung über die Erteilung der vollstreckbaren Ausfertigung nach den Vorschriften des FGG anfechtbar (*Jansen* § 98 Rn 2). Dabei ist gegen die Entscheidung des Urkundsbeamten nach § 4 Abs. 2 Nr. 3 RPflG zunächst das Nachlassgericht, und dort der Richter, anzurufen. Gegen die Entscheidung des Rechtspflegers ist die Beschwerde statthaft, § 11 Abs. 1 RPflG. 6

B. Vollstreckbarer Titel

7 Die rechtskräftig bestätigte Vereinbarung der Parteien und die rechtskräftig bestätigte Auseinandersetzung nach §§ 91, 95, 97 FGG sind vollstreckbare Schuldtitel für die von den Beteiligten übernommenen Verpflichtungen, ohne dass es der Unterwerfung unter die Zwangsvollstreckung bedarf (Keidel/Kuntze/*Winkler* § 98 Rn 1).

8 Voraussetzung der Vollstreckbarkeit des Bestätigungsbeschlusses ist dessen formelle Rechtskraft.

9 Die Zwangsvollstreckung erfolgt im Parteibetrieb, wobei der einzelne Beteiligte die Vollstreckung nur insoweit betreiben kann, als er selbst einen Anspruch besitzt (*Bassenge*/ *Herbst*/*Roth* § 98 Rn 1).

10 Das Nachlassgericht darf keine Tätigkeit zum Vollzug und damit zur Zwangsvollstreckung der Vereinbarung bzw Auseinandersetzung erbringen (Keidel/Kuntze/*Winkler* § 98 Rn 3).

11 C. Anwendbare Vorschriften

Soweit nicht in den §§ 795a – 800 ZPO abweichende Vorschriften enthalten sind, finden auf die Vollstreckung die §§ 724 – 793, 797 ZPO Anwendung. Darüber hinaus gelten die §§ 803 ff ZPO für die Ausführung der Vollstreckung, soweit nicht ausdrücklich ein Urteil erforderlich ist (wie in §§ 894 ff ZPO). In der Auseinandersetzungsvereinbarung sollte diesen Erfordernissen Rechnung getragen werden.

D. Einwendungen

12 Hat das Nachlassgericht die Urkunde aufgenommen, so entscheidet über Einwendungen gegen die Zulässigkeit der Vollstreckungsklausel nach § 732 ZPO der Richter beim Nachlassgericht wurde die Urkunde durch den Notar errichtet, so ist das AG zuständig, in dessen Bezirk der Notar seinen Amtssitz hat (Keidel/Kuntze/*Winkler* § 98 Rn 13). Entsprechendes gilt, wenn über die Erteilung einer weiteren vollstreckbaren Ausfertigung zu entscheiden ist. Hierfür ist allerdings der Rechtspfleger funktionell zuständig.

13 Nach § 797 Abs. 5 ZPO ist für Klagen auf Erteilung der Vollstreckungsklausel sowie für Klagen, durch welche die Einwendungen, die gegen den Anspruch selbst geltend gemacht werden oder der bei der Erteilung der Vollstreckungsklausel als bewiesen angenommene Eintritt der Voraussetzung für die Erteilung der Vollstreckungsklausel bestritten wird, das Gericht, bei dem der Schuldner im Inland seinen allgemeinen Gerichtsstand hat.

14 Eine zeitliche Schranke für Einwendungen hinsichtlich ihrer Entstehung, die den Anspruch selbst betreffen, gibt es nach § 797 IV ZPO nicht.

15 E. Vollzug

Führt die in der Urkunde niedergelegte Willenserklärung allein schon den rechtlichen Erfolg herbei, so bedarf es des Vollzugs der Auseinandersetzung in Form der Zwangsvollstreckung nicht; die betreffende Rechtswirkung tritt mit der Rechtskraft der Bestätigung ein (Keidel/Kuntze/*Winkler* § 98 Rn 15).

F. Grundstück

16 Gehört ein Grundstück zum Nachlass, so bedarf es neben der Erklärung über die Zuteilung an die Beteiligten im Auseinandersetzungsvertrag auch der Auflassung (*Bracker* MittBayNot 1984, 114). Ist die mit der Vermittlung der Auseinandersetzung befasste Behörde zur Entgegennahme der Auflassungserklärung befugt, so kann diese Erklärung in die Urkunde über die Auseinandersetzung aufgenommen werden.

17 Das Nachlassgericht ist zur Entgegennahme der Auflassung nur befugt, soweit im Verfahren ein gerichtlicher Vergleich abgeschlossen wurde (*Zimmermann*, Rpfleger 1980, 189).

Darüber hinaus sind auch die staatlichen Notariate in Baden-Württemberg und die Notare, die zur Vermittlung der Auseinandersetzung zuständig (*Jansen* § 93 Rn 5).
Schließlich erstrecken sich die Versäumnisfolgen der §§ 91 III, 93 II auf die Auflassungserklärung, wenn diese zulässigerweise in die Urkunde aufgenommen wurde; umgekehrt erstreckt sich die rechtskräftige Bestätigung auch auf die Auflassung (*Jansen* § 93 Rn 5). **18**

Wurde die Auflassung nicht in die Auseinandersetzungsurkunde aufgenommen und ist auch das gleichzeitige Erscheinen aller Beteiligter vor der zuständigen Behörde zur Abgabe der Auflassungserklärung nicht zu erreichen, ist die Fiktion des § 894 ZPO nicht anzuwenden; die Zwangsvollstreckung muss nach § 888 ZPO durchgeführt werden (*Jansen* § 93 Rn 3, 5). **19**

G. Freiwillige Versteigerung.

Im Verfahren nach den §§ 86 ff ist die freiwillige Versteigerung von Grundstücken durch das Nachlassgericht nicht mehr zulässig (*Winkler* Rpfleger 1971, 347). **20**

H. Grundpfandrechte

Soll ein zum Nachlass gehörendes Grundpfandrecht, nach dem Auseinandersetzungsplan auf einen Erben übergehen, so kann die zum Vollzug der Auseinandersetzung erforderliche Eintragungsbewilligung vor dem Nachlassgericht erklärt werden. Durch die rechtskräftige Bestätigung wird die Eintragungsbewilligung der nicht erschienenen Beteiligten ersetzt. Wird von niemandem die Eintragungsbewilligung erklärt, kann sie durch die Bestätigung auch nicht ersetzt werden. **21**

Ein Teilhypotheken-, -grundschuld-, -rentenschuldbrief kann, wenn ein zum Nachlass gehörendes Grundpfandrecht unter den Erben verteilt und die Zustimmung hierzu teilweise nach §§ 91 Abs. 3, 93 Abs. 2 FGG ersetzt wurde, erst nach eingetretener Rechtskraft des Bestätigungsbeschlusses erteilt werden, §§ 1152 BGB, 61, 70 GBO (Keidel/Kuntze/*Winkler* § 98 Rn 17). **22**

J. Zeugnisse nach §§ 36, 37 GBO

Die Zeugnisse nach §§ 36, 37 GBO dürfen erst nach Eintritt der Rechtskraft des Bestätigungsbeschlusses erteilt werden (*Schlegelberger* § 98 Rn 5, 6). **23**

§ 99 Auseinandersetzung einer Gütergemeinschaft

(1) Nach der Beendigung der ehelichen oder der fortgesetzten Gütergemeinschaft sind auf die Auseinandersetzung über das Gesamtgut die Vorschriften der §§ 86 bis 98 entsprechend anzuwenden.

(2) Für die Auseinandersetzung ist, falls ein Anteil an dem Gesamtgut zu einem Nachlaß gehört, das Amtsgericht zuständig, das für die Auseinandersetzung über den Nachlaß zuständig ist. Im übrigen bestimmt sich die Zuständigkeit nach den Vorschriften des § 45.

A. Beendigung der Gütergemeinschaft

Die Gütergemeinschaft endet **1**

- durch Ehevertrag
- mit Rechtskraft eines Aufhebungsurteils
- durch Nichtigkeit

§ 99 FGG | Auseinandersetzung einer Gütergemeinschaft

- mit Auflösung der Ehe durch Scheidung, Aufhebung, Wiederverheiratung nach Todeserklärung
- mit Auflösung der Ehe durch Tod eines Ehegatten bei unbeerbter Ehe oder wenn bei beerbter Ehe die Fortsetzung der Gütergemeinschaft nicht vereinbart war, § 1483 (Keidel/Kuntze/*Winkler* § 99 Rn 1).

2 Die fortgesetzte Gütergemeinschaft endet dagegen

- durch Vertrag, § 1492
- durch Wegfall oder Verzicht aller Abkömmlinge, §§ 1490, 1491
- durch Aufhebung seitens des überlebenden Ehegatten,
- durch Tod oder Todeserklärung des überlebenden Ehegatten, § 1494
- durch Wiederverheiratung des überlebenden Ehegatten, § 1493
- mit Rechtskraft des Aufhebungsurteils, §§ 1495, 1496.

B. Auseinandersetzung

3 Die Auseinandersetzung der Gütergemeinschaft erfolgt nach §§ 1471 – 1481. Gegenstand des Auseinandersetzungsverfahrens ist nur das Gesamtgut; eine gleichzeitige Regelung der sonstigen Güterverhältnisse über § 86 ist nicht möglich. Die Auseinandersetzung eines Gesamtguts und die Nachlassauseinandersetzung sind zwei selbständige Verfahren (OLG Hamm DNotZ 1966, 744). Im Übrigen ist das Auseinandersetzungsverfahren auch zur Verteilung des Erlöses aus der Zwangsversteigerung eines Grundstücks zum Zwecke der Aufhebung der Gütergemeinschaft zulässig (BayObLG NJW 1957, 386).

C. Verfahren

4 Die Vermittlung der Auseinandersetzung erfolgt nur auf Antrag, § 86. Dies gilt auch dann, wenn die Aufhebung der Gütergemeinschaft in einem Urteil ausgesprochen worden ist. Nach § 99 I gelten die §§ 86 – 98 für dieses Verfahren entsprechend. Verfahrensgegenstand ist nur das Gesamtgut sowie der Erlös eines nach § 180 ZVG versteigerten Grundstücks (BayObLG NJW 1957, 386).

5 Für die Regelung der Rechtsverhältnisse der Ehegatten an Hausrat, Wohnungseinrichtung und Wohnung enthält die HausratsVO Sondervorschriften für den Fall der Scheidung, Aufhebung oder Nichtigkeit der Ehe.

I. Antrag

6 Voraussetzung der Auseinandersetzung ist ein entsprechender Antrag eines Antragsberechtigten (BayObLGZ 21, 18). Allerdings hindert der Widerspruch eines Beteiligten zwar nicht die Einleitung des Verfahrens, wohl aber die Vermittlungstätigkeit (BayObLGZ 71, 293).

7 Antragsberechtigt ist

- jeder Ehegatte bei Beendigung der ehelichen Gütergemeinschaft durch Scheidung oder während bestehender Ehe
- der überlebende Ehegatte und jeder Erbe des Verstorbenen bei Beendigung der ehelichen Gütergemeinschaft durch Tod oder Todeserklärung, ohne dass die Gütergemeinschaft fortgesetzt wird
- der Insolvenzverwalter und der andere Ehegatte bei Beendigung der fortgesetzten Errungenschaftsgemeinschaft durch Insolvenz des Mannes bzw. Eröffnung des Insolvenzverfahrens über das Gesamtgut (*Baur* FamRZ 1958, 252)
- der überlebende Ehegatte und die anteilsberechtigten Abkömmlinge, soweit sie nicht auf ihren Anteil verzichtet haben, § 1491 BGB (OLG München JFG 15, 161)
- die Erben des überlebenden Ehegatten und jeder der Abkömmlinge, die anteilsberechtigt wären bei Beendigung einer fortgesetzten Gütergemeinschaft durch Tod oder Todeserklärung des überlebenden Ehegatten (BayObLGZ 21, 18).

II. Zuständigkeiten

1. Sachliche Zuständigkeit

Nach § 99 II ist das Amtsgericht **sachlich** zuständig, das für die Nachlassauseinandersetzung zuständig ist. Die Zuständigkeit der Notare bestimmt sich nach landesrechtlichen Bestimmungen, § 20 IV BNotO.

2. Örtliche Zuständigkeit

Hinsichtlich der örtlichen Zuständigkeit ist zu unterscheiden:
Gehört ein Anteil am Gesamtgut zum Nachlass. so ist das Amtsgericht zuständig, das auch für die Nachlassauseinandersetzung zuständig ist mithin das nach § 73 **örtlich** zuständige Nachlassgericht.
In allen übrigen Fällen bestimmt sich die örtliche Zuständigkeit nach § 45: Bei der Auseinandersetzung des Gesamtguts einer Gütergemeinschaft unter **lebenden** Ehegatten bestimmt sich die Zuständigkeit nach §§ 45 I; evtl. Abs. 2, Abs. 4 mit Abs. 5. Ist bereits ein Ehegatte **verstorben** oder soll die fortgesetzte Gütergemeinschaft zu Lebzeiten des überlebenden Ehegatten auseinandergesetzt werden, ist das Amtsgericht für die Auseinandersetzung des Gesamtguts der Gütergemeinschaft zuständig, in dessen Bezirk der überlebende Ehegatte seinen gewöhnlichen Aufenthalt hat, § 45 III.
Ist die Vermittlung der Auseinandersetzung hinsichtlich des Gesamtguts und des Nachlasses beantragt, so können sie bei der Zuständigkeit des gleichen Nachlassgerichts miteinander verbunden werden, sofern für beide Verfahren dasselbe Gericht örtlich zuständig ist (OLG Hamm DNotZ 1966, 744). Unabhängig von der Auseinandersetzung nach § 99 kann eine Teilungsversteigerung durchgeführt werden, da diese die Auseinandersetzung nur vorbereitet (BayObLGZ 71, 293).

3. Funktionelle Zuständigkeit.

Nach § 3 Nr. 2c RPflG ist die Vermittlung der Auseinandersetzung des Gesamtguts einer Gütergemeinschaft ist dem Rechtspfleger übertragen. Allerdings gilt für Genehmigungen der Richtervorbehalt, § 161 Nr. 8 RPflG. Diese Regelung gilt entsprechend für die Erbauseinandersetzung, wenn ein Anteil am Gesamtgut zum Nachlass gehört (Keidel/Kuntze/Winkler § 99 Rn 5).
Auf die Auseinandersetzung des Gesamtgutes einer Gütergemeinschaft findet das Zuweisungsverfahren nach §§ 13 ff GrdstVG keine Anwendung (*Bergmann* SchlHA 1961, 312).

F. Gebühren

Für die gerichtliche Vermittlung der Auseinandersetzung der Gütergemeinschaft richten sich die Gerichtsgebühren nach § 116 KostO; es wird das Vierfache der vollen Gebühr erhoben, wobei sich die Gebühr nach dem Wert der den Gegenstand der Auseinandersetzung bildenden Vermögensmasse richtet.
Wird der Antrag zurückgewiesen, so erhebt das Gericht die Hälfte der vollen Gebühr, höchstens jedoch einen Betrag von 35 €, § 130 Abs. 1 KostO. Die Zurücknahme des Antrags löst dagegen nur ein Viertel der vollen Gebühr aus, höchstens einen Betrag von 20 €, § 130 Abs. 2 KostO.

§ 6 LPartG | Güterstand

**Gesetz über die Eingetragene Lebenspartnerschaft
(Lebenspartnerschaftsgesetz – LPartG)**

Vom 16. Februar 2001 (BGBl I S 266)

Abschnitt 2 Wirkungen der Lebenspartnerschaft

§ 6 Güterstand

Die Lebenspartner leben im Güterstand der Zugewinngemeinschaft, wenn sie nicht durch Lebenspartnerschaftsvertrag (§ 7) etwas anderes vereinbaren. § 1363 Abs. 2 und die §§ 1364 bis 1390 des Bürgerlichen Gesetzbuchs gelten entsprechend.

A. Allgemeines

1 Durch das Gesetz zur Überarbeitung des Lebenspartnerschaftsgesetzes wurde zum 1.1.2005 das Lebenspartnerschaftsgesetz novelliert. Dadurch sind auch hinsichtlich des Güterstandes wesentliche Änderungen vorgenommen worden.

2 Für die Lebenspartnerschaft wurden statt der Ausgleichsgemeinschaft und der Vermögenstrennung nun die Zugewinngemeinschaft und die Gütertrennung (§ 7 Abs. 2 LPartG iVm § 1414 BGB) eingeführt. Dies ist zunächst begrifflich von Bedeutung. Inhaltlich ändert sich nur wenig, da die Ausgleichsgemeinschaft ohnehin der Zugewinngemeinschaft und die Vermögenstrennung der Gütertrennung nachgebildet waren.

3 Neu ist, dass die Lebenspartner zur Begründung der Lebenspartnerschaft keine Vorab-Erklärung über ihren Vermögensstand mehr abgeben müssen. Ohne Erklärung ist, wie bei der Eheschließung auch, die Zugewinngemeinschaft der ges Regelfall. Wie den Ehegatten stehen nun auch den Lebenspartnern die Zugewinngemeinschaft, die Gütertrennung und die Gütergemeinschaft zur Verfügung. Vom ges Güterstand abweichende Regelungen können von den Lebenspartnern in das Güterrechtsregister eingetragen werden.

B. Zugewinngemeinschaft

4 Für die ab 1.1.2005 geschlossenen Lebenspartnerschaften gilt automatisch der Güterstand der Zugewinngemeinschaft. Das Gesetz verweist in § 6 Satz 2 LPartG ausdrücklich auf die §§ 1363 Abs. 2 und die §§ 1364 – 1390.

5 Die Neuregelung hat zur Folge, dass die in den §§ 1365 ff enthaltenen Verfügungsbeschränkungen nunmehr nur noch im Rahmen der Zugewinngemeinschaft gelten (*Wellenhofer* NJW 2005, 705).

6 Bei der Zugewinngemeinschaft wird das Vermögen jedes Partners, das dieser zu Beginn der Lebenspartnerschaft hatte bzw während der Partnerschaft erwirbt, nicht gemeinschaftliches Vermögen mit der Folge, dass jeder Lebenspartner sein Vermögen selbst verwaltet. Wird der Güterstand beendet, findet ein Ausgleich des Überschusses, den die Lebenspartner während der Dauer der Zugewinngemeinschaft erzielt haben, nach den §§ 1364 ff statt. Danach ist zunächst das Anfangs- und Endvermögen der Partner zu ermitteln und zur Ermittlung des Vermögensüberschusses zu saldieren. Hinsichtlich des Überschusses des einen Partners resultiert zugunsten des anderen Partners ein Ausgleichsanspruch auf die Hälfte des Überschusses, § 1378 Abs. 1.

7 Problematisch ist der Verweis auf § 1371 Abs. 1, da der pauschale Zugewinnausgleich beim Tod eines Ehegatten im ehelichen Güterrecht nicht unumstritten ist »und erst recht bei gleichgeschlechtlichen Lebenspartnern zweifelhaft ist, da der Zugewinnausgleich dem Grundgedanken nach der Haushaltsführungs- und Zuverdienerehe Rechnung tragen soll,

die aber bei gleichgeschlechtlichen Lebenspartnern vom Gesetzgeber gerade nicht die Normvorstellung geprägt hat« (Palandt/*Brudermüller* § 6 Rn 3).

C. Gütertrennung

Wie Eheleute können die Lebenspartner ihre güterrechtlichen Rechtsbeziehungen durch Vertrag regeln (BGH NJW 2004, 930). Wollen sie einen anderen Güterstand als die Zugewinngemeinschaft wählen, müssen sie einen Lebenspartnerschaftsvertrag schließen, welcher der notariellen Beurkundung bedarf. Allerdings kann einer zwischen den Partnern vereinbarten Ausgleichszahlung für die Auflösung der Lebenspartnerschaft der Straftatbestand der versuchten Erpressung entgegengehalten werden (LG Coburg FÜR 2004, 642), weil sie ein Druckmittel für die Höhe der Ausgleichszahlung sein kann und umgekehrt. 8

Der Lebenspartnerschaftsvertrag ist in seiner Ausgestaltung und in seinen Formerfordernissen dem Ehevertrag nachgebildet. § 7 Abs. 2 LPartG verweist diesbzgl ausdrücklich auf die Vorschriften der §§ 1409 – 1413. 9

Darüber hinaus haben die Lebenspartner nunmehr auch die Möglichkeit, die Gütertrennung in das Güterrechtsregister eintragen zu lassen. Dadurch kann die Gütertrennung der Lebenspartner dieselbe Außenwirkung entfalten wie bei Eheleuten. 10

D. Übergangsrecht

Jeder der Lebenspartner konnte nach § 21 Abs. 2 Satz 1 LPartG, wenn für die Partnerschaft bisher der Güterstand der Ausgleichsgemeinschaft galt, bis zum 31.12.2005 dem AG gegenüber erklären, dass nun Gütertrennung maßgeblich sein solle. Die Erklärung bedurfte der notariellen Beurkundung. Die Lebenspartner konnten die Erklärungen auch gemeinsam abgeben (*Wellenhofer* NJW 2005, 705). 11

Örtlich zuständig zur Entgegennahme der Erklärung war das AG am Wohnsitz der Lebenspartner. 12

Geben die Lebenspartner eine solche Erklärung nicht ab, bleiben sie aber untätig, so sind v 1.1.2005 an die Vorschriften über die Zugewinngemeinschaft vermögensrechtliche Grundlage der Lebenspartnerschaft, § 21 Abs. 1. Für Verfahren, die bereits am 31.12.2004 gerichtlich anhängig waren, gilt altes Recht, § 21 Abs. 5 Satz 1, wobei die Parteien im Verfahren die Anwendbarkeit des neuen Rechts dadurch bestimmen können, dass sie noch die entsprechenden Erklärungen abgeben, § 21 Abs. 2, 3 (*Finger* FuR 2005, 8). 13

§ 10 Erbrecht

(1) Der überlebende Lebenspartner des Erblassers ist neben Verwandten der ersten Ordnung zu einem Viertel, neben Verwandten der zweiten Ordnung oder neben Großeltern zur Hälfte der Erbschaft gesetzlicher Erbe. Treffen mit Großeltern Abkömmlinge von Großeltern zusammen, so erhält der Lebenspartner auch von der anderen Hälfte den Anteil, der nach § 1926 des Bürgerlichen Gesetzbuchs den Abkömmlingen zufallen würde. Zusätzlich stehen ihm die zum lebenspartnerschaftlichen Haushalt gehörenden Gegenstände, soweit sie nicht Zubehör eines Grundstücks sind, und die Geschenke zur Begründung der Lebenspartnerschaft als Voraus zu. Ist der überlebende Lebenspartner neben Verwandten der ersten Ordnung gesetzlicher Erbe, so steht ihm der Voraus nur zu, soweit er ihn zur Führung eines angemessenen Haushalts benötigt. Auf den Voraus sind die für Vermächtnisse geltenden Vorschriften anzuwenden. Gehört der überlebende Lebenspartner zu den erbberechtigten Verwandten, so erbt er zugleich als Verwandter. Der Erbteil, der ihm aufgrund der Verwandtschaft zufällt, gilt als besonderer Erbteil.

§ 10 LPartG | Erbrecht

(2) Sind weder Verwandte der ersten noch der zweiten Ordnung noch Großeltern vorhanden, erhält der überlebende Lebenspartner die ganze Erbschaft. Bestand beim Erbfall Gütertrennung und sind als gesetzliche Erben neben dem überlebenden Lebenspartner ein oder zwei Kinder des Erblassers berufen, so erben der überlebende Lebenspartner und jedes Kind zu gleichen Teilen; § 1924 Abs. 3 des Bürgerlichen Gesetzbuchs gilt auch in diesem Fall.

(3) Das Erbrecht des überlebenden Lebenspartners ist ausgeschlossen, wenn zur Zeit des Todes des Erblassers

1. die Voraussetzungen für die Aufhebung der Lebenspartnerschaft nach § 15 Abs. 2 Nr. 1 oder 2 gegeben waren und der Erblasser die Aufhebung beantragt oder ihr zugestimmt hatte oder
2. der Erblasser einen Antrag nach § 15 Abs. 2 Nr. 3 gestellt hatte und dieser Antrag begründet war.

In diesen Fällen gilt § 16 entsprechend.

(4) Lebenspartner können ein gemeinschaftliches Testament errichten. Die §§ 2266 bis 2273 des Bürgerlichen Gesetzbuchs gelten entsprechend.

(5) Auf eine letztwillige Verfügung, durch die der Erblasser seinen Lebenspartner bedacht hat, ist § 2077 des Bürgerlichen Gesetzbuchs entsprechend anzuwenden.

(6) Hat der Erblasser den überlebenden Lebenspartner durch Verfügung von Todes wegen von der Erbfolge ausgeschlossen, kann dieser von den Erben die Hälfte des Wertes des gesetzlichen Erbteils als Pflichtteil verlangen. Die Vorschriften des Bürgerlichen Gesetzbuchs über den Pflichtteil gelten mit der Maßgabe entsprechend, dass der Lebenspartner wie ein Ehegatte zu behandeln ist.

(7) Die Vorschriften des Bürgerlichen Gesetzbuchs über den Erbverzicht gelten entsprechend.

A. Gesetzliche Erbfolge

1 Die Regelungen in § 10 LPartG entsprechen weitgehend dem Erbrecht der Ehegatten. Danach ist der überlebende Lebenspartner des Erblassers, sofern die Lebenspartnerschaft noch bestand, neben Verwandten der ersten Ordnung zu einem Viertel, neben Verwandten der zweiten Ordnung oder neben Großeltern zur Hälfte ges Erbe.

2 Sind keine Verwandten der ersten oder zweiten Ordnung vorhanden, so wird der überlebende Lebenspartner Alleinerbe nach dem Verstorbenen, § 10 Abs. 2.

3 Im Übrigen hat der Überlebende bei bestehender Ausgleichsgemeinschaft im Todesfall nach § 6 Abs. 2 Satz 4 LPartG einen Ausgleichsanspruch in Höhe eines Viertels, wodurch der ges Erbteil um dieses pauschale Viertel erhöht wird (*Schwab* FamRZ 2001, 385). Aufgrund der Verweisung auf § 1371 finden die Abs. 2 und 3 auch im Falle der Enterbung oder Ausschlagung des Erbes entsprechende Anwendung (KK FamR/*Weinreich* § 10 Rn 4). Wird der überlebende Lebenspartner nicht Erbe, so kann er gem § 1371 Abs. 2 analog den Zugewinnausgleich nach den §§ 1373 – 1383, 1390 verlangen. Dabei bestimmt sich sein Pflichtteilsanspruch nach dem nicht erhöhten ges Pflichtteil des Ehegatten (Kaiser/Schnitzler/Friederici/*Ring/Olsen-Ring* § 10 Rn 6). Im Falle der Ausschlagung kann der Überlebende gem § 1371 Abs. 3 neben dem Zugewinnausgleich den Pflichtteil auch dann verlangen, wenn dieser ihm nach den erbrechtlichen Bestimmungen nicht zustünde (Kaiser/Schnitzler/Friederici/*Ring/Olsen-Ring* § 10 Rn 6). Dies gilt nicht bei einem im Lebenspartnerschaftsvertrag enthaltenen Verzicht auf das ges Erbrecht oder den Pflichtteil.

4 Ohne erbrechtliche Auswirkungen sind dagegen die Vermögenstrennung und die Vermögensgemeinschaft (Palandt/*Brudermüller* § 10 Rn 1). Eine Bezugnahme auf die Rege-

lung des § 1931 Abs. 4 ist unterblieben; daher kommt eine analoge Anwendung der Bestimmung nicht in Betracht (*v Dickhuth-Harrach* FamRZ 2001, 1660). Dadurch wird der überlebende Lebenspartner deutlich schlechter gestellt als der Ehegatte beim Güterstand der Gütertrennung (*Wellenhofer-Klein* Rn 251).

Schwierigkeiten entstehen dann, wenn der Erblasser während einer bestehenden Lebenspartnerschaft heiratet, was das LPartG zumindest nicht verhindert. Machen dann der Ehegatte und der Lebenspartner ihren Anspruch auf ihren Erbteil geltend, ist der ges Erbteil der Verwandten ausgeschlossen oder zumindest gemindert (Palandt/*Brudermüller* § 10 Rn 1). Wegen der Selbständigkeit der unterschiedlichen konkurrierenden Rechtspositionen scheidet eine Lösung entsprechend der gutgläubiger Bigamie durch Teilung eines gleichartigen Erbteils aus (*Krüger* Rpfleger 2004, 138). Im Übrigen wurden die erbrechtlichen Regelungen mit ihrer Anwendung des Ehegattenerbrechts auf die eingetragene Lebenspartnerschaft vom BVerfG nicht beanstandet (NJW 2002, 2543).

B. Voraus

Neben dem Erbrecht hat der Überlebende nach § 10 Abs. 1 Satz 2 LPartG Anspruch auf die zum lebenspartnerschaftlichen Haushalt gehörenden Gegenstände mit Ausnahme des Grundstückszubehörs und auf die Geschenke zur Begründung der Lebenspartnerschaft als Voraus. Dieser Anspruch ist allerdings, wenn der überlebende Lebenspartner neben Abkömmlingen zum Erben berufen ist, auf die Gegenstände beschränkt, die der Überlebende zur angemessenen Führung seines eigenen Haushalts bedarf.

Auf den Voraus des Lebenspartners finden nach § 10 Abs. 1 Satz 4 LPartG die für Vermächtnisse geltenden Vorschriften der §§ 2147 ff entsprechende Anwendung. Danach ist der Anspruch auf den Voraus ein gegen die Erbengemeinschaft zu richtender schuldrechtlicher Anspruch (Kaiser/Schnitzler/Friederici/*Ring/Olsen-Ring* § 10 Rn 9).

Hat der Erblasser die Aufhebung der Lebenspartnerschaft verlangt und entfällt dadurch das ges Erbrecht, so gilt dies auch für das ges Vermächtnis des Voraus, obgleich dies im Gesetz nicht ausdrücklich geregelt ist (*Leipold* ZEV 2001, 218).

C. Ausschluss des Erbrechts

Das Erbrecht des überlebenden Lebenspartners ist nicht erst mit der tatsächlichen Aufhebung der Lebensgemeinschaft, sondern schon dann ausgeschlossen, wenn die Voraussetzungen für die Aufhebung der Lebenspartnerschaft vorlagen und der Erblasser der Aufhebung zugestimmt oder sie beantragt hat, § 10 Abs. 2 Nr. 1 LPartG, oder der Erblasser selbst den Antrag auf Aufhebung der Lebenspartnerschaft nach § 15 Abs. 2 Nr. 3 LPartG gestellt hat, weil er die Partnerschaft wegen unzumutbarer Härte aufgehoben haben möchte.

§ 10 Abs. 3 LPartG ist nicht anwendbar, wenn ein Widerruf der Erklärung, die Lebenspartnerschaft nicht fortsetzen zu wollen, erfolgt ist (*v Dickhuth-Harrach* FamRZ 2001, 1660) oder der Antrag auf Aufhebung der Lebenspartnerschaft vom Erblasser vor dessen Tod wieder zurückgenommen wird und damit als nicht gestellt gilt (*Wellenhofer-Klein* Rn 256).

Der Ausschluss des Erbrechts erfasst nicht nur den Erbteil, sondern auch den Voraus und infolge des Wegfalls des Status als ges Erbe auch den Pflichtteilsanspruch (*Wellenhofer-Klein* Rn 257).

Ist das Erbrecht ausgeschlossen, hat der überlebende Lebenspartner, im Hinblick auf die Verweisung auf § 16 LPartG einen Unterhaltsanspruch gegen die Erben des anderen Lebenspartners, wenn dem überlebenden Lebenspartner gegenüber dem Erblasser zu dessen Lebzeiten ein Unterhaltsanspruch zugestanden hätte (KK FamR/*Weinreich* § 10 Rn 5). Dadurch soll der Überlebende, der durch den zufälligen Tod des Lebenspartners nicht benachteiligt werden soll, so stehen, wie er bei einer gerichtlichen Aufhebung der Lebenspartnerschaft stünde (BT-Ds 14/3751, S 40). Allerdings ist der Unterhaltsanspruch gegen die Erben beschränkt bis zur Höhe des Pflichtteils, der dem überlebenden Lebens-

§ 10 LPartG | Erbrecht

partner bei fortdauernder Partnerschaft zugestanden hätte (v *Dickhuth-Harrach* FamRZ 2001, 1660).

D. Gemeinschaftliches Testament

13 In gleicher Weise wie die Ehegatten sind nun auch die Lebenspartner einer eingetragenen Lebenspartnerschaft berechtigt, ein gemeinschaftliches Testament zu errichten, für welches die Vorschriften der §§ 2266 – 2273 entsprechende Anwendung finden, Abs. 4. Diese Gleichstellung hat zur Folge, dass die Partner nicht nur in der erleichterten Form eines privatschriftlichen Testamentes nach § 2267 testieren, sondern sich durch wechselbezügliche Verfügungen erbrechtlich binden können.

14 Die Aufhebung der Lebenspartnerschaft führt, vorbehaltlich eines anderslautenden Erblasserwillens, zur Unwirksamkeit der testamentarischen Erbeinsetzung des Lebenspartners. Kam es aber nicht mehr zu einer Änderung der Erbeinsetzung, war aber das Aufhebungsverfahren bereits rechtshängig, so führt die analoge Anwendung des § 2077 Abs. 1 Satz 2, 3 zum Verlust des Erbrechts, wenn der entsprechende Antrag vom Erblasser oder von beiden Lebenspartnern gestellt oder einer zugestimmt hat (Palandt/*Brudermüller* § 10 Rn 5).

15 Haben die Lebenspartner einen Erbvertrag geschlossen, so gilt § 2077 nach § 2279 Abs. 2 nicht nur im Hinblick auf die Zuwendung an den anderen Lebenspartner, sondern auch bei einseitigem Erbvertrag hinsichtlich bedachter Dritter (Palandt/*Brudermüller* § 10 Rn 5).

E. Erlöschen der letztwilligen Verfügung

16 Das ges Erbrecht endet nicht nur mit der Auflösung der Lebensgemeinschaft infolge Todes eines der Lebenspartner, sondern auch mit der Aufhebung der Gemeinschaft nach § 15 LPartG endet. Vielmehr ist es auch dann ausgeschlossen, wenn das gerichtliche Aufhebungsverfahren wegen des Todes eines Lebenspartners nicht mehr rechtskräftig abgeschlossen werden kann, die nachträgliche Prüfung aber ergibt, dass die Voraussetzungen für die Aufhebung vorgelegen haben.
Darüber hinaus erlöschen nach Abs. 4 auch die zugunsten des Lebenspartners getroffenen letztwilligen Verfügungen.

17 Wegen des Verweises auf § 2077 Abs. 1 Satz 2, Abs. 3 wird der Zeitpunkt des Unwirksamwerdens auf die Zeit vorverlagert, zu welcher der Erblasser die Aufhebung der Lebenspartnerschaft verlangen konnte und den darauf gerichteten Antrag gestellt hat (KK FamR/*Weinreich* § 10 Rn 7). Allerdings geht ein abweichender Wille des Erblassers der ges Vermutungsregelung vor, § 2077 Abs. 3.

18 Nach §§ 2346 ff analog ist auch ein Verzicht auf das ges Erbrecht möglich, § 10 Abs. 7 LPartG; dadurch kommt es von Anfang an nicht zur Entstehung (Palandt/*Brudermüller* § 10 Rn 2).

F. Pflichtteil

19 Nach Abs. 6 hat der überlebende Partner aufgrund der engen persönlichen Bindung (BT-Ds 14/3751, S 40), der durch eine Verfügung von Todes wegen enterbt wurde, einen Pflichtteilsanspruch in Höhe der Hälfte des Wertes des ges Erbteils. Hatten die Lebenspartner als Vermögensstand die Ausgleichsgemeinschaft vereinbart, so gilt § 1371 Abs. 2, 3 entsprechend. Das Pflichtteilsrecht geht mit dem Verlust des ges Erbrechts verloren (Palandt/*Brudermüller* § 10 Rn 4). Da § 1371 Abs. 3 analog gilt, ist der Verlust durch die Ausschlagung ausgenommen.

20 Die §§ 2303 ff sind entsprechend anzuwenden mit der Maßgabe, dass der Lebenspartner gem Abs. 7 Satz 2 »wie ein Ehegatte zu behandeln ist«. Erfasst sind hiervon auch Vorschriften, in denen es um die Pflichtteilsansprüche anderer Berechtigter geht, wie insb der Pflichtteilsergänzungsanspruch des § 2325 (*Leipold* ZEV 2001, 218; aA: *Mayer* ZEV 2001,

169) mit der Folge, dass insoweit auch die Zehnjahresfrist des Abs. 3 nicht vor Auflösung der Lebenspartnerschaft beginnt (*v. Dickhuth-Harrach* FamRZ 2005, 1138).
Nach § 10 Abs. 7 LPartG iVm § 2346 Abs. 2 BGB ist ein Verzicht auf den Pflichtteil möglich. 21

G. Erbverzicht 22

Ebenso wie der Verzicht auf das Erbrecht möglich ist, kann der überlebende Lebenspartner auch auf den Pflichtteil verzichten (Palandt/*Brudermüller* § 10 Rn 2). Der Verzicht lässt das Erbrecht nicht entstehen. Er kann schon vor einer wirksamen Begründung der eingetragenen Lebenspartnerschaft notariell beurkundet (Erman/*Kaiser* § 10 Rn 20) und sogar zusammen mit dem Lebenspartnerschaftsvertrag in einer Urkunde verbunden werden (*Wellenhofer-Klein* Rn 264).

H. Erbschaftsteuer 23

Nach § 56 LPartErgG sollen die Lebenspartner hinsichtlich der Erbschaft- und Schenkungsteuer gleichgestellt werden wie die Ehegatten. Bislang ist dieser Entwurf noch nicht Gesetz geworden, weshalb die Lebenspartner in Bezug auf die Erbschaft- und Schenkungsteuer wie Fremde behandelt werden (Hk-LPartG/*Stadie* S 553 Rn 33) und mithin in Steuerklasse 3 eingruppiert sind.

§ 11 Sonstige Wirkungen der Lebenspartnerschaft

(1) Ein Lebenspartner gilt als Familienangehöriger des anderen Lebenspartners, soweit nicht etwas anderes bestimmt ist.

(2) Die Verwandten eines Lebenspartners gelten als mit dem anderen Lebenspartner verschwägert. Die Linie und der Grad der Schwägerschaft bestimmen sich nach der Linie und dem Grad der sie vermittelnden Verwandtschaft. Die Schwägerschaft dauert fort, auch wenn die Lebenspartnerschaft, die sie begründet hat, aufgelöst wurde.

A. Allgemeines

§ 11 LPartG verdeutlicht die Stellung des Lebenspartners im Gesamtgefüge der familien- 1 rechtlichen Beziehungen und bezieht ihn in den Kreis der Familienangehörigen ein. Diese Position hat keineswegs nur zivilrechtliche Folgen. So gehört der Lebenspartner zu den Angehörigen iSd Miet-, Strafprozess-, Versicherungs- und Sozialversicherungsrechts sowie dem Sozial(hilfe) recht (im Einzelnen KK FamR/*Weinreich* § 11 Rn 1).

B. Familienangehöriger

Der Lebenspartner gilt (als Beschreibung eines Ist-Zustandes, so *Wellenhofer-Klein* Rn 134; 2 aA als Fiktion: Erman/*Kaiser* § 11 Rn 1) rechtlich mit der Begründung der Lebenspartnerschaft als Familienangehöriger des anderen Lebenspartners, soweit nicht etwas anderes bestimmt ist. Daraus ergibt sich der Vorrang einer gesondert getroffenen Regelung, die sich auf Legaldefinitionen des Angehörigen-Begriffs in anderen Regelungsbereichen, wie zB in § 11 Abs. 1 Nr. 1 StGB bezieht (Palandt/*Brudermüller* § 11 Rn 1).
Die Zuordnung des Lebenspartners zu den Familienangehörigen hat zur Folge, dass 3 sämtliche ges Bestimmungen, deren Adressat der »Familienangehörige« ist, wie zB bei § 67 Abs. 2 VVG, § 16 Abs. 2 SGB X und § 100 InsO, nunmehr auch auf den eingetragenen Lebenspartner Anwendung finden. Ist der Lebenspartner dagegen neben Familienangehörigen ausdrücklich benannt, so kommt dem nur klarstellende Funktion zu (*Wellenhofer-Klein* Rn 134).

4 Zu den Einzelregelungen, die den Angehörigenbegriff selbständig definieren und damit eine dem Abs. 1 vorrangige Stellung einnehmen, gehören neben § 11 Abs. 1 Nr. 1 StGB insb die §§ 15, 101 AO, § 20 VwVfG, § 16 SGB X, § 8 Abs. 2 WoBauG, § 4 WoGG, § 22 KunstUrhG und § 2 Abs. 5 HAG.

5 Als Familienangehöriger hat der Lebenspartner nach § 11 Abs. 1 LPartG iVm § 1969 BGB Anspruch auf den Dreißigsten, wenn er zum Zeitpunkt des Erbfalls zum Hausstand des Erblassers gehörte und von ihm Unterhalt bezogen hat. In diesem Fall hat der Lebenspartner gegen den Erben Anspruch auf Unterhalt im bisherigen Umfang für die Dauer von dreißig Tagen. Darüber hinaus kann er verlangen, dass ihm der Erbe die Benutzung von Wohnung und Haushaltsgegenständen gestattet wird (Kaiser/Schnitzler/Friederici/*Ring*/ *Olsen-Ring* § 11 Rn 4).

C. Schwägerschaft

6 Abs. 2 regelt die Schwägerschaft mit den Verwandten des Lebenspartners in gleicher Weise wie die des Ehegatten. Der Lebenspartner gilt durch die Begründung der Lebenspartnerschaft wie ein Verschwägerter iSd § 1590 mit der Folge, dass auch ihm die Aussageverweigerungsrechte der §§ 383 Abs. 1 Nr. 2a ZPO, 52 Abs. 1 Nr. 2a StPO zur Verfügung stehen (KK FamR/*Weinreich* § 11 Rn 4). Danach ist jeder Lebenspartner mit den Verwandten seines Lebenspartners verschwägert, und zwar auch dann noch, wenn die Lebenspartnerschaft schon aufgelöst ist; es besteht aber keine Schwägerschaft zwischen den Lebenspartnern (Hk-LPartG/*Bruns* § 11 Rn 16).

7 Darüber hinaus verweist die Vorschrift auf § 1589. Danach sind Personen, die voneinander abstammen, in gerader Linie verwandt. Personen, die nicht in gerader Linie verwandt sind, aber von derselben Person abstammen, sind in der Seitenlinie verwandt. Der Grad der Verwandtschaft bestimmt sich nach der Zahl der sie vermittelnden Geburten. Entsprechendes gilt auch bei § 11 Abs. 2 LPartG: Der Lebenspartner ist mit den Verwandten seines Lebenspartners in dem Maß verschwägert, wie dieser mit ihnen verwandt ist. Daher ist ein Lebenspartner mit den Eltern seines Lebenspartners im ersten Grad verschwägert und mit den Geschwistern im zweiten Grad in der Seitenlinie (Hk-LPartG/*Bruns* § 11 Rn 19).

Gesetz über die Vergütung der Rechtsanwältinnen und Rechtsanwälte (Rechtsanwaltsvergütungsgesetz – RVG)

Vom 5. 5. 2004, BGBl. I S 718, 788
BGBl. III 368 – 3
Zuletzt geändert durch Gesetz zur Umsetzung der Richtlinie 2004/25/EG des Europäischen Parlaments und des Rates vom 21. April 2004 betreffend Übernahmeangebote (Übernahmerichtlinie- Umsetzungsgesetz) vom 8. 7. 2006, BGBl. I S 1426, 1431

Abschnitt 1: Allgemeine Vorschriften

§ 1 Geltungsbereich

(1) Die Vergütung (Gebühren und Auslagen) für anwaltliche Tätigkeiten der Rechtsanwältinnen und Rechtsanwälte bemisst sich nach diesem Gesetz. Dies gilt auch für eine Tätigkeit als Prozesspfleger nach den §§ 57 und 58 der Zivilprozessordnung. Andere Mitglieder einer Rechtsanwaltskammer, Partnerschaftsgesellschaften und sonstige Gesellschaften stehen einem Rechtsanwalt im Sinne dieses Gesetzes gleich.

(2) Dieses Gesetz gilt nicht für eine Tätigkeit als Vormund, Betreuer, Pfleger, Verfahrenspfleger, Testamentsvollstrecker, Insolvenzverwalter, Sachwalter, Mitglied des Gläubigerausschusses, Nachlassverwalter, Zwangsverwalter, Treuhänder oder Schiedsrichter oder für eine ähnliche Tätigkeit.

§ 1835 Abs. 3 des Bürgerlichen Gesetzbuchs bleibt unberührt.

Das RVG ist in erbrechtlichen Mandaten nur **anwendbar**, soweit anwaltliche Tätigkeit im Sinne des § 1 Abs. 1 RVG ausgeübt wird, also insbesondere bei Beratung, Prüfung eines Rechtsmittels, außergerichtliche Vertretung, Vertretung in einem gerichtlichen Verfahren und in der Zwangsvollstreckung. 1

Möglich ist es, die Vorschriften des RVG durch **Vergütungsvereinbarungen** abzubedingen. Diese Vereinbarungen müssen sich dann den Anforderungen des § 4 RVG messen lassen (siehe hierzu *N. Schneider*, Die Vergütungsvereinbarung). 2

Dagegen ist das RVG nach **§ 1 Abs. 2 RVG nicht anwendbar**, soweit keine anwaltliche Tätigkeit im Sinne des § 1 Abs. 1 RVG ausgeübt wird; insbesondere nicht, wenn der Anwalt tätig wird 3

- als **Testamentsvollstrecker** – es gilt § 2221 BGB (zur Vergütung in diesen Fällen siehe die Kommentierung zu § 2221 BGB und AnwK-RVG/*Rick*, § 1 Rn 118 ff),
- als **Nachlassverwalter** – es gilt § 1987 BGB (zur Vergütung in diesen Fällen siehe die Kommentierung zu § 1987 BGB und AnwK-RVG/*Rick*, § 1 Rn 162 ff),
- als **Insolvenzverwalter** – es gilt die InsVV (zur Vergütung in diesen Fällen siehe die Kommentierung in AnwK-RVG/*Rick*, § 1 Rn 137 ff) oder
- als **Nachlasspfleger** – es gilt § 1915 Abs. 1 Satz 1 iVm § 1835 BGB (zur Vergütung in diesen Fällen siehe die Kommentierung zu § 1835 BGB und AnwK-RVG/*Rick*, § 1 Rn 109 ff).

Auch in diesen Fällen kommen gegebenenfalls **Vergütungsvereinbarungen** in Betracht. Diese unterliegen allerdings nicht den Beschränkungen des § 4 RVG. Das RVG – und damit auch § 4 RVG – ist in diesen Fällen erst gar nicht anwendbar (*N. Schneider*, Die Vergütungsvereinbarung Rn 5 ff). 4

§ 2 Höhe der Vergütung

(1) Die Gebühren werden, soweit dieses Gesetz nichts anderes bestimmt, nach dem Wert berechnet, den der Gegenstand der anwaltlichen Tätigkeit hat (Gegenstandswert).

(2) Die Höhe der Vergütung bestimmt sich nach dem Vergütungsverzeichnis der Anlage 1 zu diesem Gesetz. Gebühren werden auf den nächstliegenden Cent auf- oder abgerundet; 0,5 Cent werden aufgerundet.

I. Grundsatz: Abrechnung nach Gegenstandswert

1   Nach § 2 Abs. 1 RVG ist auch in erbrechtlichen Mandaten grundsätzlich nach dem Gegenstandswert abzurechnen, also nach dem **Wert der anwaltlichen Tätigkeit** (§ 2 Abs. 1 Satz 1 RVG). Dieser Grundsatz findet für den Wahlanwalt keine Ausnahme. Lediglich in der Beratungshilfe, die auch in erbrechtlichen Mandaten in Betracht kommt, gelten Festgebühren (s. Nrn. 2500 ff VV RVG).

2   Es gelten also die nach Werten gestaffelten Gebührenbeträge der **Tabelle des § 13 RVG** bzw. im Falle der Prozesskostenhilfe der **Tabelle des § 49 RVG**.

3   Zu beachten ist daher insbesondere auch § 49b Abs. 5 BRAO, wonach der Anwalt den Auftraggeber vor Beginn des Mandats darauf **hinweisen** muss, dass sich die Vergütung des Anwalts nach dem Gegenstandswert berechnet; auf die Höhe des Wertes oder der sich daraus ergebenden Gebühren muss der Anwalt dagegen nicht hinweisen (zum Anwendungsbereich und den Rechtsfolgen einer fehlerhaften Belehrung siehe insbesondere ausführlich *Hansens* RVGReport 2004, 443; *ders* ZAP Fach 24 Seite 885).

4   Möglich ist es wiederum, über den Gegenstandswert **Vergütungsvereinbarungen** nach § 4 RVG zu treffen. Das bietet sich insbesondere dann an, wenn der Wert unklar sein kann (siehe § 4 Rn 1 ff).

II. Die Höhe der Vergütung

5   Die Höhe der Vergütung, also die Gebühren und Auslagen (§ 1 Abs. 1 RVG) richten sich nach dem Vergütungsverzeichnis (s. dort).

III. Rundungsregel

6   § 2 Abs. 2 Satz 2 RVG enthält die **kaufmännische Rundungsregelung**.

§ 4 Vereinbarung der Vergütung

(1) Aus einer Vereinbarung kann eine höhere als die gesetzliche Vergütung nur gefordert werden, wenn die Erklärung des Auftraggebers schriftlich abgegeben und nicht in der Vollmacht enthalten ist. Ist das Schriftstück nicht von dem Auftraggeber verfasst, muss es als Vergütungsvereinbarung bezeichnet und die Vergütungsvereinbarung von anderen Vereinbarungen deutlich abgesetzt sein. Hat der Auftraggeber freiwillig und ohne Vorbehalt geleistet, kann er das Geleistete nicht deshalb zurückfordern, weil seine Erklärung den Vorschriften des Satzes 1 oder 2 nicht entspricht.

(2) In außergerichtlichen Angelegenheiten können Pauschalvergütungen und Zeitvergütungen vereinbart werden, die niedriger sind als die gesetzlichen Gebühren. Der Rechtsanwalt kann sich für gerichtliche Mahnverfahren und Zwangsvollstreckungsverfahren nach den §§ 803 bis 863 und 899 bis 915b der Zivilprozessordnung verpflichten, dass er, wenn der Anspruch des Auftraggebers auf Erstattung der gesetzlichen Vergütung nicht beigetrieben werden kann, einen Teil des Erstattungsanspruchs an

Erfüllungs statt annehmen werde. Der nicht durch Abtretung zu erfüllende Teil der gesetzlichen Vergütung und die sonst nach diesem Absatz vereinbarten Vergütungen müssen in einem angemessenen Verhältnis zu Leistung, Verantwortung und Haftungsrisiko des Rechtsanwalts stehen. Vereinbarungen über die Vergütung sollen schriftlich getroffen werden; ist streitig, ob es zu einer solchen Vereinbarung gekommen ist, trifft die Beweislast den Auftraggeber.

(3) In der Vereinbarung kann es dem Vorstand der Rechtsanwaltskammer überlassen werden, die Vergütung nach billigem Ermessen festzusetzen. Ist die Festsetzung der Vergütung dem Ermessen eines Vertragsteils überlassen, gilt die gesetzliche Vergütung als vereinbart.

(4) Ist eine vereinbarte oder von dem Vorstand der Rechtsanwaltskammer festgesetzte Vergütung unter Berücksichtigung aller Umstände unangemessen hoch, kann sie im Rechtsstreit auf den angemessenen Betrag bis zur Höhe der gesetzlichen Vergütung herabgesetzt werden. Vor der Herabsetzung hat das Gericht ein Gutachten des Vorstands der Rechtsanwaltskammer einzuholen; dies gilt nicht, wenn der Vorstand der Rechtsanwaltskammer die Vergütung nach Absatz 3 Satz 1 festgesetzt hat. Das Gutachten ist kostenlos zu erstatten.

(5) Durch eine Vereinbarung, nach der ein im Wege der Prozesskostenhilfe beigeordneter Rechtsanwalt eine Vergütung erhalten soll, wird eine Verbindlichkeit nicht begründet. Hat der Auftraggeber freiwillig und ohne Vorbehalt geleistet, kann er das Geleistete nicht deshalb zurückfordern, weil eine Verbindlichkeit nicht bestanden hat.

(6) § 8 des Beratungshilfegesetzes bleibt unberührt.

Insbesondere in erbrechtlichen Angelegenheiten ist es häufig zweckmäßig, Vergütungsvereinbarungen zu treffen. Dies gilt insbesondere im außergerichtlichen Bereich, weil hier oft Unklarheiten über die Höhe des Gegenstandswertes bestehen. Abgesehen davon sind die gesetzlichen Gebühren häufig nicht kostendeckend und schon gar nicht gewinnbringend. Darüber hinaus kann eine Vergütungsvereinbarung im außergerichtlichen Bereich den Streit über die Höhe der angemessenen Geschäftsgebühr vermeiden. 1

Unzulässig sind Vergütungsvereinbarungen allerdings, wenn der Anwalt im Rahmen der **Beratungshilfe** beauftragt wird (§ 4 Abs. 6 RVG iVm § 8 BerHG). 2

Unzulässig ist ferner die Vergütungsvereinbarung eines Notars: 3

4

> § 140 Verbot der Gebührenvereinbarung
> Die Kosten der Notare bestimmen sich, soweit bundesrechtlich nichts anderes vorgeschrieben ist, ausschließlich nach diesem Gesetz. Vereinbarungen über die Höhe der Kosten sind unwirksam.

Soweit ein **Anwaltsnotar** – also ein Rechtsanwalt, der zugleich auch als Notar zugelassen ist – mit seinem Auftraggeber ein Gesamthonorar vereinbart, das sowohl seine Anwalts- als auch seine Notartätigkeit abgelten soll, so müssen die in ihr geregelten Notarkosten in nachvollziehbarer Weise gesondert ausgewiesen werden. Fehlt es daran ist die Vereinbarung unwirksam. Das gilt nicht nur für die Notarkosten, sondern auch für den die Anwaltsvergütung betreffenden Teil der Vereinbarung (JurBüro 1986, 1027 = NJW 1986, 2576). 5

Unbedingt geboten sind Vergütungsvereinbarungen 6

- wenn sich der Gegenstandswert nicht oder sehr schwierig ermitteln lässt, wie zB bei allen »Ermittlungstätigkeiten« also zB bei der Ermittlung von Pflichtteils- oder Pflichtteilsergänzungsansprüchen. Hier hat der Anwalt idR viel Aufwand zu betreiben und

§ 4 RVG | Vereinbarung der Vergütung

unterliegt einem hohen Haftungsrisiko. Häufig verfährt die Rechtsprechung unzutreffenderweise so, dass sie den Wert dieser Tätigkeit auf den Wert des Anspruchs festsetzt, der letztlich ermittelt wird. Dies führt bei geringen Pflichtteils- und Pflichtteilsergänzungsansprüchen nicht annähernd zu einer kostendeckenden Vergütung,
- seit dem 1.7.2006 für sämtliche Beratungen und Gutachten, da anderenfalls nur nach § 612 Abs. 1 BGB bzw. § 632 BGB abgerechnet werden kann und gegenüber einem Verbraucher (was in Erbsachen der Regelfall sein dürfte) nicht mehr als 250,00 € abgerechnet werden darf, im Falle einer Erstberatung sogar nicht mehr als 190,00 € (siehe § 34 Abs. 1 Satz 3 RVG)
- bei der Mitwirkung an der Errichtung eines Testaments, da unklar ist, ob dies Beratungs- oder Geschäftstätigkeit ist (siehe Vorbem. 2.3 VV RVG)

7 Welcher Art die Vergütungsvereinbarung getroffen wird, steht den Parteien frei. Möglich ist es, sich an der gesetzlichen Vergütung zu orientieren und

- ein Vielfaches der gesetzlichen Gebühren zu wählen,
- einen höheren Gegenstandswert zu vereinbaren,
- abweichende Gebührensätze,
- zusätzliche Gebühren (etwa eine weitere Terminsgebühr für eine Beweisaufnahme),
- die Aufhebung von Höchstgrenzen (zB die Streitwerbegrenzung des § 22 Abs. 2 RVG, § 39 Abs. 2 GKG),
- die Aufhebung von Anrechnungsvorschriften o.ä.

8 Ebenso möglich ist es, abweichend von den gesetzlichen Gebühren nach

- Pauschalen oder
- Zeithonoraren

Abzurechnen (siehe ausführlich zu den verschiedenen Berechnungsmodellen *N. Schneider*, Die Vergütungsvereinbarung, Rn 765 ff).

9 Auch Kombinationen der verschiedenen Modelle sind zulässig (siehe ausführlich zu den verschiedenen Berechnungsmodellen *N. Schneider*, Die Vergütungsvereinbarung, Rn 661 ff).

10 Im außergerichtlichen Bereich ist es auch zulässig, Zeit- und Pauschalvergütungsvereinbarungen zu treffen, wonach sich eine geringere Vergütung als die gesetzliche ergibt (§ 49b Abs. 1 BRAO).

11 In gerichtlichen Verfahren ist es dagegen nicht zulässig, die gesetzlichen Gebühren zu unterschreiten. Hier muss also mindestens die gesetzliche Vergütung vereinbart werden (§ 49b Abs. 1 BRAO).

12 Eine höhere als die gesetzliche Vergütung kann aufgrund einer Vergütungsvereinbarung allerdings nur gefordert werden, wenn die Erklärung des Auftraggebers **schriftlich** abgegeben und von ihm **eigenhändig unterzeichnet** worden ist. Die lediglich per Telefax übermittelte Unterschrift reicht nach der Rspr. nicht aus (OLG Hamm AGS 2006, 9 m Anm *Rick*; AG Bonn AGS 1993).

13 Die Vergütungsvereinbarung darf zudem **nicht in einer Vollmacht** enthalten ist (§ 4 Abs. 1 Satz 1 RVG).

14 Sie muss zudem **als Vergütungsvereinbarung bezeichnet** und **von sonstigen Vereinbarungen deutlich abgesetzt** sein (§ 4 Abs. 1 Satz 2 RVG).

15 Auch weitere Anforderungen sind zu beachten, so zB die Vereinbarkeit mit den **§§ 305 ff BGB** (siehe ausführlich zu den verschiedenen Berechnungsmodellen *N. Schneider*, Die Vergütungsvereinbarung, Rn 1066 ff). Wer Vergütungsvereinbarungen trifft, sollte sich daher eingehend über die Erfordernisse unterrichten (siehe zB *N. Schneider*, Die Vergütungsvereinbarung, 1. Aufl 2005).

16 **Erfolgshonorare** sind unzulässig; das gleiche gilt für eine Beteiligung am Erfolg (§ 49 Abs. 2 BRAO).

Zulässig ist es allerdings, sich als Vergütung einen **Anteil des Erbteils** versprechen zu 17
lassen, sofern der Erbteil zum Zeitpunkt der Vereinbarung betragsmäßig feststeht.

Beispiel: Die Parteien vereinbaren, dass der Anwalt als Vergütung eine Pauschale in Höhe von 5 % des dem Auftraggeber zustehenden Erbteils erhält.
Steht die Höhe des Erbteils zu diesem Zeitpunkt fest, auch wenn sie noch nicht abschließend ermittelt ist, handelt es sich um eine zulässige Vereinbarung (BGH AGS 2003, 341 m Anm *Madert*).
Steht zur Zeit der Vereinbarung noch nicht fest, auf welche Höhe sich der Teil belaufen wird, ist insbesondere die Erbquote noch strittig, liegt eine unzulässige Vereinbarung eines Erfolgshonorars nach § 49b Abs. 2 BRAO vor.

Zulässig ist dagegen, wenn sich die Vergütung nach einem bestimmten Anteil eines Be- 18
trages, möglicherweise auch eines erstrittenen Betrages orientiert, sofern die Höhe des **erstrittenen Betrages zum Zeitpunkt der Vereinbarung bereits feststeht**. So hat der EGH München eine Vergütungsvereinbarung als zulässig angesehen, in der der Anwalt eine Vergütung in Höhe von 10 % des Wertes des Erbteils vereinbart hatte:

> Eine vereinbarte Vergütung nach einem Prozentsatz des bereits angefallenen Erbanteils ist hinreichend bestimmbar; die Vereinbarung verstößt nicht gegen das Verbot des Erfolgshonorars.
> EGH München, Beschl. v. 28. 9. 1983 – II – 4/83 (BRAK-Mitt. 1984, 40)

Ebenso hatte der BGH in einem vergleichbaren Fall entschieden: 19

> Hat ein Rechtsanwalt die zuvor dem Ziel der Einigung der Abkömmlinge des Erblassers über einen Nachlassverteilung in die angemessene juristische Form zu bringen, so enthält eine Honorarvereinbarung, die an die Höhe des Erbteilsanspruchs des Mandanten anknüpft, kein unzulässiges Erfolgshonorar.
> BGH, Urt. v. 29. 5. 2003 – IX ZR 138/02 (AGS 2003, 341 m Anm *Madert*)

Faktisch handelt es sich hier nämlich nicht um eine variable Beteiligung, die vom Erfolg 20
abhängt, sondern letztlich um die Formulierung einer genau bestimmten Vergütung, die allerdings möglicherweise noch nicht berechenbar ist. Hier besteht keine Möglichkeit, auf die Höhe der Vergütung Einfluss zu nehmen, da der Wert des Erbteils bereits feststeht, wenn er auch den Parteien noch nicht bekannt ist. Daher ist die Tätigkeit des Anwalts auch nicht vom Erfolg oder Ausgang der Sache abhängig.

Zulässig ist es wiederum, **nach Abschluss des Mandats** ein Erfolgshonorar (honorarium) 21
oder eine Beteiligung am erstrittenen Betrag zu vereinbaren (OLG Düsseldorf AGS 2006, 480 m Anm *N. Schons*; *N. Schneider*, Die Vergütungsvereinbarung Rn 336).

§ 5 Vergütung für Tätigkeiten von Vertretern des Rechtsanwalts

Die Vergütung für eine Tätigkeit, die der Rechtsanwalt nicht persönlich vornimmt, wird nach diesem Gesetz bemessen, wenn der Rechtsanwalt durch einen Rechtsanwalt, den allgemeinen Vertreter, einen Assessor bei einem Rechtsanwalt oder einen zur Ausbildung zugewiesenen Referendar vertreten wird.

Wird anstelle des Anwalts 1

- ein **anderer Rechtsanwalt** (§ 53 BRAO),
- der **allgemeine Vertreter**,
- ein bei dem Rechtsanwalt beschäftigter **Assessor** oder

§ 7 RVG | Mehrere Auftraggeber

- ein **zur Ausbildung zugewiesenen Referendar**

tätig, kann der Anwalt abrechnen, als wäre er selbst tätig geworden.

2 Die Bedeutung der Vorschrift des § 5 RVG war früher gering und hatte im Wesentlichen lediglich Bedeutung in den Fällen, in denen der Anwalt wegen Terminskollisionen oder aus Gründen der Zeitersparnis einen Vertreter für die Wahrnehmung eines Termins beauftragen musste; in diesem Fall kann er mit dem Auftraggeber über § 5 RVG dennoch voll abrechnen.

3 Angesichts der Rechtsprechung des BGH zur freien Vereinbarkeit einer Vergütung zwischen dem mandatierten Anwalt und einem von ihm selbst beauftragten Stellvertreter (BGH NJW 2001, 753; AGS 2006, 471 m Anm *Schons*) hat die Einschaltung eines Stellvertreters für den Anwalt auch eine zusätzliche wirtschaftliche Dimension gewonnen. Er kann nach dieser Rechtsprechung auch für auswärtige Termine oder sonstige Tätigkeiten Stellvertreter beauftragen und mit ihnen eine geringere Vergütung als die eines Terminsvertreters vereinbaren, so dass ihm selbst ein höherer Gebührenanteil verbleibt als bei der herkömmlichen Einschaltung eines Unterbevollmächtigten, da er mit dem Auftraggeber über § 5 RVG voll abrechnen kann.

§ 6 Mehrere Rechtsanwälte

Ist der Auftrag mehreren Rechtsanwälten zur gemeinschaftlichen Erledigung übertragen, erhält jeder Rechtsanwalt für seine Tätigkeit die volle Vergütung.

1 Die Vorschrift des § 6 RVG betrifft diejenigen Fälle, in denen mehreren Rechtsanwälten jeweils eigene Aufträge erteilt worden sind und die Anwälte diese Aufträge **gemeinschaftlich** erledigen sollen. Voraussetzung ist, dass **mehrere selbständige Anwaltsverträge** geschlossen worden sind. Der Mandant muss also jedem Anwalt einen eigenen selbständigen Auftrag erteilt haben. Die Aufträge müssen dabei nicht zeitgleich erteilt worden sein. Sie können auch sukzessive erteilt werden. In diesem Fall kann jeder Anwalt den Auftraggeber wegen seiner Gebühren in Anspruch nehmen.

Beispiel: Der Anwalt beauftragt in einer Nachlasssache den Rechtsanwalt A, der die erbrechtlichen Fragen klären soll und den Rechtsanwalt B, der sich um die steuerlichen Belange kümmern soll.
Jeder Anwalt kann nach § 6 RVG gesondert abrechnen.

2 Werden dagegen mehrere Anwälte nicht gemeinschaftlich tätig, gilt nicht § 6 RVG. Die Anwälte können die Vergütung nur einmal fordern. Das sind zB die Fälle, in denen die Anwälte in einer **Sozietät** oder in einer **Partnerschaft** zusammengeschlossen sind.

§ 7 Mehrere Auftraggeber

(1) Wird der Rechtsanwalt in derselben Angelegenheit für mehrere Auftraggeber tätig, erhält er die Gebühren nur einmal.

(2) Jeder der Auftraggeber schuldet die Gebühren und Auslagen, die er schulden würde, wenn der Rechtsanwalt nur in seinem Auftrag tätig geworden wäre; die Dokumentenpauschale nach Nummer 7000 des Vergütungsverzeichnisses schuldet er auch insoweit, wie diese nur durch die Unterrichtung mehrerer Auftraggeber entstanden ist. Der Rechtsanwalt kann aber insgesamt nicht mehr als die nach Absatz 1 berechneten Gebühren und die insgesamt entstandenen Auslagen fordern.

A. Mehrere Auftraggeber in derselben Angelegenheit (§ 7 Abs. 1 RVG)

Ist der Anwalt von mehreren Auftraggebern in **verschiedenen Angelegenheiten** beauftragt worden, ergeben sich keine Probleme. Die Vergütung kann gegen einen jeden von ihnen kann uneingeschränkt geltend gemacht werden. 1

Wird der Anwalt dagegen für mehrere Auftraggeber in **derselben Angelegenheit** tätig, gilt § 7 Abs. 1 RVG. Der Anwalt erhält die Vergütung nur einmal. Er kann aber von jedem Auftraggeber diejenige Vergütung verlangen, die dieser schulden würde, wenn er für ihn alleine tätig geworden wäre (§ 7 Abs. 2 RVG). Siehe dazu Rn 7. 2

Die **Höhe der Vergütung** bei mehreren Auftraggebern wird durch § 23 Abs. 1 Satz 1, 3 RVG iVm § 39 Abs. 1 GKG; § 22 RVG geregelt oder/und durch Nr. 1008 VV RVG: 3

- Soweit der Anwalt hinsichtlich **verschiedener Gegenstände** tätig wird, werden die Werte der einzelnen Gegenstände nach § 23 Abs. 1 Satz 1, 3 RVG iVm § 39 Abs. 1 GKG; § 22 RVG zusammengerechnet; eine Gebührenerhöhung nach Nr. 1008 VV RVG kommt nicht in Betracht.
- Soweit der Anwalt wegen **desselben Gegenstandes** tätig wird, greift Nr. 1008 VV RVG; die Geschäfts- und Verfahrensgebühren erhöhen sich um 0,3 je weiterem Auftraggeber.
- Möglich sind auch **Kombinationen**, wenn die mehreren Auftraggeber den Anwalt sowohl wegen gemeinschaftlicher als auch wegen eigener Gegenstände beauftragen. Dann wird aus dem gemeinschaftlichen Gegenstand eine erhöhte Gebühr berechnet und aus dem Gegenstand der einfachen Beteiligung eine nicht erhöhte Gebühr. Insgesamt darf nach § 15 Abs. 3 RVG nicht mehr verlangt werden als eine Gebühr nach dem höchsten Gebührensatz aus dem Gesamtwert.

Zur Berechnung siehe ausführlich die Kommentierung zu Nr. 1008 VV RVG.

B. Die Haftung des einzelnen Auftraggebers (§ 7 Abs. 2 RVG)

I. Die gesetzliche Regelung

Die Vorschrift des § 7 Abs. 2 RVG regelt die jeweilige Einzel-Haftung der Auftraggeber gegenüber dem Anwalt. 4

Ist der Anwalt von mehreren Auftraggebern in **verschiedenen Angelegenheiten** beauftragt worden, ergeben sich wiederum keine Probleme. Jeder schuldet die Vergütung für sein Mandat. 5

Ist der Anwalt dagegen in **derselben Angelegenheit** von mehreren Auftraggebern beauftragt worden, so ergeben sich insoweit Probleme, als zwar jeder die volle Vergütung hinsichtlich seines Auftrags schuldet, der Anwalt insgesamt jedoch nicht alle Auftraggeber in voller Höhe in Anspruch nehmen darf, da er anderenfalls mehr erhielte, als ihm insgesamt zusteht. In der Rechnung muss daher ausgewiesen sein, inwieweit die einzelnen Auftraggeber mit dem oder den anderen Auftraggebern gesamtschuldnerisch haften. 6

Jeder Auftraggeber schuldet danach gem. § 7 Abs. 2 Satz 1 RVG diejenigen Gebühren, die er schulden würde, wenn der Anwalt nur in seinem Auftrag tätig geworden wäre. Da diese jeweiligen Einzelhaftungen nach § 7 Abs. 2 Satz 1 RVG in der Summe die Gebühren übersteigen, die der Anwalt insgesamt erhält, haften die Auftraggeber teilweise als Gesamtschuldner. Der Regelfall der Gesamtschuld (§ 421 Satz 1 BGB) ist allerdings nicht gegeben, weil kein Auftraggeber die ganze Leistung zu bewirken verpflichtet ist. Vielmehr liegt ein »eigenartiges Gesamtschuldverhältnis« vor (*Riedel/Sußbauer/Fraunholz* § 7 Rn 47). 7

Die Berechnung der gesamtschuldnerischen Haftung und der alleinigen Haftung der jeweiligen Auftraggeber bereitet in der Praxis erhebliche Schwierigkeiten. Die Frage dieser Berechnung wird in den meisten Kommentaren und Anleitungsbüchern nicht erwähnt, obwohl sie für die Abrechnung, die Vergütungsfestsetzung und die Vergütungsklage des Anwalts praxisrelevant ist, da bei einer falschen Berechnung des Gesamtschuldverhält- 8 nisses die Rechnung, der Festsetzungs- und der Klageantrag unzutreffend sind und der Anwalt aus diesem Grunde zB mit seiner Vergütungsklage teilweise unterliegt (zum Muster einer Honorarklage bei teilweiser Gesamtschuld siehe *Vorwerk*/Schneider, Prozessformularbuch, 6. Aufl 2000, Kap 42 Muster 42.72). Lediglich *Hansens* (§ 7 Rn 41 ff) und *Engels* (MDR 2001, 377) weisen ansatzweise auf die zutreffende Berechnung hin. Völlig unzutreffend ist dagegen die Berechnungsmethode von *Fraunholz* (in *Riedel/Sußbauer* § 7 Rn 41 ff; ebenso OLG Frankfurt NJW 1970, 2115; OLG Koblenz JurBüro 1988, 1662).

II. Die Berechnung bei mehreren Auftraggebern mit einer gemeinschaftlichen Forderung

9 Haben mehrere Auftraggeber den Anwalt wegen einer gemeinschaftlichen Forderung beauftragt, so steht dem Anwalt die Vergütung aus dem Wert insgesamt nur einmal zu, wobei sich die Verfahrensgebühr nach Nr. 1008 VV RVG um 0,3 je weiterem Auftraggeber erhöht. Jeder Auftraggeber haftet gem. § 7 Abs. 2 RVG auf die vollen Gebühren (ausgenommen die Erhöhung nach Nr. 1008 VV RVG).

Beispiel: A und B in ungeteilter Erbengemeinschaft werden auf die Zahlung einer Nachlassforderung in Höhe von 1.000,00 € in Anspruch genommen.

Die Gesamtvergütung des Anwalts berechnet sich wie folgt:
1. 1,6-Verfahrensgebühr, Nrn. 3100, 1008 VV RVG   136,00 €
2. 1,2-Terminsgebühr, Nr. 3104 VV RVG   102,00 €
3. Postentgeltpauschale, Nr. 7002 VV RVG   20,00 €
   Zwischensumme   258,00 €
4. 16 % Umsatzsteuer, Nr. 7008 VV RVG   41,28 €
   Gesamt   **299,28 €**

Die Einzelhaftung der jeweiligen Auftraggeber ergibt sich aus § 7 Abs. 2 Satz 1 RVG wie folgt:

I. Haftung des A (Wert 1.000 €):
1. 1,3-Verfahrensgebühr, Nr. 3100 VV RVG   110,50 €
2. 1,2-Terminsgebühr, Nr. 3104 VV RVG   102,00 €
3. Postentgeltpauschale, Nr. 7002 VV RVG   20,00 €
   Zwischensumme   232,50 €
4. 16 % Umsatzsteuer, Nr. 7008 VV RVG   37,20 €
   Gesamt   **269,70 €**

II. Haftung des B: ebenfalls   269,70 €

Um die **gesamtschuldnerische Haftung** zu berechnen, ist nunmehr wie folgt vorzugehen:
1. Die jeweiligen Einzelhaftungen nach § 7 Abs. 2 Satz 1 RVG sind zu addieren.
2. Hiervon ist die Gesamthaftung abzuziehen.
3. Der danach verbleibende Differenzbetrag ergibt dann denjenigen Betrag, für den beide Parteien als Gesamtschuldner haften.

Im Beispiel beläuft sich die gesamtschuldnerische Haftung somit auf:

Einzelhaftung des A: 269,70 €
Einzelhaftung des B: 269,70 €
Gesamtvergütung: – 299,28 €
Gesamtschuld   **240,12 €**

Die alleinige Haftung der einzelnen Auftraggeber ergibt sich nunmehr daraus, dass man von der jeweiligen Einzelhaftung nach § 7 Abs. 2 Satz 1 RVG den Gesamtschuldbetrag abzieht. Demnach haften die Auftraggeber alleine, also nicht gesamtschuldnerisch, in Höhe von:

Alleinige Haftung des A:
Haftung nach § 7 Abs. 2 Satz 1 RVG   269,70 €
Gesamtschuld   – 240,12 €
Gesamt   **29,58 €**

Alleinige Haftung des B: ebenfalls	29,58 €
Insgesamt erhält der Anwalt somit:	
gesamtschuldnerisch von A und B	240,12 €
von A alleine	29,58 €
von B alleine	29,58 €
Gesamt	**299,28 €**

Nach der Berechnung von *Fraunholz* (in: *Riedel/Sußbauer* § 7 Rn 41 ff; ebenso OLG Frankfurt NJW 1970, 2115; OLG Koblenz JurBüro 1988, 1662) würde sich demgegenüber die Gesamtschuld nach dem Betrag richten, den der Anwalt gleichmäßig von jedem einzelnen Auftraggeber zu fordern hätte; danach bestünde eine Gesamtschuld in Höhe der Verfahrens- und der Terminsgebühr aus dem Wert von 1.000,00 Euro sowie der Postentgeltpauschale, insgesamt also: **10**

1. 1,3-Verfahrensgebühr, Nr. 3100 VV RVG	110,50 €
2. 1,2-Terminsgebühr, Nr. 3104 VV RVG	102,00 €
3. Postentgeltpauschale, Nr. 7002 VV RVG	20,00 €
Zwischensumme	232,50 €
4. 16 % Umsatzsteuer, Nr. 7008 VV RVG	37,20 €
Gesamt	**269,70 €**

Diese Berechnung ist jedoch unzutreffend. Das zeigt sich schon an Folgendem: Die Zahlung eines Gesamtschuldners auf die Gesamtschuld wirkt auch zugunsten der anderen Gesamtschuldner (§ 422 Abs. 1 Satz 1 BGB). Würde also A einen Betrag von 269,70 Euro zahlen, dann würde dieser Betrag nach der Auffassung von *Fraunholz* in voller Höhe auf die Gesamtschuld gezahlt. Damit würde aber auch B nach § 422 Abs. 1 Satz 1 BGB frei und nichts mehr schulden. Der Anwalt erhielte dann insgesamt nur 269,70 Euro. Den ihm aber unstrittig zustehenden weiteren Betrag bis zur Gesamtvergütung in Höhe von 299,28 Euro könnte er von niemandem verlangen. Bei dem von Fraunholz errechneten Betrag handelt es sich daher nicht um die Gesamtschuld, sondern lediglich um die Höhe desjenigen Betrages, auf den jeder Auftraggeber haftet, also quasi der »kleinste gemeinsame Nenner«. Diese Rechengröße ist aber rechtlich irrelevant. **11**

III. Die Berechnung bei mehreren Auftraggebern mit verschiedenen Forderungen

Haben die verschiedenen Auftraggeber den Anwalt zwar in derselben Sache, aber wegen verschiedener Gegenstände beauftragt, ist ähnlich zu rechnen. Die Gebühren berechnen sich jetzt aus dem zusammengerechneten Wert (§ 23 Abs. 1 Satz 1, 3 RVG iVm § 39 Abs. 1 GKG; § 22 Abs. 1 RVG); eine Erhöhung nach Nr. 1008 VV RVG kommt jetzt nicht in Betracht. **12**

Beispiel: Der Anwalt vertritt die beiden Pflichtteilsberechtigten A und B, die ihren Pflichtteil vom Erben einfordern, und zwar der A 6.000,00 Euro und der B 2.000,00 €.
Es liegen verschiedene Gegenstände vor (siehe Nr. 1008 VV RVG Rn 3). Jeder Pflichtteilsanspruch ist gesondert zu bewerten. Beide Werte sind dann zu addieren (§ 23 Abs. 1 Satz 3, Satz 1 RVG iVm § 39 Abs. 1 GKG). Eine Gebührenerhöhung findet nicht statt.
Die Gesamtvergütung des Anwalts berechnet sich aus dem Wert von 8.000,00 Euro (§ 7 Abs. 2 RVG) wie folgt:

1. 1,5-Geschäftsgebühr, Nr. 2300 VV RVG (Wert: 8.000,00 €)	618,00 €
2. Postentgeltpauschale, Nr. 7002 VV RVG	20,00 €
Zwischensumme	638,00 €
3. 16 % Umsatzsteuer, Nr. 7008 VV RVG	102,08 €
Gesamt	**740,08 €**

§ 7 RVG | Mehrere Auftraggeber

Die Einzelhaftung der jeweiligen Auftraggeber ergibt sich aus § 7 Abs. 2 Satz 1 RVG wie folgt:
I. Haftung des A (Wert 6.000 €):
1. 1,5-Geschäftsgebühr, Nr. 2300 VV RVG (Wert: 6.000,00 €)	507,00 €
2. Postentgeltpauschale, Nr. 7002 VV RVG	20,00 €
Zwischensumme	527,00 €
3. 16 % Umsatzsteuer, Nr. 7008 VV RVG	84,32 €
Gesamt	**611,32 €**

II. Haftung des B
1. 1,5-Geschäftsgebühr, Nr. 2300 VV RVG (Wert: 2.000,00 €)	199,50 €
2. Postentgeltpauschale, Nr. 7002 VV RVG	20,00 €
Zwischensumme	219,50 €
3. 16 % Umsatzsteuer, Nr. 7008 VV RVG	35,12 €
Gesamt	**254,62 €**

Die gesamtschuldnerische Haftung beläuft sich somit auf:
Einzelhaftung des A	611,32 €
Einzelhaftung des B	254,62 €
Gesamtvergütung	– 740,08 €
Gesamtschuld	**125,86 €**

Demnach haften die Auftraggeber alleine, also nicht gesamtschuldnerisch, in Höhe von:
Alleinige Haftung des A:
Haftung nach § 7 Abs. 2 Satz 1 RVG	611,32 €
Gesamtschuld	– 125,86 €
Alleinige Haftung	**485,46 €**

Alleinige Haftung des B:
Haftung nach § 7 Abs. 2 Satz 1 RVG	254,62 €
Gesamtschuld	– 125,76 €
Alleinige Haftung	**128,76 €**

Insgesamt erhält der Anwalt somit:
gesamtschuldnerisch von A und B	125,86 €
von A alleine	485,46 €
von B alleine	128,76 €
Gesamt	**704,08 €**

13 Nach der Berechnung von *Fraunholz (Riedel/Sußbauer/Fraunholz* § 7 Rn 41 ff; ebenso OLG Frankfurt NJW 1970, 2115; OLG Koblenz JurBüro 1988, 1662) würde sich die Gesamtschuld dagegen nach dem Betrag richten, den der Anwalt gleichmäßig von jedem einzelnen Auftraggeber zu fordern hätte; danach bestünde eine Gesamtschuld in Höhe von 562,60 €, was – wie oben ausgeführt (siehe Rn 11 ff) – nicht zutreffend ist.

IV. Die Berechnung bei mehreren Auftraggebern mit gemeinschaftlichen Forderung und verschiedenen Forderungen

14 Haben die Auftraggeber den Anwalt zum Teil gemeinschaftlich beauftragt und zum Teil alleine, ist ebenso zu rechnen wie in den vorstehenden Fällen.

Beispiel (nach *Riedel/Sußbauer/Fraunholz,* BRAGO, § 6 Rn 50): A und B sind als Gesamtschuldner auf Zahlung von 1.000,00 Euro verklagt worden, B alleine außerdem auf Zahlung weiterer 500,00 Euro. Über die gesamten Forderungen wird mündlich verhandelt. Die Gesamtvergütung (netto) des Anwalts berechnet sich wie folgt:
1. 1,6-Verfahrensgebühr, Nrn. 3100 VV, 1008 (Wert: 1.000,00 €)	136,00 €
2. 1,3-Verfahrensgebühr, Nr. 3100 VV RVG (Wert: 500,00 €)	58,50 €
gem. § 15 Abs. 3 nicht mehr als 1,6 aus 1.500,00 €	168,00 €
3. 1,2-Terminsgebühr, Nr. 3104 VV RVG (Wert: 1.500,00 €)	126,00 €

4. Postentgeltpauschale, Nr. 7002 VV RVG	20,00 €
Zwischensumme	314,00 €
5. 16 % Umsatzsteuer, Nr. 7008 VV RVG	50,24 €
Gesamt	**364,24 €**

Die Einzelhaftung der jeweiligen Auftraggeber ergibt sich aus § 7 Abs. 2 Satz 1 RVG wie folgt:

Haftung des A (Wert: 1.000,00 €):

1. 1,3-Verfahrensgebühr, Nr. 3100 VV RVG	110,50 €
2. 1,2-Terminsgebühr, Nr. 3104 VV RVG	102,00 €
3. Postentgeltpauschale, Nr. 7002 VV RVG	20,00 €
Zwischensumme	232,50 €
4. 16 % Umsatzsteuer, Nr. 7008 VV RVG	37,20 €
Gesamt	**269,70 €**

Haftung des B (Wert: 1.500,00 €):

1. 1,3-Verfahrensgebühr, Nr. 3100 VV RVG	136,50 €
2. 1,2-Terminsgebühr, Nr. 3104 VV RVG	126,00 €
3. Postentgeltpauschale, Nr. 7002 VV RVG	20,00 €
Zwischensumme	282,50 €
4. 16 % Umsatzsteuer, Nr. 7008 VV RVG	45,20 €
Gesamt	**327,70 €**

Im Beispiel beläuft sich die gesamtschuldnerische Haftung somit auf:

Einzelhaftung des A	269,70 €
Einzelhaftung des B	327,70 €
Gesamtvergütung	– 364,24 €
Gesamtschuld	**233,16 €**

Die alleinige Haftung der einzelnen Auftraggeber ergibt sich nunmehr dadurch, dass man von der jeweiligen Einzelhaftung nach § 7 Abs. 2 Satz 1 RVG den Gesamtschuldbetrag abzieht. Demnach haften die Auftraggeber alleine, also nicht gesamtschuldnerisch, in Höhe von:

Alleinige Haftung des A:

Haftung nach § 7 Abs. 2 Satz 1 RVG	269,70 €
Gesamtschuld	– 233,16 €
Gesamt	**36,54 €**

Alleinige Haftung des B:

Haftung nach § 7 Abs. 2 Satz 1 RVG	327,70 €
Gesamtschuld	– 233,16 €
Gesamt	**94,54 €**

Insgesamt erhält der Anwalt somit:

gesamtschuldnerisch von A und B	233,16 €
von A alleine	36,54 €
von B alleine	94,54 €
Gesamt	**364,24 €**

Nach der Berechnung von *Fraunholz (Riedel/Sußbauer/Fraunholz*, BRAGO, § 6 Rn 51; ebenso **15** OLG Frankfurt NJW 1970, 2115; OLG Koblenz JurBüro 1988, 1662; *Engels* MDR 2001, 372) würde sich die Gesamtschuld dagegen nach dem Betrag richten, den der Anwalt gleichmäßig von jedem einzelnen Auftraggeber zu fordern hätte; danach bestünde eine Gesamtschuld in Höhe der Prozess- und der Verhandlungsgebühr aus dem Wert von 1.000,00 € sowie der Postentgeltpauschale, insgesamt also:

1. 1,3-Verfahrensgebühr, Nr. 3100 VV RVG	110,50 €
2. 1,2-Terminsgebühr, Nr. 3104 VV RVG	102,00 €
3. Postentgeltpauschale, Nr. 7002 VV RVG	20,00 €
Zwischensumme	232,50 €

§ 8 RVG | Fälligkeit, Hemmung der Verjährung

4. 16 % Umsatzsteuer, Nr. 7008 VV RVG	37,20 €
Gesamt	**269,70 €**

Diese Berechnung ist jedoch unzutreffend (siehe Rn 11 ff).

V. Zahlung eines Gesamtschuldners

16 Zahlt einer der als Gesamtschuldner haftenden Auftraggeber, so ist die Zahlung zunächst auf die Einzelhaftung zu verrechnen und erst dann, wenn dieser Anteil getilgt ist, auf die Gesamtschuld. Dies ergibt sich aus § 366 Abs. 2 BGB, wonach die Verrechnung zunächst auf die weniger sichere Forderung zu erfolgen hat (so im Ergebnis auch *Göttlich/Mümmler*/Rehberg/Xanke, »Mehrere Auftraggeber«, 7). Weniger sicher ist aber diejenige Forderung, für die nur ein Auftraggeber alleine haftet (BGH 134, 224 = NJW 1997, 1580 = MDR 1997, 555 = NJW-RR 1997, 929; OLG Düsseldorf NJW 1995, 2565). Die Tilgung der Gesamtschuld setzt danach also erst ein, wenn der Auftraggeber mehr als einen Betrag in Höhe seiner alleinigen Haftung gezahlt hat.

Beispiel: Im obigen Beispiel (siehe Rn 14) zahlt A einen Betrag in Höhe von 5,00 Euro und B in Höhe von 20,00 Euro.
Der restliche Vergütungsanspruch des Anwalts beträgt:

Gesamtvergütung	364,24 €
abzgl. Zahlung A	– 5,00 €
abzgl. Zahlung B	– 20,00 €
Restbetrag	**339,24 €**

A und B haften nach wie vor in vollem Umfang in Höhe der Gesamtschuld. Lediglich ihre Einzelhaftung hat sich reduziert. Insgesamt erhält der Anwalt somit noch

gesamtschuldnerisch von A und B	233,16 €
von A alleine	31,54 €
von B alleine	74,54 €
Gesamt	**339,24 €**

17 Erst wenn ein Auftraggeber mehr als seinen Einzelhaftungsbetrag zahlt, wirkt dies auch zugunsten des anderen Auftraggebers.

Beispiel: Im vorangegangenen Beispiel zahlt A einen Betrag in Höhe von 50,00 Euro und B einen Betrag in Höhe von 60,00 Euro.
Der restliche Vergütungsanspruch des Anwalts beträgt

Gesamtvergütung	364,24 €
abzgl. Zahlung A	– 50,00 €
abzgl. Zahlung B	– 60,00 €
Restbetrag	**254,24 €**

A hat mit 50,00 Euro mehr als seine Einzelhaftung (36,54 Euro) gezahlt, so dass die weiter gehenden 13,46 Euro auf die Gesamtschuld zu verrechnen sind. Die Zahlung des B ist dagegen nur auf seine Einzelhaftung zu verrechnen, da diese höher liegt als der gezahlte Betrag. Insgesamt erhält der Anwalt somit:

gesamtschuldnerisch von A und B (233,16 € – 13,46 €)	219,70 €
von A alleine	0,00 €
von B alleine	34,54 €
Gesamt	**254,24 €**

§ 8 Fälligkeit, Hemmung der Verjährung

(1) Die Vergütung wird fällig, wenn der Auftrag erledigt oder die Angelegenheit beendet ist. Ist der Rechtsanwalt in einem gerichtlichen Verfahren tätig, wird die Vergütung auch fällig, wenn eine Kostenentscheidung ergangen oder der Rechtszug beendet ist oder wenn das Verfahren länger als drei Monate ruht.

(2) Die Verjährung der Vergütung für eine Tätigkeit in einem gerichtlichen Verfahren wird gehemmt, solange das Verfahren anhängig ist. Die Hemmung endet mit der rechtskräftigen Entscheidung oder anderweitigen Beendigung des Verfahrens. Ruht das Verfahren, endet die Hemmung drei Monate nach Eintritt der Fälligkeit. Die Hemmung beginnt erneut, wenn eine der Parteien das Verfahren weiter betreibt.

A. Fälligkeit

Die Fälligkeit der anwaltlichen Vergütung ist in § 8 Abs. 1 RVG geregelt. Diese Vorschrift geht der des § 271 BGB vor. Abweichendes kann vereinbart werden; darin liegt keine Vereinbarung einer höheren Vergütung, so dass die Form des § 4 RVG nicht beachtet werden muss (BGH AGS 2004, 440). 1

Vor Eintritt der Fälligkeit kann der Anwalt seine Vergütung **nicht verlangen**. Ihm steht lediglich das Recht auf einen angemessenen **Vorschuss** zu (siehe § 9 RVG). 2

Die Vorschrift des § 8 Abs. 1 RVG enthält mehrere Fälligkeitstatbestände, die häufig zeitgleich nebeneinander verwirklicht werden. 3

Grundsätzlich gilt nach § 8 Abs. 1 Satz 1 RVG für alle Vergütungen, dass diese fällig werden, wenn 4

- der **Auftrag erledigt**

oder

- die **Angelegenheit beendet** ist.

In **gerichtlichen Verfahren** wird die Vergütung darüber hinaus auch dann fällig,

- wenn eine Kostenentscheidung ergangen,
- der **Rechtszug beendigt** ist

oder

- wenn das Verfahren **länger als drei Monate ruht** (§ 8 Abs. 1 Satz 2 RVG).

Häufig werden **mehrere Fälligkeitstatbestände** zusammentreffen; maßgebend ist dann der zuerst verwirklichte. 5

Die Fälligkeit der Vergütung ist **für jede Angelegenheit gesondert** festzustellen. So können Teilvergütungen fällig werden, bevor der Auftrag insgesamt erledigt ist. 6

Beispiel: Der Anwalt ist zunächst mit dem Mahnverfahren beauftragt und wird anschließend nach Widerspruch im streitigen Verfahren tätig.
Die Vergütung für das Mahnverfahren wird bereits fällig, da die entsprechende Tätigkeit eine eigene Angelegenheit darstellt und mit Abschluss des Mahnverfahrens beendet ist.

Die wichtigste Folge der Fälligkeit für den Anwalt ist, dass er ab ihrem Eintritt seine Vergütung abrechnen, fordern, festsetzen und einklagen kann. 7

B. Verjährung

Die Kehrseite der Fälligkeit ist, dass damit die Verjährung zu laufen beginnt, was vielfach, insbesondere bei Teilfälligkeiten, übersehen wird. 8

Insbesondere in Erbsachen kann ein Mandat aus mehreren Angelegenheiten bestehen und sich über Jahre hinziehen. Es kann dann passieren, dass einzelne Angelegenheiten verjährt sind, bevor die gesamte Sache abgeschlossen ist. 9

Zwar bietet § 8 Abs. 2 RVG insoweit einen gewissen Schutz; dieser gilt jedoch nur für gerichtliche Verfahren. 10

Beispiel: Der Anwalt hat den Auftraggeber im Erbscheinverfahren vertreten. Dieses Verfahren war im November 2004 abgeschlossen. Hieran schließt sich die Auseinandersetzung der Erbengemeinschaft an, die mehrere Jahre dauert.
Da es sich bei dem Erbscheinsverfahren um eine eigene Gebührenangelegenheit handelt, tritt hier Fälligkeit und damit auch Verjährung gesondert ein. Die Vergütung verjährt mit Ablauf des Jahres 2007. Die Verjährung wird nicht dadurch gehemmt, dass der Anwalt hinsichtlich der Auseinandersetzung der Erbengemeinschaft noch tätig ist.

11 Die Verjährung der anwaltlichen Vergütung ist nicht unmittelbar im RVG geregelt, sondern ergibt sich aus § 195 BGB. Die Verjährungsfrist beläuft sich auf **drei Jahre** und beginnt mit dem Schluss des Jahres, in dem der Anspruch entstanden ist (§ 199 Abs. 1 Nr. 1 BGB).

12 Der Ablauf der Verjährungsfrist ist gem. § 10 Abs. 1 Satz 2 RVG von der **Mitteilung der Berechnung** der Vergütung nicht abhängig. Die Verjährung beginnt daher auch dann mit der Fälligkeit, wenn noch keine oder keine ordnungsgemäße Rechnung erteilt worden ist. Die Forderung kann somit auch verjähren, ohne dass jemals eine Abrechnung erteilt worden ist und ohne dass die Vergütung damit überhaupt jemals geltend gemacht werden konnte.

13 Der Ablauf der Verjährung kann nach § 204 BGB **gehemmt** sein. Neben allgemeinen Möglichkeiten wird der Verjährungsablauf auch durch die Einreichung eines **Vergütungsfestsetzungsantrags** nach § 11 RVG bei Gericht gehemmt. Der Festsetzungsantrag steht einer Klageerhebung gleich (§ 11 Abs. 7 RVG). Insoweit genügt es, dass der Festsetzungsantrag bei Gericht eingeht. Einer Zustellung bedarf es nicht. Nimmt der Anwalt den Festsetzungsantrag zurück, wird der Antrag rechtskräftig als unzulässig abgewiesen oder wird die Festsetzung nach § 11 Abs. 5 RVG wegen nichtgebührenrechtlicher Einwände abgelehnt, so muss der Anwalt erneut eine verjährungshindernde Maßnahme treffen; anderenfalls endet die Hemmung der Verjährung nach Ablauf von sechs Monaten (§ 204 Abs. 2 BGB).

14 Erkennt der Mandant die Vergütungsforderung an, wird die Verjährung nicht nur gehemmt, sondern beginnt erneut (§ 212 Abs. 1 Nr. 1 BGB). Zu beachten ist allerdings, dass die Rechtsprechung an den Neubeginn des Verjährungsablaufs durch Anerkenntnis hohe Anforderungen stellt (siehe eindrucksvoll: AG Brake/LG Oldenburg AnwBl. 2001, 248.). Auf bloße Zahlungszusagen des Mandanten sollte sich der Anwalt daher nicht ohne weiteres verlassen.

15 Umstritten ist, ob es für den Neubeginn oder die Hemmung der Verjährung erforderlich ist, dass der Anwalt seinem Auftraggeber zuvor eine ordnungsgemäße Abrechnung erteilt hat oder ob es ausreicht, dass die Berechnung nach Ablauf der Verjährungsfrist noch nachgereicht wird (siehe: AnwKom-RVG/*N. Schneider* § 8 Rn 122).
Mit dem RVG neu eingeführt worden ist die Regelung des § 8 Abs. 2 RVG. Danach ist der Ablauf der Verjährung für die Vergütung aus einem gerichtlichen Verfahren so lange gehemmt, als das Verfahren noch nicht rechtskräftig abgeschlossen ist oder anderweitig andauert, etwa wegen der Kostenfestsetzung oä.

§ 9 Vorschuss

Der Rechtsanwalt kann von seinem Auftraggeber für die entstandenen und die voraussichtlich entstehenden Gebühren und Auslagen einen angemessenen Vorschuss fordern.

1 Vor Eintritt der Fälligkeit nach § 8 Abs. 1 RVG kann der Anwalt seine Vergütung nicht verlangen; er ist lediglich berechtigt, nach § 9 RVG Vorschüsse einzufordern. Die Vorschussanforderung bedarf keiner besonderen Form; insbesondere brauchen die Anforderungen des § 10 RVG (s. die Kommentierung zu § 10 RVG) nicht eingehalten zu werden.

Der Vorschuss darf bis zur Höhe der **voraussichtlich anfallenden Gebühren und Auslagen** geltend gemacht werden, also im Rechtsstreit durchaus eine Verfahrens- und eine Terminsgebühr.

Bei **Rahmengebühren** (etwa der Geschäftsgebühr der Nr. 2300 VV RVG) ist die Mittelgebühr insoweit angemessen (AnwK-RVG/N. *Schneider* § 9 Rn 619).

Bestehen Anhaltspunkte dafür, dass es zu einer **Einigung** kommen werde, kann auch die Einigungsgebühr als Vorschuss angefordert werden.

Da auch der Vorschuss der **Umsatzsteuer** unterliegt, sollte diese unbedingt schon bei der Vorschussberechnung gesondert ausgewiesen und angefordert werden.

Ob und zu welchem Zeitpunkt die Anforderung eines Vorschusses zweckmäßig ist, lässt sich nicht allgemein sagen. Dies wird letztlich immer von der Person des Mandanten und den konkreten Umständen abhängen. Eine Zurückhaltung ist hier jedoch sicherlich fehl am Platz. Der weitere Ablauf des Mandatsverhältnisses lässt sich nie vorhersehen, so dass schon zur eigenen Absicherung und zur Deckung der eigenen Kosten grundsätzlich ein angemessener Vorschuss eingefordert werden sollte. Erfahrungsgemäß sinkt mit den Erfolgsaussichten gleichzeitig auch die Zahlungsbereitschaft des Mandanten; auch dies spricht dafür, zeitig einen Vorschuss anzufordern. Die Mandanten haben in aller Regel Verständnis dafür, dass auch der Anwalt laufende Kosten und Verpflichtungen hat und daher auch auf Vorschüsse angewiesen ist. Mandanten, die hierfür kein Verständnis aufbringen, werden erfahrungsgemäß auch im weiteren Verlauf des Mandates Schwierigkeiten bereiten.

§ 10 Berechnung

(1) Der Rechtsanwalt kann die Vergütung nur aufgrund einer von ihm unterzeichneten und dem Auftraggeber mitgeteilten Berechnung einfordern. Der Lauf der Verjährungsfrist ist von der Mitteilung der Berechnung nicht abhängig.

(2) In der Berechnung sind die Beträge der einzelnen Gebühren und Auslagen, Vorschüsse, eine kurze Bezeichnung des jeweiligen Gebührentatbestands, die Bezeichnung der Auslagen sowie die angewandten Nummern des Vergütungsverzeichnisses und bei Gebühren, die nach dem Gegenstandswert berechnet sind, auch dieser anzugeben. Bei Entgelten für Post- und Telekommunikationsdienstleistungen genügt die Angabe des Gesamtbetrags.

(3) Hat der Auftraggeber die Vergütung gezahlt, ohne die Berechnung erhalten zu haben, kann er die Mitteilung der Berechnung noch fordern, solange der Rechtsanwalt zur Aufbewahrung der Handakten verpflichtet ist.

Besonderes Augenmerk ist auf die ordnungsgemäße Abrechnung der Vergütung zu legen. Die Voraussetzungen des § 10 RVG müssen bei der Abfassung der Kostennote unbedingt beachtet werden. Entspricht die Kostenrechnung nicht den Voraussetzungen des § 10 RVG, ist die Vergütung **nicht einforderbar und damit auch nicht klagbar** (Naturalobligation). Im Rechtsstreit würde der Anwalt schon alleine deshalb unterliegen, weil die Abrechnung nicht ordnungsgemäß ist, selbst wenn ihm die Vergütung materiell-rechtlich zusteht. Nicht einmal eine Aufrechnung mit Vergütungsansprüchen ist möglich, solange hierüber keine ordnungsgemäße Abrechnung erteilt worden ist (BGH AnwBl. 1985, 257; OLG Köln OLGR 1997, 23).

Umgekehrt hat die ordnungsgemäße Form der Abrechnung keinen Einfluss auf die Fälligkeit (§ 8 Abs. 1 RVG) und damit auch keinen Einfluss auf die Verjährung. Es kann daher sein, dass die Vergütung des Anwalts verjährt, bevor sie mangels ordnungsgemäßer Abrechnung jemals klagbar war.

§ 11 RVG | Festsetzung der Vergütung

3 Insgesamt ist Folgendes zu beachten:
- Der Auftraggeber als **Rechnungsadressat** muss zutreffend und eindeutig bezeichnet sein.
- Die abgerechnete **Angelegenheit** muss konkret bezeichnet sein. Grundsätzlich wird die Angabe der Parteien genügen. Sofern mehrere Sachen zwischen denselben Parteien in Bearbeitung sind, muss die Sache weiter konkretisiert werden.
- Die angewandten **Gebührentatbestände** müssen durch eine »kurze Bezeichnung« konkretisiert sein (zB Geschäftsgebühr, Verfahrensgebühr, Terminsgebühr oä).
- Die jeweiligen Gebührenbeträge müssen einzeln ausgewiesen sein. Die Angabe der Gebührensätze bei Wertgebühren war nicht vorgeschrieben; sie sollten der Klarheit halber jedoch ebenfalls angeführt werden.
- Die angewandten **Gebührenvorschriften** müssen nach den Nummern des VV RVG zitiert werden. Der Klarheit halber sollten auch Hilfsvorschriften wie Nr. 1008 VV RVG mit zitiert werden.
- Berechnet sich eine Gebühr nach dem **Gegenstandswert**, so muss auch dieser angeführt werden. Nicht erforderlich ist es, die entsprechenden Streitwertvorschriften zu zitieren. Gleichwohl empfiehlt sich dies bei abgelegenen Wertvorschriften.
- **Auslagen** müssen ebenfalls bezeichnet werden. Bei pauschaler Abrechnung genügt der Hinweis auf die Postentgeltpauschale (Nr. 7002 VV RVG). Im Übrigen müssen die Auslagen benannt werden; eine detaillierte Aufstellung ist allerdings nur auf Nachfrage des Mandanten erforderlich. Bei Entgelten für Post- und Telekommunikationsdienstleistungen genügt die Angabe des Gesamtbetrages (§ 10 Abs. 2 Satz 4 RVG).
- **Vorschüsse, Zahlungen Dritter und anzurechnende Beträge** (zB nach Anm. zu Nr. 3305; Vorbem. 3 Abs. 4 VV RVG) müssen ausgewiesen und gutgeschrieben werden.
- Schließlich muss die Kostenrechnung vom abrechnenden Anwalt **eigenhändig unterschrieben** werden. Ein Faksimilestempel reicht nicht aus. In Ausnahmefällen kann die Unterschrift auf einem Anschreiben oder einem Begleitschreiben ausreichen. Verlassen sollte sich der Anwalt hierauf jedoch nicht.

4 Keine Wirksamkeitsvoraussetzung, aber dennoch zu beachten ist, dass auch die **Steuernummer** auf der Rechnung anzuführen ist sowie der **Zeitraum der Tätigkeit** des Anwalts (§§ 14 Abs. 1a, 27 Abs. 3 UstG; Eingeführt durch das Gesetz zur Bekämpfung von Steuerverkürzungen bei der Umsatzsteuer und zur Änderung anderer Gesetze vom 19. 12. 2001, BGBl 2001 I S 3922).

§ 11 Festsetzung der Vergütung

(1) Soweit die gesetzliche Vergütung, eine nach § 42 festgestellte Pauschgebühr und die zu ersetzenden Aufwendungen (§ 670 des Bürgerlichen Gesetzbuchs) zu den Kosten des gerichtlichen Verfahrens gehören, werden sie auf Antrag des Rechtsanwalts oder des Auftraggebers durch das Gericht des ersten Rechtszugs festgesetzt. Getilgte Beträge sind abzusetzen.

(2) Der Antrag ist erst zulässig, wenn die Vergütung fällig ist. Vor der Festsetzung sind die Beteiligten zu hören. Die Vorschriften der jeweiligen Verfahrensordnung über das Kostenfestsetzungsverfahren mit Ausnahme des § 104 Abs. 2 Satz 3 der Zivilprozessordnung und die Vorschriften der Zivilprozessordnung über die Zwangsvollstreckung aus Kostenfestsetzungsbeschlüssen gelten entsprechend. Das Verfahren vor dem Gericht des ersten Rechtszugs ist gebührenfrei. In den Vergütungsfestsetzungsbeschluss sind die von dem Rechtsanwalt gezahlten Auslagen für die Zustellung des Beschlusses aufzunehmen. Im Übrigen findet eine Kostenerstattung nicht statt; dies gilt auch im Verfahren über Beschwerden.

(3) Im Verfahren vor den Gerichten der Verwaltungsgerichtsbarkeit, der Finanzgerichtsbarkeit und der Sozialgerichtsbarkeit wird die Vergütung vom Urkundsbeamten der Geschäftsstelle festgesetzt. Die für die jeweilige Gerichtsbarkeit geltenden Vorschriften über die Erinnerung im Kostenfestsetzungsverfahren gelten entsprechend.

(4) Wird der vom Rechtsanwalt angegebene Gegenstandswert von einem Beteiligten bestritten, ist das Verfahren auszusetzen, bis das Gericht hierüber entschieden hat (§§ 32, 33 und 38 Abs. 1).

(5) Die Festsetzung ist abzulehnen, soweit der Antragsgegner Einwendungen oder Einreden erhebt, die nicht im Gebührenrecht ihren Grund haben. Hat der Auftraggeber bereits dem Rechtsanwalt gegenüber derartige Einwendungen oder Einreden erhoben, ist die Erhebung der Klage nicht von der vorherigen Einleitung des Festsetzungsverfahrens abhängig.

(6) Anträge und Erklärungen können zu Protokoll der Geschäftsstelle abgegeben oder schriftlich ohne Mitwirkung eines Rechtsanwalts eingereicht werden. § 129a der Zivilprozessordnung gilt entsprechend.

(7) Durch den Antrag auf Festsetzung der Vergütung wird die Verjährung wie durch Klageerhebung gehemmt.

(8) Die Absätze 1 bis 7 gelten bei Rahmengebühren nur, wenn die Mindestgebühren geltend gemacht werden oder der Auftraggeber der Höhe der Gebühren ausdrücklich zugestimmt hat. Die Festsetzung auf Antrag des Rechtsanwalts ist abzulehnen, wenn er die Zustimmungserklärung des Auftraggebers nicht mit dem Antrag vorlegt.

Zahlt der Mandant nicht und muss der Anwalt seine Gebühren beitreiben, so ist darauf zu achten, dass er dem Auftraggeber zuvor eine ordnungsgemäße Abrechnung nach § 10 RVG erteilt hat. Fehlt diese, kann er seinen Vergütungsanspruch nicht durchsetzen; eine Klage würde abgewiesen. 1

Neben den allgemeinen Möglichkeiten (Mahnverfahren und Klage) gewährt § 11 RVG einen einfachen, schnellen und kostengünstigen Weg, den Vergütungsanspruch tituliert zu erhalten. Voraussetzung ist allerdings, dass die gesetzliche Vergütung in einem **gerichtlichen Verfahren** entstanden ist. 2

Zuständig für die Festsetzung ist das **Gericht des ersten Rechtszugs** (§ 11 Abs. 1 Satz 1 RVG). 3

Gegen seine Entscheidung ist die **sofortige Beschwerde** gegeben, wenn der Wert des Beschwerdegegenstands den Betrag von 200,00 € übersteigt, anderenfalls ist die Erinnerung gegeben. Gegen die Entscheidung des Beschwerdegerichts ist bei entsprechender Zulassung die sofortige weitere Beschwerde oder die Rechtsbeschwerde nach § 574 ZPO gegeben. 4

Die Festsetzung **außergerichtlicher Gebühren** ist nicht möglich, auch nicht als Vorbereitungskosten. 5

Auch können keine **Rahmengebühren** festgesetzt werden (§ 11 Abs. 8 RVG), es sei denn, der Anwalt beschränkt sich auf die Mindestgebühr. 6

Im Gegensatz zur früheren Rechtslage (§ 19 BRAGO) können **verauslagte Gerichtskosten** und andere Beträge nach § 11 RVG festgesetzt werden (BGH AGS 2003, 319 m Anm *N. Schneider*). 7

Solange der Auftraggeber keine oder nur **gebührenrechtliche Einwendungen** erhebt, kann darüber im Vergütungsfestsetzungsverfahren nach § 11 RVG endgültig entschieden werden, so dass es eines langwierigen Rechtsstreits nicht bedarf. Der Anwalt erhält dann über seine Vergütung einen Festsetzungsbeschluss, aus dem er die Zwangsvollstreckung betreiben kann (§ 11 Abs. 2 Satz 3 RVG). 8

Lediglich dann, wenn der Auftraggeber **Einwände** erhebt, die ihren Grund **nicht im Gebührenrecht** haben, scheidet das Vergütungsfestsetzungsverfahren aus; der Anwalt ist damit auf den Rechtsweg zu verweisen (§ 11 Abs. 5 RVG). 9

10 Muss der Anwalt die Vergütung einklagen, ist besonderes Augenmerk auf den Gerichtsstand zu legen. Werden Gebühren aus einem gerichtlichen Verfahren eingeklagt, steht ihm der **Gerichtsstand des Hauptprozesses (§ 34 ZPO)** zur Verfügung. Im Übrigen muss am Sitz des Mandanten geklagt werden; eine Klage nach § 29 ZPO (Erfüllungsort: der Sitz der Kanzlei) ist nicht möglich, wie der BGH zwischenzeitlich klargestellt hat (BGH AGS 2004, 9 mit Anm. *N. Schneider*). Auch der besondere Gerichtsstand der Erbschaft nach § 27 ZPO gilt nicht für die solche Angelegenheiten betreffende Anwaltsvergütung.

§ 12 Anwendung von Vorschriften für die Prozesskostenhilfe

Die Vorschriften dieses Gesetzes für im Wege der Prozesskostenhilfe beigeordnete Rechtsanwälte und für Verfahren über die Prozesskostenhilfe sind in den Fällen des § 11a des Arbeitsgerichtsgesetzes und des § 4a der Insolvenzordnung entsprechend anzuwenden. Der Bewilligung von Prozesskostenhilfe steht die Stundung nach § 4a der Insolvenzordnung gleich.

1 Auch in erbrechtlichen Angelegenheiten kann Prozesskostenhilfe bewilligt werden. Es gelten die allgemeinen Regelungen auch für den beigeordneten Rechtsanwalt.

§ 12a Abhilfe bei Verletzung des Anspruchs auf rechtliches Gehör

(1) Auf die Rüge eines durch die Entscheidung nach diesem Gesetz beschwerten Beteiligten ist das Verfahren fortzuführen, wenn

1. ein Rechtsmittel oder ein anderer Rechtsbehelf gegen die Entscheidung nicht gegeben ist und
2. das Gericht den Anspruch dieses Beteiligten auf rechtliches Gehör in entscheidungserheblicher Weise verletzt hat.

(2) Die Rüge ist innerhalb von zwei Wochen nach Kenntnis von der Verletzung des rechtlichen Gehörs zu erheben; der Zeitpunkt der Kenntniserlangung ist glaubhaft zu machen. Nach Ablauf eines Jahres seit Bekanntmachung der angegriffenen Entscheidung kann die Rüge nicht mehr erhoben werden. Formlos mitgeteilte Entscheidungen gelten mit dem dritten Tage nach Aufgabe zur Post als bekannt gemacht. Die Rüge ist bei dem Gericht zu erheben, dessen Entscheidung angegriffen wird; § 33 Abs. 7 Satz 1 gilt entsprechend. Die Rüge muss die angegriffene Entscheidung bezeichnen und das Vorliegen der in Absatz 1 Nr. 2 genannten Voraussetzungen darlegen.

(3) Den übrigen Beteiligten ist, soweit erforderlich, Gelegenheit zur Stellungnahme zu geben.

(4) Das Gericht hat von Amts wegen zu prüfen, ob die Rüge an sich statthaft und ob sie in der gesetzlichen Form und Frist erhoben ist. Mangelt es an einem dieser Erfordernisse, so ist die Rüge als unzulässig zu verwerfen. Ist die Rüge unbegründet, weist das Gericht sie zurück. Die Entscheidung ergeht durch unanfechtbaren Beschluss. Der Beschluss soll kurz begründet werden.

(5) Ist die Rüge begründet, so hilft ihr das Gericht ab, indem es das Verfahren fortführt, soweit dies aufgrund der Rüge geboten ist.

(6) Kosten werden nicht erstattet.

Soweit in Verfahren nach dem RVG der Anspruch auf rechtliches Gehör verletzt wird, gilt 1
§ 12a RVG, etwa im Streitwertfestsetzungs- und Beschwerdeverfahren nach § 33 RVG oder
in den Festsetzungsverfahren nach § 55 RVG. Der Anwendungsbereich des § 12a RVG ist
gering und hat in der Praxis kaum Bedeutung.

§ 12b Elektronische Akte, elektronisches Dokument

(1) Die Vorschriften über die elektronische Akte und das gerichtliche elektronische Dokument für das Verfahren, in dem der Rechtsanwalt die Vergütung erhält, sind anzuwenden. Im Fall der Beratungshilfe sind die entsprechenden Vorschriften der Zivilprozessordnung anzuwenden.

(2) Soweit für Anträge und Erklärungen in dem Verfahren, in dem der Rechtsanwalt die Vergütung erhält, die Aufzeichnung als elektronisches Dokument genügt, genügt diese Form auch für Anträge und Erklärungen nach diesem Gesetz. Dasselbe gilt im Fall der Beratungshilfe, soweit nach den Vorschriften der Zivilprozessordnung die Aufzeichnung als elektronisches Dokument genügt. Die verantwortende Person soll das Dokument mit einer qualifizierten elektronischen Signatur nach dem Signaturgesetz versehen. Ist ein übermitteltes elektronisches Dokument für das Gericht zur Bearbeitung nicht geeignet, ist dies dem Absender unter Angabe der geltenden technischen Rahmenbedingungen unverzüglich mitzuteilen.

(3) Ein elektronisches Dokument ist eingereicht, sobald die für den Empfang bestimmte Einrichtung des Gerichts es aufgezeichnet hat.

Abschnitt 2: Gebührenvorschriften

§ 13 Wertgebühren

(1) Wenn sich die Gebühren nach dem Gegenstandswert richten, beträgt die Gebühr bei einem Gegenstandswert bis 300 Euro 25 Euro. Die Gebühr erhöht sich bei einem Gegenstandswert für jeden angefangenen um ... Euro
bis ... Euro Betrag von weiteren ... Euro

bis ... Euro	um ... Euro	Betrag von weiteren ... Euro
1500	300	20
5000	500	28
10000	1000	37
25000	3000	40
50000	5000	72
200000	15000	77
500000	30000	118
über 500000	50000	150

Eine Gebührentabelle für Gegenstandswerte bis 500.000 Euro ist diesem Gesetz als Anlage 2 beigefügt.

(2) Der Mindestbetrag einer Gebühr ist 10 Euro.

In erbrechtlichen Angelegenheiten richten sich – ausgenommen in der Beratungshilfe – die 1
Gebühren stets nach dem **Gegenstandswert** (§ 2 Abs. 1 RVG). Nach dem jeweiligen Wert,
der nach den §§ 22 ff RVG ermittelt wird, ist dann der jeweilige Gebührenbetrag aus der

§ 14 RVG | Rahmengebühren

Tabelle des § 13 RVG zu entnehmen und mit dem jeweiligen Gebührensatz zu ermitteln. In der Praxis werden insoweit Gebührentabellen verwandt.

2 Ist der Anwalt im Rahmen der **Prozesskostenhilfe** beigeordnet, gilt § 13 RVG nur bis zu Beträgen von bis zu 3.000 €. Darüber hinaus, also bei Beträgen von über 3.500 € gilt dann die Tabelle des § 49 RVG. Diese sieht geringere Beträge vor und endet zudem bei der Wertstufe von bis zu 35.000 €.

§ 14 Rahmengebühren

(1) Bei Rahmengebühren bestimmt der Rechtsanwalt die Gebühr im Einzelfall unter Berücksichtigung aller Umstände, vor allem des Umfangs und der Schwierigkeit der anwaltlichen Tätigkeit, der Bedeutung der Angelegenheit sowie der Einkommens- und Vermögensverhältnisse des Auftraggebers, nach billigem Ermessen. Ein besonderes Haftungsrisiko des Rechtsanwalts kann bei der Bemessung herangezogen werden. Bei Rahmengebühren, die sich nicht nach dem Gegenstandswert richten, ist das Haftungsrisiko zu berücksichtigen. Ist die Gebühr von einem Dritten zu ersetzen, ist die von dem Rechtsanwalt getroffene Bestimmung nicht verbindlich, wenn sie unbillig ist.

(2) Im Rechtsstreit hat das Gericht ein Gutachten des Vorstands der Rechtsanwaltskammer einzuholen, soweit die Höhe der Gebühr streitig ist; dies gilt auch im Verfahren nach § 495a der Zivilprozessordnung. Das Gutachten ist kostenlos zu erstatten.

1 Sind Satzrahmengebühren vorgesehen, also bei der außergerichtlichen Vertretung (Nrn 2300 ff VV RVG) sowie bei der Prüfung der Erfolgsaussicht eines Rechtsmittels (Nrn 2100, 2101 VV RVG), bestimmt der Anwalt gem. § 14 Abs. 1 RVG innerhalb des vorgegebenen Rahmens selbst, wie hoch er seine Gebühr bemisst (§ 315 BGB).
2 An eine einmal ausgehende Bestimmung ist der Anwalt gebunden (§ 315 Abs. 1 BGB – Ausnahme: Nach bereits erfolgter Abrechnung wird die Angelegenheit fortgesetzt).
3 Die »Bestimmung« nach § 14 Abs. 1 RVG darf der Anwalt nicht wahllos vornehmen. Er muss sein billiges Ermessen vielmehr unter Berücksichtigung aller Umstände, insbesondere

- der **Bedeutung der Angelegenheit**,
- des **Umfangs der anwaltlichen Tätigkeit**,
- der **Schwierigkeit der anwaltlichen Tätigkeit**,
- der **Einkommensverhältnisse des Auftraggebers**,
- der **Vermögensverhältnisse des Auftraggebers**,
- des **besonderen Haftungsrisikos des Anwalts**

ausüben.
4 Im Vergleich zur BRAGO ist der Katalog der Bemessungskriterien um das Merkmal des »besonderen Haftungsrisikos« erweitert worden. Dieses Kriterium kann nach der ausdrücklichen Begründung zum Regierungsentwurf auch bei **Wertgebühren** (zB Nr 2300 VV RVG) Berücksichtigung finden (§ 14 Abs. 1 Satz 2 RVG), obwohl hier das Risiko schon durch die höheren Beträge infolge des höheren Gegenstandswertes berücksichtigt wird. Eine Anhebung des Gebührensatzes wird vor allem in den Fällen in Betracht kommen, in denen sich das erhöhte Haftungsrisiko des Anwalts nicht im Gegenstandswert niederschlägt.
5 Die Praxis geht in der Regel zunächst von der so genannten **Mittelgebühr** aus. Diese errechnet sich, indem man den Mindestsatz und den Höchstsatz addiert und die Summe sodann halbiert.

Beispiel: Für die außergerichtliche Vertretung ist ein Gebührensatz von 0,5 bis 2,5 vorgesehen.
Die Mittelgebühr berechnet sich wie folgt:

$$\frac{0,5 + 2,5}{2} = 1,5$$

Je nach Einzelfall wird dann die Mittelgebühr reduziert oder erhöht.

Der Auftraggeber ist an die Bestimmung des Anwalts grundsätzlich gebunden. Nur dann, wenn die Bestimmung unbillig ist (§ 319 Abs. 1 BGB), kann sie vom Gericht herabgesetzt werden. Solange sie sich jedoch im Rahmen der Billigkeit bewegt, ist der Mandant zahlungspflichtig, auch dann, wenn sich mit guten Gründen ebenso eine geringere Vergütung hätte begründen lassen. Die Rechtsprechung gewährt hier dem Anwalt einen **Toleranzbereich** von 20 %. Solange die von ihm bestimmte Gebühr nicht um mehr als 20 % von der nach Auffassung des Gerichts angemessenen Gebühr abweicht, ist sie jedenfalls nicht unbillig (AnwKom-RVG/*Rick* § 14 Rn 85 ff mwN). 6

Ist die Vergütung von einem Dritten zu ersetzen, so trägt dieser sogar die **Darlegungs- und Beweislast** dafür, dass die Vergütung unbillig ist (§ 14 Abs. 1 Satz 2 RVG). 7

Im Vergütungsprozess muss über die Höhe der Gebühr ein **Gutachten des Vorstands der Rechtsanwaltskammer** eingeholt werden, wenn die Höhe der bestimmten Gebühr streitig ist (§ 14 Abs. 2 BRAGO). Das Gericht darf dann ohne Gutachten nicht von der Bestimmung des Anwalts abweichen (Ausführlich hierzu *N. Schneider* MDR 2002, 1295). 8

§ 15 Abgeltungsbereich der Gebühren

(1) Die Gebühren entgelten, soweit dieses Gesetz nichts anderes bestimmt, die gesamte Tätigkeit des Rechtsanwalts vom Auftrag bis zur Erledigung der Angelegenheit.

(2) Der Rechtsanwalt kann die Gebühren in derselben Angelegenheit nur einmal fordern. In gerichtlichen Verfahren kann er die Gebühren in jedem Rechtszug fordern.

(3) Sind für Teile des Gegenstands verschiedene Gebührensätze anzuwenden, entstehen für die Teile gesondert berechnete Gebühren, jedoch nicht mehr als die aus dem Gesamtbetrag der Wertteile nach dem höchsten Gebührensatz berechnete Gebühr.

(4) Auf bereits entstandene Gebühren ist es, soweit dieses Gesetz nichts anderes bestimmt, ohne Einfluss, wenn sich die Angelegenheit vorzeitig erledigt oder der Auftrag endigt, bevor die Angelegenheit erledigt ist.

(5) Wird der Rechtsanwalt, nachdem er in einer Angelegenheit tätig geworden ist, beauftragt, in derselben Angelegenheit weiter tätig zu werden, erhält er nicht mehr an Gebühren, als er erhalten würde, wenn er von vornherein hiermit beauftragt worden wäre. Ist der frühere Auftrag seit mehr als zwei Kalenderjahren erledigt, gilt die weitere Tätigkeit als neue Angelegenheit und in diesem Gesetz bestimmte Anrechnungen von Gebühren entfallen.

(6) Ist der Rechtsanwalt nur mit einzelnen Handlungen beauftragt, erhält er nicht mehr an Gebühren als der mit der gesamten Angelegenheit beauftragte Rechtsanwalt für die gleiche Tätigkeit erhalten würde.

§ 15 RVG | Abgeltungsbereich der Gebühren

A. Einteilung in Angelegenheiten

I. Überblick

1 Grundlage des anwaltlichen Gebührenssystems sind die Vorschriften des § 15 RVG und der §§ 16 ff RVG. Die anwaltlichen Tätigkeiten werden in **Angelegenheiten** eingeteilt, nach denen abgerechnet wird. Das hat zur Folge:

- In jeder eigenen Angelegenheit kann der Anwalt Gebühren und Auslagen gesondert verdienen (zB § 15 Abs. 1 Satz 2 RVG).
- Innerhalb derselben Angelegenheit erhält der Anwalt Gebühren und Auslagen grundsätzlich nur einmal (§ 15 Abs. 2 Satz 1 RVG).

2 Liegen mehrere Angelegenheiten vor, ist dies für den Anwalt meistens günstiger, da er dann jeweils gesonderte Gebühren und Auslagen erhält und vor allem die Postentgeltpauschale der Nr. 7002 VV RVG mehrmals abrechnen kann. Besonders deutlich wird dies bei Wertgebühren (s.u.).

Beispiel: Zwei 1,0-Gebühren aus einem Gegenstandswert von 5.000 € liegen mit 602 € (2 × 301 €) deutlich über einer 1,0-Gebühr aus einem Gegenstandswert von 10.000 € in Höhe von lediglich 486 €.

3 Auch bei Rahmengebühren verhält es sich entsprechend. Bei zwei Angelegenheiten stehen dem Anwalt zwei Gebühren zu, die in aller Regel höher liegen als eine gemeinsame Gebühr, selbst wenn diese gem. § 14 Abs. 1 RVG entsprechend zu erhöhen ist.

4 Die Einteilung in verschiedene Angelegenheiten ist in zweierlei Hinsicht zu beachten.

II. Horizontale Aufteilung

5 Zum einen können trotz eines einheitlichen Auftrags mehrere nebeneinander laufende, verschiedene Gebührenangelegenheiten gegeben sein (horizontale Aufteilung). Wann ein Auftrag mehrere Angelegenheiten umfasst und wann nur eine einzige Angelegenheit gegeben ist, kann im Einzelfall schwierig zu beurteilen sein.

6 In gerichtlichen Verfahren bestimmt der prozessuale Rahmen den Umfang der Angelegenheit. Mehrere parallele Verfahren bilden auch mehrere Angelegenheiten. Werden mehrere Gegenstände in demselben Verfahren geltend gemacht (zB bei Klagenhäufung; Klage und Widerklage; Auskunft und Zahlung im Wege der Stufenklage) handelt es sich dagegen um eine Angelegenheit.

7 Bei außergerichtlichen Angelegenheiten sind drei Kriterien maßgebend. Der Tätigkeit des Anwalts muss

- ein einheitlicher Auftrag zugrunde liegen,
- sie muss sich im gleichen Rahmen halten und
- zwischen den einzelnen Handlungen und/oder Gegenständen der anwaltlichen Tätigkeit muss ein innerer Zusammenhang bestehen (siehe hierzu im Einzelnen: AnwKom-RVG/*N. Schneider* § 15 Rn 36 ff mit alphabetischer Darstellung der einzelnen Fallgruppen), um lediglich eine Angelegenheit anzunehmen.

8 Mehrere Angelegenheiten können auch durch Trennung (§ 145 ZPO) eines bis dahin einheitlichen Verfahrens in zwei Rechtsstreite entstehen. Umgekehrt kann aus zwei verschiedenen Verfahren infolge Verbindung eine einzige Angelegenheit werden. In diesen Fällen hat der Anwalt die Wahl, ob er seine Gebühren aus den getrennten Verfahren oder aus dem gemeinsamen Verfahren berechnet (s.u.; zur Berechnung siehe ausführlich: AnwKom-RVG/*N. Schneider* § 15 Rn 154 ff, 162 ff sowie S 67).

III. Vertikale Aufteilung

Mehrere Angelegenheiten sind aber auch dann gegeben, wenn die anwaltliche Tätigkeit 9 verschiedene Stadien durchläuft (vertikale Aufteilung). So bilden Beratung (§ 34 Abs. 1 RVG), außergerichtliche Vertretung (Nr. 2300 VV RVG), Mahnverfahren (Nrn. 3305 ff VV RVG), Rechtsstreit (Nrn. 3100 ff VV RVG), Rechtsmittelverfahren (Nr. 3200 VV RVG), Zwangsvollstreckung (Nrn. 3309 ff VV RVG) etc. jeweils gesonderte Gebührenangelegenheiten, in denen der Anwalt wiederum jeweils seine Gebühren und Auslagen gesondert erhält. In diesen nacheinander folgenden Angelegenheiten wird allerdings häufig bestimmt, dass die Betriebsgebühr einer vorangegangenen Angelegenheit (Geschäftsgebühr, Mahnverfahrensgebühr ua) auf die entsprechende Betriebsgebühr der nachfolgenden Angelegenheit anzurechnen ist (so in Vorbem. 3 Abs. 4 VV RVG; Anm. zu Nrn. 3305, 3307 VV RVG – zur Berechnung in diesen Fällen s.u. bei den jeweiligen Gebührentatbeständen).

B. Pauschcharakter der Gebühren

Innerhalb derselben Angelegenheit kann eine Gebühr grundsätzlich nur einmal anfallen. 10 Dies folgt aus dem so genannten Pauschcharakter der Gebühren. Nach § 15 Abs. 1 RVG entgelten die Gebühren, soweit das Gesetz nichts anderes bestimmt, die gesamte Tätigkeit des Rechtsanwalts vom Auftrag bis zur Erledigung der Angelegenheit.

Aufgrund des Pauschcharakters der Gebühren kommt es für die Verwirklichung des 11 Gebührentatbestandes niemals darauf an, wie umfangreich die Tätigkeit des Anwalts war. So erhält der Anwalt zB die Terminsgebühr der Nr. 3104 VV RVG unabhängig davon, wie lange der Termin gedauert hat und ob überhaupt verhandelt worden ist. Sogar dann, wenn der Rechtsanwalt an mehreren Verhandlungsterminen im selben Rechtsstreit hat teilnehmen müssen, bleibt es bei einer einzigen Gebühr.

Beispiele: Im Rechtsstreit erkennt der Beklagte die Klageforderung im Termin zur mündlichen Verhandlung sofort an.
Im ersten Verhandlungstermin wird die Verhandlung vertagt; im zweiten Termin ergeht ein Beweisbeschluss; es finden dann noch zwei umfangreiche Termine zur Beweisaufnahme statt.
In beiden Fällen entsteht nur eine einzige 1,2-Terminsgebühr nach Nr. 3104 VV RVG.

Lediglich in den Fällen, in denen Rahmengebühren vorgesehen sind, spielt der Umfang 12 der anwaltlichen Tätigkeit bei der Höhe der Gebühr eine Rolle (§ 14 RVG). Im Übrigen ist der tatsächliche Arbeitsaufwand unerheblich (so genannte Mischkalkulation der Gebühren). Dies kann im Einzelfall dazu führen, dass der Anwalt trotz erheblichen Zeitaufwands nur eine minimale Gebühr verdient. Andererseits kann aber auch mit minimalem Aufwand eine relativ hohe Gebühr verdient werden.

Abschnitt 3: Angelegenheit

§ 16 Dieselbe Angelegenheit

Dieselbe Angelegenheit sind

1. das Verwaltungsverfahren auf Aussetzung oder Anordnung der sofortigen Vollziehung sowie über einstweilige Maßnahmen zur Sicherung der Rechte Dritter und jedes Verwaltungsverfahren auf Abänderung oder Aufhebung in den genannten Fällen,

2. das Verfahren über die Prozesskostenhilfe und das Verfahren, für das die Prozesskostenhilfe beantragt worden ist,

3. mehrere Verfahren über die Prozesskostenhilfe in demselben Rechtszug,

4. eine Scheidungssache und die Folgesachen (§ 621 Abs. 1 Nr. 1 bis 9, § 623 Abs. 1 bis 3, 5 der Zivilprozessordnung),

5. ein Verfahren über die Aufhebung der Lebenspartnerschaft und die Folgesachen (§ 661 Abs. 2, § 623 Abs. 1 und 5 der Zivilprozessordnung),

6. das Verfahren über einen Antrag auf Anordnung eines Arrests, einer einstweiligen Verfügung, auf Erlass einer einstweiligen oder vorläufigen Anordnung, auf Anordnung oder Wiederherstellung der aufschiebenden Wirkung, auf Aufhebung der Vollziehung oder Anordnung der sofortigen Vollziehung eines Verwaltungsakts und jedes Verfahren auf deren Abänderung oder Aufhebung,

7. das Verfahren nach § 3 Abs. 1 des Gesetzes zur Ausführung des Vertrages zwischen der Bundesrepublik Deutschland und der Republik Österreich vom 6. Juni 1959 über die gegenseitige Anerkennung und Vollstreckung von gerichtlichen Entscheidungen, Vergleichen und öffentlichen Urkunden in Zivil- und Handelssachen in der im Bundesgesetzblatt Teil III, Gliederungsnummer 319 – 12, veröffentlichten bereinigten Fassung, das zuletzt durch Artikel 23 des Gesetzes vom 27. Juli 2001 (BGBl. I S 1887) geändert worden ist, und das Verfahren nach § 3 Abs. 2 des genannten Gesetzes,

8. das Aufgebotsverfahren und das Verfahren über den Antrag auf Anordnung der Zahlungssperre nach § 1020 der Zivilprozessordnung,

9. das Verfahren über die Zulassung der Vollziehung einer vorläufigen oder sichernden Maßnahme und das Verfahren über einen Antrag auf Aufhebung oder Änderung einer Entscheidung über die Zulassung der Vollziehung (§ 1041 der Zivilprozessordnung),

10. das schiedsrichterliche Verfahren und das gerichtliche Verfahren bei der Bestellung eines Schiedsrichters oder Ersatzschiedsrichters, über die Ablehnung eines Schiedsrichters oder über die Beendigung des Schiedsrichteramts, zur Unterstützung bei der Beweisaufnahme oder bei der Vornahme sonstiger richterlicher Handlungen,

11. das Verfahren vor dem Schiedsgericht und die gerichtlichen Verfahren über die Bestimmung einer Frist (§ 102 Abs. 3 des Arbeitsgerichtsgesetzes), die Ablehnung eines Schiedsrichters (§ 103 Abs. 3 des Arbeitsgerichtsgesetzes) oder die Vornahme einer Beweisaufnahme oder einer Vereidigung (§ 106 Abs. 2 des Arbeitsgerichtsgesetzes),

12. im Kostenfestsetzungsverfahren einerseits und im Kostenansatzverfahren andererseits jeweils mehrere Verfahren über

    a) die Erinnerung,

    b) die Beschwerde in demselben Beschwerderechtszug,

13. das Rechtsmittelverfahren und das Verfahren über die Zulassung des Rechtsmittels; dies gilt nicht für das Verfahren über die Beschwerde gegen die Nichtzulassung eines Rechtsmittels;

14. das Verfahren über die Privatklage und die Widerklage und zwar auch im Fall des § 388 Abs. 2 der Strafprozessordnung und

15. das erstinstanzliche Prozessverfahren und der erste Rechtszug des Musterverfahrens nach dem Kapitalanleger-Musterverfahrensgesetz.

§ 17 Verschiedene Angelegenheiten

Verschiedene Angelegenheiten sind

1. jeweils das Verwaltungsverfahren, das einem gerichtlichen Verfahren vorausgehende und der Nachprüfung des Verwaltungsakts dienende weitere Verwaltungsverfahren (Vorverfahren, Einspruchsverfahren, Beschwerdeverfahren, Abhilfeverfahren), das Verwaltungsverfahren auf Aussetzung oder Anordnung der sofortigen Vollziehung sowie über einstweilige Maßnahmen zur Sicherung der Rechte Dritter und ein gerichtliches Verfahren,

2. das Mahnverfahren und das streitige Verfahren,

3. das vereinfachte Verfahren über den Unterhalt Minderjähriger und das streitige Verfahren,

4. das Verfahren in der Hauptsache und ein Verfahren über einen Antrag auf

   a) Anordnung eines Arrests,

   b) Erlass einer einstweiligen Verfügung, einer einstweiligen Anordnung oder einer vorläufigen Anordnung in Verfahren der freiwilligen Gerichtsbarkeit,

   c) Anordnung oder Wiederherstellung der aufschiebenden Wirkung, auf Aufhebung der Vollziehung oder Anordnung der sofortigen Vollziehung eines Verwaltungsakts sowie

   d) Abänderung oder Aufhebung einer in einem Verfahren nach den Buchstaben a bis c ergangenen Entscheidung,

5. der Urkunden- oder Wechselprozess und das ordentliche Verfahren, das nach Abstandnahme vom Urkunden- oder Wechselprozess oder nach einem Vorbehaltsurteil anhängig bleibt (§§ 596, 600 der Zivilprozessordnung),

6. das Schiedsverfahren und das Verfahren über die Zulassung der Vollziehung einer vorläufigen oder sichernden Maßnahme sowie das Verfahren über einen Antrag auf Aufhebung oder Änderung einer Entscheidung über die Zulassung der Vollziehung (§ 1041 der Zivilprozessordnung),

7. das gerichtliche Verfahren und ein vorausgegangenes

   a) Güteverfahren vor einer durch die Landesjustizverwaltung eingerichteten oder anerkannten Gütestelle (§ 794 Abs. 1 Nr. 1 der Zivilprozessordnung) oder, wenn die Parteien den Einigungsversuch einvernehmlich unternehmen, vor einer Gütestelle, die Streitbeilegung betreibt (§ 15a Abs. 3 des Einführungsgesetzes zur Zivilprozessordnung),

   b) Verfahren vor einem Ausschuss der in § 111 Abs. 2 des Arbeitsgerichtsgesetzes bezeichneten Art,

   c) Verfahren vor dem Seemannsamt zur vorläufigen Entscheidung von Arbeitssachen und

   d) Verfahren vor sonstigen gesetzlich eingerichteten Einigungsstellen, Gütestellen oder Schiedsstellen,

8. das Vermittlungsverfahren nach § 52a des Gesetzes über die Angelegenheiten der freiwilligen Gerichtsbarkeit und ein sich anschließendes gerichtliches Verfahren,

9. das Verfahren über ein Rechtsmittel und das Verfahren über die Beschwerde gegen die Nichtzulassung des Rechtsmittels,

10. das strafrechtliche Ermittlungsverfahren und ein nach dessen Einstellung sich anschließendes Bußgeldverfahren,

11. das Strafverfahren und das Verfahren über die im Urteil vorbehaltene Sicherungsverwahrung und

12. das Wiederaufnahmeverfahren und das wieder aufgenommene Verfahren, wenn sich die Gebühren nach Teil 4 oder 5 des Vergütungsverzeichnisses richten.

§ 18 Besondere Angelegenheiten

Besondere Angelegenheiten sind

1. jedes Verfahren über eine einstweilige Anordnung nach

    a) § 127a der Zivilprozessordnung,

    b) den §§ 620, 620b Abs. 1, 2 der Zivilprozessordnung, auch in Verbindung mit § 661 Abs. 2 der Zivilprozessordnung,

    c) § 621f der Zivilprozessordnung, auch in Verbindung mit § 661 Abs. 2 der Zivilprozessordnung,

    d) § 621g der Zivilprozessordnung, auch in Verbindung mit § 661 Abs. 2 der Zivilprozessordnung,

    e) § 641d der Zivilprozessordnung,

    f) § 644 der Zivilprozessordnung, auch in Verbindung mit § 661 Abs. 2 der Zivilprozessordnung,

    g) § 64b Abs. 3 des Gesetzes über die Angelegenheiten der freiwilligen Gerichtsbarkeit; mehrere Verfahren, die unter demselben Buchstaben genannt sind, sind jedoch eine Angelegenheit; die Gegenstandswerte sind zusammenzurechnen; dies gilt auch dann, wenn die mehreren Verfahren denselben Gegenstand betreffen;

2. nicht in Nummer 1 genannte Verfahren über eine einstweilige oder vorläufige Anordnung in Verfahren der freiwilligen Gerichtsbarkeit; mehrere Anordnungen in derselben Hauptsache sind eine Angelegenheit; die Gegenstandswerte sind zusammenzurechnen; dies gilt auch dann, wenn die mehreren Verfahren denselben Gegenstand betreffen;

3. jede Vollstreckungsmaßnahme zusammen mit den durch diese vorbereiteten weiteren Vollstreckungshandlungen bis zur Befriedigung des Gläubigers; dies gilt entsprechend im Verwaltungszwangsverfahren (Verwaltungsvollstreckungsverfahren) und für jede Maßnahme nach § 33 des Gesetzes über die Angelegenheiten der freiwilligen Gerichtsbarkeit;

4. jede Vollziehungsmaßnahme bei der Vollziehung eines Arrests oder einer einstweiligen Verfügung (§§ 928 bis 934 und 936 der Zivilprozessordnung), die sich nicht auf die Zustellung beschränkt;

5. jedes Beschwerdeverfahren und jedes Verfahren über eine Erinnerung gegen eine Entscheidung des Rechtspflegers in Angelegenheiten, in denen sich die Gebühren nach Teil 3 des Vergütungsverzeichnisses richten, soweit sich aus § 16 Nr. 12 nichts anderes ergibt;

6. das Verfahren über Einwendungen gegen die Erteilung der Vollstreckungsklausel, auf das § 732 der Zivilprozessordnung anzuwenden ist;

7. das Verfahren auf Erteilung einer weiteren vollstreckbaren Ausfertigung;

8. jedes Verfahren über Anträge nach den §§ 765a, 813b, 851a oder 851b der Zivilprozessordnung und jedes Verfahren über Anträge auf Änderung oder Aufhebung der getroffenen Anordnungen sowie jedes Verfahren über Anträge nach § 1084 Abs. 1 der Zivilprozessordnung;

9. das Verfahren auf Zulassung der Austauschpfändung (§ 811a der Zivilprozessordnung);

10. das Verfahren über einen Antrag nach § 825 der Zivilprozessordnung;

11. die Ausführung der Zwangsvollstreckung in ein gepfändetes Vermögensrecht durch Verwaltung (§ 857 Abs. 4 der Zivilprozessordnung);

12. das Verteilungsverfahren (§ 858 Abs. 5, §§ 872 bis 877, 882 der Zivilprozessordnung);

13. das Verfahren auf Eintragung einer Zwangshypothek (§§ 867, 870a der Zivilprozessordnung);

14. die Vollstreckung der Entscheidung, durch die der Schuldner zur Vorauszahlung der Kosten, die durch die Vornahme einer Handlung entstehen, verurteilt wird (§ 887 Abs. 2 der Zivilprozessordnung);

15. das Verfahren zur Ausführung der Zwangsvollstreckung auf Vornahme einer Handlung durch Zwangsmittel (§ 888 der Zivilprozessordnung), das Verfahren zur Ausführung einer Verfügung des Gerichts auf Vornahme, Unterlassung oder Duldung einer Handlung durch Zwangsmittel und einer besonderen Verfügung des Gerichts zur Anwendung von Gewalt (§ 33 des Gesetzes über die Angelegenheiten der freiwilligen Gerichtsbarkeit);

16. jede Verurteilung zu einem Ordnungsgeld gemäß § 890 Abs. 1 der Zivilprozessordnung;

17. die Verurteilung zur Bestellung einer Sicherheit im Fall des § 890 Abs. 3 der Zivilprozessordnung;

18. das Verfahren zur Abnahme der eidesstattlichen Versicherung (§§ 900 und 901 der Zivilprozessordnung, § 33 Abs. 2 Satz 5 und 6 des Gesetzes über die Angelegenheiten der freiwilligen Gerichtsbarkeit);

19. das Verfahren auf Löschung der Eintragung im Schuldnerverzeichnis (§ 915a der Zivilprozessordnung);

20. das Ausüben der Veröffentlichungsbefugnis;

21. das Verfahren über Anträge auf Zulassung der Zwangsvollsteckung nach § 17 Abs. 4 der Schifffahrtsrechtlichen Verteilungsordnung und

22. das Verfahren über Anträge auf Aufhebung von Vollstreckungsmaßregeln (§ 8 Abs. 5 und § 41 der Schifffahrtsrechtlichen Verteilungsordnung).

§ 19 Rechtszug; Tätigkeiten, die mit dem Verfahren zusammenhängen

(1) Zu dem Rechtszug oder dem Verfahren gehören auch alle Vorbereitungs-, Neben- und Abwicklungstätigkeiten und solche Verfahren, die mit dem Rechtszug oder Verfahren zusammenhängen, wenn die Tätigkeit nicht nach § 18 eine besondere Angelegenheit ist. Hierzu gehören insbesondere

1. die Vorbereitung der Klage, des Antrags oder der Rechtsverteidigung, soweit kein besonderes gerichtliches oder behördliches Verfahren stattfindet;
2. außergerichtliche Verhandlungen;
3. Zwischenstreite, die Bestimmung des zuständigen Gerichts, die Bestellung von Vertretern durch das in der Hauptsache zuständige Gericht, die Ablehnung von Richtern, Rechtspflegern, Urkundsbeamten der Geschäftsstelle oder Sachverständigen, die Festsetzung des Streit- oder Geschäftswerts;
4. das Verfahren vor dem beauftragten oder ersuchten Richter;
5. das Verfahren über die Erinnerung (§ 573 der Zivilprozessordnung) und die Rüge wegen Verletzung des Anspruchs auf rechtliches Gehör;
6. die Berichtigung und Ergänzung der Entscheidung oder ihres Tatbestands;
7. Verfahren wegen Rückgabe einer Sicherheit;
8. die für die Geltendmachung im Ausland vorgesehene Vervollständigung der Entscheidung und die Bezifferung eines dynamisierten Unterhaltstitels;
9. die Zustellung oder Empfangnahme von Entscheidungen oder Rechtsmittelschriften und ihre Mitteilung an den Auftraggeber, die Einwilligung zur Einlegung der Sprungrevision, der Antrag auf Entscheidung über die Verpflichtung, die Kosten zu tragen, die nachträgliche Vollstreckbarerklärung eines Urteils auf besonderen Antrag, die Erteilung des Notfrist- und des Rechtskraftzeugnisses, die Ausstellung einer Bescheinigung nach § 48 des Internationalen Familienrechtsverfahrensgesetzes oder § 56 des Anerkennungs- und Vollstreckungsausführungsgesetzes, die Ausstellung, die Berichtigung oder der Widerruf einer Bestätigung nach § 1079 der Zivilprozessordnung;
10. die Einlegung von Rechtsmitteln bei dem Gericht desselben Rechtszugs in Verfahren, in denen sich die Gebühren nach Teil 4, 5 oder 6 des Vergütungsverzeichnisses richten; die Einlegung des Rechtsmittels durch einen neuen Verteidiger gehört zum Rechtszug des Rechtsmittels;
11. die vorläufige Einstellung, Beschränkung oder Aufhebung der Zwangsvollstreckung, wenn nicht eine abgesonderte mündliche Verhandlung hierüber stattfindet;
12. die erstmalige Erteilung der Vollstreckungsklausel, wenn deswegen keine Klage erhoben wird;
13. die Kostenfestsetzung und die Einforderung der Vergütung;
14. die Festsetzung des für die Begründung von Rentenanwartschaften in einer gesetzlichen Rentenversicherung zu leistenden Betrags nach § 53e Abs. 2 des Gesetzes über die Angelegenheiten der freiwilligen Gerichtsbarkeit;
15. die Zustellung eines Vollstreckungstitels, der Vollstreckungsklausel und der sonstigen in § 750 der Zivilprozessordnung genannten Urkunden;

16. die Aussetzung der Vollziehung (§ 24 Abs. 2 und 3 des Gesetzes über die Angelegenheiten der freiwilligen Gerichtsbarkeit) und die Anordnung der sofortigen Wirksamkeit einer Entscheidung und

17. die Herausgabe der Handakten oder ihre Übersendung an einen anderen Rechtsanwalt.

(2) Zu den in § 18 Nr. 3 und 4 genannten Verfahren gehören ferner insbesondere

1. gerichtliche Anordnungen nach § 758a der Zivilprozessordnung,

2. die Bestimmung eines Gerichtsvollziehers (§ 827 Abs. 1 und § 854 Abs. 1 der Zivilprozessordnung) oder eines Sequesters (§§ 848 und 855 der Zivilprozessordnung),

3. die Anzeige der Absicht, die Zwangsvollstreckung gegen eine juristische Person des öffentlichen Rechts zu betreiben,

4. die einer Verurteilung vorausgehende Androhung von Ordnungsgeld und

5. die Aufhebung einer Vollstreckungsmaßnahme.

In den §§ 16 ff RVG ist ausführlich geregelt, wann eine Angelegenheit vorliegt und wann **1** mehrere Angelegenheiten gegeben sind. Diese Vorschriften sind als Ergänzung des § 15 Abs. 1, Abs. 2 RVG zu verstehen.
In derselben Angelegenheit kann der Anwalt seine Gebühren nur einmal fordern. Liegen **2** dagegen verschiedene Angelegenheiten vor, erhält der Anwalt seine Gebühren mehrmals.
In erbrechtlichen Mandaten von Bedeutung sind § 16 Nr. 2 und 3 RVG, wonach das **3** Verfahren über die **Prozesskostenhilfe** und das Verfahren, für das Prozesskostenhilfe bewilligt ist, lediglich eine Angelegenheit darstellt. Gleiches gilt für mehrere Verfahren über die Prozesskostenhilfe in demselben Rechtszug.
In Arrest- und einstweiligen Verfügungsverfahren zählt das **Anordnungsverfahren** und **4** jedes **Verfahren auf Abänderung oder Aufhebung** mit zur Instanz und löst keine gesonderte Vergütung aus.
Eigene Angelegenheiten sind das **Verwaltungsverfahren und das Nachprüfungsverfah- 5 ren**, von Bedeutung in steuerrechtlichen Angelegenheiten (§ 17 Nr. 1 RVG).
Mahnverfahren und streitiges Verfahren sind ebenfalls zwei verschiedene Angelegen- **6** heiten (§ 17 Nr. 2 RVG).
Arrest und einstweilige Verfügungsverfahren stellen gegenüber der Hauptsache eigene **7** Angelegenheiten dar (§ 17 Nr. 4 RVG). Gleiches gilt für die Verfahren auf **Aussetzung der sofortigen Vollziehung** in steuerrechtlichen Angelegenheiten.
Urkunden- und Nachverfahren sind ebenfalls zwei verschiedene Angelegenheiten (§ 17 **8** Nr. 5 RVG). Zur Anrechnung siehe Vorbem. 3 Abs. 6 VV RVG.
Muss ein **obligatorisches Streitschlichtungsverfahren** nach § 15a EGZPO durchgeführt **9** werden, ist dies sowohl gegenüber der vorangegangenen außergerichtlichen Vertretung als auch gegenüber dem nachfolgenden Rechtsstreit eine eigene Angelegenheit (§ 17 Nr. 7 RVG).
Die **Nichtzulassungsbeschwerde** ist ebenfalls eine eigene Angelegenheit (§ 17 Nr. 9 RVG). **10**
Besondere Angelegenheiten sind nach § 18 RVG insbesondere **11**

- jedes Beschwerdeverfahren (§ 18 Nr. 5 RVG)
- jedes Erinnerungsverfahren gegen Entscheidungen des Rechtspflegers (§ 18 Nr. 5 RVG), ausgenommen die Vollsteckungserinnerung nach § 766 ZPO
- jede Vollstreckungsmaßnahme, wobei vorbereitende und weitere Vollstreckungshandlungen bis zur vollständigen Befriedigung des Gläubigers mit zur Angelegenheit zählen (§ 18 Nr. 3 RVG).

§ 21 RVG | Zurückverweisung

12 **Tätigkeiten, die mit dem Verfahren zusammenhängen,** sind in § 19 RVG aufgelistet. Sie gehören stets mit zur Instanz und lösen keine gesonderte Vergütung aus. Es handelt sich hier um Annex- oder Zwischenverfahren.

§ 20 Verweisung, Abgabe

Soweit eine Sache an ein anderes Gericht verwiesen oder abgegeben wird, sind die Verfahren vor dem verweisenden oder abgebenden und vor dem übernehmenden Gericht ein Rechtszug. ²Wird eine Sache an ein Gericht eines niedrigeren Rechtszugs verwiesen oder abgegeben, ist das weitere Verfahren vor diesem Gericht ein neuer Rechtszug.

§ 21 Zurückverweisung

(1) Soweit eine Sache an ein untergeordnetes Gericht zurückverwiesen wird, ist das weitere Verfahren vor diesem Gericht ein neuer Rechtszug.

(2) In den Fällen des § 629b der Zivilprozessordnung, auch in Verbindung mit § 661 Abs. 2 der Zivilprozessordnung, bildet das weitere Verfahren vor dem Familiengericht mit dem früheren einen Rechtszug.

1 Die §§ 20, 21 RVG ergänzen die §§ 16 bis 19 RVG und regeln die Fälle der Verweisung, Abgabe und Zurückverweisung.
2 Unterschieden werden **drei Arten von Abgaben bzw. Verweisungen**:
- **Horizontalverweisung:** Die sog. Horizontalverweisung ist in § 20 Satz 1 RVG geregelt. Dies sind die Fälle der **Verweisung** oder **Abgabe** eines gerichtlichen Verfahrens wegen örtlicher oder sachlicher Unzuständigkeit oder wegen Unzuständigkeit des Rechtsweges **an** ein anderes **Gericht der gleichen Instanzenstufe.**
- **Vertikalverweisung:** Die sog Vertikalverweisung ist in § 21 Abs. 1 iVm § 15 Abs. 2 Satz 1 RVG und in § 21 Abs. 2 RVG geregelt. Dies sind die Fälle, in denen das Verfahren von einem **Rechtsmittelgericht** an ein **im Instanzenzug untergeordnetes Gericht** zurückverwiesen wird.
- **Diagonalverweisung:** Die sog. Diagonalverweisung wiederum ist in § 20 Satz 2 RVG geregelt. Sie betrifft die Verweisung durch ein **Rechtsmittelgericht** an ein **erstinstanzliches Gericht** eines **anderen örtlichen oder sachlichen Rechtszugs** oder einer **anderen Gerichtsbarkeit.**
3 Anschaulich lässt sich das an folgender beispielhafter Graphik darstellen

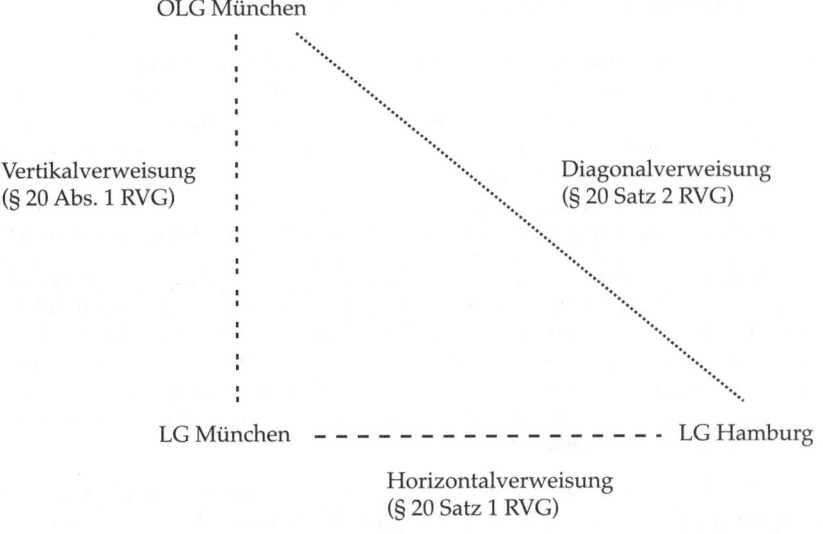

Zur Berechnung bei einer Zurückverweisung siehe die Kommentierung zu Vorbem. 3 Abs. 6 VV RVG.

Abschnitt 4 Gegenstandswert

§ 22 Grundsatz

(1) In derselben Angelegenheit werden die Werte mehrerer Gegenstände zusammengerechnet.

(2) Der Wert beträgt in derselben Angelegenheit höchstens 30 Millionen Euro, soweit durch Gesetz nichts anderes bestimmt ist. Sind in derselben Angelegenheit mehrere Personen Auftraggeber, beträgt der Wert für jede Person höchstens 30 Millionen Euro, insgesamt jedoch nicht mehr als 100 Millionen Euro.

A. Zusammenrechnung

Nach § 22 Abs. 1 RVG werden die Werte mehrerer Gegenstände zusammen gerechnet. 1
Die Vorschrift hat nur eine geringe praktische Bedeutung, weil sich die Rechtsfolge in den 2 meisten Fällen bereits aus der Verweisung des § 22 Abs. 1 Satz 1, Satz 3 RVG auf die gleichlautende Vorschrift des § 39 Abs. 1 GKG ergibt.

B. Wertbegrenzung

Der Gegenstandswert ist auf höchstens 30 Mio. € begrenzt. 3
Eine anderweitige Bestimmung findet sich insoweit lediglich in der nach § 35 RVG anzuwendenden Steuerberatergebührenverordnung. Soweit danach abzurechnen ist, gilt keine Wertbeschränkung. 4
Vertritt der Anwalt mehrere Auftraggeber, so beträgt der Wert für jede Person höchstens 5 30 Mio. Insgesamt darf jedoch kein höherer Wert als 100 Mio. € angesetzt werden.

§ 23 Allgemeine Wertvorschrift

(1) Soweit sich die Gerichtsgebühren nach dem Wert richten, bestimmt sich der Gegenstandswert im gerichtlichen Verfahren nach den für die Gerichtsgebühren geltenden Wertvorschriften. In Verfahren, in denen im Gerichtskostengesetz Festgebühren bestimmt sind, sind die Wertvorschriften des Gerichtskostengesetzes entsprechend anzuwenden. Diese Wertvorschriften gelten auch entsprechend für die Tätigkeit außerhalb eines gerichtlichen Verfahrens, wenn der Gegenstand der Tätigkeit auch Gegenstand eines gerichtlichen Verfahrens sein könnte. § 22 Abs. 2 Satz 2 bleibt unberührt.

(2) In Beschwerdeverfahren, in denen Gerichtsgebühren unabhängig vom Ausgang des Verfahrens nicht erhoben werden oder sich nicht nach dem Wert richten, ist der Wert unter Berücksichtigung des Interesses des Beschwerdeführers nach Absatz 3 Satz 2 zu bestimmen, soweit sich aus diesem Gesetz nichts anderes ergibt. Der Gegenstandswert ist durch den Wert des zugrunde liegenden Verfahrens begrenzt. In Verfahren über eine Erinnerung oder eine Rüge wegen Verletzung des rechtlichen Gehörs richtet sich der Wert nach den für Beschwerdeverfahren geltenden Vorschriften.

(3) Soweit sich aus diesem Gesetz nichts anderes ergibt, gelten in anderen Angelegenheiten für den Gegenstandswert § 18 Abs. 2, §§ 19 bis 23, 24 Abs. 1, 2, 4, 5 und 6, §§ 25, 39 Abs. 2 und 3 sowie § 46 Abs. 4 der Kostenordnung entsprechend. Soweit sich der Gegenstandswert aus diesen Vorschriften nicht ergibt und auch sonst nicht feststeht, ist er nach billigem Ermessen zu bestimmen; in Ermangelung genügender tatsächlicher Anhaltspunkte für eine Schätzung und bei nichtvermögensrechtlichen Gegenständen ist der Gegenstandswert mit 4.000 Euro, nach Lage des Falles niedriger oder höher, jedoch nicht über 500.000 Euro anzunehmen.

1 Soweit der Anwalt Wertgebühren berechnen kann, muss zuvor der Gegenstandswert der anwaltlichen Tätigkeit ermittelt werden. Dieser wiederum ergibt sich aus den §§ 23 ff RVG. Danach gilt folgende Reihenfolge:
(1) Zunächst ist zu prüfen, ob das **RVG** selbst besondere Wertvorschriften enthält (§ 25 RVG; Anm. Abs. 1 zu Nr. 3335 VV RVG).
(2) Alsdann ist auf die Vorschriften des **GKG oder der KostO** abzustellen, wenn es sich

- um ein **gerichtliches Verfahren** handelt,
  - in dem sich die Gerichtsgebühren nach dem Gegenstandswert richten (§ 23 Abs. 1 Satz 1 RVG),
  - in dem Festgebühren vorgesehen sind (§ 23 Abs. 1 Satz 2 RVG),
  - in dem gar keine Gebühren erhoben werden (analog § 23 Abs. 1 Satz 2 RVG)

oder es sich

- um eine **außergerichtliche Tätigkeit** handelt, die auch Gegenstand eines der vorgenannten gerichtlichen Verfahren sein könnte (§ 23 Abs. 1 Satz 3 RVG).

(3) Ist ein Fall des § 23 Abs. 1 RVG nicht gegeben, sind bestimmte Vorschriften der KostO entsprechend heranzuziehen (§ 23 Abs. 3 Satz 1 RVG).

2 Anzuwenden ist § 23 Abs. 3 RVG insbesondere in Angelegenheiten, die nicht Gegenstand eines gerichtlichen Verfahrens sein können. Dazu gehören insbesondere:

- **Entwürfe von Verträgen**, zB Entwurf eines Erbvertrages,
- **Beratungen im Zusammenhang mit dem Entwurf von Verträgen**, also zB begleitende beratende Tätigkeit anlässlich des Abschlusses eines notariellen Erbvertrages oder eines Erbauseinandersetzungsvertrages,
- **Entwurf eines Testaments**,

- **Ermittlung eines Pflichtteils- oder Pflichtteilsergänzungsanspruchs** (str). Ist der Anwalt lediglich damit beauftragt, den Wert eines Pflichtteilsergänzungsanspruchs zu ermitteln, so kann dies nicht Gegenstand eines gerichtlichen Verfahrens sein. Dies kann lediglich ein entsprechender Auskunftsantrag sein oder ein Zahlungsantrag nach Ermittlung des Pflichtteils oder Pflichtteilsergänzungsanspruchs. Hier ist daher nicht auf den sich letztlich ergebenden Anspruch abzustellen, sondern nach billigem Ermessen zu bewerten. Maßgebend sind danach sämtliche Vermögenspositionen, sei es als Aktiva oder Passiva, die in die Berechnung eingestellt werden. Von dem Gesamtwert ist dann – ähnlich wie bei einem Feststellungsantrag – ein Abschlag vorzunehmen. In Anbetracht der Unklarheiten empfiehlt es sich hier allerdings dringend, eine Vergütungsvereinbarung zu treffen, wobei sich die Vergütungsvereinbarung durchaus auch auf die Festlegung eines Gegenstandswertes beschränken kann.
- Auch hinsichtlich der **Beratung** über verschiedene Modelle, **über den Nachlass letztwillig zu verfügen**, etc. dürfte auf billiges Ermessen abzustellen sein.

Ist § 23 Abs. 3 RVG anzuwenden, dürften insbesondere die Verweisungen auf § 18 Abs. 2 KostO (Geschäftswert) und § 46 Abs. 4 KostO von Bedeutung sein:

3

> **§ 18 Grundsatz**
> (1) Die Gebühren werden nach dem Wert berechnet, den der Gegenstand des Geschäfts zur Zeit der Fälligkeit hat (Geschäftswert). Der Geschäftswert beträgt höchstens 60 Millionen Euro, soweit nichts anderes bestimmt ist.
> (2) Maßgebend ist der Hauptgegenstand des Geschäfts. Früchte, Nutzungen, Zinsen, Vertragsstrafen und Kosten werden nur berücksichtigt, wenn sie Gegenstand eines besonderen Geschäfts sind.
> (3) Verbindlichkeiten, die auf dem Gegenstand lasten, werden bei Ermittlung des Geschäftswerts nicht abgezogen; dies gilt auch dann, wenn Gegenstand des Geschäfts ein Nachlass oder eine sonstige Vermögensmasse ist.

Auf § 18 Abs. 3 KostO wird nicht verwiesen. Insoweit gilt Folgendes (siehe *Hartmann* § 18 KostO Rn 10 ff):

4

- Ist der Anwalt auch mit den Verbindlichkeiten befasste, sind diese entsprechend § 18 Abs. 3 KostO nicht abzuziehen.
- Ist der Anwalt mit den Verbindlichkeiten nicht befasst, sondern soll er diese als gegeben hinnehmen, sind die Verbindlichkeiten bei der Wertfestsetzung in Abzug zu bringen.

> **§ 46 Verfügungen von Todes wegen**
> (1) Für die Beurkundung eines Testaments wird die volle, für die Beurkundung eines Erbvertrags oder eines gemeinschaftlichen Testaments wird das Doppelte der vollen Gebühr erhoben.
> (2) Für die Beurkundung des Widerrufs einer letztwilligen Verfügung, der Aufhebung oder Anfechtung eines Erbvertrags sowie des Rücktritts von einem Erbvertrag wird die Hälfte der vollen Gebühr erhoben; ist die Anfechtung dem Nachlassgericht gegenüber zu erklären, so gilt § 38 Abs. 3. Wird gleichzeitig eine neue Verfügung von Todes wegen beurkundet, so wird die Gebühr für den Widerruf oder die Aufhebung nur insoweit erhoben, als der Geschäftswert der neu errichteten Verfügung hinter dem der widerrufenen oder aufgehobenen Verfügung zurückbleibt.
> (3) Wird ein Erbvertrag gleichzeitig mit einem Ehevertrag oder einem Lebenspartnerschaftsvertrag beurkundet, so wird die Gebühr nur einmal berechnet, und zwar nach dem Vertrag, der den höchsten Geschäftswert hat.

> (4) Wird über den ganzen Nachlass oder einen Bruchteil davon verfügt, so ist der Gebührenberechnung der Wert des nach Abzug der Verbindlichkeiten verbleibenden reinen Vermögens oder der Wert des entsprechenden Bruchteils des reinen Vermögens zugrunde zu legen. Vermächtnisse, Pflichtteilsrechte und Auflagen werden nicht abgezogen.
> (5) Der Berechnung der Gebühren sind in der Regel die Angaben des Verfügenden über den Geschäftswert zugrunde zu legen. Eine Nachforderung des deshalb zu wenig angesetzten Betrags wird durch § 15 nicht ausgeschlossen; die Verjährung des Anspruchs (§ 17) beginnt in diesem Fall erst mit dem Ablauf des Jahres, in dem die Verfügung eröffnet oder zurückgegeben ist.

5 (4) Sind auch diese Vorschriften nicht ergiebig, so ist zu differenzieren:
(a) handelt es sich um eine nicht vermögensrechtliche Streitigkeit, gilt ein Auffangwert in Höhe von 4.000 € (§ 23 Abs. 3 Satz 2, 2. Halbsatz RVG), der je nach Lage des Einzelfalls allerdings niedriger oder höher angenommen werden kann, jedoch 500.000 € nicht übersteigen darf,
(b) in sonstigen Fällen ist der Gegenstand nach billigem Ermessen zu schätzen (§ 23 Abs. 3 Satz 2, 1. Halbsatz RVG).
Sind auch für die Ausübung des billigen Ermessens keine Anhaltspunkte gegeben, so gilt ebenfalls der Auffangwert von 4.000 € (§ 23 Abs. 3 Satz 2, 2. Halbsatz RVG).

6 **Mehrere Gegenstände** werden in derselben Angelegenheit nach § 23 Abs. 1 RVG iVm § 39 Abs. 1, 46 Abs. 1 Satz 1 GKG sowie nach § 22 Abs. 1 RVG zusammengerechnet.

7 Der Gegenstandswert darf **höchstens 30 Mio. €** betragen, soweit durch Gesetz nichts anderes bestimmt ist (§ 22 Abs. 2 Satz 1 RVG; § 23 Abs. 1 RVG iVm § 39 Abs. 2 GKG). Wird der Anwalt in derselben Angelegenheit von **mehreren Personen** beauftragt, so beträgt der Gegenstandswert je Person höchstens 30 Mio. €, insgesamt jedoch nicht mehr als 100 Mio. € (§ 22 Abs. 2 Satz 2; § 23 Abs. 1 Satz 4 iVm Abs. 2 Satz 2 RVG).

8 In gerichtlichen Verfahren wird sich der Gegenstandswert in aller Regel aus den entsprechenden Vorschriften des GKG oder der KostO ergeben.
- Ist ein solcher Wert gerichtlich festgesetzt, so ist er für die Anwaltsgebühren bindend (§ 32 Abs. 1 RVG). Dem Anwalt steht insoweit ein eigenes Beschwerderecht gegen die Festsetzung zu (§ 32 Abs. 2 RVG).
- Ist der Gegenstandswert gerichtlich nicht festgesetzt oder berechnen sich die Gebühren des Anwalts nicht nach den Wertvorschriften des GKG, so steht dem Anwalt nach § 33 Abs. 1 RVG ein eigenes Antragsrecht auf Festsetzung des Gegenstandswertes zu. Auch hier kann er in eigenem Namen Beschwerde einlegen (§ 33 Abs. 3 RVG).

§ 25 Gegenstandswert in der Zwangsvollstreckung

(1) In der Zwangsvollstreckung bestimmt sich der Gegenstandswert

1. nach dem Betrag der zu vollstreckenden Geldforderung einschließlich der Nebenforderungen; soll ein bestimmter Gegenstand gepfändet werden und hat dieser einen geringeren Wert, ist der geringere Wert maßgebend; wird künftig fällig werdendes Arbeitseinkommen nach § 850 d Abs. 3 der Zivilprozessordnung gepfändet, sind die noch nicht fälligen Ansprüche nach § 42 Abs. 1 und 2 des Gerichtskostengesetzes zu bewerten; im Verteilungsverfahren (§ 858 Abs. 5, §§ 872 bis 877 und 882 der Zivilprozessordnung) ist höchstens der zu verteilende Geldbetrag maßgebend;

2. nach dem Wert der herauszugebenden oder zu leistenden Sachen; der Gegenstandswert darf jedoch den Wert nicht übersteigen, mit dem der Herausgabe- oder Räu-

mungsanspruch nach den für die Berechnung von Gerichtskosten maßgeblichen Vorschriften zu bewerten ist;

3. nach dem Wert, den die zu erwirkende Handlung, Duldung oder Unterlassung für den Gläubiger hat, und

4. in Verfahren über den Antrag auf Abnahme der eidesstattlichen Versicherung nach § 807 der Zivilprozessordnung nach dem Betrag, der einschließlich der Nebenforderungen aus dem Vollstreckungstitel noch geschuldet wird; der Wert beträgt jedoch höchstens 1.500 Euro.

(2) In Verfahren über Anträge des Schuldners ist der Wert nach dem Interesse des Antragstellers nach billigem Ermessen zu bestimmen.

Der Gegenstandswert in der Zwangsvollstreckung bemisst sich nach § 25 RVG. 1
Bei **Geldforderungen** ist der Wert der zu vollstreckenden Forderung einschließlich der 2
Nebenforderungen maßgebend (§ 25 Abs. 1 Nr. 1 RVG). Hierzu zählen insbesondere Zinsen sowie die Kosten vorausgegangener Vollstreckungsversuche. Beschränkt sich der Vollstreckungsauftrag darauf, einen bestimmten Gegenstand oder eine bestimmte Forderung zu verwerten, so ist lediglich dieser Wert maßgebend, sofern er geringer ist. Für die Pfändung zukünftiger Arbeitseinkommen gilt § 42 Abs. 1 und 2 GKG (§ 25 Abs. 1 Nr. 1 3. Halbsatz RVG).
Bei **Herausgabevollstreckungen** ist der Wert der herauszugebenden Sache maßgebend 3
(§ 25 Abs. 1 Nr. 2 RVG).
Bei der Vollstreckung einer **Handlung, Duldung oder Unterlassung** gilt der Wert, den die 4
zu erwirkende Handlung, Duldung oder Unterlassung für den Gläubiger hat (§ 25 Abs. 1 Nr. 3 RVG).
Im Verfahren auf Abgabe der **eidesstattlichen Versicherung nach § 807 ZPO** ist der 5
Gegenstandswert auf höchstens 1.500,00 € beschränkt (§ 25 Abs. 1 Nr. 4 RVG).
Für **Beschwerdeverfahren** wiederum ist das Interesse des Antragstellers oder des Be- 6
schwerdeführers nach billigem Ermessen zu bestimmen (§ 23 Abs. 2 Satz 1 RVG).

§ 26 Gegenstandswert in der Zwangsversteigerung

In der Zwangsversteigerung bestimmt sich der Gegenstandswert

1. bei der Vertretung des Gläubigers oder eines anderen nach § 9 Nr. 1 und 2 des Gesetzes über die Zwangsversteigerung und die Zwangsverwaltung Beteiligten nach dem Wert des dem Gläubiger oder dem Beteiligten zustehenden Rechts; wird das Verfahren wegen einer Teilforderung betrieben, ist der Teilbetrag nur maßgebend, wenn es sich um einen nach § 10 Abs. 1 Nr. 5 des Gesetzes über die Zwangsversteigerung und die Zwangsverwaltung zu befriedigenden Anspruch handelt; Nebenforderungen sind mitzurechnen; der Wert des Gegenstands der Zwangsversteigerung (§ 66 Abs. 1, § 74a Abs. 5 des Gesetzes über die Zwangsversteigerung und die Zwangsverwaltung), im Verteilungsverfahren der zur Verteilung kommende Erlös, sind maßgebend, wenn sie geringer sind;

2. bei der Vertretung eines anderen Beteiligten, insbesondere des Schuldners, nach dem Wert des Gegenstands der Zwangsversteigerung, im Verteilungsverfahren nach dem zur Verteilung kommenden Erlös; bei Miteigentümern oder sonstigen Mitberechtigten ist der Anteil maßgebend;

3. bei der Vertretung eines Bieters, der nicht Beteiligter ist, nach dem Betrag des höchsten für den Auftraggeber abgegebenen Gebots, wenn ein solches Gebot nicht abgegeben ist, nach dem Wert des Gegenstands der Zwangsversteigerung.

§ 32 RVG | Wertfestsetzung für die Gerichtsgebühren

1 Die Wertvorschrift des § 26 RVG gilt auch für die

- Zwangsversteigerung auf Antrag eines Erben (§§ 175 ff ZVG),
- Zwangsversteigerung zur Aufhebung einer Gemeinschaft (§§ 180 ff ZVG).

§ 32 Wertfestsetzung für die Gerichtsgebühren

(1) Wird der für die Gerichtsgebühren maßgebende Wert gerichtlich festgesetzt, ist die Festsetzung auch für die Gebühren des Rechtsanwalts maßgebend.

(2) Der Rechtsanwalt kann aus eigenem Recht die Festsetzung des Werts beantragen und Rechtsmittel gegen die Festsetzung einlegen. Rechtsbehelfe, die gegeben sind, wenn die Wertfestsetzung unterblieben ist, kann er aus eigenem Recht einlegen.

1 Die gerichtliche Wertfestsetzung **bindet** sowohl den Anwalt als auch den Auftraggeber hinsichtlich der Gebührenabrechnung.
2 Während der Auftraggeber die Möglichkeit hat, unmittelbar die Streitwertfestsetzung nach § 63 GKG zu beantragen und nach § 68 GKG eine Streitwertbeschwerde mit dem Ziel der Herabsetzung des Streitwerts zu erheben, hat der Anwalt diese unmittelbaren Rechte nicht, weil er nicht Kostenschuldner der Staatskasse ist. Daher ordnet § 32 Abs. 1 RVG an, dass der Anwalt aus eigenem Recht nach § 32 RVG die Wertfestsetzung beantragen und gegen die Wertfestsetzung Beschwerde einlegen kann, wenn er den für die Gerichtsgebühren **festgesetzten Wert** für zu niedrig hält. Das Verfahren folgt dann nach den § 68 GKG.
3 Die Beschwerde ist nur zulässig, wenn der **Wert des Beschwerdegegenstands** den Betrag in Höhe von 200,00 € übersteigt (§ 32 Abs. 2 RVG iVm § 68 Abs. 1 Satz 1 GKG) oder wenn das Gericht sie in seinem Festsetzungsbeschluss **zugelassen** hat (§ 32 Abs. 2 RVG iVm § 68 Abs. 1 Satz 2 GKG). Maßgebend für die Berechnung des Wertes des Beschwerdegegenstands ist nicht die Streitwert-Differenz; es kommt auf das Interesse des Anwalts an. Es ist also zu prüfen, welche Gebühren ihm nach dem festgesetzten Gegenstandswert zustehen und welche Gebühren er erhalten würde, wenn das Gericht den von ihm begehrten Streitwert festsetzen würde. Nur dann, wenn diese Differenz 200,01 € oder mehr beträgt, ist die Beschwerde zulässig (OLG Karlsruhe AGS 2006, 30 m Anm *N. Schneider*).
4 Möglich ist auch eine **weitere Beschwerde**. Diese kommt allerdings nur dann in Betracht, wenn das Landgericht über die Beschwerde entschieden hat. Eine Beschwerde zu einem obersten Gericht des Bundes ist unzulässig (§ 32 Abs. 2 RVG iVm §§ 68 Abs. 1 Satz 5, 63 Abs. 3 Satz 3 GKG).
5 Seit dem 1.7.2004 kommt auch die Streitwertbeschwerde dann in Betracht, wenn das Landgericht als Berufungs- oder Beschwerdegericht den Streitwert oder Geschäftswert erstmals festgesetzt hat. Der frühere Ausschluss der Streitwertbeschwerde in diesen Fällen ist aufgehoben (siehe OLG Hamm AGS 2005, 406 m Anm *Onderka*).
6 Eine **Kostenerstattung** findet im Verfahren der Streitwertbeschwerde nicht statt. Da der Anwalt in eigener Sache tätig wird, erhält er ohnehin keine Vergütung. § 91 Abs. 2 Satz 3 ZPO ist nicht entsprechend anwendbar.
7 Vertritt der Anwalt allerdings die Partei, die sich gegen eine Heraufsetzungsbeschwerde des Gegenanwalts zur Wehr setzt oder ist der Anwalt von der Partei beauftragt, Herabsetzungsbeschwerde zu erheben, erhält er hierfür die Beschwerdegebühren nach Nrn. 3500 ff VV RVG (ausführlich *N. Schneider* AGS 2004, 13.). Eine Kostenerstattung kommt allerdings auch hier nicht in Betracht.

§ 33 Wertfestsetzung für die Rechtsanwaltsgebühren

(1) Berechnen sich die Gebühren in einem gerichtlichen Verfahren nicht nach dem für die Gerichtsgebühren maßgebenden Wert oder fehlt es an einem solchen Wert, setzt das Gericht des Rechtszugs den Wert des Gegenstands der anwaltlichen Tätigkeit auf Antrag durch Beschluss selbstständig fest.

(2) Der Antrag ist erst zulässig, wenn die Vergütung fällig ist. Antragsberechtigt sind der Rechtsanwalt, der Auftraggeber, ein erstattungspflichtiger Gegner und in den Fällen des § 45 die Staatskasse.

(3) Gegen den Beschluss nach Absatz 1 können die Antragsberechtigten Beschwerde einlegen, wenn der Wert des Beschwerdegegenstands 200 Euro übersteigt. Die Beschwerde ist auch zulässig, wenn sie das Gericht, das die angefochtene Entscheidung erlassen hat, wegen der grundsätzlichen Bedeutung der zur Entscheidung stehenden Frage in dem Beschluss zulässt. Die Beschwerde ist nur zulässig, wenn sie innerhalb von zwei Wochen nach Zustellung der Entscheidung eingelegt wird.

(4) Soweit das Gericht die Beschwerde für zulässig und begründet hält, hat es ihr abzuhelfen; im Übrigen ist die Beschwerde unverzüglich dem Beschwerdegericht vorzulegen. Beschwerdegericht ist das nächsthöhere Gericht, in bürgerlichen Rechtsstreitigkeiten der in § 119 Abs. 1 Nr. 1, Abs. 2 und 3 des Gerichtsverfassungsgesetzes bezeichneten Art jedoch das Oberlandesgericht. Eine Beschwerde an einen obersten Gerichtshof des Bundes findet nicht statt. Das Beschwerdegericht ist an die Zulassung der Beschwerde gebunden; die Nichtzulassung ist unanfechtbar.

(5) War der Beschwerdeführer ohne sein Verschulden verhindert, die Frist einzuhalten, ist ihm auf Antrag von dem Gericht, das über die Beschwerde zu entscheiden hat, Wiedereinsetzung in den vorigen Stand zu gewähren, wenn er die Beschwerde binnen zwei Wochen nach der Beseitigung des Hindernisses einlegt und die Tatsachen, welche die Wiedereinsetzung begründen, glaubhaft macht. Nach Ablauf eines Jahres, von dem Ende der versäumten Frist an gerechnet, kann die Wiedereinsetzung nicht mehr beantragt werden. Gegen die Ablehnung der Wiedereinsetzung findet die Beschwerde statt. Sie ist nur zulässig, wenn sie innerhalb von zwei Wochen eingelegt wird. Die Frist beginnt mit der Zustellung der Entscheidung. Absatz 4 Satz 1 bis 3 gilt entsprechend.

(6) Die weitere Beschwerde ist nur zulässig, wenn das Landgericht als Beschwerdegericht entschieden und sie wegen der grundsätzlichen Bedeutung der zur Entscheidung stehenden Frage in dem Beschluss zugelassen hat. Sie kann nur darauf gestützt werden, dass die Entscheidung auf einer Verletzung des Rechts beruht; die §§ 546 und 547 der Zivilprozessordnung gelten entsprechend. Über die weitere Beschwerde entscheidet das Oberlandesgericht. Absatz 3 Satz 3, Absatz 4 Satz 1 und 4 und Absatz 5 gelten entsprechend.

(7) Anträge und Erklärungen können zu Protokoll der Geschäftsstelle gegeben oder schriftlich eingereicht werden; § 129a der Zivilprozessordnung gilt entsprechend. Die Beschwerde ist bei dem Gericht einzulegen, dessen Entscheidung angefochten wird.

(8) Das Gericht entscheidet über den Antrag durch eines seiner Mitglieder als Einzelrichter; dies gilt auch für die Beschwerde, wenn die angefochtene Entscheidung von einem Einzelrichter oder einem Rechtspfleger erlassen wurde. Der Einzelrichter überträgt das Verfahren der Kammer oder dem Senat, wenn die Sache besondere Schwierigkeiten tatsächlicher oder rechtlicher Art aufweist oder die Rechtssache grundsätzliche Bedeutung hat. Das Gericht entscheidet jedoch immer ohne Mitwirkung ehrenamtlicher Richter. Auf eine erfolgte oder unterlassene Übertragung kann ein Rechtsmittel nicht gestützt werden.

(9) Das Verfahren über den Antrag ist gebührenfrei. Kosten werden nicht erstattet; dies gilt auch im Verfahren über die Beschwerde.

§ 34 RVG | Beratung, Gutachten und Mediation

1 Wird ausnahmsweise in einem gerichtlichen Verfahren **kein Wert festgesetzt**, weil keine Gerichtsgebühren anfallen oder weil Festgebühren erhoben werden, dann gelten die Wertvorschriften des GKG bzw. der KostO entsprechend (§ 23 Abs. 1 Satz 2 RVG).
2 Auf Antrag des Anwalts ist dann nach § 33 Abs. 1 RVG ein entsprechender Gegenstandswert festzusetzen.
3 Ist der Anwalt der Auffassung, die Wertfestsetzung sei zu niedrig, kann er nach § 33 Abs. 3 RVG gegen den Streitwertbeschluss in eigenem Namen **Beschwerde** einlegen.
4 Zu beachten ist, dass die Beschwerde fristgebunden ist. Sie muss innerhalb von zwei Wochen nach Zustellung des Streitwertbeschlusses eingelegt werden (§ 33 Abs. 3 RVG).
5 Im Übrigen gelten die gleichen Grundsätze wie für das Verfahren nach § 32 RVG.

Abschnitt 5: Außergerichtliche Beratung und Vertretung

§ 34 Beratung, Gutachten und Mediation

(1) Für einen mündlichen oder schriftlichen Rat oder eine Auskunft (Beratung), die nicht mit einer anderen gebührenpflichtigen Tätigkeit zusammenhängen, für die Ausarbeitung eines schriftlichen Gutachtens und für die Tätigkeit als Mediator soll der Rechtsanwalt auf eine Gebührenvereinbarung hinwirken, soweit in Teil 2 Abschnitt 1 des Vergütungsverzeichnisses keine Gebühren bestimmt sind. Wenn keine Vereinbarung getroffen worden ist, erhält der Rechtsanwalt Gebühren nach den Vorschriften des bürgerlichen Rechts. Ist im Fall des Satzes 2 der Auftraggeber Verbraucher, beträgt die Gebühr für die Beratung oder für die Ausarbeitung eines schriftlichen Gutachtens jeweils höchstens 250 Euro; § 14 Abs. 1 gilt entsprechend; für ein erstes Beratungsgespräch beträgt die Gebühr jedoch höchstens 190 Euro.

(2) Wenn nichts anderes vereinbart ist, ist die Gebühr für die Beratung auf eine Gebühr für eine sonstige Tätigkeit, die mit der Beratung zusammenhängt, anzurechnen.

A. Überblick

1 Ist der Auftrag zu einer Beratung oder zu einem Gutachten nach dem 30. 6. 2006 erteilt worden (§ 60 RVG), sind im RVG keine Gebührentatbestände mehr vorgesehen. Die Vorschriften nach Teil 2 Abschnitt 1 VV RVG a.F. (Nrn. 2100 f VV RVG) sind nach § 60 Abs. 1 RVG nicht mehr anwendbar. Lediglich im Rahmen der Beratungshilfe ist noch eine Beratungsgebühr vorgesehen (Nr. 2503 VV RVG).
2 Der Anwalt soll nach § 34 Abs. 1 Satz 1 RVG für seine Beratungs- oder Gutachtentätigkeit eine **Gebührenvereinbarung** schließen, nach der er abrechnet.
3 Ein **Gutachtenauftrag** liegt vor, wenn der Anwalt mit der Ausarbeitung eines schriftlichen Gutachtens mit juristischer Begründung beauftragt ist.
4 Trifft er keine Vereinbarung, gilt die **Vergütung nach bürgerlichem Recht** geschuldet, also im Falle einer Beratung die ortsübliche angemessene Vergütung nach § 612 BGB und im Falle eines Gutachtens die ortsübliche angemessene Vergütung nach § 632 BGB.
5 Darüber hinaus ist gegenüber einem **Verbraucher** im Falle der Erstberatung die Höhe der Gebühr auf **190 €** begrenzt und im Übrigen auf **250 €**.
6 Anwendbar bei einer Beratung bleiben dagegen die **gesetzlichen Auslagentatbestände** des Teil 7 VV RVG, sofern nichts Abweichendes vereinbart ist.
7 Führt der Rat zu einer Einigung oder Erledigung, kann der Anwalt hier auch eine **1,5-Einigungsgebühr** nach Nr. 1000 VV RVG oder eine **1,5-Erledigungsgebühr** nach Nr. 1002 VV RVG verdienen.

Wird nichts Abweichendes vereinbart, so ist sowohl die bürgerlich-rechtliche als auch eine 8
vereinbarte Gebühr für eine Beratung auf die Vergütung für eine nachfolgende Angelegenheit **anzurechnen** (§ 34 Abs. 2 RVG). Eine Gebührenanrechnung bei einem Gutachten ist nicht vorgesehen.

B. Erstberatung

Nach § 34 Abs. 1 Satz 3 RVG erhält der Anwalt im Falle einer Erstberatung höchstens eine 9
Gebühr in Höhe von 190,00 € wenn der Auftraggeber ein Verbraucher iSd § 13 BGB ist. In diesem Fall darf das erste Beratungsgespräch mit nicht mehr als 190,00 € abgerechnet werden.

Der Gesetzgeber hat diese Regelung (früher § 20 BRAGO/Nr. 2102 VV RVG aF) zum 10
Schutz des rechtsuchenden Mandanten eingeführt, um ihm die Gewissheit zu geben, für eine erste Beratung nicht mit außergewöhnlich hohen Kosten belastet zu werden, sondern maximal mit einem Höchstbetrag von 190,00 €. Nach der ersten Beratung soll er entscheiden können, ob er einen weitergehenden Auftrag erteilt oder nicht.

Der Begriff der Erstberatung ist von der Rechtsprechung weitgehend geklärt, obwohl es 11
hier nach wie vor Abgrenzungsschwierigkeiten gibt. Laut AG Augsburg (AGS 1999, 132) ist unter einer ersten Beratung eine so genannte Einstiegsberatung als pauschale überschlägige Information des Mandanten zu verstehen. Der Bereich der Erstberatung ist in der Regel dann überschritten, wenn es zu einem zweiten Termin kommt. Auch ist keine Erstberatung mehr gegeben, wenn die Beratung ausführlich wird und ins Detail geht. Die Dauer der Beratung ist auch ein Kriterium dafür, ob noch eine Erstberatung vorliegt oder bereits eine unbeschränkte Beratung.

§ 35 Hilfeleistung in Steuersachen

Für die Hilfeleistung bei der Erfüllung allgemeiner Steuerpflichten und bei der Erfüllung steuerlicher Buchführungs- und Aufzeichnungspflichten gelten die §§ 23 bis 39 der Steuerberatergebührenverordnung in Verbindung mit den §§ 10 und 13 der Steuerberatergebührenverordnung entsprechend.

Ist der Anwalt im Rahmen seines erbrechtlichen Mandats mit steuerlichen Angelegenheiten befasst, gilt folgendes: 1

A. Anwendung der Steuerberatergebührenverordnung (StBGebV)

Soweit der Anwalt bei der Erfüllung allgemeiner Steuerpflichten und Abgabe von Steuererklärungen, also zB bei der Abgabe einer **Erbschaftssteuererklärung**, behilflich ist, richtet sich die Vergütung gem. § 35 RVG nach den Vorschriften der StBGebV. Vorgesehen ist danach in § 24 Abs. 1 Nr. 12 und in Abs. 2 StBGebV: 2

3

> **§ 24 Steuererklärungen**
> (1) Der Steuerberater erhält für die Anfertigung
> ...
> 12. der Erbschaftsteuererklärung ohne Ermittlung der Zugewinnausgleichsforderung nach § 5 des Erbschaftsteuergesetzes 2/10 bis 10/10 einer vollen Gebühr nach Tabelle A (Anlage 1); Gegenstandswert ist der Wert des Erwerbs von Todes wegen vor Abzug der Schulden und Lasten, jedoch mindestens 12.500 Euro; ...
> (2) Für die Ermittlung der Zugewinnausgleichsforderung nach § 5 des Erbschaftsteuergesetzes erhält der Steuerberater 5 Zehntel bis 15 Zehntel einer vollen Gebühr nach

§ 35 RVG | Hilfeleistung in Steuersachen

Tabelle A (Anlage 1); Gegenstandswert ist der ermittelte Betrag, jedoch mindestens 12.500 Euro.

4 Auch **Einzeltätigkeiten** sind möglich, zB ein Stundungsantrag

> **§ 23 Sonstige Einzeltätigkeiten**
> Die Gebühr beträgt für ...
> 2. einen Antrag auf Stundung 2/10 bis 8/10

5 Hinsichtlich der **Auslagen** bleibt es dagegen beim RVG (Nrn. 7000 ff VV RVG).
6 Unklar ist, ob die **Wertbegrenzung** des § 22 Abs. 2 RVG auf einen Gegenstandswert von 30 Mio. € auch hier gilt, da die StBGebV keinen solchen Höchstwert kennt. Zutreffend dürfte hier § 22 Abs. 2 RVG nicht anwendbar sein (siehe hierzu N. Schneider AGS 2005, 322).

B. Anwendbarkeit des RVG

7 Soweit § 35 RVG iVm der StBGebV nicht anwendbar ist, gilt Nr. 2300 VV RVG.
8 Wird der Anwalt im **Einspruchsverfahren** tätig, gilt nie § 35 RVG iVm der StBGebVO, sondern immer das RVG. Der Anwalt erhält hierfür eine gesonderte Vergütung, da es sich um eine eigene selbständige Angelegenheit handelt (§ 17 Nr. 1 RVG). Die Vergütung bestimmt sich nach Nr. 2300 VV RVG, wenn der Anwalt erstmals im Einspruchsverfahren tätig wird und nach Nr. 2301 VV RVG, wenn der Anwalt bereits im Ausgangsverfahren tätig war.
9 Kommt es anschließend zum **Rechtsstreit**, richtet sich die Vergütung nach Teil 3 VV RVG. Zu beachten ist allerdings, dass der Anwalt im Verfahren vor dem Finanzgericht nicht die Gebühren nach Nrn. 3100 ff VV RVG erhält, sondern die nach Nrn. 3200 ff VV RVG (Vorbem. 3.2.2 Abs. 1 Nr. 1 VV RVG).
10 Die zuvor verdiente **Geschäftsgebühr** ist auf die Verfahrensgebühr des Rechtsstreits **anzurechnen** (Vorbem. 3 Abs. 4 VV RVG).
11 Im **Revisionsverfahren** gelten die Nrn. 3206 ff VV RVG und im Verfahren der **Nichtzulassungsbeschwerde** die der Nrn. 3506 ff VV RVG.
12 Das Verfahren nach Aufhebung und **Zurückverweisung** ist auch hier eine selbständige Angelegenheit (§ 21 Abs. 1 RVG).
13 In allen Angelegenheiten (ausgenommen das Besteuerungsverfahren) kommt darüber hinaus eine **Erledigungsgebühr** nach Nr. 1002 VV RVG in Betracht, wenn sich nach Einspruch oder Klage die Sache unter Mitwirkung des Anwalts durch Aufhebung oder Abänderung des angefochtenen Bescheides erledigt oder ein bisher abgelehnter Bescheid erlassen wird.
14 Die Höhe der Erledigungsgebühr hängt wiederum von der Anhängigkeit ab.

- Ist ein Rechtsstreit noch **nicht anhängig**, entsteht die Erledigungsgebühr zu 1,5 (Nr. 1002 VV RVG).
- Ist ein Rechtsstreit bereits **anhängig**, entsteht die Erledigungsgebühr dem Wortlaut nach zu 1,0 (Nrn. 1002, 1003 VV RVG). Zutreffend dürfte es jedoch sein, analog Vorbem. 3.2.2 VV RVG die Nr. 1004 VV RVG anzuwenden und eine 1,3-Erledigungsgebühr zu gewähren.

15 Kommt es neben der Hauptsache zu einem Verfahren auf **vorläufigen Rechtsschutz**, zB zu einem Verfahren auf Aussetzung der Vollziehung, so ist dies nach § 17 Nr. 4 RVG eine eigene Angelegenheit gegenüber der Hauptsache und löst gesonderte Gebühren aus.
16 **Beispiel (Erstinstanzliches Verfahren vor dem FG):** Gegen den Mandanten ist ein Erbschaftssteuerbescheid über 4.000,00 € ergangen. Der Mandant legt gegen den Steuerbescheid selbst Einspruch ein und beauftragt, nachdem dieser zurückgewiesen worden ist, den Anwalt hiergegen Klage zu erheben. Es wird mündlich verhandelt.

Hilfeleistung in Steuersachen | § 35 RVG

Anzuwenden sind die Nrn. 3200 ff VV RVG (Vorbem. 3.2.1 Abs. 1 Nr. 1 VV RVG). Der Anwalt erhält eine 1,6-Verfahrens- und eine 1,2-Terminsgebühr.

1. 1,6-Verfahrensgebühr, Nr. 3200 VV RVG (Wert: 4.000,00 €)	392,00 €
2. 1,2-Terminsgebühr, Nr. 3202 VV RVG (Wert: 4.000,00 €)	294,00 €
3. Postentgeltpauschale, Nr. 7002 VV RVG	20,00 €
Zwischensumme	706,00 €
4. 16 % Umsatzsteuer, Nr. 7008 VV RVG	112,96 €
Gesamt	**818,96 €**

Beispiel (Erstinstanzliches Verfahren vor dem FG mit vorangegangenem Einspruchsverfahren): Gegen den Mandanten ist ein Erbschaftssteuerbescheid über 4.000,00 € ergangen. Der Mandant beauftragt den Anwalt, gegen den Steuerbescheid Einspruch einzulegen und nachdem dieser zurückgewiesen worden ist, hiergegen Klage zu erheben. Es wird mündlich verhandelt. 17
Vorgerichtlich ist eine Geschäftsgebühr nach Nr. 2300 VV RVG angefallen. Diese ist nach Vorbem. 3 Abs. 4 Satz 1 VV RVG zur Hälfte anzurechnen.

I. Einspruchsverfahren

1. 1,5-Geschäftsgebühr, Nr. 2300 VV RVG (Wert: 4.000,00 €)	367,50 €
2. Postentgeltpauschale, Nr. 7002 VV RVG (Wert: 4.000,00 €)	20,00 €
Zwischensumme	387,50 €
3. 16 % Umsatzsteuer, Nr. 7008 VV RVG	62,00 €
Gesamt	**449,50 €**

II. Rechtsstreit

1. 1,6-Verfahrensgebühr, Nr. 3200 VV RVG (Wert: 4.000,00 €)	392,00 €
2. 1,2-Terminsgebühr, Nr. 3202 VV RVG (Wert: 4.000,00 €)	294,00 €
3. Postentgeltpauschale, Nr. 7002 VV RVG	20,00 €
4. gem. Vorbem. 3 Abs. 4 VV RVG anzurechnen 0,75 aus 4.000,00 €	– 183,75 €
Zwischensumme	522,25 €
6. 16 % Umsatzsteuer, Nr. 7008 VV RVG	83,56 €
Gesamt	**605,81 €**

Beispiel (Erstinstanzliches Verfahren vor dem FG mit vorangegangener Steuererklärung und vorangegangenem Einspruchsverfahren): Der Anwalt fertigt für den Mandanten die Erbschaftssteuererklärung (Wert des Nachlasses: 150.000,00 €). Es ergeht ein Erbschaftssteuerbescheid über 4.000,00 €. Der Mandant beauftragt den Anwalt, gegen den Steuerbescheid Einspruch einzulegen und nachdem dieser zurückgewiesen worden ist, hiergegen Klage zu erheben. Es wird mündlich verhandelt. 18
Für die Abgabe der Steuererklärung gilt § 35 RVG iVm § 24 Nr. 12 StBGebV. Im Einspruchsverfahren fällt jetzt die Geschäftsgebühr nach Nr. 2301 VV RVG an. Diese ist nach Vorbem. 3 Abs. 4 Satz 1 VV RVG zur Hälfte anzurechnen.

I. Steuererklärung (Wert: 150.000,00 €)

1. 0,6-Gebühr, § 35 RVG iVm § 24 Nr. 12 StBGebV	951,00 €
2. Postentgeltpauschale, Nr. 7002 VV RVG	20,00 €
Zwischensumme	971,00 €
3. 16 % Umsatzsteuer, Nr. 7008 VV RVG	155,36 €
Gesamt	**1.126,36 €**

II. Einspruchsverfahren (Wert: 4.000,00 €)

1. 0,9-Geschäftsgebühr, Nr. 2301 VV RVG	220,50 €
2. Postentgeltpauschale, Nr. 7002 VV RVG	20,00 €
Zwischensumme	240,50 €
3. 16 % Umsatzsteuer, Nr. 7008 VV RVG	38,48 €
Gesamt	**278,98 €**

III. Rechtsstreit (Wert: 4.000,00 €)

1. 1,6-Verfahrensgebühr, Nr. 3200 VV RVG	392,00 €

§ 45 RVG | Vergütungsanspruch des beigeordneten oder bestellten Rechtsanwalts

    2. 1,2-Terminsgebühr, Nr. 3202 VV RVG   294,00 €
    3. Postentgeltpauschale, Nr. 7002 VV RVG   20,00 €
    4. gem. Vorbem. 3 Abs. 4 VV RVG anzurechnen
        0,45 aus 4.000,00 € – 110,25 €
        Zwischensumme   595,75 €
    6. 16 % Umsatzsteuer, Nr. 7008 VV RVG   95,32 €
    Gesamt   **691,07 €**

19 **Beispiel (Anfechtungsklage und Antrag auf Aussetzung der Vollziehung):** Der Anwalt erhebt auftragsgemäß Anfechtungsklage gegen einen Erbschaftssteuerbescheid in Höhe von 8.000,00 € und beantragt nach § 69 Abs. 3 FGO beim FG zugleich die Aussetzung der Vollziehung.
Es liegen nach § 17 Nr. 4c) RVG zwei Angelegenheiten vor. Die Gebühren nach Nrn. 3200 ff VV RVG entstehen zwei Mal. Im Verfahren auf Aussetzung ist in der Regel 10 % des Hauptsachewertes anzusetzen (*Hartmann* § 52 GKG Anh. II Rn 3).
I. Anfechtungsklage
    1. 1,6-Verfahrensgebühr, Nr. 3200 VV RVG (Wert: 8.000,00 €)   535,60 €
    2. 1,2-Terminsgebühr, Nr. 3202 VV RVG (Wert: 8.000,00 €)   494,40 €
    3. Postentgeltpauschale, Nr. 7002 VV RVG   20,00 €
        Zwischensumme   1.050,00 €
    4. 16 % Umsatzsteuer, Nr. 7008 VV RVG   168,00 €
    Gesamt   **1.218,00 €**
II. Verfahren auf Aussetzung der Vollziehung
    1. 1,6-Verfahrensgebühr, Nr. 3200 VV RVG (Wert: 800,00 €)   104,00 €
    2. Postentgeltpauschale, Nr. 7002 VV RVG   20,00 €
        Zwischensumme   124,00 €
    3. 16 % Umsatzsteuer, Nr. 7008 VV RVG   19,84 €
    Gesamt   **143,84 €**

Abschnitt 8: Beigeordneter oder bestellter Rechtsanwalt, Beratungshilfe

§ 44 Vergütungsanspruch bei Beratungshilfe

Für die Tätigkeit im Rahmen der Beratungshilfe erhält der Rechtsanwalt eine Vergütung nach diesem Gesetz aus der Landeskasse, soweit nicht für die Tätigkeit in Beratungsstellen nach § 3 Abs. 1 des Beratungshilfegesetzes besondere Vereinbarungen getroffen sind. 2Die Beratungshilfegebühr (Nummer 2600 des Vergütungsverzeichnisses) schuldet nur der Rechtsuchende.

§ 45 Vergütungsanspruch des beigeordneten oder bestellten Rechtsanwalts

(1) Der im Wege der Prozesskostenhilfe beigeordnete oder nach § 57 oder § 58 der Zivilprozessordnung zum Prozesspfleger bestellte Rechtsanwalt erhält, soweit in diesem Abschnitt nichts anderes bestimmt ist, die gesetzliche Vergütung in Verfahren vor Gerichten des Bundes aus der Bundeskasse, in Verfahren vor Gerichten eines Landes aus der Landeskasse.

(2) Der Rechtsanwalt, der nach § 625 der Zivilprozessordnung beigeordnet oder nach § 67a Abs. 1 Satz 2 der Verwaltungsgerichtsordnung bestellt ist, kann eine Vergütung

aus der Landeskasse verlangen, wenn der zur Zahlung Verpflichtete (§ 39 oder § 40) mit der Zahlung der Vergütung im Verzug ist.

(3) Ist der Rechtsanwalt sonst gerichtlich bestellt oder beigeordnet worden, erhält er die Vergütung aus der Landeskasse, wenn ein Gericht des Landes den Rechtsanwalt bestellt oder beigeordnet hat, im Übrigen aus der Bundeskasse. Hat zuerst ein Gericht des Bundes und sodann ein Gericht des Landes den Rechtsanwalt bestellt oder beigeordnet, zahlt die Bundeskasse die Vergütung, die der Rechtsanwalt während der Dauer der Bestellung oder Beiordnung durch das Gericht des Bundes verdient hat, die Landeskasse die dem Rechtsanwalt darüber hinaus zustehende Vergütung. Dies gilt entsprechend, wenn zuerst ein Gericht des Landes und sodann ein Gericht des Bundes den Rechtsanwalt bestellt oder beigeordnet hat.

(4) Wenn der Verteidiger von der Stellung eines Wiederaufnahmeantrags abrät, hat er einen Anspruch gegen die Staatskasse nur dann, wenn er nach § 364b Abs. 1 Satz 1 der Strafprozessordnung bestellt worden ist oder das Gericht die Feststellung nach § 364b Abs. 1 Satz 2 der Strafprozessordnung getroffen hat. Dies gilt auch im gerichtlichen Bußgeldverfahren (§ 85 Abs. 1 des Gesetzes über Ordnungswidrigkeiten).

(5) Absatz 3 ist im Bußgeldverfahren vor der Verwaltungsbehörde entsprechend anzuwenden. An die Stelle des Gerichts tritt die Verwaltungsbehörde.

§ 46 Auslagen und Aufwendungen

(1) Auslagen, insbesondere Reisekosten, werden nicht vergütet, wenn sie zur sachgemäßen Durchführung der Angelegenheit nicht erforderlich waren.

(2) Wenn das Gericht des Rechtszugs auf Antrag des Rechtsanwalts vor Antritt der Reise feststellt, dass eine Reise erforderlich ist, ist diese Feststellung für das Festsetzungsverfahren (§ 55) bindend. Im Bußgeldverfahren vor der Verwaltungsbehörde tritt an die Stelle des Gerichts die Verwaltungsbehörde. Für Aufwendungen (§ 670 des Bürgerlichen Gesetzbuchs) gelten Absatz 1 und die Sätze 1 und 2 entsprechend; die Höhe zu ersetzender Kosten für die Zuziehung eines Dolmetschers oder Übersetzers ist auf die nach dem Justizvergütungs- und -entschädigungsgesetz zu zahlenden Beträge beschränkt.

(3) Auslagen, die durch Nachforschungen zur Vorbereitung eines Wiederaufnahmeverfahrens entstehen, für das die Vorschriften der Strafprozessordnung gelten, werden nur vergütet, wenn der Rechtsanwalt nach § 364b Abs. 1 Satz 1 der Strafprozessordnung bestellt worden ist oder wenn das Gericht die Feststellung nach § 364b Abs. 1 Satz 2 der Strafprozessordnung getroffen hat. Dies gilt auch im gerichtlichen Bußgeldverfahren (§ 85 Abs. 1 des Gesetzes über Ordnungswidrigkeiten).

§ 47 Vorschuss

(1) Wenn dem Rechtsanwalt wegen seiner Vergütung ein Anspruch gegen die Staatskasse zusteht, kann er für die entstandenen Gebühren und die entstandenen und voraussichtlich entstehenden Auslagen aus der Staatskasse einen angemessenen Vorschuss fordern. Der Rechtsanwalt, der nach § 625 der Zivilprozessordnung beigeordnet oder nach § 67a Abs. 1 Satz 2 der Verwaltungsgerichtsordnung bestellt ist, kann einen Vorschuss nur verlangen, wenn der zur Zahlung Verpflichtete (§ 39 oder § 40) mit der Zahlung des Vorschusses im Verzug ist.

(2) Bei Beratungshilfe kann der Rechtsanwalt keinen Vorschuss fordern.

§ 48 Umfang des Anspruchs und der Beiordnung

(1) Der Vergütungsanspruch bestimmt sich nach den Beschlüssen, durch die die Prozesskostenhilfe bewilligt und der Rechtsanwalt beigeordnet oder bestellt worden ist.

(2) In Angelegenheiten, in denen sich die Gebühren nach Teil 3 des Vergütungsverzeichnisses bestimmen und die Beiordnung eine Berufung oder Revision betrifft, wird eine Vergütung aus der Staatskasse auch für die Rechtsverteidigung gegen eine Anschlussberufung oder eine Anschlussrevision und, wenn der Rechtsanwalt für die Erwirkung eines Arrests, einer einstweiligen Verfügung, einer einstweiligen oder vorläufigen Anordnung beigeordnet ist, auch für deren Vollziehung oder Vollstreckung gewährt. Dies gilt nicht, wenn der Beiordnungsbeschluss ausdrücklich etwas anderes bestimmt.

(3) Die Beiordnung in einer Ehesache erstreckt sich auf den Abschluss eines Vertrags im Sinne der Nummer 1000 des Vergütungsverzeichnisses, der den gegenseitigen Unterhalt der Ehegatten, den Unterhalt gegenüber den Kindern im Verhältnis der Ehegatten zueinander, die Sorge für die Person der gemeinschaftlichen minderjährigen Kinder, die Regelung des Umgangs mit einem Kind, die Rechtsverhältnisse an der Ehewohnung und dem Hausrat und die Ansprüche aus dem ehelichen Güterrecht betrifft. Satz 1 gilt im Fall der Beiordnung in Lebenspartnerschaftssachen nach § 661 Abs. 1 Nr. 1 bis 3 der Zivilprozessordnung entsprechend.

(4) In anderen Angelegenheiten, die mit dem Hauptverfahren nur zusammenhängen, erhält der für das Hauptverfahren beigeordnete Rechtsanwalt eine Vergütung aus der Staatskasse nur dann, wenn er ausdrücklich auch hierfür beigeordnet ist. Dies gilt insbesondere für

1. die Zwangsvollstreckung und den Verwaltungszwang;
2. das Verfahren über den Arrest, die einstweilige Verfügung und die einstweilige sowie die vorläufige Anordnung;
3. das selbstständige Beweisverfahren;
4. das Verfahren über die Widerklage, ausgenommen die Rechtsverteidigung gegen die Widerklage in Ehesachen und in Verfahren über Lebenspartnerschaftssachen nach § 661 Abs. 1 Nr. 1 bis 3 der Zivilprozessordnung.

(5) Wird der Rechtsanwalt in Angelegenheiten nach den Teilen 4 bis 6 des Vergütungsverzeichnisses im ersten Rechtszug bestellt oder beigeordnet, erhält er die Vergütung auch für seine Tätigkeit vor dem Zeitpunkt seiner Bestellung, in Strafsachen einschließlich seiner Tätigkeit vor Erhebung der öffentlichen Klage und in Bußgeldsachen einschließlich der Tätigkeit vor der Verwaltungsbehörde. Wird der Rechtsanwalt in einem späteren Rechtszug beigeordnet, erhält er seine Vergütung in diesem Rechtszug auch für seine Tätigkeit vor dem Zeitpunkt seiner Bestellung. Werden Verfahren verbunden, kann das Gericht die Wirkungen des Satzes 1 auch auf diejenigen Verfahren erstrecken, in denen vor der Verbindung keine Beiordnung oder Bestellung erfolgt war.

§ 49 Wertgebühren aus der Staatskasse

Bestimmen sich die Gebühren nach dem Gegenstandswert, werden bei einem Gegenstandswert von mehr als 3.000 Euro anstelle der Gebühr nach § 13 Abs. 1 folgende Gebühren vergütet:

Gegenstandswert bis ... Euro   Gebühr ... Euro

	Gegenstandswert bis ... Euro	Gebühr ... Euro
	3500	195
	4000	204
	4500	212
	5000	219
	6000	225
	7000	230
	8000	234
	9000	238
	10000	242
	13000	246
	16000	257
	19000	272
	22000	293
	25000	318
	30000	354
über	30000	391

§ 50 Weitere Vergütung bei Prozesskostenhilfe

(1) Nach Deckung der in § 122 Abs. 1 Nr. 1 der Zivilprozessordnung bezeichneten Kosten und Ansprüche hat die Staatskasse über die Gebühren des § 49 hinaus weitere Beträge bis zur Höhe der Gebühren nach § 13 einzuziehen, wenn dies nach den Vorschriften der Zivilprozessordnung und nach den Bestimmungen, die das Gericht getroffen hat, zulässig ist. Die weitere Vergütung ist festzusetzen, wenn das Verfahren durch rechtskräftige Entscheidung oder in sonstiger Weise beendet ist und die von der Partei zu zahlenden Beträge beglichen sind oder wegen dieser Beträge eine Zwangsvollstreckung in das bewegliche Vermögen der Partei erfolglos geblieben ist oder aussichtslos erscheint.

(2) Der beigeordnete Rechtsanwalt soll eine Berechnung seiner Regelvergütung unverzüglich zu den Prozessakten mitteilen.

(3) Waren mehrere Rechtsanwälte beigeordnet, bemessen sich die auf die einzelnen Rechtsanwälte entfallenden Beträge nach dem Verhältnis der jeweiligen Unterschiedsbeträge zwischen den Gebühren nach § 49 und den Regelgebühren; dabei sind Zahlungen, die nach § 58 auf den Unterschiedsbetrag anzurechnen sind, von diesem abzuziehen.

§ 55 Festsetzung der aus der Staatskasse zu zahlenden Vergütungen und Vorschüsse

(1) Die aus der Staatskasse zu gewährende Vergütung und der Vorschuss hierauf werden auf Antrag des Rechtsanwalts von dem Urkundsbeamten der Geschäftsstelle des Gerichts des ersten Rechtszugs festgesetzt. Ist das Verfahren nicht gerichtlich

anhängig geworden, erfolgt die Festsetzung durch den Urkundsbeamten der Geschäftsstelle des Gerichts, das den Verteidiger bestellt hat.

(2) In Angelegenheiten, in denen sich die Gebühren nach Teil 3 des Vergütungsverzeichnisses bestimmen, erfolgt die Festsetzung durch den Urkundsbeamten des Gerichts des Rechtszugs, solange das Verfahren nicht durch rechtskräftige Entscheidung oder in sonstiger Weise beendet ist.

(3) Im Fall der Beiordnung einer Kontaktperson (§ 34a des Einführungsgesetzes zum Gerichtsverfassungsgesetz) erfolgt die Festsetzung durch den Urkundsbeamten der Geschäftsstelle des Landgerichts, in dessen Bezirk die Justizvollzugsanstalt liegt.

(4) Im Fall der Beratungshilfe wird die Vergütung von dem Urkundsbeamten der Geschäftsstelle des in § 4 Abs. 1 des Beratungshilfegesetzes bestimmten Gerichts festgesetzt.

(5) § 104 Abs. 2 der Zivilprozessordnung gilt entsprechend. Der Antrag hat die Erklärung zu enthalten, ob und welche Zahlungen der Rechtsanwalt bis zum Tag der Antragstellung erhalten hat; Zahlungen, die er nach diesem Zeitpunkt erhalten hat, hat er unverzüglich anzuzeigen.

(6) Der Urkundsbeamte kann vor einer Festsetzung der weiteren Vergütung (§ 50) den Rechtsanwalt auffordern, innerhalb einer Frist von einem Monat bei der Geschäftsstelle des Gerichts, dem der Urkundsbeamte angehört, Anträge auf Festsetzung der Vergütungen, für die ihm noch Ansprüche gegen die Staatskasse zustehen, einzureichen oder sich zu den empfangenen Zahlungen (Absatz 5 Satz 2) zu erklären. Kommt der Rechtsanwalt der Aufforderung nicht nach, erlöschen seine Ansprüche gegen die Staatskasse.

(7) Die Absätze 1 und 5 gelten im Bußgeldverfahren vor der Verwaltungsbehörde entsprechend. An die Stelle des Urkundsbeamten der Geschäftsstelle tritt die Verwaltungsbehörde.

§ 56 Erinnerung und Beschwerde

(1) Über Erinnerungen des Rechtsanwalts und der Staatskasse gegen die Festsetzung nach § 55 entscheidet das Gericht des Rechtszugs, bei dem die Festsetzung erfolgt ist, durch Beschluss. Im Fall des § 55 Abs. 3 entscheidet die Strafkammer des Landgerichts. Im Fall der Beratungshilfe entscheidet das nach § 4 Abs. 1 des Beratungshilfegesetzes zuständige Gericht.

(2) Im Verfahren über die Erinnerung gilt § 33 Abs. 4 Satz 1, Abs. 7 und 8 und im Verfahren über die Beschwerde gegen die Entscheidung über die Erinnerung § 33 Abs. 3 bis 8 entsprechend. Das Verfahren über die Erinnerung und über die Beschwerde ist gebührenfrei. Kosten werden nicht erstattet.

§ 58 Anrechnung von Vorschüssen und Zahlungen

(1) Zahlungen, die der Rechtsanwalt nach § 9 des Beratungshilfegesetzes erhalten hat, werden auf die aus der Landeskasse zu zahlende Vergütung angerechnet.

(2) In Angelegenheiten, in denen sich die Gebühren nach Teil 3 des Vergütungsverzeichnisses bestimmen, sind Vorschüsse und Zahlungen, die der Rechtsanwalt vor oder nach der Beiordnung erhalten hat, zunächst auf die Vergütungen anzurechnen, für die ein Anspruch gegen die Staatskasse nicht oder nur unter den Voraussetzungen des § 50 besteht.

(3) In Angelegenheiten, in denen sich die Gebühren nach den Teilen 4 bis 6 des Vergütungsverzeichnisses bestimmen, sind Vorschüsse und Zahlungen, die der Rechtsanwalt vor oder nach der gerichtlichen Bestellung oder Beiordnung für seine Tätigkeit für bestimmte Verfahrensabschnitte erhalten hat, auf die von der Staatskasse für diese Verfahrensabschnitte zu zahlenden Gebühren anzurechnen. Hat der Rechtsanwalt Zahlungen empfangen, nachdem er Gebühren aus der Staatskasse erhalten hat, ist er zur Rückzahlung an die Staatskasse verpflichtet. Die Anrechnung oder Rückzahlung erfolgt nur, soweit der Rechtsanwalt durch die Zahlungen insgesamt mehr als den doppelten Betrag der ihm ohne Berücksichtigung des § 51 aus der Staatskasse zustehenden Gebühren erhalten würde.

§ 59 Übergang von Ansprüchen auf die Staatskasse

(1) Soweit dem im Wege der Prozesskostenhilfe oder nach § 625 der Zivilprozessordnung beigeordneten oder nach § 67a Abs. 1 Satz 2 der Verwaltungsgerichtsordnung bestellten Rechtsanwalt wegen seiner Vergütung ein Anspruch gegen die Partei oder einen ersatzpflichtigen Gegner zusteht, geht der Anspruch mit der Befriedigung des Rechtsanwalts durch die Staatskasse auf diese über. Der Übergang kann nicht zum Nachteil des Rechtsanwalts geltend gemacht werden.

(2) Für die Geltendmachung des Anspruchs gelten die Vorschriften über die Einziehung der Kosten des gerichtlichen Verfahrens entsprechend. Ansprüche der Staatskasse werden bei dem Gericht des ersten Rechtszugs angesetzt. Ist das Gericht des ersten Rechtszugs ein Gericht des Landes und ist der Anspruch auf die Bundeskasse übergegangen, wird er insoweit bei dem jeweiligen obersten Gerichtshof des Bundes angesetzt. Für die Entscheidung über eine gegen den Ansatz gerichtete Erinnerung und über die Beschwerde gilt § 66 des Gerichtskostengesetzes entsprechend.

(3) Absatz 1 gilt entsprechend bei Beratungshilfe.

Ist der Anwalt im Rahmen der Beratungshilfe oder Prozesskostenhilfe beigeordnet worden, so gelten in erbrechtlichen Angelegenheiten grundsätzlich keine Besonderheiten. 1

Der **Vergütungsanspruch** des Anwalts richtet sich nach Abschnitt 8 des RVG (§ 45 RVG). 2

Der Anwalt erhält neben der Vergütung Ersatz seiner **Auslagen**, soweit sie notwendig waren. 3

Er ist berechtigt, einen **Vorschuss** zu verlangen (§ 47 RVG). 4

An Stelle der **Gebührenbeträge** des § 13 RVG erhält der Anwalt die verminderten Gebührenbeträge des § 49 RVG. Bis zu einem Streitwert von 3.000,00 € sind die Gebührenbeträge identisch. Ab einem Streitwert von über 3.000,00 € sind geringere Beträge vorgesehen. Bei Gegenstandswerten von über 35.000,00 € werden die Gebührenbeträge des § 49 RVG nicht mehr erhöht. 5

Auch wenn § 49 RVG ab einem Gegenstandswert von über 35.000,00 € keine höheren Gebührenbeträge mehr vorsieht, kann sich für den Anwalt insoweit noch ein zusätzlicher Betrag ergeben: 6

Soweit eine Wertaddition wegen der Begrenzung der Gebührentabelle nach § 49 RVG nicht mehr in Betracht kommt, ist Nr. 1008 VV RVG analog anzuwenden (OLG Hamm AGS 2004, 200 m Anm. *N. Schneider*). 7

Beispiel: Der Anwalt ist von zwei Auftraggebern beauftragt worden, jeweils Pflichtteilsansprüche iHv 30.000 € geltend zu machen. Beiden Auftraggebern wird PKH bewilligt und der Anwalt beigeordnet. 8
Jeder Pflichtteilsanspruch ist ein eigener Gegenstand. Der Gegenstandswert beläuft sich somit auf 60.000 € (§ 23 Abs. 1 Satz 1 RVG iVm § 39 Abs. 1 GKG).

§ 60 RVG | Übergangsvorschrift

Infolge der faktischen Begrenzung der Gebührentabelle nach § 49 RVG auf die vergleichbare Gebührenstufe des § 13 RVG von »bis 35.000 €« wird der darüber hinausgehende Wert nicht mehr berücksichtigt. Insoweit ist also Nr. 1008 VV RVG anzuwenden.
Vorzugehen ist dabei wie folgt:
Die Gebührentabelle des § 49 RVG reicht nur bis zur vergleichbaren Wertstufe des § 13 RVG von »bis zu 35.000 €«. Dies bedeutet, dass die weiteren (60.000 € – 35.000 € =) 25.000 € streitwertmäßig von der Tabelle des § 49 RVG nicht mehr erfasst werden. Daher erhält der Anwalt aus diesem Gegenstandswert analog Nr. 1008 VV RVG eine um 0,3 erhöhte 1,6 Verfahrensgebühr. Aus dem restlichen Wert (35.000 € – 25.000 € = 10.000 €) entsteht nur die einfache 1,3 Verfahrensgebühr.
Entsprechend § 15 Abs. 3 RVG ist allerdings die Höhe der Gebühr zu begrenzen auf eine um 0,3 erhöhte Verfahrensgebühr aus dem Gesamtwert, also aus dem Höchstbetrag des § 49 RVG.
Zu rechnen ist also nach den Beträgen des § 49 RVG wie folgt:

1. 1,6-Verfahrensgebühr, Nrn. 3100, 1008 VV RVG (Wert: 25.000 €)   508,80 €
2. 1,3-Verfahrensgebühr, Nr. 3100 VV RVG (Wert: 10.000 €)   314,60 €
    gemäß § 15 Abs. 3 RVG nicht mehr als eine 1,6-Verfahrensgebühr
    (Wert: über 30.0000 €)   625,60 €
3. 1,2-Terminsgebühr, Nr. 3104 VV RVG (Wert: 60.000 €)   469,20 €
4. Postentgeltpauschale, Nr. 7002 VV RVG   20,00 €
    Zwischensumme   1.114,80 €
5. 16 % Umsatzsteuer, Nr. 7008 VV RVG   178,37 €
Summe: **1.293,17 €**

9 Soweit der Partei Prozesskostenhilfe gegen Ratenzahlung bewilligt worden ist, kann der Anwalt nach § 50 RVG seine **weitere Vergütung** gegen die Staatskasse festsetzen lassen, die dann auch insoweit Raten einzieht und soweit sich ein Überschuss ergibt, diese an den Anwalt auszahlt.

10 Das **Festsetzungsverfahren** richtet sich nach § 55 RVG.

11 Gegen die Entscheidung der Staatskasse im Festsetzungsverfahren ist die Erinnerung gegeben und, soweit der Beschwerdewert 200,00 € übersteigt, die Beschwerde. Möglich ist auch eine weitere Beschwerde. Eine Rechtsbeschwerde ist ausgeschlossen.

12 **Vorschüsse und Zahlungen**, insbesondere auch eine vorgerichtlich empfangene Geschäftsgebühr, sind nach § 58 RVG auf die Zahlungen der Staatskasse **anzurechnen**, wobei allerdings zunächst auf die nicht gedeckte Wahlanwaltsvergütung angerechnet wird (§ 58 Abs. 2 RVG).

13 Den **Anspruchsübergang** eventueller Kostenerstattungsansprüche auf die Staatskasse regelt § 59 RVG.

Abschnitt 9: Übergangs- und Schlussvorschriften

§ 60 Übergangsvorschrift

(1) Die Vergütung ist nach bisherigem Recht zu berechnen, wenn der unbedingte Auftrag zur Erledigung derselben Angelegenheit im Sinne des § 15 vor dem Inkrafttreten einer Gesetzesänderung erteilt oder der Rechtsanwalt vor diesem Zeitpunkt gerichtlich bestellt oder beigeordnet worden ist. Ist der Rechtsanwalt im Zeitpunkt des Inkrafttretens einer Gesetzesänderung in derselben Angelegenheit und, wenn ein gerichtliches Verfahren anhängig ist, in demselben Rechtszug bereits tätig, ist die Vergütung für das Verfahren über ein Rechtsmittel, das nach diesem Zeitpunkt eingelegt worden ist, nach neuem Recht zu berechnen. Die Sätze 1 und 2 gelten auch, wenn Vorschriften geändert werden, auf die dieses Gesetz verweist.

(2) Sind Gebühren nach dem zusammengerechneten Wert mehrerer Gegenstände zu bemessen, gilt für die gesamte Vergütung das bisherige Recht auch dann, wenn dies nach Absatz 1 nur für einen der Gegenstände gelten würde.

§ 61 Übergangsvorschrift aus Anlass des Inkrafttretens dieses Gesetzes

(1) Die Bundesgebührenordnung für Rechtsanwälte in der im Bundesgesetzblatt Teil III, Gliederungsnummer 368-1, veröffentlichten bereinigten Fassung, zuletzt geändert durch Artikel 2 Abs. 6 des Gesetzes vom 12. März 2004 (BGBl. I S 390), und Verweisungen hierauf sind weiter anzuwenden, wenn der unbedingte Auftrag zur Erledigung derselben Angelegenheit im Sinne des § 15 vor dem 1. Juli 2004 erteilt oder der Rechtsanwalt vor diesem Zeitpunkt gerichtlich bestellt oder beigeordnet worden ist. Ist der Rechtsanwalt am 1. Juli 2004 in derselben Angelegenheit und, wenn ein gerichtliches Verfahren anhängig ist, in demselben Rechtszug bereits tätig, gilt für das Verfahren über ein Rechtsmittel, das nach diesem Zeitpunkt eingelegt worden ist, dieses Gesetz. § 60 Abs. 2 ist entsprechend anzuwenden.

(2) Auf die Vereinbarung der Vergütung sind die Vorschriften dieses Gesetzes auch dann anzuwenden, wenn nach Absatz 1 die Vorschriften der Bundesgebührenordnung für Rechtsanwälte weiterhin anzuwenden und die Willenserklärungen beider Parteien nach dem 1. Juli 2004 abgegeben worden sind.

Die Vorschriften des Übergangsrechts finden sich in § 60 und § 61 RVG. 1

A. Übergangsrecht BRAGO/RVG

Die Vorschrift des § 61 RVG regelt die Frage, inwieweit noch die BRAGO und inwieweit das RVG anzuwenden ist. § 60 RVG wiederum regelt die Frage, wie nach Änderungen des RVG zu verfahren ist.
In beiden Fällen gilt der Zeitpunkt der Auftragserteilung. 2
Für die Frage, ob die **BRAGO** gilt **oder** das **RVG**, ist nach § 61 RVG zu prüfen: 3

- War der Auftrag vor dem 1. 7. 2004 erteilt worden, ist nach der BRAGO abzurechnen. Die Dauer des Mandats ist unerheblich.
- War der Auftrag zur Angelegenheit dagegen nach dem 30. 6. 2004 erteilt worden, richtet sich die Vergütung nach RVG.

Beispiel: Der Anwalt hatte den Auftrag zu außergerichtlicher Vertretung im Mai 2004 erhalten und den Auftrag zur Klageerhebung im Januar 2005.
Die außergerichtliche Vertretung richtet sich nach der BRAGO; die Vertretung im Rechtsstreit dagegen nach dem RVG. Die Geschäftsgebühr ist anzurechnen, da auch insoweit die BRAGO gilt (AG Freiburg JurBüro 2005, 82; OLG München AGS 2005, 344 m Anm *N. Schneider*; LG Bonn AGS 2006, 28 m Anm *Renner*).

B. Übergangsrecht RVG/RVG

Die Vorschrift des § 60 RVG dagegen regelt die Frage, wie bei **Änderungen des RVG** zu verfahren ist. Besondere Bedeutung hat diese Vorschrift also zum 1. 7. 2006 erhalten, nämlich für die Frage der Abrechnung von Beratungen und Begutachtungen. Ist der Beratungs- oder Begutachtungsauftrag vor dem 1. 7. 2006 erteilt worden, gilt nach § 60 Abs. 1 RVG noch Nrn. 2100 ff VV RVG aF. Ist der Auftrag dagegen nach dem 30. 6. 2004 erteilt worden, ist Nrn. 2100 ff VV RVG aF nicht anwendbar. Es gilt § 34 Abs. 1 RVG.

Anlage 1
(zu § 2 Abs. 2)

Vergütungsverzeichnis
Teil 1 Allgemeine Gebühren

Nr.	Gebührentatbestand	Gebühr oder Satz der Gebühr nach § 13 RVG
Vorbemerkung 1: Die Gebühren dieses Teils entstehen neben den in anderen Teilen bestimmten Gebühren.		
1000	Einigungsgebühr ...	1,5
	(1) Die Gebühr entsteht für die Mitwirkung beim Abschluss eines Vertrags, durch den der Streit oder die Ungewissheit der Parteien über ein Rechtsverhältnis beseitigt wird, es sei denn, der Vertrag beschränkt sich ausschließlich auf ein Anerkenntnis oder einen Verzicht. Dies gilt auch für die Mitwirkung bei einer Einigung der Parteien in einem der in § 36 RVG bezeichneten Güteverfahren. Im Privatklageverfahren ist Nummer 4147 anzuwenden. (2) Die Gebühr entsteht auch für die Mitwirkung bei Vertragsverhandlungen, es sei denn, dass diese für den Abschluss des Vertrags im Sinne des Absatzes 1 nicht ursächlich war. (3) Für die Mitwirkung bei einem unter einer aufschiebenden Bedingung oder unter dem Vorbehalt des Widerrufs geschlossenen Vertrag entsteht die Gebühr, wenn die Bedingung eingetreten ist oder der Vertrag nicht mehr widerrufen werden kann. (4) Soweit über die Ansprüche vertraglich verfügt werden kann, gelten die Absätze 1 und 2 auch bei Rechtsverhältnissen des öffentlichen Rechts. (5) Die Gebühr entsteht nicht in Ehesachen (§ 606 Abs. 1 Satz 1 ZPO) und in Lebenspartnerschaftssachen (§ 661 Abs. 1 Nr. 1 bis 3 ZPO). Wird ein Vertrag, insbesondere über den Unterhalt, im Hinblick auf die in Satz 1 genannten Verfahren geschlossen, bleibt der Wert dieser Verfahren bei der Berechnung der Gebühr außer Betracht.	
1002	Erledigungsgebühr, soweit nicht Nummer 1005 gilt ...	1,5
	Die Gebühr entsteht, wenn sich eine Rechtssache ganz oder teilweise nach Aufhebung oder Änderung des mit einem Rechtsbehelf angefochtenen Verwaltungsakts durch die anwaltliche Mitwirkung erledigt. Das Gleiche gilt, wenn sich eine Rechtssache ganz oder teilweise durch Erlass eines bisher abgelehnten Verwaltungsakts erledigt.	

1003	Über den Gegenstand ist ein anderes gerichtliches Verfahren als ein selbstständiges Beweisverfahren anhängig: Die Gebühren 1000 bis 1002 betragen... Dies gilt auch, wenn ein Verfahren über die Prozesskostenhilfe anhängig ist, soweit nicht lediglich Prozesskostenhilfe für die gerichtliche Protokollierung des Vergleichs beantragt wird oder sich die Beiordnung auf den Abschluss eines Vertrags im Sinne der Nummer 1000 erstreckt (§ 48 Abs. 3 RVG).	1,0
1004	Über den Gegenstand ist ein Berufungs- oder Revisionsverfahren anhängig: Die Gebühren 1000 bis 1002 betragen...	1,3
1008	Auftraggeber sind in derselben Angelegenheit mehrere Personen: Die Verfahrens- oder Geschäftsgebühr erhöht sich für jede weitere Person um... (1) Dies gilt bei Wertgebühren nur, soweit der Gegenstand der anwaltlichen Tätigkeit derselbe ist. (2) Die Erhöhung wird nach dem Betrag berechnet, an dem die Personen gemeinschaftlich beteiligt sind. (3) Mehrere Erhöhungen dürfen einen Gebührensatz von 2,0 nicht übersteigen; bei Festgebühren dürfen die Erhöhungen das Doppelte der Festgebühr und bei Betragsrahmengebühren das Doppelte des Mindest- und Höchstbetrags nicht übersteigen.	0,3 oder 30 % bei Festgebühren, bei Betragsrahmengebühren erhöhen sich der Mindest- und Höchstbetrag um 30 %
1009	Hebegebühr... 1. bis einschließlich 2.500,- EUR	1,0 %
	2. von dem Mehrbetrag bis einschließlich 10.000,- EUR...	0,5 %
	3. von dem Mehrbetrag über 10.000,- EUR. (1) Die Gebühr wird für die Auszahlung oder Rückzahlung von entgegengenommenen Geldbeträgen erhoben. (2) Unbare Zahlungen stehen baren Zahlungen gleich. Die Gebühr kann bei der Ablieferung an den Auftraggeber entnommen werden. (3) Ist das Geld in mehreren Beträgen gesondert ausgezahlt oder zurückgezahlt, wird die Gebühr von jedem Betrag besonders erhoben. (4) Für die Ablieferung oder Rücklieferung von Wertpapieren und Kostbarkeiten entsteht die in den Absätzen 1 bis 3 bestimmte Gebühr nach dem Wert. (5) Die Hebegebühr entsteht nicht, soweit Kosten an ein Gericht oder eine Behörde weitergeleitet oder eingezogene Kosten an den Auftraggeber abgeführt oder eingezogene Beträge auf die Vergütung verrechnet werden.	0,25 % des aus- oder zurückgezahlten Betrags – mindestens 1,- EUR

Teil 2

(Anlage 1 Teil 2 neue Fassung mit Wirkung vom 1. 7. 2006 durch Gesetz vom 5. 5. 2004 (BGBl. 2004 I S 718):

Teil 2 Außergerichtliche Tätigkeiten einschließlich der Vertretung im Verwaltungsverfahren

Nr.	Gebührentatbestand	Gebühr oder Satz der Gebühr nach § 13 RVG
Vorbemerkung 2: (1) Die Vorschriften dieses Teils sind nur anzuwenden, soweit nicht die §§ 34 bis 36 RVG etwas anderes bestimmen. (2) Für die Tätigkeit als Beistand für einen Zeugen oder Sachverständigen in einem Verwaltungsverfahren, für das sich die Gebühren nach diesem Teil bestimmen, entstehen die gleichen Gebühren wie für einen Bevollmächtigten in diesem Verfahren. Für die Tätigkeit als Beistand eines Zeugen oder Sachverständigen vor einem parlamentarischen Untersuchungsausschuss entstehen die gleichen Gebühren wie für die entsprechende Beistandsleistung in einem Strafverfahren des ersten Rechtszugs vor dem Oberlandesgericht. (3) Die Vorschriften dieses Teils mit Ausnahme der Gebühren nach den Nummern 2102, 2103, 2500 und 2501 gelten nicht für die in den Teilen 4 bis 6 geregelten Angelegenheiten.		
Abschnitt 1 **Prüfung der Erfolgsaussicht eines Rechtsmittels**		
2100	Gebühr für die Prüfung der Erfolgsaussicht eines Rechtsmittels, soweit in Nummer 2102 nichts anderes bestimmt ist... Die Gebühr ist auf eine Gebühr für das Rechtsmittelverfahren anzurechnen.	0,5 bis 1,0
2101	Die Prüfung der Erfolgsaussicht eines Rechtsmittels ist mit der Ausarbeitung eines schriftlichen Gutachtens verbunden: Die Gebühr 2100 beträgt...	1,3
Abschnitt 2 **Herstellung des Einvernehmens**		
2200	Geschäftsgebühr für die Herstellung des Einvernehmens nach § 28 EuRAG...	in Höhe der einem Bevollmächtigten oder Verteidiger zustehenden Verfahrensgebühr
2201	Das Einvernehmen wird nicht hergestellt: Die Gebühr 2200 beträgt...	0,1 bis 0,5 oder Mindestbetrag der einem Bevollmächtigten oder Verteidiger zustehenden Verfahrensgebühr

Abschnitt 3
Vertretung

Vorbemerkung 2.3:
(1) Im Verwaltungszwangsverfahren ist Teil 3 Abschnitt 3 Unterabschnitt 3 entsprechend anzuwenden.
(2) Dieser Abschnitt gilt nicht für die in Abschnitt 4 genannten Angelegenheiten.
(3) Die Geschäftsgebühr entsteht für das Betreiben des Geschäfts einschließlich der Information und für die Mitwirkung bei der Gestaltung eines Vertrags.

2300	Geschäftsgebühr... Eine Gebühr von mehr als 1,3 kann nur gefordert werden, wenn die Tätigkeit umfangreich oder schwierig war.	0,5 bis 2,5
2301	Es ist eine Tätigkeit im Verwaltungsverfahren vorausgegangen: Die Gebühr 2300 für das weitere, der Nachprüfung des Verwaltungsakts dienende Verwaltungsverfahren beträgt... (1) Bei der Bemessung der Gebühr ist nicht zu berücksichtigen, dass der Umfang der Tätigkeit infolge der Tätigkeit im Verwaltungsverfahren geringer ist. (2) Eine Gebühr von mehr als 0,7 kann nur gefordert werden, wenn die Tätigkeit umfangreich oder schwierig war.	0,5 bis 1,3
2302	Der Auftrag beschränkt sich auf ein Schreiben einfacher Art: Die Gebühr 2300 beträgt... Es handelt sich um ein Schreiben einfacher Art, wenn dieses weder schwierige rechtliche Ausführungen noch größere sachliche Auseinandersetzungen enthält.	0,3
2303	Geschäftsgebühr für 1. Güteverfahren vor einer durch die Landesjustizverwaltung eingerichteten oder anerkannten Gütestelle (§ 794 Abs. 1 Nr. 1 ZPO) oder, wenn die Parteien den Einigungsversuch einvernehmlich unternehmen, vor einer Gütestelle, die Streitbeilegung betreibt (§ 15a Abs. 3 EGZPO), 2. Verfahren vor einem Ausschuss der in § 111 Abs. 2 des Arbeitsgerichtsgesetzes bezeichneten Art, 3. Verfahren vor dem Seemannsamt zur vorläufigen Entscheidung von Arbeitssachen und 4. Verfahren vor sonstigen gesetzlich eingerichteten Einigungsstellen, Gütestellen oder Schiedsstellen... Soweit wegen desselben Gegenstands eine Geschäftsgebühr nach Nummer 2300 entstanden ist, wird die Hälfte dieser Gebühr nach dem Wert des Gegenstands, der in das Verfahren übergegangen ist, jedoch höchstens mit einem Gebührensatz von 0,75, angerechnet.	1,5

Abschnitt 5
Beratungshilfe

Vorbemerkung 2.5:
Im Rahmen der Beratungshilfe entstehen Gebühren ausschließlich nach diesem Abschnitt.

2500	Beratungshilfegebühr... Neben der Gebühr werden keine Auslagen erhoben. Die Gebühr kann erlassen werden.	10,- EUR
2501	Beratungsgebühr... (1) Die Gebühr entsteht für eine Beratung, wenn die Beratung nicht mit einer anderen gebührenpflichtigen Tätigkeit zusammenhängt. (2) Die Gebühr ist auf eine Gebühr für eine sonstige Tätigkeit anzurechnen, die mit der Beratung zusammenhängt.	30,- EUR
2502	Beratungstätigkeit mit dem Ziel einer außergerichtlichen Einigung mit den Gläubigern über die Schuldenbereinigung auf der Grundlage eines Plans (§ 305 Abs. 1 Nr. 1 InsO): Die Gebühr 2501 beträgt...	60,- EUR
2503	Geschäftsgebühr... (1) Die Gebühr entsteht für das Betreiben des Geschäfts einschließlich der Information oder die Mitwirkung bei der Gestaltung eines Vertrags. (2) Auf die Gebühren für ein anschließendes gerichtliches oder behördliches Verfahren ist diese Gebühr zur Hälfte anzurechnen. Auf die Gebühren für ein Verfahren auf Vollstreckbarerklärung eines Vergleichs nach den §§ 796a, 796b und 796c Abs. 2 Satz 2 ZPO ist die Gebühr zu einem Viertel anzurechnen.	70,- EUR
2504	Tätigkeit mit dem Ziel einer außergerichtlichen Einigung mit den Gläubigern über die Schuldenbereinigung auf der Grundlage eines Plans (§ 305 Abs. 1 Nr. 1 InsO): Die Gebühr 2503 beträgt bei bis zu 5 Gläubigern...	224,- EUR
2505	Es sind 6 bis 10 Gläubiger vorhanden: Die Gebühr 2503 beträgt...	336,- EUR
2506	Es sind 11 bis 15 Gläubiger vorhanden: Die Gebühr 2503 beträgt...	448,- EUR
2507	Es sind mehr als 15 Gläubiger vorhanden: Die Gebühr 2503 beträgt...	560,- EUR
2508	Einigungs- und Erledigungsgebühr... (1) Die Anmerkungen zu Nummern 1000 und 1002 sind anzuwenden. (2) Die Gebühr entsteht auch für die Mitwirkung bei einer außergerichtlichen Einigung mit den Gläubigern über die Schuldenbereinigung auf der Grundlage eines Plans (§ 305 Abs. 1 Nr. 1 InsO).	125,- EUR

Teil 3
Bürgerliche Rechtsstreitigkeiten, Verfahren der freiwilligen Gerichtsbarkeit, der öffentlich-rechtlichen Gerichtsbarkeiten, Verfahren nach dem Strafvollzugsgesetz und ähnliche Verfahren

Nr.	Gebührentatbestand	Gebühr oder Satz der Gebühr nach § 13 RVG
Vorbemerkung 3: (1) Für die Tätigkeit als Beistand für einen Zeugen oder Sachverständigen in einem Verfahren, für das sich Gebühren nach diesem Teil bestimmen, entstehen die gleichen Gebühren wie für einen Verfahrensbevollmächtigten in diesem Verfahren. (2) Die Verfahrensgebühr entsteht für das Betreiben des Geschäfts einschließlich der Information. (3) Die Terminsgebühr entsteht für die Vertretung in einem Verhandlungs-, Erörterungs- oder Beweisaufnahmetermin oder die Wahrnehmung eines von einem gerichtlich bestellten Sachverständigen anberaumten Termins oder die Mitwirkung an auf die Vermeidung oder Erledigung des Verfahrens gerichteten Besprechungen ohne Beteiligung des Gerichts; dies gilt nicht für Besprechungen mit dem Auftraggeber. (4) Soweit wegen desselben Gegenstands eine Geschäftsgebühr nach den Nummern 2300 bis 2303 entstanden ist, wird diese Gebühr zur Hälfte, jedoch höchstens mit einem Gebührensatz von 0,75, auf die Verfahrensgebühr des gerichtlichen Verfahrens angerechnet. Sind mehrere Gebühren entstanden, ist für die Anrechnung die zuletzt entstandene Gebühr maßgebend. Die Anrechnung erfolgt nach dem Wert des Gegenstands, der in das gerichtliche Verfahren übergegangen ist. (5) Soweit der Gegenstand eines selbstständigen Beweisverfahrens auch Gegenstand eines Rechtsstreits ist oder wird, wird die Verfahrensgebühr des selbstständigen Beweisverfahrens auf die Verfahrensgebühr des Rechtszugs angerechnet. (6) Soweit eine Sache an ein untergeordnetes Gericht zurückverwiesen wird, das mit der Sache bereits befasst war, ist die vor diesem Gericht bereits entstandene Verfahrensgebühr auf die Verfahrensgebühr für das erneute Verfahren anzurechnen. (7) Die Vorschriften dieses Teils sind nicht anzuwenden, soweit Teil 6 besondere Vorschriften enthält.		
Abschnitt 1 **Erster Rechtszug**		
Vorbemerkung 3.1: (1) Die Gebühren dieses Abschnitts entstehen in allen Verfahren, für die in den folgenden Abschnitten dieses Teils keine Gebühren bestimmt sind. (2) Dieser Abschnitt ist auch für das Rechtsbeschwerdeverfahren nach § 1065 ZPO anzuwenden.		
3100	Verfahrensgebühr, soweit in Nummer 3102 nichts anderes bestimmt ist... (1) Die Verfahrensgebühr für ein vereinfachtes Verfahren über den Unterhalt Minderjähriger wird auf die Verfahrensgebühr angerechnet, die in dem nachfolgenden Rechtsstreit entsteht (§§ 651 und 656 ZPO). (2) Die Verfahrensgebühr für einen Urkunden- oder Wechselprozess wird auf die Verfahrensgebühr für das ordentliche Verfahren angerechnet, wenn dieses nach Abstandnahme vom Urkunden- oder Wechselprozess oder nach einem Vorbehaltsurteil anhängig bleibt (§§ 596, 600 ZPO).	1,3

	(3) Die Verfahrensgebühr für ein Vermittlungsverfahren nach § 52a FGG wird auf die Verfahrensgebühr für ein sich anschließendes Verfahren angerechnet.	
3101	1. Endigt der Auftrag, bevor der Rechtsanwalt die Klage, den ein Verfahren einleitenden Antrag oder einen Schriftsatz, der Sachanträge, Sachvortrag, die Zurücknahme der Klage oder die Zurücknahme des Antrags enthält, eingereicht oder bevor er für seine Partei einen gerichtlichen Termin wahrgenommen hat, 2. soweit lediglich beantragt ist, eine Einigung der Parteien oder mit Dritten über in diesem Verfahren nicht rechtshängige Ansprüche zu Protokoll zu nehmen oder festzustellen (§ 278 Abs. 6 ZPO) oder soweit lediglich Verhandlungen vor Gericht zur Einigung über solche Ansprüche geführt werden oder 3. soweit in einem Verfahren der freiwilligen Gerichtsbarkeit lediglich ein Antrag gestellt und eine Entscheidung entgegengenommen wird, beträgt die Gebühr 3100... (1) Soweit in den Fällen der Nummer 2 der sich nach § 15 Abs. 3 RVG ergebende Gesamtbetrag der Verfahrensgebühren die Gebühr 3100 übersteigt, wird der übersteigende Betrag auf eine Verfahrensgebühr angerechnet, die wegen desselben Gegenstands in einer anderen Angelegenheit entsteht. (2) Nummer 3 ist in streitigen Verfahren der freiwilligen Gerichtsbarkeit, insbesondere in Familiensachen, in Verfahren nach § 43 des Wohnungseigentumsgesetzes und in Verfahren nach dem Gesetz über das gerichtliche Verfahren in Landwirtschaftssachen, nicht anzuwenden.	0,8
3104	Terminsgebühr, soweit in Nummer 3106 nichts anderes bestimmt ist... (1) Die Gebühr entsteht auch, wenn 1. in einem Verfahren, für das mündliche Verhandlung vorgeschrieben ist, im Einverständnis mit den Parteien oder gemäß § 307 oder § 495a ZPO ohne mündliche Verhandlung entschieden oder in einem solchen Verfahren ein schriftlicher Vergleich geschlossen wird, 2. nach § 84 Abs. 1 Satz 1, § 130a VwGO oder § 105 Abs. 1 SGG ohne mündliche Verhandlung durch Gerichtsbescheid entschieden wird oder 3. das Verfahren vor dem Sozialgericht nach angenommenem Anerkenntnis ohne mündliche Verhandlung endet.	1,2

	(2) Sind in dem Termin auch Verhandlungen zur Einigung über in diesem Verfahren nicht rechtshängige Ansprüche geführt worden, wird die Terminsgebühr, soweit sie den sich ohne Berücksichtigung der nicht rechtshängigen Ansprüche ergebenden Gebührenbetrag übersteigt, auf eine Terminsgebühr angerechnet, die wegen desselben Gegenstands in einer anderen Angelegenheit entsteht. (3) Die Gebühr entsteht nicht, soweit lediglich beantragt ist, eine Einigung der Parteien oder mit Dritten über nicht rechtshängige Ansprüche zu Protokoll zu nehmen.	
3105	Wahrnehmung nur eines Termins, in dem eine Partei nicht erschienen oder nicht ordnungsgemäß vertreten ist und lediglich ein Antrag auf Versäumnisurteil oder zur Prozess- oder Sachleitung gestellt wird: Die Gebühr 3104 beträgt... (1) Die Gebühr entsteht auch, wenn 1. das Gericht bei Säumnis lediglich Entscheidungen zur Prozess- oder Sachleitung von Amts wegen trifft oder 2. eine Entscheidung gemäß § 331 Abs. 3 ZPO ergeht. (2) Absatz 1 der Anmerkung zu Nummer 3104 gilt entsprechend. (3) § 333 ZPO ist nicht entsprechend anzuwenden.	0,5

Abschnitt 2
Berufung, Revision, bestimmte Beschwerden und Verfahren vor dem Finanzgericht
Unterabschnitt 1
Berufung, bestimmte Beschwerden und Verfahren vor dem Finanzgericht

Vorbemerkung 3.2.1:
(1) Dieser Unterabschnitt ist auch anzuwenden
1. in Verfahren vor dem Finanzgericht,
2. in Verfahren über Beschwerden oder Rechtsbeschwerden gegen die den Rechtszug beendenden Entscheidungen
a) in Familiensachen,
b) in Lebenspartnerschaftssachen,
c) in Verfahren nach § 43 des Wohnungseigentumsgesetzes,
d) in Verfahren nach dem Gesetz über das gerichtliche Verfahren in Landwirtschaftssachen und
e) im Beschlussverfahren vor den Gerichten für Arbeitssachen,
3. in Beschwerde- und Rechtsbeschwerdeverfahren gegen den Rechtszug beendende Entscheidungen über Anträge auf Vollstreckbarerklärung ausländischer Titel oder auf Erteilung der Vollstreckungsklausel zu ausländischen Titeln sowie Anträge auf Aufhebung oder Abänderung der Vollstreckbarerklärung oder der Vollstreckungsklausel,
4. in Beschwerde- und Rechtsbeschwerdeverfahren nach dem GWB,
5. in Beschwerdeverfahren nach dem WpÜG,
6. in Beschwerdeverfahren nach dem WpHG,
7. in Verfahren vor dem Bundesgerichtshof über die Beschwerde oder Rechtsbeschwerde gegen Entscheidungen des Bundespatentgerichts,
8. in Verfahren über die Rechtsbeschwerde nach § 116 StVollzG,
9. in Beschwerde- und Rechtsbeschwerdeverfahren nach dem EnWG.

(2) Für die in Absatz 1 genannten Verfahren ist Unterabschnitt 2 anzuwenden, wenn sich die Parteien nur durch einen beim Bundesgerichtshof zugelassenen Rechtsanwalt vertreten lassen können.

3200	Verfahrensgebühr, soweit in Nummer 3204 nichts anderes bestimmt ist ...	1,6
3201	Vorzeitige Beendigung des Auftrags: Die Gebühr 3200 beträgt... Eine vorzeitige Beendigung liegt vor, 1. wenn der Auftrag endigt, bevor der Rechtsanwalt das Rechtsmittel eingelegt oder einen Schriftsatz, der Sachanträge, Sachvortrag, die Zurücknahme der Klage oder die Zurücknahme des Rechtsmittels enthält, eingereicht oder bevor er für seine Partei einen gerichtlichen Termin wahrgenommen hat, oder 2. soweit lediglich beantragt ist, eine Einigung der Parteien oder mit Dritten über in diesem Verfahren nicht rechtshängige Ansprüche zu Protokoll zu nehmen oder festzustellen (§ 278 Abs. 6 ZPO), oder soweit lediglich Verhandlungen zur Einigung über solche Ansprüche geführt werden. Soweit in den Fällen der Nummer 2 der sich nach § 15 Abs. 3 RVG ergebende Gesamtbetrag der Verfahrensgebühren die Gebühr 3200 übersteigt, wird der übersteigende Betrag auf eine Verfahrensgebühr angerechnet, die wegen desselben Gegenstands in einer anderen Angelegenheit entsteht.	1,1
3202	Terminsgebühr, soweit in Nummer 3205 nichts anderes bestimmt ist... (1) Die Anmerkung zu Nummer 3104 gilt entsprechend. (2) Die Gebühr entsteht auch, wenn gemäß § 79a Abs. 2, § 90a oder § 94a FGO ohne mündliche Verhandlung entschieden wird.	1,2
3203	Wahrnehmung nur eines Termins, in dem eine Partei, im Berufungsverfahren der Berufungskläger, nicht erschienen oder nicht ordnungsgemäß vertreten ist und lediglich ein Antrag auf Versäumnisurteil oder zur Prozess- oder Sachleitung gestellt wird: Die Gebühr 3202 beträgt... Die Anmerkung zu Nummer 3105 und Absatz 2 der Anmerkung zu Nummer 3202 gelten entsprechend.	0,5

Unterabschnitt 2
Revision

Vorbemerkung 3.2.2:
Dieser Unterabschnitt ist auch anzuwenden
1. in den in Vorbemerkung 3.2.1 Abs. 1 genannten Verfahren, wenn sich die Parteien nur durch einen beim Bundesgerichtshof zugelassenen Rechtsanwalt vertreten lassen können,
2. in Verfahren über die Rechtsbeschwerde nach § 15 des Kapitalanleger-Musterverfahrensgesetzes.

3206	Verfahrensgebühr, soweit in Nummer 3212 nichts anderes bestimmt ist...	1,6
3207	Vorzeitige Beendigung des Auftrags: Die Gebühr 3206 beträgt... Die Anmerkung zu Nummer 3201 gilt entsprechend.	1,1
3208	Im Verfahren können sich die Parteien nur durch einen beim Bundesgerichtshof zugelassenen Rechtsanwalt vertreten lassen: Die Gebühr 3206 beträgt...	2,3
3209	Vorzeitige Beendigung des Auftrags, wenn sich die Parteien nur durch einen beim Bundesgerichtshof zugelassenen Rechtsanwalt vertreten lassen können: Die Gebühr 3206 beträgt... Die Anmerkung zu Nummer 3201 gilt entsprechend.	1,8
3210	Terminsgebühr, soweit in Nummer 3213 nichts anderes bestimmt ist... Die Anmerkung zu Nummer 3104 gilt entsprechend.	1,5
3211	Wahrnehmung nur eines Termins, in dem der Revisionskläger nicht ordnungsgemäß vertreten ist und lediglich ein Antrag auf Versäumnisurteil oder zur Prozess- oder Sachleitung gestellt wird: Die Gebühr 3210 beträgt... Die Anmerkung zu Nummer 3105 und Absatz 2 der Anmerkung zu Nummer 3202 gelten entsprechend.	0,8

Abschnitt 3
Gebühren für besondere Verfahren
Unterabschnitt 1
Besondere erstinstanzliche Verfahren

Vorbemerkung 3.3.1:
Die Terminsgebühr bestimmt sich nach Abschnitt 1.

3300	Verfahrensgebühr für das Verfahren über einen Antrag nach § 115 Abs. 2 Satz 2 und 3, § 118 Abs. 1 Satz 3 oder nach § 121 GWB...	2,3
3301	Vorzeitige Beendigung des Auftrags in den Fällen der Nummer 3300: Die Gebühr 3300 beträgt... Die Anmerkung zu Nummer 3201 gilt entsprechend.	1,8
3302	Verfahrensgebühr... 1. für das Verfahren vor dem Oberlandesgericht nach § 16 Abs. 4 des Urheberrechtswahrnehmungsgesetzes und 2. für das erstinstanzliche Verfahren vor dem Bundesverwaltungsgericht und dem Oberverwaltungsgericht (Verwaltungsgerichtshof)	1,6
3303	Vorzeitige Beendigung des Auftrags in den Fällen der Nummer 3302: Die Gebühr 3302 beträgt... Die Anmerkung zu Nummer 3201 gilt entsprechend.	1,0

3304	(aufgehoben)	

<table>
<tr><td colspan="3" align="center">Unterabschnitt 2
Mahnverfahren</td></tr>
<tr><td colspan="3">*Vorbemerkung 3.3.2:*
Die Terminsgebühr bestimmt sich nach Abschnitt 1.</td></tr>
<tr><td>3305</td><td>Verfahrensgebühr für die Vertretung des Antragstellers...
Die Gebühr wird auf die Verfahrensgebühr für einen nachfolgenden Rechtsstreit angerechnet.</td><td>1,0</td></tr>
<tr><td>3306</td><td>Beendigung des Auftrags, bevor der Rechtsanwalt den verfahrenseinleitenden Antrag eingereicht hat:
Die Gebühr 3305 beträgt...</td><td>0,5</td></tr>
<tr><td>3307</td><td>Verfahrensgebühr für die Vertretung des Antragsgegners...
Die Gebühr wird auf die Verfahrensgebühr für einen nachfolgenden Rechtsstreit angerechnet.</td><td>0,5</td></tr>
<tr><td>3308</td><td>Verfahrensgebühr für die Vertretung des Antragstellers im Verfahren über den Antrag auf Erlass eines Vollstreckungsbescheids...
Die Gebühr entsteht neben der Gebühr 3305 nur, wenn innerhalb der Widerspruchsfrist kein Widerspruch erhoben oder der Widerspruch gemäß § 703a Abs. 2 Nr. 4 ZPO beschränkt worden ist. Nummer 1008 ist nicht anzuwenden, wenn sich bereits die Gebühr 3305 erhöht.</td><td>0,5</td></tr>
<tr><td colspan="3" align="center">Unterabschnitt 3
Zwangsvollstreckung und Vollziehung einer im Wege des einstweiligen Rechtsschutzes ergangenen Entscheidung</td></tr>
<tr><td colspan="3">*Vorbemerkung 3.3.3:*
Dieser Unterabschnitt gilt auch für Verfahren auf Eintragung einer Zwangshypothek (§§ 867 und 870a ZPO), Verfahren nach § 33 FGG und für gerichtliche Verfahren über einen Akt der Zwangsvollstreckung (des Verwaltungszwangs).</td></tr>
<tr><td>3309</td><td>Verfahrensgebühr...
Die Gebühr entsteht für die Tätigkeit in der Zwangsvollstreckung, soweit nachfolgend keine besonderen Gebühren bestimmt sind.</td><td>0,3</td></tr>
<tr><td>3310</td><td>Terminsgebühr...
Die Gebühr entsteht nur für die Teilnahme an einem gerichtlichen Termin oder einem Termin zur Abnahme der eidesstattlichen Versicherung.</td><td>0,3</td></tr>
<tr><td colspan="3" align="center">Unterabschnitt 4
Zwangsversteigerung und Zwangsverwaltung</td></tr>
<tr><td>3311</td><td>Verfahrensgebühr...
Die Gebühr entsteht jeweils gesondert
1. für die Tätigkeit im Zwangsversteigerungsverfahren bis zur Einleitung des Verteilungsverfahrens;</td><td>0,4</td></tr>
</table>

	2. im Zwangsversteigerungsverfahren für die Tätigkeit im Verteilungsverfahren, und zwar auch für eine Mitwirkung an einer außergerichtlichen Verteilung; 3. im Verfahren der Zwangsverwaltung für die Vertretung des Antragstellers im Verfahren über den Antrag auf Anordnung der Zwangsverwaltung oder auf Zulassung des Beitritts; 4. im Verfahren der Zwangsverwaltung für die Vertretung des Antragstellers im weiteren Verfahren einschließlich des Verteilungsverfahrens; 5. im Verfahren der Zwangsverwaltung für die Vertretung eines sonstigen Beteiligten im ganzen Verfahren einschließlich des Verteilungsverfahrens und 6. für die Tätigkeit im Verfahren über Anträge auf einstweilige Einstellung oder Beschränkung der Zwangsvollstreckung und einstweilige Einstellung des Verfahrens sowie für Verhandlungen zwischen Gläubiger und Schuldner mit dem Ziel der Aufhebung des Verfahrens.	
3312	Terminsgebühr... Die Gebühr entsteht nur für die Wahrnehmung eines Versteigerungstermins für einen Beteiligten. Im Übrigen entsteht im Verfahren der Zwangsversteigerung und der Zwangsverwaltung keine Terminsgebühr	0,4
	Unterabschnitt 6 Sonstige besondere Verfahren	

Vorbemerkung 3.3.6:
Die Terminsgebühr bestimmt sich nach Abschnitt 1, soweit in diesem Unterabschnitt nichts anderes bestimmt ist.

3324	Verfahrensgebühr für das Aufgebotsverfahren...	1,0
3328	Verfahrensgebühr für Verfahren über die vorläufige Einstellung, Beschränkung oder Aufhebung der Zwangsvollstreckung... Die Gebühr entsteht nur, wenn eine abgesonderte mündliche Verhandlung hierüber stattfindet. Wird der Antrag beim Vollstreckungsgericht und beim Prozessgericht gestellt, entsteht die Gebühr nur einmal.	0,5
3329	Verfahrensgebühr für Verfahren auf Vollstreckbarerklärung der durch Rechtsmittelanträge nicht angefochtenen Teile eines Urteils (§§ 537, 558 ZPO)	0,5
3330	Verfahrensgebühr für Verfahren über eine Rüge wegen Verletzung des Anspruchs auf rechtliches Gehör	0,5
3335	Verfahrensgebühr für das Verfahren über die Prozesskostenhilfe, soweit in Nummer 3336 nichts anderes bestimmt ist... (1) Im Verfahren über die Bewilligung der Prozesskostenhilfe oder die Aufhebung der Bewilligung nach § 124 Nr. 1 ZPO bestimmt sich der Gegenstandswert	1,0

	nach dem für die Hauptsache maßgebenden Wert; im Übrigen ist er nach dem Kosteninteresse nach billigem Ermessen zu bestimmen. (2) Entsteht die Verfahrensgebühr auch für das Verfahren, für das die Prozesskostenhilfe beantragt worden ist, werden die Werte nicht zusammengerechnet.	
3336	Verfahrensgebühr für das Verfahren über die Prozesskostenhilfe vor Gerichten der Sozialgerichtsbarkeit, wenn in dem Verfahren, für das Prozesskostenhilfe beantragt wird, Betragsrahmengebühren entstehen (§ 3 RVG)...	30,- bis 320,- EUR

Abschnitt 4
Einzeltätigkeiten

Vorbemerkung 3.4:
(1) Für in diesem Abschnitt genannte Tätigkeiten entsteht eine Terminsgebühr nur, wenn dies ausdrücklich bestimmt ist.
(2) Im Verfahren vor den Sozialgerichten, in denen Betragsrahmengebühren entstehen (§ 3 RVG), vermindern sich die in den Nummern 3400, 3401, 3405 und 3406 bestimmten Höchstbeträge auf die Hälfte, wenn eine Tätigkeit im Verwaltungsverfahren oder im weiteren, der Nachprüfung des Verwaltungsakts dienenden Verwaltungsverfahren vorausgegangen ist. Bei der Bemessung der Gebühren ist nicht zu berücksichtigen, dass der Umfang der Tätigkeit infolge der Tätigkeit im Verwaltungsverfahren oder im weiteren, der Nachprüfung des Verwaltungsakts dienenden Verwaltungsverfahren geringer ist.

3400	Der Auftrag beschränkt sich auf die Führung des Verkehrs der Partei mit dem Verfahrensbevollmächtigten: Verfahrensgebühr... Die gleiche Gebühr entsteht auch, wenn im Einverständnis mit dem Auftraggeber mit der Übersendung der Akten an den Rechtsanwalt des höheren Rechtszugs gutachterliche Äußerungen verbunden sind.	in Höhe der dem Verfahrensbevollmächtigten zustehenden Verfahrensgebühr, höchstens 1,0, bei Betragsrahmengebühren höchstens 260,- EUR
3401	Der Auftrag beschränkt sich auf die Vertretung in einem Termin im Sinne der Vorbemerkung 3 Abs. 3: Verfahrensgebühr...	in Höhe der Hälfte der dem Verfahrensbevollmächtigten zustehenden Verfahrensgebühr
3402	Terminsgebühr in dem in Nummer 3401 genannten Fall...	in Höhe der einem Verfahrensbevollmächtigten zustehenden Terminsgebühr

3403	Verfahrensgebühr für sonstige Einzeltätigkeiten, soweit in Nummer 3406 nichts anderes bestimmt ist... Die Gebühr entsteht für sonstige Tätigkeiten in einem gerichtlichen Verfahren, wenn der Rechtsanwalt nicht zum Prozess- oder Verfahrensbevollmächtigten bestellt ist, soweit in diesem Abschnitt nichts anderes bestimmt ist.	0,8
3404	Der Auftrag beschränkt sich auf ein Schreiben einfacher Art: Die Gebühr 3403 beträgt... Die Gebühr entsteht insbesondere, wenn das Schreiben weder schwierige rechtliche Ausführungen noch größere sachliche Auseinandersetzungen enthält.	0,3
3405	Endet der Auftrag 1. im Fall der Nummer 3400, bevor der Verfahrensbevollmächtigte beauftragt oder der Rechtsanwalt gegenüber dem Verfahrensbevollmächtigten tätig geworden ist, 2. im Fall der Nummer 3401, bevor der Termin begonnen hat: Die Gebühren 3400 und 3401 betragen... Im Fall der Nummer 3403 gilt die Vorschrift entsprechend.	höchstens 0,5, bei Betragsrahmengebühren höchstens 130,- EUR
3406	Verfahrensgebühr für sonstige Einzeltätigkeiten in Verfahren vor Gerichten der Sozialgerichtsbarkeit, wenn Betragsrahmengebühren entstehen (§ 3 RVG)... Die Anmerkung zu Nummer 3403 gilt entsprechend.	10,- bis 200,- EUR

Abschnitt 5
Beschwerde, Nichtzulassungsbeschwerde und Erinnerung

Vorbemerkung 3.5:
Die Gebühren nach diesem Abschnitt entstehen nicht in den in Vorbemerkung 3.1 Abs. 2 und Vorbemerkung 3.2.1 genannten Beschwerdeverfahren.

3500	Verfahrensgebühr für Verfahren über die Beschwerde und die Erinnerung, soweit in diesem Abschnitt keine besonderen Gebühren bestimmt sind...	0,5
3502	Verfahrensgebühr für das Verfahren über die Rechtsbeschwerde (§ 574 ZPO)...	1,0
3503	Vorzeitige Beendigung des Auftrags: Die Gebühr 3502 beträgt... Die Anmerkung zu Nummer 3201 ist entsprechend anzuwenden.	0,5
3506	Verfahrensgebühr für das Verfahren über die Beschwerde gegen die Nichtzulassung der Revision, soweit in Nummer 3512 nichts anderes bestimmt ist... Die Gebühr wird auf die Verfahrensgebühr für ein nachfolgendes Revisionsverfahren angerechnet.	1,6
3507	Vorzeitige Beendigung des Auftrags: Die Gebühr 3506 beträgt... Die Anmerkung zu Nummer 3201 ist entsprechend anzuwenden.	1,1

3508	In dem Verfahren über die Beschwerde gegen die Nichtzulassung der Revision können sich die Parteien nur durch einen beim Bundesgerichtshof zugelassenen Rechtsanwalt vertreten lassen: Die Gebühr 3506 beträgt...	2,3
3509	Vorzeitige Beendigung des Auftrags, wenn sich die Parteien nur durch einen beim Bundesgerichtshof zugelassenen Rechtsanwalt vertreten lassen können: Die Gebühr 3506 beträgt... Die Anmerkung zu Nummer 3201 ist entsprechend anzuwenden.	1,8
3513	Terminsgebühr in den in Nummer 3500 genannten Verfahren...	0,5
3514	Das Beschwerdegericht entscheidet über eine Beschwerde gegen die Zurückweisung des Antrags auf Anordnung eines Arrests oder Erlass einer einstweiligen Verfügung durch Urteil: Die Gebühr 3513 beträgt...	1,2
3516	Terminsgebühr in den in Nummern 3502, 3504, 3506 und 3510 genannten Verfahren...	1,2

Teil 7 Auslagen

Nr.	Auslagentatbestand	Höhe
Vorbemerkung 7: (1) Mit den Gebühren werden auch die allgemeinen Geschäftskosten entgolten. Soweit nachfolgend nichts anderes bestimmt ist, kann der Rechtsanwalt Ersatz der entstandenen Aufwendungen (§ 675 iVm § 670 BGB) verlangen. (2) Eine Geschäftsreise liegt vor, wenn das Reiseziel außerhalb der Gemeinde liegt, in der sich die Kanzlei oder die Wohnung des Rechtsanwalts befindet. (3) Dient eine Reise mehreren Geschäften, sind die entstandenen Auslagen nach den Nummern 7003 bis 7006 nach dem Verhältnis der Kosten zu verteilen, die bei gesonderter Ausführung der einzelnen Geschäfte entstanden wären. Ein Rechtsanwalt, der seine Kanzlei an einen anderen Ort verlegt, kann bei Fortführung eines ihm vorher erteilten Auftrags Auslagen nach den Nummern 7003 bis 7006 nur insoweit verlangen, als sie auch von seiner bisherigen Kanzlei aus entstanden wären.		
7000	Pauschale für die Herstellung und Überlassung von Dokumenten: 1. für Ablichtungen und Ausdrucke a) aus Behörden- und Gerichtsakten, soweit deren Herstellung zur sachgemäßen Bearbeitung der Rechtssache geboten war, b) zur Zustellung oder Mitteilung an Gegner oder Beteiligte und Verfahrensbevollmächtigte auf Grund einer Rechtsvorschrift oder nach Aufforderung durch das Gericht, die Behörde oder die sonst das Verfahren führende Stelle, soweit hierfür mehr als 100 Seiten zu fertigen waren, c) zur notwendigen Unterrichtung des Auftraggebers, soweit hierfür mehr als 100 Seiten zu fertigen waren,	

	d) in sonstigen Fällen nur, wenn sie im Einverständnis mit dem Auftraggeber zusätzlich, auch zur Unterrichtung Dritter, angefertigt worden sind: für die ersten 50 abzurechnenden Seiten je Seite ... für jede weitere Seite ... 2. für die Überlassung von elektronisch gespeicherten Dateien anstelle der in Nummer 1 Buchstabe d genannten Ablichtungen und Ausdrucke: je Datei ... Die Höhe der Dokumentenpauschale nach Nummer 1 ist in derselben Angelegenheit und in gerichtlichen Verfahren in demselben Rechtszug einheitlich zu berechnen.	0,50 EUR 0,15 EUR 2,50 EUR
7001	Entgelte für Post- und Telekommunikationsdienstleistungen ... Für die durch die Geltendmachung der Vergütung entstehenden Entgelte kann kein Ersatz verlangt werden.	in voller Höhe
7002	Pauschale für Entgelte für Post- und Telekommunikationsdienstleistungen ... Die Pauschale kann in jeder Angelegenheit anstelle der tatsächlichen Auslagen nach Nummer 7001 gefordert werden.	20 % der Gebühren – höchstens 20,- EUR
7003	Fahrtkosten für eine Geschäftsreise bei Benutzung eines eigenen Kraftfahrzeugs für jeden gefahrenen Kilometer ... Mit den Fahrtkosten sind die Anschaffungs-, Unterhaltungs- und Betriebskosten sowie die Abnutzung des Kraftfahrzeugs abgegolten.	0,30 EUR
7004	Fahrtkosten für eine Geschäftsreise bei Benutzung eines anderen Verkehrsmittels, soweit sie angemessen sind ...	in voller Höhe
7005	Tage- und Abwesenheitsgeld bei einer Geschäftsreise 1. von nicht mehr als 4 Stunden ... 2. von mehr als 4 bis 8 Stunden ... 3. von mehr als 8 Stunden ... Bei Auslandsreisen kann zu diesen Beträgen ein Zuschlag von 50 % berechnet werden.	 20,- EUR 35,- EUR 60,- EUR
7006	Sonstige Auslagen anlässlich einer Geschäftsreise, soweit sie angemessen sind ...	in voller Höhe
7007	Im Einzelfall gezahlte Prämie für eine Haftpflichtversicherung für Vermögensschäden, soweit die Prämie auf Haftungsbeträge von mehr als 30 Millionen EUR entfällt ... Soweit sich aus der Rechnung des Versicherers nichts anderes ergibt, ist von der Gesamtprämie der Betrag zu erstatten, der sich aus dem Verhältnis der 30 Millionen EUR übersteigenden Versicherungssumme zu der Gesamtversicherungssumme ergibt.	in voller Höhe

7008	Umsatzsteuer auf die Vergütung... Dies gilt nicht, wenn die Umsatzsteuer nach § 19 Abs. 1 UStG unerhoben bleibt.	in voller Höhe

Zu Vorbemerkung 1

1 Bei den Gebühren nach Teil 1 VV RVG handelt es sich um »**allgemeine Gebühren**«, die ebenso wie die Auslagen nach Teil 7 VV RVG neben den Gebühren der Teile 2 bis 6 VV RVG entstehen können. Gebühren der Teile 2 bis 6 VV RVG können dagegen in derselben Angelegenheit nur einheitlich entstehen, nicht untereinander kombiniert. So können bei außergerichtlicher Tätigkeit ausschließlich Gebühren nach Teil 2 VV RVG entstehen und im gerichtlichen Verfahren nur Gebühren nach Teil 3 VV RVG. Es ist daher unmöglich, dass zB bei einer außergerichtlichen Vertretung neben einer Geschäftsgebühr nach Nr. 2300 VV RVG eine Terminsgebühr nach Nr. 3104 VV RVG entsteht. Wohl können in den Angelegenheiten nach Teil 2 bis 6 VV RVG Gebühren nach Teil 1 VV RVG entstehen, ebenso wie Auslagen nach Teil 7 VV RVG.

2 In erbrechtlichen Mandaten bedeutet das also, dass der Anwalt neben den Gebühren nach Teil 2 oder 3 VV RVG stets auch eine Einigungsgebühr (Nrn. 1000, 1003, 1004 VV RVG) oder in Erbschaftssteuer-Verfahren auch eine Erledigungsgebühr nach Nrn. 1002, 1003, 1004 VV RVG verdienen kann.

3 Die **Gebührenerhöhung** nach Nr. 1008 VV RVG ist entgegen der Vorbemerkung 1 VV RVG gar keine Gebühr, sondern nur eine Erhöhungsvorschrift (s. Nr. 1008 VV RVG).

4 Die **Hebegebühr** nach Nr. 1009 VV RVG entsteht streng genommen nicht »neben« den in den anderen Teilen bestimmten Gebühren. Die Verwahrungstätigkeit nach Nr. 1009 ist vielmehr eine eigene selbständige Angelegenheit nach § 15 RVG und stets gesondert abzurechnen (siehe Nr. 1009 VV RVG).

Zu Nr. 1000 VV RVG

I. Überblick

1 Wirkt der Anwalt bei einer Einigung mit, so erhält er eine **Einigungsgebühr** nach Nr. 1000 VV RVG.

2 Die Einigungsgebühr kann nie isoliert entstehen, sondern setzt immer eine entsprechende **Betriebsgebühr** (zB Nr. 2300, Nr. 3100, Nr. 3500 VV RVG) voraus.

3 Werden in einem Verfahren **mehrere Einigungen** geschlossen, etwa zunächst eine Einigung zum Grund und später eine Einigung zur Höhe, so entsteht nur eine einzige Einigungsgebühr aus dem Gesamtwert (§§ 15 Abs. 2 Satz 1 RVG; § 23 Abs. 1 Satz 1, 3 RVG iVm § 39 Abs. 1 GKG; § 22 Abs. 1 RVG).

4 Auch in der **Beratungshilfe** kann eine Einigungsgebühr anfallen. Diese ist gesondert geregelt in Nr. 2508 VV RVG, die allerdings wiederum auf den Grundtatbestand der Nr. 1000 VV RVG Bezug nimmt.

II. Anwendungsbereich

5 Der Gebührentatbestand der Einigungsgebühr nach Nr. 1000 VV RVG gilt für **alle Angelegenheiten**, soweit die Parteien Einigungen erzielen können.

6 Auch in steuerlichen Angelegenheiten ist die Einigungsgebühr anwendbar, soweit über die Ansprüche verfügt werden kann (Anm Abs. 4 zu Nr. 1000 VV RVG). Soweit danach eine Einigung nicht in Betracht kommt, kann allerdings die Erledigungsgebühr nach Nr. 1002 VV RVG greifen.

III. Einigung

Voraussetzung ist im Gegensatz zum früheren § 23 BRAGO nicht mehr der Abschluss eines »echten Vergleichs« (so die Begründung des Regierungsentwurfs) iSd § 779 BGB. Es genügt vielmehr, »wenn durch Vertrag der Streit oder die Ungewissheit der Parteien über ein Rechtsverhältnis beseitigt wird.« Ein vollständiges Anerkenntnis oder vollständiger Verzicht reichen jedoch nicht für den zusätzlichen Anfall einer Einigungsgebühr aus (Anm 1 Satz 1 zu Nr. 1000 VV RVG). Diese Einschränkung ist notwendig, damit nicht schon die Erfüllung des geltend gemachten Anspruchs oder des Verzichts auf weitere Verfolgung eines Anspruchs die Gebühr auslösen kann.

Wie bisher der Vergleich, setzt die Einigung den **Abschluss eines gegenseitigen Vertrages** voraus.

Dieser Vertrag muss nicht notwendigerweise mit der Gegenpartei geschlossen werden. Auch eine **Einigung mit Dritten** kann ausreichen (AnwK-RVG/*N. Schneider* Nr. 1000 VV RVG Rn 34).

IV. Form

Zu beachten ist, dass eine Einigung wirksam sein muss, um entsprechende Gebühren auszulösen. Ist also die Einigung **formbedürftig** (etwa bei einer Einigung über Erb- oder Pflichtteilsrechte – § 311b BGB; nicht dagegen über Pflichtteilsansprüche oder Ansprüche aus einer Erbschaft, über die sich die Parteien auch formlos einigen können, KG OLGZ 1996, 193), entsteht die Einigungsgebühr nur bei Wahrung der entsprechenden Form.

Zu beachten ist diesem Zusammenhang, dass grundsätzlich zwar eine Einigung ausreicht, um die Einigungsgebühr entstehen zu lassen – ein Vergleich nach § 779 BGB ist nicht erforderlich; eine Einigung reicht jedoch nicht aus, um die **Form nach § 127a BGB** zu wahren. Hier bedarf es nach wie vor eines Vergleichs. Die Protokollierung einer Einigung führt daher nicht zur Wirksamkeit und damit auch nicht zu einer Einigungsgebühr, wenn die Einigung formbedürftig ist.

V. Streit über ein Rechtsverhältnis

Weitere Voraussetzung ist, dass zwischen den Parteien Streit oder Ungewissheit über ein Rechtsverhältnis bestanden haben muss. Insoweit kann also auch weiterhin auf die frühere Rechtsprechung zu § 23 BRAGO zurückgegriffen werden.

Zu den Rechtsverhältnissen iSd Nr. 1000 VV RVG gehören jegliche rechtlichen Beziehungen, seien sie vertraglicher Art oder gesetzlicher. Insbesondere stellen jegliche erbrechtlichen Verhältnisse, Pflichtteilsrechte und -ansprüche solche Rechtsverhältnisse dar.

Erforderlich ist, dass ein Streit bestand. So setzt zB zwar der Abschluss eines Vertrages oder eines Aufhebungsvertrages eine Einigung voraus; mangels Streit über ein Rechtsverhältnis entsteht jedoch keine Einigungsgebühr (OLG Düsseldorf AGS 2003, 496 m Anm N. Schneider; JurBüro 2001, 87; LG Köln JurBüro 2001, 643), es sei denn mit dem Abschluss des Vertrages oder des Aufhebungsvertrages soll ein Streit darüber vermieden werden, ob ein Anspruch auf Abschluss des Vertrages bestand (etwa ein Anspruch aus einem Vorvertrag).

VI. Widerruf, Anfechtung, Bedingung

Wird die Einigung unter einem **Widerrufsvorbehalt** geschlossen, so entsteht die Einigungsgebühr erst, wenn die Einigung nicht mehr widerrufen werden kann (Anm Abs. 3 zu Nr. 1000 VV RVG).

Ist die Einigung vom Eintritt einer **Bedingung** abhängig, so entsteht die Gebühr erst mit Eintritt der Bedingung.

Die spätere **Anfechtung** einer Einigung nach §§ 118 ff BGB lässt dagegen die einmal entstandene Gebühr unberührt (AnwK-RVG/*N. Schneider* Nr. 1000 VV RVG Rn 57 mwN).

VII. Gegenseitiges Nachgeben

18 Der Streit oder die Ungewissheit der Parteien muss nach dem Wortlaut und der Begründung des Regierungsentwurfs nicht mehr durch ein gegenseitiges Nachgeben beseitigt werden, wie dies nach § 779 BGB früher erforderlich war; ausreichend ist schon ein einseitiges Nachgeben. Andererseits wird klargestellt, dass ein vollständiges Anerkenntnis oder ein vollständiger Verzicht für sich genommen noch nicht ausreicht, um eine Einigungsgebühr entstehen zu lassen. An das Nachgeben sind nur geringere Anforderungen zu stellen. So reicht eine Einigung darüber, dass die eine Partei die Klageforderung teilweise anerkenne und die andere Partei die Klage im Übrigen zurücknehme, aus, um eine Einigung entstehen zu lassen. Dies war früher nach der BRAGO strittig (AnwK-RVG/*N. Schneider* Nr. 1000 VV RVG Rn 81 ff; siehe auch: BGH AGS 2003, 84 mit Anm *N. Schneider*; AGS 2006, 403. Allerdings ist eine Festsetzung dieser Gebühr ist ausgeschlossen: BGH AGS 2003, 84 mit Anm *N. Schneider*; AGS 2006, 403 m Anm *N. Schneider*). Auch Ratenzahlungsvereinbarungen, insbesondere in der Zwangsvollstreckung, lösen nunmehr die Einigungsgebühr aus, selbst dann, wenn letztlich die volle titulierte Forderung gezahlt wird (BGH AGS 2006, 214).

VIII. Mitwirkung

1. Begriff der Mitwirkung

19 Voraussetzung für das Entstehen einer Einigungsgebühr ist eine Mitwirkung des Anwalts beim Abschluss des Vertrages.

20 In welcher Form der Anwalt bei Abschluss der Einigung mitgewirkt hat, ist unerheblich. Ausreichend ist grundsätzlich jede mitursächliche Tätigkeit, die zum Abschluss der Einigung führt (siehe hierzu: AnwK-RVG/*N. Schneider* Nr. 1000 VV RVG Rn 116).

21 Die Teilnahme an Vertragsverhandlungen, etwa an einer Verhandlung über die Auseinandersetzung der Erbengemeinschaft reicht aus, es sei denn, die Teilnahme war für den späteren Abschluss des Vertrages nicht ursächlich (Anm Abs. 2 zu Nr. 1000 VV RVG).

22 Auch für weitere Anwälte kann die Einigungsgebühr anfallen, wenn sie mitursächlich für den Abschluss der Einigung waren. Dies gilt insbesondere für den Verkehrsanwalt oder einen Terminsvertreter (siehe AnwK-RVG/*N. Schneider* Nr. 1000 VV RVG Rn 169.

2. Beweislast

23 Die Beweislast für die Mitwirkung an der Einigung liegt grundsätzlich beim Rechtsanwalt. Lediglich dann, wenn er an Vertragsverhandlungen teilgenommen hat, kehrt sich die Beweislast um. Seine Mitwirkung wird vermutet (Anm Abs. 2 zu Nr. 1000 VV RVG). Der Auftraggeber muss dann die fehlende Ursächlichkeit beweisen.

IX. Die Höhe der Einigungsgebühr

24 Die Höhe der Einigungsgebühr hängt davon ab, ob der Gegenstand, über den sich die Parteien einigen, anhängig ist oder nicht.

- Bei einer Einigung über **nicht anhängige Gegenstände** entsteht gem. Nr. 1000 VV RVG eine 1,5-Gebühr.
- Ist der Gegenstand **erstinstanzlich anhängig**, entsteht nach Nr. 1003 VV RVG eine 1,0-Gebühr.
- Ist der Gegenstand, über den sich die Parteien einigen, **in einem Berufungs- oder Revisionsverfahren anhängig**, so entsteht eine 1,3-Gebühr nach Nr. 1004 VV RVG.

25 Möglich ist auch, dass sich die Parteien **sowohl über anhängige als auch nicht anhängige Gegenstände** einigen. In diesem Fall entstehen mehrere Einigungsgebühren, die anschließend nach § 15 Abs. 3 RVG zu kürzen sind.

Beispiel: Der Anwalt ist beauftragt, 10.000,00 € einzuklagen. Im Termin vergleichen sich die Parteien sodann auch über weitere 8.000,00 €, die nicht anhängig sind und für die auch noch kein Vertretungsauftrag vorliegt.

1. 1,3-Verfahrensgebühr, Nr. 3100 VV RVG (Wert: 18.000,00 €)   787,80 €
2. 1,2-Terminsgebühr, Nr. 3104 VV RVG (Wert: 18.000,00 €)   727,20 €
3. 1,0-Einigungsgebühr, Nrn. 1000, 1003 VV RVG (Wert: 10.000,00 €) 486,00 €
4. 1,5-Einigungsgebühr, Nr. 1000 VV RVG (Wert: 8.000,00 €) 618,00 €
   gem. § 15 Abs. 3 RVG nicht mehr als 1,5 aus 18.000,00 €   909,00 €
5. Postentgeltpauschale, Nr. 7002 VV RVG   20,00 €
   Zwischensumme   2.444,00 €
6. 16 % Umsatzsteuer, Nr. 7008 VV RVG   <u>391,04 €</u>
   Gesamt   **2.835,04 €**

X. Gegenstandswert

Für den Gegenstandswert der Einigung kommt es nicht darauf an, welche Leistungen die Parteien im Wege der Einigung übernommen haben, sondern allein darauf, über welche (streitigen) Ansprüche sie sich geeinigt haben (*Schneider/Herget* Rn 4567).   26

Beispiel: Der enterbte Abkömmling berechnet seinen Pflichtteil mit 20.000,00 € und verlangt diesen von dem Alleinerben. Dieser berechnet den Pflichtteil lediglich mit 15.000 € und erklärt sich bereit, diesen Betrag zu zahlen. Die Parteien einigen sich schließlich auf eine Zahlung von 18.000,00 €.

Für die Einigung maßgebend ist weder der volle Wert von 20.000,00 €, da sich nicht der Gesamtwert im Streit befand, noch der Wert von 18.000,00 €, der gezahlt worden ist oder der vom Alleinerben nachgegebene Betrag i.H.v. 3.000,00 €. Geeinigt haben sich die Parteien über die streitige Differenz in Höhe von 5.000,00 €. Nur aus diesem Wert entsteht die Einigungsgebühr.

1. 1,5-Geschäftsgebühr, Nr. 2300 VV (Wert: 20.000,00 €)   969,00 €
2. 1,5-Einigungsgebühr, Nr. 1000 VV (Wert: 5.000,00 €)   451,50 €
3. Postentgeltpauschale, Nr. 7002 VV   20,00 €
   Zwischensumme   1.440,50 €
4. 16 % Umsatzsteuer, Nr. 7008 VV   230,48 €
   Gesamt   **1.670,98 €**

Zu Nr. 1002 VV RVG

Soweit der Anwalt in erbschaftssteuerlichen Angelegenheiten tätig wird, kann er auch eine Erledigungsgebühr verdienen, wenn sich die Angelegenheit nach Einlegung eines Rechtsbehelfs erledigt. Siehe hierzu die zusammenfassende Darstellung bei § 35 RVG.   1

Zu Nrn. 1003, 1004 VV RVG

Siehe Ausführungen zu Nr. 1000 VV RVG.

Zu Nr. 1008 VV RVG

Wird der Anwalt für mehrere Auftraggeber in **derselben Angelegenheit** tätig, gilt § 7 Abs. 1 RVG. Der Anwalt erhält die Vergütung nur einmal.   1

2 Er kann aber von **jedem Auftraggeber** diejenige Vergütung verlangen, die dieser schulden würde, wenn er für ihn allein tätig geworden wäre (§ 7 Abs. 2 RVG). Siehe hierzu die Kommentierung zu § 7 RVG.

3 Die **Höhe der Vergütung** bei mehreren Auftraggebern regelt dagegen Nr. 1008 VV RVG. Danach gilt Folgendes:

- Wird der Anwalt von mehreren Auftraggebern hinsichtlich **verschiedener Gegenstände** beauftragt, werden die einzelnen Werte nach § 23 Abs. 1 Satz 1, 3 RVG iVm § 39 Abs. 1 GKG; § 22 Abs. 1 RVG addiert. Eine Gebührenerhöhung nach Nr. 1008 VV RVG findet dann nicht statt.

  Beispiel: Der Anwalt vertritt zwei Pflichtteilsberechtigte, die ihren Pflichtteil (je 4.000,00 €) vom Erben einfordern.

  Es liegen verschiedene Gegenstände vor. Jeder Pflichtteilsanspruch ist gesondert zu bewerten. Beide Werte sind dann zu addieren (§ 23 Abs. 1 Satz 1, 3 RVG iVm § 39 Abs. 1 GKG). Eine Gebührenerhöhung findet nicht statt.

1. 1,5-Geschäftsgebühr, Nr. 2300 VV RVG (Wert: 8.000,00 €)	618,00 €
2. Postentgeltpauschale, Nr. 7002 VV RVG	20,00 €
Zwischensumme 638,00 €	
3. 16 % Umsatzsteuer, Nr. 7008 VV RVG	102,08 €
Gesamt	**740,08 €**

- Sind mehrere Auftraggeber **am Streitgegenstand gemeinschaftlich beteiligt**, so erhält der Anwalt die Gebühren nur einmal. Eine Streitwertaddition (§ 23 Abs. 1 Satz 1, 3 RVG iVm § 39 Abs. 1 GKG; § 22 Abs. 1 RVG) findet nicht statt. Stattdessen erhöhen sich die jeweiligen Gebühren um 0,3 je weiterem Auftraggeber (bzw. um 30 % bei Festgebühren).

  Beispiel: Der Anwalt vertritt eine Erbengemeinschaft, bestehend aus drei Personen, die außergerichtlich Herausgabeansprüche (Wert: 8.000,00 €) gegen den Erbschaftsbesitzer geltend macht.

  Der Gegenstand der anwaltlichen Tätigkeit ist derselbe. Die Geschäftsgebühr erhöht sich um 0,3. Zutreffenderweise wird man die Mindest- und die Höchstgebühr um jeweils 0,3 erhöhen und aus diesem Rahmen dann die angemessene Gebühr bestimmen (siehe AnwK-RVG/Schnapp Nr. 1008 VV RVG Rn 47). Das führt bei zwei Auftraggebern zu einem Gebührenrahmen von 0,8 bis 2,8. Die Mittelgebühr beträgt dann 1,8.

1. 1,8-Geschäftsgebühr, Nrn. 2300, 1008 VV RVG (Wert: 8.000,00 €)	741,60 €
2. Postentgeltpauschale, Nr. 7002 VV RVG	20,00 €
Zwischensumme 761,60 €	
3. 16 % Umsatzsteuer, Nr. 7008 VV RVG	121,86 €
Gesamt	**883,46 €**

4 Entscheidend für die Gebührenerhöhung ist, dass der Anwalt den Auftrag auch von den einzelnen Mitgliedern erhält. Machen zB nur drei Mitglieder einer aus zehn Miterben bestehenden Erbengemeinschaft einen zum Nachlass gehörenden Anspruch geltend und verlangen im eigenen Namen Leistung an alle Miterben, kann der Rechtsanwalt bei der Gebührenerhöhung nach Nr. 1008 VV RVG nur zwei weitere Auftraggeber berücksichtigen, also eine Erhöhung um 0,6 (OLG Dresden JurBüro 2001, 27).

5 Ähnlich auch LG Berlin (JurBüro 1997, 413): Die Erben werden zwar von Gesetzes wegen gem. § 246 ZPO ohne eigenen Willensakt Prozesspartei im anhängigen Prozess des Erblassers. Um aber als Auftraggeber des ursprünglich von dem Verstorbenen mandatierten Prozessbevollmächtigten zu gelten und gebührenrechtlich die Gebührenerhöhung zu schulden, müssen sie als Erben für den Prozessbevollmächtigten sichtbar in Erscheinung getreten sein.

■ Möglich sind auch Kombinationen, also sowohl unterschiedliche als auch gemeinschaftliche Gegenstände. 6

Beispiel: A und B sind die Kinder der Eheleute C. Zunächst verstirbt Frau C. Beide Kinder sind als Alleinerben eingesetzt. Hiernach verstirbt Herr C. Alleinerbe ist nur das Kind A. Der Anwalt verklagt A und B auf Herausgabe der Erbschaften (jeweils 4.000,00 €) gegen den Erbschaftsbesitzer.

Hinsichtlich der im Nachlass des Herrn C befindlichen Gegenstände ist der A alleiniger Auftraggeber. Hinsichtlich der im Nachlass der Frau C befindlichen Gegenstände sind A und B gemeinschaftlich beteiligt, so dass nach diesem Wert die jeweiligen Gebühren um 0,3 erhöht werden.

Zu beachten ist dann wieder § 15 Abs. 3 RVG. Es darf nicht mehr als eine Gebühr nach dem höchsten Gebührensatz aus dem Gesamtwert berechnet werden.

1. 1,3-Verfahrengebühr, Nr. 3100 VV RVG (Wert: 4.000,00 €)   318,50 €
2. 1,6-Verfahrengebühr, Nrn. 3100, 1008 VV RVG (Wert: 4.000,00 €)   392,00 €
   gem. § 15 Abs. 3 RVG nicht mehr als 1,6 aus 8.000,00 €   659,20 €
3. 1,2-Terminsgebühr, Nr. 3104 VV RVG   494,40 €
4. Postentgeltpauschale, Nr. 7002 VV RVG   20,00 €
   Zwischensumme   1.173,60 €
5. 16 % Umsatzsteuer, Nr. 7008 VV RVG   187,78 €
   Gesamt   **1.361,38 €**

Eine Erhöhung wegen gemeinschaftlicher Beteiligung ist gegeben: 7

- Vertretung einer Erbengemeinschaft (AGS 2004, 278 m Anm *Onderka* = JurBüro 2004, 375; OLG Koblenz (unter Aufgabe der früheren Rspr.) JurBüro 1997, 583; OLG Saarbrücken JurBüro 1988, 860) (Eine Erbengemeinschaft ist als Vertragspartei nicht allein deswegen wie eine bürgerlich-rechtliche Gesellschaft zu behandeln, weil es im Vertrag an einem Hinweis auf ihre tatsächliche Rechtsstellung fehlt. Die Rechtsprechung des BGH zur Rechts- und Parteifähigkeit der GbR kommt im Hinblick auf die Frage einer Gebührenerhöhung nur dann zum Tragen, wenn eine Gesellschaft bürgerlichen Rechts als solche nach außen auftritt und in ihrem eigenen Namen Rechte und Pflichten begründet; LG Berlin Rpfleger 2002, 589 = NZI 2003, 162; Grundeigentum 2002, 735).
- Ob es sich um einen Aktiv- oder Passivprozess handelt, ist unerheblich (OLG Düsseldorf JurBüro 1995, 304).
- Fortführung eines vom Erblasser begonnenen Rechtsstreits für mehrere Erben (OLG Düsseldorf – Aufgabe der bisherigen gegenteiligen Rspr – JurBüro 1997, 27; OLG Zweibrücken JurBüro 1995; siehe aber auch LG Berlin oben Rn 5).
- Kostenfestsetzungsbeschwerde für Erbengemeinschaft (Erhöhung der Beschwerdegebühr (KG AGS 1996, 73).
- Vertretung einer Erbengemeinschaft in einem vom Erblasser beantragten aktienrechtlichen Spruchverfahren (JurBüro 2002, 472).
- Eine Erbengemeinschaft verfolgt ein Unterlassungsbegehren (hier: Leistungsschutzrecht nach §§ 73 ff, 96, 97 UrhG; JurBüro 2005, 589).
- Vertretung einer Erbengemeinschaft in der Zwangsvollstreckung bei Auftrag zur Abnahme der eidesstattlichen Versicherung (AG Neuwied DGVZ 2001, 94).

Keine Erhöhung wegen gemeinschaftlicher Beteiligung liegt dagegen vor: 8

- Vertretung mehrerer Pflichtteilsberechtigter (OLG Köln JurBüro 1994, 730; OLG München JurBüro 1990, 602; KG AGS 2006, 274).
- Vertretung eines Beklagten, gegen den Pflichtteilsansprüche geltend gemacht werden und eines weiteren Beklagten, gegen den Pflichtteilsergänzungsansprüche geltend gemacht werden (OLG Koblenz JurBüro 1987, 1876).

- Vertretung mehrerer Erbprätendenten, gegen die Klage auf Feststellung erhoben wurde, dass diese nicht Erben geworden seien. Die Tätigkeit des Anwalts bezieht sich für jeden einzelnen Miterben nur auf dessen Anteil am Nachlass, weil es bezüglich jedes Beklagten nur um dessen konkretes Erbrecht geht, das über seinen Erbanteil nicht hinausgeht (OLG Hamm AGS 1994, 41).
- Vertretung mehrerer Miterben im Rechtsstreit gegen einen weiteren Miterben auf Zustimmung zur Verteilung des hinterlegten Erlöses aus der Verteilungsversteigerung des Nachlasses. Es handelt sich bei den einzelnen Ansprüchen der Miterben nicht um denselben Gegenstand iSd Nr. 1008 VV RVG (OLG Karlsruhe Justiz 1991, 21).
- Der Nachlasspfleger als Rechtsanwalt führt für die unbekannten Erben einen Rechtsstreit – erst nach Abschluss der Instanz mehrere Erben festgestellt (OLG München JurBüro 1990, 1156; OLG Hamburg MDR 1982, 1030).

Zu Nr. 1009 VV RVG

1 Wickelt der Anwalt Zahlungen über sein Konto ab oder leitet er Schecks oder Kostbarkeiten weiter, so kann er hierfür Hebegebühren nach Nr. 1009 VV RVG berechnen. Zu beachten ist, dass der Anwalt die Hebegebühren nur von **Aus- oder Zurückzahlungen** berechnen kann, nicht auch von Zahlungseingängen.

2 Jeder Auszahlungsvorgang ist eine **eigene Angelegenheit** iSd § 15 RVG und daher gesondert einschließlich einer Postentgeltpauschale nach Nr. 7002 VV RVG (AnwK-RVG/*N. Schneider* Nr. 1009 VV RVG Rn 5) abzurechnen. So erhält der Anwalt mehrere Hebegebühren, wenn ein Betrag einheitlich eingeht, aber in verschiedenen Teilbeträgen auszuzahlen ist. Umgekehrt fällt nur eine Hebegebühr an, wenn mehrere Zahlungen eingehen, aber in einer Summe ausgezahlt werden.

3 Der Anwalt ist berechtigt, die ihm zustehenden Hebegebühren unmittelbar bei Weiterleitung der Fremdgelder an den Auftraggeber zu **entnehmen** (Anm Abs. 2 Satz 2 zu Nr. 1009 VV RVG).

4 Die **Höhe der Hebegebühren** errechnet sich nach Nr. 1009 Nr. 1 bis 3 VV RVG wie folgt:

> **Nr. 1009 Nr. 1 VV RVG**
> Bei Auszahlungen **bis zu 2.500,00 €** einschließlich erhält der Anwalt
> - aus dem Auszahlungsbetrag 1 %.
>
> **Nr. 1009 Nr. 2 VV RVG**
> Bei Auszahlungen **bis zu 10.000,00 €** einschließlich erhält er
> - 1 % aus 2.500,00 € =   25,00 €
> - aus dem darüber hinausgehenden Wert weitere   0,5 %.
>
> **Nr. 1009 Nr. 3 VV RVG**
> Bei Auszahlungen **über 10.000,00 €** steht ihm zu:
> - 1 % aus 2.500,00 € =   25,00 €
> - zuzüglich 0,5 % aus 7.500,00 € =   37,50 €
> - aus dem Mehrwert über 10.000,00 € weitere   0,25 %.

5 Die **Mindestgebühr** beträgt 1,00 €. Ab 0,5 Cent wird aufgerundet, darunter wird abgerundet (§ 2 Abs. 2 Satz 2 RVG).

6 Eine Erhöhung bei **mehreren Auftraggebern** nach Nr. 1008 VV RVG ist nicht vorgesehen, da es sich nicht um eine Geschäfts- oder Verfahrensgebühr handelt.

Beispiel: Der Anwalt erhält eine Zahlung über Pflichtteilsansprüche in Höhe von 36.000,00 €. Hiervon zahlt er je 18.000,00 € an den Mandanten A und an den Mandanten B aus.

Jetzt liegen zwei Auszahlungen und damit zwei Angelegenheiten iSd § 15 RVG vor. Die Hebegebühr entsteht jeweils gesondert.

I. Auszahlung an A
1. Hebegebühr, 1 % aus 2.500,00 €, Nr. 1009 Nr. 1 VV RVG   25,00 €
   0,5 % aus 7.500,00 €, Nr. 1009 Nr. 2 VV RVG   37,50 €
   0,25 % aus 8.000,00 €, Nr. 1009 Nr. 3 VV RVG   20,00 €
2. Postentgeltpauschale, Nr. 7002 VV RVG   16,50 €
   Zwischensumme   99,00 €
3. 16 % Umsatzsteuer, Nr. 7008 VV RVG   15,84 €
   Gesamt   **114,84 €**

II. Auszahlung an B
1. Hebegebühr, 1 % aus 2.500,00 €, Nr. 1009 Nr. 1 VV RVG   25,00 €
   0,5 % aus 7.500,00 €, Nr. 1009 Nr. 2 VV RVG   37,50 €
   0,25 % aus 8.000,00 €, Nr. 1009 Nr. 3 VV RVG   20,00 €
2. Postentgeltpauschale, Nr. 7002 VV RVG   16,50 €
   Zwischensumme   99,00 €
3. 16 % Umsatzsteuer, Nr. 7008 VV RVG   15,84 €
   Gesamt   **114,84 €**

Zu Vorbemerkung 2 VV RVG

Die Gebühren nach Teil 2 VV RVG erfassen die außergerichtliche Vertretung, soweit in den §§ 34 bis 36 VV RVG nichts Anderweitiges geregelt ist. 1

Nicht anzuwenden ist Teil 2 VV RVG daher bei einer **Beratung**, der **Erstattung eines Gutachtens** und anwaltlicher **Mediation**. Es gilt § 34 RVG: Der Anwalt soll eine Gebührenvereinbarung treffen; anderenfalls gilt bürgerliches Recht. Siehe hierzu die Kommentierung zu § 34 RVG. 2

In bestimmten **steuerlichen Angelegenheiten** gilt über 35 RVG die StbGebVO, die den Regelungen des RVG vorgeht. Siehe hierzu die Kommentierung zu § 35 RVG. 3

Zu Nrn. 2100, 2101 VV RVG

Ist der Anwalt mit der Prüfung der Erfolgsaussicht eines Rechtsmittels beauftragt, gelten die Nrn. 2100 ff VV RVG. Der Anwalt darf allerdings noch keinen unbedingten Rechtsmittelauftrag haben. Anderenfalls wird die Prüfung durch die jeweilige Verfahrensgebühr mit abgegolten (§ 19 Abs. 1 Satz 1 RVG). 1

Es kommt nicht darauf an, ob der Anwalt von der Einlegung eines Rechtsmittels abrät oder die Einlegung befürwortet. Ebenso ist es unerheblich, ob der Anwalt das Rechtsmittel einlegt. Erfasst sind alle Rechtsmittel, nicht nur Berufung und Revision. Entgegen der früheren Regelung erhält der Anwalt die Gebühr auch dann, wenn er in der Vorinstanz Verfahrensbevollmächtigter war (OLG Düsseldorf AGS 2006, 482 m Anm *N. Schneider*). 2

Der Anwalt erhält nach Nr. 2100 VV RVG eine Gebühr i.H.v. 0,5 bis 1,0. Die Mittelgebühr beträgt 0,75. Der konkrete Rahmen wird nach § 14 Abs. 1 RVG ermittelt. 3

Prüft der Anwalt für **mehrere Auftraggeber** wegen desselben Gegenstands, so erhöht sich der Gebührenrahmen nach Nr. 1008 VV RVG um 0,3 je weiterem Auftraggeber. 4

Eine Begrenzung der Gebühr auf die Höchstgrenze wie bei der Erstberatung auf 190,00 € findet nicht statt. 5

Die Gebühr nach Nr. 2100 VV RVG ist auf eine Verfahrensgebühr für das Rechtsmittelverfahren anzurechnen (Anm zu Nr. 2100 VV RVG). 6

VV RVG | Zu Nrn. 2100, 2101

Beispiel (Prüfung der Erfolgsaussichten eines Rechtsmittels mit nachfolgendem Rechtsmittelverfahren bei identischem Wert): Gegen seine erstinstanzliche Verurteilung von 20.000,00 € will der Beklagte Berufung einlegen und lässt sich beraten, ob die Berufung Aussicht auf Erfolg hat. Der beauftragte Anwalt prüft dies und bejaht die Erfolgsaussicht. Die Berufung wird durchgeführt.

I. Prüfung der Erfolgsaussicht
1. 0,75-Prüfungsgebühr, Nr. 2100 VV RVG (Wert: 20.000,00 €)   484,50 €
2. Postentgeltpauschale, Nr. 7002 VV RVG   20,00 €
    Zwischensumme   504,50 €
3. 16 % Umsatzsteuer, Nr. 7008 VV RVG   80,72 €
Gesamt   **585,22 €**

II. Rechtsmittelverfahren
1. 1,6-Verfahrensgebühr, Nr. 3200 VV RVG (Wert: 20.000,00 €)   1.033,60 €
2. 1,2-Terminsgebühr, Nr. 3202 VV RVG (Wert: 20.000,00 €)   775,20 €
3. gemAnm zu Nr. 2100 VV anzurechnen, 0,75 aus 20.000,00 €   – 484,50 €
4. Postentgeltpauschale, Nr. 7002 VV RVG   20,00 €
    Zwischensumme   1.344,30 €
5. 16 % Umsatzsteuer, Nr. 7008 VV RVG   215,09 €
Gesamt   **1.559,39 €**

7 **Beispiel (Prüfung der Erfolgsaussichten eines Rechtsmittels mit nachfolgendem Rechtsmittelverfahren, eingeschränkter Rechtsmittelauftrag):** Gegen seine erstinstanzliche Verurteilung von 20.000,00 € will der Beklagte Berufung einlegen und lässt sich beraten, ob die Berufung Aussicht auf Erfolg hat. Der beauftragte Anwalt prüft dies und bejaht die Erfolgsaussichten in Höhe von 10.000,00 €. In dieser Höhe wird ihm der Auftrag zur Berufung erteilt und diese auch durchgeführt.

I. Prüfung der Erfolgsaussichten
1. 0,75-Prüfungsgebühr, Nr. 2100 VV RVG (Wert: 20.000,00 €)   484,50 €
2. Auslagenpauschale, Nr. 7002 VV RVG   20,00 €
    Zwischensumme   504,50 €
3. 16 % Umsatzsteuer, Nr. 7008 VV RVG   80,72 €
Gesamt   **585,22 €**

II. Rechtsmittelverfahren
1. 1,6-Verfahrensgebühr, Nr. 3200 VV RVG (Wert: 10.000,00 €)   777,60 €
2. 1,2-Terminsgebühr, Nr. 3202 VV RVG (Wert: 10.000,00 €)   583,20 €
3. gemAnm zu Nr. 2100 VV RVG anzurechnen 0,75 aus 10.000,00 €   – 364,50 €
4. Auslagenpauschale, Nr. 7002 VV RVG   20,00 €
    Zwischensumme   1.016,30 €
5. 16 % Umsatzsteuer, Nr. 7008 VV RVG   162,61 €
Gesamt   **1.178,91 €**

Es verbleiben also anrechnungsfrei (netto)   484,50 €
    – 364,50 €
Gesamt   **120,00 €**

8 Ist die Prüfung mit der **Ausarbeitung eines schriftlichen Gutachtens** verbunden, so beläuft sich die Gebühr nach Nr. 2101 VV RVG auf 1,3. Die Gebühr ist ebenfalls auf die Verfahrensgebühr des sich anschließenden Rechtsmittelverfahrens anzurechnen.

Nr. 2200, 2201 VV RVG

Die Nrn. 2200, 2201 VV RVG betreffen Verfahren nach dem EuRAG. Sie sind in erbrechtlichen Mandaten möglich, haben in der Praxis aber kaum Bedeutung.

Zu Vorbemerkung 2.3 VV RVG

Die Geschäftsgebühr nach Nr. 2300 VV RVG erhält der Anwalt für das **Betreiben des Geschäfts** einschließlich der **Entgegennahme der Information**. Alle Tätigkeiten und Gegenstände, mit denen der Anwalt im Rahmen der außergerichtlichen Vertretung befasst wird, sind also zu berücksichtigen.

Der Anwalt erhält die Gebühr auch für die **Mitwirkung an der Gestaltung eines Vertrages**, also zB wenn er an einem Erbvertrag (auch wenn dieser der notariellen Beurkundung bedarf, kann der Anwalt daran mitwirken) oder einer Erbauseinandersetzung oder sonstigen Verträgen, wie zB Abfindungsvereinbarungen etc. mitwirkt.

Strittig ist, ob die Geschäftsgebühr auch für das **Entwerfen von Testamenten** entsteht. Nach der BRAGO war die Rechtslage eindeutig: Es entstand die Geschäftsgebühr des § 118 Abs. 1 Nr. 1 BRAGO. Sie entstand nämlich nicht nur für die außergerichtliche Vertretung, sondern auch für das Entwerfen von Urkunden. Dies war dort ausdrücklich erwähnt. Der Anwalt erhielt die Geschäftsgebühr

»für das Betreiben des Geschäfts einschließlich der Information, des Einreichens, Fertigens oder Unterzeichnens von Schriftsätzen oder Schreiben und des Entwerfens von Urkunden (Geschäftsgebühr);«

In der Nachfolgevorschrift der Vorbemerkung 2.3 Abs. 3 VV RVG (Vorbem 2.4 Abs. 3 VV RVG a.F.) ist der Wortlaut dagegen anders gefasst. Von Urkunden ist dort jetzt nicht mehr die Rede.

Was sich der Gesetzgeber hierbei gedacht hat, ist nicht nachzuvollziehen. In der Begründung zum RVG findet sich hierzu nichts. Es ist daher zum einen denkbar, dass der Gesetzgeber bewusst die Mitwirkung bei der Erstellung von Urkunden aus dem Anwendungsbereich der Geschäftsgebühr hat herausnehmen wollen. Ebenso ist aber denkbar, dass hier lediglich eine sprachliche Ungenauigkeit oder ein Versehen vorliegt.

Auszugehen sein dürfte von letzterem. Wenn der Gesetzgeber die Mitwirkung bei der Erstellung von Urkunden aus dem Anwendungsbereich der Geschäftsgebühr hätte herausnehmen wollen, dann hätte er hierzu sicherlich in der Gesetzesbegründung auch etwas ausgeführt.

Hinzu kommt, dass überhaupt kein Anlass besteht, die Mitwirkung bei der Erstellung von Urkunden aus dem Anwendungsbereich der Geschäftsgebühr herauszunehmen. Dies wäre völlig sinnwidrig und kann daher nicht angenommen werden.

Beispiel: Der Anwalt entwirft
a) einen Erbvertrag, den die Parteien später notariell beurkunden lassen,
b) ein gemeinschaftliches Testament, das die Ehegatten abschreiben und unterschreiben,
c) für jeden Ehegatten ein eigenes Testament, das jeder eigenhändig abschreibt und unterschreibt.

Im Falle a) würde unstreitig eine Geschäftsgebühr entstehen.

Im Falle c) würde dem Wortlaut zu Folge keine Geschäftsgebühr entstehen. Der Anwalt könnte lediglich eine Beratung nach § 34 Abs. 1 Satz 2 RVG in Höhe von maximal 250,00 € abrechnen.

Im Falle b) wäre wohl auch keine Geschäftstätigkeit gegeben, da ein gemeinschaftliches Testament noch kein Vertrag ist.

8 Ein Grund für eine solche Differenzierung ist nicht ersichtlich. Von Sinn und Zweck her kommt eine Eingrenzung der Geschäftstätigkeit auf die Mitwirkung bei der Gestaltung von Verträgen nicht in Betracht macht und die Ausgrenzung bei der Mitwirkung bei der Erstellung von Urkunden keinen Sinn.

9 So lässt denn auch der Wortlaut die Deutung durchaus zu, dass die Mitwirkung bei der Erstellung von Urkunden weiterhin in den Anwendungsbereich der Geschäftsgebühr fällt. Es heißt in der Aufzählung in Vorbemerkung 2.3 Abs. 3 VV RVG nämlich nur, dass der Anwalt die Geschäftsgebühr »einschließlich für die Mitwirkung bei der Gestaltung von Verträgen« erhält. Es handelt sich also lediglich um eine klarstellende Hervorhebung und nicht um eine Aufzählung, die abschließend ist. Von daher bestehen keine Bedenken, die Mitwirkung bei der Erstellung von Urkunden weiterhin in dem Anwendungsbereich der Geschäftsgebühr zu belassen, lediglich mit dem Unterschied, dass diese Tätigkeit nicht mehr ausdrücklich enumerativ aufgeführt ist, sondern unter die allgemeine Beschreibung »Betreiben des Geschäfts« fällt (siehe hierzu auch *Bonefeld*, Gebührenabrechnung familien- und erbrechtlicher Mandate nach dem RVG und GKG, 2005 Rn 254 ff; *N. Schneider* AGS 2005, 60; ebenso AnwK-RVG/*Onderka* Vorbem 2.3. Rn 28; *Hansens/Braun/Schneider*, Handbuch des Vergütungsrechts, Teil 7 Rn 119; *Mayer/Kroiß* Nr. 2300 VV Rn 10 ff).

10 Der Anwalt sollte hier allerdings kein Risiko eingehen und stets eine **Vergütungsvereinbarung** treffen. Geht man nämlich von einer Beratung aus, gilt § 34 Abs. 1 Satz 1 RVG, wonach mangels Vereinbarung maximal 250,00 € abgerechnet werden können, wenn keine Vereinbarung getroffen worden ist (§ 34 Abs. 1 Satz 3 RVG).

Nr. 2300 VV RVG

1 Ist der Anwalt mit der außergerichtlichen Vertretung beauftragt, so gilt Nr. 2300 VV RVG (bis zum 30.6.2006 noch Nr. 2400 VV RVG). Er erhält danach eine **Geschäftsgebühr** (früher § 118 Abs. 1 Nr. 1 BRAGO).

2 Die Abrechnung nach Nr. 2300 VV RVG setzt voraus, dass eine Tätigkeit des Anwalts »**nach außen hin**« gerichtet ist. Dem Anwalt muss also der Auftrag erteilt worden sein, mit dem Gegner oder Dritten in Verbindung zu treten.

3 Der Anwalt erhält die Geschäftsgebühr allerdings auch für die **Mitwirkung bei der Gestaltung von Verträgen** (Vorbem 2.3 Abs. 3 VV RVG). Hat der Anwalt also den Auftrag, eine Auseinandersetzungsvereinbarung zu entwerfen, zB einen Verzichtvertrag über Pflichtteilsansprüche o.ä., richtet sich die Vergütung nach Nr. 2300 VV RVG und zwar auch dann, wenn der Anwalt nicht mit Dritten in Verbindung tritt.

4 Zum Umfang der außergerichtlichen Vertretung s. auch Vorbem 2.3 VV RVG.

5 Dem Anwalt steht ein **Gebührenrahmen** von 0,5 bis 1,5 zu. Die Höhe der angemessenen Gebühr bestimmt der Anwalt gem. **§ 14 Abs. 1 RVG**. Siehe hierzu im Einzelnen § 14 RVG.

6 Vertritt der Anwalt **mehrere Auftraggeber**, erhöht sich die Gebühr nach Nr. 1008 VV RVG um 0,3 je weiterem Auftraggeber. Auch wenn dies nur für Betragsrahmengebühren angeordnet ist, wird man auch bei Nr. 2300 VV RVG den Rahmen um 0,3 je weiterem Auftraggeber anzuheben haben (aA AnwK-RVG/*Schnapp* Nr. 1008 Rn 47 m. Nachw. zu den verschiedenen Ansichten, die letztlich zum gleichen Ergebnis kommen), maximal um 2,0. Bei zwei Auftraggebern steht daher ein Rahmen von 0,8 bis 2,8 (Mittelgebühr 1,8) zur Verfügung.

7 Zu beachten ist, dass der Anwalt gemAnm zu Nr. 2300 VV RVG lediglich eine 1,3-Gebühr (**sog. Schwellengebühr**) verlangen kann, wenn die Tätigkeit weder umfangreich noch schwierig war.

Im Gegensatz zu anderen Rechtsgebieten zeigt die Praxis, dass es in erbrechtlichen Mandaten offenbar keine Probleme mit der sog. Schwellengebühr gibt. Erbrechtliche Angelegenheiten dürften grundsätzlich als schwierig einzustufen sein.
Abgesehen davon wird in aller Regel auch die Tätigkeit umfangreich sein.

Beispiel (Außergerichtliche Vertretung – Mittelgebühr): Der Anwalt wird beauftragt, eine Pflichtteilsforderung in Höhe von 10.000.000 € außergerichtlich geltend zu machen. Die Sache ist durchschnittlich, aber umfangreich.

1. 1,5-Geschäftsgebühr, Nr. 2300 VV RVG (Wert: 10.000,00 €)	729,00 €
2. Postentgeltpauschale, Nr. 7002 VV RVG	20,00 €
Zwischensumme	749,00 €
3. 16 % Umsatzsteuer, Nr. 7008 VV RVG	119,84 €
Gesamt	**886,84 €**

Beispiel (Außergerichtliche Vertretung – Mittelgebühr, mehrere Auftraggeber): Der Anwalt wird von zwei Miterben mit der außergerichtlichen Abwehr einer Forderung in Höhe von 8.000,00 € beauftragt. Die Sache ist durchschnittlich, aber umfangreich.

1. 1,8-Geschäftsgebühr, Nrn. 2300, 1008 VV RVG (Wert: 8.000,00 €)	741,60 €
2. Postentgeltpauschale, Nr. 7002 VV RVG	20,00 €
Zwischensumme	761,60 €
3. 16 % Umsatzsteuer, Nr. 7008 VV RVG	121,86 €
Gesamt	**883,46 €**

Beispiel (Außergerichtliche Vertretung – Schwellengebühr): Der Anwalt wird mit der außergerichtlichen Beitreibung einer Nachlassforderung in Höhe von 8.000,00 € beauftragt. Die Tätigkeit des Anwalts ist weder umfangreich noch schwierig.

1. 1,3-Geschäftsgebühr, Nr. 2300 VV RVG (Wert: 8.000,00 €)	535,60 €
2. Postentgeltpauschale, Nr. 7002 VV RVG	20,00 €
Zwischensumme	555,60 €
3. 16 % Umsatzsteuer, Nr. 7008 VV RVG	88,90 €
Gesamt	**644,50 €**

Beispiel (Außergerichtliche Vertretung mit Einigung): Der Anwalt wird mit der außergerichtlichen Beitreibung eines Pflichtteils in Höhe von 8.000,00 € beauftragt. Die Parteien einigen sich auf 6.000,00 €.

1. 1,5-Geschäftsgebühr, Nr. 2300 VV RVG (Wert: 8.000,00 €)	618,00 €
2. 1,5-Einigungsgebühr, Nr. 1000 VV RVG (Wert: 8.000,00 €)	618,00 €
3. Postentgeltpauschale, Nr. 7002 VV RVG	20,00 €
Zwischensumme	1.256,00 €
4. 16 % Umsatzsteuer, Nr. 7008 VV RVG	200,96 €
Gesamt	**1.456,96 €**

Zur Anrechnung der Geschäftsgebühr siehe Vorbem 3 Rn 14 ff.

Zu Nr. 2301 VV RVG

Eine Gebühr nach Nr. 2301 VV RVG kann nur in verwaltungs- oder steuerrechtlichen Angelegenheiten anfallen. Sie gilt zB in Einspruchsverfahren vor dem Finanzamt. Wegen des Sachzusammenhangs siehe hierzu die Kommentierung zu § 35 RVG.

Zu Nr. 2302 VV RVG

1 Sofern sich die außergerichtliche Tätigkeit des Anwalts auf ein einfaches Schreiben bezieht, das weder schwierige rechtliche noch größere sachliche Auseinandersetzungen enthalten soll, erhält der Anwalt nach Nr. 2302 VV RVG lediglich eine Gebühr in Höhe von 0,3.
2 Zu beachten ist hier allerdings, dass es nicht darauf ankommt, ob der Anwalt letztlich ein einfaches Schreiben verfasst, sondern ausschließlich darauf, ob er von vornherein einen Auftrag hatte, nur ein einfaches Schreiben zu erstellen (BGH NJW 1983, 2451; siehe auch: *N. Schneider* AGS 2003, 525). Sofern der Anwalt also den Auftrag hatte, außergerichtlich umfassend tätig zu werden und er dem Mandanten rät, zunächst nur ein einfaches Schreiben abzusetzen, richtet sich die Vergütung nach Nr. 2300 VV RVG, nicht nach Nr. 2302 VV RVG.
Diese Vorschrift hat in der Praxis daher keine Bedeutung.
3 Unter Nr. 2302 VV RVG fallen würde daher zB eine bloße Anfrage beim Nachlassgericht, ob ein Testament oder ein Erbvertrag hinterlegt ist oder eine Sachstandsanfrage beim Finanzamt, sofern in diesen Sachen nicht ein weitergehender Auftrag besteht.

Zu Nr. 2303 VV RVG

1 Im **Verfahren der obligatorischen Streitschlichtung nach § 15a EGZPO** iVm den jeweiligen Ländergesetzen erhält der Anwalt seine Vergütung nach Nr. 2303 Nr. 1 VV RVG, und zwar erhält er ebenfalls eine Geschäftsgebühr.
2 Die Tätigkeit in den betreffenden Verfahren ist für den Anwalt sowohl gegenüber einer vorangegangenen Tätigkeit (Schlussfolgerung aus Anm zu 2303 VV RVG) als auch gegenüber dem nachfolgenden Rechtsstreit oder Mahnverfahren eine **gesonderte Angelegenheit** iSd §§ 15, 17 Nr. 7d RVG.
3 Der Anwalt erhält nach Nr. 2303 Nr. 1 VV RVG für die Tätigkeit in den genannten Verfahren eine **Geschäftsgebühr** in Höhe von 1,5. Die Gebühr deckt die gesamte Tätigkeit des Anwalts im Verfahren ab, also einschließlich der Teilnahme an Terminen.
4 Soweit der Anwalt **mehrere Auftraggeber** gemeinschaftlich wegen desselben Gegenstandes vertritt, erhöht sich diese Gebühr um jeweils 0,3 je weiterem Auftraggeber (Nr. 1008 VV RVG).
5 Im Falle einer **vorzeitigen Beendigung** des Auftrags ist eine Reduzierung der Gebühr nicht vorgesehen. Es bleibt also bei der vollen 1,5-Geschäftsgebühr. Dies gilt auch dann, wenn die Parteien anderweitige Gegenstände in eine Einigung mit einbeziehen.
6 Ist zuvor eine Geschäftsgebühr nach Nr. 2300 VV RVG angefallen, so wird diese Geschäftsgebühr auf die Geschäftsgebühr im Schlichtungsverfahren **zur Hälfte angerechnet**, höchstens jedoch mit einem Gebührensatz von 0,75 (Anm zu Nr. 2303 VV RVG).
7 Kommt es nach Durchführung des Schlichtungsverfahrens zum Rechtsstreit, so ist die Geschäftsgebühr nach Nr. 2303 Nr. 4 VV RVG wiederum zur Hälfte, also mit einem Gebührensatz von 0,75, auf die Verfahrensgebühr des gerichtlichen Verfahrens **anzurechnen** (Vorbem 3 Abs. 4 Satz 1 VV RVG).
8 **Beispiel:** Der Anwalt wird beauftragt, eine Nachlassforderung von 400,00 € außergerichtlich geltend zu machen; die Tätigkeit ist nicht schwierig und nicht umfangreich. Anschließend wird das Schlichtungsverfahren nach § 15a EGZPO durchgeführt und hiernach Klage erhoben. Nach mündlicher Verhandlung ergeht ein Urteil.

I. Außergerichtliche Tätigkeit (Wert: 400,00 €)
1. 1,3-Geschäftsgebühr, Nr. 2300 VV RVG   58,50 €
2. Postentgeltpauschale, Nr. 7002 VV RVG   11,70 €
   Zwischensumme   70,20 €

3. 16 % Umsatzsteuer, Nr. 7008 VV RVG		11,23 €
Gesamt		81,43 €

II. Schlichtungsverfahren (Wert: 400,00 €)

1. 1,5-Geschäftsgebühr, Nr. 2303 Nr. 1 VV RVG		67,50 €
2. Postentgeltpauschale, Nr. 7002 VV RVG		13,50 €
3. gemAnm zu Nr. 2303 VV RVG anzurechnen: 0,65 aus 400,00 €		– 29,25 €
Zwischensumme	51,75 €	
4. 16 % Umsatzsteuer, Nr. 7008 VV RVG		8,28 €
Gesamt		60,03 €

III. Rechtsstreit (Wert: 400,00 €)

1. 1,3-Verfahrensgebühr, Nr. 3100 VV RVG		58,50 €
2. 1,2-Terminsgebühr, Nr. 3104 VV RVG		54,00 €
3. Postentgeltpauschale, Nr. 7002 VV RVG		20,00 €
4. gem. Vorbem 3 Abs. 4 VV RVG anzurechnen, 0,75 aus 400,00 €		– 33,75 €
Zwischensumme	98,75 €	
5. 16 % Umsatzsteuer, Nr. 7008 VV RVG		15,80 €
Gesamt		114,55 €

Zu Vorbemerkung 2.5 und Nr. 2500 ff VV RVG

I. Überblick

Wird der Anwalt im Rahmen der Beratungshilfe beauftragt, gelten ausschließlich die Nrn. 2500 ff VV RVG (Vorbem 2.5 VV RVG). **1**

Solche Mandate gelten als unlukrativ, da der Anwalt nach den Nr. 2500 ff VV RVG nur geringe Festgebühren erhält. Selbst wenn es zum Abschluss einer Einigung kommt, liegen die Gebühren in einem äußerst geringen Bereich. Andererseits ist der Anwalt grundsätzlich zur Übernahme solcher Mandate verpflichtet (§ 49a BRAO). **2**

II. Inanspruchnahme des Auftraggebers

Vom Rechtsuchenden kann der Anwalt eine **Beratungshilfegebühr** in Höhe von 10,00 € verlangen (Nr. 2500 VV RVG). Diese Gebühr schuldet ausschließlich der Auftraggeber (§ 44 Satz 2 RVG). Neben dieser Gebühr können **keine Auslagen** erhoben werden (Abs. 1 Satz 1, 1. Halbsatz der Anm zu Nr. 2500 VV RVG), also auch keine Umsatzsteuer, die in den 10,00 € enthalten ist. Die Gebühr kann **erlassen** werden (Abs. 1 Satz 1, 1. Halbsatz der Anm zu Nr. 2500 VV RVG). **3**

Weiter gehende Forderungen gegen den Auftraggeber als die Gebühr nach Nr. 2500 VV RVG sind ausgeschlossen. **4**

Insbesondere ist eine **Vergütungsvereinbarung** im Rahmen der Beratungshilfe nichtig (§ 4 Abs. 6 RVG iVm § 8 BerHG). **5**

III. Ansprüche gegen die Staatskasse

Die weiteren Gebühren der Nrn. 2501 ff VV RVG erhält der Anwalt aus der Staatskasse. **6**

Für die **Erteilung eines Rates** erhält der Anwalt nach Nr. 2501 VV RVG eine Gebühr in Höhe von 30,00 €. **7**

Ist der Anwalt mit der **außergerichtlichen Vertretung** des Rechtsuchenden betraut, erhält er eine Gebühr in Höhe von 70,00 € (Nr. 2503 VV RVG), die sich bei mehreren Auftraggebern gem Nr. 1008 VV RVG um jeweils 30 % erhöht. **8**

VV RVG | Zu Vorbemerkung 3

9 Führt die Tätigkeit des Anwalts zu einer **Einigung** oder einer im Falle eines finanzgerichtlichen Verfahrens zu einer **Erledigung**, so erhält er neben der Rats- oder Vertretungsgebühr eine weitere Gebühr in Höhe von 125,00 € (Nr. 2508 VV RVG).
10 Hinzu kommen Auslagen und Umsatzsteuer (§§ 44, 46 RVG)

Zu Vorbemerkung 3 VV RVG

I. Anwendungsbereich

1 Die Gebühren nach Teil 3 VV RVG gelten für alle gerichtlichen Verfahren, und zwar nicht nur für die ZPO-Verfahren, einschließlich der Arrest- und einstweiligen Verfügungsverfahren sowie des selbständigen Beweisverfahrens, sondern auch für sämtliche FGG-Verfahren, wie sich aus der Überschrift zu Teil 3 VV RVG ergibt. Sie gelten also insbesondere auch in Erbscheinverfahren, Verfahren über die Bestellung oder Abberufung eines Testamentsvollstreckers etc.
2 In erster Linie sind die Vorschriften auf den Verfahrens- oder Prozessbevollmächtigten zugeschnitten.
3 Daneben gelten die Vorschriften aber auch für die Vertretung eines anderen Beteiligten, etwa einen **Streithelfer** (unselbständige Nebenintervention, § 67 ZPO). Hinsichtlich seiner Vergütung kann daher auf die Vergütung des Prozessbevollmächtigten verwiesen werden. Zu beachten sind allerdings folgende Besonderheiten:
4 Ohne Beitritt des Streithelfers erhält der Anwalt lediglich eine **reduzierte Verfahrensgebühr** nach Nr. 3101 Nr. 1 VV RVG (*Hansens* § 31 Rn 2). Die **volle Verfahrensgebühr** sowie die **Terminsgebühr** kann der Anwalt nur verdienen, wenn er selbst an einem Termin iSd Vorbem 3 Abs. 3 VV RVG nach Beitritt des Streithelfers teilnimmt oder sich durch den Prozessbevollmächtigten der Hauptpartei vertreten lässt (BGH, Beschl v 11.7. 2006 – AZ: VI ZB 13/06). Ebenso erhält er die Terminsgebühr, wenn er mit einer den Parteien oder deren Bevollmächtigtem zur Erledigung des Verfahrens Gespräche führt (Vorbem 3 Abs. 3, 3. Var. VV RVG).
5 Die **Einigungsgebühr** kann dagegen auch ohne Beitritt entstehen. Voraussetzung hierfür ist allerdings, dass die Einigung auch die Rechtsverhältnisse des Nebenintervenienten regelt (OLG Hamburg JurBüro 1979, 1013). Werden nur die Rechtsbeziehungen zwischen den Parteien geregelt, so erhält der Anwalt des Nebenintervenienten keine Einigungsgebühr, selbst wenn er an dem Abschluss der Einigung mitwirkt (OLG Stuttgart KostRspr BRAGO § 23 Nr. 120).
6 Der **Gegenstandswert** für die Gebühren des Streithelfers bemisst sich nicht zwingend nach dem Wert der Hauptsache. Das Interesse des Streithelfers an dem Ausgang des Rechtsstreits ist vielmehr gesondert zu bewerten, so dass es einer gesonderten Streitwertfestsetzung bedarf (*Schneider/Herget* Rn 3356 ff mN zur Rspr).
7 Der beigetretene Streithelfer erhält von der Gegenpartei nach § 101 ZPO eine Kostenerstattung, soweit diese unterlegen ist.
8 Da der Streithelfer jedoch nicht Partei des Rechtsstreits ist, gehören die ihm entstandenen Anwaltskosten nicht zu den **Kosten des Rechtsstreits**, so dass er aufgrund der dort ergehenden Kostenentscheidung keine Festsetzung beantragen kann. Es ist vielmehr erforderlich, dass das Gericht neben den Kosten des Rechtsstreits auch ausdrücklich über die Kosten des Streithelfers entscheidet. Unterbleibt dieser Kostenausspruch, muss innerhalb von zwei Wochen eine Ergänzung nach § 321 ZPO beantragt werden. Nach Ablauf der Frist ist ein Nachholen der Kostenentscheidung grundsätzlich nicht mehr möglich, so dass damit eine prozessuale Kostenerstattung endgültig ausfällt.
9 Schließen die Hauptparteien eine **Einigung ohne Mitwirkung des Nebenintervenienten**, in dem sie vereinbaren, die Kosten des Verfahrens gegeneinander aufzuheben, so kommt

eine Kostenerstattung mangels Kostengrundentscheidung bzw. Kostenvereinbarung nicht in Betracht (BGH AGS 2003, 293 mit Anm *N. Schneider*).

II. Verfahrensgebühr

Wie alle anderen Verfahrens- und Geschäftsgebühren entstehen die Verfahrensgebühren nach Teil 3 VV RVG für das Betreiben des Geschäfts einschließlich der Entgegennahme der Information (Vorbem 3 Abs. 2 VV RVG). **10**

III. Terminsgebühr

Die Terminsgebühr in Verfahren nach Teil 3 VV RVG entsteht in jeder Angelegenheit nur einmal (§ 15 Abs. 2 Satz 1 RVG). **11**

Die Terminsgebühr entsteht nach Vorbem 3 Abs. 3 VV RVG in drei Fällen: **12**

- Vertretung in einem **gerichtlichen Verhandlungs- Erörterungs- oder Beweisaufnahmetermin** (Vorbem 3 Abs. 3, 1. Var. VV RVG),
- Wahrnehmung eines von einem **gerichtlich bestellten Sachverständigen anberaumten Termins** (Vorbem 3 Abs. 3, 2. Var. VV RVG),
- Mitwirkung an auf die Vermeidung oder Erledigung des Verfahrens gerichteten **Besprechungen ohne Beteiligung des Gerichts** (Vorbem 3 Abs. 3, 3. Var. VV RVG).

Darüber hinaus kann die Terminsgebühr auch ausnahmsweise entstehen bei **13**

- einer **Entscheidung ohne mündliche Verhandlung** (Anm Abs. 1 Nr. 1, 1. Alt. zu Nr. 3104 VV RVG; Anm Abs. 1 zu Nr. 3202 VV RVG; Anm 3210 VV RVG),
- Abschluss einer **Einigung im schriftlichen Verfahren**, zB bei Mitwirkung an einer Protokollierung nach § 278 Abs. 6 Satz 2 ZPO (BGH JurBüro 2006, 73; Beschl v 3. 7. 2006 – AZ: II ZB 31/05; Anm Abs. 1 Nr. 1, 2. Alt. zu Nr. 3104 VV RVG; Anm Abs. 1 zu Nr. 3202 VV RVG; Anm 3210 VV RVG).

IV. Anrechnung der Geschäftsgebühr

Eine Geschäftsgebühr ist nach Vorbem 3 Abs. 4 VV RVG zur Hälfte, höchstens jedoch zu 0,75 auf die entsprechenden Gebühren eines nachfolgenden gerichtlichen Verfahrens anzurechnen. **14**

Beispiel (Anrechnung – Normalfall): Der Anwalt macht außergerichtlich für den Auftraggeber eine Forderung in Höhe von 8.000,00 € geltend. Die Sache ist weder umfangreich noch schwierig. Der Schuldner zahlt nicht. Der Anwalt erhebt daraufhin auftragsgemäß Klage, über die verhandelt wird. **15**

I. Außergerichtliche Vertretung (Wert: 8.000,00 €)
1. 1,3-Geschäftsgebühr, Nr. 2300 VV RVG   535,60 €
2. Postentgeltpauschale, Nr. 7002 VV RVG   20,00 €
   Zwischensumme   555,60 €
3. 16 % Umsatzsteuer, Nr. 7008 VV RVG   88,90 €
   Gesamt   **644,50 €**

II. Gerichtliches Verfahren (Wert: 8.000,00 €)
1. 1,3-Verfahrensgebühr, Nr. 3100 VV RVG   535,60 €
2. 1,2-Terminsgebühr, Nr. 3104 VV RVG   494,40 €
3. Postentgeltpauschale, Nr. 7002 VV RVG   20,00 €
4. gem. Vorbem 3 Abs. 4 VV RVG anzurechnen, 0,65 aus 8.000,00 €   – 267,80 €
   Zwischensumme   782,20 €
5. 16 % Umsatzsteuer, Nr. 7008 VV RVG   125,15 €
   Gesamt   **907,35 €**

VV RVG | Zu Vorbemerkung 3

Beispiel (Anrechnung – Nachfolgende Gebühr hat einen geringeren Gegenstandswert): Der Anwalt macht außergerichtlich für den Auftraggeber eine Pflichtteilsforderung in Höhe von 8.000,00 € geltend. Der Schuldner zahlt 4.000,00 €. Im Übrigen scheitern die außergerichtlichen Verhandlungen. Der Anwalt erhebt daraufhin auftragsgemäß Klage in Höhe der restlichen 4.000,00 €, über die verhandelt wird.

Angerechnet wird nur nach dem Wert, der außergerichtlicher Tätigkeit und Rechtsstreit gemeinsam ist (Vorbem 3 Abs. 4 Satz 3 VV RVG).

I. Außergerichtliche Vertretung (Wert: 8.000,00 €)
1. 1,5-Geschäftsgebühr, Nr. 2300 VV RVG .... 618,00 €
2. Postentgeltpauschale, Nr. 7002 VV RVG .... 20,00 €
   Zwischensumme .... 638,00 €
3. 16 % Umsatzsteuer, Nr. 7008 VV RVG .... 102,08 €
   Gesamt .... **740,08 €**

II. Gerichtliches Verfahren (Wert: 4.000,00 €)
1. 1,3-Verfahrensgebühr, Nr. 3100 VV RVG .... 318,50 €
2. 1,2-Terminsgebühr, Nr. 3104 VV RVG .... 294,00 €
3. Postentgeltpauschale, Nr. 7002 VV RVG .... 20,00 €
4. gem. Vorbem 3 Abs. 4 VV RVG anzurechnen, 0,75 aus 4.000,00 € .... – 183,75 €
   Zwischensumme .... 448,75 €
5. 16 % Umsatzsteuer, Nr. 7008 VV RVG .... 71,80 €
   Gesamt .... **520,55 €**

16 **Beispiel (Anrechnung – Nachfolgendes Verfahren nur wegen eines Teilbetrages, Einigung über Gesamtbetrag im Termin):** Der Anwalt macht außergerichtlich für den Auftraggeber eine Pflichtteilsforderung in Höhe von 8.000,00 € geltend. Die außergerichtlichen Verhandlungen scheitern. Der Anwalt erhebt daraufhin auftragsgemäß Klage in Höhe von lediglich 4.000,00 €, über die verhandelt wird. Im Termin einigen sich die Parteien über die gesamten 8.000,00 €.

I. Außergerichtliche Vertretung (Wert: 8.000,00 €)
1. 1,5-Geschäftsgebühr, Nr. 2300 VV RVG .... 618,00 €
2. Postentgeltpauschale, Nr. 7002 VV RVG .... 20,00 €
   Zwischensumme .... 638,00 €
3. 16 % Umsatzsteuer, Nr. 7008 VV RVG .... 102,08 €
   Gesamt .... **740,08 €**

II. Gerichtliches Verfahren
1. 1,3-Verfahrensgebühr, Nr. 3100 VV RVG (Wert: 8.000,00 €) .... 535,60 €
2. 1,2-Terminsgebühr, Nr. 3104 VV RVG (Wert: 8.000,00 €) .... 494,40 €
3. 1,0-Einigungsgebühr, Nrn. 1000, 1003 VV RVG (Wert: 4.000,00 €) 245,00 €
4. 1,5-Einigungsgebühr, Nr. 1000 VV RVG (Wert: 4.000,00 €) 367,50 €
   gem. § 15 Abs. 3 RVG nicht mehr als 1,5 aus 8.000,00 € .... 618,00 €
5. Postentgeltpauschale, Nr. 7002 VV RVG .... 20,00 €
   Zwischensumme .... **1.668,00 €**
6. 16 % Umsatzsteuer, Nr. 7008 VV RVG .... 266,88 €
   Gesamt .... **1.934,88 €**

17 **Beispiel (Anrechnung – Nachfolgendes Verfahren nur wegen eines Teilbetrages, Einigung über Gesamtbetrag ohne Termin):** Der Anwalt macht außergerichtlich für den Auftraggeber eine Pflichtteilsforderung in Höhe von 8.000,00 € geltend. Die außergerichtlichen Verhandlungen scheitern. Der Anwalt erhebt daraufhin auftragsgemäß Klage in Höhe von lediglich 4.000,00 €, über die verhandelt wird. Vor dem Termin einigen sich die Parteien über die gesamten 8.000,00 €, woraufhin die Klage zurückgenommen wird.

I. Außergerichtliche Vertretung (Wert: 8.000,00 €)
1. 1,5-Geschäftsgebühr, Nr. 2300 VV RVG		618,00 €
2. Postentgeltpauschale, Nr. 7002 VV RVG		20,00 €
Zwischensumme	638,00 €	
3. 16 % Umsatzsteuer, Nr. 7008 VV RVG		102,08 €
Gesamt		**740,08 €**

II. Gerichtliches Verfahren
1. 1,3-Verfahrensgebühr, Nr. 3100 VV RVG (Wert: 4.000,00 €)		318,50 €
2. 0,8-Verfahrensgebühr, Nr. 3101 Nr. 1 VV RVG (Wert: 4.000,00 €)		196,00 €
3. gem. Vorbem 3 Abs. 4 VV RVG anzurechnen, 0,75 aus 8.000,00 € (die Höchstgrenze des § 15 Abs. 3 RVG (1,3 aus 8.000,00 € = 535,60 €) ist nicht erreicht)		– 309,00 €
4. 1,2-Terminsgebühr, Nr. 3104 VV RVG (Wert: 8.000,00 €)		494,40 €
5. 1,0-Einigungsgebühr, Nrn. 1000, 1003 VV RVG (Wert: 4.000,00 €)	245,00 €	
6. 1,5-Einigungsgebühr, Nr. 1000 VV RVG (Wert: 4.000,00 €)	367,50 €	
gem. § 15 Abs. 3 RVG nicht mehr als 1,5 aus 8.000,00 €		618,00 €
7. Postentgeltpauschale, Nr. 7002 VV RVG		20,00 €
Zwischensumme		**1.337,90 €**
8. 16 % Umsatzsteuer, Nr. 7008 VV RVG		214,06 €
Gesamt		**1.551,96 €**

V. Zurückverweisung

Wird eine Sache aufgrund eines Rechtsmittels (Berufung, Revision, Beschwerde) an ein untergeordnetes Gericht zurückverwiesen, so ist das weitere Verfahren vor diesem Gericht ein neuer Rechtszug (§ 21 Abs. 1 RVG). Die Folge ist, dass nach Zurückverweisung sämtliche Gebühren und auch die Postentgeltpauschale erneut entstehen können.

Allerdings wird die Verfahrensgebühr, die zuvor entstanden ist, auf die Verfahrensgebühr für das neue Verfahren angerechnet, sofern das Gericht mit der Sache bereits befasst war (Vorbem 3 Abs. 6 VV RVG); ausgenommen, es sind mehr als zwei Kalenderjahre vergangen (§ 15 Abs. 5 Satz 2 RVG).

Beispiel: Nach mündlicher Verhandlung wird der Beklagte dazu verurteilt, an den Kläger 20.00,00 € zu zahlen. Hiergegen legt der Beklagtenvertreter beim LG Berufung ein. Das LG verweist die Sache an das AG zurück, das nach erneuter mündlicher Verhandlung und Beweisaufnahme die Klage abweist.

I. Verfahren vor Zurückverweisung
1. 1,3-Verfahrensgebühr, Nr. 3100 VV RVG		839,80 €
2. 1,2-Terminsgebühr, Nr. 3104 VV RVG		775,20 €
3. Postentgeltpauschale, Nr. 7002 VV RVG		20,00 €
Zwischensumme	1.635,00 €	
4. 16 % Umsatzsteuer, Nr. 7008 VV RVG		261,60 €
Gesamt		**1.896,60 €**

II. Berufungsverfahren
1. 1,6-Verfahrensgebühr, Nr. 3100 VV RVG		1.033,60 €
2. 1,2-Terminsgebühr, Nr. 3104 VV RVG		775,20 €
3. Postentgeltpauschale, Nr. 7002 VV RVG		20,00 €
Zwischensumme	1.828,80 €	
4. 16 % Umsatzsteuer, Nr. 7008 VV RVG		292,61 €
Gesamt		**2.121,41 €**

VV RVG | Zu Nr. 3100, 3101

III. Verfahren nach Zurückverweisung

1. 1,3-Verfahrensgebühr, Nr. 3100 VV RVG	839,80 €
2. gemäß Vorbem 3. Abs. 6 VV RVG anzurechnen	− 839,80 €
3. 1,2-Terminsgebühr, Nr. 3104 VV RVG	775,20 €
4. Postentgeltpauschale, Nr. 7002 VV RVG	20,00 €
Zwischensumme	795,20 €
5. 16 % Umsatzsteuer, Nr. 7008 VV RVG	127,23 €
Gesamt	**922,43 €**

VI. Anrechnung Beweisverfahren

21 Das selbständige Beweisverfahren und ein nachfolgendes Hauptsacheverfahren sind zwei verschiedene Angelegenheiten. Kommt es nach dem Beweisverfahren zum Hauptsacheverfahren oder kommt es während des Hauptsacheverfahrens zu einem selbständigen Beweisverfahren, so sind die Verfahrensgebühren nach Vorbem 3 Abs. 5 VV RVG aufeinander anzurechnen.

22 **Beispiel:** Der Anwalt führt zur Bewertung eines im Nachlass befindlichen Grundstücks ein Beweisverfahren (Wert: 30.000,00 €) durch. Es findet ein Sachverständigentermin statt, an dem er teilnimmt. Anschließend kommt es zum Hauptsacheverfahren, in dem nach mündlicher Verhandlung ein Urteil ergeht.

I. Selbständiges Beweisverfahren (Wert: 30.000,00 €)

1. 1,3-Verfahrensgebühr, Nr. 3100 VV RVG	985,40 €
2. 1,2-Terminsgebühr, Nr. 3104 VV RVG	909,60 €
3. Postentgeltpauschale, Nr. 7002 VV RVG	20,00 €
Zwischensumme	1.915,00 €
4. 16 % Umsatzsteuer, Nr. 7008 VV RVG	306,40 €
Gesamt	**2.278,85 €**

II. Rechtsstreit (Wert: 30.000,00 €)

1. 1,3-Verfahrensgebühr, Nr. 3100 VV RVG	985,40 €
2. gem. Vorbem 3 Abs. 5 VV RVG anzurechnen, 1,3 aus 30.000,00 €	− 985,40 €
3. 1,2-Terminsgebühr, Nr. 3104 VV RVG	909,60 €
4. Postentgeltpauschale, Nr. 7002 VV RVG	20,00 €
Zwischensumme	929,60 €
5. 16 % Umsatzsteuer, Nr. 7008 VV RVG	148,74 €
Gesamt	**1.078,34 €**

Zu Nr. 3100, 3101 VV RVG

I. Überblick

1 Der zum Prozessbevollmächtigten bestellte Rechtsanwalt erhält nach Nr. 3100 VV RVG eine Verfahrensgebühr für das Betreiben des Geschäfts einschließlich der Information (Vorbem 3 Abs. 2 VV RVG). Diese Verfahrensgebühr deckt damit die gesamte Tätigkeit des Rechtsanwalts ab – ausgenommen die Wahrnehmung von Terminen und Besprechungen sowie den Abschluss einer Einigung.

II. Volle Gebühr

2 Die Verfahrensgebühr fällt als volle Gebühr in Höhe von 1,3 nach Nr. 3100 VV RVG an.

3 Vertritt der Anwalt **mehrere Auftraggeber** wegen desselben Gegenstands, so erhöht sich die Verfahrensgebühr der Nr. 3100 VV RVG nach Nr. 1008 VV RVG um 0,3 je weiterem

Auftraggeber, höchstens jedoch um 2,0, so dass sich die Höchstgebühr auf 3,3 belaufen kann. Zur Berechnung bei unterschiedlicher Beteiligung s. Nr. 1008 VV RVG Rn 3 ff.

III. Ermäßigte Verfahrensgebühr

Besonderheiten in Bezug auf die Verfahrensgebühr ergeben sich aus Nr. 3101 VV RVG. Nach dieser Vorschrift ermäßigt sich die Verfahrensgebühr auf 0,8 in folgenden Fällen: 4

– Nr. 3101 Nr. 1 VV RVG:	bei vorzeitiger Beendigung des Auftrags;
– Nr. 3101 Nr. 2, 1 Alt. VV RVG:	soweit lediglich beantragt wird, eine Einigung – zwischen den Parteien oder – mit Dritten (zB Streithelfer) über in diesem Verfahren nicht rechtshängige Ansprüche – vor Gericht zu protokollieren oder nach § 278 Abs. 6 ZPO festzustellen;
– Nr. 3101 Nr. 2, 2. Alt. VV RVG:	soweit lediglich Verhandlungen vor Gericht zur Einigung über solche Ansprüche geführt werden;
– Nr. 3101 Nr. 3 VV RVG:	soweit in einem Verfahren der Freiwilligen Gerichtsbarkeit lediglich ein Antrag gestellt und eine Entscheidung entgegengenommen wird (ausgenommen streitige Verfahren – Anm Abs. 3 zu Nr. 3101 VV RVG). Das gilt erst recht, wenn nur ein Antrag gestellt **oder** nur eine Entscheidung des Gerichts entgegen genommen wird (zur Bedeutung dieser Vorschrift siehe *Hansens/Braun/Schneider* Teil 10 Rn 25).

Bei Vertretung **mehrerer Auftraggeber** wegen desselben Gegenstands, erhöht sich auch die Verfahrensgebühr der Nr. 3101 VV RVG nach Nr. 1008 VV RVG um 0,3 je weiterem Auftraggeber. Bei zwei Auftraggebern beträgt die Gebühr somit 1,1. 5

Kein Fall der Nr. 3101 VV RVG liegt vor, wenn in einem Termin nicht anhängige Gegenstände verhandelt werden und darüber dann auch eine Einigung geschlossen und protokolliert wird. Die Ermäßigung nach Nr. 3101 Nr. 1 VV RVG greift nicht, da der Anwalt einen Termin wahrgenommen hat; die Ermäßigung nach Nr. 3101 Nr. 2 VV RVG greift ebenfalls nicht. Diese Ermäßigung gilt nach dem ausdrücklichen Wortlaut nur dann, wenn in einem Termin »lediglich« protokolliert oder »lediglich« verhandelt wird. Das ist aber nicht mehr der Fall, wenn die Verhandlung auch zu einem Ergebnis führt und die Sache in einer Einigung endet (*Meyer/Kroiß* Nr. 3101 Rn 45). Der Gesetzgeber wollte den Anwalt, der nicht anhängige Gegenstände in einem Termin endgültig erledigt und damit dem Gericht ein Verfahren erspart, insoweit belohnen. In der Praxis wird diese Änderung aber weitgehend nicht zur Kenntnis genommen. In den meisten Fällen ist das Ergebnis wegen § 15 Abs. 3 RVG ohnehin dasselbe. 6

Beispiel: In einem Rechtsstreit über 4.000,00 € einigen sich die Parteien im gerichtlichen Termin über die anhängigen 4.000,00 € sowie über weitere nicht anhängige 2.000,00 €. Die Verfahrensgebühr entsteht zu 1,3 aus dem vollen Wert: 7

1. 1,3-Verfahrensgebühr, Nr. 3100 VV RVG (Wert: 6.000,00 €)	439,40 €
2. 1,2-Terminsgebühr, Nr. 3104 VV RVG (Wert: 6.000,00 €)	405,60 €

VV RVG | Zu Nr. 3104

3. 1,0-Einigungsgebühr, Nrn. 1000, 1003 VV RVG (Wert: 4.000,00 €)   245,00 €
4. 1,5-Einigungsgebühr, Nr. 1000 VV RVG (Wert: 2.000,00 €)   199,50 €
   gem. § 15 Abs. 3 RVG nicht mehr als 1,5 aus 6.000,00 €   507,00 €
5. Postentgeltpauschale, Nr. 7002 VV RVG   20,00 €
   Zwischensumme   1.372,00 €
6. 16 % Umsatzsteuer, Nr. 7008 VV RVG   219,52 €
Gesamt   **1.591,52 €**

8 Selbst wenn man aber eine Ermäßigung nach Nr. 3101 VV RVG annimmt, ergibt sich hier wegen der Kürzung nach § 15 Abs. 3 RVG kein anderes Ergebnis:

1. 1,3-Verfahrensgebühr, Nr. 3100 VV RVG
   (Wert: 4.000,00 €)   318,50 €
2. 0,8-Verfahrensgebühr, Nr. 3101 Nr. 2 VV RVG
   (Wert: 2.000,00 €)   106,40 €
   gem. § 15 Abs. 3 RVG nicht mehr als 1,3 aus 6.000,00 €   439,40 €
(...)

9 Unterschiede ergeben sich nur bei geringen Verfahrenswerten und hohen Werten der mit in die Einigung einbezogenen Gegenständen, da in diesen Fällen die Begrenzung nach § 15 Abs. 3 RVG nicht greift.

IV. Begrenzung nach § 15 Abs. 3 RVG

10 Zu beachten ist, dass in allen Fällen der Nr. 3101 VV RVG eine Begrenzung nach § 15 Abs. 3 RVG in Betracht kommen kann. Insgesamt dürfen der Betrag aus der 1,3-Verfahrensgebühr nach dem Wert der anhängigen Gegenstände (Nr. 3100 VV RVG) sowie der Betrag der 0,8-Gebühr (Nr. 3101 VV RVG) aus dem Wert der nicht anhängigen Gegenstände nicht mehr als den Wert einer 1,3-Gebühr aus dem Gesamtwert (§ 23 Abs. 1 RVG iVm § 39 Abs. 1 GKG) ergeben.

Beispiel: In einem Rechtsstreit über 10.000,00 € einigen sich die Parteien nach einer außergerichtlichen Besprechung ohne gerichtlichen Termin über die anhängigen 10.000,00 € sowie über weitere nicht anhängige 8.000,00 €. In Vollzug der Einigung wird die Klage anschließend zurückgenommen.

1. 1,3-Verfahrensgebühr, Nr. 3100 VV RVG (Wert: 10.000,00 €)   631,80 €
2. 0,8-Verfahrensgebühr, Nr. 3101 Nr. 1 VV RVG Wert: 8.000,00 €)   329,60 €
   gem. § 15 Abs. 3 RVG nicht mehr als 1,3 aus 18.000,00 €   787,80 €
3. 1,2-Terminsgebühr, Nr. 3104 VV RVG (Wert: 18.000,00 €)   727,20 €
4. 1,0-Einigungsgebühr, Nrn. 1000, 1003 VV RVG (Wert: 10.000,00 €)   486,00 €
5. 1,5-Einigungsgebühr, Nr. 1000 VV RVG (Wert: 8.000,00 €)   618,00 €
   gem. § 15 Abs. 3 RVG nicht mehr als 1,5 aus 18.000,00 €   909,00 €
6. Postentgeltpauschale, Nr. 7002 VV RVG   20,00 €
   Zwischensumme   2.444,00 €
7. 16 % Umsatzsteuer, Nr. 7008 VV RVG   391,04 €
Gesamt   **2.835,04 €**

Nr. 3104 VV RVG

1 Für die Wahrnehmung eines Termins erhält der Anwalt die Terminsgebühr der Nr. 3104 VV RVG. Es kommt nicht darauf an, ob in dem Termin Anträge gestellt werden oder ob die Sache erörtert wird. Vielmehr genügt es für das Entstehen der Gebühr, dass der Rechtsanwalt einen Termin wahrnimmt. Die Unterschiede zwischen einer streitigen oder nicht streitigen Verhandlung, ein- oder zweiseitiger Erörterung sowie zwischen

Verhandlungen zur Sache oder nur zur Prozess- oder Sachleitung sind daher weitgehend unerheblich (Ausnahme Nr. 3105 VV RVG). So erhält der Anwalt daher auch für ein Anerkenntnis oder den Antrag auf Erlass eines Anerkenntnisurteils die volle 1,2-Terminsgebühr (OLG Jena JurBüro 2005, 529; AnwK-RVG/*Onderka* Vorbem 3 Rn 175).
Die Terminsgebühr der Nr. 3104 VV RVG entsteht in fünf Fällen (Vorbem 3 Abs. 3 VV RVG i.V.mAnm zu Nr. 3104 VV RVG): 2

- Vertretung in einem **gerichtlichen Verhandlungs- Erörterungs- oder Beweisaufnahmetermin** (Vorbem 3 Abs. 3, 1. Var. VV RVG),
- Wahrnehmung eines von einem **gerichtlich bestellten Sachverständigen anberaumten Termins** (Vorbem 3 Abs. 3, 2. Var. VV RVG),
- Mitwirkung an auf die Vermeidung oder Erledigung des Verfahrens gerichteten **Besprechungen (auch) ohne Beteiligung des Gerichts** (Vorbem 3 Abs. 3, 3. Var. VV RVG),
- **Entscheidung ohne mündliche Verhandlung** (Anm Abs. 1 Nr. 1, 1. Alt. zu Nr. 3104 VV RVG), vorausgesetzt im ordentlichen Verfahren wäre eine mündliche Verhandlung erforderlich gewesen,
- Abschluss einer **Einigung im schriftlichen Verfahren**, zB bei Mitwirkung an einer Protokollierung nach § 278 Abs. 6 Satz 2 ZPO (BGH JurBüro 2006,; Beschl v 3. 7. 2006 – AZ: II ZB 31/05; Anm Abs. 1 Nr. 1, 2. Alt. zu Nr. 3104 VV RVG).

Im Gegensatz zur Verfahrensgebühr, die in einigen Fällen nur einen ermäßigten Gebührensatz für nicht anhängige Gegenstände vorsieht, entsteht die Terminsgebühr immer in voller Höhe, wenn in einem Termin oder bei einer Besprechung auch Verhandlungen zur Einigung über in diesem Verfahren nicht rechtshängige Ansprüche geführt werden (vgl. Abs. 2 zu Nr. 3104 VV RVG). In diesem Fall entsteht eine einheitliche volle 1,2-Terminsgebühr auch aus dem Wert dieser Ansprüche. 3

Beispiel: Der Anwalt verklagt den Gegner auf Zahlung von 3.000,00 € vor dem AG. In der mündlichen Verhandlung versuchen sich die Parteien dahin gehend zu einigen, auch weitergehende Ansprüche in Höhe von 7.000,00 € zu regeln. Diese Verhandlungen scheitern. 4

Die Verfahrensgebühr entsteht aus den nicht anhängigen Gegenständen nach Nr. 3101 Nr. 1 VV RVG nur reduziert zu 0,8. Die Terminsgebühr entsteht dagegen in voller Höhe.

1. 1,3-Verfahrensgebühr, Nr. 3100 VV RVG (Wert: 3.000,00 €)　　　245,70 €
2. 0,8-Verfahrensgebühr, Nr. 3101 Nr. 2 VV RVG (Wert: 7.000,00 €)　　300,00 €
   gem. § 15 Abs. 3 RVG nicht mehr als 1,3 aus 10.000,00 €　　　　631,80 €
3. 1,2-Terminsgebühr, Nr. 3104 VV RVG (Wert: 10.000,00 €)　　　583,20 €
4. Postentgeltpauschale, Nr. 7002 VV RVG　　　　　　　　　　　20,00 €
5. Zwischensumme　　　　　　　　　　　　　　1.235,00 €
6. 16 % Umsatzsteuer, Nr. 7008 VV RVG　　　　　　　　　　197,60 €
   Gesamt　　　　　　　　　　　　　　　　　　**1.432,60 €**

Für das Entstehen der Terminsgebühr ist es auch nicht erforderlich, dass der Gegenstand anhängig ist. Es reicht aus, dass ein Verfahrensauftrag (Klageauftrag, Auftrag zur Klageverteidigung; Auftrag zum Mitverhandeln) bestand. Die Terminsgebühr kann daher auch vor Anhängigkeit entstehen (siehe *Busch* AGS 2006, 157 und *Schons* AGS 2006, 209 mwN). 5

Beispiel: Der Anwalt erhält den Auftrag einen Pflichtteilsanspruch in Höhe von 10.000,00 € einzuklagen. Vor Klageeinreichung verhandeln die Anwälte nochmals und einigen sich.

Die Verfahrensgebühr entsteht nach Nr. 3101 Nr. 1 VV RVG nur zu 0,8, da weder ein gerichtlicher Termin stattgefunden hat und auch kein Sachantrag gestellt oder Sachvortrag eingereicht worden ist.

Die Terminsgebühr der Nr. 3104 VV RVG entsteht dagegen in voller Höhe.

Darüber hinaus entsteht eine 1,0-Einigungsgebühr nach Nr. 1000 VV RVG.

1.	0,8-Verfahrensgebühr, Nr. 3101 Nr. 1 VV RVG (Wert: 10.000,00 €)	388,80 €
2.	1,2-Terminsgebühr, Nr. 3104 VV RVG (Wert: 10.000,00 €)	583,20 €
3.	1,5-Einigungsgebühr, Nr. 1000 VV RVG (Wert: 10.000,00 €)	729,00 €
4.	Postentgeltpauschale, Nr. 7002 VV RVG	20,00 €
5.	Zwischensumme	1.721,00 €
6.	16 % Umsatzsteuer, Nr. 7008 VV RVG	275,36 €
	Gesamt	**1.996,36 €**

Zu Nr. 3105 VV RVG

1 Ausnahmsweise entsteht die Terminsgebühr in den Fällen der Nr. 3105 VV RVG nur in Höhe von 0,5.

2 Voraussetzung dafür ist zunächst, dass die gegnerische **Partei nicht erschienen** (dazu gehört nach OLG Köln (AGS 2006, 277 m Anm *Schons*) auch der Fall, dass die Partei erschienen aber nicht postulationsfähig ist, zB vor dem LG) und auch **nicht ordnungsgemäß vertreten** ist. Ist die gegnerische Partei erschienen (sofern sie sich selbst vertreten kann) oder ist sie ordnungsgemäß vertreten, bleibt es dagegen immer bei einer vollen 1,2-Teminsgebühr, unabhängig davon, wie der Termin verläuft, also insbesondere auch dann, wenn ein Versäumnisurteil ergeht oder das Gericht nur zur Prozess- oder Sachleitung entscheidet.

3 Ist die gegnerische Partei nicht erschienen und auch nicht ordnungsgemäß vertreten, fällt die reduzierte Gebühr nach Nr. 3105 VV RVG dann an, wenn der Anwalt lediglich

- den Antrag auf Erlass eines Versäumnisurteils oder
- einen Antrag zur Prozess- oder Sachleitung stellt.

Ob das Gericht das Versäumnisurteil auch erlässt oder eine Entscheidung zur Prozess- oder Sachleitung trifft, ist bei dieser Alternative unerheblich.

4 Daneben entsteht die reduzierte 0,5-Terminsgebühr nach Anm Abs. 1 Nr. 1 zu Nr. 3105 VV RVG auch dann, wenn das Gericht von Amts wegen lediglich eine Entscheidung zur Prozess- oder Sachleitung trifft. Auch hier ist aber Voraussetzung, dass die gegnerische Partei nicht erschienen oder nicht ordnungsgemäß vertreten ist.

5 Ebenso entsteht ebenfalls nur eine 0,5-Terminsgebühr (Anm Abs. 1 Nr. 2 zu Nr. 3105 VV RVG), wenn der Beklagte entgegen § 276 Abs. 1 Satz 1, Abs. 2 ZPO nicht rechtzeitig anzeigt, sich gegen die Klage verteidigen zu wollen, und ein Versäumnisurteil gegen ihn im schriftlichen Verfahren ergeht.

6 In allen anderen Fällen bleibt es bei der vollen 1,2-Terminsgebühr nach Nr. 3104 VV also auch dann, wenn zB im Termin trotz Erlasses eines Versäumnisurteils zuvor verhandelt bzw. erörtert wurde, weil die Gegenpartei oder ihr Anwalt erschienen waren. Gleiches gilt auch dann, wenn die gegnerische Partei nicht erschienen oder nicht ordnungsgemäß vertreten war, aber vor Erlass des Versäumnisurteils eine einseitige Erörterung des erschienenen Anwalts mit dem Gericht stattfindet (KG JurBüro 2006, 134; Beschl v 7. 3. 2006 – AZ: 1 W 78/06, RVGreport 2006, 184; OLG Koblenz AGS 2005, 190 m Anm *N. Schneider* u. *Madert*; LAG Hessen RVG-Letter 2006, 52; *Hartung/Römermann/Schons*, § 3105 Rn 8; *Hansens/Braun/Schneider* Teil 7 Rn 366 ff).

7 **Beispiel:** Der Beklagte erscheint nicht. Der Anwalt des Klägers stellt daraufhin keinen Antrag, so dass das Gericht die Sache sodann vertagt.

Der Anwalt des Klägers erhält eine 0,5-Terminsgebühr.

8 **Beispiel:** Beide Parteien und ihre Anwälte sind erschienen, nicht aber der geladene Zeuge. Das Gericht vertagt die Sache.

Zu Vorbem 3.2.1 | VV RVG

Da beide Parteien und ihre Anwälte erschienen sind, entsteht die volle 1,2-Terminsgebühr.

Beispiel: Anwälte sind erschienen. Der Beklagtenanwalt erklärt, heute keinen Antrag zu stellen. 9

Es entsteht die volle 1,2-Terminsgebühr (KG JurBüro 2006, 134; Hansens/Braun/Schneider Teil 7 Rn 365).

Insbesondere entsteht die volle 1,2-Terminsgebühr auch im Falle eines **zweiten Versäumnisurteils**. Eine Reduzierung nach Nr. 3105 VV RVG kommt dann nicht mehr in Betracht. 10

Zu Vorbem 3.2.1 VV RVG

In Vorbem 3.2.1 VV RVG werden zahlreiche Beschwerdeverfahren aufgewertet, indem anstelle der allgemeinen 0,5-Gebühren der Nrn. 3500, 3513 VV RVG die Gebühren des Berufungsverfahrens (Nrn. 3200 ff VV RVG) für anwendbar erklärt werden. 1
In anderen als den genannten Verfahren bleibt es bei den allgemeinen Regelungen. Hierzu zählen insbesondere **Beschwerden in Nachlasssachen**, insbesondere in Erbscheinverfahren, für die es bei den **Gebühren der Nrn. 3500, 3513 VV RVG** verbleibt (AG Augsburg/LG Augsburg/OLG München JurBüro 2006, 312; OLG Schleswig AGS 2006, 478 m Anm *N. Schneider*). Die gesetzliche Regelung ist eindeutig. Auch wenn gute Argumente dafür bestanden hätten, die FGG-Verfahren in Nachlasssachen – zB ebenso wie die in WEG-Verfahren oder Familiensachen – aufzuwerten, hat sich der Gesetzgeber – aus welchen Gründen auch immer – dafür entschieden, dies nicht zu tun. Eine Regelungslücke hier anzunehmen, ist wohl kaum möglich. Dazu ist die Aufzählung der vom Gesetzgeber »aufgewerteten« Beschwerdeverfahren zu detailliert. Angesichts der hier – ausnahmsweise – einmal klaren gesetzlichen Regelung und der enumerativen Aufzählung kann man ohne weitere Anhaltspunkte nicht davon ausgehen, dass die FGG-Verfahren in Nachlasssachen vergessen worden seien. Vielmehr spricht einiges dafür, dass der Gesetzgeber hier nur die erste Instanz bewusst stärken wollte, nicht aber die Beschwerdeverfahren (so LG Augsburg AGS 2006, 475). Möglicherweise hatte er hier auch die Kostenerstattung im Blick. Während in erster Instanz eine Kostenerstattung grundsätzlich ausgeschlossen ist, verhält es sich in Beschwerdeverfahren etwas anders. Hinzu kommt, dass sicherlich ein Großteil der Arbeit im erstinstanzlichen Verfahren erledigt wird und sich die Beschwerdeverfahren häufig nur auf einzelne Aspekte noch beschränken. 2
Andererseits ist es im Vergleich mit anderen »aufgewerteten« FGG-Verfahren nicht recht verständlich, wieso die Tätigkeit in Nachlasssachen geringer bewertet wird. Vergleicht man diese zB mit WEG-Verfahren, so dürften diese an Umfang, Bedeutung und Schwierigkeit wohl nicht nachstehen, sondern im Gegenteil umfangreicher, schwieriger und für die Partei auch bedeutender sein. Eine Erweiterung der Vorbem 3.2.1 VV RVG wäre daher wünschenswert, ist aber ernsthaft wohl in Zukunft kaum zu erwarten. 3
Der Anwalt ist in diesen Verfahren jedoch nicht »schutzlos« insbesondere dann, wenn er absieht, dass aufgrund des geringen Gebührensatzes die Sache nicht angemessen vergütet wird, bleibt es ihm unbenommen, mit der Partei nach § 4 RVG eine **Vergütungsvereinbarung** zu treffen. Insbesondere in Nachlasssachen sind solche Vergütungsvereinbarungen üblich und stoßen auf Akzeptanz des Mandanten. 4

Zu Nr. 3200, 3201, 3202, 3203 VV RVG

I. Überblick

1 Die Gebühren im Berufungsverfahren sind in Teil 3, Abschnitt 2, Unterabschnitt 1 VV RVG geregelt. Der Anwalt erhält auch hier wiederum die Verfahrens- und Terminsgebühr. Daneben kommt auch eine Einigungsgebühr in Betracht.

II. Umfang der Angelegenheit

2 Das Berufungsverfahren ist ein neuer Rechtszug (§ 15 Abs. 2 Satz 2 RVG). Wechselseitig geführte Berufungen, die miteinander verbunden werden, sind eine Angelegenheit. Die Gebühren entstehen dann aus den zusammengerechneten Werten insgesamt nur einmal. Wird in der Berufung das erstinstanzliche Urteil aufgehoben und die Sache zurückverwiesen und wird gegen das erneute Berufungsurteil wiederum Berufung eingelegt, so liegen zwei verschiedene Angelegenheiten vor, so dass der Anwalt die Gebühren gesondert erhält. Eine Anrechnung ist nicht vorgesehen.

III. Verfahrengebühr

3 Für seine Tätigkeit im Berufungsverfahren erhält der Anwalt nach Nr. 3200 VV RVG zunächst einmal eine **1,6-Verfahrensgebühr**. Vertritt der Anwalt **mehrere Auftraggeber** gemeinschaftlich wegen desselben Gegenstandes, erhöht sich die Verfahrensgebühr nach Nr. 1008 VV RVG um 0,3 je weiterem Auftraggeber.

4 **Erledigt sich das Berufungsverfahren vorzeitig**, so reduziert sich die Verfahrensgebühr gem. Nr. 3201 Nr. 1 VV RVG auf 1,1, also zB wenn der Anwalt den Auftrag zur Berufung erhält, davon aber abrät und die Berufung auch nicht einlegt.

5 Ein weiterer häufiger Anwendungsfall der Nr. 3201 Nr. 1 VV RVG liegt darin, dass **fristwahrend Berufung** eingelegt, diese aber, ohne dass sie begründet wurde, wieder zurückgenommen wird. Der Berufungsgegner, der in dieser Phase noch keinen Zurückweisungsantrag gestellt hatte, erhält dann nur ebenfalls eine 1,1-Gebühr nach Nr. 3201 Nr. 1 VV RVG, die auch erstattungsfähig ist (BGH AGS 2003, 219 m Anm *Madert*).

6 Daneben kommt auch in der Berufungsinstanz die ermäßigte Verfahrengebühr unter den gleichen Voraussetzungen in Betracht wie in erster Instanz. Die Regelung in Nr. 3201 Nr. 2 VV RVG entspricht der der Nr. 3101 Nr. 1 VV RVG, so dass insoweit auf die Ausführungen zu ersten Instanz Bezug genommen werden kann.

IV. Terminsgebühr

7 Nach Nr. 3202 VV RVG erhält der Anwalt unter den Voraussetzungen der Vorbem 3 Abs. 3 VV RVG eine **Terminsgebühr** in Höhe von 1,2.

V. Einigungsgebühr

8 Kommt es im Berufungsverfahren zu einer Einigung der Parteien über die anhängigen Gegenstände, so erhalten die beteiligten Anwälte zusätzlich die **Einigungsgebühr** nach Nr. 1000 VV RVG und zwar in Höhe von 1,3 (Nr. 1004 VV RVG).

9 **Beispiel (Einigung auch über nicht anhängige Gegenstände):** Gegen seine erstinstanzliche Verurteilung zur Zahlung von 15.000,00 € legt der Beklagte Berufung ein. Im Termin zur mündlichen Verhandlung einigen sich die Parteien über die Klageforderung sowie weitergehende nicht anhängige 5.000,00 €.

1. 1,6-Verfahrensgebühr, Nr. 3200 VV RVG (Wert: 20.000,00 €)	1.033,60 €
2. 1,2-Terminsgebühr, Nr. 3202 VV RVG (Wert: 20.000,00 €)	775,20 €

3. 1,3-Einigungsgebühr, Nrn. 1000, 1004 VV RVG (Wert: 15.000,00 €)		735,80 €
4. 1,5-Einigungsgebühr, Nr. 1000 VV RVG (Wert: 5.000,00 €)		451,50 €
gem. § 15 Abs. 3 RVG nicht mehr als 1,5 aus 20.000,00 €		969,00 €
5. Postentgeltpauschale, Nr. 7002 VV RVG		20,00 €
Zwischensumme		2.797,80 €
6. 16 % Umsatzsteuer, Nr. 7008 VV RVG		447,65 €
Gesamt		**3.245,45 €**

Berechnungsprobleme können sich bei einer **Stufenklage** ergeben, wenn gegen die Verurteilung zur Auskunft Berufung eingelegt wird. 10

Beispiel (Stufenklage auf Auskunft und Zahlung): Die Klägerin hat Stufenklage auf Auskunft und auf Zahlung eines noch zu beziffernden Pflichtteils erhoben. Erstinstanzlich ist der Auskunftsklage stattgegeben worden. Hiergegen hatte der Beklagte Berufung eingelegt. Im Berufungsverfahren einigen sich die Parteien. Die Werte werden wie folgt festgesetzt: Zahlung 6.000,00 €, Auskunft 1.500,00 €.

Erstinstanzlich bemisst sich die Verfahrensgebühr nach dem höheren Wert von 6.000,00 € (§ 23 Abs. 1 Satz 1 RVG iVm § 44 GKG). Die Terminsgebühr entsteht dagegen nur aus dem Wert von 1.500,00 €, da nur über die Auskunft verhandelt worden ist, nicht auch über den Zahlungsantrag.

Im **Berufungsverfahren** entsteht die **1,6-Verfahrensgebühr** aus dem Wert von 6.000,00 €, da über den gesamten Streitgegenstand ein Termin stattgefunden hat und weder »lediglich« protokolliert noch »lediglich« verhandelt worden ist.

Die **Terminsgebühr** entsteht aus dem vollen Wert.

Hinsichtlich der **Einigungsgebühren** ist wiederum zu differenzieren. Aus dem Wert des Auskunftsantrags entsteht die 1,3-Einigungsgebühr (Nr. 1004 VV RVG), da mit der Einigung über die Höhe des Unterhalts gleichzeitig auch eine Einigung über den Auskunftsanspruch verbunden ist, der jetzt nicht mehr weiter verfolgt wird. Aus dem Wert des mit in die Einigung einbezogenen Zahlungsantrags entsteht dagegen lediglich eine 1,0-Einigungsgebühr (Nr. 1003 VV RVG), da dieser Gegenstand noch erstinstanzlich anhängig ist.

I. Erstinstanzliches Verfahren

1. 1,3-Verfahrensgebühr, Nr. 3100 VV RVG (Wert: 6.000,00 €)		439,40 €
2. 1,2-Terminsgebühr, Nr. 3104 VV RVG (Wert: 1.500,00 €)		126,00 €
3. Postentgeltpauschale, Nr. 7002 VV RVG		20,00 €
Zwischensumme	585,40 €	
4. 16 % Umsatzsteuer, Nr. 7008 VV RVG		93,66 €
Gesamt		**679,06 €**

II. Berufungsverfahren

1. 1,6-Verfahrensgebühr, Nr. 3200 VV RVG (Wert: 6.000,00 €)		540,80 €
2. 1,2-Terminsgebühr, Nr. 3202 VV RVG (Wert: 6.000,00 €)		405,60 €
3. 1,3-Einigungsgebühr, Nrn. 1000, 1004 VV RVG (Wert: 1.500,00 €)	136,50 €	
4. 1,0-Einigungsgebühr Nrn. 1000, 1003 VV RVG (Wert: 6.000,00 €)	338,00 €	
gem. § 15 Abs. 3 RVG nicht mehr als 1,3 aus 7.500,00 €		535,60 €
5. Postentgeltpauschale, Nr. 7002 VV RVG		20,00 €
Zwischensumme	1.502,00 €	
6. 16 % Umsatzsteuer, Nr. 7008 VV RVG		240,32 €
Gesamt		**1.742,32 €**

Zu Vorbem 3.2.2

1 Die Vorschrift entspricht der Regelung in Vorbem 3.2.1 VV RVG, so dass auf die dortige Kommentierung Bezug genommen werden kann.

Zu Nr. 3206, 3207, 3208, 3209, 3210, 3211 VV RVG

I. Überblick

1 Die Gebühren im Revisionsverfahren sind in Teil 3, Abschnitt 2, Unterabschnitt 2 VV RVG geregelt. Der Anwalt erhält auch hier wiederum die Verfahrens- und Terminsgebühr. Daneben kommt auch eine Einigungsgebühr in Betracht.

II. Umfang der Angelegenheit

2 Das Revisionsverfahren ist ein neuer Rechtszug (§ 15 Abs. 2 Satz 2 RVG). Wechselseitig geführte Revisionen, die miteinander verbunden werden, sind eine Angelegenheit. Die Gebühren entstehen dann aus den zusammengerechneten Werten insgesamt nur einmal. Wird ein Berufungsurteil aufgehoben und die Sache zurückverwiesen und wird gegen das erneute Berufungsurteil wiederum Revision eingelegt, so liegen zwei verschiedene Angelegenheiten vor, so dass der Anwalt die Gebühren gesondert erhält. Eine Anrechnung ist nicht vorgesehen.

III. Verfahrensgebühr

3 Nach Nr. 3206 VV RVG erhält der Anwalt im Revisionsverfahren grundsätzlich eine Verfahrensgebühr in Höhe von 1,6. Gleichzeitig sieht – entsprechend dem früheren § 11 Abs. 1 Satz 5 BRAGO – der Tatbestand der Nr. 3208 VV RVG vor, dass sich die Verfahrensgebühr auf 2,3 erhöht, wenn sich die Parteien nur durch einen beim BGH zugelassenen Anwalt vertreten lassen können. Da im Revisionsverfahren vor dem BGH nach § 78 ZPO grundsätzlich Postulationszwang besteht, wird in Zivilsachen die Nr. 3208 VV RVG mit einem Gebührensatz von 2,3 der Regelfall sein.

IV. Vorzeitige Beendigung des Auftrags

4 Endet der Auftrag vorzeitig, so erhält der Anwalt nach Nr. 3207 VV RVG die Verfahrensgebühr der Nr. 3206 VV RVG lediglich in Höhe von 1,1. Soweit der Anwalt am BGH zugelassen ist und die Parteien sich in diesem Verfahren auch nur durch einen am BGH zugelassenen Anwalt vertreten lassen können, beläuft sich die Gebühr nach Nrn. 3207, 3209 VV RVG auf 1,8.

5 Ein solcher Fall der vorzeitigen Erledigung wird insbesondere dann gegeben sein, wenn der Auftrag zur Revision zurückgenommen wird, bevor die Revision eingelegt worden ist.

6 Gleiches gilt, wenn die Gegenseite Revision eingelegt hat und die Partei bereits einen Anwalt bestellt hat, die Revision dann aber ohne Begründung wieder zurückgenommen wird. Die hierbei anfallende 1,8-Gebühr des Anwalts des Revisionsbeklagten ist in diesem Falle erstattungsfähig, selbst dann, wenn der Revisionsführer darum gebeten hatte, dass noch kein Anwalt bestellt werde (siehe grundlegend BGH AGS 2003, 221).

7 Die **reduzierte Verfahrensgebühr** nach Nr. 3207 VV RVG entsteht auch dann, wenn die Parteien lediglich beantragen, eine Einigung zu Protokoll zu nehmen, oder sie lediglich über nicht anhängige Ansprüche zum Zwecke der Erledigung des Rechtsstreits verhandeln. Die Anm zu Nr. 3201 VV RVG gilt insoweit entsprechend (Anm zu Nr. 3207 VV RVG).

VI. Terminsgebühr

Für die Wahrnehmung eines Termins erhält der Anwalt nach Nr. 3210 VV RVG eine Gebühr in Höhe von 1,5. Eine Erhöhung dieser Gebühr für Verfahren, in denen sich die Parteien nur durch einen am BGH zugelassenen Rechtsanwalt vertreten lassen können, ist nicht vorgesehen. 8

Die Terminsgebühr entsteht unter den gleichen Voraussetzungen wie auch die erstinstanzliche Terminsgebühr. Die Anm zu Nr. 3104 VV RVG gilt entsprechend (Anm zu Nr. 3210 VV RVG). 9

Erscheint der Revisionskläger nicht oder ist er nicht ordnungsgemäß vertreten, und stellt der Anwalt des Revisionsbeklagten daraufhin lediglich 10

- einen Antrag auf Erlass eines Versäumnisurteils gegen den Revisionskläger oder
- Anträge zur Prozess- oder Sachleitung,

entsteht für ihn die Terminsgebühr lediglich in Höhe von 0,8 (Nr. 3211 VV RVG; Anm zu Nr. 3211 VV RVG).

Erscheint der Revisionsbeklagte nicht, und ergeht gegen ihn ein Versäumnisurteil oder werden lediglich Anträge zur Prozess- oder Sachleitung gestellt, so entsteht immer eine 1,5-Gebühr nach Nr. 3210 VV RVG. Die Vorschrift der Nr. 3211 VV RVG ist nicht anwendbar. Dies entspricht der früheren Regelung in § 33 Abs. 1 Nr. 2 BRAGO. 11

Im Übrigen gelten Anm zu Nr. 3105 VV RVG und Abs. 2 der Anm zu Nr. 3202 VV RVG entsprechend. 12

VII. Einigung

Wird im Revisionsverfahren eine Einigung über die dort anhängigen Ansprüche getroffen, so entsteht insoweit nach Nrn. 1000, 1004 VV RVG eine Einigungsgebühr in Höhe von 1,3. 13

Werden Ansprüche in die Einigung mit einbezogen, die in einem anderen Rechtsmittelverfahren anhängig sind, entsteht die 1,3-Gebühr aus dem Gesamtwert (§ 23 Abs. 1 Satz 1 RVG i.Vm. § 39 Abs. 1 GKG). 14

Soweit Ansprüche in die Einigung mit einbezogen werden, die nicht in einem Rechtsmittelverfahren anhängig sind, erhält der Anwalt eine 15

- 1,0-Gebühr nach Nrn. 1000, 1003 VV RVG, soweit die Ansprüche erstinstanzlich anhängig sind,
- 1,5-Gebühr, soweit die Ansprüche nicht anhängig sind (Nr. 1000 VV RVG).

Insgesamt darf dann aber die Summe der Einigungsgebühren nicht eine Gebühr aus dem Höchstsatz nach dem Gesamtstreitwert übersteigen (§ 15 Abs. 3 RVG).

VIII. Anrechnung der Gebühren einer Nichtzulassungsbeschwerde

Ist der Revision eine erfolgreiche Nichtzulassungsbeschwerde vorausgegangen, so ist die dort verdiente Verfahrensgebühr anzurechnen. 16

Beispiel: Das OLG hat den Beklagten zur Zahlung von 100.000,00 € verurteilt und die Revision nicht zugelassen. Der Anwalt erhält den Auftrag, gegen das Urteil Nichtzulassungsbeschwerde einzulegen. Diese ist erfolgreich. Die Revision wird durchgeführt und hierüber mündlich verhandelt. 17

I. Nichtzulassungsbeschwerdeverfahren (Wert: 100.000,00 €)
1. 2,3-Verfahrensgebühr, Nrn. 3506, 3508 VV RVG   3.114,20 €
2. Auslagenpauschale, Nr. 7002 VV RVG   20,00 €
   Zwischensumme   3.134,20 €
3. 16 % Umsatzsteuer, Nr. 7008 VV RVG   501,47 €
   Gesamt   **3.635,67 €**

VV RVG | Zu Nr. 3305 ff

II. Revisionsverfahren (Wert: 100.000,00 €)
1. 2,3-Verfahrensgebühr, Nrn. 3206, 3208 VV RVG   3.114,20 €
2. 1,5-Terminsgebühr, Nr. 3210 VV RVG   2.031,00 €
3. Auslagenpauschale, Nr. 7002 VV RVG   20,00 €
4. gemAnm zu Nr. 3506 VV anzurechnen, 2,3 aus 100.000,00 €   − 3.114,20 €
   Zwischensumme   2.051,00 €
5. 16 % Umsatzsteuer, Nr. 7008 VV RVG   328,16 €
Gesamt   **2.379,16 €**

18 Angerechnet wird nur nach dem Wert, nach dem die Revision auch durchgeführt wird.

Beispiel: Das OLG hat Klage und Widerklage über jeweils 50.000,00 € abgewiesen. Die Revision ist nicht zugelassen worden. Beide Parteien legen Nichtzulassungsbeschwerde ein und beantragen, die Nichtzulassungsbeschwerde der anderen Partei zurückzuweisen. Die Nichtzulassungsbeschwerde hinsichtlich der Klage wird zurückgewiesen; die Revision gegen die Abweisung der Widerklage wird zugelassen und hierüber verhandelt.

Analog Vorbem 3 Abs. 3 VV RVG ist die **Verfahrensgebühr** nur nach dem Wert anzurechnen, der sich im Revisionsverfahrens fortsetzt (AnwK-RVG/*N. Schneider* Nrn. 3206 bis 3209 VV Rn 13).

I. Nichtzulassungsbeschwerdeverfahren (Wert: 100.000,00 €)
1. 2,3-Verfahrensgebühr, Nrn. 3506, 3508 VV RVG   3.114,20 €
2. Auslagenpauschale, Nr. 7002 VV RVG   20,00 €
   Zwischensumme   3.134,20 €
3. 16 % Umsatzsteuer, Nr. 7008 VV RVG   501,47 €
Gesamt   **3.635,67 €**

II. Revisionsverfahren (Wert: 50.000,00 €)
1. 2,3-Verfahrensgebühr, Nrn. 3206, 3208 VV RVG   2.405,80 €
2. 1,5-Terminsgebühr, Nr. 3210 VV RVG   1.569,00 €
3. Auslagenpauschale, Nr. 7002 VV RVG   20,00 €
4. gemAnm zu Nr. 3506 VV anzurechnen, 2,3 aus 50.000,00 €   − 2.405,80 €
   Zwischensumme   1.589,00 €
5. 19 % Umsatzsteuer, Nr. 7008 VV RVG   254,24 €
Gesamt   **1.843,24 €**

Zu Nr. 3305 ff VV RVG

I. Überblick

1 Die Gebühren des Anwalts im Mahnverfahren ergeben sich aus den Nrn. 3305 ff VV RVG. Klargestellt ist, dass es sich bei Mahnverfahren und streitigem Verfahren um jeweils eigene Angelegenheiten handelt (§ 17 Nr. 2 RVG). Damit ist nunmehr also geklärt, dass die Postentgeltpauschale nach Nr. 7002 VV RVG zweimal anfällt (BGH AGS 2004, 343 m Anm *N. Schneider* JurBüro 2004, 649; AGS 2005, 26 m Anm *N. Schneider* = JurBüro 2005, 142).

II. Gebühren des Antragstellervertreters

1. Gebühren

Für die Vertretung des Antragstellers im **Verfahren auf Erlass des Mahnbescheids** erhält der Rechtsanwalt eine Verfahrensgebühr von 1,0 nach Nr. 3305 VV RVG, die sich bei vorzeitiger Erledigung auf 0,5 reduziert (Nr. 3306 VV RVG).

Im **Verfahren über den Antrag auf Erlass eines Vollstreckungsbescheids** erhält der Anwalt eine Verfahrensgebühr in Höhe von 0,5 (Nr. 3308 VV RVG). Die Gebühr entsteht neben der Verfahrensgebühr nach Nr. 3305 VV RVG. Sie entsteht bereits mit dem Auftrag, den Vollstreckungsbescheid zu beantragen, vorausgesetzt, der Gegner hat trotz Ablaufs der Widerspruchsfrist keinen Widerspruch erhoben oder einen solchen wieder zurückgenommen. Ob der Antrag tatsächlich eingereicht und der Vollstreckungsbescheid auch erlassen wird, ist für die bereits entstandene Gebühr unerheblich.

Beispiel: Vor Verfügung des Vollstreckungsbescheides nach § 694 Abs. 1 ZPO geht doch noch ein Widerspruch ein. Die Gebühr ist bereits entstanden.

Eine Kürzung nach § 15 Abs. 3 RVG kommt hier nicht in Betracht, da hier in derselben Angelegenheit ausnahmsweise zwei Verfahrensgebühren entstehen.

Hinzukommen kann seit dem 1. 1. 2005 (§ 60 Abs. 1 RVG) auch eine **Terminsgebühr** nach Nr. 3104 VV RVG (Vorbem 3.3.2 VV RVG). Zwar finden im Mahnverfahren keine gerichtlichen Termine statt. Der Anwalt kann aber die Terminsgebühr gem. Vorbem 3. Abs. 3, 3. Var. VV RVG verdienen, wenn er Gespräche zur Erledigung des Mahnverfahrens oder zur Vermeindung des streitigen Verfahrens führt.

2. Anrechnung

Die Gebühr im Verfahren auf Erlass des Mahnbescheides ist nach Anm zu Nr. 3305 VV RVG auf die Verfahrensgebühr eines späteren Rechtsstreits anzurechnen, nicht dagegen die Gebühr für den Vollstreckungsbescheid. Diese Gebühr bleibt erhalten und muss später vom Gericht gegebenenfalls, da sie dann zu den Kosten der Säumnis (§§ 702, 344 ZPO) zählt, ausgetrennt werden (ausführlich *N. Schneider* AGS 2003, 58).

Beispiel: Der Anwalt erhält einen Auftrag für ein Mahnverfahren über 7.500,00 € und erwirkt einen Vollsteckungsbescheid, gegen den der Antragsgegner Einspruch einlegen lässt. Im streitigen Verfahren wird mündlich verhandelt.

I. Mahnverfahren
1. 1,0-Verfahrensgebühr, Nr. 3305 VV RVG (Wert: 7.500,00 €)   412,00 €
2. 0,5-Verfahrensgebühr, Nr. 3308 VV RVG (Wert: 7.500,00 €)   206,00 €
3. Postentgeltpauschale, Nr. 7002 VV RVG   20,00 €
     Zwischensumme   638,00 €
4. 16 % Umsatzsteuer, Nr. 7008 VV RVG   102,08 €
     Gesamt   **740,08 €**

II. Streitiges Verfahren
1. 1,3-Verfahrensgebühr, Nr. 3100 VV RVG (Wert: 7.500,00 €)   535,60 €
2. 1,2-Terminsgebühr, Nr. 3104 VV RVG (Wert: 7.500,00 €)   494,40 €
3. Postentgeltpauschale, Nr. 7002 VV RVG   20,00 €
4. anzurechnen gemAnm zu Nr. 3305 VV RVG: 1,0 aus 7.500,00 €   − 412,00 €
     Zwischensumme   638,00 €
5. 16 % Umsatzsteuer, Nr. 7008 VV RVG   102,08 €
     Gesamt   **740,08 €**

Auch eine Terminsgebühr nach Nr. 3104 VV RVG wird nicht angerechnet, sondern kann im Mahnverfahren und im anschließenden streitigen Verfahren anrechnungsfrei gesondert entstehen. Allerdings soll mit dem 2. Justizmodernisierungsgesetz hier eine Anrechnung eingeführt werden.

III. Gebühren des Antragsgegnervertreters

1. Tätigkeit im Mahnverfahren

8 Der Bevollmächtigte des Antragsgegners erhält für dessen Vertretung eine **Verfahrensgebühr** in Höhe von 0,5 (Nr. 3307 VV RVG). Mit dieser Gebühr ist seine gesamte Tätigkeit bei der Vertretung des Antragsgegners einschließlich der Entgegennahme der Information, Prüfung der Erfolgsaussichten und der eventuellen Begründung des Widerspruchs abgegolten (OLG Koblenz JurBüro 1978, 1200 mit Anm *Mümmler* = KostRspr BRAGO § 43 Nr. 24) – ausgenommen Gespräche zur Erledigung des Mahnverfahrens oder zur Vermeidung des streitigen Verfahrens. Wie bisher entsteht die Gebühr nicht nur für die Erhebung des Widerspruchs, sondern auch für die Vertretung des Antragsgegners im Übrigen (AnwK-RVG/*Mock* Nr. 3307 Rn 6). Das ist nunmehr klargestellt.

9 Hinzukommen kann seit dem 1.1.2005 (§ 60 Abs. 1 RVG) auch für den Antragsgegner eine **Terminsgebühr** nach Nr. 3104 VV RVG (Vorbem 3.3.2 VV RVG), wenn er Gespräche zur Erledigung des Mahnverfahrens oder zur Vermeidung des streitigen Verfahrens führt.

2. Streitantrag, Einspruch gegen Vollstreckungsbescheid

10 Stellt der Vertreter des Antragsgegners mit dem Widerspruch bereits den Antrag auf Durchführung des streitigen Verfahrens (§ 696 Abs. 1 Satz 1 ZPO), so gehört diese Tätigkeit nicht mehr zu der Gebührenangelegenheit des Mahnverfahrens. Vielmehr verdient der Anwalt damit bereits die Verfahrensgebühr des folgenden Rechtsstreits nach Nr. 3100 VV RVG (OLG Hamm AnwBl. 1989, 682 = MDR 1989, 648).

11 Ebenso zählt die Erhebung des Einspruchs nicht mehr zum Mahnverfahren. Auch diese Tätigkeit gehört zum nachfolgenden Rechtszug und löst bereits dort die Verfahrensgebühr aus.

3. Anrechnung

12 Die Verfahrensgebühr des Antragsgegnervertreters wird ebenfalls auf die Verfahrensgebühr des Rechtsstreits angerechnet (Anm zu Nr. 3307 VV RVG).

Zu Nr. 3309, 3310 VV RVG

I. Übersicht

1 In der Zwangsvollstreckung erhält der Anwalt seine Vergütung nach Nrn. 3309, 3310 VV RVG. Diese Vorschriften gelten auch für die Vollziehung eines Arrestbefehls oder einer einstweiligen Verfügung. Für die Zwangsversteigerung und Zwangsverwaltung gelten die besonderen Vorschriften der Nrn. 3311 ff VV RVG. Ebenfalls nicht nach Nr. 3309 VV RVG zu vergüten sind die besonderen Verfahren der Vollstreckungsgegenklage (§ 767 ZPO), der Drittwiderspruchsklage (§ 771 ZPO) und der Klage auf vorzugsweise Befriedigung (§ 805 ZPO). In diesen Verfahren gelten die Nrn. 3100 ff VV RVG.

2 Anwendbar sind die Nrn. 3309, 3310 VV RVG sowohl für den Anwalt des Gläubigers, als auch für den Anwalt des Schuldners, soweit dieser zur Abwendung der Zwangsvollstreckung tätig wird.

II. Der Umfang der Angelegenheiten in Zwangsvollstreckungssachen

Nach § 18 Nr. 3 RVG gilt jede Vollstreckungsmaßnahme bis zur Befriedigung des Gläubigers als eine Angelegenheit. Anzuknüpfen ist an die konkrete Vollstreckungsmaßnahme. Alle hierzu gehörenden Maßnahmen, die in einem inneren Zusammenhang stehen, bilden damit eine einzige Angelegenheit. 3

Die Angelegenheit beginnt mit der Entgegennahme der Information und endet mit der Befriedigung des Gläubigers oder mit dem Scheitern der konkreten Vollstreckungsmaßnahme. Insoweit kann es durchaus vorkommen, dass mehrere Vollstreckungsmaßnahmen vorgenommen werden. Ein typisches Beispiel hierfür ist die Mobiliarvollstreckung: Verläuft ein erster Vollstreckungsversuch erfolglos, weil der Schuldner zwischenzeitlich umgezogen ist, und erteilt der Anwalt dann auftragsgemäß unter der neuen Anschrift einen weiteren Vollstreckungsauftrag an einen anderen Gerichtsvollzieher, so handelt es sich dennoch nur um eine Angelegenheit iSd § 18 Nr. 3 RVG. Beide Vollstreckungshandlungen stehen in einem solchen inneren Zusammenhang, dass von einer einheitlichen Vollstreckungshandlung auszugehen ist (LG Bamberg DGVZ 1999, 93). Anders verhält es sich dagegen, wenn nach einer teilweise erfolgreichen Vollstreckung wegen der Restforderung alsbald ein weiterer Vollstreckungsauftrag erteilt wird. In diesem Fall liegen zwei Angelegenheiten vor (AG Waldbröl DGVZ 1998, 142). Ebenso liegen mehrere Angelegenheiten vor, wenn der Gläubiger den Auftrag zur Zwangsvollstreckung sowohl im Geschäftslokal als auch in der an einem anderen Ort gelegenen Wohnung erteilt (LG Frankenthal JurBüro 1979, 1325). 4

Welche Maßnahmen als besondere Angelegenheit gelten und welche nicht, ist in den §§ 18 und 19 RVG im Einzelnen aufgeführt. Zum Umfang der Angelegenheit gehören danach insbesondere Vorbereitungshandlungen wie zB: 5

- die erstmalige Erteilung des Notfristzeugnisses, des Rechtskraftzeugnisses und der Vollstreckungsklausel, sofern keine Klage nach § 731 ZPO erhoben wird (§ 19 Abs. 1 Satz 2 Nr. 12 RVG),
- die Zustellung des Urteils, der Vollstreckungsklausel und der weiteren in § 750 ZPO genannten Urkunden (§ 19 Abs. 1 Satz 2 Nr. 15 RVG),
- die Vollstreckungsandrohung.

Bei der Mobiliarvollstreckung zählt zB zum Rechtszug: 6

- das Verfahren auf Zulassung der Vollstreckung zur Nachtzeit, an einem Sonntag oder einem allgemeinen Feiertag (§ 758a Abs. 4 ZPO) und
- das Erwirken eines Durchsuchungsbeschlusses (§ 758a Abs. 1 ZPO).

Bei der Forderungspfändung zählt zB das vorläufige Zahlungsverbot (§ 845 ZPO) stets mit zur Angelegenheit. 7

Bei einer Verurteilung zur Zahlung eines Ordnungsgeldes wiederum gehört auch die Androhung mit dazu (§ 19 Abs. 2 Nr. 4 RVG). 8

Auch nachfolgende Tätigkeiten gehören mit zur Angelegenheit, wie etwa die Aufhebung einer Vollstreckungsmaßnahme (§ 19 Abs. 2 Nr. 5 RVG) und Erinnerungen über die Art und Weise der Zwangsvollstreckung (§§ 18 Nr. 5, 19 Abs. 1 Satz 2 Nr. 5 RVG). 9

Werden mehrere gleichartige Vollstreckungshandlungen nacheinander ausgeführt, so ist zu prüfen, ob die folgende Vollstreckungshandlung sich als Fortsetzung der ersten darstellt oder ob es sich um eine selbständige Maßnahme aufgrund eines neuen Entschlusses des Gläubigers handelt. Die Abgrenzung ist hier teilweise schwierig. 10

Mehrere Angelegenheiten liegen immer dann vor, wenn gegen mehrere Gesamtschuldner vollstreckt wird. Die Vollstreckung gegen jeden gilt als selbstständige Angelegenheit (OLG Frankfurt/M. AGS 2004, 207 mit Anm *N. Schneider*; KG Berlin AGS 2003, 543). 11

Werden gleichzeitig mehrere Vollstreckungshandlungen durchgeführt, so liegen stets verschiedene Angelegenheiten vor, etwa wenn der Anwalt sowohl mit einer Mobiliarvoll- 12 streckung beauftragt wird als auch mit einer Lohnpfändung. Das Gleiche gilt, wenn aus mehreren Titeln vollstreckt und hinsichtlich jeden Titels ein eigener Vollstreckungsauftrag erteilt wird. Steht zB dem Gläubiger gegen den Schuldner sowohl aus dem Urteil als auch aus dem Kostenfestsetzungsbeschluss eine Geldforderung zu, so kann er einen einheitlichen Vollstreckungsauftrag über die Gesamtsumme von Hauptsache und festgesetzten Kosten erteilen. Es liegt dann nur eine einzige Angelegenheit vor. Der Gläubiger kann aber auch für jeden Titel einen einzelnen Vollstreckungsauftrag erteilen mit der Folge, dass es sich um mehrere Angelegenheiten handelt. Ob die Kosten der einzelnen Vollstreckungsmaßnahmen in diesem Fall in voller Höhe erstattungsfähig sind, ist eine andere Frage. Grundsätzlich ist der Gläubiger nach § 788 ZPO gehalten, die Kosten der Vollstreckung niedrig zu halten und unnötige Kosten zu vermeiden. Dazu gehört es, soweit möglich, die Vollstreckung aus mehreren Titeln gegen denselben Schuldner bzw. mehrere Vollstreckungen aus demselben Titel zusammenzufassen, etwa indem ein einheitlicher Antrag auf Pfändung und Überweisung mehrerer Forderungen gestellt wird und nicht für jede einzelne Forderung ein eigener Antrag.

Meldeamtsanfragen und ähnliche Auskunftsersuchen sind nicht als gesonderte Angelegenheiten anzusehen. Dies ist zwischenzeitlich durch den BGH geklärt (BGH AGS 2004, 99 mit Anm *Mock*; AGS 2004, 151).

13 Beschwerdeverfahren im Rahmen der Zwangsvollstreckung gehören nicht mehr zum Gebührenrechtszug, sondern werden nach § 18 Nr. 5 RVG iVm Nr. 3500 VV RVG gesondert vergütet.

III. Vergütung

14 Für seine Tätigkeit in der Zwangsvollstreckung erhält der Anwalt zunächst einmal nach Nr. 3309 VV RVG eine **Verfahrensgebühr**. Die Höhe dieser Gebühr beläuft sich auf 0,3. Bei mehreren gemeinschaftlich beteiligten Auftraggebern erhöht sich die Gebühr nach Nr. 1008 VV RVG um jeweils 0,3 (LG Hamburg AGS 2005, 497 m Anm *Mock*; LG Wuppertal ZMR 2005, 742; LG Köln MDR 2005, 1318; LG Frankfurt/M. NJW 2004, 3642).

15 Die Verfahrensgebühr entsteht, sobald der Anwalt in Ausführung des Vollstreckungsauftrages tätig wird, in aller Regel also nach Vorbem 3 Abs. 2 VV RVG mit der Entgegennahme der Information (OLG Hamburg JurBüro 1975, 1346). Eine Reduzierung wie für die Verfahrensgebühr nach Nr. 3101 Nr. 1 VV RVG ist nicht vorgesehen.

16 Auch eine **Terminsgebühr** kann in der Zwangsvollstreckung entstehen, sofern der Anwalt im Rahmen der Zwangsvollstreckungsmaßnahme an einem gerichtlichen Termin oder einem Termin zur Abgabe der eidesstattlichen Versicherung teilnimmt. Möglich ist eine Terminsgebühr insbesondere in den Verfahren nach §§ 887 ff ZPO, die vor Gericht stattfinden. Die Höhe der Terminsgebühr beläuft sich ebenfalls auf 0,3.

17 Selbstverständlich kann im Rahmen der Zwangsvollstreckung auch eine **Einigungsgebühr** entstehen. Soweit ein Vollstreckungsverfahren bereits anhängig ist, entsteht eine 1,0-Gebühr nach Nrn. 1000, 1003 VV RVG (*Von Eicken*, AGS 1995, 8). Soweit noch kein Vollstreckungsverfahren anhängig ist, etwa wenn bislang nur die Vollstreckung angedroht oder die Zwangsvollstreckungsmaßnahme bereits abgeschlossen ist, entsteht die Einigungsgebühr zu 1,5 (Nr. 1000 VV RVG). Geklärt ist zwischenzeitlich, dass auch Ratenzahlungsvereinbarungen, die Einigungsgebühr auslösen, selbst dann, wenn letztlich die volle titulierte Forderung gezahlt wird (BGH AGS 206, 214).

IV. Gegenstandswert

18 Der Gegenstandswert in der Zwangsvollstreckung bemisst sich nach § 25 RVG.
19 Bei **Geldforderungen** ist der Wert der zu vollstreckenden Forderung einschließlich der Nebenforderungen maßgebend (§ 25 Abs. 1 Nr. 1 RVG). Hierzu zählen insbesondere Zinsen sowie die Kosten vorausgegangener Vollstreckungsversuche. Beschränkt sich der Vollstreckungsauftrag darauf, einen bestimmten Gegenstand oder eine bestimmte Forde-

rung zu verwerten, so ist lediglich dieser Wert maßgebend, sofern er geringer ist. Für die Pfändung zukünftiger Arbeitseinkommen gilt § 42 Abs. 1 und 2 GKG (§ 25 Abs. 1 Nr. 1 3. Halbsatz RVG).
Bei **Herausgabevollstreckungen** ist der Wert der herauszugebenden Sache maßgebend (§ 25 Abs. 1 Nr. 2 RVG). 20
Bei der Vollstreckung einer **Handlung, Duldung oder Unterlassung** gilt der Wert, den die zu erwirkende Handlung, Duldung oder Unterlassung für den Gläubiger hat (§ 25 Abs. 1 Nr. 3 RVG). 21
Im Verfahren auf Abgabe der **eidesstattlichen Versicherung nach § 807 ZPO** ist der Gegenstandswert auf höchstens 1.500,00 € beschränkt (§ 25 Abs. 1 Nr. 4 RVG). 22
Für **Beschwerdeverfahren** wiederum ist das Interesse des Antragstellers oder des Beschwerdeführers nach billigem Ermessen zu bestimmen (§ 23 Abs. 2 Satz 1 RVG). 23

Zu Nr. 3311, 3312 VV RVG

Die Nrn. 3111, 3112 VV RVG regeln die Vergütung in der Zwangsversteigerung und Zwangsverwaltung. Hierzu gehört auch die 1

- Zwangsversteigerung auf Antrag eines Erben (§§ 175 ff ZVG; AnwK-RVG/*Wolf* Nr. 3311 – 3312 VV RVG Rn 1),
- Zwangsversteigerung zur Aufhebung einer Gemeinschaft (§§ 180 ff ZVG; AnwK-RVG/*Wolf* Nr. 3311 – 3312 VV RVG Rn 1).

Im Verfahren auf Zwangsversteigerung entsteht nach Nr. 3311 VV RVG eine **0,4-Verfahrengebühr**, die sich bei mehreren Auftraggebern nach Nr. 1008 VV RVG um jeweils 0,3 je weiterem Auftraggeber erhöht. 2
Des Weiteren entsteht eine **0,4-Terminsgebühr** nach Nr. 3112 VV RVG, wenn der Anwalt am gerichtlichen Versteigerungstermin teilnimmt (Anm Satz 1 zu Nr. 3312 VV RVG). Für sonstige gerichtliche Termine entsteht keine Terminsgebühr (Anm Satz 1 zu Nr. 3312 VV RVG). 3

Zu Nr. 3324 VV RVG

Im Aufgebotsverfahren entsteht eine **1,0-Verfahrensgebühr** nach N. 3324 VV RVG und wenn es zu einem Termin iSd Vorbem 3 Abs. 3 VV RVG kommt, eine **0,5-Terminsgebühr** nach Nr. 3332 VV RVG. 1

Zu Nr. 3328 VV RVG

Die Verfahren auf vorläufige Einschränkung, Beschränkung oder Aufhebung der Zwangsvollstreckung, insbesondere die Verfahren nach den §§ 707, 719, 769, 770, 771, 785, 786, 805, 810, 924, 1064 Abs. 2 ZPO, ebenso die Verfahren nach §§ 572 Abs. 3, 732 Abs. 2 ZPO gehören gem. § 19 Abs. 1 Satz 2 Nr. 11 RVG zum Rechtszug, sofern keine gesonderte mündliche Verhandlung stattfindet (OLG Hamburg MDR 2001, 1441 = OLGR 2001, 379; OLG Naumburg KostRspr. BRAGO § 49 Nr. 12). Die Tätigkeit der Anwälte wird dann durch die Gebühren des Hauptsacheverfahrens abgegolten. 1
Findet dagegen eine abgesonderte mündliche Verhandlung statt, so zählt das Verfahren über die vorläufige Einstellung, Beschränkung oder Aufhebung der Zwangsvollstreckung als eigene Angelegenheit, so dass der Anwalt dort nach Nr. 3328 VV RVG gesonderte Gebühren erhält, und zwar eine **0,5-Verfahrensgebühr**. 2
Daneben entsteht eine **0,5-Terminsgebühr** nach Nr. 3332 VV RVG. 3

4 Wird der Antrag sowohl bei dem Vollstreckungsgericht als auch bei dem Prozessgericht gestellt, erhält der Anwalt nur eine einzige Verfahrensgebühr (Anm Abs. 2 Satz 2 zu Nr. 3328 VV RVG).

5 Die Verfahrensgebühr entsteht – anders als sonst üblich – nicht bereits mit der Entgegennahme der Information (Vorbem 3 Abs. 2 VV RVG), sondern erst dann, wenn eine abgesonderte mündliche Verhandlung stattfindet. Solange dies nicht der Fall ist, zählt die Tätigkeit des Anwalts nach § 19 Abs. 1 Satz 2 Nr. 11 RVG zum Rechtszug und wird nicht gesondert vergütet.

6 Der Gegenstandswert für die Gebühren bemisst sich nicht nach dem Wert der Hauptsache oder des Teils der Hauptsache, hinsichtlich dessen die einstweilige Einstellung begehrt wird, sondern nach dem Interesse des Schuldners an der zeitlich begrenzten Verhinderung der Zwangsvollstreckung (*Schneider/Herget* Rn 1309 ff).

Zu Nr. 3329 VV RVG

1 Der Antrag auf Vollstreckbarerklärung der durch Rechtsmittelanträge nicht angefochtenen Teile eines Urteils (§§ 537, 558 ZPO) zählt grundsätzlich nach § 19 Abs. 1 Satz 2 Nr. 9 RVG zum Rechtszug. Diese an sich klare Vorschrift wird häufig missverstanden (ausführlich *E. Schneider* DRiZ 1979, 44; *N. Schneider* ZAP Fach 24, 597). Voraussetzung für die Anwendung des § 19 Abs. 1 Satz 2 Nr. 9 RVG ist, dass der Gegenstand, hinsichtlich dessen die vorläufige Vollstreckbarkeit beantragt wird, Gegenstand des Rechtsmittelverfahrens ist oder war. Dies sind die Fälle, in denen

- der Rechtsmittelkläger sein Rechtsmittel auf den ursprünglich nicht angefochtenen Teil erweitert, der Rechtsmittelkläger das Rechtsmittel nachträglich beschränkt oder
- die Parteien sich im Rechtsmittelverfahren auch über den nicht angegriffenen Teil des Urteils einigen und diesen somit zum Gegenstand des Rechtsmittelverfahrens machen (OLG Hamburg JurBüro 1982, 1512).

2 War der nicht angegriffene Teil des Urteils dagegen niemals Gegenstand des Rechtsmittelverfahrens gewesen, ist § 19 Abs. 1 Satz 2 Nr. 9 RVG nicht anwendbar. Die Tätigkeit des Anwalts wird vielmehr gesondert nach Nr. 3329 VV RVG vergütet (LG Bonn MDR 2001, 416 = KostRspr. BRAGO § 49, Nr. 11 mit Anm *Schneider*).

3 Der Anwalt erhält hier eine **0,5-Verfahrensgebühr** (Nr. 3329 VV RVG). Diese Gebühr deckt die gesamte Tätigkeit des Anwalts ab. Bei mehreren gemeinschaftlich beteiligten Auftraggebern erhöht sich die Gebühr nach Nr. 1008 VV RVG um 0,3 je weiterem Auftraggeber.

4 Für die Wahrnehmung eines Termins entsteht zusätzlich eine **0,5-Terminsgebühr** nach Nr. 3332 VV RVG in Höhe von 0,5.

5 Der **Gegenstandswert** für die Gebühr der Nrn. 3329, 3332 VV RVG richtet sich nach dem vollen Wert des für vorläufig vollstreckbar zu erklärenden Teils des Urteils ohne Nebenforderungen (LG Bonn MDR 2001, 416; AnwK-RVG/*N. Schneider*, Nr. 3329 VV RVG Rn 24 ff; *Hansens* § 50 Rn 12; aA OLG Düsseldorf FamRZ 1994, 248 = KostRspr. ZPO § 3, Nr. 1181 mit Anm *Herget*: ein Fünftel).

Beispiel: Der Beklagte wird vom LG zur Zahlung eines Betrages von 40.000,00 € verurteilt. Er legt Berufung ein und beantragt jetzt nur noch, die Klage in Höhe von 30.000,00 € abzuweisen. Daraufhin beantragt der Berufungsanwalt des Klägers, das landgerichtliche Urteil in Höhe von 10.000,00 € für vorläufig vollstreckbar zu erklären. In der mündlichen Verhandlung ergeht der beantragte Beschluss.

I. Berufungsverfahren
1. 1,3-Verfahrensgebühr, Nr. 3200 VV RVG (Wert: 30.000,00 €)   985,40 €
2. 1,2-Terminsgebühr, Nr. 3202 VV RVG (Wert: 30.000,00 €)   909,60 €

3. Postentgeltpauschale, Nr. 7002 VV RVG		20,00 €
Zwischensumme	1.915,00 €	
4. 16 % Umsatzsteuer, Nr. 7008 VV RVG		306,40 €
Gesamt		**2.221,40 €**

II. Verfahren auf Vollstreckbarerklärung

1. 0,5-Verfahrensgebühr, Nr. 3329 VV RVG (Wert: 10.000,00 €)		243,00 €
2. 0,5-Terminsgebühr, Nr. 3332 VV RVG (Wert: 10.000,00 €)		243,00 €
3. Postentgeltpauschale, Nr. 7002 VV RVG		20,00 €
Zwischensumme	506,00 €	
4. 16 % Umsatzsteuer, Nr. 7008 VV RVG		80,92 €
Gesamt		**586,96 €**

Denkbar ist auch eine **Einigungsgebühr**, die sich dann nach Nr. 1004 VV RVG richtet, da die Tätigkeit im Verfahren auf Vollstreckbarerklärung bereits zur Rechtsmittelinstanz zählt (OLG München JurBüro 1993, 156; OLG Düsseldorf JurBüro 1980, 62 = KostRspr. BRAGO § 49, Nr. 5 mit Anm E. *Schneider*). 6

Zu Nr. 3330 VV RVG

Soweit der Anwalt bereits in der Hauptsache tätig ist, bestimmt § 19 Abs. 1 Satz 2 Nr. 5 RVG, dass die Tätigkeit zur Hauptsache gehört und keine gesonderte Vergütung auslöst. Ist der Anwalt ausschließlich mit der Gehörsrüge, insbesondere nach § 321a ZPO oder mit der Abwehr einer vom Gegner erhobenen Rüge beauftragt, so erhält er die Vergütung nach Nrn. 3300, 3332 VV RVG. 1

Wird der Anwalt zunächst mit der Vertretung im Verfahren über die Rüge beauftragt und nach Erfolg der Rüge auch im anschließenden fortgesetzten Verfahren, so liegt ebenfalls nur eine einzige Angelegenheit vor. Die Vergütung nach Nr. 3330 VV RVG geht in der anschließenden Vergütung der Nrn. 3100 ff VV RVG auf. Die weitere Tätigkeit bildet dann mit der Gehörsrüge eine Angelegenheit iSd § 15 Abs. 2 Satz 1 RVG. Es entsteht nicht etwa eine neue Angelegenheit. 2

Der Anwalt erhält zunächst einmal eine **Verfahrensgebühr** nach Nr. 3330 VV RVG. Die Höhe der Gebühr im Verfahren über die Rüge beläuft sich auf 0,5. Das gilt auch dann, wenn die Gehörsrüge im Rechtsmittelverfahren erhoben wird. 3

Die Verfahrensgebühr erhöht sich nach Nr. 1008 VV RVG bei **mehreren Auftraggebern** um jeweils 0,3 je weiterem Auftraggeber. Eine Reduzierung der Verfahrensgebühr bei vorzeitiger Erledigung ist wie bisher nicht vorgesehen (arg. e Nr. 3337 VV RVG). 4

Findet im Verfahren über die Gehörsrüge ein Termin iSd Vorbem 3 Abs. 3 VV RVG statt, so erhält der Anwalt nach Nr. 3332 VV RVG eine **Terminsgebühr** in Höhe von 0,5. Auch diese Gebühr geht in einer Terminsgebühr der Hauptsche auf. 5

Möglich ist auch der Anfall einer **Einigungsgebühr** nach Nr. 1000 VV RVG. Da der Gegenstand im Verfahren der Gehörsrüge noch anhängig iSd Nr. 1003 VV RVG ist, entsteht die Gebühr nur zu 1,0, bei Anhängigkeit im Rechtsmittelverfahren zu 1,3 (Nr. 1003 VV RVG). Soweit eine Einigung auch über nicht anhängige Gegenstände stattfindet, entsteht die Gebühr zu 1,5 (Nr. 1005 VV RVG). Zu beachten ist auch hier unbedingt die Begrenzung nach § 15 Abs. 3 RVG. 6

Zu Nr. 3335, 3336 VV RVG

Im Verfahren über die Bewilligung von Prozesskostenhilfe verdient der Anwalt nach Nr. 3335 VV RVG eine **1,0-Verfahrensgebühr**, sofern in der Hauptsache nicht geringere Gebühren vorgesehen sind (§ 15 Abs. 6 RVG). 1

VV RVG | Zu Nr. 3335, 3336

2 In **mehreren Prozesskostenhilfeverfahren** desselben Rechtszugs erhält der Anwalt die Gebühren allerdings nur einmal (§ 16 Nr. 3 RVG).

3 Die Verfahrensgebühr entsteht bereits mit Einreichen des Prozesskostenhilfeantrags bzw. mit der Stellungnahme hierzu.

4 **Erledigt sich der Auftrag**, die Bewilligung von Prozesskostenhilfe zu erwirken, vorzeitig, so ermäßigt sich die Verfahrensgebühr der Nr. 3335 VV RVG nach Nr. 3337 VV RVG auf 0,5.

5 Soweit der Anwalt **mehrere Auftraggeber** vertritt, erhöht sich diese Gebühr nach Nr. 1008 VV RVG um jeweils 0,3 je weiterem Auftraggeber.

6 Kommt es im Prozesskostenhilfeprüfungsverfahren zu einem Termin, so bestimmt sich nach Vorbem 3.3.6 VV RVG die **Terminsgebühr** nach Abschnitt 1, also nach Nr. 3104 VV RVG, da in Teil 3 Unterabschnitt 6 VV RVG nichts anderes bestimmt ist. Dort ist in Nr. 3332 VV RVG nur die Terminsgebühr in den Fällen der Nrn. 3324 bis 3331 VV RVG geregelt, nicht aber die im Falle der Nr. 3335 VV RVG.

7 Kommt es im Anschluss an das Bewilligungsverfahren zur Hauptsache, so geht die nach Nr. 3335 VV RVG verdiente Gebühr in der Verfahrensgebühr des **Hauptsacheverfahrens** auf. Dies gilt unabhängig davon, ob die Prozesskostenhilfe bewilligt worden ist oder nicht. Das gilt auch für eine im Prüfungsverfahren eventuell verdiente Terminsgebühr.

8 Im Verfahren über die **Beschwerde** gegen die Ablehnung der Prozesskostenhilfebewilligung erhält der Anwalt die Gebühr nach Nr. 3500 VV RVG.

9 Im **erstinstanzlichen Verfahren** auf Bewilligung der Prozesskostenhilfe beläuft sich der **Gegenstandswert** auf den Wert der Hauptsache (Anm Abs. 1, 1. Halbsatz zu Nr. 3335 VV RVG). Wird die Prozesskostenhilfe nur hinsichtlich eines Teils der Hauptsache beantragt, so ist dieser Wert maßgebend.

10 Auch im **Beschwerdeverfahren** ist der **Wert der Hauptsache** maßgebend, soweit sich die Beschwerde gegen die Versagung der Prozesskostenhilfe oder die Aufhebung der Bewilligung nach § 124 Nr. 1 ZPO richtet (OLG Frankfurt/M. JurBüro 1991, 1645; OLG Oldenburg OLGR 1994, 111). Anderenfalls ist er nach billigem Ermessen zu schätzen (Anm Abs. 1 2. Halbsatz zu Nr. 3335 VV RVG).
Zu beachten ist, dass der Anwalt die Gebühren **gegen den Auftraggeber** nach § 122 Abs. 1 Nr. 3 ZPO **nicht geltend machen kann**, soweit er beigeordnet worden ist und er seine Vergütung dann aus der Staatskasse erhält. Dies bedeutet, dass von der Vergütung für das Prozesskostenhilfeverfahren derjenige Teil auszuscheiden ist, der gem. § 16 Nr. 2 RVG durch die Prozesskostenhilfe-Gebühren aus der Hauptsache abgegolten wird (zur Vergütung bei teilweiser Bewilligung von Prozesskostenhilfe siehe ausführlich mit Berechnungsbeispielen AnwK-RVG/*N. Schneider*, § 15 Rn 191 ff; *ders* BRAGOreport 2001, 1 ff; *ders* ProzRB 2002, 86).

11 Beschränkt sich die Partei nach teilweiser Prozesskostenhilfebewilligung, den Rechtsstreit nur im Rahmen der Bewilligung durchzuführen, verbleibt dem Anwalt der Mehrbetrag der Gebühren im Prüfungsverfahren aus dem höheren Wert.

Beispiel: Der Anwalt wird von der bedürftigen Partei beauftragt, für eine beabsichtigte Klage in Höhe von 25.000,00 € Prozesskostenhilfe zu beantragen. Das Gericht ordnet einen Termin im Prozesskostenhilfe-Prüfungsverfahren an und bewilligt nach mündlicher Verhandlung im Prüfungsverfahren Prozesskostenhilfe lediglich in Höhe von 20.000,00 €; in Höhe der weiteren 5.000,00 € sieht das Gericht keine hinreichenden Erfolgsaussicht und lehnt den Antrag ab. Der Anwalt wird daraufhin beauftragt, das Verfahren lediglich nach einem Wert von 20.000,00 € durchzuführen, nach dem dann anschließend auch verhandelt wird.

I. Vergütung aus der Staatskasse
1. 1,3-Verfahrensgebühr, Nr. 3100 VV RVG, § 49 RVG (Wert: 20.000,00 €)   380,90 €
2. 1,2-Terminsgebühr, Nr. 3104 VV RVG, § 49 RVG (Wert: 20.000,00 €)   351,60 €

3. Postentgeltpauschale, Nr. 7002 VV RVG		20,00 €
Zwischensumme	752,50 €	
4. 16 % Umsatzsteuer, Nr. 7008 VV		120,40 €
Gesamt		**872,90 €**

II. Weitergehende Vergütung gegen den Auftraggeber

1. 1,3-Verfahrensgebühr, Nr. 3100 VV RVG, 13 RVG (Wert: 20.000,00 €)		839,80 €
2. 1,0-Verfahrensgebühr, Nr. 3335 VV RVG, 13 RVG (Wert: 5.000,00 €)		301,00 €
gem. § 15 Abs. 3 RVG nicht mehr als 1,3 aus 25.000,00 €		891,80 €
3. ./. 1,3-Verfahrensgebühr, Nr. 3100 VV RVG, 13 RVG (Wert: 20.000,00 €)		– 839,80 €
4. 1,2-Terminsgebühr, Nr. 3104 VV RVG, Vorbem 3.3.6 VV, 13 RVG (Wert: 25.000,00 €)		823,20 €
5. ./. 1,2-Terminsgebühr, Nr. 3104 VV RVG, 13 RVG (Wert: 20.000,00 €)		– 775,20 €
6. Postentgeltpauschale, Nr. 7002 VV RVG		20,00 €
7. ./. Postentgeltpauschale, Nr. 7002 VV RVG		– 20,00 €
Zwischensumme	100,00 €	
8. 16 % Umsatzsteuer, Nr. 7008 VV RVG		16,00 €
Gesamt		**116,00 €**

III. Gesamt
Insgesamt erhält der Anwalt also:

▪ Prozesskostenhilfe-Vergütung aus der Staatskasse:	872,90 €
▪ Wahlanwaltsgebühren vom Mandanten:	116,00 €
▪ **Summe**	**988,90 €**

Zu Vorbemerkung 3.4 VV RVG

In Teil 3 Abschnitt 4 VV RVG sind Einzeltätigkeiten im gerichtlichen Verfahren geregelt, und zwar 1

- Tätigkeit als **Verkehrsanwalt** – Nr. 3400 VV RVG
- Tätigkeit als **Terminsvertreter** – Nrn. 3401, 3402 VV RVG
- **Einzeltätigkeiten** – Nr. 3403 VV RVG

Zu Nr. 3400 VV RVG

I. Überblick

Muss ein Rechtsstreit vor einem auswärtigen Gericht geführt werden, an dem Postulationszwang besteht, muss sich die Partei, wenn sie nicht unmittelbar am Terminsort einen Prozessbevollmächtigten bestellen und informieren kann, eines Verkehrsanwalts bedienen, also eines Rechtsanwaltes, der für sie den Verkehr mit dem Prozessbevollmächtigten führt (Nr. 3400 VV RVG). Diese Konstellation hat nach dem weitgehenden Wegfall der Zulassungsschranken nur noch geringe Bedeutung. 1

Die Tätigkeit des Verkehrsanwalts besteht in aller Regel darin, den vor Ort tätigen Prozessbevollmächtigten schriftlich oder mündlich über den Tatsachenstoff zu unterrichten. Eine rechtliche Beratung ist nicht geschuldet, wird in der Praxis allerdings regelmäßig gewährt. 2

Auch der Entwurf von Schriftsätzen, die der Prozessbevollmächtigte bei Gericht einreichen soll, wird durch die Verkehrsanwaltsgebühr abgedeckt.

II. Vergütung

3 Die Vergütung richtet sich nach Nr. 3400 VV RVG. Der Anwalt erhält für seine Tätigkeit eine Gebühr in Höhe der **Verfahrensgebühr** des Prozessbevollmächtigten, höchstens jedoch 1,0.

4 Wird der Verkehrsanwalt für **mehrere Auftraggeber** gemeinschaftlich tätig, erhöht sich die Gebühr nach Nr. 1008 VV RVG um jeweils 0,3 und kann damit auch über 1,0 liegen.

5 Wirkt der Verkehrsanwalt beim Abschluss einer Einigung mit, so verdient auch er zusätzlich eine **Einigungsgebühr** nach Nrn. 1000, 1004 VV RVG.

6 Ist der Verkehrsanwalt auch mit einem Termin iSd Vorbem 3 Abs. 3 VV RVG beauftragt, erhält er zusätzlich eine Terminsgebühr nach Nrn. 3401, 3402 iVm Nr. 3104 VV RVG.

7 Wird der Verkehrsanwalt später **Prozessbevollmächtigter**, etwa infolge einer Verweisung des Rechtsstreits, so kann er die Prozess- und die Verkehrsanwaltsgebühr nicht nebeneinander verlangen. Er erhält insgesamt nur eine 1,3-Verfahrensgebühr aus dem Gesamtwert.

III. Übersendung der Handakten mit gutachterlichen Äußerungen

8 Übersendet der Anwalt seine Handakten an den Anwalt eines Rechtsmittelverfahrens und verbindet er dies auftragsgemäß mit gutachterlichen Äußerungen, so erhält er nach Anm zu Nr. 3400 VV RVG ebenfalls die 1,0-Verfahrensgebühr.

9 Da der Auftraggeber mit solchen zusätzlichen Kosten nicht rechnet, muss der Anwalt über diese zusätzlichen Kosten aufklären. Anderenfalls macht er sich schadensersatzpflichtig und kann die Vergütung nicht durchsetzen.

IV. Gebührenteilung

10 Seit der Neufassung des § 49b Abs. 3 BRAO ist eine Gebührenteilung zwischen Verkehrsanwalt und Prozessanwalt jetzt unbedenklich (ausgenommen mit Anwälten, die ausschließlich bei einem OLG oder am BGH zugelassen sind – § 49b Abs. 3 Satz 6 BRAO). Verkehrsanwalt und Prozessbevollmächtigter dürfen intern vereinbaren, dass die anfallenden Gebühren untereinander geteilt werden. Die Teilung darf jedoch nicht zur Bedingung der Mandatserteilung gemacht werden (§ 49b Abs. 3 Satz 4 BRAO). Auf die Vergütungsansprüche gegenüber dem Mandanten hat die interne Teilungsabrede keinen Einfluss.

11 Unzulässig ist eine Gebührenteilungsabrede allerdings, wenn nur die Teilung der erstattungsfähigen Gebühren vereinbart wird und darin gleichzeitig ein Verzicht auf die nicht erstattungsfähigen Gebühren – also in der Regel die Verkehrsanwaltsgebühr – liegt. Ein solcher Verzicht auf Gebühren ist nach §§ 49b BRAO, 1 UWG unzulässig und damit standeswidrig (BGH, Beschl v 1.6.2006 – I ZR 68/03; AnwG Tübingen AnwBl. 1999, 229 = AGS 1999, 101; LG Halle, NJW-RR 1998, 1677). Keine Bedenken bestehen jedoch gegen eine Vereinbarung, dass nur die erstattungsfähigen Gebühren geteilt werden sollen und der Verkehrsanwalt die Vergütung nach Nrn. 3400, 3405 VV RVG zusätzlich erhält (*Madert* AGS 1999, 101). Eine solche Vereinbarung kann durchaus angemessen sein, wenn – wie in der Praxis häufig üblich – der Verkehrsanwalt den gesamten Prozessstoff mit der Partei aufarbeitet und die Schriftsätze unterzeichnungsreif anfertigt.

Zu Nr. 3401, 3402, 3405 VV RVG

I. Überblick

Terminsvertreter ist derjenige Anwalt, der einen Termin iSd Vorbem 3 Abs. 3 VV RVG im Auftrag des Mandanten wahrnehmen soll, der also nicht mit der Prozessführung insgesamt beauftragt ist. Er erhält seine Vergütung nach den Nrn. 3401, 3402 VV RVG. Im Gegensatz zum früheren Recht wird nicht mehr zwischen einem Verhandlungs- und einem Beweisanwalt unterschieden. Da für eine Beweisaufnahme keine gesonderte Gebühr mehr entsteht, entfällt diese Unterscheidung auch beim Terminsvertreter.

II. Verfahrensgebühr

Der Terminsvertreter erhält nach Nr. 3401 VV RVG zunächst einmal eine Verfahrensgebühr in Höhe der Hälfte der Verfahrensgebühr, die dem Verfahrensbevollmächtigten entsteht bzw. ihm entstehen würde. Zu fragen ist also danach, welche Verfahrensgebühr ein Prozessbevollmächtigter erhalten würde. Hiervon erhält dann der Terminsvertreter die Hälfte. Eine Begrenzung ist hier im Gegensatz zu Nr. 3400 VV RVG nicht vorgesehen. Erstinstanzlich entsteht also eine 0,65-Verfahrensgebühr.

Soweit der Terminsvertreter **mehrere Auftraggeber** vertritt, erhöht sich die Verfahrensgebühr nach Nr. 1008 VV RVG um 0,3. Sie beträgt also bei zwei Auftraggebern 0,95. Erledigt sich das Verfahren vorzeitig, so reduziert sich die Verfahrensgebühr nach Nr. 3405 VV RVG auf 0,5.

III. Terminsgebühr

Neben der Verfahrensgebühr erhält der Terminsvertreter nach Nr. 3402 VV RVG zusätzlich eine Terminsgebühr in Höhe der Terminsgebühr, die ein Prozessbevollmächtigter erhalten würde. Erstinstanzlich entsteht also die Gebühr nach Nr. 3104 VV RVG und im Falle der Nr. 3105 VV RVG eine 0,5-Terminsgebühr.

IV. Einigungsgebühr

Wirkt der Terminsvertreter an einer Einigung iSd Nrn. 1000 ff VV RVG mit, so erhält er daneben auch eine Einigungsgebühr und zwar in Höhe von 1,0, soweit die Gegenstände anhängig sind (Nr. 1003 VV RVG) und in Höhe von 1,5, sofern nicht anhängige Gegenstände in die Einigung mit einbezogen werden (Nr. 1000 VV RVG).

Die bloße Protokollierung einer zwischen den Prozessbevollmächtigten bereits ausgehandelten Einigung löst dagegen die Terminsgebühr nach Nr. 3104 VV RVG nicht aus (Abs. 3 der Anm zu Nr. 3104 VV RVG, es sei denn, die Einigung ist formbedürftig und kommt erst durch die Protokollierung zustande). Insoweit bleibt es bei der Verfahrensgebühr.

V. Gebühren des Prozessbevollmächtigten

Der Prozessbevollmächtigte erhält – im Gegensatz zur Regelung in der BRAGO – für die Übertragung der mündlichen Verhandlung keine Gebühr mehr. Dem Prozessbevollmächtigten entsteht daher in aller Regel nur die Verfahrensgebühr, die auch die Einschaltung des unterbevollmächtigten Terminsvertreters abgilt.

Beispiel: In einem Rechtsstreit über 8.000,00 € wird neben dem Prozessbevollmächtigten ein Terminsvertreter für die Wahrnehmung des Verhandlungstermins beauftragt.

I. Terminsvertreter
1. 0,65-Verfahrensgebühr, Nr. 3401 VV RVG (Wert: 8.000,00 €)   267,80 €
2. 1,2-Terminsgebühr, Nr. 3402, 3104 VV RVG (Wert: 8.000,00 €)   494,40 €

VV RVG | Zu Nr. 3401, 3402, 3405

3. Postentgeltpauschale, Nr. 7002 VV RVG		20,00 €
Zwischensumme	782,20 €	
4. 16 % Umsatzsteuer, Nr. 7008 VV RVG		125,15 €
Gesamt		**907,35 €**

II. Prozessbevollmächtigter

1. 1,3-Verfahrensgebühr, Nr. 3100 VV RVG (Wert: 8.000,00 €)		535,00 €
2. Postentgeltpauschale, Nr. 7002 VV RVG		20,00 €
Zwischensumme	555,20 €	
3. 16 % Umsatzsteuer, Nr. 7008 VV RVG		88,83 €
Gesamt		**644,03 €**

9   Nur dann, wenn (auch) der Prozessbevollmächtigte an einem Termin iSd Vorbem 3 Abs. 3 VV RVG teilnimmt, kann er zusätzlich die Terminsgebühr verdienen.

Beispiel: Der in Köln ansässige Prozessbevollmächtigte beauftragt einen Terminsvertreter für einen Rechtsstreit vor dem AG München. Vor dem AG Köln findet später eine Zeugenvernehmung vor dem ersuchten Richter statt, an dem der Prozessbevollmächtigte teilnimmt.

Der Prozessbevollmächtigte beauftragt für den Rechtsstreit vor einem auswärtigen Gericht einen Terminsvertreter. Nach dem Termin führt der Prozessbevollmächtigte unmittelbar mit dem Gegner Gespräche zur Erledigung des Rechtsstreits.

In beiden Fällen entsteht dem Prozessbevollmächtigten ebenfalls die Terminsgebühr.

Beispiel: In einem Rechtsstreit über 8.000,00 € wird neben dem Prozessbevollmächtigten ein Terminsvertreter für die Wahrnehmung des Verhandlungstermins beauftragt.

I. Terminsvertreter

1. 0,65-Verfahrensgebühr, Nr. 3401 VV RVG (Wert: 8.000,00 €)		267,80 €
2. 1,2-Terminsgebühr, Nr. 3402, 3104 VV RVG (Wert: 8.000,00 €)		494,40 €
3. Postentgeltpauschale, Nr. 7002 VV RVG		20,00 €
Zwischensumme	782,20 €	
4. 16 % Umsatzsteuer, Nr. 7008 VV RVG		125,15 €
Gesamt		**907,35 €**

II. Prozessbevollmächtigter

1. 1,3-Verfahrensgebühr, Nr. 3100 VV RVG (Wert: 8.000,00 €)		535,00 €
2. 1,2-Terminsgebühr, Nr. 3104 VV RVG (Wert: 8.000,00 €)		494,40 €
3. Postentgeltpauschale, Nr. 7002 VV RVG		20,00 €
Zwischensumme	1.049,40 €	
4. 16 % Umsatzsteuer, Nr. 7008 VV RVG		167,90 €
Gesamt		**1.217,30 €**

10   Soweit Prozessbevollmächtigter und Terminsvertreter mehrere Auftraggeber vertreten, erhöhen sich die Verfahrensgebühren nach Nr. 1008 VV RVG um jeweils 0,3 je weiterem Auftraggeber.

Beispiel: In einem Rechtsstreit über 8.000,00 € bestellen die beiden Mandanten neben dem Prozessbevollmächtigten für den auswärtigen Termin einen Anwalt mit der Wahrnehmung des Verhandlungstermins.

I. Prozessbevollmächtigter

1. 1,6-Verfahrensgebühr, Nr. 3100 VV RVG (Wert: 8.000,00 €)		659,20 €
2. Auslagenpauschale, Nr. 7002 VV RVG		20,00 €
Zwischensumme	679,20 €	

3. 16 % Umsatzsteuer, Nr. 7008 VV RVG	108,67 €
Gesamt	**787,87 €**

II. Terminsvertreter

1. 0,95-Verfahrensgebühr, Nrn. 3401, 3100, 1008 VV RVG (Wert: 8.000,00 €)		391,40 €
2. 1,2-Terminsgebühr, Nrn. 3104 VV RVG (Wert: 8.000,00 €)		494,40 €
3. Auslagenpauschale, Nr. 7002 VV RVG		20,00 €
Zwischensumme	905,80 €	
4. 16 % Umsatzsteuer, Nr. 7008 VV RVG		144,93 €
Gesamt		**1.050,73 €**

Zu Nr. 3403, 3404, 3405 VV RVG

Ist der Anwalt ausschließlich mit Einzeltätigkeiten beauftragt, so richtet sich seine Vergütung nach Nr. 3403 VV RVG. Der Anwalt erhält eine **0,8-Verfahrensgebühr**. 1

Dieser Gebührentatbestand betrifft sowohl den Anwalt, der nicht Prozessbevollmächtigter ist und einzelne Prozesshandlungen vornehmen soll (wie zB Wahrnehmung eines Protokollierungstermins oder Abgabe eines Rechtsmittelverzichts) als auch den Anwalt, der Prozessbevollmächtigter ist, jedoch Einzeltätigkeiten vornehmen soll, die nicht mehr zur Instanz gehören. 2

Nach BGH gehört hierzu auch die Tätigkeit des Berufungsanwalts im Revisions- oder Nichtzulassungsverfahren (BGH AGS 2006, 491 m Anm *N. Schneider*). 3

Soweit der Anwalt nur mit einem **einfachen Schreiben** beauftragt ist, reduziert sich die Gebühr auf 0,3. Zum einfachen Schreiben siehe die Kommentierung Nr. 2302 VV RVG. 4

Zu Vorbemerkung 3.5

Beschwerdeverfahren richten sich nach Teil 3 Abschnitt 5 VV RVG, soweit sich aus den Vorbem 3.2.1, 3.2.2 VV RVG nichts anderes ergibt. 1

Geregelt sind in diesem Abschnitt alle **allgemeinen Beschwerden**. 2

Auch die Beschwerden in FGG-Verfahren, also insbesondere in Erbscheinverfahren, Verfahren über die Abberufung eines Testamentsvollstreckers etc. werden nach Teil 3 Abschnitt 5 VV RVG vergütet. Die Vorbem 3.2.1 VV RVG ist nicht analog anwendbar (AG Augsburg/LG Augsburg/OLG München JurBüro 2006, 312; OLG Schleswig AGS 2006, 478 m Anm *N. Schneider*). Siehe ausführlich die Kommentierung zu Vorbem 3.2.1 VV RVG. 3

Zu Nr. 3500, 3513, 3514 VV RVG

I. Beschwerdeverfahren

Beschwerdeverfahren stellen grundsätzlich eigene **selbständige Gebührenangelegenheiten** dar (§ 15 Abs. 2 Satz 2 RVG). Jede Beschwerde gilt dabei als eigene Angelegenheit (§ 18 Nr. 5 RVG). 1

Ist eine **weitere Beschwerde** gegeben, so stellt auch diese eine weitere selbständige Angelegenheit dar. Für die Rechtsbeschwerde nach den §§ 574 ff ZPO und die Nichtzulassungsbeschwerden sind dagegen gesonderte Vorschriften vorgesehen (Nrn. 3502 ff VV RVG). 2

Der Anwalt erhält im Beschwerdeverfahren die Gebühren der Nrn. 3500, 3513 VV RVG in Höhe von jeweils 0,5. Eine Reduzierung bei **vorzeitiger Erledigung** ist nicht vorgesehen. 3

4 Die Verfahrensgebühr entsteht bereits mit Entgegennahme der Information (Vorbem 3 Abs. 2 VV RVG). Für den Anwalt des Beschwerdegegners entsteht die Vergütung, sobald er auftragsgemäß in irgendeiner Form im Beschwerdeverfahren tätig wird. Die bloße Entgegennahme des Beschwerdebeschlusses und seine Mitteilung an die Partei genügt hierfür nicht (LG Berlin JurBüro 1984, 62). Ausreichend ist allerdings, dass der Anwalt die Beschwerdeschrift entgegennimmt und prüft, ob etwas zu veranlassen ist, selbst dann, wenn er nichts weiter unternimmt (OLG Hamburg MDR 1994, 522).

5 Hinzukommen kann eine **0,5-Teminsgebühr** nach Nr. 3513 VV RVG.

6 Im Verfahren über eine **Beschwerde gegen den Nichterlass einer einstweiligen Verfügung oder eines Arrestes** kann auch die **1,2-Terminsgebühr** entstehen, wenn das Beschwerdegericht mündliche Verhandlung anberaumt.

7 Der **Gegenstandswert** des Beschwerdeverfahrens muss nicht mit dem des Hauptverfahrens identisch sein. Sofern keine gesetzliche Regelung besteht, ist das Interesse des Beschwerdeführers maßgebend, das dieser verfolgt (§ 23 Abs. 2 RVG).

II. Erinnerungsverfahren

1. Grundsatz

8 Hinsichtlich der Erinnerungsverfahren ist zu differenzieren. Erinnerungen gegen Entscheidungen des Rechtspflegers zählen nach § 18 Nr. 5 RVG stets als eigene Angelegenheit iSd § 15 RVG; sonstige Erinnerungen sind dagegen nach § 19 Abs. 1 Satz 2 Nr. 5 RVG Teil des Hauptsacheverfahrens und werden nicht gesondert vergütet.

2. Mehrere Erinnerungen gegen den Kostenansatz oder die Kostenfestsetzung

9 Nach § 16 Nr. 12a) RVG wiederum zählen mehrere Erinnerungsverfahren gegen den Kostenansatz einerseits und mehrere Erinnerungsverfahren im Kostenfestsetzungsverfahren andererseits als eine Angelegenheit. Hier gilt wiederum Folgendes:

- **Mehrere Erinnerungen gegen den Kostenansatz**: Mehrere Erinnerungen gegen dieselbe Kostenrechnung zählen als eine einzige Angelegenheit. Dies gilt sowohl dann, wenn von derselben Partei mehrere Erinnerungen eingelegt werden, als auch dann, wenn wechselseitig von verschiedenen Parteien Erinnerungen eingelegt werden (AnwK-RVG/*N. Schneider* § 16 Rn 96 ff). Werden dagegen mehrere Erinnerungen gegen verschiedene Kostenrechnungen geführt, dann handelt es sich um verschiedene Angelegenheiten (AnwK-RVG/*N. Schneider* § 16 Rn 96 ff).
- **Mehrere Erinnerungen gegen die Kostenfestsetzung**: Darüber hinaus werden mehrere Erinnerungen in der Kostenfestsetzung zusammengefasst. Auch hier ist allerdings wiederum zu differenzieren:
  - Werden gegen denselben Kostenfestsetzungsbeschluss mehrere Erinnerungsverfahren geführt, handelt es sich stets nur um eine Angelegenheit iSd § 15 RVG. Die Gebühren entstehen nur einmal, allerdings aus den nach § 22 Abs. 1 RVG zusammengerechneten Werten (AnwK-RVG/*N. Schneider* § 16 Rn 96 ff). Gleiches gilt, wenn gegen einen Abhilfebeschluss des Rechtspflegers erneut Erinnerung eingelegt wird (AnwK-RVG/*N. Schneider* Nr. 3500 VV RVG Rn 57).
  - Werden dagegen mehrere Erinnerungen in der Kostenfestsetzung gegen verschiedene Kostenfestsetzungsbeschlüsse geführt, dann handelt es sich um verschiedene Angelegenheiten (AnwK-RVG/*N. Schneider* § 16 Rn 104 ff).
  - Verschiedene Angelegenheiten sind auch dann gegeben, wenn gegen verschiedene Kostenfestsetzungen aus verschiedenen Instanzen gesonderte Erinnerungen geführt werden (AnwK-RVG/*N. Schneider* § 16 Rn 104 ff).

- **Erinnerungen gegen den Kostenansatz einerseits und die Kostenfestsetzung andererseits:** Klargestellt ist jetzt auch, dass Erinnerungen gegen den Kostenansatz einerseits und Erinnerungen gegen die Kostenfestsetzung andererseits nicht als eine Angelegenheit gelten (AnwK-RVG/N. *Schneider* § 16 Rn 104 ff). Dies war nach der BRAGO unklar und umstritten (siehe hierzu ausführlich: *Hansens* § 61 Rn 17).

Zu Nr. 3502, 3503 VV RVG

Nach Nr. 3502 VV RVG erhält der Anwalt im Verfahren über die Rechtsbeschwerde nach § 574 ZPO eine **Verfahrensgebühr** in Höhe von 1,0.   1

Auf **andere Rechtsbeschwerdeverfahren** ist die Vorschrift nicht anwendbar, erst Recht nicht auf Verfahren der weiteren Beschwerde in FGG-Verfahren.   2

Bei **vorzeitiger Erledigung** reduziert sich die Gebühr auf 0,5 (Nr. 3503 VV RVG)   3

Bei **mehreren Auftraggebern** erhöht sich die Gebühr um 0,3 je weiterem Auftraggeber.   4

Kommt es zu einer außergerichtlichen Besprechung zur Vermeidung oder Erledigung der Rechtsbeschwerde gem. Vorbem 3 Abs. 3 VV RVG, entsteht eine **Terminsgebühr** nach Nr. 3516 VV RVG.   5

Zu Nr. 3506, 3507, 3508, 3509 VV RVG

I. Überblick

Die Nichtzulassungsbeschwerde nach § 544 ZPO stellt gegenüber dem Berufungsverfahren eine eigene gebührenrechtliche Angelegenheit dar, in der der Anwalt gesonderte Gebühren erhält. Dies ergibt sich aus § 15 Abs. 2 Satz 2 RVG.   1

Das sich an eine erfolgreiche Nichtzulassungsbeschwerde anschließende Rechtsmittelverfahren stellt wiederum eine eigene Angelegenheit dar. Dies folgt aus § 17 Nr. 9 RVG.   2

II. Verfahrensgebühr

Für seine Tätigkeit im Verfahren der Nichtzulassungsbeschwerde erhält der Anwalt nach Nr. 3504 VV RVG eine **1,6-Verfahrensgebühr**. Diese Gebühr erhöht sich gem. Nr. 3508 VV RVG auf eine 2,3-Verfahrensgebühr, soweit sich die Parteien nur durch einen am BGH zugelassenen Anwalt vertreten lassen können, was bei der Nichtzulassungsbeschwerde nach § 544 ZPO immer der Fall ist.   3

Vertritt der Anwalt **mehrere Auftraggeber** wegen desselben Gegenstands, so erhöht sich gem. Nr. 1008 VV RVG die Gebühr um 0,3 je weiterem Auftraggeber, sofern diese gemeinschaftlich beteiligt sind.   4

Die Verfahrensgebühr des Nichtzulassungsbeschwerdeverfahrens aus Nr. 3504 VV RVG wird auf die Verfahrensgebühr des nachfolgenden Revisionsverfahrens aus Nrn. 3206, 3208 VV RVG **angerechnet** (Anm zu Nr. 3504 VV RVG; siehe Nrn. 3206 ff Rn 16 ff).   5

III. Terminsgebühr

Für die Wahrnehmung eines Termins iSd Vorbem 3 Abs. 3 VV RVG erhält der Anwalt eine 1,2-Terminsgebühr nach Nr. 3516 VV RVG. Da im Verfahren der Nichtzulassungsbeschwerde keine gerichtlichen Termine stattfinden, kann hier die Terminsgebühr nur bei Besprechungen zur Erledigung oder Vermeidung des Verfahrens anfallen.   6

Zu Nr. 3516 VV RVG

1 Die Vorschrift regelt die Terminsgebühr im
- Verfahren über die Rechtsbeschwerde nach § 574 ZPO und
- Verfahren über die Beschwerde gegen die Nichtzulassung der Revision.

2 Zwar finden in beiden Verfahren keine gerichtlichen Termine statt; es gilt jedoch Vorbem 3 Abs. 3 VV RVG, wonach die Gebühr auch für Besprechungen zur Vermeidung oder Erledigung eines Verfahrens entsteht.

Vorbem 7 VV RVG

1 Neben den Gebühren erhält der Anwalt auch seine Auslagen erstattet. **Allgemeine Geschäftskosten** werden dagegen durch die Gebühren abgegolten und sind nicht gesondert zu vergüten (Vorbem 7 Abs. 1 Satz 1 VV RVG). Zu den allgemeinen Geschäftskosten zählen zB Büromiete, Unterhaltungskosten für EDV-Anlage, Kopierer, Kosten für Zeitschriften und Fachliteratur etc (AnwK-RVG/N. *Schneider* Vorbem 7 VV RVG Rn 7 ff).

2 Als besondere Auslagen kennt das RVG:
- **Dokumentenpauschalen** (Nr. 7000 VV RVG),
- **Entgelte für Post- und Telekommunikationsdienstleistungen** (Nrn. 7001, 7002 VV RVG),
- **Reisekosten** (Nrn. 7003 ff VV RVG) sowie
- anteilige **Haftpflichtversicherungsprämie** (Nr. 7007 VV RVG).

3 Daneben können weitere **Auslagen nach den §§ 675, 670 BGB** ersetzt verlangt werden (Vorbem 7 Abs. 1 Satz 2 VV RVG). Dies gilt insbesondere für vorgelegte Gerichts- und Gerichtsvollzieherkosten sowie für Kosten von Meldeamts- und Registeranfragen.

4 Schließlich behandelt das RVG auch die **Umsatzsteuer** als Auslagentatbestand (Nr. 7008 VV RVG), obwohl es sich tatsächlich nicht um Auslagen handelt.

Zu Nr. 7000 VV RVG

I. Überblick

1 Für Abschriften und Ablichtungen erhält der Anwalt gem. Nr. 7000 VV RVG zusätzlich eine Dokumentenpauschale. Dazu gehört auch die Übermittlung durch den Rechtsanwalt per Telefax (das wird demnächst klargestellt durch eine Änderung der Vorbem 7 VV RVG durch das 2. JuMoG).

II. Abschriften und Ablichtungen aus Behörden- und Gerichtsakten

2 Nach Nr. 7000 Nr. 1a VV RVG erhält der Anwalt eine Dokumentenpauschale für Ablichtungen aus Behörden- und Gerichtsakten, soweit deren Herstellung zur sachgemäßen Bearbeitung der Rechtssache geboten war.

III. Abschriften und Ablichtungen zwecks Zustellung oder Mitteilung an Gegner oder Beteiligte oder zur notwendigen Unterrichtung des Auftraggebers

3 Nach Nr. 7000 Nr. 1b und 1c VV RVG erhält der Anwalt eine Dokumentenpauschale für Ablichtungen

■ zur **Zustellung oder Mitteilung an Gegner oder Beteiligte und Verfahrensbevollmächtigte** aufgrund einer Rechtsvorschrift oder nach Aufforderung durch das Gericht, die Behörde oder die sonst das Verfahren führende Stelle, soweit hierfür mehr als 100 Ablichtungen zu fertigen waren (Nr. 1b) und
■ zur **notwendigen Unterrichtung des Auftraggebers**, soweit hierfür mehr als 100 Ablichtungen zu fertigen waren (Nr. 1c).

Die Vorschrift der Nr. 7000 Nr. 1 VV RVG unterscheidet also zwischen Auftraggeber 4 (Buchstabe c) und sonstigen Beteiligten (Buchstabe b). Es handelt sich insoweit um jeweils eigene Tatbestände, so dass gesondert zu zählen ist. So reicht es zB nicht aus, wenn für Auftraggeber und Gegner zusammen mehr als 100 Kopien gefertigt werden. Eine Vergütung nach Nr. 7000 Nr. 1b und 1c VV RVG wird also erst ausgelöst, wenn entweder für den Auftraggeber oder für sonstige Beteiligte mehr als 100 Kopien angefertigt worden sind. Vergütet werden dann allerdings nicht alle Kopien, sondern nur die, die über 100 Seiten hinausgehen, also Ablichtungen ab der 101. Seite (LG Berlin AGS 2006, 72).

IV. Sonstige Ablichtungen

Auch für sonstige Ablichtungen erhält der Anwalt eine Dokumentenpauschale (Nr. 7000 5 Nr. 1d VV RVG).

V. Höhe der Dokumentenpauschale

Die Höhe der Dokumentenpauschale wird unmittelbar in Nr. 7000 VV RVG geregelt. Der Anwalt erhält für die ersten (abzurechnenden) 50 Seiten eine Vergütung in Höhe von 0,50 € je Seite und für jede darüber hinausgehende weitere Seite eine Vergütung in Höhe von 0,15 €.

VII. Überlassung von elektronisch gespeicherten Daten

Für die Überlassung von elektronisch gespeicherten Daten erhält der Anwalt je Datei eine 6 Vergütung in Höhe von 2,50 € (Nr. 7000 Nr. 2 VV RVG).

Zu Nrn. 7001, 7002 VV RVG

Die Kosten für Post- und Telekommunikationsentgelte sind neben den Gebühren immer 1 gesondert zu vergüten. Hierzu zählen insbesondere die Portokosten, auch für besondere Versendungsarten, wie Einschreiben, förmliche Zustellungen, Päckchen und Pakete sowie die Gebühren für Orts- und Ferngespräche, Onlineverbindungen (E-Mail, Internet etc.) sowie für Fernschreiben, Telefax und Telegrammsendungen (siehe ausführlich: AnwK-RVG/N. *Schneider* Nr. 7001, 7002 VV RVG Rn 6 ff).

Der Anwalt hat die Wahl, ob er die entsprechenden Entgelte **konkret** abrechnet (Nr. 7001 2 VV RVG) – dies ist in aller Regel mit erheblichem Aufwand verbunden und rentiert sich daher nicht.

Stattdessen bietet Nr. 7002 VV RVG die Möglichkeit, **Pauschalen** anzusetzen, und zwar in 3 Höhe von 20 % der jeweils anfallenden gesetzlichen Gebühren, höchstens jedoch 20,00 €. Die Pauschale berechnet sich nach den gesetzlichen Gebühren, also nicht nach den er- 4 mäßigten Prozesskostenhilfegebühren (AnwK-RVG/N. *Schneider* Nr. 7001, 7002 Rn 23 ff, 46 ff). Lediglich bei Beratungshilfesachen ist auf die Beratungshilfegebühren abzustellen (AnwK-RVG/N. *Schneider* Nr. 7001 – 7002 Rn 24, 48 ff; aA allerdings AG Köln AGS 2006, 25 = RVGreport 2006, 68). In Anrechnungsfällen richtet sich die Pauschale nach den Gebühren vor Anrechnung und nicht nach dem nach Anrechnung verbleibenden Restbetrag.

Zu beachten ist, dass die Postentgeltpauschale **in jeder Angelegenheit gesondert** entsteht. 5 So entsteht zB im Mahnverfahren und im anschließenden streitigen Verfahren die Postentgeltpauschale jeweils erneut (zuletzt BGH AGS 2004, 343 mit Anm *N. Schneider*; AGS 2005, 26; AnwK-RVG/*N. Schneider*, Nr. 7001, 7002 VV RVG Rn 31 ff) oder auch nach einer Zurückverweisung (LG Dresden AGS 2006, 169). Dies wird in der Praxis häufig übersehen und führt in der Summe zu nicht unerheblichen Beträgen, die verschenkt werden (ausführlich *N. Schneider* AGS 2003, 94; AnwK-RVG/*N. Schneider*, Nr. 7001, 7002 VV RVG Rn 31 ff).

Zu Nrn. 7003, 7004, 7005, 7006 VV RVG

1 Auslagen für Geschäftsreisen des Anwalts werden nach den Nr. 7003 bis 7006 VV RVG vergütet.
2 Eine **Geschäftsreise** liegt vor, wenn der Anwalt das Gebiet der politischen Gemeinde verlässt (Vorbem 7 Abs. 2 VV RVG). Auf die Entfernung kommt es dabei nicht an. So fallen selbst bei großen Entfernungen innerhalb derselben Stadt keine Reisekosten an. Dagegen können bei kürzester Entfernung Reisekosten anfallen, wenn die Grenzen der politischen Gemeinde überschritten werden.
3 Die Reisekosten sind unterteilt in:
- **Fahrtkosten für PKW** (Nr. 7003 VV RVG),
- **Fahrtkosten für sonstige Verkehrsmittel** (Nr. 7004 VV RVG),
- **Tage- und Abwesenheitsgelder** (Nr. 7005 VV RVG) und
- **sonstige Auslagen**, soweit sie angemessen sind (Nr. 7006 VV RVG).

4 An Fahrtkosten erhält der Anwalt bei der **Benutzung eines eigenen Kraftfahrzeugs** 0,30 € für jeden gefahrenen Kilometer.
5 Bei der **Benutzung anderer Verkehrsmittel** erhält er die tatsächlichen Aufwendungen, soweit sie angemessen sind (Nr. 7004 VV RVG). Flugreisen sind nur angemessen, wenn dadurch erhebliche Zeit gespart wird (Nachw zur Rechtsprechung bei AnwK-RVG-/*N. Schneider* Nr. 7003 – 7006 VV RVG Rn 25). Wer eine Bahncard benutzt, darf nach der Rechtsprechung nur die tatsächlichen Kosten abrechnen, nicht anteilig auch die Anschaffungskosten der Bahncard (AnwK-RVG/*N. Schneider* Nr. 7003 – 7006 VV RVG Rn 22 mN zur Rechtsprechung).
6 Als **Tage- und Abwesenheitsgelder** erhält der Anwalt bei einer Abwesenheit von nicht mehr als vier Stunden 20,00 €, von vier bis acht Stunden 35,00 € und bei mehr als acht Stunden 60,00 € (Nr. 7005 VV RVG). Bei Auslandsreisen kann er zu den vorgenannten Beträgen einen Zuschlag in Höhe von 50 % berechnen (Anm zu Nr. 7005 VV RVG).
7 Darüber hinaus sind ihm Übernachtungskosten, Parkgebühren ua in Höhe der tatsächlichen Aufwendungen zu erstatten, soweit sie angemessen sind (Nr. 7006 VV RVG).
8 Unternimmt der Anwalt eine Geschäftsreise in **mehreren Angelegenheiten**, so sind die Gesamtkosten nach Vorbem 7 Abs. 3 VV RVG aufzuteilen.

Zu Nr. 7007 VV RVG

1 Neben den sonstigen Auslagen hinaus kann der Anwalt die im Einzelfall gezahlte Prämie für eine Haftpflichtversicherung für Vermögensschäden auf den Auftraggeber umlegen, soweit die Prämie auf Haftungsbeträge von mehr als 30 Millionen € entfällt. Nach dem Wortlaut kommt es kurioserweise nicht auf den Gegenstandswert, sondern nur auf das Haftungsrisiko an (zur Berechnung siehe AnwK-RVG/*N. Schneider* Nr. 7008 VV RVG).

Zu Nr. 7008 VV RVG

Nach Nr. 7008 VV RVG kann der Anwalt seinem Auftraggeber die Umsatzsteuer in Rechnung stellen. Dies setzt voraus, dass der Anwalt umsatzsteuerpflichtig ist. Hieran fehlt es, wenn der Anwalt Kleinunternehmer iSd § 19 Abs. 1 UStG ist, oder auch bei Fällen mit Auslandsberührung (AnwK-RVG/*N. Schneider* Nr. 7008 VV RVG Rn 6 ff; ausführlich auch *N. Schneider* MDR 2006, 374).

Umsatzsteuerpflichtig ist die **gesamte Vergütung**, also nicht nur die Gebühren, sondern auch Auslagen und Vorschüsse. Auch die PKH-Vergütung, die Pflichtverteidigervergütung und die Beratungshilfevergütung sind umsatzsteuerpflichtig.

Wird der Anwalt in **eigener Sache tätig**, etwa in einem eigenen Vergütungsprozess, dann ist diese Tätigkeit nicht umsatzsteuerpflichtig. Auch dann, wenn der Anwalt seine fiktive Vergütung nach § 91 Abs. 2 Satz 3 ZPO gegen den Gegner festsetzen lassen kann, darf keine Umsatzsteuer angesetzt werden.

Die **Höhe der Umsatzsteuer** richtet sich nach dem Zeitpunkt der Fälligkeit der Vergütung (§ 8 Abs. 1 RVG). Maßgebend ist der im Fälligkeitszeitpunkt geltende Steuersatz. Zuvor erhaltene Vorschüsse sind daher nachzuversteuern.

Beispiel (Wechsel des Steuersatzes zwischen zwei Angelegenheiten): Der Anwalt war im Oktober 2006 mit der Durchführung eines Mahnverfahrens (7.500,00 €) beauftragt. Nach Widerspruch wird das streitige Verfahren durchgeführt, das im Februar 2007 durch Urteil endet.

Für die Vergütung des Mahnverfahrens gilt der alte Steuersatz (16 %), da Fälligkeit vor der Steueränderung eingetreten ist; für die des streitigen Verfahrens gilt der neue Steuersatz (19 %).

I. Mahnverfahren
1. 1,0-Verfahrensgebühr, Nr. 3305 VV RVG (Wert: 7.500,00 €)   412,00 €
2. Postentgeltpauschale, Nr. 7002 VV RVG   20,00 €
Zwischensumme   432,00 €
3. 16 % Umsatzsteuer, Nr. 7008 VV RVG   69,12 €
Gesamt   **501,12 €**

II. Streitiges Verfahren
1. 1,3-Verfahrensgebühr, Nr. 3100 VV RVG (Wert: 7.500,00 €)   535,60 €
2. 1,2-Terminsgebühr, Nr. 3104 VV RVG (Wert: 7.500,00 €)   494,40 €
3. Postentgeltpauschale, Nr. 7002 VV RVG   20,00 €
4. anzurechnen gem Anm zu Nr. 3305 VV RVG, 1,0 aus 7.500,00 €   − 412,00 €
Zwischensumme   638,00 €
5. 19 % Umsatzsteuer, Nr. 7008 VV RVG   121,22 €
Gesamt   **759,22 €**

Beispiel (Nachversteuerung eines Vorschusses): Nach Einreichung der Klageschrift im November 2006 (Wert: 10.000,00 €) rechnet der Anwalt vorschussweise eine Verfahrensgebühr ab. Das Urteil ergeht nach Verhandlung im Februar 2007.

Die Verfahrensgebühr ist zwar entstanden, da der Anwalt einen Schriftsatz eingereicht hat (Nr. 3101 Nr. 1 VV RVG), sie ist jedoch noch nicht fällig, da keiner der in § 8 Abs. 1 RVG aufgeführten Fälligkeitstatbestände eingetreten ist. Der Anwalt ist allerdings berechtigt, die Verfahrensgebühr als Vorschuss (§ 9 RVG) abzurechnen. Eine Teilleistung liegt wohl nicht vor. Daher ist nachzuversteuern.

I. Vorschuss
1. 1,3-Verfahrensgebühr, Nr. 3100 VV RVG (Wert: 10.000,00 €)   631,80 €

VV RVG | Zu Nr. 7008

2. Postentgeltpauschale, Nr. 7002 VV RVG	20,00 €
Zwischensumme	651,80 €
3. 16 % Umsatzsteuer, Nr. 7008 VV RVG 104,29 €	
Gesamt	**756,09 €**

II. Schlussrechnung (1. Alt)

1. 1,3-Verfahrensgebühr, Nr. 3100 VV RVG (Wert: 10.000,00 €)		631,80 €
2. 1,2-Terminsgebühr, Nr. 3104 VV RVG (Wert: 10.000,00 €)		583,20 €
3. Postentgeltpauschale, Nr. 7002 VV RVG		20,00 €
Zwischensumme	1.235,00 €	
4. 19 % Umsatzsteuer, Nr. 7008 VV RVG		234,65 €
Gesamt		**1.469,65 €**
5. ./. gezahlter	– 756,09 €	
Restbetrag		**713,56 €**

(In der Vorschusszahlung enthalten sind 104,29 € Umsatzsteuer)

II. Schlussrechnung (2. Alt.)

1. 1,3-Verfahrensgebühr, Nr. 3100 VV RVG (Wert: 10.000,00 €)		631,80 €
2. 1,2-Terminsgebühr, Nr. 3104 VV RVG (Wert: 10.000,00 €)		583,20 €
3. Postentgeltpauschale, Nr. 7002 VVRVG		20,00 €
Zwischensumme	1.235,00 €	
4. 19 % Umsatzsteuer, Nr. 7008 VV RVG		234,65 €
Gesamt		**1.469,65 €**
5. ./. gezahlter netto		651,80 €
6. ./. gezahlter Umsatzsteuer		– 104,29 €
Restbetrag		**713,56 €**

Erbschaftsteuer- und Schenkungsteuergesetz (ErbStG)

In der Fassung der Bekanntmachung vom 27. Februar 1997 (BGBl I S 378)

Steuerpflicht

§ 1 Steuerpflichtige Vorgänge

(1) Der Erbschaftsteuer (Schenkungsteuer) unterliegen

1. der Erwerb von Todes wegen;
2. die Schenkungen unter Lebenden;
3. die Zweckzuwendungen;
4. das Vermögen einer Stiftung, sofern sie wesentlich im Interesse einer Familie oder bestimmter Familien errichtet ist, und eines Vereins, dessen Zweck wesentlich im Interesse einer Familie oder bestimmter Familien auf die Bindung von Vermögen gerichtet ist, in Zeitabständen von je 30 Jahren seit dem in § 9 Abs. 1 Nr. 4 bestimmten Zeitpunkt.

(2) Soweit nichts anderes bestimmt ist, gelten die Vorschriften dieses Gesetzes über die Erwerbe von Todes wegen auch für Schenkungen und Zweckzuwendungen, die Vorschriften über Schenkungen auch für Zweckzuwendungen unter Lebenden.

A. Allgemeines

§ 1 Abs. 1 ErbStG zählt abschließend die Vorgänge auf, die der Erbschaft- und Schenkungsteuer unterliegen. Die Nrn 1 – 3 betreffen tatsächliche Erwerbsvorgänge, bei denen Vermögen unentgeltlich übergeht. Demgegenüber ordnet die Nr. 4 als Fiktion die Besteuerung von Familienstiftungen durch die Ersatz-Erbschaftsteuer an. 1

Die Nrn 1 – 3 stellen Grundtatbestände dar, die durch die nachfolgende Normen ergänzt werden: Der Erwerb von Todes wegen in den §§ 3 – 6 ErbStG, die Schenkungen unter Lebenden in §§ 5 und 7 ErbStG und die Zweckzuwendung in § 8 ErbStG. Die Ersatz-Erbschaftsteuer in Nr. 4 wird steuersystematisch auch als Vermögensbesteuerung angesehen (Troll/Gebel/*Jülicher* § 1 Rn 1). 2

B. Erwerb von Todes wegen (Abs. 1 Nr. 1)

§ 1 Abs. 1 Nr. 1 ErbStG bezieht Erwerbe von Todes wegen in die Steuerpflicht ein. Dies zeigt, dass nicht der Nachlass, sondern der Erwerb besteuert wird. Die Erbschaftsteuer ist folglich eine Erbanfallsteuer, wie sie überwiegend im europäischen Raum zu finden ist, und keine Nachlasssteuer, wie sie zB in den USA oder Großbritannien normiert ist. Folglich wird der beim jeweiligen Erbe als Erwerber anfallende Erwerb der Steuerpflicht unterworfen und nicht der Nachlass als solcher. 3

C. Schenkung unter Lebenden (Abs. 1 Nr. 2)

Die Begründung der Steuerpflicht von Schenkungen unter Lebenden erfolgte ursprünglich, um eine Umgehung einer nur bei Tod eingreifenden Steuerpflicht durch lebzeitige Schenkungen zu vermeiden (*Meincke* § 1 Rn 10). Durch § 1 Abs. 2 ErbStG gelten die Vorschriften des ErbStG über die Erwerbe von Todes wegen auch für Schenkungen unter Lebenden. Einige Unterschiede bestehen (siehe hierzu Rn 15). 4

D. Zweckzuwendung (Abs. 1 Nr. 3)

5 Zweckzuwendungen sind Zuwendungen, die mit der Auflage verbunden sind, zu Gunsten eines bestimmten Zwecks verwendet zu werden, § 8 ErbStG. Dies verlangt die steuerliche Erfassung der Zweckzuwendung auf der zweiten Stufe der Vermögensverschiebung: Jemand erhält eine Zuwendung mit der Anordnung, diese ganz oder teilweise zu einem bestimmten, nicht seinen Interessen entsprechenden und unpersönlichen Zweck zu verwenden. Vorausgesetzt wird hierbei, dass der Empfänger der Zuwendung den zur Zweckerfüllung gewidmeten Betrag bei der Besteuerung des eigenen Vermögenserwerbs in Abzug bringen kann, weil er insoweit nicht bereichert ist, § 10 Abs. 5 Nr. 2 ErbStG. Die Zuwendung bliebe also insoweit unversteuert, wenn sie nicht durch den eigenen Tatbestand erfasst würde (vgl *Meincke* § 1 Rn 12).

E. Ersatz-Erbschaftsteuer bei Stiftungen (Abs. 1 Nr. 4)

6 Das Vermögen einer inländischen Familienstiftung unterliegt gem § 1 Abs. 1 Nr. 4 ErbStG in Zeitabständen von 30 Jahren der Ersatz-Erbschaftsteuer. Die Regelung ist verfassungskonform (BVerfG BStBl II 1983, 779). Nur die rechtsfähige Stiftung iSd §§ 80 ff BGB wird als Stiftung iSd Norm behandelt. Bei der nicht rechtsfähigen Stiftung kann bei Unbestimmtheit des begünstigten Personenkreises nur eine Zweckzuwendung iSd § 8 ErbStG vorliegen (vgl *Troll/Gebel/Jülicher* § 1 Rn 11).

7 Die Stiftung ist ein selbständiger Rechts- und Vermögensträger. Sie wird errichtet, um einem vom Stifter bestimmten Zweck mit Hilfe ihres hierfür gewidmeten Vermögens dauerhaft zu dienen. Stiftungszweck, Stiftungsvermögen und Eigenorganisation sind die wichtigsten Wesensmerkmale einer Stiftung. Sie hat keine Anteilseigner. Der Tod des Stifters oder seiner Nachkommen hat keinen Einfluss auf die Existenz der Stiftung.

8 Eine rechtsfähige Stiftung bedarf der staatlichen Anerkennung durch die für ihren Sitz zuständige Landesbehörde nach dem jeweiligen Stiftungsgesetz. Die Stiftung unterliegt der staatlichen Aufsicht. Der Zweck der Stiftung wird in der Stiftungsurkunde niedergelegt. Hier wird ebenfalls die Verteilung der laufenden Erträge und des Stiftungsvermögens bei ihrer Auflösung geregelt. Die Bezugs- oder Anfallsberechtigten heißen Destinatäre.

9 Eine Familienstiftung liegt vor, wenn nach ihrer Satzung der Stifter, seine Angehörigen und deren Abkömmlinge zu mehr als der Hälfte bezugs- oder anfallsberechtigt (Destinatäre) sind (§ 15 AStG). Eine Familienstiftung liegt auch dann vor, wenn die Destinatäre zu mehr als $1/4$ bezugs- oder anfallsberechtigt sind und zusätzliche Merkmale ein »wesentliches Familieninteresse« belegen. Dieses Interesse ist zB gegeben, wenn die Familie wesentlichen Einfluss auf die Geschäftsführung der Stiftung hat. Die Bezugsberechtigung wird allein durch die Ausschüttung der Stiftung bestimmt. Thesaurierte Erträge sind für die Bezugsberechtigung der Destinatäre ohne Bedeutung. Entscheidend ist, dass die Destinatäre hinsichtlich der tatsächlich ausgeschütteten Beträge nach der Satzung im genannten Umfang bezugsberechtigt sind (vgl R 2 Abs. 2 ErbStR).

10 Wesentliche Familieninteressen sind Vermögensinteressen im weitesten Sinne. Hierzu gehören nicht nur Bezugs- und Anfallsrechte, sondern alle Vermögensvorteile, die die begünstigten Familien und ihre Mitglieder aus dem Stiftungsvermögen ziehen. Die Stiftung dient diesen Vermögensinteressen dann wesentlich, wenn nach der Satzung oder dem Stiftungsgeschäft ihr Wesen darin besteht, es den Familien zu ermöglichen, das Stiftungsvermögen, soweit es einer Nutzung zu privaten Zwecken zugänglich ist, zu nutzen oder die Stiftungserträge an sich zu ziehen. Hierunter fallen bspw auch die unentgeltliche sowie verbilligte Nutzung des Stiftungsvermögens, wie die Nutzung der stiftungseigenen Immobilien zu Wohnzwecken, der Einsatz des Personals der Stiftung für Arbeiten im Rahmen des eigenen Hausstandes oder bei einer Stiftung mit Kunstbesitz der Vorteil, von diesem Kunstbesitz umgeben zu sein (R 2 Abs. 3 ErbStR).

11 Die Ersatz-Erbschaftsteuer wird derart bemessen, als ob das Stiftungsvermögen einer aus zwei Kindern bestehenden Generation anfällt, § 15 Abs. 2 Satz 3 ErbStG. Als Freibetrag

wird der doppelte Kinderfreibetrag gem § 16 Abs. 1 Nr. 2 ErbStG gewährt. Die Steuer wird mit dem Steuersatz der Steuerklasse I (vgl § 15 ErbStG) für die Hälfte des stpfl Vermögens berechnet.

Der Zeitabstand von 30 Jahren soll der üblichen Generationenfolge in der Familie entsprechen. Es besteht auf Antrag die Möglichkeit der Verrentung der Ersatz-Erbschaftsteuer, die dann in 30 gleichen Jahresbeträgen mit einem Zinssatz von 5,5 % gezahlt wird, § 24 ErbStG. Hierdurch kann die Steuer aus den laufenden Erträgen bestritten werden, was sich substanzschonend auswirkt. Ein Jahresbetrag beträgt dann 6,52 % der gesamten Ersatz-Erbschaftsteuer (Moench/*Weinmann* § 1 Rn 23). Steuerschuldner ist die Familienstiftung, § 20 Abs. 1 ErbStG.

Die Errichtung der Stiftung durch erstmalige Vermögensübertragung unterliegt entweder als Stiftungsgeschäft unter Lebenden (§ 7 Abs. 1 Nr. 8 ErbStG) oder als Verfügung von Todes wegen (§ 3 Abs. 2 Nr. 1 ErbStG) der Erbschaftsteuer. Die Steuerklasse wird nach dem verwandtschaftlichen Verhältnis des entferntest berechtigten Destinatärs bestimmt, § 15 Abs. 2 Satz 1 ErbStG. Für spätere Zustiftungen als normale Erwerbe von Todes wegen (§ 3 Abs. 1 Nr. 1 ErbStG) oder freigebige Zuwendungen (§ 7 Abs. 1 Nr. 1 ErbStG) gilt die ungünstige Steuerklasse III. Die Aufhebung der Stiftung unterliegt als Schenkung unter Lebenden gem § 7 Abs. 1 Nr. 9 ErbStG der Erbschaftsteuer.

Nach Ansicht der Finanzverwaltung ist eine Änderung des Stiftungscharakters durch Satzungsänderung – sei es zu Lebzeiten oder erst nach dem Tod des Stifters – erbschaftsteuerlich als Aufhebung der Familienstiftung und Errichtung einer neuen Stiftung anzusehen. Die Neuerrichtung unterliegt danach grds der Besteuerung in der ungünstigen Steuerklasse III. Entsprechendes gilt nach Ansicht der Finanzverwaltung, wenn durch die Satzungsänderung bisher nicht bezugs- oder anfallsberechtigte Familienmitglieder in den Kreis der Destinatäre aufgenommen werden und die Errichtung der Stiftung seinerzeit bei bereits damaliger Zugehörigkeit der nun neu aufgenommenen Destinatäre nach der ungünstigeren Steuerklasse zu besteuern gewesen wäre (R 2 Abs. 4 ErbStR). Entsprechendes gilt für einen Familienverein iSd § 1 Abs. 1 Nr. 4 ErbStG (R 2 Abs. 6 ErbStR). Steuerfrei ist dagegen die Umwandlung einer Familienstiftung durch Satzungsänderung in eine gemeinnützige Stiftung (§ 13 Abs. 1 Nr. 16 lit. b ErbStG).

F. Erbschaftsteuer und Schenkungsteuer (Abs. 2)

Die Normen über Erwerbe von Todes wegen gelten auch für Schenkungen unter Lebenden entsprechend, soweit nichts anderes bestimmt ist (§ 1 Abs. 2 ErbStG). Nicht auf Schenkungen anzuwenden sind insoweit die Normen zum Abzug von Nachlassverbindlichkeiten (§ 10 Abs. 1 Satz 2 ErbStG), zum Pauschalbetrag für Erbfallkosten (§ 10 Abs. 5 Nr. 3 Satz 2 ErbStG), zum Rückfall von Vermögensgegenständen an die Eltern (§ 13 Abs. 1 Nr. 10 ErbStG), zur Steuerklasse der Eltern bei Erwerben von Todes wegen (§ 15 Abs. 1 Steuerklasse I Nr. 4 ErbStG), zu Erwerben aufgrund gemeinschaftlicher Testamente von Ehegatten (§ 15 Abs. 3 ErbStG), zum besonderen Versorgungsfreibetrag für den überlebenden Ehegatten oder Kinder des Erblassers (§ 17 ErbStG), zur Haftung von Kreditinstituten (§ 20 Abs. 6 Satz 2 ErbStG) oder zur Steuerermäßigung bei mehrfachem Erwerb desselben Vermögens (§ 27 ErbStG). Der Versorgungsfreibetrag nach § 17 ErbStG kann ausnahmsweise bei einem nach § 7 Abs. 1 Nr. 5 ErbStG steuerbaren Erwerb gewährt werden, wenn ein Ehegatte als Abfindung für einen Erbverzicht und aufschiebend bedingt bis zum Tod des anderen Ehegatten ein Leibrentenstammrecht erwirbt (vgl R 1 ErbStR).

§ 2 Persönliche Steuerpflicht

(1) Die Steuerpflicht tritt ein

1. in den Fällen des § 1 Abs. 1 Nr. 1 bis 3, wenn der Erblasser zur Zeit seines Todes, der Schenker zur Zeit der Ausführung der Schenkung oder der Erwerber zur Zeit der Entstehung der Steuer (§ 9) ein Inländer ist, für den gesamten Vermögensanfall. ²Als Inländer gelten

   a) natürliche Personen, die im Inland einen Wohnsitz oder ihren gewöhnlichen Aufenthalt haben,

   b) deutsche Staatsangehörige, die sich nicht länger als fünf Jahre dauernd im Ausland aufgehalten haben, ohne im Inland einen Wohnsitz zu haben,

   c) unabhängig von der Fünfjahresfrist nach Buchstabe b deutsche Staatsangehörige, die

   aa) im Inland weder einen Wohnsitz noch ihren gewöhnlichen Aufenthalt haben und

   bb) zu einer inländischen juristischen Person des öffentlichen Rechts in einem Dienstverhältnis stehen und dafür Arbeitslohn aus einer inländischen öffentlichen Kasse beziehen,

   sowie zu ihrem Haushalt gehörende Angehörige, die die deutsche Staatsangehörigkeit besitzen. ²Dies gilt nur für Personen, deren Nachlaß oder Erwerb in dem Staat, in dem sie ihren Wohnsitz oder ihren gewöhnlichen Aufenthalt haben, lediglich in einem der Steuerpflicht nach Nummer 3 ähnlichen Umfang zu einer Nachlaß- oder Erbanfallsteuer herangezogen wird,

   d) Körperschaften, Personenvereinigungen und Vermögensmassen, die ihre Geschäftsleitung oder ihren Sitz im Inland haben;

2. in den Fällen des § 1 Abs. 1 Nr. 4, wenn die Stiftung oder der Verein die Geschäftsleitung oder den Sitz im Inland hat;

3. in allen anderen Fällen für den Vermögensanfall, der in Inlandsvermögen im Sinne des § 121 des Bewertungsgesetzes besteht. ²Bei Inlandsvermögen im Sinne des § 121 Nr. 4 des Bewertungsgesetzes ist es ausreichend, wenn der Erblasser zur Zeit seines Todes oder der Schenker zur Zeit der Ausführung der Schenkung entsprechend der Vorschrift am Grund- oder Stammkapital der inländischen Kapitalgesellschaft beteiligt ist. ³Wird nur ein Teil einer solchen Beteiligung durch Schenkung zugewendet, gelten die weiteren Erwerbe aus der Beteiligung, soweit die Voraussetzungen des § 14 erfüllt sind, auch dann als Erwerb von Inlandsvermögen, wenn im Zeitpunkt ihres Erwerbs die Beteiligung des Erblassers oder Schenkers weniger als ein Zehntel des Grund- oder Stammkapitals der Gesellschaft beträgt.

(2) Zum Inland im Sinne dieses Gesetzes gehört auch der der Bundesrepublik Deutschland zustehende Anteil am Festlandsockel, soweit dort Naturschätze des Meeresgrundes und des Meeresuntergrundes erforscht oder ausgebeutet werden.

A. Allgemeines

1 § 2 Abs. 1 Nr. 1 ErbStG stellt für die Tatbestände des Erwerbs von Todes wegen (§ 1 Abs. 1 Nr. 1 ErbStG) und der Schenkung unter Lebenden (§ 1 Abs. 1 Nr. 2 ErbStG) sowie für die Zweckzuwendung (§ 1 Abs. 1 Nr. 3 ErbStG) die steuerbegründenden persönlichen Voraussetzungen auf. Anknüpfungspunkt ist vorrangig die Inländereigenschaft des Erblassers,

Schenkers und Erwerbers. Die Staatsangehörigkeit hat nur nachrangige Bedeutung. Bei Stiftungen iSd § 1 Abs. 1 Nr. 4 ErbStG begründet ihr Sitz oder ihre Geschäftsleitung im Inland die Steuerpflicht, § 2 Abs. 1 Nr. 2 ErbStG. In allen anderen Fällen begründet die Inlandseigenschaft des erworbenen Vermögens die Steuerpflicht, § 2 Abs. 1 Nr. 3 ErbStG. Das Gesetz unterscheidet vier Arten der persönlichen Steuerpflicht: Die unbeschränkte Erbschaftsteuerpflicht, die erweiterte unbeschränkte Erbschaftsteuerpflicht, die beschränkte Erbschaftsteuerpflicht und die erweiterte beschränkte Erbschaftsteuerpflicht. Die Qualifikation der persönlichen Steuerpflicht hat Auswirkungen insb auf den Umfang des der Erbschaftsteuer unterliegenden Vermögens, auf den maßgebenden Zeitpunkt für die Beurteilung der Voraussetzungen der Steuerpflicht, auf den Schuldenabzug und auf die zu gewährenden persönlichen Freibeträge. **2**

B. Unbeschränkte Steuerpflicht (Abs. 1 Nr. 1 und Nr. 2)

Die unbeschränkte Steuerpflicht setzt nach § 2 Abs. 1 Nr. 1 Satz 2 lit. a) ErbStG bei natürlichen Personen voraus, dass diese Inländer sind, dh ihren Wohnsitz oder gewöhnlichen Aufenthalt im Inland haben. Dies gilt sowohl für den Erblasser und Schenker als auch für den Erwerber. Als maßgeblichen Zeitpunkt für das Vorliegen der Inländereigenschaft definiert § 2 Abs. 1 Nr. 1 Satz 1 ErbStG für den Erblasser den Zeitpunkt seines Todes, für den Schenker den Zeitpunkt der Ausführung der Schenkung und für den Erwerber den Zeitpunkt der Entstehung der Steuer (§ 9 ErbStG). Ohne Belang sind die Staatsangehörigkeiten der beteiligten Personen und der Belegenheitsort des übertragenden Vermögens. **3**

Einen Wohnsitz hat jemand dort, wo er eine Wohnung uU innehat, die darauf schließen lassen, dass er die Wohnung beibehalten und benutzen wird, § 8 AO. Den gewöhnlichen Aufenthalt hat jemand dort, wo er sich uU aufhält, die erkennen lassen, dass er an diesem Ort oder in diesem Gebiet nicht nur vorübergehend verweilt, § 9 Satz 1 AO. Als gewöhnlicher Aufenthalt ist stets und von Beginn an ein zeitlich zusammenhängender Aufenthalt von mehr als sechs Monaten Dauer anzusehen, wobei kurzfristige Unterbrechungen unberücksichtigt bleiben, § 9 Satz 2 AO. **4**

Die Rechtsfolgen der unbeschränkten Steuerpflicht sind unterschiedlich, je nachdem, wessen Inländereigenschaft die Steuerpflicht begründet. Ist der Erblasser oder Schenker Inländer, besteht hinsichtlich des Erwerbs vollständige Steuerpflicht, dh das gesamte Inlands- und Auslandsvermögen – das Weltvermögen – unterliegt der unbeschränkten Erbschaftsteuerpflicht (R 3 Abs. 1 Satz 3 ErbStR). Ist nur der Erwerber Inländer, besteht partielle Steuerpflicht. Es werden nicht der gesamte Nachlass des Erblassers oder alle Schenkungen des Schenkers der Erbschaftsteuer unterworfen, sondern nur der Vermögensteil, den der Erwerber als Erbe oder Beschenkter erhält. Ob sich das erworbene Vermögen im Inland oder Ausland befindet, ist unerheblich (*Meincke* § 2 Rn 8). **5**

C. Erweiterte unbeschränkte Steuerpflicht

Die erweiterte unbeschränkte Steuerpflicht ist als Unterfall der unbeschränkten Steuerpflicht in § 2 Abs. 1 Nr. 1 lit. b) und lit c) ErbStG geregelt. Sie betrifft deutsche Staatsangehörige innerhalb von fünf Jahren nach einem Wegzug aus Deutschland sowie Auslandsbedienstete. Hierdurch soll verhindert werden, dass die Erbschaftsteuer durch lediglich vorübergehende Wohnsitzverlegung in das Ausland umgangen werden kann. Sie ist europarechtlich bedenklich, da sie Deutsche vom Wegzug abhält (vgl *Schaumburg* RIW 2001, 161). Dies gilt nach der Rechtsprechung des EuGH zur ertragsteuerlichen Wegzugsbesteuerung (betreffend Frankreich) umso mehr (EuGH DStR 2004, 551 »de Lasteyrie du Saillant«). Österreich hat auf diese Rechtsprechung bereits reagiert und zum 1. 1. 2005 die dortige erweiterte (»nachlaufende«) unbeschränkte Steuerpflicht abgeschafft. **6**

Ein deutscher Staatsangehöriger, der sich nicht länger als fünf Jahre dauernd im Ausland aufgehalten hat, ohne im Inland einen Wohnsitz zu haben, gilt nach § 2 Abs. 1 Nr. 1 lit. b) **7**

§ 2 ErbStG | Persönliche Steuerpflicht

ErbStG als Inländer. Der subjektive Anknüpfungspunkt der Staatsangehörigkeit richtet sich nach § 3 Staatsangehörigkeitsgesetz (StAG). Sie wird zB durch Geburt erworben, wenn ein Elternteil die deutsche Staatsangehörigkeit besitzt, §§ 3 Nr. 1, 4 Abs. 1 Satz 1 StAG. Durch den Erwerb einer ausländischen Staatsangehörigkeit (§§ 17 Nr. 2, 25 StAG) oder durch den Verzicht bei mehreren Staatsangehörigkeiten (§§ 17 Nr. 3, 26 StAG) ist ein Verlust der deutschen Staatsangehörigkeit möglich, was steuerliche Gestaltungsmöglichkeiten eröffnet.

8 Die erweiterte unbeschränkte Erbschaftsteuerpflicht gilt auch für sog Auslandsbedienstete. Sie haben weder Wohnsitz noch gewöhnlichen Aufenthalt in Deutschland, stehen jedoch zu einer inländischen juristischen Person des öffentlichen Rechts in einem Dienstverhältnis und beziehen dafür Arbeitslohn aus einer deutschen öffentlichen Kasse. Die Steuerpflicht gilt auch für ihre zum Haushalt gehörenden Angehörigen, wenn sie die deutsche Staatsangehörigkeit besitzen.

9 Der Umfang der erweiterten unbeschränkten Erbschaftsteuerpflicht entspricht dem der unbeschränkten Erbschaftsteuerpflicht (siehe Rn 5). Zum maßgeblichen Zeitpunkt siehe Rn 3.

D. Familienstiftungen (Abs. 1 Nr. 2)

10 Familienstiftungen iSd § 1 Abs. 1 Nr. 4 ErbStG, die der Ersatz-Erbschaftsteuer unterliegen, sind unbeschränkt stpfl, wenn ihre Geschäftsleitung oder ihr Sitz im Inland ist (§ 2 Abs. 1 Nr. 2 ErbStG). Maßgeblich hierfür ist der Zeitpunkt der Steuerentstehung nach § 9 Abs. 1 Nr. 4 ErbStG.

11 Demgegenüber unterliegt das Inlandsvermögen einer ausländischen Familienstiftung nicht der Ersatz-Erbschaftsteuer (*Meincke* § 2 Rn 9; Moench/*Weinmann* § 2 Rn 19).

E. Beschränkte Steuerpflicht (Abs. 1 Nr. 3)

12 Wenn die unbeschränkte Steuerpflicht nicht eingreift, da weder der Erblasser oder Schenker noch der Erwerber im relevanten Zeitpunkt Inländer waren, kommt die beschränkte Steuerpflicht (§ 2 Abs. 1 Nr. 3 ErbStG) in Betracht. Sie knüpft in sachlicher Hinsicht an das in § 121 BewG ausdrücklich definierte, im Inland belegene Vermögen, sog Inlandsvermögen, an.

13 Zum Inlandsvermögen iSd § 121 BewG gehören:
1. das inländische land- und forstwirtschaftliche Vermögen;
2. das inländische Grundvermögen;
3. das inländische Betriebsvermögen. Als solches gilt das Vermögen, das einem im Inland betriebenen Gewerbe dient, wenn hierfür im Inland eine Betriebsstätte unterhalten wird oder ein ständiger Vertreter bestellt ist (vgl auch R 4 Abs. 2 ErbStR);
4. Anteile an einer Kapitalgesellschaft, wenn die Gesellschaft Sitz oder Geschäftsleitung im Inland hat und der Gesellschafter entweder allein oder zusammen mit anderen ihm nahe stehenden Personen iSd § 1 Abs. 2 des ARW in der jeweils geltenden Fassung am Grund- oder Stammkapital der Gesellschaft mindestens zu einem Zehntel unmittelbar oder mittelbar beteiligt ist (s.a. § 2 Abs. 1 Nr. 3 Satz 2 u 3 ErbStG; R 4 Abs. 3 ErbStR);
5. nicht unter Nummer 3 fallende Erfindungen, Gebrauchsmuster und Topografien, die in ein inländisches Buch oder Register eingetragen sind;
6. Wirtschaftsgüter, die nicht unter die Nrn 1, 2 und 5 fallen und einem inländischen Gewerbebetrieb überlassen, insb an diesen vermietet oder verpachtet sind (vgl bei Urheberrechten R 4 Abs. 4 ErbStR);
7. Hypotheken, Grundschulden, Rentenschulden und andere Forderungen oder Rechte, wenn sie durch inländischen Grundbesitz, durch inländische grundstücksgleiche Rechte oder durch Schiffe, die in ein inländisches Schiffsregister eingetragen sind, unmittelbar oder mittelbar gesichert sind. Ausgenommen sind Anleihen und Forderungen, über die Teilschuldverschreibungen ausgegeben sind;

8. Forderungen aus der Beteiligung an einem Handelsgewerbe als stiller Gesellschafter und aus partiarischen Darlehen, wenn der Schuldner Wohnsitz oder gewöhnlichen Aufenthalt, Sitz oder Geschäftsleitung im Inland hat (vgl bei typisch stiller Beteiligung R 4 Abs. 5 ErbStR);
9. Nutzungsrechte an einem der in den Nrn 1 – 8 genannten Vermögensgegenstände (R 4 Abs. 6 ErbStR).

Die Zuordnung zu den einzelnen Vermögensgruppen richtet sich nach der sog isolierenden Betrachtungsweise. Danach ist für die Frage, ob Inlandsvermögen vorliegt, nationales Recht anzuwenden.

Mangels Aufnahme in den Katalog des § 121 BewG werden daher bspw die folgenden im Inland befindlichen Vermögensgegenstände nicht von der beschränkten Steuerpflicht erfasst:

- Anteile an ausländischen Kapitalgesellschaften,
- Bank- oder Sparguthaben bei deutschen Kreditinstituten,
- ungesicherte Forderungen gegen inländische Schuldner,
- im Inland befindlicher Hausrat,
- Geldvermächtnisse,
- Ansprüche auf Übereignung von Inlandsvermögen, auch wenn sie sich im Inland befinden und selbst dann, wenn sie zum Inlandsvermögen iSd § 121 BewG gehören (str, vgl Troll/Gebel/*Jülicher* § 2 Rn 72),
- Pflichtteilsansprüche von Steuerausländern, selbst wenn der gesamte Nachlass im Inland belegen ist, weil der Pflichtteilsanspruch ein Geldanspruch ist, der nicht in § 121 BewG genannt ist (Troll/Gebel/*Jülicher* § 2 Rn 71),
- Rentenrechte und andere Rechte auf wiederkehrende Leistungen, die ein Steuerausländer einem anderen Steuerausländer aussetzt, soweit sie nicht durch inländischen Grundbesitz dinglich gesichert sind.

Nachlassverbindlichkeiten sind bei der beschränkten Steuerpflicht nach § 10 Abs. 6 Satz 2 ErbStG nur insoweit abzugsfähig, als die Schulden mit dem stpfl Inlandsvermögen in einem wirtschaftlichen Zusammenhang stehen (R 4 Abs. 7 Satz 1 ErbStR). Die Entstehung der Schuld muss also ursächlich und unmittelbar auf Vorgängen beruhen, die den belasteten Vermögensgegenstand betreffen, wie zB die Darlehensaufnahme zum Erwerb, zur Sicherung oder zur Erhaltung eines Grundstücks (BFH BStBl III 1964, 336). Maßgeblich ist der bisherige Schuldgrund, der sich durch die Erbfolge nicht mehr ändert (BFH BStBl III 1962, 535). Der Freibetrag bei beschränkter Steuerpflicht beträgt nach § 16 Abs. 2 ErbStG nur 1.100 €, was europarechtlich bedenklich erscheint (vgl *Schaumburg* RIW 2001, 161, 164; FG München EFG 2004, 410, rkr, da Rev unzulässig war: BFH BFH/NV 2005, 718).

F. Erweiterte beschränkte Steuerpflicht (§ 4 AStG)

Die sog erweiterte beschränkte Steuerpflicht ergibt sich aus § 4 AStG. Sie stellt nur auf den Erblasser bzw Schenker ab und ist gegenüber der unbeschränkten und der erweiterten unbeschränkten Steuerpflicht subsidiär. Ihr unterliegt ein Erwerb, bei dem keiner der Beteiligten (Erblasser/Schenker oder Erwerber) Inländer ist, der Erblasser/Schenker aber früher Inländer war. Das gilt aber nur, wenn er vor mindestens fünf Jahren (sonst würde regelmäßig die erweiterte unbeschränkte Steuerpflicht eingreifen, § 2 Abs. 1 Nr. 1b ErbStG, siehe Rn 6 ff) und längstens zehn Jahren seinen Wohnsitz in ein sog Niedrigsteuerland verlegt hat. Ein solches Niedrigsteuerland wird angenommen, wenn dort die Erbschaftsteuerbelastung weniger als 30 % der deutschen Erbschaftsteuer ausmacht. Obwohl die erweiterte beschränkte Steuerpflicht für deutsche Staatsangehörige idR frühestens ab dem sechsten Jahr nach Wegzug aus Deutschland in Betracht kommt, kann dies im Ausnahmefall anders sein. Gibt nämlich der Erblasser oder Schenker mit seinem Wegzug zugleich auch die deutsche Staatsangehörigkeit auf, greift die erweiterte unbeschränkte

§ 2 ErbStG | Persönliche Steuerpflicht

Steuerpflicht nach § 2 Abs. 1 Nr. 1b ErbStG nicht ein. In diesem Fall kann bereits mit dem Wohnsitzwechsel und nicht erst fünf Jahre später die erweiterte beschränkte Steuerpflicht nach § 4 Abs. 1 AStG gegeben sein (*Flick/Wassermeyer/Baumhoff* AStG § 4 Rn 10a).

17 Die persönlichen Voraussetzungen für die erweiterte beschränkte Steuerpflicht müssen bei dem Erblasser oder Schenker im Zeitpunkt des Erbfalls (§ 9 Abs. 1 Nr. 1) bzw der Ausführung der Zuwendung (§ 9 Abs. 1 Nr. 2) vorliegen (*Flick/Wassermeyer/Baumhoff* AStG § 4 Rn 9).

18 Liegen die Voraussetzungen der erweiterten beschränkten Steuerpflicht vor, unterliegt zusätzlich zu dem Inlandsvermögen nach § 121 BewG (vgl Rn 13) auch noch weiteres Vermögen der Besteuerung (Anwendungserlass der Finanzverwaltung zum AStG, BStBl I Sondernummer 1/2004, 3):
1. Kapitalforderungen gegen Schuldner im Inland;
2. Spareinlagen und Bankguthaben bei Geldinstituten im Inland;
3. Aktien und Anteile an Kapitalgesellschaften, Investmentfonds und offenen Immobilienfonds sowie Geschäftsguthaben bei Genossenschaften im Inland;
4. Ansprüche auf Renten und andere wiederkehrende Leistungen gegen Schuldner im Inland sowie Nießbrauchs- und Nutzungsrechte an Vermögensgegenständen im Inland;
5. Erfindungen und Urheberrechte, die im Inland verwertet werden;
6. Versicherungsansprüche gegen Versicherungsunternehmen im Inland;
7. Bewegliche Wirtschaftsgüter, die sich im Inland befinden;
8. Vermögen, dessen Erträge nach § 5 AStG der erweiterten beschränkten Steuerpflicht unterliegen;
9. Vermögen, das nach § 15 AStG dem erweitert beschränkt Steuerpflichtigen zuzurechnen ist.

19 Kann der Steuerpflichtige nachweisen, dass sein Erwerb im Ausland einer der deutschen Erbschaftsteuer entsprechenden Steuer unterliegt, die mindestens 30 % der deutschen Erbschaftsteuer beträgt, entfällt die erweiterte beschränkte Steuerpflicht. Dieser Beweis muss hierbei nur für die Vermögensgegenstände geführt werden, die zu dem erweiterten Inlandsvermögen gehören; das Inlandsvermögen nach § 121 BewG bleibt bei der Vergleichsrechnung außer Betracht (§ 4 Abs. 2 AStG).

20 Verbindlichkeiten können auch bei der erweiterten beschränkten Steuerpflicht abgezogen werden, soweit sie in einer wirtschaftlichen Beziehung zu den Erwerben stehen, § 10 Abs. 6 Satz 2 ErbStG. Die Finanzverwaltung lässt Verrechnungen zu: Ein wegen des Schuldenabzugs negatives erweitertes Inlandsvermögen kann mit positivem Inlandsvermögen verrechnet werden und umgekehrt (Anwendungserlass zum AStG, BStBl I Sondernummer 1/2004, 3, Tz 4.1.2).

21 Die Regelungen zur erweiterten beschränkten Steuerpflicht sind europarechtlich bedenklich, da sie deutsche Bürger vom Wegzug (in das EU-Ausland) abzuhalten geeignet sind (*Schaumburg* RIW 2001, 161). Der Freibetrag für Erwerbe, die der erweiterten beschränkten Steuerpflicht unterliegen, beträgt – unabhängig vom Verwandtschaftsgrad zwischen Erblasser/Schenker und Erwerber – nach § 16 Abs. 2 ErbStG immer (nur) 1.100 €. Zu den europarechtlichen Bedenken wegen dieses niedrigen Freibetrages siehe Rn 15.

G. Doppelbesteuerungsabkommen

22 Doppelbesteuerungsabkommen (DBA) schränken als bilaterale Maßnahmen zur Vermeidung der Doppelbesteuerung das Besteuerungsrecht eines Staates ein. In einem DBA legen die beiden beteiligten Vertragsstaaten verbindlich fest, welchem Staat das Besteuerungsrecht beim jeweils geregelten Sachverhalt zusteht.

23 DBA sind völkerrechtliche Verträge. Sie stehen im Rang von Bundesgesetzen, Art. 59 Abs. 2 GG, sind als völkerrechtliche Vereinbarungen aber diesen vorrangig, § 2 AO. Als Spezialgesetze schränken sie somit das innerstaatliche Steuerrecht, insb das ErbStG und die AO, ein.

Deutschland hat zurzeit folgende DBA für den Bereich der Erbschaftsteuer abgeschlossen: 24

Abkommen		Fundstelle				In-Kraft-Treten			
		BGBl II		BStBl I		BGBl II		BStBl I	
mit	v	Jg	S	Jg	S	Jg	S	Jg	S
Dänemark	22. 11. 1995	96	2565	96	1219	97		97	624
Griechenland	18. 11. 2010/ 1. 12. 2010	12	173	–	–	53	525	53	377
Österreich	4. 10. 2054/ 25. 10. 2003	55 04	755 883	55 04	375 714	55 04	891 1482	55 04	557 1029
Schweden	14. 7. 2092	94	686	94	422	95	29	95	88
Schweiz	30. 11. 2078	80	594	80	243	80	1341	80	786
USA	3. 12. 2080/ 14. 12. 2098	82 00	847 1170	82 01	765 110	86 01	860 62	86 01	478 114

Die bestehenden DBA-Regelungen beziehen sich insb auf die Erbschaftsteuer (als Nachlasssteuer, die das Nachlassvermögen besteuert, oder als Erbanfallsteuer, die den Vermögenszuwachs beim einzelnen Erwerber besteuert). Ältere DBA (zB mit Österreich und – mit Erweiterungstendenzen – der Schweiz) gelten nur für Erwerbe von Todes wegen. Neuere DBA (zB USA, Schweden, Dänemark) regeln darüber hinaus auch Schenkungen unter Lebenden. 25

Die DBA orientieren sich zumeist am sog »OECD-Musterabkommen zur Vermeidung der Doppelbesteuerung von Nachlässen und Erbschaften« von 1966/1982. Sie weisen daher in vielen Bereichen vergleichbare Regelungen auf, können sich im Detail aber auch unterscheiden. Stets ist eine konkrete Prüfung des einschlägigen Abkommens erforderlich, um einen Sachverhalt zutreffend beurteilen zu können. Generell gelten aber folgende Grundprinzipien: 26

Die Doppelbesteuerung wird entweder durch die Freistellungs- oder durch die Anrechnungsmethode vermieden. Bei der **Freistellungsmethode** werden den Staaten jeweils bestimmte Vermögensarten zugeordnet, hinsichtlich derer ihnen das Besteuerungsrecht zusteht. Der jeweils andere Staat muss sie dann steuerfrei belassen. Die Freistellungsmethode ist derzeit nur im DBA mit Österreich vereinbart. Bei der **Anrechnungsmethode** wird die Erbschaftsteuer vom gesamten Nachlass ermittelt. Bei der Erhebung der Erbschaftsteuer wird die im Ausland gezahlte Steuer, soweit sie auf Auslandsvermögen entfällt, angerechnet. Hierdurch wird ein durch ein niedrigeres ausländisches Steuerniveau gegebener möglicher Steuervorteil beseitigt, da sich im Ergebnis immer das höhere Steuerniveau durchsetzt. Umgekehrt wird demgemäß eine höhere ausländische Steuer auch nicht erstattet (vgl § 21 Rn 26). 27

Greift die Freistellungsmethode ein, wird das freigestellte Vermögen zwar nicht besteuert, aber bei der Bestimmung des Steuersatzes mit einbezogen (Progressionsvorbehalt), § 19 Abs. 2 ErbStG. Es erhöht also den Steuersatz, dem dann das übrige Vermögen unterliegt. Hierzu wird das zu versteuernde Vermögen um das freigestellte Vermögen erhöht und aus der sich hieraus ergebenden Summe der anzuwendende Steuersatz ermittelt. 28

DBA sehen bei Zweifelsfragen über die Besteuerung regelmäßig ein Verständigungsverfahren zwischen den beteiligten Staaten vor. Allerdings besteht ein Einigungszwang nur, wenn zusätzlich auch eine Schiedsklausel vereinbart wurde. Im Rahmen der Nachfolge- 29 planung kann es sich daher – bei ertragsteuerlicher Flexibilität des Steuerpflichtigen – lohnen, mehrere DBA miteinander zu vergleichen und den Staat mit der günstigsten Steuerregelung für die jeweilige Vermögensanlage zu wählen (sog treaty-shopping).

30 Für die Anwendbarkeit eines DBA ist in persönlicher Hinsicht in erster Linie regelmäßig der Wohnsitz des Erblassers oder ggf des Schenkers maßgeblich. Dies kann insb dann zu Schwierigkeiten führen, wenn die Besteuerung – wie in Deutschland – daneben auch an den Wohnsitz des Erwerbers anknüpft. Besteht ein Doppelwohnsitz, also je ein Wohnsitz in den beiden DBA-Vertragsstaaten, enthalten die DBA in aller Regel Vereinbarungen, wie dieser Konflikt aufzulösen ist (sog »tie-braker-rule«). Anhand mehrerer hierarchisch zu prüfender Kriterien (ständige Wohnstätte, Mittelpunkt der Lebensinteressen, gewöhnlicher Aufenthalt und Staatsangehörigkeit) wird das Besteuerungsrecht im Ergebnis nur einem Vertragsstaat zugewiesen. Als letzter Ausweg kommt ein Verständigungsverfahren in Betracht.

31 Bei einigen Erwerbsvorgängen gelten besondere Regelungen für das Besteuerungsrecht: Die Besteuerung von beweglichem Betriebsvermögen einer Betriebsstätte wird grds dem Staat zugewiesen, in dem die Betriebsstätte belegen ist (Betriebsstättenprinzip). Das Besteuerungsrecht an Seeschiffen und Luftfahrzeugen im internationalen Verkehr wird vorrangig dem Staat des Ortes der tatsächlichen Geschäftsleitung zugewiesen (Geschäftsleitungsprinzip). Unbewegliches Vermögen, insb Grundstücke (auch solche des Betriebsvermögens), wird im Belegenheitsstaat besteuert (Belegenheitsprinzip).

32 Grds gilt das Nettoprinzip. Es wird also nur das Vermögen nach Abzug der Schulden (Nettoerwerb) der Besteuerung unterworfen.

§ 3 Erwerb von Todes wegen

(1) Als Erwerb von Todes wegen gilt

1. der Erwerb durch Erbanfall (§ 1922 des Bürgerlichen Gesetzbuchs), auf Grund Erbersatzanspruchs (§§ 1934a ff des Bürgerlichen Gesetzbuchs), durch Vermächtnis (§§ 2147 ff des Bürgerlichen Gesetzbuchs) oder auf Grund eines geltend gemachten Pflichtteilsanspruchs (§§ 2303 ff des Bürgerlichen Gesetzbuchs);

2. der Erwerb durch Schenkung auf den Todesfall (§ 2301 des Bürgerlichen Gesetzbuchs). ²Als Schenkung auf den Todesfall gilt auch der auf dem Ausscheiden eines Gesellschafters beruhende Übergang des Anteils oder des Teils eines Anteils eines Gesellschafters einer Personengesellschaft oder Kapitalgesellschaft bei dessen Tod auf die anderen Gesellschafter oder die Gesellschaft, soweit der Wert, der sich für seinen Anteil zur Zeit seines Todes nach § 12 ergibt, Abfindungsansprüche Dritter übersteigt. ³Wird auf Grund einer Regelung im Gesellschaftsvertrag einer Gesellschaft mit beschränkter Haftung der Geschäftsanteil eines Gesellschafters bei dessen Tod eingezogen und übersteigt der sich nach § 12 ergebende Wert seines Anteils zur Zeit seines Todes Abfindungsansprüche Dritter, gilt die insoweit bewirkte Werterhöhung der Geschäftsanteile der verbleibenden Gesellschafter als Schenkung auf den Todesfall;

3. die sonstigen Erwerbe, auf die die für Vermächtnisse geltenden Vorschriften des bürgerlichen Rechts Anwendung finden;

4. jeder Vermögensvorteil, der auf Grund eines vom Erblasser geschlossenen Vertrags bei dessen Tode von einem Dritten unmittelbar erworben wird.

(2) Als vom Erblasser zugewendet gilt auch

1. der Übergang von Vermögen auf eine vom Erblasser angeordnete Stiftung. ²Dem steht gleich die vom Erblasser angeordnete Bildung oder Ausstattung einer Vermö-

gensmasse ausländischen Rechts, deren Zweck auf die Bindung von Vermögen gerichtet ist;

2. was jemand infolge Vollziehung einer vom Erblasser angeordneten Auflage oder infolge Erfüllung einer vom Erblasser gesetzten Bedingung erwirbt, es sei denn, daß eine einheitliche Zweckzuwendung vorliegt;

3. was jemand dadurch erlangt, daß bei Genehmigung einer Zuwendung des Erblassers Leistungen an andere Personen angeordnet oder zur Erlangung der Genehmigung freiwillig übernommen werden;

4. was als Abfindung für einen Verzicht auf den entstandenen Pflichtteilsanspruch oder für die Ausschlagung einer Erbschaft, eines Erbersatzanspruchs oder eines Vermächtnisses gewährt wird;

5. was als Abfindung für ein aufschiebend bedingtes, betagtes oder befristetes Vermächtnis, für das die Ausschlagungsfrist abgelaufen ist, vor dem Zeitpunkt des Eintritts der Bedingung oder des Ereignisses gewährt wird;

6. was als Entgelt für die Übertragung der Anwartschaft eines Nacherben gewährt wird;

7. was ein Vertragserbe auf Grund beeinträchtigender Schenkungen des Erblassers (§ 2287 des Bürgerlichen Gesetzbuchs) von dem Beschenkten nach den Vorschriften über die ungerechtfertigte Bereicherung erlangt.

A. Allgemeines

§ 3 ErbstG definiert, welche Sachverhalte als Erwerb von Todes wegen anzusehen sind und damit der Steuerpflicht unterliegen. Die Vorschrift knüpft insoweit an § 1 Abs. 1 Nr. 1 ErbStG an. 1

Steuerpflichtig ist danach im Grundsatz die durch den Tod des Erblassers ausgelöste Vermögensverschiebung auf den Erben, Vermächtnisnehmer etc. Nur natürliche Personen kommen als Erblasser in Betracht. Sein Tod ist die Voraussetzung für einen – stpfl – Erwerb nach § 3 ErbStG. Dem Tod gleichgestellt ist die Todesvermutung, die durch die Todeserklärung eines Verschollenen begründet wird (§ 9 VerschG, § 49 AO). Der genaue Zeitpunkt des Todes bzw des rechtskräftigen Beschlusses über die Todeserklärung (vgl § 49 AO) entscheidet über die Entstehung der Erbschaftsteuer (§ 9 Abs. 1 ErbStG) und über den Zeitpunkt der Wertermittlung des Nachlasses (§ 11 ErbStG). 2

Bei dem Erwerber des übergegangenen Vermögens (Erbe, Vermächtnisnehmer etc) kann es sich um eine natürliche Person handeln, die zur Zeit des Erbfalls bereits geboren war und noch lebt oder um eine juristische Person, die bereits entstanden war und noch besteht. Eine Ausnahme gilt für natürliche Personen, die bereits vor dem Erbfall gezeugt waren, aber erst nach dem Erbfall geboren wurden (§ 1923 Abs. 2 BGB) sowie für Stiftungen, die erst nach dem Erbfall genehmigt werden (§ 84 BGB). 3

§ 3 ErbStG enthält – gemeinsam mit § 7 ErbStG – eine abschließende Aufzählung der zu einer Steuerpflicht führenden Sachverhalte. Weitere Vermögenserwerbe, die vom Tod des Erblassers ausgelöst werden, bleiben steuerfrei (BFH BStBl II 1991, 412). So stellt etwa der durch den Tod des Erblassers ausgelöste Wegfall einer Verbindlichkeit oder eines Rechtes, das von vornherein auf dessen Lebenszeit begrenzt war (zB Nießbrauch), keinen stpfl Erwerb für denjenigen dar, dessen Vermögen hierdurch entlastet wird. Ebenfalls nicht stpfl ist der Erwerb eines Gegenstandes, der dem Empfänger bereits zu Lebzeiten des Erblasser steuerlich zugerechnet wurde (Beispiel: Treugeber beerbt den Treuhänder). 4

§ 3 ErbStG beschreibt die stpfl Vorgänge, bei denen durch den Tod des Erblassers eine Vermögensverschiebung stattgefunden hat. Findet eine solche Vermögensverschiebung nicht statt, etwa weil die als Erbe oder Vermächtnisnehmer vorgesehene Person Erbschaft oder Vermächtnis ausgeschlagen hat, liegt auch kein stpfl Erwerb vor. Findet die Ver- 5

§ 3 ErbStG | Erwerb von Todes wegen

mögensverschiebung aber statt, stellt die Regelung des § 3 ErbStG nur die Steuerpflicht dem Grunde nach fest. Die Höhe der Steuerschuld bestimmt sich nach Maßgabe der Bereicherung des Erwerbers (§ 10 ErbStG).

B. Erwerb durch Erbanfall (Abs. 1 Nr. 1)

6 Der in § 3 Abs. 1 Nr. 1 ErbStG an erster Stelle genannte Erwerb durch Erbanfall bildet den Grundfall eines Erwerbs von Todes wegen. Zwar bezieht sich die Vorschrift ausdrücklich auf § 1922. Unter den Begriff des Erbanfalls fällt darüber hinaus aber auch der Erwerb des Nacherben (§ 2139), selbst dann, wenn es sich hierbei um eine Person handeln sollte, die die Nacherbenanwartschaft durch Rechtsgeschäft vom (ursprünglichen) Nacherben erworben hat (BFH BStBl II 1993, 158). Ebenfalls ein Erwerb durch Erbanfall iS dieser Vorschrift ist der Erwerb auf Grund eines Erbvergleichs, der Erwerb von Vermögen, das ein unwirksam eingesetzter Erbe mit Rücksicht auf die unwirksame Verfügung des Erblassers erhält sowie der Erwerb eines Anteils an einer Personengesellschaft selbst dann, wenn der Betreffende auf Grund einer qualifizierten Nachfolgeklausel von der Gesellschafternachfolge ausgeschlossen ist.

7 Der für das Erbschaftsteuergesetz maßgebliche Erbanfall bestimmt sich nach dem Zivilrecht. Dabei kann es sich um eine durch Testament oder Erbvertrag gewillkürte oder die ges Erbfolge handeln. Für einen erteilten Erbschein spricht die ges Vermutung seiner Richtigkeit (BFH BStBl II 1996, 242). Sprechen allerdings gewichtige Gründe für eine von einem solchen Erbschein abweichende tatsächliche Rechtslage, ermittelt das Finanzamt Erben und Erbteile selbstständig (BFH aaO).

8 Die zivilrechtlichen Regelungen führen dazu, dass der Erwerb durch Erbfanfall unmittelbar mit dem Erbfall erfolgt (vgl §§ 1922 Abs. 1, 1942 Abs. 1). Insb muss der Erbe die Erbschaft nicht annehmen; allerdings kann er sie – innerhalb der im Regelfall sechswöchigen Ausschlagungsfrist (§ 1944 Abs. 1; in Fällen mit Auslandsberührung sechs Monate: § 1944 Abs. 3) – ausschlagen. Geschieht dies, gilt der Anfall an den Ausschlagenden als nicht erfolgt (§ 1953 Abs. 1). Die Erbfolge stellt sich dann so dar, als sei der Ausschlagende im Zeitpunkt des Erbfalls nicht vorhanden gewesen. An seine Stelle tritt derjenige, welcher berufen wäre, wenn der Ausschlagende zur Zeit des Erbfalls nicht gelebt hätte (§ 1953 Abs. 2).

9 Die Ausschlagung wirkt rückwirkend. Die ursprüngliche Steuerpflicht des Erben entfällt. Bereits zivilrechtlich stellt die Ausschlagung und der dadurch verursachte Vermögenserwerb eines Dritten keine Schenkung des Ausschlagenden an den Dritten dar (§ 517 BGB). Allerdings trifft den Dritten nun die sich aus diesem Erwerb durch Erbanfall ergebende Steuerpflicht nach § 3 Abs. 1 Nr. 1 ErbStG.

10 Dieser Umstand führt dazu, dass die Ausschlagung mit ihren erbschaftsteuerlichen Konsequenzen ein probates Gestaltungsmittel zur Reduzierung der Erbschaftsteuer sein kann. Wegen der Anknüpfung der Erbschaftsteuer an das Zivilrecht sind die Motive des Ausschlagenden unbeachtlich. Selbst wenn die Ausschlagung nur deshalb erfolgte, um die Bereicherung des durch die Ausschlagung Begünstigten zu erreichen, liegt kein Gestaltungsmissbrauch vor (BFH BStBl II 1977, 420). Allerdings ist in der Praxis die Ausschlagung als steuerliches Gestaltungsmittel durch die knapp bemessene Ausschlagungsfrist nur eingeschränkt einsetzbar. Außerdem muss sich der Ausschlagende zuvor – innerhalb der Ausschlagungsfrist – genau vergewissern, wem die Ausschlagung letztlich zugute kommt.

11 Erben mehrere Personen, bilden diese eine Erbengemeinschaft (§ 2032 Abs. 1). Jeder Miterbe kann über seinen Anteil am Nachlass insgesamt verfügen, nicht jedoch über seinen Anteil an den einzelnen Nachlassgegenständen (§ 2033). Trotzdem entsteht die Steuerpflicht der einzelnen Miterben noch vor Auseinandersetzung der Miterbengemeinschaft. Die Miterben werden so behandelt, als stünden ihnen die einzelnen Vermögensgegenstände zu Bruchteilen zu. Zur Berechnung der Erbschaftsteuer wird daher der Steuerwert

des gesamten Nachlasses nach den Erbteilen auf die Erben verteilt. Erfolgt dann – teilweise erheblich später – tatsächlich die Erbauseinandersetzung, berührt dies die Erbschaftsbesteuerung der einzelnen Miterben in aller Regel nicht (BFH BStBl III 1960, 348). Das gilt unabhängig davon, ob die Erbauseinandersetzung auf Grund besonderer (Teilungs-)Anordnungen des Erblassers oder ohne oder sogar entgegen solchen Anordnungen erfolgt (BFH BStBl II 1992, 669).

Muss ein Erbe eine Ausgleichung nach § 2050 vornehmen, gilt etwas anderes. Der Besteuerung werden dann die sich unter Berücksichtigung dieser Ausgleichung ergebenden Teilungsquoten zu Grunde gelegt (R 5 Abs. 5 ErbStR). 12

C. Erwerb auf Grund Erbersatzanspruchs (Abs. 1 Nr. 1)

Die Vorschrift regelte früher die Steuerpflicht für einen geltend gemachten Erbersatzanspruch nach § 1934a aF. Danach wurde das Erbrecht eines nichtehelichen Kindes nach seinem Vater unter den dort näher bestimmten Voraussetzungen durch einen Geldanspruch gegen die Erben in Höhe des vollen Wertes des Erbteils ersetzt. Ziel dieser Regelung war die Vermeidung von Konflikten zwischen dem nichtehelichen Kind und der Familie des Vaters. 13

Durch das Erbrechtsgleichstellungsgesetz v 16. 12. 1997 (BGBl I 1997, 2968) wurden die §§ 1934a ff aufgehoben. Nichteheliche und eheliche Kinder sind nunmehr weitgehend gleichgestellt. Lediglich für vor dem 1. 7. 1949 geborene nichteheliche Kinder gilt die alte Regelung. Der Anwendungsbereich der Vorschrift zur steuerlichen Behandlung ist demgemäß stark eingeschränkt. 14

D. Erwerb durch Vermächtnis (Abs. 1 Nr. 1)

Dem Vermächtnisnehmer wird durch letztwillige Verfügung ein Vermögensvorteil zugewendet, ohne dass er zum Erben eingesetzt wird (§ 1939). Das Vermächtnis begründet für den Vermächtnisnehmer das Recht, von dem Beschwerten (in aller Regel der Erbe, § 2147 Satz 2) die Leistung eines bestimmten Gegenstandes zu fordern (§ 2174). 15

Der dem Begünstigten durch das Vermächtnis zugewandte Vermögensvorteil unterliegt der Erbschaftsteuer. Fehlt es an einem solchen Vermögensvorteil, etwa weil der Erwerber lediglich etwas zugesprochen bekommt, worauf er ohnehin einen Anspruch hätte, besteht auch keine Steuerpflicht. Zivilrechtlich entsteht der Vermächtnisanspruch mit dem Erbfall (§ 2176). Dementsprechend entsteht die Steuer für den Vermächtnisnehmer im Regelfall ebenfalls mit dem Tode des Erblassers (§ 9 Abs. 1 Nr. 1 ErbStG). Etwas anderes gilt bei einer aufschiebenden Bedingung oder Befristung; Anfall des Vermächtnisses und Entstehen der Steuer sind dann bis zu diesem Zeitpunkt hinausgeschoben (§ 2177 BGB, § 9 Abs. 1 Nr. 1 lit. a ErbStG). 16

Erwerbsgegenstand für den Vermächtnisnehmer ist der schuldrechtliche Anspruch, von dem Beschwerten die Leistung des vermachten Gegenstands fordern zu können und nicht der zu übertragende Gegenstand selbst. Für einen solchen Sachleistungsanspruch müsste eigentlich dessen gemeiner Wert maßgebend sein (§ 12 Abs. 1 ErbStG iVm § 9 BewG). Die hA im Schrifttum (vgl *Moench* § 3 Rn 101; *Meincke* § 3 Rn 40) sowie die Finanzverwaltung (R 92 Abs. 2 ErbStR) behandeln ein solches Vermächtnis aber so, als habe der Vermächtnisnehmer bereits den betreffenden Gegenstand selbst erworben und bewerten den Anspruch nicht mit dem gemeinen Wert, sondern mit dem Steuerwert des Gegenstands. Vermacht der Erblasser dem Vermächtnisnehmer daher einen bestimmten Gegenstand, ist nach dieser Auffassung dessen Wert nach Bewertungsrecht steuerliche Bemessungsgrundlage (R 92 Abs. 2 ErbStR), bei einem Grundstück also der steuerliche Grundstückswert. 17

Auch die Rechtsprechung folgte zunächst dieser Sichtweise (so bereits BFH BStBl III 1966, 507), gab dann jedoch diese Rechtsauffassung jedenfalls für gegenseitige, noch nicht vollständig erfüllte Austauschverträge wieder auf (BFH BStBl II 1997, 820). In einem obiter 18 dictum deutete der BFH nun aber an, auch für die Bewertung eines Vermächtnisanspruchs von der bisherigen Sichtweise abzurücken und auch diesen Sachleistungsanspruch mit dem gemeinen Wert des Gegenstandes zu bewerten, auf dessen Übereignung er gerichtet ist (BFH BStBl II 2004, 1039 m Anm *Viskorf* FR 2004, 1337). Ob die Finanzverwaltung einer solchen Rechtsprechungsänderung folgen wird und ob nicht der Gesetzgeber eingreift, bleibt abzuwarten.

E. Erwerb auf Grund Pflichtteilsrechts (Abs. 1 Nr. 1)

19 Bestimmten nahen Angehörigen des Erblassers gewährt das Pflichtteilsrecht eine Mindestteilhabe am Nachlass (§§ 2303 ff). Derartige Pflichtteilsansprüche entstehen zivilrechtlich mit dem Erbfall. Die Steuerpflicht entsteht demgegenüber nur, wenn und soweit der Anspruch geltend gemacht wird (§ 9 Abs. 1 Nr. 1 lit. b ErbStG).

20 Bemessungsgrundlage für die Erbschaftsteuer ist die Höhe der Pflichtteilsforderung, die sich wiederum am Verkehrswert des Nachlasses orientiert (vgl § 2303 Abs. 1). Das gilt nach der Rechtsprechung auch dann, wenn ein niedriger bewerteter Nachlassgegenstand – insb ein Grundstück – an Erfüllung statt übereignet wird (BFH BStBl II 1999, 23). Ein steuerlicher Vorteil kann allerdings dann erzielt werden, wenn der Pflichtteilsberechtigte auf den entstandenen, aber noch nicht geltend gemachten Pflichtteilsanspruch verzichtet und sich hierfür bspw ein Grundstück als Abfindung übertragen lässt (§ 3 Abs. 2 Nr. 4, u Rn 52 ff).

F. Schenkung auf den Todesfall (Abs. 1 Nr. 2)

21 Auch hier bezieht sich das ErbstG ausdrücklich auf die zivilrechtlichen Regelungen. Dabei unterscheidet § 2301 BGB zwischen dem zu Lebzeiten des Erblassers noch nicht vollzogenen Versprechen (§ 2301 Abs. 1) und dem zu Lebzeiten des Erblassers bereits vollzogenen Versprechen (§ 2301 Abs. 2). In beiden Fällen liegt aber ein Schenkungsversprechen von Todes wegen vor, sodass beide Fälle vom Wortlaut des § 3 Abs. 1 Nr. 2 Satz 1 ErbStG erfasst werden.

22 Wenn der Vermögensübergang aber zugleich die Tatbestandsmerkmale einer freigebigen Zuwendung iSd §§ 7 Abs. 1 Nr. 1, 9 Abs. 1 Nr. 2 ErbStG erfüllt, kommt eine Zuordnung zu den Erwerben unter Lebenden in Betracht (*Meincke* § 3 Rn 57). Eine bereits zu Lebzeiten des Schenkers vollzogene Schenkung, deren Rechtswirkungen nach den vertraglichen Abreden vom Überleben des Bedachten abhängen sollen, wird zumeist als Schenkung unter der auflösenden Bedingung des Vorversterbens des Bedachten anzusehen sein. Der BFH beurteilt diesen Vorgang dann als freigebige Zuwendung iSv § 7 Abs. 1 Nr. 1 ErbStG (BFH BStBl II 1991, 181).

23 Eine Schenkung auf den Todesfall iSv § 3 Abs. 1 Nr. 2 ErbStG setzt voraus, dass die Tatbestandsmerkmale einer freigebigen Zuwendung erfüllt sind. Der Empfänger muss also objektiv auf Kosten des Zuwendenden bereichert werden, und die Zuwendung muss objektiv und subjektiv unentgeltlich erfolgen (*Moench* § 3 Rn 131).

G. Gesellschaftsrechtlicher Anteilsübergang (Abs. 1 Nr. 2 Satz 2 und 3)

24 Scheidet ein Gesellschafter durch Tod aus einer Personen- oder Kapitalgesellschaft aus und geht sein Gesellschaftsanteil (oder ein Teil seines Anteils) nicht auf die Erben, sondern auf die anderen Gesellschafter über, so gilt dies als Schenkung auf den Todesfall, wenn und soweit der Steuerwert des Anteils Abfindungsansprüche Dritter übersteigt. Ein derartiger Anteilsübergang noch zu Lebzeiten des Gesellschafters wird von § 7 Abs. 7 ErbStG als Schenkung unter Lebenden erfasst.

25 Der Anteilsübergang auf die übrigen Gesellschafter setzt zunächst eine entsprechende Regelung des Gesellschaftsvertrages voraus. Streng genommen ergibt sich daraus eine Anwachsung des Gesellschaftsanteils des durch Tod ausscheidenden Gesellschafters bei

den übrigen Gesellschaftern. Den – vom Wortlaut der Vorschrift geforderten – Übergang des Anteils auf die anderen Gesellschafter kann es insoweit nicht geben, da ein Gesellschafter zu seinem Anteil keinen weiteren selbstständigen Anteil an der Gesellschaft erwerben kann. Die Vorschrift zielt aber auf die im Ergebnis aus dem Tod eines Gesellschafters resultierende Vermögensverschiebung, sodass trotz des insoweit unpräzisen Wortlauts der Vorschrift deren Anwendung außer Frage steht (BFH BStBl II 1992, 912; *Moench* § 3 Rn 135; *Meincke* § 3 Rn 62).

Auch auf den Fall, dass der vorletzte Gesellschafter einer Gesellschaft durch Tod ausscheidet und der Gesellschaftsvertrag eine Übernahmeklausel enthält, nach der dem überlebenden Gesellschafter das Gesellschaftsvermögen allein zustehen soll, trifft die Vorschrift ihrem Wortlaut nach nicht präzise zu. In einem solchen Fall wird die Gesellschaft nämlich mit dem Tod des vorletzten Gesellschafters beendet, während der Wortlaut der Vorschrift von einem Anteilsübergang spricht, also vom Fortbestehen der Gesellschaft auszugehen scheint. Trotzdem ist die Vorschrift auch auf diesen Fall anzuwenden (BFH BStBl II 1992, 925; R 7 Abs. 2 ErbStR; *Meincke* § 3 Rn 63).

Auch wenn vom Tode eines Gesellschafters eine Kapitalgesellschaft, insb eine GmbH, betroffen ist, gibt der reine Wortlaut der Vorschrift Anlass zu Zweifeln über ihre Anwendbarkeit. So geht etwa bei der GmbH der Geschäftsanteil eines verstorbenen Gesellschafters unabwendbar zunächst auf seine Erben über. Die Vererblichkeit des Geschäftsanteils kann durch Gesellschaftsvertrag nicht abbedungen werden (§ 15 GmbHG), sodass eine Anwachsung auf die verbleibenden Gesellschafter nicht möglich ist. Nach dem Sinngehalt der Vorschrift besteht aber Einigkeit darüber, dass sie sich im Ergebnis auf gesellschaftsvertragliche Vereinbarungen bezieht, durch die die Erben verpflichtet werden, den durch Erbanfall erworbenen Geschäftsanteil auf die Gesellschafter oder die Gesellschaft gegen eine Minderabfindung zu übertragen (R 7 Abs. 3 ErbStR; *Moench* § 3 Rn 141; *Meincke* § 3 Rn 65). Gleiches gilt nach Satz 3, wenn auf Grund einer gesellschaftsvertraglichen Regelung einer GmbH der Anteil eines durch Tod ausgeschiedenen Gesellschafters gegen Minderabfindung eingezogen wird.

Bemessungsgrundlage für die Erbschaftsteuer ist der Unterschiedsbetrag zwischen dem Steuerwert des Anteils zum Zeitpunkt des Todes des Gesellschafters und etwaigen Abfindungsansprüchen Dritter. Letztere orientieren sich nach der ges Grundidee zwar an dem »wahren Wert« des Gesellschaftsanteils, sind in der Praxis aber überwiegend mehr oder weniger stark beschränkt (zB sog Buchwertklausel). Der für die Berechnung der Steuerbemessungsgrundlage maßgebliche Steuerwert des Anteils ergibt sich bei einer Personengesellschaft aus dem anteiligen Wert des Betriebsvermögens (§ 12 Abs. 1, 5 ErbStG iVm §§ 3, 95 ff BewG). Auch dieser Wert kann deutlich unter dem anteiligen Verkehrswert der Gesellschaft liegen.

Der maßgebliche Steuerwert des Anteils ist derjenige vor, nicht nach Anwendung des § 13a ErbStG. Da die verbleibenden Gesellschafter aber im Falle der Anwachsung Betriebsvermögen erwerben, können sie die Steuervergünstigungen des § 13a ErbStG (R 55 Abs. 1 ErbStR) und – wenn es sich um natürliche Personen handelt – diejenigen nach § 19a ErbStG (R 76 ErbStR) in Anspruch nehmen.

Der Umstand, dass die Anwachsung eines Gesellschaftsanteils beim Tode eines Gesellschafters bei den übrigen Gesellschaftern als Schenkung (auf den Todesfall) anzusehen ist, hat eigentlich zur Folge, dass der Schenker bewusst und willentlich eine unentgeltliche Zuwendung bezweckt. Der BFH hat jedoch entschieden, dass das subjektive Merkmal des Bewusstseins der Unentgeltlichkeit nicht zum Tatbestand des § 3 Abs. 1 Nr. 2 Satz 2 ErbStG gehört (BFH BStBl II 1992, 912). Das Gesetz stelle den Anteilsübergang nur im Wege der Fiktion der Schenkung auf den Todesfall gleich. Das Bewusstsein der Unentgeltlichkeit gehöre daher nicht notwendig zum Tatbestand der Vorschrift. Die Finanzverwaltung folgt dieser Ansicht und sieht ebenfalls vom Erfordernis des subjektiven Merkmals eines Willens zur Unentgeltlichkeit seitens des verstorbenen Gesellschafters ab (R 7 Abs. 1 Satz 3 ErbStR).

H. Vermächtnisgleicher Erwerb (Abs. 1 Nr. 3)

31 Als Erwerb von Todes wegen gelten auch die sonstigen Erwerbe, auf die die für Vermächtnisse geltenden Vorschriften des BGB Anwendung finden. Hierzu gehört etwa das Recht des überlebenden Ehepartners, die zum ehelichen Haushalt gehörenden Gegenstände zu übernehmen (sog Voraus, § 1932). In den meisten Fällen bleibt dieser Erwerb aber nach Anwendung des Freibetrages aus § 13 Abs. 1 Nr. 1 ErbStG (41.000 €) steuerfrei. Gleiches gilt für das Recht auf den Voraus des überlebenden eingetragenen Lebenspartners (§ 10 Abs. 1 LPartG).

32 Weitere Anwendungsfälle der Vorschrift sind der Anspruch auf Kost und Logis, den die im Haushalt lebenden Familienmitglieder in den ersten 30 Tagen nach dem Erbfall gegen den Erben geltend machen können (sog Dreißigster, § 1969 BGB; nach § 13 Abs. 1 Nr. 4 ErbStG steuerfrei), der (seltene) Anspruch aus einer letztwilligen Verfügung im Bereich der fortgesetzten Gütergemeinschaft nach § 1514 BGB, der Anspruch auf Ausbildungsmittel eines durch den Zugewinnausgleich benachteiligten Stiefabkömmlings nach § 1371 Abs. 4 BGB (krit: *Meincke* § 3 Rn 71) sowie ein Abfindungsergänzungsanspruch nach § 13 Abs. 1 HöfeO.

I. Erwerb durch Vertrag zu Gunsten Dritter (Abs. 1 Nr. 4)

33 Jeder Vermögensvorteil, der von einem Dritten auf Grund eines vom Erblassers geschlossenen Vertrags bei dessen Tod unmittelbar erworben wird, gilt als Erwerb von Todes wegen. Dabei ist der vertragliche Erwerb iSv Abs. 1 Nr. 4 einerseits von dem Vermögensübergang durch Erbanfall (Abs. 1 Nr. 1) und andererseits von dem auf öffentlich-rechtlichen Gesetzesnormen beruhenden, nicht steuerbaren Erwerb von Leistungsansprüchen gegen die Träger der Sozialversicherung abzugrenzen.

34 Nicht unter Nr. 4 fällt daher ein Vermögensvorteil, den jemand auf Grundlage eines Erbvertrages als Erbe oder Vermächtnisnehmer erhält. Hier richtet sich die Besteuerung vielmehr nach Nr. 1. Gleiches gilt, wenn der Anspruch auf Auszahlung der Versicherungssumme einer Lebensversicherung im Wege der Erbfolge auf den Erben übergeht (BFH BStBl III 1960, 54). Weitere Sachverhalte, bei denen sich die Besteuerung nach Nr. 1 richtet: Der Erbe eines Handelsvertreters erwirbt mit dessen Tod im Wege der Erbfolge einen Ausgleichsanspruch gegen den Unternehmer nach § 89b HGB (BFH BStBl III 1962, 335); der Abfindungsanspruch, der einem Erben eines mit dem Tod ausscheidenden Gesellschafters einer Personengesellschaft gegen die anderen Gesellschafter gem § 738 zusteht.

35 Demgegenüber kann auch ein Erbe – neben einem stpfl Erwerb nach Nr. 1 – einen (weiteren) Vermögensvorteil erfahren, der unter Nr. 4 fällt. Dies ist etwa der Fall, wenn die Witwe eines Personengesellschafters eine im Gesellschaftsvertrag festgesetzte Witwenrente erhält (BFH BStBl II 1986, 265). Weitere Fälle: Der Übernehmer eines OHG-Gesellschaftsanteils leistet auf Grund des Übernahmevertrages eine Rente an die Witwe des früheren OHG-Gesellschafters (BFH BStBl II 1983, 775); der Erblasser hat in einem Lebensversicherungsvertrag »die Erben« als Bezugsberechtigte benannt, in diesem Fall steht den Erben das Bezugsrecht unabhängig von der Annahme oder Ausschlagung der Erbschaft zu (vgl § 167 Abs. 2 Satz 2 VVG).

36 Steuerfrei fallen die durch öffentlich-rechtliche Gesetze begründeten Leistungsansprüche gegen die Träger der Sozialversicherung, insb Ansprüche auf Hinterbliebenenrente an, da sie nicht auf vertraglicher Grundlage, sondern auf ges Bestimmung beruhen. Dies gilt insb für die im Beamtenverhältnis und in der ges Rentenversicherung begründeten Hinterbliebenenrenten. Darüber hinaus wird ein steuerfreier Vermögenserwerb auch für die aus gesetzlich vorgeschriebenen berufsständischen Zwangsversicherungen stammenden Versorgungsansprüche von Hinterbliebenen freiberuflich Tätiger sowie für die Versorgungsbezüge der Hinterbliebenen von Abgeordneten angenommen (R 8 Abs. 1 ErbStR). Darüber hinaus bleiben Hinterbliebenenbezüge, die auf Tarifvertrag, Betriebsordnung, Betriebs-

vereinbarung, betrieblicher Übung oder dem Gleichbehandlungsgrundsatz beruhen, ebenfalls von der Erbschaftsteuer verschont (vgl BFH BStBl II 1981, 715; R 8 Abs. 2 ErbStR). Zu den erbschaftsteuerfreien Hinterbliebenenbezügen gehören insoweit alle Bezüge, die auf einem Dienstverhältnis des Erblassers (§ 1 Abs. 1 LStDV) beruhen (R 8 Abs. 2 ErbStR).
Unter dem Aspekt des Gleichheitsgrundsatzes behandelt die Rechtsprechung (BFH BStBl II 1981, 715) und ihr folgend die Finanzverwaltung (R 8 Abs. 3 ErbStR) auch die auf einem Einzelvertrag beruhenden Hinterbliebenenbezüge als nicht steuerbar. Voraussetzung hierfür ist allerdings, dass es sich um eine vertragliche Vereinbarung zwischen dem Erblasser und seinem Arbeitgeber handelt und die vereinbarten Bezüge als »angemessen« anzusehen sind. Dies soll der Fall sein, wenn ihre Höhe 45 % des Brutto-Arbeitslohnes des verstorbenen Arbeitnehmers nicht übersteigt (R 8 Abs. 3 ErbStR). Die Steuerfreiheit solcher aus einem Arbeitsverhältnis stammenden Hinterbliebenenbezüge wird allerdings oftmals aufgewogen durch ihre Auswirkungen auf die Berechnung der fiktiven Zugewinnausgleichsforderung (R 11 Abs. 4 ErbStR) und die Anrechnung auf den Versorgungsfreibetrag nach § 17 ErbStG (R 74 Abs. 1 ErbStR).

Ein nach Abs. 1 Nr. 4 stpfl Erwerb beim Tod des Erblassers ist bspw dann gegeben, wenn ein Dritter den Anspruch aus einer vom Erblasser abgeschlossenen Lebensversicherung auf den Todesfall erwirbt. Das gilt auch dann, wenn der Begünstigte noch zu Lebzeiten des Versicherungsnehmers unwiderruflich zum Bezugsberechtigten benannt wurde (BFH BStBl III 1952, 240) und selbst dann, wenn der Versicherungsnehmer noch zu seinen Lebzeiten sämtliche Rechte aus dem Versicherungsvertrag an den Begünstigten abgetreten hatte, er selber allerdings weiterhin die Prämienzahlungen für den Lebensversicherungsvertrag leistete (BFH BStBl III 1953, 247).

Die (lebzeitige) Auszahlung der Versicherungssumme an den Versicherungsnehmer selbst stellt demgegenüber keinen steuerbaren Erwerb dar, unabhängig davon, wessen Leben versichert worden war. Eine Besonderheit gilt in diesem Zusammenhang bei der Auszahlung einer Versicherungssumme aus einer sog verbundenen Lebensversicherung. Hierbei handelt es sich um eine auf das Leben eines zuerst versterbenden Mitversicherungsnehmers – zumeist Ehegatten – abgeschlossene Lebensversicherung. Der überlebende Versicherungsnehmer erhält die Leistung aus einem solchen Versicherungsvertrag nur anteilig – entsprechend seinem Anteil an der zwischen den einzelnen Versicherungsnehmern bestehenden (Versicherungs-)Gemeinschaft – in seiner Eigenschaft als Versicherungsnehmer und insoweit nicht als unter das Erbschaftsteuergesetz fallenden Erwerb. Darüber hinaus wird die Versicherungssumme nach § 3 Abs. 1 Nr. 4 ErbStG (Todesfall) oder § 7 Abs. 1 Nr. 1 ErbStG (Erlebensfall) erfasst (R 9 Abs. 2 ErbStR). Bei Ehegatten geht die Finanzverwaltung grds von einer hälftigen Zahlungspflicht im Innenverhältnis und dementsprechend von einem zur Hälfte steuerfreien Erwerb der Versicherungssumme aus (R 9 Abs. 3 ErbStR).

Weist der begünstigte Dritte das aus dem Vertrag erworbene Recht nach § 333 gegenüber dem Versprechenden zurück, so gilt dieses Recht zivilrechtlich als nicht erworben. Auch steuerrechtlich entfällt somit ein Vermögenserwerb, der zu einer Steuerpflicht führen könnte.

J. Sonstige Zuwendungen vom Erblasser (Abs. 2)

In § 3 Abs. 2 Nr. 1 – 7 ErbStG werden Ergänzungs- und Ersatztatbestände aufgeführt, die von den Grundtatbeständen in Abs. 1 nicht erfasst werden, obwohl sie ebenfalls durch den Tod des Erblassers ausgelöst werden, oder die Vermögenszuwächse betreffen, die durch entsprechende Rechtshandlungen des Erwerbers einen Vermögenszuwachs nicht entstehen oder rückwirkend entfallen lassen.

Der **Vermögensübergang auf eine Stiftung (Abs. 2 Nr. 1)** ist eigentlich bereits nach Abs. 1 Nr. 1 oder Abs. 2 Nr. 2 stpfl, soweit eine vom Erblasser von Todes wegen errichtete Stiftung entsprechendes Vermögen durch Erbeinsetzung, Vermächtnis oder Auflage erhält. Insoweit ist Abs. 2 Nr. 1 als vorgreifliche Sondervorschrift zu verstehen (BFH BStBl II 1996, 99). Bei der Anwendung von § 3 Abs. 3 Nr. 1 ErbStG oder § 3 Abs. 2 Nr. 2 ErbStG bleibt es demgegenüber, wenn die Stiftung beim Tode des Erblassers bereits bestanden hat (*Moench* § 3 Rn 197).

43 Anwendung findet § 3 Abs. 2 Nr. 1 ErbStG schließlich auch dann, wenn nicht der Erblasser selbst bereits die erforderlichen Anordnungen für das Stiftungsgeschäft getroffen hat, sondern ein Erbe oder Vermächtnisnehmer auf Grund einer testamentarischen Anordnung des Erblassers das Stiftungsgeschäft unter Lebenden vornimmt (*Troll/Gebel/Jülicher* § 3 Rn 320; *Meincke* § 3 Rn 95).

44 Auch wenn die Stiftung erst nach dem Tode des Erblassers anerkannt wird (§ 80 BGB), ist sie durch eine ges Fiktion gleichwohl bereits vorher erbfähig (§ 84 BGB). Die Steuerpflicht entsteht allerdings erst mit der Anerkennung der Stiftung (§ 9 Abs. 1 Nr. 1 lit. c ErbStG). Der Zeitpunkt der staatlichen Anerkennung der Stiftung ist zugleich der nach § 11 ErbStG maßgebliche Bewertungsstichtag. Der Erbschaftsbesteuerung unterliegt daher auch ein Vermögenszuwachs, der sich zwischen dem Todestag des Erblassers und dem Tag der Anerkennung der Stiftung ergibt (BFH BStBl II 1996, 99; *Moench* § 3 Rn 198).

45 Für Familienstiftungen und gemeinnützige Stiftungen gelten unbeschadet der grdsen Steuerpflicht des Vermögenserwerbs nach § 3 Abs. 2 ErbStG Besonderheiten: Familienstiftungen werden hinsichtlich der anzuwendenden Steuerklasse privilegiert (§ 15 Abs. 2 ErbStG); sie unterliegen daneben der besonderen Ersatzerbsteuer (§ 1 Abs. 1 Nr. 4 ErbStG, siehe § 1 Rn 9 ff). Eine Stiftung, die ausschließlich und unmittelbar kirchlichen, gemeinnützigen oder mildtätigen Zwecken dient, erwirbt steuerfrei (§ 13 Abs. 1 Nr. 16 lit. b ErbStG).

46 Ist eine nicht rechtsfähige Stiftung begünstigt, liegt eine Zweckzuwendung nach § 8 ErbStG vor. Dies gilt auch, wenn der Erblasser einem Dritten Vermögen mit der Auflage zuwendet, es für eine gewisse Zeit zu verwalten und die Erträge daraus einem bestimmten Zweck zuzuführen (*Moench* § 3 Rn 200; *Troll/Gebel/Jülicher* § 3 Rn 320).

47 Der Vermögensübergang auf eine »Vermögensmasse ausländischen Rechts« ist dem Übergang von Vermögen auf eine (deutsche) Stiftung gleichgestellt (Abs. 2 Satz 2). Gemeint sind hiermit im Ausland errichtete Trusts. Ob das übertragene Vermögen inländisches oder ausländisches Vermögen ist, spielt keine Rolle. Entscheidend ist, dass der ausländische Vermögensverwalter (»trustee«) nach dem im jeweiligen Land geltenden Recht Eigentümer des übertragenen Vermögens wird und umfangreiche Verfügungsbefugnisse hat (BFH BStBl II 1988, 808).

48 Der **Erwerb durch Vollziehung einer vom Erblasser angeordneten Auflage** oder auf Grund einer Bedingung gilt ebenfalls als vom Erblasser zugewendet **(Abs. 2 Nr. 2)**. Das ErbStG bezieht sich hier auf den zivilrechtlichen Begriff der Auflage (§ 1940), wonach der Erblasser den Erben oder Vermächtnisnehmer durch Testament zu einer Leistung verpflichten kann, ohne einem anderen ein Recht auf die Leistung zu gewähren. Von der Auflage zu unterscheiden sind Zweckzuwendungen (§ 8 ErbStG) sowie – rechtlich unverbindliche – Wünsche, Ratschläge oder Empfehlungen.

49 Die Steuerschuld für den Erwerb auf Grund einer Auflage entsteht nicht mit dem Tode des Erblassers, sondern mit ihrer Vollziehung (§ 9 Abs. 1 Nr. 1 lit. d ErbStG).

50 Der Erwerb »infolge Erfüllung einer vom Erblasser gesetzten Bedingung« meint Fälle, in denen der Erblasser eine Zuwendung von der aufschiebenden Bedingung abhängig macht, dass der Bedachte seinerseits eine Leistung an einen Dritten erbringt. Diese Leistung an den Dritten ist nach Abs. 2 Nr. 2 bei diesem stpfl, ohne dass der Dritte Erbe oder Vermächtnisnehmer wird. Die Steuerschuld entsteht in diesem Fall mit der Erfüllung der Bedingung (§ 9 Abs. 1 Nr. 1 lit. d ErbStG).

51 Wird der Erwerb von Todes wegen durch eine ausländische Person außerhalb des Bereichs der EU nach Recht des betroffenen Bundeslandes von einer **(staatlichen) Genehmigung** abhängig gemacht und setzt eine solche Genehmigung ihrerseits voraus, dass eine bestimmte Zuwendung an einen Dritten erfolgt, so ist der Vermögenserwerb bei diesem

ebenfalls stpfl **(Abs. 2 Nr. 3)**. Die Steuerschuld entsteht mit Bekanntgabe der Genehmigung (§ 9 Abs. 1 Nr. 1 lit. e ErbStG). Eine praktische Bedeutung der Vorschrift ist nicht erkennbar.

Der Steuerpflicht unterliegt auch das, was als **Abfindung für einen Verzicht auf einen entstandenen Pflichtteilsanspruch** oder für die **Ausschlagung** einer Erbschaft, eines Erbersatzanspruchs oder eines Vermächtnisses zugewendet wird **(Abs. 2 Nr. 4)**. Betroffen von dieser Regelung sind Sachverhalte, bei denen eigentlich ein Vermögenserwerb von Todes wegen erfolgen würde, der Begünstigte aber durch Nichtausübung eines Rechts (Pflichtteil) oder durch Ausübung eines Gestaltungsrechts (Ausschlagung) den Vermögensanfall verhindert. Erhält er hierfür eine Abfindung, so tritt diese ersatzweise an die Stelle des entfallenen Grundtatbestandes. 52

In aller Regel ist der Erbe derjenige, dem der Verzicht auf den Pflichtteil oder die Ausschlagung der Erbschaft, des Erbersatzanspruchs oder des Vermächtnisses zugute kommt. Er ist deswegen zumeist auch derjenige, der die Abfindung gewährt. Diese stellt sich für ihn deshalb als Nachlassverbindlichkeit dar, die seinen stpfl Erwerb entsprechend mindert (BFH BStBl II 1981, 473). 53

Dasselbe gilt, falls ein Dritter die Abfindung zahlt. Auch dann kann der Erbe den Abfindungsbetrag zum Abzug bringen. Die Zahlung des Dritten an den Abfindungsempfänger ist insoweit als Schenkung des Dritten an den Erben zu qualifizieren (und zu besteuern). 54

Auch die **Abfindung für ein aufschiebend bedingtes, betagtes oder befristetes Vermächtnis**, für das die Ausschlagungsfrist abgelaufen ist und die vor dem Zeitpunkt des Eintritts der Bedingung oder des Ereignisses gewährt wird, stellt einen stpfl Erwerb von Todes wegen dar **(Abs. 2 Nr. 5)**. Ist ein Vermächtnis aufschiebend bedingt, betagt oder befristet ausgesetzt worden, entsteht die Steuerpflicht erst dann, wenn die Bedingung oder das Ereignis eingetreten und dadurch eine unbedingte, unbetagte oder unbefristete Forderung entstanden ist (§ 9 Abs. 1 Nr. 1 lit. a ErbStG). Der Vermächtnisnehmer hat es in einem solchen Fall auch nach der Annahme des Vermächtnisses noch in der Hand zu verhindern, dass jemals ein solcher unbedingter, unbetagter oder unbefristeter – und damit stpfl – Anspruch entsteht. Die Steuerpflicht würde insoweit entfallen, wenn der Anspruch vor Eintritt des Ereignisses – etwa durch einen Verzicht auf die Forderung – erlischt. Erwirbt der Vermächtnisnehmer hierfür einen Abfindungsanspruch, ist dieser Vorgang wie der Erwerb einer Abfindung bei Ausschlagung des Vermächtnisses zu beurteilen und unterliegt daher ebenfalls der Steuerpflicht. 55

Was als **Entgelt für die Übertragung der Anwartschaft eines Nacherben** gewährt wird, gilt ebenfalls als vom Erblasser zugewendet **(Abs. 2 Nr. 6)**. Bis zum Eintritt des Nacherbfalls hat der Nacherbe ein auf ein zukünftiges Erbrecht gerichtetes Anwartschaftsrecht. Dieses ist vererblich und frei veräußerlich. Findet eine Übertragung des Anwartschaftsrechts statt, tritt das hierfür gezahlte Entgelt an die Stelle der Anwartschaft. Es ist nach § 3 Abs. 2 Nr. 6 ErbStG als Erwerb von Todes wegen zu versteuern. Besteht das Entgelt in einer Sachabfindung aus dem Nachlass, richtet sich die Bereicherung nach dem Steuerwert der Sache (BFH NV 2001, 1406). Die Steuerschuld entsteht mit dem Zeitpunkt der Übertragung der Anwartschaft (§ 9 Abs. 1 Nr. 1 lit. g ErbStG). Für den Übernehmer der Anwartschaft entsteht die Steuerpflicht dann beim Nacherbfall. Das für die Übertragung der Anwartschaft gezahlte Entgelt kann als Erwerbskosten abgesetzt werden (§ 10 Abs. 5 Nr. 3, BFH BStBl II 1993, 158). 56

§ 3 Abs. 2 Nr. 6 ErbStG findet auch bei dem Nachvermächtnisnehmer Anwendung. Stimmt er der Veräußerung des Vermächtnisgegenstandes durch den Vorvermächtnisnehmer zu und erhält er hierfür ein Entgelt (zB einen Teil des Veräußerungserlöses), so unterliegt dieses der Steuerpflicht nach § 3 Abs. 2 Nr. 6 ErbStG (BFH BStBl II 1989, 623). 57

Auch was ein Vertragserbe auf Grund **beeinträchtigender Schenkungen des Erblassers** von den Beschenkten nach den Vorschriften über die ungerechtfertigte Bereicherung erlangt (§ 2287 BGB), unterliegt als vom Erblasser zugewendet der Steuerpflicht **(Abs. 2** 58

Nr. 7). Die Steuer entsteht mit dem Zeitpunkt der Geltendmachung des Anspruchs (§ 9 Abs. 1 Nr. 1 lit. j ErbStG). Dieser Anspruch ist auch Bemessungsgrundlage für die Berechnung der Steuer; das tatsächlich Erlangte ist demgegenüber unerheblich (*Troll/Gebel/Jülicher* § 3 Rn 348).

59 Dem Schlusserben aus einem Berliner Testament wird zivilrechtlich ein entsprechender Herausgabeanspruch (analog § 2287) zugebilligt (BGHZ 87, 19, 23; Palandt/*Edenhofer* § 2287 Rn 2). Auch dieser Anspruch unterliegt der Erbschaftsteuer nach § 3 Abs. 2 Nr. 7 ErbStG (BFH BStBl II 2000, 587).

§ 4 Fortgesetzte Gütergemeinschaft

(1) Wird die eheliche Gütergemeinschaft beim Tode eines Ehegatten fortgesetzt (§§ 1483 ff des Bürgerlichen Gesetzbuchs, Artikel 200 des Einführungsgesetzes zum Bürgerlichen Gesetzbuch), wird dessen Anteil am Gesamtgut so behandelt, wie wenn er ausschließlich den anteilsberechtigten Abkömmlingen angefallen wäre.

(2) ¹Beim Tode eines anteilsberechtigten Abkömmlings gehört dessen Anteil am Gesamtgut zu seinem Nachlaß. ²Als Erwerber des Anteils gelten diejenigen, denen der Anteil nach § 1490 Satz 2 und 3 des Bürgerlichen Gesetzbuchs zufällt.

A. Allgemeines

1 Die Vorschrift befasst sich mit dem heute nur noch vereinzelt anzutreffenden ehelichen Güterstand der Gütergemeinschaft (§§ 1415 ff). Diese endet grds mit dem Tod eines Ehegatten (§ 1482). Die Eheleute können jedoch durch Ehevertrag vereinbaren, dass die Gütergemeinschaft nach dem Tod eines Ehegatten zwischen dem überlebenden Ehegatten und den gemeinschaftlichen Abkömmlingen fortgesetzt wird (sog fortgesetzte Gütergemeinschaft, § 1483). Der Anteil des verstorbenen Ehegatten am Gesamtgut gehört dann zivilrechtlich nicht zum Nachlass (§ 1483 Abs. 1 Satz 3). Die gemeinschaftlichen Abkömmlinge übernehmen seinen Anteil vielmehr kraft Güterrechts. Der Vermögenserwerb soll aber nicht steuerfrei bleiben. § 4 Abs. 1 ErbStG qualifiziert daher im Ergebnis den Vermögensanfall bei den Abkömmlingen erbschaftsteuerrechtlich als Erwerb von Todes wegen.

2 Die Vorschrift bezieht sich nur auf den Anteil des verstorbenen Ehegatten am Gesamtgut. Nicht zum Gesamtgut der Ehegatten gehörende Vermögensgegenstände vererben sich daneben zivil- und erbschaftsteuerrechtlich nach den allgemeinen Regeln. Gleiches gilt beim Tod des längerlebenden Ehegatten. Sein Anteil am Gesamtgut fällt in seinen Nachlass und stellt deshalb für die gesetzlich oder testamentarisch Begünstigten einen stpfl Erwerb gem § 3 Abs. 1 Nr. 1 ErbStG dar.

B. Steuerpflicht beim Tod eines Ehegatten (Abs. 1)

3 Abs. 1 behandelt den Anfall der Beteiligung des verstorbenen Ehegatten am Gesamtgut bei den nachfolgeberechtigten Abkömmlingen als stpfl Erwerb. Die Vorschrift stellt darüber hinaus klar, dass der längerlebende Ehegatte hingegen auch erbschaftsteuerlich nicht zu den Erwerbern des Erblasseranteils am Gesamtgut gehört.

4 Obwohl Abs. 1 in diesem Zusammenhang davon spricht, dass die Besteuerung so durchzuführen ist, wie wenn der Anteil des verstorbenen Ehegatten am Gesamtgut ausschließlich den anteilsberechtigten Abkömmlingen angefallen wäre, ist auf die tatsächlich an dem Gesamtgutanteil des Erblassers beteiligten Personen abzustellen.

5 Zum einen kann es sein, dass – abweichend vom ges Regelfall – den Abkömmlingen ein Teil des Anteils am Gesamtgut des erstversterbenden Ehegatten (in den Pflichtteilsgrenzen) entzogen und bspw dem längerlebenden Ehegatten zugewiesen wird (§ 1514 iVm §§ 1512, 1513 Abs. 1). Die Vorschrift ist dann entsprechend eingeschränkt auszulegen und auch der Ehegatte hat den Erwerb zu versteuern (*Meincke* § 4 Rn 6; *Moench/Weinmann* § 4 Rn 10).

Eine einschränkende Auslegung der Vorschrift ist außerdem dann angezeigt, wenn neben den gemeinschaftlichen Abkömmlingen der Ehegatten weitere, nicht gemeinschaftliche Abkömmlinge (bspw aus einer vorhergehenden Ehe) vorhanden sind. Zivilrechtlich bestimmt § 1483 Abs. 2 deren Erbrecht so, wie wenn fortgesetzte Gütergemeinschaft nicht eingetreten wäre. Die daraus resultierende Beteiligung der nicht gemeinschaftlichen Abkömmlinge am Vermögen des Erblassers (einschließlich Anteil am Gesamtgut) stellt einen stpfl Erwerb nach § 3 Abs. 1 Nr. 1 ErbStG dar. Der Erwerb der gemeinschaftlichen Abkömmlinge ist korrespondierend hierzu auch steuerrechtlich entsprechend gemindert. 6

Etwaige Vorausempfänge eines anteilsberechtigten Abkömmlings werden zivilrechtlich erst bei der Auseinandersetzung über das Gesamtgut nach dem Tode des überlebenden Ehegatten berücksichtigt (§§ 1494 Abs. 1, 1503 Abs. 2). Da diese Auseinandersetzung aber selbst keinen stpfl Vorgang darstellt, sind solche Vorempfänge erbschaftsteuerlich bereits bei der Ermittlung der sich nach Abs. 1 ergebenden Beteiligung am Gesamtgut des verstorbenen Ehegatten zu berücksichtigen (RFH RStBl 1932, 855). Wurden solche Vorempfänge aus dem Gesamtgut der Ehegatten geleistet, gilt nur die Hälfte als ausgleichspflichtige Zuwendung des Verstorbenen (RFH RStBl 1933, 1342). 7

C. Steuerpflicht beim Tod eines Abkömmlings (Abs. 2)

Abs. 2 führt die sich aus Abs. 1 ergebende erbschaftsteuerliche Beurteilung der fortgesetzten Gütergemeinschaft auch für den Fall konsequent fort, dass ein anteilsberechtigter Abkömmling verstirbt. Zivilrechtlich erwerben dann dessen Abkömmlinge den Anteil am Gesamtgut nicht nach den Regeln des Erbrechts, sondern nach denen des Güterrechts (§ 1490 Satz 1). Erbschaftsteuerlich handelt es sich jedoch auch hier um einen Erwerb von Todes wegen nach § 3 Abs. 1 Nr. 1 ErbStG. 8

D. Ehegatte als Steuerschuldner

Obwohl der überlebende Ehegatte nur in Ausnahmefällen selbst Anteilserwerber wird, ist er nach § 20 Abs. 2 ErbStG für den gesamten Betrag Steuerschuldner, während dies daneben für die Abkömmlinge nur im Verhältnis der auf sie entfallenden Anteile gilt. Damit wird zum einen dem Alleinverwaltungsrecht des länger lebenden Ehegatten (§§ 1487, 1422 ff) Rechnung getragen. Zum anderen wird hierdurch der Zugriff auf das Gesamtgut gesichert, welches nämlich für sämtliche Verbindlichkeiten des überlebenden Ehegatten haftet (§ 1489). 9

Vor diesem Hintergrund ist der überlebende Ehegatte auf Verlangen des Finanzamts auch allein zur Abgabe der Steuererklärung verpflichtet (§ 31 Abs. 3 ErbStG). 10

§ 5 Zugewinngemeinschaft

(1) ¹Wird der Güterstand der Zugewinngemeinschaft (§ 1363 des Bürgerlichen Gesetzbuchs) durch den Tod eines Ehegatten beendet und der Zugewinn nicht nach § 1371 Abs. 2 des Bürgerlichen Gesetzbuchs ausgeglichen, gilt beim überlebenden Ehegatten der Betrag, den er nach Maßgabe des § 1371 Abs. 2 des Bürgerlichen Gesetzbuchs als Ausgleichsforderung geltend machen könnte, nicht als Erwerb im Sinne des § 3. ²Bei der Berechnung dieses Betrags bleiben von den Vorschriften der §§ 1373 bis 1383 und 1390 des Bürgerlichen Gesetzbuchs abweichende güterrechtliche Vereinbarungen unberücksichtigt. ³Die Vermutung des § 1377 Abs. 3 des Bürgerlichen Gesetzbuchs findet keine Anwendung. ⁴Wird der Güterstand der Zugewinngemeinschaft durch Ehevertrag vereinbart, gilt als Zeitpunkt des Eintritts des Güterstandes (§ 1374 Abs. 1 des Bürgerlichen Gesetzbuchs) der Tag des Vertragsabschlusses. ⁵Soweit der Nachlaß des Erb-

lassers bei der Ermittlung des als Ausgleichsforderung steuerfreien Betrags mit einem höheren Wert als dem nach den steuerlichen Bewertungsgrundsätzen maßgebenden Wert angesetzt worden ist, gilt höchstens der dem Steuerwert des Nachlasses entsprechende Betrag nicht als Erwerb im Sinne des § 3.

(2) Wird der Güterstand der Zugewinngemeinschaft in anderer Weise als durch den Tod eines Ehegatten beendet oder wird der Zugewinn nach § 1371 Abs. 2 des Bürgerlichen Gesetzbuchs ausgeglichen, gehört die Ausgleichsforderung (§ 1378 des Bürgerlichen Gesetzbuchs) nicht zum Erwerb im Sinne der §§ 3 und 7.

A. Allgemeines

1 § 5 ErbStG begünstigt den Erwerb zwischen Ehegatten im Güterstand der Zugewinngemeinschaft. Wird der Güterstand durch den Tod eines Ehegatten beendet, erhöht sich der ges Erbteil des überlebenden Ehegatten um ein Viertel der Erbschaft unabhängig davon, ob die Ehegatten im Einzelfall überhaupt einen Zugewinn erzielt haben (§ 1371 Abs. 1, sog **erbrechtliche Lösung**). Schlägt der überlebende Ehegatte die Erbschaft aus oder ist er von vornherein weder als Erbe noch als Vermächtnisnehmer vorgesehen, kann er den Ausgleich des Zugewinns nach den hierfür maßgeblichen güterrechtlichen Vorschriften (§§ 1373 ff) verlangen (sog **güterrechtliche Lösung**).

2 Da im Falle einer Scheidung die Erfüllung eines güterrechtlichen Zugewinnausgleichsanspruchs sicherlich nicht als unentgeltliche Zuwendung qualifiziert werden kann, muss dies auch für entsprechende Vermögenserwerbe beim Tod eines Ehegatten oder sonstiger Beendigung des Güterstandes gelten. Abs. 1 ordnet daher an, dass bei der sog erbrechtlichen Lösung der Erwerb des länger lebenden Ehegatten insoweit steuerfrei bleibt, als ihm bei konkreter Berechnung ein Zugewinnausgleichsanspruch nach den §§ 1373 ff zustehen würde. Rechtlich geschieht dies dadurch, dass der Betrag, der einer solchen Ausgleichsforderung entspricht, nicht als Erwerb iSd § 3 ErbStG gilt. Da sich dieser Betrag aber nicht gegenständlich vom übrigen (stpfl) Vermögenserwerb des länger lebenden Ehegatten abgrenzen lässt, wird dieser Betrag bei der Berechnung der Steuer wie ein Freibetrag behandelt (sog Zugewinnausgleichsfreibetrag).

3 Bei der güterrechtlichen Lösung versteht sich dies eigentlich von selbst. Abs. 2 stellt hier lediglich klar, dass der Erwerb des Geldanspruchs nach § 1378 oder seine Erfüllung keinen stpfl Erwerb nach §§ 1, 3, 7 ErbStG darstellen.

B. Erbrechtlicher Zugewinnausgleich (Abs. 1 Satz 1)

4 Wird der Güterstand der Zugewinngemeinschaft durch den Tod eines Ehegatten beendet, gilt der dadurch ausgelöste Vermögenserwerb beim länger lebenden Ehegatten nicht als (stpfl) Erwerb nach §§ 1, 3 ErbStG, soweit dem länger lebenden Ehegatten bei lebzeitiger Beendigung des Güterstandes ein (fiktiv zu berechnender) Zugewinnausgleichsanspruch zugestanden hätte (Abs. 1 Satz 1). Dies setzt zunächst voraus, dass zum Zeitpunkt des Todes der Güterstand der Zugewinngemeinschaft bestand. Dieser sog ges Güterstand besteht immer dann, wenn Eheleute nicht durch Ehevertrag einen anderen Güterstand vereinbart haben.

5 Entscheidender Zeitpunkt ist der Todeszeitpunkt. Zu diesem Zeitpunkt darf die Ehe weder geschieden sein noch dürfen die Ehegatten wirksam einen anderen Güterstand ehevertraglich vereinbart haben. Maßgeblich bei der Scheidung einer Ehe ist deren Auflösung, die mit Rechtskraft des Scheidungsurteils eintritt. Denkbar, wenn auch praktisch wohl selten, ist es, dass ein Ehegatte nach Verkündung des Scheidungsurteils, aber vor dessen Rechtskraft verstirbt. In diesem Fall greift Abs. 1 ein, so dass der länger lebende (Noch-)Ehegatte den Zugewinnausgleichsfreibetrag in Anspruch nehmen kann.

6 Die Anwendung von Abs. 1 setzt weiter voraus, dass der Güterstand der Zugewinngemeinschaft durch den Tod eines Ehegatten beendet wird. Der andere Ehegatte muss

also den zuerst Versterbenden wenigstens geringfügig überleben. Versterben beide Ehegatten bei einem Unglücksfall gleichzeitig, oder wird nach § 11 Verschollenheitsgesetz vermutet, dass sie gleichzeitig gestorben sind, hält der BGH das Zugewinnausgleichsrecht nicht für anwendbar (BGHZ 72, 85). Das Erbschaftsteuerrecht folgt dieser zivilrechtlichen Beurteilung, sodass in einem solchen Fall § 5 nicht anwendbar ist (*Meincke* § 5 Rn 8).

Anders als noch bis 1974 beträgt der **Zugewinnausgleichsfreibetrag** nicht entsprechend der zivilrechtlichen Erhöhung des Erbteils (§ 1371 Abs. 1) pauschal ein Viertel des Reinnachlasses. Dies würde auch dann zu einer Steuerminderung führen, wenn der länger lebende Ehepartner tatsächlich gar keinen geringeren Zugewinn während der Ehezeit erzielt hatte, ihm also güterrechtlich überhaupt kein Zugewinnausgleichsanspruch zustand. Der Freibetrag bestimmt sich vielmehr nach der **fiktiven Ausgleichsforderung**, die dem länger lebenden Ehegatten dann zustünde, wenn es nicht zu der erbrechtlichen Lösung gekommen wäre. Freilich kann dies im Einzelfall auch eine Besserstellung des länger lebenden Ehegatten im Vergleich zur früheren Regelung bedeuten, wenn nämlich der fiktive Ausgleichsanspruch die tatsächliche Erhöhung des Erbteils wertmäßig übersteigt. Da die Freibetragsregelung nicht durch einen Höchstbetrag begrenzt ist, kann sie von großer wirtschaftlicher Bedeutung sein und im Einzelfall einen Erwerb im Millionenumfang steuerfrei stellen. 7

C. Berechnung des Freibetrages (Abs. 1 Satz 1 – 4).

Der Umfang des für den länger lebenden Ehegatten steuerfrei zu erwerbenden Vermögens bestimmt sich nach seiner fiktiv, also nur für erbschaftsteuerliche Zwecke zu berechnenden Ausgleichsforderung. Diese erfolgt nach §§ 1373 ff so, als sei im Zeitpunkt des Todes ein tatsächlicher Zugewinnausgleich durchzuführen. Es ist also zunächst für jeden Ehegatten der während der Ehezeit erzielte Zugewinn zu ermitteln, also der Betrag, um den das Endvermögen des Ehegatten sein Anfangsvermögen übersteigt (§ 1373). Wenn einer der beiden Ehegatten einen niedrigeren Zugewinn erzielt hat als der andere, so steht ihm die Hälfte des Unterschiedsbetrages als Ausgleichsforderung zu (§ 1378 Abs. 1). Das **Anfangsvermögen** ist das Vermögen, das einem Ehegatten nach Abzug der Verbindlichkeiten beim Eintritt des Güterstands gehört (§ 1374 Abs. 1). Da die Verbindlichkeiten nur bis zur Höhe des Vermögens abgezogen werden dürfen (§ 1374 Abs. 1, 2. Hs), beträgt das Anfangsvermögen mindestens Null €. 8

Dem Anfangsvermögen eines Ehegatten ist das Vermögen, das dieser nach Eintritt des Güterstands von Todes wegen oder im Wege vorweggenommener Erbfolge, durch Schenkung oder als Ausstattung erwirbt, hinzuzurechnen (§ 1374 Abs. 2). Eine Ausnahme gilt für Schenkungen und unbenannte Zuwendungen zwischen den Ehegatten. In diesem Zusammenhang findet § 1374 Abs. 2 keine Anwendung (BGH NJW 1987, 2814). Im Regelfall kommt aber eine Anrechnung solcher Vermögensübertragungen auf die Ausgleichsforderung des beschenkten Ehegatten nach § 1380 in Betracht. 9

Das **Endvermögen** eines Ehegatten ist sein Vermögen, das ihm nach Abzug der Verbindlichkeiten bei Beendigung des Güterstands gehört (§ 1375 Abs. 1). Auch hier kann durch den Abzug der Verbindlichkeiten kein Negativwert entstehen. 10

Andererseits können dem Endvermögen eines Ehegatten bestimmte Beträge hinzugerechnet werden. Das ist nach § 1375 Abs. 2 etwa dann der Fall, wenn das Endvermögen dieses Ehegatten dadurch vermindert worden ist, dass er nach Eintritt des Güterstands unentgeltliche Zuwendungen gemacht hat, die nicht einer sittlichen Pflicht entsprochen haben, oder Vermögen verschwendet oder Handlungen in der Absicht vorgenommen hat, den anderen Ehegatten zu benachteiligen. Eine Hinzurechnung erfolgt allerdings dann nicht, wenn die Vermögensminderung mehr als 10 Jahre vor Beendigung des Güterstands eingetreten ist oder wenn der andere Ehegatte mit der unentgeltlichen Zuwendung oder der Verschwendung einverstanden gewesen ist (§ 1375 Abs. 3). 11

12 Die Ermittlung des Anfangs- und des Endvermögens der beiden Ehegatten bestimmt sich nach **Verkehrswerten**, nicht also nach (in aller Regel niedrigeren) Steuerwerten. Maßgeblich für die Berechnung des Anfangsvermögens ist der Zeitpunkt des Eintritts des Güterstands (§ 1376 Abs. 1); maßgeblich für die Berechnung des Endvermögens ist der Zeitpunkt der Beendigung des Güterstands (§ 1376 Abs. 2). Rein nominelle Vermögensmehrungen während der Ehezeit, die durch einen fortschreitenden Kaufkraftschwund verursacht werden, sind nach der zivilrechtlichen Rechtsprechung aus dem Zugewinn der Ehegatten herauszurechnen (BGH NJW 1974, 137). Entgegen älterer Ansicht in der Finanzverwaltung gilt dies auch für die Berechnung des steuerlichen Zugewinnausgleichsfreibetrags (R 11 Abs. 3 Satz 3 ErbStR). Zu diesem Zweck ist das Anfangsvermögen entsprechend der im Verbraucherpreisindex zum Ausdruck kommenden Kaufkraftentwicklung hochzurechnen (vgl Palandt/*Brudermüller* § 1376 Rn 29; H 11 Abs. 3 ErbstH; BMF v 14. 4. 2004 BStBl I 2004, 465). Bei der Hinzurechnung von Vermögensgegenständen nach § 1374 Abs. 2 kommt es insoweit auf den Verbraucherpreisindex zum Zeitpunkt des Erwerbs an.

13 Im Zivilrecht vereinfachen ges Vermutungen die teilweise allein wegen des Zeitablaufs zwischen Beginn und Beendigung des Güterstands bestehenden Schwierigkeiten zur Ermittlung des jeweiligen Zugewinns der Ehegatten. So kann nach § 1377 Abs. 1 vermutet werden, dass ein von den Ehegatten angefertigtes Verzeichnis über das Anfangsvermögen im Verhältnis untereinander richtig ist. Nach § 1377 Abs. 3 kann vermutet werden, dass mangels eines solchen Verzeichnisses das Endvermögen eines Ehegatten zugleich auch seinen Zugewinn darstellt, das Anfangsvermögen der beiden Ehegatten also jeweils Null € beträgt. Diese zivilrechtliche Vermutungsregel findet bei der steuerrechtlichen Ermittlung des Zugewinnausgleichsfreibetrags jedoch keine Anwendung, wie § 5 Abs. 1 Satz 3 ErbStG ausdrücklich bestimmt. Es bleibt also bei der Grundregel, wonach derjenige, der aus einem Umstand eine positive Rechtsfolge ziehen will, das Vorliegen dieser Tatsache nachzuweisen hat.

D. Anrechnung von Schenkungen zwischen den Ehegatten

14 Vielfach erfolgen während der Ehezeit Schenkungen des einen Ehegatten an den anderen. Auf solche Schenkungen zwischen Ehegatten ist § 1374 Abs. 2 nicht anwendbar. Der Wert des geschenkten Gegenstands wird also dem Anfangsvermögen des Beschenkten nicht wie bei Schenkungen von Seiten dritter Personen hinzugerechnet, sodass durch solche Schenkungen ein etwaiger Zugewinnausgleichsanspruch des beschenkten Ehegatten erhöht wird (BGH NJW 1987, 2814). Allerdings ist eine solche Schenkung nach § 1380 Abs. 1 auf die Ausgleichsforderung des beschenkten Ehegatten anzurechnen, wenn bei der Zuwendung eine solche Bestimmung getroffen wurde. Das Gesetz vermutet, dass Zuwendungen, die den Wert von nach den Lebensverhältnissen der Ehegatten üblichen Gelegenheitsgeschenken übersteigen, angerechnet werden sollen (§ 1380 Abs. 1 Satz 2).

15 Die Anrechnung erfolgt rechtstechnisch dadurch, dass der Wert der Schenkung dem Endvermögen des Schenkers hinzugezählt wird (§ 1380 Abs. 2 Satz 1). Maßgeblich ist der Wert zum Zeitpunkt der Schenkung (§ 1380 Abs. 2 Satz 2). Auf der anderen Seite bleibt der Wert der Schenkung beim Endvermögen des beschenkten Ehegatten unberücksichtigt (BGH NJW 1982, 1093). Im Ergebnis werden die Ehegatten bei der Berechnung der Zugewinnausgleichsforderung also so gestellt, als habe die fragliche Schenkung überhaupt nicht stattgefunden. Hierdurch erhöht sich also eine etwaige Ausgleichsforderung des schenkenden Ehegatten, und auf diese (erhöhte) Ausgleichsforderung wird nunmehr der Wert der Schenkung angerechnet.

16 Die zivilrechtliche Anrechnung der Schenkung eines Ehegatten an den anderen Ehegatten auf dessen Ausgleichsforderung führt steuerrechtlich dazu, dass die ursprünglich stpfl Schenkung nunmehr als steuerfreie Erfüllung eines Ausgleichsanspruchs behandelt wird. Die durch die ursprüngliche Schenkung ausgelöste Steuer erlischt mit Wirkung für die

Vergangenheit (§ 29 Abs. 1 Nr. 3 ErbStG). Zwar verweist diese Vorschrift nur auf § 5 Abs. 2 ErbStG und damit nur auf den güterrechtlichen Zugewinnausgleich. Es besteht aber Einigkeit dahingehend, dass diese Vorschrift über ihren Wortlaut hinaus auch auf die Fälle der erbrechtlichen Lösung Anwendung finden muss (R 11 Abs. 6 Satz 2 ErbStR; FG Hamburg EFG 1987, 191; *Meincke* § 5 Rn 18; Troll/*Gebel*/Jülicher § 5 Rn 37).

Wenn es allerdings so ist, dass der beschenkte Ehegatte (ohne Berücksichtigung des Geschenkes) einen gleich hohen oder sogar höheren Zugewinn als sein Ehegatte erzielt hat, steht ihm auch keine Ausgleichsforderung zu, auf die das Geschenk angerechnet werden könnte. Folglich kommt es in einem solchen Fall auch nicht zu einer Steuererstattung. 17

Kommt es aber wegen Anrechnung einer Zuwendung zwischen den Ehegatten zu einer Erstattung nach § 29 ErbStG, findet § 29 Abs. 2 ErbStG keine Anwendung (*Meincke* § 29 Rn 19; Moench/*Weinmann* § 29 Rn 23; Troll/Gebel/*Jülicher* § 29 Rn 57). Die Zuwendung stellt sich im Nachhinein nunmehr als Vorauszahlung auf eine nichtsteuerbare Ausgleichsforderung dar. Der beschenkte Ehegatte hat also, anders als in den sonstigen Fällen des § 29 ErbStG, keinen Nutzungsvorteil, der eine Steuerpflicht nach § 29 Abs. 2 ErbStG vergleichbar der eines Nießbrauchers rechtfertigen könnte. 18

Kommt es zu einer Herabsetzung der Ausgleichsforderung nach § 5 Abs. 1 Satz 5 ErbStG (s Rn 25 ff), so muss auch der Anrechnungsbetrag der anzurechnenden Schenkung herabgesetzt werden. Die Herabsetzung des Anrechnungswertes erfolgt dabei in demselben Verhältnis, in dem der Verkehrswert des Nachlasses zu seinem Steuerwert steht (Troll/ Gebel/Jülicher § 5 Rn 39). 19

E. Steuerliche Besonderheiten

Bei der zivilrechtlichen Ermittlung des güterrechtlichen Zugewinnausgleichs werden bestimmte Vermögensgegenstände nicht berücksichtigt. Dies gilt etwa für Anwartschaften, über die der Versorgungsausgleich stattfindet (§ 1587 Abs. 3 BGB). Dies sind bspw Anwartschaften auf Leistungen der betrieblichen Altersversorgung (§ 1587a Abs. 2 Nr. 3) oder bestimmte Anwartschaften aus einer privaten Rentenlebensversicherung (§ 1587a Abs. 2 Nr. 5). Nach der Rechtsprechung (BGHZ 89, 137) werden die Vermögensgegenstände, die in den Anwendungsbereich der Hausratsverordnung fallen, bei der Ermittlung des Zugewinnausgleichs im Scheidungsfalle nicht berücksichtigt. Bei der Ermittlung des erbschaftsteuerlichen Zugewinnausgleichsfreibetrags können indes diese speziell auf das Scheidungsverfahren zugeschnittenen Einschränkungen keine Berücksichtigung finden (*Meincke* § 5 Rn 21 f). Entsprechende Anwartschaften oder Hausratsgegenstände sind also bei der Ermittlung des Zugewinnausgleichsfreibetrags nach den allgemeinen Regeln zu berücksichtigen. 20

Erwirbt der überlebende Ehegatte beim Tod des anderen Ehepartners Vermögen durch **Vertrag zu Gunsten Dritter**, so unterliegt dieses der Besteuerung nach § 3 Abs. 1 Nr. 4 ErbStG. Eigentlich können die auf diese Weise vom länger lebenden Ehegatten erworbenen Ansprüche weder zum Nachlass des Erblassers noch zu seinem Endvermögen gehören. Trotzdem werden solche Ansprüche so behandelt, als gehörten sie zum Nachlass, weshalb nach Ansicht der Finanzverwaltung (R 11 Abs. 4 Satz 1 ErbStR) und der Rechtsprechung (BFH BStBl II 1978, 400) solche Erwerbe dem Endvermögen des verstorbenen Ehegatten hinzuzurechnen sind. 21

Rentenansprüche sind hierbei mit ihrem Kapitalwert (§ 14 BewG) anzusetzen. Im Ergebnis wird hierdurch der Zugewinnausgleichsfreibetrag des länger lebenden Ehegatten um die Hälfte dieses Kapitalwertes erhöht. Steuerfreie Hinterbliebenenbezüge werden demgegenüber nicht dem Endvermögen des verstorbenen Ehegatten hinzugerechnet (BFH BStBl II 1982, 27). Allerdings mindern solche steuerfreien Renten den Versorgungsfreibetrag nach § 17 ErbStG. Im Ergebnis kann dies dazu führen, dass steuerfreie Versorgungsbezüge durch die doppelte Benachteiligung (Anrechnung auf den Versorgungsfreibetrag und 22

§ 5 ErbStG | Zugewinngemeinschaft

keine Berücksichtigung bei der Berechnung des Zugewinnausgleichsfreibetrags) ungünstiger behandelt werden als stpfl Versorgungsbezüge.

F. Ehevertragliche Vereinbarungen (Abs. 1 Satz 2)

23 Zivilrechtlich sind die Regelungen zur Berechnung des Zugewinnausgleichs durch die Ehegatten modifizierbar (§ 1408). Solche abweichenden güterrechtlichen Vereinbarungen der Eheleute werden steuerrechtlich nach Abs. 1 Satz 2 bei der Berechnung der fiktiven Ausgleichsforderung und des daraus resultierenden Zugewinnausgleichsfreibetrags nicht berücksichtigt. Dies gilt unabhängig davon, ob die Eheleute den Zugewinnausgleichsanspruch über das Maß hinaus erhöht oder darunter verringert, möglicherweise sogar gänzlich ausgeschlossen haben.

24 Ebenfalls unbeachtlich sind ehevertragliche Vereinbarungen der Ehegatten, wonach der Zeitpunkt des Eintritts des Güterstandes auf einen bereits vergangenen Zeitpunkt gelegt wird. Im Grunde handelt es sich hierbei aber nur um eine besondere Art der Vereinbarung des Anfangsvermögens der Ehegatten (vgl *Meincke* § 5 Rn 27). Nach Abs. 1 Satz 4 gilt in einem solchen Fall der Tag des Vertragsschlusses als der Zeitpunkt, an dem der Güterstand der Zugewinngemeinschaft eintritt. Im Ergebnis bleibt es also stets bei der Berechnung nach den ges Vorgaben. Gleichwohl haben Ehegatten, die erst während der Ehezeit den Güterstand der Zugewinngemeinschaft vereinbaren, die Möglichkeit, den vor Abschluss eines solchen Ehevertrages erzielten Zugewinn steuerfrei auszugleichen. Dies geschieht über den Weg des güterrechtlichen Ausgleichs nach den §§ 1371 Abs. 2, 1373 ff, der über § 5 Abs. 2 ErbStG zum steuerfreien Ausgleich des auch in der Vergangenheit entstandenen Zugewinns berechtigt (vgl Rn 29 ff).

G. Begrenzung des Zugewinnausgleichsfreibetrags (Abs. 1 Satz 5)

25 Die nach Maßgabe der Sätze 1 – 4 zu ermittelnde Ausgleichsforderung berechnet sich bis hierher nach den **Verkehrswerten** von Anfangs- und Endvermögen der beiden Ehegatten. Bemessungsgrundlage für die Erbschaftsteuer ist jedoch der **Steuerwert** des erworbenen Vermögens. Dieser ist zumeist niedriger als der Verkehrswert (insb bei Immobilien und Betriebsvermögen). Es wäre allerdings kaum einsichtig, wenn von der nach Steuerwerten ermittelten Bemessungsgrundlage ein nach Verkehrswerten ermittelter Freibetrag abgezogen werden könnte (BFH NV 1997, 29; krit: *Meincke* § 5 Rn 32). Abs. 1 Satz 5 begrenzt daher den Zugewinnausgleichsfreibetrag auf den sich unter Zugrundelegung von **Steuerwerten** ergebenden Betrag. Das gilt auch dann, wenn sich ein negativer Steuerwert des Nachlasses und damit rechnerisch ein negativer Abzugsbetrag ergibt. Dieser ist dann mit Null € anzusetzen (BFH NV 1997, 29).

26 Während der Wortlaut der Vorschrift auf den Nachlass des Erblassers abstellt, bezieht sich die Finanzverwaltung in R 11 Abs. 5 ErbStR auf das Endvermögen des verstorbenen Ehegatten. Dieses ist zur Ermittlung des tatsächlichen Freibetrages nach steuerlichen Bewertungsgrundsätzen zu ermitteln (R 11 Abs. 5 Satz 1 ErbStR), wobei auch die Vermögensgegenstände zu berücksichtigen sind, die nicht zum stpfl Erwerb gehören (R 11 Abs. 5 Satz 2 ErbStR). Betriebsvermögen ist in die Berechnung mit seinem Steuerwert vor Abzug des Freibetrags und des Bewertungsabschlags einzubeziehen (R 11 Abs. 5 Satz 3 ErbStR). Ergibt sich danach – was vielfach der Fall sein wird – ein niedrigerer Steuerwert des Endvermögens als dessen Verkehrswert, ist die unter Zugrundelegung der Verkehrswerte ermittelte (fiktive) Ausgleichsforderung entsprechend dem Verhältnis von Steuerwert und Verkehrswert des dem Erblasser zuzurechnenden Endvermögens zu begrenzen. Die unter Zugrundelegung der von Verkehrswerten ermittelte Ausgleichsforderung ist also mit dem Steuerwert des Endvermögens zu multiplizieren und anschließend durch den Verkehrswert zu dividieren.

27 Zwar könnte man den Wortlaut der Vorschrift auch so verstehen, dass die Höchstgrenze des Freibetrags nicht durch eine Verhältnisrechnung zu ermitteln ist, sondern durch den

Steuerwert des Nachlasses gebildet wird. Die Rechtsprechung hat sich jedoch der Sichtweise der Finanzverwaltung angeschlossen und deren Berechnungsschema grds gebilligt (BFH BStBl II 1993, 510; FG München UVR 1996, 56; krit *Meincke* § 5 Rn 34).

Nicht geklärt sind die genauen Rechenschritte zur Ermittlung des Freibetrags, wenn **Schenkungen zwischen den Ehegatten** nach § 1380 Abs. 1 auf die Ausgleichsforderung anzurechnen sind (vgl Rn 14 ff). Insb ist fraglich, in welcher Reihenfolge die einzelnen Rechenschritte durchzuführen sind. Das FG Hamburg kürzt zunächst die nach Zivilrecht errechnete fiktive Ausgleichsforderung um den Verkehrswert der Vorausempfänge und rechnet anschließend die insoweit verminderte Ausgleichsforderung im Verhältnis des Steuerwerts zum Verkehrswert des Endvermögens auf den Freibetrag um (FG Hamburg EFG 1987, 191; krit *Meincke* § 5 Rn 35 f). 28

H. Güterrechtlicher Zugewinnausgleich (Abs. 2)

Die **güterrechtliche Lösung** (vgl Rn 1) wird durchgeführt, wenn die Zugewinngemeinschaft durch den Tod eines Ehegatten beendet wird, der länger lebende Ehegatte aber nicht Erbe wird und ihm auch kein Vermächtnis zusteht, sei es, weil der verstorbene Ehegatte entsprechend testiert hatte, sei es, weil er Erbschaft oder Vermächtnis ausschlägt. Macht der überlebende Ehegatte in dieser Situation die Ausgleichsforderung gem § 1371 Abs. 2 geltend, so bleibt diese steuerfrei. 29

Gleiches gilt bei lebzeitiger Beendigung der Zugewinngemeinschaft etwa im Falle einer Scheidung oder durch entsprechenden Ehevertrag. Dies würde auch ohne die Vorschrift des § 5 Abs. 2 ErbStG feststehen, so dass dieser Vorschrift letztlich nur klarstellender Charakter zukommt (BFH BStBl II 1993, 510). 30

Die Ausgleichsforderung bleibt auch dann steuerfrei, wenn sie durch Ehevertrag (§ 1408) oder Vereinbarung anlässlich der Ehescheidung (§ 1378 Abs. 3 Satz 2) modifiziert wurde. Dies gilt insb dann, wenn mit einer solchen Vereinbarung in erster Linie nicht güterrechtliche, sondern erbrechtliche Wirkungen herbeigeführt werden sollen. Allerdings kann in einer **erhöhten güterrechtlichen Ausgleichsforderung** eine stpfl Schenkung auf den Todesfall (§ 3 Abs. 1 Nr. 2 Satz 1 ErbStG) oder eine Schenkung unter Lebenden (§ 7 Abs. 1 Nr. 1 ErbStG) zu erblicken sein (R 12 Abs. 2 Satz 2 ErbStR). Die Finanzverwaltung neigt dazu, eine solche – schenkungsteuerpflichtige – Zuwendung immer dann anzunehmen, wenn die vereinbarte Ausgleichsforderung die sich nach den zivilrechtlichen Vorschriften ergebende übersteigt (R 12 Abs. 2 Satz 3 ErbStR). 31

Vereinbaren die Ehepartner demgegenüber eine **niedrigere Ausgleichsforderung**, als sich nach den ges Regelungen ergeben würde, liegt keine stpfl Zuwendung an den ausgleichsverpflichteten Ehepartner vor, wenn die vertragliche Regelung vor Beendigung des Güterstandes geschlossen wurde. Da die Ausgleichsforderung erst mit Beendigung des Güterstandes entsteht (§ 1378 Abs. 3 Satz 1), handelt es sich bei einer solchen Vereinbarung allenfalls um einen Verzicht auf ein noch nicht endgültig erworbenes Recht; ein solcher Verzicht stellt keine Schenkung dar (§ 517). Auch die Zustimmung eines Ehegatten zu einer unentgeltlichen Zuwendung seines Ehepartners an einen Dritten stellt keine freigebige Zuwendung dar, obwohl er hiermit darauf verzichtet, dass sich seine spätere Ausgleichsforderung entsprechend erhöht (§ 1375 Abs. 2 Nr. 1, Abs. 3). 32

Anders als der nach Abs. 1 zu ermittelnde Zugewinnausgleichsfreibetrag ist die Steuerfreiheit bei der güterrechtlichen Lösung nach Abs. 2 nicht begrenzt. Es findet hier also keine Reduzierung im Verhältnis des Verkehrswerts des Endvermögens zu seinem Steuerwert statt. Im Einzelfall kann sich hieraus eine erhebliche steuerliche Besserstellung bei der güterrechtlichen Lösung im Vergleich zur erbrechtlichen Lösung ergeben. Dies erscheint aber nur auf den ersten Blick mit dem Ziel einer gerechten Besteuerung nicht vereinbar. Der länger lebende Ehegatte hat nämlich die Möglichkeit, die für ihn auch unter Berücksichtigung der steuerrechtlichen Folgen günstigste Lösung zu wählen, ob er also als Erbe oder Vermächtnisnehmer die Steuerfreiheit der fiktiven Ausgleichsforderung nach Abs. 1 33 in Anspruch nehmen oder aber Erbe oder Vermächtnis ausschlagen und den kleinen Pflichtteil sowie den steuerfreien Zugewinnausgleich geltend machen will.

§ 6 Vor- und Nacherbschaft

(1) Der Vorerbe gilt als Erbe.

(2) ¹Bei Eintritt der Nacherbfolge haben diejenigen, auf die das Vermögen übergeht, den Erwerb als vom Vorerben stammend zu versteuern. ²Auf Antrag ist der Versteuerung das Verhältnis des Nacherben zum Erblasser zugrunde zu legen. ³Geht in diesem Fall auch eigenes Vermögen des Vorerben auf den Nacherben über, sind beide Vermögensanfälle hinsichtlich der Steuerklasse getrennt zu behandeln. ⁴Für das eigene Vermögen des Vorerben kann ein Freibetrag jedoch nur gewährt werden, soweit der Freibetrag für das der Nacherbfolge unterliegende Vermögen nicht verbraucht ist. ⁵Die Steuer ist für jeden Erwerb jeweils nach dem Steuersatz zu erheben, der für den gesamten Erwerb gelten würde.

(3) ¹Tritt die Nacherbfolge nicht durch den Tod des Vorerben ein, gilt die Vorerbfolge als auflösend bedingter, die Nacherbfolge als aufschiebend bedingter Anfall. ²In diesem Fall ist dem Nacherben die vom Vorerben entrichtete Steuer abzüglich desjenigen Steuerbetrags anzurechnen, welcher der tatsächlichen Bereicherung des Vorerben entspricht.

(4) Nachvermächtnisse und beim Tode des Beschwerten fällige Vermächtnisse stehen den Nacherbschaften gleich.

A. Allgemeines

1 Der Erblasser hat durch Anordnung der Vor- und Nacherbfolge die Möglichkeit, mehrere Erben in der Weise zu bestimmen, dass diese nicht nebeneinander Erben werden (Miterben), sondern nacheinander. Der sog **Vorerbe** ist zunächst als Gesamtrechtsnachfolger des Erblassers (§ 1922 Abs. 1) »normaler« Erbe. Seine Erbschaft ist aber zeitlich begrenzt bis zum Eintritt des Nacherbfalls. Ab dann fällt die Erbschaft dem **Nacherben** an (§ 2139). Der Vorerbe hört auf, Erbe zu sein. Der Nacherbe ist also nicht etwa Erbe des Vorerben, sondern Erbe des »ursprünglichen« Erblassers.

2 Der Erblasser kann den Zeitpunkt oder das Ereignis bestimmen, mit dem der Nacherbfall eintreten soll. Zumeist ist dies der Tod des Vorerben. Dies gilt nach § 2106 Abs. 1 auch dann, wenn der Erblasser keinen konkreten Zeitpunkt oder kein Ereignis bestimmt hat, mit dem der Nacherbfall eintreten soll. Der Eintritt des Nacherbfalls kann aber darüber hinaus durch praktisch beliebige Bedingungen oder Befristungen bestimmt werden.

3 Während der Vorerbschaft unterliegt der Vorerbe bestimmten Beschränkungen. So muss er den Nachlass in bestimmter Weise verwalten und kann nur eingeschränkt über Nachlassgegenstände verfügen. Bspw sind Verfügungen über Grundstücke nur mit Zustimmung des Nacherben möglich (§ 2113 Abs. 1). Der Erblasser kann den Vorerben von vielen dieser Beschränkungen befreien (§ 2136, sog befreiter Vorerbe). Keine Befreiung kann von dem Verbot erteilt werden, unentgeltlich über Nachlassgegenstände zu verfügen.

B. Besteuerung des Vorerben (Abs. 1)

4 Der Vorerbe ist als Gesamtrechtsnachfolger des Erblassers Vollerbe (§§ 2100, 1922 Abs. 1). Er wird erbschaftsteuerlich auch wie ein Vollerbe behandelt. Der gesamte Nachlass unterliegt der Besteuerung. Der Vorerbe kann weder die mit seiner Vorerbenstellung verbundenen Beschränkungen noch die nur begrenzte Zeit seiner Erbenstellung wertmindernd in Abzug bringen. Fällt andererseits das Nacherbenrecht später weg (bspw durch

Ausschlagung der Nacherbschaft oder weil die Bedingung ausfällt, mit deren Eintritt der Nacherbschaftsfall stattgefunden hätte), so erhöht dies den stpfl Erwerb des Vorerben nicht. Der Vorerbe ist zwar nach § 20 Abs. 1 ErbStG der Schuldner der in Folge des Vorerbfalls anfallenden Erbschaftsteuer. Da diese aber aus den Mitteln der Vorerbschaft zu entrichten ist (§ 20 Abs. 4 ErbStG), trifft die Erbschaftsteuerlast im wirtschaftlichen Ergebnis den Nacherben.

C. Besteuerung des Nacherben

Wenn der Nacherbfall eintritt, fällt die Erbschaft dem Nacherben an (§ 2139). Dieser 5
Vermögenserwerb ist selbstverständlich bereits nach § 3 Abs. 1 Nr. 1 ErbStG stpfl. § 6 Abs. 2 und 3 ErbStG treffen insoweit ergänzende Regelungen.

Vor dem Nacherbfall unterliegt der Nacherbe keiner Steuerpflicht. Überträgt der Nacherbe 6
die Anwartschaft und erhält er hierfür ein Entgelt, so unterliegt dieses nach § 3 Abs. 2 Nr. 6 ErbStG der Besteuerung. Gleiches gilt nach § 3 Abs. 2 Nr. 4 ErbStG, wenn der Nacherbe die Erbschaft gegen Abfindung ausschlägt (vgl § 2142 Abs. 1).

D. Nacherbfolge beim Tod des Vorerben (Abs. 2)

Zivilrechtlich ist der Nacherbe der Erbe des Erblassers, nicht des Vorerben (§ 2100). 7
Erbschaftsteuerlich hat der Nacherbe den Vermögenserwerb aber grds so zu versteuern, als wenn er den Vorerben beerbt hätte (**Abs. 2 Satz 1**). Das gilt allerdings nur, wenn der Nacherbfall durch den Tod des Vorerben ausgelöst wird; tritt die Nacherbfolge nicht durch den Tod des Vorerben ein, so gilt die Nacherbfolge als aufschiebend bedingter Erbanfall (§ 6 Abs. 3 Satz 1 ErbStG), so dass der Vermögenserwerb dann so zu versteuern ist, als habe der Nacherbe den Vorerben beerbt (s Rn 16 ff).

Der Nacherbe kann aber beantragen, dass der Versteuerung des Vermögenserwerbs sein 8
Verhältnis zum Erblasser (und nicht zum Vorerben) zu Grunde zu legen ist (**Abs. 2 Satz 2**). Der Erwerb des Nacherben bleibt jedoch auch in diesem Fall ein Erwerb vom Vorerben. Der Begriff »Verhältnis« bezieht sich auf das Angehörigkeitsverhältnis des Nacherben zum Erblasser. Ist dieses enger als sein Angehörigkeitsverhältnis zum Vorerben, kann sich eine günstigere Besteuerung ergeben, wenn nämlich eine günstigere Steuerklasse (§ 15 ErbStG) besteht. Ergibt sich für den Nacherben sowohl im Verhältnis zum Erblasser als auch im Verhältnis zum Vorerben jeweils dieselbe Steuerklasse, ist ein Antrag nach § 6 Abs. 2 Satz 2 ErbStG gegenstandslos.

Die auf Antrag zu gewährende günstigere Steuerklasse (§ 15) wirkt sich auf sachliche 9
Steuerbefreiungen (§ 13 Abs. 1 Nr. 1 ErbStG), auf den jeweiligen persönlichen Freibetrag (§ 16 ErbStG), auf den Steuersatz (§ 19 ErbStG) und auf Steuerermäßigungen bei mehrfachem Erwerb desselben Vermögens (§ 27 ErbStG) aus. Ein Ehegatte, der zum Nacherben eingesetzt wurde, kann unabhängig von einem Antrag nach Satz 2 die Steuerfreiheit des Zugewinnausgleichsanspruchs und des Versorgungsfreibetrages in Anspruch nehmen (*Meincke* § 6 Rn 13; *Moench/Weinmann* § 6 Rn 19; aA *Troll/Gebel/Jülicher* § 6 Rn 50).

Bei der Vererbung von Betriebsvermögen ist darauf zu achten, dass der Betriebsver- 10
mögensfreibetrag nach § 13a ErbStG bereits durch lebzeitige Vergabe von Betriebsvermögen durch den Vorerben innerhalb der Zehnjahresfrist des § 13a ErbStG gesperrt sein könnte. Das gilt auch dann, wenn der Antrag nach Satz 2 gestellt wurde, da der Erwerb des Nacherben trotzdem ein Erwerb vom Vorerben bleibt, und es gilt auch dann, wenn der Vorerbe lebzeitig eigenes Vermögen, welches nicht der nacherbschaftlichen Bindung unterliegt, verschenkt hatte.

Ähnliches gilt bei der Zusammenrechnung mehrerer Erwerbe nach § 14 ErbStG. Auch hier 11
ist auf das Verhältnis des Nacherben zum Vorerben abzustellen (*Meincke* § 6 Rn 13 aE; *Troll/Gebel/Jülicher* § 6 Rn 35).

Wird der Nacherbe beim Tode des Vorerben zugleich auch dessen Erbe, erwirbt er also 12
übriges freies Vermögen des Vorerben, werden diese Erwerbe grds einheitlich behandelt.

Das gilt auch dann, wenn nach einem Antrag des Nacherben nach Abs. 2 Satz 2 sein Verhältnis zum Erblasser der Besteuerung zu Grunde gelegt wird. Allerdings werden die Erwerbe dann hinsichtlich der Steuerklasse getrennt behandelt (**Abs. 2 Satz 3**).

13 Durch die grds einheitliche Behandlung des Vermögenserwerbs kann der Erwerber zunächst auch nur einen Freibetrag im Verhältnis zum Vorerben geltend machen. Wählt der Nacherbe jedoch mit einem Antrag nach Abs. 2 Satz 2 für die Besteuerung des Vermögenserwerbs der Nacherbschaft das Verhältnis zum Erblasser, könnte er – ohne ges Sonderregelung – zwei Freibeträge in Anspruch nehmen. Dies verhindert **Abs. 2 Satz 4**, der den für das eigene Vermögen des Vorerben anzuwendenden Freibetrag in diesem Fall entsprechend kürzt.

14 Hierzu ist zunächst der Freibetrag von der Nacherbschaft abzuziehen, der sich nach § 16 Abs. 1 ErbStG nach dem Verwandtschaftsverhältnis des Nacherben zum Erblasser ergibt. Ist der steuerliche Wert der Nacherbschaft niedriger als dieser Freibetrag, so kann der noch nicht ausgeschöpfte Freibetragsanteil von dem nacherbschaftsfreien Vermögenserwerb abgezogen werden. Der BFH begrenzt die Abzugsmöglichkeit jedoch auf den Betrag, der sich als Freibetrag im Verhältnis des Nacherben zum Vorerben ergeben würde (BFH BStBl II 1999, 235).

15 Erwirbt der Nacherbe nicht nur die Nacherbschaft, sondern auch freies Vermögen des Vorerben und stellt er einen Antrag nach Abs. 2 Satz 2, so sind diese beiden Erwerbe hinsichtlich der Steuerklasse getrennt zu behandeln. **Abs. 2 Satz 5** ordnet hierfür einen Progressionsvorbehalt an. In jeder der Steuerklassen ist danach derjenige Steuersatz anzuwenden, der für den gesamten Erwerb gelten würde.

E. Nacherbfolge zu Lebzeiten des Vorerben (Abs. 3)

16 Tritt der Nacherbfall nicht mit dem Tode des Vorerben, sondern durch ein sonstiges Ereignis ein, hat der Nacherbe den insoweit **aufschiebend bedingten Vermögenserwerb** als vom Erblasser stammend zu versteuern (**Abs. 3 Satz 1**). Verstirbt der Vorerbe noch vor Eintritt des Nacherbfalles, geht die Erbschaft zunächst auf die Erben des Vorerben über. Der Vermögensanfall beim Nacherben tritt auch dann erst mit dem bestimmten Ereignis ein. Auch in diesem Fall ist der Vermögenserwerb nach dem Verwandtschaftsverhältnis des Nacherben zum Erblasser zu versteuern. Etwaige Vermögenserwerbe von dem Vorerben an den Nacherben sind hiervon vollkommen getrennt zu behandeln.

17 Tritt die Nacherbfolge zu Lebzeiten des Vorerben ein, so hat die vom Vorerben aus den Mitteln des der Nacherbschaft unterliegenden Vermögens zu entrichtende Erbschaftsteuer wirtschaftlich den Nacherben belastet (s Rn 4). Dieser kann daher die vom Vorerben bereits entrichtete Erbschaftsteuer auf die von ihm nunmehr geschuldete Steuer anrechnen (**Abs. 3 Satz 2**). Übersteigt die vom Vorerben entrichtete Steuer die Steuerschuld des Nacherben, kann also nur ein Teilbetrag der vom Vorerben entrichteten Steuer angerechnet werden, verhindert die Anrechnungsvorschrift in Abs. 3 Satz 2 als lex specialis eine auf § 5 Abs. 2 BewG gestützte Erstattung des nicht anrechenbaren Betrages.

18 Der Anrechnungsbetrag ist jedoch durch den Betrag begrenzt, welcher der tatsächlichen Bereicherung des Vorerben entspricht. Der Vorerbe wird insoweit für die Dauer der Vorerbschaft wie ein Nießbraucher behandelt. Nicht abgezogen werden kann daher der Kapitalwert der Nutzungen und Erträge, die dem Vorerben in der Zeit der Vorerbschaft zugeflossen sind.

F. Nachvermächtnis (Abs. 4)

19 Bei einem Nachvermächtnis kann der Erblasser einen Gegenstand zunächst einem (ersten) Vermächtnisnehmer und von einem bestimmten Zeitpunkt oder Ereignis an einem weiteren Vermächtnisnehmer zuwenden (§ 2191 Abs. 1). Zivilrechtlich gelten für ein solches Nachvermächtnis die für die Nacherbschaft geltenden Vorschriften entsprechend (§ 2191 Abs. 2).

Abs. 4 begründet die auch steuerliche Gleichstellung des Nachvermächtnisses mit der 20
Nacherbschaft. Tritt das Nachvermächtnis mit dem Tode des ersten Vermächtnisnehmers
ein, ist § 6 Abs. 2 ErbStG entsprechend anwendbar. Tritt das Nachvermächtnis mit einem
anderen Ereignis ein, gilt § 6 Abs. 3 ErbStG entsprechend.

Ebenfalls der Nacherbschaft gleichgestellt ist ein mit dem Tode des Beschwerten fälliges 21
Vermächtnis. Der Hauptanwendungsfall in der Praxis ist die oftmals von Ehegatten in
ihrem gemeinsamen Testament getroffene Bestimmung, wonach den gemeinsamen Kindern beim Tode des Erstversterbenden Vermächtnisse zugedacht werden, die jedoch erst
beim Tode des überlebenden Ehegatten fällig werden. Auch in diesem Fall gilt der Vermächtniserwerb als Erwerb vom Beschwerten und nicht als Erwerb vom (ursprünglichen)
Erblasser.

In Abs. 4 nicht genannt ist das aufschiebend bedingte Vermächtnis, das nicht mit dem 22
Tode des Beschwerten entsteht, sondern vom Eintritt eines anderen ungewissen Ereignisses abhängt. § 6 Abs. 3 ErbStG kann hier nicht entsprechend angewendet werden. Es
gelten die Regelungen nach § 9 Abs. 1 Nr. 1 lit. a) ErbStG iVm §§ 4 ff BewG.

§ 7 Schenkungen unter Lebenden

(1) Als Schenkungen unter Lebenden gelten

1. jede freigebige Zuwendung unter Lebenden, soweit der Bedachte durch sie auf Kosten des Zuwendenden bereichert wird;

2. was infolge Vollziehung einer von dem Schenker angeordneten Auflage oder infolge Erfüllung einer einem Rechtsgeschäft unter Lebenden beigefügten Bedingung ohne entsprechende Gegenleistung erlangt wird, es sei denn, daß eine einheitliche Zweckzuwendung vorliegt;

3. was jemand dadurch erlangt, daß bei Genehmigung einer Schenkung Leistungen an andere Personen angeordnet oder zur Erlangung der Genehmigung freiwillig übernommen werden;

4. die Bereicherung, die ein Ehegatte bei Vereinbarung der Gütergemeinschaft (§ 1415 des Bürgerlichen Gesetzbuchs) erfährt;

5. was als Abfindung für einen Erbverzicht (§§ 2346 und 2352 des Bürgerlichen Gesetzbuchs) gewährt wird;

6. was durch vorzeitigen Erbausgleich (§ 1934d des Bürgerlichen Gesetzbuchs) erworben wird;

7. was ein Vorerbe dem Nacherben mit Rücksicht auf die angeordnete Nacherbschaft vor ihrem Eintritt herausgibt;

8. der Übergang von Vermögen auf Grund eines Stiftungsgeschäfts unter Lebenden. ²Dem steht gleich die Bildung oder Ausstattung einer Vermögensmasse ausländischen Rechts, deren Zweck auf die Bindung von Vermögen gerichtet ist;

9. was bei Aufhebung einer Stiftung oder bei Auflösung eines Vereins, dessen Zweck auf die Bindung von Vermögen gerichtet ist, erworben wird. ²Dem steht gleich der Erwerb bei Auflösung einer Vermögensmasse ausländischen Rechts, deren Zweck auf die Bindung von Vermögen gerichtet ist, sowie der Erwerb durch Zwischenberechtigte während des Bestehens der Vermögensmasse;

10. was als Abfindung für aufschiebend bedingt, betagt oder befristet erworbene Ansprüche, soweit es sich nicht um einen Fall des § 3 Abs. 2 Nr. 5 handelt, vor dem Zeitpunkt des Eintritts der Bedingung oder des Ereignisses gewährt wird.

§ 7 ErbStG | Schenkungen unter Lebenden

(2) ¹Im Fall des Absatzes 1 Nr. 7 ist der Versteuerung auf Antrag das Verhältnis des Nacherben zum Erblasser zugrunde zu legen. ²§ 6 Abs. 2 Satz 3 bis 5 gilt entsprechend.

(3) Gegenleistungen, die nicht in Geld veranschlagt werden können, werden bei der Feststellung, ob eine Bereicherung vorliegt, nicht berücksichtigt.

(4) Die Steuerpflicht einer Schenkung wird nicht dadurch ausgeschlossen, daß sie zur Belohnung oder unter einer Auflage gemacht oder in die Form eines lästigen Vertrags gekleidet wird.

(5) ¹Ist Gegenstand der Schenkung eine Beteiligung an einer Personengesellschaft, in deren Gesellschaftsvertrag bestimmt ist, daß der neue Gesellschafter bei Auflösung der Gesellschaft oder im Fall eines vorherigen Ausscheidens nur den Buchwert seines Kapitalanteils erhält, werden diese Bestimmungen bei der Feststellung der Bereicherung nicht berücksichtigt. ²Soweit die Bereicherung den Buchwert des Kapitalanteils übersteigt, gilt sie als auflösend bedingt erworben.

(6) Wird eine Beteiligung an einer Personengesellschaft mit einer Gewinnbeteiligung ausgestattet, die insbesondere der Kapitaleinlage, der Arbeits- oder der sonstigen Leistung des Gesellschafters für die Gesellschaft nicht entspricht oder die einem fremden Dritten üblicherweise nicht eingeräumt würde, gilt das Übermaß an Gewinnbeteiligung als selbständige Schenkung, die mit dem Kapitalwert anzusetzen ist.

(7) ¹Als Schenkung gilt auch der auf dem Ausscheiden eines Gesellschafters beruhende Übergang des Anteils oder des Teils eines Anteils eines Gesellschafters einer Personengesellschaft oder Kapitalgesellschaft auf die anderen Gesellschafter oder die Gesellschaft, soweit der Wert, der sich für seinen Anteil zur Zeit seines Ausscheidens nach § 12 ergibt, den Abfindungsanspruch übersteigt. ²Wird auf Grund einer Regelung im Gesellschaftsvertrag einer Gesellschaft mit beschränkter Haftung der Geschäftsanteil eines Gesellschafters bei dessen Ausscheiden eingezogen und übersteigt der sich nach § 12 ergebende Wert seines Anteils zur Zeit seines Ausscheidens den Abfindungsanspruch, gilt die insoweit bewirkte Werterhöhung der Anteile der verbleibenden Gesellschafter als Schenkung des ausgeschiedenen Gesellschafters.

Inhaltsverzeichnis

	Rn
A. Allgemeines	1–5
B. Grundtatbestand: freigebige Zuwendung (Abs. 1 Nr. 1)	6–27
I. Objektiver Tatbestand	7
1. Bereicherung	7–9
2. Mittelbare Schenkung	10–13
3. Gemischte Schenkung	14–21
4. Schenkung unter Auflage	22–24
II. Subjektiver Tatbestand	25–27
C. Weitere Bestimmungen (Abs. 1 Nr. 2 – Nr. 10)	28–48
D. Ergänzende Bestimmungen (Abs. 2 – 4)	49–54
E. Gesellschaftsanteile (Abs. 5 – 7)	55–68

A. Allgemeines

1 § 7 ErbStG definiert, welche Sachverhalte als Schenkung unter Lebenden der Steuerpflicht unterliegen. Die Vorschrift bezieht sich damit auf § 1 Abs. 1 Nr. 2 ErbStG und gehört insoweit – zusammen mit § 3 ErbStG (Erwerbe von Todes wegen) – zu den zentralen Normen des Erbschaftssteuergesetzes. Ähnlich wie in § 3 ErbStG werden auch in § 7 ErbStG zunächst die grundlegenden Erwerbstatbestände aufgeführt (Abs. 1), die anschließend durch weitere Bestimmungen ergänzt werden (Abs. 2 – 7).

Schenkungen unter Lebenden | § 7 ErbStG

Die in § 7 ErbStG normierten Erwerbstatbestände umfassen die Zuwendungen, die auf einem Rechtsgeschäft unter Lebenden beruhen und bereits zu Lebzeiten des Zuwendenden zu einem Vermögenszuwachs beim Bedachten führen. Demgegenüber werden lebzeitige Vereinbarungen, die erst mit dem Tod des Zuwendenden einen Vermögensübergang auslösen, von § 3 ErbStG erfasst (zB Schenkung auf den Todesfall, § 3 Abs. 1 Nr. 2 ErbStG).

Der vom ErbStG verwendete Begriff der »Schenkung unter Lebenden« scheint auf den Schenkungsbegriff des BGB hinzudeuten. Tatsächlich stellt die zivilrechtliche Schenkung iSd §§ 516 ff aber nur eine – freilich wichtige – Untergruppe der im ErbStG normierten **»freigebigen Zuwendungen«** dar, die insb für den Tatbestand des § 7 Abs. 1 Nr. 1 ErbStG von Bedeutung ist.

Eine spezielle Form einer freigebigen Zuwendung ist die Vermögensübergabe im Wege **vorweggenommener Erbfolge**. Hiermit ist kein eigenständiger Vertragstyp gemeint. Vielmehr kennzeichnet dieser in der Praxis zunehmend verwendete Begriff die spezielle Motivation einer Vermögensübertragung. Rechtlich handelt es sich um eine Schenkung, eine gemischte Schenkung oder eine Schenkung unter Auflage. Die Besteuerung richtet sich nach § 7 Abs. 1 Nr. 1 oder 2 ErbStG. Der Schenkungscharakter einer solchen Maßnahme vorweggenommener Erbfolge wird nicht dadurch beeinflusst, dass der Begünstigte der Maßnahme in aller Regel zugleich eine Schmälerung des im Erbfall zu erwartenden Vermögenserwerbs hinzunehmen hat (BFH NV 1994, 373).

Sowohl in § 7 ErbStG als auch in § 10 ErbStG spricht das Gesetz von der »Bereicherung« des Begünstigten. Die Begriffe sind aber nicht deckungsgleich. Die »Bereicherung« ermittelt sich jeweils nach anderen Maßstäben. Hieraus ergibt sich eine **zweistufige Prüfung**. Zunächst ist zu untersuchen, ob eine Schenkung iSv § 1 Abs. 1 Nr. 1 ErbStG iVm § 7 ErbStG vorliegt. Soweit hierzu eine **Bereicherung des Beschenkten** gegeben sein muss, sind hierbei auch solche Gegenstände zu berücksichtigen, die nach § 10 Abs. 1 Nr. 1 ErbStG iVm § 13 ErbStG steuerbefreit und deshalb von der dort vorgesehenen Berechnung der Bereicherung ausgeschlossen sind. Liegt danach eine Schenkung vor, ergibt sich der **stpfl Erwerb** in einem zweiten Prüfungsschritt nach den Regelungen des § 10 ErbStG.

B. Grundtatbestand: freigebige Zuwendung (Abs. 1 Nr. 1)

Eine stpfl freigebige Zuwendung setzt zwei Tatbestandsmerkmale voraus: Zum einen muss der Empfänger **objektiv** auf Kosten des Zuwendenden **bereichert** sein (R 14 Abs. 1 Satz 2 ErbStR). Zum anderen muss ein **subjektives Moment** gegeben sein, der Zuwendende muss die Unentgeltlichkeit gewollt haben (R 14 Abs. 1 Satz 3 ErbStR).

I. Objektiver Tatbestand

1. Bereicherung

Eine **Bereicherung** liegt dann vor, wenn sich das Vermögen beim Bedachten mehrt oder seine Schulden oder Belastungen mindern (R 14 Abs. 2 Satz 1 ErbStR). Dabei muss nicht immer Substanzmehrung eintreten, vielmehr genügt eine Werterhöhung des Vermögens. Die Frage, ob eine Bereicherung vorliegt, ist nach bürgerlich-rechtlichen Bewertungsgrundsätzen zu entscheiden. Maßgeblich ist der **Verkehrswert** sowohl des zugewendeten Gegenstands, als auch einer etwaigen Gegenleistung, nicht hingegen der sich aus § 12 ErbStG ergebende Steuerwert. Dieser wird vielmehr erst bei der Ermittlung der steuerlichen Bereicherung nach § 10 ErbStG relevant, wenn die für die Tatbestandsverwirklichung erforderliche Vermögensmehrung bereits feststeht.

Das Vorliegen einer Bereicherung setzt nicht zwingend den Zugang eines aktiven Vermögensgegenstandes voraus. Vielmehr kann auch der Wegfall eines negativen Vermögensgegenstandes zu einer positiven Veränderung des Vermögensbestandes und somit zu einer Bereicherung führen (zB Verzicht auf eine bestehende Forderung).

9 Die Zuwendung, die zur Bereicherung führt, muss auch nicht aus der Vermögenssubstanz des Schenkers erfolgen. Vielmehr verlangt der Gesetzeswortlaut lediglich, dass die Bereicherung »auf Kosten des Zuwendenden« erfolgt. Eine solche Schenkung ist etwa dann gegeben, wenn der Schenker dem Bedachten ein unverzinsliches Darlehen zur Verfügung stellt und damit auf eine Einnahmemöglichkeit verzichtet. Schenkungsgegenstand ist in diesem Fall die Nutzungsmöglichkeit des als Darlehen überlassenen Kapitals. Bemessungsgrundlage der Schenkungsteuer sind 5,5 % des Darlehensbetrags pro Jahr (§ 12 Abs. 1 ErbStG iVm § 15 Abs. 1 BewG). Weisen die Beteiligten nach, dass der marktübliche Zinssatz für eine gleichartige Kapitalanlage unter dem gesetzlich vorgesehenen Zinssatz von 5,5 % liegt, kann sich die Bewertung des Nutzungsvorteils an diesem nachgewiesenen Zinssatz orientieren (vgl Erlass BW v 20. 1. 2000, DStR 2000, 204). Wird ein Darlehen nicht gänzlich unverzinslich gewährt, sondern mit einem (unüblich) niedrigen Zinssatz, so ist die Differenz zwischen dem vereinbarten und dem marktüblichen Zinssatz maßgeblich (s § 12 Rn 87 ff).

2. Mittelbare Schenkung

10 Eine Bereicherung beim Bedachten auf Kosten des Zuwendenden liegt auch bei der sog mittelbaren Schenkung vor. Dabei wendet der Schenker dem Beschenkten die Mittel zu, die dieser zum Erwerb eines bestimmten Gegenstandes verwenden soll. Die Bereicherung beim Beschenkten besteht dann nicht in den zugewendeten (Finanz-)Mitteln, sondern in dem (später angeschafften) Gegenstand. Der besondere steuerliche Reiz einer solchen Gestaltung besteht in den unterschiedlichen steuerlichen Bewertungsverfahren, so dass die Frage, ob eine Geld- oder Sachschenkung vorliegt, von großer Relevanz sein kann.

11 Klassisches Beispiel ist die **mittelbare Grundstücksschenkung**. Auch nach Abschaffung der früheren steuerlichen Einheitswerte zum Jahreswechsel 1995/96 stellt sich die steuerliche Bewertung eines Grundstücks auch heute noch grds wesentlich günstiger dar, als die des zum Erwerb benötigten Kapitalvermögens (s § 12 Rn 93 ff). Dabei geht das Finanzamt von einer mittelbaren Grundstücksschenkung nur dann aus, wenn dem Bedachten nach dem erkennbaren Willen des Zuwendenden im Zeitpunkt der Ausführung der Schenkung ein bestimmtes Grundstück oder Gebäude verschafft werden soll (R 16 Abs. 1 Satz 1 ErbStR). Grds muss der Geldbetrag vom Schenker bereits bis zum Zeitpunkt des Erwerbs des Grundstücks oder des Beginns der Baumaßnahme zugesagt sein. Die Zahlung des Geldes kann in diesem Fall auch nachträglich erfolgen (R 16 Abs. 1 Satz 4 und 5 ErbStR). Schließlich verlangt das Finanzamt einen engen zeitlichen Zusammenhang zwischen der Bereitstellung des Geldes und der bestimmungsgemäßen Verwendung (R 16 Abs. 1 Satz 6 ErbStR).

12 In der Praxis empfiehlt es sich, das Grundstück, zu dessen Erwerb der zugewendete Geldbetrag verwendet werden soll, so konkret wie möglich zu bezeichnen. Anderenfalls besteht die Gefahr, dass das Finanzamt lediglich eine Geldschenkung unter einer Auflage annimmt (R 16 Abs. 2 Satz 1 ErbStR).

13 Der Gedanke der mittelbaren (Grundstücks-)Schenkung ist nicht auf Erwerbe von Todes wegen übertragbar (BFH BStBl II 1991, 310; *Moench* § 7 Rn 22).

3. Gemischte Schenkung

14 Die Frage der Bereicherung ist insb auch bei der sog gemischten Schenkung relevant. Eine solche gemischte Schenkung liegt dann vor, wenn der Begünstigte zwar eine Gegenleistung erbringt, der Wert dieser Gegenleistung aber den Wert des hingegebenen Gegenstandes nicht erreicht. Maßgeblich ist der sich nach bürgerlich-rechtlichen Bewertungsgrundsätzen ergebende Verkehrswert der beiden gegenüberstehenden Leistungen (R 17 Abs. 1 Satz 3 ErbStR). Die beiden Leistungen müssen rechtlich miteinander verknüpft sein (BFH NV 2001, 1403). Dabei kann die Gegenleistung auch zeitlich vor der freigebigen Zuwendung erfolgen (FG Rheinland-Pfalz DStRE 2002, 551).

Inhaltlich kann eine solche Gegenleistung in jeder Aufwendung iS einer Geld- oder Sachleistung bestehen (FG Düsseldorf EFG 1999, 1167). Klassisches Beispiel ist hier insb der Kaufvertrag, bei dem ein »Freundschaftspreis« vereinbart wurde. Weitere Beispiele für die gemischte Schenkung sind die Zahlungen von Abstands- oder Gleichstellungsgeldern. Hierbei wird bspw von den Eltern einem von mehreren Kindern ein Vermögensgegenstand zugewendet. Das begünstigte Kind wird dabei verpflichtet, Gleichstellungszahlungen an seine Geschwister zu leisten, so dass im Ergebnis eine gleichmäßige Bereicherung der Kinder erreicht wird. Im Verhältnis zwischen Eltern und begünstigtem Kind (Deckungsverhältnis) wird die Zahlung der Gleichstellungsgelder an die Geschwister als Gegenleistung verstanden, die angesichts des regelmäßig höheren Wertes des Zuwendungsgegenstandes eine gemischte Schenkung begründet. Diese Gleichstellungsgelder werden gleichzeitig als freigebige Zuwendung der Eltern an die Geschwister interpretiert, die als Forderungsschenkung zu besteuern sind (BFH BStBl II 2003, 162).

Ebenfalls eine zu einer gemischten Schenkung führenden Gegenleistung ist bei der Übertragung eines Grundstücks die Übernahme der bestehenden (zumeist dinglich gesicherten) Verbindlichkeiten durch den Begünstigten. Eine gemischte Schenkung wird dagegen nicht angenommen, wenn der Beschenkte durch Schuldbeitritt lediglich kumulativ solche Verbindlichkeiten übernimmt, der Zuwendende aber im Innenverhältnis weiterhin zur Bedienung der Schulden verpflichtet ist (BFH NV 2000, 954).

Auch eine gemischte Schenkung liegt nur dann vor, wenn die steuerliche Bereicherung von einem entsprechenden **Willen zur Unentgeltlichkeit** getragen ist (s Rn 25 ff). Dies kann insb dann fraglich sein, wenn die Werte von Leistung und Gegenleistung nur geringfügig voneinander abweichen. In der Praxis werden daher grds Bagatellfälle von der Finanzverwaltung nicht aufgegriffen. Erst wenn der Wert der beiderseitigen Leistungen in einem auffallend groben Missverhältnis steht, wird der Wille zur Unentgeltlichkeit vermutet. Eine solche Vermutung kann der Betroffene zwar entkräften, im Ergebnis kommt dies jedoch einer Umkehrung der Feststellungslast gleich (FG Düsseldorf EFG 2003, 1635).

Nach der BFH-Rechtsprechung (BFH BStBl II 1989, 524) ist die gemischte Schenkung in einen entgeltlichen und einen freigebigen Teil zu zerlegen. Nur der freigebige Teil der Schenkerleistung gilt als Bereicherung des Bedachten. Die **schenkungsteuerliche Bemessungsgrundlage** wird dabei ermittelt, indem der Steuerwert der Leistung des Schenkers (zB bei der gemischten Grundstücksschenkung der festgestellte Grundstückswert) in dem Verhältnis aufgeteilt wird, in dem der Verkehrswert der Bereicherung des Beschenkten (zB Verkehrswert des Grundstücks nach Abzug der Gegenleistungen des Beschenkten) zu dem Verkehrswert des geschenkten Vermögens (zB des Grundstücks) steht. Die Finanzverwaltung drückt dies in R 17 Abs. 2 ErbStR mit folgender Formel aus:

$$\text{Steuerwert der Schenkerleistung} \times \frac{\text{Verkehrswert der Bereicherung des Beschenkten}}{\text{Verkehrswert der Schenkerleistung}} = \text{Steuerwert der freigebigen Zuwendung}$$

Im Ergebnis wird also nur der Teil vom Steuerwert der Schenkerleistung zur Schenkungsteuer herangezogen, der dem Verhältnis von Nettobereicherung des Beschenkten (Verkehrswert des Grundstücks abzüglich Verkehrswert der Gegenleistung) zur Bruttobereicherung (Verkehrswert des Grundstücks) entspricht.

Damit kommt es zu einer unterschiedlichen Besteuerung von Schenkungs- und Erbfällen. Im Erbfall nämlich mindert eine etwa neben einem Grundstück erworbene Verbindlichkeit den stpfl Erwerb in voller Höhe und nicht nur – wie im Schenkungsfall – anteilig. Das BVerfG hat eine Verfassungsbeschwerde gegen ein entsprechendes BFH-Urteil nicht zur Entscheidung angenommen (BVerfG, Beschluss v 15.11.1989, 1 BvR 728/89, nv). Danach ist insoweit keine verfassungswidrige Ungleichbehandlung gegeben.

4. Schenkung unter Auflage

22 Vergleichbare Fallkonstellationen liegen bei der Schenkung unter Auflage vor. Hierbei wird der Empfänger der freigebigen Zuwendung zu einer Leistung verpflichtet, die aus dem Zuwendungsgegenstand zu entnehmen ist. Besteht die Leistung in Geld- oder Sachleistungen, spricht man von **Leistungsauflagen** (R 17 Abs. 1 Satz 5 ErbStR). Die Schenkung unter Leistungsauflage wird wie eine gemischte Schenkung besteuert (R 17 Abs. 1 Satz 5 ErbStR); alle vorstehenden Ausführungen gelten hier entsprechend.

23 Von einer Schenkung unter **Nutzungs- oder Duldungsauflage** spricht man demgegenüber dann, wenn dem Bedachten die Nutzungen des Schenkungsgegenstandes zeitlich befristet nicht gebühren, weil ein Nutzungsrecht besteht oder im Zuge der Schenkung zu bestellen ist. Eine solche lediglich zeitlich beschränkte Duldungspflicht begründet keinen entgeltlichen Vertragsteil (R 17 Abs. 1 Satz 8 ErbStR). Typisches Beispiel für eine solche Schenkung unter Nutzungsauflage ist die unentgeltliche Übertragung eines Grundstücks unter Vorbehalt des Nießbrauchs. Zur Ermittlung der schenkungsteuerlichen Bemessungsgrundlage ist hierbei vom Steuerwert der Zuwendung die zu vollziehende Auflage als Last mit ihrem Kapitalwert nach §§ 13 – 16 BewG abzuziehen (R 17 Abs. 3 ErbStR). Etwas anderes gilt, wenn das Abzugsverbot des § 25 Abs. 1 ErbStG eingreift (s § 25 Rn 2).

24 In sog **Mischfällen**, also bei Vermögensübertragungen, bei denen sowohl eine Nutzungs- oder Duldungsauflage als auch zugleich eine Leistungsauflage oder eine Gegenleistung (gemischte Schenkung) vereinbart wurden, stellt sich die Frage, ob der Auflagenabzug nach Maßgabe des durch Verhältnisrechnung ermittelten freigebigen Teils der Zuwendung zu kürzen ist. Die Finanzverwaltung berechnet zunächst unter Berücksichtigung der Leistungsauflage oder Gegenleistung den freigebigen Teil der Zuwendung. Anschließend wird der anteilig auf den freigebigen Teil der Zuwendung entfallende Wert der Nutzungs- oder Duldungsauflage abgezogen, soweit § 25 Abs. 1 ErbStG dem nicht entgegensteht (R 17 Abs. 4 ErbStR). Die Rechtsprechung billigt dieses Berechnungsschema (BFH DStRE 2002, 171; zur Kritik in der Lit. vgl *Moench* § 7 Rn 81).

II. Subjektiver Tatbestand

25 Aus dem ges Begriff der »Freigebigkeit« wird der für das Vorliegen einer (stpfl) Schenkung erforderliche subjektive Tatbestand abgeleitet. Finanzverwaltung und Rechtsprechung verlangen, dass der Zuwendende in dem Bewusstsein handeln muss, dass er zu der Vermögenshingabe rechtlich nicht verpflichtet ist, er also seine Leistung ohne rechtlichen Zusammenhang mit einer Gegenleistung oder einem Gemeinschaftszweck erbringt, sog **Wille zur Unentgeltlichkeit** (R 14 Abs. 3 Satz 1 ErbStR; BFH BStBl II 1994, 366). Ein auf die Bereicherung des Bedachten gerichteter Wille iS einer Bereicherungsabsicht ist danach nicht erforderlich (R 14 Abs. 3 Satz 2 ErbStR; aA *Meincke* § 7 Rn 76; *Moench* § 7 Rn 109). Der Wille zur Unentgeltlichkeit ist auf der Grundlage der dem Zuwendenden bekannten Umstände nach den Maßstäben des allgemein Verkehrsüblichen festzustellen. Dabei genügt es, wenn der Zuwendende die Tatsachen und Umstände kennt, auf Grund derer eine Zuwendung als objektiv unentgeltlich qualifiziert werden kann (R 14 Abs. 3 Satz 3 und 4 ErbStR).

26 Diese Sichtweise, nach der die Motive des Zuwendenden für den Steuertatbestand ohne Bedeutung sind (vgl BFH NV 2004, 340), führt etwa bei **Zuwendungen zwischen Ehegatten** grds zu einer umfassenden Steuerpflicht. Das gilt selbst dann, wenn bei derartigen Vermögensübertragungen tatsächlich die beteiligten Eheleute solche Zuwendungen zumeist nicht als Schenkung verstehen und deshalb auch nicht von einer Steuerpflicht ausgehen.

27 Demgegenüber ist bei **Zuwendungen im Geschäfts- und Wirtschaftsleben** nach der Rechtsprechung davon auszugehen, dass »bei subjektiver Verfolgung geschäftlicher Interessen das Bewusstsein der Unentgeltlichkeit verdrängt« werde (BFH BStBl II 1997, 832). Verfolgt der Zuwendende also trotz offenkundiger Unentgeltlichkeit durch die Ver-

mögensübertragung eine Förderung seines Geschäfts, ist die Übertragung also objektiv und nahezu ausschließlich auf die Erzielung geschäftlicher Vorteile gerichtet, liegt keine (stpfl) Schenkung vor (BFH aaO).

C. Weitere Bestimmungen (Abs. 1 Nr. 2 – Nr. 10)

Bei der **Schenkung unter Auflage (Abs. 1 Nr. 2)** werden zwei Vorgänge miteinander verknüpft. Einmal ist eine Zuwendung des Schenkers an den Beschenkten gegeben, die aber mit einer Leistungspflicht des Beschenkten (zumeist ist dieser verpflichtet, einen Teil des Geschenks weiterzugeben) verbunden ist. Auf Grund der Auflage leistet der Beschenkte nun an einen Dritten. Dieser erhält die Leistung im Ergebnis vom Schenker und nicht von der »Zwischenperson«. 28

Die Schenkung unter Auflage führt regelmäßig zu einer zweifachen Steuerpflicht, nämlich die der Erstschenkung (Schenker an Beschenkten) und die der Zweitschenkung (an den Dritten). Abs. 1 Nr. 2 befasst sich nicht mit der Besteuerung der Erstschenkung, sondern regelt die Steuerpflicht des Dritten, die sich aus der Zweitschenkung ergibt. Ohne dass sich dies aus dem Gesetzestext eindeutig ergäbe, handelt es sich bei der Zweitschenkung um eine freigebige Zuwendung des ursprünglichen Schenkers an den Auflagebegünstigten (BFH BStBl II 1993, 523; *Meincke* § 7 Rn 96). Steuerklasse, Freibetrag etc richten sich also nach dem Verhältnis zwischen ursprünglichem Schenker und Letztempfänger. 29

Wird bei **behördlicher Genehmigung (Abs. 1 Nr. 3)** einer Schenkung eine Leistung an eine andere Person angeordnet oder wird eine solche Leistung freiwillig übernommen, damit die Genehmigung erteilt wird, unterliegt der Vorgang der Schenkungsteuer (Parallelvorschrift zu § 3 Abs. 2 Nr. 3 ErbStG). Die Vorschrift hat keine praktische Bedeutung. 30

Abs. 1 Nr. 4 erklärt den Erwerb für stpfl, der bei **Vereinbarung der Gütergemeinschaft** (§ 1415 BGB) durch die Vergemeinschaftung der beiderseitigen Vermögen zum Gesamtgut (§ 1416 BGB) vollzogen wird. Der Steuer unterliegt die Bereicherung, die der weniger vermögende Ehegatte bei Vereinbarung der Gütergemeinschaft dadurch erfährt, dass der Wert des ihm zuzurechnenden hälftigen Gesamtguts größer ist als der seines ins Gesamtgut eingebrachten Vermögens. Sondergut und Vorbehaltsgut werden nicht berücksichtigt. 31

Die Vorschrift bezieht sich ausschließlich auf die Vereinbarung des Güterstandes der Gütergemeinschaft. Spätere Vermögensübertragungen unter den Ehegatten, die etwa durch Änderung der Vermögensverteilung während bestehender Gütergemeinschaft durch Überführung von Vorbehaltsgut eines Ehegatten in das gemeinschaftliche Vermögen stattfinden, werden nicht nach Abs. 1 Nr. 4, sondern – unter den dort genannten Voraussetzungen – nach Abs. 1 Nr. 1 besteuert. 32

Erhält nur ein Ehegatte von einem Dritten eine Zuwendung und fällt das zugewendete Vermögen in das Gesamtgut (auch wenn der Erblasser oder Schenker die Möglichkeit hat, die Zuordnung zum Vorbehaltsgut zu bestimmen, § 1418 Abs. 2 BGB), liegt nur eine Schenkung an den unmittelbar begünstigten Ehegatten vor. Der andere Ehegatte erwirbt auf Grund einer ges Vorschrift (§ 1416 BGB), so dass weder im Verhältnis zum Schenker, noch im Verhältnis zwischen den Ehegatten eine Schenkung vorliegt (R 19 Abs. 3 Satz 1 – 4 ErbStR). 33

Steuerpflichtige Schenkungen der Ehegatten aus dem Gesamtgut sind als anteilige freigebige Zuwendungen beider Ehegatten zu behandeln (R 19 Abs. 3 Satz 5 ErbStR). 34

Was als **Abfindung für einen Erbverzicht** gewährt wird, unterliegt der Steuerpflicht (**Abs. 1 Nr. 5**). Das Gesetz spricht zwar nur vom Erbverzicht, verweist aber ausdrücklich auf § 2346 BGB, der klarstellt, dass ein solcher Erbverzicht auch einen **Pflichtteilsverzicht** umfasst. Auch die hierfür gewährte Abfindung unterliegt der Steuerpflicht. 35

Unerheblich ist, von wem die Abfindung gewährt wird. Auch wenn ein Dritter den Abfindungsbetrag leistet, etwa deshalb, weil ihm der Verzicht zugute kommt, liegt eine Schenkung von Seiten des Erblassers an den Verzichtenden vor (BFH BStBl II 1977, 730; *Meincke* § 7 Rn 108). Dies gibt Gestaltungsspielraum. Werden etwa Zuwendungen unter 36

§ 7 ErbStG | Schenkungen unter Lebenden

Geschwistern als Abfindung für einen Erbverzicht gegenüber den Eltern ausgestaltet, findet Steuerklasse I Anwendung (und nicht die zwischen Geschwistern geltende Steuerklasse II). Trotzdem können die Eltern den verzichtenden Abkömmling von Todes wegen bedenken (Troll/*Gebel*/Jülicher § 7 Rn 319). Der gezahlte Abfindungsbetrag stellt für denjenigen, dessen Erwerb durch den Verzicht veranlasst oder vergrößert worden ist, Erwerbskosten dar, die von seinem (späteren) Erwerb abgezogen werden können (§ 10 Abs. 5 Nr. 3 ErbStG).

37 Der nach früherer zivilrechtlicher Rechtslage mögliche **vorzeitige Erbausgleich** des nichtehelichen Kindes unterlag der Schenkungsteuer (**Abs. 1 Nr. 6**). Durch das Erbrechtsgleichstellungsgesetz v 16. 12. 1997 (BGBl I 1997, 2968) wurden die zivilrechtlichen Regelungen über den vorzeitigen Erbausgleich aufgehoben. § 7 Abs. 1 Nr. 6 ErbStG ist seitdem bedeutungslos.

38 Überträgt der Vorerbe das **der Vor- und Nacherbfolge unterliegende Vermögen** vorzeitig auf den Nacherben, so unterliegt dieser Erwerb der Schenkungsteuer (**Abs. 1 Nr. 7**). Bemessungsgrundlage ist hierbei die gesamte Vermögenssubstanz, nicht nur die Nutzungen bis zum Eintritt des Nacherbfalles, bei dem der Nacherbe ohnehin das Vermögen erworben hätte (*Meincke* § 7 Rn 111). Die Vorschrift hat nur dann eigenständige Bedeutung, wenn die Vermögensübertragung »mit Rücksicht auf die angeordnete Nacherbschaft« erfolgt. Lässt sich dieses nicht feststellen, ist der Vorgang trotzdem stpfl, dann nach Abs. 1 Nr. 1 (BFH BStBl II 1990, 504). Nach **Abs. 2** kann der Nacherbe beantragen, dass sein Erwerb nach dem Verhältnis zum Erblasser besteuert wird (s Rn 49).

39 Geht bei der Errichtung einer rechtsfähigen Stiftung (§§ 80 ff BGB) Vermögen auf die Stiftung über, so unterliegt dies der Steuerpflicht sowohl dann, wenn die Stiftung von Todes wegen errichtet wird (§ 3 Abs. 2 Nr. 1 Satz 1 ErbStG) als auch, wenn dies durch **Stiftungsgeschäft unter Lebenden** erfolgt (**Abs. 1 Nr. 8 Satz 1**). Demgegenüber unterliegen die nicht mit der Stiftungserrichtung gekoppelten Zuwendungen unter Lebenden und von Todes wegen an eine bereits errichtete Stiftung (sog Zustiftungen) der Steuerpflicht nach § 7 Abs. 1 Nr. 1 ErbStG oder – bei Erwerben von Todes wegen – nach § 3 Abs. 1 Nr. 1, 2 und 4 ErbStG.

40 Abs. 1 Nr. 8 gilt grds sowohl für gemeinnützige als auch für nicht gemeinnützige Stiftungen. Allerdings ergibt sich aus § 13 Abs. 1 Nr. 16b ErbStG die Steuerfreiheit für den Vermögensübergang auf eine gemeinnützige Stiftung. Im Ergebnis führt also Abs. 1 Nr. 8 nur bei nicht gemeinnützigen Stiftungen zu einem stpfl Erwerb.

41 Mit dem Steuerentlastungsgesetz 1999/2000/2002 (BGBl I 1999, 402) wurden auch Vermögensübertragungen auf **ausländische Trusts**, Ausschüttungen dieser Trusts und Erwerbe bei Auflösung der Trusts der Steuer unterworfen (**Abs. 1 Nr. 8 Satz 2**).

42 Das, was bei **Aufhebung einer Stiftung** erworben wird, ist ebenfalls stpfl (**Abs. 1 Nr. 9**). Über den Wortlaut der Vorschrift hinaus besteht die Steuerpflicht auch dann, wenn die Stiftung nicht aufgehoben, sondern sonst wie erlischt, etwa durch Zeitablauf, Zweckerreichung, Eintritt einer auflösenden Bedingung des Stiftungsgeschäfts etc (*Meincke* § 7 Rn 113; *Moench* § 7 Rn 222).

43 Zuwendender ist in all diesen Fällen die Stiftung, nicht der Stifter (BFH NV 1993, *438*; *Moench* § 7 Rn 222; aA *Meincke* § 7 Rn 113).

44 Ebenfalls der Steuerpflicht unterliegt das, was bei **Auflösung eines Vereins**, dessen Zweck auf die Bindung von Vermögen gerichtet ist, durch die Vereinsmitglieder erworben wird (**Abs. 1 Nr. 9**). Obwohl ein solches Vereinsmitglied zugleich auch durch den Verlust seiner Mitgliedschaft entreichert wird, man eigentlich also nicht von einer Freigebigkeit sprechen kann, wird der volle Vermögenserwerb besteuert, um durch diese Gleichstellung von Stiftung und Verein ein Ausweichen von der Stiftung zum Verein zu verhindern (BFH BStBl II 1995, 609; *Moench* § 7 Rn 223).

45 Zuwendungen aus dem Vereinsvermögen an Nicht-Mitglieder unterliegen demgegenüber grds der Besteuerung nach § 7 Abs. 1 Nr. 1 ErbStG. Schenker ist in diesem Fall der Verein (*Moench* § 7 Rn 223a). Etwas anderes gilt allerdings dann, wenn die Zuwendung im

Rahmen der Satzung eines als steuerbegünstigt anerkannten Vereins erfolgt, der seine gemeinnützigen, mildtätigen oder kirchlichen Zwecke durch solche Zuwendungen erfüllt. Ebenso wie bei Mittelverwendung einer gemeinnützigen Stiftung, Partei oder der Kirchen entfällt die Besteuerung mangels objektiver Unentgeltlichkeit (*Moench* § 7 Rn 223a).

Auch Abs. 1 Nr. 9 wurde durch das Steuerentlastungsgesetz 1999/2000/2002 (BGBl I 1999, 402) ergänzt und der Tatbestand auf den Vermögenserwerb bei **Auflösung einer ausländischen Vermögensmasse** erstreckt (**Abs. 1 Nr. 9 Satz 2**). 46

Darüber hinausgehend sind auch **Erwerbe durch Zwischenberechtigte** während des Bestehens der ausländischen Vermögensmasse stpfl (**Abs. 1 Nr. 9 Satz 2, 2. Hs**). Der Steuer unterliegt das Vermögen, das berechtigte Personen vor der Auflösung etwa eines Trusts aus dessen Vermögen oder Erträgen erhalten. Dies gilt auch dann, wenn der Errichter selbst betroffen ist (Troll/Gebel/*Jülicher* § 2 Rn 124). 47

Eine **Abfindung für aufschiebend bedingte Ansprüche** unterliegt der Schenkungsteuer (**Abs. 1 Nr. 10**). Hintergrund der Regelung ist der Umstand, dass der Erwerb eines aufschiebend bedingten, betagten oder befristeten Anspruchs vor Eintritt der Bedingung zunächst noch keine Steuer auslöst (§ 9 Abs. 1 Nr. 1a ErbStG). Verzichtet der Anspruchsinhaber auf eine solche Forderung, ist eine hierfür geleistete Abfindungszahlung nicht als Entgelt, sondern als Schenkung anzusehen. Im Ergebnis wird die Besteuerung auf den Zeitpunkt der Abfindungszahlung vorverlagert. 48

D. Ergänzende Bestimmungen (Abs. 2 – 4)

Bei der vorzeitigen Herausgabe von Nacherbschaftsvermögen durch den Vorerben (Abs. 1 Nr. 7, s Rn 38) kann auf Antrag das Verhältnis des Nacherben zum Erblasser zugrunde gelegt werden (**Abs. 2**). Damit werden die steuerlichen Wirkungen der vorzeitigen Herausgabe denjenigen des Vermögensübergangs beim Nacherbfall angeglichen. § 6 Abs. 2 Satz 3 – 5 ErbStG ist entsprechend anzuwenden (**Abs. 2 Satz 2**). Die in § 6 ErbStG unterschiedlich geregelten Fälle der Nacherbfolge, je nachdem, ob der Tod des Vorerben oder ob ein Ereignis zu Lebzeiten des Vorerben den Nacherbfall auslösen, spielen bei der vorzeitigen Herausgabe von Nacherbschaftsvermögen allerdings keine Rolle. In beiden Fällen gilt die Herausgabe als Erwerb des Nacherben vom Vorerben. Hierbei bleibt es auch, wenn der Antrag nach Abs. 2 gestellt wird. Es ändert sich dann lediglich die Steuerklasse und mit ihr der für den Erwerber anwendbare Freibetrag und Steuertarif (*Meincke* § 7 Rn 117). 49

Der Verweis auf die Sätze 3 – 5 des § 6 Abs. 2 ErbStG betrifft die Fälle, in denen der Vorerbe nicht nur Vermögen erhält, das der Nacherbfolge unterliegt, sondern daneben auch nacherbschaftsfreies Vermögen. Wird der Antrag nach Abs. 2 gestellt, ist zwischen beiden Vermögenserwerben zu unterscheiden. Damit in diesem Fall nicht durch die zweimalige Geltendmachung des Freibetrages nach § 16 ErbStG Vorteile erzielt werden, kommt der gegenüber dem Vorerben geltende Freibetrag für das nacherbschaftsfreie Vermögen nur insoweit zum Zuge, als der gegenüber dem Erblasser bestehende Freibetrag durch den anderen Erwerb noch nicht verbraucht ist (§ 6 Abs. 2 Satz 4 ErbStG). Um Progressionsvorteile auszuschließen, ist die Steuer für jeden der beiden Erwerbe zwar in der jeweils maßgeblichen Steuerklasse aber nach dem Steuersatz zu erheben, der für den gesamten Erwerb gelten würde (§ 6 Abs. 2 Nr. 5 ErbStG). 50

Gegenleistungen ohne Geldwert werden bei der Feststellung, ob eine Bereicherung vorliegt, nicht berücksichtigt (**Abs. 3**). Die Rechtsprechung bezieht die Vorschrift nur auf das Ausmaß der Bereicherung, nicht aber auf die Frage, ob eine unentgeltliche oder freigebige Zuwendung vorliegt (BFH BStBl II 1972, 43). In welcher Fallkonstellation die Freigebigkeit der Zuwendung durch eine Gegenleistung ohne Geldwert ausgeschlossen wird, ist unklar. Anwendungsfälle der Vorschrift sind etwa die persönliche Genugtuung, die ein Sponsor durch sein finanzielles Engagement in der Öffentlichkeit erfährt (FG Köln EFG 2004, 664), oder die Einräumung eines Vorkaufs- oder Ankaufsrechts an einem Grundstück (FG Düsseldorf EFG 2004, 1164). 51

§ 7 ErbStG | Schenkungen unter Lebenden

52 Auch eine Schenkung zur Belohnung oder unter Auflage ist stpfl (**Abs. 4**). Dasselbe gilt, wenn eine Schenkung in einen »lästigen« (= entgeltlichen, RFG RStBl 31, 283) Vertrag gekleidet wird.

53 Die Vorschrift bestätigt letztlich, dass für die Besteuerung einer Schenkung deren Motiv ohne Bedeutung ist. Auch der subjektive Tatbestand (Wille zur Unentgeltlichkeit, s Rn 25 ff) kann unabhängig davon gegeben sein, ob die Zuwendung aus selbstloser Hilfsbereitschaft, zur Belohnung oder aus eigennützigen Zielen ausgeführt wird (*Moench* § 7 Rn 227).

54 Abzugrenzen ist die Schenkung zur Belohnung von der Schenkung zur Entlohnung. Insoweit liegt nämlich eine Gegenleistung vor und es fehlt an der objektiven Bereicherung (R 14 Abs. 2 Satz 4 ErbStR).

E. Gesellschaftsanteile (Abs. 5 – 7)

55 Wird ein **Anteil an einer Personengesellschaft** geschenkt, bei der ein Gesellschafter im Falle des Ausscheidens nur den Buchwert erhalten soll (sog **Buchwertklausel**), mindert diese Bestimmung nicht die beim Beschenkten eintretende Bereicherung (**Abs. 5 Satz 1**). Es tritt also die volle Steuerpflicht ein. Allerdings gilt die Bereicherung, soweit sie den Buchwert des Gesellschaftsanteils übersteigt, als auflösend bedingt (**Abs. 5 Satz 2**). Kommt es also zum Ausscheiden des Gesellschafters oder zur Auflösung der Gesellschaft, ohne dass der Gesellschafter mehr als den Buchwert seines Anteils erhält, kann er eine entsprechende Steuererstattung verlangen. Ein entsprechender Antrag muss nach § 5 Abs. 2 BewG bis zum Ablauf des auf den Eintritt der Bedingung folgenden Jahres gestellt werden.

56 Ob diese Systematik auch dann gilt, wenn statt einer klassischen Buchwertklausel eine anderweitige unter dem Verkehrswert der Beteiligung liegende Abfindung vereinbart wird, ist umstritten. Angesichts des klaren Wortlauts der Vorschrift wird teilweise ihre Anwendung darüber hinaus nur dann zugelassen, wenn der Abfindungsbetrag mit Hilfe eines Zu- oder Abschlages vom Buchwert bestimmt wird (*Meincke* § 7 Rn 127; *Troll/Gebel/Jülicher* § 7 Rn 381). Um unschwere Umgehungen auszuschließen, wird man aber wohl immer dann die Vorschrift anwenden müssen, wenn die gesellschaftsvertraglich vereinbarte Abfindung unter dem Verkehrswert des Gesellschaftsanteils bleibt (*Moench* § 7 Rn 232).

57 Die praktische Bedeutung der Vorschrift war schon immer gering, wie allein daran abgelesen werden kann, dass keine einschlägigen Gerichtsentscheidungen bekannt geworden sind. Nachdem sich der steuerliche Anteilswert aber nur noch wenig vom Buchwert unterscheidet (vgl § 109 BewG), wird in den meisten Fällen kein Raum für einen über dem Buchwert der Beteiligung liegenden auflösend bedingten Erwerb verbleiben.

58 Wird ein **Gesellschaftsanteil mit einer überhöhten Gewinnbeteiligung** geschenkt, so ist der Kapitalwert des Gewinn-Übermaßes als selbstständige – zusätzliche – Schenkung zu erfassen (**Abs. 6**). Dabei bestimmt sich das Gewinn-Übermaß nicht dadurch, dass es über statistischen Durchschnittsverdiensten liegt, sondern dadurch, dass es dem Gesellschafter im Verhältnis zu den anderen Gesellschaftern der Gesellschaft übermäßige Gewinne verschafft. Davon kann man dann ausgehen, wenn das Gewinnbezugsrecht des betroffenen Anteils der Arbeits- oder sonstigen Leistung des Gesellschafters für die Gesellschaft nicht entspricht oder einem fremden Dritten üblicherweise nicht eingeräumt würde (*Meincke* § 7 Rn 134).

59 Der Gesetzestext spricht bewusst von Anteilen an einer Personengesellschaft. Bei Anteilen an Kapitalgesellschaften wird die Gewinnbeteiligung im Rahmen der Anteilsbewertung berücksichtigt (R 99 ErbStR).

60 Wird der Gewinnverteilungsschlüssel zu Gunsten des Neugesellschafters erst nach der schenkweisen Übertragung der Beteiligung verändert, wendet die Finanzverwaltung ebenfalls Abs. 6 an (R 21 Abs. 2 ErbStR).

Die Bestimmung des Gewinn-Übermaßes bereitet in der Praxis Schwierigkeiten. Die 61
Finanzverwaltung knüpft insoweit an eine Entscheidung über das Vorliegen und den
Umfang eines überhöhten Gewinnanteils aus dem Bereich der Ertragsteuern auch bei der
Schenkungsteuer an (R 21 Abs. 1 Satz 1 ErbStR). Ist eine solche ertragsteuerliche Entscheidung noch nicht ergangen, muss der Jahreswert des überhöhten Gewinnanteils selbstständig ermittelt werden. Dabei kann von dem durchschnittlichen Gewinn der letzten drei Wirtschaftsjahre vor der Schenkung ausgegangen werden, wenn nicht eine Änderung der Ertragsaussichten zu erwarten sind. Die tatsächlich zu erwartende Gewinnbeteiligung ist dann dem nach ertragsteuerlichen Prinzipien festgestellten angemessenen Gewinn gegenüberzustellen. Für die Angemessenheit ist dabei von einer Obergrenze auszugehen, die sich nach einer Rendite von 15 % des tatsächlichen Werts der Beteiligung berechnet (BFH BStBl II 1987, 54; H 138a Abs. 3 EStH).

Das so festgestellte Gewinn-Übermaß ist zu kapitalisieren. Dabei ist, soweit keine anderen 62
Anhaltspunkte für die Laufzeit gegeben sind, davon auszugehen, dass der überhöhte Gewinnanteil dem Bedachten auf unbestimmte Zeit in gleich bleibender Höhe zufließen wird. Daraus ergibt sich nach bewertungsrechtlichen Grundsätzen ein Kapitalwert in Höhe des 9,3-fachen des Jahreswertes (R 21 Abs. 1 Satz 4 ErbStR; § 13 Abs. 2 BewG).

Scheidet ein Gesellschafter gegen eine **Abfindung unter dem steuerlichen Anteilswert** 63
aus einer Gesellschaft aus, so stellt die hierdurch bei den verbleibenden Gesellschaftern eintretende Bereicherung eine (stpfl) Schenkung dar (**Abs. 7**). Anders als Abs. 5 und 6 bezieht sich Abs. 7 nicht nur auf Personen- sondern auch auf Kapitalgesellschaften. Abs. 7 stellt die Parallelvorschrift zu § 3 Abs. 1 Nr. 2 Satz 2 ErbStG für den Fall des Ausscheidens eines Gesellschafters noch zu seinen Lebzeiten dar (vgl § 3 Rn 24 ff).

Durch das Steuerentlastungsgesetz 1999/2000/2002 ist die Vorschrift auch auf die Ein- 64
ziehung des Geschäftsanteils des ausscheidenden Gesellschafters an einer GmbH ausgeweitet worden. Wird der GmbH-Anteil eines ausscheidenden Gesellschafters auf Grund einer entsprechenden Satzungsbestimmung gegen Minderabfindungen eingezogen (§ 34 GmbHG), gilt die hierdurch verursachte Werterhöhung der Anteile der verbleibenden Gesellschafter als Schenkung des ausgeschiedenen Gesellschafters. Dabei ist die dogmatische Frage unerheblich, ob der Anteil des ausscheidenden Gesellschafters auf die verbleibenden Gesellschafter übertragen wird oder ob er untergeht und den verbleibenden Gesellschaftern anwächst (BFH BStBl II 1992, 925; *Moench* § 7 Rn 248).

Der BFH wendet Abs. 7 auch dann an, wenn der vorletzte Gesellschafter einer Personen- 65
gesellschaft ausscheidet und die Gesellschaft dadurch aufgelöst wird (BFH BStBl II 1992, 925). Der Übergang des Anteils vom ausscheidenden (vorletzten) Gesellschafter auf den (letzten) Gesellschafter vollziehe sich nach den gleichen Regeln wie beim Ausscheiden eines Gesellschafters aus einer mehrgliedrigen Personengesellschaft, so dass eine unterschiedliche Behandlung nicht gerechtfertigt sei.

Die Finanzverwaltung wendet die Vorschrift nicht nur beim zwangsweisen Ausscheiden 66
eines Gesellschafters aus der Gesellschaft, sondern auch bei einem freiwilligen Ausscheiden an (H 22 Satz 3 ErbStH).

Die verbleibenden Gesellschafter haben die Bereicherung zu versteuern, die sich dadurch 67
ergibt, dass der Steuerwert des Anteils des ausscheidenden Gesellschafters die zu zahlende Abfindung übersteigt. § 13a ErbStG sowie § 19a ErbStG finden keine Anwendung. Sie gelten bei Schenkungen unter Lebenden nur für freigebige Zuwendungen iSv § 7 Abs. 1 Nr. 1 ErbStG, nicht für andere Erwerbsfälle (*Moench* § 7 Rn 251). In den Fällen des Abs. 7 kommt es nicht auf die Absicht des ausscheidenden Gesellschafters an, die verbleibenden Gesellschafter oder die Gesellschaft zu bereichern (H 22 Satz 2 ErbStH). Nach der Rechtsprechung gehört auch das subjektive Merkmal des Bewusstseins der Unentgeltlichkeit nicht zum ges Tatbestand des § 7 Abs. 7 EStG (BFH BStBl II 1992, 925).

Auch hier gilt, dass die praktische Bedeutung der Vorschrift durch die zwischenzeitliche 68
weitgehende Angleichung von Steuerwert der Gesellschaftsanteile und den häufig als Abfindung vereinbarten Buchwerten stark gesunken ist (*Moench* § 7 Rn 253). Hinzu

kommt, dass zivilrechtlich zunehmend höhere Anforderungen an die Wirksamkeit von Abfindungsklauseln gestellt werden (Troll/*Gebel*/Jülicher § 7 Rn 412, 369), sodass in der Praxis die hier diskutierten Fälle immer seltener vorkommen.

§ 8 Zweckzuwendungen

Zweckzuwendungen sind Zuwendungen von Todes wegen oder freigebige Zuwendungen unter Lebenden, die mit der Auflage verbunden sind, zugunsten eines bestimmten Zwecks verwendet zu werden, oder die von der Verwendung zugunsten eines bestimmten Zwecks abhängig sind, soweit hierdurch die Bereicherung des Erwerbers gemindert wird.

A. Allgemeines

1 § 8 ErbStG erläutert den in § 1 Abs. 1 Nr. 3 ErbStG verwendeten Begriff der Zweckzuwendungen. Solche setzen zunächst voraus, dass es sich um eine Zuwendung von Todes wegen oder eine freigebige Zuwendung unter Lebenden handelt. Die jeweilige Zuwendung muss mit der Auflage verbunden sein, dass der Erwerber das erworbene Vermögen vollständig oder teilweise für einen bestimmten Zweck einsetzen muss.

2 Die Bereicherung des Erwerbers wird hierdurch steuerwirksam gemindert. Bei Erwerben von Todes wegen liegen Nachlassverbindlichkeiten vor (§ 10 Abs. 5 Nr. 2 ErbStG). Bei Schenkungen unter Lebenden findet die Verhältnisrechnung für gemischte Schenkungen bzw Schenkungen unter Auflage Anwendung (s § 7 Rn 14 ff).

3 Die Vorschrift schließt im Zusammenwirken mit § 1 Abs. 1 Nr. 3 ErbStG eine Besteuerungslücke, die anderenfalls deshalb bestünde, weil keine bestimmte Person, sondern ein unbestimmter Personenkreis bedacht wird, sodass eine Erfassung bei einem weiteren Erwerber nicht möglich wäre und das zur Zweckerfüllung eingesetzte Vermögen deshalb unbesteuert bliebe (Moench/*Weinmann*, § 8 Rn 2).

B. Einzelheiten

4 Liegen die Voraussetzungen der Vorschrift vor, kommt es faktisch zu einer Verselbstständigung einer eigentlich nicht rechtsfähigen Vermögensmasse des sog **Zweckvermögens**. Solches Zweckvermögen muss als Erwerb von Todes wegen (§ 3 ErbStG) oder durch Schenkung (§ 7 ErbStG) einer anderen Person zugewendet werden (BFH BStBl III 1953, 144). Die Zuwendung des übertragenden Vermögens muss mit einer Auflage oder Bedingung versehen sein, dieses Vermögen – rechtlich verbindlich – für einen bestimmten Zweck zu verwenden (BFH BStBl II 1993, 161).

5 Der angestrebte Zweck darf allenfalls einen **unbestimmten Personenkreis** zum Gegenstand haben. Werden bestimmbare Personen begünstigt, liegt ein steuerbarer Erwerb von Todes wegen (§ 3 Abs. 2 Nr. 2 ErbStG) oder durch Schenkung (§ 7 Abs. 1 Nr. 2 ErbStG) zugunsten dieser Person vor (*Meincke* § 8 Rn 4). Der geförderte Zweck darf nicht im Interesse des Erwerbers liegen, da es andernfalls an der tatbestandlich vorausgesetzten Minderung seiner Bereicherung fehlt.

6 Maßgeblicher **Zeitpunkt für die Steuerentstehung** ist bei der Zweckzuwendung der Eintritt der Verpflichtung des Beschwerten (§ 9 Abs. 1 Nr. 3 ErbStG). **Bemessungsgrundlage** ist der Wert der Verpflichtung des Beschwerten (§ 10 Abs. 1 Satz 4 ErbStG). Maßgeblich ist stets die Steuerklasse III. Allerdings kommen unter bestimmten Umständen Steuerbefreiungen in Betracht (§ 13 Abs. 1 Nr. 15 und 17 ErbStG).

7 **Steuerschuldner** ist der Beschwerte (§ 20 Abs. 1 ErbStG).

§ 9 Entstehung der Steuer

(1) Die Steuer entsteht

1. bei Erwerben von Todes wegen mit dem Tode des Erblassers, jedoch

   a) für den Erwerb des unter einer aufschiebenden Bedingung, unter einer Betagung oder Befristung Bedachten sowie für zu einem Erwerb gehörende aufschiebend bedingte, betagte oder befristete Ansprüche mit dem Zeitpunkt des Eintritts der Bedingung oder des Ereignisses,

   b) für den Erwerb eines geltend gemachten Pflichtteilsanspruchs oder Erbersatzanspruchs mit dem Zeitpunkt der Geltendmachung,

   c) im Fall des § 3 Abs. 2 Nr. 1 Satz 1 mit dem Zeitpunkt der Anerkennung der Stiftung als rechtsfähig und im Fall des § 3 Abs. 2 Nr. 1 Satz 2 mit dem Zeitpunkt der Bildung oder Ausstattung der Vermögensmasse,

   d) in den Fällen des § 3 Abs. 2 Nr. 2 mit dem Zeitpunkt der Vollziehung der Auflage oder der Erfüllung der Bedingung,

   e) in den Fällen des § 3 Abs. 2 Nr. 3 mit dem Zeitpunkt der Genehmigung,

   f) in den Fällen des § 3 Abs. 2 Nr. 4 mit dem Zeitpunkt des Verzichts oder der Ausschlagung,

   g) im Fall des § 3 Abs. 2 Nr. 5 mit dem Zeitpunkt der Vereinbarung über die Abfindung,

   h) für den Erwerb des Nacherben mit dem Zeitpunkt des Eintritts der Nacherbfolge,

   i) im Fall des § 3 Abs. 2 Nr. 6 mit dem Zeitpunkt der Übertragung der Anwartschaft,

   j) im Fall des § 3 Abs. 2 Nr. 7 mit dem Zeitpunkt der Geltendmachung des Anspruchs;

2. bei Schenkungen unter Lebenden mit dem Zeitpunkt der Ausführung der Zuwendung;

3. bei Zweckzuwendungen mit dem Zeitpunkt des Eintritts der Verpflichtung des Beschwerten;

4. in den Fällen des § 1 Abs. 1 Nr. 4 in Zeitabständen von je 30 Jahren seit dem Zeitpunkt des ersten Übergangs von Vermögen auf die Stiftung oder auf den Verein. ²Fällt bei Stiftungen oder Vereinen der Zeitpunkt des ersten Übergangs von Vermögen auf den 1. Januar 1954 oder auf einen früheren Zeitpunkt, entsteht die Steuer erstmals am 1. Januar 1984. ³Bei Stiftungen und Vereinen, bei denen die Steuer erstmals am 1. Januar 1984 entsteht, richtet sich der Zeitraum von 30 Jahren nach diesem Zeitpunkt.

(2) In den Fällen der Aussetzung der Versteuerung nach § 25 Abs. 1 Buchstabe a gilt die Steuer für den Erwerb des belasteten Vermögens als mit dem Zeitpunkt des Erlöschens der Belastung entstanden.

A. Allgemeines

§ 9 ErbStG regelt das Entstehen der Steuerschuld als Verwirklichung der in § 1 Abs. 1 ErbStG genannten stpfl Vorgänge (Erwerb von Todes wegen, Schenkungen unter Lebenden, Zweckzuwendungen, Stiftungsvermögen). Vom Entstehen der Steuerschuld ist die Fälligkeit zu unterscheiden. Diese richtet sich nach § 220 AO und tritt zumeist, so auch bei

1

§ 9 ErbStG | Entstehung der Steuer

der Erbschaft- und Schenkungsteuer, mit der Bekanntgabe des Steuerbescheides bzw mit Ablauf einer dort ggf vorgesehenen Zahlungsfrist ein (§ 220 Abs. 2 Satz 2 AO).

2 Auch das Entstehen der Steuerschuld ist in allgemeiner Form und für alle Steuerarten geltend in der AO geregelt. Danach entsteht die Steuerschuld, sobald der Tatbestand verwirklicht ist, an den das Gesetz die Leistungspflicht knüpft (§ 38 AO). § 9 ErbStG enthält klarstellende Regelungen, wann die Steuertatbestände der §§ 1 – 8 ErbStG verwirklicht iSv § 38 AO sind. Einen eigenständigen Verpflichtungstatbestand enthält die Vorschrift daher nicht (BFH BStBl II 1976, 17).

3 Aus den Regelungen der Vorschrift ergibt sich das grdse Besteuerungsprinzip, nach dem die Steuerpflicht dann einsetzen soll, wenn ein rechtswirksamer Vermögensübergang oder jedenfalls eine derart verfestigte Verfügbarkeit des erworbenen Vermögens stattgefunden hat, sodass der Bedachte die Steuerschuld aus diesem Erwerb aufbringen kann. Die bloße Anwartschaft auf einen Erwerb löst die Steuerpflicht demgegenüber grds noch nicht aus. Andererseits soll die Steuer aber auch nicht später entstehen, weil anderenfalls der Steueranspruch durch Zwischenverfügungen des Bedachten gekürzt werden könnte.

4 Die Tatbestandsmerkmale der Steuerentstehung und ihrer Höhe sind nach dem sich aus § 9 ErbStG ergebenden Zeitpunkt der Steuerentstehung zu beurteilen, soweit nicht ausnahmsweise nachträglich getroffene Entscheidungen des Steuerpflichtigen die Steuerberechnung beeinflussen (zB §§ 6 Abs. 2 Satz 2, 8 Abs. 2 Satz 1, 23 ErbStG). Daraus lässt sich für die Erbschaft- und Schenkungsteuer ein jedenfalls im Grundsatz strenges **Stichtagsprinzip** feststellen.

5 Der jeweils zu ermittelnde Stichtag ist danach maßgeblich für die persönliche Steuerpflicht (§ 2 Abs. 1 ErbStG), für die Wertermittlung (§ 11 ErbStG) und für die Steuerklasse (§ 15 ErbStG), daneben für viele weitere Fristbestimmungen im ErbStG.

6 Für die Steuerplanung ist es oftmals von großer Wichtigkeit, den genauen Zeitpunkt etwa der Ausführung einer Schenkung festzulegen. Das gilt zB dann, wenn der Zehn-Jahres-Zeitraum nach § 14 Abs. 1 Satz 1 ErbStG gewahrt oder durch zeitgleiche Vermögensübertragung eine Saldierung von positiven und negativen Vermögenswerten erreicht werden soll. Schließlich ist der Zeitpunkt der Steuerentstehung in der Gestaltungspraxis immer dann besonders wichtig, wenn – etwa angesichts bevorstehender Gesetzesänderungen – bestimmte rechtliche Rahmenbedingungen ausgenutzt werden sollen. Üblicherweise häufen sich zum Jahresende in den Notariaten die Beurkundungen von Schenkungsverträgen insb für Grundstücksschenkungen. In all diesen Fällen ist der durch die Regelung in § 9 ErbStG fixierte Zeitpunkt der Steuerentstehung Dreh- und Angelpunkt der Steuergestaltung.

B. Erwerb von Todes wegen (Abs. 1 Nr. 1)

7 Grds entsteht die Steuerschuld bei Erwerben von Todes wegen mit dem Tode des Erblassers. Insoweit kommt es also im Grundsatz zu einem Gleichlauf mit zivilrechtlichen Bestimmungen, nach denen mit dem Tode des Erblassers das Vermögen im Wege der Gesamtrechtsnachfolge auf den oder die Erben übergeht (§§ 1922 Abs. 1, 1942 Abs. 1 BGB). Der Todestag ergibt sich im Zweifelsfall aus der Sterbeurkunde oder aus den Regelungen des VerschG, im Falle der Todeserklärung etwa mit Rechtskraft des Gerichtsbeschlusses (§§ 9 VerschG, 49 AO). Abweichende Bestimmungen zu dieser Grundregel enthält § 9 Abs. 1 Nr. 1 lit. a – j ErbStG.

8 Weitere Umstände müssen für die Steuerentstehung nicht hinzukommen. So müssen Erben oder Vermächtnisnehmer insb keine Kenntnis vom Erwerb haben.

9 Kann der Erbe über das erworbene Vermögen zunächst nicht unbeschränkt verfügen, etwa weil er in einer Miterbengemeinschaft gebunden ist, die Erteilung des Erbscheins ungewöhnlich lange Zeit in Anspruch nimmt oder im Ausland belegenes Vermögen nur schwer zugänglich ist, ändert dies an der Steuerentstehung grds nichts. Dies kann zu dem unangenehmen Ergebnis führen, dass sich der Erwerber zum Stichtag Vermögenswerte anrechnen lassen muss, über die er in dieser Höhe aber tatsächlich nicht verfügen

kann (zB Aktienerwerb bei fallenden Börsenkursen). Theoretisch kommt in solchen Fällen ein Billigkeitserlass nach § 163 AO in Betracht. In der Praxis werden solche Billigkeitsmaßnahmen von der Finanzverwaltung jedoch regelmäßig abgelehnt.
Der Todestag ist nicht nur für den Erben, sondern auch bei einer Schenkung auf den Todesfall (§ 3 Abs. 1 Nr. 2 ErbStG), einem ges Vermächtnis (§ 3 Abs. 1 Nr. 3 ErbStG) und einem Erwerb auf Grund Vertrages zugunsten Dritter (§ 3 Abs. 1 Nr. 4 ErbStG) der maßgebliche Stichtag für die Steuerentstehung. Dies ist in diesen Fällen deshalb von besonderer Bedeutung, weil hier nicht – wie beim Erben – ein Eigentumserwerb stattfindet, sondern zunächst nur Forderungsrechte begründet werden. Vielfach ist das weitere Schicksal solcher Forderungen zu diesem Zeitpunkt noch nicht absehbar. Die einmal entstandene Steuer ändert sich unabhängig hiervon jedoch grds nicht mehr. Das gilt zB auch dann, wenn eine Vermächtnisforderung nicht mehr realisiert werden kann, etwa deshalb, weil der Vermächtnisgegenstand nach dem Erbfall – ohne Verschulden eines der Beteiligten – untergeht. Auch in solchen Fällen kommt allenfalls eine Billigkeitsregelung nach § 163 AO in Betracht. 10

C. Bedingter Erwerb (Abs. 1 Nr. 1 lit. a)

Eine von der Grundregel des Abs. 1 Nr. 1 abweichende Bestimmung gilt für den Erwerb von Todes wegen, der unter einer aufschiebenden Bedingung, unter einer Betagung oder Befristung steht. Der Erwerber soll mit der Steuer erst belastet werden, wenn er nicht nur rechtlich, sondern auch wirtschaftlich bereichert ist. Außerdem führt die Vorschrift zu einem Gleichlauf mit den Bestimmung in §§ 4, 8 BewG, nach denen aufschiebend bedingte oder befristete Erwerbe erst mit Eintritt der Bedingung oder der Frist bewertungsrechtlich erfasst werden. Auch die Erbschaftsteuer entsteht erst mit dem Zeitpunkt des Eintritts der Bedingung oder des Ereignisses. 11

Damit korrespondierend ist dann auch die Verpflichtung bei dem mit ihr belasteten Erwerber solange nicht zu berücksichtigen, bis Fälligkeit eingetreten ist; die ursprüngliche Steuerfestsetzung ist dann zu ändern (Moench/*Weinmann* § 9 Rn 10). 12

Eine **aufschiebende Bedingung** liegt dann vor, wenn der Erwerb von dem Eintritt eines zukünftigen ungewissen Ereignisses abhängig gemacht wird (§ 158 BGB). Hierbei kann es sich auch um die freie Entscheidung eines Beteiligten handeln (RFH RStBl 1931, 972). 13

Abs. 1 Nr. 1 lit. a ErbStG setzt – ebenso wie § 4 BewG – eine Bedingung ohne Rückwirkung voraus. Keine Bedingung iS dieser Vorschrift stellt daher eine sog rechtsgeschäftliche Bedingung dar, bei der zB der Erwerb von der Genehmigung einer Behörde abhängt. Eine solche Genehmigung wirkt aber – auch steuerlich – zurück, sodass insoweit auf den Zeitpunkt des Erbfalls abzustellen ist (Moench/*Weinmann* § 9 Rn 8; *Meincke* § 9 Rn 19). 14

Im Unterschied zur aufschiebenden Bedingung liegt eine **Befristung** dann vor, wenn der Eintritt des Ereignisses zwar gewiss, der Zeitpunkt aber ungewiss ist (§ 163 BGB). 15

Von einer **Betagung** geht man zivilrechtlich aus, wenn der Anspruch entstanden, aber noch nicht fällig ist (Palandt/*Sprau* § 813 Rn 5). Erbschaftsteuerlich ist von einem betagten Anspruch iSv § 9 Abs. 1 Nr. 1a ErbStG aber nur dann auszugehen, wenn der zukünftige Zeitpunkt des Eintritts des zur Fälligkeit führenden Ereignisses unbestimmt ist. Die Steuer hierfür entsteht dann erst mit dem Eintritt des Ereignisses (BFH BStBl II 2003, 921). 16

Steht der Zeitpunkt der Fälligkeit demgegenüber bereits fest, wird der Erwerb mit dem auf den Fälligkeitszeitpunkt abgezinsten Wert besteuert (BFH BStBl II 2003, 921; Troll/*Gebel*/ *Jülicher*, § 9 Rn 43). Beim Verpflichteten ist der abgezinste Wert als korrespondierende Last nach § 10 Abs. 5 Nr. 2 ErbStG zu berücksichtigen. 17

D. Pflichtteilsanspruch, Ersbersatzanspruch (Abs. 1 Nr. 1 Buchstabe b)

Die in Abs. 1 Nr. 1 lit. b vorgesehenen Regelungen für den Pflichtteil und den Erbersatzanspruch sind nach Aufhebung der für den Erbersatzanspruch geltenden zivilrechtlichen Bestimmungen durch das Erbrechtsgleichstellungsgesetz 1998 (BGBl I 1997, 2968) nur noch für den Pflichtteilsanspruch von Bedeutung. 18

19 Bereits § 3 Abs. 1 Nr. 1 ErbStG bestimmt, dass erst der geltend gemachte Pflichtteilsanspruch einen stpfl Erwerb begründet. Nach § 9 Abs. 1 Nr. 1 lit. b ErbStG entsteht auch erst im Zeitpunkt des Geltendmachens der Steueranspruch.

20 Eine bestimmte Form ist für das Geltendmachen eines solchen Anspruchs nicht vorgesehen. Der Pflichtteilsberechtigte muss jedoch für den Schuldner erkennbar ernstlich auf der Erfüllung seines Anspruchs bestehen (FG München EFG 2003, 248). Da die Geltendmachung des Anspruchs unwiderrufliche Konsequenzen hat (der spätere Verzicht auf einen einmal geltend gemachten Anspruch würde als freigebige Zuwendung eine weitere Steuerpflicht auslösen), ist das Merkmal des Geltendmachens restriktiv auszulegen (FG Rheinland-Pfalz DStRE 2002, 459). Gleichwohl kann der Pflichtteilsanspruch auch mündlich oder sogar durch schlüssiges Verhalten geltend gemacht werden (Troll/*Gebel*/Jülicher, § 3 Rn 226).

21 Nimmt der Pflichtteilsberechtigte die freiwillig angebotene Pflichtteilszahlung des Erben an, hat er den Anspruch geltend gemacht (*Meincke* § 9 Rn 30).

22 Je nach Lage des Falles kann bereits das Auskunftsverlangen (§ 2314 BGB) die Geltendmachung des Pflichtteils bedeuten. Dies gilt erst recht, wenn ein solcher Anspruch gerichtlich geltend gemacht wird, auch wenn dies im Wege der Stufenklage (§ 254 ZPO) geschieht. Das gilt selbst dann, wenn der Leistungsanspruch erst später beziffert wird (FG Rheinland-Pfalz DStRE 2002, 459; Troll/*Gebel*/Jülicher § 3 Rn 226; aA *Meincke* § 9 Rn 32).

23 Der Pflichtteilsberechtigte kann seinen Anspruch auch nur zum Teil geltend machen. Die Steuer entsteht dann nur in entsprechend begrenzter Höhe (BFH BStBl II 1973, 798). Nicht nur in diesem Fall empfehlen sich klare und nachvollziehbare Vereinbarungen, am besten in schriftlicher Form, damit der Sachverhalt dem Finanzamt entsprechend nachgewiesen werden kann (vgl Moench/*Weinmann* § 9 Rn 17).

E. Sonstige Fälle (Abs. 1 Nr. 1 lit. c – j)

24 Geht Vermögen auf eine vom Erblasser **von Todes wegen angeordnete Stiftung** über (§ 3 Abs. 2 Nr. 1 ErbStG), entsteht die Steuer mit dem Zeitpunkt der Anerkennung der Stiftung als rechtsfähig (**Abs. 1 Nr. 1 lit. c**). Die Vorschrift berücksichtigt damit den Zeitpunkt der wirtschaftlichen Bereicherung bei der Stiftung, der nicht mit der zivilrechtlichen Rückwirkung der Stiftungsanerkennung (§ 84 BGB) zusammenfällt. Das gilt auch dann, wenn der Erblasser den Erben oder Vermächtnisnehmer durch eine Auflage verpflichtet hat, eine Stiftung durch Rechtsgeschäft unter Lebenden zu errichten (Moench/*Weinmann* § 9 Rn 19). Erhöht sich zwischen dem Erbfall und der Anerkennung der Stiftung der Wert des ihr zugedachten Vermögens, so wirkt sich dies auf die Höhe der anfallenden Steuer aus (BFH BStBl II 1996, 99).

25 Ebenso wie der Übergang auf eine vom Erblasser angeordnete Stiftung wird der Übergang des Nachlassvermögens auf eine Vermögensmasse ausländischen Rechts, also auf einen **Trust**, behandelt.

26 Hat der Erblasser eine **Zuwendung mit der Bedingung verknüpft**, dass diese nur dann wirksam werden soll, wenn der Bedachte eine Leistung an einen Dritten erbringt (§ 3 Abs. 2 Nr. 2 ErbStG), erwirbt der Dritte keinen unmittelbaren Rechtsanspruch auf diese Leistung, der bereits der Steuerpflicht unterliegen könnte. Nach **Abs. 1 Nr. 1 lit. d** entsteht die Steuerpflicht daher erst mit Vollzug einer entsprechenden Auflage oder Erfüllung einer solchen Bedingung.

27 Ist der Erwerb von Todes wegen von einem **staatlichen Genehmigungsvorbehalt** abhängig und wird eine solche Genehmigung davon abhängig gemacht, dass Zuwendungen an Dritte erfolgen, wird dies als Erwerb des Dritten vom Erblasser behandelt (§ 3 Abs. 2 Nr. 3 ErbStG). In diesem Fall entsteht die Steuerschuld mit dem Zeitpunkt der Genehmigung (**Abs. 1 Nr. 1 lit. e**).

28 Verzichtet ein Pflichtteilsberechtigter auf einen Pflichtteilsanspruch oder schlägt ein Erbe oder Vermächtnisnehmer eine Erbschaft oder ein Vermächtnis aus und erhält er hierfür

eine **Abfindung**, so entsteht die Steuer für diesen stpfl Erwerb (vgl § 3 Abs. 2 Nr. 4 ErbStG) mit dem Zeitpunkt des Verzichts oder der Ausschlagung (**Abs. 1 Nr. 1 lit. f**).

Verzichtet der Begünstigte eines aufschiebend bedingten, betagten oder befristeten Vermächtnisses nach Ablauf der Ausschlagungsfrist, aber vor dem Zeitpunkt des Eintritts der Bedingung oder des sonstigen Ereignisses gegen Zahlung einer **Abfindung** auf seinen Anspruch, so entsteht die Steuer für diesen Erwerb (vgl § 3 Abs. 2 Nr. 5 ErbStG) mit der Vereinbarung über die Abfindung (**Abs. 1 Nr. 1 lit. g**). 29

Abs. 1 Nr. 1 lit. h regelt die Fälle der **Nacherbfolge**. Tritt diese mit dem Tod des Vorerben ein, gilt der Nacherbe als Erbe des Vorerben (§ 6 Abs. 2 Satz 1 ErbStG). Nacherbfolge kann aber auch durch ein anderes Ereignis eintreten (vgl § 6 Abs. 3 Satz 1 ErbStG). In all diesen Fällen entsteht die Steuerschuld mit dem Zeitpunkt des Eintritts der Nacherbfolge. 30

Veräußert der Nacherbe seine **Anwartschaft auf die Nacherbfolge**, entsteht die Steuer für den insoweit stpfl Erwerb (vgl § 3 Abs. 2 Nr. 6 ErbStG) mit der Übertragung der Anwartschaft (**Abs. 1 Nr. 1 lit. i**). 31

Steht einem Vertragserben oder Schlusserben aus einem Berliner Testament wegen beeinträchtigender Schenkungen ein **Herausgabeanspruch nach § 2287 BGB** zu, so entsteht die Steuer für diesen Erwerb (vgl § 3 Abs. 2 Nr. 7 ErbStG) mit dem Zeitpunkt, in dem er den Anspruch geltend macht (**Abs. 1 Nr. 1 lit. j**). 32

F. Erwerb durch Schenkung (Abs. 1 Nr. 2)

Bei Schenkungen unter Lebenden entsteht die Steuer mit dem Zeitpunkt, in dem die Zuwendung ausgeführt wird (Abs. 1 Nr. 2 ErbStG). Die Abgabe des Schenkungsversprechens allein begründet eine Steuerpflicht also nicht. Entscheidend ist vielmehr der Zeitpunkt, in dem das versprochene Vermögen auf den Beschenkten übergeht. Die Steuerpflicht setzt insoweit eine endgültige materielle Bereicherung des Beschenkten voraus, die (erst) dann vorliegt, wenn der Beschenkte im Verhältnis zum Schenker frei über das zugewendete Vermögen verfügen kann, die Vermögensverschiebung also endgültig vollzogen ist (BFH BStBl II 1985, 382; Moench/*Weinmann* § 9 Rn 22). 33

Erfolgt eine Schenkung unter dem **Vorbehalt des jederzeitigen Widerrufs** (sog freier Widerrufsvorbehalt), führt dies gleichwohl zu einer freien Dispositionsbefugnis für den Beschenkten, sodass auch in diesem Fall die Schenkung ausgeführt ist und eine Steuerpflicht begründet wird (BFH BStBl II 1989, 1034; *Meincke* § 9 Rn 40). Der Umstand, dass einer solchen Schenkung unter Widerrufsvorbehalt die einkommensteuerliche Anerkennung verwehrt wird, führt zu keiner anderen Beurteilung. 34

Wann eine Zuwendung ausgeführt ist, um die Steuerpflicht nach Abs. 1 Nr. 2 auszulösen, hängt maßgeblich vom zugewendeten Vermögensgegenstand ab. Wird eine **Sache** geschenkt, ist die Schenkung ausgeführt und entsteht die Steuer dann, wenn der Beschenkte zivilrechtlicher Eigentümer der Sache geworden ist (§§ 929 ff BGB). Der Übergang des wirtschaftlichen Eigentums (§ 39 Abs. 2 Nr. 1 AO) reicht nicht aus (BFH BStBl II 1983, 179). 35

Eine **Geldschenkung** ist dann ausgeführt, wenn der Geldbetrag (oder ein entsprechender Scheck) übergeben worden ist (Moench/*Weinmann* § 9 Rn 23). Eine Schenkung von in einem Depot verwahrten **Wertpapieren** ist ausgeführt, wenn der Herausgabeanspruch abgetreten worden ist (§ 929 iVm § 931 BGB). 36

Soll eine **Forderung** geschenkt werden, so ist die Schenkung ausgeführt, wenn die Forderung – formgerecht – abgetreten (§§ 398, 413 BGB) oder neu bestellt worden ist. Ein **Personengesellschaftsanteil** ist geschenkt, wenn der (neue) Gesellschaftsvertrag abgeschlossen wurde (BFH BStBl III 1963, 442). Die **Beteiligung an einer GmbH** ist regelmäßig mit der notariellen Beurkundung des Rechtsgeschäfts ausgeführt, nicht erst mit dem Zeitpunkt des Registereintrags (Moench/*Weinmann* § 9 Rn 23). 37

Wird eine Schenkung unter einer **aufschiebenden Bedingung** oder **Befristung** vollzogen, so entsteht die Steuer erst mit Eintritt der Bedingung oder des bestimmten Termins (vgl §§ 4, 8 BewG). Dies gilt auch dann, wenn eine Forderung zwar mit sofortiger Wirkung 38 geschenkt wird, die geschenkte Forderung ihrerseits aber aufschiebend bedingt oder befristet ist. Auch dann entsteht die Steuer erst, wenn die Bedingung oder der bestimmte Termin eintritt (Moench/*Weinmann* § 9 Rn 25).

39 Etwas anderes gilt dann, wenn es sich um eine **betagte Forderung** handelt. Dann entsteht die Steuerpflicht bereits mit Abtretung der Forderung, allerdings ist wegen der erst späteren Fälligkeit eine entsprechende Abzinsung vorzunehmen (Troll/*Gebel*/Jülicher § 9 Rn 88).

40 Zivilrechtlich ist eine Schenkung, die von einer **Genehmigung** abhängt, schwebend unwirksam. Wird die Genehmigung dann erteilt, so wirkt sie auf den Zeitpunkt des Vertragsabschlusses zurück (§ 184 Abs. 1 BGB). Diese zivilrechtliche Sichtweise ist aber für die Finanzverwaltung unbeachtlich. Sie behandelt eine solche Schenkung erst in dem Zeitpunkt als ausgeführt, in dem eine **privatrechtliche** Genehmigung erteilt worden ist (R 23 Abs. 3 Satz 5 ErbStR). Ist das Rechtsgeschäft demgegenüber von einer **behördlichen** Genehmigung abhängig, so gilt die Schenkung als ausgeführt, wenn die Beteiligten alles getan haben, um die Genehmigung herbeizuführen, insb die erforderlichen Erklärungen in gehöriger Form abgegeben haben (R 23 Abs. 3 Satz 4 ErbStR).

41 Auch bei einer **Grundstücksschenkung** entsteht die Steuer mit ihrer Ausführung. Nach zivilrechtlichen Kriterien ist das dann der Fall, wenn der Beschenkte – durch Eintragung im Grundbuch (§ 873 BGB) – Eigentümer des Grundstücks geworden ist. Allerdings haben die Beteiligten auf diesen Zeitpunkt keinen Einfluss, weshalb die Rechtsprechung auf den Zeitpunkt abstellt, in dem die Vertragsparteien alle Voraussetzungen für den Eigentumswechsel geschaffen haben und nur noch die Eintragung durch das Grundbuchamt aussteht (BFH BStBl II 1983, 179). Der Übergang des wirtschaftlichen Eigentums (Übergang von Besitz, Nutzung und Lasten) ist demgegenüber für die Schenkungsteuer unerheblich (BFH aaO).

42 Die Finanzverwaltung hat sich dieser Ansicht angeschlossen und bestimmt den Zeitpunkt der Grundstücksschenkung danach, wann die Auflassung iSv § 925 BGB sowie die Eintragungsbewilligung (§ 19 GBO) vorliegen (R 23 Abs. 1 Satz 2 ErbStR). Die bloße Erteilung einer Vollmacht, solche Erklärungen abzugeben, reicht nicht aus; andererseits ist aber auch ein Eintragungsantrag beim Grundbuchamt nicht erforderlich (R 23 Abs. 1 Satz 3 und 5 ErbStR).

43 Vorgenannte Grundsätze gelten auch bei der **mittelbaren Grundstücksschenkung**. Die Schenkung ist also noch nicht mit der Übergabe (bzw Überweisung etc) des Geldbetrages ausgeführt, sondern (erst) zu dem Zeitpunkt, zu dem nach vorstehenden Grundsätzen eine Schenkung des betreffenden Grundstücks ausgeführt wäre. Soll der Beschenkte mit den Mitteln des Schenkers ein Gebäude errichten, bestimmt sich der Zeitpunkt der Ausführung dieser Schenkung nach dem Zeitpunkt der Bezugsfertigkeit des Gebäudes (R 23 Abs. 2 Satz 1 – 3 ErbStR).

G. Zweckzuwendung, Ersatzerbschaftsteuer (Abs. 1 Nr. 3 und 4)

44 Bei einer Zweckzuwendung (unter Lebenden oder von Todes wegen, vgl § 8 ErbStG) entsteht die Steuer bereits in dem Zeitpunkt, in dem die Verpflichtung beim Beschwerten eintritt (§ 9 Abs. 1 Nr. 3 ErbStG). Die (spätere) bestimmungsgemäße Ausführung der Zuwendung ist also unerheblich.

45 Das Vermögen einer Familienstiftung unterliegt im Abstand von jeweils 30 Jahren der Ersatzerbschaftsteuer (§ 1 Abs. 1 Nr. 4 ErbStG). Für die bis zum 1.1.1954 erfolgten Vermögensübergänge auf eine solche Stiftung entsteht die Steuer erstmals am 1.1.1984. Der nächstfolgende Besteuerungszeitpunkt ist danach der 1.1.2014.

46 Ist das Vermögen nach dem 1.1.1954 auf die Stiftung übergegangen, so berechnet sich der Zeitraum von jeweils 30 Jahren nach diesem Zeitpunkt.

H. Aussetzung der Versteuerung (Abs. 2)

47 Abs. 2 bezieht sich auf die bis 1980 geltende alte Fassung von § 25 ErbStG. Danach konnte der Erwerber eines mit fremden Nutzungsrechten belasteten Vermögens die Versteuerung

entweder sofort durchführen oder bis zum Erlöschen dieser Belastung aussetzen lassen. In diesem Fall sollte auch erst mit dem Erlöschen der Belastung die Steuer entstehen. Bedeutung hat diese Vorschrift nur noch für Erwerbe, die bis zum 30. 8. 1980 entstanden sind. Für danach entstandene Erwerbe gilt die Neufassung von § 25 ErbStG (vgl § 37 Abs. 2 ErbStG).

Wertermittlung

§ 10 Steuerpflichtiger Erwerb

(1) ¹Als steuerpflichtiger Erwerb gilt die Bereicherung des Erwerbers, soweit sie nicht steuerfrei ist (§§ 5, 13, 13a, 16, 17 und 18). ²In den Fällen des § 3 gilt als Bereicherung der Betrag, der sich ergibt, wenn von dem nach § 12 zu ermittelnden Wert des gesamten Vermögensanfalls, soweit er der Besteuerung nach diesem Gesetz unterliegt, die nach den Absätzen 3 bis 9 abzugsfähigen Nachlaßverbindlichkeiten mit ihrem nach § 12 zu ermittelnden Wert abgezogen werden. ³Der unmittelbare oder mittelbare Erwerb einer Beteiligung an einer Personengesellschaft, die nicht nach § 12 Abs. 5 zu bewerten ist, gilt als Erwerb der anteiligen Wirtschaftsgüter. ⁴Bei der Zweckzuwendung tritt an die Stelle des Vermögensanfalls die Verpflichtung des Beschwerten. ⁵Der steuerpflichtige Erwerb wird auf volle 100 Euro nach unten abgerundet. ⁶In den Fällen des § 1 Abs. 1 Nr. 4 tritt an die Stelle des Vermögensanfalls das Vermögen der Stiftung oder des Vereins.

(2) Hat der Erblasser die Entrichtung der von dem Erwerber geschuldeten Steuer einem anderen auferlegt oder hat der Schenker die Entrichtung der vom Beschenkten geschuldeten Steuer selbst übernommen oder einem anderen auferlegt, gilt als Erwerb der Betrag, der sich bei einer Zusammenrechnung des Erwerbs nach Absatz 1 mit der aus ihm errechneten Steuer ergibt.

(3) Die infolge des Anfalls durch Vereinigung von Recht und Verbindlichkeit oder von Recht und Belastung erloschenen Rechtsverhältnisse gelten als nicht erloschen.

(4) Die Anwartschaft eines Nacherben gehört nicht zu seinem Nachlaß.

(5) Von dem Erwerb sind, soweit sich nicht aus den Absätzen 6 bis 9 etwas anderes ergibt, als Nachlaßverbindlichkeiten abzugsfähig

1. die vom Erblasser herrührenden Schulden, soweit sie nicht mit einem zum Erwerb gehörenden Gewerbebetrieb oder Anteil an einem Gewerbebetrieb in wirtschaftlichem Zusammenhang stehen und bereits nach § 12 Abs. 5 und 6 berücksichtigt worden sind;

2. Verbindlichkeiten aus Vermächtnissen, Auflagen und geltend gemachten Pflichtteilen und Erbersatzansprüchen;

3. die Kosten der Bestattung des Erblassers, die Kosten für ein angemessenes Grabdenkmal, die Kosten für die übliche Grabpflege mit ihrem Kapitalwert für eine unbestimmte Dauer sowie die Kosten, die dem Erwerber unmittelbar im Zusammenhang mit der Abwicklung, Regelung oder Verteilung des Nachlasses oder mit der Erlangung des Erwerbs entstehen. ²Für diese Kosten wird insgesamt ein Betrag von 10.300 Euro ohne Nachweis abgezogen. ³Kosten für die Verwaltung des Nachlasses sind nicht abzugsfähig.

(6) ¹Nicht abzugsfähig sind Schulden und Lasten, soweit sie in wirtschaftlichem Zusammenhang mit Vermögensgegenständen stehen, die nicht der Besteuerung nach

diesem Gesetz unterliegen. ²Beschränkt sich die Besteuerung auf einzelne Vermögensgegenstände (§ 2 Abs. 1 Nr. 3, § 19 Abs. 2), sind nur die damit in wirtschaftlichem Zusammenhang stehenden Schulden und Lasten abzugsfähig. ³Schulden und Lasten, die mit teilweise befreiten Vermögensgegenständen in wirtschaftlichem Zusammenhang stehen, sind nur mit dem Betrag abzugsfähig, der dem steuerpflichtigen Teil entspricht. ⁴Schulden und Lasten, die mit dem nach § 13a befreiten Betriebsvermögen in wirtschaftlichem Zusammenhang stehen, sind in vollem Umfang abzugsfähig. ⁵Schulden und Lasten, die mit dem nach § 13a befreiten Vermögen eines Betriebs der Land- und Forstwirtschaft oder mit den nach § 13a befreiten Anteilen an Kapitalgesellschaften in wirtschaftlichem Zusammenhang stehen, sind nur mit dem Betrag abzugsfähig, der dem Verhältnis des nach Anwendung des § 13a anzusetzenden Werts dieses Vermögens zu dem Wert vor Anwendung des § 13a entspricht.

(7) In den Fällen des § 1 Abs. 1 Nr. 4 sind Leistungen an die nach der Stiftungsurkunde oder nach der Vereinssatzung Berechtigten nicht abzugsfähig.

(8) Die von dem Erwerber zu entrichtende eigene Erbschaftsteuer ist nicht abzugsfähig.

(9) Auflagen, die dem Beschwerten selbst zugute kommen, sind nicht abzugsfähig.

Inhaltsverzeichnis

		Rn
A.	Allgemeines	1 – 2
B.	Steuerpflichtiger Erwerb (Abs. 1)	3 – 12
	I. Erwerb bei Erbfall und Schenkung (Abs. 1 Satz 1 und 2)	3 – 5
	II. Anteile an vermögensverwaltenden Personengesellschaften (Abs. 1 Satz 3)	6 – 9
	III. Weitere Einzelregelungen (Abs. 1 Satz 4 – 6)	10 – 12
C.	Übernahme der Steuer (Abs. 2)	13 – 16
D.	Vereinigung von Rechten und Verbindlichkeiten (Abs. 3)	17 – 19
E.	Anwartschaft eines Nacherben (Abs. 4)	20 – 21
F.	Abzugsfähige Nachlassverbindlichkeiten (Abs. 5)	22 – 49
	I. Allgemeines	22 – 24
	II. Erblasserschulden (Abs. 5 Nr. 1)	25 – 31
	III. Vermächtnisse, Auflagen, Pflichtteilsansprüche (Abs. 5 Nr. 2)	32 – 36
	IV. Sonstige Nachlassverbindlichkeiten (Abs. 5 Nr. 3)	37 – 49
	1. Kosten der Bestattung und der Grabpflege	37 – 40
	2. Nachlassabwicklungskosten	41 – 43
	3. Erwerbskosten	44
	4. Pauschbetrag (Abs. 5 Nr. 3 Satz 2)	45 – 47
	5. Verwaltungskosten (Abs. 5 Nr. 3 Satz 3)	48 – 49
G.	Beschränkung des Schuldenabzugs (Abs. 6)	50 – 59
H.	Familienstiftungen (Abs. 7)	60
I.	Abzugsverbot für die eigene Erbschaftsteuer (Abs. 8)	61 – 62
J.	Abzugsverbot für Auflagen (Abs. 9)	63

A. Allgemeines

1 § 10 ErbStG leitet den Abschnitt »Wertermittlung« des ErbStG ein, der die §§ 10 – 13a ErbStG umfasst. Die Vorschrift setzt voraus, dass ein stpfl Vorgang nach § 1 Abs. 1 ErbStG vorliegt, insb also etwa ein Erwerb von Todes wegen oder eine Schenkung stattgefunden hat. Dies setzt ua eine Bereicherung beim Erwerber voraus (s §§ 3 Rn 5, 7 Rn 7 ff). Wenn damit auch die Steuerpflicht dem Grunde nach feststeht, ist hiervon die Frage zu unterscheiden, wie hoch letztlich die Steuer ausfällt. Zur Berechnung der Steuer wird nicht die ermittelte Bereicherung beim Erwerber übernommen, sondern sie bildet allenfalls die Grundlage zur Ermittlung einer **eigenständigen Bemessungsgrundlage**, des stpfl Erwerbs. § 10 ErbStG gibt vor, wie der stpfl Erwerb zu bestimmen ist.

Der BFH hat in seinem Vorlagebeschluss v 22. 5. 2002 ua auch die Regelungen des § 10   2
Abs. 1 Sätze 1 und 2, Abs. 6 Satz 4 iVm § 19 Abs. 1 als nicht mit dem Grundsatz einer
gleichmäßigen Steuererhebung vereinbar und daher als verfassungswidrig angesehen
(BFH BStBl II 2002, 598).

B. Steuerpflichtiger Erwerb (Abs. 1)

I. Erwerb bei Erbfall und Schenkung (Abs. 1 Satz 1 und 2)

In Abs. 1 Satz 1 und 2 werden die wesentlichen Grundzüge zur Ermittlung der Bemes-   3
sungsgrundlage für die Steuerberechnung festgelegt. Es gelten folgende **Grundsätze**:
- Steuerpflichtig ist die **Bereicherung des Erwerbers**, soweit sie nicht steuerfrei ist (§§ 5, 13, 13a, 16, 17 und 18 ErbStG). Dies gilt sowohl für Erwerbe von Todes wegen (§ 3 ErbStG) als auch für Schenkungen unter Lebenden (§ 7 ErbStG).
- Bei Erwerben von Todes wegen (§ 3 ErbStG) sind von dem Bruttovermögenszuwachs die nach den Absätzen 3 – 9 abzugsfähigen Nachlassverbindlichkeiten abzuziehen; auf diese Weise ergibt sich der **Nettovermögenszuwachs**.
- Vermögensanfall und Nachlassverbindlichkeiten sind **nach § 12 ErbStG zu bewerten**.
- Von der Bereicherung (Nettovermögenszuwachs) sind die **Steuerbefreiungen und Freibeträge** (§§ 5, 13, 13a, 16, 17 und 18 ErbStG) abzuziehen.

Danach ergibt sich das folgende **Rechenschema** zur Bestimmung des stpfl Erwerbs (R 24a   4
Abs. 1 ErbStR):
1. Steuerwert des land- und forstwirtschaftlichen Vermögens
   - Befreiungen nach § 13 Abs. 1 Nr. 2 und 3 ErbStG
   + Steuerwert des Betriebsvermögens
   - Befreiungen nach § 13 Abs. 1 Nr. 2 und 3 ErbStG
   + Steuerwert der Anteile an Kapitalgesellschaften
   Zwischensumme
   - Freibetrag und Bewertungsabschlag nach § 13a ErbStG
   + Steuerwert des Grundvermögens
   - Befreiungen nach § 13 Abs. 1 Nr. 2 und 3 ErbStG
   + Steuerwert des übrigen Vermögens
   - Befreiungen nach § 13 Abs. 1 Nr. 1 und 2 ErbStG
   = **Vermögensanfall nach Steuerwerten**
2. Steuerwert der Nachlassverbindlichkeiten, soweit nicht vom Abzug ausgeschlossen, mindestens Pauschbetrag für Erbfallkosten (einmal je Erbfall)
   = **abzugsfähige Nachlassverbindlichkeiten**
3. Vermögensanfall nach Steuerwerten (1.)
   - abzugsfähige Nachlassverbindlichkeiten (2.)
   - weitere Befreiungen nach § 13 ErbStG
   = **Bereicherung des Erwerbers**
4. Bereicherung des Erwerbers (3.)
   - ggf steuerfreier Zugewinnausgleich § 5 Abs. 1 ErbStG
   + ggf hinzuzurechnende Vorerwerbe § 14 ErbStG
   - persönlicher Freibetrag § 16 ErbStG
   - besonderer Versorgungsfreibetrag § 17 ErbStG
   = **stpfl Erwerb** (abzurunden auf volle hundert €)

Die **festzusetzende Erbschaftsteuer** ermittelt sich danach wie folgt (R 24a Abs. 2 ErbStR):   5
1. Tarifliche ErbSt nach § 19 ErbStG
   - Abzugsfähige Steuer nach § 14 Abs. 1 ErbStG
   - Entlastungsbetrag nach § 19a ErbStG
   = Summe 1

§ 10 ErbStG | Steuerpflichtiger Erwerb

2. Ermäßigung nach § 27 ErbStG (dabei Steuer lt Summe 1 nach § 27 Abs. 2 ErbStG aufzuteilen und zusätzlich Kappungsgrenze nach § 27 Abs. 3 ErbStG zu beachten)
   – Anrechenbare Steuer nach § 6 Abs. 3 ErbStG
   = Summe 2
3. Anrechenbare Steuer nach § 21 ErbStG (dabei Steuer lt Summe 2 nach § 21 Abs. 1 Satz 2 ErbStG aufzuteilen)
   = Summe 3
   höchstens nach § 14 Abs. 2 ErbStG begrenzte Steuer (Hälfte des Werts des weiteren Erwerbs)
   = Festzusetzende ErbSt

II. Anteile an vermögensverwaltenden Personengesellschaften (Abs. 1 Satz 3)

6 Wird ein Anteil an einer gewerblich tätigen oder gewerblich geprägten (§ 15 Abs. 3 Nr. 2 EStG) Personengesellschaft übertragen, geht er – nicht nur zivilrechtlich, sondern auch nach dem Verständnis des ErbStG – als wirtschaftliche Einheit unter Berücksichtigung von (anteiligen) Aktiva und Passiva auf den Erwerber über. Da das Gesellschaftsvermögen in diesem Fall Betriebsvermögensqualität besitzt (§ 97 Abs. 1 Satz 1 Nr. 3 BewG), wird den Gesellschaftern für die Zwecke der Besteuerung ein Anteil am – saldierten – Reinvermögen der Gesellschaft zugerechnet (§ 12 Abs. 5 ErbStG iVm § 98a BewG).

7 Im Gegensatz hierzu wird beim Übergang eines Anteils an einer vermögensverwaltenden Personengesellschaft durch Abs. 1 Satz 3 fingiert, dass nicht der Anteil selbst, sondern die im Gesellschaftsvermögen befindlichen **anteiligen Wirtschaftsgüter** erworben werden. Folglich werden dem erwerbenden Gesellschafter die einzelnen Wirtschaftsgüter bzw sonstige Besitzposten des Gesamthandsvermögens und die Gesellschaftsschulden anteilig **als Bruchteilseigentum** zugerechnet (§ 39 Abs. 2 Nr. 2 AO; R 26 Abs. 1 ErbStR).

8 Hieraus ergibt sich bei vermögensverwaltenden Personengesellschaften eine unterschiedliche Behandlung der Gesellschaftsverbindlichkeiten, je nachdem, ob der Gesellschaftsanteil von Todes wegen oder durch eine Schenkung auf den Erwerber übergeht. Beim Erwerb von Todes wegen (§ 3 ErbStG) kann der Erwerber die anteiligen Gesellschaftsschulden als Nachlassverbindlichkeiten in voller Höhe abziehen (§ 10 Abs. 5 ErbStG). Bei einer Schenkung unter Lebenden (§ 7 ErbStG) können die anteiligen Gesellschaftsschulden die Bereicherung nur nach den allgemeinen Grundsätzen der Behandlung einer freigebigen Zuwendung mindern (§ 7 Abs. 1 Nr. 1; R 26 Abs. 2 Satz 4 und 5 ErbStR). Bei einer Schenkung sind daher die Grundsätze zur Behandlung von gemischten Schenkungen bzw Schenkungen unter Auflage anzuwenden (R 26 Abs. 2 Satz 7 ErbStR), was dazu führt, dass Verbindlichkeiten nur anteilig berücksichtigt werden können (s § 7 Rn 14 ff).

9 Gehören zum Gesamthandsvermögen Anteile an einer inländischen Kapitalgesellschaft, kommen die Entlastungen nach §§ 13a, 19a ErbStG nicht in Betracht, da der Erblasser bzw Schenker nicht unmittelbar am Nennkapital der Kapitalgesellschaft beteiligt war, wie es dies Vorschriften aber voraussetzen (H 26 ErbStH).

III. Weitere Einzelregelungen (Abs. 1 Satz 4 – 6)

10 Bei **Zweckzuwendungen** (§ 8 ErbStG) bildet die Verpflichtung des Beschwerten die maßgebliche Bemessungsgrundlage (**Abs. 1 Satz 4**). Das ist konsequent, denn die nach den grdsen Bestimmungen des Abs. 1 Satz 1 und 2 vorgesehene Ermittlung der Bemessungsgrundlage auf der Grundlage der Bereicherung ist hier schlecht möglich. Die vom Erblasser oder Schenker zur Zweckerfüllung bestimmten (Geld-)Mittel stellen beim Verpflichteten gerade keine Bereicherung dar. Die Steuer soll aber genau hieraus ermittelt werden (*Meincke* § 10 Rn 21a).

11 Wird das Vermögen einer Stiftung nach § 1 Abs. 1 Nr. 4 ErbStG in Zeitabständen von 30 Jahren besteuert (sog **Ersatzerbschaftsteuer**), liegt der Steuerermittlung überhaupt kein

Vermögenserwerb zugrunde. Daher bildet das gesamte Vermögen der Stiftung die Bemessungsgrundlage für die Besteuerung (**Abs. 1 Satz 6**).

Zur Vereinfachung der Steuerberechnung sieht das Gesetz eine **Abrundung** des sich nach vorstehenden Berechnungen ergebenden stpfl Erwerbs auf volle hundert € nach u vor (**Abs. 1 Satz 5**). 12

C. Übernahme der Steuer (Abs. 2)

Nach § 20 Abs. 1 ErbStG sind Schenker und Beschenkter zwar Gesamtschuldner der Schenkungsteuer. In aller Regel wird man aber davon ausgehen müssen, dass der Schenker dem Beschenkten nur die übertragenen Vermögenswerte zuwenden will und der Beschenkte daher die hiermit verbundenen Kosten, so auch die Schenkungsteuer tragen soll. Insb bei Vermögensübertragungen zur vorweggenommenen Erbfolge will der Schenker aber häufig erreichen, dass der Beschenkte mit keinen weiteren Aufwendungen belastet ist. In diesem Fall übernimmt er die anfallende Schenkungsteuer. 13

Abs. 2 sieht für diesen Fall vor, dass sich der stpfl Erwerb aus der Summe des unentgeltlich zugewendeten Vermögens und des sich hieraus ergebenden Steuerbetrags zusammensetzt. Dass die Übernahme der Steuer durch den Schenker eine zusätzliche Bereicherung für den Beschenkten darstellt, versteht sich von selbst. Die eigentliche Bedeutung der Vorschrift ist darin zu sehen, dass bei der Berechnung nur der Erhöhungsbetrag Berücksichtigung findet, der sich durch die Übernahme der Schenkungsteuer auf die »Grundschenkung« ergibt. Es bleibt aber außer Betracht, dass die Zusammenrechnung wiederum zu einer höheren Steuer führen müsste usw. 14

Wegen dieser Vereinfachungsregel ist die Übernahme der Steuer bei einer Gesamtbetrachtung der Beteiligten in den meisten Fällen günstig (*Meincke* § 10 Rn 24; *Korezkij* DStR 1998, 784). 15

Übernimmt im Fall des § 25 ErbStG der Schenker die Steuer zB bei einem zu seinen Gunsten vorbehaltenen Nießbrauch, ist der Steuerwert der Zuwendung um die sofort zu zahlende Steuer zzgl des Ablösungsbetrages der zinslos gestundeten Steuer zu erhöhen. Dies gilt unabhängig davon, ob der Zuwendende seinerseits von der Ablösung Gebrauch macht oder der Beschenkte die Ablösung gewählt hätte, wenn er die Steuer hätte tragen müssen (BFH BStBl II 2002, 314; H 27 ErbStH). 16

D. Vereinigung von Rechten und Verbindlichkeiten (Abs. 3)

Ist eine Person gleichzeitig Gläubiger und Schuldner erlischt das Recht (Konfusion). Gleiches gilt, wenn sich Eigentum und Belastung in einer Hand vereinigen; Recht und Belastung erlöschen (Konsolidation). Solche Konstellationen sind zB gegeben, wenn der Gläubiger seinen Schuldner oder der Eigentümer den Inhaber eines dem betreffenden Gegenstand bestehenden dinglichen Rechts beerbt. 17

Abs. 3 ordnet für diesen Fall an, dass die zivilrechtlich erloschenen Rechtsverhältnisse erbschaftsteuerlich als nicht erloschen gelten. Beerbt also der Schuldner seinen Gläubiger, wird die – zivilrechtlich nicht mehr existente – Forderung bei ihm als Vermögensanfall erfasst. Das ist im Ergebnis auch richtig, denn er muss nunmehr seine bisher gegenüber dem Erblasser bestehende Verbindlichkeit nicht mehr erfüllen, was zu einer entsprechenden Bereicherung führt. 18

Umgekehrt ist der Gläubiger, der seinen Schuldner beerbt, durch den Erbfall entreichert, weil seine Forderung nun nicht mehr erfüllt wird. Die auf ihn – fiktiv – übergehende Verbindlichkeit (gegen sich selber) wird als Abzugsposten bei der Steuerberechnung berücksichtigt (Moench/*Weinmann* § 10 Rn 41). 19

E. Anwartschaft eines Nacherben (Abs. 4)

20 Ordnet der Erblasser die Vor- und Nacherbfolge (§§ 2100 ff BGB) an, führt dies im Erbfall zunächst nur zur Besteuerung des Erwerbs beim Vorerben (§ 6 Abs. 1 ErbStG). Das Nacherbrecht des Nacherben findet keine Berücksichtigung. Zivilrechtlich handelt es sich um ein Anwartschaftsrecht, das zB vererbbar ist (§ 2108 BGB). Verstirbt der Nacherbe noch vor dem Nacherbfall, geht das Nacherbrecht auf dessen Erben über. Dieser Erwerb ist steuerfrei, wie Abs. 4 feststellt. Erst mit dem Nacherbfall entsteht eine entsprechende Steuerpflicht.

21 Demgegenüber stellt bei einer entgeltlichen Übertragung des Anwartschaftsrechts das Entgelt nach § 3 Abs. 2 Nr. 6 ErbStG einen stpfl Erwerb dar.

F. Abzugsfähige Nachlassverbindlichkeiten (Abs. 5)

I. Allgemeines

22 Nach dem **Nettoprinzip** soll beim Erwerber grds nur die Bereicherung besteuert werden, die sich unter Berücksichtigung nicht nur des Vermögensanfalls, sondern auch der damit verbundenen Verbindlichkeiten ergibt (Abs. 1 Satz 2). Abs. 5 legt fest, welche Verbindlichkeiten bei der Berechnung des Nettoerwerbs abzugsfähig sind. Anschließend bestimmen Abs. 6 – 9 welche Verbindlichkeiten nicht abgezogen werden dürfen.

23 Zivilrechtlich haftet der Erbe für die Nachlassverbindlichkeiten, § 1967 BGB. Zu ihnen gehören einerseits die vom Erblasser herrührenden Schulden, andererseits die den Erben als solchen treffenden Verbindlichkeiten, insb die Verbindlichkeiten aus Pflichtteilsrechten, Vermächtnissen und Auflagen. Abs. 5 knüpft an diese Unterscheidung an und differenziert zwischen den Erblasserschulden (Abs. 5 Nr. 1), den Verbindlichkeiten aus Vermächtnissen, Auflagen und Pflichtteilen (Abs. 5 Nr. 2) und weiteren Nachlassverbindlichkeiten (Abs. 5 Nr. 3).

24 Alle Verbindlichkeiten, die zum Abzug zugelassen werden sollen, müssen in Zusammenhang mit dem Erwerb stehen. Die abzuziehende Schuld oder Last muss dabei grds im Besteuerungszeitpunkt bestehen und auch wirtschaftlich eine Last darstellen (BFH BStBl II 2003, 267; Moench/*Weinmann* § 10 Rn 46). Werden Nachlassverbindlichkeiten erst nachträglich bekannt, kann die Steuerfestsetzung nach § 173 Abs. 1 Satz 1 Nr. 2 AO wegen neuer Tatsachen geändert werden, wenn den Steuerpflichtigen kein grobes Verschulden an dem verspäteten Vorbringen trifft (Moench/*Weinmann* § 10 Rn 48).

II. Erblasserschulden (Abs. 5 Nr. 1)

25 Die vom Erblasser herrührenden Schulden sind abzugsfähig. Hierbei kann es sich um Schulden handeln, die bereits zu Lebzeiten des Erblassers entstanden sind, solche, die mit dem Erbfall entstehen und ausnahmsweise sogar solche, die erst nach dem Erbfall entstehen, deren Grund aber bereits zu Lebzeiten des Erblassers gelegt war (*Meincke* § 10 Rn 32, Moench/*Weinmann* § 10 Rn 51; zu den erst nach dem Erbfall entstehenden Verbindlichkeiten s Rn 30 f).

26 Abs. 5 Nr. 1 stellt klar, dass Verbindlichkeiten, die bereits nach § 12 Abs. 5 und 6 ErbStG bei der Ermittlung des Erwerbs berücksichtigt worden sind, weil sie mit einem zum Erwerb gehörenden Betrieb in Zusammenhang stehen, nicht zu berücksichtigen sind. Die Einschränkung verhindert den doppelten Schuldenabzug.

27 Zu den Verbindlichkeiten, die mit dem Erbfall entstehen, gehört die **güterrechtliche Zugewinnausgleichsforderung** nach § 1371 Abs. 2 BGB. Sie entsteht kraft Gesetzes mit der Beendigung des Güterstands, also etwa mit dem Tod des Erblassers (§ 1378 Abs. 3 BGB). Auch wenn der überlebende Ehegatte zwar Erbe oder Vermächtnisnehmer wird, die Erbschaft oder das Vermächtnis aber ausschlägt (§ 1371 Abs. 3 BGB), stellt der Ausgleichsanspruch eine Erblasserschuld dar, da die Ausschlagung der Erbschaft oder des Ver-

mächtnisses durch den Ehegatten auf den Zeitpunkt des Erbfalls zurückwirkt (Soergel/ *Lange* § 1378 Rn 9). Die Entstehung des Anspruchs und damit seine Abzugsfähigkeit nach Abs. 5 Nr. 1 ist nicht davon abhängig, dass der länger lebende Ehegatte den Anspruch tatsächlich auch geltend macht (Staudinger/*Thiele* § 1378 Rn 12; Moench/*Weinmann* § 10 Rn 51). Verzichtet der Ehegatte ganz oder teilweise auf die entstandene Ausgleichsforderung, so stellt dies insoweit eine Schenkung nach § 7 Abs. 1 Nr. 1 ErbStG an den Erben dar (Moench/*Weinmann* § 10 Rn 51).

Die lediglich **fiktive Zugewinnausgleichsforderung** iSv § 5 Abs. 1 ErbStG stellt demgegenüber keine Erblasserschuld dar. Sie besteht bürgerlich-rechtlich gar nicht und kann deshalb auch nicht vererbt werden. Es handelt sich lediglich um einen für die Steuerberechnung fingierten Anspruch (BFH NV 2001, 1266; Moench/*Weinmann* § 10 Rn 51). 28

Steuerschulden des Erblassers sind abzugsfähig, soweit sie am Stichtag in der Person des Erblassers entstanden und nicht erloschen sind. Das gilt unabhängig davon, ob sie zu diesem Zeitpunkt bereits festgesetzt waren (FG Hamburg EFG 1991, 130). Auch die steuerlichen Nebenleistungen, wie zB die Zinsen nach §§ 233a, 235 AO sind abzugsfähig, soweit sie auf den Zeitraum bis zum Todestag entfallen (Moench/*Weinmann* § 10 Rn 54). Ein Abzug von Steuerverbindlichkeiten kommt demgegenüber nicht in Betracht, wenn sie den Erwerber wirtschaftlich nicht belasten, etwa weil bereits Festsetzungsverjährung eingetreten ist (BFH NV 1999, 1339). 29

Zu den Erblasserschulden, die erst nach dem Tod des Erblassers entstehen, zu denen aber bereits der Erblasser den Grund gelegt hat, zählen **Schadensersatzansprüche**, die auf einer Vertragsverletzung oder einer unerlaubten Handlung des Erblassers beruhen, soweit der Schaden aber erst nach dem Erbfall eingetreten ist (*Meincke* § 10 Rn 32; Moench/*Weinmann* § 10 Rn 51). 30

Ob hierzu auch eine **latenten Ertragsteuerbelastung** gehört, ist umstritten. Die Rechtsprechung lehnt eine Berücksichtigung ab (BFH NV 1990, 643). Die später realisierte Ertragsteuer auf die vom Erblasser gebildeten stillen Reserven stelle eine Steuer und damit eine Schuld des Erben dar, nicht des Erblassers (so auch Moench/*Weinmann* § 10 Rn 51, aA *Meincke* § 10 Rn 32). 31

III. Vermächtnisse, Auflagen, Pflichtteilsansprüche (Abs. 5 Nr. 2)

Zu den Erbfallschulden gehören die nach Abs. 5 Nr. 2 zu berücksichtigenden Belastungen aus Vermächtnissen, Auflagen und Pflichtteilsansprüchen. Die ebenso zu berücksichtigenden Erbersatzansprüche spielen in der Praxis nach der Gleichstellung der nichtehelichen mit den ehelichen Abkömmlingen durch das Erbrechtsgleichstellungsgesetz v 16. 12. 1997 (BGBl I 1997, 2968) keine Rolle mehr (s § 3 Rn 13 f). 32

Grds sind Verbindlichkeiten nur zu berücksichtigen, wenn sie den Erwerber wirtschaftlich belasten (s Rn 24). Das Gesetz lässt bei einem **Pflichtteilsanspruch** den Abzug aber ausdrücklich nur dann zu, wenn er tatsächlich geltend gemacht wurde. Demgegenüber ist die Erfüllung des (geltend gemachten) Anspruchs keine Voraussetzung für die Abzugsfähigkeit (BFH BStBl II 1999, 23). Zur Frage, wann ein Pflichtteilsanspruch geltend gemacht ist, s § 9 Rn 20 ff 33

Die durch ein **Vermächtnis** für den Erwerber bestehende Belastung ist zu berücksichtigen. Das gilt nicht nur für den Erben, sondern kann auch für einen Vermächtnisnehmer gelten, der seinerseits durch ein (weiteres) Vermächtnis belastet ist. Der Vermächtnisnehmer kann das (Unter-)Vermächtnis von seinem Erwerb abziehen (*Meincke* § 10 Rn 37). Die Geltendmachung des Anspruchs durch den Vermächtnisnehmer ist keine Voraussetzung für den Abzug des Vermächtnisses durch den Erben oder Vermächtnisnehmer (Moench/*Weinmann* § 10 Rn 63). 34

Zu den abzugsfähigen Erbfallschulden gehören auch **Auflagen**, die der Erblasser angeordnet hat. Besonders häufig ist in der Praxis die Auflage einer – meistens in bestimmter Weise vorgegebenen – Grabpflege. Der Auflagenbeschwerte kann dann sämtliche hiermit 35

§ 10 ErbStG | Steuerpflichtiger Erwerb

verbundenen Kosten abziehen, ohne – wie etwa nach Abs. 5 Nr. 3 – auf die Kosten einer angemessenen Grabpflege beschränkt zu sein. Allerdings kann er dann nicht zusätzlich den Pauschbetrag nach Abs. 5 Nr. 3 Satz 2 in Anspruch nehmen (*Meincke* § 10 Rn 39).

36 Nicht zu den Erbfallschulden gehören die sich aus einer **Teilungsanordnung** (§ 2048 BGB) ergebende Belastung (BFH BStBl II 1983, 329) und eine **Ausgleichspflicht** nach §§ 2050 f BGB (*Meincke* § 10 Rn 40).

IV. Sonstige Nachlassverbindlichkeiten (Abs. 5 Nr. 3)

1. Kosten der Bestattung und der Grabpflege

37 Die für die Bestattung des Erblassers, ein angemessenes Grabdenkmal und eine übliche Grabpflege entstehenden Kosten können als weitere Nachlassverbindlichkeiten abgezogen werden (Abs. 5 Nr. 3). Berücksichtigungsfähig sind insb folgende Kosten: übliche Beerdigung oder Feuerbestattung, Überführungskosten, Todesanzeigen, Trauerfeierlichkeiten, Trauerkleidung, Grabstelle und ihre Herrichtung, Danksagungen (*Meincke* § 10 Rn 43; *Moench/Weinmann* § 10 Rn 70).

38 In vielen Fällen reicht der Pauschbetrag nach Abs. 5 Nr. 3 Satz 2 (10.300 €, s Rn 45 ff) aus, um die tatsächlich entstandenen Kosten zu decken. Übersteigen die tatsächlichen Kosten diesen Betrag, müssen sie durch entsprechende Belege nachgewiesen werden.

39 Hat der Erblasser seine Bestattung und/oder Grabpflege bereits zu Lebzeiten vertraglich geregelt und bezahlt, entstehen für die Erben insoweit keine Kosten. Der Pauschbetrag nach Abs. 5 Nr. 3 Satz 2 kann gleichwohl in Anspruch genommen werden (H 29 ErbStH). Hat der Erblasser die durch vertragliche Vereinbarung entstandene Verbindlichkeit gegenüber dem Bestattungsinstitut noch nicht beglichen, handelt es sich im Erbfall um eine Nachlassverbindlichkeit nach Abs. 5 Nr. 1. Auch insoweit entstehen für den Erben keine Beerdigungskosten. Der Pauschbetrag steht auch hier zur Verfügung (H 29 ErbStH).

40 Zu weiteren Einzelheiten zu den berücksichtigungsfähigen Grabpflegekosten siehe die umfangreichen Ausführungen der Finanzverwaltung in H 29 ErbStH.

2. Nachlassabwicklungskosten

41 Zu den sonstigen abzugsfähigen Nachlassverbindlichkeiten gehören auch die sog Nachlassabwicklungskosten, also alle Kosten, die dem Erwerber unmittelbar im Zusammenhang mit der Abwicklung, Regelung oder Verteilung des Nachlasses entstehen. Auch für diese Kosten, gilt der Pauschbetrag nach Abs. 5 Nr. 3 Satz 2 (s Rn 45 ff). Auch die Nachlassabwicklungskosten sind also iE nachzuweisen, wenn – ggf zusammen mit den Kosten für Bestattung und Grabpflege – ein höherer Betrag als der Pauschbetrag geltend gemacht werden soll.

42 Der Begriff der Nachlassabwicklungskosten ist weit auszulegen (*Meincke* § 10 Rn 44). Hierunter fallen Ausgaben wie die Kosten der Todeserklärung, Auslagen für die Eröffnung des Testaments, Kosten der gerichtlichen oder außergerichtlichen Nachlassregulierung, Ausgaben an Gerichte, Notare bzw Anwälte zur Erlangung eines Erbscheins, für Grundbuchumschreibungen, für die Nachlasspflegschaft und Nachlasssicherung, Kosten für eine Bereinigung von Nachlassschulden, für die Inventarerrichtung oder die Kosten der Erbauseinandersetzung usw (vgl *Moench/Weinmann* § 10 Rn 79; *Meincke* § 10 Rn 44).

43 Ob zu den abzugsfähigen Nachlassabwicklungskosten auch die mit der Erstellung der Erbschaftsteuererklärung zusammenhängenden Kosten, also insb die Kosten für den Steuerberater gehören, war lange Zeit umstritten. Die Finanzverwaltung gestattet inzwischen den Abzug (H 29 ErbStH). Zu diesen Aufwendungen gehören aber nicht die Kosten für den Steuerberater oder RA, die in einem sich an die Steuerfestsetzung anschließenden Rechtsbehelfsverfahren oder einem finanzgerichtlichen Verfahren anfallen (H 29 ErbStH).

3. Erwerbskosten

Auch die Kosten, die der Erwerber unmittelbar im Zusammenhang mit der Erlangung des Erwerbs tragen muss, sog Erwerbskosten, sind abzugsfähig. Zu diesen Kosten können insb gehören: die Erbenermittlungskosten, prozessbedingte Gerichts- und Anwaltskosten, die zur Erlangung des Nachlasses bzw zur Einziehung von Ansprüchen aus dem Nachlass entstehen und Abfindungen, die der Erwerber zur Erlangung seiner Rechtsstellung zahlt (vgl Moench/*Weinmann* § 10 Rn 80; *Meincke* § 10 Rn 48).

4. Pauschbetrag (Abs. 5 Nr. 3 Satz 2)

Für die in Abs. 5 Nr. 3 angeführten Nachlassverbindlichkeiten (Kosten der Bestattung und Grabpflege, Nachlassabwicklungskosten, Erwerbskosten, s Rn 37 ff) können insgesamt 10.300 € als Pauschbetrag abgezogen werden. Dabei spielt es keine Rolle, ob tatsächlich in dieser Höhe oder überhaupt entsprechende Kosten angefallen sind. Nachweise sind nicht zu erbringen.

Sollen höhere Kosten geltend gemacht werden, so sind diese in voller Höhe durch geeignete Belege nachzuweisen. Daneben kommt dann die Geltendmachung des Pauschbetrages nicht in Betracht (R 30 Abs. 1 ErbStR).

Grds kann jeder Erwerber die nachgewiesenen Kosten oder den Pauschbetrag von seinem Erwerb abziehen. Voraussetzung hierfür ist allerdings, dass er zur Kostenübernahme verpflichtet ist, wobei es sich nicht unbedingt um eine rechtliche Verpflichtung (wie zB für den Erben, § 1968 BGB) handeln muss. Ausreichend ist insoweit auch eine lediglich sittliche Verpflichtung (R 30 Abs. 2 Satz 3 ErbStR). Sind danach mehrere Erwerber (Erben und/oder Vermächtnisnehmer) zur Kostenübernahme verpflichtet, sind entweder die insgesamt entstandenen Kosten iE nachzuweisen oder der Pauschbetrag ist anteilig geltend zu machen (R 30 Abs. 3 ErbStR).

5. Verwaltungskosten (Abs. 5 Nr. 3 Satz 3)

Die Kosten, die für die Verwaltung des Nachlasses anfallen, sind nicht abzugsfähig (Abs. 5 Nr. 3 Satz 3). Es handelt sich um Kosten, die in der Vermögenssphäre des Erwerbers entstehen, ohne dass sie sich auf den Zeitpunkt des Erwerbs zurückbeziehen lassen. Nicht der Erwerb des Vermögens ist Anlass solcher Aufwendungen, sondern die weitere Verwendung des Vermögens, so dass ein Abzug mit erwerbsmindernder Wirkung nicht in Betracht kommt.

Zu solchen Verwaltungskosten gehören die Kosten für die Anlage des geerbten Vermögens, Aufwendungen für die Reparatur oder den Ausbau eines geerbten Hauses, die laufenden Gebühren, die für Nachlassgegenstände zu zahlen sind, die Kosten einer Dauertestamentsvollstreckung oder die Kosten der Nachlassauflösung (vgl Moench/*Weinmann* § 10 Rn 82; *Meincke* § 10 Rn 52).

G. Beschränkung des Schuldenabzugs (Abs. 6)

Schulden und Lasten dürfen nicht berücksichtigt werden, soweit sie in wirtschaftlichem Zusammenhang mit Vermögensgegenständen stehen, die nicht der Besteuerung nach dem ErbStG unterliegen (**Abs. 6 Satz 1**). Der Regelung liegt der Gedanke zugrunde, dass Schulden und Lasten nicht den Erwerb mindern sollen, wenn das »zugehörige« Vermögen selber überhaupt nicht der Besteuerung unterliegt. Die steuerliche Unbeachtlichkeit eines Vermögensgegenstandes soll sich also nicht nur auf seine werterhöhenden Aspekte, sondern auch auf seine Vermögensnachteile erstrecken (*Meincke* § 10 Rn 53).

Die Schulden, die insoweit nicht zum Abzug zugelassen sind, stehen demnach im Zusammenhang mit Vermögensposten, die entweder nicht zum steuerbaren Erwerb zählen (zB § 10 Abs. 4 ErbStG) oder im Wege einer sachlichen Steuerbefreiung nicht der Besteuerung unterliegen (zB § 13 Abs. 1 Nr. 2 oder 3 ErbStG). Hingegen wird der Schuldenabzug nicht eingeschränkt bei Vermögensgegenständen, für die der Erwerber lediglich im Rahmen der Wertermittlung (zB nach § 13 Abs. 1 Nr. 1 ErbStG) einen pauschalen Freibetrag erhält (R 31 Abs. 3 ErbStR). Erst recht führt die Inanspruchnahme des persönlichen Freibetrages (§ 16 ErbStG) oder des besonderen Versorgungsfreibetrages (§ 17 ErbStG) nicht zur Schuldenkürzung.

52 Ein **wirtschaftlicher Zusammenhang** liegt vor, wenn die Schuldentstehung unmittelbar auf einem Vorgang beruht, der das belastete Wirtschaftsgut selbst betrifft (BFH HFR 1966, 401). Die Schuld muss den betroffenen Vermögensgegenstand »tatsächlich belasten« (BFH BStBl III 1967, 596). Typischer Fall ist die Aufnahme eines (nicht zwingend dinglich gesicherten) Darlehens zur Finanzierung eines Grundstückskaufpreises (BFH BStBl III 1962, 535).

53 Bei **beschränkter Steuerpflicht** (§ 2 Abs. 1 Nr. 3 ErbStG) und in den Fällen, in denen die eigentlich unbeschränkte Steuerpflicht durch ein DBA eingeschränkt ist (§ 19 Abs. 2 ErbStG) sind nur die Verbindlichkeiten zum Abzug zugelassen, die mit dem der Steuer unterliegenden (Inlands-)Vermögen in wirtschaftlichem Zusammenhang stehen (**Abs. 6 Satz 2**). Im Umkehrschluss folgt hieraus, dass alle anderen Schulden vom Abzug ausgeschlossen sind.

54 Die mit **teilweise befreiten Vermögensgegenständen** in wirtschaftlichem Zusammenhang stehenden Schulden und Lasten sind nur mit dem Betrag abzugsfähig, der dem stpfl Teil entspricht (**Abs. 6 Satz 3**). Dies gilt etwa für nach § 13 Abs. 1 Nr. 2 lit. a ErbStG iHv 60 % befreite Kulturgüter. Die hiermit in wirtschaftlichem Zusammenhang stehenden Verbindlichkeiten sind iHv ebenfalls 60 % vom Abzug ausgeschlossen, also nur zu 40 % abzugsfähig.

55 Nach der gleichen Systematik sind Verbindlichkeiten zu behandeln, die mit verschiedenen Vermögensgegenständen in wirtschaftlichem Zusammenhang stehen, von denen der eine von der Steuerpflicht ausgenommen ist, während die anderen der Steuerpflicht unterliegen. In diesem Fall ist eine Aufteilung des Schuldbetrages vorzunehmen (*Meincke* § 10 Rn 57). Zu den Nachlassverbindlichkeiten, die hiernach ggf der Aufteilung bedürfen, gehören Pflichtteilsansprüche. Sie stehen mit allen erworbenen Wirtschaftsgütern in wirtschaftlichem Zusammenhang (R 31 Abs. 2 ErbStR) und müssen daher entsprechend dem Anteil nicht der Besteuerung unterliegender Nachlassgegenstände gekürzt werden (*Meincke* § 10 Rn 57).

56 **Betriebsschulden** eines Gewerbebetriebs (§ 103 Abs. 1 BewG) gehören zur wirtschaftlichen Einheit des Gewerbebetriebs und werden mit den Besitzposten saldiert (§ 98a BewG). **Abs. 6 Satz 4** stellt klar, dass hierbei trotz der Begünstigung durch § 13a ErbStG keine Kürzung vorzunehmen ist, vielmehr die Schulden in voller Höhe berücksichtigt werden. Im Ergebnis werden allerdings bei der Entlastung des Erwerbs von Gewerbebetrieben in gleichem Maße wie das gesamte Betriebsvermögen auch die Betriebsschulden gekürzt. Schulden und Lasten, die nicht Betriebsschulden iSv § 103 Abs. 1 BewG sind, aber mit dem nach § 13a ErbStG befreiten Betriebsvermögen in wirtschaftlichem Zusammenhang stehen (zB Nießbrauchslast am Gewerbebetrieb), bleiben nach Abs. 6 Satz 4 in vollem Umfang abzugsfähig.

57 Etwas anderes gilt für Schulden und Lasten, die mit dem nach § 13a ErbStG befreiten Vermögen eines Betriebs der **Land- und Forstwirtschaft** oder mit den nach § 13a ErbStG befreiten **Anteilen an einer Kapitalgesellschaft** in wirtschaftlichem Zusammenhang stehen. Nach **Abs. 6 Satz 5** sind solche Verbindlichkeiten nur mit einem gekürzten Betrag abzugsfähig, der sich aus dem Verhältnis des nach Anwendung des § 13a ErbStG anzusetzenden Werts dieses Vermögens zu dem Wert vor Anwendung des § 13a ErbStG errechnet. Eine solche Kürzung ist etwa bei der Berechnung des Kapitalwerts eines Nießbrauchsvorbehalts zu beachten (FG Düsseldorf EFG 2003, 1259).

58 Der nur gekürzte Schuldenabzug ist vor dem Hintergrund verständlich, dass bei der Bewertung eines Betriebes der Land- und Forstwirtschaft die mit diesem Betrieb in

Zusammenhang stehenden Schulden nicht berücksichtigt werden (§ 140 Abs. 1 Satz 1 iVm § 33 Abs. 3 Nr. 2 BewG). Ebenso werden die etwa zum Erwerb einer Beteiligung an einer Kapitalgesellschaft aufgenommenen Verbindlichkeiten nicht bei der Bewertung der Beteiligung berücksichtigt. In beiden Fällen erfolgt die Berücksichtigung der Verbindlichkeiten erst bei der Berechnung des stpfl Erwerbs. Abs. 6 Satz 5 verhindert, dass die sich nur aus positiven Werten zusammensetzenden Vermögensgegenstände bei einem Betrieb der Land- und Forstwirtschaft bzw der Anteil an einer Kapitalgesellschaft einerseits nach § 13a ErbStG gekürzt werden, auf der anderen Seite aber ein vollständiger Schuldenabzug erfolgt.

Die Folge des nur gekürzten Schuldabzugs kann im Einzelfall dazu führen, dass sich die 59 Steuervergünstigungen des § 13a ErbStG im Ergebnis zu Lasten des Steuerpflichtigen auswirken, nämlich dann, wenn sich durch die Kürzung der Verbindlichkeiten ein vorhandener Schuldenüberhang (die Verbindlichkeiten übersteigen den Steuerwert des Vermögens) verringert. Der Steuerpflichtige hat daher nach § 13a Abs. 6 ErbStG die Möglichkeit, auf die Anwendung des § 13a Abs. 1 und Abs. 2 ErbStG (Freibetrag und Bewertungsabschlag) zu verzichten. Danach ist ein Abzug der Schulden ohne Kürzung nach Abs. 6 Satz 5 möglich (R 31 Abs. 5 ErbStR).

H. Familienstiftungen (Abs. 7)

Abs. 7 steht im Zusammenhang mit Abs. 1 Satz 6. Danach unterliegen Familienstiftungen 60 mit ihrem Vermögen der Ersatzerbschaftsteuer iSv § 1 Abs. 1 Nr. 4 ErbStG. Sieht die Stiftungssatzung vor, dass Leistungen an Dritte erbracht werden, stellen solche Leistungen für die Stiftung Vermögensverwendungen dar, die nicht abzugsfähig sein können (*Meincke* § 10 Rn 58).

I. Abzugsverbot für die eigene Erbschaftsteuer (Abs. 8)

Die auf den eigenen Erwerb entfallende Erbschaftsteuerbelastung kann nicht als Nach- 61 lassverbindlichkeit vom Erwerb abgezogen werden. Diese Regelung des Abs. 8 erklärt sich wohl weniger als Vereinfachungsregel. Das rechnerische Problem der Reduzierung der eigenen Bemessungsgrundlage durch die Steuer hätte auch anders gelöst werden können, wie das Beispiel der Gewerbesteuer zeigt (*Meincke* § 10 Rn 59; Moench/*Weinmann* § 10 Rn 103). Im Ergebnis führt die Regelung zu einer sehr hohen Steuerquote, wenn man den Steuerbetrag mit der verbleibenden Nettobereicherung nach Steuerzahlung vergleicht (Moench/*Weinmann* § 10 Rn 103).

Vom Abzug ausgeschlossen ist nur die eigene Steuer des Erwerbers. Hierbei kann es sich 62 auch um eine ausländische Erbschaft- oder Schenkungsteuer oder um eine Steuer handeln, die der deutschen Erbschaft- oder Schenkungsteuer entspricht. Abzugsfähig ist demgegenüber die kanadische »capital gains tax« (BFH BStBl II 1995, 540; H 32 ErbStH).

J. Abzugsverbot für Auflagen (Abs. 9)

Grds können Auflagen, die den Erwerb wirtschaftlich belasten, abgezogen werden (Abs. 5 63 Nr. 2). Etwas anderes gilt für Auflagen, die dem Beschwerten selbst zugute kommen (Abs. 9). In solchen Fällen ist durch die Anordnung der Auflage zwar die Dispositionsmöglichkeit des Erwerbers eingeschränkt, seine wirtschaftliche Bereicherung ist aber regelmäßig nicht geschmälert, weil sich Belastung und Nutzen der Auflage im Ergebnis neutralisieren. Das gilt zB für den Fall, dass der Erblasser dem Erben zur Auflage macht, das an ihn vererbte Haus zu renovieren (*Meincke* § 10 Rn 60).

§ 11 Bewertungsstichtag

Für die Wertermittlung ist, soweit in diesem Gesetz nichts anderes bestimmt ist, der Zeitpunkt der Entstehung der Steuer maßgebend.

A. Wertermittlung

1 § 11 ErbStG regelt den Bewertungsstichtag, also den Zeitpunkt, der für die Ermittlung der Bemessungsgrundlage für die Steuer maßgebend ist. Grds ist dies der Zeitpunkt der Steuerentstehung (§ 9 ErbStG).

2 Damit ist entscheidender Bewertungsstichtag bei **Erwerben von Todes wegen** der Erbfall (§ 11 iVm § 9 Abs. 1 Nr. 1 ErbStG), bei **Schenkungen unter Lebenden** der Zeitpunkt der Ausführung der Zuwendung (§ 11 iVm § 9 Abs. 1 Nr. 2 ErbStG).

3 In einzelnen Fällen entsteht die Steuer und erfolgt somit die Bewertung des Erwerbs nach dem Todestag. Das gilt zB für einen **Pflichtteilsanspruch**, der beim Pflichtteilsberechtigten auf den Zeitpunkt seiner Geltendmachung zu bewerten ist (§ 11 iVm § 9 Abs. 1 Nr. 1 lit. b ErbStG). Die Pflichtteilsschuld beim Erben ist demgegenüber nach den Verhältnissen vom Todestag zu bewerten (*Meincke* § 11 Rn 4).

4 Wird eine durch letztwillige Verfügung errichtete **Stiftung** erst nach dem Todestag anerkannt, so ist als Wertermittlungsstichtag der Tag der Anerkennung der Stiftung und nicht der Todestag des Erblassers maßgebend (§ 11 iVm § 9 Abs. 1 Nr. 1 lit. c iVm § 3 Abs. 2 Nr. ErbStG). Ein Vermögenszuwachs zwischen Todestag und Genehmigung der Stiftung unterliegt daher der Erbschaftsteuer (BFH BStBl II 1996, 99).

5 Sofern das Gesetz nicht ausnahmsweise eine **rückwirkende Einflussnahme** des Steuerpflichtigen auf die Steuerberechnung zulässt (zB in § 6 Abs. 2 Satz 2 ErbStG oder in § 23 Abs. 1 Satz 1 ErbStG), steht am Bewertungsstichtag die Steuer nicht nur dem Grunde, sondern auch der Höhe nach fest. Die Erbschaftsteuer ist insoweit eine strenge **Stichtagssteuer** (Moench/*Weinmann* § 11 Rn 1). Aus dem Prinzip der Stichtagssteuer folgt zugleich, dass nachträglich Maßnahmen der Steuerpflichtigen – von den gesetzlich vorgesehenen Ausnahmefällen abgesehen – keinen Einfluss auf die Bemessungsgrundlage und damit auf die Steuer selber haben können.

6 Insb können Schenkungen nicht etwa rückwirkend vereinbart (»rückdatiert«) werden (BFH BStBl III 1963, 442).

7 Auch wenn ertragsteuerlich die Rückwirkung einer Umwandlung nach dem UmwStG in bestimmten Grenzen zulässig ist (vgl § 2 Abs. 1 UmwStG), ändert dies die für die Erbschaft- oder Schenkungsteuer maßgebliche Lage zum Zeitpunkt der Steuerentstehung nicht (R 34 ErbStR; *Meincke* § 11 Rn 7; Moench/*Weinmann* § 11 Rn 2).

8 Lässt sich der Stichtag nicht mehr genau feststellen, ist eine Schätzung des maßgeblichen Zeitpunkts möglich. Daneben kommt auch die Schätzung eines Stichtagswertes in Betracht (Moench/*Weinmann* § 11 Rn 3). Wertaufhellende Umstände, also Erkenntnisse, die bei einer späteren Steuerveranlagung vorliegen, am Stichtag aber noch nicht vorhanden waren, können bei der Besteuerung berücksichtigt werden (*Meincke* § 11 Rn 3). Die Berücksichtigung nachträglicher Wertveränderungen oder neuer Erkenntnisse über zukünftige Erträge (§ 15 Abs. 3 BewG) ist wegen des Stichtagsprinzips nicht zulässig (Moench/*Weinmann* § 11 Rn 3).

9 § 11 lässt **Ausnahmen** vom grds strengen Stichtagsprinzip zu. Es gilt nur, »soweit in diesem Gesetz nichts anderes bestimmt ist«. Eine solche Sonderregelung stellt § 14 Abs. 1 Satz 1 ErbStG dar. Danach sind bei einer Zusammenrechnung mehrerer Erwerbe die früheren Erwerbe mit ihren damaligen Werten anzusetzen.

B. Wertveränderungen nach dem Stichtag

10 Das strenge Stichtagsprinzip des § 11 ErbStG kann in Einzelfällen zu Härten bei der Besteuerung führen. Wertveränderungen nach dem Stichtag sind nicht zu berücksichti-

gen. Dies gilt auch dann, wenn sich der Wert des erworbenen Vermögens nach dem Bewertungsstichtag vermindert, ohne dass der Erwerber diese Wertminderung hätte verhindern können, etwa weil ihm wegen einer angeordneten Testamentsvollstreckung die Verfügungsbefugnis entzogen war (BFH NV 2000, 320).

In derartigen Konstellationen können aber Härtefälle gegeben sein, die Billigkeitsmaßnahmen der Finanzverwaltung nahe legen, jedenfalls dann, wenn sich eine Steuerbelastung ergibt, die fast das gesamte erworbene Vermögen aufzehrt (*Meincke* § 11 Rn 5). Als Billigkeitsmaßnahmen kommen insb eine Stundung (§ 222 AO) oder auch ein Steuererlass (§§ 163, 227 AO) in Betracht (BVerfG BStBl II 1995, 671; Moench/*Weinmann* § 11 Rn 7). In der Praxis macht die Finanzverwaltung von solchen Maßnahmen aber mehr als zurückhaltend Gebrauch. 11

§ 12 Bewertung

(1) Die Bewertung richtet sich, soweit nicht in den Absätzen 2 bis 6 etwas anderes bestimmt ist, nach den Vorschriften des Ersten Teils des Bewertungsgesetzes (Allgemeine Bewertungsvorschriften).

(2) ¹Ist der gemeine Wert von Anteilen an einer Kapitalgesellschaft unter Berücksichtigung des Vermögens und der Ertragsaussichten zu schätzen (§ 11 Abs. 2 Satz 2 des Bewertungsgesetzes), wird das Vermögen mit dem Wert im Zeitpunkt der Entstehung der Steuer angesetzt. ²Der Wert ist nach den Grundsätzen der Absätze 5 und 6 zu ermitteln. ³Dabei sind der Geschäfts- oder Firmenwert und die Werte von firmenwertähnlichen Wirtschaftsgütern nicht in die Ermittlung einzubeziehen.

(3) Grundbesitz (§ 19 des Bewertungsgesetzes) ist mit dem Grundbesitzwert anzusetzen, der nach dem Vierten Abschnitt des Zweiten Teils des Bewertungsgesetzes (Vorschriften für die Bewertung von Grundbesitz für die Erbschaftsteuer ab 1. Januar 1996 und für die Grunderwerbsteuer ab 1. Januar 1997) auf den Zeitpunkt der Entstehung der Steuer festgestellt wird.

(4) Bodenschätze, die nicht zum Betriebsvermögen gehören, werden angesetzt, wenn für sie Absetzungen für Substanzverringerung bei der Einkunftsermittlung vorzunehmen sind; sie werden mit ihren ertragsteuerlichen Werten angesetzt.

(5) ¹Für den Bestand und die Bewertung von Betriebsvermögen mit Ausnahme der Bewertung der Betriebsgrundstücke (Absatz 3) sind die Verhältnisse zur Zeit der Entstehung der Steuer maßgebend. ²Die §§ 95 bis 99, 103, 104 und 109 Abs. 1 und 2 und § 137 des Bewertungsgesetzes sind entsprechend anzuwenden. ³Zum Betriebsvermögen gehörende Wertpapiere, Anteile und Genußscheine von Kapitalgesellschaften sind vorbehaltlich des Absatzes 2 mit dem nach § 11 oder § 12 des Bewertungsgesetzes ermittelten Wert anzusetzen.

(6) Ausländischer Grundbesitz und ausländisches Betriebsvermögen werden nach § 31 des Bewertungsgesetzes bewertet.

Inhaltsverzeichnis

		Rn
A.	Allgemeines	1–5
B.	Allgemeine Bewertungsvorschriften	6–32
	I. Mehrere Beteiligte (Abs. 1 iVm § 3 BewG)	7–9
	II. Bedingte und befristete Erwerbe (Abs. 1 iVm §§ 4 – 8 BewG)	10–20
	III. Gemeiner Wert (Abs. 1 iVm § 9 BewG)	21–30
	IV. Teilwert (Abs. 1 iVm § 10 BewG)	31–32
C.	Wertpapiere und Anteile (Abs. 1 und 2 iVm § 11 BewG)	33–67

§ 12 ErbStG | Bewertung

I.	Notierte Anteile (§ 11 Abs. 1 BewG)	34
	1. Kurswert	34–37
	2. Paketzuschlag	38
	3. Investmentanteile	39
II.	Nichtnotierte Anteile (§ 11 Abs. 2 BewG)	40
	1. Ableitung des gemeinen Werts aus Verkäufen (§ 11 Abs. 2 Satz 2 BewG)	41–42
	2. Schätzung nach dem Stuttgarter Verfahren (§ 11 Abs. 2 Satz 2 BewG)	43–45
	a) Regelbewertung	46–63
	b) Sonderregelungen	64–67
D. Kapitalforderungen und Schulden (Abs. 1 iVm § 12 BewG)		68–76
E. Wiederkehrende Nutzungen und Leistungen (Abs. 1 iVm §§ 13–16 BewG)		77–92
F. Grundbesitz (Abs. 3)		93–136
I.	Feststellungsverfahren	96–100
II.	Land- und forstwirtschaftliches Vermögen	101–103
III.	Unbebaute Grundstücke	104–106
IV.	Bebaute Grundstücke	107–136
	1. Grundstücke mit ermittelbarer Jahresmiete (§ 146 BewG)	109–120
	2. Grundstücke ohne ermittelbare Jahresmiete (§ 147 BewG)	121–123
	3. Erbbaurecht, Bauten auf fremden Grund und Boden (§ 148 BewG)	124–128
	4. Grundstück im Zustand der Bebauung (§ 149 BewG)	129–132
	5. Gebäude für den Zivilschutz (§ 150 BewG)	133
	6. Betriebsgrundstücke, Auslandsgrundstücke	134–136
G. Bodenschätze (Abs. 4)		137
H. Betriebsvermögen (Abs. 5)		138–154
I. Auslandsvermögen (Abs. 6)		155–156

A. Allgemeines

1 § 12 ErbStG befasst sich mit einem wichtigen Teilaspekt bei der Ermittlung des stpfl Erwerbs. Die Vorschrift gibt vor, wie der Wert zu ermitteln ist, mit dem einzelne Vermögensgegenstände in die Ermittlung des stpfl Erwerbs (§§ 10 ff ErbStG) eingehen.

2 Die sich nach § 12 ErbStG ergebenden Werte bestimmter Vermögensgegenstände werden auch als »Steuerwerte« bezeichnet. Sie bilden insofern den Gegensatz zu den sich nach bürgerlich-rechtlichen Bewertungsgrundsätzen ergebenden Verkehrswerten. Diese sind maßgeblich, wenn zB die Tatbestandsmerkmale des § 7 Abs. 1 Nr. 1 ErbStG geprüft werden, wenn also etwa festgestellt werden soll, ob beim Erwerber eine Bereicherung eingetreten ist, die als freigebige Zuwendung zu qualifizieren ist. Ergibt sich danach ein stpfl Vorgang, wird dann die daraus folgende stpfl Bereicherung auf Grundlage der sich aus § 12 ErbStG ergebenden Steuerwerte ermittelt (s § 10 Rn 3).

3 In aller Regel führen die sich aus § 12 ErbStG ergebenden Steuerwerte zu günstigeren Ergebnissen für den Steuerpflichtigen, als wenn die Verkehrswerte zu Grunde gelegt würden. Der Gesetzgeber sah sich jedoch veranlasst, vereinfachende Bewertungsregeln aufzustellen, um nicht auf eine oft aufwändige und streitanfällige Ermittlung der Verkehrswerte angewiesen zu sein (vgl *Moench* § 12 Rn 3). Zugleich können durch Modifizierung der steuerlichen Bewertungsregeln Privilegierungen bestimmter Vermögensgegenstände bei der Erbschaftssteuer (zB Betriebsvermögen) erreicht werden.

4 Die sich aus den steuerlichen Bewertungsvorschriften ergebende Ungleichmäßig in der Besteuerung ist schon immer kritisiert worden. Diese Kritik hat ihren Höhepunkt erfahren in dem Vorlagebeschluss des BFH an das BVerfG v 22. 5. 2002 (II R 61/99, BStBl II 2002, 598). Insb wegen der sich aus diesen Bewertungsgrundsätzen ergebenden Ungleichbehandlung qualifiziert der BFH die gegenwärtige Erbschaftsbesteuerung als verfassungswidrig.

5 Inhaltlich enthält § 12 ErbStG keine eigenständigen Bewertungsregeln. Die Vorschrift verweist vielmehr auf die Bestimmungen des BewG. Hierbei wird in Abs. 1 und 2 auf die allgemeinen Vorschriften des BewG verwiesen, während die Absätze 3 – 6 Sondervorschriften für bestimmte Vermögensgegenstände (insb Grundbesitz, inländisches Betriebsvermögen) enthalten.

B. Allgemeine Bewertungsvorschriften

§ 12 Abs. 1 ErbStG verweist auf die allgemeinen Bewertungsvorschriften des ersten Teils des BewG (§§ 1 – 16 BewG). Da in den Abs. 2 – 6 Sondervorschriften für die Bewertung von Grundbesitz, Bodenschätzen, Betriebsvermögen (einschließlich der Anteile an Personengesellschaften) sowie für ausländischen Grundbesitz und ausländisches Betriebsvermögen vorgesehen sind, hat die Verweisung auf den allgemeinen Teil des BewG für alle übrigen Vermögensgegenstände, wie zB Kapitalforderungen, Renten, Nießbrauchsrechte und bewegliche körperliche Gegenstände Bedeutung. Die §§ 1 und 2 BewG betreffen den Geltungsbereich des Gesetzes (§ 1 BewG) und sehen spezielle Bewertungsgrundsätze vor, die von den Verweisungen des § 12 ErbStG aber überlagert werden. Sie sind daher im Anwendungsbereich der erbschaftsteuerlichen Bewertung ohne größere Relevanz (*Meincke* § 12 Rn 9).

I. Mehrere Beteiligte (Abs. 1 iVm § 3 BewG)

Steht ein Vermögensgegenstand mehreren Personen zu, so ist nach § 3 BewG zunächst der Wert des gesamten Gegenstandes zu ermitteln und anschließend dieser gefundene Wert entsprechend der Quote der Berechtigten aufzuteilen. Hierbei wird nicht zwischen Bruchteils- oder Gesamthandseigentums unterschieden.

Wegen der zivilrechtlichen Prägung des Erbschaftsteuerrechts wirkt sich wirtschaftliches Eigentum nach § 39 Abs. 2 Nr. 1 AO nicht aus (BFH BStBl II 1983, 179). Gegenstände, die nur im wirtschaftlichen Eigentum des Erblassers gestanden haben, gehören nicht zum erworbenen Vermögen des Erben. Andererseits kann eine Schenkung auch dann vollzogen werden, wenn der geschenkte Gegenstand im wirtschaftlichen Vermögen des Schenkers verbleibt (*Moench* § 12 Rn 10).

Besondere Bedeutung hat die Aufteilung eines Gesamthandsvermögens im Falle einer **Personengesellschaft**. Nachdem die Rechtsprechung die früher in der Praxis übliche Methode der Aufteilung unmittelbar nach Maßgabe der Kapitalkonten der Gesellschafter nicht gebilligt hatte (BFH BStBl II 1982, 2), hat der Gesetzgeber in § 97 Abs. 1a BewG eine eigene Aufteilungsregelung vorgegeben. Danach ist zunächst von den Kapitalkonten der Gesellschafter unter Berücksichtigung von Ergänzungs- und Sonderbilanzen auszugehen. Danach sind den einzelnen Gesellschaftern die Wirtschaftsgüter und Schulden ihres jeweiligen Sonderbetriebsvermögens vorab zuzurechnen. Auch die Kapitalkonten aus der Steuerbilanz der Gesellschaft (ohne Sonderbilanzen) sind den jeweiligen Gesellschaftern vorweg zuzurechnen. Der danach verbleibende Wert des Betriebsvermögens ist den Gesellschaftern nach dem Gewinnverteilungsschlüssel zuzuteilen. Die Summe der Vorwegzurechnungen und des jeweils zugeteilten Anteils am Betriebsvermögenswert ergibt dann für jeden Gesellschafter den auf ihn entfallenden Anteil am Betriebsvermögen.

II. Bedingte und befristete Erwerbe (Abs. 1 iVm §§ 4 – 8 BewG)

Der Erwerb eines Vermögensgegenstandes kann von dem Eintritt eines zukünftigen ungewissen Ereignisses (Bedingung, § 158 BGB) abhängig gemacht werden. Soll der Erwerb erst mit dem Eintritt des Ereignisses wirksam werden, hat eine solche Bedingung aufschiebende Wirkung. Nach § 4 BewG werden Wirtschaftsgüter, deren Erwerb vom Eintritt einer solchen **aufschiebenden Bedingung** abhängt, erst berücksichtigt, wenn die Bedingung eingetreten ist. Damit ist zum einen der Fall gemeint, dass die Vermögensübertragung selbst unter einer aufschiebenden Bedingung steht. Zum anderen ist aber auch der Fall betroffen, bei dem Vermögensgegenstände zwar unbedingt übereignet werden, ein übertragener Vermögensgegenstand seinerseits aber dem Übertragenden nur aufschiebend bedingt zugestanden hatte (*Meincke* § 12 Rn 14).

11 Dabei kommt es jeweils nicht darauf an, wie wahrscheinlich oder unwahrscheinlich der Eintritt des Ereignisses ist (R 91 Abs. 2 Satz 5 ErbStR).

12 Die Vorschrift korrespondiert mit § 9 Abs. 1 Nr. 1 lit. a ErbStG, wonach die Erbschaftsteuer bei aufschiebend bedingten Erwerben von Todes wegen erst mit dem Eintritt der Bedingung entsteht. Bei Schenkungen unter Lebenden gilt die Schenkung nicht vor dem Eintritt der Bedingung als ausgeführt, sodass auch insoweit die Schenkungsteuer nicht vor dem Eintritt der Bedingung entsteht (RFH RStBl 1930, 555).

13 Erfolgt die Vermögensübertragung selbst unbedingt, befindet sich unter den Vermögensgegenständen aber ein aufschiebend bedingter Posten, so ist der Vorgang in zwei Erwerbe aufzuteilen. Der aufschiebend bedingte Posten bleibt zunächst unberücksichtigt. Tritt später die Bedingung ein, bildet er einen selbstständigen Erwerb, der ggf im Wege der Zusammenrechnung nach § 14 ErbStG mit dem übrigen Erwerb zusammengefasst werden kann (*Meincke* § 12 Rn 14).

14 Für **Betriebsvermögen** gelten die Vorschriften der §§ 4 – 8 BewG nicht. § 98a Satz 2 BewG, auf den § 12 Abs. 5 Satz 2 ErbStG verweist, schließt die Anwendung dieser Vorschriften bei der Betriebsvermögensbewertung aus.

15 Korrespondierend mit der Nichtberücksichtigung aufschiebend bedingter Erwerbe werden auch **Lasten**, deren Entstehung vom Eintritt einer aufschiebenden Bedingung abhängt, nicht berücksichtigt (**§ 6 Abs. 1 BewG**).

16 Tritt bei einem aufschiebend bedingten Erwerb die Bedingung ein, ist der Erwerb nunmehr so zu bewerten und zu besteuern, als habe zu diesem Zeitpunkt ein (unbedingter) Erwerb stattgefunden. Bei einer aufschiebend bedingten Last endet in diesem Moment die Abzugssperre nach § 6 Abs. 1 BewG. Da die Last nunmehr also abzugsfähig ist, ist sie auch entsprechend zu berücksichtigen. Wurde die Besteuerung des Erwerb bereits durchgeführt, ist sie nach §§ 6 Abs. 2 iVm 5 Abs. 2 BewG auf Antrag zu berichtigen (R 91 Abs. 3 ErbStR).

17 Steht ein Vermögenserwerb unter einer **auflösenden Bedingung** (§ 158 Abs. 2 BGB), tritt die Wirkung des Rechtsgeschäfts zunächst sofort ein, endigt jedoch mit dem Eintritt der Bedingung für die Zukunft. Das Erbschaftsteuerrecht folgt dieser zivilrechtlichen Beurteilung, indem es Wirtschaftsgüter, die unter einer auflösenden Bedingung erworben werden, wie unbedingt erworbene Wirtschaftsgüter behandelt (**§ 5 Abs. 1 Satz 1 BewG**). Dasselbe gilt für **auflösend bedingte Lasten**. Sie werden zunächst wie unbedingte Lasten berücksichtigt (**§ 7 Abs. 1 BewG**).

18 Tritt die Bedingung ein, dann stellt sich damit nunmehr heraus, dass die Bereicherung tatsächlich geringer ist, als zunächst angenommen, da der Erwerb dem Erwerber zukünftig nicht mehr zur Verfügung steht. Eine schon erfolgte Steuerfestsetzung ist daher auf Antrag des Steuerpflichtigen, der bis zum Ablauf des Jahres zu stellen ist, das auf den Eintritt der Bedingung folgt, zu berichtigen (**§ 5 Abs. 2 BewG**).

19 Derselbe Mechanismus greift beim Bedingungseintritt auflösend bedingter Lasten. Hier stellt sich nachträglich heraus, dass die Bereicherung tatsächlich größer ist, als zunächst angenommen. Auch insoweit erfolgt eine Korrektur einer bereits erfolgten Steuerfestsetzung, hier allerdings von Amts wegen (**§ 7 Abs. 2 BewG**).

20 Von der Bedingung unterscheidet sich die **Befristung** dadurch, dass der Eintritt des Ereignisses zwar gewiss ist (im Falle der Bedingung ist er ungewiss), der genaue Zeitpunkt aber ungewiss ist. Auch die Befristung kann aufschiebende oder auflösende Wirkung haben. In beiden Fällen gelten die Bestimmungen für aufschiebend und auflösend bedingte Erwerbe entsprechend (**§ 8 BewG**).

III. Gemeiner Wert (Abs. 1 iVm § 9 BewG)

Alle Vermögensgegenstände, für die nicht spezielle Bewertungsverfahren vorgeschrieben 21
sind, sind bei der Bewertung mit ihrem gemeinen Wert zu berücksichtigen (§ 9 Abs. 1
BewG). Besondere Bewertungsregeln bestehen für den Erwerb von Grundbesitz (§ 12
Abs. 3 ErbStG), Bodenschätzen (§ 12 Abs. 4 ErbStG) und Betriebsvermögen (§ 12 Abs. 5
ErbStG). Alle anderen Vermögensgegenstände sind also mit ihrem gemeinen Wert zu
berücksichtigen, wobei hierbei wiederum besondere Wertansätze für Wertpapiere und
Anteile (§ 11 BewG), für Kapitalforderungen und Schulden (§ 12 BewG) und für wiederkehrende Nutzungen und Leistungen (§§ 13 – 16 BewG) Anwendung finden.

Der gemeine Wert eines Vermögensgegenstandes ist der Preis, der im gewöhnlichen 22
Geschäftsverkehr nach der Beschaffenheit des Wirtschaftsgutes bei einer Veräußerung
zu erzielen wäre (§ 9 Abs. 2 Satz 1 BewG). Er entspricht daher seinem **Verkehrswert**.
Alle Umstände, die den Preis beeinflussen, sind bei der Feststellung des gemeinen Wertes
zu berücksichtigen (§ 9 Abs. 2 Satz 2 BewG).

Demgegenüber sind **ungewöhnliche oder persönliche Verhältnisse** außer Acht zu lassen 23
(§ 9 Abs. 2 Satz 3 BewG). Das Gesetz selbst nennt als Beispiel für solche nicht zu berücksichtigenden persönlichen Verhältnisse etwaige Verfügungsbeschränkungen, die in der
Person des Steuerpflichtigen oder eines Rechtsvorgängers begründet sind. Hierbei kann es
sich auch um Verfügungsbeschränkungen handeln, die auf letztwilligen Anordnungen
beruhen (§ 9 Abs. 3 BewG). Zu solchen nicht zu berücksichtigenden Verhältnissen gehören auch gesellschaftsvertragliche Verfügungsbeschränkungen (BFH BStBl III 1959, 155),
persönliche Verkaufsbeschränkungen bei Aktien- und GmbH-Anteilen (BFH BStBl II 1972,
313) sowie Verfügungsbeschränkungen, die mit Eintritt der Geschäftsunfähigkeit, der
Eröffnung des Insolvenzverfahrens, der Anordnung der Nachlassverwaltung, der Ernennung eines Testamentsvollstreckers usw einhergehen (vgl *Meincke* § 12 Rn 28).

Soweit der Gesetzeswortlaut des § 9 Abs. 2 BewG bei der Definition des gemeinen Werts 24
auf einen möglichen Veräußerungserlös abstellt, ist hiermit nicht der Preis gemeint, den
der Erblasser oder Schenker bei der Veräußerung an einen Dritten hätte erzielen können,
sondern der Preis, den der Erwerber bei einer (Weiter-)Veräußerung des erworbenen
Gegenstandes erwirtschaften könnte (*Meincke* § 12 Rn 22). In erster Linie kommt hierbei
eine Ableitung aus bekannten Verkaufspreisen für vergleichbare Vermögensgegenstände
in Betracht. Liegen solche nicht vor, muss der gemeine Wert geschätzt werden. In der
Praxis folgt die Finanzverwaltung einem vom Steuerpflichtigen vorgelegten Gutachten
eines Sachverständigen, auch wenn sie hieran freilich nicht gebunden ist.

Sachleistungsansprüche sind ebenfalls grds mit ihrem Verkehrswert zu bewerten (BFH 25
BStBl II 1991, 749; R 92 Abs. 1 Satz 1 ErbStR). Ein Sachleistungsanspruch ist dann gegeben,
wenn – im Gegensatz zu einer Kapitalforderung – der Anspruchsinhaber die Herausgabe
bzw Übereignung eines Gegenstandes verlangen kann. Ein solcher Anspruch kann sich
aus gegenseitigen Verträgen, etwa einem Kaufvertrag ergeben.

Eine Ausnahme von diesem Grundsatz haben Rechtsprechung und ihr folgend die Finanz- 26
verwaltung bei einseitigen Sachleistungsansprüchen gemacht, die zu keiner Zeit in einem
Gegenseitigkeitsverhältnis gestanden haben und deren Bewertung mit dem gemeinen
Wert nach Ansicht des BFH zu einem unzutreffenden Wert führen würde.

Zu solchen einseitigen Sachleistungsansprüchen gehören insb **Sachvermächtnisse**, aber 27
auch Erwerbe auf Grund eines vom Erblasser geschlossenen Vertrags durch einen Dritten.
Sie sind mit dem Steuerwert des Gegenstandes anzusetzen, auf dessen Leistung sie
gerichtet sind (BFH BStBl II 2000, 588; R 92 Abs. 2 ErbStR). Ein Vermächtnisnehmer
wird hiernach so behandelt, als habe er unmittelbar den Vermächtnisgegenstand erworben. Der Ansatz des Steuerwerts beim Vermächtnisnehmer und der Abzugsposten als
Vermächtnislast beim Erben gleichen sich insoweit aus.

Der BFH hat allerdings in seinem Urteil v 2. 7. 2004 (BFH BStBl II 2004, 1039) eine **Än-** 28
derung dieser für den Vermächtnisnehmer günstigen Rechtsprechung angekündigt.

§ 12 ErbStG | Bewertung

Danach wird nunmehr in Erwägung gezogen, auch einseitige Sachleistungsansprüche, insb auch Vermächtnisansprüche, beim Erwerber mit dem gemeinen Wert und nicht mit einem günstigeren Steuerwert zu berücksichtigen. Um beim Erben eine überproportionale Berücksichtigung der Vermächtnislast zu vermeiden, könnte bei diesem nach den Regelungen in § 10 Abs. 6 Satz 3 ErbStG die Vermächtnislast entsprechend gekürzt werden, wenn man eine steuerliche Niedrigbewertung als teilweise Steuerbefreiung iSd Vorschrift ansieht (vgl *Viskorf* FR 2004, 1337).

29 Die **Finanzverwaltung** hat trotz dieser angekündigten Rechtsprechungsänderung die Besteuerungspraxis noch nicht geändert. Es ist auch offen, ob die Verwaltung einer solchen Rechtsprechungsänderung, wenn sie dann tatsächlich erfolgt, nachfolgen wird. Einerseits würde dies zwar zu tendenziell höheren Steuereinnahmen führen. Andererseits würden die hierdurch verursachten Verkehrswertermittlungen einen erheblichen zusätzlichen Verwaltungsaufwand bedeuten (*Moench* § 3 Rn 102b).

30 Die **Beratungspraxis** muss bis zu einer Klärung der rechtlichen Situation die Ungewissheit der Rechtslage berücksichtigen und ggf Ausweichstrategien entwickeln (*Daragan* ZErb 2005, 40).

IV. Teilwert (Abs. 1 iVm § 10 BewG)

31 Mit dem Teilwert sind nach § 10 BewG Wirtschaftsgüter anzusetzen, die einem Unternehmen dienen. Der Teilwert ergibt sich aus dem Anteil des Gesamtkaufpreises für ein Unternehmen, der (fiktiv) auf den betreffenden Vermögensgegenstand entfällt. Hierbei ist davon auszugehen, dass das Unternehmen vom Erwerber fortgeführt und nicht zerschlagen wird.

32 Der Teilwertansatz gilt allerdings nur, »soweit nichts anderes vorgeschrieben ist« (§ 10 Satz 1 BewG). Nach § 109 BewG kommen aber bei der Bewertung von Betriebsvermögen die Steuerbilanzwerte (§ 109 Abs. 1 BewG) oder die ertragsteuerlichen Werte (§ 109 Abs. 2 BewG) zur Anwendung. § 10 BewG kommt vor diesem Hintergrund keine größere Bedeutung mehr zu (*Meincke* § 12 Rn 29).

C. Wertpapiere und Anteile (Abs. 1 und 2 iVm § 11 BewG)

33 Das Bewertungsverfahren für Wertpapiere und Anteile unterscheidet sich je nachdem, ob sie an der Börse gehandelt werden oder nicht. Grds ist bei börsennotierten Anteilen der Börsenkurs maßgeblich (vgl Rn 34 ff), bei nichtnotierten Anteilen ist der gemeine Wert aus Verkäufen oder im Schätzwege zu ermitteln (vgl Rn 40 ff).

I. Notierte Anteile (§ 11 Abs. 1 BewG)

1. Kurswert

34 Wertpapiere und Schuldbuchforderungen, die am Bewertungsstichtag an einer deutschen Börse zum amtlichen Handel zugelassen sind, werden mit dem niedrigsten am Stichtag für sie im amtlichen Handel notierten Kurs angesetzt (§ 11 Abs. 1 Satz 1 BewG). Liegt am Stichtag eine solche Notierung nicht vor, so ist der letzte innerhalb von 30 Tagen vor dem Stichtag im amtlichen Handel notierte Kurs maßgebend (§ 11 Abs. 1 Satz 2 BewG). Wertpapiere, die zum geregelten Markt zugelassen oder in den Freiverkehr einbezogen sind, sind entsprechend zu behandeln (§ 11 Abs. 1 Satz 3 BewG). Investment-Zertifikate sind mit dem Rücknahmepreis vom Bewertungsstichtag anzusetzen (§ 11 Abs. 4 BewG).

35 Die Maßgeblichkeit des Börsenkurses gilt grds auch dann, wenn der Kurs nicht dem tatsächlichen Wert des Wertpapiers entspricht. Nur wenn der Kurs auf außergewöhnlichen Umständen beruht, die sogar zur Streichung des Kurses nach Börsenrecht führen könnten, kann der Kurswert außer Betracht bleiben (BFH NV 2002, 319). Das wird in der Praxis aber nur selten vorkommen.

Bei börsennotierten festverzinslichen Wertpapieren berücksichtigt der Börsenkurs nicht 36
die bis zum Bewertungsstichtag angefallenen Stückzinsen. Diese sind daher bei der Bewertung neben dem Kurswert zusätzlich zu erfassen (BFH BStBl II 1985, 73). Zur Bewertung nichtbörsennotierter festverzinslicher Wertpapiere siehe Rn 40.

Werden nur Vorzugsaktien eines Unternehmens an der Börse gehandelt, nicht aber dessen 37
Stammaktien, so ist der Wert der nicht an der Börse notierten Stammaktien grds vom Börsenkurs der börsenfähigen Vorzugsaktien abzuleiten. Dabei ist der unterschiedlichen Ausstattung der Stammaktien gegenüber den Vorzugsaktien nach Maßgabe der einzelnen werterhöhenden oder wertmindernden Ausstattungsmerkmale durch Zu- und Abschläge Rechnung zu tragen (BFH BStBl II 1994, 394). Umgekehrt kann der gemeine Wert von nichtbörsennotierten Vorzugsaktien aus dem Kurswert der Stammaktien abgeleitet werden. Schließlich kann der gemeine Wert junger Aktien, die noch nicht an der Börse eingeführt sind, aus dem Kurswert der bereits notierten Aktien abgeleitet werden (R 95 Abs. 5 ErbStR).

2. Paketzuschlag

Ist der gemeine Wert einer Anzahl von Anteilen an einer Kapitalgesellschaft, die einer 38
Person gehören, höher als der Wert, der sich aufgrund der Kurswerte für die einzelnen Anteile ergibt, so ist der höhere gemeine Wert maßgeblich (§ 11 Abs. 3 BewG). Dies trifft insb für sog Aktienpakete zu. Ein solches, höher zu bewertendes Aktienpaket, liegt vor, wenn ein Steuerpflichtiger mehr als 25 % der stimmberechtigten Anteile an einer Kapitalgesellschaft besitzt (BFH BStBl II 1974, 443). Lässt sich der höhere Wert eines solchen Aktienpakets nicht aus Verkäufen anderer Pakete ableiten, kommt im Allgemeinen ein Zuschlag bis zu 25 % in Betracht (R 95 Abs. 6 Satz 5 ErbStR).

3. Investmentanteile

Investmentanteile sind mit ihrem Rücknahmepreis anzusetzen (§ 11 Abs. 4 BewG). Ist am 39
Bewertungsstichtag ein solcher Rücknahmepreis nicht bekannt gemacht worden, so gilt der zuletzt vor dem Stichtag bekannt gemachte Rücknahmepreis (*Meincke* § 12 Rn 38). Ist nur der Ausgabepreis bekannt, was insb bei ausländischen Anteilen der Fall sein kann, kann der Rücknahmepreis aus dem Ausgabepreis abgeleitet werden, indem vom Ausgabepreis ein angemessener Abschlag (der etwa bei 5 % liegen kann) vorgenommen wird.

II. Nichtnotierte Anteile (§ 11 Abs. 2 BewG)

Nichtnotierte Aktien und Anteile sind nach § 11 Abs. 2 Satz 1 BewG grds mit dem ge- 40
meinen Wert anzusetzen. Das gilt auch für Aktien und nichtnotierte Anteile, die zu einem Betriebsvermögen gehören (§ 12 Abs. 5 Satz 3 ErbStG, s Rn 149).

1. Ableitung des gemeinen Werts aus Verkäufen (§ 11 Abs. 2 Satz 2 BewG)

Der gemeine Wert ist vorrangig aus Verkäufen abzuleiten, die weniger als ein Jahr zurück- 41
liegen (§ 11 Abs. 2 Satz 2 BewG). Verkäufe nach dem Stichtag können nicht berücksichtigt werden (BFH BStBl II 1976, 280). Eine Ableitung des gemeinen Werts nichtnotierter Anteile aus nur einem einzigen Verkauf ist möglich, aber nur dann, wenn Gegenstand des Verkaufs nicht nur ein Zwerganteil war (R 95 Abs. 3 Satz 3 ErbStR).

Bei der Wertfindung können nur Verkaufserlöse berücksichtigt werden, die im gewöhn- 42
lichen Geschäftsverkehr erzielt worden sind. Ein in einem Kaufpreis enthaltener Zuschlag ist daher herauszurechnen (R 95 Abs. 3 Satz 6 und 7 ErbStR).

2. Schätzung nach dem Stuttgarter Verfahren (§ 11 Abs. 2 Satz 2 BewG)

Ist eine Ableitung des gemeinen Werts aus Verkäufen nicht möglich, so ist der Wert »unter 43
Berücksichtigung des Vermögens und der Ertragsaussichten der Kapitalgesellschaft« zu

§ 12 ErbStG | Bewertung

schätzen (§ 11 Abs. 2 Satz 2 BewG). § 12 Abs. 2 ErbStG gibt für diesen Fall vor, wie hierbei das Vermögen der Kapitalgesellschaft zu bewerten ist.

44 In der Praxis hat die Schätzung des gemeinen Werts große Bedeutung. Sie ist insb bei der Übertragung von GmbH-Anteilen anzuwenden, da hier der Wert nur in seltenen Fällen aus Verkäufen abgeleitet werden kann. Die Finanzverwaltung hat eine **standardisierte Schätzungsmethode** entwickelt, das sog **Stuttgarter Verfahren**. Das früher hauptsächlich zum Zwecke der Vermögensteuer entwickelte Verfahren ist nunmehr in den Erbschaftsteuerrichtlinien niedergelegt (**R 96 – 108 ErbStR**).

45 Die Rechtsprechung hatte bisher dieses Schätzungsverfahren für geeignet gehalten (BFH BStBl II 1992, 274). In seinem Vorlagebeschluss v 22. 5. 2002 lässt der BFH nun aber Zweifel erkennen, ob das Stuttgarter Verfahren und die sich hieraus ergebenden Steuerwerte mit den Grundsätzen einer gleichmäßigen Besteuerung vereinbar sind (BFH BStBl II 2002, 598).

a) Regelbewertung

46 Bei der sog Regelbewertung (R 97 ff ErbStR) wird der Vermögenswert der Kapitalgesellschaft um den Unterschiedsbetrag korrigiert, der sich durch Gegenüberstellung der Normalverzinsung und der im konkreten Fall erzielbaren Rendite, berechnet auf einen Zeitraum von fünf Jahren, ergibt (R 71 Abs. 1 Satz 1 ErbStR). Dabei wird von einer Normalverzinsung von 9 % ausgegangen (R 100 Abs. 1 Satz 7 und 8 ErbStR). Somit liegt der gemeine Wert des Anteils unter dem ermittelten Vermögenswert, wenn sich das Gesellschaftsvermögen mit weniger als 9 % rentiert; er liegt über dem Vermögenswert, wenn die Verzinsung 9 % übersteigt.

47 Da sich die Beteiligung der Gesellschafter am Vermögen und Gewinn der Gesellschaft regelmäßig nach dem Verhältnis der Anteile am Nennkapital richten, beziehen sich auch der Vermögenswert und die Verzinsung jeweils auf das Nennkapital der Gesellschaft (R 97 Abs. 2 Satz 1 und 2 ErbStR). Beide Werte werden daher in Verhältniszahlen ausgedrückt.

48 Das Stuttgarter Verfahren geht von der Überlegung aus, dass als gemeiner Wert eines Anteils der Betrag anzusetzen ist, den ein Käufer für den Erwerb aufwenden würde (R 100 Abs. 1 Satz 1 ErbStR). Ein solcher Käufer würde neben dem Vermögenswert auch die Ertragsaussichten der Gesellschaft berücksichtigen, wobei sich die Ertragsaussichten weniger nach der Verzinsung des Nennkapitals der Gesellschaft als vielmehr nach der Rendite des Kapitals, das er zum Erwerb des Anteils aufwenden muss, beurteilen. Dabei würde ein solcher Käufer nur dann bereit sein, einen über dem Vermögenswert liegenden Kaufpreis zu bezahlen, wenn in einem übersehbaren Zeitraum (die Finanzverwaltung geht hier von fünf Jahren aus) die Erträge des Anteils den Betrag der aus dem Kaufpreis zu erwirtschaftenden Zinsen übersteigen. Er wird entsprechend weniger bezahlen, wenn die Erträge des Anteils unter diesem Betrag liegen.

49 Nach diesen Prämissen ergibt sich nach R 100 Abs. 2 ErbStR folgende **Berechnungsformel** für den gemeinen Wert eines Anteils (V = Vermögenswert; E = Ertragshundertsatz):

$$\text{gemeiner Wert} = 68\,\% \times (V + 5\,E).$$

50 Der sich so ergebende gemeine Wert wird ebenfalls als Hundertsatz ausgedrückt.

51 Zur Ermittlung des **Vermögenswerts** der Kapitalgesellschaft ist ihr Vermögen mit dem Wert im Besteuerungszeitpunkt zu erfassen (§ 12 Abs. 2 Satz 1 ErbStG). Hierbei gelten die allgemeinen Regeln zur Bewertung des Betriebsvermögens, da § 12 Abs. 2 Satz 2 ErbStG über § 12 Abs. 5 ErbStG auf die entsprechenden Vorschriften des BewG verweist. Dies hat zur Folge, dass auch im Rahmen des Stuttgarter Verfahrens die im Betriebsvermögen liegenden stillen Reserven nicht erfasst werden. Auch für Anteile an ausländischen Kapitalgesellschaften, für ausländischen Grundbesitz und für ausländisches Betriebsvermögen dürfen die Steuerbilanzwerte übernommen werden, obwohl nach § 12 Abs. 6 ErbStG eigentlich der gemeine Wert anzusetzen wäre (R 98 Abs. 1 Satz 2 ErbStR).

Der **Geschäfts- und Firmenwert** und die Werte von firmenwertähnlichen Wirtschafts- 52
gütern sind in die Ermittlung des Vermögenswerts nicht einzubeziehen (§ 12 Abs. 2 Satz 3
ErbStG). Diese Werte finden nach dem Stuttgarter Verfahren über die Ertragskomponente
Eingang in den Anteilswert.

Zur Ermittlung des Vermögenswerts müsste eigentlich eine **stichtagsbezogene Zwischen-** 53
bilanz erstellt werden, wenn nicht der Zeitpunkt der Steuerentstehung – bewusst oder
zufällig – mit dem Schluss des Wirtschaftsjahres übereinstimmt, auf das die Kapitalgesellschaft einen regelmäßigen jährlichen Abschluss zu erstellen hat. Die Finanzverwaltung
erlaubt es aber aus Vereinfachungsgründen, dass der Wert des Vermögens der Kapitalgesellschaft zum Besteuerungszeitpunkt aus der auf den Schluss des letzten vor dem
Besteuerungszeitpunkt endenden Wirtschaftsjahrs erstellten Steuerbilanz abgeleitet wird
(R 98 Abs. 2 Satz 1 ErbStR).

Bei der Ermittlung des Vermögenswerts ist zunächst von den Bilanzansätzen für die 54
Wirtschaftsgüter auszugehen. Hierbei sind allerdings **Betriebsgrundstücke** mit dem
Grundbesitzwert im Besteuerungszeitpunkt anzusetzen, Wertpapiere und Anteile an Kapitalgesellschaften und Beteiligungen an Personengesellschaften mit ihrem Wert im Besteuerungszeitpunkt (R 98 Abs. 2 Satz 2 und 3 ErbStR).

Erfolgt die Wertermittlung nach der Vereinfachungsregel der Finanzverwaltung auf 55
Grundlage einer auf einem vor dem Besteuerungszeitpunkt erstellten Steuerbilanz, sind
die sich hiernach ergebenden Werte unter Berücksichtigung der bis zum Besteuerungszeitpunkt eingetretenen Veränderungen ggf zu korrigieren (zwischenzeitliche Gewinne
oder Verluste, Vermögensänderungen durch Veräußerung, Gewinnausschüttungen, Ka-
pitalerhöhungen; R 98 Abs. 3 ErbStR).

Der so gefundene Wert des Vermögens der Gesellschaft zum Besteuerungszeitpunkt ist 56
mit dem Nennkapital der Gesellschaft zu vergleichen, um den für die Berechnungsformel
der Finanzverwaltung vorausgesetzten Hundertsatz zu finden.

Beispiel (nach H 98 ErbStH): 57
Eine GmbH hat ein Stammkapital von € 400.000. Der Wert ihres Betriebsvermögens auf
den 1.1.2003 (Besteuerungszeitpunkt) beträgt € 700.000. Bei der Ermittlung des gemeinen
Werts der GmbH-Anteile ist ein Vermögen von € 700.000 zugrunde zu legen. Dieser Betrag
ist mit dem Stammkapital der GmbH zu vergleichen. Es ergibt sich ein Vermögenswert
von (€ 700.000 : 400.000 =) 175 %.

Der **Ertragshundertsatz** ist auf der Grundlage der Ertragskraft der Gesellschaft zu ermit- 58
teln. Dabei kommt es auf den voraussichtlichen künftigen Jahresertrag an, der aber aus
dem gewichteten Durchschnittsertrag der Betriebsergebnisse der letzten drei Jahre vor
dem Besteuerungszeitpunkt hergeleitet werden kann (R 99 Abs. 1 Satz 1 – 3 ErbStR).
Auszugehen ist hierbei vom jeweiligen zu versteuernden Einkommen nach §§ 7 und 8
KStG (R 99 Abs. 1 Satz 4 ErbStR). Um die tatsächliche Ertragskraft der Gesellschaft zu
erfassen, berücksichtigt die Finanzverwaltung verschiedene Korrekturen (R 99 Abs. 1
Satz 5 ErbStR). So werden insb Sonderabschreibungen, einmalige Veräußerungsverluste
und steuerfreie Vermögensmehrungen hinzugerechnet. Einmalige Veräußerungsgewinne,
nicht abziehbare Ausgaben und insb die Körperschaftsteuer werden abgezogen.

Ist der Ertrag bei der Kapitalgesellschaft ohne Einsatz eines größeren Betriebskapitals 59
ausschließlich und unmittelbar von der persönlichen Tätigkeit des Gesellschafter-Ge-
schäftsführers abhängig, ohne dass dies durch ein entsprechendes Entgelt abgegolten
wird, kommt ein Abschlag von bis zu 30 % von dem nach vorstehenden Grundsätzen
gefundenen Betriebsergebnis in Betracht (R 99 Abs. 2 Satz 1 ErbStR). Dies wird insb bei
Gesellschaften von Angehörigen freier Berufe sowie bei bestimmten selbstständigen Gewerbetreibenden (zB Handelsvertreter, Makler, Unternehmensberater) der Fall sein.

Die auf diese Weise für die letzten drei Jahre gefundenen Betriebsergebnisse sind so zu 60
gewichten, dass das Betriebsergebnis des letzten Wirtschaftsjahres vor dem Besteuerungszeitpunkt mit dem Faktor 3, das des vorletzten Wirtschaftsjahres mit dem Faktor 2 und das
des vorvorletzten Wirtschaftsjahres mit dem Faktor 1 multipliziert wird. Die Summe der

multiplizierten Betriebsergebnisse ist durch 6 zu dividieren, so dass man den maßgeblichen Jahresertrag erhält (R 99 Abs. 3 ErbStR).

61 Ebenso wie beim Vermögenswert ist auch der Jahresertrag mit dem Nennkapital der Gesellschaft zu vergleichen, so dass sich ein entsprechender Ertragshundertsatz der Kapitalgesellschaft ergibt. Selbst wenn sich aus den Betriebsergebnissen ein negativer Durchschnittsertrag ergeben sollte, ist der Ertragshundertsatz nicht niedriger als Null % anzunehmen (R 99 Abs. 4 Satz 3 ErbStR).

62 Der Ertragshundertsatz ist ggf durch weitere **Zu- oder Abschläge** zu korrigieren, wenn besondere Umstände vorliegen, die in den bisherigen Berechnungen nicht hinreichend zum Ausdruck gekommen sind (R 100 Abs. 3 ErbStR). Dies kann bspw der Fall sein, wenn unverhältnismäßig **geringe Erträge** einem großen Vermögen gegenüberstehen. In einem solchen Fall kommt ein Abschlag von jeweils 3 % für jeden halben Prozentpunkt einer unter 4,5 % liegenden Rendite (bezogen auf den Vermögenswert) in Betracht (R 100 Abs. 3 Satz 5 und 6 ErbStR). Die **schwere Verkäuflichkeit** eines Anteils rechtfertigt nach Auffassung der Finanzverwaltung nicht ohne weiteres einen Wertabschlag (R 100 Abs. 4 Satz 1 ErbStR). Dies gilt insb dann, wenn bei einer Familien-GmbH die miteinander verwandten Gesellschafter gegenseitige Beschränkungen bei Veräußerung und Vererbung der Anteile vereinbart haben.

63 Die nach vorstehenden Maßgaben gefundenen Vermögens- und Ertragshundertsätze werden in die oben dargestellte Berechnungsformel (s Rn 49) eingesetzt. Das Ergebnis ist der ebenfalls in einem Hundertsatz ausgedrückte gemeine Wert der zu bewertenden Anteile.

b) Sonderregelungen

64 Das Stuttgarter Verfahren geht von der Annahme aus, dass ein Anteil an einer Kapitalgesellschaft auch einen **Einfluss auf die Geschäftsführung** ermöglicht. Ist dies beim konkreten Bewertungsanlass nicht der Fall, gewähren die zu bewertenden Anteile also keinen Einfluss auf die Geschäftsführung, ist der im Rahmen der Regelbewertung ermittelte gemeine Wert der Anteile um einen Abschlag von 10 % zu kürzen (R 101 Abs. 8 ErbStR).

65 Die Finanzverwaltung geht davon aus, dass Anteile dann keinen Einfluss auf die Geschäftsführung vermitteln, wenn ihr Nominalwert bei einer Aktiengesellschaft weniger als 5 % und bei einer GmbH weniger als 10 % ausmacht. Selbst wenn vorgenannte Grenzen überschritten werden, wird unterhalb einer Beteiligungshöhe von 25 % ebenfalls kein Einfluss auf die Geschäftsführung angenommen, wenn ein anderer Gesellschafter eine Beteiligung von mehr als 50 % hat (R 101 Abs. 1 ErbStR).

66 Der gemeine Wert von Anteilen an einer **Holdinggesellschaft** entspricht dem Vermögenswert. Die Ertragsaussichten der Gesellschaft bleiben hierbei also außer Betracht (R 103 Abs. 1 Satz 1 und 2 ErbStR). Zu- oder Abschläge wegen besonderer Umstände oder die 10 %-ige Kürzung bei Anteilen ohne Einfluss auf die Geschäftsführung kommen aber auch hier in Betracht.

67 **Weitere Sonderregelungen** sehen die Erbschaftsteuerrichtlinien ua bei der Bewertung von Anteilen an Kapitalgesellschaften bei Neugründungen und bei Beteiligungsbesitz, bei Anteilen an Organgesellschaften, an einer Komplementär-GmbH oder an einer in Liquidation befindlichen Kapitalgesellschaft vor (R 102 ff ErbStR).

D. Kapitalforderungen und Schulden (Abs. 1 iVm § 12 BewG)

68 Kapitalforderungen und Schulden sind regelmäßig mit ihrem **Nennwert** anzusetzen, wenn nicht besondere Umstände einen höheren oder geringeren Wert begründen (§ 12 Abs. 1 Satz 1 BewG). Die Kapitalforderungen sind Forderungen, die auf Zahlung einer einmaligen Geldleistung oder auf Ratenzahlung auf Teilleistung für einen bestimmten, von vornherein feststehenden Geldbetrag gerichtet sind. Sie sind zu unterscheiden von den Sachleistungsansprüchen (hierzu Rn 25 ff) und Rentenforderungen (hierzu Rn 77 ff).

Von der grdsen Bewertung der Kapitalforderungen und Kapitalschulden zum Nennwert **69** ist abzuweichen, wenn **besondere Umstände** einen höheren oder geringeren Wert begründen (§ 12 Abs. 1 Satz 1 BewG). Dies kann zB dann der Fall sein, wenn eine **Forderung uneinbringlich** ist. Eine solche Forderung bleibt außer Ansatz (§ 12 Abs. 2 BewG). Ist die Forderung nicht uneinbringlich, sondern lediglich ihre Durchsetzbarkeit zweifelhaft, kann sie dem Grad der Zweifelhaftigkeit entsprechend mit einem niedrigeren Schätzwert anzusetzen sein (R 109 Abs. 3 Satz 1 ErbStR). Das gilt etwa beim Ansatz verjährter Kapitalforderungen (R 109 Abs. 3 Satz 2 ErbStR). Schwierigkeiten in der Beurteilung der Rechtslage sind kein besonderer Umstand, der einen Abschlag rechtfertigt (R 109 Abs. 3 Satz 3 ErbStR). Kapitalforderungen, die also erst gerichtlich durchgesetzt werden müssen, sind mit dem vollen Nennwert anzusetzen.

Unverzinsliche Forderungen oder Schulden, deren Laufzeit im Besteuerungszeitpunkt **70** mehr als ein Jahr beträgt, sind auf den Gegenstandswert (Barwert) abzuzinsen, wobei von einem Zinssatz von 5,5 % auszugehen ist (§ 12 Abs. 3 BewG). Nach § 12 Abs. 1 Satz 2 BewG ist hierbei zwingend von einer jährlichen mittelschüssigen Zahlungsweise auszugehen. Entsprechende tabellarische Übersichten enthält Anh 10 ErbStH.

Besondere Umstände, die eine vom Nennwert abweichende Bewertung einer Kapital- **71** forderung nahe legen, liegen auch in einer **besonders hohen oder niedrigen Verzinsung** (§ 12 Abs. 1 Satz 2 BewG). Eine niedrig verzinsliche Kapitalforderung kann dabei dann angenommen werden, wenn die Verzinsung unter 3 % liegt und die Kündbarkeit am Veranlagungsstichtag für mindestens vier Jahre eingeschränkt oder ausgeschlossen ist. Eine hoch verzinsliche Kapitalforderung ist anzunehmen, wenn die Verzinsung über 9 % liegt und die Rückzahlung am Besteuerungsstichtag noch für mindestens vier Jahre ausgeschlossen ist (R 109 Abs. 2 ErbStR).

Stehen der niedrig oder hoch verzinslichen Kapitalforderung ausgleichende andere wirt- **72** schaftliche Vor- oder Nachteile gegenüber, bleibt es beim Nennwert. Ansonsten ist bei einer niedrig verzinslichen Forderung zur Errechnung ihres Gegenwartswerts von ihrem Nennwert der Kapitalwert der jährlichen Zinsersparnis abzuziehen. Bei einer hoch verzinslichen Forderung sind dem Nennwert der Kapitalwert der über 9 % hinausgehenden Jahreszinsen hinzuzurechnen.

Die Finanzverwaltung sieht in R 110 ff weitere Bestimmungen für die Bewertung etwa von **73** Bundesschatzbriefen, Finanzierungsschätzen, Zero-Bonds sowie die Einlage eines typisch stillen Gesellschafters vor.

Noch **nicht fällige Versicherungsansprüche** werden nach § 12 Abs. 4 BewG mit zwei **74** Dritteln der eingezahlten Prämien bewertet. Der Steuerpflichtige hat stattdessen die Möglichkeit, den Rückkaufswert nachzuweisen; dann ist dieser maßgebend (§ 12 Abs. 4 Satz 2 BewG). Freilich wird er das nur tun, wenn der Rückkaufswert niedriger ist als der $^2/_3$-Wert, was allenfalls zu Beginn der Laufzeit eines Versicherungsvertrages der Fall sein wird.

Üblicherweise bedeutet die $^2/_3$-Bewertung, insb gegen Ende der Laufzeit eines Versiche- **75** rungsvertrages, eine erhebliche Vergünstigung. Dieser Effekt wird vielfach auch zum Zweck der Steuerersparnis eingesetzt (*Rödder* DStR 1993, 781).

Die Vorschrift war um die Jahrhundertwende als sinnvolle Erleichterung gedacht, um die **76** aufwändige Berechnung der Rückkaufswerte zu vermeiden. Im modernen Computerzeitalter hat die Vorschrift eigentlich ihre Berechtigung verloren. Sie sollte bereits mehrfach gestrichen werden. Entsprechende Gesetzesvorschläge haben sich bisher aber noch nicht durchgesetzt.

E. Wiederkehrende Nutzungen und Leistungen (Abs. 1 iVm §§ 13 – 16 BewG)

Wiederkehrende Nutzungen und Leistungen gewähren einen dinglichen oder schuld- **77** rechtlichen Anspruch auf die fortdauernde Nutzung eines Vermögensgegenstandes oder auf fortdauernde Leistungen. Hierzu gehören insb Nießbrauchs-, Renten- und Wohnungsrechte sowie Altenteile.

78 Wiederkehrende Nutzungen und Leistungen werden mit dem **Kapitalwert**, also dem Gegenwartswert der zukünftigen Nutzungen und Leistungen zum Bewertungsstichtag, zugrundegelegt. Das Gesetz unterscheidet in § 13 BewG Nutzungen und Leistungen, die auf bestimmte Zeit gewährt werden (Abs. 1), solche von unbestimmter Dauer sowie immerwährende Nutzungen und Leistungen (Abs. 2).

79 Der Kapitalwert von Nutzungen und Leistungen ist durch ein Vielfaches des Jahreswertes dieser Nutzungen und Leistungen zu ermitteln. Ausgangspunkt für die Ermittlung des Kapitalwerts ist daher der **Jahreswert** (§ 15 BewG). Um eine übermäßige Wertdiskrepanz zu der entsprechenden Sachsubstanz zu vermeiden, sieht § 16 BewG eine **Begrenzung** des Jahreswertes vor.

80 **Zeitlich begrenzte** Nutzungen oder Leistungen sind, ausgehend von der ab dem Besteuerungsstichtag noch verbleibenden Laufzeit des Rechtes, mit einem entsprechenden Vielfachen des Jahreswerts anzusetzen (§ 13 Abs. 1 Satz 1 BewG). Entsprechende Vervielfältiger sind der Anlage 9a zum BewG zu entnehmen. Ist die Dauer des Rechts außerdem durch das Leben einer oder mehrerer Personen begrenzt, darf der Kapitalwert einer entsprechenden Leibrente nicht überschritten werden (§ 13 Abs. 1 Satz 2 BewG).

81 Nutzungen oder Leistungen von **unbestimmter Dauer** sind mit dem 9,3-fachen des Jahreswertes, **immerwährende** Nutzungen oder Leistungen mit dem 18,6-fachen des Jahreswertes zu bewerten (§ 13 Abs. 2 BewG).

82 Weist der Steuerpflichtige nach, dass der **gemeine Wert** der gesamten Nutzungen oder Leistungen geringer oder höher ist als der sich nach Berechnung der §§ 13, 14 BewG ergebende Wert, so ist der nachgewiesene gemeine Wert der Besteuerung zugrundezulegen (§ 13 Abs. 3 Satz 1 BewG). Der Ansatz eines geringeren oder höheren Werts kann jedoch nicht darauf gestützt werden, dass mit einem anderen Zinssatz als 5,5 % oder mit einer anderen als mittelschüssigen Zahlungsweise zu rechnen ist (§ 13 Abs. 3 Satz 2 BewG).

83 Der Kapitalwert einer **lebenslänglichen** Nutzung oder Leistung ergibt sich durch Multiplikation mit dem aus Anlage 9 zum BewG zu entnehmenden Vielfachen des Jahreswertes (§ 14 Abs. 1 BewG). Der entsprechende Vervielfältiger ergibt sich aus dem Lebensalter der Person, deren Lebenszeit die Nutzungen oder Leistungen begrenzt.

84 Sind mehrere Personen in der Weise gemeinsam berechtigt, dass das Recht mit dem Tod des zuletzt Sterbenden erlischt, so ist für die Bewertung dieses Rechts der höhere Vervielfältiger maßgebend; erlischt das Recht mit dem Tod des zuerst Sterbenden, so ist der niedrigere Vervielfältiger maßgebend (§ 14 Abs. 3 BewG). Der Fall der gemeinsamen Berechtigung kann bspw im Fall des sog Ehegatten-Nießbrauchs gegeben sein. Hierbei ist aber zu unterscheiden, ob nicht der Nießbrauch zunächst nur dem einen Ehegatten und nach dessen Tode dem überlebenden Ehegatten zustehen sollte.

85 Verstirbt eine Person, deren Lebenserwartung den Kapitalwert einer Nutzung oder Leistung bestimmt hat, wesentlich früher, als dies nach der Statistik zu erwarten gewesen wäre, so kann die Steuerfestsetzung auf Antrag rückwirkend der tatsächlichen Lebensdauer angepasst werden. Das Gesetz sieht hierzu allerdings bestimmte Grenzen vor, bei denen von einer wesentlichen Abweichung von der statistischen Lebenserwartung ausgegangen werden kann (§ 14 Abs. 2 BewG).

86 Der **Jahreswert** einer Nutzung oder Leistung ist Grundlage der Wertermittlung. Er ergibt sich bei feststehenden Jahreswerten (zB bei einer Rente) unmittelbar aus dem Betrag der jährlichen Leistungen. Steuern, die bei der Person des Berechtigten entstehen, sind bei der Ermittlung des Jahreswerts nicht abzugsfähig (BFH BStBl II 1987, 175).

87 Ist der Gegenstand eines Nutzungsrechts eine bestimmte Geldsumme (die vom Erwerber erst noch angelegt werden muss), ist als einjähriger Betrag ein »Zinssatz« von 5,5 % anzunehmen (§ 15 Abs. 1 BewG). Die tatsächlich erzielten oder erzielbaren Nutzungen sind unbeachtlich.

88 Nutzungen oder Leistungen, die nicht in Geld bestehen, sind mit den üblichen Preisen des Verbrauchsorts anzusetzen (§ 15 Abs. 2 BewG). Bei einer Nutzung ist der vom Berechtigten üblicherweise erzielbare Nettoertrag anzunehmen. Bei einer Leistung gilt als üblicher

Mittelpreis der Betrag, den der Verpflichtete nach den örtlichen Marktverhältnissen aufwenden muss, um die Leistung erbringen zu können (*Meincke* § 12 Rn 101).

Bei Nutzungen oder Leistungen, die in ihrem Betrag ungewiss sind oder schwanken, ist 89 als Jahreswert der Betrag zugrundezulegen, der in Zukunft im Durchschnitt der Jahre voraussichtlich erzielt werden wird (§ 15 Abs. 3 BewG). Maßgeblich ist bei einer solchen Prognose die Sicht des Bewertungsstichtags. Ausnahmsweise können aber auch Ereignisse berücksichtigt werden, die in nicht allzu langer Zeit nach dem Besteuerungszeitpunkt eingetreten sind (R 113 Satz 4 ErbStR).

Zu den im Betrag ungewissen Nutzungen oder Leistungen gehört insb der Nießbrauch an 90 Vermögensgegenständen, die keinen gleichmäßigen Jahresertrag erbringen (zB Nießbrauch an Gesellschaftsbeteiligung). Für die Prognose der insoweit schwankenden Erträge kann auf den durchschnittlichen Jahresertrag der vorangegangenen drei Jahre abgestellt werden (*Meincke* § 12 Rn 103).

Als Jahreswert des **Nießbrauchs** gilt der erzielbare Reinertrag, also der Rohertrag abzüg- 91 lich der vom Nießbraucher zu tragenden Kosten (BFH BStBl II 1980, 748). Welche Kosten der Nießbraucher zu tragen hat, bestimmt sich nach bürgerlichem Recht (§§ 1041, 1045, 1047 BGB).

Der Jahreswert von Nutzungen ist auf einen **Höchstbetrag** begrenzt, der sich ergibt, wenn 92 der für das genutzte Wirtschaftsgut nach den Vorschriften des BewG anzusetzende Wert durch 18,6 geteilt wird (§ 16 BewG). Hierdurch wird verhindert, dass bei einem niedrig bewerteten Wirtschaftsgut (zB Grundstück) ein überproportional hoher Wertansatz des insoweit bestehenden Nutzungsrechts erfolgt. Der Höchstwert ist nicht nur für den Nutzungsberechtigten, sondern auch für die Besteuerung des Nutzungsverpflichteten maßgeblich (BFH BStBl II 1980, 631).

F. Grundbesitz (Abs. 3)

§ 12 Abs. 3 ErbStG verweist zur Bewertung von Grundbesitz auf die Vorschriften nach 93 dem 4. Abschnitt des 2. Teils des BewG, das sind die §§ 138 – 150 BewG. Unter den Begriff des Grundbesitzes fallen nach § 19 BewG land- und forstwirtschaftliches Vermögen, Grundstücke und Betriebsgrundstücke. Bei den Grundstücken ist insb zwischen unbebauten und bebauten Grundstücken zu unterscheiden.

Seit dem 1.1.1996 gilt im Erbschaftsteuerrecht für die Bewertung von Grundbesitz das 94 Prinzip der sog **Bedarfsbewertung**. Es hat die frühere sog Einheitswertermittlung abgelöst. Danach ist der Grundbesitzwert »auf Bedarf« zu ermitteln, nämlich insb dann, wenn er durch Erbschaft oder Schenkung auf eine andere Person übergeht. Beim Erwerb von Betriebsvermögen oder von Anteilen an Kapitalgesellschaften müssen die Betriebsgrundstücke der betroffenen Unternehmen bewertet werden. Der Kapitalwert eines Grundstücksnießbrauchs kann nur unter Berücksichtigung der mit Hilfe des Grundbesitzwertes zu bestimmenden Obergrenze des Jahreswertes ermittelt werden (§ 16 BewG, s Rn 92).

Grundlage der Bedarfsbewertung sind die tatsächlichen Verhältnisse zum Besteuerungs- 95 zeitpunkt und die Wertverhältnisse zum 1.1.1996 (§ 138 Abs. 1 Satz 2 BewG). Die Wertverhältnisse zum 1.1.1996 sind in der Praxis aber nur zur Ermittlung der Ertragswerte bei der Wertbestimmung für land- und forstwirtschaftliches Vermögen (§ 142 Abs. 2 BewG) und für die Bodenrichtwerte (§ 145 Abs. 3 BewG) maßgeblich.

I. Feststellungsverfahren

Grundbesitzwerte sind gesondert festzustellen, wenn sie für die Erbschaftsteuer erforder- 96 lich sind (sog Bedarfsbewertung). Zuständig ist das Lagefinanzamt (§ 18 Abs. 1 Nr. 1 AO). Ob ein solcher Bedarf besteht, ob also eine steuerliche Auswirkung des Grunderwerbs zu erwarten ist, entscheidet das Erbschaftsteuer-Finanzamt.

Das Lagefinanzamt kann nach § 138 Abs. 6 BewG die Abgabe einer Erklärung zur Fest- 97 stellung des Grundbesitzwerts verlangen. In der Praxis übernimmt es aber die in der

Erbschaft- bzw Schenkungsteuererklärung gemachten Angaben (»Anlage Grundstückswert«).

98 Die in der Abgabenordnung enthaltenen Vorschriften zur Einheitsbewertung sind bei der Feststellung der Grundbesitzwerte sinngemäß anzuwenden (§ 138 Abs. 5 Satz 3 BewG). Das gilt insb für die Rechtsqualität der Feststellungsbescheide als **Grundlagenbescheide**. Jede Änderung eines solchen Bescheids führt zu einer Folgeänderung der Steuerveranlagung (§ 175 Abs. 1 Satz 1 Nr. 1 AO). Einwendungen gegen den festgestellten Bedarfswert können nur durch Einspruch gegen den Feststellungsbescheid vorgebracht werden.

99 Sind am Grundbesitz mehrere Personen berechtigt, erfolgt eine **gesonderte und einheitliche Feststellung** des Grundbesitzwertes (R 124 Abs. 1 Satz 1 ErbStR). Die einheitliche Wertermittlung hat dann Rechtswirkung für alle Berechtigten. Das gilt nicht bei der Schenkung von Grundbesitz an mehrere Begünstigte. Jeder Beschenkte erwirbt im Wege der Einzelrechtsnachfolge einen Miteigentumsanteil, der jeweils Gegenstand einer gesonderten Feststellung ist. Eine einheitliche Feststellung des Grundbesitzwertes erfolgt in diesem Fall daher nicht (R 124 Abs. 4; BFH BStBl II 2005, 19).

100 Die jeweils festzustellenden Grundbesitzwerte sind nach § 139 BewG auf volle € 500 nach u abzurunden.

II. Land- und forstwirtschaftliches Vermögen

101 Sind Grundstücke und Gebäude dazu bestimmt, einem Betrieb der Land- und Forstwirtschaft dauernd zu dienen, liegt land- und forstwirtschaftliches Vermögen vor, dessen Wertermittlung nach den Bestimmungen der §§ 140 – 144 BewG erfolgt. Zum Betrieb der Land- und Forstwirtschaft gehört der Betriebsteil, die Betriebswohnungen und der Wohnteil (§ 141 Abs. 1 BewG).

102 Vereinfacht gesagt ist der Wert des **Betriebsteils** mit dem 18,6-fachen des Reinertrages anzunehmen (§ 142 Abs. 1 BewG). Das Gesetz sieht für unterschiedliche Nutzungsarten feste Ertragswertzahlen vor, die der Ermittlung des Ertragswerts zugrundezulegen sind (§ 142 Abs. 2 BewG). Die Wertermittlung der **Betriebswohnungen** und des **Wohnteils** folgt der Bewertung des Grundvermögens, allerdings unter Berücksichtigung von Höchstgrenzen (§ 143 Abs. 1 und 2 BewG). Der so ermittelte Betriebswert, der Wert der Betriebswohnungen und der Wert des Wohnteils bilden zusammen den land- und forstwirtschaftlichen Grundbesitzwert (§ 144 BewG). Einzelheiten der Grundbesitzbewertung für land- und forstwirtschaftliches Vermögen sind der einschlägigen Kommentarliteratur insb zum BewG und den R 125 – 157 ErbStR zu entnehmen.

103 Im Ergebnis führt die gesetzlich vorgesehene Bewertungsmethode zu weit unter den tatsächlichen Verkehrswerten liegenden Steuerwerten. Durch die zusätzliche Entlastung nach § 13a ErbStG wird in der Praxis vielfach ein nahezu steuerfreier Übergang solchen Vermögens erreicht. Der BFH hat daher in seinem Vorlagebeschluss v 22. 5. 2002 (BStBl II 2002, 598) auch die Bewertung und Besteuerung dieses Vermögens als nicht verfassungsgemäß angesehen.

III. Unbebaute Grundstücke

104 Der Wert unbebauter Grundstücke bestimmt sich nach dem um 20 % ermäßigten Bodenrichtwert. Maßgeblich sind insoweit die Bodenrichtwerte, die bei Bedarf von den Gutachterausschüssen auf den 1. 1. 1996 zu ermitteln sind (§ 145 Abs. 3 BewG). Kann der Steuerpflichtige nachweisen, dass der gemeine Wert des unbebauten Grundstücks niedriger ist als der ermäßigte Bodenrichtwert, so ist der gemeine Wert zugrundezulegen (§ 145 Abs. 3 Satz 3 BewG). Für diesen Wertnachweis ist dann aber nicht auf den 1. 1. 1996, sondern auf den Besteuerungszeitpunkt abzustellen (R 163 Abs. 1 Satz 1 ErbStR).

105 Ein Grundstück ist nicht nur dann unbebaut iSd Gesetzes, wenn es vollständig leer ist, sondern auch dann, wenn auf dem Grundstück befindliche Gebäude überhaupt nicht oder nur in einem unbedeutenden Umfang genutzt werden können (§ 145 Abs. 2 Satz 1 BewG).

Ein Grundstück im Zustand der Bebauung gehört nicht zu den unbebauten, sondern zu 106
den bebauten Grundstücken (*Meincke* § 12 Rn 117).

IV. Bebaute Grundstücke

Die Bewertung bebauter Grundstücke richtet sich nach §§ 146 ff BewG. Danach ist zu 107
unterscheiden, ob es sich um ein Grundstück handelt, für das sich eine Jahresmiete
ermitteln lässt (§ 146 BewG) oder ob sich eine solche Jahresmiete nicht ermitteln lässt
(§ 147 BewG). Das Gesetz sieht ferner Sondervorschriften für das Erbbaurecht und für
Gebäude auf fremdem Grund und Boden (§ 148 BewG), für Grundstücke im Zustand der
Bebauung (§ 149 BewG) und für Gebäude und Gebäudeteile für den Zivilschutz (§ 150
BewG) vor.

Die sich nach den ges Vorgaben ergebenden Bedarfswerte für bebaute Grundstücke 108
weichen zumeist von den tatsächlichen Verkehrswerten ab. Nur zufällig ergibt sich ein
annähernd gleicher Wert. Eine Kaufpreisuntersuchung der Finanzverwaltung aus dem
Jahre 1998 zeigt, dass durchschnittlich allenfalls 50 – 60 % des tatsächlichen Verkehrswerts
erreicht werden (Nachweis bei *Moench* § 12 Abschn I Rn 7a). Allerdings ist eine große
Streubreite der Werte festzustellen. So macht in Einzelfällen der steuerliche Bedarfswert
nur rund 20 % des Verkehrswerts aus, in anderen Fällen liegt er über dem Verkehrswert.
In der Lit ist das Bewertungssystem vor diesem Hintergrund teilweise als »willkürlich«
bezeichnet worden (*Seer* GmbHR 1999, 64). Der BFH hat in seinem Vorlageschluss v
22. 5. 2002 (BStBl II 2002, 598) diese Kritik aufgegriffen und die geltenden Vorschriften
für verfassungswidrig gehalten.

1. Grundstücke mit ermittelbarer Jahresmiete (§ 146 BewG)

Bebaute Grundstücke werden nach einem gesetzlich vorgegebenen **Ertragswertverfahren** 109
bewertet. Danach ist zunächst die im Durchschnitt der letzten drei Jahre vor dem Besteuerungszeitpunkt erzielte Jahresmiete zu ermitteln.

Die **Jahresmiete** ist das Gesamtentgelt, das die Mieter oder Pächter für die Nutzung des 110
bebauten Grundstücks auf Grund vertraglicher Vereinbarungen für den Zeitraum von 12
Monaten zu zahlen haben (§ 146 Abs. 2 Satz 2 BewG). Zur Jahresmiete rechnen insb auch
Mieten für Stellplätze und Garagen (R 167 Abs. 1 Satz 3 ErbStR). Nicht zur Jahresmiete
gehören gesonderte Einnahmen für die Überlassung von Einrichtungsgegenständen oder
sonstige Dienstleistungen (zB Reinigungsdienste, R 167 Satz 4 ErbStR). Nicht zur Jahresmiete gehören auch die **Betriebskosten** iSd § 27 II BV, die neben der Miete mit dem Mieter
abgerechnet werden können. Sind die Betriebskosten ganz oder teilweise in der vereinbarten Miete enthalten, sind sie herauszurechnen (R 168 Abs. 1 Satz 1 und 2 ErbStR).
Instandsetzungs- und Verwaltungskosten sowie das Mietausfallwagnis sind nicht gesondert zu berücksichtigen (R 168 Abs. 2 ErbStR).

Aus den Jahresmieten der letzten drei Jahre vor dem Besteuerungszeitpunkt ist die durch- 111
schnittliche Jahresmiete zu ermitteln. Maßgeblich sind nicht die letzten drei Kalenderjahre,
sondern die letzten drei Jahre vor dem Besteuerungszeitpunkt, wobei aus Vereinfachungsgründen der Monat, in den der Besteuerungszeitpunkt fällt, mit in den Ermittlungszeitraum einbezogen werden kann (R 170 Abs. 1 ErbStR).

Ist ein Grundstück innerhalb des dreijährigen Mietermittlungszeitraums zeitweise nicht 112
genutzt, von dem Eigentümer oder dessen Familie selbst genutzt, an andere unentgeltlich
zur Nutzung überlassen, oder an Angehörige (§ 15 AO) oder Arbeitnehmer des Eigentümers vermietet worden, ist statt der Jahresmiete die übliche Miete anzusetzen (§ 146 Abs. 3
Satz 1 BewG). Auch insoweit ist auf eine Nettomiete abzustellen, die insb keinen Betriebskostenanteil enthält.

Bei der **üblichen Miete** handelt es sich um die Miete, die für nach Art, Lage, Größe, 113
Ausstattung und Alter vergleichbare Grundstücke von fremden Mietern gezahlt wird
(§ 146 Abs. 3 Satz 2 BewG). Die übliche Miete kann aus Vergleichsmieten oder Mietspie-

§ 12 ErbStG | Bewertung

geln abgeleitet oder durch ein Mietgutachten ermittelt werden (R 172 Abs. 1 ErbStR). Sie ist in eine Durchschnittsmiete für den dreijährigen Mietermittlungszeitraum umzurechnen, wenn es sich nicht ohnehin bereits um eine Durchschnittsmiete handelt (wie zB bei der Ableitung aus einem Mietspiegel).

114 Die tatsächlich vereinbarte oder – bei Nicht- oder Eigennutzung – übliche (Durchschnitts-) Jahresmiete ist mit dem **ges Vervielfältiger** 12,5 zu multiplizieren (§ 146 Abs. 2 Satz 1 BewG).

115 Der so gefundene Wert ist um eine **Alterswertminderung** zu korrigieren. Die Wertminderung beträgt für jedes Jahr, das seit Bezugsfertigkeit des Gebäudes bis zum Besteuerungszeitpunkt vollendet worden ist, 0,5 %. Höchstens ist jedoch ein Abschlag von 25 % vorzunehmen (§ 146 Abs. 4 Satz 1 BewG). Bauliche Maßnahmen und Renovierungsarbeiten berühren die Alterswertminderung nur dann, wenn durch sie die gewöhnliche Nutzungsdauer des Gebäudes um mindestens 25 Jahre verlängert wurde. Dies setzt voraus, dass das Gebäude durchgreifend erneuert und verbessert worden ist (R 174 Abs. 2 Satz 1 und 2 ErbStR). In diesem Fall bestimmt sich die Alterswertminderung nach einem fiktiven Fertigstellungsjahr, das aus dem Jahr der Bezugsfertigkeit zzgl der Verlängerung der gewöhnlichen Nutzungsdauer auf Grund der baulichen Maßnahmen zu ermitteln ist (R 174 Abs. 2 Satz 4 ErbStR).

116 Bei **Ein- und Zweifamilienhäusern** ist der auf diese Weise gefundene Wert um 20 % zu erhöhen (§ 146 Abs. 5 BewG). Bei **Eigentumswohnungen** kommt nur dann ein Zuschlag in Betracht, wenn die Eigentumswohnung baulich wie ein Einfamilienhaus gestaltet ist oder in einer Wohnanlage gelegen ist, die nur aus zwei Eigentumswohnungen besteht. Ansonsten ist bei Eigentumswohnungen kein Zuschlag zu berücksichtigen (R 175 Abs. 1 Satz 3 und 4 ErbStR).

117 Der so gefundene Grundstückswert ist mit dem Wert zu vergleichen, den das Grundstück als unbebautes Grundstück hätte. Ist der letztgenannte Wert höher, ist er als **Mindestwert** maßgeblich (§ 146 Abs. 6 BewG).

118 Der Steuerpflichtige kann nach der sog **Öffnungsklausel** in § 146 Abs. 7 BewG einen niedrigeren gemeinen Wert des bebauten Grundstücks nachweisen. Dieser niedrigere Wert ist dann zugrundezulegen. In der Praxis geschieht dies durch Vorlage eines Sachverständigengutachtens.

119 Der Grundstückswert ist schließlich auf volle 500 € nach u abzurunden (§ 139 BewG).

120 Das Ertragswertverfahren in § 146 BewG gilt entsprechend auch für **Wohnungseigentum** und **Teileigentum** (§ 146 Abs. 8 BewG).

2. Grundstücke ohne ermittelbare Jahresmiete (§ 147 BewG)

121 Ausnahmsweise ist es möglich, dass für ein bebautes Grundstück eine Miete nicht vereinbart wurde und sich die übliche Miete auch nicht ermitteln lässt. Dies kommt insb bei selbstgenutzten **Fabrikgebäuden** und Gebäuden mit **spezifischen gewerblichen Nutzungen** in Betracht. Beispielsfälle nennt R 178 ErbStR (zB Lichtspielhäuser, Hallenbäder, Theater etc).

122 In einem solchen Sonderfall sieht § 147 BewG eine **getrennte Bewertung** von Grund und Boden und des Gebäudes vor. Für das **Gebäude** kommt in diesem Fall der nach den ertragsteuerlichen Bewertungsvorschriften ermittelte Steuerbilanzwert zum Besteuerungszeitpunkt zur Anwendung. Der Wert des **Grund und Bodens** wird wie der Wert eines unbebauten Grundstücks aus dem Bodenrichtwert auf den 1. 1. 1996 abgeleitet. Allerdings ist statt eines Wertabschlags von 20 % in diesem Fall ein Abschlag von 30 % vorzunehmen (§ 147 Abs. 2 BewG).

123 Eine Öffnungsklausel ist im Falle einer solchen Sonderbewertung nicht vorgesehen; der Steuerpflichtige kann also nicht einen niedrigeren Verkehrswert für das gesamte Grundstück nachweisen (R 179 Abs. 5 Satz 2 ErbStR).

3. Erbbaurecht, Bauten auf fremden Grund und Boden (§ 148 BewG)

Ein mit einem Erbbaurecht belastetes **Grundstück** wird nach § 148 Abs. 1 Satz 1 BewG mit dem 18,6fachen des nach den vertraglichen Bestimmungen im Besteuerungszeitpunkt zu zahlenden jährlichen Erbbauzinses bewertet. Maßgebend ist hierbei der im Besteuerungszeitpunkt zu zahlende Erbbauzins, der auf einen Jahresbetrag umzurechnen ist. **124**

Zahlungen in unterschiedlicher Höhe (Vorauszahlungen, gestaffelter Erbbauzins etc) sind auf einen Durchschnittswert, verteilt auf die Restlaufzeit, umzurechnen. Künftige Anpassungen auf Grund von Wertsicherungsklauseln sind nicht zu berücksichtigen (R 182 Abs. 2 Satz 1 – 4 ErbStR). Ist kein Erbbauzins zu zahlen, ist für das belastete Grundstück ein Wert von Null € anzusetzen (R 182 Abs. 2 Satz 5 ErbStR). **125**

Für die Bewertung des belasteten Grundstücks spielt die Restlaufzeit des Vertrages keine Rolle. Es bleibt immer beim Vervielfältiger 18,6 (R 182 Abs. 3 ErbStR). **126**

Der Wert des **Erbbaurechts** selber ermittelt sich auf Grundlage der für das Grundstück geltenden Bedarfsbewertung, wenn die Belastung mit dem Erbbaurecht nicht bestünde. Von diesem Wert ist der Wert des belasteten Grundstücks (das 18,6fache des im Besteuerungszeitpunkt zu zahlenden jährlichen Erbbauzinses, Rn 124) abzuziehen. Dies kann im Einzelfall sogar zu einem negativen Grundstückswert führen (R 183 Abs. 2 ErbStR). Das Ergebnis ist nach § 139 BewG auf volle 500 € nach u abzurunden. **127**

Für **Bauten auf fremdem Grund und Boden** gelten die Regelungen für die Bewertung des Erbbaurechts entsprechend (§ 148 Abs. 2 BewG). Das ist gerechtfertigt, da hier eine vergleichbare Grundkonstellation vorliegt, bei der Gebäude einerseits und belastetes Grundstück andererseits zwei getrennte wirtschaftliche Einheiten bilden. Das Gesetz unterstellt, dass das belastete Grundstück zum Ausgleich für die Belastung einen Pachtzins erhält, der eine Ertragswertberechnung für das belastete Grundstück möglich macht (*Meincke* § 12 ErbStG Rn 125). Der Wert des belasteten Grundstücks ermittelt sich durch Multiplikation des nach den vertraglichen Bestimmungen im Besteuerungszeitpunkt zu zahlenden Nutzungsentgelts pro Jahr mit dem Vervielfacher 18,6. Der Wert des Gebäudes ist nach den Vorschriften bebauter Grundstücke abzüglich des nach dem Nutzungsentgelt berechneten Bodenwerts festzustellen. **128**

4. Grundstück im Zustand der Bebauung (§ 149 BewG)

Ist mit der planmäßigen Errichtung eines Gebäudes oder Gebäudeteils begonnen worden, liegt ein Grundstück im Zustand der Bebauung vor (§ 145 Abs. 1 Satz 4 BewG). Es kann sich hierbei um ein bisher unbebautes oder bebautes Grundstück handeln (R 188 Abs. 2 Satz 1 ErbStR). **129**

Liegt ein **bisher unbebautes Grundstück** vor, so ist zu seiner Bewertung zunächst der Wert des Grundstücks unter Berücksichtigung der nach Fertigstellung des Gebäudes üblichen Miete zu ermitteln. Der Gebäudewert beträgt 80 % dieses Wertes (§ 149 Abs. 1 Satz 2 BewG). Der Anteil des Gebäudewerts, der dem Fertigstellungsgrad im Besteuerungszeitpunkt entspricht, wird dem Wert für das unbebaute Grundstück (80 % des auf die Fläche bezogenen Bodenrichtwerts) hinzugerechnet. **130**

Wird die Baumaßnahme auf einem **bereits bebauten Grundstück** durchgeführt, so ist der Wert des Grundstücks vor Beginn der Baumaßnahme und nach ihrem Abschluss zu vergleichen. 80 % der verbleibenden Wertdifferenz stellt den Wert der Baumaßnahme nach Fertigstellung dar. Der Betrag muss entsprechend dem Fertigstellungsgrad dem Grundstückswert vor Beginn der Baumaßnahme hinzugerechnet werden (R 189 Abs. 1 ErbStR). **131**

Der so gefundene Wert eines (bisher bebauten oder unbebauten) Grundstücks im Zustand der Bebauung darf den Wert des Grundstücks, der nach Bezugsfertigkeit des Gebäudes anzusetzen wäre, nicht übersteigen (§ 149 Abs. 1 Satz 4 BewG). **132**

§ 12 ErbStG | Bewertung

5. Gebäude für den Zivilschutz (§ 150 BewG)

133 Gebäude und Gebäudeteile, die zum Zweck des Zivilschutzes (§ 1 Zivilschutzgesetz) geschaffen worden sind, also nur im Kriegsfall Bedeutung erlangen und im Frieden überhaupt nicht oder nur geringfügig für andere Zwecke genutzt werden können, werden bei der Grundstücksbewertung nicht berücksichtigt (§ 150 BewG). Grundstücke, die ausschließlich mit solchen Gebäuden bebaut sind, sind also wie unbebaute Grundstücke zu behandeln. Darüber hinaus ist im Einzelfall zu prüfen, ob solche Gebäude den Grundstückswert mindern, also als Abzugsposten zu berücksichtigen sind, etwa weil sie Grundfläche bedecken und damit anderweitige (ertragbringende) Nutzungen verhindern (*Meincke* § 12 Rn 127).

6. Betriebsgrundstücke, Auslandsgrundstücke

134 Betriebsgrundstücke sind wie Privatgrundstücke mit ihren Grundbesitzwerten und nicht – wie das andere Betriebsvermögen – mit den Steuerbilanzwerten oder mit ertragsteuerlichen Werten anzusetzen (§ 99 Abs. 3 BewG).

135 Auslandsgrundstücke werden nicht mit den Grundbesitzwerten erfasst, sondern werden nach den für Auslandsvermögen geltenden Regelungen bewertet (§ 12 Abs. 6 ErbStG). Über die Verweisung in § 12 Abs. 6 ErbStG über § 31 BewG auf die §§ 1 ff BewG, insb § 9 BewG, ergibt sich letztlich der Ansatz zum gemeinen Wert (s Rn 155).

136 Wegen der hierdurch ggf festzustellenden grob unterschiedlichen Bewertung von inländischem und ausländischem Grundbesitz wird die Vorschrift teilweise als europarechtswidrig eingestuft (vgl *Wachter* DStR 2004, 540).

G. Bodenschätze (Abs. 4)

137 In aller Regel gehören Bodenschätze zu einem Betriebsvermögen und werden insoweit mit den ertragsteuerlichen Werten erfasst (Abs. 5 Satz 2 iVm § 109 Abs. 1 und 2 BewG). Abs. 4 bestimmt, dass auch in den (seltenen) Fällen, in denen solche Bodenschätze nicht zu einem Betriebsvermögen gehören, diese mit ihrem **ertragsteuerlichen Wert** anzusetzen sind. Dies betrifft insb Fälle, in denen ein solcher Bodenschatz verpachtet wird und der Verpächter nicht als wirtschaftlicher Eigentümer anzusehen ist (*Moench* § 12 Rn 37).

H. Betriebsvermögen (Abs. 5)

138 Für die Bewertung von Betriebsvermögen ist insb die in Abs. 5 Satz 2 enthaltene Verweisung auf das BewG von Bedeutung. Obwohl Abs. 5 von Betriebsvermögen als einem einheitlichen Begriff spricht, führt die Verweisung auf die **einkommensteuerlichen Bewertungsgrundsätze** zu einer Unterscheidung von zwei Arten des Betriebsvermögens, nämlich das Betriebsvermögen, dessen Gewinn durch Betriebsvermögensvergleich ermittelt wird und für das der Schuldenabzug nach § 103 BewG und der Ansatz der Steuerbilanzwerte nach § 109 Abs. 1 BewG gilt, und das Vermögen, das einem Steuerpflichtigen dient, der seinen Gewinn nach § 4 Abs. 3 EStG durch Einnahmen-/Ausgabenrechnung ermittelt, für das der Schuldenabzug anders als nach § 103 BewG geregelt ist und für das statt auf die Steuerbilanzwerte auf die ertragsteuerlichen Werte (§ 109 Abs. 2 BewG) verwiesen wird (*Meincke* § 12 Rn 133).

139 Nach § 98a BewG ist zunächst das sog **Rohbetriebsvermögen** zu ermitteln, das ist die Summe der zum Gewerbebetrieb gehörenden Wirtschaftsgüter und sonstigen aktiven Ansätze. Das Rohbetriebsvermögen ist um die Summe der Schulden und sonstigen Abzüge zu kürzen, um so das sog **Reinvermögen** zu erhalten. Im Unterschied zu dem zivilrechtlich maßgeblichen Ertragswertverfahren wird auf diese Weise der **Substanzwert** des Betriebsvermögens der Besteuerung zu Grunde gelegt.

Das **Rohbetriebsvermögen** umfasst nach § 95 Abs. 1 BewG alle Teile eines Gewerbe- 140
betriebs, die auch bei der steuerlichen Gewinnermittlung zum Betriebsvermögen gehören.
Die zur Wertermittlung im Erbschaftsteuerrecht erforderliche Vermögensaufstellung (R
114 Abs. 1 Satz 3 ErbStR) knüpft insoweit an die Steuerbilanz des Unternehmens an, die
sich ihrerseits auf die Handelsbilanz bezieht (sog Maßgeblichkeit der Handelsbilanz für
die Steuerbilanz, § 5 Abs. 1 EStG).
Der Aktivbestand des Betriebsvermögens der erbschaftsteuerlichen Vermögensaufstel- 141
lung entspricht damit grds dem der Handelsbilanz. Hierzu gehört auch **gewillkürtes
Betriebsvermögen** (BFH DStR 2003, 2156).
Die Finanzverwaltung nennt in R 114 Abs. 2 Satz 5 ErbStR einige **Ausnahmen von diesem** 142
Grundsatz der Bestandsidentität (zB Ausgleichsposten im Fall der Organschaft, Betriebsgrundstücke).
Bei **nichtbilanzierenden Gewerbetreibenden** und freiberuflich Tätigen gehört das **not-** 143
wendige Betriebsvermögen, also alle Wirtschaftsgüter, die zu mehr als 50 % eigenbetrieb-
lich genutzt werden, zum Betriebsvermögen (R 114 Abs. 3 Satz 1 und 2 ErbStR). **Gewillkürtes Betriebsvermögen** kommt nicht in Betracht (R 114 Abs. 3 Satz 3 ErbStR).
Forderungen und Verbindlichkeiten, die mit dem Betrieb in wirtschaftlichem Zusammenhang stehen, gehören ebenso zum Betriebsvermögen wie Bargeld und Bankguthaben,
die aus gewerblichen oder freiberuflichen Tätigkeiten herrühren (R 114 Abs. 3 Satz 4
ErbStR).
Das Betriebsvermögen von **Personengesellschaften** wird entsprechend der ertragsteuer- 144
lichen Regelungen durch die positiven und negativen Wirtschaftsgüter des Gesamthands-
vermögens, die Bilanzansätze aus etwaigen Ergänzungsbilanzen sowie die Wirtschafts-
güter aus den Sonderbilanzen (Sonderbetriebsvermögen I und II) gebildet (R 115 Abs. 1
Satz 1 ErbStR).
Zur Aufteilung des Betriebsvermögens einer Personengesellschaft auf die einzelnen Ge- 145
sellschafter s Rn 9.
Für das ermittelte Rohbetriebsvermögen gelten in den Fällen, in denen der Gewinn durch 146
Betriebsvermögensvergleich (§ 4 Abs. 1 oder § 5 EStG) ermittelt wird, die sich nach § 6
EStG ergebenden **Steuerbilanzwerte** (sog Bewertungsidentität, § 109 Abs. 1 BewG).
Für nicht bilanzierende Gewerbetreibende und freiberuflich Tätige sieht § 109 Abs. 2 147
BewG den Ansatz der ertragsteuerlichen Werte vor. In R 123 ErbStR hat die Finanzver-
waltung umfangreiche Bewertungsgrundsätze für nicht bilanzierende Gewerbetreibende
und freiberuflich Tätige aufgestellt.
Eine wesentliche Durchbrechung der Anwendung ertragsteuerlicher Grundsätze für die 148
Bewertung des Betriebsvermögens gilt für **Betriebsgrundstücke**, also für Grundstücke,
die zu mehr als der Hälfte ihres Wertes dem Gewerbebetrieb dienen (§ 99 Abs. 2 Satz 1
BewG). Solche Betriebsgrundstücke sind mit den sich nach § 12 Abs. 3 ErbStG ergebenden
Bedarfswerten in Ansatz zu bringen (§ 12 Abs. 5 Satz 1 ErbStG).
Weitere Sonderregelungen enthält § 12 Abs. 5 Satz 3 ErbStG für **Wertpapiere** sowie **An-** 149
teile und Genussscheine von Kapitalgesellschaften (§ 12 Abs. 5 Satz 3 ErbStG). Diese
sind nicht mit Steuerbilanzwerten, sondern mit den sich nach §§ 11 und 12 BewG erge-
benden Werten in Ansatz zu bringen. Der Bewertung ist also entweder der Kurswert (§ 11
Abs. 1 BewG), der gemeine Wert (§ 11 Abs. 2 BewG), der Rücknahmepreis (§ 11 Abs. 4
BewG) oder der Nennwert (§ 12 BewG) zugrundezulegen.
Anteile an Personengesellschaften werden mit dem dem Beteiligungsumfang entspre- 150
chenden Teil des Betriebsvermögenswerts der Personengesellschaft angesetzt. Auch hier
gilt im Ergebnis eine reine Substanzbewertung (*Meincke* § 12 Rn 144).
Ein **Geschäfts- oder Firmenwert** ist nach ertragsteuerlichen Grundsätzen nur dann zu 151
berücksichtigen, wenn er entgeltlich erworben wurde. Der selbstgeschaffene (originäre)
Geschäfts- oder Firmenwert bleibt außer Ansatz (*Meincke* § 12 Rn 146).
Das Rohbetriebsvermögen ist um **Schulden und sonstige Abzüge**, die zum Betriebsver- 152
mögen gehören, zu kürzen (§§ 98a, 103 BewG). Auch hier gilt bei der Bewertung von

Betriebsvermögen, dessen Gewinn nach § 4 Abs. 1 oder § 5 EStG ermittelt wird, für den Umfang der Schulden und sonstigen passiven Ansätze die **Bestandsidentität** und für ihre Bewertung die **Bewertungsidentität** mit den Steuerbilanzwerten (§§ 103 Abs. 1, 109 Abs. 1 BewG). Betriebsschulden sind in voller Höhe abzugsfähig, auch wenn der Betriebsvermögensfreibetrag nach § 13a ErbStG in Anspruch genommen wird. Der Grundsatz, dass Passivposten, die mit steuerbefreiten Posten in Verbindung stehen, vom Abzug ausgeschlossen sind (§ 10 Abs. 6 ErbStG), gilt hier nicht (*Meincke* § 12 Rn 141).

153 Schulden und sonstige Abzüge bei nicht bilanzierenden Gewerbetreibenden und freiberuflich Tätigen sind zu berücksichtigen, wenn die Entstehung der Schuld ursächlich und unmittelbar auf Vorgängen beruht, die das Betriebsvermögen betreffen (R 119 Abs. 1 Satz 1 und 2 ErbStR). Auch auflösend und aufschiebend bedingte Verbindlichkeiten sind abzugsfähig. § 98a Satz 2 BewG schließt die Anwendung des § 6 BewG insoweit aus. Betriebliche Steuerschulden sind abzugsfähig, private Steuerschulden sind vom Abzug ausgeschlossen (R 119 Abs. 6 ErbStR). Schulden, die mit einem Betriebsgrundstück in wirtschaftlichem Zusammenhang stehen, sind abzuziehen, soweit sie bei der steuerlichen Gewinnermittlung zum Betriebsvermögen gehören (R 120 ErbStR).

154 **Maßgeblicher Bewertungsstichtag** auch für das Betriebsvermögen sind die Verhältnisse zur Zeit der Entstehung der Steuer (§ 12 Abs. 5 Satz 1 ErbStG). Wenn also nicht zufällig der Besteuerungszeitpunkt mit dem Schluss eines Wirtschaftsjahres zusammenfällt, auf den eine ertragsteuerliche Bilanz zu erstellen ist, müsste nur für Zwecke der erbschaftsteuerlichen Wertermittlung eine solche Bilanz, etwa zum Todestag, aufgestellt werden. Die Finanzverwaltung akzeptiert aber aus Vereinfachungsgründen eine Ableitung des Betriebsvermögenswertes aus einer auf den Schluss des letzten vor dem Besteuerungszeitpunkt endenden Wirtschaftsjahrs erstellten Bilanz (R 39 Abs. 2 Satz 1 ErbStR). Die zwischen Bilanzzeitpunkt und Besteuerungszeitpunkt eingetretenen Veränderungen sind durch entsprechende Korrekturen zu berücksichtigen. Hierzu zählt insb die Hinzurechnung des zwischenzeitlichen Gewinns und der zwischenzeitlichen Einlagen sowie Abrechnung des zwischenzeitlich eingetretenen Verlustes und der zwischenzeitlichen Entnahmen. Zu berücksichtigen sind außerdem zwischenzeitliche Abschreibungen und sonstige Vermögensänderungen (R 39 Abs. 2 Satz 3 und 4 ErbStR).

I. Auslandsvermögen (Abs. 6)

155 Auslandsvermögen ist nach § 12 Abs. 1 ErbStG nach den allgemeinen Bewertungsgrundsätzen zu bewerten und damit idR mit dem **gemeinen Wert** anzusetzen (§ 9 BewG). Das gilt auch für ausländischen Grundbesitz und ausländisches Betriebsvermögen, was § 12 Abs. 6 ErbStG iVm § 31 BewG ausdrücklich klarstellt. Die für inländischen Grundbesitz und inländisches Betriebsvermögen geltenden Bewertungsprivilegien gelten insoweit also nicht.

156 Die Vorschrift begegnet ernsthaften europarechtlichen Bedenken (*Meincke* § 12 Rn 149; *Wachter* DStR 2004, 540). In der Praxis gestattet jedoch die Finanzverwaltung wegen der Schwierigkeit, die Verkehrswerte für ausländischen Grundbesitz und ausländisches Betriebsvermögen zu ermitteln, eine Übernahme der ertragsteuerlichen Werte, sofern das nicht im Einzelfall zu unangemessenen Ergebnissen führt (R 39 Abs. 1 Satz 2 ErbStR).

§ 13 Steuerbefreiungen

(1) Steuerfrei bleiben

1. a) Hausrat einschließlich Wäsche und Kleidungsstücke beim Erwerb durch Personen der Steuerklasse I, soweit der Wert insgesamt 41.000 Euro nicht übersteigt,

   b) andere bewegliche körperliche Gegenstände, die nicht nach Nummer 2 befreit sind, beim Erwerb durch Personen der Steuerklasse I, soweit der Wert insgesamt 10.300 Euro nicht übersteigt,

   c) Hausrat einschließlich Wäsche und Kleidungsstücke und andere bewegliche körperliche Gegenstände, die nicht nach Nummer 2 befreit sind, beim Erwerb durch Personen der Steuerklassen II und III, soweit der Wert insgesamt 10.300 Euro nicht übersteigt.

   ²Die Befreiung gilt nicht für Gegenstände, die zum land- und forstwirtschaftlichen Vermögen, zum Grundvermögen oder zum Betriebsvermögen gehören, für Zahlungsmittel, Wertpapiere, Münzen, Edelmetalle, Edelsteine und Perlen;

2. Grundbesitz oder Teile von Grundbesitz, Kunstgegenstände, Kunstsammlungen, wissenschaftliche Sammlungen, Bibliotheken und Archive

   a) mit 60 vom Hundert ihres Werts, wenn die Erhaltung dieser Gegenstände wegen ihrer Bedeutung für Kunst, Geschichte oder Wissenschaft im öffentlichen Interesse liegt, die jährlichen Kosten in der Regel die erzielten Einnahmen übersteigen und die Gegenstände in einem den Verhältnissen entsprechenden Umfang den Zwecken der Forschung oder der Volksbildung nutzbar gemacht sind oder werden,

   b) in vollem Umfang, wenn die Voraussetzungen des Buchstabens a erfüllt sind und ferner

   aa) der Steuerpflichtige bereit ist, die Gegenstände den geltenden Bestimmungen der Denkmalspflege zu unterstellen,

   bb) die Gegenstände sich seit mindestens zwanzig Jahren im Besitz der Familie befinden oder in dem Verzeichnis national wertvollen Kulturgutes oder national wertvoller Archive nach dem Gesetz zum Schutz deutschen Kulturgutes gegen Abwanderung in der im Bundesgesetzblatt Teil III, Gliederungsnummer 224-2, veröffentlichten bereinigten Fassung, zuletzt geändert durch Anlage I Kapitel II Sachgebiet B Abschnitt II Nr. 4 des Einigungsvertrages vom 31. August 1990 in Verbindung mit Artikel 1 des Gesetzes vom 23. September 1990 (BGBl 1990 II S 885, 914), eingetragen sind.

   ²Die Steuerbefreiung fällt mit Wirkung für die Vergangenheit weg, wenn die Gegenstände innerhalb von zehn Jahren nach dem Erwerb veräußert werden oder die Voraussetzungen für die Steuerbefreiung innerhalb dieses Zeitraums entfallen;

3. Grundbesitz oder Teile von Grundbesitz, der für Zwecke der Volkswohlfahrt der Allgemeinheit ohne gesetzliche Verpflichtung zur Benutzung zugänglich gemacht ist und dessen Erhaltung im öffentlichen Interesse liegt, wenn die jährlichen Kosten in der Regel die erzielten Einnahmen übersteigen. ²Die Steuerbefreiung fällt mit Wirkung für die Vergangenheit weg, wenn der Grundbesitz oder Teile des Grundbesitzes innerhalb von zehn Jahren nach dem Erwerb veräußert werden oder die Voraussetzungen für die Steuerbefreiung innerhalb dieses Zeitraums entfallen;

§ 13 ErbStG | Steuerbefreiungen

4. ein Erwerb nach § 1969 des Bürgerlichen Gesetzbuchs;

   a) Zuwendungen unter Lebenden, mit denen ein Ehegatte dem anderen Ehegatten Eigentum oder Miteigentum an einem im Inland belegenen, zu eigenen Wohnzwecken genutzten Haus oder einer im Inland belegenen, zu eigenen Wohnzwecken genutzten Eigentumswohnung (Familienwohnheim) verschafft oder den anderen Ehegatten von eingegangenen Verpflichtungen im Zusammenhang mit der Anschaffung oder der Herstellung des Familienwohnheims freistellt. ²Entsprechendes gilt, wenn ein Ehegatte nachträglichen Herstellungs- oder Erhaltungsaufwand für ein Familienwohnheim trägt, das im gemeinsamen Eigentum der Ehegatten oder im Eigentum des anderen Ehegatten steht;

5. die Befreiung von einer Schuld gegenüber dem Erblasser, sofern die Schuld durch Gewährung von Mitteln zum Zweck des angemessenen Unterhalts oder zur Ausbildung des Bedachten begründet worden ist oder der Erblasser die Befreiung mit Rücksicht auf die Notlage des Schuldners angeordnet hat und diese auch durch die Zuwendung nicht beseitigt wird. ²Die Steuerbefreiung entfällt, soweit die Steuer aus der Hälfte einer neben der erlassenen Schuld dem Bedachten anfallenden Zuwendung gedeckt werden kann;

6. ein Erwerb, der Eltern, Adoptiveltern, Stiefeltern oder Großeltern des Erblassers anfällt, sofern der Erwerb zusammen mit dem übrigen Vermögen des Erwerbers 41.000 Euro nicht übersteigt und der Erwerber infolge körperlicher oder geistiger Gebrechen und unter Berücksichtigung seiner bisherigen Lebensstellung als erwerbsunfähig anzusehen ist oder durch die Führung eines gemeinsamen Hausstands mit erwerbsunfähigen oder in der Ausbildung befindlichen Abkömmlingen an der Ausübung einer Erwerbstätigkeit gehindert ist. ²Übersteigt der Wert des Erwerbs zusammen mit dem übrigen Vermögen des Erwerbers den Betrag von 41.000 Euro, wird die Steuer nur insoweit erhoben, als sie aus der Hälfte des die Wertgrenze übersteigenden Betrags gedeckt werden kann;

7. Ansprüche nach folgenden Gesetzen in der jeweils geltenden Fassung:

   a) Lastenausgleichsgesetz in der Fassung der Bekanntmachung vom 2. Juni 1993 (BGBl I S 845), zuletzt geändert durch Gesetz vom 23. Juni 1994 (BGBl I S 1311), Währungsausgleichsgesetz in der Fassung der Bekanntmachung vom 1. Dezember 1965 (BGBl I S 2059), zuletzt geändert durch Artikel 3d des Gesetzes vom 24. Juli 1992 (BGBl I S 1389), Altsparergesetz in der im Bundesgesetzblatt Teil III, Gliederungsnummer 621-4, veröffentlichten bereinigten Fassung, zuletzt geändert durch Artikel 65 des Gesetzes vom 5. Oktober 1994 (BGBl I S 2911), Flüchtlingshilfegesetz in der Fassung der Bekanntmachung vom 15. Mai 1971 (BGBl I S 681), zuletzt geändert durch Artikel 24 des Gesetzes vom 26. Mai 1994 (BGBl I S 1014), Reparationsschädengesetz vom 12. Februar 1969 (BGBl I S 105), zuletzt geändert durch Artikel 3e des Gesetzes vom 24. Juli 1992 (BGBl I S 1389),

   b) Allgemeines Kriegsfolgengesetz in der im Bundesgesetzblatt Teil III, Gliederungsnummer 653-1, veröffentlichten bereinigten Fassung, zuletzt geändert durch Artikel 67 des Gesetzes vom 5. Oktober 1994 (BGBl I S 1389), Gesetz zur Regelung der Verbindlichkeiten nationalsozialistischer Einrichtungen und der Rechtsverhältnisse an deren Vermögen vom 17. März 1965 (BGBl I S 79), zuletzt geändert durch Artikel 2 Nr. 18 des Gesetzes vom 20. Dezember 1991 (BGBl I S 2317),

   c) Häftlingshilfegesetz in der Fassung der Bekanntmachung vom 2. Juni 1993 (BGBl I S 838), zuletzt geändert durch Artikel 1 des Gesetzes vom 8. Juni 1994 (BGBl I S 1214),

d) Strafrechtliches Rehabilitierungsgesetz vom 29. Oktober 1992 (BGBl I S 1814), zuletzt geändert durch Artikel 6 des Gesetzes vom 23. Juni 1994 (BGBl I S 1311),

e) Bundesvertriebenengesetz in der Fassung der Bekanntmachung vom 2. Juni 1993 (BGBl I S 829),

f) Vertriebenenzuwendungsgesetz vom 27. September 1994 (BGBl I S 2624, 2635),

g) Verwaltungsrechtliches Rehabilitierungsgesetz vom 23. Juni 1994 (BGBl I S 1311) und Berufliches Rehabilitierungsgesetz vom 23. Juni 1994 (BGBl I S 1311);

8. Ansprüche auf Entschädigungsleistungen nach dem Bundesgesetz zur Entschädigung für Opfer der nationalsozialistischen Verfolgung in der Fassung vom 29. Juni 1956 (BGBl I S 559) und nach dem Gesetz über Entschädigungen für Opfer des Nationalsozialismus im Beitrittsgebiet vom 22. April 1992 (BGBl I S 906) in der jeweils geltenden Fassung;

9. ein steuerpflichtiger Erwerb bis zu 5.200 Euro, der Personen anfällt, die dem Erblasser unentgeltlich oder gegen unzureichendes Entgelt Pflege oder Unterhalt gewährt haben, soweit das Zugewendete als angemessenes Entgelt anzusehen ist;

a) Geldzuwendungen unter Lebenden, die eine Pflegeperson für Leistungen zur Grundpflege oder hauswirtschaftlichen Versorgung vom Pflegebedürftigen erhält, bis zur Höhe des nach § 37 des Elften Buches Sozialgesetzbuch gewährten Pflegegeldes oder eines entsprechenden Pflegegeldes aus privaten Versicherungsverträgen nach den Vorgaben des Elften Buches Sozialgesetzbuch (private Pflegepflichtversicherung) oder einer Pauschalbeihilfe nach den Beihilfevorschriften für häusliche Pflege;

10. Vermögensgegenstände, die Eltern oder Voreltern ihren Abkömmlingen durch Schenkung oder Übergabevertrag zugewandt hatten und die an diese Personen von Todes wegen zurückfallen;

11. der Verzicht auf die Geltendmachung des Pflichtteilsanspruchs oder des Erbersatzanspruchs;

12. Zuwendungen unter Lebenden zum Zwecke des angemessenen Unterhalts oder zur Ausbildung des Bedachten;

13. Zuwendungen an Pensions- und Unterstützungskassen im Sinne des § 5 Abs. 1 Nr. 3 des Körperschaftsteuergesetzes, wenn sie die für eine Befreiung von der Körperschaftsteuer erforderlichen Voraussetzungen erfüllen. [2]Ist eine Kasse nach § 6 des Körperschaftsteuergesetzes teilweise steuerpflichtig, ist auch die Zuwendung im gleichen Verhältnis steuerpflichtig. [3]Die Befreiung fällt mit Wirkung für die Vergangenheit weg, wenn die Voraussetzungen des § 5 Abs. 1 Nr. 3 des Körperschaftsteuergesetzes innerhalb von zehn Jahren nach der Zuwendung entfallen;

14. die üblichen Gelegenheitsgeschenke;

15. Anfälle an den Bund, ein Land oder eine inländische Gemeinde (Gemeindeverband) sowie solche Anfälle, die ausschließlich Zwecken des Bundes, eines Landes oder einer inländischen Gemeinde (Gemeindeverband) dienen;

16. Zuwendungen

a) an inländische Religionsgesellschaften des öffentlichen Rechts oder an inländische jüdische Kultusgemeinden,

b) an inländische Körperschaften, Personenvereinigungen und Vermögensmassen, die nach der Satzung, dem Stiftungsgeschäft oder der sonstigen Verfassung und nach ihrer tatsächlichen Geschäftsführung ausschließlich und unmittelbar kirchlichen, gemeinnützigen oder mildtätigen Zwecken dienen. ²Die Befreiung fällt mit Wirkung für die Vergangenheit weg, wenn die Voraussetzungen für die Anerkennung der Körperschaft, Personenvereinigung oder Vermögensmasse als kirchliche, gemeinnützige oder mildtätige Institution innerhalb von zehn Jahren nach der Zuwendung entfallen und das Vermögen nicht begünstigten Zwecken zugeführt wird,

c) an ausländische Religionsgesellschaften, Körperschaften, Personenvereinigungen und Vermögensmassen der in den Buchstaben a und b bezeichneten Art unter der Voraussetzung, daß der ausländische Staat für Zuwendungen an deutsche Rechtsträger der in den Buchstaben a und b bezeichneten Art eine entsprechende Steuerbefreiung gewährt und das Bundesministerium der Finanzen dies durch förmlichen Austausch entsprechender Erklärungen mit dem ausländischen Staat feststellt;

17. Zuwendungen, die ausschließlich kirchlichen, gemeinnützigen oder mildtätigen Zwecken gewidmet sind, sofern die Verwendung zu dem bestimmten Zweck gesichert ist;

18. Zuwendungen an politische Parteien im Sinne des § 2 des Parteiengesetzes.

(2) ¹Angemessen im Sinne des Absatzes 1 Nr. 5 und 12 ist eine Zuwendung, die den Vermögensverhältnissen und der Lebensstellung des Bedachten entspricht. ²Eine dieses Maß übersteigende Zuwendung ist in vollem Umfang steuerpflichtig.

(3) ¹Jede Befreiungsvorschrift ist für sich anzuwenden. ²In den Fällen des Absatzes 1 Nr. 2 und 3 kann der Erwerber der Finanzbehörde bis zur Unanfechtbarkeit der Steuerfestsetzung erklären, daß er auf die Steuerbefreiung verzichtet.

A. Allgemeines

1 § 13 ErbStG sieht eine Reihe von Steuerbefreiungen vor, denen in der Praxis teilweise große Bedeutung zukommt. Jede Befreiungsvorschrift ist für sich anzuwenden (§ 13 Abs. 3 ErbStG) und von Amts wegen zu berücksichtigen (Moench/*Kien-Hümbert* § 13 Rn 1). Ihre Anwendung kommt auch bei beschränkt Steuerpflichtigen in Betracht (*Meincke* § 13 Rn 1).

2 Die Steuerbefreiungen gelten für alle stpfl Vorgänge iSv § 1 ErbStG, also nicht nur für Erwerbe, sondern auch für das Halten von Vermögen durch Stiftungen und Vereine (§ 1 Abs. 1 Nr. 4 ErbStG). Wenn der Gesetzwortlaut nicht ausdrücklich etwas anderes bestimmt, gelten sie sowohl für Erwerbe von Todes wegen als auch für Schenkungen unter Lebenden.

3 Die unter eine Steuerbefreiung fallenden Vorgänge gehören nicht zum stpfl Erwerb (§ 10 Abs. 1 Satz 1 ErbStG). Damit dürfen aber auch die hiermit in sachlichem Zusammenhang stehenden Verbindlichkeiten nicht abgezogen werden (§ 10 Abs. 6 ErbStG). Um einen Überhang von Verbindlichkeiten geltend zu machen, hat der Steuerpflichtige daher in den Fällen des Abs. 1 Nr. 2 und 3 die Möglichkeit, auf die Steuerbefreiung zu verzichten (Abs. 3 Satz 2).

B. Einzelne Steuerbefreiungen

4 **Hausrat** und **andere bewegliche körperliche Gegenstände** unterliegen nach **Abs. 1 Nr. 1** einem Freibetrag für Personen der Steuerklasse I von insgesamt bis zu 51.300 €. Hierbei ist Hausrat einschließlich Wäsche und Kleidungsstücke bis zu einem Wert von 41.000 € steuerbefreit (**Abs. 1 Nr. 1 lit. a**), andere bewegliche körperliche Gegenstände bis zu einem Betrag von 10.300 € (**Abs. 1 Nr. 1 lit. b**).

Für Personen der Steuerklassen II und III gilt insoweit ein Freibetrag von immerhin noch 5
10.300 € (**Abs. 1 Nr. 1 lit. c**).

Sind mehrere Erben vorhanden, ist unabhängig von der späteren Nachlassauseinander- 6
setzung jeweils ein der Erbquote entsprechender Anteil am Hausrat und an den anderen
körperlichen Gegenständen steuerfrei. Dabei stehen jedem Erwerber die Freibeträge in
voller Höhe zu. Zur Ersparnis von Erbschaftsteuer kann es sich daher empfehlen, Hausrat
und andere bewegliche körperliche Gegenstände auf möglichst viele Personen und zu
möglichst gleichen Teilen zu übertragen (Moench/*Kien-Hümbert* § 13 Rn 5).

Zum **Hausrat** gehören diejenigen beweglichen Sachen, die für die Wohnung und das 7
Zusammenleben der Familie bestimmt sind (zB Wohnungseinrichtung, Wäsche, Geschirr,
Bücher, Fernsehgeräte etc). Persönliche Gegenstände (Schmuck, Uhren etc) sowie Gegenstände, die auch außerhalb des Haushalts Verwendung finden (zB Fotoapparate, PKW
etc), gehören nicht zum Hausrat (Moench/*Kien-Hümbert* § 13 Rn 8 ff; aA insb für PKW:
Meincke § 13 Rn 3; Troll/Gebel/*Jülicher* § 13 Rn 8).

Auch **Luxusgegenstände** können Hausrat darstellen, wenn sie ihrer Art nach als Hausrats- 8
gegenstände geeignet sind und nach dem Lebenszuschnitt des Steuerpflichtigen als solche
dienen (BGH NJW 1984, 1758). Erst wenn auch ein gehobener Wohnstil »eindeutig und
zweifelsfrei« überschritten wird, kann nicht mehr von Hausrat gesprochen werden (vgl
BFH BStBl II 1990, 710). Wegen der betragsmäßigen Begrenzung des Freibetrages ist diese
Unterscheidung aber nur von geringer praktischer Bedeutung.

Zu den Hausratsgegenständen können auch **Kunstgegenstände**, insb auch Bilder, gehören 9
(*Meincke* § 13 Rn 5; Moench/*Kien-Hümbert* § 13 Rn 9; Troll/Gebel/*Jülicher* § 13 Rn 9), allerdings nur dann, wenn sie nicht den Rahmen von Gebrauchsgegenständen sprengen, also
tatsächlich hohen künstlerischen Ansprüchen genügen.

Im Einzelfall kann die Wertermittlung der Hausratsgegenstände problematisch sein. In 10
aller Regel erfolgt eine – zumeist nur überschlägige – Schätzung, ob der Wert der in
Betracht kommenden Gegenstände die Freibetragsgrenzen übersteigt. In den meisten
Fällen dürften die Freibeträge ausreichen, um den Hausrat steuerfrei zu belassen.

Andere bewegliche körperliche Gegenstände sind für Personen der Steuerklasse I bis 11
zum Wert von 10.300 € (Abs. 1 Nr. 1 lit. b), für andere Personen nur zusammen mit
Hausratsgegenständen bis zu einem Wert von 10.300 € steuerfrei (Abs. 1 Nr. 1 lit. c).
Hierunter können grds alle beweglichen körperlichen Gegenstände fallen, auch solche,
die keine Hausratsgegenstände darstellen (zB PKW etc). Es darf sich allerdings nicht um
Gegenstände handeln, die zum land- und forstwirtschaftlichen Vermögen, zum Grundvermögen oder zum Betriebsvermögen gehören und auch nicht um Zahlungsmittel,
Wertpapiere, Münzen, Edelmetalle, Edelsteine oder Perlen (Abs. 1 Satz 2).

Bestimmte **Kulturgüter** können teilweise oder ganz von der Erbschaftsteuer befreit sein 12
(Abs. 1 Nr. 2). Hierbei spielt es keine Rolle, welcher Steuerklasse der Erwerber angehört,
ob es sich um einen Vermögensübergang von Todes wegen oder um eine Schenkung unter
Lebenden handelt und ob sich die Gegenstände im land- und forstwirtschaftlichen Vermögen, im Betriebsvermögen oder im Übrigen Vermögen befunden haben (Moench/*Kien-Hümbert* § 13 Rn 12). Die Steuerbefreiung für Kulturgüter ist wertmäßig nicht begrenzt, so
dass sich im Einzelfall eine erhebliche Steuerersparnis ergeben kann (zB werthaltige
Kunstsammlungen, Schlösser etc).

Zu den vom Gesetz privilegierten Kulturgütern gehören Grundbesitz, Teile von Grund- 13
besitz, Kunstgegenstände, Kunstsammlungen, wissenschaftliche Sammlungen, Bibliotheken und Archive. Unter den vom Gesetz bezeichneten »Teilen« von Grundbesitz sind nach
dem Gesetzessinn nur selbstständig nutzbare Grundstücksteile gemeint, nicht jedoch
einzelne, nicht selbstständig nutzbare Gebäudeteile wie zB die Fassade oder das Treppenhaus eines Gebäudes (*Meincke* § 13 Rn 8; Moench/*Weinmann* § 8 Rn 13).

Die Erhaltung der befreiten Kulturgüter muss im **öffentlichen Interesse** liegen. Davon ist 14
dann auszugehen, wenn zB bei der Erhaltung eines Gebäudes die auferlegten Nutzungsbeschränkungen weit über das hinausgehen, was einem Grundstückseigentümer gemein-

hin zugemutet werden darf (vgl BVerfG BStBl II 1984, 870). Ob ein solches öffentliches Interesse vorliegt, wird regelmäßig von den für den Denkmalschutz zuständigen Landesbehörden beurteilt und ggf bestätigt.

15 Die gesetzlich vorgesehene Steuerbefreiung setzt weiterhin voraus, dass die betreffenden Gegenstände **dauerhaft unrentierlich** sind, die jährlichen Kosten also idR die erzielten Einnahmen übersteigen. Das ist insb dann der Fall, wenn mit den Gegenständen überhaupt keine Einnahmen erzielt werden (R 42 Abs. 5 Satz 1 ErbStR).

16 Schließlich setzt die Vorschrift voraus, dass die von der Steuer befreiten Gegenstände in einem den Verhältnissen entsprechenden Umfang den Zwecken **der Forschung oder der Volksbildung nutzbar** gemacht werden. Die Befreiung kommt also auch in Betracht, wenn erst der Erwerber die betreffenden Gegenstände für die Allgemeinheit zugänglich macht. Dabei brauchen diese Gegenstände nicht etwa in einem Museum untergebracht zu werden. Vielmehr genügt es, wenn der Allgemeinheit, mindestens aber den interessierten Kreisen die betreffenden Gegenstände ohne weiteres zugänglich sind (R 42 Abs. 4 ErbStR), also etwa zu gewissen Zeiten zur Besichtigung freigegeben werden.

17 Sind vorstehende Voraussetzungen erfüllt, sind die betreffenden Gegenstände zu **60%** ihres Werts – maßgeblich ist der Wert nach § 12 ErbStG – von der Steuer befreit (Abs. 1 Nr. 2 lit. a).

18 Eine **vollständige Steuerbefreiung** der Kulturgüter setzt voraus, dass die betreffenden Gegenstände darüber hinaus den Bestimmungen **der Denkmalspflege unterstellt** werden und sich seit mindestens 20 Jahren im Besitz der Familie befinden oder in dem Verzeichnis national wertvollen Kulturguts oder national wertvoller Archive eingetragen sind (Abs. 1 Nr. 2 lit. b).

19 Die (teilweise oder vollständige) **Steuerbefreiung entfällt rückwirkend**, wenn die betreffenden Gegenstände innerhalb von zehn Jahren nach dem Erwerb veräußert werden oder die Voraussetzungen für die Steuerbefreiung innerhalb dieses Zeitraums entfallen (Abs. 1 Nr. 2 Satz 2). Aus welchem Grund ein solcher Verkauf stattgefunden hat, spielt keine Rolle. Der Eigentumsübergang durch Erbfall oder Schenkung ist keine Veräußerung in diesem Sinne. Ebenso gilt es nicht als Veräußerung, wenn der Steuerpflichtige von der ihm nach § 224a AO gebotenen Möglichkeit Gebrauch macht, die Erbschaftsteuerschuld statt durch Geldzahlung durch Hingabe von Kunstgegenständen zu tilgen (§ 224a Abs. 1 Satz 2 AO).

20 Der Wegfall der Steuerbefreiung führt zu einer **Nachversteuerung**, bei der die Wertverhältnisse zum (damaligen) Besteuerungszeitpunkt maßgeblich sind. Zwischenzeitliche Werterhöhungen oder -minderungen bleiben außer Betracht.

21 **Grundbesitz, der Erholungszwecken dient**, ist von der Erbschaftsteuer befreit, wenn er, ohne dass eine ges Verpflichtung hierzu besteht, also freiwillig, der Öffentlichkeit zugänglich gemacht wird, sofern seine Erhaltung im öffentlichen Interesse liegt. Außerdem müssen auch hier die jährlichen Kosten idR die erzielten Einnahmen übersteigen (Abs. 1 Nr. 3). Die Befreiung kommt insb bei Grünanlagen, Parks sowie Spiel- und Sportplätzen in Betracht.

22 Auch diese Befreiung entfällt rückwirkend, wenn der Grundbesitz innerhalb von 10 Jahren nach dem Erwerb veräußert wird oder die Voraussetzungen für die Steuerbefreiung innerhalb dieses Zeitraumes entfallen (s Rn 19 f).

23 Der sog »**Dreißigste**« (§ 1969 BGB) ist nach Abs. 1 Nr. 4 steuerfrei. Es handelt sich hierbei um ein ges Vermächtnis, nach dem bestimmte Familienangehörige für die ersten dreißig Tage nach dem Tode des Erblassers eine Weitergewährung von Unterhalt verlangen können. Unabhängig von der Steuerbefreiung beim Berechtigten kann der Erbe seine Verpflichtung als Nachlassverbindlichkeit vom Erwerb abziehen.

24 Die **Zuwendung eines Familienwohnheims unter Ehegatten** sowie die Übernahme von mit einem solchen Familienwohnheim in Verbindung stehenden Verbindlichkeiten des einen Ehepartners oder die Übernahme von Herstellungs- oder Erhaltungsaufwendungen

für ein Familienwohnheim durch einen Ehepartner ist nach Abs. 1 Nr. 4a von der Steuer befreit. Die Privilegierung gilt ausdrücklich **nur für Zuwendungen unter Lebenden**; der Erwerb eines Familienwohnheims durch den Ehegatten von Todes wegen unterliegt demgegenüber der Steuerpflicht. Das ist ebenso wenig nachzuvollziehen, wie der Umstand, dass nur die Zuwendung eines (zu eigenen Wohnzwecken genutzten) Wohngrundstücks, nicht aber die Übertragung anderer Vermögensgegenstände unter Ehegatten von der Steuer befreit ist (vgl *Meincke* § 13 Rn 18).

Die Eheleute können auch nacheinander mehrfach ein Familienwohnheim zuwenden. Es findet kein Objektverbrauch statt (R 43 Abs. 2 Satz 5 ErbStR). Für das begünstigt erworbene Grundstück besteht auch keine Behaltenspflicht. Die spätere Veräußerung oder eine Nutzungsänderung ist unbeachtlich, sofern kein Missbrauch von Gestaltungsmöglichkeiten (§ 42 AO) vorliegt (R 43 Abs. 2 Satz 7 und 8 ErbStR). 25

Privilegiert ist die Zuwendung eines Familienwohnheims, dh die Übertragung eines im Inland belegenen, zu eigenen Wohnzwecken genutzten Hauses oder einer im Inland belegenen, zu eigenen Wohnzwecken genutzten Eigentumswohnung, soweit sich dort der **Mittelpunkt des familiären Lebens** befindet (R 43 Abs. 1 Satz 1 ErbStR). Die Übertragung eines Ferien- oder Wochenendhauses ist nicht begünstigt (R 43 Abs. 1 Satz 2 ErbStR). Eigene Wohnzwecke sind gewahrt, wenn die Eheleute und die zur Familie gehörenden Kinder und Enkelkinder oder eine Hausgehilfin das Gebäude nutzen. Eine Nutzung zu anderen als Wohnzwecken von nur untergeordneter Bedeutung (zB Nutzung eines Arbeitszimmers) ist unschädlich. Eine gewerbliche oder berufliche Mitbenutzung (zB durch eine Arztpraxis) ist unschädlich, wenn die Wohnnutzung insgesamt überwiegt, die Wohnräume die Voraussetzungen einer Wohnung erfüllen und die Eigenart als Ein- oder Zweifamilienhaus nicht wesentlich beeinträchtigt wird. Wird das Haus oder die Eigentumswohnung auch nur teilweise vermietet, kommt eine privilegierte Übertragung nicht mehr in Betracht (vgl insgesamt zu den Voraussetzungen eines Familienwohnheimes R 43 Abs. 1 ErbStR). 26

Eine steuerbefreite Zuwendung eines solchen Familienwohnheims nimmt die Finanzverwaltung insb dann an, wenn Allein- oder Miteigentum an einem Grundstück übertragen wird, ein solches Familienwohnheim mit den Mitteln des einen Ehegatten unter Einräumung der Miteigentümerstellung des anderen Ehegatten gekauft oder hergestellt wird, oder ein von einem oder beiden Ehegatten für den Kauf oder die Herstellung des Familienwohnheims aufgenommenen Darlehen aus den Mitteln des zuwendenden Ehegatten getilgt wird (hierzu sowie zu weiteren Fällen einer steuerbefreiten Zuwendung R 43 Abs. 2 ErbStR). 27

Tritt durch den Erbfall die **Befreiung von einer gegenüber dem Erblasser bestehenden Schuld** ein, so stellt dies einen grds erbschaftstpfl Erwerb dar (§ 10 Abs. 3 ErbStG). Nach Abs. 1 Nr. 5 ist eine solche Schuldbefreiung unter bestimmten Voraussetzungen steuerfrei. Das ist dann der Fall, wenn die Schuld auf der Gewährung von Mitteln zu einem angemessenen Unterhalt oder auf der Gewährung von Mitteln zur Ausbildung des Bedachten beruht oder die Befreiung von der Schuld mit Rücksicht auf die Notlage des Schuldners angeordnet und diese durch die Zuwendung auch nicht beseitigt wird. Die Steuerbefreiung gilt nicht nur für Erwerbe von Todes wegen, sondern auch bei der Freistellung von einer Schuld unter Lebenden (Moench/*Kien-Hümbert* § 13 Rn 37). Die Steuerbefreiung entfällt, wenn dem Bedachten nicht nur die Schuld erlassen wird, sondern darüber hinaus weiteres Vermögen zugewendet wird, aber nur insoweit, als aus der Hälfte dieser weiteren Zuwendung die Steuer gezahlt werden kann (Abs. 1 Nr. 5 Satz 2). 28 29

Erwerbe **erwerbsunfähiger Eltern oder Großeltern** sind nach Abs. 1 Nr. 6 unter bestimmten Umständen steuerfrei, wenn der Wert der Zuwendung 41.000 € nicht übersteigt. Die Vorschrift hat heute allerdings nur noch Bedeutung, soweit der persönliche Freibetrag des Begünstigten nicht ohnehin oberhalb dieser Grenze liegt. So steht bei Erwerben von Todes wegen den Eltern, Adoptiveltern und Großeltern bereits ein persönlicher Freibetrag von 30

51.200 € zu (§ 16 Abs. 1 Nr. 3 ErbStG iVm § 15 Abs. 1 ErbStG). Die Vorschrift hat daher vor allem Bedeutung für Schenkungen unter Lebenden sowie für Erwerbe von Todes wegen von Stiefeltern (Moench/*Kien-Hümbert* § 13 Rn 40).

31 Wird den Begünstigten Vermögen im Wert von über 41.000 € zugewendet, wird die Steuer insoweit erhoben, als aus der Hälfte des die Wertgrenze übersteigenden Betrages die Steuer gedeckt werden kann (Abs. 1 Nr. 6 Satz 2). Soll der Unterhalt von Eltern oder Großeltern sichergestellt werden, wird es sich regelmäßig empfehlen, dies über laufende Zuwendungen zu tun, die nämlich nach Abs. 1 Nr. 12 ErbStG steuerfrei sind (*Meincke* § 13 Rn 28, s Rn 39 ff).

32 Verschiedene **Entschädigungsansprüche** der in Abs. 1 Nr. 7 und 8 genannten Entschädigungsgesetze der Nachkriegszeit können steuerfrei sowohl unter Lebenden als auch von Todes wegen erworben werden. Dabei ist nur der Übergang der – noch nicht erfüllten – Ansprüche selbst begünstigt, nicht auch der Übergang des Vermögens, das mit der Erfüllung eines solchen Anspruchs gebildet wurde (BFH BStBl II 1983, 118; BFH BStBl II 1996, 456).

33 Bestimmte Erwerbe, die sich auf **Unterhalts- oder Pflegeleistungen** beziehen, sind nach Abs. 1 Nr. 9 und Nr. 9a steuerbefreit. Das gilt zum einen für Erwerbe bis zu 5.200 €, die als Gegenleistung für dem Erblasser gegenüber erbrachte Pflege- oder Unterhaltsleistungen angesehen werden können (Abs. 1 Nr. 9). Die betragliche Begrenzung dient der Vermeidung missbräuchlicher Gestaltungen (vgl BT-Ds 7/1333); sie ist als Freibetragsregelung zu interpretieren (*Meincke* § 13 Rn 31).

34 Der Freibetrag gilt sowohl für Erwerbe von Todes wegen als auch für Erwerbe unter Lebenden (R 44 Abs. 1 Satz 1 ErbStR). Die Anwendung der Regelung auf Schenkungen dürfte aber nur ausnahmsweise in Betracht kommen, da der Erwerb in diesem Fall zumeist wohl als Gegenleistung für die erbrachten Pflegeleistungen anzusehen sein dürfte, so dass es an der Voraussetzung einer unentgeltlichen oder gegen zu geringes Entgelt erbrachten Pflegeleistung fehlt. Wurden Pflegeleistungen entgeltlich erbracht, steht das Entgelt aber zum Zeitpunkt des Erbfalls noch aus, kommt nicht der Freibetrag nach Abs. 1 Nr. 9 zur Anwendung, sondern es ist ein Abzug des Entgelts als Nachlassverbindlichkeit nach § 10 Abs. 1 Nr. 5 vorzunehmen (R 44 Abs. 2 Satz 1 und 2 ErbStR).

35 Gibt eine pflegebedürftige Person das ihr aus einer Pflegeversicherung oder nach den Bestimmungen der Sozialgesetzgebung gewährte Pflegegeld an eine Pflegeperson weiter, ohne dass es sich hierbei um eine Gegenleistung handelt, so ist diese Zuwendung steuerfrei (Abs. 1 Nr. 9a). Die Vorschrift gilt nur für Geldzuwendungen unter Lebenden und nur dann, wenn eine solche Geldzuwendung keine Entgeltleistung darstellt. Andernfalls liegt von vornherein kein stpfl Vorgang vor.

36 Die Steuerfreiheit ist auf die Beträge beschränkt, die sich nach den Regelungen der ges oder einer privaten Pflegeversicherung oder den Beihilfevorschriften ergeben.

37 Der **Vermögensrückfall an Eltern oder Voreltern** ist durch Abs. 1 Nr. 10 von der Steuer befreit. Hierbei geht es um den von Todes wegen erfolgten Rückfall von Vermögensgegenständen, die Eltern oder Voreltern ihren Abkömmlingen durch Schenkung zugewandt hatten. Die Vorschrift findet nur beim Rückerwerb von Todes wegen, nicht dagegen bei Rückschenkungen Anwendung (R 45 Abs. 1 Satz 2 ErbStR). Die Vorschrift setzt voraus, dass es sich bei den zurückfallenden Vermögensgegenständen um dieselben handelt, wie die seinerzeit zugewendeten; der Rückfall von Surrogaten ist nicht privilegiert (BFH BStBl II 1994, 656; R 45 Abs. 2 Satz 1 und 2 ErbStR).

38 Der **Verzicht auf den Pflichtteil** ist steuerfrei (Abs. 1 Nr. 11). Dies gilt aber nur, solange der Pflichtteilsanspruch vom Berechtigten noch nicht geltend gemacht wurde. Dann nämlich ist der Anspruch und damit auch eine entsprechende Steuerpflicht entstanden (§ 3 Abs. 1 Nr. 1 ErbStG iVm § 9 Abs. 1 Nr. 1 lit. b ErbStG). Der anschließende Verzicht auf den bereits geltend gemachten Pflichtteilsanspruch stellt dann eine – stpfl – Zuwendung an den Erben dar, wenn hierfür nicht eine Abfindung geleistet wird.

39 Werden Zuwendungen unter Lebenden zum Zwecke des **angemessenen Unterhalts** oder zur **Ausbildung** des Bedachten gemacht, so sind diese nach Abs. 1 Nr. 12 steuerfrei. Be-

troffen sind nur lebzeitige Schenkungen, nicht Erwerbe von Todes wegen. Wird der Unterhalt oder die Ausbildungszuwendung auf Grund einer ges Pflicht gewährt, ist die Vorschrift nicht einschlägig; es liegt dann aber auch von vornherein kein stpfl Tatbestand vor.

Soll mit der Vermögensübertragung eigentlich eine vorweggenommene Erbfolge erreicht werden, ist die Vorschrift nicht anwendbar. Vielmehr kommt die Befreiung nach Abs. 1 Nr. 12 nur in Betracht, wenn der Bedachte tatsächlich des Unterhalts und/oder der Ausbildung bedurfte, weil ihm die zur Bestreitung seines Lebensbedarfs benötigten Mittel nicht aus seinem eigenen Vermögen zur Verfügung standen. **40**

Die Steuerfreiheit besteht für Unterhaltsleistungen nur bis zur Höhe eines **angemessenen** Unterhalts. Ausbildungszuwendungen sind demgegenüber unabhängig davon steuerfrei, ob sie angemessen erscheinen. Die Angemessenheit der steuerbefreiten Unterhaltsleistungen bestimmt sich nach **Abs. 2**. Die Zuwendung muss danach den Vermögensverhältnissen und der Lebensstellung des Bedachten entsprechen. Übersteigt die Zuwendung dieses Maß, ist sie in vollem Umfang stpfl. **41**

Zuwendungen an Pensions- und Unterstützungskassen sind nach Abs. 1 Nr. 13 steuerfrei, wenn die Kasse die Voraussetzungen des § 5 Abs. 1 Nr. 3 KStG erfüllt. Die für die Kassen besonders wichtigen Zuwendungen des Trägerunternehmens sind bei diesem als Betriebsausgaben abzugsfähig und fallen daher nicht unter die stpfl Erwerbe nach § 7 Abs. 1 ErbStG (R 46 Abs. 1 Satz 1 ErbStR). **42**

Die Steuerbefreiung hat somit nur Bedeutung für Zuwendungen an eine Pensions- oder Unterstützungskasse, die vom Unternehmer von Todes wegen oder von Dritten unter Lebenden oder von Todes wegen vorgenommen werden (R 46 Abs. 1 Satz 2 ErbStR). **43**

Übliche Gelegenheitsgeschenke sind steuerfrei (Abs. 1 Nr. 14). Diese häufig in Anspruch genommene Steuerbefreiung entlastet Steuerpflichtige und Finanzverwaltung von der ansonsten nicht zu bewältigenden Pflicht, jede noch so kleine und geringfügige Schenkung im Detail beurteilen und – jedenfalls dem Grunde nach – auch besteuern zu müssen. Entgegen dem strengen Wortlaut des § 30 Abs. 1 ErbStG geht die Rechtsprechung nämlich davon aus, dass eine Pflicht zur Anzeige eines Gelegenheitsgeschenks entfällt, wenn klar und eindeutig feststeht, dass keine Steuerpflicht entstanden ist (BFH BStBl III 1958, 339). **44**

Ob ein übliches Gelegenheitsgeschenk vorliegt, ist nach der allgemeinen Verkehrsanschauung zu entscheiden. Dabei ist nicht nur der reine Wert des Geschenks maßgeblich, sondern das **Gesamtbild des Einzelfalles**. Von einem üblichen Gelegenheitsgeschenk wird man daher ausgehen können, wenn eine solche Zuwendung sowohl vom Anlass her als auch nach ihrer Art und ihrem Wert in weiten Kreisen der Bevölkerung verbreitet ist (zB Geschenke zu Hochzeiten, Geburtstage, Weihnachten, bestandenen Prüfungen etc). **45**

Zwar sind für die Beurteilung der Üblichkeit eines Geschenks insb auch die Vermögensverhältnisse und der Lebenszuschnitt des Schenkers und des Beschenkten zu berücksichtigen. Gleichwohl ist aber auch bei sehr wohlhabenden Verhältnissen ein übliches Gelegenheitsgeschenk dann nicht mehr anzuerkennen, wenn es außerhalb dessen liegt, was von dem Schenker üblicherweise erwartet werden konnte oder wenn mit der Schenkung besondere Ziele verfolgt werden (zB frühzeitige Vermögensumschichtung auf die nächste Generation etc). **Grundstücke** dürften vor diesem Hintergrund den Rahmen eines Gelegenheitsgeschenks regelmäßig sprengen (Moench/*Kien-Hümbert* § 13 Rn 80). **46**

Überschreitet ein Geschenk das übliche Maß, so unterliegt nicht nur der Mehrwert der Steuerpflicht, sondern das gesamte Geschenk (*Meincke* § 13 Rn 46). **47**

Zuwendungen an den Bund, ein Land oder an eine inländische Gemeinde sind steuerfrei (Abs. 1 Nr. 15). Neben den unmittelbaren Zuwendungen, bei denen die Verwendung des Erwerbs im Ermessen des Empfängers liegt, sind auch Zuwendungen befreit, die einer natürlichen oder juristischen Person mit der ausdrücklichen Auflage gemacht werden, sie allgemein für Zwecke des Bundes, eines Landes oder einer inländischen Gemeinde oder für bestimmte Zwecke dieser Institutionen zu verwenden (*Meincke* § 13 Rn 48). **48**

Auch **Zuwendungen an Kirchen und gemeinnützige, mildtätige oder kirchliche Institutionen** sind von der Steuer befreit (Abs. 1 Nr. 16). Begünstigt sind hierbei die Zuwen- **49** dungen an inländische Religionsgemeinschaften des öffentlichen Rechts oder an inländische jüdische Kultusgemeinden (Abs. 1 Nr. 16 lit a). Zuwendungen an andere Körperschaften, Personenvereinigungen und Vermögensmassen sind nach Abs. 1 Nr. 16 lit. b nur dann von der Steuer befreit, wenn diese Institution im Besteuerungszeitpunkt steuerbegünstigten Zwecken dient. Die Voraussetzungen der Steuerbefreiung sind nach den §§ 51 ff AO zu beurteilen (R 47 Abs. 1 Satz 2 ErbStR).

50 Die Steuerbefreiung gilt auch dann, wenn die begünstigte Körperschaft einen Zweckbetrieb oder einen stpfl wirtschaftlichen Geschäftsbetrieb unterhält, solange die Körperschaft nicht in erster Linie eigenwirtschaftliche Zwecke verfolgt (R 47 Abs. 2 Satz 1 – 3 ErbStR).

51 Zuwendungen an **ausländische Institutionen** sind nur dann von der Steuer befreit, wenn umgekehrt auch der ausländische Staat entsprechende Vergünstigungen für die Zuwendungen an inländische Körperschaften gewährt (Erfordernis sog Gegenseitigkeitserklärungen, Abs. 1 Nr. 16 lit. c).

52 Auch Zuwendungen, die ausschließlich **gemeinnützigen, mildtätigen oder kirchlichen Zwecken** gewidmet sind, sind von der Steuer befreit (Abs. 1 Nr. 17). Hierunter fallen insb **Zweckzuwendungen** iSv § 8 ErbStG, die die Voraussetzungen des Abs. 1 Nr. 17 erfüllen.

53 Es gelten die Voraussetzungen der Steuerbefreiung nach §§ 51 ff AO. Der Erblasser oder Schenker muss die Verwendung zu dem begünstigten Zweck verfügt haben (R 49 Abs. 1 Satz 2 ErbStR). Die Verwendung zu den begünstigten Zwecken muss auch gesichert sein. Das wird in aller Regel der Fall sein, wenn sie erfolgt oder beaufsichtigt wird durch eine öffentliche Behörde oder einen öffentlichen Beamten in amtlicher Eigenschaft, eine Religionsgesellschaft oder einen Geistlichen kraft seiner kirchlichen Stellung. Die Verwendung ist demgegenüber nicht gesichert, wenn das zugewendete Vermögen auch bei einer selbst steuerbegünstigte Zwecke verfolgenden **ausländischen Körperschaft** zweckfreies Eigenvermögen wird (R 49 Abs. 2 Satz 3 ErbStR). Eine Gegenseitigkeitserklärung ist bei Zweckzuwendungen an ausländische Körperschaften allerdings nicht erforderlich (R 49 Abs. 3 ErbStR).

54 Von der Steuer befreit sind **Zuwendungen an politische Parteien** iSv § 2 des Parteiengesetzes (Abs. 1 Nr. 18). Begünstigt ist auch die Zuwendung an Gebietsverbände der Parteien (Moench/*Kien-Hümbert* § 13 Rn 104; *Meincke* § 13 Rn 57).

55 Steuerfreiheit ist nicht gegeben, wenn Vermögen an einzelne Mitglieder einer politischen Partei zugewendet wird (FG Berlin EFG 1989, 415). Umgekehrt greift die Vorschrift auch nicht ein, wenn zwar eine Zuwendung an eine Partei erfolgt, die Zuwendung aber mit der Auflage verbunden ist, sie an eine bestimmte Person (zB einen Abgeordneten für dessen Wahlkampf) oder zu Gunsten einer bestimmten Person (zB für den Wahlkampf eines bestimmten Abgeordneten) zu verwenden. Es handelt sich dann um eine Zuwendung an den Abgeordneten nach § 7 Abs. 1 Nr. 2 ErbStG oder um eine Zweckzuwendung nach § 8 ErbStG. Erfolgt die Zuwendung an einen Abgeordneten unter der Auflage, sie an seine Partei weiterzuleiten, gilt die Partei nach § 7 Abs. 1 Nr. 2 ErbStG unmittelbar als Erwerber und kann die Privilegierung nach Abs. 1 Nr. 18 in Anspruch nehmen.

C. Angemessenheit der Zuwendungen (Abs. 2)

56 Die Steuerfreiheit nach Abs. 1 Nr. 5 (Erlass einer Unterhaltsschuld) und nach Abs. 1 Nr. 12 (unmittelbare Unterhaltszuwendung) ist nur gegeben, wenn der gewährte Unterhalt angemessen war. Abs. 2 bestimmt hierzu, dass solche Zuwendungen den Vermögensverhältnissen und der Lebensstellung des Bedachten entsprechen müssen. Die Grenze zu einer nicht mehr angemessenen Unterhaltsleistung wird man dort ziehen müssen, wo die Zuwendungen vom Standpunkt des allgemeinen Empfindens als schlechthin übermäßig empfunden werden, auch wenn der Unterhalt in den Kreisen des Bedachten noch üblich ist (Moench/*Kien-Hümbert* § 13 Rn 108; RFH RStBl 1932, 1147).

57 Übersteigt die Zuwendung das Maß des Angemessenen, so ist der Erwerb nicht nur hinsichtlich des diese Grenze übersteigenden Teils der Zuwendung, sondern in vollem Umfang stpfl (Abs. 2 Satz 2).

D. Verzicht auf Steuerbefreiungen (Abs. 3)

Schulden oder Lasten, die mit steuerfreien Vermögensgegenständen in wirtschaftlichem Zusammenhang stehen, können nach § 10 Abs. 6 ErbStG nicht vom Erwerb abgezogen werden. Die eigentlich für den Steuerpflichtigen günstigen Befreiungsregelungen in Abs. 1 wirken sich deshalb beim Steuerpflichtigen im Einzelfall nachteilig aus, wenn nämlich mit dem der Steuerbefreiung unterliegenden Vermögensgegenstand ein Überhang an Schulden verbunden ist. Der Steuerpflichtige verliert insoweit die Abzugsmöglichkeit. Dies betrifft insb den Erwerb von Kulturgütern (Abs. 1 Nr. 2) und von Grundbesitz, der Zwecken der Volkswohlfahrt dient (Abs. 1 Nr. 3). Das Verhältnis zwischen niedrigem Steuerwert des Grundbesitzes und vielfach damit in wirtschaftlichem Zusammenhang stehenden Belastungen (zB Unterhaltslast für Kulturdenkmäler) verkehrt den grdsen Vorteil der Befreiungsvorschrift in ihr Gegenteil.

58

Der Steuerpflichtige kann daher in den Fällen des Abs. 1 Nr. 2 und 3 ErbStG von der Regelung in Abs. 3 Gebrauch machen und auf die Steuerbefreiung verzichten. Es ist dann wieder der volle Schuldenabzug möglich. Werden im Rahmen eines einheitlichen Erwerbs mehrere befreite Gegenstände erworben und besteht nur bei einem oder einigen ein Schuldenüberhang, kann der Verzicht auf die Steuerbefreiung auch gegenstandsbezogen erklärt werden (R 50 Abs. 1 Satz 2 ErbStR).

59

§ 13a Ansatz von Betriebsvermögen, von Betrieben der Land- und Forstwirtschaft und von Anteilen an Kapitalgesellschaften

(1) ¹Betriebsvermögen, land- und forstwirtschaftliches Vermögen und Anteile an Kapitalgesellschaften im Sinne des Absatzes 4 bleiben vorbehaltlich des Satzes 2 insgesamt bis zu einem Wert von 225.000 Euro außer Ansatz

1. beim Erwerb von Todes wegen; beim Erwerb durch mehrere Erwerber ist für jeden Erwerber ein Teilbetrag von 225.000 Euro entsprechend einer vom Erblasser schriftlich verfügten Aufteilung des Freibetrags maßgebend; hat der Erblasser keine Aufteilung verfügt, steht der Freibetrag, wenn nur Erben Vermögen im Sinne des Absatzes 4 erwerben, jedem Erben entsprechend seinem Erbteil und sonst den Erwerbern zu gleichen Teilen zu;

2. beim Erwerb durch Schenkung unter Lebenden, wenn der Schenker dem Finanzamt unwiderruflich erklärt, daß der Freibetrag für diese Schenkung in Anspruch genommen wird; dabei hat der Schenker, wenn zum selben Zeitpunkt mehrere Erwerber bedacht werden, den für jeden Bedachten maßgebenden Teilbetrag von 225.000 Euro zu bestimmen.

²Wird ein Freibetrag nach Satz 1 Nr. 2 gewährt, kann für weiteres, innerhalb von zehn Jahren nach dem Erwerb von derselben Person anfallendes Vermögen im Sinne des Absatzes 4 ein Freibetrag weder vom Bedachten noch von anderen Erwerbern in Anspruch genommen werden.

(2) Der nach Anwendung des Absatzes 1 verbleibende Wert des Vermögens im Sinne des Absatzes 4 ist mit 65 vom Hundert anzusetzen.

(3) ¹Ein Erwerber kann den Freibetrag oder Freibetragsanteil (Absatz 1) und den verminderten Wertansatz (Absatz 2) nicht in Anspruch nehmen, soweit er erworbenes Vermögen im Sinne des Absatzes 4 auf Grund einer letztwilligen Verfügung des Erblassers oder einer rechtsgeschäftlichen Verfügung des Erblassers oder Schenkers auf einen Dritten überträgt. ²Der bei ihm entfallende Freibetrag oder Freibetragsanteil geht auf den Dritten über, bei mehreren Dritten zu gleichen Teilen.

§ 13a ErbStG | Ansatz von Betriebsvermögen, ...

(4) Der Freibetrag und der verminderte Wertansatz gelten für

1. inländisches Betriebsvermögen (§ 12 Abs. 5) beim Erwerb eines ganzen Gewerbebetriebs, eines Teilbetriebs, eines Anteils an einer Gesellschaft im Sinne des § 15 Abs. 1 Nr. 2 und Abs. 3 oder § 18 Abs. 4 des Einkommensteuergesetzes, eines Anteils eines persönlich haftenden Gesellschafters einer Kommanditgesellschaft auf Aktien oder eines Anteils daran;

2. inländisches land- und forstwirtschaftliches Vermögen im Sinne des § 141 Abs. 1 Nr. 1 und 2 des Bewertungsgesetzes, vermietete Grundstücke, Grundstücke im Sinne des § 69 des Bewertungsgesetzes und die in § 13 Abs. 2 Nr. 2 des Einkommensteuergesetzes in der Fassung des Gesetzes vom 24. März 1999 (BGBl. I S 402) genannten Gebäude oder Gebäudeteile beim Erwerb eines ganzen Betriebs der Land- und Forstwirtschaft, eines Teilbetriebs, eines Anteils an einem Betrieb der Land- und Forstwirtschaft oder eines Anteils daran, unter der Voraussetzung, daß dieses Vermögen ertragsteuerlich zum Betriebsvermögen eines Betriebs der Land- und Forstwirtschaft gehört;

3. Anteile an einer Kapitalgesellschaft, wenn die Kapitalgesellschaft zur Zeit der Entstehung der Steuer Sitz oder Geschäftsleitung im Inland hat und der Erblasser oder Schenker am Nennkapital dieser Gesellschaft zu mehr als einem Viertel unmittelbar beteiligt war.

(5) Der Freibetrag oder Freibetragsanteil (Absatz 1) und der verminderte Wertansatz (Absatz 2) fallen mit Wirkung für die Vergangenheit weg, soweit der Erwerber innerhalb von fünf Jahren nach dem Erwerb

1. einen Gewerbebetrieb oder einen Teilbetrieb, einen Anteil an einer Gesellschaft im Sinne des § 15 Abs. 1 Nr. 2 und Abs. 3 oder § 18 Abs. 4 des Einkommensteuergesetzes, einen Anteil eines persönlich haftenden Gesellschafters einer Kommanditgesellschaft auf Aktien oder einen Anteil daran veräußert; als Veräußerung gilt auch die Aufgabe des Gewerbebetriebs. ²Gleiches gilt, wenn wesentliche Betriebsgrundlagen eines Gewerbebetriebs veräußert oder in das Privatvermögen übergeführt oder anderen betriebsfremden Zwecken zugeführt werden oder wenn Anteile an einer Kapitalgesellschaft veräußert werden, die der Veräußerer durch eine Sacheinlage (§ 20 Abs. 1 des Umwandlungssteuergesetzes) aus dem Betriebsvermögen im Sinne des Absatzes 4 erworben hat oder ein Anteil an einer Gesellschaft im Sinne des § 15 Abs. 1 Nr. 2 und Abs. 3 oder § 18 Abs. 4 des Einkommensteuergesetzes oder ein Anteil daran veräußert wird, den der Veräußerer durch eine Einbringung des Betriebsvermögens im Sinne des Absatzes 4 in eine Personengesellschaft (§ 24 Abs. 1 des Umwandlungssteuergesetzes) erworben hat;

2. einen Betrieb der Land- und Forstwirtschaft oder einen Teilbetrieb, einen Anteil an einem Betrieb der Land- und Forstwirtschaft oder einen Anteil daran veräußert; als Veräußerung gilt auch die Aufgabe des Betriebs. ²Nummer 1 Satz 2 gilt entsprechend;

3. als Inhaber eines Gewerbebetriebs, Gesellschafter einer Gesellschaft im Sinne des § 15 Abs. 1 Nr. 2 und Abs. 3 oder § 18 Abs. 4 des Einkommensteuergesetzes oder persönlich haftender Gesellschafter einer Kommanditgesellschaft auf Aktien bis zum Ende des letzten in die Fünfjahresfrist fallenden Wirtschaftsjahrs Entnahmen tätigt, die die Summe seiner Einlagen und der ihm zuzurechnenden Gewinne oder Gewinnanteile seit dem Erwerb um mehr als 52.000 Euro übersteigen; Verluste bleiben unberücksichtigt. ²Gleiches gilt für Inhaber eines begünstigten Betriebs der Land- und Forstwirtschaft oder eines Teilbetriebs oder eines Anteils an einem Betrieb der Land- und Forstwirtschaft;

4. Anteile an Kapitalgesellschaften im Sinne des Absatzes 4 ganz oder teilweise veräußert; eine verdeckte Einlage der Anteile in eine Kapitalgesellschaft steht der Veräußerung der Anteile gleich. ²Gleiches gilt, wenn die Kapitalgesellschaft innerhalb der Frist aufgelöst oder ihr Nennkapital herabgesetzt wird, wenn diese wesentliche Betriebsgrundlagen veräußert und das Vermögen an die Gesellschafter verteilt wird oder wenn Vermögen der Kapitalgesellschaft auf eine Personengesellschaft, eine natürliche Person oder eine andere Körperschaft (§§ 3 bis 16 des Umwandlungssteuergesetzes) übertragen wird.

(6) In den Fällen des Absatzes 4 Nr. 2 und 3 kann der Erwerber der Finanzbehörde bis zur Unanfechtbarkeit der Steuerfestsetzung erklären, daß er auf die Steuerbefreiung verzichtet.

(7) Die Absätze 1 bis 6 gelten in den Fällen des § 1 Abs. 1 Nr. 4 entsprechend.

Inhaltsverzeichnis

		Rn
A.	Allgemeines	1–4
B.	Freibetrag (Abs. 1)	5–17
	I. Erwerb von Todes wegen (Abs. 1 Satz 2 Nr. 1)	6–8
	II. Schenkung unter Lebenden (Abs. 1 Satz 2 Nr. 2)	9–10
	III. Aufteilung des Freibetrags im Erbfall	11–13
	IV. Freibetrag beim Erwerb durch Schenkung unter Lebenden	14–16
	V. Sperrfrist für den Freibetrags (Abs. 1 Satz 2)	17
C.	Bewertungsabschlag (Abs. 2)	18–20
D.	Übertragung begünstigten Vermögens auf Dritte (Abs. 3)	21–27
E.	Begünstigtes Vermögen (Abs. 4)	28–43
	I. Betriebsvermögen (Abs. 4 Nr. 1)	29–36
	II. Land- und forstwirtschaftliches Vermögen (Abs. 4 Nr. 2)	37–39
	III. Anteile an Kapitalgesellschaften (Abs. 4 Nr. 3)	40–43
F.	Behaltensregeln/Nachsteuer (Abs. 5)	44–66
	I. Betriebsvermögen (Abs. 5 Nr. 1)	50–55
	II. Land- und forstwirtschaftliches Vermögen (Abs. 5 Nr. 2)	56
	III. Überentnahmen (Abs. 5 Nr. 3)	57–61
	IV. Anteile an Kapitalgesellschaften (Abs. 5 Nr. 4)	62–64
G.	Verzicht auf die Steuerbefreiung (Abs. 6)	65–66
H.	Familienstiftungen (Abs. 7)	67
I.	Gestaltungen	68–70

A. Allgemeines

§ 13a ErbStG enthält begünstigende Regelungen für die Besteuerung beim Übergang insb 1 von Betriebsvermögen, aber auch von land- und forstwirtschaftlichem Vermögen sowie von Anteilen an Kapitalgesellschaften. Dadurch soll die Existenz von Betrieben geschützt werden, wie es das BVerfG in seinem Beschluss v 22. 6. 1995 (BVerfG BStBl II 671, 674) gefordert hatte. Die Fortführung des Betriebs soll durch die Erbschaftsteuer nicht gefährdet werden (FG München EFG 2004, 129). Es handelt sich um eine sachliche Steuervergünstigung, mit der die verminderte Leistungsfähigkeit beim Erwerber von Betriebsvermögen berücksichtigt werden soll, die bei ihm aufgrund der Sozialgebundenheit des erworbenen Vermögens regelmäßig festzustellen ist (BR-Ds 390/96, 67).

Die Vorschrift wird in verschiedener Hinsicht von **verfassungsrechtlichen Zweifeln** 2 begleitet. So wird etwa die Herabsetzung des Freibetrags in Abs. 1 von vormals 256.000 € auf nunmehr 225.000 € und des Bewertungsabschlags in Abs. 2 von ursprünglich 40 % auf nunmehr 35 % durch Art. 13 des HBeglG 2004 (BGBl I 2003, 3076, 3086, BGBl I 2004, 69) teilweise für verfassungswidrig erachtet, weil die Kürzung erst im letzten Moment durch den Vermittlungsausschuss in die Gesetzesvorlage eingearbeitet wurde und die eigentlich zur Gesetzgebung berufenen Gremien Bundestag und Bundesrat hierüber nicht mehr beraten konnten (*Leisner* NJW 2004, 1129). Die Finanzverwaltung teilt diese Bedenken nicht. Sie hält daher einen Vorläufigkeitsvermerk nicht für erforderlich, weshalb die nach neuer Regelung ergangenen Bescheide nur durch Einspruch und Klage offen gehalten werden können. Die rückwirkende Anwendung des § 13a ErbStG idF des JStG 1997 für Erwerbe in 1996 ist verfassungsgemäß (FG Nürnberg EFG 2002, 564). Die insoweit rückwirkende Abschaffung des § 13a Abs. 2a idF des JStG 1996 ist ebenfalls verfassungsgemäß (FG München EFG 2001, 451).

3 Der BFH hält die in § 13a ErbStG enthaltenen Regelungen in seinem Vorlagebeschluss an das BVerfG v 22. 5. 2002 insgesamt für verfassungswidrig, weil die vorgesehenen Begünstigungen nicht mit dem Grundsatz der Gleichheit der Besteuerung vereinbar seien (BFH BStBl II 2002, 598).

4 § 13a könnte zudem gegen Europarecht verstoßen, da im EU-Ausland befindliches Betriebsvermögen nicht begünstigt wird (vgl *Schaumburg* RIW 2001, 161, 164; aA FG Rheinland-Pfalz EFG 2002, 1242; offen noch BFH NV 2004, 1279). Seit dem Beschluss des EuGH »Erben von H. Barbier« (EuGH IStR 2004, 18) ist klargestellt, dass die direkten Steuern (wie zB die Erbschaftsteuer) zwar in die Zuständigkeit der Mitgliedstaaten fallen, diese jedoch ihre Befugnisse unter Beachtung des Gemeinschaftsrechts, also der Grundfreiheiten (insb der Kapitalverkehrsfreiheit, Art. 56 EG), auszuüben haben (vgl *Dautzenberg* ZEV 2004, 79 und *Meincke* ZEV 2004, 353).

B. Freibetrag (Abs. 1)

5 Beim Erwerb von Betriebsvermögen, land- und forstwirtschaftlichem Vermögen und bestimmten Anteilen an Kapitalgesellschaften (s Rn 28 ff) ist ein Freibetrag von **225.000 €** zu berücksichtigen. Das gilt sowohl für Erwerbe von Todes wegen (Abs. 1 Satz 1 Nr. 1; Rn 6 ff) als auch für Schenkungen unter Lebenden (Abs. 1 Satz 2 Nr. 2; Rn 9 f).

I. Erwerb von Todes wegen (Abs. 1 Satz 2 Nr. 1)

6 Als **begünstigte Erwerbe** von Todes wegen kommen in Betracht (R 55 Abs. 1 ErbStR):
1. der Erwerb durch Erbanfall, § 3 Abs. 1 Nr. 1 ErbStG, § 1922 BGB,
2. der Erwerb durch Vermächtnis (Vorausvermächtnis), wenn der Vermächtnisnehmer begünstigtes Vermögen durch Sachvermächtnis erhält, § 3 Abs. 1 Nr. 1 ErbStG,
3. der Erwerb durch Schenkung auf den Todesfall, § 3 Abs. 1 Nr. 2 Satz 1 ErbStG,
4. der Erwerb durch Übergang des Anteils an einer Personengesellschaft auf die überlebenden Mitgesellschafter (Anwachsungserwerb) oder der Erwerb begünstigter Anteile an einer Kapitalgesellschaft auf Grund gesellschaftsvertraglicher Übertragungsverpflichtung, § 3 Abs. 1 Nr. 2 Satz 2 ErbStG,
5. der Erwerb durch Vertrag zu Gunsten Dritter, § 3 Abs. 1 Nr. 4 ErbStG,
6. der Übergang von Vermögen auf eine vom Erblasser angeordnete Stiftung, § 3 Abs. 2 Nr. 1 ErbStG,
7. der Erwerb infolge Vollziehung einer vom Erblasser angeordneten Auflage oder infolge Erfüllung einer vom Erblasser gesetzten Bedingung, § 3 Abs. 2 Nr. 2 ErbStG.

7 Der Erblasser muss von ihm stammendes begünstigtes Vermögen dem Erwerber zugewiesen haben. Sind Erwerbe ursprünglich auf eine Geldleistung gerichtet, wie zB der Pflichtteilsanspruch oder das Geldvermächtnis, sind diese Erwerbe auch dann nicht begünstigt, wenn begünstigtes Vermögen an Erfüllung statt übertragen wird. Bei einem Verschaffungsvermächtnis (§ 2170 BGB) stammt das erworbene Vermögen nicht vom Erblasser und ist daher ebenfalls nicht begünstigt. Erfolgt eine Abfindung für den Verzicht auf einen entstandenen Pflichtteilsanspruch oder für die Ausschlagung einer Erbschaft oder eines Vermächtnisses in der Gestalt begünstigten Vermögens, ist der Erwerb der Abfindung (§ 3 Abs. 2 Nr. 4 ErbStG) nicht begünstigt, da nicht der Erblasser selbst das

begünstigte Vermögen dem Erwerber zugewiesen hat. Die Vergünstigung steht hier allein dem Erben zu (R 55 Abs. 4 ErbStR).

Geht ein Anteil an einer Personengesellschaft über, ist die erbschaftsteuerliche Behandlung abhängig von der gesellschaftsrechtlichen Nachfolgeklausel: 8

- Setzen die überlebenden Gesellschafter die Gesellschaft alleine fort (§ 3 Abs. 1 Nr. 2 Satz 2 ErbStG), ist deren Anwachsungserwerb begünstigt, nicht hingegen eine Abfindung, die die Erben von den überlebenden Mitgesellschaftern des Erblassers erhalten.
- Macht ein Erbe von einer Eintrittsklausel Gebrauch, liegt ein begünstigter Erwerb von Todes wegen vor.
- Erfolgt der Übergang des Gesellschaftsanteils auf Grund einer qualifizierten Nachfolgeklausel, wird er erbschaftsteuerlich wie ein Erwerb durch Erbanfall behandelt. Die qualifizierte Nachfolgeklausel zu Gunsten eines Miterben ist bei einer Mehrzahl von Erben hingegen für die Besteuerung des Erbanfalls der einzelnen Miterben genauso unbeachtlich wie eine Teilungsanordnung (R 55 Abs. 2 ErbStR). Dies bedeutet, dass der Gesellschaftsanteil allen Miterben – also auch den nicht zur Gesellschaftsnachfolge berufenen Erben – entsprechend ihren Erbquoten zuzurechnen ist. Daher haben alle Erben Anteil an den vergleichsweise niedrigen Steuerwerten des Betriebsvermögens und an den besonderen steuerlichen Entlastungen nach § 13a ErbStG. Hierdurch werden Entlastungen auch denjenigen zugebilligt, die den Gesellschaftsanteil nicht übernehmen, was in der Lit. teilweise auf Kritik stößt (Moench/*Weinmann* § 13a Rn 54).

II. Schenkung unter Lebenden (Abs. 1 Satz 2 Nr. 2)

Als begünstigte Erwerbe durch Schenkung unter Lebenden kommen in Betracht (R 56 9 Abs. 1 ErbStR):
1. freigebige Zuwendung, § 7 Abs. 1 Nr. 2 ErbStG,
2. der Erwerb infolge Vollziehung einer vom Schenker angeordneten Auflage oder infolge Erfüllung einer vom Schenker gesetzten Bedingung, § 7 Abs. 1 Nr. 2 ErbStG,
3. die Bereicherung des Ehegatten bei Vereinbarung der Gütergemeinschaft, § 7 Abs. 1 Nr. 4 ErbStG,
4. die Abfindung für einen Erbverzicht, § 7 Abs. 1 Nr. 5 ErbStG, wenn der künftige Erblasser selbst die Abfindung in Form begünstigten Vermögens leistet,
5. der Erwerb des Nacherben vom Vorerben mit Rücksicht auf die angeordnete Nacherbschaft vor deren Eintritt, § 7 Abs. 1 Nr. 7 ErbStG,
6. der Übergang von Vermögen auf Grund eines Stiftungsgeschäfts unter Lebenden, § 7 Abs. 1 Nr. 8 ErbStG, und der Erwerb bei Aufhebung einer Stiftung oder bei Auflösung eines Vereins, § 7 Abs. 1 Nr. 9 ErbStG,
7. die vorzeitige Abfindung für aufschiebend bedingt, betagt oder befristet erworbene Ansprüche, § 7 Abs. 1 Nr. 10 ErbStG, wenn der Schenker selbst die Abfindung in Form begünstigten Vermögens leistet,
8. der Erwerb durch Übergang des Anteils an einer Personengesellschaft auf die verbleibenden Mitgesellschafter (Anwachsungserwerb) oder der Erwerb begünstigter Anteile an einer Kapitalgesellschaft auf Grund gesellschaftsvertraglicher Übertragungsverpflichtung, § 7 Abs. 7 ErbStG.

Eine **mittelbare Schenkung** (vgl § 7 Rn 10 ff) ist für den Fall begünstigt, dass der Schenker 10 dem Beschenkten einen Geldbetrag mit der Auflage zuwendet, dass der Erwerber sich damit am Betriebsvermögen oder land- und forstwirtschaftlichen Vermögen des Schenkers beteiligt oder vom Schenker unmittelbar gehaltene Anteile an einer Personen- oder Kapitalgesellschaft erwirbt. Nicht begünstigt ist die Beteiligung am Vermögen eines Dritten, da insoweit kein begünstigtes Vermögen vom Schenker auf den Erwerber übergeht (R 56 Abs. 2 ErbStR).

III. Aufteilung des Freibetrags im Erbfall

11 Beim Erwerb begünstigten Vermögens durch mehrere Erwerber kann der Erblasser verfügen, welcher Teilbetrag des Freibetrags jedem Einzelnen zustehen soll (**Abs. 1 Satz 1 Nr. 1**). Eine solche Verfügung durch den Erblasser bedarf der Schriftform, § 126 BGB. Sie stellt eine einseitige höchstpersönliche Erklärung des Erblassers dar. Als Gestaltungsrecht ist sie bedingungsfeindlich. Sie ist für die Erwerber und das Finanzamt verbindlich (R 57 Abs. 1 und Abs. 5 ErbStR).

12 Liegt eine solche Erklärung des Erblassers nicht vor und geht das begünstigte Vermögen ausschließlich auf Erben über, wird der Freibetrag nach Maßgabe der jeweiligen Erbteile aufgeteilt. Geht das begünstigte Vermögen auf Erben und Nichterben oder nur auf Nichterben über, steht der Freibetrag allen Erwerbern zu gleichen Teilen zu (R 57 Abs. 2 ErbStR). Hiermit ist ein Aufteilungsprinzip gemeint, das auf die Aufteilung des gesamten Freibetrags des § 13a Abs. 1 Satz 1 ErbStG gerichtet ist und sich – insb dann, wenn nach einer Erbauseinandersetzung einige Miterben mehr begünstigtes Vermögen erhalten, als ihrem Erwerb durch Erbanfall entspricht – nicht nur auf eine Verteilung des Freibetrags nach Köpfen beschränkt. Ein bei der (ersten) Verteilung des Freibetrags nach Köpfen nicht verbrauchter Teil des Freibetrags ist danach zu gleichen Teilen auf Erwerber zu verteilen, die noch Teile ihres durch § 13a ErbStG begünstigten Vermögens zu versteuern haben (BFH BStBl II 2005, 295 entgegen R 57 Abs. 6 Satz 6 ErbStR). Eine Aufteilung findet auch statt, wenn einzelne Erwerber nach den Regelungen eines DBA im Inland nicht persönlich erbschaftsteuerpflichtig sind (FG Münster EFG 2004, 1545 n rkr).

13 Hat der Erblasser schon vor seinem Tod einen Kommanditanteil unter Vorbehalt eines lebenslänglichen Nießbrauchs übertragen, so können die Vergünstigungen des § 13a ErbStG beim Erbfall nicht (nochmals) gewährt werden. Mit dem Erlöschen des Nießbrauchs durch den Tod des Nießbrauchsberechtigten erwirbt der Erbe keinen Gesellschaftsanteil, sondern lediglich das Kapitalkonto des Erblassers (FG Münster DStRE 2005, 962; n rkr).

IV. Freibetrag beim Erwerb durch Schenkung unter Lebenden

14 Der Freibetrag kann nur in Anspruch genommen werden, wenn der Schenker gegenüber dem Finanzamt eine entsprechende Erklärung abgibt (**Abs. 1 Satz 1 Nr. 2**). Auch wenn dies im Gesetz nicht ausdrücklich so vorgesehen ist, verlangt das Finanzamt eine schriftliche Erklärung (R 58 Abs. 1 Satz 3 ErbStR). Die Erklärung kann grds nur bis zur Bestandskraft der Steuerfestsetzung abgegeben werden. Allerdings ist in bestimmten Fällen eine Erklärung auch nach Eintritt der formellen Bestandskraft des Schenkungsteuerbescheids durch den Schenker möglich (BFH BStBl II 2005, 182 entgegen R 58 Abs. 1 Satz 2 ErbStR), sie ist dann als rückwirkendes Ereignis iSd § 175 Abs. 1 Satz 1 Nr. 2 AO zu qualifizieren.

15 Dies gilt jedoch nur und solange, wie hinsichtlich der Wertansätze des Betriebsvermögens noch keine endgültige Schenkungsteuerfestsetzung vorgenommen und insoweit auch noch eine Änderung nach § 165 Abs. 2 Satz 2 AO unter Berücksichtigung der Ablaufhemmung nach § 171 Abs. 8 Satz 1 AO möglich ist. Vor diesem Zeitpunkt fehlt dem Schenker eine hinreichend sichere Grundlage für seine Entscheidung.

16 Die Erklärung ist unwiderruflich sowohl hinsichtlich der Inanspruchnahme des Freibetrags als auch hinsichtlich der Verteilung des Freibetrags, wenn zum selben Zeitpunkt mehrere Erwerber bedacht werden (R 58 Abs. 1 ErbStR). Verstirbt der Schenker vor Bestandskraft der Steuerfestsetzung und hatte er die Erklärung noch nicht abgegeben, kann sie nach seinem Tod von seinen Gesamtrechtsnachfolgern abgegeben werden (BFH BStBl II 2002, 441; H 58 ErbStH).

V. Sperrfrist für den Freibetrags (Abs. 1 Satz 2)

Der Freibetrag nach Abs. 1 kann nur gewährt werden, wenn ein solcher Freibetrag nicht innerhalb der letzten zehn Jahre nach einem Erwerb von derselben Person durch diesen oder einen anderen Erwerber in Anspruch genommen wurde. Die Sperrfrist beginnt im Zeitpunkt der Steuerentstehung für den begünstigten Erwerb. Der Verbrauch des Freibetrages tritt dabei insgesamt ein, wenn aufgrund der Erklärung des Schenkers bei der Steuerfestsetzung gegen einen Erwerber tatsächlich ein Freibetrag abgezogen wurde. Dies gilt auch dann, wenn der Freibetrag nur teilweise in Anspruch genommen werden konnte, weil der Steuerwert des zugewendeten begünstigten Vermögens 225.000 € nicht erreichte (R 59 Abs. 1 ErbStR). Anders als etwa bei den persönlichen Freibeträgen nach § 16 ErbStG entfällt in diesem Fall also der unverbrauchte Rest.

C. Bewertungsabschlag (Abs. 2)

Abs. 2 gewährt für das privilegierte Vermögen eine weitere Vergünstigung, nämlich einen prozentualen Wertabschlag von 35 %. Der Bewertungsabschlag kann unabhängig vom Freibetrag nach Abs. 1 in Anspruch genommen werden. Er ist auch dann vom Wert des begünstigten Vermögens abzuziehen, wenn bei einer Zuwendung der Freibetrag nicht in Anspruch genommen wird, der Schenker keine Erklärung zu der Inanspruchnahme des Freibetrags abgibt oder der Freibetrag bereits bei einer früheren Zuwendung verbraucht worden ist und vor Ablauf der Sperrfrist nicht ein weiteres Mal in Anspruch genommen werden kann (*Meincke* § 13a Rn 13). Für die Inanspruchnahme des Bewertungsabschlags besteht keine Sperrfrist (R 60 ErbStR).

Wird der Freibetrag nach Abs. 1 in Anspruch genommen, so ist dieser zunächst abzuziehen und anschließend vom verbleibenden Wert des begünstigten Vermögens der Abschlag von 35 % vorzunehmen (R 60 ErbStR). Ausgangsgröße ist hierbei das saldierte Reinvermögen, so dass der Wertabschlag im Ergebnis nicht nur die Aktiva, sondern auch die Passiva kürzt (*Meincke* § 13a Rn 13).

Der Bewertungsabschlag kann bei jedem Erwerb von begünstigtem Vermögen vorgenommen werden, auch mehrfach während eines 10-Jahres-Zeitraums. Bei größeren Vermögen kommt dem Bewertungsabschlag gegenüber dem Freibetrag nach Abs. 1 wegen seiner unbegrenzten Wirkung die wirtschaftlich bedeutendere Rolle zu.

D. Übertragung begünstigten Vermögens auf Dritte (Abs. 3)

Muss der Erwerber das begünstigte Vermögen aufgrund einer letztwilligen Verfügung des Erblassers oder einer rechtsgeschäftlichen Verfügung des Erblassers oder Schenkers auf einen Dritten übertragen (sog **Weitergabeverpflichtung**), kann er den Freibetrag nach Abs. 1 und den Bewertungsabschlag nach Abs. 2 insoweit nicht in Anspruch nehmen. Als letztwillige Verfügung kommt zB ein Testament in Betracht, als rechtsgeschäftliche Verfügung ein Erbvertrag des Erblassers oder der Schenkungsvertrag.

Anwendungsfälle von Abs. 3 sind insb (R 61 Abs. 1 ErbStR):
1. Sachvermächtnisse, die auf begünstigtes Vermögen gerichtet sind,
2. Vorausvermächtnisse, die auf begünstigtes Vermögen gerichtet sind,
3. ein Schenkungsversprechen auf den Todesfall,
4. Auflagen des Erblassers oder Schenkers, die auf die Weitergabe begünstigten Vermögens gerichtet sind oder
5. die Anordnung des Erblassers, dass die Nacherbfolge nicht durch den Tod des Vorerben eintreten soll.

Der zur Weitergabe des begünstigten Vermögens verpflichtete Erwerber ist so zu besteuern, als sei das herauszugebende Vermögen auf ihn als nicht begünstigtes Vermögen übergegangen (R 61 Abs. 3 ErbStR). Das führt beim Zwischenerwerber aber zu keinem Nachteil. Da die Weitergabeverpflichtung bei ihm in voller Höhe bereicherungsmindernd

§ 13a ErbStG | Ansatz von Betriebsvermögen, ...

berücksichtigt wird, trifft nicht ihn, sondern den Schlusserwerber eine entsprechende Steuerlast.

24 Abs. 3 verhindert demgegenüber, dass bei einem mehrfach übergehenden begünstigten Vermögen Freibetrag und Bewertungsabschlag auf jeder Stufe gewährt werden, obwohl der Erwerber das begünstigte Vermögen weitergeben muss und daher auch nicht in den Genuss der Begünstigungen kommen soll (Moench/*Weinmann* § 13a Rn 88a).

25 Keine Weitergabeverpflichtung iSv Abs. 3 ist eine vom Erblasser vorgesehene **Teilungsanordnung**. Jeder Erbe versteuert als Erwerb durch Erbanfall den seiner Erbquote entsprechenden Anteil am begünstigten Vermögen, selbst wenn dieser aufgrund der Teilungsanordnung letztlich an einen anderen Miterben fällt (R 61 Abs. 2 ErbStR). Die Verpflichtung zur Einräumung eines Nutzungsrechts an begünstigtem Vermögen kann ebenfalls nicht zum Wegfall der Begünstigungen führen, da bei einem Nutzungsrecht nicht das begünstigte Vermögen in seiner Substanz zu übertragen ist (H 61 Abs. 1 ErbStH).

26 Bezieht sich die Weitergabeverpflichtung lediglich auf einen Teil des begünstigten Vermögens, so kann der Zwischenerwerber den Freibetrag nach Abs. 1 gleichwohl in Anspruch nehmen, aber nur, soweit der Wert des ihm verbleibenden begünstigten Vermögens den Freibetrag erreicht oder übersteigt (*Meincke* § 13a Rn 16a). Der insoweit bei ihm nicht ausgenützte Teil des Freibetrags geht auf den Schlusserwerber über, bei mehreren Schlusserwerbern zu jeweils gleichen Teilen (**Abs. 3 Satz 2**).

27 Der Bewertungsabschlag nach Abs. 2 kann von einem oder mehreren Schlusserwerbern aus eigenem Recht jeweils ungeschmälert und unabhängig davon, ob ganz oder teilweise der Freibetrag übergegangen ist, in Anspruch genommen werden (*Meincke* § 13a Rn 17).

E. Begünstigtes Vermögen (Abs. 4)

28 Die Begünstigungen des § 13a ErbstG gelten nur für bestimmtes Vermögen. Abs. 4 beschreibt das begünstigte Vermögen, auf das der Freibetrag nach Abs. 1 und der Bewertungsabschlag nach Abs. 2 anwendbar sind. Es handelt sich um inländisches Betriebsvermögen (§ 12 Abs. 5 ErbStG), inländisches land- und forstwirtschaftliches Vermögen (§ 141 Abs. 1 Nr. 1 und Nr. 2 BewG) und bestimmte Anteile an einer Kapitalgesellschaft.

I. Betriebsvermögen (Abs. 4 Nr. 1)

29 Begünstigt ist der Erwerb **inländischen** Betriebsvermögens iSv § 12 Abs. 5 ErbStG, das im Zeitpunkt der Steuerentstehung als solches vom Erblasser oder Schenker auf den Erwerber übergeht und in der Hand des Erwerbers inländisches Betriebsvermögen bleibt. Hierzu gehört insb (R 51 Abs. 1 ErbStR):

- das einem Gewerbebetrieb dienende Vermögen (§ 95 BewG),
- das dem Gewerbebetrieb gleichstehende Vermögen, das der Ausübung eines freien Berufs dient (§ 96 BewG),
- Betriebsvermögen in Form von Beteiligungen an Personengesellschaften iSv § 15 Abs. 1 Nr. 2 und Abs. 3 EStG oder § 18 Abs. 4 EStG unter der Voraussetzung, dass dieses Vermögen bei der steuerlichen Gewinnermittlung zum Betriebsvermögen gehört.

30 Voraussetzung für die Gewährung der Betriebsvermögensvergünstigung ist der Übergang eines ganzen Betriebs, eines Teilbetriebs, eines Anteils an einer Gesellschaft iSv § 15 Abs. 1 Nr. 2 und Abs. 3 EStG oder § 18 Abs. 4 EStG oder eines Anteils eines persönlich haftenden Gesellschafters einer KG auf Aktien oder eines Anteils daran. Die Begriffe Gewerbebetrieb, Teilbetrieb und Beteiligung an einer Personengesellschaft sind nach ertragsteuerlichen Grundsätzen abzugrenzen (R 51 Abs. 3 Satz 1 und 2 ErbStR).

31 **Einzelne Vermögensgegenstände** können nicht begünstigt übertragen werden (BFH NV 2004, 640), weder ein Bankguthaben (BFH DStRE 2005, 963) noch isoliertes Sonderbetriebsvermögen (Niders FG EFG 2005, 1064). Andersherum ist die Übertragung eines Betriebs oder eines Anteils an einer Personengesellschaft iSv § 15 Abs. 1 Nr. 2 und Abs. 3 EStG dann

insgesamt nicht begünstigt, wenn wesentliche Betriebsgrundlagen zurückbehalten oder auf eine dritte Person übertragen werden (FG Münster EFG 2003, 1636). Das gilt selbst dann, wenn die zurückbehaltenen Betriebsgrundlagen weiterhin dem Betrieb zur Nutzung zur Verfügung stehen, etwa an diesen verpachtet werden (H 51 Abs. 3 ErbStH).

Ein erworbenes **Nutzungsrecht** am Betriebsvermögen stellt selbst kein Betriebsvermögen 32 dar und ist daher nicht begünstigt (H 51 Abs. 1 ErbStH). Grundstücke oder Grundstücksteile gehören zum begünstigten Betriebsvermögen, wenn sie Betriebsgrundstücke iSv § 99 BewG sind. Das Grundstück muss auch in der Hand des Erwerbers Betriebsgrundstück bleiben (R 51 Abs. 2 ErbStR). Die Feststellung als Betriebsgrundstück wird bei der Feststellung des Grundbesitzwerts getroffen (FG Nürnberg v 13. 12. 2001, AZ: IV 369/2000; R 51 Abs. 2 Satz 2 ErbStR).

Als Erwerb einer Beteiligung gilt auch, wenn eine Person in ein bestehendes Einzelunter- 33 nehmen aufgenommen wird oder ein Teil einer Beteiligung an einer Personengesellschaft übertragen wird. Ebenso ist begünstigt die Mitübertragung von **Sonderbetriebsvermögen**, das zum Mitunternehmeranteil gehört, ungeachtet der unterschiedlichen ertragsteuerlichen Behandlung nach § 6 Abs. 3 und 5 EStG. Dies gilt unabhängig davon, ob es quotal, überquotal oder unterquotal zum Geschäftsanteil übertragen wird. Begünstigt ist insb (R 51 Abs. 3 ErbStR):

- die quotale Übertragung des Sonderbetriebsvermögens zusammen mit einem Teil einer Beteiligung,
- die Übertragung von Sonderbetriebsvermögen in geringerem Umfang oder die vollständige Zurückbehaltung, wenn das zurückbehaltene Sonderbetriebsvermögen weiterhin zum Betriebsvermögen derselben Personengesellschaft gehört,
- die Übertragung von Sonderbetriebsvermögen in größerem Umfang.

Wird eine Beteiligung an einer Personengesellschaft unter **freiem Widerrufsvorbehalt** 34 geschenkt, wird nach den Grundsätzen des Ertragsteuerrechts der Beschenkte wegen des Widerrufsvorbehalts nicht Mitunternehmer der Personengesellschaft (BFH BStBl II 1989, 877). Da er insoweit kein Betriebsvermögen erwirbt, ist § 13a ErbStG nicht anwendbar. Schenkungsteuerlich liegt gleichwohl eine freigebige Zuwendung vor. Schenkungsgegenstand ist dann ein Gesellschaftsanteil an einer vermögensverwaltenden Personengesellschaft (H 51 Abs. 1 ErbStH).

Wird eine Beteiligung an einer Personengesellschaft geschenkt, an der sich der Schenker 35 den **Nießbrauch vorbehält**, ist § 13a ErbStG dann anwendbar (H 51 Abs. 1 ErbStH), wenn der Nießbrauch so ausgestaltet wird, dass der Beschenkte trotz des vorbehaltenen Nießbrauchs Mitunternehmer wird. Das ist nach der Kompetenzverteilung zwischen Gesellschafter und Nießbraucher, wie sie sich aus dem zivilrechtlichen Regelungsmodell ergibt, grds der Fall. Soweit aber bei der Gestaltung einer solchen Schenkung unter Nießbrauchsvorbehalt vom ges Regelungsmodell abgewichen werden soll, ist darauf zu achten, dass dem Beschenkten ausreichend Mitunternehmerrisiko und Mitunternehmerinitiative verbleibt.

Ausländisches Betriebsvermögen ist nicht begünstigt. Ausgenommen hiervon ist eine 36 Beteiligung an einer ausländischen Personen- oder Kapitalgesellschaft, wenn sie zum Betriebsvermögen eines inländischen Gewerbebetriebs gehört (R 51 Abs. 4 ErbStR).

II. Land- und forstwirtschaftliches Vermögen (Abs. 4 Nr. 2)

Begünstigt ist der Erwerb **inländischen** land- und forstwirtschaftlichen Vermögens, das 37 im Zeitpunkt der Steuerentstehung vom Erblasser oder Schenker auf den Erwerber übergeht und in der Hand des Erwerbers land- und forstwirtschaftliches Vermögen bleibt. Voraussetzung ist, dass es ertragsteuerlich zum Betriebsvermögen eines Betriebs der Land- und Forstwirtschaft gehört. Die Übertragung des Wohnteils des Betriebsinhabers oder von Altenteilerwohnungen (§ 141 Abs. 1 Nr. 3 BewG) sind demnach nicht begünstigt.

38 Das land- und forstwirtschaftliche Vermögen muss im Zusammenhang mit dem Erwerb eines ganzen Betriebs, eines Teilbetriebs oder einer Beteiligung an einer land- und forstwirtschaftlich tätigen Personengesellschaft auf den Erwerber übergehen. Auch hier sind die ertragsteuerlichen Grundsätze zur Abgrenzung maßgeblich (R 52 Abs. 4 ErbStR). Ist ein Betrieb der Land- und Forstwirtschaft oder ein Teilbetrieb verpachtet und hat der Verpächter die Aufgabe des Betriebs (Teilbetriebs) erklärt, liegt insoweit ertragsteuerlich kein Betriebsvermögen mehr vor. § 13a ist dann nicht anwendbar (R 52 Abs. 5 ErbStR).

39 Nicht begünstigt ist der Erwerb **ausländischen** land- und forstwirtschaftlichen Vermögens (R 52 Abs. 1 ErbStR).

III. Anteile an Kapitalgesellschaften (Abs. 4 Nr. 3)

40 Der Erwerb von Anteilen an einer Kapitalgesellschaft (zB GmbH, AG, KGaA) ist nur dann begünstigt, wenn die Kapitalgesellschaft zur Zeit der Entstehung der Steuer ihren Sitz oder ihre Geschäftsleitung im Inland hat und der Erblasser oder Schenker zu diesem Zeitpunkt unmittelbar zu mehr als einem Viertel am Nennkapital der Kapitalgesellschaft (das ist bei der GmbH das Stammkapital und bei der AG das Grundkapital) beteiligt ist. Eigene Anteile der Gesellschaft mindern nicht das Nennkapital und sind bei der Prüfung der Beteiligungshöhe eines Gesellschafters nicht auszuscheiden (R 53 Abs. 1 Satz 1, Abs. 2 Satz 1 und Satz 2 ErbStR).

41 Einbringungsgeborene Anteile sind nicht allein wegen ihrer Steuerverstrickung begünstigt, sondern nur, wenn sie allein oder zusammen mit anderen unmittelbar vom Erblasser oder Schenker gehaltenen Anteilen die Mindestbeteiligungshöhe erfüllen (R 53 Abs. 1 Satz 2 ErbStR). Mittelbare Beteiligungen des Erblassers oder Schenkers (etwa bei Holdingstrukturen) oder Unterbeteiligungen sind selbst nicht begünstigt und zählen bei der Prüfung der Beteiligungshöhe auch nicht mit (R 53 Abs. 2 Satz 3 ErbStR).

42 Die Begünstigung wird unabhängig davon gewährt, ob der Schenker die Anteile an der Kapitalgesellschaft unmittelbar oder mittelbar freigebig zuwendet. Es muss sich aber um unmittelbar vom Schenker gehaltene Anteile handeln (BFH NV 2005, 975; Moench/*Weinmann* § 13a Rn 40b; vgl auch R 56 Abs. 2 ErbStR).

43 Auch die Anteile an einer Vor-GmbH sollen bereits nach § 13a ErbStG begünstigt sein (Troll/Gebel/*Jülicher* § 13a Rn 225), nicht hingegen die Anteile an der sog Vorgründungsgesellschaft (Moench/*Weinmann* § 13a Rn 39). Allerdings wird man solche Anteile unter Abs. 4 Nr. 1 fassen können, wenn es sich bei der Vorgründungsgesellschaft bereits um eine gewerbliche Personengesellschaft handelt. Dasselbe gilt für eine atypisch stille Beteiligung an einer Kapitalgesellschaft in der Form der GmbH & Still (vgl Troll/Gebel/*Jülicher* § 13a Rn 226).

F. Behaltensregeln/Nachsteuer (Abs. 5)

44 Wird **innerhalb von fünf Jahren** nach dem Zeitpunkt der Steuerentstehung (Behaltenszeit) gegen eine der Behaltensregelungen in Abs. 5 (s Rn 50 ff) verstoßen, fallen mit Wirkung für die Vergangenheit sowohl der Freibetrag (Abs. 1) als auch der verminderte Wertansatz (Abs. 2) fort. Der Steuerbescheid ist nach § 175 Abs. 1 Satz 1 Nr. 2 AO wegen Eintritts eines rückwirkenden Ereignisses zu ändern (Nachversteuerung). Steuerpflichtige werden in einer Anlage zum Steuerbescheid auf die Behaltensregelung hingewiesen (R 62 Abs. 1 ErbStR). Zur problematischen Haftung des Schenkers, wenn der Beschenkte die Nachsteuer auslöst vgl § 20 Rn 8.

45 Kein Verstoß gegen die Behaltensregelungen liegt vor, wenn begünstigtes Vermögen (R 62 Abs. 2 ErbStR):

- im Wege der Schenkung unter Lebenden weiter übertragen wird. Erfolgt dies im Wege einer gemischten Schenkung oder einer Schenkung unter einer Leistungsauflage, liegt nur hinsichtlich des unentgeltlichen Teils der Zuwendung kein Verstoß vor. Der entgeltliche Teil verstößt gegen die Behaltensregelungen.

- im Rahmen der Erbauseinandersetzung auf einen oder mehrere Miterben übertragen wird, auch wenn dabei zum Wertausgleich eine Abfindung gezahlt wird.
- auf Grund der Erfüllung von Weitergabeverpflichtungen iSv Abs. 3 übertragen wird.
- als Abfindung nach § 3 Abs. 2 Nr. 4 ErbStG übertragen wird.

Eine schädliche Verfügung ist demgegenüber stets gegeben, wenn andere schuldrechtliche Ansprüche (zB Geldvermächtnis, Pflichtteils- oder Zugewinnausgleichsanspruch) durch Hingabe begünstigten Vermögens gegen Erlöschen der entsprechenden Erbfallschulden erfüllt werden (R 62 Abs. 2 Satz 2 ErbStR).

Die fünfjährige Behaltenszeit beginnt um 0.00 Uhr des Tags, der dem Tag folgt, an dem die Steuer für den begünstigungsfähigen Erwerb entstanden ist (§ 9), und endet genau fünf Jahre später um 24.00 Uhr des Tages, der nach seiner Benennung oder seiner Zahl dem Tag der Steuerentstehung entspricht (§ 108 Abs. 1 AO, §§ 186, 187 BGB). Fällt der letzte Tag auf einen ges Feiertag, Samstag oder Sonntag, verlängert sich die Frist nicht bis zum nächsten Werktag (Moench/*Weinmann*, § 13a Rn 100). Ob bei einer Veräußerung zur Bestimmung der Behaltensfrist auf das Kausalgeschäft (Kaufvertrag), die dingliche Übereignung (zB bei einem Grundstück die Auflassung) oder auf den tatsächlichen Eigentumsübergang abgestellt werden muss, ist umstritten (vgl Moench/*Weinmann*, § 13a Rn 100 und 107; Troll/Gebel/*Jülicher*, § 13a Rn 347).

Bei einem Verstoß gegen die Behaltensregelungen des Abs. 5 treten folgende **Rechtsfolgen** ein: Der Freibetrag oder Freibetragsanteil des Erwerbers und der Bewertungsabschlag entfallen. Der Erwerber ist so zu besteuern, als sei dieser Teil des Vermögens mit dem erbschaftsteuerlichen Wert im Besteuerungszeitpunkt von Anfang an auf ihn als nicht begünstigtes Vermögen übergegangen. Dies gilt auch dann, wenn bei einer Veräußerung einer wesentlichen Betriebsgrundlage (s Rn 52) der hierfür erlangte Verkaufserlös entnommen wird. Im Fall einer Überentnahme (s Rn 57 ff) gilt dies hinsichtlich des Werts der Überentnahme. Betrifft die schädliche Verfügung nur einen Teil des begünstigten Vermögens, wirkt sich dies zunächst nur auf den Bewertungsabschlag aus. Soweit darüber hinaus übergegangenes begünstigte Vermögen den Freibetrag oder Freibetragsanteil unterschreitet, ist auch dieser zu kürzen. Für die Nachversteuerung bleiben die Steuerwerte des begünstigten Vermögens im Zeitpunkt der Steuerentstehung maßgeblich (R 67 Abs. 1 ErbStR).

Ein nachträglich wegfallender Freibetragsanteil kann nicht von anderen Erwerbern, die nicht gegen die Behaltensregelungen verstoßen haben, in Anspruch genommen werden. Wenn allerdings der Freibetrag nachträglich vollständig wegfällt, kann er bei einer erneuten Zuwendung begünstigten Vermögens wieder in Anspruch genommen werden, ohne dass der Ablauf der zunächst in Gang gesetzten 10-Jahres-Frist abgewartet werden müsste (R 67 Abs. 3 ErbStR).

I. Betriebsvermögen (Abs. 5 Nr. 1)

Gegen die Behaltensregelungen verstößt die **Veräußerung** eines Gewerbebetriebs, eines Teilbetriebs oder eines Anteils an einer Gesellschaft iSv § 15 Abs. 1 Nr. 2 und Abs. 3 oder § 18 Abs. 4 EStG, eines Anteils eines persönlich haftenden Gesellschafters einer KGaA oder eines Anteils daran innerhalb der Behaltenszeit. Als Veräußerung gilt auch die **Aufgabe** eines Gewerbebetriebs, Teilbetriebs oder Mitunternehmeranteils (R 63 Abs. 1 Satz 1 und 2 ErbStR). Eine schädliche Betriebsaufgabe liegt auch dann vor, wenn die Miterben den geerbten Gewerbebetrieb in der Weise realteilen, dass jeder von ihnen nicht einen Teilbetrieb, sondern lediglich einzelne Wirtschaftsgüter erhält, die in die jeweiligen Betriebe der Realteiler eingebracht werden (FG Rheinland-Pfalz EFG 2005, 1144). Das gilt auch dann, wenn dies nach § 16 Abs. 3 EStG unter Fortführung der Buchwerte erfolgt.

Bei einer **Zwangsaufgabe** eines Gewerbebetriebs oder eines Gesellschaftsanteils ist die Rechtslage unklar. Teilweise wird eine Nachversteuerung für unangemessen gehalten (BFH NV 2004, 1345; Troll/Gebel/*Jülicher*, § 13a Rn 252 f; *Jülicher* DStR 1997, 1949). Teilweise wird ein Verstoß gegen die Behaltensregeln angenommen (FG Münster EFG 2001, 1511; FG München EFG 2003, 942).

52 Schädlich ist die **Veräußerung einer wesentlichen Betriebsgrundlagen** eines Gewerbebetriebs. Dasselbe gilt für die Überführung einer wesentlichen Betriebsgrundlage in das Privatvermögen oder die Zuführung anderer betriebsfremder Zwecke. Der Begriff wesentliche Betriebsgrundlage ist nach den Grundsätzen des Ertragssteuerrechts zu beurteilen (R 63 Abs. 2 Satz 1 und 2 ErbStR; H 63 ErbStH; H 137 Abs. 3 EStH).

53 Als Billigkeitsmaßnahme gestattet die Finanzverwaltung die Veräußerung einer wesentlichen Betriebsgrundlage, wenn dieser Vorgang nicht auf eine Beschränkung des Betriebs abzielt und der Veräußerungserlös im betrieblichen Interesse verwendet wird (R 63 Abs. 2 Satz 3 ErbStR). In Betracht kommt etwa die Reinvestition des Veräußerungserlöses in eine andere wesentliche Betriebsgrundlage. Unsicher ist, ob »der Veräußerungserlös im betrieblichen Interesse verwendet wird«, wenn hiermit betriebliche Schulden getilgt, laufende betriebliche Aufwendungen bestritten oder schlicht die Liquiditätsreserven auf einem betrieblichen Konto erhöht werden (vgl Moench/*Weinmann*, § 13a Rn 116). Rechtssicherheit kann hier nur mit einer verbindlichen Auskunft erlangt werden. Zweifellos steht aber eine schädliche Verwendung dann fest, wenn der (anteilige) Veräußerungserlös entnommen wird (R 63 Abs. 2 Satz 4 ErbStR).

54 Die Einbringung eines Betriebs, Teilbetriebs oder Mitunternehmeranteils in eine Kapital- oder Personengesellschaft (§§ 20, 24 UmwStG) gegen Gewährung von Gesellschaftsanteilen stellt selbst keinen Verstoß gegen die Behaltensregelungen dar. Dies gilt auch für die formwechselnde Umwandlung, die Verschmelzung oder, sofern der Betrieb oder Teilbetrieb erhalten bleibt (s Rn 50), die Realteilung von Personengesellschaften. Eine nachfolgende Veräußerung der dabei erworbenen Anteile an der Kapital- oder Personengesellschaft innerhalb der Behaltenszeit führt jedoch rückwirkend zum Wegfall der Befreiung (R 63 Abs. 3 ErbStR).

55 Unschädlich ist die Einräumung eines Nutzungsrecht am begünstigten Vermögen, da kein begünstigtes Vermögen in seiner Substanz übertragen wird (H 63 ErbStH).

II. Land- und forstwirtschaftliches Vermögen (Abs. 5 Nr. 2)

56 Ein Verstoß gegen die Behaltensregelungen liegt vor, wenn ein Betrieb der Land- und Forstwirtschaft, ein Teilbetrieb oder ein Anteil an einer Personengesellschaft mit Einkünften aus Land- und Forstwirtschaft oder eines Anteils daran innerhalb der Behaltenszeit veräußert wird. Als **Veräußerung** gilt auch hier die **Aufgabe** des Betriebs, Teilbetriebs oder Gesellschaftsanteils (R 64 Abs. 1 ErbStR). Es gelten dieselben Regelungen wie für Betriebsvermögen (s Rn 50 ff). Schädlich ist die Veräußerung wesentlicher Betriebsgrundlagen auch dann, wenn der Erlös zur Abfindung weichender Erben verwendet wird. Auch die Übertragung einzelner Flächen an die Miterben zur Befriedung von Abfindungsansprüchen löst eine Nachversteuerung aus (R 64 Abs. 2 ErbStR).

III. Überentnahmen (Abs. 5 Nr. 3)

57 Sog Überentnahmen führen ebenfalls zur Nachversteuerung. Der Erwerber darf nach der ges Grundidee Entnahmen nur im Umfang der ihm zuzurechnenden Gewinne oder der Summe seiner Einlagen tätigen. Maßgeblich ist das Ende des letzten in die Fünfjahresfrist fallenden Wirtschaftsjahres. Das Gesetz gewährt zur Vermeidung von Streitfragen (*Meincke* § 13a Rn 24) einen zusätzlichen Betrag von 52.000 €, innerhalb dessen steuerunschädliche Entnahmen darüber hinaus getätigt werden dürfen.

58 Auch Entnahmen zur Bezahlung der Erbschaftsteuer sind schädlich. Verluste bleiben unberücksichtigt. Die Begriffe Entnahme, Einlage, Gewinn und Verlust sind nach den Grundsätzen des Ertragsteuerrechts zu beurteilen. Die Sachentnahme eines Vermögensgegenstands, der im Besteuerungszeitpunkt zum begünstigten Vermögen gehört, ist mit dem erbschaftsteuerlichen Wert in diesem Zeitpunkt zu bewerten. Entnahmen wesentli-

cher Betriebsgrundlagen, die bereits als Verstoß gegen die Behaltensregelungen nach Abs. 5 Nr. 1 Satz 2 oder Nr. 2 Satz 2 zu beurteilen sind, bleiben bei der Prüfung der Entnahmebegrenzung unberücksichtigt (R 65 Abs. 1 ErbStR).

Der Erwerber hat allerdings die Möglichkeit, innerhalb der Behaltensfrist getätigte Übernahmen bis zum Ablauf der Frist wieder durch entsprechende Einlagen auszugleichen. Die Finanzverwaltung sieht in einer solchen Vorgehensweise grds keinen Gestaltungsmissbrauch nach § 42 AO (R 65 Abs. 5 Satz 1 ErbStR). Wird die Einlage nicht aus vorhandenem privatem Vermögen, sondern unter Aufnahme eines Kredits geleistet, prüft die Finanzverwaltung, ob der Kredit als betriebliche Schuld oder als negatives Sonderbetriebsvermögen des Erwerbers zu behandeln ist. In einem solchen Fall liegt dann keine Einlage vor (R 65 Abs. 5 Satz 2 und 3 ErbStR). 59

Bei Einnahme-Überschuss-Ermittlung (§ 4 Abs. 3 EStG) und bei Betrieben der Land- und Forstwirtschaft, die ihren Gewinn nach Durchschnittssätzen feststellen (§ 13a EStG) wird die Entnahmebegrenzung nicht geprüft (R 65 Abs. 6 ErbStR). 60

War der Erwerber eines Anteils einer Personengesellschaft vorher bereits an der Gesellschaft beteiligt, bezieht sich die Entnahmebegrenzung nur auf den zusätzlich erworbenen Gesellschaftsanteil. Soweit Entnahmen über sein im Besteuerungszeitpunkt vorhandenes Kapitalkonto hinausgehen, sind sie ebenso wie Einlagen und Gewinne anteilig der ursprünglichen Beteiligung und der neu erworbenen Beteiligung zuzurechnen. Entsprechendes gilt bei einer Personengesellschaft, die nach Ausscheiden des vorletzten Gesellschafters als Einzelunternehmen fortgeführt wird. 61

IV. Anteile an Kapitalgesellschaften (Abs. 5 Nr. 4)

Werden begünstigte Anteile an einer Kapitalgesellschaft ganz oder teilweise innerhalb von fünf Jahren nach dem Erwerb **veräußert**, entfallen die Begünstigungen (ggf anteilig). War der Erwerber bereits zuvor an der Gesellschaft beteiligt, unterstellt die Finanzverwaltung, dass bei einer teilweisen Veräußerung der Anteile zunächst die dem Veräußerer bereits früher gehörenden Anteile veräußert werden (R 66 Abs. 1 ErbStR). 62

Die **verdeckte Einlage** der Anteile in eine Kapitalgesellschaft steht einer Veräußerung gleich. Dieselben Folgen treten ein, wenn die Gesellschaft innerhalb der Fünfjahresfrist aufgelöst oder das **Nennkapital herabgesetzt** wird und wenn wesentliche Betriebsgrundlagen veräußert werden. Wird das Nennkapital der Kapitalgesellschaft herabgesetzt, sieht die Finanzverwaltung allerdings dann von einer Nachversteuerung ab, wenn es sich um eine nur nominelle Kapitalherabsetzung zum Zwecke der Sanierung der Gesellschaft handelt und kein Kapital an die Gesellschafter zurückgezahlt wird (R 66 Abs. 2 ErbStR). 63

Das Gesetz sieht eine Nachversteuerung auch vor, wenn Vermögen der Kapitalgesellschaft auf eine Personengesellschaft, eine natürliche Person oder eine andere Körperschaft nach den Bestimmungen des UmwStG übertragen wird. Angesichts des Zwecks des § 13a Abs. 5 Nr. 4 ErbStG, nämlich sicherzustellen, dass begünstigtes Vermögen in der Hand des Erben verbleibt, wird eine verfassungskonforme Auslegung der Vorschrift in den Verschmelzungsfällen befürwortet, in denen der Gesellschafter des übertragenden Rechtsträgers Gesellschafter des übernehmenden Rechtsträgers bleibt und nicht etwa gegen Abfindung ausscheidet. Der Nachversteuerungstatbestand würde dann nicht ausgelöst werden (FG Münster EFG 2005, 292; *Meincke* § 13a Rn 25). 64

G. Verzicht auf die Steuerbefreiung (Abs. 6)

Die Vergünstigungen des § 13a ErbStG können sich im Einzelfall für den Erwerber als nachteilig erweisen. Dies kann etwa dann der Fall sein, wenn mit dem begünstigten Vermögen Schulden und Lasten in wirtschaftlichem Zusammenhang stehen. Diese unterliegen wegen der in § 13a ErbStG vorgesehenen Steuerbefreiungen dem (anteiligen) Abzugsverbot nach § 10 Abs. 6 Satz 5 ErbStG. Der Erwerber hat daher die Möglichkeit, auf die in § 13a ErbStG vorgesehenen Begünstigungen zu verzichten. 65

§ 14 ErbStG | Berücksichtigung früherer Erwerbe

66 Die Verzichtserklärung ist als Gestaltungsrecht bedingungsfeindlich. Das Finanzamt verlangt eine schriftliche Erklärung (R 68 Abs. 1 ErbStR). Infolge der Verzichtserklärung wird der Erwerb so besteuert, als sei das Vermögen nicht als begünstigtes Vermögen übergegangen. Die mit diesem Vermögen in wirtschaftlichem Zusammenhang stehenden Schulden und Lasten können nun ohne Kürzungen abgezogen werden (R 68 Abs. 2 ErbStR).

H. Familienstiftungen (Abs. 7)

67 Die Begünstigungen des § 13a Abs. 1 und Abs. 2 werden auch bei der Bemessung der Ersatzerbschaftsteuer einer Familienstiftung und eines Familienvereins (§ 1 Abs. 1 Nr. 4 ErbStG) gewährt, soweit zum Vermögen der Stiftung oder des Vereins begünstigtes Vermögen gehört. Die Begünstigungen sind auch beim Übergang von Vermögen auf Grund eines Stiftungsgeschäfts unter Lebenden (§ 7 Abs. 1 Nr. 8 ErbStG) anzuwenden (R 69 ErbStR).

I. Gestaltungen

68 Die Begünstigungen des § 13a ErbStG (Freibetrag, Bewertungsabschlag) legen es nahe, Privatvermögen vor der Übertragung unter Lebenden oder von Todes wegen in Betriebsvermögen »umzuwandeln«, um die Privilegien in Anspruch nehmen zu können. Dies kann etwa durch Einlage solchen Vermögens in eine gewerblich tätige oder nach § 15 Abs. 3 Nr. 2 EStG gewerblich geprägte Personengesellschaft geschehen. Die anschließende Übertragung der Gesellschaftsanteile ist dann unter ungleich günstigeren Bedingungen möglich.

69 Freilich gelingt die Gestaltung nur, wenn nach der Übertragung die fünfjährige Behaltenspflicht (Abs. 5) eingehalten werden kann. Außerdem können aus der Steuerverstrickung der dann zum Betriebsvermögen gehörenden Vermögensgegenstände ertragsteuerliche Nachteile entstehen (latente Steuerbelastung bei Veräußerung). Außerdem ist eine dadurch entstehende Gewerbesteuerpflicht zu beachten.

70 In der Vergangenheit waren bereits mehrfach Bestrebungen des Gesetzgebers zu beobachten, die Betriebsvermögensprivilegien nicht mehr für Vermögen zu gewähren, welches nach § 15 Abs. 3 Nr. 2 EStG lediglich »gewerblich geprägt« wurde, ohne mit einer originär gewerblichen Tätigkeit in Zusammenhang zu stehen. Es ist davon auszugehen, dass spätestens bei einer Neuordnung des ErbStG solches Vermögen nicht mehr von den Vergünstigungen erfasst sein wird. Derartige Gestaltungen sind daher sorgfältig zu planen. Sie setzen kurzfristiges Handeln und insb auch bereits die kurzfristige Übertragung des Vermögens voraus.

Berechnung der Steuer

§ 14 Berücksichtigung früherer Erwerbe

(1) ¹Mehrere innerhalb von zehn Jahren von derselben Person anfallende Vermögensvorteile werden in der Weise zusammengerechnet, daß dem letzten Erwerb die früheren Erwerbe nach ihrem früheren Wert zugerechnet werden. ²Von der Steuer für den Gesamtbetrag wird die Steuer abgezogen, die für die früheren Erwerbe nach den persönlichen Verhältnissen des Erwerbers und auf der Grundlage der geltenden Vorschriften zur Zeit des letzten Erwerbs zu erheben gewesen wäre. ³Anstelle der Steuer nach Satz 2 ist die tatsächlich für die in die Zusammenrechnung einbezogenen früheren Erwerbe zu entrichtende Steuer abzuziehen, wenn diese höher ist. ⁴Erwerbe, für die sich nach den steuerlichen Bewertungsgrundsätzen kein positiver Wert ergeben hat, bleiben unberücksichtigt.

(2) Die durch jeden weiteren Erwerb veranlaßte Steuer darf nicht mehr betragen als 50 vom Hundert dieses Erwerbs.

A. Allgemeines

§ 14 ErbStG verhindert, dass durch die Aufteilung einer beabsichtigten Zuwendung in mehrere zeitlich aufeinander folgende Teilübertragungen durch Mehrfachgewährung der persönlichen Freibeträge und durch Vermeidung der Steuerprogression Steuervorteile erlangt werden. Der Normzweck wird dadurch erreicht, dass mehrere innerhalb von zehn Jahren von derselben Person anfallende Vermögensvorteile in der Weise zusammengerechnet werden, dass dem letzten Erwerb die früheren Erwerbe mit ihrem früheren Wert zugerechnet und von der sich danach für den Gesamtbetrag ergebenden Steuer die Steuer abgezogen wird, die für die früheren Erwerbe zur Zeit des letzten Erwerbs zu erheben gewesen wäre (BFH BStBl II 2002, 316). 1

Die von der Vorschrift angeordnete Zusammenrechnung gewährleistet, dass die Freibeträge innerhalb des zehnjährigen Zusammenrechnungszeitraums nur einmal zur Anwendung gelangen und sich für mehrere Erwerbe gegenüber einer einheitlichen Zuwendung in gleicher Höhe kein Progressionsvorteil ergibt (BFH BStBl II 1991, 522). Ansonsten könnte ein Schenker eine eigentlich einheitliche Schenkung in mehrere Teilschenkungen zerlegen und die Steuerbelastung durch Inanspruchnahme jeweils des vollen persönlichen Freibetrages bei niedriger Steuerprogression reduzieren (Troll/Gebel/*Jülicher* § 14 Rn 1). 2

§ 14 ErbStG steht in engem Zusammenhang mit den Freibeträgen in § 16 ErbStG und den Steuersätzen in § 19 ErbStG. Die Vorschrift ändert nichts daran, dass die einzelnen Erwerbe als selbstständige stpfl Vorgänge jeweils für sich der Steuer unterliegen (BFH DStR 2005, 1003; R 70 Abs. 1 Satz 2 ErbStR). Deswegen stehen weder Bestandskraft noch Festsetzungsverjährung der Vorerwerbe einer Anwendung von § 14 Abs. 1 Satz 1 ErbStG entgegen. Den Festsetzungen der Vorerwerbe kommt für den letzten Erwerb keine Bindungswirkung iS eines Grundlagenbescheids nach § 171 Abs. 10 AO zu (BFH DStR 2005, 1003; BFH NV 2001, 1407). 3

Durch § 14 Abs. 1 Satz 1 ErbStG werden weder die früheren Steuerfestsetzungen mit der Steuerfestsetzung für den letzten Erwerb zusammengefasst noch werden die einzelnen Erwerbe innerhalb eines Zehnjahreszeitraums zu einem einheitlichen Erwerb verbunden. Die Norm trifft lediglich eine besondere Anordnung für die Berechnung der Steuer, die für den (jeweils) letzten Erwerb innerhalb des Zehnjahreszeitraums festzusetzen ist (BFH DStR 2005, 1003; BFH BStBl II 1991, 522). Sie wirkt wie ein »doppelter Progressionsvorbehalt«, der Vor- und Nacherwerb auf die Progressionsstufe des Gesamtbetrags der Zuwendungen hebt (*Jülicher* ZErb 2002, 60). 4

§ 14 ErbStG ist auch auf Erwerbe vor der grundlegenden Neufassung des ErbStG zum 1.1.1996 anwendbar. Die Vorerwerbe vor dem 1.1.1996 werden mit den damaligen bewertungsrechtlichen Werten, also zB unter Berücksichtigung des Einheitswerts (vgl § 121a BewG), erfasst (*Moench* § 14 Rn 14). 5

Wird ein Gegenstand zunächst zur unentgeltlichen Nutzung überlassen und später etwa im Wege einer Schenkung unter Lebenden übertragen, werden nach § 14 ErbStG bei der Berechnung der Erbschaftsteuer die jeweiligen Erwerbe (zunächst Nutzungsmöglichkeit, dann Eigentum) mit den sich hierfür jeweils ergebenden Werten erfasst. Dabei kann die Summe ihrer Werte höher sein kann als der Wert des Gegenstandes selbst (BFH NV 2001, 1407; BFH BStBl II 1999, 25). Wird also etwa zunächst ein zinsloses Darlehen gewährt und dieses später dem Darlehensnehmer erlassen, sind Nutzungsvorteil (ersparte Zinsen) und Nennbetrag des Darlehens zu addieren. Der Jahreswert des Nutzungsvorteils ist unter Berücksichtigung der vereinbarten Laufzeit mit dem ges Zinssatz von 5,5 % zu kapitalisieren (§§ 13 Abs. 1, 15 Abs. 1 BewG; BFH BStBl II 1999, 25). Bei einer vorzeitigen Schenkung vor Laufzeitende kommt für die Besteuerung der Nutzungsüberlassung eine Berichtigung nach §§ 13 Abs. 3, 14 Abs. 2 BewG in Betracht. Dies gilt nicht im Erbfall (BFH BStBl 1999, 25). Die Zuwendung des Darlehens ist mit dem Nennwert gem § 12 Abs. 1 BewG zu bewerten. 6

7 § 14 ErbStG kann nach Ansicht von Rechtsprechung und Finanzverwaltung nicht zu einer Erstattung führen. Die Steuer für den letzten Erwerb innerhalb des Zehnjahreszeitraums beträgt danach auch dann höchstens Null €, wenn die für den früheren Erwerb zu entrichtende Steuer höher war als die Steuer nach § 14 Abs. 1 Satz 2 ErbStG (BFH BStBl II 2002, 52; R 70 Abs. 3 Satz 5 und 6 ErbStR).

B. Voraussetzungen der Zusammenrechnung

I. Steuerpflichtige Erwerbe

8 § 14 erfasst die Zusammenrechnung mehrerer stpfl Erwerbe. Liegt ein steuerfreier Erwerb vor, ist zwischen qualitativen und quantitativen Steuerbefreiungen zu unterscheiden. Bei sog **qualitativen Steuerbefreiungen** erfolgt keine Zusammenrechnung (BFH BStBl III 1953, 145; BFH BStBl III 1952, 14). Qualitative Steuerbefreiungen sind solche Steuerbefreiungen, die den Erwerb wegen seiner besonderen Art oder wegen seines besonderen Objekts unabhängig vom Wert dieses Objekts steuerfrei stellen, wie zB § 13 Abs. 1 Nr. 4a und 5, Nr. 12 und Nr. 14 ErbStG (*Meincke* § 14 Rn 5).

9 Bei sog **quantitativen Steuerbefreiungen** ist § 14 anwendbar (BFH BStBl III 1952, 14). Eine quantitative Befreiung liegt vor, wenn ein Erwerb nur wegen seiner Höhe erbschaftsteuerfrei ist. Dies gilt etwa für die durch die persönlichen Freibeträge nach den §§ 16, 17 ErbStG sowie die Freibeträge und Freigrenzen nach § 13 Abs. 1 Nr. 1 ErbStG freigestellten Erwerbe (*Meincke* § 14 Rz 5).

10 Die Einordnung des **Betriebsvermögensfreibetrags** nach § 13a ErbStG ist umstritten. Die Finanzverwaltung ordnet den Freibetrag nach § 13a Abs. 1 ErbStG als qualitative Steuerbefreiung mit der Folge ein, dass nur in Höhe des die Befreiung übersteigenden Betrags eine Zusammenrechnung nach § 14 ErbStG erfolgt (R 71 Abs. 3 Satz 1 ErbStR; zust *Meincke* § 14 Rn 5; krit *Troll/Gebel/Jülicher* § 14 Rn 40 ff). Ändert sich die Höhe des Freibetrags durch Gesetzesänderung (zB zum 1. 1. 2004 durch Absenkung von Freibetrag und Bewertungsabschlag), ist gleichwohl bei einer späteren Zusammenrechnung nach § 14 ErbStG der Vorerwerb vor dem Zeitpunkt der Rechtsänderung mit dem ursprünglichen niedrigeren Wert bei der Besteuerung des Nacherwerbs anzusetzen (*Korezkij* ZEV 2004, 58, 61).

11 Findet ein Wechsel der Steuerpflicht von der unbeschränkten zur **beschränkten Steuerpflicht** oder umgekehrt statt, wird im Rahmen des § 14 ErbStG das der unbeschränkten Steuerpflicht unterliegende Vermögen nur insoweit berücksichtigt, als es auch zum Inlandsvermögen nach § 121 BewG gehört (BFH BStBl II 1977, 662; *Meincke* § 14 Rn 6).

II. Personenidentität

12 Eine Zusammenrechnung nach § 14 ErbStG erfolgt nur dann, wenn mehrere Erwerbe von derselben Person, Erblasser oder Schenker, bei demselben Erwerber anfallen. Zuwendungen vom Vater können nicht mit Zuwendungen von der Mutter zusammengerechnet werden und umgekehrt. Erhält ein Kind von beiden Eltern jeweils 100.000 € und vor Ablauf von zehn Jahren vom Vater weitere 100.000 €, sind nur der Vorerwerb vom Vater und die weitere Zuwendung zusammenzurechnen, so dass wegen des Freibetrags von 205.000 € keine Erbschaftsteuer anfällt (*Meincke* § 14 Rn 7; *Moench* § 14 Rn 4).

III. Zehnjahreszeitraum

13 Maßgeblich für die Berechnung des Zehnjahreszeitraums ist der Zeitpunkt der **Entstehung der Steuer** nach § 9 ErbStG. Sie entsteht bei Erwerben von Todes wegen am Tag des Erbfalls (§ 9 Abs. 1 Nr. 1 ErbStG) und bei Schenkungen mit deren Ausführung (§ 9 Abs. 1 Nr. 2 ErbStG). Bei der Grundstücksschenkung kommt es nicht auf die Eintragung der Eigentumsänderung im Grundbuch an. Der BFH nimmt eine Ausführung der Schenkung bereits zu dem Zeitpunkt an, zu dem der Schenker alle Rechtshandlungen vorgenommen

hat, die von seiner Seite erforderlich waren, um dem Erwerber das Eigentum zu verschaffen, wenn also der Erwerber in der Lage ist, die für die Eigentumsumschreibung erforderlichen Unterlagen beim Grundbuchamt einzureichen und dadurch die ihn schützende Wirkung des § 17 GBO herbeizuführen (BFH BStBl II 1979, 642; R 23 Abs. 1 ErbStR).

Für die Fristberechnung des (zurückliegenden) Zehnjahreszeitraums sind die §§ 187 f BGB, die unmittelbar eigentlich nur die Berechnung einer zukünftigen Frist regeln, entsprechend anwendbar (*Meincke* § 14 Rn 8; aA FG Hamburg EFG 76, 509: unmittelbar anwendbar). 14

C. Methode der Zusammenrechnung

I. Gesamterwerb

Die Anwendung von § 14 ErbStG ist weitgehend unproblematisch, wenn sich die persönlichen Verhältnisse der beteiligten Personen und die (ges) Rahmenbedingungen der Besteuerung nicht ändern. Ansonsten können außerordentlich schwierige Probleme entstehen (*Moench* § 14 Rn 3). 15

Die Steuerbelastung für den Gesamtbetrag ist auf der Grundlage der geltenden Tarifvorschriften im Zeitpunkt des Letzterwerbs zu berechnen. Die Steuerklasse, die persönlichen Freibeträge und der Steuertarif richten sich deshalb nach dem zu diesem Zeitpunkt geltenden Recht (R 70 Abs. 3 Sätze 1 und 2 ErbStR). 16

Zur Ermittlung des Gesamtbetrags der Erwerbe (Vorerwerbe zzgl Letzterwerb) werden zuerst die Vorerwerbe (ohne Abzug der persönlichen Freibeträge nach §§ 16, 17 ErbStG) dem Letzterwerb hinzugerechnet. Die Vorerwerbe werden hierbei mit ihrem früheren Wert erfasst, wobei Wertänderungen unberücksichtigt bleiben. Von dem so ermittelten Gesamtbetrag der Erwerbe wird der persönliche Freibetrag abgezogen (*Meincke* § 14 Rn 9 und 12). Steuerklasse und die persönlichen Freibeträge bestimmen sich nach den Verhältnissen bei der Steuerentstehung für den Letzterwerb (*Meincke* § 14 Rn 10). Die Steuer wird von dem so ermittelten stpfl Erwerb (§ 10 Abs. 1 Satz 1 ErbStG) berechnet. 17

Zur Verhinderung einer Doppelbesteuerung sieht § 14 ErbStG für die Vorerwerbe eine **Steueranrechnung** vor. Sie erfolgt entweder in Höhe der fiktiven Steuer nach § 14 Abs. 1 Satz 2 ErbStG oder in Höhe der tatsächlich gezahlten Steuer nach § 14 Abs. 1 Satz 3 ErbStG, wenn diese höher ist. 18

Auf die für den Gesamterwerb anfallende Steuer wird die für die vorherigen Erwerbe entstandene Steuer angerechnet. Allerdings wird hierbei nicht die (damals) effektiv gezahlte, sondern eine **fiktive Steuer** zur Anrechnung gebracht (**Abs. 1 Satz 2**). Maßgeblich ist nämlich der Steuerbetrag, der sich nach den persönlichen Verhältnissen und auf der Grundlage der Tarifvorschriften (§§ 14 – 19a ErbStG) zur Zeit des letzten Erwerbs aber unter Berücksichtigung der ursprünglichen (Steuer-) Werte ergeben würde (R 70 Abs. 3 Satz 3 ErbStR). Dies führt bei einem ursprünglich niedrigeren Bewertungsansatz und aktuell höheren Freibeträgen zu einer niedrigen fiktiven Steuer, was den Steueranteil des Letzterwerbs erhöht (*Meincke* § 14 Rn 12). 19

Ist die tatsächlich für die Vorerwerbe gezahlte **effektive Steuer** höher als die sich nach vorstehenden Regelungen ergebende fiktive Steuer, ist diese anzurechnen (**Abs. 1 Satz 3**), sog »Meistbegünstigungsklausel« (*Felix* KÖSDI 1997, 10961). 20

II. Erwerbe außerhalb des Zehnjahreszeitraums

Problematisch können die Fälle sein, bei denen insgesamt drei (oder mehr) Erwerbe zu berücksichtigen sind, von denen sich die jeweils aufeinander folgenden Erwerbe innerhalb eines Zehnjahreszeitraums befinden, der erste und der dritte Erwerb aber länger als zehn Jahre auseinander liegen. Unklar ist dann insb, wie bei der Bestimmung der fiktiven Steuer der Umstand zu berücksichtigen ist, dass der persönliche Freibetrag neu zu gewähren ist (sog **Wiederaufleben des Freibetrags**). 21

22 Nachdem die Rechtsprechung hier zunächst Modifikationen aus Billigkeitsgründen vorgesehen hatte, erteilt der BFH neuerdings dem »wiederauflebenden Freibetrag« eine Absage. Danach darf bei den im Zehnjahreszeitraum vor dem Letzterwerb liegenden Erwerben zur Berechnung der fiktiven Steuer nach § 14 Abs. 1 Satz 2 ErbStG der persönliche Freibetrag nur in der Höhe angesetzt werden, in der er sich tatsächlich innerhalb des Zehnjahreszeitraums aus Sicht des Letzterwerbs ausgewirkt hat (BFH BStBl II 2005, 728).

23 Die Finanzverwaltung hat sich dieser Rechtsprechung angeschlossen und ermittelt die fiktive Abzugsteuer nun generell nach diesen Vorgaben. Dabei wird nun der jeweils aktuell geltende Freibetrag abgezogen, höchstens jedoch bis zu dem Betrag, bis zu dem er in den letzten zehn Jahren verbraucht wurde (Gleichlautende Ländererlasse v 1. 12. 2005, BStBl I 2005, 1032). Beispielsberechnungen nunmehr in H 70 Abs. 3 und 4 ErbStH und H 71 Abs. 2 und 3 ErbStH.

D. Besonderheiten

I. Änderung der persönlichen Verhältnisse

24 Probleme können bei der Anrechnung der Steuer auftreten, wenn zwischen Vor- und Letzterwerb eine Änderung der ges Grundlagen oder der persönlichen Verhältnisse (zB Heirat) eingetreten ist. Ansonsten ist die anzurechnende Steuer für den Vorerwerb identisch mit der hierfür anteilig beim Letzterwerb zu zahlenden Steuer.

25 Geänderte persönliche Verhältnisse beeinflussen die Steuerklasse, den Steuersatz und die Freibeträge nach §§ 16, 17 ErbStG. Steuermindernd kann es sich auswirken, wenn sich nach dem Vorerwerb eine günstigere Steuerklasse oder ein höherer Freibetrag ergibt, etwa durch eine Heirat zwischen dem Schenker und der Erwerberin. Findet danach ein weiterer Erwerb statt, kann die tatsächlich entrichtete Steuer auf den Vorerwerb deutlich höher als die nunmehr zu berechnende sein. Bei der Anrechnung der vormals entrichteten (hohen) Steuer wird die neuerliche Schenkung durch die damalige Steuerzahlung kompensiert. Die zwischenzeitliche Heirat entfaltet insoweit Rückwirkung.

26 Denkbar ist, dass sich bei Anrechnung der früheren hohen Steuerzahlung rechnerisch ein Überhang an anzurechnender Steuerbelastung, also im Ergebnis ein Erstattungsanspruch, ergibt. Rechtsprechung und Finanzverwaltung lassen einen solchen Erstattungsanspruch jedoch nicht zu. Die Anrechnung der früher entrichteten Steuer kann danach allenfalls zu einer Steuerfreiheit der späteren Schenkung führen (s Rn 7).

II. Übernahme der Steuer durch Schenker

27 Übernimmt der Schenker nach § 10 Abs. 2 ErbStG die Steuer sowohl beim Vor- als auch beim Letzterwerb, ist jeweils die übernommene Steuer zusätzlich bei jedem Nettoerwerb zu ermitteln und dem Erwerb hinzuzurechnen. Die Erbschaftsteuer bestimmt sich dann aus der Summe als neuer Bemessungsgrundlage. Bei der Anrechnung der früheren Steuer ist der »frühere Wert« des Vorerwerbs sein Wert zzgl der auf diesen Betrag zu errechnenden Steuer (BFH BStBl II 1978, 220; *Moench* § 14 Rn 13 mit Berechnungsbeispiel).

III. Zusammentreffen mit anderen Vorschriften

1. §§ 13a, 19a ErbStG

28 Eine auch nur teilweise Inanspruchnahme des Freibetrags nach § 13a Abs. 1 Nr. 2 ErbStG bei einem Vorerwerb führt zu einem vollständigen Verbrauch des Freibetrages in voller Höhe. Der Restbetrag kann auf den Nacherwerb nicht angewendet werden.

29 Wurde bei einem Vorerwerb keine Entlastung nach § 13a ErbStG in Anspruch genommen, kann das bei der früheren Schenkung übertragene Vermögen auch nicht nachträglich bei der Berechnung der Steuer für den Gesamtbetrag als begünstigtes Vermögen behandelt

werden (BFH DStR 2005, 1003; R 71 Abs. 2 Sätze 1 – 4 ErbStR; Beispiele in H 71 Abs. 2 und 3 ErbStH).

2. § 25 ErbStG

Ist bei der Zusammenrechnung von Erwerben eine Vorschenkung zu berücksichtigen, die unter Nutzungsvorbehalt vereinbart worden war (§ 25 ErbStG), so hatte die Finanzverwaltung in der Vergangenheit die Steuer für den Vorerwerb in voller Höhe berücksichtigt, also ohne Berücksichtigung des Umstandes, dass ein Teil der Steuer nach § 25 Abs. 1 Satz 2 ErbStG gestundet wurde und unabhängig davon, ob die gestundete Steuer abgelöst wurde oder nicht.

Nunmehr rechnet die Finanzverwaltung nach Maßgabe des gleichlautenden Ländererlasses v 23. 9. 2004 (BStBl I 2004, 939) neben der Sofortsteuer nur noch den Ablösungsbetrag für die gestundete Steuer als tatsächliche Steuer an – und zwar unabhängig von einer tatsächlichen Ablösung der Steuer (vgl Berechnungsbeispiel in H 85 Abs. 3 ErbStH).

3. § 27 ErbStG

Vermögen, das innerhalb eines Zeitraumes von zehn Jahren mehrfach auf Erwerber der Steuerklasse I übergeht, wird nach § 27 ErbStG privilegiert, wenn der letzte Erwerb ein Erwerb von Todes wegen ist. Erwirbt ein Zwischenerwerber mehrfach, so ist bei der Zusammenrechnung nach § 14 ErbStG für jeden einzelnen Erwerb das Ausmaß der Steuerermäßigung nach § 27 ErbStG zu bestimmen (BFH BStBl II 1980, 414). Dabei ist jeweils der zeitliche Abstand zum Letzterwerb maßgeblich (*Moench* § 14 Rn 39 mit Berechnungsbeispiel).

IV. Abs. 1 Satz 4

Erwerbe mit **negativem Steuerwert** werden bei der Zusammenrechnung nach § 14 ErbStG nicht berücksichtigt (Abs. 1 Satz 4). Ein solcher negativer Erwerb kann sich zB bei der Übertragung eines mit einer valutierenden Grundschuld belasteten Grundstücks ergeben, wenn nämlich nach zivilrechtlichen Bewertungsmaßstäben zwar eine Bereicherung gegeben ist, nicht aber nach den steuerlichen Bewertungsvorschriften des § 12 ErbStG (*Moench* § 14 Rn 31). Die Rechtsprechung lehnt einen Erlass der Steuer aus Billigkeitsgründen grds ab (FG Hamburg EFG 2005, 760). Allerdings schränkt die Rechtsprechung zur gemischten Schenkung, die den Vermögenserwerb in einen entgeltlichen und unentgeltlichen (positiven) Teil aufteilt (s § 7 Rn 14 ff) den Anwendungsbereich der Norm ein (*Meincke* § 14 Rn 25).

Soll eine Zusammenrechnung von negativ bewertetem Vermögen mit positivem Vermögen erreicht werden, muss daher die Anwendung von § 14 ErbStG durch Gestaltung vermieden werden. Dies geschieht etwa dadurch, dass die sich saldierenden Vermögenswerte **zeitgleich** übertragen werden, so dass es sich um eine einheitliche Schenkung handelt, die mit ihrem Wertsaldo der Besteuerung unterliegt (ggf gemischte Schenkung).

V. Abs. 2

Die durch den Letzterwerb ausgelöste Steuerbelastung ist begrenzt. Die Steuer darf höchstens die Hälfte des Wertes dieses Erwerbs betragen. Der Anwendungsbereich der Vorschrift ist eng, da sie nur dann Wirkung entfaltet, wenn zuvor nicht bereits die Härteregel nach § 19 Abs. 3 ErbStG die Steuer auf die Hälfte begrenzt hat. Eine Anwendung von Abs. 2 kommt insb in Betracht, wenn einem hoch besteuerten Vorerwerb (Steuersatz über 30 %) ein vergleichsweise geringwertiger Nacherwerb folgt (vgl *Moench* § 14 Rn 35 mit Beispiel).

§ 15 Steuerklassen

(1) Nach dem persönlichen Verhältnis des Erwerbers zum Erblasser oder Schenker werden die folgenden drei Steuerklassen unterschieden:

Steuerklasse I:
1. der Ehegatte,
2. die Kinder und Stiefkinder,
3. die Abkömmlinge der in Nummer 2 genannten Kinder und Stiefkinder,
4. die Eltern und Voreltern bei Erwerben von Todes wegen;

Steuerklasse II:
1. die Eltern und Voreltern, soweit sie nicht zur Steuerklasse I gehören,
2. die Geschwister,
3. die Abkömmlinge ersten Grades von Geschwistern,
4. die Stiefeltern,
5. die Schwiegerkinder,
6. die Schwiegereltern,
7. der geschiedene Ehegatte;

Steuerklasse III:
alle übrigen Erwerber und die Zweckzuwendungen.

(1a) Die Steuerklassen I und II Nr. 1 bis 3 gelten auch dann, wenn die Verwandtschaft durch Annahme als Kind bürgerlich-rechtlich erloschen ist.

(2) ¹In den Fällen des § 3 Abs. 2 Nr. 1 und des § 7 Abs. 1 Nr. 8 ist der Besteuerung das Verwandtschaftsverhältnis des nach der Stiftungsurkunde entferntest Berechtigten zu dem Erblasser oder Schenker zugrunde zu legen, sofern die Stiftung wesentlich im Interesse einer Familie oder bestimmter Familien im Inland errichtet ist. ²In den Fällen des § 7 Abs. 1 Nr. 9 Satz 1 gilt als Schenker der Stifter oder derjenige, der das Vermögen auf den Verein übertragen hat, und in den Fällen des § 7 Abs. 1 Nr. 9 Satz 2 derjenige, der die Vermögensmasse im Sinne des § 3 Abs. 2 Nr. 1 Satz 2 oder § 7 Abs. 1 Nr. 8 Satz 2 gebildet oder ausgestattet hat. ³In den Fällen des § 1 Abs. 1 Nr. 4 wird der doppelte Freibetrag nach § 16 Abs. 1 Nr. 2 gewährt; die Steuer ist nach dem Vomhundertsatz der Steuerklasse I zu berechnen, der für die Hälfte des steuerpflichtigen Vermögens gelten würde.

(3) Im Fall des § 2269 des Bürgerlichen Gesetzbuchs und soweit der überlebende Ehegatte an die Verfügung gebunden ist, sind die mit dem verstorbenen Ehegatten näher verwandten Erben und Vermächtnisnehmer als seine Erben anzusehen, soweit sein Vermögen beim Tode des überlebenden Ehegatten noch vorhanden ist. ²§ 6 Abs. 2 Satz 3 bis 5 gilt entsprechend.

A. Allgemeines

1 In § 15 ErbStG definiert das Gesetz **drei Steuerklassen**. Über die Zuordnung zu einer bestimmten Steuerklasse entscheidet das **verwandtschaftliche Verhältnis** zwischen dem Erblasser oder Schenker einerseits und dem Erwerber andererseits (sog Familien- oder Verwandtschaftsprinzip). Die Zuordnung zu einer Steuerklasse hat wesentliche Bedeutung für die aus dem jeweiligen Erwerb resultierende Steuerbelastung. Sie entscheidet über die Höhe der Freibeträge nach § 16 ErbStG und der Steuersätze nach § 19 ErbStG sowie darüber, ob und in welcher Höhe bestimmte Steuerbefreiungen gewährt werden (Befreiung für Hausrats- und andere körperliche Gegenstände, § 13 Abs. 1 Nr. 1 ErbStG; Steuerermäßigung bei mehrfachem Erwerb desselben Vermögens, § 27 ErbStG: nur Personen der Steuerklasse I).

Bei der Zuordnung zu den einzelnen Steuerklassen wird auf nach bürgerlichem Recht bestehende Abstammungs- oder Verwandtschaftsverhältnisse und eine evtl Eheschließung abgestellt. Ein persönliches Näheverhältnis, wie es zB bei einer nichtehelichen Lebensgemeinschaft besteht, bleibt unberücksichtigt (Troll/Gebel/*Jülicher* § 15 Rn 2). Die Abstufung nach dem Verwandtschaftsgrad und die besondere Berücksichtigung der Ehegatten beruht auf der Wertentscheidung des GG in Art. 6 Abs. 1 GG mit Rücksicht auf die besondere Schutzbedürftigkeit von Ehe und Familie (Troll/Gebel/*Jülicher* § 15 Rn 3; krit *Moench* § 15 Rn 3).

B. Die einzelnen Steuerklassen

I. Steuerklasse I

1. Ehegatte (Nr. 1)

Der Erwerb eines Ehegatten vollzieht sich in Steuerklasse I. Die Ehe muss im Zeitpunkt der Steuerentstehung (§ 9 ErbStG) rechtlichen Bestand haben (§§ 1310, 1311 BGB). Sie muss also zum maßgebenden Stichtag schon geschlossen und darf nicht beendet sein. Eine Ehe besteht erst dann nicht mehr, wenn sie durch Gerichtsurteil rechtskräftig für nichtig erklärt, aufgehoben oder geschieden worden ist. Darauf, ob Eheleute dauernd getrennt leben, kommt es nicht an (*Moench* § 15 Rn 10). Ist die Ehe rechtskräftig geschieden, fällt der geschiedene Ehegatte in die Steuerklasse II (§ 15 Abs. 1 StKl II Nr. 7 ErbStG). Entsprechendes gilt dann, wenn die Ehe für nichtig erklärt wurde (BFH BStBl II 1987, 174).
Schenkungen und Erwerbe von Todes wegen unter **Verlobten** sind nicht begünstigt (BFH NV 1998, 1098; FG Berlin EFG 1996, 480). Das gilt auch dann, wenn die zukünftigen Eheleute bereits das Aufgebot bestellt haben. Eine unmittelbar bevorstehende Heirat rechtfertigt auch nicht einen Erlass aus Billigkeitsgründen (BFH BStBl II 1998, 396). Allerdings unterliegen solche Zuwendungen der Besteuerung nach Steuerklasse I, wenn sie unter der aufschiebenden Bedingung der Eheschließung gemacht werden und somit erst zu diesem Zeitpunkt als ausgeführt gelten (*Meincke* § 15 Rn 5).
Weder die Partner einer **nichtehelichen Lebensgemeinschaft** noch einer **eingetragenen Lebenspartnerschaft** fallen in die Steuerklasse I. Für eine analoge Anwendung der Vorschrift fehlt es an einer planwidrigen Regelungslücke (BVerfG BStBl II 1990, 103; BFH BStBl II 1983, 114; FG Düsseldorf EFG 2004, 517).

2. Kinder (Nr. 2)

Zur Steuerklasse I gehören Kinder und Stiefkinder. Dies sind **leibliche Kinder**; auch das zur Zeit des Erbfalls noch nicht lebende aber bereits gezeugte Kind, der sog Nasciturus (§ 1923 Abs. 2 BGB), zählt hierzu. Eine Scheidung der Eltern des Kindes ist unerheblich, ebenso spielt es keine Rolle, bei welchem Elternteil das Kind lebt oder wie das Sorgerecht geregelt ist (Troll/Gebel/*Jülicher* § 15 Rn 36).
Die frühere Unterscheidung zwischen ehelichen und **nichtehelichen Kindern** ist durch das Kindschaftsrechtsreformgesetz v 16. 12. 1997 (BGBl I 1997, 2942) mit Wirkung zum 1. 7. 1998 entfallen. Eheliche und nichteheliche Kinder sind seitdem im Erbschaftsteuerrecht vollkommen gleichgestellt.
Gegenüber der Mutter wird das Kindschaftsverhältnis dadurch begründet, dass man von dieser geboren wurde, § 1591 BGB. Die Vaterschaft kann demgegenüber durch unterschiedliche Tatbestände begründet werden: Nach § 1592 BGB ist entweder Vater eines Kindes der Mann, der zum Zeitpunkt der Geburt mit der Mutter des Kindes verheiratet ist (§ 1592 Nr. 1 BGB), oder der Mann, der die Vaterschaft anerkannt hat (§ 1592 Nr. 2 BGB), oder dessen Vaterschaft nach § 1600d BGB oder § 640h Abs. 2 ZPO gerichtlich festgestellt ist (§ 1592 Nr. 3 BGB). Zur Vaterschaftsanfechtung siehe §§ 1600 ff BGB.

9 **Adoptivkinder** gehören wie eheliche Kinder zur Steuerklasse I. Die zivilrechtlichen Wirkungen einer Adoption unterscheiden sich je nachdem, ob ein Minderjähriger (§§ 1741 – 1766 BGB) oder ein Volljähriger (§§ 1767 – 1771 BGB) adoptiert wird.

10 Auch wenn die bisherigen verwandtschaftlichen Beziehungen einer Person durch Annahme als Kind im Minderjährigenalter bürgerlich-rechtlich erlöschen, gelten für den Adoptierten erbschaftsteuerlich weiterhin die Steuerklassen I und II, § 15 Abs. 1a ErbStG. Zusätzlich werden bei einer Adoption verwandtschaftliche Beziehungen neu begründet: Bei einem Erwerb von den Adoptiveltern gilt daher ebenfalls Steuerklasse I (Nr. 2). Das adoptierte Kind hat somit in steuerlicher Hinsicht zwei Elternpaare (*Moench* § 15 Rn 15 und 20). Ist die Adoption im Zeitpunkt des Erbfalls noch nicht vollzogen, sondern wird sie erst vorbereitet, bemisst sich die Erbschaftsteuer nicht aus Billigkeitsgründen bereits nach Steuerklasse I (FG Düsseldorf EFG 2000, 1345).

11 Auch **Stiefkinder** unterliegen der Steuerklasse I. Sie stehen nur zu einem der beiden Ehepartner in einem Kindschaftsverhältnis als dessen Kinder und zwar ohne Rücksicht darauf, ob es sich um in der Ehe oder außerhalb der Ehe geborene Kinder, Adoptivkinder oder sonstige Personen handelt, denen die rechtliche Stellung ehelicher Kinder zukommt (BFH BStBl II 1973, 453). Im Verhältnis zum anderen Ehepartner besteht ein Stiefkindverhältnis, das jeweils durch die Ehe des leiblichen Elternteils begründet wird (*Troll/Gebel/Jülicher* § 15 Rn 56).

12 Stiefkinder sind wegen der zu Grunde liegenden Schwägerschaft (§ 1590 BGB) begünstigt. Die Schwägerschaft setzt kein nahes häusliches Zusammenleben voraus und gilt unabhängig vom Alter der Beteiligten (*Meincke* § 15 Rn 7).

13 **Stiefschwiegerkinder** sind Schwiegerkinder iSv § 15 Abs. 1 StKl II Nr. 5 ErbStG (vgl BFH BStBl II 1989, 898). Auch Pflegekinder des Erblassers sind lediglich der Steuerklasse III des § 15 ErbStG zuzuordnen (*Meincke* § 15 Rn 8).

3. Abkömmlinge der Kinder (Nr. 3)

14 Abkömmlinge der in Nr. 2 genannten Kinder und Stiefkinder gehören ebenfalls der Steuerklasse I an. Zu den Abkömmlingen zählen die Personen, die nach § 1589 Abs. 1 Satz 1 BGB in gerader Linie mit den Kindern oder Stiefkinder verwandt sind, also zB Enkel, Urenkel etc. Der Umstand, dass Vermögenserwerbe der Enkel in günstigster Steuerklasse besteuert werden, ermöglicht steuersparende Gestaltungen (Spreizung des Vermögens auf möglichst viele Erwerber).

15 Auch **Adoptivkinder** und **Stiefkinder** sind als Abkömmlinge iSv § 15 ErbStG anzusehen (H 72 ErbStH).

4. Eltern und Großeltern bei Erwerben von Todes wegen (Nr. 4)

16 Eltern und Großeltern (»Voreltern«) fallen in Steuerklasse I, aber nur bei Erwerben von Todes wegen. Im Übrigen, also bei Schenkungen, gilt für sie Steuerklasse II (Nr. 1). Hierdurch sollen Schenkungen zwischen Geschwistern unter »Zwischenschaltung der Eltern« (mit der dadurch möglichen Ausnutzung der höheren Freibeträge der Steuerklasse I) vermieden werden (vgl Gesetzesbegründung, BT-Ds 13/4839, 69).

17 Gemeint sind nur die leiblichen oder durch Adoption verwandten Eltern oder Großeltern, nicht auch die Stiefeltern (Steuerklasse II Nr. 4) oder die Schwiegereltern (Steuerklasse II Nr. 6).

II. Steuerklasse II

1. Eltern und Großeltern bei Schenkungen (Nr. 1)

18 Wie sich aus dem Zusammenhang der Vorschrift mit Abs. 1 StKl I Nr. 4 ergibt, fallen unter die Steuerklasse II Nr. 1 nur Erwerbe unter Lebenden (§ 7 ErbStG) durch Eltern, Adoptiveltern und deren jeweiligen Eltern und Großeltern (*Meincke* § 15 Rn 13; s Rn 16 f).

2. Geschwister (Nr. 2)

Zu den Geschwistern nach Steuerklasse II Nr. 2 zählen auch Halbgeschwister, also Geschwister, zu denen das Verwandtschaftsverhältnis nur über ein Elternteil vermittelt wird. Auch Adoptivkinder sind im Verhältnis zu leiblichen Kindern der Adoptiveltern und zu weiteren Adoptivkindern Geschwister (*Moench* § 15 Rn 34).

3. Neffen und Nichten (Nr. 3)

Abkömmlinge ersten Grades von Geschwistern, also Neffen und Nichten, erwerben in Steuerklasse II. Zu diesen Abkömmlingen gehören auch Adoptiv- und Stiefkinder der Geschwister (Troll/Gebel/*Jülicher* § 15 Rn 71). Die Kindeskinder, also Großneffen und Großnichten fallen nicht hierunter.

4. Stiefeltern, Schwiegerkinder, Schwiegereltern (Nr. 4 – 6)

Zur Steuerklasse II gehören die Stiefeltern als Verschwägerte ersten Grades, aber nicht mehr deren Eltern und weitere Voreltern (Troll/Gebel/*Jülicher* § 15 Rn 72). Nach § 1590 Abs. 1 Satz 1 BGB sind die Verwandten eines Ehegatten mit dem anderen Ehegatten verschwägert, so dass die Schwiegerkinder (Nr. 5) und die Schwiegereltern (Nr. 6) ab dem Zeitpunkt der Heirat von der privilegierenden Steuerklasse II erfasst werden.

Auch der Ehegatte eines Stiefkindes oder eines Adoptivkindes ist ein Schwiegerkind (BFH BStBl II 1989, 898). In die Steuerklasse III fallen dagegen aufsteigende Verwandte der Schwiegereltern und Abkömmlinge der Schwiegerkinder, soweit sie nicht aus der Ehe des Schwiegerkindes mit dem Kind stammen und es sich deshalb um Enkelkinder handelt (Troll/Gebel/*Jülicher* § 15 Rn 73).

5. Geschiedener Ehegatte (Nr. 7)

Zwischen geschiedenen Ehegatten besteht ein besonderes Pflichtverhältnis, das die Aufnahme des geschiedenen Ehegatten in die Steuerklasse II rechtfertigt (BFH BStBl II 1998, 396). Die Steuerklasse II ist auch beim früheren Ehegatten einer wegen Nichtigkeit aufgehobenen Ehe anwendbar (BFH BStBl II 1987, 174).

III. Steuerklasse III

Die Steuerklasse III umfasst alle Erwerber, die nicht zu den Steuerklasse I und II zählen, auch wenn sie mit dem Schenker oder Erblasser verwandt sind. Hierzu gehören etwa die Geschwister der Eltern (Onkel, Tante), die Geschwisterkinder (Neffen, Nichten) des Ehegatten, daneben die meisten verschwägerten und grds die juristischen Personen sowie die Zweckzuwendungen (*Moench* § 15 Rn 38).

Auch die Partner einer eheähnlichen Lebensgemeinschaft oder Partner einer eingetragenen Lebenspartnerschaft (s Rn 5) erwerben in Steuerklasse III.

C. Adoption (Abs. 1a)

Zivilrechtlich erlöschen mit der Adoption eines Minderjährigen dessen bisherige verwandtschaftliche Beziehungen. Abweichend hiervon sind die (ehemaligen) Verwandtschaftsverhältnisse auch weiterhin für die Zuordnung zu einer Steuerklasse maßgeblich. Das adoptierte Kind hat daher in steuerlicher Hinsicht zwei Elternpaare, erwirbt also sowohl von den leiblichen als auch von den Adoptiveltern in günstigster Steuerklasse I (*Moench* § 15 Rn 20).

D. Familienstiftungen (Abs. 2)

I. Errichtung der Stiftung (Abs. 2 Satz 1)

27 Abs. 2 Satz 1 regelt abweichend von Abs. 1 die Besteuerung der Errichtung einer inländischen Familienstiftung. Danach ist der Besteuerung das Verwandtschaftsverhältnis des nach der Stiftungsurkunde entferntest Berechtigten zum Stifter zugrundezulegen, was zur Anwendung der Steuerklasse I oder II und damit zu einer deutlichen Vergünstigung gegenüber der Steuerklasse III führen kann. Dies gilt unabhängig davon, ob die Stiftung von Todes wegen errichtet wird (§ 3 Abs. 2 Nr. 1 Satz 1 ErbStG) oder durch ein Stiftungsgeschäft unter Lebenden (§ 7 Abs. 1 Nr. 8 Satz 1 ErbStG). Zum Begriff der Familienstiftung s § 1 ErbStG Rn 9 f.

28 Die Zuordnung zu einer Steuerklasse richtet sich nach dem Verwandtschaftsverhältnis des nach der Stiftungsurkunde entferntest Berechtigten zu dem Stifter. Dies gilt auch dann, wenn dieser im Zeitpunkt der Errichtung der Familienstiftung noch nicht unmittelbar bezugsberechtigt ist, sondern es erst zukünftig in der Generationenfolge sein wird. Bei der Errichtung einer Familienstiftung ist deshalb als »entferntest Berechtigter« derjenige anzusehen, der – ohne einen klagbaren Anspruch haben zu müssen – nach der Satzung Vermögensvorteile aus der Stiftung erlangen kann (R 73 Abs. 1 ErbStR). Es ist also nicht allein auf derzeit lebende Destinatäre, sondern auch auf künftige Bezugsberechtigte abzustellen (FinMin NRW v 31. 1. 1992, DStR 1992, 582).

29 Der Übergang von Vermögen auf eine Familienstiftung ist nach diesen Grundsätzen dann nach Steuerklasse I zu versteuern, wenn nach der Satzung nur der überlebende Ehegatte, die Kinder und die Abkömmlinge der Kinder bezugsberechtigt sind. Sind zusätzlich andere Personen bezugsberechtigt, so ist deren Steuerklasse für den Übergang des Vermögens maßgeblich.

30 Sind zunächst nur Personen der Steuerklasse I Berechtigte und wird der berechtigte Personenkreis später erweitert, führt dies nach Ansicht der Finanzverwaltung zur Errichtung einer neuen Stiftung, die wiederum zu besteuern ist (R 2 Abs. 4 Satz 2f ErbStR). Überträgt der Stifter nach Errichtung der Familienstiftung später weiteres Vermögen auf die Stiftung, wird die Zustiftung nach Steuerklasse III besteuert (R 73 Abs. 3 ErbStR). Wird demgegenüber die Zustiftung bereits im Stiftungsgeschäft festgelegt, wird sie später in die günstigere Besteuerung der Errichtung einbezogen. Hierzu muss der Stifter bereits bei der Errichtung der Stiftung die – erst zu einem späteren Zeitpunkt fällige – Verpflichtung zur Übertragung weiteren Vermögens übernehmen (*Moench* § 15 Rn 43).

31 Die Steuerklasse ist auch für den anzuwendenden Freibetrag nach § 16 ErbStG maßgebend (R 73 Abs. 2 ErbStR; H 73 ErbStH). Die Errichtung eines Familienvereins ist nicht begünstigt und fällt in die Steuerklasse III (*Moench* § 15 Rn 43).

II. Aufhebung der Stiftung (Abs. 2 Satz 2)

32 Was bei der Aufhebung einer Stiftung oder bei der Auflösung eines Vereins, dessen Zweck auf die Bindung von Vermögen gerichtet ist, erworben wird, gilt nach § 7 Abs. 1 Nr. 9 Satz 1 ErbStG als Schenkung unter Lebenden. Für diese Fälle bestimmt Abs. 2 Satz 1 Hs 1, dass als Schenker der Stifter (bei Auflösung einer Stiftung) oder (bei Auflösung eines Vereins) derjenige gilt, der das Vermögen auf den Verein übertragen hat. Dies führt zu einer günstigen Besteuerung, wenn der Erwerber zum Stifter in einem verwandtschaftlichen Verhältnis steht, das die Anwendung der Steuerklasse I oder II rechtfertigt.

33 Das verwandtschaftliche Verhältnis des Erwerbers zum Stifter ist nur für die Bestimmung der Steuerklasse und damit der Höhe der Steuer maßgeblich. Zuwendender bleibt die Stiftung oder der Verein (BFH BStBl II 1993, 238). Eine begünstigte Teilaufhebung kommt nicht in Betracht, da sie stiftungsrechtlich nicht zulässig ist. Hier liegt eine freigebige Zuwendung der Stiftung an den Erwerber nach Steuerklasse III vor (*Moench* § 15 Rn 46).

Vermögensübertragungen auf einen **ausländischen Trust** durch Rechtsgeschäft von Todes wegen (§ 3 Abs. 2 Nr. 1 Satz 2 ErbStG) oder durch Rechtsgeschäft unter Lebenden (§ 7 Abs. 1 Nr. 8 ErbStG) unterliegen ebenfalls der Erbschaftsteuer. Zusätzlich werden Erwerbe bei Auflösung der ausländischen Vermögensmasse sowie Erwerbe durch Zwischenberechtigte von § 7 Abs. 1 Nr. 9 Satz 2 ErbStG erfasst. Für diese Fälle fingiert Abs. 2 Satz 2 Hs 2, dass sich die Bestimmung der Steuerklasse nach dem persönlichen Verhältnis zu der Person richtet, die die Vermögensmasse errichtet oder ausgestattet hat. Im Gegensatz zu der Errichtung des Trusts, die nach Steuerklasse III besteuert wird, soll hierdurch die Besteuerung an die Belastung angenähert werden, die sich ergeben hätte, wenn kein Trust oder keine sonstige Vermögensmasse zwischengeschaltet worden wäre (*Moench* § 15 Rn 47a). 34

III. Ersatzerbschaftsteuer (Abs. 2 Satz 3)

Nach § 1 Abs. 1 Nr. 4 ErbStG erfolgt alle 30 Jahre eine Periodenbesteuerung des Vermögens einer inländischen Familienstiftung oder eines Familienvereins (Ersatzerbschaftsteuer). Abs. 2 Satz 3 fingiert zur Bestimmung der Bemessungsgrundlage den Erwerb zweier Kinder. Es ist der doppelte nach § 16 Abs. 1 Nr. 2 ErbStG für Kinder geltende Freibetrag (also insgesamt 410.000 €) zu berücksichtigen. Außerdem ist die Steuer nach dem Steuersatz der Steuerklasse I zu berechnen, der für die Hälfte des stpfl Vermögens gelten würde. 35

D. Gemeinschaftliches Ehegattentestament (Abs. 3)

Abs. 3 setzt voraus, dass ein gemeinschaftliches Ehegattentestament nach § 2269 BGB (sog »Berliner Testament«) vorliegt. Dabei setzen sich die Ehegatten zunächst gegenseitig zu ihren Alleinerben ein. Schlusserben des längerlebenden Ehegatten sind dann die gemeinsamen Kinder. Diese erwerben also im zweiten Erbfall das gesamte Vermögen des längerlebenden Ehegatten, zu dem inzwischen das vom zuerst Versterbenden stammende Vermögen gehört. 36

Die Wahl des Berliner Testaments kann insb bei größeren Vermögen zu erheblichen erbschaftsteuerlichen Nachteilen führen (vgl *Piltz* DStR 1991, 43; *Flick/Schauhoff* DStR 1992, 1794; *Flick* DStR 1993, 929). Der überlebende Ehegatte kann die nachteiligen steuerlichen Folgen ggf durch Ausschlagung der Erbschaft gegen Zahlung einer Abfindung mildern (vgl *Troll/Gebel/Jülicher* § 15 Rn 175). 37

Soweit der überlebende Ehegatte an die in einem solchen gemeinschaftlichen Ehegattentestament getroffenen wechselbezüglichen Verfügungen (§ 2270 BGB) gebunden ist und soweit das Vermögen beim Erbfall des längerlebenden Ehegatten auf die (Schluss-) Erben übergeht, wird zur Bestimmung der Steuerklasse das günstigere Verwandtschaftsverhältnis der Erben zu dem zuerst verstorbenen Ehegatten zu Grunde gelegt. Ein Antrag muss nicht gestellt werden. 38

Die in Abs. 3 vorgesehene Begünstigung wirkt sich aus, wenn der (Schluss-) Erbe zu dem erstversterbenden Ehegatten in einem näheren Verwandtschaftsverhältnis steht, als zum längerlebenden Ehegatten. Die Begünstigung bezieht sich dabei auf das im zweiten Erbfall noch vorhandene Vermögen des erstversterbenden Ehegatten. Es muss sich hierbei nicht zwingend um dieselben Vermögensgegenstände handeln; ausreichend ist vielmehr, dass der Nachlass des längerlebenden Ehegatten jedenfalls im Wert noch entsprechend erhöht ist (Surrogate, BFH BStBl II 1994, 656). 39

Die Ehegatten können bei Errichtung des Testaments spätere – einseitige – Änderungen der Verfügungen auch nach dem Tode des erstversterbenden Ehegatten zulassen. Tun sie dies, macht aber der längerlebende Ehegatte von dieser Möglichkeit keinen Gebrauch, findet Abs. 3 Anwendung, obwohl keine Bindungswirkung eingetreten war. Auch in diesem Fall ist aber der in dem gemeinschaftlichen Testament niedergelegte Wille beider Ehegatten Rechtsgrundlage für die Erbschaft des Schlusserben (BFH BStBl II 1999, 789). 40

41 Die für die Anwendung von Abs. 3 erforderliche Aufteilung des Vermögens des längerlebenden Ehegatten kann notfalls auch schätzungsweise erfolgen (§ 162 AO). Sie führt zu einer nur für die Steuerklasse geltenden Trennung des beim zweiten Erbfall noch vorhandenen Vermögens der beiden Eheleute (*Meincke* § 15 Rn 28). Der persönliche Freibetrag des Erwerbers ist zunächst auf den vom Erstversterbenden Ehegatten stammenden Vermögensteil und anschließend auf den vom Letztversterbenden stammenden Vermögensteil anzuwenden (§§ 15 Abs. 2 Satz 2 iVm 6 Abs. 2 Satz 3 – 5 ErbStG). Beide Erwerbe werden zur Bestimmung des Steuersatzes zusammengerechnet (*Meincke* § 15 Rn 28).

E. Gestaltungen

42 Die Wahl einer möglichst günstigen Steuerklasse ist Grundlage vieler Gestaltungen zur Steuerminimierung. Hierauf basiert etwa die Idee der sog **Kettenschenkung** (s § 16 Rn 11 ff). Hierbei wird eine Vermögenszuwendung über einen Zwischenerwerber an den Letztbegünstigten vollzogen, um die sich aus einer günstigeren Steuerklasse ergebenden höheren Freibeträge und geringere Steuersätze nutzen zu können. Schenkt zB ein Vater seiner Tochter 100.000 € und wendet sie das Geld anschließend an ihren Ehemann weiter, entsteht bereits wegen der jeweils bestehenden persönlichen Freibeträge keine Schenkungsteuer. Würde der Schwiegervater seinem Schwiegersohn unmittelbar einen Betrag von 100.000 € zuwenden, wäre Steuerklasse II und hieraus resultierend ein deutlich niedrigerer Freibetrag anzuwenden. Der Vorgang würde zu einer Schenkungsteuerbelastung bei den Beteiligten führen (vgl Troll/Gebel/*Jülicher* § 15 Rn 12).

43 Allerdings wird die von den Beteiligten angestrebte günstige Besteuerung des Vorgangs nur dann erreicht, wenn dem Zwischenerwerber ein eigener Dispositionsspielraum verbleibt, er selbst also frei entscheiden kann, wie er das erworbene Vermögen verwendet. Ist er – etwa aufgrund einer Weiterleitungsklausel im ersten Schenkungsvertrag – zur Weitergabe des Geschenks verpflichtet, wird der gesamte Vorgang als Gestaltungsmissbrauch (§ 42 AO) qualifiziert und so besteuert, als habe eine unmittelbare Zuwendung des Schenkers an den Letztbegünstigten stattgefunden (BFH BStBl II 1994, 128; Troll/Gebel/*Jülicher* § 7 Rn 236 ff, 239).

§ 16 Freibeträge

(1) Steuerfrei bleibt in den Fällen des § 2 Abs. 1 Nr. 1 der Erwerb

1. des Ehegatten in Höhe von 307.000 Euro;

2. der Kinder im Sinne der Steuerklasse I Nr. 2 und der Kinder verstorbener Kinder im Sinne der Steuerklasse I Nr. 2 in Höhe von 205.000 Euro;

3. der übrigen Personen der Steuerklasse I in Höhe von 51.200 Euro;

4. der Personen der Steuerklasse II in Höhe von 10.300 Euro;

5. der Personen der Steuerklasse III in Höhe von 5.200 Euro.

(2) An die Stelle des Freibetrags nach Absatz 1 tritt in den Fällen des § 2 Abs. 1 Nr. 3 ein Freibetrag von 1.100 Euro.

A. Allgemeines

1 Die Vorschrift gewährt – im Gegensatz zu § 13 ErbStG, der eine sachliche Steuerbefreiung regelt – persönliche Freibeträge. Sie führen beim Erwerber nur auf Grund persönlicher Merkmale, wie zB der Eheschließung oder Abstammung, eine Steuerfreistellung, wobei

die Vermögensart des Gegenstands ebenso irrelevant ist wie die Art des Erwerbs: Der Erwerb von Todes wegen wird genauso wie die Schenkung unter Lebenden behandelt.
Bei den in § 16 ErbStG bezeichneten Beträgen handelt es sich um »echte« Freibeträge, nicht nur um Freigrenzen. Unabhängig von der Höhe des Erwerbs wird der freigestellte Betrag stets in voller Höhe gewährt, insb also auch dann, wenn er den Freibetrag übersteigt. Im Gegensatz hierzu stellt eine Freigrenze nur maximal bis zu ihrer Ausschöpfung von der Steuer frei. Wird sie überschritten, wird der komplette Erwerb als stpfl behandelt (so zB § 22 ErbStG). 2

Der persönliche Freibetrag bezieht sich auf den einzelnen Erwerb und nicht auf einen Erwerbsfall. Stirbt zB der verwitwete Vater und hinterlässt er vier Kinder, liegen vier Erwerbe vor und es sind vier Freibeträge von jeweils 205.000 € zu gewähren. Eine Einschränkung ergibt sich allerdings aus § 14 ErbStG, nach dem der persönliche Freibetrag nur einmal innerhalb von zehn Jahren gewährt wird. Freilich können innerhalb dieses Zeitraums auch mehrere Erwerbe erst zu einem Überschreiten des Freibetrags und damit zur Steuerpflicht führen. 3

§ 16 ErbStG dient (auch) der Verwaltungsentlastung. Unter Beachtung verfassungsrechtlicher Mindestvorgaben werden für den Vermögensübergang im Ergebnis Bagatellfestsetzungen vermieden (vgl BVerfG BStBl 1995, 655). 4

Europarechtlich bedenklich ist die Differenzierung zwischen der unbeschränkten Steuerpflicht, bei der – je nach Steuerklasse – Freibeträge bis zu 307.000 € gewährt werden und der beschränkten Steuerpflicht, die lediglich einen pauschalen Freibetrag von 1.100 € vorsieht und deshalb zu einer Einschränkung der der europarechtlich garantierten Niederlassungs- und Kapitalverkehrsfreiheit führt (s Rn 10). 5

B. Die einzelnen Freibeträge

I. Unbeschränkte Steuerpflicht (Abs. 1)

Ehegatten steht ein Freibetrag von **307.000 €** zu. Der Ehegattenfreibetrag wird bei einer im Zeitpunkt des Erwerbs rechtlich bestehenden Ehe gewährt. Er gilt nach dem eindeutigen Wortlaut der Vorschrift nicht für eingetragene Lebenspartner. Mangels planwidriger Regelungslücke ist eine analoge Anwendung der Vorschrift auf solche Fälle nicht möglich (FG Düsseldorf DStRE 2004, 41). Der überlebende Partner einer nichtehelichen Lebensgemeinschaft erhält ebenfalls keinen Ehegattenfreibetrag (BVerfG BStBl II 1990, 764; BFH BStBl II 1983, 114). Ehegatten werden mit dem höchsten Freibetrag und ggf dem zusätzlichen Versorgungsfreibetrag nach § 17 ErbStG privilegiert, da es sich oft nur um einen relativ kurzzeitigen Zwischenerwerb vor Weitergabe des Vermögens an die nachfolgende Generation handelt (*Moench* § 16 Rn 8). 6

Kinder können einen Freibetrag von **205.000 €** in Anspruch nehmen. Der Gesetzgeber folgt mit diesem im Vergleich zu früheren Zeiten deutlich erhöhten Freibetrag dem Auftrag des BVerfG. Dieses hatte gefordert, dass bei Bewertung insb von Grundbesitz mit realitätsnahen Gegenwartswerten notwendigerweise den Erben in der Steuerklasse I ein wesentlicher Teil des erworbenen Vermögens ungeschmälert verbleiben muss (BVerfG BStBl II 1995, 671). Die zwischen Ehegatten und Kindern unterschiedlichen Freibeträge entsprechen verfassungsrechtlichen Vorgaben (BVerfG UVR 1989, 58). 7

Enkelkinder zählen zwar zur Steuerklasse I (§ 15 Abs. 1 StKl I Nr. 3 ErbStG). Die Höhe des Freibetrags richtet sich allerdings danach, ob zum Erwerbszeitpunkt der Elternteil, der die Verwandtschaft zum Erblasser oder Schenker begründet, noch lebt (dann beträgt der Freibetrag **51.200 €**) oder bereits verstorben ist (dann beträgt der Freibetrag **205.000 €**). 8

Erwerber, die in **Steuerklasse II** fallen, können einen Freibetrag von **10.300 €** in Anspruch nehmen. In der Praxis handelt es sich hierbei insb um die Kinder der Geschwister. 9

§ 17 ErbStG | Besonderer Versorgungsfreibetrag

Begünstigt sind aber auch die Stief- und Schwiegereltern, auch wenn ihre Ehe schon vor dem Erwerb geschieden wurde. Auch die Begünstigung der Schwiegerkinder bleibt über eine etwaige Scheidung hinweg bestehen (*Meincke* § 17 Rn 11).

II. Beschränkte Steuerpflicht (Abs. 2)

10 Personen, die der beschränkten Steuerpflicht unterliegen (§ 2 Abs. 1 Nr. 3 ErbStG), können einen Freibetrag von lediglich 1.100 € in Anspruch nehmen. Dieser geringe Freibetrag diskriminiert Erwerber von Inlandsvermögen iSv § 121 BewG (*Moench* § 16 Rn 12). Die Regelung begegnet außerdem europarechtlichen Bedenken, da sie jedenfalls geeignet ist, die Niederlassungs- und Kapitalverkehrsfreiheit einzuschränken (*Schaumburg* RIW 2001, 161, 166; *Moench* § 17 Rn 11). Bei überwiegendem Erwerb von im Inland der Erbschaftsteuer unterliegendem Inlandsvermögen, führt die Freibetragsregelung darüber hinaus zu einer mittelbaren Diskriminierung im Ausland wohnender EU-Bürger (FG München EFG 2004, 410; aA FG Berlin EFG 2004, 215).

C. Gestaltungen

11 Durch geschickte – ggf mehrfache – Ausnutzung der Freibeträge lässt sich die Steuerbelastung im Einzelfall deutlich reduzieren. Dies kann etwa bei einer **Kettenschenkung** der Fall sein, bei der Vermögen über einen Zwischenerwerber jeweils in günstiger Steuerklasse übertragen wird, während eine Übertragung unmittelbar auf den Enderwerber in ungünstiger Steuerklasse erfasst würde (s § 15 Rn 42 f). Allerdings wird eine solche Gestaltung nicht anerkannt und der Vorgang wie ein unmittelbarer Vermögensübergang auf den Enderwerber besteuert, wenn der Zwischenerwerber die Zuwendung in Erfüllung einer bestehenden Verpflichtung in vollem Umfang an einen Dritten weitergibt. Der Zwischenerwerber ist insoweit nicht bereichert.

12 Eine Kettenschenkung kann danach insb dann anerkannt werden, wenn dem Zwischenerwerber bei der Frage, ob das erworbene Vermögen ganz oder teilweise weitergegeben werden soll, ein eigener Entscheidungsspielraum verbleibt (*Moench* § 7 Rn 148b). Dabei kommt es weniger auf eine schriftlich fixierte Weitergabeverpflichtung an, sondern vielmehr darauf, ob aus den Umständen des Einzelfalls auf das Vorliegen einer Weitergabeverpflichtung geschlossen werden kann (*Moench* § 7 Rn 148b).

13 Gegen eine Weitergabeverpflichtung und damit für eine Anerkennung der Kettenschenkung spricht es daher, wenn:

- zwischen den einzelnen Schenkungsvorgängen ein zeitlicher Abstand eingehalten wird (»Schamfrist«),
- die Mittelsperson an der Bereicherung des Letzterwerbers ein stärkeres Interesse hat, als der ursprüngliche Schenker,
- der ursprüngliche Schenkungsgegenstand vor der Weitergabe in seiner Substanz verändert wurde (Surrogat),
- nur ein Teil des zugewendeten oder mehr als das Zugewendete weitergeschenkt wird (*Moench* § 7 Rn 148b; *Rautenberg/Koretzkij* DStR 1999, 81, 84).

§ 17 Besonderer Versorgungsfreibetrag

(1) ¹Neben dem Freibetrag nach § 16 Abs. 1 Nr. 1 wird dem überlebenden Ehegatten ein besonderer Versorgungsfreibetrag von 256.000 Euro gewährt. ²Der Freibetrag wird bei Ehegatten, denen aus Anlaß des Todes des Erblassers nicht der Erbschaftsteuer unterliegende Versorgungsbezüge zustehen, um den nach § 14 des Bewertungsgesetzes zu ermittelnden Kapitalwert dieser Versorgungsbezüge gekürzt.

(2) ¹Neben dem Freibetrag nach § 16 Abs. 1 Nr. 2 wird Kindern im Sinne der Steuerklasse I Nr. 2 (§ 15 Abs. 1) für Erwerbe von Todes wegen ein besonderer Versorgungsfreibetrag in folgender Höhe gewährt:

1. bei einem Alter bis zu 5 Jahren in Höhe von 52.000 Euro;
2. bei einem Alter von mehr als 5 bis zu 10 Jahren in Höhe von 41.000 Euro;
3. bei einem Alter von mehr als 10 bis zu 15 Jahren in Höhe von 30.700 Euro;
4. bei einem Alter von mehr als 15 bis zu 20 Jahren in Höhe von 20.500 Euro;
5. bei einem Alter von mehr als 20 Jahren bis zur Vollendung des 27. Lebensjahres in Höhe von 10.300 Euro.

²Stehen dem Kind aus Anlaß des Todes des Erblassers nicht der Erbschaftsteuer unterliegende Versorgungsbezüge zu, wird der Freibetrag um den nach § 13 Abs. 1 des Bewertungsgesetzes zu ermittelnden Kapitalwert dieser Versorgungsbezüge gekürzt. ³Bei der Berechnung des Kapitalwerts ist von der nach den Verhältnissen am Stichtag (§ 11) voraussichtlichen Dauer der Bezüge auszugehen.

A. Allgemeines

§ 17 ErbStG gewährt neben den persönlichen Freibeträgen nach § 16 ErbStG weitere Freibeträge für den längerlebenden Ehegatten (Abs. 1) und die Kinder (Abs. 2), die einem gesteigerten Versorgungsbedürfnis dieser Personen Rechnung tragen. Aus dem Verweis in Abs. 1 Satz 1 auf § 16 Abs. 1 Nr. 1 ErbStG ergibt sich, dass der Versorgungsfreibetrag nur bei unbeschränkter Steuerpflicht gewährt wird. Er kann zusätzlich zu dem Freibetrag nach § 16 ErbStG in Anspruch genommen werden. 1

Nach dem Wortlaut der Vorschrift wird dem »überlebenden« Ehegatten der Freibetrag gewährt, so dass sich seine Anwendbarkeit grds nur auf Erwerbe von Todes wegen erstreckt. Eine Ausnahme kann aber bei Schenkungen auf den Todesfall gelten, also etwa dann, wenn ein Ehegatte dem anderen Ehegatten noch zu Lebzeiten, aber aufschiebend bedingt auf den eigenen Tod, eine Rente verspricht. Eine solche Schenkung wird erbschaftsteuerlich wie ein Erwerb von Todes wegen behandelt. Hier ist § 17 Abs. 1 ErbStG anwendbar (FG Nürnberg EFG 1990, 65). 2

§ 17 Abs. 1 ist nicht verfassungswidrig, obwohl die Vorschrift keine – etwa nach dem Lebensalter abgestuften – Freibeträge (wie in Abs. 2) vorsieht. Dies ist von der gesetzgeberischen typisierenden Gestaltungsfreiheit gedeckt (BFH BStBl II 1983, 19). Auch § 17 ErbStG begegnet europarechtlichen Bedenken, da er nicht für beschränkt Steuerpflichtige gilt (*Meincke* ZEV 2004, 353; *Schaumburg* RIW 2001, 161). 3

B. Ehegattenfreibetrag (Abs. 1)

Dem längerlebenden Ehegatten steht grds ein Versorgungsfreibetrag von 256.000 € zu (**Abs. 1 Satz 1**). Voraussetzung ist zunächst, dass die Ehe im Zeitpunkt des Erwerbs rechtlich besteht. Weder der überlebende Partner einer eingetragenen Lebenspartnerschaft noch derjenige einer nichtehelichen Lebensgemeinschaft kann einen vergleichbaren Freibetrag in Anspruch nehmen. Für eine analoge Anwendung der Vorschrift fehlt es an einer planwidrigen Regelungslücke (s auch § 16 Rn 6). 4

Erhält der Erwerber aus Anlass des Todes des Erblassers Versorgungsbezüge, die nicht der Erbschaftsteuer unterliegen, ist der Freibetrag nach § 17 ErbStG bei ihm um den Kapitalwert dieser Versorgungsbezüge zu kürzen (**Abs. 1 Satz 2**). Der Kapitalwert bestimmt sich nach Maßgabe des § 14 BewG. 5

Zu den steuerfreien Versorgungsbezügen zählen insb (R 74 Abs. 1 ErbStR): 6

- Versorgungsbezüge der Hinterbliebenen von Beamten,

§ 17 ErbStG | Besonderer Versorgungsfreibetrag

- Versorgungsbezüge der Angestellten und Arbeiter aus der ges Rentenversicherung,
- Versorgungsbezüge der Angehörigen der freien Berufe aus einer berufsständischen Pflichtversicherung,
- Versorgungsbezüge von Abgeordneten auf Grund der Diätengesetze,
- auf Tarifvertrag, Betriebsordnung, Betriebsvereinbarung, betrieblicher Übung oder dem Gleichbehandlungsgrundsatz beruhende Hinterbliebenenbezüge,
- auf Grund eines zwischen dem Erblasser und seinem Arbeitgeber geschlossenen Einzelvertrags beruhende Hinterbliebenenbezüge, soweit sie angemessen sind (bis zu 45 % des Brutto-Arbeitslohns des Verstorbenen, R 8 Abs. 3 Satz 2 ErbStR). Übersteigen die Bezüge die Angemessenheitsgrenze, besteht eine Erbschaftsteuerpflicht.

7 Bei einem Gesellschafter-Geschäftsführer einer GmbH liegen nicht steuerbare Hinterbliebenenbezüge dann vor, wenn er wie ein Nichtgesellschafter als abhängiger Geschäftsführer anzusehen war und die Bezüge angemessen sind. Die Bezüge eines herrschenden Geschäftsführers unterliegen demgegenüber der Erbschaftsteuer (R 8 Abs. 3 Satz 3 und 4 ErbStR; H 8 ErbStH).

8 Bei einem persönlich haftenden Gesellschafter einer Personengesellschaft liegen idR steuerbare Hinterbliebenenbezüge vor. Nur ausnahmsweise, wenn der Gesellschafter im Innenverhältnis gegenüber den die Gesellschaft beherrschenden anderen Gesellschaftern wie ein Angestellter gebunden war, sind die Bezüge nicht steuerbar (R 8 Abs. 4 ErbStR; H 8 ErbStH).

9 Dem Kapitalwert der Versorgungsbezüge sind die vollständigen jährlichen Bruttobezüge zu Grunde zu legen (R 74 Abs. 3 Satz 1 ErbStR). Dabei sind nach Sinn und Zweck des § 14 BewG nicht nur wiederkehrende lebenslängliche Leistungen und solche auf eine bestimmte Zeit, sondern auch eine Einmalzahlung von der Kürzung erfasst (BFH BStBl 1997 II, 623). Übersteigt der Kapitalwert nichtsteuerbarer Bezüge den Versorgungsungsfreibetrag, ist er verbraucht.

C. Kinderfreibetrag (Abs. 2)

10 Kinder können je nach zum Zeitpunkt des Erbfalls erreichtem Alter in der Höhe gestaffelte Versorgungsfreibeträge in Anspruch nehmen. Persönlich anspruchsberechtigt sind leibliche Kinder und Adoptivkinder sowie Stiefkinder (Troll/Gebel/*Jülicher* § 17 Rn 6; aA bzgl Stiefkinder: *Meincke* § 17 Rn 10). Auch schwerbehinderte Kinder werden nur bis zur Altershöchstgrenze berücksichtigt (Niedersächsisches FG EFG 2004, 1136).

11 Der Freibetrag ist nach Alter gestaffelt und wird nur um den Kapitalwert der dem Kind auf bestimmte Zeit zustehenden Versorgungsbezüge nach § 13 Abs. 1 BewG gekürzt. Dies trägt dem Umstand Rechnung, dass eine (Halb-)Waisenrente grds bis zum Ende der Berufsausbildung, oft begrenzt auf die Vollendung des 27. Lebensjahres, gezahlt wird. Wenn das Ende der Berufsausbildung nicht absehbar und damit die Bezugsdauer unbestimmt ist, erfolgt die Kapitalisierung nach § 13 Abs. 2 BewG mit dem 9,3fachen des Jahreswerts (*Meincke* § 17 Rn 12).

D. Sonstiges

12 Bei einem vorzeitigen Wegfall von Versorgungsbezügen ist eine Änderung der Steuerfestsetzungen des überlebenden Ehegatten nach § 14 Abs. 2 BewG vorzunehmen (vgl *Moench* § 17 Rn 15 f). Bei den Kinderfreibeträgen ist eine Änderung nach § 175 Abs. 1 Nr. 2 AO zu erwägen.

§ 18 Mitgliederbeiträge

¹Beiträge an Personenvereinigungen, die nicht lediglich die Förderung ihrer Mitglieder zum Zweck haben, sind steuerfrei, soweit die von einem Mitglied im Kalenderjahr der Vereinigung geleisteten Beiträge 300 Euro nicht übersteigen. ²§ 13 Abs. 1 Nr. 16 und 18 bleibt unberührt.

A. Allgemeines

§ 18 ErbStG befreit Mitgliedsbeiträge an bestimmte Personenvereinigungen. 1

B. Voraussetzungen

Die Vorschrift setzt voraus, dass nicht bereits die Steuerbefreiungen nach § 13 Abs. 1 Nr. 16 2 und 18 ErbStG eingreifen, wonach Zuwendungen an bestimmte, zB gemeinnützige Institutionen und an politische Parteien von der Steuer befreit werden (Troll/Gebel/*Jülicher* § 18 Rn 1).

Der Betrag von 300 € ist ein Freibetrag. Er greift nur bei solchen Personenvereinigungen 3 ein, die nicht lediglich die Förderung ihrer Mitglieder zum Zweck haben. Der Freibetrag findet daher insb bei rechtsfähigen und nicht rechtsfähigen politischen Vereinen und deren Mitgliedern Anwendung (Troll/Gebel/*Jülicher* § 18 Rn 1).

Weitere Voraussetzung ist, dass überhaupt eine freigebige Zuwendung vorliegt. Fördert 4 ein Verein allein die Interessen seiner Mitglieder, stellen die Beiträge Entgelt für die Leistungen des Vereins dar, so dass eine Steuerpflicht – abgesehen von außerordentlichen und freiwilligen Zahlungen – von vornherein mangels Freigebigkeit entfällt (RFH RStBl 1923, 400; FG Köln EFG 2000, 1260; Troll/Gebel/*Jülicher* § 18 Rn 1). Bei Berufsverbänden ist davon auszugehen, dass die Mitgliederbeiträge regelmäßig pauschalierte Gegenleistungen für die wirtschaftliche Förderung der Mitglieder darstellen (RFH aaO).

Übersteigen die Beiträge den Freibetrag, richtet sich die Besteuerung nach der Steuerklasse 5 III, wobei § 14 ErbStG anwendbar ist. Bei nicht rechtsfähigen Vereinen ist zu beachten, dass das Vereinsvermögen den Mitgliedern selbst gehört, so dass gleiche Beiträge aller Mitglieder nicht zu Vermögensverschiebungen zwischen den einzelnen Mitgliedern führen (Troll/Gebel/*Jülicher* § 18 Rn 2).>

§ 19 Steuersätze

(1) Die Erbschaftsteuer wird nach folgenden Vomhundertsätzen erhoben:

Wert des steuerpflichtigen Erwerbs (§ 10) bis einschließlich ... €	Vomhundertsatz in der Steuerklasse		
	I	II	III
52.000	7	12	17
256.000	11	17	23
512.000	15	22	29
5.113.000	19	27	35
12.783.000	23	32	41
25.565.000	27	37	47
über 25.565.000	30	40	50

§ 19 ErbStG | Steuersätze

(2) Ist im Fall des § 2 Abs. 1 Nr. 1 ein Teil des Vermögens der inländischen Besteuerung auf Grund eines Abkommens zur Vermeidung der Doppelbesteuerung entzogen, ist die Steuer nach dem Steuersatz zu erheben, der für den ganzen Erwerb gelten würde.

(3) Der Unterschied zwischen der Steuer, die sich bei Anwendung des Absatzes 1 ergibt, und der Steuer, die sich berechnen würde, wenn der Erwerb die letztvorhergehende Wertgrenze nicht überstiegen hätte, wird nur insoweit erhoben, als er

a) bei einem Steuersatz bis zu 30 vom Hundert aus der Hälfte,
b) bei einem Steuersatz über 30 vom Hundert aus drei Vierteln,

des die Wertgrenze übersteigenden Betrags gedeckt werden kann.

A. Allgemeines

1 Wesentlich für die Ermittlung der durch einen stpfl Erwerb ausgelösten Steuerbelastung sind die in § 19 ErbStG vorgegebenen Steuersätze. Das Gesetz sieht dabei drei **Steuerklassen** und sieben **Wertstufen** vor.

2 Der lineare Steuertarif steigt in der Steuerklasse I beginnend mit 7 % in den folgenden fünf Wertstufen mit jeweils 4 % und in der letzten mit 3 % an. Der Eingangssteuersatz der Steuerklasse II beträgt 12 %, wobei die fünf weiteren Wertstufen jeweils mit 5 % und die siebte Wertstufe mit 3 % ansteigen. In der Steuerklasse III liegt der Eingangssteuersatz bei 17 %; die weiteren Wertstufen steigen um jeweils 6 % bis auf die siebte Wertstufe mit 3 % an. Die Höchststeuersätze betragen in den drei Steuerklassen 30 %, 40 % und 50 %.

3 Die steigenden Steuersätze berücksichtigen die mit steigendem Erwerb grds auch steigende Leistungsfähigkeit des Erwerbers. Sie ermöglichen andererseits auch die durch entsprechende Bewertungsverfahren begründete Privilegierung bestimmter Vermögensgegenstände. Würde – ohne bewertungsrechtliche Besonderheiten – jegliches Vermögen mit dem Nennwert oder Verkehrswert bewertet werden, könnte der Fiskus das nach derzeitiger Rechtslage realisierte Steueraufkommen mit einem einheitlichen Steuersatz von ca 3 – 5 % erzielen. Dies zeigt, dass Bewertungsvorteile und Steuerfreibeträge für bestimmte Erwerber nur auf Kosten der anderen Erwerber eingeräumt werden können und diese zusätzlich belasten (*Meincke* ZEV 1997, 52).

4 Die für die Bestimmung des Steuersatzes maßgebliche Leistungsfähigkeit leitet das Gesetz ausschließlich von der Höhe des zu besteuernden Erwerbs ab. Das beim Erwerber darüber hinaus vorhandene Vermögen wird hierbei nicht berücksichtigt, so dass derselbe Erwerb unterschiedlich vermögender Erwerber – anders, als in anderen Rechtsordnungen (zB Spanien) – derselben Steuerbelastung unterliegt (*Jülicher* PIStB 2001, 263).

5 Der BFH hält in seinem Vorlagebeschluss v 22. 5. 2002 (BStBl II 2002, 598) insb die Begünstigung des Betriebsvermögens, der Anteile an Kapitalgesellschaften sowie des Grundbesitzes für verfassungswidrig. Anknüpfungspunkt des Gerichts war aber die sich unter Berücksichtigung der unterschiedlichen Bewertungsmaßstäbe durch die einheitliche Anwendung der sich aus § 19 ErbStG ergebenden Steuersätze resultierende ungleiche Steuerbelastung.

6 Mehrere Erwerbe sind gem § 14 ErbStG innerhalb von zehn Jahren zusammenzurechnen und können nach Ausschöpfung der persönlichen Freibeträge zu einem Anstieg des Steuertarifs führen.

B. Progressionsvorbehalt (Abs. 2)

7 Wird trotz **unbeschränkter Steuerpflicht** (Verweis auf § 2 Abs. 1 Nr. 1 ErbStG) ein Teil des erworbenen Vermögens durch ein **Doppelbesteuerungsabkommen** (DBA) der inländischen Besteuerung entzogen, ist die Steuer nach dem Steuersatz zu erheben, der für den ganzen Erwerb gelten würde. Gemeint sind mit dieser Regelung DBA, bei denen die

Anwendung der Freistellungsmethode vereinbart wurde. Dabei wird das im Ausland besteuerte Vermögen von der inländischen Erbschaftsteuer freigestellt (vgl § 2 Rn 22 ff).
Das im Inland der Besteuerung unterliegende Vermögen soll aber nicht indirekt dadurch privilegiert werden, dass durch die Nichtberücksichtigung des im Ausland besteuerten Vermögens der im Inland anwendbare Steuersatz abgesenkt wird (*Meincke* § 19 Rn 7). Da der Erwerber auch in Höhe des freigestellten Vermögens leistungsfähig ist, bilden zur Bestimmung des Steuersatzes das im Inland steuerfreie und das hier stpfl Vermögen den Gesamterwerb. Der hierauf entfallende Steuersatz wird dann aber nur auf das im Inland der Besteuerung unterliegende Vermögen angewendet (Progressionsvorbehalt).

8

Bei der beschränkten Steuerpflicht (§ 2 Abs. 1 Nr. 3 ErbStG) findet Abs. 2 keine Anwendung. Nur das der deutschen Besteuerung unterliegende Inlandsvermögen ist in die Zusammenrechnung nach § 14 ErbStG einzubeziehen (*Moench* § 19 Rn 13).

9

C. Härteausgleich (Abs. 3)

Bei unverminderter Anwendung des linearen Steuertarifs würde eine nur geringfügige Überschreitung einer Wertstufe zur Anwendung des nächst höheren Steuersatzes auf den gesamten Erwerb und damit zu einer unverhältnismäßig höheren Steuerbelastung führen. Die in Abs. 3 enthaltene Regelung zum sog Härteausgleich sieht daher eine Absenkung der sich bei knapper Überschreitung einer Wertgrenze ergebenden Steuerbelastung vor.

10

Danach ist zunächst die Steuerbelastung zu berechnen, die sich bei unverminderter Anwendung des Steuersatzes ergeben würde. In einem zweiten Rechenschritt ist die Steuerbelastung zu ermitteln, die sich berechnen würde, wenn der Erwerb die vorhergehende Wertgrenze nicht übersteigen würde. Dieser Betrag ist stets zu entrichten. Der sich aus der Vergleichsrechnung ergebende Differenzbetrag wird dagegen bei einem Steuersatz bis zu 30 % auf die Hälfte reduziert. Findet ein Steuersatz von über 30 % Anwendung, ist der ermittelte Differenzbetrag auf drei Viertel zu reduzieren.

11

Trotz dieser Abmilderung der Steuerprogression wird der knapp über einer Wertgrenze zugewandte Betrag überproportional stark besteuert, nämlich im Ergebnis mit 50 % (bei einem Steuersatz von bis zu 30 %) bzw mit 75 % (bei einem Steuersatz von über 30 %). Bei Schenkungen empfiehlt es sich vor diesem Hintergrund, das nur knappe Überschreiten einer Wertgrenze nach Möglichkeit zu vermeiden (*Moench* § 19 Rn 16). Eine tabellarische Übersicht über die maßgebenden Grenzwerte für die Anwendung des Härteausgleichs findet sich in H 75 ErbStH.

12

Berechnungsbeispiel zum Härteausgleich bei einem Erwerb von 52.100 € in der Steuerklasse I:

13

1. Wert des stpfl Erwerbs   52.100 €
2. Steuer nach § 19 Abs. 1 (11 %)   7.815 €
3. vorherige Wertgrenze   52.000 €
4. Steuer bei dieser Grenze (7 %)   3.640 €
5. Differenz der Steuern Nrn. 2 und 4   4.175 €
6. Betrag, der die Wertgrenze übersteigt   100 €
7. davon die Hälfte (bei einem Steuersatz bis 30 %)
   Wenn die Hälfte (Nr. 7) geringer als die Steuerdifferenz (Nr. 5) ist, wird die Hälfte zu der Steuer bei der Wertgrenze (Nr. 4) gerechnet.   50 €
8. Festzusetzende Steuer (Summe Nr. 4 und Nr. 7)   3.690 €

Statt eines Mehrbetrags von 4.175 € auf eine Vermögensmehrung von 100 € oberhalb der Wertgrenze wird folglich »nur« eine Steuer von 50 % auf die Mehrung, hier also 50 € erhoben.

§ 19a Tarifbegrenzung beim Erwerb von Betriebsvermögen, von Betrieben der Land- und Forstwirtschaft und von Anteilen an Kapitalgesellschaften

(1) Sind in dem steuerpflichtigen Erwerb einer natürlichen Person der Steuerklasse II oder III Betriebsvermögen, land- und forstwirtschaftliches Vermögen oder Anteile an Kapitalgesellschaften im Sinne des Absatzes 2 enthalten, ist von der tariflichen Erbschaftsteuer ein Entlastungsbetrag nach Absatz 4 abzuziehen.

(2) ¹Der Entlastungsbetrag gilt für

1. inländisches Betriebsvermögen (§ 12 Abs. 5) beim Erwerb eines ganzen Gewerbebetriebs, eines Teilbetriebs, eines Anteils an einer Gesellschaft im Sinne des § 15 Abs. 1 Nr. 2 und Abs. 3 oder § 18 Abs. 4 des Einkommensteuergesetzes, eines Anteils eines persönlich haftenden Gesellschafters einer Kommanditgesellschaft auf Aktien oder eines Anteils daran;

2. inländisches land- und forstwirtschaftliches Vermögen im Sinne des § 141 Abs. 1 Nr. 1 und 2 des Bewertungsgesetzes, vermietete Grundstücke, Grundstücke im Sinne des § 69 des Bewertungsgesetzes und die in § 13 Abs. 2 Nr. 2 des Einkommensteuergesetzes in der Fassung des Gesetzes vom 24. März 1999 (BGBl. I S 402) genannten Gebäude oder Gebäudeteile beim Erwerb eines ganzen Betriebs der Land- und Forstwirtschaft, eines Teilbetriebs, eines Anteils an einem Betrieb der Land- und Forstwirtschaft oder eines Anteils daran, unter der Voraussetzung, daß dieses Vermögen ertragsteuerlich zum Betriebsvermögen eines Betriebs der Land- und Forstwirtschaft gehört;

3. Anteile an einer Kapitalgesellschaft, wenn die Kapitalgesellschaft zur Zeit der Entstehung der Steuer Sitz oder Geschäftsleitung im Inland hat und der Erblasser oder Schenker am Nennkapital dieser Gesellschaft zu mehr als einem Viertel unmittelbar beteiligt war.

²Ein Erwerber kann den Entlastungsbetrag nicht in Anspruch nehmen, soweit er das Vermögen im Sinne des Satzes 1 auf Grund einer letztwilligen Verfügung des Erblassers oder einer rechtsgeschäftlichen Verfügung des Erblassers oder Schenkers auf einen Dritten überträgt.

(3) Der auf das Vermögen im Sinne des Absatzes 2 entfallende Anteil an der tariflichen Erbschaftsteuer bemißt sich nach dem Verhältnis des Werts dieses Vermögens nach Anwendung des § 13a zum Wert des gesamten Vermögensanfalls.

(4) ¹Zur Ermittlung des Entlastungsbetrags ist für den steuerpflichtigen Erwerb zunächst die Steuer nach der tatsächlichen Steuerklasse des Erwerbers zu berechnen und nach Maßgabe des Absatzes 3 aufzuteilen. ²Für den steuerpflichtigen Erwerb ist dann die Steuer nach Steuerklasse I zu berechnen und nach Maßgabe des Absatzes 3 aufzuteilen. ³Der Entlastungsbetrag ergibt sich 88 vom Hundert des Unterschiedsbetrags zwischen der auf Vermögen im Sinne des Absatzes 2 entfallenden Steuer nach den Sätzen 1 und 2.

(5) Der Entlastungsbetrag fällt mit Wirkung für die Vergangenheit weg, soweit der Erwerber innerhalb von fünf Jahren nach dem Erwerb

1. einen Gewerbebetrieb oder einen Teilbetrieb, einen Anteil an einer Gesellschaft im Sinne des § 15 Abs. 1 Nr. 2 und Abs. 3 oder § 18 Abs. 4 des Einkommensteuergesetzes, einen Anteil eines persönlich haftenden Gesellschafters einer Kommanditgesellschaft auf Aktien oder einen Anteil daran veräußert; als Veräußerung gilt auch die Aufgabe des Gewerbebetriebs. ²Gleiches gilt, wenn wesentliche Betriebsgrund-

lagen eines Gewerbebetriebs veräußert oder in das Privatvermögen übergeführt oder anderen betriebsfremden Zwecken zugeführt werden oder wenn Anteile an einer Kapitalgesellschaft veräußert werden, die der Veräußerer durch eine Sacheinlage (§ 20 Abs. 1 des Umwandlungssteuergesetzes) aus dem Betriebsvermögen im Sinne des Absatzes 2 erworben hat, oder ein Anteil an einer Gesellschaft im Sinne des § 15 Abs. 1 Nr. 2 und Abs. 3 oder § 18 Abs. 4 des Einkommensteuergesetzes oder ein Anteil daran veräußert wird, den der Veräußerer durch eine Einbringung des Betriebsvermögens im Sinne des Absatzes 2 in eine Personengesellschaft (§ 24 Abs. 1 des Umwandlungssteuergesetzes) erworben hat;

2. einen Betrieb der Land- und Forstwirtschaft oder einen Teilbetrieb, einen Anteil an einem Betrieb der Land- und Forstwirtschaft oder einen Anteil daran veräußert; als Veräußerung gilt auch die Aufgabe des Betriebs. ²Nummer 1 Satz 2 gilt entsprechend;

3. als Inhaber eines Gewerbebetriebs, Gesellschafter einer Gesellschaft im Sinne des § 15 Abs. 1 Nr. 2 und Abs. 3 oder § 18 Abs. 4 des Einkommensteuergesetzes oder persönlich haftender Gesellschafter einer Kommanditgesellschaft auf Aktien bis zum Ende des letzten in die Fünfjahresfrist fallenden Wirtschaftsjahrs Entnahmen tätigt, die die Summe seiner Einlagen und der ihm zuzurechnenden Gewinne oder Gewinnanteile seit dem Erwerb um mehr als 52.000 Euro übersteigen; Verluste bleiben unberücksichtigt. ²Gleiches gilt für Inhaber eines begünstigten Betriebs der Land- und Forstwirtschaft oder eines Teilbetriebs oder eines Anteils an einem Betrieb der Land- und Forstwirtschaft;

4. Anteile an Kapitalgesellschaften im Sinne des Absatzes 2 ganz oder teilweise veräußert; eine verdeckte Einlage der Anteile in eine Kapitalgesellschaft steht der Veräußerung der Anteile gleich. ²Gleiches gilt, wenn die Kapitalgesellschaft innerhalb der Frist aufgelöst oder ihr Nennkapital herabgesetzt wird, wenn diese wesentliche Betriebsgrundlagen veräußert und das Vermögen an die Gesellschafter verteilt wird oder wenn Vermögen der Kapitalgesellschaft auf eine Personengesellschaft, eine natürliche Person oder eine andere Körperschaft (§§ 3 bis 16 des Umwandlungssteuergesetzes) übertragen wird.

A. Allgemeines

§ 19a ErbStG will die Fortführung von Betrieben begünstigen. Eine solche Fortführung eines erworbenen Betriebs soll nicht dadurch erschwert oder gar unmöglich gemacht werden, dass keine nahen Angehörigen zur Verfügung stehen, die in günstiger Steuerklasse I erwerben können. Die steuerliche Belastung des Vermögensübergangs soll vielmehr weitgehend unabhängig von der verwandtschaftlichen Beziehung zwischen Übergeber und Erwerber sein (vgl BVerfG BStBl II 1995, 671) – eine Zielsetzung, die insb in Zeiten, in denen es zunehmend schwerer fällt, geeignete Unternehmensnachfolger in der eigenen Familie zu finden, von großer Bedeutung sein kann. 1

Begünstigt sind nicht nur Betriebe, sondern jegliches Betriebsvermögen, land- und forstwirtschaftliches Vermögen und bestimmte Anteile an Kapitalgesellschaften (Abs. 2). Es handelt sich um dieselben Vermögenswerte, die auch durch § 13a ErbStG privilegiert werden, so dass insoweit die Voraussetzungen für die Gewährung der Begünstigung vergleichbar sind. 2

Die angestrebte Entlastung erfolgt nicht dadurch, dass der Erwerb des begünstigten Vermögens (Abs. 2) in Steuerklasse I besteuert würde. Vielmehr wird ein sog Entlastungsbetrag (Abs. 4) gewährt, der von der sich ergebenden »normalen« Steuer abgezogen werden kann. Dieser Entlastungsbetrag war nach der langjährigen Fassung des Gesetzes so bemessen, dass sich früher eine Steuerbelastung stets wie in Steuerklasse I ergab. 3

§ 19a ErbStG | Tarifbegrenzung beim Erwerb von Betriebsvermögen, ...

4 Durch Art. 13 des HBeglG 2004 (BGBl I 2003, 3076; BGBl I 2004, 69) wurde der Entlastungsbetrag pauschal um 12 % gekürzt, so dass nach der heutigen Fassung eine Angleichung an die Besteuerung in Steuerklasse I nur noch zu 88 % erreicht wird. Wegen der verfassungsrechtlichen Bedenken siehe die Erläuterungen zu § 13a Rn 2 ff, die hier ebenso gelten. Darüber hinaus rückt der Gesetzgeber mit der Kürzung des Entlastungsbetrages wieder von den verfassungsrechtlichen Vorgaben nach Gleichstellung aller Erwerber unabhängig von der verwandtschaftlichen Nähe zum Erblasser ab.

5 Der BFH hält § 19a ErbStG in seinem Vorlagebeschluss v 22. 5. 2002 für verfassungswidrig (BFH BStBl II 2002, 598). Daneben unterliegt die Vorschrift auch europarechtlichen Bedenken, da im EU-Ausland befindliches Betriebsvermögen nicht begünstigt ist (vgl *Schaumburg* RIW 2001, 161; s auch § 13a Rn 4).

B. Voraussetzungen (Abs. 1 und 2)

6 Begünstigt ist nur der Erwerb einer **natürlichen Person** der Steuerklasse II oder III (Abs. 1). Der Erwerb durch eine nichtnatürliche Person ist demgegenüber nicht begünstigt (R 76 Abs. 2 Satz 2 ErbStR). Der Entlastungsbetrag nach Abs. 4 ist sowohl auf Erwerbe von Todes wegen (vgl § 13a Rn 6 ff) als auch auf Schenkungen unter Lebenden (vgl § 13a Rn 9 f) anzuwenden (R 76 Abs. 1 ErbStR).

7 Die Vorschrift ist auf inländisches **Betriebsvermögen** (§ 12 Abs. 5 ErbStG), inländisches **land- und forstwirtschaftliches Vermögen** (§ 141 Abs. 1 Nr. 1 und Nr. 2 BewG) und bestimmte **Anteile an einer Kapitalgesellschaft** anzuwenden. Zu weiteren Einzelheiten zu Art und zum Umfang des begünstigten Vermögens s § 13a Rn 28 ff

8 Werden mehrere selbständig zu bewertende wirtschaftliche Einheiten einer Vermögensart (zB mehrere Gewerbebetriebe) oder mehrere Arten begünstigten Vermögens (zB Betriebsvermögen, land- und forstwirtschaftliches Vermögen, Anteile an Kapitalgesellschaften) übertragen, sind deren Werte vor der Anwendung des Abs. 3 zusammenzurechnen. Der Entlastungsbetrag ist nur dann anzuwenden, wenn sich hierbei eine positive Gesamtsumme ergibt (R 77 Satz 2 und 3 ErbStR; H 77 ErbStH).

9 Bei einer **Weitergabeverpflichtung** wird der Entlastungsbetrag nicht gewährt (Abs. 2 Satz 2), s hierzu § 13a Rn 21 ff Der zur Weitergabe des begünstigten Vermögens verpflichtete Erwerber ist so zu besteuern, als sei das herauszugebende Vermögen auf ihn als nicht begünstigtes Vermögen übergegangen. Muss nur ein Teil des Vermögens weiter übertragen werden, ist der Entlastungsbetrag zu gewähren, soweit das dem Erwerber verbleibende begünstigte Vermögen einen insgesamt positiven Wert hat (R 78 Abs. 2 ErbStR).

C. Berechnung des Entlastungsbetrags (Abs. 3 und 4)

10 Der Entlastungsbetrag ist nur auf die durch begünstigtes Vermögen ausgelöste Steuerbelastung anzuwenden. Geht gleichzeitig mit dem begünstigten Vermögen auch nicht begünstigtes Vermögen über, ist zunächst der auf das begünstigte Vermögen entfallende Teil der tariflichen Steuer zu ermitteln (**Abs. 3**).

11 Der auf das begünstigte Vermögen entfallende Teil der Steuerbelastung ergibt sich aus dem Verhältnis des Werts des begünstigten Vermögens nach Anwendung des § 13a ErbStG zum Wert des gesamten Vermögensanfalls. Maßgebend ist der Vermögensanfall, soweit er der Besteuerung nach dem ErbStG unterliegt (§ 10 Abs. 1 Satz 2 ErbStG). Dazu ist der Steuerwert des gesamten übertragenen Vermögens um die Befreiungen nach §§ 13 und 13a ErbStG zu kürzen, nicht aber um die Nachlassverbindlichkeiten oder die bei Schenkungen abzugsfähigen Schulden und Lasten – auch die Erwerbsnebenkosten – sowie die persönlichen Freibeträge (R 79 Abs. 1 ErbStR).

12 Dem so berechneten auf das begünstigte Vermögen entfallenden Teil der Steuerbelastung ist die sich nach Anwendung der Steuerklasse I auf dieses Vermögen ergebende Steuerbelastung gegenüberzustellen (Abs. 4 Satz 2). In beiden Fällen ist ggf die Härteausgleichsregelung nach § 19 Abs. 3 ErbStG zu beachten. Für die Höhe des persönlichen Freibetrags

bleibt im Rahmen der Ermittlung des stpfl Erwerbs die tatsächliche Steuerklasse des Erwerbers maßgeblich (R 79 Abs. 2 ErbStR).

Der **Entlastungsbetrag** ergibt sich nun iHv 88 % des soeben ermittelten Differenzbetrages (Abs. 4 Satz 3). Anders gesagt: Der Unterschied in der Steuerbelastung nach Anwendung der tatsächlichen Steuerklasse des Erwerbers und der Steuerklasse I wird um 88 % eliminiert. 13

D. Behaltensregelungen (Abs. 5)

Der Entlastungsbetrag fällt mit Wirkung für die Vergangenheit weg, soweit innerhalb von fünf Jahren nach dem Zeitpunkt der Steuerentstehung (**Behaltenszeit**) gegen eine der Behaltensregelungen verstoßen wird. Der Steuerbescheid ist nach § 175 Abs. 1 Nr. 2 AO zu ändern (**Nachversteuerung**). Bereits im Steuerbescheid wird der Steuerpflichtige darauf hingewiesen, dass Verstöße gegen die Behaltensregelungen nach § 153 Abs. 2 AO anzeigepflichtig sind (R 80 Abs. 1 ErbStR). 14

Der Entlastungsbetrag des Erwerbers entfällt, soweit innerhalb der Behaltenszeit in schädlicher Weise über das begünstigte Vermögen verfügt wird. Der Erwerber ist so zu besteuern, als sei dieser Teil des Vermögens mit dem erbschaftsteuerlichen Wert im Besteuerungszeitpunkt von Anfang an auf ihn als nicht begünstigtes Vermögen übergegangen. Dies gilt auch bei der Entnahme des aus der Veräußerung einer wesentlichen Betriebsgrundlage erlangten Verkaufserlöses (R 81 ErbStR). Wenn ein Erwerber gegen die Behaltensregelungen verstößt, verliert er insoweit nicht nur den Entlastungsbetrag nach § 19a ErbStG, sondern auch Bewertungsabschlag und Freibetrag nach § 13a ErbStG. Hierdurch ergibt sich gleichzeitig ein neues Verhältnis zwischen dem Wert des verbleibenden begünstigten Vermögens nach Anwendung des § 13a ErbStG zum gesamten Vermögensanfall, das nach Abs. 3 für die Aufteilung der tariflichen Steuer maßgebend ist (vgl Moench/*Weinmann* § 19a Rn 18 mit Beispielen). 15

Hinsichtlich weiterer Einzelheiten zu den Behaltensregelungen vgl die Ausführungen zu § 13a ErbStG (s § 13a Rn 44 ff). 16

Steuerfestsetzung und Erhebung

§ 20 Steuerschuldner

(1) ¹Steuerschuldner ist der Erwerber, bei einer Schenkung auch der Schenker, bei einer Zweckzuwendung der mit der Ausführung der Zuwendung Beschwerte und in den Fällen des § 1 Abs. 1 Nr. 4 die Stiftung oder der Verein. ²In den Fällen des § 3 Abs. 2 Nr. 1 Satz 2 und § 7 Abs. 1 Nr. 8 Satz 2 ist die Vermögensmasse Erwerber und Steuerschuldner, in den Fällen des § 7 Abs. 1 Nr. 8 Satz 2 ist Steuerschuldner auch derjenige, der die Vermögensmasse gebildet oder ausgestattet hat.

(2) Im Fall des § 4 sind die Abkömmlinge im Verhältnis der auf sie entfallenden Anteile, der überlebende Ehegatte für den gesamten Steuerbetrag Steuerschuldner.

(3) Der Nachlaß haftet bis zur Auseinandersetzung (§ 2042 des Bürgerlichen Gesetzbuchs) für die Steuer der am Erbfall Beteiligten.

(4) Der Vorerbe hat die durch die Vorerbschaft veranlaßte Steuer aus den Mitteln der Vorerbschaft zu entrichten.

(5) Hat der Steuerschuldner den Erwerb oder Teile desselben vor Entrichtung der Erbschaftsteuer einem anderen unentgeltlich zugewendet, haftet der andere in Höhe des Werts der Zuwendung persönlich für die Steuer.

(6) ¹Versicherungsunternehmen, die vor Entrichtung oder Sicherstellung der Steuer die von ihnen zu zahlende Versicherungssumme oder Leibrente in ein Gebiet außerhalb des Geltungsbereichs dieses Gesetzes zahlen oder außerhalb des Geltungsbereichs dieses Gesetzes wohnhaften Berechtigten zur Verfügung stellen, haften in Höhe des ausgezahlten Betrags für die Steuer. ²Das gleiche gilt für Personen, in deren Gewahrsam sich Vermögen des Erblassers befindet, soweit sie das Vermögen vorsätzlich oder fahrlässig vor Entrichtung oder Sicherstellung der Steuer in ein Gebiet außerhalb des Geltungsbereichs dieses Gesetzes bringen oder außerhalb des Geltungsbereichs dieses Gesetzes wohnhaften Berechtigten zur Verfügung stellen.

(7) Die Haftung nach Absatz 6 ist nicht geltend zu machen, wenn der in einem Steuerfall in ein Gebiet außerhalb des Geltungsbereichs dieses Gesetzes gezahlte oder außerhalb des Geltungsbereichs dieses Gesetzes wohnhaften Berechtigten zur Verfügung gestellte Betrag 600 Euro nicht übersteigt.

A. Allgemeines

1 Abs. 1 und 2 enthalten Regelungen dazu, wer die bei einem stpfl Erwerb anfallende Steuer zu tragen hat (**Steuerschuldnerschaft**). Ergänzend gilt § 43 Satz 1 AO bzw – bei einer Gesamtschuldnerschaft – § 44 Abs. 1 AO.

2 § 20 ErbStG regelt aber nicht nur – wie die Überschrift vermuten lässt – die Steuerschuldnerschaft, sondern normiert darüber hinaus auch verschiedene **Haftungstatbestände** (Abs. 3, 5 – 7). Sie ergänzen die allgemeinen Haftungsregeln aus §§ 69 ff, 191 Abs. 1 AO.

B. Steuerschuldner (Abs. 1 und 2)

I. Erwerb von Todes wegen

3 Steuerschuldner ist der **Erwerber** (Abs. 1 Satz 1). Je nach Art des Erwerbs kann es sich um einen Alleinerben, Miterben, Vermächtnisnehmer oder Pflichtteilsberechtigten, der seinen Pflichtteilsanspruch geltend macht, handeln. Jeder Erwerber schuldet die Steuer nur aus seinem eigenen Erwerb. Der Nacherbe ist erst dann Erwerber und Steuerschuldner, wenn der Nacherbfall eingetreten ist (Moench/*Kien-Hümbert* § 20 Rn 5).

4 Umstritten ist die Frage, ob eine Gesamthandsgemeinschaft, der durch Erbfall oder Schenkung Vermögen zufällt, als Erwerber und damit Steuerschuldner nach Abs. 1 anzusehen ist. Der BFH vertritt hierzu – nach einigen Kehrtwendungen in seiner Rechtsprechung – die Auffassung, dass nicht die Gesamthand, sondern die Gesamthänder als Erwerber anzusehen seien (BFH BStBl II 1995, 81). Dies folge aus der Regelung in § 718 BGB, wonach das Gesellschaftsvermögen gemeinschaftliches Vermögen der Gesellschafter, und nicht etwa Vermögen der Gesellschaft sei. Die Personengesellschaft sei von der Persönlichkeit der Gesellschafter nicht zu trennen; die Gesellschafter selbst seien die Träger der gesamthänderischen Rechte und Pflichten. Unabhängig von der Frage, ob zivilrechtlich ggf die Gesamthand Erbin oder Beschenkte ist, seien für die Erbschaft- und Schenkungsteuer die Gesamthänder als vermögensmäßig bereichert anzusehen. Ob dieses Argument des BFH unter Berücksichtigung der aktuellen Rechtsprechung des BGH zur Rechtsfähigkeit einer GbR noch verfängt, ist fraglich (BGH NJW 2001, 1056; zust *Meincke* § 20 Rn 4; *Scherer/Feick* ZEV 2003, 341; ablehnend Troll/*Gebel*/Jülicher § 20 Rn 33; *Wohlschlegel* ZEV 1995, 94).

II. Schenkungen

5 Bei Schenkungen unter Lebenden ist neben dem **Beschenkten** als dem Erwerber auch der **Schenker** Steuerschuldner, Abs. 1 Satz 1.

6 Beide sind **Gesamtschuldner** nach § 44 AO, so dass grds die Auswahl des Schuldners im Ermessen des Finanzamts steht. Unter dem Aspekt einer Leistungsfähigkeit- und Berei-

cherungssteuer ist in erster Linie der Beschenkte als Schuldner der entstandenen Steuer in Anspruch zu nehmen (*Tipke* StRO II, 878). Auch der Wortlaut der Vorschrift stellt die Steuerschuldnerschaft des Beschenkten in den Vordergrund, wodurch sich die Finanzbehörde bei Anforderung der Steuer grds an ihn halten muss (BFH BStBl II 1962, 323; FG Köln EFG 2001, 1154). Die Inanspruchnahme des Schenkers ist nur ausnahmsweise möglich, insb dann, wenn der Schenker dies selbst beantragt, wenn er dem Beschenkten gegenüber die Steuer übernommen hat oder wenn die Einziehung der Steuer vom Beschenkten unmöglich oder aus triftigem Grund unzweckmäßig erscheint (FG Köln aaO; *Meincke* § 20 Rn 6; Moench/*Kien-Hümbert* Rn 7).

Ein die Steuerfestsetzung gegenüber dem Schenker rechtfertigender triftiger Grund liegt etwa bei Zahlungsschwierigkeiten des Beschenkten oder dessen Wegzug ins Ausland vor (Moench/*Kien-Hümbert* § 20 Rn 7). Hat das Finanzamt die Steuer gegen einen von beiden Gesamtschuldnern bestandskräftig zu niedrig festgesetzt, so kann es gegenüber dem anderen Gesamtschuldner diese Steuer auch dann noch höher festsetzen, wenn die bestandskräftige Festsetzung zwar fehlerhaft ist und nach den §§ 172 f AO nicht mehr geändert werden kann (BFH BStBl II 1988, 188). 7

Als problematisch sind die Fälle anzusehen, in denen ein Erwerb zunächst von der Steuer freigestellt war, dann aber wegen Wegfalls von Befreiungsvoraussetzungen eine Nachversteuerung vorgenommen werden muss, sog Nachsteuer (§§ 13, 13a, 19a ErbStG). Mangels Einflussnahme des Schenkers auf den Eintritt des Nachsteuertatbestands kann seine Inanspruchnahme nur die Ausnahme sein. Dass der Schenker den Beschenkten für eine entrichtete Steuer in Regress nehmen können soll, § 426 BGB, kann keine das Ermessen lenkende Erwägung sein, da bei einer Gesamtschuld stets eine Ausgleichspflicht nach Maßgabe der vertraglichen Modalitäten besteht (aA *Meincke* § 20 Rn 7). 8

Zahlt der Schenker die Steuer auch ohne vertragliche Verpflichtung auf Grund der Gesamtschuldnerschaft, kann dies gem § 10 Abs. 2 ErbStG insoweit erneut Steuern auslösen. Ein solcher nachträglicher Vorgang stellt ein rückwirkendes Ereignis nach § 175 Abs. 1 Nr. 2 AO dar. Von einer (weiteren) steuererhöhenden Schenkung wird man indes nur ausgehen können, wenn der Schenker ausdrücklich auf den Ausgleich durch den Beschenkten verzichtet (Moench/*Kien-Hümbert* § 20 Rn 9). 9

Zur Behandlung von Personengesellschaften siehe Rn 4. 10

III. Sonderfälle

Die Steuer auf **Zweckzuwendungen** nach § 8 ErbStG schuldet der mit der Ausführung der Zuwendung Beschwerte. Er kann die ihn treffende Steuerbelastung zunächst von der Zuwendung abziehen und anschließend die Zuwendung ausführen. 11

Schuldner der **Ersatzerbschaftsteuer** gem § 1 Abs. 1 Nr. 4 ErbStG ist die Stiftung oder der Verein. 12

Geht Vermögen auf eine **Vermögensmasse ausländischen Rechts**, wie zB einen Trust, über, gelten die allgemeinen Grundsätze: Erwirbt die ausländische Vermögensmasse Vermögen durch Erwerb von Todes wegen, schuldet nur sie die Steuer. Bei einer Schenkung hingegen sind sowohl die Vermögensmasse als auch der Schenker Steuer- und damit Gesamtschuldner. Bei den anzustellenden Ermessensüberlegungen dürfte zu berücksichtigen sein, dass die Steuer bei der ausländischen Vermögensmasse schwerer als beim inländischen Schenker zu realisieren sein dürfte (Moench/*Kien-Hümbert* § 20 Rn 12a). 13

Bei der **fortgesetzten Gütergemeinschaft** (§§ 1483 f BGB) sieht das Gesetz nach Abs. 2 ErbStG aus Praktikabilitätsgründen die Steuerschuldnerschaft des überlebenden Ehegatten vor, der nach § 1487 BGB das Gesamtgut verwaltet. Daneben schulden die Abkömmlinge die Steuer im Verhältnis der auf sie entfallenden Anteile. 14

C. Nachlasshaftung (Abs. 3)

15 Die Nachlassgegenstände haften nach Abs. 3 für die Steuer der am Erbfall Beteiligten. Das Gesetz sieht insoweit also eine gegenständlich auf den Nachlass beschränkte Sachhaftung vor. Sie endet nach vollständiger Auseinandersetzung der Erbengemeinschaft (§ 2042 BGB). Durch eine Teilauseinandersetzung wird die Nachlasshaftung demgegenüber nicht beendet, sondern auf den noch verbleibenden ungeteilten Nachlass beschränkt (Moench/*Kien-Hümbert* § 20 Rn 14).

16 Beteiligte iSv Abs. 3 sind jedenfalls die Erben als Gesamtrechtsnachfolger des Erblassers. Unklar ist demgegenüber, ob auch Vermächtnisnehmer und Pflichtteilsberechtigte Beteiligte in diesem Sinne sind, so dass auch für ihre Steuerschuld der Nachlass haften würde (dafür Troll/*Gebel*/Jülicher § 20 Rn 52; Moench/*Kien-Hümbert* § 20 Rn 14; dagegen *Meincke* § 20 Rn 11). Die Zielsetzung des Gesetzgebers, nämlich eine möglichst gesicherte Realisierung des staatlichen Steueranspruchs, spricht aber wohl eher für eine weite Auslegung. Dem entspricht auch die sich § 31 ErbStG ergebende Pflicht der am Erbfall Beteiligten zur Abgabe einer Steuererklärung. Hier sind eindeutig auch Vermächtnisnehmer und Pflichtteilsberechtigte betroffen (Moench/*Kien-Hümbert* § 20 Rn 14).

D. Vorerbe als Steuerschuldner (Abs. 4)

17 Der Vorerbe gilt nach § 6 Abs. 1 ErbStG als Erbe. Durch den Erbfall wird er zum Erwerber und hierdurch zum Steuerschuldner nach Abs. 1. Hierzu stellt Abs. 4 ausdrücklich klar, dass der Vorerbe die aus seinem Erwerb resultierende Steuer mit Mitteln der Vorerbschaft zu entrichten hat. Wirtschaftlich wird also der Nacherbe mit der Steuerzahlung belastet. (*Meincke* § 20 Rn 14).

E. Haftung des Beschenkten (Abs. 5)

18 Wendet der Erwerber seinen Erwerb ganz oder teilweise einem Dritten zu, folgt hieraus zweierlei: Zunächst schuldet der Dritte die evtl auf diese Schenkung an ihn entfallende Steuer. Daneben haftet er nach Abs. 5 auch für die Steuer des Erstempfängers.

19 Die Haftung des Dritten beschränkt sich nicht auf den Teil der Steuer, der auf die weitergegebenen Gegenstände entfällt. Vielmehr besteht die Haftung in voller Höhe des Werts der Zuwendung an den Erstempfänger. Ein Verbrauch des zugewendeten Vermögens beseitigt die Haftung nicht (Moench/*Kien-Hümbert* § 20 Rn 16).

20 Die Haftung des Dritten ist aber beschränkt auf den Wert der ihm zugewendeten Vermögensgegenstände. Schlimmstenfalls verliert der dritte also das ihm Zugewendete; eine Haftung mit seinem (bisherigen) Vermögen tritt nicht ein.

F. Spezielle Haftungssituationen (Abs. 6, 7)

I. Haftung der Versicherungsunternehmen

21 Versicherungsunternehmen, die vor Entrichtung oder Sicherstellung der Steuer die von ihnen zu zahlende Versicherungssumme oder Rente ins Ausland überweisen oder ausländischen Berechtigten zur Verfügung stellen, haften in Höhe des ausgezahlten Betrags für die Steuer (Abs. 6 Satz 1). Ausländischer Berechtigter ist derjenige, an den nach dem Versicherungsvertrag die Auszahlung erfolgen kann und der weder seinen Wohnsitz (§ 8 AO) noch seinen gewöhnlichen Aufenthalt (§ 9 AO) im Inland hat, wobei insoweit die Verhältnisse im Zeitpunkt der Auszahlung maßgebend sind (BFH BStBl II 1981, 471; Troll/*Gebel*/Jülicher § 20 Rn 61).

22 Die Haftung entsteht sowohl bei Erwerben von Todes wegen als auch bei Schenkungen unter Lebenden (Moench/*Kien-Hümbert* § 20 Rn 17). Sie beschränkt sich auf die Steuer, so dass Säumniszuschläge oder sonstige steuerliche Nebenleistungen nicht von der Haftung

umfasst sind (FG Münster EFG 1991, 547). Die Haftung entsteht unabhängig von einem etwaigen Verschulden des auszahlenden Versicherers (BFH BStBl II 1981, 471).

Dem Wortlaut der Vorschrift ist nicht zweifelsfrei zu entnehmen, ob sich die Haftung nur 23 auf den auf den ausgezahlten Versicherungsbetrag beziehenden Anteil der Steuer oder auf die Steuer für den gesamten Erwerb bezieht. Mit der Haftungsnorm soll aber verhindert werden, dass überhaupt Nachlassvermögen, das evtl in der Hand der Erwerber als Haftungsmasse zur Verfügung steht, dem Zugriff des Fiskus durch Transferierung in das Ausland entzogen wird. Dementsprechend hatte bereits der RFH den Wortlaut der Vorschrift so ausgelegt, dass die Haftung in voller Höhe des in das Ausland abgeflossenen Betrags besteht (RFH RStBl 1928, 336). Für die Haftung sind die Verhältnisse zum Zeitpunkt der Auszahlung des Vermögens maßgebend (BFH NV 1996, 59; FG München EFG 2002, 1493).

II. Vermögensverwahrer

Vermögensverwahrer haften wie die Versicherungsunternehmen, wenn sich in ihrem 24 Gewahrsam Vermögen des Erblassers befindet und wenn sie dieses Vermögen vor Entrichtung oder Sicherstellung der Steuer ins Ausland verbringen oder einem im Ausland wohnhaften Berechtigten zur Verfügung stellen (Abs. 6 Satz 2). Von dieser »Garantenstellung« sind hauptsächlich Banken, Testamentsvollstrecker, Nachlassverwalter und -pfleger betroffen (Moench/*Kien-Hümbert* § 20 Rn 18).

Die Haftung erstreckt sich wie bei den Versicherungsunternehmen nach Abs. 6 Satz 1 nur 25 auf die Steuer selbst und nicht auf die steuerlichen Nebenleistungen (FG Münster EFG 1991, 547). Die Haftung ist hier aber auf Erwerbe von Todes wegen beschränkt. Sie erstreckt sich auf die gesamte Steuer und nicht nur auf den Teil der Steuer, der auf das sich im Gewahrsam befindende Vermögen des Erblassers entfällt. Dabei ist unerheblich, ob die einzelnen im Gewahrsam befindlichen Vermögensgegenstände jeweils stpfl oder – etwa wegen bestehender Befreiungen – steuerfrei auf den Erwerber übergehen (Moench/ *Kien-Hümbert* § 20 Rn 18).

Zwar trifft die Haftung nach Abs. 6 Satz 2 in der Praxis vorwiegend Kreditinstitute, doch 26 kommen daneben auch andere Personen in Betracht, in deren Gewahrsam sich zum Zeitpunkt des Erbfalls Erblasservermögen befindet, wie zB Anwälte, Notare, Steuerberater, Treuhänder oder Abwesenheitspfleger (vgl BFH BStBl II 1992, 348; BFH BStBl II 1994, 116; *Meincke* § 20 Rn 21).

Voraussetzung für eine Haftung nach Abs. 6 Satz 1 ist, dass der Vermögensverwahrer zum 27 Zeitpunkt des Erbfalls Gewahrsam an dem Vermögen hatte und dieses vorsätzlich oder fahrlässig ins Ausland verbringt. Der Gewahrsamsbegriff ist eigenständig steuerrechtlich auszulegen. Es reicht aus, wenn der Gewahrsamsinhaber eine tatsächliche Einwirkungsmöglichkeit hat; eine Verwertungsbefugnis ist dagegen nicht erforderlich (BFH BStBl III 1964, 647). Die Haftung endet, wenn das Vermögen in die Verfügungsmacht des Erben gelangt ist (BFH BStBl II 1984, 116; Moench/*Kien-Hümbert* § 20 Rn 19; *Meincke* § 20 Rn 21).

Die Haftung setzt Verschulden voraus. Der Vermögensverwahrer muss vorsätzlich oder 28 fahrlässig gehandelt haben. Dazu muss er zunächst Kenntnis vom Erbfall haben. Verschulden ist dann aber bereits anzunehmen, wenn nicht ausreichende organisatorische Vorkehrungen getroffen werden, um zB eine Auszahlung der Spareinlagen des Erblassers an Personen mit Wohnsitz im Ausland zu verhindern (Moench/*Kien-Hümbert* § 20 Rn 21; Troll/*Gebel*/Jülicher § 20 Rn 74). Da der Wohnsitz einer Person, an die verwahrtes Vermögen ausgekehrt wird, vom Vermögensverwahrer praktisch nie sicher bestimmt werden kann, wird sich ein vorsichtiger Vermögensverwahrer daher vor Aushändigung des Nachlassvermögens an irgendeine Person durch Vorlage einer Unbedenklichkeitsbescheinigung des zuständigen Erbschaftsteuerfinanzamts versichern, dass etwaige Steuern bereits beglichen wurden, um so eine Haftungsgefahr auszuschließen.

G. Haftungsfreigrenze (Abs. 7)

29 Die Haftung nach Abs. 6 besteht nicht, wenn der Wert des in das Ausland gelangten Vermögens den Betrag von 600 € nicht übersteigt. Es handelt sich hierbei um eine der Verwaltungsvereinfachung dienende Freigrenze. Wird der Betrag überschritten, wird die Haftung in voller Höhe begründet und durch Haftungsbescheid festgesetzt.

30 Die Freigrenze gilt für jeden Steuerfall, dh für jeden einzelnen Erwerb, für den ein selbstständiger Steuerbescheid zu erteilen ist (*Meincke* § 20 Rn 22).

§ 21 Anrechnung ausländischer Erbschaftsteuer

(1) ¹Bei Erwerbern, die in einem ausländischen Staat mit ihrem Auslandsvermögen zu einer der deutschen Erbschaftsteuer entsprechenden Steuer – ausländische Steuer – herangezogen werden, ist in den Fällen des § 2 Abs. 1 Nr. 1, sofern nicht die Vorschriften eines Abkommens zur Vermeidung der Doppelbesteuerung anzuwenden sind, auf Antrag die festgesetzte, auf den Erwerber entfallende, gezahlte und keinem Ermäßigungsanspruch unterliegende ausländische Steuer insoweit auf die deutsche Erbschaftsteuer anzurechnen, als das Auslandsvermögen auch der deutschen Erbschaftsteuer unterliegt. ²Besteht der Erwerb nur zum Teil aus Auslandsvermögen, ist der darauf entfallende Teilbetrag der deutschen Erbschaftsteuer in der Weise zu ermitteln, daß die für das steuerpflichtige Gesamtvermögen einschließlich des steuerpflichtigen Auslandsvermögens sich ergebende Erbschaftsteuer im Verhältnis des steuerpflichtigen Auslandsvermögens zum steuerpflichtigen Gesamtvermögen aufgeteilt wird. ³Ist das Auslandsvermögen in verschiedenen ausländischen Staaten belegen, ist dieser Teil für jeden einzelnen ausländischen Staat gesondert zu berechnen. ⁴Die ausländische Steuer ist nur anrechenbar, wenn die deutsche Erbschaftsteuer für das Auslandsvermögen innerhalb von fünf Jahren seit dem Zeitpunkt der Entstehung der ausländischen Erbschaftsteuer entstanden ist.

(2) Als Auslandsvermögen im Sinne des Absatzes 1 gelten,

1. wenn der Erblasser zur Zeit seines Todes Inländer war: alle Vermögensgegenstände der in § 121 des Bewertungsgesetzes genannten Art, die auf einen ausländischen Staat entfallen, sowie alle Nutzungsrechte an diesen Vermögensgegenständen;

2. wenn der Erblasser zur Zeit seines Todes kein Inländer war: alle Vermögensgegenstände mit Ausnahme des Inlandsvermögens im Sinne des § 121 des Bewertungsgesetzes sowie alle Nutzungsrechte an diesen Vermögensgegenständen.

(3) ¹Der Erwerber hat den Nachweis über die Höhe des Auslandsvermögens und über die Festsetzung und Zahlung der ausländischen Steuer durch Vorlage entsprechender Urkunden zu führen. ²Sind diese Urkunden in einer fremden Sprache abgefaßt, kann eine beglaubigte Übersetzung in die deutsche Sprache verlangt werden.

(4) Ist nach einem Abkommen zur Vermeidung der Doppelbesteuerung die in einem ausländischen Staat erhobene Steuer auf die Erbschaftsteuer anzurechnen, sind die Absätze 1 bis 3 entsprechend anzuwenden.

A. Allgemeines

1 In Erbschaftsangelegenheiten oder Schenkungsvorgängen mit Auslandsberührung droht den Beteiligten eine doppelte steuerliche Erfassung des Vorgangs, nämlich im Inland und im Ausland. Die Anrechnung ausländischer Erbschaftsteuer auf die im Inland zu entrichtenden Erbschaftsteuer stellt eine unilaterale Maßnahme zur Vermeidung einer solchen

Doppelbesteuerung dar. Sie vermeidet einen aus Sicht des deutschen Steuerrechts insoweit gegebenen Verstoß gegen die Besteuerung des Erwerbers nach der Leistungsfähigkeit.

Eine Doppelbesteuerung kann sich etwa durch in den einzelnen Staaten bestehende 2 unterschiedliche steuerliche Anknüpfungspunkte ergeben. Sie können zu einer mehrfachen unbeschränkten Erbschaftsteuerpflicht führen. So knüpft zB das deutsche Erbschaftsteuerrecht an den Wohnsitz und das Erbschaftsteuerrecht der USA an die Staatsangehörigkeit sowie den Wohnsitz an. Erbt ein in Deutschland wohnender US-Bürger, so ergibt sich sowohl aus deutscher als auch aus amerikanischer Sicht eine umfassende Steuerpflicht.

Weitere Fälle einer Doppelbesteuerung ergeben sich bei einer »nachlaufenden Steuer- 3 pflicht«, etwa der erweitert unbeschränkten Steuerpflicht nach § 2 Abs. 1 Nr. 1 lit. b ErbStG (s § 2 Rn 6), einem Konflikt von unbeschränkter Steuerpflicht in einem Staat und beschränkter Steuerpflicht in einem anderen (zB bei Wohnsitz in einem Staat mit Vermögen in dem anderen Staat) sowie bei Qualifikationskonflikten der jeweiligen Vermögensarten, wie zB bei Anteilen an Personengesellschaften, die je nach ausländischer Rechtsordnung – abweichend vom deutschen Rechtsverständnis – als Anteile an einer Kapitalgesellschaft qualifiziert werden können.

§ 21 ErbStG rechnet die ausländische Steuer auf die im Inland zu entrichtende Steuer an 4 und hebt hierdurch ein etwa gegebenes niedrigeres ausländisches Steuerniveau auf das deutsche Steuerniveau an. Liegt ein höheres ausländisches Steuerniveau vor, führt dies demgegenüber nicht zu einem Erstattungsanspruch. Somit setzt sich im Ergebnis immer das höhere Steuerniveau entweder des Inlands oder des Auslands durch (Troll/Gebel/ Jülicher § 21 Rn 2).

Nicht geregelt ist der Fall, dass die ausländische Erbschaftsteuer zeitlich erst nach der 5 deutschen Erbschaftsteuer entsteht. Da kein sachlicher Grund für eine Differenzierung besteht, kommt eine entsprechende Anwendung der Vorschrift in Betracht, wenn die ausländische Erbschaftsteuer innerhalb von fünf Jahren nach der deutschen Erbschaftsteuer entsteht (Meincke § 21 Rn 26; Schaumburg RIW 2001, 161).

§ 21 ErbStG ist nach Ansicht der Rechtsprechung europarechtskonform (BFH NV 2004, 6 237; krit Dautzenberg/Brüggemann BB 1997, 123).

Liegt eine Doppelbesteuerung vor und greift § 21 ErbStG nicht ein, sollte dem Leistungs- 7 fähigkeitsprinzip durch Billigkeitsmaßnahmen (§§ 163, 227 AO) Geltung verschafft werden (Schaumburg RIW 2001, 161). Eine nicht angerechnete ausländische Erbschaftsteuer stellt jedenfalls eine Nachlassverbindlichkeit nach § 10 Abs. 5 Nr. 3 ErbStG dar und ist insofern erwerbsmindernd zu berücksichtigen (FG München EFG 2005, 1551).

B. Voraussetzungen der Steueranrechnung

Die Steueranrechnung setzt nach Abs. 1 iE voraus: 8

- einen Antrag des Erwerbers,
- die unbeschränkte Steuerpflicht des Erwerbs im Inland,
- das Fehlen eines entsprechenden Erbschaftsteuer-DBA,
- einen Erwerb von Auslandsvermögen,
- festgesetzte, gezahlte und keinem Ermäßigungsanspruch unterliegende ausländische Steuer, die der deutschen Erbschaftsteuer entspricht,
- die Entstehung der deutschen Erbschaft- bzw Schenkungsteuer spätestens fünf Jahre nach der Entstehung der ausländischen Steuer.

I. Unbeschränkte Steuerpflicht

§ 21 ErbStG ist in den Fällen des § 2 Abs. 1 Nr. 1 ErbStG, also nur in den Fällen der 9 unbeschränkten sowie der erweiterten unbeschränkten Erbschaftsteuerpflicht (siehe § 2

§ 21 ErbStG | Anrechnung ausländischer Erbschaftsteuer

Rn 3 ff), anwendbar. Deshalb erfolgt keine Steueranrechnung bei der beschränkten oder erweiterten beschränkten Steuerpflicht gem §§ 2 Abs. 1 Nr. 3 ErbStG, 4 AStG.

II. Fehlendes Erbschaftsteuer-DBA

10 § 21 ErbStG findet nur Anwendung, wenn nicht ein DBA auf dem Gebiet der Erbschaftsteuer vorgreiflich ist. Diese Regelung erfolgt eigentlich nur klarstellend, da ein DBA als völkerrechtlicher Vertrag stets lex specialis zum ErbStG ist und damit einer Anrechnung vorgeht, § 2 AO. Im Ergebnis unterbleibt eine Anrechnung dann, wenn ein DBA anzuwenden ist, welches die Freistellungsmethode vorsieht. Da sich ein DBA nicht zwingend sowohl auf Erwerbe von Todes wegen als auch auf lebzeitige Schenkungen beziehen muss, sondern beide Bereiche unterschiedlich oder einzelne Bereiche überhaupt nicht regeln kann, ist diese Voraussetzung stets sowohl für die Erbschaftsteuer als auch für die Schenkungsteuer zu untersuchen.

11 Findet aufgrund eines entsprechenden DBA die Freistellungsmethode Anwendung, wird das ausländische Vermögen insoweit von der Besteuerung freigestellt, als es von dem im Inland zu versteuernden stpfl Erwerb nicht erfasst wird. Das freigestellte Vermögen wird allerdings nach § 19 Abs. 2 ErbStG bei der Bemessung des Steuersatzes berücksichtigt (Progressionsvorbehalt). Ist ein DBA einschlägig, welches die Anrechnungsmethode vorsieht, gilt Abs. 4 (s Rn 33).

III. Auslandsvermögen

12 Der Umfang des Auslandsvermögens richtet sich nach Abs. 2 danach, ob der Erblasser zur Zeit seines Todes oder der Schenker bei Ausführung der Schenkung Inländer war (Rn 13 f) oder nicht (Rn 15).

13 War der Erblasser zur Zeit seines Todes Inländer, gelten als Auslandsvermögen alle Vermögensgegenstände der in § 121 BewG genannten Art, die auf einen ausländischen Staat entfallen, sowie alle Nutzungsrechte an diesen Vermögensgegenständen (Abs. 2 Nr. 1). Im Ergebnis zählen also folgende Gegenstände zum Auslandsvermögen:
1. das ausländische land- und forstwirtschaftliche Vermögen;
2. das ausländische Grundvermögen;
3. das ausländische Betriebsvermögen. Als solches gilt das Vermögen, das einem im Ausland betriebenen Gewerbe dient, wenn hierfür im Ausland eine Betriebsstätte unterhalten wird oder ein ständiger Vertreter bestellt ist;
4. Anteile an einer ausländischen Kapitalgesellschaft, wenn die Gesellschaft Sitz oder Geschäftsleitung im Ausland hat und der Gesellschafter entweder allein oder zusammen mit anderen ihm nahe stehenden Personen iSd § 1 Abs. 2 des ARW in der jeweils geltenden Fassung am Grund- oder Stammkapital der Gesellschaft mindestens zu einem Zehntel unmittelbar oder mittelbar beteiligt ist;
5. nicht unter Nr. 3 fallende Erfindungen, Gebrauchsmuster und Topographien, die in ein ausländisches Buch oder Register eingetragen sind;
6. Wirtschaftsgüter, die nicht unter die Nrn. 1, 2 und 5 fallen und einem ausländischen Gewerbebetrieb überlassen, insb an diesen vermietet oder verpachtet sind;
7. Hypotheken, Grundschulden, Rentenschulden und andere Forderungen oder Rechte, wenn sie durch ausländischen Grundbesitz, durch ausländische grundstücksgleiche Rechte oder durch Schiffe, die in ein ausländisches Schiffsregister eingetragen sind, unmittelbar oder mittelbar gesichert sind. Ausgenommen sind Anleihen und Forderungen, über die Teilschuldverschreibungen ausgegeben sind;
8. Forderungen aus der Beteiligung an einem Handelsgewerbe als stiller Gesellschafter und aus partiarischen Darlehen, wenn der Schuldner Wohnsitz oder gewöhnlichen Aufenthalt, Sitz oder Geschäftsleitung im Ausland hat;
9. Nutzungsrechte an einem der in den Nrn. 1 – 8 genannten Vermögensgegenstände.

Es droht gleichwohl eine effektive Doppelbesteuerung, wenn der Erwerb eines nicht unter die Definition des Auslandsvermögens fallenden Vermögensgegenstandes im Ausland dennoch der Erbschaftsteuer unterliegt. Eine Anrechnung dieser Steuerbelastung auf die im Inland zu zahlende Steuer kommt dann nicht in Betracht (*Noll* DStR 2005, 54). Ggf kommen Billigkeitsmaßnahmen nach §§ 163, 227 AO in Betracht (s Rn 7).

War der Erblasser zur Zeit seines Todes kein Inländer, gelten alle Vermögensgegenstände mit Ausnahme des Inlandsvermögens iSv § 121 BewG sowie alle Nutzungsrechte an diesen Vermögensgegenständen als Auslandsvermögen (Abs. 2 Nr. 2). Zum Auslandsvermögen in diesen Fällen zählen insb:
1. ungesicherte Darlehensforderungen gegen Inländer;
2. inländische Kontoguthaben;
3. ausländische Wertpapiere;
4. nichtwesentliche Beteiligungen an ausländischen Kapitalgesellschaften;
5. Kontenguthaben im Ausland;
6. ausländische Betriebe der Land- und Forstwirtschaft;
7. Anteile an ausländischen geschlossenen Immobilienfonds.

IV. Ausländische Steuer

Anrechenbar ist nur die ausländische Steuer, dh der Steuerbetrag, der durch amtlichen Bescheid bestandskräftig festgesetzt sowie vom Steuerpflichtigen oder einem Dritten tatsächlich auch gezahlt worden ist. Dieser Steuerbetrag darf keinem Ermäßigungsanspruch mehr unterliegen, Abs. 1 Satz 1. Der Steuerpflichtige hat einen entsprechenden Nachweis zu führen (Abs. 3, s Rn 32). Treten bei der ausländischen Steuer nachträglich Änderungen der Höhe nach ein, kann die bestandskräftig festgesetzte deutsche Erbschaftsteuer in den Grenzen der Festsetzungsverjährung nach §§ 173 ff AO geändert werden (Troll/Gebel/*Jülicher* § 21 Rn 46).

Die ausländische Steuer muss der deutschen Erbschaftsteuer entsprechen, wenn sie als Anrechnungsbetrag in Betracht kommen soll, Abs. 1 Satz 1. Schwierigkeiten ergeben sich in diesem Zusammenhang dadurch, dass ausländische Rechtsordnungen – anders als im Inland – teilweise nicht das Prinzip der Erbanfallsteuer, sondern der Nachlasssteuer zugrunde legen (s § 1 Rn 3). Rechtsprechung und Finanzverwaltung verfahren eher restriktiv, wenn es um die Vergleichbarkeit der ausländischen Steuerzahlung mit der inländischen Erbschaftsteuer geht.

Eine ausländische Steuer entspricht der deutschen Erbschaftsteuer, wenn sie unmittelbar durch den Tod einer Person ausgelöst wird und den Nachlass dieser Person beim Übergang erfasst (BFH BStBl II 1990, 786). Anrechenbar sind somit sowohl die in den meisten kontinental-europäischen Ländern (zB Frankreich, Österreich) erhobenen Erbanfallsteuern als auch die vorwiegend im angloamerikanischen Rechtskreis (USA, Großbritannien, Südafrika) vom ungeteilten Nachlass erhobene Nachlasssteuern (Troll/Gebel/*Jülicher* § 21 Rn 18).

Wird die ausländische Steuer als Nachlasssteuer erhoben (zB USA), ist als die auf den Erwerber entfallende ausländische Steuer diejenige anzusehen, die anteilig auf die von ihm als Nachlassbegünstigten (Erbbegünstigten) erworbene Rechtsposition entfällt (BFH BStBl II 1990, 786). Dabei reicht es aus, dass die Nachlasssteuer den Nachlass als solchen und damit alle Nachlassteile gleichmäßig belastet. Eine unmittelbare wirtschaftliche Belastung des Erwerbers ist für eine Anrechnung nicht erforderlich (R 82 Abs. 1 Satz 2 und 3 ErbStR).

Ist die ausländische Steuer in ihrer Erhebungsform als eine Steuer auf das Einkommen anzusehen, ist sie grds nicht mit der deutschen Erbschaftsteuer vergleichbar; eine Anrechnung kommt dann nicht in Betracht. Dies gilt etwa für:
- die kanadische capital gains tax (BFH BStBl II 1995, 540)
- die österreichische Kapitalertragsteuer mit Abgeltungswirkung (H 82 ErbStH)

§ 21 ErbStG | Anrechnung ausländischer Erbschaftsteuer

- die italienische Erbschaftsteuer (FG München EFG 2005, 1551; italienische Erbschaftsteuer inzwischen abgeschafft)
- die portugiesische Erbersatzsteuer (H 82 ErbStH; aA *Wachter* ErbStB 2004, 88; mit Wirkung zum 1.1.2004 abgeschafft)

21 Problematisch können in diesem Zusammenhang auch die zB in Italien und Portugal bei einem Erbfall anfallenden Registergebühren sein. Bei der italienischen Registersteuer nimmt die Finanzverwaltung eine Vergleichbarkeit mit der Grunderwerbsteuer an. Bei den Hypothekar- bzw Katastersteuern soll eine Vergleichbarkeit mit Grundbuchgebühren vorliegen, sodass in beiden Fällen keine Steueranrechnung möglich sein soll (BayFinMin IStR 2004, 174; aA *Noll* DStR 2005, 54).

22 Nach der Abschaffung der portugiesischen Erbersatzsteuer zum 1.1.2004 verbleibt dort für bestimmte unentgeltliche Vermögensübertragungen weiterhin eine besondere Übertragungssteuer. Obwohl es sich hierbei nicht um eine Erbschaft- oder Schenkungsteuer im eigentlichen Sinne handelt, wird die Anrechenbarkeit auf die deutsche Erbschaftsteuer befürwortet (*Wachter* ErbStB 2004, 88).

23 Angerechnet werden können die der deutschen Erbschaftsteuer entsprechenden Steuern der Staaten und deren Untergliederungen (Einzelstaaten, Länder, Kantone, Gemeinden), selbst wenn sie neben einer Bundessteuer erhoben werden. So sind zB die in der Schweiz ausschließlich von den Kantonen oder Gemeinden erhobenen Erbschaftsteuern ebenso auf die deutsche Erbschaftsteuer anzurechnen wie die von den US-Bundesstaaten neben der Bundesnachlasssteuer erhobene Erbschaftsteuer, wenn diese nicht ihrerseits bereits auf die amerikanische Bundessteuer angerechnet wurde (Troll/Gebel/*Jülicher* § 21 Rn 16).

24 Die anzurechnende ausländische Erbschaftsteuer ist nach dem amtlichen Briefkurs für den Tag der Entstehung der deutschen Erbschaftsteuer in € umzurechnen (H 82 ErbStH).

25 Kann eine ausländischen Steuer nicht auf die deutsche Erbschaftsteuer angerechnet werden, kann ggf eine berücksichtigungsfähige Nachlassverbindlichkeit nach § 10 Abs. 5 Nr. 3 ErbStG vorliegen (FG München EFG 2005, 1551).

C. Umfang der Steueranrechnung (Abs. 1 Satz 1 – 3)

26 Liegen sämtliche vorgenannten Voraussetzungen vor, ist die ausländische Steuer auf die deutsche Erbschaftsteuer anzurechnen. Bei der Anrechnung ist zu unterscheiden:

- Wird ausschließlich ausländisches Vermögen erworben, wird die ausländische Steuer (nur) insoweit auf die deutsche Erbschaftsteuer angerechnet, als das Auslandsvermögen auch der deutschen Erbschaftsteuer unterliegt, Abs. 1 Satz 1 (Rn 27).
- Besteht der Erwerb nur zum Teil aus Auslandsvermögen (sog Mischerwerb), ist vor der Anrechnung zunächst der auf das Auslandsvermögen entfallende Teilbetrag der deutschen Erbschaftsteuer zu ermitteln, Abs. 1 Satz 2 (Rn 28 f).
- Ist das Auslandsvermögen in verschiedenen ausländischen Staaten belegen, ist die anrechenbare Steuer für jeden einzelnen ausländischen Staat gesondert zu berechnen (sog »per country limitation«), Abs. 1 Satz 3 (Rn 30).

I. Ausschließlicher Erwerb von Auslandsvermögen (Abs. 1 Satz 1)

27 Besteht der Erwerb ausschließlich aus Auslandsvermögen, das sowohl der ausländischen als auch der deutschen Besteuerung unterliegt, wird die ausländische Steuer bis zur Höhe der deutschen Steuer angerechnet. Durch die Begrenzung auf die deutsche Steuerschuld kann eine im Ausland gezahlte höhere Steuer nicht zu einer Erstattung im Inland führen.

II. Mischerwerb (Abs. 1 Satz 2)

28 Bei einem Mischerwerb ist die sich für das stpfl Gesamtvermögen einschließlich des stpfl Auslandsvermögens ergebende deutsche Erbschaftsteuer zunächst im Verhältnis des stpfl

Auslandsvermögens zum stpfl Gesamtvermögen aufzuteilen. Maximal in Höhe des sich aus dieser Verhältnisrechnung ergebenden Steuerbetrages kann die im Ausland gezahlte Steuer auf die deutsche Erbschaftsteuer angerechnet werden.

Der Anrechnungshöchstbetrag ergibt sich in diesen Fällen also nach folgender Formel: 29

$$\text{Höchstbetrag} = \frac{\text{deutsche ErbSt} \times \text{stpfl Auslandsvermögen}}{\text{stpfl Gesamtvermögen}}$$

III. Per country limitation (Abs. 1 Satz 3)

Ist das erworbene Auslandsvermögen in mehreren ausländischen Staaten belegen, erfolgt keine Gesamtrechnung. Vielmehr ist nach Abs. 1 Satz 3 für jeden Staat, in dem sich Auslandsvermögen befindet, die dafür erhobene ausländische Steuer und der dafür geltende Höchstbetrag gesondert zu berechnen (sog per country limitation). Ein gegenüber dem deutschen Erbschaftsteuerniveau höheres ausländisches Steuerniveau eines ausländischen Staats kann also nicht durch Inanspruchnahme eines noch nicht ausgenutzten Höchstbetrages eines anderen Staates mit niedrigeren Steuersätzen ausgeglichen werden (*Moench* § 21 Rn 16). 30

D. Nachweise der Anrechnung (Abs. 3)

Die Anrechnung der ausländischen Steuer erfolgt nur auf Antrag. Es handelt sich also um ein Wahlrecht für den Steuerpflichtigen (*Meincke* § 21 Rn 7). 31

Die Anrechnung der ausländischen Steuer erfolgt aber nur, wenn der Steuerpflichtige durch Vorlage entsprechender Urkunden den Nachweis über die Höhe des Auslandsvermögens und über die Festsetzung und Zahlung der ausländischen Steuer führt (Abs. 3). Die Vorlage des ausländischen Steuerbescheids ist nicht zwingend erforderlich, freilich aber hilfreich. Die Finanzverwaltung erkennt idR aber auch andere Nachweise an (*Moench* § 21 Rn 23). 32

E. Anrechnung bei DBA (Abs. 4)

Abs. 4 stellt klar, dass die in Abs. 1 – 3 vorgesehene Anrechnung der ausländischen Steuer auch dann (sinngemäße) Anwendung findet, wenn ein DBA die Anrechnungsmethode vorsieht. Bezieht sich ein DBA nur auf die Erbschaftsteuer und sieht hierfür die Freistellungsmethode vor, bleibt die Anrechnung bei der Besteuerung von lebzeitigen Schenkungen trotzdem möglich. 33

§ 22 Kleinbetragsgrenze

Von der Festsetzung der Erbschaftsteuer ist abzusehen, wenn die Steuer, die für den einzelnen Steuerfall festzusetzen ist, den Betrag von 50 Euro nicht übersteigt.

A. Allgemeines

§ 22 ErbStG dient der Verwaltungsvereinfachung. Der Fiskus verzichtet bei einem stpfl Erwerb von Todes wegen oder bei einer Schenkung unter Lebenden auf festzusetzende Steuerbeträge bis einschließlich 50 € je Steuerfall, also den einzelnen Vermögensanfall je Erwerber. Der Erlös aus der Erhebung solch niedriger Steuerbeträge steht in keinem Verhältnis zu dem hiermit verbundenen Verwaltungsaufwand, so dass selbst unter Berücksichtigung der Steuergerechtigkeit die Erhebung der Steuer entbehrlich ist. Auf den Verzicht besteht ein Rechtsanspruch. 1

§ 23 ErbStG | Besteuerung von Renten, Nutzungen und Leistungen

B. Freigrenze

2 Die Kleinbetragsgrenze ist eine Freigrenze, kein Freibetrag. Bei Überschreitung des Kleinbetrags wird die Steuer in voller Höhe und nicht nur unter Berücksichtigung eines Abzugs von 50 € festgesetzt. Da darüber hinaus ein stpfl Erwerb nach § 10 Abs. 1 Satz 5 ErbStG auf volle 100 € abgerundet wird, können etwa in der Steuerklasse I ohne Berücksichtigung persönlicher Freibeträge (§ 16 ErbStG) Erwerbe bis zu 799,99 € steuerfrei zugewendet werden. (*Vogt* DStR 2001, 1148). Mehrere Erwerbe sind nach § 14 ErbStG zusammenzurechnen.

3 Die Vorschrift bezieht sich nach ihrem Wortlaut auf den festgesetzten Steuerbetrag. Die ges Vereinfachungsregel sollte jedoch auch angewendet werden, wenn zwar eine höhere Steuer festzusetzen, etwa wegen der Anrechnung ausländischer Steuerbeträge (§ 21 ErbStG) allerdings im Ergebnis nur eine Steuer von weniger als 50 € zu erheben ist (Troll/Gebel/*Jülicher* § 22 Rn 3).

§ 23 Besteuerung von Renten, Nutzungen und Leistungen

(1) ¹Steuern, die von dem Kapitalwert von Renten oder anderen wiederkehrenden Nutzungen oder Leistungen zu entrichten sind, können nach Wahl des Erwerbers statt vom Kapitalwert jährlich im voraus von dem Jahreswert entrichtet werden. ²**Die Steuer wird in diesem Fall nach dem Steuersatz erhoben, der sich nach § 19 für den gesamten Erwerb einschließlich des Kapitalwerts der Renten oder anderen wiederkehrenden Nutzungen oder Leistungen ergibt.**

(2) ¹Der Erwerber hat das Recht, die Jahressteuer zum jeweils nächsten Fälligkeitstermin mit ihrem Kapitalwert abzulösen. ²Für die Ermittlung des Kapitalwerts im Ablösungszeitpunkt sind die Vorschriften der §§ 13 und 14 des Bewertungsgesetzes anzuwenden. ³Der Antrag auf Ablösung der Jahressteuer ist spätestens bis zum Beginn des Monats zu stellen, der dem Monat vorausgeht, in dem die nächste Jahressteuer fällig wird.

A. Allgemeines

1 Grds hat der Erwerber von Renten oder anderen wiederkehrenden Nutzungen oder Leistungen nach § 12 Abs. 1 ErbStG den nach den §§ 13 ff BewG zu errechnenden Kapitalwert des Anspruchs auf die wiederkehrenden Bezüge sofort und in voller Höhe zu versteuern. Da dies für den Erwerber zu einer unbilligen Härte führen kann, wenn sich unter Berücksichtigung des Kapitalwerts eine hohe Steuer ergibt, für deren sofortige Begleichung die liquiden Mittel fehlen, räumt § 23 ErbStG das Recht auf Versteuerung nach dem Jahreswert der Bezüge ein (BFH BStBl II 1994, 690). Trifft der Erwerber keine Wahl, geht die Finanzverwaltung von der Regelbesteuerung nach dem Kapitalwert (Sofortbesteuerung) aus (BFH NV 1997, 657). Der BFH hält es für zweifelhaft, ob § 23 ErbStG auf den Erwerb einer in Raten zu tilgenden verzinslichen Kaufpreisforderung entsprechend anwendbar ist (BFH BStBl II 1994, 690). § 23 ErbStG findet keine Anwendung auf nach 1995 ausgeführte freigebige Zuwendungen erbbaurechtsbelasteter Grundstücke (BFH BStBl II 2003, 944).

2 Der Erwerber hat das Recht, statt der einmaligen sofortigen Versteuerung nach dem Kapitalwert die Entrichtung der Steuern nach dem Jahreswert zu wählen. In diesem Fall ist die Steuer jährlich im Voraus zu zahlen. Der Steuerpflichtige kann die getroffene Wahl (Versteuerung nach dem Jahreswert) bis zum Ende eines Rechtsbehelfs- bzw Klageverfahrens, also bis zur Rechtskraft des Steuerbescheids frei widerrufen (BFH NV 1997, 657; FG Hamburg EFG 1978, 25). Steht der Bescheid unter dem Vorbehalt der Nach-

prüfung nach § 164 AO, kann die Wahl jederzeit während der Vorbehaltsfrist geändert werden (FG Nürnberg EFG 2003, 873). Nach Wahl zur Jahreswertbesteuerung kommt nur noch ein Antrag nach § 23 Abs. 2 ErbStG in Betracht (BFH NV 1997, 657).

Steht eine Rente mehreren Personen gemeinsam zu, kann jeder Berechtigte für seinen Anteil hieran zwischen den beiden Möglichkeiten der Steuerentrichtung selbstständig wählen, ohne dass hierdurch die Besteuerung der anderen Bewerber beeinflusst wird (*Meincke* § 23 Rn 6). Das Wahlrecht steht nach dem Gesetzeswortlaut nur dem Erwerber zu. Ob auch der Schenker das Wahlrecht ausüben kann, wenn er ausnahmsweise statt des Erwerbers vom Finanzamt in Anspruch genommen wird, ist umstritten (zust *Meincke* § 23 Rn 6; ablehnend Troll/Gebel/*Jülicher* § 23 Rn 7). 3

B. Jahreswert und Jahressteuer

I. Fälligkeit

Der Steueranspruch des Fiskus entsteht mit dem Tod des Erblassers oder mit der Ausführung der Schenkung, § 9 Abs. 1 Nr. 1 und 2 ErbStG. § 23 ErbStG ändert hieran nichts. Es wird lediglich die Fälligkeit der Steuer hinausgeschoben (BFH BStBl III 1951, 142; FG Münster EFG 2003, 1029). Der Steuerbescheid stellt in diesem Fall als Dauerverwaltungsakt die Rechtsgrundlage für die vom Steuerpflichtigen jährlich und im Voraus zu entrichtende Steuer dar. Der Fälligkeitszeitpunkt wird im ersten Jahr durch den Steuerbescheid bestimmt, in den Folgejahren handelt es sich um den Zeitpunkt der Entstehung der ursprünglichen Steuerschuld. 4

II. Höhe

Die einmal ermittelte Jahressteuer bleibt unverändert. Auch bei inzwischen eingetretenen Gesetzesänderungen, die etwa die Steuerfreiheit des der Jahresbesteuerung unterworfenen Vermögens vorsehen, oder bei einer entsprechenden Änderung der maßgeblichen Rechtsprechung ändert sich die festgestellte Jahressteuer nicht. Der Erwerber darf bei Wahl der Jahreswertbesteuerung nicht besser gestellt werden, als der Erwerber, der den Steuerbetrag bei der Sofortbesteuerung in einem Einmalbetrag entrichtet und für den die Steuerfestsetzung ebenfalls in Bestandskraft erwachsen würde und damit nicht mehr änderbar wäre (FG München UVR 2000, 67; FG Münster EFG 2003, 1029; krit *Meincke* § 23 Rn 9). 5

Schwanken die wiederkehrenden Leistungen in ihrer Höhe, zB bei einer Rente mit Wertsicherungsklausel, wird im Zeitpunkt der Steuerentstehung nach § 15 Abs. 3 BewG der zukünftige Durchschnittsertrag zu Grunde gelegt (BFH BStBl III 1957, 447; Troll/Gebel/*Jülicher* § 23 Rn 11). 6

III. Berechnung

Bei der Steuerberechnung ist ein früherer Erwerb nach § 14 ErbStG zu berücksichtigen. Dabei sind nach Auffassung der Finanzverwaltung die Freibeträge nach §§ 16, 17 ErbStG und ein Zugewinnausgleichsanspruch nach § 5 Abs. 2 ErbStG vorrangig von sonstigem nicht zu kapitalisierenden Vermögen und erst anschließend von dem ermittelten Kapitalwert abzuziehen (vgl das Berechnungsbeispiel in H 84 ErbStH; aA *Moench* § 23 Rn 12: Aufteilung der Abzugsbeträge auf das der Jahresversteuerung unterliegende und das sonstige Vermögen; FG Hamburg EFG 1984, 130: antragsgemäße Aufteilung bei teilweiser Jahreswertbesteuerung). Sollte nach Verrechnung der Abzugsbeträge mit dem der Sofortversteuerung unterliegenden Vermögen noch ein Freibetragsrest verbleiben, so ist dieser bis zu einem vollständigen Verbrauch mit den jährlichen Jahreswerten zu verrechnen. 7

Bei der Ermittlung des Steuersatzes ist die Regelung des Härteausgleichs nach § 19 Abs. 3 ErbStG zu beachten: Es ist also folglich der für die Sofortversteuerung zu entrichtende 8

Steuerbetrag in das Verhältnis zu dem stpfl Vermögen zu setzen, der sich im Einzelfall hieraus ergebende Steuersatz zu ermitteln und auf den Jahreswert anzuwenden.

9 Stehen Freibeträge zur Verfügung, wendet die Finanzverwaltung die sog **Aufzehrungsmethode** an (H 84 ErbStH; BFH ZEV 1998, 195). Danach wird die erstmalige Entrichtung der Jahressteuer solange hinausgeschoben, bis die dem Erwerber zustehenden Freibeträge durch die ihm zufließenden Renten aufgezehrt sind. Zur Berechnungsweise bei der Aufzehrungsmethode vgl das Beispiel in H 84 ErbStH.

10 Auf Antrag des Steuerpflichtigen ist die sog **Kürzungsmethode** anzuwenden. Hierbei wird der Jahreswert der Rente in dem Maß gekürzt, indem der Kapitalwert durch den Freibetrag gemindert wird.

11 Im Einzelfall muss das für den Steuerpflichtigen günstigste Ergebnis ermittelt werden. In diese Überlegung ist mit einzubeziehen, ob zu einem späteren Zeitpunkt die Jahressteuer nach § 23 Abs. 2 ErbStG abgelöst werden soll. Ist das der Fall, führt die Kürzungsmethode grds zu einer geringeren Steuerbelastung (*Moench* ZEV 2001, 303; *Koretzkij* ZEV 2001, 305).

12 Verstirbt der Berechtigte einer lebenslänglichen Nutzung oder Leistung kurze Zeit nach dem Erwerb, so wird die Jahresversteuerung ebenso wie eine Sofortversteuerung nach § 14 Abs. 2 BewG berichtigt (Troll/Gebel/*Jülicher* § 23 Rn 22). Hiervon ist der Wegfall der Rente zB wegen Insolvenz des Verpflichteten zu unterscheiden. Ein solcher Wegfall stellt erbschaftsteuerlich kein rückwirkendes Ereignis nach § 175 Abs. 1 Satz 1 Nr. 2 AO dar (BFH NV 2001, 428). Der Fall ist deshalb mit der Sofortentrichtung der Steuer zu vergleichen. Auch hier wäre – mangels Änderungsmöglichkeit – nachträglich keine Anpassung des der Sofortversteuerung unterworfenen Kapitalwerts möglich (vgl Troll/Gebel/*Jülicher* § 23 Rn 23).

C. Pro und contra Jahreswertbesteuerung

13 Welche Vor- und Nachteile die Wahl zur Jahreswertbesteuerung mit sich bringt, ist in jedem Einzelfall sorgfältig abzuwägen (*Moench* § 23 Rn 21). Für die Jahreswertbesteuerung spricht der Umstand, dass die Steuer nach Aufzehrung der Freibeträge bzw unter entsprechender Berücksichtigung der Freibeträge aus den laufenden Einnahmen des Steuerpflichtigen aufgebracht werden kann; vielfach wird hierdurch ein Rückgriff auf die Sachsubstanz vermieden. Anders als bei der Sofortversteuerung legt sich der Steuerpflichtige mit der Wahl zur Jahreswertbesteuerung nicht endgültig fest. Für ihn besteht weiterhin die Möglichkeit, zukünftige Steuerzahlungen nach § 23 Abs. 2 ErbStG abzulösen, was allerdings andererseits in der Gesamtbetrachtung zu einer insgesamt höheren Steuerbelastung führen kann (*Moench* ZEV 2001, 303; *Koretzkij* ZEV 2001, 305). Ob die Jahressteuer bei der Einkommensteuer als Sonderausgabe nach § 10 Abs. 1 Nr. 1a EStG abgezogen werden kann, ist umstritten (dafür *Moench* § 23 Rn 20; Troll/Gebel/*Jülicher* § 23 Rn 42; dagegen Troll/*Gebel*/Jülicher § 3 Rn 178).

14 Gegen die Jahreswertbesteuerung spricht insb das letztlich nicht kalkulierbare Risiko, dass der Berechtigte länger lebt, als es nach der statistisch ermittelten Lebenserwartung vorauszusehen war, so dass sich in diesem Fall eine höhere Steuerbelastung ergibt.

D. Ablösung der Jahressteuer (Abs. 2)

15 Der Antrag auf Ablösung der Jahressteuer muss spätestens einen Monat vor dem Fälligkeitstermin der nächsten Jahressteuer gestellt werden, Abs. 2 Satz 3 ErbStG. Der Steuerpflichtige kann dieses Wahlrecht bis zuletzt ausüben. Entscheidet er sich demgegenüber für die Sofortbesteuerung, ist diese Wahl nach Bestandskraft des Steuerbescheids nicht mehr widerruflich (s Rn 2).

16 Die Jahressteuer ist mit dem Kapitalwert abzulösen, der nach Maßgabe der §§ 13 und 14 BewG ermittelt wird, Abs. 2 Satz 1 und 2 ErbStG. Bei der Kapitalisierung wird zur Ermittlung des maßgeblichen Vervielfältigers auf das Lebensalter des Berechtigten abgestellt. Hierdurch kann sich bei späterer Ablösung der Jahressteuer unter Berücksichtigung der insgesamt gezahlten Steuerbeträge (Jahressteuerraten und Ablösebetrag) im Vergleich zur

Sofortbesteuerung eine wesentlich höhere Steuerbelastung ergeben (*Moench* ZEV 2001, 303; *Koretzkij* ZEV 2001, 305).

§ 24 Verrentung der Steuerschuld in den Fällen des § 1 Abs. 1 Nr. 4

¹In den Fällen des § 1 Abs. 1 Nr. 4 kann der Steuerpflichtige verlangen, daß die Steuer in 30 gleichen jährlichen Teilbeträgen (Jahresbeträgen) zu entrichten ist. ²Die Summe der Jahresbeträge umfaßt die Tilgung und die Verzinsung der Steuer; dabei ist von einem Zinssatz von 5,5 vom Hundert auszugehen.

A. Allgemeines

Die nach § 1 Abs. 1 Nr. 4 ErbStG alle 30 Jahre für Familienstiftungen und -vereine anfallende Ersatzerbschaftsteuer (vgl § 9 Abs. 1 Nr. 4 ErbStG) kann durch die Regelung des § 24 ErbStG verrentet und in jährlichen Teilbeträgen gezahlt werden. 1

B. Verrentung

Die Verrentung ist eine Ausnahme im Erbschaftsteuergesetz und eine Besserstellung der Familienstiftung gegenüber anderen Erwerbern, denen diese Möglichkeit nicht offen steht. Der ursprünglich einmal entstandene Steuerbetrag wird unter Berücksichtigung eines Zinsfußes von 5,5 % kapitalisiert und dann in jährlich gleichen Teilbeträgen erhoben. Die Steuerbelastung wird hierdurch über einen längeren Zeitraum gleichmäßig verteilt, was sich für die betreffende Familienstiftung vielfach als interessante Gestaltung herausstellt (*Korezkij* ZEV 1999, 132). 2

Die Stiftung kann auch nur einen Teilbetrag der Steuer der Verrentung unterwerfen oder die vorzeitige Ablösung einmal verrenteter Jahresbeträge nach § 23 Abs. 2 ErbStG verlangen. (FinMin Niedersachsen DB 1984, 751). 3

C. Vorzeitige Auflösung

Wird die Stiftung vor Ablauf des 30jährigen Besteuerungsintervalls aufgelöst, muss der Kapitalwert der verrenteten Steuerzahlungen in einem Einmalbetrag abgelöst werden; der Kapitalwert der noch offen Ratenzahlungen ist nach § 23 Abs. 2 ErbStG zu ermitteln (Troll/Gebel/*Jülicher* § 24 Rn 5). 4

Statt einer Verrentung kommt unter den strengeren Voraussetzungen des § 28 ErbStG auch die Stundung der Erbschaftsteuer auf maximal 10 Jahre mit einem Zinssatz von 6 % in Betracht. 5

§ 25 Besteuerung bei Nutzungs- und Rentenlast

(1) ¹Der Erwerb von Vermögen, dessen Nutzungen dem Schenker oder dem Ehegatten des Erblassers (Schenkers) zustehen oder das mit einer Rentenverpflichtung oder mit der Verpflichtung zu sonstigen wiederkehrenden Leistungen zugunsten dieser Personen belastet ist, wird ohne Berücksichtigung dieser Belastungen besteuert. ²Die Steuer, die auf den Kapitalwert dieser Belastungen entfällt, ist jedoch bis zu deren Erlöschen zinslos zu stunden. ³Die gestundete Steuer kann auf Antrag des Erwerbers jederzeit mit ihrem Barwert nach § 12 Abs. 3 des Bewertungsgesetzes abgelöst werden.

(2) Veräußert der Erwerber das belastete Vermögen vor dem Erlöschen der Belastung ganz oder teilweise, endet insoweit die Stundung mit dem Zeitpunkt der Veräußerung.

§ 25 ErbStG | Besteuerung bei Nutzungs- und Rentenlast

A. Allgemeines

1 § 25 ErbStG behandelt einen in der Praxis sehr häufigen Fall der vorweggenommenen Erbfolge, bei der der Schenker Vermögen – oftmals handelt es sich um ein Grundstück – bereits zu Lebzeiten auf die nächste Generation überträgt, sich selbst und/oder seinem Ehegatten aber ein lebzeitiges Nießbrauchsrecht vorbehält. Bei Erbfällen hat die Vorschrift insb Bedeutung für den Fall, dass Vermögensgegenstände beim Tode des erstversterbenden Elternteils bereits auf die nächste Generation übergehen, dem längerlebenden Ehegatten aber ein entsprechendes Nießbrauchs- oder Rentenvermächtnis zugewendet wird.

2 In diesen Fällen kann die Belastung durch das sich selbst vorbehaltene oder dem Ehegatten eingeräumte Nießbrauchs- oder Rentenrecht beim Erwerber entgegen der Regelungen in § 10 Abs. 1 Nr. 2 ErbStG nicht zum Abzug gebracht werden. Stattdessen wird die Steuer auf den Erwerb so berechnet, als ob die Belastung nicht bestünde. Allerdings wird die Steuer in dem Umfang, in dem sie auf die nichtabzugsfähige Belastung entfällt, bis zum Erlöschen dieser Belastung zinslos gestundet.

3 Wegen der insoweit gegebenen Durchbrechung des Nettoprinzips, eines der tragenden Grundsätze des Erbschaftsteuerrechts, wird die Vorschrift teilweise stark kritisiert (vgl *Meincke* § 25 Rn 2 ff). Die Rechtsprechung sieht hierin jedoch keinen Verfassungsverstoß (BFH BStBl II 1983, 45; BVerfG BStBl II 1984, 608).

4 § 25 ErbStG setzt voraus, dass ein unter das ErbStG fallender Sachverhalt gegeben ist. Es kann sich hierbei um einen Erwerb von Todes wegen oder um eine Schenkung unter Duldungsauflage handeln. Das setzt voraus, dass eine Vermögensübertragung vorliegt, bei der die vom Bedachten zu übernehmenden Belastungen nicht gleichwertig sind, also auch unter Berücksichtigung aller Belastungen immer noch eine Bereicherung des Erwerbers im zivilrechtlichen Sinn verbleibt. Ist dagegen ein Rechtsgeschäft in vollem Umfang als entgeltlich anzusehen, ist kein unter § 25 ErbStG fallender Sachverhalt gegeben (R 85 Abs. 2 ErbStR).

5 Die Vorschrift des § 25 ErbStG setzt weiter voraus, dass das übertragene Vermögen unter einer Belastung steht. Bei der Belastung kann es sich handeln um Renten, Nutzungen und sonstige wiederkehrende Leistungen. Zu solchen sonstigen Leistungen sind ausschließlich wiederkehrende Leistungen nach §§ 13 und 14 BewG zu zählen (R 85 Abs. 1 Satz 3 ErbStR). Typische Nutzungsrechte sind insb Nießbrauch und Wohnrecht.

6 Die »Belastung« des übertragenen Vermögens muss nicht iS einer dinglichen Belastung bestehen. Erforderlich ist vielmehr, dass die Belastung mit dem Erwerb des Vermögens verbunden ist, also etwa der Erblasser durch Vermächtnis eine Verpflichtung des Erben zur Leistung begründet hat (BFH BStBl II 1989, 733). Die Finanzverwaltung geht sogar davon aus, dass § 25 ErbStG grds dann keine Anwendung findet, wenn zum Zeitpunkt der Vermögensübertragung die Belastung bereits bestanden hat (R 85 Abs. 1 Satz 1 Nr. 1 und 2 ErbStR). Etwas anderes gilt nur dann, wenn durch eine bereits früher begründete Belastung die Anwendung von § 25 ErbStG umgangen werden sollte (R 85 Abs. 1 Satz 1 Nr. 3 ErbStG).

7 § 25 ErbStG ist nur anwendbar, wenn das Nutzungs- oder Rentenrecht dem Ehegatten des Erblassers oder dem Schenker oder seinem Ehegatten zusteht. Ehegatte des Schenkers oder Erblassers ist derjenige, der zum Zeitpunkt des Vermögenserwerbs mit dem Schenker oder Erblasser verheiratet ist. Nichteheliche Lebenspartner werden nicht erfasst (*Meincke* § 25 Rn 11).

8 Sind mehrere Personen nutzungsberechtigt, von denen eine das Abzugsverbot auslöst, während der Erwerb des anderen den Abzug nicht gefährdet, ergibt sich eine unterschiedliche steuerliche Behandlung. Der Kapitalwert der Belastung ist dann auf die einzelnen Berechtigten aufzuteilen.

B. Stundung der Steuer (Abs. 2 Satz 2 und 3)

Die Steuer, die auf die Belastung entfällt, ist nach Abs. 1 Satz 2 zinslos zu stunden. Hierbei ist vom Kapitalwert der Belastung auszugehen. Er ist nach den §§ 13 ff BewG zu ermitteln. Zur Berechnung des zu stundenden Steuerbetrages ist zunächst die – zu veranlagende – Steuer für den gesamten Erwerb zu ermitteln, so wie sie sich ohne Berücksichtigung der Belastung, also ohne einen entsprechenden Abzug, ergibt. Dann ist der Steuerbetrag zu ermitteln, der sich ergeben würde, wenn bei der Veranlagung der Vermögenserwerb um die nach Abs. 1 Satz 1 nichtabzugsfähigen Belastungen gekürzt worden wäre. Der Unterschiedsbetrag zwischen den beiden Steuerbeträgen ist zinslos zu stunden (R 85 Abs. 3 Satz 2 und 3 ErbStR). 9

Das kann im Extremfall dazu führen, dass der gesamte Steuerbetrag zu stunden ist, nämlich wenn der Wert der nichtabzugsfähigen Belastung den Wert des stpfl Erwerbs in vollem Umfang deckt. Üblicherweise handelt es sich aber um einen Teilbetrag der Steuerschuld, dessen Stundung nicht durch gesonderten Verwaltungsakt ausgesprochen wird, sondern Teil der Steuerveranlagung ist. Bei einer Änderung der Steuerfestsetzung ist demzufolge auch der gestundete Betrag entsprechend anzupassen, ohne dass es der §§ 130 und 131 AO als Änderungsvorschrift bedarf (R 85 Abs. 3 Satz 6 ErbStR). 10

Die Stundung läuft bis zum Zeitpunkt des Wegfalls der Belastung (Abs. 1 Satz 2) oder bis zum Zeitpunkt einer Veräußerung des belasteten Vermögens (Abs. 2, s Rn 15 ff). Wann die Belastung entfällt, hängt insb von den vertraglichen Absprachen zur Begründung der entsprechenden Nutzungs- oder Rentenrechte ab. So erlöschen Nießbrauch, Wohnrecht und Leibrente mit dem Tod des Berechtigten. Bei Zeitrenten oder anderen befristeten wiederkehrenden Nutzungen und Lasten erlischt die Belastung mit dem Ende der Laufzeit. Mit dem Fortfall der Belastung wird die gestundete Steuer fällig. 11

Die Belastung fällt vor den vorstehend genannten Zeitpunkten weg, wenn der Verpflichtete seine Verpflichtung vorzeitig ablöst oder der Berechtigte auf seine Rechte verzichtet. Erfolgt ein solcher Verzicht – wie zumeist – unentgeltlich, so stellt dies nach Auffassung der Finanzverwaltung und der Rechtsprechung eine (erneute) Schenkung zu Gunsten des Erwerbers, der nunmehr von der Belastung befreit wird, dar (H 85 Abs. 4 ErbStH; BFH BStBl II 2004, 429). Eine steuerliche Doppelbelastung des Nutzungsrechts einmal als Folge der Nichtberücksichtigung als Abzugsposten nach Abs. 1 Satz 1 und andererseits durch seine Erfassung beim späteren Verzicht des Berechtigten, wird durch eine Billigkeitsregelung vermieden. Zu einer zusätzlichen steuerlichen Belastung kommt es daher nur dann, wenn – etwa durch zwischenzeitliche Wertveränderungen – der (spätere) Verzicht auf das Nießbrauchsrecht höher zu bewerten ist als seine (frühere) Begründung (vgl H 85 Abs. 4 ErbStH). 12

C. Ablösung der gestundeten Steuer (Abs. 1 Satz 3)

Die Stundung des auf die Belastung entfallenden Steuerbetrags ist aus Sicht des Gesetzgebers eine Vergünstigung für den Steuerpflichtigen. Es versteht sich von selbst, dass der Steuerpflichtige hierauf verzichten kann und die Steuerstundung daher nicht in Anspruch nehmen muss. Dann ist der festgesetzte Steuerbetrag fällig. Das Gesetz gibt dem Steuerpflichtigen aber auch die Möglichkeit, den gestundeten Betrag mit seinem Barwert abzulösen (Abs. 1 Satz 3). Maßgeblich ist dann der sich nach § 12 Abs. 3 BewG ergebende Betrag. 13

Grds sind hierfür die Verhältnisse zum Zeitpunkt der Antragstellung durch den Steuerpflichtigen maßgebend (R 85 Abs. 6 Satz 3 ErbStR). Wird die Ablösung des gestundeten Steuerbetrags zugleich mit der Steuererklärung beantragt, kommt es auf die Verhältnisse zum Zeitpunkt der Entstehung der Steuerschuld an (R 85 Abs. 6 Satz 2 ErbStR). 14

D. Veräußerung des belasteten Vermögens (Abs. 2)

15 Die Stundung des auf die Belastung entfallenden Steuerbetrags endet mit dem Zeitpunkt, in dem der Erwerber das belastete Vermögen ganz oder teilweise veräußert (Abs. 2). Als Veräußerung ist hierbei nur die entgeltliche Übertragung des Vermögens zu verstehen (R 85 Abs. 4 Satz 3 ErbStR). Eine solche Entgeltlichkeit nimmt die Finanzverwaltung auch dann an, wenn – vor einer Veräußerung des belasteten Gegenstands – ein Nießbrauch oder sonstiges Nutzungsrecht an einem Surrogat bestellt wird (R 85 Abs. 4 Satz 4 ErbStR). Demgegenüber fällt eine unentgeltliche Übertragung des belasteten Vermögens nicht unter Abs. 2, sodass weder ein Übergang im Erbfall noch eine Schenkung unter Lebenden zur Fälligkeit der gestundeten Steuer führt (R 85 Abs. 4 Satz 6 ErbStR).

16 Nicht nur die Veräußerung des ganzen Vermögens, sondern auch eines Teils dieses Vermögens beendet die Steuerstundung. Betroffen ist bei einer teilweisen Veräußerung aber auch nur ein entsprechender Teil des Stundungsbetrages. Bei einem Gewerbebetrieb und einem Betrieb der Land- und Forstwirtschaft geht die Finanzverwaltung von einer teilweisen Veräußerung dann aus, wenn ein Teilbetrieb nach § 16 Abs. 1 EStG veräußert wird (R 85 Abs. 4 Satz 5 ErbStR).

17 Der Steuerpflichtige hat dem Finanzamt den Wegfall der Belastung und den Eintritt der anderen Gründe, die zur Beendigung der Stundung führen, also etwa die Veräußerung des belasteten Gegenstandes, anzuzeigen. Die Steuer ist dann innerhalb eines Monats nach Beendigung der Stundung fällig (R 85 Abs. 5 Satz 1 und 2 ErbStR). Grds ist dann der gestundete Steuerbetrag zu zahlen. Der Steuerpflichtige kann jedoch vorher von der Möglichkeit nach Abs. 1 Satz 3 Gebrauch machen (s Rn 13 f) und die gestundete Steuer noch vor der Veräußerung ablösen (*Moench* § 25 Rn 28; *Meincke* § 25 Rn 18). Dann ist nur noch der (niedrigere) Barbetrag zu zahlen.

§ 26 Ermäßigung der Steuer bei Aufhebung einer Familienstiftung oder Auflösung eines Vereins

In den Fällen des § 7 Abs. 1 Nr. 9 ist auf die nach § 15 Abs. 2 Satz 2 zu ermittelnde Steuer die nach § 15 Abs. 2 Satz 3 festgesetzte Steuer anteilsmäßig anzurechnen

a) **mit 50 vom Hundert, wenn seit der Entstehung der anrechenbaren Steuer nicht mehr als zwei Jahre,**

b) **mit 25 vom Hundert, wenn seit der Entstehung der anrechenbaren Steuer mehr als zwei Jahre, aber nicht mehr als vier Jahre vergangen sind.**

A. Allgemeines

1 § 26 ErbStG ist eine Ermäßigungs- bzw Billigkeitsregelung, die – ähnlich wie § 27 ErbStG – eine mehrfache Erbschaftsteuerbelastung innerhalb kurzer Zeit abmildern soll. Ihr Anwendungsbereich betrifft Familienstiftungen bzw –vereine, die nach § 1 Abs. 1 Nr. 4 ErbStG alle 30 Jahre der Erbersatzsteuer unterliegen.

2 Die Norm lässt eine teilweise Anrechnung der Erbersatzsteuer bei Aufhebung der Stiftung oder des Vereins bis zu einem Zeitraum von maximal vier Jahren mit bis zu 50 % zu. Im Vergleich zu § 27 ErbStG, der eine Steueranrechnung innerhalb eines 10-Jahres-Zeitraums vorsieht, ist die Frist mit vier Jahren deutlich kürzer bemessen.

B. Voraussetzungen und Auswirkungen

3 Wird eine Stiftung oder ein Verein aufgehoben, stellt dies nach § 7 Abs. 1 Nr. 9 ErbStG eine Schenkung unter Lebenden dar. Hierauf wird die turnusmäßig alle 30 Jahre anfallende

Ersatzerbschaftsteuer zu 50 % angerechnet, wenn die Aufhebung der Stiftung oder des Vereins innerhalb von zwei Jahren seit der Entstehung der Ersatzerbschaftsteuer erfolgt. Die Anrechnungsquote beträgt 25 %, wenn seit der Entstehung der Ersatzerbschaftsteuer mehr als zwei, aber nicht mehr als vier Jahre vergangen sind.

Wenn durch die Aufhebung der Stiftung oder des Vereins ein Vermögensanfall bei mehreren Berechtigten eintritt, wird die Ersatzerbschaftsteuer für Zwecke der Anrechnung auf die Berechtigten aufgeteilt. Sie wird dann im Verhältnis des Erwerbs des jeweiligen Berechtigten zum gesamten teilfähigen Vermögen bei Aufhebung der Stiftung angerechnet (Troll/Gebel/*Jülicher* § 26 Rn 3; *Moench* § 26 Rn 4; *Meincke* § 26 Rn 4). Die persönlichen Freibeträge nach §§ 16, 17 ErbStG werden hierbei nicht abgezogen, da anderenfalls die vom Gesetzgeber beabsichtigte Wirkung, nämlich die Schonung von Personen, die dem Stifter verwandtschaftlich nahe stehen, in ihrer Wirkung aufgehoben würde (Troll/Gebel/*Jülicher* § 26 Rn 3). 4

Ist einer der Berechtigten eine nach § 13 Abs. 1 Nr. 16 Buchst. b ErbStG steuerbefreite gemeinnützige Körperschaft, so ist ihr Steueranrechnungsvolumen auf die übrigen (stpfl) Erwerber aufzuteilen (Troll/Gebel/*Jülicher* § 26 Rn 4). 5

§ 27 Mehrfacher Erwerb desselben Vermögens

(1) Fällt Personen der Steuerklasse I von Todes wegen Vermögen an, das in den letzten zehn Jahren vor dem Erwerb bereits von Personen dieser Steuerklasse erworben worden ist und für das nach diesem Gesetz eine Steuer zu erheben war, ermäßigt sich der auf dieses Vermögen entfallende Steuerbetrag vorbehaltlich des Absatzes 3 wie folgt:

um ... vom Hundert	wenn zwischen den beiden Zeitpunkten der Entstehung der Steuer liegen
50	nicht mehr als 1 Jahr
45	mehr als 1 Jahr, aber nicht mehr als 2 Jahre
40	mehr als 2 Jahre, aber nicht mehr als 3 Jahre
35	mehr als 3 Jahre, aber nicht mehr als 4 Jahre
30	mehr als 4 Jahre, aber nicht mehr als 5 Jahre
25	mehr als 5 Jahre, aber nicht mehr als 6 Jahre
20	mehr als 6 Jahre, aber nicht mehr als 8 Jahre
10	mehr als 8 Jahre, aber nicht mehr als 10 Jahre

(2) Zur Ermittlung des Steuerbetrags, der auf das begünstigte Vermögen entfällt, ist die Steuer für den Gesamterwerb in dem Verhältnis aufzuteilen, in dem der Wert des begünstigten Vermögens zu dem Wert des steuerpflichtigen Gesamterwerbs ohne Abzug des dem Erwerber zustehenden Freibetrags steht.

(3) Die Ermäßigung nach Absatz 1 darf den Betrag nicht überschreiten, der sich bei Anwendung der in Absatz 1 genannten Vomhundertsätze auf die Steuer ergibt, die der Vorerwerber für den Erwerb desselben Vermögens entrichtet hat.

A. Allgemeines

Nicht selten kommt es vor, dass ein und dasselbe Vermögen in kurzer zeitlicher Abfolge mehrfach besteuert werden muss. Eine typische Fallkonstellation ist etwa das sog Berliner 1

Testament, bei dem zunächst der längerlebende Ehegatte und – ggf kurz darauf – das gemeinsame Kind erbt. Um in diesen Fällen eine übermäßige Besteuerung und damit eine nicht zu rechtfertigende Abschöpfung des Familienvermögens zu verhindern, sieht § 27 ErbStG eine Tarifermäßigung vor, wenn Vermögen mehrfach innerhalb kurzer Zeit auf Personen der Steuerklasse I übergeht. Sind seit dem vorhergehenden Erwerb mehr als zehn Jahre vergangen, hält das Gesetz eine Ermäßigung nicht mehr für erforderlich. Im Gegensatz zu § 14 ErbStG, der mehrere Erwerbe desselben Erwerbers innerhalb eines Zehnjahreszeitraums berücksichtigt, bezieht sich § 27 ErbStG auf dasselbe Vermögen.

2 Trotz Steuerermäßigung ist allerdings etwa der generationenüberspringende Direkterwerb des Enkels vom Großvater immer noch günstiger, als die – wenn auch ermäßigte – Vermögensnachfolge über den Sohn als Zwischenerwerber (*Moench* § 27 Rn 1). § 27 greift nur ein, wenn beim Ersterwerb tatsächlich auch eine Steuer erhoben worden ist; der Erwerb muss folglich die persönlichen Freibeträge überstiegen haben.

3 § 27 ErbStG ist nur anwendbar, wenn es sich bei dem nachfolgenden Erwerb um einen Erwerb von Todes wegen handelt. Die Generalklausel in § 1 Abs. 2 ErbStG ist deshalb nicht einschlägig (BFH BStBl II 1997, 625). Bei dem Ersterwerb kann es sich demgegenüber auch um eine Schenkung unter Lebenden handeln (*Meincke* § 27 Rn 4; *Moench* § 27 Rn 5; Troll/Gebel/*Jülicher* § 27 Rn 9).

4 Die Finanzverwaltung wendet die Steuerermäßigung nach § 27 ErbStG nicht an, soweit die Steuern auf den Erwerb im Wege der strafbefreienden Erklärung nach dem Strafbefreiungserklärungsgesetz (StraBEG) im Rahmen einer Steueramnestie gezahlt wurden (BMF DStR 2004, 1387, Frage 20). In der Literatur ist diese Frage angesichts der durch das StraBEG geregelten Abgeltungswirkung umstritten (gegen eine Anwendung von § 27 ErbStG auch: *Moench* § 27 Rn 4; für eine Anwendung demgegenüber: Gast de Haan/*Joecks* Steuerstrafrecht § 10 StraBEG Rn 3 mwN).

5 Ausländische Erbschaftssteuern und nach §§ 163, 227 AO erlassene Steuern können ebenfalls nicht berücksichtigt werden (vgl Troll/Gebel/*Jülicher* § 27 Rn 18 mwN).

B. Voraussetzungen

I. Begünstigter Personenkreis

6 Nur Personen der Steuerklasse I, also der Ehegatte, die Kinder und Stiefkinder, deren Kinder sowie die Eltern und Voreltern bei Erwerben von Todes wegen (§ 15 ErbStG), werden berücksichtigt. Partner einer nichtehelichen Lebensgemeinschaft oder einer eingetragenen Lebenspartnerschaft gehören nicht zu den Personen der Steuerklasse I und profitieren daher nicht von der Steuerermäßigung.

II. Mehrfacher Erwerb desselben Vermögens

7 Es muss »dasselbe« Vermögen übergehen. Das setzt – anders als bei § 13 Abs. 1 Nr. 10 ErbStG, der eine gegenständliche Identität des Vermögens fordert – lediglich eine wirtschaftliche Identität voraus (BFH BStBl II 1980, 46). Werden Vermögensgegenstände veräußert, fällt dementsprechend die Gegenleistung als Surrogat unter die Begünstigung. Die zivilrechtlichen Surrogationen, zB für den Erbschaftsbesitzer nach § 2019 BGB, gelten entsprechend (*Meincke* § 27 Rn 5). Die Änderung der Rechtsform eines Unternehmens ist unschädlich (OFD München v 15. 6. 2004 – S 3839 – 2 St 353). Ggf muss das begünstigte Vermögen im Schätzungswege nach § 162 AO ermittelt werden (FG Berlin EFG 1992, 470).

8 Ein zwischenzeitlicher Wertzuwachs ist nicht begünstigt und daher herauszurechnen, da er bei dem Ersterwerb nicht der Steuer unterlegen hat (R 85a Abs. 1 Satz 2 ErbStR; aA FG Münster EFG 1977, 489: ein auf allgemeiner wirtschaftlicher Entwicklung beruhender Wertzuwachs einer Gesellschaftsbeteiligung ist begünstigtes Vermögen). Liegt eine Wertminderung vor, wird das begünstigte Vermögen mit dem geminderten Wert angesetzt (R 85a Abs. 1 Satz 3 ErbStR).

III. Steuer für den Ersterwerb

Für den ersten Erwerb muss eine Steuer nach dem ErbStG in seiner jeweiligen Fassung erhoben worden sein. Der Steuerbetrag darf also etwa nicht nach §§ 163, 227 AO erlassen worden sein (Troll/Gebel/*Jülicher* § 27 Rn 18). Ob wegen der gesetzlich angeordneten Abgeltungswirkung auch eine nach dem StraBEG nacherklärte Erbschaft- oder Schenkungsteuer hierunter fällt, ist umstritten (vgl § 8 Abs. 1 StraBEG; s Rn 4). 9

IV. Zeitlicher Rahmen

Die zu berücksichtigenden Erwerbe müssen innerhalb eines Zeitraums von höchstens zehn Jahren angefallen sein. Dann erfolgt eine nach Zeitdauer gestaffelte tarifliche Ermäßigung. Maßgeblich ist der jeweilige Steuerentstehungszeitpunkt nach § 9 ErbStG. Liegen mehrere nach § 14 ErbStG zusammenzufassende Vorerwerbe vor, ist für jeden einzelnen Erwerb der jeweilige Steuerentstehungszeitpunkt maßgeblich, um so die jeweilige Kürzungsquote zwischen 50 und 10 % pro Erwerb nach Abs. 1 ermitteln zu können. 10

C. Aufteilung (Abs. 2)

Geht beim Zweiterwerb nicht nur begünstigtes, sondern auch weiteres Vermögen auf den Erwerber über, ist zunächst der Steuerbetrag zu ermitteln, der auf das beim Zweiterwerb begünstigte Vermögen entfällt. Die Steuer für den Zweiterwerb ist also entsprechend aufzuteilen. Dabei ist der Steuerbetrag in dem Verhältnis aufzuteilen, in dem der Wert des begünstigten Vermögens zum Wert des Gesamterwerbs steht. Der so für das begünstigte Vermögen ermittelte Steuerbetrag ist nach Abs. 1 zu ermäßigen. 11

Bei der erforderlichen Verhältnisrechnung werden die dem Erwerber zustehenden Freibeträge nach Abs. 2 nicht berücksichtigt. Freilich ist er aber der Steuerberechnung zugrunde zu legen. 12

D. Begrenzung (Abs. 3)

Die beim Ersterwerb für das begünstigte Vermögen gezahlte Steuer stellt nach Abs. 3 den Höchstbetrag der Ermäßigungsgrundlage dar (*Meincke* § 27 Rn 14). Die Ermäßigung soll nur entsprechend der tatsächlich gezahlten Steuer des Ersterwerbs gewährt werden. Entfällt beim Zweiterwerb – etwa durch Wertsteigerungen – eine höhere Steuer auf das begünstigte Vermögen als beim Ersterwerb, ist die Ermäßigung auf den niedrigeren Betrag begrenzt. 13

Erwerben beim Zweiterwerb mehrere Personen das Vermögen, darf die Summe ihrer Ermäßigungsbeträge nach Abs. 1 nicht höher sein, als der sich nach Abs. 3 ergebende Höchstbetrag, anderenfalls ist der Höchstbetrag der Ermäßigung auf die einzelnen Erwerber entsprechend ihrem jeweiligen Anteil am mehrfach erworbenen Vermögen zu verteilen (FinMin Saarland DStR 2003, 1301). 14

§ 28 Stundung

(1) ¹Gehört zum Erwerb Betriebsvermögen oder land- und forstwirtschaftliches Vermögen, ist dem Erwerber die darauf entfallende Erbschaftsteuer auf Antrag bis zu zehn Jahren zu stunden, soweit dies zur Erhaltung des Betriebs notwendig ist. ²Die §§ 234 und 238 der Abgabenordnung sind anzuwenden; bei Erwerben von Todes wegen erfolgt diese Stundung zinslos. ³§ 222 der Abgabenordnung bleibt unberührt.

(2) Absatz 1 findet in den Fällen des § 1 Abs. 1 Nr. 4 entsprechende Anwendung.

§ 28 ErbStG | Stundung

A. Allgemeines

1 Geht Betriebsvermögen von Todes wegen oder durch Schenkung unter Lebenden auf den Erwerber über, hat dieser unter bestimmten Voraussetzungen einen Rechtsanspruch auf Stundung der hierauf entfallenden Steuern. Dies gilt nach dem Wortlaut der Vorschrift nicht für den Schenker.

2 Die Stundung nach § 28 ErbStG ist unabhängig von der sich aus der allgemeinen Vorschrift des § 222 AO ergebenden Stundung (Abs. 1 Satz 3). Bei Erwerben von Todes wegen erfolgt sie – anders als bei § 222 AO – zinslos (Abs. 1 Satz 2 Hs 2). Außerdem sieht die Finanzverwaltung bei § 28 ErbStG idR von einer Sicherheitsleistung ab (R 86 Abs. 3 ErbStR). Diese günstige Behandlung folgt aus dem Zweck der Vorschrift. Sie dient der Vermeidung der Gefährdung des Betriebserhalts, die durch Abzug der erforderlichen Mittel für die Begleichung der auf das erworbene Betriebsvermögen entfallenden Steuer eintreten kann (BFH BStBl II 1988, 730). Im Gegensatz zu § 222 AO, der die Stundung in das Ermessen der Finanzverwaltung stellt, ergibt sich aus § 28 ErbStG ein Rechtsanspruch auf Stundung.

3 Ergibt sich der nach § 28 ErbStG zu stundende Steuerbetrag aus einer Schenkung unter Lebenden, ist der gestundete Betrag zu verzinsen. Die Zinsen betragen in diesem Fall für jeden vollen Monat des Zinslaufs 0,5 %, jährlich also 6 % (§§ 234, 238 AO). Die Steuer wird hierbei zur Zinsberechnung auf den nächsten durch 50 € teilbaren Betrag abgerundet.

B. Stundungsvoraussetzungen

4 Die Stundung wird nur auf **Antrag** gewährt. Dieser ist zwar grds formfrei, idR wird er aber wegen der zu erbringenden umfangreichen Nachweise schriftlich gestellt werden müssen.

5 Eine Stundung erfolgt nur, soweit zum Erwerb **Betriebsvermögen** oder land- und forstwirtschaftliches Vermögen gehört. Zum insoweit begünstigten Betriebsvermögen gehören neben Einzelunternehmen Anteile an einer Personengesellschaft iSv § 15 Abs. 1 Nr. 2 und Abs. 3 EStG oder § 18 Abs. 4 EStG.

6 Nicht zum Betriebsvermögen gehören demgegenüber **Anteile an einer Kapitalgesellschaft** (GmbH, AG), auch nicht die Anteile an einer »Einmann-GmbH«. Das ist nur dann anders, wenn die Kapitalgesellschaftsanteile Bestandteil des betrieblich genutzten Vermögens eines Einzelunternehmens oder einer Personengesellschaft sind oder zum Sonderbetriebsvermögen des Gesellschafters einer Personengesellschaft gehören, wie es bei den GmbH-Anteilen des Kommanditisten einer GmbH & Co KG, die sich auf die Komplementär-GmbH beziehen, regelmäßig der Fall sein dürfte (*Meincke* § 28 Rn 4).

7 Anders als bei §§ 13a, 19a ErbStG führt auch eine Beteiligung an einer Kapitalgesellschaft von über 25 % bei § 28 ErbStG nicht zu einer Begünstigung. Hier bleibt dem Steuerpflichtigen allenfalls eine Stundung nach § 222 AO.

8 Das begünstigte **land- und forstwirtschaftliche Vermögen** bestimmt sich nach § 33 BewG.

9 Die Stundung erfolgt (nur), »**soweit dies zur Erhaltung des Betriebs notwendig ist**«. Das ist nicht der Fall, wenn der Erwerber die Steuer für den Erwerb von Betriebsvermögen und land- und forstwirtschaftlichem Vermögen aus erworbenem weiteren Vermögen oder aus eigenem Vermögen aufbringen kann (R 86 Abs. 2 Satz 1 ErbStR). Anders gesagt findet § 28 ErbStG insb dann Anwendung, wenn und soweit die Steuer mangels anderen Vermögens nur aus Mitteln des Betriebs aufgebracht werden kann (BFH BStBl II 1988, 730). Eine »bloße« Gefährdung von Arbeitsplätzen wird vom Wortlaut der Vorschrift zwar nicht erfasst. In einem solchen Fall wird aber die Finanzverwaltung dennoch in besonderer Weise zu Stundungsüberlegungen greifen (*Meincke* § 28 Rn 6).

10 Nachlassverbindlichkeiten des Erwerbers, wie zB Pflichtteile oder Vermächtnisse, bleiben nach Ansicht der Finanzverwaltung bei der Prüfung der Existenzgefährdung des Betriebs außer Betracht (R 86 Abs. 2 Satz 2 ErbStR). Zwar bestehen insoweit ggf nach zivilrecht-

lichen Vorschriften Stundungs- oder Ratenzahlungsmöglichkeiten (§ 2331a BGB). Trotzdem wird in den Fällen, in denen beim Erwerber kein ausreichendes Eigenvermögen vorhanden ist, das Betriebskapital gemindert und dadurch ggf eine Gefährdungssituation für das Unternehmen begründet. Es spricht daher viel für eine Berücksichtigung solcher Nachlassverbindlichkeiten. Eine Veräußerung des erworbenen Betriebsvermögens zur Finanzierung der Steuerbelastung mit der Folge einer Nachversteuerung nach § 13a Abs. 5 ErbStG kann nicht gefordert werden (Troll/Gebel/*Jülicher* § 28 Rn 5).

C. Sonstiges

Soweit – bei Schenkungen – Stundungszinsen anfallen, sind diese mit der letzten Rate in einer Summe fällig (Moench/*Kien-Hümbert* § 28 Rn 12). Die Schenkungsteuer ist eine Personensteuer nach § 12 Nr. 3 EStG; nicht nur der Steuerbetrag, sondern auch die Zinsen als Nebenleistungen stellen deshalb bei der Einkommensteuer nicht abzugsfähige Ausgaben dar. Die früher bestehende Möglichkeit, die Zinsen als Sonderausgaben nach § 10 Abs. 1 Nr. 5 EStG aF abziehen zu können, ist seit dem 1. 1. 1999 entfallen. Der Zinssatz von 6 % ist folglich aus versteuertem Einkommen zu zahlen, was zu einer realen Bruttobelastung von bis zu 15 % führt (*Flick* DStR 1986, 683). 11

In Ausnahmefällen kommt neben dem Erlass des Steueranspruchs selbst auch der Erlass der Stundungszinsen in Betracht, §§ 163, 227 AO. 12

D. Familienstiftungen und -vereine (Abs. 2)

Abs. 1 findet bei der Erbersatzbesteuerung bei Familienstiftungen und -vereinen entsprechende Anwendung (Abs. 2). Dabei besteht auch hier nur hinsichtlich des auf Betriebsvermögen oder land- und forstwirtschaftliches Vermögen entfallenden Steuerbetrages ein Stundungsanspruch, also nicht bzgl des ganzen Vermögens der Familienstiftung oder des Familienvereins (Moench/*Kien-Hümbert* § 28 Rn 16). Darüber hinaus kommt ggf eine Stundung nach § 222 AO oder auch eine Verrentung nach § 24 ErbStG als liquiditätsschonende Maßnahme in Betracht. 13

§ 29 Erlöschen der Steuer in besonderen Fällen

(1) Die Steuer erlischt mit Wirkung für die Vergangenheit,

1. soweit ein Geschenk wegen eines Rückforderungsrechts herausgegeben werden mußte;

2. soweit die Herausgabe gemäß § 528 Abs. 1 Satz 2 des Bürgerlichen Gesetzbuchs abgewendet worden ist;

3. soweit in den Fällen des § 5 Abs. 2 unentgeltliche Zuwendungen auf die Ausgleichsforderung angerechnet worden sind (§ 1380 Abs. 1 des Bürgerlichen Gesetzbuchs);

4. soweit Vermögensgegenstände, die von Todes wegen (§ 3) oder durch Schenkung unter Lebenden (§ 7) erworben worden sind, innerhalb von 24 Monaten nach dem Zeitpunkt der Entstehung der Steuer (§ 9) dem Bund, einem Land, einer inländischen Gemeinde (Gemeindeverband) oder einer inländischen Stiftung zugewendet werden, die nach der Satzung, dem Stiftungsgeschäft oder der sonstigen Verfassung und nach ihrer tatsächlichen Geschäftsführung ausschließlich und unmittelbar als gemeinnützig anzuerkennenden steuerbegünstigten Zwecken im Sinne der §§ 52 bis 54 der Abgabenordnung mit Ausnahme der Zwecke, die nach § 52 Abs. 2 Nr. 4 der Abgabenordnung gemeinnützig sind, dient. ²Dies gilt nicht, wenn die Stiftung Leistungen im Sinne des § 58 Nr. 5 der Abgabenordnung an den Erwerber oder seine nächsten Angehörigen zu erbringen hat oder soweit für die Zuwendung die Ver-

günstigung nach § 10b des Einkommensteuergesetzes, § 9 Abs. 1 Nr. 2 des Körperschaftsteuergesetzes oder § 9 Nr. 5 des Gewerbesteuergesetzes in der Fassung der Bekanntmachung vom 21. März 1991 (BGBl. I S 814), zuletzt geändert durch Artikel 13 des Gesetzes vom 20. Dezember 1996 (BGBl. I S 2049), in Anspruch genommen wird. ³Für das Jahr der Zuwendung ist bei der Einkommensteuer oder Körperschaftsteuer und bei der Gewerbesteuer unwiderruflich zu erklären, in welcher Höhe die Zuwendung als Spende zu berücksichtigen ist. ⁴Die Erklärung ist für die Festsetzung der Erbschaftsteuer oder Schenkungsteuer bindend.

(2) Der Erwerber ist für den Zeitraum, für den ihm die Nutzungen des zugewendeten Vermögens zugestanden haben, wie ein Nießbraucher zu behandeln.

A. Allgemeines

1 Nach §§ 47, 224a AO erlischt die einmal entstandene Steuer durch Zahlung, Verjährung, Aufrechnung etc. In § 29 ErbStG sind daneben weitere spezielle Umstände beschrieben, bei denen die einmal entstandene (Schenkung-)Steuer erlischt (Abs. 1) oder sich auf die Besteuerung eines Nutzungsvorteils reduziert (Abs. 2).

2 § 29 ErbStG trägt dem Umstand Rechnung, dass unentgeltliche Zuwendungen tatsächlich oftmals eine geringere Bestandskraft haben als entgeltliche Erwerbe. Nicht selten treten Umstände ein, bei denen der unentgeltliche Erwerber die empfangene Bereicherung wieder herausgeben muss (*Meincke* § 29 Rn 1). Bei Herausgabe eines Geschenkes durch den Beschenkten auf Grund eines Rückforderungsrechts des Schenkers wird die zuvor eingetretene Steuerbelastung nunmehr unbillig (Troll/Gebel/*Jülicher* § 29 Rn 1).

3 Hiervon zu unterscheiden ist die Rückschenkung, die außer in besonderen Ausnahmefällen (zB § 13 Abs. 1 Nr. 10 ErbStG) grds eine eigenständige – stpfl – Schenkung darstellt (*Moench* § 29 Rn 1).

4 Ist die Steuer nach Abs. 1 erloschen oder nach Abs. 2 reduziert, ist der ursprüngliche Schenkungsteuerbescheid nach § 175 Abs. 1 Satz 1 Nr. 2 AO zu ändern oder aufzuheben (*Meincke* § 29 Rn 2; *Moench* § 29 Rn 1).

B. Herausgabe von Geschenken (Abs. 1 Nr. 1)

5 Muss ein Geschenk vom Beschenkten wieder an den Schenker herausgegeben werden, erlischt die Steuer. Das setzt freilich voraus, dass die ursprüngliche Zuwendung der Steuer unterlag. Dabei ist jeder stpfl Vorgang gemeint, der nach § 1 Abs. 1 Nr. 2 iVm § 7 ErbStG besteuert wurde, außerdem die Schenkung auf den Todesfall gem § 3 Abs. 1 Nr. 2 ErbStG (*Meincke* § 29 Rn 4).

6 Die Steuer erlischt, wenn das Geschenk tatsächlich herausgegeben worden ist; nach dem Grundgedanken des § 41 AO reicht der Herausgabeanspruch allein ohne tatsächliche Rückgabe nicht aus (Troll/Gebel/*Jülicher* § 29 Rn 5). Die Herausgabe an einen Dritten kann ausreichend sein (BFH NV 2001, 39).

7 Die Rückgabe darf nicht freiwillig erfolgen (sonst ggf Rückschenkung, s Rn 3). Ihr muss ein entsprechender Rückforderungsanspruch zugrunde liegen. Als Rückforderungsrechte kommen ges, wie zB § 528 BGB, und vertragliche Ansprüche in Betracht. Daneben können solche aus Insolvenz- und Anfechtungsrecht bestehen (zB § 134 InsO, §§ 3 Abs. 1 Nr. 3 und 4 AnfG). Der Steuerpflichtige hat die Tatsachen, die seine Rückgewährsverpflichtung begründen, darzulegen und ggf zu beweisen (BFH NV 2001, 908).

8 Die wesentlichen ges Rückforderungsrechte sind (vgl *Kamps* ZErb 2002, 174 ff, 212 ff):
- § 527 (Nichtvollziehung einer Auflage)
- § 528 (Verarmung des Schenkers)
- § 530 (Widerruf der Schenkung wegen groben Undanks)
- § 816 Abs. 1 Satz 2 (unentgeltlichen Verfügungen)

- §§ 1301, 1302 (Rückforderung von Verlobungsgeschenken)
- § 2113 (Vereitelung der Rechte des Nacherben)
- §§ 2287, 2288 (Vereitelung der Rechtsstellung aus Erbverträgen)
- §§ 2329 – 2332 (Pflichtteilsergänzung)
- §§ 346 ff (Rücktritt vom Vertrag)
- §§ 812 ff (nach Anfechtung)

Auch vertragliche Rückforderungsrechte kommen in Betracht. Hierbei muss das Rückforderungsrecht allerdings im ursprünglichen Vertragsschluss verankert sein. Eine nachträgliche Vereinbarung kann nicht zum Erlöschen der Steuerpflicht führen. Dasselbe gilt für eine Schenkung unter freiem Widerrufsvorbehalt (*Meincke* § 29 Rn 7; FG Düsseldorf EFG 1985, 183). Ist die Schenkung vollzogen, steht ein freier Widerrufsvorbehalt der Schenkungsteuerpflicht nicht entgegen (BFH BStBl II 1989, 1034). Wird der Widerruf ausgeübt, erlischt die Steuer. 9

Schließlich kann auch ein Rückforderungsrecht wegen Störung der Geschäftsgrundlage (§ 313 BGB) bestehen. Dies wird insb in den Fällen relevant, in denen vertragliche Rücktritts- bzw Widerrufsregelungen nicht vorliegen. Ein Irrtum über die Höhe der durch eine Schenkung anfallenden Steuern kann bspw einen Anwendungsfall des Wegfalls der Geschäftsgrundlage darstellen (FG Rheinland-Pfalz FR 2001, 653). 10

C. Abwendung der Herausgabe (Abs. 1 Nr. 2)

Wendet der Beschenkte eine Rückforderung der Schenkung wegen Verarmung des Schenkers nach § 528 Abs. 1 Satz 2 BGB durch Zahlung des für den Unterhalt des Schenkers erforderlichen Betrags ab, erlischt die Steuer der ursprünglichen Schenkung nach Abs. 1 Nr. 2, obwohl der Schenkgegenstand nicht zurückgegeben wurde. Allerdings ist der Beschenkte wirtschaftlich nicht mehr in dem Maße bereichert, wie dies nach Vollzug der Schenkung zunächst der Fall war. Die Steuer erlischt daher nicht immer vollständig, sondern nur in dem Umfang, der sich aus dem Wertverhältnis der Schenkung und der Abfindungsleistung ergibt (*Moench* § 29 Rn 11). Die Norm kann wegen ihres eindeutigen Wortlauts nicht auf § 2329 BGB angewendet werden (BFH BStBl II 2004, 234). 11

D. Anrechnung von Vorschenkungen auf den Zugewinnausgleich (Abs. 1 Nr. 3)

Werden in den Fällen des § 5 Abs. 2 ErbStG unentgeltliche Zuwendungen auf die Zugewinnausgleichsforderung angerechnet (§ 1380 Abs. 1 BGB), erlischt die Forderung ebenfalls. Durch die Anrechnung der Zuwendung ändert sich ihr Charakter: Aus einer ursprünglich freigebigen Zuwendung wird die Erfüllung einer (ges) Forderung. Mangels Freigebigkeit muss die Steuerpflicht erlöschen (*Meincke* § 29 Rn 10). 12

E. Weitergabe des Erwerbs an öffentliche oder gemeinnützige Träger (Abs. 1 Nr. 4)

Eine einmal entstandene Steuer erlischt, soweit Vermögensgegenstände, die von Todes wegen oder durch Schenkung unter Lebenden erworben worden sind, innerhalb von 24 Monaten nach Entstehen der Steuer an eine inländische Gebietskörperschaft oder an eine inländische gemeinnützige Stiftung weitergegeben werden. Die Bestimmung soll die Erwerber dazu »ermutigen«, durch Weitergabe von erworbenem Vermögen die genannten Empfänger zu fördern (*Moench* § 29 Rn 15). 13

Abs. 1 Nr. 4 Satz 2 schränkt den erbschaftsteuerlichen Vorteil ua für den Fall ein, dass für die Zuwendung die Vergünstigung nach § 10b EStG in Anspruch genommen wird. Der Steuerpflichtige muss sich also entscheiden, ob er lieber den erbschaftsteuerlichen oder den ertragsteuerlichen Vorteil in Anspruch nehmen will. 14

F. Besteuerung des Nutzungsvorteils (Abs. 2)

15 Nach Abs. 2 ist der Erwerber für den Zeitraum, für den ihm die Nutzungen des zugewendeten Vermögens zugestanden haben, wie ein Nießbraucher zu behandeln. Der Gesetzgeber geht folglich davon aus, dass dem Steuerpflichtigen trotz der Herausgabe des Geschenks Vorteile verbleiben können, die es angemessen erscheinen lassen, sie im Gegenzug zum Erlöschen der Steuerpflicht nach Abs. 1 zu besteuern (*Meincke* § 29 Rn 16).

16 Eine Nutzungsversteuerung kommt in den Fällen des Abs. 1 Nr. 3 nicht in Betracht. Ihr Ziel ist die Besteuerung des aus einer freigebigen Zuwendung resultierenden Nutzungsvorteils. In den Fällen des Abs. 1 Nr. 3 erfolgt jedoch eine rückwirkende Umqualifizierung in die Erfüllung (im Wege einer Vorauszahlung) einer ges Forderung (s Rn 12). Die beim ursprünglichen Erwerber verbleibende Nutzung ist deshalb nicht mehr als Folge einer unentgeltlichen Zuwendung anzusehen, weshalb eine steuerliche Erfassung nicht gerechtfertigt wäre (Troll/Gebel/*Jülicher* § 29 Rn 57).

§ 30 Anzeige des Erwerbs

(1) Jeder der Erbschaftsteuer unterliegende Erwerb (§ 1) ist vom Erwerber, bei einer Zweckzuwendung vom Beschwerten binnen einer Frist von drei Monaten nach erlangter Kenntnis von dem Anfall oder von dem Eintritt der Verpflichtung dem für die Verwaltung der Erbschaftsteuer zuständigen Finanzamt schriftlich anzuzeigen.

(2) Erfolgt der steuerpflichtige Erwerb durch ein Rechtsgeschäft unter Lebenden, ist zur Anzeige auch derjenige verpflichtet, aus dessen Vermögen der Erwerb stammt.

(3) [1]Einer Anzeige bedarf es nicht, wenn der Erwerb auf einer von einem deutschen Gericht, einem deutschen Notar oder einem deutschen Konsul eröffneten Verfügung von Todes wegen beruht und sich aus der Verfügung das Verhältnis des Erwerbers zum Erblasser unzweifelhaft ergibt. [2]Das gleiche gilt, wenn eine Schenkung unter Lebenden oder eine Zweckzuwendung gerichtlich oder notariell beurkundet ist.

(4) Die Anzeige soll folgende Angaben enthalten:

1. Vorname und Familienname, Beruf, Wohnung des Erblassers oder Schenkers und des Erwerbers;
2. Todestag und Sterbeort des Erblassers oder Zeitpunkt der Ausführung der Schenkung;
3. Gegenstand und Wert des Erwerbs;
4. Rechtsgrund des Erwerbs wie gesetzliche Erbfolge, Vermächtnis, Ausstattung;
5. persönliches Verhältnis des Erwerbers zum Erblasser oder zum Schenker wie Verwandtschaft, Schwägerschaft, Dienstverhältnis;
6. frühere Zuwendungen des Erblassers oder Schenkers an den Erwerber nach Art, Wert und Zeitpunkt der einzelnen Zuwendung.

A. Allgemeines

1 Die in §§ 30 – 34 ErbStG vorgesehenen Anzeigepflichten dienen der Sicherung des Steueraufkommens, da anderenfalls das Finanzamt in vielen Fällen keine Kenntnis von den Steuerfällen erhielte. Die Anzeigepflicht steht selbstständig neben der Pflicht zur Abgabe einer Steuererklärung nach entsprechender Aufforderung durch das Finanzamt nach § 31 ErbStG (Moench/*Kien-Hümbert* § 30 Rn 1). Die Anzeigepflichten dienen damit der Durchsetzung des staatlichen Steueranspruchs im Interesse einer gleichmäßigen und effektiven Steuererhebung (*Meincke* § 30 Rn 1). Der Erwerber selbst verfügt über die Kenntnis von dem Erwerb und seiner Zusammensetzung. Bereits aus Praktikabilitätsgründen ist im Rahmen marginaler Zuwendungen – wie zB übliche Weihnachts- oder Geburtstagsgeschenke –, bei denen offensichtlich die persönlichen Freibeträge (§ 16 ErbStG) ausreichen, um den Erwerb steuerfrei zu stellen, eine Anzeige entbehrlich (BFH BStBl III 1958, 339).

§ 30 ErbStG ist in ein System von Anzeigepflichten einzuordnen, wodurch die Erfassung 2 aller Steuerfälle gesichert werden soll (Moench/*Kien-Hümbert* § 30 Rn 1). Der Anzeige kommt darüber hinaus eine entscheidende Bedeutung für die Festsetzungsverjährung zu (s Rn 13 ff).

B. Anzeige durch den Erwerber (Abs. 1)

Nach § 30 Abs. 1 ErbStG ist der Erwerber – bzw bei einer Zweckzuwendung der Be- 3 schwerte – verpflichtet, innerhalb einer Frist von drei Monaten nach Kenntnis von dem Anfall den Erwerb dem für die Verwaltung der Erbschaftsteuer zuständigen Finanzamt schriftlich anzuzeigen. Erwerber ist, wer einen Erwerb von Todes wegen oder eine Zuwendung unter Lebenden erlangt hat (Moench/*Kien-Hümbert* § 30 Rn 2). Bei einem Erwerb mehrerer Personen ist grds jeder einzelne Erwerber anzeigepflichtig. Kommt ein Erwerber seiner Anzeigepflicht nach und haben die anderen Beteiligten davon positive Kenntnis, entfällt ihre Pflicht (BFH BStBl II 1997, 11; Moench/*Kien-Hümbert* § 30 Rn 2).

Grds ist jeder Erwerb anzuzeigen. Die Anzeigepflicht entfällt aber dann, wenn eindeutig 4 feststeht, dass keine Steuerpflicht entstanden ist (BFH BStBl III 1958, 339; *Meincke* § 30 Rn 6).

Die dreimonatige Anzeigefrist beginnt zu laufen, wenn der Erwerber sichere Kenntnis von 5 seinem Erwerb hat oder die Verpflichtung des Beschwerten eingetreten ist (BFH BStBl II 1988, 818; Moench/*Kien-Hümbert* § 30 Rn 4). Kenntnis vom Erwerb bedeutet nicht nur die sichere Kenntnis etwa von der Einsetzung als Erbe, sondern auch die sichere Kenntnis davon, dass keine Umstände vorliegen, die ernstliche Zweifel an der Wirksamkeit der Erbeinsetzung begründen (BFH BStBl II 1988, 818).

Die Anzeige muss schriftlich erfolgen. Adressat ist das für die Verwaltung der Erbschaft- 6 steuer zuständige Finanzamt. Die örtliche Zuständigkeit regelt § 35 ErbStG.

C. Anzeige bei Schenkungen (Abs. 2)

Nach Abs. 2 ist neben dem Erwerber nach Abs. 1 auch der Schenker zur Anzeige ver- 7 pflichtet. Die Anzeigepflicht entsteht mit Ausführung der Schenkung nach § 9 Abs. 1 Nr. 2 ErbStG (Moench/*Kien-Hümbert* § 30 Rn 6). Erstattet einer der Verpflichteten die Anzeige und hat der jeweils andere Kenntnis hiervon, befreit ihn dies von seiner eigenen Anzeigepflicht (Moench/*Kien-Hümbert* § 30 Rn 6).

D. Ausnahmen von der Anzeigepflicht (Abs. 3)

Abs. 3 ist von großer praktischer Bedeutung. Er entbindet von der Anzeigepflicht, wenn 8 der Erwerb auf einer von einem deutschen Gericht, einem deutschen Notar oder einem deutschen Konsul eröffneten Verfügung von Todes wegen beruht und sich aus der Verfügung das Verhältnis des Erwerbers zum Erblasser unzweifelhaft ergibt. Wird eine Schenkung unter Lebenden oder eine Zweckzuwendung gerichtlich oder notariell beurkundet, entfällt ebenfalls die Anzeige.

»Verhältnis des Erwerbers zum Erblasser« meint nicht die persönlichen Verhältnisse, insb 9 nicht den Verwandtschaftsgrad, sondern die (Rechts-)Verhältnisse zwischen dem Erwerber und dem Erblasser oder Schenker, die den Erbschaftsteuer- bzw Schenkungsteuertatbestand ausgelöst haben (BFH BStBl II 1997, 73). Kann das Finanzamt der amtlich eröff-

§ 30 ErbStG | Anzeige des Erwerbs

neten Verfügung von Todes wegen unzweifelhaft die namentliche Bezeichnung des Erblassers und des Erwerbers sowie den Rechtsgrund für den Erwerb entnehmen, entfällt die Anzeigepflicht. Dies gilt auch dann, wenn wegen des Bestehens einer aufschiebenden Bedingung, Befristung oder Betagung die Erbschaftsteuer erst später entsteht. Es ist Aufgabe der Finanzverwaltung, solche Steuerfälle auch über viele Jahre hinweg zu überwachen (BFH BStBl II 1997, 73). Es kann sogar ausreichen, dass die in einer vom Gericht eröffneten letztwilligen Verfügung fehlenden Angaben über das Verhältnis des Erwerbers zum Erblasser durch die Angaben über das verwandtschaftliche Verhältnis in der vom Standesamt nach § 4 Abs. 3 Nr. 2 ErbStDV übermittelten Totenliste seitens des Finanzamts ergänzt werden, um die Anzeigepflicht entfallen zu lassen (FG Hamburg EFG 1991, 131).

10 Werden zu einem späteren Zeitpunkt weitere Nachlassgegenstände gefunden, stellt dies keinen (zusätzlichen) Erwerb iSv § 1 ErbStG dar, sondern beruht auf dem ursprünglichen Erwerb von Todes wegen. Demgemäß entsteht in diesen Fällen auch keine über die ursprüngliche Anzeigepflicht hinausgehende (weitere) Anzeigepflicht (BFH NV 2002, 910).

E. Inhalt der Anzeige (Abs. 4)

11 Abs. 4 normiert den Sollinhalt der Anzeige. Die Anzeige muss nicht notwendig alle dort aufgeführten Angaben enthalten (BFH BStBl II 1997, 73). Sie soll aber der Finanzbehörde die Prüfung ermöglichen, ob ein steuerbarer Erwerb vorliegt und ob deshalb eine Steuerfestsetzung in Betracht kommt. Vor diesem Hintergrund reichen Schätzungen der Werte aus (Moench/*Kien-Hümbert* § 30 Rn 9).

F. Folgen bei Nichtanzeige

12 § 30 ErbStG selbst sieht keine Sanktionen für den Fall vor, dass die Anzeigepflicht nicht beachtet wird. Eine Steuerordnungswidrigkeit liegt deshalb bei Nichtanzeige nicht vor. Wird allerdings infolge einer unterlassenen Anzeige die Erbschaftsteuer nicht, nicht in voller Höhe oder nicht rechtzeitig festgesetzt, kann – je nach Vorsatz – eine Steuerordnungswidrigkeit oder -straftat nach §§ 378, 370 AO in Betracht kommen (Moench/*Kien-Hümbert* § 30 Rn 10). Auswirkungen ergeben sich außerdem auf die Festsetzungsverjährung (s Rn 13 ff).

G. Festsetzungsverjährung

13 Die Festsetzungsfrist – auch für die Erbschaft- und Schenkungsteuer – beträgt grds vier Jahre (§ 169 Abs. 2 Nr. 2 AO), bei leichtfertiger Verkürzung der Steuer fünf Jahre und bei hinterzogener Steuer zehn Jahre (§ 169 Abs. 2 Satz 2 AO). Die Festsetzungsfrist beginnt zwar nach § 170 Abs. 1 AO grds mit Ablauf des Kalenderjahres, in dem die Steuer entstanden ist (§ 9 ErbStG). Etwas anderes gilt aber, wenn eine Steuererklärung einzureichen oder eine Anzeige zu erstatten ist. Dann beginnt die Festsetzungsfrist nach § 170 Abs. 2 Nr. 1 AO mit Ablauf des Kalenderjahres, in dem die Steuererklärung oder Anzeige eingereicht wird, spätestens jedoch mit Ablauf des dritten Kalenderjahres, das auf das Kalenderjahr der Steuerentstehung folgt, es sei denn, dass die Festsetzungsfrist nach § 170 Abs. 1 AO erst später beginnt (sog Anlaufhemmung).

14 Bei der Erbschaftsteuer hemmen demzufolge eine trotz Aufforderung durch das Finanzamt nach § 31 Abs. 1 Satz 1 ErbStG nicht eingereichte Steuererklärung oder eine trotz bestehender Anzeigepflicht nicht erfolgte Anzeige den Beginn der Festsetzungsfrist. Die Anlaufhemmung dauert nach § 170 Abs. 2 Nr. 1 AO maximal bis zum Ablauf des dritten Kalenderjahres, das auf das Kalenderjahr folgt, in dem die Steuer entstanden ist (§ 9 ErbStG). Spätestens dann also beginnt die grds vierjährige Festsetzungsfrist.

15 Wird eine Steuererklärung abgegeben, muss diese unterschrieben sein, wenn der Fristlauf beginnen soll (BFH BStBl II 2005, 244). Ob eine nicht unterschriebe Steuererklärung in eine

Anzeige nach § 30 ErbStG umgedeutet werden kann, ist umstritten (offen: BFH BStBl II 2005, 244; dagegen Troll/Gebel/*Jülicher* § 30 Rn 35). Wird nach Aufforderung durch das Finanzamt eine (unterschriebene) Steuererklärung erst eingereicht nachdem bereits Anzeigen nach Abs. 3 eingereicht wurden, beginnt die Festsetzungsfrist nach § 170 Abs. 2 Nr. 1 AO mit Ablauf des (späteren) Kalenderjahrs der Einreichung (BFH BStBl II 2005, 244).

Fordert das Finanzamt nur einen von mehreren erklärungspflichtigen Erben nach § 31 Abs. 1 ErbStG zur Abgabe einer Steuererklärung auf, entsteht die Erklärungspflicht nur in dessen Person, so dass der Beginn der Verjährungsfrist nur gegenüber diesem Erben nach § 170 Abs. 2 Nr. 1 AO gehemmt ist (BFH NV 1999, 1341). Liegt nach Abs. 3 keine Anzeigepflicht vor und wird ein Erwerber nicht innerhalb der Festsetzungsfrist zur Erklärungsabgabe nach § 31 Abs. 1 ErbStG aufgefordert, bewirkt die Nichtabgabe der Erklärung keine Anlaufhemmung nach § 170 Abs. 2 Nr. 1 AO (BFH BStBl II 1999, 529). **16**

Nach § 170 Abs. 5 AO führen weitere besondere Umstände zu einer Anlaufhemmung speziell der Erbschaft- oder Schenkungsteuer. Danach beginnt die Festsetzungsfrist nicht vor Ablauf des Kalenderjahres, **17**

- in dem der Erwerber Kenntnis von dem Erwerb von Todes wegen erlangt hat
- in dem der Schenker gestorben ist oder die Finanzbehörde von der vollzogenen Schenkung Kenntnis erlangt hat
- in dem bei einer Zweckzuwendung unter Lebenden die Verpflichtung erfüllt worden ist.

§ 31 Steuererklärung

(1) ¹Das Finanzamt kann von jedem an einem Erbfall, an einer Schenkung oder an einer Zweckzuwendung Beteiligten ohne Rücksicht darauf, ob er selbst steuerpflichtig ist, die Abgabe einer Erklärung innerhalb einer von ihm zu bestimmenden Frist verlangen. ²Die Frist muß mindestens einen Monat betragen.

(2) Die Erklärung hat ein Verzeichnis der zum Nachlaß gehörenden Gegenstände und die sonstigen für die Feststellung des Gegenstands und des Werts des Erwerbs erforderlichen Angaben zu enthalten.

(3) In den Fällen der fortgesetzten Gütergemeinschaft kann das Finanzamt die Steuererklärung allein von dem überlebenden Ehegatten verlangen.

(4) ¹Sind mehrere Erben vorhanden, sind sie berechtigt, die Steuererklärung gemeinsam abzugeben. ²In diesem Fall ist die Steuererklärung von allen Beteiligten zu unterschreiben. ³Sind an dem Erbfall außer den Erben noch weitere Personen beteiligt, können diese im Einverständnis mit den Erben in die gemeinsame Steuererklärung einbezogen werden.

(5) ¹Ist ein Testamentsvollstrecker oder Nachlaßverwalter vorhanden, ist die Steuererklärung von diesem abzugeben. ²Das Finanzamt kann verlangen, daß die Steuererklärung auch von einem oder mehreren Erben mitunterschrieben wird.

(6) Ist ein Nachlaßpfleger bestellt, ist dieser zur Abgabe der Steuererklärung verpflichtet.

(7) ¹Das Finanzamt kann verlangen, daß eine Steuererklärung auf einem Vordruck nach amtlich bestimmtem Muster abzugeben ist, in der der Steuerschuldner die Steuer selbst zu berechnen hat. ²Der Steuerschuldner hat die selbstberechnete Steuer innerhalb eines Monats nach Abgabe der Steuererklärung zu entrichten.

A. Allgemeines

1 Während mit einer Anzeige nach § 30 ErbStG das Finanzamt nur über den Umstand unterrichtet wird, dass ein (stpfl) Erwerb von Todes wegen oder eine Schenkung unter Lebenden stattgefunden hat, werden mit einer Steuererklärung präzise Angaben zur Ermittlung der festzusetzenden Steuer gemacht. Ob eine nicht unterschriebene Steuererklärung in eine Anzeige nach § 30 Abs. 1 ErbStG umgedeutet werden kann, ist unklar (offen: BFH BStBl II 2005, 244; dagegen Troll/Gebel/*Jülicher* § 30 Rn 35; s § 30 Rn 15). Eine (wirksame) Steuererklärung enthält aber andererseits zugleich auch die nach § 30 ErbStG erforderliche Anzeige.

B. Steuererklärungspflicht (Abs. 1)

2 Nach Abs. 1 Satz 1 kann das Finanzamt von jedem an einem Erbfall, einer Schenkung oder an einer Zweckzuwendung Beteiligten die Abgabe einer Steuererklärung verlangen. Das bedeutet, dass nur nach Aufforderung durch das Finanzamt eine Steuererklärung abgegeben werden muss.

3 Das Finanzamt wird zur Abgabe einer Steuererklärung nur nach ermessensgerechter Auswertung der ihm bekannten Werte und persönlichen Verhältnisse der Beteiligten auffordern. Insb bei Erwerben der Steuerklasse I führen die Freibeträge nach § 16 Abs. 1 ErbStG vielfach zur Steuerfreiheit des Erwerbs. Das Finanzamt muss aber bereits dann zur Abgabe einer Steuererklärung auffordern, wenn auch nur die Möglichkeit eines stpfl Erwerbs gegeben ist. Die Anforderung einer Steuererklärung ist daher nur dann ermessensfehlerhaft, wenn offenkundig keine Steuerfestsetzung in Betracht kommt (BFH BStBl III 1958, 339).

4 Das Finanzamt kann die Anzeige des Steuerfalls nach § 30 ErbStG abwarten, es kann aber auch bereits zuvor die Steuererklärung anfordern (*Meincke* § 31 Rn 2). Wird eine Steuererklärung nicht innerhalb der Festsetzungsfrist angefordert, bewirkt die Nichtabgabe der Steuererklärung keine Anlaufhemmung nach § 170 Abs. 2 Nr. 1 AO (BFH BStBl II 1999, 529). Allerdings kommt eine Anlaufhemmung in Betracht, falls die nach § 30 Abs. 1 ErbStG erforderliche Anzeige nicht vorgenommen wird (s § 30 Rn 13).

5 Zu den **Beteiligten** zählen zB im Erbfall der Erbe, der Vermächtnisnehmer und der Pflichtteilsberechtigte, bei einer Schenkung der Beschenkte sowie der Schenker, im Fall der Zweckzuwendung der Beschwerte und der Begünstigte (Moench/*Kien-Hümbert* § 31 Rn 3).

6 Die **Frist** zur Abgabe der Erklärung beträgt mindestens einen Monat (Abs. 1 Satz 2). Sie sollte von vornherein durch das Finanzamt angemessen bestimmt werden. Oftmals bestehen – insb bei Erbfällen – für die Beteiligten große Schwierigkeiten, die zur Abgabe einer Steuererklärung erforderlichen Informationen zu beschaffen (insb Wertermittlung). In der Praxis werden daher von den Finanzämtern zumeist großzügige Fristverlängerungen gewährt. Zwangsmittel oder Verspätungszuschläge kommen eher selten und nur als ultima ratio in Betracht.

C. Erklärungsinhalt (Abs. 2)

7 Die Steuererklärung muss nach Abs. 2 ein Verzeichnis der Nachlassgegenstände und die sonst für die Feststellung des Gegenstands und des Werts des Erwerbs erforderlichen Angaben enthalten. Wenn das Finanzamt zur Abgabe der Steuererklärung auffordert, übersendet es den hierzu auszufüllenden Vordruck. Dieser enthält umfassende Fragen, deren Beantwortung die Angabe aller erforderlichen Daten erfordert.

8 Grds ist der Steuerpflichtige verpflichtet, auch die Steuerwerte anzugeben (*Meincke* § 31 Rn 7). In der Praxis unterstützt das Finanzamt den Steuerpflichtigen hierbei und wertet von Amts wegen seine Angaben entsprechend aus. Es sind auch Angaben zur Person des Erblassers und der Erwerber und zu Vorschenkungen zu machen. In der Erklärung

können besondere Anträge gestellt (zB §§ 6 Abs. 2, 13 ErbStG) und Wahlrechte ausgeübt (zB §§ 23 Abs. 1, 25 Abs. 1 ErbStG) werden (Moench/*Kien-Hümbert* § 31 Rn 6).
Die Angaben in der Steuererklärung sind wahrheitsgemäß und nach bestem Wissen und 9
Gewissen abzugeben. Es wird auf Grund der Versicherung, dass die Angaben der Erklärung richtig und vollständig sind, vermutet, dass die Steuererklärung auch tatsächlich vollständig und richtig ist (*Meincke* § 31 Rn 9). Stellt der Steuerpflichtige später fest, dass die Erklärung unrichtig oder unvollständig war, ist er zu einer Berichtigung verpflichtet (§ 153 AO).

D. Fortgesetzte Gütergemeinschaft (Abs. 3)

Nach § 1483 Abs. 1 Satz 1 BGB können Ehegatten durch Erbvertrag vereinbaren, dass die 10
Gütergemeinschaft nach dem Tod eines Ehegatten zwischen dem überlebenden Ehegatten und den gemeinschaftlichen Abkömmlingen fortgesetzt wird (fortgesetzte Gütergemeinschaft). Der Anteil des verstorbenen Ehegatten am Gesamtgut gehört nach § 1483 Abs. 1 Satz 3 BGB erbrechtlich nicht zum Nachlass. Nach § 4 Abs. 1 ErbStG wird der Anteil des verstorbenen Ehegatten am Gesamtgut so behandelt, als wenn er ausschließlich den anteilsberechtigten Abkömmlingen angefallen wäre. Da aber nach § 1487 BGB der überlebende Ehegatte die rechtliche Stellung des Ehegatten einnimmt, der das Gesamtgut allein verwaltet, kann das Finanzamt nach Abs. 3 die Steuererklärung allein von dem überlebenden Ehegatten verlangen. Dieser ist nach § 20 Abs. 2 ErbStG Steuerschuldner für den gesamten Steuerbetrag.

E. Mehrere Erben (Abs. 4)

Aus Vereinfachungsgründen können mehrere Erben eine gemeinsame Steuererklärung 11
abgeben (Abs. 4 Satz 1). Die Erklärung ist dann von allen Erben zu unterschreiben (Abs. 4 Satz 2). Sind die Erben damit einverstanden, können nach Abs. 4 Satz 3 außer den Erben auch noch weitere Personen, wie zB Vermächtnisnehmer oder Pflichtteilsberechtigte, mit den Erben in die gemeinsame Steuererklärung einbezogen werden. Eine solche Vorgehensweise ist für alle Beteiligte freiwillig. Geben die Miterben und ggf die weiteren Personen, die außer den Erben an dem Erbfall beteiligt sind, eine gemeinsame Steuererklärung ab, kann das Finanzamt von ihnen keine Einzelsteuererklärungen mehr verlangen (H 87 Abs. 2 ErbStH). Eine gesonderte Frist zur Abgabe der gemeinsamen Steuererklärung wird vom Finanzamt nicht bestimmt. Die grdse Pflicht zur Abgabe einer Einzelerklärung entfällt aber nur dann, wenn innerhalb der hierfür gewährten Frist eine gemeinsame Erklärung abgegeben wird (H 87 Abs. 2 ErbStH; Moench/*Kien-Hümbert* § 31 Rn 9).

F. Testamentsvollstrecker, Nachlassverwalter, Nachlasspfleger (Abs. 5 und Abs. 6)

Hat der Erblasser durch letztwillige Verfügung einen Testamentsvollstrecker bestimmt 12
(§ 2197 Abs. 1 BGB) oder das Nachlassgericht auf Antrag des Erben oder eines Nachlassgläubigers die Nachlassverwaltung angeordnet (§ 1981 BGB) oder einen Nachlasspfleger bestellt (§ 1961 BGB), ist die Verwaltung des Nachlasses den Erben – zumindest teilweise – entzogen. In mehr oder weniger großem Umfang sind Testamentsvollstrecker, Nachlassverwalter und Nachlasspfleger dann zur Verwaltung befugt (*Meincke* § 31 Rn 12). Nach Abs. 5 und Abs. 6 sind sie daher in diesen Fällen zur Abgabe der Steuererklärung verpflichtet.
Die Verpflichtung des Erben nach Abs. 1 und des Testamentsvollstreckers nach Abs. 5 13
bestehen unabhängig voneinander (Moench/*Kien-Hümbert* § 31 Rn 12). Umstritten ist, ob der Testamentsvollstrecker wie die Erwerber nach Abs. 1 zur Abgabe der Steuererklärung aufgefordert werden muss, oder ob sich die Abgabepflicht bereits aus Abs. 5 ergibt. Die

Rechtsprechung ist uneinheitlich (für selbständige Steuererklärungspflicht: BFH BStBl II 1997, 73; offen: BFH BStBl II 2000, 233). Trotz des Wortlautes der Vorschrift, der eher für eine Pflicht zur Abgabe der Steuererklärung auch ohne vorherige Aufforderung durch das Finanzamt spricht, muss allerdings beachtet werden, dass von den genannten Personen als Vertreter der Erben nicht etwas verlangt werden kann, was über das hinausgeht, was von den Erben verlangt wird (Moench/*Kien-Hümbert* § 31 Rn 12).

14 Soweit die Erklärungspflicht des Testamentsvollstreckers, Nachlassverwalters oder Nachlasspflegers reicht, entfällt die Erklärungspflicht der Erben (*Meincke* § 31 Rn 14). Das Finanzamt kann verlangen, dass die Steuererklärung auch von den Erben unterschrieben wird, Abs. 5 Satz 2.

G. Selbstberechnung der Steuer (Abs. 7)

15 Die Finanzverwaltung ist berechtigt, vom Steuerpflichtigen zu verlangen, die Steuer selbst zu berechnen und zu entrichten, anstatt auf den Steuerbescheid des Finanzamtes zu warten. Wegen der Komplexität insb der unterschiedlichen Bewertungsverfahren macht die Finanzverwaltung von dieser Möglichkeit aber derzeit keinen Gebrauch.

§ 32 Bekanntgabe des Steuerbescheids an Vertreter

(1) ¹In den Fällen des § 31 Abs. 5 ist der Steuerbescheid abweichend von § 122 Abs. 1 Satz 1 der Abgabenordnung dem Testamentsvollstrecker oder Nachlaßverwalter bekanntzugeben. ²Diese Personen haben für die Bezahlung der Erbschaftsteuer zu sorgen. ³Auf Verlangen des Finanzamts ist aus dem Nachlaß Sicherheit zu leisten.

(2) ¹In den Fällen des § 31 Abs. 6 ist der Steuerbescheid dem Nachlaßpfleger bekanntzugeben. ²Absatz 1 Satz 2 und 3 ist entsprechend anzuwenden.

A. Allgemeines

1 Ein Steuerbescheid ist nach § 122 Abs. 1 Satz 1 AO demjenigen bekannt zu geben, für den er bestimmt ist oder der von ihm betroffen wird. § 32 ErbStG ergänzt diese Regelung für den Fall, dass ein Testamentsvollstrecker, Nachlassverwalter oder Nachlasspfleger involviert ist. Die Bekanntgabe des Steuerbescheids an diese Personen führt zur Wirksamkeit für und gegen den betroffenen Erben auch ohne seine persönliche Kenntnis und löst zB den Beginn der Rechtsbehelfsfrist gem § 355 Abs. 1 Satz 1 AO aus (BFH BStBl II 1991, 52).

2 Auch wenn der Testamentsvollstrecker den Steuerbescheid erhält, ist er nicht Adressat des Steuerbescheides selbst (H 88 ErbStH; *Meincke* § 32 Rn 6). Es ist daher eine präzise Adressierung des Bescheids erforderlich, wenn dieser nicht nach § 125 Abs. 1 AO nichtig oder deshalb anfechtbar sein soll, weil er den Testamentsvollstrecker fälschlich als Betroffenen ausweist (BFH NV 1998, 855; BFH BStBl II 1986, 524).

3 Versäumt der Testamentsvollstrecker die Unterrichtung der Erben, wird ihnen auf Antrag nach § 110 AO Wiedereinsetzung in den vorherigen Stand gewährt, falls nicht schon die Jahresfrist des § 110 Abs. 3 AO abgelaufen ist. Das Verhalten des Testamentsvollstreckers wird den Erben insoweit nicht zugerechnet (BFH BStBl II 1991, 52).

B. Bekanntgabe an Testamentsvollstrecker oder Nachlassverwalter (Abs. 1 Satz 1)

4 Nach dem weiten Wortlaut des Abs. 1 Satz 1 ist der Steuerbescheid abweichend von § 122 Abs. 1 Satz 1 AO immer dann dem Testamentsvollstrecker oder Nachlassverwalter bekannt zu geben, wenn ein solcher nach § 31 Abs. 5 Satz 1 ErbStG bestellt wurde. Die Bekanntgabe würde damit stets für und gegen alle von der Testamentsvollstreckung

oder Nachlassverwaltung betroffenen Personen wirken, ohne dass es auf deren persönliche Kenntnis vom Steuerbescheid ankäme.

Der Wortlaut der Vorschrift bedarf nach der Rechtsprechung einer einschränkenden Auslegung: Der Testamentsvollstrecker ist nur für die am Nachlass beteiligten Erben als Zugangsvertreter anzusehen, für die er die Steuererklärung abgegeben hat (BFH BStBl II 1991, 52). Nur für die Erben übt der Testamentsvollstrecker bürgerlich-rechtliche Rechte und Pflichten aus. Die Rechtsprechung wendet die Vorschrift außerdem nicht auf Erbschaftsteuerbescheide an, denen ein Vermächtnis oder der Erwerb aufgrund eines Vertrages zugunsten Dritter zugrunde liegt (BFH BStBl II 1991, 49).

Hat also der Testamentsvollstrecker für einen Erwerber, der nicht Erbe ist und nicht der Testamentsvollstreckung unterliegt, die Steuererklärung abgegeben, so kann ihm in diesen Fällen nicht der Steuerbescheid mit Wirkung für und gegen den Betroffenen bekannt gegeben werden; dies gilt für zB Vermächtnisnehmer, Pflichtteilsberechtigte, Erbersatzanspruchsberechtigte oder Personen, die auf Grund eines vom Erblasser geschlossenen Vertrags auf den Todesfall erwerben (Moench/*Kien-Hümbert* § 32 Rn 13). Die Rechtsbehelfsfrist beginnt bei diesen »Dritterwerbern« (*Meincke* § 32 Rn 9), die nicht Erben sind, erst mit der tatsächlichen Bekanntgabe des Steuerbescheids zu laufen, §§ 122, 124, 355 AO. Ist der Alleinerbe jedoch zugleich der Testamentsvollstrecker für ein einziges angeordnetes Vermächtnis – liegt also keine allgemeine Testamentsvollstreckung zu Lasten eines Nichterben vor – muss der Alleinerbe nach § 31 Abs. 5 ErbStG die Steuererklärung auch hinsichtlich des Vermächtnisses abgeben; er ist dann nach Abs. 1 Satz 1 der Zugangsvertreter des Steuerbescheids mit Wirkung für und gegen den Vermächtnisnehmer (FG München EFG 2001, 301).

Führen zwei Testamentsvollstrecker das Amt gemeinschaftlich, genügt die Bekanntgabe des Steuerbescheids an einen von beiden (BFH NV 1997, 321).

Einem Testamentsvollstrecker steht in den Fällen des Abs. 1 im Interesse der Erben keine Rechtsbehelfsbefugnis zu (BFH BStBl II 1982, 262); die Erben müssen ihn vielmehr ausdrücklich hierzu bevollmächtigen. Erhält der Testamentsvollstrecker nicht von den Erben eine ausdrückliche Bevollmächtigung, ist eine Einspruchsentscheidung den Erben zuzustellen (H 88 ErbStH).

C. Bezahlung der Erbschaftsteuer, Sicherheitsleistung (Abs. 1 Satz 2 und 3)

Der Testamentsvollstrecker oder Nachlassverwalter hat dafür Sorge zu tragen, dass die Erbschaftsteuer bezahlt wird. Das ist zweckmäßig, da ihm die Verfügungsbefugnis über den Nachlass zusteht und er deshalb den erforderlichen Steuerbetrag entnehmen kann. Sind Nachlassgläubiger vorhanden, muss der Testamentsvollstrecker in Höhe der verauslagten Steuern Erstattung der Beträge von den Erben in den Nachlass verlangen (*Meincke* § 32 Rn 11). Verteilt der Testamentsvollstrecker den Nachlass ohne den Steuerbetrag zurückzuhalten, droht ihm eine Haftung nach §§ 69, 191 AO. Dies alles gilt allerdings nur für die Erbschaftsteuer, die die Erben – nicht etwa sonstige »Dritterwerber« (s Rn 6) – zu entrichten haben (*Meincke* § 32 Rn 11).

Der Testamentsvollstrecker ist andererseits berechtigt, Steuererstattungen entgegen zu nehmen, die noch zu Lebzeiten des Erblasser begründet wurden. Solche Forderungen unterliegen als Nachlassbestandteil der Verwaltung und Verfügung des Testamentsvollstreckers (*Meincke* § 32 Rn 12). Auch für überzahlte ErbSt ist – solange die Testamentsvollstreckung fortdauert – der Testamentsvollstrecker empfangszuständig (BFH BStBl II 1986, 704).

D. Bekanntgabe an Nachlasspfleger (Abs. 2 Satz 1 und 2)

Der Nachlasspfleger kann eine Steuererklärung abgeben und den sich hieraus ergebenden Bescheid in Empfang nehmen, selbst wenn die Erben noch unbekannt sind (FG Münster EFG 2005, 883). Er ist insoweit auch rechtsbehelfsbefugt. Im Übrigen gelten die Ausführungen zum Testamentsvollstrecker entsprechend.

§ 33 Anzeigepflicht der Vermögensverwahrer, Vermögensverwalter und Versicherungsunternehmen

(1) ¹Wer sich geschäftsmäßig mit der Verwahrung oder Verwaltung fremden Vermögens befaßt, hat diejenigen in seinem Gewahrsam befindlichen Vermögensgegenstände und diejenigen gegen ihn gerichteten Forderungen, die beim Tod eines Erblassers zu dessen Vermögen gehörten oder über die dem Erblasser zur Zeit seines Todes die Verfügungsmacht zustand, dem für die Verwaltung der Erbschaftsteuer zuständigen Finanzamt schriftlich anzuzeigen. ²Die Anzeige ist zu erstatten:

1. in der Regel: innerhalb eines Monats, seitdem der Todesfall dem Verwahrer oder Verwalter bekanntgeworden ist;
2. wenn der Erblasser zur Zeit seines Todes Angehöriger eines ausländischen Staats war und nach einer Vereinbarung mit diesem Staat der Nachlaß einem konsularischen Vertreter auszuhändigen ist: spätestens bei der Aushändigung des Nachlasses.

(2) Wer auf den Namen lautende Aktien oder Schuldverschreibungen ausgegeben hat, hat dem Finanzamt schriftlich von dem Antrag, solche Wertpapiere eines Verstorbenen auf den Namen anderer umzuschreiben, vor der Umschreibung Anzeige zu erstatten.

(3) Versicherungsunternehmen haben, bevor sie Versicherungssummen oder Leibrenten einem anderen als dem Versicherungsnehmer auszahlen oder zur Verfügung stellen, hiervon dem Finanzamt schriftlich Anzeige zu erstatten.

(4) Zuwiderhandlungen gegen diese Pflichten werden als Steuerordnungswidrigkeit mit Geldbuße geahndet.

A. Allgemeines

1 Die §§ 33, 34 ErbStG, §§ 1 – 10 ErbStDV enthalten umfangreiche Anzeigepflichten. Ziel der Vorschriften ist eine Information des Finanzamts, die Ermittlung der Steuerfälle und damit auch die Umsetzung der Steuergerechtigkeit (Moench/*Kien-Hümbert* § 33 Rn 1). Der Anh zur ErbStDV enthält sechs Musteranzeigen für die Betroffenen. Alle in den Abs. 1 – 3 geregelten Anzeigepflichten sind unter Beachtung der Schriftform zu erfüllen. Eine Zuwiderhandlung stellt nach Abs. 4 eine Steuerordnungswidrigkeit nach § 377 AO dar.

2 Angesichts der bestehenden Anzeigepflichten ist der Erbe sicherlich gut beraten, bisher vom Erblasser nicht offenbartes Vermögen gegenüber dem Finanzamt zu deklarieren. Bei bestimmten Größenordnungen des Nachlasses (Vermögensreinwert von mehr als 250.000 € oder Kapitalvermögen von mehr als 50.000 €) fertigen die Erbschaftsteuerfinanzämter nämlich Kontrollmitteilungen für die Einkommensteuerbezirke sowohl des Erblassers als auch des Erwerbers an (FinVerw BStBl I 2003, 392). Erkennt der Erbe als Gesamtrechtsnachfolger die Unrichtigkeit der bisherigen Einkommensteuererklärungen des Erblassers, ist er nach § 153 Abs. 1 AO zur Anzeige und Richtigstellung verpflichtet. Kommt der Erbe dem nicht nach, drohen ihm steuerstrafrechtliche Konsequenzen, §§ 370, 378 AO.

B. Anzeigepflicht der Vermögensverwahrer und -verwalter (Abs. 1)

3 Die in Abs. 1 normierte Anzeigepflicht trifft insb Banken. Nicht betroffen sind unselbständige inländische Niederlassungen ausländischer Banken, da sie ihren insoweit maßgeblichen (Haupt-)Sitz im Ausland haben. Unselbständige ausländische Zweigniederlassungen deutscher Banken sind demgegenüber zur Anzeige verpflichtet (FG Baden-Württemberg EFG 2005, 461; BMF DB 2001, 1282).

4 Die Anzeigepflicht gilt neben den Kreditinstituten (auch Postbanken und Bausparkassen) ebenso für Notare, Rechtsanwälte, Wirtschaftsprüfer und Steuerberater, die iSd Norm

geschäftsmäßig handeln (*Meincke* § 33 Rn 3). Ferner sind Bestattungsinstitute bei Bestattungsvorsorge-Treuhandkonten anzeigepflichtig (H 89 ErbStH). Die Anzeigepflicht entfällt, wenn sie erkennbar steuerlich ohne Relevanz ist, etwa weil der Erblasser und der Erwerber keine Inländer sind (FinMin Baden-Württemberg v 13. 11. 2000 – S 3844/20).

Die Anzeigepflichtigen müssen Vermögensgegenstände in ihrem Gewahrsam haben. Der Begriff des Gewahrsams ist steuerlich auszulegen: Er verlangt weniger als der zivilrechtliche Begriff des Besitzes und meint den Zustand der unmittelbaren tatsächlichen Einwirkungsmöglichkeit; eine rechtliche Verwertungsbefugnis wird nicht vorausgesetzt (BFH BStBl III 1964, 647). Vermögen iSv Abs. 1 sind Wirtschaftsgüter aller Art, auch Bankguthaben (BFH aaO). 5

Weitere Einzelheiten der Anzeigepflicht regelt § 1 ErbStDV. So kann eine Anzeige bei einem Wert der anzuzeigenden Wirtschaftsgüter von bis zu 1.200 € (Bagatellgrenze) unterbleiben. 6

Teils aus buchungstechnischen Gründen, teils zur Eliminierung von Vermögensveränderungen am Todestag melden die Geldinstitute die Guthabensalden des Erblassers entweder vom Beginn des Todestags oder vom Vortag (BMF DB 1989, 605). Die Anzeigepflicht besteht auch dann, wenn der Erblasser durch einen Vertrag zu Gunsten Dritter (§§ 328, 331 BGB) mit dem Geldinstitut vereinbart hatte, dass im Zeitpunkt seines Todes die für ihn verwahrten Vermögensgegenstände auf den Dritten übergehen (§§ 33 Abs. 1 ErbStG; 1 Abs. 3 ErbStDV). Wird die Beteiligung eines Kommanditisten an einer Grundstücksgesellschaft oder einem Immobilienfonds in der Rechtsform einer KG treuhänderisch verwaltet, ist der Treuhänder anzeigepflichtig (Nieders FinMin v 19. 1. 1999 ErbSt-Kartei § 33 Karte 21). 7

Empfänger der Anzeige ist das für die Erhebung der Erbschaftsteuer nach § 35 ErbStG zuständige Finanzamt. Die Meldung hat unter Verwendung der Vordrucke und Muster der ErbStDV zu erfolgen. Die Frist beträgt einen Monat ab dem Erbfall. Eine Nichtbeachtung stellt eine Ordnungswidrigkeit nach § 33 Abs. 4 ErbStG dar. Die Anzeigepflicht entfällt, wenn der Todesfall länger als 15 Jahre zurückliegt, da dann regelmäßig Verjährung eingetreten sein dürfte (Nieders FinMin v 25. 11. 1992 ErbSt-Kartei § 33 Karte 17). 8

C. Anzeigepflicht der Ausgeber von Namensaktien und -schuldverschreibungen (Abs. 2)

Abs. 2 betrifft Emittenten von Namenspapieren. Bevor diese Namenspapiere vom Erblasser auf den Namen des Rechtsnachfolgers umschrieben werden, ist eine Anzeige an das nach § 35 ErbStG zuständige Erbschaftsteuer-Finanzamt zu erstatten. Weitere Einzelheiten regelt § 2 ErbStDV. 9

D. Anzeigepflicht der Versicherungsunternehmen (Abs. 3)

Bevor Versicherungssummen oder Leibrenten einem anderen als dem Versicherungsnehmer durch den Versicherer ausgezahlt werden, muss das Versicherungsunternehmen dies dem Finanzamt mitteilen. Die Anzeigepflicht betrifft nur inländische Versicherer (Moench/*Kien-Hümbert* § 33 Rn 20). 10

Der Anzeigepflicht unterliegen auch berufsständische Versorgungswerke, jedoch nur hinsichtlich der freiwilligen oder vertraglichen, nicht jedoch hinsichtlich der ges Leistungen (H 89 ErbStH). Auch Pensions- und Unterstützungskassen sind anzeigepflichtig, wenn die monatlichen Rentenzahlungen an Witwen und Waisen 300 € (Bruttorente abzüglich Kranken- und Pflegeversicherungsbeiträge) übersteigen (OFD München v 24. 11. 2004 ErbSt-Kartei § 33 Karte 8). Bei Leistungen aus Restschuldversicherungen, die bei Arbeitsunfähigkeit oder Arbeitslosigkeit ausgezahlt werden, besteht keine Anzeigepflicht (OFD Hannover v 28. 6. 2004 ErbSt-Kartei § 33 Karte 22). 11

Bei verbundenen Lebensversicherungen (beide Ehegatten sind gemeinsam versichert, so dass jeder Ehegatte Versicherungsnehmer, Versicherter und Bezugsberechtigter ist) be- 12

§ 34 ErbStG | Anzeigepflicht der Gerichte, Behörden, Beamten und Notare

steht ebenfalls eine Meldepflicht (H 89 ErbStH). Eine Anzeige ist auch zu erstatten, wenn ein Erbe einen Versicherungsvertrag des Erblassers fortführt (H 89 ErbStH). Beträgt der auszuzahlende Betrag weniger als 1.200 € (Bagatellgrenze), kann bei Kapitalversicherungen eine Anzeige unterbleiben, § 3 Abs. 3 Satz 2 ErbStDV. Zur Frist und zum Empfänger der zu erstattenden Anzeige s Rn 8.

E. Verstoß gegen die Anzeigepflicht (Abs. 4)

13   Wird gegen die Anzeigepflichten der Abs. 1 – 3 verstoßen, stellt dies eine Steuerordnungswidrigkeit nach § 377 AO dar. Die Geldbuße kann nach § 378 Abs. 2 AO bis zu 50.000 € betragen. Die Ahndung der Ordnungswidrigkeit ist aber nach dem Opportunitätsprinzip in das Ermessen des Finanzamtes gestellt (Moench/*Kien-Hümbert* § 33 Rn 27; *Meincke* § 33 Rn 9).

§ 34 Anzeigepflicht der Gerichte, Behörden, Beamten und Notare

(1) Die Gerichte, Behörden, Beamten und Notare haben dem für die Verwaltung der Erbschaftsteuer zuständigen Finanzamt schriftlich Anzeige zu erstatten über diejenigen Beurkundungen, Zeugnisse und Anordnungen, die für die Festsetzung einer Erbschaftsteuer von Bedeutung sein können.

(2) Insbesondere haben anzuzeigen:

1. die Standesämter:
   die Sterbefälle;

2. die Gerichte und die Notare:
   die Erteilung von Erbscheinen, Testamentsvollstreckerzeugnissen und Zeugnissen über die Fortsetzung der Gütergemeinschaft, die Beschlüsse über Todeserklärungen sowie die Anordnung von Nachlaßpflegschaften und Nachlaßverwaltungen;

3. die Gerichte, die Notare und die deutschen Konsuln:
   die eröffneten Verfügungen von Todes wegen, die abgewickelten Erbauseinandersetzungen, die beurkundeten Vereinbarungen der Gütergemeinschaft und die beurkundeten Schenkungen und Zweckzuwendungen.

A. Allgemeines

1   § 34 ErbStG dient wie die §§ 30, 33 ErbStG der Ermittlung der Steuerfälle (Nieders FinMin v 14. 7. 2003, ErbSt-Kartei, Anh Verfahren Statistik Karte 3). Die §§ 4 – 10 ErbStDV ergänzen die Vorschrift ausführlich. Die dort enthaltenen Muster 4 – 6 sind von den meldepflichtigen Personen und Behörden als Vordrucke zu verwenden. Die Anzeigen müssen schriftlich erfolgen.

2   Es müssen vollständige Abschriften der entsprechenden Urkunden übersandt werden; die Weitergabe von Auszügen ist nicht ausreichend (Moench/*Kien-Hümbert* § 34 Rn 2). Adressat der Mitteilung ist das nach § 35 ErbStG für die Erbschaftsteuer zuständige Finanzamt.

3   Wegen der umfassenden Anzeigepflichten der hoheitlich tätigen Gerichte und deutschen Notare oder Konsuln entfällt nach § 30 Abs. 3 ErbStG die ansonsten grds nach § 30 Abs. 1 ErbStG bestehende Anzeigepflicht eines Erwerbers.

B. Anzeigepflicht der Standesämter (Abs. 2 Nr. 1)

4   Die Anzeigepflicht der Standesämter wird in den §§ 4 und 5 ErbStDV ausführlich geregelt. Die Standesämtern müssen danach monatlich sämtliche Sterbefälle mitteilen, die dem Standesamt seinerseits zur Eintragung in das Sterbebuch gemeldet werden. Liegen keine

Sterbefälle vor, wird eine Fehlanzeige übersendet. Die Anzeigefrist beträgt zehn Tage. Die Anzeigen sind an das für die Verwaltung der Erbschaftsteuer zuständige Finanzamt, in dessen Bezirk der Sitz des Standesamts liegt, zu adressieren.

C. Anzeigepflicht der Gerichte, Notare und sonstigen Urkundspersonen (Abs. 2 Nr. 2, 3)

Die Einzelheiten der Anzeigepflicht für Gerichte und Notare sind in §§ 6, 7 ErbStDV (Erbfälle) und § 8 ErbStDV (Schenkungen unter Lebenden) geregelt. Nach § 6 ErbStDV sind die Gerichte verpflichtet, dem Finanzamt die Beschlüsse über die Todeserklärung Verschollener und über die Feststellung des Todes und der Todeszeit zu übermitteln. § 7 ErbStDV verpflichtet die Gerichte, beglaubigte Abschriften insb der eröffneten Verfügungen von Todes wegen, außerdem Erbscheine, Testamentsvollstreckerzeugnisse und Beschlüsse über die Einleitung oder Aufhebung einer Nachlasspflegschaft oder Nachlassverwaltung zu übersenden. In diesem Zusammenhang sind auch Angaben über die Zusammensetzung und die Höhe des Nachlasses zu machen.

Eine Anzeige kann unterbleiben, wenn außer Hausrat im Wert von nicht mehr als 5.200 € nur noch anderes Vermögen im reinen Wert von nicht mehr als 5.200 € vorhanden ist oder wenn seit dem Zeitpunkt des Todes des Erblassers mehr als zehn Jahre vergangen sind (§ 7 Abs. 4 ErbStDV).

Nach § 8 ErbStDV sind insb Notare verpflichtet, beglaubigte Abschriften der Urkunden über Schenkungen oder Zweckzuwendungen unter Lebenden zu übermitteln. Eine Ausnahme gilt auch hier für Bagatellfälle, bei denen der Gegenstand der Schenkung nur Hausrat im Wert von nicht mehr als 5.200 € ua Vermögen im reinen Wert von nicht mehr als 5.200 € ist. Mangels Ermächtigungsgrundlage ist die Finanzverwaltung nicht befugt, durch eine Außenprüfung bei Notaren zu untersuchen, ob sie ihren Anzeigenpflichten nachkommen (FG Saarland EFG 1977, 297).

D. Anzeigepflicht der Auslandsstellen (Abs. 2 Nr. 3)

Die diplomatischen Vertreter und Konsuln des Bundes im Ausland haben nach § 9 ErbStDV ua die von ihnen beurkundeten Sterbefälle von Deutschen und die ihnen sonst bekannt gewordenen Sterbefälle von Deutschen ihres Amtsbezirks anzuzeigen. Adressat der Anzeige ist in diesem Fall das BMF, nicht das Finanzamt. Fristen bestehen nicht. Die Mitteilungspflichten sind wegen der erweitert unbeschränkten Steuerpflicht nach § 2 Abs. 1 Nr. 1 lit. b ErbStG und wegen der erweitert beschränkten Steuerpflicht nach § 4 AStG für die steuerliche Erfassung von hoher Relevanz (Moench/*Kien-Hümbert* § 34 Rn 11).

E. Anzeigepflicht der Genehmigungsbehörden

Behörden, die Stiftungen anerkennen oder Zuwendungen von Todes wegen und unter Lebenden an juristische Personen und dgl genehmigen, haben solche innerhalb eines Kalendervierteljahres erteilte Anerkennungen und Genehmigungen dem nach § 35 ErbStG für die Erbschaftsteuer zuständigen Finanzamt nach § 10 ErbStDV mitzuteilen. Die Anzeigen sind unmittelbar nach Ablauf eines Kalendervierteljahres zu übersenden. Diese Sachverhalte sind für die Steuerpflicht gem § 3 Abs. 2 Nr. 1, 3, § 7 Abs. 1 Nr. 3, 8, § 8 ErbStG von – allerdings geringer praktischer – Bedeutung.

§ 35 Örtliche Zuständigkeit

(1) ¹Örtlich zuständig für die Steuerfestsetzung ist in den Fällen, in denen der Erblasser zur Zeit seines Todes oder der Schenker zur Zeit der Ausführung der Zuwendung ein Inländer war, das Finanzamt, das sich bei sinngemäßer Anwendung des § 19 Abs. 1 und

des § 20 der Abgabenordnung ergibt. ²Im Fall der Steuerpflicht nach § 2 Abs. 1 Nr. 1 Buchstabe b richtet sich die Zuständigkeit nach dem letzten inländischen Wohnsitz oder gewöhnlichen Aufenthalt des Erblassers oder Schenkers.

(2) Die örtliche Zuständigkeit bestimmt sich nach den Verhältnissen des Erwerbers, bei Zweckzuwendungen nach den Verhältnissen des Beschwerten, zur Zeit des Erwerbs, wenn

1. bei einer Schenkung unter Lebenden der Erwerber, bei einer Zweckzuwendung unter Lebenden der Beschwerte, eine Körperschaft, Personenvereinigung oder Vermögensmasse ist oder
2. der Erblasser zur Zeit seines Todes oder der Schenker zur Zeit der Ausführung der Zuwendung kein Inländer war. ²Sind an einem Erbfall mehrere inländische Erwerber mit Wohnsitz oder gewöhnlichem Aufenthalt in verschiedenen Finanzamtsbezirken beteiligt, ist das Finanzamt örtlich zuständig, das zuerst mit der Sache befaßt wird.

(3) Bei Schenkungen und Zweckzuwendungen unter Lebenden von einer Erbengemeinschaft ist das Finanzamt zuständig, das für die Bearbeitung des Erbfalls zuständig ist oder sein würde.

(4) In den Fällen des § 2 Abs. 1 Nr. 3 ist das Finanzamt örtlich zuständig, das sich bei sinngemäßer Anwendung des § 19 Abs. 2 der Abgabenordnung ergibt.

A. Allgemeines

1 Die Finanzverwaltung hat für die Erhebung der Erbschaft- und Schenkungsteuern bei einigen Finanzämtern spezielle Erbschaftsteuerstellen eingerichtet. Diese Stellen sind für die Bearbeitung eines Steuerfalles aus dem Bereich mehrerer Wohnsitzfinanzämter zuständig. § 35 ErbStG regelt, welches dieser speziellen Erbschaftsteuerfinanzämter für einen bestimmten Erbfall oder eine bestimmte Schenkung in örtlicher Hinsicht zuständig ist.

2 Zuständig für die Festsetzung der Erbschaft- und Schenkungsteuer ist danach grds das für den Wohnsitz des Erblassers oder Schenkers zuständige Finanzamt. Das ist für die Verteilung des Steueraufkommens von großer Bedeutung, da nach Art. 107 Abs. 1 Satz 1 GG das Erbschaftsteueraufkommen dem Bundesland zusteht, in dem das zuständige Erbschaftsteuerfinanzamt belegen ist. Aus Sicht des § 35 ErbStG wird damit – entgegen der grdsen Konzeption der Erbschaftsteuer als Erbanfallsteuer – das Steueraufkommen dem Bundesland zugewiesen, aus dem der Vermögensanfall stammt (*Meinke* § 35 Rn 1).

3 Nach § 30 Abs. 1 und Abs. 2 ErbStG haben die Erwerber bei einem Erwerb von Todes wegen oder bei einer Schenkung unter Lebenden grds eine Anzeige an das zuständige Finanzamt zu erstatten. Dies hat nach § 170 Abs. 2 Nr. 1 AO Bedeutung für die Anlaufhemmung der Festsetzungsverjährungsfrist (s § 30 Rn 13 ff). Wird die Anzeige beim unzuständigen Finanzamt erstattet, endet die Anlaufhemmung nach § 170 Abs. 2 Nr. 1 AO erst mit Ablauf des Kalenderjahres, in dem die Anzeige an das zuständige Erbschaftsteuerfinanzamt weitergeleitet worden ist. Sie endet dann nicht, wenn das unzuständige Finanzamt seiner von Amts wegen bestehenden Verpflichtung zur Weiterleitung nicht nachkommt und dauert nach § 170 Abs. 2 Nr. 1 AO längstens bis zum Ablauf des dritten Kalenderjahres nach der Steuerentstehung.

4 Das zuständige Erbschaftsteuerfinanzamt lässt sich im Internetauftritt der Finanzverwaltung (www.finanzamt.de) einfach finden.

B. Inländischer Erblasser oder Schenker (Abs. 1)

5 War der Erblasser zur Zeit seines Todes oder der Schenker zur Zeit der Ausführung der Zuwendung ein Inländer iSv § 2 Abs. 1 Nr. 1 lit. a ErbStG, hatte er also seinen Wohnsitz

oder gewöhnlichen Aufenthalt im Inland, ist entsprechend §§ 19 Abs. 1, 20 AO das für den Bereich des Wohnsitzes oder gewöhnlichen Aufenthaltes vorgesehene Erbschaftsteuerfinanzamt örtlich zuständig. Zur Bestimmung von Wohnsitz oder gewöhnlichem Aufenthalt vgl §§ 8, 9 AO.

Bei einem Wegzügler iSv § 2 Abs. 1 Nr. 1 lit. b ErbStG richtet sich die Zuständigkeit nach dem letzten inländischen Wohnsitz oder gewöhnlichem Aufenthaltsort. Dies gilt auch für den Personenkreis iSv § 2 Abs. 1 Nr. 1 Satz 2 lit. c ErbStG (*Meincke* § 35 Rn 3). 6

C. Ausländischer Erblasser oder Schenker (Abs. 2 Nr. 2)

War der Erblasser zur Zeit seines Todes oder der Schenker zur Zeit der Ausführung der Zuwendung kein Inländer iSv § 2 Abs. 1 Nr. 1 ErbStG, richtet sich die örtliche Zuständigkeit nach dem Erwerber. Es ist dann das für den Wohnsitz des Erwerbers gebildete Erbschaftsteuerfinanzamt örtlich zuständig. Bei mehreren inländischen Erwerbern mit Wohnsitz oder gewöhnlichem Aufenthalt in verschiedenen Finanzamtsbezirken ist das Finanzamt örtlich zuständig, das zuerst mit der Sache befasst wird (Abs. 2 Nr. 2 Satz 2). Diese Regelung führt bei größeren Erb- oder Schenkungsfällen mit mehreren Erwerbern in verschiedenen Bundesländern zu beträchtlichen Aufkommensverschiebungen unter den einzelnen Bundesländern (Moench/*Kien-Hümbert* § 35 Rn 5). Die vorstehenden Grundsätze gelten nach § 1 Abs. 2 ErbStG auch für mehrere Schenkungsbeteiligte (*Meincke* § 35 Rn 5). 7

D. Sonstige Zuständigkeitsregelungen (Abs. 2 Nr. 1, Abs. 3, Abs. 4)

Ist bei einer Schenkung unter Lebenden der Erwerber eine **Körperschaft, Personenvereinigung oder Vermögensmasse**, so bestimmen die Verhältnisse des Erwerbers, also Geschäftsleitung oder Sitz, die örtliche Zuständigkeit; ist bei einer Zweckzuwendung unter Lebenden eine Körperschaft, Personenvereinigung oder Vermögensmasse der Beschwerte, so bestimmen die Verhältnisse des Beschwerten die örtliche Zuständigkeit (**Abs. 2 Nr. 1**). 8

Diese Regelung hat allein praktische Gründe. Solche Zuwendungen erfolgen idR zugunsten gemeinnütziger Institutionen, so dass sie nach § 13 Abs. 1 Nr. 16 Buchstabe b ErbStG steuerfrei sind. Ob die Voraussetzungen für die Steuerfreiheit tatsächlich vorliegen, kann aber am Besten das Erbschaftsteuerfinanzamt im Bereich der Institution überprüfen (*Meincke* § 35 Rn 4). 9

Wiederum aus Zweckmäßigkeitserwägungen ist nach **Abs. 3** bei Schenkungen und Zweckzuwendungen unter Lebenden einer noch ungeteilten **Erbengemeinschaft** das Finanzamt zuständig, welches das Besteuerungsverfahren für den Erbfall durchführt. Der Wortlaut ist dahingehend auszulegen, dass an Stelle der (nicht rechtsfähigen) Erbengemeinschaft die gesamthänderisch verbundenen Miterben gemeint sind. Die Norm wird von der Finanzverwaltung auch dann angewendet, wenn die Erbengemeinschaft aus zwei Personen besteht und der eine dem anderen im Zuge der Auseinandersetzung mehr überlässt, als ihm nach seiner Erbquote zusteht (FinVerw ZEV 1999, 58). 10

Bei **beschränkter Steuerpflicht** nach § 2 Abs. 1 Nr. 3 ErbStG ist das Finanzamt örtlich zuständig, das sich bei sinngemäßer Anwendung des § 19 Abs. 2 AO ergibt (**Abs. 4**). Es kommt also auf den Ort des Vermögens oder des wertvollsten Teils des Vermögens an. Dies kann im Einzelfall zu Schwierigkeiten führen, nämlich bei der Bestimmung des wertvollsten Teils des Vermögens. Wegen des Einflusses auf die Verteilung des Steueraufkommens können mehrere Finanzämter ein Interesse an der Bearbeitung des Steuerfalles haben (s Rn 2). Ungeklärt ist, wer letztlich entscheidet, in wessen Zuständigkeitsbereich sich der wertvollste Teil des Vermögens befindet. 11

Ermächtigungs- und Schlußvorschriften

§ 36 Ermächtigungen

(1) Die Bundesregierung wird ermächtigt, mit Zustimmung des Bundesrates

1. zur Durchführung dieses Gesetzes Rechtsverordnungen zu erlassen, soweit dies zur Wahrung der Gleichmäßigkeit bei der Besteuerung, zur Beseitigung von Unbilligkeiten in Härtefällen oder zur Vereinfachung des Besteuerungsverfahrens erforderlich ist, und zwar über

   a) die Abgrenzung der Steuerpflicht,

   b) die Feststellung und die Bewertung des Erwerbs von Todes wegen, der Schenkungen unter Lebenden und der Zweckzuwendungen, auch soweit es sich um den Inhalt von Schließfächern handelt,

   c) die Steuerfestsetzung, die Anwendung der Tarifvorschriften und die Steuerentrichtung,

   d) die Anzeige- und Erklärungspflicht der Steuerpflichtigen,

   e) die Anzeige-, Mitteilungs- und Übersendungspflichten der Gerichte, Behörden, Beamten und Notare, der Versicherungsunternehmen, der Vereine und Berufsverbände, die mit einem Versicherungsunternehmen die Zahlung einer Versicherungssumme für den Fall des Todes ihrer Mitglieder vereinbart haben, der geschäftsmäßigen Verwahrer und Verwalter fremden Vermögens, auch soweit es sich um in ihrem Gewahrsam befindliche Vermögensgegenstände des Erblassers handelt, sowie derjenigen, die auf den Namen lautende Aktien oder Schuldverschreibungen ausgegeben haben;

2. Vorschriften durch Rechtsverordnung zu erlassen über die sich aus der Aufhebung oder Änderung von Vorschriften dieses Gesetzes ergebenden Rechtsfolgen, soweit dies zur Wahrung der Gleichmäßigkeit der Besteuerung oder zur Beseitigung von Unbilligkeiten in Härtefällen erforderlich ist.

(2) Das Bundesministerium der Finanzen wird ermächtigt, den Wortlaut dieses Gesetzes und der zu diesem Gesetz erlassenen Durchführungsverordnung in der jeweils geltenden Fassung satzweise numeriert mit neuem Datum und Paragraphenfolge bekanntzumachen und dabei Unstimmigkeiten des Wortlauts zu beseitigen.

A. Ermächtigung der Bundesregierung (Abs. 1)

1 Nach Abs. 1 ist die Bundesregierung ermächtigt, Durchführungsverordnungen zu erlassen. Sie ist dieser Ermächtigung insb mit dem Erlass der Neufassung der ErbStDV nachgekommen (BGBl I 1998, 2658). Diese enthält insb Hinweise zu den nach §§ 33, 34 ErbStG bestehenden Anzeigpflichten, mit denen die nach dem Wegfall der Vermögensteuer entstandenen »Informationsdefizite« (*Meincke* § 37a Rn 1) ausgeglichen werden sollen.

B. Ermächtigung des Bundesministeriums der Finanzen (Abs. 2)

2 Nach Abs. 2 ist das BMF berechtigt, den Wortlaut des ErbStG und der ErbStDV jeweils neu bekannt zu machen und in diesem Zusammenhang auch redaktionelle Korrekturen vorzunehmen.

§ 37 Anwendung des Gesetzes

(1) Dieses Gesetz in der Fassung des Artikels 13 des Gesetzes vom 29. Dezember 2003 (BGBl. I S 3076) findet auf Erwerbe Anwendung, für die die Steuer nach dem 31. Dezember 2003 entsteht.

(2) In Erbfällen, die vor dem 31. August 1980 eingetreten sind, und für Schenkungen, die vor diesem Zeitpunkt ausgeführt worden sind, ist weiterhin § 25 in der Fassung des Gesetzes vom 17. April 1974 (BGBl. I S 933) anzuwenden, auch wenn die Steuer infolge Aussetzung der Versteuerung nach § 25 Abs. 1 Buchstabe a erst nach dem 30. August 1980 entstanden ist oder entsteht.

(3) (Aufgehoben)

(4) (Aufgehoben)

A. Zeitlicher Geltungsbereich des Gesetzes (Abs. 1)

Das Erbschaftsteuergesetz in der vorliegenden Fassung gilt für alle Erwerbe, für die die Steuer nach dem 31. 12. 2003 entsteht. Maßgeblich für die Entstehung der Steuer und damit für die Anwendbarkeit des Gesetzes ist § 9 ErbStG. 1

B. Geltung der alten Fassung von § 25 ErbStG (Abs. 2)

Erbfälle, die vor dem 31. 8. 1980 eingetreten und Schenkungen, die vor diesem Zeitpunkt ausgeführt worden sind, werden nach einer alten Fassung des § 25 ErbStG abgewickelt. Danach konnte sich der Erwerber für die Möglichkeit (Wahlrecht) der Aussetzung der Versteuerung bis zum Erlöschen der Belastung entscheiden. Mit der Ausübung dieses Wahlrechts wurde nicht nur die Festsetzung, sondern auch die Entstehung der Steuer auf den Zeitpunkt des Erlöschens der Belastung verschoben. 2

Die Vorschrift kann auch heute noch Bedeutung erlangen, wenn bei einem Erbfall oder einer Schenkung noch vor dem 31. 8. 1980 dieses Wahlrecht ausgeübt wurde und nunmehr die Belastung erlischt und damit die Steuer entsteht. Zu Einzelheiten dieser in der Praxis selten anzutreffenden Fälle vgl *Meincke* § 25 Rn 20 ff. 3

§ 37a Sondervorschriften aus Anlaß der Herstellung der Einheit Deutschlands

(1) (Weggefallen)

(2) ¹Für den Zeitpunkt der Entstehung der Steuerschuld ist § 9 Abs. 1 Nr. 1 auch dann maßgebend, wenn der Erblasser in dem in Artikel 3 des Einigungsvertrages genannten Gebiet vor dem 1. Januar 1991 verstorben ist, es sei denn, daß die Steuer nach dem Erbschaftsteuergesetz der Deutschen Demokratischen Republik vor dem 1. Januar 1991 entstanden ist. ²§ 9 Abs. 2 gilt entsprechend, wenn die Versteuerung nach § 34 des Erbschaftsteuergesetzes (ErbStG) der Deutschen Demokratischen Republik in der Fassung vom 18. September 1970 (Sonderdruck Nr. 678 des Gesetzblattes) ausgesetzt wurde.

(3) (Weggefallen)

(4) Als frühere Erwerbe im Sinne des § 14 gelten auch solche, die vor dem 1. Januar 1991 dem Erbschaftsteuerrecht der Deutschen Demokratischen Republik unterlegen haben.

(5) Als frühere Erwerbe desselben Vermögens im Sinne des § 27 gelten auch solche, für die eine Steuer nach dem Erbschaftsteuerrecht der Deutschen Demokratischen Repu-

blik erhoben wurde, wenn der Erwerb durch Personen im Sinne des § 15 Abs. 1 Steuerklasse I erfolgte.

(6) § 28 ist auch anzuwenden, wenn eine Steuer nach dem Erbschaftsteuerrecht der Deutschen Demokratischen Republik erhoben wird.

(7) ¹Ist in dem in Artikel 3 des Einigungsvertrages genannten Gebiet eine Steuerfestsetzung nach § 33 des Erbschaftsteuergesetzes der Deutschen Demokratischen Republik in der Weise erfolgt, daß die Steuer jährlich im voraus von dem Jahreswert von Renten, Nutzungen oder Leistungen zu entrichten ist, kann nach Wahl des Erwerbers die Jahressteuer zum jeweils nächsten Fälligkeitstermin mit ihrem Kapitalwert abgelöst werden. ²§ 23 Abs. 2 ist entsprechend anzuwenden.

(8) Wurde in Erbfällen, die vor dem 1. Januar 1991 eingetreten sind, oder für Schenkungen, die vor diesem Zeitpunkt ausgeführt worden sind, die Versteuerung nach § 34 des Erbschaftsteuergesetzes der Deutschen Demokratischen Republik ausgesetzt, ist diese Vorschrift weiterhin anzuwenden, auch wenn die Steuer infolge der Aussetzung der Versteuerung erst nach dem 31. Dezember 1990 entsteht.

Anwendung des Gesetzes auf die neuen Bundesländer

1 Die Vorschrift wurde durch den Einigungsvertrag v 31. 8. 1990 (BGBl II 1990, 885, 985) in das Erbschaftsteuergesetz eingefügt. Damit werden Übergangsregelungen für die Besteuerung in den neuen Bundesländern geschaffen. Zur Kritik an dieser Vorschrift vgl *Meincke* § 37a Rn 2 f.

Stichwortverzeichnis

(Die jeweils erste Ziffer bezeichnet den Paragrafen, die zweite die jeweils dazugehörige Randnummer;
P = Kapitel Patientenverfügung, vgl S 127 ff; V = Vorsorgevollmacht, vgl S 115 ff)

A
Abänderung gerichtlicher Verfügungen FGG 18, 1 ff
 – Anwendungsbereich im Erbscheinsverfahren FGG 18, 6 ff
 – Berichtigung/Ergänzung nach §§ 319 bis 321 ZPO FGG 18, 3 ff
 – Einziehung des Erbscheins FGG 18, 5, 7
 – Zweitentscheidung FGG 18, 2
Abfindung BGB 2325 12; 2346 6, 32, 42; 2348 2; 2350 11, 2352 22
Abfindungsansprüche BGB 1922 17
Abfindungsleistung BGB 2351 10
Abfindungsvereinbarung BGB 2346 31 ff, 49
Abfindungsvertrag BGB 2347 1
Abfindungszahlung BGB 516 76
Abkömmlinge des Erblassers BGB 2069, 1 3
Abkömmlinge iSd 1924 BGB 1924 4
Ablaufhemmung BGB 2303 28, BGB 2329 5, 7, BGB 2332 ff
Ablehnungsfrist BGB 563 23; 563 b 2
Ablehnungsgrund FGG 76 1
Ablehnungsrecht BGB 563 3, 20 ff
Ablieferungspflicht FGG 83 1, 5
Abschichtung BGB 2033 6
Abschlussort s. *Vornahmeort*
Abschriften
 – beglaubigte FGG 83 1
Abschrifterteilung FGG 78 1
Abstandsgeld BGB 516 76
Abtretung BGB 2317 12, 15, BGB 2338 13
Abtretung des Vermächtnisanspruchs BGB 2174 1
Abwendungsbefugnis BGB 528 8
Abwesenheitspfleger FGG 89 2
Abwesenheitspflegschaft FGG 88 15
Abwicklungsverhältnis BGB 563 9
Adoption BGB 1924 18 ff, BGB 1925 9 ff, BGB 1926 6 ff; 2303 8 f, BGB 2325 4
 – Bedeutung in internationalen Erbfällen EGBGB 25 25
Adoptivkinder ErbStG 15 9 f, ErbStG 15 26
Akteneinsicht BGB 2228 1 ff; FGG 78 1, 8
Aktivnachlass BGB 2047 1
Aktivprozess BGB 2212 1, BGB 2213 1 ff
Akzessorische Anknüpfung
 – s. auch Gleichlauf EGBGB 4 14
Alleinerbschaft BGB 2374 3 ff
Alleinhaftung BGB 2381 6
Allseitige Kollisionsnormen EGBGB 3 30

Altenteil BGB 516 64
Alternative Anknüpfung
 – s. auch Günstigkeitsprinzip EGBGB 3 37
Amtliche Vermittlung BGB 2042 28
Amtsermittlung
 – im Antrags- und Amtsverfahren FGG 12, 24 ff
 – im Beschwerdeverfahren FGG 12, 29 ff
 – im Verfahren der weiteren Beschwerde FGG 12, 32
Amtsermittlungsgrundsatz BGB 1643 15; 1774 1, 6; 2347 14
Amtspflichtverletzung BGB 2039 7
Amtsverfahren FGG 83 6 ff
Amtsvormundschaft BGB 1774 7
Anderkonten BGB 1922 19
Andeutungstheorie BGB 2084 20 ff; 2265 6; 2346 11
Aneignungsrecht in internationalen Erbfällen EGBGB 25 14
Anerkenntnis BGB 2314 8, BGB 2317 16, BGB 2332 15
Anerkennung ausländischer Entscheidungen EGBGB 3 6, 19; FGG 16 a, 1 f
Anfall 1942
Anfechtbarkeitseinrede BGB 2083 1
Anfechtung BGB 328 13, BGB 334 3, BGB 516 111, BGB 2033 26; BGB Vor 2064, 4 ff; BGB Vor 2078 1 ff, BGB Vor 2079 1 ff, 2343 6; 2346 35 ff; FGG 76 1
Anfechtung der Annahme 1954 1956
Anfechtung der Ausschlagung 1954
Anfechtungsanspruch BGB 330 10
Anfechtungsberechtigte BGB 2339 2; 2341 2 ff
Anfechtungsberechtigung BGB 2080 1 ff
 – Beschränkung BGB 2080 5 ff
Anfechtungserklärung BGB 2081, 1 ff; 2339 2; 2344 6 f; 2345 1
Anfechtungsfrist BGB 2082, 1 ff; 2340 6; 2344 7; 2345 11 f
Anfechtungsgegner BGB 2081 1 ff
Anfechtungsgründe 1954 7 ff
Anfechtungsklage BGB 2340 1 ff; 2342 1 ff; 9 f; 2344 6; 2345 1
Anfechtungsmöglichkeit BGB 2340 2 ff
Anfechtungsrecht BGB 2339 5; 2341 4; 2382 4
Anhörungsgrundsätze BGB 2038 29
Anknüpfungsgegenstand EGBGB 3 30 ff
Anknüpfungspunkt/-moment EGBGB 3 30, 35 ff

Stichwortverzeichnis

Anmeldefrist BGB 2045 2
Anmeldung
- Anwendungsbereich BGB 1970 1 ff
- Erbrechte BGB 1965 1 ff
- Forderungen der Nachlassgläubiger BGB 1970 1 ff, s. auch Nachlassgläubiger
- Verfahren BGB 1970 6 ff
- Wirkung BGB 1970 3 ff

Annahme der Erbschaft BGB 1943
Annahme des Amtes BGB 2197 16, BGB 2198 13, BGB 2202 3
Annahme durch schlüssiges Handeln BGB 1943 7, 8
Annahmeerklärung BGB 2347 10
Annahmefiktion BGB 1943 9
Annahmeverzug BGB 329 5; 2039 14
Anordnung der Nachlassverwaltung BGB 1981 1 ff
- Ablehnung mangels Masse BGB 1982 1 ff
- Antragberechtigung BGB 1981 1 ff
- Bekanntmachung BGB 1983 1 ff
- materiellrechtlich BGB 1984 1 ff
- prozessual BGB 1984 4 ff
- Verfahren BGB 1981 4 ff
- vollstreckungsrechtlich BGB 1984 7 ff
- Wirkung BGB 1984 1 ff

Anordnung eines Vorrangs BGB 2189 1
Anordnungen, erbrechtliche BGB 1924 4 f
Anordnungsantrag
- Zurückweisung FGG 76 6

Anpassung EGBGB 3 37, 67 ff
Anrechnung (auf den Pflichtteil) BGB 2306 4, BGB 2309 13 f, BGB 2315 1 ff, BGB 2316 15 ff, BGB 2327 1 ff, BGB 2377 4
- Anrechnungsanordnung BGB 2315 5 f
- Anrechnungswert BGB 2315 11
- und Ausgleichung BGB 2316 15 ff
- Ausstattung BGB 2315 3
- Berechnung BGB 2315 8 ff
- Bestimmung des Erblassers s. Anrechnungsanordnung
- Bewertungsstichtag BGB 2315 11
- Minderjähriger (als Zuwendungsempfänger) BGB 2315 7
- bei Zugewinngemeinschaft BGB 2315 14, BGB 2327 6 ff

Anrechnungspflichten BGB 2044 8; 2346 43
Anrechnungsvereinbarung BGB 2346 43
Ansprüche BGB 1922 16
- bankrechtliche BGB 1922 19

Ansprüche gegen Erben
- gerichtliche Geltendmachung BGB 1958 1 ff

Anstandsschenkung BGB 534 1 ff, BGB 2327 2, BGB 2330 1 ff
Anteilsübertragung BGB 2033 31; 2037 2; 2377 4
Anteilsverfügung BGB 2038 28

Antrag auf Insolvenzeröffnung BGB 2039 24
Antrag
- Antragsberechtigung FGG 12, 74
- Bestimmtheit FGG 12, 75
- Beteiligtenfähigkeit FGG 12, 83
- Bindung des Gerichts FGG 12, 75 ff
- Ergänzung FGG 87 3 ff
- Form FGG 11, 1, 2
- Genehmigung FGG 12, 80
- Haupt- und Hilfsantrag (siehe Eventualantrag)
- Verzicht, Verwirkung FGG 12, 33 f
- Vertretung FGG 12, 78
- Zurückweisung FGG 87 6 f

Antragsablehnung FGG 76 6
Antragsbefugnis FGG 77 5
Antragsberechtigte FGG 83 a 5
Antragsberechtigung FGG 86 26 ff
Antragsrecht FGG 86 31
Antragsrücknahme FGG 86 32 f
Antragszurückweisung FGG 76 13
Anwachsung BGB 1935 1 ff; BGB 2033 23, 2094 1 ff, BGB 2095 1 ff, BGB 2099 1
Anwaltsprozess BGB 2348 4
Anwaltszwang BGB 2347 8
Anwartschaft des Vermächtnisnehmers BGB 2177 2; 2179 1; 2191 1
Anwartschaftsrecht BGB 1922 29; 2344 11; 2371 1, 5, 11 f
Anzeigepflicht BGB 2384 1 ff
- Allgemein ErbStG 30 1 ff
- Vermögensverwalter ErbStG 33 1 ff
- Gerichte und Notare ErbStG 34 1 ff

Arbeitsrecht BGB 1922 17
Arglist BGB 2371 20
Arglisteinrede BGB 2043 8
Arme BGB 2072 1
Arrest BGB 2039 2
auf Dauer angelegter Haushalt BGB 563 1
Aufbewahrung FGG 74 7
Aufenthalt, gewöhnlicher ErbStG 2 4
Aufenthaltsbestimmungsrecht V 21
Aufgaben des Testamentsvollstreckers BGB 2203 4 ff, BGB 2204 2 ff, BGB 2209 3 ff
Aufgebot der Nachlassgläubiger BGB 2061
- Fristablauf BGB 2061, 4 ff
- Kosten und Gebühren BGB 2061, 9 f

Aufgebotsverfahren BGB Vor 1967 5; BGB 2045 2 f
- Ausschluss BGB 2016 1 ff
- Einrede BGB 2015 1 ff
- Fristbeginn BGB 2017 1 ff

Aufhebung der Ehe BGB 1318
Aufhebung
- der Gemeinschaft BGB 2042 34 ff

Aufhebungsantrag FGG 76 7
Aufhebungsverfahren LPartG 10 13

Stichwortverzeichnis

Aufhebungsvertrag BGB 2346 38; 2351 2, 8, 11; 2352 25, 30
Aufklärungs- und Offenbarungspflichten BGB 2376 7
Aufklärungspflicht BGB 2385 8
Auflage BGB 1940 1 ff; 2044 5 ff; 2046 6; 2048 10, 13; 2151 2; 2186 1; 2192 ff, BGB 2217 2 12, BGB 2220 2, BGB 2222 2, BGB 2306 13 f, 16, BGB 2307 3, BGB 2308 6, BGB 2311 9, BGB 2318 1 ff, BGB 2322 1 ff, BGB 2324 1 ff, BGB 2372 3; 2378 2
– Abzugsfähigkeit ErbStG 10 35
– Abzugsverbot ErbStG 10 63
– Anrechnung auf Pflichtteil BGB 2192 7
– Anwachsung bei BGB 2159 1
– Bedingung BGB 2192 4
– Begriff BGB 525 4 f
– Behaltensgrund BGB 2192 7
– Besteuerung ErbStG 3 48 ff
– Nichtvollziehung BGB 527 1 ff
– Verweigerung der Vollziehung BGB 526 1 ff
– Vollmachtserteilung BGB 2192 4
– Vollziehungsanspruch BGB 2194 1
– Vollziehungsberechtigter BGB 2193 2, 2194 1
– Vollzug durch Testamentsvollstrecker BGB 2194 1
– Unwirksamkeit BGB 2195 1
– Unmöglichkeit der Vollziehung BGB 2196 1
Auflagenbegünstigter, Bestimmung BGB 2193 1
Auflagenzweck, Bestimmung BGB 2193 1
Auflassung BGB 2371 20
Auflassungserklärung FGG 98 19 f, 22
Auflassungsvollmacht FGG 93 5
Auflösung der Ehe BGB 330 11
Aufrechnung BGB 2040 17 ff; 2317 17; 2378 6
– Nachlassinsolvenz BGB 1977 1 ff
– Nachlassverwaltung BGB 1977 1 ff
Aufrechnungserklärung BGB 2039 17, 30; 2040 19
Aufrechnungsgrundsatz BGB 2040 1
Aufschiebende Wirkung FGG 83 18
Aufschubgründe BGB 2043 6 ff
Aufsichtsrecht FGG 81 12
Aufwendungen BGB 2381 4 ff
Aufwendungen des Beschwerten BGB 2185 1
Aufwendungsersatz, s. Nachlassverwaltung u. Vergütung
– Nachlasspfleger BGB 1960 16 ff
– Nachlassverwalter BGB 1987 2
– Erbe BGB 1978 1 ff
Aufwendungsersatzanspruch BGB 526 4; 563b 4; 2036 6; 2038 14; 2346 26
Auseinandersetzung BGB 2032 2; 2042 1 ff, BGB 2374 9; 2377 4; FGG 86 1 ff; 91 1 f; 93 2 f; 97 2; s.a. Erbauseinandersetzung
– Aufschub BGB 2043 1 ff

– Ausschluss BGB 2042 12 ff; 2044 1 ff; FGG 86 12 ff
– Unwirksamkeit FGG 97 7 f
– Verfahren FGG 99, 10 ff
– Vermittlung FGG 98 19; 99 9
Auseinandersetzungsanordnungen BGB 2048 2 ff
Auseinandersetzungsanspruch BGB 2042 2 ff, 29; 2043 8; 2046 1; 2371 20
– Pfändbarkeit ZPO 852 3
Auseinandersetzungsantrag FGG 86 30; 87 2
Auseinandersetzungsguthaben BGB 2032 4; 2038 33; 2042 40; 2047 1
Auseinandersetzungsklage BGB 2045 4
Auseinandersetzungsmängel FGG 96 9
Auseinandersetzungsplan BGB 2042 42; BGB 2204 1 9 ff; FGG 93 4 ff; 98 16
– Form FGG 93 7 ff
– Klage auf Zustimmung zu einem ~ BGB Anh 2 2042 6
– Vollzug BGB Anh 2 2042 11
Auseinandersetzungsregeln BGB 2042 2 ff
Auseinandersetzungsurkunde FGG 98 22
Auseinandersetzungsvereinbarung BGB 2042 15 ff; 2043 9 f; FGG 88 9; 98 11
– Inhalt BGB 2042 18 ff
Auseinandersetzungsverfahren FGG 86 7, 11, 23, 35; 88 4, 10; 91 27; 95 1, 11, 13; 97 15 f; 99 3
Auseinandersetzungsverhandlung FGG 93 1 4
Auseinandersetzungsvertrag FGG 96 13; 97 5; 98 19
– sachliche Mängel FGG 97 5
Auseinandersetzungsvollstreckung BGB 2044 18
Ausgleichsansprüche BGB 2346 43
Ausgleichsgemeinschaft LPartG 6 2 ff; 10; LPartG 10 2 ff
Ausgleichspflicht BGB 328 26; 2046 5
Ausgleichszahlung BGB 2038 35
Ausgleichung (auf den Pflichtteil) BGB 2306 4, 22, BGB 2309 14, BGB 2314 12, BGB 2316 1 ff
– Ausgleichspflichtteil BGB 2316 8
– Ausgleichungsanordnung BGB 2316 5
– Ausgleichungswert BGB 2316 9
– und Pflichtteilsergänzung BGB 2316 19, BGB 2325 19, BGB 2327 9
Ausgleichung BGB 2050 ff
– Abkömmlinge als gesetzliche Erben BGB 2051, 3 ff
– Abkömmlinge als gewillkürte Erben BGB 2052, 1 ff
– andere Zuwendungen BGB 2050, 10
– Auskunftsanspruch BGB 2057, 2 ff
– Auskunftspflicht BGB 2057, 1 ff
– Ausnahme BGB 2053, 1

| 1607

Stichwortverzeichnis

- Ausschluss der ~ BGB 2057 a, 16
- Beteiligte BGB 2050, 2
- Durchführung BGB 2055, 2057 a, 19 f
- Ersatzerben BGB 2051, 8 f
- Gegenstand der ~ BGB 2050, 3 ff
- Haftung für Nachlassverbindlichkeiten BGB 2055, 6
- Hoferbenrecht BGB 2050, 11
- Mehrempfang BGB 2056
- Prozessuales BGB 2050, 12 ff
- Verfahren bei Mehrempfang BGB 2056, 7 ff
- Wertermittlung BGB 2055, 5, 7
- Zuwendung BGB 2053, 1 ff

Ausgleichung ErbStG 3 12
Ausgleichungspflicht BGB 2050 ff; BGB 2346 43 f; 2352 13; 2372 4 ff; 2376 4
- Abkömmlinge als gesetzliche Erben BGB 2051, 3 ff
- Abkömmlinge als gewillkürte Erben BGB 2052, 1 ff
- bei besonderen Leistungen eines Abkömmlings BGB 2057 a
- Erheblichkeit der Geldleistungen BGB 2057 a, 10
- Mitarbeit in Haushalt, Beruf oder Geschäft BGB 2057 a, 9
- siehe auch Ausgleichung

Ausgleichungsrechte BGB 2346 43 f
Auskunft BGB 1638 10
Auskunftsanspruch BGB 516 103; BGB 1922 20; 2042 29; 2227 16; 2314 1 ff, BGB 2316 18, BGB 2327 10, BGB 2329 15, BGB 2330 7
- Abtretung BGB 2317 12
- Auskunftsberechtigte BGB 2314 2, 4 f
- Auskunftsverpflichtete BGB 2314 6 f, BGB 2329 15
- Bestandsverzeichnis BGB 2314 16 ff
- eidesstattliche Versicherung s. dort
- Einreden BGB 2314 9, 29
- Erfüllung BGB 2314 22
- Form BGB 2314 17
- Umfang BGB 2314 11 ff
- Verjährung BGB 2332 3

Auskunftsanspruch des Vermächtnisnehmers BGB 2174 3
Auskunftserteilung FGG 78 1
Auskunftsklage BGB 2314 10
Auskunftspflicht V 42
Auskunftpflicht BGB 2038 25 ff; 2203 13, BGB 2218 12
Auslandsbedienstete ErbStG 2 8
Auslandsbezug EGBGB 3 10
Auslandssachverhalt EGBGB 3 57
Auslandsvermögen ErbStG 21 12 ff
Auslegung BGB Vor 2064, 9; BGB 2084 1 ff
- ergänzende BGB 2084 8 ff

- Ergänzende Umstände BGB 2084 6 ff
- Wortlautanalyse BGB 2084 3 ff

Auslegungsregel BGB 329 1, BGB 330 1 ff, BGB 331 1, BGB 335 1; BGB 2049 1; 2348 1; 2350 13; 2373 1; BGB Vor 2066 1, BGB 2084 13
Auslegungsvertrag BGB 2084 2f
Ausländisches Recht EGBGB 3 60 ff
- authentische Anwendung EGBGB 3 64, EGBGB 4 5, 21

Ausschlagung (und Pflichtteilsrecht) BGB 2303 18, 30, BGB 2305 6, BGB 2306 17 ff
- Ausschlagungsfrist BGB 2306 21 ff
- unter Vorbehalt des Pflichtteils BGB 2306 4
- eines Vermächtnis BGB 2307 1 ff, 4 f

Ausschlagung BGB 564 1; 1942 1943 1945 1947 1953 4 13 ff; BGB 2033 26; 2346 25; LPartG 10, 3; BGB 2346 25
- Erbschaft BGB 517 4
- Geschäftsführung vor d. A. BGB 1959 1 ff
- Vermächtnis BGB 517 4

Ausschlagung durch gesetzlichen Vertreter 1945 2 ff
Ausschlagung ErbStG 3 8 ff
Ausschlagungsberechtigung 1943 14
Ausschlagungsfrist 1944 1956
Ausschlagungsfrist ErbStG 3 10
Ausschlagungsverbot BGB 2346 13
Ausschließung BGB 2044 9
- Grenzen BGB 2044 19 ff

Ausschluss vom Ehegattenerbrecht 1318 3, 6, 7
Ausschlussfrist BGB 333 6; FGG 76 9
Ausschlussurteil BGB 2045 2
Aussetzung des Verfahrens FGG 12, 33 f
Aussetzung FGG 86 8; 87 9; 95 5 f
Ausstattung BGB 516 14 ff
Auswahl des Vermächtnisnehmers BGB 2151 2, 3
Auswahlvermächtnis BGB 2065 9
Ausweichklausel EGBGB 3 35; § 4 15
Auszug BGB 516 64
Autonome Auslegung s. auch Staatsverträge zum IPR EGBGB 3 21, EGBGB 3 34

B
Bank BGB 328 16 ff
Bankguthaben BGB 328 14 ff; BGB 2311 23, BGB 2325 29
Bankkonto BGB 328 14 ff
Bankvollmacht BGB 328 27
Bausparvertrag BGB 331 9 f; BGB 1922 21
Beamtenrechtliche Rechtspositionen BGB 1922 92
Bedingung bei Ausschlagung 1947
Bedingung BGB Vor 2064, 13, BGB 2065 6, BGB 2074 1 ff, BGB 2075 1 ff
- auflösende BGB 2074 1, 4; BGB 2075 1, 4

- aufschiebende BGB 2074 1, 3; BGB 2075 1, 3; BGB 2346 45
- zum Vorteil eines Dritten BGB 2076 1

Bedingungsvereinbarung BGB 2348 3
Beeinträchtigungsabsicht BGB 516 100
Beendigung der Testamentsvollstreckung BGB 2199 6, BGB 2201 5, BGB 2209 1 ff, BGB 2225 3 ff
Beerdigungskosten BGB 516 76; 1968 1 ff; 2344 10; 2379 5
Befreiung BGB 1638 7, 9
Befreiungsanspruch BGB 329 5
Befreiungsvermächtnis BGB 2173 2
Befristung BGB 2346 45
Beglaubigungsgebühr FGG 78 8
Begünstigungsabsicht BGB 2350 6
Begünstigungswille BGB 2044 8; 2048 16 ff
Behandlungsabbruch P 15
Behandlungsmaßnahmen P 4
Behindertentestament vor § 2064, 21; BGB 2209 4; 2317 14
Bekanntmachung FGG 81 4; 91 23, 36; 92 1
- förmliche FGG 76 2; 77 8, 13; 80 2

Belastungen des Vermächtnisgegenstandes BGB 2165 1
belohnende Schenkung BGB 2330 4, BGB 2325 8
Benachrichtigung BGB 2037 3; FGG 91 20 ff
Benachrichtigungspflicht BGB 2035 9 f; 2203 12 ff, BGB 2218 9 ff
Benutzungsregelung
- einvernehmliche BGB 2038 34

berechtigtes Interesse BGB 563 27; BGB 564 5, 12; FGG 78 1, 5
Bereicherung BGB 516 4
Bereicherungsanspruch BGB 2034 9; 2344 7
Berichtigung der Nachlassverbindlichkeiten BGB 1979 1 ff, s. auch Nachlassverbindlichkeiten
Berichtigung
- von Forderungen BGB 2042 40

Berliner Testament BGB 2269 1 ff
- siehe gemeinschaftliches Testament

Berufshaftpflichtversicherung siehe Haftpflichtversicherung
Berufung zum Erben 1942 2
Berufungsgrund 1942 1948 1949 1951 2
Beschaffungsrisiko bei Verschaffungsvermächtnis BGB 2170 3
Beschlussmängel BGB 2038 29
beschränkt dingliche Rechte BGB 1922 26
Beschränkung der Erbenhaftung BGB Vor 1967 1 ff
- Aufgebotsverfahren BGB Vor 1967 5
- dauerhafte Einreden BGB Vor 1967 4
- Haftungsbeschränkung kraft Gesetzes BGB Vor 1967 11

- nach Annahme der Erbschaft BGB Vor 1967 2 ff
- Nachlassinsolvenz BGB Vor 1967 6
- Nachlassverwaltung BGB Vor 1967 6
- Prozessuales BGB Vor 1967 7 f
- Verlust der Haftungsbeschränkungsmöglichkeiten BGB Vor 1967 9 f
- vor Annahme der Erbschaft BGB Vor 1967 1
- zeitlich beschränkte Einreden BGB Vor 1967 2 f

Beschränkungen BGB 2346 21, 43; 2372 1
Beschränkungen und Beschwerungen BGB 2306 9 ff, BGB 2307 8, BGB 2308 2, BGB 2320 5, BGB 2338 1 ff
Beschwerde BGB 2045 3
- Adressat, FGG 21, 2
- befristete BGB 1643 17
- Begründetheit (siehe Beschwerdeentscheidung)
- Beschwerdeberechtigung (siehe eigener Punkt) FGG 19, 19 ff; FGG 20, 1 ff
- Beschwerdeentscheidung (siehe eigener Punkt) FGG 19, 37 ff
- doppelrelevante Tatsachen FGG 20, 7
- einfache FGG 75 8; 76 5 ff, 13; 77 11; 80 6; 81 11; 83 16, 24: 87 11; 88 13; 91 37; 95 8; 96 2
- einfache weitere FGG 78 4
- Einlegung der Beschwerde FGG 21, 3 ff
- Einziehung des Erbscheins FGG 19, 20
- Entscheidung des Beschwerdegerichts FGG 19, 37 ff
- Erledigung der Hauptsache FGG 19. 28, 29
- Form FGG 19, 17; FGG 21, 2 ff
- Frist FGG 19, 18
- Inhalt der FGG 21, 7 ff
- Kosten FGG Vor 13, 14 ff
- Prozessuale Überholung/Umdeutungsfälle FGG 19, 30
- Prüfungsschema FGG 19, 15 ff
- Rechtsschutzbedürfnis FGG 19, 25 ff
- reformatio in peius FGG 19, 43
- sofortige FGG 76 11; 77 6, 11; 80 4; 81 8; 82 4; 83 a 11; 91 36; 92 6; 96 1 ff; 97 1
- sofortige weitere FGG 77 13; 80 7; 81 10
- Stattgebende Entscheidung FGG 19, 40, 41
- Statthaftigkeit FGG 19, 1 ff, 16
- unbefristete BGB 1638 11; FGG 83 18
- Vertretung FGG 21, 10
- Verwirkung, Rücknahme, Verzicht FGG 19, 33 ff
- Vorbescheide FGG 19, 4 ff
- Zulässigkeitsprüfung FGG 19, 15 ff
- Zurückverweisung FGG 19, 42
- Zwischenentscheidungen FGG 19, 3 ff; 10 ff

Beschwerdeberechtigung BGB 1774 15 ff; FGG 19, 20 f; FGG 20, 1 ff; FGG 75 5; 77 12; 82 1, 5 f; 96 4 ff

Stichwortverzeichnis

- formelle Beschwer FGG 20, 12 ff
- materielle Beschwer FGG 20, 2 ff

Beschwerdeentscheidung
- Begründungszwang FGG 25, 5 ff
- Bekanntmachung FGG 25, 9
- Bindung des Erstgerichts FGG 25, 2 ff
- Rechtsmittelbelehrung FGG 25, 10

Beschwerdefrist BGB 2044 2; FGG 76 2; 77 13; 80 4; 81 9; 96 6

Beschwerdegründe FGG 96 5

Beschwerderecht FGG 75 5; 76 8

Beschwerdeverfahren FGG 82 4

Beschwerungen BGB 2346 21, 43; 2352 13; 2372 1

Besitz
- unmittelbarer V 47

Bestallungsurkunde BGB 1774 14

Bestätigung FGG 91 31 ff
- Bekanntmachung FGG 91 36

Bestätigungsbeschluss FGG 86 32; 88 10; 90 7; 91 32; 93 10; 95 4; 96 6 f; 97 3 ff
- Aufhebung FGG 96 10 ff
- Vollstreckbarkeit FGG 98 8

Beteiligte FGG 86 21 ff; 91 12 ff
- Beteiligtenfähigkeit FGG Vor 13, 7 f
- Beteiligtenöffentlichkeit, FGG 15, 2 ff
- formell Beteiligter FGG Vor 13, 5
- materiell Beteiligter FGG Vor 13, 2 ff

Betreuung BGB 2347 6
- vormundschaftsgerichtliche P 16

Betreuungsverfügung V 12 ff; P 6

Betriebskostenabrechnung BGB 563 b 10

Betriebsstätte ErbStG 2 31

Betriebsvermögen
- Anteile an Kapitalgesellschaften ErbStG 13 a 40 ff
- begünstigtes Vermögen ErbStG 13 a 28 ff
- Behaltensfrist ErbStG 13 a 44 ff, ErbStG 19 a 14 ff
- Besteuerung ErbStG 13 a 1 ff
- Bewertung ErbStG 12 138 ff
- Bewertungsabschlag ErbStG 13 a 18 ff
- Freibetrag ErbStG 13 a 5 ff
- land- und forstwirtschaftliches Vermögen ErbStG 13 a 37 ff
- Stundung ErbStG 28 1 ff

Betriebszuweisung
- landwirtschaftliche BGB 2042 44

Betriebsübergabe BGB 516 25 ff

BeurkG: *Kommentierung im Anhang zu* **BGB 2264**

Beurkundung BGB 518 5; 2347 10; FGG 91 16 ff; 93 8
- Form FGG 91 19
- Inhalt FGG 91 16 ff
- notarielle BGB V 5; LPartG 6 8; BGB 2033 15; 2346 2; 2348 1 ff; 2351 4 f; 2352 9, 24, 31 f; 2371 1, 6, 18 ff; 2385 6; P 48

Beurkundungsgebühr BGB 2352 32

Beurkundungspflicht BGB 2348 1

Beurkundungstag BGB 2034 30

Beurteilungsspielraum BGB 2347 14

Beweis- und Darlegungslast
- bei Fällen mit Auslandsbezug EGBGB 3 4

Beweisaufnahme
- Augenschein FGG 15, 8
- Beteiligtenöffentlichkeit FGG 15, 2 ff
- Beteiligtenvernehmung FGG 15, 29
- Eidesabnahme FGG 15, 30
- Form FGG 15, 7
- Freibeweis FGG 12, 49 ff
- Sachverständigenbeweis FGG 15, 18 ff
- Strengbeweis FGG 15, 1 ff
- Unmittelbarkeit FGG 15, 6
- Urkundsbeweis FGG 15, 26 ff
- Zeugenbeweis FGG 15, 9 ff

Beweisbarkeit BGB 2340 6

Beweisfunktion V 36; BGB 2348 1; 2371 19

Beweislast BGB Vor 2066 2; 2343 4; 2350 13; 2375 8
- Anrechnungsvoraussetzungen BGB 2315 19
- Anspruch gegen Beschenkten BGB 2329 16
- Anstandsschenkung BGB 2330 2
- Eigengeschenke BGB 2327 12
- gemischte Schenkung BGB 2325 9
- im Erbscheinverfahren: siehe Feststellungslast
- Kürzung bei Vermächtnissen und Auflagen BGB 2318 12
- Landgut BGB 2312 6
- Nachlassverbindlichkeit BGB 2311 9
- Pflichtschenkung s. Anstandsschenkung
- Pflichtteilsanspruch BGB 2317 18
- pflichtteilsberechtigter Miterbe BGB 2319 7
- Pflichtteilsbeschränkung BGB 2338 15
- Pflichtteilsentziehung BGB 2336 7
- Pflichtteilsergänzungsanspruch BGB 2325 32
- Verjährung BGB 2332 16

Beweissicherung BGB 2348 6

Beweiswürdigung
- Beweis des ersten Anscheins FGG 12, 44
- Grundsatz der freien Beweiswürdigung FGG 12, 43 ff
- Verwertung offenkundiger Tatsachen FGG 12, 45

Bewertung BGB 2311 13 ff, BGB 2312 8 f, BGB 2313 8 ff
- Abfindungsklauseln BGB 2311 21 f
- Aktien BGB 2311 21
- Anwartschaftsrecht BGB 2313 4
- aufschiebend bedingte Rechte BGB 2313 4, 8 f
- Bankguthaben BGB 2311 23
- Bargeld BGB 2311 23
- Bauerwartungsland BGB 2311 18

Stichwortverzeichnis

- Bauland BGB 2311 18
- bedingte Rechte BGB 2313 8 ff
- Bewertungsmethoden BGB 2311 17, 19
- Bodenrichtwert BGB 2311 18
- Bürgschaft BGB 2313 6
- Gesellschaftsanteil BGB 2311 21 f
- Grundbesitz BGB 2311 18
- Kunstwerke BGB 2311 13
- Landgut BGB 2312 8 ff
- latente Steuerbelastung BGB 2311 19
- Miethaus BGB 2311 18
- Unternehmen BGB 2311 19 f
- Verbindlichkeiten BGB 2311 24

Bewertung (ErbStG)
- Auslandsvermögen ErbStG 12 155 f
- bebaute Grundstücke ErbStG 12 107 ff
- bedingter Erwerb ErbStG 12 10 ff
- Betriebsvermögen ErbStG 12 138 ff
- Bodenschätze ErbStG 12 137
- Erbbaurecht ErbStG 12 124
- gemeiner Wert ErbStG 12 21 ff
- Grundbesitz ErbStG 12 93 ff
- Kapitalforderungen ErbStG 12 68 ff
- land- und fortwirtschaftliches Vermögen ErbStG 12 101 ff
- Personengesellschaft ErbStG 12 9
- Sachleistungsanspruch ErbStG 12 25 ff
- Steuerwert ErbStG 12 1 ff
- Stichtag ErbStG 11 1 ff
- Stuttgarter Verfahren ErbStG 12 43 ff
- Teilwert ErbStG 12 31 f
- unbebaute Grundstücke ErbStG 12 104 ff
- Verkehrswert ErbStG 12 2 f
- Wertpapiere ErbStG 12 33 ff
- Wertveränderung ErbStG 11 10 f
- wiederkehrende Leistungen ErbStG 12 77 ff

Bewertungsverfahren BGB 2346 43
Bezeichnung des Erben, mehrdeutige BGB 2073 1
Beziehungssurrogation BGB 2041 7 ff
Bezugsberechtigter BGB 330 1 ff, BGB 332 3, BGB 333 8
Billiges Ermessen, Leistungsbestimmung BGB 2156 2
Bindungswirkung BGB 2340 4; FGG 12, 21 ff; FGG 89 4; 93 4; 97 3; P 35
Bruchteil BGB 2088 1 ff; BGB 2092 1 ff
- Erhöhung BGB 2089 1 ff
- Minderung BGB 2090 1 ff
- unbestimmter BGB 2091 1 ff

Bruchteilseigentümer BGB 2049 1
Bruchteilsgemeinschaft BGB 2033 32; 2044 10
Bruchteilsverzicht BGB 2346 21
Bundesärztekammer P 28, 36
böser/guter Glaube des Beschwerten BGB 2185 2
Bürgschaftsverpflichtung BGB 329 4

D

Damnationslegat BGB 2174 1
Datumtheorie (im IPR) EGBGB 3 13, 57
dauernde Last BGB 516 60 ff
Dauertestamentsvollstreckung
- für Vermächtnis BGB 2150 1
- Vergütung des TV BGB 2221 20

Dauervollstreckung BGB 2209 4 ff, 2210 2 ff, 2216 4 ff
Dauerwohnrecht BGB 516 54
DDR BGB 2303 5, BGB 2311 5, BGB 2325 4, 31
Deckungsverhältnis BGB 328 3 ff, BGB 331 6, BGB 333 8, BGB 334 1
Depeçage EGBGB 3 32, 68
Depotinhaber BGB 328 29
Deutsch-iranisches Niederlassungsabkommen EGBGB 25 6
Deutsch-sowjetischer Konsularvertrag EGBGB 25 5
Deutsch-türkisches Nachlassabkommen EGBGB 25 4
Dienstvertrag BGB 1922 17
Dingliche Rechte und Belastungen BGB 1922 26
Dispositionsbefugnis BGB 1643 2
Dokumentenpauschale FGG 78 8
Doppelbegünstigung BGB 2352 22
Doppelbesteuerung
- Abkommen zur Vermeidung der – ErbStG 2 22 ff
- Anrechnung ErbStG 21 1 ff
- Anrechnungsmethode ErbStG 2 27
- Freistellungsmethode ErbStG 2 27
- OECD-Musterabkommen ErbStG 2 26
- Progressionsvorbehalt ErbStG 2 28
- Verständigungsverfahren ErbStG 2 29

Doppelbevollmächtigung V 28
Doppelrelevanz
- Antragsberechtigung FGG 12, 74
- Beschwerdebefugnis FGG 20, 7

Doppelstaater *s. Mehrstaater*
Doppelstiftung BGB Anh 1922 31
Dreimonatseinrede BGB 2014 1 ff
- Frist BGB 2017 1 ff

Dreimonatsfrist BGB 563a 10; 2032 23
Dreißigjahresfrist, Vermächtnis BGB 2162 1
- Testamentsvollstreckung BGB 2162 1; BGB 2163 1

Dreißigster BGB 1969 1 ff; BGB 2306 13, BGB 2311 12, BGB 2318 3, BGB 2322 2; 2346 22; 25; 2352 16; 2376 3
- Anspruchsinhalt BGB 1969 3
- Einreden BGB 1969 4
- Parteien des Anspruchs BGB 1969 1 f
- Prozessuales BGB 1969 5

Dritte Personen BGB 563 17

Stichwortverzeichnis

Drittwiderspruchsklage BGB 2033 37
– für Miterben ZPO 747 4
– für Testamentsvollstrecker ZPO 748 5
– für Nacherben ZPO 773 1 ff
Drittwirkung BGB 2035 7
Drohung BGB 2339 14; 19 ff
Drohung, widerrechtliche BGB 2078 7, BGB 2079 7
Dürftigkeitseinrede des Erben BGB 1990 1 ff, 1991 1 ff, s. auch Erschöpfungseinrede

E
EG-Recht EGBGB 3 6, 16 ff, 25, EGBGB 5 22, 26, EGBGB 6 6, 8, 11, 16, EGBGB 9 2
Eheaufhebung
– Wegfall des Erbrechts BGB 1933 10 f
ehebezogene (unbenannte) Zuwendung BGB 2314 12, BGB 2325 10
Ehegatte
– Ausgleichsansprüche außerhalb des Erbrechts BGB 1931 21 ff
– Erbrecht, gesetzliches BGB 1931 – 1934 1 ff
– Mehrfacherbrecht BGB 1934 1 ff
– Voraus BGB 1932 1 ff
– Wegfall BGB 1933 1 ff
Ehegattenerbrecht 1318 3, 6, 7
Ehegattentestament BGB 2048 20; 2069 3 f; 2265 ff; ErbStG 15 36 f
– siehe gemeinschaftliches Testament
Eheschließung BGB 563 13 f
Eheverfehlung BGB 2339 7
Ehevertrag BGB 2325 11
Eidesstattliche Versicherung BGB 2214 1 ff; 2314 23; FGG 78 5; 79 2 ff; 83 5 ff, 13 ff
Eidesstattliche Versicherung des Erben BGB 2006 1 ff
Eigengefährdung V 19
Eigengeschenk BGB 2327 1
Eigengläubiger BGB 2227 7
Eigenhändiges Testament BGB 2247 1 ff
– Auslandsberührung BGB 2247 15
– Beweislast BGB 2247 24
– Bezugnahme BGB 2247 15
– Formzwang BGB 2247 5 ff
– Nachträge BGB 2247 22 ff
– Testierwille BGB 2247 8
– Unterstützung durch Dritte BGB 2247 13 ff
Eigeninteresse BGB 516 100
Eigenschaftsirrtum BGB 2346 35
Eigentümer-Besitzer-Verhältnis BGB 2381 1
Eigenverbindlichkeiten BGB 2036 2
– Zwangsvollstreckung ZPO 778 5
Eigenvermögen BGB 2032, 46; 2038 13, 2046 2
eingetragener Lebenspartner
– Erbrecht, gesetzliches, BGB 1931 20
Eingriffsnormen EGBGB 3 29
Einheitsprinzip BGB 2269 9 ff

Einheitsrecht EGBGB 3 7, 18, 28
Einigung
– gütliche FGG 83 a 9
Einkommensteuer BGB 2379 5
Einkommensteuererklärung BGB 2218 17
Einkünfte BGB 2214 11
Einliegerwohnung BGB 563 8
Einrede BGB 334 2, BGB 519 1 ff, BGB 529 2; BGB 2045 5
– aufschiebende BGB 2045 1
Einrede der Anfechtbarkeit BGB 2083 1
Einseitige Kollisionsnormen EGBGB 3 31, EGBGB 4 10
Einsichts- und Urteilsfähigkeit P 48
Einsichtsfähigkeit BGB V 4
Einsichtsrecht
– Inventar BGB 2010 1 ff
Einstimmigkeit BGB 2038 22
Einstweilige Anordnung FGG 83 a 10
Einstweilige Verfügung BGB 2039 2
Eintragungsbewilligung FGG 98 16
Eintrittsberechtigte Personen 563 13 ff
Eintrittsrecht BGB 563 1 ff
Einwendungen BGB 334 1 ff; FGG 98 14
Einwilligung P 9, 27; BGB 2046 8
– nachträgliche BGB 2352 13
Einwilligungssperre P 12
Einwilligungsvorbehalt BGB 2347 9, 12; 2351 8
Einzelkaufmännisches Unternehmen BGB 2032 23 ff
Einzelkonto BGB 328 19
Einzelstatut EGBGB 3 44, 47 ff
Einzelübertragung BGB 2374 11
Einziehung BGB 2033 39
Einziehung des Erbscheins
– Prüfungsschema FGG 84, 1 ff
Einziehungsermächtigung BGB 335 1; 2039 1
Elterliche Sorge BGB 2347 6
Empfangsbekenntnis FGG 79 8
Engste Verbindung EGBGB 4 15, 24 f, EGBGB 5 3, 20, 24, EGBGB 9 10
Enterbung BGB 1638 4; BGB 1938 1 ff; BGB 2348 9; LPartG 10 3
Enterbung BGB 1938 1 ff
Entlassung BGB 2227 1 ff
Entlassungsgrund FGG 81 13
Entlastung BGB 2219 15 ff
Entlastungsbetrag ErbStG 19 a 10 ff
Entscheidungsbefugnis FGG 83 a 13
Entscheidungseinklang
– internationaler Art EGBGB 3 47, EGBGB 4 2
Entscheidungsunfähigkeit P 54
Entschuldigungsgrund FGG 79 5
Entsiegelung FGG 74 7
entstehende Rechte BGB 1922 87
Erbanfall ErbStG 3 6
Erbanfallsteuer ErbStG 1 3, ErbStG 2 25

Erbanwärter BGB 516 104
Erbauseinandersetzung BGB Anh 2 2042 1 ff;
  BGB 2048 33; 2204 5 BGB 2212 2; 2371 13 f;
  2374 10; FGG 86 27; 99 5; ErbStG 3 11
  – *siehe auch Erbteilungsklage*
Erbauseinandersetzungsvereinbarung BGB
  2049 2
Erbauseinandersetzungsvertrag BGB 2375 12;
  2382 12
Erbausgleich, vorzeitiger ErbStG 7 37
Erbausgleichung BGB 516 78 ff
Erbaussicht BGB 1922 2 ff
Erbbaurechte BGB 1922 26
Erbchance BGB 2346 1
Erbe(n) BGB 1922 9 ff
  – Abkömmlinge iSd 1924 BGB 1924 4
  – Adoption BGB 1924 18 ff, BGB 1925 9 ff, BGB 1926 6 ff
  – gesetzliche BGB Vor 1924 1 ff, BGB 1924 – 1936 1 ff; 2066 1 ff
  – gewillkürte BGB 1937 1 ff, 1941 1 ff
  – Kinder nicht miteinander verheirateter Eltern BGB 1924 5 ff
Erbe, vorläufiger
  – im Prozess BGB 1958 1 ff
  – in der Zwangsvollstreckung BGB 6 ff
  – Rechtsgeschäfte gegenüber v. E. BGB 1959 7 ff
Erbeinsetzung BGB Vor 1937 4 f, 1937 1 ff; BGB
  2048 12; 2087 3 ff; BGB 2350 8; 2352 5, 18
  – Änderung LPartG 10 13
  – auf Bruchteile BGB 2088 1 ff; BGB 2092 1 ff
Erbenfeststellungsklage BGB 2032, 45
Erbengemeinschaft BGB 2204 2 ff, BGB 2214 4,
  BGB 2215 6; ErbStG 3 11; LPartG 10 7
  – Vollstreckungsklausel für Erbengemeinschaft ZPO 727 2
  – Vollstreckungsklausel gegen Erbengemeinschaft ZPO 727 3
Erbenhaftung BGB 1528 43; 967 1 ff, 2013 1 ff,
  BGB 2371 2; FGG 79 2; s. auch Nachlassverbindlichkeiten
  – bei mehreren Erbteilen BGB 2007 1 ff
  – Beschränkung der Erbenhaftung BGB Vor 1967 1 ff
  – Einrede der beschränkten ~ BGB Anh 2059 1 ff
  – Prozessuales BGB 1967 11
  – Vorbehalt der Beschränkung ZPO 780 1 ff, ZPO 781 1 ff
Erbenmehrheit BGB 2377 4
Erbenstellung BGB 2374 1
  – Fiskus BGB 1966 1 ff
Erbersatzanspruch BGB 2049 2; 2344 5; 2376 3; ErbStG 3 13 f
Erbersatzsteuer BGB Anh 1922 18
Erbeserben BGB 1952; 2032 4

Erbfall BGB 1922 6 f
Erbfallkosten ErbStG 1 15
Erbfallschulden BGB 2204 8, 2311 11, 2382 10
Erbfolge BGB 1922 Rn 1 ff
  – anwendbares Recht EGBGB 25 EGBGB 26
  – gesetzliche BGB 1922 1, BGB Vor 1924 1 ff, BGB 1924 –1936 1 ff
  – gewillkürte BGB 1922 1, s. auch Verfügung von Todes wegen
Erbfähigkeit BGB 1923 1 ff, s. a. Erbunfähigkeit, relative
  – natürliche Personen BGB 1923 5 ff
  – Nasciturus BGB 1923 10 ff
  – juristische Personen BGB 1923 16 f
  – teilrechtsfähige Einheiten BGB 1923 18 ff
  – Prozessuales BGB 1923 35 ff
Erblasseranordnung BGB 2038 33
Erblasserschulden BGB 2311 1; 2379 5; 2382 10; ErbStG 10 25 ff
Erblasserwille BGB 2049 41; 2339 4; 2352 22
Erbquote BGB 1922 11; 2346 19; 2350 6
Erbrecht bei Aufhebung der Ehe 1318
Erbrecht, gesetzliches, s. Erbfolge; Erbe(n)
Erbrecht, gewillkürtes, s. Erbfolge; Erbe(n)
Erbrecht, subjektives BGB 1922 2 ff
  – Beweislastregeln BGB 1922 99
  – prozessuale Feststellung BGB 1922 98
Erbrecht
  – Anmeldung BGB 1965 1 ff
  – Ausschluss LPartG 10 9 ff
  – Verlust BGB 2339 2
erbrechtliche Anordnungen, s. Anordnungen, erbrechtliche
erbrechtliche Lösung BGB 1371 2, BGB 2303 29
erbrechtliche Rechtspositionen BGB 1922 34 ff
Erbschaft BGB 1922 8
Erbschaftsabwicklung BGB 2046 14
Erbschaftsannahme BGB 2033 26
  – Zwangsvollstreckung vor Annahme ZPO 778 1 ff
Erbschaftsanspruch BGB 2018 1; 2039 6
Erbschaftsbesitzer BGB 2018 7; 2374 3
  – Auskunftsansprüche
  – Auskunftsklage BGB 2027 9
  – Auskunftspflicht BGB 2027 1, 8
  – Bereicherungshaftung BGB 2021 1
  – Besitzung BGB 2026 1
  – Bösgläubigkeit 2024 1
  – dingliche Ersetzung 2018 1
  – Einwendungen u. Einreden 2018 15
  – Einzelansprüche BGB 2029 1
  – Fahrlässigkeit BGB 2024 1
  – Früchte u Nutzungen BGB 2020 1, 2
  – Grundbuchberichtigung BGB 2022 4
  – Miterbe BGB 2018 10
  – unerlaubte Handlung BGB 2025 3
  – verbotene Eigenmacht BGB 2025 1

Stichwortverzeichnis

- Verwendungsersatz BGB 2018 3
- Voraussetzungen BGB 2018 7
- Vorerbe BGB 2018 7
- Wegnahmerechte BGB 2018 4
- Wertersatzhaftung BGB 2021 2

Erbschaftskauf BGB 2371 1 ff; 2374 8 ff; 2385 1 ff
- anwendbares Recht EGBGB 25 23

Erbschaftsklage BGB 2018 17; 2342 4
- gerichtliche Zuständigkeiten BGB 2018 18
- Verjährung BGB 2018 2
- Voraussetzungen u Klageantrag BGB 2018 17

Erbschaftskäufer BGB 2342 7

Erbschaftsnutzung
- Pfändbarkeit ZPO 863 1 ff

Erbschaftssteuer

Erbschaftsteuer BGB 2205 4, BGB 2219 7; LPartG 10 23; BGB 2048 32; BGB 2339 27; 2379 1; 4

Erbschaftsteuererklärung BGB 2219 6

Erbschaftsverkauf BGB 2375 1

Erbschein BGB 564 10; 1638 10; 2033 5; 2074 10; BGB 2075 10; 2197 14 ff, BGB 2225 11; 2344 6; 2353 ff; 2371 23; 2374 7; FGG 74 1; 78 5
- Angabe des Testamentsvollstreckers BGB 2364
- Angaben des gesetzlichen Erben BGB 2354
- Anhörung von Betroffenen BGB 2360
- Ansprüche des wirklichen Erben BGB 2362
- Antrag BGB 2353 21 ff
- ausländisches Erbrecht BGB 2369 2, 9 ff
- ausländischer Grundbesitz BGB 2353 20
- Eigenrechtserbschein BGB 2369 3
- Einziehung oder Kraftloserklärung des unrichtigen ~ BGB 2361
- Einziehungsverfahren BGB 2361 8 ff
- Einziehungswirkung BGB 2361 11 f
- Entscheidung des Nachlassgerichts BGB 2353 40 ff
- Ermittlungen des Nachlassgerichts BGB 2358
- Erteilungsverfahren BGB 2353 21 ff
- Form BGB 2353 29
- Fremdenrechtserbschein BGB 2369 3, 11 f, 50 ff
- Fremdrechtserbschein EGBGB 25 36
- gegenständlich beschränkter ~ BGB 2353 15; BGB 2369 1 ff, 10
- gegenständlich beschränkter s. Fremdrechtserschein
- gemeinschaftlicher BGB 2357
- Gleichlauftheorie BGB 2369 1
- Grundbuchverfahren BGB 2369 8
- gutgläubiger Erwerb BGB 2366 3 ff
- Inhalt BGB 2353 9 ff, 30 ff, BGB 2363; BGB 2369 31 ff
- inländische Nachlassgegenstände BGB 2369 26 ff
- internationale Zuständigkeit EGBGB 25 36
- Kosten BGB 2353 53 f; BGB 2369 80 f
- Kraftloserklärung BGB 2361 13 f
- landwirtschaftliches Erbrecht BGB 2353 16 ff
- Leistung an Erbscheinserben BGB 2367
- Nachlasseinheit BGB 2369 45 ff
- Nachlassspaltung BGB 2369 45 ff
- Nachweis der Richtigkeit der Angaben BGB 2356
- öffentlicher Glaube BGB 2366
- ordre public BGB 2369 22 ff
- Rechtsmittel BGB 2353 46 ff
- Rechtsnatur BGB 2353 7 f
- Sinn und Zweck BGB 2353 1
- Staatenlosigkeit BGB 2369 12
- Testamentsvollstreckerzeugnis BGB 2368
- Unrichtigkeit BGB 2361 1 ff
- Verfahren BGB 2369 74 ff
- Verfügungsbeschränkungen BGB 2353 13
- Vermutung der Richtigkeit BGB 2365
- Voraussetzungen für die Erteilung BGB 2359
- Wirkungen BGB 2353 3; 2369 6 ff
- Zuständigkeit BGB 2353 32 ff

Erbscheinserteilungsanordnung
- Annahme der Erbschaft FGG 12, 82
- Antrag FGG 12 71
- Antragsberechtigung FGG 12, 74
- Beteiligtenfähigkeit FGG 12, 83
- Beschwerde gegen die Erteilung (Umdeutung)
- Entscheidungsmöglichkeiten FGG 12, 86 ff
- Fehlen/Mängel des Antrags FGG 12 79 f
- Form/Frist FGG 12 72 f
- Haupt- und Hilfsantrag FGG 12 77
- Inhalt des Antrags FGG 12 75 ff
- Nachweise FGG 12 81
- Prüfungsschema FGG 12, 69 ff
- Rechtsschutzbedürfnis FGG 12, 85
- Verfahrensfähigkeit FGG 12, 84
- Zuständigkeit FGG 12, 70

Erbscheinsverfahren BGB 2339 3; 2340 4; 2342 9; 2348 7; FGG 83 9

Erbteil BGB 1922 11
- Erhöhung BGB 1935 1 ff
- gesetzliche Erbfolge BGB 1924 2, BGB 1925 5 ff, BGB 1926 4 f, BGB 1928 3 f
- mehrere Erbteile BGB 1927 1 ff

Erbteil, gemeinschaftlicher, BGB 2093 1 ff

Erbteile 1951

Erbteilserhöhung, gesetzliche BGB 1935 1 ff

Erbteilserwerb BGB 2033 15

Erbteilskauf BGB 2033 15, 23; 2036 7; 2371 9; 2380 2; 2381 6 ff
- Haftungsbeschränkung BGB 2383 12 ff

Stichwortverzeichnis

Erbteilsübertragung BGB 2034 36; BGB 2383 12
– dingliche BGB 2384 3
Erbteilungsklage BGB 2042 29 ff; BGB Anh 2 2042 1 ff
– Streitwert BGB Anh 2 2042 13 f
– Teilungsreife BGB Anh 2 2042 3
– Vermittlung durch das Nachlassgericht BGB Anh 2 2042 2 ff
Erbteilungsplan FGG 88 8
Erbteilungsverfahren BGB 2033 16
Erbteilungsvertrag BGB 1643 7
Erbunfähigkeit, relative BGB 1922 22 ff
– Beamtenrecht BGB 1923 24
– Heimgesetz BGB 1923 25 ff
– öffentliches Dienstrecht BGB 1923 24
– Urkundspersonen BGB 1923 23
Erbunwürdigkeit BGB 2339 2 ff; 2340 1; 2341 1; 2344 4
– Einrede der BGB 2344 8 ff
– Feststellung BGB 2339 3; 2341 5; 2342 1 ff
Erbunwürdigkeitserklärung BGB 2342 8; 2344 1, 8; 11
Erbunwürdigkeitsgründe BGB 2339 1 ff; 7 ff; 2343 5
Erbunwürdigkeitsklage BGB 2340 9
Erbunwürdigkeitsverfahren BGB 2340 2
Erbvergleich ErbStG 3 6
Erbvermutung
– für Fiskus BGB 1964 1 ff
Erbvertrag BGB 1922 1, BGB 1941 1 ff; 2048 20; 2069 3 f; LPartG 10 14
– Abänderungsvorbehalt BGB 2278, 7 ff; BGB 2293, 2
– Anfechtungsrecht BGB 2281, 1
– Anfechtungsverzicht BGB 2281, 9
– Anwartschaft BGB 2301, 20
– Anwartschaftsrecht BGB 2286, 4
– anwendbares Recht EGBGB 25 20 f
– Aufhebungswirkung BGB 2289, 3
– auflösende Bedingung BGB 2301, 7
– auflösende Überlebensbedingung BGB 2301, 17
– Aufrechterhaltungswille BGB 2279, 7
– Aushöhlungsnichtigkeit BGB 2287 1
– Auslegung BGB Vor 2274, 18
– Ausschlagung BGB 2298, 4
– bedingte Übereignungsverpflichtung BGB 2286, 7
– Beeinträchtigungsabsicht BGB 2287, 1
– Benachteiligungsabsicht BGB 2286, 4
– Berliner Testament BGB 2280, 1
– beschränkt Geschäftsfähige BGB 2282, 3
– beschränkte Erbenhaftung BGB 2288, 7
– ehebedingte Zuwendungen BGB 2287, 5
– Ehegattenerbvertrag BGB 2280, 1
– Ehevertrag BGB 2276, 8
– einseitige Schenkungsversprechen BGB 2301, 4

– einseitige Verfügungen BGB Vor 2274, 7
– einseitige Wechselbezüglichkeit BGB 2299, 10
– einseitiger Widerruf BGB 2292, 6
– einseitiger ~ BGB Vor 2274, 13
– Einwilligung BGB 2275, 5
– entgeltlicher ~ BGB Vor 2274, 15
– Erbverzichtsvertrag BGB 2290, 2
– Feststellungsinteresse BGB 2281, 13
– Feststellungslast BGB 2281, 13
– gegenseitiger Vertrag BGB 2301, 4
– gemischte Schenkungen BGB 2287, 3, 15
– gesetzliches Rücktrittsrecht BGB 2295, 1; BGB 2296, 10
– Grundlage für Vollstreckungsklausel ZPO 727 5
– kaptatorische Zuwendungen BGB 2302, 3
– lebzeitige Entschließungsfreiheit BGB 2286, 1
– lebzeitigen Eigeninteresses BGB 2287, 1, 9
– Leibrentenvertrag BGB 2295, 3
– Nachtragsurkunde BGB 2293, 3
– Nichtigkeit BGB 2274, 4
– notarielle Beurkundung BGB 2276, 1
– Pflichtteilsentziehung BGB 2294, 1
– Pflichtteilsverzichtsvertrag BGB 2276, 11
– postmortale Vollmacht BGB 2301, 23
– rechtliche Nachteile BGB 2275, 3
– rechtliches Interesse BGB 2286, 12
– Rücktrittsvorbehalt BGB 2278, 7 ff
– Sicherungsschenkung BGB 2286, 9
– Teilungsanordnung BGB 2278, 1
– Totalvorbehalt BGB 2278, 7 ff, BGB 2289, 14
– transmortale Vollmacht BGB 2301, 26
– Übergabeverträge BGB Vor 2274, 4
– Überlebensbedingung BGB 2301, 1
– Umdeutung BGB Vor 2274, 8; BGB 2276, 6; BGB 2299, 2; BGB 2301, 14
– unentgeltliche Zuwendungen BGB 2301, 1
– Verfügungsunterlassungsvertrag BGB 2286, 7
– Verschaffungsvermächtnis BGB 2288, 4
– verschleierte Schenkung BGB 2287, 3
– Vertragsauslegung BGB 2279, 2
– vertragsmäßige Anordnung BGB 2299, 3
– vertragsmäßige Verfügung BGB 2278, 3
– Verzeihung BGB 2297, 3
– Verzicht BGB 2298, 4
– vollzogene Schenkungsversprechen BGB 2278, 3
– Wechselbezüglichkeit BGB 2278, 5
– Wertverschiebung BGB 2289, 11
– Wiederverheiratungsklausel BGB 2280, 3
– Zustimmungserklärung BGB 2291, 5
– Zuwendungsverzichtsvertrag BGB 2277, 1; BGB 2289, 15
– zweiseitiger Erbvertrag BGB 2298, 1
Erbverzicht BGB 2309 7, 14, BGB 2310 7 ff, BGB 2315 16 f, BGB 2325 12; BGB 2344 2; 2346 1; LPartG 10 22; ErbStG 7 35 ff

Stichwortverzeichnis

- abstrakter BGB 2346 8
- anwendbares Recht EGBGB 25 23
- bedingter BGB 2346 8 ff; 2350 1
- entgeltlich BGB 2346 6
- stillschweigender BGB 2346 10 f
- unentgeltlich BGB 2346 7

Erbverzichtserklärung BGB 2348 3
Erbverzichtsvertrag BGB 2269 18; 2346 2 f, 14, 17 ff; 2347 3, 8; 2348 9; 2350 2, 10; 2351 8; 2352 19, 26, 30
- stillschweigender BGB 2348 8

Erfüllung einer Nachlassforderung
- vor der Ausschlagung BGB 1959 6 ff

Erfüllungsgeschäft BGB 2346 31
Erfüllungsübernahme BGB 329 1 ff; BGB 2378 2
Ergänzende Auslegung BGB 2084 8 ff
Ergänzungsanspruch BGB 2046 5
Ergänzungspflegschaft BGB 1638 11
Ergänzungsvorbehalt des Erblassers BGB 2086 1
Erhaltungskosten BGB 2381 1
Erhaltungspflicht des Beschwerten BGB 2179 2
Erhöhung der Bruchteile BGB 2089 1 ff
Erinnerung
- gegen Vollstreckungsklausel ZPO 727 6
- unbefristete FGG 81 16

Erklärungsfrist FGG 80 1
Erklärungsirrtum BGB 2078 2, BGB 2079 2, BGB 2346 35
Erlass BGB 2317 7, BGB 2318 4, BGB 2325 6, 21
Erlassvermächtnis BGB 2173 2; 2180 3; vor 2147 2
Erlassvertrag BGB 2346 14 f, 26
Erledigung der Hauptsache FGG 19, 28 f
Erlöschen der Steuer ErbStG 29 1 ff
Ermessensfehlgebrauch FGG 83 17
Ermittlung fremden Rechts EGBGB 3 60 ff
Ermittlungsverfahren FGG 78 5
Ernennung des Testamentsvollstreckers BGB 2197 1 ff, BGB 2199 1 ff, BGB 2200 1 ff
Eröffnung der Nachlassinsolvenz
- Antrag BGB 1980 1 ff

Eröffnungsprotokoll V 43
Errichtungsstatut (im internationalen Erbrecht) EGBGB 25 15
Errungenschaftsgemeinschaft FGG 99 11
Ersatz-Erbschaftsteuer ErbStG 1 6 ff, ErbStG 10 11, ErbStG 15 35, ErbStG 20 12
Ersatzansprüche BGB 2381 8
Ersatzberufung BGB 2352 20
Ersatzerbe BGB 2096 1 ff; BGB 2097 1; BGB 2098 1 ff; BGB 2303 20
Ersatzerbrecht BGB 2352 22
Ersatznacherbe BGB 2270 21
Ersatzpflicht BGB 2375 8; 2378 5 f
Ersatzrecht EGBGB 3 64
Ersatzschlusserbe BGB 2269 15, BGB 2270 20

Ersatzsurrogation BGB 2041 5 ff; 2374 3
Ersatztestamentsvollstrecker BGB 2201 10, BGB 2202. 14
Ersatzvermächtnis BGB 2158 1; 2180 3; 2190 1; 2191 2, 3
Ersatzvermächtnisnehmer BGB 2345 10
Ersatzzustellung FGG 92 2
Erschöpfungseinrede der Erben BGB 1989 1 ff, s. a. Dürftigkeitseinrede
Ersetzung BGB 2376 4
Erstattungsanspruch BGB 2038 13; 2040 14
Erstfrage EGBGB 3 54
Ertragswert BGB 2049 2, 4 f; 2311 17, 19
Erwartung, enttäuschte BGB 2078 3 ff, BGB 2079 3 ff
Erweiterung der Verpflichtungsbefugnis BGB 2207 2 ff, BGB 2225 5
Erwerb
- Kosten ErbStG 10 44
- Steuerpflicht ErbStG 10 1 ff
- von Todes wegen ErbStG 1 3, ErbStG 3 1 ff, ErbStG 10 3 ff

Erwerb vom Nichtberechtigten
- gutgläubiger BGB 2374 7

Erwerb von Todes wegen BGB 1638 4
Exklusivnormen EGBGB 3 31, EGBGB 5 10
Exterritorialität EGBGB 3 41

F

Falsa demonstratio BGB 2084 9, 21
Falschberechnung BGB 2372 3
Familienangehörige BGB 563 16; LPartG 11 2 ff
Familiengericht FGG 74 a 3 ff;
Familienpapiere BGB 2373 2
Familienrechtliche Rechtspositionen BGB 1922 30 ff
Familienrechtsreform FGG 74 a 4
Familienstiftung BGB Anh 1922 17 ff, s.a. Stiftung
Familienwohnheim ErbStG 13 24 ff
Festsetzungsverjährung ErbStG 30 13 ff
Feststellungsklage BGB 2039 2, 20; 2042 32; 2203 17 ff, BGB 2204 16 19, BGB 2206 11, BGB 2212 1 7, BGB 2213 1; 2303 3, BGB 2325 2, BGB 2329 7, BGB 2332 14, BGB 2333 3, BGB 2336 6 f, 2340 2; 2342 10; FGG 96 9; 97 6; ZPO 256 1 ff
- Arten der ~ nach dem Erbfall ZPO 256 19 ff
- ~ des Testamentsvollstreckers ZPO 256 23
- Streitwert ZPO 256 17, 24
- örtliche Zuständigkeit ZPO 256 18, 25
- unzulässige ~, Beispiele ZPO 256 4 ff
- vorbereitende BGB Anh 2 2042 5
- zulässige ~, Beispiele ZPO 256 8 ff

Feststellungslast
- Abgrenzung zur Beweisführungslast FGG 12, 47 f
- Ausnahmetatbestände FGG 12, 51

Stichwortverzeichnis

- Auslegungs- und Ergänzungsregeln FGG 12, 52
- Beweisvereitelung und Feststellungslast FGG 12, 53
- Grundsätze FGG 12, 49 ff
- Vereinbarung über die Feststellungslast FGG 12, 54

Feststellungswiderklage BGB 335 8
Fiktion des Bedingungseintritts BGB 2179 2
Fiskus BGB 1942 8; BGB 2352 1
- Erbenstellung BGB 1966 1 ff
- Erbvermutung BGB 1964 1 ff
- Inventarfrist BGB 2011 1 ff

Fiskus, gesetzliches Erbrecht BGB 1936 1 ff
Flüchtlinge EGBGB 5 6, 10, 12 ff
Forderungsmehrheit BGB 335 4
Forderungsrecht BGB 335 1 ff
Forderungsvermächtnis BGB 2173 1
Form BGB 328 8, BGB 329 4, BGB 518 1 ff; BGB 2033 15 ff; BGB Vor 2064 7; BGB 2084 20 ff
- zwingende BGB 2033 15

Form der Ausschlagung 1945
Form der Beschwer FGG 21, 1 ff
Formbedürftigkeit BGB 2371 18 ff; 2374 12
Formelle Beschwer FGG 20, 12 ff
Formmangel BGB 2033 20; 2042 15; 2339 6; 2346 31; 2348 9; 2371 20 f; 2382 9
Formnichtigkeit BGB 2033 17
Formularmietvertrag BGB 564 14
Formverstoß BGB 2047 7; BGB 2348 9
Formzwang BGB 2371 12, 21; 2379 1
Fortgesetzte Gütergemeinschaft FGG 78 5
Fortsetzung der Zwangsvollstreckung
- bei Tod des Schuldners ZPO 779 1 ff

Fortsetzung des Mietverhältnisses BGB 563 2, 24; BGB 563 b 1; BGB 564 7 f
Fortsetzungsrecht BGB 564 3
Fortsetzungstermin FGG 90 8 f
Fotokopien FGG 78 3
fraus legis s. Gesetzesumgehung
freiberufliche Praxis BGB 2311 20
Freibetrag ErbStG 16 1 ff
Freibetragsauflage BGB 2192 5
Freibeweis (siehe Beweisaufnahme)
Freiheitsentziehende Maßnahmen V 20
Freiheitsstrafe BGB 563 11
Freistellungsanspruch BGB 2039 6
Fremdrechtserbschein s. Erbschein
Fremdverwaltung BGB 2038 8
Frist
- Nichteinhaltung FGG 90 5 ff

Frist, Hemmung BGB 2082 4
Fristauslösendes Ereignis BGB 2082 2f
Fristberechnung FGG 90 2
Fristbestimmung FGG 77 11, 14 f; 80 2 ff; 81 2
Fristen BGB 2340 6 ff
Fristsetzung FGG 96 11

Fristverlängerung FGG 77 14, 16
Fristversäumnis FGG 91 6
Fruchtziehungsrecht BGB 2033 28
Früchte BGB 2038 32 ff; BGB 2381 5
Früchte des Vermächtnisgegenstandes BGB 2184 2
Fälligkeit des Pflichtteilsanspruchs BGB 2317 4
Fälligkeit des Vermächtnisanspruchs BGB 2176 1; 2181 1
Fälschungshandlung BGB 2339 24
Fürsorgebedürfnis FGG 74 2 ff; 88 3, 6

G
Garantiehaftung BGB 2375 7
Gattungsschuld BGB 2155 1
- beschränkte BGB 2169 1

Gattungsvermächtnis BGB 2155 1 ff; 2182 1; 2183 1; 2184 1
Gebot der Rücksichtnahme BGB 2042 2
Gebrauchsvorteile des Vermächtnisgegenstandes BGB 2184 2
Gebrauchsüberlassung BGB 1922 20
Gebühren BGB 1643 18; FGG 83 19 ff; 83 a 15; 86 34 ff; 97 17; 99 13
Gefahr im Verzug V 19
Gefahrübergang BGB 2380 1 ff
Gegenstandswert BGB 563 31; RVG 23 ff
- Gerichtsgebühren RVG 32 1 ff
- mehrere ~ RVG 23 6
- Zwangsversteigerung RVG 26 1 ff
- Zwangsvollstreckung RVG 25 1 ff

Gegenvormund BGB 1774 1
Geisteskrankheit BGB 2339 11
Geistesschwäche FGG 92 2
Geldanspruch BGB 2346 43
Gelegenheitsgeschenke ErbStG 13 44 ff
Geliebtentestament BGB Vor 2064 18
Gemeinsamer Haushalt BGB 563 1, 11 f
Gemeinschaftliche Vermögen BGB 2032 13 ff
Gemeinschaftlicher Erbteil BGB 2093 1 ff
Gemeinschaftlicher Mietvertrag BGB 563 a 3
gemeinschaftliches Testament BGB 2265 ff
- Andeutungstheorie BGB 2265 6
- anwendbares Recht EGBGB 25 20 f
- Behindertentestament BGB 2269 27
- Berliner Testament BGB 2269 1 ff
- Drittbegünstigung BGB 2269 3 ff
- Eheleute als Testierende BGB 2265 1 ff
- ~ eigenhändiges ~ BGB 2267 1 ff
- eingetragene Lebenspartnerschaften BGB Vor 2265 4; BGB 2265 7
- Einheitsprinzip BGB 2269 9 ff
- Erbvertrag BGB Vor 2265 3
- Erbverzichtsvertrag BGB 2269 18
- Ersatzschlusserbe BGB 2269 15
- getrennte Urkunden BGB 2265 6
- Kosten der Beurkundung BGB 2265 9

| 1617

Stichwortverzeichnis

- Nottestament BGB 2266
- Pflichtteilsstrafklausel BGB 2269 14
- Scheidung BGB 2268 1 ff
- Schlusserbe BGB 2269 1 ff
- sonstige Partnerschaften BGB 2265 8
- Trennungsprinzip BGB 2269 11 ff
- Umdeutung in Einzeltestament BGB 2268 8
- Vermächtnis BGB 2269 30
- wechselbezügliche Verfügungen BGB 2270 2
- Wiederheirat BGB 2268 6; BGB 2270 13
- Wiederverheiratungsklausel BGB 2269 22
- Zuwendungsverzicht BGB 2269 18

Gemeinschaftliches Testament
Gemeinschaftliches Vermächtnis BGB 2157 1
Gemeinschaftskonto BGB 328 23
Gemeinschaftsverwaltung BGB 2032 25; 2038 27 ff
Gemischte Schenkung BGB 516 10 ff
Genehmigung BGB 1643 9 ff; Vor 2064 15; 2347 4
- des Nachlassgerichts FGG 75 6
- familiengerichtliche BGB 1638 6; 1643 6, 15; 2371, 26
- Verweigerung FGG 97 10
- vormundschaftsgerichtliche V 11; 19 ff; BGB 2346 26; 2347 1. 6, 9, 12 ff; 2348 1; 2351 8, 11; 2352 22; FGG 86 27; 96 7, 11; 97 9 ff; P 36 ff, 60, 63, 71

Genehmigung
- behördliche BGB 2034 5
- familiengerichtliche BGB 2042 19
- nachträgliche BGB 2040 13
- vormundschaftsgerichtliche BGB 2040 10; 2042 19

Genehmigungserfordernis BGB 1638 1; BGB 1643 5; V18;
Genehmigungspflicht BGB 2042 24; 2347 1; 2371 25 ff
Genehmigungspflichtige Geschäfte BGB 1638 2 ff
Genehmigungsverfügung BGB 1643 16
Genossenschaftswohnung BGB 563 8, 26
Gerichtsgebühren FGG 75 10; 76 14; 81 17; 82 8
Gerichtsstand
- allgemeiner BGB 2342 6; FGG 98 13
- der Erbschaft BGB 2342 6

Gerichtsstand der Erbschaft ZPO §§ 27, 28 1 ff
Gesamtgläubiger, mehrere Vermächtnisnehmer BGB 2151 4
Gesamtgläubigerschaft BGB 335 4
Gesamtgut FGG 78 5; 99 3
- Inventar für eine zum G. gehörende Erbschaft BGB 2008 1 ff

Gesamthandsklage BGB Anh 2059 2; BGB 2032 40; 2040 20; 2046 9, 12
Gesamthandseigentum BGB 2034 3; 2044 12

Gesamthandsgemeinschaft BGB 2032, 1, 6 ff; 2039 1; 2042 43; 2371 7
Gesamthandsprinzip BGB 2032 40; 2040 1
Gesamthandsvermögen BGB 2038 32; 2041 1; 2047 2
Gesamtnachlass BGB 2040 4
Gesamtnichtigkeit BGB 2348 9
Gesamtrechtsnachfolge BGB 1922 1 ff; 2346 21
Gesamtrechtsnachfolger BGB 563 b 5
Gesamtschuldklage BGB Anh 2059 3; BGB 2046 12
Gesamtschuldner BGB 563 b 2, 5; 2382 3; 2383 12; 2385 6
Gesamtschuldnerausgleich BGB 563 b 2
Gesamtschuldnerische Haftung BGB 2058
- gemeinschaftliche Nachlassverbindlichkeiten BGB 2058, 2
- Prozessuales BGB 2058, 8 ff

Gesamtschuldnerklage BGB 2032 42
Gesamtstatut EGBGB 3 44 ff
Gesamtverweisung EGBGB 3 42, EGBGB 4 2 ff
Geschäftsbesorgungsvertrag V 40; 42; 49
Geschäftsfähigkeit V 1 ff; BGB 2347 6 ff; 2351 6, 8
Geschäftsführung FGG 81 5
Geschäftsführung ohne Auftrag P 45
Geschäftsführung vor der Ausschlagung BGB 1959 1 ff
- Anspruchskonkurrenzen BGB 1959 11
- Erfüllung einer Nachlassforderung BGB 1959 6 ff
- Rechtsgeschäfte gegenüber dem vorläufigen Erben BGB 1959 7 ff
- Verfügung über Nachlassgegenstände BGB 1959 3 ff

Geschäftsgrundlage BGB 2351 14 ff
Geschäftsraummietvertrag BGB 564 2
Geschäftsunfähige FGG 89 8
Geschäftsunfähigkeit V 39; BGB 2352 2
Gesellschaft
- Anteilsübergang ErbStG 3 24 ff
- Minderabfindung ErbStG 3 27

Gesellschaftsanteil
- Abfindung BGB 2311 21, 22; BGB 2314 13, 28
- Abfindungsausschluss BGB 2325 13, 14
- Auseinandersetzungsguthaben BGB 2311 21

Gesetz zur Neuregelung des internationalen Privatrechts EGBGB 220 1
- Übergangsvorschrift EGBGB 220

Gesetzesumgehung EGBGB 3 42
Gesetzliche Schuldverhältnisse BGB 1922 23 ff; BGB 2035 4
Gesetzlicher Schuldbeitritt BGB 2383 1
Gesetzliches Verbot FGG 91 34
Gestaltungserklärung
- erbrechtliche BGB 2033 26

Gestaltungsrechte BGB 1922 22; BGB 2039 10

Stichwortverzeichnis

Gesundheitsvorsorge V 32;
Gewalt
– physische BGB 2339 14
Gewaltanwendung BGB 2339 19
Gewährleistungsansprüche BGB 2371 3
Gewöhnlicher Aufenthalt EGBGB 3 9, 35 f, EGBGB 5 3, 11, 29 ff, EGBGB 9 5
Girokonto BGB 333 2
Girovertrag BGB 1922 19
Glaubhaftmachung FGG 15, 32; 78 1
Gleichheitsgrundsatz BGB 2049 6
Gleichlauf EGBGB 4 14, EGBGB 9 11
Gleichlauftheorie im internationalen Erbrecht EGBGB 25 36
Gläubigeraufgebot BGB 2042 14
GmbH-Anteile BGB 2042 26
Grabpflege ErbStG 10 37 ff
Grabpflegekosten BGB 516 76
großer Pflichtteil BGB 2303 29
Grundbuch BGB 2197 17 ff, BGB 2202 16, BGB 2211 2, BGB 2217 18, BGB 2223 8
Grundbuchamt FGG 97 6
Grundpfandrechte BGB 2046 11; BGB 2311 24, BGB 2313 6; FGG 98 16 f
Grundrechte EGBGB 6 13
Grundschuld BGB 516 71 ff; 1922 26
Grundstück BGB 2311 18
Gutglaubensschutz BGB 2371 17
Gutgläubiger Erwerb BGB 2040 11; 2041 11
Gutsübernahme BGB 330 14
Günstigkeitsprinzip BGB 2084 17f; EGBGB 3 37, EGBGB 4 13, EGBGB 5 17
Gütergemeinschaft BGB 2042 23; 2303 32, BGB 2310 9, BGB 2317 8, BGB 2325 11, BGB 2331 1 ff; ErbStG 4 1 ff, ErbStG 7 31 ff; FGG 86 21; 99 1, 5 ff
– fortgesetzte FGG 99 2
güterrechtliche Lösung BGB 1371 5, BGB 2303 28
Gütertrennung BGB 330 11, BGB 516 22; BGB 2042 22; 2303 31, BGB 2310 9; LPartG 6 2; 7 ff; 10, 5; FGG 91 12

H
Haager Testamentsübereinkommen EGBGB 25 1, EGBGB 26 1 ff
Haftangelegenheiten FGG 83 5
Haftkostenvorschuss FGG 83 8
Haftpflichtversicherung BGB 2202 15, BGB 2219 19
Haftung V 49 ff; BGB 2199 4 ff, BGB 2202 15 ff, BGB 2219 1 ff
– gesamtschuldnerische BGB 2383 1, 13
– unbeschränkte FGG 77 2
Haftung der Erben BGB 2058; s.a. Erbenhaftung
– bei mehreren Erbteilen BGB 2006 1 ff
– bis zur Teilung BGB 2059, 1 ff

– der Erbengemeinschaft BGB 2032 38 ff
– gemeinschaftliche Nachlassverbindlichkeiten BGB 2058, 2
– Haftungsbeschränkung BGB 2059, 6 ff
– nach der Teilung BGB 2060
– Prozessuales BGB 2058, 8 ff
– Rechtsmängel BGB 523 1 ff
– Sachmängel BGB 524 1 ff
– Schenker BGB 521 1 ff
– unausschließbare BGB 2036 1
– unbeschränkte H. des Erben bei Unrichtigkeit des Inventars BGB 2005 1 ff
Haftungsausschluss BGB 2036 1; 2382 8
Haftungsbefreiung BGB 2036 4
Haftungsbegründung BGB 2382 5
Haftungsbeschränkung, s. Nachlassinsolvenz, s. Nachlassverwaltung BGB 563 b 4; V 49; BGB 2036 4; 2203 19, BGB 2206 8, BGB 2215 15; 2382 8; 2383 1, 4 f
– ohne Verfahren BGB 1975 13
Haftungsbeschränkung des Vermächtnisnehmers BGB 2187 1; 2188 1
Haftungsgrenze 1586b 10
Haftungsmasse BGB 2382 1
Haftungsumfang BGB 2382 10 ff; 2383 4 ff
Haftungswegfall BGB 2036 2
Handeln unter falschem Recht EGBGB 3 40, 58, EGBGB 25 18
Handels- und Gesellschaftsrechtliche Haftung BGB 1967 Anh 1 ff
Handelsgeschäft BGB 1922 37 f; BGB 2038 27; 2216 7
– Unternehmensnachfolge BGB 1922 39 ff
Handelsgewohnheiten EGBGB 3 12
Handelsregister BGB 2197 20
Handelsvertreterprovisionen BGB 1922 18
Härteausgleich ErbStG 19 10 ff
Härtegrund BGB 564 13
Hartz-IV-Testament BGB Vor 2064 22
Hauptfrage EGBGB 3 32
Haushaltsangehörige BGB 563 b 2 f, 9 f
Haushaltsführungsehe LPartG 6 6
Haushaltsgegenstände, s. a. Voraus des Ehegatten
Hausrat ErbStG 13 4 ff
Hausratsverordnung FGG 99 12
Haustiere als Auflagenbegünstigte BGB 2192 3
Heilbehandlungsmaßnahmen V 16 ff
Heilung BGB 2033 19
Heimatrecht EGBGB 5 3 f
Hemmung BGB 2034 31
Herausgabe des Geschenks BGB 531 3
Herausgabe des Nachlasses an den Erben durch Nachlassverwalter, s. Nachlassverwalter
Herausgabeanspruch BGB 2385 6
Herausgabepflicht BGB 2374 13

| 1619

Stichwortverzeichnis

Hilfsanknüpfung EGBGB 3 64
Hinderungsgrund FGG 86 19
Hinkendes Rechtsverhältnis EGBGB 3 55
Hinterlegung BGB 2046 5; 2378 6; FGG 74 1
Hirntod P 11
Höchstpersönliche Rechtspositionen BGB 1922 80 ff; BGB 2033 33
Höchstpersönlichkeit der Auflagenbestimmung BGB 2192 6
Höchstpersönlichkeit
– formelle BGB 2064 1
– materielle BGB 2065 1
Hoferbe BGB 2046 11
Hofübergabe BGB 516 25 ff
Höfeerbrecht BGB 1922 102 ff
– Bundesrecht BGB 1922 103 ff
– Landesrecht BGB 1922 112 f
– Landgutprivileg BGB 1922 104
– Nordwestdeutsche Höfeordnung BGB 1922 107 ff
– Verfahren BGB 1922 111
– Zuweisungsverfahren nach §§ 13 ff GrdstVG BGB 1922 105 f
Höfeordnung BGB 2312 2; EGBGB 3 49
Höhere Gewalt FGG 77 1
Hypothek BGB 1922 26; 2375 4

I
Immaterialgüterrechte BGB 1922 28
Infauste Prognose P 18
Informationelle Selbstbestimmung BGB 2384 7
Inhaltsirrtum BGB 2078 1; BGB 2079 1; 2346 35
Inkorporierte Normen EGBGB 3 21, 24, EGBGB 4 18
Inlandsvermögen ErbStG 2 12 ff
Innenverhältnis V 49
Inquisitionsmaxime FGG 12, 7
Insolvenzantrag des Testamentsvollstreckers BGB 2216 15
Insolvenzeröffnungsantrag BGB 2384 2
Insolvenzmasse BGB 331 3
Insolvenzverfahren BGB 2042 40; FGG 83 a 5
Interlokales Privatrecht EGBGB 3 9, EGBGB 4 1, 21 ff
Interlokales Recht EGBGB 235 § 1 5 ff
Internationale Zuständigkeit EGBGB 3 3
Internationales Adoptionsrecht EGBGB 4 44, EGBGB 5 8, EGBGB 6 19 f
Internationales Eherecht EGBGB 4 44, EGBGB 5 8, EGBGB 6 19 f
Internationales Erbrecht EGBGB 4 44, 46 ff
Internationales Gesellschaftsrecht EGBGB 3 46
Internationales Kindschaftsrecht EGBGB 4 44, EGBGB 5 8, 33, EGBGB 6 19 f
Internationales Vertretungsrecht EGBGB 5 33, EGBGB 6 19, EGBGB 9 5 ff

Internationales Zivilprozessrecht EGBGB 3 41
Internationales öffentliches Recht EGBGB 3 13
Interpersonales Privatrecht EGBGB 4 1, 19, 22 ff, EGBGB 6 19
Intertemporales Privatrecht EGBGB 3 9
Inventar BGB 2063; FGG 77 3; 79 1; 87 2
– Aufnahme BGB 2002 1 ff
– bei zum Gesamtgut gehörender Erbschaft BGB 2008 1 ff
– Bezugnahme auf vorhandenes Inventar BGB 2004 1 ff
– Eidesstattliche Versicherung des Erben BGB 2006 1 ff
– Einsichtsrecht BGB 2010 1 ff
– Errichtung BGB 1993 1 ff; FGG 77 1
– Errichtung und -verfehlungen BGB 2063, 2 ff
– Frist BGB 1994 1 ff, BGB 1995 1 ff, BGB 1996 1 ff, BGB 1997 1 ff, BGB 1998 1 ff, BGB 2011 1 ff, BGB 2012 1 ff
– für Fiskus BGB 2011 1 ff
– für Nachlasspfleger BGB 2012 1 ff
– für Nachlassverwalter BGB 2012 1 ff
– Haftung BGB 2063, 5
– Haftung des Erben bei Unrichtigkeit des Inventars BGB 2005 1 ff
– Inhalt BGB 2001 1 ff
– Mitteilung an das Vormundschaftsgericht BGB 1999 1 ff
– öffentliches FGG 74 a 3
– Tod des Erben vor Fristablauf BGB 1998 1 ff
– Unwirksamkeit der Fristbestimmung BGB 2000 1 ff
– Unrichtigkeit des Inventars BGB 2005 1 ff
– Wirkung BGB 2009 1 ff
Inventarerrichtung BGB 2383 10 f; FGG 74 a 6; 77 4
Inventarfrist BGB 2033 28, 2039 8; FGG 77 1 ff; 78 5
IPR EGBGB 3 ff
– Erbrecht EGBGB 235 § 11 ff
– Legaldefinition EGBGB 3 1 ff
– Regelungsort EGBGB 3 11, 14 ff
– Verfügungen von Todes wegen EGBGB 235 § 2 1 ff
Irrtum BGB 2372 3; 2382 4; 2383 2
Irrtum über den Berufungsgrund 1949
Irrtum über Zusammensetzung des Nachlasses 1954 11

J
Jahresmietwert BGB 564 15
Jahressteuer ErbStG 22 4 ff
Jastrow'sche Klausel BGB 2177 1

K

Kapitalgesellschaftsanteile
- Aktien BGB 2032 34
- Genossenschaftsanteile BGB 2032 35
- GmbH-Anteile BGB 2032 32 f

Kapitallebensversicherung BGB 330 3
Kapitalunfallvrsicherung BGB 330 3
Kausalgeschäft BGB 2346 31, 35; 2347 1; 2348 1; 2351 5; 2352 10, 31
Kautionsverlangen BGB 563 b 8
Kegelsche Leiter EGBGB 3 37
»Kempten-Entscheidung« P 30
Kernsachverhalt BGB 2336 4
Kettensurrogation BGB 2041 2
Kinder BGB 563 15
Kinder des Erblassers BGB 2068 1
Kinder nicht miteinander verheirateter Eltern BGB 1924 5 ff
Kindesvermögen BGB 1638 1, 8
Kindeswohl BGB 1643 8
Klarstellungsfunktion BGB 2371 19
Klauselumschreibung BGB 2382 13; 2383 13
Kleinbetragsgrenze ErbStG 22 1 ff
kleiner Pflichtteil BGB 2303 28
Konfusion bei Vermächtnis BGB 2175 1
Konfusion BGB 2311 7; 2377 1 ff
Konkursausfallgeld BGB 1922 17
Konsolidation bei Vermächtnis BGB 2175 1
Konsolidation BGB 2377 1
Konstituierung des Nachlasses
- Vergütung des TV BGB 2221 15

Kontoinhaber BGB 328 16 ff
Kontrollbetreuer V 41 f
Kosten BGB 2039 27; FGG Vor 13, 14 ff
- Erbenfeststellungsklage FGG Vor 13, 23 f
- für Erbscheinsverfahren FGG Vor 13, 19 ff, 21 f
- nach BRAGO FGG Vor 13, 16 f
- nach KostO FGG Vor 13, 15
- nach RVG FGG Vor 13, 18 ff

Kostenerstattungsanspruch BGB 2039 8
Kostenerstattungspflicht BGB 2035 5
Kostentragungspflicht BGB 2045 5; FGG 83 a 9
Kulturgüter ErbStG 13 12 ff
Kumulative Anknüpfung EGBGB 3 37
Kunstgegenstände ErbStG 13 9, ErbStG 13 12 ff
Kunstwerke BGB 2311 13, BGB 2314 28
Kündigung BGB 328 13; 563 2
Kündigungsfristen BGB 563 19
Kündigungsrecht
- außerordentliches BGB 563 24 ff; BGB 563a 9
- außerordentlich befristetes BGB 564 4

Kündigungsschutz BGB 563 8
Kürzungseinrede BGB 2188 1

L

Ladung FGG 83 17; 86 1; 87 9; 89 1; 92 5; 97 8
- förmliche FGG 79 8, 10

Ladungsfrist FGG 89 1; 90 1 ff; 95 10
Landgut BGB 516 27; BGB 2049 3; BGB 2312 1 ff
Landwirtschaftsgericht FGG 86 7 ff
Lasten BGB 2379 4 f
- außerordentliche BGB 2379 5; 2380 3
- öffentlich-rechtliche BGB 2379 5

Lastenausgleich BGB 2311 5, BGB 2332 9
Lastenausgleichsfälle FGG 73 9 ff
Lastenfreier Erwerb BGB 2034 1
Lebens- und Wirtschaftsführung BGB 563 11
Lebensgemeinschaft BGB 563 a 4
Lebenspartner BGB 2303 13, 34, BGB 2306 6, BGB 2310 6, BGB 2311 26, BGB 2312 4, BGB 2315 13, BGB 2318 8, BGB 2325 30, BGB 2333 4, BGB 2335 1
Lebenspartner, eingetragener, s. eingetragener Lebenspartner
Lebenspartnerschaft BGB 563 13; BGB 563 a 4; LPartG 6 1 ff; LPartG 10 1 ff; 11 2 ff
- Aufhebung LPartG 10, 9 ff; 16 ff

Lebenspartnerschaftsvertrag LPartG 6 7 f
Lebensversicherung BGB 330 1 ff, BGB 332 1, BGB 333 8; 1922 21; 2311 8, BGB 2314 13, BGB 2325 16, 27 f, 29; ErbStG 3 34, ErbStG 3 38 f
Lebensversicherungsvertrag BGB 330 1 ff
Legitimation V 47
Legitimation des Testamentsvollstreckers BGB 2202 16, BGB 2203 8
Leibgeding BGB 516 64
Leibrente BGB 330 12, BGB 516 60 ff
Leibzucht BGB 516 64
Leistung BGB 331 1, BGB 332 2, BGB 334 5, BGB 335 1
Leistung an Erfüllungs Statt BGB 2378 6
Leistung nach Todesfall BGB 331 1 ff
Leistungsanspruch BGB 328 13
Leistungseinschränkungen BGB 528 22
Leistungsinhalt BGB 328 11
Leistungsklage BGB 2039 24; BGB 2344 9
Leistungsstörung BGB 328 13, BGB 335 3; 2346 6
Leistungsstörungen im Vermächtnisrecht BGB 2174 2
Leistungsverweigerungsrecht BGB 526 2; 2344 8; 2346 31; 2374 13; 2378 3
Letztwillige Verfügung s. Testament
Lex mercatoria EGBGB 3 8
Liquidationswert BGB 2311 19
Los FGG 93 2 f
Losziehung FGG 94 5 ff
Losziehungstermin FGG 94 5
Lotterielos BGB 1638 12
Lücke der letztwilligen Verfügung BGB 2084 13 ff

Stichwortverzeichnis

M
Magensonde P 2, 38
Mahnungen BGB 2039 12
Materielle Beschwer FGG 20, 2 ff
- Ausübung des Beschwerderechts FGG 20, 10 f
- Beeinträchtigung des Rechts FGG 20, 5 ff
- Recht im Sinne FGG 20, 2 ff
- Zeitpunkt der Beeinträchtigung FGG 20, 9

Maßnahmen
- lebenserhaltende P 2
- lebensverlängernde P 2

Maximalbehandlung P 17
Mehrdeutige Bezeichnung, § 2073, 1
Mehrheit von Erben
- Rechtsnachfolgeklausel ZPO 727 2
- Zwangsvollstreckung vor Erbschaftsannahme ZPO 778 6

Mehrheitsbeschluss BGB 2038 6, 9, 23; 2038 34
Mehrrechtsstaaten EGBGB 4 19 ff
Mehrstaater EGBGB 5 19 ff
Mehrwertsteuer
- TV-Vergütung BGB 2221 27

Mietrechtsreformgesetz BGB 563 b 5; BGB 564 6
Mietsicherheit BGB 563 b 2
Mietverhältnis BGB 563 1
- Beendigung BGB 563 25

Mietvorauszahlungen BGB 563 b 5 ff
Minderjährige BGB 2204 11 ff, BGB 2209 4, BGB 2215 17, BGB 2218 28
- Adoption BGB 2303 8
- Anrechnungsanordnung BGB 2315 7
- Geltendmachung des Pflichtteilsanspruchs BGB 2317 6
- Verzicht auf Pflichtteilsanspruch BGB 2317 8

Minderjährige, Ausschlagung des Vermächtnisses BGB 2180 2
Minderung BGB 328 13, BGB 334 3
Minderung der Bruchteile, § 2090, 1 ff
Miterbe BGB 2303 23, BGB 2319 1 ff, BGB 2331 a 4; ErbStG 3 11
Miterbenanteil BGB 2374 10
- Eintragung der Pfändung im Grundbuch ZPO 859 4
- Pfändbarkeit ZPO 859 1 ff

Miterbengläubiger BGB 2046 12 ff
Miterbenvorkaufsrecht BGB 2033 27; 2034 2
Mitgebrauch BGB 2038 34
Mitgliederbeiträge ErbStG 18 1 ff
Mitmieter BGB 563 a 4 ff
Mitteilung der Ausschlagung 1953 7, 8
Mitteilungspflicht FGG 74 6; 74 a 6
Mittelsurrogation BGB 2041 8
Mitverschulden BGB 2384 4
Mitwirkungspflichten BGB 2038 1; 16 ff, 2042 5; 2046 14

Monatsfrist BGB 563 22
Motive des Erblassers §§ 2074, 2075, 2
Motivirrtum BGB 2078, 2079, 3 ff; BGB 2346 19
Mutmaßliche Einwilligung P 39, 42
Mutmaßlicher Wille P 14, 27, 40 f, 58
Mutter, werdende des Erben, s. werdende Mutter
Mängelgewährleistung BGB 2385 8
Möbliertes Zimmer BGB 563 8

N
Nachbesserungsanspruch des Vermächtnisnehmers BGB 2183 1
nachehelicher Unterhalt
- Vollstreckungsklausel gegen den Erben ZPO 727 3

Nacherbe BGB 2100; BGB 2205 20 ff; BGB 2222 1 ff; BGB 2306 9 ff, BGB 2313 4 f, BGB 2314 4 f, BGB 2317 2, 11, BGB 2332 12, BGB 2338 9 f; ErbStG 3 6
- Anfall BGB 2100 60 ff
- Anordnung der Vor- und Nacherbschaft BGB 2100 13 ff
- Anwartschaftsrecht BGB 2100 68 f
- Auskunftsrecht BGB 2127
- Ausschlagung BGB 2100 60 f
- Bedingungen und Befristungen BGB 2100 47 ff
- Befreiung des Vorerben BGB 2100 55
- Behindertentestament BGB 2100 27
- Besteuerung ErbStG 6 5 ff, ErbStG 10 20 f
- Bestimmungen durch den Vorerben BGB 2100 56 ff
- Bruchteile BGB 2100 41 f
- DDR BGB 2100 112
- Ersatzerbe und ~ BGB 2102
- gegenständliche Beschränkungen BGB 2100 43
- gesetzliche Erben BGB 2104 f
- Gestaltungsmöglichkeiten BGB 2100 31 ff
- Landwirtschaft BGB 2100 109
- mehrere Vor- und Nacherben BGB 2100 44
- Nacherbfall BGB 2100 46
- Nachteile BGB 2100 29 f
- noch nicht gezeugter ~ BGB 2101
- Personenhandelsgesellschaften BGB 2100 104 ff
- Prozessführung BGB 2100 96 ff
- Rechtsstellung des Nacherben vor dem Nacherbfall BGB 2100 68 ff
- Rechtsstellung des Vorerben BGB 2100 65 ff
- Sondervermögen BGB 2100 82
- Surrogation BGB 2111
- Steuerklasse ErbStG 6 8 ff
- Testamentsvollstreckung BGB 2100 79 ff
- Übertragung der Anwartschaft ErbStG 3 56
- Umfang des Nacherbrechts BGB 2110

Stichwortverzeichnis

- unmittelbare Ersetzung BGB 2111
- Unwirksamwerden BGB 2109
- Verhältnis Vor-/Nacherbe BGB 2100 6 ff
- Vollstreckungsklausel ZPO 728 1 ff
- vorzeitige Vermögensübertragung ErbStG 7 38, ErbStG 7 49

Nacherbenanwartschaftsrecht BGB 2382 6
Nacherbenrecht BGB 2372 1
Nacherbenvollstreckung BGB 2203 2, BGB 2222 9 ff
Nacherbfall BGB 2340 7; 2344 11; ErbStG 6 2
Nacherbschaft BGB 2100
Nacherbschaft, BGB 2069, 5; BGB 2074, 2075, 5; BGB 2100
- *siehe Nacherbe*

Nachfolgeklausel ErbStG 3 6, ErbStG 13 a 8
- einfache BGB 2032 21
- qualifizierte BGB 2032 21

Nachfolgeklausel, gesellschaftsrechtliche BGB 2311 21, 2325 14
Nachfolgezusatz BGB 2032 24
Nachlass
- Herausgabe an den Erben durch Nachlassverwalter, s. Nachlassverwalter
- Inhalt des Inventars BGB 2001 1 ff, s. auch Inventar
- Inventarerrichtung BGB 1993 1 ff
- Inventarfrist BGB 1994 1 ff, BGB 1995 1 ff, BGB 1996 1 ff, BGB 1997 1 ff, BGB 1998 1 ff, BGB 2000 1 ff
- Mitteilung an das Vormundschaftsgericht BGB 1999 1 ff
- Unwirksamkeit der Fristbestimmung BGB 2000 1 ff
- Vollstreckung in den ungeteilten Nachlass ZPO 747 1 ff
- Wirkung BGB 2009 1 ff

Nachlassabwicklung ErbStG 10 41 ff
Nachlassansprüche BGB 2039 4 ff
Nachlassauseinandersetzung BGB 2046 12; 2375 6; 2379 2; 2381 6; FGG 86 6 ff, 11; 93 8; 97 9; 99 7
Nachlassbestand BGB 2311 5 ff
- Aktivbestand BGB 2311 5 ff
- Passivbestand BGB 2311 9 ff

Nachlassbewertung s. Bewertung
Nachlasseigenschulden BGB 2344 9
Nachlasseinheit, Grundsatz der EGBGB 25 1
Nachlassforderungen BGB Anh 2039 1 ff
Nachlassfürsorge BGB 2379 5
Nachlassgegenstände BGB 2040 4 f
- besondere BGB 2032 16 ff
- Einzelkaufmännisches Unternehmen BGB 2032 23 ff
- Kapitalgesellschaftsanteile BGB 2032 32 ff
- Personengesellschaftsanteile BGB 2032 18 ff

- Zwangsvollstreckung bei Testamentsvollstreckung ZPO 747 3

Nachlassgericht FGG 86 2 ff
- Ermessen FGG 88 11 f; FGG 91 22
- pflichtgemäßes FGG 93 4
- Zuständigkeit BGB 1962 1 ff
- Zuständigkeit der Amtsgerichte FGG 72 1

Nachlassgeschäftsführung BGB 2374 13
Nachlassgläubiger BGB 331 4; 1970 1 ff, BGB 1971 1 ff, BGB 1972 1 ff; BGB 2197 13, BGB 2198 12, BGB 2203 19, BGB 2213 4 ff
- Anmeldung der Forderungen BGB 1970 1 ff, vgl. a. dort
- Ausschluss BGB 1973 1 ff
- Einrede der beschränkten Erbenhaftung BGB Anh 2059 8 ff
- Einreden des Erben bei Zwangsvollstreckung ZPO 782 1 ff
- Klagen von ~ BGB Anh 2059 1 ff

Nachlasshaftung ErbStG 20 15 f
Nachlassinsolvenz BGB Vor 1967 2 6, Vor 1975 1 f, BGB 1975 7 ff, BGB 2033 29; 2036 5; s. auch Erbenhaftung, s. auch Nachlassverwaltung
- Antrag auf Eröffnung BGB 1980 1 ff
- Aufwendungsersatz für Erbe BGB 1978 1 ff
- Dürftigkeitseinrede BGB 1990 1 ff, 1991 1 ff
- Erschöpfungseinrede der Erben BGB 1989 1 ff
- Verantwortlichkeit des Erben BGB 1978 1 ff
- Vereinigung von Rechtsverhältnissen BGB 1976 1 ff
- Vollstreckungsklausel ZPO 727 4
- Vollstreckung in Privatvermögen des Erben ZPO 784 1 ff
- Wirkung auf Aufrechnung BGB 1977 1 ff

Nachlassinsolvenzverfahren BGB 2205 23, BGB 2206 12, BGB 2224 15; 2383 5 f; FGG 79 4
- Eröffnung FGG 76 3

Nachlasspfleger BGB 1960 8 ff, BGB 2374 3; FGG 75 8 ff
- Aufwendungsersatz BGB 1960 16 ff
- Befugnisse BGB 1960 8 ff
- Umfang der Vertretungsmacht BGB 1960 12
- Stellung im Prozess BGB 1960 13
- Vergütung BGB 1960 16 ff

Nachlasspflegschaft, s. auch Nachlasspfleger FGG 74 4, 8; 75 1 ff
- auf Antrag BGB 1961 1 ff
- Vollstreckungsklausel ZPO 727 4
- Zuständigkeit des Nachlassgerichts BGB 1962 ff

Nachlassplanung BGB 328 1; 2346 11
Nachlasssachen FGG 73 1 ff
- örtliche Zuständigkeit FGG 73 1

Nachlassschulden BGB 2379 5
Nachlassschuldner
- Klagen der Erben gegen ~ BGB Anh 2039 1 ff

| 1623

Stichwortverzeichnis

Nachlasssicherung FGG 74 1
Nachlassspaltung bei internationalen Erbfällen EGBGB 25 32 f
Nachlasssteuer ErbStG 1 3
Nachlassteilung BGB 2042 36 ff
- Naturalteilung BGB 2042 36 ff
- Teilung durch Verkauf BGB 2042 38 ff
- vorbereitende Maßregeln FGG 91 2

Nachlassverbindlichkeiten BGB 1967 1 ff, 4 ff; BGB 563 b 2; 2036 1 ff; 2037 3; 2046 5 ff; 2217 2 9 12 ff; 2311 9 ff, 2344 9; 2377 4; 2378 2; FGG 93 5 f; ErbStG 1 15, ErbStG 2 15, ErbStG 2 20, ErbStG 10 22 ff, ErbStG 10 45 ff, ErbStG 10 5 ff
- Ausschluss BGB 2016 1 ff
- Berichtigung BGB 1979 1 ff
- Dreimonatseinrede BGB 2014 1 ff
- Einrede des Aufgebotsverfahrens BGB 2015 1 ff
- Erbfallschulden BGB 1967 7 ff
- Erblasserschulden BGB 1967 5 f
- Fristbeginn BGB 2017 1 ff
- Handels- und gesellschaftsrechtliche Haftung BGB 1967 Anh. 1 1 ff
- Nachlasserbenschulden BGB 1967 10
- Vollstreckungsklausel gegen den Erben ZPO 727 3
- Zwangsvollstreckung vor Erbschaftsannahme ZPO 778 2

Nachlassverfahren
- internationales EGBGB 25 36 ff

Nachlassvermächtnis BGB 2177 3; 2185 1; 2191 1

Nachlassverwalter, s. auch Nachlassverwaltung
- Haftung BGB 1985 8 ff
- Herausgabe des Nachlasses an den Erben BGB 1986 1 ff
- Pflichten BGB 1985 1 ff
- Vergütung BGB 1987 1 ff

Nachlassverwaltung BGB Vor 1967 2 6, Vor 1975 1 f, 1975 1 ff, BGB 2033 29; 2036 5; 2038 36; 2041 1; 2371 4; 2374 6; 2383 5 f; FGG 75 1; 76 1 ff; 82 2; ErbStG 10 48 f; s. auch Erbenhaftung
- Anordnung BGB 1981 1 ff; FGG 76 12, s. auch Anordnung der Nachlassverwaltung
- Antrag auf ~ BGB 2062, 1 ff
- Aufhebung BGB 1988 2; FFG 76 6 f
- Aufwendungsersatz für Erbe BGB 1978 1 ff
- Beendigung durch Nachlassinsolvenz BGB 1988 1
- Bekanntmachung BGB 1983 1 ff
- Dürftigkeitseinrede BGB 1990 1 ff, 1991 1 ff
- Ende BGB 1988 1 ff
- Herausgabe des Nachlasses an den Erben BGB 1986 1 ff
- Nachlassverwalter, s. dort

- Verantwortlichkeit des Erben BGB 1978 1 ff
- Vereinigung von Rechtsverhältnissen BGB 1976 1 ff
- Vollstreckungsklausel ZPO 727 4
- Vollstreckung in Privatvermögen des Erben ZPO 784 1 ff
- Wirkung auf Aufrechnung BGB 1976 1 ff
- Wirkung BGB 1984 1 ff, s. auch Anordnung der Nachlassverwaltung

Nachlassverzeichnis BGB 2038 17; 2203 11 ff, BGB 2215 1 ff; 2376 3; FGG 74 1; 77 3
Nachversteuerung ErbStG 13 a 44 ff, ErbStG 19 a 14 ff
Namensrecht BGB 1922 84
Nebenkosten BGB 563 b 2
Neuterminierung FGG 89 5
nichteheliche Lebensgemeinschaft BGB 2325 10, 30
nichteheliches Kind BGB 2303 5 ff, 9, 35, BGB 2304 8, BGB 2305 8, BGB 2309 11, BGB 2325 12, BGB 2332 2, BGB 2333 14
Nichtigkeit BGB 528 18
Nichtigkeit einer Verfügung BGB 2065 3; BGB 2074 9; BGB 2075 9; BGB 2079, 2
Niederstwertprinzip BGB 2325 22, 24, BGB 2329 14
Niedrigsteuerland ErbStG 2 16
Nießbrauch BGB 516 35 ff; BGB 2325 9, 24, 29; ErbStG 25 1 ff
Nießbrauchsbestellung BGB 2033 14
Nießbrauchsvermächtnis BGB 2163 1; 2174 1
Notaranderkonto BGB 2346 48
Notargebühren FGG 86 34
Notarielle Beurkundung BGB 518 5
Notbedarf BGB 519 1 ff, BGB 529 4, 7
Notgeschäftsführung BGB 2038 11 ff
Notgeschäftsführungsrecht BGB 2038 12
Notverfügung BGB 2040 8
Notverwaltungsrecht BGB 2038 2; 2039 3
notwendige Streitgenossen BGB 2032 40, 45; 2039 11, 19, 23
Nutzungen BGB 2374 15; 2379 3
Nutzungsüberlassung BGB 1922 20

O
Obduktion P 16, 18
Oder-Konto BGB 328 23; 2311 23, BGB 2325 29
öffentlich-rechtliche Rechtspositionen BGB 1922 49 ff
öffentlicher Glaube BGB 564 10
öffentliches Testament
- Beurkundungsverfahren BGB 2232 11
- Errichtung durch Erklärung BGB 2232 3
- Errichtung durch Übergabe einer Schrift BGB 2232 9

Stichwortverzeichnis

- Grundlage für Vollstreckungsklausel ZPO 727 5
- Kosten und Gebühren BGB 2232 15 ff

Offizialmaxime FGG 12, 6
Option des anwendbaren Recht im IPR EGBGB 3 36
Ordre public EGBGB 3 67, 69, EGBGB 4 3, EGBGB 6 1 ff; EGBGB 25 34 f
Organentnahme P 18
Organspender P 18
Originärer Erwerb BGB 1638 12

P
Pachtverhältnis BGB 563 10
Parteiautonomie EGBGB 3 36
Passivprozess BGB 2211 1, BGB 2213 1 ff, BGB 2222 15
Patientenautonomie V 18; P 56
Patientenrechte BGB 1922 85
Patiententestament V 13
Patientenverfügung V 13; P 1 ff
- Aktualisierung P 55
- Aufbewahrung P 51
- Bindungswirkung P 9
- Form P 47 ff
- Referenten-Entwurf P 56 ff
- Verbindlichkeit P 20 ff
- Widerruf P 53 ff
- Wirksamkeit P 20 ff

Patientenwille P 14 ff, 73 f
Pauschalpreis BGB 2371 8
Personalstatut EGBGB 5 3
Personengesellschaft BGB 563 7; 2306 15, BGB 2311 21 f, BGB 2325 13, 28
Personengesellschaftsanteile
- GbR BGB 2032 18
- KG BGB 2032 19 ff
- OHG BGB 2032 19 ff

Personengruppe BGB 2071 1
Personenstandsurkunden BGB 2373 2
persönliche Gläubiger
- Einreden des Erben bei Zwangsvollstreckung ZPO 783 1 ff

Persönlichkeitsrecht, allgemeines BGB 1922 82 f
Persönlichkeitsrecht, Auflage BGB 2192 5
Pfandrecht BGB 1922 26; 2375 4
Pflegeheim BGB 563 11
Pflegekinder BGB 563 15
Pfleger BGB 1638 8; BGB 1774 6
Pflegeverpflichtung BGB 516 55 f
Pflegschaft FGG 88 1 ff
- Ende FGG 88 10
- Kosten FGG 88 14 f
- Umfang FGG 88 8

Pflegschaftsbestellung FGG 88 13
Pflegschaftsverfahren FGG 88 5

Pflichtschenkung BGB 534 1 ff; 2314 12, BGB 2325 10, 16, BGB 2330 1 ff
Pflichtteil LPartG 10 19 ff; BGB 2351 14
- Abfindung für Verzicht auf – ErbStG 3 52 ff, ErbStG 7 35 f
- Abzugsfähigkeit ErbStG 10 33
- Steuerpflicht ErbStG 3 19 f

Pflichtteilsanrechung BGB 516 85 ff
Pflichtteilsanspruch BGB 2033 24; 2046 5; 2213 12; 2303 3, BGB 2317 1 ff; LPartG 10, 3; 10; 19; 2344 4; 2345 14 f; 2346 14, 43; 2372 1; FGG 83 a 2
- Abtretung s. dort
- Ausschluss BGB 2303 14 ff
- Entstehung BGB 2303 3, BGB 2317 2, 4
- Erhöhung BGB 2346 44
- Fälligkeit s. dort
- Geldanspruch BGB 2303 25, BGB 2317 2
- Höhe BGB 2303 26
- Pfändbarkeit ZPO 852 1 ff
- Pfändung BGB 2317 15 f
- Rang BGB 2322 1
- Stundung s. dort
- Vererblichkeit s. dort
- Verjährung s. dort
- Verwirkung s. dort
- Verwirkungsklausel s. dort
- Verzug BGB 2317 5
- Zwangsvollstreckung bei Testamentsvollstreckung ZPO 747 4

Pflichtteilsberechtigter BGB 2078, 2079 10 ff
- Abkömmlinge BGB 2303 4 f
- Adoptivkinder BGB 2303 8
- Adoptiveltern BGB 2303 9
- Ehegatten BGB 2303 10 ff
- Eltern BGB 2303 9
- Lebenspartner BGB 2303 13
- nichteheliche Kinder BGB 2303 5 ff

Pflichtteilsbeschränkung (in guter Absicht) BGB 2338 1 ff
- Beschränkungsgrund BGB 2338 3 ff
- Form BGB 2338 7
- Inhalt BGB 2338 8 ff
- Nachvermächtnis BGB 2338 11
- Testamentsvollstreckung BGB 2338 12 f
- Vor- und Nacherbschaft BGB 2338 9 f

Pflichtteilsentziehung BGB 2333 ff; BGB 2339 19; 2345 14
- Beweislast BGB 2336 7
- Feststellungsklage BGB 2333 3
- Form BGB 2336 2 ff
- Inhalt BGB 2333 16, BGB 2336 4
- Kernsachverhalt s. dort
- körperliche Misshandlung BGB 2333 7
- seelische Misshandlung BGB 2333 7
- selbständiges Beweisverfahren BGB 2336 7
- Verbrechen, Vergehen BGB 2333 9

Stichwortverzeichnis

- Verletzung der Unterhaltspflicht BGB 2333 11, BGB 2334 2, BGB 2335 5
- Verzeihung s. dort
- Wirkung BGB 2333 16 f, BGB 2335 6

Pflichtteilsergänzungsanspruch BGB 516 92; 2033 24; 2046 5; LPartG 10 21; BGB 2346 43
- Abfindung für Erbverzicht BGB 2325 12
- und ausgleichspflichtige Zuwendung BGB 2316 19, BGB 2325 19
- Auskunftsanspruch BGB 2314 5, 7, 12 f, BGB 2329 15
- Ausschlussfrist BGB 2325 28 ff
- Berechnung BGB 2325 18 ff
- beschenkter Pflichtteilsberechtigter BGB 2327 1 ff
- Beweislast BGB 2325 32
- des Erben BGB 2325 3, BGB 2326 1 ff, BGB 2328 1 ff
- ehebezogene Zuwendung s. dort
- Existenz des Berechtigten BGB 2325 4
- gegen Beschenkten BGB 2329 1 ff
- gemischte Schenkung BGB 2325 9
- Inflationsausgleich BGB 2325 23
- Lebensversicherung BGB 2325 16, 27 f, 29
- Leistungsverweigerungsrecht des Erben BGB 2328 1 ff
- Nießbrauchsvorbehalt BGB 2325 9, 25, 29
- Niederstwertprinzip s. dort
- Personengesellschaft BGB 2325 13 f
- Pflegeverpflichtung BGB 2325 25
- Schuldner BGB 2325 5, BGB 2329 4 ff
- Stiftung s. dort
- verbrauchbare Sache BGB 2325 21
- Verjährung BGB 2332 2
- Wohnungsrecht BGB 2325 25, 29
- Zugewinnausgleich BGB 2325 19

Pflichtteilsergänzungsklage BGB Anh 2303 1 ff
Pflichtteilsklage BGB Anh 2303 1 ff
- Stufenklage BGB Anh 2303 8
- Verjährungsproblematik BGB Anh 2303 9 ff
- Zahlungsklage BGB Anh 2303 7

Pflichtteilsklausel BGB 2074, 2075 4; 2306 20, BGB 2317 14
Pflichtteilslast BGB 2309 1, BGB 2318 ff, BGB 2331 a 4; BGB 2378 2; 2379 5
- Anordnungen des Erblassers BGB 2324 1 ff
- bei Ausschlagung BGB 2320 2 ff, BGB 2321 1 ff
- des Eintretenden BGB 2320 1 ff
- Kürzungsrecht des Erben BGB 2318 2 ff, BGB 2322 1 ff, BGB 2323 1 f
- Rückzahlungsanspruch gegen Vermächtnisnehmer BGB 2318 2

Pflichtteilsquote BGB 2303 26 ff, BGB 2310 2 ff; BGB 2346 30
- der Abkömmlinge BGB 2303 26, 27 ff, 31 f, BGB 2310 4, 8 f

- des Ehegatten BGB 2303 26 ff, BGB 2310 5 f, 9
- der Eltern BGB 2303 26, 28 ff, BGB 2310 4 f

Pflichtteilsrecht BGB 2303 3; 2344 2; 2346 1, 4
Pflichtteilsrestanspruch BGB 2305 1, 5, BGB 2306 4, 8
- bei Ausgleichung BGB 2316 13
- des Ehegatten BGB 2305 7
- Entziehung BGB 2333 16
- und Pflichtteilsergänzung BGB 2326 4, 6
- Verjährung BGB 2332 2
- des Vermächtnisnehmers BGB 2307 8, 10, 12 f

Pflichtteilsschuldner BGB 2303 23 f, s. a. Pflichtteilslast
Pflichtteilsstrafklausel BGB 2269 14; BGB 2270 10
Pflichtteilsunwürdigkeit BGB 2303 17, BGB 2309 4, 10; BGB 2345 1 ff
- und Anrechnung BGB 2315 16
- Wirkung BGB 2317 3, BGB 2325 3

Pflichtteilsvertrag BGB 2346 15
Pflichtteilsverzicht BGB 516 90, BGB 2303 3, BGB 2309 8, BGB 2317 3 f, 7, 12; BGB 2346 11, 30, 43 ff; BGB 2347 1; 2350 1
- Anfechtung der Ausschlagung BGB 2308 5
- Anrechnungsanordnung BGB 2315 6 f, 13
- Ausgleichung BGB 2316 1
- stillschweigender BGB 2348 8

Pflichtteilsverzichtsvertrag BGB 2347 3, 11; 2351 4
Pflichtverletzungen BGB 2042 41 f
Pfändungspfandrecht BGB 2033 38; FGG 91 12
Positive Kenntnis BGB 564 5, 9
Postestativbedingung BGB 2065 6
Preisgefahr BGB 2380 1
Privilegierte Person BGB 563 1, 11; BGB 563 a 1
Prognose BGB 2346 36
Progressionsvorbehalt ErbStG 19 7 ff
Protokoll FGG 93 2
Provisionsanspruch BGB 1922 18, 20
Prozessführungsbefugnis BGB 2212 1 4 7 ff, BGB 2213 1 11, BGB 2222 15, BGB 2223 7
Prozessführungsermächtigung BGB 2039 1
Prozessführungsmängel BGB 2039 16
Prozessgericht BGB 1774 11
Prozesskostenhilfeanspruch BGB 2039 26
Prozessstandschaft BGB 2039 2
Prozessuale Rechtsbeziehungen BGB 1922 94
Prozessuale Überholung/Umdeutung FGG 19, 30 ff
Prozessverfahren BGB 2350 3
Prozessvergleich BGB 2342 11; 2347 8; 2348 4
Prozessökonomie BGB 2342 4
Prüfungszuständigkeit P 37
Publizität
- positive BGB 2371 21

Stichwortverzeichnis

Publizitätswirkung BGB 2345 1

Q
Qualifikation EGBGB 3 33 f, 68, EGBGB 4 5 f
Qualifikations(rück)verweisung EGBGB 4 6
Quotenerhöhung BGB 1643 5
Quotentheorie BGB 2305 3, BGB 2306 3
Quotenvermächtnis BGB 2176 1

R
Rangfolge BGB 563 18
Ratenzahlung BGB 2346 43
Rechenschaftsanspruch BGB 1922 20
Rechnungslegung V 42
Rechnungslegung BGB 2039 6; BGB 2203 11 13, BGB 2215 2, BGB 2218 13 ff
Rechnungslegung gegenüber Vermächtnisnehmer BGB 2174 3
Rechte aus Schuldverträgen BGB 1922 16 ff
Rechte
 - bedingte BGB 2313 4, 8 ff
 - befristete BGB 2313 2
 - ungewisse BGB 2313 5, 8 f
 - unsichere BGB 2313 5, 8 f
Rechtliches Gehör FGG 12, 55 ff
 - Anhörung der Parteien/rechtliches Gehör FGG 12, 55 f
 - Anhörung der Beteiligten FGG 12, 67
 - Folgen des Verstoßes FGG 12, 65
 - Inhalt FGG 12, 58 ff
 - Kreis der Berechtigten FGG 12, 57
 - Pflicht zur Berücksichtigung des Parteivorbringens FGG 12, 64
Rechtliches Interesse BGB 1638 11
Rechtsanwaltsvergütung
 - Abgabe RVG 21 2 ff
 - Abrechnung nach Gegenstandswert RVG 2 1
 - Angelegenheit RVG 15 1 ff
 - Anordnungsverfahren RVG 19 4
 - Anwendbarkeit RVG 1 1 ff
 - Arrest RVG 19 7
 - Aussetzung der sofortigen Vollziehung RVG 19 7
 - Beratung RVG 34 1 ff
 - Berechnung RVG 10 1 ff
 - Berechnung bei mehreren Auftraggebern RVG 7 9 ff
 - Besondere Angelegenheiten RVG 19 11
 - einstweilige Verfügungsverfahren RVG 19 7
 - Erstberatung RVG 34 9
 - Fälligkeit RVG 8 1 ff
 - Festsetzung RVG 11 1 ff
 - Gegenstandswert RVG 23 ff
 - Gesamtschuldner RVG 7 16 ff
 - Gutachten RVG 34 3 ff
 - Hinweispflicht auf Vergütung nach Gegenstandswert RVG 2 3
 - kaufmännische Rundungsregel RVG 2 6
 - Mahnverfahren RVG 19 6
 - mehrere Auftraggeber RVG 7 1 ff
 - mehrere Rechtsanwälte RVG 6 1 ff
 - Mittelgebühr RVG 14 5
 - Nachprüfungsverfahren RVG 19 5
 - Nichtzulassungsbeschwerde RVG 19 10
 - obligatorisches Streitschlichtungsverfahren RVG 19 9
 - Pauschcharakter der Gebühren RVG 15 10
 - Prozesskostenhilfe RVG 13 2; RVG 19 3
 - Rahmengebühren RVG 14 1 ff
 - Rundungsregel RVG 2 6
 - Steuersachen RVG 35 1 ff
 - streitiges Verfahren RVG 19 6
 - Übergang von Ansprüchen auf die Staatskasse RVG 59 1 ff
 - Übergangsrecht RVG 61 1 ff
 - Urkunden- und Nachverfahren RVG 19 8
 - Verfahren auf Abänderung oder Aufhebung RVG 19 4
 - Vergütungsvereinbarungen RVG 1 2; RVG 2 4 ff
 - Vergütungsverzeichnis Anh RVG
 - Verwaltungsverfahren RVG 19 5
 - Verweisungen RVG 21 2 ff
 - Vorschuss RVG 9 1 ff
 - Wert der anwaltlichen Tätigkeit RVG 2 1
 - Wertbegrenzung RVG 22 3 ff
 - Wertfestsetzung RVG 33 1 ff
 - Wertgebühr RVG 14 4
 - Zusammenrechnung mehrerer Gegenstandswerte RVG 22 1 ff
Rechtsanwaltsvergütungsgesetz
 - siehe Rechtsanwaltsvergütung
Rechtsbehelfe allgemein FGG Vor 19, 2 ff
 - Beschwerde Vor 19, 2 ff
 - Dienstaufsichtsbeschwerde Vor 19, 17
 - Erinnerung Vor 19, 10
 - Gegendarstellung Vor 19, 14 ff
Rechtsbeschwerdeinstanz FGG 86 32
Rechtsfähigkeit BGB 2032 6 ff
Rechtsgeschäft unter Lebenden BGB 2347 3
Rechtshilfe FGG 89 7; 91 30; 98 3
Rechtshilfeverfahren FGG 91 30
Rechtshängigkeit im Ausland EGBGB 3 5
Rechtsirrtum FGG 92 2
Rechtskraft BGB 2039 21; 2341 5; 2344 4; FGG 83 a 11; 89 4; 91 32; 96 12; 98 15
 - formelle FGG 97 1
 - materielle FGG 97 2
Rechtsmittel FGG 80 4 ff; 83 16 ff; 87 10 f; 88 13; 89 14; 92 6; 97 1
Rechtsmängel bei Vermächtnis BGB 2174 2; 2182 1

Stichwortverzeichnis

Rechtsmängelfreiheit BGB 2378 6
Rechtsmängelhaftung BGB 523 1 ff; 2371 6; 2383 4; 2385 6
Rechtsnachfolge BGB 2383 13
Rechtsnachfolgeklausel ZPO 727 1 ff
Rechtsnachfolger BGB 563 b 10
Rechtsnießbrauch BGB 2033 40
Rechtspfleger V 41
Rechtspositionen, s. Rechtspositionen, vererbliche; Rechtspositionen unvererbliche
Rechtsscheinshaftung BGB 1774 14
Rechtsscheinswirkung V 35
Rechtsschutz
– vorläufiger BGB 2046 1
Rechtsschutzbedürfnis BGB 2048 29 ff; BGB 2342 3; FGG 81 10; FGG 19, 25 ff
Rechtsspaltung EGBGB 4 19 ff
Rechtssurrogation BGB 2041 4
Rechtsvereinheitlichung s. Einheitsrecht
Rechtswahl EGBGB 3 36, EGBGB 4 16, EGBGB 25 25 ff
Rechtsübertragungen BGB 2032 36 f
Reformatio in peius FGG 19, 43
Regressansprüche BGB 2382 10
Regressverlust des Vermächtnisnehmers BGB 2166 1
Reisevertrag BGB 1922 20
Relativität der Anknüpfung EGBGB 4 2
Rentenversicherung BGB 330 3
Rentenversprechen
– Erlöschen BGB 520 1 ff
Rentenzahlung BGB 516 60 ff
renumeratorische Schenkung s. belohnende Schenkung
Renvoi s.a. Rückvereisung
– im internationalen Erbrecht EGBGB 25 30 f
Restitutionsansprüche BGB 2311 5, BGB 2313 5
Revisibilität ausländischen Rechts EGBGB 3 61, 66
Richtervorbehalt FGG 86 6; 88 2
Risikogeschäft BGB 2346 19
Ruhegeldzusagen BGB 1922 17
Ruhen des Verfahrens FGG 91 38
RVG
– siehe Rechtsanwaltsvergütung
Rückforderung ErbStG 29 5 ff
Rückforderungsrecht
– Anspruchsausschluss BGB 529 1 ff
– Sozialhilfeträger BGB 528 26 ff
– vertragliches BGB 516 66 ff
– wegen Verarmung des Schenkers BGB 528 1 ff
Rücktritt BGB 328 13; BGB 2346 38 ff; 2352 26; 2371 2
Rücktrittsrecht BGB 328 13; 2035 5
Rücktrittsvorbehalt BGB 2346 38
Rückvermächtnis BGB 2177 3; 2191 1

Rückverweisung EGBGB 3 43, 53, EGBGB 4 3 ff
– versteckte EGBGB 4 7
Rückübereignungsanspruch BGB 328 29; 2035 8

S
Sach- und Rechtsmängel BGB 2042 41 f
Sachmängel bei Vermächtnis BGB 2174 2; 2183 1
Sachmängel BGB 2376 7 ff
Sachmängelhaftung BGB 524 1 ff; 2371 6
– Ausschluss BGB 2376 8
Sachmängelhaftung BGB 524 1 ff
Sachnormverweisung EGBGB 3 43, EGBGB 9 12
– Legaldefinition EGBGB 3 1 f
Sachwertverfahren BGB 2311 17, 18
Schadensersatz BGB 2344 9 ff; 2383 7
Schadensersatz statt der Leistung BGB 2183 2
Schadensersatzanspruch BGB 328 13, BGB 335 3; 2037 4; 2038 6, 29; 2039 7, 2041 5; 2044 13; 2384 4
Scheidung BGB 330 11; 2303 11 f, BGB 2335 6
Scheidung der Ehegatten, s. auch Ehegatte
– Wegfall des Erbrechts BGB 1933 1 ff
Scheidungsverfahren BGB 563 13
Scheinerbe BGB 2374 7
Schenkung BGB 2325 6 ff, BGB 2330 1 ff; 2346 7; 2375 4; 2385 8 ff
– auf den Todesfall ErbStG 3 21 ff
– beeinträchtigende – ErbStG 3 58
– beeinträchtigende BGB 2348 6
– Begriff BGB 516 1 ff
– gemischte – ErbStG 7 14 ff
– Gesellschaftsanteil ErbStG 7 55 ff
– Haftung BGB 521 1 ff
– kein Vollzug BGB 518 9
– mittelbare – ErbStG 7 10 ff
– Rechtsmängelhaftung BGB 523 1 ff
– Sachmängelhaftung BGB 524 1 ff
– Sozialhilferecht BGB 528 12 ff
– unter Auflage ErbStG 7 22 ff, ErbStG 7 28 f
– unter Lebenden ErbStG 1 4, ErbStG 7 1 ff
– Verarmung des Schenkers BGB 528 1 ff
– Vertrag zugunsten Dritter BGB 328 17, BGB 330 5, BGB 331 7
– Verzugszinsen BGB 522 1 ff
– Vollzug BGB 518 7
– Widerruf BGB 530 1 ff
Schenkung auf den Todesfall als Vermächtnis BGB 2147 2
Schenkung unter Auflage BGB 516 9, BGB 525 1 ff, BGB 526 1 ff, BGB 527 1 ff
Schenkung von Todes wegen
– anwendbares Recht EGBGB 25 22
Schenkungsabrede BGB 516 7
Schenkungsangebot BGB 331 8
Schenkungssteuer LPartG 10 23; BGB 2346 46

Stichwortverzeichnis

Schenkungsversprechen BGB 328 27, BGB 518 3; 1922 20; 2385 10
Schiedsrichter BGB 2065 5
Schiedsrichterliches Verfahren ZPO 1066 1 ff
Schiedsvertrag BGB 334 2
Schiffe im Vermächtnisrecht BGB 2168 a 1
Schlusserbe BGB 516 97 ff; 2269 1 ff
Schmerzlinderung P 2
Schriftform BGB 563 a 9; BGB 564 5; V 30
Schriftstücke BGB 2047 4 ff
Schuldanerkenntnis
– schenkweise erteiltes BGB 518 4
Schuldbeitritt BGB 329 2
Schuldentilgung BGB 2046 2 ff
Schuldhaftung
– kumulative BGB 2382 1
Schuldverhältnis BGB 2173 2
Schuldversprechen
– abstraktes BGB 329 4
– schenkweise erteiltes BGB 518 4
Schuldübernahme BGB 329 2; 2382 8
– befreiende BGB 2383 1
Schutzfunktion BGB 2348 1
Schutzpflicht BGB 328 30
Schweigepflicht
– ärztliche P 18
Schweigepflicht BGB 1922 86
Schwägerschaft LPartG 11 6 ff
Schätzung FGG 81 17; 82 8
Schönheitsreparaturen BGB 563 b 2
Seitenverwandte BGB 2348 1
Selbstbestimmungsrecht V 1; P 3, 26, 30, 32 ff, 39 ff, 67
Selbstkontrahierungsverbot BGB 2371 19
Selbstmord BGB 563 6; BGB 563 a, 6
Selbständige Anknüpfung EGBGB 3 55
Sicherheitsleistung BGB 563 b 7 ff; FGG 83 a 10; ErbStG 32 9 f
sicherster Weg im Erbrecht BGB 2192 7
Sicherung des Nachlasses BGB 1960 1 ff, s.a. Nachlasspfleger
Sicherung des Vermächtnisanspruchs BGB 2174 4
Sicherungsabtretung BGB 2034 8
Sicherungsinteressen BGB 2033 1
Sicherungsmaßnahmen FGG 74 2
Sicherungsrechte
– akzessorische BGB 2377 1
Siechtum BGB 2339 11
Siegelanlegung FGG 74 1
Sittenwidrigkeit BGB Vor 2064 10, 16 ff; BGB 2074, 2075 6 ff
Sittenwidrigkeit, Vermächtnis BGB 2171 1
Sofortige Beschwerde FGG 27, 1 ff
Solidarität, familiäre BGB Vor 2064 19f
Sondererbfolge
– Gesellschaftsanteil BGB 2306 15
– Landgut BGB 2312 2

Sonderkündigungsrecht BGB 563 28; BGB 563 a 9; BGB 564 2 f, 9
Sonderrechtsnachfolge BGB 563 1, 14, 18; BGB 563 a 8; 1922 13; 2044 10
Sondervermögen BGB 2032 1, 4, 16; 2040 8, 2041 1; 2047 2
Sorgerechtserklärung BGB 1774 7
Sorgfaltspflicht BGB 328 30
Sozialhilferecht BGB 528 12 ff
Sozialklausel BGB 563 27; BGB 564 13
Sozialleistungen BGB 1922 91
Sparbuch BGB 328 21
Sperrvermerk BGB 328 20
Staatsangehörigkeit EGBGB 3 56
Staatsverträge zum IPR EGBGB 3 4, 6 f, 21 ff, 34, 55, EGBGB 4 15, 17 f, EGBGB 5 12 ff, 27, EGBGB 6 5, 10, EGBGB 9 2, 4, 8
Standesamt BGB 2348 7
Statthaftigkeit
– der Beschwerde FGG 19, 1 ff
– der weiteren Beschwerde FGG 27, 3 ff
Statusdeutscher EGBGB 5 6, 20
Statutenwechsel EGBGB 3 20, 40
Stellvertretung BGB Vor 2064 14; BGB 2347 8; 2352 4
– im internationalen Erbrecht EGBGB 26 7
Sterbebegleitung P 28, 36
Sterbehilfe
– aktive P 11 ff
– indirekte P 2, 69
Steuerbefreiung ErbStG 13 1 ff
Steuerbescheid ErbStG 32 1 ff
Steuererklärung ErbStG 31 1 ff
Steuererstattung BGB 2311 5
Steuerklassen ErbStG 15 1 ff
Steuerpflicht
– beschränkte ErbStG 2 2, ErbStG 2 12 ff, ErbStG 10 53
– dem Grunde nach ErbStG 3 5
– erweiterte beschränkte ErbStG 2 2, ErbStG 2 16 ff
– erweiterte unbeschränkte ErbStG 2 2, ErbStG 2 6 ff
– persönliche ErbStG 2 1
– unbeschränkte ErbStG 2 2, ErbStG 2 3 ff
Steuerschuld, Entstehung der ~
– Abfindung ErbStG 9 28 f
– bedingter Erwerb ErbStG 9 11 ff
– Ersatzerbschaftsteuer ErbStG 9 44 ff
– Erwerb von Todes wegen ErbStG 9 7 ff
– Nacherbe ErbStG 9 30 f
– Pflichtteilsanspruch ErbStG 9 18 ff
– Schenkung ErbStG 9 33 ff
– Stichtagsprinzip ErbStG 9 4 ff
– Stiftung ErbStG 9 24 f
– Zweckzuwendung ErbStG 9 44 ff
Steuerschulden BGB 2311 10

Stichwortverzeichnis

Steuerschuldner ErbStG 20 1 ff
Steuersätze ErbStG 19 1 ff
Stichtagsprinzip BGB 2311 2 f, 14, BGB 2313 1, BGB 2315 1, 11, BGB 2325 20
Stiefkinder ErbStG 15 11 ff
Stiftung BGB Anh 1922 1 ff; 2325 15
– als Erbe und Vermächtnisnehmer BGB Anh 1922 10 ff
– Anerkennung BGB Anh 1922 5, 28
– Aufhebung ErbStG 1 13, ErbStG 7 42 f
– Besteuerung ErbStG 1 6 ff, ErbStG 2 1, ErbStG 3 42 ff
– Destinatäre ErbStG 1 8 f
– Entstehung BGB Anh 1922 7 ff
– Familien – ErbStG 1 6 ff, ErbStG 2 10 f, ErbStG 10 60, ErbStG 13 a 67, ErbStG 15 27 ff, ErbStG 26 1 ff, ErbStG 28 13
– gemeinnützige BGB Anh 1922 15
– mildtätige BGB Anh 1922 15
– nicht rechtsfähige – ErbStG 1 6 ff
– Pflichtteils- und Pflichtteilsergänzungsansprüche gegen BGB Anh 1922 14 ff
– rechtsfähige – ErbStG 1 6 ff
– Rechtsnatur BGB Anh 1922 5 ff
– Satzungsänderung ErbStG 1 14
– Stiftungsgeschäft ErbStG 7 39
– unselbständige BGB Anh 1922 13, 27 ff
– unternehmensverbundene BGB Anh 1922 22 ff
– Wesensmerkmale ErbStG 1 7
– Zustiftung ErbStG 7 39
Stiftung von Todes wegen BGB 2178 1
Stiftungsgeschäft BGB Anh 1922 8; ErbStG 1 13
Stiftungsreife BGB Anh 1922 4
Stiftungszweck als Auflage BGB 2191 2
Stimmenmehrheit BGB 2038 19
Stimmrecht BGB 2038 20
Stimmrechtsvermehrung BGB 2038 28
Straßenverkehrsvorschriften, ausländische EGBGB 3 13
Streitgenossen
– notwendige BGB 2341 5
Streitgenossenschaft
– notwendige BGB 335 8
Streitvermeidung BGB 2346 43
Streitwert BGB 2039 25 f; 2342 6
Strengbeweis FGG 12, 41, 42; FGG 15, 1 ff
– Beweismittel FGG 15, 8 ff
– Feststellungslast FGG 12, 49 ff
– Verhältnis zum Freibeweis FGG 12, 36 ff
Studentenwohnheim BGB 563 8
Stufenklage BGB 2314 8, 10; ZPO 254 1 ff
– Berufung ZPO 254 12 ff
– Musteranträge und Erläuterungen ZPO 254 17 ff
– PKH ZPO 254 7
– Urteil ZPO 254 9

Stundung BGB 2311 22, BGB 2331 a 1 ff; 2346 43; FGG 83 a 1 ff
Stundung der Steuer ErbStG 25 9 ff, ErbStG 28 1 ff
Stundungsantrag FGG 83 a 2
Stuttgarter Verfahren ErbStG 12 43 ff
Störung der Geschäftsgrundlage BGB 2346 41 f
Stückvermächtnis BGB 2169 1; 2184 1; 2185 1
Subsidiarität des Regressverlustes BGB 2166 2; BGB 2167 1
Substanzwertverfahren s. Sachwertverfahren
Substitution EGBGB 3 13, 59
Supervermächtnis BGB 2156 1
Surrogate BGB 2374 1, 3 ff, 13; 2375 4
Surrogation BGB 1638 12 ff; 2033 35; 2375 2
– dingliche BGB 2041 2
Surrogation, beim Forderungsvermächtnis BGB 2173 1s
– schuldrechtliche BGB 2164 2
Surrogationserwerb BGB 2041 2, 11
Säumnisfolge FGG 93 10

T
Tarifbegrenzung ErbStG 19 a 1 ff
Teilannahme 1950
Teilauseinandersetzung BGB 2032 23, 31; 2033 5; 2042 9 ff, 43
Teilausschlagung 1950 1951 1952
Teilerbauseinandersetzung BGB 2374 11
Teilfrage EGBGB 3 32
Teilgläubiger bei gemeinschaftlichem Vermächtnis BGB 2157 1
Teilnichtigkeit BGB 2074, 2075 9; BGB 2085 1
Teilrück-/-weiterverweisung EGBGB 4 5
Teilung BGB 2047 3
– durch Testamentsvollstrecker BGB 2042 27 ff
Teilungsanordnung BGB 2033 28; 2042 3, 18, 33; 2044 8; 2047 5; BGB 2306 11, BGB 2311 4; 2372 1; 2373 1; 2376 4
– Abgrenzung zu
– Auflage BGB 2048 13
– Erbeinsetzung BGB 2048 12
– Vorausvermächtnis BGB 2048 14 ff
– Wirkung BGB 2048 8 ff
Teilungsanordnung ErbStG 3 11
Teilungsgenehmigung FGG 86 25
Teilungsplan BGB 2042 27, 31
– Zustimmung BGB 2042 27
Teilungsquoten BGB 2047 3
Teilungsvereinbarung
Teilungsversteigerung BGB 2039 6; 2049 1; FGG 86 20; FGG 99 9
– nach Pfändung des Miterbenanteils ZPO 859 4
Teilverzicht BGB 2352 13 ff
Terminsbestimmung FGG 79 3 ff, 9 f; 83 17

Stichwortverzeichnis

Terminsladung FGG 86 24
Terminsprotokoll FGG 79 11
Testament BGB 1922 1, BGB 1937 1 ff
- anwendbares Recht EGBGB 25 15 ff
- eigenhändiges ~ BGB 2247 1 ff
- Enterbung BGB 1938 1 ff
- Erbeinsetzung, s. dort
- Errichtung und Aufhebung BGB 2229 1 ff
- Form bei internationalen Erbfällen EGBGB 26 1 ff
- gemeinschaftliches BGB 1922 2, LPartG 10 12 ff
- Haftung des Beraters BGB 1937 11 ff
- lucida intervalla BGB 2229 10
- ordentliches ~ BGB 2231 1 ff
- Prozessuales BGB 1937 14
- Sonderfälle BGB 2233 1 ff
- Testierfähigkeit BGB 2229 1
- Testierunfähigkeit BGB 2229 8 ff
- öffentliches ~ BGB 2232 1 ff

Testamentsanfechtung BGB 2342 4
Testamentserbrecht BGB 2352 1
Testamentsvollstrecker ErbStG 31 12 ff, ErbStG 32 4 ff
- Entlassung FGG 81 5 ff
- Ernennung FGG 81 4, 13
- Vergütung BGB 2221 1 ff

Testamentsvollstreckeramt FGG 81 3
Testamentsvollstreckeraufgaben FGG 81 1
Testamentsvollstreckerzeugnis BGB 2197 12 ff, BGB 2202 1 ff, BGB 2203 8, BGB 2208 9, BGB 2225 11 ff; FGG 81 2, 10
Testamentsvollstreckung BGB Vor 2197 1 ff; BGB 2371 4; 2372 1; 2374 6; 2376 3; FGG 81 15; 82 8
- Abwicklungsvollstreckung BGB Vor 2197 32
- Auflagenvollzug BGB 2192 3
- Auskunftspflicht BGB 2314 6
- Beschränkung des Erbteils BGB 2306 10
- Befugnisse BGB Vor 2197 5
- Besteuerung BGB Vor 2197 42 ff
- Dauervollstreckung BGB Vor 2197 33 ff
- gesellschaftsrechtliche Nachfolgeklauseln BGB Vor 2197 38 f
- Gestaltungsalternativen BGB Vor 2197 14 ff
- Historie BGB Vor 2197 1 f
- Kapitalgesellschaften BGB Vor 2197 40
- Kosten BGB 2311 9
- Pflichtteilsbeschränkung BGB 2338 12 f
- Rechtsnatur des Amtes BGB Vor 2197 3 ff
- ~ im Unternehmensbereich BGB Vor 2197 25 ff
- Unternehmensumwandlung BGB Vor 2197 41
- Verhältnis zu den Erben BGB Vor 2197 6 f
- Verhältnis zu den Gerichten BGB Vor 2197 8 ff

- vollstreckbare Ausfertigung ZPO 749 1 ff
- Vollstreckungsklausel ZPO 728 1 ff
- Zwangsvollstreckung ZPO 748 1 ff

Testierfreiheit BGB Vor 2064 16 ff; 2346 3; 2352 2
Testierfähigkeit BGB Vor 2064 3; BGB 2229 1
- abgestufte (relative) ~ BGB 2229 12
- altersbedingte Einschränkung der Geistesstärke BGB 2229 16
- Altersdemenz BGB 2229 16
- anwendbares Recht EGBGB 25 17
- Beweislast BGB 2229 24
- Bewusstseinstörungen BGB 2229 19
- eingeschränkte Intelligenz BGB 2229 15
- Feststellung der ~ durch Notar BGB 2229 21
- krankhafte Störung der Geistestätigkeit BGB 2229 13
- partielle ~ BGB 2229 11

Testierunfähigkeit BGB 2339 11 ff
Testiervertrag
- anwendbares Recht EGBGB 25 23

Testierwille BGB Vor 2064 2
Titelumschreibung BGB 2371 24
Tod einer Partei
- Rechtsmittel ZPO 246 22
- Tod des Anwalts ZPO 246 21
- Tod des Vorerben ZPO 246 20
- Unterbrechung und Aussetzung bei ~ ZPO 246 1 ff

Tod
- Feststellung und Zeitpunkt im IPR EGBGB 9 1 ff

Todeserklärung BGB 563 5, 20; BGB 563 a 6; 2043 7; ErbStG 3 2
Todesvermutung BGB 563 5; BGB 563 a 6
Todeszeitpunkt BGB 2347 11
Totenfürsorge BGB 2038 10
Transplantation P 18
Transposition EGBGB 3 40, 58
Trennungsprinzip BGB 2269 11 ff
Treuhandvertrag BGB 328 29
Trust ErbStG 7 41
Typenzwang BGB 2346 24
Täuschung BGB 2339 14; 19 ff
Täuschung, arglistige BGB 2078, 2079 9
Tötung BGB 2339 8 ff

U
Übereilungsschutz V 36
Überentnahmen ErbStG 13 a 57 ff
Übergabevertrag BGB 516 33 ff; BGB 2049 2; BGB Vor 2274, 4
Übergangsregelungen BGB 563 29 f
Übergangsvorschrift zum Gesetz zur Neuregelung des internationalen Privatrechts EGBGB 220 1
- abgeschlossene Vorgänge EGBGB 220 7 ff

| 1631

Stichwortverzeichnis

- eheliches Güterrecht EGBGB 220 21 ff
- Einzelfälle EGBGB 220 10 ff
- Grundsatz der Nichtberücksichtigung EGBGB 220 4 ff
- relevanter Vorgang EGBGB 220 6
- Wirkungen familienrechtlicher Verhältnisse EGBGB 220 19 f

Übergehen eines Pflichtteilsberechtigten BGB 2078, 2079 8 ff
Überlassungsvertrag BGB 516 33 ff
Überlegungsfrist BGB 563 24
Übernahme BGB 2049 6 ff
Übernahmepflicht BGB 2048 27
Übernahmerecht BGB 2048 26 f
Übernahmerecht als Vermächtnis BGB vor 2147 2; BGB 2150 4; BGB 2184 1
- und Wertausgleich BGB 2150 4

Überrest als Vermächtnisgegenstand BGB 2191 2
Überschuldung des Nachlasses 1954 11
s.a. *Nachlassverwaltung, Nachlassinsolvenz*
- durch Vermächtnisse und Auflagen BGB 1992 1 ff

Überschuss BGB 2033 33; 2046 6; 2047 2
Überschwerungseinrede BGB 2187 1
Übertragung BGB 2033 12; 2371 11; 14
Übertragungsanspruch BGB 2035 5
Übertragungsgeschäft BGB 2037 2
Übertragungsvertrag BGB 516 33 ff; 2032 36
Umdeutung BGB 2346 21
Umgang V 22
Umgehung BGB 2351 5
unbenannte Zuwendung s. ehebezogene Zuwendung
unbestimmte Bruchteile BGB 2091 1 ff
Und-Konto BGB 328 23
Undank BGB 530 9
Unentgeltlichkeit s. Schenkung
Unfallversicherung BGB 332 1, BGB 333 8; BGB 1922 21
Ungerechtfertigte Bereicherung BGB 2385 9
Universalsukzession BGB 1922 12 ff; 2383 1
Universalvermächtnis BGB vor 2147 2; BGB 2174 1
Unmittelbarer Zwang FGG 83 11
Unmittelbarkeit der Beweisaufnahme FGG 15, 6
Unmöglichkeit BGB 333 8
Unmöglichkeit, objektive bei Vermächtnis BGB 2171 1
Unrichtigkeit des Inventars BGB 2005 1 ff
Unselbständige Anknüpfung EGBGB 3 55
unsichere Rechte BGB 2313 5, 8 f
Unteranknüpfung EGBGB 4 19 ff
Unterbringung BGB 563 5; BGB 563 a 6
Untergang BGB 2380 1
Unterhalt BGB 2379 3
- Dreißigster BGB 1969 1 ff

- Familienangehöriger i. Hausstand des Erblassers BGB 1969 1 ff
- werdende Mutter eines Erben BGB 1963 1 ff

Unterhaltsanspruch BGB 528 35; BGB 1922 31; 2303 10, BGB 2311 6, 10, BGB 2318 3; LPartG 10 12
- der werdenden Mutter BGB 2376 4

Unterhaltsleistungen BGB 2316 4
Unterhaltsvereinbarungen 1586b 4, 12
Unterhaltsübergang 1318 1586b 2, 4, 5
Unterhaltungskosten BGB 2381 1
Unterlassungsanspruch BGB 2044 6
Untermietverhältnis BGB 563 8
Unternehmen BGB 2311 19 f
Unternehmensfortführung BGB 2032 31
Unternehmensnachfolge BGB 1922 39 ff
- gesellschaftsvertragliche Nachfolgeregelungen BGB 1922 54 ff
- gesetzliche Nachfolgeregelungen BGB 1922 40 ff
- Kapitalgesellschaften BGB 1922 51 ff
- Personengesellschaften BGB 1922 41 ff

Unternehmertestament BGB 2151 1; 2191 4
Untervermächtnis BGB 2186 1; 2191 1
Untervermögen bei Vermächtnis BGB 2170 3; 2171 2
Unvererbliche Rechtspositionen BGB 1922 80 ff,
- höchstpersönliche BGB 1922 80 ff
- Namensrecht BGB 1922 84
- Patientenrechte BGB 1922 85
- Persönlichkeitsrecht, allgemeines BGB 1922 82 f
- Schweigepflicht BGB 1922 86

Unwirksamkeit BGB 2346 34
Unzeit BGB 2042 2
Urheberrecht BGB 2042 25
Urkunde
- vollstreckbare BGB 2342 11

Urkundenunterdrückung FGG 83 11
Urkundsbeamter der Geschäftsstelle FGG 87 1
Urkundsdelikte BGB 2339 23 ff; 2345 13
Urlaubsabgeltung BGB 1922 17
Urlaubsansprüche BGB 1922 17

V

Valutaverhältnis BGB 328 3 ff, BGB 330 5, 13, BGB 331 4 ff, BGB 334 2
Verarbeitung des Vermächtnisgegenstands BGB 2172 1
Verbindlichkeiten BGB 1922 16
Verbindung der vermachten Sache BGB 2172 1
Verbraucherpreisindex BGB 516 62
Verbrauchsgüterkauf BGB 2376 8
Verein ErbStG 7 44 f
Vererbliche Rechtspositionen BGB 1922 15 ff, s. a. unvererbliche Rechtspositionen

Stichwortverzeichnis

- Abfindungsansprüche BGB 1922 17
- Anderkonten BGB 1922 19
- Ansprüche BGB 1922 16
- bankrechtliche BGB 1922 19
- Bausparverträge BGB 1922 21
- beamtenrechtliche BGB 1922 92
- beschränkt dingliche Rechte BGB 1922 26
- Dienstvertrag BGB 1922 17
- dingliche Rechte und Belastungen BGB 1922 26
- entstehende Rechte BGB 1922 87
- Erbbaurechte BGB 1922 26
- erbrechtliche BGB 1922 34 ff
- familienrechtliche BGB 1922 30 ff
- Gebrauchsüberlassung BGB 1922 20
- gesetzliche Schuldverhältnisse BGB 1922 23 ff
- Gestaltungsrechte BGB 1922 22
- Girovertrag BGB 1922 19
- Grundschuld BGB 1922 26
- Handelsgeschäft BGB 1922 37 f
- Handelsvertreterprovisionen BGB 1922 18
- Hypothek BGB 1922 26
- Immarterialgüterrechte BGB 1922 28
- Konkursausfallgeld BGB 1922 17
- Lebensversicherungen BGB 1922 21
- Nutzungsüberlassung BGB 1922 20
- öffentlich-rechtliche BGB 1922 90 ff
- Pfandrecht BGB 1922 26
- Provisionsanspruch BGB 1922 18, 20
- prozessuale Rechtsbeziehungen BGB 1922 94
- Rechenschaftsanspruch BGB 1922 20
- Rechte aus Schuldverträgen BGB 1922 16 ff
- Reisevertrag BGB 1922 20
- Ruhegeldzusagen BGB 1922 17
- Schenkungsversprechen BGB 1922 20
- Sozialleistungen BGB 1922 91
- Unfallversicherungen BGB 1922 21
- Urlaubsansprüche BGB 1922 17
- Urlaubsabgeltung BGB 1922 17
- Unterhaltsansprüche BGB 1922 31
- Verbindlichkeiten BGB 1922 16
- Versicherungen BGB 1922 21
- Versorgungsausgleich BGB 1922 33
- Vollmachten BGB 1922 88 ff
- Vorkaufsrechte BGB 1922 20
- Werkvertrag BGB 1922 20
- Wertpapierdepots BGB 1922 20
- Zugewinnausgleichsanspruch BGB 1922 32

Vererblichkeit BGB 2034 35 f; 2317 10 f
Vererblichkeit des Ausschlagungsrechts 1952
Verfahrensausschluss FGG 95 4
Verfahrenseinleitung FGG 87 9
Verfahrenseinstellung FGG 91 15

Verfahrensfähigkeit BGB 1774 15; FGG Vor 13, 9 ff
Verfahrensmangel FGG 96 4; 97 1
Verfahrenspfleger P 76
Verfassungsrecht (und Pflichtteilsanspruch) BGB 2303 2
- Internationales EGBGB 3 4

Verfehlung BGB 530 5
Verfügender BGB 2033 8 ff
Verfügung BGB 2040 6 ff
Verfügung von Todes wegen s.a. Testament; **BGB 330 6, BGB 332 1; BGB 1937 2 f,**
- Auflage, s. dort
- beeinträchtigende BGB 2351 14
- Erbvertrag, s. dort
- IPR EGBGB 235 § 2 1 ff
- Testament, s. dort
- unentgeltliche BGB 2375 4
- Vermächtnis, s. dort

Verfügung über Nachlassgegenstände vor der Ausschlagung BGB 1959 3 ff
Verfügungsbefugnis BGB 328 21, BGB 516 94 ff; 2032 3; 2040 2 f; 2343 1; FGG 86 17
Verfügungsfreiheit BGB 516 95
Verfügungsgegenstand BGB 2033 3 ff
Verfügungsgeschäft BGB 2033 11 ff, 15
- abstraktes BGB 2352 3
- Nießbrauchsbestellung BGB 2033 14
- Übertragung BGB 2033 12
- Verpfändung BGB 2033 13

Verfügungsverbot BGB 2033 42 ff
Verfügungsvertrag BGB 328 7
Vergütung V 40
Vergütung, s. auch Aufwendungsersatz
- Nachlasspfleger BGB 1960 16 ff
- Nachlassverwalter BGB 1987 1 ff

Vergütungsfestsetzung FGG 75 9
Vergütungsvereinbarungen RVG 1 2; RVG 2 4 ff, RVG 4 1 ff
- Anwaltsnotar RVG 4 5
- Beratungshilfe RVG 4 3
- Erfolgshonorar RVG 4 16 ff
- Form RVG 4 12 ff
- Unzulässigkeit RVG 4 3 ff

Vergütungsverzeichnis Anh RVG
Verhandlungsprotokoll FGG 93 7
Verhandlungstermin FGG 86 1; 89 14; 91 15, 30, 38
Verhinderung BGB 2339 13 ff
Verjährung BGB 1922 97; 2039 16; 2332 1 ff; BGB 2344 4
- Auskunftsanspruch BGB 2314 8, BGB 2327 10, BGB 2332 3
- Beginn BGB 2332 4 ff, BGB 2332 11
- Hemmung BGB 2303 28, BGB 2314 10, BGB 2325 5, BGB 2329 5, 7, BGB 2332 14
- bei Nacherbschaft BGB 2306 24

| 1633

Stichwortverzeichnis

- Nachzahlungsanspruch bei bedingten Rechten BGB 2313 10
- Pflichtteilsrestanspruch BGB 2305 5

Verjährung, Anspruch auf Testamentsvollstreckervergütung
- Vermächtnisanspruch BGB 2174 5
- Vollziehungsanspruch BGB 2192 2

Verjährungsfrist BGB 2371 3
Verkaufsanzeige BGB 2037 5
- Zugang BGB 2037 5

Verkehrsschutz BGB 2041 12
Verkehrsschutz im IPR EGBGB 9 10, 12,
Verkehrswert BGB 2049 2
Verlosung FGG 94 1
Vermeintlicher Testamentsvollstrecker BGB 2218 25
Vermengung der vermachten Sache BGB 2172 1
Vermieterwechsel BGB 563 b 10
Vermischung der vermachten Sache BGB 2172 1
Vermittlung
- gerichtliche FGG 86 9

Vermittlungstätigkeit FGG 86 4
Vermittlungsverfahren BGB 2042 29; FGG 86 16
Vermächtnis BGB 1939 1 ff; 2044 15 ff; 2046 6; 2048 14 ff; BGB 2087 7 ff; 2147 ff; 2217 2 12, BGB 2218 5, BGB 2219 4 12, BGB 2220 2; BGB 2346 15; 2352 5; 2372 3
- Abfindung für Verzicht auf – ErbStG 3 55
- Abzugsfähigkeit ErbStG 10 34
- als Beschwerung des Erbteils BGB 2306 13
- Anfall BGB 2176 1; BGB 2177 1; BGB 2178 1; BGB 2184 1
- Anfechtung BGB 2308 1 ff
- Annahme BGB vor 2147 3; BGB 2180 1
- Anspruchsgrundlage BGB vor 2147 3; BGB 2174 1
- Anwachsung BGB 2158 1; BGB 2159 1; BGB 2191 2
- Ausschlagung BGB vor 2147 3; BGB 2158 1; BGB 2180 1
- Ausschlagungsrecht BGB 2307 1 ff, BGB 2311 3, BGB 2317 13, BGB 2321 1 ff, BGB 2322 1 ff, s. auch Pflichtteilsrestanspruch
- bedingtes BGB 2177 1
- befristetes BGB 2177 2
- Beschwerter BGB 2147 2; BGB 2148 1; BGB 2174 1
- Beschwerung BGB 2147 1; BGB vor 2147 3
- Bewertung ErbStG 3 17 f
- Drittbestimmung BGB 2151 1
- Erbschein BGB vor 2147 1
- Erwerb durch – ErbStG 3 15 ff
- Gesellschaftsanteilen BGB 2174 1
- gesetzliches BGB 2373 1
- in Höhe des Pflichtteils BGB 2304 3 ff, BGB 2314 2
- Nachlassverbindlichkeit BGB 2174 6
- Nachvermächtnis BGB 2338 9, 11
- Nachvermächtnis ErbStG 6 19 ff
- schuldrechtlicher Charakter BGB 2174 1
- schuldrechtlicher Charakter BGB vor 2147 1
- und Gesamtschuld BGB 2148 2
- und Pflichtteilsbeschränkung BGB 2338 8
- und Pflichtteilsergänzungsanspruch BGB 2325 3, BGB 2326 2, 6
- und Pflichtteilslast BGB 2318 1 ff, BGB 2320 1 ff, BGB 2328 7
- Verjährung BGB 2332 3, 10, 12
- Wegfall des Bedachten BGB 2160 1

Vermächtnisanspruch BGB 2344 3; 2378 2
Vermächtnisnehmer BGB 516 106
Vermächtnisunwürdigkeit BGB 2345 1 ff
Vermächtnisvollstrecker BGB 2191 3
Vermächtnisvollstreckung BGB 2223 1 ff
Vermögenseinkünfte BGB 1638 3
Vermögenserhaltungsgrundsatz BGB Anh 1922 5
Vermögenserwerb
- Unterlassung BGB 517 1 ff

Vermögensgemeinschaft LPartG 10, 4
Vermögensmehrung BGB 516 4
Vermögenssorge BGB 1638 1 ff, 7, 10; FGG 86 27
- Ausschluss BGB 1638 4
- Entziehung FGG 74 a 3

Vermögenstrennung LPartG 6 2; LPartG 10, 4
Vermögensübergang, erbrechtlich, s. Universalsukzession
Vermögensübernahme BGB 330 14
Vermögensüberschuss LPartG 6 6
Vermögensverwaltung BGB 1643 10
Vermögensverzeichnis BGB 1638 2; FGG 74 7; 74 a 4
Verpflichtungsbefugnis BGB 2206 8, BGB 2207 2 ff, BGB 2208 7 ff
Verpflichtungsgemeinschaft BGB 2035 4
Verpflichtungsgeschäft BGB 2038 23
Verpflichtungsvertrag BGB 328 2, 7
Verpfändung BGB 2033 13
Verschaffungsauflage BGB 2192 6
Verschaffungsvermächtnis BGB 2169 1; 2170 1; 2182 1; 2184 1; 2185 1
Verschlechterung BGB 2375 5
Verschollenheit BGB 563 5; 1923 8 f
Verschweigungseinrede BGB 1974 1 ff
Versicherer BGB 330 3 ff
Versicherung an Eides statt s. eidesstattliche Versicherung
Versicherungen BGB 1922 21
Versicherungsbeitrag BGB 330 9
Versicherungsleistung BGB 330 5
Versicherungsnehmer BGB 330 1 ff, BGB 333 8
Versicherungssumme BGB 330 9

Stichwortverzeichnis

Versicherungsvertrag BGB 330 7
Versilberung BGB 2046 7 f
Versorgungsausgleich BGB 1922 33
Versorgungsfreibetrag ErbStG 1 15, ErbStG 17 1 ff
Versprechender BGB 328 4 ff, BGB 330 13, BGB 331 1 ff, BGB 333 3 ff, BGB 334 1
Versprechensempfänger BGB 328 4 ff, BGB 330 13, BGB 331 8, BGB 332 1, BGB 333 3 ff, BGB 334 1, BGB 335 1
Versteigerung FGG 98 23
Verstümmelung BGB 2339 11
Versäumnis FGG 91 24 ff; 92 2
Versäumnisfolgen FGG 89 11 ff; 91 25 ff
Versäumnisurteil FGG 91 13
– Widerspruch FGG 91 14 f
Versäumnisverfahren FGG 89 6, 11; 90 1; 91 24; 95 13; 96 7
Vertagung FGG 79 10
Verteilung BGB 2048 21 ff
Vertrag zugunsten Dritter ErbStG 3 33 ff
Vertrag
– mit Schutzwirkung zugunsten Dritter BGB 328 30 f
– Übergabevertrag BGB 516 33 ff
– unechter Vertrag zugunsten Dritter BGB 329 2
– zugunsten Dritter BGB 328 1 ff, BGB 330 1, BGB 333 1, BGB 335 1
– zugunsten Dritter auf den Todesfall BGB 328 28, BGB 331 1 ff
– zu Lasten Dritter BGB 328 35
Vertragsauslegung BGB 333 8
Vertragserbe BGB 516 97 ff
Vertragsfreiheit V 43; P 47
Vertragsgebühr BGB 2346 47
Vertragspfandrecht BGB 2033 36
Vertragsübernahme BGB 563 b 2
Vertragszweck BGB 329 6
Vertreter
– vollmachtlos BGB 2346 16
Vertreter ohne Vertretungsmacht BGB 2040 11
Vertreterbestellung FGG 94 5 ff
Vertretung ohne Vertretungsmacht BGB 2038 31
Vertretungsbefugnis BGB 1774 11
Vertretungsmangel BGB 563 21
Verwahrung
– amtliche FGG 83 1 ff
Verwaltung, ordnungsgemäße BGB 2191 3
Verwaltung
– außerordentliche BGB 2038 31
– Auskunftspflicht BGB 2038 25 ff
– gemeinschaftliche BGB 2038 1 f
– mangelhafte BGB 2038 6
– Mitwirkungspflicht BGB 2038 16 ff
– ordnungsgemäße BGB 2038 9; 15 ff

Verwaltungsakt BGB 2039 11
Verwaltungsanordnung BGB 2216 21 33, BGB 2224 2 15, BGB 2227 16
Verwaltungsbefugnis BGB 1638 3; FGG 82 5; 2038 2 f
Verwaltungsfreies Vermögen BGB 1638 14
Verwaltungshandlungen
– mangelhafte BGB 2036 5
Verwaltungsmaßnahme BGB 2040 5; 2046 8
Verwaltungsrecht BGB 1638 1; 2038 4 f
Verwaltungsvereinbarung BGB 2038 7; 2203 2, BGB 2205 18, BGB 2207 2, BGB 2209 1, BGB 2216 7, BGB 2222 3, BGB 2225 1
Verwandte des Erblassers BGB 2067 1
Verwandtenerbfolge BGB 2043 13
Verwandtenerbfolge, gesetzliche BGB 1924 – 1930 1 ff
Verwandtschaftsverhältnis FGG 87 2
Verwendungen BGB 2381 8
– notwendige BGB 2379 3; 2381 1 ff
– nützliche BGB 2381 4
Verwendungen des Beschwerten BGB 2185 1
Verwendungsersatz BGB 2381 6
Verwertung BGB 2046 8; 2317 9
Verwirkungsklausel BGB 2306 20, BGB 2317 14
Verzeihung BGB 532 2; 2337 1 ff; 2343 2 ff
Verzicht BGB 2317 7 f, s. auch Erlass, Pflichtteilsverzicht
Verzicht LPartG 10, 18
– angefallenes Recht BGB 517 3
– bedingter BGB 2352 15 ff
– isolierter BGB 2346 22
– Widerrufsrecht BGB 533 1 ff
Verzichtserklärung BGB 2346 42
Verzichtsvereinbarung BGB 2343 6
Verzichtsvertrag BGB 2348 1
– Aufhebung BGB 2351 1
Verzug BGB 2035 5, s.a. Pflichtteilsanspruch
Verzugszinsen BGB 522 1 ff
Veräußerungsgeschäft BGB 2371 19
Veräußerungsgewinn BGB 2379 5
Vindikationslegat BGB 2150 2; BGB 2174 1
Vindikationslegat nach ausländischem Recht EGBGB 25 13
Vollmacht auf den Todesfall BGB 2174 4
Vollmacht BGB V 5; BGB 328 27; 2197 5, BGB 2202 13, BGB 2205 11, BGB 2211 4, BGB 2224 3, BGB 2225 12
– allgemeine V 7
– Formulierungsmuster V 51
– für persönliche Angelegenheiten V 29 ff
– für vermögensrechtliche Angelegenheiten V 33 ff
– Gattungs- V 7
– General- V 8 ff; 24; 36; 44 f
– postmortale V 5; 43
– Spezial- V 7; 24

Stichwortverzeichnis

- transmortale V 5; 44
- Umfang der V 23 ff
- Unter- V 26
- Vorsorge- V 1 ff, 9 f; 26
- Regelungsgegenstände V 14
- Widerruf V 43 ff

Vollmacht über den Tod hinaus BGB 2192 4
Vollmachten BGB 1922 88 ff
Vollmachtsurkunde V 33 ff
Vollstreckbare Ausfertigung FGG 98 1 ff
Vollstreckbarer Titel FGG 98 7 ff
Vollstreckung ausländischer Entscheidung, s. Anerkennung ausl. Entscheidungen EGBGB 9 13
Vollstreckungsabwehrklage
- des Erben ZPO 785 1 ff
- bei beschränkter Haftung ZPO 786 1
- des Hauptvermächtnisnehmers ZPO 786 1

Vollstreckungsgegenklage FGG 96 9; 97 6
Vollstreckungsklausel FGG 98 12 ff
- bei Testamentsvollstreckung ZPO 749 1 ff

Vollstreckungsschutz
- beschränkter BGB 2032 5

Vollstreckungstitel FGG 75 5; 83 a 11
Vollzug der Auflage BGB 2192 3
Vollzugsverhältnis BGB 328 3 ff
Vonselbsterwerb 1942
Vor- und Nacherbschaft BGB 2303 20, 24, BGB 2306 9, 12, 18, 24, 26, BGB 2311 6, BGB 2314 5, BGB 2317 11, BGB 2338 9; 2371 11
Voraus des Ehegatten BGB 1932 1 ff; BGB 2306 13, BGB 2311 26, BGB 2314 11, BGB 2318 3, BGB 2320 5, BGB 2322 2
Voraus des eingetragenen Lebenspartners BGB 1932 11
- Prozessuales BGB 1932 10

Voraus LPartG 10 6 ff; BGB 2346 22, 25; 2352 16; 2373 1, 2376 3
Vorausvermächtnis BGB 2033 23; 2044 8; 2046 12; 2150 1 ff
- Beschwerung durch BGB 2150 3
- und Teilungsanordnung BGB 2150 1, 4
- Vermögensvorteil durch BGB 2150 4

Vorausvermächtnis BGB 2184 1; 2373 1
Vorbehalt der Haftungsbeschränkung BGB 2187 1
Vorbehaltsgut FGG 86 21
Vorbehaltsübertragung FGG 75 3
Vorbescheid BGB 1643 15; FGG 19 4 ff
- Beschwerde gegen den Erlass eines FGG 19 3 ff
- Überholung FGG 19 30 ff
- Zulässigkeitsvoraussetzungen FGG 19 7

Vorbeugende Anordnung BGB 1774 7
Vorempfänge s. Ausgleichung
Vorerbe, Verfügungsrecht BGB 2112
- Grundstücke, Schiffe und Schiffsbauwerke;

Schenkungen BGB 2113
- Handelsrecht BGB 2112 11
- Höferecht BGB 2112 14
- Hypothekenforderungen, Grund- und Rentenschulden BGB 2114
- Sondervermögen im Ganzen BGB 2112 15 ff
- Urteilsverfügungen BGB 2112 19
- Verpflichtungsgeschäfte BGB 2112 8
- Vollmachten BGB 2112 20 ff

Vorerben BGB 2205 18 ff, BGB 2215 3, BGB 2222 2 ff
- Befreiung des Vorerben BGB 2100 55
- Besteuerung ErbStG 6 4, ErbStG 10 20
- Bestimmungen durch den Vorerben BGB 2100 56 ff
- *siehe auch Vorerbschaft*
- Steuerschuldner ErbStG 20 17
- Teilbefreiung BGB 2136 3 ff
- Zwangsvollstreckung BGB 2115

Vorerbenvorausvermächtnis BGB 2150 2
Vorerbschaft
- Anordnung der Vor- und Nacherbschaft BGB 2100 13 ff
- Rechtsstellung des Vorerben BGB 2100 65 ff
- *siehe auch Nacherbe*
- Verhältnis Vor-/Nacherbe BGB 2100 6 ff

Vorfrage EGBGB 3 54, EGBGB 5 5, 8, 33, EGBGB 6 14
Vorfrage
- der Ehe und Kindschaft im internationalen Erbrecht EGBGB 25 24 f

Vorkaufsberechtigte BGB 2034 12 ff
Vorkaufsrecht BGB 1922 20; BGB 2034 1 ff; 2035 1 ff; BGB 2371 12, 25; 2382 7
- Ausübung BGB 2034 17 ff; 2037 1
- Ausübungsfrist BGB 2034 28 ff
- Erlöschen BGB 2034 32 ff
- Vererblichkeit BGB 2034 35 f
- Wirkung BGB 2034 22 ff; 2035 4 ff

vorläufiger Erbe 1942 6, 7
Vormerkung BGB 2034 25; 2371 12
Vormerkung für Nachvermächtnisnehmer BGB 2191 1
Vormundschaft BGB 2347 7
- Anordnung BGB 1774 2 f

Vormundschaftsgericht BGB 1638 4, 8; BGB 1774 4 ff; 2347 6, 14; FGG 74 a 4
- Aufsicht V 42

Vormundschaftsgerichtliches Genehmigungsverfahren BGB 1643 8
Vormundschaftssachen FGG 75 3
Vornahmeort EGBGB 3 42
Vorschusspflicht BGB 2038 23, 36
Vorsorgeregister V 38
Vorsorgevollmacht P 6 f
Vorvermächtnis BGB 2191 1

Stichwortverzeichnis

Vorvermächtnisnehmer BGB 2185 1
Vorwegbefriedigung BGB 2046 12 f
Vorweggenommene Erbfolge BGB 516 18; 2049 2; 2316 5, BGB 2325 12
Vorweggenommene Erbfolge und Vermächtnisbeschwer BGB 2147 2
Völkerrecht EGBGB 3 21 ff

W

Wachkoma P 1
Wahlrecht des Ehegatten BGB 1371 1, BGB 2303 18, 30
Wahlschuld BGB 2154 1
Wahlvermächtnis BGB 2154 1; 2184 1; 2185 1
Warnfunktion BGB 2348 1
Wart und Pflege BGB 516 55 ff
wechselbezügliche Verfügungen BGB 2270 2
– Auslandsbezug BGB 2270 24
– Auslegungsregel BGB 2270 16
– Ersatznacherbe BGB 2270 21
– Ersatzschlusserbe BGB 2270 20
– Kumulationsverbot BGB 2270 20
– nahe stehende Personen BGB 2270 22
– Unzulässigkeit BGB 2270 15
– »vergessene« Erbeinsetzung Dritter BGB 2270 19
– Widerruf BGB 2271 1 ff
Wegfall der Geschäftsgrundlage BGB 330 11, BGB 516 22
Wegfall eines Abkömmlings BGB 2069 1
Wegzug ErbStG 2 6, ErbStG 2 21
Weitere Beschwerde
– Prüfungsschema FGG 27, 3 ff
– Begründetheit FGG 27, 24 ff
– Beschwerdeberechtigung FGG 27, 11 ff
– Bindungswirkung der Entscheidung FGG 27, 42 f
– Entscheidung FGG 27, 35 ff
– Form FGG 27, 9
– Prüfungsumfang FGG 27, 15 ff
– Zulässigkeit FGG 27, 3 ff
Weiterverweisung EGBGB 4 3 ff
Weiterveräußerung BGB 2037 2
Weltvermögen ErbStG 2 5
werdende Mutter des Erben
– Unterhalt, s. Unterhalt
Werkvertrag BGB 1922 20
Werkwohnung BGB 563 8
Wert
– gemeiner Wert BGB 2311 13
– Verkehrswert BGB 2311 13
– wahrer oder innerer Wert BGB 2311 14
Wertbestimmung des Erblassers BGB 2311 4, BGB 2312 5, 11, BGB 2316 9
Wertermittlung BGB 2048 28 ff; 2311 13 ff, BGB 2314 27 f; BGB 2346 32; s.a. Bewertung

Wertermittlungsanspruch BGB 2314 10, 24 ff
– Anspruchsberechtigte BGB 2314 2 f, 25
– Kosten BGB 2314 29
– Sachverständiger BGB 2314 28
– Schuldner BGB 2314 6 f, 26
– Umfang BGB 2314 27 f
– Verjährung BGB 2314 8
– Wertgutachten BGB 2314 28
Wertersatz bei Verschaffungsvermächtnis BGB 2170 3
Wertersatz BGB 2346 32; 2374 5; 2375 1 ff; 2376 4
Werttheorie BGB 2306 4, BGB 2316 13, BGB 2326 5
Wertpapier BGB 328 29
Wertpapierdepot BGB 328 29; 1922 20
Wertsicherungsklausel BGB 516 62
Wichtiger Grund BGB 563 26 f
Widerruf BGB 328 13, 17, BGB 330 5, BGB 334 3, BGB 530 1 ff; 2339 14; 2348 9
– einseitig BGB 2346 38
Widerrufsausschluss BGB 532 1 ff
Widerrufserklärung BGB 531 2
Widerrufsrechtsverzicht BGB 533 1 ff
Widerrufsverbot als Auflage BGB 2192 4
Widerrufsverbot BGB 330 8
Widerrufswille P 34
Widerspruch FGG 79 10; 87 11; 91 14 ff; 93 9; 95 5 ff, 11
– schriftlich FGG 93 9
Widerspruchsrecht BGB 563 27
Wiedereinsetzung FGG 81 13
Wiedereinsetzung in den vorigen Stand FGG 96 1
Wiedereinsetzungsantrag FGG 92 1, 6
Wiederverheiratung BGB 330 11; FGG 99 2
Wiederverheiratungsklausel BGB 2074, 2075 4, 7; 2269 22; 2306 9
Willensmangel BGB Vor 2064, 4 ff; BGB Vor 2078, 2079 1 ff
Willensschwäche BGB 2339 14
Wirkung der Ausschlagung 1953
Wohlerworbene Rechte EGBGB 3 39,
Wohnberechtigung BGB 563 4
Wohnraummietverhältnis BGB 563 8 ff; BGB 564 6
Wohnrecht BGB 516 52; 2311 6, BGB 2325 21, 29
Wohnsitz ErbStG 2 4, ErbStG 2 30
– Doppel- ErbStG 2 20
– Verlegung des – ErbStG 2 6, ErbStG 2 16
Wohnungsreallast BGB 516 53
Wohnungsrecht BGB 516 42 ff
Wortlautanalyse BGB 2084 5 ff

Z

Zehn-Jahres-Zeitraum ErbStG 14 13 f
Zehnjahresfrist LPartG 10 20

Stichwortverzeichnis

Zehnjahresgrenze BGB 2325 28 ff
– bei Ehegatten BGB 2325 30
– bei Lebenspartnern BGB 2325 30
Zeugnis FGG 98 18
Zubehör als Vermächtnisgegenstand BGB 2164 1
Zugewinnausgleich BGB 1371, 1 ff; LPartG 10, 3; 2344 4
– Anfangsvermögen ErbStG 5 8 ff
– Anrechnung von Schenkungen ErbStG 5 14 ff
– Ausbildungsanspruch Stiefabkömmlinge BGB 1371, 9 ff
– Besteuerung ErbStG 5 1 ff
– Endvermögen ErbStG 5 10 ff
– erbrechtlicher – ErbStG 5 4 ff, ErbStG 10 28
– Freibetrag ErbStG 5 7 ff, ErbStG 5 25 ff
– güterrechtlicher – ErbStG 5 29 ff, ErbStG 10 27
– vertragliche Vereinbarungen ErbStG 5 23 f, ErbStG 5 31 ff
– Abänderungsmöglichkeiten BGB 1371, 15
– erbrechtliche Lösung BGB 1371, 2 ff
– güterrechtliche Lösung BGB 1371, 5 ff
– im Todesfall BGB 1371, 1 ff
Zugewinnausgleichsanspruch BGB 1922 32; 2346 25; 2374 8; 2376 3
– Ausschluss BGB 2339 7
Zugewinngemeinschaft BGB 330 11, BGB 516 21; 2042 21; 2049 6; LPartG 6 2 ff; 2374 8; FGG 86 21; 91 12
– Ausschlagungsrechte BGB 1371 6, BGB 2306 23, BGB 2307 5, 8
– Anfechtung der Ausschlagung BGB 2308 1
– Anrechnung BGB 2315 14
– Beschränkungen und Beschwerungen BGB 2306 6, 20
– Nachlassbestand BGB 2311 11
– Pflichtteilsentziehung BGB 2335 6
– Pflichtteilsquote BGB 2303 28 ff
– Pflichtteilsrestanspruch BGB 2305 7
– Schenkung BGB 2325 19
– Verjährung BGB 2332 2, 10
– Zuwendung des Pflichtteils BGB 2304 6 f
Zurechnungsunfähigkeit BGB 2339 10
Zurückbehaltungsrecht BGB 2035 6, 2039 28; 2040 18 f; 2314 9
Zurückverweisung FGG 19, 42
Zurückweisung BGB 333 1 ff; FGG 76 6; 77 7; 79 9; 80 6
Zusammenrechnung von Erwerben ErbStG 14 1 ff
Zusatzpflichtteil s. Pflichtteilsrestanspruch
Zustellung FGG 76 1; 77 10
– öffentliche FGG 89 2; 91 23
– von Amts wegen FGG 80 2
Zustellungsbevollmächtigte FGG 89 9

Zustellungsurkunde FGG 79 8
Zustimmung BGB 2346 13, 38, 43; 2347 5, 15; 2351 12 f; 2374 10; FGG 75 2; 91 6 ff; 93 10; 95 13
– nachträgliche BGB 2347 6
Zustimmungserfordernis BGB 2371 27
Zustimmungsverfahren BGB 2039 3
Zuständigkeit BGB 1643 13 f; FGG 75 2 f; 78 7; 79 13; 82 7; 83 5; 83 a 1 f, 92 3; 97 13 ff; ErbStG 35 1 ff
– Beschwerdegericht
– funktionell FGG 72, 3 f
– funktionelle FGG 74 4; 75 3; 81 16; 83 5; 86 6; 88 2
– internationale FGG 73, 4 f
– internationale FGG 74 2; 76 5; 81 14; 86 10
– Nachlassgericht BGB 1962 1 ff
– örtliche FGG 73, 2 ff
– örtliche FGG 74 3; 77 4; 83 a 1; 88 1; 99 7
– sachliche FGG 72, 1 f
– sachliche FGG 81 15; FGG 83 a 1; 86 6; 88 3; 99 4
– Sonder- FGG 74 5; 86 7 ff
– weitere Beschwerde FGG 27, 2
Zuverdienerehe LPartG 6 6
Zuweisungsverfahren FGG 86 7; 99 6
Zuwendung BGB 2047 1; 2053 ff
– aus dem Gesamtgut BGB 2054, 1 ff
– Begriff BGB 516 3
– testamentarische BGB 2352 5
– unentgeltliche BGB 330 13, BGB 331 6, BGB 516 5 f
– unter Ehegatten BGB 516 19 ff
– Unterlassen eines Vermögenserwerbs BGB 517 1 ff
– unter Lebenden auf den Todesfall BGB 516 30 ff
Zuwendung, freigebige ErbStG 7 3, ErbStG 7 6 ff
Zuwendungen unter Lebenden BGB 1638 5
Zuwendungsverzicht BGB 2269 18; 2347 1; 2348 1; 2349 4; 2351 16 f; 2352 2, 6 ff
– Wirkungen BGB 2352 17 ff
Zuwendungsverzicht des Vermächtnisnehmers BGB 2180 1
Zuwendungsverzichtsvertrag BGB 2352 26 ff
Zwangsgeld FGG 83 11, 16
Zwangslage BGB 2339 14
Zwangsmaßnahmen FGG 83 4
Zwangsmaßregeln FGG 83 10
Zwangsmittel FGG 83 2
Zwangsversteigerung FGG 86 12
– Nachlassgrundstücke BGB 1971 Anh
Zwangsversteigerung
Zwangsvollstreckung eines Gattungsvermächtnisses BGB 2155 3
Zwangsvollstreckungsmaßnahmen FGG 94 5

Zweckvermächtnis BGB 2156 1
Zweckvermögen ErbStG 8 4
Zweckzuwendung ErbStG 1 5 f, ErbStG 8 1 ff, ErbStG 10 10, ErbStG 20 11
zweifelhafte Verbindlichkeit BGB 2313 6, 8 f

Zweifelsregeln BGB Vor 2066 1; BGB Vor 2087 1
Zweimonatsfrist BGB 2035 10; 2037 5
Zweitwohnung BGB 563 11
Zwischenverfügung FGG 79 9; 87 8 f